DICTIONNAIRE
DES
PHILOSOPHES ANTI

DICTIONNAIRE
DES
PHILOSOPHES ANTIQUES

publié sous la direction de
RICHARD GOULET

V
de Paccius à Rutilius Rufus

1re partie — V a
de Paccius à Plotin

CNRS EDITIONS
15, rue Malebranche, 75005 Paris

DICTIONNAIRE
DES
PHILOSOPHES ANTIQUES

publié sous la direction de
RICHARD GOULET

DÉJÀ PARUS :

Volume I : d'Abammon à Axiothéa, 1989.

Volume II : de Babélyca d'Argos à Dyscolius, 1994.

Volume III : d'Eccélos à Juvénal, 2000.

Volume IV : de Labeo à Ovidius, 2005.

Supplément, 2003.

© CNRS Éditions, Paris, 2012
ISBN 978-2-271-07335-8

A la mémoire de Pierre Hadot (1922-2010)

AVANT-PROPOS

Lorsque le Tout-Puissant – loué soit-Il – estime que l'éternité ne sera pas suffisamment longue pour châtier un pécheur, Il lui inspire de commencer sur terre un dictionnaire.

Proverbe arabe apocryphe

Ce cinquième tome contient quelque 360 notices préparées par 75 rédacteurs issus d'une quinzaine de pays différents et formés à des disciplines très variées. Elles couvrent les lettres P à R. Le nombre et l'importance des philosophes dont le nom commence par P – que l'on songe à Platon, Pyrrhon, Panétius, Posidonius, Plutarque, Plotin, Porphyre, Proclus, Ptolémée, mais aussi, en français, aux multiples Philon, à Philopon, à Photius, pour n'en citer que quelques-uns – expliquent les dimensions inhabituelles de ce volume qui a dû être distribué en deux parties, et le temps qu'il a fallu pour le préparer. C'est donc avec un grand soulagement que je livre enfin cet ouvrage de 1883 pages, en priant les rédacteurs qui avaient soumis leurs notices aux dates prévues de bien vouloir excuser ce retard. Heureusement, le sixième et dernier tome, qui a été préparé en parallèle avec celui qui paraît aujourd'hui, est déjà dans un état bien avancé, de sorte qu'on peut espérer mettre un point final à l'entreprise dans un délai plus raisonnable.

Depuis la parution du tome précédent en 2005, nous avons perdu plusieurs proches collaborateurs du *Dictionnaire* : Goulven Madec, Pierre Hadot, Jacques Brunschwig et, tout récemment, Alain Segonds. Tout avaient soutenu ce projet depuis son origine et rédigé pour les différents tomes des notices substantielles. C'est en prenant exemple sur leur rigueur et leur générosité intellectuelles qu'il nous faudra, sans eux, achever cette entreprise.

Goulven Madec, qui nous a quittés le 20 avril 2008, avait rédigé plusieurs notices sur Ambroise, Augustin et d'autres figures de leur cercle intellectuel. Sa vie entière fut au service d'Augustin : avec le Père J. Folliet, lui aussi récemment décédé, il anima l'Institut des études augustiniennes ; dans le *Bulletin Augustinien* dont il fut longtemps le principal rédacteur il s'efforça, par ses critiques, parfois sévères, mais toujours justes, de garantir, au niveau international, la qualité scientifique de la production sans cesse croissante d'études sur Augustin ; enfin, par sa collaboration à l'*Augustinus-Lexikon,* il contribua à la consolidation de tout un savoir dont il avait suivi le développement au cours d'une longue carrière.

Le 16 avril 2010 disparut Jacques Brunschwig qui avait rédigé bon nombre de notices pour les différents tomes du *DPhA* et s'était associé avec beaucoup d'enthousiasme à une équipe de collègues plus jeunes engagés dans un projet de traduction et de commentaire des *Vies et doctrines des philosophes illustres* de

Diogène Laërce qui fit l'objet d'une publication en 1999. Sa modestie et son affabilité cachaient un immense savoir et une très vaste culture.

Quelques jours plus tard, le 25 avril 2010, Pierre Hadot nous a quittés à l'âge de 88 ans. Il fut, grâce à son enseignement à l'École Pratique des Hautes Études, l'une des principales sources d'inspiration de l'entreprise du *Dictionnaire des philosophes antiques*. J'ai évoqué ailleurs l'atmosphère de ses conférences où est né ce projet[1]. Il accepta d'écrire pour le premier tome une préface substantielle qui décrivait les objectifs et les grandes perpectives de notre projet, et il nous confia par la suite une liste savamment commentée des titres des ouvrages de Chrysippe. Les lecteurs de ce dictionnaire en général et de ce tome V en particulier savent le rôle capital que Pierre Hadot a joué dans le développement des études néoplatoniciennes. Ils ont régulièrement en mains ses travaux sur Plotin et Porphyre, notamment son *Porphyre et Victorinus,* qui retrouvait les structures de la métaphysique de Porphyre dans les traités de Marius Victorinus et proposait d'attribuer à Porphyre le commentaire anonyme sur le *Parménide* conservé dans le palimpseste de Turin, de même que ses pénétrantes analyses de plusieurs traités de Plotin. Sa bonté, sa simplicité, sa sérénité et aussi son humour, lui ont valu l'amitié de nombreux universitaires et chercheurs du monde entier. La maison de Limours et son splendide jardin ont accueilli d'innombrables collègues et étudiants, et ont été le lieu de fructueux échanges.

Un an plus tard, le 2 mai 2011, est subitement disparu, par suite d'un accident cardiaque, son élève et notre proche collègue, Alain-Philippe Segonds, à l'âge de 68 ans. Alain, qui a longtemps fait partie de l'UPR 76 du CNRS avant de rejoindre une équipe d'historiens de l'astronomie de l'Observatoire de Paris, a encouragé dès le début, en 1981, le projet du *Dictionnaire des philosophes antiques*. Il a rédigé plusieurs notices très savantes pour les divers tomes successifs. Mais ses plus impressionnantes contributions, co-signées avec Concetta Luna ou Henri Dominique Saffrey, ont été préparées pour ce tome V : il s'agit des notices « Patérios », « Périclès de Lydie », « Plutarque d'Athènes » et « Proclus de Lycie », cette dernière notice rassemblant sur 123 pages une masse d'informations de tous ordres qui est de nature à orienter pendant longtemps les recherches sur Proclus. Pour travailler simultanément sur de nombreux sujets en rejoignant presque chaque jour des collaborateurs différents, à l'Observatoire, au Saulchoir ou aux Belles Lettres, il fallait une rigoureuse méthode de travail, une mémoire exceptionnelle et une facilité extrême à établir des liens entre toutes les données qu'il avait enregistrées. Alain savait s'intéresser aux travaux de ses collègues. Lorsqu'il accusait réception d'un ouvrage ou d'un tiré-à-part, on voyait par ses remarques qu'il avait pris le temps de le lire. Il était toujours le premier à nous faire part des observations qu'il avait notées à la lecture des différents tomes du *DPhA* qu'il recevait. A défaut de son aide, nous devrons désormais tirer profit de l'image du chercheur enthousiaste, dynamique et exigeant qu'il laisse dans notre souvenir.

---

1. Voir R. Goulet, « Pierre Hadot 1922-2010 », *IJPlTr* 4, 2010 p. 109-113.

Ce n'est pas sans une certaine appréhension que l'on confie à l'éditeur un ouvrage aussi complexe, comptant des milliers de noms anciens et de références à la littérature secondaire, traduit de plusieurs langues européennes, surtout lorsque pour assurer un contrôle maximal sur les informations et préserver la possibilité d'ajouter et de modifier des notices jusqu'à la dernière minute, on décide de prendre en charge l'ensemble de la chaîne éditoriale jusqu'à la mise en page finale. Heureusement, comme ce fut le cas pour les tomes précédents, la lecture attentive des notices par Marie-Odile Goulet-Cazé a permis d'éliminer de nombreuses imperfections et a conféré à l'ensemble une plus grande cohérence. Pour sa part, Maroun Aouad a procédé à l'identification et à la normalisation onomastique des nombreux noms syriaques et arabes de l'*Index nominum,* en appliquant les règles qu'il avait mises au point pour les tomes précédents. Qu'il en soit remercié, de même que plusieurs collègues qui ont accepté de relire, réviser ou compléter les notices du présent tome.

Enfin, je remercie une fois de plus les auteurs qui m'ont fait parvenir leurs ouvrages ou des tirés à part de leurs publications. Compte tenu de l'éclatement actuel de la bibliographie scientifique en des revues et des recueils toujours plus nombreux, c'est pour eux une garantie supplémentaire de voir leurs études les plus récentes prises en compte dans les notices du *Dictionnaire*.

RICHARD GOULET.

Toute correspondance peut être adressée à

Richard Goulet
4, rue de l'Abbaye
F – 92160 ANTONY

Munich, Glyptothek, Inv. 548 : Buste de Platon type Boehringer
(copie d'époque romaine d'un original du milieu du IVe siècle av. J.-C.).

Naples, Musée National, Inv. 6142 : Buste de Posidonius (copie d'époque augustéenne d'un original de la première moitié du Iᵉʳ siècle av. J.-Chr.).

(Photo D-DAI-ROM-62.0860)

AUTEURS DES NOTICES DU TOME V

Francesca ALESSE

Istituto per il Lessico Intellettuale Europeo e Storia delle Idee del Consiglio Nazionale delle Ricerche
P 26 ; 196 ; R 17.

Keimpe ALGRA

Université d'Utrecht
P 267.

Eugenio AMATO

Université de Nantes
P 294.

Janick AUBERGER

Université du Québec à Montréal
P 236.

Yasmina BENFERHAT

Université Nancy 2
P 28 ; 60 ; 190 ; 222 ; 230 ; 254 ; 255.

Emmanuel BERMON

Université Bordeaux III - Institut Universitaire de France
R 8.

Giuseppe BEZZA

Università di Bologna, Facoltà di Conservazione dei Beni Culturali (Ravenna)
P 263.

Véronique BOUDON-MILLOT

C. N. R. S. (Paris)
P 5 ; 118 ; 137 ; 191 ; 237 ; 317 ; 324 ; Q 2.

Luc BRISSON

C. N. R. S. (Villejuif)
P 38 ; 63 ; 85 ; 106 ; 172 ; 195 ; 263 ; 288 ; 297 ; 300 ; 304 ; 339 ; R 6.

Jacques BRUNSCHWIG †

Université de Paris I (Panthéon-Sorbonne)
P 275.

Aude BUSINE

Université Libre de Bruxelles (U.L.B.) – Fonds de la Recherche Scientifique (F.N.R.S.)
P 263.

José María CAMACHO ROJO

Universidad de Granada
P 334.

Christophe CHANDEZON

Université Montpellier III
P 209.

Riccardo CHIARADONNA

Università degli Studi Roma Tre

P 263.

Michael CHASE

C. N. R. S. (Villejuif)

P 263.

Pierre CHIRON

Université de Paris-Est – Institut Universitaire de France

P 232.

Cristina D'ANCONA

Università di Pisa

P 205.

Gianluca DEL MASTRO

Dipartimento di Filologia Classica "Francesco Arnaldi" – Università di Napoli Federico II

P 143.

Paul DEMONT

Université de Paris-Sorbonne (Paris-IV)

P 302.

Monique DIXSAUT

Université de Paris I.

P 195.

Tiziano DORANDI

C. N. R. S. (Villejuif)

P 16 ; 20 ; 45 ; 46 ; 59 ; 97 ; 107 ; 122 ; 131 ; 136 ; 146 ; 174 ; 184 ; 220 ; 225 ; 228 ; 233 ; 241 ; 242 ; 247 ; 314 ; 319 ; 320 ; 338 ; 340 ; 343 ; Q 1.

Louis-André DORION

Université de Montréal

P 195.

Michèle DUCOS

Université de Paris IV (Sorbonne)

P 3 ; 8 ; 35 ; 52 ; 64 ; 84 ; 87 ; 200 ; 203 ; 253 ; 256 ; 261 ; 258 ; 271 ; R 1 ; 7 ; 13.

Gerhard ENDRESS

Ruhr-Universität Bochum

P 292.

Christophe ERISMANN

Université de Lausanne

P 263.

Anne-Marie FAVREAU-LINDER

Université Blaise Pascal, Clermont-Ferrand

P 218.

Jacqueline FEKE

Stanford University

P 315.

Franco FERRARI

Università degli studi di Salerno

P 195.

Simone FOLLET	Université de Paris IV (Sorbonne) P 135 ; 165 ; 166 ; 176 ; 186 ; 231 ; Q 4.
Françoise FRAZIER	Université de Paris Ouest Nanterre La Défense – UMR 7041 ArScAn (équipe THEMAM) P 209.
Pedro Pablo FUENTES GONZÁLEZ	Universidad de Granada P 110 ; 132 ; 153 ; 260 ; 334 ; R 10 ; 11.
Emma GANNAGÉ	Georgetown University, D.C. P 164.
Valentina GARULLI	Università di Bologna P 265.
Giovanna R. GIARDINA	Università degli Studi di Catania P 154 ; 164.
Richard GOULET	C. N. R. S. (Villejuif) P 11 ; 12 ; 13 ; 14 ; 17 ; 18 ; 24 ; 25 ; 27 ; 33 ; 36 ; 37 ; 39 ; 40 ; 53 ; 57 ; 65 ; 66 ; 67, 69 ; 70 ; 74 ; 75 ; 82 ; 92 ; 93 ; 95 ; 109 ; 112 ; 114 ; 120 ; 121 ; 123 ; 127 ; 138 ; 140 ; 145 ; 147 : 148 ; 149 ; 151 ; 152 ; 155 ; 157 ; 158 ; 159 ; 162 ; 163 ; 164 ; 167 ; 189 ; 193 ; 195 ; 197 ; 198 ; 208 ; 213 ; 214 ; 216 ; 223 ; 227 ; 229 ; 235 ; 243 ; 245 ; 246 ; 253 ; 259 ; 262 ; 263 ; 269 ; 272 ; 273 ; 275 ; 276 ; 282 ; 284 ; 285 ; 286 ; 289 ; 290 ; 291 ; 293 ; 295 ; 301 ; 303 ; 305 ; 306 ; 311 ; 322 ; 323 ; 329 ; 332 ; 335 ; 342 ; 345 ; R 2 ; 9 ; 16.
Marie-Odile GOULET-CAZÉ	C. N. R. S. (Villejuif) P 9 ; 21 ; 22 ; 23 ; 43 ; 49 ; 51 ; 58 ; 79 ; 108 ; 133 ; 171 ; 179 ; 199 ; 226 ; 251 ; 270.
Jean-Baptiste GOURINAT	C. N. R. S. (Paris) P 83 ; 161.
Christian GUÉRARD †	C. N. R. S. (Paris) P 161 ; 266.
Olivier GUERRIER	Université Toulouse-Le Mirail P 209.
Dimitri GUTAS	Department of Near Eastern Languages and Civilizations, Yale University P 195.

Henri HUGONNARD-ROCHE   C.N.R.S. (Villejuif)
                               P 61 ; 263 ; 283.

Katerina IERODIAKONOU   Université d'Athènes
                               P 312.

Frédérique ILDEFONSE   C.N.R.S. (Villejuif)
                               P 195.

Giovanni INDELLI   Università di Napoli Federico II
                               P 142.

Maijastina KAHLOS   University of Helsinki – Helsinki
                               Collegium for Advanced Studies
                               P 274.

François KIRBIHLER   Université de Nancy 2
                               P 206 ; 224 ; R 12.

Inna KUPREEVA   Université d'Edinburgh
                               P 217.

Marie-Luise LAKMANN   Institut für neutestamentliche Text-
                               forschung, Münster
                               R 5.

Jörn LANG   Université Leipzig – Institut für Klassische
                               Archäologie und Antikenmuseum
                               P 40 ; 195 ; 205 ; 267.

Alain LE BOULLUEC   École pratique des Hautes-Études – V^e
                               section.
                               P 15 ; 31 ; 187 ; 188.

Georges LEROUX   Université du Québec à Montréal
                               P 195.

Francesca LONGO AURICCHIO   Università di Napoli Federico II
                               P 142.

Concetta LUNA   Scuola Normale Superiore di Pisa
                               P 209 ; 292.

Constantin MACRIS   C. N. R. S. (Villejuif)
                               P 2 ; 19 ; 42 ; 44 ; 71 ; 72 ; 73 ; 77 ; 81 ; 86 ;
                               89 : 96 ; 98 ; 99 ; 103 ; 109 ; 141 ; 160 ; 168 ;
                               169 ; 170 ; 178 ; 180 ; 181 ; 182 ; 183 ; 185 ;
                               212 ; 215 ; 219 ; 234 ; 238 ; 240 ; 244 ; 263 ;
                               264 ; 287 ; 299 ; 307 ; 308 ; 313 ; 328 ; 337 ;
                               341 ; R 3 ; 4.

Pierre MARAVAL	Université de Paris IV (Sorbonne) P 4 ; 10 ; 50 ; 55 ; 56 ; 76 ; 100 ; 104 ; 124 ; 126 ; 211 ; 252 ; 279 ; 316 ; 325 ; 336.
Serge MOURAVIEV	Chercheur indépendant P 68.
Robert MULLER	Université de Nantes P 6 ; 29 ; 32 ; 48 ; 102 ; 125 ; 156 ; 177 ; 201 ; 249.
Valérie NAAS	Université de Paris IV (Sorbonne) P 204.
Michel NARCY	C. N. R. S. (Villejuif) P 91 ; 105 ; 195 ; 239 ; 296 ; 309.
Denis O'Brien	C. N. R. S. (Villejuif) P 40.
Brigitte PEREZ	Université Paul-Valéry Montpellier III P 327.
Matthias PERKAMS	Institut für Philosophie und Altertums-wissenschaften, Friedrich-Schiller-Univer-sität Jena P 280.
Bernadette PUECH	Université de Nancy 2 P 1 ; 30 ; 34 ; 41 ; 62 ; 78 ; 88 ; 94 ; 101 ; 111 ; 113 ; 115 ; 116 ; 117 ; 119 ; 128 ; 129 ; 130 ; 139 ; 192 ; 202 ; 207 ; 209 ; 221 ; 268 ; 298 ; 326 ; 330 ; 331 ; 344 ; Q 3 ; R 14 ; 15.
Patrick ROBIANO	Professeur agrégé de lettres classiques P 134 ; 144.
Sylvain ROUX	Université de Poitiers P 131 ; 195.
David T. RUNIA	The University of Melbourne P 150.
Henri Dominique SAFFREY	C. N. R. S. (Paris) P 54 ; 80.
George SALIBA	Columbia University P 315.
Sylvain J. G. SANCHEZ	Institut de recherche pour l'étude des religions, Université de Paris IV-Sorbonne) P 281.

Anna SANTONI
Scuola Normale Superiore di Pisa
P 7.

Jacques SCHAMP
Université de Fribourg (Suisse)
P 175.

Jean-Pierre SCHNEIDER
Université de Neuchâtel (Suisse)
P 47 ; 90 ; 173 ; 194 ; 248 ; 250 ; 277 ; 278 ; 310.

Alain SEGONDS †
C. N. R. S. (Paris)
P 54 ; 80 ; 209 ; 292.

Stéphane TOULOUSE
École Normale Supérieure (Paris)
P 318 ; 321 ; 322.

Marco ZAMBON
Dipartimento di storia, Università di Padova
P 263.

ABRÉVIATIONS[2]

I. Revues et périodiques

A&A — *Antike und Abendland.* Beiträge zum Verständnis der Griechen und Römer und ihres Nachlebens. Berlin.

A&R — *Atene e Roma.* Rassegna trimestrale dell'Associazione italiana di cultura classica. Firenze.

AA — *Archäologischer Anzeiger.* Berlin.

AAA — Ἀρχαιολογικὰ Ἀνάλεκτα ἐξ Ἀθηνῶν. Athènes.

AAAH — *Acta ad Archaeologiam et Artium Historiam pertinentia.* Institutum Romanum Norvegiae, Roma.

AAAS — *Annales Archéologiques Arabes Syriennes.* Direction Générale des Antiquités et des Musées de la République Arabe Syrienne. Damas.

AAEEG — *Annuaire de l'Association pour l'encouragement des études grecques en France.* Paris.

AAHG — *Anzeiger für die Altertumswissenschaft,* hrsg. von der Österreichischen Humanistischen Gesellschaft. Innsbruck.

AAntHung — *Acta Antiqua Academiae Scientiarum Hungaricae.* Budapest.

AAP — *Atti dell'Accademia Pontaniana.* Napoli.

AAPal — *Atti dell'Accademia di Scienze, Lettere e Arti di Palermo.* Palermo.

AAPat — *Atti e Memorie dell'Accademia Patavina di Scienze, Lettere ed Arti,* Classe di Scienze morali, Lettere ed Arti. Padova.

AAT — *Atti della Accademia delle Scienze di Torino,* Classe di Scienze morali, storiche e filologiche. Torino.

---

2. Ces listes ont pour but de faciliter l'identification des sigles et des abréviations utilisés dans l'ouvrage. Il ne s'agit donc pas d'une bibliographie générale sur la philosophie antique. On n'y cherchera pas non plus une description bibliographique complète des périodiques et des collections qui y sont recensés. Les sigles adoptés sont le plus souvent ceux de l'*Année philologique.* On a retenu dans d'autres cas les usages établis dans les publications spécialisées (orientalisme, archéologie). Nombre de revues ont connu des changements dans leur titre, leur soustitre, leur système de tomaison et leur lieu de publication. Il nous était impossible de rendre compte de toutes ces variations. Certaines revues ont paru en plusieurs séries successives ayant chacune leur tomaison propre. Dans nos notices, nous n'avons pas précisé à quelle série correspondait la tomaison d'une référence lorsque la date de publication permettait facilement de la retrouver.

AATC	*Atti e Memorie dell'Accademia Toscana "La Colombaria"*. Firenze.
AAWG	*Abhandlungen der Akademie der Wissenschaften in Göttingen*. Philologisch-historische Klasse. Göttingen. 3. Folge, 27, 1942 –. (Auparavant *AGWG*)
AAWM/GS	*Abhandlungen der Akademie der Wissenschaften (und der Literatur)*, Mainz, Geistes- und sozialwissenschaftliche Klasse. Wiesbaden.
AAWM/L	*Abhandlungen der Akademie der Wissenschaften (und der Literatur)*, Mainz, Klasse der Literatur. Wiesbaden.
AB	*Analecta Bollandiana*. Société des Bollandistes, Bruxelles.
ABAW	*Abhandlungen der Bayerischen (-1920 : Königl. Bayer.) Akademie der Wissenschaften*, Philosophisch-historische Klasse. München.
ABG	*Archiv für Begriffsgeschichte*. Bausteine zu einem historischen Wörterbuch der Philosophie. Bonn.
ABR	*Australian Biblical Review*. [Melbourne], Australia.
ABSA	*Annual of the British School at Athens*. London.
AbstrIran	*Abstracta Iranica*. Revue bibliographique pour le domaine irano-aryen publiée en Supplément à la revue *Studia Iranica*. Institut français d'iranologie. Téhéran/Leiden.
ABull	*The Art Bulletin*. A quarterly published by the College Art Association. New York.
AC	*L'Antiquité Classique*. Louvain-la-Neuve.
Accademia	*Accademia*. Société Marsile Ficin, Paris.
ACD	*Acta Classica Universitatis Scientiarum Debreceniensis*. Univ. Kossuth, Debrecen.
ACF	*Annuaire du Collège de France*. Paris.
AClass	*Acta classica. Verhandelinge van die Klassieke Vereniging van Suid-Afrik. Proceedings of the Classical Association of South Africa*. Pretoria, South Africa.
Acme	*Acme*. Annali della Facoltà di Filosofia e Lettere dell'Università statale di Milano. Milano.
ACPhQ	*American Catholic Philosophical Quarterly*. Washington, D.C.
ActSemPhilolErl	*Acta Seminarii Philologici Erlangensis*. Erlangen, puis Leipzig.
Adamantius	*Adamantius*. Notizario del Gruppo Italiano di Ricerca su «Origene e la tradizione alessandrina». Pisa.

ADFF	*Annali del Dipartimento di filosofia dell'Università di Firenze*. Firenze.
ADMG	*Abhandlungen der Deutschen Morgenländischen Gesellschaft*. Leipzig.
AE	voir *ArchEph*.
AEAtl	*Anuario de Estudios Atlánticos*. Madrid/Las Palmas.
AEFUE	*Anales de estudios filológicos de la Universidad de Extremadura*. Cáceres.
Aegyptus	*Aegyptus*. Rivista italiana di egittologia e di papirologia. Milano.
AEHE, IVᵉ sect.	*Annuaire de l'École pratique des Hautes Études*, Sciences historiques et philologiques. Paris.
AEHE, Vᵉ sect.	*Annuaire de l'École pratique des Hautes Études*, Sciences religieuses. Paris.
Aesculape	*Aesculape*. Revue mensuelle illustrée des lettres et des arts dans leurs rapports avec les sciences et la médecine. Société internationale d'histoire de la médecine. Paris.
Aevum	*Aevum*. Rassegna di scienze storiche, linguistiche e filologiche. Milano.
AFB	*Anuari di filologia, Secció D : Studia Graeca et Latina*. Barcelona.
AFLAix	*Annales de la faculté des lettres et sciences humaines d'Aix*. Gap.
AFLB	*Annali della Facoltà di Lettere e Filosofia di Bari*. Bari.
AFLC	*Annali della Facoltà di Lettere e Filosofia della Università di Cagliari*. Cagliari.
AFLL	*Annali della Facoltà di Lettere di Lecce*. Lecce.
AFLM	*Annali della Facoltà di Lettere e Filosofia, Università di Macerata*. Padova.
AFLN	*Annali della Facoltà di Lettere e Filosofia della Università di Napoli*. Napoli.
AFLNice	*Annales de la Faculté des lettres et sciences humaines de Nice*. Paris.
AFLP	*Annali della Facoltà di Lettere e filosofia dell'Università degli studi di Padova*. Firenze.
AFLPer	*Annali de la Facoltà di Lettere e Filosofia, 1. Studi classici*. Università degli Studi di Perugia.
AFLS	*Annali della Facoltà di Lettere et filosofia, Università di Siena*. Fiesole.

AFMC	*Annali della Facoltà di Magistero dell'Università di Cagliari.* Cagliari.
AFP	*Archivum Fratrum Praedicatorum.* Paris.
AGM(N)	*Sudhoffs Archiv für Geschichte der Medizin und Natur-wissenschaften.* Wiesbaden.
Agon	*Agon.* Journal of classical studies. Berkeley. (N'est paru que de 1967 à 1969.)
AGPh	*Archiv für Geschichte der Philosophie.* Berlin.
AGWG	*Abhandlungen der (-1921: Königl.) Gesellschaft der Wissenschaften zu Göttingen,* (à partir de 1893 :) Philolo-gisch-historische Klasse. (Berlin, puis) Göttingen. 1, 1838/ 1842 – 40, 1894/1895 ; N.F. 1, 1896/1897 – 25, 1930/1931 ; 3. Folge 1, 1932 – 26, 1940. Pour la suite, voir *AAWG.*
AHAW	*Abhandlungen der Heidelberger Akademie der Wissen-schaften,* Philosophisch-historische Klasse. Heidelberg.
AHB	*The Ancient History Bulletin.* Alberta Department of Classics. Calgary.
AHES	*Archive for History of Exact Sciences.* Berlin.
AHMA	*Archives d'Histoire doctrinale et littéraire du Moyen Âge.* Paris.
AHR	*American Historical Review.* Washington, D.C.
Aigis	*Aigis.* Elektronisk tidsskrift for klassiske studier i Norden, Københavns Universitet. [København].
AIHS	*Archives Internationales d'Histoire des Sciences.* Roma.
AIIS	*Annali dell'Istituto Italiano per gli Studi Storici.* Bologna.
AION (filol)	*Annali dell'Istituto Universitario Orientale di Napoli.* Dipar-timento di Studi del mondo classico e del Mediterraneo antico. Sezione filologico-letteraria. Napoli.
AIPhO	*Annuaire de l'Institut de Philologie et d'Histoire Orientales et Slaves de l'Université Libre de Bruxelles.* Bruxelles.
AIRCRU	*Annuario dell'Istituto Romeno di Cultura e Ricerca Uma-nistica.* Venezia.
AIV	*Atti dell'Istituto Veneto di Scienze, Lettere ed Arti,* Classe di Scienze morali e Lettere. Venezia.
AJA	*American Journal of Archaeology.* New York.
AJAH	*American Journal of Ancient History.* Cambridge, Mass.
AJP	*Australasian Journal of Philosophy.* Sidney, Australia.
AJPh	*American Journal of Philology.* Baltimore, Maryland.

AK	*Antike Kunst,* hrsg. von der Vereinigung der Freunde antiker Kunst in Basel. Olten.
AKG	*Archiv für Kulturgeschichte.* Berlin/Leipzig.
Akroterion	*Akroterion.* Quarterly for the Classics in South Africa. Dept. of Classics. Univ. of Stellenbosch.
Al-Andalus	*Al-Andalus.* Revista de las Escuelas de Estudios Arabes de Madrid y Granada. Madrid/Granada.
ALKGM	*Archiv für Literatur- und Kirchengeschichte des Mittelalters* mit Unterstützung der Görres-Gesellschaft. Freiburg im Br.
ALMA	*Archivum Latinitatis Medii Aevi* [Bulletin Du Cange]. Paris, puis Bruxelles.
Al-Mašriq	*Al-Mašriq.* Revue catholique orientale bi-mensuelle. Sciences, lettres, arts. Beyrouth.
Al-Muktataf	*Al-Muktataf.* An Arabic scientific review. Le Caire.
Altertum	*Das Altertum,* hrsg. vom Zentralinstitut für Alte Geschichte und Archäologie der Deutschen Akademie der DDR. Berlin.
AltsprUnt	*Der Altsprachliche Unterricht.* Arbeitshefte zu seiner wissenschaftlichen Begründung und praktischen Gestalt. Stuttgart.
AMal	*Analecta Malacitana.* Revista de la Sección de Filología de la Facultad de Filosofía y Letras. Malaga.
Ambix	*Ambix.* The Journal of the Society for the study of alchemy and early chemistry. Cambridge.
AnnMedStudCEU	*Annual of Medieval Studies at Central European University.* Budapest.
AN	*Aquileia Nostra.* Bollettino dell'Associazione nazionale per Aquileia. Aquileia.
Anabases	*Anabases. Traditions et réception de l'Antiquité.* Toulouse.
Analysis	*Analysis.* London.
AnatAnt	*Anatolia Antiqua.* Recueil de travaux publiés par l'Institut français d'études anatoliennes Georges Dumézil, Istanbul. Istanbul/Paris.
AncPhil	*Ancient Philosophy.* Pittsburgh, Penn.
AncSoc	*Ancient Society.* Louvain.
AncW	*The Ancient World.* Chicago, Ill.
Angelicum	*Angelicum.* Universitas a Sancto Thoma Aquinate in Urbe. Roma.
Annales E. S. C.	*Annales (Économie, Sociétés, Civilisations).* Paris.

Annali	*Annali dell'Istituto universitario orientale di Napoli.* Seminario di studi dell'Europa orientale. Pisa.
AnnEpigr	*L'Année Épigraphique.* Paris.
AnnIslam	*Annales Islamologiques.* Institut français d'archéologie orientale. Le Caire.
AnnMedHist	*Annals of Medical History.* New York.
AnnSE	*Annali di Storia dell'Esegesi.* Bologna.
Anregung	*Anregung.* Zeitschrift für Gymnasialpädagogik. München.
Antaios	*Antaios.* Stuttgart.
Antichthon	*Antichthon.* Journal of the Australian society for classical studies. Sydney.
Antike	*Die Antike.* Berlin (1925-1944).
AntikTanulm	*Antik Tanulmányok. Studia antiqua.* Budapest.
Antiquitas	*Antiquitas.* Rivista trimestrale di antichità classica. Salerno.
Antiquity	*Antiquity.* A quarterly review of archaeology. Newbury, Berks.
AntPhilos	*Antiquorum Philosophia.* An international journal. Pisa.
AOMV	*Annali dell'Ospedale Maria Vittoria di Torino.* Torino.
APSR	*The American Political Science Review.* Washington, D.C.
APAW	*Abhandlungen der (-1870: Königl. ; 1871-1917: Königl. Preuß. ; 1918-44: Preuß. ; puis :) Deutschen Akademie der Wissenschaften zu Berlin,* Philosophisch-historische Klasse. Berlin.
Apeiron	*Apeiron.* Department of philosophy, University of Alberta, Canada.
APf	*Archiv für Papyrusforschung und verwandte Gebiete.* Leipzig.
AQ	*Al-Qanṭara.* Revista de estudios árabes. Madrid.
Aquinas	*Aquinas.* Pontificia Università lateranense. Roma.
ARAA	*Atti della Reale Accademia di Archeologia, Lettere e Belle Arti di Napoli.* Napoli. Pour la suite, voir *RAAN*.
Arabica	*Arabica.* Revue d'études arabes. Leiden.
ARAM Periodical	*ARAM Periodical.* ARAM society for Syro-Mesopotamian studies. Oxford.
Araştırma	*Araştırma.* Istanbul.
Archaiognosia	Ἀρχαιογνωσία. Athènes.
ArchClass	*Archeologia Classica.* Rivista della Scuola nazionale di Archeologia, pubblicata a cura degli Istituti di Archeologia e

	Storia dell'arte greca e romana e di Etruscologia e antichità italiche dell'Università di Roma. Roma.
ArchDelt	*Ἀρχαιολογικὸν Δελτίον*. Athènes.
Archeion	*Archeion*. Archivio di storia della scienza. Roma.
ArchEph	*Ἀρχαιολογικὴ Ἐφημερίς (-1909 : Ἐφ. Ἀρχ.)*. Ἀρχαιολογικὴ ἑταιρεῖα. Athènes.
ArchGiurid	*Archivio Giuridico*. Pisa.
ArchGlottItal	*Archivio Glottologico Italiano*. Firenze.
ArchItalPsicol	*Archivio italiano di psicologia generale e del lavoro*. Torino.
ArchivFilos	*Archivio di Filosofia*. Pisa.
Archivum	*Archivum*. Revista de la Facultad de Filología. Oviedo.
ArchivPhilos	*Archiv für Philosophie*. Stuttgart.
ArchJuives	*Archives Juives*. Paris.
ArchOrient	*Archiv Orientální*. Praha.
ArchPhilos	*Archives de Philosophie*. Recherches et documentation. Paris.
ArchPhilosDroit	*Archives de philosophie du droit*. Paris.
Arctos	*Arctos. Acta philologica Fennica*, Helsinki.
Arethusa	*Arethusa*. Buffalo, N.Y.
ARF	*Appunti Romani di Filologia*. Studi e comunicazioni di filologia, linguistica e letteratura greca e latina. Pisa.
Argos	*Argos*. Revista de la Asociación Argentina de Estudios Clásicos. Buenos Aires.
Argumentation	*Argumentation*. An international journal on reasoning. Dordrecht.
ARID	*Analecta Romana Instituti Danici*. Odense.
ArtsAsiatiques	*Arts Asiatiques*. Paris.
ARW	*Archiv für Religionswissenschaft*. Leipzig/Berlin.
AS	*Anatolian Studies*. Journal of the British Institute of Archaeology at Ankara. London.
ASAA	*Annuario della Scuola Archeologica di Atene e delle Missioni Italiane in Oriente*. Roma
ASAW	*Abhandlungen der Sächsische Akademie der Wissenschaften zu Leipzig*, Philologisch-Historische Klasse. Berlin.
ASCL	*Archivio Storico per la Calabria e la Lucania*. Roma.
ASHF	*Anales del Seminario de Historia de la Filosofía*. Madrid.
AsiatStud	*Asiatische Studien. Études Asiatiques*. Berne.

ASMG	*Atti e Memorie della Società Magna Grecia.* Roma.
ASNP	*Annali della Scuola Normale Superiore di Pisa,* Classe di Lettere e Filosofia. Pisa.
ASPh	*Arabic Sciences and Philosophy.* Cambridge.
AsPhilos	*Asian philosophy.* An international journal of Indian, Chinese, Japanese, Buddhist, Persian and Islamic philosophical traditions. Abingdon.
ASR	*Annali di Scienze Religiose.* Milano.
Athena	Ἀθηνᾶ. Σύγγραμμα περιοδικὸν τῆς ἐν Ἀθήναις ἐπιστημονικῆς ἑταιρείας. Athènes.
Athenaeum	*Athenaeum.* Studi periodici di Letteratura e Storia dell'Antichità. Pavia.
Athenaion	Ἀθήναιον. Σύγγραμμα περιοδικόν. Athènes.
AU	*Der altsprachliche Unterricht.* Voir *AltsprUnt.*
Auctores Nostri	*Auctores Nostri.* Studi e testi di letteratura cristiana antica, Bari. (Sous ce titre de collection paraissent soit des monographies, soit des ouvrages collectifs ne comportant pas d'autre titre que celui de cette collection numérotée et qui par conséquent peuvent être assimilés à des fascicules de périodique.)
AUG	*Annales de l'Université de Grenoble.* Paris/Grenoble.
AugStud	*Augustinian Studies.* Augustinian Institute, Villanova University. Villanova, Penn.
Augustinianum	*Augustinianum.* Periodicum semestre Instituti Patristici Augustinianum. Roma.
Augustinus	*Augustinus.* Revista publicada por los Padres Agustinos recoletos. Madrid.
AUMur	*Anales de la Universidad de Murcia* (Letras). Murcia.
AW	*Antike Welt.* Zeitschrift für Archäologie und Kulturgeschichte. Mainz.
BA	*Bollettino d'Arte del Ministero della Pubblica Istruzione.* Roma.
BAB	*Bulletin de la Classe des Lettres de l'Académie Royale de Belgique.* Bruxelles.
BABesch	*Bulletin Antieke Beschaving.* Leiden.
BAClLg	*Bulletin semestriel de l'Association des Classiques de l'Université de Liège.* Stavelot.
BACTH	*Bulletin Archéologique du Comité des Travaux Historiques.* Ministère de l'Éducation nationale, Paris.

BAGB	*Bulletin de l'Association Guillaume Budé.* Paris.
BALAC	*Bulletin d'Ancienne Littérature et d'Archéologie Chrétienne.* Paris.
BAM	*Bulletin d'Archéologie Marocaine.* Casablanca.
BANL	*Boletín de la Academia Nacional de Letras.* Montevideo.
BAR	*Bulletin de l'Académie des sciences de l'U.R.S.S.* Leningrad, puis Moscou.
BASP	*Bulletin of the American Society of Papyrologists.* Oakville, Conn.
BAug	« Bulletin Augustinien » dans *REAug.*
BBG	*Blätter für das Bayerische Gymnasialschulwesen.* München.
BBGG	*Bollettino della Badia greca di Grottaferrata.* Congregazione d'Italia dei Monaci Basiliani. Grottaferrata.
BCAI	*Bulletin critique des Annales Islamologiques.* Supplément aux *Annales Islamologiques.* Institut français d'archéologie orientale. Le Caire.
BCH	*Bulletin de Correspondance Hellénique.* Paris.
BCO	*Bibliotheca Classica Orientalis.* Dokumentation der altertumswissenschaftlichen Literatur der Sowjetunion und der Länder der Volksdemokratien. Berlin.
BE	« Bulletin épigraphique » dans *REG.* Voir aussi *BullÉpigr.*
BEO	*Bulletin d'Études Orientales,* publié par l'Institut français de Damas. Beyrouth.
Berytus	*Berytus.* Archaeological Studies published by the Museum of Archaeology of the American University of Beirut. Beirut.
Bessarione	*Bessarione.* Pubblicazione periodica di studi orientali. Roma.
BFAUE	*Bulletin of the Faculty of Arts of University of Egypt.* Le Caire.
BFCl	*Bollettino di Filologia Classica.* Torino.
BHM	*Bulletin of the History of Medicine.* Baltimore, Md.
BHR	*Bibliothèque d'Humanisme et Renaissance : travaux et documents.* Genève.
BIAO	*Bulletin de l'Institut français d'Archéologie Orientale.* Le Caire.
BiblH&R	Voir *BHR.*
BiblMath	*Bibliotheca Mathematica.* A series of monographs on pure and applied mathematics. Amsterdam.

BICS	*Bulletin of the Institute of Classical Studies.* University of London.
BIDR	*Bullettino dell'Istituto di Diritto Romano.* Milano.
BIEH	*Boletín del Instituto de Estudios Helénicos.* Barcelona.
BIE	*Bulletin de l'Institut d'Égypte.* Le Caire.
Bilychnis	*Bilychnis.* Roma.
BISI	*Bullettino dell'Istituto Storico Italiano* (puis : *per il Medio evo*(. Roma.
BJRL	*Bulletin of the John Rylands Library.* Manchester
BK	*Bedi Karthlisa.* Revue de kartvélologie (Études géorgiennes et caucasiennes). Destin de la Géorgie. Paris. Devenu, à partir de 1985, *Revue des études géorgiennes et caucasiennes.*
BLE	*Bulletin de Littérature Ecclésiastique.* Toulouse.
BLR	*The Bodleian Library Record.* Oxford.
BMAH	*Bulletin des Musées royaux d'Art et d'Histoire.* Bruxelles.
BMGS	*Byzantine and Modern Greek Studies.* The Centre for Byzantine, Ottoman and Modern Greek Studies, University of Birmingham. Leeds.
BMQ	*British Museum Quarterly.* London.
BO	*Bibliotheca Orientalis,* uitg. van het Nederlandsch Instituut voor het Nabije Oosten. Leiden.
BollClass	*Bollettino dei classici,* a cura del Comitato per la preparazione dell'edizione nazionale dei classici greci e latini. Roma.
BollIstFilolGreca	*Bolletino dell' Istituto di Filologia Greca. Università di Padova.* Roma.
BollItStudOr	*Bollettino Italiano degli Studii Orientali.* Firenze.
BonnerJb	*Bonner Jahrbücher des Rheinischen Landesmuseums in Bonn und des Vereins von Altertumsfreunden im Rheinlande.* Köln.
Boreas	*Boreas.* Münstersche Beiträge zur Archäologie. Münster.
BPhW	*Berliner Philologische Wochenschrift.* Leipzig/Berlin. (Suite : *PhW*).
BPJAM	*Bochumer Philosophisches Jahrbuch für Antike und Mittelalter.* Amsterdam.
BQR	*British Quarterly Review.* London.
BRGK	*Bericht der Römisch-Germanischen Kommission des Deutschen Archäologischen Instituts.* Berlin.
BSAA	*Bulletin de la Société Archéologique d'Alexandrie.* Alexandrie.

BSAC	*Bulletin de la Société d'archéologie copte.* Le Caire.
BSFI	*Bollettino della Società Filosofica Italiana.* Roma.
BSOAS	*Bulletin of the School of Oriental and African Studies.* London.
BStudLat	*Bollettino di Studi Latini.* Periodico quadrimestrale d'informazione bibliografica. Napoli.
BullÉpigr	« Bulletin épigraphique » dans *REG*.
BullGéod	*Bulletin Géodésique.* Official Journal of the International Association of Geodesy & International Union of Geodesy and Geophysics. Berlin.
BullHispan	*Bulletin Hispanique.* Faculté des Lettres et Sciences Humaines de l'Université de Bordeaux III.
BullPhilosMed	*Bulletin de Philosophie Médiévale.* Société internationale pour l'étude de la philosophie médiévale. Louvain.
BullScMath	*Bulletin des Sciences Mathématiques et astronomiques.* Paris, réimpr. Amsterdam.
BWPr	*Winckelmannsprogramm der Archäologischen Gesellschaft zu Berlin.* Berlin.
Byrsa	*Cahiers de Byrsa.* Musée Lavigerie (Carthage, Tunisie). Paris.
Byzantino-Bulgarica	*Byzantino-Bulgarica.* Sofia.
Byzantion	*Byzantion.* Revue internationale des études byzantines. Bruxelles.
ByzF	*Byzantinische Forschungen.* Internationale Zeitschrift für Byzantinistik. Amsterdam.
ByzJ	*Byzantinisch-neugriechische Jahrbücher.* Athènes.
ByzS	*Byzantinoslavica.* Revue internationale des études byzantines. Praha.
ByzZ	*Byzantinische Zeitschrift.* München.
C&M	*Classica et Mediaevalia.* Revue danoise d'histoire et de philologie publiée par la Société danoise pour les études anciennes et médiévales. København.
C&S	*Cultura e Scuola.* Roma.
Caesaraugusta	*Caesaraugusta.* Arqueología, prehistoria, historia antigua. CSIC, Inst. Fernandino el Católico. Zaragoza.
Caesarodunum	*Caesarodunum.* Institut d'études latines de l'Université de Tours.
CahSWeil	*Cahiers Simone Weil.* Revue trimestrielle publiée par l'Association pour l'étude de la pensée de Simone Weil. Paris.
CanJPhilos	*Canadian Journal of Philosophy.* Calgary, Alberta.

CArch	*Cahiers Archéologiques*. Paris.
Cathedra	*Cathedra for the History of Eretz-Israel and its Yishuv.* Jérusalem.
CB	*The Classical Bulletin*. Saint-Louis, Mo.
CCC	*Civiltà Classica e Cristiana*. Genova.
CCG	*Cahiers du Centre Gustave-Glotz*. Paris.
CCM	*Cahiers de Civilisation Médiévale*. Poitiers.
CE	*Chronique d'Égypte*. Bruxelles.
CEA	*Cahiers des Études Anciennes*. Montréal.
Centaurus	*Centaurus*. International magazine of the history of mathematics, science and technology. København.
CentrblBiblwes	*Centralblatt für Bibliothekswesen* (devenu par la suite *Zentralblatt für Bibliothekswesen*). Leipzig.
CF	*Classical Folia*. Studies in the christian perpetuation of the Classics. New York.
CFC(G)	*Cuadernos de Filología Clásica* (Estudios Griegos e indoeuropeos). Madrid.
CFC(L)	*Cuadernos de Filología Clásica*. Estudios Latinos. Madrid.
CH	*Church History*. American Society of Church History, Chicago, Ill.
Chiron	*Chiron*. Mitteilungen der Kommission für alte Geschichte und Epigraphik des Deutschen Archäologischen Instituts. München.
CHM	*Cahiers d'Histoire Mondiale*. Paris/Neufchâtel.
CI	*Classics Ireland*. Dublin.
Ciceroniana	*Ciceroniana. Rivista del Centro di studi ciceroniani*. Firenze.
CIMA	*Cahiers de l'Institut du Moyen Age grec et latin*. København.
CISA	*Contributi dell'Istituto di Storia Antica dell'Università del Sacro Cuore*. Milano.
CiudDios	*La Ciudad de Dios*. Revista cuatrimestral publicada por los PP. Agustinos de el Escorial. El Escorial.
CJ	*The Classical Journal*. Athens (Georgia).
CJPS	*Canadian Journal of Political Science*. Toronto, Ontario.
CL	*Corolla Londiniensis*. Amsterdam.
ClAnt	*Classical Antiquity*. Berkeley.
Clio	*Clio. Histoire, Femmes et Sociétés*. Paris.
CollectFrancisc	*Collectanea Franciscana*. Roma.

CollectTheol	*Collectanea Theologica Societatis theologorum Polonae cura edita.* Varsovie.
Contributo	*Contributo.* Osservatorio astrofisico, Arcetri. Firenze.
CPE	*Connaissance des Pères de l'Église.* Montrouge.
CPh	*Classical Philology.* Chicago, Ill.
CPhS	*Les Cahiers Philosophiques de Strasbourg.* Strasbourg.
CQ	*Classical Quarterly.* Oxford.
CQR	*Church Quarterly Review.* London.
CR	*Classical Review.* Oxford.
CRAI	*Comptes Rendus de l'Académie des Inscriptions et Belles-Lettres.* Paris.
CRASR	*Comptes Rendus de l'Académie des Sciences de Russie.* Leningrad.
CronErc	*Cronache Ercolanesi.* Bollettino del Centro internazionale per lo studio dei Papiri Ercolanesi. Napoli.
CrSt	*Cristianesimo nella Storia.* Ricerche storiche esegetiche teologiche. Bologna.
CSCA	*California Studies in Classical Antiquity.* Berkeley (devenu à partir de 1982 *Classical Antiquity*).
CT	*Les Cahiers de Tunisie.* Tunis.
CuadFilos	*Cuadernos de Filosofía.* Buenos Aires.
CW	*Classical Weekly.* New York.
CWo	*The Classical World.* Pittsburgh, Penn.
DA	*Dissertation Abstracts.* International abstracts of dissertations available in microfilm or as xerographic reproductions. Ann Arbor, Mich.
Dacia	*Dacia.* Revue d'archéologie et d'histoire ancienne. Bucarest.
DArch	*Dialoghi di Archeologia.* Roma.
DAWW	*Denkschriften der Akademie der Wissenschaften in Wien.* Wien.
DCG	*Didactica Classica Gandensia.* Gand.
DeutscheRschau	*Deutsche Rundschau für Geographie und Statistik.* Wien/Leipzig.
DGT	*Drevnejsije Gosudarstva na territorii SSSR. Les États les plus importants sur le territoire de l'URSS.* Matériaux et Recherches. Moskva.
DHA	*Dialogues d'Histoire Ancienne.* Paris.

Diadoche	*Διαδοχή.* Revista des Estudios de Filosofia Platonica y Cristiana. Instituto de Filosofia de la Universidad Católica de Chile in Santiago – Departamento de Filosofia de la Universidad Argentina John F. Kennedy.
Diálogos	*Diálogos.* Revista del Departamento de filosofía. Universidad de Puerto Rico.
Dialogue	*Dialogue.* Revue canadienne de philosophie. Canadian philosophical review. Kingston/Montréal.
Didaskalia	*Didaskalia.* Revista da Faculdade de teologia de Lisboa. Lisboa.
Dioniso	*Dioniso.* Rivista trimestrale di studi sul teatro antico. Siracusa.
Dionysius	*Dionysius.* Dalhousie University, Halifax, Nova Scotia.
Diotima	*Diotima.* Revue de recherche philosophique. Athènes.
DivThomP	*Divus Thomas.* Piacenza.
DLZ	*Deutsche Literaturzeitung für Kritik der internationalen Wissenschaft.* Berlin.
Dodone	*Δωδώνη. Ἐπιστημονικὴ ἐπετηρὶς τῆς Φιλοσοφικῆς Σχολῆς τοῦ Πανεπιστημίου Ἰωαννίνων.* Ioannina.
DOP	*Dumbarton Oaks Papers.* New York.
Downside	*The Downside Review.* A quarterly of catholic thought and of monastic history. Bath.
DR	*Dublin Review.* Dublin
DSTFM	*Documenti e Studi sulla Tradizione Filosofica Medievale.* Rivista della Società internazionale per lo studio del medioevo latino. Spoleto.
Durius	*Durius.* Boletin castellano de estudios clasicos. Valladolid.
E&W	*East and West.* A quarterly published by the Istituto Italiano per l'Africa e l'Oriente. Roma.
EA	*Epigraphica Anatolica.* Zeitschrift für Epigraphik und historische Geographie Anatoliens. Bonn.
EClás	*Estudios Clásicos.* Madrid.
EEAth	*Ἐπιστημονικὴ Ἐπετηρὶς τῆς φιλοσοφικῆς Σχολῆς τοῦ Πανεπιστημίου Ἀθηνῶν.* Athènes.
EHBS	*Ἐπετηρὶς Ἑταιρείας Βυζαντινῶν Σπουδῶν.* Athènes.
EHR	*English Historical Review.* London.
Eidola	*Eidola.* International Journal of Classical Art History. Pisa.
Eikasmos	*Eikasmos.* Quaderni bolognesi di filologia classica. Bologna.

Eirene	*Eirene*. Studia Graeca et Latina. Praha.
EL	*Études de Lettres*. Revue de la Faculté des lettres de l'Université de Lausanne. Lausanne.
Elenchos	*Elenchos*. Rivista di studi sul pensiero antico. Roma/Napoli.
EMC	*Échos du Monde Classique. Classical News and Views*. Calgary, Alberta.
Emerita	*Emerita*. Revista de Lingüística y Filología clásica. Madrid.
Enchoria	*Enchoria*. Zeitschrift für Demotistik und Koptologie. Wiesbaden.
Enrahonar	*Enrahonar. Quaderns de filosofia*. Barcelona.
EO	*Échos d'Orient*. Paris.
Eos	*Eos*. Commentarii Societatis Philologae Polonorum. Wrocław.
EPh	*Études Philosophiques*. Paris.
EpigrStud	*Epigraphische Studien*. Köln.
EPlaton	*Études Platoniciennes*. Publication annuelle de la Société d'études platoniciennes. Paris.
Epos	*Epos*. Revista de filología de la Universidad nacional de educación a distancia (Facultad de filología). Madrid.
Eranos	*Eranos*. Acta Philologica Suecana. Uppsala.
Eranos-Jb	*Eranos-Jahrbüch*. Zürich, puis Woodstock, Conn.
Erasmus	*Erasmus*. Speculum Scientiarum. Bulletin international de la science contemporaine. Wiesbaden.
EstudEccles	*Estudios ecclesiasticos. Revista teologica de investigacion*. Facultades de Teologia de la Compaña de Jésus en España, Madrid.
EstudFilos	*Estudios Filosóficos*. Instituto superior de filosofía. Valladolid.
EThL	*Ephemerides Theologicae Lovanienses*. Louvain-la-Neuve/ Leuwen.
Eunomia	*Eunomia*. Ephemeridis Listy filologické supplementum. Praha.
ExClass	*Exemplaria Classica*. Revista de filología clásica. Lisboa.
Expositor	*The Expositor*. London.
F&F	*Forschung und Fortschritte*. Korrespondenzblatt der deutschen Wissenschaft und Technik. Berlin.
Faventia	*Faventia*. Publicació del Departament de filologia clàssica de la Universitat autònoma de Barcelona. Barcelona.

Filomata (Kraków)   *Filomata.* Uniwersytet Jagielloński. Katedra Filologii Klasycznej. Kraków.

Filosofia   *Filosofia.* Rivista quadrimestrale. Milano.

FlorIlib   *Florentia Iliberritana.* Revista de estudios de antigüedad clásica. Granada.

Fortunatae   *Fortunatae.* Revista Canaria de filología, cultura y humanidades clásicas. La Laguna (Canarias).

FranciscStud   *Franciscan Studies.* A quarterly review. New York.

FT   *Filosofia e Teologia.* Napoli.

FZPhTh   *Freiburger Zeitschrift für Philosophie und Theologie.* Freiburg in der Schweiz.

G&R   *Greece and Rome.* Oxford.

Galenos   *Galenos.* Rivista di filologia dei testi medici antichi. Pisa.

Gallaecia   *Gallaecia.* Publicación do Departamento de Historia, Facultade de Xeografía et Historia. Universidade de Santiago de Compostela. Sada (La Coruña).

GB   *Grazer Beiträge.* Zeitschrift für die klassische Altertumswissenschaft. Graz.

GCFI   *Giornale Critico della Filosofia Italiana.* Firenze.

GeogrAnt   *Geographia Antiqua.* Rivista di geografia storica del mondo antico e di storia della geografia. Firenze.

Gerion   *Gerion.* Madrid.

GFA   *Göttinger Forum für Altertumswissenschaft.* *http://gfa.gbv.de/*

GFF   *Giornale Filologico Ferrarese.* Ferrara.

GFPJ   *Graduate Faculty Philosophy Journal.* Charlottesville, Va.

GFRF   *Giornale Ferrarese di Retorica e Filologia.* Ferrara. (Suite de *GFF.*)

GGA   *Göttinger Gelehrte Anzeigen.* Göttingen. (Ce périodique interrompu en 1944 a paru de 1739 à 1752 sous le titre *Göttingische Zeitung von gelehrten Sachen,* de 1753 à 1801 sous le titre *Göttingische Anzeigen von gelehrten Sachen.*)

GIF   *Giornale Italiano di Filologia.* Rivista trimestrale di cultura. Roma.

Glotta   *Glotta.* Zeitschrift für griechische und lateinische Sprache. Göttingen.

GM   *Giornale di Metafisica.* Genova.

Gnomon   *Gnomon.* Kritische Zeitschrift für die gesamte klassische Altertumswissenschaft. München.

GOThR	*The Greek Orthodox Theological Review.* Brookline, Mass.
GRBS	*Greek, Roman and Byzantine Studies.* Durham, N. C.
Gregorianum	*Gregorianum.* Commentarii de re theologica et philosophica. Roma.
GSAI	*Giornale della Società Asiatica Italiana.* Roma.
GSLI	*Giornale Storico della Letteratura Italiana.* Torino.
Gymnasium	*Gymnasium.* Zeitschrift für Kultur der Antike und humanistische Bildung. Heidelberg.
H&T	*History and Theory.* Studies in the philosophy of history. Wesleyan University, Middletown, Conn.
HAnt	*Hispania Antiqua.* Colegio universitario de Alava.
HChrC	*Humanities. Christianity and Culture.* International Christian University. Tokyo.
Hebraica	*Hebraica.* A quarterly journal in the interest of Hebrew study. New Haven, Connecticut, puis Chicago, Ill.
HebrUCA	*Hebrew Union College Annual,* Cincinnati, Ohio.
Helikon	*Helikon.* Rivista di tradizione e cultura classica. Roma.
Hellenica	Ἑλληνικά. Φιλολογικόν, ἱστορικὸν καὶ λαογραφικὸν περιοδικὸν σύγγραμμα τῆς Ἑταιρείας Μακεδονικῶν Σπουδῶν. Thessalonique.
Henoch	*Henoch.* Studi storicofilologici sull'ebraismo. Biblioteca Paul Kahle, Università di Torino, Istituto di orientalistica. Torino.
Hephaistos	*Hephaistos.* Kritische Zeitschrift zur Theorie und Praxis der Archäologie, Kunstwissenschaft und angrenzender Gebiete. Bremen.
Hermathena	*Hermathena.* Trinity College, Dublin.
Hermeneus	*Hermeneus.* Tijdschrift voor de antieke Cultuur. Culemborg.
Hermes	*Hermes.* Zeitschrift für klassische Philologie. Wiesbaden.
Hesperia	*Hesperia.* Journal of the American school of classical studies at Athens. Athens.
Hespéris	*Hespéris.* Archives berbères et Bulletin de l'Institut des Hautes-Études Marocaines. Paris.
Hestia	Ἑστία. Athènes.
Hippokrates	*Hippokrates.* Annales Societatis Historiae Medicinae Fennicae. Helsinki.
Hispanic Review	*Hispanic Review.* Philadelphia, Penn.
HistMath	*Historia Mathematica.* International Journal of History of Mathematics. New York/London.

Historia	*Historia*. Zeitschrift für alte Geschichte. Wiesbaden.
HistSc	*Historia Scientiarum*. International Journal of the History of Science Society of Japan. Tokyo.
HJ	*Historisches Jahrbuch*. München.
HLB	*Harvard Literary Bulletin*. Cambridge, Mass.
Homine (De)	*De Homine*. Roma.
Horos	Ὅρος. Ἕνα ἀρχαιογνωστικὸ περιοδικό. Athènes.
HPBCD	*Historisch-politische Blätter für das Catholische Deutschland*. München.
HPQ	*History of Philosophy Quarterly*. Fox Chapel, Penn.
HPTh	*History of Political Thought*. Exeter.
HR	*History of Religions*. Chicago, Illinois.
HSCP	voir *HSPh*.
HSF	*Historische Sprachforschung (Historical Linguistics)*. Göttingen.
HSPh	*Harvard Studies in Classical Philology*. Cambridge, Mass.
HThR	*Harvard Theological Review*. Cambridge, Mass.
Hugoye	*Hugoye : Journal of Syriac Studies*. An electronic journal dedicated to the study of the Syriac tradition. Beth Mardutho : The Syriac Computing Institute. [http ://syrcom. cua. edu/Hugoye/].
Hyperboreus	*Hyperboreus. Studia classica*. St. Petersburg/München.
HZ	*Historische Zeitschrift*. München.
ICS	*Illinois Classical Studies*. University of Illinois, Chicago, Ill.
IEJ	*Israel Exploration Journal*. Jerusalem.
IJMES	*International Journal of Middle East Studies*. Cambridge.
IJPlTr	*International Journal of the Platonic Tradition*. Leiden.
IL	*L'Information Littéraire*. Paris.
Ilu	*Ilu*. Revista de ciencias de las religiones. Madrid.
Index	*Index*. Quaderni camerti di studi romanistici. International Survey of Roman Law. Napoli.
Ínsula	*Ínsula*. Revista de Letras y Ciencias Humanas. Madrid.
Interpretation	*Interpretation*. A Journal of political philosophy. Flushing, N.Y.
InvLuc	*Invigilata lucernis*. Rivista dell'Istituto di Latino, Università di Bari. Bari.
IOS	*Israel Oriental Studies*. Tel Aviv.

IPhQ	*International Philosophical Quarterly.* New York.
Iran-Šenâsı	*Iran-Šenâsı.* Téhéran.
Iraq	*Iraq,* published by the British school of archaeology in Iraq. London.
Irénikon	*Irénikon.* Bulletin mensuel des moines de l'union des Églises. Prieuré d'Amay sur Meuse.
Isis	*Isis.* An international review devoted to the history of science and its cultural influences. Washington, D.C.
Isl	*Der Islam.* Berlin.
IslCult	*Islamic Culture.* An English quarterly. Hyderabad.
ISPh	*International Studies in Philosophy.* Interdisciplinary Issues in Philosophy, Interpretation, and Culture. Binghampton, N.Y. (A remplacé à partir de 1974 les *Studi Internazionali di Filosofia.*)
IQ	*The Islamic Quarterly.* London.
Ítaca	*Ítaca.* Quaderns catalans de cultura classica. Barcelona.
Italianistica	*Italianistica.* Rivista di letteratura italiana. Milano.
Italica	*Italica.* Review of the American Association of teachers of Italian. Univ. of Michigan, Ann Arbor, Mich.
Iura	*Iura. Rivista internazionale di diritto romano e antico.* Napoli.
JA	*Journal Asiatique.* Paris.
JAAC	*Journal of Aesthetics and Art Criticism.* Malden, Mass.
Janus	*Janus.* Revue internationale de l'histoire des sciences, de la médecine, de la pharmacie et de la technique. Amsterdam.
JAOS	*Journal of the American Oriental Society.* Baltimore, Md.
JAW	*Jahresbericht über die Fortschritte der klassischen Altertumswissenschaft.* Leipzig et Göttingen.
JbAC	*Jahrbuch für Antike und Christentum.* Münster.
JBM	*Jahrbuch für das Bistum Mainz.* Mainz.
JbPTh	*Jahrbücher für Protestantische Theologie.* Leipzig.
JCS	*Journal of Classical Studies.* The Journal of the classical society of Japan, Kyôto.
JDAI	*Jahrbuch des Deutschen Archäologischen Instituts.* Berlin.
JDT	*Jahrbücher für Deutsche Theologie.* Stuttgart.
JEA	*Journal of Egyptian Archaeology.* London.

JECS	*Journal of Early Christian Studies.* Journal of the North American patristics society. Baltimore, Md.
JEH	*Journal of Ecclesiastical History.* Cambridge.
JewQRev	*Jewish Quarterly Review.* London/New York.
JHA	*Journal for the History of Astronomy.* Chalfont St. Giles, Bucks.
JHAS	*Journal for the History of Arabic Science.* Alep.
JHI	*Journal of the History of Ideas.* Ephrata, Penna & Philadelphia.
JHPh	*Journal of the History of Philosophy.* Berkeley, Calif.
JHR	*Journal of the History of Religion.* [Sidney, Australia]
JHS	*The Journal of Hellenic Studies.* London.
JIAN	*Journal International d'Archéologie Numismatique.* Athènes.
JJP	*Journal of Juristic Papyrology.* Warszawa.
JJS	*Journal of Jewish Studies.* Oxford.
JKPh	*Jahrbücher für klassische Philologie.* Leipzig. (Le périodique s'est intitulé diversement à différentes périodes de son histoire, de 1826 à 1943 : *Neue Jahrbücher für Philologie und Pädagogik, Neue Jahrbücher für das klassische Altertum, Geschichte und deutsche Literatur und für Pädagogik, Neue Jahrbücher für Wissenschaft und Jugendbildung, Neue Jahrbücher für deutsche Wissenschaft, Neue Jarhbücher für Antike und deutsche Bildung.*)
JLA	*Journal of Late Antiquity.* Johns Hopkins University. Baltimore, Md.
JMS	*Journal of Mithraic Studies.* London.
JMT	*Journal of Music Theory.* A publication of the Yale school of music. New Haven, Conn.
JNES	*Journal of Near Eastern Studies.* Chicago, Ill.
JNG	*Jahrbuch für Numismatik und Geldgeschichte.* Kallmünz.
JNStud	*Journal of Neoplatonic Studies.* Binghamton, N.Y.
JŒAI	*Jahreshefte des Österreichischen Archäologischen Instituts.* Wien.
JÖB	*Jahrbuch der Österreichischen Byzantinistik.* Wien. (Plus anciennement : *Jahrbuch der Österreichischen Byzantinischen Gesellschaft.*)
JŒBG	*Jahrbuch der Österreichischen Byzantinischen Gesellschaft.* Wien. (Devenu *Jahrbuch der Österreichischen Byzantinistik.*)

JP	*Journal of Philology*. London/Cambridge.
JPakHS	*Journal of the Pakistan Historical Society*. Karachi.
JPh	*Journal Philosophique*. Centre de recherche philosophique Saint Thomas d'Aquin. Paris.
JPhilos	*Journal of Philosophy*. New York.
JPsNP	*Journal de Psychologie Normale et Pathologique*. Paris.
JR	*Journal of Religion*. Chicago, Ill.
JRA	*Journal of Roman Archaeology*. Ann Arbor, Mich.
JRAS	*Journal of the Royal Asiatic Society*. London.
JRS	*Journal of Roman Studies*. London.
JS	*Journal des Savants*. Paris.
JSAI	*Jerusalem Studies in Arabic and Islam*. Jerusalem.
JSJ	*Journal for the Study of Judaism in the Persian, Hellenistic and Roman Period*. Leiden.
JSJT	*Jerusalem Studies in Jewish Thought*. Jérusalem.
JSQ	*Jewish Studies Quarterly*. Tübingen.
JSS	*Journal of Semitic Studies*. Manchester.
JThS	*Journal of Theological Studies*. Oxford.
JWCI	*Journal of the Warburg and Courtauld Institute*. London.
Kairos	*Kairos*. Zeitschrift für Religionswissenschaft und Theologie. Salzburg.
Karthago	*Karthago*. Revue d'archéologie africaine. Paris.
Kentron	*Kentron*. Revue du monde antique et de psychologie historique. Université de Caen.
KFLQ	*Kentucky Foreign Language Quarterly*. Lexington, Ky.
KJVF	*Kölner Jahrbuch für Vor- und Frühgeschichte*. Berlin.
KK	*Kagakusi Kenkyu*. Journal of History of Science. Tokyo.
Kleio	*Kleio*. Tijdschrift voor oude talen en antieke kultuur. Leuven.
Kleos	*Kleos*. *Estemporeano di studi e testi sulla fortuna dell'antico*. Bari.
Kléos	*Kléos*. Revista de filosofía antiga. Rio de Janeiro.
Kleronomia	*Κληρονομία*. Thessalonique.
Klio	*Klio*. Beiträge zur alten Geschichte. Berlin.
Koinonia	*Κοινωνία*. Organo dell'Associazione di Studi tardoantichi. Napoli.
Kokalos	*Κώκαλος*. Studi pubbl. dall'Istituto di Storia antica dell' Università di Palermo. Roma.

Ktèma	*Ktèma*. Civilisations de l'Orient, de la Grèce et de Rome antiques. Strasbourg, Centre de recherche sur le Proche-Orient et la Grèce antique et Groupe de recherche d'histoire romaine.
Kyklos	*Kyklos*. Jahrbuch des Instituts für Geschichte der Medizin an der Universität Leipzig, puis : Jahrbuch für Geschichte und Philosophie der Medizin. Leipzig.
L&G	*Latina et Graeca*. Zagrev.
Lampas	*Lampas*. Tijdschrift voor Nederlandse classici. Muiderberg.
Langages	*Langages*. Paris.
Latomus	*Latomus*. Revue d'études latines. Bruxelles.
LCM	*Liverpool Classical Monthly*. University of Liverpool, Department of Greek.
LD	*Letras de Deusto*. Bilbao.
LEC	*Les Études Classiques*. Namur.
Leonardo	*Leonardo*. Rassegna bibliografica. Milano.
Lexis	*Lexis. Studien zur Sprachphilosophie. Sprachgeschichte und Begriffsforschung*. Lahr im B.
LF	*Listy Filologické*. Praha.
Libyca	*Libyca*. Bulletin du Service des Antiquités (Archéologie, Épigraphie). Alger.
Litteris	*Litteris*. An international critical review of the humanities published by the New society of letters at Lund. Lund.
LNV	*Litterae Numismaticae Vindobonenses*. Wien.
Lustrum	*Lustrum*. Internationale Forschungsberichte aus dem Bereich des klassischen Altertums. Göttingen.
LS	*Leipziger Studien*. Leipzig.
LThPh	*Laval Théologique et Philosophique*. Québec.
Lychnos	*Lychnos*. Årsbok för idé- och lärdomshistoria. Annual of the Swedish History of Science Society. Uppsala.
LZB	*Literarisches Zentralblatt für Deutschland*. Leipzig.
M&H	*Medievalia et Humanistica*. An American journal for the Middle Ages and Renaissance. Boulder, Colo.
Maia	*Maia*. Rivista di letterature classiche. Bologna.
MAIB	*Memorie dell'Accademia (delle Reale Academia) delle Scienze dell'Istituto di Bologna*. Classe di Scienze morali. Bologna.
MaimonStud	*Maimonidean Studies*. New York.

MAL	Atti della (-1946 : Reale) Accademia (depuis 1921 :) nazionale dei Lincei. *Memorie della classe di scienze morali e storiche dell'Accademia dei Lincei.* Roma.
MALKAW	*Mededelingen der Koninklijke Nederlandse Akademie van Wetenschappen.* Afdeling Letterkunde. Amsterdam.
Manuscripta	*Manuscripta.* Saint-Louis, Mo.
MARS	*Mémoires de l'Académie Roumaine (Section scientifique).* Bucarest.
MAT	*Memorie dell'Accademia delle Scienze di Torino.* Classe di Scienze morali, storiche e filologiche. Torino.
MAWBL	*Mededelingen van de Koninklijke (-1971 Vlaamse) Academie voor Wetenschappen, Letteren en Schone Kunsten van België, Klasse der Letteren.* Brussel.
MCr	*Museum Criticum.* Quaderni dell'Istituto di filologia classica dell'Università di Bologna. Roma.
MD	*Materiali e Discussioni per l'analisi dei testi classici.* Pisa.
MDAFA	*Mémoires de la Délégation Archéologique Française en Afghanistan.* Paris.
MDAI(A)	*Mitteilungen des Deutschen Archäologischen Instituts* (Athenische Abteilung). Berlin.
MDAI(I)	*Mitteilungen des Deutschen Archäologischen Instituts* (Abteilung Istanbul). Tübingen.
MDAI(K)	*Mitteilungen des deutschen Instituts für ägyptische Altertumskunde in Kairo.* Augsburg, puis Berlin. (Devenu : *Mitteilungen des Deutschen archäologischen Instituts (Abteilung Kairo).* Berlin.]
MDAI(M)	*Mitteilungen des Deutschen Archäologischen Instituts* (Abteilung Madrid). Mainz.
MDAI(R)	*Mitteilungen des Deutschen Archäologischen Instituts* (Römische Abteilung). Mainz.
MEAH	*Miscelánea de estudios árabes y hebraicos.* Granada.
Meander	*Meander.* Revue de civilisation du monde antique. Warszawa.
MedHist	*Medical History.* Welcome Institute for the History of Medicine. London.
Mediaevalia	*Mediaevalia. Textos e estudos.* Fundação Eng. António de Almeida. Porto.
MediaevalStud	*Mediaeval Studies.* Institute of mediaeval studies. Toronto.
Medioevo	*Medioevo.* Rivista di storia della filosofia medievale. Padova.
MediterrAnt	*Mediterraneo Antico: economie, società, culture.* Pisa.

MedLife	*Medical Life*. New York.
MedPhilosPolon	*Mediaevalia Philosophica Polonorum*. Académie polonaise des sciences. Institut de la philosophie et de sociologie. Département d'histoire de la philosophie médiévale en Pologne. Wroclaw.
MedSec	*Medicina nei Secoli. Arte et scienza*. Roma.
MedWelt	*Die Medizinische Welt*. Berlin.
MEFR	*Mélanges d'archéologie et d'histoire*. École Française de Rome. Paris. Voir pour la suite *MEFRA* et *MEFRM*.
MEFRA	*Mélanges d'archéologie et d'histoire de l'École Française de Rome*. Rome.
MEFRM	*Mélanges de l'École Française de Rome. Moyen Âge et temps modernes*. Paris.
MEG	*Medioevo Greco*. Rivista di storia e filologia bizantina. Alessandria.
MemCentreJPal	*Mémoires du Centre Jean Palerne*. Saint-Étienne.
MemSocScBord	*Mémoires de la Société des Sciences physiques et naturelles de Bordeaux*. Bordeaux.
Mene	*Μήνη*. Revista internacional de investigación sobre magia y astrología antiguas. Málaga.
Messana	*Messana*. Rassegna di studi filologici linguistici e storici. Università degli studi di Messina, facoltà di lettere e filosofia.
MH	*Museum Helveticum*. Revue suisse pour l'étude de l'Antiquité classique. Bâle.
MHA	*Memorias de Historia Antigua*. Oviedo.
MHJ	*Medizin-historisches Journal*. Stuttgart.
Micrologus	*Micrologus*. Natura, scienze e società medievali. Rivista della Società Internazionale per lo Studio del Medio Evo Latino. Turnhout.
MIDEO	*Mélanges de l'Institut Dominicain d'Études Orientales*. Le Caire.
Mihr	*Mihr*. Téhéran.
Mind	*Mind*. A quarterly review of psychology & philosophy. London.
Minerva	*Minerva*. Revista de filologia clásica. Valladolid.
MIŒG	*Mitteilungen des Instituts für Österreichische Geschichtsforschung*. Wien.
MiscAcadBerlin	*Miscellanea Berolinensia ad incrementum scientiarum ex scriptis Societati Regiae Scientiarum exhibitis edita*. Berlin.

MMAI	*Monuments et Mémoires publiés par l'Académie des Inscriptions et Belles-Lettres.* Fondation Eugène Piot. Paris.
MME	*Manuscripts of the Middle East.* A Journal devoted to the study of handwritten materials of the Middle East. Leiden.
Mnemosyne	*Mnemosyne.* Bibliotheca Classica Batava. Leiden.
ModPhil	*Modern Philology. Critical and Historical studies in Literature, Medieval through Contemporary.* Chicago, Ill.
ModSch	*Modern Schoolman.* A quarterly journal of philosophy. Saint-Louis, Mo.
MonAL	*Monumenti antichi pubblicati dall'Accademia dei Lincei.* Roma.
Monist	*The Monist.* A quarterly magazine devoted to the philosophy of science. London/Chicago, Illinois.
MRS	*Mediaeval and Renaissance Studies.* London.
MS	Voir *ModSch.*
MSB	*Marburger Sitzungsberichte = Sitzungsberichte der Wissenschaftlichen Gesellschaft zu Marburg.* Marburg.
MSEJ	*Mémoires de la Société des études juives.* Paris.
MSLC	*Miscellanea di Studi di Letteratura Cristiana antica.* Catania.
MSMG	*Marburger Schriften zur Medizingeschichte.* Frankfurt am Main/Bern.
MSR	*Mélanges de Science Religieuse.* Lille.
MT	*Museum Tusculanum.* København.
Mundus	*Mundus.* Stuttgart.
MusB	*Musée Belge.* Revue de philologie classique. Louvain.
Muséon	*Le Muséon.* Revue d'études orientales. Louvain.
MUSJ	*Mélanges de l'Université Saint-Joseph.* Beyrouth.
MusPat	*Museum Patavinum.* Rivista semestrale della Facoltà di Lettere e Filosofia di Padova. Firenze.
Myrtia	*Myrtia.* Revista de filología clásica. Murcia.
Mythos	*Mythos.* Rivista di storia delle religioni. Università di Palermo, Istituto di Storia Antica. Palermo.
MW	*The Muslim world.* A quarterly review of history, culture, religions and the Christian mission in Islamdom. Hartford, Conn.
NAWG	*Nachrichten von der Akademie der Wissenschaften in Göttingen,* Philologisch-historische Klasse. Göttingen. (Avant 1941 : *NGG*)

ND	*Nuovo Didaskaleion*. Catania.
Nea Rhome	*Néα ῾Ρώμη*. Rivista di studi bizantinistici. Roma.
NGG	*Nachrichten von der Gesellschaft der Wissenschaften zu Göttingen*. Philologisch-historische Klasse. 1894-1940. Göttingen. (Pour la suite, voir *NAWG*.)
NJb	Voir *JKPh*.
Nova Tellus	*Nova Tellus*. Anuario del Centro de Estudios clásicos. Mexico.
NR	*Die Neue Rundschau*. Frankfurt am Main.
NRFH	*Nueva Revista de Filología Hispánica*. México.
NRL	*Nouvelles de la République des Lettres*. Napoli.
NRPs	*Nouvelle Revue de Psychanalyse*. Paris.
NSchol	*The New Scholasticism*. Baltimore, Maryland.
NT	*Novum Testamentum*. An international quarterly for New Testament and related studies. Leiden.
NTS	*New Testament Studies*. An international journal published quarterly under the auspices of Studiorum Novi Testamenti Societas. Cambridge.
NumChron	*Numismatic Chronicle and journal of the Royal numismatic society*. London.
Numen	*Numen*. International review for the history of religions. Leiden.
Numisma	*Numisma*. Revista de la Sociedad ibero-americana de Estudios numismáticos. Madrid.
OA	*Oriens Antiquus*. Rivista del Centro per le Antichità e la Storia dell'Arte del Vicino Oriente. Roma.
OC	*Oriens Christianus*. Hefte für die Kunde des christlichen Orients. Wiesbaden.
OCP	*Orientalia Christiana Periodica*. Roma.
OLP	*Orientalia Lovaniensia Periodica*. Louvain.
OLZ	*Orientalistische Literaturzeitung*. Berlin.
OM	*Oriente Moderno*. Roma.
Opus	*Opus*. Rivista internazionale per la storia economica e sociale dell'antichità = International journal for social and economic history of antiquity. Firenze.
Oriens	*Oriens*. Journal de la Société internationale d'études orientales. Leiden.
Oriens-Occidens	*Oriens-Occidens*. Sciences, mathématiques et philosophie de l'antiquité à l'âge classique. Villejuif.

Orientalia	*Orientalia.* Commentarii periodici Pontificii Instituti Biblici. Roma.
ORom	*Opuscula Romana.* Annual of the Swedish Institute in Rome. Jonsered.
Orpheus	*Orpheus.* Rivista di umanità classica e cristiana. Catania.
OS	*Orientalia suecana.* Uppsala.
OSAPh	*Oxford Studies in Ancient Philosophy.* Oxford.
Osiris	*Osiris.* Studies on the history and philosophy of science and on the history of learning and culture (puis : Commentationes de scientiarum et eruditionis historia rationeque). Supplément de la revue *Isis.* Bruges.
OstkStud	*Ostkirchliche Studien.* Würzburg.
Ostraka	*Ostraka.* Rivista di antichità. Napoli.
OTerr	*Orbis Terrarum.* Internationale Zeitschrift für historische Geographie der Alten Welt. Stuttgart.
P&P	*Past and Present.* Oxford.
PAA	Voir *PraktAkadAth.*
PAAAS	*Proceedings of the American Academy of Arts and Sciences.* Boston, Mass.
PAAJR	*Proceedings of the American Academy for Jewish Research.* Philadelphia, Penn.
PACPhA	*Proceedings of the American Catholic Philosophical Association.* Washington, D.C.
PagStorMed	*Pagine de Storia della Medizina.* Roma.
Paideia	*Paideia.* Rivista letteraria di informazione bibliografica. Roma.
PalEQ	*Palestine Exploration Fund.* Quarterly statement. London.
Pallas	*Pallas.* Revue interuniversitaire d'études antiques. Toulouse.
PAPhS	*Proceedings of the American Philosophical Society.* Philadelphia, Penn.
PapLup	*Papyrologica Lupiensea.* Rivista annuale del Dipartimento di Filologia Classica et di Scienze Filosofiche e del Centro Interdipartimentale di Studi Papirologici / Università degli Studi di Lecce. Galatina.
Paradigmi	*Pardigmi.* Rivista di critica filosofica. Milano.
Parergon	*Parergon.* Journal of the Australian & New Zealand Association for Medieval and Early Modern Studies. University of Western Australia. Canberra.
Parnassos	Παρνασσός. Φιλολογικό περιοδικό. Athènes.

Parousia   *Παρουσία*. Ἐπιστημονικό περιοδικό τοῦ Συλλόγου Διδακτικοῦ Προσωπικού Φιλοσοφικῆς Σχολῆς Πανεπιστημίου Ἀθηνῶν. Athènes.

PAS   *Proceedings of the Aristotelian Society.* London.

Patavium   *Patavium.* Rivista veneta di scienze dell'Antichità e dell'Alto Medioevo. Padova.

PBA   *Proceedings of the British Academy.* Oxford.

PBAC   *Proceedings of the Boston Area Colloquium in Ancient Philosophy.* Leiden. (Publication régulière d'un colloque annuel que l'on peut assimiler à un périodique.)

PBSA   *Papers of the British School at Athens.* London.

PBSR   *Papers of the British School at Rome.* London.

PCPhS   *Proceedings of the Cambridge Philological Society.* Cambridge.

Pensamiento   *Pensamiento.* Revista de investigación e información filosófica. Madrid.

PF   *The Philosophical Forum.* A philosophical quarterly. Oxford.

Ph&L   *Philosophy and Literature.* Baltimore, Md.

Ph&Rh   *Philosophy and Rhetoric.* University Park, Penn.

PhilComp   *Philosophy Compass.* Online journal. [s.l.]

PhilolClass   *Philologia Classica.* Saint-Pétersbourg.

Philologus   *Philologus.* Zeitschrift für klassische Philologie. Berlin.

PhilolRschau   *Philologische Rundschau.* Bremen.

PhilosAnt   *Philosophie Antique. Problèmes, renaissances, usages.* Villeneuve-d'Ascq.

PhilosJb   *Philosophisches Jahrbuch.* Auf Veranlassung und mit Unterstützung der Görres Gesellschaft herausgegeben... Fulda.

Philosophia   *Φιλοσοφία.* Ἐπετηρὶς τοῦ Κέντρου ἐρεύνης τῆς ἑλληνικῆς φιλοσοφίας. Athènes.

Philosophiques *Philosophiques.* Revue de la Société de philosophie du Québec. Ville Saint-Laurent, Québec.

Philosophy   *Philosophy.* The journal of the Royal (puis : British) institute of philosophy. London.

PhilosQ   *Philosophical Quarterly.* Saint Andrews.

PhilosStud   *Philosophical Studies.* An international journal for philosophy in the analytic tradition. Dordrecht.

Philotheos   *Philotheos.* International Journal for Philosophy and Theology, Beograd/Nikšić/Trebinje.

PhInq	*Philosophical Inquiry.* Athènes.
PhM	*Philosophische Monatshefte.* Berlin/Leipzig/Heidelberg.
Phoenix	*The Phoenix.* The Journal of the Classical association of Canada. Toronto, Ontario.
PhR	*Philosophical Review.* New York.
Phronesis	*Phronesis.* A Journal for ancient philosophy. Assen.
PhStud	*Philosophische Studien.* Leipzig.
PhW	*Philologische Wochenschrift.* Leipzig. (Suite de *BPhW*.)
Physis	*Physis.* Rivista di storia della scienza. Firenze.
PI	*Le Parole e le Idee.* Rivista internazionale di varia cultura. Napoli.
Platon	*Πλάτων. Δελτίον τῆς Ἑταιρείας Ἑλλήνων Φιλολόγων.* Athènes.
POC	*Proche-Orient Chrétien.* Jérusalem.
Polemôn	*Πολέμων. Ἀρχαιολογικὸν περιοδικόν.* Athènes.
Polis	*Polis.* Revista de ideas y formas políticas de la Antigüedad clásica. Alcalá de Henares.
POr	*Parole de l'Orient.* Université Saint-Esprit. Kaslik.
PP	*La Parola del Passato.* Rivista di studi antichi. Napoli.
PPh	*Perspektiven der Philosophie.* Neues Jahrbuch. Amsterdam.
PPol	*Il Pensiero Politico.* Rivista di storia delle idee politiche e sociali. Firenze.
PPQ	*Pacific Philosophical Quarterly.* The Faculty of the School of Philosophy at the University of Southern California. [s.l.]
PraktAkadAth	*Πρακτικὰ τῆς Ἀκαδημίας ἐν Ἀθήναις.* Athènes.
PraktArchEt	*Πρακτικὰ τῆς ἐν Ἀθήναις Ἀρχαιολογικῆς Ἑταιρείας.* Athènes.
PRIA	*Proceedings of the Royal Irish Academy.* Dublin.
Primum Legere	*Primum Legere.* Annuario delle attività della Delegazione della Valle del Sarno dell'A.I.C.C. Salerno.
PrJ	*Preussische Jahrbücher.* Berlin.
Prometheus	*Prometheus.* Rivista quadrimestrale di studi classici. Firenze.
PrPh	*Prima Philosophia.* Cuxhaven.
Prudentia	*Prudentia.* A journal devoted to the intellectual history of the ancient world. Auckland, Nouvelle Zélande.
PSBA	*Proceedings of the Society of Biblical Archaeology.* London. (Pour la suite, voir *JRAS*.)

PT	*Political Theory.* An International Journal of Political Philosophy. Beverly Hills, California.
Puteoli	*Puteoli.* Studi di storia antica. Pozzuoli.
PVS	*Proceedings of the Virgil Society,* London.
Pyrenae	*Pyrenae.* Barcelona.
QFC	*Quaderni di Filologia Classica dell'Università di Trieste, Istituto di Filol. class.* Roma.
QFL	*Quaderni di Filologia Latina.* Firenze.
QGM	*Quellen und Studien zur Geschichte der Mathematik Astronomy und Physic.* Abteilung A, Quellen – Abteilung B, Studien. Berlin.
QJRAS	*Quarterly Journal of the Royal Astronomical Society.* London.
QJS	*Quarterly Journal of Speech.* New York.
QS	*Quaderni di Storia.* Rassegna di antichità redatta nell'Istituto di storia greca e romana dell'Università di Bari. Bari.
QSGN	Voir *QGM.*
QStGM	Voir *QGM.*
QuadArcheolLib	*Quaderni di Archeologia della Libia.* Roma.
QuadAugRostagni	*Quaderni del Dipartimento di filologia, linguistica e tradizione classica Augusto Rostagni.* Bologna.
Quaestio	*Quaestio.* Annuaire d'histoire de la métaphysique. Turnhout.
QUCC	*Quaderni Urbinati di Cultura Classica.* Roma.
R&T	*Recherches et Travaux.* Angers.
RA	*Revue Archéologique.* Paris.
RAAN	*Rendiconti dell'Accademia di Archeologia, Lettere e Belle Arti di Napoli.* Napoli.
RABM	*Revista de Archivos, Bibliotecas y Museos.* Madrid.
RAf	*Revue Africaine.* Journal des travaux de la Société historique algérienne. Alger.
RAL	Atti della (-1946 : Reale) Accademia (depuis 1921 :) nazionale dei Lincei. *Rendiconti della classe di scienze morali, storiche e filologiche dell'Accademia dei Lincei.* Roma.
RAM	*Revue d'Ascétique et de Mystique* (devenue en 1972 *Revue d'Histoire de la Spiritualité*). Toulouse, puis Paris.
Ramus	*Ramus.* Critical studies in Greek and Roman literature. Victoria, Australia.

RAN	*Revue Archéologique de Narbonnaise*. Paris.
RBen	*Revue Bénédictine*. Abbaye de Maredsous, Belgique.
RBi	*Revue Biblique*. Paris.
RBNum	*Revue Belge de Numismatique*. Bruxelles.
RBPH	*Revue Belge de Philologie et d'Histoire*. Mechelen.
RCCM	*Rivista Critica di Clinica Medica*. Firenze.
RCr	*Revue Critique*. Paris.
RCSF	*Rivista critica di storia della filosofia*. Firenze. (Sous ce titre est parue la *Rivista di Storia della Filosofia (RSF)* entre 1946 et 1983.)
RDAC	*Report of the Department of Antiquities, Cyprus*. Nicosia.
REA	*Revue des Études Anciennes*. Talence.
REArm	*Revue des Études Arméniennes*. Paris.
REAug	*Revue des Études Augustiniennes*. Paris.
REByz	*Revue des Études Byzantines*. Paris.
REC	*Revista de estudios clásicos*. Mendoza, Argentina.
RecAug	*Recherches Augustiniennes et Patristiques*. Paris. (Suite de *Recherches augustiniennes*.)
RecSR	*Recherches de Science Religieuse*. Paris.
REFM	*Revista española de filosofía medieval*. Sociedad de Filosofía Medieval (SOFIME). Zaragoza.
REG	*Revue des Études Grecques*. Paris.
REGC	*Revue des Études Géorgiennes et Caucasiennes*. Paris. (Suite de *Bedi Karthlisa*. Revue de kartvélologie – Études géorgiennes et caucasiennes. Destin de la Géorgie, paru de 1948 à 1984.)
REIsl	*Revue des Études Islamiques*. Paris.
REJ	*Revue des Études Juives*. Louvain.
REL	*Revue des Études Latines*. Paris.
RelStud	*Religious Studies*. Cambridge.
RenQ	*Renaissance Quarterly*. Renaissance Society of America. New York.
REPh	*Revue de l'Enseignement Philosophique*. Aurillac.
RESE	*Revue des Études Sud-est-Européennes*. Bucarest.
RevAcadArDamas	*Revue de l'Académie Arabe de Damas*. Damas.
RevFilos(Madrid)	*Revista de Filosofía (Madrid)*. Instituto de Filosofía Luis Vives. Madrid.

RevHistPhilos   *Revue d'Histoire de la Philosophie.* Lille.

Revue   *Revue. Informatique et statistiques dans les sciences humaines.* Liège.

RevueMaritime   *Revue Maritime.* Informations, actualités, documentation maritime *(= Revue maritime et coloniale).* Paris.

RevUnivComplut   *Revista de la Universidad Complutense.* Madrid.

RevHisp   *Revue Hispanique.* Paris, puis New York.

Rhetorica   *Rhetorica.* A Journal of the History of Rhetoric. Berkeley, California.

RF   *Rivista di Filosofia.* Torino.

RFA   *Revue de la Franco-ancienne.* Paris, Société des professeurs de français et de langues anciennes (1938-1976). (Devenu *Bulletin de la Société des professeurs de français et de langues anciennes.*)

RFHIP   *Revue française d'histoire des idées politiques.* Paris

RFIC   *Rivista di Filologia e di Istruzione Classica.* Torino/Firenze/Roma. (De 1914 à 1949 a paru sous le titre de *Rivista di filologia classica.*)

RFN   *Rivista di Filosofia Neoscolastica.* Milano.

RFR   *Revista de Filología Románica.* Madrid.

RGI   *Rivista Geographica Italiana.* Firenze.

RH   *Revue Historique.* Paris.

Rhizai   *Rhizai.* A journal for ancient philosophy and science. Sofia.

RHLL   *Revista de Historia.* La Laguna.

RHLR   *Revue d'histoire et de littérature religieuses.* Paris.

RhM   *Rheinisches Museum für Philologie.* Frankfurt am Main.

RHPR   *Revue d'Histoire et de Philosophie Religieuses.* Paris.

RHR   *Revue de l'Histoire des Religions.* Paris.

RHT   *Revue d'Histoire des Textes.* Paris.

RicRel   *Ricerche Religiose.* Rivista di studi storico-religiosi. Roma.

RIDA   *Revue Internationale des Droits de l'Antiquité.* Bruxelles.

RIFD   *Rivista Internazionale di Filosofia del Diritto.* Milano.

RIGI   *Rivista Indo-Greco-Italica di filologia, lingua, antichità.* Napoli.

RIL   *Rendiconti dell'Istituto Lombardo.* Classe di lettere, scienze morali e storiche. Milano.

RIMA   *Revue de l'Institut des Manuscrits Arabes.* Le Caire.

Rinascimento	*Rinascimento.* Rivista dell'Istituto nazionale di studi sul Rinascimento. Firenze.
RIO	*Revue Internationale d'Onomastique.* Paris.
RIPh	*Revue Internationale de Philosophie.* Paris.
RivAM	*Rivista di Ascetica e Mistica.* Firenze.
RivArcheol	*Rivista di Archeologia.* Roma.
RivArcheolCrist	*Rivista di Archeologia Cristiana.* Città del Vaticano.
RivBibl	*Rivista Biblica.* Organo dell'Associazione Biblica italiana. Roma/Firenze.
RivBol	*Rivista Bolognese di scienze e lettere.* Bologna.
RivCultClassMed	*Rivista di Cultura Classica e Medioevale.* Roma
RivStorMed	*Rivista di Storia della Medicina.* Roma.
RLComp	*Revue de Littérature Comparée.* Paris.
RMAL	*Revue du Moyen Age Latin.* Strasbourg.
RMetaph	*Review of Metaphysics.* A philosophical quarterly. New Haven, Conn.
RMM	*Revue de Métaphysique et de Morale.* Paris.
RNeosc	*Revue Néoscolastique de philosophie* publiée par la Société philosophique de Louvain. Louvain. (Devenu par la suite *RPhL.*)
RN	*Revue Numismatique.* Paris.
RO	*Rocznik Orientalistyczny.* Polska Akademia Nauk, Komitet Nauk Orientalistycznych. Warszawa.
ROC	*Revue de l'Orient Chrétien.* Paris.
Romanitas	*Romanitas.* Revista de Cultura Romana (Língua, Instituições e Direito). Rio de Janeiro.
ROr	*Res Orientales.* Bures-sur-Yvette.
RPAA	*Rendiconti della Pontificia Accademia di Archeologia.* Roma.
RPh	*Revue de Philologie, de littérature et d'histoire anciennes.* Paris.
RPhA	*Revue de Philosophie Ancienne.* Bruxelles.
RPhilos	*Revue Philosophique de la France et de l'étranger.* Paris.
RPhL	*Revue Philosophique de Louvain.* Louvain.
RechPhilosLang	*Recherches sur la philosophie et le langage.* Cahier du Groupe de recherches sur la philosophie et le langage – Université des sciences sociales de Grenoble. Grenoble/Paris.
RPhTM	*Recherches de Théologie et Philosophie Médiévales.* Leuven. (Suite des *Recherches de Théologie Ancienne et Médiévale.*)

RPL	*Res Publica Litterarum*. Studies in the classical tradition. Lawrence, Kan.
RPol	*The Review of Politics*. Notre Dame, Ind.
RQA	*Römische Quartalschrift für christliche Altertumskunde und für Kirchengeschichte*. Freiburg im Breisgau.
RSA	*Rivista Storica dell'Antichità*. Bologna.
RSBN	*Rivista di Studi Bizantini e Neoellenici*. Roma. (Suite de *Studi bizantini e neoellenici*.)
RSC	*Rivista di Studi Classici*. Torino.
RSCr	*Rivista di Storia del Cristianesimo*. Brescia.
RScF	*Rassegna di Scienze Filosofiche*. Napoli.
RSCI	*Rivista di storia della Chiesa in Italia*. Roma.
RSEL	*Revista española de Lingüística*. Madrid.
RSF	*Rivista critica di Storia della Filosofia*. Firenze. (De 1946 à 1983, cette revue a paru sous le titre *Rivista critica di storia della filosofia*.)
RSI	*Rivista Storica Italiana*. Napoli.
RSLR	*Rivista di Storia e Letteratura Religiosa*. Firenze.
RSO	*Rivista degli Studi Orientali*. Roma.
RSPT	*Revue des Sciences Philosophiques et Théologiques*. Paris.
RSR	*Revue des Sciences Religieuses*. Strasbourg.
RStudLig	*Rivista di Studi Liguri*. Bordighera.
RT	*Revue Thomiste*. Toulouse.
RTAM	*Recherches de Théologie Ancienne et Médiévale*. Louvain. (Devenu *Recherches de Théologie et Philosophie Médiévales*.)
RThPh	*Revue de Théologie et de Philosophie*. Lausanne.
RTSFR	*Rivista Trimestrale di Studi Filosofici e Religiosi*. Perugia.
RUO	*Revue de l'Université d'Ottawa*. Ottawa, Ontario.
RVF	*Revista Venezolana di Filosofía*. Caracas.
S&C	*Scrittura e Civiltà*. Firenze.
S&T	*Segno e Testo*. International journal of manuscripts and text transmission. Cassino/Turnhout.
Saeculum	*Saeculum. Jahrbuch für Universalgeschichte*. Freiburg im Breisgau.
SAfrMedJ	*South African Medical Journal*. Le Cap.
Salesianum	*Salesianum*. Periodicum internationale trimestre editum a professoribus Pontificiae Studiorum Universitatis Salesianae. Roma.

SAWW	*Sitzungsberichte der Österreichischen Akademie der Wissenschaften in Wien*, Philosophisch-historische Klasse. Wien.
SBAW	*Sitzungsberichte der Bayerischen Akademie der Wissenschaften*, Philosophisch-historische Klasse. München.
SBN	*Studi bizantini e neoellenici*. Roma. (Devenu *Rivista di Studi bizantini e neoellenici*.)
ScCont	*Science in Context*. Cambridge.
ScCatt	*La Scuola Cattolica*. Rivista di scienze religiose. Milano.
Scholastik	*Scholastik*. Freiburg im Breisgau. (Devenu par la suite *Theologie und Philosophie*.)
SCI	*Scripta Classica Israelica*. Yearbook of the Israel Society for the promotion of classical studies. Jerusalem.
SCIAMUS	*SCIAMUS. Sources and Commentaries in Exact Sciences*. Tokyo.
SCO	*Studi Classici e Orientali*. Pisa.
Scriptorium	*Scriptorium*. Revue internationale des études relatives aux manuscrits. Anvers/Amsterdam/Bruxelles.
ScrPhil	*Scripta Philologa*. Milano.
ScrTheol	*Scripta Theologica*, cura Ordinum Theologorum Scandinavicorum edita. Lund.
SDHI	*Studia et Documenta Historiae et Iuris*. Roma.
SEC	*Semitica et Classica*. Revue internationale d'études orientales et méditerranéennes. International Journal of Oriental and Mediterranean Studies. Turnhout.
Sefarad	*Sefarad*. Revista de la Escuela de estudios hebráicos (puis : Revista del Instituto Arias Montano de estudios hebráicos y Oriente próximo). Madrid/Barcelona.
SEJG	*Sacris Erudiri*. Jaarboek voor Godsdienstwetenschappen. Steenbrugge.
SEP	*Studi di Egittologia e di papirologia*. Rivista internazionale. Pisa.
SGM	*Studien zur Geschichte der Medizin*. Leipzig.
SHHA	*Studia Historica - Historia antigua*. Salamanca.
SHAW	*Sitzungsberichte der Heidelberger Akademie der Wissenschaften*, Philosophisch-historische Klasse. Heidelberg.
SHAW(M)	*Sitzungsberichte der Heidelberger Akademie der Wissenschaften*, Math.-naturwiss. Klasse. Heidelberg.
SI	*Studia Islamica*. Paris.

SicGymn	*Siculorum Gymnasium*. Rassegna semestrale della Facoltà di lettere e filosofia dell'Università di Catania. Catania.
SIFC	*Studi Italiani di Filologia Classica*. Firenze.
Sileno	*Sileno*. Rivista di studi classici e cristiani. Roma.
SMed	*Schede Medievali*. Rassegna dell'Officina di studi medievali. Palermo.
SMGB	*Studien und Mitteilungen zur Geschichte des Benediktiner-Ordens und seiner Zweige*. Sankt Ottilien.
SMSR	*Studi e Materiali di Storia delle religioni*. Roma, puis L'Aquila.
SMU	*Studi Medievali e Umanistici*. Messina/Roma.
SO	*Symbolae Osloenses*, auspiciis Societatis Graeco-Latinae. Oslo.
Sokrates	*Sokrates*. Zeitschrift für das Gymnasialwesen. Berlin.
Sophia	*Sophia*. Rivista internazionale di fonti e studi di storia della filosofia. Roma/Napoli/Padova.
SPAW	*Sitzungsberichte der (-1944 : Preußischen, puis :) Deutschen Akademie der Wissenschaften zu Berlin*, Philosophisch-historische Klasse. Berlin.
Speculum	*Speculum*. A journal of medieval studies. Medieval Academy of America. Cambridge, Mass.
SPh	*Studies in Philology*, Chapel Hill, N.C.
SPhG	*Studia Philosophica Gandansia*. Gand.
SPhP	*Symbolae Philologorum Posnanensium Graecae et Latinae*. Poznan.
SPhS	*Studia Philologica Salmanticensia*. Salamanca.
SWNS	*Sprawozdania z Prac Naukowych Wydziału Nauk Społecznych*. Polska Akademia Nauk.
SR	*Studies in Religion – Sciences Religieuses*. Canadian Corporation for Studies in Religion/Corporation Canadienne des Sciences Religieuses. Waterloo, Ontario.
SRen	*Studies in the Renaissance*. New York. (Cette revue a cessé de paraître avec le tome 21 en 1974 ; pour la suite voir *RenQ*.)
StudClas	*Studii Clasice*. Soc. de Studii clasice din RSR. Bucureşti.
StudFilos	*Studi filosofici*. Annali dell'Istituto orientale di Napoli. Napoli.
StudHistPhilSc	*Studies in History and Philosophy of Science*. Oxford/New York.

StudIF	*Studi internazionali di filosofia.* Torino. (Est devenu en 1974 *International Studies in Philosophy*.)
StudIran	*Studia Iranica.* Institut français d'iranologie de Téhéran. Paris/Téhéran.
StudMed	*Studi Medievali.* Torino.
StudMedRenHist	*Studies in Medieval and Renaissance History.* New York.
StudMor	*Studia Moralia.* Rivista scientifica dell'Istituto Superiore di Teologia morale "Accademia Alfonsiana". Roma.
StudPat	*Studia Patavina.* Rivista di scienze religiose. Padova.
StudPhHPh	*Studies in Philosophy and the History of Philosophy,* Washington, D.C.
StudPhilon	*Studia Philonica.* The annual publication of the Philo Institute. Chicaco, Ill.
StudPhilonAnn	*The Studia Philonica Annual.* Studies in Hellenistic Judaism. Altlanta, Ga.
StudRom	*Studi Romani.* Rivista trimestrale dell'Istituto Nazionale di Studi Romani. Roma.
StudUrb (Ser. B)	*Studi Urbinati di Storia, Filosofia e Letteratura.* Urbino.
SyllClass	*Syllecta Classica.* University of Iowa. Iowa City, Iowa.
Symposium	*Symposium.* Syracuse, N.Y.
Syria	*Syria.* Revue d'art oriental et d'archéologie. Paris.
TabulaRasa	*Tabula Rasa.* Jenenser Zeitschrift für kritisches Denken. Iena.
TAPhA	*Transactions and Proceedings of the American Philological Association.* Lancaster, Penn.
TAPhS	*Transactions of the American Philosophical Society.* Philadelphia, Penn.
Tarbiz	*Tarbiz.* A Quarterly for Jewish Studies. Jerusalem.
Taula	*Taula. Cuaders de pensament.* Universitat de les Illes Balears.
Temenos	*Temenos.* Studies in comparative religion presented by scholars in Denmark, Finland, Norway and Sweden. Helsinki.
TF	*Tijdschrift voor Filosofie.* Utrecht.
Th&G	*Theologie und Glaube.* Paderborn.
Th&Ph	*Theologie und Philosophie.* Freiburg im Breisgau.
TheolQ	*Theologische Quartalschrift.* München.
Théophilyon	*Théophilyon.* Revue des facultés de théologie et de philosophie de l'Université catholique de Lyon. Lyon.
Theoria	*Theoria.* A Swedish journal of philosophy. Stockholm.

Theta-Pi	*Theta-Pi*. A journal for Greek and early christian philosophy. Leiden.
ThLZ	*Theologische Literaturzeitung*. Berlin.
Thomist	*The Thomist*. A speculative quarterly of theology and philosophy... Baltimore, Md.
ThQ	*Theologische Quartalschrift*. München.
ThR	*Theologische Rundschau*. Tübingen
ThS	*Theological Studies*. Baltimore, Md.
ThStKr	*Theologische Studien und Kritiken,* Gotha.
ThZ	*Theologische Zeitschrift*. Basel.
TM	*Travaux et mémoires*. Paris.
Topoi	*Τόποι. Orient-Occident*. Lyon/Paris.
Traditio	*Traditio*. Studies in ancient and medieval history, thought and religion. New York.
TSLA	*Texas Studies in Literature and Language*. Austin, Tex.
TT	*Theologisch Tijdschrift*. Amsterdam/Leiden.
TV	*Teologia y Vida*. Publicación de la Facultad de Sagrada teologia de la Universidad catolica de Chile. Santiago.
UCP	*University of California Publications in Classical Philology*. Berkeley, Calif.
Ur	*Ur*. Iraqi Cultural Center. London.
VChr	*Vigiliae Christianae*. A review of early christian life and language. Amsterdam.
VDI	*Вестник древней истории [Vestnik Drevnej Istorii]*. Revue d'Histoire ancienne. Moskva.
VerbDom	*Verbum Domini*. Commentarii de Re Biblica. Roma.
Verbum	*Verbum*. Revue de linguistique publiée par l'Université de Nancy II.
Verifiche	*Verifiche*. Rivista trimestrale di scienze umane. Trento.
VetChr	*Vetera Christianorum*. Istituto di Letteratura cristiana antica. Bari.
Viator	*Viator*. Medieval and Renaissance studies. Berkeley.
Vichiana	*Vichiana*. Rassegna di studi filologici e storici. Napoli.
Vivarium	*Vivarium*. A journal for mediaeval philosophy and the intellectual life of the Middle Ages. Leiden.
VKF	*Voprosy klassiãeskij Filologii*. Moskva.
VL	*Vita Latina*. Avignon.

VLU	*Vestnik Leningradskogo Universiteta/Filosofija.* Leningrad.
VNGZ	*Vierteljahrsschrift der Naturforschenden Gesellschaft in Zürich.* Zürich.
W&I	*Word and Image.* London.
WaG	*Die Welt als Geschichte.* Eine Zeitschrift für Universalgeschichte. Stuttgart.
WE	*Wiener Eranos.* Wien.
WJA	*Würzburger Jahrbücher für die Altertumswissenschaft.* Würzburg.
WKPh	*Wochenschrift für Klassische Philologie.* Berlin.
WS	*Wiener Studien.* Zeitschrift für klassische Philologie und Patristik. Wien.
WZBerlin	*Wissenschaftliche Zeitschrift der Humboldt-Univ. zu Berlin, Gesellschafts- und sprachwissenschaftliche Reihe.* Berlin.
WZJena	*Wissenschaftliche Zeitschrift der Friedrich-Schiller-Universität Jena, Gesellschafts- und sprachwissenschaftliche Reihe.* Jena.
WZLeipzig	*Wissenschaftliche Zeitschrift der K.-Marx-Universität Leipzig.* Leipzig.
WZRostock	*Wissenschaftliche Zeitschrift der Universität Rostock.* Gesellschafts- und sprachwissenschaftliche Reihe. Rostock.
Xenia	*Xenia.* Rivista semestrale di antichità. Roma.
YClS	*Yale Classical Studies.* New Haven, Conn.
ZAeS	*Zeitschrift für Ägyptische Sprache und Altertumskunde.* Berlin.
ZAnt	*Živa Antika.* Antiquité vivante. Skopje.
ZAss	*Zeitschrift für Assyriologie und verwandte Gebiete.* Leipzig/ Weimar/Berlin.
ZATW	*Zeitschrift für die Alttestamentliche Wissenschaft.* Berlin.
ZBK	*Zeitschrift für Bildende Kunst.* Leipzig.
ZDA	*Zeitschrift für deutsches Alterthum* (puis : *und deutsche Literatur*). Leipzig, puis Berlin.
ZDMG	*Zeitschrift der Deutschen Morgenländischen Gesellschaft.* Wiesbaden.
ZfP	*Zeitschrift für Politik.* Organ d. Hochschule für politische Wissenschaften München. Berlin.
ZGAIW	*Zeitschrift für Geschichte der Arabisch-Islamischen Wissenschaften.* Institut für Geschichte der Arabisch-Islamischen

	Wissenschaften an der Johann Wolfgang Goethe-Universität. Frankfurt am Main.
ZKG	*Zeitschrift für Kirchengeschichte.* Stuttgart.
ZKTh	*Zeitschrift für Katholische Theologie.* Wien.
ZN	*Zeitschrift für Numismatik.* Berlin.
ZNTW	*Zeitschrift für Neutestamentliche Wissenschaft und die Kunde des Urchristentums.* Berlin.
ZOeG	*Zeitschrift fur die osterreichischen Gymnasien,* puis *Zeitschrift für die deutsch-österreichischen Gymnasien.* Wien. (Devenu ensuite *Wiener Studien.*)
ZPE	*Zeitschrift für Papyrologie und Epigraphik.* Bonn.
ZPhF	*Zeitschrift für Philosophische Forschung.* Meisenheim.
ZPhK	*Zeitschrift für Philosophie und philosophische Kritik.* Leipzig.
ZRG	*Zeitschrift der Savigny-Stiftung für Rechtsgeschichte. Romanistische Abteilung.* Wien.
ZRGG	*Zeitschrift für Religions- und Geistesgeschichte.* Leiden.
ZSVG	*Zeitschrift für Semitistik und verwandte Gebiete.* Deutsche Morgenländische Gesellschaft. Leipzig.
ZWTh	*Zeitschrift für die Wissenschaftliche Theologie.* Iena.

II. Collections, dictionnaires et ouvrages de référence

ACA	*The Ancient Commentators on Aristotle. A series of english translations with introductions and indexes,* ed. R. Sorabji, London/Ithaca (N. Y.).
ACO	*Acta Conciliorum Œcumenicorum,* ed. E. Schwartz, Berlin 1914 – .
ANF	*Ante-Nicene Fathers,* Buffalo, N.Y.
ANL	*Ante-Nicene Christian Library,* Edinburgh 1864 – .
ANRW	*Aufstieg und Niedergang der römischen Welt.* Geschichte und Kultur Roms im Spiegel der neueren Forschung, Berlin.
AugLex	*Augustinus-Lexikon,* Basel 1986 – .
AvP	*Altertümer von Pergamon,* Berlin/Leipzig 1885 – .
BA	Coll. « Bibliothèque augustinienne », Paris.
BBK	Fr. W. Bautz et T. Bautz (édit.), *Biographisch-Bibliographisches Kirchenlexikon, Hamm, Westf., puis Herzberg 1970 – .*
BEA	*The Biographical Encyclopedia of Astronomers,* ed. Th. Hockey, Heidelberg 2007, 2 vol.
BEFAR	Coll. « Bibliothèque des Écoles françaises d'Athènes et de Rome », Paris.
BGU	*Aegyptische Urkunden aus den königlichen Museen zu Berlin,* Berlin 1896-1911.
BHG³	*Bibliotheca Hagiographica Graeca,* 3ᵉ éd., Bruxelles 1957.
BMC	*Catalogue of the Greek coins in the British museum,* London 1873-1927, réimpr. Bologna 1979 – .
BT	Coll. « Bibliotheca Scriptorum Graecorum et Romanorum Teubneriana », Leipzig/Stuttgart.
BUL	*Biblioteca Universale Laterza,* Roma/Bari.
CAG	*Commentaria in Aristotelem Graeca,* edita consilio et auctoritate Academiae Litterarum Regiae Borussicae, Berlin 1891-1909.
CAGL	*Commentaria in Aristotelem Graeca : versiones Latinae temporis resuscitatarum litterarum,* ed. Charles [H.] Lohr.

Catholicisme	*Catholicisme, hier, aujourd'hui, demain.* Encyclopédie publiée sous le patronage de l'Institut Catholique de Lille, Paris.
CCAG	Coll. «Catalogus Codicum Astrologorum Graecorum», t. I-XII, Bruxelles 1898-1953.
CCCM	Coll. «Corpus Christianorum», Series *Continuatio Mediaevalis,* Turnhout 1971 – .
CCG	Coll. «Corpus Christianorum», Series Graeca, Turnhout 1977 – .
CCL	Coll. «Corpus Christianorum», Series Latina, Turnhout 1953 – .
CFHB	*Corpus Fontium Historiae Byzantinae* consilio societatis internationalis studiis byzantinis provehendis destinatae editum.
CGFr	*Comicorum Graecorum Fragmenta,* ed. G. Kaibel, Berlin 1899.
CGL	*Corpus Glossariorum Latinorum,* a G. Loewe incohatum ed. G. Götz, Leipzig 1888-1923, 7 vol.; réimpr. Amsterdam 1964.
CHPLA	*The Cambridge History of Philosophy in Late Antiquity,* ed. L. P. Gerson, Cambridge University Press, 2010, 2 vol.
CIG	*Corpus Inscriptionum Graecarum.* 4 vol., Berlin 1828-1859.
CIL	*Corpus Inscriptionum Latinarum,* Berlin 1863 – .
CLCAG	Coll. «Corpus Latinum Commentariorum in Aristotelem Graecorum», Paris/Louvain. *Supplementa,* Paris/Louvain/Leiden.
CLE	[*Anthologia Latina sive poesis latinae supplementum,* coll. *BT,* Leipzig 1894-1930, t. II:] *Carmina Latina Epigraphica,* 1-2, ed. F. Bücheler. Leipzig 1895-1897. 3. *Supplementum,* ed. E. Lommatzsch. Leipzig 1926.
CMAG	Coll. «Catalogue des Manuscrits Alchimiques Grecs», Bruxelles 1924-1932.
CMG	Coll. «Corpus Medicorum Graecorum», Leipzig/Berlin 1908 – .
CML	Coll. «Corpus Medicorum Latinorum», Leipzig/Berlin 1915-1928; 1963 –.
CPF	*Corpus dei papiri filosofici greci e latini. Testi e lessico nei papiri di cultura greca e latina,* Parte I: *Autori Noti,* vol. 1*, Firenze 1989; 1**, Firenze

	1992 ; 1***, Firenze 1999 ; Parte III : *Commentari,* 1995 ; vol. 4, 1-2 : Indici. Tavole, Firenze 2002.
CPG	*Clavis Patrum Graecorum,* ed. M. Geerard, 5 vol., Turnhout 1974-1987.
CPGS	*Clavis Patrum Graecorum - Supplementum*, cura et studio M. Geerard et J. Noret, Turnhout 1998.
CPJud	*Corpus papyrorum judaicarum.* Cambridge, Mass. 1957-1964.
CPL	*Clavis Patrum Latinorum,* ed. E. Dekkers (1961), 2ᵉ éd., Steenbrugge 1961.
CSCO	*Corpus Scriptorum Christianorum Orientalium,* ed. I. B. Chabot, I. Guidi *et alii*, Paris/Leipzig/Louvain, 1903 – .
CSEL	Coll. « Corpus Scriptorum Ecclesiasticorum Latinorum », Wien 1866 – .
CSHB	*Corpus Scriptorum Historiae Byzantinae,* Bonn 1828-1897.
CUF	« Collection des Universités de France », Paris.
DAGR	C. Daremberg et E. Saglio (édit.), *Dictionnaire des Antiquités Grecques et Romaines,* Paris 1877-1919.
DCB	*A Dictionary of Christian biography, literature, sects and doctrines,* ed. W. Smith et H. Wace, London 1877-1887, 4 vol. ; réimpr. New York 1984.
DDG	H. Diels (édit.), *Doxographi Graeci* collegit recensuit prolegomenis indicibusque instruxit H. D., Berlin 1879, réimpr. Berlin 1958.
DECA	*Dictionnaire encyclopédique du christianisme ancien,* adapt. française sous la dir. de François Vial, Paris 1990 – ; traduction française du *DPAC*.
Dessau	voir *ILS*.
DGRB	*Dictionary of Greek and Roman Biography and mythology,* ed. W. Smith, London 1853-1856, 3 vol.
DHGE	*Dictionnaire d'Histoire et de Géographie Ecclésiastique*, éd. A. Baudrillart, Paris 1912 – .
DHI	*Dictionary of the history of ideas : studies of selected pivotal ideas,* ed. Philip P. Wiener, New York 1973-1974.
DK	*Die Fragmente der Vorsokratiker. Griechisch und Deutsch* von Hermann Diels (1903), 6. verbesserte

	Auflage, hrsg. von W. Kranz, t. I, Zürich 1951 ; t. II, Zürich 1952 ; t. III : *Wortindex, Namen- und Stellenregister*, Zürich 1952.
DPAC	*Dizionario patristico e di antichità cristiane*, ed. Angelo Di Berardino, Casale Monferrato 1983-1988, comprend : vol. 1 : A-F ; vol. 2 : G-Z ; vol. 3 : Atlante patristico, indici.
DPhA	*Dictionnaire des Philosophes Antiques*, publié sous la direction de R. Goulet, Paris 1989 – .
DSB	*Dictionary of Scientific Biography*, New York 1970-1980.
DSp	*Dictionnaire de Spiritualité*, ed. M. Viller, Paris 1932 – .
DTC	*Dictionnaire de Théologie Catholique*, ed. A. Vacant, E. Mangenot et E. Amann, Paris 1903-1950.
EAA	*Enciclopedia dell'Arte Antica classica e orientale*, Roma 1958-1984.
EI²	*Encyclopédie de l'Islam*. Nouvelle édition, Leiden/ New York/Köln/Paris 1960 – .
EncIran	*Encyclopaedia iranica*, London/Boston 1982- .
EncJud	*Encyclopaedia Judaica*, Jerusalem.
EOS	*Epigrafia e ordine senatorio : Atti del colloquio internazionale AIEGL, Roma 14-20 Maggio 1981*, 2 vol., Roma 1982.
EPRO	Coll. « Études préliminaires aux religions orientales dans l'Empire romain », Leiden 1961-1990.
FAC	*The Fragments of Attic Comedy*, after Meineke, Bergk and Koch, augmented, newly edited with their contexts, annotated and completely translated into English verse by J. M. Edmonds, Leiden 1957-1961.
FD	*Fouilles de Delphes*, t. III : *Épigraphie*, Paris 1929 – .
FGrHist	F. Jacoby, *Die Fragmente der griechischen Historiker*, t. I-III C 2, Berlin/Leiden, 1923-1958 ; « vermehrte Neudrucke », Leiden 1954 – .
FGrHistContinued	*Die Fragmente der griechischen Historiker continued*. Leiden 1998-.
FHG	*Fragmenta Historicorum Graecorum*, ed. C. et Th. Müller, 5 vol., Paris 1841-1870.

FIRA	S. Riccobono, J. Baviera, V. Arangio-Ruiz *et alii (édit.), Fontes Iuris Romani Anteiustiniani (Leges, auctores, leges saeculares), in usum scholarum* [1908], 2e éd., Firenze 1940-1943, 3 vol.
FPhG	*Fragmenta Philosophorum Graecorum,* ed. F. W. A. Mullach, 3 vol., Paris 1860-1881.
GAL, S. I, II, III	C. Brockelmann, *Geschichte der Arabischen Litteratur,* t. I, Weimar 1898 ; t. II, Berlin 1902 ; *Suppl.* I, II, III. Leiden 1937-1942.
GAS	*Geschichte des arabischen Schrifttums.* Leiden 1967 –. Le t. XIII : *Mathematische Geographie und Kartographie im Islam und ihr Fortleben im Abendland* von F. Sezgin, est paru en 2007.
GCS	Coll. « Die griechischen christlichen Schriftsteller der ersten (drei) Jahrhunderte », Berlin 1897 – .
GGLA	F. Susemihl, *Geschichte der griechischen Litteratur in der Alexandrinerzeit,* t. I, Leipzig 1891 ; t. II, Leipzig 1892.
GGM	*Geographi Graeci Minores,* ed. C. Muller. 2 vol. et 1 atlas, Paris 1855-1861.
GGP, Antike 2/1	Fr. Überweg, *Grundriss der Geschichte der Philosophie,* Völlig neubearbeitete Ausgabe, *Die Philosophie der Antike,* Band 2/1 : *Sophistik, Sokrates-Sokratik, Mathematik, Medizin,* von K. Döring, H. Flashar, G. B. Kerferd, C. Osing-Grote, H.-J. Washkies ; hrsg. von H. Flashar, Basel/Stuttgart 1998.
GGP, Antike 3	Fr. Überweg, *Grundriss der Geschichte der Philosophie,* Völlig neubearbeitete Ausgabe, *Die Philosophie der Antike,* Band 3 : *Ältere Akademie – Aristoteles – Peripatos,* hrsg. von Hellmut Flashar, Basel/ Stuttgart 1983.
GGP, Antike 4	Fr. Überweg, *Grundriss der Geschichte der Philosophie,* Völlig neubearbeitete Ausgabe, *Die Philosophie der Antike,* Band 4 : *Die hellenistische Philosophie,* von M. Erler, H. Flashar, G. Gawlick, W. Görler und P. Steinmetz, hrsg. von H. Flashar, Basel/Stuttgart 1994, en deux volumes
GRF	*Grammaticae Romanae Fragmenta,* ed. H. Funaioli, coll. *BT,* t. I (seul paru), Leipzig 1907.
HLL	*Handbuch der lateinischen Literatur der Antike,* herausgegeben von R. Herzog (†) und P. L. Schmidt,

	coll. «Handbuch der Altertumswissenschaften», München 1989 – . Traduction française : *NHLL* = *Nouvelle histoire de la littérature latine*. Éd. française sous la dir. de G. Nauroy, Turnhout/Paris 1993 – .
HLLA	Voir *HLL*.
HWPh	J. Ritter et K. Gründer (édit.), *Historisches Wörterbuch der Philosophie*, völlig neubearb. Ausg. des *Wörterbuchs der philosophischen Begriffe* von R. Eisler, Basel/Stuttgart 1971 –.
IBM	*Ancient Greek Inscriptions in the British Museum*, Oxford 1874-1916, 4 vol., index.
ICUR	*Inscriptiones Christianae Urbis Romae septimo saeculo antiquiores colligere coepit Joannes Baptista De Rossi complevit et edidit Antonius Ferrua S.I. auctoritate Pont. Instituti Archaeologiae Christianae Societatis Romanae ab Historia Patria, Nova Series, vol. VII: Coemeteria Viae Tiburtinae*, Vatican 1980.
ID	*Inscriptions de Délos*, Paris 1926-1972, 7 vol.
I Eleusis	K. Clinton (édit.), *Eleusis. The Inscriptions on stone. Documents of the Sanctuary of the two Goddesses and Public Documents of the Deme*, coll. «The Archaeological Society at Athens Library» 236, Athènes 2005.
IG	*Inscriptiones Graecae, consilio et auctoritate Academiae Litterarum (Regiae) Borussicae. Ed. maior*, Berlin 1873 – .
IG²	*Inscriptiones Graecae, editio minor*, Berlin 1913 – .
IGR	*Inscriptiones Graecae ad res Romanas pertinentes*, ed. R. Cagnat, J. Toutain *(et alii)*, Paris 1906-1927.
IGUR	L. Moretti (édit.), *Inscriptiones Graecae Urbis Romae*, coll. «Studi pubblicati dall'Istituto Italiano per la storia antica» 17, 22 (1-2), 28, Roma 1968, 1973 et 1979.
IK	Coll. «Inschriften griechischen Städte Kleinasien», Bonn.
ILAfr	*Inscriptions latines d'Afrique (Tripolitaine, Tunisie et Maroc)*, ed. R. Cagnat, A. Merlin et L. Chatelain. Paris 1923.
ILJug	A. et J. Sasel (édit.), *Inscriptiones Latinae quae in Iugoslavia (…) repertae et editae sunt*, coll. «Situla. Dissertationes Musei nationalis Labacensis» 5, 19 et 25, Ljubljana 1963-1986, trois vol. parus.

ILS   H. Dessau (édit.), *Inscriptiones Latinae Selectae*, 3 tomes en 5 vol., Berlin 1892-1916, réimpr. Berlin 1954-1955.

KP   *Der Kleine Pauly*. Lexikon der Antike auf der Grundlage von Pauly's Realencyclopädie der classischen Altertumswissenschaft unter Mitwirkung zahlreicher Fachgelehrter bearbeitet und herausgegeben von K. Ziegler und W. Sontheimer, 5 vol., Stuttgart 1964-1975.

LAA   P. Kroh (édit.), *Lexikon der antiken Autoren*, coll. « Kröners Taschenausgabe » 366, Stuttgart 1972, XVI-675 p.

LAW   *Lexikon der alten Welt*, Zürich/Stuttgart 1965.

LCI   *Lexikon für Christliche Ikonographie*, Freiburg im Breisgau 1968-1976.

LCL   Coll. « The Loeb Classical Library », London/Cambridge (Mass.) 1912 – .

LGPN   *Lexicon of Greek Personal Names*, t. I : *The Aegean islands, Cyprus, Cyrenaica*, by P.M. Fraser et E. Matthews, Oxford 1987 ; t. II : *Attica*, ed. by M. J. Osborne and S. G. Byrne, Oxford 1994 ; t. II A : nouvelle édition parue en 2007 ; t. III A: *The Peloponnese, Western Greece, Sicily and Magna Graecia*, ed. by P. M. Fraser and E. Matthews, Oxford 1997 ; t. III B : *Central Greece: From the Megarid to Thessaly*, ed. by P.M. Fraser and E. Matthews, Oxford 2000 ; t. IV : *Macedonia, Thrace, Northern Shores of the Black Sea*, ed. P. M. Fraser, E. Matthews, R. W. V. Catling, Oxford 2005 ; t. V A : *Coastal Asia Minor. Pontos to Ionia*, ed. by T. Corsten, Oxford 2010.

LIMC   *Lexicon Iconographicum Mythologiae Classicae*, Zürich/München 1981 – .

LSJ   *A Greek-English Lexicon*, compiled by H.G. Liddell and R. Scott, revised and augmented throughout by H. S. Jones with the assistance of R. McKenzie, with a Supplement 1968 (remplaçant les *Addenda et corrigenda* de la 9ᵉ éd. de 1940), Oxford 1968 ; nouvelle édition, « with a revised supplement 1996 », Oxford 1996.

LSO   J. Suolahti, M. Steinby *et alii, Lateres signati Ostienses*, coll. « Acta Instituti Romani Finlandiae », t. I, Roma 1978.

LTK	*Lexikon für Theologie und Kirche,* Freiburg im Breisgau 1930-1938, 2ᵉ éd., 1957-1968.
LTUR	E. M. Steinby (édit.), *Lexicon Topographicum Urbis Romae,* I-VI, Roma 1993-2000.
MAMA	*Monumenta Asiae Minoris Antiquae,* Manchester 1928-1956.
MGH	*Monumenta Germaniae historica inde ab anno Christi quingentesimo usque ad annum millesimum et quingentesimum,* ed. Societas aperiendis fontibus Germanicarum medii aevi, Hannover 1826 – .
MLAA	O. Schütze (édit.), *Metzler Lexikon Antiker Autoren,* Stuttgart/Weimar 1997.
MMR	T. Robert S. Broughton, *The magistrates of the Roman republic,* with the collab. of Marcia L. Patterson, coll. «Philological monographs/American philological association» 15, 3 volumes: Vol. I: 509 B.C.-100 B.C.; Vol. II: 99 B.C.-31 B.C.; Vol. III: Supplement, Atlanta (Georgia) 1968-1986.
MvP	H. von Fritze, *Die Münzen von Pergamon,* Berlin 1910, 108 p.
NHLL	Voir *HLL.*
NP	*Der Neue Pauly. Enzyklopädie der Antike,* hrsg. von H. Cancik und H. Schneider, Stuttgart/Weimar 1996-2003.
OCD	*The Oxford Classical Dictionary,* edited by N. G. L. Hammond and H. H. Scullard, 2ᵉ éd., Oxford 1970; 3ᵉ éd. by S. Hornblower and A. Spawforth, Oxford 1996.
OCT	Coll. «Oxford Classical Texts». Oxford.
ODB	*The Oxford Dictionary of Byzantium,* ed. by Alexander P. Kazhdan, Alice-Mary Talbot, Anthony Cutler, Timothy E. Gregory [*et al.*], Oxford 1991, 3 vol.
OGIS	*Orientis Graeci Inscriptiones Selectae,* ed. W. Dittenberger, 2 vol., Leipzig 1903-1905; réimpr. Hildesheim 1960.
OPA	Coll. «Les œuvres de Philon d'Alexandrie», Paris 1961 – .
PA	J. Kirchner, *Prosopographia Attica,* t. I: Berlin 1901; t. II: Berlin 1903.
PCBE	*Prosopographie chrétienne du Bas-Empire.* Tome I: A. Mandouze (édit.), *Prosopographie de l'Afrique*

	chrétienne (303-533), Paris 1982. Tome II : Ch. Pietri et Luce Pietri (édit.), *Prosopographie de l'Italie chrétienne (313-604),* 2 vol., Rome 1999-2000.
PCG	R. Kassel et C. Austin (édit.), *Poetae Comici Graeci.* Berlin 1983 – .
PG	*Patrologiae cursus completus...,* ed. J.-P. Migne, Series Graeca, 161 volumes, Paris 1857-1866.
PGM	*Papyri Graecae Magicae. Die griechischen Zauber-papyri,* ed. K. Preisendanz, 2 vol., Leipzig/Berlin 1928-1931.
PIR	H. Dessau, E. Klebs et P. von Rohden (édit.), *Proso-pographia Imperii Romani saeculorum I, II, III,* Berlin 1897-1898.
PIR²	E. Groag, A. Stein et L. Petersen (édit.), *Prosopo-graphia Imperii Romani saeculorum* I, II, III, *editio secunda,* Berlin 1933 – .
PL	*Patrologiae cursus completus...,* ed. J.-P. Migne, Series Latina, 217 vol., Paris 1844-1855.
PLRE	*Prosopography of the Later Roman Empire,* t. I (260-395) ed. A. H. M. Jones, J. R. Martindale & J. Morris, Cambridge 1971 ; t. II (395-527), ed. J. R. Martindale (édit.), Cambridge 1980 ; t. III a et b (527-641), ed. J. R. Martindale (édit.), Cambridge 1992.
PmbZ	*Prosopographie der mittelbyzantinischen Zeit, hrsg. von der Berlin-Brandenburgischen Akademie der Wissenschaften. Erste Abteilung (641-867),* nach Vorarbeiten F. Winkelmanns erstellt von Ralph-Johannes Lilie... [*et al.*], Berlin 1999-2002, 7 vol.
PO	*Patrologia Orientalis,* ed. R. Graffin et F. Nau, Paris 1903 – .
PP	*Prosopographia Ptolemaica.*
PTS	Coll. « Patristische Texte und Studien », Berlin 1963 –.
PVP I	L. Brisson, M.-O. Goulet-Cazé, R. Goulet et D. O'Brien (édit.), *Porphyre, La Vie de Plotin,* I. *Travaux préliminaires et index grec complet.* Avec une préface de Jean Pépin, coll. « Histoire des doctrines de l'antiquité classique » 6, Paris 1982.
PVP II	L. Brisson *et alii, Porphyre, La Vie de Plotin,* II. *Études et introduction, texte grec et traduction française, commentaire, notes complémentaires,*

	bibliographie. Préf. de Jean Pépin, coll. «Histoire des doctrines de l'antiquité classique» 16, Paris 1992.
QGFF	*Quaderni del Giornale Filologico Ferrarese.* Ferrara.
RAC	*Reallexikon für Antike und Christentum,* ed. T. Klauser, Leipzig 1941, puis Stuttgart 1950 – .
RE	*Paulys Realencyclopädie der classischen Altertums-wissenschaft.* Neue Bearbeitung begonnen von G. Wissowa, fortgeführt von W. Kroll und K. Mittelhaus unter Mitwirkung zahlreicher Fach-genossen, Stuttgart/München 1893-1972; Register der Nachträge und Supplement von H. Gärtner und A. Wünsch, München 1980. Voir aussi *RESuppl.*
RECAM	*Regional Epigraphic Catalogues of Asia Minor,* II: St. Mitchell. *The Ankara District, The Inscriptions of North Galatia.* With the assistance of David French and Jean Greenhalgh, coll. «British Archaeological Reports, International Series» 135, Oxford 1982.
R(E)PThK	*Real-Encyclopädie für Protestantische Theologie und Kirche,* 3e éd., Leipzig 1896-1913.
RESuppl.	*Paulys Realencyclopädie der classischen Altertums-wissenschaft,* Neue Bearbeitung unter Mitwirkung zahlreicher Fachgenossen, *Supplementbände* I-XV, 1903-1978.
RGA	*Reallexikon der Germanischen Altertumskunde.* Berlin/New York.
RGG	*Die Religion in Geschichte und Gegenwart,* 3e éd., Tübingen 1957-1965.
RIC	*The Roman Imperial Coinage.* London 1923 – .
RPC	A. Burnett, M. Amandry, P. P. Ripollès, *Roman Pro-vincial Coinage,* t. I, London/Paris, 1992.
RUSCH	Coll. «Rutgers University Studies in Classical Huma-nities», New Brunswick, N. J./Oxford.
SC	Coll. «Sources Chrétiennes», Paris 1941 – .
SEG	*Supplementum Epigraphicum Graecum,* Leiden, puis Amsterdam 1923 – .
SEGO	R. Merkelbach et J. Stauber, *Steineepigramme aus dem griechischen Osten,* Stuttgart/Leipzig 1998-2003.
SGDI	*Sammlung der griechischen Dialekt-Inschriften* von F. Bechtel, A. Bezzenberger [u. a.]. Herausgegeben von Dr. Hermann Collitz. Göttingen 1884-1915.

SGLG	*Sammlung Griechischer & Lateinischer Grammatiker,* hrsg. von K. Alpers, H. Erbse, A. Kleinlogel, Berlin/ New York 1974 – .
SIG	W. Dittenberger (édit.), *Sylloge Inscriptionum Graecarum,* 4 vol., Leipzig 1883, 3e éd. Leipzig 1915-1924.
SPB	Coll. « Studia Patristica et Byzantina », Ettal 1953 –.
SR / SSR	Giannantoni G. (édit.), *Socraticorum Reliquiae* collegit, disposuit, apparatibus notisque instruxit G.G., [Roma/Napoli] 1983-1985, 4 vol. L'ensemble a été repris et élargi dans *Socratis et Socraticorum Reliquiae* collegit, disposuit, apparatibus notisque instruxit Gabriele Giannantoni, coll. « Elenchos » 18, Napoli 1990, 4 vol. Les tomes I et II (XII-521 p. et XII-652 p.) contiennent les textes, le tome III (301 p.) un *Conspectus librorum,* un *Index fontium* et un *Index nominum,* le tome IV (XII-609 p.) le commentaire (sous forme de 56 notes développées).
ST	Coll. « Studi e Testi », Cité du Vatican 1900 – .
STB	Coll. « Studien und Texte zur Byzantinistik », Frankfurt am Main/Berlin/Bern 1994 – .
Stud. Pal.	*Studien zur Palaeographie und Papyruskunde,* hrsg. von Dr. Carl Wessely. Leipzig 1904 – .
Suppl. Arist.	*Supplementum Aristotelicum,* editum consilio et auctoritate Academiae litterarum regiae Borussicae, 3 tomes en 2 vol. chacun, Berlin 1886-1893.
Suppl. Hell.	H. Lloyd-Jones et P. Parsons (édit.), *Supplementum Hellenisticum.* Indices in hoc Supplementum necnon in Powellii *Collectanea Alexandrina* confecit H.-G. Nesselrath, coll. « Texte und Kommentare » 11, Berlin 1983, XXXII-863 p.
SVF	*Stoicorum Veterum Fragmenta* collegit Ioannes ab Arnim, t. I : *Zeno et Zenonis discipuli,* Leipzig 1905 ; t. II : *Chrysippi fragmenta logica et physica,* Leipzig 1903 ; t. III : *Chrysippi fragmenta moralia. Fragmenta successorum Chrysippi,* Leipzig 1903 ; t. IV : *Indices,* ed. M. Adler, Leipzig 1924.
TAM	*Tituli Asiae Minoris,* Wien 1901 – .
TGF	*Tragicorum Graecorum Fragmenta,* vol. 1, Editor Bruno Snell, editio correctior et addendis aucta curavit Richard Kannicht, Göttingen 1986.

TRE	*Theologische Realenzyklopädie,* Berlin 1976 – .
TU	Coll. « Texte und Untersuchungen zur Geschichte der altchristlichen Literatur », Leipzig/Berlin 1882 – .
WdF	Coll. « Wege der Forschung », Darmstadt.

III. Références complètes des études et éditions
citées de façon abrégée

ATHANASSIADI Polymnia, *Damascius. The Philosophical History*. Text with translation and notes, Apameia 1999, 403 p.

BAILLET J., *Inscriptions grecques et latines des tombeaux des rois ou Syringes*, coll. « Mémoires publiés par l'Institut français d'archéologie orientale du Caire » 42, Le Caire 1923, 4 vol.

BARIGAZZI A., *Favorino di Arelate, Opere*. Introduzione, testo critico e commento, coll. « Testi greci e latini con commento filologico » 4, Firenze 1966, XII-610 p.

BECHTEL Fr., *Die historischen Personennamen des Griechischen bis zur Kaiserzeit*, Halle 1917, réimpr. Hildesheim 1982, XVI-637 p.

DI BRANCO, Marco, *La città dei filosofi. Storia di Atene da Marco Aurelio a Giustiniano, con un'appendice su "Atene immaginaria" nella letteratura bizantino*, Prefazione di Giovanni Pugliese Carratelli, coll. « Civiltà veneziana - Studi » 51, Firenze 2006, XVI-299 p.

BRISSON L., « Notices sur les noms propres [mentionnés dans la *Vie de Plotin*] », dans l'ouvrage collectif *Porphyre. La Vie de Plotin*, t. I : *Travaux préliminaires et index grec complet* par L. Brisson, M.-O. Goulet-Cazé, R. Goulet et D. O'Brien. Préface de J. Pépin, coll. « Histoire des doctrines de l'Antiquité classique » 6, Paris 1982, p. 49-142.

BURKERT W., *Lore and Science in Ancient Pythagoreanism*, Cambridge (Mass.) 1972, 535 p. (trad. revue de *Weisheit und Wissenschaft: Studien zu Pythagoras, Philolaos und Platon*, Nürnberg 1962).

CASTNER C.J., *Prosopography of Roman Epicureans from the Second Century B.C. to the Second Century A.D.*, coll. « Studien zur klassischen Philologie » 34, Frankfurt am Main 1988 (2e éd. 1991), XIX-116 p.

COURCELLE P., *Les Lettres grecques en Occident de Macrobe à Cassiodore*, coll. *BEFAR* 159, Nouvelle édition revue et augmentée, Paris 1948, XVI-440 p.

CRÖNERT W., *Kolotes und Menedemos. Texte und Untersuchungen zur Philosophen- und Literaturgeschichte*. Mit einem Beitrag von P. Jouguet und P. Perdrizet und einer Lichtdrucktafel, coll. « Studien zur Palaeographie und Papyruskunde » 6, Leipzig 1906, réimpr. Amsterdam 1965, [II]-198 p.

DAVIES J.K., *Athenian Propertied Families 600-300 B.C.*, Oxford 1971, XXXII-653 p.

DEGRASSI A., *I fasti consulari dell'impero Romano dal 30 avanti Cristo al 613 dopo Cristo*, coll. « Sussidi eruditi » 3, Roma 1952, XVIII-289 p.

DEICHGRÄBER K., *Die griechische Empirikerschule. Sammlung der Fragmente und Darstellung der Lehre,* Berlin 1930, VIII-398 p.; réimpr. (augmentée de notes complémentaires sur les fragments déjà publiés, ainsi que de nouveaux fragments et des extraits de la traduction anglaise par R. Walzer de la version arabe du traité *Sur l'expérience médicale* de Galien, p. 399-425) Zürich 1965.

DELATTRE Daniel et Jackie PIGEAUD, *Les Épicuriens,* coll. « Bibliothèque de la Pléiade » 564, Paris 2010, LXIX-1481 p.

DIELS H. (édit.), *Doxographi Graeci* collegit recensuit prolegomenis indicibusque instruxit H.D., Berlin 1879, réimpr. Berlin 1958, X-854 p.

DILLON J.M., *The Middle Platonists. A study of Platonism 80 B.C. to 220 A.D.,* London 1977 (1996²), XVIII-429 p.

DILLON J. et J. HERSHBELL (édit.), *Iamblichus, On the Pythagorean Way of Life.* Text, translation, and notes, coll. « Texts and translations » 29, « Graeco-Roman Religion Series » 11, Atlanta (Georgia), Society of Biblical Literature, 1991, X-285 p.

DÖRING K., *Die Megariker.* Kommentierte Sammlung der Testimonien, coll. « Studien zur antiken Philosophie » 2, Amsterdam 1972, XII-185 p.

DORANDI T. (édit.), *Filodemo, Storia dei filosofi* [.] : *Platone e l'Academia,* coll. « La Scuola di Epicuro » 12, Napoli 1991, 293 p.

DORANDI T. (édit.), *Filodemo, Storia dei filosofi. La Stoà da Zenone a Panezio (PHerc. 1018).* Edizione, traduzione e commento, coll. « Philosophia Antiqua » 60, Leiden 1993, XVI-189 p.

DORANDI T., *Ricerche sulla cronologia dei filosofi ellenistici,* coll. « Beiträge zur Altertumskunde » 19, Stuttgart 1991, XVI-92 p.

DUDLEY D.R., *A History of Cynicism from Diogenes to the 6th Century A.D.,* London 1937, XIV-224 p.

DUMONT J.-P. (édit.), *Les Présocratiques.* Édition établie par J.-P. Dumont avec la collaboration de D. Delattre et de J.-P. Poirier, coll. « Bibliothèque de la Pléiade » 345, Paris 1988, XXVIII-1625 p.

FERRARY J.-L., *Philhellénisme et impérialisme. Aspects idéologiques de la conquête romaine du monde hellénistique, de la seconde guerre de Macédoine à la guerre contre Mithridate,* coll. *BEFAR* 271, Rome/Paris, 1988, XVI-690 p.

FIDELER D.R. (édit.), *The Pythagorean Sourcebook and Library. An Anthology of ancient writings which relate to Pythagoras and Pythagorean Philosophy.* Compiled and translated by K.S. Guthrie, with additional translations by T. Taylor and A. Fairbanks Jr. Introduced and edited by D.R. Fideler, with a foreword by Joscelyn Godwin, Grand Rapids 1987, 361 p.

FRASER P.M., *Ptolemaic Alexandria,* Oxford 1972, t. I : Text, XVI-812 p. ; t. II : Notes, XIV-1116 p. ; t. III : Indexes, 157 p.

FREEMAN K., *The Pre-Socratic Philosophers.* A Companion to Diels, *Fragmente der Vorsokratiker,* Oxford 1946, 2ᵉ éd., Oxford 1966, XVI-486 p.

FREEMAN K., *Ancilla to The Pre-Socratic Philosophers*. A complete translation of the Fragments in Diels, *Fragmente der Vorsokratiker*, Oxford 1947, « Sixth impression » 1971, XII-162 p.

GAISER K., *Philodems Academica. Die Berichte über Platon und die alte Akademie in zwei herkulanensischen Papyri*, coll. « Supplementum Platonicum » 1, Stuttgart/Bad Cannstatt 1988, 573 p.

GARBARINO G., *Roma e la filosofia greca dalle origini alla fine del II secolo A.C.* Raccolta di testi con introduzione e commento, coll. « Historica Politica Philosophica. Il Pensiero antico – Studi e testi » 6, Torino 1973, t. I : Introduzione e testi, XXIII-217 p. ; t. II : Commento e indice, p. 218-642.

GLUCKER J., *Antiochus and the Late Academy*, coll. « Hypomnemata » 56, Göttingen 1978, 510 p.

GOULET R., *Études sur les Vies de philosophes de l'Antiquité tardive. Diogène Laërce, Porphyre de Tyr, Eunape de Sardes*, coll. « Textes et traditions » 1, Paris 2001, VI-425 p.

GOULET-CAZÉ M.-O. et R. GOULET (édit.), *Le Cynisme ancien et ses prolongements*. Actes du Colloque international du CNRS (Paris, 22-25 juillet 1991), Paris 1993, XII-612 p.

GOULET-CAZÉ M.-O. (édit.), *Diogène Laërce. Vies et Doctrines des philosophes illustres*. Traduction française sour la direction de Marie-Odile Goulet-Cazé. Introductions, traductions et notes de J.-F. Balaudé, L. Brisson, J. Brunschwig, T. Dorandi, M.-O. Goulet-Cazé, R. Goulet et M. Narcy, avec la collaboration de M. Patillon, coll. « La Pochothèque », Paris, 2ᵉ éd. revue et corrigée 1999, 1398 p.

GRIFFIN M. et J. BARNES, *Philosophia Togata*, <t. I> : *Essays on Philosophy and Roman Society*, Oxford 1989, 302 p. ; t. II : *Plato and Aristotle at Rome*, Oxford 1997, VIII-300 p.

GUTHRIE W. K. C., *A History of Greek Philosophy*, t. I : *The Earlier Presocratics and the Pythagoreans*, Cambridge 1962, XVI-539 p. ; t. II : *The Presocratic tradition from Parmenides to Democritus*, Cambridge 1965, XX-554 p. ; t. III : *The fifth-century enlightenment*, Cambridge 1969, XVI-544 p. ; t. IV : *Plato. The man and his dialogues : Earlier period*, Cambridge 1975, XVIII-603 p. ; t. V : *The later Plato and the Academy*, Cambridge 1978, XVI-539 p. ; t. VI : *Aristotle. An encounter*, Cambridge 1981, XVI-456 p.

HAAKE M., *Der Philosoph in der Stadt. Untersuchungen zur öffentlichen Rede über Philosophen und Philosophie in den hellenistischen Poleis*, coll. « Vestigia » 56, München 2007, X-386 p.

HERCHER R., *Epistolographi Graeci*, recensuit, recognovit, adnotatione critica et indicibus instruxit R. H., accedunt F. Boissonadii ad Synesium notae ineditae, Paris 1873, réimpr. Amsterdam 1965, LXXXVI-843 p.

HÜLSER K., *Die Fragmente zur Dialektik der Stoiker*. Neue Sammlung der Texte mit deutschen Übersetzung und Kommentar, Stuttgart 1987, 4 vol., CII-403 p. (en pagination continue).

JUNQUA F., *Lettres de Cyniques. Étude des correspondances apocryphes de Diogène de Sinope et Cratès de Thèbes,* Thèse de doctorat inédite, Université de Paris IV-Sorbonne, Paris 2000, 2 vol. (cette thèse offre le texte grec, une traduction française et un imporant commentaire d'ensemble des lettres de Diogène et Cratès avec une bibliographie substantielle).

KASTER R. A., *Guardians of Language. The Grammarian and Society in Late Antiquity,* coll. « The transformation of the classical heritage » 11, Berkeley 1988, XXI-524 p.

KRUMBACHER K., *Geschichte der byzantinischen Literatur von Justinian bis zum Ende des oströmischen Reiches (527-1453),* coll. « Handbuch der klassischen Altertumswissenschaft » 9, 1, 2ᵉ éd., München 1897, XX-1193 p.

LASSERRE F., *De Léodamas de Thasos à Philippe d'Oponte. Témoignages et Fragments.* Édition, traduction et commentaire, coll. « La Scuola di Platone » 2, Napoli 1987, 696 p.

LONGO AURICCHIO F., *Ermarco, Frammenti.* Edizione, traduzione e commento, coll. « La Scuola di Epicuro » 6 – « Frammenti dei *Katheghemones* » 1, Napoli 1988, 196 p.

LYNCH J.P., *Aristotle's School. A study of a Greek educational institution,* Berkeley 1972, XIV-247 p.

MALHERBE A.J., *The Cynic Epistles. A Study Edition,* coll. « Society of Biblical Literature. Sources for Biblical Study » 12, Missoula, Mont. 1977 (réimpr. Atlanta 1986), 334 p.

MEJER J., *Diogenes Laertius and his Hellenistic background,* coll. « Hermes Einzelschriften » 40, Wiesbaden 1978, X-109 p.

MEKLER S. (édit.), *Academicorum Philosophorum Index Herculanensis,* Berlin 1902, réimpr. Berlin 1958, XXXVI-135 p.

MENSCHING E., *Favorin von Arelate. Der erste Teil der Fragmente. Memorabilien und Omnigena Historia* (ΑΠΟΜΝΗΜΟΝΕΥΜΑΤΑ und ΠΑΝΤΟΔΑΠΗ ΙΣΤΟΡΙΑ), coll. « Texte und Kommentare » 3, Berlin 1963, XII-167 p.

MORAUX P., *Der Aristotelismus bei den Griechen. Von Andronikos bis Alexander von Aphrodisias,* t. I: *Die Renaissance des Aristotelismus im I. Jh. v. Chr.,* coll. « Peripatoi » 5, Berlin 1973, XX-535 p.; t. II: *Der Aristotelismus im I. und II. Jh. n. Chr.,* coll. « Peripatoi » 6, Berlin 1984, XXX-825 p.; t. III: *Alexander von Aphrodisias,* hrsg. von Jürgen Wiesner, coll. « Peripatos » 7, Berlin 2001, XI-650 p.

MULLER R., *Les Mégariques*. Fragments et témoignages traduits et commentés par R. M., coll. « Histoire des doctrines de l'Antiquité classique » 9, Paris 1985, 258 p.

MÜSELER Eike, *Die Kynikerbriefe,* t. II : *Kritische Ausgabe mit deutscher Übersetzung,* coll. « Studien zur Geschichte und Kultur des Altertums », Neue Folge, 1. Reihe : Monographien, Paderborn 1994, 167 et 146 p.

NAILS Debra, *The People of Plato. A prosopography of Plato and other Socratics,* Indianapolis 2002, XLVIII-414 p.

NAVON R. (édit.), *The Pythagorean writings. Hellenistic texts from the 1ˢᵗ Cent. B. C. – 3ᵃ Cent. A. D. On life, morality, knowledge, and the world. Comprising a selection of Neo-Pythagorean fragments, texts and testimonia of the Hellenistic period.* Translated from the Greek and Latin by K. Guthrie and Th. Taylor. Edited, with an introduction to the Pythagorean writings by R. Navon. With a foreword by L. G. Westerink. Kew Gardens (N. Y.) 1986, V-171 p.

PAPE W. et BENSELER G. E., *Wörterbuch der griechischen Eigennamen,* 3ᵉ éd., Braunschweig 1863-1870, 2 vol., LII-1710([+2]) p. (en pagination continue).

PEEK W., *Griechische Vers-Inschriften,* t. I, Berlin 1955, XXX-695 p. (*GVI*) ; *Verzeichnis der Gedicht-Anfänge und vergleichende Übersicht zu den griechischen Vers-Inschriften I,* hrsg. von W. Peek. Berlin 1957, 43 p.

POHLENZ M., *Die Stoa. Geschichte einer geistigen Bewegung,* t. I (1943), « 3. unveränderte Auflage », Göttingen 1964, 490 p. ; t. II : *Erläuterungen* (1949), « 4. Auflage. Zitatkorrekturen, bibliographische Nachträge und ein Stellen-register von H. T. Johann », Göttingen 1972, 336 p.

RICHTER G. M. A., *The Portraits of the Greeks.* 1965, 3 vol., XIV-337 p. (en pagination continue) et 2059 fig. ; *Supplement,* London 1972, 24 p.

RIGINOS A. Swift, *Platonica. The anecdotes concerning the life and writings of Plato,* coll. « Columbia Studies in the Classical Tradition » 3, Leiden 1976, XII-248 p.

SAMAMA, É., *Les médecins dans le monde grec. Sources épigraphiques sur la naissance d'un corps médical,* coll. « École Pratique des Hautes Études, IVᵉ section. 3, Hautes études du monde gréco-romain » 31, Genève 2003, 612 p.

SCATOZZA HÖRICHT L. A., *Il volto dei filosofi antichi,* coll. « Archaia. Storia degli studi » 2, Napoli 1986, 273 p.

SCHEFOLD K., *Die Bildnisse der antiken Dichtern, Redner und Denker,* Basel 1943 (2ᵉ éd. Basel 1997), 228 p. avec planches photographiques.

SCHMID W., Wilhelm von Christ's *Geschichte der griechischen Literatur [GGL],* Zweiter Teil : *Die nachklassische Periode der griechischen Literatur,* Erste Hälfte : *Von 320 vor Christus bis 100 nach Christus,* coll. « Handbuch der Altertumswissenschaft » VII 2, 1, Sechste Auflage unter Mitwirkung von O. Stählin, München 1920, réimpr. 1959.

SEECK O, *Die Briefe des Libanius zeitlich geordnet,* coll. «Texte und Untersuchungen zur Geschichte der altchristlichen Literatur» N.F. 15, Leipzig 1906, V-496 p.

SIRONEN E., *The Late Roman and Early Byzantine Inscriptions of Athens and Attica,* Helsinki 1997, 464 p.

SMITH M. F. (édit.), *Diogenes of Oinoanda. The Epicurean Inscription.* Edited with introduction, translation and notes, coll. «La Scuola di Epicuro» Suppl. 1, Napoli 1993, 660 p., 18 planches photographiques.

SUMNER G. V., *The Orators in Cicero's Brutus : Prosopography and Chronology,* coll. «Phoenix. Supplementary volume» 11, Toronto 1973, X-197 p.

TEPEDINO GUERRA A., *Polieno. Frammenti.* Edizione, traduzione e commento, coll. «La Scuola di Epicuro» 11 – «Frammenti dei *Katheghemones*» 2, Napoli 1991, 224 p.

THESLEFF H., *The Pythagorean texts of the Hellenistic period,* collected and edited by H. T., coll. «Acta Academiae Aboensis - Ser. A – Humaniora» 30, 1, Åbo 1965, VIII-266 p.

THESLEFF H., *An Introduction to the Pythagorean Writings of the Hellenistic Period,* coll. «Acta Academia Aboensis. Humaniora» XXIV 3, Åbo 1961, 140 p.

TRAVERSA A. (édit.), *Index Stoicorum Herculanensis,* coll. «Università di Genova, Pubblicazioni dell'Istituto di Filologia Classica» 1, [Firenze] s. d. [1955 ?], XXIV-119 p.

VOGEL C. DE (édit.), *Greek Philosophy. A collection of texts selected and supplied with some notes and explanations,* t. I : *Thales to Plato,* 3e éd., Leiden 1963, XII-334 p.; la réimpression de 1969 comporte un complément bibliographique, p. 335-337 ; t. II : *Aristotle, the Early Peripatetic School and the Early Academy,* 3e éd., Leiden 1967, VIII-340 p. ; t. III : *The Hellenistic-Roman period,* 2e éd., Leiden 1964, XVI-673 p.

ZELLER Ed., *Die Philosophie der Griechen in ihrer geschichtlichen Entwicklung dargestellt,* t. III 1 : *Die nacharistotelische Philosophie. Erste Hälfte. Fünfte Auflage. Manualdruck der vierten Auflage,* hrsg. v. E. Wellmann, Leipzig 1923, réimpr. Hildesheim 1963.

Avertissement

La transcription française des noms propres grecs et latins est toujours chose délicate. La tendance traditionnelle est de donner une forme française quand c'est possible et que le personnage est connu de cette façon, ce qui peut entraîner des problèmes d'ordre alphabétique. Fallait-il adopter Aischinès, Aeschines, Eschine ? Nous avons tenté de respecter dans pareil cas la forme la plus proche du grec, au moins dans l'intitulé de la notice, quitte à rappeler entre parenthèses la forme courante connue par le lecteur français et à utiliser cette dernière dans le corps de l'article. Nous avons également essayé de ne pas transcrire différemment les homonymes qui se succèdent directement, mais il a semblé impossible d'appliquer des règles immuables. On rencontrera donc des Denys et des Dionysios. Les noms latins sont classés au *cognomen*, mais des renvois sont prévus pour les autres composantes importantes du nom. La liste finale des notices du présent tome devrait faciliter le repérage des différents noms.

L'intitulé de chaque notice indique le numéro attribué par la *Realencyclopaedie* aux différents homonymes, accessoirement le numéro que le personnage concerné a reçu dans d'autres prosopographies (*PLRE, PIR*[2], *PA*). On ne s'étonnera pas de trouver des indications comme *RE :* ou *RESuppl.* IV : (sans chiffre arabe), lorsque les articles de cette encyclopédie ne comportent pas de numéro. Quand l'article de la *Realencyclopaedie* n'offrait aucune information supplémentaire par rapport à ce que l'on peut lire dans notre notice, nous n'avons pas fourni une référence bibliographique complète : le renvoi initial suffira à rappeler qu'il existe un article consacré à ce philosophe. Une lettre ou un nom n'est ajouté au numéro d'homonymie que si la forme retenue par cette encyclopédie allemande ne correspond par à la forme française du nom (*RE* K 2 pour "Callisthène").

L'intitulé de chaque notice comprend également une datation au moins approximative du personnage. Dans l'indication des siècles, un petit *a* en exposant signale une date antérieure à l'ère chrétienne (IV[a] signifie « IVe siècle avant Jésus-Christ »). La lettre *p* sert de même, mais seulement si nécessaire, à indiquer une date de notre ère. Dans ces indications chronologiques, les lettres D, M et F signifient "début", "milieu" et "fin".

Pour simplifier le système de référence bibliographique à l'intérieur des notices, nous avons choisi de numéroter en chiffres gras les références successives et d'y renvoyer dans la suite de la notice. Par exemple, on trouvera **3** V. Brochard, *Les sceptiques grecs,* 2e éd., Paris 1923, p. 303 n. 2, puis, plus loin dans la notice une simple référence à Brochard **3**, p. 300. Ce système n'a pas été employé pour les très courtes notices où il n'y avait pas de renvoi interne.

Les informations sont réparties sous un certain nombre de rubriques (mises en relief par l'emploi de caractères gras ou espacés) qui reviennent de notice en notice et facilitent la consultation de l'ouvrage. Par exemple : Chronologie, Bibliographies (où sont signalées les bibliographies consacrées à ce philosophe et non pas les ouvrages comme tels ; à ne pas confondre avec **Cf.**), Œuvres conservées, Datation, Éditions et traductions, etc. Certaines notices très développées peuvent comporter toute une hiérarchie de titres intermédiaires, ainsi qu'un sommaire initial.

De façon générale, nous avons résisté à la tentation courante d'identifier les personnages homonymes. Même là où l'identification nous semblait probable, nous avons regroupé les informations en blocs distincts à l'intérieur de la notice.

Le signe ➤ renvoie aux notices déjà parues dans les tomes antérieurs du *Dictionnaire*. Il signifie que le personnage a fait l'objet d'une notice, mais nous ne l'avons pas employé pour les noms les plus importants qui reviennent souvent. Il n'apparaît d'ailleurs en général qu'à la première occurrence d'un nom dans la notice. Une référence plus précise (avec indication du nom de l'auteur de l'article) est faite lorsque le contenu même de la notice est visé.

P

1 PACCIUS *RE* 7   F I-D II

Le dédicataire du traité de Plutarque (➤P 210) *Sur la tranquilité de l'âme* était un orateur bien introduit dans la haute société romaine et exerçait des responsabilités importantes (*De tranqu. an.*, 465 A, 468 B). Il portait par ailleurs à l'œuvre de Platon (➤P 195) un intérêt assez précis pour solliciter de Plutarque des éclaircissements à propos de certains passages du *Timée*, requête qui est à l'origine de la rédaction du traité. Comme celui-ci, sans doute un peu antérieur au traité S*ur le contrôle de la colère*, a dû être composé dans les années 90, Paccius ne peut évidemment être identique au célèbre orateur homonyme, C. Paccius Africanus, qui appartenait à la génération précédente. Mais il peut fort bien, comme l'a supposé C.P. Jones, « Towards a chronology of Plutarch's works », *JRS* 56, 1966, p. 62-63, avoir appartenu à la même famille. On ne sait s'il faut établir un rapport avec le riche Paccius évoqué par Juvénal, *Sat.* XII 55.

Cf. B. Puech, «Prosopographie des amis de Plutarque», *ANRW* II 33, 6, Berlin 1992, p. 4865.

BERNADETTE PUECH.

PACONIUS → AGRIPPINUS (Q. PACONIUS –)

2 PACTIÔN DE TARENTE   VI - V

Pythagoricien ancien dont le nom figure dans le catalogue de Jamblique (*V. pyth.* 36, 267, p. 144, 15 Deubner = **1** DK 58 A, t. I, p. 446, 26), qui semble remonter à Aristoxène de Tarente. Son nom est répertorié dans **2** W. Pape et G. Benseler, *Wörterbuch der griechischen Eigennamen*, t. II, p. 1107, ainsi que dans le **3** *LGPN*, t. III A, p. 348 (où Fraser et Matthews proposent toutefois – sans fondement – une datation trop haute, au VIᵉ siècle).

CONSTANTINOS MACRIS.

3 PACUVIUS (M. –) *RE* 6   III-II

Dramaturge latin, auteur de tragédies.

Bibliographie. 1 G. Manuwald, « Römische Tragödie und Praetexten republikanischen Zeit 1964-2002 », *Lustrum* 43, 2001 [2004], p. 11-236.

Éditions et commentaires. **2** O. Ribbeck, *Scaenicae Romanorum poesis fragmenta*, t. I : *Tragicorum Romanorum Fragmenta*, 3ᵉ éd., Leipzig 1897 ; **3** E. H. Warmington, *Remains of Old Latin*, t. II, coll. *LCL*, Cambridge (Mass)/London 1936, p. 157-323 ; **4** G. D'Anna, *M. Pacuvii Fragmenta*, Roma 1967 ; **5** P. Schierl,

*Die Tragödien des Pacuvius. Ein Kommentar zu den Fragmenten mit Einleitung,
Text und Übersetzung,* Berlin/New York 2006.

Lexique. **6** L. Castagna, *Quinti Ennii et Marci Pacuvii Lexicon sermonis
scaenici*, Hildesheim 1996.

Études. 7 R. Helm, art. « M. Pacuvius » 6, *RE* XVIII, 2, 1942, col. 2159-2174 ;
8 M. Valsa, *Marcus Pacuvius, poète tragique*, Paris 1957 ; **9** B. Bilinski,
Contrastanti ideali di cultura sulla scena di Pacuvio, coll. « Accademia Polacca di
Scienze e Lettere, Biblioteca di Roma, Conferenze » 16, Varsovie 1962 ;
10 G. Manuwald, *Pacuvius, summus tragicus poeta. Zum dramatischen Profil
seiner Tragödien*, Leipzig 2003.

Biographie. M. Pacuvius est né à Brindes (Hier., *Chron.* a. Abr. 1863) vers
220[a] : la date est établie à partir d'un passage du *Brutus* de Cicéron (54, 229)
indiquant une différence d'âge de cinquante ans entre Pacuvius et Accius [➣A 5]
(né en 170[a]). Il est le neveu d'Ennius (➣E 25) et se forma sans doute auprès de lui
à Rome. Pline l'Ancien rappelle son activité de peintre, illustrée par une peinture
célèbre figurant dans le temple d'Hercule au Forum Boarium (*H. N.* XXXV 19),
mais Pacuvius est avant tout un écrivain : auteur de *Satires,* peut-être (**11** E.
Flinthoff, « The Satires of Marcus Pacuvius », *Latomus* 49, 1990, p. 576-590),
mais, surtout, auteur de tragédies. Leur date de rédaction nous échappe ; certaines
furent peut-être représentées vers 160[a], d'autres plus tardivement (comme le
suggère le *Brutus* 54, 229). A la fin de sa vie, âgé et malade (Gell. XIII 2) il revint
à Tarente et mourut à près de 90 ans (Hier., *loc. cit.*), vers 131-130.

Pacuvius semble avoir été lié avec Paul-Émile (➣P 64), même s'il est difficile
de préciser ses relations avec les milieux intellectuels de son temps (Schierl **5**,
p. 4). En revanche, les liens avec Laelius (➣L 12) et, plus largement, avec le
« cercle des Scipions » se fondent uniquement sur un passage du *De amicitia* (7,
24) où Laelius présente Pacuvius comme « son ami et son hôte » ; ils sont souvent
contestés par les critiques considérant que cette affirmation isolée, insérée dans le
cadre fictif d'un dialogue, a peu de valeur (D'Anna **4**, p. 9-10, Schierl **5**, p. 4 ; voir
aussi **12** G. Garbarino, *Roma e la filosofia greca,* Torino 1973, p. 595-596). De
même, si l'on en croit Aulu-Gelle (XIII 2), L. Accius passant à Tarente aurait lu à
Pacuvius sa tragédie *Atrée,* mais cette anecdote traduit surtout le désir d'établir une
continuité intellectuelle entre ces deux grands poètes tragiques (Schierl **5**, p. 3).

Nous connaissons le titre de treize tragédies écrites par Pacuvius ainsi qu'une
tragédie prétexte *Paulus* : il est difficile de préciser si elle concernait L. Aemilius
Paulus, le vainqueur de Persée, ou son père mort à la bataille de Cannes ; mais les
critiques pensent qu'il s'agit plutôt de Paul-Émile car l'évocation du combat
s'appliquerait mieux à la bataille de Pydna (**13** G. Manuwald, *Fabulae Praetextae.
Spuren einer literarischen Gattung der Römer*, coll. « Zetemata » 108, München
2001, p. 180-196 ; Schierl **5**, p. 515-528). Les autres tragédies reprennent les sujets
tragiques, souvent issus de la guerre de Troie ou de la légende des Atrides.
Pacuvius s'est inspiré de Sophocle et d'Euripide (➣E 139) ; il passe pour avoir

choisi les versions rares des légendes ou des sujets moins connus que ceux de ses prédécesseurs latins (Manuwald **10**, p. 13 ; Schierl **5**, p. 29) : c'est sans doute l'une des raisons expliquant qu'il ait été qualifié de *doctus* par les critiques littéraires (Horace, *Epist.* II 1, 55 ; Quintilien, *Inst. Orat.* X 1, 97 ; Schierl **5**, p. 64-65). Les fragments révèlent une écriture travaillée, un style imagé et coloré avec une grande force expressive. Ses pièces eurent un grand succès et étaient encore jouées à l'époque de Cicéron : l'*Armorum iudicium* fut représenté aux funérailles de César, en 44 av. J.-C. (Suet., *Caes.* 84, 2).

Les liens des tragédies avec l'actualité ont été soulignés par B. Bilinski : *Dulorestes* ferait allusion aux révoltes d'esclaves (**14** « *Dulorestes* de Pacuvius et les guerres serviles en Sicile », dans *Hommages à Léon Herrmann*, coll. « Latomus » 44, Bruxelles 1960, p. 160-170) ; *Antiope* (Bilinski **9**) ou l'*Armorum iudicium* reflètent les débats intellectuels de l'époque : portée de la *uirtus*, rôle de la culture.

Pacuvius avait fait une place certaine à des questions de philosophie dans ses tragédies. Dans *Antiope*, le débat entre Amphion et Zéthus, les deux frères jumeaux, déjà développé par Euripide, avait une place importante. Amphion défendait d'abord la musique, rejetée par son frère, puis la discussion passait à la théorie de la sagesse et à l'utilité du courage (*Rhet. Her.* II 27, 43 ; *cf.* Cic., *De invent.* I 94). Il s'agissait donc d'opposer deux genres de vie, l'un tourné vers l'action, l'autre tourné vers la *sapientia* (c'est-à-dire la philosophie) et la contemplation (Manuwald **10**, p. 96). Zethus privilégiait le premier et déclarait son hostilité à la philosophie (Gell. XIII 8, 4 = 348 Ribbeck). Un tel débat trouvait bien des échos dans la Rome contemporaine au moment où le développement de la culture et de la philosophie suscitait de nombreuses discussions (Bilinski **9**, p. 26-28).

Dans le *Chryses* figurait une discussion sur la divination : un *physicus*, sans doute un philosophe (Schierl **5**, p. 210), critiquait les devins en déclarant « ceux qui comprennent la langue des oiseaux et tirent leur savoir plus du foie d'autrui que du leur, je crois qu'il faut plutôt les entendre que les écouter » (Cicéron, *De divin.* I 131 = 83-85 Ribbeck). Il semblait par là opposer aux fondements erronés de la divination, les vrais fondements de la science de la nature (Garbarino **12**, p. 604).

Pacuvius avait aussi fait place à la représentation du monde : dans le *Chryses*, plusieurs fragments évoquent l'éther qui enveloppe la terre dans son étreinte (86-87 Ribbeck) ; un autre fragment oppose « la terre qui fait naître les corps et l'éther qui ajoute l'âme ». De telles évocations reprennent des thèmes développés par Euripide dans une tragédie *Chrysippos*, connue par des fragments (Garbarino **12**, p. 608-612 ; Schierl **5**, p. 205) ; le *physicus* mentionné plus haut déclarait également « quel que ce soit cet être, il donne vie, forme, nourrit, fait grandir et crée toutes choses, il ensevelit et reçoit en lui toutes choses et il est en même temps le père de toutes choses et c'est de lui aussi que les mêmes choses naissent à nouveau et c'est en lui qu'elles s'éteignent » (*De divin.* I 131). L'éther est ainsi représenté comme le commencement et la fin de toutes les choses. Ce thème avait déjà été développé par Ennius ; G. Garbarino (**12**, p. 281) souligne qu'il s'agit d'une conception très répandue, que l'on peut difficilement rattacher à une philosophie précise; Lucrèce (*De rerum natura* II 991-1012; V 318-323) reprend cette théorie et semble s'inspirer aussi des vers de Pacuvius.

Un long fragment, transmis par la *Rhétorique à Hérennius* (II 23, 36), que l'on rattache le plus souvent au *Chryses* (Schierl **5**, fr. 262, p. 533 = 366-375 Ribbeck), concernait la Fortune (**15** J. Champeaux, *Fortuna. Le culte de la Fortune dans le monde romain,* t. II: *Les transformations de Fortuna sous la République,* coll. *CEFR* 64, Rome, 1987, p. 191-197). Le poète rappelait les opinions opposées à son sujet, faisant explicitement référence aux « philosophes : les uns reprennent l'image traditionnelle d'une Fortune « insensée, aveugle, instable et dépourvue de raison », et Pacuvius développait chacun de ces qualificatifs. D'autres nient l'existence de la Fortune et affirment que tout est régi par le hasard *(temeritas).* Il y a assurément peu de différence entre les deux théories qui, l'une et l'autre, représentent un monde livré au hasard et à l'irrationnel : dans les deux cas le poète renvoie à des « philosophes » ; sans aucun doute, la seconde théorie présentant un monde régi par le hasard, renvoie à l'école épicurienne (Garbarino **12**, p. 614 ; Champeaux **15**, p. 193). La première est moins nette : c'est l'image traditionnelle, proche de l'opinion commune, d'une divinité capricieuse, mais que certains philosophes ont pu intégrer à leur système. Il peut s'agir des péripatéticiens ainsi que des stoïciens (Champeaux **15**, p. 193). La question de la Fortune constituait à Rome une préoccupation d'actualité, dans ce second siècle où Paul-Émile avait souligné ses retournements et où Polybe (☛P 236) s'interrogeait sur son action. La tragédie latine apportait donc au public romain un premier contact avec les doctrines philosophiques. Il n'est pas possible de préciser d'après ces fragments si Pacuvius lui-même s'attachait à une école philosophique précise (Manuwald **11**, p. 109) ; il semble plutôt puiser à des sources diverses, mais a contribué à répandre dans le public romain d'importants débats philosophiques.

MICHÈLE DUCOS.

4 PAEONIUS *RE* 5 *PLRE* II:1   D V

Ce personnage, à qui Synésius de Cyrène envoie un astrolabe (*Sur le cadeau, à Paeonius,* dans *Synesii Cyrenensis opuscula,* ed. N. Terzaghi, Roma 1944, p. 132-142), et dont il dit qu'il sait allier «la philosophie et un commandement militaire» (p. 134), est mentionné, mais sans être nommé, dans la *Lettre* 154 de Synésius, adressée à Hypatie (☛H 175) ; c'est « un puissant de l'entourage de l'empereur ». Il a été longtemps identifié au *comes Egyptii* mentionné par Synésius dans les lettres 98, 99, 142, 144, 146, ce qu'entérine la *PLRE,* alors que R.I. Frank, *Scholae Palatinae,* Roma 1969, p. 76-77, voyait en lui « un officier de la garde impériale », «très certainement de la classe des curiales». D. Roques récuse ces deux identifications et tient qu'il reste pour nous un personnage inconnu (*Études sur la correspondance de Synésios de Cyrène,* Bruxelles 1989, p. 80-82 ; Synésios de Cyrène, *Correspondance, Lettres LXIV-CLVI, CUF,* Paris 2000, p. 432).

PIERRE MARAVAL.

5 PAETUS *RESuppl.* X : 3 II

Médecin et philosophe néo-pythagoricien (?).

Cf. 1 H. Diels, *Fragmente der Vorsokratiker,* Berlin 1903, (1960[10]), t. II, p. 225 ; **2** *Id.,* « Hippokratische Forschungen V », *Hermes* 53, 1918, p. 57-87 ; **3** R. Philippson, « Verfasser und Abfassungszeit der sogennanten Hippokratesbriefe », *RhM* 77, 1928, p. 293-328 ; **4** F. Kudlien, art. « Paetus » 3, *RESuppl.* X, 1965, col. 473-474 ; **5** D. Th. Sakalis, « Beiträge zu den pseudo-hippokratischen Briefen », dans F. Lasserre et P. Mudry (édit.), *Formes de pensée dans la collection hippocratique*, Genève 1983, p. 503-507.

A. Un certain Paetus (en grec Παῖτος) est mentionné par Lucien, dans l'*Alexandre ou le faux prophète,* où il est présenté comme un disciple d'Alexandre d'Abonotique (➤A 110). Ce dernier, imposteur fameux qui se réclamait de Pythagore (§ 4), avait lui-même été l'élève d'« une sorte de médecin », ami intime d'un autre imposteur célèbre, Apollonios de Tyane (§ 5) (➤A 284). A la mort de son maître Alexandre, Paetus fut pressenti comme son successeur pour « rendre à sa place les oracles, ceindre la couronne d'hiérophante et se revêtir de la robe de prophète », dans le but, selon Lucien, d'assurer la continuité d'un culte créé de toutes pièces par Alexandre autour de la figure d'Asclépios prétendûment rapporté de Pella (en Macédoine) à Abonotique (en Paphlagonie), sous les traits d'un serpent honoré sous le nom de Glycon. La candidature de Paetus, alors décrit par Lucien (§ 60) comme « médecin de son métier, aux cheveux déjà blancs, qui aspirait à jouer ce rôle indigne d'un médecin et d'un vieillard », fut cependant récusée.

B. Le nom d'un Paetus (Πέτος donné par les manuscrits les plus anciens des Lettres pseudo-hippocratiques / Παῖτος dans un seul manuscrit ancien et dans les manuscrits récents) apparaît également dans deux des vingt-quatre lettres apocryphes conservées au sein de la *Collection hippocratique* où il a alimenté bien des conjectures. Peut-il s'agir du même personnage que celui désigné par Lucien ? Rien n'est moins sûr. Un Paetus est en effet le dédicataire de la Lettre 1 prétendûment écrite par Artaxerxès qui le prie de lui indiquer le moyen d'endiguer la peste qui ravage ses armées. Dans la Lettre 2, Paetus répond à Artaxerxès en lui conseillant de demander son aide à Hippocrate. Les Lettres 1 et 2 appartiennent à un premier groupe (Lettres 1 à 9) qui traite de l'invitation faite à Hippocrate par le roi de Perse Artaxerxès de venir soigner son peuple malade et au refus du médecin de Cos d'accéder à cette demande, malgré les offres alléchantes qui lui étaient faites. La valeur à accorder au nom de Paetus, cité dans les deux premières lettres, dépend du statut et de la date probable des lettres en question. Si Diels **1**, p. 225, croyait encore à l'unité de ce groupe et situait sa rédaction autour du Ier siècle de notre ère, tout comme Philippson **3**, Kudlien **4**, quant à lui, considère que les Lettres 1 et 2 ont en réalité été rajoutées à une date postérieure à la rédaction des lettres les plus anciennes. Cette dernière opinion est d'ailleurs celle aujourd'hui défendue par les spécialistes de la *Collection hippocratique* qui considèrent que les deux premières lettres de ce groupe ont été composées postérieurement pour servir d'introduction aux lettres suivantes. Trois papyrus, datés respectivement du Ier siècle, du IIe siècle et des IIe/IIIe siècles de notre ère contiennent en effet uniquement les Lettres 3 à 6 auxquelles est parfois ajoutée la Lettre 11. Ces différences de datation ont eu des conséquences sur l'identification du Paetus en question.

A cette difficulté de datation, s'ajoute une orientation de la recherche depuis fort longtemps encline à voir dans les dédicataires des Lettres pseudo-hippocratiques des noms choisis pour honorer ou flatter un personnage contemporain homonyme. Si le contexte des Lettres semble suggérer qu'Artaxerxès s'adresse à un de ses proches, vraisemblablement un médecin attaché à sa cour, le choix du nom de Paetus (Παῖτος), qui n'a rien d'oriental, semble suggérer que l'auteur des Lettres a en réalité voulu honorer un de ses contemporains romains du même nom. Diels **1**, p. 225, après avoir proposé le nom de l'orateur Thrasea Paetus, a ensuite avancé (Diels **2**, voir p. 82) celui de Caecina Paetus mort en 42 de notre ère ; Philippson **3**, p. 304, y a lui aussi vu une dédicace de courtoisie, mais à l'égard d'un Paetus antérieur d'un siècle au précédent puisqu'il aurait vécu autour de 44 avant notre ère. Philippson a également relevé dans cette correspondance des traits qu'il rattache, de façon plus ou moins convaincante, à l'école néo-pythagoricienne. Ces propositions ont toutefois été jugées suffisamment séduisantes par Kudlien **4** pour l'amener à supposer que les deux Lettres en question avaient été rédigées par ou pour un médecin du nom de Paetus dont le nom aurait ainsi été éternisé en référence au Paetus qui nous intéresse ici, disciple de cet Alexandre qui se présentait comme une réincarnation de Pythagore.

Toutefois, l'étude récente de Sakalis **5**, nous emmène très loin de la piste néo-pythagoricienne, en revenant à la piste orientale et en proposant de voir, dans le Paetus des Lettres, un proche d'Artaxerxès, vraisemblablement un médecin attaché à sa cour, peut-être un égyptien, en tout cas un oriental, proposition jugée comme « eminently reasonable » par le dernier éditeur en date des Lettres, W. D. Smith dans *Hippocrates Pseudepigraphic Writings*, Leiden 1990, p. 18 n. 50.

VÉRONIQUE BOUDON-MILLOT.

PAETUS → PAPIRIUS PAETUS (L. –)

PAETUS → THRASEA PAETUS (CLODIUS –)

6 PAIONEIOS   F IV - D III (?)

Philosophe mégarique (?). Son nom figure dans un passage de Philippe de Mégare [→P 125] (cité par Diogène Laërce II 113) qui énumère ceux que le mégarique Stilpon a enlevés à d'autres maîtres (en l'occurrence à un «dialecticien», soit sans doute un autre mégarique, Aristide [→A 352]), et s'est attachés comme disciples. Voir K. Döring, *Die Megariker,* fr. 164 A et p. 145. Ce nom est absent de la *RE*.

ROBERT MULLER.

7 PALAIPHATOS *RE* 2-4   F IV-D III

Sous ce nom ont été conservés un ouvrage intitulé Περὶ ἀπίστων, *Histoires incroyables,* et une série de citations chez d'autres auteurs, traitant, selon des méthodes différentes les unes par rapport aux autres, de critique et d'interprétation du mythe. D'autres titres et des fragments attribués au même auteur (*FGrHist* 44) n'ont pas de rapport avec la philosophie et ne seront donc pas pris en compte dans la présente notice.

Le nom de Palaiphatos signifie « qui parle de choses antiques ». Comme adjectif il est déjà employé par Homère, pour qualifier quelque chose ou quelqu'un « d'antique renommée, dont on parle depuis un temps lointain ». En tant que nom propre, c'était probablement un surnom, comme l'était « Théophraste ».

La *Souda* connaît quatre Palaiphatos, parmi lesquels, à part le premier, un poète épique « mythique », apparenté aux Muses, les trois autres présentent chacun un certain intérêt pour l'identification de l'auteur du Περὶ ἀπίστων, du fait qu'ils semblent se partager certaines caractéristiques que l'on pourrait rattacher à un même personnage. Les spécialistes acceptent généralement, même si c'est avec une certaine prudence, l'hypothèse selon laquelle un même Palaiphatos aurait donné lieu à plusieurs auteurs distincts, un grammairien, un historien et un mythographe, à cause de la diversité des œuvres répertoriées par les bibliothécaires d'Alexandrie.

La *Souda* (Π 69-72) distingue en effet :

1. Palaiphatos de Paros ou de Priène, ou peut-être plutôt de Parion. Les manuscrits de la *Souda* ont Πάριος ἢ Πριηνεύς, mais Gutschmid, dans J. Flach, *Hesychii Milesii Onomatologi quae supersunt,* Leipzig 1882, p. 159, a corrigé Πριηνεύς en Παριηνεύς (forme attestée chez Étienne de Byzance, *s.v.* Πάριον, pour désigner les citoyens de Parion sur l'Hellespont. Ces deux ethniques similaires pourraient expliquer la double origine proposée par la *Souda* par une confusion et un dédoublement d'un seul et même adjectif. Ce Palaiphatos aurait été un contemporain d'Artaxerxès (Ochos 358-338 av. J.-C.) et l'auteur d'Ἀπίστων βιβλία ε′ (*Récits incroyables en cinq livres*) et de Τρωικῶν βιβλία ε′ (*Sur Troie en cinq livres*) [*FGrHist* 44]. Selon la *Souda,* certains attribuent ces œuvres à Palaiphatos d'Athènes (voir n° 3), « sauf que le présent Palaiphatos a lui aussi écrit des ouvrages » (πλὴν καὶ οὗτος ἔγραψε).

2. Palaiphatos d'Abydènos, historien, auteur de Κυπριακά, Ἀττικά, Δηλιακά, Ἀραβικά (*Sur Chypre, Sur l'Attique, Sur Délos, Sur l'Arabie*), ayant vécu à l'époque d'Alexandre de Macédoine (356-323 av. J.-C.) ; amant du philosophe Aristote (➳A 414), comme le dit Philon (de Byblos) à la lettre E du premier livre de son Περὶ παραδόξου ἱστορίας (ἐν τῷ ε στοιχείῳ τοῦ περὶ παραδόξου ἱστορίας βιβλίον α′) et Théodore d'Ilion dans le second livre de ses Τρωϊκά.

3. Palaiphatos l'Égyptien ou l'Athénien, grammairien. Il a écrit Αἰγυπτικὰ θεολογία (*Sur la théologie égyptienne*), Μυθικῶν βιβλίον α′ (*Sur les mythes en un*

livre), Λύσεις τῶν μυθικῶν εἰρημένων *(Explications des faits racontés de façon mythologique)*, Ὑποθέσεις εἰς Σιμωνίδην *(Hypothèses sur Simonide)*, Τρωϊκά *(Sur Troie)* *[FGrHist* 44]. Selon la *Souda,* certains attribuent ces œuvres à Palaiphatos de Paros (voir n° 1) ; il a également écrit sur l'histoire locale.

On relève des éléments communs au premier et au troisième Palaiphatos, comme la *Souda* l'avait déjà noté ; le lien du deuxième Palaiphatos avec Aristote invite à le rattacher au milieu athénien comme il faut le faire pour le troisième et amène à le situer dans la seconde moitié du IVe siècle comme le premier.

L'hypothèse d'une multiplication artificielle des Palaiphatos pourrait trouver une confirmation dans le témoignage d'Aelius Théon, rhéteur de l'époque d'Auguste *(Progymn.* II, p. 96, 7 Spengel = p. 61 Patillon), lequel désigne Palaiphatos comme un péripatéticien, établissant pour lui un lien avec l'école d'Aristote, ce qui n'est attesté dans le témoignage de la *Souda* que pour l'historien Palaiphatos d'Abydènos (2) ; Théon lui attribue en outre un Περὶ ἀπίστων, que la *Souda* attribue de son côté à Palaiphatos de Paros (1). Mais, selon Théon, il s'agissait d'un ouvrage en un seul livre, fort similaire à l'œuvre qui a été conservée : il en cite des exemples que nous connaissons par ailleurs (Centaures, 1 ; Diomède, 7 ; Actéôn, 6 ; Médée, 43). Dans la *Souda* nous trouvions deux titres d'ouvrages en un seul livre : *Sur Les Mythes* et les *Explications des faits racontés de façon mythologique…*, l'un et l'autre attribués à Palaiphatos (3), l'Égyptien ou l'Athénien.

D'un autre côté, contre l'hypothèse d'une identification des trois personnages en un seul, on doit tenir compte du fait que toutes les informations contenues dans les trois notices de la *Souda* ne doivent pas nécessairement être rapportées à l'auteur de notre Περὶ ἀπίστων. Par exemple, l'Αἰγυπτιακὴ θεολογία que la *Souda* attribue au Palaiphatos Égyptien ou Athénien, pourrait très bien avoir contenu un certain nombre des récits mythologiques que Jean Malalas attribue à un Palaiphatos qu'il est difficile d'identifier avec l'auteur de notre Περὶ ἀπίστων *(cf* en particulier *FGrHist* 660 = *Chron.* II 1 Thurn et Jacoby, *FGrHist* 44, *Nachträge zum Komm.* 557) : il concerne un mythe relatif à une divinité (Hélios, fils d'Héphaistos, roi d'Égypte), alors que le Περὶ ἀπίστων ne parle jamais de divinités, et il fournit des explications de type évhémériste *(cf.* également *Chron.* II 8 Thurn, 33 Dindorf à propos du « philosophe » Héraclès, roi de Phénicie, qui aurait découvert la pourpre). Le témoignage de Malalas montre incontestablement qu'à son époque tout au moins on pouvait attribuer à un même Palaiphatos des explications du mythe d'inspiration tellement différente dans leur contenu et leur méthode qu'il faut penser qu'à l'époque byzantine circulaient plusieurs recueils de critique des mythes composés par des auteurs différents ayant utilisé le même pseudonyme (voir à propos d'Hélios *Chron.* II 1 Thurn, Héraclès II 8 Thurn ; Dionysos II 15 Thurn, Étéoclès et Polynice II 17 Thurn, Cerbère III 12 Thurn ; Persée [*sic* !] VIII 27 Thurn, développements qui sont tout à fait différents de ceux du Περὶ ἀπίστων, mais également au moins un passage tout à fait similaire : celui concernant Léda en IV 12 Thurn).

Les fragments de caractère mythographique qui se trouvent dans des citations de Palaiphatos chez des auteurs plus tardifs n'ont pas encore été rassemblés et n'ont jamais fait l'objet d'une analyse systématique.

Περὶ ἀπίστων. En gardant à l'esprit tout ce qui a été dit, on peut supposer l'existence d'un auteur du nom de Palaiphatos ayant vécu à la fin du IVᵉ siècle et au début du IIIᵉ siècle av. J.-C., élève d'Aristote ou en tout cas rattaché au Péripatos. Son œuvre fut suffisamment connue à Athènes pour justifier les attaques des poètes comiques (Athénion, fr. 1 Austin-Kassel, IIIᵉ/IIᵉ s. av. J.-C.). C'est à lui qu'il faudrait faire remonter la composition du texte original du Περὶ ἀπίστων, lequel a été transmis dans une version abrégée, contenant une introduction et une série d'examens critiques des mythes en cinquante-deux chapitres, dont les derniers (46-52) ont été ajoutés à l'époque byzantine et se rattachent mal au reste de l'ouvrage.

Même si la *Souda* parle de cinq livres, toute la tradition indirecte ne fait mention que d'un seul livre (qui est peut-être déjà la version abrégée qui a été conservée): Aelius Théon, *Progymn.* II, p. 96, 4 *sqq.* = p. 61 Patillon; Prob., *in Verg. Georg.* III 113; Eusèbe, *Praep. Ev.* I 9, qui permet de penser que l'ouvrage original comprenait peut-être un second livre, mais pas davantage.

Cet ouvrage n'était pas un simple travail de compilation ayant rassemblé un matériel plus ancien, comme le montre la présence d'une introduction savante, adressée à des lecteurs cultivés, où l'auteur expose une série d'idées directrices pour son travail en se confrontant aux disciplines de la philosophie et de l'histoire. Il soutient qu'à l'arrière-plan de tout récit mythique se trouve un événement réellement survenu: parler de quelque chose implique que cette chose ait existé, car le langage est postérieur aux choses et non l'inverse. Ce type d'argumentation remonte à des discussions soulevées par les sophistes concernant le rapport entre les mots et les choses (*cf.* Platon, *Crat.*, 384 d et *passim;* Gorgias 82 F 3 DK). Il déclare ensuite qu'il évaluera la crédibilité de chaque mythe en le rapportant à la réalité actuelle; il entend considérer comme croyable seulement ce qui se trouve confirmé dans la réalité contemporaine. Il donne comme fondement théorique de cette façon de faire la doctrine de l'immutabilité des êtres: il fait référence au philosophe éléate Mélissos de Samos [➠M 97] (30 DK), et à un certain Lamiscos [➠L 14], peut-être un pythagoricien (*cf.* Platon, *Ep.* VII, 350 B; Diogène Laërce III 2). Il peut ainsi affirmer que ce qui n'existe pas de son temps ne peut avoir existé dans le passé, au moins sous la forme sous laquelle l'événement ou le personnage incroyable est décrit dans le mythe.

Une fois posées ces prémisses théoriques, dans l'ensemble Palaiphatos semble chercher à rattacher son travail à une recherche de la vérité conçue sur le modèle de l'histoire: il veut reconstituer les faits réellement survenus; il critique les poètes et les écrivains qui ont détourné l'exposition des faits vers le merveilleux afin de susciter l'étonnement des lecteurs; il déclare avoir mené une recherche sur le modèle des *histoires,* en se fondant sur l'autopsie des lieux et l'audition des témoins.

Les mythes qui sont pris en compte ne concernent jamais la divinité, même si l'on rencontre deux remarques critiques concernant sa représentation dans le mythe (sur Artémis dans le chapitre 4 sur Actéon, et sur Zeus dans le chapitre 15 sur Europe). Peut-être notre auteur considérait-il, comme Mélissos, qu'il ne faut pas parler des dieux, parce qu'il n'est pas possible d'en avoir une connaissance.

Pour justifier les mythes il a recours à une typologie fondée sur les divers sous-entendus du langage : noms propres qu'il faut comprendre comme des noms communs (Taureau dans le chapitre 2 sur Pasiphaé) ; expressions métaphoriques qu'on a comprises au sens littéral (« être dévoré par des chiens » dans le chapitre 6 sur Actéon) ; noms mal compris qui désignaient un objet différent (Pégase qui était en réalité le nom d'un navire, Chimère qui désignait un volcan, dans le chapitre 28 sur Bellérophon).

Le défense des mythes par de semblables procédés est bien connue et elle est moquée de façon courtoise par Platon, *Phaidr.* 229 c-e, qui l'attribue à des σοφοί non identifiés (on peut penser à Hérodore d'Héraclée [➡+H 101], dont le fils Bryson [➡+B 68] fut l'élève de Socrate).

L'intérêt pour les créatures et les phénomènes incroyables, de même que la curiosité pour les sciences naturelles, les inventions et les coutumes, qui se manifeste dans le traitement de plusieurs mythes, trouvent des consonances dans l'activité d'autres péripatéticiens comme Straton, Héraclide le Pontique (➡+H 60) ou Phainias d'Érèse (➡+P 90).

Le fait que la critique du récit incroyable soit toujours conduite sur le plan de sa crédibilité par rapport à la réalité, à l'expérience, jamais sur des bases morales, et sans mettre en cause le divin, est l'une des raisons qui amènent à appeler communément le type d'interprétation du mythe que l'on trouve dans le Περὶ ἀπίστων un « rationalisme historique » et Palaiphatos figure chez Eustathe de Thessalonique parmi ceux qui « soignent les mythes en les rapportant à l'histoire » (Eustathe, *Od.*, II, p. 195, 40 : ἀνδρὸς σοφοῦ θεραπεύσαντος μύθους πρὸς ἱστορίαν).

Chez Tzetzès, Palaiphatos est dit aussi bien péripatéticien (*Chiliad.* I 561, p. 25 Leone : ἀνὴρ ἐκ Περιπάτου) que stoïcien (στωϊκός, *Chiliad.* II 840, p. 76 Leone ; IX 400 et 406, p. 361 Leone ; X 417, p. 405 Leone). Mais cela est dû à une confusion de l'auteur qui appelle allégorie et met sur le même plan les explications de Cornutus (➡+C 190) et celles de Palaiphatos (Tzetzès, *Schol. Lycophr.* 177, p. 88 Scheer), bien qu'il s'agisse en réalité de façons fort différentes de récupérer la signification des mythes.

L'ouvrage a inspiré deux recueils analogues : le Περὶ ἀπίστων d'Héraclite et un recueil anonyme connu sous le titre de *Fragmenta Vaticana*, l'un et l'autre édités par Festa avec le Περὶ ἀπίστων de Palaiphatos.

Éditions. Les éditions critiques les plus récentes sont : **1** N. Festa (édit.), *Mythographi Graeci* III 2 : *Palaephati, Περὶ ἀπίστων, Heracliti qui fertur libellus Περὶ ἀπίστων. Excerpta Vaticana (vulgo Anonymus de Incredibilibus)*, coll. *BT*, Leipzig 1902, LVI-124 p., et **2** E. Roquet (édit.), *Palèfat, Històries increïbles*, rev. i traducció d'Enric Roquet, «Col·lecció catalana dels clàssics grecs i latins» 194, Barcelona 1975, 97 p.

Traductions récentes. Roquet **2**; **3** V. N. Jarkho, trad. en russe, avec introd. et comm., *VDI* 186, 1988, p. 216-237, et 187, p. 219-233; **4** J. Stern, *Palaephatus, On Unbelievable Tales*. Translation, Introduction and Commentary with notes and Greek text from the 1902 B. G. Teubner edition, Wauconda (Il.) 1996, VII-167 p.; **5** Palefato, *Le storie incredibili*. Testo greco, traduzione, introduzione e note di Anna Santoni, Pisa 2000, 141 p.; **6** M. Sanz Morales, *Mitografos griegos*: *Eratóstenes, Partenio, Antonino Liberal, Paléfato, Heráclito, Anónimo Vaticano*, coll. «Akal clásica» 65, Madrid 2002, 321 p.; **7** *Die Wahrheit über die griechischen Mythen: Palaiphathos' "Unglaubliche Geschichten"*, übers. und hrsg. von K. Brodersen, coll. «Universal-Bibliothek» 18200, Stuttgart 2002, 149 p.; **8** *Allegoristi di età classica. Opere e frammenti*, a cura di I. Ramelli, introduzione di R. Radice, Milano 2007, XLVIII-948 p.

Études d'orientation. 9 A. von Blumenthal, art. «Palaiphatos» 1-4, *RE* XVIII 2, 1942, col. 2449-2455; **10** L. Brisson, *Introduction à la mythologie*, t. I: *Sauver les mythes*, coll. «Essais d'art et de philosophie», Paris 1996, 2ᵉ éd. 2005, p. 72; **11** K. Brodersen, «Das aber ist eine Lüge! Zur rationalistischen Mythenkritik des Palaiphatos», dans R. von Haehling (édit.), *Griechische Mythologie und frühes Christentum*, Darmstadt 2005, p. 44-57; **12** F. Buffière, *Les mythes d'Homère et la pensée grecque*, Paris 1956, p. 51; 132; 229-232; **13** P. Decharme, *La critique des traditions religieuses chez les Grecs*, Paris 1904, p. 403-493; **14** N. Festa, *Intorno all'opuscolo di Palefato de incredibilibus. Considerazioni*, diss. Firenze/Roma 1890; **15** S. Fornaro, art. «Palaiphatos», *NP* IX, 2000, col. 163-164; **16** W. Nestle, *Vom Mythos zum Logos*, Stuttgart 1942², I, p. 148-152; **17** G. F. Osmun, «Palaephatus, pragmatic mythographer», *CJ* 52, 1956, p. 131-137; **18** J. Pépin, *Mythe et allégorie. Les origines grecques et les contestations judéo-chrétiennes*, Paris 1976², (1958¹), p. 149-150; **19** I. Ramelli et G. Lucchetta, *Allegoria*, t. I: *L'età classica*, Milano 2004, p. 205-231; **20** A. Santoni, «Miti dell' "Odissea" nel *Peri Apiston* di Palefato», dans *La mythologie et l'Odyssée. Hommage à G. Germain*, Actes du colloque international de Grenoble, 20-22 mai 1999, textes réunis par A. Hurst et F. Letoublon, Genève 2002, p. 145-155; **21** *Ead.*, «Sulla prefazione del *Peri apiston* di Palefato», *Kléos* (Brésil) 2-3, 1998-1999, p. 9-18; **22** M. Sanz Morales, «Las fuentes del opúsculo mitográfico "De incredibilibus" y un posible testimonio desconocido de Helánico de Lesbos», *Myrtia* 13, 1998, p. 137-150; **23** J. Schrader, *Palaephatea*, coll. «Berl. Abh. z. Klass. Altertumswiss.», Berlin 1894; **24** A. Trachsel, «L'explication mythologique de Palaïphatos», *Maia* 57, 2005, p. 543-556; **25** G. Vitelli, «I Manoscritti di Palefato», *SIFC* 1, 1893, p. 241-379; 3, 1895, p. 31-34; 4, 1896, p. 185-191; **26** Fr. Wipprecht, *Quaestiones palaephateae*, Bonn/Heidelberg 1892; **27** Fr. Wipprecht, *Zur Entwicklung der rationalen Mythendeutung bei den Griechen*, Progr. Donaueschingen, Tübingen, t. I, 1902, p. 11-20.

Notice traduite de l'italien par Richard Goulet.

ANNA SANTONI.

8 PALFURIUS SURA (M. –) *RE* 2 *PIR²* P 68   I

M. Palfurius Sura – le prénom est confirmé par *CIL* V 8112, 64 –, fils de P. Palfurius, consul suffect en 55, combattit dans des jeux publics sous le règne de Néron (et lutta avec une vierge de Lacédémone, selon les scholies de Juvénal). «Chassé du sénat par Vespasien, il passa dans l'école des stoïciens, où, comme il l'emportait par son éloquence et la gloire que lui donnait son talent de poète, abusant de sa familiarité avec Domitien, il pratiqua avec une extrême dureté le rôle de délateur. Puis, après sa mort, accusé par le sénat, il fut condamné pour avoir fait partie des délateurs.» Telles sont les indications données par les scholies de Juvénal (*schol. Iuu. ad* IV 53, éd. P. Wessner, Leipzig 1931, p. 57). Suétone (*Dom.* 13, 3) précise qu'il obtint le prix d'éloquence au *certamen Capitolinum* en 86, mais que, malgré les supplications du public, l'empereur refusa de le réintégrer dans le sénat. Palfurius Sura fut ensuite un délateur, proche de Domitien, pensant «que tout ce qu'il y a de beau et de remarquable dans l'Océan appartient au fisc» (*Iuu.* IV 53-54), et, pour cette raison, il fut condamné à mort au début du règne de Nerva : Dion Cassius (LXVIII 1, 2), mentionne la condamnation d'un philosophe nommé Séras sous le règne de cet empereur, nom souvent corrigé en Sura et qui désignerait le même personnage (**1** R. Hanslik, art. «Palfurius Sura», *RE* XVIII, 2, 1949, col. 97-98).

L'attention a souvent été attirée sur les contradictions d'un tel récit. **2** H. Leppin, *Histrionen*, Bonn 1992, p. 301-302, souligne le manque de cohérence entre le récit de Suétone, qui implique une opposition entre l'empereur et Palfurius Sura, et les indications des scholiastes qui en font un délateur, familier de l'empereur. **3** Y. Rivière, *Les délateurs sous l'empire romain*, coll. *BEFAR* 311, Rome 2002, p. 534-535) considère Palfurius Sura comme «un personnage hors normes» : il appartient à l'origine à la *nobilitas*, puis se fait délateur, au service du fisc (cf. Iuu. IV 53), ou peut-être pour des accusations pénales. Tout paraît contradictoire chez ce personnage.

Ses liens avec le stoïcisme ne sont pas plus clairs : s'agit-il de faire oublier sa conduite déshonorante par un retour à une morale plus exigeante ? On s'explique mal alors sa familiarité avec l'empereur, d'autant plus que Domitien a manifesté son hostilité aux stoïciens. Ou s'agit-il d'un stoïcisme de façade ? Il est en général admis que les indications des scholies proviennent de Marius Maximus, historien du IIIe siècle, qui avait écrit une biographie de Nerva (**4** R. Syme, *Ammianus and the Historia Augusta*, Oxford 1968, p. 89). Mais on a souvent souligné les erreurs de ces scholies, composées sans doute en partie au IVe siècle (**5** G.B. Townend, «The earliest Scholiast on Juvenal», *CQ* 22, 1972, p. 376), ce qui peut expliquer les contradictions de l'ensemble.

N. B. Un Palfurius Sura figure dans *SHA, Gall.* XVIII 6, comme auteur d'une chronique concernant l'empereur Gallien, mais «l'œuvre et l'auteur sont imaginés de toutes pièces» (**6** A. Chastagnol, *Histoire Auguste*, Paris 1994, p. 828 ; Syme **4**, p. 170).

                                                        MICHÈLE DUCOS.

9 PALLADAS D'ALEXANDRIE *RE PLRE* I : IV

Poète de l'*Anthologie grecque,* auteur de très nombreuses épigrammes.

Nous verrons plus loin que la datation établie par les spécialistes varie considérablement entre une datation basse : 350/365 - 420/440 (Franke) et une datation haute : *ca* 319 - ap. 391 (Bowra, Cameron).

Éditions et traductions. 1 J. J. Reiske, *Anthologiae Graecae a Constantino Cephala conditae libri tres,* Leipzig 1754 ; **2** F. Dübner et E. Cougny, *Epigrammatum anthologia Palatina cum Planudeis et appendice nova epigrammatum veterum ex libris et marmoribus ductorum,* 3 vol., Paris 1864, 1872, 1890 [grec et latin] ; **3** H. Stadtmüller, *Anthologia Graeca epigrammatum Palatina cum Planudea,* coll. *BT,* Leipzig, 3 vol., 1894-1906 ; **4** *Anthologie grecque. Anthologie Palatine, CUF,* t. II = P. Waltz avec la coll. de J. Guillon, livre 5, 1990³ ; t. III = P. Waltz, livre 6, 1960² ; t. IV = P. Waltz [édit.] et A. M. Desrousseaux, A. Dain, P. Camelot et E. Des Places [trad.], livre 7, épigr. 1-363, 1960² ; t. V= P. Waltz [édit. et trad.], E. Des Places, M. Dumitrescu, H. Le Maître et G. Soury (trad.), livre 7, épigr. 364-748, 1960² ; t. VII = P. Waltz [édit.] et G. Soury [trad.], livre 9, épigr. 1-358, 1957 ; t. VIII = P. Waltz [édit.] et G. Soury [trad.], livre 9, épigr. 359-827, 1974 ; le livre 10 manque ; t. X = R. Aubreton, livre 11, 1972 ; t. XI = R. Aubreton, livre 12, 1994 ; t. XII = F. Buffière, livres 13-15, 1970 ; *Anthologie de Planude,* t. XIII = R. Aubreton, 1980 ; **5** H. Beckby, *Anthologia graeca²,* Griechisch-Deutsch, München [*circa* 1965] ; **6** W. R. Paton, *The Greek Anthology,* coll. *LCL,* London/Cambridge (Mass.) 1979-1983, 5 vol. ; **7** A. Presta, *Antologia Palatina,* Roma 1957 ; sélection d'épigrammes de contenu plutôt philosophique, avec texte grec et trad. portugaise dans **8** J. P. Paes, *Epigramas. Paladas de Alexandria,* seleção, tradução, introdução e notas, São Paulo 1992 ; **9** Lorenza Franco, *Pallada. Epigrammi, infedelmente tradotti da L. F.,* Milano 1996.

Lexique. 10 V. Citti, *An index to the Anthologia graeca : Anthologia Palatina and Planudea,* Amsterdam 1990.

Nos traductions de l'*Anthologie* sont empruntées à la *CUF,* sauf pour le livre 10 absent pour l'instant de cette collection.

Études. 11 A. Franke, *De Pallada epigrammatographo,* Diss. Leipzig 1899 (dont se sont inspirés tous les commentateurs ultérieurs) ; **12** P. Waltz, « Sur quelques épigrammes "protreptiques" de l'Anthologie (livre X). Notes critiques et exégétiques », *REG* 59-60, 1946-1947, p. 176-209 ; **13** W. Peek, art. « Pallades », *RE* XVIII 3, 1949, col. 158-168 ; **14** L. A. Stella, *Cinque poeti dell'Antologia Palatina,* Bologna 1949, p. 309-383 ; **15** Ch. Lacombrade, « Palladas d'Alexandrie ou les vicissitudes d'un professeur-poète à la fin du IVe siècle de notre ère », *Pallas* 1, 1953, p. 17-26 ; **16** W. Zerwes, *Palladas von Alexandrien. Ein Beitrag zur Geschichte der griechischen Epigrammdichtung,* Diss. Tübingen 1956 ; **17** J. Irmscher, « Pallades », *WZBerlin* 6, 1956-1957, p. 162-175 ; **18** R. Keydell, « Pallades und das Christentum », *ByzZ* 50, 1957, p. 1-3 ; **19** G. Luck, « Pallades : Christian or Pagan ? », *HSCP* 63, 1958, p. 455-471 ; **20** T. Attisani Bonnano, « Pallada », *Orpheus* 5, 1958, p. 119-150 ; **21** J. Irsmcher, « Pallades », *SWNS* 2,

1958, p. 34-39; **22** C. M. Bowra, « Palladas and Christianity », *PBA* 45, 1960, p. 255-267; **23** *Id.*, « Palladas on Tyche », *CQ* 10, 1960, p. 118-128; **24** *Id.*, « Palladas and the converted Olympians », *ByzZ* 53, 1960, p. 1-7; **25** *Id.*, « The Fate of Gessius », *CR* 74, N. S. 10, 1960, p. 91-95; **26** J. Irmscher, « War Palladas Christ? », *Studia Patristica* (Papers presented to the Third International Conference on Patristic Studies held at Christ Church, Oxford 1959), édité par F. L. Cross, IV 2: *Biblica, Patres Apostolici, Historica*, coll. « Texte und Untersuchungen zur Geschichte der altchristlichen Literatur, 79, Berlin 1961, p. 457-464; **27** *Id.*, « Palladas und Hypatia (Zu Anthologia Palatina IX, 400) », dans *Acta antiqua Philippopolitana*, t. I: *Studia historica et philologica*. 6ᵉ Conférence internationale d'études classiques des pays socialistes, Plovdiv, 24-28 avril 1962, organisée par le Comité d'études classiques auprès de l'Académie des sciences de Bulgarie, Sofia 1963, p. 313-318; **28** *Id.*, « Palladas-Probleme », *WZRostock* 12, 1963, p. 235-239; **29** *Id.*, « Palladas und das Christentum », *Actas del II Congreso español de Estudios clásicos* (Madrid-Barcelona, 4-10 de abril de 1961), Madrid 1964, p. 605-610; **30** A. Cameron, « Palladas and the Nikai », *JHS* 84, 1964, p. 54-62; **31** *Id.*, « Palladas and the fate of Gessius », *ByzZ*, 57, 1964, p. 279-292; **32** *Id.*, « Notes on Palladas », *CQ* 15, 1965, p. 215-229; **33** *Id.*, « Wandering poets: a literary movement in Byzantine Egypt », *Historia* 14, 1965, p. 470-509; **34** *Id.*, « Palladas and Christian polemic », *JRS* 55, 1965, p. 17-30; **35** J. Irmscher, « Alexandria, die Christusliebende Stadt », *BSCA* 19, 1967-1968 (1970), p. 115-122; **36** E. Degani, « Due note filologiche », *BollClass* 14, 1966, p. 93-95, notamment p. 95; **37** J. Sachse, « De Pallada epigrammatographo Graeco », *Meander* 29, 1974, p. 162-169; **38** H. Hunger, *Die hochsprachliche profane Literatur der Byzantiner*, t. II, München 1978, p. 166; **39** B. Baldwin, « Palladas of Alexandria, a poet between two worlds », *AC* 54, 1985, p. 267-273; **40** R. A. Kaster, *Guardians of Language: The Grammarian and Society in Late Antiquity*, Berkeley/Los Angeles 1988, p. 327-329; **41** A. Cameron, *The Greek Anthology from Meleager to Planudes*, Oxford 1993; **42** C. Castellano Boyer, « Palladas de Alejandría: semblanza de un poeta a través de su obra », dans A. Pociña et J. Garcia González (édit.), *Studia Graecolatina Carmen Sanmillán in memoriam dicata*, Granada 1988, p. 161-172; **43** A. Schröder, « Palladas », *Lampas* 29, 1996, p. 380-390 (en néerlandais avec résumé en anglais); **44** J. Stenger, « Themistios und Palladas », *Byzantion* 77, 2007, p. 399-415.

Son nom. Les épigrammes sont précédées souvent de la mention Παλλαδᾶ au génitif qui correspond à un nominatif Παλλαδᾶς. En IX 380, on rencontre une autre forme Παλλάδιος, mais pour des raisons métriques selon Waltz et Soury (apparat *ad loc*). Ce nom semble dériver de celui de la déesse Pallas Athéna (**45** A. Fick et F. Bechtel, *Die griechischen Personennamen nach ihrer Bildung erklärt und systematisch geordnet*, Göttingen² 1894, p. 302, expliquent que la relation entre Παλλαδᾶς et Παλλάδιος est la même que celle qui unit Λουκᾶς et Λούκιος). Il est accompagné à diverses reprises de l'ethnique Ἀλεξανδρεύς (V 71; VII 607.610.681.683; IX 165.441), mais en IX 528, une épigramme est attribuée à Παλλαδᾶ τοῦ μετεώρου (même type d'expression en IX 481, à propos de Julien le Scolastique : Ἰουλιανοῦ Σχολαστικοῦ τοῦ μετεώρου). Diverses interprétations de cet adjectif difficile à expliquer sont possibles (voir Waltz **12**, p. 58 et 231 ; Bowra **24**, p. 3 ; **46** C. Mango, Παλλαδᾶς ὁ μετέωρος [en anglais], *JÖB* 44, 1994, p. 291-296) : «l'incrédule» (Waltz), «l'Apostat» (Bowra, Cameron), «le superbe» (Soury), «le vantard» ou «le bavard» (= ἀλαζών ou ἀδολέσχης pour Stadmüller), «l'inquiet» (= *anxious, restless* pour Luck), «celui qui divertit» (= *diverting, amusing* pour Mango).

Datation. Deux datations s'opposent : l'une, basse, traditionnelle depuis Franke **10**, p. 39, qui fait naître Palladas vers 350/365 et le fait mourir entre 420 et 440, en raison notamment de ses liens supposés avec Hypatie (⇒H 175) assassinée en 415 et de sa présence dans le palais de Marina, la plus jeune fille de l'empereur Arcadius, vers 420 : «Palladam inter annos circiter 350 et 365 natum esse conjiciendum est, unde sequitur eum inter annos fere 420 et 440 diem supremum obiisse. Floruit igitur quarto p. C. n. saeculo exeunte quinto ineunte» ; l'autre, haute, suggérée par l'identification que propose Luck **19**, p. 462-467, pour Hypatie, est soutenue par Bowra **22**, p. 266, et **24**, p. 1-7, et reprise entre autres par Cameron **41**, p. 69. Elle remet en cause l'identité d'Hypatie et celle de Marina, ce qui permet de faire naître Palladas beaucoup plus tôt, en 319, et elle considère, puisqu'on sait qu'il a vécu plus de 72 ans (X 97), qu'il est déjà âgé en 391. Voici les principaux arguments qui appuient l'une et l'autre de ces datations.

Seuls les poèmes peuvent fournir des arguments pour dater Palladas. Malheureusement les données incontestées se font rares. En XI 292, Palladas invective Thémistius (*ca* 320-390); celui-ci, préfet de la ville de Constantinople sous Théodose [*cf. Discours* XVII, XVIII, XXXI et XXXIV] – et non sous Valentinien et Valens comme le prétendent le copiste du Palatinus 23 et l'*Anthologie planudéenne* (*cf.* Peek **13**, col. 160) –, abandonna sa charge en août 384 (Franke **11**, p. 34). Cette date donne l'automne 384 comme *terminus ante quem* pour l'épigramme. **47** Andrea Rodighiero, «Il vizio della poesia : Pallada fra tradizione e rovesciamento (con due proposte di lettura)», dans L. Cristante et A. Tessier (édit.), *Incontri triestini di filologia classica*, t. III, 2003-2004, Trieste 2004, p. 67-95, propose de voir également dans *A. P.* X 45 et XI 340 deux attaques de Palladas contre Thémistius. S'il attaque Thémistius avant 384, Palladas peut difficilement être né après 360. Par ailleurs, en X 97, Palladas affirme avoir vécu une «livre d'années» (λίτραν ἐτῶν). Comme avec une livre d'or, on pouvait, depuis Constantin, battre 72 pièces d'or, on en a conclu que Palladas avait 72 ans au moment où il écrivit cette épigramme. Bowra **22**, p. 266-267, qui estime qu'on peut la dater des années de crise 391-394, en conclut que Palladas serait né en 319, ce qui appuie une datation haute.

Mais les éléments qui font débat, ou dont l'interprétation est purement hypothétique, sont nombreux.

• IX 400, un poème où Palladas s'adresse à une «auguste Hypatie» (Ὑπατία σεμνή) : «Quand je te vois, je t'adore, et quand j'entends ta parole, ayant sous les

yeux la vierge et sa demeure astrale. Car c'est au ciel que tu as affaire, auguste
Hypatie, honneur de la parole, astre immaculé d'un savoir plein de sagesse » (trad.
Waltz-Soury). L'attribution de ce poème à Palladas et l'identité de cette Hypatie
ont fait couler beaucoup d'encre, l'hypothèse d'une Hypatie chrétienne alternant
régulièrement avec celle de l'Hypatie néoplatonicienne. S'agit-il, comme le veut
Franke **11**, p. 38, de la philosophe néoplatonicienne, mathématicienne et astronome, fille de Théon (d'Alexandrie), comme l'indique J, un des copistes du
Palatinus 23 (sur cette Hypatie, voir **48** H. D. Saffrey, notice « Hypatie d'Alexandrie », H 175, *DPhA* III, 2000, p. 816-817) ? Auquel cas la mort de celle-ci en 415
impliquerait que l'épigramme ait été écrite avant cette date, à un moment où
Hypatie pouvait mériter l'éloge que lui prodigue Palladas. Ne s'agit-il pas plutôt,
comme d'autres le soutiennent, par ex. Luck **19**, p. 462-466, d'une chrétienne ?
G. Luck refuse en effet l'attribution de l'épigramme à Palladas et conteste que
cette épigramme puisse avoir un rapport avec l'Hypatie néoplatonicienne. Il
s'agirait selon lui d'une Hypatie chrétienne inconnue. Entre autres arguments, il
avance le fait que Palladas méprisait les femmes, qu'en outre la révérence qu'il
manifeste envers une philosophe païenne ne convient pas à un chrétien (en réalité
le christianisme de Palladas n'est pas établi clairement ; *cf. infra*), que par ailleurs
cette épigramme n'a pas l'élégance fluide de Palladas, enfin que le lemme n'est
pas sans poser de problème dans le *Palatinus* 23. Il souligne aussi qu'une expression comme τῆς παρθένου τὸν οἶκον ἀστρῷον est courante dans la poésie
byzantine et qu'elle désigne toujours une église de la Vierge Marie. Selon Luck
chaque vers du poème aurait son parallèle dans les *ekphraseis* de ces églises.
L'épigramme pourrait être une adaptation chrétienne d'un original de Palladas
aujourd'hui perdu ; l'original et l'imitation auraient été placés côte à côte, comme
c'est souvent le cas dans l'*Anthologie*, ce qui expliquerait selon lui (p. 471, n. 71)
l'attribution erronée. En revanche pour Irmscher **27**, p. 313-318, Hypatie serait
bien la fille de Théon. Tous les détails de l'épigramme peuvent selon lui s'accorder
avec ce qu'on sait d'elle : ses écrits montent jusqu'au ciel (v. 3) ; le fait qu'elle ait
été l'interprète de Platon et d'Aristote justifie l'expression σοφῆς παιδεύσεως
(v. 4) et dans ce même vers 4, l'expression τῶν λόγων εὐμορφία est en accord
avec ce que la *Souda* dit de son éloquence. Waltz **4**, t. VIII, p. 195, adopte une
position similaire, estimant que le v. 3 convient parfaitement à une astronome, de
même que la métaphore du v. 5, et que l'admiration suscitée par son éloquence
convient mieux à la fille de Théon qu'à la mère de Dieu. Toutefois, plus
récemment, Cameron **41**, p. 323-324, revient à la position de Luck **19** : Hypatie ne
serait pas la fille de Théon, car le ton de l'adulation de IX 400 ne s'harmonise pas
avec la manière cynique de Palladas. Ce poème a toutes les caractéristiques d'un
poème chrétien. La maison de la « Parthenos » en question serait une église de la
vierge Theotokos (il cite des parallèles pour τῆς Παρθένου τὸν οἶκον), comme le
proposait déjà Luck **19**, p. 465. Le poète s'adresserait à une vierge appelée Hypatie
bien connue pour ses écrits religieux (*cf.* λόγοι aux vv. 1 et 4 ; εἰς οὐρανόν au
v. 3) et associée à une église de la vierge Theotokos. Il y avait de fait à

Constantinople un monastère d'Hypatie (μονὴ τῆς Ὑπατείας), probablement fondé par une sainte femme qui portait ce nom. Celle-ci devait être une nonne qui écrivait de la poésie religieuse, auquel cas le poème décrirait une peinture qui la représentait dans une église de la vierge Theotokos rattachée à son monastère et l'époque de l'épigramme serait plus tardive si bien que Palladas ne pourrait en être l'auteur. Mais **49** E. Livrea, « *A. P.* 9. 400 : iscrizione funeraria di Ipazia ? », *ZPE* 117, 1997, p. 99-102, qui reprend à nouveaux frais le problème, estime qu'il ne faut pas mettre en doute l'attribution à Palladas soutenue par le copiste J, et apporte des arguments pour étayer son hypothèse : l'épigramme IX 400 serait une épigraphe sur une tombe ou un cénotaphe d'Hypatie qui pouvait se trouver dans un temple païen ou une institution dédiée à l'éducation, par exemple un établissement néoplatonicien, à Alexandrie. Conclusion : si l'Hypatie en question est la philosophe néoplatonicienne, Palladas peut être l'auteur de l'épigramme et celle-ci a été écrite avant 415, date de la mort de la philosophe ; s'il s'agit d'une Hypatie chrétienne, l'épigramme est plus tardive et Palladas ne peut l'avoir écrite.

• IX 528 : « Devenus chrétiens, les dieux aux demeures olympiennes habitent ici (ἐνθάδε) à l'abri des outrages ; et le creuset qui produit la petite monnaie nourricière ne les mettra même pas au feu » (trad. Waltz-Soury légèrement modifiée). J, le *librarius* du Palatinus 23, précise à propos de cette épigramme : « sur la maison de Marina » (εἰς τὸν οἶκον Μαρίνης). Depuis Franke **11**, p. 38-39, on pensait, en raison de *Chronicon Paschale* I, p. 566, 13 Dindorf : Μαρῖνα δὲ ἔκτισε τὸν οἶκον τῶν Μαρίνης, qu'il s'agissait de Marina, la plus jeune fille de l'empereur Arcadius, connue pour sa piété et qui vécut de 403 à 449. Celle-ci, bien que chrétienne, aurait sauvé les statues des dieux païens en les accueillant chez elle. Or, Marina étant née le 11 février 403, il est difficile que la construction ait eu lieu avant 420/425, auquel cas le poème aurait été écrit postérieurement et par conséquent Palladas aurait été encore vivant à cette époque. Mais Bowra **22**, p. 266 et **24**, p. 1-7, partisan d'une datation haute, refuse cette interprétation en avançant plusieurs arguments : (1) de façon générale on ne peut faire confiance aux lemmes, et la précision « sur la maison de Marina » ne peut être acceptée d'emblée comme une information fiable ; (2) en outre le lemme, au lieu de qualifier Palladas d'Ἀλεξανδρεύς, l'appelle ὁ μετέωρος, une appellation appliquée à Julien le scolastique en IX 481 – que le lemmatiste a dû confondre avec Julien l'Apostat auquel il a voulu reprocher sa vanité et sa folie – ; si Palladas est ainsi appelé, c'est parce que le lemmatiste lui attribue les mêmes défauts qu'à l'Apostat, donc qu'il ne voit pas en lui un chrétien ; (3) la présence de οὐδέ au vers 2 suggère que ces statues auraient dû être brûlées, ce qui pourrait convenir à ce qui se passa en 391 à Alexandrie, quand Théophile détruisit les temples et les images des dieux, mais convient beaucoup moins pour 425, époque où l'on protégeait les images des dieux en raison de leur valeur intrinsèque en tant qu'œuvres d'art ; (4) enfin, quand il emploie ἐνθάδε, il est invraisemblable qu'il puisse s'agir d'un palais ; l'adverbe désigne probablement la ville d'Alexandrie, la seule ville où l'on est sûr qu'il a vécu. J aurait donc commis une erreur. Pour Bowra, « it looks as if the poem came very soon after the riots under Theophilus and were not likely to be much later than 391 », et les statues des dieux peuvent avoir été sauvées par l'intervention des chrétiens et avoir survécu sous protection chrétienne, comme cela se produisit dans la maison de Lausus à Constantinople sous le règne de Théodose. Pour une prise de position en faveur du palais de Marina, voir **50** J. Irmscher, « Das Haus der Marina », dans L. Varcl et R. F. Willetts (édit.), *Studies presented to G. Thomson on the occasion of his 60th birthday*, coll. « Acta Universitatis Carolinae : Philosophica et Historica 1 ; Graecolatina Pragensia » 2, Prague 1963, p. 129-133. Sur ce palais, voir **51** C. Mango, « The Palace of Marina, the Poet Palladas and the Bath of Leo VI », dans Εὐφρόσυνον. Ἀφίερωμα στον Μανόλη Χατζιδάκη (*Mélanges M. Chatzidakis*), Athènes 1991, p. 321-330. En conclusion, s'il s'agit de la maison construite par la fille d'Arcadius, Palladas doit être encore vivant en 420/425. Mais si J a commis une erreur, on ne peut pas tirer de conclusion de cette épigramme sur la datation basse et ce que dit Palladas peut s'appliquer au contexte historique qui fit suite aux émeutes de 391 à Alexandrie.

• XI 293 : « Alors qu'il m'avait promis un cheval, Olympios m'a apporté une queue, à laquelle était suspendu un pauvre cheval exténué ». L'Olympios mentionné ici, qui offre à Palladas un cheval sans force dont celui-ci se moque, peut-il être le philosophe païen, peut-être originaire de Cilicie, qui se rendit à Alexandrie pour rendre un culte à Sérapis et qui se trouva mêlé dans cette ville aux émeutes païennes de 391 (➙O 20) ? Cet Olympios, évoqué entre autres par Sozomène, Socrate, Damascius, la *Souda*, aurait fait partie des païens qui se barricadèrent dans le Serapeum, dont les troupes de l'empereur Théodose firent le siège avant de le détruire ; Olympos/Olympios réussit à quitter le temple en secret et à rejoindre l'Italie (les sources sur le personnage et les études sur la destruction du Serapeum sont indiquées dans **52** St. Diebler, notice « Olympios ou Olympos », O 20, *DPhA* IV, 2005, p. 772-773 ; voir aussi **53** W. Enßlin, art. « Olympios » 19, *RE* XVIII 1, 1939, col. 245). Ni Enßlin ni Diebler ne font le rapprochement avec l'épigramme de Palladas. Ne s'agirait-il pas plutôt du philosophe néoplatonicien Olympios de Syrie (➙O 21), destinataire de plusieurs lettres de Synésius de Cyrène, notamment de la lettre 133, écrite en 405, qui vint à Alexandrie attiré par la renommée d'Hypatie dont il suivit les cours (*cf.* **54** W. Enßlin, art. « Olympios » 23, *RE* XVIII 1, 1939, col. 247) ? Telle est l'hypothèse avancée par **55** M. Rubensohn, dans sa recension de Franke **11**, *BPhW* 23, 1903, col. 1025-1038, notamment col. 1032-1034. Mais cette hypothèse suscita de fortes réserves de la part de Peek **13**, col. 160, lequel fit remarquer que le nom du donateur, Olympios, ne prouve rien, car outre qu'on ne sait même pas si l'épigramme XI 293 est de Palladas ou de Lucillios (attribution de Planude), ce n'est pas Synésius mais Palladas qui reçut le cheval en cadeau.

• VII 681-688 : Il est fait allusion à un certain Gessius qui, après avoir consulté des oracles (VII 687-688), pensa parvenir au consulat, mais finalement mourut nu, sans sépulture, sur une terre étrangère. L'identification de ce personnage reste problématique. **56** O. Seeck, *Die Briefe des Libanius zeitlich geordnet*, Leipzig

1906, p. 164; **56 bis** *Id.*, notices « Gessius » 1, 2 et 3, *RE* VII 1, 1910, col. 1325, distingue en effet trois personnages portant ce nom : (1) un élève de Libanios dans les années 355 et 356 (Ep. 1032 Seeck = 436 Förster et 1215 = 491 Förster) ; (2) un autre élève de Libanios, égyptien, qui, dans les années 388-392, est un professeur de rhétorique en vue en Égypte, probablement à Alexandrie (notamment Ep. 810 Seeck = 892 Förster, 867 Seeck = 948 Förster et 962 Seeck = 1042 Förster). Pour Seeck il s'agit du Gessius de l'*Anthologie*, à identifier peut-être avec le Kesios qui entra en conflit avec l'Égyptien Schenoudi d'Atripe, célèbre figure du monachisme copte mort en 466 (en faveur de cette hypothèse, voir aussi Irmscher **17**, p. 168 ; Bowra **25**, p. 91, qui identifie les trois personnages ; **57** H-J. Thissen, « Zur Begegnung von Christentum und "Heidentum" : Schenute und Gessios », *Enchoria* 19-20, 1992-1993, p. 155-164, qui conclut p. 164 : « In dem Kesios, den Schenute in Worten und Werken mehrfach angreift, glaube ich den Rhetor und kaiserlichen Beamten Gessios erkennen zu können, der in den Briefen des Libanios als dessen Schüler genannt und dessen gewaltsamer Tod von Palladas in acht Epigrammen verspottet wird ») ; (3) Flavius Aelius Gessius, « praeses Thebaidos » en 378, qui, selon Seeck, est peut-être à identifier avec le précédent, auquel cas le second et le troisième pourraient n'être qu'une seule et même personne, à savoir le Gessius évoqué par Palladas. En outre, comme Franke **11**, p. 40, Cameron **31**, p. 279, rappelle que le Gessius de Palladas n'a rien à voir avec le Γέσιος de Pétra – iatrosophiste célèbre, cité par Damascius dans sa *Vie d'Isidore* (fr. 334-337 Zintzen), mentionné par la *Souda*, Γ 207, et dont le *floruit* tombe un siècle trop tard, sous le règne de l'empereur Zénon (474-491) [*cf.* **58** W. Schmidt, art. « Gessios oder Gesios aus Petra », *RE* VII 1, 1910, col. 1324 ; **59** R. Goulet, notice « Ge(s)ios de Pétra », G 16, *DPhA* III, 2000, p. 477-478]. Enfin toujours selon Cameron **31**, p. 279, le lemme de VII 688, dû à cᵃ *(corrector Palatini)* : οὗτος ὁ Γέσσιος ἄρχων ἦν ἐν μέρει τινὶ Ἀλεξανδρείας, serait sans valeur, comme la plupart des lemmes qui accompagnent les poèmes de Palladas.

Alors que Waltz **4**, *CUF*, t. V, p. 143, se montre réservé sur les identifications proposées pour Gessios (« On ne peut l'assimiler à aucun des Gessios ou Gessius qui nous soient connus »), Bowra **25**, p. 91, considère comme identiques les trois Gessius répertoriés par Seeck. Il suppose que Gessius, après avoir consulté les oracles qui lui prédisaient le consulat, quitta Alexandrie au début des années 390 (ἀπεδήμησας en VII 681, 1), au moment où le patriarche Théophile rendit la vie insupportable aux païens, et qu'il serait allé rejoindre en Italie l'usurpateur Eugène qui ralliait à sa cause les aristocrates païens indisposés par les mesures de Gratien et de Théodose. Comme à sa trahison venait s'ajouter la consultation des oracles, interdite par Théodose, il aurait été puni des pires châtiments, la torture et la crucifixion (*cf.* VII 684, 1-3), et serait mort peu après 392, la dernière lettre de Libanios le mentionnant étant datée de cette année-là. Mais Cameron **31**, qui refuse, lui, de voir dans les Gessius de Seeck une seule et même personne, formule l'hypothèse, fortement argumentée, que Gessius aurait été originaire d'Antioche où il aurait été un élève de Libanios (il s'agirait du Gessius II de Seeck, auquel

Libanios fait allusion dans ses *Lettres* 892, 948, 1042 et 1524 Förster), et qu'il aurait quité sa ville natale pour aller à Alexandrie (ἀπεδήμησας en VII 681, 1) se faire un nom ; il aurait exercé le métier de rhéteur dans cette ville où Palladas l'aurait connu personnellement ; Gessius aurait été un chrétien qui pratiquait l'ascétisme (il n'aurait pas été marié, *cf.* Libanios, *Ep.* 892 Förster) et qui serait mort d'une mort violente. Cette mort, qui lui aurait été infligée par les païens en 391, l'année où le Serapeum fut détruit par Théophile et ses moines fanatiques, aurait été d'autant plus violente (il eut les jambes brisées : VII 681, 2 et 686, 2) qu'il n'était pas citoyen d'Alexandrie (τοῦ ξενικοῦ θανάτου en VII 687, 2).

• XI 204 et XVI 20 : Bowra **22**, p. 266, semble identifier le Maurus dont parlent ces épigrammes au soldat « comes » de Gratien, mentionné par Ammien Marcellin XXXI 10, 21 et il situe les poèmes avant 394. Mais comment savoir s'il s'agit bien de ce personnage, d'autant plus que Maurus est qualifié par Palladas de « rhéteur », alors que le Maurus d'Ammien Marcellin est un soldat ?

L'ensemble des données ne permet pas de privilégier la datation basse ou la datation haute, qui s'appuient l'une et l'autre sur un certain nombre d'arguments pouvant avoir une cohérence.

Biographie.

Les éléments de la biographie de Palladas que nous pouvons reconstituer émanent de ses épigrammes qui, très souvent, ont un caractère autobiographique. A en juger par son nom : « Palladas », et par l'allusion qu'il fait à la langue grecque en IX 502, v. 2-3 (« Le mot κονδῖτον est étranger à la langue des Grecs »), Palladas est certainement d'origine grecque ; mais il a dû vivre un certain temps en Égypte (*cf.* l'adjectif Ἀλεξανδρεύς qui accompagne à neuf reprises son nom, le fait que les lemmes de deux de ses épigrammes font intervenir l'Égypte : IX 393 [J : εἰς τοὺς ἐν Αἰγύπτῳ ἄρχοντας] et XI 204 [εἰς Αἰγύπτιον ῥήτορα], et qu'il fait allusion à plusieurs reprises à des réalités égyptiennes : IX 174 et 378 ; XI 306). Certains ont voulu le faire naître à Chalcis en Eubée, ville mentionnée en XI 283 et 284 (les tenants de cette hypothèse erronée formulée par Opsopaeus sont signalés par Franke **11**, p. 43 ; Waltz **4**, *CUF*, t. II, p. 47, n. 1, affirme qu'il est né à Chalcis sans plus de précision).

Concernant sa vie privée, nous savons que Palladas ne s'entendait pas du tout avec sa femme (IX 168 [γαμετῆς μαχίμης] ; XI 378 [γαμετῆς ἀδίκου]) ; XI 286 [οὐδὲν γυναικὸς χεῖρον, οὐδὲ τῆς καλῆς, *cf.* les remarques de Degani **36**, p. 95, sur les v. 4-5 de cette épigramme] ; XI 381 [Πᾶσα γυνὴ χόλος ἐστίν, *cf.* **60** G. Braden, « Death and lust », *Hellas* 4, 1993, p. 118-120, qui analyse la traduction de cette épigramme donnée par William Cartwright au XVIIe siècle et celle donnée par Ezra Pound au XXe siècle]). Celle-ci portait le nom, peut-être inventé, d'Andromaque (= « qui combat l'homme », en IX 168, précision de c, *corrector Palatini* ; XI 378). Son expérience personnelle se traduisit dans une misogynie exacerbée, par ex. en IX 165, 1-4 : « La femme, c'est la colère de Zeus... elle brûle l'homme de soucis, elle le consume, elle change sa jeunesse en vieillesse prématurée». Qu'Hélène mérite ses invectives, soit, mais Pénélope ne trouve pas davantage grâce à ses yeux (IX 166, v. 3-4: «C'est l'adultère d'Hélène qui a fait massacrer tant d'hommes, et c'est parce que Pénélope fut chaste que d'autres sont morts»). Apparemment il a des enfants; quand il décrit les bouches qu'il doit nourrir, il énumère «enfants, femme, esclave, poules, chien» (X 86).

Il exerçait le métier de γραμματικός (IX 168: τεχνῆς γραμματικῆς; IX 169.171.173.174.175; X 97), un métier qui le faisait vivre dans la pauvreté (IX 169, v. 2 [πενίης], v. 6 [πτωχός]; IX 175) et qui lui pesait de plus en plus, à tel point qu'un jour il vendit ses livres et se mit à chercher un autre métier (IX 171, v. 1: «Les instruments des Muses, ces livres qui m'ont tant fait souffrir, je les vends, et je pars à la recherche d'un autre métier»). **61** H. Stadtmüller, compte-rendu de Franke **11**, *WKPh* 17, 1900, p. 822, signale qu'il est indiqué dans une édition munichoise de Planude que Palladas aurait pratiqué la rhétorique et aurait écrit des plaidoyers (ἥ τε τέχνη τῆς ῥητορικῆς καὶ ἡ περὶ τὰς κρίσεις δικο-γραφία). Palladas passa une partie de sa vie à Alexandrie, mais il séjourna peut-être aussi à Constantinople, si du moins l'on comprend que la «Maison de Marina» est bien le palais de la fille d'Arcadius. Pour Cameron **30**, p. 56-58, qui s'appuie sur XVI 282 et XI 386 afin de conclure que Palladas était bien un païen qui passa la plus grande partie de sa vie à Alexandrie, la ville désignée en XVI 282 par l'expression τῇ φιλοχρίστῳ πόλει [φιλοχρήστῳ πόλει, *lectio difficilior*, dans l'*editio princeps* de Lascaris], ne serait pas Constantinople – une interprétation qui est celle par exemple de Reiske, Luck, Bonnano et Irmscher –, car, antérieurement à l'épigramme de Palladas, cette ville n'est jamais accompagnée d'une telle épithète, mais Alexandrie, qualifiée à plusieurs reprises de la sorte. Il n'exclut pas qu'au cours de son existence Palladas soit allé à Constantinople, mais l'expression de XVI 282 n'est pas un argument qui le prouve, puisque l'épigramme peut avoir été écrite à Alexandrie au moment où Théophile persécuta les païens en 391. Quant à XI 386, où il est question de la victoire d'un certain Patricius qui selon Reiske **1**, aurait été questeur à Constantinople en 390 (dans le même sens, Stella **14**, p. 381, et Bowra **22**, p. 266), Cameron récuse l'identité du Patricius en question et par conséquent la localisation de la victoire à Constantinople. De son interprétation du verbe ἁ ρπάζω dans l'épigramme, il conclut: «Patricius is obviously neither quaestor (Jacobs), sailor (Paton), nor astrologer (scholion), but a charioteer», et la victoire serait une victoire au cirque lors d'une course de chars qui aurait eu lieu à Alexandrie (p. 59) et non à Constantinople. Irmscher **35** appuie et développe l'hypothèse de Cameron en fournissant des attestations de l'adjectif φιλόχριστος appliqué à Alexandrie dans plusieurs témoignages des VIe et VIIe siècles.

Quelles relations Palladas entretint-il avec le christianisme? Ce point important de sa biographie ne fait pas l'unanimité. Est-il resté païen (Reiske, Franke, Irmscher, Lacombrade, Cameron)? S'est-il converti au christianisme ou s'est-il compromis avec les chrétiens (Waltz, Keydell)? Luck **19**, p. 467, pense qu'on ne peut poser la question en ces termes à propos de Palladas: «In a sense, the alternative Christianism vs. Paganism does not apply to a writer like Palladas. He may have paid lipservice to the new religion, because it was convenient, not because he held any strong convictions... Whatever his Byzantine readers found in Palladas' epigrams, it was neither the ethos of dying paganism, nor the enthusiasm of the new religion; they must have appreciated his literary qualities, as slight as they may seem to many of us».

• Arguments en faveur d'un Palladas resté païen. Plusieurs épigrammes invitent à penser que Palladas était opposé au christianisme : l'éloge d'Hypatie en IX 400, si du moins il s'agit de la philosophe néoplatonicienne ; les moqueries qu'il formule contre les moines en XI 384 ; les poèmes, si du moins l'on considère qu'ils sont ironiques, qu'il adresse à Théophile d'Alexandrie (X 90 et 91 ; IX 175), lequel, avec ses bandes de moines, fit renverser les statues païennes (IX 441 ; IX 773 ; X 90-91 ; XI 384) ; les plaintes qu'il émet sur le sort réservé aux Ἕλληνες, c'est-à-dire aux païens dont les temples et les statues furent détruits suite à l'édit de Théodose Iᵉʳ en 391 (X 82 et 89-91) et dont les dieux sont devenus des morts : νέκυες, νέκροι (IX 501, 1 ; X 90, 7); le fait qu'il se compte parmi eux (X 82 : ζῶμεν); son allusion en IX 528 aux Χριστιανοὶ γεγαῶθες Ὀλύμπια δώματ' ἔχοντες, ces dieux devenus chrétiens, dont les statues auraient dû, lors de la réaction anti-païenne de 391, être fondues en pièces de monnaie, et qui ont été sauvées de la destruction en devenant chrétiennes.

Mais tout en pensant que Palladas est resté païen dans ses convictions, Franke **11**, p. 45, émet l'hypothèse que la remarque prêtée par le poète à Héraclès en IX 441 : Καιρῷ δουλεύειν καὶ θεὸς ὢν ἔμαθον, «J'ai appris, quoique dieu, à m'asservir aux circonstances» – et qui rappelle *Épître aux Romains* 12, 11 (τῷ κυρίῳ [*textus receptus* τῷ καίρῳ] δουλευόντες) – pourrait être le signe de la conversion de Palladas au christianisme. Pour Peek **13**, col. 159, en revanche, le ton est sarcastique. Voir Waltz **4**, *CUF*, t. VIII, p. 45 ; Luck **19**, p. 460.

• Principaux arguments avancés par Waltz **12** en faveur d'une conversion de Palladas au christianisme : il ne faut pas voir dans les allusions fréquentes aux dieux de l'Olympe la marque d'une conviction païenne ; ce sont des façons de parler traditionnelles chez les Grecs, et les mentions qu'il fait des dieux du paganisme n'ont souvent chez lui qu'une valeur métaphorique. En revanche il use d'expressions chrétiennes et énonce des idées qui sont d'inspiration nettement chrétienne (par ex. la séparation de l'âme et du corps en X 88, 3-4 : «Quand l'âme quitte le corps, c'est comme si elle se délivrait des chaînes de la mort ; elle s'enfuit vers son dieu immortel»). La critique en XI 384 des moines qui prétendent être des solitaires et qui pourtant pullulent dans les couvents ne saurait constituer une objection à l'interprétation d'un Palladas chrétien ; en réalité il n'y a là qu'un jeu de mots sur μοναχοί, conforme au penchant de Palladas pour les plaisanteries (comment dire que ce sont des «moines» alors qu'ils sont nombreux et vivent en communauté ?) ; à l'égard du monachisme il ne fait d'ailleurs que partager l'avis de bon nombre de gens de son époque qui reprochaient aux moines de s'isoler au point de vivre en marge de la société.

Depuis Reiske, qui y voyait une allusion à l'édit de Théodose Ier ordonnant en 391 la destruction des temples et des idoles de la religion païenne, trois épigrammes étaient d'ordinaire mises en avant pour confirmer que Palladas n'était pas chrétien (X 82 : Palladas dit « nous » en parlant des Grecs qui sont tombés dans l'infortune au point qu'ils ne vivent plus qu'en apparence ; X 89 : la Renommée est irritée contre eux : elle a fait briller à leurs yeux de fausses espérances, laissant entendre qu'il allait y avoir un résultat favorable et elle n'a dit vrai qu'en leur apprenant un désastre ; X 90 : Il dit « nous » en parlant des Grecs réduits en cendres par l'envie, dont toutes les espérances sont anéanties et chez qui tout n'est plus que ruines). Waltz **12** s'emploie à fournir de ces textes une interprétation différente. Il y est fait état d'incidents graves qui ont presque supprimé toute vie publique chez les « Grecs » et qui, provoqués par l'Envie, se seraient ensuite révélés des plus funestes. Waltz, déduisant de X 89 qu'il s'agit d'une lourde défaite militaire qui avait d'abord été annoncée comme une victoire et qui fut en réalité un désastre national, suggère que ce ne sont pas les événements de 391 qui sont en cause, mais la sédition de Gaïnas, « ce chef barbare au service de l'Empire qui, en 399, chargé par Arcadios de réduire les Goths révoltés, se mit à leur tête et réussit à occuper Constantinople (…). Considéré d'abord comme un soutien du trône, il ne fut reconnu comme un ennemi dangereux que lorsqu'il se présenta devant la capitale à la tête des rebelles dont on le croyait vainqueur » (p. 207-208). Ce Goth ambitieux aurait pu être poussé par la « jalousie » (φθόνου en X 90) à l'égard de l'Empereur, ou plus probablement de son préfet du prétoire Rufin, qu'il fit tuer pour prendre sa place. Quant au qualificatif μετέωρος de IX 528, que certains interprètent comme un synonyme d'ἄθεος, il n'aurait rien à voir avec les convictions religieuses de Palladas et signifierait plutôt « le sublime », « le superbe » ou « le vantard », « le bavard ». Enfin Waltz voit dans les Ἕλληνες les Romains d'Orient, sujets d'Arcadius, séparés de ceux de l'Occident par le tout récent partage de l'Empire. Il conclut (p. 209) : « Il ne semble donc pas, en fin de compte, que Palladas ait jamais eu l'intention de polémiquer en faveur du paganisme ou contre le christianisme. En revanche il s'attaque maintes fois au polythéisme traditionnel, et plusieurs de ses épigrammes paraissent bien avoir été inspirées par des sentiments chrétiens ». A défaut de parvenir à une certitude absolue, Waltz estime qu'il est infiniment probable que Palladas ait été chrétien.

Un détail va dans le sens d'un Palladas quelque peu familier du christianisme : **62** D. Fogazza, « Pallada, *Anth. Pal.* 10, 58 e il *Vecchio Testamento* », *RFIC* 108, 1980, p. 317-319, montre que X 58 est un écho d'*Ecclésiaste* V 14, ce qui invite à penser que le poète, qui connaissait le *Nouveau Testament*, avait aussi une connaissance directe de l'Ancien Testament. Rodighiero **47**, p. 82, pense que Palladas fait plutôt écho ici à *Job* 1, 21. Quoi qu'il en soit, la référence à l'Ancien Testament semble admise.

Lacombrade **15** récuse l'interprétation que donne Waltz de X 82, 89 et 90, estimant que cette hypothèse est démentie par toutes les données positives (Palladas est à Constantinople en 384 quand il s'attaque à Thémistius et vers 420 quand on le retrouve, vieillard désabusé, dans le palais de Marina, tandis qu'entre ces deux dates il mena la vie d'un grammairien besogneux à Alexandrie). Palladas a pu appartenir à ces négociateurs qui essayaient d'aplanir les difficultés entre les deux factions extrêmistes. Les épigrammes X 90 et 91 font allusion, selon Lacombrade, au patriarche Théophile ainsi qu'aux événements qui opposèrent chrétiens et païens en Égypte dans les années 390-392 et qui aboutirent à la destruction du Serapeum, une catastrophe qui réduisit à néant les espérances des Hellènes. Le message de Palladas serait le suivant : « Que les Hellènes sachent imposer silence à leur funeste rancœur contre l'homme aimé de Dieu, le chef du camp adverse, le patriarche Théophile ». Lacombrade conclut qu'« au bout du compte il paraît assez vain de préjuger des convictions "païennes" ou d'une "conversion" possible de Palladas » (p. 23). Ce dernier aurait subi la contrainte de son milieu ; il était hellène par formation intellectuelle et chrétien par nécessité sociale.

Keydell **18** lui non plus ne suit pas Waltz quand ce dernier met en relation les trois épigrammes avec l'épisode de Gaïnas. Les épigrammes X 90 et 91 font allusion selon lui au patriarche d'Alexandrie Théophile et auraient été écrites en 391 ; quant à X 89, elle l'aurait été trois ans plus tard, après la victoire de Théodose sur Eugène. En X 90, quand il dit : « On éprouve de la haine envers le bienheureux que Dieu aime », Palladas laisserait entendre avec ironie qu'il est bien difficile d'aller contre cet homme puissant qu'est Théophile. Trente ans plus tard, dans la maison de Marina (IX 528), Palladas ne devait plus exprimer que de la résignation.

Bowra **22** fournit une vue d'ensemble de ce que put être l'itinéraire de Palladas à la lumière des événements d'alors, en conformité avec sa datation haute. En X 82 et 85, Palladas laisse transparaître son anxiété suite aux événements de 391 quand Théodose interdit la pratique de l'ancienne religion. En IX 180-183, derrière la moquerie à l'égard de *Tuchè* dont le temple se retrouve transformé en taverne, se cache une note à peine moins sérieuse. En IX 441, la statue de bronze d'Héraclès est renversée (παραπιπτόμενον) et le dieu dit qu'il a appris à se soumettre aux circonstances (καιρῷ δουλεύειν), une expression que Bowra rapproche de Paul, *Romains* 12, 11 (*cf.* déjà Franke **11**). Les événements qui sont à l'arrière-plan de X 90 et 91 sont interprétés dans le même sens que chez Keydell : ces épigrammes renvoient à Théophile qui joua un rôle important dans les troubles de 391. Quand Palladas dénonce en X 90, v. 1.3, le φθόνος des Grecs, c'est à leur haine pour Théophile qu'il fait allusion et il conçoit leur attitude comme une folie (μωρία). En effet, résister à l'homme que Dieu aime (= Théophile) [X 91], c'est résister à Dieu lui-même. Mais contrairement à Keydell, Bowra ne perçoit pas d'ironie dans ces lignes. Selon lui, Palladas voit dans le triomphe du christianisme une manifestation d'une volonté divine à laquelle c'est une folie que de vouloir résister. X 97, l'épigramme où il laisse entendre qu'il a 72 ans, se rapporte aux années de crise 391-394, avant que Palladas ait cessé d'être un grammairien : après une longue vie d'enseignement, il se sent lui-même envoyé à la mort (πέμπομαι εἰς Ἀ ίδην). Bowra suppose que l'exercice du métier de grammairien qui enseigne l'ancienne littérature devait être dangereux et que c'est ce qui poussa Palladas à abandonner sa profession, à vendre ses livres et à demander l'aide de l'évêque Théophile [θεῷ φίλε] (IX 175). En IX 171 on comprend qu'il exerce une nouvelle τέχνη et il aurait, selon Bowra, l'air content : « It looks as if the new employment coincided with some change in his outlook, and this must be that he came to some sort of terms with Christianity » (p. 264). Mais Palladas ne donne aucune indication qui pourrait laisser penser qu'il est passé du côté du christianisme. De fait en X 88, là où on a voulu voir une influence chrétienne (*cf.* Waltz), les sentiments exprimés peuvent être aussi bien platoniciens et pythagoriciens. « If Palladas became a Christian, it does not seem to have affected his general vision of things very deeply, and we may suspect that his conformity was more *pratiquant* than *croyant* (p. 265). L'attitude de Palladas pourrait relever davantage de la posture que de la conviction intime : « However convincing his outward conformity may have been, it does not seem to have been matched by inner conviction, and his last poems show that at heart he still had some sneaking interest in the lost Pagan cause » (p. 267).

Épigrammes

La *Syllogè Palladana*.

L'attribution d'un certain nombre d'épigrammes à Palladas pose problème. Peek **13**, col. 160, donne la liste de celles qui, bien que portant le nom de Palladas, ne peuvent lui être attribuées, de celles pour lesquelles il y a hésitation avec un autre poète, notamment Lucien et Lucillios, enfin des *adespota*.

On s'est beaucoup interrogé sur la façon dont s'est constituée l'anthologie de Palladas (Franke **11**, p. 47-72 ; Peek **13**, col. 161 ; Beckby **5**, t. I, p. 73 ; Cameron **41**, p. 95-96 ; p. 263-264). Franke **11**, p. 64-72, a conclu, à partir des groupements d'épigrammes transmis sous le nom de Palladas dans l'*Anthologie* – par ex. VII 681-688, IX 165-176 et 180-183 –, qu'il existait une collection de ses épigrammes antérieure à l'anthologie de Constantin Céphalas, que Céphalas avait incorporé ces poèmes à son ouvrage et que c'est à cet ouvrage de Céphalas, non au *Cycle* d'Agathias comme on le croyait auparavant, que l'*Anthologie* aurait emprunté ses épigrammes de Palladas (voir aussi Cameron **41**, p. 263 et n. 17). Par ailleurs, le fait que des épigrammes de Palladas et de Lucien ou de Lucillios se retrouvent entremêlées, par ex. X 256-317, ou que Palladas soit associé à Eutolmios, Julien et d'autres, invite à penser (Franke **11**, p. 64-72) que la collection de Palladas contenait des poèmes non seulement de Palladas, mais aussi d'autres poètes, ainsi que des *adespota* provenant d'inscriptions et de collections de dits. La *Syllogè Palladana*, constituée à partir des épigrammes de Palladas et de bien d'autres poètes, a pu être rassemblée par quelqu'un d'autre (Franke) ou par Palladas lui-même (Bowra **24**, p. 4 : « We do not know how the 130 or so poems of Palladas came into the collection of Cephalas, but it looks as if they formed a single book, a "Sylloge Palladana", which may have been put together by the poet himself and had no explanatory introductions or notes. When these were added at a later date, they were usually feeble and often false »).

Cameron **41** (p. 95-96) suggère – notamment à partir de ce que dit J, le lemmatiste de VII 339 : « On ne sait pas à propos de qui cette épigramme est écrite ; on sait seulement qu'elle a été trouvée parmi les épigrammes de Palladas. Peut-être est-elle de Lucien » –, que ce lemmatiste avait à sa disposition un manuscrit, dans lequel VII 339, encore anonyme, apparaissait parmi les poèmes de Palladas. Le lemmatiste exprime son doute ; s'il a suggéré le nom de Lucien, peut-être est-ce parce qu'il avait en mains une édition combinée de Lucien et de Palladas, qui contenait des poèmes de divers auteurs dont ces deux-là et qui aurait été compilée dans les années 380. Si cette anthologie existait encore vers 900 et si Cephalas l'a utilisée, il n'y a pas de raison qu'une génération plus tard le lemmatiste J de l'*Anthologie* ne l'ait pas eue également entre les mains.

63 M. D. Lauxtermann, « The Palladas sylloge », *Mnemosyne* 50, 1997, p. 329-337, explique que le recueil a été compilé non pas dans les années 380 comme le voulait Cameron mais plus probablement vers 550-560, comme l'attestent par exemple les vers satiriques sur l'empereur Anastasius ou l'allusion en IX 500 et 501, déjà signalée par Mango **51**, p. 328-330, au tremblement de terre de Beyrouth qui eut lieu en 551. Ce recueil fut utilisé vers 890-900 par Constantin Céphalas et par le scribe qui assura la rédaction finale de l'*Anthologie Palatine*. L'anthologie de Palladas contenait, semble-t-il, outre de nombreuses épigrammes de Palladas lui-même, des épigrammes et des fragments de poèmes épiques d'auteurs très variés, ainsi que de petites pièces anonymes qui n'étaient guère antérieures à 500.

Répartition des épigrammes par genres

Beckby **5**, t. I, p. 57, constate que les épigrammes de Palladas ne contiennent ni *Erotika* ni *Anathèmatika* ni épitaphes : « seine Epigramme gehören wie die Lukians durchweg der Spruch-, Lehr- und Spottdichtung an ». Peek **13**, col. 161-165, distingue (1) les Ἐπιδεικτικά (= presque la moitié de la production poétique de Palladas) auxquels appartiennent les épigrammes sur le vécu du poète, notamment le sort malheureux du γραμματικός, ses plaintes contre les femmes, surtout la sienne) [sur la notion d'épigramme épidictique, voir **64** M. D. Lauxtermann, « What is an epideictic epigram ? », *Mnemosyne* 51, 1998, p. 525-537] ; Peek **13** indique, col. 163, un certain nombre d'épigrammes du livre X qu'on peut hésiter à classer dans les Ἐπιδεικτικά ou les Σκωπτικά ; (2) les **Προτρεπτικά**, encore plus nombreux que les Ἐπιδεικτικά : conseils de vie pratique, exhortations, épigrammes sur la Fortune ; (3) les **Συμποτικά** au nombre de trois : XI 54.55.62 ; (4) les **Σκωπτικά** : Palladas se moque de différents métiers : grammairien (XI 383) ; rhéteur (XI 204) ; le poète qui s'adonne au jeu (XI 373) ; l'iambographe qui fait payer cher ses vers (XI 291) ; le poète comique (XI 263) ; le pantomime (XI 255) ; l'astronome (XI 349) ; le médecin qui se fait payer pour envoyer ses patients à la mort (XI 280). Il se moque aussi de certains types d'hommes : l'usurier (XI 289.290) ; l'ignorant (XI 304) ; le vaniteux qui sait tout (XI 355) ; le prodigue (XI 357). Certaines épigrammes visent des contemporains : le préfet Damonikos (XI 283-285), Patricius (IX 386), Thémistius (IX 292), Gessius (VII 681-688),

Pantagathos (XI 340), les enfants d'une certaine Hermione (XI 354); les moines (XI 384). Mais il sait pratiquer aussi l'autodérision, par ex. en XI 341.

Philosophie. 65 W. Schmid, *Geschichte der Griechischen Literatur*[6], VII 2, 2, München 1924, p. 979, range la philosophie de Palladas «auf die Seite des epikureisch-kynisch-skeptischen Adogmatismus». On peut parler en effet d'une philosophie populaire éclectique, marquée par sa situation à l'interface de deux mondes, celui du paganisme et celui du christianisme, et illustrée par la transformation du temple de la Fortune en taverne chrétienne (IX 180). Mais il est vrai que l'on perçoit dans les poésies de Palladas tantôt des accents épicuriens: l'existence est si courte qu'il faut savoir profiter de la vie, du vin, des chœurs de danse, des couronnes de fleurs, des femmes et ne pas se soucier du lendemain (V 72, v. 4: «Aujourd'hui soyons heureux, car demain n'est connu de personne»); il fait l'éloge de l'ἡσυχίη (X 77), de la μεσότης (X 51) et de la sérénité que le vin aide à acquérir même quand la vieillesse est là (XI 54 et 62); tantôt des accents pythagoriciens (X 46: «Le silence chez les hommes est la partie importante de l'éducation; j'ai pour témoin le sage Pythagore lui-même, lui qui, bien qu'il sût parler, enseignait aux autres à se taire, parce qu'il avait découvert que c'était un remède puissant pour vivre en paix»); tantôt des accents cyniques (par ex. X 61: il faut fuir les riches et la pauvreté est présentée comme la mère de la sagesse; X 60: condamnation de la richesse que l'on n'emporte pas avec soi quand on meurt [nuance cependant en X 63: le pauvre ne meurt pas vraiment, puisqu'il ne vit pas vraiment; la mort ne représente un bouleversement que pour le riche]; X 72: la vie est une scène et un jeu (*cf.* Télès VI: Περὶ περιστάσεων, p. 52-54 Hense); XI 349: critique de l'astronome qui mesure l'univers et les limites de la terre et qui ne se connaît même pas lui-même (*cf.* Diogène Laërce VI 28); XI 323: opposition *korax/kolax*: «les flatteurs sont les corbeaux des vivants» (*cf.* Diogène Laërce VI 4); tantôt des accents sceptiques (*cf. infra* son scepticisme à l'égard de la Fortune).

De ses épigrammes se dégage une conception très pessimiste de la vie humaine. Ainsi en VII 339, si du moins l'épigramme est de Palladas, v. 2: «Mis au monde, je marche, infortuné, vers l'Hadès»; v. 5: «J'étais néant et je suis né; de nouveau, comme par le passé, je serai néant; néant comme est aussi néant la race des mortels»; en VII 688, v. 2-4: «O race humaine, vaine comme le vent, ton propre emportement t'égare et jusqu'à la fin de ton existence, tu n'apprends rien», ou en X 58: «j'arrive au monde nu et nu je repars sous la terre». La vision platonicienne de l'immortalité humaine (X 45) suscite ses critiques. Pour Palladas celui qui attend la mort est plus à plaindre que celui qui est mort (X 59) et il constate avec amertume qu'on pleure quand on naît et qu'on pleure quand on meurt (X 84). Il compare les hommes à des troupeaux de porcs que l'on engraisse pour ensuite les immoler (X 85). Peut-être est-ce en X 118 qu'il manifeste le plus clairement ses inquiétudes métaphysiques («Comment je suis né? D'où je viens? Pourquoi suis-je venu? Pour m'en aller?») et le conseil de couleur pythagoricienne qu'il donne en XV 20 traduit à quel point son pessimisme est extrême: «En silence parcours cette vie misérable; sois comme le temps même: il ne fait pas de bruit. Et tiens ta vie cachée; ou cache au moins ta mort».

Ce pessimisme est certes lié au déclin des valeurs traditionnelles qui peut inquiéter l'homme de la seconde moitié du IVe s. (*cf.* **66** C. García Gual, «Páladas, el último alejandrino», *BIEH* 7, 1973, p. 45-52), mais en même temps il a une valeur plus générale, car il porte sur la condition humaine et sa fragilité (VII 339; X 58.59.78. 84.85.118; XI 349).

L'éthique de Palladas, relativement simple, est fondée sur le bon sens. Il applique l'adage «rien de trop», un adage qu'il illustre avec l'exemple de Gessius dont il se moque dans huit épigrammes satiriques (en VII 681-688). Le destin qu'a connu ce personnage montre qu'il ne faut jamais rechercher la pompe orgueilleuse du pouvoir souverain, car dès qu'on s'élève, on est jeté à bas (VII 684 : κατηνέχθη γὰρ ἐπαρθείς), la vanité fait déborder la coupe (*ibid.*, κόμπον ὑπερφίαλον) et on perd tout. C'est pour ne pas avoir su appliquer le précepte «rien de trop» que Gessius a connu les malheurs (VII 683). Des prédictions oraculaires (VII 687, 1 : τὴν Ἀμμωνιακὴν ἀπάτην; 688, 1: οἱ δύο Κάλχαντες) lui avaient promis qu'il deviendrait consul, il y crut, mais ces prédictions ne se réalisèrent pas et Gessius connut une mort violente, parce qu'il avait bravé l'interdiction de consulter les oracles [*Cod. Theod.* XVI, 10, 7-12].

Palladas semble revendiquer pour lui-même la pauvreté: «Je suis un homme pauvre, mais l'indépendance est ma compagne; je me détourne avec horreur de la richesse qui outrage la pauvreté» (IX 172). Toutefois à d'autres moments on sent que cette pauvreté lui pèse (IX 171). Dans un certain nombre d'épigrammes (*cf.* Bowra **23**, p. 118-128), il se rebelle contre la puissance de la Fortune, regrettant que la vie humaine ne soit qu'un παίγνιον entre les mains de celle-ci (X 80); il estime qu'il faut réussir à se moquer d'elle (X 87) ou bien accepter son destin (X 77), mais en même temps il est très troublé de voir la statue de la Fortune renversée et de constater que la puissance de celle-ci est remise en cause (IX 180-183; X 62.65.96; IX 134 et 135 [ces deux dernières épigrammes cependant ne sont peut-être pas de Palladas]). Conscient de l'irrationnalité de la Fortune («elle ne connaît ni raison ni loi»), de ses caprices et de son injustice fondamentale (X 62), il s'adresse à elle avec virulence, l'assimilant à une prostituée (X 87 et 96). Selon Bowra, cette conception de Palladas a peu à voir avec la philosophie; la notion d'une Fortune irrationnelle et immorale est plutôt celle qu'on rencontre dans les romans grecs (Achille Tatius, Chariton, Nonnos). Palladas est confronté aux changements de son époque et en IX 181, choqué, il constate: «Tout est renversé, si je ne me trompe, et nous voyons aujourd'hui la Fortune dans l'infortune». Le paradoxe est de taille: «Toi qui dispenses des fortunes (ἡ παρέχουσα τύχας), comment te trouves-tu infortunée (ἀτυχής)?» (IX 182). Il invite la Fortune qui, autrefois, avait un temple et se trouve réduite à travailler dans une taverne et à vendre des boissons chaudes, à gémir sur son malheur (IX 180.183). C'est le moment où sont détruits les temples de Sarapis, de Mithra, de Dionysos. En voyant cette Fortune en quelque sorte vaincue, Palladas prend conscience de ce qu'avait de trompeur la croyance qu'il mettait en elle : « De l'Espérance et de la Fortune je ne me soucie plus, et je n'ai cure désormais de leurs tromperies ; j'ai atteint le port » (IX 172).

Poésie. Sur la métrique (Palladas utilise l'hexamètre et le trimètre), la poésie, la langue et le style, voir Franke **11**, p. 85-100, qui examine les différents types de vers utilisés par Palladas ; Peek **13**, col. 165-168, qui rappelle que Palladas n'est pas original, qu'il fait comme ses prédécesseurs, mais qu'il a le grand mérite d'avoir ramené à la vie, après deux siècles de silence, l'épigramme grecque (col. 167-168). Si sa grande référence est Homère, il emploie un certain nombre de mots de la vie courante, en tout cas du vocabulaire de la prose. Voir Beckby **5**, qui souligne (t. I, p. 59) que c'est une poésie qui s'adresse aux masses (*cf*. son emploi du « nous » en X 75.79.81.85 ; XI 304.377). Elle se caractérise par les jeux de mots (mots à double sens : ex. IX 175 ; jeux sur l'étymologie : VI 71 ; VII 610 ; XI 378 : Ἀνδρομάχη ; XI 283-284 : Χαλκίς, ἀποχαλκίζειν, ἀντιοχεύεσθαι ; XI 373 : Καλλιόπη / Ταβλιόπη, VI 85 : pastiche de la langue homérique ; allitérations : VII 687 : ἀστρολόγοις ἀλόγοις) et par l'emploi des sentences, des *gnomai* (ex. proverbes en IX 379 ; X 48). En outre il aime citer – ou faire allusion à – Homère (VI 61 ; IX 165.166.395 ; X 47.50.55), Pindare IX 175, X 51, Anacréon XI 54, Ménandre X 52, XI 263 et 286. Sur les réminiscences, les emprunts et les allusions aux poésies de Ménandre, voir **67** Andrea Barbieri, « Memoria "grammaticale" e sopravvivenza di un classico : Pallada e Menandro », *Koinonia* 26-27, 2002-2003, p. 113-129. Pour une appréciation générale, voir Hunger **38**, p. 166 : « Die treffende Formulierung und die Schlagkraft des Gedankens ging ihm über alles ; Frische und Derbheit (gelegentliche Kraftausdrücke !) zeichnen seine Epigramme aus. Die Vernachlässigung der Form, die Bindung an die breite Masse, die Vorliebe für das Typische, Allgemeine gegenüber dem Schicksal des Individuums und nicht zuletzt die weltanschauliche Zwitterstellung lassen Palladas als einen Exponenten des widerspruchsvollen Transitoriums erscheinen, als das uns die Spätantike entgegentritt ». Hunger renvoie à **68** J. Irmscher, « Realismus in der antiken Literatur : Palladas als realistischer Dichter, dans *In memoriam C. Daicoviciu,* Cluj 1974, p. 177-185.

Jugements. Selon Beckby **5**, t. I, p. 56, on a jugé Palladas de façon excessive aussi bien dans l'éloge que dans le dénigrement. C'est ainsi qu'Opsopoeus le met au même niveau que Martial, tandis que Casaubon en fait un « insulsissimus versificator ». Luck **19**, p. 456, porte un jugement plus mesuré : « He still deserves our respect as a literary craftsman. He was no great poet, but he handled the epigrammatic form very competently, he was imaginative, and he had a feeling for felicitous sound values ». Il est certain que Palladas avait réussi à se faire un nom à son époque. On pouvait en effet, alors que Palladas vivait à Alexandrie, lire le texte de l'épigramme X 87 sur le mur d'une latrine à Éphèse [**69** E. Kalinka, « Das Palladas-Epigramm in Ephesos », *WS* 24, 1902, p. 292 : **70** R. Weisshäupl, « Ephesische Latrinen-Inschriften », *JŒAI* 5, 1902, p. 33-34] et celui de X 58 sur la tombe d'un saint chrétien [inscription de l'île de Mégiste en Lycie] (**71** H.

Grégoire [édit.], *Recueil des inscriptions grecques chrétiennes d'Asie Mineure,*
Paris 1922, n° 296, p. 101, qui explique que ce distique a passé dans divers recueils
et qu'il fut populaire à l'époque byzantine). **72** O. Weinreich, dans sa recension de
l'ouvrage de F. Munari, *Epigrammata Bobiensia,* t. II, Roma 1956, parue dans
Gnomon 31, 1959, p. 239-250, signale, p. 241-243, que Palladas a servi de modèle
à Ausone et aux épigrammes 47, 50 et 61 des *Epigrammata Bobiensia* dont le
corpus fut mis en ordre vers 400. Voir aussi Kaster **40**, p. 328-329, qui mentionne
également des emprunts chez Claudien « if P. is the *iratus grammaticus* of *Carm.
min.* 24 ». Au IXe s. la nonne Kasia, auteur de chants religieux et de poésies profanes influencées par Ménandre, pourrait avoir imité Palladas dans ses épigrammes
(celles-ci ont été éditées par **73** K. Krumbacher, «Kasia», *SBAW,* München 1897,
1, p. 305-370). L'influence de Palladas se fait sentir notamment dans celles qui
traitent du φθόνος (p. 358-359 Krumbacher, en particulier les vers 70-73), où l'on
retrouve l'écho de IX 73. Mais alors que Luck **19**, p. 470 n. 71, estime que Kasia a
été fortement influencée par Palladas, Cameron **41**, p. 330, se montre plus nuancé.
Il suggère à propos de cette épigramme par exemple, que Palladas et Kasia pourraient dépendre tous deux de Ménandre. On rencontre encore certaines de ses
épigrammes, par exemple X 58 et IX 394, dans le *Gnomologion* du moine
Johannes Georgides au Xe et au XIe s. (*PG* 117, col. 1080 B et 1152 B) et dans la
collection de proverbes de Michael Apostolios, autour de 1450 (voir **74** E. L. von
Leutsch et F. G. Schneidewin (édit.), *Corpus Paroemiographorum Graecorum,*
Göttingen 1839-1851, réimpr. Hildesheim 1965, t. II, où l'on retrouve X 34 en VI
67[a], p. 381, 16-17; X 58 en V 41[e], p. 344, 16-17 (attribué à Lucien) et X 95 en XI
71[b], p. 533, 13-14.

                                        MARIE-ODILE GOULET-CAZÉ.

10 PALLADIUS *PLRE* II:6   DM V

   Philosophe païen destinataire d'une lettre de Théodoret de Cyr (*Lettre* XII):
l'évêque lui conseille de supporter avec patience les tracas de l'existence, en
particulier le procès qui lui est fait par des adversaires; il intervient en sa faveur
auprès du comte Titus (*Lettre* XI).

                                        PIERRE MARAVAL.

11 PAMMÉNÈS   II

   Personnage fictif, disciple du stoïcien Hétoimoclès (☛D 70), mentionné dans
Lucien, *Le Banquet ou les Lapithes* 22. Hétoimoclès avait refusé une invitation à
dîner de son disciple, s'attendant à être convié comme les autres philosophes au
banquet offert par Aristénète à l'occasion du mariage de sa fille.

                                        RICHARD GOULET.

12 PAMPHILÈ D'ÉPIDAURE *RE* 1 M I

« Σοφή, fille de Sôtèridas (grammairien grec du Iᵉʳ s. ap. J.-C. ; voir *Souda* Σ 876), dont on dit qu'il serait aussi l'auteur des ouvrages (attribués à Pamphilè), ainsi que le rapporte Denys [d'Halicarnasse, sophiste ayant vécu sous Hadrien (*cf. Souda* Δ 1171)] au livre XXX de son *Histoire de la musique* (Μουσικὴ ἱστορία) ; d'autres ont écrit que (ces livres) étaient de Sôcratidas, son époux (*Souda* Σ 875 donne au mari de Pamphilè le nom de Sôtèridas, qui était celui de son père). [Ses œuvres :] Ἱστορικὰ ὑπομνήματα ἐν βιβλίοις λγ′ (*Mémoires historiques* en 33 livres), Ἐπιτομὴ τῶν Κτησίου ἐν βιβλίοις γ′ (*Abrégé de Ctésias* en trois livres), ἐπιτομὰς ἱστοριῶν τε καὶ ἑτέρων βιβλίων παμπλείστας (*Nombreux abrégés de divers ouvrages historiques et d'autres livres), Περὶ ἀμφισβητήσεων (Sur des questions disputées), Περὶ ἀφροδισίων καὶ ἄλλων πολλῶν (Sur l'amour), et sur plusieurs autres sujets*» (*Souda* Π 139 ; t. IV, p. 15, 30 - 16, 2 Adler = T 2 Cagnazzi). Le *Violarium* d'Eudocia (T 3 Cagnazzi), reprenant les informations de la *Souda*, présente Pamphilè comme « philosophe et historienne ».

Cf. 1 O. Regenbogen, art. « Pamphila » 1, *RE* XVIII 3, 1949, col. 309-328, qui analyse notamment la notice citée de la *Souda*, ainsi que les notices apparentées sur Sôtèridas Σ 875 et 876.

Il faudrait selon lui (col. 311-312) corriger ἀνήρ en πατήρ en Σ 875 et considérer que les deux notices se rapportent au même personnage, le père de Pamphilè.

Photius, *Bibl. cod.* 175 (T 1 Cagnazzi), dit avoir lu huit livres (et non trente-trois) de *Mémoires historiques mélangés* (συμμίκτων ἱστορικῶν ὑπομνημάτων λόγοι η′) de cette femme d'origine égyptienne – ce qui apparemment contredit le témoignage de la *Souda* qui la rattache à Épidaure – dont il situe l'*acmè* sous le règne de Néron (54-68 apr. J.-C.). C'était, d'après la description qu'il en donne, un recueil volontairement désordonné de morceaux des plus variés, se rattachant à l'histoire, la rhétorique, la poésie ou la philosophie. Dans son *Prologue*, Pamphilè s'expliquait sur son ouvrage : elle y avait consigné ce qu'elle avait appris grâce à son mari au cours des treize années précédentes de son mariage, ce qu'elle avait entendu des gens cultivés de passage à la maison et ce qu'elle avait noté au cours de ses propres lectures.

Ce cadre biographique de l'ouvrage de Pamphilè n'est pas sans rappeler les mises en scène des chapitres d'Aulu-Gelle (➤→A 509) et pourrait même en être l'inspiration. Voir R. Goulet, notice « Aulu Gelle » A 509, *DPhA* I 1989, p. 683. Il est possible que le rôle de l'époux et sans doute aussi du père de Pamphilè dans l'ouvrage ait poussé certains critiques littéraires à attribuer à l'un ou à l'autre la paternité réelle des *Hypomnemata*.

Édition des fragments et des témoignages : **2** Silvana Cagnazzi, *Nicobule e Panfila. Frammenti di storiche greche*, coll. « Documenti e studi » 21, Bari 1997, 145 p. Sur Pamphilè, p. 31-112.

Dix fragments, conservés par Diogène Laërce et Aulu-Gelle, sont rassemblés par Müller, *FHG* III 520, et analysés par Regenbogen **1**, col. 313-316, et Cagnazzi **2**, p. 41-102. Ceux qui comportent une référence précise sont empruntés aux livres II, V, VII, XI, XXV, XXIX et XXXII.

Les renseignements empruntés par Diogène Laërce concernent évidemment l'histoire des philosophes : I 24 (Thalès) ; I 68 (Chilon) ; I 76 = livre 2 (Pittacos) ; I 90 (Cléobule) ; I 98 = livre 5 (Périandre) ; II 24 = livre 7 (Socrate) ; III 23 = livre 25 (Platon) ; V 36 = livre 32 (Théophraste). Aulu-Gelle XV 23 = livre 11, concerne la datation des historiens Hellanicus, Hérodote et Thucydide ; XV 17 = livre 29 *(Commentarius)*, raconte une anecdote mettant en scène Périclès et Alcibiade pour expliquer comment les grimaces qui accompagnent l'art de la flûte ont amené les nobles athéniens à abandonner la pratique de cet art.

D'après un passage de Stéphane de Byzance, *s.v.* Ῥοπεῖς (absent du recueil de Cagnazzi, mais voir p. 76 n. 119), Favorinus (➹F 10) aurait composé un *Epitomè* en au moins quatre livres de Pamphilè. Sur ce passage (fr. 90 Barigazzi), voir Regenbogen **1**, col. 319, qui cherche des traces des *Hypomnemata* dans les fragments de Favorinus (col. 318-320) ; voir également *Favorinos d'Arles. Fragments.* Texte établi, traduit et commenté par E. Amato, *CUF*, Paris 2010, p. 341-343 (fr. 92).

L'influence de Pamphilè sur Aulu-Gelle est manifeste (voir Regenbogen **1**, col. 321-323). On sait d'autre part, grâce à Photius, *Bibl., cod.* 161 (absent du recueil de Cagnazzi, mais voir p. 32-33), que Sopatros [selon Regenbogen **1**, le disciple de Jamblique (➹I 2)] a utilisé au moins les dix premiers livres des *Epitomai* de Pamphilè pour le second livre de ses Ἐκλογαὶ διάφοροι en douze livres (titre attesté par la *Souda* Σ 848). Voir Regenbogen **1**, col. 325-326.

RICHARD GOULET.

13 PAMPHILOS   VI?

Une épigramme funéraire de l'*Anthologie Palatine* (VII 587) attribuée à Julien l'Égyptien (préfet, puis consul en 530) porte comme titre : « Sur Pamphilos le Philosophe mort dans un naufrage ». Il s'agit toutefois d'un ajout dans le texte original. Voici la traduction qu'en donne la *CUF* :

« La terre t'a donné la vie, la mer t'a englouti, la demeure de Pluton t'a reçu ; et de là tu es monté au ciel. Tu n'es pas mort dans l'abîme pour avoir fait naufrage, mais afin d'ajouter à l'apanage de toutes les parties de l'univers, ô Pamphilos, un lustre immortel. »

Dans une note de l'édition P. Waltz, *CUF,* Paris 1941, p. 103, il est précisé que « le seul philosophe appelé Pamphilos dont les anciens aient fait mention est le platonicien qui fut le maître d'Épicure ». En réalité d'autres sont connus. Dans une note sur ce passage, **1** H. Beckby, *Anthologia Graeca*, t. II : *Buch VII-VIII*, 2ᵉ éd., München [1965], p. 601, y reconnaît de même Pamphilos (➹P 17), le maître d'Épicure (➹E 36), mais rien n'appuie cette identification. **2** A. Cameron, « The Cycle of Agathias », *JHS* 86, 1966, p. 6-25, notamment p. 14, pense plutôt à un écrivain ecclésiastique (*RE* 20) qui rédigea vers 540 une Κεφαλαίων διαφόρων ἤτοι ἐπαπορήσεων λύσις περὶ τῆς εἰς Χριστὸν εὐσεβείας, et qui pourrait être identique au Pamphilos de Jérusalem, le dédicataire des livres I-V de la *Topographie chrétienne* de Cosmas Indicopleustès (➹C 193). Plusieurs des épigrammes de Julien concernent des contemporains. Sur Julien, voir Cameron **2**, p. 12-14.

En fait, le statut de philosophe donné à Pamphilos a pu être simplement déduit par le correcteur de l'immortalité astrale attribuée au personnage.

RICHARD GOULET.

14 PAMPHILOS D'AMPHIPOLIS *RE* 24

« Philosophe » d'époque inconnue, surnommé Φιλοπράγματος (l'affairé), connu par la *Souda* Π 141 (t. IV, p. 16, 8-10 Adler) qui lui donne comme ville d'origine Amphipolis, Sicyone ou Nicopolis. Il aurait écrit plusieurs ouvrages disparates qui ne se rattachent pas à la philosophie : *Portraits dans l'ordre alpha-bétique* (Εἰκόνες κατὰ στοιχεῖον), un *Traité de grammaire* (Τέχνη γραμματική), un ouvrage *Sur la peinture et les peintres célèbres* (Περὶ γραφικῆς καὶ ζωγράφων ἐνδόξων), et un *Manuel d'agriculture* en trois livres (Γεωργικὰ βιβλία γ').

Cf. W. Stegemann, art. « Pamphilos aus Amphipolis » 24, *RE* XVIII 3, 1949, col. 334-336, qui considère que la *Souda* a confondu plusieurs personnages et qui tente de rattacher chacun de ces traités à l'un ou l'autre des homonymes connus ; voir aussi G. Lippold, art. « Pamphilos aus Amphipolis » 30, *RE* XVIII 3, 1949, col. 351-352, qui concerne un peintre macédonien du IVᵉ siècle av. J.-C., connu grâce à Pline, *N.H.* XXXV 75-77, avec lequel la *Souda* aurait pu confondre l'auteur des traités signalés plus haut. La *Souda* A 3008 connaît cependant ce peintre d'Amphipolis comme l'un des maîtres d'Apelle.

RICHARD GOULET.

15 PAMPHILOS DE CÉSARÉE *RE* 27   mort en 310

Eusèbe de Césarée (➨E 156) avait composé une biographie de Pamphile, à laquelle il renvoie ses lecteurs dans l'*Histoire ecclésiastique* et dans les *Martyrs de Palestine*. Cet ouvrage est perdu. Il était en trois livres (Eusèbe, *M.P.* XI 3 ; Jérôme, *Lettre* 34, 1 ; *De viris ill.* 81 ; *Contre Rufin* I 9). Eusèbe en rappelle le contenu en *H.E.* VII 32, 25 : « Tout ce qui concerne sa vie et l'école qu'il a fondée, les combats qu'il a soutenus pendant la persécution au cours de plusieurs confes-sions de sa foi, la couronne du martyre qu'il ceignit à la fin, nous l'avons raconté dans l'ouvrage spécial qui lui est consacré » (trad. de **1** P. Nautin, *Origène. Sa vie et son œuvre*, coll. « Christianisme antique » 1, Paris 1977, p. 225 n. 3). Il en redit l'essentiel dans *M.P.* VI 4-6 ; XI 1-2.14-15.20.23). C'est dans le troisième livre qu'il donnait la liste des ouvrages que Pamphile avait réunis dans sa bibliothèque, notamment des œuvres d'Origène (*cf.* Eusèbe, *H.E.* VI 32, 3), comme le montrent un passage de ce livre cité par Jérôme dans son *Contre Rufin* I 9 et le catalogue des écrits de l'Alexandrin présent dans une de ses lettres à Paula (*Lettre* 33), datant d'une époque où Jérôme consultait la *Vie de Pamphile* pour savoir quels livres de l'Écriture Origène avait commentés (*cf. Lettre* 34, 1 ; voir Nautin **1**, p. 227). Eusèbe précisait que Pamphile lui-même n'avait « absolument rien écrit comme son œuvre propre, sauf, peut-être, des lettres qu'il envoyait à des amis » (cité par Jérôme, *Contre Rufin* I 9). Son seul ouvrage est en effet l'*Apologie pour Origène*, composée avec le concours d'Eusèbe (édition, traduction et commentaire par **2** R. Amacker et É. Junod, coll. *SC* 464 et 465, Paris 2002).

Cf. 3 E. Hoffmann, art. « Pamphilos » 27, *RE* XVIII 3, 1949, col. 349-350 ; **4** H. Crouzel, art. « Pamphilos », *LTK* VIII, col. 17 ; **5** M. Geerard, *CPG* n°s 1715-1716 (*Supplément* 1717).

Les deux points qu'il importe ici de préciser, pour situer Pamphile dans l'histoire de la philosophie, sont, d'une part, le caractère de l'école que, selon Eusèbe, il avait fondée à Césarée de Palestine et, d'autre part, le contenu de la bibliothèque qu'il y avait constituée.

Pamphile est né dans une famille noble, à Beyrouth, et il a été instruit dans les écoles de la ville (Eusèbe, *M. P.* XI 1 e et XI 2, selon la recension longue) ; il a donc reçu une formation juridique, ce qui lui a permis de « se distinguer brillamment dans les affaires publiques de sa patrie » (Eusèbe, *M. P.* XI 1 e). Ainsi s'est-il signalé, dans sa jeunesse, non par le goût pour la philosophie, mais par les fonctions administratives exercées à Beyrouth. Photius donne une information supplémentaire, absente chez Eusèbe : Piérius (☞P 187), « qui a été, lui aussi, à la tête de l'école d'Alexandrie », a été « le maître (διδάσκαλος) » de Pamphile (*Bibliothèque, cod.* 118 93a). Un témoignage antérieur confirme l'existence de relations étroites entre Pamphile et Piérius : une collection d'abrégés d'histoires ecclésiastiques composée dans la deuxième décennie du VIIe siècle contient un extrait mentionnant un discours de Piérius sur la vie de Pamphile. **6** C. De Boor, « Neue Fragmente des Papias, Hegesippus und Pierius aus der Kirchengeschichte des Philippus Sidetes », coll. *T. U.* V 2, Leipzig 1888, p. 173, qui a établi l'existence de l'Épitomé, attribuait ce fragment à Philippe de Sidè. **7** G. C. Hansen en voit plutôt la source dans Gélase (*Theodoros Anagnostes Kirchengeschichte*, coll. *GCS*, NF Bd. 3, Berlin 1995², p. XXXVIII). Quoi qu'il en soit, l'information remonte ainsi à un historien de l'Église du Ve siècle. Le silence d'Eusèbe sur ce point est troublant. On a supposé que Photius dépendait du livre VI de l'*Apologie pour Origène*, composé par Eusèbe seul (Nautin **1**, p. 106). Or il est clair qu'il disposait d'autres sources. Il n'est guère vraisemblable que le risque de concurrence littéraire ait incité Eusèbe à ne rien dire de la biographe de Pamphile par Piérius (hypothèse de De Boor **6**, p. 181). Elle a pu, au demeurant, être postérieure à la rédaction par Eusèbe des *M. P.* Il reste cependant étrange qu'il ne parle pas du séjour de Pamphile à Alexandrie ni de ses relations avec Piérius, alors même qu'il introduit celui-ci dans son *H. E.* (VII 32, 26) en le plaçant, parmi les prêtres d'Alexandrie, quasiment au niveau d'excellence de Pamphile, dont il vient de parler, parmi ceux de Césarée.

Eusèbe marque un progrès dans la formation de Pamphile : après avoir « nourri son premier âge dans les écoles » de Beyrouth, « il passa de ces études à la science des paroles sacrées » (*M. P.* XI 2). On peut penser que le séjour à Alexandrie auprès de Piérius a été décisif dans ce progrès. Est-il antérieur aux fonctions exercées à Beyrouth, ou bien résulte-t-il d'un choix de vie différent, hors des affaires administratives, qui n'auraient occupé qu'un intermède dans la vie de

Pamphile ? Il est difficile de trancher. Il apparaît en tout cas que son itinéraire spirituel l'a conduit finalement à Césarée, où il est devenu prêtre (Eusèbe, *H. E.* VII 32, 25 ; VIII 13, 6 ; *M. P.* XI 1 f ; XI 2), et qu'un motif puissant de gagner la cité de Palestine où s'était illustré Origène a dû être son admiration, renforcée par l'exemple et l'enseignement de Piérius, pour la personne et les œuvres du grand Alexandrin. C'est sous l'épiscopat d'Agapius à Césarée qu'Eusèbe a connu Pamphile (*H. E.* VII 32, 24-25), probablement au milieu de la décennie 280.

Si Eusèbe présente Pamphile comme un « philosophe », c'est en raison de sa vie d'ascèse et de vertu (*H. E.* VII 32, 25 ; *M. P.* XI 2 ; sur les acceptions du terme en contexte chrétien, voir **8** G. Bardy, « Philosophie et philosophe dans le vocabulaire chrétien des premiers siècles », *Mélanges Marcel Viller* = *RAM* 25, 1949, p. 97-108, et **9** A.-M. Malingrey, *Philosophia. Étude d'un groupe de mots dans la littérature grecque, des Présocratiques au IVe siècle après J.-C.*, Paris 1961). Et quand il souligne qu'« il avait atteint à un degré exceptionnel l'éducation admirée chez les Grecs » (*M. P.* XI 1 d), il ne désigne pas ainsi un savoir éminent en philosophie proprement dite, mais cela implique seulement la connaissance qu'on pouvait attendre d'un Grec cultivé, qui le rendait capable, par exemple, de comprendre et d'apprécier les œuvres d'un auteur chrétien comme Origène, utilisant la philosophie pour élaborer sa théologie.

Eusèbe écrit que Pamphile avait établi une « école (διατριβή) » à Césarée (*H. E.* VII 32, 25). On s'est demandé s'il avait ainsi renoué avec l'enseignement dispensé par Origène, qui faisait une place importante à la philosophie (voir **10** G. Dorival, notice « Origène d'Alexandrie » O 42, *DPhA* IV, 2005, p. 814-815). On note que lors de son interrogatoire en novembre 307, après son arrestation, le gouverneur Urbanus l'éprouva « d'abord sur l'éloquence rhétorique et les sciences philosophiques » (Eusèbe, *M. P.* VII 5). Mais il convient de voir là l'intention de dénoncer le contraste entre la réputation de l'érudit pétri de culture grecque et la profession de foi du chrétien, et non pas une accusation portée contre le maître d'une école de philosophie. On remarque aussi que le jeune martyr Porphyre, qui avait été éduqué par Pamphile (*M. P.* XI 15), est décrit par Eusèbe au moment de son supplice comme « couvert seulement d'un vêtement de philosophe » (*M. P.* XI 19). Mais ce n'est qu'un signe de sa simplicité, qui fait partie des traits servant à célébrer le martyr victorieux sous les apparences les plus honorées par la société qui le condamne. Eusèbe précise lui-même que Porphyre n'avait pas dix-huit ans accomplis, qu'il était calligraphe (*M. P.* XI 15) et qu'il avait le statut de serviteur (*M. P.* XI 1 e). Quant au confesseur Aedesios, qui fait figure de philosophe, il n'est pas présenté par Eusèbe comme ayant reçu sa formation philosophique à l'école de Pamphile, qu'il avait fréquentée pendant longtemps (*M. P.* V 2). De son jeune frère Apphianos, il est dit seulement qu'il s'était exercé sous la conduite de Pamphile aux lettres sacrées (*M. P.* IV 6), alors qu'Aedesios avait commencé par les sciences philosophiques, avant, semble-t-il, d'appartenir à l'école de Pamphile (*M. P.* XI 2). Eusèbe insiste surtout sur la science de Pamphile dans le domaine des études bibliques, sur ses travaux consacrés aux Écritures saintes et aux écrivains ecclésiastiques (*H. E.* VI 32, 3 ; *M. P.* XI 1 d). « Plus que tous nos contemporains » écrit-il, « il se distinguait par son zèle très authentique pour les oracles divins » (*M. P.* XI 2). Eusèbe a collaboré avec son maître à la collation et à la correction de textes bibliques. D'après la Syro-hexaplaire (*Paris. syr.* 27, f. 87^r), pour 4 Règnes, Eusèbe « corrige », tandis que Pamphile « fait la collation ». Un autre collaborateur de Pamphile, cette fois pour 2 Esdras et pour Esther, est nommé dans les souscriptions du *Sinaiticus* : le confesseur Antoninos (*cf. M. P.* IX 5 ; voir **11** P. Petitmengin et B. Flusin, « Le livre antique et la dictée. Nouvelles recherches », dans E. Lucchesi et H. D. Saffrey [édit.], *Mémorial André-Jean Festugière*, coll. « Cahiers d'orientalisme » 10, Genève 1984, p. 250 et n. 39). Pamphile a aussi contribué à l'édition du texte du Nouveau Testament (voir **12** H. S. Murphy, « The Texte of Rom and 1 Cor in Minuscule 93 and the Text of Paulus », *HThR* 52, 1959, p. 119-131). On peut conclure que l'enseignement de Pamphile consistait à former des philologues capables d'éditer et de commenter scientifiquement les Écritures, tout en les méditant spirituellement, à la manière d'Origène (*cf.* **13** L. Perrone, « Eusebius of Caesarea as a Christian Writer », dans **14** A. Raban et K. G. Holum [édit.], *Caesarea Maritima. A Restrospective after Two Milennia*, Leiden 1996, p. 517).

Les informations sur la bibliothèque constituée par Pamphile à Césarée vont dans le même sens. Jérôme va jusqu'à le comparer, à ce propos, à Pisistrate et à Démétrios de Phalère [➡D 54] (*Lettre 34 à Marcella* 1). Les témoignages d'Eusèbe et de Jérôme ne parlent cependant que d'une bibliothèque « sacrée » ou « divine », contenant aussi des auteurs « ecclésiastiques » (Eusèbe, *H. E.* VI 32, 3 ; Jérôme, *Lettre* 34, 1 ; *De viris ill.* 75). Il n'est pas certain que les livres d'Origène, parmi lesquels les ouvrages philosophiques devaient être nombreux, aient été réunis de son vivant aux archives de l'Église de Césarée. Et ils subirent sûrement des dommages lors de la persécution de Dèce. Pamphile plus tard prit beaucoup de peine pour acquérir même des exemplaires d'écrits d'Origène, et pour copier de sa main la plus grande partie de ses volumes (Jérôme, *De viris ill.* 75 ; *cf.* Photius, *Bibliothèque, cod.* 118, 93 a). On peut affirmer que la bibliothèque constituée par Pamphile associait aux livres de la Septante et du Nouveau Testament les œuvres d'Origène (y compris les *Hexaples*) et d'autres écrivains chrétiens, ainsi que la documentation judéo-hellénistique (notamment les œuvres de Philon d'Alexandrie : **15** D. Runia, *Philo in Early Christian Literature. A Survey*, Assen 1993, p. 22 ; **16** *Id.*, « Caesarea Maritima and Hellenistic-Jewish Literature », dans Raban et Holum **14**, p. 488), mais que les sources profanes, et spécialement philosophiques, étaient accessibles par d'autres voies et en d'autres lieux (voir **17** R. Goulet, « La conservation et la transmission des textes philosophiques grecs », dans C. D'Ancona [édit.], *The Libraries of the Neoplatonists*, Leiden 2007, p. 37-40, corrigeant sur ce point la description que propose de la bibliothèque d'Eusèbe **18** A. J. Carriker, *The Library of Eusebius of Caesarea*, coll. « Supplements to Vigiliae christianae » 67, Leiden 2005).

De l'*Apologie pour Origène*, composée entre 307 et 310 (au temps de la persécution enclenchée par Dioclétien, relancée en Orient en 306 par Maximin Daïa), par Pamphile emprisonné (mort décapité le 16 février 310), avec l'aide d'Eusèbe (le livre VI a été achevé par Eusèbe seul : Photius, *Bibliothèque, cod.* 118, 92 b), il ne reste que la traduction latine faite par Rufin en 397, donnant la version du livre I de l'ouvrage grec

Voir **19** É. Junod, « L'*Apologie pour Origène* par Pamphile et Eusèbe : critique des principales hypothèses de P. Nautin et perspectives nouvelles », dans R. J. Daly (édit.), *Origeniana Quinta*, Leuven 1992, p. 519-527 ; **20** *Id.*, « L'auteur de l'*Apologie pour Origène* traduite par Rufin : les témoignages contradictoires de Rufin et de Jérôme à propos de Pamphile et d'Eusèbe », dans *Recherches et tradition. Mélanges patristiques offerts à Henri Crouzel*, coll. « Théologie historique » 88, Paris 1992, p. 161-179. L'examen exhaustif des raisons et des circonstances de la composition tant de l'*Apologie* elle-même que de la traduction partielle de Rufin est fourni par **21** É. Junod et R. Amacker dans le second tome de leur édition commentée, coll. *SC* 465, Paris 2002, avec la bibliographie antérieure.

Pour la connaissance d'Origène, l'intérêt majeur de l'*Apologie* réside dans les 34 citations qu'elle est seule à transmettre et, pour la postérité d'Origène, dans les réponses que Pamphile (avec Eusèbe) oppose aux accusations portées contre lui et dans la méthode suivie à cette fin, qui consiste à répliquer par des extraits d'œuvres d'Origène lui-même (voir la préface de Pamphile, *Apologie* 19-20), en donnant la préférence à celles « qu'il a rédigées à loisir et dans la tranquillité, en privé » (20 ; 36), c'est-à-dire aux commentaires érudits des Écritures et au traité *Des principes*. Un argument important tient dans la description du travail de recherche intellectuelle d'Origène, de type dialectique (*cf. Apologie* 173) ; un autre est d'insister sur la formation nécessaire pour comprendre la doctrine d'Origène fondée sur la compréhension des Écritures, formation qui passe par l'initiation philosophique (*cf.* Préface, 13). Il est remarquable que nulle part dans l'*Apologie* (sous la forme conservée par Rufin) Pamphile n'éprouve le besoin de défendre Origène contre le grief d'avoir utilisé la philosophie grecque pour nourrir ses recherches et élaborer ses doctrines, grief qui, au demeurant, n'est pas formulé dans la liste des accusations rappelée dans l'*Apologie* 87.

ALAIN LE BOULLUEC.

16 PAMPHILOS DE MAGNÉSIE   M II[a]

Académicien inconnu (Philod., *Acad. hist.*, col. XXIII 46 = Carnead. T 3b, 14 Mette), disciple de Carnéade (➨C 42).

TIZIANO DORANDI.

PAMPHILOS DE NICOLIS → **PAMPHILOS D'AMPHIPOLIS**

17 PAMPHILOS DE SAMOS *RE* 23   MF IV[a]

Philosophe platonicien, maître d'Épicure (➨E 36) à Samos, selon Ariston de Céos (➨A 396) dans sa *Vie d'Épicure* (fr. 32 Wehrli), utilisée par Diogène Laërce X 14. Le renseignement est repris par la *Souda* E 2404, qui en fait un « élève de

Platon». Sur la formation d'Épicure, voir R. Goulet, art. «Épicure de Samos» E 36, *DPhA* III, 2000, p. 162-164.

Selon Cicéron, *De natura deorum* I 72-73, Épicure reconnaissait (dans une lettre?) avoir été à Samos l'élève de ce Pamphilos, «auditeur de Platon», mais il méprisait prodigieusement ce platonicien *(sed hunc Platonicum mirifice contemnit)*.

Cf. R. Philippson, art. «Pamphilos» 23, *RE* XVIII 3, 1949, col. 334, qui voudrait faire remonter l'information à la *Chronique* d'Apollodore et envisage de reconnaître ce Pamphilos dans l'auteur d'un manuel de rhétorique mentionné par Aristote, *Rhet.* II 23, 1400 a 4.

Un Pamphilos est mentionné à la suite de Corax par Cicéron, *De oratore* III 81. Voir également Quintillien, *Inst. orat.* III 6, 34, qui concernerait plutôt cette fois un rhéteur du IIe s. de notre ère (*RE* 26). Références fournies par M. Dufour, *Aristote, Rhétorique*, t. II, *CUF*, Paris 1967, p. 124 n. 1.

RICHARD GOULET.

PAMPHILOS DE SICYONE → PAMPHILOS D'AMPHIPOLIS

18 PAMPRÉPIUS DE PANOPOLIS *RE* 1 *PLRE* II :   440-484

Poète et grammairien, originaire de Panopolis en Thébaïde (auj. *Achmīm*), qui fut disciple de Proclus à Athènes, tout en exerçant pendant quelques années le métier de grammairien sur un poste officiel. Il joua par la suite un rôle important dans l'histoire politique du Ve siècle, mais connut une fin tragique.

Sa carrière nous est relativement bien connue grâce à plusieurs fragments, généralement hostiles, de la *Vie d'Isidore* de Damascius et au témoignage des historiens byzantins (Jean d'Antioche, Jean Malalas, etc.), mais également parce que son horoscope a été conservé par Rhétorius. Cet horoscope, où le nom de Pamprepius n'est pas mentionné, mais où la carrière résumée correspond en tous points à celle du grammairien, a été édité par **1** Fr. Cumont dans *CCAG* VIII 4, 1921, *cod.* 82 (Parisinus graecus 2425, fol. 139[v]-141), *Appendix*, p. 221-224, puis par **2** D. Pingree, «Political Horoscopes from the Reign of Zeno», *DOP* 30, 1976, p. 133-150 (Appendix, p. 144-146). Voir également **3** O. Neugebauer et J. B. van Hosen, *Greek Horoscopes,* coll. «Memoirs of the American Philosophical Society» 48, Philadelphia 1959, n° L 440. Il a été identifié et interprété (sur la base de calculs astronomiques) par **4** A. Delatte et P. Stroobant, «L'horoscope de Pamprépius, professeur et homme politique de Byzance», *BAB* 9, 1923, p. 58-76.

Cf. 5 R. Asmus, «Pamprepios, ein byzantinischer Gelehrter und Staatsmann des 5. Jahrhunderts», *BZ* 22, 1913, 320-347 (excellente synthèse prenant en compte toute la documentation, sauf l'horoscope par la suite identifié, et l'arrière-plan historique, par le premier éditeur des fragments de la *Vie d'Isidore*); **6** H. Gerstinger, «Pamprepios von Panopolis. Eidyllion auf die Tageszeiten und Enkomion auf den Archon Theagenes von Athen nebst Bruchstücken anderer epischen Dichtungen und zwei Briefe des Gregorios von Nazianz im Pap. Gr.

Vindob. 29788 A-C», *SAWW* 208, 3, Wien/Leipzig 1928, 103 p.; **7** H. Grégoire, « Au camp d'un Wallenstein byzantin. La vie et les vers de Pamprépios, aventurier païen », *BAGB* 24, 1929, p. 22-38 ; **8** R. Keydell, art. « Pamprepios », *RE* XVIII 3, [1949], col. 409-415 ; **9** A. D. E. Cameron, « Wandering poets. A literary movement in Byzantine Egypt », *Historia* 14, 1965, p. 470-509 (notamment sur Pamprépius p. 473, 481, 486, 491, 499-500) ; **10** R. A. Kaster, *Guardians of Language. The Grammarian and Society in Late Antiquity,* coll. « The transformation of the classical heritage » 11, Berkeley 1988, n° 114, p. 329-332 ; **11** H. Schlange-Schöningen, *Kaisertum und Bildungswesen im spätantiken Konstantinopel,* coll. « Historia Einzelschriften » 94, Stuttgart 1995, p. 130 et 151-154 ; **12** M. Salamon, « Pamprepiusz z Panopolis - Pisarz, Profesor, Polityk, Obronca Poganstwa w Cesarstwie Wschodnim », dans M. Salamon (édit.), *Studia Classica et Byzantina Alexandro Krawczuk oblata,* Krakow 1996, p. 163-195 (en polonais - *non vidi*) ; **13** S. Fornaro, art. « Pamprepios », *NP* IX, 2000, col. 220-221 ; **14** K. Feld, « Pamprepius : Philosoph und Politiker oder Magier und Aufrührer ? », dans A. Goltz, A. Luther et H. Schlange-Schöningen (édit.), *Gelehrte in der Antike : Alexander Demandt zum 65. Geburtstag,* Köln/Wien 2002, p. 261-280 (reconstitution détaillée de la biographie fondée sur une connaissance exhaustive de la documentation et interprétation équilibrée de la personnalité de Pamprépius) ; **15** M. Di Branco, *La Città dei filosofi,* Firenze 2006, p. 160-161.

16 P. Athanassiadi, *Damascius, The philosophical history,* p. 269 n. 301, résume à grands traits ce que l'on sait sur Pamprépius. C'est sans doute la ville d'origine et le caractère des vers conservés qui l'amène à présenter le grammairien comme un des premiers disciples de Nonnus (de Panopolis).

Bibliographie. 17 R. Keydell, « Literatur zu Pamprepios », *JAW* 230, 1931, p. 122-123. Voir surtout Feld **14**, p. 279-280.

L'horoscope

L'horoscope explique par diverses conjonctions planétaires les traits de caractère et les principaux faits de la carrière d'un grammairien, originaire de Thèbes en Égypte, né le 29 septembre 440 d'après les calculs de Delatte et Stroobant **2**, p. 62-65 [Cameron **9**, p. 486 n. 95, rappelle cette date, mais plus loin, p. 508, il donne comme date de naissance 448]. Pauvre jusqu'à l'âge de 32 ans et « ayant fui de nombreux lieux », il arriva à 33 ans, en 473, à Athènes où il contracta mariage et « se releva » (ἀνασφάλ<λ>ειν). (Selon Keydell **6**, col. 410, cet âge correspondrait à son mariage, mais Pamprépius aurait pu arriver quelques années plus tôt à Athènes, puisqu'on sait qu'il y enseigna "de nombreuses années" : συχνά τε ἐπαίδευσεν ἔτη.) Réfugié par la suite à Byzance (à 35 ans et donc en 476), il fut associé (littéralement "s'agglutina", ἐκολλήθη) à un homme puissant et, jouant le magicien ou myste (ὡς γόητα ἤτοι τελεστήν), il fut nommé questeur, consul, puis patrice (κουέστωρ, εἶτα ὕπατος, εἶτα πατρίκιος). A l'âge de 41 ans, il se rendit dans sa patrie (l'Égypte) en grande pompe avec une importante escorte. Par la suite, il fut égorgé comme traître dans un camp militaire à l'âge de 44 ans et 6 mois. Il était de mœurs dissolues (ἀσελγής).

La *Souda* Π 136 ; t. IV, p. 13, 25-27 Adler, fournit d'abord une courte notice sans doute tirée d'Hésychius : « Pamprépius de Panopolis, poète épique, qui florissait sous le règne de l'empereur Zénon (474-491). Il écrivit une *Explication des étymologies* (Ἐτυμολογιῶν ἀπόδοσις) et un ouvrage *Sur l'Isaurie* en prose (Ἰσαυρικὰ καταλογάδην). »

L'origine panopolitaine est confirmée par Damascius, fr. 178b, p. 151, 9 Zintzen : ἐκ Πανὸς ὁρμώμενος τῆς ἐν Αἰγύπτῳ.

La longue notice suivante (Π 137 ; t. IV, p. 13, 28 - 15, 28 Adler) regroupe des extraits de l'historien Malchus (p. 13, 28 - 14, 33 = fr. 23 Blockley, qui rapporte à une source anonme distincte la fin du passage) et de la *Vie d'Isidore* de Damascius.

Deux décennies après sa mort, Damascius écrivait encore : « Car encore de nos jours aucun de nos contemporains n'ignore quel homme fut Pamprépius, à la fois quant à son âme et quant à sa destinée (τήν τε ψυχὴν καὶ τὴν τύχην) » (*Souda, s.v.* Σαραπίων Π 116, t. IV, p. 325, 7-9 = fr. 287, p. 233, 9-10 Zintzen).

Damascius (*Souda* Π 137 ; t. IV, p. 15, 2 Adler = fr. 178, p. 151, 9 Zintzen) le présente comme un homme au teint sombre et laid d'apparence (ἦν δὲ οὗτος μέλας τὴν χροιάν, εἰδεχθὴς τὰς ὄψεις).

Athènes

Malchus, fr. 23, 1-5 Blockley = *Souda* Π 137, t. IV, p. 13, 28-14, 3 Adler :

« Cet homme jouit de grands pouvoirs auprès de Zénon. Étant originaire de Thèbes en Égypte, naturellement adroit pour toutes ses entreprises, il se rend à Athènes et, choisi par la cité comme grammairien (παρὰ τῆς πόλεως γραμματικὸς αἱρεθείς), il enseigna pendant de nombreuses années. En même temps il fut instruit par le grand Proclus dans les disciplines plus philosophiques (ὅσα ἦν σοφώτερα) ».

Plutôt que grammairien (γραμματικός), un fragment de Damascius (fr. 178, p. 151, 9 Zintzen) en fait, peut-être en termes dépréciatifs, un simple *grammatistès* (γραμματιστὴς τὴν ἐπιστήμην). Selon Kaster **10**, Appendice 2.2.e (p. 449-450), Damascius aurait plutôt évité l'emploi du terme technique non classique de γραμματικός et les occurrences de ce terme dans les fragments seraient dues à la réécriture du passage par la *Souda* et par Photius. Selon Feld **14**, p. 274 n. 10, il est également possible que γραμματιστής soit un synonyme de γραμματικός ou que Pamprépius ait été avant de quitter Égypte un simple maître d'école.

Il est difficile de déterminer dans ce passage si σοφώτερα ne désigne que l'enseignement philosophique donné par Proclus par rapport aux connaissances littéraires de Pamprépius ou bien de façon plus spécifique « die Mantik und Theurgie im Sinne des Jamblich » (Feld **14**, p. 262 et n. 13 ; voir déjà Asmus **5**, p. 324). Rappelons qu'Eunape de Sardes, devenu sophiste à Sardes, enseignait la rhétorique le matin et suivait, l'après-midi, l'enseignement de son maître Chrysanthe « dans les disciplines plus divines de la philosophie » (τοὺς θειοτέρους καὶ φιλοσόφους τῶν λόγων, Eun., *V. Soph.* XXIII 3, 15 ; p. 96, 14-15 Giangrande).

Pamprépius porte le n° 18 dans la liste des élèves de Proclus établie par H. D. Saffrey et L. G. Westerink, dans l'Introduction de Proclus, *Théologie platonicienne, CUF*, Paris 1968, t. I, p. LIII (« Les auditeurs libres »).

Souda Π 137, t. IV, p. 15, 16-24 Adler = fr. 289, p. 233, 15-235, 6 Zintzen :

ὁ δὲ φιλότιμος ὢν καὶ οὐδενὸς ἐθέλων φαίνεσθαι δεύτερος ἁμιλλώμενος ἦν πρὸς ἅπαντας, πλὴν μόνου Πρόκλου καὶ τῶν ἄλλων φιλοσόφων. τοῦ δὲ [conjecit Bekker et Zintzen - τῆς δέ codd. Adler Athanassiadi] οὐχ οἷός τε ἦν οὐδὲ ἅπτεσθαι τῆς σοφίας. περὶ δ᾽ οὖν τὴν ἄλλην προπαιδείαν οὕτω διεπονεῖτο καὶ ἐς τοσοῦτον διεγυμνάζετο ὁ Παμπρέπιος, ὥστε ἐν ὀλίγῳ χρόνῳ λογιμώτατος εἶναι ἔδοξε καὶ πολυμαθέστατος τῶν αὐτόθι παιδείας μετειληχότων, Πλουτάρχου τε τοῦ Ἱερίου (codd. Adler - Ἱερίου τε τοῦ Πλουτάρχου conj. Asmus Zintzen), ἀνδρὸς Ἀθηναίου, καὶ Ἀλεξανδρέως Ἑρμείου τοῦ ῥήτορος, ὧν τὸ κλέος ὑπερβαλεῖν ἐσπουδάκει τῆς πολυμαθίας.

« Comme il recherchait la gloire et qu'il ne consentait pas à passer comme le second derrière qui que ce soit, il était en conflit avec tous, à l'exception du seul Proclus et des autres philo-sophes. Mais il n'était pas en mesure ne fût-ce que de toucher à la sagesse de celui-ci (τοῦ δὲ [conjecit Bekker et Zintzen - τῆς δέ, scil. σοφίας, codd. Adler Athanassiadi] οὐχ οἷός τε ἦν οὐδὲ ἅπτεσθαι τῆς σοφίας). Par rapport à la formation préliminaire Pamprépius travaillait et s'entraî-nait donc si intensément qu'en peu de temps il eut la réputation d'être le plus illustre et le plus savant de ceux qui à l'époque avaient part à la culture, (c'est-à-dire) de Plutarque, le fils de Hiérius (Πλουτάρχου τε τοῦ Ἱερίου codd. Adler - Ἱερίου τε τοῦ Πλουτάρχου conj. Asmus Zintzen), un athénien, et d'Hermeias d'Alexandrie le rhéteur [un homonyme du philosophe (➙H 79) disciple de Syrianus], dont il s'efforçait de dépasser la renommée en érudition. »

Ce passage pose plusieurs problèmes d'établissement du texte et de traduction. (a) Plutôt que «Mais il n'était pas en mesure ne fût-ce que de toucher à la sagesse de celui-ci» (qui repose sur une correction de Bekker et Zintzen qui lisent τοῦ δὲ alors que les mss ont τῆς δέ), on pourrait comprendre : « Mais il n'était pas en mesure ne fût-ce que de toucher à cette sagesse », sous-entendue celle de Proclus. P. Athanassiadi conserve τῆς δέ, mais traduit : « For he could not even come near him in wisdom », ce qui semble impliquer la correction en τοῦ δὲ. (b) A la fin du passage, pour rapporter le témoignage à des figures connues, **18 R**. Asmus, *Das Leben des Philo-sophen Isidoros von Damaskios von Damaskos. Wiederhergestellt, übersetzt und erkärt von R. A.,* coll. « Philosophische Bibliothek » 125, Leipzig 1911, p 123, a recours à une reconstitution fort audacieuse : « In kurzer Zeit galt Pamprepius für den gelehrtesten und kenntnisreichsten unter den dortigen Gebildeten, welche <bei> Plutarchos <und> Hierios, einem Manne aus Athen, und bei <Syrianos> aus Alexandreia <und> Hermeias <und> den übrigen Philosophen <und bei Lachares>, dem Redner, in die Schule gegangen waren. » (c) Le texte de Zintzen : «Hiérius (➙H 122), fils de Plutarque d'Athènes (➙P 209)», repose sur une correction d'Asmus, refusée par la *PLRE* et par Kaster **10**, n° 247, p. 423-424. (Plutarque d'Athènes était le fils de Nestorius et non de Hiérius, mais il peut s'agir d'un homonyme.) Si on conserve le texte des manuscrits («Plutarque, fils de Hiérius»), il pourrait alors s'agir d'un petit-fils de Plutarque d'Athènes. Voir la notice « Hiérios d'Athènes » et le stemma.

Souda Π 137, t. IV, p. 15, 12-16 Adler = fr. 290a, p. 235, 7-16 Zintzen :

« Pamprépius était Égyptien. Étant poète et naturellement doué pour la poésie il vint également à Athènes, afin de s'assurer, grâce à son activité de poète, le nécessaire pour vivre. Mais les Athéniens le firent grammairien (γραμματικόν) et le nommèrent au poste de maître de leurs jeunes gens (ἐπὶ νέοις διδάσκαλον ἔστησαν) ».

Un parallèle est fourni par Damascius *apud* Photius, *Bibl.* 242, 168, p. 234, 1-8 Zintzen :

« En peu de temps, Pamprépius eut la réputation d'être l'homme le plus illustre et le plus savant, tant il s'appliquait à la formation préliminaire que la poétique et la grammaire dispensent dans l'éducation. C'était un Égyptien ; il avait pratiqué la poésie dans son pays et ensuite il vint à Athènes. Mais les Athéniens le firent grammairien et le nommèrent au poste de maître de leurs jeunes gens » (trad. Henry modifiée, p. 39).

Pamprépius dut cependant quitter Athènes à la suite d'un conflit avec l'un des personnages les plus importants de la Cité. *Souda* Π 137, t. IV, p. 15, 24-28 Adler = fr. 290b, p. 235, 17-20 Zintzen :

« Jusqu'à un certain moment il fut honoré par les Athéniens comme un maître non dépourvu de noblesse. Mais par la suite ce fut pour lui le début d'ennuis différents, à la fois très graves et fort pénibles, dont la fin était de nous apprendre les revirements de la Fortune qui dénoncent à chaque fois les multiformes résolutions des âmes et cela pas moins que dans la seule ivresse d'un banquet. »

Malchus, fr. 23, 5-8 Blockley *apud Souda* Π 137, t. IV, p. 14, 3-6 Adler :

« Comme il faisait l'objet d'une calomnie auprès de Théagénès (*RE* 7), un des citoyens de l'endroit, et que celui-ci l'avait maltraité et soumis à examen (πειραθείς) avec un soin exagéré par rapport à ce qu'il convenait pour un maître, il se rendit à Byzance [en 476], paraissant pour le reste bon et homme de qualité (...). ».

Comme on a retrouvé un éloge du patrice Théagénès que l'on a cru pouvoir attribuer à Pamprépius (voir plus loin), on a pensé que ce riche Athénien converti avait été quelque temps son patron. Feld **14**, p. 262, comprend que Théagénès s'en serait pris à Pamprépius « weil dieser seiner Meinung nach mehr Wissen erlangt habe als für einen Lehrer notwendig gewesen sei ». Blockley : « because he had gained more recondite knowledge that was necessary for a teacher ».

Byzance

A Byzance, il impressionna par sa culture – et un éloge qu'il prononça – le général isaurien Illos, (ou Illous) auquel il avait été recommandé par Marsos, et il obtint, grâce à ce soutien, un poste de professeur salarié (au Capitole), ainsi qu'une aide financière à titre privé. Illos avait défendu le trône de Zénon contre l'usurpateur Basiliscos et il allait être nommé en 477 *magister officiorum*. Il fut ensuite nommé consul honoraire pour l'année 478.

Malchus, fr. 23, 11-14 Blockley *apud Souda* Π 137, t. IV, p. 14, 9-12 Adler :

« Sur une recommandation en sa faveur, Illos le *magister* le reçoit avec plaisir et après qu'il (Pamprépius) eut fait une lecture publique d'un poème il l'honora brillamment et lui donna un salaire qui était pour une part tiré de ses propre fonds, pour une autre part donné à titre de maître sur les fonds publics. »

La *Vie d'Isidore* (*Souda* Π 137, t. IV, p. 14, 33-15, 2 Adler = fr. 178a, p. 151, 5- Zintzen) donne une version différente, mais qui n'est pas incompatible, faisant peut-être allusion à la recommandation initiale (συσταθέντα) évoquée dans le passage précédent :

« Illos qui était épris des belles lettres (φιλόλογος ὤν) voulait entendre en présence d'hommes savants une conférence approfondie à propos de l'âme (διεξοδικὸν περὶ ψυχῆς ἐβούλετο ἀκοῦσαι λόγον). Alors que plusieurs de ceux qui se trouvaient présents avaient discouru philosophiquement de diverses façons sur la question qu'il avait posée et comme leurs propos paraissaient inconsistants du fait de (leur) désaccord, Marsos (*PLRE* II :2) dit que Pamprépius était capable de résoudre le problème correctement. »

Feld **14**, p. 283, évoque à ce propos un cercle néoplatonicien autour du général chrétien Illos. Jean d'Antioche, fr. 214, 6, li. 71-72 [*FHG* IV], rapporte que, pendant le siège qu'il dut soutenir plus tard contre les forces de l'empereur Zénon, Illos passa le plus clair de son temps à lire des livres (τὸ λοιπὸν ἐσχόλαζεν ἐν ἀναγνώσει βιβλίων).

Zintzen (p. 151, 8) édite tacitement Μάρσος, dont le nom réapparaît dans la suite du passage (p. 152, 1), mais il s'agit d'une correction proposée par Kuster pour le Μάριος des mss. Le nom de Marsos est à nouveau associé à celui d'Illos dans *Epit. Phot.* 290 = fr. 303, p. 245, 7-11

Zintzen, dans le contexte de la rébellion d'Illos. Marsos serait mort de maladie au cours de l'ἐπανάστασις.

Souda Π 137, t. IV, p. 14, 33-15, 12 Adler [+ s.v. κομψόν, K 2025, t. III, p. 152, 13-14 + s.v. ἐμποδών, E 1032, t. II, p. 262, 5-8] = fr. 178b, p. 151, 9-153, 8 Zintzen :

« Maître d'école de son état, parti de Pan(opolis) en Égypte, il séjourna longtemps en Grèce pour des raisons matrimoniales (κατ᾽ ἐπιγαμίαν διατρίψας ἐν Ἑλλάδι). Introduit donc par Marsos auprès d'Illos et ayant développé un discours sur l'âme depuis longtemps médité avec beaucoup de finesse, puisque, comme le dit Platon, celui qui ne connaît pas est davantage crédible auprès des ignorants que celui qui connaît (*Gorg.* 459 D 6), il trompa Illos par sa faconde bien travaillée ; (Illos) jugea qu'il était le plus savant (λογιώτερον) de tous les hommes cultivés de Byzance. C'est pourquoi lui ayant donné un soutien considérable sur les fonds publics, il lui commanda d'enseigner à un auditoire de choix parmi ceux qui fréquentaient les écoles (ἐς μουσεῖα). La félicité de (Pamprépius), alors qu'elle avait reçu un tel point de départ, fut donc pour la Cité la cause de bien des infortunes ».

Païen convaincu, il eut en effet maille à partir avec les chrétiens majoritaires de Constantinople.

Malchus fr. 23, 8-11 Blockley *apud Souda* Π 137, t. IV, p. 14, 7-9 Adler :

« Comme il ne dissimulait pas le caractère païen ("hellène") de sa religion dans une ville qui ne comprenait que des chrétiens, mais qu'il l'affichait ouvertement avec franchise, il suscita le soupçon de posséder d'autres connaissances que celles d'une sagesse indicible ».

Malchus fr. 23, 14-19 Blockley *apud Souda* Π 137, t. IV, p. 14, 12-17 Adler :

« Et lorsqu'il (=Illos) partit vers l'Isaurie, ceux qui le (*i.e.* Pamprépius) jalousaient fomen-tèrent une calomnie, l'accusant pour sa religion et parce qu'il avait usé de magie et fait des prédictions à Illos contre l'Empereur, et ils persuadèrent Zénon et Verina, laquelle jouissait alors du plus grand pouvoir, de le chasser de la cité. Et il (Pamprépius) se rend à Pergame en Mysie. »

La prudente retraite d'Illos en Isaurie en 478 venait à la suite de deux tentatives d'attentat contre sa personne lancées par Verina, mère de l'impératrice Ariadne et belle-mère de Zénon.

Il est loin d'être certain que l'école néoplatonicienne d'Aidésius de Cappadoce (➡A 56), mort au milieu du IVe s. ait toujours été en activité plus d'un siècle plus tard à Pergame, comme l'envisage Feld **14**, p. 264, à la suite d'Asmus **5**, p. 329.

Isaurie

Malchus fr. 23, 19-27 Blockley *apud Souda* Π 137, t. IV, p. 14, 17-25 Adler :

« Illos, informé que l'homme avait été banni à cause de lui (κατὰ τὴν αὐτοῦ πρόφασιν), le fait venir en Isaurie, le prend comme conseiller et lui fait partager sa résidence (σύμβουλόν τε αὐτὸν καὶ σύνοικον ποιεῖται). Comme il était en effet plein d'intelligence politique (πολιτικῆς συνέσεως ἔμπλεως), il lui confie la gestion des affaires administratives dont il n'avait pas le temps de s'occuper, et comme il se rendait à Byzance, il le prit avec lui. Lorsque survint la révolte de Marcianos (*PLRE* II :17) [en 479], (Pamprépius) redonna confiance à Illos qui était désemparé, et, lui ayant simplement dit que "les volontés de la Providence sont disposées en notre faveur", il fit naître le soupçon chez ceux qui l'entendirent qu'il prophétisait ces événements à partir d'une prescience secrète. »

Nicée

Malchus fr. 23, 27-30 Blockley *apud Souda* Π 137, t. IV, p. 14, 25-33 :

« Et lorsqu'arriva la fin (de cette aventure), de la façon dont justement elle se produisit, ils rapprochèrent ses paroles de la destinée qui le frappait et supposèrent, comme aime à le faire le vulgaire, qu'il était pour eux tous la cause unique des malheurs qui semblaient leur arriver contrairement à leurs attentes. »

La fin du passage de la *Souda* est attribuée par Blockley (t. II, p. 480-481) à une source historique différente (*Anonyma e Suda*, fr. 7, 1-6) :

« C'est ainsi que les hommes de bon sens en jugèrent à son propos. Mais y avait-il autre chose (en cause) ? Je ne puis ni le nier ni y croire fermement. Mais tout de même (Illos) partagea avec lui le premier toute chose grande ou très petite. Et alors par conséquent, l'ayant pris avec lui, il arriva à Nicée pour y passer l'hiver, ou bien pour éviter l'hostilité du peuple ou bien parce qu'il voulait pour un temps garder au loin le démon qui tenait la Cité sous son emprise pour les massacres (ἐπὶ ταῖς σφαγαῖς). »

Byzance

Lorsqu'en septembre 478 Illos fut rappelé à la Cour par Zénon qui ressentait à nouveau le besoin de son aide contre la menace des Goths, Pamprépius l'accompagna. En 479, à l'âge de 38 ans et 4 mois, ce dernier fut nommé *Quaestor sacri palatii* (un poste très important dans l'Empire), consul (sans doute honoraire), puis patrice. Illos était apparemment en mesure d'imposer son protégé aux plus hauts postes dans l'administration impériale et il obtint également que Verina qu'il tenait pour responsable de ses ennuis fût confiée à sa garde vigilante. Pamprépius suivit ensuite Illos dans toutes les péripéties de sa révolte contre l'Empereur. Pour le détail de sa carrière politique aux côtés d'Illos on se reportera à la notice détaillée de la *PLRE* II, p. 825-828. Di Branco **15**, p. 161, présente Pamprépius comme « l'ispiratore della celebre rivolta di Illo », et p. 190, comme « il suo principale ideologo ».

Alexandrie

Un seul autre événement pourrait se rattacher à l'intérêt que Pamprépius portait à la philosophie. Il vint en Égypte, en 480/481, âgé de 41 ans selon Rhetorius (p. 224, 17) [mais plutôt en 482 selon Feld **14**, p. 266 et n. 44, ou en 483/484 selon Keydell **8**, col. 412], sans doute pour gagner les païens d'Alexandrie à la cause d'Illos. Il y rencontra le philosophe Isidore qui soupçonna sa déloyauté à l'égard d'Illos (Photius, *Bibl.* 242, 172). Une phrase extraite par Photius (*Ibid.* § 173) et qui pourrait concerner Pamprépius à Alexandrie rapporte qu'« il a(vait) déjà l'air de quelqu'un qui va trahir et qui observe la situation dans l'Empire romain avec attention » (trad. Henry). Un autre passage de Damascius (*Souda*, s.v. ἀμφόβολοι, A 1707, t. I, p. 152, 19-20 = fr. *300, p. 239, 8-9 Zintzen) explique que les philosophes d'Alexandrie comprirent rapidement que Pamprépius n'était pas fiable et ils ne firent plus cas de lui. Il tenta également de rallier à la cause d'Illos les chrétiens orthodoxes et les nestorianistes. Selon Feld **14**, p. 265, le but escompté était d'empêcher l'approvisionnement de Constantinople en blé égyptien. Keydell **8**, col. 414, explique par cette propagande imprudente de Pamprépius les persécutions qui furent dirigées, après la chute d'Illos, par l'administration impériale et notamment par un certain Nicomédès contre les philosophes d'Alexandrie. D'où l'hostilité manifestée à l'égard de Pamprépius par Damascius qui cherchait peut-être également à faire excuser le support que les païens d'Alexandrie avaient pu

apporter aux rebelles dans l'espoir, encouragé par Pamprépius, de restaurer l'hellénisme. Damascius (*Souda*, s.v. Σαραπίων, Σ 116, t. IV, p. 325, 6-7 Adler = fr. 287,
p. 233, 7-9 Zintzen) opposait la vie, digne de Cronos et de Zeus, du philosophe
Sarapion d'Alexandrie et la vie, digne de Typhon, de Pamprépius lorsque ce
dernier arriva à Alexandrie.

Papyrion

Après le début de la guerre ouverte entre Léonce, qu'Illos avait obligé Verina à
nommer empereur à Tarse, et Zénon, Pamprépius fut nommé au rang de *magister
officiorum*. Après une défaite subie à Antioche contre les troupes renforcées de
Zénon, Pamprépius, réfugié dans la citadelle de Papyrus, Papyris ou Papyrion en
Isaurie (auj. Çandır-Kalesi sur le Tauros à environ 38 km au nord-ouest de Tarse
en Cilicie) avec Illos et l'usurpateur Léonce, fut égorgé comme un traître parce que
ses prédictions s'étaient avérées sans fondement, en novembre 484, à l'âge de 44
ans et 6 mois (selon l'horoscope), et son cadavre fut jeté dans la montagne
(Malalas, *Chronographie* XV 14, p. 389 Dindorf = p. 315 Thurn).

Sur la localisation de cette forteresse et son histoire, voir **18bis** J. Gottwald, « Die Kirche und
das Schloss Paperon in Kilikisch-Armenien », *ByzZ* 36, 1936, p. 86-100. Cette référence m'a été
signalée par Jörn Lang. L'Atlas de Barrington situe plutôt Papirion ou Papiriou Castellum à
Bağdad Kırı, près de Akçaalan (carte 66 B 3).

Sur le cadre socio-politique (qui met en jeu des querelles ecclésiastiques autour
des définitions théologiques du Concile de Chalcédoine) et la carrière d'Illos, voir
19 A. Demandt, *Die Spätanike. Römische Geschichte von Diocletian bis Justinian
284-565 n. Chr.*, coll « Handbuch der Altertumswissenschaft » III 6, München
[1]1989, [2]2007. Voir II 11 : « Die Krise im Ostreich (450-518) », p. 217-231,
notamment p. 226.

Il ne semble pas, malgré les convictions religieuses personnelles de Pamprépius
et les liens qu'il chercha à établir avec les philosophes païens d'Alexandrie, que la
révolte d'Illos et de Léonce ait eu pour ambition de restaurer l'hellénisme.
Damascius inclut certes la révolte d'Illos parmi les tentatives pour restaurer le
paganisme depuis Julien (*Epit. Phot.* 290) et il semble avoir soutenu que Pamprépius avait attiré Illos et Léonce sur la voie de l'impiété (*Epit. Phot.* 109, p. 150,
1-3 Zintzen), mais il prête sans doute là aux rebelles une volonté qui était tout au
plus celle de Pamprépius lui-même. Voir **20** P. Chuvin, *Chronique des derniers
païens. La disparition du paganisme dans l'Empire romain, du règne de Constantin à celui de Justinien,* coll. « Histoire » 7, Paris 1990, p. 100-103 (« Pamprépios et
la révolte d'Illous ») ; **21** H. Elton, « Illus and the Imperial Aristocracy under
Zeno », *Byzantion* 70, 2000, p. 393-407, notamment p. 403-404 ; **22** R. von
Haeling, « Damascius und die heidnische Opposition im 5. Jahrhundert nach
Christus », *JAC* 23, 1980, p. 82-95. Que des païens à l'époque aient cru aux oracles
de Pamprépius sur la restauration du culte des dieux, est toutefois attesté par un
passage de la *Vie de Sévère d'Antioche* par Zacharie le Scholastique (éditée et
traduite par M. A. Kugener, dans *PO* II 1, Paris 1905, réimpr. Louvain 1981,

p. 40), où, peu après la victoire de Zénon en 491, le converti Paralios d'Aphrodisias, disciple d'Horapollon, écrit à ses deux frères plus âgés restés païens :

> « Il leur rappela des histoires comme celle de la rébellion d'Illos et de Pamprépius. "Souve-
> nez-vous, leur disait-il, combien de sacrifices nous offrîmes, comme païens, en Carie [*i.e.* à
> Aphrodisias], aux dieux des païens, lorsque nous leur demandions, à ces prétendus dieux, tout en
> disséquant des foies et en les examinant par la magie, de nous apprendre si avec Léontios, Illos et
> Pamprépius et tous ceux qui se rebellèrent avec eux, nous remporterions la victoire sur l'empereur
> Zénon, de pieuse fin. Nous reçûmes alors une multitude d'oracles en même temps que des
> promesses, comme quoi l'empereur Zénon ne pouvait pas résister à leur choc, mais que le
> moment était venu où le christianisme se désagrégerait et disparaîtrait et où le culte des païens
> allait reprendre. Cependant l'événement montra que ces oracles étaient mensongers, comme cela
> arriva pour ceux rendus par Apollon à Crésus le Lydien et à Pyrrhus l'Épirote." »

La *Vie d'Isidore* (*Souda,* s.v. Σαλούστιος, Σ 63, t. IV, p. 316, 19-22 Adler =
fr. 288, p. 233, 11-14 Zinzen) rapporte un apophtegme du philosophe cynique
Saloustios adressé à Pamprépius : « (Saloustios) rencontrant Pamprépius, alors au
faîte de sa puissance et qui lui demandait pour se faire valoir : "Que sont les dieux
pour les hommes ?", lui dit : "Qui ignore que pour ma part je ne suis pas encore un
dieu et que toi tu n'es pas encore un homme ?" (τίς δέ, ἔφη, οὐκ οἶδεν, ὡς οὔτ'
ἐγὼ πώποτε θεὸς ἐγενόμην οὔτε σὺ ἄνθρωπος ;) »

Œuvres. On a vu plus haut que la *Souda* lui attribuait (1) une *Explication des
étymologies* (Ἐτυμολογιῶν ἀπόδοσις) et (2) un ouvrage *Sur l'Isaurie* en prose
(Ἰσαυρικὰ καταλογάδην).

Selon Cameron **7**, p. 481 n. 1, qui reprend une conjecture de Bernhardy qui déplaçait καταλογάδην avant Ἰσαυρικά, c'est le premier ouvrage qui pouvait être en prose, tandis que les
Ἰσαυρικὰ devaient être en vers épiques.

Kaster **10**, p. 331, rappelle que le nom de Pamprépius apparaît également parmi
des auteurs qui ont écrit περὶ διχρόνων, c'est-à-dire « on vowels of ambivalent
quantity », dans une liste éditée par **23** O. Kroehnert, *Canonesne poetarum scriptorum artificum per antiquitatem fuerunt?* Diss. inaug., Königsberg 1897, p. 7.

On lui a attribué les restes d'une idylle sur les saisons (« Descriptio diei autum-
nalis ») et d'un panégyrique du "patrice" Théagène d'Athènes retrouvés dans un
papyrus de Vienne. Voir Gerstinger **6** et **24** E. Heitsch (édit.), *Die griechischen
Dichterfragmente der römischen Kaiserzeit,* coll. *AAWS* 3, 49, t. I, 2ᵉ éd.,
Göttingen 1963, p. 109-120. Nouvelle édition par **25** E. Livrea (édit.), *Carmina
(P. Gr. Vindob. 29788 A-C),* coll. *BT,* Leipzig 1979, XI-82 p. L'attribution à Pamprépius a toutefois été contestée. Voir **26** Schissel, *BPhW* 49, 1929, col. 1073-
1080 ; **27** P. Graindor, « Pamprépios (?) et Théagénès », *Byzantion* 4, 1927-1928
[1929], p. 469-475. Voir Feld **14**, p. 274-275 n. 17. Elle est acceptée par **28** E. J.
Watts, *City and school in Late Antique Athens and Alexandria,* coll. « The
Transformation of the classical heritage » 41, Berkeley 2001, p. 119 n. 36.

Sur ces poèmes, voir **29** P. Bernardini Marzolla, « A proposito di Pamprepio di Panopoli »,
Maia 7, 1955, p. 125-127 ; **30** E. Livrea, « Due note a papiri tardoepici », *ZPE* 17, 1975, p. 35-36 ;
31 *Id.*, « Pamprepio ed il P. Vindob. 29788 A-C », *ZPE* 25, 1977, p. 121-134 ; **32** *Id.*, « Nuovi
contributi al testo dei frr. 1, 2 E 4 di Pamprepio (XXXV Heitsch²) », *RFIC* 106, 1978, p. 281-287 ;
33 *Id.*, « Per una nuova edizione di Pamprepio di Panopoli », dans *Actes du XVᵉ Congrès*

international de papyrologie, t. III : Problèmes généraux. Papyrologie littéraire, éd. par J. Bingen et G. Nachtergael, coll. «Papyrol. Bruxell.» 18, Bruxelles 1979, p. 69-77 ; **34** E. Rebuffat, «Reminiscenze esiodee nell' epillio di P. Vindob. 29788 attribuito a Pamprepio di Panopoli», *SCO* 42, 1992, p. 113-122 ; **35** E. Calderón Dorda, «El hexámetro de Pamprepio», *Byzantion* 65, 1995, p. 349-361.

On trouve beaucoup d'informations sur le papyrus et sur un éloge d'un empereur (qui pourrait être Zénon) qu'il contenait également dans **36** R. C. McCail, «P. Gr. Vindob. 29788C : Hexameter Encomium on an Un-Named Emperor», *JHS* 98, 1978, p. 38-63. Selon Kaster **10**, p. 332, ce poème que l'on a parfois rattaché aux *Isaurica* de Pamprépius, aurait plutôt été composé en 489-490 après la victoire de Zénon sur Illos et Léonce et donc après la mort de Pamprépius.

                                                                        RICHARD GOULET.

19   PANAKÉÔS (PANAKAIOS)

Pythagoricien d'origine et de datation inconnues cité par Aristide Quintilien (➳A 354) dans son traité *Sur la musique* pour avoir énoncé la parole divine (θεῖος λόγος) suivante : «L'affaire de la musique, ce n'est pas seulement de combiner (συνιστᾶν) entre elles les [différentes] parties du son (τὰ φωνῆς μέρη), mais encore d'assembler et de soumettre aux lois de l'harmonie (συνάγειν τε καὶ συναρμόττειν) tout ce qui possède une nature (πάνθ' ὅσα φύσιν ἔχει)» (*De musica* I 1, p. 2, 17-20 de l'éd. **1** R. P. Winnington-Ingram, *Aristidis Quintiliani 'De musica' libri tres*, Leipzig 1963 = **2** A. Jahn (édit.), *Aristides Quintilianus. 'De musica' libri tres*, Berlin 1882, p. 2, 14-17 = **3** H. Thesleff, *The Pythagorean texts*, p. 141, 5-9).

Pour la trad. du passage, *cf.* **4** J. d'Ortigue, «De la musique», *L'Avenir* du 27 octobre 1830, p. 1-4, aux p. 1-2 ; **5** *Aristeides Quintilianus. Von der Musik*, eingeleitet, übersetzt und erläutert von R. Schäfke, Berlin 1937 ; **6** *Aristides Quintilianus. On music in three books*, transl. with comm. and annotations by Th. J. Mathiesen, New Haven 1983 ; **7** *Arístides Quintiliano. Sobre la música*, introd., trad. y notas de L. Colomer y B. Gil, coll. «Biblioteca clásica Gredos» 216, Madrid 1996 ; **8** *Aristide Quintilien. La musique*, trad. et comm. de Fr. Duysinx, coll. «Bibl. de la Fac. de Philos. et Lettres de l'Univ. de Liège» 276, Liège 1999.

Le nom de ce personnage est transmis au génitif sous la forme Πανάκεω (l'éd. Winnington-Ingram **1** ne signale aucune variante dans les mss), dont le nominatif doit par conséquent être Πανάκεως (*cf.* Duysinx **8** ; transcrit sous la forme "Panaceus" par Mathiesen **6** ; "Panaqueo" chez Colomer et Gil **7**).

Ce nom-*hapax*, absent non seulement de la *RE*, mais aussi des répertoires de noms antiques de Bechtel et du *LGPN* [vol. I-IV] (*cf.* Duysinx **8**, p. 20-21 n. 4), est de toute évidence le pendant masculin de Πανάκη (nom d'une divinité guérisseuse) – tout comme Πανάκειος (nom d'un médecin fictif dans Aristainétos I 13) correspond à Πανάκεια (la Panacée divinisée, qui donne aussi un nom de femme rare mais attesté [p. ex. à Athènes]). Πανάκεως est évidemment le nom idéal pour un médecin «Qui-guérit-tout», mais il pourrait renvoyer également aux pouvoirs thérapeutiques de la musique, dont le sage pythagoricien maîtriserait les secrets. Quant à sa forme, attique par excellence, elle nous orienterait vers un milieu de production de textes (pseudo)pythagoriciens (*cf. infra*) qui, apparemment, ne présenterait pas les tendances dorisantes que l'on rencontre ailleurs. – Jahn **2** y verrait plutôt un Panakès (Πανάκης), dont le génitif en ionien serait effectivement Πανάκεω (attique Πανάκου) ; *cf.* aussi **9** A. Ed. Chaignet, *Pythagore* *et la philosophie pythagoricienne*, contenant les fragments de Philolaus et d'Archytas, Paris 1873 [réimpr. Bruxelles 1968], t. I, p. 190, avec la n. 10 (Panacès) ; **10** Ed. Zeller, *Die Philosophie der Griechen*, t. III 2⁴, p. 118, li. 21 (Panaces). D'un point de vue purement formel cela est effectivement tout à fait possible, mais on ne voit pas pourquoi Aristide aurait employé une telle forme, qui renverrait à la langue d'Homère et d'Hérodote. — Dans **11** W. Pape et G. Benseler, *Wörterbuch der griechischen Eigennamen*, t. II, p. 1120, le nom est enregistré sous la forme Πανάχμ-ης, gén. -εως, variante qui apparaît effectivement dans certains mss du *De musica* (voir **12** M. Meibom [édit.], *Antiquae musicae auctores septem*, Amsterdam 1652 [réimpr. 1977], t. II, p. 3, suivi par J. d'Ortigue **4** ; *cf.* encore Schäfke **5**, p. 161 n. 2, ainsi que la discussion très fouillée de Jahn **2**, p. XII, avec la n. 14, aux p. XXIV-XXV), mais dont la dernière éd. de référence, celle de Winnington-Ingram **1**, n'a gardé malheureusement aucune trace (même si de toute façon ce n'est pas cette forme-là que l'on doit retenir). Schäfke **5**, p. 64 et p. 161, avec la n. 2 corrige le texte afin de retrouver Pythagore lui-même sous ce mystérieux Panakéôs, mais le témoignage indépendant de Photius (voir ci-après) rend ses conjectures superflues.

Zeller **10**, **13** Thesleff, *Introduction*, p. 17, 29, 74-75 et 115, et Thesleff **3**, p. 141, 10, ont eu l'heureuse idée d'identifier l'autorité pythagoricienne citée par Aristide Quintilien à un certain Panakaios qu'ils ont repéré dans la liste alphabétique des auteurs cités par Jean Stobée (⇒ J 2), liste confectionnée par le patriarche Photius pour sa *Bibliothèque* (cod. 167, 114 b 13 Bekker = t. II, p. 156 Henry [*CUF*]) ; le Πανάχαιος de Photius, dont le nom est aussi un *hapax*, est répertorié séparément dans Pape et Benseler **11** [l'on pourrait songer également à la forme Παναχαῖος]). La rareté de ce nom propre et la prononciation quasi identique de -ε et -αι en grec tardo-antique et byzantin, qui peut aisément donner place à une confusion entre les génitifs Πανάχεω et Παναχαίου, suffiraient largement pour expliquer les variantes graphiques rencontrées dans les deux sources. Il nous semble toutefois que (*pace* Thesleff **3** et **13**, qui a opté pour "Panakaios") "Panakéôs" a plus de chances d'être la forme originelle.Le (ou les) extrait(s) de Panakaios / Panakéôs ayant initialement figuré dans le *Florilège* de Stobée n'a (n'ont) pas été conservé(s). Pourtant, le rapprochement proposé par Zeller et Thesleff est précieux, car il nous permet de penser que, selon toute probabilité, sous le nom de ce pythagoricien plutôt fictif aurait circulé dans les cercles néopythagorisants de l'Antiquité tardive un texte composé à l'époque hellénistique ou impériale (vraisemblablement un traité *Sur la musique* ou *Sur l'harmonie*) : Stobée, qui cite un nombre non négligeable de textes de ce genre (les *Pseudopythagorica*), doit avoir connu, directement ou indirectement, ce traité (p. ex. dans un florilège de textes pythagoriciens intégraux ou en extraits, ou dans une collection de *dicta* pythagoriciens éponymes), de même qu'Aristide Quintilien, qui semble avoir été influencé par ces néoplatoniciens du IVᵉ siècle qui, à l'instar de Porphyre ou de Jamblique, avaient de fortes tendances pythagorisantes, nourries par des lectures et des bibliothèques analogues.

Sur les bibliothèques pythagoriciennes de Porphyre, Jamblique et Stobée, voir **14** C. Macris, «Jamblique et la littérature pseudo-pythagoricienne», dans S. C. Mimouni (dir.), *Apocryphité : histoire d'un concept transversal aux religions du Livre. En hommage à Pierre Geoltrain*, coll. «Bibliothèque de l'École des Hautes Études. Section des sciences religieuses» 113, Turnhout 2002, p. 77-129. Sur l'affiliation philosophique possible d'Aristide Quintilien (néopythagorisme selon Jahn **2** ; cercle des disciples de Porphyre et Jamblique selon Zeller-Mondolfo), voir la notice de **15** Br. Centrone, dans *DPhA* I, 1989, p. 369.

L'opinion de Panakéôs rapportée dans le *De musica* semble transposer au niveau de la *musique* ce que les pythagoriciens pensaient de manière plus générale au sujet de l'*harmonie*. Ainsi les *Mémoires pythagoriciens* (tardifs) cités d'après Alexandre Polyhistor (☞A 118) par Diogène Laërce VIII 33 (= **16** DK 58 B 1a, t. I, p. 451, 11-13) soutenaient que l'harmonie est à la fois la vertu (de l'âme), la santé (du corps), le Bien et Dieu, et que l'univers (τὰ ὅλα) est constitué (συνεστά-ναι) selon l'harmonie. Mais déjà Philolaos (**16** DK 44 B 1 et 6) et les pythago-riciens d'Aristote (*Métaph.* A 5, 985 b 23 *sq.* = **16** DK 58 B 4) accordaient à l'harmonie une fonction cosmique qui rappelle la façon dont la musique, selon Panakéôs, joint harmonieusement toutes les choses de la nature.

Sur la conception pythagoricienne de l'harmonie, *cf.* **17** A. Petit, « Harmonie pythagoricienne, harmonie héraclitéenne », *RPhA* 13, 1995, p. 55-66 ; **18** C. A. Huffman, *Philolaus of Croton, Pythagorean and Presocratic. A commentary on the fragments and testimonia with interpretative essays*, Cambridge 1993, p. 73, 138-141, 144-145, 158-162 (voir aussi son index, *s.v. harmonia*) ; **19** L. Zhmud, *Wissenschaft, Philosophie und Religion im früher Pythagoreismus*, Berlin 1997, p. 181-187 et 218-225 ; **20** A.-G. Wersinger, *La sphère et l'intervalle. Le schème de l'harmonie dans la pensée des anciens Grecs d'Homère à Platon*, Grenoble 2008, p. 285 *sq.*

CONSTANTINOS MACRIS.

20 PANARÉTOS *RE* 3   III[a]

Disciple d'Arcésilas (☞A 302), dont le nom est cité par Athénée XII, 552 c (= Polem. Per. fr. 84 Preller = Arces. T 1f[5] Mette) et par Élien, *V.H.* X 6.

Cf. J. Schmidt, « Panaretos » 3, *RE* XVIII 3, 1949, col. 456.

TIZIANO DORANDI.

21 PANCRATÈS *RE* 6 a   II

Ce cynique vécut à l'époque d'Hadrien et d'Antonin le Pieux, puisque l'anecdote dans laquelle Philostrate (*V. Soph.* I 23, 1, 526 Ol.) le met en scène l'associe à Lollianus d'Éphèse, qui fut le premier titulaire de la chaire municipale de rhétorique à Athènes (voir **1** S. Toulouse, « Les chaires impériales à Athènes aux IIe et IIIe siècles », dans H. Hugonnard-Roche [édit.], *L'enseignement supérieur dans les mondes antiques et médiévaux,* Paris 2008, p. 146-148, notamment p. 146 n. 4, qui renvoie aux études de **2** I. Avotins, « The Holders of the Chairs of Rhetoric at Athens », *HSPh* 79, 1975, p. 313 et n. 3, et p. 319, et de **3** S. Fein, *Die Beziehungen der Kaiser Trajan und Hadrian zu den litterati,* Stuttgart/Leipzig 1994, p. 296 et n. 394, lesquels situent la nomination de Lollianus à la chaire de rhétorique sous le règne d'Antonin le Pieux, plutôt que sous celui d'Hadrien). On trouvera dans **4** Bernadette Puech, *Orateurs et sophistes grecs dans les inscriptions d'époque impériale*, Paris 2002, p. 327-336, plusieurs inscriptions mentionnant ce Lollianus, le présentant comme un orateur qui excellait aussi bien dans les procès que dans les déclamations et qui, avocat célèbre, sut à l'occasion défendre la cause d'Athènes dans un procès. Les inscriptions des monuments élevés en son honneur mentionnent aussi différentes étapes de sa carrière de sénateur. Grâce à Philostrate *(ibid.)* on sait qu'il exerça à la tête des Athéniens la magistrature principale, à savoir la stratégie des hoplites (προὔστη δὲ καὶ τοῦ Ἀθηναίων δήμου στρατηγή-σας αὐτοῖς τὴν ἐπὶ τῶν ὅπλων) – une fonction qui avait perdu toute signification militaire et qui consistait à être chargé des vivres et de l'approvisionnement du marché, autrement dit à être *curator annonae* (νυνὶ δὲ τροφῶν ἐπιμελεῖται καὶ σίτου ἀγορᾶς) –, et qu'il faillit un jour être lapidé lors d'une émeute dans le quartier des boulangers. C'est alors que «Pancratès le Cynique, celui qui par la suite pratiqua la philosophie à l'Isthme (Παγκράτης ὁ κύων ὁ μετὰ ταῦτα ἐν Ἰσθμῷ φιλοσοφήσας), vint devant les Athéniens et dit : "Lollianus n'est pas vendeur de pain (ἀρτοπώλης), mais vendeur de mots (λογοπώλης)", ce qui divertit les Athéniens et sauva Lollianus de la lapidation».

MARIE-ODILE GOULET-CAZÉ.

22 PANCRATÈS *RE* 6 b   II

Philosophe cynique sans doute fictif.

Alciphron, dans sa *Lettre* III 55, 5 et 9 *(d'Autoclétos à Hetoemaristos)* [p. 86 Hercher (1873) = *Lettre* III 19, p. 80-83 M. A. Schepers (coll. *BT,* Leipzig 1905) et p. 192-199 A. R. Benner et F. H. Fobes (coll. *LCL,* Cambridge Mass./London 1949) ; trad. par Anne-Marie Ozanam dans *Lettres de pêcheurs, de paysans, de parasites et d'hétaïres,* coll. «La Roue à livres», Paris 1999, p. 111-113], raconte un banquet offert par Scamonidès à l'occasion de l'anniversaire de sa fille. De nombreux philosophes, appartenant à différentes écoles (stoïcien, péripatéticien, épicurien, pythagoricien), étaient présents. Un cynique, Pancratès (Παγκράτης ὁ κύων), fit une entrée remarquée, appuyé sur un bâton d'yeuse. «Son bâton était garni de clous d'airain plantés sur le renflement des nœuds ; sa besace vide était habilement suspendue à sa ceinture pour recueillir les restes [trad. Ozanam]» (§ 5, p. 194-196 Benner-Fobes). Ce cynique illustre parfaitement «l'indifférence» qui caractérise le mouvement cynique : «Quant au Cynique, ayant ouvert son manteau et le laissant traîner par terre, il commença par uriner, conformément à l'indiffé-rence cynique ; ensuite il s'apprêta à besogner, sous les yeux de tous, la musicienne Doris, déclarant que la nature présidait à la génération [trad. Ozanam]» (§ 9, p. 197 Benner-Fobes). Sur l'indifférence cynique, voir **1** M.-O. Goulet-Cazé, *Les Kynika du stoïcisme,* coll. «Hermes-Einzelschriften» 89, Stuttgart 2003, p. 112-132. **2** K. von Fritz, art. «Pankrates» 6, *RE* XVIII 3, 1949, col. 619, suggère que dans cette lettre qui copie *Le Banquet ou les Lapithes* de Lucien, Alciphron a pu remplacer par d'autres les noms des personnages de Lucien, mais que les noms qu'il a utilisés proviennent néanmoins d'une certaine façon de Lucien. C'est ainsi que von Fritz rapproche le nom de Pancratès du fait que le cynique Alcidamas chez Lucien se mit en position pour lutter au *pancrace* (συστὰς ἐπαγκρατίαζε) avec le bouffon Satyrion *(Banquet* 19). Mais **3** J. Schwartz, dans «Onomastique des philosophes chez Lucien de Samosate et Alciphron», *AC* 51, 1982, p. 259-264, notamment p. 263, pense que le nom est repris du *Philopseudès* 34-36 de Lucien où il est question d'un magicien égyptien du nom de Pancratès. Quoi qu'il en soit de ce problème, rien n'autorise à mettre en relation le Pancratès d'Alciphron, personnage fictif, avec le Pancratès de Philostrate, personnage historique (voir la notice précédente).

MARIE-ODILE GOULET-CAZÉ.

23 PANCRATIDÈS   MF I (fictif ?)

Une lettre de Musonius (☞M 198) à un certain Pancratidès, d'authenticité douteuse, conservée dans le Mazarineus 611 A, et traitant de l'éducation des fils de Pancratidès, est éditée par **1** R. Hercher, *Epistolographi Graeci,* Paris 1873 (réimpr. Amsterdam 1965), p. 401-404, et par **2** O. Hense, *Musonii Reliquiae,* Leipzig 1905, p. 137-142. Elle n'a pas été prise en compte par **3** Cora E. Lutz, «Musonius Rufus, "The Roman Socrates"», *YCIS* 10, 1947, p. 3-147. **4** M. Pohlenz, *Die Stoa,* t. II, Göttingen 1949, «3ᵉ ed.», 1964, p. 146, estime que cette lettre rassemble les grandes idées de Musonius sous la forme d'un court Προτρεπτικὸς πρὸς φιλοσοφίαν. Dans un passage de la *Lettre* (§ 10), l'auteur s'adresse ainsi à Pancratidès : «Aie donc confiance, Pancratidès ; n'invite pas seulement tes enfants à philosopher, mais exhorte-les à le faire et, en te présentant toi-même comme leur compagnon de lutte, stimule-les et amène-les à la liberté de parole qui, de toutes, est celle qui convient le plus (πασῶν ἁρμοδιωτάτην παρρησίαν παρασκεύαζε).

A propos de l'inauthenticité de cette lettre, qui pourrait avoir été composée par Lucius, l'éditeur des *diatribes* de Musonius, voir Hense **2**, p. 137 n. 1 : *ipsius Musonii hanc epistulam non esse sed ejus qui sermonibus Musonianis large usus sit docti consentiunt*, **5** P. Wendland, *Quaestiones Musonianae,* Berlin 1886, p. 45, qui souligne de nombreux rapprochements entre cette lettre et Clément d'Alexandrie, et qui lui aussi considère que son auteur peut être Lucius : *Nec dubium est quin ipsius Musonii haec epistola non sit, sed ejus qui lacinias ex Musoniano libro arreptas contexuit,* et **6** K. von Fritz, art. «Musonius» 1, *RE* XVI 1, 1933, col. 893-897, notamment col. 896 : «Ein angeblicher Brief des M. an einen Pankratides, der sich in einem cod. Mazarin. 611 A erhalten hat (S. 137 ff. Hense), ist wohl sicher unecht, weist jedoch manche inhaltlichen Beziehungen zu den Luciusfragmenten [*i.e.* les fragments des diatribes de Musonius transmis par Stobée]».

Cette lettre présente en outre un certain nombre de parallèles avec des passages du Nouveau Testament qu'a relevés **7** P. W. Van der Horst, «Musonius Rufus and the New Testament : A Contribution to the *Corpus Hellenisticum*», *NT* 16, 1974, p. 306-315, notamment p. 315 : *I Cor.* 14, 10 = *Ep.* I 2 (p. 137, 15 Hense) ; *I Tim.* 2, 9-10 = *Ep.* I 4-5 (p. 138, 15-139, 8 Hense) ; *I Tim.* 6, 12 = *Ep.* I 11-12 (p. 141, 30-142, 16 Hense). Ces parallèles ne sont pas très étonnants, vu que Musonius était un moraliste stoïcien contemporain de la plupart des auteurs du Nouveau Testament.

MARIE-ODILE GOULET-CAZÉ.

24 PANCRÉON *RE*:   fl. D III[a]

Péripatéticien, fils d'un certain Léon (identifié sans doute gratuitement par
1 K. O. Brink, art. «Pankreon», *RE* XVIII 3, 1949, col. 625, à Léon de Byzance
[➤L 33 = *RE* 23], l'adversaire de Philippe de Macédoine) et frère de Mélantès
(➤M 85), héritier, avec son frère, des biens que possédait Théophraste οἴϰοι,
c'est-à-dire sans doute à Érèse (Lesbos), selon les termes du testament cité par
D. L. VI 51-57 (F 1 Fortenbaugh *et alii*).

C'est à titre d'ami (φίλος) de Théophraste que plus loin dans le testament
(V 52-53) il apparaît, avec son frère, comme l'un des dix héritiers solidaires du
«jardin, du *peripatos* et de toutes les maisons attenantes au jardin». Avec les
autres, il pourra y étudier et y philosopher (συσχολάζειν ϰαὶ συμφιλοσοφεῖν). En
D. L. V 54, Théophraste évoque les conversations tenues avec Mélantès et
Pancréon au sujet d'une somme de 2000 drachmes qui devaient être versées aux
affranchis de Théophraste : Pompylos (➤P 259) et Threpta.

Il est possible que les fils de Léon aient été parents de Théophraste, car
Mélantès (ou Mélantas) était également le nom du père de Théophraste (D. L. V
36). Il faudrait alors rattacher toute cette famille à Érèse.

Pancréon et Mélantès n'apparaissent pas dans la liste des sept exécuteurs
testamentaires (ἐπιμεληταὶ τῶν ἐν τῇ διαθήϰῃ) dressée plus loin par Théophraste
(V 56), peut-être parce qu'ils ne résidaient pas habituellement à Athènes, mais des
fonctions plus importantes leur sont confiées pour lesquelles Hipparque (➤H 143)
– qui aurait dû leur être associé s'il n'avait fait un grave "naufrage" dans ses
affaires personnelles (V 55) – doit leur octroyer à chacun un talent (V 56).

Cf. 2 A. Hug, «Zu den Testamenten der griechischen Philosophen», dans
*Festschrift zur Begrüssung der vom 28 September bis 1. Oktober 1887 in Zürich
tagenden XXXIX. Versammlung deutscher Philologen und Schulmänner, dar-
geboten von der Universität Zürich*, Zürich 1887, p. 3 *sqq.*, 6 *sqq.*; **3** Ed. Zeller,
Die Philosophie der Griechen, II 2⁴, Leipzig 1921, p. 900 n. 2 ; **4** W. W.
Fortenbaugh *et alii*, *Theophrastus of Eresus. Sources for his life, writings, thought
and influence*, Part One : *Life, Writings, Various Reports, Logic, Physics, Metaphysics, Theology, Mathematics*, coll. «Philosophia antiqua» 54, 1, Leiden 1993,
F 1.

                                                                RICHARD GOULET.

25 PANÉTIUS DE RHODES L'ANCIEN *RE* 5

«Philosophe, renommé chez les philosophes» (οὗ πολὺς ἐν φιλοσόφοις
λόγος), «auteur de plusieurs ouvrages de philosophie», connu uniquement par une
notice de la *Souda* Π 183; t. IV, p. 20, 1-2 Adler. M. Pohlenz, art. «Panaitios» 5,
RE XVIII 3, 1949, col. 418-419, considère qu'à l'époque impériale on a imaginé
que Panétius (➤P 26) était le contemporain de Scipion l'Africain l'Ancien. C'est
ce que montre un passage d'Aulu-Gelle XVII 21 : *et Panaetium Stoicum cum supe-*

riore Africano vixisse dixit. Cette fausse datation aurait entraîné l'invention d'un philosophe plus ancien que le scholarque stoïcien.

RICHARD GOULET.

26 PANÉTIUS DE RHODES *RE* 5   *ca* 180-109

Philosophe stoïcien, né à Lindos sur l'île de Rhodes vers 180[a], scholarque de la Stoa dans l'avant-dernière décennie du IIe siècle avant J.-C.

Éditions des témoignages et des fragments. 1 H.N. Fowler, *Panaetii et Hecatonis librorum fragmenta,* diss. Bonn 1885; **2** M. Van Straaten, *Panétius. Sa vie, ses écrits et sa doctrine avec une édition des fragments*, Amsterdam 1946, XVI-399 p.: c'est la principale édition de référence, car elle inclut tous les textes où le philosophe est explicitement nommé; l'étude introductive offre le premier examen critique des sources, entreprise d'autant plus nécessaire que Van Straaten s'opposait implicitement à toute une littérature qui avait tendance à voir en Panétius la source d'un très grand nombre de textes de Cicéron et, dans une moindre mesure, de Plutarque; le recueil des textes uniquement a été republié à deux reprises: **3** M. Van Straaten (édit.), *Panaetii Rhodii Fragmenta, collegit iterumque edidit M.V.S.,* Leiden 1952², 1962³; **4** F. Alesse (édit.), *Panezio di Rodi. Testimonianze. Edizione, traduzione e commento,* coll. «Elenchos» 27, Napoli 1997, 349 p. [163 *testimonia*], qui ajoute aux textes rassemblés par Van Straaten des passages empruntés principalement au *De officiis* de Cicéron, dont les deux premiers livres sont dits inspirés des arguments et de la structure du traité Περὶ τοῦ καθήκοντος de Panétius; **5** E. Vimercati (édit.), *Panezio. Testimonianze e frammenti. Introduzione, edizione, traduzione, note e apparati di commento,* coll. «Testi a fronte», Milano 2002, 356 p. Ce dernier recueil introduit une distinction entre différents types de fragments: A. *Frammenti* certi, B. *Frammenti attribuibili* et C. *Frammenti di discussa o di incerta attribuibilità.*

La numérotation des témoignages retenue par Alesse **4** sera adoptée dans la suite de la présente notice.

Bibliographie. Alesse **4**, p. 305-329.

Principales études d'orientation: **6** F.G. van Lynden, *Disputatio historico-critica de Panaetio Rhodio philosopho stoico*, Lugduni Batavorum 1802, XIII-122 p.; **7** R. Philippson, «*Panaetiana*», *RhM* 78, 1929, p. 337-360; **8** *Id.*, «Nachtrag zu den *Panaetiana*», *RhM* 79, 1930, p. 406-410; **9** *Id.*, «Das Sittlichschöne bei Panaitios», *Philologus* 85, 1930, p. 357-413; **10** B.N. Tatakis, *Panétius de Rhodes. Le fondateur du Moyen Stoïcisme. Sa vie et son œuvre*, coll. «Bibliothèque d'histoire de la philosophie», Paris 1931, II-234 p.; **11** M. Pohlenz, *Antikes Führertum. Cicero "De officiis" und das Lebensideal des Panaitios*, coll. «Neue Wege zur Antike. II Reihe: Interpretationen» 3, Leipzig 1934, IV-148 p.; **12** M. Pohlenz, art. «Panaitios», *RE* XVIII 2, 1949, col. 418-440; **13** A. Grilli, «L'opera di Panezio», *Paideia* 9, 1954, p. 337-353; **14** M. Van Straaten, «Panaetius fragm. 86», *Mnemosyne* 9, 1956, p. 232-234; **15** M. Pohlenz, *Stoa und*

Stoiker. Die Gründer. Panaitios. Poseidonios, Selbstzeugnisse und Berichte, coll. « Die Bibliothek der alten Welt ». Griechische Reihe », Zürich/Stuttgart 1964², XXIX-386 p. ; **16** Éd. des Places, « Le platonisme de Panétius », *MEFRA* 68, 1956, p. 83-93 ; **17** A. Grilli, « Studi Paneziani », *SIFC* 29, 1957, p. 31-97 ; **18** A.-J. Voelke, *Les rapports avec autrui dans la philosophie grecque d'Aristote à Panétius*, coll. « Bibliothèque d'histoire de la philosophie », Paris 1961, 206 p. ; **19** F.-A. Steinmetz, *Die Freundschaftslehre des Panaitios nach einer Analyse der Ciceros "Laelius De amicitia"*, coll. « Palingenesia » 3, Wiesbaden 1967, 225 p. ; **20** K. Abel, « Die kulturelle Mission des Panaitios », *A&A* 17, 1971, p. 119-143 ; **21** H. A. Gärtner, *Cicero und Panaitios. Beobachtungen zu Cicero "De officiis"*, coll. *SHAW* 1974, 5, Heidelberg 1974, 79 p. ; **22** M. Van Straaten, « Notes on Panaetius' theory of the constitution of man », dans *Images of man in ancient and medieval thought. Studia Gerardo Verbeke ab amicis et collegis dicata*, Leuven 1976, p. 93-109 ; **23** J. Bels, « La survie de l'âme de Platon à Posidonius », *RHR* 199, 1982, p. 169-182 ; **24** G. Verbeke, « Panétius et Posidonius chez Diogène Laërce », *Elenchos* 7, 1986, p. 103-131 ; **25** K. Abel, « Panaitios bei Plutarch *De tranquillitate animi*? », *RhM* 130, 1987, p. 128-152 ; **26** A. Puhle, *Persona. Zur Ethik des Panaitios*, coll. « Europäische Hochschulschriften : Reihe 20, Philosophie » 224, Frankfurt am Main 1987, 290 p. ; **27** Chr. Gill, « Panaetius on the Virtue of Being Yourself », dans A. Bulloch (édit.), *Images and Ideologies. Self-definition in the Hellenistic World*, Berkeley/Los Angeles/London 1993, p. 330-353 ; **28** F. Alesse, *Panezio di Rodi e la tradizione stoica*, coll. « Elenchos » 23, Napoli 1994, 310 p. ; **29** E. Lefèvre, *Panaitios und Ciceros Pflichtenlehre. Von philosophischen Traktat zum politischen Lehrbuch*, coll. « Historia Einzelschriften » 150, Stuttgart 2001, 226 p. ; **30** F. Prost, « La psychologie de Panétius : réflexions sur l'évolution du stoïcisme à Rome et la valeur du témoignage de Cicéron », *REL* 79, 2001, p. 37-53 ; **31** E. Vimercati, *Il Mediostoicismo di Panezio*, coll. « Temi metafisici e problemi del pensiero antico » 97, Milano 2004, XIV-343 p. ; **32** T. Tieleman, « Panaetius' Place in the History of Stoicism, with Special Reference to His Moral Psychology », dans A. M. Ioppolo et D. N. Sedley (édit.), *Patricians, Platonizers, and Pyrrhonists. Hellenistic Philosophy in the Period 155-86 BC*, Napoli 2007, p. 103-142.

Biographie. Panétius était issu d'une famille noble, comme en témoignent, outre la *Stoicorum historia* de Philodème (*PHerc.* 1018, col. LV et LIX, p. 106 et 108 Dorandi = test. 1) et Strabon XIV 2, 13 (= test. 4), des vestiges épigraphiques retrouvés au début du XIXᵉ siècle sur l'acropole de Lindos, notamment *ILind.* 129, grande inscription de marbre indiquant les noms des membres de la famille du philosophe, et *ILind.* 165 qui contient le nom de son père Nicagoras (voir aussi test. 7) dans une liste des prêtres d'Athéna Lindia. Sur ces documents, voir **33** Ch. Blinkenberg, *Lindos. Fouilles de l'Acropole 1902-1914*, vol. II : *Inscriptions*, Berlin/Copenhagen 1941, t. I, col. 117 et 423. Dans *ILind.* 223, unique document épigraphique qui fasse référence de façon certaine au philosophe (*cf.* **34** *LGPN*, t. I : *The Aegean Islands, Cyprus, Cyrenaica*, Oxford 1987, p. 358), Panétius

(Παναίτιος Νικαγόρα) est inclus dans une liste de prêtres de Poseidon Hippios, une fonction sacerdotale qui ne pouvait être exercée que par des jeunes gens (*cf.* **35** Ch. Blinkenberg, *Les prêtres de Poseidon Hippios. Études sur une inscription lindienne*, Copenhagen 1937, p. 21 et 20-28 ; **36** T. Dorandi, *Ricerche sulla cronologia dei filosofi ellenistici*, Stuttgart 1991, p. 39), tandis que dans *IG* II^2 1938 (= test. 3) est attestée sa fonction de prêtre *(hiéropoios)* pour les Ptolémaia sous l'archontat de Lysiadès, dont la datation fait l'objet d'une controverse, mais qui doit être situé vraisemblablement entre 152/1 et 148/7 (*cf.* **37** W. Scott Ferguson, *Athenian tribal cycles in the Hellenistic age*, Cambridge Mass. 1932, p. 30 ; **38** B. D. Meritt, « Athenian Archons 347/6-48/7 B.C. », *Historia* 26, 1977, p. 237-247 ; Dorandi **36**, p. 36-38).

On trouvera maintenant une étude approfondie de cette documentation épigraphique dans l'ouvrage de **39** M. Haake, *Der Philosoph in der Stadt*, München 2007, p. 141-145 et p. 198-205. Haake, p. 199-202, rattache plusieurs inscriptions de Lindos à la famille de Panétius, dont il reconstitue ainsi l'arbre généalogique :

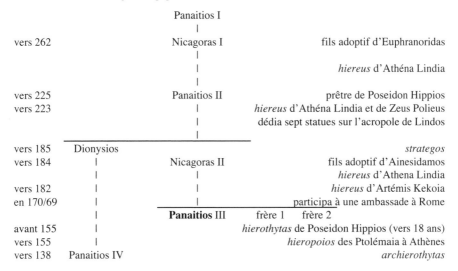

		Panaitios I	
vers 262		Nicagoras I	fils adoptif d'Euphranoridas
			hiereus d'Athéna Lindia
vers 225		Panaitios II	prêtre de Poseidon Hippios
vers 223			*hiereus* d'Athéna Lindia et de Zeus Polieus
			dédia sept statues sur l'acropole de Lindos
vers 185	Dionysios		*strategos*
vers 184		Nicagoras II	fils adoptif d'Ainesidamos
			hiereus d'Athena Lindia
vers 182			*hiereus* d'Artémis Kekoia
en 170/69			participa à une ambassade à Rome
		Panaitios III frère 1 frère 2	
avant 155		*hierothytas* de Poseidon Hippios (vers 18 ans)	
vers 155		*hieropoios* des Ptolémaia à Athènes	
vers 138	Panaitios IV	*archierothytas*	

Panétius était l'aîné des trois fils de Nicagoras (*Stoic. hist.*, col. LV, li. 2, p. 106 Dorandi). Il fit un an de service militaire dans la flotte rhodienne et fit ensuite un voyage à Athènes (*Stoic. hist.*, col. LVI, li. 4-8, p. 106 Dorandi). Il étudia tout d'abord, probablement après 168/7 selon Haake **39**, p. 201, à Pergame auprès du grammairien Cratès de Mallos (☛C 203), du moins s'il faut en croire Strabon XIV 5, 16 (= test. 5), puis à Athènes, après 155, où il fut le disciple de Diogène de Babylonie (☛D 145) et d'Antipatros de Tarse (☛A 205), qu'il assista dans son enseignement (*Stoic. hist.*, col. LX, li. 3-4, p. 110 Dorandi) et auquel il succéda comme scholarque (*cf. Souda* Π 184, t. IV, p. 20 Adler = test. 8, et Philodème, *Stoic. hist.*, col. LIII, li. 1-5, p. 104 Dorandi = test. 7). Sans doute après 146, il séjourna longuement à Rome, où il devint l'ami de Scipion Émilien (Publius Cornelius Scipio Aemilianus Africanus) et fréquenta le cercle de dirigeants que ce dernier animait, ce qui a entraîné chez des auteurs tardifs l'idée, inexacte, qu'il aurait été le maître (*praeceptor*, καθηγησάμενος) d'Émilien (*cf.* par exemple, Pomp. Porph., *Comm. in Horat.* I 29, 13-14 = test. 29, et *Souda* Π 1941, t. IV, p. 162 Adler = test. 28). Il prit part avec Émilien à une expédition en Égypte (*cf.* Cic., *Acad.* II 2, 5, Plut., *Reg. et imp. apophth.* 200 e - 201 a, *Max. cum princ.* 777 a) datée traditionnellement en 141/0, ou bien, d'après **40** H.B. Mattingly, «Scipio Aemilianus' Eastern Embassy», *CQ* 36, 1986, p. 491-495, en 144/3. Ce voyage les conduisit, avec L. Metellus Calvus et Spurius Mummius (➣M 196), à Alexandrie, auprès de Ptolémée VII Physcon (fr. 24), mais aussi à Rhodes (bien que Cicéron, *Tusc.* V 37 (= test. 12) le range dans un groupe de philosophes qui vécurent toute leur vie à l'étranger sans revenir dans leur ville natale), à Chypre, en Syrie, à Pergame et en Grèce (Cic., *Rép.* III 48).

Vers 129, il revint à Athènes où il fut à la tête de la Stoa pour une vingtaine d'années. Il mourut probablement avant 109, si l'on en juge d'après le témoignage de Cicéron, *De orat.* I 11, 45 (= test. 9), où Licinius Crassus (➣C 198) soutient qu'il a trouvé Mnésarque d'Athènes (➣M 181) à la tête de la Stoa, ou du moins qu'il l'a vu (*vigebat auditor Panaeti illius tui Mnesarchus...*), l'année de sa questure, soit en 109, qui devient ainsi le *terminus ante quem* de la mort de Panétius. Ont refusé cette reconstruction Philippson **7**, p. 338-340, et Pohlenz **12**, col. 425. Selon eux, le traité Περὶ τοῦ καθήκοντος fut composé par Panétius après la mort de Scipion Émilien, c'est-à-dire après 129, et puisque Posidonius (*apud* Cicéron, *De off.* III 2, 8 = Posidonius T 9 Edelstein-Kidd) atteste que Panétius a vécu trente ans après la composition de son ouvrage, la date de sa mort devrait être située vers 99. Cette reconstruction, également suivie par **41** F.W. Walbank, «Political morality and the friends of Scipio», *JRS* 24, 1965, p. 1, et Abel **20**, p. 129, a été à son tour contestée par **42** G. Garbarino, *Roma e la filosofia greca*, Torino 1973, t. II, p. 387-390, et **43** J.-L. Ferrary, *Philhellénisme et imperialisme*, Roma 1988, p. 395-400.

A Panétius et aux particularités de son activité au Portique est dédiée une ample section de la *Stoicorum historia* de Philodème conservée dans *PHerc.* 1018. Voir **44** T. Dorandi, *Filodemo. Storia dei filosofi : la Stoà da Zenone a Panezio (PHerc. 1018)*, coll. «Philosophia antiqua» 60, Leiden 1994, col. LV-LXXVII, p. 106-126. On y découvre que Panétius exerçait son activité professorale dans un esprit d'ouverture et accordait parfois une place aux contributions philosophiques des autres écoles, en particulier aux doctrines de la tradition platonicienne et aristotélicienne.

Encore jeune, il aurait reçu à Athènes les honneurs d'une couronne d'olivier et de la proxénie (*Stoic. hist.*, col. LXVIII). Il aurait en revanche refusé la citoyenneté athénienne en prétendant que pour le sage une seule cité suffit (Plut., *in Hesiod.* 65, fr. 86 Sandbach = test. 10).

Aucune liste de ses ouvrages n'a été conservée et les sources ne signalent que les titres suivants :

(1) Περὶ προνοίας *(Sur la providence)*, cité par Cic. *Epist. ad Att.* XIII 8.

(2) Περὶ τοῦ καθήκοντος *(Sur le convenable)*, en trois livres, connu princi-palement à travers Cicéron, qui l'a amplement utilisé dans les deux premiers livres de son *De officiis,* déplorant le fait que l'œuvre du stoïcien restait selon lui incom-plète, puisqu'il manquait l'argumentation finale relative à la *comparatio* entre *honestum* et *utile* (*cf.* Cic., *Epist. ad Att.* XVI 11, 4 : τὰ Περὶ τοῦ καθήκοντος, *quatenus Panaetius, absolvi duobus* ; *De off.* III 2, 7 : *Panaetius igitur, qui sine controversia de officiis accuratissime disputavit quemque nos correctione quadam adhibita potissimum secuti sumus…*) ; on en possède également une citation en version latine conservée par Aulu-Gelle XIII 28, 1-4 (test. 87).

(3) Περὶ εὐθυμίας *(Sur la bonne humeur)*, mentionné par D. L. IX 20 (test. 86), source, en même temps que le Περὶ γήρως de Démétrius de Phalère (☛D 54), d'une anecdote concernant Xénophane ; c'est à la même œuvre que remonte égale-ment Plut., *De cohib. ira*, 16, 463 d (test. 85), à propos d'une sentence d'Anaxa-gore (☛A 158).

Parmi les autres ouvrages attestés, il y a (4) un petit traité sur la façon de supporter la douleur *(de dolore patiendo)* dédié à Q. Aelius Tubero, auquel fait référence Cicéron, *De fin.* IV 9, 23 (test. 83), et *Acad.* II 44, 135 (test. 89) ; (5) un Περὶ τῶν αἱρέσεων *(Sur les écoles philosophiques)*, cité par D. L. II 86-87 (test. 141), et (6) un Περὶ Σωκράτους *(Sur Socrate)*, cité par Plut., *Arist.* 27, 3-4 (test. 142), d'où proviennent également un passage d'Athénée XIII 2, 555 d - 556 b (test. 143), et, probablement, *Schol. in Aristoph. ran.* 1491, p. 313 Dübner (test. 144) ; est attesté également (7) un Περὶ τῶν κατὰ γεωμετρίαν καὶ μουσικὴν λόγων καὶ διαστημάτων *(Sur les doctrines et les divergences en géométrie et en musique)*, cité par Porph., *in Ptol. Harm. Comm.* III, p. 65 Düring (test. 160), d'où provien-nent également les passages IV, p. 88, V, p. 92 et p. 94 Düring (test. 161-163), textes que **45** K. Ziegler, art. «Panaitios» 6, *RE* XVIII 3, 1949, col. 441, attribue toutefois à un homonyme. Il est certain que Panétius écrivit également des ouvra-ges de grammaire et d'histoire comme l'attestent Athénée XIV 35, 634 c-d, D. L. III 37, D. L. II 84-85, Eustathe, *in Hom.* ψ 220, t. II, p. 305 Stallbaum, *Anth. Pal.* IX 358, Asclépius, *in Metaph.* 991 b 3, p. 90 Hayduck, ou encore de caractère scientifique, comme le suggèrent Sénèque, *N. Q.* VII 30, 2, Proclus, *in Tim.,* t. I, p. 162, 11-12 Diehl, Anon., *Isag. 6 comm. in Arat.,* p. 97 Maass, et Jean Lydus, *De mens.* IV 115.

[**« Le Platon de Panétius »**

Galien, *De indolentia*, 13 mentionne un «Platon de Panétius» (Πλάτων ὁ Παναιτίου). Cette mention intervient à la fin d'une liste d'ouvrages conservés dans les bibliothèques du Palatin, où ils ont été détruits lors du grand incendie de 192, et décrits comme des «écrits que, livre par livre, avaient écrits ou transcrits les hommes auxquels les livres devaient leur nom». Cette liste comprend, avant le «Platon de Panétius», «les Callinia, Attikiana, Pedoukinia et en outre les Aristarkeia qui comprennent deux Homère ». Étant donné la description de Galien et les autres ouvrages mentionnés dans la liste, dont certains sont effectivement connus comme des éditions (tel est le cas des éditions d'Homère par Aristarque, et des Attikiana qui comprennent un Platon décrit comme une ἔκδοσις par Galien, *in Platonis Timaeum commentarii fragmenta*, book III, fr. 2, p. 13, 3-5 Schröder), j'en ai conclu que le Platon de Panétius ne pouvait être autre chose qu'une « édition » de Platon par Panétius, ce qui concorde avec plusieurs témoignages d'une activité philologique de Panétius concernant Platon : **46** J.-B. Gourinat, « "Le Platon de Panétius", à propos d'un témoignage inédit de Galien », *PhilosAnt* 8, 2008, p. 139-151.

Cette conclusion, acceptée dans l'édition Budé du texte de Galien, **47** Galien, *Ne pas se chagriner,* texte établi et traduit par V. Boudon-Millot et J. Jouanna, avec la collaboration d'A. Pietrobelli, *CUF,* Paris 2010, p. 52-53, a été contestée par **48** T. Dorandi, « 'Editori' antichi di Platone », *AntPhilos* 4, 2010, p. 161-174, qui préfère y voir « un manuscrit des dialogues de Platon en possession de Panétius, qui peut éventuellement, comme avait l'habitude de le faire le même Galien, avoir été annoté et préparé pour son usage personnel » (p. 171) : voir dans le même sens **49** V. Nutton, « Galen's library », dans C. Gill, T. Whitmarsh et J. Wilkins (édit.), *Galen and the World of Knowledge,* Cambridge 2009, p. 28 : « le Platon qui avait appartenu à Panétius ». Si séduisante que soit cette interprétation, elle ne s'accorde guère avec ce que dit Galien lui-même, qui parle d'ouvrages qui portent le nom de ceux qui les avaient « écrits ou transcrits » et non d'exemplaires personnels en possession de ceux-ci. Elle ne s'accorde guère non plus avec l'affirmation de Galien selon lequel ces ouvrages ne sont pas « rares » (σπάνια), mais « intermédiaires » (μέσα) entre des ouvrages communs et des ouvrages rares. On ne peut pas supposer qu'un exemplaire ayant appartenu à Panétius n'est pas un ouvrage rare, étant par définition un exemplaire unique, à moins qu'on ne suppose que la valeur « intermédiaire » de ce manuscrit ne lui vient que du fait d'avoir appartenu à Panétius, ce qui ne concorde pas avec la manière dont Galien vante « l'exactitude du texte » (τῆς γραφῆς ἀκρίβεια) de ces volumes perdus. En outre, rien ne garantit dans la description que donne Galien du travail de préparation de manuscrits qu'il effectuait lui-même qu'il le faisait « pour son usage personnel » comme l'écrit Dorandi **48**, p. 171, et comme je l'avais moi-même avancé (Gourinat **46**, p. 143, 148). Il s'agit tout aussi bien d'un travail préparatoire de correction (ἐπανόρ-θωσις) et de ponctuation effectué à partir de textes fautifs (τῶν ἡμαρτημένων) qu'il avait à sa disposition, travail préparatoire qui était effectué avec l'intention d'aboutir à une édition (οἷον ἐμοῦ προῃρημένου ἔ<κ>δοσιν ἐμὴν ποιήσασθαι). Sur ce point voir **49bis** A. Roselli, « Libri e biblioteche a Roma al tempo di Galeno. La testimonianza del *De indolentia* », *Galenos* 4, 2010, p. 127-148, en particulier p. 141-142 (voir aussi p. 137 sur le Platon de Panétius, et p. 136 n. 45 sur l'idée que ces éditions sont « répandues » <ἐν> μέσῳ, au lieu de μέσων donné par le manuscrit). Même si l'article de Dorandi **48**, a le mérite de rappeler la fragilité des témoignages parvenus jusqu'à nous sur l'activité philologique de Panétius concernant Platon (Dorandi **48**, p. 171), il ne peut guère faire de doute que le Platon de Panétius n'était pas un manuscrit de Platon en possession de Panétius mais bien le travail éditorial que celui-ci avait effectué, peut-être certes pour son

usage personnel ou pour celui du cercle étroit de ses disciples, mais plus vraisemblablement en vue d'une publication. Galien, *De indolentia*, 13, place le « Platon
de Panétius » sur le même plan que les Homère d'Aristarque, ce qui implique une
édition connue et célèbre. La diffusion du Platon de Panétius peut avoir dépassé les
intentions de celui-ci, mais, d'après la description de Galien, elle a acquis manifestement le statut d'une édition répandue. Une telle édition, bien entendu, n'est
pas nécessairement une « édition critique » au sens moderne du terme, mais la
publication d'un texte nouveau, supposant une correction des manuscrits que
l'« éditeur » avait à sa disposition. En tant qu'élève (*cf.* Strabon XIV 16, c 676 =
Panétius T 5 Alesse) de Cratès de Mallos (☞C 203), lui-même bibliothécaire de
Pergame et auteur d'une διόρθωσις d'Homère, Panétius avait reçu une formation
philologique qui rivalisait avec celle de l'école d'Aristarque à Alexandrie et une
pratique de la critique des textes de sa part n'est donc pas improbable.

JEAN-BAPTISTE GOURINAT.]

L'image transmise par l'antiquité tardive de l'œuvre et de la personnalité de
Panétius prend en compte parfois des informations peu vraisemblables, comme
celle qui fait de lui le maître de Scipion, ou même tout à fait fausses, comme
l'inclusion, proposée par la *Souda,* de Polémon le Périégète parmi les disciples du
stoïcien (*Souda* Π 1888 = test. 52). Mais l'impact de son enseignement dut être
suffisamment fort pour susciter non seulement l'estime des auteurs grecs et
romains postérieurs, mais aussi pour créer une lignée d'adeptes à l'intérieur des
courants du stoïcisme entre le IIᵉ et le Iᵉʳ siècle avant J.-C., ainsi que l'atteste
Athénée, *Deipnosophistes* V 2, 186 a (= test. 39), qui fait allusion aux cercles
(σύνοδοι) des « diogénistes », des « antipatristes » et des « panétiastes », lesquels
exerçaient peut-être leur magistère de façon relativement indépendante.
L'existence de « collèges » à l'intérieur de la Stoa au cours de cette période, fut
déjà avancée par **50** D. Comparetti, « Papiro ercolanese inedito », *RFIC* 3, 1875,
p. 466-467, et elle a été reprise par Ferrary **43**, p. 456-457, ainsi que par Dorandi
44, p. 31-32.

Parmi ses disciples les plus connus, il faut mentionner, en plus de Mnésarque
d'Athènes (☞M 181) déjà rencontré (qui est cependant signalé comme disciple de
Diogène de Babylonie par Philodème, *Stoic. hist.,* col. LI, et comme celui de
Panétius par Cicéron, *De orat.* I 11, 45 = test. 9), Stratoclès de Rhodes, historien de
la Stoa (*cf.* Philod., *Stoic. hist.*, col. XVII = test. 42), Hécaton de Rhodes (☞H 13)
(*cf.* Cic., *De off.* III 15, 63 = test. 41), pour lequel on ne dispose d'aucune information biographique, mais dont on connaît différents titres d'ouvrages de caractère
principalement moral et apophtegmatique connus par la doxographie du début de
l'époque impériale (*cf.* **51** H. Gomoll, *Der stoische Philosoph Hekaton. Seine
Begriffswelt und Nachwirkung unter Beigabe seiner Fragmente*, Leipzig 1933, XII-
114 p.) et, naturellement, la figure la plus importante, Posidonius d'Apamée
(☞P 267), à qui est attribuée par ailleurs l'institution d'une école stoïcienne
indépendante à Rhodes (*cf. Souda* Π 2107, t. IV, p. 179 Adler = test. 40, et **52** I. G.
Kidd, *Posidonius,* t. II : *The Commentary,* Cambridge 1988, p. 3-4).

D'autres noms moins connus peuvent être cités : Apollonius de Nysa (☛A 280), philosophe stoicien, τῶν Παναιτίου γνωρίμων ἄριστος (test. 44), Démétrius de Bithynie (☛D 50), fils du stoïcien Diphilos (☛D 211) (*Stoic. hist.*, col. LXXV, li. 4-6, et D.L. 46 = test. 46), Platon de Rhodes (☛P 196), philosophe stoïcien (test. 45), l'astronome Scylax d'Halicarnasse, «familiaris Panaetii» (fr. 163). La *Stoicorum historia* de Philodème permet d'identifier plusieurs autres disciples : un anonyme, mort à Rome du vivant de Panétius (col. LXXIII), Apollonius de Ptolémaïs (☛A 282) (col. LXXVIII), Asclépiodote de Nicée (☛A 455) (col. LXXIII), Markios (☛M 37) et Nysios (☛N 70), les Samnites (col. LXXIV), P(e)isôn (☛P 75) (col. LXXIV), Sôtas de Paphos, Sôsos d'Ascalon, Lycandre de Bithynie (☛L 79) (col. LXXV), Lycon de Bithynie (☛L 84), Pausanias le Pontique (☛P 69), Timoclès de Cnossos ou de Cnide, Damoclès de Messine (☛D 12) (ou de Messène?), Gorgos de Sparte (☛G 30), Thibrôn (col. LXXVI). On peut encore mentionner P. Rutilius Rufus (☛R 18), « Panaetii auditor » (test. 48), et peut-être faire une place à Q. Mucius Scaevola (test. 49: « ea quae a Panaetio acceperam »), à C. Fannius (☛F 6), gendre de Laelius (test. 50), à M. Vigellius, stoïcien, «qui cum Panaetio vixit» (test. 51), et à L. Aelius Stilo, grammairien stoïcien (*cf.* Cicéron, *Brutus* 206).

FRANCESCA ALESSE.

27 PANNYCHUS   I

Sous ce nom vraisemblablement fictif (« le couche-tard »?), Martial, *Epigr.* IX 47 (publié en 94), raille chez ce philosophe une homosexualité passive qui serait peu conforme aux dogmes de ces « gens qui sentent le bouc » et de cette « gent velue ».

« Les Démocrites, les Zénons, les Platons que tu n'as pas lus, et tous ceux dont les bustes montrent la barbe hérissée et négligée, tu parles de tout cela comme si tu étais le successeur et l'héritier de Pythagore, et, à coup sûr, une barbe non moins longue pend à ton menton. (...) Toi qui connais si bien les origines *(causas)* des écoles philosophiques et leurs arguments, dis-moi, Pannychus, quelle est la secte qui s'est fait un principe de cette pratique-là ? » (trad. Izaac).

L'*Epigr.* II 36 raille également un Pannychus velu « à l'âme épilée ».

Le nom est donné à d'autres personnages encore en VI 39 (un lutteur) et 67 (un mari trompé) ; XII 72.

Les formes Πάννυχος, Παννύχιος et Παννυχίς sont bien attestées dans les différents tomes parus du *LGPN*.

RICHARD GOULET.

28 PANSA CAETRONIANUS (C. VIBIUS –) *RE* 16   80 ?/43

Homme politique romain. Il était originaire de Pérouse (*cf.* **1** R. Syme, *La révolution romaine*, Paris 1967, p. 93 et n. 64, p. 523). Son père avait fait partie des victimes de la proscription de Sylla (Dion Cassius XLV 17, *cf.* **2** F. Hinard, *Les proscriptions de la Rome républicaine*, Rome 1983, p. 408-410). Il fit partie de l'état-major de César en Gaule dans les années 50[a] : durant l'hiver 54-53 il était au camp de César à Samarobriua (Cicéron, *Fam.* VII 12). En 54 il avait essayé de convaincre Cicéron de défendre Gabinius (*Q. Fr.* III 5, 5), conformément aux intérêts de César et de Pompée.

La suite de sa carrière peut sembler poser problème. On identifie le plus souvent Pansa au tribun de la plèbe de 51 (*cf.* Syme **1**, p. 76 et 93, et **3** G. Niccolini, *I*

Fasti dei tribuni della plebe, Milano 1934, p. 322) qui intervint en faveur de César (*MRR* II 241). Mais certains ont fait observer que les enfants de proscrits furent privés du *ius honorum* (Velleius Paterculus II 28, 4) jusqu'à la *lex Antonia de proscriptorum liberis* (*cf.* **4** G. Rotondi, *Leges publicae populi Romani*, Milano 1912, p. 416) et ont donc refusé l'identification en postulant qu'il y eut deux C. Vibius Pansa (*cf.* Hinard **2**, p. 409, et **5** F. Hinard, «Vibius Pansa ou Caetronius?», *Mnemosyne* 52, 1999, p. 202-206). Cette position extrême n'a guère eu d'autre défenseur que son propre promoteur. De fait, contrairement à ce que ce dernier affirme (au point d'imaginer que le tribun de la plèbe en question aurait ensuite rejoint les rangs de Pompée pendant la guerre civile), l'activité politique de C. Vibius Pansa apparaît comme nettement favorable à César (Cicéron, *Fam.* VIII 8, 6-8). Il s'opposa tout d'abord à un senatusconsulte précisant qu'aucun magistrat ayant pouvoir d'*intercessio* ou de prohibition ne pourrait s'opposer aux décisions du Sénat sur une affaire concernant l'État : il s'agissait très clairement d'empêcher une intervention des tribuns de la plèbe contre une décision défavorable à César au sujet des provinces consulaires. Il s'opposa ensuite à un deuxième senatusconsulte qui portait sur les congés des vétérans de Gaule qui auraient dépendu du Sénat. Enfin, il fut le seul avec un autre tribun de la plèbe à s'opposer à un troisième senatusconsulte qui visait également César : en attribuant des provinces de proconsuls à des propréteurs, on considérait que la guerre était finie et que donc l'on pouvait rappeler et licencier les troupes (*cf.* **6** A. Giovannini, *Consulare imperium*, Basel 1983, p. 66-67 et 120-127). On ne voit pas l'utilité de supposer l'existence d'un deuxième Vibius Pansa, quand il en existait déjà un favorable à César et lorsqu'on sait comment ce dernier envoya régulièrement ses protégés exercer des magistratures à Rome pour défendre ses intérêts avant le déclenchement de la guerre civile.

Une deuxième solution consiste alors à admettre l'identification en recherchant les conditions de cette « anomalie » : le nom complet de Pansa donne peut-être une clé avec Caetronianus qui laisse penser à une adoption (*cf.* **7** G. V. Sumner, «The *lex annalis* under Caesar», *Phoenix* 25, 1971, p. 246-271 et 357-371, p. 255, et **8** F. X. Ryan, «C. Vibius Pansa Caetronianus, and his Fathers», *Mnemosyne* 49, 1996, p. 186-188). Cela implique que le proscrit aurait été un Caetronius, et non Vibius Pansa. Mais on peut aussi se souvenir que le tribunat de la plèbe ne faisait pas partie du *cursus honorum* : bien plus, Sylla avait dépouillé cette magistrature de presque tous ses pouvoirs et interdit que l'on puisse faire carrière après avoir été tribun de la plèbe. Donc, un fils de proscrit pouvait peut-être devenir tribun de la plèbe.

Par la suite, Pansa aurait été édile en 49 (*MRR* II 258), puis préteur en 48 (*MRR* II 274). On se fonde à la fois sur une allusion de Cicéron signalant sa présence à Rome cette année-là (*Att.* XI 6, 3) et sur les charges que Pansa a remplies les deux années suivantes comme gouverneur de la province de Bithynie (*MRR* II 290 et 299, *cf.* **9** D. Magie, *Roman Rule in Asia Minor*, Princeton 1950, t. I, p. 416, et t. II, n. 40, p. 1270). Il fut de retour à Rome avant la fin de l'année 46 (Cicéron, *Lig.* 1 et

7). Pansa fit partie de l'état-major de César en Espagne, puis fut nommé gouverneur de Gaule Cisalpine en 45 (*MRR* II 310) : il devint peut-être augure dès cette année-là (*MRR* II 314). Il avait épousé la fille du césarien Q. Fufius Calenus, légat en Gaule en 51 et consul en 47.

Après les Ides de mars, Pansa, qui était consul désigné pour 43, fit partie des césariens modérés : Cicéron l'invita chez lui à Pouzzoles (*Att.* XIV 11, 2 et 12, 2) pour des entretiens sur la rhétorique et surtout pour tenter de le rallier au parti de Brutus. En vain, semble-t-il : il se montra fidèle au souvenir du dictateur en s'opposant à Dolabella, lorsque ce dernier prit des mesures concernant le culte de César (*Att.* XIV 19, 2). Il s'engagea assez vite contre Antoine et ses abus de pouvoir (*Att.* XIV 19, 2), mais tenta de préserver la paix. Ainsi, en 43, devenu consul, il adopta des positions modérées : en février, après l'échec d'une première ambassade auprès d'Antoine, alors que Cicéron voulait faire proclamer ce dernier *hostis* et donc lui déclarer la guerre officiellement, Pansa fit voter seulement l'état d'alerte et les pleins pouvoirs aux consuls. Puis il intervint en faveur d'une nouvelle ambassade en mars (*Phil.* XII 18). D'autre part, au même moment, il fit attribuer à Brutus la province de Macédoine que celui-ci occupait *de facto* (*Phil.* X 1) en ayant rallié à sa cause les troupes du gouverneur en place, Vatinius. Ce faisant, il s'opposait à C. Antonius qui avait obtenu cette province, fin novembre, et s'était hâté de partir la rejoindre malgré le fait que le Sénat avait cassé cette décision en décembre. Néanmoins, Pansa freina l'envoi de recrues auprès de Brutus par la suite (*ad Br.* II 4, 4). Il refusa d'attribuer les pleins pouvoirs à Cassius en Syrie (*Fam.* XII 7, 1), préférant que l'on confie aux consuls la charge de la guerre contre Dolabella qui occupait illégalement la province d'Asie après le meurtre de Trebonius (*Fam.* XII 14, 4 et *Phil.* XI 21-23).

Une fois la guerre déclarée, Pansa partit en campagne et mourut en avril de ses blessures à la suite d'un combat contre Antoine (Appien, *ciu.* III 66-70): le bruit courut que son médecin Glycon l'avait empoisonné à l'instigation d'Octave (Suétone, *Aug.* 11 et Tacite, *An.* I 10, 2). Cela pourrait prouver que les relations entre les deux hommes étaient mauvaises, mais il semble que Pansa ait légué à Octave des fabriques de tuiles (*cf.* **10** I. Shatzman, *Senatorial Wealth*, Bruxelles 1975, p. 361).

L'épicurisme de Pansa ne fait aucun doute (*cf.* **7** C. Castner, *A Prosopography of Roman Epicureans*, Frankfurt 1989, p. 80) : la source principale est la correspondance de Cicéron, que l'on retienne une lettre à Cassius datant de 45 (*Fam.* XV 19, 3) ou une lettre à Trebatius (*Fam.* VII 12, 2) de février 53. On a pensé trouver une preuve supplémentaire de son adhésion à la doctrine du Jardin dans le fait que le dédicataire du livre IV de la *Rhétorique* de Philodème serait Pansa (*cf.* **8** T. Dorandi, « Gaio bambino », *ZPE* 111, 1996, p. 41-42). Mais d'une part le mauvais état du papyrus sur lequel se trouve la dédicace empêche toute certitude, d'autre part cela ne prouverait pas que Pansa était épicurien : le *De rerum natura*, pour ne citer que cet exemple fameux, est dédié à Memmius qui n'était pas du tout favorable à l'épicurisme, semble-t-il.

Il conviendrait de se demander si Pansa n'a pas joué un rôle déterminant dans la diffusion de l'épicurisme au sein de l'état-major de César : il semble avoir converti Trebatius au cours de l'hiver 54-53 (*Fam.* VII 12, 2) et Cicéron fait allusion à des hommes en armes pour expliquer la conversion de Cassius en 48 (*Fam.* XV 16).

YASMINA BENFERHAT.

29 PANTACLÉIA   F IV-III

Une des cinq filles du philosophe mégarique Diodore Cronos (☛D 124), dont Philon (☛P 156), le disciple ou le condisciple de Diodore, rapporte qu'elles étaient à la fois dialecticiennes et d'une grande pureté de mœurs. Voir Döring, *Die Megariker*, fr. 101 et 102 (= fr. II F 6 Giannantoni) ; commentaire p. 125-126. Témoignages traduits par R. Muller, *Les Mégariques*, p. 38-39, et commentés p. 128-129. Les sœurs de Pantacléia se nommaient Argéia, Artémisia, Ménéxénè et Théognis. Ce nom est absent de la *RE*.

ROBERT MULLER.

30 PANTAINOS (T. FLAVIUS –)   F I-D II

Prêtre des « Muses philosophes », T. Flavius Pantainos, fils de T. Flavius Ménandros, diadoque stoïcien à Athènes (☛M 106), est célèbre pour l'ensemble architectural qu'il fit édifier en bordure de l'Agora : voir J. McK. Camp, *The Athenian Agora : Excavations in the Heart of Classical Athens,* London 1986, p. 187-191. Il comprenait des portiques extérieurs, un péristyle et une bibliothèque équipée et décorée, dont les livres avaient également été fournis par Pantainos. On suppose que le bâtiment préexistant que ces nouvelles constructions venaient compléter était l'école où enseignait son père : voir J. McK. Camp, dans S. Walker et A. Cameron, *The Greek Renaissance in the Roman Empire*, coll. *BICS Suppl.* 55, London 1989, p. 50-51. La dédicace *Hesperia* 15, 1946, p. 233, n° 64 (*SEG* 21, 703) date l'achèvement de l'ensemble du règne de Trajan. Le titre porté par Pantainos donne des raisons de supposer que ce complexe universitaire était le Musée mentionné dans l'inscription *IG* II^2 3712. Le philosophe prêtre des Muses était lié, peut-être par un rapport de parenté, avec un hiérophante d'Éleusis, qui lui éleva un hermès à Athènes : voir K. Clinton, *The Sacred Officials of the Eleusinian Mysteries,* coll. *TAPhS*, 64, 3, Philadelphia 1974, p. 30, n° 19.

BERNADETTE PUECH.

31 PANTAINOS (Pantène) *RE* Pantainos 3   mort vers 200 (?)

Eusèbe de Césarée introduit Pantène comme ayant dirigé « l'école des fidèles » d'Alexandrie au temps de l'empereur Commode (*H. E.* V 10, 1 ; *cf.* V 9). C'est le premier maître de ce « didascalée » qu'il désigne par son nom. Il attribue l'existence de cette école chrétienne d'Alexandrie à « une ancienne coutume » et la fait durer jusqu'à son époque. Jérôme, qui présente comme des faits avérés ce qu'Eusèbe doit à des traditions, à des récits ou à ses propres suppositions, va jusqu'à affirmer que « depuis Marc l'évangéliste il y eut toujours à Alexandrie des docteurs ecclésiastiques » (*De vir. inl.* 31, 1 ; voir les notes, *ad loc.*, de **1** A. Ceresa-Gastaldo [édit.], *Gerolamo, Gli uomini illustri,* coll. « Biblioteca patristica » 12, Firenze 1988, p. 281-282). La reconstruction d'Eusèbe a longtemps servi de socle à l'historiographie (voir **2** A. Le Boulluec, « L'école d'Alexandrie. De quelques aventures d'un concept historiographique », dans *Alexandrina. Hellénisme, judaïsme et christianisme à Alexandrie. Mélanges offerts à Claude Mondésert, s. j.,* Paris 1987, p. 402-417). On a relevé cependant les imprécisions, voire les contra-dictions de ses remarques sur les origines du « didascalée » (**3** G. Bardy, « Aux origines de l'école d'Alexandrie », *RSR* 27, 1937, p. 65-90 ; **4** U. Neymeyr, *Die christichen Lehrer im zweiten Jahrhundert,* Leiden 1989, p. 43-45). Eusèbe a projeté sur l'époque antérieure l'image plus nette que fournissent les sources sur l'organisation d'un enseignement chrétien à Alexandrie au temps d'Origène (voir **5** G. Dorival, notice « Origène d'Alexandrie » O 42, *DPhA* IV, 2005, p. 810), en supposant l'existence d'une succession Pantène – Clément (➤C 154) – Origène (➤O 42). Sur Pantène, ses sources sont principalement Clément et Origène. Ses informations qui ne recoupent pas les indications données par ces deux auteurs peuvent provenir de leurs œuvres non conservées. Certains renseignements bio-graphiques peuvent aussi dépendre de traditions ecclésiastiques concernant les missions chrétiennes.

Cf. 6 A. Harnack, *Die Überlieferung und der Bestand der altchristlichen Literatur bis Eusebius,* Leipzig 1893, p. 292-296 ; **7** E. Hoffmann-Aleith, art. « Pantainos » 3, *RE* XVIII 3, 1949, col. 684-685 ; **8** P. Nautin, « Pantène », dans *Tome commémoratif du Millénaire de la Bibliothèque patriarcale d'Alexandrie,* Alexandrie 1953, p. 145-152 ; **9** A. Méhat, art. « Pantène », *DSp* XII 1, 1984, col. 159-161 ; **10** A. Le Boulluec, « Aux origines, encore, de l'"école" d'Alexan-drie », *Adamantius* 5, 1999, p. 7-36 [notamment p. 7-12], étude reprise dans **11** A. Le Boulluec, *Alexandrie antique et chrétienne. Clément et Origène,* « Collection des Études Augustiniennes », Paris 2006, p. 29-60 [notamment p. 29-34].

Il est certain que Pantène connaissait la philosophie grecque. Origène, dans une lettre où il se justifie d'avoir eu recours à la culture hellénique, pour discuter avec des hérétiques ou avec des hommes instruits dans la philosophie, se réclame de l'exemple de Pantène, qu'il a voulu imiter (cité par Eusèbe, *H. E.* VI 19, 13 ; voir **12** P. Nautin, *Lettres et écrivains chrétiens des IIᵉ et IIIᵉ siècles,* Paris 1961, p. 132-134). Eusèbe rapporte une tradition selon laquelle Pantène était issu de l'école philosophique des stoïciens (*H. E.* V 10, 1). Les rares témoignages sur son ensei-gnement ne permettent pas de le confirmer. Le seul qui mette explicitement en jeu le questionnement philosophique est la trace d'un débat entre Pantène et des philo-sophes sur la façon dont Dieu connaît les étants. Le thème et la réponse du maître chrétien (« Dieu connaît les étants comme ses vouloirs propres ») n'ont rien de strictement stoïcien. La réflexion revoit la transcendance du premier principe à la lumière de la conception biblique du Dieu créateur. Ce témoignage se trouve chez

Maxime le Confesseur, qui introduit Pantène comme « le maître du grand Clément, l'auteur des *Stromates* » (*Ambigua ad Johannem*, *PG* 91, col. 1085 ; le texte est repris, d'après l'édition de Œhler, Halle 1857, par O. Stählin, dans les fragments de Clément, *GCS* 17², p. 224). Il provient sans doute des *Hypotyposes*. Eusèbe précise en effet que Clément nommait Pantène comme son maître dans cet ouvrage (*H. E.* V 11, 2) et qu'il y exposait des explications des Écritures et des traditions qu'il avait reçues de lui (*H. E.* VI 13, 2). Dans les *Sélections des prophètes (Eclogae propheticae)*, lesquelles sont très probablement l'une des parties conservées des *Hypotyposes* (voir **13** P. Nautin, « La fin des *Stromates* et les *Hypotyposes* de Clément d'Alexandrie », *VChr* 30, 1976, p. 269-302 [notamment p. 296-298]), Clément, à propos de Ps 18, 6 LXX, « Et il a placé sa tente dans le soleil », utilise une règle qu'il doit à son maître : « Notre Pantène disait que la plupart du temps la prophétie émettait ses phrases de façon indéterminée, en employant le présent au lieu du futur et, inversement, le présent au lieu du passé ». Cette observation de Pantène, concernant un trait de la Septante qui résulte des divergences entre l'hébreu et le grec dans l'expression des temps, associée au témoignage d'Eusèbe, montre que ce philosophe chrétien était aussi un interprète de la Bible.

Pantène avait-il composé des ouvrages ? On ne doit pas, certes, se fier à l'allégation de Jérôme : « De lui existent de nombreux commentaires sur l'Écriture sainte, mais sa voix vive a été davantage utile aux Églises » (*De vir. inl.* 31, 3). Ce n'est qu'une surenchère par rapport au propos d'Eusèbe : Pantène exposait « de vive voix et par des écrits les trésors des doctrines divines » (*H. E.* V 10, 4). On a estimé aussi qu'Eusèbe avait interprété à tort ce qu'il avait pu lire chez Clément (Harnack **6**, p. 294) et rappelé que les « presbytres » dont se réclame celui-ci n'avaient rien laissé par écrit, d'après *Eclogae propheticae* 27 (Neymeyr **4**, p. 45 ; cf. **14** M. Hornschuh, *Die Anfänge des Christentums in Ägypten*, Bonn 1959, p. 353 et 359-362). Or le terme « presbytre » n'est pas employé par Eusèbe ni par Clément pour désigner Pantène. Et les sources plus tardives qui supposent une activité littéraire de Pantène (Maxime le Confesseur, *Prologue aux œuvres de Denys*, *PG* 4, col. 19 C ; ps.-Anastase, *in Hexaem.* VII, *PG* 89, col. 962A) peuvent dépendre des *Hypotyposes* de Clément. On ne peut refuser catégoriquement à Pantène la rédaction de quelque texte que ce soit.

Depuis Eusèbe (*H. E.* V 11, 2-5) on reconnaît généralement Pantène dans le maître que Clément dit avoir fini par trouver en Égypte (*Stromates* I 1, 11, 2) et qu'il qualifie ainsi : « C'était une véritable abeille de Sicile ; butinant les fleurs de la prairie des prophètes et des apôtres, il a fait naître dans les âmes de ses auditeurs un trésor de connaissance immaculé ». Harnack **6**, p. 293, a rejeté l'assimilation de Pantène au juif converti mentionné dans le même passage. La construction de la phrase se prête mal, aussi, à l'identification de cet « Hébreu » et de « l'abeille de Sicile », qui ne serait pas Pantène, proposée par **15** G. G. Stroumsa, « Clement, Origen and Jewish Esoteric Traditions », dans G. Dorival, A. Le Boulluec *et al.* (édit.), *Origeniana Sexta. Origène et la Bible*, Leuven 1995, p. 58-59.

Eusèbe attribue en outre à Pantène une activité missionnaire, qui l'aurait conduit jusqu'aux Indes (*H. E.* V 10, 3). Un tel voyage n'a rien d'impossible, compte tenu des relations commerciales, par mer, entre Alexandrie et l'Inde du Sud aux deux premiers siècles (**16** A. Dihle, *Antike und Orient. Gesammelte Aufsätze*, éd. par V. Pöschl et H. Petersmann, Heidelberg 1984, p. 84 et 100-101). Eusèbe mentionne une tradition complémentaire *(ibid.)*: Pantène aurait trouvé certains habitants de l'Inde déjà évangélisés par l'un des apôtres, Barthélemy, qui leur aurait laissé, en caractères hébreux, l'Évangile selon Matthieu. Cette tradition, elle, est assurément légendaire. On peut seulement se demander si elle est antérieure à celle qui fait de Thomas l'évangélisateur de l'Inde (Dihle **16**, p. 68-69, se prononce en faveur de cette antériorité).

Pantène était-il « un spirituel qui menait une vie cachée et dont quelques âmes choisies allaient recueillir les avis, fruit de sa méditation des Écritures » (Nautin **12**, p. 39), ou bien faut-il admettre l'affirmation d'Eusèbe : « Après de nombreux hauts faits, Pantène dirigea finalement le didascalée d'Alexandrie » (*H. E.* V 10, 4) ? Aux arguments déjà évoqués qui s'opposent à l'existence d'une école chrétienne, organisée, à Alexandrie dès la fin du IIᵉ siècle, s'ajoute la précision fournie par la *Chronique* d'Eusèbe, tant dans sa version arménienne que dans la traduction latine de Jérôme : en 194, elle réunit Clément et Pantène comme maîtres éminents à Alexandrie (*Ad ann. 2210 Abr.*, *GCS* 20, 1911, p. 223, et *GCS* 47, 1956, p. 211). Jérôme (*De vir. inl.* 31, 4) fait même durer l'enseignement de Pantène jusqu'au règne de Caracalla. Il est difficile d'admettre, avec **17** T. Zahn, *Forschungen zur Geschichte des neutestamentlichen Kanons und der altkirchlichen Literatur*, 3. Teil, *Supplementum Clementinum*, Erlangen 1884, p. 156-176, un didascalée dirigé par Pantène et Clément. L'historien ancien Philippe de Sidè, quant à lui, est manifestement dans l'erreur quand il fait de Pantène l'élève de Clément. En définitive, si l'existence à Alexandrie, dans les dernières années du IIᵉ siècle, d'une école chrétienne telle que la présente Eusèbe, en se fondant sur ce qu'il sait de l'enseignement d'Origène, plus tard, est exclue, l'affermissement des structures ecclésiastiques à cette époque, sous l'épiscopat de Démétrius, fait penser que l'enseignement de Pantène n'était pas limité alors à celui d'un directeur de conscience, mais qu'il était de quelque façon lié à l'Église institutionnelle, comme l'indique la documentation dans le cas de Clément lui-même (voir Le Boulluec **10**, p. 12-36, et **11** p. 35-60).

ALAIN LE BOULLUEC.

32 PANTHOÏDÈS *RE*   D IIIᵃ

Philosophe mégarique, maître du péripatéticien Lycon [▷L 83] (selon Diogène Laërce).

Témoignages. K. Döring, *Die Megariker*, fr. 63, 131, 145, 146; commentaire p. 139. Semble ne s'être occupé que de logique, comme l'écrit Sextus (fr. 63) et comme l'indiquent à la fois sa prise de position sur le problème du κυριεύων λόγος (d'après le témoignage d'Épictète II 19, 1-5 = fr. 131) et l'unique titre qui nous soit conservé, un traité Περὶ ἀμφιβολιῶν auquel Chrysippe a répondu (Diogène Laërce, VII 193 = fr. 146).

ROBERT MULLER.

33 PANYAS(S)IS D'HALICARNASSE LE JEUNE

Ce « philosophe », homonyme et compatriote du poète contemporain d'Hésiode (*RE* 1), aurait écrit deux livres *Sur les songes* (Περὶ ὀνείρων), selon la *Souda* Π 249, t. IV, p. 25, 4-5 Adler (test. I b Matthews) : Πανύασις Ἁλικαρνασσεύς, νεώτερος, <τερατοσκόπος καὶ> (add. Matthews qui emprunte la formule à la notice de la *Souda* consacrée au poète : Π 248, où le qualificatif est moins approprié) φιλόσοφος. Περὶ ὀνείρων βιβλία δύο. Selon **1** R. Krausse, *De Panyasside,* Diss. Göttingen 1891, 79 p., notamment p. 5-6 et p. 57-63 (« V. De Panyasside philosopho »), les deux notices de la *Souda* (Π 248 et Π 249) pourraient concerner le même personnage et le philosophe avoir été inventé par suite d'une confusion dans la documentation relative au poète, dit par ailleurs τερατοσκόπος. Artémidore, dans son *Livre des songes*, cite à trois reprises un Panyasis d'Halicarnasse : I 2 (test. I c Matthews) ; I 64, II 35.

Selon, **2** V. J Matthews, *Panyassis of Halikarnassos. Text and commentary,* coll. « Mnemosyne Suppl. » 33, Leiden 1974, p. 9, rappelle que **3** J. P. Tzschirner, *Panyasidis Halicarnassei Heracleadis Fragmenta,* Bratislava 1842, p. 72, avait suggéré que Panyassis le jeune pourrait être daté de la fin du Ve s. av. J.-C. comme l'athénien Antiphon (☛A 209), adversaire de Socrate, dit lui aussi τερατοσκόπος καὶ ὀνειροκρίτης par Hermogène, Περὶ ἰδέων II 11, p. 400, 4 Rabe = *Rhet. Graec.* ed. Spengel t. II, p. 414, 11. Mais on ne dispose d'aucun élément sûr de datation. Des inscriptions attestent que le nom était fréquent à Halicarnasse (Matthews **2**, p. 5) et en Carie. Selon Matthews **2**, p. 8 et 9, comme le poète est connu comme étant le fils d'un certain Polyarchos, le témoignage de Douris (test. 1a = *Souda* Π 248) qui lui donne comme père un certain Dioclès pourrait se rapporter à Panyassis le Jeune

Apparemment absent de la *RE*.

RICHARD GOULET.

34 PAPINIUS DE SMYRNE   F II-D III

Ce philosophe de Smyrne n'est pas connu autrement que par sa piété envers Sarapis et les *Nemeseis* poliades : en 211/2, à la faveur du don par Caracalla d'un emplacement voisin du sanctuaire des *Nemeseis*, il avait enrichi celui-ci d'un bâtiment élevé sur ce terrain (*IK* 24, 725). Cette initiative lui avait sans doute été inspirée par Sarapis : c'est en dévotion à ce dieu qu'il avait vécu un temps en reclus, passant cette retraite dans le sanctuaire des *Nemeseis*.

BERNADETTE PUECH.

PAPIRIUS → FABIANUS (PAPIRIUS –)

35 PAPIRIUS PAETUS (L. –) *RE* 69 Iᵃ

Chevalier romain, ami de Cicéron

Études: **1** R. Hanslik, art. « L. Papirius Paetus » 69, *RE* XVIII 3, 1949, col. 1071-1072 ; **2** M. Demmel, *Cicero und Paetus (ad fam.* IX, 15-26), Diss. Köln 1962, 350 p.

C'est par la correspondance de Cicéron que l'on connaît Papirius Paetus. Ce chevalier romain vit dans la région de Naples ; il n'a exercé aucune fonction politique. Son amitié avec Cicéron est ancienne : il s'agit d'un homme appartenant à la même génération que Cicéron (Demmel **2**, p. 274). On le trouve mentionné pour la première fois dans une lettre à Atticus en 60ᵃ (*Att.* I 20, 7) lorsqu'il donne à Cicéron des livres qui lui ont été laissés par son cousin (ou son frère) Ser. Clodius, le grammairien ; mais la plupart des lettres qui lui sont adressées par Cicéron, datent de l'année 46ᵃ, les dernières de 43ᵃ. A travers ces lettres, Papirius apparaît comme un homme riche, appauvri toutefois par la loi de César de 47ᵃ sur les dettes ; c'est aussi un homme d'une grande culture, comme le montrent les multiples allusions littéraires et les citations empruntées au théâtre latin. Les lettres que lui écrit Cicéron se caractérisent par leur humour et leur liberté (**3** M. Griffin, « Philosophical badinage in Cicero's letters to his friends », dans J. G. F. Powell (édit.), *Cicero the Philosopher,* Oxford 1995, p. 325-346 ; **4** E. W. Leach, « Ciceronian 'Bi-Marcus' : correspondence with M. Terentius Varro and L. Papirius Paetus in 46 B. C », *TAPhA* 129, 1999, p. 139-179).

Papirius Paetus était un épicurien comme l'indique très clairement Cicéron (*Fam.* IX 25, 2 ; IX 20, 1) . Certes cette affirmation, dans la lettre IX 25, 2 et dans d'autres passages (IX 26, 1), s'accompagne de plaisanteries sur le goût de Papirius pour la bonne chère et la boisson ; sont évoquées des discussions avec « tes compagnons de beuverie épicuriens » *(cum tuis combibonibus Epicuriis),* mais il y a là un jeu auquel se livre fréquemment Cicéron, quand il écrit à des épicuriens. L'écrivain souligne aussi sa liberté de langage (IX 22).

Son éloignement de la carrière politique est un aspect de son adhésion à l'épicurisme, mais cette abstention ne signifie pas indifférence à l'actualité politique : il ne semble guère favorable à César (**5** Y. Benferhat, *Ciues Epicurei. Les épicuriens et l'idée de monarchie à Rome et en Italie de Sylla à Octave*, coll. « Latomus » 292, Bruxelles 2005, p. 171-172). Son sens de l'amitié, célébré à plusieurs reprises par Cicéron, fait aussi partie de son épicurisme ; il faut y ajouter un intérêt pour le savoir qui le pousse à suivre les leçons du philosophe Dion (➤D 160), sans doute un épicurien (IX 26, 1 ; 3), mais, si l'on en croit Cicéron, Papirius se serait moqué de ce conférencier imbu de lui-même. D'ailleurs, derrière le badinage, certaines des lettres que lui adresse Cicéron, posent d'importants problèmes philosophiques (Griffin **3**, p. 335-339) ; ils ne devaient pas être inconnus de son correspondant. Mais on ne sait quels furent les liens exacts de Papirius Paetus avec les cercles épicuriens de Campanie (Demmel **2**, p. 310-314).

MICHÈLE DUCOS.

36 PAPPUS D'ALEXANDRIE (Πάππος) *RE* 2   IV

Mathématicien et astronome. La *Souda* (Θ 205) le présente comme un "philosophe" contemporain de Théon d'Alexandrie. Ils auraient vécu l'un et l'autre sous l'empereur Théodose Ier (379-395). Une notice marginale dans un manuscrit du Xe s. le situe plutôt sous le règne de Dioclétien au tout début du IVe siècle. Une éclipse du soleil survenue le 18 octobre 320 à Alexandrie est mentionnée dans son *Commentaire sur l'Almageste de Ptolémée* (sur le livre VI, p. 180 *sq.* Rome). Le contexte suggère qu'il s'agissait d'une observation récente, car, s'il avait vécu sous Théodose, Pappus aurait pu en citer de plus tardives. Mais il a pu vivre jusque sous l'empereur Théodose.

Dans la notice qu'elle lui consacre (Π 265), la *Souda* lui prête les ouvrages suivants : un *Commentaire sur le Canon de Ptolémée* (εἰς τὸν Πτολεμαίου Κανόνα: un commentaire sur les *Tables faciles?*), une *Chorographie du monde habité* (Χωρογραφία οἰκουμενική), un *Commentaire sur les quatre livres de l'Almageste de Ptolémée* (Εἰς τὰ δ′ βιβλία τῆς Πτολεμαίου μεγάλης συντάξεως ὑπόμνημα), un traité sur *Les fleuves de Libye* (Ποταμοὺς τοὺς ἐν Λιβύῃ) et un *Traité des songes* (Ὀνειροκριτικά).

Cf. 1 K. Ziegler, art. « Pappos von Alexandrie », *RE* XVIII 3, 1949, col. 1084-1106 ; **2** Serafina Cuomo, Serafina Cuomo, « Collecting authorities, constructing authority in Pappus of Alexandria's Συναγωγή », dans W. Kullmann, J. Althoff et M. Asper (édit.), *Gattungen wissenschaftlicher Literatur in der Antike,* coll. « ScriptOralia » 95 - « Reihe A, Altertumswissenschaftliche Reihe » 22, Tübingen 1998, p. 19-237 ; **3** *Ead., Pappus of Alexandria and the mathematics of late antiquity,* coll. « Cambridge Classical Studies », Cambridge/New York 2000, IX-234 p. ; **4** Th. N. Winter, art. « Pappus of Alexandria », *BEA* II, 2007, p. 869-870.

Συναγωγή. Son ouvrage le plus important est une collection de traités mathématiques (Συναγωγή) en huit livres qui est largement conservée dans le Vaticanus gr. 218 (XIIe s.) et ses descendants. Cuomo **3**, p. 2, date les matériaux originels de l'ouvrage d'environ 320, mais le rassemblement en un recueil a pu être opéré plus tardivement. Elle rappelle que Pappus met à contribution de nombreuses sources, d'Archimède, au début du IIIe s. av. J.-C., à Sporus, à la fin du IIIe s. ap. J.-C.

Éditions et traductions. 5 F. Hultsch, *Pappi Alexandrini collectionis quae supersunt,* 3 vol., Berlin 1876-1878. Traduction française par **6** P. Ver Eecke, *Pappus, La Collection mathématique trad. pour la 1re fois en franç.,* Bruges/Paris 1933, réimpr. Paris 1982, 2 vol., CXXI-883 p. La section VI 27-29 a été traduite par **7** G. Aujac (édit.), *Autolycos de Pitane, La sphère en mouvement. Levers et couchers héliaques. Testimonia.* Texte établi et traduit par G. A., avec la collaboration de J.-P. Brunet et R. Nadal, *CUF,* Paris 1979 ; **8** *Pappus of Alexandria, Book 7 of the Collection.* Ed. with transl. and comm. by A. R. Jones, coll. « Sources in the history of mathematics and physical sciences » 8, Heidelberg 1986, 2 vol., X-748 p. ; **9** Heike Sefrin-Weis, *Pappus of Alexandria. Book 4 of the "Collection".* Edited with translation and commentary, coll. « Sources in the history of mathematics and physical sciences », Heidelberg 2010, XXXI-328 p.

Commentaire sur l'*Almageste*. Une partie de ce Commentaire est conservée. La *Souda* fait porter ce dernier sur « quatre livres » de Ptolémée (qui en comprenait treize), mais le commentaire conservé porte sur les livres V et VI et des renvois internes attestent l'existence d'un commentaire sur les livres I et III.

Édition et traduction. 10 A. Rome, *Commentaires de Pappus et de Théon d'Alexandrie sur l'Almageste*, t. I: *Pappus d'Alexandrie, Commentaire sur les livres 5 et 6 de l'Almageste,* coll. « Studi e Testi » 54, Vatican 1931, LXX-314 p.

Cf. 11 J. Mogenet, « La division selon Pappus d'Alexandrie », *BAB* 37, 1951, p. 16-23.

Géographie. Une version remaniée du traité de géographie est conservée en arménien. Voir **12** Arsène Soukry, *Géographie de Moïse de Corène d'après Ptolémée. Texte arménien traduit en français,* Venise 1881 ; **13** R. H. Hewsen, « The *Geography* of Pappus of Alexandria. A translation of the Armenian fragments », *Isis* 62, 1971, p. 186-207. Voir également **14** R. Schmitt, « On the rendering of compound and multipartite Greek toponyms in the Armenian "Geography" of Ananias of Shirak », *OTerr* 7, 2001, p. 175-184, et **15** S. T. Érémian [Suren Yeremyan], « La reconstitution des cartes de l'atlas arménien du monde ou Achkharatsouyts [Ašxarhac'oyc'] », *REArm* 14, 1980, p. 143-155.

Commentaire sur le livre X des *Éléments* d'Euclide. Conservé dans une version arabe.

Édition et traduction. 16 W. Thomson et G. Junge (édit.), *The Commentary of Pappus on book X of Euclid's Elements.* Arabic text and translation by W. Thomson, with introductory remarks, notes, and a glossary of technical terms by G. Junge and W. Thomson, coll. « Harvard Semitic Series » 8, Cambridge, Mass. 1930, 294 p. La traduction serait due à Abū ʿUtmān Saʿīd b. Yaʿqūb al-Dimašqī. Le début du commentaire sur ce livre est également conservé dans une version latine [attribuée à Gérard de Crémone] (Parisinus latinus 7377A, f. 68-70ᵛ): **17** G. Junge, « Das Fragment der lateinischen Übersetzung des Pappus-Kommentars zum 10. Buche Euklids », *QGM Abt. B (Studien)* 3, 1936, p. 1-17.

D'autres traités mathématiques ou astronomiques sont attestés, notamment un Commentaire sur les *Harmoniques* de Ptolémée.

Cette œuvre n'intéresse pas directement la tradition philosophique, mais voir **18** J. Mansfeld, *Prolegomena mathematica. From Apollonius of Perga to late Neoplatonism, with an appendix on Pappus and the history of Platonism,* coll. «Philosophia Antiqua», Leiden 1998, Appendix 2: Pappus and the history of Platonism (trois témoignages de Pappus sur le médio-platonisme): **19** *Id., Pappus, mathematicus en een beetje filosoof,* coll. «Mededeelingen der Koninklijke Nederlandsche akademie van wetenschappen, Afdeeling letterkunde» N.R. 61, 6, Amsterdam/Oxford/New York 1998, 20 p. Voir également **20** A. Bernard, «Sophistic aspects of Pappus's "Collection"», *AHES* 57, 2003, p. 93-150 (sur le prologue du troisième livre). Cuomo **2** insiste sur le dialogue, parfois conflictuel, de Pappus avec des philosophes contemporains qui ont parfois traité des mêmes problèmes, comme la duplication du cube ou les solides réguliers de Platon. Sur l'introduction philosophique du livre V de la *Collection,* dédié à un certain Mégéthion, voir Cuomo **3**, chap. 2, p. 57.

Le *Serment du philosophe Pappus* conservé dans le Marc. 299, fol. 184[v] et édité par **21** M. Berthelot et C. É. Ruelle, *Collection des anciens alchimistes grecs*, Paris 1887 (réimpr. 1963), t. I, n° 12, "Texte grec", p. 27-28 ; "Traduction", p. 39-30, est un texte alchimique que l'on date du VIIe siècle.

RICHARD GOULET.

37 PARAIBATÈS DE CYRÈNE *RE* 1 III[a]

Dans la succession des philosophes de l'école d'Aristippe de Cyrène (☛A 356), Diogène Laërce II 86 (= *SSR* IV A 160a) mentionne comme maître de Paraibatès Épitimidès de Cyrène (☛E 98) et comme ses disciples Hégésias Peisithanatos (☛H 18) et Annicéris (☛A 186). Pour ce dernier point, sans doute en dépendance de Diogène Laërce, voir *Souda* A 3908, t. I, p. 354, 31 - 355, 1 Adler (= *SSR* IV A 160c) et A 2466, t. I, p. 220, 21-22 Adler (= *SSR* IV G 2).

Pour un stemma de l'école cyrénaïque, voir R. Goulet, notice « Hégésias de Cyrène » H 18, *DPhA* III, 2000, p. 528, à compléter par R. Goulet, notice « Nicotélès de Cyrène » N 56, *DPhA* IV, 2005, p. 701-702. D'après D.L. II 134 (= *SSR* IV D 1), Paraibatès de Cyrène était du nombre des philosophes que méprisait Ménédème d'Érétrie (☛M 116).

RICHARD GOULET.

38 PARALIOS D'ANAGYRUNTE *RE* 2 *PA* 11611 F V[a]-D IV[a]

Dans l'*Apologie de Socrate* (33 e) de Platon, Paralios, fils de Démodocos (☛D 72) et frère de Théagès, du dème d'Anagyrunte (*Théagès* 127 e), est cité par Socrate parmi ceux qui sont venus lui apporter leur soutien.

Il doit s'agir du Paralios cité dans l'inscription *IG* II² 1400, 3 : Παράλιος Ἀναγυράσιος comme trésorier (ταμίας τῶν ἱερῶν χρημάτων τῶν τῆς Ἀθηναίας καὶ τῶν ἄλ[λων θεῶν]) pour l'année 390/389. Les manuscrits de l'*Apologie* ont Paralos, que Kirchner a corrigé en Paralios à cause de l'inscription.

Cf. *LGPN* II 1 ; D. Nails, *The People of Plato*, p. 216.

LUC BRISSON.

39 PARAMONOS DE [TARSE ?] *RE* 3 F II[a]

Stoïcien, disciple de Panétius de Rhodes (☛P 26) (mort vers 110[a]) mentionné dans l'*Ind. Stoic. Herc.*, col. 74, 5-6 (p. 124 Dorandi) : Παράμο[νος Ταρσ]εύς (et non Paranomos, comme l'écrit Susemihl, *GGLA* II, p. 242 n. 26). Plus loin, col. 77, 1-5 (p. 126 Dorandi), on croit comprendre que ce disciple aurait enseigné, comme assistant, dans l'école de Panétius et que Dikaios de Tarse (☛D 96) fut son élève : λιπεν δὲ τὸ τῷ Παναι|τίῳ Παράμονον προλεξάγειν (comp. col. 60, 4 ; le sens serait, d'après Usener : « alicuius scholae tirones docere » : voir aussi Dorandi, note sur col. 60, 4, p. 168) καὶ τὸ Δίκαιον | αὐτοῦ Ταρσέα γεγονέναι | [μα]θη[τ]ήν. T. Dorandi traduit le passage de la façon suivante : « (Permise) que Paramono tenesse corsi introduttivi alla scuola di Panezio e che Diceo di Tarso fosse sui discepolo... »

L'ethnique reste évidemment conjectural. L'épigraphie signale des homonymes originaires d'autres cités ou tribus : par exemple Παράμονος [Φλ]υεύς et Παράμονος Λαμπτρεύς (tous deux mentionnés dans *IG* II² 1996), Π]αραμόνος Εὐων[υμεύς] (*IG* II² 2095), Παράμονος Παλληνεύς (*IG* II² 2097), etc.

RICHARD GOULET.

40 PARMÉNIDE D'ÉLÉE *RE DK* 28   F VIᵃ-D Vᵃ

Philosophe et poète présocratique.

Éditions et traductions, exhaustives ou sélectives, des fragments et des témoignages. **1** H. Diels, *Parmenides Lehrgedicht mit einem Anhang über griechische Türen und Schlösser* (Berlin 1897). Zweite Auflage mit einem neuen Vorwort von W. Burkert und einer revidierten Bibliographie von D. De Cecco, coll. « International Pre-Platonic Studies » 3, Sankt Augustin 2003, XIV-178 p. (avec p. 177-178 une concordance indiquant les variations dans les choix textuels opérés par Diels de 1897 à 1922, puis ceux de l'édition de DK de 1934) ; **2** H. Diels, *Poetarum philosophorum fragmenta = Poetarum Graecorum fragmenta,* t. III, 1, Berlin 1901 (réimpr. Hildesheim 2000), p. 48-73 (avec p. 265, une concordance avec les éditions antérieures de Karsten et Stein) ; **3** DK 28, t. I, p. 217-246, et *Nachtrag* p. 496-497 : les témoignages sont répartis sous 54 numéros et les fragments, qui comprennent en tout 154 vers, sous 19 numéros ; **4** K. Freeman, *Ancilla to The Pre-Socratic Philosophers,* Oxford 1948, p. 41-46 ; **5** *Parmenide. Testimonianze e frammenti.* Introduzione, traduzione e commento a cura di M. Untersteiner, coll. « Biblioteca di studi superiori » 38, Firenze 1958, CCX-184 p. ; **6** L. Tarán, *Parmenides.* A text with translation, commentary and critical essays, Princeton 1965, x-314 p. ; **7** E. Heitsch, *Parmenides. Die Anfänge der Ontologie, Logik und Naturwissenschaft. Die Fragmente herausgegeben, übersetzt und erläutert,* coll. « Tusculum-Bücherei », München 1974, 205 p. ; **8** *The Presocratic Philosophers. A critical history with a selection of texts* by G. S. Kirk, J. E. Raven and M. Schofield, 2ⁿᵈ ed., Cambridge 1983, p. 239-262 ; **9** N. L. Cordero, *Les deux chemins de Parménide.* Édition critique, traduction, études et bibliographie, coll. « Bibliothèque d'histoire de la philosophie » – « Cahiers de philosophie ancienne » 2, Paris/Bruxelles 1984, 292 p. ; **10** *Parmenides of Elea, Fragments.* A text and translation with an introduction by D. Gallop, coll. « Phoenix – Supplementary volume » 18, Toronto/Buffalo/London 1984, XII-144 p. ; **11** A. H. Coxon (édit.), *The Fragments of Parmenides.* A critical text with introduction, translation, the ancient testimonia and a commentary, coll. « Phronesis - Suppl. » 3, Assen 1986, VIII-277 p. ; **12** D. O'Brien, dans Aubenque **55**, t. I (cité plus loin) avec une traduction anglaise de D. O'Brien et une traduction française préparée en collaboration avec Jean Frère, complétées par un index des mots grecs (p. 119-134) ; **13** *Les Présocratiques*. Édition établie par J.-P. Dumont avec la collaboration de D. Delattre et de J.-L. Poirier, coll. «La Pléiade» 345, Paris 1988, p. 231-272, avec une notice et des notes p. 1261-1277 ; **14** *Parmenide, Poema Sulla natura. I frammenti e le testimonianze indirette.* Presentazione, traduzione con testo greco dei frammenti del poema a fronte e note di G. Reale. Saggio introduttivo e commentario filosofico di L. Ruggiu, coll. «I classici del pensiero», Milano 1991, 435 p. ; **15** *Parménide. Le Poème : Fragments.* Texte grec, traduction, présentation et commentaire par M. Conche, coll. «Épiméthée – Essais philosophiques», Paris 1996, 289 p. ; **16** *Parménide, Sur la nature ou sur l'étant. La langue de l'être ?* Présenté, traduit et commenté par Barbara Cassin, Paris 1998, 320 p. ; **17** Patricia Curd, *The legacy of Parmenides. Eleatic monism and later presocratic thought,* Princeton (N. J.) 1998, X-280 p. ; nouvelle édition «with new introd.», Las Vegas (Nev.) 2004, XXIX-280 p. ; **18** N. L. Cordero, *By being, it is. The thesis of Parmenides,* Las Vegas (Nev.) 2004, XI-215 p., «Appendix : Greek text and English translation of Parmenides' poem» ; **19** P. Thanassas, *Parmenides, cosmos, and being. A philosophical interpretation,* coll. «Marquette Studies in Philosophy» 57, Milwaukee, Wisconsin, 2007, 109 p., avec en appendice une traduction anglaise des fragments (p. 89-98) ; **20** *Die Vorsokratiker,* t. II : *Parmenides, Zenon, Empedokles.* Griechisch-lateinisch-deutsch. Auswahl der Fragmente und Zeugnisse, Übersetzung und Erläuterungen von M. Laura Gemelli Marciano, coll. «Sammlung Tusculum», Düsseldorf 2009, t. II, p. 6-95.

Lexique. O'Brien **12**, t. I, p. 119-134.

Bibliographies. Cordero **9**, p. 237-272 (591 entrées) ; **21** *Les Présocratiques. Bibliographie analytique (1879-1980),* t. II : *D'Alcméon aux auteurs de la Collection hippocratique,* par L. Paquet, M. Roussel et Y. Lafrance, coll. «Noêsis» - «Collection d'études anciennes», Montréal/Paris 1989, p. 28-104 ; **22** Bogoljub Šijaković, *Bibliographia Praesocratica. A bibliographical guide to the studies of early Greek philosophy in its religious and scientific contexts with an introductory bibliography on the historiography of philosophy (over 8,500 authors, 17664 entries from 1450 to 2000),* Paris 2001, p. 522-547.

Études d'orientation. Les obscurités du poème de Parménide offrent un terrain priviligié pour la spéculation philosophique. On recense au moins 150 publications parues depuis 2000. On trouvera ici, dans l'ordre chronologique, une sélection de monographies ou d'articles souvent cités. **23** A. Patin, *Parmenides im Kampfe gegen Heraklit,* coll. «Jahrbücher für klassische Philologie – Supplementband» 25, Leipzig 1899, 179 p. ; **24** W. Kranz, *Über Aufbau und Bedeutung des parmenideischen Gedichtes,* coll. *SPAW,* Berlin 1916, p. 1158-1176 ; **25** K. Reinhardt, *Parmenides und die Geschichte der griechischen Philosophie,* Bonn 1916, 264 p. ; **26** H. Fraenkel, «Parmenidesstudien», *NGWG* 1930, Nr 2, p. 153-192, repris dans *Wege und Formen des frühgriechischen Denkens,* München 1955, 2ᵉ éd. 1960 ; **27** H. Cherniss, «Parmenides and the "Parmenides" of Plato», *AJPh* 53, 1932, p. 122-138 ; **28** G. Calogero, *Studi sull' eleatismo,* Roma 1932, 264 p. ; **29** F. M. Cornford, «Parmenides' two ways», *CQ* 27, 1933, p. 97-111 ; **30** A. H.

Coxon, «The philosophy of Parmenides», *CQ* 28, 1934, p. 134-144; **31** C. M. Bowra, «The proem of Parmenides», *CPh* 32, 1937, p. 97-112, repris dans *Problems in Greek Poetry,* Oxford 1953, p. 38-53; **32** W. J. Verdenius, *Parmenides. Some comments on his poem,* Diss. Groningen 1942, 88 p.; **33** K. Freeman, *The Pre-Socratic Philosophers,* Oxford 1946, 2nd ed. 1959, p. 140-152; **34** W. Nestle, art. «Parmenides», *RE* XVIII 2, 1949, col. 1553-1559; **35** H. Fränkel, *Dichtung und Philosophie des frühen Griechentums. Eine Geschichte der griechischen Epik, Lyrik und Prosa bis zur Mitte des fünften Jahrhunderts,* New York 1951, 2e éd. München 1962, p. 398-422; **36** K. Reich, «Parmenides und die Pythagoreer», *Hermes* 82, 1954, p. 287-294; **37** K. Deichgräber, *Parmenides' Auffahrt zu Göttin des Rechts. Untersuchungen zum Prooimion seines Lehrgedichtes,* coll. «Akad. der Wiss. & der Lit. in Mainz Abh. der Geistes- & sozialwiss. Kl.» 1958, 11, Wiesbaden 1959, p. 633-724; **38** G. E. L. Owen, «Eleatic questions», *CQ* 10, 1960, p. 84-101; **39** A. A. Long, «The principles of Parmenides' cosmogony», *Phronesis* 8, 1963, p. 90-107; **40** J. Mansfeld, *Die Offenbarung des Parmenides und die menschliche Welt,* coll. «Wijsgerige teksten en studies» 9, Assen 1964, 285 p.; **41** C. H. Kahn, «The thesis of Parmenides», *RMeta* 22, 1968-1969, p. 700-724; **42** W. K. C. Guthrie, *A History of Greek Philosophy,* t. II: *The Presocratic tradition from Parmenides to Democritus,* Cambridge 1969, p. 1-80; **43** W. Burkert, «Das Proömion des Parmenides und die Katabasis des Pythagoras», *Phronesis* 14, 1969, p. 1-30; **44** U. Hoelscher, *Parmenides. Von Wesen des Seienden,* Frankfurt a. M., 1969, 128 p.; **45** C. H. Kahn, «More on Parmenides», *RMeta* 23, 1969/70, p. 333-340; **46** A. P. D. Mourelatos, *The route of Parmenides. A study of word, image and argument in the fragments,* New Haven 1970, XXIII-308 p.; nouvelle édition «with new introd., three supplemental essays, and an essay by Gregory Vlastos», Las Vegas (Nev.) 2008, LIX-408 p.; **47** J. M. Rist, «Parmenides and Plato's *Parmenides*», *CQ* 20, 1970, p. 221-229; **48** M. Schofield, «Did Parmenides discover eternity?», *AGPh* 52, 1970, p. 1-35; **49** K. Bormann, *Parmenides. Untersuchungen zu den Fragmenten,* Hamburg 1971, VIII-263 p.; **50** E. Dubarle, «Le Poème de Parménide, doctrine du savoir et premier état d'une doctrine de l'être», *RSPT* 57, 1973, p. 3-34 et 397-431; **51** J. Jantzen, *Parmenides zum Verhältnis von Sprache und Wirklichkeit,* coll. «Zetemata» 63, München 1976, XI-135 p.; **52** K. Bormann, «The interpretation of Parmenides by the Neoplatonist Simplicius», *Monist* 62, 1979, p. 30-42; **53** D. Gallop, «"Is" or "Is not"», *Monist* 62, 1979, p. 61-80; **54** J. Barnes, «Parmenides and the Eleatic One», *AGPh* 61, 1979, p. 1-21; **55** P. Aubenque (édit.), *Études sur Parménide,* coll. «Bibliothèque d'histoire de la philosophie», Paris 1987, t. I: *Le Poème de Parménide.* Texte, traduction, essai critique par D. O'Brien en collaboration avec J. Frère pour la traduction française, 324 p., t. II: *Problèmes d'interprétation,* 378 p.; **56** C. Guérard, «Parménide d'Élée chez les néoplatoniciens», dans Aubenque **55**, t. II, p. 294-313; **57** D. O'Brien, «Introduction à la lecture de Parménide: les deux voies de l'être et du non-être», dans Aubenque **55**, t. I, p. 135-302; **58** C. H. Kahn, «Being in Parmenides and Plato», *PP* 43, 1988,

p. 237-261 ; **59** Catherine Collobert, *L'Être de Parménide ou le refus du temps.* Préface de Marcel Conche, Paris 1993, VI-299 p. ; **60** P. Kingsley, *In the Dark Places of Wisdom,* London 1999, 257 p. ; **61** D. O'Brien, « Parmenides and Plato on what is not », dans M. Kardaun et J. Spruyt (édit.), *The Winged chariot. Collected Essays on Plato and Platonism in Honour of L.M. de Rijk,* Leiden 2000, p. 19-104 ; **62** J. Bollack, *Parménide. De l'Étant au Monde,* [Lagrasse] 2006, 349 p. ; **63** P. Thanassas, *Parmenides, cosmos, and being. A philosophical interpretation,* coll. « Marquette studies in philosophy » 57, Milwaukee, Wisconsin 2007, 109 p. ; **64** L. Couloubaritsis, *La pensée de Parménide (en appendice traduction du poème),* Bruxelles 2008, 570 p. ; **65** Lisa Alwood Wilkinson, *Parmenides and "To eon". Reconsidering Muthos and Logos,* coll. « Continuum Studies in Anciens Philosophy », London/New York 2009, 156 p. ; **66** J. Palmer, *Parmenides and Presocratic Philosophy,* Oxford 2009, XII-428 p. ; **67** L. Rossetti, « La structure du poème de Parménide », *PhilAnt* 10, 2010, p. 187-226 ; **68** R. Di Giuseppe, *Le voyage de Parménide,* Paris 2011, 281 p. (contient une traduction française du poème, en regard du texte grec, p. 13-25, et une traduction italienne, p. 29-34.

Informations biographiques et chronologie.

Son père s'appelait Pyrès (DK A 1). Il était originaire d'Élée en Lucanie (auj. Velia, à 5 km au nord de la commune d'Ascea dans la province de Salerne en Campanie), fondation phocéenne autrefois nommée, selon Strabon (A 12), Hyélè ou Élè. Sotion (A 1) le présente comme « illustre et riche ».

Sur la graphie du nom de Parménide, voir **69** F. Blass, « Παρμενίδης oder Παρμενείδης ? », dans *ΓΕΡΑΣ, Abhandlungen zur indogermanische Sprachgeschichte A. Fick gewidmet,* Göttingen 1903, p. 1-16.

Les détails de sa formation sont controversés. Certaines sources, dont Aristote (A 6) et Simplicius (A 7b), le présentaient comme un élève de Xénophane de Colophon. Les témoignages qui en font un disciple d'Anaximandre ou d'Anaximène sont peu crédibles. Sotion lui donnait comme maître le pythagoricien Ameinias (➙A 133), fils de Diochaitès, un homme pauvre auquel il fit élever un tombeau après sa mort (A 1). Plusieurs sources, dont le néo-pythagoricien Nicomaque de Gérasa (➙N 50), le présentent comme un pythagoricien (A 4bc).

L'Étranger d'Élée du *Sophiste* de Platon évoque la "gent éléatique" qui remonte à Xénophane et encore plus haut (242 d). Diogène Laërce I 15, réserve une place à Parménide, entre Xénophane et Zénon d'Élée, dans la succession de l'école dite italique :

« La tradition italique (se présente) ainsi : Phérécyde (enseigna) Pythagore, celui-ci son fils Télaugès, celui-ci Xénophane, celui-ci Parménide, celui-ci Zénon d'Élée, celui-ci Leucippe, celui-ci Démocrite, celui-ci de nombreux philosophes, parmi lesquels il faut nommer Nausiphane [et Naucydès] qui (enseignèrent) Épicure » (Ἡ δὲ Ἰταλικὴ οὕτω· Φερεκύδους Πυθαγόρας, οὗ Τηλαύγης ὁ υἱός, οὗ Ξενοφάνης, οὗ Παρμενίδης, οὗ Ζήνων ὁ Ἐλεάτης, οὗ Λεύκιππος, οὗ Δημόκριτος, οὗ πολλοὶ μέν, ἐπ᾽ ὀνόματος δὲ Ναυσιφάνης καὶ Ναυκύδης [del. Diels], ὧν Ἐπίκουρος).

Diogène Laërce, sans doute à la suite d'Apollodore (*cf.* A 5e), situait son *acmè* dans la 69ᵉ olympiade (504-501), ce qui, selon la convention antique d'une *acmè* à 40 ans, situerait sa naissance à Élée vers 544-541. Cette date pourrait correspondre à la fondation même d'Élée par les Phocéens qui avaient abandonné en 545ᵃ leur cité devant l'assaut des Perses pour se réfugier d'abord à Chios, puis à Kyrnos. Ces événements sont racontés par Hérodote I 163-167. La chronologie d'Apollodore est en accord avec celle qui était donnée pour son maître Xénophane dont l'*acmè* était située dans la 60ᵉ olympiade (540-537) par D. L. IX 20, et avec celle de Zénon, son disciple, dont l'*acmè* se situerait dans la 79ᵉ olympiade (464-461) selon D. L. IX 29.

Mais un autre élément de datation est fourni par la situation dramatique du *Parménide* de Platon. Platon rapporte dans ce dialogue l'entretien mémorable du jeune Socrate avec un Parménide déjà âgé. Parménide et son disciple Zénon (dont on disait qu'il était également son mignon [παιδικά]) seraient venus à Athènes pour célébrer les Grandes Panathénées et ils y auraient rencontré Socrate (né en 469/8) chez Pythodore (➡P 334) au Céramique alors qu'il était «très jeune» (Σωκράτη δὲ εἶναι τότε σφόδρα νέον, *Parm.* 27 c: voir aussi *Théétète* 183 e: πάνυ νέος, et *Soph.* 217 c: νέος). D'après Platon, Parménide allait alors avoir 65 ans et Zénon approchait des 40 ans (A 5c).

L'Étranger d'Élée dans le *Sophiste* (237 a) évoque de même l'enseignement qu'encore enfant il reçut de Parménide, qu'il désigne plus loin comme «notre père» (241 d).

Si l'on situe la rencontre vers 450, quand Socrate avait une vingtaine d'années, il faudrait dater la naissance de Parménide vers 515ᵃ. Il y aurait donc plus de 25 ans d'écart entre les deux chronologies.

Mais cette discussion, si elle a bien eu lieu, n'a pas pu avoir pour objet le contenu du dialogue rapporté par le narrateur. Non seulement il est hautement improbable que le jeune Socrate ait déjà à l'époque parfaitement maîtrisé la théorie des formes, mais l'image qui est donnée de Socrate est totalement incompatible avec l'histoire des premières années de sa carrière qui est donnée par Socrate le jour de sa mort dans le *Phédon*. L'entretien en lui-même est-il également fictif? C'est très probable, sauf que Platon, comme il le fait généralement dans la définition du cadre historique de ses dialogues, souhaitait certainement qu'à défaut d'être vraies, les différentes données chronologiques qu'il fournit soient vraisemblables. S'il en est ainsi, on peut très bien supposer qu'en qualifiant la jeunesse de Socrate au moyen de l'adverbe σφόδρα il remonte en arrière le plus loin possible de façon à rendre cet entretien historiquement possible malgré le grand écart chronologique, même s'il n'a pas eu lieu. Il faudrait en conséquence donner au Socrate du *Parménide* tout au plus 15 ans: il n'est guère plus improbable que Socrate ait, à cet âge, pu parler comme il le fait dans le dialogue, que s'il l'avait fait quelque cinq années plus tard. L'écart avec la datation de Diogène Laërce serait ramené à environ 20 ans.

De son côté, la datation transmise par Diogène Laërce, qui non seulement est fondée sur l'âge conventionnel d'une *acme* à quarante ans, mais a pu être calculée en fonction de la fondation d'Élée, n'est guère plus fiable que celle qui repose sur la date dramatique du *Parménide*. Si l'on tient compte de la volonté de Platon de respecter une certaine vraisemblance, on peut légitimement envisager que Parménide est né environ 65 ans avant une rencontre fictive avec Socrate en 455, alors qu'il avait 15 ans, et donc vers 520 av. J.-C.

(Même dans la chronologie d'Apollodore, Parménide n'a pas pu étudier avec Anaximandre, qui aurait eu 64 ans en Ol. 58, 2 (547/6) et serait mort peu après.)

Athénée considère cette chronologie comme impossible et tient également pour une calomnie de la part de Platon le fait qu'il ait présenté Zénon comme le mignon de Parménide (A 5d). Selon Apollodore, il n'était pas seulement son mignon, mais son fils adoptif (A 5e).

Selon Speusippe, dans son ouvrage *Sur les philosophes* (A 1), et Strabon (A 12a), Parménide aurait été législateur à Élée. Chaque année, selon Plutarque, les citoyens devaient jurer de respecter les lois qu'il avait établies (A 12b).

Aristote (*Polit.* V 6, 1306 a 15-19) raconte la disparition de l'oligarchie d'Élée. L'académicien Phormion d'Élée (⟶P 174) aurait été envoyé par Platon dans sa ville natale pour la doter d'une constitution (Plut., *Adv. Col.* 32, 1126 C). Selon Plutarque (*Praecepta gerendae reipublicae* 10, 805 D) il aurait réorganisé le régime oligarchique de la ville.

La *Souda* (A 2) lui attribue comme élèves Empédocle (voir déjà Théophraste, A 9, et Simplicius, A 10) et Zénon d'Élée (voir déjà Platon, A 5c), Diogène également ment Anaximène (A 3), sur la foi de certaines sources divergentes. Selon les *Prolégomènes à la philosophie de Platon* (§ 4, li. 5 Westerink, Trouillard et Segonds), après la mort de Socrate Platon aurait étudié avec "Hermippe" « le parménidéen », nom que D. L. III 6 invite à corriger en Hermogène [⟶H 94], puisqu'on y lit que Platon à cette occasion « s'attacha à Hermogène qui en philosophie professait les doctrines de Parménide » (trad. L. Brisson).

Lorsque, dans les témoignages, Empédocle (⟶E 19) est présenté comme ζηλωτής (DK 31 A 7 ; A 1 [D. L. VIII 55]), μιμητής (DK 31 A 1 [D. L. VIII 55]) ou πλησιαστής (DK 31 A 7) de Parménide, il est possible qu'il ne s'agisse que d'une déduction opérée à partir de la constatation évidente qu'Empédocle a recours, par exemple dans les fr. 17, 30-33, à des arguments qui dépendent manifestement des arguments de la *Voie de la Vérité* de Parménide. En plus de cette ressemblance générale, il faut surtout remarquer qu'Empédocle fait lui-même clairement allusion à Parménide. Alors que Parménide, passant de la *Voie de la Vérité* aux *Opinions des mortels* (c'est-à-dire à la description du monde tel que perçu par les sens), écrit (DK 28 B 8, 51-52) :

> δόξας δ' ἀπὸ τοῦδε βροτείας
> μάνθανε, κόσμον ἐμῶν ἐπέων ἀπατηλὸν ἀκούων

A partir de maintenant, apprends les opinions des mortels, en prêtant l'oreille à l'arrangement trompeur de mes dires (trad. J. Frère et D. O'Brien)

Empédocle assure à son disciple qu'il présentera dans son propre poème un exposé du monde que nous percevons et sentons autour de nous, qui sera tout le contraire (DK 31 B 17, 26) :

σὺ δ᾽ ἄκουε λόγου στόλον οὐκ ἀπατηλόν.

Mais toi, prête l'oreille au cheminement non trompeur de mon propos.

L'allusion au vers de Parménide est tout aussi certaine que la volonté de le corriger. On est donc en présence d'un cas tout à fait exceptionnel où un penseur présocratique fait délibérément référence à un prédécesseur et le critique.

Diogène Laërce le classe parmi les philosophes qui n'ont écrit qu'un seul ouvrage (A 13), qui serait un poème en hexamètres dactyliques *Sur la nature* (Περὶ φύσεως), titre conventionnel qui a peu de chance d'être authentique et que Simplicius met en rapport avec la seconde partie du poème (A 14), mais la *Souda* ajoute à cette *physiologie* en vers des ouvrages en prose qu'aurait mentionnés Platon (A 2), affirmation peut-être due à une interprétation trop littérale du *Sophiste* 237 a (πεζῇ τε ὧδε ἑκάστοτε λέγων). Dans le contexte de ce mot d'esprit employé par l'Étranger, l'adverbe ἑκάστοτε pourrait avoir signifié simplement « du matin au soir » ou bien « jour après jour ».

Parménide aurait été le premier à mettre en vers son enseignement *Sur la nature* et aurait été suivi en cela par Empédocle (Théophraste, A 9).

Sur l'attribution aux présocratiques de traités *Sur la nature,* voir l'étude classique de **70** E. Schmalzeidt, *Περὶ φύσεως. Zur Frühgeschichte der Buchtitel,* München 1970, 142 p. Voir également **71** G. Naddaf, *The Greek concept of nature,* coll. « SUNY series in ancient Greek philosophy », Albany (N. Y.) 2005, X-265 p. ; traduction française par Benoît Castelnérac parue sous le titre *Le concept de nature chez les présocratiques*, coll. « Philosophies antiques » 4, Paris 2008, 287 p.

Ces philosophes auraient choisi d'exposer leur pensée dans le style de la poésie pour échapper aux pesanteurs de la prose (Plutarque, A 15). Cette versification n'était pas du goût de Plutarque (A 16) et, aux yeux de Proclus, elle n'empêchait pas une certaine sécheresse démonstrative : c'était malgré tout davantage de la prose que de la poésie (A 17 et 18). Pour le rhéteur Ménandre, le poème de Parménide pouvait être considéré comme un hymne physique (A 20b).

Sources antiques. Diogène Laërce IX 21-23, qui cite Speusippe, Théophraste (*Physiques* et *Épitomé*), Timon de Phlionte, Sotion et Favorinus. Proclus (A 4b) cite également à propos de Parménide Nicomaque de Gérasa. Les premières mentions se trouvent chez Platon (A 5 ac), à moins que les vers d'Empédocle (DK 31 B 129) que Timée de Tauroménium (*FGrHist* 566 F 14) rapportait à la figure de Pythagore aient en réalité visé Parménide, comme l'envisage Diogène Laërce VIII 54. Sur le témoignage de Plutarque de Chéronée, voir **72** J. P. Hershbell, « Plutarch and Parmenides », *GRBS* 13, 1972, p. 193-208.

Simplicius justifie les longues citations des vers de Parménide qu'il intègre dans ses commentaires par la difficulté qu'il y a à se procurer son ouvrage, mais cela montre également que le poème était encore accessible à son époque (A 23). Les vers du poème ont été transmis, en plus ou moins grand nombre, par Platon, Aristote, Plutarque, Sextus, Galien, Clément d'Alexandrie, Proclus, Simplicius. Caelius Aurélianus (B 18) a donné en vers latins la traduction d'une dizaine de vers.

Les divergences d'opinion concernant l'interprétation de Parménide viennent souvent du fait que les spécialistes n'ont pas reconnu, dans les témoignages antiques, l'influence déterminante d'une interprétation platonicienne et néoplatonicienne du poème. L'exemple le plus frappant est peut-être offert par l'utilisation qui est faite généralement du fr. 3. Les mots rapportés par Clément d'Alexandrie, *Strom.* VI 2, 23, 3 (t. II, p. 440, 12 Stählin): ...τὸ γὰρ αὐτὸ νοεῖν ἐστίν τε καὶ εἶναι, sont cités à plusieurs reprises par Plotin (*Enn.* V 1, 8 *et passim*) qui y retrouve une allusion à ce qui est, dans sa propre philosophie, l'hypostase de l'Intellect. Il considère donc que ces mots signifient : « Penser et être, c'est la même chose ». Bien que la signification que Plotin donne de ce passage soit souvent reprise par des auteurs modernes, il est difficilement imaginable que Parménide ait pu anticiper l'une des thèses fondamentales des *Ennéades*. Si Clément a rapporté les mots d'un fragment authentique, ce passage reprend presque certainement la thèse essentielle de l'argumentation de Parménide : « C'est en effet une seule et même chose que l'on pense et qui est ». La syntaxe de ces deux infinitifs, si on les construit ainsi, ne diffère en rien de la syntaxe des deux mêmes infinitifs que l'on trouve dans l'analyse du temps proposée par Aristote dans la *Physique* VIII 1, 251 b 19-20 : εἰ οὖν ἀδύνατόν ἐστιν καὶ εἶναι καὶ νοῆσαι χρόνον ἄνευ τοῦ νῦν, « Si donc il est impossible que le temps existe, impossible également qu'on le pense, sans le 'maintenant'... »

Un autre piège dans lequel une lecture insuffisamment attentive risque de faire tomber est la confusion faite trop souvent entre le Parménide de l'histoire et le Parménide du dialogue homonyme de Platon. Il est clair que les arguments compliqués avancés dans la seconde partie du dialogue ont été conçus par Platon lui-même. Mais même les allusions qui sont faites à la doctrine de Parménide dans la première partie du dialogue ont soulevé des controverses. Le jeune Socrate s'adresse à Parménide en lui disant : « Tu dis, dans tes vers, que le tout est un » (σὺ μὲν γὰρ ἐν τοῖς ποιήμασιν ἓν φὴς εἶναι τὸ πᾶν, 128 a 8-b 1). Selon **73** D. O'Brien, « Le Parménide historique et le Parménide de Platon », dans **74** Aleš Havlíček et Filíp Karfík (édit.), *Plato's « Parmenides ». Proceedings of the Fourth Symposium Platonicum Pragense*, Praha 2005, p. 234-256, l'expression τὸ πᾶν, signifiant ici l'univers, serait un anachronisme, laissant apparaître une influence d'Empédocle. **75** L. Brisson, « Réponse à Denis O'Brien », dans Havlíček et Karfík **74**, p. 257-262, a contesté cette interprétation.

Établissement du texte. 76 N. L. Cordero « L'histoire du texte de Parménide », dans Aubenque **55**, t. II, p. 3-24 ; **77** D. O'Brien, « Problèmes d'établissement du texte », dans Aubenque **55**, t. II, p. 314-350.

Le cadre du poème, développé dans le Prologue, est un voyage en char, tiré par des cavales, qui amène le poète, guidé par les filles du Soleil, par delà les Portes gardées par la Justice, dans la demeure de la lumière où une Déesse lui fera connaître toutes choses, à la fois la vérité et l'opinion des mortels. La section sur la *doxa* comprenait une cosmogonie et une zoogonie. On s'est étonné que Parménide ait si longuement développé cette section sur la nature, s'il n'y voyait que des opinions trompeuses. Étaient-ce des vues antérieurement exposées par ses prédécesseurs (Pythagoriciens, Héraclite, Anaximandre, Anaxagore) qu'il rejetait implicitement ? Jusqu'à quel point les partageait-il, au moins comme opinions défendables ? Quant aux deux voies exclusives de recherche (B 2) (ἡ μὲν ὅπως ἔστιν τε καὶ ὡς οὐκ ἔστι μὴ εἶναι... ἡ δ᾽ ὡς οὐκ ἔστιν τε καὶ ὡς χρεών ἐστι μὴ εἶναι), leur difficulté (ἔστιν ne reçoit aucun sujet et le même problème se pose pour οὐκ ἔστιν) a donné lieu, depuis Platon, Aristote et les néoplatoniciens jusqu'à aujourd'hui, aux interprétations les plus diverses.

L'intention du poète en distinguant entre « est » et « n'est pas » dans l'argumentation du poème peut sans doute être éclairée par le fait que « est » recevra un sujet « l'être », ce qui conduit à ce qu'un logicien moderne peut considérer comme une tautologie, « l'être est » (cf. fr. 6, 1), mais qui constitue tout de même le point de départ du raisonnement qui suit (fr. 8), alors qu'aucun sujet analogue n'est fourni pour l'affirmation relative à la seconde voie, qui se présente ou bien comme la simple négation du verbe (fr. 2, 5 : « n'est pas ») ou sous la forme d'un participe substantivé (fr. 2, 6 : « ce qui n'est pas »), mais jamais comme la conjonction des deux expressions. Des formules traduites d'une façon qui semble indiquer une conjonction équivalente d'un sujet et d'un verbe (cf. fr. 6, 2 : μηδὲν δ᾽ οὐκ ἔστιν) doivent très probablement être comprises comme impliquant l'emploi potentiel du verbe, comme on le trouve fréquemment chez Homère, et comme signifiant par conséquent « il est impossible que <soit> ce qui n'est rien » (avec εἶναι sous-entendu à partir du vers précédent).

Pour comprendre le rapport entre les *Deux voies* et les *Opinions des mortels,* il importe de déterminer le sens exact des vers cités à deux reprises par l'Étranger d'Élée dans le *Sophiste* de Platon (DK 28 B 7, 1-2, cités d'abord en 237 a 8-9, puis à nouveau en 258 d 2-3). L'interprétation qui doit en être donnée est également décisive pour préciser en quel sens l'Étranger du dialogue de Platon peut parler d'un « parricide » (241 d 3 : πατραλοία, un terme qui en grec recouvre tous les actes de violence commis à l'égard d'un père). Les opinions sont partagées concernant la signification de ces vers dans le poème de Parménide et l'importance qu'ils revêtent pour la compréhension de l'argumentation du *Sophiste.*

Le lecteur moderne du dialogue risque en effet d'être trompé par la signification donnée au verbe qui introduit la première citation du poème (237 a 6 : ἀπεμαρτύρατο). Le point de vue de l'Étranger n'est pas que Parménide « maintient lourdement » la thèse énoncée dans la citation qui suit (*LSJ, s.v.*). Le préfixe (ἀπο-) ne sert pas à renforcer la forme simple du verbe (*LSJ, s.v.,* D 4). Sa fonction est ici de nier le verbe (cf. *LSJ, s.v.,* D 5). L'Étranger veut dire que Parménide « témoigne contre » l'affirmation selon laquelle « les choses qui ne sont pas sont » (fr. 7, 1), une conjonction illégitime de « être » et « non-être » qui est caractéristique des opinions des mortels.

Les vers rapportés par Sextus et Simplicius notamment contiennent un certain nombre de variantes qui ne peuvent pas s'expliquer simplement par des erreurs de transcription, mais trahissent une tentative délibérée d'adapter le texte du poème aux canons philosophiques d'une époque plus tardive. En voici une liste sommaire :

Fr. 1, 29. L'adjectif εὐπειθέος, « persuasive », rapporté par Sextus et Plutarque, que l'on a trouvé inapproprié pour décrire la « vérité » par rapport au caractère persuasif de la simple « opinion » a été remplacé, dans un texte de Simplicius, par εὐκυκλέος, « bien arrondie », tiré du même adjectif composé qui sera plus loin utilisé dans le poème (fr. 8, 43 : εὐκύκλου), ou bien, dans une citation par Proclus, par l'image qu'affectionnent les auteurs néoplatoniciens de la lumière avec le même préfixe que dans la leçon originale, donc εὐφεγγέος, « bien illuminée ».

Fr. 8, 4. οὐλομελές, « entier en sa membrure », rapporté par Plutarque, a été remplacé, peut-être parce qu'on estimait qu'il évoquait trop une extension dans l'espace, par μουνογενές, « unique en son genre » (Simplicius, Clément, Philopon).

Fr. 8, 6. συνεχές, « continu », rapporté par Simplicius, mais qui paraissait à un auteur néoplatonicien un concept associé avec le flux du temps par opposition à l'intemporalité de l'être intelligible, a été remplacé, dans une citation d'Asclépius, par l'adjectif οὐλοφυές, équivalent pour la métrique et qui apparaît dans un tout autre contexte chez Empédocle (fr. 62, 4).

Fr. 8, 12. Le vers a presque certainement été transmis sous une forme qui a été délibérément adaptée de façon à ne pas faire nier à Parménide que « ce qui est » puisse venir de « être », idée qui contredit la thèse qui sous-tend une grande partie de la théorie de l'émanation dans les *Ennéades*. Le refus (v. 10) que « ce qui est » ait surgi de « rien » (τοῦ μηδενός) devrait avoir pour contrepartie dans le second membre de l'argument (v. 12) non pas un nouveau refus que « ce qui est » puisse venir de « ce qui n'est pas » (ἐκ μὴ ὄντος), mais le refus d'admettre que « ce qui est » soit venu de « être » (ἐκ <τοῦ ἐ>όντος, correction de Karsten), « être » constituant par conséquent l'antécédent du pronom dans le vers suivant (παρ' αὐτό, « à côté de lui »).

Ces exemples sont tirés d'O'Brien **57** et **73**, mais son interprétation de l'histoire du texte n'a pas été unanimement acceptée.

Sur l'**école médicale d'Élée**, connue par des inscriptions de Vélia, la bibliographie a été rassemblée dans Šijaković **19**, p. 538 (n° 14406-14422). L'inscription portant le nom de Παρμενείδης Πύρητος | Οὐλιάδης | φυσικός, est publiée dans le recueil de E. Samama, *Les médecins dans le monde grec. Sources épigraphiques sur la naissance d'un corps médical*, coll. «Hautes Études du monde gréco-romain» 31, Genève 2003, p. 544-545 (n° 507, 3).

Voir principalement **78** M. Fiore, *L'antica Velia e la scuola di Elea*, Molfetta 1957, 27 p. ; **79** P. Ebner, «Scuole di medicina a Velia e a Salerno», *Apollo* 2, 1962, p. 125-136 ; **80** G. Pugliese Carratelli, «Φώλαρχος», *PP* 18, 1963, p. 385-386 ; **81** *Id.*, «Ancora su φώλαρχος», *PP* 18, 1963, p. 243-248 ; **82** M. Gigante, «Parmenide Uliade», *PP* 19, 1964, p. 450-452 ; **83** C. Ottaviano, «La prima testimonianza epigrafica su Parmenide filosofo e medico?» *Sophia* 22, 1965, p. 311-313 ; **84** G. Pugliese Carratelli, «Παρμενίδης φυσικός», *PP* 20, 1965, p. 306 ; **85** P. Ebner, «Parmenide medico Οὐλιάδης», *GM* 21, 1966, p. 104-114 ; **86** G. Calogero, «Filosofia e medicina in Parmenide», dans *Filosofia e scienze in Magna Grecia. Atti del quinto convegno di studi sulla Magna Grecia* (Taranto, 10-14 ottobre 1965), Napoli 1966, p. 69-71 (avec une discussion, p. 117-149) ; **87** M. Gigante, «Parmenide e i medici nelle nuove iscrizioni di Velia», *RFIC* 45, 1967, p. 487-490 ;**88** J. Benedum et M. Michler, «Parmenides Uliades und die Medizinschule von Elea», *Clio Medica* 6, 1971, p. 295-306 ; **89** J. Osier, «Parmenides and the Pythagoreans», *BC* 52, 1976, p. 65-66 ; **90** G. Rocca-Serra, «Parménide et les médecins d'Élée», *Histoire des sciences médicales* 19, 1985, p. 169-174 ; **91** *Id.*, «Parménide chez Diogène Laërce», dans Aubenque **55**, t. II, p. 254-273.

DENIS O'BRIEN et RICHARD GOULET.

Iconographie

Le portrait de Parménide semble avoir été transmis de façon sûre d'abord par un hermès avec une tête encastrée retrouvé à Marina di Ascea (Inv. 43511). En effet on a découvert en 1962 à Vélia (l'ancienne Élée) dans la cour antérieure du complexe architectural de l'*insula* II un hermès qui portait les lettres grecques ΠΑ[Ρ]ΜΕΝΕΙΔΗΣ ΠΥΡΗΤΟΣ / ΟΥΛΙΑΔΗΣ ΦΥΣΙΚΟΣ (**1** L. Vecchio, *Le iscrizioni greche di Velia*, Wien 2003, p. 81-86, n° 21, fig. 43 et 44 ; **2** J.-P. Morel, « "Oulis", de Velia à Olbia de Provence et à Marseille », dans I. Berlingo *et al.* [édit.], *Damarato. Studi di antichità classica in onore di Paola Pelagatti*, Milano 2001, p. 336-340). Cette trouvaille fut complétée en 1966 par la découverte d'une tête représentant un personnage barbu (**3** M. Fabbri et A. Trotta, *Una scuola-collegio di età augustea*, Roma 1989, p. 74 *sq.*, 102-104, n° 15, pl. 57-62) s'y insérant parfaitement et qui devait donc originellement lui appartenir (**4** H. Jucker, « Zur Bildnisherme des Parmenides », *MH* 25, 1968, p. 183 ; **5** G. Greco et F. Krinzinger [édit.], *Velia. Studi e ricerche,* Modena 1994, p. 43-47 n. 83, fig. 54 ; **6** J. Frel, *Greek Portraits in the J. P. Getty Museum*, Los Angeles 1981, p. 32 *sqq.*, fig. 81 ; les doutes exprimés par **7** V. Kruse-Berdoldt, *Kopienkritische Untersuchungen zu den Porträts des Epikur, Metrodor und Hermarch*, Diss. Göttingen 1975, p. 74, ne sont pas justifiés).

C'est pourquoi, on considéra dans un premier temps que cet hermès transmettait une image authentique de Parménide (comme l'a reconnu Jucker **4**, p. 181-185, qui toutefois signalait déjà la dépendance par rapport au portrait de Métrodore [➠M 152]). Cependant, le portrait reproduit sur cet hermès ne conserve, en aucune manière, la véritable image du philosophe. Grâce à une comparaison des motifs très caractéristiques du front et de la barbe, la tête appartenant à l'hermès de Vélia doit plutôt être considérée comme une copie du portrait du philosophe épicurien Métrodore de Lampsaque, dont le type peut être identifié de façon certaine par des répliques qui comportent des inscriptions (Kruse-Berdoldt **7**, p. 73 *sq.*, n° M 21).

L'association de l'hermès portant le nom de Parménide avec le type iconographique de Métrodore s'explique probablement par le fait que les copistes n'avaient pas à leur disposition de modèle pour le portrait de Parménide (Jucker **4**, p. 184) et qu'ils ont utilisé à sa place un des portraits qu'ils avaient dans leur répertoire. C'est ainsi qu'ils ont créé par cet amalgame le portrait fictif du célèbre philosophe de leur cité, lequel a pris place, en compagnie d'autres hermès identifiés par des inscriptions, dans le complexe architectural que l'on peut vraisemblablement considérer comme le siège d'un collège de médecins (**8** L. Vecchio, « Medici e medicina ad Elea-Velia », dans G. Greco [édit.], *Elea-Velia. Le nuove ricerche*, Pozzuoli 2003, p. 238 *sq.*).

Cf. 9 Richter, *Portraits* Suppl., p. 5, fig. 455a-b ; **10** G. M. A. Richter, *The Portraits of the Greeks*, éd. abrégée par R. R. R. Smith, Oxford 1984, p. 171 *sq.*, fig. 134 ; **11** L. A. Scatozza-Höricht, *Il volto dei filosofi antichi*, Napoli 1986, p. 75, fig. 23 ; **12** Schefold, *Bildnisse* p. 230 *sq.*, 512 *sq.*, n° 123 ; **13** A. Stähli, « Orna-

mentum Academiae. Kopien griechischer Bildnisse in Hermenform», dans
T. Fischer-Hansen *et al.* (édit.), *Ancient Portraiture. Image and Message*, Kopen-
hagen 1992, p. 158 *sq.*, fig. 9 ; **14** D. Boschung, *Gens Augusta. Untersuchungen
zur Aufstellung, Wirkung und Bedeutung der Statuengruppen des julisch-
claudischen Kaiserhauses*, Mainz 2001, p. 114, n° 39.13, pl. 89, 1 ; **15** W. Gauer,
«Der Redner Lykurg und Solon: Bilanz der Überlieferung zur griechischen
Ikonographie und Klärung der statistischen Voraussetzungen für eine hypothe-
tische Benennung», *Boreas* 27, 2004, p. 96 ; **16** E. Voutiras, «*Imagines virorum
illustrium.* Problemi di identificazione dei ritratti greci», *ArchClass* 60, 2009,
p. 98-102, fig. 7-9.

   Notice traduite de l'allemand par R. Goulet avec la collaboration de l'auteur.

                                                                    JÖRN LANG.

41 PARMÉNIDÈS (AVIDIUS –) DE THESPIES   F I-D II

La seule mention de ce philosophe est l'indication du patronyme de son fils
Archestratos (☞A 312), également philosophe, sur les bases des deux statues
élevées dans le sanctuaire de Thespies par la fille d'Archestratos, Avidia Iulia :
IThesp, 361 (= *IG* VII 2519, complétée par A. Plassart, *BCH* 50, 1926, p. 433), et
Arch. Eph. 1934/5, *chron.* 15, n° 184. Le philosophe avait-il donné une prestation
dans le cadre des *Mouseia* ? Un petit fragment d'interprétation difficile, daté par
l'écriture du IIᵉ siècle de notre ère et habituellement considéré comme provenant
d'un catalogue agonistique, porte, l'un au-dessous de l'autre, clairement reconnaissables mais à un cas indéterminé, les noms du père et du fils (Παρμεν[είδ-],
Ἀρχέστρατ[-]).

                                                         BERNADETTE PUECH.

42 PARM(ÉN)ISCOS DE MÉTAPONTE *RE* 1   VI - V

Pythagoricien ancien dont le nom figure, sous la forme Παρμίσκος, parmi les
Métapontins du catalogue de Jamblique (*V. pyth.* 36, 267, p. 144, 1 Deubner =
1 DK 58 A, t. I, p. 446, 15), qui semble remonter à Aristoxène de Tarente. Son
nom est répertorié dans **2** W. Pape et G. Benseler, *Wörterbuch der griechischen
Eigennamen*, t. II, p. 1138, ainsi que dans le **3** *LGPN*, vol. III A, p. 353.

Les témoignages sur Parm(én)iscos sont réunis par DK **1** sous le n° 20 ; voir
aussi **4** M. Timpanaro Cardini, *I Pitagorici. Testimonianze e frammenti*, t. I,
Firenze 1958, p. 114-117 (comportant de précieuses notes). À propos de ce personnage, voir **5** K. von Fritz, art. «Parmeniskos» 1, *RE* XVIII 4, 1949, col. 1569 ;
6 W. Burkert, *Lore and science*, p. 154, avec la n. 191 (*cf.* aussi p. 114) ;
7 P. Bonnechère, *Trophonios de Lébadée : cultes et mythes d'une cité béotienne au
miroir de la mentalité antique*, coll. «Religions in the Graeco-Roman world» 150,
Leiden 2003, p. 268 (*cf.* aussi p. 265).

S'il remonte vraiment à Aristoxène de Tarente (☞A 417), le catalogue de
Jamblique serait la plus ancienne source à faire de Parmiscos un pythagoricien. Par
ailleurs, un membre de la secte du nom de Παρμενίσκος est mentionné par

Favorinus d'Arles [➨ F 10] (*Mémorables*, livre I, fr. 8 Mensching = fr. 38
Barigazzi = fr. 46 Amato, cité par Diogène Laërce dans sa "Vie" de Xénophane [en
IX 20] ; *cf.* **1** DK 20 A 2 = 21 A 1 [20]) : ce personnage figure à côté d'un autre
pythagoricien, Orestadas, exactement comme le Parmiscos du catalogue de
Jamblique, ce qui permet de penser que Parmiscos et Parméniscos sont, selon toute
vraisemblance, des variantes onomastiques désignant la même personne. Étant
donné que Παρμίσκος est un nom très rare, tandis que le diminutif Παρμενίσκος
est extrêmement courant, répandu dans l'ensemble du monde grec sauf – justement ! – l'Italie du Sud (*cf.* **8** O. Masson, « Quelques noms de magistrats moné-
taires grecs », *RN* 28, 1986, p. 51-63, à la p. 60 [= *Id., Onomastica graeca selecta*,
vol. 2, Paris 1990, p. 521-533, à la p. 530], ainsi que les vol. I-IV du *LGPN* 3), il
paraît raisonnable de supposer que "Parmiscos" est la forme originelle du nom, et
qu'elle a été corrigée tacitement au cours de la transmission des textes suivant la
logique de la *lectio facilior*, mise en œuvre par la pression exercée à cause de la
présence massive du nom "Parméniscos" dans la vulgate panhellénique.

Selon Favorinus, les pythagoriciens Parméniscos et Orestadas auraient vendu le
poète-philosophe présocratique Xénophane de Colophon comme esclave. Pour un
état de la question sur les interpretations possibles de ce biographème, voir la
notice du *DPhA* sur Orestadas (➨ O 37).

On se rappellera qu'une histoire analogue était racontée à propos de Platon, où, dans la
majorité des variantes, c'est le tyran Denys l'ancien qui est à l'origine de la vente et de la servitude du philosophe ; voir **9** A. Swift Riginos, *Platonica. The anecdotes concerning the life and the
writings of Plato*, Leiden 1976, p. 86-92 (anecdotes n°ˢ 33-36).

Le synchronisme avec Xénophane permettrait de dater Parm(én)iscos aux
alentours de 500 av. J.-Chr. (à cheval donc entre la fin du VIᵉ et le début du Vᵉ
siècle).

Que ce Parm(én)iscos ait été fortement lié à la légende cultuelle de Délos,
ressort clairement si l'on met bout à bout les renseignements fournis par l'historien
du IIIᵉ siècle av. J.-Chr. Sèmos de Délos (*Déliade* [= *Histoire* ou *Périégèse de
Délos*], livre V, *FGrHist* 396 F 10 = Athénée, XIV 2, 614 A-B), qui parle d'un
Parméniscos originaire de Métaponte (comme le Parmiscos de Jamblique), et celui
de l'inventaire du temple d'Artémis dans cette meme île, datant de 279 av. J.-Chr.,
qui fait état de l'offrande de Parmiscos (*IG* XI 2, n° 161 B 17, avec la note de
Dürrbach ; nom répertorié par *LGPN* 3, t. I, p. 363).

Le témoignage de l'historien délien mérite, nous semble-t-il, d'être cité ici *in extenso* (trad.
Bonnechère **7** modifiée) : « Depuis que Parméniscos de Métaponte, un homme de premier rang
tant de fortune que d'origine, descendit dans [l'antre de] Trophonios et en remonta, il ne pouvait
plus rire. Lorsqu'il s'enquit à ce sujet auprès de l'oracle, la Pythie lui répondit : 'Privé de la
douceur [du rire] (ἀμείλιχε), tu m'interroges au sujet du rire doux (μειλίχοιο). / La mère te le
donnera à la maison (οἴκοι) ; honore-la par une offrande exceptionnelle'. [Parméniscos] espérait
[donc] retrouver son rire une fois rentré dans sa patrie. Or il n'en fut rien et il se crut trompé. Un
jour il vint par hasard à Délos. Après avoir fait le tour des curiosités de l'île, il arriva au temple de
Létô dans l'idée qu'il y admirerait quelque statue remarquable de la mère d'Apollon ; constatant
qu'il ne s'agissait en réalité que d'un morceau de bois informe, contre toute attente, il se mit à
rire. Il se rappela alors l'oracle du dieu et, délivré de sa maladie, honora la déesse avec magnifi-

cence». Pour le texte grec, *cf.* aussi **10** Ph. Bruneau, *Recherches sur les cultes de Délos à l'époque hellénistique et à l'époque impériale*, coll. *BEFAR* 217, Paris 1970, p. 209 n. 4.

La mère dont il était question dans l'oracle de la Pythie n'était donc que Létô, la mère d'Apollon, le dieu de Délos, et οἶκοι ne désignait point la maison ou la patrie de Parméniscos, mais sa maison à elle, à savoir son temple délien...

Selon **11** H. W. Parke et D. E. W. Wormell, *The Delphic oracle*, vol. II. *The oracular responses*, Oxford 1956, n° 129 (p. 57), cette histoire est «evidently worked up for pietistic motives». L'oracle est jugé inauthentique par **12** J. Fontenrose, *The Delphic oracle : its responses and operations with a catalogue of responses*, Berkeley/Los Angeles/London 1978, p. 328 (Q185), avec le comm., p. 69-70, mais cela ne remet pas en question la fiabilité du témoignage de Sèmos, qui est considéré généralement comme un historien sérieux et bien informé : voir **13** F. Jacoby, art. «Semos», *RE* II A 2, 1923, col. 1357-1359, ainsi que la synthèse introductive du même auteur dans **14** *FGrHist*, III b, p. 203-204 (p. 206 pour le fr. qui nous occupe ici); *cf.* **15** G. Pasquali, «Die schriftstellerische Form des Pausanias», *Hermes* 48, 1913, p. 161-223, à la p. 184.

Il serait tentant, quoique improuvable, de mettre en parallèle l'offrande déposée par Parméniscos au temple de Létô (attestée par une source littéraire à la fois bien informée parce que locale, et relativement ancienne) avec celle d'un cratère d'argent, déposée au temple d'Artémis par un certain Parmiscos selon l'inventaire du temple (document épigraphique signalé plus haut).

Sur cette offrande, voir plus en détail **16** Th. Homolle, «Comptes et inventaires des temples déliens en l'année 279, I», *BCH* 14, 1890, p. 389-511, à la p. 403, et II, *BCH* 15, 1891, p. 113-168, aux p. 127-128 ; *cf.* **17** *Id.,* «Inventaires des temples déliens en l'année 364», *BCH* 10, 1886, p. 461-475, à la p. 462, li. 19. Comparée aux autres offrandes signalées dans l'inventaire, qui sont plutôt modestes, celle de Parmiscos sort nettement du lot. (chez Bruneau **10**, p. 210 et 211, l'offrande est faussement désignée comme un tableau [πίναξ] de bronze, tandis que le cratère d'argent de Parmiscos n'est pas mentionné). Ajoutons une précision importante (Homolle **16**, II, p. 128) : «On ne doit point s'étonner de rencontrer dans l'Artémision l'offrande destinée à Latone ; d'autres objets consacrés à cette déesse étaient placés, soit dans le temple d'Apollon, soit dans un autre. Bien que plusieurs textes d'auteurs anciens citent le Létôon, ce temple ne figure dans aucun inventaire».

Si l'on accepte la plausibilité du rapprochement du Parméniscos mentionné par Sèmos avec le Parmiscos enregistré sur l'inscription délienne, comme le font unanimement les interprètes modernes, à commencer par Diels **1** (*cf.* Homolle **16**, II, p. 128 : «La date, le nom, la magnificence de l'offrande, tout concorde donc»; Parke-Wormell **11** : «this story ... was apparently connected with a dedication of Parmeniscus at Delos»), on doit remarquer qu'ici encore (comme dans le cas du Parmiscos du catalogue de Jamblique-Aristoxène, devenu Parméniscos chez Favorinus), c'est la source purement documentaire qui a préservé la forme originelle du nom, alors que la source littéraire a procédé à ce qui lui semblait être une rectification, en restituant la forme plus familière, Parméniscos.

Du témoignage de Sèmos on retiendra (a) l'initiation du pythagoricien Parm(én)iscos dans l'antre de Trophonios à Lébadée, initiation consistant en une "catabase" rituelle (et virtuelle) dans l'Hadès, dont les terreurs lui auraient fait perdre sa capacité de rire, et (b) son intérêt pour la religion apollinienne (consultation de l'oracle de Delphes et pèlerinage à Délos, île d'Apollon par excellence). Les rapports du pythagorisme avec ces deux réalités cultuelles sont effectivement très bien documentés dans nos sources.

1. Pour le *Trophonion*, il suffirait de rappeler la descente du (néo)pythagoricien Apollonios de Tyane (➨A 284) dans l'antre mantique lébadéen, après laquelle le sage revint en portant un livre contenant les doctrines de Pythagore (*Πυθαγόρου δόξαι*), preuve que l'oracle approuvait cette philosophie (Philostrate, *V. Apol.* VIII 19); *cf.* **18** C. Macris, « Becoming divine by imitating Pythagoras ? », *METIS. Anthropologie des mondes grecs anciens* (N. S.) 4, 2006, p. 297-329, à la p. 321). 2. Pour ce qui est de la religion apollinienne, voir, entre autres, **19** M. Giangiulio, « Sapienza pitagorica e religiosità apollinea : tra cultura della città e orizzonti panellenici », *AION (filol)* 16, 1994 [=A. C. Cassio et P. Poccetti (édit.), *Forme di religiosità e tradizioni sapienziali in Magna Grecia*. Atti del Convegno, Napoli 14-15 dicembre 1993], p. 9-27. Notons que la "catabase" dans l'antre lébadéen n'est pas non plus sans rapport avec Apollon, étant donné que Trophonios est un fils de ce dieu et qu'Apollon a un côté "oblique" et chthonien assez marqué, dans certains cultes en particulier. Enfin le culte de Trophonios rappelle à bien des égards les "catabases" que la tradition attribuait à Pythagore lui-même [➨P 333]. Sur les consultations de l'oracle de Trophonios et les catabases initiatiques dans l'antre du héros, voir en dernier lieu Bonnechère **7**, qui insiste dûment sur les affinités pythagoriciennes de ce culte (p. 277-282). (D'ailleurs, la caverne trophoniaque avait attiré l'attention des philosophes de tous azimuts : selon Athénée, le péripatéticien Dicéarque [➨D 98], qui s'était beaucoup intéressé à Pythagore et au pythagorisme, aurait écrit également un traité *Sur la descente chez Trophonios* [fr. 19 et 21 Wehrli]). – Pour anecdotique qu'il puisse paraître à première vue, le détail au sujet du rire de Parm(én)iscos est très important : le caractère effrayant de l'antre de Trophonios avait en effet persuadé nombre de Grecs qu'une consultation là-bas faisait perdre la capacité de rire ; voir p. ex. Pausanias IX 39, 13, et plus généralement **20** A. Schachter, *Cults of Boiotia. 3. Potnia to Zeus, cults of deities unspecified by name*, coll. « BICS Supplements » 38.3, London 1994, p. 81, n. 5 ; Bonnechère **7**, p. 262-269, qui souligne combien l'absence de rire est partagée, entre autres, avec les pythagoriciens (sur l'attitude du pythagorisme à l'égard du rire, *cf.* le dossier constitué par **21** C. Macris, *Le Pythagore des néoplatoniciens : recherches et commentaires sur "Le mode de vie pythagoricien" de Jamblique*, Thèse de Doctorat, École Pratique des Hautes Études - Section des Sciences religieuses, Paris 2004 [dir. Ph. Hoffmann], t. II, p. 111-114). Inversement, l'historiette sur Parm(én)iscos « vaut son pesant d'or : elle est un *terminus ante quem* assuré pour le proverbe trophoniaque [*scil.* celui qui concerne la perte de la capacité de rire], mais aussi pour la relation entre Trophonios et le mouvement pythagoricien. Elle illustre, outre l'infaillibilité oblique des oracles apolliniens, l'alternance mystérique entre morosité et rire retrouvé (espoir, bonne fortune, jeux de mots sur les termes chthoniens ἀμείλιχε [employé couramment à propos d'Hadès depuis Homère], μειλίχοιο) » (Bonnechère **7**, p. 268). – La plus récente publication à ce jour à faire état de Trophonios, à savoir **22** Y. Ustinova, *Caves and the ancient Greek mind : descending underground in the search for ultimate truth*, Oxford 2009, ne mentionne pas le cas de Parm(én)iscos.

CONSTANTINOS MACRIS.

43 PARMENISCUS *RE* 2   F I^a ?

Auteur d'un *Banquet des cyniques* (Κυνικῶν συμπόσιον), qui se présente sous la forme d'une lettre adressée à un certain Molpis, dont Théodore-Cynulcus dans Athénée (*Deipnosophistes* IV, 156 C-158 A) cite un large extrait. Molpis est peut-être à identifier avec l'auteur de la Πολιτεία Λακεδαιμονίων (*FHG*, t. IV, p. 453), une des sources utilisées par Athénée quand il décrit les coutumes de table des Spartiates en IV, 140 A-141 E, et en XIV, 664 E (*cf.* **1** E. Bux, art. « Molpis » 2, *RE* XVI 1, 1933, col. 28).

Méléagre de Gadara (fl. 96 av. J.-C.) [➨M 90], l'auteur des *Grâces,* y étant présenté comme ancêtre (πρόγονος) des cyniques du banquet (en IV, 157 B), l'ouvrage, selon **2** K. Von Fritz, art. « Parmeniskos » 2, *RE* XVIII 4, 1974, col. 1569-1570, dut être composé au plus tôt dans le dernier quart du Ier s. av. J.-C., ce qui exclut une identification avec le grammairien alexandrin Parmeniscus, disciple d'Aristarque et auteur d'un Πρὸς Κράτητα, qui vécut au tournant du IIe au Ier s. (*cf.* **3** C. Wendel, art. « Parmeniskos » 3, *RE* XVIII 4, 1974, col. 1570-1572).

Ce *Banquet des cyniques* relate un banquet qui eut lieu chez Cébès de Cyzique (➨C 61) à Athènes durant les fêtes en l'honneur de Dionysos. Parmeniscus raconte qu'à son arrivée chez Cébès, il trouva six cyniques allongés ainsi que le « conducteur de chiens », Carnéios de Mégare (➨C 45) [IV, 156 E]. La conversation tourna autour de l'eau : on se demandait quelle était l'eau la meilleure, celle de Lerne ou celle de Pirène ? Pendant le dîner, la purée de lentilles (φακῆ) – un plat lié aux cyniques –, coula à flots, puis on apporta des lentilles plongées dans le vinaigre (IV, 156 E-F). Sur ces entrefaites arrivèrent deux courtisanes bien connues : Mélissa, l'actrice de théâtre qui excite le public (θεατροτορύνη), et Nicion, la mouche à chiens (ἡ κυνάμυια) [➨N 41], étonnées à la vue d'une telle profusion de lentilles. Nicion, après avoir mentionné les *Grâces* de Méléagre, fit référence à « Antisthène le Socratique » pour préconiser aux cyniques présents de « se délivrer eux-mêmes de la vie s'ils devaient manger pareille nourriture », une nourriture lourde barricadant la partie directrice de l'âme et constituant un obstacle à l'exercice de la pensée (IV, 157 B et D). Le récit de Parmeniscus s'achève sur une référence à un passage de l'ouvrage de l'historien Anticleidès intitulé Νοστοί, qui raconte un épisode de la vie d'Héraclès, dont les cyniques se disent les émules (ζηλωταί) [IV, 158 A].

MARIE-ODILE GOULET-CAZÉ.

PARMISCOS → PARM(ÉN)ISCOS DE MÉTAPONTE

44 [PARÔN]

La seule et unique mention d'un pythagoricien du nom de Πάρων est faite par Aristote (*Physique* IV 13, 222 b 16-19) dans le contexte d'une discussion au sujet du temps, et plus précisément de son action génératrice et corruptrice. Là, ce personnage totalement inconnu par ailleurs apparaît, sans autre précision (par exemple sur sa citoyenneté), comme le porteur d'un ἔνδοξον selon lequel le temps (contrairement à une autre opinion qui en faisait la chose la plus sage [σοφώτατον], et qui est évoquée juste avant de façon anonyme) serait la chose la plus ignorante (ἀμαθέστατον), celle qui ne sait ou n'apprend rien, étant donné qu'avec le temps les hommes deviennent de plus en plus oublieux (ἐπιλανθάνονται). Cette opinion pythagoricienne avait gagné la conviction d'Aristote, qui la considère plus correcte que l'autre (ὀρθότερον). *Cf.* aussi la paraphrase de ce passage par Thémistius, *in Phys. paraphr.* [*CAG* V 2], p. 158, 25 - 159, 2 Schenkl (qui ne mentionne pas l'identité pythagoricienne de Parôn), ainsi que le commentaire de Jean Philopon, *in Phys.* [*CAG* XVII], p. 767, 5-12 Vitelli, et surtout celui de Simplicius, *in Phys.* [*CAG* IX], [a] p. 741, 1-2 + [b] p. 754, 7-17 Diels. Tous ces témoignages sont commodément réunis et traduits en allemand par **1** O. Poltera, *Simonides lyricus, Testimonia und Fragmente. Einleitung, kritische Ausgabe, Übersetzung und Kommentar*, coll. « Schweizerische Beiträge zur Altertums-wissenschaft », 35, Basel 2008, p. 62-63 (T 71). Dossier moins complet (=Aristote + Simplicius [b]) dans **2** DK 26 ; **3** M. Timpanaro Cardini, *I Pitagorici. Testimonianze e frammenti*, t. I, Firenze 1958, p. 158-159 ; **4** D. L. Page (édit.), *Poetae melici graeci*, Oxford 1962, fr. 645 (= fr. 140 de Simonide).

    N.B. Les références que donne Poltera **1** sont parfois fautives : ainsi il faudra remplacer Heiberg par Diels pour l'éd. de Simplicius et corriger Schenkel en Schenkl pour celle de Thémistius.

Néanmoins, si l'on tient compte d'une conjecture philologique précieuse de Simplicius (*in Phys.*, p. 754, 13-16 Diels), introduite avec précaution par l'expression καὶ μήποτε..., qui, typiquement chez lui, signale une opinion personnelle (*cf.* **5** P. Golitsis, *Les commentaires de Simplicius et de Jean Philopon à la 'Physique' d'Aristote : tradition et innovation*, Berlin/New York 2008, p. 64), ce Πάρων n'aurait finalement jamais existé et serait simplement le fruit d'une *falsa lectio*, d'une erreur dans la tradition manuscrite. C'est la mise en situation de la *doxa* pythagoricienne relative au temps dans le cadre d'un dialogue entre deux sages – le poète Simonide et un anonyme – conservé par le péripatéticien Eudème (➛E 93) et cité également par Simplicius, qui semble avoir suggéré à ce dernier l'idée de cette conjecture (voir *infra*).

    Cela dit, Parôn est un nom attesté en Italie du Sud, qui est le principal lieu d'action du pythagorisme antique : *cf.* p. ex. le général crotoniate Parôn mentionné par Diodore de Sicile XIX 10, 3-4, datant de la fin du IVe s. av. J.-C. (un personnage qui a échappé à la vigilance des rédacteurs du t. III A du **6** *LGPN*). En dépit donc de l'assertion de la *Souda*, *s.v.* Ναξουργὸς κάνθαρος, selon laquelle le nom propre Πάρων désigne en principe des hommes originaires de l'île de Paros (et – ajoutera-t-on – d'autres îles de la Mer Égée, comme le montre le répertoire du **6** *LGPN*, t. I, p. 363), il n'y aurait rien d'intrinsèquement impossible à ce qu'un pythagoricien italiote du nom de Parôn ait réellement existé.

Simplicius invitait à reconnaître dans le mot ΠΑΡΩΝ du syntagme "ὁ δὲ Πυθαγόρειος ΠΑΡΩΝ" de la *Physique* d'Aristote, écrit en onciale dans les mss de l'époque (ou alors en minuscule, mais sans accentuation, si l'on suit la suggestion de **7** G. Martano, « Il pitagorico Parone o il pitagorico presente ? », *Elenchos* 1, 1980, p. 215-224, aux p. 217-218, avec la n. 11, et à la p. 222 = *Id.*, « Paron the Pythagorean or the Pythagorean who was present ? », *CL* 2, 1982, p. 123-132), non pas le nom propre Πάρων, mais le participe présent du verbe πάρειμι. Si l'on suit cette conjecture (acceptée aussi telle quelle par Martano **7**, p. 221), Aristote aurait écrit en réalité « les uns disaient que le temps est la chose la plus sage, mais le pythagoricien *qui y était présent* (παρών), que c'est la chose la plus ignorante », là où les copistes, ayant mal compris le texte, ont lu et transmis « ...mais le pythagoricien *Parôn*... ». Néanmoins, le texte grec de la *Physique* ne justifie pas (*pace* Martano **7**) la lecture proposée par Simplicius (*cf.* **8** Fr. Wehrli, *Eudemos von Rhodos*, coll. « Die Schule des Aristoteles », VIII, Basel/Stuttgart ²1969, p. 106 : « [Aristoteles] widerlegt die Vermutung des Simplicius, da Aristoteles von gar keiner Begegnung spricht, παρών als Partizip also bei ihm sinnlos wäre » ; **9** W.

Burkert, *Lore and science*, p. 170 : « We cannot ... follow Simplicius' proposal to correct Πάρων in Aristoteles to παρών, for without the scene as Eudemus has it, the word would be meaningless ») – et c'est peut-être la raison pour laquelle la suite du passage de l'*in Phys.* où apparaît la conjecture de Simplicius a été omise par Diels **2** et Timpanaro Cardini **3** (qui suit de très près Diels). Toujours est-il que la proposition de lecture de Simplicius n'est point gratuite et qu'elle mérite toute notre attention, car, moyennant quelques amendements, elle semble nous mettre finalement sur la bonne piste (une piste que lui-même ne pouvait peut-être pas suivre jusqu'au bout, étant donné que le respect qu'il avait pour l'autorité à la fois de la personne et du texte d'Aristote l'empêchait de situer l'erreur au niveau d'Aristote ou de sa source...).

Eudème (fr. 90 Wehrli, probablement tiré de ses *Φυσικά*) rapportait en effet la "joute de sagesse" qui eut lieu à Olympie (certainement devant l'auditoire panhellénique des jeux olympiques) entre le poète Simonide de Kéos et un sage *anonyme* (τινὰ τῶν σοφῶν). (Selon Wehrli **8**, p. 106, on aurait ici « eine der vielen Weisenunterhaltungen », tirée « aus der volkstümlichen Novellistik ».) Le premier soutenait que ce qu'il y a de plus sage c'est le temps, car c'est grâce à lui qu'accroissent connaissances et souvenirs (μαθήσεις ... ἀναμνήσεις) et que les hommes deviennent savants (ἐπιστήμονες) – en effet, avec le temps ils trouvent et apprennent (εὑρίσκειν ... μανθάνειν), ajoute Simplicius (*in Phys.*, p. 741, 1-3 Diels). Le deuxième sage lui a alors rétorqué : « Pourquoi tu dis cela, Simonide ? N'est-il pas plutôt vrai qu'on oublie de plus en plus avec le temps ? »

On pourrait aisément imaginer ici que dans l'original figurait un jeu de mots, assez évident en grec, entre ἐπι<u>στή</u>μονες (savants) et ἐπι<u>λή</u>σμονες (oublieux). – Dans le *Banquet des Sept Sages* de Plutarque (9, 153 D) c'est Thalès qui soutient que ce qu'il y a de plus sage c'est le temps, car « il a trouvé tout le passé et il trouvera tout l'avenir »... On peut penser que l'attribution de la devise σοφώτατον χρόνος à Thalès est tardive (elle apparaît en effet dans une liste d'autres superlatifs « où peuvent être décelés des reflets de la pensée de Platon », selon J. Defradas, éd. *CUF* des *Œuvres morales* de Plutarque, t. II, n. complémentaire 5 de la p. 212, reportée à la p. 333), mais rien n'exclut qu'Aristote ait rapporté ce *dictum* de façon anonyme justement parce qu'il était au courant de sa multiple attribution, dont la discussion ne l'intéressait pas dans ce contexte-là.

Il est évident qu'Eudème et Aristote rapportent le même événement, réel ou fictif, et les mêmes assertions contradictoires. Le fragment du premier a l'avantage de situer la discussion sur le temps dans un épisode bien mis en scène, là où le second ne fait que simplement rapporter, à titre d'ἔνδοξα, les thèses opposées, privées de leur cadre narratif. Ainsi on est en droit de supposer, avec Burkert **9**, p. 170, que les deux auteurs « are following the same source, a written source which, with the accents unmarked, could be understood in either of two ways, e.g. ΠΑΡΩΝ ΤΙΣ ΠΥΘΑΓΟΡΕΙΟΣ ΕΛΕΓΕ... » (par hypothèse, Burkert suggère, *ibid.*, n. 24, que la source en question « is likely to be a sophistic-rhetorical writing like Alcidamas' *Museum* »). **10** L. Zhmud, *Wissenschaft, Philosophie und Religion im früher Pythagoreismus*, Berlin 1997, p. 70, suite de la n. 14, et p. 269 n. 29, est totalement convaincu par la solution proposée par Burkert **9**. Cette reconstruction plus que vraisemblable des faits nous mène à la conclusion qu'un pythagoricien du nom de Parôn n'a jamais existé. Par conséquent, l'on devrait rayer définitivement son nom de **11** W. Pape et G. Benseler, *Wörterbuch der griechischen Eigennamen*, t. II, p. 1148, de Diels-Kranz **2**, de Timpanaro Cardini **3**, etc. En revanche, les deux témoignages en provenance du Lycée sont précieux dans leur complémentarité, car, comme l'a bien vu Burkert **9**, ils reproduisent à leur tour « a pre-Aristotelian proof [a] of the high valuation placed on μνήμη by the Pythagoreans, and also [b] of the Pythagoreans' use of proverbial wisdom in the context of the ancient σοφισταί».

Le cas de Parôn tel qu'il est exposé par Simplicius vient illustrer excellemment comment Eudème «has been assigned the ambiguous role of clarifying Aristotelian passages considered problematic in the eyes of Simplicius»; *cf.* **12** H. Baltussen, *Philosophy and exegesis in Simplicius: the methodology of a commentator*, London 2008, p. 99-104, et déjà **13** *Id.*, «Wehrli's edition of Eudemus of Rhodes: the physical fragments from Simplicius' commentary on Aristotle's *Physics*», dans **14** I. Bodnár et W. W. Fortenbaugh (édit.), *Eudemus of Rhodes*, coll. *RUSCH*, 11, New Brunswick/London 2002, p. 127-156, aux p. 130 *sq*. Sur le rapport dynamique entre compression et expansion que l'on observe dans le traitement des mêmes sujets par Eudème et son maître Aristote, et sur l'intérêt porté par le premier à la question du temps, voir **15** R. W. Sharples, «Eudemus' *Physics*: change, place and time», dans Bodnár et Fortenbaugh **14**, p. 107-126, aux p. 116-117, avec la n. 31.

On aura observé que dans la version transmise par Eudème aucune mention n'est faite de l'identité pythagoricienne de l'interlocuteur de Simonide, mais celle-ci semble très probable en raison de la référence que ce sage fait à l'oubli. Sur l'importance accordée à la mémoire dans la tradition pythagoricienne, voir les dossiers constitués dans **16** Πορφυρίου. Πυθαγόρου βίος, introd., texte grec, trad. en grec moderne et notes par C. Macris (Κ. Μακρής), Athènes 2001, p. 276-277 et 300-303 (= les notes 107 et 133). (Il ne serait pas non plus inenvisageable que dans le cadre de l'Académie dont est issu Aristote, puis dans le Lycée, l'expression τις τῶν σοφῶν ait pu être entendue parfois comme faisant allusion spécifiquement aux pythagoriciens, à l'instar d'emplois similaires – d'interprétation certes délicate... – que l'on rencontre dans certains des dialogues de Platon comme le *Gorgias* [507 e – 508 a] ou le *Ménon* [81 a 5 – b 7]).

Sur la véracité de l'anecdote rapportée par Eudème et sur le caractère authentiquement pythagoricien de la sentence sur le temps qui y est mise dans la bouche du sage anonyme faussement appelé Parôn par Aristote, une série de remarques s'imposent:

1. *Simonide de Kéos* (556 [ou 532/529, selon L. A. Stella] – 467 av. J.-C.) est *contemporain de la première génération des disciples de Pythagore* (sur sa contextualisation historique et les rapports qu'il a pu avoir avec ses contemporains, voir **17** J. H. Molyneux, *Simonides: a historical study*, Wauconda [Illinois] 1992). Une rencontre avec l'un d'eux est donc tout à fait possible, à Olympie, mais également en Italie du Sud ou en Sicile, où il avait développé son activité (*cf.* ses rapports avec Gélon, le tyran de Géla puis de Syracuse, ainsi qu'avec Hiéron [Molyneux **17**, p. 220-233]). Par ailleurs, il est permis de supposer d'autres contacts de Simonide avec la mouvance pythagoricienne: en effet, il est l'auteur d'une épigramme figurant sur la base de la statue érigée pour commémorer les victoires olympiques du pythagoricien Milôn de Crotone (⏩M 166),

ainsi que d'une ode écrite pour l'athlète Astylos de Crotone, de Syracuse ou de Métaponte, évoqué par Platon aux côtés de l'athlète pythagoricien Iccos de Tarente (☞I 11), et probablement pythagoricien lui aussi (*cf.* A 466) ; *cf.* Molyneux **17**, p. 81-83 et 214-220 (qui discute les témoignages et la chronologie qu'ils impliquent pour Simonide, mais sans être intéressé par la question de savoir si ce dernier a eu un rapport particulier, voire privilégié, avec les pythagoriciens de son temps). Cela dit, de telles hypothèses doivent être avancées avec une extrême prudence : on ne doit jamais perdre de vue que le poète était avant tout un professionnel qui écrivait des ἐπινικίους ᾠδάς quasiment pour tous les athlètes-vainqueurs de son temps de manière indifférenciée. D'autre part, **18** R. W. Johnston et D. Mulroy, « Simonides' use of the term τετράγωνος », *Arethusa* 37, 2004, p. 1-10, ont montré de manière convaincante que l'emploi du terme "carré" par Simonide pour qualifier l'homme vertueux ne devrait pas être versé dans le dossier de ses rapports avec la pensée pythagoricienne.

2. *La compétition* (réelle ou fictive) *des sages* sur des sujets variés était très courante dans l'Antiquité ; *cf.* **19** R. P. Martin, « The Seven Sages as performers of wisdom », dans C. Dougherty et L. Kurke (édit.), *Cultural poetics in archaic Greece : cult, performance, politics*, Cambridge/New York 1993, p. 108-128. Le lieu idéal pour une pareille mise en situation agonistique était évidemment Olympie qui, au moment des jeux panhelléniques, paraissait comme « der geeignete Schauplatz geistiger Ambitionen » (Christ **21** [*infra*], p. 59), utilisée par des philosophes comme Empédocle (31 A 1 [63 + 66] et 12 DK) et Anaxagore (59 A 1 [10] et 6), ainsi que par des sophistes comme Gorgias (82 A 7 + B 7-8a DK) ou Hippias (86 A 2 [7], 8 et 12 + B 1 DK), entre autres ; *cf.* aussi **20** A. W. Nightingale, *Spectacles of truth in classical Greek philosophy : theoria in its cultural context*, Cambridge 2004, *passim*. Sur les récits présentant Simonide comme un sage, voir **21** G. Christ, *Simonidesstudien*, Freiburg (Schweiz) 1941, p. 53-61 (« Der Weise und der Sophist »), notamment p. 58-59. Sur la mise en rapport de Pythagore et des pythagoriciens avec les Sept Sages dans les cercles pythagorisants, **22** A. Busine, *Les Sept Sages de la Grèce antique : transmission et utilisation d'un patrimoine légendaire d'Hérodote à Plutarque*, Paris 2002, p. 75-78.

3. *La notion du temps* avait émergé en tant que sujet de discussion au VIᵉ siècle : voir **23** M. Treu, *Von Homer zur Lyrik*, München ²1968, p. 123-135 ; **24** S. Accame, « La concezione del tempo nell'età omerica ed arcaica », *RIFC* 39, 1961, p. 359-394 ; **25** H. Fränkel, « Die Zeitauffassung in der frühgriechischer Literatur », dans *Id.*, *Wege und Formen frühgriechischen Denkens. Literarische und philosophiegeschichtliche Studien*, éd. Fr. Tietze, München ²1960 [1955], p. 1-22 ; Pontani **27** [*infra*], p. 5-10. Pour la discussion antique sur la sagesse du temps, voir **26** M. Jufresa, « Le temps comme *sophos* », dans N. Loraux et C. Mirailles (édit.), *Figures de l'intellectuel en Grèce ancienne*, Paris 1998, p. 191-219, notamment p. 191-192 et 205-206. Sur la conception simonidienne du temps, voir **27** F. Pontani, « The tooth of time. A poetic metaphor from Simonides to Shakespeare – and beyond », *C&M* 52, 2001, p. 5-36, aux p. 11-14. Selon Simplicius (*in Phys.* [*CAG* IX], p. 741, 2-3 Diels = fr. 10 Gentili-Prato dans **28** *Poetarum elegiacorum testimonia et fragmenta. Pars altera*, München/Leipzig ²2002), un peu plus tard Euenos, un ἐλεγειοποιός contemporain de Socrate (*cf.* la *Souda*, *s.v.* Φιλίσκος ou Φίλιστος Συρακούσιος ; **29** R. Reitzenstein, art. « Euenos 7 [von Paros] », *RE* VI 1, 1907, col. 976), combina les définitions opposées données par Simonide et par le sage pythagoricien anonyme pour déclarer, de manière intentionnellement paradoxale, que le temps est *à la fois* la chose la plus savante et la plus ignorante.

4. Ces définitions du temps constituent des cas particuliers de réponses formulées dans le cadre d'une *recherche des superlatifs (ou des summums)* qui fut également une mode archaïque datant du VIᵉ siècle ; on peut évoquer comme témoins plusieurs apophtegmes attribués à Thalès chez Diogène Laërce (I 35-36), le dialogue bien connu entre Crésus et Solon chez Hérodote (I 30-33) sur l'homme le plus heureux du monde, le *Banquet des Sept Sages* de Plutarque (chap. 9, 152 E-153 D), etc. En milieu pythagoricien cela correspond au groupe d'*acousmata* (= enseignements oraux) du type τί μάλιστα ; voir Jamblique, *V. pyth.* 82, p. 47, 16-21 Deubner, avec Burkert **9**, p. 169, et pour des exemples précis, *ibid.*, p. 171 ; *cf.* **30** C. Macris, « Autorità

carismatica, direzione spirituale e genere di vita nella tradizione pitagorica», dans G. Filoramo (édit.), *Storia della direzione spirituale*, vol. I : *L'età antica*, Brescia 2006, p. 75-102, aux p. 84-87 = *Id.*, «Charismatic authority, spiritual guidance and way of life in the Pythagorean tradition», dans M. Chase et M. McGhee (édit.), *Philosophy as a way of life : ancients and moderns*, Oxford (à paraître). Sur le rapport de ce type d'*acousmata* avec des *dicta* attribués aux Sept Sages, voir Jamblique, *V. pyth.* 83, p. 48, 6-13 Deubner, avec Burkert **9**, p. 169, et déjà **31** A. Delatte, *Études sur la littérature pythagoricienne*, coll. «Bibliothèque de l'École des Hautes Études. Sciences historiques et philologiques», 217, Paris 1915 [réimpr. Genève 1999], p. 284-285, qui parlait de réforme de Pythagore, qui «dut songer à reprendre les définitions des perfections [proposées par les Sept Sages] et à trouver des formules originales qui répondissent à ses idées morales et à ses croyances religieuses». *Cf.* encore **32** G. Rocca-Serra, «Aristote et les sept sophistes : pour une relecture du fragment 5 Rose», *RPhilos* 172, 1982, p. 321-338.

CONSTANTINOS MACRIS.

45 PARTHÉNIOS   II[a]

Personnage inconnu, dont le nom est cité dans un contexte incertain et lacunaire en *PHerc.* 1746, fr. IIb 6 (p. 92 Crönert) en rapport avec l'épicurien dissident Nicasicratès de Rhodes (➡N 34). Rien ne suggère de l'identifier avec le poète homonyme originaire de Nicée (*RE* 15).

TIZIANO DORANDI.

46 PASÉAS DE CYRÈNE *RE* 2   F III[a]

Académicien, disciple de Lacydès (➡L 11) selon Apollodore cité par Philod., *Acad. hist.*, col. XXVII 8 (= *FGrHist* 244 F 47). *Cf.* T. Dorandi (édit.), *Filodemo : Platone e l'Academia*, p. 65 n. 213.

Cf. J. Schmidt, art. «Paseas», *RE* XVIII 4, 1949, col. 2054.

TIZIANO DORANDI.

PASICLÈS → CRASSICIUS PASICLÈS (L.–)

47 PASICLÈS DE RHODES *RE* 5   F IV[a]

Péripatéticien, fils d'un certain Boéthos frère d'Eudème de Rhodes (➡E 93).

Études d'orientation. 1 K. O. Brink, art. «Pasikles von Rhodos» 5, *RE* XVIII 4, 1949, col. 2061 ; **2** F. Wehrli, *GGP*, *Antike* 3, p. 534 ; **3** F. Wehrli †, G. Wöhrle et L. Zhmud, *GGP*, *Antike* 3, 2ᵉ éd. (2004), p. 567 ; **4** H. Flashar, *GGP*, *Antike* 3, p. 257 (l'auteur affirme que la scholie du manuscrit *E* indique que le livre Petit Alpha [= α] de la *Métaphysique* est vraisemblablement une rédaction de Pasiclès de Rhodes qui utilise un matériau aristotélicien ; dans la seconde édition, le passage a été supprimé) ; **5** W. W. Jaeger, *Studien zur Entstehungsgeschichte der Metaphysik des Aristoteles*, Berlin 1912, p. 114-118 (particulièrement, p. 116-117 : l'auteur suppose que Petit Alpha est un mémoire (ὑπόμνημα) de Pasiclès, élève d'Aristote, rédigé d'après les leçons du maître [p. 116]) ; **6** E. Berti, «La fonction de *Métaph.* Alpha Elatton dans la philosophie d'Aristote», dans **7** P. Moraux et J. Wiesner (édit.), *Zweifelhaftes im Corpus Aristotelicum. Studien zu einigen*

Dubia, Akten des 9. Symposium Aristotelicum (Berlin, 7.-16. September 1981), coll. «Peripatoi» 14, Berlin 1983, p. 260-294, en particulier, p. 293-294 (Berti veut montrer par son contenu que le livre Petit Alpha est ce qu'il reste d'une introduction à la philosophie, contemporaine du *Protreptique* et du dialogue *Sur la philosophie*; il a donc besoin de montrer que ce livre ne peux pas être de Pasiclès, pour des questions de date; la partie des recherches qui faisait double emploi avec celles de Mme Vuillemin-Diem a été publiée dans l'ouvrage suivant); **8** E. Berti, «Note sulla tradizione dei primi due libri della Metafisica di Aristotele», *Elenchos* 3, 1982, p. 5-38 (exposé des recherches de Berti sur la tradition de α présentées au 9ᵉ Symposium Aristotelicum); **9** G. Vuillemin-Diem, «Anmerkungen zum Pasikles-Bericht und zu Echtheitszweifeln am grösseren und kleineren Alpha in Handschriften und Kommentaren», dans Moraux et Wiesner **7**, p. 157-192; **10** M. Hecquet-Devienne, «L'authenticité de *Métaphysique "Alpha"* (*meizon* ou *elatton*) d'Aristote, un faux problème? Une confirmation codicologique», *Phronesis* 50, 2005, p. 129-149 (l'auteur confirme les travaux antérieurs de Vuillemin-Diem et de Berti).

De son existence et de son activité philosophique on ne connaît que l'attribution discutée à ce péripatéticien du livre Grand Alpha (= A) de la *Métaphysique* dans deux textes: chez le commentateur néoplatonicien du VIᵉ s., Asclépius de Tralles (➙A 458), et dans une scholie du Xᵉ s. On a cru longtemps (c'est encore le cas dans Wehrli **2**, p. 534, corrigé dans la seconde édition) que l'attribution portait sur le livre Petit Alpha (pour la littérature sur cette question, *cf.* Vuillemin-Diem **9**, p. 157 n. 1). Plusieurs travaux récents, s'appuyant sur des considérations codicologiques, sont arrivés à la conclusion que la scholie du *Paris. gr.* 1853 (Xᵉ s. = ms. *E*) porte sur le livre Grand Alpha qui la précède et non pas sur α qui la suit. Avant de préciser qu'Alexandre considérait le livre comme authentique, le scholiaste de *E* notait en effet: τοῦτο τὸ βιβλίον οἱ πλείους φα(σὶν) εἶναι Πασιχλέους τοῦ Ῥοδίου, ὃς ἦν ἀκροατὴς Ἀριστοτέλους, υ(ἱὸ)ς δὲ Βοηθοῦ τοῦ Εὐδήμου ἀδελφοῦ («la plupart affirment que *ce* livre est de Pasiclès de Rhodes qui était un auditeur d'Aristote et le fils de Boéthos frère d'Eudème»). Je donne le texte de Vuillemin-Diem **9**, p. 158-159 = le texte donné par Jaeger dans son édition de la *Métaphysique* (Oxford 1957), p. 33, dans l'apparat, sans l'indication des abréviations; dans l'édition des *Scholia in Aristotelem* de l'Académie de Berlin, Ch. A. Brandis donne, parmi les scholies au livre Petit Alpha (à 993 a 30) un autre texte, t. IV (1936), p. 589, col. a 41-43 (il s'agit en fait d'une autre scholie plus récente, commençant dans la marge supérieure du même folio, datant du XIIIᵉ s. (?), qui renvoie sans ambiguïté au livre Petit Alpha [Hecquet-Devienne **10**, p. 146 est ici dans l'erreur] et constitue par là la source principale de la confusion; *cf.* Berti **6**, p. 294, et Vuillemin-Diem **9**, p. 164-165). Contrairement donc à ce qu'affirme Jaeger dans son apparat critique de l'édition *OCT*, Asclépius (*in Met.*, p. 4, 20-22 Hayduck) a raison de renvoyer au livre A (τὸ μεῖζον ἄλφα) pour l'attribution à Pasiclès; d'ailleurs, Asclépius, c'est-à-dire son maître Ammonius (➙A 141) dont il édite le cours, rejette comme Alexandre cette attribution et considère le livre A comme authentique : τὸ γὰρ μεῖζον ἄλφα περὶ οὗ νῦν πρώτως διαλέγεται, οὔ φασιν εἶναι αὐτοῦ, ἀλλὰ Πασικλέους, τοῦ υἱοῦ Βοήθου τοῦ ἀδελφοῦ Εὐδήμου τοῦ ἑταίρου αὐτοῦ (« le livre Grand Alpha qu'il discute maintenant en premier, ils [*scil.* ceux qui affirment que la *Métaphysique* comprend treize livres] disent qu'il n'est pas de lui, mais de Pasiclès, le fils de Boéthos, le frère d'Eudème le disciple et ami d'Aristote »). D'ailleurs, on admet généralement qu'Asclépius est la source de la scholie, même si on ignore à qui remonte cette attribution (on a pu penser à Andronicus de Rhodes [➙A 181], *cf.* Berti **6**, p. 293-294). L'hypothèse avancée par Hecquet-Devienne **10**, p. 147 n. 65, selon laquelle une déformation aurait pu intervenir avant le VIᵉ s. (*scil.* avant Asclépius) à partir de ΒΟΗΘΟΥ ΤΟΥ ΣΙΔΩ-ΝΙΟΥ (ce livre est « de Boéthos de Sidon » [➙B 48]), paraît tout à fait gratuite.

JEAN-PIERRE SCHNEIDER.

48 PASICLÈS DE THÈBES *RE* 6　　　　　　　　　　　M-F IVᵃ (?)

Philosophe mégarique, frère du cynique Cratès (➙C 205), élève de Diocléidès de Mégare (➙D 109) et un des maîtres de Stilpon. La *Souda* (*s.v.* « Stilpon ») le présente en outre comme l'élève de son frère Cratès (mais c'est peu vraisemblable si, comme il est dit ailleurs, ce dernier a été disciple de Stilpon) ; Diogène Laërce VI 89 en fait un élève d'Euclide (➙E 82), mais sans doute par erreur. Témoignages dans K. Döring, *Die Megariker,* fr. 148 A et B ; commentaire p. 140-141.

ROBERT MULLER.

49 PASICLÈS DE THÈBES *RE* 7　　　　　　　　　　　　　IVᵃ

Fils des philosophes cyniques Hipparchia de Maronée (➙H 138) et Cratès de Thèbes (➙C 205), il est connu par Diogène Laërce VI 88 qui rapporte à son propos un témoignage d'Ératosthène (➙E 52) où il est cité nommément (*FGrHist* III B, p. 1017 ; *SSR* V H 19, 4-9), ainsi qu'une anecdote transmise par Démétrios Magnès (fr. 21 Mejer ; *SSR* V H 4, 14-17) où il est présent derrière l'expression οἱ παῖδες. Il était l'homonyme de son oncle Pasiclès de Thèbes (➙P 48), le frère de Cratès, qui fut le disciple du mégarique Diocléidès (➙D 109), lui-même élève d'Euclide de Mégare [➙E 82] (D. L. VI 89 = *SSR* V H 3 Giannantoni).

Selon l'anecdote rapportée par Ératosthène (*FGrHist* III B, p. 1017), Cratès emmena son fils au sortir de l'éphébie dans la maison d'une prostituée en lui disant que c'était là le mariage que lui proposait son père (sur la critique que Cratès faisait du mariage, voir D. L. VI 89 : « Les mariages des gens adultères, il les qualifiait de tragiques – ils ont pour prix l'exil et le meurtre – ; les unions des gens qui fréquentent les courtisanes, il les qualifiait de comiques, car la folie amoureuse y est le produit de la dissipation et de l'ivresse »). De même, apparemment toujours guidé par cette idée selon laquelle le mariage comme engagement définitif peut présenter des dangers, Cratès donna sa fille en mariage à l'essai pendant trente jours, comme le rapporte, sans indiquer le nom de la jeune fille, Ménandre dans sa pièce les *Sœurs jumelles* (D. L. VI 93 = fr. 118 Kock).

Pasiclès et sa sœur devinrent-ils ou non des philosophes cyniques ? La question reste ouverte. A en croire Démétrios Magnès (D. L. VI 88 = fr. 21 Mejer), Cratès espérait que ses enfants pourraient un jour le devenir : « Démétrios Magnès dit qu'il confia son argent à un banquier, convenant avec lui que si ses enfants devenaient des hommes ordinaires, il leur remettrait cet argent, mais que, s'ils devenaient philosophes, il le distribuerait au peuple. Ceux-ci en effet n'auraient besoin de rien s'ils s'adonnaient à la philosophie ».

MARIE-ODILE GOULET-CAZÉ.

50 PASIPHILOS *PLRE* I:1   M IV

Un des philosophes impliqués dans le « complot » d'Antioche sous Valens (à partir de l'hiver 371-372) ; cruellement torturé, il refusa de mettre en cause le proconsul d'Asie Eutrope (Ammien Marcellin, *Hist.* XXIX 1, 36). Sur ce procès, voir F. J. Wiebe, *Kaizer Valens und die heidnische Opposition*, coll. « Antiquitas, Reihe 1 » 44, Bonn 1995, XII-407 p. ; voir aussi N. Lenski, *Failure of Empire. Valens and the Roman State in the Fourth Century A.D.*, Berkeley 2002, p. 218-234 (« The Magic Trials of Rome and Antioch »).

PIERRE MARAVAL.

51 PASIPHON *RE* 2   F IV - M III

Témoignages. Trois témoignages évoquant un Pasiphon pourraient renvoyer au même personnage.

(a) Favorinus, *Histoire variée*, fr. 40 Mensching (= fr. 72 Barigazzi = fr. 77 Amato), transmis par D. L. VI 73 :

« ... comme Diogène (➭D 147) le montre dans le *Thyeste,* si du moins les tragédies sont bien de lui et non de Philiscos d'Égine (➭P 133), son disciple, ou de Πασιφῶντος τοῦ Λουκιανοῦ, dont Favorinus dit, dans l'*Histoire variée,* qu'il les a composées après la mort de Diogène ».

L'interprétation de τοῦ Λουκιανοῦ, leçon des manuscrits PF (contre τοῦ δουκια-νοῦ B) pose problème : faut-il comprendre Pasiphon, fils de Lucien ? **1** E. Mensching, *Favorin von Arelate. Der erste Teil der Fragmente. Memorabilien und Omnigena Historia,* coll. « Texte und Kommentare » 3, Berlin 1963, p. 126, estime que le nom de Lucien comme patronyme est difficilement concevable vers 300 av. J.-C. (« Lukian als Vatersname ist um 300 vor Christus kaum denkbar »). Faut-il plutôt interpréter le complément au génitif comme le nom de la patrie de Pasiphon ? **2** G. Röper, « Conjecturen zu Diogenes Laertius », *Philologus* 3, 1848, p. 62, a suggéré la correction Λουσιάτου à partir de la ville de Λουσοί en Arcadie. **3** W. Crönert, *Kolotes und Menedemos,* p. 30, se risquait à un Λευκιάδου (erreur pour Λευκαδίου, « de Leucade » ?) qu'il accompagnait sans plus d'explication d'un point d'interrogation, tandis que **4** M. Gigante (édit.), *Diogene Laerzio, Vite dei filosofi,* Bari 1962, nouvelle édition, Roma/Bari 1983, p. 527 n. 132, avançait, avec la mention « dubito », Λυκιακοῦ, qui signifie « de Lycie ». Quant à **5** U. von Wilamowitz-Moellendorff, *Antigonos von Karystos,* coll. « Philologische Unter-suchungen » 4, Berlin 1881, p. 142 n. 13ª, il proposa de corriger Λουκιανοῦ en

Ἐρετριαχοῦ et de voir dans ce personnage, auteur de tragédies attribuées à Diogène, Pasiphon d'Érétrie, le disciple de Ménédème [voir (b)] (*cf.* D. L. II 61).

(b) D. L. II 60-61 :

« Eschine (➤A 71) faisait l'objet de calomnies, surtout de la part de Ménédème d'Érétrie (➤M 116) qui prétendait que la plupart des dialogues, Eschine se les était appropriés, alors qu'ils étaient de Socrate et qu'il les avait reçus de Xanthippe. De ces dialogues d'Eschine, les uns, appelés acéphales, sont tout à fait relâchés et ne manifestent pas la vigueur socratique ; c'est d'eux que Péristrate d'Éphèse (➤P 82) disait qu'ils n'étaient point d'Eschine. Mais concernant encore ces sept dialogues (καὶ τῶν ἑπτὰ δὲ), Persaios [➤P 83] (= *SVF* I 457) dit que la plupart sont de Pasiphon l'Éretri(a)que et que celui-ci les a rangés parmi les dialogues d'Eschine ; qui plus est, parmi les dialogues d'Antisthène (➤A 211) [= *SSR* V A 43], il a fabriqué frauduleusement le *Petit Cyrus,* l'*Héraclès mineur* et *Alcibiade,* ainsi que les faux des autres (Socratiques) [καὶ τοὺς τῶν ἄλλων δὲ ἐσκευώρηται]. Quant à la seconde catégorie des dialogues d'Eschine, c'est-à-dire ceux qui portent l'empreinte de la manière socratique, ils sont au nombre de sept... ».

Ce passage pose des problèmes délicats : quel sens donner à ἐσκευώρηται : « remanier » ou « faire un faux » ? Convient-il de corriger cette leçon, que Kühn avait proposé de mettre à l'infinitif : ἐσκευωρῆσθαι ? **6** F. Susemihl, « Der Idealstaat des Antisthenes und die Dialoge Archelaos, Kyros und Herakles », *JKPh* 135, 1887, p. 207-214, notamment p. 209, **7** *Id., GGLA,* t. I, p. 21 n. 62, proposa, pour éviter le δέ mal placé dans la phrase, d'adopter la forme composée du verbe : διεσκευώρηται, qui a le sens de « remanier », à l'indicatif ou à l'infinitif moyen διεσκευωρῆσθαι, leçon retenue par **8** A. Patzer, *Antisthenes der Sokratiker. Das literarische Werk und die Philosophie, dargestellt am Katalog der Schriften* [Teildruck] (Diss.) Heidelberg 1970, p. 103-105). Enfin on peut hésiter sur l'interprétation à donner de la formule καὶ τῶν ἑπτὰ δὲ (les sept dialogues acéphales [*cf. Souda, s.v.* Αἰσχίνης, Αι 346, t. II, p. 183, 27-31 Adler] ou les sept dialogues d'Eschine qui portent la marque socratique ?). Voir **9** M.-O. Goulet-Cazé, « Les titres des œuvres d'Eschine », dans J.-C. Fredouille, M.-O. Goulet-Cazé, Ph. Hoffmann et P. Petitmengin, *Titres et articulations du texte dans les œuvres antiques.* Actes du collloque de Chantilly, 13-15 décembre 1994, coll. « Études Augustiniennes, Série Antiquité » 152, Paris 1997, p. 167-190, où je propose de considérer qu'il s'agit des acéphales. Selon la leçon que l'on adopte pour ἐσκευώρηται et le sens que l'on donne au verbe, Pasiphon apparaît soit comme un faussaire, ce qui est mon interprétation, et dans ce cas les écrits du tome X des œuvres d'Antisthène en D. L. VI 18 sont des faux (*cf.* par ex. Susemihl **7** ; Patzer **8**), soit comme un plagiaire (*cf.* par ex. **10** Giannantoni, *SSR* IV, Nota 25, p. 236-238), et dans ce cas ces écrits sont authentiques.

Depuis **11** A. Dyroff, *Die Ethik der alten Stoa,* coll. « Berliner Studien für Classische Philologie und Archaeologie », N. F. 2, Berlin 1897, p. 350, on admet que ce Pasiphon appartenait à l'école d'Érétrie et que c'était un élève de Ménédème. *Cf.* **12** K. von Fritz, art. « Πασιφῶν ὁ Λουκιανοῦ », *RE* XVIII 4, 1949, col. 2084. **13** D. Knoepfler, *La vie de Ménédème d'Érétrie de Diogène Laërce. Contribution à l'histoire et à la critique du texte des Vies des philosophes,* Bâle 1991, p. 199 n. 76, considère lui aussi Pasiphon comme un élève de Ménédème, à côté d'Antigone, Arcésilas, Aratos, Ctésibios et Denys d'Héraclée. D. L. II 60-61 laisse entrevoir tout un arrière-plan de querelles assez complexe au sein des écoles socratiques. C'est le stoïcien Persaios, élève de Zénon, qui est présenté, dans le passage de Diogène Läerce, comme celui qui dit que les sept dialogues d'Eschine sont de Pasiphon. Persaios a probablement voulu rétablir la renommée d'Eschine, en mettant en lumière la machination de Pasiphon et en donnant un nom au coupable qui a attribué à Eschine les acéphales, de qualité médiocre (*cf.* Goulet-Cazé **8**, p. 181 : « Si Pasiphon est l'auteur des dialogues acéphales attribués à Eschine, dont on nous dit qu'ils manquaient de vigueur socratique, son intention était certainement de mettre sous son nom des écrits médiocres. Dans cette perspective, l'action malveillante des deux Érétriens se complèterait assez bien : Ménédème dénigrait la production d'Eschine en laissant entendre qu'en fait la plupart des dialogues du philosophe n'étaient pas de lui [*cf.* D. L. II 60], tandis que Pasiphon n'hésitait pas, pour desservir la réputation d'Eschine, à glisser parmi ses ouvrages des dialogues de mauvaise qualité. Derrière notre texte se dissimulerait par conséquent toute une tradition d'hostilité à Eschine, qui remonterait à Phédon (☛P 102), passerait par le disciple de celui-ci, Ménédème, et aboutirait au disciple de Ménédème, Pasiphon »).

(c) Plutarque, *Nicias* 4, 525 C, rapporte le jugement très négatif que portait Pasiphon, dans un de ses dialogues, sur l'homme politique et général athénien Nicias, qui fit la guerre du Péloponnèse. Il disait que Nicias offrait tous les jours des sacrifices aux dieux et qu'il avait attaché à sa maison un devin qu'il faisait semblant de consulter sur les affaires publiques alors que la plupart du temps il l'interrogeait sur ses affaires personnelles, notamment sur les mines d'argent qu'il possédait dans la région du Laurion et qui lui procuraient des revenus importants. Cet ouvrage écrit par Pasiphon semble avoir circulé sous le nom de Phédon, puisque Diogène Laërce II 105 cite parmi les ouvrages de Phédon « un *Nicias* dont l'authenticité est mise en doute (διστάζόμενον) ».

Il est par conséquent légitime de penser que les « Pasiphon » mentionnés dans ces trois témoignages, qui sont mis en relation à chaque fois avec une activité de faussaire, sont une seule et même personne qui aurait composé des faux circulant sous le nom de trois philosophes socratiques : Eschine, Phédon, Antisthène, et sous celui de Diogène le Chien (☛D 147).

Datation. Dans la mesure où, selon le témoignage de Favorinus, Pasiphon aurait écrit les tragédies de Diogène après la mort de celui-ci (traditionnellement fixée en 323ᵃ) et où Persaios, qui serait mort en 243ᵃ, connaît des faux d'Eschine écrits par Pasiphon, on peut penser, à défaut de parvenir à plus de précision, que l'activité littéraire du faussaire s'est déroulée, tout ou partie, après 323ᵃ et avant 243ᵃ.

La question des tragédies de Diogène. Pour un état de la question sur les écrits attribués à Diogène, voir Giannantoni **10**, Nota 45, p. 461-484 ; **14** M.-O. Goulet-Cazé, notice « Diogène de Sinope », D 147, *DPhA* II, 1995, p. 817-819. Sept titres de tragédies sont attribués à Diogène dans la liste anonyme que fournit D. L. VI 80 (*Hélène, Thyeste, Héraclès, Achille, Médée, Chrysippe, Œdipe*). Philodème, *De Stoicis*, col. XVI, 30, p. 102 Dorandi, mentionne deux de ces titres : l'*Atrée* (à identifier probablement au *Thyeste*) ainsi que l'*Œdipe,* ce qui plaide en faveur de leur authenticité. Les thèmes, par exemple l'anthropophagie dans le *Thyeste* ou le parricide et l'inceste dans l'*Œdipe,* de même que la volonté délibérée de Diogène de « falsifier la monnaie » également dans le domaine littéraire, ne pouvaient que susciter la controverse et inciter certains à faire passer les tragédies de Diogène pour des faux, ce qui se produisit aussi pour la *Politeia,* les thèmes des tragédies et ceux de cet ouvrage ayant le même parfum de scandale (*cf.* Philodème, *ibid.* : « Diogène lui-même, dans l'*Atrée,* l'*Œdipe* et le *Philiscos,* consigne comme ses opinions la plupart des choses honteuses et impies qui sont dans la *Politeia* »). Susemihl **7,** p. 21 n. 64, suggère que l'idée est venue d'attribuer à Pasiphon les tragédies de Diogène uniquement parce que Pasiphon avait composé des faux d'Antisthène. On remarque qu'aucune tragédie, pas plus d'ailleurs que la *Politeia,* n'est mentionnée dans la liste des œuvres de Diogène transmise par Sotion, le péri-patéticien du IIᵉ s. av. J.-C. (*cf.* D. L. VI 80) ; par ailleurs le biographe péripatéti-cien Satyros de Callatis (milieu/fin IIIᵉ s.-début IIᵉ s. av. J.-C.), qui, au livre IV de ses *Vies,* parle des τραγῳδάρια de Diogène, et l'historien du IIᵉ s. av. J.-C., Sosicrate de Rhodes, au premier livre de ses *Successions,* estimaient qu'aucune des œuvres attribuées à Diogène n'était de lui, Satyros identifiant l'auteur des tragédies à Philiscos d'Égine (➤P 133), un disciple de Diogène. Bien plus tard l'empereur Julien (➤I 46), *Discours* IX 7, 186 C ; VII 6, 210 CD ; 8, 212A, devait évoquer encore la thèse de l'inauthenticité et la possibilité que Philiscos soit l'auteur des tragédies attribuées à Diogène. Enfin, ce qui n'aide pas à voir clair dans cette question fort complexe, la *Souda, s.v.* Διογένης, Δ 1142 ; t. II, p. 101, 23-25 Adler, attribue à un Diogène le tragique (« Diogène, ou Œnomaos, Athénien, auteur tragique »), dont la naissance, ou plus probablement le *floruit* (pour le sens de γέγονε, voir **15** E. Rohde, « Γέγονε in den Biographica des Suidas », *RhM* 33, 1878, p. 161-220, et « Zu γέγονε in den Biographica des Suidas », *ibid.,* p. 638-639, qui démontre que l'équivalent le plus fréquent de γέγονε dans la *Souda* est ἤκμαζε et non ἐγεννήθη) coïnciderait avec le renversement des Trente en 404, huit titres de tragédies classés par ordre alphabétique ; or sept de ces titres recouvrent la liste anonyme de Diogène Laërce, la huitième tragédie étant une *Sémélé* dont un fragment est conservé par Athénée, *Deipnosophistes* XIV, 636 AB. Si l'on rappro-che cette mention de la *Souda* du fait que le philosophe cynique du IIᵉ s. de notre ère Oinomaos de Gadara (voir **16** M.-O. Goulet-Cazé, art. « Oinomaos de Gadara », O 9, *DPhA* IV, 2005, p. 751-761) avait lui aussi écrit des tragédies que Julien (*Discours* VII 6, 210 C-211 A) évoque, en termes très critiques, précisément en même temps que celles de Diogène, on peut penser que la *Souda* a fait une confu-sion entre les deux auteurs cyniques.

Par conséquent trois cas de figures peuvent être envisagés : (1) Les tragédies sont de Diogène ; (2) Diogène n'a pas écrit de tragédies ; ce sont des faux dus à Pasiphon ; (3) ce sont des faux dus à Philiscos. Wilamowitz **5,** p. 142 n. 13ᵃ : « über die Reste der Diogenes-Tragödien erlaube ich mir kein Urteil ». En faveur de l'authenticité de la *Politeia* et des tragédies, défendue autrefois par **17** Th. Gomperz, «Eine verschollene Schrift des Stoikers Kleanthes, der 'Staat', und die sieben Tragödien des Cynikers Diogenes», *ZOeG* 29, 1878, p. 252-256, voir **18** K. Döring, dans H. Flashar, *Die Philosophie der Antike* II 1, Basel 1998, p. 285-287 ; **19** M.-O. Goulet-Cazé, *Les Kynika du stoïcisme,* coll. «Hermes Einzelschriften» 89, Wiesbaden 2003, p. 11-27. Pour un état récent de la question, mais en faveur cette fois de l'inauthenticité, voir **20** M. Winiarczyk, «Zur Frage der Authorschaft der Schriften des Diogenes von Sinope», *Eos* 92, 2005, p. 29-43, qui, pour sa part, défend la thèse selon laquelle les tragédies et la *Politeia* auraient été composées par un auteur cynicisant après la mort de Diogène, à la fin du IVe s. ou au début du IIIe s.

MARIE-ODILE GOULET-CAZÉ.

52 PASSIENUS (C. SALLUSTIUS CRISPUS –) *RE* 2 *PIR²* P 146   D I

Orateur romain, ami de Sénèque.

Études. 1 R. Hanslik, art. «C. Sallustius Crispus Passienus» 2, *RE* XVIII 4, 1949, col. 2097-2098.

Fils de L. Passienus Rufus consul en 4ª, il fut adopté par C. Sallustius Crispus, neveu et fils adoptif de l'historien, d'où son nom le plus souvent abrégé en Crispus Passienus (Sénèque) ou Passienus Crispus (Pline). Il s'engage dans une carrière politique : d'abord, *quaestor Augusti* en 18, sous le règne de Tibère (**2** M. Cébeillac, *Les "quaestores principis et candidati" aux Ier et IIème siècles de l'empire*, Milano 1972, p. 27-28), sans doute édile ou tribun, à une date que nous ne connaissons pas (Hanslik **1**, col. 2097) et, à coup sûr, préteur, il devient enfin consul suffect en 27 avec P. Lentulus. Sa carrière reprend plus tard sous le règne de Claude ; vers 42-43, il obtint le proconsulat d'Asie, comme le montre une inscription d'Éphèse (*AE* 1924, 72). En 44, il est à nouveau consul, ordinaire cette fois-ci, et meurt en 47 ou 48. Les historiens penchent pour la date de 47, car nulle mention n'est faite de cette mort par Tacite dont le récit – qui a été conservé – commence (pour le règne de Claude) à l'année 48 (**3** R. Syme, *Tacitus*, Oxford 1958, p. 328 n. 12). On lui fit des funérailles publiques (selon les scholies de Juvénal *ad* IV 81, éd. P. Wessner, Leipzig 1931, p. 60-61).

Passienus Crispus avait eu deux épouses : en premier lieu, Domitia, fille de L. Domitius Ahenobarbus et d'Antonia maior (Quintilien VI 3, 74) puis, après un divorce, Agrippine la Jeune, la mère de l'empereur Néron, qu'il épousa vers 41 (selon **4** A. Tortoriello, *I fasti consolari degli anni di Claudio,* coll. «Accad. Lincei, Memorie» IX XVII, 3, Roma 2004, p. 554 n. 526) ; selon les scholies de Juvénal, il périt par la ruse d'Agrippine, ce qui est aussi indiqué par saint Jérôme (Hieron., *Chron. Ol.* 204, 2, p. 178 Helm, où la date semble toutefois erronée). Passienus Crispus possédait une immense fortune, évaluée à deux cents millions de sesterces par les scholiastes de Juvénal. Il la laissa à Agrippine ; Suétone (*Nero* 6, 6) déclare que Néron se trouva «enrichi par l'héritage de son beau-père Crispus Passienus».

Passienus Crispus fut un orateur célèbre, qui plaida de nombreuses causes, souvent devant le tribunal des centumvirs, chargé des affaires d'héritage ; il aurait eu sa statue dans la basilique Iulia (*schol. Iuv. ad* IV, 81). Sénèque loue son éloquence. Ses discours étaient appréciés du temps de Quintilien (X 1, 24) Les écrivains anciens ont conservé le souvenir de ses répliques cinglantes, au tribunal (Quintilien) ou au sujet de Tibère et de Caligula (Tac., *Ann.* VI 20, 1 ; voir **5** A. Balbo, *I frammenti degli oratori romani dell'età augustea et tiberiana*, Parte seconda : *Età Tiberiana*, Alessandria 2007, n° 32, p. 395-404).

Les scholies de Juvénal (IV 81) donnent des indications sur la vie, les activités et le caractère de Passienus Crispus ; elles proviendraient du *De uiris illustribus* de Suétone. Toutefois le personnage nommé par Juvénal (IV 81) n'est pas Passienus Crispus, mais Q. Vibius Crispus, qui vécut à l'époque de Néron et sous les Flaviens, ami de Vespasien et de Domitien ; les informations données par les scholies paraissent ainsi confuses et peu fiables. **6** G. B. Townend, « The earliest Scholiast on Juvenal », *CQ* 22, 1972, p. 385-386, en a souligné les erreurs et aussi **7** C. P. Jones, « Suetonius in the Probus of Giorgio Valla », *HSCP* 90, 1986, p. 245-251, qui reconnaît la difficulté de ce passage. Les scholiastes affirment son désir d'obtenir la faveur de tous les princes, et surtout celle de Caligula ; il aurait suivi le prince qui faisait route à travers les Alpes ; selon **8** R. Syme, *The Augustan Aristocracy*, Oxford 1986, p. 180, il s'agit de l'expédition de 39 menée par Caligula contre la Germanie ; il n'est donc pas très surprenant que Passienus Crispus, sénateur et consulaire, et en outre, ami et *comes* de l'empereur (selon **9** J. Crook, *Consilium principis : imperial councils and counsellors from Augustus to Diocletian*, Cambridge 1955, n° 247, p. 176) l'ait accompagné ; pouvait-il déjà s'agir de défiance à son égard, comme le suggère **10** M. Griffin, *Seneca. A philosopher in politics*, Oxford 1992, p. 52 ? Il a aussi été suggéré que son amitié avec Sénèque, ses liens avec Agrippine lui aliénèrent les faveurs de Caligula (Tortoriello **4**, p. 553 n. 521), d'où la reprise de sa carrière politique avec le règne de Claude. Une autre anecdote des scholies concerne aussi Caligula (selon la correction vraisemblable de L. Valla, Wessner, p. 61) : comme il lui demandait s'il avait, comme lui, des relations sexuelles avec sa propre sœur, Passienus Crispus répondit « pas encore » « pour ne pas le contredire en disant non, ni se déshonorer par un mensonge en acquiesçant ». Mais il vaudrait mieux souligner la finesse d'esprit et l'habileté de la réponse.

Passienus Crispus fut surtout l'ami de Sénèque, sans doute un ami de longue date (Griffin **10**, p. 45) ; le philosophe cite à plusieurs reprises ses paroles dans ses traités : dans le *De beneficiis* (I 15, 5) sont rappelés ses propos sur les bienfaits : « Crispus Passienus avait l'habitude de dire que l'estime des uns était préférable à leurs bienfaits, le bienfait des autres préférable à leur estime » ; il éclairait cette affirmation par des exemples : « J'aime mieux une marque d'estime de la part du divin Auguste, j'aime mieux un bienfait de Claude », propos qui ne semble guère favorable à ce dernier empereur. Dans les *Questions naturelles (*IV pr. 6) Sénèque loue la finesse de Passienus Crispus, surtout dans l'analyse et le traitement des vices, et cite aussi ses propos : «Crispus Passienus disait souvent que nous ne laissons pas porte close à l'adulation, mais que nous la fermons et que nous la lui opposons comme on le fait avec une maîtresse, qui, si elle la pousse, est bien accueillie, et mieux encore, si elle l'enfonce». Cette analyse subtile de l'adulation ne surprend pas chez un homme proche du pouvoir et des princes. Selon **11** M. Pohlenz, *Die Stoa*, t. II, p. 144, il fut stoïcien.

Sénèque fait aussi l'éloge de Passienus Crispus dans deux épigrammes, souvent tenues pour authentiques (**12** J. Dingel, *Senecas Epigramme und andere Gedichte aus der Anthologia Latina. Ausgabe mit Übersetzung und Kommentar*, Heidelberg 2007, p. 22-23) : il loue la fidélité et la solidité de l'ami (14 = 405 R) tout en soulignant son éloquence et sa *uirtus*. La seconde épigramme (53 = 445 R) semble avoir été écrite après la mort de Passienus et exprime l'affection que Sénèque éprouvait pour lui. Il s'agit donc d'une amitié étroite avec un homme dont Sénèque apprécie les qualités intellectuelles et les qualités personnelles.

                                                                MICHÈLE DUCOS.

53 PASYLOS   III^a

Dédicataire de plusieurs ouvrages de logique de Chrysippe de Soles (➤C 121) signalés dans la liste des ouvrages du philosophe conservée par Diogène Laërce : Πρὸς Πάσυλον περὶ κατηγορημάτων δ', *A Pasylos, au sujet des prédicats*, en quatre livres ; Περὶ τῶν παρελκόντων λόγων πρὸς Πάσυλον β', *Sur les arguments redondants, à Pasylos*, en deux livres ; Πρὸς τὰ ἀντειρημένα τοῖς κατὰ τῆς τομῆς τῶν ἀορίστων πρὸς Πάσυλον γ', *Contre les objections faites à ce qui a été dit contre la division des indéfinis, à Pasylos*, en trois livres ; Περὶ τῶν ἐξ ἀορίστου καὶ ὡρισμένου λόγων πρὸς Πάσυλον β', *Sur l'argument formé d'une proposition indéfinie et d'une proposition définie, à Pasylos*, en deux livres. Les traductions sont empruntées à la liste des œuvres de Chrysippe commentée par P. Hadot (*DPhA* II, 1994, p. 336-356).

Pasylos était probablement un disciple de Chrysippe ou bien son collègue dans l'école stoïcienne.

Cette forme du nom ne semble pas attestée par ailleurs. Absent de la *RE*.

                                                                RICHARD GOULET.

54 PATÉRIUS *RE PLRE* II:2   V?

Philosophe néoplatonicien.

Le philosophe Patérius est cité trois fois dans le *Commentaire sur la République* de Proclus : la première fois (*in Remp.* II, p. 42, 9 Kroll) au sujet de l'interprétation de l'ἐπίτριτος πυθμήν (*Rép.* VIII, 546 C 1), où Proclus expose deux méthodes apparemment antithétiques, arithmétique et géométrique ; en fait, ces deux méthodes aboutissent aux mêmes valeurs numériques, l'une par amplification des nombres, l'autre par réduction, le second procédé a été adopté par Patérius, le premier par « le grand … », où il faut reconnaître, selon nous, Syrianus. La deuxième fois (*in Remp.* II, p. 134, 9-10) sous la forme : « Puisque nos contemporains produiront <comme témoins> de la fausseté de notre thèse (accord sur l'identité du lieu démonique dans la *République* et le *Gorgias*) les exégètes de l'école de Patérius, hommes à nos yeux dignes de respect (τοὺς ἀμφὶ Πατέριον ἐξηγητάς, ἄνδρας ἡμῖν αἰδοίους) ». Pour Patérius et son école, l'éther, qui pour Proclus est le lieu où les âmes sont jugées, est celui où les âmes sont récompensées. La troisième fois (*in Remp.* II, p. 380, 24 *sqq.*) dans la scholie nécessairement ancienne sur p. 182, 19, concernant l'exégèse allégorique du verbe « écorcher » (*Rép.* X, 616 A 2) dans le châtiment subi par le tyran Ardiaios. D'autre part, dans le *Commentaire sur le Phédon* de Damascius, le philosophe Patérius est nommé trois fois : la première (*in Phaed.* I, § 2, 3 Westerink), pour soutenir que la φρουρά de *Phédon* 62 B 4 n'est ni le Bien, ni le plaisir, mais le Démiurge du *Timée*, qui assure une sorte de protection divine de l'âme. La deuxième (*in Phaed.* I, § 100, 4), pour savoir à quels interlocuteurs Socrate adresse son discours sur la libération du corps par la mort pour entrer dans la plénitude du savoir. Patérius, à la différence des exégètes médio-platoniciens Onètor (☞O 26) et Atticus (☞A 507), pense, comme Plutarque d'Athènes (☞P 209), qu'il s'adresse aux vrais philosophes. La troisième (*in Phaed.* I, § 137, 5), au moment où Socrate établit que si un homme a peur de la mort, c'est qu'il n'est pas ami de la sagesse, mais ami du corps. Patérius se demande pourquoi Socrate n'a pas précisé en disant : ami du plaisir. À la différence d'Harpocration (☞H 8), Patérius dit qu'un homme qui faussement prétend être un philosophe, ne peut l'être que par amour des honneurs ou par amour de l'argent, mais sûrement pas par amour du plaisir ; il était donc inutile d'ajouter cette précision. Notons que, en *in Phaed.* I, § 177, 5 (p. 109), au lieu de Πλού-ταρχος, la scholie *ad loc.* du *Marc. gr.* 196 porte le nom de Patérius (*cf.* éd. Westerink, p. 376). Comme le remarque Westerink dans sa note *ad* § 177, 3 (p. 107-108), il ne peut pas s'agir d'une faute de copie, et les deux attributions peuvent être correctes.

Patérius semble donc être un professeur de philosophie platonicienne, qui a commenté le mythe de la *République* et au moins le passage du *Phédon* sur la mort comme entrée dans la connaissance entière et peut-être même tout le dialogue. On peut penser que c'est dans le commentaire perdu de Proclus (☞P 292) que Damascius (☞D 3) a trouvé ces mentions de Patérius. Comme l'a noté le Père Festugière (*Proclus, Commentaire sur la République,* t. III, p. 78 n. 3), aucune des doctrines attribuées à Patérius n'est spécifiquement néoplatonicienne ; cependant ses spéculations sur le rapport épitrite le rapprochent des prédécesseurs de Proclus, *in Remp.* II, p. 29, 5-72, 27, Amélius (☞A 136), les pythagoriciens et Orphée, Zoroastre et Nestorius (☞N 27), aïeul de Plutarque, et semblent apparenter Patérius au milieu néoplatonicien.

Cf. R. Beutler, art. « Olympiodoros (Neuplat.) », *RE* XVIII 1, 1939, col. 207-227, en particulier col. 215, 2-60 ; *Id.,* art. « Paterios » 1, *RE* XVIII 4, 1949, col. 2562-2563 ; *Id., «* Zu Paterios », *Hermes* 78, 1943, p. 106-108. Voir aussi L. G.

Westerink, *The Commentaries on Plato's Phaedo*, t. I : *Olympiodorus*, Amsterdam 1976, p. 16.

HENRI DOMINIQUE SAFFREY et ALAIN-PHILIPPE SEGONDS †.

55 PATRICIUS *PLRE* I:3   M IV

Avec Simonide et Andronicus de Carie (➤A 180), un des philosophes impliqué dans le « complot » d'Antioche sous Valens en 371-372 ; selon Ammien Marcellin XXIX 1, 7, il avait interrogé les sorts par les arts magiques ; selon Zosime (qui l'appelle « le Lydien »), il avait « interprété assez clairement un oracle ambigu » (IV 15, 1). Il fut torturé et mis à mort. Sur ce procès, voir l'ouvrage récent de F. J. Wiebe, *Kaizer Valens und die heidnische Opposition*, coll. « Antiquitas, Reihe 1 » 44, Bonn 1995, XII-407 p. ; voir aussi N. Lenski, *Failure of Empire. Valens and the Roman State in the Fourth Century A.D.*, Berkeley 2002, p. 218-234 (« The Magic Trials of Rome and Antioch »).

Patricius de Lydie est mentionné par la *Souda* Π 792, dans un extrait considéré comme emprunté à l'*Histoire* d'Eunape de Sardes (fr. 40 Müller = fr. 39, 6 Blockley) qui le situe sous l'empereur Jovien, comme un devin très compétent.

PIERRE MARAVAL.

56 PATRICIUS *PLRE* I:5   F IV

Philosophe, fils d'Olympius, propriétaire d'une villa à Souaidié près de Baalbek (Héliopolis). Les mosaïques qui décorent sa demeure représentent la naissance et l'éducation d'Alexandre ; un cartouche y présente dans une épigramme le propriétaire de la maison (*ISyrie* VI 2886) : il y est dit que le philosophe était « digne dans sa sagesse d'Eudoxius, le sage descendant de Platon » et « digne des Anciens par la piété de son esprit ». La demeure pourrait être en fait le lieu de réunion d'une communauté de philosophes (d'autres détails dans B. Puech, notice « Eudoxius » E 99, *DPhA* III, 2000, p. 302-303). L. Cracco Ruggini, « Sulla cristianizzazione della cultura pagana », *Athenaeum* 43, 1965, p. 8-10, voit dans le thème de la mosaïque une manière d'exprimer, de la part de philosophes païens, l'alliance entre le paganisme et l'étude des lettres.

PIERRE MARAVAL.

57 PATRICIUS *RE* 1 *PLRE* II:7   M V

Selon un fragment de la *Vie d'Isidore* de Damascius (fr. 213, p. 181, 4-6 Zintzen = *Souda* O 795, t. III, p. 577, 21-24, et X 445, t. IV, p. 818, 21-24 Adler) et un extrait de l'*Epit. Phot.* 132 (p. 180, 1-3 Zintzen) se rapportant manifestement au même contexte, ce philosophe aurait enfreint la règle philosophique en s'adonnant à la mantique et à la « science hiératique » (la théurgie).

Voici la traduction que donne de ce passage reconstitué P. Athanassiadi, *Damascius, The philosophical history,* sect. 88 A (p. 223) : « It does not befit a philosopher to profess and cultivate divination or any other part of the science of theurgy ; for the domains of the philosopher and of the priest are no less separate than those of the Mysians and the Phrygians, according to the proverb. And yet Patricius, who had inclinations in these directions, dared to do so in breach of the philosophical rule ».

Selon P. Athanassiadi (n. 234), cette critique de Damascius viserait les dérives théurgiques de l'école de Proclus (☞P 292) et d'Hégias (☞H 22) à Athènes.

Il ne faut pas le confondre avec l'avocat Patricius de Xanthus en Lycie (*PLRE* II:3), époux de Marcella et père de Proclus.

RICHARD GOULET.

58 PATROCLÈS *RE*

Destinataire, inconnu par ailleurs, d'une lettre pseudépigraphe de Cratès le Cynique (*Lettre* 19 = V H 106 Giannantoni). Mais **1** U. von Wilamowitz, dans W. Capelle, *De Cynicorum epistulis* (Diss.), Göttingen 1896, p. 49 n. 1, propose de corriger Πατροκλεῖ en Μητροκλεῖ, nom du philosophe cynique de Maronée, frère d'Hipparchia (☞M 142).

Cratès, au nom du principe selon lequel l'habit ne fait pas le cynique (οὐ γὰρ ἡ στολὴ ποιεῖ κύνα), refuse d'attribuer à Ulysse, qui n'a revêtu qu'à l'occasion, un jour (ποτέ), l'accoutrement du chien, la paternité de la philosophie cynique (la tradition cynique qui voit en Ulysse un sage remonte à Antisthène [fr. V A 187 Giannantoni; fr. 51 Decleva Caizzi]; par la suite, Ulysse, qui incarne le roi sous les habits du mendiant, apparaît souvent dans le cynisme comme une référence positive; cf. Dion Chrysostome, *Discours* IX 9 qui dit que Diogène en toutes choses ressemblait à Ulysse). La paternité du cynisme, Cratès l'attribue à Diogène qui a été toute sa vie (τὸν ὅλον βίον) plus fort que la souffrance et le plaisir, et qui mettait tout son courage à pratiquer la vertu.

Outre l'édition Giannantoni, *SSR*, t. II, p. 567, qui cite cette lettre parmi les textes de Cratès (V H 106), on trouve une éd. avec trad. latine dans **2** R. Hercher, *Epistolographi graeci*, p. 211-212; une éd. avec trad. allemande dans **3** Eike Müseler, *Die Kynikerbriefe*, t. II: *Kritische Ausgabe mit deutscher Übersetzung*, coll. «Studien zur Geschichte und Kultur des Altertums», Neue Folge, 1. Reihe: Monographien, Paderborn 1994, p. 94-95; la reprise du texte de Hercher et une trad. anglaise par R. F. Hock dans **4** A. J. Malherbe, *The Cynic Epistles. A Study Edition*, coll. «Society of Biblical Literature. Sources for Biblical Study» 12, Missoula (Montana) 1977 (réimpr. Atlanta 1986), p. 68-69; enfin une trad. française dans **5** G. Rombi et D. Deleule, *Les Cyniques grecs. Lettres de Diogène et Cratès*, coll. «Les philosophiques», Paris 1998, p. 20-21). Sur la *Lettre* 19, voir **6** F. Junqua, *Lettres de Cyniques. Étude des correspondances apocryphes de Diogène de Sinope et Cratès de Thèbes*, Thèse de doctorat inédite, Université de Paris IV-Sorbonne, Paris, 2000, 2 vol. (cette thèse offre le texte grec, une traduction française et un important commentaire d'ensemble des lettres de Diogène et Cratès avec une bibliographie substantielle), t. II, p. 494 et 544.

MARIE-ODILE GOULET-CAZÉ.

59 PATROCLÈS ?

Personnage inconnu dont le nom (Π]ατρόκλ[ο]υ) a été restitué dans un contexte incertain et lacunaire du livre de Philodème intitulé *Pragmateiai* (*PHerc.* 1418, col. XIX 14 Militello).

TIZIANO DORANDI.

60 PATRON *RE* 8   I[a]

Scholarque épicurien à Athènes. Il était probablement Grec (Cicéron, *Fam.* XIII 1, *cf.* **1** J.-L. Ferrrary, *Philhellénisme et impérialisme,* Rome 1988, p. 442, *contra* **2** J. Glucker, *Antiochus and the Late Academy,* Göttingen 1978, p. 365 n. 95). En 70[a] il succéda à Phèdre (➚P 107) à la tête de l'école du Jardin (Phlégon de Tralles, *FGrHist* 257 F 12, *cf.* **3** T. Dorandi, *Ricerche sulla cronologia dei filosofi ellenistici,* Stuttgart 1991, p. 54, et **4** M. Erler, *Die hellenistische Philosophie,* GGP Antike IV 1, Basel 1994, p. 281) après un séjour à Rome qui lui permit de faire connaissance avec Cicéron, auquel son maître l'avait spécialement recommandé (*Fam.* XIII 1, 3), mais aussi avec Atticus et Memmius (*Fam.* XIII 1, 2, *cf.* **5** R. Philippson, art. «Patron» 8, *RE* XVIII 4, 1949, col. 2291-2292). Il était encore scholarque en 51 avant J.-C. (Cicéron, *Fam.* XIII 1, 4) quand il batailla pour contrer les projets de Memmius (➚M 99) exilé à Athènes qui projetait de détruire la maison d'Épicure pour en faire reconstruire une neuve sur le même emplacement et avait obtenu une décision favorable de l'Aréopage à ce sujet. Patron écrivit à Cicéron avec l'appui d'Atticus (*Att.* V 11, 6 et V 19, 3) et finalement Memmius renonça à son idée. Patron était encore en vie en 50[a] lorsque Cicéron fait allusion à ses idées philosophiques en l'associant à Saufeius (*Att.* VII 2, 4 et non IV 6, 1 comme on le trouve parfois).

YASMINA BENFERHAT.

61 PAUL LE PERSE   VI

On ignore à peu près tout de ce Paul, dit « le Perse », sinon qu'il dédia un traité de logique au souverain sassanide Chosroès [➚C 113] (531-578/9). Contemporain des empereurs byzantins Justinien (527-565) et Justin II (565-578), Chosroès est resté, dans l'historiographie iranienne, comme un modèle de prince éclairé, amateur de sagesse et protecteur des savants et des philosophes. Et son titre de gloire le plus connu, dans la tradition historiographique grecque, est l'hospitalité qu'il aurait offerte aux philosophes partis d'Athènes du fait des mesures prises par Justinien en 529 contre l'enseignement de la philosophie. Sur Chosroès et sur la tradition savante attachée à son nom, on peut lire la mise au point de **1** M. Tardieu, notice «Chosroès» C 113, *DPhA* II 1994, p. 309-318, où l'on trouve aussi une brève notice sur Paul (p. 315-316), dont les éléments sont repris ici.

Quoi qu'il en soit de la véracité du séjour des philosophes grecs à Séleucie-Ctésiphon, il est bien établi que Chosroès favorisa les études et les apports des cultures grecque et persane à la cour sassanide. Paul, « le philosophe perse », ainsi qu'il est désigné dans l'*Histoire nestorienne,* dite *Chronique de Séert* (II 24 ; *PO* t. VII, p. 147), a-t-il appartenu à la cour de Chosroès à Séleucie-Ctésiphon et, comme le prétend cette *Chronique,* a-t-il enseigné la philosophie au roi ? Il semble plus vraisemblable, en réalité, que cette dernière affirmation soit une extrapolation tirée de la dédicace à Chosroès de son traité de logique, comme le note Tardieu **1**, p. 315. D'après le colophon du traité de logique, Paul était originaire de DYRŠR, toponyme dans lequel on a proposé de lire une déformation du nom de Rēv-Ardašīr, siège du métropolite nestorien du Fārs (selon la suggestion de H. H. Schaeder, rapportée par **2** P. Kraus, « Zu Ibn al-Muqaffaʿ », *RSO* 14, 1933, p. 16 n. 2). Selon toute probabilité, Paul était de religion chrétienne, comme l'attestent les citations bibliques et néotestamentaires, qu'il utilise dans sa description de la philosophie, au début de son traité de logique. D'après Paul, par exemple, la philosophie aurait dit d'elle-même : « mes fruits sont meilleurs que l'or pur, et mes biens meilleurs que l'argent choisi » (*cf. Proverbes* 8, 19). De même, l'affinité que l'œil de l'âme possède avec la lumière intelligible justifie, selon Paul, la parole du philosophe qui a dit : « du sage les yeux sont dans la tête, et l'idiot marche dans les ténèbres » (*cf. Ecclésiaste* 2, 14). Autre parole encore citée par Paul le Perse, tirée de la première épître de saint Paul aux Corinthiens : « maintenant nous voyons dans les paraboles comme dans un miroir, mais alors ce sera face à face » (*cf. 1 Co* 13, 12). Quant à l'information donnée par la *Chronique de Séert* que Paul aurait abjuré le christianisme parce qu'« il ne put obtenir le siège métropolitain du Fārs », elle est sans valeur, tout comme l'information ajoutée par Barhebraeus dans sa *Chronique ecclésiastique,* que Paul serait alors devenu mazdéen (*cf.* l'édition avec traduction latine de **3** J. B. Abbeloos et Th. J. Lamy, *Gregorii Barhebraei Chronicon ecclesiasticon,* t. III, Paris 1878, col. 97-98).

On a parfois été tenté d'identifier Paul le Perse, auteur de traités logiques, avec d'autres personnages portant le même nom, notamment avec Paul qui fut métropolitain de Nisibe sous le catholicos Joseph, comme l'a fait **4** A. Christensen, *L'Iran sous les Sassanides,* coll. « Annales du Musée Guimet. Bibliothèque d'études » 48, Copenhague/Paris 1938, p. 422. D'autres personnages nommés Paul sont mentionnés dans les sources : un Paul chrétien qui participa en 527 à un débat contre un manichéen (*cf. Patrologia Graeca,* t. 88, col. 529-578) ; un Paul le Perse de Nisibe, dont l'œuvre a été adaptée par Junilius Africanus dans ses *Instituta Regularia Divinae Legis* (*Patrologia Latina,* t. 68, col. 15 et suiv.). Sur ces divers personnages, *cf.* **5** G. Mercati, « Per la vita e gli scritti di "Paolo il Persiano". Appunti da una disputa di religione sotto Giustino e Giustiniano », dans ses *Note di letteratura biblica e cristiana antica,* coll. « Studi e testi » 5, Roma 1901, p. 180-206. Il n'y a pas de raison de confondre le Paul logicien avec ses homonymes théologiens d'après **6** N. Alexandre, *Paul le Perse et les Instituta Regularia de Junilius Africanus,* Paris 1955 (thèse inédite), dont les principales conclusions sont reprises dans **7** W. Wolska, *La Topographie chrétienne de Cosmas Indicopleustès. Théologie et science au VIe siècle,* Paris 1962, p. 67 n. 3. La mise en garde contre la confusion entre les différents porteurs du même nom parmi lesquels Paul le Perse, auteur d'œuvres logiques, est reprise à l'encontre de Mercati **5** par **8** D. Gutas, « Paul the Persian on the classification of the parts of Aristotle's philosophy : a milestone between Alexandria and Baġdâd », *Isl* 60, 1983, p. 231-267 p. 238 n. 4.

On ignore où Paul a pu recevoir sa formation philosophique, et s'initier en particulier à la logique aristotélicienne. On a d'ailleurs des raisons de penser que ses ouvrages n'ont pas été composés en syriaque, mais qu'ils ont été traduits du persan. En effet, un manuscrit, conservé naguère au couvent de Notre-Dame des Semences (au nord de Mossoul, en Iraq), contient une « explication abrégée du *Peri Hermeneias,* écrite par Paul le Persan, et traduite du persan en syriaque par Sévère Sebokt, évêque de Qennešrin », d'après l'incipit du manuscrit repris dans la description donnée par **9** Jac.-M. Vosté, « Catalogue de la Bibliothèque syro-chaldéenne du couvent de Notre-Dame des Semences près d'Alqoš (Iraq) »,

Angelicum 5, 1928, p. 23 (ms numéroté LIII) [ce manuscrit se trouvait il y a quelques années au monastère chaldéen de Bagdad et il a été répertorié sous le n° 171 dans le catalogue du monastère : *cf.* **10** P. Haddad et J. Isaac, *Catalogue of the Syriac manuscripts in Iraq*, vol. III, part 1, *Syriac and Arabic manuscripts in the library of the Chaldean Monastry [sic], Bagdad*, Bagdad 1988]. La même indication se trouvait dans le manuscrit contenant le même texte, qui était autrefois en possession de Paul Bedjan et qui a aujourd'hui disparu : *cf.* **11** A. Van Hoonacker, « Le traité du philosophe syrien Probus sur les *Premiers Analytiques* d'Aristote », *JA*, 9ᵉ série, 16, 1900, p. 70-166 (à la page 73). Pourtant la langue syriaque était alors largement répandue comme langue de culture, et il ne semble pas impossible que Paul ait été formé dans cette langue aux études philosophiques. Les œuvres conservées de Paul le Perse montrent une connaissance précise de la tradition philosophique des commentaires grecs, qui ne pouvaient être accessibles, nous semble-t-il, que par la lecture de ces commentaires en grec ou par l'étude qui devait en être faite, d'une manière ou d'une autre, dans les écoles syriaques. Or il est fort peu probable que Paul ait su le grec. Il reste donc, selon toute vraisemblance, qu'il a su le syriaque, en plus du persan (dans le traité de logique adressé à Chosroès, mentionné ci-dessous, Paul donne comme exemples de polyonymes trois noms du soleil en langue persane, ce qui tout à la fois atteste sa connaissance de cette langue et confirme une rédaction originale du texte en persan, avant sa traduction en syriaque).

Quoi qu'il en soit, dans leurs versions syriaques, les œuvres que l'on connaît de Paul appartiennent pleinement à la tradition gréco-syriaque, dont d'autres auteurs syriaques nous ont laissé des exemples. Sur la tradition de la philosophie grecque, aristotélicienne plus précisément, en syriaque, voir **12** S. P. Brock, « The Syriac Commentary Tradition », dans Ch. Burnett (édit.), *Glosses and Commentaries on Aristotelian Logical Texts. The Syriac, Arabic and Medieval Latin Traditions*, coll. « Warburg Institute Surveys and Texts » 23, London, 1993, p. 3-18. De Paul le Perse nous connaissons trois œuvres : (1) l'explication du *Peri Hermeneias* et (2) le traité de logique dédié à Chosroès, déjà mentionnés, auxquels il faut ajouter (3) une introduction à la philosophie d'Aristote, s'appuyant sur une classification des livres du Philosophe, qui n'est conservée que dans une version arabe incluse dans le *Kitāb Tartīb al-sa'ādāt wa-manāzil al-'ulūm* (« Classification des bonheurs et hiérarchie des sciences ») du philosophe et lettré persan Miskawayh (†1030) ; voir la liste des manuscrits et éditions de ce texte dans Gutas **8**, p. 231 n. 1. Le texte de Paul le Perse est très étroitement inspiré des discussions que l'on trouve sur le même sujet dans les prolégomènes à l'étude de la philosophie d'Aristote, chez les commentateurs alexandrins, et il y a lieu de penser qu'il s'agit d'un fragment d'un ouvrage de plus grande ampleur sur le modèle des Prolégomènes de la tradition grecque néoplatonicienne. Voir la traduction française partielle du texte de Paul dans **13** M. Arkoun, *Contribution à l'étude de l'humanisme arabe du IXᵉ/Xᵉ siècle : Miskawayh philosophe et historien*, Paris 1970, p. 228-233. Sur ce texte, *cf.* aussi **14** S. Pines, « Ahmad Miskawayh and Paul the Persian », *Iran-Šenâsı* 2, 1971,

p. 121-129 ; réimpr. dans **15** S. Pines, *Studies in the history of Arabic philosophy,* ed. by S. Stroumsa, coll. « The Collected Works of Shlomo Pines » 3, Jerusalem 1996, p. 208-216. L'étude fondamentale est maintenant celle de Gutas **8**, qui analyse minutieusement les relations entre le texte de Paul et ses antécédents grecs, représentés par Élias (➺⁺E 15), ainsi que ses relations avec le traité arabe d'al-Fārābī († 940) sur l'« Énumération des sciences » *(Iḥṣā' al-'ulūm).*

Le bref traité de Paul intitulé dans les sources manuscrites « explication du *Peri Hermeneias* » est inédit et n'a fait l'objet d'aucune étude jusqu'à présent. On peut trouver néanmoins quelques remarques sur le contenu de ce traité dans **16** H. Hugonnard-Roche, « La constitution de la logique tardo-antique et l'élaboration d'une logique "matérielle" en syriaque », dans V. Celluprica et C. D'Ancona (édit.), *Aristotele e i suoi esegeti neoplatonici. Logica e ontologia nelle interpretazioni greche e arabe,* coll. « Elenchos » 40, Napoli 2004, p. 55-83, repris dans **17** H. Hugonnard-Roche, *La logique d'Aristote du grec au syriaque. Études sur la transmission des textes de l'*Organon *et leur interprétation philosophique,* coll. « Textes et Traditions » 9, Paris 2004, p. 255-273 (voir, en particulier, aux p. 260 et 266-267). Le traité de Paul porte notamment sur l'énumération des parties du discours, sur la division des homonymes, synonymes, polyonymes, hétéronymes et paronymes, sur la vérité et la fausseté des énoncés déclaratifs et les divers modes d'oppositions de ces énoncés, en somme sur divers sujets préparatoires à l'étude des constructions syllogistiques.

Le « Traité sur l'œuvre logique d'Aristote », principale œuvre aujourd'hui connue de Paul le Perse, a été édité par **18** J. P. N. Land, *Anecdota syriaca,* t. IV, Leiden 1875, p. 1*-32* (syriaque) ; p. 1-30 (traduction latine) ; p. 99-113 (notes). L'édition a été faite à partir du seul manuscrit connu qui contienne le traité de Paul : Londres, B. L. *Add.* 14660, fol. 55ᵛ-67ʳ. Des portions du traité ont été traduites dans l'ouvrage de **19** J. Teixidor, *Aristote en syriaque. Paul le Perse, logicien du VIᵉ siècle,* coll. « CNRS Philosophie », Paris 2003, où le traité de Paul sert de fil directeur à une introduction générale à la littérature philosophique composée en langue syriaque, à partir du VIᵉ siècle de notre ère. Les parties traduites du traité sont insérées dans un commentaire d'ensemble du texte, qui omet cependant la partie finale du traité sur les constructions syllogistiques. On utilisera avec prudence la traduction qui ne rend pas toujours exactement la lettre du texte. L'ouvrage de Teixidor **19** est la refonte, amplifiée, de travaux antérieurs sur Paul le Perse. Une traduction de parties du traité de Paul le Perse, avec des commentaires, avait été publiée dans **20** J. Teixidor, « Les textes syriaques de logique de Paul le Perse », *Semitica* 47, 1997, p. 117-138. La partie du traité relative aux éléments du discours a été étudiée dans **21** J. Teixidor, « L'introduction au *De interpretatione* chez Proba et Paul le Perse », dans R. Lavenant (édit.), *Symposium Syriacum VII,* coll. OCA 256, Roma 1998, p. 293-301. Un point particulier, celui du statut des conjonctions dans la logique et la grammaire, a été abordé à propos du texte de Paul le Perse dans **22** J. Teixidor, « Autour de la conjonction syriaque », dans Chr.-B. Amphoux, A. Frey et U. Schattner-Rieser (édit.), *Études sémitiques et samaritaines offertes à Jean Margain,* coll. « Histoire du texte biblique » 4, Lausanne 1998, p. 143-148. Du même auteur encore, deux études portent sur l'introduction du traité de Paul : **23** J. Teixidor, « Science *versus* foi chez Paul le Perse. Une note », dans J.-P. Mahé et R. W. Thomson (édit.), *From Byzantium to Iran. Armenian Studies in Honour of Nina G. Garsoïan,* coll. « Scholars Press. Occasional Papers and Proceedings » 8, Atlanta 1997, p. 509-519 ; **24** J. Teixidor, « La dédicace de Paul le Perse à Chosroès », dans J.-D. Dubois et B. Roussel (édit.), *Entrer en matière. Les prologues,* coll. « Patrimoines. Religions du Livre », Paris 1998, p. 199-208. Le traité de Paul le Perse est en fait un résumé de logique aristotélicienne, qui conduit le lecteur des *Catégories* au *De interpretatione* et aux *Analytiques premiers,* en sélectionnant dans chacun de ces traités les éléments nécessaires, selon l'auteur, à la compréhension de la syllogistique catégorique qui termine le traité. On peut lire une analyse du traité dans **25** H. Hugonnard-Roche, « Le traité de logique de Paul le Perse : une interprétation tardo-antique de la logique aristotélicienne en syriaque », *DSTFM* 11, 2000, p. 59-82, repris dans Hugonnard-Roche **17**, p. 233-254. L'esquisse d'une étude comparée des deux traités de Paul, l'« explication du *Peri Hermeneias* » et le « Traité sur l'œuvre logique d'Aristote », avec le *Petit Traité* d'al-Fārābī sur le *Peri Hermeneias* (*cf.* la traduction anglaise de **26** F. W. Zimmermann, *Alfarabi's Commentary and Short Treatise on Aristotle's De interpretatione,* coll. « Classical and Medieval Logic Texts », London 1981, p. 220-247 ; l'édition la plus récente est celle de **27** R. al-ʿAǧam, *al-Manṭiq ʿinda al-Fārābī,* vol. I, Beyrouth 1985-1986, p. 133-163), se trouve dans Hugonnard-Roche **17**, qui propose aussi une analyse de ce que l'on peut appeler l'interprétation « matérielle » de la syllogistique, telle qu'elle est présentée dans le traité du philosophe syriaque. Sur la logique matérielle dans l'œuvre de Paul le Perse, comparée à celle de Boèce, on pourra lire aussi **28** H. Hugonnard-Roche, « Du commentaire à la reconstruction : Paul le Perse interprète d'Aristote (sur une lecture du *Peri Hermeneias,* à propos des modes et des adverbes selon Paul, Ammonius et Boèce) », dans J. Lössl et J. Watt (édit.), *Interpreting the Bible and Aristotle in Late Antiquity. The Alexandrian Commentary Tradition between Rome and Baghdad,* Aldershot 2011, chap. 13 (à paraître), et encore **29** H. Hugonnard-Roche, « Un *Organon* court en syriaque : Paul le Perse *versus* Boèce », dans J. Brumberg-Chaumont (édit.), *L'Organon dans la Translatio studiorum,* coll. « Studia Artistarum », Turnhout (à paraître).

L'œuvre de Paul le Perse a été connue au moins en partie dans le monde arabe, comme en témoigne la traduction de son introduction à la philosophie d'Aristote, conservée dans le traité de Miskawayh mentionné plus haut : *cf.* Arkoun **13** et Gutas **8**. Dans la tradition syriaque, il était encore connu par le savant Barhebraeus (1225/6-1286) qui le mentionne en termes élogieux dans sa *Chronique ecclésiastique* : « Eo tempore [ca. 1552] scientiis ecclesiasticis et profana philosophia inclaruit Paulus Persa, qui admirabilem introductionem in dialecticam composuit » (*cf.* Abbeloos et Lamy **3**, col. 97-98).

HENRI HUGONNARD-ROCHE.

62 PAULINUS (T. CLAUDIUS –) D'ANTIOCHE DE PISIDIE   M II

Le philosophe T. Claudius Paulinus fut honoré d'une statue à Pergame, après 124 comme l'indique la titulature de la cité : *Inschr. Asklepieions* 32. Il ne doit pas être confondu avec le notable homonyme qui exerça diverses fonctions publiques à Pergame : celui-ci fut en effet enterré dans sa patrie (*Inschr. Asklepieions* 134), alors que le philosophe mourut dans sa cité d'origine, où son épitaphe a été retrouvée : *CIL* III Suppl. 6850.

BERNADETTE PUECH.

63 PAULINUS DE SCYTHOPOLIS *RESuppl.* XV:5a *PLRE* I:1   III

Médecin, originaire de Scythopolis une ville de Galilée (*Beth-San* dans Josué 17, 11). Ce fut un disciple de Plotin (➡P 205), qu'Amélius (➡A 136) appelait Mikkalos, et qui était plein d'arguties (παρακουσμάτων)» (*VP* 7, 5-7) ; sur le sens de ce mot, voir la note de M.-O. Goulet-Cazé dans *PVP* II, p. 230-231. On notera que Μίκκαλος est le diminutif de μίκκος, c'est-à-dire de μίκρος en béotien et en dorien, tout comme *paulinus* est le diminutif de *paulus* en latin ; bref, ce surnom le « Petiot » nous renseigne sur la petite taille du personnage. Il mourut avant Plotin (7, 16), c'est-à-dire avant 270.

Sur l'identification proposée par E. Benamozegh, « Plotino e Samuele », *RivBol* 1, 1868, p. 862-874, avec le rabbin Mar Samuel, connu pour être de petite taille et posséder de bonnes connaissances en médecine et en astronomie, voir la note de L. Brisson et A. Segonds, dans *PVP* II, p. 229.

Cf. Brisson, *Prosopographie, PVP* I, s.v.

LUC BRISSON.

64 PAULLUS (L. AEMILIUS –) [Paul-Émile] *RE* 114   III[a]-II[a]

Homme politique romain qui contribua au développement de la culture grecque à Rome.

Études. 1 E. Klebs, art. « L. Aimilius Paullus » 114, *RE* I 1, 1894, col. 576-580 ; **2** W. Reiter, *Aemilius Paullus Conqueror of Greece*, London 1988.

Biographies antiques. Plutarque, *Paul Émile*, éd. R. Flacelière et E. Chambry, dans Plutarque *Vies*, t. IV, *CUF*, Paris 1966, p. 59-120.

Biographie. Né vers 228[a], fils du consul de 216[a], mort à la bataille de Cannes, Paul-Émile appartient à une famille ancienne, qui prétendait même se rattacher à Numa et à Pythagore (Plut., *Aem.* 2, 12). Tribun militaire, puis questeur en 195[a] (Liu. XXXIV 35, 3-5), il devient édile curule en 193[a] (Liu. XXXV 5, 10-11). Préteur en 191[a], il est envoyé en Espagne ultérieure (Liu. XXXVI 2, 8) où il mène la lutte contre les Lusitaniens et remporte une importante victoire en 189[a]. Il fait partie des dix *legati* envoyés en Asie au moment où est conclue la paix d'Apamée. Mais sa carrière n'est ensuite ni rapide ni brillante (Klebs **1**, col. 577 ; **3** P. Botteri, « Alcune questioni sulla carriera politica di L. Emilio Paolo », *Index* 5, 1974-1975,

p. 155-178). Après plusieurs échecs, liés peut-être à la perte d'influence des Scipions dont il était proche, il exerce enfin le consulat en 182ᵃ (Liu. XXXIX 56, 4). Dès son consulat, il mène la lutte contre les Ligures ; son commandement est prolongé et une victoire en 180ᵃ lui permet d'obtenir le triomphe (Liu. XL 34, 7-11). Dans les années suivantes, il devint membre du collège des augures et fut un sénateur influent : **4** J.-L. Ferrary, *Philhellénisme et impérialisme*, Roma 1988, p. 532, rejette les affirmations de Plutarque (*Aem.* 6, 8) indiquant que Paul-Émile ne réussit pas alors à obtenir un second consulat ou de nouvelles charges politiques. Enfin, réélu au consulat en 168ᵃ et ayant reçu la Macédoine comme province, il achève la guerre contre Persée en remportant la victoire de Pydna le 22 juin 168ᵃ (Liu. XLIV 40-43). Il se rend ensuite dans les villes grecques en automne (Liu. XLV 27, 5 - 28, 6), puis, à l'aide de dix commissaires envoyés par le sénat, organise la Macédoine en province ; avant de quitter la Grèce, conformément à une décision du sénat, il ravage les villes d'Épire. A son retour à Rome, en 166ᵃ, malgré des tentatives pour lui refuser cet honneur (Liu. XLV 35, 5 - 39, 20), il célèbre un triomphe éclatant, remarquable par sa durée et par la richesse du butin (Plut., *Aem.* 32-34 ; Liu. XLV 40). Après ces succès, Paul-Émile exerça en 164ᵃ les fonctions de censeur avec Q. Marcius Philippus. Il mourut en 160ᵃ ; deux comédies de Térence, les *Adelphes* et l'*Hécyre,* furent représentées aux jeux funèbres qui accompagnèrent ses funérailles.

Paul-Émile avait eu deux fils d'un premier mariage avec Papiria (Plut., *Aem.* 5, 1-6) qui furent adoptés dans d'importantes familles : l'un dans la famille de Fabius Maximus, l'autre, qui devint P. Cornelius Scipio Aemilianus, par le fils de Scipion l'Africain. D'un second mariage, il eut également deux fils et deux filles. Ces deux fils moururent au moment de son triomphe sur Persée : l'un cinq jours avant, l'autre trois jours après (Liu. XLV 40, 6-8 ; Plut., *Aem.* 35, 2). Paul-Émile est ainsi considéré par les auteurs anciens comme la victime d'une Fortune cruelle, qui fait se succéder réussites et malheurs. Mais il devient aussi un exemple de grandeur d'âme. Son courage et ses qualités militaires sont également soulignés, son refus de la richesse, si bien qu'il devient un modèle exemplaire des vertus romaines (**5** R. Vianoli, « Carattere e tendenza della tradizione su L. Emilio Paolo », *CISA* I 1972, p. 78-90).

En plus de ses succès militaires, Paul-Émile est un homme de culture, qui a joué un rôle important dans la diffusion de la culture grecque à Rome dans la première moitié du second siècle. Il connaissait bien le grec, puisqu'il s'adressa à Persée dans cette langue (Liu. XLV 8, 6 ; Pol. XXIX 20, 1). Il existait sans doute une tradition de philhellénisme culturel chez les *Aemilii* (Ferrary **4**, p. 535 et n. 34), mais cette tendance est particulièrement nette chez lui. Selon Plutarque (*Aem.* 6, 8-9) en plus de l'éducation traditionnelle donnée aux jeunes romains, il fit donner à ses fils une éducation grecque : « car ce n'étaient pas seulement des grammairiens, des sophistes et des rhéteurs, mais encore des sculpteurs, des peintres » des dresseurs de chevaux et de chiens, des maîtres de vénerie, tous grecs, que ces jeunes gens avaient auprès d'eux » (trad. R. Flacelière). Ce tableau est sans doute « quelque peu idéalisé» (Ferrary **4**, p. 536), mais il est clair qu'à la *disciplina romana* se mêlent découverte d'un nouveau mode de vie et formation intellectuelle nouvelle au contact de la grammaire, de la rhétorique et de la philosophie (**6** G. Garbarino, *Roma e la filosofia greca,* Torino 1973, p. 352 et n. 2). Il faut en souligner l'originalité au moment où Caton le censeur (➭C 58) critique l'éducation donnée par les Grecs, et où les autorités romaines ne sont pas nécessairement favorables à cette éducation.

Ce philhellénisme se retrouve aussi dans la visite des cités grecques après Pydna (Liu. XLV 27), visite politique, mais aussi culturelle selon **7** P. Grimal, *Le siècle des Scipions. Rome et l'hellénisme au temps des guerres puniques,* 2ᵉ éd. refondue et augmentée, Paris 1975, p. 251 (voir aussi Ferrary **4**, p. 554-555), qui conduisit l'*imperator* dans les principaux centres du monde grec : Delphes, Olympie et Athènes. C'est aux Athéniens que Paul-Émile demanda (Pline, *N.H.* XXXV 135) un philosophe pour élever ses enfants et un peintre pour représenter son triomphe : les athéniens choisirent Métrodore (➭M 145), «peintre et philosophe».

Cet intérêt pour la littérature et la philosophie grecque s'affirme aussi dans le transfert à Rome de la bibliothèque de Persée : les auteurs anciens (Plut., *Aem.* 28, 10 ; Pol. XVIII 35) soulignent le désintéressement du général qui remit au trésor public romain toutes les richesses du roi macédonien, mais Paul-Émile «ne fit d'exception que pour les livres du roi : il autorisa ses fils, amis des belles-lettres, à les prendre» (Plut., *ibid* ; Isid., *Etym.* VI 5, 1). Transportés à Rome vers 166ᵃ, ces ouvrages jouèrent un rôle important dans la formation intellectuelle de Scipion Émilien et de ses amis et permirent la diffusion d'un savoir littéraire et philosophique dans la classe dirigeante romaine. Le contenu de cette bibliothèque n'a pas été précisé par les auteurs anciens, mais plusieurs savants ont cherché à le reconstituer (**8** F. Della Corte, «Stoicismo in Macedonia e in Roma», dans V. E. Alfieri et M. Untersteiner [édit.], *Studi di filosofia greca*, Bari 1950, p. 3-13 ; Grimal **7**, p. 251-253). La bibliothèque des rois macédoniens devait contenir les œuvres classiques de la Grèce, œuvres littéraires, mais aussi philosophiques : Aristote, bien entendu, mais aussi les anciens stoïciens. Garbarino **6**, p. 353-354, ajoute Aratos (➭A 298) et aussi Bion de Borysthène (➭B 32). Et tous les auteurs font une place particulière à Xénophon dont les écrits étaient particulièrement appréciés par Scipion Émilien et ses amis.

L'influence de la philosophie s'est-elle aussi exercée sur Paul-Émile ? On a souvent souligné dans ses actions le mélange du philhellénisme et du respect du *mos maiorum*, accompagné parfois d'une dureté indéniable (Ferrary **4**, p. 552-553). Mais le général romain associe courage, refus de la richesse et grandeur d'âme : il déplore la cruauté de la Fortune qui le prive de ses fils au moment même où il remporte un éclatant triomphe, mais fait preuve de grandeur d'âme devant ce malheur. Faut-il voir l'écho du stoïcisme dans les paroles que lui prêtent Tite-Live et Plutarque ? En fait, Paul-Émile fait surtout ressortir les caprices de la Fortune, comme il l'avait déjà fait lors de sa rencontre avec Persée (**9** M. Pavan, «Due discorsi di Lucio Emilio Paolo », *StudRom* 9, 1961, p. 593-613). Elle est présentée comme une divinité capricieuse et jalouse, qui se plaît à abattre ceux qui réussissent ; mais ce n'est pas le destin des stoïciens, auquel il faut se soumettre (Garbarino **6**, p. 355). Il paraît ainsi difficile de penser à une influence du stoïcisme sur Paul-Émile ; en revanche, il est devenu dans la tradition romaine un modèle exemplaire tant pour ses qualités d'homme politique que pour sa fermeté devant le malheur. En outre, par son intérêt pour la Grèce et sa culture, il contribua au développement de la philosophie à Rome.

MICHÈLE DUCOS.

65 PAULUS D'ALEXANDRIE *RE* 21 *PLRE* I:5 F IV

Auteur d'ouvrages d'astronomie conservés. Il est désigné par la *Souda* (Π 810) comme philosophe : « Paul, philosophe, (auteur d'une) *Introduction à l'astrologie* (εἰσαγωγὴ ἀστρολογίας) et d'une *Apotélesmatique* (Ἀποτελεσματικά) ». Il rapporte une observation astronomique datable du 20 février 378.

Édition. E. Boer, *Pauli Alexandrini elementa apotelesmatica*. Interpretationes astronomicas addidit O. Neugebauer, coll. *BT*, Leipzig 1958, XXVI-181 p.

Un commentaire des *Eisagôgika* de Paul d'Alexandrie qu'on a attribué à Olympiodore d'Alexandrie (➭O 17) est conservé.

Cf. W. Gundel, art. « Paulus von Alexandria », *RE* XVIII 4, 1949, col. 2376-2386.

Sur le caractère anachronique et peu approprié de la désignation comme philosophe d'un astronome ou astrologue comme Paul dans la *Souda,* voir J. Mansfeld, *Prolegomena mathematica. From Apollonius of Perga to late Neoplatonism, with an appendix on Pappus and the history of Platonism,* coll. « Philosophia Antiqua », Leiden 1998, p. 104.

RICHARD GOULET.

66 PAUSANIAS DE CÉRAMÉES *RESuppl* 27 *PA* 11717 MF V[a]

Amant du poète tragique Agathon.

Dans le *Protagoras* de Platon, dont la date dramatique est généralement fixée vers 433/432, Pausanias fait partie des auditeurs de Prodicos de Céos (➭P 296) dans la demeure de Callias (➭C 16), fils d'Hipponicos, du dème d'Alopécè, où séjournent également Protagoras d'Abdère (➭P 302), Hippias d'Élis (➭H 145) et de nombreux disciples. Il est accompagné du jeune Agathon qui n'est pas encore connu comme auteur de tragédies (315 d-e). Il n'intervient pas dans les discussions.

Pausanias joue un rôle beaucoup plus important dans le *Banquet,* dont la date dramatique est février 416[a] et se situe donc plus de quinze années plus tard. Le banquet est offert par le poète Agathon, qui vient de remporter la victoire avec sa première tragédie (sous l'archonte Euphémos, en 417-416, d'après Athénée,

Deipnosophistes V, 217 b). Pausanias est toujours amoureux d'Agathon (177 d). Comme la plupart des convives, sauf Socrate (174 a), avaient déjà fêté la victoire dans le cadre d'un sacrifice, Pausanias propose d'emblée de ne pas trop forcer sur la boisson (176 a-b). Comme les autres convives, Pausanias fera un éloge d'Éros, à la suite de Phèdre et de quelques autres intervenants dont le discours avait été oublié par le narrateur (180 c-185 c). Distinguant, sur le modèle de l'opposition entre l'Aphrodite céleste et l'Aphrodite vulgaire, deux sortes d'Éros, Pausanias se lance dans un éloge argumenté d'un amour homosexuel visant à l'amélioration intellectuelle et morale de l'être aimé.

Xénophon, dans son propre *Banquet* 8, 32, amène Socrate à critiquer l'apologie de la luxure développée par Pausanias, « l'amant du poète Agathon », en lui prêtant l'idée qu'une armée faite de couples homosexuels atteindrait un degré de solidarité et de courage exceptionnel. Mais dans le *Banquet* de Platon, c'est Phèdre qui avait soutenu une telle idée (178 e-179a) et il est possible que Xénophon ait confondu les deux intervenants, comme le suppose Athénée, *Deipnosophistes* V, 216 f, en renvoyant au *Banquet* de Platon. Athénée explique également que Pausanias n'a laissé aucun écrit où il aurait pu soutenir une telle idée et qu'aucun autre auteur ne l'a prêtée à Pausanias.

Lorsque vers 407[a] Agathon quitta Athènes pour se rendre à la cour du roi Archélaos à Pella en Macédoine, Pausanias partit avec lui, et Élien, *V. H.* II 21, raconte une anecdote où Agathon explique à Archélaos qu'il multiplie les occasions de dispute avec son amant afin de lui offrir le plaisir de la réconciliation. Voir **1** Élien, *Histoire variée,* trad. et commenté par Alessandra Lukinovich et Anne-France Morand, coll. «La roue à livres» 12, Paris 1991, p. 23. Le couple est également mentionné chez Maxime de Tyr, *Diss.* XX 8 a. Une scholie au *Banquet* de Platon 172 (voir également Scholie au *Rhet. praec.* de Lucien 11) rapporte le témoignage de l'historien macédonien Marsyas le Jeune selon lequel Pausanias accompagna Agathon à la cour du roi Archéalos. Ces scholies sont signalées par **2** P. Lévêque, *Agathon,* coll. «Annales de l'Université de Lyon», 3e série, fasc. 26, Paris 1955, p. 50. Sur la liaison entre Pausanias et Agathon, voir p. 48-53.

Il est possible qu'une comédie de Strattis intitulée *Les Macédoniens ou Pausanias*), citée à plusieurs reprises par Athénée (XIII, 589 A ; XIV, 654 F ; VII, 323 B ; IX, 396 A ; VII, 302 E), fasse référence à l'amant d'Agathon et à leur séjour à la cour d'Archélaos. Selon Lévêque **2**, p. 72, cette comédie devait évoquer la vie menée à Pella par Agathon et Pausanias. *Souda* Σ 1178 : Στράττις, Ἀθηναῖος, τραγικός [Comme Strattis est plutôt un poète comique, les éditeurs corrigent en κωμικός]. τῶν δραμάτων αὐτοῦ ἐστι ταῦτα· Ἀνθρωπορέστης, Ἀταλάντη, Ἀγαθοὶ ἤτοι Ἀργυρίου ἀφανισμός, Ἰφιγέρων, Καλλιππίδης, Κινησίας, Λιμνομέδων, **Μακεδόνες**, Μήδεια, Τρωΐλος, Φοίνισσαι, Φιλοκτήτης, Χρύσιππος, **Παυσανίας**, Ψυχασταί· ὡς φησιν Ἀθήναιος ἐν τῷ β′ βιβλίῳ τῶν Δειπνοσοφιστῶν. Les fragments sont rassemblés dans R. Kassel et C. Austin, *Poetae Comici Graeci,* t.. VII, Berlin 1989, Μακεδόνες ἢ Παυσανίας, fr. 27-33, p. 636-640. Cette identification des deux comédies repose sur le fait que le nom de

Pausanias perturbe l'ordre alphabétique des titres, sur le fait qu'Athénée (XIII, 589 A = fr. 27) cite à propos de Laïs trois vers empruntés ἐν Μακεδόσιν ἢ Παυσανίᾳ et aussi sur ce que nous savons d'un séjour de Pausanias (et d'Agathon) à la cour d'Archélaos de Macédoine. En IX, 396 A = fr. 30, Athénée cite ἐν Μακεδόσιν ἢ Κινησίᾳ, corrigé par Meineke en Παυσανίᾳ.

    Cf. W. Groen Van Prinsterer, *Prosopographia Platonica,* Leiden 1823, réimpr. Amsterdam 1975, p. 206-207 ; F. Stoessl, art. « Pausanias » 27, *RESuppl.* X, 1965, col. 529-530 ; D. Nails, *The People of Plato,* p. 222.

RICHARD GOULET.

67   PAUSANIAS DE GÉLA (en Sicile) *RESuppl.* XIV:28   MF Vª

    Ce médecin, fils d'Anchitos ou Anchytès, est connu, grâce à Diogène Laërce VIII 60-61, comme un disciple d'Empédocle d'Agrigente (☛E 19), qui lui dédia son poème *Sur la nature* (où il citait son nom dès le premier vers), et accessoirement, s'il faut en croire « Aristippe » (probablement dans l'ouvrage apocryphe *Sur la sensualité des Anciens,* mentionné en D.L. I 96 *et passim*) et Satyros *(Vies,* fr. 14 Schorn), comme son amant (31 A 1 et B 1 DK).

Chez Jamblique, *Vie pythagoricienne* 113 (DK 31 A 15), il faut reconnaître Pausanias dans le jeune homme, devenu ensuite le plus célèbre disciple d'Empédocle, qui était prêt à tuer par l'épée l'hôte chez qui il se trouvait, un certain Anchitos qui avait, comme magistrat, fait condamner son père à mort. Empédocle l'aurait calmé dans ses ardeurs en changeant simplement l'harmonie de sa lyre. Diels a suggéré que dans ce passage le nom du père de Pausanias (Anchitos) avait été prêté par erreur à l'hôte d'Empédocle et du jeune homme.

    Une épigramme attribuée de façon douteuse par Diogène Laërce VII 61 à Empédocle et par l'*Anthologie Palatine* VII 508 de façon tout aussi douteuse à Simonide célébrait ce médecin asclépiade (31 B 156 DK). Elle pourrait provenir de l'ouvrage attribué à Aristippe (qui prêtait de même des épigrammes à Platon selon D.L. IV 29-30). Sur cet ouvrage, voir T. Dorandi, « Il Περὶ παλαιᾶς τρυφῆς attribuito a Aristippo nella storia della biografia antica », dans M. Erler et St. Schorn [édit.], *Die griechische Biographie in hellenistischer Zeit.* Akten des internationalen Kongresses vom 26.-29. Juli 2006 in Würzburg, coll. « Beiträge zur Altertumskunde » 245, Berlin 2007, p. 157-172.

    Selon Plutarque, *Quaest. conv.* VIII 8, 728 e (DK 31 B 5), c'est sous l'influence du pythagorisme qu'Empédocle prescrivait à Pausanias de « renfermer ces doctrines dans un esprit muet » (trad. Frazier-Sirinelli), l'invitant ainsi à ne pas divulguer son enseignement.

Le nom de Pausanias a toutefois été introduit dans ce passage par suite d'une correction de Diels (Παυσανίᾳ à la place du παυσαμένῳ des mss), conjecture qui n'est pas signalée comme telle dans l'édition de la *CUF* où l'on trouve Παυσανίᾳ.

    Galien (*De meth. med.* I 1, t. X, p. 6 Kühn = 31 A 3b DK) mentionne Pausanias comme l'un des « médecins d'Italie », avec Philistion (☛P 137), Empédocle et d'autres.

Le nom de Pausanias apparaît dans les anecdotes relatives à la mort d'Empédocle. Diogène emprunte apparemment certains éléments de son récit à un dialogue d'Héraclide le Pontique (⇒*H 60) dans lequel Pausanias racontait, comme témoin de la scène (D.L. VIII 67 fin), la disparition d'Empédocle « près du champ de Peisianax », au cours de la nuit, après un sacrifice de remerciement pour la guérison d'une malade incurable (D.L. VIII 67). Pausanias fait rechercher Empédocle, puis demande d'arrêter les recherches et ordonne que l'on fasse un sacrifice en son honneur comme s'il était un dieu (D.L. VIII 68). Il se pourrait que dans le dialogue Pausanias ait réfuté ceux qui prétendaient qu'Empédocle avait sauté dans l'Etna pour disparaître sans laisser de trace et faire croire par un subterfuge à sa divinisation (D.L. VIII 69). L'historien Timée dénonçait dans le livre IV <de ses *Histoires*> (*FGrHist* 566 F 6) le caractère légendaire des récits d'Héraclide le Pontique concernant la divinisation d'Empédocle ; un de ses arguments était que Pausanias – qui semblait selon Héraclide le promoteur de la légende – n'avait jamais dédié à Empédocle monument, statue ou enclos sacré (D.L. VIII 71). Sur tous ces épisodes, voir R. Goulet, notice « Empédocle d'Agrigente » E 19, *DPhA* III, 2000, p. 78.

Le dialogue d'Héraclide aurait été intitulé Περὶ τῆς ἄπνου ἢ Περὶ νόσων *(Sur la femme inanimée ou Sur les maladies),* selon H.B. Gottschalk, *Heraclides of Pontus,* Oxford 1980, p. 13-16. Les fragments sont édités dans F. Wehrli, *Die Schule des Aristoteles,* t. VIII, 2ᵉ éd., Basel 1969, fr. 77 et 83-85. Empédocle y racontait ou expliquait (ὑφηγήσασθαι) à Pausanias le cas d'une femme qui avait été maintenue en vie pendant trente jours sans manger et sans respirer avant d'être réanimée. Voir également Stefan Schorn, *Satyros aus Kallatis. Sammlung der Fragmente mit Kommentar,* Basel 2004, p. 378-383.

Cf. M. Michler, art. « Pausanias » 28, *RESuppl.* XIV, 1974, col. 368-372.

RICHARD GOULET

68 PAUSANIAS L'HÉRACLITISTE *RE* 19   V-III ?

Le premier des trois commentateurs (autrement inconnus) d'Héraclite (⇒*H 64) – Pausanias l'Héraclitiste, Nicomède (notice à paraître dans les compléments du tome VI) et Nicomède (⇒*D 169) – que Diogène Laërce (qui suivait peut-être les *Homonymes* de Démétrius de Magnésie [⇒*D 52]) cite dans sa *Vie d'Héraclite* (IX 15 = *Heraclitea,* T 705, 147) après Antisthène l'Héraclitéen (⇒*A 218), Héraclide le Pontique (⇒*H 60) et les stoïciens Cléanthe (⇒*C 138) et Sphaïros, mais avant le grammairien Diodote (⇒*D 135). Bien que les Héraclitéens fussent antérieurs aux stoïciens et que Cléanthe fût plus âgé que Sphaïros, il n'en découle pas nécessairement que ces commentateurs vinssent chronologiquement ni avant, ni après les stoïciens, mais seulement, peut-être, que Pausanias était l'aîné des trois.

Cf. dans la notice « Dionysios » (⇒*D 169) l'opinion insoutenable émise, au sujet de la chronologie des Héraclitéens cités dans ce passage, par **1** A. Capizzi, *Eraclito e la sua leggenda,* Roma 1979, p. 120. **2** W. Nestle, art. « Pausanias » 19, *RE* XVIII 4, 1949, col. 2405, date raisonnablement Pausanias de l'époque hellénistique. **3** W. Schmid dans Schmid-Stählin *GGL,* I/1, p. 754 n. 4, suppose en lui le chef « eines Herakliteervereins ». En fait, le surnom de Ἡρακλειτιστής (dérivé de ἡρακλειτίζειν) n'implique qu'une chose : qu'il s'agit de quelqu'un de connu en vertu précisément de son attachement à la doctrine d'Héraclite.

Parmi les nombreux Pausanias dont nous savons quelque chose, on pourrait peut-être songer au destinataire (⇒*P 66) du poème d'Empédocle (⇒*E 19), mais le meilleur candidat au rôle de commentateur d'Héraclite semble être le stoïcien pontique (⇒*P 69), disciple de Panétius (⇒*P 26), signalé dans Philod., *Ind. Stoic. Herc.* col. 76, 1-2 (Dorandi, p. 124, 178 ; Hülser *FDS* 184). Cette candidature permettrait de surcroît d'expliquer les mots ὁ Ποντικὸς qu'on lit hors propos dans les mss. de Diogène Laërce IX 15 une ligne plus haut, juste après le nom de Sphaïros. Rien n'est cependant moins sûr.

SERGE MOURAVIEV.

69 PAUSANIAS LE PONTIQUE *RE* 18   F II[a]

Stoïcien, mentionné comme disciple de Panétius de Rhodes (☛P 26) (mort vers 110[a]) dans l'*Ind. Stoic. Herc.*, col. 76, 1-2 (p. 124 Dorandi) : Παυ|σανίας Ποντικός.

RICHARD GOULET.

70 PAUSIMAQUE DE MILET *RE* 8   II[a]?

Critique littéraire dont les vues sur la poésie sont exposées et critiquées par Philodème de Gadara (☛P 142) dans son Περὶ ποιημάτων. Voir les indications fournies dans la notice « Philodème de Gadara » et dans **1** R. Janko (édit.), *Philodemus, On Poems, Book 1*. Edited with Introduction, Translation, and Commentary, coll. « The Philodemus Translation Project – Philodemus : The Aesthetic Works » I 1, Oxford 2000, 2e éd., avec *addenda* 2003, chap. 5 (h), p. 165-189 (« Pausimachus of Miletus and the Euphonist Tradition »). On a souligné la proximité des vues qu'on lui attribue avec celles des stoïciens. « He was close to Stoic theories of sound, voice, the letters, and the parts of speech, especially Chrysippus and Diogenes of Babylon, but it is hard to say whether they influenced him or whether indeed he influenced their treatment of euphony in their Τέχναι περὶ φωνῆς » (Janko **1**, p. 188).

Cf. 2 K. von Fritz, art. « Pausimachos » 8, *RE* XVIII 4, 1949, col. 2422.

RICHARD GOULET.

71 PEISICRATÈS DE TARENTE

Pythagoricien ancien dont le nom figure dans le catalogue de Jamblique (*V. pyth.* 36, 267, p. 144, 16 Deubner = **1** DK 58 A, t. I, p. 446, 27), qui semble remonter à Aristoxène de Tarente. Il est répertorié dans **2** W. Pape et G. Benseler, *Wörterbuch der griechischen Eigennamen*, t. II, p. 1158, ainsi que dans le **3** *LGPN*, t. III A, p. 358.

CONSTANTINOS MACRIS.

72 P(E)ISIRRHODÈ DE TARENTE

Pythagoricienne dont le nom figure dans le catalogue de Jamblique (*V. pyth.* 36, 267, p. 147, 4 Deubner = **1** DK 58 A, t. I, p. 448, 13), qui semble remonter à Aristoxène de Tarente. Elle est répertoriée dans **2** W. Pape et G. Benseler, *Wörterbuch der griechischen Eigennamen*, t. II, p. 1158, ainsi que dans le **3** *LGPN*, t. III A, p. 359.

P(e)isirrhodè serait sans doute la fille ou la sœur de P(e)isirrhodos de Tarente (➨P 73).

À l'endroit où apparaît le nom de cette pythagoricienne par ailleurs inconnue le texte est certainement corrompu. On y lit : Πισιρρόϥδη Ταραντίς, Νισθεάδουσα Λάκαινα. Le dernier éditeur du *De vita pythagorica*, **4** L. Deubner (Stuttgart ²1975 [¹1937]), édite Πεισιρρόδη Ταραντινίς, Θεάδουσα Λάκαινα. Les corrections adoptées par lui sont celles proposées par E. Schwyzer (pour Ταραντινίς, Θεάδουσα) et par Westermann (pour Πεισιρρόδη, leçon que l'on rencontre également dans un ms tardif). **5** K. Keil, *Analecta epigraphica et onomatologica*, Leipzig 1862, p. 229, suivi par **6** A. Nauck, le précédent éditeur de la *V. pyth.* (Saint Pétersbourg 1884 [réimpr. Amsterdam 1965]), y lisait Πισιρρόδη. La conjecture Ταραντινίς, Θεάδουσα est, selon O. Masson, une fausse solution, puisque le composé proposé (Θεάδουσα) ne convient pas plus que le nom ethnique supposé (Ταραντινίς) (la forme correcte de l'adjectif désignant l'originaire de Tarente est en effet Ταραντ-ῖνος / Ταραντ-ίνη) ; voir **7** O. Masson, « Sur quelques noms de philosophes grecs : à propos du *Dictionnaire des philosophes antiques*, vol. II », *RPh* 68, 1994, p. 231-237, à la p. 232 [= *Id., Onomastica graeca selecta*, vol. 3, Genève 2000, p. 218-224, à la p. 219], n. 4. Reste donc à décrypter les secrets de l'impossible leçon Νισθεάδουσα du ms F de la *V. Pyth.*, qui demeure fort obscure (elle est corrigée en Νεστεάδουσα dans les éditions anciennes, forme retenue, faute de mieux, par Masson, avec ce commentaire : « hapax *bizarre, certainement corrompu* » ; voir **8** O. Masson, « Prosopographie onomastique et dialecte des Lacédémoniens », *REG* 99, 1986, p. 134-141, à la p. 138 [= *Id., Onomastica graeca selecta*, vol. 2, Paris 1990, p. 509-516, à la p. 513]).

                                                    CONSTANTINOS MACRIS.

73 P(E)ISIRRHODOS DE TARENTE

Pythagoricien ancien dont le nom figure dans le catalogue de Jamblique (*V. pyth.* 36, 267, p. 144, 17 Deubner = **1** DK 58 A, t. I, p. 446, 28), qui semble remonter à Aristoxène de Tarente. Il est répertorié dans **2** W. Pape et G. Benseler, *Wörterbuch der griechischen Eigennamen*, t. II, p. 1158, ainsi que dans le **3** *LGPN*, t. III A, p. 359.

La forme Πεισίρροδος est en réalité une conjecture de Westermann (fondée sur la leçon d'un ms tardif), adoptée par le dernier éditeur de la *V. pyth.*, L. Deubner, pour le Πισίρροδος du *codex Laurentianus*, le principal ms ayant transmis ce texte (la tradition manuscrite est très perturbée à cet endroit : les autres mss donnent τισίρροδος, πισύρριδος, Πισέρρυδος, Πισύρρυδος). La graphie du nom de la pythagoricienne tarentine qui porte un nom semblable, et qui pourrait être la fille ou la sœur de P(e)isirrhodos, est plus assurée (on y rencontre seulement Πισιρρόνϥδη et Πεισιρρόδη) et nous oriente vers la même solution (➨P 72). Dans tous les cas, aussi bien le nom que sa graphie avec -ει- sont bien attestés à Rhodes ; voir le **3** *LGPN*, t. I, p. 369. – Sur la forme du nom Πεισίρροδος, *cf.* **4** Fr. Bechtel, *Die historischen Personennamen*, p. 368.

                                                    CONSTANTINOS MACRIS.

P(E)ISISTRATOS → PÉRISTRATOS

74 PEISITHÉOS *PLRE* I (Pisitheus)   IV ?

Les vues de ce philosophe, « compagnon de Théodore d'Asiné », sur le *skopos* du *Philèbe* de Platon sont évoquées au début du commentaire de Damascius sur ce dialogue. Voir l'édition récente de Gerd Van Riel, en collaboration avec Caroline Macé et Jacques Folon, *Damascius, Commentaire sur le Philèbe de Platon, CUF*, Paris 2008, § 3, li. 1-4.

Comme ce philosophe n'est mentionné que dans ce passage, R. Beutler, c.r. de l'édition de L. G. Westerink (*Damascius, Lectures on the Philebus, wrongly attributed to Olympiodorus*, Amsterdam 1959), *Gnomon* 33, 1961, p. 466-468, a proposé de corriger le nom en Patérios (☛P 54), un platonicien mieux connu (Proclus, *in Remp.*, II, p. 42, 9 et 134, 9 Kroll ; Damascius, *in Phaed.*, I, § 2, 3, 100, 4, 137, 5 et 11). Voir R. Beutler, art. «Paterios», *RE* XVIII 4, 1949, Nachträge, col. 2562-2563. Mais le nom est bien attesté et les récents éditeurs n'ont pas retenu cette correction, paléographiquement difficilement explicable.

RICHARD GOULET.

75 P(E)ISÔN   F II[a]

Stoïcien, mentionné comme disciple de Panétius de Rhodes (☛P 26) (mort vers 110[a]) dans l'*Ind. Stoic. Herc.*, col. 74, 6-7 (p. 124 Dorandi): Πεί[σ]ων | [...]ȩυς [...]. Comparetti, qui avait édité le papyrus en 1875, avait cru y reconnaître Lucius Calpurnius Piso Frugi, consul en 133[a], censeur en 122[a], auteur d'*Annales* (en sept livres) qui couvraient la période s'étendant d'Énée à 146[a]. Mais Ed. Zeller, *Die Philosophie der Griechen*, III 1, Leipzig 1921, p. 591 n. 3 (de la page 589), et Traversa, p. 95, considèrent cette identification comme incertaine.

RICHARD GOULET.

PEISISTRATOS → PÉRISTRATE D'ÉPHÈSE

76 PELOPS *PLRE* II: D V

Un des sept philosophes qui auraient accompagné, en 421, la future impératrice Eudocie (Athénaïs) d'Athènes à Constantinople (*Patria Constant.* II, p. 192-193 Preger. *Cf.* aussi I, p. 61-64, qui rapporte les mêmes anecdotes).

Voir aussi les notices consacrées à Apelles, Carus, Cranus, Curbus, Nervas et Silvanus. Pour le texte des *Parastaseis*, voir la nouvelle édition de Averil Cameron et Judith Herrin (édit.), *Constantinople in the early eighth century. The Parastaseis syntomoi chronikai. Introduction, translation and commentary*, coll. «Columbia studies in the classical tradition» 10, Leiden 1984, p. 140-147, avec les notes p. 253-259. Voir aussi H. Schlange-Schöningen, *Kaisertum und Bildungswesen im spätantiken Konstantinopel*, coll. «Historia-Einzelschriften» 94, Stuttgart 1995, p. 86. Sur la signification de "philosophe" dans cette littérature et les traits qui le rapprochent de la figure chrétienne du "saint", voir G. Dagron, *Constantinople imaginaire. Études sur le recueil des "Patria"*, Paris 1984, p. 123 n. 100, et aussi p. 103-115, 119 *sq.*, 124 *sq.*

PIERRE MARAVAL.

77 PEMPÉLOS DE THOURIOI *RE*   III/II[a] ?

Sous le nom de ce pythagoricien, personnage absent du catalogue de Jamblique et inconnu par ailleurs (mais pas forcément fictif ; voir *infra*), avait circulé dans l'Antiquité un traité pseudo-pythagoricien *Sur les parents* (Περὶ γονέων) dont Stobée nous a conservé un long fragment dans son *Florilège* (IV 25, 52, p. 638, 3 - 640, 3 Hense ; *cf.* la mention dans le répertoire alphabétique de Photius, *Bibliothèque*, *cod.* 167, 114 b 14 Bekker = t. II, p. 156 Henry [CUF]). *Cf.* **1** K. von Fritz, art. «Pempelos», *RE* XIX 1, 1937, col. 414.

Par simple oubli ou parce qu'il a été jugé fictif, le nom de Pempélos n'a pas été répertorié dans le t. III A du **2** *LGPN*, consacré à l'Italie du Sud et à la Sicile. En revanche, il figure bien dans **3** W. Pape et G. Benseler, *Wörterbuch der griechischen Eigennamen*, t. II, p. 1167.

On pourrait se demander si le personnage historique dont s'est inspiré le vrai auteur du traité *Sur les parents* n'est pas le Pempélos mentionné dans une lettre d'Ératosthène [➤E 52] (*FGrHist* 241 F 18) citée par Athénée X, 418 A et reprise aussi (tacitement) par Eustathe de Thessalonique (*Comm. ad Iliadem*, t. III, p. 537, 2-4 van der Valk [Leiden 1979] = t. III, p. 181 de l'éd. de 1827 = p. 954, 35-37 ed. Rom. / p. 933, 27-29 ed. Bas.); *cf.* **4** G. Bernhardy, *Eratosthenica*, Berlin 1822, p. 199. Ce Pempélos aurait fait un commentaire caustique sur la polyphagie des Thébains (et accessoirement aussi sur leur bêtise et sur leur bavardage creux) en les assimilant carrément à des cruches, qui, si elles avaient la voix, ne parleraient que pour se vanter de ce qu'elles sont capables de contenir...

(N.B. À la place du Πέμπελος du ms C des *Deipnosophistes* [ainsi que de ceux d'Eustathe], le ms A donne la graphie Πρέπελλος, corrigée à juste titre en Πρεπέλαος par l'éditeur Kaibel [confusion facile entre Λ et Α en onciale + Prépélaos nom bien attesté, surtout en Macédoine, où il était porté p. ex. par un général de Cassandros]; c'est cette dernière graphie, promue par Kaibel dans son éd., que reproduit aussi Jacoby dans les *FGrHist*, ainsi que les trad. récentes d'Athénée; voir p. ex. **5** L. Canfora [coord.], *Ateneo. I Deipnosofisti / I dotti a banchetto*, Roma 2001, t. II, p. 1036 et n. 1 [trad. & comm. R. Cherubina]).

La datation de ce Pempélos est incertaine, mais l'on dispose de deux indices nous autorisant à émettre l'hypothèse qu'il pourrait très bien s'agir d'un pythagoricien venu s'installer à Thèbes (comme Cébès, Lysis, Philolaos et Simmias) après l'exode des pythagoriciens depuis la Grande Grèce vers la Grèce métropolitaine: (a) il parle des Thébains comme quelqu'un qui les connaît bien, mais n'en fait pas partie, car il est étranger; (b) il commente leurs débordements gastronomiques et leur propension à parler sans rien dire du point de vue de quelqu'un qui, comme les pythagoriciens, est sensible au sujet de la σωφροσύνη, qui doit être recherchée et pratiquée aussi bien au niveau de la maîtrise de la langue qu'à celui de l'alimentation, qui doit rester frugale.

Dans une communication privée, Leonid Zhmud remarque pourtant que «Thurioi were founded in 452, at the same time as an anti-Pythagorean revolt took place. There were no (and could not be) Pythagoreans from Thurioi».

Le **texte grec** du Ps.-Pempélos est reproduit aussi dans **6** Fr. Mullach, *FPhG* II, p. 32, et **7** H. Thesleff, *The Pythagorean texts*, p. 141, 11 - 142, 13.

Traductions. *Latine* (avec le texte grec en regard): **8** I. C. Orelli, *Opuscula Graecorum veterum sententiosa et moralia, graece et latine*, t. II, Leipzig 1821, p. 344-347 (avec des *annotationes*, p. 715-717).

Langue et datation. Le dialecte pseudo-dorien archaïsant, artificiel et plein de maniérismes employé dans le fr. conservé du traité *Sur les parents* semble indiquer «a comparatively late date»; voir **9** H. Thesleff, *Introduction*, p. 110-111, qui propose (p. 115) une datation au IIIᵉ-IIᵉ siècle av. J.-Chr.

Contenu. Il ne faut pas négliger ses parents. On doit les honorer en érigeant des statues d'eux, ainsi que de ses ancêtres, dans le foyer familial. En réalité il s'agit d'un développement paraphrastique en dorien de ce qu'on trouve dans le livre XI des *Lois* de Platon (930 E + 931 D-E). *Cf.* Thesleff **9**, p. 17.

Il est peut-être significatif que le premier de ces deux passages des *Lois* soit cité deux fois par Stobée dans le même chapitre relatif aux honneurs dus aux parents (en IV 25, 34 et 46), dans lequel apparaît quelques pages plus loin l'extrait de Pempélos.

Sur l'attitude respectueuse à l'égard des parents prônée dans différents textes de la tradition pythagoricienne et sur les honneurs que leur doivent leurs enfants, voir **10** D. L. Balch, «Neopythagorean moralists and the New Testament household codes», dans *ANRW* II 26, 1, Berlin 1992, p. 380-411, aux p. 402-403 ; **13** J. C. Thom (édit., trad., introd. & comm.), *The Pythagorean Golden verses*, Leiden 1995, p. 116-118.

CONSTANTINOS MACRIS.

78   PEMPTIDÈS (TITUS FLAVIUS –) DE THÈBES   MF I

Dans le *Dialogue sur l'amour* de Plutarque, Pemptidès exprime, en 755 E et 757 C, à propos des passions et de la religion, des positions proches de celles des épicuriens. Ses protestations contre la divinisation d'Éros ne l'empêchent pas de participer aux *Erotideia* de Thespies. Il fait manifestement partie des notables *(gnôrimoi)* béotiens évoqués au début du dialogue. S. Koumanoudis, «Πεμπτίδης», dans Χαριστήριον εις Αναστάσιον Κ. Ορλάνδον [A. K. Orlandos], coll. «Βιβλιοθήκη της εν Αθήναις Αρχαιολογικής Εταιρείας» 54, t. II, Athènes 1966, p. 1-21, a pu l'identifier à un grand-prêtre municipal du culte impérial à Thèbes sous Galba (voir *SEG*, 22, 414). Malgré son penchant pour l'épicurisme, il devint probablement, sous Domitien, hiérarque des Cabires, auxquels étaient d'ailleurs assimilés les deux premiers Flaviens : voir B. Puech, «Prosopographie des amis de Plutarque», dans *ANRW* II 33, 6, Berlin 1992, p. 4866-4867.

BERNADETTE PUECH.

79   PEREGRINUS surnommé PROTEUS   *RE* Per. 16 Pr. 3   *ca* 100-165

Personnage qui occupa une position importante dans la communauté chrétienne de Palestine avant de se mettre à pratiquer la philosophie cynique et de se donner finalement la mort par le feu de façon spectaculaire à Olympie. C'est un des deux exemples connus, à côté de celui de Maxime Héron (☞M 70), d'une double appartenance incontestable au christianisme et au cynisme. Le portrait à charge que trace Lucien de Pérégrinus n'est que partiellement conforme à la vérité historique.

I. SOURCES ANCIENNES

A. Lucien, Περὶ τῆς Περεγρίνου τελευτῆς

Malgré son titre, l'ouvrage de Lucien recouvre en fait toute la vie du philosophe. **1** R. Reitzenstein, *Hellenistische Wundererzählungen*, Leipzig 1906, réimpr. 1963, p. 37-38 et 50, a formulé l'hypothèse que Lucien, par ce texte, aurait réagi à une «arétalogie» qu'aurait écrite le cynique Théagène à la louange de Pérégrinus, célèbre durant sa vie et honoré après sa mort comme un dieu, et que le discours de Théagène rapporté par Lucien serait une parodie de cette arétalogie. Mais ce n'est qu'une hypothèse.

L'ouvrage revêt la forme d'une lettre (procédé employé également dans l'*Alexandre* et le *Nigrinus* de Lucien) qui s'ouvre non par le χαίρειν habituel de la littérature épistolaire, mais par une formule de salutation : εὖ πράττειν, que l'on retrouve aussi dans le *Nigrinus* 1 et que Lucien qualifie de salutation platonicienne dans son *Pro lapsu inter salutandum* 4.

A la suite de **2** J.-M. Gesner dans T. Hemsterhuys et J. F. Reitz, *Luciani Samosatensis Opera*, cum nova versione T. Hemsterhusii et I. M. Gesneri, vol. III, Amstelodami 1743, p. 325-364, notamment note p. 325, **3** J. Bernays, *Lucian und die Kyniker. Mit einer Übersetzung der Schrift Lucians : Über das Lebensende des Peregrinus*, Berlin 1879, p. 3-4, a proposé d'identifier Cronius (☞ C 223) avec le philosophe du second siècle, contemporain de Numénius, dont parle Porphyre (*De antro nympharum* 21, p. 71, 1 Nauck [= p. 22, 3 Westerink] ; *Vita Plotini* 14, 10-14 et 20, 71-76) et qui est présenté tantôt comme platonicien, tantôt comme pythagoricien. Lucien le salue selon la formule platonicienne évoquée plus haut : Λουϰιανὸς Κρονίῳ εὖ πράττειν et s'adresse encore directement à lui, en l'appelant par son nom : ὦ ϰαλὲ Κρόνιε (37), et en utilisant une formule amicale : ὦ ἑταῖρε (38).

Outre Cronius, peu de personnages contemporains sont nommés : Théagène, le disciple souvent cité de Pérégrinus, le cynique Agathobule [☞ A 36] (17) et le médecin Alexandros (44). En revanche, des personnages comme Antonin le Pieux (τῷ βασιλεῖ) que Pérégrinus injurie, comme le préfet (ὁ τὴν πόλιν ἐπιτετραμμένος) qui chassa Pérégrinus de Rome (18) [peut-être Q. Lollius Urbicus] ou encore comme Hérode Atticus, que Pérégrinus dans ses discours critiqua [19] puis loua [20], ne le sont point et leur identification repose sur des déductions.

La structure de l'ouvrage est fournie par les discours des différents narrateurs : [1-2] introduction ; [3-6] discours de Théagène ; [7-31] discours du personnage anonyme ; [32-45] récit par Lucien de la crémation de Pérégrinus ; [45] conclusion.

Éditions et traductions.

Pour une liste des éditions d'ensemble, des éditions partielles et des traductions de Lucien, **4** J. Bompaire, *Lucien, Œuvres, CUF*, t. I, Paris, 1993, réimpr. 2003 ; **5** P. P. Fuentes González, notice « Lucien de Samosate », L 66, *DPhA* IV, p. 131-133.

Bompaire **4**, p. CXLI, cite une édition du XVIIᵉ siècle : **6** *De morte Peregrini*, in 4°, gr. lat., « ex officina Cramoisiana », Paris 1653, avec des notes de Tannegui Lefebvre de Saumur.

7 C. Jacobitz (édit), *Luciani Samosatensis opera*, t. III, Lipsiae 1839 (= *editio major*), p. 420-438 [rp. Hildesheim 1966] ; 1853, coll. *BT*, t. III, p. 271-287 (= *editio minor*) ; **8** L. Levi (édit.), *Luciani Samosatensis libellus qui inscribitur ΠΕΡΙ ΤΗΣ ΠΕΡΕΓΡΙΝΟΥ ΤΕΛΕΥΤΗΣ, quinque Vaticanae bibliothecae codicibus unoque Marciano nunc primum inspectis*, Berlin 1892 ; **9** W. Nestle, *Der Tod des Peregrinos*, griechisch und deutsch, coll. « Tusculum » 7, München 1925 ; **10** A. M. Harmon (édit.), *Lucian* (with an English translation), t. V, coll. *LCL* 302, London/Cambridge (Mass.) 1936 ; réimpr. 1972, p. 1-51 ; **11** J. Schwartz (édit.), *Lucien de Samosate, Philopseudès et De morte Peregrini*, coll. « Publications de la Faculté des Lettres de l'Université de Strasbourg. Textes d'étude » 12, Paris 1951 ; réimpr. 1963 (texte grec, introduction et commentaire en français) ; **12** K. Mras (édit.), *Die Hauptwerke des Lukian*, griechisch und deutsch, hrsg. und übers. von K. M., coll. « Tusculum-Bücherei », [München] 1954 ; München 1980², 555 p., notamment p. 470-505 ; 537-539 ; 540 (liste des manuscrits de Lucien) et 548-549 ; **13** J. Alsina (édit.), *Luciano, Obras*, t. II, *Diálogos de los muertos, El aficionado a las mentiras, Sobre la muerte de Peregrino*, texto rev. y. trad., « Colección hispánica de autores griegos y latinos», Barcelona 1966, réimpr. «Colección de autores griegos y latinos», Madrid 1992, p. 121-149; **14** V. Longo (édit.), *Dialoghi di Luciano,* coll. «Classici greci», 3 vol., Torino 1976, réimpr. 1986, t. III, p. 540-569 (texte grec fondé sur l'*editio minor* de Jacobitz **7**; trad. italienne); **15** M. D. MacLeod (édit.), *Luciani opera: Libelli* 44-68, coll. *SCBO,* t. III, Oxford 1980, p. 188-205; **16** *Id., Lucian. A Selection,* ed., transl. and comm., coll. «Classical Texts», Warminster 1991, p. 148-175 et 269-275; **17** J. Zaragoza Botella, *Luciano. Obras,* t. III, trad. y notas, coll. «Biblioteca Clásica Gredos» 138, Madrid 1990, p. 247-272; **18** P. Pilhofer, *Lukian, Der Tod des Peregrinos. Ein Scharlatan auf dem Scheiterhaufen,* herausgegeben, übersetzt und mit Beiträgen versehen von P. Pilhofer, M. Baumbach, J. Gerlach und D. U. Hansen, coll. «Sapere» 9, Darmstadt 2005 (texte grec de l'édition MacLeod **15**; la traduction est de D. U. Hansen); **19** M. Stella (édit.), *Luciano di Samosata, Vite dei filosofi all'asta, La Morte di Peregrino,* coll. «Biblioteca medievale» 114, Roma 2007 (texte grec de Harmon **10**, trad. italienne de Stella). **20** D. Fusaro et L. Settembrini (édit.), *Luciano di Samosata. Tutti gli scritti.* Introduzione, note e apparati di D. F., Milano 2007, p. 1708-1731 (le texte grec est celui de Jacobitz **7**, *editio major* et la traduction celle de Settembrini **27** citée plus bas). L'édition de MacLeod **15** est présentée par J. Bompaire **4**, p. CXXXVIII, comme «la première grande édition critique, scientifique et complète».

Édition des scholies, **21** H. Rabe (édit.), *Scholia in Lucianum,* coll. *BT,* Lipsiae 1906, p. 215-222; réimpr. Stuttgardiae 1971.

Traductions

A côté des traductions anglaises déjà citées de Harmon **9**, MacLeod **14**, allemandes de Mras **11**, Pilhofer **17**, espagnole d'Alsina **12**, on notera entre autres les traductions françaises de **22** É. Chambry, *Lucien de Samosate, Œuvres complètes,* t. III, Paris 1934, p. 279-295; de **23** G. Lacaze, *Lucien, Histoires vraies et autres œuvres,* préface de P. Demont, coll. «Le Livre de poche», Paris 2003, p. 179-205; les trad. allemandes de **24** Ch. M. Wieland, *Lucians von Samosata Sämtliche Werke.* Aus dem Griechischen übersetzt und mit Anmerkungen versehen von C. M. Wieland, Bd. III, Leipzig 1788, p. 45-92 (réimpr. Darsmtadt 1971) [ce travail a été revu et complété par H. Floerke, München 1911]; **25** A. Pauly, *Lucian's Werke,* 4. Abteilung, Stuttgart 1832, p. 1613-1638; **26** Th. Fischer, *Lucian's Werke,* Bd. 3, Stuttgart 1867, p. 5-22; Bernays **3**, p. 65-86; les traductions italiennes de **27** L. Settembrini, *Opere di Luciano voltate in italiano,* 3 vol., Firenze 1861-1862, cette traduction étant reprise dans **28** *Luciano: I Dialoghi e gli Epigrammi,* a cura di D. Baccini, Roma 1962; deuxième édition, Genova 1988, t. II, p. 875-887; de **29** A. Barabino, *Luciano, La morte di Peregrino,* introduzione di F. Montanari, Milano 2003.

Bibliographie

Bibliographie concernant Lucien et ses dialogues dans **30** M. D. MacLeod, «Lucianic Studies since 1930», dans *ANRW* II 34, 2, Berlin 1994, p. 1362-1421.

Datation de l'ouvrage de Lucien

On peut supposer que la naissance de Pérégrinus se situe vers 95/100 (*cf. infra*). Son suicide eut lieu en 165 (*cf. infra*). Il est intéressant, car ce n'est pas sans importance pour la fiabilité des détails, de savoir à quel moment se situe le récit de Lucien par rapport à cette date. Cette question ne fait pas l'unanimité. Mras **12**, p. 537, suggère la seconde moitié de l'année 165, Lucien étant encore, selon lui, sous l'impression fraîche de l'événement. Selon **31** C. P. Jones, *Culture and Society in Lucian,* Cambridge (Mass.)/London 1986, XIV-195 p., notamment p. 120, Lucien fait comme s'il réagissait à un événement appartenant à un passé récent, alors que des signes (il a fallu par exemple que sa prophétie concernant le culte posthume de Pérégrinus ait le temps de s'accomplir) indiquent qu'il a écrit son ouvrage un certain nombre de mois après les événements qu'il décrit. MacLeod **30**, p. 1377 considère, comme Jones **31**, que l'ouvrage a été écrit après qu'un culte posthume de Peregrinus eut été établi, mais il le place plus tard que Jones et plus près de l'*Alexandre*; il suppose que c'est seulement après l'établissement d'un oracle de Pérégrinus que Lucien se mit à écrire son texte. **32** Jennifer Hall, *Lucian's Satire,* New York 1981, p. 28, rappelle la position de Caster **57** pour qui l'ouvrage appartient à la même période que l'*Alexandre*, qui a été écrit après la mort de Marc Aurèle en 180 (*cf.* par. 48), mais elle opte, p. 463, pour une date plus vague, «some time after 165, perhaps by several years».

B. Autres témoignages

a. Dans l'œuvre de Lucien

(1) *Fugitifs* [1]: Apollon fait mention d'un homme déjà âgé (ἤδη πρεσβύτης ἄνθρωπος) – qu'il qualifie un peu plus loin et en [7] de γέρων –, qui s'est récemment jeté dans le feu; Zeus se plaint que la méchante odeur de graisse émanant des chairs humaines rôties lui ait causé du désagrément. En [7] on apprend que Philosophie, la fille de Zeus, n'a pas voulu assister à la mort de Pérégrinus par crainte des injures et des aboiements de ses disciples cyniques.

(2) *Demonax* [21]: «Comme Pérégrinus Proteus lui reprochait de rire souvent et de se moquer des hommes, disant: "Démonax, tu ne te conduis pas en chien (οὐ κυνᾷς)", Démonax répondit: "Pérégrinus, tu ne te conduis pas en homme" (οὐκ ἀνθρωπίζεις)».

(3) *Adv. Indoctum* 14: Lucien évoque un homme qui, un jour ou deux auparavant, a acheté pour un talent le bâton que Pérégrinus avait laissé à côté de lui avant de se jeter dans les flammes. L'individu garde le précieux objet et le montre aux gens.

b. Chez d'autres auteurs

Voir **33** Geun-Ho Lee, *Vernunft, Antike und Schwärmerei. Interpretationsannäherungen an Wielands Peregrinus Proteus*, Frankfurt a. M. 1998, p. 190-195, qui cite la plupart des références qui suivent.

(1) Aulu-Gelle, *Nuits attiques* VIII 3. Seuls sont conservés le titre du chapitre: *Quem in modum et quam severe increpuerit audientibus nobis Peregrinus philosophus adulescentem Romanum ex equestri familia stantem segnem apud se et assidue oscitantem,* «De quelle façon et avec quelle sévérité le philosophe Pérégrinus, alors que nous l'écoutions, blâma un jeune romain de famille équestre qui se tenait debout près de lui, inattentif et constamment en train de bâiller», et un court extrait: *Et adsiduo oscitantem vidit, atque illius quidem delicatissimas mentis et corporis halucinationes,* «Et il voit qu'il bâille constamment, et (il note) les rêveries tout à fait efféminées de son esprit et de son corps».

(2) *Idem*, XII 11, 1-7 (voir *infra*, p. 218-219) : Pérégrinus disserte devant un auditoire sur des problèmes moraux.

(3) Tatien, *Or. ad Graecos* 25, 1 : (…) κατὰ δὲ τὸν Πρωτέα σκυτοδέψου μὲν χρήζοντες διὰ τὴν πήραν, ὑφάντου δὲ διὰ τὸ ἱμάτιον καὶ διὰ τὸ ξύλον δρυοτόμου, διὰ δὲ τὴν γαστριμαργίαν τῶν πλουτούντων καὶ ὀψοποιοῦ· ὁ ζηλῶν ἄνθρωπε τὸν κύνα, τὸν θεὸν οὐκ οἶδας καὶ ἐπὶ τῶν ἀλόγων μίμησιν μεταβέβηκας, « (les philosophes cyniques) n'ont-ils pas besoin, à la façon de Protée, d'un cordonnier pour leur besace, d'un tisserand pour leur manteau, pour leur bâton d'un coupeur de bois et pour satisfaire la gloutonnerie des riches d'un cuisinier ? Toi, l'homme qui imites le chien, tu ne connais pas Dieu et tu t'es abaissé à l'imitation des êtres irrationnels ».

(4) Athénagore, *Legatio* 26, 4-5, s'adressant à Marc Aurèle et à Commode, fait allusion à des statues d'Alexandre (de Troie ou d'Abonotique ?) et de Pérégrinus à Parium, la ville natale de Pérégrinus ; il signale que le philosophe s'est jeté dans le feu à Olympie et qu'on dit qu'il rend des oracles.

(5) Philostrate, *Vie d'Hérode* dans *Vies des sophistes* II 1, 13 ; 563 Ol., rapporte une anecdote qui met en scène Hérode et Proteus à Athènes. Le philosophe cynique avait coutume de suivre Hérode à Athènes et de l'insulter dans une langue semi-barbare. Un jour Hérode se retourne et lui dit : « Soit, tu dis du mal de moi, mais pourquoi le fais-tu de cette façon ? » Et comme Proteus insistait avec ses accusations, Hérode lui dit : « Nous avons fini par devenir vieux, toi disant du mal de moi et moi t'écoutant ».

(6) Tertullien, *Ad Martyras* 4, 5, 33 : *Peregrinus qui non olim se rogo immisit*, « Pérégrinus qui, il n'y a pas longtemps, se jeta sur le bûcher ».

(7) Eusèbe-Jérôme, *Die Chronik des Hieronymus* (236ᵉ olympiade = 165 ap. J.-C.), dans R. Helm, *Eusebius Werke*, coll. *GCS*, t. VII, Leipzig 1913, p. 204 : *Aput Pisas Peregrinus philosophus rogo, quod ex lignis composuerat, incenso semet superjecit*, « Près de Pise [ville proche d'Olympie], le philosophe Pérégrinus se jeta sur un bûcher enflammé qu'il avait construit avec des morceaux de bois ».

(8) Ammien Marcellin XXIX 1, 38-39 : le jeune philosophe Simonides, condamné à être brûlé par le feu sur ordre de l'Empereur, est dit imiter Pérégrinus (qu'Ammien qualifie de *philosophus clarus* et dont il rappelle le suicide par le feu à Olympie).

(9) Georges le Syncelle, *Ecloga chronographica*, mentionne Pérégrinus à deux reprises : p. 663-664 Dindorf ; p. 429, 6 et 430, 14 Mosshammer ; p. 506 et 507-508 dans la traduction W. Adler et P. Tuffin : Pérégrinus est mentionné d'abord sous l'année 130 (ρλ′) « à partir de l'incarnation divine », en compagnie d'Épictète et d'Euphratès ; il est précisé qu'il s'est immolé par le feu à l'imitation de Calanos (➡C 14), le brahmane gymnosophiste, contemporain d'Alexandre de Macédoine. Il est mentionné ensuite seul, avec les mêmes renseignements, pour l'année 153 (ρνγ′) « à partir de l'incarnation divine ».

(10) la *Souda*, *s.v.* Φιλόστρατος ὁ πρῶτος (Φ 422), t. IV, p. 734, 17 Adler, attribue au premier Philostrate (➡P 165) un Πρωτεὺς Κύων ἢ Σοφιστής : ou bien il s'agit, comme le suggèrent **34** W. Aly, art. « Proteus » 3, *RE* XXIII 1, 1957, col. 975, et **35** F. Solmsen, art. « Philostratos » 9, *RE* XX, 1, 1941, col. 135, de deux ouvrages distincts, auquel cas Πρωτεύς pourrait renvoyer au dieu de la mer et la seconde partie Κύων ἢ Σοφιστής serait un titre à la manière de Lucien, ou bien il nous faut admettre que c'est Pérégrinus qui est en cause dans ce titre.

(11) La *Souda*, *s.v.* Λουκιανός (Λ 683), t. III, p. 283, 8-10 Adler : εἰς γὰρ τὸν Περεγρίνου βίον καθάπτεται τοῦ χριστιανισμοῦ, καὶ βλασφημεῖ τὸν Χριστόν, ὁ παμμίαρος, « Dans la vie de Pérégrinus, il (*s.e.* Lucien) s'attaque au christianisme et il prononce, ce scélérat, des blasphèmes contre le Christ » (*cf.* **36** B. Baldwin, *Studies in Lucian*, Toronto 1973, p. 7-9 et 97-118).

Autres passages qui pourraient renvoyer à Pérégrinus :

(1) Une liste d'ouvrages de littérature et de philosophie contenue dans un papyrus de Memphis du IIIᵉ s. a peut-être conservé une référence à un ouvrage de Pérégrinus. On a d'abord

lu : [N]ιγρίνου Ἀπ[ο]λογίαι (cf. 37 A. Linguiti [édit.], CPF I 1*, p. 87 = PRossGeorg I 22, col. I 15 = Pack² [n° 2089]), mais comme la lacune semble trop grande pour qu'on lise Nigrinus, on a pensé à Περ]εγρίνου, lecture faite par 38 K. Praechter, *Die Philosophie des Altertums*¹², dans F. Überweg, *Grundriss der Geschichte der Philosophie*, t. I, Berlin 1920, p. 527, et acceptée par Schwartz 11, p. 101 ; Linguiti 37, p. 88 et 92, considère également cette lecture comme possible, même s'il n'exclut pas l'autre lecture. Pour un état de la question, voir 39 P. P. Fuentes González, notice « Nigrinus », N 59, *DPhA* IV, 2005, p. 712-717, notamment p. 713. Si l'on admet la lecture de Praechter, s'agirait-il d'*Apologies* écrites par Pérégrinus ou faisant l'éloge de Pérégrinus ? Dans ce dernier cas on pourrait penser qu'elles ont pour auteur Théagène.

(2) Le rhéteur Ménandre (IIIᵉ s.), *Peri epideiktikôn* I 2, évoque, si l'on suit l'édition de L. Spengel, *Rhetores Graeci*, t. III, Lipsiae, 1856, p. 346, 17-19, des παράδοξα δὲ οἷον Ἀλκιδάμαντος τὸ τοῦ θανάτου ἐγκώμιον ἢ τὸ τῆς Πενίας ἢ τοῦ Πρωτέως τοῦ κυνός, « des paradoxes comme *L'éloge de la mort* d'Alcidamas ou celui de *la pauvreté* ou celui de *Protée le chien* [Pérégrinus le cynique ?]. Mais 40 C. Bursian, « Der Rhetor Menandros und seine Schriften », *ABAW* XVI 3, 1882, p. 46, ainsi que 41 D. A. Russell et N. G. Wilson, *Menander Rhetor,* with a translation and commentary, Oxford 1981, p. 32, 17-19 et p. 249 (« MmW's addition of ἢ τοῦ is clearly wrong ; see R. Kassel, Konsolations-literatur, 15, n. 3 »), ne retiennent pas les mots ἢ τοῦ présents dans les manuscrits MmW. Ils écrivent donc (...) ἐγκώμιον, ἢ τὸ τῆς Πενίας Πρωτέως τοῦ κυνός et traduisent « Alcidamas' encomium of Death or the Cynic Proteus' encomium of Poverty ». On est donc en présence soit d'un *Éloge de la mort* dû à Alcidamas et d'un *Éloge de la pauvreté* dû à Protée le Chien (telle est la position de 42 A. S. Pease, « Things without Honor », *CPh* 21, 1926, p. 27-42, notamment p. 29 et p. 39 n. 7), soit il pourrait s'agir d'un éloge de la pauvreté que pratiquait Pérégrinus et on pourrait alors penser à un ouvrage de Théagène, le disciple du philosophe (l'hypothèse est envisagée par 43 R. Pack, « The "Volatilization" of Peregrinus Proteus », *AJPh* 67, 1946, p. 334-345, notamment p. 341 n. 20, qui toutefois pense que Pease pourrait avoir raison). Voir 44 M. Narcy, notice « Alcidamas », A 88, *DPhA* I, 1989, p. 108. Pour une autre identification de Protée, voir 45 F. M. Cornford, « Hermes, Pan, Logos », *CQ* 3, 1909, p. 284, qui pense à « some early Cynic, otherwise unknown to us ».

Enfin, peut-être y a-t-il une allusion à Pérégrinus en Pausanias VI 8, 4 quand ce dernier, à propos du suicide par le feu de Timantheus de Cléonée, dit que « tout ce qui s'est déjà produit de tel chez les hommes ou qui se produira ultérieurement pourrait être considéré davantage, à (son) avis, comme de la folie que comme du courage ».

II. ÉTUDES

46 Ch. M. Wieland, « Über die Glaubwürdigkeit Lucians in seinen Nachrichten vom Peregrinus », dans Wieland 24, p. 93-110 ; 47 E. Zeller, « Alexander und Peregrinus : ein Betrüger und ein Schwärmer », dans *Id., Vorträge und Abhandlungen* II, Leipzig 1877, p. 154-188, notamment p. 173-188 ; Bernays 3 (ouvrage de fond dont se sont inspirés les traducteurs et commentateurs qui ont suivi) ; 48 D. Völter, « Ignatius-Peregrinus », *TT* 21, 1887, p. 272-326 ; 49 I. Bruns, « Lucian's philosophische Satiren », *RhM* 43, 1888, p. 86-103 et 161-196 ; 50 R. Helm, *Lucian und Menipp,* Leipzig/Berlin 1906 ; Reitzenstein 1 ; 51 J. Vahlen, « Index lectionum hibernarum 1882/83 (*Luciani de Cynicis judicium ; de Peregrini Morte*), dans *Opuscula Academica,* t. I, Leipzig 1907, p. 181-197, notamment p. 190-197 ; 52 P. Graindor, *Un milliardaire antique. Hérode Atticus et sa famille,* Le Caire 1930 ; 53 H. M. Hornsby, « The Cynicism of Peregrinus Proteus », *Hermatena* 48, 1933, p. 65-84, repris dans M. Billerbeck (édit.), *Die Kyniker in der modernen Forschung,* Amsterdam 1991, p. 167-181 ; 54 P. de Labriolle, *La réaction païenne. Étude sur la polémique antichrétienne du Iᵉʳ au VIᵉ*

siècle, Paris 1934 ; **55** K. Von Fritz, art. « Peregrinus (Proteus) », *RE* XIX 1, 1937, col. 656-663 ; **56** D. R. Dudley, *A History of Cynicism from Diogenes to the 6ᵗʰ Century A. D.*, London 1937, p. 170-182 ; **57** M. Caster, *Lucien et la pensée religieuse de son temps*, Paris 1937 ; Pack **43**, p. 334-345 ; **58** D. M. Pippidi, « Apothéoses impériales et apothéose de Pérégrinos », *SMSR* 21, 1947-1948, p. 77-103 ; **59** C. Curti, « Luciano e i Cristiani », dans *Miscellanea di Studi della Letteratura cristiana antica*, t. IV, Catania 1954, p. 86-109 ; **60** G. Bagnani, « Peregrinus Proteus and the Christians », *Historia* 4, 1955, p. 107-112 ; **61** J. Bompaire, *Lucien écrivain : Imitation et création*, coll. *BEFAR* 190, Paris 1958 ; **62** H. D. Betz, « Lukian von Samosata und das Christentum », *NT* 3, 1959, p. 226-237 ; **63** *Id.*, *Lukian von Samosata und das Neue Testament : Religionsgeschichtliche und paränetische Parallelen. Ein Beitrag zum Corpus Hellenisticum Novi Testamenti*, coll. *TU* 76 (= V. Reihe, 21), Berlin 1961 ; Baldwin **36** ; **64** G. Anderson, *Lucian. Theme and Variation in the Second Sophistic*, coll. « Mnemosyne », Supplementum 41, Leiden 1976 (voir notamment la comparaison entre Pérégrinus et Alexandre d'Abonotique, p. 72-76) ; **65** *Id.*, « Some alleged relationships in Lucian's *opuscula* », *AJPh* 97, 1976, p. 262-275, notamment p. 264-267 ; Hall **32** ; Jones **31**, notamment chap. 11 : « Peregrinus of Parion », p. 117-132 ; **66** Minos M. Kokolakis, « Ὁ ἀφηρωισμὸς τοῦ Περεγρίνου Πρώτεως », *Kernos* 1, 1988, p. 29-47 ; **67** R. B. Branham, *Unruly Eloquence ; Lucian and the Comedy of Traditions*, coll. « Revealing Antiquity », 2, Harvard 1989, p. 193-194 ; **68** M. J. Edwards, « Satire und Verisimilitude : Christianity in Lucian's Peregrinus », *Historia* 38, 1989, p. 89-98 ; **69** M.-O. Goulet-Cazé, « Le cynisme à l'époque impériale », dans *ANRW* II 36, 4, Berlin 1990, p. 2720-2833 ; **70** D. Clay, « Lucian of Samosata : Four philosophical lives (Nigrinus, Demonax, Peregrinus, Alexander Pseudomantis) », dans *ANRW* II 36, 5, Berlin 1992, p. 3406-3450 ; MacLeod **30** ; **71** C. P. Jones, « Cynisme et sagesse barbare : le cas de Pérégrinus Proteus », dans **72** M.-O. Goulet-Cazé et R. Goulet (édit.), *Le cynisme ancien et ses prolongements*, Paris 1993, p. 305-317 ; **73** F. Downing, « Cynics and early Christianity », dans Goulet-Cazé **72**, p. 281-304 ; Lee **33** ; **74** H.-G. Nesselrath, « Lucien et le cynisme », *AC*, 67, 1998, p. 120-135 ; **75** *Id.*, « Lukian und die antike Philosophie », dans M. Ebner, H. Gzella, H.-G. Nesselrath et E. Ribbat, *Lukian. Φιλοψευδεῖς ἢ ἀπιστῶν. Die Lügenfreunde oder der Ungläubige*, coll. « Sapere » 3, Darmstadt 2001, 2002², p. 135-152 ; **76** H. Detering, « Marcion – Peregrinus. Ist Lukians Schrift : „Über das Lebensende des Peregrinus" eine Marcion-Satire ? », translated from the German : *Is Lucian's „On the Death of Peregrinus" a Satire on Marcion ?* by Frans-Joris Fabri and Rowan Berkeley, site web « Radikalkritik » 2004 (http://www.radikalkritik.de/islucians.pdf) ; **77** K. J. Rigsby, « Peregrinus in Armenia », *CQ* 54, 2004, p. 317-318 ; **78** Ilaria Ramelli, « Tracce di Montanismo nel Peregrino di Luciano ? », *Aevum* 79, 2005, p. 79-94 ; **79** Th. Schirren, « Lukian über die ΚΑΙΝΗ ΤΕΛΕΤΗ der Christen (*De morte Peregrini* 11), *Philologus* 149, 2005, p. 354-359 ; **80** P. Pilhofer : « Das Bild der christlichen Gemeinden in Lukians Peregrinos », dans Pilhofer **18**, p. 97-110 ;

81 M. Baumbach et D. U. Hansen, « Die Karriere des Peregrinos Proteus », dans Pilhofer **18**, p. 111-128 ; **82** D. U. Hansen, « Lukians Peregrinos : Zwei Inszenierungen eines Selbstmordes », dans Pilhofer **18**, p. 129-150 ; **83** J. Gerlach, « Die Figur des Scharlatans bei Lukian », dans Pilhofer **18**, p. 151-197 ; **84** M. Baumbach, « Phönix aus lukianischer Asche : Peregrinos Proteus im Spiegel seiner Rezeption », dans Pilhofer **18**, p. 198-227; **85** Barbara Szlagor, *Verflochtene Bilder : Lukians Porträtierung „göttlicher Männer"*, Trier 2005, p. 91-126 ; **86** O. Overwien, « Lukian als Literat, Lukian als Feind : das Beispiel des Peregrinos Proteus », *RhM* 149, 2006, p. 185-213 ; **87** J. König, « The Cynic and Christian lives of Lucian's "Peregrinus" » dans B. McGing et Judith Mossman (édit.), *The limits of ancient biography*, Swansea 2006, p. 227-255 ; **87bis** H.-G. Nesselrath, art. « Lukian von Samosata », *RAC* XXIII, 2009, col. 692-693.

III. UN NOM ET DEUX PSEUDONYMES

Le nom de Pérégrinus a une consonnance romaine et invite à penser que Pérégrinus était un citoyen romain.

Après avoir cité un oracle de la Sibyle favorable à Proteus et rapporté par Théagène, Lucien, pour démonter la supercherie, lui oppose un autre oracle, celui-ci défavorable, attribué à Bakis, un devin béotien (antérieur à Hérodote puisque celui-ci le cite [VIII 20 ; 77 ; 96 ; IX 40]), qu'Aristophane déjà présentait de façon burlesque (*Cavaliers* vv. 123.197-201.1003) et à qui on a prêté postérieurement bien d'autres oracles. Cet oracle de Bakis fait allusion à un Κυνικὸς πολυώνυμος, « un cynique aux multiples noms » en qui il faudrait reconnaître Pérégrinus (*De morte Peregrini* 30).

De fait, à côté de son nom Περεγρῖνος, il porte un surnom : Πρωτεύς – qui est le nom du fils de Poséidon (et non de Zeus, comme le dit de façon erronée Lucien [28]) – : « Le malheureux Peregrinus, ou comme lui-même aimait à s'appeler (ὡς αὐτὸς ἔχαιρεν ὀνομάζων ἑαυτόν) : Protée, a connu la même expérience que le Protée d'Homère [*Od.* IV 454-459]. En effet, après être devenu toutes choses et s'être transformé de mille façons par souci de la gloire, pour finir il devint aussi feu, tant il était tenu par l'amour de la gloire » [1]. Pérégrinus est effectivement passé du christianisme au cynisme avant de se jeter spectaculairement dans les flammes, en adepte des brahmanes [25.39], dans les environs d'Olympie, et de devenir un démon de la nuit (δαίμων νυκτοφύλαξ en [27]). Mais une incertitude subsiste sur l'origine de ce surnom : Pérégrinus se l'est-il attribué lui-même, comme le prétend Lucien, ou lui a-t-il été, comme le laisse entendre Aulu-Gelle, donné par d'autres, après qu'il eut quitté Athènes, où Aulu-Gelle l'avait rencontré, pour se rendre à Élis : *philosophum nomine Peregrinum, cui* postea *cognomentum Proteus factum est (Nuits attiques* XII 11) ? Lucien [12] précise qu'au moment où il était en prison comme chrétien en Palestine, il n'avait pas encore ce surnom de Proteus et qu'on l'appelait le nouveau Socrate : ὁ βέλτιστος Περεγρῖνος – ἔτι γὰρ τοῦτο ἐκαλεῖτο – καινὸς Σωκράτης ὑπ' αὐτῶν ὠνομάζετο. Il est possible que Pérégrinus, tout comme Diogène qu'on traitait de chien et qui adopta ce surnom parce qu'il trouvait qu'il lui convenait bien, ait lui-même ajouté ensuite le surnom de Proteus à son nom, à moins que ce ne soient ses admirateurs ou ses détracteurs qui l'en aient affublé. Il peut avoir reçu ce surnom après son emprisonnement en Palestine, lorsqu'il séjourna en Égypte (*cf.* Pack **43**, n. 13, p. 339 : « Considering the associations of the name, however, it is natural to assume that it was somehow connected with his sojourn in Egypt »).

Lucien l'appelle « Pérégrinus Proteus » dans *Démonax* 21 et « Proteus » dans *Adv. indoct.* 14. On rencontre « Pérégrinus » seul chez Aulu-Gelle VIII 3 ; Ammien Marcellin XXIX 1, 39 ; Tertullien, *Ad martyras* 4 ; Eusèbe, *Chronique,* année 165 (= 236ᵉ Ol.), *Souda* Λ 683, et « Proteus » seul chez Philostrate l'Ancien (*Souda* Φ 422), Philostrate le jeune (*Vies des sophistes* II 1, 13 ; 563 Ol.), Tatien (*Oratio* 25, 1), Athénagore (*Legatio* 26, 4-5). Aulu-Gelle, *Nuits attiques* XII 11 précise : « un philosophe du nom de Pérégrinus qui, plus tard, fut surnommé Proteus ».

Avant de se jeter dans les flammes, Pérégrinus adopta un second surnom, celui de « Phénix », qui symbolise à la fois la destruction par le feu et la régénération : « J'ai entendu dire qu'il ne daigne plus être appelé Proteus, mais qu'il a changé son nom pour Phénix, parce que le Phénix, l'oiseau indien, monte, dit-on, sur le feu quand il devient très avancé en âge » [27]. Entre autres attestations de la légende de Phénix, voir parmi les écrivains antérieurs à Lucien : Hérodote, *Histoires* II 72, Ovide, *Métamorphoses* XV 392-407, Pline l'Ancien, *Histoire naturelle* X 3-5 – lequel dit s'appuyer sur Manilius et Cornelius Valerianus –, Stace, *Silves* II 4, 26, Tacite, *Annales* VI 28, et après Lucien le poème de Lactance *De ave Phoenice* qui est consacré au phénix. Sur ce mythe du phénix dans la tradition littéraire ancienne, voir R. van den Broek, *The Myth of the Phoenix according to Classical and Early Christian Traditions,* col. *EPRO* 24, Leiden 1972, qui cite dans ses *indices,* p. 465-481, les textes bibliques et juifs, ainsi que les textes grecs et latins où il est question du phénix.

IV. LA BIOGRAPHIE DE PÉRÉGRINUS D'APRÈS LUCIEN

Il paraît utile de présenter dans l'ordre chronologique les données factuelles de la vie de Pérégrinus, car elles ne sont pas toujours aisées à reconstituer (voir l'étude récente de Baumbach et Hansen **81**).

A. Jeunesse

Pérégrinus naquit à Parium en Mysie, au nord de l'Asie Mineure [14]. Cette ville était une *colonia juris italici* (*Digeste* 50, 15 : *De censibus* 8, 9) [*cf.* Schwartz **11**, p. 96-97]. Même si l'héritage paternel s'élevait environ à trente talents seulement (un talent = 6000 drachmes), et non à cinq mille comme le prétendait Théagène [14], on peut en conclure que Pérégrinus appartenait à une famille aisée. Parce que cet individu multiforme l'exaspère, Lucien affirme que toute sa vie Pérégrinus a agi par amour de la gloire. Pour mieux le dénigrer, il accumule sur lui les anecdotes croustillantes, à l'authenticité douteuse. C'est ainsi que Pérégrinus, dans sa jeunesse, aurait commis un adultère en Arménie, corrompu un beau garçon et donné trois mille drachmes aux parents de celui-ci qui étaient pauvres, afin d'éviter d'être conduit devant le gouverneur de la province d'Asie [9]. Qui plus est, il aurait étranglé son père, parce qu'il ne supportait pas que celui-ci vécût au-delà de soixante ans [10].

B. Phase chrétienne en Palestine

La phase chrétienne de Pérégrinus ne mérite pas davantage d'égards aux yeux de Lucien. Tout en soulignant la position importante que le personnage occupa dans la communauté chrétienne de Palestine (προφήτης καὶ θιασάρχης καὶ ξυναγωγεὺς καὶ πάντα μόνος αὐτὸς ὤν), où il faisait œuvre d'exégète et d'écrivain [11], Lucien laisse entendre que son christianisme, qui fut pour lui l'occasion d'un séjour en prison, lui valut de solides revenus [13]. Durant son emprisonnement, on pouvait voir dès le matin des vieilles femmes qui attendaient près de la prison, ainsi que des veuves et des orphelins, tandis que les dignitaires chrétiens, qui avaient corrompu les gardiens, dormaient avec lui à l'intérieur de la prison et lui faisaient apporter des repas de toutes sortes [12]. Lucien n'hésite pas à présenter Pérégrinus comme un charlatan habile, capable de profiter des situations (γόης καὶ τεχνίτης ἄνθρωπος καὶ πράγμασιν χρῆσθαι δυνάμενος), capable aussi d'exploiter la crédulité et la naïveté des gens à qui le « sophiste crucifié », autrement dit le Christ, avait dit qu'ils étaient tous frères et qui de ce fait considéraient que tous les biens étaient communs [13].

C. Retour à Parium avec l'accoutrement cynique

Lorsqu'il sortit de prison, relâché par le gouverneur de Syrie – peut-être Q. Lollius Urbicus [Jones **31**, p. 124] –, un homme qui aimait la philosophie et qui avait compris que Pérégrinus était prêt à mourir, à condition de laisser derrière lui une réputation glorieuse –, il revint à Parium où l'on avait gardé le souvenir du meurtre de son père [14]. Pour éviter les ennuis, il se présenta devant l'Assemblée des Pariens en portant déjà l'accoutrement cynique (cheveux longs, petit manteau, besace, bâton) [sur cette mise en scène théâtrale, voir Schwartz **11**, p. 97 ; Clay **70**, p. 3415] ; il déclara qu'il donnait à la cité tous les biens que lui avait laissés son père, ce qui lui valut les acclamations de la foule qui voyait en lui « le seul philosophe, le seul patriote, le seul émule de Diogène et Cratès » [15].

D. Départ de Parium puis rupture avec le christianisme

Pour la seconde fois (τὸ δεύτερον), il quitta Parium et reprit sa vie errante (πλανησόμενος), les chrétiens veillant à ce qu'il ne manquât de rien [16]. C'est alors qu'intervint sa rupture avec le milieu chrétien. Lucien propose une explication : à son avis, Pérégrinus aurait mangé de la nourriture interdite (ὤφθη γάρ τι, ὡς οἶμαι, ἐσθίων τῶν ἀπορρήτων αὐτοῖς) [ibid.]. Il pourrait s'agir des idolothytes, c'est-à-dire de la viande offerte en sacrifice aux idoles (cf. Actes 15, 29) ; telle est l'interprétation d'Edwards **68**, p. 89-98 ; pour une interprétation différente, voir Bagnani **60**, p. 107-112, qui reconnaît en Pérégrinus un Ébionite respectant les interdits alimentaires mosaïques et qui explique son passage du christianisme au cynisme par l'influence de la secte chrétienne ascétique des ébionites esséniens. A partir de ce moment il n'est plus question de christianisme à propos de Pérégrinus.

E. A nouveau départ de Parium ; voyage en Égypte, puis en Italie

Après avoir essayé en vain de récupérer les biens qu'il avait donnés à la cité de Parium, car il se trouvait dès lors dans le besoin, il partit en Égypte – c'est son troisième grand voyage depuis Parium (τρίτη ἐπὶ τούτοις ἀποδημία) – auprès d'un grand maître en cynisme : Agathobule (☛A 36), qui vivait à Alexandrie et qui fut aussi le maître de Démonax [☛D 74] (*Démonax* 3), et cela afin de s'entraîner à « la remarquable ascèse » [17]. La tête à demi rasée, s'enduisant le visage de boue, Pérégrinus démontrait ce qu'on appelle l'acte indifférent (τὸ ἀδιάφορον δὴ τοῦτο καλούμενον ἐπιδεικνύμενος), en se masturbant en public, en donnant et en recevant des coups de férule sur les fesses [*ibid.*]. Sur l'indifférence cynique, voir **88** M.-O. Goulet-Cazé, *Les* Kynika *du stoïcisme*, coll. « Hermes-Einzelschriften » 89, Stuttgart 2005, p. 112-132. Il fit voile ensuite vers l'Italie, mais fut banni par le Préfet de Rome à cause de sa franchise et de sa trop grande liberté (il injuriait tout le monde, notamment l'Empereur), ce qui accrut encore sa renommée et invita à le comparer à Musonius (☛M 198) [banni par Néron], Dion (☛D 166) et Épictète (☛E 33) [bannis par Domitien] [18].

F. Voyage en Grèce et suicide par le feu

Il partit alors en Grèce [19], résidant la plupart du temps à Athènes (*cf. Démonax* 21, Aulu-Gelle VIII 13, XII 11, et Philostrate, *Vies des sophistes* II 1, 13 ; 563 Ol.). A Élis, il conseilla aux Grecs de prendre les armes contre les Romains ; peut-être est-ce une allusion à l'insurrection armée qui eut lieu en Achaïe (*Hist. Aug.*, *Vita Antonini Pii* 5, 5 : *in Achaia etiam atque Aegypto rebelliones repressit [sc. Antoninus Pius]*), comme l'a suggéré Bernays **3**, p. 30. A quatre reprises (Jones **31**, p. 124-125 et n. 34), Pérégrinus se rendit à Olympie (sur la question de 3 ou 4 passages à Olympie, voir *infra*, p. 220-221), où les Jeux étaient une tribune recommandée pour les cyniques en raison de leurs liens avec Zeus et avec Héraclès, l'ancêtre de leur philosophie. En 153, il critiqua le luxe, reprochant à Hérode Attticus d'avoir, grâce à la construction du Nymphaion, amené l'eau à Olympie pour éviter que les gens meurent de soif pendant les jeux, mais la foule lui lança des pierres et il fut contraint de se réfugier dans le sanctuaire de Zeus [19]. L'anecdote est confirmée par Philostrate. Au cours des quatre ans qui suivirent, il changea d'avis et composa un discours où il fit l'éloge de la philanthropie de ce même Hérode Atticus (Lucien se moque du temps qui lui fut nécessaire pour écrire ce discours !). On est en 157 (ἐς τὴν ἑξῆς Ὀλυμπιάδα [20]). Mais comme il ne réussit plus, selon Lucien, à attirer l'attention et à étonner, Pérégrinus décida alors, immédiatement après les derniers jeux olympiques (ἀπ' Ὀλυμπίων τῶν ἔμπροσθεν) [sur l'interprétation de l'adverbe, voir *infra,* p. 221], d'annoncer aux Grecs (on est en 161) qu'il se donnerait la mort par le feu lors des prochains jeux (en 165 ; *cf. Chronique* d'Eusèbe-Jérôme, p. 204, 23-25 Helm) [20.21], afin d'enseigner aux hommes à mépriser la mort et à endurer ce qui est terrible [23]. Il

voulait imiter ainsi la fermeté des brahmanes indiens [25] (*cf.* Clay **70**, p. 3438 ;
Calanos [➙C 14] s'était fait brûler en 324 av. J.-C. à Suse en présence d'Alexandre le Grand et Zamaros à Éleusis en 20 av. J.-C. en présence d'Auguste ;
cf. Arrien, *Anabase* VII 3.6 et Dion Cassius LIV 9.10. Traditionnellement des relations sont attestées entre les cyniques et les brahmanes, avec Onésicrite d'Astypalaea [D.L. VI 84, ➙O 23] mais aussi avec Démétrius de Sounion [*Toxaris* 34,
➙D 56]). Le jour de son suicide par le feu, Pérégrinus arriva à Olympie, escorté
par une grande foule et il prononça en quelque sorte son oraison funèbre (τὸν
ἐπιτάφιον) [32]. « Il fallait que celui qui avait vécu comme Héraclès mourût
comme Héraclès et qu'il fût mêlé à l'éther » [33]. Une fois les jeux olympiques
terminés, Pérégrinus fixa la nuit de sa crémation. Le bûcher avait été installé à
Harpiné, à vingt stades d'Olympie (Schwartz **11** p. 102, explique que la loi
religieuse s'opposait à ce qu'un mort souillât le sol sacré d'Olympie ; d'où le
scrupule qui fit dresser le bûcher à Harpiné [35]).

Lorsque la lune se leva, Pérégrinus apparut, entouré des sommités du mouvement cynique (τὰ τέλη τῶν κυνῶν), notamment Théagène [35]. Après avoir
déposé sa besace et son manteau (on remarquera qu'il porte toujours l'accoutrement du cynique), il jette de l'encens sur le feu et dit : « Esprits de mon père et de
ma mère, accueillez-moi avec bienveillance », puis le vieil homme sauta dans le
feu [36]. Tel est le dénouement de la pièce, la καταστροφή τοῦ δράματος [37].
Lucien, de façon parodique, compare ses disciples après sa mort aux disciples de
Socrate [37]. Sur la mise en scène du suicide et pour une comparaison avec
Démonax et Alexandre d'Abonotique (➙A 110), voir Hansen **82**. Sur l'imitation
par Lucien de la mort de Socrate dans le *Phédon*, voir Overwien **86**, p. 203-207.

Lucien laisse entendre que les choses se passèrent ainsi simplement, mais qu'il
peut en rajouter à l'intention des gens stupides et dire qu'au moment où Pérégrinus
se jeta dans le feu, un grand tremblement de terre eut lieu, que la terre se mit à
mugir et qu'un vautour, sorti du milieu des flammes, s'envola vers le ciel, en
disant d'une voix forte : « J'ai quitté la terre ; je monte vers l'Olympe » [39].
Lucien raconte encore qu'à son retour des Jeux, il rencontra un homme âgé, dont le
visage inspirait confiance, qui lui raconta entre autres qu'après la crémation, il
avait rencontré Pérégrinus, vêtu de blanc, et qu'il l'avait laissé marchant dans le
Portique des sept voix (la colonnade d'Écho à Olympie), couronné d'une guirlande
d'olivier sauvage [40].

G. Après sa mort

Lucien prévoit que, selon toute vraisemblance, après la mort de Pérégrinus, des
gens diront qu'il les a guéris de la fièvre quarte et qu'ils ont rencontré dans la nuit
le « démon gardien de la nuit » (τῷ δαίμονι τῷ νυκτοφύλακι) ; il prévoit aussi que
ses disciples vont installer sur le bûcher un oracle et un Saint des Saints, parce que
Protée, l'ancêtre de son nom, était devin, et que des prêtres organiseront un culte
auprès du bûcher [28]. Les Éléens et les Grecs de fait élevèrent des statues en
l'honneur de Pérégrinus. N'avait-il pas envoyé des lettres quasiment à toutes les

cités de renom en indiquant ses volontés et n'avait-il pas dépêché en ambassade certains de ses amis, en les appelant « messagers du monde des morts » (νεκραγγέ-λους) et « coursiers des Enfers » (νερτεροδρόμους) [41] ? On a supposé (*cf.* Harmon **10**, p. 47 n. 2), qu'il connaissait peut-être la recommandation, faite par saint Ignace à l'Église de Smyrne, de désigner un messager spécial, courrier de dieu : θεοδρόμος. (*Ep. Ad Polyc.* 7, 2), mais Schwartz **11**, p. 112, pense plutôt à une influence du rituel de Mithra, dans lequel l'initié passe par le grade d'ἡλιο-δρόμος. Harmon **10**, p. 41, suggère que Lucien aurait pu avoir un écho des croyances indiennes concernant les messagers de Yama (*cf. Atharvaveda* 18, 2, 27).

H. Deux anecdotes visant à dénigrer Pérégrinus

Lucien complète son propre récit par deux anecdotes qui ne sont pas à la gloire de Pérégrinus : d'une part le voyage en bateau depuis la Troade, qui permit à Lucien de faire sa connaissance et durant lequel Pérégrinus, malade à cause de la tempête, passait son temps à gémir avec les femmes ; d'autre part un épisode qui eut lieu neuf jours avant la mort du philosophe : au témoignage du médecin Alexandre qu'il avait fait appeler, Pérégrinus, pris d'une violente fièvre, se roulant par terre, refusa la mort qui frappait spontanément à sa porte, parce que cette façon de mourir, commune à tous les hommes, manquait de panache [43-44].

V. LES POINTS QUI FONT DÉBAT

A. L'adultère en Arménie

Pérégrinus aurait commis un adultère en Arménie [9]. Trouvant bizarre cette apparition de l'Arménie dans l'ouvrage de Lucien, Rigsby **77** suppose une erreur non point de Lucien, mais d'un copiste. L'évocation ironique, dans la phrase, du canon de Polyclète, qui suppose que Pérégrinus avait des proportions idéales (*cf. Salt.* 75) invite à penser qu'il pourrait être question à cet endroit non pas d'« Arménie » mais d'« harmonie » (*cf. Zeuxis* 2), l'harmonie étant un des buts visés par Polyclète (Pausanias II 27, 5 ; Plutarque, *Quomodo quis suos sentiat in virtute profectus* 17, 86 A). D'où la proposition de Rigsby : « I suggest that a gloss to a Lucian manuscript explicated the phrase by writing in the margin the words εναρμονιαι ; this a copist then mistook for εναρμενιαι and brought into the text ». A l'appui de cette hypothèse, il signale le fait que le plus récent des deux principaux manuscrits, le Vat. Gr. 90 du Xe s., a la leçon Ἀρμενία avec un esprit rude. Si Rigsby a raison, ce qui est tout à fait possible, il faudrait en conclure que Pérégrinus ne serait jamais allé en Arménie, mais que c'est à Parium qu'il aurait commis l'adultère, si du moins adultère il y eut.

B. Le meurtre du père

Pérégrinus aurait tué son père pour avoir son héritage. Ce meurtre tel que le présente Lucien en [10], en [14-15] et en [37], est jugé invraisemblable par Zeller **47** p. 175-176, et par von Fritz **55**, col. 658. Il est difficile de supposer en effet que

Pérégrinus, après le meurtre de son père, a osé rentrer à Parium, puis réclamer à la cité l'argent dont il lui avait fait cadeau, s'exposant ainsi à de graves accusations.

C. La question de l'héritage

Pérégrinus reçut l'héritage de son père après qu'il eut tué celui-ci. Il donna cet héritage à la cité de Parium, mais ensuite il le réclama, regrettant d'avoir renoncé à ses biens, et il envoya une pétition à l'empereur pour le récupérer. La cité de Parium décida alors de dépêcher une contre-ambassade à l'empereur, probablement Antonin le Pieux, qui ordonna à Pérégrinus de s'en tenir à la décision précédente [16].

Schwartz **11** (p. 98-99) propose de se représenter les choses comme suit. Pérégrinus abandonna, sous forme d'une donation solennelle, son héritage paternel, devant les comices de la colonie de Parium [15]; mais il n'y eut pas de distribution, sinon la demande d'annulation n'aurait plus eu de sens. Changeant d'idée par la suite, Pérégrinus présenta à une autorité (le gouverneur de Mysie?) une requête (γραμματεῖον ἐπιδούς), par laquelle, fort d'un rescrit obtenu de l'empereur (κελεύσαντος Βασιλέως), il demandait à recouvrer les biens donnés. Mais à la suite de l'ambassade envoyée par les habitants de Parium, l'ordre vint de laisser les choses en l'état puisque Pérégrinus avait fait don de son patrimoine une fois pour toutes (ἅπαξ) et sous aucune contrainte (μηδὲνος καταναγκάσαντος). Pérégrinus avait dû en effet arguer d'une contrainte afin d'obtenir de l'empereur ce rescrit, dont le gouverneur, après examen des faits, aurait dû suivre les prescriptions. Ce don et son annulation souhaitée ont de quoi surprendre. Toutefois, comme Pérégrinus s'était adressé directement à Rome, les autorités de Parium firent probablement de même et obtinrent alors une décision définitive de l'empereur qui leur laissait la jouissance du patrimoine reçu en donation.

D. La rupture avec les chrétiens

Comment interpréter la rupture avec les chrétiens? Selon Lucien, Pérégrinus aurait mangé des nourritures interdites: εἶτα παρανομήσας τι καὶ ἐς ἐκείνους – ὤφθη γάρ τι, ὡς οἶμαι, ἐσθίων τῶν ἀπορρήτων αὐτοῖς, «puis il commit une faute à leur égard – on le vit, à ce que je crois, en train de manger une des nourritures qui leur sont interdites» [16]. La formulation utilisée par Lucien: ὡς οἶμαι, semble indiquer qu'il ignore ce qui s'est passé exactement, mais qu'il énonce une hypothèse, fondée sur le fait qu'il sait que Juifs et chrétiens observaient des tabous concernant la nourriture. Schwartz **11**, p. 98, identifie ces nourritures interdites à des viandes de sacrifices exposées et offertes aux carrefours, autrement dit aux viandes des «soupers d'Hécate» (Aristophane, *Plut.* 594 *sqq.*; Démosthène LIV 39, qui dit que ceux qui mangent des soupers d'Hécate sont des gens de rien), lesquelles étaient interdites aux chrétiens (*cf. Actes* 15, 20 et 29; 21, 25; *I Cor.* 8; Pline le Jeune X 97), mais appréciées des cyniques (Lucien, *Dial. des Morts* 1, 1; 22, 3; *Cataplous* 7). Mais Bagnani **60** soutient la thèse que Pérégrinus était un essénien ébionite et il reconstruit toute sa carrière sur cette toile de fond: «If he was, as his career would seem to indicate, an Essene Ebionite, he will have strictly observed the Mosaic Law and its prohibition of pork, and the real reason for his conflict with orthodox Christianity will have been not on his partaking of forbidden food, but on his refusal to partake of lawly food, that is to say he was excommunicated as an Ebionite » (p. 111). En tant qu'essénien ébionite, Pérégrinus aurait refusé de manger de la nourriture licite, ce qui aurait provoqué son excommunication en tant qu'ébionite. S'opposent à cette hypothèse entre autres Betz **62**, n. 8, p. 232, et Edwards **68**, qui pensent que Pérégrinus aurait mangé des idolothytes (εἰδωλόθυτα), ces viandes sacrificielles interdites aux chrétiens (*cf. Actes* 15 et 28 ; *I Cor.* 8).

E. Adhésion au cynisme et abandon du christianisme

A quel moment Pérégrinus devint-il cynique et à quel moment abandonna-t-il le christianisme ? Autrement dit, fut-il en même temps chrétien et cynique, une question qui a de l'importance si l'on s'intéresse aux relations entre les deux mouvements ? A en croire Lucien, Pérégrinus, à son retour de Palestine, arriva à Parium habillé en cynique et renonça à ses biens dans cette même cité selon la pratique cynique illustrée par Cratès (➨C 205). Ce serait ensuite, durant sa seconde absence de Parium, qu'il aurait abandonné le christianisme. Mais Jones **31**, p. 123, estime que cette apostasie eut lieu plus tôt et que c'est à dessein que Lucien l'a présentée de façon différée : « He (*i.e.* Lucian) represents Peregrinus as already dressed in Cynic garb and making the Cynic renunciation of wealth when his apostasy from christianity was still in the future, since according to Lucian it occurred during his "second absence" from Parion. More probably, therefore, it (*i.e.* son apostasie du christianisme) occurred either on his first absence or after his return to Parion, and Lucian delays it in order to give an unflattering motive for an incident he plans to relate presently, P' quarrel with his city ». Quoi qu'il en soit du moment précis de l'apostasie, Pérégrinus était déjà à la fois chrétien et cynique quand il revint la première fois à Parium et il ne fut plus que cynique à partir du moment où il abandonna le christianisme en transgressant des pratiques alimentaires chrétiennes. Les indications temporelles employées par Lucien [16] restent très vagues (χρόνον μέν τινα οὕτως ἐβόσκετο· εἶτα παρανομήσας τι... οὐκέτι προσιεμένων αὐτόν...). Pérégrinus dut rester cynique jusqu'à sa mort puisqu'au moment de sa crémation sur le bûcher il est entouré des sommités du mouvement cynique et qu'il porte toujours l'accoutrement cynique.

F. La mort par le feu : signification ?

Lucien fait comme si Pérégrinus n'avait pas voulu mourir et avait été très étonné d'être pris au mot (οὐ μετρίως ἐθορυβήθη en [33]). Il laisse entendre qu'il a fait en sorte de mourir vite en se jetant dans le feu (ἅπαξ χανόντα πρὸς τὴν φλόγα ἐν ἀκαρεῖ τεθνάναι) [21], alors que les brahmanes, eux, une fois leur bûcher construit, restent immobiles à côté du bûcher qui brûle, de manière à endurer le fait d'être rôtis, puis ils montent sur le bûcher et brûlent sans quitter leur position allongée [25]. Schwartz **11**, p. 104, explique que le bûcher devait être établi dans une fosse où il était prévu que le tirage se ferait sans doute mal. C'était alors pour Pérégrinus la mort rapide par asphyxie ou la remontée moyennant quelques brûlures.

Il est en réalité assez difficile de faire la part de la vérité et de l'invention dans cet épisode du suicide qui peut se réclamer d'abord de la tradition cynique, puisque Héraclès, l'ancêtre du cynisme, mourut par le feu, que Diogène (➤ D 147) [D. L. VI 76] et Métroclès [➤M 142] (D. L. VI 95) retinrent leur respiration, que Ménippe (➤ M 129) se pendit (D. L. VI 100) et que Démonax (➤D 74), le contemporain de Pérégrinus, se laissa mourir de faim (*Démonax* 65). Mais ce qui n'est pas cynique, c'est que le philosophe ait aspiré à l'immortalité et qu'il soit devenu un démon. L'épisode peut se réclamer également de la tradition des brahmanes : à l'époque d'Alexandre, Calanos (➤C 14), comme l'a rapporté le cynique Onésicrite (➤O 23), mourut par le feu ; Théagène rappelle qu'Héraclès, Asclépios et Dionysos, ainsi qu'Empédocle (➤E 19), firent de même [4] et que Pérégrinus voulut faire preuve de la même fermeté d'âme que le brahmane Calanos [25]. Pérégrinus dit que s'il veut mourir par le feu, c'est afin d'enseigner aux autres hommes le mépris de la mort et l'endurance face à ce qui est pénible [22] ; lui-même fait référence à l'exemple d'Héraclès et annonce qu'il veut être mêlé à l'éther (« Il dit qu'il voulait poser une couronne en or sur une vie en or, car il fallait qu'après avoir vécu comme Héraclès il mourut à la façon d'Héraclès et qu'il fût mêlé à l'éther » [33]). Mais Lucien avance avec insistance un tout autre motif : l'amour de la gloire (κενόδοξος en [4] et en [25] ; φιλόδοξος en [38] ; δοξοκοπία en [12]). Il compare Pérégrinus à celui qui, par soif de gloire, fit brûler le temple d'Artémis à Éphèse – à savoir Hérostrate dont l'« exploit » eut lieu en 356 av. J.-C., mais dont le nom est rarement cité conformément au souhait des Éphésiens qui voulurent ainsi l'empêcher d'atteindre son but (*cf.* Valère Maxime VIII 14, 5) [22].

Parmi les Modernes, certains (par ex. Hornsby **53**, p. 82 [= p. 179 dans Billerbeck]), ont interprété le geste de Pérégrinus comme une volonté d'imiter les martyrs chrétiens, Polycarpe par exemple, mais la date du martyre de Polycarpe est incertaine (168 ?). Il est vrai que le gouverneur de Syrie a relâché Pérégrinus de prison précisément parce qu'il comprenait que celui-ci accepterait volontiers de mourir [1], une façon peut-être de signifier que le philosophe aurait accepté de devenir martyr pour sa foi.

On a beaucoup discuté aussi sur l'influence probable qu'exercèrent les idées néopythagoriciennes sur Pérégrinus (hypothèse rejetée par Hornsby **53**, p. 74-77 [= p. 173-176 dans Billerbeck], mais adoptée par ex. par Dudley **56**, p. 180, ainsi que par Hall **32**, p. 178-180, laquelle reconnaît diverses influences derrière la mort par le feu de Pérégrinus : « Cynic tradition, Neo-Pythagorean beliefs and Indian mysticism, and perhaps, as well, the desire to be remembered » [p. 181]). Plusieurs éléments vont dans le sens de cette influence néopythagoricienne: la purification de l'âme par le feu, qui permet à celle-ci de se mêler à l'éther et d'acquérir l'immortalité [33] ; le fait que la lune soit témoin de la cérémonie [36] (*cf. Fug.* 1) et qu'un vautour se soit échappé des flammes [39] (le vautour passe pour un visiteur venu de la lune ; voir Pack **43**, p. 335-336, qui cite *Icaroménippe* 3 et 10, mais renvoie

aussi à Hérodore le Pontique, le mythographe de la fin du Vᵉ s. av. J.-C. [fr. 22 a
Jacoby I, p. 219 = Arist., *H. A.* VI 5, 563 a 5] et à Plutarque, *Romulus* 9). Il est
significatif également que soit cité Empédocle [5] : selon la tradition rapportée par
Timée de Tauroménium (D. L. VIII 54), Empédocle était un sectateur de Pythagore et se considérait comme un démon qui avait pu, dans une série de réincarnations, expier ses péchés avant de devenir, en tant que philosophe, « un dieu
parmi les hommes » et de rejoindre la compagnie des démons (fr. 471, 476, 477,
478 Kirk et Raven). Le fait qu'Apollonius de Tyane soit présenté dans la tradition
néopythagoricienne comme une réincarnation de Proteus, le dieu égyptien (*Vit.
Apol.* I 4), va aussi dans le même sens. Pack **43**, après avoir rappelé (p. 335) que le
destinataire de l'ouvrage est probablement le médio-platonicien Cronios
(⇒C 223), associé à Numénius [⇒N 66] (Porphyre, *De antro nymph.* 21, 1 Nauck
[p. 22, 3 Westerink]), rapproche (p. 338) la formule ὀχούμενον ἐπὶ τοῦ πυρός [6]
de la doctrine néoplatonicienne de l'ὄχημα, véhicule de l'âme, et suggère en plus
une influence du néoplatonisme (en fait plutôt du médio-platonisme, puisqu'on
lisait, dit Porphyre, *V. Plot.* 14, 10-14, les *Hypomnèmata* de Cronios dans les cours
de l'école de Plotin). Le fait que les disciples de Proteus appellent ἐξαέρωσις
(« volatilisation ») la crémation [30], veut certainement dire que pour eux l'âme de
Pérégrinus est absorbée dans l'âme du monde, que celle-ci soit faite de feu ou
d'éther. Mais l'allusion au vautour peut correspondre de surcroît à une volonté de
rendre grotesque cette crémation, dans la mesure où, traditionnellement, c'est un
aigle, animal noble, qui se manifeste dans l'apothéose des empereurs (*cf.* Helm **50**,
p. 104-106), à moins que Lucien n'ait voulu parodier l'épigramme transmise par
Anth. Pal. VII 62, où un aigle figure l'âme de Platon qui s'est envolée vers
l'Olympe, et montrer ainsi que Pérégrinus est un philosophe de moins grande
envergure (voir Anderson **64**, p. 53, qui est d'accord avec cette interprétation
parodique mais qui, plutôt que de voir dans le participe ὀχούμενον une allusion à
l'ὄχημα, véhicule de l'âme, renvoie à l'emploi caricatural des verbes ὄχουμαι et
ἐπόχουμαι en *Muscae encomium* 6 ; *Prometheus* 6 ; *De salt.* 27).

G. Pérégrinus, fondateur d'un nouveau culte

Ce point ne fait pas vraiment débat ; il est quasiment certain qu'un culte fut
rendu à Pérégrinus, mais Lucien joue les prophètes et présente son instauration
comme à venir. Or il n'a pas grand mérite à faire ces pronostics, vu qu'il écrit
probablement alors même que Pérégrinus a déjà commencé à recevoir un culte.

Un certain nombre de signes semblent indiquer que le philosophe souhaitait
être perçu comme le fondateur d'un nouveau culte. Protée, à qui il doit son
surnom, était regardé comme un dieu ou un démon (**89** H. Herter, art. « Proteus » 1,
RE XXIII, 1, 1957, col. 940-976, notamment 971-973) ; selon Théagène, un oracle
de la Sybille, dans lequel Pérégrinus est dit νυκτιπόλος ἥρως et associé à
Héphaistos et Héraclès, lui aurait prédit une ascension sur l'Olympe [29]. Par
ailleurs il prit soin de faire coïncider l'embrasement du bûcher avec le lever de la
lune comme pour associer sa crémation à un rituel astral [36]. Enfin il demande
aux « démons maternels et paternels » de le recevoir avec bienveillance [36] et

[37]. Tout semble indiquer que Pérégrinus se considérait lui-même comme un démon.

Mais il faut souligner que ce nouveau culte, il l'avait manifestement préparé de longue date avec Théagène, puisque des ambassadeurs avaient été envoyés pour porter des lettres (ἐπιστολάς) des testaments (διαθήκας), des exhortations (παραινέσεις) et des lois (νόμους) quasiment dans toutes les cités de renom [41] (*cf. Alexandre d'Abonotique* 24 et 36). Lucien sait par ailleurs que les Éléens ainsi que les autres Grecs sont disposés à dresser prochainement des statues en l'honneur de Pérégrinus [41], une information que vient confirmer le chrétien Athénagore qui précise que cela a été fait à Parium, la ville natale de Pérégrinus, et que la statue de Parium rend des oracles et guérit de la fièvre quarte (*Legatio* 26, 3-5). Les disciples vont faire en sorte que des oracles soient rendus (χρηστήριον) et qu'il y ait un Saint des Saints (ἄδυτον). Il est également prévu que des prêtres soient attachés à ce culte pour fouetter, marquer au fer rouge et accomplir d'autres prodiges ; un culte à mystère nocturne (τελετήν τινα ... νυκτέριον) sera même instauré en l'honneur du philosophe et des torches seront mises sur son bûcher [28].

VI. VALEUR DU TÉMOIGNAGE DE LUCIEN

A. Lucien témoin oculaire

Lucien connaît Pérégrinus personnellement, puisqu'il eut l'occasion, à son retour de Syrie, nous dit-il, de le rencontrer sur le bateau qui l'emmenait depuis la Troade [43]. Par ailleurs Lucien assista lui-même au suicide par le feu du philosophe, ce qui, malgré sa partialité, donne une certaine valeur à l'ensemble de son témoignage et lui permet légitimement de se présenter comme bien au fait des derniers moments du personnage, puisqu'il a tout vu de ses yeux.

B. Le narrateur anonyme

Mais s'il rapporte les propos de Pérégrinus et de Théagène, Lucien rapporte aussi ceux d'un personnage anonyme qu'il prend soin de présenter comme un inconnu (ἄλλος εὐθὺς ἀναβαίνει [7], οὐ γὰρ οἶδα ὅστις ἐκεῖνος ὁ βέλτιστος ἐκαλεῖτο [31]) et dont il écoute le discours à Élis. Le même procédé est utilisé en *Eunuque* 10 et dans *Alexandre* 53-55. La présence de cet anonyme offre à Lucien à la fois une garantie d'indépendance et la possibilité de prendre ses distances par rapport aux propos qu'il lui prête. A cet anonyme sont attribués tous les détails un peu scabreux de la vie de Pérégrinus et à Lucien, témoin oculaire, reviennent les faits et gestes de la mort du philosophe. Lucien prend toutefois la précaution de présenter ce personnage anonyme comme une source fiable qui, quand il commence son récit, affirme bien connaître Pérégrinus : « Afin que vous sachiez ce qu'est cette image sainte qui va brûler, écoutez-moi, moi qui, depuis le début, ai observé ce qu'il pense et qui ai eu un œil sur sa vie ; je me suis par ailleurs informé de certaines choses auprès de ses concitoyens et de ceux qui, nécessairement, devaient le bien connaître » [8]. Lucien fait un clin d'œil à son lecteur quand il prête au personnage la remarque suivante : « Puisque ce maudit Théagène a mis comme épilogue à ses propos pestilentiels les larmes d'Héraclite [Théagène a effective-ment pleuré à la fin de son discours (6)], moi à l'inverse je commencerai par le rire de Démocrite» [7]. En fait, c'est ce narrateur anonyme qui relate toute la vie de Pérégrinus. Schwartz **11**, p. 90-91 : «Puisque le discours qui va des par. 7 à 31 est fabriqué de toutes pièces (comme les prophéties *post eventum* des par. 27 sq. invitent à le croire), il [= Lucien] risquait moins en le plaçant dans la bouche d'un autre, à Élis (…) et en le dirigeant contre Théagène qui était même peut-être mort quand Lucien publia l'opuscule». Mais ce personnage anonyme jette un doute sur l'exactitude de la narration biographique, comme le souligne Clay **70**, p. 3446 : «The function of the authenticating double is to reveal the need for authentifi-cation. In creating a double for the narrator of these lives and by failing to name this double, Lucian has created doubts as to the accuracy of the narrator». Faut-il identifier Lucien et ce narrateur anonyme? Oui, selon Clay **70**, qui, dans son chapitre intitulé «Lucian's Doubles», p. 3445-3448, le présente comme un double de Lucien lui-même. Réponse plus nuancée chez Hansen **81**, n. 51, p. 150 : «(den ungennanten Sprecher), der nicht Lukian selbst sein kann, auch keine Art *alter ego,* sondern besser Lukians Nebendarsteller, der daher auch beim finalen Insze-nierungskampf zwischen Lukian selbst und Peregrinos, bei dem ja auch Theagenes nur noch eine stumme Rolle spielt, nicht mehr benötigt wird».

C. Une présentation délibérément négative

Concernant Pérégrinus, Lucien se veut franchement et délibérément négatif ; il écrit cette histoire pour dénoncer, chez le philosophe, un amour insatiable, quasi-ment maladif, de la gloire, qui prévaudrait chez lui à toute occasion, qui l'amène à changer constamment de lieu et à adopter successivement plusieurs rôles jusqu'à l'apothéose finale (δόξης ἕνεκα ; τοσούτῳ ἄρα τῷ ἔρωτι τῆς δόξης εἴχετο [1], τοσοῦτος ἔρως τῆς δόξης ἐντέτηκεν αὐτῷ [22] ; voir aussi 2, 4, 8, 12, 25, 30, 34, 38, 44). La mort de Pérégrinus est mise en scène de façon volontairement théâtrale (ἡ δὲ πᾶσα τοῦ πράγματος διασκευή [3], ἐτραγῴδει παρ' ὅλον τὸν βίον [*ibid.*], τὴν καταστροφὴν τοῦ δράματος [37]). *Cf.* Overwien **86**, p. 191-202 : aux yeux de Lucien, Pérégrinus est à la fois un «Scheinphilosoph» et un «religiöser Blender». Mais la réflexion désinvolte que fait Lucien à propos des versions différentes qu'il présente de la mort de Pérégrinus selon le public auquel il s'adresse [39], tout autant que le ton très sarcastique avec lequel il traite du personnage (par ex. en [41]), jettent la suspicion sur l'ensemble du document et sur le portrait de Péré-grinus qui s'en dégage. Lucien a voulu faire de lui un charlatan (γόης) [Sur cet aspect, voir Gerlach **83**, notamment p. 168-175], mais les Modernes ont fait la part des choses : **90** W. Schmid et O. Stählin, *Wilhelm von Christs Geschichte der griechischen Litteratur = Handbuch der Altertumswissenschaft* VII 2, 2, München 1924[6], p. 734, affirmaient : «Von Peregrinus wissen wir genug, um sagen zu können, daß Lucians Bild eine lügnerische Verzerrung ist : Peregrinus war ein Schwärmer (un exalté), aber kein Betrüger (un menteur)», et Zeller **47**, p. 183 : «Er war ein Schwärmer, aber kein Schwindler (un charlatan)».

D. L'objectif de Lucien : critiquer Pérégrinus ou critiquer le cynisme ?

Pour mieux comprendre l'objectif que vise Lucien, il faut mettre le *De morte Peregrini* en relation avec le *Démonax*. Lucien a connu les deux cyniques ; il admire l'un, il ne supporte pas l'autre. Aussi leurs deux biographies visent-elles des effets diamétralement opposés. Démonax, qui fut son maître, doit apparaître comme un homme exceptionnel ; Pérégrinus à l'inverse doit être tourné en ridicule et faire l'effet d'un charlatan. Il semble y avoir chez Lucien un bon cynisme : celui représenté par Démonax, et un mauvais cynisme, celui de Pérégrinus, de Théagène et de ces cyniques que l'on rencontre dans les *Fugitifs*, qui se lancent dans la philosophie pour mieux échapper au travail. C'est pourquoi, même si les détails concrets et la plupart des événements relatés par Lucien ne doivent pas être remis en cause, il faut regarder avec une grande circonspection les jugements que porte l'écrivain. Il dénigre pour dénigrer, charge volontairement le portrait et par la même occasion donne du cynisme une image partiale. Mais cette critique du cynisme est-elle vraiment un des objectifs de Lucien (Bernays **3**) ou, comme le pensent Schmid et Stählin **90**, p. 734, l'écrivain est-il foncièrement animé d'une haine personnelle envers l'individu Pérégrinus ?

Ce qui est certain, c'est qu'en s'attaquant violemment à Pérégrinus (le *De morte Peregrini* est présenté par Jones **31**, p. 18, comme « a pamphlet no less ferocious than the *Alexander* »), Lucien ne s'attaque pas à un inconnu. Jones **31**, p. 132, a raison de souligner que Pérégrinus devait être un personnage bien en vue à son époque : « Peregrinus was not a minor figure whom he plucked from obscurity to be the butt of a learned joke, but a Cynic on whose philosophical, political, and religious pretensions no cultivated man could fail to have an opinion », et Clay **70** p. 3434, de considérer que la mort du personnage a représenté « a powerful social and religious phenomenon » et pas seulement « un fait divers incontestable », comme le voulait Bompaire **61**, p. 477. On peut penser que si Lucien a accablé à ce point Pérégrinus de ses sarcasmes, c'est peut-être parce qu'il avait des comptes personnels à régler avec lui et avec ses disciples. Voir dans Overwien **86**, p. 208-213, la partie intitulée « Lukian als Feind ? ».

Heureusement le témoignage d'Aulu-Gelle permet de contrebalancer au moins en partie les aspects peu crédibles du portrait de Lucien.

E. Le contre-témoignage d'Aulu-Gelle

Aulu-Gelle, *Nuits attiques* XII 11, explique qu'à l'époque où lui-même lui rendait souvent visite, Pérégrinus, un homme « digne et ferme » *(gravis atque constans)*, qui ne s'appelait pas encore Proteus, habitait dans une hutte en dehors d'Athènes et dissertait sur des problèmes moraux « d'une façon utile et noble » *(utiliter et honeste)*. Aulu-Gelle rapporte le contenu d'un des exposés de Pérégrinus, où celui-ci expliquait à son auditoire, en se réclamant de Sophocle (fr. 280 Nauck[2]), que « le sage ne doit pas commettre de péchés, même si les dieux et les hommes doivent ignorer qu'il a péché. Car il pensait que si l'on ne péchait point, ce ne devait pas être par crainte du châtiment ou de l'infâmie, mais par amour du juste et de l'honnête, et par sens du devoir», une pensée, on le remarquera, qui pourrait fort bien s'harmoniser avec des vues chrétiennes ou être transposée dans un registre chrétien. Ailleurs (en VIII 3), Aulu-Gelle rapporte qu'un jour, en sa présence, Pérégrinus disputa avec une grande sévérité un jeune Romain de famille équestre qui se montrait inattentif et bougeait sans arrêt. Ce témoignage vient confirmer la question que se pose inévitablement le lecteur de Lucien : et si le charlatan par bien des côtés ridicule qu'évoque Lucien n'était pas en tous points fidèle au Pérégrinus historique ? De même le fait que Lucien connaisse mal le christianisme l'amène à ridiculiser la charité chrétienne et à faire de Pérégrinus un homme avide de richesses qui profite de la crédulité de ces pauvres chrétiens bien naïfs. La charge était facile, mais que vaut-elle ? En fait, presque malgré lui, Lucien atteste que Pérégrinus n'était pas tel qu'il veut nous le faire croire. Quand bien même il ne se prive pas de le ridiculiser à cette occasion, Lucien ne signale-t-il pas que Pérégrinus rendit visite à Alexandrie au célèbre cynique Agathobule (➣A 36), champion de la «remarquable ascèse», qui fut un des maîtres de Démonax ? Sur la notoriété d'Agathobule, voir Dudley **56**, p. 176, qui en fait « the most prominent of these Alexandrian Cynics who throughout the second century were notorious for their anti-Roman attitude and for their influence on the city mob» et qui souligne, voyant là un signe du sérieux d'Agathobule, que c'est après avoir séjourné en Égypte auprès de lui, que Pérégrinus critiqua l'Empereur et qu'il conseilla aux Grecs de prendre les armes contre les Romains.

Finalement Pérégrinus a plus de chances d'être l'homme *gravis atque constans* dont se souvient Aulu-Gelle que le charlatan mis en scène par Lucien. Fidèle à l'esprit de Diogène, le philosophe qui s'est donné la mort par le feu était probablement animé non point par la vaine gloire, comme l'en accuse Lucien, mais par le souci d'aider les hommes, un souci qui transparaît tout de même dans l'ouvrage de Lucien : « Il dit que s'il agit ainsi, c'est pour les hommes, afin de leur apprendre à mépriser la mort et à endurer ce qui est terrible» [23] ; «Je veux être utile aux hommes, en leur montrant la façon dont il faut mépriser la mort» [33].

VII. PROBLÈMES CHRONOLOGIQUES

Bagnani **60**, p. 107-112, s'est employé à établir une chronologie des différents événements de la vie de Pérégrinus, qui, parce qu'elle a le défaut de se vouloir trop précise compte tenu des éléments dont nous disposons, a été jugée plutôt sévèrement (Jones **31**, n. 15, p. 120 : «The calculations of Bagnani are variously unlikely»). Il peut cependant être utile, tout en restant très circonspect à l'égard des dates indiquées, d'en fournir les principales données et de relever quelques points qui font débat, notamment la date de la naissance, la présence aux jeux olympiques et la date de la mort :

ca 95	naissance à Parium
114-116	Arménie [donnée contestée par Rigsby **77**], puis Asie (adultère et pédérastie)
ca 120	retour à Parium (parricide)
120-130	séjour en Palestine et en Syrie (Pérégrinus devient chrétien)
132	séjour en prison
134	il est relaxé
135	retour à Parium (il fait don de l'héritage paternel à la cité)
ca 140	retour à Parium et rupture avec les chrétiens (il essaie en vain de recouvrer l'héritage paternel) ; départ en Égypte où il fréquente le cynique Agathobule
ca 150	il va à Rome et se met à attaquer l'Empereur
ca 152	le préfet de Rome lui ordonne de quitter la ville
153	il va en Grèce, fréquente les jeux olympiques, attaque Hérode Atticus, fomente une révolte contre l'autorité romaine
157	il se réconcilie avec Hérode lors d'un autre passage à Olympie
164	l'année avant sa mort eut lieu le voyage de Troade en Grèce au cours duquel Lucien était sur le même bateau que lui
165	il se suicide par le feu à Olympie

– Date de naissance : Von Fritz **55**, col. 657, invite à situer la naissance de Pérégrinus autour de 100, du fait que Lucien, à plusieurs endroits, présente Pérégrinus comme un vieillard (*Fugitifs* 1 : ἤδη πρεσβύτης ἄνθρωπος ... ὁ γέρων ; *De morte* 33 : ὁ πρεσβύτης ; 37 : τὸ γερόντιον). Bagnani **60**, p. 108-109, essaie d'être plus précis :

« Most scholars have agreed that he must have been about 65 at the time of his death, and he was therefore born ca. A. D. 100. This approximate date could be rendered more precise if we could rely implicitly on the accuracy of Lucian. The first exploits of Peregrinus in Armenia must have taken place during that short period between A. D. 114 and 117 when it was a Roman province ... If Lucian is using the phrase εἰς ἄνδρας τελεῖν in its technical and legal sense, it would mean that he had reached the ephebic age of 18 in A. D. 114, and his birth would have taken place in A. D. 96, which is by no means improbable. It is however more probable that Lucian is using the phrase in the general meaning of "a young man" : indeed, he very likely did not know the exact date of the fellow's birth. In any case if he was in Armenia as a young man at that time he will have been born a little earlier than A. D. 100 – say *ca*. 95-8 ».

En fait, si Rigsby **77** a raison en ce qui concerne l'Arménie, l'argument perd tout son poids.

– Second point : combien de fois Pérégrinus est-il allé aux jeux olympiques et y a-t-il prononcé des discours ? Harmon **10** (note 1, p. 24 de son édition), puis Jones **31** (n. 34, p. 125), pensent, en raison des formules employées en [19-21] (τότε μὲν ..., ἐς δὲ τὴν ἑξῆς Ὀλυμπιάδα ..., ἀπὸ Ὀλυμπίων τῶν ἔμπροσθεν ..., καὶ νῦν ...), que Lucien renvoie à quatre célébrations des jeux olympiques et que Pérégrinus a prononcé quatre discours. En [19], Lucien fait allusion à un discours critique de Pérégrinus contre un homme d'une grande culture et d'une position sociale élevée parce qu'il a été, dit Lucien, le bienfaiteur de la Grèce dans la mesure où il a amené l'eau à Olympie. On sait qu'il s'agit d'Hérode Atticus. Mais la controverse porte sur la date à laquelle il convient de situer le discours. Graindor

52, p. 87-88, fait remarquer que la fille d'Hérode, Athenaïs, née après 140 et décédée avant 160, ne pouvait avoir beaucoup plus de dix ans au moment de l'achèvement de l'aqueduc, à en juger par la statue que son père fit ériger pour l'exèdre construite à la fin des travaux, et il en conclut que le premier discours de Pérégrinus eut lieu en 153. Harmon **10**, n. 1, p. 24, et Jones **31**, n. 34, p. 125, situent également le premier discours en 153 et supposent en conséquence que Pérégrinus est passé à quatre reprises à Olympie : 153, 157, 161 et 165. A l'olympiade qui suit celle de 153 (ἐς δὲ τὴν ἑξῆς Ὀλυμπιάδα), c'est-à-dire en 157, Pérégrinus composa une palinodie dans laquelle il fit cette fois l'éloge du même Hérode Atticus. Quatre ans plus tard, donc en 161 – juste après les derniers jeux olympiques, εὐθὺς ἀπ᾽ Ὀλυμπίων τῶν ἔμπροσθεν, dit le narrateur – il annonça son intention de s'immoler par le feu aux prochains jeux (εἰς τοὐπιόν) ; en 165, conformément à ce que dit Eusèbe, eut lieu son suicide par le feu. En revanche, **91** S. Settis, « Il ninfeo di Erode Attico a Olimpia e il problema della composizione della periegesi di Pausania », *ASNP* 37, 1968, p. 1-63, notamment 23-24, comprend que dans l'expression εὐθὺς ἀπ᾽ Ὀλυμπίων τῶν ἔμπροσθεν par laquelle Lucien désigne le moment où Pérégrinus annonce publiquement qu'il se donnera la mort aux prochains jeux olympiques, l'adverbe ἔμπροσθεν précédé de l'article signifie non pas les derniers jeux olympiques comme le suggérait Harmon **10**, n. 1, p. 25, tenant de la première hypothèse, à qui il reproche d'avoir voulu harmoniser l'interprétation du texte de Lucien avec les conclusions de Graindor, mais une donnée qui a été mentionnée précédemment (*cf. De morte Peregrini* 40 ; *Abdicatus* 5 ; Platon, *Phèdre* 277 D : τὰ λεχθέντα ὀλίγον ἔμπροσθεν) et renvoie aux jeux qui ont été signalés antérieurement (ἐς δὲ τὴν ἑξῆς Ὀλυμπιάδα), en l'occurrence ceux de 161. Il en conclut que Pérégrinus, compte tenu en plus des événements évoqués par Lucien en [19] et ponctués par la reprise de l'adverbe ἄρτι, se serait installé en Grèce peu avant 157 et que sa présence aux jeux olympiques date de cette époque, et non de 153, de même que le discours où il attaque Hérode.

– La mort par le feu : d'après la Chronique d'Eusèbe-Jérôme, p. 204, 23-25 Helm, elle eut lieu lors de la 236ᵉ olympiade, en 165 ap. J.-C., une date qui est aujourd'hui admise. Elle fut cependant contestée par **92** M. Croiset, *Un ascète païen au siècle des Antonins,* coll. « Mémoires de l'Académie des sciences et lettres de Montpellier. Section Lettres », 6, 1880, p. 490 *sqq.,* qui suggérait l'année 169 (Helm **50**, p. 114, n. 2, et Von Fritz **55**, col. 657, réfutèrent la position de Croiset, le premier remettant en cause son interprétation de l'adverbe πάλαι en [43], le second soulignant combien son hypothèse, selon laquelle Lucien aurait dû citer Pérégrinus dans l'*Hermotime*, si le suicide du philosophe par le feu avait déjà eu lieu en 165, reposait sur des suppositions chronologiques beaucoup trop fragiles), et par **93** H. Nissen, « Die Abfassungszeit von Arrians Anabasis », *RhM* 43, 1888, p. 236-257, notamment p. 254-255, qui suggérait l'année 167, au mois d'août (date qu'accepta Dudley **56**, p. 172, mais que réfuta **94** A. Mommsen, *Die Zeit der Olympiaden,* Leipzig 1891, p. 98 n. 3. Voir aussi Hall **32**, p. 443, n. 19.

VIII. PÉRÉGRINUS ÉCRIVAIN

Lucien attribue à Pérégrinus pendant sa phase cynique deux discours ou traités olympiques ainsi que des lettres ouvertes envoyées juste avant sa mort [20] et [41]. Clay **70**, p. 3433, pense que le discours olympique dans lequel Pérégrinus faisait l'éloge d'Hérode Atticus a pu être publié.

Aucun témoignage ne nous est parvenu sur d'éventuels écrits philosophiques du personnage. Toutefois une liste d'ouvrages de littérature et de philosophie contenue dans un papyrus de Memphis du IIIe s. a peut-être conservé une référence à un ouvrage de Pérégrinus, si du moins on lit Περ]εγρίνου Ἀπ[ο]λογίαι plutôt que [Ν]ιγρίνου (*cf. supra* p. 203-204). Mais dans ce cas on ne sait s'il s'agit d'un ouvrage écrit par Pérégrinus ou *d'Apologies de Pérégrinus* écrites par d'autres, par exemple Théagène. Pour Clay **70**, p. 3433, il s'agit d'un génitif objectif ; pour Pilhofer **80**, p. 99, d'un génitif subjectif.

Lucien atteste que durant sa phase chrétienne, Pérégrinus a d'une part fait œuvre d'exégète d'ouvrages chrétiens : « Il a commenté et expliqué certains de leurs livres », d'autre part œuvre d'écrivain : « lui-même a composé de nombreux ouvrages » [11]. Pour Pilhofer **80**, p. 99, c'est à ces ouvrages chrétiens de Pérégrinus que renverrait l'expression du papyrus de Memphis. Comme Justin et Tertullien il aurait composé des *Apologies*, prenant place ainsi parmi les apologètes du second siècle.

Enfin, grâce à Aulu-Gelle, *Nuits attiques* XII 11, nous savons que le philosophe dispensait un enseignement d'ordre moral sous forme de conférences d'une grande utilité et d'une haute tenue *(multa hercle dicere eum utiliter et honeste)* et qu'il avait probablement un public régulier puisqu'Aulu-Gelle dit que lui-même lui rendait visite fréquemment *(cumque ad eum frequenter ventitaremus)* dans sa petite maison en dehors d'Athènes.

IX. LES DISCIPLES

Théagène est à identifier sans doute, comme l'a fait Bernays **3**, p. 14-15, avec le philosophe cynique qui consulta le médecin Attale à Rome (*cf.* Galien, *De methodo medendi* 13, 15). Ce cynique qui ne cesse d'aboyer (ἐβόα δὲ ὁ Κυνικός [5]) vit à Patras (ὁ γεννάδας ὁ ἐκ Πατρῶν [36]). Il fait constamment l'apologie de Pérégrinus, « capable de rivaliser avec Zeus Olympien », et il le défend contre l'accusation de vaine gloire [4]. Le narrateur anonyme est manifestement choqué de voir que Théagène, au lieu de comparer Pérégrinus à Diogène de Sinope (➤D 147) ou à Antisthène (➤A 211) ou à Socrate, le fait rivaliser avec Zeus pour finalement conclure sans sourciller que Zeus et Proteus sont à mettre au même niveau *(ibid.)*. Il lui reproche de copier Pérégrinus en tout, mais toutefois de ne pas suivre son maître pour rejoindre Héraclès et atteindre le bonheur absolu dans la mort [24]. Lucien compare Pérégrinus et Théagène à Héraclès et Philoctète [21] [*cf.* Diodore IV 38 ; Ovide, *Métam.* 9, v. 234].

Même s'il ne donne pas leurs noms, Lucien suggère en outre la présence, dans l'entourage du philosophe, de tout un groupe de cyniques, certains étant, semble-t-il, plus importants que d'autres (τὰ τέλη τῶν κυνῶν [36], à côté de τῶν Κυνικῶν τινες [6] ; τῶν μαθητῶν αὐτοῦ [24] ; οἱ συνόντες κύνες [26] ; οἱ κατάρατοι δὲ οὗτοι μαθηταὶ αὐτοῦ [28] ; οἱ Κυνικοὶ δὲ περιστάντες τὴν πυράν [37]).

X. CHRISTIANISME

La connaissance que Lucien pouvait avoir du christianisme ne fait pas l'unanimité : elle est « surprisingly exact » pour Jones **31**, p. 122, alors que Bagnani **60**, p. 111, parle d'une monumentale ignorance du christianisme : « Lucian's ignorance of Christianity and Christian doctrine is really monumental ». Quoi qu'il en soit, tout ce que dit Lucien en [11-14] et [16] sur les rapports de Pérégrinus avec le christianisme mérite une attention particulière, car, même s'il faut déblayer son texte de toutes les insinuations calomnieuses, même si l'on peut penser que Lucien n'était pas nécessairement bien informé, son témoignage compte de nombreux détails du premier intérêt sur le christianisme palestinien du second siècle, et cela d'autant plus que Pérégrinus joua apparemment un rôle important dans le milieu chrétien de Palestine.

A. Des fonctions importantes dans la communauté (judéo- ?) chrétienne

Pérégrinus apprit τὴν θαυμαστὴν σοφίαν τῶν χριστανῶν « l'étonnante (ou « merveilleuse » en un sens ironique ?) sagesse des Chrétiens » [11] (pour Zeller **47**, p. 174 : elle est étrange en ce que les chrétiens sont tous frères, en ce qu'ils croient à l'immortalité et qu'ils se proposent volontairement au martyre) et il finit même par occuper une position clef dans le milieu chrétien, ou plutôt peut-être judéo-chrétien de Palestine, puisqu'il « s'associa en Palestine avec leurs prêtres et leurs scribes [τοῖς ἱερεῦσιν καὶ γραμματεῦσιν] (...) Il était prophète (προφήτης), thiasarque (θιασάρχης) et chef de communauté (συναγωγεύς), et tout cela à lui seul ; il interprétait et expliquait certains de leurs livres et lui-même en composa un bon nombre ; ils le révéraient comme un dieu, firent de lui un législateur (νομο-θέτη) et ils se réclamèrent de lui comme d'un protecteur (προστάτην), juste après celui qu'ils révèrent encore, l'homme qui fut crucifié en Palestine parce qu'il introduisait ce nouveau culte (καινὴν ταύτην τελετήν) dans le monde » [11].

On peut se demander si la succession "prophète, thiasarque et chef de communauté" indique dans l'esprit de Lucien une hiérarchie. Pilhofer **80**, n. 16, p. 102, conteste l'idée que ces trois termes puissent renvoyer à une quelconque hiérarchie, chrétienne, juive ou autre : « *Diese* Hierarchie hat nirgendwo existiert, weder bei Christen, noch bei Juden, noch irgendwo sonst. Sie ist vom Lukian komponiert, um die christliche Laufbahn des Peregrinos lächerlich zu machen ».

Sur l'expression καινὴν ταύτην τελετήν, voir Schirren **79**, p. 355-356, qui, constatant l'absence d'article, se demande si καινὴν τελετήν n'est pas à comprendre de manière prédicative : « …weil er dies als neue Kulthandlung ins Leben eingeführt hat », auquel cas la causale compléterait σέβουσι et non le participe "crucifié". Il donne comme parallèle (p. 356 n. 8) pour cette construction prédicative Platon, *Philèbe* 65 d 7, et il affirme, p. 357, que la tradition manuscrite appuie l'interprétation prédicative de τελετήν dans la mesure où Γ et Χ ont ταῦτα au lieu de ταύτην, leçon des *recentiores*. L. Levi (1892) a voulu corriger ταυτήν en ἐνταῦθα et

MacLeod a proposé avec un point d'interrogation τηνικαῦτα (à ce moment-là). Quant à Schwartz, il supprime tout bonnement ταύτην.

Lucien présente Pérégrinus comme associé aux prêtres et aux scribes, des catégories qui peuvent renvoyer à la communauté chrétienne ou judéo-chrétienne ; voir Betz **63** n. 5, p. 229 : «Christliche "ἱερεῖς" können für die nachneutestamentliche Zeit angenommen werden (vgl. schon Apk XX 6) ; christliche "γραμματεῖς" werden bereits Mt XIII 52 ; XXIII 34 genannt. Die Nachricht kann daher authentish sein, obwohl Lukian andererseits kaum zwischen Juden und Christen unterscheiden haben wird». Mais, toujours selon Betz **62**, p. 230, les 3 titres : prophète, thiasarque et chef de communauté, ne renvoient pas nécessairement à ce type de communauté : « Alle sind aber charakteristische Kulttitel im hellenistischen Heidentum (il renvoie n. 1, p. 230, à F. Poland, art. «Συναγωγεύς», *RE* IV A 2, 1932, col. 1316-1322). Pour Schwartz **11**, p. 93-94, les fonctions de prophète, thiasarque, *sunagôgeus* et prostate s'accorderaient avec la notion d'un collège religieux, ici d'une communauté religieuse, d'inspiration bacchique. A l'appui de son interprétation, il signale que le président d'un colllège de Sabbatistes porte le titre de *sunagôgeus* (*OGIS* 573, 10, en Cilicie) et que les notions de thiase et de prophète sont liées chez Euripide, *Bacch.* 379 et 551. Il n'y aurait donc pas lieu de songer selon lui à la «prophétie» biblique, d'autant plus que rien dans cette série de termes ne se rattache d'une manière précise à la Palestine ni au premier culte chrétien ; Lucien ferait appel ici à un vocabulaire religieux d'une nature et d'une origine différente. De même pour Pilhofer **18**, n. 37, p. 58-60.

L'hésitation cependant est légitime. On rencontre en effet dans *Matth.* 13, 52 le terme de γραμματεύς pour désigner un scribe devenu chrétien et dans *Jacques* 2, 2 le terme de «synagogue» pour désigner une assemblée chrétienne (Schirren **79**, p. 355 : «ξυναγωγεύς ist ein Vereinstitel, der als *terminus technicus* den Gründer einer Vereinigung bezeichnet, vielleicht unter jüdischem Einfluß [...] ; unter solcher Bezeichnung erscheint Peregrinus auch als ein Religionsstifter des Christentums»). Le titre de προφήτης peut aisément se rattacher au même milieu (Schirren **79**, p. 355 : le mot peut aussi faire allusion de façon ironique au suicide annoncé de Pérégrinus). En revanche celui de θιασάρχης reste plus énigmatique. Alors que le mot «thiase», lui, est très courant aussi bien dans la littérature païenne que chrétienne ou juive, le mot θιασάρχης semble être un *hapax*. Nous avons trouvé une expression proche ὁ γοῦν ἀρχηγέτης τοῦ θιάσου τούτου, désignant Lévi, le chef du groupe des Lévites, chez Philon, *De fuga et inventione* 89. Mais comme le mot s'applique aussi bien à un groupe cultuel païen que juif ou chrétien, il semble difficile d'en tirer une conclusion (Schirren **79**, p. 155 : Θιασάρχης verweist auf die Technitenvereine insbesondere der Dionyosfeste, was zur Charakterisierung des Peregrinus als eines Schauspielers in 11 passt. [vgl. Poland in : RE 5 A 2 (1934) 2473-2558, bes. 2514 ff. 2521 ff. s.v. Technitai])». On notera par ailleurs que Pérégrinus est dit être pour les chrétiens un législateur, ce qui est dit du Christ en *Matth.* 5, 17-18 et *Luc* 16, 17. En conclusion, même si on ne peut exclure que Lucien, par ignorance des réalités chrétiennes, ait fait un amalgame entre Juifs et chrétiens, nous estimons probable que Pérégrinus eut réellement des liens avec la communauté judéo-chrétienne de Palestine et qu'il y occupait une place importante (**95** M.-O. Goulet-Cazé, «Kynismus», *RAC* XXII, 2008, col. 631-687, notamment 644-645).

Lucien traite Pérégrinus [32] et l'exorciste syrien du *Philopseudès* 16 de «sophistes». En [13] il emploie également ce terme de «sophiste» pour le Christ crucifié, mais dans une phrase où il est question aussi du premier législateur des chrétiens. On s'est demandé si le premier législateur et le sophiste crucifié ne font qu'une seule et même personne : «Leur premier législateur les persuada qu'ils sont tous frères les uns des autres, après qu'ils eurent accompli une fois pour toutes la transgression, qu'ils eurent nié l'existence des dieux grecs et qu'ils se furent prosternés devant ce sophiste crucifié lui-même [αὐτόν] (ou: qui est le leur [αὐτῶν]) et qu'ils eurent vécu selon ses lois». La leçon αὐτόν présente dans X va dans le sens d'une identité entre le législateur et le sophiste; elle est adoptée par Harmon, MacLeod, **96** H.-G. Nesselrath dans sa recension des tomes I-III de l'édition MacLeod, *Gnomon* 56, 1984, p. 599, et Pilhofer **18**; la leçon αὐτῶν présente dans ΓM et plaidant pour la distinction est adoptée par Bernays **3**, p. 72 («jenen ihren gekreuzigten Sophisten»). Soit le Christ est à la fois le législateur et le sophiste (position de Betz **63**, p. 10), soit le législateur est Paul (position de Wieland **24**, p. 57, n. 19; de Pilhofer **80**, p. 105), éventuellement Moïse, tandis que le sophiste crucifié est le Christ.

B. La vie en prison et dans les communautés

Pérégrinus était manifestement un chrétien en vue. Quand il fut jeté en prison en Syrie à cause de son christianisme (συλληφθεὶς ἐπὶ τούτῳ), les chrétiens se mobilisèrent et remuèrent ciel et terre pour l'en faire sortir. Dans la prison on lisait à haute voix les livres saints et Pérégrinus était appelé par les chrétiens «le nouveau Socrate» (probablement à cause du séjour de Socrate en prison et de son comportement à cette occasion) [12]. Lucien précise que des gens vinrent d'Asie, envoyés par les chrétiens, pour le défendre et l'encourager – ce qui prouve son importance – et qu'à cause de son emprisonnement, Pérégrinus reçut beaucoup d'argent. Il le présente comme un charlatan abusant de la crédulité de ces malheureux qui, persuadés par le «sophiste crucifié» (le Christ) qu'ils étaient tous frères, pratiquaient la communauté des biens. Aux yeux de Lucien, Pérégrinus trompe délibérément les chrétiens et ceux-ci se laissent abuser, comme ce fut le cas pour les habitants de Parium et pour les cyniques qui assistèrent à la crémation du philosophe dans les environs d'Olympie.

Les détails que nous livre Lucien à propos de la vie des chrétiens à cette époque méritent attention. C'est ainsi par exemple que ce qu'il dit à propos de l'aide apportée par les chrétiens à leurs frères emprisonnés trouve confirmation dans les *Lettres* d'Ignace. Betz **62**, p. 230-231, note que la remarque de Lucien: θεραπεία πᾶσα οὐ παρέργως, ἀλλὰ σὺν σπουδῇ ἐγίγνετο [12], rencontre un thème de la parénèse chrétienne primitive (*cf.* par exemple *Rom.* 12, 8. 11, *Cor.* 7, 11 *sqq.; Hb* 6, 11), et que la présence des gens devant la prison et de ceux qui couchent à l'intérieur témoigne d'une pratique du christianisme primitif; de même pour la présence des veuves (*cf. I Tim.* 5) ou encore pour les repas et les services religieux qui avaient lieu en prison (*cf. Actes* 16, 25). Peregrinus reçoit de l'argent [13]. Des aides lui arrivent des villes d'Asie

Mineure (voir *Actes* 11, 29; 24, 17; *Rom.* 15, 25 *sqq.*; *I Cor.* 16, 1; *II Cor.* 7 *sqq.*; *Gal.* 2, 10). Les membres des communautés étaient unis par la fraternité, mais aussi par la croyance en l'immortalité de l'âme et le mépris de la mort. Sur l'image de ces communautés qui se dégage de *La vie de Pérégrinus,* voir Pilhofer **80**.

C. Une influence chrétienne sur la mort de Pérégrinus ?

Faut-il voir dans la mort de Pérégrinus par le feu et dans son apparition, tout habillé de blanc, à un vieillard après l'immolation [40], une influence chrétienne (on rappelle généralement *Matth.* 28, 3 et *Luc* 24, 4)? Pour le premier point, Jones **71**, p. 314-315, renvoie à *I Cor.* 13, 3: «Quand je distribuerais tous mes biens en aumônes, quand je livrerais mon corps aux flammes, si je n'ai pas la charité, cela ne me sert de rien»; pour le second il considère que ce serait une erreur d'optique de voir dans l'apparition de Pérégrinus au vieillard un écho de la transfiguration de Jésus ou des vingt-quatre Anciens de l'*Apocalypse* qui étaient habillés de blanc et qui portaient des couronnes d'or. Pack **43**, p. 337, fait un rapprochement avec la vision qu'a eue Julius Proculus de Romulus qui se présentait comme εὐμενὴς δαίμων (Plutarque, *Romulus* 28, 3). Jones **31**, p. 129, considère lui aussi que le matériau serait pleinement païen, même si l'épisode rappelle des passages du *Nouveau Testament.* De son côté Schwartz **11**, p. 110-111, évoque plusieurs textes païens et chrétiens où il est question d'un vêtement blanc (outre *Matt.* et *Luc* déjà cités, Suétone, *Auguste* 100, 4; *Apocalypse* 1; *Jean* 20, 12; *Actes* 1, 10).

D. Identifications proposées

On a supposé qu'il fallait attribuer à Pérégrinus les six lettres conservées envoyées par Ignace d'Antioche, mort martyr à Rome sous Trajan, aux fidèles d'Asie Mineure et celle envoyée aux Romains [éd. P. T. Camelot, *Ignace d'Antioche. Polycarpe de Smyrne. Lettres. Martyre de Polycarpe,* coll. *SC* 10bis, Paris 1969[4]] (voir Völter **48**; les différents arguments en faveur de cette identification ont été réfutés par Von Fritz **55**, col. 662). Lucien en tout cas a connu les lettres d'Ignace, comme l'ont montré **97** Th. Zahn, *Ignatius von Antiochien,* Gotha 1873, p. 524-528; **98** F. X. Funk, *Die Echtheit der ignatianischen Briefe aufs neue vertheidigt,* Tübingen 1883, p. 13; **99** O. Bardenhewer, *Geschichte der altkirchlichen Literatur,* t. I, Freiburg im Breisgau 1902, p. 132-133.

On a voulu aussi identifier Pérégrinus avec Marcion (voir Detering **75**, qui fait de grands efforts, pas vraiment probants, pour prouver que cette identification est possible); avec Polycarpe (voir **100** St. Huller, «Polycarp the stranger: A Portrait in Sainthood and Satire», site web *Radikalkritik* 2006 (http://www.radikalkritik.de/ Huller_Peregrin.html). On a voulu en faire aussi un Montaniste. Ramelli **78**, p. 81-94, décèle en effet dans la biographie de Pérégrinus des indices de montanisme. Arguments: Les montanistes avaient des habitudes alimentaires sévères, ce qui pourrait expliquer le problème des ἀπόρρητα de [16]; Pérégrinus est dit prophète et thiasarque; or il y a un prophétisme montaniste (pour «thiasarque», elle renvoie à **101** W. Tabberne, «Montanist Regional Bishops», *JECS* 1, 1993, p. 249-280). Selon elle, Celse (Origène, *Contre Celse* VIII 49 et 54) et Lucien (πεπείκασι...

ἐπιδιδόασιν οἱ πολλοί en [13]) semblent confondre montanistes et chrétiens tout court, à travers des traits comme le mépris de la mort, la recherche spontanée du martyre ou encore la conviction d'être immortels (cf. Pérégrinus qui s'appelle Phénix). Elle remarque aussi que l'ascèse typique du cynisme est un des traits du montanisme et que chez Agathobule où il s'initie à l'ascèce cynique, Pérégrinus manifeste l'ostentation du montanisme [17]. Enfin Lucien emploie le lexique de la tragédie et du spectacle; or le côté spectaculaire (ex. ὅλως μάλα τραγικῶς [15]), l'audace (τόλμημα [20]) se retrouvent chez les montanistes qui recherchaient le spectacle dans le martyre. I. Ramelli estime qu'il y a convergence de pensée entre Lucien et Celse, notamment en matière de polémique anti-chrétienne, et confusion chez les deux auteurs entre montanisme et christianisme.

E. Un pamphlet anti-chrétien?

En général on ne considère pas que l'écrit de Lucien est en tant que tel un pamphlet contre le christianisme (cf. Zeller **47**, p. 177 : « Er will nicht die Christen mit dem Cyniker schlagen, sondern diesen mit jenen, er will uns nicht das zu verstehen geben, dass die Christen eben solche Schwärmer seien, wie Peregrinus, sondern umgekehrt, dass dieser, um keinem schwärmerischen Aberwitz fremd zu bleiben, auch durch's Christenthum hindurchgegangen sei »; cf. de Labriolle **54**, p. 103 : « On ne peut dire que Lucien donne une caricature des mœurs chrétiennes. Les traits dont ce petit tableau est formé ne sont pas sans justesse »). Lucien se contente d'accabler de son mépris ces chrétiens qui sont à ses yeux des gens étrangement sots (des ἰδιῶται), de pauvres malheureux (κακοδαίμονες) que n'importe quel charlatan peut abuser, qui ne comptent pas vraiment et dont il est facile de se moquer. Cette perception du christianisme correspond à une connaissance assez superficielle des chrétiens. Comme les gens de son temps, Lucien est au courant de leurs comportements et des lieux communs colportés sur eux, mais il n'a pas lu leurs ouvrages et il ignore manifestement tout de leur théologie (Betz **62**, p. 234-235 : « Er (Lukian) vermittelt uns einen Eindruck davon, wie sich das Urchristentum in den Augen eines Aussenstehenden der damaligen Zeit ausnahm, und zwar nicht eines aufmerksamen Beobachters, sondern eines Schriftstellers, der im wesentlichen das wiedergibt, was "man" damals von der neuen Religion wusste »).

Le passage de Pérégrinus du christianisme au cynisme, même s'il ne doit pas nous surprendre en raison de tous les points communs qu'on peut relever entre les deux doctrines (même rejet des richesses, même exigence de simplicité, même souci de pratiquer l'ascèse, même rejet des dieux grecs; cf. Goulet-Cazé **95**, p. 649-683) et des confusions bien attestées entre les deux mouvements, reste tout de même un cas suffisamment rare dans les témoignages que nous a transmis l'Antiquité pour que cette double appartenance suscite l'intérêt.

XI. DOUBLE APPARTENANCE AU CHRISTIANISME ET AU CYNISME

A travers Pérégrinus, Lucien manifeste son mépris à l'égard du christianisme et sa moquerie à l'égard du cynisme qu'il ne perd pas une occasion de ridiculiser. En aucun cas par exemple l'amour outrancier de la gloire qu'il prête à Pérégrinus n'est compatible avec un cynisme authentique. C'est dans le *De morte Peregrini* et les *Fugitivi* que Lucien se montre le plus féroce vis-à-vis du cynisme. Selon la chronologie que l'on retient pour ces deux ouvrages de Lucien, on établit des relations différentes entre l'un et l'autre. Pour Bernays **3** Lucien écrivit d'abord son pamphlet contre Pérégrinus et c'est plus tard qu'il fit passer sa colère du maître sur les disciples dans les *Fugitifs*. Helm **50** et Caster **57** adoptèrent l'ordre inverse : Lucien aurait réagi avec douceur dans les *Fugitifs*, mais le culte grandissant dont bénéficia Pérégrinus l'aurait invité à protester plus vigoureusement. Pour Anderson **64**, p. 264-267, quel que soit l'ordre chronologique des deux ouvrages, Lucien n'aurait pas changé de point de vue entre les deux. Les *Fugitifs* font de brèves allusions à Pérégrinus. Lucien laissse entendre que les dieux ont à peine entendu parler de lui, qu'Apollon le connaît comme « un charlatan qui n'est pas sans noblesse », οὐκ ἀγεννὴς θαυματοποιός (*Fug.* 1) et que Philosophie n'était même pas là pour le voir mourir [7]. Il semble certain que la place occupée par le philosophe dans le mouvement cynique était celle d'un leader de la secte. L'oracle de la Sibylle le présente comme « le meilleur de tous les cyniques » (Κυνικῶν ὄχ᾽ ἄριστος ἁπάντων) [29], tandis que Théagène ne juge bon de le comparer ni à Diogène ni à Antisthène ni même à Socrate, estimant que seul Zeus peut supporter la comparaison [5].

Pérégrinus représente-t-il une forme nouvelle de cynisme au IIe siècle, un cynisme mystique et syncrétiste, bien différent du cynisme agnostique des origines ? Il écoute les commandements de Zeus dans ses rêves, il veut éviter de polluer les lieux sacrés et après sa mort il devient un héros aux côtés d'Héraclès et d'Héphaistos (Dudley **56**, p. 178). Pérégrinus pourrait bien être un θεῖος ἀνήρ (*cf.* Gerlach **83**, notamment n. 6, p. 152-153 ; p. 173-175). Mais que penser de sa double appartenance au christianisme et au cynisme ?

Une fois remis en liberté après son séjour en prison, Pérégrinus rentra chez lui à Parium, vêtu désormais (ἤδη) de l'accoutrement cynique (c'est pourquoi on suppose que c'est lors de ce deuxième voyage qu'il devint cynique), puis il en repartit avec tous les moyens de subsistance que lui avaient procurés les chrétiens [16]. La rupture avec le milieu chrétien se produisit peu après. Il semble donc bien y avoir eu pendant un court moment double appartenance.

Le cas, même s'il est rare, n'est pas isolé. De fait, le phénomène devait se reproduire plus tard, au IVe s. avec Maxime Héron d'Alexandrie (➾M 70). Notre hypothèse est qu'il y avait sous l'Empire deux sortes de cynisme : l'un était resté une philosophie pourvue d'un *télos* comme au temps de Diogène et Cratès, l'autre se limitait à une façon de vivre (pratique de l'ascèse) et de se vêtir, ce dernier pouvant être accessible à des gens qui se réclamaient d'orientations philosophiques différentes, voire à des chrétiens. De fait, une des façons d'être chrétien était de vivre en cynique son christianisme, ce qui, on s'en doute, ne devait pas plaire à tout le monde du côté chrétien. C'est pourquoi Tatien considérait Pérégrinus comme le type même du cynique hypocrite (*Discours aux Grecs* 25, 1). Mais du côté cynique, de toute évidence on n'avait pas honte que Pérégrinus ait été chrétien puisque Théagène mentionne avec force détails son emprisonnement en Syrie (Dudley **56**, p. 174). Quant à un païen comme Lucien, il manifeste son exaspération aussi bien à l'endroit du cynisme que du christianisme de Pérégrinus dont il ne retient que l'amour de la gloire.

RÉCEPTION

Sur les étapes importantes de la réception de Pérégrinus de l'Antiquité à nos jours, voir **102** M. Baumbach : *Lukian in Deutschland. Eine Forschungs und rezeptionsgeschichtliche Analyse vom Humanismus bis zur Gegenwart,* München 2002 ; Baumbach **84**, p. 198-227.

L'écrit de Lucien ne fut pas sans conséquence sur la réputation de l'écrivain. D'après la *Souda, s.v.* Λουκιανός, Λ 683, t. III, p. 283, 2-12 Adler, « on raconte que Lucien mourut, tué par des chiens, parce qu'il avait manifesté de la rage contre la vérité. En effet, dans la *Mort de Pérégrinus*, il s'attaque au christianisme et il prononce, ce scélérat, des blasphèmes contre le Christ lui-même. A l'avenir il héritera avec Satan du feu éternel (τελευτῆσαι δ᾽ αὐτὸν λόγος ὑπὸ κυνῶν, ἐπεὶ κατὰ τῆς ἀληθείας ἐλύττησεν· εἰς γὰρ τὸν Περεγρίνου βίον καθάπτεται τοῦ χριστιανισμοῦ καὶ αὐτὸν βλασφημεῖ τὸν Χριστὸν ὁ παμμίαρος. ἐν τῷ μέλλοντι κληρονόμος τοῦ αἰωνίου πυρὸς μετὰ τοῦ Σατανᾶ γενήσεται) ».

Dans les *Scholies* (Rabe, p. 215-222), les chap. 11 à 13, consacrés à la phase chrétienne de Pérégrinus, occupent les 4/5 de l'ensemble du commentaire sur le *De morte Peregrini*. Les scholiastes se déchaînent contre Lucien le blasphémateur, car ce n'est pas Pérégrinus en tant que personnage historique qui suscite l'intérêt des lecteurs chrétiens, mais le fait que Lucien, dans l'écrit qu'il lui consacre, se moque du christianisme (Baumbach **84**, p. 201-204).

L'époque byzantine apprécie au plus haut point le style de Lucien même si elle est choquée par ses attaques contre le christianisme. Concernant Pérégrinus, nous n'avons pas de trace d'une réception importante à Byzance, même si Photius et Aréthas lisent les œuvres de Lucien (voir Jones **31**, p. 22 : « Lucian' style and his mockery of others gained the stamp of approval from christianity, and thus his works survived with almost non detectable losses and a large number of accretions. Yet his unkind portrait of the early Christians in the *Peregrinus* was a stumbling block, and two great figures of Byzantine culture exemplify the mixed feelings that he evoked »). Dans sa *Bibliothèque*, Photius fait un grand éloge du style de Lucien, qu'il qualifie d'excellent, et il apprécie que celui-ci, dans ses écrits, ridiculise les païens, leur folie et leur licence (*Bibl.* 128 ; t. II, p. 102 Henry), mais Jones fait remarquer que le jeune Photius ne mentionne même pas les attaques de Lucien contre le christianisme. Quant à Aréthas, évêque de Césarée de Cappadoce (*ca*

850-944), il critique les écrits de Lucien, couvre les marges de son Lucien d'insultes virulentes (Jones **31**, p. 22, n. 91), mais il ne mentionne pas de façon précise *La mort de Pérégrinus*. *Cf.* Baldwin **36**, p. 100-102.

Le XVIe siècle ne connaît, en dehors des éditions complètes des œuvres de Lucien, qu'une seule édition du *De morte Peregrini*, en 1529 à Haguenau. En 1554, l'ouvrage figurait, en compagie du *Philopatris,* un pseudépigraphe attribué à Lucien, dans l'*Index librorum prohibitorum* de l'Église catholique et il devait y rester jusqu'au XVIIe s. (Bernays **3**, p. 87-88). Le texte de Lucien est absent de N (*Parisinus gr.* 2957) et, sauf pour [1-4] et [42-45], de V (*Vaticanus gr.* 89) ; il a par ailleurs été arraché de B (*Vindobonensis phil. gr.* 123). Wieland **24,** qui voyait en Lucien un militant potentiel en faveur de l'Aufklärung, produisit en 1788 une traduction du *De morte Peregrini* (*Sämtliche Werke*, Leipzig, t. III, p. 45-92) qui contribua beaucoup à faire connaître l'œuvre à l'époque moderne et il écrivit même une *Geheime Geschichte des Philosophen Peregrinus Proteus.* *Cf.* Baumbach **84**, p. 208-218.

MARIE-ODILE GOULET-CAZÉ.

80 PÉRICLÈS DE LYDIE *RE PLRE* II   V

Philosophe néoplatonicien, proche de Proclus.

Le nom Périclès ne peut avoir été donné qu'à un garçon issu d'une noble famille païenne, comme le confirme un récit que l'on trouve chez Marinus, *Proclus* 29, 1-32 Saffrey-Segonds, qui rapporte comment, à une date difficile à préciser (selon les éditeurs, dans la décennie 440-450, *cf.* p. 34 n. 8 [p. 160]), Proclus (☛P 292), voulant intercéder pour la guérison d'Asclépigéneia II (*PLRE* II, *s.v.* Asclepigeneia 2, p. 159), arrière-petite-fille de Plutarque d'Athènes (☛P 209), prit avec lui « le grand Périclès, un homme lui aussi fort ami de la sagesse » (*ibid.,* 29, 16-18 ; voir p. 35 n. 2 [p. 161]) et monta à l'Asclépiéion pour y prier selon le rite des Anciens. Proclus pouvait donc associer Périclès à sa dévotion pour Asclépius, parce que ce dernier était, comme lui, fidèle aux traditions religieuses. Proclus, dans son âge mûr, probablement dans la décennie 460-470 (entre deux séries de mesures interdisant formellement les sacrifices païens, 451 et 472, *cf.* P.-P. Joannou, *La législation impériale et la christianisation de l'empire romain (311-476),* Rome 1972, p. 111 et 115-116), dut quitter Athènes pour échapper aux autorités chrétiennes et se réfugia pendant une année en Lydie (*cf.* Marinus, *Proclus* 15, 33 Saffrey-Segonds ; voir p. 18 n. 14 [p. 119-120]). Revenu à Athènes, il composa, en remerciement, le traité intitulé *Exposé sommaire des hypothèses astronomiques* et le dédia à l'ami qui lui avait offert l'hospitalité en Lydie (*cf. Hypot.*, proème 4, p. 2, 14-16 Manitius), probablement à Sardes. L'éditeur de ce traité, C. Manitius (*Procli Hypotyposis astronomicarum positionum*, Leipzig 1909, p. 279-280) a pensé que cet ami pouvait être Périclès de Lydie. C'est une hypothèse vraisemblable, mais l'état actuel de la documentation ne permet pas de la tenir pour assurée. Nous constatons que, à la fin de la vie de Proclus, Périclès est mentionné comme un des membres de l'École néoplatonicienne d'Athènes. En effet, dans son *Commentaire sur le Parménide* (*in Parm.* IV, 872, 17-36 Cousin), Proclus fait référence à une opinion de Périclès à propos de l'exégèse de *Parm.* 131 D 7-E 2, en le nommant <ὁ> ἑταῖρος ἡμῶν Περικλῆς (872, 19). D'autre part, c'est à Périclès que Proclus a dédié le dernier de ses ouvrages, la *Théologie platonicienne* (*Theol. plat.* I 1, p. 5, 6-7 Saffrey-Westerink ; voir p. 5 n. 2 [p. 130]), en le nommant « le plus cher de mes amis ». Le fait que Périclès soit mentionné dans les deux livres les plus importants de Proclus implique qu'il ait été très proche de Proclus.

L'autorité de Périclès est encore invoquée dans le *Commentaire sur la Physique d'Aristote* de Simplicius (*in Phys.* I 7, p. 227, 23-26 Diels) sur la difficile question de savoir si la matière première s'identifie au corps sans qualité comme l'ont cru les stoïciens. Simplicius remarque que cette question a été traitée « par certains qui ne sont pas les premiers venus en philosophie », à savoir, parmi les Anciens, les stoïciens et, parmi les modernes, Périclès de Lydie (*cf. Theol. plat.* II, p. XXVII-XXX, en part. p. XXVIII). Sur la position de Périclès, voir, en dernier lieu, F. A. J. de Haas, *John Philoponus' New Definition of Prime Matter. Aspects of its Background in Neoplatonism and the Ancient Commentary Tradition*, coll. « Philosophia Antiqua » 69, Leiden 1997, p. 41, 92, 102 et 104-105.

                    HENRI DOMINIQUE SAFFREY et ALAIN-PHILIPPE SEGONDS †.

81 PÉRICTIONÈ (D'ATHÈNES ?) *RE* 2

Sous le nom de Périctionè, présentée comme une femme pythagoricienne, circulaient dans l'Antiquité au moins deux ouvrages dont Jean Stobée (➤J 2) nous a conservé des extraits dans son *Florilège* : un traité *Sur l'harmonie de la femme* (Περὶ γυναικὸς ἁρμονίας) [*HF*] ([a] IV 25, 50, p. 631, 4 – 632, 9 + [b] IV 28, 19, p. 688, 9 – 693, 9 Hense) et un *Sur la sagesse* (Περὶ σοφίας) [*S*] (III 1, 120-121, p. 85, 7 – 87, 13 Hense). *Cf.* la mention de son nom dans le répertoire alphabétique de Photius, *Bibliothèque*, cod. 167, 114 b 15 Bekker = t. II, p. 156 Henry (CUF). **1** H. Thesleff, *The Pythagorean texts*, p. 144, 8 n. *ad loc.* suggère que *HF* [b] pourrait être inséré à l'intérieur de *HF* [a], à partir de la p. 691, 14 Hense = p. 144, 8 Thesleff.

Pour l'identification du personnage à qui sont attribués ces ouvrages du pythagorisme tardif (hellénistique ou impérial), on est malheureusement réduit à des hypothèses : il s'agirait (1) soit d'un nom d'auteur inventé, purement fictif, (2) soit d'une ancienne pythagoricienne ayant réellement existé, mais absente du catalogue de Jamblique (*V. pyth.* 36, 267) et inconnue par ailleurs, (3) soit de la mère de Platon, qui portait effectivement ce nom, et qui serait donc considérée comme pythagoricienne par le vrai auteur du traité. Cette dernière identification (3), lancée déjà avec fermeté au XVIIe siècle par **2** R. Bentley, *Dissertations upon the epistles of Phalaris* etc., London 1699, p. 381-382 [= réimpr. London 1777, p. 276-277], et enregistrée positivement par **3** K. von Fritz, art. « Periktione » 2, *RE* XIX 1, 1937, col. 794-795, et par Thesleff **1**, p. 142, 15 (voir aussi **4** H. Thesleff, *Introduction*, p. 111, sans référence à Bentley), semble la plus probable, étant donné que

Périctionè est un nom attesté uniquement à Athènes, et précisément pour la mère de Platon; *cf.* **5** *PA*, n° 11813 (= t. 2, p. 200); **6** W. Pape et G. Benseler, *Wörterbuch der griechischen Eigennamen*, t. II, p. 1175; **7** *LGPN*, t. II, p. 366; **8** D. Nails, *The People of Plato*, p. 228-229.

Il n'est pas difficile d'imaginer les raisons pour lesquelles on a fait circuler des traités pythagorisants sous le nom de Périctionè: (a) afin de leur ajouter du crédit; (b) parce que de toute façon les historiens de l'Antiquité «thought it a point of *decorum*, to make even the female kindred of philosophers copy after the men» (Bentley **2**, qui rappelle le cas de Myrtô, la femme de Socrate, «fetting-up an Academy for the Ladies» dans une des lettres pseudo-socratiques); (c) surtout, pour présenter la mère de Platon comme une pythagoricienne convaincue et souligner ainsi indirectement tout ce que son fils doit au pythagorisme.

Pour le texte grec des fragments, voir aussi **9** Fr. Mullach, *FPhG* II, p. 32-36; Thesleff **1**, p. 142, 16 - 146, 22. **Traductions**. *Latine* (avec le texte grec en regard): **10** I. C. Orelli, *Opuscula Graecorum veterum sententiosa et moralia, graece et latine*, t. II, Leipzig 1821, p. 346-355 (avec des *annotationes*, p. 717-725). *Françaises*: **11** Cl. Bader, *La femme grecque: étude de la vie antique*, Paris ²1873, p. 416-423; **12** M. Meunier, *Femmes pythagoriciennes. Fragments et lettres de Théanô, Périctioné, Phintys, Melissa et Myia*, Paris 1932 [réimpr. 1980], p. 45-62 (richement annotée). *Anglaises*: K. S. Guthrie, dans **13** D. Fideler (édit.), *The Pythagorean sourcebook*, p. 239-241, et dans **14** R. Navon (édit.), *The Pythagorean writings*, p. 72-75 (*HF* uniquement, sous le nom de Perictyonè, qui est la leçon majoritaire des mss de Stobée [écrit Perict**hy**one dans Navon, qui présente l'un des deux fragments de *HF* sous le titre *On the duties of a woman*]); V. L. Harper, dans **15** M. E. Waithe (édit.), *A history of women philosophers*, vol. 1, *Ancient women philosophers, 600 B. C. – 500 A. D.*, Dordrecht/Boston/London 1987 [réimpr. 1992], p. 32-34.

Langue. *HF*: prose ionienne avec des dorismes occasionnels. *S*: prose dorienne, plutôt recherchée. Dans les deux textes attribués à Périctionè on remarque donc une hésitation entre (a) l'ionien, qui est à la fois la langue maternelle de Pythagore et un dialecte proche de l'attique qu'aurait parlé l'Athénienne Périctionè (= la mère de Platon), dont les origines familiales remontaient à Solon, et (b) le dorien, langue d'expression majoritaire des pythagoriciens de l'Italie du Sud et, suite à cela, quasi convention littéraire pour la rédaction de la plupart des textes "pythagoriciens" ayant circulé sous leur nom. *Discussion*: Bentley **2** considère tous les fragments «spurious» et Périctionè «exploded for a mere forgery», car «why should she write philosophy in two dialects?». Orelli **10**, p. 717-725, qui reproduit avec approbation Bentley **2** (aux p. 717-718), suppose que *HF* fut d'abord écrit en dorien. Les parallélismes avec le traité *Sur la sagesse* attribué à Archytas (idées analogues et formulations identiques) sont tellement flagrants, qu'Orelli **10**, p. 718, pensait que *S* proviendrait en réalité du traité du Ps.-Archytas portant le même titre; il est suivi par **16** O. Hense (édit.), *Ioannis Stobaei Anthologi libri duo posteriores*, vol. 3 [V], Berlin 1912 [réimpr. 1958], *apparatus ad*

p. 85, 7 ; **17** Ed. Zeller, *Die Philosophie der Griechen*, t. III 2⁴, p. 120, n° 10 ;
18 Fr. Wilhelm, « Die *Œconomica* der Neupythagoreer Bryson, Kallikratidas,
Periktione, Phintys », *RhM* 70, 1915, p. 161-223, à la p. 185 n. 4 (« Unter diesem
Namen … war auch die Schrift des Archytas *Περὶ σοφίας* in Umlauf ») ; **19** H.
Thesleff, « On the problem of the Doric *pseudo-Pythagorica* : an alternative theory
of date and purpose », dans K. von Fritz (édit.), *Pseudepigrapha I. Pseudopythagorica, lettres de Platon, littérature pseudépigraphique juive*, coll. « Entretiens sur
l'Antiquité classique » 18, Vandœuvres-Genève 1972, p. 57-87, à la p. 67 (« incli-
ned to identify » *S* avec le texte du Ps.-Archytas). Pour des remarques plus détaillées sur la langue des traités attribués à Périctionè, notamment *HF*, voir Hense **16**,
t. 3, *apparatus ad* p. 85, 7 et t. 5, *app. ad* p. 688, 9 ; Wilhelm **18**, p. 202-206 ;
Thesleff **4**, p. 110-111.

Datation. Iᵉʳ siècle av. – Iᵉʳ siècle ap. J.-C. (p. 163), voire IIᵉ siècle de notre ère
(p. 223), selon Wilhelm **18** ; ses arguments sont critiqués par Thesleff **4**, p. 57-59.
Selon ce dernier (p. 110, 111, 113 et 115), les dates de composition des écrits attribués à Périctionè seraient beaucoup plus hautes : IVᵉ / IIIᵉ s. av. J.-C. pour *HF*, qui
serait produit quelque part en Orient, dans les mêmes milieux que Pempélos
(☛P 77), Mégillos (☛M 77) et le Ps. Timée de Locres ; IIIᵉ / IIᵉ s. av. J.-C. pour *S*
(qui serait probablement « a Western writing »). Pour Waithe **15**, p. 11, les auteurs
de *HF* (qu'elle désigne comme Périctionè I) et (« possibly ») de *S* (= Périctionè II)
« probably lived *circa* 4th-2nd centuries B. C. ».

Contenu. Globalement éthique (les extraits figurent dans les chapitres du *Florilège* de Stobée consacrés (a) aux honneurs dus aux parents et (b) à la gestion de
la maison [*HF*], ou à la vertu [*S*]). – *HF* : y sont prônées les vertus féminines de la
modération et de la maîtrise de soi, du refus de la luxure, etc. et sont exposés les
devoirs de la femme envers les dieux, ses parents, son mari et sa maison. Pour une
discussion sur le contenu et l'intérêt philosophique de ce traité, voir surtout l'étude
exhaustive de Wilhelm **18**, p. 185-206, qui souligne notamment : (a) (p. 201-202)
les rapprochements avec les *Πυθαγορικαὶ ἀποφάσεις* d'Aristoxène de Tarente,
avec des textes pseudo- ou néo-pythagoriciens comme Callicratidas (☛C 19),
Mélissa (☛M 95), Pempélos ou Phintys (☛P 170), avec les *Vers d'or* pythagoriciens et la littérature gnomique en général, ainsi qu'avec les *Lois* de Platon, Ps.-
Arist. *Lib. sec. ycon.* (dans **20** V. Rose [édit.], *Aristotelis qui ferebantur libri fragmenta*, Leipzig 1886, p. 140, 6 - 142, 18 ; *cf.* **21** *Id.*, *De Aristotelis librorum ordine
et auctoritate*, Berlin 1854, p. 61) et Musonius Rufus ; (b) (p. 202-205) la colora-
tion poétique de l'écriture (séquences rythmiques, phrases hexamétriques), qui
rapproche ce texte de la littérature des préceptes conjugaux. *Cf.* encore von Fritz **3** ;
Thesleff **4**, p. 17 ; **22** D. L. Balch, « Neopythagorean moralists and the New Testament household codes », dans *ANRW* II 26, 1, Berlin 1992, p. 380-411, aux p. 398-
399 et 401-402. – *S* : dans une veine nettement platonicienne, la *sophia* y est
présentée comme l'activité la plus élevée de l'homme, celle qui rend possible la
perception des principes de toutes choses, ainsi que de Dieu lui-même ; *cf.* le traité
Sur la sagesse attribué à Archytas, et sur la notion de σοφία dans les *Pseudo-*

pythagorica en général, **23** Br. Centrone (introd., éd., trad. & comm.), *Pseudo-pythagorica ethica. I trattati morali di Archita, Metopo, Teage, Eurifamo*, coll. "Elenchos", 17, Napoli 1990, p. 160-162.

Gender studies. Comme les autres pythagoriciennes, Périctionè occupe une place d'honneur dans les études modernes et contemporaines consacrées aux femmes philosophes. Voir p. ex. **24** G. Ménage, *Historia mulierum philosophorum*, Lyon 1690, p. 118-119 [= trad. M. Vaney, *Histoire des femmes philosophes*, Paris 2003, p. 104-105]; **25** Sister Prudence Allen R.S.N., *The concept of woman : the Aristotelian revolution, 750 B. C. – A. D. 1250*, Grand Rapids (Michigan) / Cambridge ²1997, p. 142-145 (Perictione I) et 151 (Perictione II); **26** I. M. Plant (édit.), *Women writers of ancient Greece and Rome : an anthology*, London 2004, p. 76-78; *cf.* **27** M. Jufresa, «Savoir féminin et sectes pythagoriciennes», *Clio* 2, 1995, p. 17-40; **28** E. Haskins, «Pythagorean women», dans M. Ballif et M. G. Moran (édit.), *Classical rhetorics and rhetoricians. Critical studies and sources*, Westport (Connecticut) 2005, p. 315-319.

CONSTANTINOS MACRIS.

82 PÉRISTRATOS D'ÉPHÈSE *RE* (Peisistratos) 6

Selon Diogène Laërce II 60, cet auteur, auquel le manuscrit F prête le nom de P(e)isistratos, considérait que les dialogues ἀκέφαλοι d'Eschine le Socratique (☛A 71) n'étaient pas authentiques. G. Röper, «Conjecturen zu Diogenes Laertius», *Philologus* 3, 1848, p. 58, a voulu remplacer ce nom par celui de Mnésistrate de Thasos (☛M 184), mais cette conjecture est jugée fragile par W. Kroll, art. «Peisistratos» 6, *RE* XIX 1, 1937, col. 191.

M.-O. Goulet-Cazé, «Les titres des œuvres d'Eschine chez Diogène Laërce», dans J.-Cl. Fredouille, M.-O. Goulet-Cazé, Ph. Hoffmann et P. Petitmengin (édit.), *Titres et articulations du texte dans les œuvres antiques*. Actes du Colloque international de Chantilly 13-15 décembre 1994, coll. «Études Augustiniennes - Série Antiqtié» 152, Paris 1997, p. 167-190, notamment p. 168, préfère la leçon Περίστρατος (B et P) à la *lectio facilior* Πεισίστρατος. Péristratos est en effet attesté 8 fois dans les tomes parus du *LGPN*, alors que Peisistratos l'est 130 fois. Dans son édition récente (1999) Marcovich, à la suite de l'édition Frobenius, a édité Πεισίστρατος.

RICHARD GOULET.

83 PERSAÏOS DE KITION *RE* 1   *flor. ca* 265-256ᵃ

Philosophe stoïcien, compatriote et disciple de Zénon de Citium, qui joua un rôle politique important au milieu du IIIᵉ siècle av. J.-C. à la cour du roi de Macédoine Antigone Gonatas (☛A 194) à Pella ainsi qu'à Corinthe.

Fragments et témoignages. *SVF* I 435-462, t. I, p. 96, 17 - 102, 34. Il faut ajouter *SVF* I 40 = Origène, *Adv. Cels.* III 54, 22 (Zénon conduisit Persée à la vertu); *SVF* I 342 = Athénée VI, 251 C (Persée compagnon d'Antigone); Plutarque, *De vitioso pudore* 10, 533 A (apophtegme où Persée, pour une reconnaissance de dette, exige une reconnaissance publique, en citant Hésiode); Dion Chrysostome, *Orationes* 73, 2, 7 (Persée se vit confier la citadelle de Corinthe par Antigone); *Vita Arati* III, p. 15, 17-26 Martin; et surtout *Scholia in Iliadem*

(*Scholia vetera*, ed. Erbse), I, 66-67 (Cratès F 2 Broggiato), car ce jugement sur l'absence de vertu d'Achille selon Cratès (☛C 203) et Persée est le seul témoignage qui ne recoupe pas un témoignage déjà connu par les fragments des *SVF* et pourrait confirmer l'existence d'un ouvrage sur Homère (*SVF* I 456). Selon la reconstitution d'Arnim *in apparatu*, il faudrait aussi ajouter *SVF* I 31 = Philodème, PHerc 1018 (*Historia Stoicorum*), col. III 9-14 Dorandi (même témoignage que D.L. VII 1 sur les *Souvenirs de banquet*).

Traductions italiennes. 1 N. Festa, *I frammenti degli stoici antichi*, Bari 1935, t. II, p. 55-73 (trad. italienne et notes) ; réimpr. Hildesheim/New York 1971 en un seul volume ; **2** M. Isnardi Parente, *Stoici Antichi*, Torino 1989, p. 265-277 ; **3** R. Radice, *Stoici Antichi. Tutti i frammenti secondo la raccolta di Hans von Arnim*, Milano 2002, p. 186-199.

Sources biographiques anciennes. La seule vie ancienne conservée (courte et fragmentaire) est celle de Philodème, PHerc 1018 (*Historia Stoicorum*), col. XII-XVII Dorandi, mais elle était probablement plus riche que ce qui nous en est resté. Contrairement à Philodème, dont la notice sur Persée est séparée de la vie de Zénon, Diogène Laërce n'a pas écrit de vie séparée de Persée : les éléments biographiques sur Persée sont dispersés dans la vie de Zénon (en VII 1, 6, 9, 13, 29 et 36, mais aussi en II 143-144 = *SVF* I 460). Toutefois, bien que figurant dans la vie de Zénon, le § 136 de Diogène Laërce constitue une espèce de notice, dans laquelle on trouve une liste (partielle) des œuvres de Persée. Philodème, col. XVI 1-6, cite Hermippe (☛H 86), dans son ouvrage Περὶ τῶν ἀπὸ φιλοσοφίας εἰς ἀριστείας καὶ δυναστείας μεθεστηκότων, *Sur ceux qui ont quitté la philosophie pour l'exercice du pouvoir et de la puissance* (*FGrHist* 1026 ; **4** F. Wehrli, *Die Schule des Aristoteles, Suppl. 1,* Basel/Stüttgart 1974, fr. 89-91) et Stratoclès de Rhodes, le disciple de Panétius [☛P 26] (col. XVII 8-11), qui semble avoir été sa source principale pour les disciples de Zénon (*cf.* **5** *Filodemo, Storia dei filosofi. La Stoà da Zenone a Panezio (PHerc. 1018),* a cura di T. Dorandi, Leiden 1994, p. 34-35). Athénée IV, 162 D-E (= *SVF* I 452) cite successivement Hermippe (très certainement le même ouvrage que celui cité par Philodème), Bion de Borysthène (☛B 32), Nicias de Nicée (☛N 39), Περὶ τῶν φιλοσόφων ἱστορία (= Διαδοχαί), et Sotion (*RE* 1), Διαδοχαί. En VI, 251 C (= *SVF* I 342), il cite le troisième livre des Σίλλοι (fr. 64 Wachsmuth = *PPF* 186 Diels) de Timon de Phlionte (*RE* 13) ; et en XIII, 607 E (= *SVF* I 451 = Antigone de Caryste fr. 34A Dorandi) le Περὶ Ζήνωνος d'Antigone de Caryste (☛A 193) ; enfin, en XIII, 607 F, Polystrate d'Athènes (☛P 248), disciple de Théophraste. Diogène Laërce cite également Antigone de Caryste (VII 13 = *SVF* I 439 = Antigone de Caryste fr. 34B Dorandi) et Bion de Borysthène (IV 47 = *SVF* I 459), mais aussi Apollonius de Tyr (☛A 286), Περὶ Ζήνωνος (VII 6-9 = *SVF* I 439) et la *Lettre à Aristobule* d'Épicure [☛E 36] (VII 9 = *SVF* I 439 = fr. 119 Usener = fr. 45 Arrighetti). Enfin, la *Vita Arati III* p. 15, 17-26 Martin complète le témoignage de la *Vita IV*, seule habituellement citée (*SVF* I 440), en ajoutant une source, un ouvrage ou lettre d'Antigone Gonatas, le roi de Macédoine (☛A 194), à Hiéronymos, c'est-à-dire

Hiéronymos de Cardie, l'historien des Antigonides (☞A 194, p. 213). Il se peut que cette lettre d'Antigone soit tirée d'Apollonius de Tyr, Περὶ Ζήνωνος (VII 6-9 = *SVF* I 439), comme le sont les lettres de Zénon et d'Antigone citées par Diogène Laërce VII 6-8. Il faut probablement ajouter à ces sources les *Mémoires* d'Aratos de Sicyone (*RE* 2), le vainqueur de Persée à Corinthe, que Plutarque cite dans sa *Vie d'Aratos*. Les témoignages biographiques sur Persée sont regroupés en *SVF* I 435-450 et (partiellement car il manque notamment Philodème) dans **6** M. Yon, *Kition dans les textes*. Testimonia *littéraires et épigraphiques et* corpus *des inscriptions*, Paris 2004, p. 125-129.

Études d'orientation. 7 R. Hirzel, *Untersuchungen zu Ciceros philosophischen Schriften*, Leipzig 1882, t. II, p. 59-84 ; **8** A. Dyroff, *Die Ethik der alten Stoa*, Berlin 1897, p. 345 ; **9** W. Crönert, *Kolotes und Menedemos*, Leipzig 1906, p. 28-31 ; **10** W. W. Tarn, *Antigonos Gonatas*, Oxford 1913, p. 231-233, 374, 396-398 ; **11** J. Beloch, *Griechische Geschichte*, t. IV 2, Berlin 1925, p. 2, 561 ; **12** G. Rodier, *Études de philosophie grecque*, Paris 1926, p. 233-234 ; **13** É. Bréhier, *Histoire de la philosophie*, Paris 1931, t. I, fasc. 2, p. 255 ; **14** W. Fellmann, *Antigonos Gonatas*, Würzburg 1930 ; **15** K. Deichgräber, art. « Persaios », *RE* XIX 1, 1937, col. 926-931 ; **16** W. Nestle, *Vom Mythos zum Logos*, Stuttgart 1940, p. 354 ; **17** P. Barth, *Die Stoa*[5], Stuttgart 1941 (édition revue par A. Gödeckemeyer), p. 37 et 41 ; **18** G. Verbeke, *Kleanthes von Assos*, Brussel 1940, p. 16 et 32 ; **19** C. J. de Vogel, *Greek Philosophy*, Leiden 1959, t. III, p. 47 et p. 69 et n. 1 ; **20** A. Grilli, « Zenone a Antigono II », *RFIC* 41, 1963, p. 287-301 ; **21** M. Pohlenz, *Die Stoa*[3], Göttingen 1964, t. II, p. 15, 55 et 73 ; **22** D. Babut, *Plutarque et le stoïcisme*, Paris 1969, p. 183, 194, 377 et 457 n. 5 ; **23** B. Effe, « Προτέρη γενεή. Eine stoische Hesiodinterpretation in Arats *Phainomena* », *RhM* 113, 1970, p. 167-182 ; **24** K. Döring, *Die Megariker*, Amsterdam 1972, p. 151-152 ; **25** S. J. Harrison, « Lucretius, Euripides and the philosophers », *CQ* 40, 1990, p. 195-198 ; **26** A. Erskine, *The Hellenistic Stoa. Political thought and action*, London 1990, p. 71-73, 80-83, 87-89 ; **27** D. Dawson, *Cities of the Gods. Communist utopies and Greek thought*, New York/Oxford 1992, p. 195-206 ; **28** P. Steinmetz, « Die Schüler Zenons. B. Persaios aus Kition », *GGP, Antike 4*, p. 555-557 ; Dorandi **5**, p. 10-13 ; **29** H. Sonnabend, *Die Freundschaften der Gelehrten und die zwischenstaatliche Politik im klassischen und hellenistischen Griechenland*, Hildesheim/Zürich/New York 1996, p. 243-247 ; **30** P. Scholz, *Der Philosoph und die Politik. Die Ausbildung der philosophischen Lebensform und die Entwicklung des Verhältnisses von Philosophie und Politik im 4. und 3. Jh. v. Chr.*, Stuttgart 1998, p. 318-325, 368-370 ; **31** M. Schofield, *Saving the City*, London 1999, p. 59, 66-68 ; **32** J. Bollansée, « Persaios of Kition or the failure of the wise man as general », dans L. Mooren (édit.), *Politics, Administration and Society in the Hellenistic and Roman World*, Louvain 2000, p. 15-28 ; **33** P. Thrams, *Hellenistische Philosophen in politischen Funktion*, Hamburg 2001, p. 201-208 ; **34** T. Bénatouïl, *Faire usage : la pratique du stoïcisme*, Paris 2006, p. 55-56, 183, 281, 289, 304.

Biographie. Selon Diogène Laërce VII 6 (= *SVF* I 439), citant probablement Apollonius de Tyr, le *floruit* de Persée se serait situé dans la 130ᵉ Olympiade, c'est-à-dire entre 260 et 256 av. J.-C. Il serait donc né entre 300 et 296 (si le *floruit* est bien à l'âge de 40 ans). Mais de forts doutes ont été émis par **35** F. Jacoby, *Apollodors Chronik,* Berlin 1902, p. 368-369, suivi par Steinmetz **28** p. 555-556. En effet, selon Diogène Laërce VII 6 et 9 (*SVF* I 439), lorsque Antigone Gonatas demanda à Zénon de venir à Pella pour être son conseiller, celui-ci déclina l'offre en alléguant son âge et envoya à sa place Persée et Philonidès [☛P 161] (dans la lettre citée par D. L. VII 9 d'après Apollonius de Tyr, Zénon prétendrait avoir quatre-vingts ans, ce qui ne correspond pas à la chronologie établie par Persée lui-même et rapportée par D. L. VII 28, selon laquelle Zénon serait mort à soixante-douze ans). Or la *Vie d'Aratos* IV, p. 20, 4-6 Martin (= *SVF* I 440) indique assez clairement que, lorsque Aratos de Soles (☛A 298), l'auteur des *Phénomènes* (et non Aratos de Sicyone [*RE* 2], le futur adversaire de Persée avec lequel le confond Dorandi **5** p. 12 et n. 63 comme l'a remarqué Bollansée **32**, p. 17 n. 4) s'est rendu à la cour d'Antigone, au moment du mariage de celui-ci avec Phila (entre 277 et 275), Persée y était aussi, ce qui placerait l'arrivée de Persée entre 277 et 275. Pour Jacoby, il n'est pas vraisemblable que Zénon ait envoyé un jeune homme de 25 ans à peine pour jouer le rôle de conseiller d'Antigone Gonatas. La date de naissance de Persée est donc souvent avancée vers 305ᵃ, pour qu'il ait au moins 30 ans à son arrivée à Pella. On pourrait peut-être suggérer contre Jacoby que c'est la date d'arrivée lors du mariage ou même avant celui-ci qui n'est pas exacte : si Persée a été le précepteur du fils d'Antigone, il se peut qu'il soit arrivé quelques années plus tard, autour de la trentaine, et alors que Zénon commençait vraiment à prendre de l'âge (en 276ᵃ, il n'avait pas encore 60 ans et l'excuse de son grand âge, invoquée pour ne pas se rendre à l'invitation d'Antigone paraît forcée). Il est vrai que la *Vie d'Aratos* cite un écrit d'Antigone lui-même, ce qui semble donner une assez forte crédibilité à la présence de Persée à son mariage, mais cette lettre n'est peut-être pas plus authentique que la correspondance de celui-ci avec Zénon citée par D. L. VII 6-8 d'après Apollonius de Tyr.

À dix ans près, Persée doit donc bien être né entre la fin du IVᵉ et le début du IIIᵉ siècle, entre 305 et 296, plus vraisemblablement vers 305ᵃ. Il est né à Citium, dans l'île de Chypre, ce qui en fait un compatriote de Zénon et explique probablement en partie ses relations privilégiées avec lui. Son père est un certain Démétrius (D. L. VII 36 = *SVF* I 435 ; *Souda, s.v.* Περσαῖος = *SVF* I 436) dont nous ne savons rien de plus. La *Souda* rapporte également que Persée était connu sous le nom de Dorothéos. L'anecdote de la joueuse de flûte achetée par Persée et ramenée dans leur maison, où Zénon, voyant les pudeurs de Persée, les enferme ensemble, anecdote qui est rapportée par Antigone de Caryste (d'après D. L. VII 13 = *SVF* I 439 et Athénée XIII, 607 E-F = *SVF* I 451) semble indiquer que Persée a été très jeune confié à Zénon. En tout cas, elle indique de façon certaine qu'ils habitaient la même maison. Nicias de Nicée et Sotion d'Alexandrie (d'après Athénée IV, 162 E = *SVF* I 452) prétendent que Persée était le domestique de Zénon. Aulu Gelle II 18,

8 (= *SVF* I 438) dit lui aussi que Persée était l'esclave de Zénon, et ce semble être aussi ce que dit Philodème, XII 10 (*cf.* Dorandi **5**, p. 11). Diogène Laërce VII 36 (*SVF* I 435) remarque déjà que deux versions circulent, l'une selon laquelle il était un familier de Zénon (γνώριμος), l'autre selon laquelle il était son serviteur (οἰκέτης). Une autre source anonyme fait de Persée l'un des serviteurs envoyés par Antigone Gonatas (*RE* 4) à Zénon, précisément chargé d'être son secrétaire (D. L. VII 36 = *SVF* I 435). Compte tenu de l'âge de Persée au moment où il commença à vivre avec Zénon, cette version ne paraît pas crédible. Elle ne semble pas concorder non plus avec l'information selon laquelle c'est à l'inverse Zénon qui aurait envoyé Persée à la cour d'Antigone. Le fait que Persée ait vécu dans la maison de Zénon peut facilement avoir donné lieu à la version selon laquelle il aurait été son serviteur. La véracité de la condition servile de Persée est fortement mise en doute par **36** F. Susemihl, *GGLA*, t. I, p. 69 n. 263, qui pense qu'il s'agit d'une anecdote calomnieuse forgée par Bion de Borysthène, son rival à la cour de Pella, qui est effectivement l'une des sources d'Athénée.

En tout cas, Zénon a instruit Persée et, du moins à Athènes, celui-ci semble avoir été un fidèle disciple (contre Barth-Gödeckemeyer **17**; *cf.* Bréhier **13**) du fondateur du Portique, et non des moindres (contre Verbeke **18**, p. 32). En effet, on le voit donner la réplique à Ariston de Chios [➠A 397] (D. L. VII 162 = *SVF* I 461) et à Denys d'Héraclée [➠D 82] (*Hist. Stoic.*, PHerc. 1018, col. XXXI = *SVF* I 446), précisément deux disciples infidèles de Zénon. D'autre part, lorsque Antigone Gonatas demande à Zénon de venir le conseiller à Pella, la réponse du maître du Portique ne laisse aucun doute quant à la fidélité et à la valeur de Persée puisqu'il le délègue à Pella, avec Philonidès de Thèbes (Apollonius de Tyr et Épicure d'après D. L. VII 6-9 = *SVF* I 439). Il est également associé à Philonidès dans le témoignage de Philodème, *Historia Stoicorum*, col. IV 9-10 Dorandi (= *SVF* I 42) pour le rejet d'allégations concernant la *République* de Zénon. Sur les lettres d'Antigone et de Zénon qui ne figurent pas dans les *SVF,* voir Grilli **20**. À Athènes, Persée avait été le condisciple d'Aratos de Soles auprès de Zénon et il le retrouva à la cour d'Antigone à Pella, selon la *Vie d'Aratos*, IV, p. 20, 3 Martin où il faut lire: <συ>σχολάσας δὲ ὁ Ἄρατος Περσαίῳ et non σχολάσας comme Martin (*cf.* Jacoby **36**, p. 269 n. 1).

La relation assez étroite entre Zénon et Antigone, qui serait à l'origine de l'invitation de ce dernier, a été mise en doute par Erskine **26**, p. 79-84, qui y voit une légende forgée par Persée dans ses Συμποτικὰ ὑπομνήματα pour justifier sa vie de courtisan à Pella. L'hypothèse est acceptée par Scholz **30**, p. 318-320, et par Bollansée **32**, p. 17, tandis que Sonnabend **29**, p. 254-261, est plus circonspect. À la cour d'Antigone, Persée aurait éduqué le prince royal Alcyonée (D. L. VII 36 = *SVF* I 435) et, peut-être, des disciples, dont Hermagoras d'Amphipolis [➠H 73] (*Souda, s.v.* Ἑρμαγόρας = *SVF* I 462). Il est certain qu'il jouissait des faveurs royales, ce qui paraît avoir poussé Ariston de Chios à le courtiser (Timon de Phlionte d'après Athénée VI, 251 C = *SVF* I 342 = *PPF* 64 Diels).

Athénée XIII, 607 A-F (= *SVF* I 451) rapproche l'épisode (rapporté par Antigone de Caryste) de la joueuse de flûte ramenée par Persée dans la maison de Zénon d'un passage des *Dialogues de banquet* de Persée lui-même, où celui-ci parle d'un philosophe qui se serait battu pour une joueuse de flûte dans un banquet : Athénée en infère que le passage des *Dialogues de banquet* pourrait être autobiographique et que le philosophe qui s'est battu pour une joueuse de flûte n'est peut-être autre que Persée lui-même. Une autre anecdote, celle de l'abattement qui saisit Persée lorsque Antigone Gonatas lui fait annoncer (faussement) que ses propriétés ont été pillées dans le but de l'éprouver et de lui prouver que « les richesses ne sont pas indifférentes » (D. L. VII 36 = *SVF* I 435), montre un philosophe aussi soucieux des richesses que des plaisirs. Certains en ont conclu que, en Macédoine, Persée aurait eu un comportement assez peu en accord avec la modération de l'école stoïcienne (voir Pohlenz **21**, p. 15 et p. 73) donnant lieu à une réputation de joyeux vivant (*cf.* Rodier **12**, p. 233-234). Mais on notera que le rapprochement effectué par Athénée est présenté par lui-même comme spéculatif. Quant à l'anecdote de la fausse annonce de la perte de ses biens, elle constitue un cas typique d'anecdote mettant aux prises un philosophe et un roi qui met à l'épreuve ses dogmes, comparable à l'anecdote des grenades en cire présentées par Ptolémée Philopator à Sphaïros du Bosphore pour lui prouver qu'il ne donnait pas son assentiment à des représentations compréhensives (D. L. VII 177). Bien qu'on ne puisse évidemment pas exclure que de telles anecdotes retranscrivent des événements réels, elles semblent relever d'un genre particulier de scénette destiné à montrer l'incapacité des philosophes stoïciens à mettre en œuvre leurs dogmes et elles sont donc relativement suspectes. Elles semblent illustrer aussi le thème du renoncement de Persée à la vie philosophique au profit d'une vie de cour (Philodème, *Hist. Stoic.*, col. XIII 4-7 Dorandi), sujet qui était précisément celui de l'ouvrage d'Hermippe, et jette donc quelque soupçon.

Persée participa de très près aux affaires publiques, à l'entier service d'Antigone Gonatas (Élien, *Hist. var.* II 20). D'abord, il fit échouer la démarche de Ménédème d'Érétrie (☞M 116) qui voulait débarrasser sa ville de la domination indirecte d'Antigone et y rétablir la démocratie (D. L. II 143-144 = *SVF* I 460) ; puis, il devint gouverneur de Corinthe, où il s'opposa à Aratos de Sicyone lors du siège de la citadelle, en 243 av. J.-C.

Aratos, avec l'aide de Ptolémée Philadelphe (*RE* 19), avait chassé les Macédoniens de Corinthe vers 251 av. J.-C. Trouvant devant lui Cléomène (*RE* 6), le roi de Sparte conseillé par Sphaïros du Bosphore, disciple de Zénon de Citium, il se résolut alors à faire appel à la Macédoine pour le soutenir. Il céda Corinthe en échange, où Antigone envoya Persée (Hermippe d'après Athénée IV, 162 D = *SVF* I 452 = *FHG* III 48 ; Plutarque, *Vie d'Aratos* 18, 1, 1034 F = *SVF* I 443). On ne sait pas pourquoi Antigone confia le commandement de la citadelle de Corinthe à Persée, qui ne semble pas avoir eu d'expérience militaire (voir Sonnabend **29**, p. 246-247) : mais en fait, selon Polyaenus VI 5 (= *SVF* I 444) et Plutarque, *Vie d'Aratos*, 18 et 23 (= *SVF* I 443), il n'aurait pas été le seul responsable d'Acrocorinthe, puisqu'il en aurait partagé la charge avec Archelaos : Persée en aurait été le gouverneur et Archelaos le général. Voir les études citées par Bollansée **32**, p. 18 n. 9-10.

Le fait est qu'en 243 av. J.-C., Aratos voulut reprendre la citadelle et y réussit. Mais il existe deux versions de la conduite et du sort de Persée. Selon une version peu glorieuse (Hermippe, *FGrHist* IV A 3, 1026 F 40a, d'après Athénée IV, 162 D-E = *SVF* I 452 ; Plutarque, *Vie d'Aratos* 23, 5-6, 1037 F = *SVF* I 443 ; Polyaenus VI 5 = *SVF* I 444 ; allusion dans Philodème, PHerc. 1018, col. XV = *SVF* I 445), Persée, ivre, aurait été chassé par Aratos ou même aurait fui, tandis qu'Archelaos serait mort dans l'assaut. Selon une version plus glorieuse adoptée par Philodème (*Hist. Stoic.*„ col. XV, 1-8 = *SVF* I 445) et Pausanias II 8, 4 (*SVF* I 442) et VII 8, 3, il serait mort dans l'assaut. On notera comme Bollansée **32**, p. 20 n. 13, qu'il n'y a pas de trace dans les sources anciennes de la version accréditée par certains historiens modernes d'un suicide de Persée. La seconde version est la plus souvent retenue (*cf.* **37** U. von Wilamowitz-Möllendorf, *Antigonos von Karystos*, Berlin 1881, p. 108 n. 10 ; Jacoby **36**, p. 369 et n. 5 ; Rodier **12**, p. 234 ; Bréhier **13**, p. 258 ; Pohlenz **21**, p. 15 et les références fournies par Bollansée **32**, p. 19-20 n. 12 et 13). Elle expliquerait la présence de la statue de bronze de Persée connue par Bion de Borysthène (d'après Athénée IV, 162 D-E = *SVF* I 452). La version défavorable provient (au moins chez Athénée) d'Hermippe, et c'est la raison pour laquelle elle est souvent rejetée depuis Wilamowitz **38**, p. 108 n. 10 (voir à nouveau les références fournies par Bollansée **32**, p. 19-20 n. 13, qui souligne que l'anecdote illustre à merveille le sujet de l'ouvrage d'Hermippe, celui du renoncement à la vie philosophique au profit du pouvoir). Mais on a pu avancer à l'inverse que le récit de Plutarque ne dérive probablement pas ou pas seulement d'Hermippe, mais des *Mémoires* d'Aratos lui-même et que par conséquent il faut accorder quelque crédit au récit de la fuite de Persée, l'histoire de la mort de Persée ayant été inventée plus tard par d'autres stoïciens (*cf.* Tarn **10**, p. 396-398). De fait, les détails diffèrent : tandis qu'Hermippe raconte que Persée, ivre, a été pris par surprise et chassé d'Acrocorinthe par Aratos, Plutarque et Polyaenus racontent qu'il s'est enfui en bateau. Bollansée **32**, p. 22-23, suppose donc que la version d'Hermippe, conformément aux habitudes des biographes anciens de construire des anecdotes à partir des œuvres et des doctrines d'un auteur, a probablement été construite à partir des événements relatés dans les *Mémoires* d'Aratos, en ajoutant des détails construits à partir d'éléments empruntés aux œuvres de Persée pour réfuter soit ses préceptes sur les banquets soit la maxime que seul le sage est un général (de fait, comme noté plus haut, il semble que l'on voie une telle pratique à l'œuvre dans la construction de l'anecdote de Persée faisant le coup de poing pour une joueuse de flûte). Selon Bollansée **32**, p. 26-27, Plutarque se serait inspiré à la fois d'Aratos et d'Hermippe. La morale, élégamment ironique, que tire Plutarque de la déconfiture de Persée, donne le dernier mot à celui-ci ; longtemps défenseur de la maxime stoïcienne selon laquelle seul le sage est un général, il serait devenu plus modeste à la suite de sa mésaventure et aurait dit : « c'était une des opinions de Zénon que j'approuvais le plus, jusqu'à ce que le jeune homme de Sicyone me fasse changer d'avis » (Plutarque, *Vie d'Aratos* 23, 6, 1037 F = *SVF* I 443). Cette version diffère de celle d'Athénée IV, 162 d (*SVF* I 452), qui en tire plus radicalement la conclusion que Persée n'était pas un sage. On remarquera ici que l'apophtegme de Plutarque ne doit pas signifier que Persée se soit pris lui-même pour un sage, ce qui n'était guère dans les habitudes stoïciennes, mais plutôt que l'exemple d'Aratos lui aurait prouvé qu'on pouvait être un bon général sans être un sage.

Œuvres. Diogène Laërce (VII 36 = *SVF* I 435) nous donne le titre de onze œuvres de Persée :

(1) Περὶ βασιλείας, *Sur la royauté*. Aucun fragment conservé. Des ouvrages du même titre sont attestés pour Cléanthe (☛C 138) et Sphaïros.

(2) Λακωνικὴ πολιτεία, *Constitution spartiate* (*cf.* Athénée IV, 140 B et E-F = *SVF* I 455 et I 454 = *FHG* II 623 = *FGrHist* 584 F 1-2). Sphaïros écrivit aussi un ouvrage sur la constitution spartiate. Cet ouvrage est sans doute à rapprocher de la préférence des stoïciens pour la constitution mixte (*cf.* D. L. VII 131), dont le modèle est Sparte, et de l'admiration de Zénon pour la constitution de Lycurgue (*cf.* Plutarque, *Lycurgue* 31, 59 A), et, par-delà, de l'influence de Xénophon, comme le souligne Isnardi Parente **2**, p. 268 n. 3.

(3) Περὶ γάμου, *Sur le mariage*. Aucun fragment conservé.

(4) Περὶ ἀσεβείας, *Sur l'impiété*. Il est possible de penser avec Verbeke **18**, p. 16, qu'il s'agit là du Περὶ θεῶν dont parle Philodème, *De pietate*, PHerc. 1428, 9 (= *SVF* I 448 = *FGrHist* 584 F 7a), en situant sur un même plan Persée et Prodicos de Céos [☛P 296] (fr. 84 B 5 Diels), parce que tous les deux voient les dieux comme la divinisation et la personnification de choses utiles. Arnim, t. I, p. 99, ne fait pas le rapprochement entre le Περὶ ἀσεβείας et le Περὶ θεῶν, mais l'identification est acceptée par Isnardi Parente **2**, p. 271-272. Sur ce texte souvent étudié, voir Nestle **16** ; de Vogel **11**, p. 69 et n. 1 ; Pohlenz **21**, p. 55 ; **38** M. Untersteiner, *Sofisti. Tesimonianze e Frammenti*, t. II, Firenze 1967, p. 191-192, pense que la théorie doit être attribuée au seul Prodicos, Persée n'étant qu'une source. Mais Arnim rapproche le texte de Philodème d'un témoignage parallèle de Cicéron, *N. D.* I, 38 (= *SVF* I 448 = *FGrHist* 584 F 7b), qui ne fait pas de rapprochement avec Prodicos (mentionné en I 118 = Prodicos, fr. 84 B 5 Diels), et qui parle d'une divinisation des hommes qui ont été utiles à la civilisation en même temps que des choses qu'ils ont apportées, sans en induire aucun refus de l'existence de la divinité. Cicéron replace la théorie de Persée dans la perspective stoïcienne qui fait table rase des divinités traditionnelles, sans rejeter celle d'un dieu qui anime le monde. On peut rapprocher ces textes du chapitre de [Plutarque], *Placita* I 6 (= *SVF* II 1009) qui compte la divinisation des hommes utiles parmi les processus de formation de la notion des dieux admis par les stoïciens. En définitive, on peut douter que la thèse de Persée ait eu le sens que Philodème lui attribue : « réduire à néant le divin », [ἀφανί]ζω[ν] τὸ [δ]αιμόνιο[ν]. C'est donc

peut-être Philodème qui a abusivement identifié la position de Persée à celle de Prodicos, et l'approbation de Persée n'avait peut-être pas les conséquences qu'il lui prête.

(5) Θυέστης, *Thyeste* : aucun fragment conservé.

(6) Περὶ ἐρώτων, *Sur les amours* : aucun fragment conservé.

(7) Προτρεπτικοί, *Protreptique* : aucun fragment conservé.

(8) Διατριβαί, *Diatribes* : aucun fragment conservé.

(9) Χρειῶν δ′, *Chries*, en quatre livres : aucun fragment conservé. Des *Chries* sont également attribuées à Zénon de Citium (D. L. VI 91 = *SVF* I 272), et parfois identifiées à ses *Mémorables de Cratès* (Stobée IV, p. 46, 6-14 Hense = *SVF* I 273).

(10) Ἀπομνημονεύματα, *Mémorables*. Ce "titre" doit probablement être identifié aux Συμποτικὰ ὑπομνήματα cités par D. L. VII 1 (= *SVF* I 453), par Athénée XIII, 607 B (= *SVF* I 451), et (du moins selon la reconstitution d'Arnim) par Philodème, *Hist. Stoic.*, col. III 9-14 Dorandi (= *SVF* I 31) : cf. Pohlenz **21**, p. 15. Il faut sans doute également identifier ces Συμποτικὰ ὑπομνήματα aux Συμποτικοὶ διάλογοι dont Athénée IV, 162 E (= *SVF* I 452), connaît au moins deux livres. C'est ce que pensent aussi bien Pohlenz **21**, p. 15, que Festa **1**, p. 64-68, et Isnardi Parente **2**, p. 268 n. 3 et p. 272-274. Athénée IV, 162 B-C (= *SVF* I 452), donne en effet l'indication précieuse que les *Dialogues de banquet* étaient faits de souvenirs (ἀπομνημονεύματα) sur Zénon et Stilpon (= fr. 191 Döring **24**, p. 79, et voir p. 151-152), et traitaient de la manière dont on devait se comporter dans un banquet. C'est également le sujet des *Souvenirs de banquet* rapportés par D. L. VII 1 et Athénée XIII, 607 B. Pour l'ensemble des fragments, voir *SVF* I 451-453 = *FGrHist* 584 F 3-6. Comme pour la *Constitution de Sparte*, Xénophon peut avoir exercé une influence sur l'œuvre. Sur cette œuvre, voir aussi Bénatouïl **34**, p. 289.

(11) Πρὸς τοὺς Πλάτωνος νόμους ζ′ : *Contre les* Lois *de Platon*, en sept livres. Aucun fragment conservé. Pour des hypothèses possibles, voir **39** M. Schofield, *The Stoic Idea of the City*, Cambridge 1991, p. 41-42.

Diogène Laërce mentionne aussi un douzième ouvrage, qui ne figure pas dans sa liste de VII 36 :

(12) Ἠθικαὶ σχολαί, *Leçons d'éthique*. Ce titre figure en VII 28 (= *SVF* I 458). Arnim, t. I, p. 102, note à la ligne 15, se contente de le noter. Le seul témoignage conservé concerne la chronologie de Zénon, dont Persée dit qu'il est mort à 72 ans, et venu à Athènes à 22 ans. Bien que ce témoignage concerne Zénon, le titre (s'il s'agit bien d'un titre) paraît trop éloigné de celui des *Mémorables* pour leur être identifié, ainsi que le note Isnardi Parente **2**, p. 275 n. 20. Il reste la possibilité qu'il ne s'agisse pas d'un titre, mais d'une manière de parler d'un ouvrage, mais si les *Souvenirs de banquet* ont porté essentiellement sur les banquets, cela paraît une dénomination trop large.

À ces œuvres, outre le traité *Sur les dieux* mentionné par Philodème, s'il n'est pas identique au traité *Sur l'impiété*, il faudrait peut-être ajouter :

(13) une *Histoire* (*cf. Souda, s.v.* Περσαῖος = *SVF* I 436, mais on notera qu'un rapprochement avec D. L. IV 47 = *SVF* I 459 : Περσαῖός τε καὶ Φιλωνίδης ἱστοροῦντες αὐτά, ne paraît pas s'imposer).

(14) un ou des ouvrages sur Homère (*cf.* Dion Chrysostome, *Orat.* 53, 4 = *SVF* I 456 = *FGrHist* 584 F 8). Dion mentionne seulement que Persée a suivi le type d'interprétation de Zénon, sans mentionner explicitement des écrits de Persée. L'existence d'un tel ouvrage pourrait être confirmée par le passage des *Scholia vetera* I, 66-67 Erbse cité ci-dessus, mais cela reste assez spéculatif. Sur ce passage, voir **40** Cratete di Mallo, *I Frammenti*, edizione, introduzione e note a cura di M. Broggiato, La Spezia 2001, p. 141-142.

(15) un ou des ouvrages sur l'authenticité des dialogues d'Eschine (Aischinès de Sphettos [➡A 71]). En effet, selon D. L. II 61 = *SVF* I 457, Persée en jugeait la plus grande partie inauthentique et les attribuait à Pasiphon (➡P 51). On notera que, selon D. L. II 64 (= Panétius T 145 Alesse) Panétius (➡P 26) jugera authentiques les dialogues « socratiques » de Platon (➡P 195), Xénophon, Antisthène (➡A 211) et Eschine, ce qui veut dire qu'il les considère comme des témoignages fiables sur Socrate. Peut-être avait-il pris position contre Persée.

Cette notice a mis à profit certains éléments d'une notice originale de Christian Guérard.

JEAN-BAPTISTE GOURINAT.

84 PERSE (A. PERSIUS FLACCUS) *RE* 5 *PIR*² 245   I

Poète latin auteur de satires.

Éditions. 1 A. Cartault, *Perse, Satires, CUF,* Paris 1929 ; **2** W. V. Clausen, *A. Persi Flacci et D. Iuvenalis Saturae,* coll. *OCT,* 2ᵉ éd., 1992 ; **3** D. Bo, *Auli Persi Flacci Saturarum Liber,* coll. « Corpus Paravianum », Torino 1969 ; **4** S. Morton Braund, *Juvenal and Persius,* coll. *LCL,* Cambridge (Mass.)/London 2004 ; **5** W. Kissel, *A. Persius Flaccus saturarum liber,* coll. *BT,* Berlin 2007.

Commentaires. 6 R. A. Harvey, *A Commentary on Persius,* coll. « Mnemosyne Suppl. » 64, Leiden 1981 ; **7** W. Kissel, *Aules Persius Flaccus Satiren,* Heidelberg 1990 ; **8** Oleg Nikitinsky, *A. Persius Flaccus, Saturae, commentario atque indice rerum notabilium instruxit Helgus Nikitinsky. Accedunt varia de Persio Iudicia saec. XIV-XX,* coll. « Sammlung Wissenschaftlicher Commentare », München/ Leipzig 2002.

Lexique et concordance. 9 D. Bo, *Auli Persi Flacci Lexikon,* Hildesheim 1967 ; **10** P. Bouet et L. Callebat, *Konkordanz zu den Satiren des Persius,* Hildesheim/New York 1978 ; **11** W. V. Clausen et J. G. Zetzel, *Commentum Cornuti in Persium,* München/Leipzig 2004.

Études. 12 F. Villeneuve, *Essai sur Perse,* Paris 1918 ; **13** W. Kroll, art. « A. Persius Flaccus », *RESuppl.* VII, 1940, col. 972-979 ; **14** C. Dessen, *Iunctura*

Callidus Acri. A study of Persius' Satires, coll. «Illinois Studies in Language and Literature» 59, Chicago/London 1968 ; **15** Marisa Squillante Saccone, «La poesia di Persio alla luce degli studi più recenti (1964-1983)», dans *ANRW* II 32, 3, Berlin 1985, p. 1781-1812 ; **16** J. C. Bramble, *Persius and the programmatic Satire. A study in Form and Imagery,* Cambridge 1974 ; **17** F. Bellandi, *Persio : Dai «verba togae» al solipsismo stilistico,* Bologna 1988, 2ᵉ éd. 1996 ; **18** W. T. Wehrle, *The satiric Voice. Program, Form and Meaning in Persius and Juvenal,* Hildesheim 1992 ; **19** M. Squillante, *Persio : il linguaggio della malinconia,* Napoli 1995 ; **20** D. H. Hooley, *The Knotted Thong : structures of Mimesis in Persius,* Ann Arbor 1997 ; **21** J. E. G. Zetzel, *Marginal Scholarship and Textual Deviance. The Commentum Cornuti and the Early Scholia on Persius,* coll. *BICS,* Supplement 84, London 2005.

Biographie. La vie de Perse est connue par une biographie antique attribuée à Valerius Probus *(De commentario Valeri Probi sublata)*. Originaire de Volterra, Aules Persius Flaccus, né en 34, est issu d'une famille de rang équestre. A Rome, il étudia avec le grammairien Remmius Palémon et le rhéteur Verginius Flavus. A l'âge de seize ans, il rencontra le stoïcien L. Annaeus Cornutus (⮲C 190), qui le forma à la philosophie stoïcienne et devint pour lui un maître et un ami. Il mourut en 62 à l'âge de 28 ans.

Le poète laissait un «livre inachevé», édité après sa mort. Il s'agit d'un mince recueil de six satires d'environ 650 vers, précédé d'un prologue ; Perse s'inscrit dans la tradition romaine de la satire, prenant Lucilius (⮲L 67) et Horace (⮲H 167) comme modèles. Il entend dénoncer les vices de ses contemporains et critiquer leur goût pour une littérature caractérisée par son enflure. L'œuvre fut revue par Cornutus et éditée par son ami Caesius Bassus. Cornutus aurait même conseillé à la mère du poète de détruire ses œuvres de jeunesse ; il aurait aussi corrigé un vers de la Satire I (I 121), qui aurait pu passer pour injurieux envers Néron *(Vita* 8 ; 10).

L'amitié avec Cornutus occupa une place importante dans la vie de Perse (**22** F. Bellandi «Anneo Cornuto nelle saturae e nella *Vita Persi* », dans I. Gualandri et G. Mazzoli (édit.), *Gli Annei : una famiglia nella storia e nella cultura di Roma imperiale,* Como 2003, p. 185-210) ; cette rencontre est évoquée dans la satire 5 où le poète souligne tout ce qu'il doit à son maître : «une grande part de notre âme t'appartient» (V 23 ; 30-52). La révision du recueil entreprise par Cornutus révèle aussi les liens étroits entre les deux hommes : le poète lui aurait légué sa biblio-thèque, environ 700 livres de Chrysippe (⮲C 121), et une importante somme d'argent. Par son intermédiaire, Perse fit la connaissance du poète Lucain (⮲L 64) et rencontra aussi Paetus Thrasea. Il semble avoir eu des liens de parenté avec Arria la Jeune (⮲A 422), son épouse, et des liens étroits avec Thraséa lui-même *(Vita* 5). En revanche, c'est tardivement qu'il rencontra Sénèque, sans être attiré par lui *(ibid.).* Le poète se trouvait ainsi en relation avec les stoïciens de l'époque néronienne (**23** J. M. K. Martin, «Persius-poet of the Stoics», *G&R* 8, 1939, p. 172-182).

Cette influence se manifeste dans son œuvre ; la satire 1 est une satire programmatique, mais les satires 2 à 5 reprennent des thèmes liés à la philosophie stoïcienne : la satire 2 est une critique des prières intéressées et des vœux contraires à la raison ; il faut au contraire apporter aux dieux « une âme où règnent harmonieusement le droit humain et le droit divin, un esprit pur jusque dans ses replis et un cœur trempé de noblesse et de droiture » (II 73-74). Dans la satire 3, le poète invite à poursuivre avec énergie l'étude de la philosophie pour acquérir la sagesse : il expose brièvement une formation fondée sur la physique et la morale (III 66-72). La satire 4 montre qu'il faut apprendre à se connaître soi-même : le poète met en scène Socrate déclarant à Alcibiade qu'il faut connaître le souverain bien avant de s'occuper des affaires publiques (IV 1-24), puis reprend l'image de la besace pour montrer que les hommes attaquent les défauts d'autrui sans connaître les leurs. La Satire 5 est adressée à Cornutus ; Perse rappelle l'enseignement de son maître : « tu cultives les jeunes gens, et tu verses dans leurs oreilles bien sarclées le blé de Cléanthe » (V 63-64) ; il expose longuement la théorie stoïcienne de la liberté : opposant la liberté du citoyen, celle que le préteur peut donner à un esclave et la liberté intérieure, associée à l'exercice de la raison et à la maîtrise des passions. Enfin la satire 6, adressée à Caesius Bassus, expose brièvement le bon usage des richesses.

Ces sujets dont l'inspiration philosophique est manifeste, ont été diversement appréciés. Les travaux récents ont cherché à définir le projet poétique de Perse et ses liens avec Horace. Les images ou les expressions de ses vers difficiles, souvent obscurs, ont été analysées pour révéler la subtilité de cette écriture. Mais l'attention portée à la poétique conduit à limiter la place de la philosophie. Les Satires ont alors été considérées comme un ensemble de lieux communs (Hooley **20**, p. 3, reprenant les conclusions de **24** K. Reckford, « Studies in Persius », *Hermes* 90, 1962, p. 476-504). De façon plus nuancée, d'autres critiques ont souligné comment les choix formels étaient dictés par l'éthique stoïcienne (Bellandi **17** ; Squillante **19**).

Plus précisément, **25** A. Cucchiarelli, « Speaking from silence : the Stoic paradoxes of Persius », dans K. Freudenburg (édit.), *The Cambridge Companion to Roman satire*, Cambridge University Press 2005, p. 62-80, a montré que la forme poétique relevait directement de la philosophie stoïcienne et qu'elle était indispensable pour comprendre les choix poétiques et stylistiques. La recherche d'un style « concentré » (*decoctius*, I 125) renvoie à la concision de l'expression recherchée chez les stoïciens (p. 72-73). Les formules abruptes et obscures du poète révèlent la même influence (p. 74-75).

Des travaux récents conduisent à approfondir encore cette question en précisant l'influence de Cornutus. **26** G. W. Most, « Cornutus and Stoic Allegoresis : A Preliminary report », dans *ANRW* II 36, 3, Berlin 1989, p. 2014-2065) a souligné les liens avec le traité de Cornutus, l'*Epidromé*. La question des prières posée dans la satire 2 rejoint la conclusion du traité de Cornutus (Most **26**, p. 2052). Les vers du prologue révèlent un intérêt pour l'étymologie, qui évoque aussi Cornutus et la tradition allégorique des stoïciens (**27** I. Marchesi, « Anneo Cornuto e gli Stoici romani », *Gerion* 21, 2003, p. 283-303, notamment p. 291). Le lien entre les Muses et la recherche est présent chez Perse (V 21-22) et chez Cornutus (*Epidr.* 14). L'influence stoïcienne sur Perse ne se réduit donc pas à quelques traits superficiels mais suppose une imprégnation profonde acquise par sa formation auprès de Cornutus.

MICHÈLE DUCOS.

85 PERSINOS DE MILET

Dans son article Ὀρφεύς (O 654), la *Souda* (t. III, p. 565, 3 Adler) attribue soit à Timoclès de Syracuse soit à Persinos de Milet la rédaction du poème orphique intitulé Σωτήρια. Comme son titre l'indique, ce poème devait être un recueil de prières à usage rituel, destinées à assurer le salut. On ne sait rien ni sur ce recueil ni sur son auteur.

Ce nom est apparemment absent de la *RE*.

Témoignages et fragments. O. Kern, *Orphicorum fragmenta*, Berlin 1922, réimpr. Dublin/Zürich 1972, test. 178, 201, 223d, et p. 315 n° 28 (Σωτήρια) = voir A. Bernabé, *Poetae Epici Graeci. Testimonia et fragmenta*, Pars II : *Orphicorum et Orphicis similium testimonia et fragmenta*, München/Leipzig 2004-2007, fr. 1105 et 1125.

Cf. M. L. West, *The Orphic poems*, Oxford 1983, p. 28 n. 79

LUC BRISSON.

PETITIUS → **PROPAS (L. PETITIUS –)**

PÉTOSIRIS → **NÉCHEPSO-PÉTOSIRIS**

PETRONIUS → **ARISTOCATÈS DE MAGNÉSIE (PETRONIUS –)**

86 PÉTRÔN D'HIMÈRE *RE*   V - IVᵃ ?

De datation controversée, Pétrôn semble être un des premiers penseurs grecs à avoir défendu la thèse de la *pluralité finie* des mondes – ce qui l'a amené à proposer un calcul sur leur nombre et une réflexion sur leur disposition géométrique dans l'espace.

Témoignages. L'unique témoignage doxographique faisant état de la théorie de Pétrôn d'Himère est Plutarque, *De defectu oraculorum* (*Sur la disparition des oracles*) 23, 422 D-E (*cf.* aussi 22, 422 B-C), au début d'une importante digression sur la pluralité des mondes (chap. 21-38, 420 F - 431 A) ; voir **1** R. Flacelière (édit.), *Plutarque. Œuvres morales*, t. VI : *Dialogues pythiques*, *CUF*, Paris 1974 ; **2** A. Rescigno (édit.), *Plutarco. L'eclissi degli oracoli*, Napoli 1995 ; **3** Fr. Ildefonse, *Plutarque. Dialogues pythiques*, coll. *GF* 1051, Paris 2006 (la digression dans son ensemble est discutée également par **4** A. Rescigno, *Pluraliter. Due studi di cosmologia antica*, Amsterdam 1996, p. 33-36 et 42-46).

Le témoignage est reproduit par **5** DK 16, t. I, p. 106, 10-20 ; **6** M. Timpanaro Cardini, *I Pitagorici. Testimonianze e frammenti*, t. I, Firenze 1958, p. 70-73 (avec trad. ital. richement annotée) ; **7** Fr. Wehrli, *Phainias von Eresos, Chamaileon, Praxiphanes. Texte und Kommentar*, coll. « Die Schule des Aristoteles », 9, Basel/ Stuttgart ²1969 [¹1957], p. 11-12 + 31 ; **8** *Les Présocratiques*. Édition établie par J.-P. Dumont avec la collaboration de D. Delattre et de J.-L. Poirier, coll. « La Pléiade » 345, Paris 1988, p. 72, avec une notice et des notes p. 1206-1207 ; *cf.* **9** R. Waterfield, *The first philosophers : the presocratics and sophists*, Oxford 2000, p. 113-114 (T 50) ; *cf.* p. 94 et n. 7 (trad. angl. et comm.).

Le contexte de la citation est particulièrement significatif ici, car la théorie de Pétrôn est d'abord présentée par l'un des interlocuteurs du dialogue, Cléombrotos (⇒C 160), comme celle que lui avait exposée un sage barbare anonyme qu'il avait rencontré sur le bord de la Mer Rouge (22, 422 B-C [*cf.* 21, 420 F - 421 A] ; *cf.* **10** B. Puech, art. « Cléombrotos de Sparte », C 160, *DPhA* II, 1994, p. 432-433 ; **11** D. Babut, « Le rôle de Cléombrote dans le *De defectu oraculorum* et le problème de la 'démonologie' de Plutarque », dans *Id.*, *Parerga. Choix d'articles de Daniel Babut [1974-1994]*, Paris 1994, p. 531-548, aux p. 535 *sq.*). Le sage en question lui aurait dit que

> « les mondes ne sont pas en nombre illimité, pas plus qu'il n'y en a un seul, ou cinq, mais qu'il y en a cent quatre-vingt-trois, disposés sous la forme d'un triangle, dont chaque côté comporte soixante mondes ; des trois qui restent, chacun est établi à un angle du triangle, et les mondes qui sont attenants se touchent tout en évoluant doucement, comme dans une danse ; quant à la surface intérieure du triangle, elle est le foyer commun de tous ces mondes, et est appelée plaine de la vérité, parce que c'est en elle que se trouvent, immobiles, les raisons (*logoi*), les formes et les paradigmes de ce qui a été et de ce qui sera, et c'est de l'éternité qui se trouve autour d'elles que le temps comme une émanation est porté vers les mondes. La vision et le spectacle de ces réalités n'existent pour les âmes humaines qu'une seule fois tous les dix mille ans, à condition qu'elles aient vécu une vie bonne ; et parmi les initiations d'ici les meilleures ne sont que le songe de cette vision initiatique-là ; et soit les raisonnements philosophiques ont pour fin la réminiscence des belles choses de là-bas, soit ils sont accomplis en vain » (trad. Ildefonse **3**, p. 175-176).

Mais Lamprias (⇒L 17), qui semble jouer le rôle de porte-parole érudit de son frère le philosophe de Chéronée, n'a pas de mal à retrouver, grâce au nombre 183, la source de tout ou partie de cette cosmologie :

> « Je n'ai pas lu le livre de cet homme, je ne sais même pas s'il nous est parvenu, mais Hippys de Rhégium, dont fait mention Phanias d'Érèse, rapporte cette opinion de Pétrôn et la thèse selon laquelle il y a cent quatre-vingt-trois mondes qui se touchent entre eux par élément (κατὰ στοιχεῖον) ; quant à ce que cela veut dire, se toucher par élément, il n'apporte là-dessus aucun éclaircissement, et ne joint aucun argument plausible » (trad. Ildefonse **3**, p. 176-177).

Sur ce dévoilement du plagiat dont Cléombrotos fut dupe, voir **12** H. Dörrie, « Der 'weise vom Roten Meer'. Eine okkulte Offenbarung durch Plutarch als Plagiat entlarvt », dans P. Haendel et W. Meid (édit.), *Festschrift für Robert Muth zum 65. Geburtstag*, Innsbruck 1983, p. 95-110 (pour une opinion légèrement différente, *cf.* Wehrli **7**, p. 31, qui pensait qu'ici on n'est pas en présence de deux variantes de la même spéculation, mais de deux « ähnliche Theoreme »). Lamprias tient à préciser qu'il n'avait pas lu lui-même d'opuscule (βιβλίδιον) de Pétrôn et qu'il ne savait pas si un tel ouvrage était conservé. Il se limite donc à mentionner les deux *sources indirectes* ayant rapporté, sans doute en tant que simple curiosité et en passant, la *doxa* si singulière de ce penseur : (a) le péripatéticien Pha(i)nias d'Erésos [➡P 90] (fr. 12 Wehrli, vraisemblablement tiré de son ouvrage historique *Sur les tyrans siciliens*), et (b) la source de ce dernier, l'historien Hippys de Rhégion [➡H 159] (*FGrHist* 554 F 5), auteur de plusieurs ouvrages sur la Sicile et l'Italie du Sud. Pour une re-contextualisation du témoignage relatif à Pétrôn, insistant sur les sources du *De defectu* et sur la récurrence de certains des thèmes de ce traité dans l'ensemble de l'œuvre de Plutarque, voir **13** Paola Vizzini, « Sulla figura di Petrone di Himera », *Kokalos* 38, 1992, p. 319-346, aux p. 326-332. L'auteur attire aussi l'attention (p. 339-340, avec la n. 83) sur le fait que le Chéronéen connaissait par ailleurs et avait peut-être utilisé directement l'œuvre de Pha(i)nias – ce qui renforce la crédibilité de son témoignage.

Étant donné que la version retouchée et amplifiée présentée par Cléombrotos est clairement et massivement inspirée du *Phèdre* de Platon (Dörrie **12**, p. 99-100 ; **14** Cl. Moreschini, « Osservazioni sul *De defectu oraculorum* di Plutarco », dans C. Curti et C. Crimi [édit.], *Scritti classici e cristiani offerti a Francesco Corsaro*, Catania 1994, t. II, p. 501-507, aux p. 504-505 ; Rescigno **2**, p. 348-349 [n. 192] et 350-351 [n. 195, 197 et 198] ; *Id.* **4**, p. 14 n. 31), alors que celle, minimale, évoquée par Lamprias n'attribue expressément à Pétrôn que la seule *doxa* des 183 mondes contigus se touchant κατὰ στοιχεῖον, la question est de savoir (a) si, oui ou non, l'on doit retenir parmi les éléments constitutifs de la théorie de Pétrôn les mentions de la Plaine de la Vérité, des Formes-Paradigmes, du temps émanant de l'Éternité, de la contemplation des réalités intelligibles par les âmes humaines tous les dix mille ans, de la métaphore de l'époptie mystérique etc., qui à première vue semblent devoir être écartées du noyau originel en tant qu'ajouts platonisants dus au "sage de la Mer Rouge" (*pace* **15** C. Partenie, *Plato. Selected myths*, Oxford 2004, p. 141, qui envisagerait la possibilité que Pétrôn ait déjà employé l'expression "plaine de la vérité" avant Platon...), et (b) dans quelle mesure pourraient être considérés, au contraire, comme authentiquement pétroniens les détails de la version de Cléombrotos qui semblent apporter simplement des précisions à la *doxa* centrale évoquée par Lamprias, tels l'arrangement triangulaire des 183 κόσμοι à raison de 60 mondes par côté, les 3 qui restent étant placés chacun à l'un des angles du triangle équilatéral ; leurs révolutions en ronde ; la désignation de la surface intérieure du triangle comme "foyer commun à tous" ; l'introduction du temps dans les mondes depuis l'extérieur. Pour quelques suggestions sur les principes et les critères selon lesquels on pourrait démêler les trois types d'éléments contenus dans ce témoignage, voir **16** Fr. E. Brenk, *In mist apparelled : religious themes in Plutarch's 'Moralia' and 'Lives'*, coll. « Mnemosyne Supplements », 48, Leiden 1977, p. 97-98 (ce qui semble vraiment remonter à Pétrôn lui-même, c'est « probably only the astronomical mathematical part of the description », ... « since the Idealist eschatological part is simply a Platonic hodge-podge ») ; Dörrie **12**, p. 101-102 ; **17** M. L. West, « The eternal triangle : reflections on the curious cosmology of Petron of Himera», dans *Apodosis. Essays presented to Dr. W. W. Cruickshank to mark his eightieth birthday*, London 1992, p. 105-110, à la p. 106 («Petron and Plutarch disentangled»); Rescigno **2**, p. 348-349 (n. 192); *cf.* aussi la discussion *infra*, sous 'La datation et ses enjeux – B. Critère interne: la doctrine' et sous 'Hypothèses sur la théorie de Pétrôn'.

– *Réception.* Dans son *Commentaire sur le 'Timée'* de Platon, Proclus commence sa discussion de l'hypothèse d'une pluralité finie de mondes (t. I, p. 454, 10 - 457, 11 Diehl) par l'évocation détaillée de l'"opinion-spéculation (δόξα) barbare" rapportée par Plutarque (p. 454, 10 - 455, 15 Diehl), mais sans prononcer le nom de Pétrôn; voir la trad. annotée de **18** A. J. Festugière, *Proclus. Commentaire sur le Timée. Tome second - Livre II*, Paris 1967, p. 336-338, ainsi que **19** D. T. Runia et M. Share (édit.), *Proclus. Commentary on Plato's 'Timaeus'*, vol. II: *Book 2: Proclus on the causes of the cosmos and its creation*, Cambridge 2008, p. 348-350. Festugière **18** remarquait (p. 336 n. 1) que «Proclus donne à la fois moins et plus que Plutarque» et se demandait: «A-t-il lu ces élucubrations pythagoriciennes elles-mêmes?». Cela semble peu probable étant donné la référence explicite de Proclus à Plutarque et le fait que ce dernier, à son tour, avouait ne pas avoir lu directement l'ouvrage de Pétrôn. La dépendance de Proclus à l'égard de Plutarque est soulignée par **20** A. Rescigno, «Un problema numerico nel *De oraculorum defectu*», dans I. Gallo (édit.), *Plutarco e le scienze. Atti del IV Convegno plutarcheo* (Genova-Bocca di Magra, 22-25 aprile 1991), Genova 1992, p. 165-177, qui discute aux p. 166-167 (avec les n. 7-9, reportées aux p. 172-175) l'utilité éventuelle des explications données par le commentateur néoplatonicien pour une meilleure compréhension de la théorie originelle de Pétrôn; voir aussi *Id.* **2**, p. 347-348 (n. 191); *Id.* **4**, p. 46-51 avec la n. 109; *cf.* plus généralement **21** *Id.*, «Proclo lettore di Plutarco?», dans I. Gallo (édit.), *L'eredità culturale di Plutarco dall'antichità al Rinascimento [Milano-Gargnano 1997]*, Napoli 1998, p. 111-142.

Même si les spéculations arithmologiques et l'interprétation néoplatonisante globale de Proclus ont peu de chances de fournir des éclaircissements pertinents sur la théorie de Pétrôn lui-même, elles sont particulièrement intéressantes, dans la mesure où elles permettent de tracer, à partir de la version déjà platonisée qu'en propose Cléombrotos, l'histoire de la *réception* de la *doxa* pétronienne dans les milieux médio- et néo-platoniciens pythagorisants. Et il faut rappeler que, contrairement à Rescigno **2**, **4**, **20** et **21**, qui argumente en faveur de l'utilisation directe de Plutarque par Proclus, sans intermédiaires, **22** H. Krause, *Studia neoplatonica*, Diss. Lipsiae 1904, p. 51, pensait que la source immédiate de ce dernier pourrait être Atticus (➻A 507), tandis que **23** M. Baltes, *Die Weltentstehung des platonischen Timaios nach den antiken Interpreten*, t. I, coll. "Philosophia antiqua", 30, Leiden 1976, p. 44 n. 84, postulait encore un jalon supplémentaire dans l'histoire de la réception de la théorie du *De defectu*, à savoir le *Commentaire* de Porphyre (➻P 263) au *Timée* (qui à son tour citait peut-être Atticus). Dernièrement, Runia et Share **19**, p. 349 n. 797, ont suggéré à leur tour que la source de Proclus (a) pour

son interprétation néoplatonicienne de la cosmologie de Pétrôn, teintée d'un
« 'Chaldean' slant» (en raison de la division de l'univers en régions empyréenne
[ignée], éthérée et matérielle), mais aussi, peut-être, (b) pour la cosmologie elle-
même, « may have been a commentary on the [*Chaldean*] *Oracles*» qui citait
Plutarque – vraisemblablement celui de Porphyre ou de Jamblique (➭I 3), deux
auteurs qui connaissaient assez bien l'œuvre du Chéronéen. (Mais évidemment
Proclus lui-même était tout à fait capable d'une pareille exégèse chaldaïsante...)

Études d'orientation. 24 H. Diels, *Elementum: eine Vorarbeit zum
griechischen und lateinischen Thesaurus*, Leipzig 1899, p. 62-64 ; **25** J. Burnet,
Early Greek philosophy, London ⁴1930 [¹1908] [réimpr. New York 1957], p. 60-
61 ; **26** F. M. Cornford, « Innumerable worlds in Presocratic philosophy», *CQ* 28,
1934, p. 1-16, aux p. 14 et 15, avec la n. 1 ; **27** W. Capelle, *Die Vorsokratiker. Die
Fragmente und Quellenberichte übersetzt und eingeleitet*, Leipzig 1935, p. 102-
103, avec les n. 4-5 ; **28** J. Kerschensteiner, *Kosmos. Quellenkritische Untersuchungen zu den Vorsokratikern*, München 1962, p. 209-211 ; **29** Guthrie, *A
history of Greek philosophy*, t. I, p. 322-323 ; **30** G. Huxley, « Petronian numbers»,
GRBS 9, 1968, p. 55-57 ; Dörrie **12** ; **31** M. Conche (édit.), *Anaximandre. Fragments et témoignages*, Paris 1991, p. 123-125 ; Vizzini **13** ; West **17** ; Rescigno **20** ;
Id. **2**, p. 347-355 ; *Id.* **4**, p. 13-15, avec la n. 31 ; **32** J.-F. Mattéi, *Pythagore et les
pythagoriciens*, coll. «Que sais-je?», 2732, Paris 1993, p. 35-36. (Les brèves
notices encyclopédiques de **33** W. Nestle, art. «Petron», *RE* XIX 1, 1937, col.
1191 ; **34** K. Ziegler, art. «Petron», *KP* IV, 1972, col. 671-672, et **35** Chr.
Riedweg, art. «Petron von Himera», *NP* IX, 2000, col. 670 = **36** *Id.*, art. «Petron
of Himera», *Brill's New Pauly* X, 2007, col. 874 sont vraiment rudimentaires.)

Nom et origine. Pétrôn est répertorié dans **37** W. Pape et G. Benseler,
Wörterbuch der griechischen Eigennamen, t. II, p. 1188, ainsi que dans le
38 *LGPN*, t. III A, p. 361. Pour ce qui est de son origine, **39** A. Holm, *Geschichte
Siciliens im Alterthum*, t. I, Leipzig 1870, p. 159 et 402, a attiré l'attention sur le
fait que Pétrôn porte un nom authentiquement sicilien, indigène, un nom « that may
point to the Sican (or Elymian) township of Petra in western Sicily» (selon la
formulation de **40** D. Asheri, « Sicily, 478-431 B. C.», dans la *Cambridge Ancient
History*, t. V : *The fifth century B. C.*, Cambridge 1992, p. 170), qui avait des liens
forts avec Himéra ; voir aussi **41** E. A. Freeman, *The history of Sicily from the
earliest times*, Oxford 1891 [réimpr. New York 1965], t. I : *The native nations : the
Phoenician and Greek settlements*, p. 146. On aurait donc affaire en réalité à un
Pétrôn originaire *de Pétra* (= l'actuelle Petralia Soprana, une petite bourgade située
à grande altitude au Sud de Himéra), dont le cas serait analogue à ceux de Crisôn
de Crisa, Gélôn de Géla, Hiérôn de Hiéra, Hyblôn de Hybla et Thérôn de Théra ;
voir Holm **39**, p. 402, et d'après lui Freeman **41**, t. II : *From the beginning of Greek
settlement to the beginning of Athenian intervention*, p. 159-160, et **42** Fr. Bechtel,
Die historischen Personennamen, p. 558, qui ajoute à la série des Siciliens Acrôn
d'Acrai et Stilpôn de Stilpai.

À la lumière de ces considérations il n'y a aucune raison de chercher à corriger le nom de Pétrôn (p. ex. en Ἱέρων), ou d'adopter la leçon alternative Πτέρων que donne l'un des mss du *De defectu oraculorum*; voir la discussion dans Rescigno **20**, p. 172 n. 3; *Id.* **2**, p. 352 (n. 200); Vizzini **13**, p. 321-322, avec la n. 8.

Un pythagoricien? Pétrôn est absent du catalogue des pythagoriciens de Jamblique (*V. pyth.* 36, 267) et Plutarque l'introduit simplement comme un *Sicilien dorien*, sans autre précision: on est donc en droit de souligner, avec **43** A. Maddalena (édit.), *I Pitagorici*, Bari 1954, p. 93 n. 1, que Pétrôn n'est nulle part désigné expressément comme pythagoricien. Néanmoins, la recherche moderne a constamment eu tendance à le compter parmi les penseurs du pythagorisme ancien, ou à tout le moins à souligner les affinités pythagoriciennes que présente sa cosmologie; voir p. ex. Wilamowitz **52** (cité plus loin), p. 444 [= p. 55] («dies ist *unweigerlich* eine pythagoreische Spekulation»); Diels **24**, p. 64; DK **5**; Burnet **25**; **44** L. Robin, *La pensée grecque et les origines de l'esprit scientifique*, coll. «L'évolution de l'humanité» 13, Paris ³1963 [¹1923], p. 63; **45** A. Rey, *La science dans l'Antiquité*, t. II: *La jeunesse de la science grecque*, coll. «L'évolution de l'humanité» 2, Paris 1933, p. 225 (*cf.* aussi p. 87, 195, 234 et 367-368); Capelle **27**; Nestle **33**; **46** R. Mondolfo, dans E. Zeller et R. Mondolfo, *La filosofia dei Greci nel suo sviluppo storico*, t. I 2: *Ionici e Pitagorici*, Firenze ²1950 [¹1938], p. 197 et *passim* (voir l'index, *s.v.*); **47** W. Kranz, «Kosmos», *ABG* 2.1, 1955 et 2.2, 1957, p. 1-282, à la p. 34; Timpanaro Cardini **6**, p. 70; Wehrli **7**, p. 31; Guthrie **29**; Conche **31**, p. 125; Rescigno **20**, p. 165, avec la n. 3, reportée à la p. 172; *Id.* **2**, p. 352; Vizzini **13**, p. 333 *sq.*; West **17**; Mattéi **32**; Riedweg **35** et **36**. Les deux arguments qui sont le plus souvent mobilisés à cet effet – explicitement (p. ex. Guthrie **29**; West **17**, p. 106) ou implicitement – sont (a) l'origine sicilienne de Pétrôn et le contexte culturel italiote de son activité et (b) l'arrangement géométrique, triangulaire de son univers et son intérêt pour les sciences mathématiques en général et les nombres en particulier. Évidemment, un esprit sceptique pourrait rester réservé devant ces arguments en soulignant, contre [a], la faible présence de traces pythagoriciennes en Sicile et, contre [b], que les penseurs du pythagorisme ancien n'avaient aucunement le monopole de l'intérêt pour les mathématiques et les nombres au Vᵉ s. av. J.-C. Mais West **17** a relancé la discussion sur de nouvelles bases en repérant, contextualisant et étudiant en détail tous les éléments doctrinaux susceptibles de corroborer l'appartenance de Pétrôn à la tradition pythagoricienne (voir *infra*).

La datation et ses enjeux. Si un accord des savants semble se dégager au sujet de l'affiliation doctrinale de Pétrôn au pythagorisme, le débat reste chaud quant à savoir si l'on doit le ranger parmi les membres anciens ou plus récents de la secte. Les enjeux de sa datation concernent essentiellement l'histoire des spéculations présocratiques sur la pluralité des mondes et la contribution du pythagorisme à ce débat. Les questions principales qui se posent à propos de Pétrôn sont: (1) dans quelle mesure sa théorie est-elle dépendante de celle d'Anaximandre (⟶A 165) sur les ἄπειροι κόσμοι? (2) quelle est la place qu'occupe son modèle cosmologique dans l'histoire du pythagorisme? notamment: est-il antérieur ou postérieur à

Philolaos (☛P 143), à Archytas (☛A 322), à Platon (☛P 195)? (3) est-ce que Pétrôn précède Leucippe (☛L 31), Démocrite (☛D 70) et les atomistes (ardents défenseurs de la thèse de la pluralité *infinie* des mondes) ou bien, au contraire, il a été influencé par eux et sa théorie a été conçue en partie comme une réponse (pythagoricienne?) qu'il leur adressait?

A. *Critères externes.*

a) la doricisation d'Himéra. Une première façon de dater serait de donner tout son poids historique à l'information livrée par Plutarque, selon laquelle Pétrôn était dorien. Ainsi, selon **48** L. Pareti, «L'opera e l'età di Hippys di Regio», *RivCultClassMed* 1, 1959, p. 106-112, à la p. 109, du moment où Himéra (colonie de Chalcis) n'est devenue dorienne qu'après 482 av. J.-C. grâce à l'intervention de Théron, le tyran d'Agrigente, Pétrôn devrait être situé «al più presto, a partire della metà del V secolo»; *cf.* aussi Cusumano **49** (cité plus loin), p. 84; Grossi **69** (cité plus loin), p. 630-631, avec la n. 13.

b) l'ancienneté des sources intermédiaires. Chez Plutarque la *doxa* de Pétrôn est rapportée d'après Pha(i)nias d'Erésos (☛P 90), actif à la fin du IVe et au tout début du IIIe siècle av. J.-C. (contemporain de Théophraste [*ca* 375-300]), qui citait à son tour l'historien Hippys de Rhégion (☛H 159) (sur cette double médiation et les pertes et déformations possibles qu'elle peut avoir entraînées, voir Vizzini **13**, p. 339-341; *cf.* Huxley **30**, p. 55 *sq.*). Selon la *Souda* (*s.v.*), Hippys aurait vécu au temps des guerres médiques (γεγονὼς ἐπὶ τῶν Περσικῶν) et écrit un ou plusieurs ouvrages sur la Sicile et l'Italie, dont les Σικελικαὶ πράξεις furent par la suite abrégées par un certain Myès (☛M 201). Mais la fiabilité de ce témoignage lexico-graphique tardif et la datation de Hippys qu'il suggère sont très controversées; pour une récapitulation raisonnée des principaux arguments avancés par les historiens modernes dans ce débat, voir **49** N. Cusumano, «Ordalia e soteria nella Sicilia antica. I Palici», *Mythos* 2, 1990, p. 9-186, aux p. 78-85; *cf.* déjà **50** M. Gigante, «Civiltà letteraria in Magna Grecia», dans G. Pugliese Carratelli (édit.), *Megale Hellas. Storia e civiltà della Magna Grecia*, Milano 1983, p. 585-640, aux p. 596-598 («L'enigma di Ippi») et 630 (n.); et pour la bibliographie plus ancienne, **51** R. van Compernolle, *Étude de chronologie et d'historiographie siciliotes*, Bruxelles/Rome 1959, p. 443 n. 3.

1. *Datation haute.* La datation de Hippys à la 1re moitié ou au plus tard au milieu du Ve siècle, qui ferait de lui le plus ancien historien connu de la Sicile (et des Grecs d'Occident en général), était envisageable selon **52** U. von Wilamowitz-Moellendorff, «Hippys von Rhegion», *Hermes* 19, 1884, p. 442-452, aux p. 443-444 [= *Id.*, *Kleine Schriften III. Griechische Prosa*, Berlin 1969, p. 53-61, aux p. 54-55] (contemporain de Thucydide; «unmöglich» avant Hellanicos); acceptée par Freeman **41**, t. I, p. 454 (*ca* 490 B.C.), **53** G. Vallet, *Rhégion et Zancle: histoire, commerce et civilisation des cités chalcidiennes du détroit de Messine*, coll. *BEFAR*, 189, Paris 1958, p. 312 n. 7, et **54** F. W. Walbank, «The historians of Greek Sicily», *Kokalos* 14-15, 1968-69, p. 476-497, aux p. 477 *sq.*; défendue de manière raisonnée et bien fondée par **55** W. Schmid et O. Stählin, *Geschichte der*

griechischen Literatur, t. I 2, München 1934 [réimpr. 1959], p. 701-703, ainsi que par l'écrasante majorité des historiens de l'Antiquité de l'école italienne : **56** A. Momigliano, « Ippi di Reggio », dans *Enciclopedia italiana*, Appendice I, Roma 1938, col. 736-737 ; **57** S. Calderone, « Ἡ ἀρχαία Ἰταλία », *Messana* 4, 1956, p. 77-124, aux p. 105 n. 1 et 110 n. 2 ; **58** G. De Sanctis, « Hippys », dans *Id.*, *Ricerche sulla storiografia siceliota : appunti da lezioni accademiche*, coll. « Sikelika », 1, Palermo 1958, p. 1-8 ; **59** S. Mazzarino, *Il pensiero storico classico*, Bari, t. I, ²1966, p. 211-212, 237, 592 *sq.* et n. 201 ; t. II 2, ³1973, p. 423 ; **60** V. Merante, « Per la storia di Ierone I di Siracusa », *Kokalos* 17, 1971, p. 146-169, à la p. 158 ; **61** E. Culasso Gastaldi, « Eschilo e l'Occidente », dans L. Burelli, E. Culasso Gastaldi et G. Vanotti (introd. L. Braccesi), *I tragici greci e l'Occidente*, Bologna 1979, p. 17-89, à la p. 64 n. 122 ; Gigante **50**, p. 597 ; **62** *Id.*, « La civiltà letteraria dell'antica Calabria », dans S. Settis (édit.), *Storia della Calabria*, t. I : *La Calabria antica*, Roma/Reggio Calabria 1987, p. 527-564, aux p. 543-545 ; **63** D. Musti, *Strabone e la Magna Grecia*, Padova 1988, p. 29 ; **64** A. Garzya, « Note di storia letteraria e linguistica dell'Italia meridionale dalle origini al VI sec. d. C. », dans *Id.* (édit.), *Contributi alla cultura greca nell'Italia meridionale I*, Napoli 1989, p. 7-132, aux p. 41-43 ; **65** E. Manni, « Ippi di Regio, un 'logografo' da ricostruire », dans M.-M. Mactoux et E. Gény (édit.), *Mélanges P. Lévêque*, t. II : *Anthropologie et société*, coll. « Annales littéraires de l'Université de Besançon » 377 – « Centre de recherches d'histoire ancienne » 82, Paris 1989, p. 331-335 [= dans **66** *Id.*, Σικελικὰ καὶ Ἰταλικά. *Scritti minori di storia antica della Sicilia e dell'Italia meridionale*, t. II, Roma 1990, p. 501-507 ; *cf.* aussi son index, *s.v.* "Ippi", qui renvoie notamment aux p. 581-583 et 692] ; Cusumano **49**, p. 84-85 ; **67** R. Sammartano, « Erodoto, Antioco e le tradizioni sui Cretesi in Occidente », *Kokalos* 38, 1992, p. 191-245, aux p. 222 *sq.* ; **68** *Id.*, *Origines gentium Siciliae : Ellanico, Antioco, Tucidide*, Palermo 1998, p. 82 *sq.* ; **69** G. Grossi, « Sulla cronologia del logografo Ippi di Reggio », *AIV* 152.3, 1994, p. 629-634 (« contemporaneo al regno di Ierone [de Syracuse], in anni posteriori al 470 ») ; **70** G. De Sensi Sestito, « Storiografia reggina e storiografia siceliota a confronto : considerazioni su Ippi ed Antioco », dans Br. Gentili et A. Pinzone (edit.), *Messina e Reggio nell'antichità : storia, società, cultura*. Atti del convegno della S.I.S.A.C. (Messina – Reggio Calabria, 24-26 maggio 1999), coll. « Pelorias » 9, Messina 2002, p. 273-289 (Hippys aurait écrit "subito dopo" Hécatée de Milet et Acousilaos d'Argos (⮀A 12), et serait un contemporain de Phérécyde d'Athènes, d'une génération antérieur à Hellanicos de Lesbos et à Antiochos de Syracuse, p. 274 ; il aurait peut-être appartenu lui-même au pythagorisme, p. 276 et 278-279) ; *cf.* **71** M. Giangiulio, « Per la tradizione antica di Ippi di Reggio (*FGrHist* 554) », *ASNP*, ser. III, 22, 2, 1992, p. 303-364 ; **72** *Id.*, « Ippi di Reggio, la *Suda* e l'erudizione pinacografica antica (*FGrHist* 554 T 1 = *Suda*, i 591 Adler) », dans S. Alessandrì (édit.), Ἱστορίη. *Studi offerti dagli allievi a Giuseppe Nenci in occasione del suo settantesimo compleanno*, [Galatina (Lecce)] 1994, p. 225-243, à la p. 242 (*cf.* aussi p. 233) ; **73** R. Marandino, *Tempi e spazi letterari della Calabria* *antica*, t. I: *L'età greca*, Cosenza 1997, p. 109-113. À l'un des principaux arguments des défenseurs de la datation basse, à savoir l'usage, dans l'un des fragments attribués à Hippys, de la datation par olympiades, considérée généralement comme plus tardive, les adeptes de la datation haute répondent soit en considérant cet usage comme une interpolation (ainsi p. ex. Schmid et Stählin **55** ; Momigliano **56** ; De Sanctis **58** ; Vallet **53** ; Manni **66** [dans quatre articles datant entre 1957 et 1983]) soit en acceptant que l'introduction de la datation par olympiades peut effectivement remonter aussi haut que le Ve siècle av. J.-C. (Schmid et Stählin **55** ; Moretti ; Mazzarino **59** ; Manni **65** [article de 1989]).

La datation haute pourrait être maintenue également si l'on acceptait la conjecture de Wilamowitz **52**, p. 444-445 [= p. 55-56], qui considérait envisageable une confusion entre "Hippys" et "Hippasos" (➤H 144), créée par l'hypocoristique, qui permettrait de reconnaître le second, qui est un pythagoricien bien connu du Ve siècle av. J.-C., derrière le nom du premier (dont la graphie est très variablement transmise dans les mss). Mais (*pace* Burnet **25**, p. 124 n. 2 et Mondolfo **46**, p. 182, n. 0) rien ne nous oblige à accepter cette correction, surtout compte tenu du fait que (a) Hippys est clairement désigné comme originaire de Rhégion, tandis que Hippasos est dit Métapontin, Crotoniate ou Sybarite mais jamais Ῥηγῖνος ; et que (b) Hippasos n'avait rien écrit (Demétrios de Magnésie, *Homonymes*, fr. 25 Mejer, *ap.* Diog. L. VIII 84 ; *cf.* Cornford **26**, p. 14 et n. 1) ; voir aussi la réaction négative de Jacoby **81** (cité plus loin) à cette conjecture dans *FGrHist* III.b. *Noten*, p. 286-287 (n. 7), ainsi que Rescigno **2**, p. 353 (n. 201).

Quant à la datation de Myès, l'épitomateur de l'ouvrage de Hippys mentionné par la *Souda*, De Sanctis **58**, p. 1-2, et Cusumano **49**, p. 78-80, ont fait remarquer qu'elle aussi semble devoir être assez haute : antérieure à 400 av. J.-C., ce qui permettrait de dater Hippys au Ve siècle, et Pétron encore plus haut, au début du Ve siècle. Le raisonnement des deux historiens est le suivant : si le Myès de la *Souda* est identique au pythagoricien qui figure dans le catalogue de Jamblique, et donc originaire de Poseidônia, et s'il est Grec et non pas Lucanien, alors il doit avoir vécu avant la chute de Poseidônia dans les mains des Lucaniens, qui eut lieu vers 400 ou 390 av. J.-C.

La datation haute (acceptée aussi implicitement par Asheri **40**) donne un *terminus ante quem* situant Pétrôn au plus tard au début ou à la première moitié du Ve siècle av. J.-C., sinon à la fin du VIe.

Une datation un peu plus tardive de Hippys, à la fin du Ve ou au début du IVe s., a été proposée par **74** E. Ciaceri *Storia della Magna Grecia*, t. II : *La grande civiltà del Mezzogiorno d'Italia : sviluppo, potenza ed azione politica degli stati italioti, dal sec. VII alla metà del sec. IV*, Milano/Genova/Roma/Napoli/Città di Castello ²1940 [¹1927-28] [réimpr. Napoli 1976], p. 470-473.

2. *Datation basse*. **75** F. Jacoby, en revanche (art. « Hippys », *RE* VIII 2, 1913, col. 1927-1930, notamment 1928 et 1930 *in fine* = **76** *Id.*, *Griechische Historiker*, Stuttgart 1956, p. 256-257), pensait que Hippys serait postérieur à l'historien Timée de Tauroménium et le datait "frühestens" au début du IIIe s. av. J.-C., en raison (a) des attestations tardives du titre Χρονικά que transmet la *Souda* pour l'un de ses ouvrages et (b) de la triple datation par l'archonte d'Athènes, le roi syracusain et l'olympiade qu'on retrouve dans l'un des fragments qui lui sont

attribués, alors qu'il semblerait que la dernière de ces trois façons de dater n'était pas encore pratiquée au Ve siècle. Pour une datation analogue, voir aussi **77** B. Pace, *Arte e civiltà della Sicilia antica*, t. III : *Cultura e vita religiosa*, Genova 1945, p. 141 n. 3 ; **78** G. Manganaro, « Una biblioteca storica nel ginnasio di Tauromenio e il *P. Oxy* 1241 », *PP* 29, 1974, p. 389-409 ; **79** O. Lendle, *Einführung in die griechische Geschichtsschreibung : von Hekataios bis Zosimos*, Darmstadt 1992, p. 210 (« um 300 ? »). Pour d'autres arguments en faveur de la datation tardive, voir **80** L. Pearson, *The Greek historians of the West. Timaeus and his predecessors*, Atlanta [Georgia] 1987, p. 8-10, ainsi que van Compernolle **51**, p. 441-450.

Jacoby **75** envisageait la possibilité qu'à la place de 'Hippys' il faudrait peut-être lire 'Hipparchidès' de Rhégion (☛H 139), un pythagoricien dont le nom figure dans le catalogue de Jamblique (*V. pyth.* 36, 267, p. 145, 19 Deubner), mais était plutôt enclin à penser que Hippys serait « ein pythagoreischer Schwindelautor », ou un « Ps.-Historiker ». Dans **81** *Id.*, *FGrHist* III.b. *Kommentar*, p. 482-486, aux p. 482 *sq.* + 485 et III.b. *Noten*, p. 285-287, notamment n. 7, il a développé et explicité davantage sa réflexion critique, (a) en acceptant une datation plus haute par rapport à celle de son article de la *RE* (« also ist der Ansatz 'um 250' zu spät ; ob wir bis ins 4. Jhdt hinaufgehen müssen (wofür manches spricht) hängt von dem Urteil über F2 und F6 ab » [p. 483]) ; (b) en focalisant son attention sur le personnage de Myès ; et (c) en soulignant que ce qui rend ce dernier suspect, c'est que les citations de son ouvrage ou de celui de la source qu'il est censé abréger, Hippys, « fehlen wo man sie unbedingt erwarten würde – bei Dionys und Strabon » (p. 482). Selon l'hypothèse de Jacoby, les Σικελικαὶ πράξεις de Hippys ne seraient pas autre chose qu'une falsification, une fiction littéraire qu'aurait inventée l'épitomateur Μύης (mentionné par la *Souda*) afin de pourvoir son ouvrage d'une garantie d'ancienneté et de crédibilité (**82** Br. Centrone, art. « Hippys de Rhégium », H 159, *DPhA* III, 2000, p. 801-802 ; *cf.* **83** K. von Fritz, *Die griechische Geschichtsschreibung*, t. I : *Von den Anfänge bis Thukydides*, *Anmerkungen*, Berlin 1967, p. 238-239 [n. 136] : « eine hellenistische Fälschung auf einen alten Namen »). Cela ne serait point étonnant, puisque « solche Mystifikationen schon in der zweite Hälfte des 4. Jhdts möglich sind » (p. 482) : il suffirait de penser à Amelesagoras et à Bion, les quasi contemporains de Myès. D'autre part, ce Myès (porteur d'un nom suffisamment rare pour qu'un cas d'homonymie soit exclu, comme le remarquait déjà Wilamowitz **52**, p. 445 [= p. 56]) serait identique au pythagoricien de Poseidônia dont le nom figure aussi dans le catalogue de Jamblique (*V. pyth.* 36, 267, p. 145, 10 Deubner ; *cf.* **84** Br. Centrone, art. « Myès de Paestum », M 201, *DPhA* IV, 2005, p. 573) – s'il n'avait pas fait partie, ajoute Jacoby, d'un cercle plus tardif de "Jungpythagoreer", où il serait nommé *d'après* l'ancien Myès…

Si maintenant on accepte que derrière le Ps.-Hippys se cache en réalité soit Hipparchidès soit Myès, tous les deux datables vraisemblablement au IVe siècle comme la plupart des pythagoriciens répertoriés par Aristoxène de Tarente, à qui

remonte le catalogue de Jamblique, et donc finalement de peu antérieurs à
Pha(i)nias (*cf.* aussi Pareti **48**, p. 109, qui datait Hippys au IVe siècle sans pour
autant nier son existence historique réelle), cela permettrait de situer Pétrôn (ou à
tout le moins la théorie attribuée à lui par les pythagoriciens dont Hipparchidès ou
Myès se sont fait les porte-paroles) assez tard : à la fin du Ve voire au IVe siècle, à
l'époque de Démocrite ou peu après – c'est-à-dire *après* les théories atomistes sur
la pluralité des mondes ; *cf.* Jacoby **81**, p. 482 : «eine Lehre, die (wenn nicht ganz
erfunden) zweifellos nicht älter als Demokrit und das 4. Jhdt ist».

Pour un examen détaillé des différentes propositions de *correction* du nom de Hippys (non
seulement en Hippasos [Wilamowitz] ou en Hipparchidès [Jacoby], mais aussi en Hippôn ou
Hippostratos), voir la longue n. 17 de Vizzini **13**, aux p. 324-325, qui pense à juste titre
qu'aucune de ces conjectures ne paraît acceptable.

85 W. Burkert, *Lore and science*, p. 114, avec la n. 35, allait sans doute trop
loin dans l'hypercriticisme lorsqu'il envisageait que la figure de Pétrôn et sa
théorie seraient «perhaps an invention» (il était moins sceptique dans Burkert **101**
[cité plus loin], p. 185-186 = *Id.* **102** [cité plus loin], p. 98-99), mais cela reste tout
de même possible si l'on accepte l'hypothèse de la mystification pythagoricienne
de Myès ; *cf.* aussi Kerschensteiner **28**, p. 211. Burkert est suivi par **86** L. Zhmud,
Wissenschaft, Philosophie und Religion im früher Pythagoreismus, Berlin 1997,
p. 69 avec la n. 14 = **87** *Id.*, *Pythagoras and early Pythagoreans*, Oxford 2011 [à
paraître], p. 91 avec la n. 54 [pagination provisoire]. *Contra* : Huxley **30**, p. 55 :
«we need not doubt that Phanias reported a *genuine* piece of western Greek (or
possibly Sikel) philosophical doctrine».

B. *Critère interne : la doctrine.* Une autre méthode employée pour dater Pétrôn
est celle qui consiste à examiner chacun des points de la doctrine qui lui est
attribuée – même s'il s'agit effectivement, comme le remarquait Guthrie **29**, d'une
«highly individual theory» – en cherchant à isoler des *éléments datables* (une
entreprise qui n'est pas sans difficultés, comme le fait remarquer Vizzini **13**, p. 333
sq., notamment en raison des problèmes de chronologie propres à l'histoire du
pythagorisme ancien). De ce point de vue, les principaux arguments qui ont été
avancés sont les suivants :

1. Pour une datation ancienne, à la fin du VIe ou à la 1re moitié du Ve siècle (une
datation proche de Pythagore, et dans tous les cas – selon une conception évolu-
tionniste de l'histoire de la philosophie qui y est impliquée – antérieure à Philolaos) : (a) la 'naïveté' et l'archaïsme de la doctrine, qui, selon Diels **24**, p. 62,
cadrent bien avec les «kindliche Vorstellungen» du pythagorisme au tournant du
VIe au Ve siècle ; voir aussi Rey **45**, p. 225 («très archaïque») ; Capelle **27**, p. 102-
103 («eine Spekulation, die nicht nur verblüffend kindlich, sondern zugleich
unglaubich verwegen») ; (b) sa pertinence limitée d'un point de vue astronomique :
Huxley **30**, p. 56 ; surtout, (c) la proximité avec Anaximandre, dont la cosmologie
(i) supposait également une pluralité de mondes (vraisemblablement plutôt innombrables et co-existants qu'infinis dans le sens de 'successifs' ; voir Conche **31**,
p. 100-126 ; **88** R. McKirahan, «Anaximander's infinite worlds», dans A. Preus

[édit.], *Essays in ancient Greek philosophy*, t. VI: *Before Plato*, Albany [NY] 2001, p. 49-65; *cf.* aussi tout récemment **89** J. Mansfeld, « Anaximander's fragment: another attempt », *Phronesis* 56, 2011, p. 1-32, aux p. 2, 4-7, 20-21, 25 et 26, qui précise que chez Aristote et Théophraste [repris par Simplicius] il était simplement question de « *multiple* world-systems » [οὐρανοί] [p. 7], et que c'est la tradition doxographique qui, par la suite, a assimilé ces derniers aux « 'infinitely many' *kosmoi* of the Atomists » [p. 26]; pour une interprétation différente, voir **90** A. Finkelberg, « Plural worlds in Anaximander », *AJA* 115, 1994, p. 485-506), séparés d'un intervalle égal / équidistants (et non pas distribués au hasard dans l'univers comme chez les atomistes: Conche **31**, p. 123-124), et (ii) était caractérisée par la géométrisation de l'espace (étrangère à l'atomisme: *ibid.*) et une certaine prédilection pour la perfection numérique et la mystique des nombres (*cf.* West **17**, p. 107). Burnet **25**, p. 60-61 (*cf.* aussi p. 109), reconnaissait en Pétrôn « one of the earliest Pythagoreans »; selon lui, l'exemple de Pétrôn attesterait que les théories sur la pluralité des mondes « existed long before the atomists' attempt to introduce some order into Anaximander's universe ». De manière un peu excessive et injustifiable, **91** A. Rivaud, *Le problème du devenir et la notion de la matière dans la philosophie grecque depuis les origines jusqu'à Théophraste*, Paris 1906, p. 99-100 (*cf.* 271) et Mondolfo **46**, p. 73 faisaient de Pétrôn un contemporain ou presque d'Anaximandre, ayant vécu « vers le début du VIᵉ siècle », tandis que selon la formulation plus modérée de Timpanaro Cardini **6**, p. 70 Pétrôn « rappresenta una fase molto antica, anteriore al Pitagorismo della dossografia, quando ancora una cosmologia pitagorica non era stata teorizzata e gl'influssi ionici erano ancora molto sensibili ». Sur la même ligne interprétative, voir déjà Diels **5**, qui rangeait Pétrôn parmi les « ältere Pythagoreer », en le situant dans le DK avant Xénophane et Héraclite, et avant Philolaos; Robin **44**, p. 63; Schmid et Stählin **55**, p. 701; Capelle **27**, p. 102 n. 4; Vollgraff **103** [cité plus loin], p. 91-93; Wehrli **7**, p. 31; Conche **31**, p. 123-125; Vizzini **13**, p. 334-335, avec la n. 64.

2. Pour une datation contemporaine de Philolaos ou légèrement postérieure (fin Vᵉ – début IVᵉ siècle): (a) expressions et thèmes en commun (même s'il est vrai qu'ils apparaissent dans la version plus élaborée de la théorie de Pétrôn exposée par Cléombrotos et peuvent donc ne pas avoir fait partie de la théorie originelle, étant simplement le fruit des lectures pythagoriciennes / philolaïques de Plutarque): ὥσπερ ἐν χορείᾳ: *cf.* DK 44 A 16 (autour du feu central de Philolaos δέκα σώματα θεῖα χορεύειν), avec Vizzini **13**, p. 335-336; West **17**, p. 110 (qui signale aussi, n. 17, que l'idée poétique selon laquelle la révolution des astres est une dance apparaît à partir du Vᵉ siècle; *cf.* **92** J. Miller, *Measures of wisdom. The cosmic dance in classical and Christian Antiquity*, Toronto 1986) — κοινὴ ἑστία ... πάντων: *cf.* DK 44 A 16 et 17 (le πῦρ de Philolaos, situé ἐν μέσῳ περὶ τὸ κέντρον, est appelé ἑστία τοῦ παντός ou considéré comme ἑστίας τάξιν ἐπέχον), avec Cornford **26**, p. 15 n. 1; Timpanaro Cardini **6**, p. 70; Vizzini **13**, p. 336 et n. 74; West **17**, p. 110 et les textes cités n. 18; pour plus de parallèles, voir Rescigno **2**, p. 350-351 (n. 195) – οἶον ἀπορροὴν ἐπὶ τοὺς κόσμους φέρεσθαι

τὸν χρόνον: *cf.* DK 58 B 30 [= Aristote, *Sur la philosophie de Pythagore*, livre I, fr. 201 Rose, *ap.* Stobée, I 18,1c], avec Rescigno **2**, p. 351 (n. 196): dans l'unique *ouranos* de cette cosmologie pythagoricienne le temps est introduit (ἐπεισ-άγεσθαι) depuis l'infini en même temps que le souffle et le vide (*cf.* **93** G. Casertano, « Il numero-corpo, l'anima pulviscolo ed il respiro del tempo », *BSFI* 130, 1987, p. 53-62); (b) emploi du vocabulaire technique de la géométrie qui commence à s'établir à cette époque (p. ex. ἅπτεσθαι, ἐφεξῆς, πλευρά, στοι-χεῖον): voir Vizzini **13**, p. 336, avec **94** Ch. Mugler, *Dictionnaire historique de la terminologie géométrique des Grecs*, Paris 1958, *s.v.* Voir aussi Kranz **47**, p. 33-34: « solcher Gedanke [*scil.* de Philolaos] war ins Kindlich-Grandiose erweitert worden »; Pétrôn « es unternommen hatte, sogar ein Bild aller möglichen Kosmoi zu entwerfen ».

3. Pour une datation au IVᵉ siècle: (a) au temps d'Archytas: les spéculations ingénieuses (mais trop compliquées et privées d'assise solide sur les textes conser-vés) avancées par West **17**, p. 109-110, au sujet des trois rangées de 60 mondes dont est composé le modèle cosmique de Pétrôn impliquent « a mathematical analysis of musical scales more sophisticated than that found in Philolaus, and comparable rather to that of Archytas, though not identical with it »; par consé-quent, « [e]verything we know of Petron's cosmology suits a dating sometime in the fourth century » (p. 110); (b) au temps de Platon et peu après: Cornford **26** rangerait Pétrôn parmi les contemporains de Platon qui non seulement auraient connu les doctrines pluralistes des atomistes, mais aussi auraient lu le *Phèdre*, et A. Sheppard (*apud* West **17**, p. 110 n. additionnelle #) serait d'avis que « one cannot rule out the possibility of direct Platonic influence on Petron »; (c) « in den Vorstellungskreis der alten Akademie »: Kerschensteiner **28**, p. 211, qui précise que, à une époque où « die Scheidung von echt Pythagoreischem und jüngerem pythagorisierenden Schrifttum nicht mehr möglich war », Pha(i)nias aurait eu recours à des *Pseudopythagorica* de manière non critique et indifférenciée. On doit pourtant remarquer que, comme ils ne prennent pas soin de distinguer la version minimale (et probablement originelle) de la théorie pétronienne telle qu'elle est exposée par Lamprias de sa réélaboration platonisante offerte par Cléombrotos, les trois derniers savants se trouvent indûment influencés dans leur datation de la première par l'imagerie de la seconde.

95 R. Schwindt, *Das Weltbild des Epheserbriefes: eine religionsgeschichtlich-exegetische Studie*, coll. « Wissenschaftliche Untersuchungen zum Neuen Testament » 148, Tübingen 2002, p. 245 n. 644, ne tenant pas compte du fait que la source de Plutarque est Pha(i)nias, considère injustement le modèle attribué à Pétrôn comme un « Weltenmodell » *néo*pythagoricien (même si la version retouchée, fortement platonisée, qu'en donne Cléombrotos peut effectivement être caractérisée de néopythagorisante).

Hypothèses sur la théorie de Pétrôn. *Cf.* **96** C. Macris, « The mysterious Petron of Himera and his mathematically constructed multiverse », communication présentée à la *Second Biennial Conference on the Presocratics* de l'International Association for Presocratic Studies (IAPS), organisée par Simon Trépanier dans le cadre de la *Celtic Conference in Classics*, Edinburgh, 28-31 July 2010 (à paraître).

Dans le passage de Plutarque Cléombrotos se plaint que le "sage de la Mer Rouge" n'apportait aucune démonstration (ἀπόδειξις), aucune preuve (πίστις) à l'appui de son récit (*cf.* Capelle **27**, p. 102-103 : «eine Spekulation, die … sozusagen ganz abstrakt mathematisch ist, da sie keinerlei empirische Grundlagen hat»), tandis que Lamprias regrette que l'historien Hippys, notre source ultime pour la théorie pétronienne, ne donnait aucune clarification supplémentaire (προσδιασαφῶν) et ne proposait aucune explication plausible (πιθανότητα) à propos de l'expression κατὰ στοιχεῖον employée par Pétrôn (ni, sans doute, à propos de la théorie de ce dernier dans son ensemble). Devant ce 'grand noir', «die Vermutungen sind zahlreich, gesicherte Beweisführung ist nicht möglich» (Dörrie **12**, p. 102).

Ce qui est sûr, c'est que, selon Pétrôn : (1) il existe non pas un seul, mais une pluralité de mondes – ce que la physique moderne appellerait un 'multi-vers' (par opposition à 'uni-vers') ; (2) ces mondes ne sont pas en nombre infini (comme ceux des atomistes et des épicuriens par exemple), mais constituent une pluralité finie : le 'multivers' de Pétrôn est composé très exactement de 183 κόσμοι – un nombre qui semble lui avoir été propre, car on ne le rencontre nulle part ailleurs ; (3) ils sont contigus κατὰ στοιχεῖον. (4) Du témoignage tardif de Proclus (*cf. supra*, sous 'Réception') on pourrait retenir la suggestion de leur sphéricité (*cf.* Dörrie **12**, p. 101 ; Rescigno **20**, p. 169-170 ; Vizzini **13**, p. 342-343, avec la n. 97) : vraisemblablement on serait donc en présence de "sphères alignées" (Vollgraff **103** [cité plus loin], p. 91). Si l'on accepte aussi comme authentiques les détails non spécifiquement platonisants figurant dans la version de Cléombrotos, on pourrait ajouter que : (5) ces sphères cosmiques sont ordonnées dans l'espace en forme de triangle (κατὰ σχῆμα τριγωνοειδές) et (6) tournent aisément, doucement (ἀτρέμα ; *cf.* Vizzini **13**, p. 337 n. 76), (7) autour d'un foyer commun ; (8) pendant leurs révolutions, les mondes voisins (ἐφεξῆς) «se touch[e]nt mutuellement comme se tiennent par la main les danseurs d'une ronde» (Vollgraff **103**, *ibid.*), tandis que (9) le temps les pénètre tous de l'extérieur.

On aurait aimé être en mesure de proposer une représentation en trois dimensions de ce 'multivers' si singulier, afin d'y voir plus clairement comment il réalisait ses révolutions ; savoir si les mondes qui en font partie sont éternels, ou s'ils ont eu un commencement dans le temps ; s'ils sont tous identiques ; s'ils dansent en ronde tous ensemble, ou si chacun d'eux tourne simplement autour de lui-même, ou enfin si l'on a une combinaison des deux mouvements ; s'ils comportent chacun une terre, une lune, un soleil, des planètes et des astres, comme notre monde à nous, ou s'ils sont censés être complètement différents du nôtre… On voudrait surtout savoir de quel contexte, et dans quel but, a surgi la spéculation cosmologique de ce mystérieux Pétrôn, et quelle est la signification des nombres et des figures qui y apparaissent.

Les considérations qui suivent pourraient aider à mieux saisir certains éléments et aspects du 'multivers' pétronien :

– le fait que les mondes qui le composent ne sont pas ἄπειροι mais en nombre fini (πεπερασμένοι) est en parfaite consonance avec la préoccupation typiquement pythagoricienne consistant à imposer une limite *(peras)* à l'illimité *(apeiron)* ou, en termes philolaïques, à harmoniser les περαίνοντα et les ἄπειρα.

– le nombre 183 correspond, par approximation, à la moitié des 365 jours d'une année solaire ; *cf.* Dörrie **12**, p. 101 ; Schwindt **95**, p. 233. – Huxley **30**, p. 56 a fait remarquer que ce même nombre appartient par ailleurs à un type spécial de nombres triangulaires, de la série 1, 3, 6, 9, 12, 15, …, qui sont bien différents des nombres triangulaires pythagoriciens habituels, de la série 1, 3, 6, 10, 15, 21, …

Huxley **30**, p. 55-56, souligne les difficultés qu'aurait le système de Pétrôn avec son nombre impair de mondes, « for a continuous series of mutually driving, contra-rotating spheres must be of an even number if one adjacent pair is not to rotate in the same sense and so create friction at the point of contact », et se demande donc si l'on ne devrait pas songer plutôt à (59 X 3) + 3 = 180 κόσμοι au lieu de 183, mais il ne semble pas que ce 'multivers' ait été conçu selon des standards de la mécanique. – Pour des considérations d'un tout autre genre : arithmologiques et isopséphiques / gématriques, voir **97** R. Eisler, *Weltenmantel und Himmelszelt*, München 1910, p. 461 n. 6 et 618 n. 2 (*cf.* aussi l'index, *s.v.*).

N.B. La notice de Nestle **33** est défectueuse (p. ex. univers composé de 1̲6̲3 mondes au lieu de 183…) ; de même dans Burkert **101** (cité plus loin), p. 185 on lit 1̲5̲3 au lieu de 183 mondes (chiffre corrigé tacitement dans les *Kleine Schriften* [= Burkert **102**]).

– la « forme arithmo-géométrique » de ce 'multivers' « évoqu[e] certainement des spéculations [pythagoriciennes] sur les nombres joints aux figures » ; *cf.* Rey **45**, p. 225.

– le choix de la forme triangulaire pour l'organisation de l'univers (ici du 'multivers') semble assez évident non seulement en mathématiques platoniciennes, où « the triangle occupies the primary position among the plane figures » et « the equilateral variety is the perfect type of triangle » (West **17**, p. 107, avec les nombreux textes signalés à la n. 6 ; y ajouter Calcidius d'après Rescigno **2**, p. 349-350 [n. 193]), mais aussi dans les cercles pythagoriciens, où la figure représentant la "tétractys de la décade", « source de la nature éternelle » selon leur serment (= les nombres 1+2+3+4 = 10), était un triangle équilatéral de côté 4 qui contenait ainsi les harmonies musicales de base (2 :1 octave – 3 :2 quinte – 3 :4 quarte), selon lesquelles résonnait l'harmonie des sphères (voir plus en détail West **17**, p. 107-108).

Même Épicure prend en compte l'idée d'un univers triangulaire lorsqu'il évoque à titre doxographique différents types de κόσμοι envisagés par ses prédécesseurs – dont, vraisemblablement, les pythagoriciens (*Lettre à Pythoclès*, *ap.* Diogène Laërce X 88 = DK 67 A 24). – Sur les significations et associations multiples que pouvait avoir dans l'Antiquité la lettre delta que forme le triangle équilatéral, voir **98** Fr. Dornseiff, *Das Alphabet in Mystik und Magie*, coll. « ΣΤΟΙΧΕΙΑ », 7, Leipzig/Berlin ²1925 [1922], p. 21-22.

– la disposition des mondes en trois séries linéaires composées d'unités contiguës qui dessinent les côtés d'une figure plus large, en l'occurrence le triangle, rappelle les diagrammes mathématiques pythagoriciens (p. ex. ceux d'Eurytos [☞E 150]) à l'aide desquels les nombres et les figures géométriques, mais aussi des entités matérielles comme un homme ou un cheval, étaient représentés par des arrangements de cailloux (ψῆφοι) ; *cf.* West **17**, p. 108, avec la n. 13.

– avec 60 mondes sur chaque côté plus 3 mondes angulaires comptés séparément et dotés d'un statut spécial (*cf.* Huxley **30**, p. 55), le grand triangle du 'multivers' pétronien a finalement des côtés longs de 62 κόσμοι (West **17**, *ibid.*). Cela dit, le nombre significatif semble rester 60 = 3 x 4 x 5, où 3, 4 et 5 constituent le plus petit triplet mathématique pythagoricien ; *cf.* **99** J. Schönbeck, *Euklid : um 300 v. Chr.*, coll. « Vita mathematica », 12, Basel/Boston/Berlin 2003, p. 30. « Y a-t-il là un souvenir du système chaldéen de numération et du triangle équilatéral donné dans la figuration si courante de l'hexagone inscrit ? » (Rey **45**, p. 225). West en tout cas le pense aussi, en rappelant que « Babylonian mathematics and astronomy were based on sexagesimal reckoning ». Pour d'autres considérations sur la signification du nombre 60, inspirées de la théorie musicale antique, voir encore West **17**, p. 108-109. Diels **24** mettait en rapport les 60 mondes occupant chaque côté avec les angles de 60° du triangle équilatéral, mais West **17**, p. 109, rappelle que « the measurement of angles by degrees does not appear in Greece before Hypsicles (second century BC) ».

– *Un indice précieux sur le sens originel du terme 'stoicheion'.* L'expression κατὰ στοιχεῖον a particulièrement retenu l'attention de Plutarque, ainsi que celle de la recherche moderne, étant donné qu'apparemment Pétrôn ne précisait pas dans quel sens il entendait la contiguïté des sphères cosmiques. Pour essayer de saisir quel sens avait le terme στοιχεῖον chez lui il faudrait examiner les emplois archaïques, pré- et non- "élémentaristes" du mot, mais son histoire sémantique montre que, dès la plus haute Antiquité, son sens n'était pas univoque.

Pour l'histoire du terme στοιχεῖον, voir déjà Diels **24**, *passim* (pour Pétrôn, voir p. 64 *sq.*, notamment p. 68) ; **100** O. Lagercrantz, *Elementum. Eine lexikologische Studie*, I, coll. « Skrifter utg. af Kungl. Hum. Vet. Samf. i Uppsala », 11.1, Uppsala 1911, p. 1-109 ; reprise du dossier avec discussion complète de la bibliographie antérieure dans **101** W. Burkert, « ΣΤΟΙΧΕΙΟΝ : Eine semasiologische Studie », *Philologus* 103, 1959, p. 167-197 = **102** *Id.*, *Kleine Schriften*, t. VIII : *Philosophica*, édit. Th. A. Szlezák et K.-H. Stanzel, Göttingen 2008, p. 80-110. **103** W. Vollgraff, « *Elementum* » [en fr.], *Mnemosyne* 4ᵉ série, 2, 1949, p. 89-115 souligne que par στοιχεῖα on a désigné primordialement les pièces dont se compose une rangée (στοῖχος), p. ex. de soldats, de choreutes, d'animaux, de bateaux, de pierres, de piliers, de dents, dont chaque élément équivaudrait à un στοιχεῖον ; on pourrait penser aussi à un collier ou chapelet dont les grains auraient été appelés στοιχεῖα. De ce sens on serait passé plus tard à celui, plus générique, qui voit dans les στοιχεῖα les pièces d'un tout, les éléments irréductibles d'un composé, les parties constituantes d'un corps.

Selon Vollgraff **103**, p. 92-93, l'expression κατὰ στοιχεῖον, *pace* Diels **24**, p. 64, et Lagercrantz **100**, p. 91 *sq.*, remonterait à Pétrôn lui-même et serait une citation *verbatim* de son texte et non pas une reformulation par Pha(i)nias selon la terminologie péripatéticienne ; elle indiquerait plutôt l'ordre, la distribution ; l'auteur aurait voulu simplement dire que les κόσμοι s'enchaînent à la façon de grains enfilés *(granatim)* ; *cf.* Vollgraff **103**, p. 91-92. Nestle **33**, quant à lui, posait implicitement l'équivalence στοιχεῖον = σημεῖον et comprenait (comme Proclus dans le témoignage signalé *supra*, sous 'Réception') que les mondes de Pétrôn, supposés sphériques, « einander "in einem Punkt" berühren sollten » – et effectivement en géométrie deux sphères n'ont qu'un seul point de contact. Pour un relevé plus complet des traductions proposées pour κατὰ στοιχεῖον, voir Rescigno **20**, p. 175 n. 13 ; *Id.* **2**, p. 354-355 (n. 203) ; Vizzini **13**, p. 336-339, avec la n. 78. Dans tous les cas la traduction de κατὰ στοιχεῖον par « Nummer für Nummer, in Nummernfolge » proposée par Lagercrantz **100**, p. 92, n'est pas convaincante (*cf.* Burkert **85**, p. 98 n. 61).

– *Un chaînon négligé de l'histoire des théories sur la pluralité des mondes.* L'on regrettera et s'étonnera du fait que Pétrôn est injustement absent des doxographies antiques *Περὶ κόσμου* (dont on trouvera un dossier complet dans **104** J. Mansfeld et D. Runia, *Aëtiana : the method and intellectual context of a doxographer*, t. II : *The compendium*, coll. "Philosophia antiqua" 114, Leiden 2009, Pt. 2, p. 306-322) et systématiquement ignoré des ouvrages de synthèse exposant les spéculations cosmologiques anciennes, modernes et contemporaines sur la pluralité des mondes.

C'est par exemple le cas de **105** A. O. Lovejoy, *The great chain of being,* Cambridge (Mass.) 1936 ; **106** Ch. Mugler, *Deux thèmes de la cosmologie grecque : devenir cyclique et pluralité des mondes,* Paris 1953 ; **107** St. J. Dick, *Plurality of worlds : the origins of the extraterrestrial life debate from Democritus to Kant,* Cambridge 1982 (trad. fr. M. Rolland, *La pluralité des mondes,* Arles 1989) ; **108** M. J. Crowe, *Theories of the world from Antiquity to the Copernican revolution,* Mineola (New York) ²2001 [¹1990] ; **109** A. Barrau *et al., Multivers : mondes possibles de l'astrophysique, de la philosophie et de l'imaginaire,* Paris 2010. Et pour les ouvrages de cosmologie antique, **110** D. Furley, *The Greek cosmologists,* t. I : *The formation of the atomic theory and its earliest critics,* Cambridge 1987 ; **111** *Id., Cosmic problems. Essays on Greek and Roman philosophy of nature,* Cambridge 1989 ; **112** M. R. Wright, *Cosmology in Antiquity,* London/New York 1995. – Seule et unique exception : **113** J.-Cl. Pecker, *Understanding the heavens : thirty centuries of astronomical ideas from ancient thinking to modern cosmology,* Berlin/New York 2001, p. 47-48 et 51 (qui toutefois, sans le signaler, se limite simplement à développer l'interprétation totalement spéculative et quelque peu gratuite proposée par Mattéi **32**).

– *Une version extrême du pluralisme pythagoricien, appliquée à la cosmologie ?* Pétrôn semble être un témoin privilégié et très particulier du pluralisme pythagoricien – qui a été beaucoup discuté jusqu'aux années '70 du XXᵉ siècle, notamment dans des études postulant une opposition entre école pythagoricienne et école éléatique, puis passé aux oubliettes –, mais curieusement on n'a jamais examiné sa théorie dans cette perspective.

Pour la discussion sur le pluralisme pythagoricien, auquel serait opposé le monisme éléatique de Parménide, puis de Zénon, voir **114** P. Tannery, *Pour l'histoire de la science hellène : de Thalès à Empédocle,* édité par A. Diès, Paris ²1930 [1887], p. 258 *sq.* ; **115** F. M. Cornford, « Mysticism and science in the Pythagorean tradition », *CQ* 16, 1922, p. 137-151, et 17, 1923, p. 1-12, aux p. 7-12 [repris dans **116** A. P. D. Mourelatos (édit.), *The Presocratics : a collection of critical essays,* New York ²1993 [¹1974], p. 135-160, aux p. 156-160], qui parlait d'atomisme pythagoricien (thèse légèrement modifiée dans **117** *Id., Plato and Parmenides : Parmenides' way of truth and Plato's 'Parmenides',* London 1939 [nombreuses réimpr.], p. 56-62, notamment p. 58 *sq.*) ; **118** J. E. Raven, *Pythagoreans and Eleatics : an account of the interaction between the two opposed schools during the fifth and early fourth centuries B.C.,* Cambridge 1948 [réimpr. Amsterdam 1966 ; Chicago 1981], p. 3-5, 55-56, 68, 70-77 ; **119** M. C. Stokes, *One and many in*

Presocratic philosophy, Cambridge (Mass.) 1971, p. 244-248 (avec les n., aux p. 338-340) ; **120** M. C. Nussbaum, « Eleatic conventionalism and Philolaus on the conditions of thought », *HSPh* 83, 1979, p. 63-108 ; **121** M. Caveing, *Zénon d'Élée. Prolégomènes aux doctrines du continu*, Paris 1982, p. 159-180, notamment p. 163 *sq.* ; **122** L. Couloubaritsis, *La pensée de Parménide* (= 3ᵉ éd. modifiée et augmentée de *Id.*, *Mythe et philosophie chez Parménide*, [1]1986), Bruxelles 2009, p. 413-414 et 428-438 ; **123** A. Petit, « La tradition critique dans le pythagorisme ancien : une contribution au "miracle grec" », dans A. Thivel (édit.), *Le miracle grec*. Actes du IIᵉ colloque sur la pensée antique organisé par le CRHI (Centre de recherche sur l'histoire des idées) les 18, 19 et 20 mai 1989 à la Faculté des Lettres de Nice, coll. « Publications de la Faculté des lettres, arts et sciences humaines de Nice » 6, Paris 1992, p. 101-115, , aux p. 105, 107, 108-111 (*passim*), 114-115. – Pour une critique de la thèse d'un atomisme numérique pythagoricien, voir **124** D. J. Furley, « Pythagorean atomism », dans *Id.*, *Two studies in the Greek atomists. I. Invisible magnitudes. II. Aristotle and Epicurus on voluntary action*, Princeton 1967, p. 44-56 et 75-77 ; Burkert **85**, p. 285-289 ; Zhmud **87**, p. 304-305 (pagination provisoire) ; **125** A. Hermann, *To think like god : Pythagoras and Parmenides, the origins of philosophy*, Las Vegas 2004, passim.

CONSTANTINOS MACRIS.

87 PETRONIUS ARBITER *RE* 29 *PIR*² 294   I

Auteur du *Satyricon*.

Éditions : **1** A. Ernout (édit.), *Pétrone, Le Satiricon, CUF*, Paris 1923 ; **2** F. Bücheler, *Petronii Saturae et liber priapeorum*, Berlin 1862 ; **3** K. Müller, *Petronii Arbitri Satyricon reliquiae,* Stuttgart 1995 ; **4** G. Giardina et R. Cuccioli Meloni, *Petronii Arbitri Satyricon*, coll. « Corpus Paravianum », Torino 1995.

Traduction française. **5** P. Grimal, *Le Satiricon*, dans *Romans grecs et latins* coll. « Bibliothèque de la Pléiade », Paris 1958.

Commentaires. **6** P. Perrochat, *Le Festin de Trimalcion*, commentaire exégétique et critique, 2ᵉ éd, Paris 1952 ; **7** P. Habermehl, *Petronius Satyrica 79-110. Ein philologisch-literarischer Kommentar,* Berlin 2006.

Bibliographies. **8** G. L. Schmeling et J. H. Stuckey, *A Bibliography of Petronius*, coll. « Mnemosyne Suppl. » 39, Leiden 1977 ; **9** G. Vanini, « Petronius 1975-2005 : bilancio critico e nuove proposte », *Lustrum* 49, 2007, p. 10-489.

Concordances. **10** M. Korn et S. Reitzer, *Concordantia Petroniana*, Hildesheim 1986.

Études. **11** W. Kroll, art. « T. Petronius Arbiter », *RE* XIX 1, 1937, col. 1201-1214 ; **12** A. Collignon, *Étude sur Pétrone. La critique littéraire, l'imitation et la parodie dans le Satiricon*, Paris 1892 ; **13** J. P. Sullivan, *The « Satyricon » of Petronius. A literary study,* London 1968 ; **14** F. Dupont, *Le plaisir et la loi, du Banquet de Platon au* Satiricon *de Pétrone*, Paris 1977 ; **15** N. W. Slater, *Reading Petronius*, Baltimore/London 1990 ; **16** G. B. Conte, *The Hidden Author : an Interpretation of Petronius' "Satyricon"*, Berkeley 1996 ; **17** R. Martin, *Le Satyricon, Pétrone,* coll. « Textes fondateurs », Paris 1999 ; **18** E. Courtney, *A Companion to Petronius*, Oxford 2001 ; **19** G. Jennson, *The recollections of Encolpius : the Satyrica of Petronius as Milesian Fiction*, Göttingen 2004.

Le prénom de ce personnage n'est pas assuré : Caius (dans les manuscrits de Tacite), Titus (Pline, *N.H.* XXXVII 20), Publius (*AE* 1989, 681 ; *schol. Iuu. ad* VI 638) ; son *cognomen* semble avoir été Niger *(AE ibid)*. Peu d'informations nous sont parvenues sur lui. Dans les *Annales*, Tacite consacre deux chapitres (*Ann.* XVI 18-19) à C. Petronius, un homme voluptueux, élégant et raffiné. Proconsul de Bithynie, puis consul suffect (en 62) il sut se montrer énergique et à la hauteur de sa fonction ; il devint ensuite l'un des familiers de Néron, considéré comme « l'arbitre de l'élégance » par l'empereur. Ayant, pour cette raison, encouru la jalousie de Tigellin, alors préfet du prétoire, en 66 il fut accusé d'être un ami de Flavius Scaevinus, l'un des membres de la conjuration de Pison. Rejeté par Néron, il décida alors de se donner la mort, alors qu'il se trouvait à Cumes ; mais il le fit en s'entretenant avec des amis : « il n'écoutait pas des propos concernant l'immortalité de l'âme ou les maximes des sages, mais des poésies légères et des vers faciles » (*Ann.* XVI 19, 2). Au lieu de flatter le prince et de l'inscrire dans son testament, il envoya à Néron « un écrit où il avait décrit en détail les turpitudes du prince, en donnant le nom des débauchés et des femmes, et marquant l'originalité de chaque accouplement » (*ibid.* 3).

Ce personnage fut-il l'auteur du *Satyricon*, le Petronius Arbiter qui figure dans les manuscrits ? l'écrit mentionné par Tacite doit-il être identifié avec le roman ? Autant de questions qui restent extrêmement discutées. Cette identification est souvent acceptée (**20** K. F. C. Rose, *The date and author of the "Satyricon"*, Leiden 1971 ; Courtney **18**, p. 5-11 ; Grimal **5**, p. 3-5) ; d'autres savants l'ont mise en doute, surtout ces dernières années : c'est le cas de René Martin (dans son livre sur Pétrone **17** ; et **21** *Id.*, « Qui a (peut-être) écrit le *Satyricon* ? », *REL* 78, 2000, p. 139-163 ; en dernier lieu **22** *Id.*, « Petronius Arbiter et le *Satyricon* », *BAGB* 2009, p. 143-168), considérant qu'aucun élément ne permet vraiment de prouver que l'œuvre a été rédigée à l'époque néronienne et qu'il est invraisemblable que le courtisan de Néron en soit l'auteur : plusieurs indices laisseraient plutôt penser à une rédaction à l'époque flavienne, voire au début du IIe siècle.

L'œuvre elle-même n'apporte pas vraiment d'indications sur ce point. Les manuscrits lui donnent le titre de *Satiricon* ou *Satyricon*, les éditeurs modernes reprennent ces deux formes, mais considèrent que le titre serait plutôt *Satyricon (liber)*, voire *Satyrica* : histoires de satyres (c'est-à-dire de débauchés) ou histoires satiriques ; de fait, le mélange de prose et de vers que contient ce récit est une caractéristique du genre de la satire. Cet écrit nous est parvenu sous une forme fragmentaire : la partie la plus longue est le récit du festin donné par le riche Trimalcion (chap. 26-78) ; d'autres extraits évoquent les aventures des trois personnages principaux en Campanie : Encolpe, Ascylte et Giton, racontées par Encolpe. L'ensemble devait être beaucoup plus long que les fragments qui nous sont parvenus, attribués aux livres XIV à XVI, par les critiques.

Il est difficile de trouver des éléments précis permettant une datation. Le poème sur la guerre civile récité par le poète Eumolpe (chap. 118) a été étudié par **23** P. Grimal, *La guerre civile de Pétrone dans ses rapports avec la* Pharsale *de Lucain*,

Paris 1977, qui le considère comme antérieur au *Bellum ciuile* de Lucain et composé au temps de Néron. Des fragments poétiques attribués à Pétrone ont également été conservés.

Les travaux récents ont porté sur la question du réalisme ou sur le festin et le personnage de Trimalcion ; les aspects littéraires de l'œuvre et son esthétique ont été analysés (genre littéraire, échos de la littérature antérieure – satire, comédie, mime, ou place du comique et de la dérision) ainsi que les thèmes récurrents présents dans le récit : la fuite et l'errance, le monde de l'illusion et de l'apparence. F. Dupont (**14**, p. 69-82) a montré comment le récit du Festin de Trimalcion reprenait dans sa structure le *Banquet* de Platon : Trimalcion arrive en retard comme Socrate, les affranchis prennent la parole successivement, Habinnas le marbrier arrive le dernier, ivre et portant une couronne comme Alcibiade ; le festin, comme le *Banquet*, finit dans un vacarme général ; mais il s'agit d'un «banquet désarticulé». Toutefois, les liens de l'œuvre avec la philosophie sont moins souvent étudiés.

Le personnage décrit par Tacite est un homme raffiné, recherchant le plaisir. Au moment de sa mort, il écarte les méditations sur l'immortalité de l'âme ou les maximes des philosophes, refusant ainsi de mourir à la façon des philosophes, et plus particulièrement des stoïciens comme Caton d'Utique (➻C 59). Mais ce comportement suffit-il pour en faire un véritable épicurien ?

Le roman a lui aussi été examiné pour trouver des traces de la philosophie épicurienne. De telles recherches n'ont pas convaincu **24** C. J. Castner, *Prosopography of Roman Epicureans*, Frankfurt 1991, p. 104, qui reste très réservée sur ce point et classe Pétrone parmi les *Epicurii dubii*. **25** O. Raith, *Petronius ein Epikureer*, coll. «Erlanger Beiträge zur Sprach-und Kulturwissenschaft» 14, Nuremberg 1963, a entrepris une enquête systématique ; il établit de nombreux rapprochements avec Lucrèce : représentation de la nature, théorie des songes, illusions d'optique (fr. 19), et souligne l'absence des dieux ; la peinture des caractères est mise en rapport avec une «caractérologie», fondée sur les œuvres de Philodème de Gadara (➻P 142), mais qui pourrait provenir de Théophraste (p. 20-28) ; il existe bien des traces d'un épicurisme vulgaire (p. 34-49), associé à la recherche du plaisir (*cf. Sat.* 132, 15 où il est fait mention à ce propos d'Épicure (➻E 36) : *ipse pater ueri doctus Epicurus*), l'écho de la morale épicurienne est aussi présent : vivre comme si chaque jour était le dernier (99, 1) ; affirmer que la nature fournit tout ce qui est nécessaire (fr. 46). Cette étude a suscité des critiques (Castner **24**, p. 104 ; **26** J. Ferguson, «Epicureanism under the Roman Empire», dans *ANRW* II 36, 4, Berlin 1990, p. 2277-2278) : certains rapprochements paraissent peu convaincants, en particulier, en ce qui concerne la représentation des caractères. Avec plus de nuances, d'autres savants ont représenté l'auteur du *Satyricon* comme un épicurien : **27** G. Highet, «Petronius the Moralist», *TAPA* 72, 1941, p. 176-194, qui voit dans l'œuvre «an Epicurean satire» représentant des conduites extravagantes et des personnages ridicules, entraînés par leurs passions. Pétrone inviterait à rester à distance des folies humaines, comme l'ont fait Lucrèce (➻L 73) et Épicure.

28 C. Piano, « La moralità epicurea del Satyricon », *RAAN* 51, 1976, p. 3-30, considère aussi le roman comme une satire épicurienne, en soulignant des thèmes épicuriens : interprétation rationaliste des mythes, illusions des sens, interprétation des songes, rôle de la crainte. Pour l'auteur, Pétrone aurait pu se former dans des cercles épicuriens qui ont continué d'exister en Campanie (p. 8-9). Il semble ainsi que l'on puisse penser à une présence diffuse de l'épicurisme dans le roman. Certes, Pétrone ne se présente pas comme un moraliste, mais **29** L. Callebat, « *Fabula de nobis narratur*. Esthétique et éthique dans les *Satyrica* de Pétrone », dans *Studia philogica varia in honorem O. Garcia de la Fuente*, Madrid 1994, p. 179-185 = *Langages du roman latin*, Hildesheim 1998, p. 69-46, montre l'existence d'une vision de l'homme et du monde ; elle invite à s'interroger sur l'être et le paraître, « la fluidité des choses et du temps », l'irrationnel et l'absurde et s'accorde ainsi avec quelques thèmes essentiels de la philosophie antique.

MICHÈLE DUCOS.

88   PHAIDIMOS   I-II

Élève de Plutarque de Chéronée dans le dernier quart du Ier siècle, il participe activement à la discussion du *De sollertia animalium* (975 C- 985 C).

Cf. K. Ziegler, art. « Plutarchos » , *RE* XXI 1, 1951, col. 680 ; B. Puech, « Prosopographie des amis de Plutarque », dans *ANRW* II 33, 6, Berlin 1992, p. 4868.

BERNADETTE PUECH.

89   PHAINÉCLÈS DE PAROS

Pythagoricien ancien dont le nom figure dans le catalogue de Jamblique (*V. pyth.* 36, 267, p. 145, 4 Deubner = **1** DK 58 A, t. I, p. 447, 2), qui semble remonter à Aristoxène de Tarente. Il est répertorié dans **2** W. Pape et G. Benseler, *Wörterbuch der griechischen Eigennamen*, t. II, p. 1593, ainsi que dans le **3** *LGPN*, t. I, p. 452.

CONSTANTINOS MACRIS.

90   PHAINIAS D'ÉRÈSE   *RE*   MF IV[a]

Péripatéticien, élève d'Aristote (☛A 414) et ami de Théophraste.

Témoignages et fragments. 1 F. Wehrli, *Phainias von Eresos, Chamaileon, Praxiphanes*, coll. « Die Schule des Aristoteles » 9, 2e éd., Basel/Stuttgart 1969, p. 9-21 (fr. 1-51) ; p. 23-43 (commentaire) ; **2** J. Engels, « Phainias of Eresos » dans *FGrHist continued* IV A, fasc. 1 (1998), n° 1012 : « Phainias of Eresos », p. 266-351 (seulement les témoignages biographiques et les fragments relevant de l'histoire, avec traduction anglaise ; pour tous les fragments historiques de Phainias, on se reportera aux commentaires abondants, p. 290-351 [avec bibliographie]).

On peut ajouter une mention de Phainias chez Galien, *Ne pas se chagriner*. Texte établi et traduit par V. Boudon-Millot et J. Jouanna avec la collaboration de A. Pietrobelli, *CUF*, Paris 2010, § 15, p. 6, 18-21.

Études d'orientation. 3 R. Laqueur, art. «Phainias aus Eresos», *RE* XIX 2, 1938, col. 1565-1591; **4** F. Wehrli, *GGP, Antike* 3, 2ᵉ éd. (2004), p. 588-590; **5** H. Gottschalk, art. «Phainias», *NP* IX, 2000, col. 719; **6** J. Althoff, «Biologie im Zeitalter des Hellenismus (ca. 322-31 v. Chr.)», dans G. Wöhrle (édit.), *Geschichte der Mathematik und der Naturwissenschaften in der Antike*, Bd. I: *Biologie*, Stuttgart 1999, p. 155-180 (particulièrement, p. 159-160).

Biographie. La forme du nom Φαινίας (hypocoristique fait sur le radical de présent *Φαιν- de φαίνομαι) est bien attestée à Lesbos (*cf.* Wehrli **1**, p. 27). En attique et en grec commun la forme correspondante est Φανίας (faite sur le radical *Φαν-); c'est elle que l'on rencontre chez les auteurs (à l'exception des meilleurs manuscrits d'Athénée et de Philodème) qui citent le philosophe. La tradition unanime rattache Phainias à la cité d'Éréos, dans l'île de Lesbos. On le mentionne comme péripatéticien (fr. 1; 2; 4; 27; 31; 32), élève d'Aristote (fr. 1; 2; 6; 8; 42), souvent en compagnie de Théophraste (fr. 2; 6; 7; 8). Selon la *Souda* (Φ 73 = fr. 1 Wehrli), «il vivait pendant la 111ᵉ olympiade (336/5-333/2) et ensuite, à l'époque d'Alexandre de Macédoine» (ἦν δὲ ἐπὶ τῆς ρια' ὀλυμπιάδος καὶ μετέπειτα, ἐπὶ Ἀλεξάνδρου τοῦ Μακεδόνος); on comprend par cette indication chronologique l'*akmè* de Phainias, ce qui placerait sa naissance aux environs de 373. Mais, comme on peut penser que son compatriote Théophraste (372/1 ou 371/0-288/7 ou 287/6) l'a mis en contact avec Aristote, quand ce dernier est venu d'Assos à Mytilène en 345/4, Engels **2**, p. 290, propose de baisser quelque peu la date de naissance vers 365 ou un peu avant, pensant sans doute que l'élève devait avoir environ vingt ans. Il a entretenu des liens étroits avec Théophraste, dont témoigne l'existence d'une correspondance entre les deux péripatéticiens (*cf.* **7** W. W. Fortenbaugh *et alii*, *Theophrastus of Eresus, Sources for his life, writings thought and influence*, coll. «Philosophia Antiqua» 54, 2 vol., Leiden 1992, n° 374 [= fr. 5 Wehrli] et D. L. V 37 et 50; fr. 3 à 5 Wehrli). L'existence même d'une correspondance laisse penser que Phainias n'était pas à Athènes (c'est clairement le cas en 334ᵃ lors des troubles dans l'île de Lesbos, comme le montre le fr. 7). D'ailleurs, aucun témoignage n'atteste explicitement sa présence à Athènes (Engels **2**, p. 290, note que «Phanias n'a jamais étudié ou vécu comme savant au Péripatos à Athènes, pendant qu'Aristote était à la tête de l'école [335-323/2]»). Avec le successeur d'Aristote il partageait des intérêts pour la botanique et, peut-être, la logique. On lui attribue une activité politique importante: avec son compatriote Théophraste il aurait participé à l'élimination des tyrans dans sa patrie (anecdote figurant sur une liste d'*exempla* dans Plutarque, *Non posse suaviter vivi secundum Epicurum*, 1097 b-c = fr. 7). Ces activités politiques dans sa cité doivent se situer à l'occasion des troubles qui ont accompagnés l'expédition d'Alexandre (334ᵃ conquête de Lesbos, reprise par les Perses l'année suivante, puis reprise par les Macédoniens en 332ᵃ; *cf.* **8** G. Labarre, *Les cités de Lesbos aux époques hellénistique et impériale*, coll. «Institut d'archéologie et d'histoire de l'Antiquité, Université Lumière Lyon 2» 1, [Paris] 1996, p. 23-42 [«avec la conquête macédonienne, les tyrannies (sur l'île de Lesbos) furent définitivement abattues»; mais l'auteur ne semble pas mentionner Phainias]). La date de sa mort est difficile à établir avec précision. Il était en tout cas en vie à la mort d'Aristote (*Vita Marciana* 196 complété par la *Vita Latina*, éd. O. Gigon, *Vita Aristotelis Marciana*, herausgegeben und kommentiert von O. G., coll. «Kleine Texte für Vorlesungen und Übungen» 181, Berlin 1962, p. 77). Comme il ne figure pas dans les dispositions testamentaires de Théophraste († *ca* 287), on peut penser qu'il était alors déjà décédé (Engels **2**, p. 290, estime probable qu'il soit mort pendant que Démétrios de Phalère [➤D 54] gouvernait Athènes [317-307]).

Œuvres. En suivant Wehrli **4**, p. 588, on mentionnera onze titres conservés, avec quelques commentaires. Une remarque commune portera sur les trois premiers ouvrages concernant la logique (1 à 3).

(1) Κατηγορίαι (*Catégories*) = fr. 8. *Cf.* en particulier, **9** H. B. Gottschalk, «Did Theophrastus write a Categories?», *Philologus* 131, 1987, p. 245-253 (l'auteur est très sceptique sur l'existence de *Catégories* autres que celles d'Aristote: pour les premiers péripatéticiens, il n'y avait guère de raison de ne pas reprendre les enseignements de base sur lesquels il ne semblait pas qu'il y eut discussion; voir aussi, dans le même sens, **10** R. Bodéüs, *Aristote, [Catégories]*, texte établi et traduit par R. B., *CUF*, Paris 2001, p. XXX-XXXIII [en fait, comme le titre Κατηγορίαι remonte, selon cet auteur, à l'édition d'Andronicus (➤A 181), la question de titres homonymes antérieurs au Iᵉʳ s. av. J.-C. est pour le moins problématique]). Notons que, dans son commentaire sur les *Catégories*, Simplicius ne mentionne jamais Pha(i)nias (ni des *Catégories* attribuées à Eudème [➤E 93] ou à Théophraste).

(2) Περὶ ἑρμηνείας *(Sur l'interprétation)* = fr. 8. Dans sa notice sur «La tradition des commentaires grecs sur le *De interpretatione* d'Aristote jusqu'au VIIᵉ s.», Ch. Hasnaoui omet de mentionner Phainias dans le chapitre consacré aux traités «parallèles» au *De interpretatione*, ne retenant que Théophraste, Eudème et Apulée [➤A 294] (*DPhA Suppl*, p. 140-144). *Cf.* **11** I. M. Bocheński, *La logique de Théophraste*, coll. «Collectanea Friburgensia» 32, Fribourg 1947, p. 43-44, qui cite une scholie à *De int.* 17 b 16 (le texte figure dans **12** Th. Waitz, *Aristotelis Organon graece*, t. I, Leipzig 1844, p. 40) rapportant à Théophraste la thèse selon laquelle deux propositions contradictoires seront vraies ensemble, «s'il n'y a pas de détermination supplémentaire (προσδιορισμός) portant sur le prédicat»; suit alors l'exemple: «Phainias (Φαινίας) possède la science» et «Phainias ne possède pas la science». Aux yeux de Bocheński, le choix lui-même de Phainias semble garantir l'authenticité de la thèse. Mais cet exemple, qu'on peut ajouter aux «fragments» de Wehrli **1**, s'il témoigne d'une certaine familiarité entre les deux philosophes de Lesbos, n'appuie pas l'existence d'un traité *Sur l'interprétation* de Phainias.

(3) Ἀναλυτικά *(Analytiques)* = fr. 8.

Remarque sur 1 à 3. Pour ces trois titres d'ouvrages de logique, nous n'avons que le témoignage isolé et tardif de Jean Philopon (VIᵉ s.) dans l'introduction de son commentaire sur les *Catégories* d'Aristote (*cf.* toutefois la mention d'un certain Cleinias [Κλεινίας] à côté de Théophraste et d'Eudème, comme auteurs de *Catégories*; depuis V. Rose, on a généralement corrigé ce nom en Pha(i)nias, Gottschalk **9**, p. 245-246; le texte est dans **13** V. Rose, *Aristoteles pseudepigraphus*, Leipzig 1863, p. 129); une des raisons qui expliquent en général l'attribution erronée d'un ouvrage à Aristote est l'existence, nous dit Philopon, de titres homonymes: « En effet, ses élèves, Eudème, Phanias et Théophraste ont écrit, pour imiter leur maître, des *Catégories*, des *De l'interprétation* et des *Analytiques* » (Philop., *in Cat.*, p. 7, 20-22 [A. Busse, *CAG* XIII 1]; *cf.* fr. 8 Wehrli; Laqueur **3**, col. 1565, 65-66, renvoie par erreur (?) à Ammonius, *in Cat.* p. 5 [pour une possible explication de ce renvoi, *cf.* Gottschalk **9**, p. 246 n. 5]). Dans le passage parallèle du commentaire d'Olympiodore, ne figurent que les noms de Théophraste et d'Eudème, à propos seulement de *Catégories* (Olymp., *in Cat.*, p. 13, 23-25 [A. Busse, *CAG* XII 1]; pour un dossier complet des textes, *cf.* Gottschalk **9**, p. 245-246, et aussi Bodéüs **10**, p. XXXI n. 1). *Cf.*, après Gottschalk **9**, la position très sceptique de J. Barnes sur les témoignages des commentateurs tardifs: **14** J. Barnes, « Les catégories et les *Catégories* », dans O. Bruun et L Corti (édit.), *Les Catégories et leur histoire*, Paris 2005, p. 11-80; M. Frede défend une position opposée dans **15** « The title, unity and authenticity of the aristotelian *Categories* », dans *Essays in Ancient Philosophy*, Oxford 1987, p. 11-28, en particulier, p. 24-25 (= « Titel, Einheit und Echtheit der Kategorien », dans P. Moraux und J. Wiesner [édit.], *Zweifelhaftes im Corpus Aristotelicum. Studien zu einigen Dubia*, Akten des 9. Symposium Aristotelicum (Berlin, 7.-16. September 1981), coll. « Peripatoi » 14, Berlin 1983, p. 1-29, en particulier, p. 22-24). Pour une traduction des différents textes parallèles des commentateurs des *Catégories*, *cf.* **16** I. Hadot, dans *Simplicius, Commentaire sur les Catégories*, traduction commentée sous la direction de I. Hadot, fascicule I, Introduction, première partie [p. 1-9, 3 Kalbfleisch], Leiden 1990, p. 144-149).

(4) Πρὸς τοὺς σοφιστάς (*Contre les sophistes*) = fr. 10. L'unique fragment conservé parle de poètes. Wehrli **4**, p. 589, conclut que l'auteur donnait au terme « sophiste » le sens de « représentant d'une éducation générale orientée vers la rhétorique », qui pouvait s'appliquer traditionnellement aussi à des poètes.

(5) Πρὸς Διόδωρον (*Contre Diodore*, peut-être en un seul livre) = fr. 9. Il est vraisemblable qu'il s'agisse du dialecticien Diodore Cronos (➤D 124). Dans ce témoignage unique, cité par Alexandre d'Aphrodise (*in Met.*, p. 84, 16 Hayduck), Phainias rapportait la critique du sophiste Polyxènos (➤P 249) contre la théorie platonicienne de la participation (« le troisième homme »). *Cf.* **17** L. Montoneri, *I Megarici. Studio storico-critico e traduzione delle testimonianze antiche*, coll. « Symbolon » 2, Catania 1984, p. 82-91 et p. 259-260 (traduction du passage d'Alexandre); **18** A. Graeser, « Der "Dritte Mensch" des Polyxenos », *MH* 31, 1974, p. 140-143. Le contenu de la polémique contre Diodore nous échappe. On a pu penser que cet ouvrage formait une partie du précédent.

(6) Περὶ φυτῶν ou Φυτικά (Φυτῶν ἱστορία?) (*Sur les plantes* ou *Traité des plantes [Recherches sur les plantes?]*; au moins cinq livres) = fr. 36-50. La plupart des citations proviennent d'Athénée – surtout des livres I et II –, qui nous donne seul le titre, sous la forme de Περὶ φυτῶν (6 fois) ou Φυτικά (ἐν τοῖς Φυτικοῖς, une fois); notons que l'ouvrage botanique de Théophraste qui traite une matière analogue reçoit lui aussi, à côté du titre traditionnel Περὶ φυτῶν ἱστορία, l'appellation Περὶ φυτῶν ou Φυτικά chez Athénée (*cf.* Wehrli **1**, p. 40; **19** S. Amigues [édit.], *Théophraste, Recherches sur les plantes*, texte établi et traduit par S. A., *CUF*, t. I, livres I-II, Paris 1988, p. XVI-XVII). Dans la table des matières des livres XXI à XXVI (traitant globalement des plantes dans leur usage médicinal) de l'*Histoire naturelle* du naturaliste Pline (☞P 204) on trouve mentionné comme source, parmi les auteurs étrangers (c'est-à-dire grecs), dans la liste des médecins *(medici), Phanias physicus* («le naturaliste Phanias» = fr. 36; même qualificatif en XXII 13, 35 = fr. 49; certains ont douté de l'identité de cet auteur avec le péripatéticien, *cf.* Wehrli **1**, p. 40, commentaire sur le fr. 36). Il ressort de la lecture des fragments *Sur les plantes* que Phainias s'intéressait davantage aux usages pratiques que Théophraste. Mais cette impression est sans doute due à la nature du texte qui nous a conservé la plupart des fragments (les *Deipnosophistes* d'Athénée).

D'ailleurs, ce dernier n'a pas négligé cet aspect de la botanique, particulièrement dans le livre IX qui n'appartenait sans doute pas à l'origine aux *Recherches sur les plantes* (*cf.* **20** S. Amigues [édit.], *Théophraste, Recherches sur les plantes*, texte établi et traduit par S. A., *CUF*, t. V, livre IX, Paris 2006, p. VII-XIII])

Pour les fragments botaniques on consultera Althoff **6**, mais aussi l'ouvrage déjà ancien de **21** E. H. F. Meyer, *Geschichte der Botanik*, Bd. I, Königsberg 1854, p. 189-193 (traduction et discussion).

(7) Περὶ τῶν Σωκρατικῶν (*Sur les socratiques [Gegen die Sokratiker* dans Gottschalk **5** doit être une erreur]; sans doute un seul livre) = fr. 30-31. Deux anecdotes, rapportées par Diogène Laërce, concernent l'une Antisthène [☞A 211] (D. L. VI 8), l'autre Aristippe [☞A 356] (D. L. II 65, sans mention du titre). Aucun des deux témoignages ne porte sur les doctrines.

(8) Τυράννων ἀναίρεσις ἐκ τιμωρίας *(L'assassinat de tyrans par vengeance)* = fr. 14-16. Avec Engels **2**, F 6, il faut ajouter un fragment tiré de l'*Ind. Acad. Herc.* de Philodème (**22** T. Dorandi [édit.], *Filodemo : Platone e l'Academia*, col. XII 2-10): Phainias (Φαινίας) figure comme une des sources de Philodème avec ou plutôt à travers Hermippe (☞H 86), dans une *Vie* de Chairon de Pellène (☞C 92, *cf.* la notice «Hermippe de Smyrne», Œuvres I, n° 10), élève de Platon et de Xénocrate, qui devint un tyran sanguinaire dans sa cité en 331ᵃ (Phainias aurait été utilisé par l'intermédiaire d'Hermippe, selon **23** J. Bollansée, «Philodemos on Chairon, tyrant of Pellene [*P. Herc.* 1021, col. X, 40 - XII, 41]», *Historia* 51, 2002, p. 32-48, en particulier p. 45; l'auteur reprend des arguments avancés déjà par **24** K. Gaiser, *Philodems Academica*, p. 126-128, texte grec et traduction, p. 222-225). Athénée cite en deux passages le titre de l'ouvrage (X, 438 c et III, 90 e). Il est dans la nature de son texte (*Les sophistes au banquet* ou *Deipnosophistes*)

de retenir surtout les anecdotes. Le fr. 16 est rapporté à ce titre, parce que l'anecdote érotique se conclut par un tyrannicide (Parthénios de Nicée, *Passions d'amour* VII ; *cf.* **25** J. L. Lightfoot, *Parthenius of Nicaea, The poetical fragments and the Ἐρωτικὰ Παθήματα*, edited with introduction and commentaries by J. L. L., Oxford 1999, p. 321 [texte] et 407-412 [commentaire]). Il est impossible de voir, au-delà de l'anecdote, une réflexion théorique sur la question de la tyrannie, qui occupait une place importante dans les analyses politiques du Stagirite (*Polit.* V, 1311 a 8 - 1312 b 34). On a fait l'hypothèse que le meurtrier anonyme du tyran de Métaponte (sur le Golfe de Tarente, en Lucanie) dont parle Aristote en *Eth. Eud.* III 1, 1229 a 23 serait en fait l'Antiléon meurtrier du tyran d'Héraclée (cité voisine de Métaponte), dont parle Parthénios (**26** R. Kassel, « Wagemutige Liebhaber », *RhM* 117, 1974, p. 190-191 ; on trouvera mention d'Antiléon de Métaponte dans un même contexte dans Plut., *Moralia* 760 c 1 [*Amatorius*]).

(9) Πρυτάνεις Ἐρεσίων (*Les prytanes [magistrats] des Érésiens*) = fr. 17-19 ? Nous n'avons qu'une seule attestation du titre (fr. 17 = Athénée VIII, 333 a). Il s'agit sans doute d'une chronique locale de sa cité. Le contenu des fr. 17 et 18 est anecdotique. Le fr. 19 (Clément d'Alexandrie, *Stromates* I 139, 3) porte sur un point de chronologie (du retour des Héraclides au passage d'Alexandre en Asie Phanias comptait 715 années). Le fr. 33 portant sur des questions de chronologie concernant deux Lesbiens, Leschès et Terpandre, pourrait appartenir à cet ouvrage (Wehrli **1**, p. 39 ; **27** A. A. Mosshammer, « Phainias of Eresos and chronology », *CSCA* 10, 1977, p. 105-132, particulièrement p. 109-110 ; Engels **2** range ce fragment [= F 10] sous ce titre).

(10) Περὶ τῶν ἐν Σικελίᾳ τυράννων *(Les tyrans de Sicile)* = fr. 11-13 ?. Le titre n'apparaît que dans le fr. 11 (Athénée VI, 231 e - 232 d). Si les deux autres fragments appartiennent bien à cet ouvrage – par un rapport quelque peu anecdotique aux tyrans de Sicile –, on jugera qu'il s'agissait d'une histoire où l'élément culturel jouait un grand rôle. Dans le fr. 11, on apprend que Phainias, qui soutenait avec l'historien Théopompe que les anciennes offrandes aux dieux étaient en bronze avant que les tyrans choisissent l'or, avait copié sur un récipient archaïque de ce métal, importé d'Ilion, une inscription versifiée dédiée à Apollon par le fils d'Anténor ! Le fr. 12 (Plut., *De defectu oraculorum* 22-23, 422 b-e) mentionne une thèse sur la pluralité des mondes de Pétron d'Himère (☛P 86) citée par Hippys de Rhégium (☛H 159) et rapportée par « Phainias d'Érèse ». Le fr. 13 (Athénée I, 6 e - 7 a) met en scène le poète Philoxène de Cythère et le tyran Denys.

(11) Περὶ ποιητῶν (*Sur les poètes*, au moins deux livres) = fr. 32 et 33 ? (Engels **2**, F 10 [commentaire, p. 315-317], rapporte le fr. 33 Wehrli aux Πρυτάνεις Ἐρεσίων). Il apparaît que Phainias traitait, entre autres, de questions de chronologie. Sur le fr. 33, qu'il appartienne à ce titre ou aux *Prytanes des Érésiens*, on consultera Mosshammer **27**, p. 105-132 (texte et traduction, p. 111).

Les références explicites à Pha(i)nias dans les *Vies* de Solon (fr. 20 et 21) et de Thémistocle (fr. 23-26 et 28) chez Plutarque et quelques autres témoignages (fr. 20-29 Wehrli) laissent penser que le disciple d'Aristote avait consacré à l'histoire, ou aux biographies historiques, au moins un ouvrage dont nous ignorons le titre. On admet en général que Phanias a été une source importante de Plutarque, en dehors même des passages où figure son nom. Notons que dans la *Souda*, K 2745, *s.v.* « Κύρβεις » (fr. 22a, avec la correction de l'éthnique Ἐρέσιος pour Ἐφέσιος des mss. et du texte de l'édition Adler), la ponctuation de Wehrli et celle de Engels **2**, F 16a, diffèrent au point de donner un autre sens au texte ; comme le mot κύρβεις désignait à l'origine une sorte de table pyramidale à trois pans tournant sur un axe, sur laquelle Solon aurait consigné ses lois, la place de ce fragment avec ceux concernant Solon semble se justifier. Laqueur **3** consacre le gros de sa notice à cet aspect historique de l'œuvre de Phainias ; il discute en particulier les articles anciens, mais toujours stimulants, de **28** L. Bodin, « Histoire et biographie : Phanias d'Érèse », *REG* 28, 1915, p. 251-281, et 30, 1917, p. 117-157 (en particulier, p. 154-155 pour l'influence du péripatétisme sur sa façon d'écrire l'histoire en se concentrant sur les individus dont les traits de caractère se dessinent par les anecdotes). On consultera aussi **29** A. Momigliano, *The development of Greek biography*, expanded edition, Cambridge (Mass.) 1993 (1971), p. 77-78 ; trad. fr.: *La naissance [L'origine* en page de couverture] *de la biographie en Grèce ancienne*, traduit de l'anglais par E. Oudot, Strasbourg 1991, p. 113-115 (Phainias a pu aussi bien consacrer une biographie à Thémistocle et à Solon que composer un recueil d'anecdotes) ; **30** J. H. Thiel, « Solon und Pittakos », *Mnemosyne* 6, 1938, p. 204-210 ; **31** M. Mühl, « Solon und der Historiker Phainias von Lesbos », *RhM* 98, 1955, p. 349-354 ; **32** *Id.*, « Solon gegen Peisistratos. Ein Beitrag zur peripatetischen Geschichtsschreibung », *RhM* 99, 1956, p. 315-323 ; **33** E. David, « Solon's electoral propaganda », *RSA* 15, 1985, p. 7-22. Sur le fr. 25 (sacrifice de prisonniers perses avant Salamine) on consultera **34** Th. Grünewald, « Menschenopfer im klassischen Athen ? Zeitkritik in der Tragödie "Iphigenie in Aulis" », *AKG* 83, 2001, p. 1-23, particulièrement p. 18-22. Et d'une façon générale, pour l'examen détaillé de tous les fragments concernant l'histoire, voir Engels **2**.

Les témoignages paradoxographiques (fr. 34-35), conservés dans un recueil byzantin sous le nom d'Antigone de Carystos (⇒A 193), peuvent ne pas appartenir à un recueil particulier de *mirabilia*. Pour le texte, on se référera à **35** O. Musso (édit.), *[Antigonus Carystius], Rerum mirabilium collectio*, coll. « Hellenica et Byzantina Neapolitana. Collana di studi e testi », Napoli 1985, p. 155 et 156 (fr. 34) ; p. 171 (fr. 35).

L'élève d'Aristote, Phainias d'Érésos, semble refléter les recherches multiples du maître au sein du Lycée, en mettant peut-être l'accent davantage sur l'aspect pratique ou empirique : son intérêt pour les recherches historiques, biographiques, littéraires, mais aussi botaniques et peut-être logiques, justifie le jugement de Plutarque (*Vie de Thémistocle* 13, 5 = fr. 25 Wehrli): ἀνὴρ φιλόσοφος καὶ γραμμάτων οὐκ ἄπειρος ἱστορικῶν (« un philosophe et un expert en littérature historique »); *cf.* **36** F. Muccioli, « "Fania di Lesbo, un filosofo e assai esperto di ricerca storica" (Plut., *Them.* 13, 5). Plutarco e i rapporti tra biografia, storia e filosofia etica », dans A.G. Nikolaidis (édit.), *The Unity of Plutarch's Work*.

"Moralia" Themes in the "Lives", Features of the "Lives" in the "Moralia", coll. «Millennium-Studien» 19, Berlin/New York 2008, p. 461-480.

JEAN-PIERRE SCHNEIDER.

91 PHALÉAS DE CHALCÉDOINE *RE:*   IV[a]

Aristote, notre unique source à son sujet, consacre à Phaléas un chapitre de la *Politique* (II 7) d'où, à part son origine géographique, il n'est possible de tirer aucune donnée biographique ni chronologique. La constitution de Phaléas est la première qu'examine Aristote au sein d'un groupe de constitutions qui, au lieu d'introduire comme Platon des innovations telles que la communauté des femmes et des enfants ou les syssities féminines, se fondent sur le strict nécessaire (ἀπὸ τῶν ἀναγκαίων, 1266 a 36). Aristote indique que les auteurs de telles constitutions sont soit des profanes, soit des philosophes et des politiques, sans préciser à laquelle de ces catégories appartient Phaléas, qu'il n'y a de toute façon pas lieu de considérer comme un sophiste.

Parmi ceux aux yeux de qui tous les troubles civils (στάσεις, 1266 a 38) naissent des questions de propriété, Phaléas est, selon Aristote, le premier à avoir proposé que la propriété soit également répartie entre les citoyens (1266 a 39-40), étant précisé plus loin qu'il s'agit de la seule propriété foncière (1267 b 9-10). À défaut qu'une telle égalité soit établie dès la fondation de la cité, Phaléas propose pour y parvenir une redistribution de la richesse foncière par le biais des dots, les riches donnant des dots sans en recevoir, les pauvres en recevant sans en donner.

Comme l'observe **1** J. Aubonnet, *Aristote, Politique*, Livres I et II, *CUF*, Paris 1960, p. 149 (n. 1 de la p. 70), ce système n'est efficace qu'à la condition, non précisée par Aristote, de rendre obligatoires les mariages entre familles riches et pauvres.

Phaléas prévoyant que les praticiens de métiers non agricoles seront tous des employés publics (οἱ τεχνῖται πάντες δημόσιοι ἔσονται, 1267 b 15), l'égalitarisme ainsi affiché entre citoyens ne touche en réalité que les propriétaires terriens. Conditionnant la citoyenneté à la possession de la terre, Phaléas semble donc avoir eu pour souci d'empêcher l'appauvrissement des propriétaires fonciers et son corollaire, l'accès à la possession de la terre et donc à la citoyenneté d'artisans enrichis. Pour cette raison, l'opinion de **2** R. von Pöhlmann, *Geschichte der sozialen Frage und des Sozialismus in der antiken Welt*, Leipzig ³1925, II, p. 6, a été généralement suivie, selon laquelle la constitution de Phaléas était un projet d'inspiration oligarchique destiné à maintenir la primauté d'une aristocratie terrienne dont l'homogénéité serait garantie par l'exigence que formule également Phaléas d'une égalité en matière d'éducation (1266 b 32-33).

Édition. 3 DK 39, 1.

Bibliographie. von Pöhlmann **2**; **4** W. Nestle, art. «Phaleas von Chalkedon», *RE* XIX 2, 1938, col. 1658-1659; **5** *Id., Vom Mythos zum Logos. Die Selbstentfaltung des griechischen Denkens*, Stuttgart ²1942, p. 493-494; **6** I. Lana, «Le Teorie egualitarie di Falea di Calcedone», *RSF* 5, 1950, p. 265-276; **7** R. Vattuone, «Alcune osservazioni sulla νομοθησία di Falea di Calcedone»,

RSA 10, 1980, p. 145-155 ; **8** A. Fouchard, « Le statut des agriculteurs dans la cité grecque idéale au IVe siècle avant J.-C. », *REG* 106, 1993, p. 61-81.

MICHEL NARCY.

92 PHANIADÈS DE PHALANNA (de Crète) *RE*

Péripatéticien d'époque inconnue mentionné par Stéphane de Byzance dans sa notice sur Phalanna (p. 655, 21 Meineke).

Cf. K. O. Brink, art. « Phaniades », *RE* XIX 2, 1938, col. 1774. Sur Phalanna de Crète (au sud de Réthymne), voir E. Kristen, art. « Phalanna » 3, *RE* XIX 2, 1938, col. 1621. C'était sans doute une colonie de Phalanna de la Perrhébie en Thessalie. Voir B. Lenk, art. « Phalanna » 2, *RE* XIX 2, 1938, col. 1617-1620.

RICHARD GOULET.

93 PHANIAS *RE* 5   DM Ia

Stoïcien, disciple (γνώριμος) de Posidonius (test. 43 Edelstein-Kidd).

Diogène Laërce VII 41 fait référence au premier livre de ses *Cours de Posidonius* (ἐν τῷ πρώτῳ τῶν Ποσειδωνείων σχολῶν) pour établir qu'à l'intérieur de l'école stoïcienne « Panétius (☛P 26, fr. 63 van Straaten) et Posidonius (☛P 267, fr. 91 Edelstein-Kidd) commençaient l'enseignement de la philosophie par la physique ».

Long a tacitement édité Φαινίας, mais c'est la leçon de F, alors que BP ont Φανίας, leçon qu'a retenue Marcovich.

RICHARD GOULET.

PHANIAS D'ÉRÈSE → **PHAINIAS D'ÉRÈSE**

94 PHANIAS DE MILET   M II

Titulaire d'une chaire publique de philosophie *(diadochos),* Phanias fit élever dans le sanctuaire de Didymes un hermès de Platon : *Didyma* II 150. Il était vraisemblablement identique au prophète connu dans le même sanctuaire par une dédicace à Zeus Kataibatès : *Didyma* II 127.

BERNADETTE PUECH.

95 PHANOCRITE *RE:*

Auteur d'un ouvrage *Sur Eudoxe* (*FHG* IV 472, fr. 1), mentionné par Athénée, *Deipnosophistes* VII, 276 f. Voir Fr. Lasserre, *Die Fragmente des Eudoxios von Knidos. Herausgegeben, übersetzt und kommentiert,* coll. « Texte und Kommentare » 4, Berlin 1966, T 27, p. 10 et 147. Il y racontait que Platon (☛P 195) était amateur de figues, φιλόσυκος, et Arcésilas (☛A 302) des grappes (de raisin), φιλόβοτρυς. Selon W. Kroll, art. « Phanokritos », *RE* XIX 2, 1938, col. 1783, il était académicien. Les deux mêmes renseignements sont repris par Plutarque dans ses *Quaest. conv.* IV 4, 2, p. 668 A, qui dépendait, selon Lasserre, du même ouvrage de Phanocrite.

RICHARD GOULET.

96 PHANOS *RE* 4   IVᵃ

Pythagoricien (ou plutôt "pythagorisant" ou πυθαγοριστής, c'est-à-dire imitateur des pythagoriciens authentiques) du IVᵉ s. av. J.-C., évoqué par Alexis dans sa comédie *Les Tarentins*, fr. 221, t. II, p. 378 Kock = fr. 223 Kassel-Austin, *PCG* II = Athénée IV, 161 B-C = **1** DK 58 E 1, t. I, p. 479, 25-28 = **2** M. Timpanaro Cardini, *I Pitagorici. Testimonianze e frammenti*, t. III, Firenze 1964, p. 378-379. (La date approximative de composition de cette comédie est à situer entre 345 et 320 av. J.-C.) Pour une trad. fr., voir **3** A. Lukinovich, *Mélodie, mètre et rythme dans les vers d'Alexis. Le savoir-faire d'un poète comique*, Grenoble 2009, p. 255 ; pour un commentaire exhaustif, **4** W. G. Arnott, *Alexis, the fragments : a commentary*, Cambridge 1996, p. 635-641 ; *cf.* aussi Lukinovich **3**, p. 255-259.

Φᾶνος est répertorié dans **5** W. Pape et G. Benseler, *Wörterbuch der griechischen Eigennamen*, t. II, p. 1599. Le **6** *LGPN*, t. III A, p. 444, ne signale en milieu italiote que des occurrences tardives de ce nom à Rhégion et à Pompéi (mais peut-être à juste titre ; voir *infra*).

Alexis mentionne Phanos à côté d'autres personnages désignés comme *hetairoi* (= vraisemblablement, ses compagnons de la secte / ἑταιρία pythagoricienne ?), à savoir Mélanippidès (⟶M 82), Phaôn (⟶P 99) et Phyromachos (⟶P 183). Le poète comique se moque de tous les quatre en focalisant son attention sur leur régime alimentaire particulièrement frugal, à propos duquel il dit qu'ils se contentaient de manger un bol (κοτύλη) de farine d'orge tous les quatre jours. *Cf.* **7** K. von Fritz, art. «Phanos» 4, *RE* XIX 2, 1938, col. 1785-1786.

Sur un autre "pythagorisant" mentionné un peu plus haut dans la même comédie, Épicharidès (⟶E 28), de nouvelles perspectives ont été ouvertes par Arnott **4**, p. 635, qui voit en lui un Athénien pauvre et pas forcément pythagoricien, et par Lukinovich **3**, p. 256, qui, en suivant une suggestion séduisante de M. Steinrück, est tentée de voir dans la présentation d'Épicharidès comme « mangeur de chiens » une allusion à des querelles entre pythagoriciens et cyniques (surnommés κύνες dès l'époque de Diogène) : « l'expression métaphorique 'dévorer des chiens' aurait un équivalent dans la tournure française 'bouffer du curé' ». Cette dernière interprétation était déjà argumentée plus en détail par **8** S. Novo Taragna, « Alessi e il pitagorismo (fr. 223 K.-A.) », dans G. Bàrberi Squarotti *et alii* (édit.), *Voce di molte acque. Miscellanea di studi offerti a E. Corsini*, Torino 1994, p. 119-127, aux p. 121-122.

Étant donné le titre même de la comédie dans laquelle il est question d'eux, on aurait tendance à croire qu'il s'agirait de personnages originaires de Tarente, mais cela n'est pas dit clairement dans le texte, et ne semble pas très probable.

Phanos ne figure pas parmi les pythagoriciens tarentins du catalogue de Jamblique (*V. Pyth.* 36, 267), mais on pourrait penser que cela est dû peut-être à l'intention normative, régulatrice, exclusiviste qui animait le rédacteur originel de ce catalogue, Aristoxène de Tarente (⟶A 417).

En effet, si l'on suit **9** W. Burkert, *Lore and science*, p. 198-201, Aristoxène semble avoir refusé le titre de pythagoricien authentique à certaines personnes qui se réclamaient de Pythagore pour leur mode de vie et leurs pratiques ascétiques de type "acousmatique", proches du cynisme (sur les aspects cynisants de ces pythagoriciens "acousmatiques", voir Burkert **9**, p. 202-204 [*cf.* aussi p. 180 n. 108, p. 181 et p. 207 n. 79] ; **10** M. Detienne, « Ronger la tête de ses parents », dans *Id., Dionysos mis à mort*, Paris 1977, p. 133-160 [paru antérieurement sous une forme un peu différente dans *Nouvelle Revue de Psychanalyse* 6, 1972 (*"Destins du cannibalisme"*), p. 231-246], aux p. 156-157, avec les notes de la p. 160; **11** C. Macris, *Le Pythagore des néoplatoniciens. Recherches et commentaires sur "Le mode de vie pythagoricien" de Jamblique*, Thèse de Doctorat, École Pratique des Hautes Études – Section des Sciences religieuses, Paris 2004 [dir. Ph. Hoffmann], t. II, p. 126-128 et 148-149; **12** Br. Centrone et C. Macris, notice «Lycon d'Iasos, ou de Tarente», L 85, *DPhA* 4, 2005, p. 200-203).

Selon Arnott **4**, p. 639-640 (suivi par Lukinovich **3**, p. 256 et 259, et par **13** L. Zhmud, *Pythagoras and the early Pythagoreans*, Oxford 2012, chap. 5.2), si l'on tient compte des «techniques of ridicule in Attic comedy», «Alexis is more likely to have been chaffing contemporary Athenians, some of them at least beggars and paupers whose paraded impoverishment allowed a comic poet to explain their circumstances ludicrously as due to Pythagorist asceticism». Si tel est le cas, on doit remarquer que le nom rare Φᾶνος est bien attesté à Athènes; voir le **6** *LGPN*, t. II, p. 442, ainsi que la **14** *PA*, n° 14078-14082 (= t. II, p. 344; Arnott **4** rappelle [p. 640] qu'aux cinq occurrences signalées dans la *PA* il faudrait ajouter Démétrios de Phalère [➳D 54], originellement appelé aussi Phanos).

Sur les "pythagoristes" de la comédie moyenne en général, voir la bibliographie signalée dans la notice consacrée à Mélanippidès (➳M 82) – lequel, contrairement à ce qui y est affirmé pour sa cité d'origine, à la lumière des analyses d'Arnott devrait maintenant être considéré Athénien plutôt que Tarentin. À cette bibliographie il faudrait ajouter **15** A. Weiher, *Philosophen und Philosophenspott in der attischen Komödie*, Diss. München 1913, p. 55-68; Burkert **9**, p. 198-201; **16** R. Hošek, «Die Gestalt des Philosophen auf der Bühne der mittleren attischen Komödie», *GLP* 13, 1991, p. 23-35; Novo Taragna **8**; Arnott **4**, p. 121-122, 579-586 et 624-641; **17** O. Imperio, «La figura dell'intellettuale nella commedia greca», dans Anna Maria Belardinelli *et al.* (édit.), *Tessere. Studi e commenti sulla commedia greca*, coll. «Studi e commenti»12, Bari 1998, p. 43-130, aux p. 122-123.

CONSTANTINOS MACRIS.

97 PHANOSTRATE DE TRALLES   Iᵃ

Académicien inconnu (Philod., *Acad. hist.*, col. XXXVI 13), disciple de Charmadas (➳C 100). *Cf.* T. Dorandi (édit.), *Filodemo: Platone e l'Academia*, p. 82 et 252. Il faut corriger, comme l'a proposé Bücheler, l'ethnique Τραχιανός du papyrus en Τραλλιανός.

TIZIANO DORANDI.

98 PHANTÔN DE PHLIONTE *RE*   IVᵃ

Avec Dioclès (➳D 116), Échécratès (➳E 5) et Polymnastos (➳P 244), Phantôn (répertorié dans **1** W. Pape et G. Benseler, *Wörterbuch der griechischen Eigennamen*, t. II, p. 1600, et dans le **2** *LGPN*, t. III A, p. 444) appartient au "quatuor" des pythagoriciens de Phlionte qu'Aristoxène de Tarente (➳A 417) présentait (en compagnie de Xénophilos de Chalcidique, en Thrace) comme ayant fait partie des *derniers* pythagoriciens, qu'il aurait connus personnellement; voir les fr. 18-19 Wehrli = [a] Diog. L. VIII 46 = **3** DK 44 A 4, et [b] Jamblique, *V. pyth.* 35, 251, p. 135, 3-6 Deubner = **3** DK 52 A 1, t. I, p. 442, 28-30, où ils sont qualifiés de σπουδαιότατοι (= des plus sérieux, des plus zélés ou des plus importants). Les noms des quatre Phliasiens figurent également dans le catalogue des pythagoriciens de Jamblique (*V. pyth.* 36, 267, p. 146, 6 Deubner = **3** DK 58 A, t. I, p. 447, 14 - 448, 1), qui semble lui aussi remonter à Aristoxène de Tarente. La plus grande partie de ces témoignages ont été rassemblés par DK **3** sous le n° 53, et repris (avec trad. ital.) par **4** M. Timpanaro Cardini, *I Pitagorici. Testimonianze e frammenti*, t. II, Firenze 1962, p. 426-429. *Cf.* encore **5** K. von Fritz, art. « Phanton », *RE* XIX 2, 1938, col. 1790.

Sur la forme du nom de Phantôn, *cf.* **6** Fr. Bechtel, *Die historischen Personennamen*, p. 442 (le Φάντων recueilli par Bechtel est justement le pythagoricien de Phlionte).

Le synchronisme avec la jeunesse d'Aristoxène (*ca* 375 - 315/305) situe Phantôn et ses compatriotes vers le milieu du IVe s. av. J.-C., c'est-à-dire environ neuf ou dix générations après Pythagore ; *cf.* **7** D. Nails, *The People of Plato*, p. 138 (Échécratès, membre du groupe des Phliasiens, serait actif entre 399 et le milieu du IVe s.). La datation donnée par Diodore de Sicile (XV 76, 4) pour les derniers pythagoriciens est similaire, mais légèrement antérieure : Ol. 103, 3 = 366/365 av. J.-C.

Ces pythagoriciens, que Diogène Laërce présente comme des auditeurs de deux autres membres de la secte appartenant à la génération précédente, à savoir Philolaos de Crotone (☞P 143) et Eurytos de Tarente (☞E 150), auraient conservé jusqu'à la fin les doctrines et les coutumes originelles de leur école en voie d'extinction.

Selon Diogène Laërce III 6, Platon aussi, peu après l'âge de 28 ans, serait parti en Italie pour rencontrer ces mêmes maîtres pythagoriciens, Philolaos et Eurytos ; *cf.* **8** A. Swift Riginos, *Platonica : the anecdotes concerning the life and the writings of Plato*, Leiden 1976, p. 62-63 ; **9** H. Dörrie, *Der hellenistische Rahmen des kaiserzeitlichen Platonismus. Bausteine 36-72. Text, Übersetzung, Kommentar*, coll. « Der Platonismus in der Antike », 2, Stuttgart/Bad Cannstatt 1990, section n° 65, aux p. 174-175 et 450-451 ; **10** L. Brisson, « Diogène Laërce, *Vies et doctrines des philosophes illustres*, livre III : structure et contenu », dans *ANRW* II 36, 5, Berlin 1992, p. 3619-3760, à la p. 3641.

Appendice : une communauté pythagoricienne à Phlionte ? Avec Thèbes, Phlionte semble avoir été une sorte de refuge pour les pythagoriciens après les *staseis* qui éclatèrent contre eux en Italie du Sud et l'exode massif qui suivit vers la Grèce continentale. Pour une discussion d'ensemble sur la réalité historique d'une communauté pythagoricienne à Phlionte, voir **11** Fr. Prontera, « Gli "ultimi" pitagorici : contributo per una revisione della tradizione », *DArch* 9-10, 1976-1977, p. 267-332 (notamment aux p. 308-311), qui reste sceptique ; état de la question dans **12** Br. Centrone, notice « Échécratès de Phlionte », E 5, *DPhA* III, 2000, p. 53-54.

À côté de la tétrade de pythagoriciens phliasiens évoquée ci-dessus, parmi les membres de ce groupe il faudrait sans doute compter aussi Échécrateia de Phlionte (☞E 4), fille ou sœur d'Échécratès, qui figure dans le catalogue de Jamblique parmi les femmes pythagoriciennes (*V. pyth.* 36, 267, p. 147, 3 Deubner).

Ce groupe fut apparemment en contact avec le cercle de Socrate ; *cf.* **13** J.-L. Périllié, « Introduction. Le silence de Platon », dans **14** *Id.* (édit.), *Platon et les Pythagoriciens. Hiérarchie des savoirs et des pratiques : musique – science – politique*, Bruxelles 2008, p. 7-39, aux p. 14 et 27-28.

Axiothéa (☞A 517), une femme de Phlionte ayant vécu un peu plus tard et fréquenté l'Académie en tant que disciple de Platon, puis de Speusippe (voir Diogène Laërce, III 46 et IV

2), semble avoir fait partie de la même communauté, ainsi que Lasthéneia de Mantinée (➹L 22) (ville située aussi en Arcadie, comme Phlionte), qui figure parmi les pythagoriciennes du catalogue de Jamblique (*V. pyth.* 36, 267, p. 147, 2 Deubner) ; voir **15** T. Dorandi, « Assiotea e Lasteneia : due donne all'Accademia », *AATC* (n.s.) 54, 1989, p. 51-66. On serait donc en présence de deux personnes originellement rattachées au pythagorisme qui seraient passées par la suite dans l'Académie, peut-être via le cercle socratique.

Le fait que le *Phédon* se déroule à Phlionte pourrait être interprété comme un hommage symbolique de Platon au pythagorisme, notamment aux théories de la secte sur l'immortalité de l'âme ; voir **16** D. Sedley, « The *dramatis personae* of Plato's *Phaedo* », dans T. Smiley (édit.), *Philosophical dialogues. Plato, Hume, Wittgenstein. Dawes Hicks Lectures on Philosophy,* coll. « Proceedings of the British Academy » 85, Oxford/New York 1995, p. 3-26 (qui reste réservé) ; Périllié **13**, p. 27-28 et 30-31 ; **17** J. Figari, « L'âme-harmonie dans le *Phédon* : une théorie pythagoricienne ? », dans Périllié **14**, p. 117-141. (D'ailleurs, selon **18** Th. Ebert, « Sokrates als Pythagoreer und die Anamnesis in Platons *Phaidon* », *AAWM/GS* 1994 / 13, Stuttgart 1994, dans ce dialogue même Socrate serait stylisé comme pythagoricien et exposerait des thèses pythagoriciennes).

Les traditions (a) prétendant que le père de Pythagore serait originaire de Phlionte (Diog. L. VIII 1) ou (b) situant dans cette même cité la création du néologisme φιλόσοφος par Pythagore, face au tyran Léon (Diog. L. VIII 8), pourraient dériver des cercles pythagoriciens de Phlionte. Sur [b] et son possible noyau historique originel, voir maintenant **19** Chr. Riedweg, « Zum Ursprung des Wortes "Philosophie" oder Pythagoras von Samos als Wortschöpfer », dans A. Bierl, A. Schmitt et A. Willi (édit.), *Antike Literatur in neuer Deutung. Festschrift für J. Latacz*, München/Leipzig 2004, p. 147-181 (qui comporte un excellent état de la question et une bibliographie complète).

La déclaration ferme d'Aristoxène qu'il a connu *les derniers* pythagoriciens pourrait être une des expressions de son refus de reconnaître le caractère authentiquement pythagoricien des traditionalistes de la secte, appelés "acousmatiques", et encore moins des imitateurs du mode de vie de ces derniers, lesdits "pythagoristes", qui semblent avoir survécu aux révoltes et (au moins en partie) émigré en Grèce continentale. Pour cette ligne interprétative, voir **20** W. Burkert, *Lore and science*, p. 198 et 200 ; **21** P. Kingsley, *Ancient philosophy, mystery and magic. Empedocles and Pythagorean tradition*, Oxford 1995, p. 323-324.

CONSTANTINOS MACRIS.

99 PHAÔN   IV^a

Pythagoricien (ou plutôt πυθαγορίζων, c'est-à-dire imitateur des pythagoriciens authentiques) du IVe s. av. J.-C., évoqué par Alexis dans sa comédie *Les Tarentins*, fr. 221, t. II, p. 378 Kock = fr. 223 Kassel-Austin, *PCG* II = Athénée IV, 161 B-C = **1** DK 58 E 1, t. I, p. 479, 25-28 = **2** M. Timpanaro Cardini, *I Pitagorici. Testimonianze e frammenti*, t. III, Firenze 1964, p. 378-379. Pour une trad. fr., voir **3** A. Lukinovich, *Mélodie, mètre et rythme dans les vers d'Alexis. Le savoir-faire d'un poète comique*, Grenoble 2009, p. 255 ; pour un commentaire exhaustif, **4** W. G. Arnott, *Alexis, the fragments : a commentary*, Cambridge etc. 1996, p. 635-641 ; *cf.* aussi Lukinovich **3**, p. 255-259.

Dans ce fragment Phaôn, ainsi que d'autres personnages désignés comme *hetairoi* (Mélanippidès [➹M 82], Phanos [➹P 96] et Phyromachos [➹P 183]), deviennent objet de moquerie en raison de leur régime alimentaire extrêmement frugal. Pour une discussion détaillée de leur éventuelle origine tarentine ou athénienne, ainsi que de leur pythagorisme, voir la notice sur « Phanos » *supra*.

Le Phaôn de la comédie d'Alexis n'a pas été répertorié dans le **5** *LGPN*, ni en tant que Tarentin ni en tant qu'Athénien, alors qu'on y trouve des homonymes de lui aussi bien en Italie du Sud et en Sicile (t. III A, p. 445) qu'à Athènes (t. II, p. 443) – et ailleurs… Il est en revanche enregistré dans **6** W. Pape et G. Benseler, *Wörterbuch der griechischen Eigennamen*, t. II, p. 1606.

Dans le but de renforcer sa suggestion que Phaôn pourrait être un Athénien plutôt qu'un Tarentin, Arnott **4**, p. 640 rappelle qu'un Phaôn était mentionné aussi dans les *Mémorables* de Stratonicos le musicien comme un mauvais joueur d'*aulos* (Athénée, *Deipnosophistes* VIII, 350 E-F). Étant donné [a] les dates de Stratonicos (*ca* 390-323 selon **7** L. Zhmud, *Pythagoras and the early Pythagoreans*, Oxford 2012, fin du chap. 3.3, avec la n. 130), qui coïncident parfaitement avec celles de la composition des *Tarentins* d'Alexis (entre 345 et 320 av. J.-C. selon Arnott **4**, p. 625), [b] le fait qu'ailleurs (fr. 737 *Suppl. Hell.*) Stratonicos se moque d'un autre pythagoricien, Diodoros d'Aspendos (➭D 128), et [c] les rapports bien connus du pythagorisme avec la musique, on serait tenté d'identifier le prétendu pythagoricien ascétique évoqué dans la pièce comique avec le musicien athénien raillé par Stratonicos.

Sur les "pythagoristes" de la comédie moyenne en général, voir la bibliographie signalée dans la notice consacrée à Phanos (➭P 96).

CONSTANTINOS MACRIS.

100 PHARIANUS *RE PLRE* II: M IV

Un des compagnons d'études de l'empereur Julien, auquel ce dernier adresse de Gaule (avant 360) une lettre dans laquelle il lui recommande l'étude de la philosophie, les doctrines d'Aristote et de Platon (*Lettre* 8 Bidez).

PIERRE MARAVAL.

101 PHARNACE   I/II

Philosophe stoicien, qui intervient dans le *De facie* de Plutarque de Chéronée. Il est présenté de façon si caricaturale qu'on le considère parfois comme un personnage fictif (*cf.* H. Cherniss, *Moralia* XII, coll. *LCL,* London 1968, p. 8, et D. Babut, *Plutarque et le stoicisme,* Paris 1969, p. 249), mais il est tout à fait possible qu'il ait réellement existé. On ne peut voir une indication sur son origine dans la résonance asiatique de son nom : il est largement répandu, à l'époque, dans le monde grec.

Cf. B. Puech, «Prosopographie des amis de Plutarque», dans *ANRW* II 33, 6, Berlin 1992, p. 4868.

BERNADETTE PUECH.

102 PHÉDON D'ÉLIS *RE* 3 (Phaidôn)   F V - D IV

Disciple de Socrate, fondateur de l'«École» d'Élis. Immortalisé par le célèbre dialogue de Platon qui porte son nom, le personnage est en réalité bien mal connu, et son activité philosophique nous échappe en grande partie.

Édition des fragments et témoignages. 1 G. Giannantoni, *SSR*, III A 1-18 (vol. I, p. 487-494).

Études. 2 K. von Fritz, art. «Phaidon» 3, *RE* XIX 2, 1938, col. 1538-1542 ; **3** G. Giannantoni, *SSR*, Nota 11, vol. IV, p. 115-127 ; **4** J. Humbert, *Socrate et les* *petits Socratiques*, Paris 1967, p. 277-281 ; **5** K. Döring, « Phaidon aus Elis », dans H. Flashar (édit.), *GGP Antike*, II 1: *Sophistik, Sokrates, Sokratik, Mathematik, Medizin*, Basel 1998, § 18, p. 238-241, et p. 353 (bibliographie) ; **6** E. Zeller, *Die Philosophie der Griechen*, II 1, 5ᵉ éd., Leipzig 1922, p. 275-276 ; **7** L. Rossetti, « Ricerche sui "dialoghi socratici" di Fedone e di Euclide », *Hermes* 108, 1980, p. 183-200 ; **8** *Id.*, « "Socratica" in Fedone di Elide », *StudUrb (Ser. B)* 47, 1973, p. 364-381 ; **9** M. Montuori, « Su Fedone di Elide », *AAP*, N.S. 25, 1976, p. 27-40 ; **10** *Id.*, « Di Fedone di Elide e di Sir Kenneth Dover », *CL* 2, 1982, p. 119-122 ; **11** A. Esposito, « Alcune considerationi sullo Zopiro di Fedone », dans I. Gallo (édit.), *Contributi di filologia greca*, coll. « Quaderni del Dip. di Scienze dell'Antichità [dell'] Univ. degli Studi di Salerno » 6, Napoli 1990, p. 7-17 ; **12** I. Dellis, « Phaidon and the Elian School ? A Minor Socratic School », *Πρακτικὰ τοῦ Δ´ διεθνοὺς συνεδρίου Πελοποννησιακῶν σπουδῶν*, Athènes 1992-1993, p. 237-256 (en grec ; rés. en anglais).

Biographie. D'après les quelques lignes que lui consacre Diogène Laërce (II 105 = fr. 1), Phédon aurait été de famille noble. Fait prisonnier lors de la prise de sa patrie, il aurait ensuite été contraint de travailler dans une maison close (implicitement : comme esclave). Il réussit néanmoins à fréquenter Socrate, lequel demanda à un de ses familiers, Alcibiade (➙A 86) ou Criton [➙C 220] (Cébès [➙C 62], selon Aulu-Gelle = fr. 3), de le racheter. Dès lors il pratiqua la philosophie en homme libre, et devint l'un des chefs de file de ceux qu'on appelle socratiques (*cf.* Diogène Laërce I 19 ; II 47 ; *Souda, s.v. Φαίδων*). Il eut à son tour des disciples : son successeur Pleistanos d'Élis (➙P 201), puis Ménédème d'Érétrie (➙M 116) et Asclépiade de Phlionte (➙A 449) ; peut-être aussi Anchipyle (➙A 170) et Moschos (➙M 194) dont Diogène Laërce dit plus loin (II 126) qu'ils appartenaient à l'école de Phédon sans autre précision.

Les autres témoignages ne permettent guère de préciser les deux points importants qui restent incertains dans la relation de Diogène Laërce : sa date de naissance et les débuts de l'école d'Élis.

1) La prise d'Élis qui aurait entraîné la captivité de Phédon reste énigmatique :

a) Thucydide relate que les Athéniens ravagèrent deux jours durant le pays de Phéia en Élide en l'an 431ᵃ, mais il n'est pas question d'une prise d'Élis ni de réduction en esclavage des habitants ; cette date (pourtant retenue par Rossetti **8**) obligerait de surcroît à remonter vers 440ᵃ la naissance de Phédon, qui deviendrait alors l'aîné de Platon.

b) On ne connaît qu'un seul événement comparable, dans la période susceptible d'être prise en compte : une campagne des Spartiates, qui ont ravagé les environs de la ville d'Élis en 401-400 selon Diodore XIV 17, 4-12. Cette date, retenue par von Fritz **2**, col. 1538, et la majorité des spécialistes, est encore déplacée par les historiens modernes vers les années 400-398 (conformément à la chronologie de Xénophon, *Helléniques* III 2, 21-25). Si Phédon a été fait prisonnier et vendu comme esclave à cette occasion, il n'aurait donc eu que très peu de temps, note

Humbert **4**, p. 278, pour faire la connaissance de Socrate, mort en 399, et devenir un de ses intimes, comme le laisse entendre le dialogue de Platon : il assiste à l'entretien que le maître a avec ses disciples le jour de sa mort (*cf.* Élien, *Var. historia* I 16 = *SSR*, I C 142) ; Socrate lui caresse les cheveux, et, précise le texte, il *avait l'habitude* de le plaisanter (εἰώθει... παίζειν) sur sa chevelure (*Phédon*, 89 a-b). En outre, le rôle que Platon lui confie, celui d'être le témoin et le rapporteur fidèle d'une discussion aussi importante, exige pour être vraisemblable qu'à cette date Phédon ait été déjà rompu aux débats philosophiques.

c) A cela s'ajoute le fait, mis en avant par **13** G. Grote, *Plato, and the other companions of Sokrates,* London 1888), que les cas de prise de ville grecque suivie de la réduction en esclavage de ses habitants sont exceptionnels ; on ne cite généralement, pour cette époque, que l'exemple de Mélos, prise par les Athéniens en 416ᵃ (Thucydide V 116, 4). S'il faut ajouter foi à la version rapportée par Diogène Laërce, Phédon serait alors originaire de l'île de Mélos, et il devait avoir au maximum une quinzaine d'années (seuls les παῖδες et les femmes ont été épargnés et vendus comme esclave) ; cela situerait sa naissance entre 430 et 420, ce qui s'accorde assez bien, cette fois, avec le dialogue de Platon. La proposition de Grote a le plus souvent été contestée, notamment parce qu'elle le conduit à modifier le texte de Diogène Laërce pour faire de Phédon un Mélien au lieu d'un natif d'Élis ; elle a été reprise partiellement par Montuori **9**, qui retient la naissance à Mélos et la date de 416ᵃ, mais sans changer le texte : selon lui, Phédon a très bien pu naître ailleurs qu'à Élis, mais être désigné ensuite par le nom de cette ville en raison de l'enseignement qu'il y dispensa.

d) Pour échapper à toutes ces difficultés, l'hypothèse la plus simple est alors d'admettre, avec Humbert **4**, p. 278, Giannantoni **3**, p. 117, et d'autres, que tout ce qui concerne la servitude et l'emploi de Phédon dans la maison close relève de la légende : invention injurieuse d'ennemis des socratiques (*cf.* Épicure chez Cicéron, *De natura deorum* I 33, 93), ou histoire édifiante destinée à exalter les pouvoirs de la philosophie dans les situations les moins favorables, ce qui n'est pas sans rapport avec le peu que nous savons du contenu des écrits de Phédon.

Le seul point de repère reste alors le texte de Platon, mais son interprétation dépend du sens que l'on donne d'une part au rôle de Phédon comme rapporteur du dialogue – rôle qui ne convient pas du tout à un adolescent, on l'a dit – et d'autre part à l'épisode du jeu de Socrate avec sa chevelure : à ce sujet, on admettra avec **14** L. Robin (édit.), *Platon, Phédon, CUF,* Paris 1965, p. X et 54, (1) que Socrate ne *joue* pas avec la chevelure de Phédon, mais *plaisante* à son sujet, et (2) que cette plaisanterie signifie que, *malgré son âge*, il conserve des habitudes étrangères aux Athéniens (s'il s'agissait seulement des habitudes des jeunes gens d'Athènes, il n'y aurait pas matière à plaisanterie dans le cas où Phédon serait effectivement très jeune). On en conclura que Phédon était certes encore un homme jeune en 399, mais non un adolescent – ce qui s'accorde à la fois avec la maturité exigée par le contenu du dialogue, et avec l'hypothèse de l'origine mélienne (ci-dessus, c).

2) Quant aux débuts de l'enseignement de Phédon à Élis, nous en sommes pareillement réduits aux conjectures. Il n'est pas invraisemblable que, comme le suggère Zeller **6**, p. 276, il ait été du nombre des disciples de Socrate qui se sont réfugiés à Mégare après la mort du maître (Diogène Laërce II 106 et III 6). Il y aurait accueilli favorablement les conceptions d'Euclide (☞E 82), ce qui explique-

rait certaines affinités entre les deux écoles. Mais cette parenté n'apparaît explicitement que chez Ménédème, qui a étudié auprès de Stilpon (d'après Diogène Laërce II 126 ; sur la parenté avec l'école de Mégare, *cf.* Cicéron, *Acad. pr.* II 42, 129). Il faut en conséquence se résoudre à avouer que nous ne savons rien de l'enseignement de Phédon, en dehors du fait qu'il ait dirigé une école philosophique à Élis.

Œuvres. Le catalogue de Diogène Laërce contient cinq dialogues désignés par un nom propre :

(1) Ζώπυρος, *Zopyre*,

(2) Σίμων, *Simon*,

(3) Νικίας, *Nicias*,

(4) Μήδιος, *Médios*,

(5) Ἀντίμαχος ἢ Πρεσβύται, *Antimaque ou les Vieillards*,

ainsi que des

(6) Σκυτικοὺς λόγους, « propos *de cordonnier* » (ou *de cordonnerie*).

Seuls les deux premiers sont dits authentiques : le *Médios* est attribué tantôt à Eschine de Sphettos (➠A 71) tantôt à un Polyen que l'on a parfois identifié sans trop de raisons à Polyen de Lampsaque (➠P 242), et les *propos de cordonnier*, selon certains, seraient eux aussi d'Eschine.

La *Souda* propose une liste partiellement différente :

(1) Ζώπυρος, *Zopyre*,

(4) Μήδιος, *Médios*,

(2) Σίμων, *Simon*,

(5) Ἀντίμαχος ἢ Πρεσβύτης, *Antimaque ou le Vieillard*,

(3) Νικίας, *Nicias*,

(7) Σιμμίας, *Simmias*,

(8) Ἀλκιβιάδης, *Alcibiade*,

(9) Κριτόλαος, *Critolaos*.

Sur la foi de ces deux témoignages, auxquels s'ajoutent quelques fragments textuels (*cf.* fr. 9-11), on s'accorde à considérer comme authentiques au moins le *Zopyre* et le *Simon*.

Les informations sur le contenu de ces ouvrages sont rares, mais pas tout à fait insignifiantes. Un fragment d'une fable tirée du *Zopyre* est conservé par Aelius Théon (fr. 11) : le jeune fils du roi de Perse avait reçu en cadeau un lionceau ; élevé avec son maître, l'animal l'accompagnait partout, au point que les Perses le disaient amoureux de l'enfant. On peut supposer que cette histoire était destinée à illustrer un développement sur l'éducation : si celle-ci est capable de modifier la nature d'un animal sans raison, on est en droit d'en attendre des résultats plus spectaculaires encore quand il s'agit d'êtres raisonnables. Cette hypothèse invite à faire remonter au même dialogue une autre anecdote qui met directement en scène le physiognomoniste Zopyre, mais sans référence à Phédon (elle est rapportée notamment par Cicéron, *De fato* 10 ; *Tusculanes* IV 37, 80 ; et par Alexandre d'Aphrodise, *De fato* 6) : le physiognomoniste prétendait déduire le caractère d'un homme d'après son apparence physique, notamment d'après les traits du visage et la forme du crâne ; en présence de Socrate qu'il ne connaissait pas, il aurait déclaré que ce dernier était à la fois sot et vicieux ; comme l'assistance se répandait en moqueries, Socrate aurait alors pris la défense de Zopyre en affirmant que sa nature était bien telle, mais qu'il l'avait améliorée grâce à la raison, l'instruction, la philosophie (selon les versions). – Un passage de l'empereur Julien, qui contient une idée semblable, pourrait lui aussi ressortir au même ouvrage, bien que certains préfèrent l'attribuer au *Simon* : Phédon estimait, écrit Julien, qu'il n'y a rien d'incurable pour la philosophie ; elle permet de se défaire de tout genre de vie et de toutes passions, et cela ne vaut pas seulement pour l'homme doué d'un bon naturel et bien élevé, ce qui n'aurait rien d'extraordinaire (*Lettres* 82, 445a).

Le contenu du *Simon* est beaucoup plus incertain. Le personnage ainsi désigné, un cordonnier philosophe, pourrait être une création de Phédon, même si rien n'interdit d'admettre qu'un individu de ce nom ait existé : Diogène Laërce lui consacre en effet une notice (II 122-124 ; voir **15** M.-O. Goulet-Cazé, dans la traduction collective de *Diogène Laërce*, Paris 1999, livre II, n. 3, p. 313 et n. 13, p. 365), et on le retrouve dans les *Lettres socratiques* 12 et 13 (apocryphes, comme on sait). Il est difficile de décider si tout ce qui est rapporté de Simon dans la littérature antique vient, directement ou indirectement, du dialogue de Phédon (*cf.* Döring **5**, p. 240-241), mais c'est une hypothèse assez largement admise depuis **16** U. von Wilamowitz-Möllendorff, « Phaidon von Elis », *Hermes* 1879, p. 187-193, *Nachtrag*, p. 476-477, et l'on a par suite tenté de tirer parti des deux *Lettres socratiques* pour approcher le contenu de ce dialogue.

Dans la 12ᵉ *Lettre*, Simon écrit à Aristippe (☛A 356) qu'il a appris que ce dernier l'aurait dénigré auprès de Denys, en se moquant de sa sagesse de cordonnier ; il lui reproche en outre de vivre dans la mollesse et d'être infidèle ainsi à l'enseignement de Socrate ; il en appelle à Antisthène (☛A 211), et pour finir recommande à Aristippe de se souvenir de la faim et de la soif, choses importantes pour qui aspire à la tempérance. Dans la 13ᵉ, Aristippe assure à Simon que ce n'est pas lui, Aristippe, mais Phédon qui se moque de lui en le déclarant plus sage que Prodicos (☛P 296), lequel aurait reconnu que Simon avait réfuté son *Éloge d'Héraclès* (*cf.* Xéno-phon, *Mém.* II 1, 21 *sq.*) ; Aristippe poursuit en lui exprimant son admiration pour avoir attiré à lui, un cordonnier, les meilleurs des jeunes Athéniens ; par ailleurs, lui-même, Aristippe, parce qu'il porte des chaussures, est un allié du cordonnier tandis qu'Antisthène et les siens font du tort à son art en marchant pieds nus. Si l'on a raison de faire remonter la substance de ces *Lettres* au dialogue de Phédon, ce dernier aurait fait du cordonnier une sorte de Socrate proche d'un cynisme modéré, incarnation d'une vertu simplement humaine opposée à la vertu plus farouche d'un Antisthène ou à celle de l'Héraclès de Prodicos. Le *Simon* confirmerait aussi l'enseignement du *Zopyre* quant à la supériorité de l'éducation philosophique sur la naissance et le statut social.

Sur les autres titres, nous en sommes réduits aux conjectures.

Le *Nicias* se rapporte apparemment à l'homme politique athénien du Vᵉ s. ; dans ce cas, il pourrait s'agir du même dialogue que celui que Plutarque mentionne (sans titre) dans sa *Vie de*

Nicias 4, mais qu'il attribue à Pasiphon (➙P 51), un auteur de l'École d'Érétrie accusé par ailleurs d'être un faussaire (Diogène Laërce II 61 ; *cf.* Goulet-Cazé **15**, p. 362 n. 5).

Pour le *Médios* (ou *Médeios*), les textes de Diogène Laërce et de la *Souda* portent Μήδιος, compris comme *Le Mède* ; la correction en Μήδειος, généralement acceptée parce qu'elle substitue un nom propre individuel à celui d'un peuple et rend la liste homogène, ne paraît pas nécessaire puisque Μήδιος est aussi un nom d'homme (un Μήδιος de Larissa en Thessalie, contemporain de Phédon, est mentionné par Aristote).

Pour l'*Antimaque*, on connaît un Antimaque de Colophon, poète épique et grammairien, contemporain de Phédon.

Quant aux titres qui ne figurent que dans la *Souda*, Simmias, comme on sait, est un des principaux interlocuteurs du *Phédon* de Platon ; Diogène Laërce lui consacre une courte notice en II 124. Alcibiade (➙A 86) est assez connu par ailleurs. Critolaos est impossible à identifier.

Les σκυτικοὶ λόγοι (D. L. II 105), eux, *Propos de cordonnier* ou *de cordonnerie*, posent un autre problème. D'après Diogène Laërce II 122, on a appelé σκυτικοὶ διάλογοι les dialogues rédigés par le cordonnier Simon à partir des entretiens de Socrate avec ses amis tenus dans la boutique du cordonnier ; il s'agirait donc (*cf.* Giannantoni **3**, p. 120) de textes écrits par un cordonnier, et non de dialogues ayant un cordonnier comme interlocuteur. On voit mal, dans ce cas, comment Phédon ou Eschine (*Souda, s.v.* Αἰσχίνης, Αι 346) auraient pu écrire des σκυτικοὶ διάλογοι. A moins de supposer que les λόγοι de D. L. II 105 se distinguent des διάλογοι mentionnés en D. L. II 122 (et figurant par erreur dans la *Souda* pour Eschine) et désignent un recueil des sentences d'un cordonnier, recueil qu'on a pu alors attribuer avec quelque vraisemblance à l'auteur du *Simon*. – Une autre solution consiste à corriger, à la suite de Ménage, σκυτικοὶ en σκυθικοὶ, ce qui renverrait cette fois aux propos d'un Scythe, par exemple Anacharsis [➙A 155] (dont Diogène Laërce rapporte les dits en I 103-105). Sur ces σκυτικοὶ λόγοι, voir également **17** M.-O. Goulet-Cazé, «Les titres des œuvres d'Eschine chez Diogène Laërce», dans J.-C. Fredouille *et alii* (édit.), *Titres et articulations du texte dans les œuvres antiques*, «Collection des Études Augustiniennes – Série Antiquité» 152, Paris 1997, p. 167-190, notamment p. 187-188.

Un dernier fragment d'origine inconnue nous a été transmis par Sénèque, *Epist.* 94, 41 : de même qu'on ne sent pas les piqûres de certains petits insectes dont les effets ne se manifestent qu'après coup, de même la fréquentation des sages produit une action bienfaisante petit à petit, sans qu'on s'en aperçoive au début.

Ces divers témoignages confirment que l'enseignement de Phédon était avant tout, sinon exclusivement, de nature morale (*cf.* Thémistius, *Or.* XXXIV 5 = *SSR* IV A 166), et que la question des bienfaits d'une éducation philosophique y occupait sans doute une place importante. L'affirmation selon laquelle sa doctrine était proche de celle des mégariques (*cf.* Zeller **6**, p. 275) ne repose sur aucune donnée convaincante. Le fait que Timon nomme Phédon à côté d'Euclide et le traite de « bavard » (Diogène Laërce II 107 = fr. 13) ne suffit pas à faire de lui un éristique. Quand Cicéron évoque à la suite l'exemple du mégarique Stilpon et l'anecdote de la rencontre entre Zopyre et Socrate (*De fato* 10), il choisit deux exemples topiques pour sa thèse, mais il n'entend sûrement pas identifier deux conceptions morales (et ce d'autant moins que Phédon n'est pas nommé). Ce qui a suggéré le rapprochement, ce sont les tendances éristiques qui apparaissent ensuite dans l'École d'Érétrie avec Ménédème, dans la mesure où ces philosophes sont considérés comme les continuateurs de l'École d'Élis (Diogène Laërce II 105 et 126) ; mais rien n'autorise à attribuer ces tendances à Phédon.

Cf. 18 Sophia Zoumbaki (Σοφία Β. Ζουμπάκη), *Prosopographie der Eleer bis zum 1. Jh. v. Chr.,* coll. «Μελετήματα – Αθήνα Κέντρον Ελληνικής και Ρωμαϊκής Αρχαιότητος. Εθνικόν Ίδρυμα Ερευνών» 40, Paris 2005, p. 350-351, n° Φ 3 (les trois références à Phédon chez Aelius Théon concernent en réalité le *Phédon* de Platon, et le *Phèdre* du même Platon). Voir aussi **19** D. Nails, *The People of Plato,* p. 231.

ROBERT MULLER.

103 PHÉDON DE POSEIDONIA

Pythagoricien ancien dont le nom figure dans le catalogue de Jamblique (*V. pyth.* 36, 267, p. 145, 10 Deubner = **1** DK 58 A, t. I, p. 447, 6), qui semble remonter à Aristoxène de Tarente. Il est répertorié dans **2** W. Pape et G. Benseler, *Wörterbuch der griechischen Eigennamen,* t. II, p. 1593, ainsi que dans le **3** *LGPN,* t. III A, p. 442.

CONSTANTINOS MACRIS.

104 PHÉDON L'ARIEN *RE* 2   IV

Philosophe dont l'*Histoire Ecclésiastique* du Pseudo-Gélase de Cyzique rapporte longuement (II 14-24, *GCS, N.F.* 9, p. 50-82 Hansen), sous forme de questions et de réponses, le débat qu'il aurait eu avec plusieurs évêques membres du concile de Nicée de 325. Comme Arius, le philosophe défend l'unité divine.

PIERRE MARAVAL.

105 PHÉDONDAS (Φαιδώνδας) DE THÈBES *RE*   V[a]

Platon mentionne dans le *Phédon* (59 c), parmi les « étrangers (ξένοι) » présents lors des derniers moments de Socrate, un Φαιδώνδης ou Φαιδωνίδης dont on ne sait rien par ailleurs : il n'existe pas d'autre indice de son origine thébaine que la mention de son nom par Platon juste après celle de « Simmias le Thébain et Cébès (☞C 62) ». Si l'on s'accorde à penser que c'est lui que mentionne Xénophon parmi les « disciples (ὁμιληταί) » de Socrate (*Mem.* I 2, 48), c'est en dépit de l'incertitude qui règne sur l'orthographe même de son nom : les manuscrits platoniciens se divisent entre les deux mentionnées ci-dessus, alors que chez Xénophon la majorité des manuscrits donnent Φαιδώνδης, à l'exception du *Parisinus graecus* 1740 où on lit Φαιδώνδας. Un Φαιδώνδας figure également dans le catalogue des œuvres de Démétrius de Phalère (☞D 54) transmis par Diogène Laërce (V 81), mais notre ignorance totale du contenu de cet ouvrage fait qu'on ne peut savoir s'il se rapporte au socratique mentionné par Xénophon et peut-être aussi par Platon.

MICHEL NARCY.

PHÉDONDÈS → PHÉDONDAS

PHÉDONIDÈS→ PHÉDONDAS

106 PHÈDRE DE MYRRHINONTE *RE* 7   F V^a-D IV^a

Phèdre de Myrrhinonte, fils de Pythoclès, est mentionné dans trois dialogues de Platon : le *Protagoras*, le *Banquet* et le *Phèdre* (auquel il donne son nom).

Dans le *Protagoras* (315 b-c), dont on situe l'action en 433/432, Phèdre compte parmi les auditeurs d'Hippias d'Élis [➣H 145] (*cf. Phèdre* 267 b) ; il se trouve déjà, il faut le noter, en compagnie d'Éryximaque (➣E 59), le fils d'Acoumène (*Phèdre* 268a). Si l'on tient les auditeurs des sophistes pour des adolescents, on est amené à penser que Phèdre est alors âgé de 18 ans environ ; il serait donc né vers 450^a.

L'entretien rapporté dans le *Banquet* est censé avoir eu lieu le lendemain du jour où Agathon sacrifia aux dieux en reconnaissance du prix qui lui avait valu sa première tragédie. C'était, si on en croit Athénée (*Deipnosophistes* V, 217 a), fin janvier, début février 416^a. Or, c'est Phèdre, alors âgé de 34 ans environ qui, par la bouche d'Éryximaque, propose de prendre Éros pour thème de discussion (*Banquet* 177 d-e). Voilà d'ailleurs pourquoi, c'est lui qui prononce le premier éloge d'Éros (*Banquet* 178 a-180 b, *cf.* 177 e-178 a), tenu par lui pour le dieu le plus ancien.

L'image qui est donnée de Phèdre dans le *Banquet* correspond à celle qui en est donnée dans le *Phèdre*.

(a) Phèdre se préoccupe de mythologie, et il s'intéresse en priorité à Éros (*Banquet* 177 a-e). Dès lors, on comprend que, dans le *Phèdre* (229 c), il montre de l'intérêt pour l'interprétation allégorique des mythes qui était alors en vogue.

(b) Son éloge d'Éros (*Banquet* 178 a-180 b) témoigne d'une excellente connaissance de l'art oratoire et d'une remarquable maîtrise de ses règles. Les références à divers auteurs dénotent une bonne érudition littéraire. La chose n'a rien de surprenant, car les premières lignes du *Phèdre* décrivent un Phèdre qui suit l'enseignement de Lysias (➣L 94). Même si cet enseignement est donné dans la maison d'un particulier (*Phèdre* 227 b), il semble bien qu'il s'agisse là d'une véritable leçon d'école consistant en une lecture et un commentaire d'un discours composé par un maître pour un auditoire d'élèves ; Phèdre se plaint d'avoir « passé plusieurs heures d'affilée au levée du jour » avec le maître. De surcroît, c'est bien la description d'un cours que suggère Socrate, quand il imagine l'attitude de Phèdre face à Lysias (*Phèdre* 228 a-b). Et si Phèdre se prétend capable d'exposer « de façon sommaire point par point à peu près tout ce qu'a dit Lysias » (*Phèdre* 228 d), c'est sûrement parce qu'il s'est efforcé de mémoriser le discours de Lysias, mais c'est probablement aussi le fruit du commentaire fait par Lysias en personne du discours qu'il a composé et dont il vient de faire la lecture. Cela dit, dans le *Phèdre*, Phèdre est présenté comme un disciple peu enclin à penser la rhétorique en des termes qui ne soient pas exactement ceux de Lysias ou d'autres spécialistes en la matière (*Phèdre* 259 e-260 a ; 273 a).

(c) Par ailleurs, Phèdre semble très préoccupé par sa santé (*Banquet* 176 d, 223 b). Il est, comme on l'a dit, l'ami d'un médecin, Éryximaque (*Banquet* 177 a-e ; *Phèdre* 268 a), dont le père, Acoumène, est lui aussi médecin ; aussi est-il naturel qu'il connaisse la doctrine d'Hippocrate (➤H 152) (*Phèdre* 270 c). Si, au début du *Phèdre*, il rencontre Socrate, c'est que, pour des raisons médicales et sur les conseils d'Acoumène, il se promène sur les grands chemins (*Phèdre* 227 a) ; et le fait qu'il soit pieds nus (*Phèdre* 229 a) s'explique aussi probablement par une prescription médicale. Il craint la chaleur excessive. Il connaît les coins où il y a de l'ombre (*Phèdre* 229 a-b) ; et il ne veut pas se remettre en route avant que la chaleur ne se soit apaisée (*Phèdre* 242 a, 279 b).

(d) On sait maintenant avec certitude (voir *IG* I^2 325) que Phèdre fut du nombre de ceux qu'on accusa s'avoir profané les Mystères d'Éleusis. En 415[a], un métèque du nom de Teucros vint, après s'être assuré de l'impunité, dénoncer, devant le Conseil, un certain nombre de gens dans le cadre de deux affaires, l'une relative à une parodie des Mystères d'Éleusis à laquelle il avait lui-même pris part, et l'autre relative à la mutilation des Hermès, la veille du départ de l'expédition athénienne contre la Sicile. Mis en cause, Phèdre put s'enfuir avec ses complices. Mais ses biens furent confisqués et le loyer d'une maison et d'un terrain qu'il possédait dans son dème natal fut perçu par la cité. Cela pourrait expliquer l'importance des allusions aux Mystères dans le *Banquet* et dans le *Phèdre*. Cela nous permet en outre de comprendre deux allusions de Lysias à Phèdre. Dans son plaidoyer *Sur les biens d'Aristophane* [XIX] 15, Lysias nous apprend que, quant il épousa sa cousine, Phèdre «était un homme pauvre, mais qui ne l'était pas devenu par sa faute». Ce mariage dut avoir lieu après le retour d'exil de Phèdre à Athènes, que permit la grande amnistie qui suivit l'arrivée au pouvoir des démocrates conduits par Thrasybule en 403[a]. Par ailleurs, à une date indéterminée, qu'il faut situer de toute façon entre 409[a] et 401[a], un certain Diogiton (*Contre Diogiton* [XXXII] 14 déménagea pour aller s'installer dans la maison de Phèdre.

On ne sait pas quand mourut Phèdre. Le fait qu'il ne se trouve pas parmi ceux qui assistent aux derniers moments de Socrate ne prouve pas qu'il soit mort avant 399[a].

Cf. *PA* 13960, 13950, 13951 ; *APF* 5951 ; *LGPN* II 19, 1 ; D. Nails, *The People of Plato,* p. 232-234 ; L. Brisson, *Platon, Phèdre.* Traduction inédite, introduction et notes, coll. *GF* 488, Paris 1989, 2004, Introduction, p. 19-22.

LUC BRISSON.

107 PHÈDRE D'ATHÈNES *RE* 8 II-I

Philosophe épicurien.

Biographie. Phèdre, membre d'une grande famille athénienne du dème des Bérénicides, éphèbe en 119/8, naquit vers 138 (*cf.* **1** T. Dorandi, « Lucrèce et les Épicuriens de Campanie », dans K. Algra, M. Koenen et P. Schrijvers [édit.], *Lucretius and his Intellectual Background*, Amsterdam 1997, p. 35-48, et **2** M. Haake, *Der Philosoph in der Stadt*, München 2007, p. 159-166). Il était vraisemblablement à Athènes en 94[a], mais ne l'était plus en 88[a], lors de la prise du pouvoir par Athénion [➤A 485] (**3** J.-L. Ferrary, *Philhellénisme et Impérialisme*, Paris

1988, p. 446 n. 39). Il s'était rendu à Rome et avait eu l'occasion d'y connaître Cicéron (➤C 123), T. Pomponius Atticus (➤A 505), Lucius et Appius Saufeius. Il revint à Athènes après la reconquête de la ville par Sylla et y était, en tout cas, en 79ᵃ. Il fut élu à la direction du Jardin déjà âgé, à la mort de Zénon de Sidon. On suppose qu'il est mort vers 70ᵃ.

Grâce à plusieurs inscriptions, on peut reconstituer l'arbre généalogique de sa famille. Il était petit-fils d'Agathoclès du dème des Bérénicides, fils de Lysiadès, sans doute l'archonte éponyme de 149/8, frère d'un certain Callithéos, et le père d'au moins deux enfants : Lysiadès et Chrysothémis. Les inscriptions relatives à Phèdre sont répertoriées dans **4** J.S. Trail, *Persons of Ancient Athens,* t. XVII, Toronto 2008, p. 50-51 (n° 912450) ; elles sont présentées et commentées par **5** A. E. Raubitschek, « Phaidros and his Roman pupils », *Hesperia* 18, 1949, p. 96-103 ; **6** R. Koch, *Comment peut-on être dieu ? La secte d'Épicure,* coll. « L'Antiquité au présent », Paris 2005, dans son dossier épigraphique ; Haake **2**, p. 159-166.

Des hermès ou des statues de Phèdre avaient été dédiées sur l'Agora et l'Acropole par Appius Saufeius, Lucius Saufeius et Titus Pomponius Atticus. Une base regroupait les statues de Lucius Saufeius, d'Appius Saufeius et de Phèdre. Ces inscriptions présentent Phèdre comme le καθηγητής de ces élèves romains.

Lysiadès du dème des
Bérénicides
|
Agathoclès, épimélète aux
Dionysia de 186/5 (*IG* II²,
896, li. 42-43)
|
Lysiadès, archonte éponyme
de 149/8 (*IG* II², 1938, li. 1,
etc.)
|

Callithéos, épimélète vers 130ᵃ (*IG* II² ; 1939 li. 52), *hippeus* en 2128/7 (*Fouilles de Delphes* III 2, 27, li. 39)	Phèdre, éphèbe en 119/8 (*IG* II², 1008, li. 125), honoré par des statues en 78ᵃ (*IG* II², 3897 et 3899)
Lysiadès (*IG* II² 3513, li. 9) archonte éponyme de 51/0 (*IG* II², 1046, li. 25 ; 1713 li. 21)	Chrysothémis (*IG* II², 3513, li. 2 et 13)

Arbre généalogique de la famille de Phèdre (d'après Raubitschek **5**, p. 97)

Lysiadès (*RE* 5), le fils de Phèdre, fut l'archonte athénien de 51/50 (*RE* 3) et fut mêlé à la conjuration d'Antoine. Voir Cicéron, *Phil.* V 13 *sq.* et VIII 27.

Le fait que Zénon et Phèdre étaient à peu près contemporains et avaient enseigné tous les deux à Athènes a fait douter que les deux philosophes aient été scholarques du Jardin. **7** E. Badian, « Rome Athens and Mithridates », *AJAH* 1,

1976, p. 126 n. 43, a proposé d'exclure Zénon, Glucker (**8** J. Glucker, *Antiochus and the Late Academy*, Göttingen 1978, p. 103 n. 19 et 132), au contraire, Phèdre. Mais le scholarcat de Zénon est confirmé par un passage du deuxième livre de la *Rhétorique* de Philodème (Philod., *Rhet.* II, *PHerc.* 1674, col. LVI 18-21 = Zeno. Sid., fr. 19 Angeli-Colaizzo : τοῦ σχολάζοντος Ἀθήνησιν ἀνδρός, correctement interprété par **9** A. Angeli et M. Colaizzo, « I frammenti di Zenone Sidonio », *CErc* 9, 1979, p. 49-50, et Ferrary **3**, p. 445-447) et par un extrait du *De natura deorum* de Cicéron (I 21, 59 = Zen. Sid., fr. 6 Angeli-Colaizzo). Le cas de Phèdre est plus complexe. On n'a déduit qu'il a été scholarque qu'à partir du témoignage de Phlégon de Tralles qui indique que Patrôn (☛P 60) a succédé (διεδέξατο) à Phèdre : καὶ Φαῖδρον τὸν Ἐπικούρειον διεδέξατο Πάτρων (Phlég. Trall. = *FGrHist* 257 F 12 § 8). Toutefois Glucker a objecté que Phèdre était plutôt un καθηγητής, un "maître privé" à Athènes (Glucker **8**, p. 127-134), alors que Zénon était le vrai chef de l'école. Atticus avait préféré les cours de Phèdre à ceux de Zénon, de la même façon que L. Licinius Crassus (☛C 198) avait choisi Charmadas (☛C 100) plutôt que Clitomaque (☛C 149) qui était scholarque. Ces objections ne me semblent pas exclure la possibilité qu'à la mort de Zénon, Phèdre ait été nommé scholarque du Jardin pour les dernières années de sa vie. Il est difficile de comprendre les raisons pour lesquelles on aurait choisi Phèdre. On a supposé (Ferrary **3**, p. 480) que les rapports étroits de Phèdre avec la société romaine et son appartenance à une grande famille athénienne avaient fait juger qu'il était la personne idéale pour sauver le Jardin de la déchéance après la chute d'Aristion (☛A 355). Mais il convient, de toute façon, de remarquer que Phèdre n'a pu succéder à Zénon que vers 75ᵃ, c'est-à-dire onze ans après la mort d'Aristion.

Œuvre et doctrine. On ne connait presque rien de la pensée de Phèdre. Cicéron nous apprend qu'il avait composé un traité de théologie (*Att.* XIII 39, 2) et avait enseigné, selon les règles de la doctrine épicurienne, de s'abstenir de participer à la vie politique (*Att.* XVI 7, 4).

On n'a pas encore trouvé de reponse satisfaisante à la question de savoir si Cicéron avait utilisé le traité *Sur les dieux* de Phèdre pour la composition du livre I du *De natura deorum* (voir **10** D. Obbink, *Philodemus On Piety. Part 1*, Oxford 1996, p. 22, 96, et **11** K. Summers, « The books of Phaedrus requested by Cicero (*Att.* 13, 39) », *CQ* 47, 1997, p. 309-311).

TIZIANO DORANDI.

108 PHÉNIX DE COLOPHON (Φοῖνιξ) *RE* Phoinix 6   IIIᵃ

Poète iambique, influencé par les thèmes de la philosophie cynique.

Biographie. Seul un détail conservé par Pausanias I 9, 7 comporte une allusion biographique :

Διέβη δὲ καὶ ναυσὶν ἐπὶ τὴν Ἀσίαν καὶ τὴν ἀρχὴν τὴν Ἀντιγόνου συγκαθεῖλε. Συνῴκισε δὲ καὶ Ἐφεσίων ἄχρι θαλάσσης τὴν νῦν πόλιν, ἐπαγαγόμενος ἐς αὐτὴν Λεβεδίους τε οἰκήτορας καὶ Κολοφωνίους, τὰς δὲ ἐκείνων ἀνελὼν πόλεις, ὡς Φοίνικα ἰάμβων ποιητὴν Κολοφωνίων (Κολοφώνιον codd.) θρηνῆσαι τὴν ἅλωσιν. Ἑρμησιάναξ δὲ ὁ τὰ ἐλεγεῖα γράψας οὐκέτι, ἐμοὶ δοκεῖν, περιῆν· πάντως γάρ που καὶ αὐτὸς ἐπὶ ἁλούσῃ Κολοφῶνι ὠδύρατο. « Il (= Lysimaque) passa par mer en Asie et contribua à détruire l'Empire d'Antigone. Il réunit la cité actuelle d'Éphèse en la faisant aller jusqu'à la mer et il y amena des colons venus de Lébédos et de Colophon, après avoir détruit ces cités. Le compositeur d'iambes Phénix a composé un thrène sur la prise de Colophon. Hermésianax, le poète élégiaque, n'était plus en vie alors, me semble-t-il, car d'une manière ou d'une autre il aurait écrit, lui aussi, une déploration sur la prise de Colophon » (trad. Pouilloux, légèrement modifiée).

Pausanias a pu emprunter cette donnée à l'ouvrage de Nicandre de Colophon *Sur les poètes de Colophon,* dans lequel était évoqué aussi Hermésianax (*FGrHist* 271 : 2 T 7 = F 10) [*cf.* **1** Annamaria Carluccio, « Per Fenice di Colofone », *Rudiae* 7, 1995, p. 123-128].

L'événement de la refondation d'Éphèse, que Lysimaque baptisa « Arsinoé » du nom de son épouse, est daté entre 287 et 281 par **2** E. Rohde, *Der griechische Roman und seine Vorläufer,* Leipzig 1876, p. 75-77. **3** G. A. Gerhard, *Phoinix von Kolophon. Texte und Untersuchungen,* Leipzig/Berlin 1909, p. 177, s'appuyant sur la datation de Rohde et supposant que Phénix avait au moins vingt ans quand il écrivit son thrène, estimait qu'il devait être né au plus tard entre 307 et 301 (datation qui était acceptée par ex. par **4** W. Riemschneider, art. « Phoinix » 6, *RE* XX 1, 1941, col. 423). Mais **5** P. M. Fraser, *Ptolemaic Alexandria,* Oxford 1972, 1982², t. IIb, p. 883 n. 61 et p. 1030 n. 136, qui tient compte de ce que Pausanias dit à la fois de Phénix et d'Hermésianax, envisage d'abord la date de 302ᵃ pour la prise de Colophon, en se fondant sur Diodore XX 107 qui évoque une prise de Colophon par Lysimaque, mais il rejette aussitôt cette date, car si l'on comprend, comme l'indique Pausanias, qu'Hermésianax de Colophon était déjà décédé au moment de la prise de la cité en 302ᵃ, on se heurte à une incohérence. En effet, Hermésianax, dans un de ses fragments (fr. 7, li. 77 Powell), s'exprime comme si son maître Philétas de Cos était déjà mort ; or cette mort se situe *ca* 280ᵃ. Aussi Fraser estime-t-il préférable de se tourner vers une date plus tardive pour la refondation d'Éphèse et la destruction de Colophon. Rohde envisageait 287, mais il faut tenir compte d'une nouvelle inscription : « However the *terminus ante quem* for the refoundation is 289/8 (Dittenberger, Syll.³ 368, line 24, in which the city is called Ἀρσινόεια), and it probably dates from 294ᵃ (see Magie, *Roman Rule* II, p. 921, note 13, and p. 888, note 90) ». Il est contraint cependant de noter que cette date de 294ᵃ se heurte à la même difficulté que celle de 302ᵃ envisagée précédemment : Philétas, tuteur de Ptolémée Philadelphe, ne peut être mort avant 294ᵃ sans compter qu'il faudrait qu'il fût mort assez longtemps avant cette date pour permettre à Hermésianax – qui, selon cet argument, devrait lui aussi être mort avant 294ᵃ –, de renvoyer à lui en le présentant comme déjà mort. En conséquence, Fraser est amené à conclure que si Hermésianax ne s'est pas lamenté sur la prise de Colophon, ce doit être pour une autre raison que parce qu'il était déjà mort, une raison que nous ignorons. Si l'on suit Fraser, la prise de Colophon se situerait donc en 302ᵃ ou en 294ᵃ et la naissance de Phénix pas plus tard que 330ᵃ (Carluccio **1**, p. 125-126, sans plus de d'explications, date la prise de Colophon "attorno al 294-289 ovvero 287-281 a. C.").

Deux éléments peuvent aider à préciser le contexte intellectuel où évolua Phénix. Dans le fragment Ἴαμβος φοινικός, le poète s'adresse à un certain Posidippe. Il peut s'agir, comme on le pense le plus souvent (par exemple Gerhard **3**, p. 103-104 ; Fraser **5**, p. 1030 n. 136), de l'épigrammatiste Posidippe de Pella (➳P 265), qui fut honoré de la proxénie à Delphes en 276/275 et à Thermos en 263/262, et dont la période d'activité se situe dans la première moitié du IIIᵉ s. (*cf.* **6** C. De Stefani, « Posidippo e Leonida di Taranto: spunti per un confronto », dans M. Di Marco, Bruna M. Palumbo Stracca et E. Lelli (édit.), *Posidippo e gli altri. Il poeta, il genere, il contesto culturale e letterario,* Atti dell' incontro di studio, Roma, 14-15 maggio 2004 = *ARF* 6 [2004], Pisa/Roma 2005, p. 147-190, notamment p. 177-179), ou bien, hypothèse qui n'est pas complètement exclue, du poète comique Posidippe de Cassandreia (cf. 7 C. Austin et G. Bastianini [édit.], *Posidippi Pellaei quae supersunt omnia,* Milano 2002, p. 20, T *7, qui, tout en incluant le fragment de Phénix dans les témoignages de Posidippe de Pella, suggèrent qu'il pourrait revenir au poète comique). On sait, d'après la *Souda, s.v.* Ποσείδιππος, Κασανδρεύς (Π 2111, t. IV, p. 180, 9-11 Adler), que celui-ci produisait des pièces de théâtre trois ans après la mort de Ménandre (ca 293/292) et qu'il fut vainqueur à quatre reprises aux Grandes Dionysies (IG II^2 2325, li. 71). On s'est demandé en outre si Phénix avait pu être influencé par Callimaque [⯈C 22] (ca 310-240) ou s'il était un peu plus âgé que ce dernier. Pour Fraser 5, p. 1030 n. 136, Phénix – dont il situe la naissance pas plus tard que ca 330^a –, est antérieur à Callimaque : « I am not convinced of the priority of Callimachus whose earliest certain dates all belong to the seventies of the third century, about a quarter of a century after the latest possible attested date for Phoenix [à savoir la date de la prise de Colophon, en 302^a ou en 294^a selon lui »]. En revanche, 8 R. Pfeiffer, *Callimachus,* t. I, Oxford 1949, p. 161 n. 1 (fr. 191, 1), semble envisager à propos du fr. 3, 13-15 Diehl une dépendance de Phénix par rapport à Callimaque, mais il ne précise pas la raison de son choix. Carluccio 1 qui, p. 126-127, dégage les parallèles entre l'*Iambe* I de Callimaque (fr. 191 Pfeiffer) et le *Ninos* (fr. 3 Diehl) de Phénix, se range à l'avis de Fraser : « Fenice sia anteriore rispetto a Callimaco ed al suo I Giambo ».

Poèmes : Ἴαμβοι. Le poète évoqué par Athénée, *Deipnosophistes* VIII, 359 E (Φοῖνιξ ὁ Κολοφώνιος ἰαμβοποιός), X, 421 D (ὁ Κολοφώνιος δὲ Φοῖνιξ), XI, 495 D-E (Φοῖνιξ ὁ Κολοφώνιος ἐν τοῖς Ἰάμβοις) et XII, 530 E (Φοῖνιξ ὁ Κολοφώνιος ποιητής ... ἐν τῷ πρώτῳ τῶν Ἰάμβων), est à identifier sans aucun doute avec le personnage mentionné par Pausanias. Athénée XII, 530 E, emploie l'expression ἐν τῷ πρώτῳ τῶν Ἰάμβων, ce qui invite à conclure que les *Iambes* de Phénix comptaient au moins deux livres (l'interprétation fournie par 9 A. D. Knox, dans J. M. Edmonds, *Herodes, Cercidas and the Greek choliambic poets, except Callimachus and Babrius,* Cambridge/London 1929, p. 243 n. 1, selon laquelle l'expression renverrait au premier poème des iambes, est moins vraisemblable). Le mètre employé par Phénix est le choliambe dont il faut rechercher l'origine dans la poésie d'Hipponax. Riemschneider 4, col. 423, présente la langue de Phénix comme « frisch und lebendig » avec des réminiscences d'Hipponax que l'on peut constater en regardant l'apparat de l'édition Diehl.

Éditions. Gerhard 3, p. 177-202 ; 10 E. Diehl, *Anthologia lyrica Graeca*^{3} [1re éd. 1924], fasc. 3 *Iamborum scriptores,* coll. BT, Leipzig 1952, p. 124-130, suivi aux pages 131-136, de l'anonyme Κατ' αἰσχροκερδείας ; 11 J. U. Powell, *Collectanea Alexandrina,* Oxford 1925, p. 231-236 [repr. Chicago 1981] ; Knox 9, p. 242-262 (édition avec tr. anglaise, reprise à l'identique dans 12 J. Rusten, I. C. Cunningham et A. D. Knox [édit.], *Theophrastus Characters. Herodas Mimes. Cercidas and the Choliambic Poets,* coll. LCL, Cambridge Mass./London 1993, p. 459-478) ; 13 J. A. Martín García, *Fénice de Colofón,* Tesis doctoral, Universidad Complutense de Madrid, Madrid 1981, xv-923 p. (avec tr. espagnole ; bibliographie p. 902-923) ; **14** *Id., Poesía helenística menor (poesía fragmentaria).* Introd., trad. y notas, coll. « Biblioteca clásica Gredos » 193, Madrid 1994, p. 216-224 (« Fénice de Colofón ») : introd. : 216-218 ; trad. : 218-224 (fr. 1-6).

Fragments. Voici les références des six fragments communs aux éditions Diehl, Powell et Knox :

1 D = 6 P = 3 K

2 D = 2 P = 2 K

3 D = 1 P = 1 K

4 D = 3 P = 5 K

5 D = 4 P = 6 K

6 D = 5 P = 7 K (attribué par Athénée à Phénix et dans l'édition Knox à Hipponax)

Le fr. 4 de Knox (l'épitaphe anonyme sur Lyncée) est attribué à Phénix uniquement dans l'édition Knox.

Le fragment 1 de Diehl (23 vers) intitulé Ἴαμβος φοινικός a été transmis par le PHeidelb 310. Il constitue le second de trois morceaux qui ont pu être rassemblés grâce au PHeidelb 310 du IIᵉ s. av. J.-C, au PLond 2. (155ᵛ et ss.) du IIIᵉ s. ap. J.-C. et au P. Bodl. Ms. gr. class. f. 1 (P) du IIIᵉ s. av. J.-C. (datations retenues par le CEDOPAL). Le premier de ces trois morceaux est un texte anonyme de 106 vers intitulé Κατ' αἰσχροκερδείας (*editio princeps* dans Gerhard **3**, qui considère que l'auteur est un cynique : texte p. 4-5 et commentaire p. 11-103 ; édition dans Diehl **10**, p. 131-136 ; dans Powell **11**, p. 213-219 ; dans Knox **12**, p. 446-455). Quant au troisième morceau, il s'agit d'un fragment anonyme contre la pédérastie, dont Gerhard **3**, p. 140-155, considère la teneur comme cynique également. **14** A. D. Knox, *The First Greek Anthologist with Notes on some Choliambic Fragments,* Cambridge 1923, estime, p. 3-12, que les vers iambiques contenus dans les papyrus et répartis selon ces trois morceaux faisaient partie d'une anthologie morale qui aurait été compilée par Cercidas (➙C 83) et dont l'introduction aurait été constituée par le traité Κατ' αἰσχροκερδείας qu'il attribue à ce même Cercidas. De façon générale, la suggestion de Knox a été repoussée (voir **15** M.-O. Goulet-Cazé et J. L. López-Cruces, notice « Cercidas de Mégalopolis », C 83, *DPhA* II, 1994, p. 274). Cependant l'attribution de l'anthologie à Cercidas a été considérée comme « attractive and probable » par **16** D. R. Dudley, *A History of cynicism. From Diogenes to the* 6ᵗʰ *Century A. D.,* London 1937, p. 88, et elle a été admise par **17** Q. Cataudella, « Κερκίδας ὁ φίλτατος (Gregorio Nazianzeno, *De virtute* 598) », dans *Convivium Dominicum. Studi sull'eucarestia nei Padri della Chiesa antica e Miscellanea patristica,* Catania 1959, p. 277-286 (repris dans **18** *Intorno ai Lirici greci. Contributi alla critica del testo e all'interpretazione,* Roma 1972, p. 370-377). L'attribution du fragment Ἴαμβος φοινικός à Phénix de Colophon est mise en doute par Riemschneider **4**, col. 424, au motif qu'on y trouve des expressions du registre tragique et que ce n'est pas le cas dans les autres fragments de Phénix.

Par ailleurs, une épitaphe anonyme sur Lyncée, contenue dans un papyrus de Strasbourg : PStrab. inv. WG 307, a été attribuée à Phénix par Knox **12**, p. 469 - 475 (fr. 4 dans son édition), au motif que la main est datée du milieu du IIIe s., que le mètre est identique à celui de Phénix dans PHeidelb 310, que le style, qualifié par Knox de « loose flowing repetitive style », est typique de ce que nous connaissons du poète, et – ce qu'avait déjà noté Crönert – que le Lyncée, mentionné au v. 26, est connu pour avoir écrit des lettres à Posidippe. Knox pense que si c'est Lyncée qui est mort, l'épitaphe peut avoir été écrite vers 280[a] (« for Lynceus is called a contemporary of Menander, Poseidippus being younger, or at least younger as a writer : see Suid. *s.vv.*, Ath. VIII 337d »). Cependant pour Riemschneider **4**, col. 424, on ne peut prouver que le passage est de Phénix de Colophon.

Knox **12**, p. 476-479, attribue également à Phénix (fr. 8 dans son édition) un passage qu'Athénée VII, 304B (= Hipponax fr. 39 Diehl) présente comme cité sous le nom d'Hipponax par Lysanias dans son ouvrage Περὶ ἰαμβοποιῶν. Mais il n'est pas possible de prouver que cette attribution à Phénix est correcte.

Enfin **19** D. Giordano, « P. Oxy. 2310 », *Aegyptus* 37, 1957, p. 208-218, suggère d'attribuer les 48 vers répartis en 4 poèmes contenus dans le POxy. 2310 du IIe s. ap. J.-Chr. à Phénix – ou à un autre auteur contemporain, imitateur pas toujours heureux d'Archiloque –, et non à Archiloque lui-même comme l'avait proposé **20** E. Lobel dans *The Oxyrhynchus papyri,* t. XXII, edited with translations and notes by E. Lobel, ... and C. H. Roberts, coll. « Egypt exploration society, Graeco-Roman memoirs » 31, London 1954. Les vers en question sont édités par Giordano **19**, p. 213-214.

Dans l'édition Diehl :

– (1) Ἴαμβος φοινικός [PHeidelb 310 : 23 vers], *editio princeps* par Gerhard **3**, p. 5-6, et commentaire p. 103-140. L'auteur part de la constatation faite par la sagesse populaire que des gens qui ne valent rien sont riches, tandis que d'autres, qui ont du mérite, ont faim, et il s'attache à montrer que les riches ne savent pas utiliser leurs richesses : ils possèdent des maisons magnifiques mais négligent ce qui est nécessaire à leur âme.

– (2) (Κορωνισταί) [Athen., *Deipn.* VIII, 59, 359 E : 21 vers]. Le κορώνισμα est une chanson chantée par un mendiant qui fait la quête pour la corneille (κορώνη), en demandant une poignée d'orge ou une assiette de blé ou du pain ou encore une demi-obole. Athénée explique que celui qui chante une telle chanson est un « coroniste », comme le dit Pamphile d'Alexandrie dans son ouvrage *Sur les noms,* et que la chanson s'appelle « coronisme » comme le dit Hagnoclès (Aristoclès ?) sous le mot « Coronistes ». Athénée cite 17 vers du poème, puis il écrit : καὶ ἐπὶ τέλει δὲ τοῦ ἰάμβου φησίν, après quoi il cite les quatre vers qui terminent la chanson. Ce fr. avait été édité par **21** O. Crusius, *Herondae Mimiambi, Phoenicis Coronistae, Mattii Mimiamborum fragmenta,* coll. *BT,* Leipzig 1894, p. 83-84 [repris dans *Herondae Mimiambi, novis fragmentis adjectis. Accedunt Phoenicis Coronistae, Mattii Mimiamborum fragmenta mimorum fragmenta et specimina* *varia.* Editio minor quinta aucta et correcta, Leipzig 1914, p. 92-93]. Il a fait l'objet d'éditions indépendantes récemment dans **22** W. D. Furley, « Apollo humbled : Phoenix' *Koronisma* in its Hellenistic literary setting », *MD* 33, 1994, p. 9-31 (avec texte grec, traduction, notes et commentaire), et dans **23** C. De Stefani, « Fenice di Colofone fr. 2 Diehl[3] : introduzione, testo critico, commento », *SCO* 47, 2, 2000, p. 81-121. Sur cette chanson, voir **24** C. Fauriel, *Chants populaires de la Grèce moderne*, Paris, 2 vol., 1824-1825, notamment t. I, p. CIX ; **25** W. Mannhardt, *Antike Wald- und Feldkulte,* 2. Teil, Berlin 1877, p. 244 (2. Auflage, besorgt von Dr. W. Heuschkel, 2 vol., Berlin 1904-1905) ; **26** K. Weyssenhoff, « Piosenka Wrony » (« Le chant de la corneille »), *Filomata* (Kraków) 113, 1957, p. 87-89 ; **27** G. Wills, « Phoenix of Colophon's Κορώνισμα », *CQ* 20, 1970, p. 112-118.

– (3) (Νίνος) [Athen. XII 40, 530E = 24 vers] Ninos était un roi assyrien riche et voluptueux, qui profitait à plein de la vie, passant son temps à boire, manger et aimer, et qui, après sa mort, laissa aux peuples Assyriens, Mèdes, Coraxes et Sindes un message – qui rappelle l'épitaphe de Sardanaple –, dans lequel il disait entre autres : « Moi, Ninos, autrefois, j'étais un souffle vivant (πνεῦμα) ; mais maintenant je ne suis plus rien ; je me suis fait terre (γῆ πεποίημαι) » (vv. 16-17). Ninos a conscience qu'il n'a rien pu emmener chez Hadès et que lui qui a porté la tiare n'est plus qu'un tas de cendres. Sur le texte de ce fr. et sur celui des fr. 6, 2 D[3] et 5 D[3], voir **28** C. De Stefani, « Per il testo di Fenice Colofonio », *SIFC*, terza serie 15, 1997, p. 55-64. Pour un commentaire de ce texte, voir **29** A. Barigazzi, « Fenice di Colofone e il Giambo di Nino », *Prometheus* 7, 1981, p. 22-34.

– (4) Νίνου κάδοι … [Athen. X 18, 421 D] : trois vers satiriques sur le même Ninos.

– (5) Θαλῆς γάρ … [Athen. XI 91, 495 D = 3 vers]. Phénix explique que Thalès, qui était utile grâce à sa connaissance des astres et qui était le meilleur des hommes, reçut une "pellis" (= un vase) d'or. Des corrections textuelles ont été proposées par **30** M. Marcovich, « Phoenix of Colophon fr. 5 Diehl (ap. Athen. XI, 495 D) », *RhM* 116, 1973, p. 359 ; **31** C. De Stefani, « Talete ἴδρις ἀστέρων ? (Phoen. fr. 5, 1 D.[3]) », *Eikasmos* 2, 1991, p. 197-198 ; **32** *Id.,* « Tre note filologiche : (Phoen. fr. 5, 1 D.[3] ; [Theocr.] 9, 10 ; Q. Sm. III 451) », *Eikasmos* 5, 1994, p. 217-219.

– (6) ἐκ πελλίδος … [Athen. XI 91, 495E = 3 vers]. Ces vers évoquent un homme, probablement avare, qui verse une libation avec ses doigts perclus de rhumatismes (ou recourbés ?), en tremblant comme un vieil édenté dans le vent du nord. Voir **33** G. Lodi, « Il brindisi di un avaro (Phoen. fr. 6, 3 D.[3]) », *Eikasmos* 9, 1998, p. 205-208, qui propose de corriger νωδός (édenté) en νωθρός (« debole », « torpido », « lento »). Knox **12**, p. 382, attribue ce fragment à Hipponax (fr. 76*).

Phénix et la philosophie. Gerhard **3**, p. 103-140 et p. 177-202, a tendance à voir du cynisme un peu partout dans les fragments de Phénix : « Wir haben die Fragmente des Phoinix durchgegangen, und überall hat sich uns der Eindruck eines populären, gemäßigt kynischen Moralisten bestätigt » (p. 201), mais cet avis est loin de faire l'unanimité. Des réserves dans **34** J. U. Powell et E. A. Barber, *New chapters in the History of Greek Literature*, Oxford 1921, p. 12-16; Dudley **15**, p. 114: «In claiming Phoenix of Colophon as a Cynic in the full sense of the term, Gerhard is certainly rash»; dans Knox **12**, p. V; et surtout dans **35** P. Vallette, «Phénix de Colophon et la poésie cynique», *RPh* 37, 1913, p. 162-182. Ce dernier remarque que dans les témoignages sur Phénix il n'est pas question, à la différence de ce qui se passe pour Cercidas, des rapports du poète avec le cynisme, et que par ailleurs il est difficilement conciliable de pleurer sur sa patrie, comme le fait Phénix, et d'être cynique, donc cosmopolite. Cependant Vallette reconnaît que le poète a pu adhérer au cynisme par la suite, une fois arrivé à Athènes, postérieurement à la ruine de Colophon, sa patrie. Après avoir étudié chacun des passages d'Athénée, Vallette conclut que les choliambes de Phénix n'ont rien de particulièrement cynique, contrairement à ce que prétend Gerhard («Ce que Phénix doit au cynisme est peu de chose en comparaison de ce qu'il a l'air d'en ignorer... Il a gardé, en d'autres termes, le moins paradoxal, le moins révolutionnaire, le plus banal: un cynisme assagi, émondé, châtré, dépouillé de sa verve frondeuse et de sa mordante saveur» (p. 181). **36** D. Serruys, «A propos de Phénix de Colophon», *RPh* 37, 1913, p. 183-190, rapproche le fr. de PHeidelb 310 des *Lettres* du Pseudo-Héraclite et se demande, après avoir signalé un certain nombre de concordances entre le fr. du papyrus et ces lettres: «Que faut-il conclure de toutes ces concordances? Qu'une secte cynique a existé, qui avait complété et, sur certains points, mitigé la doctrine de Diogène au moyen de celle d'Héraclite (➟H 64) et que Phénix comme le pseudo-Héraclite (➟H 64a) appartiennent à ce milieu?» (p. 189). Pour un avis pondéré sur le cynisme de Phénix, voir Barigazzi **28**, p. 22-34, pour qui Gerhard et Vallette ont exagéré, dans deux directions opposées.

> «Non si tratta in sostanza di definire se Fenice fu o non fu un cinico e di precisare il grado del suo cinismo. I suoi frammenti sono troppo pochi per arrivare ad una precisazione del genere; basta per ora riconoscere che egli è guidato da idee morali che hanno un sicuro rapporto col cinismo o, se si vuole, con la filosofia stoica, che allora aveva la simpatia di molti poeti; ma la chiarezza dell'espressione e il tono familiare e popolareggiante, non disgiunto da qualche aspra punta satirica, ricchiamano meglio la diatriba cinica» (p. 25).

Au total, il paraît exagéré de faire de Phénix un cynique, surtout si l'on mêle cynisme et stoïcisme dans une notion floue de diatribe cynique qui n'a peut-être jamais existé; en revanche il est légitime de dire que les poèmes de Phénix s'inspirent d'une morale populaire qui est de fait influencée par les thèmes de la philosophie cynique.

Fr. (1) Ἴαμβος φοινικός. Ce morceau de morale populaire à intention satirique, que l'auteur conclut en disant que les riches n'ont dans l'esprit que des pierres, présente des similitudes avec l'enseignement cynique. Les riches ne savent pas comment il leur faut utiliser leurs richesses; ils ont de belles maisons, qui valent beaucoup d'argent, mais eux-mêmes ne valent pas trois sous. Commentaire de Gerhard **3**, p. 103-140. Vallette **35**, p. 174, souligne quelques expressions qui pourraient avoir une couleur cynique plus nette (v. 1-3: la richesse n'est un bien que si elle s'accompagne de sagesse; v. 16-17: la philosophie est opposée à l'amour du plaisir et du luxe), mais il reconnaît que ce n'est peut-être qu'influence accidentelle. Si les trois morceaux transmis par les papyrus appartiennent à la même anthologie morale, on peut supposer que ce texte, qui en est le second morceau, sert d'illustration au Κατ' αἰσχροκερδείας et renforce la mise en garde contre la cupidité.

Fr. (2) (Κορωνισταί). Vallette **35**, p. 165, refuse, et à juste titre, de rapprocher, comme le fait Gerhard **3**, p. 180, le mendiant affable et courtois, qui va de maison en maison avec une corneille et qui implore l'aumône pour la corneille, avec Cratès, « l'ouvreur de portes » (D. L. VI 86), qui entre partout pour demander l'aumône mais surtout pour faire la leçon à ceux chez qui il entre. Furley **22** lui non plus ne voit pas de raison évidente pour que Phénix soit considéré dans ce poème comme un philosophe cynique. A la suite de Powell et Barber **33**, p. 13-14, il refuse de voir dans le mendiant du poème un philosophe cynique qui irait de porte en porte et essaierait de gagner des adhérents. Selon lui (p. 30), le poème de Phénix simulerait l'expérience d'un mendiant itinérant, au service d'Apollon, qui irait dans les maisons privées pour rassembler des dons ; ce ne serait donc pas une chanson de mendiant comme telle ; la position du mendiant reflèterait la situation humble du poète qui manque d'argent.

Fr. (3) (Νίνος) On peut penser que Ninos est l'équivalent de Sardanapale, critiqué par les cyniques (imitation par Cratès en D. L. VI 86 de l'épigramme qui se trouvait sur le tombeau de Sardanapale [*cf.* Strabon XIV] ; *Lettre* 13 de Cratès) et les stoïciens (Épictète, *Entretiens* III 22, 30), et que la morale du fragment est une critique de la vie de mollesse menée par Ninos.

Fr. (4) Pour Gerhard **3**, p. 191, c'est un vrai παίγνιον cynique – encore consacré à Ninos ; pour Vallette **35**, p. 171, un παίγνιον soit, mais pourquoi cynique ?

Fr. (5) L'éloge qui est fait de Thalès et de sa connaissance des astres ne s'harmonise pas avec la critique que font les cyniques de l'astronomie (*cf.* D. L. VI 28).

Fr. (6) Ce portrait d'un homme que Gerhard a identifié avec vraisemblance à un avare comporte-t-il un trait spécifiquement cynique ? Ce n'est pas évident sauf à rapprocher ses doigts recourbés de l'attitude que condamne Cratès – à ce que rapporte Télès IV A, p. 38, 5-8 Hense ; p. 366 Fuentes González –, chez ceux qui sont incapables de donner d'une manière dégagée, qui se torturent l'esprit, hésitent, tremblent, à l'image des gens qui ont les mains paralysées.

MARIE-ODILE GOULET-CAZÉ.

109 PHÉRÉCYDE DE SYROS DK 7 *RE* 4   M VIᵃ ?

Un des sept Sages de la tradition. Fils de Badys (selon le texte de Diogène Laërce, corrigé généralement en Babys par les éditeurs d'après les parallèles), il était originaire de Syros, « une île des Cyclades, près de Délos » (selon la *Souda* Φ 214, qui appelle l'endroit Σύρα).

L'ambiguïté de l'adjectif ethnique Σύριος employé par les sources pour désigner Phérécyde, le nom barbare de son père et le nombre relativement limité de références antiques à l'île de Syros permettrent de supposer que les lecteurs (voire les auteurs) antiques voyaient spontanément en Phérécyde un Syrien (pour le cas de Jamblique et de son école à Apamée, voir **1** C. Macris, *Le Pythagore des néoplatoniciens : recherches et commentaires sur "Le mode de vie pythagoricien" de Jamblique*, Thèse de Doctorat, ÉPHÉ - Section des Sciences religieuses, Paris 2004 (dir. Ph. Hoffmann), t. II, p. 103 ; **2** *Id.*, «Manifestations de l'enracinement culturel syrien de Jamblique dans ses traités *Sur le mode de vie pythagoricien* et *Sur l'âme*», dans Ph. Vallat (édit.), *Damascius et le parcours syrien du néoplatonisme*. Actes du colloque international tenu à Damas du 27 au 29 octobre 2008 (à paraître). De façon plus positive, on sait par Clément d'Alexandrie (qui, à son tour, suivait des sources plus anciennes) que souvent on attribuait à Phérécyde une origine barbare. Augustin, pour sa part (*Epist.*, III, 137, 3), emploie l'adjectif Ἀσσύριος, qui assure le lien avec un passé encore plus éloigné de la Syrie, celui des ancêtres mêmes des Syriens (*cf.* **3** Th. Nöldeke, «Ἀσσύριος, Σύριος, Σύρος », *Hermes* 5, 1871, p. 443-468). Philon de Byblos (*FGrHist* 790 F 4, p. 815, 22-25 Jacoby = Eusèbe, *Prép. évang.*, I, 10, 50) affirme à son tour que Phérécyde avait emprunté des éléments de sa "théologie" chez les Phéniciens (*cf.* **4** A. I. Baumgarten, *The "Phoenician history" of Philo of Byblos : a commentary*, coll. *EPRO* 89,

Leiden 1981, p. 258), tandis que la *Souda*, *s.v.* Φερεκύδης Βάβυος, prétend qu'il aurait même acquis des livres secrets des Phéniciens.

Andrôn d'Éphèse (*FGrHist Continued* 1005 F 4) connaissait un Phérécyde astronome, lui aussi originaire de Syros. Il désigne le fils de Badys comme un « théologien ». Ératosthène (*FGrHist* 241 F 10) identifiait les deux, mais signalait un athénien du même nom, auteur de *Généalogies* (D. L. I 118 ; *cf. RE* 3).

Sur la distinction entre les deux homonymes, voir **5** D. L. Toye, « Pherecydes of Syros. Ancient theologian and genealogist », *Mnemosyne* 50, 1997, p. 530-560 ; sa thèse d'une identité entre les deux homonymes a été rejetée par **6** F. L. Fowler, « The authors named Pherecydes », *Mnemosyne* 52, 1999, p. 1-15 ; voir aussi **7** J. Pàmias, « Ferecides de Siros y Ferecides de Atenas : una nueva aproximación », *CFC(G)* 15, 2005, p. 27-34.

Sur le témoignage d'Andrôn d'Éphèse, voir **8** J. Bollansée *et alii*, *FGrHist* IV A : *Biography*, fasc. 1 : *The Pre-Hellenistic Period*, Leiden 1998, p. 128-167, notamment p. 152-154.

Fragments et témoignages. 9 DK[6] 7 : t. I, p. 43-51, avec le *Nachtrag*, p. 484 ; **10** K. Freeman, *Ancilla to The Pre-Socratic philosophers*, Oxford 1948, p. 13-15 ; **11** G. S. Kirk et J. E. Raven, *The Presocratic philosophers. A critical history with a selection of texts*, Cambridge University Press, 1957, p. 48-72 ; dans la seconde édition (1983), à laquelle fut associé M. Schofield, p. 50-71 ; **12** G. Colli, *La sapienza greca*, Milano 1978, trad. fr. par P. Gabellone et M. Lorimy, sous le titre *La sagesse grecque*, t. II, p. 77-103 (trad. fr. avec le texte original en regard) ; *cf.* **13** R. B. Martínez Nieto, *La aurora del pensamiento griego : las cosmogonías prefilosóficas de Hesíodo, Alcmán, Ferecides, Epiménides, Museo y la Teogonía órfica antigua*, Madrid 2000. 90 textes ont été rassemblés par **14** H. S. Schibli, *Pherekydes of Syros*, Oxford 1990, XIV-225 p., dans l'Appendice 2, p. 140-175, complété par de nombreuses références complémentaires dans les *Addenda*, p. 178-179. Voir plus récemment **15** Εὐάγγελος Ν. Ροῦσσος, *Φερεκύδης ὁ Σύριος*, coll. « Centre International de Recherche Ésope – La Fontaine » 2, Athènes 2010, 132 p. (reproduction photographique d'une étude manuscrite).

Bibliographie. Schibli **14**, p. 180-199 ; **16** Bogoljub Šijaković, *Bibliographia Praesocratica. A bibliographical guide to the studies of early Greek philosophy in its religious and scientific contexts with an introductory bibliography on the historiography of philosophy (over 8,500 authors, 17664 entries from 1450 to 2000)*, Paris 2001, p. 226 (n°s 4317-4336).

Études. 17 K. von Fritz, art. « Pherekydes » 4, *RE* XIX 2, 1938, col. 2025-2033 (avec bibliographie sommaire pour la période antérieure, col. 2033) ; **18** K. Freeman, *The Pre-Socratic philosophers. A companion to Diels, Fragmente der Vorsokratiker*, Oxford 1966[2], p. 36-41 ; **19** M. L. West, « Three Presocratic cosmogonies », *CQ* 13, 1963, p. 157-172 ; **20** *Id.*, *Early Greek philosophy and the Orient*, Oxford 1971, p. 1-75 ; **21** P. Tozzi, « Ferecide di Siro », *RAL* 22, 1967, p. 206-235 ; **22** F. L. Lisi, « La teología de Ferécides de Siro », *Helmantica* 36, 1985, p. 251-276 ; **23** Luisa Breglia Pulci Doria, « Ferecide di Siro tra orfici e pitagorici », dans M. Tortorelli Ghidini, A. Storchi Marino, A. Visconti (édit.), *Tra Orfeo e Pitagora. Origini e incontri di culture nell'antichità*. Atti dei seminari napoletani 1996-1998, Napoli 2000, p. 161-194 ; **24** F. Bastos, *A teogonia de Ferécides de Siro*, coll. « Estudos gerais. Série universitária », Lisboa 2003, 184 p. ; **25** H. Granger, « The theologian Pherecydes of Syros and the early days of natural philosophy », *HSPh* 103, 2007, p. 135-163.

A la différence des autres Sages une place peut-être accordée à Phérécyde dans ce dictionnaire, du fait qu'il fut, selon la tradition, le maître de Pythagore et l'auteur de théogonies ou cosmogonies mythiques, rédigées en prose, témoignant d'un effort de rationalisation de la mythologie traditionnelle par le biais d'une certaine forme d'allégorie (F 76 : ἀλληγορήσας ἐθεολόγησεν). Aristote, *Metaph.* N 4, 1091 b 8-9 (F 81), rattache Phérécyde aux penseurs anciens qui ont une position mixte (μεμιγμένοι) et qui ne s'expriment pas uniquement dans le langage des mythes ; *cf.* **26** A. Laks, « Une doxographie d'Aristote (*Métaphysique, Nu* 4, 1091a33-91b15) et le sens d'un καί (Phérécyde, 7A7 DK, F81 Schibli) », *REG* 122, 2009, p. 635-643. Sur les rapports étroits qu'entretient la cosmogonie de Phérécyde avec celles du Moyen Orient, voir West **20**, et plus récemment **27** C. López-Ruiz, *When the gods were born : Greek cosmogonies and the Near East*, Cambridge (Mass.)/London 2010, *passim* (*cf.* index, *s.v.*).

Dans les différentes listes canoniques des Sages, Phérécyde est mentionné par Hermippe (fr. 6 Wehrli = D. L. I 42 = F 4), mais il ne l'est ni par Dicéarque (fr. 32 Wehlri = D. L. I 41), ni par Hippobote (fr. 6 Gigante = D. L. I 42). Il est mentionné *après* les Sept Sages par Clément (F 46c).

Biographie. Le premier livre de Diogène Laërce comprend une vie de Phérécyde (I 116-122). Elle est traduite et annotée par **28** R. Goulet dans M.-O. Goulet-Cazé (édit.), *Diogène Laërce, Vies et doctrines des philosophes illustres,* Paris 1999, p. 151-157. Sur la vie de Phérécyde, voir Schibli **14**, chap. 1, p. 1-13.

Sources biographiques anciennes. Parmi les sources biographiques anciennes, on relève les noms d'Andrôn d'Éphèse, ἐν τῷ Τρίποδι (*FGrHist Continued* 1005 F 4), Aristote, Aristoxène (➤A 417), ἐν τῷ Περὶ Πυθαγόρου καὶ τῶν γνωρίμων αὐτοῦ (fr. 74 Wehrli), Dicéarque (fr. 34 Wehrli), Théopompe, ἐν Θαυμασίοις (*FGrHist* 115 F 71), Ératosthène [➤E 52] (*FGrHist* 241 F 10), Hermippe [➤H 86] (*FGrHist Continued* 1026 F 20), Alexandre Polyhistor (➤A 118), *Successions* (*FGrHist* 273 F 85), Satyros, tel qu'abrégé par Héraclide Lembos (➤H 61), ἐν τῇ τῶν Σατύρου βίων ἐπιτομῇ (fr. 11 Schorn ; voir aussi ses *Excepta politiarum* 32 = F 27), Ion de Chios [➤I 20] (fr. 30 West, *ap.* D. L. I 120 ; *cf.* **29** H. Baltussen, « Playing the Pythagorean : Ion's *Triagmos* », dans V. Jennings et A. Katsaros (édit.), *The world of Ion of Chios*, coll. « Mnemosyne Supplements » 288, Leiden 2007, p. 295–318), Douris de Samos (➤D 226), ἐν τῷ δευτέρῳ τῶν Ὡρῶν (*FGrHist* 76 F 22), etc.

Sur le témoignage unique et inattendu de Diogène Laërce I 116, qui fait de Phérécyde l'auditeur de Pittacos de Mitylène (F 1 Schibli), voir **30** R. Goulet, « Phérécyde, disciple de Pittacos ou maître de Pythagore ? », dans *Études sur les Vies de philosophes de l'Antiquité tardive*, Paris 2001, p. 137-144.

En réalité, selon plusieurs témoignages, Phérécyde n'aurait pas eu de maître (*Souda* Φ 214 = F 2 ; F 46b) et tiendrait son savoir de livres secrets des Phéniciens (τὰ Φοινίκων ἀπόκρυφα βιβλία, *Souda* Φ 214 = F 2 ; F 80). Il aurait également étudié la théologie et la physique (θεολογίαν καὶ φυσιολογίαν), ou encore les mathématiques en Égypte (F 38-40). Flavius Josèphe (*C. Ap.* 1 14) prétend que les premiers philosophes grecs, Phérécyde, Pythagore et Thalès, n'auraient commencé à écrire sur les choses célestes et divines (περὶ τῶν οὐρανίων τε καὶ θείων) qu'après avoir étudié avec les Égyptiens et les Chaldéens (F 38). Clément parle des Égyptiens, des Indiens, des Babyloniens et des Mages (F 41). Le rapport avec Pythagore, dont il aurait été le maître selon un grand nombre de témoignages (F 2 ; 21 ; 29b ; 30ab ; 31 ; 27b ; 42 ; 43 ; 44ab ; 45b ; 46ab ; 47 ; 50ab ; 51ab ; 52 ; 53b ; 54a ; 55 ; 84 ; 85a ; pour un dossier complet, voir **31** A. Delatte, *La Vie de Pythagore de Diogène Laërce*, coll. « Mémoires de l'Académie royale de Belgique. Classe des lettres et des sciences morales et politiques », 2/17/2, Bruxelles 1922 [réimpr. New York 1979 ; Hildesheim 1988, p. 103, 13 - 104, 1 [apparat *ad loc.*] + p. 150), a également été contesté. Selon la tradition, ce dernier serait venu à Délos alors que Phérécyde était atteint de la maladie pédiculaire (*phtiriasis*, F 29b ; 30ab ; 32 ; 33 ; 34ab) et c'est lui qui l'y aurait enseveli (D. L. I 118 =

F 26 ; Apulée, *Florida* 15 = F 11 ; 31). D'autres sources font de Phérécyde le maître de Thalès (F 53ab), dont il aurait jalousé la gloire (ἐζηλοτύπει δὲ τὴν Θάλητος δόξαν, F 2 ; 58).

On lui attribuait à Syros l'invention d'un instrument appelé *héliotrope* (D. L. I 119 = F 15).

Trois prédictions (le naufrage d'un navire au large de Samos, un tremblement de terre [à Syros, F 17 ; 18, ou à Samos, F 19], la chute de Messène) lui sont rapportées, témoignant d'une facilité à interpréter des signes de la nature ou les conséquences des événements historiques plutôt que d'un pouvoir de divination surnaturel (D. L. I 116-117 = F 16 et plusieurs parallèles, dont Cicéron, *De divinatione* I 112 = F 20 : *ne... portius divinus habebitur quam physicus*). Porphyre, dans sa Φιλόλογος ἀκρόασις (*ap.* Eus., *Praep. evang.* X 3, 6-9 = F 22), prétendait que c'est Théopompe (*FGrHist* 115 F 70) qui aurait rapporté à Phérécyde des histoires du *Trépied* d'Andrôn qui concernaient à l'origine Pythagore (F 16) en changeant le nom des lieux (Métaponte, Mégara de Sicile et Sybaris) et en ajoutant des détails pour faire vrai, comme le nom de l'hôte chez qui aurait été faite l'une des prédictions (Périlaos, F 16). Les anecdotes, sans doute largement légendaires, situent Phérécyde en plusieurs endroits : Syros (F 15 ; 17), Messène (F 16), Sparte (F 16 ; 23 ; 24 ; 25), Samos (F 16-17), Lesbos, où serait venu étudier auprès de lui Pythagore (F 42), la région d'Éphèse et de Magnésie (F 26), Delphes, où il se serait donné la mort en sautant du haut du mont Kôrikios (F 26), enfin Délos, où, tombé malade, il mourut et fut enseveli par Pythagore (F 26 ; 29a ; 30ab ; 31 ; 37a), épisode que d'autres sources situent à Samos (F 27 ; 29c) et d'autres encore à Syros (F 36) ou Lesbos (F 42). Schibli **14** résume, p. 13, les conclusions de son enquête biographique.

Sur les traditions concernant la mise à mort de Phérécyde et d'Épiménide par les Lacédémoniens et la préservation de leur peau, voir **32** J. Bremmer, « The skins of Pherecydes and Epimenides », *Mnemosyne* 46, 1993, p. 234-236.

Datation. Les sources chronographiques antiques situaient l'acmé (γέγονε) de Phérécyde en 544/3 (Ol. 59 [,1] selon D. L. I 121 = F 5 Schibli, peut-être d'après Apollodore ; voir aussi Eusèbe DK A 1a = F 6). La *Souda* (F 2) place sa naissance (τετέχθαι) en Ol. 45, c'est-à-dire 600/597, date que l'on a corrigée en Ol. 49, soit 584/1, pour obtenir quarante années d'écart avec l'acmé rapportée par Diogène Laërce. La *Souda* ajoute qu'il fut contemporain du roi Alyattès de Lydie (605-560), ainsi que des Sept Sages (dont la date conventionnelle est fixée en 585[a]). Son engagement dans la guerre entre Éphèse et Magnésie (D. L. I 117-118) suggérerait une datation beaucoup plus ancienne, mais l'anecdote qui y fait référence pourrait être légendaire. Voir **33** J. Bollansée, *FGrHist Continued* IV A : *Biography*, fasc. 3 : *Hermipos of Smyrna*, Leiden 1999, p. 227-232. Cicéron, *Tusc.* I 18 (F 7) en fait également un contemporain de Servius Tullius (578-535). Selon le Pseudo-Lucien, *Macrobioi* 22 (F 8), il aurait vécu 85 ans, ce qui amènerait à situer sa mort à la toute fin du VIe siècle. Plusieurs récits différents et incompatibles de sa mort sont connus. Il serait mort soit à Sparte, assassiné (F 25), soit sur le territoire des Magnésiens lors d'une guerre contre Éphèse (F 26), soit à Délos (ou Samos ou Syros...) d'une *phtiriasis* (F 29-30, 32-35, 37ab). Cette maladie aurait été une punition infligée par Apollon pour des propos impies qu'il aurait tenus (Élien, *V. H.* IV 28 = F 37a), en prétendant avoir connu une vie heureuse (ἡδέως βεβιωκέναι καὶ ἀλύπως) sans avoir sacrifié aux dieux.

Cf. **34** A. Keaveney et J. A. Madden, « Phthiriasis and its victims », *SO* 57, 1982, p. 87-99 ; **35** J. Schamp, « La mort en fleurs. Considérations sur la maladie 'pédiculaire' de Sylla », *AC* 60, 1991, p. 139-170 ; **36** S. Grau i Guijarro, *La imatge del filòsof i de l'activitat filosòfica a la Grècia antiga. Anàlisi dels tòpics biogràfics presents a les 'Vides i doctrines dels filòsofs més il·lustres' de Diògenes Laerci*, thèse de Doctorat, Université de Barcelone 2007, p. 548-553, *cf.* <http://tdx.cat/bitstream/handle/10803/1693/SGG_TESI.pdf?sequence=1>). Pour une description réaliste de la maladie, voir F 33 ; 35 ; 37b.

Œuvres. Il aurait été le premier à composer un ouvrage en prose (*Souda* Φ 214 = F 2 ; Pline, *H. N.* VII 205 = F 9 ; Apulée, *Florida* 15 = F 11 ; *cf.* **37** A. Laks, « Écriture, prose, et les débuts de la philosophie grecque », *Methodos* 1, 2001,

p. 131-151, aux p. 140 *sq.* [= **38** *Id.*, « Écriture et prose : un autre récit des débuts de la philosophie grecque », dans *Id.*, *Histoire, doxographie, vérité. Études sur Aristote, Théophraste et la philosophie présocratique*, Louvain-la-Neuve 2007, p. 247-266, aux p. 257 *sq.* ; également disponible à http://methodos.revues.org), c'est-à-dire qu'il aurait, comme Hécatée (☞H 12), abandonné le mètre, mais non pas la forme poétique (λύσαντες τὸ μέτρον, τἆλλα δὲ φυλάξαντες τὰ ποιητικά, Strabon I 2, 6 = F 13), le premier également à avoir introduit la doctrine de la métempsychose (F 2) ou à avoir dit que « les âmes des hommes sont éternelles » (*primum dixit animos esse hominum sempiternos*, Cicéron, *Tusc.* I 38 = F 7 ; 85a) ou immortelles (Augustin, F 48, et Lactance, F 85ab, d'après Cicéron ; F 86b).

Théopompe (*FGrHist* 115 F 71) lui attribuait le premier traité *Sur la nature et les dieux* (ou *Sur la nature des dieux*, selon le ms F qui omet καί) rédigé « pour (ou *chez les Grecs*, comme le propose Marcovich : <ἐν τοῖς> Ἕλλησι) les Grecs » (D. L. I 116, mais Schibli F 1 supprime le mot Ἕλλησι). D'après un parallèle chez Aponius (F 86b), Gomperz (que suit Marcovich) a reconstitué : *Sur la nature et <la genèse> des dieux* (Περὶ φύσεως καὶ <γενέσεως> θεῶν). Apollonios Dyskolos cite la *Théologie* (F 70). Olympiodore, *in Alc.* 164 lui attribuait un livre de théologie (βίβλος θεολόγος, F 24). C'est sans doute ce livre dont D. L. I 119 (F 14) donne l'incipit : « Zeus, Chronos et C(h)thonie étaient depuis toujours. C(h)thonie reçut le nom de Terre (Γῆ), parce que Zeus lui donna la terre en présent pour l'honorer (γέρας) ». La *Souda* (Φ 214 = F 2) lui attribue un Ἑπτάμυχος ἤτοι Θεοκρασία ἢ Θεογονία· ἔστι δέ Θεολογία ἐν βιβλίοις ι′ ἔχουσα θεῶν γένεσιν καὶ διαδοχάς (*Lieu aux sept cavités,* ou bien *Mélange des dieux* ou bien *Genèse des dieux,* en dix livres, contenant une généalogie des dieux et leurs successions). Sur le titre Ἑπτάμυχος (le terme μυχός apparaît également dans le F 88), voir **39** P. Walcot, « Five or seven recesses ? », *CQ* 15, 1965, p. 79. Directement ou indirectement son œuvre était encore bien connue à l'époque impériale, par Plutarque, Philon de Byblos, Maxime de Tyr, Clément, Celse, Plotin, Porphyre, Proclus, Damascius, etc. Quelques lignes ont été conservées dans PGrenf. II 11 (F 68, reproduction photographique en frontispice dans Schibli **14** ; le papyrus est absent du *CPF*).

Aristote déjà tentait d'extraire de cette théogonie des réflexions philosophiques. Selon Achille Tatius, *Isag.* 3, Phérécyde aurait, de même que Thalès, posé comme principe de l'univers l'eau, qu'il désignait, dans un terme mythologique emprunté à Hésiode, comme le Chaos (F 64). Selon Sextus, *P. H.* III 30, ce serait au contraire la terre (F 77). Dans la triade Zeus, Chthonie, Cronos, certains auteurs ont reconnu le feu (ou l'éther comme principe directeur, peut-être assimilé au soleil, F 67), la terre et le temps (F 65-66). La reconstitution de l'ouvrage de Phérécyde à partir des rares témoignages conservés est l'œuvre entreprise par Schibli **14**. Ses conclusions sont résumées p. 128-134 (« Retrospect »).

Les néoplatoniciens semblent avoir donné une interprétation originale de l'œuvre de Phérécyde. Plotin lui attribue la doctrine de l'Un, mais ἐν ἀγράφοις συνουσίαις (F 59). Damascius voit dans Zas (Zeus), Chtonia et Chronos, trois "principes" éternels, les deux derniers postérieurs au premier, Chronos engendrant pour sa part le feu, le *pneuma* et l'eau, c'est-à-dire « la triple nature de l'intelligible », dont seraient issues cinq « cavités », une pentade de cavités interprétée comme une pentade de mondes, πεντέμυχον - πεντέκοσμον (*De principiis*, 124b = F 60). Proclus offre une autre interprétation métaphysique et cosmologique de Phérécyde (F 72) : Eros, entre Zeus et Chtonia (F 73), assurerait l'harmonie des contraires et l'unité de l'univers.

Une lettre apocryphe de Phérécyde à Thalès est conservée par D. L. I 122, de même qu'une lettre de Thalès à Phérécyde (I 43-44). Selon Thalès Phérécyde serait « le premier des Ioniens à faire paraître chez les Grecs des traités sur les réalités divines ». Phérécyde aurait été jaloux de la gloire de Thalès (*Souda* Φ 214).

CONSTANTINOS MACRIS et RICHARD GOULET.

110 PHILADELPHIUS DE PTOLÉMAÏS   F II – D III ?

Philosophe, l'un des interlocuteurs (fictifs ?) du banquet décrit dans les *Deip-nosophistes* d'Athénée (➽A 482). Ce banquet est censé avoir eu lieu dans la maison d'un riche et illustre haut fonctionnaire romain, P. Livius Larensis, et Athénée lui-même (F II-D III) y aurait participé.

D'après la présentation des convives que l'on trouve dans l'épitomé du livre I (I, 1 d), « c'était un homme qui non seulement avait été formé dans la théorie philosophique, mais qui en plus, durant le reste de sa vie, avait approfondi cette théorie » (Φιλάδελφός τε ὁ Πτολεμαεύς, ἀνὴρ οὐ μόνον ἐν φιλοσόφῳ θεωρίᾳ τεθραμμένος, ἀλλὰ καὶ κατὰ τὸν ἄλλον βίον ἐξητασμένος). Il est cité avec les autres « philosophes » (non cyniques) présents dans le banquet : Pontianus (➽P 360) et Démocrite (➽D 70a), tous les deux de Nicomédie. Malheureusement, du moins dans le texte conservé, il n'est fait état d'aucune de ses interventions dans la discussion.

Le gentilice de Πτολεμαεύς pouvait faire référence soit à la tribu de l'Attique qui avait reçu son nom de Ptolémée III Évergète, soit à l'une des villes du nom de Ptolémaïs dans l'Antiquité : il s'en trouvait entre autres dans la Cyrénaïque, en Égypte ou en Phénicie (auj. Acre).

G. Kaibel (édit.), *Dipnosophistarum Athenaei Naucratitae*, coll. *BT*, t. I., Leipzig 1887, p. VI, voulait l'identifier avec Ptolémée Philadelphe (308-246), mais cette identification est difficile-ment envisageable s'il s'agit d'un contemporain d'Athénée (*cf.* C.B. Gulick [édit], *Athenaeus, The Deipnosophists*, coll. *LCL*, t. I, London/Cambridge [Mass.] 1969, p. XIV). Il est possible que Kaibel veuille seulement expliquer l'origine du nom inventé par Athénée (*cf.* A. M. Desrousseaux [édit.], *Athénée de Naucratis, Les Deipnosophistes, Livres I et II, CUF*, t. I, Paris 1956, p. XVIII).

PEDRO PABLO FUENTES GONZÁLEZ.

111 PHILAGRIOS D'ATHÈNES   IV

Le médecin et philosophe athénien ([ἰ]ατροφιλόσ[ο]φος [Ἀ]θηναῖος) Phila-grios a visité les Tombeaux des Rois et laissé sa signature dans celui de Ramsès VI, probablement au IVe siècle : J. Baillet, *Inscriptions grecques et latines des Tombeaux des rois,* coll. « Mémoires de l'IFAO » 42, Le Caire 1923, fasc. 2, n° 1298 (É. Samama, *Les médecins dans le monde grec*, Genève 2003, p. 494, n° 433). Les médecins de la même époque connus sous ce nom, comme le commen-tateur d'Hippocrate abondamment cité dans la littérature médicale qui, d'après la *Souda* (Φ 295 Adler), était établi à Thessalonique, ou comme l'ami de Grégoire de Nazianze (*Anth. Pal.* VIII 100), ne semblent pas s'être jamais installés à Athènes.

BERNADETTE PUECH.

112 PHILARCHOS   MF III^a

Dédicataire du Περὶ ὀρθῶν καὶ ὑπτίων α′ (*Sur les prédicats directs et inversés* en un livre [trad. Hadot]) de Chrysippe (D.L. VII 191) et, à ce titre, vraisembla-blement son disciple ou son collègue dans l'école stoïcienne.

Selon T. Dorandi qui prépare une nouvelle édition de Diogène Laërce, contrairement à ce qu'indiquent les éditions de Long et Marcovich (qui ont fait des choix contraires), les trois manuscrits principaux ont bien la leçon Φίλαρχον. Φύλαρχον est une simple conjecture de Cobet.

[Signalons que vivait à Athènes, à la même époque, l'historien Phylarchos d'Athènes, de Naucratis (Égypte) ou de Sicyone, dont la *Souda* (Φ 828 ; t. IV, p. 773, 10-17 Adler), énumère plusieurs ouvrages. Les fragments sont rassemblés dans *FGrHist* 81. D. L. IX 115 (fr. 67) lui emprunte une anecdote sur la *karteria* du philosophe sceptique Praylous de Troade (☛P 275). *Cf.* J. Kroymann, art. « Phylarchos » <1>, *RESuppl.* VIII, 1956, col. 471-479.]

RICHARD GOULET.

113 PHILASTRIOS D'ALEXANDRIE   F III-D IV

Parmi les visiteurs des Tombeaux des Rois, Philastrios est l'un de ceux qui ont mis le plus d'enthousiasme à laisser leur signature un peu partout : J. Baillet, *Inscriptions grecques et latines des Tombeaux des rois,* coll. « Mémoires de l'IFAO » 42, Le Caire 1923, n° 245, 359, 1108, 1139, 1440 et 1579. Le n° 1440, qui date d'une deuxième visite aux Syringes, est le seul texte où il se présente comme philosophe ; mais il ne fait guère de doute pour autant que son signataire soit identique à l'Alexandrin homonyme, fils d'Ambrosios, des autres signatures, qui précise également qu'il effectuait une deuxième visite (n° 359). Il évoque avec fierté sa qualité d'Alexandrin dans le poème qu'il a inscrit, probablement lors de son premier passage, dans les tombeaux de Ramsès IV et Ramsès VI (n° 245 et 1139, revus par G. Seure, *REA* 29, 1927, p. 359-361, et É. Bernand, *Inscriptions métriques de l'Égypte gréco-romaine*, coll. BIFAO 98, Paris 1969, p. 533-535 et 541-547, n° 140 et 145) :

« Moi qui suis venu à Thèbes, qui de mes yeux ai regardé les roches et les antres des Syringes, [œuvre] admirable, moi, Philastrios, j'habite d'Alexandre la ville fortunée. »

On ne peut exclure l'hypothèse de G. Seure, selon laquelle le philosophe aurait été féru d'astronomie et se serait choisi un nom en rapport avec cette activité.

BERNADETTE PUECH.

114 PHILÈBE   V^a

Interlocuteur de Socrate dans le *Philèbe* de Platon. A vrai dire, il n'intervient que dans deux ou trois répliques au début du dialogue et charge son disciple Protarque (☛P 304) de soutenir la thèse hédoniste. Selon J.-F. Pradeau, *Platon, Philèbe,* coll. *GF* 705, Paris 2002, p. 10 n. 1, « ce personnage est parfaitement fictif », tout comme Protarque. Sa signification (« celui qui aime les jeunes gens ») correspond manifestement à la position philosophique qu'il défend : ce qui est bon pour tout être vivant, c'est le plaisir.

Cf. D. Nails, *The People of Plato,* p. 238.

RICHARD GOULET.

115 PHILÉRATIDAS (IULIUS –) DE SPARTE   MF II

Parmi les gérontes lacédémoniens de la liste *IG* V 1, 116, Iulius Philératidas, fils d'Hippodamos, est désigné (li. 14) comme philosophe ; l'inscription date des années 165-170.

BERNADETTE PUECH.

116 PHILÉTOS DE LIMYRA (en Lycie)   III-IV

Philétos, professeur de philosophie originaire de Lycie, est mort à Rome, où son épouse Abascantis a élevé son tombeau : *IGUR* 1351 et 1352. Son épigramme funéraire exprime sa défiance envers la métaphysique, ainsi que son attachement à la sagesse traditionnelle ; elle suggère qu'il avait aussi composé des arétalogies :

« … sans excès d'orgueil, considérant toutes choses comme mortelles, je suis venu, je m'en suis allé, irréprochable, sans avoir examiné les questions interdites : si j'existais auparavant, si j'existerai à l'avenir ; j'ai reçu l'éducation, j'ai éduqué, j'ai soumis le cercle (?) de l'univers, expliquant aux mortels, de la part des immortels, les divines vertus… »

Pour G. H. R. Horsley, *New Documents Illustrating Early Christianity* 4, Macquarie 1987, p. 32-33, n° 8, la mystérieuse formule κύτος κόσμοιο πέδησα indiquerait peut-être des recherches astronomiques. Mais L. Moretti voit plutôt en Philétos un philosophe itinérant qui a parcouru (« dominé ») l'*orbis terrarum*, interprétation qui paraît mieux en accord avec les vers précédents.

BERNADETTE PUECH.

117 PHILIDAS DE MILET   F Iᵃ ?

Philidas, fils d'Héracléon, philosophe épicurien, issu d'une famille aristocratique qui prétendait descendre d'Ajax, exerçait la fonction très prestigieuse de prophète de l'oracle de Didymes : *Didyma* II 285. C'est une preuve supplémentaire, s'il en était encore besoin, que les disciples d'Épicure ne voyaient aucune incompatibilité entre leurs convictions philosophiques et les responsabilités dans les cultes civiques (voir aussi, *infra*, notice « Aurelius Bèlios Philippos », P 129 et la liste d'épicuriens attestés comme prêtres civiques donnée par R. Koch Piettre, « Des épicuriens entre la vie retirée et les honneurs publics », dans V. Dasen et M. Piérart (édit.), *Idia kai dèmosia. Les cadres « privés » et « publics » de la religion grecque antique,* coll. « Kernos, Suppl. » 15, Liège 2005, p. 266-269). Les philosophes, toutes écoles confondues, sont d'ailleurs très présents à Didymes : voir le prophète stoïcien Aelius Aelianus (⧫A 61) et le prophète Phanias (⧫P 94), probablement platonicien.

BERNADETTE PUECH.

118 PHILINOS DE COS *RE* 9   IIIᵃ

Philinos de Cos (*fl.* 250ᵃ) est considéré, selon la tradition la plus vraisemblable et la plus communément acceptée, comme le fondateur de l'école empirique (ἐμπειρικὴ ἀγωγή).

Orientations bibliographiques. Sources anciennes rassemblées par **1** M. Wellmann, dans F. Susemihl, *GGLA,* vol. I, Leipzig 1891, p. 818 *sqq.* ; **2** K. Deichgräber, *Die griechische Empirikerschule*, Berlin 1930 ; réimpr. augmentée, Berlin/Zürich 1965, fragments réunis p. 163-164, discutés p. 254 *sqq.* ; **3** H. Diller, art. « Philinos » 9, *RE* XIX 2, 1938, col. 2193-2194 ; **4** M. Michler, *Die alexandrinischen Chirurgen. Eine Sammlung und Auswertung ihrer Fragmente,* Wiesbaden 1968, p. 43 ; **5** R. Walzer et M. Frede, *Galen. Three treatises on the Nature of Science*, Indianapolis 1985 ; **6** H. von Staden, *Herophilus. The art of medicine in early Alexandria*, Cambridge/New York 1989 ; **7** P. Pellegrin *et alii, Galien. Traités philosophiques et logiques*, coll. *GF,* Paris 1998 ; **8** V. Nutton, art. « Philinos von Kos », *NP* IX, 2000, col. 792 ; **9** Nicandre, *Œuvres,* tome II : *Les thériaques*, texte établi et traduit par J.-M. Jacques, *CUF,* Paris 2002, p. XLII-XLIV et p. 302-303 ; **10** L. Perilli, *Menodoto di Nicomedia. Contributo a una storia galeniana della medicina empirica*, München/Leipzig 2004, p. 32 *sqq.* ; **11** K. H. Leven, art. « Philinos v. Kos », dans K. H. Leven (édit.), *Antike Medizin, Ein Lexikon*, München 2005, col. 694-695.

Sources biographiques anciennes.

(1) Galien, *Esquisse empirique,* chap. 1 [Deichgräber **2** pour la traduction latine médiévale seule conservée avec rétroversion en grec, p. 42-43 ; traduction française dans Pellegrin **7**, p. 95] :

> « C'est ainsi disent-ils… qu'eux-mêmes ne s'appellent pas acroniens (c'est pourtant à Acron le premier qu'on a attribué des doctrines empiriques), ni d'après Timon, ni d'après Philinos, ni d'après Sérapion, qui vinrent après Acron, mais que les autres empiriques se sont donnés comme leurs devanciers ».

Bien qu'il n'y ait pas accord sur le nom du fondateur de la secte empirique, Philinos de Cos est cependant le candidat le plus sérieux, à côté de Sérapion et d'Acron (➤A 14) tous deux également mentionnés dans ce passage, sans doute pour répondre au désir des empiriques de donner une origine plus ancienne à leur école, comme l'explique le Pseudo-Galien dans le passage suivant tiré de *L'Introduction*. Un certain Zeuxis, mentionné par Galien dans son *Commentaire au livre I du Prorrhétique d'Hippocrate* II 58 (t. XVI, p. 636, 9 Kühn) comme le plus ancien empirique (Ζεύξιδι, τῷ παλαιτάτῳ ἐμπειρικῷ), peut également être candidat à ce titre de fondateur de l'école.

(2) [Ps. Galien] *L'Introduction ou le Médecin* 4 : t. XIV, p. 683, 11 Kühn [fr. 6 Deichgräber **2**, p. 40] attribue à Philinos un rôle fondateur dans l'apparition de l'école empirique :

> « Quant à la secte empirique, c'est Philinos de Cos qui s'est placé à sa tête, étant le premier à l'avoir détachée de l'école logique, après en avoir reçu les principes de base d'Hérophile dont il avait aussi été l'auditeur. Mais désireux d'enraciner leur école dans le passé, afin qu'elle soit plus ancienne que l'école logique, ils (*i.e.* les empiriques) disent que c'est Acron d'Agrigente qui l'a fondée. Après Philinos, il y eut Sérapion d'Alexandrie, puis les deux Apollonios, père et fils, d'Antioche (➤A 270 et 271). Après eux, Ménodote (➤M 133), et Sextus (*i.e.* Empiricus) qui l'ont également gouvernée avec soin ».

Le fondateur de l'école empirique. Deichgräber **2** (Anhang 2, p. 333) se base sur le témoignage du pseudo-Galien (ci-dessus n° 2) qui fait de Philinos un élève du grand anatomiste alexandrin Hérophile de Cos et sur celui d'Érotien (Deichgräber **2**, fr. 311) qui le présente comme le contemporain de Baccheios de Tanagra, pour situer le *floruit* de Philinos autour de 250[a], datation acceptée par von Staden **6**, p. 485. C'est à Alexandrie, selon toute vraisemblance, que Philinos, originaire de Cos, fonde l'école empirique en rupture avec les principes de son maître. Toutefois, plusieurs témoignages, dont celui de Pline (*Histoire naturelle*, XXIX 5) donnent Philinos comme successeur d'Acron d'Agrigente, élève d'Empédocle (⯮E 19), à la tête de l'école empirique (Deichgräber **2**, fr. 5 ; 7a ; 7b), tandis que d'autres (Deichgräber **2**, fr. 4 et 7c), dont Celse [⯮C 73] (*Prologue* 10), avancent le nom de Sérapion comme fondateur de l'école.

Origines de l'empirisme. Galien dans l'*Esquisse empirique* énonce les principes qui régissaient cette école à ses débuts. Celle-ci se proposait de rassembler « tous les médecins qui sont partisans de l'expérimentation, tout comme aussi les philosophes appelés sceptiques ». Concernant les rapports éventuels des écoles dogmatiques et empiriques avec le scepticisme, Galien dans l'*Esquisse empirique* XI (Deichgräber **2**, fr. 10b, p. 43 ; Pellegrin **7**, p. 121), a cette phrase éclairante : « L'attitude du sceptique face à la totalité de la vie, telle est l'attitude de l'empirique concernant la médecine ». Sur les relations entre empirisme et scepticisme, voir **12** V. Brochard, *Les sceptiques grecs,* Paris 1887 (1986[3]), en particulier livre IV, chap. III : « Le scepticisme empirique – partie constructive », p. 359-379 ; voir aussi **13** P. Pellegrin, *Sextus Empiricus. Esquisses pyrrhoniennes,* Paris 1997 (introduction, p. 35 *sqq.*). En refusant de s'appeler du nom d'un maître fondateur (comme les hippocratiques du nom d'Hippocrate, les érasistratréens du nom d'Érasistrate, etc.) et en préférant, pour désigner leur école, le nom d'*agôgè* à celui d'*hairèsis,* utilisé à propos des dogmatiques, les partisans de l'empirisme veulent qu'on les connaisse, non d'après un homme dont ils tireraient leur nom, mais d'après leur disposition d'esprit. Ce fait explique sans doute que si le nom de Philinos est le plus souvent proposé comme fondateur de l'école (voir ci-dessous [Galien] n° 3), il se trouve parfois en concurrence avec ceux de Sérapion et d'Acron et même d'un certain Zeuxis (voir Galien n° 2). L'école dite empirique, ainsi nommée uniquement d'après la méthode mise en œuvre, revendique donc, à ses débuts tout au moins, une organisation moins contraignante et moins stricte que celle par exemple de l'école dite dogmatique ou logique, et pose seulement comme condition à ses membres de « s'abstenir, dans tout ce qu'il dit, d'accepter quelque chose que l'on pense avoir été trouvé de manière indicative » (Galien, *Esquisse empirique* I : Deichgräber **2**, p. 82, 29 ; Pellegrin **7**, p. 95-96). Pour le dire autrement, poursuit Galien, les membres de l'école fondée par Philinos n'acceptent pas que « l'art médical soit constitué de l'indication accompagnée d'expérience, comme le disent tous les dogmatiques, mais de la seule expérience des choses que l'on a rencontrées la plupart du temps de manière semblable ». Ce témoignage va donc dans le sens de la tradition qui attribue à Philinos la volonté de fonder une nouvelle école, en rupture avec les principes de leurs prédécesseurs auxquels les empiriques eux-mêmes donnèrent le nom de dogmatiques. En refusant le recours à l'« indication », c'est-à-dire à l'inférence à l'aide de la raison du non-évident à l'évident ou de l'invisible à partir du visible, Philinos rompt avec le dogmatisme incarné par ses prédécesseurs. Animés par un sentiment de doute à l'égard des facultés cognitives humaines à connaître le réel et troublés par les conclusions contradictoires auxquelles parviennent parfois les différents représentants du dogmatisme, les empiriques remettent en cause le pouvoir de la raison et les fondements les plus anciens de la médecine dite rationnelle et hippocratique. Estimant que ce qui n'est pas immédiatement perceptible aux sens est inconnaissable et que la raison n'est d'aucun secours, les empiriques de la première génération, rassemblés autour de Philinos, privilégient donc l'observation personnelle *(autopsia),* le rapport (oral ou écrit) de ce qui a déjà été observé par les autres *(historia),* et le principe du « passage au même » en vertu duquel, par exemple, un traitement observé comme efficace sur une partie du corps sera appliqué à une autre partie atteinte du même mal.

Œuvres. Il reste très difficile de démêler l'apport propre de Philinos à l'empirisme. On peut seulement supposer, à la suite de Deichgräber, qu'il a rédigé des ouvrages dans les deux domaines déjà traditionnellement en honneur chez les hérophiléens, à savoir la pharmacologie et l'exégèse hippocratique. En ce qui concerne la pharmacologie, spécialité privilégiée des empiriques, Philinos, selon toute vraisemblance, est l'auteur d'un ouvrage de portée générale faisant une large part aux remèdes d'origine naturelle et dont le contenu ne nous est connu que par quelques rares citations ou allusions chez les auteurs postérieurs.

Ainsi, Pline dans son *Histoire naturelle* I cite le nom de Philinus dans la catégorie médecins étrangers parmi les sources du livre XX (sur les remèdes tirés des plantes de jardin), XXI (sur la nature des fleurs et des guirlandes), XXII (sur l'importance des plantes), XXIII (sur les remèdes tirés des arbres cultivés), XXIV (sur les remèdes tirés des arbres sauvages), XXV (sur la nature des plantes naissant spontanément), XXVI (sur les autres remèdes classés par espèces) et XXVII (sur les remèdes qu'on tire des autres espèces de plantes). Pline le cite encore (XX 91) à propos du *sisymbrium* sauvage (sarriette en tête) qui, toujours selon Philinos, guérirait les larmoiements. Galien dans son traité *Sur les médicaments composés selon les lieux* VII, 6 (t. XIII, p. 113, 13 Kühn) lui attribue un remède contre l'asthme et la dyspnée, et dans le *Sur les médicaments composés selon les genres* V 13 (t. XIII, p. 842, 16 Kühn), un médicament desséchant contre les ulcères. Athénée dans les *Deipnosophistes* nous a conservé trois passages qui témoignent de l'activité de Philinos dans le domaine de la nomenclature botanique. Athénée (XV, 681 b ; Deichgräber **2**, fr. 138 ; Jacques **8**, fr. 4, p. 303) cite ainsi Philinos à propos du nom du lis qui est appelé *leirion* par certains et *ion* par d'autres ; de même, il nous apprend (XV, 681 f ; Jacques **8**, fr. 5, p. 303) que Philinos désignait l'*herpyllus* (serpolet) sous le nom de *zygis* ; et enfin (XV, 682 a ; Deichgräber **2**, fr. 139 ; Jacques **8**, fr. 6, p. 303) que Philinos expliquait que les fleurs de l'iris étaient appelées « gueules de loup » en raison de leur ressemblance avec les babines d'un loup.

Philinos est également l'auteur d'un ouvrage spécialisé consacré au traitement des morsures des animaux venimeux qui s'intitulait peut-être Περὶ θηρίων ou Θηριακά *(Thèriaka)* comme on peut le déduire de l'appellation θηριακός *(thèriakos)* attachée à son nom par Aelius Promotus (Deichgräber **2**, fr. 140 ; Jacques **8**, fr. 1, p. 302 ; éd. S. Ihm, Wiesbaden 1995, p. 45, 20-23). Mais alors que Deichgräber **2**, p. 164 n. 140, tire argument de cette épithète de *thèriakos* pour avancer qu'il convient de distinguer un Philinos *empirikos* d'un autre Philinos *thèriakos* et préfère considérer les fr. 140-142 comme « douteux », Jacques **8**, p. XLIII, conclut au contraire à l'identité des deux personnages et voit dans les fr. 140-142 Deichgräber **2** « les seuls fragments de Philinos que l'on puisse citer sous un titre ». Il est vrai cependant que le nom de Philinos, associé à celui de Nicandre, dans un passage du commentaire de Servius aux *Géorgiques* de Virgile (Deichgräber **2**, fr. 142 ; Jacques **8**, fr. 2, p. 302) repose sur une correction de Knaack *(Hermes* 18, 1883, p. 33) : *Solinus* au lieu de *Philinus* ; et que l'attribution à Philinos du fragment précédent (Deichgräber **2**, fr. 141 ; Jacques **8**, fr. 7, p. 303) qu'Aétius donne à Straton (fr. 1) repose sur une conjecture de Wellmann des plus incertaines (ὀλάου lu Φιλίνου par Wellmann). Toutefois, le fragment conservé chez Aelius Promotus (Deichgräber **2**, fr. 140) qui nous a conservé la trace d'un onguent prophylactique à base de chair de serpents est très certainement authentique.

On attribue également à Philinos six livres écrits contre le lexique hippocratique de l'hérophiléen Baccheios de Tanagra (Deichgräber **2**, fr. 311) et la paternité de plusieurs gloses (ἄμϐην Deichgräber **2**, fr. 322 ; θεῖον Deichgräber **2**, fr. 327 ; ἀτρεκέως Deichgräber **2**, fr. 328).

Par ailleurs, on sait, grâce à une citation de Marcellinus dans son traité *Sur le pouls* que Philinos, tout comme Héraclide de Tarente (➡H 58) auquel il est ici associé, réfutait la valeur diagnostique de l'observation des variations du pouls (Deichgräber **2**, fr. 77). Enfin, un fragment tiré de Démétrios Lacon (Deichgräber **2**, fr. 164 C) mentionne le nom d'un certain Philion (Φιλίων) dans lequel Crönert a voulu voir celui de Philinos (Φιλῖνος), auquel Démétrios attribue une citation vraisemblablement tirée d'un ouvrage condamnant la possibilité d'une connaissance basée sur le témoignage des sens.

VÉRONIQUE BOUDON-MILLOT.

119 PHILINOS DE THESPIES (T. FLAVIUS –) *PIR²* F 330   F I

Philosophe néopythagoricien, ami proche de Plutarque de Chéronée, qu'il considérait comme son bienfaiteur *(Syll.³* 843 B). Il intervient fréquemment dans les *Moralia (Quaest. Conv.* I 6; II 4; V 10; VIII 7; *De soll. an.* 976 B ; *De Pyth. or.).* Plutarque souligne sa fidélité scrupuleuse à la discipline de vie pythagoricienne et son attachement un peu superstitieux à la religion traditionnelle.

Notable de Thespies, où sa statue fut élevée par sa fille Flavia Eupraxis (*IThesp*, 381), il appartenait à une célèbre famille de la cité, dont 27 inscriptions permettent de suivre l'histoire au cours des trois premiers siècles de notre ère : *IThesp*, 367-393 ; voir H. Müller, « Marcus Aurelius Olympiodorus ἔκγονος ἱπποδρόμου », *ZPE* 3, 1968, p. 197-220, et C.P. Jones, « A Leading Family of Roman Thespiae », *HSCP* 74, 1970, p. 223-255, et *Id.*, « Prosopographical Notes on the Second Sophistic », *GRBS* 21, 1980, p. 377-379. Il contribua dans sa patrie à la restauration du sanctuaire d'Éros (*IThesp*, 249).

Cf. B. Puech, « Prosopographie des amis de Plutarque », dans *ANRW* II 33, 6, Berlin 1992, p. 4869.

BERNADETTE PUECH.

120 PHILIPPE   MF III[a]

Dédicataire du Περὶ τῆς συντάξεως καὶ στοιχείων τῶν λεγομένων γ′ (*Sur l'arrangement et les éléments des énoncés*, en trois livres [trad. Hadot]) de Chrysippe (D. L. VII 193) et, à ce titre, sans doute son disciple ou son collègue dans l'école stoïcienne.

RICHARD GOULET.

121 PHILIPPE *RE* 45

Diogène Laërce I 16 mentionne ce nom dans une liste de philosophes qui, « selon certains », n'auraient rien écrit. Comme ce Philippe est précédé de Stilpon, K. von Fritz, art. « Philippos » 45, *RE* XIX 2, 1938, col. 2367, envisage comme possible une identification avec Philippe de Mégare (➤P 125) dont D. L. II 113 cite quelques lignes sur Stilpon (fr. 164 A Döring et, pour le passage du prologue de D. L., fr. 189). Il faudrait alors supposer que la liste de Diogène ne prend en compte que la rédaction d'ouvrages philosophiques.

On a également voulu reconnaître dans ce philosophe Philippe d'Oponte (➤P 131), ou corriger son nom en celui d'Aristippe (➤A 356) (suggestion ingénieuse de Nietzsche qui s'appuie sur D. L. II 84, où Sosicrate prétend qu'Aristippe n'avait rien écrit, mais on sait que Diogène Laërce connaissait pour sa part de nombreux écrits du philosophe) ou de Philon de Mégare (➤P 156). On pourrait également songer à Philippe l'Athée (➤P 122) [*RE* 44], connu par Philodème, en notant la présence de Théodore dans la liste de Diogène. Mais aucune de ces interprétations n'emporte la conviction.

RICHARD GOULET.

122 PHILIPPE *RE* 44   ?

Personnage inconnu dont le nom est cité par Philodème *De pietate* (*PHerc.* 1428, col. XII 10 (p. 22 Henrichs). S'agit-il d'un athée ?

Cf. K. von Fritz, art. « Philippos » 44, *RE* XIX 2, 1938, col. 2367.

TIZIANO DORANDI.

123 PHILIPPE *RE* 15   II

Disciple de Bardesane (➤B 11). Comme il s'exprime à la première personne du singulier dans deux passages du début du *Livre des lois des pays* et que Bardesane lui répond en l'appelant Philippe, il faut en conclure qu'il serait le rapporteur du dialogue consigné dans cet ouvrage. Voir J. Teixidor, notice « Bardesane de Syrie » B 11, *DPhA* II, 1994, p. 54-63.

RICHARD GOULET.

124 PHILIPPE *RE* 12 *PLRE* II:3   V

Philosophe dont le comte Marcellinus (VIᵉ s.), *Chron.* a. 423, rapporte qu'il mourut de maladie, avec son confrère Sallustius : *Philippus et Sallustius philosophi morbo perierunt* (*cf.* Th. Mommsen [édit.], *Chronica Minora*, an. 423, 4 = *MGH AA* XI, 1894, t. II, p. 76, 6-7). La *Chronique de Ravenne*, à la même date, déclare qu'ils ont été tués « inter Claternis et Bononia » : *Marino et Asclepiodoto. His consulibus occisi sunt Phillippus et Sallustius inter Claternis et Bononia.*

Cf. Brian Croke (édit.), *The Chronicle of Marcellinus*. A translation and commentary (with a reproduction of Mommsen's edition of the text), coll. « Byzantina Australiensia » 7, Sydney, Australian Association for Byzantine Studies, 1995, p. 13 et p. 75; *Id., Count Marcellinus and his Chronicle*, Oxford 2001, XVI-300 p., notamment p. 190; B. Bishoff et W. Koehler, « Eine illustrierte Ausgabe der spätantiken Ravennater Annalen », dans W. R. W. Koehler (édit.), *Medieval Studies in memory of A. Kingsley Porter,* Cambridge (Mass.) 1939, t. I, p. 125-138, notamment p. 127.

PIERRE MARAVAL.

125 PHILIPPE DE MÉGARE *RE* 46   F IV-D III (?)

Philosophe (?) mégarique, dont Diogène Laërce II 113 cite textuellement quelques lignes ayant trait aux élèves que le mégarique Stilpon avait enlevés à d'autres maîtres. Il est inconnu par ailleurs, mais le fait que Diogène Laërce l'appelle Μεγαρικός (et non Μεγαρεύς) laisse entendre qu'il le regarde comme un philosophe ; K. von Fritz, art. « Philippos » 45, *RE* XIX 2, 1938, col. 2367, propose de l'identifier au Philippe mentionné par Diogène Laërce I 16 (➤P 121). Voir K. Döring, *Die Megariker,* fr. 164 A et commentaire p. 144-145. Le même personnage bénéficie d'une autre notice de la *RE*, rédigée cette fois par R. Laqueur, sous le numéro 39, col. 2349.

ROBERT MULLER.

126 PHILIPPE DE SIDÈ *RE* 25   V

Originaire de Sidè en Pamphylie, Philippe fut ordonné diacre, puis prêtre par Jean Chrysostome ; il fut par trois fois candidat malheureux au siège patriarcal de Constantinople (en 426, 428, 431). Il est l'auteur d'un ouvrage (perdu) réfutant le *Contre les Galiléens* de Julien et d'une volumineuse *Histoire chrétienne* en 36 livres et un millier de tomes, qui allait de la création à 426. Ce second ouvrage (dont il ne reste que des fragments) avait une visée très large, voulant constituer une véritable encyclopédie chrétienne. L'historien Socrate (*Histoire ecclésiastique* VII 27, 4) le décrit en ces termes : « Il y introduit... de nombreuses matières, voulant montrer qu'il n'est pas ignorant des théories des philosophes : c'est pourquoi il fait continuellement mention de données géométriques, astronomiques, arithmétiques et musicales » – les matières du *quadrivium*, auxquelles il ajoutait des données géographiques et d'autres d'histoire naturelle. Les éditions des différents groupes de fragments de cet ouvrage historique sont répertoriées dans *CPG* 6026.

Cf. [W. Enßlin], art. « Philippus » 25, *RE* XIX 2, 1938, col. 2374-2375.

PIERRE MARAVAL.

127 PHILIPPE LE PHILOSOPHE *RE* 43   XII

Dans le Marc. gr. 410, fol. 122-123ᵛ est conservé sous le nom de cet auteur un commentaire allégorique des *Éthiopiques* d'Héliodore.

Édition. 1 R. Hercher, « Τῆς Χαρικλείας ἑρμήνευμα τῆς σώφρονος ἐκ φωνῆς Φιλίππου τοῦ φιλοσόφου », *Hermes* 3, 1869, p. 382-388 ; **2** A. Colonna, *Heliodori Aethiopica*, Roma 1938, p. 365-370. Pour l'établissement du texte, voir également **3** A. Brinkmann, « Beiträge zur Kritik und Erklärung des Dialogs Axiochos », *RhM* 51, 1896, p. 442-443. On trouve une traduction anglaise dans **4** R. Lamberton, *Homer the Theologian. Neoplatonist Allegorical Reading and the Growth of the Epic Tradition*, Berkeley/Los Angeles/London 1986, p. 306-311.

Études. 5 W. A. Oldfather, *Philologus* 67, 1908, p. 457-463 ; **6** K. von Fritz, « Philipp von Opus und Philipp der Philosoph », *Philologus* 92, 1937, p. 243-247 ; **7** *Id.,* art. « Philippos aus Byzanz », *RE* XIX 2, 1938, col. 2366-2367 ; **8** A. Colonna, « Teofane Cerameo e Filippo filosofo », *BollClass* 8, 1960, p. 25-28 ; **9** B. Lavagnini, « Filippo-Filagato promotore degli studi di greco in Calabria », *BBGG* 28, 1974, p. 3-12 ; **10** L. Tarán, « The Authorship of an Allegorical Interpretation of Heliodorus' *Aethiopica* », dans M.-O. Goulet-Cazé, G. Madec et D. O'Brien, *ΣΟΦΙΗΣ ΜΑΙΗΤΟΡΕΣ. Chercheurs de sagesse. Hommage à Jean Pépin*, coll. « Études Augustiniennes – Série Antiquité » 131, Paris 1992, p. 203-230 (avec plusieurs autres références bibliographiques). Un recueil d'études consacré à Philagathos de Cérami et au milieu culturel de l'Italie méridionale à son époque a été récemment publié par **11** N. Bianchi et C. Schiano (édit.), *La tradizione dei testi greci in Italia meridionale. Filagato da Cerami philosophos e didaskalos. Copisti, lettori, eruditi in Puglia tra XII e XVI secolo*, coll. « Biblioteca Tardoantica » 5, Bari 2011.

On a proposé pour l'auteur des identifications et des datations différentes. On a pensé à un néoplatonicien travaillant dans un environnement encore païen au Vᵉ siècle, sans doute à Byzance. Ou bien à un prédicateur du XIIᵉ siècle connu sous ce nom de Philippe le Philosophe, sous celui de Théophane ou encore, après être devenu moine, sous celui de Philagathos de Cérami, qui vivait dans le sud de l'Italie. Ce moine sicilien très cultivé de la première moitié du XIIᵉ s. a laissé un grand nombre d'homélies, éditées sous le nom de *Theophanes Kerameus*, archevêque de Taormina. **12** G. Rossi Taibbi, *Sulla tradizione manoscritta dell'omiliario di Filagato di Cerami*, coll. «Istituto Siciliano di Studi Bizantini e Neo-ellenici», Quaderni 1, Palermo 1965, 84 p., a montré que le nom de cet auteur avait été inventé par un copiste du XIIIe siècle à Constantinople pour donner un auteur au corpus homilétique qu'il éditait, mais que l'attribution à Philagathos transmise par une tradition sicilienne et calabraise parallèle méritait d'être retenue.

Certaines de ces homélies ont fait l'objet d'une édition critique, d'autres ne sont connues que par l'*editio princeps* du jésuite Francesco Corso (Paris 1664) reprise dans la *Patrologie grecque* de Migne (vol. 132, Paris 1864), et dix-huit autres au moins sont encore inédites. Sur ces homélies, voir **13** Cristian Gaşpar, «Praising the Stylite in Southern Italy : Philagathos of Cerami on St Symeon the Stylite [BHG 822]», *AIRCRU* 4, 2002, p. 93-108, d'où sont tirées toutes les informations transmises ici. Sur Philagathos, voir également **14** Carolina Cupane, «Filagato da Cerami φιλόσοφος e διδάσκαλος. Contributo alla storia della cultura bizantina in età normanna», *SicGymn* 31, 1978, p. 1-28 ; **15** M. Gigante, «La Civiltà letteraria», dans G. Cavallo *et alii*, *I Bizantini in Italia,* Milano 1982, p. 626-627, avec les notes p. 647-648 ; **16** B. Lavagnini, *Profilo di Filagato da Cerami con traduzione della Omelia XXVII pronunziata dal pulpito della Cappella Palatina in Palermo,* Palermo 1992, 28 p.

17 Mircea Graţian Duluş, dans un mémoire de maîtrise en Études médiévales, préparé sous la direction de Cristian Gaşpar à la Central European University de Budapest, intitulé *Allegorizing love in the twelfth century : Philagathos of Cerami and the allegorical exegesis of Heliodorus' Aethiopica* (2007), a montré que de nombreux parallèles entre le commentaire et les homélies de Philagathos permettent de lui attribuer l'ouvrage.

D'autres rapprochements pourraient être établis : par exemple la formule τὴν πενταδικὴν αἴσθησιν que l'on rencontre dans le commentaire réapparaît au moins trois fois dans les homélies. Elle est fréquente chez des auteurs byzantins comme Michel Psellus, mais n'apparaît qu'avec Maxime le Confesseur à la fin du VIe s.

Il faudrait donc rattacher ce commentaire au contexte de la cour normande de Sicile à l'époque de Roger II (1130-1154) et de Guillaume Ier (1154-1166).

Il n'est pas sûr toutefois que les analyses de Tarán qui proposait une datation plus ancienne et une origine néoplatonicienne soient complètement à éliminer. La lecture du commentaire révèle clairement deux parties distinctes : une première où les héros du roman ne sont traités que comme des exemples ou des modèles de vertu et servent à dispenser un enseignement moral sans aucune signification secrète, et une seconde où les mêmes figures sont établies comme des symboles de réalités philosophiques (l'intellect, l'âme, les sens, le corps, etc.) grâce à l'interprétation étymologique de leurs noms. L'allégorie n'apparaît en réalité que dans cette seconde partie. Ce qui frappe dans ce commentaire, c'est moins le fait qu'un moine chrétien ait fourni une interprétation allégorique d'un roman érotique, mais le fait que le contenu de son exégèse reste résolument confiné dans le cadre d'une thématique philosophique, sans référence au christianisme : les deux citations bibliques attestent un auteur chrétien, mais ne produisent aucun message chrétien. Un tel point de vue intellectuel était-il à sa place dans le cadre du mouvement de renouveau monastique lancé par Roger en Calabre et en Sicile ?

RICHARD GOULET.

128   PHILIPPOS (DOMITIUS ? –) DE MACÉDOINE   F II-D III

Originaire de Macédoine, Philippos s'était installé en Italie, où il finit ses jours. Son épitaphe, trouvée à Suessa Aurunca (Campanie, *IG* XIV 888), le présente comme un vieillard « expert dans la sagesse d'Ionie » et comme « l'illustre père d'Antigonos, consul d'Ausonie ». Cette dernière indication a depuis longtemps amené (*PIR*² D 573) à un rapprochement avec Domitius Antigonos, tribun militaire originaire de Macédoine, remarqué et admis au Sénat par Caracalla (Dion Cassius LXXVII 8, 1-2). Sur la carrière de ce personnage, consul suffect après 230, voir en dernier lieu C. Petolescu, « Notes prosopographiques », *Dacia* n. s. 43-45, 1999-2001, p. 232-233. Deux fragments de dédicace(s) latine(s) de Rome confortent ce rapprochement, comme l'a souligné leur éditrice, A. Illuminati (dans S. Panciera [édit.], *Iscrizioni greche e latine del Foro romano e del Palatino*, coll. « Tituli » 7, Roma 1996, p. 208, n° 64) : même s'il convient d'observer la plus grande prudence quant aux restitutions possibles, on y reconnaît clairement un hommage du séna-teur Antigonos à son père. Plus délicate demeure l'interprétation, dans l'épitaphe campanienne, de la périphrase qui évoque les compétences de Philippos : est-ce un pythagoricien ou un mathématicien qui peut être caractérisé, à cette époque, par son expertise dans la sagesse (ou science) d'Ionie ?

BERNADETTE PUECH.

129 PHILIPPOS (AURELIUS BÈLIOS –) D'APAMÉE DE SYRIE   F II-D III

Philippe d'Apamée était prêtre de Bèl, divinité poliade de sa patrie, et portait aussi le nom théophore Bèlios. C'est sur l'ordre du dieu, qui délivrait des oracles, qu'il s'était acquitté d'une consécration, dont la dédicace a été publiée par **1** J.-P. Rey-Coquais, « Inscriptions d'Apamée », *AAAS* 23, 1973, p. 66-68. L'hypothèse avancée par **2** M. F. Smith, « An Epicurean Priest from Apamea in Syria », *ZPE* 112, 1996, p. 120-130, selon laquelle la dédicace serait celle d'une statue de Plotine (☛P 206), est non seulement arbitraire mais impossible en raison du gen-tilice du dédicant, comme l'a indiqué **3** P.-L. Gatier, *Bull.* 1997, n° 639. Le service du dieu n'empêchait nullement Philippe d'être aussi le chef de l'école épicurienne de la ville, διάδοχος ἐν 'Απαμείᾳ τῶν 'Επικουρείων. Malgré **4** S. Fein, *Die Beziehungen der Kaiser Trajan und Hadrian zu den Litterati*, coll. « Beiträge zur Altertumskunde » 26, Stuttgart/Leipzig 1994, p. 286, la formule paraît bien donner à διάδοχος le sens indiqué par Rey-Coquais **1**, celui de chef de l'école ; c'est aussi l'interprétation de Smith **2**, qui donne une utile récapitulation du rôle d'un *diado-chos* et de l'histoire de l'épicurisme en Syrie. Pour l'emploi du titre ailleurs, l'ana-lyse de **5** J. Glucker, *Antiochos and the Late Academy*, Göttingen 1978, p. 366-369, est utilement complétée par **6** J. Hahn, *Der Philosoph und die Gesellschaft*, Stuttgart 1989, qui a rassemblé, p. 123-125, les occurrences épigraphiques. Depuis l'époque où **7** J. et L. Robert, *Bull.* 1976, n° 720, exprimaient leur étonnement devant l'implication de l'épicurien Philippos dans le culte de Bèl, on a constaté un certain nombre de cas d'épicuriens attestés comme prêtres civiques. Smith **2**, en a relevé trois, ceux d'Héraclite de Rhodiapolis (☛H 65), de Tiberius Claudius Lepidus d'Amastris (☛L 47) et de Philidas de Milet (☛P 117), ce dernier étant particulièrement proche de celui de Philippos par le prestige de la prêtrise et la nature oraculaire du culte. Une liste de cas analogues a été dressée par R. Koch

Piettre, « Des épicuriens entre la vie retirée et les honneurs publics », dans
V. Dasen et M. Piérart (édit.), *Idia kai dèmosia. Les cadres « privés » et « publics »
de la religion grecque antique,* coll. « Kernos, Suppl. » 15, Liège 2005, p. 266-269.
Il faut probablement ajouter le cas de Flavius Pemptidès (⮕P 78) de Thèbes, ami
de Plutarque et, selon toute vraisemblance, hiérarque du sanctuaire des Cabires.

BERNADETTE PUECH.

130 PHILIPPOS DE PROUSIAS *RE* 47   fl. M I

Historien et philosophe stoïcien. Contemporain de Plutarque de Chéronée, mais
sensiblement plus âgé que lui, il apparaît dans les *Quaest. Conv.* VII 7 et 8 (à
Chéronée) et dans le *De defectu.* Il était originaire de Prousias de l'Hypios (710 B).

Cf. B. Puech, « Prosopographie des amis de Plutarque », dans *ANRW* II 33, 6,
Berlin 1992, p. 4869-4870.

BERNADETTE PUECH.

131 PHILIPPE D'OPONTE *RE* 42   IV^a

Académicien, disciple de Platon (⮕P 195).

Éditions des fragments, études. 1 L. Tarán, *Plato, Philip of Opus and the
Pseudo-platonic Epinomis,* coll. « Memoirs of the American Philosophical
Society », Philadelphia 1975 ; **2** F. Lasserre, *De Léodamas de Thasos à Philippe
d'Oponte. Témoignages et Fragments. Édition, traduction et commentaire,* coll.
« La scuola di Platone » 2, Napoli 1987, p. 159-188, 367-393, 593-659 ; les frag-
ments du Περὶ Πλάτωνος ont été édités et traduits en anglais par E. Theys, dans
FGrHistContinued 1011 (vol. IV A 1, p. 248-263).

Cf. 3 K. von Fritz, art. « Philippos » 42, *RE* XIX 2, 1938, col. 2351-2366.

Informations biographiques. Les sources alléguées en faveur de la connaissance de Philippe d'Oponte ne concordent pas. Deux d'entre elles, la *Souda*
(Φ 418, *s.v.* Φιλόσοφος = Lasserre **2**, T 1) et l'*Histoire de l'Académie* de Philodème (col. III 35-V 19 = Lasserre **2**, F 14^a) ne mentionnent pas son nom. Dans le
premier cas apparaît seulement le terme φιλόσοφος, dans le second celui d'ἀστρο-
λόγος. Diogène Laërce III 37 et 46, l'auteur des *Prolégomènes à la philosophie de
Platon* (24, 18, éd. L.G. Westerink et J. Trouillard, Paris 1990) et Aetius (*Placita*
II 29, 4, p. 360 Diels) font au contraire référence à Philippe d'Oponte. D'autres
textes enfin parlent d'un Philippe originaire soit de Medma (Stéphane de Byzance,
Ethnika, p. 440, 5-8 Meineke = Lasserre **2**, T 5, mais aussi le texte de l'*Histoire de
l'Académie* dont une restitution peut faire apparaître la ville, mais non le nom du
personnage), soit d'Arrhidée (Pseudo-Denys l'Aréopagite, *Epist. XI ad Apollo-
phanem, PG* III, col. 1122, 5-7 = Lasserre **2**, D 6). Une majorité d'interprètes fait
pourtant concorder ces sources en faveur d'un unique personnage, lequel y est
souvent présenté comme « élève de Platon » (*Souda,* D.L. III 46, Proclus, *in Eucl.*,
p. 67, 23-68, 6 Friedlein = Lasserre **2**, T 2). De plus, certaines données biographiques correspondent à des titres d'œuvres recensées, comme le traité *Sur les vents*

(Περὶ ἀνέμων) signalé par Stéphane de Byzance et qui renverrait aux observations effectuées par Philippe (Ptolémée, Φάσεις ἀπλανῶν ἀστέρων, *Opera Astronomica Minora*, p. 66, 23 - 67, 21 = Lasserre **2**, F 40). Le fait qu'il soit présenté comme élève de Platon, notamment par la *Souda*, indique de plus qu'il a été membre de l'Académie. Le même texte rapporte aussi qu'il était contemporain de Philippe de Macédoine. L'établissement précis de ses dates fait pourtant difficulté. La même source en fait aussi un élève de Socrate. Mais, comme il a survécu à Platon, il apparaît donc trop jeune pour être un disciple du premier. On situe donc sa naissance une quarantaine d'années après celle de Platon (vers 385-380) et il pourrait être mort vers 340. Comment résoudre le problème posé par la mention de Socrate dans ce texte ? Trois solutions ont été proposées : corriger le texte des manuscrits (Ἐχεκράτους pour Σωκράτους selon **4** E. Praetorius, *De Philippo Opuntio*, coll. « Tirocinium Philologum Sodalium reg. Seminarii Bonnensis » 1-9, Berlin 1883, p. 5), expliquer la présence de ce nom par une confusion dans le texte de la *Souda* (Tarán **1**, p. 127, von Fritz **3**, col. 2352-2353), conserver le texte, mais refuser l'identification de Σωκράτους à Socrate lui-même au profit de Socrate le Jeune (cité à plusieurs reprises dans les dialogues de Platon : *Theaet.*, 147 d ; *Soph.*, 218 b ; *Polit.*, 257 c-d et 266 a, et auquel Aristote fait référence en *Metaph.*, 1036 b 25). C'est ce que pense Lasserre **2**, p. 594. Selon ce dernier, Socrate le Jeune aurait enseigné à l'Académie entre 368/7 et 365/4 durant l'absence de Platon alors en Sicile. Celui-ci lui aurait confié, dès avant son départ, « une partie de son enseignement » et Socrate aurait continué après le retour de Platon de s'occuper de certains de ses élèves. Il serait mort vers 365/4 (date obtenue à partir de la *Lettre à Philippe* d'Aristote, fr. 652 Rose[3]). Enfin, la référence à ce personnage par Aristote, dans un contexte clairement polémique puisqu'il s'agit de s'opposer à la thèse de la séparation des formes, permettrait de rapporter à Socrate le Jeune un enseignement relatif à cette thèse elle-même. Celui-ci aurait en effet comparé l'animal au cercle, séparant ainsi le premier de sa matière comme peut l'être aussi le second de la matière sensible. L'identification de Socrate dans le texte relatif à Philippe reste cependant tributaire de ces trop rares témoignages.

Concernant la cité d'origine de Philippe, trois noms apparaissent : Oponte, Mendé, Medma. Mendé est citée par Proclus (Proclus, *in Eucl.*, p. 67, 23 - 68, 6 Friedlein = Lasserre **2**, T 2) et Medma par Stéphane de Byzance et l'*Histoire de l'Académie*. La première est une cité de la Chalcidique qui donne sur le golfe Thermaïque, la seconde fait partie de la Locride dans le sud de l'Italie. La ville d'Oponte appartient à la Locride opontique au nord de la Béotie. Pour réduire ces différences, on a proposé de remplacer le terme Μενδαῖος par le terme Μεδμαῖος lorsque le premier apparaît dans le texte de Proclus (*cf.* A. Böckh, *Ueber die vierjährigen Sonnenkreise der Alten, vorzüglich den Eudoxischen*, Berlin 1863, p. 38). Mais il reste à comprendre pourquoi la ville de Medma est aussi mentionnée. Le problème est important car Philippe a fait des observations que nos sources situent en Locride et en Phocide (Ptolémée = Lasserre **2**, F 40). S'agit-il de la Locride de Medma ou de celle d'Oponte ? Si l'on adopte la correction au texte de

Proclus et si l'on suit Stéphane de Byzance, Philippe serait originaire de Medma, mais aurait ensuite été désigné du nom de la ville d'Oponte dans laquelle il se serait fixé, et c'est dans cette région qu'il aurait réalisé ses observations astronomiques. Tarán **1**, p. 126 et 128, n'exclut pas, cependant, le mouvement inverse : originaire d'Oponte en Grèce, il aurait pu migrer ensuite vers Medma. La tradition lui attribue par ailleurs un traité sur les *Locriens d'Oponte* (*Souda* = Lasserre **2**, T 1). La question des origines de Philippe pose aussi le problème de son rapport éventuel avec le pythagorisme présent dans cette partie de l'Italie. Dans un article consacré à ce problème, **5** M. Isnardi Parente, « Filippo di Medma (?) e la cerchia di Platone », *ASCL* 69, 2002, p. 9-15, montre que nos sources ne permettent pas d'établir que Philippe fut d'abord un pythagoricien devenu ensuite disciple de Platon ni qu'il y a un lien certain entre l'origine éventuelle de Philippe en Grande Grèce et des aspects pythagoriciens de sa pensée et de son œuvre. Enfin, Philippe a-t-il été scholarque de l'Académie ? Le texte des *Prolégomènes à la philosophie de Platon* (24, 17-18 = Lasserre **2**, F 14^c) l'indique explicitement, mais l'auteur ne semble pas avoir de connaissance précise à propos de Philippe puisqu'il parle d'un « certain (τινος) Philippe d'Oponte ». Une telle information est par ailleurs en contradiction avec les listes connues des premiers successeurs de Platon à la tête de l'Académie (Speusippe puis Xénocrate). Selon F. Lasserre, Philippe a pourtant dû briguer la succession de Platon, ce dont témoignerait peut-être le texte de l'*Histoire de l'Académie* (Lasserre **2**, T 3).

Œuvres répertoriées. La liste en est donnée par la notice déjà citée de la *Souda*. Aucun de ces écrits ne nous est parvenu en entier. Dans la liste qui suit, la traduction des titres s'inspire de Lasserre. Ce savant consacre aussi un riche commentaire à chaque fragment : Lasserre **1**, p. 596-659. Les titres peuvent être classés en plusieurs groupes. Certains entrent clairement dans la catégorie des traités éthiques :

(1) Περὶ ἐλευθερίας, *Sur la liberté,* en un livre (F 5),

(2) Περὶ ὀργῆς α', *Sur la colère,* en un livre (F 3),

(3) Περὶ ἀνταποδόσεως α', *Sur la rétribution,* en un livre (F 7),

(4) Περὶ ἡδονῆς α', *Sur le plaisir,* en un livre (F 9),

(5) Περὶ ἔρωτος α', *Sur l'amour,* en un livre (F 10),

(6) Περὶ φίλων καὶ φιλίας α', *Sur les amis et l'amitié,* en un livre (F 11).

Un second groupe de titres appartient à la catégorie des traités consacrés aux questions astronomiques :

(7) Περὶ τῆς ἀποστάσεως ἡλίου καὶ σελήνης, *Sur la distance du soleil et de la lune* (F 1),

(8) Περὶ ἐκλείψεως σελήνης, *Sur l'éclipse de lune* (F 24-25),

(9) Περὶ μεγέθους ἡλίου καὶ σελήνης καὶ γῆς α', *Sur la dimension du soleil, de la lune et de la terre,* en un livre (F 26),

(10) Περὶ ἀστραπῶν, *Sur les éclairs* (F 27),

(11) Περὶ πλανητῶν, *Sur les planètes* (F 28).

Un troisième comprendrait les traités de physique et de mathématique :

(12) Περὶ χρόνου ἕν, *Sur le temps,* en un livre (F 3),

(13) Κυκλιακά, *Mouvements circulaires* (F 34),

(14) Ἀριθμητικά, *Arithmétique* (F 29),

(15) Περὶ πολυγώνων ἀριθμῶν, *Sur les nombres polygones* (F 30),

(16) Ὀπτικῶν β′, *Optique,* en deux livres,

(17) Ἐνοπτ<ρ>ικῶν β′, *Catoptrique,* en deux livres (F 32-33),

(18) Μεσότητας, *Médiétés* (F 35).

Restent des titres que l'on ne peut faire entrer dans aucune des sections précédentes :

(19) Περὶ θεῶν β′, *Sur les dieux,* en deux livres (F 2),

(20) Περὶ μύθων, *Sur les mythes,* en un livre (F 4),

(21) Περὶ Λοκρῶν τῶν Ὀπουντίων, *Sur les Locriens d'Oponte,* en un livre (F 8),

(22) Περὶ τοῦ γράφειν, *Sur le dessin* (F 12),

(23) Περὶ Πλάτωνος, *Sur Platon* (F 12-23).

On lui attribue (F 5) aussi (24) un Περὶ ἀνένων, *Sur les vents* (F 36-74b).

Lasserre a recueilli, sous le sigle D[octrina], un certain nombre de textes dans lesquels il présume avoir décelé des résumés de doctrines ou d'idées de Philippe (D 1-*10b). Le choix des fragments dans l'édition de Tarán **1** est beaucoup plus limité et prudent.

Il faut d'abord remarquer que certains de ces titres ou des sujets qu'ils traitent sont aussi indiqués pour d'autres auteurs contemporains de Philippe, notamment Speusippe et Xénocrate. Diogène Laërce mentionne, dans la liste des ouvrages de Speusippe, des traités *Sur le plaisir, Sur l'amitié, Sur les dieux* (IV 4), et dans la liste des ouvrages de Xénocrate, des traités *Sur la liberté, Sur l'amitié* (en deux livres), *Sur le plaisir, Sur les dieux* (en deux livres) (IV 12-13). Aristote a aussi consacré à l'amitié et au plaisir des analyses importantes, rassemblées dans les livres VIII-X de l'*Éthique à Nicomaque.* De tels rappels indiquent que ces thèmes étaient vraisemblablement couramment discutés à l'intérieur de l'Académie. On n'a malheureusement bien peu de possibilités d'en reconstituer le contenu. Le traité Περὶ ἀνταποδόσεως α′ mérite cependant une mention particulière, car la notion d'ἀνταπόδοσις est d'origine pythagoricienne ou, du moins, attestée dans le pythagorisme (DK I, p. 452, 25) et apparaît ensuite chez Aristote (τὸ ἀντιπεπονθός, *E. N.,* 1132 b 21) et chez Chrysippe (*SVF* II 1081). Pour Aristote, la justice ne saurait se définir seulement par la simple réciprocité et la polémique contre la définition pythagoricienne est l'occasion, pour lui, de préciser que si la justice a un rapport avec la réciprocité, il ne peut s'agir que d'une réciprocité proportionnelle. Il n'est donc pas impossible que le traité de Philippe ait inspiré ces deux auteurs en constituant une étape majeure dans l'histoire de cette notion.

Si ces différents titres des traités de Philippe, à l'exception du précédent, apparaissent pour d'autres auteurs, certains, au contraire, semblent plus originaux. Nous n'avons pas d'autres mentions de traités Περὶ μύθων à l'époque de Philippe si bien qu'il est difficile de savoir en quel sens le terme μῦθος est ici entendu et quel était le contenu de l'ouvrage. Le traité Κυκλιακά est tout aussi problématique puisqu'il s'agit d'un terme qui n'est pas attesté par ailleurs. S'agit-il d'une corruption du texte de la *Souda* et faut-il corriger le titre en κυκλικά (voir Tarán **1**, p. 135 n. 572) ? Mais, si l'on garde le titre des manuscrits, le traité ne porterait donc pas sur les cercles, mais sur les mouvements circulaires, ce qui paraît cohérent avec l'étude de la rotation des corps célestes qui a intéressé Philippe. Quant à la question de la distance et de la taille du soleil et de la lune, elle a été traitée par Aristarque, mais aussi par Eudoxe [☞E 98], qui a calculé le diamètre du soleil. Aristote fait référence à des calculs concernant la circonférence de la Terre dans le *De caelo* II 14, 298 a 15-17 et dans les *Météorologiques* I, 339 b 6 - 9, 345 b 1-9. Cette question ne peut être séparée de celle des éclipses, car les différences de taille du soleil et de la lune expliquent les différences entre leurs éclipses. Selon Lasserre, cette explication rendait nécessaire l'adoption par Philippe d'un système non géocentrique (p. 637, 641-642). Mais il faut pour cela considérer que certains documents présentent des résumés de doctrines développées par Philippe (en particulier un extrait d'un texte de Leptinès, *Praecept. Astron.* XVIII 1-XX 16 = Lasserre **2**, D 7, et d'un texte de Théophraste, *Phys. opin.*, fr. 22 Diels = Lasserre **2**, D 10), ce qui n'est pas certain. Philippe d'Oponte est connu par ailleurs pour ses activités de parapegmatiste, associées dans plusieurs textes à celles d'Euctémon. On désigne sous ce nom l'activité qui consiste à relever les positions des corps célestes afin d'en tirer des observations et des prévisions climatiques. Philippe est cité par Vitruve parmi les auteurs qui « ont découvert les règles des parapegmes de l'astrologie » *(ex astrologia parapegmatorum disciplinas invenerunt),* qu'ils ont ensuite transmises (*De archit.* IX 6, 3 = Lasserre **2**, F 37) et un texte de Proclus semble s'y référer (*in Tim.*, t. I, p. 102 Diehl = Lasserre **2**, F 38) puisqu'il évoque les « observations (τηρήσεις) » constituées par Philippe à partir de « concordances (συμφώνους) » pour retrouver leur « cause unique (τὴν μίαν αὐτῶν αἰτίαν) ». Enfin, Philippe d'Oponte se range parmi ceux qui, à la suite de Méton d'Athènes (☞M 140), donnent à l'année 365 jours et 5 dix-neuvièmes (Lasserre **2**, F 39[a] et F 39[b]).

Sur les mathématiques, un texte de Proclus (*in Eucl.*, p. 305, 17 - 306, 8 Friedlein = Lasserre **2**, F 16) nous indique que Philippe a pris part à une polémique relative à la seizième proposition d'Euclide [☞E 80] (« Dans tout triangle, l'angle extérieur est plus grand que chacun des angles intérieurs et opposés »), considérée comme incomplète si l'on n'y ajoute pas la formule « si l'on prolonge un côté » (μιᾶς πλευρᾶς προσεκβληθείσης). Mais il est plus difficile de savoir quel parti Philippe a adopté dans la discussion opposant deux tendances, celle de Speusippe

et celle de Ménechme (➠M 101), sur la signification des propositions mathématiques (axiome et postulat, théorème et problème). Pour la première, les propositions
qui dérivent des principes doivent toutes être appelées théorèmes puisqu'elles
portent sur des êtres éternels qui ne sont pas engendrés. Au contraire, la seconde
tendance veut leur réserver le nom de problèmes, lesquels portent sur « les générations des figures » (γενέσεις τῶν σχημάτων) et sur leurs « altérations » (παθήματα) (Proclus, in Eucl., p. 77, 7 -78, 20 Friedlein = Lasserre 2, F 20). Cette
discussion posait le problème plus général de la nature des objets mathématiques,
nature qui est, soit celle d'objets éternels dont la naissance ou l'apparition, pour
nous, n'équivalent pas à une création (οὐ ποιητικῶς), mais à une prise de connaissance (γνωστικῶς), soit celle d'une « matière noétique », qui permet l'engendrement des théorèmes, position qui est celle de la seconde tendance. Par ses travaux
de mathématiques, Philippe a-t-il préféré cette dernière position à celle, plus
ontologique, de Speusippe ?

À propos du Περὶ Πλάτωνος, il convient d'abord d'indiquer que d'autres
académiciens ont écrit sur Platon (voir les références dans Tarán 1, p. 134 n. 558).
Diogène Laërce IV 5 mentionne aussi un Éloge de Platon rédigé par Speusippe.
F. Lasserre a proposé une reconstitution de ce traité de Philippe (Lasserre 2,
p. 601-622, et 6 F. Lasserre, « Le Barbare, le Grec et la science selon Philippe
d'Oponte », MH 40, 1983, p. 169-177, en particulier p. 175 sq.) en considérant
d'une part que les fragments rapportés par Philodème dans l'Histoire de l'Académie proviennent du Περὶ Πλάτωνος d'Hermodore de Syracuse (➠H 91), lesquels
ont eux-mêmes pour source des fragments du Περὶ Πλάτωνος de Philippe (voir
sur ce point les réserves de 7 T. Dorandi, Prometheus 15, 1989, p. 191-192) et
d'autre part que certains passages de l'in Eucl. de Proclus (en particulier p. 64, 16 -
68, 6 et plus largement Lasserre 2, F 17-23), qui relatent les progrès des mathématiques sous l'influence de Platon, proviennent d'une source qui serait aussi
Philippe. Il en résulte que le Περὶ Πλάτωνος présentait de longs passages consacrés à l'origine et à l'histoire des mathématiques, et que les épisodes de la vie de
Platon comme celui de la flûtiste thrace ignorante du rythme dactylique (Histoire
de l'Académie, cf. Lasserre 2, F 14[a] et 8 E. Puglia, « Platone e l'ospite caldeo nella
Storia dell'Academia di Filodemo (PHerc 1021, coll. III 39-V19) », SEP 2, 2005,
p. 123-127) étaient en relation avec l'histoire du quadrivium mathématique (astronomie, géométrie, arithmétique et musique) dont Philippe retraçait les étapes.

L'éditeur des Lois et l'auteur de l'Epinomis. La Souda indique que Philippe
a divisé Les Lois en douze livres et qu'il en a ajouté un treizième. Ce dernier est
probablement l'Epinomis. Diogène Laërce (III 37= Lasserre 2, F 14[b]) rapporte que
certains (ἔνιοι) lui attribuent explicitement l'Epinomis et estiment qu'« il transcri-
vit Les Lois, laissées sur des tablettes de cire » (μετέγραψεν ὄντας ἐν κηρῷ, trad.
Lasserre). Dans les Prolégomènes à la philosophie de Platon (24, 13-19
Westerink), la mise en ordre (συνθεῖναι) de ce texte, laissé en désordre (συγκεχυ-
μένους) par Platon, est attribuée à Philippe. Ajoutons que ce même texte rapporte
les arguments de Proclus en faveur de l'inauthenticité de l'Epinomis : le manque de

temps qui a empêché la correction des *Lois* rendait aussi impossible la rédaction de l'*Epinomis* et, selon Proclus, ce texte soutient, sur le mouvement des planètes, une position en contradiction avec celle des autres dialogues platoniciens (25, 4-12). Quel est exactement le sens du terme μεταγράφω utilisé par Diogène ? Celui-ci peut, en effet, indiquer simplement le fait de copier un texte, mais il peut aussi désigner la réécriture d'un texte initial. Les *Prolègomènes* signalent d'ailleurs que les *Lois* avaient été laissées « non corrigées » (ἀδιορθώτους). Le travail de Philippe n'a donc pas seulement consisté à recopier le texte de Platon depuis les tablettes de cire où il demeurait puisqu'on lui attribue la division du texte (sur ce témoignage de Diogène Laërce, voir **9** T. Dorandi, *Le stylet et la tablette,* Paris 2000, p. 21-22 = *Id., Nell'officina dei classici,* Roma 2007, p. 22 et 27 n. 67-70). Mais on ne peut tirer avec certitude des sources précédentes l'idée selon laquelle il aurait introduit des corrections au texte lui-même. De plus, le fait que les *Lois* aient été écrites en dernier, selon le témoignage des *Prolégomènes* (24, 13), ne signifie pas nécessairement que Philippe a retranscrit la totalité des *Lois* laissées en désordre. Si Philippe a été le secrétaire (ἀναγραφεύς, *Histoire de l'Académie,* *cf.* Lasserre **2**, F 14ᵃ) de Platon, on peut difficilement imaginer qu'il n'ait pas recopié le texte des *Lois* au fur et à mesure que ce dernier lui en confiait les tablettes. L'épisode de la mort de Platon rapportée dans le même fragment fait d'ailleurs allusion au fait que celui-ci demandait encore des tablettes pour écrire avant de mourir. On peut donc aussi penser que c'est seulement la fin des *Lois* qui a été laissée en désordre et laissée au travail d'édition de Philippe (c'est ainsi que Lasserre **2**, p. 658, comprend l'expression ἐσχάτους τοὺς Νόμους de 24, 13). Dans ce cas, si Philippe est bien celui qui a retranscrit les *Lois*, il faudrait d'autant plus nuancer la part de son intervention et de ses éventuelles corrections que c'est alors sous l'autorité de Platon toujours vivant que l'essentiel de cette retranscription aurait eu lieu.

Concernant l'*Epinomis*, on peut constater que certaines remarques ne sont pas sans lien avec des titres de traités de Philippe ou des sujets qui y sont étudiés. Ainsi, la démonstration de la divinité des corps célestes fait référence au problème de leur grandeur (982 e 6-c 5), problème qui fait par ailleurs l'objet d'un traité attribué à Philippe. De même, le passage de 978 b 7-e 5, dans lequel l'auteur explique que la divinité nous instruit de la capacité à nombrer par le spectacle qu'elle nous offre des réalités célestes, témoigne, selon Tarán **1**, p. 137, d'un lien avec des thèmes qui ont particulièrement intéressé Philippe d'Oponte. Il y est question en effet des formes que prend la lune durant sa révolution circulaire et cette diversité, elle aussi, nous enseigne les nombres. Il est possible d'établir ici un rapport avec l'étude des phases et des éclipses de lune, traité dans certains ouvrages de Philippe. Ces ressemblances témoigneraient alors en faveur de l'attribution de l'*Epinomis* à Philippe d'Oponte, mais elles ne sont pas en elles-mêmes suffisantes. D'où la tentative de trouver des arguments internes à l'appui de cette attribution. Lasserre **2**, p. 596, fait ainsi remarquer que la formule « comme nous l'avons montré » (ὡς ἡμεῖς ἀπεφηνάμεθα) de 983 b 3 peut plaider en faveur de celle-ci. En effet, la thèse soutenue alors, selon laquelle seul un dieu peut doter des astres si grands et d'une telle masse d'un mouvement de révolution, ne se retrouve pas telle quelle dans les passages précédents de l'*Epinomis*. Par exemple, le passage de 981 a-c développe l'idée d'une nature divine de l'âme qui façonne les corps, mais ne parle pas explicitement à son propos d'un principe de mouvement. Le renvoi vise-t-il les *Lois*? Mais là encore, l'identification est incertaine. On peut alors considérer que l'on a affaire à un renvoi à des traités de Philippe (peut-être le Περὶ θεῶν β΄) si l'on veut bien admettre que celui-ci ait assumé d'emblée la paternité du texte puisque c'est en toute clarté qu'il ferait référence à ses propres écrits. Par ailleurs, l'intérêt de Philippe pour les questions astronomiques pourrait assez bien expliquer le contenu de l'*Epinomis* qui présente et développe une théologie astrale. Malgré les difficultés évoquées, Philippe d'Oponte reste l'auteur le plus probable de l'*Epinomis*, même si l'on ne peut pas exclure absolument un autre membre de l'ancienne Académie.

Cf. 10 H. J. Krämer, « Philippos von Opus und die 'Epinomis' », *GGP, Antike* 3, Basel 2004², p. 81-93.

SYLVAIN ROUX et TIZIANO DORANDI.

132 PHILISCOS   IVᵃ

Le cordonnier Philiscos est cité seulement dans un fragment d'un discours pédagogique (« diatribe ») du moraliste Télès dont l'activité se situe au IIIᵉ siècle av. J.-C. Le fragment concerne la pauvreté, et la mention apparaît dans le contexte d'une anecdote à propos du cynique Cratès de Thèbes (⋙C 205 ; Télès, fr. IV B, p. 46, 6-14 Hense = Cratès, *SSR* IV H 42 Giannantoni ; *cf.* **1** P. P. Fuentes González, *Les diatribes de Télès : introduction, texte revu et commentaire des fragments, avec en appendice une traduction espagnole*, coll. « Histoire des doctrines de l'Antiquité classique » 23, Paris 1998, p. 426 *sq.*).

Selon ce témoignage, que Télès emprunte à Zénon de Citium, Cratès lisait un jour, assis dans l'atelier de ce cordonnier,

« le *Protreptique* qu'Aristote avait écrit à l'adresse de Thémison, le roi de Chypre, et où Aristote disait que personne ne réunissait de meilleurs atouts que Thémison pour se mettre à philosopher ; car il avait une richesse si grande qu'elle lui permettait de faire des dépenses dans ce but et, qui plus est, il avait bonne réputation. Et tandis que Cratès lisait, le cordonnier, disait Zénon, était attentif, tout en cousant, et Cratès lui dit : "J'ai le sentiment, Philiscos, que je vais écrire pour toi un protreptique, car je vois que tu as plus d'atouts pour philosopher que n'en avait celui pour qui écrivait Aristote" » (= Aristote, fr. 54 Gigon ; trad. Fuentes González **1**, p. 427).

2 V. Rose, *Aristoteles pseudepigraphus*, Lipsiae 1863, réimpr. Hildesheim/New York 1971, p. 70, dans le but de discréditer le témoignage de Télès sur le *Protreptique* aristotélicien, suggère que celui-ci a pu emprunter l'anecdote à un recueil obscur de *chries* zénoniennes, que n'aurait pas édité Zénon lui-même mais « un certain auteur ». En fait, comme le remarque **3** P. Hartlich, « De exhortationum a Graecis Romanisque scriptarum historia et indole », *LS* 11, 1888 (1889), p. 207-336 (= *Exhortationum [προτρεπτικῶν] a Graecis Romanisque scriptarum historia et indoles*, Diss. inaug., Lipsiae 1889, p. 209-300), notamment p. 236-238, face aux soupçons gratuits de Rose, rien n'autorise à douter du témoignage de Télès, qui reste le plus ancien concernant le *Protreptique*.

Dans le but de défendre le caractère fautif de ce titre, Rose **2**, *ibid.*, allait jusqu'à contester purement et simplement la datation de Télès au IIIe s. av. J.-C.

De son côté, **4** O. Hense, *Teletis reliquiae*, recognovit, prolegomena scripsit O. H., editio secunda, Tubingae 1909, réimpr. Hildesheim/New York 1969, même s'il est convaincu (p. LII), conformément à sa thèse générale sur Télès, que celui-ci ne fait que citer partout Bion de Borysthène (☛B 32), reconnaît avoir quelque scrupule dans ce cas et il laisse ouverte la possibilité que le moraliste ait pu tirer cette anecdote d'un ouvrage de Zénon (p. CXXII). Quant à l'identification de cet ouvrage, il considère que le passage en question proviendrait des *Mémorables de Cratès* (Κράτητος ἀπομνημονεύματα) mentionnés en D. L. VII 4 (= fr. 41 von Arnim, *SVF*, t. I, p. 15), une hypothèse qui avait été déjà formulée auparavant.

Cf. **5** C. Wachsmuth, *Commentatio I de Zenone Citiensi et Cleanthe Assio*, Ind. Lect. Gottingae 1874, p. 5 ; **6** A. C. Pearson, *The fragments of Zeno and Cleanthes,* with introduction and explanatory notes, London 1891, p. 220 (= fr. 199) ; **7** H. Diels, *Poetarum philosophorum fragmenta* (= *Poetarum Graecorum fragmenta*, t. III 1), edidit H. D., Berolini 1901, p. 215 ; et **8** H. von Arnim, *SVF*, t. I, 1905, p. 62 n. 31. À la suite de Hense **4**, voir **9** D. R. Dudley, *A history of cynicism : from Diogenes to the 6th* century A. D., London 1937, réimpr. Hildesheim 1967, p. 86 n. 1 ; et **10** G. Giannantoni, *SSR,* 1990, t. II, p. 540, n. *ad loc.,* t. IV, p. 566.

Si cette origine est correcte, on peut penser que Télès lui-même a pu utiliser la source en question, sans qu'il soit nécessaire de lui imposer l'intermédiaire de Bion. Des recueils de souvenirs du genre ont sans doute fait partie des instruments usuels d'un moraliste « populaire » comme Télès.

Quant à Philiscos, la chronologie de Cratès permet de le dater du IVe siècle av. J.-C. Nous n'avons pas, en revanche, d'autres renseignements concernant ce personnnage. C'est sans doute à tort que **11** Ed. Zeller, *Die Philosophie der Griechen in ihrer geschichtlichen Entwicklung dargestellt*, t. II 1 : *Sokrates und die Sokratiker. Plato und die alte Akademie,* Fünfte Auflage (Obraldruck) mit einem Anhang von E. Hoffmann, « Der gegenwärtige Stand der Platonforschung », Leipzig 1922, réimpr. Hildesheim 1963, p. 284 n. 2, identifiait le cordonnier dont Télès parle avec Philiscos d'Égine (☛P 133). **12** K. von Fritz, « Philiskos » 6, *RE* XIX 2, 1938, col. 2382 *sq.,* notamment col. 2383, remarqua déjà cette erreur, de même que plus tard Giannantoni **10**, t. II, p. 540, n. *ad loc.,* ou **13** M.-O. Goulet-Cazé, *L'ascèse cynique : un commentaire de Diogène Laërce VI 70-71,* coll. « Histoire des doctrines de l'Antiquité Classique » 10, Paris 1986, 2e édit. rev. et aug. 2001, p. 239.

L'anecdote met en relief l'étonnement de Cratès, lorsqu'il constate pendant sa lecture, à haute voix comme c'était la norme chez les Anciens, l'intérêt et l'attention que lui prêtait l'artisan tout en poursuivant son travail, si bien que le cynique va même jusqu'à lui dire qu'il aimerait écrire pour lui un protreptique. Il voyait en effet que le cordonnier avait plus de dispositions à philosopher que n'en avait Thémison, le roi de Chypre, destinataire de l'ouvrage d'Aristote (☛A 414).

La figure du cordonnier industrieux qui manifeste en même temps une disposition naturelle à la philosophie symbolise à la perfection le caractère populaire, pratique et volontariste de la philosophie cynique, valorisant le travail et l'effort personnel, face aux tendances aristocratiques et théorétiques des écoles académicienne et péripatéticienne.

Pour reprendre les termes de **14** H. Schulz-Falkenthal, « Zur Bewertung der älteren Kyniker », *Altertum* 24, 1978, p. 160-166, p. 164 : « Les fondateurs du cynisme voyaient dans l'homme l'*homo faber*, non pas l'*homo ludens*. Pour eux le travail était une composante indissociable de la vertu et revêtait de l'importance pour la valorisation de la personnalité… Les cyniques, qui concevaient leur enseignement et leur travail pédagogique comme un métier artisanal et le comparaient volontiers à celui d'un médecin ou d'un timonier, appréciaient avant tout la sagesse et la capacité des artisans ingénieux et habiles, et Cratès allait même jusqu'à affirmer qu'un cordonnier était plus apte pour la philosophie que le roi de Chypre. »

L'épisode décrit par Télès à propos de Cratès et du cordonnier Philiscos est très proche de celui qui évoque la conversion de Zénon de Citium à la philosophie (D. L. VII 2-3 = fr. 1 von Arnim, *SVF*, t. I, p. 2 *sq*.), à la suite de son naufrage près du Pirée : Zénon monta à Athènes et il s'assit dans la boutique d'un libraire qui lisait le second livre des *Mémorables* de Xénophon ; alors, le plaisir qu'il éprouva en l'écoutant fut tellement grand qu'il demanda où il pouvait trouver des hommes comme Socrate et le libraire lui dit de suivre Cratès qui par hasard passait par là.

Mais il faut rappeler surtout la liaison étroite qui semble avoir existé entre Socrate et le cordonnier Simon, dont la vie et l'œuvre sont rapportées brièvement par D. L. II 122-124. Ce personnage avait été rapproché de Philiscos par **15** K. Joël, *Der echte und der xenophontische Sokrates*, Berlin 1901, t. II 1, p. 307 n. 1, un rapprochement qui fut plus tard repris par **16** H. Hobein, art. « Simon » 6, *RE* III A 1, 1927, col. 163-173.

La présence de la figure du cordonnier dans l'histoire de la philosophie antique répond sans doute à l'idée que la grandeur de la philosophie n'a rien à voir avec le métier ni avec la condition sociale de celui qui la pratique. Comme le passage de Télès l'enseigne, ni la richesse ni la réputation sociale ne constituent des conditions privilégiées pour la philosophie. Un homme placé dans l'humble position sociale de cordonnier peut découvrir, et peut-être se trouve dans la situation la plus appropriée pour le faire, en quoi consiste la véritable existence et les valeurs authentiques. Un cas proverbial dans la littérature grecque est celui du Miccylos de Lucien, *Le Coq* 28 *sqq.*, où ce cordonnier se convertit finalement à la philosophie. Citons aussi le philosophe Myrtilus de Thessalie (➳M 209) qui était le fils d'un cordonnier.

Pour la figure du cordonnier dans l'Antiquité, nous renvoyons à **17** O. Lau, *Schuster und Schusterhandwerk in der griechisch-römischen Literatur und Kunst,* Inaug.-Diss. Bonn, Bonn 1967, p. 177 *sqq.*, notamment p. 189-195. *Cf.* aussi **18** R. Goulet, « Trois cordonniers philosophes », dans M. Joyal (édit.), *Studies in Plato and the Platonic tradition. Essays presented to John Whittaker*, Aldershot 1997, p. 119-125 (repris dans *Id., Études sur les Vies de philosophes de l'Antiquité tardive. Diogène Laërce, Porphyre de Tyr, Eunape de Sardes*, coll. « Textes et traditions » 1, Paris 2001, p. 145-149). Pour Simon considéré comme le plus authentique disciple de

Socrate, *cf.* **19** J. Sellars, « Simon the shoemaker and the problem of Socrates », *CPh* 98, 2003, p. 207-216.

PEDRO PABLO FUENTES GONZÁLEZ.

133 PHILISCOS D'ÉGINE *RE* 6   IV^a

Disciple de Diogène de Sinope.

Il existe d'autres Philiscos à ne pas confondre avec le disciple de Diogène, notamment le rhéteur de Milet, disciple d'Isocrate (*RE* 9), le poète de Corcyre, un des sept poètes tragiques de la Pléiade, qui vivait sous Ptolémée Philadelphe (*RE* 4), et le poète comique de la Comédie moyenne (*RE* 5). De même Philiscos d'Égine n'a probablement rien à voir avec le cordonnier Philiscos (➣P 133) auquel s'adresse Cratès de Thèbes (➣C 205) dans un fragment de Télès (IV B : *Sur la pauvreté et la richesse*, p. 46, 13 Hense = SSR V H 42 ; p. 426-427 Fuentes González, avec le commentaire p. 438-439).

Sources. Plusieurs sources nous renseignent sur « Philiscos (d'Égine) », si bien que la difficulté est de déterminer si ces sources se rapportent à un même personnage, le disciple du philosophe cynique, ou s'il faut distinguer plusieurs Philiscos. Pour plus de clarté, nous avons choisi de répartir les différentes sources selon plusieurs rubriques.

Sur Philiscos d'Égine, les témoignages sont regroupés dans **1** G. Giannantoni, *SSR*, t. II, V D. Nous signalons ci-dessous plusieurs autres témoignages absents des *SSR*. Cinq témoignages se trouvent regroupés sous le titre « Philiscus Aegineta » dans **2** B. Snell, *TGrF* I, Göttingen² 1986, n° 89, p. 258-259 (T 3 se rapporte au disciple d'Isocrate, Philiscos de Milet ; T 4 évoque une peinture de Protogène, représentant *Philiscum, tragoediarum scriptorem, meditantem*, qui peut être soit Philiscos d'Égine s'il est l'auteur des tragédies de Diogène, soit le poète tragique de la Pléiade : Philiscos de Corcyre [une autre peinture d'un Philiscos, due cette fois au peintre Parrhasius, est mentionnée en Pline, *Hist. nat.* XXXV 70], et T 5 se rapporte à Philiscos, le poète comique).

A. Philiscos d'Égine, disciple de Diogène de Sinope

Selon D. L. VI 75-76, Philiscos était le fils aîné (τὸν πρεσβύτερον Φιλίσκον) d'Onésicrite d'Égine (➣O 24) et le frère d'Androsthène (➣A 182). Parti à la recherche de son frère Androsthène qui était allé écouter Diogène de Sinope (➣D 147), le philosophe cynique, Philiscos resta lui aussi auprès de Diogène et son père Onésicrite vint les rejoindre, tous les trois étant tombés sous le charme des paroles du philosophe.

Diogène Laërce est certainement la source de la *Souda, s.v.* Φιλίσκος, Φ 362 (t. IV, p. 726, li. 8-16 Adler), qui rappelle la même anecdote mettant en scène Philiscos d'Égine, son frère et son père, à cette différence près que ce serait Philiscos et non Androsthène qui serait le premier à être allé à Athènes et à avoir écouté Diogène. En outre la *Souda* précise que Philiscos devint le disciple (ὁμιλήτης) de Diogène de même que Phocion Chrestos (➣P 171). Or Photion Chrestos est mentionné aussi en D. L. VI 76 parmi les disciples de Diogène.

Sur le plan de la chronologie, l'anecdote permet seulement de dire que Philiscos d'Égine, de même que son père et son frère, écoutèrent Diogène avant la mort de celui-ci qui eut lieu en 323, le même jour, dit-on, que la mort d'Alexandre.

B. Philiscos d'Égine, auteur présumé des tragédies de son maître Diogène

(a) Diogène le cynique passe pour avoir écrit sept tragédies dont Diogène Laërce VI 80 a conservé la liste : *Hélène, Thyeste, Héraclès, Achille, Médée, Chrysippe, Œdipe*. Diogène Laërce signale à deux reprises le problème que pose la paternité de ces tragédies diogéniennes :

– en VI 73 («si du moins les tragédies sont bien de lui et non de Philiscos d'Égine, son disciple, ou de Pasiphon τοῦ Λουκιανοῦ [➬P 51] (?) dont Favorinus dit, dans l'*Histoire variée* [fr. 40 Mensching ; fr. 72 Barigazzi ; fr. 77 Amato], qu'il les a composées après la mort de Diogène»).

C'est à VI 73 que renvoie Diogène Laërce quand en VI 75 il précise : «Philiscos, l'aîné, dont j'ai parlé plus haut», et c'est à VI 73 et 75 qu'il renvoie quand, mentionnant en VI 84 Philiscos parmi les élèves de Diogène, il ajoute : «comme nous l'avons dit plus haut».

– en VI 80, où il s'appuie sur Satyros, un péripatéticien de la fin du IIIe siècle av. J.-C., auteur de Βίοι («Concernant les petites tragédies [τὰ τραγῳδάρια], Satyros dit qu'elles sont de Philiscos d'Égine, disciple de Diogène»).

(b) L'empereur Julien fait état lui aussi de ce problème de paternité : *Discours* VII 6, 210 C-D («Les tragédies attribuées à Diogène sont sans conteste l'œuvre d'un cynique, mais le seul point litigieux est de savoir si elles sont du maître, Diogène, ou de son disciple Philiscos») ; VII 8, 212 A («les tragédies de Philiscos, sur lesquelles il inscrivit le nom de Diogène, tête divine, et où il lui arriva de proférer de nombreux mensonges») et IX 7, 186 C : «les tragédies que l'on colporte sous le nom de Diogène sont, dit-on, d'un certain Philiscos d'Égine».

Pour un état récent de la question, voir **3** M. Winiarczyk, «Zur Frage der Authorschaft der Schriften des Diogenes von Sinope», *Eos* 92, 2005, p. 20-43, qui défend la thèse de l'inauthenticité des tragédies de Diogène ; en faveur de l'authenticité, voir **4** K. Döring, *Die Megariker*, Amsterdam 1972, p. 285-287 ; **5** M.-O. Goulet-Cazé, *L'ascèse cynique*², Paris 2001, p. 85-90 ; **6** *Ead.*, *Les Kynika du stoïcisme*, coll. «Hermes Einzelschriften» 89, Wiesbaden 2003, p. 11-27.

Comme les tragédies de Diogène sont attribuées à Pasiphon par Favorinus, voir aussi la notice Pasiphon [➬P 51]).

C. Philiscos d'Égine, auteur de dialogues, dont un Codros

Dans une autre notice, la *Souda, s.v.* Φιλίσκος, Φ 359 (t. IV, p. 725, li. 30 Adler), dit que Philiscos d'Égine, qu'elle présente comme auditeur de Diogène, est l'auteur de dialogues, dont l'un intitulé *Codros* (Codros est le nom du dernier roi d'Athènes). Ce dialogue est inconnu par ailleurs.

D. Philiscos, poète

a. Stobée (*Anthol.* III 29, 40 ; t. III, p. 635, 7-9 Hense), dans son chapitre Περὶ φιλοπονίας, rapporte deux trimètres iambiques d'un Philiscos, qui évoquent le πόνος, un thème spécifiquement cynique : «Il n'est pas possible, sot que tu es, d'obtenir avec facilité, sans se donner de mal (μὴ πονήσαντας), ce qu'obtiennent ceux qui se donnent du mal (τὰ τῶν πονούντων)».

b. Philodème, Περὶ ποιημάτων III, PHerc 1081 (Fr. *h* dans **7** F. Sbordone, *Ricerche sui papiri Ercolanesi*, t. II, Napoli 1976, p. 217), mentionne un Philiscos dans une discussion sur la forme et le contenu de la poésie. Faut-il l'identifier avec le cynique comme le suggère avec prudence **8** W. Crönert, *Kolotes und Menedemos*, Leipzig 1906, p. 193, dans son index (Er «könnte auch der Kyniker sein»)? **9** Kassel et Austin, *PCG* VII, p. 357, indiquent le passage sous le nom de Philiscus (le comique), mais en précisant «sententia obscura». Voir aussi **10** Costantina Romeo, «Ancora un contributo alla ricostruzione di un rotolo della *Poetica* Filodemea», *CErc* 23, 1993, p. 99-105, qui renvoie, p. 101 n. 9, à propos de ce Philiscos du papyrus aux trois Philiscos mentionnés au début de cette notice (celui de Milet, celui de Corcyre et le poète de la Comédie moyenne), mais pas à Philiscos d'Égine.

Crönert lit: οὐδ[ὲ] Φ.λίσ[κος] ǀ οὐδ' οἱ λοιπο[ὶ] δύο κοι[νῶς]; Sbordone, dont le texte est repris par Kassel et Austin, lit: οὐδ[ὲ] Φίλισκο[ς] ǀ οὐδ' οἱ λοιπο[ὶ] δύο κω[μικοί... et Romeo lit: οὐδ[ὲ] Φίλισκο[ς] ǀ οὐδ' οἱ λοιπο[ὶ] δι]δάσκοντ‖τες.

Les témoignages **B**, **C** et **D** concernent donc un auteur de tragédies, de dialogues ou de trimètres iambiques. Dans deux cas, il est dit d'Égine et dans deux cas il est présenté comme disciple de Diogène. On pourrait spontanément identifier tous ces personnages au Philiscos du premier témoignage (**A**), si ce n'est qu'on connaît également au moins un poète tragique et un poète comique portant le nom de Philiscos.

E. Philiscos d'Égine, maître d'Alexandre, auditeur de Diogène, ou bien, selon Hermippe, de Stilpon

a. La notice de la *Souda, s.v.* Φιλίσκος, Φ 359 (t. IV, p. 725, li. 28-30 Adler), qui mentionne le *Codros* (**C**), apporte de nouveaux renseignements : «Philiscos d'Égine, celui qui apprit à lire (ὁ διδάξας γράμματα) à Alexandre de Macédoine et qui fut l'auditeur (ἀκουστής) de Diogène le Chien, mais selon Hermippe (fr. 37 Wehrli = fr. 77 *FGrHist continued*) de Stilpon (fr. 175 Döring), écrivit des dialogues dont un *Codros* (= le nom du dernier roi d'Athènes)».

b. Peut-être peut-on ranger encore sous cette rubrique le témoignage d'Élien, *Hist. var.* XIV 11, qui rapporte une parole de Philiscos à Alexandre: «Prends soin de ta gloire, mais ne sois ni fléau ni grave maladie, mais bien plutôt paix et santé», ce qui, selon Élien, signifie qu'il l'invite à préférer pour ses sujets la paix plutôt que le fléau de la guerre.

Selon Hermippe (de Smyrne) [➤H 86], un péripatéticien de la fin du IIIᵉ siècle av. J.-C., auteur notamment de *Vies*, Philiscos d'Égine, disciple de Diogène aurait plutôt été l'auditeur de Stilpon. A première vue, la formulation de la *Souda* (αὐτὸς δὲ ἀκουστὴς ἦν τοῦ Κυνὸς Διογένους, κατὰ δὲ Ἕρμιππον Στίλπωνος) invite à penser que ces maîtres s'excluent l'un l'autre. On pourrait chercher à concilier les deux témoignages en supposant que Philiscos fut l'élève de Diogène, puis celui de Stilpon, mais c'est une interprétation qui ne correspond pas à la lettre du texte.

Le problème est compliqué par le fait que Stilpon de Mégare est présenté en D. L. VI 76 (fr. 149 Döring), à la suite de l'anecdote qui fait intervenir Androsthène, Philiscos et Onésicrite, comme étant lui-même un disciple de Diogène le Chien. Si l'on suppose que Philiscos a été disciple de Diogène puis de Stilpon, il faut admettre que Philiscos a écouté le maître : Diogène, puis un des disciples de celui-ci : Stilpon (*cf.* **11** Susemihl, *GGLA,* t. I, 1892, p. 28, n. 67 et **12** Wehrli, Suppl. I : «Hermippos der Kallimacheer», 1974, p. 68). **13** J. Bollansée, *Die Fragmente der Griechischen Historiker continued,* Part. IV ed. by G. Schepens, (IVA. Biography. Fascicle 3), Leiden 1999, p. 82-83 et 532-534, fait remarquer (p. 533 et n. 351-352) dans son commentaire du fr. 77 d'Hermippe de Smyrne qu'effectivement l'éthique de Stilpon atteste l'influence du cynisme et que la tradition biographique, en conséquence probablement des similitudes que présentent leurs enseignements respectifs, associe Stilpon et Diogène. Mais il reste prudent : «This is not to say that H(ermippos) mentioned both thinkers as Philiskos' successive teachers, or even that he referred to the variant opinion linking him to Diogenes the Cynic ; the text, as it stands, does not allow any of these conclusions».

Il ajoute que nous ne savons pas si Hermippe écrivit une biographie de Philiscos ou s'il le mentionna uniquement dans sa *Vie de Stilpon* comme le fit Diogène Laërce dans sa *Vie de Diogène le cynique.*

Une autre difficulté surgit : Philiscos peut-il avoir été le maître qui apprit à lire à Alexandre (ὁ διδάξας γράμματα : «Elementarlehrer», selon la traduction de **14** K. von Fritz, art. «Philiskos aus Aegina» 6, *RE* XIX 2, 1938, col. 2382-2383), et l'auditeur de Stilpon (ἀκουστής), étant donné la chronologie de ce dernier ? Döring **4**, p. 140, a établi la date de naissance de Stilpon, à partir du fait que, dans les années 308-307 ou 307-306, Ptolémée Sôter et Démétrius Poliorcète (fr. 150-151 Döring), après que chacun se fut emparé de Mégare, traitèrent Stilpon avec beaucoup d'égards, le premier lui donnant de l'argent et l'invitant à s'embarquer avec lui pour l'Égypte, le second veillant à ce que sa maison fût laissée intacte et à ce que tout ce qui lui avait été enlevé lui fût restitué. Ces marques de faveur tendent à prouver que Stilpon, à ce moment-là, était connu et par conséquent qu'il n'était plus tout jeune, sans être toutefois un vieillard, puisque Ptolémée envisage son départ vers l'Égypte. Döring estime qu'il devait avoir alors entre 50 et 60 ans et il propose comme dates pour la vie de Stilpon : *ca* 360 - *ca* 280 (**15** R. Muller, *Les Mégariques. Fragments et témoignages,* coll. «Histoire des doctrines de l'Antiquité classique» 9, Paris 1985, p. 162-163, date pour sa part la naissance un peu avant 350 et le décès après 280). On peut par ailleurs supposer qu'Alexandre né en 356[a] et mort en 323[a], apprit les γράμματα autour de 345[a]. Son maître Philiscos, s'il avait au moins vingt ans en 345, a dû naître avant 365. Ces éléments de datation impliquent que Stilpon, né *ca* 360-350, était plus jeune que le Philiscos qui enseignait les γράμματα à Alexandre vers 345 et que ce dernier était un maître avant de devenir l'élève de Stilpon.

F. Philiscos d'Égine, source biographique de Néanthe

On lit dans Philodème, *Academicorum Historia,* col. II 38-40, p. 133 Dorandi, que Néanthe (de Cyzique) [☞N 10], un auteur dont on place le *floruit* vers 300 av. J.-C. et qui composa entre autres un Περὶ ἐνδόξων ἀνδρῶν, dit avoir *entendu* Philiscos d'Égine (Νεάνθης δὲ Φιλίσκου φησὶν ἀκηκοέναι τοῦ Αἰγινήτου, διότι...) d'une part expliquer que, si les parents de Platon ont appelé celui-ci de la sorte, c'était à cause de la largeur de son front [διὰ μετώπου πλάτος], d'autre part donner quelques détails sur l'épisode de la vente de Platon comme esclave à Égine.

Döring **4**, p. 296, reste prudent quant à une identification avec le disciple de Diogène : « Ob jener Philiskos aus Ägina, auf den sich der Biograph Neanthes (2. Jh. v. Chr.) für Informationen zur Biographie Platons berief (PHILODEM Academica col. II 38-40, p. 174 Gaiser, p. 133 Dorandi) mit dem Diogenesschüler zu identifizieren ist, muss offenbleiben ». A première vue, il serait tentant de penser qu'il s'agit plutôt de Philiscos de Milet, la *Souda, s.v.* Νεάνθης, N 114, t. III, p. 444, 12 Adler (= T 1a Jacoby), faisant de Néanthe le disciple de ce Philiscos. Mais le Philiscos de Néanthe chez Philodème est dit d'Égine. **16** T. Dorandi (édit), *Filodemo, Storia dei Filosofi* [.] *Platone e l'Academia,* Napoli 1991, p. 35, ne se prononce pas sur son identité (« ... una tradizione più antica che Neante dice aver ascoltata (ἀκηκοέναι) da un non meglio identificato Filisco di Egina »).

On ne saurait identifier sur la base de son seul nom ce Philiscos d'Égine connu par Néanthe aux homonymes déjà rencontrés, mais, d'après la datation proposée pour Néanthe, il pourrait lui aussi être du IVe s., s'il est vrai que ce dernier l'*entendit* (ἀκηκοέναι), terme qui toutefois, en grec, peut signifier « lire ».

G. Philiscos, dédicataire d'une lettre d'Alciphron III 40

Alciphron raconte une anecdote qui présente des similitudes avec celle que rapporte D. L. VI 75-76 à propos de Philiscos et de son père Onésicrite.

Dans le corpus des *Lettres* d'Alciphron, une lettre fictive est adressée à un certain Philiscos [correction par Meineke du Φιλίσῳ des manuscrits, nom absent des volumes parus du *LGPN*] (Alciphron III 40, p. 79-80, ed. R. Hercher [1873] = *Lettre* 38, p. 55-56, ed. M. A. Schepers [coll. *BT*, Leipzig 1905] et p. 144-147, ed. A. R. Benner and F. F. Hobes [coll. *LCL*, Cambridge Mass./London 1949] ; trad. par A. M. Ozanam dans *Lettres de pêcheurs, de paysans, de parasites et d'hétaïres,* coll. « La Roue à livres », Paris 1999, p. 92-93). L'auteur de la lettre, Euthydicos – si l'on suit St. Bergler qui, dans son édition de 1715, a inverti le nom de l'auteur de la lettre 40 : Philométor, avec celui de la lettre précédente : Euthydicos, et dont le choix a été suivi à la fois par M. A. Schepers et par A. R. Benner et F. H. Fobes, tandis que R. Hercher a conservé Philométor – se plaint de ce que son fils, qu'il avait envoyé à la ville vendre du bois et de l'orge, ait complètement perdu la raison et ait adopté une attitude extravagante après avoir rencontré « un de ces fous furieux qu'on a l'habitude d'appeler "chiens" à cause de la folle rage qui les tient » (p. 55, li. 6-8 Schepers). Le fils d'Euthydicos et son maître sont donc deux cyniques anonymes. Le jeune homme adopte le comportement provocateur des cyniques ; il secoue en arrière ses cheveux sales, lance des regards effrontés, se montre à demi-nu sous un petit manteau, porte une misérable besace et une massue faite en poirier sauvage, va pieds nus, crasseux, oisif ; il ne reconnaît plus ses terres ni ses parents ; il les renie, au motif que c'est la nature qui produit tout, et que la cause de la génération, ce ne sont pas les parents, mais le mélange des éléments. Il affiche un mépris manifeste des richesses et déteste le travail des champs. Il ne se soucie plus de la pudeur et la retenue a quitté son visage. Le père accuse « l'école de ces fourbes » d'avoir perverti son fils. On peut supposer qu'Alciphron dans cette lettre s'est inspiré de loin et dans une perspective critique de l'histoire réelle de Philiscos devenu disciple de Diogène, même si

Philiscos ici n'est que le destinataire de la lettre et non le jeune homme qui devient cynique. La lettre d'Alciphron, qui se veut une critique en règle du cynisme et des dangers que cette philosophie fait courir aux jeunes gens, présente un excellent portrait robot du philosophe cynique du IIᵉ siècle, tel qu'on le percevait de l'extérieur, portrait qui corrobore et complète ceux que l'on peut rencontrer chez Lucien.

H. Une œuvre de Diogène intitulée *Philiscos* ?

Le catalogue des œuvres de Diogène fourni par Sotion en D. L. VI 80 mentionne, parmi quatorze titres, un *Philiscos,* et Philodème, *De Stoicis* 6, XVI 31, p. 102 Dorandi, signale comme œuvre de Diogène, à côté de l'*Atrée* (à identifier probablement en fait avec le *Thyeste* du catalogue anonyme de D. L. VI 80 et mentionné aussi en VI 73) et de l'*Œdipe*, également un *Philiscos*. **17** K. Von Fritz, *Quellenuntersuchungen zu Leben und Philosophie des Diogenes von Sinope,* coll. « Philologus Supplbd. » XVIII 2, Leipzig 1926, p. 55 et 57, avait des doutes sur ce dialogue, au motif que dans l'antiquité on ne donnait pas pour titre au dialogue d'un philosophe le nom d'un de ses disciples, ce à quoi **18** D. Dudley, *A History of Cynicism. From Diogenes to the 6th century A. D.,* New York², 1974, p. 55, répondit que Platon avait intitulé un de ses dialogues *Théétète* (or Théétète était un membre de l'Académie) et Aristote un de ses ouvrages : *Eudème ou De l'âme* (or Eudème de Chypre était un ami d'Aristote). La présence du même titre à la fois chez Sotion et chez Philodème plaide plutôt en faveur de l'existence, parmi les dialogues de Diogène, d'un *Philiscos*.

Vers une interprétation ?

Si on laisse de côté le Philiscos dédicataire de la lettre d'Alciphron (**G**) et le Philiscos d'Égine dont Néanthe rapporte les propos (**F**) et qui pourrait avoir été confondu par Philodème avec Philiscos de Milet, maître de Néanthe, est-il possible que les Philiscos des sources **A, B** et **C** soient une seule et même personne, le Philiscos d'Égine, disciple de Diogène ? Rien ne s'y oppose en tout cas.

Il est plus difficile d'identifier à ce personnage le maître d'Alexandre et le disciple de Stilpon s'il s'agit bien d'une seule et même personne. Les problèmes chronologiques signalés ne peuvent être éludés. Le Philiscos d'Égine, maître d'école d'Alexandre vers 345ᵃ (**E**), pourrait être le disciple de Diogène, mort en 323 comme Alexandre. Si Hermippe a raison d'en faire (plutôt ou également) un disciple de Stilpon (qui a pu naître vers 360-350), ce Philiscos n'a pas pu étudier chez ce maître avant 340-330. Il aurait donc été le maître d'Alexandre avant même d'étudier avec Stilpon. Comme on sait par ailleurs que Stilpon fut lui aussi le disciple de Diogène, ce Philiscos aurait étudié à la fois ou successivement auprès de Diogène et auprès de Stilpon, disciple de ce dernier. Rien de tout cela n'est inconcevable, mais il n'est pas sûr qu'il faille attribuer la même autorité à toutes les sources prises en compte, notamment à Hermippe. Si la *Souda* n'a pas elle-même commis une confusion entre ses sources (D. L. et Hermippe), il reste possible qu'il faille distinguer entre deux Philiscos, peut-être tous les deux d'Égine.

Döring **4**, p. 147, a évoqué, mais sans la développer, l'hypothèse de deux Philiscos, dont l'un serait le grand-père de l'autre : « Es soll nur darauf hingewiesen werden, daß ein und derselbe Mann aus chronologischen Gründen schwerlich Sohn des Onesikritos (D. L. VI 75), Elementarlehrer Alexanders und Schüler des Diogenes von Sinope und Stilpons gewesen sein kann. Ob es ratsamer ist, diese Angaben auf zwei Personen gleichen Namens zu verteilen oder die eine oder andere als erfunden zu verwerfen, bleibe dahingestellt ». **19** K. Döring, dans H. Flashar, *GGP Antike* II 1, Basel 1998, p. 296 : « Von diesen beiden Behauptungen [maître d'Alexandre et disciple de Stilpon] kann aus chronologischen Gründen allenfalls eine richtig sein. Welche es ist, lässt sich nicht entscheiden. Nicht auszuschliessen ist, dass in der Suda zwei verschiedene Personen Namens Philiskos (möglicherweise Grossvater und Enkel) miteinander vermengt worden sind ». Dans cette perspective il y aurait eu un Philiscos I, fils d'Onésicrite, disciple de Diogène et maître d'Alexandre, et un Philiscos II, disciple de Stilpon et peut-être petit fils du premier Philiscos, bien que l'écart chronologique entre le disciple de Diogène et le disciple de Stilpon puisse difficilement correspondre à deux générations.

20 Th. J. Figueira, « An Aiginetan family of the fourth cent. B. C. », *AncW* 14, 1986, p. 5-11, a de manière similaire envisagé qu'il y eut deux Onésicrite, Onésicrite d'Égine (☞O 24), père d'Androsthène et de Philiscos, tous les trois disciples de Diogène, et Onésicrite d'Astypalaea (☞O 25), premier pilote de la flotte d'Alexandre (vers 326) et lui aussi disciple de Diogène le Cynique (d'après Plutarque, *De Alexandri magni fortuna aut virtute* I 10, 331 E =*FGrHist* T 5a, et *Vie d'Alexandre* 65, 1, 701 C = *FGrHist* F 17b, de même que selon Strabon XV 1, 65 =*FGrHist* T 5a). En D. L. VI 84, on lit : « Onésicrite. Les uns le disent d'Égine, mais Démétrius Magnès dit qu'il est d'Astypalée ». Onésicrite d'Astypalaea, pourrait être, dans cette hypothèse, le fils de Philiscos, donc le petit-fils d'Onésicrite d'Égine. Cette reconstitution implique que Diogène, mort âgé (à 81 ans selon Censorinus, *De die natali* 15, 2 ou alors qu'il avait dans les 90 ans selon D. L. VI 76), aurait été le maître du grand-père, du père et du petit-fils...

MARIE-ODILE GOULET-CAZÉ.

134 PHILISCOS DE MÉLOS   I

Ce philosophe ne nous est connu que par la *Vie d'Apollonius de Tyane* VIII 7. Il aurait été pendant quatre ans le disciple d'Apollonius (☞A 284), qui le tenait en haute estime. Il serait mort de maladie, à Rome, sous le règne de Domitien, veillé par Apollonius, le consul philosophe Télésinus, les médecins Séleucos de Cyzique et Stratoclès de Sidon.

PATRICK ROBIANO.

135 PHILISCOS DE THESSALIE *RE* 10 *PIR²* P 367   F II-D III

Sophiste.

Philiscos est cité par Philostrate, *V. Soph.* II 11, 1, parmi les plus illustres disciples de Chrestos de Byzance, lui-même disciple d'Hérode Atticus, qui enseignait à Athènes dans les années 170.

Dans la notice qu'il lui consacre (*V. Soph.* II 30), Philostrate rappelle qu'il était parent d'un autre sophiste, Hippodromos de Larissa, et se rattachait par sa mère

aux Éordéens de Macédoine. Il occupa pendant sept ans (peut-être à partir de 212)
la chaire de sophistique d'Athènes, obtenue de l'empereur Caracalla grâce à
l'impératrice Julia Domna (➤I 42) : il se l'était conciliée en se mêlant au cercle de
géomètres et philosophes qui l'entourait. Plaidant en appel à Rome devant l'empereur contre les Macédoniens d'Éordée, qui voulaient lui imposer une liturgie, il
indisposa Caracalla, qui se prononça contre lui et lui retira l'immunité dont il
croyait jouir grâce à sa chaire d'Athènes. Il mourut à soixante-sept ans, laissant une
fille et un fils « qui ne valait rien ». Bien qu'il possédât à Athènes une propriété
agréable, il fut enseveli non loin de l'Académie, à l'endroit où l'on honore de
funérailles publiques les soldats morts ; un autre sophiste thessalien, Phoenix, avait
été enseveli avant lui dans cette nécropole (Philostrate, *V. Soph.* II 22). Selon
F. Solmsen, il serait né entre 151 et 157 et mort entre 218 et 224.

Une inscription de Delphes, *FD* III 4, n° 273, p. 294, revue par W. Peek et
commentée récemment par **1** B. Puech, *Orateurs et sophistes grecs dans les
inscriptions d'époque impériale*, Paris 2002, p. 376-377, formée de deux distiques
élégiaques, évoque l'honneur accordé par les délégués des Grecs (ici les Amphictions) à Philiscos, « de haute sagesse » (τὸν μέγαν ἐν σοφίῃ).

> Ἐν θίῳ δαπέδῳ με | κριτοὶ στήσαντο | Φιλίσκον, |
> [ἄν]δρες ἀφ' Ἑλλήνων, | τὸν μέγαν ἐν σοφίῃ, |
> ᾧ καὶ Θεσσαλίης ἱππο-|κρότου ἄστεσι κρεί-|νειν |
> [σ]κ[η]πτοῦ[χ]οι βασιλῆς | δῶκαν ὑπὲρ κτε-||άνων.

*Sur le sol divin, des hommes choisis parmi les Grecs ont dressé ma statue, à moi, Philiscos,
de haute sagesse, à qui les rois porte-sceptre ont donné aussi le pouvoir d'arbitrage sur les
domaines, dans les cités de la Thessalie qui résonne du fracas des chevaux* (trad. B. Puech).

L'expression τὸν μέγαν ἐν σοφίῃ aurait pu faire penser à un philosophe, mais
Puech **1**, p. 5, a bien montré qu'elle peut aussi désigner un sophiste. L'épigramme
nous apprend que les empereurs (sans doute Septime Sévère et Caracalla) lui
avaient confié une mission où il avait à trancher des litiges concernant des biens
fonciers ; son titre exact – *curator*, *procurator*, *iuridicus*? – nous échappe. Le
premier éditeur de l'inscription, **2** R. Flacelière, *BCH* 73, 1949, n° 11, p. 473-475,
a proposé avec réserve de l'identifier au stratège de Thessalie Ἐλιανὸς Φιλίσκος,
en fonctions sous Septime Sévère d'après *IG* IX 2, 1268 ; Puech **1** juge cette
identification très probable.

Cf. 3 F. Solmsen, art. «Philiskos» 10, *RE* XIX 2, 1938, col. 2387-2388 ;
4 G. W. Bowersock, *Greek sophists in the Roman Empire*, Oxford 1969, p. 40,
103-104 ; **5** H. Bouvier, « Poètes et prosateurs de Thessalie dans les inscriptions »,
dans B. Helly (édit.), *La Thessalie*. Actes de la Table ronde 21-24 juillet 1975,
«Coll. de la Maison de l'Orient méditerranéen» 6, série archéologique 5,
Lyon/Paris 1979, p. 257-264 ; **6** B. Helly, « La Thessalie à l'époque romaine »,
MemCentreJPal 2, Saint-Étienne 1980, p. 49-50 ; **7** S. Swain, « The Reliability of
Philostratus's *Lives of the Sophists* », *ClAnt* 10, 1991, p. 158 ; **8** G. Anderson, *The
Second Sophistic. A Cultural Phenomenon in the Roman Empire*, London/New
York 1993, p. 31-35 ; **9** L. Petersen, art. «Philiscus», *PIR*² VI, 1998, p. 142,

n° 367 ; **10** M. Weissenberger, art. « Philiskos » 8, *NP* IX, 2000, col. 815 ; Puech **1**, p. 4-5, 15, 25, 28, 75, 126 n. 3, 376-377.

SIMONE FOLLET.

PHILISOS → PHILISCOS D'ÉGINE

136 PHILISTAS *RE*   III^a

Épicurien, ami de Carneiscos (➙C 44), à la mémoire duquel il consacra son ouvrage homonyme, comprenant au moins deux livres, intitulé Φιλίστα, et qui traitait de la conception épicurienne de l'amitié.

TIZIANO DORANDI.

137 PHILISTION DE LOCRES   IV^a

Célèbre médecin contemporain de Platon.

Cf. 1 M. Wellmann, *Die Fragmente der Sikelischen Ärzte Akron, Philistion und des Diokles von Karystos*, Berlin 1901, p. 68 *sqq.* et fragments p. 109 *sqq.* ; **2** J. Bidez et G. Leboucq, « Une anatomie du cœur humain, Philistion de Locres et le *Timée* de Platon », *REG* 57, 1944, p. 7-40 ; **3** E. Stocki, « Philistion de Locroi, anatomist, physiologist and researcher of the Sicilian school », *Wiadomości Lekarskie* (Varsovie) 21(22), 1968, p. 2071-2073 ; **4** D. Nails, *The People of Plato*, p. 239.

Vie. Philistion est cité deux fois dans la *Lettre* II (314 d et e) de Platon. Plutarque (*Propos de table* VII 1, 699 B) le décrit également comme « un personnage très ancien qui s'est illustré dans votre art » (εὖ μάλα παλαιὸν ἄνδρα καὶ λαμπρὸν ἀπὸ τῆς τέχνης ὑμῶν γενόμενον), c'est-à-dire la médecine. Il était originaire de Locres en Italie du Sud (selon Plutarque qui le désigne comme ὁ Λοκρός). Mais il est également qualifié de sicilien par Callimaque dans ses *Tables* (fr. 429 Pfeiffer) et par Diogène Laërce (VIII 86 et 89 : Φιλιστίωνος τοῦ Σικελιώτου), vraisemblablement en tant que principal représentant de l'école médicale de Sicile dont la tradition attribue la fondation à Empédocle (➙E 19). Galien dans le *Sur la méthode thérapeutique* I 1 (t. X, p. 6 Kühn) compte lui-même Philistion, avec Empédocle, Pausanias (➙P 66) et leurs compagnons, au nombre des grands médecins originaires d'Italie (οἱ ἐκ τῆς Ἰταλίας ἰατροί) qui rivalisèrent avec ceux originaires de Cos, de Cnide ou de Rhodes au sein d'une école qui méritait une haute considération (λόγου δ' ἦν ἄξιος οὐ σμικροῦ καὶ ὁ ἀπὸ τῆς Ἰταλίας). Et il convient de remarquer que Galien, au mépris de toute chronologie, cite le nom de Philistion en premier. On sait par ailleurs, grâce à Diogène Laërce (VIII 86 et 89), que Philistion eut pour élèves le cnidien Eudoxe (➙E 98) et son disciple Chrysippe (➙C 119), et qu'il exerça à Syracuse à la cour de Denys le Jeune [➙D 84] (Platon, *Lettre* II, 314 e).

Pensée médicale et philosophique. Cependant, en l'absence de données suffisamment nombreuses, il reste difficile, sinon hasardeux, de préciser l'apport de Philistion à la science et à la philosophie antiques. On connaît essentiellement ses

théories grâce à un passage conservé dans une doxographie médicale anonyme du
Ier siècle de notre ère, plus connue sous le nom d'*Anonyme de Londres,* dont de
nombreuses *doxai* remonteraient peut-être à l'ouvrage d'un disciple d'Aristote, un
certain Ménon (➤M 134). Selon ce témoignage (*Anonyme de Londres,* éd. Diels
XX 25 = Wellmann, fr. 4, p. 110-111), Philistion pensait que tous les corps étaient
formés de quatre éléments, feu, air, eau et terre auxquels était attachée une faculté
particulière : pour le feu la chaleur, pour l'air le froid, pour l'eau l'humide et pour
la terre le sec. Il attribuait la formation des maladies soit à la prédominance d'un
des éléments chaud, froid, sec ou humide, soit à l'intervention d'éléments extérieurs (blessures, chaleur ou froid excessifs, changement de régime alimentaire...),
soit à une mauvaise respiration du corps, celle-ci se produisant non seulement par
la bouche et le nez, mais aussi par le corps tout entier. Wellmann **1**, p. 71, rattache
à juste titre cette théorie des quatre éléments et de la respiration à Empédocle et à
l'école sicilienne, même s'il est vrai, comme le souligne le dernier éditeur en date
de Dioclès de Caryste [➤D 113] (IVe s. avant notre ère), Ph. van der Eijk, dans son
édition des fragments (*Diocles of Carystus, A collection of the fragments with
translation and commentary,* Leiden 2001, vol. II, p. XXXV), qu'elle était également partagée par une grande majorité de médecins. Wellmann considère en effet
que Philistion aurait fortement influencé Dioclès, mais aussi Platon, allant jusqu'à
considérer, chaque fois qu'il relève un accord entre Platon et Dioclès, que la paternité en revient en réalité à Philistion. Ph. van der Eijk adopte sur ce point une position beaucoup plus modérée, invoquant la rareté de nos sources et notre méconnaissance d'autres influences possibles (vol. II, p. XXXI *sqq.*). Ainsi, la théorie de
la respiration de tout le corps et l'idée conjointement attribuée par Galien à
Philistion et Dioclès (*Sur l'utilité de la respiration* 1, 2-3 = t. IV, p. 471-472
Kühn ; Wellmann, fr. 6, p. 112) que la respiration sert à rafraîchir la chaleur innée
du corps, est aussi partagée par Aristote (*De respiratione,* 470 b). On sait encore
par Galien (*Sur les facultés naturelles* II 8 = t. II, p. 110 Kühn ; Wellmann, fr. 5,
p. 111) que Philistion s'était semble-t-il intéressé aux fonctions du corps humain,
comme tant d'hommes de valeur avec lui (τοσούτοις τε καὶ τηλικούτοις
ἀνδράσι).

L'influence de Philistion en matière d'anatomie paraît également avoir été
prépondérante, même si elle reste difficile à cerner avec exactitude (voir Bidez et
Leboucq **2**). Selon le témoignage de la *Lettre* II, 314 e, Platon aurait rencontré
Philistion en Sicile, lors de son premier voyage (388[a]), et lui aurait fait promettre
de se rendre à Athènes. On ne sait si Philistion tint cette promesse. Mais Wellmann
a supposé que le médecin originaire de Sicile cité par le poète comique Épicratès
comme s'occupant de botanique au sein de l'Académie (Athénée II, 59 f : ἰατρός
τις Σικελᾶς ἀπὸ γᾶς) ne serait autre en réalité que Philistion lui-même. Si
Wellmann a raison, l'hypothèse selon laquelle Platon se serait servi de Philistion
dans la partie médicale du *Timée* s'en trouverait confortée. Plutarque souligne
d'ailleurs dans ses *Propos de table* VII 1 (699 B) qu'il y avait accord entre Platon

et Philistion à propos de la théorie de l'infusion dans le poumon, c'est-à-dire du passage de la boisson dans le poumon.

Œuvre. On ne peut attribuer aucune œuvre à Philistion avec certitude. Le traité hippocratique du *Régime* a, il est vrai, parfois été attribué à Philistion de Locres, mais à côté de nombreux autres auteurs tels qu'Euryphon, Phaon, Ariston, Phérécyde ou Philetas (voir **5** A. Anastassiou et D. Irmer, *Testimonien zum Corpus Hippocraticum* II 1, Göttingen 1997, p. 457). Leboucq **2**, p. 14, explique même la rareté des références de Galien à l'œuvre de Philistion par le fait qu'au IIᵉ siècle de notre ère une large partie de son œuvre devait déjà être perdue. Sa proposition un peu trop enthousiaste d'attribuer à Philistion un autre traité hippocratique, celui du *Cœur*, où sont illustrées des thèses anatomiques fort proches de celles du *Timée* (le cœur est la source du sang, le poumon le rafraîchit, la boisson passe dans le poumon), a été jugée « vraisemblable et séduisante, probante même à plusieurs égards », mais sans s'imposer de manière absolue, par **6** L. Bourgey, *Observation et expérience chez les médecins de la Collection hippocratique,* Paris 1953, p. 140 n. 5. Plus récemment, M.-P. Duminil, l'éditrice du traité dans la *CUF* (Paris 1998, p. 175 *sqq.*), a prudemment préféré suspendre son jugement.

VÉRONIQUE BOUDON-MILLOT.

138 PHILOCHOROS D'ATHÈNES *RE*   D IIIᵃ

Atthidographe, dont les fragments sont rassemblés dans *FGrHist* 328+Add. Parmi les nombreuses œuvres que lui prête la *Souda,* il faut signaler une Συναγωγὴ ἡρωΐδων ἤτοι Πυθαγορείων γυναικῶν *(Recueil d'héroïnes ou bien de femmes pythagoriciennes).*

Cf. R. Laqueur, art. «Philochoros aus Athen», *RE* XIX 2, 1938, col. 2434-2442.

RICHARD GOULET.

139 PHILOCRATÈS DE SIDON   Iᵃ

L'attachement passionné aux préceptes d'Épicure fut, par-delà les tribulations imposées par la Fortune, le fil directeur de la vie de Philocratès, d'après l'épigramme inscrite sur sa tombe à Orchomène de Béotie (*IG* VII 3226 ; *GVI* 1516 ; **1** W. Peek, *Griechische Grabgedichte,* Berlin 1960, n° 201) :

> « Elle n'a pas dénaturé le cours antérieur de ta vie, Philocratès, l'œuvre que tu as menée à terme, en aiguisant ton esprit à de sages réflexions ; car c'est, en vérité, depuis ta prime jeunesse que tu t'es intéressé, comme il se doit, aux profonds préceptes d'Épicure. Et puis, abandonnant encore au gouvernail de la Fortune ton existence errante, c'est chez les Minyens que tu as entraîné les mortels à la compétition ; et tu reposes auprès de ton fils, tes membres tout contre lui, heureux de quitter la vie pour le rejoindre, lui qui t'a devancé dans la mort. »

Faut-il prendre au pied de la lettre le verbe ἐπαθλοκομεῖς, un hapax, qui décrit l'activité de Philocratès à Orchomène, selon l'interprétation de Peek **1**, p. 306, suivi par **2** M. Haake, *Der Philosoph in der Stadt,* coll. « Vestigia » 36, München 2007, p. 175-176 ? Voir l'étude récente de Renée Koch Piettre, «Philocratès de

Sidon, disciple d'Épicure (*Inscriptiones Graecae*, VII, 3226) », dans N. Belayche et S. C. Mimouni (édit.), *Entre lignes de partage et territoires de passage. Les identités religieuses dans les mondes grec et romain. Paganismes, judaïsmes, christianismes,* coll. «Collection de la Revue des Études Juives», Paris/Louvain 2009, p. 121-137, qui incline plutôt à retenir une hypothèse avancée par Kaibel, selon laquelle le philosophe aurait été à Orchomène agonothète du concours des Charites ; mais cette solution est exclue par la formule onomastique qui précède l'épigramme et le désigne clairement comme un étranger. Les caprices du destin auraient dans ce cas amené le Sidonien à se faire entraîneur d'athlètes, sans doute pour assurer sa subsistance. Ce sens paraît toutefois difficilement compatible avec le premier pentamètre, qui insiste sur la continuité dans l'œuvre philosophique du défunt. Par ailleurs, dans les inscriptions comme dans la littérature, le mot ἔπαθλον est couramment pris au sens moral et symbolique, comme le prix de la compétition du mérite, ou de la vertu. Il ne paraît pas impossible d'admettre qu'il en est de même ici du verbe qu'il sert à construire et que c'est à la compétition de la sagesse que l'épicurien entraînait les habitants d'Orchomène.

BERNADETTE PUECH.

140 PHILOCRATÈS DE SOLES *RE* 11   F III[a]

Neveu de Chrysippe de Soles (⟶C 121), frère d'Aristocréon (⟶A 374). Comme Chrysippe «assura la formation» des deux enfants de sa sœur, il est possible qu'il faille les considérer comme stoïciens. Mais, à la différence d'Aristocréon qui fut le dédicataire d'au moins deux ouvrages de Chrysippe (VII 189-202) et qui fit élever une statue de bronze en l'honneur de son oncle Chrysippe (Plutarque, *De Stoic. repugn.* 2, 1033 e), Philocratès reste inconnu par ailleurs. Voir S. Follet, notice «Aristocréon», A 374, *DPhA* I, 1989, p. 386-389.

RICHARD GOULET.

141 PHILODAMOS DE LOCRES *RE* 2

Pythagoricien ancien dont le nom figure dans le catalogue de Jamblique (*V. pyth.* 36, 267, p. 145, 7 Deubner = **1** DK 58 A, t. I, p. 447, 4), qui semble remonter à Aristoxène de Tarente. *Cf.* **2** W. A. Oldfather, art. «Philodamos» 2, *RE* XIX 2, 1938, col. 2443. Il est répertorié dans **3** W. Pape et G. Benseler, *Wörterbuch der griechischen Eigennamen,* t. II, p. 1624, ainsi que dans le **4** *LGPN,* t. III A, p. 455.

CONSTANTINOS MACRIS.

142 PHILODÈME DE GADARA *RE* 5   *ca* 110-40

Poète et philosophe épicurien.

Études d'orientation. 1 R. Philippson, art. «Philodemos» 5, *RE* XIX 2, 1938, col. 2444-2482 ; **2** M. Jufresa, «Sobre Filodemo», *BIEH* 10, 1976, p. 15-73 ; **3** M. Gigante, *Ricerche Filodemee,* Napoli 1969, 2e éd. 1983, 309 p. ; **4** G. Cavallo,

Libri scritture scribi a Ercolano. Introduzione allo studio dei materiali greci, coll. «*CronErc* - Suppl.» 1, Napoli 1983, p. 84, 64 pl. hors texte; **5** M. Gigante, *Filodemo in Italia*, Firenze 1990, 141 p. (trad. angl. par D. Obbink, Ann Arbor 1995); **6** T. Dorandi, «Filodemo. Gli orientamenti della ricerca attuale», dans *ANRW* II 36, 4, Berlin 1990, p. 2328-2368; **7** E. Asmis, «Philodemus' Epicureanism», dans *ANRW* II 36, 4, Berlin 1990, p. 2369-2406; **8** M. Erler, «Epikur; Die Schule Epikurs; Lukrez», *GGP Antike* 4, 1, 1994, p. 289-362 («Philodem aus Gadara»); **9** M. Gigante, *Filodemo nella storia della letteratura greca*, coll. «Memorie dell'Accademia di Archeologia, Lettere e Belle Arti di Napoli» 11, Napoli 1998, 83 p.; **10** M. Gigante, *Altre Ricerche Filodemee*, Napoli 1998, 191 p.

Bibliographies. 11 F. Longo Auricchio, «Filodemo: la "Retorica" e la "Musica"», dans **12** *Syzetesis. Studi M. Gigante*, Napoli 1983, p. 553-564; **13** C. Romeo, «Filodemo: "La Poetica"», dans *Syzetesis* **12**, p. 565-583; **14** A. Angeli, «Filodemo: le altre opere», dans *Syzetesis* **12**, p. 585-633; Dorandi **6**, p. 2361-2367; Erler **8**, p. 344-362; **15** *Catalogo dei papiri ercolanesi*, sotto la direzione di M. Gigante, Napoli 1979, avec les Suppl. parus dans *CronErc* 19, 1989 (M. Capasso) et 30, 2000 (G. Del Mastro), maintenant en version électronique mise à jour: Χάρτης / *Chartes. Catalogo multimediale dei papiri ercolanesi* a cura di G. Del Mastro, Napoli 2005; **16** A. Monet, *Philodemus. Une bibliographie des principales œuvres de Philodème de Gadara*, http://bsa.biblio.univ-lille3.fr/philodemus.htm.

Lexiques. 17 C. J. Vooys, *Lexicon Philodemeum, Pars prior*, Purmerend 1934; C. J. Vooijs et D. A. van Krevelen, *Lexicon Philodemeum, Pars altera*, Amsterdam 1941.

Langue et style. Il n'existe pas encore d'étude générale sur la langue et sur le style de Philodème. Il existe toutefois plusieurs contributions partielles: **18** G. Strathmann, *De hiatus fuga, quam invenimus apud Philodemum Epicureum*, Jahresbericht Real-Progymnasium der Stadt Viersen 1892; **19** A. Glatzel, *De optativi apud Philodemum, Strabonem, Pseudo-Longinum usu*, Diss. Inaug., Trebnitziae 1913, 104 p.; **20** W. Schmid, «Lexikographisches aus herkulanensischen Texten», *CronErc* 1, 1971, p. 57-64; **21** A. Angeli, «L'esattezza scientifica in Epicuro e Filodemo», *CronErc* 15, 1985, p. 63-84; **22** F. Longo Auricchio, «Un proverbio citato da Filodemo», *CronErc* 21, 1991, p. 97-102. Pour la bibliographie sur les études plus récentes relatives à des aspects de la langue et du style de Philodème, *cf.* **23** F. Longo Auricchio, «Osservazioni lessicali sul primo e secondo libro della *Retorica* di Filodemo di Gadara», dans **24** S. Cerasuolo (édit.), *Mathesis e Mneme. Studi in memoria di Marcello Gigante*, Napoli 2004, p. 217-222; études parues depuis: **25** *Ead.*, «Filodemo, *Retorica* I, col. VI 35 s. Qualche osservazione», dans U. Criscuolo (édit.), *Societas studiorum per Salvatore D'Elia*, Napoli 2004, p. 61-65; **26** T. Di Matteo, «La politica è come "tirare giù la luna"», *CronErc* 32, 2002, p. 239-243; **27** V. Tsouna, «"Portare davanti agli occhi": una tecnica retorica nelle opere "morali" di Filodemo», *CronErc* 33, 2003, p. 243-247; **28** F. Longo Auricchio, «Su alcuni ἅπαξ nella

Retorica di Filodemo », *CronErc* 39, 2009, p. 103-106 ; **29** G. Indelli, « Il lessico di Filodemo in alcune opere morali : gli ἅπαξ λεγόμενα », *CronErc* 40, 2010, p. 87-93 ; **30** D. De Sanctis, « Terminologia tecnica e *hapax legomena* nel *De libertate dicendi* di Filodemo », dans **31** A. Antoni, G. Arrighetti, M. I. Bertagna et D. Delattre (édit.), *Miscellanea Papyrologica Herculanensia*, vol. I, Pisa/Roma 2010, p. 199-219 ; **32** A. Monet, « Le terme διαβολή chez Philodème : remarques préalables à l'édition du *PHerc.Paris.* 2 », dans Antoni *et alii* **31**, p. 221-227.

Biographie. Philodème est né à Gadara (*cf.* **33** R. Pierobon Benoit, « Gadara, "Atthis en Assyriois" », dans S. Cerasuolo [édit.], *Mathesis e Philia. Studi in onore di Marcello Gigante,* Napoli 1995, p. 251-261), en Décapole, l'actuelle *Um Qeis* en Jordanie (sur la localisation exacte de Gadara, relativement à la notice de Strabon XVI 2, 29, qui la situe en Gadaride, *cf.* **34** T. Dorandi, « La patria di Filodemo », *Philologus* 131, 1987, p. 254-256), vers 110 av. J.-C. Cette datation peut raisonnablement être soutenue, puisque nous savons grâce à Cicéron que Philodème rencontra Pison (dont la naissance n'est pas antérieure à l'année 101 av. J.-C.) quand ce dernier était encore *adulescens* et que Philodème comme poète ne figure pas dans la *Couronne* de Méléagre (Erler **8**, p. 289). Nous ne disposons d'aucun renseignement sur sa famille ou sa formation ; toute supposition sur ce point est donc purement hypothétique (*cf.* **35** D. Sider, *The Epigrams of Philodemus*, New York/Oxford 1997, p. 8 *sq.*). A un certain moment de sa vie Philodème quitta la Palestine et se rendit à Athènes. Sur la base d'un passage de l'*Historia Academicorum* de Philodème (*PHerc.* 1021, col. XXXIV 1-8) a été reprise une hypothèse envisagée par Sider **35**, p. 10, selon laquelle, avant d'aborder à Athènes, Philodème aurait séjourné à Alexandrie (*cf.* **36** E. Puglia, « Filodemo da Alessandria ad Atene. A proposito di PHerc. 1021 XXXIV 1-8 », *PapLup* 7, 1998, p. 131-142 ; mais *cf.*, *contra*, **37** M. Gigante, « Dove visse Filodemo ? », *ZPE* 136, 2001, p. 25-32). Sur l'information donnée par Élien (fr. 40 Hercher, tiré de Suid., *Lex.*, *s.v.* τιμῶνται), selon laquelle Philodème aurait été expulsé d'Himère parce qu'il était accusé d'impiété, *cf.* Dorandi **6**, p. 2331 n. 3, et Sider **35**, p. 9. Selon Gigante **5**, p. 63-68, l'épigramme qui contient une prière aux dieux leur demandant d'être propices à un voyage en direction du Pirée (*Anth. Palat.* VI 349) serait un témoignage autobiographique de la part de Philodème concernant son déplacement de la Palestine vers Athènes et vers l'école épicurienne dirigée par Zénon de Sidon (*contra*, Sider **35**, p. 40). Philodème fut un disciple fervent de Zénon : καὶ Ζήνωνος ἐγενό[μην περιόν[το]ς [οὐκ] ἄπιστ[ος] | ἐραστὴς καὶ τ[εθνηκό]|τος ἀκοπίατος ὑμνητής, « et tant que Zénon fut en vie je fus son admirateur nullement infidèle et, après sa mort, son laudateur infatigable » (*cf. PHerc.* 1005, col. XIV 6-9 ; le texte est celui de l'édition de **38** A. Angeli [édit.], *Filodemo, Agli amici di scuola, PHerc. 1005*, Napoli 1988). Le lien de disciple à maître entre les deux hommes peut également être établi à partir des titres de certaines des œuvres de Philodème qui se présentent comme le produit des notes prises à l'audition des leçons de Zénon (*PHerc.* 1471 ; le texte est celui de l'édition de **39** A. Olivieri [édit.], *Philodemi Περὶ παρρησίας*, Leipzig 1914). D'Athènes Philodème se déplaça en Italie, à Rome et en Campanie. Nous ignorons si ce déplacement était dû à la guerre contre Mithridate, à la suite du sac d'Athènes par Sylla (86ª, *cf.* **40** D. Sedley, «Philodemus and the decentralisation of philosophy», *CronErc* 33, 2003, p. 31-41), ou, plus probablement selon **41** R. Janko (édit.), *Philodemus, On Poems, Book one*, Oxford 2000, 2ᵉ éd., avec *addenda* 2003, p. 5, à la suite des campagnes militaires en Asie dans les années 74-65. Sider **35**, p. 7-9, situe l'arrivée en Italie en 74-73. Nous ignorons si ce nouveau déménagement fut causé par la mort de Zénon, à qui succéda Phèdre (☞P 107) à la direction du Jardin. Dans un passage du livre II de la *Rhétorique,* dont le début de la rédaction est placé dans les années 70ª, au début du séjour de Philodème en Italie, il est fait allusion à Zénon au présent; on en a déduit qu'au moment du transfert de Philodème en Italie son maître était encore vivant; mais on a montré de façon convaincance qu'il s'agissait d'un présent historique qui ne pouvait servir de preuve chronologique (*cf.* **42** J. Wisse, «The presence of Zeno: the date of Philodemus' *On rhetoric*», dans **43** R. Risselada *et al.* [édit.], *On Latin: linguistic and literary studies in honour of Harm Pinkster*, Amsterdam 1996, p. 173-202; Janko **41**, p. 5 et n. 4). Philodème connaissait Lucius Calpurnius Pison Caesoninus (☞P 190), beau-père de Jules César (☞C 8), homme politique influent de la fin de la République à qui il fut lié par une solide amitié comme on peut le déduire d'un témoignage connu de Cicéron (*In Pis.* 68-72, Sider **35**, T2 et p. 16 *sqq.*). Le discours, daté de 55ª, fournit un point de référence chronologique sûr: Philodème devait être venu en Italie avant cette date. La rencontre avec Pison, lequel était, selon ce que dit Cicéron, *adulescens,* pourrait avoir eu lieu déjà avant la venue de Philodème en Italie ou bien celle-ci devrait être alors située au début des années 70ª (Janko **41**, p. 6). Cicéron ne nomme pas Philodème, mais nous savons grâce à son commentateur Asconius, *in Pisonianam, ad* 68 *(Est quidam Graecus...),* que le passage le concerne: *Philodemum significat qui fuit Epicureus illa aetate nobilissimus, cuius et poemata sunt lasciva* (p. 16 Clark). L'attitude de Cicéron à l'égard de Philodème qui révèle, comme l'a montré Gigante **3**, p. 35-53, une nette ambiguïté, changea radicalement quelques années plus tard, à l'occasion de la composition du *De finibus bonorum et malorum* (dialogue écrit en 45ª et dont l'ambiance est celle de l'année 50ª), où (II 35, 119) Philodème est dit *optimus vir* et *homo doctissimus* (Gigante **3**, p. 51). Philodème lui-même atteste ses liens avec Pison dans la dédicace de son ouvrage *Le bon roi selon Homère* (*PHerc.* 1507, col. XLIII 16: ὦ Πείσων; texte de l'édition de **44** T. Dorandi [édit.], *Filodemo, Il buon re secondo Omero*, Napoli 1982) et dans une épigramme (*Anth. Palat.* XI 44), grâce à laquelle il l'invite à dîner dans sa modeste demeure. A Rome Philodème a probablement connu Gaius Vibius Pansa Cetronianus (☞P 28), homme politique du Iᵉʳ s. av. J.-C. qui avait des sympathies pour la philosophie épicurienne et de l'intérêt pour la rhétorique; sa carrière politique se situe dans les années quarante, entre 51ª, année où il fut tribun de la plèbe, et 43ª, année de son consulat; à lui est dédié le quatrième livre de la *Rhétorique* (*PHerc.* 1007/1673, col. XLIIª: Γαῖε Πά`ν´σα; le nom a été retrouvé par **45** T. Dorandi, «Gaio bambino», *ZPE* 111, 1996, p. 41 *sq.*). Il est possible que Siron, le maître épicurien de Virgile qui vivait à Naples sur la colline de Posilippe (*cf.* **46** M. Gigante, *I frammenti di Sirone, Studi Grilli*, Brescia 1990, p. 175-198), ait mis Philodème en contact avec les poètes du cercle d'Auguste : Plotius Tucca, Quintilius Varus, Varius Rufus, Virgile. Dans *PHerc.* 312, qui semble contenir une œuvre de Philodème, on trouve une référence à Herculanum et à Siron (*cf.* **47** M. Gigante, *Virgilio e la Campania*, Napoli 1984, p. 74-77, et Gigante **10**, p. 61-63) ; et dans *PHerc.Paris.* 2, qui contient probablement un livre de Philodème sur la calomnie, on lit explicitement les noms des quatre poètes, dont on n'a que des traces dans d'autres textes d'Herculanum gravement mutilés (*cf.* **48** M. Gigante et M. Capasso, «Il ritorno di Virgilio a Ercolano», *SIFC* 7, 1989, p. 3-6 ; Gigante **10**, p. 63 *sq.* ; **49** D. Delattre, «Le retour du *PHerc. Paris.* 2 à l'Institut de France : un rouleau épicurien inédit en 279 fragments», *CRAI* 2004, p. 1351-1391 ; **50** *Id.*, «Du nouveau sur le *P.Herc.Paris.* 2 : la reconstruction des huit dernières colonnes du rouleau», dans **51** T. Gagos et A. Hyatt (édit.), *Proceedings of the 25th International Congress of Papyrology,* Ann Arbor 2010, p. 175-188). On ne peut être certain qu'il aurait été en contact direct avec Horace (⟶H 167) qui cite une épigramme dans ses *Sat.* I 2, 121. En Campanie, il est possible que Philodème ait séjourné dans la Villa des Papyrus, où l'on a trouvé ses ouvrages en prose ; la demeure pourrait avoir appartenu à la famille des Pisons (*cf.* **52** *La Villa dei Papiri*, coll. «Suppl. a *CronErc*» 2, Napoli 1983, 142 p. ; **53** M. Capasso, «Alcuni aspetti e problemi della Papirologia Ercolanese oggi», *PapLup* 4, 1994, p. 166-186). Il n'est pas vraisemblable qu'il ait suivi Pison lors de ses proconsulat en Macédoine, puis en Gaule, où Pison devait rencontrer César en 55ᵃ (*cf.* Dorandi **6**, p. 2332). Il est mentionné, comme on l'a déjà dit, dans le *De finibus* de Cicéron (45ᵃ). Dans *PHerc.* 986, peut-être de Philodème, il est fait référence à un personnage qui s'apprête à partir pour la Cilicie : s'il fallait identifier ce personnage avec Cicéron, il pourrait s'agir d'un écrit adressé à Cicéron, proconsul en 51ᵃ, comme on l'a supposé non sans raison (*cf.* Dorandi **6**, p. 2332). Dans le *De signis* (*PHerc.* 1065, col. II 18, ed. **54** P. H. De Lacy et E. A. De Lacy [édit.], *Philodemus, On methods of inference*, Napoli 1978, p. 32) on trouve une allusion aux pygmées qu'Antoine ramena de Syrie ; cela signifie qu'en 40ᵃ Philodème était encore vivant et que sa mort doit être située dans les années qui ont suivi cette date.

Œuvres.

(1) Ἐπιγράμματα, *Épigrammes.* Avant la découverte des papyrus d'Herculanum Philodème était déjà connu comme auteur d'*Épigrammes* transmis par l'*Anthologie Palatine* et l'*Anthologie Planudéenne*, édités par **55** A. S. F. Gow et D. L. Page, *The Greek Anthology. The Garland of Philipp*, Cambridge 1968, t. I, p. 350-369 ; t. II, p. 168-182, qui en discutent également les problèmes d'authenticité. A ces sources il faut maintenant ajouter *POxy.* 3724, que l'on peut dater de la fin du Iᵉʳ s. av. J.-C., édité par P. Parsons dans le volume LIV des *Oxyrhynchus Papyri* en 1987 : il contient une liste d'épigrammes où la présence de Philodème est particulièrement significative et constitue l'unique témoignage concernant la diffusion de l'œuvre poétique de Philodème en Égypte (*cf.* Gigante **10**, p. 119). La

liste permet de restituer à Philodème certaines épigrammes transmises sous le nom
d'autres auteurs (V 24, 80, 308) et de lui attribuer les épigrammes V 126, XI 318,
X 103, *Pl.* 234, XI 35. Le papyrus nous fait également connaître dix épigrammes
totalement nouvelles, *cf.* Gigante **10**, p. 104. Les *Épigrammes* qui faisaient l'admiration sincère de Cicéron (*in Pis.* 70) à cause de leur élégance et leur raffinement,
ont comme sujet l'amour dans ses différents aspects et offrent aussi des réflexions
sur l'amitié, la vieillesse et la mort. Les interprétations récentes se partagent entre
ceux qui voient dans les *Épigrammes* un reflet de l'évolution spirituelle de Philodème, passé du seul *lusus* poétique, d'ailleurs jamais abandonné, à la pratique de la
philosophie (dans le sillage de Gigante **10**, p. 99-126, et Gigante **9**, p. 27-35), et
ceux qui voient dans l'ensemble de sa poésie la marque d'un philosophe épicurien
(Sider **35**). Les éditions de référence sont aujourd'hui Sider **35**; **56** M. Gigante
(édit.), *Il libro degli Epigrammi di Filodemo*, Napoli 2002, XLIII-95 p.; **57** G.
Karamanolis (édit.), ΦΙΛΟΔΗΜΟΣ, Τὰ ἐπιγράμματα, Thessaloniki 2004, 221 p.
Pour une confrontation entre les épigrammes et les théories poétiques développées
par Philodème dans son Περὶ ποιημάτων, voir **57bis** B. Beer, « Epicureus necnon
Epigrammaticus: Dichtungstheorie und Dichtung Philodems von Gadara », *MH* 68,
2011, p. 24-46.

Ouvrages philosophiques. Les traités en prose proviennent tous de la Villa des
Papyrus à Herculanum, où ils furent retrouvés dans les années 50 du XVIIIᵉ siècle.
Philodème est l'auteur le plus représenté, mais ont été également retrouvées des
œuvres d'Épicure (☞E 36), Colotès (☞C 180), Carnéiscus (☞C 44) Polystrate
(☞P 247), Démétrius Lacon (☞D 60), ainsi qu'un certain nombre de textes latins.
A cause de la présence parmi ses œuvres de doubles exemplaires, qui offrent la
version provisoire et la version définitive d'un même texte, il semble légitime de
supposer que la bibliothèque trouvée à Herculanum contenait « la bibliothèque
utilisée par Philodème pour son travail » (*cf.* Cavallo **4**, p. 61). Sur la base des
études paléographiques de Cavallo il est possible de définir une chronologie, au
moins approximative, des œuvres de Philodème. C'est celle qui est ici utilisée dans
l'énumération de ses ouvrages (*cf.* Gigante **5**, p. 19-62).

(2) Περὶ τοῦ καθ᾿ Ὅμηρον ἀγαθοῦ βασιλέως, *Le bon roi selon Homère*
(*PHerc.* 1507). L'édition la plus récente est cette de Dorandi **44**; nouvelles contributions au texte des colonnes 21-31 dans **58** J. Fish, « Philodemus' *On the good
king according to Homer*: Columns 21-31 », *CronErc* 32, 2002, p. 187-232. Le
livre qui peut être daté du début du séjour en Italie, est dédié à Pison dans l'intention d'exhorter cet ami à exercer la politique de façon équilibrée et équitable, loin
des tumultes et des guerres civiles, en suivant l'exemple offert dans les poèmes
d'Homère qui est un modèle classique de sagesse et de mesure. **59** D. De Sanctis,
« Omero e la sua esegesi nel *De bono rege di Filodemo* », *CronErc* 36, 2006, p. 47-
64 ; **60** *Id.*, « Il sovrano a banchetto: prassi del simposio e etica dell'equilibrio nel
De bono rege (*PHerc.* 1507, coll. XVI-XXI Dorandi) », *CronErc* 37, 2007, p. 49-
65 ; **61** *Id.*, « Il buon re di Filodemo tra Epicuro e Omero », *CronErc* 38, 2008,
p. 165-177, a fourni des contributions significatives à l'interprétation de l'ouvrage.

Œuvres de caractère biographique. Sur les œuvres biographiques en général, *cf.* **62** T. Dorandi, «Filodemo storico del pensiero antico», dans *ANRW* II 36, 4, Berlin 1990, p. 2407-2423. Pour la bibliographie sur le texte et sur les problèmes relatifs à ces œuvres à partir de 1994, *cf.* **63** F. Longo Auricchio, «Gli studi sui testi biografici ercolanesi negli ultimi dieci anni», dans **64** M. Erler et S. Schorn (édit.), *Die griechische Biographie in hellenistischer Zeit*, Berlin/New York 2007, p. 219-255.

(3) Σύνταξις τῶν φιλοσόφων, *Répertoire des philosophes.* Diogène Laërce X 3, montre que Philodème a écrit cet ouvrage en dix livres; le dixième était peut-être consacré à l'école d'Épicure. Certains rouleaux d'Herculanum, bien que privés de *subscriptio*, peuvent être rattachés à cette œuvre avec une bonne probabilité. Le *Répertoire des philosophes* est considéré comme une grande œuvre destinée à un vaste public afin de consacrer la position de l'école épicurienne dans le cadre d'ensemble de la pensée grecque (Gigante **5**, p. 28-29; **65** K. Gaiser, *Philodems Academica. Die Berichte über Platon und die Alte Akademie in zwei herkulanen-sischen Papyri*, Stuttgart/Bad Cannstatt 1988, p. 23 *sq.*) et de montrer qu'un adepte du Jardin était lui aussi en mesure de s'adonner à l'activité d'un biographe érudit, ce qui avait été jusque là la prérogative des autres écoles, en particulier de l'école péripatéticienne (*cf.* **66** G. Arrighetti, «Filodemo biografo dei filosofi e le forme dell'erudizione», *CronErc* 33, 2003, p. 13-30).

(a) (b) Font partie du *Répertoire* les papyri *PHerc.* 1021 et 164, qui sont deux exemplaires d'une même *Histoire,* sous la forme d'une διαδοχή, de l'école acadé-micienne, de Platon (➤P 195) à Aristos d'Ascalon (➤A 406), ainsi que *PHerc.* 1018, consacré à l'école stoïcienne, de Zénon à Panétius (➤P 26). Les éditions de référence sont **67** T. Dorandi (édit.), *Filodemo, Storia dei filosofi, [.]. Platone e l'Academia*, Napoli 1991; **68** *Id.* (édit.), *Filodemo, Storia dei filosofi: La stoà da Zenone a Panezio (PHerc. 1018)*, Leiden 1994; *cf.* aussi **69** M. C. Cavalieri, «Per una nuova edizione dell'*Index Stoicorum* di Filodemo (*P.Herc.* 1018)», dans Gagos et Hyatt **51**, p. 121-129.

(c) (d) *PHerc.* 327 et 1508, selon **70** W. Crönert, *Kolotes und Menedemos*, Leipzig 1906, réimpr. Amsterdam 1965, p. 127-133, contiennent également des livres appartenant au *Répertoire*. Ils concerneraient l'un l'école éléatico-abdéri-taine et l'autre l'école pythagoricienne; mais cette hypothèse a été mise en doute par la plus récente éditrice, **71** M. C. Cavalieri, «La *Rassegna dei filosofi* di Filo-demo: scuola eleatica ed abderita (*PHerc.* 327) e scuola pitagorica (*PHerc.* 1508)?», *PapLup* 11, 2002, p. 17-53.

(e) (f) Faisaient également probablement partie du *Répertoire* les papyri *PHerc.* 495 et 558, qui transmettent une histoire de Socrate et de son école (édition de référence: **72** F. M. Giuliano [édit.], «*PHerc.* 495-*PHerc.* 558, Filodemo, *Storia di Socrate e della sua Scuola*? Edizione, commento, questioni compositive e attri-butive», *CronErc* 31, 2001, p. 37-79), et, peut-être, le très fragmentaire *PHerc.* 1780, où est retracée l'histoire de l'école épicurienne (édition: **73** A. Tepedino Guerra, «Il *Kepos* epicureo nel *PHerc.* 1780», *CronErc* 10, 1980, p. 17-24).

(g) *PHerc.* 1746, lui aussi très lacunaire, fait référence à l'école épicurienne dissidente de Rhodes, peut-être dirigée par Nicasicratès (☞N 34), en qui les études récentes ont reconnu un épicurien dissident (sur la bibliographie consacrée à ce sujet, *cf.* Dorandi **62**, p. 2421 n. 114) ; d'après Erler **8**, p. 301, qui s'inscrit dans le sillage de Philippson **1**, col. 2464, le papyrus pourrait également appartenir à la Σύνταξις.

Sur la situation éditoriale de la Σύνταξις, *cf.* Cavallo **4**, p. 61-62, et **74** *Id.*, «I rotoli di Ercolano come prodotti scritti. Quattro riflessioni», *S&C* 8, 1984, p. 12-17 ; Dorandi **62**, p. 2408-2409, et **75** *Id.*, *Le stylet et la tablette*, Paris 2000. Contributions récentes : **76** W. Luppe, «Zum Verkauf Platons als Sklaven in *PHerc.* 1021 (aus Philodems *Geschichte der Akademie*)», *CronErc* 38, 2008, p. 161-163 ; **77** F. Longo Auricchio, «La testimonianza filodemea dell'immagine di Socrate : osservazioni testuali», dans **78** F. Alesse, F. Aronadio, M. C. Dalfino, L. Simeoni et E. Spinelli (édit.), *Anthropine sophia. Studi di filologia e storiografia filosofica in memoria di Gabriele Giannantoni*, Napoli 2008, p. 423-439.

Œuvres consacrées à l'école épicurienne.

(4) Περὶ Ἐπικούρου, *Sur Épicure*. L'ouvrage comprenait au moins deux livres : le premier est contenu dans *PHerc.* 1232 (le numéro du livre a été identifié par **79** G. Del Mastro, «Il *PHerc.* 1589 e una nuova testimonianza su Temista e Leonteo», *CronErc* 38, 2008, p. 221-228), le second dans *PHerc.* 1289, l'un et l'autre édités par **80** A. Tepedino Guerra, «L'opera filodemea Su Epicuro (*PHerc.* 1232, 1289β)», *CronErc* 24, 1994, p. 5-53. L'ouvrage traite de la vie d'Épicure en se fondant sur le témoignage des recueils épistolaires, afin d'en célébrer la figure.

(5) *Mémoires épicuriens*. L'œuvre la plus intéressante sur le Jardin est transmise par *PHerc.* 1418 ; il en existe un autre exemplaire plus tardif, remontant probablement au Ier siècle de notre ère et très mal conservé : *PHerc.* 310 (il faut peut-être en voir d'autres exemplaires dans *PHerc.* 118, 1787, 239). L'édition de référence est celle de **81** C. Militello (édit.), *Filodemo, Memorie epicuree,* Napoli 1997. Dans cet ouvrage, connu sous le titre de Πραγματεῖαι, sont dépeints quelques personnages du premier Jardin (dans la partie la mieux conservée on trouve les profils de Cronius [☞C 222], inconnu par ailleurs, et de Mithrès [☞M 173], ministre des finances de Lysimaque) à partir d'extraits de lettres d'Épicure et de ses disciples. *Cf.* **82** A. Tepedino Guerra, «Le lettere private del Κῆπος : Metrodoro, i maestri e gli amici epicurei (*PHerc.* 176 e *PHerc.* 1418)», dans Antoni *et alii* **31**, p. 39-49.

(6) *Vie de Philonidès. PHerc.* 1044, dont l'édition la plus récente est celle de **83** I. Gallo, *Frammenti biografici da papiri*, t. II : *La biografia dei filosofi*, Roma 1980, § 1 : «Vita di Filonide Epicureo (*PHerc.* 1044)», p. 21-166, contient un βίος de l'épicurien Philonidès de Laodicée-sur-Mer (☞P 159), qui a vécu au IIe s. av. J.-C. L'auteur de la biographie est incertain, mais est probablement Philodème. L'ouvrage pouvait se rattacher aux écrits consacrés par le Gadarénien à son école philosophique ; *cf.* aussi **84** M. G. Assante, «*PHerc.* 1044 (*Vita Philonidis*) : fr. 58-59 Gallo», *CronErc* 40, 2010, p. 51-64.

Œuvres sur les μαθήματα.

(7) Περὶ ῥητορικῆς, *Sur la rhétorique*. Plusieurs papyrus ont conservé des parties du Περὶ ῥητορικῆς, qui devait comprendre au moins huit livres : ont été bien identifiés le premier (*PHerc.* 1427), le deuxième (en deux exemplaires : *PHerc.* 1674 et 1672, qui correspondent respectivement à la version provisoire et la version définitive), le quatrième (divisé en deux parties : *PHerc.* 1423 et 1007/1673) et le huitième (*PHerc.* 1015/832). Il est fort probable, d'après le contenu, que *PHerc.* 1506 et 1426 soient à rapporter au livre III (à nouveau dans une version provisoire et une version définitive), tandis qu'on ne peut se prononcer pour les livres contenus dans *PHerc.* 1004 et 1669. A côté de ces papyrus, il faut prendre en compte un groupe important de textes, conservés seulement dans les transcriptions de l'époque des Bourbons, qui se rapportent probablement aux rouleaux principaux dont ils ont été arrachés par suite des opérations de déroulement. Sur la structure de la *Rhétorique, cf.* **85** T. Dorandi, « Per una ricomposizione dello scritto di Filodemo *Sulla retorica* », *ZPE* 82, 1990, p. 59-87 ; **86** F. Longo Auricchio, « Nuovi elementi per la ricostruzione della *Retorica* di Filodemo », *CronErc* 26, 1996, p. 169-171. L'édition complète de référence reste **87** S. Sudhaus (édit.), *Philodemi volumina rhetorica, I, II,* Leipzig 1892, 1896 ; nouvelles éditions partielles : **88** F. Longo Auricchio (édit.), *Philodemi Rhetorica libri primus et secundus,* Napoli 1977 (de ces deux livres est parue une traduction anglaise accompagnée d'études exégétiques par **89** C. Chandler [édit.], *Philodemus On Rhetoric, Books 1 and 2,* New York/London 2006) ; **90** J. Hammerstaedt, « Der Schlussteil von Philodems drittem Buch über Rhetorik », *CronErc* 22, 1992, p. 91-117 ; **91** R. Gaines, *Philodemus on rhetorical expression,* The University of Iowa, Iowa City 1982 ; **92** F. Longo Auricchio, « Frammenti inediti di un libro della *Retorica* di Filodemo (*PHerc.* 463) », *CronErc* 12, 1982, p. 67-83 (peut-être une partie du livre IV ; au livre IV ont été rapportés certains fragments de *PHerc.* 1491 par **93** R. Macfarlane et G. Del Mastro, « Il *PHerc.* 1491 », *CronErc* 37, 2007, p. 118-123) ; **94** M. Ferrario, « Frammenti del V libro della *Retorica* di Filodemo (*PHerc.* 1669) », *CronErc* 10, 1980, p. 55-124 (livre incertain, *PHerc.* 1669) ; **95** A. Angeli, « Filosofia e retorica nella polemica antiaristotelica di Epicuro (Philod., *Rhet.* VIII coll. 41, 12-LIV 17 Sudhaus, II, pp. 57-59) », *Rudiae* 9, 1997, p. 5-27 ; **96** D. L. Blank, « Aristotle's "Academic Course on Rhetoric" and the end of Philodemus, *On Rhetoric* VIII », *CronErc* 37, 2007, p. 5-47 (livre VIII) ; **97** I. Privitera, « Proposte di lettura e di integrazione nella seconda parte del *PHerc.* 1015/832 (Philod. *Rhet.* VIII), II, pp. 50–64 Sudhaus », *ZPE* 159, 2007, p. 81-85 ; **98** *Id.,* « Platone, Aristotele, Teofrasto ed altre nuove letture ed integrazioni nel *PHerc.* 1004 (Philod. *Rhet. Lib. Inc.*) », *ZPE* 163, 2007, p. 51-66 ; **99** M. Erbì, « Il retore e la città nella polemica di Filodemo verso Diogene di Babilonia (*PHerc.* 1004, coll. 64-70) », *CronErc* 39, 2009, p. 119-140 ; **100** *Ead.,* « Eraclito e l'inganno della retorica in Filodemo (*PHerc.* 1004, coll. 57-63) », *CronErc* 40, 2010, p. 65-74. Pour les études critiques, *cf.* Χάρτης **15**.

Traduction française des restes du traité (d'après le texte établi par Hammerstaedt **90**) par **101** L. Pernot, « Philodème – La rhétorique livre III », dans **102** D. Delattre et J. Pigeaud, *Les Épicuriens,* Paris 2010, p. 635-645, avec une notice et des notes p. 1279-1284.

Dans le premier livre, Philodème essaie d'offrir une définition générale de la rhétorique. Il établit que seule la rhétorique dite sophistique – équivalente de la rhétorique épidictique – peut être dite un art.

Le deuxième livre prend en considération les arguments pour et contre la rhétorique entendue comme τέχνη : Philodème défend la position de Zénon de Sidon, selon qui la condamnation prononcée par Épicure ne portait que sur la rhétorique politique et judiciaire, et non sur la rhétorique épidictique, c'est-à-dire la rhétorique sophistique. Le débat met en cause les épicuriens de Cos et de Rhodes et on y fait état d'une importante polémique d'Hermarque (➮H 75) contre Alexinos (➮A 125). Dans les dernières lignes Philodème aborde par anticipation le sujet du troisième livre : même la rhétorique sophistique ne réussit pas à créer de bons hommes d'État. Dans ce livre Philodème combat la conception stoïcienne, telle qu'elle est exposée par Diogène de Babylonie (➮D 146), pour qui le sage est également un bon orateur.

Le troisième livre ne semble pas se conclure en anticipant le contenu qui fera l'objet du livre suivant, mais le ton est plutôt celui de la conclusion d'une discussion bien circonscrite. Il a été supposé pour cette raison, y compris sur la base de données paléographiques, qu'entre les trois premiers livres et les livres successifs est intervenue une certaine période de temps (Dorandi **75**, p. 69-71, pense qu'au cours de cette période doit être située la composition des livres Περὶ λέξεως et Περὶ ἐπαίνου, auxquels Philodème fait allusion dans son livre IV).

Le quatrième livre est divisé en deux parties : la première partie est consacrée à la λέξις, le style (celui des philosophes est plus noble que celui des orateurs : il est naturel, clair, exempt d'artifices) ; la seconde partie est consacrée aux artifices des sophistes et à certaines figures rhétoriques comme les tropes, les allégories, les métaphores, et elle est de caractère polémique à leur endroit, car les sophistes se croient les dépositaires d'une science universelle, d'une morale supérieure et d'un style élégant.

Le livre huit est divisé entre la polémique contre Nausiphane (➮N 8) et la polémique contre Aristote (➮A 414). Philodème reprochait à Nausiphane d'avoir affirmé que la science de la nature créait de bons orateurs, reprenant une ancienne polémique développée par Métrodore ; Aristote est accusé d'avoir abandonné la philosophie et de s'être plutôt consacré à la rhétorique. A Aristote est opposé Isocrate (➮I 38), qui est présenté comme un véritable modèle philosophique.

Dans *PHerc.* 1004 sont visés les stoïciens et les péripatéticiens, respectivement Diogène de Babylonie et un Ariston, qui a été identifié tantôt à Ariston de Céos (➮A 396) le péripatéticien, tantôt à Ariston de Chios (➮A 397) le stoïcien. Le texte est fragmentaire, mais on peut en retrouver les points essentiels : la rhétorique vise la réalisation du bien public, même si les rhéteurs sont davantage embarrassants qu'utiles pour l'État; la rhétorique est étroitement associée à la tromperie, tandis que la philosophie conduit au bonheur au niveau privé, loin des tourments de la vie politique.

PHerc. 1669 traite de l'antique querelle entre rhétorique et philosophie : Philodème prend position en faveur de cette dernière.

(8) Περὶ ποιημάτων, *Sur la poésie.* L'ouvrage comprenait au moins cinq livres. Nous possédons une trentaine de papyrus, dont certains peuvent être regroupés afin de reconstruire les *volumina* originels. Seuls le livre IV, conservé dans *PHerc.* 207, et le livre V, conservé en deux rédactions, signalent dans la *subscriptio* le titre de l'ouvrage et le numéro du livre. Pour les tentatives de systématisation générale des différents papyrus par rapport aux livres qui composent le traité, *cf.* **103** T. Dorandi, « Per una ricomposizione dello scritto di Filodemo *Sulla poetica* », *ZPE* 91, 1992, p. 29-46 ; **104** *Id.*, « Precisazioni su papiri della *Poetica* di Filodemo », *ZPE* 97, 1993, p. 81-86 ; et, plus récemment, Janko **41**, p. 12 *sq.* Pour une bibliographie sur le traité de Philodème, on peut renvoyer à Χάρτης **15**.

Dans le traité *Sur la poésie,* Philodème se propose essentiellement de revendiquer la supériorité de la philosophie sur la poésie (supériorité qui avait été mise en cause principalement par les stoïciens) et de rejeter les fausses opinions sur la poésie, qui doit être considérée uniquement comme la source d'un plaisir non nécessaire. Celle-ci n'a aucun effet pégagogique : seule la philosophie a une tâche éthique et une telle fonction ne peut en aucune façon être attribuée à la poésie (sur ce point, *cf.* **105** E. Asmis, « Philodemus's poetic theory and *The good king according to Homer* », *ClAnt* 10, 1991, p. 1-45). Comme c'est le cas dans les traités *Sur la musique* et *Sur la rhétorique,* Philodème dans le traité *Sur la poésie* part de l'exposition des théories des adversaires, en les reprenant systématiquement ensuite dans la partie consacrée à leur réfutation.

Le premier livre (et peut-être aussi le deuxième, *cf.* Janko **41**, p. 12 *sq.*) est conservé dans *PHerc.* 466, 444, 460, 1073, 1074a, 1081a, lesquels, jusqu'en 2000, avaient été publiés séparément. Tous les fragments du premier livre ont été intégralement réédités par R. Janko, qui a reconstruit les restes du rouleau original.

Janko **41**, p. 12 *sq.,* rassemble dans ce qui pourrait être le deuxième livre de l'ouvrage, les *PHerc.* 1074b, 1677a, 1081b, 1676 et 994. De ce rouleau **106** A. Hausrath, « Philodemi Περὶ ποιημάτων libri secundi quae videntur fragmenta », *JCPh* 17, 1889, p. 213-276, avait publié seulement quelques fragments, tandis que *PHerc.* 994, qui constitue la partie la plus intérieure du rouleau, a été publié par **107** F. Sbordone, [Φιλοδήμου περὶ ποιημάτων] *tractatus tres,* Napoli 1976, comme *Tractatus primus,* et *PHerc.* 1074b, 1081b et 1676 comme *Tractatus tertius.* De nouvelles lectures et de nouvelles hypothèses de reconstruction de ce livre ont été proposées dans différentes études par C. Romeo (*cf.* Χάρτης **15**). Récemment, **108** G. Del Mastro, « Il *PHerc.* 1419 : nuovi frammenti del II libro della *Poetica* di Filodemo », dans Cerasuolo **24**, p. 87-94, a retrouvé de nouveaux fragments du livre dans *PHerc.* 1419. Dans les deux premiers livres (Janko **41** n'exclut pas que ceux qu'il appelle livres I et II soient en réalité deux tomes d'un même livre), l'exposition des théories littéraires des adversaires fait appel principalement à la médiation du stoïcien Cratès de Mallos (☛C 203), qui fait l'objet des polémiques de Philodème également dans le livre V (col. XXIV 25 *sqq.* Mangoni). En particulier dans le livre I Philodème, après avoir présenté certaines théories de Cratès contre certains « philosophes » (probablement des épicuriens de la première génération), reprend les théories de Mégaclide d'Athènes (*RE* « Megakleides » 1), Andromènidès (☛A 174), Héracléodore (☛H 48) et Pausimaque de Milet (☛P 70). Philodème critique principalement la prétention de ces philosophes à attribuer à la poésie la capacité de procurer du plaisir à l'oreille. On y discute de l'effet de la poésie sur l'esprit et du choix des sons et des paroles dans le vers. *Cf.* **109** G. M. Rispoli et G. Del Mastro, « Nuove letture nel cosiddetto secondo libro della *Poetica* di Filodemo », dans Gagos et Hyatt **51**, p. 671-678, et **110** J. Hammerstaedt et G. Parmeggiani, « Un passo della *Poetica* di Filodemo (*PHerc.* 994 col. 36,11-37,13) alla prova del carteggio di Christian Jensen e delle immagini multispettrali », dans Antoni *et alii* **31**, p. 101-114.

Récemment **110bis** R. Janko (édit.), *Philodemus, On Poems, Book Three and Four. With Fragments of Aristotle On Poets,* Oxford 2011, a proposé une reconstitution à partir des restes du troisième livre de l'ouvrage, en assemblant les PHerc. 1087 et 1403. Les papyri qui constituent ce livre du traité sont très fragmentaires, mais les thèmes principaux semblent être l'audition et les particularités de la composition en vers par opposition aux caractéristiques de la prose.

Le livre IV est conservé en un seul papyrus, *PHerc.* 207, qui contient la partie finale du rouleau avec la *subscriptio.* A la suite de l'édition de **111** F. Sbordone, *Il quarto libro del Περὶ ποιημάτων di Filodemo,* dans *Ricerche sui Papiri Ercolanesi,* t. I, Napoli 1969, p. 287-367, le texte a été réédité par **112** R. Janko, « Philodemus' *On poems* and Aristotle's *On poets* », *CronErc* 21, 1991, p. 5-64. Déjà **113** T. Gomperz, « Die herculanischen Rollen », *ZOeG* XVI, 1865, p. 717-726, et **114** *Id.,* « Philodem und die aristotelische Poetik », *WE* 1909, p. 1-7, avait eu l'intuition que Philodème s'en prenait à la *Poétique* d'Aristote (*cf.* **115** J. Hammerstaedt, « Pausone, Aristofane e Archiloco nel quarto libro Περὶ ποιημάτων di Filodemo », *CronErc* 27, 1997, p. 105-120). Le sujet est également traité dans *PHerc.* 1581, qui constitue probablement la partie initiale du livre V, mais dans ce livre il est fait clairement référence à un développement antérieur qui conclut précisément le livre IV. Dans les dix colonnes conservées Philodème attaque un unique personnage qui, selon l'analyse de Janko **41**, serait Aristote et, en particulier, le traité perdu *De poetis.* Voir maintenant Janko **110bis**.

Des deux "éditions" du livre V, la première est constituée par *PHerc.* 228, 403, 407 et 1581 (qui représentent des parties extérieures du rouleau originel) et 1425 (la partie plus intérieure), tandis que la seconde édition (qui devait être divisée en deux tomes, *cf.* **116** M. Gigante, « *Soscrizioni ercolanesi* », dans R. Pintaudi [édit.], *Gedenkschrift Ulrike Horak,* coll. « Papyrologica Florentina » 34, Firenze 2004, p. 283-284), copiée par une main experte et d'une belle écriture, est transmise par

PHerc. 1538, qui nous est malheureusement parvenu dans de rares fragments. **117** C. Jensen (édit.), *Philodemos. Über die Gedichte, fünftes Buch*, Berlin 1923, a édité certains morceaux externes et toute la partie finale du *volumen* (*PHerc.* 1425 et 1538). Plus récemment la partie finale du rouleau a été publiée par **118** C. Mangoni (édit.), *Filodemo, Il quinto libro della Poetica*, Napoli 1993, qui a également édité de façon séparée certains fragments de la partie la plus extérieure (*cf.* Χάρτης **15**).

Traduction française des restes du livre V (d'après le texte établi par Mangoni **118**) par **119** D. Delattre et A. Monet, « Philodème – Les poèmes livre V », dans Delattre et Pigeaud **102**, p. 647-664, avec une notice et des notes p. 1284-1294.

Le thème de la *katharsis* poétique (*PHerc.* 1581) ayant été traité, comme nous l'avons vu, à la fin du livre IV, de même que les caractéristiques du bon poète (*PHerc.* 403 et 407), sont ensuite exposées les théories de Cratès de Mallos (➡C 203) et citées certaines *doxai*, qui sont ensuite réfutées à la fin du rouleau (*PHerc.* 228). Dans les premières colonnes de *PHerc.* 1425 Philodème réfute les théories des critiques qui confondent la bonne poésie avec celle qui est didactique-ment utile et il situe le plaisir acoustique de la poésie dans la σύνθεσις, la disposition artistique des paroles dans le vers. Philodème, comme il l'avait déjà fait dans les livres précédents, ne croit pas que les sons des lettres, artistiquement combinés, peuvent procurer du plaisir. La capacité de la poésie réside plutôt dans la production de pensées, διάνοιαι, qui, à travers un style plus ou moins élaboré, peuvent avoir un effet psychagogique. Parmi les plus importantes études sur la *Poétique* de Philodème présentes dans le bel ouvrage de **120** D. Obbink (édit.), *Philodemus and Poetry*, Oxford 1995, il faut signaler sur ce point celle de **121** M. Wigodsky, « The alleged impossibility of philosophical poetry », p. 58-68, notamment p. 65-68 ; *cf.* aussi **122** N. Pace, « La poetica epicurea di Filodemo di Gadara », *RhM* 152, 2009, p. 225-264.

Dans le cinquième livre Philodème se tourne dans une perspective polémique vers Héraclide le Pontique [➡H 60] (qui était déjà cité dans *PHerc.* 1677, col. V 20 *sqq.* Sbordone), Praxiphane de Mitylène (➡P 277) et Démétrius de Byzance [➡D 51] (cités à travers la médiation d'un Philomélos (➡P 146) par ailleurs inconnu), Néoptolème de Paros (le même qui est mentionné par Porphyrion, *ad Hor. A. P.* 1, p. 162, 6 Holder, comme source principale de la lettre *De arte poetica* d'Horace). Après avoir critiqué un stoïcien non identifié, Philodème en vient à traiter des théories esthétiques de Cratès de Mallos, confronté, comme dans le soi-disant livre I, avec Héracléodore, Androménidès, puis avec certains φιλόσοφοι mal identifiés et avec les κριτικοί, un groupe mal défini de philosophes (dont faisait peut-être partie Héracléodore), qui considéraient que la σύνθεσις, l'εὐφωνία et la διάνοια pouvaient être jugées directement par l'audition (*cf.* **123** J. Porter, « Οἱ κριτικοί : a reassessment », dans **124** J. G. J. Abbenes, S. R. Slings et I. Sluiter [édit.], *Greek literary theory after Aristotle, A collection of papers in honour of D. M. Schenkeveld,* Amsterdam 1995, p. 83-109). Le livre se termine par l'examen

d'une série de δόξαι sur la bonne poésie et sur la définition du bon poète empruntée à Zénon de Sidon.

L'appartenance au traité philodémien de *PHerc*. 230, 1275 et 1736, particulièrement lacunaire, est encore débattue, même si le thème principal semble être la
poétique (pour une vue d'ensemble sur ces textes, *cf.* Janko **41**, p. 13 n. 1).

(9) Περὶ μουσικῆς, *Sur la musique*. L'ouvrage comprenait quatre livres ; nous
possédons le quatrième, comme le montre la *subscriptio* de *PHerc*. 1497, édité par
125 D. Delattre (édit.), *Philodème de Gadara, Sur la musique, livre IV*, coll. *CUF*,
Paris 2007. *Cf.* aussi **126** W. B. Henry, « New Readings in Philodemus, *On Music
IV* », *ZPE* 175, 2010, p. 43-44. Sur les signes, *cf.* **127** A. Romano, *I segni nel
Papiro Ercolanese 1497 (Philodemi De musica, liber IV)*, coll. « *CronErc –
Suppl.* » 4, Napoli 2007.

Traduction française des restes du livre IV (d'après le texte établi par Delattre
125) par **128** D. Delattre, « Philodème – La musique livre IV », dans Delattre et
Pigeaud **102**, p. 665-726, avec une notice et des notes p. 1294-1303.

A cet ouvrage peuvent être rattachés de nombreux papyrus (*PHerc*. 225, 1094,
411, 424, 1572, 1575, 1576, 1578, 1583) dont la *subscriptio* est perdue et dont
souvent ont été conservés seulement des fragments ; contrairement à l'opinion
courante, qui y avait reconnu les livres I et III, Delattre **125** considère que ces
papyrus aussi conservent des sections du livre IV (un rouleau d'une longueur
d'environ 10,80 m, constitué de 152 colonnes), qui, par conséquent, serait l'unique
livre de l'ouvrage retrouvé dans la bibliothèque d'Herculanum. Philodème cite
divers auteurs qui ont écrit sur le sujet : Damon (⟹D 13), Démocrite (⟹D 70)
Platon (⟹P 195), Héraclide le Pontique (⟹H 60), Théophraste, Aristoxène de
Tarente (⟹A 417), Chamailéon (⟹C 93), Diogène de Babylonie [⟹D 146]
(*cf.* **129** G. M. Rispoli, « Filodemo sulla musica », *CronErc* 4, 1974, p. 57-87),
fournissant ainsi une contribution à l'histoire de la musique antique. La musique,
pour les épicuriens, n'a pas de fonction éthique ou pédagogique, elle est considérée
seulement comme une source d'un pur plaisir non nécessaire. *Cf.* aussi **130** D.
Delattre, « Histoire et légende dans la polémique du Jardin contre le Portique »,
Pallas 78, 2008, p. 43-57.

Œuvres polémiques.

(10) Περὶ τῶν Στωικῶν, *Sur les stoïciens*. Le livre est transmis par *PHerc*. 339
et 155 (qui correspondent respectivement à une version provisoire et une version
définitive), qui ont été édités par **131** T. Dorandi, « Filodemo, *Gli Stoici (PHerc.
155 e 339)* », *CronErc* 12, 1982, p. 91-133.

Traduction française des restes de l'ouvrage (d'après le texte établi par Dorandi
131) par **132** D. Delattre, « Philodème – Les stoïciens », dans Delattre et Pigeaud
102, p. 727-733, avec une notice et des notes p. 1303-1306.

Le livre consiste en une série de passages sur la vie de Zénon de Citium et dans
la défense, par Philodème, de la doctrine épicurienne du plaisir ; le philosophe
attaque dans le même temps les Πολιτεῖαι de Zénon de Citium et du cynique

Diogène de Sinope (**→D 147). L'ouvrage de Diogène, à cause de certains éléments scandaleux de son contenu, tout comme celui de Zénon, avaient embarrassé les stoïciens, au point que certains avaient voulu y voir des faux. Philodème objecte que l'authenticité est démontrée par le fait que ces écrits figurent dans les listes des catalogues et dans les bibliothèques.

(11) Πρὸς τοὺς [ἑταίρους], *Aux amis de l'école*. *PHerc.* 1005 conserve la *subscriptio* incomplète, Πρὸς τοὺς, dont on a proposé différentes reconstitutions. La plus récente éditrice, Angeli **38** a proposé Πρὸς τοὺς [ἑταίρους] : dans ce livre qui est le premier de l'ouvrage (ainsi que le montre un renvoi interne ; l'ouvrage comportait peut-être cinq livres, *cf.* **133** G. Del Mastro, « La *subscriptio* del *PHerc.* 1005 e altri titoli in caratteri distintivi nei papiri ercolanesi », *CronErc* 32, 2002, p. 245-247), Philodème polémique contre certains épicuriens qui s'étaient éloignés de l'école athénienne de Zénon de Sidon, parce qu'ils ne partageaient pas certains aspects de la pensée des premiers maîtres. La polémique concerne principalement le problème du culte du sage, les critères qui doivent présider à la rédaction des condensés, la signification de la lutte d'Épicure contre la culture encyclopédique.

Traduction française des restes de l'ouvrage (d'après le texte établi par Angeli **38**) par **134** D. Delattre et A. Monet, « Philodème – A l'adresse des... », dans Delattre et Pigeaud **102**, p. 735-740, avec une notice et des notes p. 1306-1312.

(12) De *PHerc.* 1005 on peut rapprocher le contenu de *PHerc.* 862, qui, selon **135** W. Scott, *Fragmenta Herculanensia*, Oxford 1885, contenait un livre Περὶ μαθήσεως ; **136** M. Capasso, « Un libro filodemeo in due esemplari », *CronErc* 18, 1988, p. 139-148, a identifié dans *PHerc.* 1485 une copie de *PHerc.* 862 : il s'agirait d'une œuvre de Philodème destinée aux compagnons de recherche et d'étude, dans laquelle est rappelée la nécessité d'interpréter correctement les doctrines des maîtres. L'ouvrage présente certaines affinités avec *PHerc.* 1005.

Œuvres de contenu éthique.

(13) Περὶ κακιῶν καὶ τῶν ἀντικειμένων ἀρετῶν, *Sur les vices et les vertus contraires*. C'est la plus étendue des œuvres de contenu moral. Elle comportait au moins dix livres, dont chacun (et en certains cas plus d'un) traitait d'un vice et de la vertu opposée ; l'ouvrage était probablement organisé selon un modèle emprunté à l'école aristotélicienne, dans le but d'examiner les vices, puisqu'on attribuait une valeur thérapeutique à la philosophie (**137** M. Capasso, « Les livres sur la flatterie dans le *De vitiis* de Philodème », dans **138** C. Auvray-Assayas et D. Delattre [édit.], *Cicéron et Philodème. La polémique en philosophie*, Paris 2001, p. 179-194 ; *contra*, **139** A. Monet, « La *Flatterie* de Philodème et l'organisation des *Vices* », dans Auvray-Assayas et Delattre **138**, p. 195-202 : à la différence d'Aristote qui raisonnait en termes de médiété, d'excès et de défaut, Philodème applique un système antithétique d'exposition) ; **140** M. Capasso, « Per una ricostruzione del *De vitiis* di Filodemo », dans Gagos et Hyatt **51** p. 97-104.

(a) Le premier livre qui portait le sous-titre Περὶ κολακείας, *Sur la flatterie*, est contenu dans *PHerc.* 222 édité par **141** T. Gargiulo, « *PHerc.* 222 : Filodemo sull'adulazione», *CronErc* 11, 1981, p. 103-127 ; le second qui traitait des vices apparentés à la flatterie, comme l'a mis en lumière Capasso **137**, doit encore être lu dans l'édition de **142** D. Bassi, *Herculanensium voluminum quae supersunt Collectio Tertia*, Milano 1914, p. 1-18 (*cf.*, pour des contributions ponctuelles sur le texte, **143** E. Kondo, «I "Caratteri" di Teofrasto nei papiri ercolanesi», *CronErc* 1, 1971, p. 73-87 ; **144** *Ead.*, «Per l'interpretazione del pensiero filodemeo sulla adulazione nel *PHerc.* 1457», *CronErc* 4, 1974, p. 43-56 ; **145** T. Dorandi et M. Stein, «Der älteste Textzeuge für den ἄρεσκος des Theophrast», *ZPE* 100, 1994, p. 1-16 ; **146** X. Riu et M. Jufresa, «Sur quelques passages problématiques de Philodème», dans Antoni *et alii* **31**, p. 175-178). Un livre incertain, qui traitait de la flatterie, se trouve dans *PHerc.* 1675 (édité par **147** V. De Falco, «Appunti sul Περὶ κολακείας di Filodemo, Pap. Erc. 1675», *RIGI* 10, 1926, p. 15-26 ; contributions textuelles ponctuelles dans **148** M. Capasso, «L'intellettuale e il suo re. Filodemo, *L'adulazione*, *PHerc.* 1675, col. V 21-32», *SEP* 2, 2005, p. 47-52). Le papyrus fragmentaire *PHerc.* 1089, conservé seulement dans les apographes, qu'il faut peut-être rattacher à l'un des rouleaux mieux conservés, traitait également du même vice ; (édition : **149** E. Acosta Méndez, «*PHerc.* 1089 : Filodemo "Sobre la adulación"», *CronErc* 13, 1983, p. 121-138). *PHerc.* 223 (édité par **150** M. Gigante et G. Indelli, «Bione e l'Epicureismo», *CronErc* 8, 1978, p. 126-131) et 1082 (pratiquement inédit) concernent le même thème. La place accordée à la flatterie dans la réflexion générale, premier vice étudié par Philodème, qui lui avait peut-être consacré trois livres, est due non seulement à l'importance qu'elle revêtait dans la doctrine épicurienne de l'amitié (vertu qui était peut-être celle que l'on opposait à la flatterie), mais aussi au rôle joué par la κολακεία dans la société romaine et à l'intérêt suscité par ce thème parmi les épicuriens, du fait qu'Épicure était accusé par ses ennemis d'avoir été l'adulateur de Mithrès. *PHerc. Paris.* 2, un des six papyrus donnés par Ferdinand IV à Napoléon en 1802 et conservés depuis 1817 dans la Bibliothèque de l'Institut de France, contient les restes d'un livre que l'on suppose dédié à la calomnie en tant qu'aspect particulier de la flatterie. Comme dans les autres livres *De vitiis*, l'intention générale est d'analyser les vices les plus répandus à Rome à l'époque et de chercher à rétablir la vérité sur la doctrine et sur les adeptes du Jardin, souvent calomniés (*cf.* Delattre **49**, p. 1351-1391).

(b) Dans le neuvième livre de l'ouvrage *Sur les vices* (*PHerc.* 1424 ; édition : **151** C. Jensen [édit.], *Philodemi Περὶ οἰκονομίας qui dicitur libellus*, Leipzig 1907 ; Riu et Jufresa **146**, p. 174-175), qui a pour thème l'administration domestique (οἰκονομία ; dans la *subscriptio* le titre n'est pas indiqué), Philodème, après avoir polémiqué avec Xénophon et Théophraste, expose les points capitaux de la doctrine épicurienne : le sage doit acquérir, utiliser et avoir soin de la richesse, qu'il peut se procurer de différentes façons, en se fondant sur le calcul de l'utile ; la communauté des biens, telle que l'enseignait Pythagore (⟫→P 333), n'est pas admise, mais une administration commune de ces biens ; dans l'acquisition de la richesse il est nécessaire de maintenir une certaine mesure, de sorte que sont critiqués aussi bien ceux qui amassent trop d'argent que ceux qui, à la suite des cyniques, enseignent le mépris absolu des richesses. Tout en partageant l'opinion de Métrodore (☞M 152) qui voyait dans la possession d'une quantité appropriée de richesses quelque chose dont il est opportun de se préoccuper, Philodème déplace l'attention du concept de mesure et d'usage appropriés de la richesse vers le thème de l'administration de ces richesses et, pour adapter les opinions épicuriennes à son temps et à la condition de vie des aristocrates, partant de l'idée qu'avoir beaucoup est préférable à avoir peu, il présente une nouvelle échelle de valeurs dans les modes de vie : le meilleur est celui du philosophe qui en échange des raisonnements philosophiques partagés avec des hommes qui l'accueillent reçoit gratitude et respect, comme ce fut le cas pour Épicure ; vient ensuite celui du fermier, qui cependant fait travailler sa terre par d'autres, et de l'entrepreneur.

Traduction française des restes du traité (d'après le texte établi par Jensen **151**) par **152** D. Delattre et V. Tsouna, « Philodème – Les vices, livre IX : L'économie », dans Delattre et Pigeaud **102**, p. 595-616, avec une notice et des notes p. 1260-1269.

La polémique contre les cyniques, présente dans les ouvrages *Sur l'économie* et Περὶ πλούτου, *Sur la richesse* (*PHerc.* 163), pourrait jeter de la lumière sur la version des Béatitudes rapportée par saint Luc, dans laquelle est opposé au pauvre qui est dit bienheureux le riche qui est malheureux (*cf.* **153** E. Asmis, « Epicurean economics », dans **154** J. T. Fitzgerald, D. Obbink et G. S. Holland [édit.], *Philodemus and the New Testament world*, Leiden 2004, p. 133-176 ; **155** D. L. Balch, « Philodemus *On wealth* and *On household management* : naturally wealthy Epicureans against poor Cynics », dans Fitzgerald *et alii* **154**, p. 177-196). De façon générale sur l'éthique de Philodème, *cf.* maintenant **156** V. Tsouna, *The ethics of Philodemus*, Oxford 2007. Sur un passage du *De œconomia*, *cf.* **157** A. Tepedino Guerra, « Metrodoro ἀγαθὸς οἰκονόμος. Rileggendo Philod., *Oec.*, coll. XIV 23-XV 21 (*PHerc.* 1424) », *CronErc* 37, 2007, p. 67-76.

(c) L'orgueil (ὑπερηφανία) est le thème du livre X du traité *Sur les vices* (*PHerc.* 1008 ; édition : **158** C. Jensen [édit.], *Philodemi Περὶ κακιῶν liber decimus*, Leipzig 1911), dont le titre n'est pas indiqué dans la *subscriptio*.

Traduction française des restes du traité (d'après le texte établi par Jensen **158**) par **159** D. Delattre et V. Tsouna, « Philodème – Les vices, livre X : L'arrogance », dans Delattre et Pigeaud **102**, p. 617-629, avec une notice et des notes p. 1269-1275.

C'est l'un des livres de Philodème les plus singuliers de ceux qui ont été retrouvés dans la bibliothèque d'Herculanum, car, après avoir décrit l'attitude de l'orgueilleux et les inconvénients qu'il peut rencontrer, suggérant peut-être comment il faut se comporter pour ne pas être considéré comme orgueilleux, dans les quinze dernières colonnes des vingt-quatre conservées, Philodème parle par la bouche d'Ariston (quasi certainement le péripatéticien originaire de Céos), se bornant à rapporter de longs morceaux d'un de ses livres, par ailleurs inconnu, intitulé Περὶ τοῦ κουφίζειν ὑπερηφανίας, *Sur la libération de l'orgueil* (*cf.* **160** P. Stork, T. Dorandi, W. W. Fortenbaugh et J. M. Van Ophuijsen, « Aristo of Ceos : the sources, text and translation », dans **161** W. W. Fortenbaugh et S. A. White [édit.], *Aristo of Ceos*, New Brunswick/London 2006, p. 66-113), dans lequel on peut distinguer deux sections : dans la première Ariston passe en revue les diverses caractéristiques de l'orgueilleux et, mettant en évidence les conséquences déplaisantes auxquelles est sujet celui qui a un comportement altier, méprisant à l'égard des autres, se complaisant seulement en lui-même et en ce qu'il fait, donne une série de conseils pour combattre l'orgueil, utilisant des exemples et des dits de personnages célèbres, presque tous déjà connus, pour les rendre plus vivants. Contrairement à la plus grande partie des philologues qui penchent pour Ariston de Céos, **162** A. M. Ioppolo, « Il Περὶ τοῦ κουφίζειν ὑπερηφανίας : una polemica antiscettica in Filodemo ? », dans *Epicureismo greco e romano*, Atti del Congresso Internazionale, Napoli, 19-26 maggio 1993, Napoli 1996, p. 715-734, cherche à montrer avec de nouveaux arguments que l'Ariston cité par Philodème est le stoïcien originaire de Chios. Dans son sillage, pour **163** G. Ranocchia, *Aristone Sul modo di liberare dalla superbia nel decimo libro De vitiis di Filodemo*, Firenze 2007 (*cf.* **164** G. Indelli, *GFA*, 13, 2010, p. 1015-1067), c'est également Ariston de Chios qui serait l'auteur de l'ouvrage cité par Philodème. En plus des nombreuses contributions citées dans Χάρτης **15**, signalons **165** G. Indelli, « Segni, abbreviazioni e correzioni in *PHerc.* 1008 (Filodemo, *Sui vizi*, libro X) », *CronErc* 35, 2005, p. 125-134 ; **166** *Id.*, « Detti e aneddoti nel *PHerc.* 1008 (Filodemo, *I vizi*, libro X) », *CronErc* 36, 2006, p. 77-85 ; **167** S. Vogt, « Characters in Aristo », dans Fortenbaugh *et alii* **161**, p. 261-278 ; **168** A. Angeli, « Luigi Caterino, editore del decimo libro del trattato filodemeo *Sui vizi* (*VH* III, Neapoli 1827) », *PapLup*, 15, 2006, p. 65-86 ; **169** G. Indelli, « L'αὐθάδης in Teofrasto e Aristone di Ceo », *CronErc* 37, 2007, p. 77-83 ; **170** A. Angeli, « Aristone, *Epistola sull'alleggerirsi della superbia* : le tecniche espositive della *Kefalaíosis* filodemea (Philod., *Vit.* X coll. X 30-XXIV 21) e le metodologie della trattatistica sui caratteri », *SEP* 4, 2007, p. 9-39 ; **171** G. Ranocchia, « Filodemo e l'etica stoica. Per un confronto fra i trattati *Sulla superbia* e *Sull'ira* », *WJA* 31, 2007, p. 147-168 ; **172** G. Indelli, « Le colonne I-X 10 di *P. Herc.* 1008 (Filodemo, *I vizi*, libro X) », dans Gagos et Hyatt **51**, p. 323-334.

(d) Tout ce qui est conservé dans *PHerc.* 253, 465, 896, 1090, 1613 et dans les fragments 8-10 et 12 de *PHerc.* 1077 peut appartenir au traité Περὶ φιλαργυρίας, *Sur l'avarice,* qui était peut-être le vice opposé à l'οἰκονομία (*cf.* **173** T. Dorandi et E. Spinelli, « Un libro di Filodemo sull'avarizia ? », *CronErc* 20, 1990, p. 53-59).

(e) Les restes de *PHerc.* 1025 appartiennent peut-être au Περὶ φιλοδοξίας, *Sur l'amour de la gloire,* qui pouvait également se rattacher au Περὶ κακιῶν (*cf.* **174** A. Tepedino Guerra, « Il *PHerc.* 1025 », dans **175** *Atti del XVII Congresso Internazionale di Papirologia, Napoli, 19-26 maggio 1983*, Napoli 1984, p. 569-575).

(14) Autre œuvre de grande envergure probablement : le traité intitulé Περὶ ἠθῶν καὶ βίων, *Sur les modes de vie,* qui était certainement distinct de l'ouvrage *Sur les vices* (*cf.* **176** M. Gigante, « Filodemo sulla libertà di parola », dans Gigante **3**, p. 60 *sq.*).

(a) Dans *PHerc.* 1471 on a retrouvé le Περὶ παρρησίας, *Sur la liberté de parole* (*cf.* **177** D. Konstan, D. Clay, C. E. Glad, J. C. Thom et J. Ware [édit.], *Philodemus On frank criticism,* Atlanta 1998, présentation du texte fondée sur Olivieri **39**, avec traduction et notes ; *cf.,* concernant le texte et son interprétation, les études de Gigante **3**, p. 55-113), un des traités les plus intéressants de Philodème. Il s'agit d'un résumé des leçons de Zénon de Sidon suivies par Philodème à Athènes, où est exposé le point de vue des épicuriens sur la franchise dans le langage, entendue comme technique pour atteindre la sagesse et le bonheur. La lecture du texte montre que l'école épicurienne est une communauté fondée sur le libre échange d'aveux et d'admonitions qui permettent la transmission de la sagesse du maître aux jeunes gens et la conquête du progrès intérieur. Il existe un rapport entre exercice de la liberté de parole et méthode éducative : maîtres et élèves cherchent à trouver ensemble la voie de la sagesse à travers la libération à l'égard des peurs et des préjugés. La franchise est également un art de l'assistance de la part du maître à l'égard des jeunes élèves, car elle permet de reconnaître les erreurs ou les passions et de les guérir ; elle a donc une fonction thérapeutique, visant l'obtention de la tranquillité intérieure. Pour **178** M. C. Nussbaum, *The Therapy of desire,* Princeton 1994, *passim,* Philodème utilise l'image du médecin comme paradigme de la pratique épicurienne de la philosophie et développe l'analogie avec des détails précis, mettant en rapport différents types d'argumentation avec différents types de procédures médicales. Le maître de philosophie, comme un bon médecin, doit pratiquer un diagnostic précis pour chaque personne, réservant un traitement spécifique à chacun de ses élèves. Certaines argumentations, tout comme certaines médecines, sont amères, d'autres sont agréables, et le médecin utilisera de fois en fois la thérapie la plus appropriée. Pour Tsouna **156**, p. 91-118, l'identité entre philosophie et médecine n'est pas totale, dès lors que dans le processus de formation du bon philosophe épicurien maître et élève sont co-responsables, tandis qu'en médecine le médecin est entièrement responsable de la thérapie. Aussi bien dans l'ouvrage important de **179** C. E. Glad, *Paul and Philodemus,* Leiden 1995, que dans Fitzgerald *et alii* **154**, sont examinés et discutés certains rapports possibles entre l'œuvre de Philodème et la prédication de l'apôtre Paul ; le livre de Philodème a été également considéré comme une source d'information sur le processus de transcription, de conservation et de lecture d'un manuscrit au sein d'une école philosophique et il fournit des détails intéressants sur les caractéristiques et le contexte d'une école philosophique antique (**180** L. M. White, « A measure of *parrhesia* : the state of the manuscript of *PHerc.* 1471 », dans Fitzgerald *et alii* **154**, p. 103-130) ; **181** D. Armstrong, « "Be angry and sin not" : Philodemus versus the Stoics on natural bites and natural emotions », dans J. T. Fitzgerald (édit.), *Passions and moral progress in Greco-*

Roman thought, Abingdon 2008, p. 97-100 ; **182** L. M. White, « Ordering the Fragments of *PHerc*. 1471 : A New Hypothesis », *CronErc* 39, 2009, p. 29-70 ; **183** D. Delattre, « Le *Franc-Parler* de Philodème (*PHerc*. 1471) : reconstruction bibliologique d'ensemble du rouleau », dans Antoni *et alii* **31**, p. 271-291.

(b) *PHerc*. 1399 contient les rares vestiges du premier livre du traité Περὶ ὁμιλίας, *Sur la conversation* (**184** G. Del Mastro, « *P.Herc*. 1399 : il primo libro del Περὶ ὁμιλίας di Filodemo », dans Gagos et Hyatt **51**, p. 165-170) ; *PHerc*. 873 contient le second livre du traité. Pour les épicuriens, la conversation, probablement liée à la φιλία, présentait de l'importance pédagogique pour le sage (édition : **185** F. Amoroso, « Filodemo sulla conversazione », *CronErc* 5, 1975, p. 63-76 ; *cf.* **186** F. Ippolito, « Alcune considerazioni sul titolo finale del *PHerc*. 873 [Filodemo, *La conversazione*] », *PapLup* 7, 1999, p. 91-112 ; Del Mastro **133**, p. 245-256).

(c) Avec l'εὔνοια-φιλία, la χάρις-εὐχαριστία était l'un des principes sur lesquels se fondait la méthode éducative des épicuriens, à en juger d'après ce qu'on peut déduire des rares vestiges de *PHerc*. 1414 (Περὶ χάριτος, *Sur la gratitude*). Édition : **187** A. Tepedino Guerra, « Filodemo sulla gratitudine », *CronErc* 7, 1977, p. 96-113 (*cf.* **188** E. Puglia, *La cura del libro nel mondo antico*, Napoli 1997, p. 108-110 ; **189** *Id.*, « Note bibliologiche e sticometriche », *ZPE* 119, 1997, p. 127).

(15) Les restes de certains écrits qui traitaient de la colère, de la folie, de l'amour, de l'envie, peut-être de l'insolence, qui sont des πάθη et non pas des κακίαι ni des ἤθη, ont conduit à supposer l'existence d'un traité intitulé Περὶ παθῶν, *Sur les passions*.

(a) Le livre intitulé Περὶ ὀργῆς, *Sur la colère,* conservé dans *PHerc*. 182 (édité par **190** G. Indelli [édit.], *Filodemo, L'ira*, Napoli 1988 ; contributions textuelles dans **191** A. Angeli, « Necessità e autodeterminazione nel *De ira* di Filodemo, *PHerc*. 182, fr. 12 Indelli », *PapLup* 9, 2000, p. 15-63 ; **192** D. Delattre, « Le sage épicurien face à la colère et à l'ivresse : une lecture renouvelée du *De ira* de Philodème », *CronErc* 39, 2009, p. 71-88 ; Riu et Jufresa **146**, p. 171-174), tout en s'adressant à tous, visait sans doute principalement la formation des jeunes étudiants de l'école, soulignant comment la colère constituait un obstacle sur la voie du progrès en philosophie et était la cause de l'isolement de l'étudiant par rapport à l'entourage de l'école et, de façon plus générale, de la société.

Traduction française des restes du traité (d'après le texte établi par Indelli **190**) par **193** D. Delattre et A. Monet, « Philodème - La colère », dans Delattre et Pigeaud **102**, p. 571-594, avec une notice et des notes p. 1247-1260.

Dans cet ouvrage qui est le plus ancien dont nous possédions des vestiges importants et qui était entièrement consacré à l'un des thèmes les plus débattus dans le monde gréco-romain par les moralistes, sont décrites les manifestations externes de la colère, les conséquences qui affectent celui qui est en proie à cette passion, les comportements irrationnels également par rapport aux autres, et sont définies avec précision les limites dans lesquelles même le sage, tout en tendant à l'imperturbabilité, peut manifester de tels sentiments. Il convient de distinguer entre colère naturelle (modérée) et fureur : la première est admise, la seconde doit être rejetée. En effet, pour les épicuriens aussi bien l'élimination totale de la colère que la reconnaissance de son caractère indispensable dans la vie humaine sont des excès à éviter. Dans les œuvres morales, en général, et dans le traité consacré à la colère en particulier, Philodème utilise largement la technique consistant à « placer devant les yeux » de celui qui est en proie à un vice les traits principaux et les implications de son état. Le contrôle des passions à travers le raisonnement déterminé par l'influence de facteurs externes s'inscrit dans la conception épicurienne atomiste qui refuse le déterminisme. Dans l'ouvrage de **194** D. Armstrong, J. Fish, P. A. Johnston et M. B. Skinner (édit.), *Vergil, Philodemus, and the Augustans*, Austin 2004, certains spécialistes ont remarqué que la conception philodémienne de la colère a influencé la représentation du même πάθος chez les personnages de Virgile Énée et Turnus. En plus des nombreuses études signalées dans Χάρτης **15** il faut mentionner **195** L. Giuliano, « Segni e particolarità grafiche nel *PHerc*. 182 (Filodemo, *De ira*) », *CronErc* 35, 2005, p. 135-159 ; Ranocchia **163** ; Armstrong **194**, p. 100-105, 110-115 ; **196** K. Sanders, « On a causal notion in Philodemus' *On anger* », *CQ* 59, 2009, p. 642-647.

(b) Dans *PHerc*. 57 et 353 sont conservés les restes d'un traité peut-être intitulé Περὶ μανίας, *Sur la folie,* si l'on accepte la reconstitution du titre de *PHerc*. 57 proposée par Crönert **70**, p. 108 n. 507.

(c) (d) Grâce à un passage de *PHerc*. 1457 *(Sur la flatterie)* nous connaissons le titre de deux autres œuvres de Philodème : Περὶ κάλλους, *Sur la beauté,* et Περὶ ἔρωτος, *Sur l'amour.* Crönert **70**, p. 35 n. 183, a retrouvé des restes de ce second traité dans *PHerc*. 1384, mais cette hypothèse a été récemment mise en doute par **197** A. Antoni et G. Dorival, « Il *PHerc*. 1384 : una nuova ipotesi di attribuzione », *CronErc* 37, 2007, p.103-109, qui, sur la base d'un nouvel examen du papyrus au moyen des photographies multispectrales, pensent que le texte devrait être rattaché à un environnement stoïcien.

(e) De rares vestiges d'un traité Περὶ φθόνου, *Sur l'envie,* que Philodème cite dans *PHerc*. 1082 *(Sur la flatterie),* pourraient être conservés dans *PHerc*. 1678 (**198** A. Tepedino Guerra, « Il *PHerc*. 1678 : Filodemo sull'invidia ? », *CronErc* 15, 1985, p. 113-125), que Crönert **70**, p. 176, et **199** D. Bassi, « Papiro inedito 1678 [Φιλοδήμου Περὶ ἐπιχαιρεκακίας] », *RIGI* 4, 1920, p. 65-67, avaient attribué à un traité Περὶ ἐπιχαιρεκακίας, *Sur le plaisir éprouvé devant le mal subi par autrui* ; il n'est pas possible d'en reconstituer le contenu, qui était peut-être polémique.

(f) D'après **200** D. Bassi, « Φιλοδήμου Περὶ ὕβρεως ? », *RIGI* 5, 1921, p. 16, l'ouvrage contenu dans *PHerc*. 1017, conservé dans des conditions très précaires, pourrait être un Περὶ ὕβρεως, *Sur l'insolence.* **201** G. Karamanolis, « Philodemus, Περὶ ὕβρεως ? (*PHerc*. 1017) : new readings and the Philodemean conception of hybris », *CronErc* 35, 2005, p. 103-110, qui en a publié quelques nouvelles lectures, tout en admettant la probable origine philodémienne à cause d'analogies linguistiques et thématiques, ne pense pas que l'œuvre ait pu avoir été consacrée à l'ὕβρις, qui n'est pas un vice, mais dérive d'un manque de vertu en général ou d'un autre vice.

(16) Dans *PHerc.* 1050, qui conserve le livre IV du Περὶ θανάτου, *Sur la mort* (édition : **202** T. Kuiper [édit.], *Philodemus Over den Dood*, Amsterdam 1925 ; contributions ponctuelles sur le texte dans Gigante **3**, p. 115-161, 163-234 ; *cf.* aussi Armstrong **194**, p. 105-109), on observe une fusion parfaite entre la doctrine et une conception de la vie et de la mort qui n'appartient pas à la tradition de l'école, d'autant plus que la distinction entre sage et sot semble éliminée par la conviction que la mort, qui n'est rien pour tous, est commune à tous et constitue la frontière qui sépare l'homme de la divinité. Les arguments que développe Philodème dans le livre, en les enrichissant de diverses classifications et d'exemples, reprennent des conceptions de l'école épicurienne et, comme on l'a supposé, sont destinés à un public plus vaste que celui du cercle épicurien : les hommes sont sujets à la désintégration des atomes dont ils sont constitués ; l'homme est heureux non parce qu'il vit de nombreuses années, mais parce qu'il sait que la mort n'est rien ; il ne faut pas craindre une mort prématurée, puisqu'il est possible d'avoir vécu une vie complète, tout en mourant jeune, si la tranquillité de l'âme a été obtenue (la sage épicurien ne fait pas de projets dont l'échec peut causer du tourment) ; le désir excessif de vivre et la peur de mourir font de la vie une mort permanente ; la mort doit être affrontée avec le sourire, avec ou sans enfants, dans la patrie ou en terre étrangère, car peu importe la façon dont on meurt ni l'endroit et il ne faut pas s'attrister de rester sans sépulture ou d'être oublié après la mort. A la fin de l'ouvrage cependant, ces thèmes sont transformés en règles de vie universelles, car Philodème dit que tous les hommes indistinctement vivent dans une cité sans remparts, assiégés par la mort, même si seul le sage meurt de façon sereine, parce que toute sa vie passée se présente comme une somme de plaisirs. On rattache également au traité *Sur la mort PHerc.* 189 et 807 (**203** L. Giuliano, « *PHerc.* 807 : [Filodemo, *De morte*, libro incerto] », *CronErc* 39, 2009, p. 207-280).

Nouvelle édition avec une traduction anglaise de l'ensemble du traité par **204** W. Benjamin Henry, *Philodemus, On Death* IV, Atlanta 2009. *Cf.* aussi Riu et Jufresa **146**, p. 178-179. Traduction française des restes du traité (d'après le texte établi par Henry **204**) par **205** D. Delattre et V. Tsouna, « Philodème – La mort, livre IV », dans Delattre et Pigeaud **102**, p. 631-633, avec une notice et des notes p. 1276-1278.

(17) *PHerc.* 1251 conserve peut-être les colonnes finales du traité Περὶ αἱρέσεων καὶ φυγῶν, *Sur les choix et les rejets* (un ouvrage portant ce titre est cité par Philodème à la fin du livre *Sur l'économie*). Pour les derniers éditeurs, **206** G. Indelli et V. Tsouna McKirahan (édit.), *[Philodemus], [On choices and avoidances]*, Napoli 1995, l'hypothèse de l'origine philodémienne, déjà avancée par Gigante, est plausible pour des raisons diverses et contraignantes : la plus grande partie des œuvres conservées dans les papyrus d'Herculanum sont de Philodème ; la main de *PHerc.* 1251 ressemble à celle du copiste qui a transcrit seulement des

papyrus de Philodème ; le style est très proche de celui de Philodème ; sur le plan philosophique le texte s'inscrit parfaitement dans sa production, traitant de thèmes que l'on rencontre dans d'autres œuvres qui sont certainement de Philodème.

Traduction française des restes du traité (d'après le texte établi par Indelli et Tsouna McKirahan **206**) par **207** D. Delattre, « Philodème - <Les choix et es rejets> », dans Delattre et Pigeaud **102**, p. 563-570, avec une notice et des notes p. 1244-1247.

L'auteur a le souci de rester fidèle à l'orthodoxie et, en même temps, il a l'intention de manifester une certaine indépendance intellectuelle, comme le montrent certains traits originaux de son ouvrage. Le thème principal est la sélection morale, qu'il faut fonder en s'appuyant sur le *Tétrapharmakos* et sur une analyse correcte des désirs, des plaisirs qui résultent de leur satisfaction et des objets qui causent de tels plaisirs, mais on y parle également de la superstition, à laquelle est opposée la structure rationnelle et la cohérence de la doctrine épicurienne.

(18) *PHerc.* 163 contient le premier livre du traité Περὶ πλούτου, *Sur la richesse* (*cf.* **208** A. Tepedino Guerra, « Il primo libro "Sulla ricchezza" di Filodemo », *CronErc* 8, 1978, p. 52-95), étroitement lié au livre *Sur l'économie*, où Philodème souligne l'importance de la mesure de la richesse : ce n'est pas la πτωχεία des cyniques, mais la πενία, tout comme le πλοῦτος, lequel est un bien κατὰ φύσιν, qui peut être une source de plaisir. **209** G. Del Mastro, « Osservazioni sulle *subscriptiones* dei *PHerc.* 163 e 209 », *CronErc* 33, 2003, p. 323-329, a retrouvé des vestiges du Περὶ πλούτου dans *PHerc.* 209. *Cf.* **210** E. Scognamiglio, « I segni nel primo libro dell'opera di Filodemo *La ricchezza* (*PHerc.* 163) », *CronErc* 35, 2005, p. 161-181 ; **211** *Ead.*, « Il *PHerc.* 163 (Filodemo, *La ricchezza*, I libro). Alcune osservazioni », *CronErc* 37, 2007, p. 85-92 ; **212** *Ead.*, « Rilettura delle coll. 49 e 54 del primo libro del trattato *La ricchezza* di Filodemo di Gadara (*PHerc.* 163) », dans Antoni *et alii* **31**, p. 181-196. On a reconnu dans *PHerc.* 1570 un livre *Sur la richesse* (**213** J. A. Ponczoh, « *PHerc.* 1570 : A Treatise on Poverty and Wealth », *CronErc* 39, 2009, p. 141-159).

(19) *PHerc.* 346 (édité par **214** M. Capasso, *Trattato etico epicureo (PHerc. 346)*, Napoli 1982) conserve un traité éthique, dont l'auteur et le titre sont perdus. Il est très probable que l'œuvre est de Philodème : c'est un écrit de caractère protreptique, à la louange du fondateur de l'école et de sa doctrine.

(20) A la fin du *De œconomia*, on trouve des renvois de Philodème non seulement au Περὶ πλούτου καὶ πενίας, *Sur la richesse et la pauvreté*, et au Περὶ αἱρέσεων καὶ φυγῶν, *Sur les choix et les refus*, mais aussi à un autre traité : Περὶ διαίτης πολυτελοῦς καὶ λιτῆς, *Sur le mode de vie luxueux et frugal*.

Œuvres théologiques.

(21) *PHerc.* 26 conserve le livre I et *PHerc.* 152/157 le livre III du traité Περὶ θεῶν, *Sur les dieux* (le titre du livre III est en réalité Περὶ τῆς τῶν θεῶν διαγωγῆς, *Sur la façon de vivre des dieux*). L'édition de référence est celle de **215** H. Diels (édit.), *Philodemos Über die Götter Erstes Buch*, Berlin 1916, et **216** H.

Diels (édit.), *Philodemos Über die Götter Drittes Buch*, Berlin 1917. Pour les nombreuses contributions sur l'établissement du texte, on peut renvoyer à Χάρτης **15**. *Cf.*, pour les années récentes, **217** M. Santoro, « Nuove letture nelle ultime colonne del III libro *Sugli dèi* di Filodemo (*PHerc.* 157/152) », dans **218** B. Palme (édit.), *Akten des 23. Intern. Paryrologenkongresses*, Wien 2007, p. 637-644 ; **219** H. Essler, « Un nuovo frammento di Ermarco nel *PHerc.* 152/157 (Filodemo, *De dis*, libro III) », *CronErc* 35, 2005, p. 53-59 ; **220** *Id.*, « Falsche Götter bei Philodem (*Di III* Kol. 8,5-Kol. 10,6) », *CronErc* 39, 2009, p. 161-205 ; **221** W. B. Henry, « Two Supplements on Philodemus *On Gods* 3 », *ZPE* 175, 2010, p. 41-42. Une édition des colonnes 8-10 du livre III a été récemment publiée par H. Essler, *Glückselig und unsterblich. Epikureische Theologie bei Cicero und Philodem, mit einer Edition von PHerc. 152/157, Kol. 8-10,* Basel 2011. Dans le livre I, Philodème rappelle les effets désastreux de la conception populaire de la divinité et le fait que les fausses opinions sur les dieux, tout comme la peur de la mort, empêchent d'atteindre l'ataraxie. Le livre III est dédié aux attributs des dieux, dans le cadre d'une polémique avec les stoïciens : Philodème y traite de l'amitié, de la connaissance du futur en rapport avec l'obtention de la félicité, de la toute-puissance divine qui est absolue mais n'intervient pas dans les affaires humaines ; il examine des problèmes comme celui de l'emplacement des dieux, leur mouvement, leur sommeil, leur nourriture, leur respiration, la langue qu'ils parlent, contribuant, à la suite de Démétrius Lacon, à enrichir notre connaissance de la conception anthropomorphique de la divinité, qui n'apparaissait qu'à titre d'allusion dans les textes d'Épicure (*cf.* la scholie à la première *Sentence capitale*).

(22) Le Περὶ εὐσεβείας, *Sur la piété*, est transmis par un grand nombre de papyrus, qui doivent peut-être être rattachés à deux rouleaux seulement ; le principal est *PHerc.* 1428. L'œuvre comportait deux parties qui constituaient probablement deux livres. L'édition de référence est celle de **222** T. Gomperz (édit.), *Philodem Über Frömmigkeit*, Leipzig 1866 ; la première partie a été rééditée par **223** D. Obbink (édit.), *Philodemus, On Piety, Part I*, Oxford 1996 (*cf.* aussi **224** A. Tepedino, « Le opere *Contro l'Eutifrone di Platone* e *Contro il Gorgia di Platone* : per una nuova edizione dei frammenti di Metrodoro di Lampsaco », *CronErc* 40, 2010, p. 39-49) ; la seconde par **225** A. Schober (édit.), « Philodemi *De pietate* Pars prior » Diss. 1923, réimpr. dans *CronErc* 18, 1988, p. 67-125 ; pour les nombreuses contributions partielles, *cf.* Χάρτης **15**. Dans la première partie, Philodème cite plusieurs exemples, tirés des ouvrages d'Épicure et de ses premiers disciples, pour démontrer leur foi en l'existence des dieux et leur participation aux rites traditionnels. Comme l'avait déjà expliqué Démétrius Lacon, Philodème, sur la base de passages de Métrodore et d'Épicure, soutient le concept de l'immortalité des dieux. Suivent les raisons et les preuves de l'observance du culte tant public que privé de la part d'Épicure et de ses amis pour des raisons sociales (l'observance des lois), mais aussi pour des raisons liées à la compréhension et la conservation d'une juste représentation de la divinité. Les dieux sont la cause de dommages et d'avantages pour les hommes non pas dans le sens de la religion traditionnelle, mais en tant que

modèles à imiter pour atteindre la pleine félicité. La section finale de la première partie traite du problème de l'origine de l'athéisme et de la justice dans l'histoire de l'humanité. Cette partie se rattache à la seconde où sont exposées, au moyen de citations directes ou transmises par certaines sources, les théories erronées des poètes et mythologues sur le divin. Sont critiqués les récits poétiques sur le divin d'Homère, Hésiode, Mimnerme, Pindare, Callimaque et d'autres, cités parfois directement, parfois à travers l'œuvre mythographique d'Apollodore (➚A 244). Suit une section où Philodème expose, dans l'intention de les critiquer, les conceptions des philosophes, de Thalès à Diogène de Babylonie (➚D 146) : cette partie est probablement la source de Cicéron pour l'exposé de Velleius dans le premier livre du *De natura deorum*.

(23) La *subscriptio* de *PHerc*. 1670 ([Περὶ προνοίας], *Sur la providence*), édité par **226** M. Ferrario, « Filodemo "Sulla provvidenza"? (*PHerc*. 1670)», *CronErc* 2, 1972, p. 67-94, est perdue, mais d'après le contenu on peut déduire que l'ouvrage était consacré à la πρόνοια ; pour autant il n'est pas facile de savoir s'il s'agit d'un livre sur le Destin, sur les dieux ou d'un traité général dirigé contre les stoïciens : il est certain que l'ouvrage comprenait des développements polémiques contre les concepts stoïciens de πρόνοια et d'εἱμαρμένη. L'auteur est vraisemblablement Philodème.

(24) Le traité qui est généralement désigné comme le Περὶ σημείων, *Sur les signes,* est conservé dans *PHerc*. 1065. La *subscriptio* du papyrus est lacunaire et a été interprétée de différentes façons, même si le texte de la seconde partie (σημειώσεων) (*cf.* **227** R. Wittwer, « Noch einmal zur *Subscriptio* von Philodems sogenanntem *De signis* : *P. Herc*. 1065 » dans Palme **218**, p. 743) semble hors de tout doute. Dans la *subscriptio* **228** D. Delattre, « En relisant les subscriptiones des *PHerc*. 1065 et 1427 », *ZPE* 109, 1995, p. 39-41, a corrigé le numéro du livre, le troisième. Le papyrus a été édité par De Lacy **54**. *Cf.* **229** D. Delattre, « Les enjeux épicuriens de la polémique autour du signe : le témoignage de Philodème », dans J. Kany Turpin (édit.), *Signe et Prédiction dans l'Antiquité*, Saint-Étienne 2005, p. 13-28 ; **230** G. Manetti, « Un trattato sui segni », *Paradigmi* 2, 2010.

Traduction française des restes du traité (sur la base d'une révision du texte établi par De Lacy **54**) par **231** J. Boulogne, D. Delattre, J. Delattre-Biencourt et A. Monet, « Philodème - Les <phénomènes> et les inférences », dans Delattre et Pigeaud **102**, p. 533-562, avec une notice et des notes (par D. Delattre et J. Delattre-Biencourt) p. 1232-1244.

Philodème, reprenant ce qui avait déjà été affirmé par Démétrius Lacon, Zénon de Sidon et son ami Bromios (➚B 60), répond aux critiques, principalement du stoïcien Dionysios de Cyrène (➚D 180), contre la méthode d'inférence analogique utilisée par les épicuriens : elle consiste à tirer des inférences à partir de l'analogie des caractéristiques de situations et d'objets qui ne sont pas connus à partir de situations et d'objets connus. Pour Philodème l'inférence analogique, qui devait se fonder sur les caractéristiques attestées par les sens, est valide seulement si l'on prend en compte les qualités essentielles des objets et non les détails particuliers qui, étant passagers et modifiables, peuvent varier entre deux objets apparemment égaux (Philodème donne l'exemple de l'homme issu d'un peuple lointain qui peut avoir une longévité plus ou moins longue que celle d'un homme connu par expérience directe).

PHerc. 1003, 1389, 671 et 861 traitent également de problèmes relatifs à la logique ; en particulier dans la *subscriptio* de *PHerc*. 1003 et 1389 on lit le nom de Philodème, et l'un et l'autre, comme il est dit dans le titre final, dépendent des leçons de Zénon de Sidon (pour la bibliographie, *cf.* Χάρτης **15**).

(25) *PHerc*. 19/698 ([Περὶ αἰσθήσεως], *Sur la sensation*) contient un ouvrage sur les sensations (le titre est conjectural), très probablement de Philodème, dans lequel il est fait référence à Métrodore, au stoïcien Apollophane (☛A 291) et à Timasagoras, un épicurien dissident. L'édition de référence est celle de **232** A. Monet, « [Philodème, *Sur les sensations*], *PHerc*. 19/698 », *CronErc* 26, 1996, p. 27-130.

Notice traduite de l'italien par Richard Goulet.

FRANCESCA LONGO AURICCHIO, GIOVANNI INDELLI
et GIANLUCA DEL MASTRO.

143 PHILOLAOS DE CROTONE *RE* 5 *RESuppl*. XIII   V-IV

La notice sera publiée dans le dernier volume du *DPhA*.

144 PHILOLAOS DE KITION   I

Philostrate, *V. Apoll.* IV 36-37, rapporte que Philolaos de Kition, inconnu par ailleurs, fuyant lâchement les persécutions néroniennes contre les philosophes, essayait de convaincre les adeptes de la philosophie de ne pas aller à Rome. S'il ne convainquit pas Apollonius de Tyane (☛A 284), qu'il rencontra près du Bois d'Aricie, il convainquit la quasi totalité de ses disciples, soit vingt-six sur trente quatre. Philolaos est présenté comme éloquent, mais peu courageux ; Damis (☛D 9) le traite de « lièvre ».

Cf. T. Dorandi, « Philosophie et philosophes à Chypre entre l'Hellénisme et l'époque romaine », *FlorIlib* 21, 2010, p. 119-131, notamment p. 127-129.

PATRICK ROBIANO.

145 PHILOMATHÈS   MF IIIᵃ

Dédicataire de plusieurs ouvrages de Chrysippe de Soles (☛C 121) signalés dans la liste des ouvrages du philosophe conservée par Diogène Laërce : (a) Λογι-κὰ συνημμένα πρὸς Τιμοκράτην καὶ Φιλομαθῆ· εἰς τὰ περὶ λόγων καὶ τρόπων α′, *Collections de matériaux logiques, à Timocrate et Philomathès : pour une introduction à la théorie des raisonnements et des modes,* en un livre ; (b) Τροπικὰ ζητήματα πρὸς Ζήνωνα καὶ Φιλομαθῆ α′, *Recherches sur les modes, à Zénon et Philomathès,* en un livre ; (c) Πιθανὰ λήμματα εἰς τὰ δόγματα πρὸς Φιλομαθῆ γ′, *Prémisses persuasives pour introduire aux dogmes, à Philomathès,* en trois livres ; (d) Περὶ ποιημάτων πρὸς Φιλομαθῆ α', *Sur les poèmes, à Philomathès,* en un livre. Le deuxième titre est transmis par le catalogue comme probablement apocryphe. La traduction des titres est empruntée à la liste des œuvres de Chrysippe commentée par P. Hadot (*DPhA* II, 1994, p. 336-356).

Philomathès était probablement un disciple de Chrysippe ou bien son collègue dans l'école stoïcienne.

Absent de la *RE.*

RICHARD GOULET.

146 PHILOMÉLOS *RE* 7   ?

Personnage inconnu. Son œuvre est utilisée par Philodème (*De poem.* V, col. XII 10-12) pour présenter les théories poétiques de Praxiphane de Rhodes (☞P 277) et de Démétrios de Byzance (☞D 51).

Cf. C. Mangoni (édit.), *Filodemo. Il quinto libro della Poetica (PHerc. 1425 e 1538),* Napoli 1993, p. 48-49.

TIZIANO DORANDI.

[Il s'agirait d'un épicurien selon R. Philippson, art. «Philomelos» 7, *RE* XIX 2, 1938, col. 2525-2526, mais les lignes du papyrus n'autorisent sans doute pas une telle identification. R.G.]

147 PHILOMÉLOS   ?

Dans son traité *Sur l'infidélité de l'Académie à Platon,* Numénius d'Apamée (☞N 66), d'après un extrait conservé par Eusèbe, *Prép. évang.* XIV 6, 5 = fr. 25 Des Places, rapportait que «les sceptiques Mnaséas et Philomélos», tout comme Timon (de Phlionte), qualifiaient Arcésilas (☞A 302) de sceptique, «comme ils l'étaient eux-mêmes» (trad. Des Places, p. 68 qui, dans sa note 10, l'identifie tacitement à l'homonyme connu par Philodème [☞P 142 = *RE* 7]).

Mnaséas n'est sans doute pas l'académicien Mnaséas de Tyr (☞M 176), disciple d'Antiochus d'Ascalon, mais un sceptique plus tardif. Une notice lui sera consacrée dans les compléments du dernier tome.

RICHARD GOULET.

148 PHILOMÈTÔR *RE* 1   M IV

A. Admirateur du philosophe Thémistius à Constantinople. Il est mentionné dans une lettre de Libanius à Thémistius que l'on date de 355 (*Epist.* 402) :

«A Thémistius. Quand nous sommes entre concitoyens [à Antioche], nous avons constamment quelque chose à dire à ton propos, soit que nous décrivions l'excellence de ton caractère, soit que nous admirions tes discours. Et l'un (de dire) que tu es (capable) de venir en aide à (tes) amis, l'autre que tu (les) protèges contre les ennemis. (Ils disent aussi) que sont tes amis ceux qui sont aussi les amis des dieux et tes ennemis ceux qui de même le sont aussi pour les dieux. Cela jamais personne n'en a douté, mais Philomètôr en venant (ici) a ajouté des propos en ce sens, au point de dire que moi je ne tenais que des propos mineurs lorsque je discourais. Pour ma part, je me réjouissais de mon infériorité : car c'est dans mon intérêt que le vainqueur triomphe. Au début par conséquent (Philomètôr) nous semblait tout faire pour que tu viennes ; ensuite, volontiers nous avons renoncé à ce désir, et finalement nous en sommes venus au désir contraire, estimant qu'il était pour toi opportun de rester sur place (à Constantinople). Mais t'écrire la cause de ce changement (d'avis), il ne serait pas bon que je le fasse par écrit. Si en revanche l'un de vos amis vient (nous voir), qu'il l'entende de vive voix. »

B. Un Philomètôr apparaît dans la vie romancée de la philosophe Sosipatra racontée par Eunape de Sardes dans ses *Vies de philosophes et de sophistes*. Sosipatra qui était originaire d'Éphèse (VI 54) s'installa après la mort de son mari Eustathe de Cappadoce (➳E 161) à Pergame où elle enseigna dans le voisinage de l'école d'Aidésius [➳A 56] (VI 79). Parmi les élèves d'Aidésius se distinguait Maxime d'Éphèse qui était apparenté à Sosipatra. Appartenait également à ce cercle un certain Philomètôr qui était un cousin de Sosipatra. Pour séduire cette dernière Philomètor eut recours à des philtres magiques dont Sosipatra ressentait contre sa volonté l'influence. Elle demanda alors à Maxime d'en trouver l'explication et ce dernier réussit à découvrir de quel philtre Philomètôr se servait et à délier le charme par un philtre plus puissant (VI 82-89). Par la suite, alors que Philomètôr séjournait à la campagne, Sosipatra au beau milieu d'une leçon sur l'âme perçut à distance toutes les circonstances d'un accident dans lequel son cousin fut blessé (VI 90-93).

Cf. W. Enßlin, art. « Philometor » 1, *RE* XIX 2, 1938, col. 2526, qui propose un rapprochement entre ces deux personnages qui ont vécu à peu près à la même époque. Le rapprochement ne repose cependant que sur l'homonymie.

Aucune entrée n'est consacrée à ce ou ces personnages dans la *PLRE*. Ces noms n'apparaissent pas non plus dans la prosopographie de O. Seeck, *Die Briefe des Libanius zeitlich geordnet*, Leipzig 1906. Voir dans *PLRE* II un *Comes Sacrarum Largitionum* mentionné dans le Code Théodosien X 20, 13ᵃ « dat. Cpli » pour le 27 juin 406.

RICHARD GOULET.

149 PHILON

Diogène Laërce rapporte, sur la foi des *Similitudes historiques* de Myrônianos d'Amastrée (➳M 207), qu'un certain « Philon mentionnait des proverbes sur les poux de Platon, laissant entendre par là que les poux avaient causé sa mort » (III 40 ; trad. Dorandi = *FHG* IV, fr. 2, p. 454). Il semble impossible d'identifier ce Philon cité par Myrônianos.

Cf. J. Schamp, « La mort en fleurs. Considérations sur la maladie "pédiculaire" de Sylla », *AC* 60, 1991, p. 139-170, notamment p. 155, et A. Swift Riginos, *Platonica. The Anecdotes concerning the life and writings of Plato*, Leiden 1976, p. 196 (n° 146).

G. A. Ferrari, « Due fonti sullo scetticismo antico : Diog. La. IX 66-108 ; Eus. *Praep. ev.* XIV 18, 1-20 », *SIFC* 40, 1968, p. 200-224, notamment p. 216, voit en Philon un auteur satirique et propose de l'identifier avec Philon d'Athènes (➳P 152), le disciple de Pyrrhon. Voir également F. Decleva Caizzi, *Pirrone. Testimonianze*, coll. « Elenchos » 5, Napoli 1981, p. 171.

RICHARD GOULET.

150 PHILON D'ALEXANDRIE *RE* 41   20/15-45/50

Commentateur juif des Écritures et philosophe, qui vécut toute sa vie à Alexandrie. Ses ouvrages constituent une source importante pour la connaissance des doctrines philosophiques grecques et son interprétation des cinq premiers livres de la Bible au moyen des concepts philosophiques grecs a exercé une influence décisive sur les Pères de l'Église.

Études générales d'orientation. 1 E. R. Goodenough, *An Introduction to Philo Judaeus*, New Haven 1940, «second revised edition», Oxford 1962; **2** H. Leisegang, art. «Philo» 41, *RE* XX 1, 1941, col. 1-50; **3** J. Daniélou, *Philon d'Alexandrie*, coll. «Les temps et les destins», Paris 1958; **4** H. Chadwick, «Philo and the beginnings of Christian Thought», dans A. H. Armstrong (édit.), *The Cambridge History of Later Greek and Early Medieval Philosophy*, Cambridge 1967, p. 137-192; **5** J. Dillon, *The Middle Platonists. A Study of Platonism 80 B. C. to A. D. 220*, London 1977, ^{2}1996, p. 139-183, 438-441; **6** S. Sandmel, *Philo of Alexandria. An Introduction*, New York/Oxford 1979; **7** P. Borgen, «Philo of Alexandria», dans M. E. Stone (édit.), *Jewish writings of the Second Temple period. Apocrypha, pseudepigrapha, Qumran sectarian writings, Philo, Josephus*, coll. «Compendia Rerum Iudaicarum ad Novum Testamentum» II 2, Assen 1984, p. 233-282; **8** J. Morris, «Philo the Jewish philosopher», dans E. Schürer, G. Vermes *et al.* (édit.), *The History of the Jewish People in the Age of Jesus Christ (175 B. C.–A. D. 135)*, vol. 3, part 2, Edinburgh 1987, p. 809-889; **9** R. Williamson, *Jews in the Hellenistic World: Philo*, Cambridge 1989; **10** J. M. G. Barclay, *Jews in Mediterranean Diaspora from Alexander to Trajan (323 BCE– 117 CE)*, Edinburgh 1996, p. 158-180; **11** P. Borgen, *Philo of Alexandria: an Exegete for his Time*, coll. «New Testament Supplements» 86, Leiden 1997; **12** M. Hadas-Lebel, *Philon d'Alexandrie: un penseur en diaspora*, Paris 2003; **13** K. Schenck, *A Brief Guide to Philo*, Louisville, Kentucky 2005; **14** A. Kamesar (édit.), *The Cambridge Companion to Philo*, New York 2009. Deux recueils d'études sur Philon sont récemment parus: **15** B. Decharneux et S. Inowlocki (édit.), *Philon d'Alexandrie. Un penseur à l'intersection des cultures gréco-romaine, orientale, juive et chrétienne*, coll. «Monothéismes et philosophie» 12, Turnhout 2010; **16** F. L. Lisi (édit.), *Philon d'Alexandrie = ÉPlaton 7*, 2010; **16bis** D. Winston, chap. «Philo of Alexandria», dans *CHPLA*, t. I, chap. 13, p. 235-257, avec une bibliographie, p. 1041-1044.

Bibliographies. On trouvera une bibliographie détaillée des études consacrées à Philon depuis la Renaissance jusqu'en 1996 dans les publications suivantes (la deuxième et la troisième accompagnées de résumés, la première sans de tels résumés): **17** H. L. Goodhart et E. R. Goodenough, «A general bibliography of Philo Judaeus», dans E. R. Goodenough (édit.), *The Politics of Philo Judaeus. Practice and Theory*, New Haven 1938, réimpr. Hildesheim 1967, p. 187-321; **18** R. Radice et D. T. Runia, *Philo of Alexandria. An Annotated Bibliography 1937-1986*, coll. «Vigiliae Christianae Supplements» 8, Leiden 1988; **19** D. T. Runia, *Philo of Alexandria. An Annotated Bibliography 1987-1996*, coll. «Vigiliae Christianae

Supplements» 57, Leiden 2000. Une mise à jour bibliographique est fournie chaque année dans une revue spécialement consacrée aux études philoniennes : **20** *The Studia Philonica Annual*, published by The Society of Biblical Literature, Atlanta. Le vol. 22, paru en 2010, contient une bibliographie complète avec des résumés pour l'année 2007, p. 209-268, avec des références complémentaires pour 2008-2010. Les abréviations utilisées pour les œuvres de Philon dans la présente notice sont celles qui ont été définies pour cette revue.

Sources anciennes concernant la vie et la production littéraire de Philon. On trouvera un recueil de témoignages anciens, incluant de brèves notices biographiques, dans la principale édition critique des œuvres de Philon : **21** L. Cohn, P. Wendland et S. Reiter, *Philonis Alexandrini opera quae supersunt*, 6 vol., Berlin 1896-1915, vol. I, p. XCV-CXIII ; une liste plus complète de textes anciens relatifs à Philon est donnée dans **22** D. T. Runia, *Philo in Early Christian Literature. A Survey*, coll. «Compendia Rerum Iudaicarum ad Novum Testamentum» III 3, Assen 1993, p. 348-356 ; mise à jour dans **23** D. T. Runia, *Philo and the Church Fathers. A Collection of Papers*, coll. «Supplements to Vigiliae Christianae» 32, Leiden 1995, p. 228-239 ; les textes originaux et une traduction italienne des mêmes passages sont donnés dans **24** D. T. Runia, *Filone di Alessandria nella prima letteratura cristiana. Uno studio d'insieme*, a cura di R. Radice, coll. «Pubblicazioni del Centro di Richerche di Metafisica : Collana Platonismo e filosofia patristica. Studi e testi» 14, Milano 1999, p. 365-445. La rareté des témoignages anciens sur les détails de la vie de Philon s'explique certainement par l'interruption intervenue dans la tradition littéraire à cause du déclin dramatique de la communauté juive d'Alexandrie dans les années 100 à 150 de notre ère. Les œuvres de Philon, malgré leur grand nombre, ne donnent que peu de détails concrets sur la vie de l'auteur et le contexte social de son activité.

Vie et environnement familial. Philon était un membre éminent de la communauté juive à Alexandrie, où il semble avoir passé toute sa vie (bien qu'il fasse allusion, dans le *De Providentia* II 107, à un voyage à Jérusalem, où il se serait rendu pour prier et offrir des sacrifices). Un seul événement de sa vie peut être daté : sa participation, en tant que responsable, à une ambassade envoyée par les Juifs d'Alexandrie à l'empereur Gaius (Caligula) en 39/40 de notre ère. Cette ambassade, mentionnée par Flavius Josèphe, *A. J.* XVIII 257-260, est racontée dans la *Legatio ad Gaium* de Philon. Dans les premiers mots de ce traité (*Legat.* 1), Philon se présente lui-même comme un γέρων (homme âgé) qui est πολιός (aux cheveux gris). Même en tenant compte du cadre rhétorique du traité, nous pouvons en déduire qu'il a dû naître vers 20/15 av. J.-Chr. et qu'il devait être déjà mort vers 50 de notre ère.

A l'époque de Philon la communauté juive d'Alexandrie était la plus nombreuse et la plus influente de la Diaspora. Philon faisait partie de l'une de ses plus importantes et plus riches familles. Son frère Alexandre portait le titre d'«alabarque», chargé de récolter les taxes pour le compte du gouvernement romain. Il était extrêmement riche, comme le montre le fait qu'il prêta une énorme somme d'argent au roi Agrippa (Jos., *A. J.* XX 159) et qu'il décora les portes du Temple à Jérusalem avec de l'argent et de l'or (Jos., *B. J.* V 205). Un de ses fils (qui étaient donc les neveux de Philon), Marcus, épousa Bérénice, la fille d'Agrippa. Un autre de ses fils était Tiberius Julius Alexander (☛A 102), qui fit une brillante carrière au sein du gouvernement romain, devint Préfet d'Égypte et le confident du futur empereur Titus durant la campagne qui se termina par la destruction de Jérusalem en 70. Cet Alexandre est l'interlocuteur de Philon dans le dialogue *Prov.* II, conservé en version arménienne (voir plus bas la section sur les œuvres de Philon et sur leur transmission). Alexandre apparaît aussi dans un second dialogue (également ment conservé en traduction arménienne), le *De animalibus,* en compagnie d'un certain Lysimaque, que **25** A. Terian, *Philonis Alexandrini de Animalibus. The Armenian text with an introduction, translation and commentary,* coll. « Studies in Hellenistic Judaism : Supplements to Studia Philonica » 1, Chico, California 1981, p. 25-28, a identifié comme étant le neveu d'Alexandre. Sur la famille de Philon, voir encore Morris **8**, p. 814-816 ; étude plus approfondie dans **26** J. Schwartz, « Note sur la famille de Philon d'Alexandrie », dans *Mélanges Isidore Lévy,* Bruxelles 1955 = *AIPhO* 13, 1953, p. 591-602 ; **27** S. S. Foster, « A note on the "Note" of J. Schwartz », *StudPhilon* 4, 1976-1977, p. 25-32. Jérôme, dans sa biographie de Philon (*De vir. ill.* 11), rapporte que Philon était issu d'une famille de prêtres. La véracité de cette information est vivement défendue par **28** D. R. Schwartz, « Philo's priestly descent », dans F. E. Greenspahn, E. Hilgert et B. L. Mack (édit.), *Nourished with Peace. Studies in Hellenistic Judaism in Memory of Samuel Sandmel,* coll. « Scholars Press Homage Series » 9, Chico, California 1984, p. 155-171. Schwartz **26**, p. 600, envisage même l'hypothèse que la famille de Philon ait été d'origine hasmonéenne. Mais ces deux interprétations ne peuvent être considérées comme certaines. Voir maintenant **29** D. R. Schwartz, « Philo, his Family, and his Times », dans Kamesar **14**, p. 9-31.

Vie à Alexandrie. Tout porte à croire que Philon, bien qu'il fût solidement enraciné dans la communauté juive d'Alexandrie, évoluait également dans les cercles de l'élite sociale de la cité et participait à ses activités. Dans ses ouvrages, il fait souvent référence en termes généraux à des événements de caractère social, culturel ou sportif. Voir les passages signalés par Chadwick **4**, p. 139. Le principal objectif politique qui intéressait les Juifs à Alexandrie était l'accession à la citoyenneté. Bien que Philon ne parle jamais de sa situation personnelle, on s'accorde généralement à reconnaître qu'il jouissait, comme toute sa famille, de la pleine citoyenneté romaine. Sur la vie de Philon et sur ce que ses ouvrages nous apprennent concernant Alexandrie, voir également **30** D. I. Sly, *Philo's Alexandria,* London 1995. Sur la façon dont Philon percevait sa propre identité et sur sa fidélité fondamentale envers le judaïsme et la communauté juive, voir **31** A. Mendelson, *Philo's Jewish Identity,* coll. « Brown Judaic Studies » 161, Atlanta 1988 ; **32** M. R. Niehoff, *Philo on Jewish Identity and Culture,* coll. « Texts and Studies in Ancient Judaism » 86, Tübingen 2001. Sur l'équilibre entre judaïsme et hellénisme dans la vie et la pensée de Philon, voir **33** D. T. Runia, « Philo, Alexandrian and Jew », dans **34** D. T. Runia, *Exegesis and Philosophy. Studies on Philo of Alexandria,* coll. « Variorum Collected Studies Series », London 1990, article n° I.

Engagement politique. Dans un passage célèbre, *Spec*. III 1-6, Philon regrette que sa vie consacrée à la contemplation et aux études ait été brusquement interrompue et qu'il ait été englouti dans un océan de préoccupations politiques. On y voit généralement une allusion aux troubles politiques dans lesquels fut plongée la communauté juive sous le règne de Gaius Caligula (37-41 C. E.). Philon lui-même raconte ces événements dans ses deux traités *In Flaccum* et *Legatio ad Gaium*. Il rappelle que l'empereur Auguste s'était montré favorable aux Juifs (*Legat*. 143-158) et leur avait permis de vivre en paix, une situation qui avait perduré sous le règne de Tibère, son successeur. Mais lorsque Gaius devint empereur, le Préfet d'Égypte Flaccus laissa les tensions entre Grecs, Juifs et Égyptiens autochtones atteindre un point de rupture et en 38 éclatèrent de violentes émeutes, racontées avec de sombres détails en *Flacc*. 54-85. On a désigné ces événements comme le premier pogrom dans l'histoire juive (voir plus bas Van der Horst **36**). Philon fut choisi comme chef d'une délégation de cinq Juifs éminents (dont faisait probablement partie également son neveu Alexandre) envoyée à l'empereur en Italie. Il raconte l'audience accordée par l'empereur distrait et capricieux en *Legat*. 349-367. Il est possible qu'il soit resté à Rome jusqu'à la mort de l'empereur au début de 41. L'ensemble de l'épisode confirme le statut élevé dont jouissait Philon au sein de la communauté juive. On trouvera une discussion détaillée du compte rendu historique dans les commentaires sur les deux traités de Philon : **35** E. M. Smallwood (édit.), *Philonis Alexandrini Legatio ad Gaium*, Leiden 1961, « second edition » 1970 ; **36** P. W. van der Horst, *Philo's Flaccus : The First Pogrom*, coll. « Philo of Alexandria Commentary Series » 2, Leiden 2003. Sur la situation politique des Juifs à Alexandrie, voir **37** E. Gruen, *Diaspora. Jews amidst Greeks and Romans*, Cambridge, Mass. 2002, p. 54-83. Sur les idées politiques de Philon, voir **38** R. Barraclough, « Philo's politics. Roman rule and Hellenistic Judaism », dans W. Haase (édit.), *Hellenistisches Judentum in römischer Zeit. Philon und Josephus* = *ANRW* II 21, 1, Berlin 1984, p. 417-553. Sur l'image généralement favorable du pouvoir romain qui se dégage des œuvres de Philon, voir Niehoff **32**, p. 111-136.

La formation grecque de Philon. Dans un développement très stylisé inséré dans un contexte allégorique (*De congressu* 73-80), Philon décrit comment, lorsqu'il fut au début « stimulé par les aiguillons de la philosophie », il commença par fréquenter l'une de ses servantes, la grammaire, puis d'autres disciplines des arts libéraux (ἐγκύκλιος παιδεία), la géométrie et la musique. Mais il ne commit pas l'erreur de se laisser prendre par les servantes en oubliant de rendre hommage à leur maîtresse, la philosophie, laquelle doit à son tour être considérée comme une servante de la sagesse. Les œuvres de Philon montrent qu'il a bénéficié d'une formation complète aussi bien en ce qui concerne la littérature grecque que la philosophie. Il écrit dans un grec correct, bien qu'assez recherché, avec de légères tendances atticistes. Ses écrits sont émaillés de citations et de réminiscences de la littérature grecque, principalement d'Homère et des poètes tragiques. Ils témoignent également d'une grande maîtrise des méthodes de la rhétorique grecque. Dans sa biographie de Moïse, Philon raconte comment le jeune prince fut formé par des maîtres grecs (!) qui lui enseignèrent les disciplines du curriculum scolaire et ce récit reflète sans doute sa propre éducation (*De vita Moysis* I 21-23). Il ne nomme aucun autre philosophe contemporain d'Alexandrie, mais, étant donné la connaissance approfondie qu'il avait des doctrines des différentes écoles philosophiques (sur ce sujet, voir plus bas), on peut supposer qu'il suivit les leçons de philosophes et fut peut-être engagé avec eux dans des discussions. Sur la formation grecque de Philon, voir également **39** M. Alexandre, «La culture profane chez Philon», dans **40** R. Arnaldez (édit.), *Philon d'Alexandrie. Lyon 11-15 Septembre 1966,* coll. «Colloques nationaux du CNRS», Paris 1967, p. 105-129; **41** A. Mendelson, *Secular Education in Philo of Alexandria*, coll. «Monographs of the Hebrew Union College» 7, Cincinnati 1982; **42** P. Borgen, «Greek encyclical education, philosophy and the Synagogue. Observations from Philo of Alexandria's writings», dans O. Matsson (édit.), *Libens Merito. Festschrift Stig Strømholm*, Uppsala 2001, p. 61-71. Sur la connaissance de la rhétorique par Philon, voir **43** T. M. Conley, «Philo of Alexandria», dans S. E. Porter (édit.), *A Handbook of Classical Rhetoric in the Hellenistic Period 330 B. C.–A. D. 400*, Leiden 1997, p. 695-713; **44** M. Alexandre Jr, *Rhetorical Argumentation in Philo of Alexandria*, coll. «Brown Judaic Studies» 322 – «Studia Philonica Monographs» 2, Atlanta 1999.

La formation juive de Philon. Mais, comme nous venons de l'indiquer, Philon soutient en *Congr.* 79-80 que l'éducation libérale et la philosophie sont au service de la sagesse, terme qui désigne chez lui les écrits sacrés de la tradition juive et en particulier les livres de Moïse. Les écrits de Philon témoignent d'une connaissance approfondie des Écritures et des traditions juives d'interprétation et d'exégèse. Cette formation devait être le résultat d'une étude personnelle intensive, mais doit également être mise en rapport avec l'arrière-plan de l'étude juive des Écritures qui était pratiquée à la Synagogue, notamment le jour de Sabbath, comme Philon le rappelle dans un certain nombre de passages: *Mos.* II 215-216, *De opificio mundi* 128, *De Decalogo* 100, *Spec.* II 62, *Hypothetica* VII 10-14. En *Mos.* II 216 il écrit: «Car que sont nos lieux de prière dans les cités sinon des écoles (διδασκαλεῖα) de prudence, de courage, de tempérance et de justice [c'est-à-dire les quatre vertus cardinales grecques], et aussi de piété et de sainteté, et de toute excellence morale (ἀρετή), vertus par lesquelles sont compris et exécutés les devoirs envers Dieu et envers les êtres humains?» Sur la base de textes comme celui-ci et en tenant compte des écrits de Philon lui-même, les historiens depuis Bousset ont souvent postulé l'existence d'écoles d'études bibliques bien établies à Alexandrie, au sein desquelles Philon aurait joué un rôle important (écoles qui auraient survécu sous une forme différente dans l'Alexandrie chrétienne). Voir **45** W. Bousset, *Jüdisch-christlicher Schulbetrieb in Alexandria und Rom. Literarische Untersuchungen zu Philo und Clemens von Alexandria, Justin und Irenäus*, coll. «Forschungen zur Religion und Literatur des Alten und Neuen Testaments»

N. S. 6, Göttingen 1915 ; **46** G. E. Sterling, « "The school of sacred laws". The social setting of Philo's treatises », *VChr* 53, 1999, p. 148-164. Sur l'arrière-plan alexandrin de l'exégèse philonienne, voir plus loin la section « L'allégorie philonienne dans son contexte historique ». Il y a toutefois beaucoup d'incertitude concernant une possible connaissance des traditions halachique et midrashique palestiniennes de la part de Philon. Pour une vue maximaliste, voir **47** N. G. Cohen, *Philo Judaeus. His Universe of Discourse*, coll. « Beiträge zur Erforschung des Alten Testaments und des Antiken Judentums » 24, Frankfurt 1995 ; pour une approche plus impartiale, voir **48** J. Leonhardt, *Jewish Worship in Philo of Alexandria*, coll. « Texts and Studies in Ancient Judaism » 84, Tübingen 2001, p. 5-6 et 30.

Écrits. Philon fut un auteur prolifique. Quarante-sept traités complets ont été conservés, trente-huit dans des manuscrits grecs, neuf en traduction arménienne. De plus, Eusèbe a cité dans sa *Préparation évangélique* de longs extraits d'un autre ouvrage *(Hypoth.)*, il existe un long fragment en arménien d'un écrit exégétique par ailleurs disparu *(De Deo)*, et on trouve de nombreux fragments non identifiés dans des anthologies byzantines. A partir de renvois internes dans ses traités, on peut établir que Philon écrivit au moins vingt ou vingt-cinq autres ouvrages. Voir les listes dressées par Morris **8**, p. 868, **49** D. T. Runia, *StudPhilonAnn* 4, 1992, p. 78. Pour une présentation générale des œuvres de Philon, voir maintenant **50** J. R. Royse, « The Works of Philo », dans Kamesar **14**, p. 32-64.

La transmission du corpus philonien. Les écrits de Philon, le seul ensemble important d'ouvrages conservé de la communauté juive alexandrine, furent sauvegardés par les chrétiens qui les trouvaient utiles pour leur entreprise d'exposition de l'Ancien Testament. Le sauvetage est d'abord dû probablement au cercle de Pantène (☞P **31**) et de Clément à Alexandrie (☞C 154). Une collection complète des traités de Philon fut apportée à Césarée par Origène (☞O 42) lorsqu'il vint s'y établir en 233 et de là ils passèrent dans la bibliothèque épiscopale, où ils furent catalogués et utilisés par Pamphile (☞P **15**) et Eusèbe (☞E 156). Jérôme rapporte qu'ils furent par la suite transcrits sur des codex de parchemin par l'évêque Euzoius de Césarée (*De vir. ill.* 113, information confirmée par le colophon du ms *Vindobonensis theologicus graecus* 29n, fol. 146^v). Pour un survol détaillé de la transmission des écrits de Philon, voir Runia **22**, p. 16-31 ; sur le rôle de la bibliothèque de Césarée, voir **51** D. T. Runia, « Caesarea Maritima and the survival of Hellenistic-Jewish literature », dans A. Raban et K. G. Holum (édit.), *Caesarea Maritima. A Retrospective after Two Millenia,* coll. « Documenta et Monumenta Orientis Antiqui » 21, Leiden 1996, p. 476-495. Sur la survie primitive du corpus à Alexandrie, voir **52** A. van den Hoek, « The "Catechetical" school of early Christian Alexandria and its Philonic heritage », *HThR* 90, 1997, p. 59-87. Sur les modifications significatives du texte scripturaire dans le corpus et sur ce qu'elles nous apprennent concernant leur première transmission, voir **53** D. Barthélemy, « Est-ce Hoshaya Rabba qui censura le "Commentaire Allégorique" ? A partir des retouches faites aux citations bibliques, étude sur la tradition textuelle du Commentaire Allégorique de Philon», dans Arnaldez **40**, p. 45-78.

Un certain nombre de papyri ont été retrouvés contenant des textes philoniens : cet ensemble de textes va de courts morceaux de textes jusqu'à un codex complet retrouvé à Coptos et contenant deux traités entiers de Philon *(De sacrificiis, Quis heres)*. Les papyri sont d'origine chrétienne et attestent la circulation des œuvres de Philon en Égypte. Voir la liste d'études fournie dans Radice-Runia **18**, p. 14-19, et Runia **19**, p. 9-10 ; sur l'important papyrus d'Oxyrhynchus contenant une référence possible à un traité inconnu de Philon, voir **54** J. R. Royse, « The Oxyrhynchus Papyrus of Philo», *BASP* 17, 1980, p. 155-165.

Une traduction latine du IVe siècle du livre VI des *Quaestiones in Genesim* (= IV 154-245 dans la version arménienne) a été conservée. Elle contient dix sections qui manquent dans l'arménien (elles viennent à la suite de IV 195). Le texte a été édité par **55** F. Petit, *L'ancienne version latine des Questions sur la Genèse de Philon d'Alexandrie*, coll. *TU* 113-114, Berlin 1973, 2 vol.

Au VIe siècle, des savants arméniens de Byzance, appartenant à l'« école hellénisante», ont traduit en arménien dix traités de Philon et des sections de trois autres. Dans le cas de six de ces traités le texte grec original est perdu (*QG, Quaestiones in Exodum, Prov.* I and II, *Anim., De Deo* [fragment d'un traité portant sur Gen. 18]). Les traductions sont tellement littérales qu'elles peuvent être utilisées pour connaître le texte grec original et les leçons des mss du VIe siècle à Byzance. Le corpus arménien des œuvres de Philon fut publié pour la première fois en trois volumes : **56** J. B. Aucher (édit.), *Philonis Judaei sermones tres hactenus inediti, I. et II. De Providentia et III. De animalibus, ex Armena versione antiquissima ab ipso originali textu Graeco ad verbum stricte exequuta, nunc in Latium* (sic !) *fideliter translati per P. Io. Baptistam Aucher Ancyranum*, Venetiis 1822 ; **57** J. B. Aucher (édit.), *Philonis Judaei paralipomena Armena, libri videlicet quatuor in Genesin, libri duo in Exodum, sermo unus de Sampsone, alter de Jona, tertius de tribus angelis Abraamo apparentibus : opera hactenus inedita ex Armena versione antiquissima ab ipso originali textu Graeco ad verbum stricte exequuta saeculo V, nunc in Latium fideliter translata per P. Io. B. Aucher*, Venetiis 1826, réimpr. Hildesheim 1988 ; **58** Aa. Vv. (édit.), *Sermons of Philo the Hebrew, translated by our Ancestors, the Greek text of which has come down to us* [Armenian], Venice 1892. Une vue d'ensemble du corpus arménien a été donnée par **59** F. Siegert, « Der armenische Philon. Textbestand, Editionen, Forschungsgeschichte», *ZKG* 100, 1989, p. 353-369. Sur les techniques de traduction de l'école hellénisante, voir Terian **25**, p. 6-14 ; **60** C. Mercier, « L'École hellénistique dans la littérature arménienne», *REArm* 13, 1978-1979, p. 59-75 ; **61** G. Bolognesi, *Studi e ricerche sulle antiche traduzione armene di testi greci*, Alessandria 2000.

Beaucoup de textes philoniens sont conservés dans des recueils de l'antiquité tardive ou de la période byzantine, notamment dans les chaînes et les florilèges. Pour des vues d'ensemble de ce matériel et des études qui y ont été consacrées, voir Radice-Runia **18**, p. 14-19, Runia **19**, p. 9-10, Runia **22**, p. 28-31, et Royse **62** (cité plus loin), p. 1-58. Il n'existe pas d'édition moderne des fragments de Philon. Le recueil de Mangey dans le cadre de son édition (voir plus loin **64**) est totalement dépassé. Une édition moderne est actuellement préparée par J. R. Royse. En guise de préparation pour cette édition, Royse a consacré une monographie aux fragments faussement attribués à Philon : **62** *The Spurious Texts of Philo of Alexandria. A Study of Textual Transmission and Corruption with Indexes to the Major Collections of Greek Fragments*, coll. « Arbeiten zur Literatur und Geschichte des Hellenistischen Judentums » 22, Leiden 1991. Voir également plus loin la section « Philon et la tradition chrétienne ».

L'organisation du corpus philonien. Les anciens catalogues des œuvres de Philon conservés par Eusèbe, *Hist. Eccl.* II 18 et par Jérôme, *De vir. ill.* 11 remontent de façon presque certaine aux fonds de la bibliothèque épiscopale à Césarée de Palestine, mais ils ne sont pas d'une grande utilité pour établir la taxonomie des écrits de Philon ; voir l'analyse procurée par Runia **51**, p. 482-489. De la même façon l'ordre des divers traités dans les manuscrits byzantins est assez confus et son principe d'organisation impossible à deviner ; voir la liste complète fournie par Goodhart et Goodenough **17**, p. 139-177. L'ordre des traités dans l'*editio princeps* d'Adrien Turnèbe marque un progrès par rapport aux manuscrits, mais reste affecté par plusieurs séquences erronées : **63** *Philonis Iudaei in libros Mosis, de mundi opificio, historicos, de legibus ; eiusdem libri singulares*, Paris 1552 ; le plan est résumé dans Goodhart et Goodenough **17**, p. 187-188. L'ordre adopté par Thomas Mangey dans sa grande édition est très supérieur, mais n'est pas encore définitif : **64** *Philonis Judaei opera quae reperiri potuerunt omnia*, London 1742, 2 vol. ; le plan est résumé dans Goodhart et Goodenough **17**, p. 190. La taxonomie définitive des écrits de Philon telle qu'elle figure dans l'édition critique de Cohn et Wendland (voir plus loin **77**) et est reprise dans les éditions et traductions modernes s'appuie sur la recherche de trois grands savants de la fin du XIXe s. : **65** M. L. Massebieau, « Le classement des œuvres de Philon », *Bibliothèque de l'École des Hautes Études : Sciences Religieuses* 1, 1889, p. 1-91 ; **66** L. Cohn, « Einteilung und Chronologie der Schriften Philos », *Philologus Supplbd.* VII 3, 1899, p. 387-435 ; **67** E. Schürer, *Geschichte des jüdischen Volkes im Zeitalter Jesu Christi*, 3e-4e ed., 3 vol., Leipzig 1901-09, III, p. 643-687 (1re éd. 1874, 2e éd. 1886-1890). La meilleure étude moderne se trouve dans l'édition anglaise révisée de Schürer, Morris **8**, p. 825-868 ; sur sept ouvrages attribués de façon erronée à Philon, voir *ibid.* p. 868-870 ; sur les trois commentaires de Philon, voir également **68** V. Nikiprowetzky, *Le commentaire de l'Écriture chez Philon d'Alexandrie. Son caractère et sa portée. Observations philologiques*, coll. « Arbeiten zur Literatur und Geschichte des hellenistischen Judentums » 11, Leiden 1977, p. 192-202 (qui n'est cependant pas convaincant sur tous les points).

Le classement des écrits de Philon établi sur la base des recherches indiquées plus haut est le suivant :

A. Écrits exégétiques : 39 traités.

(1) Le Commentaire allégorique sur la *Genèse* : 21 traités.

(2) L'Exposition de la Loi : 12 traités.

(3) Les Questions et Réponses sur la *Genèse* et sur l'*Exode* : 6 traités.

B. Écrits historico-apologétiques : 4 traités (en incluant les *Hypoth.* qui sont incomplètement conservées).

C. Écrits philosophiques : 5 traités.

Comme on l'a noté plus haut (voir la sections « Écrits »), des renvois internes dans les traités conservés permettent d'établir que plusieurs écrits appartenant aux séries mentionnées plus haut sont aujourd'hui perdus. Il est probable que nous ne possédons pas plus que les deux-tiers de l'ensemble de la production littéraire de Philon.

Il faut toutefois signaler que sur deux points la division communément adoptée des œuvres de Philon a été remise en cause ces dernières années. Il est manifeste que *Opif.* devrait être suivi par le *De Abrahamo,* comme l'indique clairement Philon en *Abr.* 2 et 13, mais dans la plupart des éditions modernes il est suivi par *Legum allegoriae* ; voir un examen du problème dans **69** D. T. Runia, « The place of *De Abrahamo* in Philo's *œuvre* », *StudPhilonAnn* 20, 2008, p. 133-150. De façon moins certaine, mais tout de même probable, *Mos.* devrait être considéré comme un ouvrage introductif à l'ensemble des commentaires bibliques et non comme une partie intégrante de l'Exposition de la Loi (sur cette série, voir plus loin) ; voir sur ce point **70** A. C. Geljon, *Philonic exegesis in Gregory of Nyssa's De vita Moysis*, coll. « Brown Judaic Series » 333 – « Studia Philonica Monographs » 5, Providence, RI 2002, p. 7-46. Si l'on accepte cette interprétation, alors l'Exposition de la Loi contient dix traités et il faut mettre dans une catégorie distincte *Mos.* à titre d'ouvrage exégétique (et partiellement apologétique) d'introduction.

La chronologie des œuvres de Philon. Malgré tous les efforts des historiens, on n'est pas parvenu à établir une chronologie convaincante des écrits de Philon sur la base des renvois internes, de leur langue ou de leur style. Voir **71** L. Massebieau et É. Bréhier, « Essai sur la chronologie de la vie et des œuvres de Philon », *RHR* 53, 1906, p. 25-64, 164-185, 267-289 ; **72** M. Adler, *Studien zu Philon von Alexandreia*, Breslau 1929 ; **73** A. Terian, « The priority of the *Quaestiones* among Philo's Exegetical Commentaries », dans **74** D. M. Hay (édit.), *Both Literal and Allegorical. Studies in Philo of Alexandria's Questions and Answers on Genesis and Exodus,* coll. « Brown Judaic Studies » 232, Atlanta 1991, p. 29-46 ; **75** *Id.*, « Back to creation. The beginning of Philo's third grand Commentary », dans **76** D. T. Runia et G. E. Sterling (édit.), *Wisdom and Logos. Studies in Jewish Thought in Honor of David Winston = StudPhilonAnn* 9, 1997, coll. « Brown Judaic Studies » 312, Atlanta 1997, p. 19-36.

Éditions modernes des œuvres de Philon. Le point de départ pour toutes les recherches modernes sur Philon a été l'édition critique *(editio maior)* de L. Cohn, P. Wendland et S. Reiter, qui dépassa en tous points l'édition antérieure de Mangey : **77** *Philonis Alexandrini opera quae supersunt*, Berlin 1896-1915, 6 vol. Elle contient tous les traités entièrement conservés en grec. La numérotation des paragraphes généralement utilisée pour renvoyer aux textes de Philon a été introduite dans cette édition. Il n'est plus utile d'indiquer la pagination de l'édition Mangey (qui est signalée dans les marges de l'*editio maior*). Une *editio minor* fut publiée en même temps et contient le texte grec sans les prolégomènes et sans l'apparat critique. Le vol. 6 de cette édition contient le texte d'*Hypoth.* (publié sous le titre *Apologia pro Iudaeis*). Sur le vol. 7 voir plus loin la section « Lexica ». Le volume qui devait rassembler les fragments n'a jamais été publié.

Peu de travaux portant sur l'établissement du texte ont été faits durant le XXe siècle. L'édition et la traduction des écrits de Philon parues dans la Loeb Classical Library est fondée sur l'*editio maior*, mais contient de nombreuses suggestions et commentaires : **78** F. H. Colson, J. W. Earp, R. Marcus et G. H. Whitaker, *Philo in Ten Volumes (and Two Supplementary Volumes)*, Cambridge, Mass. 1929-1962 (les volumes supplémentaires contiennent une traduction anglaise de *QG* et *QE*, ainsi qu'un recueil des fragments grecs de ces deux œuvres, préparé par R. Marcus). L'édition et la traduction françaises s'appuient également sur un certain travail de critique textuelle : **79** R. Arnaldez, C. Mondésert et J. Pouilloux (édit.), *Les Œuvres de Philon d'Alexandrie*, publiées sous le patronage de l'Université de Lyon, Paris 1961-1992, 36 vol.

Commentaires. Peu de commentaires sur les ouvrages de Philon ont été publiés. Quelques-uns des volumes de l'édition et traduction françaises **79** contiennent des introductions et une annotation qui leur confère presque le statut d'un commentaire ; voir en particulier **80** V. Nikiprowetzky (édit.), *De Decalogo*, coll. *OPA* 23, Paris 1965 ; **81** M. Harl (édit.), *Quis rerum divinarum heres sit*, coll. *OPA* 15, Paris 1966 ; **82** M. Alexandre (édit.), *De congressu eruditionis gratia*, coll. *OPA* 16, Paris 1967 ; **83** M. Hadas-Lebel (édit.), *De providentia I et II*, coll. *OPA* 35, Paris 1973. **84** M. Petit (édit.), *Quod omnis probus liber sit*, coll. *OPA* 28, Paris 1974. Dans la collection « Philo of Alexandria Commentary Series », qui paraît chez Brill et Scholars Press sous la responsabilité de G. E. Sterling, trois commentaires sont pour l'instant parus : **85** D. T. Runia, *Philo on the Creation of the Cosmos According to Moses*, coll. « Philo of Alexandria Commentary Series » 1, Leiden 2001, Van der Horst **36** et **86** W. T. Wilson, *Philo of Alexandria On Virtues. Introduction, Translation, and Commentary*, Philo of Alexandria Commentary Series 3, Leiden 2011. D'autres commentaires importants sont dus à **87** H. Box, *Philonis Alexandrini in Flaccum*, London 1939 ; Smallwood **35** ; Terian **25** ; **88** D. Winston et J. Dillon, *Two treatises of Philo of Alexandria. A commentary on De Gigantibus and Quod Deus Sit Immutabilis*, coll. « Brown Judaic Studies » 25, Chico 1983 ; **89** R. Radice, « Commentario a *La creazione del mondo* e a *Le allegorie delle Leggi* », dans C. Kraus Reggiani, R. Radice et G. Reale (édit.), *La filosofia mosaica,* Milano 1987, p. 231-533 ; **90** F. Siegert, *Philon von Alexandrien Über die Gottesbezeichnung "wohltätig verzehrendes Feuer" (De Deo) : Rückübersetzung des Fragments aus dem Armenischen, deutsche Übersetzung und Kommentar,* coll. «Wissenschaftliche Untersuchungen zum Neuen Testament» 46, Tübingen 1988 ; **91** R. Radice, *Allegoria e paradigmi etici in Filone di Alessandria. Commentario al «Legum allegoriae»,* Milano 2000.

Traductions complètes des écrits de Philon. (1) *En français.* L'édition lyonnaise **79** en 36 volumes préparée par une équipe de 28 spécialistes couvre tous les traités conservés de Philon et constitue la meilleure traduction moderne disponible. La présentation des divers volumes varie considérablement. Les premiers volumes de la série sont généralement annotés de façon légère ; les volumes plus récents contiennent souvent une riche annotation qui équivaut dans certains cas à un véritable commentaire (voir plus haut la section «Commentaires»). (2) *En anglais.* La traduction généralement utilisée est celle publiée dans la Loeb Classical Library **78**. La traduction des traités conservés en grec a été faite entre 1929 et 1943. La traduction est de qualité variable et un peu vieillie, mais il est peu probable qu'elle soit remplacée dans un proche avenir. L'autre traduction anglaise complète, due à **92** C. D. Yonge, *The Works of Philo Complete and Unabridged,* with a Foreword by D. M. Scholer, Peabody, MA 1993, est essentiellement une réimpression d'une publication de la Bohn Classical Library datant de 1854-1855, un peu révisée et complétée. Elle ne peut être recommandée dans la mesure où elle est fondée sur un texte pré-critique. Il est en effet remarquable qu'il n'existe pas de traduction anglaise complète des deux traités *Prov.* I et II. La traduction Loeb **78** et celle de Yonge **92** ne prennent en compte que les extraits de *Prov.* II transmis par Eusèbe. Yonge **92** n'offre pas non plus de traduction de *Q.G.* IV et de *QE* I-II. (3) *En allemand.* La traduction allemande entreprise à titre de complément de *l'editio maior* ne fut achevée qu'après la seconde guerre mondiale : **93** L. Cohn, I. Heinemann, M. Adler et W. Theiler (édit.), *Philo von Alexandria. Die Werke in Deutscher Übersetzung,* Breslau/Berlin 1909-1964, 7 vol. Elle ne comprend pas la traduction de *QG* et *QE.* L'index thématique établi par **94** W. Theiler, «Sachweiser zu Philo», dans le vol. 7, p. 386-411, est un instrument toujours valable. (4) *En italien.* Il n'y a pas de traduction italienne complète de Philon. Le Commentaire allégorique (avec en tête *Opif.*) a été traduit par **95** R. Radice, G. Reale, C. Kraus Reggiani et C. Mazzarelli (édit.), *Filone di Alessandria. Tutti i trattati del Commentario Allegorico alla Bibbia,* Milano 1994. (5) *En espagnol.* La traduction complète de **96** J. M. Triviño, *Obras completas de Filón de Alejandría,* «Colección Valores en el tiempo», vol. I-V, Buenos Aires 1975-1976, ne peut être recommandée, car elle ne repose pas sur les textes originaux. En 2009 sont parus les premiers tomes d'une nouvelle traduction en espagnol préparée par un groupe de spécialistes dirigés par J. P. Martín. Trois volumes ont pour l'instant été publiés : **97** J. P. Martín (édit.), *Filón de Alejandría Obras Completas,* vol. I, V, Madrid 2009, vol. II, Madrid 2010. (6) *En hébreu.* Trois volumes relevant d'un projet de traduction complète sont parus : **98** S. Daniel-Nataf et Y. Amir (édit.), *Philo of Alexandria. Writings*, Jerusalem 1986-1997, 3 vol.

Pour des détails bibliographiques sur les traductions modernes d'ouvrages particuliers, voir également **18** p. 19-44, **19**, p. 11-17. On trouve une élégante anthologie regroupant des passages importants tirés de toutes les œuvres de Philon dans **99** D. Winston (édit.), *Philo of Alexandria. The Contemplative Life, The Giants and Selections*, coll. «The Classics of Western Spirituality», New York 1981.

Indices et lexiques des écrits de Philon. Le seul index analytique du vocabulaire des ouvrages de Philon conservés en grec se trouve dans le vol. 7 de l'*editio maior* : **100** I. Leisegang, *Indices ad Philonis Alexandrini opera*, dans *Philonis opera quae supersunt*, vol. 7, 1-2, Berlin 1926-1930. Index exhaustif sans analyse du vocabulaire par **101** G. Mayer, *Index Philoneus*, Berlin/New York 1974 ; **102** P. Borgen, K. Fuglseth et R. Skarsten, *The Philo Index. A Complete Greek Word Index to the Writings of Philo of Alexandria*, 2ᵉ éd., Grand Rapids 2000. Une concordance complète créée par ordinateur et présentant les occurrences dans leur contexte a été publiée par **103** R. Skarsten, P. Borgen et K. Fuglseth, *The Complete Works of Philo of Alexandria. A Key-Word-In-Context Concordance*, Piscataway, NJ 2005, 8 vol. Un glossaire dépassé, mais toujours utile, du vocabulaire de Philon, incluant l'utilisation qu'il fait de la terminologie platonicienne et des parallèles chez Plutarque, se trouve dans **104** C. Siegfried, *Philo von Alexandria als Ausleger des alten Testaments*, Jena 1875, p. 31-141.

Un *index nominum* et un *index locorum* pour les textes classiques et pour les textes bibliques ont été publiés par Leisegang **100**, p. 3-43, et par J. W. Earp dans **78**, vol. 10, p. 189-433 (avec une précieuse analyse des figures bibliques). Une liste précise et exhaustive de tous les renvois faits par Philon à l'Écriture a été établie par **105** J. Allenbach *et al.* (édit.), *Biblia Patristica. Supplément, Philon d'Alexandrie*, Centre d'analyse et de documentation patristiques : équipe de recherche associée au CNRS, Paris 1982.

Sur l'interprétation générale des écrits et de la pensée de Philon. Les présentations anciennes de la pensée de Philon avaient tendance à s'inscrire dans la perspective de la théologie systématique et de l'histoire de la philosophie. Le meilleur exemple pour le XIXᵉ siècle est l'ouvrage de **106** J. Drummond, *Philo Judaeus, or the Jewish-Alexandrian Philosophy in its Development and Completion*, London 1888, 2 vol. Cette méthode atteignit sont apogée dans l'étude de **107** H. A. Wolfson, *Philo. Foundations of Religious Philosophy in Judaism, Christianity and Islam*, Cambridge, Mass. 1947, réimpr. 1968, 2 vol. Bien que Wolfson ait mis en avant le côté juif de Philon, il présenta sa pensée à la manière d'un philosophe systématique dans la tradition grecque. On sait qu'il soutint que Philon était à l'origine de la pensée religieuse patristique, islamique et médiévale jusqu'à Spinoza, mais ses vues n'ont pas été très bien accueillies. Une plus grande importance fut accordée au côté religieux de la pensée de Philon par **108** É. Bréhier, *Les idées philosophiques et religieuses de Philon d'Alexandrie*, coll. « Études de philosophie médiévale » 8, Paris 1908, réimpr. 1950, et de façon plus discutable par **109** E. R. Goodenough, *By Light, Light. The Mystic Gospel of Hellenistic Judaism*, New Haven 1935. L'interprétation par Goodenough de la pensée de Philon dans la perspective d'une religion à mystères a également été rejetée. Une étude importante qui mit en évidence les racines scripturaires des idées morales de Philon est l'ouvrage de **110** W. Völker, *Fortschritt und Vollendung bei Philo von Alexandrien : eine Studie zur Geschichte der Frömmigkeit*, coll. « Texte und Untersuchungen zur Geschichte der altchristlichen Literatur » 49, 1, Leipzig 1938. Völker insista sur les incohérences dans la pensée de Philon. Une autre image négative de Philon fut donnée par **111** A. J. Festugière, *La Révélation d'Hermès Trismégiste*, t. II : *Le Dieu cosmique*, Paris 1949, réimpr. 1981, p. 519-585, qui insista sur l'utilisation des lieux communs de la philosophie hellénistique.

Un changement radical de modèle fut introduit dans les études philoniennes par l'étude de Nikiprowetzky **68**, qui démontra que Philon était d'abord et avant tout un commentateur de l'Écriture et que l'utilisation qu'il fait des idées philosophiques grecques devait être comprise dans cette perspective. Voir également le recueil d'études publié de façon posthume : **112** V. Nikiprowetzky, *Études philoniennes*, Paris 1996. L'influence de l'interprétation de Nikiprowetzky est très présente par exemple dans les actes du colloque publiés par **113** C. Lévy (édit.), *Philon d'Alexandrie et le langage de la philosophie. Actes du colloque international organisé par le Centre d'études sur la philosophie hellénistique et romaine de l'Université de Paris XII-Val de Marne (Créteil, Fontenay, Paris, 26-28 octobre 1995)*, coll. « Monothéismes et Philosophie » <1>, Turnhout 1998. Voir également les études de Borgen **7** et **11** ; Runia **34** ; **114** F. Calabi, *God's Acting, Man's Acting. Tradition and Philosophy in Philo of Alexandria*, coll. « Studies in Philo of Alexandria » 4, Leiden 2008. Une excellente étude qui examine les principaux thèmes théologiques de la pensée de Philon en insistant aussi bien sur son arrière-plan grec que sur son arrière-plan juif a été publiée par **115** D. Winston, *Logos and Mystical Theology in Philo of Alexandria*, Cincinatti 1985.

Au cours des récentes années les spécialistes ont davantage insisté sur le caractère distinct des trois entreprises exégétiques de Philon, chacune ayant ses propres finalités et son propre public. Voir par exemple **116** C. Noack, *Gottesbewußtsein. Exegetische Studien zur Soteriologie und Mystik bei Philo von Alexandrien*, coll. « Wissenschaftliche Untersuchungen zum Neuen Testament » 2, 116, Tübingen 2000 ; **117** M. Böhm, *Rezeption und Funktion der Vätererzählungen bei Philo von Alexandria. Zum Zusammenhang von Kontext, Hermeneutik und Exegese im frühen Judentum*, coll. « Beihefte zur Zeitschrift für die neutestamentliche Wissenschaft und die Kunde der älteren Kirche » 128, Berlin 2005.

La Bible de Philon. Dans *Mos.* II 25-44 Philon raconte comment à la demande de Ptolémée Philadelphe la Torah hébraïque fut traduite en grec par soixante-douze anciens du peuple juif qui firent le voyage vers Alexandrie et furent miraculeusement inspirés de façon à produire une version identique. L'autorité divine de la Bible grecque, également appelée la Septante, est pour lui un point de foi et le fondement de son activité en tant qu'interprète et commentateur de l'Écriture. Les cinq livres de Moïse, également connus comme formant le Pentateuque, ont un statut spécial et la plus grande partie des citations bibliques de Philon se rapporte à cette première partie de la Septante. Voir les tables signalées plus haut et en particulier *Biblia Patristica Supplément* **105**.

Les écrits de Philon contiennent de nombreuses citations ou paraphrases bibliques, qui ont fait l'objet de beaucoup d'études du fait qu'elles correspondent sans doute de près à l'état du texte biblique à l'époque de Philon. Sont particulièrement intéressants les passages où le texte de Philon diffère de façon significative du texte de la Septante tel qu'il a été transmis dans les manuscrits. L'étude la plus détaillée sur ce sujet est celle de **118** P. Katz, *Philo's Bible. The Aberrant Text of Bible Quotations in Some Philonic Writings and its Place in the Textual History of the Greek Bible*, Cambridge 1950. Malheureusement cette étude est viciée par la thèse de l'auteur qui considère que ces citations aberrantes chez Philon sont le résultat d'une révision de son texte opérée ultérieurement par un chrétien. Barthélemy **53** a démontré que ces citations, que l'on ne trouve que dans certains manuscrits, sont fondées sur la traduction plus tardive d'Aquila et qu'elles furent interpolées dans le texte de Philon par un copiste juif du IIIe siècle, peut-être à Jérusalem. Pour une étude détaillée des citations bibliques dans un (double) traité, voir **119** D. Gooding et V. Nikiprowetzky, « Philo's Bible in the *De gigantibus* and the *Quod Deus sit Immutabilis* », dans Winston et Dillon **88**, p. 89-125. Une bonne vue d'ensemble de l'utilisation du texte biblique par Philon est fournie par **120** A. Passoni dell'Acqua, « Upon Philo's Biblical Text and the Septuagint », dans F. Calabi (édit.), *Italian Studies on Philo of Alexandria,* coll. « Studies in Philo of Alexandria and Mediterranean Antiquity » 1, Boston/Leiden 2003, p. 25-52. L'utilisation de la Bible par Philon peut être étudiée dans son contexte alexandrin grâce à la série publiée par **121** M. Harl *et alii* (édit.), *La Bible d'Alexandrie*, Paris 1986 –, (une douzaine de vol. parus à ce jour). Voir aussi pour les cinq premiers chapitres de la Genèse **122** M. Alexandre, *Le commencement du livre. Genèse I-V. La version grecque de la Septante et sa réception*, coll. « Christianisme Antique » 3, Paris 1988.

La connaissance de l'hébreu par Philon et le problème des étymologies hébraïques. Dans le passage de *Mos.* cité plus haut Philon prétend que « si des Chaldéens (c'est-à-dire des Juifs) ont appris le grec et si des Grecs ont appris la langue des Chaldéens et s'ils lisent les deux versions, la Chaldéenne et la version traduite en grec, ils sont remplis d'émerveillement et leur portent révérence en tant que sœurs l'une de l'autre, ou plutôt comme un seul et même texte, à la fois dans son contenu et sa terminologie » (II 40). Étant donné les différences manifestes qui distinguent le texte massorétique et le texte des Septante, on peut supposer que Philon lui-même ne connaissait pas l'hébreu et qu'il n'était pas en mesure de justifier par son expérience personnelle une telle affirmation. Une longue controverse a fait rage dans les études philoniennes pour savoir si Philon connaissait un peu ou pas du tout l'hébreu, mais l'étude exhaustive de Nikiprowetzky **68**, p. 50-

96, a définitivement clos la discussion. Il conclut sur la base des textes de Philon qu'il était incapable de lire l'hébreu. L'utilisation intense qu'il fait des étymologies hébraïques dans son exégèse mettait à contribution des matériaux fournis par d'autres. Sur les étymologies hébraïques de Philon, voir **123** L. Grabbe, *Etymology in Early Jewish Interpretation. The Hebrew Names in Philo*, coll. « Brown Judaic Studies » 115, Atlanta 1988. Grabbe soutient que Philon n'aurait pas pu obtenir ses étymologies hébraïques simplement en les empruntant à des sources antérieures. L'utilisation qu'il en fait est trop systématique. Il a probablement utilisé des listes de noms qui étaient à sa disposition, des listes qui pouvaient ressembler à celle de *POxy* 2745 : voir Grabbe **123**, p. 102-109 ; **124** D. Rokeah, « A New Onomasticon Fragment from Oxyrhynchus and Philo's Etymologies », *JThS* 19, 1968, p. 70-82 ; voir également Goulet **136** (cité plus bas). Pour une vue d'ensemble de l'utilisation par Philon des étymologies aussi bien hébraïques que grecques dans son exégèse, voir **125** D. T. Runia, « Etymology as an exegetical technique in Philo of Alexandria », *StudPhilonAnn* 16, 2004, p. 101-121.

Les méthodes exégétiques de Philon. Bien que Philon soit principalement connu pour ses interprétations allégoriques radicales des personnages ou des événements de la Bible, il a soin de préciser qu'aussi bien l'interprétation littérale que l'interprétation figurée de l'Écriture sont valides et profitables. Il ne rejette que rarement l'interprétation littérale, lorsque le texte est à ses yeux manifestement symbolique (par exemple, le serpent dans le jardin d'Éden, *Opif.* 157). Dans un passage fameux du *De migratione Abrahami* 89-93 il attaque ceux qui voudraient abroger l'observance littérale de la Loi au profit d'une interprétation purement symbolique. L'interprétation littérale n'est pas nécessairement uniquement historique. Elle se concentre sur la vie de l'homme vertueux et pieux, en tant qu'opposé à l'homme qui est méchant ou qui peut être en progrès sur le chemin de la vertu. L'interprétation allégorique se concentre sur l'âme et ses combats entre l'esprit et le corps sur la route vers la vertu et la vision de Dieu. Dans les écrits de Philon la part respective accordée à chacune des deux méthodes varie. Dans le Commentaire allégorique l'allégorie naturellement prédomine au point de pratiquement exclure la lecture littérale. Dans l'Exposition de la Loi l'interprétation littérale est la norme, mais les interprétations allégoriques et symboliques ne sont nullement absentes. Dans les *Quaestiones* les deux sortes d'interprétation sont systématiquement fournies pour la plus grande partie des textes. Pour une vue d'ensemble des méthodes exégétiques de Philon, voir **126** A. Kamesar, « Biblical Interpretation in Philo », dans Kamesar **14**, p. 65-91.

L'allégorie de Philon dans son contexte historique. Il n'existe aucun ouvrage classique consacré à la méthode allégorique de Philon. Les études de **127** E. Stein, *Die allegorische Exegese des Philo aus Alexandreia*, coll. « Beihefte zur Zeitschrift für die alttestamentliche Wissenschaft » 51, Giessen 1929, et de **128** J. Pépin, *Mythe et allégorie. Les origines grecques et les contestations judéo-chrétiennes*, Paris 1958, seconde édition 1976, p. 231-244, sont aujourd'hui dépassées. Une perspective comparatiste et théorique a été adoptée par **129** J. D.

Dawson, *Allegorical Readers and Cultural Revision in Ancient Alexandria*, Berkeley 1992, p. 73-126. La thèse de Pépin selon laquelle l'allégorie philonienne avait ses origines dans l'interprétation stoïcienne d'Homère a été remise en question par **130** A. A. Long, « Allegory in Philo and etymology in Stoicism. A plea for drawing distinctions », dans Runia et Sterling **76**, p. 198-210. Sur la terminologie utilisée par Philon dans son exégèse allégorique, voir **131** P. Graffigna, « Φυσικῶς ἀλληγορεῖν. Osservazioni lessicali sulla teoria allegorica filoniana », *Koinonia* 20, 1996, p. 107-113.

Il est important toutefois de comprendre que l'allégorie philonienne s'inscrit dans un contexte social et intellectuel déterminé. Il fait allusion dans plusieurs passages à d'autres exégètes, tant littéralistes (qu'il critique souvent) qu'allégoristes, mais toujours de façon anonyme et plutôt générale : **132** M. J. Shroyer, « Alexandrian Jewish literalists », *JBL* 55, 1936, p. 261-84 ; **133** D. M. Hay, « Philo's references to other allegorists », *StudPhilon* 6, 1979-1980, p. 41-75 ; **134** *Id.*, « References to other exegetes », dans Hay **74**, p. 81-97. Des spécialistes ont étudié ces références et essayé de reconstituer le développement de l'exégèse alexandrine. **135** T. H. Tobin, *The Creation of Man. Philo and the History of Interpretation*, coll. « Catholic Biblical Quarterly Monograph Series » 14, Washington 1983, utilise l'exégèse philonienne de Gen. 1, 26-17 et 2, 7 comme un cas représentatif des traditions exégétiques antérieures à Philon que ce dernier a intégrées dans sa propre exégèse en différents points de son œuvre. Une approche plus radicale et plus ambitieuse a été adoptée par **136** R. Goulet, *La philosophie de Moïse. Essai de reconstruction d'un commentaire philosophique préphilonien du Pentateuque*, coll. « Histoire des doctrines de l'Antiquité classique » 11, Paris 1987 ; voir également **137** *Id.*, « Allégorisme et anti-allégorisme chez Philon d'Alexandrie », dans G. Dahan et R. Goulet (édit.), *Allégorie des poètes allégorie des philosophes. Études sur la poétique et l'herméneutique de l'allégorie de l'Antiquité à la Réforme*, Paris 2005, p. 59-87. Goulet soutient qu'une allégorisation systématique de caractère philosophique du Pentateuque ayant largement recours à l'étymologie des noms hébreux fut développée par des exégètes alexandrins dans les générations qui ont précédé Philon. Ce dernier était attiré par l'utilisation des idées philosophiques grecques chez ces devanciers et leur emprunta beaucoup, mais sa propre pensée d'orientation essentiellement religieuse entrait en conflit avec leur système rationaliste rigoureux et cette tension expliquerait un grand nombre des contradictions et des indécisions que présentent ses traités. La thèse de Goulet, bien qu'elle soit nécessairement spéculative, n'a pas reçu l'attention qu'elle mérite de la part des philoniens. Goulet **136**, p. 58-62, a dressé un tableau utile des étymologies des noms hébreux que l'on rencontre chez Philon.

La méthode du Commentaire allégorique. Le grand Commentaire allégorique qui est constitué par vingt-et-un traités est le chef d'œuvre de Philon, mais aussi son ouvrage le plus difficile. Il s'agit essentiellement d'un commentaire cursif sur Gen. 2-20. Pour une bonne vue d'ensemble du texte biblique traité dans les différentes parties (conservées ou seulement attestées) du Commentaire, voir

Goulet **137**, p. 18-20. On constate une certaine progression dans la méthode exégétique du début à la fin du commentaire (mais ce point a été exagéré par certains spécialistes, comme Adler **72**). Pour commencer Philon cite de courtes sections du texte biblique et en propose un commentaire direct. Mais rapidement il fait intervenir d'autres passages bibliques qu'il utilise pour donner une explication approfondie du texte de base. Parfois ces passages apparaissent comme des digressions, mais à la fin leur pertinence finit par apparaître lorsque Philon revient au texte original. Il en résulte que le traité semble divisé en chapitres distincts dont l'unité est fort relative. Les points de séparation entre les traités suivent souvent des divisions importantes du texte de l'Écriture, mais ils peuvent être parfois assez arbitraires. Par exemple, les derniers mots de *Gig.* 67 montrent que ce traité était originellement lié au traité *Deus* qui suit (occupant le même livre ou le même rouleau), de sorte qu'il est assez artificiel d'y voir deux traités séparés. Dans les deux derniers traités *Somn.* I et II, Philon renonce au commentaire cursif et traite de façon plus systématique les différents rêves rapportés dans la Genèse. Les traités du Commentaire allégorique de Philon sont les plus difficiles de ses ouvrages. Les lecteurs peuvent recourir aux sommaires fournis dans les traductions anglaise et française (**78** et **79**). On admet généralement que ce commentaire fut écrit pour des étudiants avancés dans l'exégèse biblique. Pour une analyse de la méthode de Philon dans ces ouvrages, et en particulier pour l'alternance entre lemmes bibliques principaux et secondaires, voir **138** D. T. Runia, « The structure of Philo's allegorical treatises. A review of two recent studies and some additional comments », *VChr* 38, 1984, p. 209-256, repris dans **34**, étude n° IV ; **139** *Id.*, « Further observations on the structure of Philo's allegorical treatises », *VChr* 41, 1987, p. 105-138, repris dans **34**, étude n° V. Les analyses structurales détaillées de **140** J. Cazeaux, *La trame et la chaîne : ou les Structures littéraires et l'exégèse dans cinq des traités de Philon d'Alexandrie*, coll. « Arbeiten zur Literatur und Geschichte des hellenistischen Judentums » 15, Leiden 1983, **141** *Id.*, « Être juif et parler grec : l'allegorie de Philon », dans C.-B. Amphoux et J. Margain (édit.), *Les premières traditions de la Bible,* coll. « Histoire du texte biblique » 2, Lausanne 1996, p. 165-205 (et plusieurs autres études), sont critiquées dans ces articles comme étant excessivement complexes et constructionnistes.

La méthode de l'Exposition de la loi. Ce groupe de traités diffère nettement par son style et sa méthode des deux autres entreprises exégétiques. Philon se propose de présenter de façon systématique le code de loi de Moïse. Ce projet implique l'exégèse du récit de la création parce que le logos universel présent dans la structure du cosmos sert de fondement pour la compréhension humaine et pour l'obéissance à la Loi. Le programme inclut les vies des patriarches parce qu'ils représentent des « lois vivantes » ayant vécu avant la proclamation véritable de la Loi par Moïse. La présentation de l'ensemble du code juif sous les têtes de chapitres des dix commandements du Décalogue est une idée brillante, qui a pu être empruntée à la pratique juive contemporaine, mais a été mise en œuvre d'une façon beaucoup plus systématique. Voir l'analyse de Borgen **11**, p. 59-79 (mais le recours qu'il fait à la notion de « Bible réécrite » s'avère peu utile) ; voir aussi **142** *Id.*, « Philo of Alexandria – a systematic philosopher or an eclectic editor ? An examination of his *Exposition of the Laws of Moses* », *SO* 71, 1996, p. 115-134. Certains spécialistes ont soutenu que Philon pouvait avoir à l'esprit des lecteurs païens, mais il est plus probable qu'il écrivait pour un large public de race juive.

La méthode et les objectifs des *Quaestiones*. En formulant de longues séries de questions sur le texte biblique et en fournissant le plus souvent de courtes réponses Philon s'incrivait clairement dans la littérature des *Quaestiones* sur Homère et dans le cadre de l'exégèse littéraire et philosophique grecque, mais aussi à un moindre degré dans les méthodes juives qui allaient plus tard être développées par les rabbins. Des explications à la fois littérales et allégoriques sont habituellement données, mais davantage d'importance est accordée à la première méthode qu'à la seconde. Une autre caractéristique notable est l'importance accordée au rôle des nombres dans le texte biblique, avec un recours fréquent au savoir arithmologique (voir plus loin la section sur l'utilisation philonienne des idées pythagoriciennes). Il semblerait que l'ouvrage était conçu comme une banque de matériaux exégétiques où l'on pouvait puiser pour d'autres entreprises littéraires. Ceci explique que dans ces traités plus que nulle part ailleurs Philon propose plusieurs solutions aux questions soulevées par le texte et qu'il fait référence à d'autres exégètes et à d'autres traditions exégétiques. Certains spécialistes considèrent que l'ouvrage pourrait avoir été une préparation pour le Commentaire allégorique, car dans cet ouvrage l'exégèse est souvent commandée par des questions que soulève le texte biblique. Voir le recueil d'études consacrées à cet ouvrage publié par Hay **74** ; voir aussi **143** G. M. Vian, « Le *Quaestiones* di Filone », *AnnSE* 9, 1992, p. 365-388. Sur le rapport avec le Commentaire allégorique, voir Nikiprowetzky **68**, p. 5 et 179-180 ; **144** P. Borgen et R. Skarsten, « *Quaestiones et solutiones* : some observations on the form of Philo's exegesis », *StudPhilon* 4, 1976-1977, p. 1-15.

Les traités philosophiques. Ce groupe d'ouvrages comprend les deux dialogues *Prov.* II et *Anim.*, le traité *Prov.* I (qui n'est pas un dialogue), et deux autres traités entièrement conservés en grec, *De aeternitate mundi* et *Quod omnis probus liber sit*. Ils diffèrent des ouvrages exégétiques de Philon en ce qu'ils ne font pratiquement jamais référence à la Bible ou à des thèmes spécifiquement juifs. Néanmoins, une analyse précise de leur contenu montre qu'ils abordent des thèmes traités par Philon dans d'autres écrits, mais dans une perspective philosophique tout à fait différente. On a longtemps supposé que les traités philosophiques avaient été composés par Philon dans sa jeunesse ou dans le cadre de travaux académiques ; ils auraient été écrits avant qu'il n'ait reconnu la valeur de ses propres traditions juives : voir Cohn **66**, p. 389-391, Bousset **45**, p. 134-152. Ces vues sont toutefois infondées. Les dialogues sont certainement des travaux de la maturité et il est plus que probable que les autres le sont également, comme l'a soutenu de façon convaincante **145** A. Terian, « A critical introduction to Philo's Dialogues », dans W. Haase (édit.), *Hellenistisches Judentum in römischer Zeit.*

Philon und Josephus = *ANRW* II 21, 1, Berlin 1984, p. 292-294. C'est par leur perspective qu'ils diffèrent des autres traités de Philon. Les cinq ouvrages fournissent beaucoup de matériel relevant de la philosophie hellénistique que l'on ne trouve pas ailleurs que chez Philon et ils sont souvent utilisés dans le cadre de recueils des fragments de philosophes anciens.

Le traité qui a soulevé le plus de controverses est *Aet.* Dans cet ouvrage Philon produit une longue série d'arguments pour établir que l'univers est éternel à la fois *a parte ante* et *a parte post.* Cette thèse semble contredire sa conviction, exprimée de façon décidée en *Opif.* 7-12 et ailleurs, que l'univers est venu à l'être sous les mains du Dieu créateur. **146** J. Bernays, *Die unter Philon's Werken stehende Schrift Über die Unzerstörbarkeit des Weltalls nach ihrer ursprünglichen Anordnung wiederhergestellt und ins Deutsche übertragen*, coll. « Abh. Königl. Preuss. Akad. », Berlin 1876, p. 209-728, a soutenu de façon ferme l'inauthenticité du traité. Ses arguments furent toutefois réfutés par **147** Fr. Cumont, *Philonis De aeternitate mundi*, Berlin 1891, qui a soutenu, sur la base d'arguments à la fois philologiques et philosophiques, que l'ouvrage était authentiquement philonien, signalant de nombreux détails stylistiques et thématiques qui ont leur parallèle ailleurs dans le corpus. Le long article de **148** D. T. Runia, « Philo's *De aeternitate mundi.* The problem of its interpretation », *VChr* 35, 1981, p. 105-151, repris dans **34**, étude n° VIII, soutient que les arguments exposés en §§ 20-149 doivent être rattachés à la doxographie introductive en §§ 7-19, et que la seconde partie perdue de l'ouvrage contenait des arguments réfutant la thèse que l'univers est éternel *a parte ante.* Cette interprétation a été bien accueillie, mais n'a pas convaincu tous les savants. Une analyse informatique du texte a conduit **149** R. Skarsten, *The Problem concerning the Authorship of De Aeternitate Mundi in Corpus Philonicum*, diss. Bergen 1987 (en norvégien), à soutenir l'inauthenticité ; voir également **150** K. Fuglseth, « The reception of Aristotelian features in Philo and the authorship problem of Philo's *De Aeternitate Mundi* », dans D. Brakke *et al.* (édit.), *Beyond Reception. Mutual Influences between Antique Religion, Judaism, and Early Christianity*, coll. « Early Christianity in the Context of Antiquity » 1, Frankfurt 2006, p. 57-67. Toutefois, le fait que Philon cite et paraphrase tant de sources philosophiques dans son traité a pu exercer un effet de distorsion sur son style et son vocabulaire, ce qui pourrait expliquer les résultats de l'analyse informatique. L'ouvrage doit être considéré comme philonien et constitue un bel exemple de l'étendue de l'érudition philosophique de son auteur.

Philon et les écoles philosophiques. L'opinion de Festugière **111** qui voyait en Philon le produit superficiel des écoles hellénistiques doit être considérée comme infondé. Il a une très bonne connaissance des doctrines des différentes *haireseis* ou écoles de pensée à l'intérieur de la philosophie grecque. Non seulement il est bien informé, mais il est probable qu'il connaissait directement ou indirectement les écoles philosophiques à Alexandrie, ainsi que nous l'avons soutenu plus haut dans la section « La formation grecque de Philon ». Malheureusement ses œuvres ne nous donnent aucune information sur la façon dont cette fréquentation a pu se dérouler. Ce serait toutefois une erreur de penser qu'il s'identifie lui-même à l'une de ces *haireseis* ou écoles. Il considère qu'il appartient à l'*hairesis* ou l'école de Moïse, laquelle peut être plus ou moins identifiée avec le groupe de savants et intellectuels juifs à Alexandrie et en particulier avec la tradition d'exégèse biblique qui s'était développée dans cette cité. Plusieurs formules comme « nous les disciples ou les élèves de Moïse » se rencontrent dans ses écrits, par exemple en *Quod deterius* 86, *Spec.* I 345, etc. C'est envers cette tradition que Philon tient à marquer sa loyauté. Clément d'Alexandrie appelle à deux reprises Philon « le Pythagoricien » (*Strom.* I 72, 4 et II 100, 3), mais cette désignation résulte certainement de la lecture de ses écrits (qui se fonde en particulier sur les développements arithmologiques) et n'est pas une information autorisée concernant son affiliation philosophique : **151** D. T. Runia, « Why does Clement of Alexandria call Philo "the Pythagorean"? » *VChr* 49, 1995, p. 1-22.

Comme Nikiprowetzky **68** l'a suggéré, Philon utilise des doctrines philosophiques comme un « langage rationnel » pour expliquer le sens profond de l'Écriture. On pourrait être tenté de décrire ce processus comme « éclectique », car des doctrines d'écoles différentes sont mises à contribution. Mais il est important de reconnaître que les doctrines philosophiques ne sont pas toutes traitées de la même manière. Certaines sont considérées comme plus pertinentes et plus opportunes que d'autres, tandis que d'autres font l'objet de vives attaques polémiques parce qu'elles sont considérées comme opposées aux lignes de force de la pensée mosaïque. On doit conclure que la méthode de Philon repose sur un attitude intellectuelle claire et cohérente, qui accorde la primauté au texte biblique conçu de façon philosophique : **152** J. Mansfeld, « Philosophy in the service of Scripture. Philo's exegetical strategies », dans J. M. Dillon et A. A. Long (édit.), *The Question of "Eclecticism". Studies in Later Greek Philosophy,* coll. « Hellenistic Culture and Society » 3, Berkeley 1988, p. 70-102. Pour éviter toute confusion, il est peut-être préférable de considérer Philon comme un « exégète d'orientation philosophique » plutôt que comme un « philosophe » *tout court* : **153** D. T. Runia, *Philo of Alexandria and the* Timaeus *of Plato*, diss. Amsterdam 1983, 2ᵉ éd., coll. « Philosophia Antiqua » 44, Leiden 1986, p. 535-546. Réflexions complémentaires dans **154** D. T. Runia, « The rehabilitation of the jackdaw. Philo of Alexandria and ancient philosophy », dans **155** R. Sorabji et R. W. Sharples (édit.), *Greek and Roman Philosophy 100 BC-200 AD,* London 2007, p. 483-500.

Philon et le moyen-platonisme. Il ne fait pas de doute que, parmi tous les philosophes grecs, c'est avec Platon que Philon éprouve la plus grande affinité intellectuelle. En *Aet.* 52 il l'appelle ὁ μέγας Πλάτων et en *Prob.* 13 une citation directe de *Phdr.* 247a7 est précédée par les mots κατὰ τὸν ἱερώτατον Πλάτωνα (mais étant donné le contexte la variante λιγυρώτατον devrait peut-être être retenue, comme le suggère Colson **78** *ad loc.*). Le corpus philonien témoigne d'une connaissance approfondie des écrits et de la pensée de Platon. L'influence de Platon sur Philon fut reconnue dans l'antiquité tardive grâce au bon mot rapporté par Jérôme (*De vir. ill.* 11) et Isidore de Péluse (*Ep.* III 81), ἢ Πλάτων φιλωνίζει ἢ

Φίλων πλατωνίζει («Ou bien Platon se fait philonien ou bien Philon se fait platonicien.»). Une bonne étude de l'utilisation de Platon par Philon a été préparée par un élève de Paul Shorey, **156** T. H. Billings, *The Platonism of Philo Judaeus*, diss. Chicago 1919 (pour un index des passages philoniens et platoniciens cités par l'auteur, voir **157** A. C. Geljon et D. T. Runia, «An *index locorum* to Billings», *StudPhilonAnn* 7, 1995, p. 169-185). L'étude de Billings a cependant le tort de ne pas situer l'utilisation de Platon par Philon dans son contexte historique. Le même défaut affecte l'étude importante de Wolfson **107**; voir en particulier p. 112-113. Depuis les travaux de **158** P. Boyancé, «Études Philoniennes», *REG* 76, 1963, p. 64-110, **159** W. Theiler, «Philo von Alexandria und der Beginn des kaiserzeitlichen Platonismus», dans K. Flasch (édit.), *Parusia. Studien zur Philosophie Platons und zur Problemgeschichte des Platonismus. Festgabe für J. Hirschberger,* Frankfurt 1965, p. 199-218 (repris dans ses *Untersuchungen zur antiken Literatur*, Berlin 1970, p. 484-501), **160** *Id.*, «Philo von Alexandria und der hellenisierte *Timaeus*», dans R. B. Palmer et R. G. Hamerton-Kelly (édit.), *Philomathes. Studies and Essays in the Humanities in Honour of Philip Merlan,* The Hague 1971, p. 25-35, et Dillon **5**, on a reconnu que la connaissance et l'utilisation de Platon par Philon doivent être vues dans le contexte du développement de l'héritage platonicien du IVe s. av. J.-C. au Ier s. apr. J.-C. et en particulier au cours de la période communément désignée comme celle du moyen-platonisme. Cet arrière-plan explique en partie son utilisation sélective des dialogues de Platon. Les ouvrages les plus couramment utilisés sont le *Timée*, le *Phèdre*, la *République* et les *Lois*, le *Phédon* et le *Banquet*. Sur l'utilisation des deux premiers de ces dialogues, voir Runia **153**, et **161** A. Méasson, *Du char ailé de Zeus à l'Arche d'Alliance. Images et mythes platoniciens chez Philon d'Alexandrie*, Paris 1986 (avec une insistance particulière sur le mythe du *Phèdre*). Concernant l'utilisation par Philon de la *République* et des *Lois,* **162** I. Heinemann, *Philons griechische und jüdische Bildung. Kulturvergleichende Untersuchungen zu Philons Darstellung der jüdischen Gesetze*, Breslau 1932, réimpr. Hildesheim 1962, 1973, est toujours utile.

La principale dette de Philon envers le platonisme se situe dans les domaines de la métaphysique, de la doctrine de la création, de l'anthropologie et, pour une part moindre, de l'éthique. Il accepte la division fondamentale de la réalité entre un monde intelligible supra-sensible d'être pur et un monde sensible du devenir, plaçant Dieu dans le premier monde (à noter l'influence d'Ex. 3, 14, Dieu en tant qu'ὁ ὤν), bien qu'il affirme parfois qu'il faut le chercher au-delà de ce monde. Son interprétation de la création mosaïque est fortement influencée par le mythe cosmogonique du *Timée* de Platon. Sa conception de la nature de l'homme est largement empruntée à la division platonicienne de l'esprit, de l'âme et du corps, ainsi que des parties rationnelle, irascible et appétitive de l'âme. En morale, il adhère de façon étroite aux principes de l'éthique platonicienne des vertus. Les formules qu'il emploie dans ce domaine attestent l'influence du stoïcisme, mais c'est là une caractéristique générale du moyen-platonisme.

Comme exemple d'une conception maximaliste de la dette de Philon à l'égard
du moyen-platonisme, nous pouvons citer la conclusion du bilan dressé par Dillon
5, p. 182 : « My chief thesis … is that Philo was not so much constructing for
himself an eclectic synthesis of all Greek philosophy, from the Presocratics to
Posidonius, as essentially adapting contemporary Alexandrian Platonism, which
was itself heavily influenced by Stoicism and Pythagoreanism, to his own exegetical purposes. » Voir également la discussion présentée dans **163** « Special
section : Philo and Middle Platonism », *StudPhilonAnn* 5, 1993, p. 95-155 (avec
des contributions de G. E. Sterling, D. T. Runia, D. Winston, T. H. Tobin, et
J. Dillon). On a soutenu que Philon pouvait avoir lui-même influencé la tradition
médio-platonicienne, par exemple dans la formulation de la doctrine des idées
comme pensées de Dieu et dans le domaine de la théologie négative, mais on n'a
pas fourni de preuve convaincante en ce sens : **164** R. Radice, « Observations on
the theory of the ideas as the thoughts of God in Philo of Alexandria », dans
165 D. T. Runia *et al.* (édit.), *Heirs of the Septuagint. Philo, Hellenistic Judaism
and Early Christianity. Festschrift for Earle Hilgert*, coll. « Brown Judaic Studies »
230 [= *StudPhilonAnn* 3, 1991], Atlanta 1991, p. 126-134 ; **166** R. Radice,
« *Didaskalikos* 164, 29-30 e la probabile influenze di Filone di Alessandria »,
ArchivFilos 61, 1993, p. 45-63 ; plus anciennement, voir Wolfson **107**, t. II, p. 94-
164.

Dillon (**5,** p. 182) complète sa conclusion citée plus haut de la façon suivante :
« If this is the case, then, used with proper caution, he is plainly good evidence for
the state of Platonism at Alexandria in the first decades of the Christian era. » Le
problème est ici que nous manquons de documents permettant de le confirmer.
Bien qu'il y ait une assez grande similitude entre les doctrines philosophiques que
l'on trouve chez Philon et la pensée d'Eudore d'Alexandrie (☞E 97), son contemporain un peu plus âgé, le nom de ce dernier n'apparaît nulle part dans le corpus et
il n'a jamais été possible d'établir aucune espèce de relation directe entre ces deux
auteurs. Philon peut nous en apprendre davantage concernant le platonisme
contemporain à Alexandrie que d'autres philosophes peuvent nous en apprendre à
son propre sujet. Voir les remarques judicieuses de **167** M. Bonazzi, « Towards
transcendence. Philo and the renewal of Platonism in the early Imperial age », dans
168 F. Alesse (édit.), *Philo of Alexandria and Post-Aristotelian Philosophy,* coll.
« Studies on Philo of Alexandria » 5, Leiden/Boston 2008, p. 233-251, qui insiste
sur la diversité des traditions platoniciennes au début de l'époque impériale.

Philon et le pythagorisme. En lien étroit avec le développement du moyen-
platonisme, il faut noter le regain d'intérêt pour la tradition pythagoricienne que
l'on observe au Ier s. av. J.-Chr. à Alexandrie, comme la personnalité d'Eudore déjà
mentionné permet de l'établir. Philon a une bonne connaissance des principales
doctrines du pythagorisme : voir les références à des idées pythagoriciennes
signalées dans Dillon **5** ; voir également **169** C. H. Kahn, *Pythagoras and the
Pythagoreans. A Brief History*, Indianapolis 2001, p. 99-104. En *Aet.* 12 il déclare
avoir pris connaissance du Περὶ τῆς τοῦ παντὸς φύσεως du (Ps.-)Ocellus de

Lucanie (➳O 6). Dans le domaine de la pensée politique on peut établir d'intéressants parallèles entre Philon et Ecphante (➳E 9) : **170** F. Calabi, « Filone di Alessandria e Ecfanto. Un confronto possible », dans **171** M. Bonazzi, C. Lévy et C. Steel (édit.), *A Platonic Pythagoras. Platonism and Pythagoreanism in the Imperial Age,* coll. « Monothéismes et Philosophie » 10, Turnhout 2007, p. 11-28. Philon fait référence à la métaphysique pythagoricienne, notamment au rôle de la monade et de la dyade en tant que principes, par exemple lorsqu'il déclare que Dieu en tant qu'Être est « plus pur que l'unité et la monade et plus primaire que la monade » (*De vita contemplativa* 2). Mais ses convictions juives ne lui permettent pas d'assumer totalement ces conceptions ; *cf.* **172** A. Petit, « Philon et le pythagorisme : un usage problématique », dans Lévy **113**, p. 471-482 ; **173** C. Lévy, « La question de la dyade chez Philon d'Alexandrie », dans Bonazzi *et al.* **167**, p. 11-28.

La principale influence exercée par un pythagorisme aux contours plutôt imprécis peut être reconnue dans la fascination qu'éprouve Philon pour les nombres et l'utilisation étendue qu'il fait du savoir arithmologique dans son exégèse. Nous savons grâce à des renvois internes qu'il avait écrit un ouvrage intitulé Περὶ ἀριθμῶν aujourd'hui perdu. L'essai de reconstitution à partir des passages arithmologiques dans son œuvre entrepris par **174** K. Staehle, *Die Zahlenmystik bei Philon von Alexandreia*, Leipzig/Berlin 1931, doit être considéré comme un échec, mais cet ouvrage reste un recueil utile de tout le matériel. Une grande partie du savoir arithmologique de Philon trouve des parallèles dans d'autres sources comme Varron, Nicomaque de Gérasa (➳N 50), Anatolius (➳A 156-157), le Ps.-Jamblique des *Theologoumena arithmeticae,* Macrobe (➳M 9), Jean Lydus (➳L 89), etc. Voir par exemple l'analyse des sources pour l'éloge remarquablement long de l'hebdomade en *Opif.* 89-128 dans Runia **85**, p. 301-304. Le matériel arithmologique de Philon diffère des compilations pythagoriciennes connues en ce qu'il va au-delà de la décade. La raison de cette différence est évidente : il utilise ce matériel pour illustrer le fondement rationnel des nombres dans le Pentateuque et on y rencontre souvent des nombres qui dépassent 10, par exemple les âges des patriarches à leur mort. Sur l'utilisation par Philon de ces connaissances arithmologiques dans son exégèse, voir **175** H. Moehring, « Arithmology as an exegetical tool in the writings of Philo of Alexandria », dans J. P. Kenney (édit.), *The School of Moses. Studies in Philo and Hellenistic Religion in Memory of Horst R. Moehring,* coll. « Brown Judaic Series » 304 – « Studia Philonica Monograph Series » 1, Atlanta 1995, p. 141-76. Sur la désignation par Clément d'Alexandrie de Philon comme un « pythagoricien », voir plus haut la section « Philon et les écoles philosophiques ».

Philon et le Péripatos. Philon a une solide connaissance d'Aristote, bien qu'il ait écrit avant la large diffusion du corpus des écrits ésotériques. En *Aet.* 10-16 il marque à deux reprises son respect pour le Stagirite, mais cela ne veut pas dire qu'il partage l'opinion que le cosmos n'a pas de commencement ou de fin dans le temps ; voir plus haut la section sur « Les traités philosophiques ». Concernant l'influence d'Aristote sur la théologie de Philon, voir Runia **153**, p. 434, **176** P.

Boyancé, « Le Dieu très haut chez Philon », dans *Mélanges d'histoire des religions offerts à H. Ch. Puech,* Paris 1974, p. 139-149 ; il faut toutefois noter que la doctrine du moteur immobile avait également été adoptée dans certains courants du moyen-platonisme. En faveur d'une influence aristotélicienne encore beaucoup plus grande sur la pensée de Philon, voir **177** A. P. Bos, « Philo of Alexandria. A Platonist in the image and likeness of Aristotle », *StudPhilonAnn* 10, 1998, p. 66-86. On trouve quelques parallèles frappants entre Philon et le traité pseudo-aristotélicien *De mundo,* notamment la distinction entre οὐσία et δύναμις en théologie : Runia **153**, p. 434 ; Bos **177**, p. 74-75 (qui considère le *De mundo* comme authentiquement aristotélicien) ; mais l'hypothèse de Bernays et de Pohlenz selon laquelle le dédicataire de l'ouvrage serait non point Alexandre le Grand, mais Alexandre le neveu de Philon est fantaisiste ; **178** M. Pohlenz, « Philon von Alexandreia », *NAWG* 5, 1942, p. 480-487.

Sur Philon et les péripatéticiens post-aristotéliciens, voir **179** R. W. Sharples, « Philo and post-Aristotelian Peripatetics », dans Alesse **168**, p. 55-73. Le passage d'*Aet.* 117-149, où Philon rapporte la réfutation par Théophraste de ceux qui soutiennent la genèse et la destruction du cosmos (fr. 184 FHS&G) a fait l'objet de plusieurs études ; commentaire par **180** R. W. Sharples, *Theophrastus of Eresus. Sources for his Life, Writings, Thought and Influence. Commentary Volume 3.1 Sources on Physics,* coll. « Philosophia Antiqua » 79, Leiden 1998, p. 130-142 ; **181** I. G. Kidd, « Theophrastus fr. 184 FHS&G. Some thoughts on his arguments », dans K. A. Algra, P. W. Van der Horst et D. T. Runia (édit.), *Polyhistor. Studies in the history and historiography of ancient philosophy presented to Jaap Mansfeld on his sixtieth birthday,* coll. « Philosophia Antiqua » 72, Leiden 1996, p. 135-144 ; **182** D. Sedley, « Theophrastus and Epicurean Physics », dans J. M. van Ophuijsen et M. van Raalte (édit.), *Theophrastus. Reappraising the Sources,* coll. « Rutgers University Studies in the Humanities » 8, New Brunswick 1998, p. 331-354.

Philon et la Stoa. La connaissance qu'a Philon de l'école stoïcienne de philosophie et sa dette envers elle sont considérables. Le recueil standard des fragments stoïciens, **183** J. von Arnim, *Stoicorum Veterum Fragmenta*, Leipzig 1903-1924, réimpr. Stuttgart 1978, 4 vol., contient de nombreux passages tirés des œuvres de Philon. Ils sont répertoriés dans le t. IV, p. 205-207. Philon fait appel à de nombreux concepts de la physique stoïcienne, même s'il en rejette la théologie immanentiste. Il reprend également largement la psychologie stoïcienne, qu'il a tendance à mettre en harmonie avec les vues platoniciennes. Mais sa plus grande dette se situe dans le domaine de l'éthique, notamment pour les doctrines des vertus et des passions (là encore on est en présence d'une convergence avec des idées stoïciennes qui est également présente dans le moyen-platonisme). Il est favorable par exemple à l'élimination des passions (ἀπάθεια) plutôt qu'à leur simple modération (μετριοπάθεια). Les biens corporels et ceux liés au monde extérieur tendent à être dévalorisés par rapport aux biens de l'âme (mais le contexte exégétique peut amener Philon à parler de trois sortes de biens, par exemple en *QG* III 16, avec des références à Aristote, aux péripatéticiens et à Pythagore). Une vue d'ensemble de l'utilisation de la Stoa par Philon est fournie dans quatre articles réunis dans Alesse **168** : **184** A. A. Long, « Philo and Stoic Physics », p. 121-140 ; **185** G. Reydams-Schils, « Philo of Alexandria on Stoic and Platonist psycho-physiology. The Socratic higher ground », p. 169-195 ; **186** R. Radice, « Philo and Stoic ethics. Reflections on the idea of freedom », p. 141-167 ; **187** M. Graver, « Philo of Alexandria and the Origins of the Stoic ΠΡΟΠΑΘΕΙΑΙ », p. 197-221. Une présentation plus générale de la dette de Philon envers la Stoa est offerte dans **188** G. J. Reydams-Schils, *Demiurge and Providence. Stoic and Platonist Readings of Plato's "Timaeus"*, coll. « Monothéismes et Philosophie » 2, Turnhout 1999, p. 135-165. L'utilisation par Philon du concept de loi naturelle est examinée dans **189** D. T. Runia, G. E. Sterling et H. Najman, *Laws Stamped with the Seals of Nature. Law and Nature in Hellenistic Philosophy and Philo of Alexandria* [= *StudPhilonAnn* 15, 2003], coll. « Brown Judaic Series » 337, Providence, RI 2003. La terminologie ὁ νόμος τῆς φύσεως n'apparaît avec une certaine fréquence que chez Philon, mais il ne faut pas en déduire qu'il s'agit d'une invention philo-nienne (ou juive), comme l'a montré **190** R. A. Horsley, « The law of nature in Philo and Cicero, » *HThR* 71, 1978, p. 35-59, contre **191** H. Koester, « ΝΟΜΟΣ ΦΥΣΕΩΣ : the concept of natural law in Greek thought », dans J. Neusner (édit.), *Religions in Antiquity. Essays in Memory of E. R. Goodenough,* coll. « Studies in the History of Religions. Supplements to *Numen* » 14, Leiden 1968, p. 521-541.

Philon et l'épicurisme. Philon est fermement opposé aux thèmes majeurs de l'épicurisme. Il rejette sa physique matérialiste et mécaniciste, notamment sa négation de la doctrine de la Providence (*Aet. 7, Prov.* I 50). Il méprise également son éthique hédoniste : **192** G. Ranocchia, « Moses against the Egyptian. The anti-Epicurean polemic in Philo », dans Alesse **168**, p. 75-102. Mais sa connaissance de la philosophie épicurienne remonte aux sources et il peut fournir un témoignage intéressant sur des doctrines moins bien connues, comme le thème de l'οἰκείωσις en *Opif.* 161-162 : **193** C. Lévy, « Philon d'Alexandrie et l'épicurisme », dans M. Erler (édit.), *Epikureismus in der späten Republik und der Kaiserzeit,* coll. « Philosophie der Antike » 11, Stuttgart 2000, p. 122-136.

Philon et le scepticisme. Convaincu de la vérité de la philosophie mosaïque, Philon n'est certainement pas spontanément un sceptique. Et pourtant Nikiprowetzky **68**, p. 184-192, a signalé qu'on trouve une quantité étonnante de matériaux sceptiques dans ses ouvrages. Il est bien connu qu'il fournit en *Ebr.* 170-202 le plus ancien témoignage sur les tropes d'Énésidème (➤E 24) : **194** H. von Arnim, *Quellenstudien zu Philo von Alexandria,* coll. « Philologische Untersuchun-gen » 11, Berlin 1888 ; **195** K. Janácek, « Philon von Alexandreia und skeptische Tropen », *Eirene* 19, 1982, p. 83-97 ; **196** J. Annas et J. Barnes, *The Modes of Scepticism,* Cambridge 1985, p. 175-182 (avec une traduction anglaise du passa-ge). Un passage-clef est *Her.* 246-248 (sur Gen. 15, 11) : les phénomènes du monde naturel ont suscité des disputes infinies auprès des philosophes investi-gateurs (Philon emploie le terme σκεπτικοί), jusqu'à ce qu'Abraham « l'homme qui est accoucheur et juge » prenne place parmi eux, observe les productions de leur âme, rejette ce qui ne méritait pas d'être conservé et conserve ce qui méritait d'être retenu. La philosophie est remplie de conflits doctrinaux (διαφωνία), parce que la vérité fuit l'esprit qui se concentre sur ce qui est persuasif et conjectural. Il faut conclure qu'il existe une limite à la connaissance que peut atteindre la philosophie (notamment dans sa quête de la connaissance de Dieu), mais le sage inspiré, et notamment le législateur Moïse, peut atteindre la vérité dans les domaines essentiels. De la même façon l'exégète est limité dans sa compréhension du texte sacré, de sorte que souvent l'interprétation doit être considérée comme une tentative de caractère conjectural. Philon a ainsi souvent recours à la terminologie de la nouvelle Académie et du scepticisme pyrrhonien sans être un véritable sceptique. Sur Philon et le scepticisme, voir également Mansfeld **152** ; **197** C. Lévy, « La conversion du scepticisme chez Philon d'Alexandrie », dans Alesse **168**, p. 103-120.

Philon et la doxographie ancienne. Dans plusieurs des passages « sceptiques » étudiés plus haut Philon manifeste également sa connaissance de la littérature doxographique ancienne, laquelle fut identifiée et examinée pour la première fois par **198** H. Diels, *Doxographi Graeci*, Berlin 1879. Le passage le plus important se trouve en *Somn.* I 21-32, où il a recours à un matériel doxographique pour illustrer l'incognoscibilité du ciel et de l'esprit humain. Ce passage a été négligé par Diels, mais **199** P. Wendland, « Eine doxographische Quelle Philo's », *SPAW* 1897, p. 1074-1079, a vu qu'il s'agissait d'un parallèle à un matériel que l'on trouve plus tard chez Aétius (☞A 27) et le Ps.-Plutarque, *Placita philosophorum*, et qu'on était ainsi en présence d'un témoignage précieux sur des traditions plus anciennes ; voir également **200** J. Mansfeld et D. T. Runia, *Aëtiana. The Method and Intellectual Context of a Doxographer*, t. I : *the Sources*, coll. « Philosophia Antiqua » 73, Leiden 1997, p. 317-318. Un riche matériel doxographique se trouve également dans les traités philosophiques *Aet.* et *Prov.* II. Une analyse détaillée de l'utilisation par Philon de la littérature doxographique est donnée dans **201** D. T. Runia, « Philo and Hellenistic doxography », dans Alesse **168**, p. 13-52.

Philon et la tradition juive postérieure. Le seul auteur juif qui fasse mention de Philon dans l'antiquité est Flavius Josèphe, ainsi que nous l'avons noté plus haut dans la section « Vie et environnement familial ». Il est probable que Josèphe a étudié au moins certaines œuvres de Philon et les a utilisées pour ses *Antiquités*, à la fois pour les livres I-IV sur le Pentateuque et pour des événements contemporains rapportés dans le livre XVIII : **202** T. W. Franxman, *Genesis and the "Jewish Antiquitites" of Flavius Josephus*, coll. « Biblica et Orientalia » 35, Roma 1979 ; **203** L. H. Feldman, *Flavius Josephus Translation and Commentary,* vol. 3 : *Judean Antiquities Books 1-4*, Leiden 2000, p. 9, reste étonnament circonspect, suggérant une commune dépendance à l'égard de matériaux traditionnels. Il est très vraisemblable que Rabbi Hoshai'a de Césarée au IIIᵉ siècle connaissait les écrits de Philon, sans doute à travers la médiation d'Origène : **204** L. Wächter, « Der Einfluss platonischen Denkens auf rabbinische Schöpfungsspekulationen », *ZRGG* 14, 1962, p. 36-56 ; **205** E. E. Urbach, *The Sages, their Concepts and Beliefs*, Jérusalem 1975, 3ᵉ éd., Cambridge, Mass. 1987, p. 198-200. Mais on ne trouve aucune référence directe à Philon dans l'ensemble de la littérature rabbinique. Ou bien on le condamnait par le silence parce qu'on ne partageait pas son appréciation positive de la philosophie grecque ou bien on ne portait aucun intérêt au projet philonien : Runia **22**, p. 14-15 ; **206** D. Winston, « Philo and Rabbinic Literature », dans Kamesar **14**, p. 231-253. Sur des traces possibles de matériel philonien dans des écrits médiévaux, voir *ibid.*, p. 15-16, auquel on peut ajouter **207** A. Wasserstein, « Greek (and Christian ?) sources in Ibn Ezra's Commentary on Psalms », *SCI* 7, 1983-1984, p. 101-112 ; **208** E. R. Wolfson, « Traces of Philonic doctrine in medieval Jewish mysticism. A preliminary note », *StudPhilonAnn* 8, 1996, p. 99-106.

Philon fut « redécouvert » dans le judaïsme en Occident par le savant juif italien Azariah de' Rossi dans ses **209** *Me'or Enayim (The Light of the Eyes),* Mantova 1573-1575. Dans la partie III, chapitres 4-6 de son ouvrage, il discute longuement de Philon (qu'il nomme Yedidyah l'Alexandrin) et d'un point de vue critique, tout en reconnaissant son importance : **210** J. Weinberg, *Azariah de' Rossi, The Light of the Eyes*, New Haven 2001, p. XXXVI-XXXVIII, 111-159 (traduction anglaise) ; **211** G. Veltri, « The Humanist sense of history and the Jewish idea of tradition : Azaria de' Rossi's critique of Philo Alexandrinus », *JSQ* 2, 1995, p. 372-393.

Philon et la tradition chrétienne. Ainsi qu'il a été noté plus haut dans la section « Transmission du corpus philonien », les écrits de Philon furent conservés parce qu'il fut adopté par les chrétiens. Pour un examen détaillé de l'ensemble du processus, voir Runia **22**, avec des chapitres sur Philon et le Nouveau Testament, les Pères Apostoliques, les Apologistes, Alexandrie avant Clément, Clément d'Alexandrie, Origène, la tradition alexandrine (y compris Didyme l'Aveugle), Eusèbe, les Cappadociens et la suite, les débuts en Occident, Ambroise de Milan, Philon chez d'autres auteurs latins (dont Jérôme et Augustin) ; autres matériaux dans Runia **23** ; résumé dans **212** D. T. Runia, « Philo and the Early Christian Fathers », dans Kamesar **14**, p. 210-230. Autres études importantes : **213** M. Alexandre, « Apologétique judéo-hellénistique et premières apologies chrétiennes », dans **214** B. Pouderon et J. Doré (édit.), *Les Apologistes chrétiens et la culture grecque,* coll. « Théologie Historique » 105, Paris 1998, p. 1-40 ; **215** *Ead.,* « Les études philoniennes et le renouveau patristique », dans **216** Y.-M. Blanchard *et al.* (édit.), *"De commencement en commencement". Le renouveau patristique dans la théologie contemporaine,* Paris 2007, p. 141-179 ; **217** K. L. Gaca, *The Making of Fornication. Eros, Ethics and Political Reform in Greek Philosophy and Early Christianity*, Berkeley 2003, p. 190-217 ; Geljon **70** ; **218** A. van den Hoek, *Clement of Alexandria and his Use of Philo in the Stromateis. An Early Christian Reshaping of a Jewish Model*, coll. « Vigiliae Christianae Supplements » 3, Leiden 1988 ; **219** *Ead.,* « Philo and Origen. A descriptive catalogue of their relationship », *StudPhilonAnn* 12, 2000, p. 44-121 ; **220** A. Kamesar, « San Basilio, Filone, e la tradizione ebraica », *Henoch* 17, 1995, p. 129-140 ; **221** *Id.,* « Ambrose, Philo, and the presence of art in the Bible », *JECS* 9, 2001, p. 73-103 ; **222** E. F. Osborn, *Clement of Alexandria*, Cambridge 2005, p. 81-105 ; **223** I. Ramelli, « Philosophical allegoresis of Scripture in Philo and its legacy in Gregory of Nyssa», *StudPhilonAnn* 20, 2008, p. 55-100 ; **224** D. Zeller, «Philons spiritualisierende Eschatologie und ihre Nachwirkung bei den Kirchenvätern», dans E. Goodman-Thau (édit.), *Vom Jenseits. Jüdisches Denken in der europäischen Geistes-geschichte,* Berlin 1997, p. 19-35. En tant que contemporain Philon n'a exercé aucune influence sur les auteurs du Nouveau Testament, mais on peut relever de nombreux points de rapprochement entre les deux corpus : **225** R. Deines et K.-W. Niebuhr, *Philo und das Neue Testament. Wechselseitige Wahrnehmungen. 1. Internationales Symposium zum Corpus Judaeo-Hellenisticum Novi Testamenti (Eisenach/Jena, Mai 2003),* coll. «Wissenschaftliche Untersuchungen zum Neuen Testament» 172, Tübingen 2004. Le volumineux ouvrage de **226** H. A. Wolfson, *The Philosophy of the Church Fathers. Faith, Trinity, Incarnation,* Cambridge, Mass. 1956, 3ᵉ éd. 1970, qui essaie de prouver que Philon est le père de la pensée patristique soulève les mêmes difficultés que celles qui ont été signalées à propos de Wolfson **107**.

Plusieurs raisons peuvent expliquer la popularité de Philon chez les Pères de l'Église. Il leur montra comment utiliser les concepts de la pensée grecque dans leur exégèse de l'Écriture, notamment pour les livres de Moïse et plus particulièrement pource qui concerne la méthode allégorique et l'utilisation des étymologies. Ses écrits contenaient un énorme fonds de matériaux exégétiques qui pouvaient être repris ou adaptés à leur guise. Il leur fournissait d'importants thèmes historiques et apologétiques dans leur défense de la tradition biblique. Il leur montra également la voie en tant que philosophe et théologien, notamment pour les doctrines de Dieu et de la création (mais ils s'éloignèrent de ses vues en soutenant la doctrine de la *creatio ex nihilo,* qu'on ne trouve pas encore chez Philon ; **227** G. May, *Schöpfung aus dem Nichts. Die Entstehung der Lehre von der creatio ex nihilo,* coll. «Arbeiten zur Kirchengeschichte» 48, Berlin/New York 1978 ; traduction anglaise parue en 1994, notamment p. 9-21) ainsi que dans l'utilisation des thèmes éthiques. La tendance présente chez Philon à développer un corps de doctrine fondée sur l'Écriture fut énormément renforcée dans la tradition chrétienne et elle conduisit finalement vers le développement des concepts aussi bien de l'orthodoxie que de l'hérésie, un développement qui eut pour la postérité de Philon des résultats ambivalents (et aussi pour les Pères de l'Église qu'il influença comme Clément et Origène).

Aux IIᵉ et IIIᵉ siècles l'appropriation du matériel philonien par les Pères de l'Église ne posait généralement pas problème et fut poursuivie dans l'école alexandrine par un exégète comme Didyme l'Aveugle et à Césarée par Eusèbe. On peut dire sans exagération que Philon reçut le statut d'un Père de l'Église honoraire. Mais au IVᵉ siècle, la relation entre le christianisme et le judaïsme devint plus problématique. Chez des Pères de l'Église comme Ambroise, Grégoire de Nysse, Isidore de Péluse et Augustin on retrouve une vaste utilisation de Philon, mais également des critiques, notamment en ce qui concerne la doctrine du Logos et de la Trinité. Un sain équilibre est atteint par le père du désert Isidore de Péluse quand il écrit (*Epist.* II 143) : « L'enseignement de la vérité a intégré le concept de la sainte Trinité de façon si claire et transparente, même dans l'Ancien Testament, pour ceux qui consentent à l'examiner, que Philon, bien qu'il fût un juif fervent, en est venu à entrer en conflit avec sa propre religion dans les écrits qu'il a laissés... ». Philon reste un juif, mais quelqu'un qui a entrevu la vérité de la doctrine orthodoxe : **228** D. T. Runia, « Philo of Alexandria in Five Letters of Isidore of Pelusium », dans Runia *et al.* **165**, p. 295-319, repris dans **34**, p. 155-181. Mais à cette époque, une grande partie du matériel philonien avait été intégrée dans la tradition chrétienne et n'était plus reconnue que difficilement comme ayant une origine juive.

Il est également fascinant de constater quels termes sont employés pour faire référence à Philon. Chez les premiers Pères de l'Église il est le plus souvent appelé « Philon l'Hébreu ». A partir du milieu du IVe siècle, « Philon le Juif » devient la forme la plus habituelle. Il est parfois appelé « le philosophe », mais jamais « l'Alexandrin ». Le titre le plus remarquable est « Philon l'Évêque », que l'on trouve seulement dans les chaînes (éditées par **229** F. Petit, *La Chaîne sur la Genèse. Édition intégrale*, Louvain 1992-1997, 4 vol., **230** *Ead., La Chaîne sur l'Exode*, Louvain 1999-2001, 4 vol.). Les noms assignés à Philon reflètent différentes attitudes à l'égard de son héritage et de sa judéité ; voir les analyses données dans **231** D. T. Runia, « Philonic Nomenclature », *StudPhilonAnn* 6, 1994, p. 1-27, repris dans **24**, p. 25-53.

La réception de l'héritage philonien dans l'antiquité tardive et à la période byzantine n'a pas fait l'objet de recherches approfondies. De même la façon dont il a perdu son statut de Père de l'Église honoraire et de théologien dogmatique pour devenir progressivement un objet d'études érudites mériterait d'être historiquement retracée ; des remarques utiles, mais superficielles peuvent être trouvées dans Billings **156**, p. 4-9, qui souligne le rôle important joué par **232** J. A. Fabricius, *Exercitatio de Platonismo Philonis Judaei*, Leipzig 1693, repris dans ses *Opuscula,* Hamburg 1738, p. 147-160 ; **233** *Id., Bibliotheca Graeca*, Hamburg 1705-1728, 4e éd., Hamburg 1795, t. IV, p. 721-750. Pour une vue d'ensemble de la recherche moderne, voir plus haut la section « Bibliographies ». On trouvera quelques observations sur les orientations des études philoniennes dans les introductions des ouvrages de Radice et Runia **18** et de Runia **19**. Il faut remarquer en particulier l'intérêt croissant porté à Philon par des savants d'origine juive et par la prédominance des publications en langue anglaise. Cette tendance a toutefois été tempérée par l'importance des travaux des philoniens de langue française (notamment au cours de la période 1960-1990) et par la montée de l'érudition italienne (par exemple **234** F. Calabi, *Italian Studies on Philo of Alexandria*, coll. « Studies in Philo of Alexandria and Mediterranean Antiquity » 1, Leiden 2003, et la publication de la revue **235** *Adamantius. Annuario di Letteratura Cristiana Antica e di Studi Giudeoellenistici*, dirigée par L. Perrone, Pisa et Brescia, 1996 –).

Notice traduite de l'anglais par Richard Goulet.

DAVID T. RUNIA.

151 PHILON (D'ALÔPÉKÈ ?) *RE* 38 *PA* 14806   IVᵃ-IIIᵃ

A. Ce disciple *(γνώριμος)* d'Aristote (Athénée, *Deipnosophistes* XIII 92, 610 F) intenta un procès en inconstitutionnalité contre Sophocle de Sounion, fils d'Amphicleidès (Pollux, *Onomasticon* IX 42), qui avait obtenu par un projet de loi, après la conquête d'Athènes par Démétrios Poliorcète en 307ᵃ, l'interdiction, sous peine de mort, de diriger une école philosophique sans l'assentiment du Conseil et de l'Assemblée. Cette mesure avait entraîné l'expulsion des philosophes d'Athènes. Grâce à l'action de Philon, la loi fut reconnue comme inconstitutionnelle, Sophocle, qui avait été défendu par Démocharès, un parent de Démosthène (Athénée, *Deipnosophistes* XIII 92, 610 F et XI 119, 508 F), condamné à une amende de cinq talents et les philosophes autorisés à revenir. Voir Diogène Laërce V 38. *PA* 14806 : « Φ. *Athen. XIII 610f.* Φιλίων *Laert. Diog. V 38* ».

Le nom de Philon est toutefois en V 38 une correction proposée par Cobet et retenue par les éditeurs à cause du parallèle chez Athénée. Les mss de D. L. ont en réalité, d'après l'apparat de Marcovich : φιλλίωνος PV φαλλίωνος B φιλίωνος F. Mais les formes Phalliôn ou Philliôn ne semblent pas par ailleurs attestées.

B. On a reconnu le même personnage dans le témoin de deux des copies du testament de Théophraste, mort en 286ᵃ (Diogène Laëce V 57).

Les manuscrits de Diogène Laërce parlent toutefois en ce passage de Philiôn d'Alôpékè et c'est à nouveau Cobet qui a restitué le nom de Philon. Marcovich, contrairement à Long, a conservé Φιλίων. Il n'est pas dit non plus que ces divers témoins appartenaient au Péripatos. Kirchner, *PA* 14828 a retenu la forme corrigée : « ΦΙΛΩΝ ΑΛΩΠΕΚΗΘΕΝ. *Testis in testamento Theophrasti philosophi, Laert. Diog. V 57. Mortuus est Theophrastus c. Ol. 123 (a. 288-284) ; Zeller II³ 2, 807* ». Voir de même *LGPN* II, p. 461, Φίλων Alopeke : **(68)** f. III BC D.L. V 57 (*PA* 14828), ainsi que J.S. Traill, *Persons of Athens*, t. XVIII, Toronto 2009, p. 42 : 955010 : « witness in will of Theophrastus, 287a ». On connaît également du même dème, sous le n° 955005, « contractor in accounts of Eleusis, 319/8 ». et un autre, sous le n° 955015, un fils de ΦΙΛΙ- , propriétaire d'un esclave vers 320ᵃ (*IG* I² 1554, li. 42).

LGPN II, p. 452, signale cependant un Φιλίων Alopeke ? : **(13)** m. IV BC *SEG* 39, 1989 n° 204 (p. 74-75), dont le nom figure dans une inscription du milieu du IVᵉ s. av. J.-C. conservée à l'Université du Mississippi et éditée par R. A. Moysey, « Three fragmentary Attic inscriptions », *ZPE* 78, 1989, p. 199-207 (n° 3 : « Fragment from a Dedication », p. 204-207, avec photo : Tafel XIII b). On lit aux lignes 3-4 : [Ἀλωπε]κῆς vacat ‖ [.....]ράτης Φιλίωνος ᵛᵛ. Il pourrait s'agir d'une dédicace honorifique (semblable à celle d'*IG* II² 2832) pour des prytanes de la tribu Antiochis, dont faisaient partie les Athéniens du dème d'Alôpékè. Si la datation de l'inscription est valable, ce Philiôn, fils d'un [.....]cratès, d'Alôpékè pourrait être un ancêtre du témoin du testament de Théophraste. Voir Traill, t. XVII, p. 279, sous le n° 932640 (vers 380ᵃ) qui ne signale pas d'autre Philiôn de ce dème.

« There are many men with the names Philion (...) in fourth-century Athens but none from the deme of Alopeke is known to be associatd with a son whose name ended in -ρατης. » (Moysey, p. 206). Cette phrase laisse entendre qu'on connaîtrait d'autres Philiôn d'Alôpékè au IVᵉ siècle.

Cf. U. von Wilamowitz-Moellendorff, *Antigonos von Karystos*, Berlin 1881, p. 270 *sqq.*; M. Haake, *Der Philosoph in der Stadt*, München 2007, sect. II 2 («Das "Gesetz des Sophokles" und die Philosophen»), p. 16-43, notamment p. 29-30, et *Id.*, «Das "Gesetz des Sophokles" und die Schließung der Philosophen-schulen in Athen unter Demetrios Poliorketes», dans H. Hugonnard-Roche (édit.), *L'enseignement supérieur dans les mondes antiques et médiévaux. Aspects institu-tionnels, juridiques et pédagogiques*. Colloque international de l'Institut des Tradi-tions Textuelles (Fédération de recherche 33 du C.N.R.S.), coll. «Textes et traditions» 17, Paris 2008, p. 89-112, notamment p. 101 et n. 1.

RICHARD GOULET.

152 PHILON D'ATHÈNES *RE* 37   III^a

Disciple de Pyrrhon d'Élis (☛P 327) mentionné à deux reprises par Diogène Laërce. Selon IX 67 (Pyrrhon T 20 Decleva Caizzi), il attestait que Pyrrhon admirait et citait Démocrite et Homère. En IX 69 (Pyrrhon T 38 Decleva Caizzi), Diogène cite deux vers des *Silles* de Timon de Phlionte (fr. 50 Di Marco = *Supplementum Hellenisticum* 824) sur cet élève de Pyrrhon : «Ou celui qui, loin des hommes, fait école avec lui-même et parle tout seul (αὐτόσχολον, αὐτο-λαλητήν), | Sans se soucier de gloire ni de querelles : Philon» (trad. Brunschwig).

1 G. A. Ferrari, «Due fonti sullo scetticismo antico : Diog. La. IX 66-108 ; Eus. *Praep. ev.* XIV 18, 1-20», *SIFC* 40, 1968, p. 200-224, notamment p. 216, reconnaît ce disciple de Pyrrhon dans l'homonyme de D.L. III 40 (☛P 149). Voir également 2 F. Decleva Caizzi, *Pirrone. Testimonianze*, coll. «Elenchos» 5, Napoli 1981, p. 171. Sur les deux vers des *Silles* dans le contexte de l'ensemble du poème, voir 3 Dee L. Clayman, *Timon of Phlius. Pyrrhonism into Poetry*, coll. «Untersuchungen zur antiken Literatur und Geschichte» 98, Berlin 2009, p. 100-101.

Cf. 4 [K. von Fritz,] art. «Philon aus Athen» 37, *RE* XIX 2, 1938, col. 2532.

RICHARD GOULET.

153 PHILON DE BYBLOS *RE* 2   *ca* 70 - *ca* 160 ?

Polygraphe grec, érudit et grammairien d'origine phénicienne, qui était encore actif après la mort d'Hadrien et dont la production ne nous est parvenue qu'à travers des fragments. Son importance philosophique est rattachée notamment à son écrit historico-théologique lié à la figure de Sanchuniaton et connu comme *Histoire phénicienne*.

Cf. 1 A. Gudeman, art. «Herennios» 2, *RE* VIII 1, 1912, col. 650-661 ; 2 J. Ebach, *Weltentstehung und Kulturentwicklung bei Philo von Byblos : ein Beitrag zur Überlieferung der biblischen Urgeschichte im Rahmen des altorien-talischen und antiken Schöpfungsglaubens*, coll. «Beitr. zur Wiss. vom A. & N.T.» 108, Stuttgart 1979, XII-495 p. ; 3 G. Brizzi, «Il *nationalismo fenicio* di Filone di Byblos e la politica ecumenica di Adriano», *OA* 19, 1980, p. 117-131 ; 4 S. Fornaro, art. «Herennios Philon», *NP* V, 1996, col. 410-411 ; 5 M. D. Goodman, art. «Philon» 5, *OCD*^{3}, 2003, p. 1168.

Témoignages et fragments. 6 F. Jacoby, *FGrHist* 790, t. III C 2, Berlin/Leiden 1958, réimpr. 1969, 1995, p. 802-824.

Cf. aussi, en ce qui concerne en particulier les fragments historiques, **7** C. Clemen, *Die phönikische Religion nach Philon von Byblos,* coll. « Mitteilungen der Vorderasiatisch-Aegyptischen Gesellschaft » 42, 3, Leipzig 1939, 77 p. (avec une traduction en allemand des fragments) ; **8** P. R. Williams, *A commentary to Philo Byblius' Phoenician history,* Univ. of Southern California (Thèse inéd.), 1968, 219 p. ; **9** L. Troiani, *L'opera storiografica di Filone da Byblos,* coll. « Biblioteca degli studi classici e orientali » 1, Pisa 1974, 198 p. ; **10** J. Sirinelli et É. des Places, *Eusèbe de Césarée, La préparation évangélique, Introduction générale, Livre I,* introd., texte grec, trad. et commentaire, coll. *SC* 206, Paris 1974, p. 169-211 (texte et traduction), p. 288-323 (commentaire) ; **11** H. W. Attridge et R. A. Oden, Jr. (édit.), *Philo of Byblos : the Phoenician history,* introduction, critical text, translation, notes, coll. « The Catholic biblical quarterly. Monograph series » 9, Washington 1981, X-110 p. ; **12** A. I. Baumgarten, *The Phoenician history of Philo of Byblos : a commentary,* coll. *EPRO* 89, Leiden 1981 XXIX-284 p. (le texte de Jacoby **6** est reproduit aux p. 8-30 ; *cf.* **13** *Id., The Phoenician History of Philo of Byblos : a historical commentary,* Columbia Univ. [Thèse], New York 1972, 335 p.) ; **13bis** I. Ramelli (édit.), *Allegoristi dell'età classica. Opere e frammenti,* Milano 2007, p. 861-896 (« Filone di Biblo, Testimonianze e frammenti », trad. italienne et commentaire ; introd. générale de R. Radice, p. IX-XLVIII).

Nom. La forme Herennius Philon (Ἡρεννίος Φίλων) est attestée par Jean Lydus, *De mensibus* IV 53, p. 109, 13 Wünsch (= fr. 7 Jacoby) et par Origène, *Contre Celse* I 15, p. 67, 21 Koetschau (= fr. 9 Jacoby ; *cf.* aussi l'*Etymologicum genuinum, s. v.* γέρανος = fr. 14 Jacoby ; Étienne de Byzance, *s. v.* Δυρράνιον = fr. 53 Jacoby ; *Id., s. v.* Βαβυλών = fr. 30 Jacoby ; *Id., s. v.* Κύρτος = fr. 52a Jacoby ; Eustathe de Thessalonique, *in Iliad.* Λ 430, t. III, p. 229, 11 Van der Valk = fr. 57 Jacoby).

Le nom Herennius suggère le patronage d'une famille romaine, sans doute celui de l'Herennius Severus dont, d'après le témoignage de la *Souda, s. v.* Φίλων Βύβλιος (Φ 447), t. IV, p. 737, 4-6 Adler (= test. 1 Jacoby) Philon lui-même mentionnait le consulat en rapport avec sa propre chronologie *(cf. infra).* Baumgarten **12**, p. 33 n. 9, interprète ce synchronisme comme le signe d'un lien de Philon avec Herennius, dont il pouvait être soit l'esclave, soit le client : en obtenant la liberté ou la citoyenneté romaine, Philon aurait suivi la pratique courante de prendre le nom de son maître ou de son protecteur *(cf.* déjà Gudeman **1**, col. 651). Baumgarten **12** suggère aussi la possibilité que Philon ait déjà reçu ce nom à partir de l'un de ces ancêtres qui l'aurait lui-même acquis d'un ancêtre d'Herennius Severus.

La notice de la *Souda* se termine par une phrase (p. 737, 9 *sq.* Adler), omise tacitement par Jacoby, selon laquelle Philon affirmait qu'il aurait été lui-même consul (ὕπατος γέγονε) et qu'il aurait pris le nom d'Herennius. D'après **14** L. Kusterus, *Suidae Lexicon Graece et Latine,* Cantabrigiæ 1705, t. III, p. 613, cette phrase ne serait qu'une interpolation issue de la mention du consul Herennius Philon un peu plus haut et qui devrait être tout simplement interprétée, en supprimant les mots ὕπατος γέγονε, dans le sens que Philon s'appellait lui-même Herennius. D'autres critiques, comme Jacoby **6**, semblent aller plus loin et considérer *(cf.* Baumgarten **12**, p. 31 n. 2) toute la phrase comme une interpolation ou plutôt comme un commentaire mal placé sur la mention antérieure d'Herennius.

Patrie. Philon est connu par ailleurs tout simplement comme étant de Byblos (Φίλων Βύβλιος). En effet, nos sources (Porphyre, Eusèbe, la *Souda ; cf.* test. 1-3, fr. 1, p. 803, 22, p. 804, 12 Jacoby, fr. 2, p. 813, 24 Jacoby, fr. 3a, p. 814, 2 Jacoby) s'accordent pour considérer comme sa patrie la ville phénicienne que les Grecs appelaient Βύβλος. Cette ville (auj. en arabe Jubayl ou Jbeil [Gebeil] au Liban, ancienne Gubla), fortement rattachée à l'histoire de l'écriture, fut un centre culturel très important tout au long de son histoire.

Cf. **15** M. Dunand, *Byblos : son histoire, ses ruines, ses légendes,* Paris 1963, 102 p. ; **16** N. Jidejian, *Byblos through the ages,* with a foreword by M. Dunand, Beirut 1968, XXI-221 p. (trad. franç. : *Byblos à travers les âges,* trad. de l'anglais par D. Halard-Jidejian, préface de M. Dunand, édit. revue et augmentée par l'auteur en collaboration avec René Lavenant, Beyrouth 1977, XX-273 p.) ; **17** A. Nibbi, *Ancient Byblos reconsidered,* Oxford 1985, 125 p. ; **18** E. Acquaro (édit.), *Biblo : una città e la sua cultura,* Roma 1994.

Chronologie et données biographiques. Notre source la plus importante à ce sujet est la *Souda*. Tout d'abord, dans la notice consacrée à Philon lui-même par le lexicographe, *s. v.* Φίλων Βύβλιος (Φ 447), t. IV, p. 737, 3-10 Adler (= test. 1 Jacoby), on peut tirer les renseignements suivants : (a) Philon serait né vers l'époque de Néron († 68), si l'interprétation du verbe γέγονε dans ce sens est correcte dans le passage en question, comme il est probable (*cf.* Gudeman **1**, col. 651 ; Baumgarten **12**, p. 32 *sq.*) et non, comme le voulait **19** E. Rohde, *Kleine Schriften,* t. I : *Beiträge zur Chronologie, Quellenkunde und Geschichte der griechischen Litteratur,* Tübingen/Leipzig 1901, p. 130-132, dans le sens du verbe *floruit* latin, selon l'emploi habituel dans la *Souda* ; (b) la vie de Philon aurait été longue ; (c) il aurait lui-même affirmé qu'il avait 78 ans sous le consulat d'Herennius Severus et que cela coïncidait avec la 220ᵉ olympiade (101-104) ; (d) Philon aurait écrit un ouvrage *Sur le royaume d'Hadrien,* et sous son règne (117-138) il était encore en activité (ἐφ᾽ οὗ καὶ ἦν ὁ Φίλων).

D'autres notices de la *Souda* rattachent aussi Philon d'une façon ou d'une autre au règne d'Hadrien : la *Souda, s. v.* Παῦλος Τύριος (Π 807), t. IV, p. 69, 16-18 Adler (= test. 2b Jacoby), fait coïncider le *floruit* de Philon avec celui de Paul de Tyr, qui aurait été ambassadeur d'Hadrien ; la *Souda, s. v.* Ἕρμιππος Βηρύτιος, E 3045, t. II, p. 414, 31 – 415, 2 Adler (= test. 2a Jacoby), décrit Hermippe de Béryte comme le disciple de Philon, qui l'aurait présenté à Herennius Severus sous le règne d'Hadrien. Par ailleurs, la *Souda, s. v.* Ἡρωδιανὸς Ἀλεξανδρεύς, H 546, t. II, p. 590, 20-24 Adler (= test. 3c Jacoby), affirme qu'Hérodien, dont le *floruit* se placerait sous le règne de Marc-Aurèle (161-180), était plus jeune que Philon de Byblos.

La notice que la *Souda* consacre à Philon comporte une difficulté chronologique : si Philon avait 78 ans en 101/4, il a dû naître *ca* 23-26, ce qui contredit l'affirmation selon laquelle il serait né vers l'époque de Néron (54-68). Il serait aussi peu probable que Philon ait eu 78 ans en 104 et qu'il ait écrit un ouvrage sur le règne d'Hadrien († 138). Ainsi donc, ou bien le renseignement concernant l'âge de 78 ans, ou bien celui concernant la 220ᵉ olympiade et sa coïncidence avec le consulat d'Herennius Severus, ou bien l'un et l'autre, seraient erronés. Comme le remarque Baumgarten **12**, p. 34, le problème pourrait s'éclairer si on connaissait la date du consulat d'Herennius en dehors de la *Souda,* mais ce n'est pas le cas.

Les critiques ont identifié l'Herennius Severus de Philon avec l'érudit (« vir doctissimus ») T. Herennius Severus auquel Pline le Jeune, *Lettres* IV 28, adresse une lettre qui ne peut pas être datée au-delà de l'an 104/5 ap. J.-C. (*cf.* **20** A.N. Sherwin-White, *The Letters of Pliny : a historical and social commentary,* Oxford 1966, p. 34). Dans la lettre en question ce personnage paraît intéressé à réunir dans sa bibliothèque les portraits de certains hommes illustres. Baumgarten **12**, p. 34, suggère que si ce personnage était bien l'Herennius dont parle Philon, ce dernier lui aurait sans doute apporté son aide pour organiser et peut-être aussi entretenir sa bibliothèque, puisque la *Souda* lui attribue entre autres un ouvrage *Sur l'acquisition et la sélection de livres.* Or, en 104/105 Philon n'aurait qu'une trentaine d'années, ce qui, selon Baumgarten **12**, *ibid.,* s'accorderait mal avec une telle collaboration : « The authority would be younger than his employer, which is odd ». Bien qu'il ne s'agisse pas d'une difficulté insurmontable, Baumgarten suggère la possibilité que l'Herennius de Philon ait été d'une génération plus jeune que l'Herennius qui était contemporain et ami de Pline (*cf.* aussi Troiani **9**, p. 12 *sq.* n. 11, qui suggère que l'Herennius de Pline était le père du patron de Philon).

Il est peu probable que le T. Hoenius Severus dont le consulat est placé sous Hadrien soit l'Herennius qui était rattaché à Philon : *cf.* **21** H. Dessau, *PIR,* t. II, p. 139 ; Gudeman **1**, col. 651 ; Attridge et Oden **11**, p. 22 (n. 4).

Malgré l'imprécision chronologique de nos sources, on peut affirmer avec cer-titude que la vie de Philon doit être placée dans la deuxième moitié du Ier siècle de notre ère, et qu'il était encore vivant au moins sous le règne d'Hadrien. Les criti-ques s'accordent en effet sur ce point, et diffèrent plutôt sur la plus ou moins grande durée qu'ils prêtent à la vie de Philon.

Baumgarten **12**, p. 34, suggère que le renseignement de la *Souda* selon lequel Hérodien, qui eut son *floruit* à l'époque de Marc-Aurèle, était plus jeune que Philon n'aurait pas de sens si ce dernier n'était pas né après le règne de Néron, *ca* 70, sous Vespasien. Son *floruit* pourrait ainsi tomber à la fin du règne de Trajan ou plutôt au début de celui d'Hadrien. En fait, cette dernière possibilité paraît confir-mée par la *Souda,* où il est dit que Philon était encore actif sous le règne de cet empereur. Il aurait eu 78 ans sous Antonin le Pieux et aurait été encore vivant à l'époque de Marc-Aurèle (*cf. Id.* **12**, p. 35 n. 14 : *ca* 70 – *ca* 160 ; Goodman **5**, p. 1168).

Gudeman **1**, col. 651 se bornait à placer la naissance de Philon dans la deuxième moitié du règne de Claude (41-54) et sa mort après Hadrien (*cf.* aussi Clemen **7**, p. 1 ; Troiani **9**, p. 12 *sq.*) ; et **21** W. Christ, W. Schmid et O. Stählin, *Geschichte der griechischen Literatur,* t. II 2, coll. « Handbuch der Altertumswissenschaft » VII 2, 2, München 1924[6], p. 867, plaçaient la vie de Philon entre 64 et 141 (*cf.* Attridge et Oden **11**, p. 2, et 22) ; Jacoby **6**, p. 802, 13 : *ca* 54 – *ca* 142.

En ce qui concerne le lieu d'activité de Philon, nous n'avons aucun ren-seignement. Les deux possibilités les plus évidentes sont Byblos et Rome (*cf.* Baumgarten **12**, *ibid.*). Il aurait eu un disciple du nom d'Hermippe, dont parle la *Souda (cf. supra),* qui est probablement le même qui est cité dans une scholie,

Schol. Oreibasios III, p. 132 Raeder (= fr. 52b Jacoby ; *cf.* Troiani **9**, p. 22 n. 42) comme auteur d'un ouvrage sur les médecins illustres.

Œuvre. La production de Philon a été abondante. Elle comportait des ouvrages d'histoire et de géographie, d'histoire et de théologie, d'érudition et de bibliographie, de rhétorique et de grammaire, enfin de lexicographie. Nous devons nous borner ici à citer les titres correspondants et à donner quelques renseignements :

(1) Φοινικὴ ἱστορία *(Histoire phénicienne)*, que Philon aurait prétendument traduit du savant phénicien Sanchuniaton. Pour tous les problèmes concernant l'interprétation et les sources de l'*Histoire phénicienne*, nous renvoyons à l'ensemble de la notice consacrée à ce savant (à paraître dans le t. VI). Rappelons ici seulement que le titre περὶ τῶν Φοινίκων στοιχείων *(Sur les lettres des Phéniciens)* mentionné chez Eusèbe, *P.E.* I 10, 45 ne semble avoir été qu'un chapitre de cet ouvrage (fr. 4 Jacoby).

Cf. aussi **22** J. Cors i Meya, *A Concordance of « The Phoenician History » of Philo of Byblos,* coll. « Aula Orientalis. Supplementa » 10, Sabadell 1995, 119 p. (contient aussi le texte grec des « testimonia » relatifs à cette œuvre de Philon et des fragments conservés) ; **23** G. del Olmo Lete, *El continuum cultural cananeo : pervivencias cananeas en el mundo fenicio púnico,* coll. « Aula Orientalis. Supplementa » 14, Sabadell 1996, 185 p. (contient en appendice entre autres la traduction de l'*Histoire phénicienne* par J. Cors i Meya) ; **24** J. Cors i Meya, « Trets morfosintàctics en la llengua de la Φοινικικὴ ἱστορία de Filó de Biblos (1) », *Faventia* 19, 1997 19, p. 9-32 ; **25** *Id.,* « Trets morfosintàctics en la llengua de la Φοινικικὴ ἱστορία de Filó de Biblos (2) », *Faventia* 21, 1999, p. 9-44 ; **26** *Id.,* « Trets morfosintàctics en la llengua de la Φοινικικὴ ἱστορία de Filó de Biblos (3) », *Faventia* 25, 2003, p. 37-66 ; **27** *Id.,* « Tipologia de les oracions anomenades completives en l'obra atribuïda a Sancuniató : distribució selectiva », *Faventia* 23, 2001, p. 129-143.

(2) Ἐθωθ(ι)ῶν (?) ὑπομνήματα *(sic* Jacoby **6**, p. 817), ouvrage dont le titre et le contenu restent incertains. Il se trouve mentionné chez Eusèbe, *P.E.* I 10, 4, encore une fois dans le cadre de l'ouvrage de Sanchuniaton-Philon sur l'*Histoire phénicienne* ou plus concrètement de son chapitre *Sur les lettres des Phéniciens* (*cf. supra ;* fr. 4, p. 815, 8-12).

Selon les différentes lectures du titre de cet ouvrage et les interprétations qu'on en a données, on a imaginé qu'il pouvait avoir comme sujet les lettres phéniciennes ou le culte de Thot (*cf.* Gudeman **1**, col. 651 ; Troiani **9**, p. 41 ; Baumgarten **12**, p. 256 ; Attridge et Oden **11**, p. 94 *sq.*). Il n'est pas impossible qu'il s'agisse aussi d'une partie de l'*Histoire phénicienne*. En tout cas, on serait ici en présence de la tradition hermétique (*cf.* Troiani **9**, *ibid.*).

(3) Περὶ Ἰουδαίων *(Sur les Juifs),* cité à nouveau dans le cadre de l'*Histoire phénicienne,* mais dont Origène, *Contre Celse* I 15, p. 67, 21 Koetchau (= fr. 9 Jacoby) semble attester l'existence comme d'un ouvrage séparé. Gudeman **1**, col. 661, n'écartait pas la possibilité qu'il ait été seulement une partie de l'*Histoire phénicienne,* mais le témoignage d'Origène, qui parle de σύγγραμμα et ne fait aucune référence à l'*Histoire phénicienne* paraît s'opposer à cette interprétation. En revanche, il semble évident que cet ouvrage était cité aussi dans le cadre de l'*Histoire phénicienne*.

Selon le témoignage d'Eusèbe, *P.E.* I 9, 21 (= fr. 1, p. 803, 26–804, 12 Jacoby, Sanchuniaton lui-même aurait écrit sur les juifs et Philon l'aurait « traduit ». On peut donc supposer que Philon dans cet ouvrage *Sur les juifs* suivait aussi les pas de Sanchuniaton, et qu'il citait par la suite cet ouvrage d'après sa propre version dans le cadre de son *Histoire phénicienne,* dans la mesure où ce peuple était en quelque sorte rattaché aux Phéniciens (*cf.* **28** M. J. Edwards, « Philo or Sanchu-niathon ? A Phoenician cosmogony », *CQ* 41, 1991, p. 213-220, notamment p. 219, et, en général, la notice sur Sanchuniaton). Par ailleurs, cet ouvrage de Philon devrait s'inscrire dans la tradition littéraire grecque contre les juifs (*cf.* Edwards **28**, *ibid.*).

(4) Περὶ τῆς βασιλείας Ἀδριανοῦ (*Sur le règne d'Hadrien*), connu seulement par le titre de la *Souda*.

(5) Παράδοξος ἱστορία (*Histoire extraordinaire*), en trois livres, d'après les extraits que l'on trouve chez Eusèbe, encore une fois dans le contexte de l'*Histoire phénicienne* (fr. 12-13 Jacoby).

Cette *Histoire extraordinaire* semble avoir été un ouvrage de critique et de discussion de textes (*cf.* **29** E. Renan, « Mémoire sur l'origine et le caractère véritable de l'*Histoire phénicienne* qui porte le nom de Sanchoniathon », *Mémoires de l'Académie des Inscriptions et Belles-Lettres* 23, 1858, p. 241-334, notamment p. 286 ; Gudeman **1**, col. 651 *sq.* ; Baumgarten **12**, p. 82). Troiani **9**, p. 24 *sq.* n. 49, à partir du témoignage de la *Souda*, *s. v.* Παλαίφατος Ἀβυδηνός, t. IV, p. 9, 1-5 Adler (fr. 13 Jacoby), suggère la possibilité que l'ouvrage ait suivi l'ordre alphabétique. D'après lui, il devrait mettre en tout cas en relief notamment la discordance et la contradiction entre les sources grecques.

(6) Περὶ χρηστομαθίας (*Sur la chrestomathie*) qui ne nous est connu que par une entrée de l'*Etymologicum Magnum* (fr. 14 Jacoby). Il est possible qu'il soit à identifier avec l'ouvrage bibliographique recensé plus bas (n° 8).

(7) Περὶ πόλεων καὶ οὓς ἑκάστη αὐτῶν ἐνδόξους ἤνεγκε (*Sur les cités et les hommes illustres que chacune a produits*), en trente livres (test. 1 Jacoby). C'était, pour reprendre les mots de Renan **29**, *ibid.*, un ouvrage « souvent cité et presque classique dans l'Antiquité, où l'auteur cherchait surtout à faire la liste des grands hommes qui étaient nés dans chaque ville ». Cet ouvrage monumental fit l'objet d'un épitomé rédigé par le grammairien Aelius Serenus (*cf.* test. 4, fr. 17 *sq.* Jacoby).

Comme le remarque Troiani **9**, p. 14 *sq.*, les nombreux extraits conservés par Étienne de Byzance (fr. 15-51 Jacoby ; Gudeman **1**, col. 654-659) montrent en Philon un bon connaisseur de beaucoup d'endroits du monde antique, de la localisation précise des cités, de leurs traditions et de leurs hommes illustres, suivant un système éponymique, selon lequel chaque ville ou peuple doit son nom à un personnage. Troiani **9**, p. 14-21, interprète par ailleurs cet ouvrage dans le contexte du climat culturel de l'époque d'Hadrien : « I viaggi di Adriano attraverso le città dell'impero, con l'intento ultimo di un'organizzazione e pacificazione all'interno dell'impero, sono quasi emblematici... Questo interesse di Adriano per le città, tutte indiscriminatamente, dell'impero, la singolare atmosfera ecumenica che si respirava allora per cui Roma aveva creato come un impero universale di cui tutte le classi agiate e colte si riconoscevano parte integrante, senza però perdere la propia fierezza e integrità nazionale, resero possibile questa opera di Filone » (p. 14 *sq.*). Troiani **9**, p. 16, met aussi en relief la collaboration qui s'est instaurée à cette époque entre les classes cultivées du monde romain et du monde gréco-oriental pour constituer une communauté culturelle et spirituelle, et il suggère que cette collaboration se serait manifestée entre autres dans la tendance à rassembler des notices de caractère antiquaire local. Il rattache enfin cet ouvrage à l'*Histoire phénicienne*, où l'on peut voir la tentative de la part de Philon de mettre en lumière les traditions indigènes et les lieux de son pays rattachés en quelque sorte au culte de certaines divinités, qui auraient par la suite donné leurs noms à ces lieux. Il suggère que Philon a pu reprendre l'intérêt géographique de cet ouvrage sur les cités de l'Antiquité dans l'ouvrage concernant l'histoire de sa région, son *Histoire phénicienne*.

(8) Περὶ κτήσεως καὶ ἐκλογῆς βιβλίων *(Sur l'acquisition et la sélection des livres)*, en douze livres (test. 1 Jacoby), dont on ne conserve que deux extraits chez Étienne de Byzance (fr. 52-53 Jacoby), tirés concrètement du livre IX, qui s'occupait des médecins. D'après Gudeman **1**, col. 653 *sq.*, cet ouvrage aurait eu un caractère pinacographique. À la suite de **30** I. A. Fabricius, *Bibliotheca Graeca sive Notitia scriptorum veterum Graecorum, quorumcumque monumenta integra aut fragmenta edita extant*, editio quarta…, t. IV, Hamburg 1795, p. 753, il signale (col. 654), tout comme Renan **29**, p. 286, la possibilité qu'il soit à identifier avec l'ouvrage recensé plus haut (n° 6).

(9) Περὶ Ῥωμαίων διαλέκτου *(Sur le dialecte des Romains)*, qui ne nous est connu que par une entrée de l'*Etymologicum Magnum* (*cf.* Gudeman **1**, col. 652).

(10) Περὶ διαφόρων σημαινομένων *(Sur les diverses significations [des mots])*, un lexique de synonymes (*cf.* Gudeman **1**, col. 652), qui semble avoir été très important et qu'Eusthate de Thesalonique cite souvent.

Cf. **31** V. Palmieri, « Eranius Philo, *De differentia significationis*. La tradizione manoscritta di Eranio Filone », *RHT* 11, 1981, p. 47-80, avec une édition critique du texte ; **32** *Id., De diversis verborum significationibus*, testo crit., introd., comm. e indici, coll. « Speculum : Contrib. di filol. class. » 8, Napoli 1988, 275 p. ; **33** K. Nickau, « Schiffbruch in der Wüste des Sinai : zu Herennios Philon, Neilos von Ankyra und dem Ammonioslexikon », *Hermes* 128, 2000, p. 218-226.

(11) Τὰ ῥηματικά *(Les dérivés verbaux)*, qui ne nous est connu que par plusieurs entrées de l'*Etymologicum Magnum* (*cf.* Gudeman **1**, col. 652).

Philon, la religion et la philosophie. L'ouvrage de Philon dont le contenu philosophique (ou théologique) semble avoir été le plus important est l'*Histoire phénicienne*, où Philon reprend et refait, sans doute à la suite de prédécesseurs grecs, des matériaux qui remontent à la plus ancienne tradition phénicienne incarnée par le savant Sanchuniaton. Nous renvoyons encore une fois à la notice sur ce savant pour les détails concernant la théologie, l'évhémérisme et l'hermétisme de Philon dans le cadre de cette tradition. En ce qui concerne l'allégorie, Philon n'est pas un allégoriste au sens propre, mais il a été considéré comme le représentant d'une « allégorie philosophique indirecte » : « Infatti, il suo interesse si rivolge precisamente al modo in cui si sono tramandati i miti e si è evoluta la loro interpretazione e si colloca nel contesto della polemica – viva alla sua epoca – sulle origini greche o barbare della filosofia e del sapere. Egli esalta la sapienza fenicia, da cui quella dei Greci avrebbe attinto » (Radice dans Ramelli **13bis**, p. XLVII *sq.*).

Ajoutons **34** S. Ribichini, « Questions de mythologie phénicienne d'après Philon de Byblos », dans C. Bonnet, E. Lipinski et P. Marchetti (édit.), *Studia Phoenicia*, t. IV : *Religio Phoenicia*, Acta Colloquii Namurcensis Dec. 1984, Namur 1986, p. 41-52 ; **35** A. M. V. Contini, « Hermes e la magia della scrittura in Filone di Biblo », dans U. Rapallo (édit.), *Linguistica, Pragmatica e testo letterario*, coll. « Università » 19, Genova 1986, p. 15-30 ; **36** S. Ribichini, « Taautos et l'invention de l'écriture chez Philon de Byblos », dans C. Baurain, C. Bonnet et V. Krings (édit.), *Phoinikeia grammata : lire et écrire en Méditerranée*. Actes du colloque de Liège, 15-18 novembre 1989, coll. « Études classiques » 6, Namur 1991, p. 201-213 ; **37** J. N. Carreira, « O fundo egípcio da cosmogonia de Fílon de Biblos », dans Z. de Almeida Cardoso (édit.), *Mito, religião e sociedade (atas do II congresso nacional de estudios clássicos)*, São Paulo 1991,

p. 244-258 ; **38** A. M. V. Contini, *Hermes e la magia : viaggio nella Teogonia di Filone di Biblo*, Genova 1993, 160 p. ; **39** F. Maldonado Villena, «La religión fenicia en Filón de Biblos», dans M. Morfakidis et M. Alganza Roldán (édit.), *La religión en el mundo griego : de la Antigüedad a la Grecia moderna*, Granada, Universidad de Granada, 1997, p. 101-105 ; **40** S. Ribichini, «Rileggendo Filone di Biblo : questioni di sincretismo nei culti fenici», dans C. Bonnet et A. Motte (édit.), *Les syncrétismes religieux dans le monde méditerranéen antique*. Actes du colloque international en l'honneur de Franz Cumont à l'occasion du cinquantième anniversaire de sa mort, Rome, Academia Belgica, 25-27 septembre 1997, coll. «Études de philologie, d'archéologie et d'histoire anciennes. Institut Historique Belge de Rome» 36, Bruxelles 1999, p. 149-177 ; **41** H. Jacobson, «Misor in Philo of Byblos», *CQ* 52, 2002, p. 404 ; **42** S. M. E. Fick, «Das Erscheinungsbild des El-Kronos bei Philo von Byblos : ein Beispiel für Kulturtransfer», dans R. Rollinger (édit.), *Von Sumer bis Homer*. Festschrift für Manfred Schretter zum 60. Geburtstag am 25. Februar 2004, coll. «Alter Orient und Altes Testament» 325, Münster 2005, p. 231-255.

PEDRO PABLO FUENTES GONZÁLEZ.

154 PHILON DE BYZANCE *RE* 48   MF III[a]

Ingénieur (μηχανικός).

Postérieur à Ctésibius (☛C 224) de pas plus d'une génération, il a dû vivre dans la deuxième moitié du IIIe siècle av. J.-C. (le *floruit* de Ctésibius se situe vers 247[a], *cf.* **1** A. G. Drachmann, *Ktesibios, Philon and Heron. A study in ancient pneumatics*, Copenhagen 1948, p. 1-3) et son propre *floruit* doit se situer vers 225[a], *cf.* **2** Y. Garlan, *Recherches de poliorcétique grecque*, Paris 1974, p. 283-284. On a tenté de rapprocher chronologiquement Philon et Héron d'Alexandrie, d'une part à cause de deux passages de ce dernier (*Autom.* 404, 11-408, 10 et 412, 13), dont l'un fait référence à un automate fixe attribué à Philon, d'autre part à cause du fait que certains dispositifs militaires des *Belopoiica* de Philon correspondent à ceux que décrit Héron. Sur ces tentatives infondées, voir notre notice «Héron d'Alexandrie», H 101a, dans *DPhA Suppl.*, Paris 2005, p. 88-89. Il faut le distinguer de Philon d'Athènes, auteur d'un traité de poliorcétique du IVe-IIIe siècle, aussi bien que de Philon de Byzance, auteur d'un Περὶ τῶν ἑπτὰ θεαμάτων (**3** W. Kroll, art. «Philon» 49, *RE* XX 1, 1941, col. 54-55 ; **4** Ch. Graux, *Œuvres*, t. II, Paris 1886, p. 153). Philon est cité par Héron, *Autom.* XX 1 et 3, Pappus, *Coll.* VIII prop. 10 et § XXXI, Eutocius, *in Archim. libros de sphaera et cylindro*, p. 60, 28 Heiberg-Stamatis, et Vitruve, *De arch.* VII, *praef.* 14. Philon est qualifié par Héron, Eutocius et Vitruve de "Byzantin", tandis qu'il est qualifié d'"Athénien" – mais c'est sûrement à cause d'une confusion avec l'architecte homonyme du IVe siècle – dans le Περὶ μηχανημάτων d'Athénée l'ingénieur (*cf.* l'éd. et trad. de **5** R. Schneider, «Griechische Poliorketiker III», *AGWG* n.f. 12/5, 1912, p. 15, 13) et dans les Παραγγέλματα πολιορκητικά de l'Anonyme de Byzance (éd. et trad. **6** R. Schneider, «Griechische Poliorketiker II», *AGWG* n.f. 11/1, 1908, p. 212, 11-12). Il ne faut pas en déduire qu'il était né à Byzance, car il a pu simplement acquérir la célébrité dans cette ville. Philon lui-même se réfère à des discussions qu'il aurait eues avec des ingénieurs alexandrins et rhodiens (*Bél.*, p. 51, 15-23 Diels-Schramm) ; d'autre part, il fait lui-même allusion à Ctésibius (*Bél.*, p. 56, 22 ; 67, 44 ; 72, 37 et 39 ; 77, 16 et 47) : il est vraisemblable qu'une partie de l'œuvre de

Ctésibius a été reprise dans celle de Philon, lequel revendique plusieurs fois son originalité par rapport au premier.

Philon est l'auteur de la *Syntaxe mécanique* (Μηχανικὴ σύνταξις) qui, si l'on s'en tient au titre, implique un projet très ambitieux, à comparer avec celui de la *Syntaxe mathématique* de Ptolémée : le titre de la *Syntaxe* est mentionné par Philon lui-même (*Bél.*, p. 56, 10-13) et la reconstruction partielle des sujets est possible à partir des citations de l'auteur, surtout dans les préfaces des livres conservés.

La *Syntaxe* de Philon est dédiée sous forme épistolaire à Ariston (Φίλων Ἀρίστωνι χαίρειν), un ami qui était certainement capable d'apprécier les travaux de Philon et qui était particulièrement intéressé par les machines de guerre : s'il n'est pas possible identifier cet Ariston, il est cependant vraisemblable qu'il exerçait des fonctions d'ingénieur militaire ou de stratège, *cf.* Garlan **2**, p. 284-285. La *Syntaxe* est composée d'au moins neuf traités : (1) *Introduction* (εἰσαγωγή), (2) *Des leviers* (τὰ μοχλικά), (3) *Construction des ports* (τὰ λιμενοποιικά), (4) *Machines de jet* (τὰ βελοποιικά), (5) *Pneumatiques* (τὰ πνευματικά), (6) *Construction des automates* (τὰ αὐτοματοποιικά), (7) *Fortifications* (τὰ παρασκευαστικά), (8) *Poliorcétique* (τὰ πολιορκητικά), (9) *Sur les messages secrets* (περὶ ἐπιστολῶν τῶν κρυφαίως ἀποστελλομένων). En réalité, le nombre, l'ordre, le titre et le contenu des différents traités qui constituent la *Syntaxe* de Philon posent des problèmes délicats, du fait que la tradition antique a transmis comme tels trois ouvrages de Philon, tous dédiés à Ariston : l'un porte le titre τὰ βελοποιικά, un autre, intitulé τὰ πνευματικά, n'est accessible qu'en traduction arabe, et le troisième est privé de titre. La situation est claire uniquement pour les quatre premiers ouvrages de la *Syntaxe* : les βελοποιικά occupaient certainement la quatrième position, car on lit dans les manuscrits ἐκ τῶν Φίλωνος Βελοποιικῶν λόγος δ′ ; ils étaient précédés par τὰ λιμενοποιικά (*Bél.*, p. 49, 1-3), qui occupent la troisième place et sont précédés à leur tour par τὰ μοχλικά (*Bél.*, p. 59, 18-19 et 61, 21-22) et par l'εἰσαγωγή (*Bél.*, p. 51, 51-52, 1 et 56, 10-13). De ces quatre premiers ouvrages n'est parvenu que le traité τὰ βελοποιικά (p. 49, 1 - 78, 38), édité par **7** R. Schöne, *Philonis Byzantii Mechanicae Syntaxis*, rec. libri IV et V, Berlin 1893 ; éd. et trad. par **8** H. Diels et E. Schramm, « Philons Belopoiika », *AAWB* 16, 1918, maintenant éd. avec trad. et comm. par **9** E. W. Marsden, *Greek and Roman Artillery,* t. II : *Technical Treatises*, Oxford 1999 (1ʳᵉ éd. 1971), p. 106-155 ; *cf.* **10** M. von Arnim, *Philonis Byzantii Index* (*Index verborum a Philone Byzantio in mechanicae syntaxis libris quarto quintoque adhibitorum*), Leipzig 1927, basé sur l'édition Diels-Schramm. En ce qui concerne les autres écrits, certains manuscrits mettent en cinquième position l'ouvrage sans titre, lequel correspond – pour des raisons qui seront exposées par la suite – à ce que nous avons présenté comme les traités VII et VIII, c'est-à-dire τὰ παρασκευαστικά et τὰ πολιορκητικά : cette solution qui consiste à mettre en cinquième position l'ouvrage sans titre a été depuis longtemps acceptée (*cf.* Schöne **7** et Garlan **2**, qui publient l'un et l'autre l'ouvrage sans titre en le présentant comme le traité V de la *Syntaxe*), du fait qu'il semble logique que le traité *Sur les machines de jet* soit suivi par un traité

Sur les fortifications et un autre *Sur la poliorcétique,* sauf qu'en *Bél.,* p. 77, 18-19 Philon affirme qu'il va par la suite traiter des *Pneumatiques* qui occupaient par conséquent la cinquième position. Ce texte qui, comme nous l'avons dit, ne nous est parvenu qu'en version arabe, a été édité par **11** B. Carra de Vaux, « Le livre des appareils pneumatiques et des machines hydrauliques de Philon de Byzance d'après les versions arabes d'Oxford et de Constantinople », *Académie des Inscriptions et Belles Lettres : Notices et extraits des mss. de la Bibliothèque Nationale,* Paris, 38, 1903, p. 27-235, et maintenant par **12** F. D. Prager, *Philo of Byzantium. Pneumatica,* Wiesbaden 1974. Une partie de l'ouvrage est également connue grâce à une version latine faite sur l'arabe, **13** V. Rose, *Anecdota Graeca et Graecolatina,* t. II, Berlin 1870, p. 283-313 ; **14** W. Schmidt, *Heronis Alexandrini opera quae supersunt omnia,* t. I, Leipzig 1899, p. 458-489 (*Liber Philonis de Ingeniis Spiritualibus*) ; trad. fr. par **15** A. de Rochas d'Aiglun, « Traité des Pneumatiques de Philon de Byzance », *RA* n.s. 1, 1881, p. 354-362, et 2, 1881, p. 74-85. Aux *Pneumatiques* s'adjoignaient certainement τὰ αὐτοματοποιικά, cités par Héron, *Autom.* XX 1, qui doivent être identiques au *De arbitriis mirabilibus* dont on parle dans la traduction latine de la version arabe des *Pneumatiques, cf.* Schmidt **14**, p. 462, 25-27, et Rose **13**, p. 285, de même que le traité *Sur les messages secrets* et l'écrit sans titre. Signalons que cet écrit sans titre a été considéré comme un ouvrage indépendant par son premier éditeur **16** Melchisédech Thévenot, *Veterum Mathematicorum, Athenaei, Bitonis, Apollodori, Heronis, Philonis et aliorum Opera, Graece et Latine pleraque nunc primum edita ex manuscriptis Codicibus Bibliothecae Regiae,* Paris 1693, et par **17** A. de Rochas d'Aiglun, *Traité de fortification par Philon de Byzance,* Paris 1872, qui donne une traduction française du texte de Thévenot, tandis que d'autres ont distingué deux ouvrages : τὰ παρασκευαστικά (p. 79, 1 - 90, 45), et τὰ πολιορκητικά (p. 90, 46 - 104, 42), **18** Fr. Haase, *Philon,* dans **19** J. S. Ersch et J. G. Gruber (édit.), *Allgemeine Enzyklopädie der Wissenschaften und Künste,* Sect. III, t. XXIII, Leipzig 1847, p. 428-435, **20** H. Diels et E. Schramm, « Exzerpte aus Philons Mechanik B. VII und VIII », *AAWB* 12, 1919, p. 3, **21** K. Orinsky, O. Neugebauer et A.G. Drachmann, art. « Philon » 48, *RE* XX 1, 1941, col. 53-54, **22** A. Dain, « Les stratégistes byzantins », *TM* 2, 1967, p. 323-324. Graux **4** – qui présente, p. 153-227, une nouvelle édition du texte fondée notamment sur des manuscrits plus anciens que l'unique manuscrit utilisé par Thévenot – a conclu (p. 158-162) que l'écrit devait être subdivisé en quatre sections : *Fortifications* (p. 79, 1 - 86, 21), *Approvisionnements* (p. 86, 21 - 90, 45), *Défense des places* (p. 90, 46 - 96, 26) et *Attaque des places* (p. 96, 26 - 104, 42) ; c'est de cette façon qu'ont subdivisé le texte les deux autres éditeurs de ce traité de la *Syntaxe,* c'est-à-dire Schöne **7** et Garlan **2**, p. 291-327. Sur la tradition manuscrite et l'histoire des éditions de cette section de la *Syntaxe,* voir Garlan **2**, p. 285-288.

Dans *Machines de jet* Philon décrit quatre types de catapultes : la seconde et la dernière avaient déjà été inventées par Ctésibius : l'une fonctionnait au moyen d'un ressort de bronze (χαλκότονος), l'autre d'un ressort pneumatique (ἀερότονος), *cf.* Drachmann **1**, p. 188-189 ; la troisième, elle aussi déjà inventée par un ingénieur alexandrin du nom de Denys, était une catapulte qui lançait des projectiles à répétition (πολύβολος). L'orgueil de Philon portait sur le premier type de catapulte, qui était son invention originale et était appelée ὀξυβελής ; la tension était obtenue dans cette machine au moyen de coins : il s'agissait d'une machine qui, au dire de l'auteur, était de construction facile et moins coûteuse que les précédentes. Elle ne peut pas être identifiée avec le *scorpio* de César, *De bell. gall.* VII 25, *cf.* **23** A. G. Drachmann, *Caesar's scorpio and Philon's repeating catapult*, Actes du IXe Congrès International d'Histoire des Sciences, Barcelona/Madrid 1959, Paris 1960, p. 203-205. Dans le traité *Pneumatiques,* Philon reprend certains arguments, déjà discutés par Ctésibius, sur la nature de l'eau et de l'air dans le but de nier l'existence du vide. Sur la base du principe des vases communicants et du fonctionnement du siphon, l'ouvrage est surtout consacré à la description de vases aux propriétés surprenantes, comme ceux à deux liquides, de mécanismes automatiques et de robinets fonctionnant de façon insolite, *cf.* **24** B. Gille, *Histoire des techniques*, Paris 1978, p. 344. Les *Pneumatiques* de Philon ont constitué une source importante pour Héron qui, dans ses propres *Pneumatiques*, reprend au moins quarante-quatre instruments philoniens, et ils ont aussi représenté un élément intermédiaire entre les machines pneumatiques de Ctésibius et celles de Héron, *cf.* Drachmann **1**. Pour une nouvelle analyse des *Pneumatiques* de Philon *cf.* **25** A. Schomberg, « Ancient water technology : between Hellenistic innovation and Arabic tradition », *Syria* 85, 2008, p. 119-128.

Les deux autres traités de Philon, pour lesquels il est dans une large mesure dépendant de son homonyme d'Athènes, concernent l'art militaire. Le traité *Fortifications* répertorie les exemples les plus remarquables de fortifications de l'époque, surtout celles dues aux campagnes militaires de Philippe de Macédoine et de son fils Alexandre. Philon privilégie l'aspect empirique en fonction ou bien de la nécessité d'adapter la construction aux différents sites d'implantation, ou bien de la gestion de la construction en elle-même. Par exemple, une fortification doit être défendue par au moins trois fossés et le plus lointain de ceux-ci doit se trouver au moins à 535 pieds, afin de mettre la fortification hors de portée des catapultes les plus puissantes. Le concept dominant qui se dégage des pages de ce traité est que la sécurité de la nouvelle fortification repose sur la défense avancée, *cf.* **26** R. Sconfienza et F. Zannoni, « Introduzione alla guerra di assedio in età ellenistica », *Armi antiche. Bollettino dell'Accademia di San Marciano - Torino 1995*, 1998, p. 41-74 ; **27** R. Sconfienza, « L'arte dell'assedio e della difesa nella Grecia antica. Teorie fonti e fortificazioni tra VI e III sec. a.C.», *Armi Antiche. Bollettino dell'Accademia di San Marciano - Torino 1999*, 2003, p. 75-105.

Philon présente diverses techniques d'attaque et suggère l'utilisation de contre-engins spécifiques. Par exemple, contre les mines (c'est-à-dire des galeries creusées par les attaquants pour faire s'écrouler les murailles de la fortification assiégée) et les machines d'assaut il propose l'utilisation de longues gouttières (χολέδρα) en bois avec une embouchure en fer, fermées par deux portillons et chargées de pierres: en saillie depuis les murailles et les tours, elles déversent leur contenu sur les ennemis et peuvent être déplacées facilement là où la nécessité se présente. Le contre-bélier, pour sa part, bien fixé sur une plate-forme à l'intérieur de la muraille, frappait les machines d'assaut ennemies en passant à travers des orifices pratiqués dans la maçonnerie des courtines. Sur les contre-engins de Philon, *cf.* R. Sconfienza, dans Sconfienza et Zannoni **26**; **28** Y. Garlan, *Guerra e società nel mondo antico*, Bologna 1985, p. 182, et **29** *Id., Fortifications et histoire grecque*, dans **27** J.-P. Vernant (édit.), *Problèmes de la guerre en Grèce ancienne*, Paris 1968, p. 245-260.

S'il est déjà fait référence dans la partie finale de cet ouvrage aux machines de guerre (parmi lesquelles figure un télégraphe militaire, dont il était peut-être également question dans le traités *Sur les messages secrets*), ces engins constituent l'objet spécifique du dernier traité conservé, la *Poliorcétique*. Philon insiste ici sur l'importance d'un module, adapté à la dimension de l'engin, qui est essentiellement le ressort: c'est à partir de ce ressort que se construit ensuite le reste de l'engin selon des proportions déterminées, du fait que c'est à partir de ce module que sont définies les dimensions des différentes pièces de l'engin, *cf.* **30** H.B. Wells, «Knowledge of spring steel in Hellenistic times», *Journal of the Arms & Armour Soc*iety 7, 1973. La méthode dont se sert Philon pour déterminer ces dimensions est celle de la duplication du cube. Voir à ce sujet **31** Th. Heath, *A History of Greek Mathematics*, vol. I, Oxford 1921, p. 262 *sqq.*: la mathématique en réalité n'est pas étrangère à la mécanique de Philon, car on rencontre constamment une forme de rationalisation, de façon plus ou moins développée, chez tous les mécaniciens de l'antiquité, d'Archimède à Héron (➨H 101a [*DPhA - Suppl.*]) ou Pappus (➨P 36). Chez ces deux derniers auteurs les principes mathématiques constituent certainement une introduction à la mécanique, et la même chose peut être supposée de façon vraisemblable au moins pour le livre I de la *Syntaxe mécanique* de Philon, sinon aussi pour le livre II. Bien que certains traités de la *Syntaxe* soient perdus et même si ce qui a été conservé a été en partie modifié – ce qui fait que nous ne pouvons pas évaluer quel rôle jouaient les mathématiques dans la mécanique de Philon –, nous savons que, tout comme plus tard Héron, *Mech.* I 11, Philon proposait des solutions au problème des deux moyennes proportionnelles (*cf.* Pappus, *Coll.* III 7 et notamment Eutocius, *in Archim. libros de sphaera et cylindro*, p. 60, 28; mais Philon lui-même dans *Poliorcétique*, Marsden **9**, p. 116, affirme qu'il en avait traité dans l'*Introduction*), solution qui s'avérait fondamentale pour construire des engins à l'échelle, *cf.* **33** G. Timmermann, «Alte Quellen über die Anfänge des Konstruierens von Schiffen», *Janus* 54, 1967, p. 270-286.

Études. 34 A. G. Drachmann, *The Mechanical Technology of Greek and Roman Antiquity. A study of the literary sources*, Copenhagen 1963; **35** Y. Garlan, «Cités, armées et stratégie à l'époque hellénistique d'après l'œuvre de Philon de Byzance», *Historia* 22, 1973, p. 16-33; **36** J. M. Spieser, «Philon de Byzance et les fortifications paléochrétiennes», dans **37** P. Leriche et H. Tréziny (édit.), *La* *fortification dans l'histoire du monde grec*, Paris 1986, p. 363-368 ; **38** K. Brodersen, *Reiseführer zu den Sieben Weltwundern : Philon von Byzanz und andere antike Texte*, Frankfurt am Main/Leipzig 1992 ; **39** P. Brun, « Les fortifications d'Hyllarima, Philon de Byzance et Pleistarchos », *REAnc* 96, 1994, p. 193-204 ; **40** H. von Staden, « Andréas de Caryste et Philon de Byzance : médecine et mécanique à Alexandrie », dans **41** G. Argoud et J.-Y. Guillaumin (édit.), *Sciences exactes et sciences appliquées à Alexandrie*, Saint-Étienne 1998, p. 147-172 ; **42** G. Hoxha, « Philon von Byzanz und die spätantiken Befestigungen in Albanien » *Archäologisches Korrespondenzblatt* 31/4, 2001, p. 601-616 ; **43** R. Stein, « Roman wooden force pumps : a case-study in innovation », *JRA* 17, 2004, p. 221-250.

Traduit et adapté de l'italien par Richard Goulet.

GIOVANNA R. GIARDINA.

155 PHILON DE LARISSA *RE* 40   159/8 (?) - 84/3

Dernier scholarque de l'Académie à Athènes de 110/109 à 84/83, successeur de Clitomaque (☛C 149). Le rôle exact qu'il a joué dans l'abandon du scepticisme radical de la Nouvelle Académie et l'émergence d'un nouveau platonisme fait l'objet de vives discussions. Il n'est pas facile de déterminer avec exactitude les positions philosophiques qu'il défendait et encore moins de les rattacher aux différentes étapes d'une évolution intellectuelle que les minces témoignages invitent à reconstituer.

Cette notice n'a pas pour but de présenter une synthèse des positions philosophiques de Philon, mais de délimiter la documentation fragmentaire qui nous permet de les saisir et éventuellement, à partir d'une définition de certaines positions caractéristiques de cet académicien, d'évaluer les chances d'en retrouver l'inspiration dans certaines sections des *Académiques* de Cicéron. C'est ce qui peut justifier sa longueur un peu exceptionnelle par rapport aux notices habituelles de ce dictionnaire.

Édition des *testimonia*. 1 Bohdan Wiśniewski, *Philon von Larissa. Testimonia und Kommentar,* coll. « Prace Wydziału I - Językoznawstwa, Nauki o Literaturze i Filozofii (Łódzkie Towarzystwo Naukowe) » 82, Breslau (Wrocław) 1982, 42 p. ; voir le compte rendu de **2** M. Gigante, « Un'edizione di Filone di Larissa », *SIFC* 2, 1984, p. 137-138, et celui de **3** J. Glucker dans *SCI* 8-9, 1989, p. 192-195 ; **4** H.-J. Mette, « Philon von Larisa und Antiochos von Askalon », *Lustrum* 28, 1986, p. 9-63 ; **5** Charles Brittain, *Philon of Larissa. The last of Academic Sceptics,* Oxford 2001, XII-406 p. (Appendix : Testimonia on Philo [avec une traduction en anglais], p. 345-370) ; voir le compte rendu approfondi publié par **6** J. Glucker, « The Philonian/Metrodorians : Problems of Method in Ancient Philosophy », *Elenchos* 25, 2004, p. 99-153. On trouve également les textes les plus importants, avec une traduction allemande et un commentaire dans **7** H. Dörrie et M. Baltes, *Der Platonismus in der Antike. Grundlagen – System – Entwicklung,* t. I : *Die geschichtlichen Wurzeln des Platonismus,* Stuttgart/Bad Cannstadt 1987, Bausteine 17 et 18, p. 170-187 et 436-449.

Dans le recueil de Brittain qui rassemble 36 textes, le témoignage n° X, emprunté à Jérôme, *Ad Jovinianum* I 42, ne mérite sans doute pas d'être retenu. Il semble confondre Philon (de Mégare ?) [➙P **156**] qui aurait écrit sur les cinq filles « dialecticiennes » de Diodore Cronos (➙D 124) avec un Philon présenté comme « maître de Carnéade », désignation qui, de toute façon, ne peut pas s'appliquer au disciple de Clitomaque.

Brittain maintient et résume son interprétation de la philosophie de Philon dans son article **8** « Philo of Larissa » pour la *Stanford Encyclopedia of Philosophy* : http://www.science.uva.nl/~seop/entries/philo-larissa/ (version du 5 octobre 2006).

Principales études. 9 C. F. Hermann, *Disputatio de Philone Larissaeo,* Progr. Göttingen 1851 ; **10** *Id., De Philone Larissaeo disputatio altera,* Progr. Göttingen 1855 ; **11** R. Hirzel, *Untersuchungen zu Ciceros philosophischen Schriften,* t. III, Leipzig 1883, p. 251-341 ; **12** V. Brochard, *Les Sceptiques grecs,* Paris 1887, p. 186-208, 2ᵉ édition en 1923, réimpr. dans la coll. « Bibliothèque d'histoire de la philosophie », Paris 1959, p. 192-205, récemment réédité avec une Présentation par J.-F. Balaudé dans la coll. « Le Livre de poche – Références », Paris 2002, p. 201-219 (« It is the one solution consistent with an overall view of the evidence of the sources, as well as being the most satisfactory from the philosophical point of view » a écrit Glucker **16** [cité ci-après], p. 74) ; **13** A. Goedeckemeyer, *Geschichte des griechischen Skeptizismus,* Leipzig 1905, notamment p. 103-130 ; **14** K. von Fritz, art. « Philon » 40, *RE* XIX 2, 1938, col. 2535-2537 ; **15** R. Gélibert, « Philon de Larissa et la fin du scepticisme académique », dans *Permanence de la philosophie. Mélanges offerts à J. Moreau,* Neuchâtel 1977, p. 82-126 ; **16** J. Glucker, *Antiochus and the Late Academy,* coll. « Hypomnemata » 56, Göttingen 1978, 510 p. ; **17** D. Sedley, « The End of the Academy », *Phronesis* 26, 1981, p. 67-75 (compte rendu de Glucker **16**) ; **18** H. Tarrant, « Agreement and Self-Evident in Philo of Larissa », *Dionysius* 5, 1981, p. 66-97 ; **19** *Id., Scepticism or Platonism ? The Philosophy of the Fourth Academy,* coll. « Cambridge classical studies », Cambridge 1985 (Philon et non Antiochus serait responsable du passage de l'Académie à une certaine forme de dogmatisme qui allait conduire au moyen-platonisme) ; **20** C. Lévy, « Cicéron et la quatrième Académie », *REL* 63, 1985, p. 32-41 (à propos de l'ouvrage de Tarrant **19**) ; **21** C. Lévy, *Cicero Academicus. Recherches sur les* Académiques *et sur la philosophie cicéronienne,* « Coll. de l'École française de Rome » 162, Paris/Rome 1992, 697 p., notamment p. 48-51, 87-88, 194-201, 290-300 ; **22** B. Besnier, « La Nouvelle Académie, selon le point de vue de Philon de Larisse », dans B. Besnier (édit.), *Scepticisme et Exégèse. Hommage à Camille Pernot,* « Cahiers de Fontenay » (Hors Collection), Fontenay-aux-Roses 1993, p. 85-163 (malgré le titre, on y lit peu de choses concernant Philon) ; **23** W. Görler, « Philon aus Larissa », dans *GGP Antike 4.2,* Basel 1994, p. 915-937 ; **24** D. Glidden, « Philo of Larissa and Platonism » dans R. H. Popkin (édit.), *Scepticism in the History of Philosophy. A Pan-American Dialogue,* Dordrecht 1996, p. 219-234 (signalé comme complément bibliographique dans le compte rendu de Brittain **5** publié par **25** P. Lautner, *CWo* 96, 2003, p. 342-344) ; **26** H. Thorsrud, « Cicero on his Academic Predecessors. The Fallibilism of Arcesilaus and Carneades », *JHPh* 40, 2002, p. 1-18 ; **27** C. Lévy, « The Sceptical

Academy: decline and afterlife», dans **28** R. Bett (édit.), *The Cambridge Companion to Ancient Scepticism*, Cambridge 2010, p. 81-104; **29** H. Thorsrud, « Arcesilaus and Carneades », dans Bett **28**, p. 58-80.

Histoire de la recherche. Un survol des études antérieures sur Philon est donné par Glucker **16**, p. 70-74, et par Brittain **5**, p. 26-36.

Bibliographie. Görler **23**, p. 935-937; Brittain **5**, p. 371-388.

Biographie et problèmes chronologiques. Brittain **5**, p. 38-72, traite en détail de la biographie de Philon.

Philon était originaire de Larissa (Stobée, *Anthol.* II 7, p. 39, 20 - 41, 1 Wachsmuth = XXXII Brittain), sans doute l'importante cité de Thessalie. Philon est mentionné par Cicéron (*Tusc.* V 107 = III Brittain) dans une longue liste de philosophes qui durent quitter leur cité d'origine sans pouvoir y retourner.

On dispose sur la chronologie de Philon d'une richesse d'informations exceptionnelle. D'après l'*Index Academicorum* de Philodème, col. XXXIII (p. 169-170 Dorandi = I Brittain), Philon serait né sous l'archontat d'Aristaichmos (de date incertaine). Il étudia dans sa ville natale auprès de Calliclès (➙C 18), un disciple de Carnéade (➙C 42), pendant environ huit ans (περὶ ὀκτ[ὼ σχ]ε[δὸν] ἔ]τη). Venu à Athènes vers l'âge de vingt-quatre ans (π[ε]ρὶ τέ[τ]τα[ρα] | καὶ εἴ[κοσ]ιν ὑ[π]άρχων ἐ[τῶν]) sous l'archontat de Nicomachos (de date incertaine) il étudia quatorze ans (δέκα | καὶ τέ[τ]ταρ[α..) auprès de Clitomaque (lequel enseignait à cette époque non pas à l'Académie, mais, au moins dans un premier temps, au Palladium). Il a pu suivre l'enseignement de ce disciple de Carnéade soit dès son arrivée, comme le suppose Brittain **5**, p. 45 et n. 18, soit plutôt, après d'autres études, immédiatement avant de lui succéder, comme le propose Görler **23**, p. 916, car on ne voit pas ce qu'aurait fait Philon entre la période d'études chez Clitomaque et son élection comme scholarque. Quelques lignes mal conservées dans le papyrus (li. 12-15) pourraient évoquer, si l'on suit la reconstitution de Dorandi, deux autres maîtres: un Apollodore (➙A 242) chez qui il aurait étudié deux ans et un stoïcien dont le nom n'est pas lisible, chez qui il aurait étudié pendant sept ans (voir Brittain **5**, p. 49). Brittain **5**, p. 49 n. 35, a envisagé d'y restituer le nom du stoïcien Mnésarque (➙M 181), hypothèse qu'a confirmée de façon indépendante **30** E. Puglia, « Le biografie di Filone e di Antioco nella Storia dell'Academia di Filodemo », *ZPE* 130, 2000, p. 17-28, notamment p. 18-19, qui lit, à la suite d'un examen du papyrus: Μν[ησάρχωι δ' ἑπτὰ | τῶι Στωικῶι, tout en reconnaissant (p. 18 n. 15) que l'interposition du chiffre ἑπτά est un peu étonnante. Philon succéda à Clitomaque à la tête de l'Académie sous l'archontat de Polyclète (110/9) et mourut sous l'archontat de Nicétès (84/3) à l'âge de soixante-quatorze ans ([βιώσ]ας δ' [ἑβ]δ[ο]μή]κοντ' ἔτη [καὶ τέ]τ[ταρ]α).

Le nom de ce dernier archonte qui n'apparaît dans le papyrus qu'au génitif (Νικήτου) n'est pas Nicétos comme l'écrit Brittain **5**, mais Nicétès.

Quelques lignes plus loin (39-41), selon Glucker **16**, p. 100 n. 11, c'est peut-être toujours de Philon dont Philodème dit qu'il serait mort sous l'archontat de Nicétès à l'âge de soixante et quelques années (le chiffre exact ne peut-être reconstitué: on a hésité entre 61 et 66 ans: βιώσας δ' [.. καὶ] ἑξήκοντ' ἔτη [κατέστρε⸤ψε⸥]ν ἐπὶ Νικήτου). S'il s'agit bien de Philon et si ces mots concernaient sa mort, cette source ne devait pas situer la naissance de Philon sous Aristaichmos, mais à une date plus basse. A la suite d'un nouvel examen du papyrus Puglia **30**, p. 20, a proposé toutefois une reconstruction assez différente : Βιώσας δ' [ἐννέα] Ι χα[ὶ] ἑξήκοντ' ἔτη (...) [.... ἀπ]έⳑ[θανε]ν ἐπὶ Νικήτου [κατ' Ι Ἰτ]αλίαν ἐν τῶι τ[ρ]ίτῳ ΠΡΟⳑⳑ[..].ΥΠΕΝΗΓ[.] ἐπιδρα-μὼ[ν..ⳑ...]ΤΑΡΡΩΙ. «Ayant vécu 69 ans [en Grèce ?], il mourut (?) sous l'(archonte) Nicétès, après avoir fui en Italie trois ans (?) avant sa mort». **31** Sterling Dow, «Archons of the Period after Sulla», dans *Commemorative Studies in Honor of Theodore Leslie Shear,* coll. «Hesperia Supplements» 8, American School of Classical Studies at Athens 1949, p. 116-125+451, notam-ment p. 123, interprète différemment le (second) passage mentionnant l'archonte Nicétès : il s'agirait non pas de la mort de Philon, mais de la mort de son successeur, nommé lors du départ de Philon pour Rome en 88[a] et qui serait mort quatre années plus tard en 84/83. Il rappelle que l'archontat de Nicétès avait été plus anciennement daté par Dinsmoor vers 70[a].

Événements	Archontes	Dates	Durées et âges
Naissance	Aristaichmos	159/8 ou 154/3 ?	
Études à Larissa auprès de Calliclès			8 années
Arrivée à Athènes	Nicomachos	134/3 ou 130/29 ?	à 24 ans
Études auprès de Clitomaque			14 années
Deux autres maîtres : un Apollodore et un stoïcien ?			2+7 années ?
Succède à Clitomaque	Polyclète	110/9	
Mort	Nicétès	84/3	74 ans (?), var. : 6<1> ou 6<6> ans

Comme nous disposons dans au moins deux cas d'une indication d'âge rattachée à des années identifiables par des noms d'archontes éponymes athéniens, nous sommes à première vue en présence d'un cas privilégié susceptible de nous renseigner sur le système chronologique suivi par Philodème ou sa source. Ces données ne sont malheureusement pas aussi claires et cohérentes qu'on pourrait le souhaiter, d'une part à cause de la datation conjecturale des deux premiers archontes, d'autre part à cause d'une incertitude sur la reconstitution de certains chiffres transmis par le papyrus et aussi de l'identification des événements auxquels ils correspondent. Pour assigner des dates aux archontes mentionnés, il faut partir des listes établies par **32** B. D. Meritt, «Athenian Archons 347/6-48/7 B. C.», *Historia* 26, 1977, p. 161-191, et, pour le milieu du IIe s. av. J.-C., période où l'on constate certaines anomalies dans la liste des douze tribus qui fournis-saient successivement chaque année le secrétaire de la prytanie, **33** Chr. Habicht, «The Epony-mous Archons of Athens from 159/8 to 141/0 B. C.», *Hesperia* 57, 1988, p. 237-247. Voir égale-ment les tableaux rassemblés par **34** A. E. Samuel, *Greek and Roman chronology. Calendars and years in classical antiquity* = *Handbuch der Altertumswissenschaft,* I. Abt., 7. Teil, München 1972, p. 219-224 (reprend pour les quatre archontes les datations proposées par Meritt **32**). (Sur l'ordre de succession des secrétaires de prytanie, voir **35** W. S. Ferguson, *The Athenian secreta-ries,* coll. «Cornell Studies in Classical Philology» 7, New York 1898, VI-80 p.). Plusieurs archontes, dont au moins deux concernent la chronologie de Philon (Aristaichmos et Nico-machos), ne sont pas datés de façon sûre ou en tout cas incontestée. Voir, en rapport avec les informations fournies par Philodème, **36** T. Dorandi, «Testimonianze sugli arconti nei papiri ecolanesi», *CErc* 10, 1980, p. 153-174, corrigé partiellement dans **37** *Id.,* «Gli arconti nei papiri ercolanesi», *ZPE* 84, 1990, p. 121-138. Voir également **38** T. Dorandi, «Per la cronologia di Filone di Larissa», dans F. R. Adrados, G. B. Alberti, U. Albini *et al.* (édit.), *Studi in onore di Adelmo Barigazzi* (= *Sileno* 10, 1984), t. I, p. 207-208. Sur les problèmes chronologiques posés par ces informations, qui sont peut-être empruntées à Apollodore d'Athènes (☛A 244), voir **39** T. Dorandi, *Ricerche sulla cronologia dei filosofi ellenistici,* coll. «Beiträge zur Altertumskunde» 19, Stuttgart 1991, p. 17-20 ; Brittain **5**, p. 40-43 ; des dates un peu différentes sont proposées, sur la base de travaux inédits de J. D. Morgan, par **40** T. Dorandi, «Chronology», dans K. A. Algra, J. Barnes, J. Mansfeld et M. Schofield (édit.), *The Cambridge History of Hellenistic Philosophy*, Cambridge/New York, Cambridge University Pr., 1999, p. 31-54, notamment p. 34, qui date maintenant l'archonte Aristaichmos non plus en 159/8, mais en 154/3 et l'archonte Nicomachos non plus en 134/3, mais en 130/29.

Archontes	Meritt	Dorandi 1999	Remarques
Aristaichmos	159/8	154/3	Meritt place en 154/3 l'archonte Aristophantos que Dorandi situe en 146/5, année que Meritt attribue à Épicratès.
Nicomachos	134/3	130/29	Meritt place en 130/29 l'archonte Démostratos.
Polyclète	110/9	110/9	
Nicétès	84/3	84/3	

Deux indications d'âge permettent de contrôler la cohérence des synchronismes. (a) Philon serait arrivé à Athènes à l'âge de 24 ans (δέκα Ι καὶ τέ[τ]αρ[α]). Les dates finalement retenues par Dorandi **40**, p. 34, permettent de retrouver 24 années de 154/3 à 130/29 en comptant de façon "exclusive". Entre les dates retenues par Meritt, on obtiendrait 25 années d'écart selon le même calcul. (b) L'âge de Philon à sa mort est plus problématique. Dans un premier passage, le chiffre de 74 ans est présenté par Dorandi de la façon suivante : [βιώσ]ας δ' [ἐβ]δ̣[ο]μ̣ή]κοντ' ἔτη [καὶ τέ]τ[ταρ]α. Les dates de Dorandi suggèreraient plutôt 70 ans (calcul exclusif). Les dates de Meritt **32** correspondraient à 75 ans (selon le même calcul exclusif). Le papyrus donne plusieurs lignes plus loin (39-41) une autre indication chronologique qui fait à nouveau référence à l'archonte Nicétès et pourrait donc être une datation alternative de la date de la mort de Philon : βιώσας δ' [.. Ι καὶ] ἑξήκοντ' ἔτη [κατέστρεφε]ν ἐπὶ Νικήτου. (Philodème a pu parler de quelqu'un d'autre entre temps, mais il s'agirait alors de deux personnes mortes la même année. Mais on a vu que Puglia **30**, p. 20, propose une lecture différente de ce dernier passage qui ne ferait pas référence à la mort de Philon.) Selon ce second passage, il faudrait donc compter soixante et quelques années entre la naissance et la mort d'un personnage qui pourrait être Philon. Un tel âge ne pourrait appuyer la date de naissance dans la chronologie de Meritt, mais, même en supposant que l'âge était de 6<9> ans, il ne correspondrait pas non plus exactement à la date proposée par Dorandi. Sauf à supposer que malgré cette profusion d'indications chronologiques, Philodème ou sa source fonctionnait avec des approximations et des arrondis (Dorandi **40**, p. 19, évoque l'«evidente approssimazione che caratterizza le date nella narrazione filodemea»), il est donc préférable d'attendre que de nouvelles découvertes épigraphiques permettent de préciser la date des deux premiers archontes du tableau.

Peut-être faut-il rappeler qu'à côté de cas invérifiables en grand nombre, la tradition a conservé, pour les philosophes les plus célèbres, au moins quatre ensembles de données parfaitement cohérents, pour peu que l'on accepte de compter de façon *inclusive* le nombre d'archontes séparant l'année de naissance du philosophe et l'année de sa mort, sans tenir compte des mois que les chronographes ne devaient connaître que rarement.

Philosophes	Naissance	Mort	Âge	
Socrate	Aphepsion	Lachétès	70 ans	469-400(+1)=70
D. L. II 44 Apollodore (*FGrHist* 244 F 34)	469/8 - Ol. 77, 4	400/399 - Ol. 95, 1		
Platon	Diotimos	Théophilos	81 ans	428-348(+1)=81
D. L. III 2 Apollodore (*FGrHist* 244 F 37)	428/7 - Ol. 88, <1>	348/7 - Ol. 108, 1		
Aristote	Diotréphès	Philoclès	63 ans	384-322(+1)=63
D. L. V 9-10 Apollodore (*FGrHist* 244 F 38a)	384/3 - Ol. 99, 1	322/1 - Ol. 114, 3		
Épicure	Sosigénès	Pytharatos	72 ans	342-270(+1)=72
D. L. X 14-15 Apollodore (*FGrHist* 244 F 42)	342/1 - Ol. 109, 3	271/0 - Ol. 127, 2		

Dans le cas de Philon, il faut compter avec des datations d'archontes contestées, des événements mal identifiés, des chiffres (durées et âges) mal conservés dans le papyrus et peut-être des données mal transmises par l'auteur de l'*Index Academicorum*. Il n'est pas sûr non plus que la dépendance à l'égard de la chronologie d'Apollodore soit aussi directe que chez Diogène Laërce.

Si l'on suppose que Philodème dépendait de la chronologie d'Apollodore et en respectait le système attesté par ces quatre ensembles de données rapportés par Diogène Laërce, on peut reprendre la chronologie de Philon en se fondant sur les données textuelles les moins contestables. On ne peut se fonder sur l'âge attribué à Philon à sa mort sous l'archonte Nicétès ([βιώσ]ας δ' [ἑβ]δ[ο]μή]κοντ' ἔτη [καὶ τέ]τ[ταρ]α), car Buecheler avait restitué 63 ans, Mekler 60, tandis que Dorandi **38**, après une nouvelle lecture du papyrus, lui accordait 84 ans, avant d'adopter finalement dans son édition le chiffre de 74. Dorandi **38**, p. 208, reconnaît que sa reconstitution repose sur l'écart supposé entre les archontes Aristaichmos et Nicétès (158-84=74). On peut partir en revanche de l'arrivée de Philon à Athènes « vers 24 ans » sous l'archonte Nicomachos. Malheureusement, il semble que, tout comme Aristaichmos, l'archonte Nicomachos n'ait été inséré quelque part dans les trous de la liste des archontes qu'en fonction du présent témoignage de Philodème. Si Morgan a raison de le dater de 130/29 et non de 134/3 comme on le faisait auparavant, alors on peut remonter vingt-quatre archontes plus haut (comme le fait apparemment Apollodore) pour dater la naissance de Philon, survenue sous l'archonte Aristaichmos, en 153/2. Contrairement à Meritt et Habicht qui proposent 159/8 et Manni qui retient 158/7, Morgan situe l'archonte Aristaichmos en 154/3, mais la chronologie de cette période dépend en partie de l'inscription I*Délos* 2589, qui fournit une liste de gymnasiarques dont le point de départ peut varier d'une année (168/7 ou 167/6) et permettre en conséquence de faire descendre l'année réservée à cet archonte d'une année également. De toute façon, il s'agit d'une période où les avis des spécialistes sont les plus divergents et où abondent les points d'interrogation dans les listes qu'ils ont établies. Cette date de naissance entraînerait que la mort de Philon sous Nicétès, dont la date est fixée de façon assez certaine en 84/3, serait intervenue, toujours dans le système d'Apollodore, à 70 ans. L'état du papyrus, tel que lu par Dorandi, n'interdit pas cette indication d'âge ([ἑβ]δ[ο]μή]κοντ' ἔτη [- - - - -]τ[- - -]α.). Si en revanche on suit Meritt en datant Nicomachos de 134/3, Philon serait né vingt-quatre ans auparavant, soit en 157/6, et serait donc mort à 74 ans comme l'avait reconstitué Dorandi. Dans cette hypothèse, il faudrait dater Aristaichmos en 157/6.

Philon, scholarque de l'Académie à Athènes. Dans un développement sur l'histoire de l'Académie sceptique depuis Arcésilas (☛A 302), Cicéron (*Acad.* II 16-17 = IV Brittain) énumère les noms de Lacydès (☛L 11), Évandros (Euandros, ☛E 65), Hégésinos (☛H 21), Carnéade [☛C 42] (« 4ᵉ scholarque après Arcésilas »), puis les disciples de Carnéade : Clitomaque (☛C 149), Eschine (☛A70), Charmadas (☛C 100), Mélanthios de Rhodes (☛M 87) et Métrodore de Stratonicée (☛M 155), et enfin Philon, disciple de Clitomaque et maître de Cicéron (☛C 123) lui-même. D'autres témoignages (Plut., *Lucullus* 42, 3-4 = XIV Brittain, ou Augustin, *Contra Academicos* II 15 = XVI Brittain) rattachent plutôt Philon à la Nouvelle Académie de Carnéade par opposition à l'Académie soi-disant Ancienne d'Antiochus d'Ascalon (☛A 200).

Dans une « liste de scholarques » conservée dans PDuke inv. G 178, col. II, li. 9 = *CPF* I 1* n° 1, p. 82 = IX Brittain, Φιλίων ἐ[κ Λαρίσσης] est mentionné, après Carnéade et Clitomaque. Cette forme du nom se rencontre également dans certains mss d'Eusèbe, *P. E.* XIV 8, 15 et 9, 1-3.

Selon Sextus, *Pyrrh. Hyp.* I 220 (= V Brittain), et Eus., *P. E.* XIV 4 (= VII Brittain), il faudrait compter, après l'Académie de Platon, (a) la seconde ou Moyenne Académie d'Arcésilas (disciple de Polémon [☛P 217] ou de Crantor [☛C 195] selon Galien, *Hist. phil.* 3 = VIII Brittain) qui se poursuivit jusqu'à Hégésinos (☛H 21), (b) la troisième ou Nouvelle Académie de Carnéade et Clitomaque, (c) une quatrième Académie avec Philon et Charmadas (☛C 100) et même (d) une cinquième avec Antiochus (☛A 200). La succession Carnéade, Clitomaque, Philon est également rappelée par Eus., *P. E.* XIV 8 (Numénius, fr. 27 Des Places = VI Brittain). Mais ce schéma des quatre ou cinq Académies est probablement une construction tardive : contrairement à Antiochus qui prétendait revenir à l'« Ancienne » Académie par-delà les dérives de la Nouvelle (Cic., *Acad.* I 7), Philon lui-même refusait de distinguer l'Académie sceptique de l'Académie de Platon et ne devait donc pas chercher à promouvoir sa propre doctrine comme une nouveauté radicale par rapport à celle de tous ses précédesseurs (Cic., *Acad* I 13 = XXX Brittain).

Élèves. Parmi les élèves connus de Philon, le plus important fut Antiochus d'Ascalon, qui fut au côté de Lucius Licinus Lucullus (☛L 74) dans ses fonctions de questeur, puis de général (Cic., *Acad.* II 4 = XII Brittain). (Sur le rôle que pouvait jouer un intellectuel comme Antiochus auprès d'un homme politique comme Lucullus, voir Glucker **16**, p. 20-27.) Un autre témoignage (Cic., *Acad.* II 69 = XIII Brittain) signale les longues études d'Antiochus auprès de Philon, mais aussi son rejet du scepticisme de la nouvelle Académie et de l'enseignement de Philon et son adoption de vues davantage stoïciennes rappelant celles de Mnésarque (☛M 181) ou Dardanus (☛D 22), maîtres stoïciens à Athènes, après qu'il eut rassemblé ses propres élèves. Numénius lui aussi rattache à l'influence de Mnésarque les tendances stoïcisantes d'Antiochus (Numénius, fr. 28 Des Places = XXIII Brittain). Face au scepticisme probabiliste de la Nouvelle Académie que soutenait Philon *(qui se veri simile contenderent sequi),* Antiochus soutenait que le sage peut parvenir à la connaissance *(percipere posse sapientem,* Aug., *Contra*

Academicos II 15 = XVI Brittain). La sécession d'Antiochus par rapport à la Nouvelle Académie de Philon, survenue selon Glucker **16**, p. 20, et Brittain **5**, p. 55-56, à Athènes au début des années 90[a], alors que des disciples de Diogène de Babylonie [☞D 146] (mort vers 150[a]) étaient à la tête de la Stoa, est encore évoquée par Plutarque qui précise que cette rupture, qu'elle fût motivée par une reconnaissance de l'évidence sensible ou par un esprit de rivalité envers les disciples de Clitomaque et de Philon, était déjà depuis longtemps consommée lorsqu'en 79[a] Cicéron suivit l'enseignement d'Antiochus à Athènes (*Cicéron* 4, 1-2 = XV Brittain), comme Varron (*Acad.* I 12) et avec lui (*Acad.* I 3), comme aussi Atticus (*Acad.* I 14). Cicéron, *Acad.* II 70, rapporte de même que certains prétendaient que la raison véritable de cette sécession était l'ambition *(gloriae causa)* et l'espoir d'être suivi par une école d'«antiochiens».

Dans une lettre à Atticus XIII 25, 3, Cicéron qualifie M. Pison (☞P 189) d'«Antiochien».

Selon Sedley **17**, p. 70, Antiochus, même après avoir adopté des tendances stoïcisantes, est peut-être resté dans l'Académie, espérant sans doute se faire élire comme scholarque après la mort de Philon. Ainsi s'expliquerait la présence de disciples à ses côtés à Alexandrie dès 87-86[a] et les bons rapports qu'il entretenait encore avec un académicien fidèle comme Héraclite de Tyr. Sur la rupture d'Antiochus et la fondation de l'«Ancienne Académie», voir **41** J. Barnes, «Antiochus of Ascalon», dans M. Griffin et J. Barnes (édit.), *Philosophia Togata,* <t. I :> *Essays on Philosophy and Roman Society,* Oxford 1989, réimpr. avec des compléments bibliographiques 1996, p. 51-96.

Glucker **16**, p. 28-31 et 64, suggère que l'ouverture d'Antiochus aux idées stoïciennes, considérées comme des corrections apportées à une Académie unitaire *(correctio veteris Academiae)* rassemblant Platon, Aristote et leurs proches disciples, pourrait avoir été favorisée par la prétention de Panétius (☞P 26) et de ses successeurs stoïciens de s'inscrire dans la lignée de Socrate et de Platon.

Selon Lévy **21**, p. 296-297, et Brittain **5**, p. 6 *et passim*, une autre défection par rapport à l'Académie de Philon devrait être signalée : c'est celle d'Énésidème (☞E 24), dont les critiques adressées aux académiciens de son temps, rapportées par Photius, *Bibl. cod.* 212, viseraient des positions similaires à celles défendues par Philon dans la période que Brittain appelle philonienne-métrodoréenne. Voir plus bas. Sur Énésidème et la nouvelle Académie, voir **42** Brigitte Pérez, notice «Énésidème» E 24, *DPhA* III, 2000, p. 90-99, notamment p. 90.

Il est étrange que parmi les philosophes qu'il dit avoir écoutés lors de son passage à Athènes vers 110[a], L. Licinius Crassus (☞C 198) ne mentionne pas Philon (Cic., *De orat.* I 45), alors qu'il nomme Charmadas (☞C 100), Eschine (☞A 70), Clitomaque (☞C 149), Métrodore (☞M 155), puis le stoïcien Mnésarque (☞M 181) et le péripatéticien Diodore [de Tyr] (☞D 132). Mais il est vrai qu'«il y avait là de nombreux autres philosophes de renom». Sur les raisons possibles de cette omission, voir Glucker **16**, p. 75 n. 215 ; Brittain **5**, p. 52, n. 39 ; Glucker **5**, p. 101 n. 7.

C. Aurelius Cotta (☞C 193) rappelle pour sa part que Philon lui-même, dont il fut l'élève (Cic., *De natura deorum* I 17 = XIX Brittain), lui avait recommandé de suivre à Athènes l'enseignement du scholarque épicurien Zénon de Sidon afin de pouvoir traiter de l'épicurisme en connaissance de cause (Cic., *De natura deorum* I 59 = XXII Brittain). Arcésilas déjà encourageait ses disciples à fréquenter les autres écoles (Diogène Laërce I 42) et Carnéade avait de même étudié la dialectique auprès de Diogène de Babylonie, pour le prix d'une mine (Cic., *Acad.* II 98). Sur l'excellente connaissance que Philon lui-même avait de l'épicurisme, voir Cic., *De natura deorum* I 113 = XXXIII Brittain. Sur de telles formations complémentaires dans l'Académie, voir Brittain **5**, p. 50-51.

Puisqu'un Apollodore apparaît dans les lignes de l'*Ind. Acad.* concernant la formation philosophique de Philon à Athènes, on pourrait se demander si, comme il le conseilla à Cotta, Philon n'aurait pas suivi lui-même, à titre prophylactique en quelque sorte, l'enseignement d'Apollodore d'Athènes (➪A 243), dit «le maître du Jardin», qui fut scholarque des années 150 à 110 environ. Le même plan de formation l'aurait amené chez le stoïcien mentionné dans le même passage, qui pourrait être Mnésarque comme on l'a vu. D'autres spécialistes y ont plutôt reconnu un académicien homonyme (➪A 242) ou encore Apollodore d'Athènes (➪A 244), disciple du stoïcien Diogène de Babylonie (➪D 145). Mais, comme le second maître (Mnésarque?) est explicitement désigné comme stoïcien, on peut supposer que le premier n'était pas de la même école. Quoi qu'il en soit, dans les trois courtes lignes du papyrus, Philodème ne devait pas donner beaucoup de détails sur cette formation complémentaire de Philon.

Philon à Rome. Alors qu'il était scholarque de l'Académie, Philon dut quitter Athènes avec les *optimates* athéniens, à cause des dangers entraînés par la guerre contre Mithridate en 89-88 et il gagna Rome où Cicéron, encore jeune, le fréquenta longuement et assidument, à une époque où la situation politique le retenait loin du forum (Cic., *Brutus* 306 = II Brittain). Cicéron évoque dans plusieurs passages sa fréquentation des philosophes comme Phèdre (➪P 107), Diodote (➪D 134), Philon, Antiochus et Posidonius (➪P 267), et l'accueil qu'il leur réservait dans sa maison (*Ad fam.* XIII 1, 2 = XVII Brittain ; *De natura deorum* I 6 = XVIII Brittain, Tacite, *Dialogue des orateurs* 30, 3 = XXI Brittain). Dans un passage des *Acad.* I 13, il laisse entendre que Varron entendit comme lui les propos que Philon développa de vive voix sur l'unité de la tradition académicienne *(quod coram etiam ex ipso audiebamus)*.

En ce sens, voir Mansfeld **65** [cité plus loin], p. 67. Brittain **5**, p. 170 et 362, traduit *audiebamus* comme si Cicéron avait employé un pluriel de majesté : «as I heard openly from the man himself». Mais comme Varron est dit avoir tenu Philon pour un *magnus vir,* on peut estimer qu'il l'avait suffisamment connu pour pouvoir en juger.

Le lien établi par Cicéron entre le départ des *optimates* d'Athènes et la guerre contre Mithridate (qui dura de 89 à 84), pourrait masquer la crise déclenchée à Athènes par la tyrannie du péripatéticien Athénion (➪A 485), au début de 88ᵃ, puis par celle de l'épicurien Aristion (➪A 355) et le rejet de la souveraineté de Rome jusqu'à la reprise de la ville par Sulla en 86ᵃ. Pour un survol des événements de 91 à 86 à Athènes, voir Brittain **5**, p. 58-64. Voir également **43** J.-L. Ferrary, *Philhellénisme et impérialisme,* Rome 1988, chap. 5 : «Les écoles philosophiques athéniennes entre Rome et Mithridate».

C'est sans doute à l'influence de Philon que Cicéron doit l'attitude académicienne qu'il revendique dès son *De inventione* (composé vers 84-83), en II 10 :

«Aussi nous parlerons sur chaque point, sans rien affirmer, tout en nous interrogeant et en exprimant nos doutes : nous éviterons ainsi, en visant le mince éloge d'avoir apparemment donné quelques assez bons conseils, de passer à côté du mérite le plus grand, qui consiste à ne pas donner son assentiment à quoi que ce soit à la légère et avec présomption. Voilà le principe que nous suivrons avec soin aussi bien maintenant que tout au cours de notre existence, dans la mesure du possible» (trad. G. Achard).

Cette position sceptique probabiliste de Cicéron est revendiquée et décrite dans de nombreux passages de ses écrits philosophiques (*Acad.* II 7-8 ; *Tusc.* I 8 ; V 11 ; *De off.* II 7-8 ; III 20 ; *De divin.* II 150). Le passage le plus important, parce qu'il met en cause une problématique qui sera amplement développée dans les *Académiques,* se lit au début du *De natura deorum* (I 12) :

> « Nous ne sommes pas des philosophes aux yeux desquels rien ne paraît être vrai, mais nous disons qu'à toutes les (représentations) vraies sont adjointes des fausses qui leur sont tellement semblables qu'entre elles il n'existe aucune marque certaine permettant de les discriminer et d'y assentir. Il en résulte que de nombreuses (choses) sont probables : bien qu'elles ne fassent jamais l'objet d'une compréhension, elles permettent cependant de diriger la vie du sage parce qu'elles donnent lieu à une représentation claire et distincte *(visum... insignem et inlustrem).* »

Dans tous ces passages, Cicéron présente cette recherche du vrai ou de ce qui s'en rapproche le plus et cette méthode socratique de l'examen des thèses adverses comme caractéristiques de l'Académie dans son ensemble ; il ne se réclame pas d'un académicien en particulier et ne présuppose aucune périodisation de l'histoire de l'Académie sceptique. Si c'est auprès de Philon qu'il a appris à argumenter de la sorte, c'est un probabilisme qui ne semble pas porter la marque spécifique de Philon qu'il prétend incarner et nulle part Cicéron ne le qualifie de philonien (en *Tusc.* II 9, c'est uniquement la pratique complémentaire de la philosophie et de la rhétorique qu'il dit explicitement avoir empruntée à son maître).

Sur la constance de Cicéron dans son point de vue probabiliste tout au long de sa carrière, voir **44** W. Görler, « Silencing the troublemaker : *De legibus* 1.39 and the continuity of Cicero's scepticism », dans J. G. F. Powell [édit.], *Cicero the philosopher. Twelve papers,* Oxford/New York 1995, p. 85-113. L'attitude de Cicéron à l'égard des différentes périodes de l'enseignement de Philon n'est pas abordé.

Le départ de Philon pour Rome marqua à toutes fins pratiques la fin de l'Académie à Athènes, ainsi que l'a montré Glucker **16**. Le tyran Athénion (➤A 485) signalait déjà vers 88ᵃ comme l'un des signes de la décadence des institutions athéniennes à laquelle une alliance avec Mithridate pourrait remédier le fait que les écoles des philosophes sont sans voix (Athénée, *Deipnosophistes* V, 211d-215b = Posidonius, fr. 253 Edelstein-Kidd). Cicéron parle de l'Académie comme d'une école disparue en Grèce (voir *De nat. deor.* I 11-12), mais qui pourrait renaître (*Acad.* II 11 : *in ista philosophia, quae nunc propre dimissa revocatur*), sans doute avec lui.

Dispositions morales et intellectuelles. Un témoignage souligne la mémoire exceptionnelle de Philon (Cic., *De natura deorum* I 113 = XXXIII Brittain), capable de citer longuement les maîtres épicuriens. Il s'illustrait par l'emploi dans ses exposés de citations poétiques bien choisies, à la différence des citations produites sans grand charme et de façon prosaïque par le stoïcien Dionysius [➤D 186] (Cic., *Tusc.* II 26 = XXXVI Brittain). Selon Plutarque, *Cicéron* 3, 1 = XX Brittain, les Romains admiraient le λόγος (discours ?) et le τρόπος (caractère) de Philon. Glucker **16**, p. 88, présente Philon comme « mediocre and colourless ». Ailleurs (p. 75), il attribue son élection au scholarchat au fait qu'il était « a nonentity ».

L'affaire du *Sosus*. Lucullus raconte (Cic., *Acad.* II 11-12 = XXIX Brittain) qu'à l'époque où il était proquesteur à Alexandrie (en 87-86), on eut connaissance dans cette cité de deux livres écrits par Philon à Rome. Ces ouvrages suscitèrent de vives discussions entre Antiochus (qui faisait, on l'a vu, partie de la suite de Lucullus) et son ami, mais néanmoins adversaire, l'académicien Héraclite de Tyr (➠H 66), ancien disciple de Clitomaque, mais aussi de Philon à Athènes. Irrité par ces ouvrages, Antiochus, d'ordinaire fort placide, demanda à Héraclite s'il avait jamais entendu de tels propos dans la bouche de Philon ou chez n'importe quel académicien. (On trouve un écho de cette formule chez Augustin, *Contra Academicos* II 15 = XVI Brittain, à propos, cette fois, des philosophes de la Nouvelle Académie : [Antiochus] *dicebat enim rem insolitam et ab opinione veterum remotissiman Academicos novos conatos inducere.*) Héraclite avoua que non, tout en reconnaissant l'authenticité des ouvrages, d'ailleurs confirmée par les frères P. et C. Selius (*RE* 3) et par Tetrilius *(RE)* Rogus, qui étaient aussi présents et qui rapportèrent avoir entendu à Rome Philon tenir de tels propos. C'est d'ailleurs eux-mêmes apparemment qui avaient recopié les deux livres à partir d'un autographe (« ab eo ipso illos duos libros dicerent descripsisse »). La dispute qui opposa Héraclite, défenseur de la position « académicienne » (celle qu'il avait apprise chez Philon et non la nouvelle position de Philon dans ses « livres romains », puisqu'il venait seulement d'en avoir connaissance), et Antiochus se prolongea sur plusieurs jours, en compagnie de nombreux savants, dont Aristos d'Ascalon (➠A 406), frère d'Antiochus, et les philosophes Ariston (➠A 393) et Dion (➠D162) d'Alexandrie, tous partisans d'Antiochus et peut-être, selon Brittain **5**, p. 56, anciens disciples de Philon à Athènes. Ces événements amenèrent Antiochus à rédiger, en 86[a] selon Brittain **5**, p. 55, contre son ancien maître un ouvrage qu'il intitula *Sosus.* On a supposé que Cicéron avait tiré le récit de l'événement des premières pages de cet ouvrage d'Antiochus. Voir Hirzel **11**, t. III, p. 265-267. Sur le rôle qu'Héraclite de Tyr pouvait jouer dans le *Sosus,* voir Hirzel **11**, p. 267-268.

Ces positions nouvelles de Philon et l'objet précis des discussions *(ista una disputatione,* II 12) ne sont pas autrement définis dans ce passage. En quoi consistait la nouveauté et pourquoi ces livres choquèrent-ils à ce point ses anciens élèves et amis ? En mentionnant les nouveaux livres de Philon et le *Sosus* d'Antiochus, Cicéron entendait-il révéler les sources qu'il utilisait dans ses *Académiques* ? Peut-on de fait retrouver des vestiges de ces deux ouvrages dans le texte de Cicéron ?

« The *Sosus* Affair » fait l'objet du premier chapitre de l'ouvrage de Glucker **16**, p. 13-97. Un résumé des diverses interprétations est donné par **45** T. Dorandi, « Gli *Academica* quale fonte per la storia dell' Academia », dans **46** B. Inwood et J. Mansfeld (édit.), *Assent and argument. Studies in Cicero's Academic Books.* Proceedings of the 7th Symposium Hellenisticum (Utrecht, August 21-25, 1995), Leiden 1997, p. 89-106.

Les témoignages explicites. Ce que disent explicitement les témoignages concernant la pensée de Philon tient en peu de points et reste souvent obscur. C'est grâce à une interprétation du matériel et à des déductions opérées à partir d'une analyse d'un nombre restreint de passages qu'on a cherché à reconstituer une position doctrinale cohérente plus développée – pour ne pas dire systématique – et à dégager plusieurs étapes dans son évolution intellectuelle.

1. Après avoir maintenu, contre les stoïciens (Numénius, fr. 28 = XXIII Brittain), à titre de scholarque, successeur de Clitomaque, la tradition académicienne de la Nouvelle Académie de Carnéade (*Plut., Lucullus* 42, 3-4 = XIV Brittain), Philon adopta des vues suffisamment originales pour qu'on finisse par voir en lui le fondateur, avec Charmadas, d'une Quatrième Académie (Sextus, *Hyp. Pyrrh.* I 235 = XXVIII Brittain). Cicéron le présente toutefois comme un représentant autorisé de l'Académie jusqu'à sa mort (Cic., *Acad.* II 17 = IV Brittain : *Philone autem vivo patrocinium Academiae non defuit*). Globalement, la tradition a considéré que Philon – on ne sait trop à quelle époque de sa vie – avait ouvert la voie à un certain dogmatisme (Aug., *Contra Academicos* III 41). C'est la thèse de l'incompréhensibilité des choses *(nihil posse comprehendi)* qu'il cherchait principalement à éviter *(eo quo minime volt),* même si, du point de vue d'Antiochus, le refus d'un "critère" valable permettant de distinguer le vrai du faux l'y ramenait (Cic., *Acad.* II 18 = XXVII Brittain).

Cicéron traduit généralement καταλαμβάνειν par *percipere* qui en est un calque latin, tout en l'associant à *scire* (I 44 ; II 15), *cognoscere* (I 44 ; II 23) ou *comprehendere* (II 28.34.35. 40.62.67.148), termes qui permettent de ne pas limiter le problème à celui de la perception sensible. En II 17 et 31, c'est *comprehensio* qui lui semble le terme le plus proche de κατάληψις. Lorsque nous parlons de compréhension ou d'incompréhensibilité, c'est en référence à cette problématique de la connaissance du sage.

2. Son disciple de longue date Antiochus d'Ascalon (Cic., *Acad.* II 4 = XI Brittain), sous l'influence du stoïcien Mnésarque (Cic., *Acad.* II 69 = XIII Brittain ; Aug., *Contra Academicos* III 41 = XXXI Brittain), introduisit des doctrines contraires à celles de Philon et de la Nouvelle Académie (Numénius, fr. 28 : XXIII Brittain), soutenant notamment la possibilité pour le sage de parvenir à la connaissance (Aug., *Contra Academicos* II 15 = XVI Brittain : *nihil tamen magis defendebat quam percipere posse sapientem* ; III 42 = XXXI Brittain), au point qu'on en fit le fondateur d'une Cinquième Académie, qu'il concevait comme un retour à l'Académie Ancienne (Sextus, *Hyp. Pyrrh.* I 220 = V Brittain ; Eus., *P. E.* XIV 4 = VII Brittain ; Ps.-Galien, *Hist. phil.* 3 = VIII Brittain). Par la terminologie qu'il employait, Antiochus entendait réformer l'Académie et non la convertir au stoïcisme comme on lui en fit le reproche.

3. Vers 87[a] Philon publia à Rome deux livres comportant des innovations doctrinales qui choquèrent à Alexandrie, lorsqu'ils en prirent connaissance, aussi bien Antiochus qu'Héraclite de Tyr, ancien élève de Clitomaque et de Philon lui-même à Athènes. Selon ses anciens élèves, ni Philon ni aucun autre académicien n'avait jamais soutenu de telles idées auparavant (Cic., *Lucullus* II 11-12). Dans le récit que donne Cicéron de l'affaire du *Sosus,* le contenu de ces nouvelles doctrines de Philon reste indéterminé. Elles avaient fait l'objet, *la veille* dans le *Catulus* perdu, des critiques de feu Catulus père – dont les propos devaient être rapportés par Catulus fils (II 12) – et elles avaient donc dû être préalablement exposées, on ne sait par quel interlocuteur (voir plus loin). En tout cas Philon devait remettre

profondément en cause les positions académiciennes traditionnelles de Carnéade ou de Clitomaque.

Comme on présente le point 4b résumé plus bas comme l'une des innovations de Philon critiquées par Catulus père (*Lucullus* II 18), on peut estimer que ce point à tout le moins était au cœur de la controverse. Il est possible également que le négationisme philonien décrit au point 8, qui portait sur des doctrines académiciennes exposées la veille (II 12), ait fait l'objet des débats du *Catulus*.

4a. La principale caractéristique que retint la tradition est que Philon renonça à la thèse académicienne de la nécessaire suspension universelle du jugement (Numénius, fr. 28 = XXIII Brittain). Puisque l'ἐποχή n'est que la conséquence de la thèse de l'incompréhensibilité, on peut penser que Philon remettait également en cause cette dernière du moins sous sa forme radicale. Comme Cicéron maintient fermement dans ses *Académiques,* dans une perspective académicienne traditionnelle, le lien entre l'incompréhensibilité et la suspension du jugement qu'elle doit entraîner chez le sage, il est *possible* que, dans certains passages où cette suspension n'est pas exigée, il ait rapporté des vues soumises ou adoptées par Philon.

4b. Pour échapper à la thèse de l'incompréhensibilité *(eo quo minime volt),* Philon rejeta (ou finit par rejeter) l'une des clauses (la troisième) de la définition stoïcienne stricte du critère de vérité, qui exigeait que la représentation véridique d'une chose ou d'un fait soit telle qu'une représentation identique ne puisse provenir d'un objet différent ou inexistant (Cic., *Acad.* II 18 = XXVII Brittain : *visum igitur impressum effictumque ex eo unde esset quale esse non posset ex eo unde non esset*), une des façons, parmi de nombreuses autres, dont Cicéron traduit la clause οἵα οὐκ ἂν γένοιτο ἀπὸ μὴ ὑπάρχοντος rapportée par Sextus, *Adv. Math.* VII 252.

Rappelons que les trois clauses de la définition du critère de vérité sont bien dégagées chez Diogène Laërce VII 50 : νοεῖται δὲ φαντασία ἡ (1) ἀπὸ ὑπάρχοντος (2) κατὰ τὸ ὑπάρχον ἐναπομεμαγμένη καὶ ἐναποτετυπωμένη καὶ ἐναπεσφραγισμένη, (3) οἵα οὐκ ἂν γένοιτο ἀπὸ μὴ ὑπάρχοντος, et chez Sextus, *Adv. Math.* VII 248 : καταληπτικὴ δέ ἐστιν ἡ (1) ἀπὸ ὑπάρχοντος καὶ (2) κατ' αὐτὸ τὸ ὑπάρχον ἐναπομεμαγμένη καὶ ἐναπεσφραγισμένη, (3) ὁποία οὐκ ἂν γένοιτο ἀπὸ μὴ ὑπάρχοντος.

Selon Philon la thèse de l'incompréhensibilité serait directement liée à la définition stricte du critère de la vérité qui exige qu'une représentation vraie ne puisse pas être identique à une représentation fausse. Si on ne tient pas compte de cette définition stoïcienne stricte du critère de la vérité, l'incompréhensibilité universelle n'est plus inéluctable. Mais cela ne nous dit pas quel type de connaissance est alors rendu possible. Ce n'est sans doute pas la certitude scientifique exigée par les stoïciens, car alors Philon aurait renoncé à la position la plus caractéristique de l'Académie.

Cette troisième clause était traditionnellement prise en compte par les académiciens. Selon Sextus, *Adv. Math.* VII 252, ces derniers soutenaient, contre les stoïciens, qu'il était toujours possible de trouver une représentation fausse "indiscernable" d'une représentation supposée compréhensive (οἱ δὲ ἀπὸ τῆς Ἀκαδημίας τοὐναντίον φασὶ δύνασθαι τῇ καταληπτικῇ φαντασίᾳ ἀπαράλλακτον εὑρεθήσεσθαι ψεῦδος [où l'on attendrait plutôt un accusatif au féminin comme ψευδῆ. Comp. VII 164 : πάσῃ τῇ δοκούσῃ ἀληθεῖ – scil. φαντασίᾳ – καθεστάναι εὑρίσκεταί τις ἀπαράλλακτος ψευδής, et VII 405 et 438]). Le même auteur rapporte que Carnéade concédait aux stoïciens qu'il était possible de vérifier les deux premières clauses, mais qu'on ne pouvait pas leur concéder la troisième (*Adv. Math.* VII 401). Le terme technique employé dans cette discussion est ἀπαραλλαξία (Sextus, *Adv. Math.* VII 408).

Cette clause qui permet d'échapper à l'ἀπαραλλαξία est omniprésente dans les *Académiques* de Cicéron. Sa validité est généralement tacitement acceptée. Il faudra donc se demander si certains passages qui discutent de sa *pertinence* à l'intérieur de la définition du critère de la vérité ne dépendraient pas de cette problématique soulevée par Philon. C'est ainsi qu'en *Acad.* II 77, Cicéron présente cette troisième clause comme une addition *(additum)* apportée par Zénon, à l'incitation d'Arcésilas qui en reconnaissait la pertinence. Selon II 112, elle était inconnue de l'Ancienne Académie ou du Péripatos, et elle serait une importante addition de Zénon *(magnam accessionem)*. Sextus, *Adv. Math.* VII 252, la présente également comme une addition (προσ-έθεσαν). Diogène Laërce qui rapporte en VII 50 la version complète du critère (νοεῖται δὲ φαντασία ἡ ἀπὸ ὑπάρχοντος κατὰ τὸ ὑπάρχον ἐναπομεμαγμένη καὶ ἐναποτετυπωμένη καὶ ἐναπεσφραγισμένη, οἵα οὐκ ἂν γένοιτο ἀπὸ μὴ ὑπάρχοντος), en cite également en VII 46 une version courte, sans l'addition de la troisième clause (καταληπτικὴν μέν, ἣν κριτήριον εἶναι τῶν πραγμάτων φασί, τὴν γινομένην [1] ἀπὸ ὑπάρχοντος [2] κατ' αὐτὸ τὸ ὑπάρχον ἐναπεσφραγισμένην καὶ ἐναπομεμαγμένην). On trouve également cette version courte chez Sextus, *Adv. Math.* XI 183.

Sur la problématique ancienne du critère de la vérité et sa définition, voir **47** G. Striker, «Κριτήριον τῆς ἀληθείας», article de 1974, repris dans ses *Essays on Hellenistic epistemology and ethics,* Cambridge 1996, p. 22-76 ; voir aussi **48** *Ead.,* «The problem of the criterion», étude de 1990, reprise dans le même recueil, p. 150-165, et **49** M. Frede, «Stoics and Skeptics on Clear and Distinct Impressions», étude de 1983 reprise dans ses *Essays in Ancient Philosophy,* Minneapolis 1987, p. 151-176.

Brittain **5**, p. 18, simplifie à l'excès la portée de cette troisième clause en retenant que la représentation est cataleptique «if... it cannot be false». (Voir de même **50** A. A. Long, «Philo the Academic», *CR* 53, 2003, p. 314-316 [compte rendu de l'ouvrage de Brittain **5**], notamment p. 315, qui évoque l'exigence stoïcienne selon laquelle une représentation ne peut être compré-hensive que si elle ne peut pas être fausse.) La définition n'est pas appropriée dans le contexte d'une formulation du critère, c'est-à-dire des *conditions* de la représentation compréhensive. Plus loin, p. 90 n. 26, Brittain présente la formule comme «(a) modernized equivalent» de la clause stoïcienne. Lorsqu'elle est formulée en rigueur de termes, cette clause stipule que la représen-tation compréhensive d'une chose existante ne peut pas *être telle* qu'elle puisse provenir d'une chose non existante, ou encore que la représentation du vrai ne peut être identique à la représen-tation du faux. En réalité, dans aucun des nombreux passages où Cicéron fournit une formulation de cette troisième clause il ne dit que la représentation ne peut pas (objectivement) être fausse. Même la formulation de Sextus, *Adv. Math.* VII 152 (τοιαύτη οἵα οὐκ ἂν γένοιτο ψευδής) montre bien que ce n'est pas la vérité ou la fausseté de la représentation qui est en cause, mais l'indiscernabilité entre une vraie et une fausse ou encore l'identité de deux représentations provenant d'objets distincts. On ne peut pas dire du critère de la vérité qu'il ne peut pas être faux, puisque c'est lui qui doit garantir la vérité. Ce que dit Lucullus (II 34), c'est qu'il faut que quelque chose nous *paraisse* vrai de telle façon qu'il ne puisse nous *paraître* faux *(quod ita mihi videatur verum ut non possit item falsum videri),* ce qui n'est pas la même chose que de dire que la représentation ne peut pas *être* fausse. Cette clause pourrait permettre, si elle pouvait être vérifiée – ce que Philon et les académiciens en général contestent –, l'infaillibilité de la repré-sentation compréhensive, mais elle ne peut pas être définie comme l'infaillibilité en elle-même. Si la représentation ne peut pas être compréhensive, c'est parce que (a) certaines sont fausses et (b) qu'une fausse peut se présenter de la même façon qu'une vraie (par exemple le noir apparaître blanc, comme en *Acad.* II 34). Autrement dit, du point de vue académicien, la représentation d'un objet A peut provenir de A ou d'un objet B différent de A (ou même inexistant), de sorte qu'en elle-même elle ne fournit pas de garantie concernant sa vérité. Les termes οἵα (Sextus, D.L.), *tale*

... quale ou *talia... qualia* (II 57.58.77.113), tout comme l'exigence d'une marque (*nota*, II 33. 57.58.69.71.84.101.103.110) caractéristique de la représentation vraie montrent bien que c'est en tant que représentation que la représentation se révèle vraie, et non parce qu'elle correspondrait objectivement à la vérité. Il faut se méfier des standardisations ou des formalisations modernes des témoignages : elles risquent de déplacer les termes du débat. Glucker **5**, p. 109-110, fait une remarque similaire à propos d'une autre "standardization" proposée par Brittain de la définition de la représentation compréhensive. La première condition serait qu'elle soit vraie. Glucker commente : « If one of the conditions for a φαντασία to be cataleptic is that it is already true, how then can the fact that it is cataleptic serve, in turn, as a criterion for the ἀλήθεια τῶν πραγμάτων ? In what sense could it be said to be true before it has been established that it is a proper representation of a real state of affairs ? »

Le rejet de l'incompréhensiblité aurait été entraîné par les vives critiques adressées à l'Académie sceptique (Cic., *Acad.* II 18) et aurait été recommandé à Philon par l'ἐνάργεια καὶ ὁμολογία τῶν παθημάτων (Numénius, fr. 28 = XXIII Brittain), c'est-à-dire probablement l'évidence sensible (*perspicuitas aut evidentia* en *Acad.* II 17) et la concordance des diverses perceptions d'un même objet en guise de contrôle.

Sur le rôle de l'évidence dans les nouvelles positions de Philon, voir Glucker **16**, p. 78-81. Selon Antiochus (II 34), l'évidence (sensible) serait un critère insuffisant dès lors que, selon les académiciens, une représentation vraie et une représentation fausse sont susceptibles d'être identiques ou en tout cas indiscernables.

4c. Philon déclarait : « pour autant qu'on retient le critère stoïcien, autrement dit la représentation compréhensive, les choses sont incompréhensibles, mais, si l'on prend en compte la nature des choses elles-mêmes, elles sont compréhensibles » (Sextus, *Hyp. Pyrrh.* I 235 = XXVIII Brittain).

Ce témoignage de Sextus est semblable au précédent (4b), en ce qu'il met en cause la définition stoïcienne stricte du critère de la vérité, mais, à première vue, les deux types de connaissances (4b et 4c) ne sont pas identiques : c'est d'une part une connaissance sensible libérée de la rigidité du canon stoïcien, d'autre part une connaissance principielle, éventuellement accessible uniquement à Dieu. Les choses ne sont-elles compréhensibles qu'en théorie, considérées en elles-mêmes, et non pour l'homme, ou bien peut-on espérer les connaître au moyen de l'évidence sensible à condition de renoncer à la définition stricte du critère de vérité ?

Selon Brittain **5**, p. 138-140 (qui s'oppose sur ce point à l'interprétation traditionnelle de Brochard **12**, p. 192-205 et p. 198-219 pour l'édition de 2002), Sextus entendait montrer que Philon était dogmatique et sa formulation voudrait simplement dire que la compréhension est impossible si l'on adopte la définition stoïcienne du critère de vérité, mais qu'*en fait* elle est possible, autrement dit, si on rejette cette définition pour en adopter une plus faible (comme le rapporte de son côté Lucullus (voir 4b). Brittain soutient donc (p. 5) que les témoignages de Cicéron et de Sextus reviennent au même : le rejet de la définition stoïcienne du critère entendrait montrer qu'une connaissance est possible. Il en extrait donc deux thèses ("standardisées") : « (a) nothing can be known by the Stoic criterion, (b) something(s) can be known in fact. » Pour Sextus aussi on peut maintenir une connaissance des choses considérées en elles-mêmes si on ne tient pas compte du critère stoïcien. (Görler **23**, p. 923, interprète de même l'un par l'autre les deux témoignages.) Cette interprétation est astucieuse, mais Sextus ne dit pas que *certaines* choses sont compréhensibles, mais bien que (toutes) les choses ou les choses en général le sont. L'assimilation des deux témoignages n'est peut-être donc pas si facile à établir. Voir également la critique de Glucker **6**, p. 134-136.

Pour Cicéron (II 18), ces positions de Philon (4b) appartiendraient aux *innovations* introduites par Philon *(dum nova quaedam commovet),* mais il n'en parle pas en rapport direct avec les « livres romains ». Qu'elles correspondent à l'enseignement révolutionnaire des « livres romains » est donc une hypothèse plausible qui est retenue d'emblée par la plupart des interprètes. On constate que, selon Sextus (4c), la position qu'il résume caractériserait la Quatrième Académie de Philon. Ce refus de la définition stoïcienne du critère reste en tout cas le point de doctrine le mieux attesté et joue, comme nous le verrons, un rôle important dans les *Académiques.*

5. Comme Métrodore, et à la différence de Clitomaque (qui n'y voyait qu'une prise de position dialectique face aux stoïciens), Philon soutenait que pour Carnéade le constat d'incompréhensibilité n'interdisait pas au sage d'opiner (Cic., *Acad.* II 78 = XXV Brittain).

Prêter à Carnéade une prise de position favorable à l'égard de l'opinion contredit à tout le moins le point de vue de Clitomaque, repris par Cicéron (II 108), selon qui le grand mérite de Carnéade aurait été d'extirper de nos esprits « l'assentiment, c'est-à-dire l'opinion et la précipitation » *(ex animis nostris adsensionem, id est opinationem et temeritatem, extraxisset).* Il n'est donc pas étonnant que Clitomaque ait interprété comme une simple prise de position dialectique contre les stoïciens la formule de Carnéade. Mais l'interprétation qu'en donnaient Philon et Métrodore était-elle erronée ? Cicéron mentionne à plusieurs reprises des positions de Carnéade relatives à l'opinion (par exemple II 59.112-113) ou à l'assentiment du sage (II 67), sans que l'on puisse toujours comprendre la portée de la déclaration. On constate d'ailleurs que dans la plupart des cas, Cicéron prend position sur cette question *contre* Carnéade (II 67) ou ses interprètes (II 59.78) pour maintenir la règle de l'abstention de l'assentiment (voir également II 66, où il reconnaît être un *magnus opinator,* justement parce qu'il n'est pas un sage).

Pour les stoïciens et pour Arcésilas (*cf.* II 67-68), "avoir des opinions" ou "opiner" résultait du fait que l'on donnait son assentiment à quelque chose de non compréhensif (qui pouvait donc être faux). C'était renoncer à la science et donc une erreur. La position académicienne classique est définie dans le syllogisme prêté à Arcésilas en II 67-68 : (1) S'il arrive au sage d'assentir à quelque chose, il opinera parfois (autrement dit, ce ne sera pas toujours à une représentation compréhensive qu'il donnera son assentiment) ; (2) or il n'opinera pas (ainsi que le veulent les stoïciens) ; (3) donc il n'assentira à rien. Ce syllogisme est conforme au 2e indémontrable stoïcien : « Si le premier, le second ; or non le second, donc non le premier. » (D. L. VII 80). Notons que ce syllogisme n'a de valeur que si l'on présuppose une autre prémisse qui n'est donnée qu'en guise de commentaire en II 68, mais qui est explicitement formulée par Sextus, *Adv. Math.* VII 156 : « Si rien n'est compréhensible à cause de l'inexistence du critère stoïcien... » En II 67, une parenthèse, qui interrompt le commentaire du syllogisme d'Arcésilas, donne une version carnéadéenne de ce syllogisme : Carnéade changeait la mineure: (2) or il assentit parfois, et donc la conclusion: (3) donc il opinera, le construisant selon le 1er indémontrable stoïcien : « Si le premier, le second ; or le premier, donc le second ». A nouveau Cicéron ne cite ce point de vue de Carnéade que pour le rejeter. On pourrait imaginer que Carnéade ne faisait que reformuler le syllogisme d'Arcésilas en remplaçant la conclusion normative finale par une constatation empirique davantage en harmonie avec le scepticisme académicien. Carnéade serait alors foncièrement d'accord avec Arcésilas : il ne soutiendrait pas positivement l'autorisation pour le sage d'opiner, ce qui impliquerait que Cicéron a mal compris la portée de ce nouveau syllogisme, puisqu'il y voit pour sa part une prise de position moins acceptable que celle d'Arcésilas.

Une semblable interprétation est envisageable pour II 78 : Carnéade voulait-il simplement dire – l'incompréhensibilité étant établie – qu'il était impossible au sage de ne pas assentir et donc de ne pas opiner, ce qui impliquait que le sage stoïcien commettait une erreur ? Si c'était le cas, il ne ferait que reprendre le point de vue d'Arcésilas. Ce pourrait être là l'interprétation sceptique que donnait Clitomaque, mais sans doute pas celle de Philon (et de Métrodore) que Cicéron conteste.

En II 59, Cicéron oppose la doctrine d'Arcésilas, selon laquelle l'incompréhensibilité universelle doit entraîner la suspension de l'assentiment, pour éviter que l'on approuve le non compréhensif, et la position de Carnéade, déjà exposée la veille, qui, *selon certains* <de ses interprètes>, acceptait de dire que le sage parfois opine, *c'est-à-dire commet une erreur*. Lucullus rappelle que pour sa part, il soutient que certaines choses peuvent être comprises, mais encore plus vivement que le sage ne doit pas opiner, c'est-à-dire assentir au faux ou au non compréhensif. Pour Carnéade ou ses interprètes cette opinion du sage est-elle une erreur comme le leur fait dire Lucullus ? Est-ce plutôt ce dernier qui tire cette conclusion ? Dans le premier cas, Carnéade ne se distinguerait pas de la position traditionnelle d'Arcésilas, puisqu'il ne ferait que nier la prétention du sage stoïcien à ne jamais tomber dans l'opinion. Dans le second cas, on prêterait à Carnéade l'acceptation d'une certaine forme d'opinion. Puisqu'on oppose Arcésilas et Carnéade sur ce point, c'est plutôt cette seconde solution qu'il faut retenir. En II 112, Cicéron rapporte de même que Carnéade ne s'opposait pas fortement à l'idée que le sage puisse opiner, ce qui implique que sa position était nuancée et qu'elle a pu être parfois mal interprétée par ses disciples. Peut-être Carnéade voulait-il distinguer (comme le suggèrent les lignes controversées et d'interprétation difficiles de II 104) entre un assentiment plénier et une forme atténuée d'assentiment, conçue comme approbation *sine adsensu* réservée au probable. On serait alors en présence de deux conceptions différentes de l'*opinion* (δόξα), l'une d'inspiration stoïcienne, condamnable, l'autre plutôt platonicienne qui y verrait un mode imparfait de connaissance. Cette seconde conception n'est généralement pas prise en compte par Cicéron et, dans le contexte de II 78 (et ailleurs, par exemple II 59.66.148), il ne présuppose aucune opposition entre assentiment et opinion, tout au contraire. En faveur d'une telle distinction voir Thorsrud **26**.

Cette acceptation d'une opinion chez le sage se retrouve dans d'autres passages des *Académiques*. Certains soutenaient que le principe "le sage n'opinera pas" n'avait pas été formulé avant Zénon et qu'on imposait à l'assentiment des conditions tellement restrictives qu'elles interdisaient toute connaissance. C'est de fait l'enseignement de II 113, où le refus de l'opinion chez le sage est présenté comme une innovation doctrinale (indue) introduite par Zénon, mais étrangère à l'Ancienne Académie et au Péripatos. En II 77 il est dit que par rapport à ses prédécesseurs *(superiorum)* Zénon a *le premier* soutenu que le sage a la possibilité et le devoir de ne pas opiner *(nihil opinari)*. Ce rejet comme une innovation stoïcienne du principe que le sage ne doit pas opiner est lourd de conséquences dans le débat relatif à la connaissance. Il est même contraire aux positions traditionnelles de la Nouvelle Académie et Cicéron rappelle à plusieurs reprises et notamment dans ce dernier passage que le sage ne doit pas opiner et qu'Arcésilas reconnaissait le bien fondé de cet idéal du sage (II 77). Il est toutefois possible, que selon des interprètes comme Métrodore ou Philon (II 78, comp. II 59), Carnéade ait soutenu une telle position. Une seconde innovation de Zénon évoquée en II 113 serait la troisième clause du critère de la vérité, clause que Philon rejetait. Il est donc possible que ces représentations historiques qui revenaient à modifier les termes du débat traditionnel (il n'est pas interdit au sage d'opiner et la troisième clause du critère stoïcien n'est pas constitutive de sa définition) soient à rapporter au point de vue original de Philon de Larissa.

La conclusion du *Lucullus* (II 148) pose un problème d'interprétation intéressant qui met en cause la même problématique. Après avoir entendu les arguments de Cicéron en faveur du scepticisme probabiliste, Catulus déclare qu'il *retournera* dorénavant au point de vue de son père, qui était déjà celui de Carnéade *(ad patris revolvor sententiam, quam quidem ille Carneadeam esse dicebat)*. Mais la description que Catulus donne de cette position finale reste inattendue. Il pense que rien ne peut être perçu *(percipi nihil... posse)* ; pourtant le sage donnera son assentiment à ce qui n'est pas perçu *(adsensurum autem non percepto... sapientem)*, de sorte qu'il opinera *(opinaturum)*, l'opinion n'étant que le résultat d'un assentiment donné au non compréhensif ; il (donnera son assentiment et opinera) en comprenant toutefois qu'il opine et en sachant que rien ne peut être compris et perçu *(ut intellegat se opinari sciatque nihil esse quod comprehendi et percipi possit)*. Ce passage rappelle étroitement la position de Carnéade évoquée en II 78 : un assentiment-opinion prudent et conscient de sa fragilité serait légitime, malgré la constatation de l'ἀκαταληψία. Cette position est enregistrée par Cicéron *(habeo sententiam tuam)*, mais ce n'est pas la sienne, car il a soutenu à plusieurs reprises que le sage n'opinera pas (II 66.78.108).

La suite du passage est abîmée et a donné lieu à diverses corrections. « C'est pourquoi, tout en approuvant *(comprobans)* – ou désapprouvant *(improbans, non probans ?)* – la suspension de l'assentiment (ἐποχή) à l'égard de toutes choses, *j'assentis avec énergie* à la seconde proposition, selon laquelle il n'y a rien qui puisse être perçu ». Puisque Catulus vient de dire (1) qu'il maintient une ἀκαταληψία fondamentale, (2) tout en acceptant d'assentir au non compréhensif, il ne peut que difficilement *approuver* la suspension systématique du jugement ; inversement, une prise de position *en faveur* de la suspension ne saurait être *opposée* à la thèse fondamentale de l'incompréhensibilité, comme le suggère la distinction finale. Une correction s'impose donc. Sur la reconstitution du passage, voir Görler **62** (cité plus loin), p. 55 n. 29 (qui considère que la correction n'est pas indispensable), Lévy **21**, p. 274 n. 97, **51** M. Burnyeat, « Antipater and self-refutation. Elusive arguments in Cicero's *Academica* », dans Inwood et Mansfeld **46** p. 277-309, notamment, p. 306. Pour une autre solution équivalente déjà envisagée par Reid *(parum ... comprobans)*, voir Brittain **5**, p. 14 n. 19, et p. 80-81, notamment n. 13. Brittain **5**, p. 82 n. 15, cite pour la rejeter une reconstitution plus audacieuse de **52** C. Schäublin, « Kritisches und Exegetisches zu Ciceros "Lucullus" II », *MH* 50, 1993, p. 158-169, notamment p. 163-167, qui aboutit au maintien de l'ἐποχή chez Catulus.

Mais la question essentielle est de savoir si une telle position, déjà adoptée par Catulus père et sans doute abordée dans le *Catulus* perdu, peut légitimement être décrite comme caractéristique de Carnéade. Ne s'agirait-il pas plutôt de l'interprétation que donnait des positions de Carnéade Philon de Larissa que suivait Cicéron ? Non pas toutefois le Philon des « livres romains » qui ne maintenait plus l'incompréhensibilité (selon II 18). Voir Glucker **16**, p. 397 : « This, put in such unqualified terms, is not Philo's Roman position. » La prise de position de Catulus par rapport à la suspension du jugement peut être vue comme une critique des idées de Clitomaque. Le probabilisme de Clitomaque (II 104) par exemple ne nécessitait aucun assentiment *(dum sine adsensu)*. Il avait écrit un ouvrage sur l'ἐποχή en quatre livres (II 99) et il avait traité du même sujet dans un ouvrage dédié au poète Gaius Lucilius (☞L 67) et un autre dédié à Lucius Censorinus [☞C 75] (II 102). (Sur ces deux personnages, voir Lévy **21**, p. 81-83.) La thèse de la suspension universelle du jugement est prêtée explicitement à Arcésilas en II 67-68, mais une parenthèse précisait qu'elle n'était pas suivie par Carnéade. Cette parenthèse correspond donc tout à fait à la position finalement retenue par Catulus et prêtée par celui-ci à Carnéade (II 148). Or on sait que Clitomaque et Philon s'opposaient sur l'interprétation de cette position de Carnéade (II 78). Selon le premier, Carnéade ne soutenait ces vues que dans une perspective dialectique et par conséquent elles ne remettaient pas en cause l'ἐποχή, alors que pour Philon (et Métrodore) elles signifiaient que le sage peut avoir des opinions, sans que cela implique un rejet de l'incompréhensibilité fondamentale de toutes choses *(licebat enim nihil percipere et tamen opinari)*. On aurait donc là des signes de l'inspiration philonienne de la documentation mise à profit par Cicéron. Cicéron préférait d'ailleurs lui-même l'interprétation de Clitomaque (II 78). Voir également, en termes moins clairs, II 112.

Thorsrud **26** et **29**, notamment p. 75-78, réduit l'opposition entre les positions de Clitomaque et celles de Métrodore ou Philon, tout comme les critiques que Cicéron adresse à l'interprétation philonienne de Carnéade, à une distinction insuffisante de la part de Cicéron entre deux conceptions de l'opinion ou de l'assentiment (« an undiagnosed equivocation on "opinion" », Thorsrud **26**, p. 78). L'interprétation "dialectique" défendue par Clitomaque serait juste dans la mesure où Carnéade rejetait certainement l'assentiment plénier qu'exigeaient les stoïciens et ne pouvait accepter que le sage ait des opinions comme les stoïciens les définissaient (en tant qu'assentiments au non compréhensif). Mais Philon n'avait pas tort de rappeler que pour Carnéade il était légitime de donner son approbation à des représentations probables et donc de soutenir des opinions faillibles. Ce probabilisme ou ce faillibilisme néo-académicien serait la position adoptée par Cicéron dans l'ensemble de ses traités (voir en ce sens Görler **44**) et il correspondrait à la position traditionnelle d'Arcésilas et de Carnéade (du moins telle que l'interprétaient leurs successeurs). En prêtant à ces académiciens un tel "scepticisme mitigé" visant la recherche de la vérité, Thorsrud s'oppose à l'interprétation "dialectique" développée par **53** P. Couissin, « Le stoïcisme de la Nouvelle Académie », *RHPh* 3, 1929, p. 241-276, repris en traduction anglaise dans **54** M. Burnyeat (édit.), *The Skeptical Tradition*, Berkeley 1983, p. 31-63. Cette interprétation séduisante présuppose un accord substantiel entre Arcésilas, Carnéade, Clitomaque, Philon (avant ses livres romains) et Cicéron: ils partageraient tous un certain probabilisme (ou faillibilisme). C'est Cicéron qui aurait sur certains points opposé Clitomaque et Philon parce qu'il n'aurait pas bien distingué entre deux conceptions de l'opinion ou de l'assentiment.

Le point le plus important qui se dégage de II 78 et de tous les passages traitant de l'opinion du sage est que ces prises de positions ne remettent pas en cause l'incompréhensibilité académicienne. Or, nous avons vu que Philon, dans ses livres romains, tentait de se libérer de cette thèse en remettant en cause la définition stoïcienne du critère (4b). C'est sur la base de cette opposition dans les témoignages que Brittain a construit son hypothèse d'une évolution doctrinale chez Philon (voir plus loin).

6. Philon discutait de la compatibilité de deux thèses qui semblaient contradictoires à Antiochus (Cic., *Acad.* II 111 = XXVI Brittain ; voir déjà, sans référence à Philon, II 44 dans le discours de Lucullus qui oppose, contre les académiciens en général, l'incompatibilité des deux thèses) : (a) il existe de fausses représentations *(esse quaedam falsa visa),* et (b) ces fausses représentations ne diffèrent en rien des représentations vraies *(nihil ea differre a veris).* Ces deux thèses sont tirées des *quattuor capita* présentés comme les fondements du scepticisme académicien en II 40-41 et II 83 (remontant à Carnéade). Selon Antiochus, la première proposition présupposerait une distinction entre de fausses (et donc) de vraies représentations, distinction qui est ensuite niée dans la seconde proposition.

En II 111, l'argument est prêté explicitement à Antiochus et semble viser Philon qui en fut fort troublé (dans le cadre d'une confrontation personnelle ?), car, lui, les tenait pour compatibles. Si Antiochus avait déjà attaqué Philon sur ce point en sa présence, ces deux thèses ont dû être discutées avant la publication des « livres romains ». Si Philon tenait ces thèses comme compatibles, c'est qu'il les acceptait l'une et l'autre. On peut s'étonner que Philon ait été perturbé par cette difficulté, puisqu'il ne considérait pas la seconde proposition (correspondant à la troisième clause du critère de la vérité) comme pertinente dans le débat. Ou est-ce ce dilemme soulevé par Antiochus qui l'aurait amené à rejeter cette clause ? C'est ce que suppose Brittain **5**, p. 129-131.

7. Philon, à la fois dans ses écrits et dans l'enseignement oral que reçut Cicéron à Rome (et donc avant même la publication des « livres romains »), dénonçait l'idée qu'il fallait distinguer deux Académies, ce qui impliquait vraisemblablement qu'une même doctrine avait été défendue de Platon à Philon lui-même... On sait en tout cas qu'il avait été attaqué par Antiochus sur ce point (Cic., *Acad.* I 13 =

XXX Brittain). Ici non plus les idées que Philon espérait attribuer à l'ensemble de l'Académie ne sont pas nettement définies.

S'agissait-il de nier l'interprétation tendancieuse que donnait Antiochus de l'histoire de l'Académie en réaffirmant la constance de son scepticisme ? C'est l'hypothèse de Mansfeld **65**, p. 67-68. Cette idée n'était certes pas nouvelle et elle n'était pas susceptible de choquer Héraclite ni Antiochus, comme le rappelle Glucker **16**, p. 64, mais elle méritait d'être réaffirmée face aux nouvelles prétentions d'Antiochus. S'agissait-il au contraire, comme le soutient par exemple Glucker **16**, p. 69 (Brittain **5**, p. 175 n. 8, lui prête étrangement la première hypothèse, qu'il qualifie de « standard view », en renvoyant à la page 65, où Glucker se borne à citer les témoignages à commenter), d'imputer aux Anciens des positions originales de Philon lui-même, par exemple de contester que l'Académie ait toujours soutenu un scepticisme radical ? On comprendrait mal alors pourquoi Antiochus aurait critiqué si vivement ces vues, puisque ce révisionnisme rejoignait sa propre ambition d'attribuer un certain dogmatisme à l'Ancienne Académie. (Lévy **27**, p. 86, imagine qu'Antiochus a alors pu voir en Philon un concurrent dans son entreprise d'élaborer un platonisme plus dogmatique. Selon Couissin **53** [cité plus loin], p. 53-54, Antiochus aurait été furieux de constater que tout son effort pour combattre Carnéade était rendu vain par la concession trop facile de Philon.) Une troisième possibilité serait que Philon ait voulu attribuer à l'ensemble de l'Académie le rejet de la troisième clause du critère stoïcien (le point de vue de II 18) et peut-être aussi le rejet du principe stoïcien interdisant au sage d'opiner : par là il allait dans le sens d'un dogmatisme (rejet de l'incompréhensiblité), mais heurtait tout autant la conviction d'Antiochus que seule cette définition stricte du critère de la vérité pouvait fonder la connaissance. C'est de fait un point de vue exposé et rejeté par Cicéron en *Acad.* II 113 (voir aussi II 77) qui rappelle que cette troisième clause a été acceptée « jusqu'à nos jours » (II 78). Pour le prêter à Philon, il faut cependant imaginer qu'à ses yeux l'Académie n'avait jamais considéré que l'ἀπαραλλαξία impliquée par la troisième clause obligeait à conclure à l'ἀκαταληψία. Or II 77 montre que l'addition avait été acceptée par Zénon parce qu'Arcésilas lui en avait montré la nécessité et en reconnaissait la pertinence. Si donc Philon était responsable de cette idée selon laquelle la troisième clause était une addition inutile, il n'aurait pu que difficilement soutenir la thèse d'une unité doctrinale de toute la tradition académicienne, puisqu'elle impliquait, dans sa perspective, que le critère imposé à Zénon par Arcésilas, n'était pas légitime.

8. Il est possible que pour maintenir la thèse de l'unité doctrinale de l'Académie Philon ait dû refuser la légitimité académicienne de certaines idées (indéterminées) qui avaient été exposées dans le *Catulus* perdu : *qui ista quae sunt heri defensa negat Academicos omnino dicere*. Lucullus évoque ce négationisme comme un mensonge ou à tout le moins une erreur (*mentitur,* II 12, terme repris en II 18 dans un autre contexte). Ce sont ces vues, malheureusement non explicitées dans le contexte, qui auraient choqué à la fois Héraclite et Antiochus.

On a tendance à mettre la thèse de l'unité de l'Académie (7) en rapport avec le rejet de certaines idées courantes sur l'Académie (8). Il n'est pas sûr toutefois que les deux témoignages fassent référence au même problème, dans la mesure où 8 s'inscrit dans le cadre des événements d'Alexandrie, alors que la thèse 7 est présentée comme un point de vue que Cicéron et, apparemment, Varron avaient eu l'occasion d'entendre antérieurement à Rome.

Il est donc difficile de déterminer quelles étaient les positions dont Philon contestait l'authenticité académicienne. Selon Glucker **16**, p. 69, « He denied that the Academy had ever adopted a position of an absolute, wholesale scepticism ». Mansfeld **65**, p. 58-60, envisage un autre contenu : « It is therefore far more likely that he argued that the syncretistic and Stoicizing position which was adopted by Antiochus had never been held by any Academic » (p. 60). Mais ce que Philon conteste ce ne sont pas des interprétations historiques propres à Antiochus, mais plutôt des idées traditionnellement tenues pour académiciennes. Ce que Philon aurait pu contester, c'est le rôle joué dans l'Académie par une doctrine qu'Antiochus aurait pu prendre comme le fondement déficient de toute l'attitude sceptique. Serait-ce l'ἀϰαταληψία entendue dans son sens extrême? Ou bien la définition stricte du critère de vérité finalement retenue par les stoïciens avec la clause jugée trop rigide (*cf.* II 18 et 113)? Ou bien la thèse stoïcienne selon laquelle le sage ne saurait (simplement) opiner (II 77 et 113)? On apprend en tout cas que cette thèse n'était pas partagée par Carnéade et que *cela avait été expliqué la veille* (II 59): il prétendait que le sage peut parfois *(interdum)* avoir des opinions, ce que l'ἐποχή d'Arcésilas n'autorisait pas.

On voit que ces témoignages n'offrent qu'une base bien fragile pour reconstituer la philosophie de Philon de Larissa et qu'il faut constamment des coups de pouce interprétatifs et beaucoup de spéculation pour en tirer la matière d'articles et d'ouvrages entiers.

L'évolution doctrinale de Philon. Le fait d'une évolution doctrinale de Philon est incontestable. Nommé scholarque de l'Académie à la suite de Clitomaque, il fut identifié, avec Charmadas, comme fondateur d'une Quatrième Académie. Lucullus nous assure par ailleurs qu'aux yeux d'Antiochus et d'Héraclite, Philon avait adopté à Rome des positions doctrinales différentes non seulement de celles de l'Académie traditionnelle, mais aussi de celles qu'il avait auparavant tenues lui-même. Que les doctrines caractéristiques de la Quatrième Académie, concept qui de toute façon n'est sans doute que l'expression de représentations tardives de l'histoire de l'école, soient précisément celles que contenaient les «livres romains» de Philon est une hypothèse plausible qui ne repose cependant pas sur des témoignages directs. La tendance à attribuer aux «livres romains» tout ce que nous savons des positions doctrinales de Philon est compréhensible, mais ne repose de même que sur des déductions. Quant à savoir s'il faut distinguer diverses étapes avant et après les innovations des «livres romains», quel en fut le nombre et quelle était la position spécifique correspondant à chacune, ce n'est qu'à la suite d'une interprétation des maigres fragments qu'on peut chercher à le déterminer. Le critère le plus pertinent serait peut-être l'attitude adoptée par Philon face à la thèse de l'incompréhensibilité: elle est apparemment acceptée dans les témoignages relatifs à l'interprétation (par Philon) de la position de Carnéade à l'égard de l'opinion du sage, mais rejetée dans la discussion sur la troisième clause du critère de la vérité.

Glucker **16**, p. 65-67, retient parmi l'ensemble des témoignages relatifs à Philon, un certain nombre de passages susceptibles de nous informer sur ces positions hétérodoxes de Philon à l'époque des «livres romains». Voici les idées qu'il en dégage (p. 69-70). Tout d'abord, Philon refusait de distinguer entre deux Académies différentes et soutenait l'unité de la tradition académicienne depuis Platon, auquel il attribuait, aussi bien qu'à Socrate, un point de vue foncièrement sceptique (Cic., *Acad.* I 13 et 46). Selon lui, ce scepticisme, commun à toute l'Académie, n'était pas radical (comme celui des pyrrhoniens): il se refusait à tirer des possibles erreurs des sens et de l'impossible représentation compréhensive (le critère de la vérité pour les stoïciens) la conclusion que le sage ne pouvait pas avoir d'opinions (Aug., *Contra Academicos* III 41). Il ne fallait simplement pas prendre comme critère la définition stoïcienne stricte de la représentation compréhensive, selon laquelle une telle représentation était une impression dans l'âme produite par un objet *d'une façon telle qu'elle ne saurait l'être par un objet dont elle ne proviendrait pas.* D'après Cicéron ou Antiochus (II 77) cette addition hyper-critique à la définition originelle de Zénon *(ex eo quod esset, sicut esset, impressum et signatum et effictum)* aurait été entraînée par les critiques d'Arcésilas. Philon admettait que de fausses impressions pouvaient tout aussi bien produire de telles connaissances (Cic., *Acad.* II 18). Reconnaissant toutefois la valeur de l'évidence sensible (Numénius, fr. 28 des Places), il soutenait qu'en des circonstances normales les choses étaient en elles-mêmes καταληπτά, objets de connaissance, et que seule la définition stoïcienne de la représentation compréhensive pouvait leur contester ce caractère et rendre la connaissance impossible (Sextus, *Hyp. Pyrrh.* I 235).

Glucker **16**, p. 393-398, examine plusieurs autres idées que Hirzel **11**, p. 282-318, a cru pouvoir attribuer à Philon, mais que Cicéron ne rattache pas à ce philosophe.

Une reconstitution fort différente de l'évolution doctrinale de Philon est proposée dans l'ouvrage de Brittain **5**, qui introduit, entre une période clitomachéenne originelle (à partir de son installation comme scholarque en 110/109) et celle correspondant à la publication des « livres romains » vers 87[a], une période qu'il décrit comme « philonienne/métrodoréenne », qui se caractériserait par un probabilisme enseignant l'ἀκαταληψία, mais rejetant une ἐποχή radicale à l'égard des impressions sensibles, et soutenant à titre provisoire ou conditionnel la vraisemblance de certaines doctrines. Selon Brittain **5**, p. 76, Philon et Métrodore considéraient que pour Carnéade le sage, en certaines circonstances, peut avoir des opinions, affirmation que Clitomaque interprétait comme un simple argument dialectique contre les stoïciens, *(Acad.* II 78 = XXV Brittain). La thèse est prêtée à Carnéade, mais rejetée par Cicéron en II 68. Une telle conciliation de la thèse sceptique de l'ἀκαταληψία et de l'acceptation circonstancielle de l'opinion produite chez le sage par un assentiment à une représentation non compréhensive, autrement dit l'abandon d'une ἐποχή radicale, serait décrite par Catulus à la fin du *Lucullus* (II 148).

Brittain **5** dégage donc trois étapes dans l'évolution doctrinale de Philon. (1) Une phase sceptique « radicale », dans la lignée de Clitomaque dont il était le successeur (thèses de l'ἀκαταληψία et de l'ἐποχή, adoptées d'ailleurs par Cicéron lui-même en *Acad.* II 66-67 ou 78) ; (2) une phase de scepticisme « mitigé » correspondant à un point de vue « philonien/métrodoréen » (ἀκαταληψία sans maintien de l'ἐποχή : le sage peut parfois donner un assentiment conditionnel à des représentations non compréhensives et donc avoir des opinions, y compris sur certaines questions philosophiques), et enfin (3) une période caractérisée par une conception « faillibiliste » *(fallibilism)* de la connaissance illustrée par la publication des « livres romains » (acceptation de l'ἀκαταληψία selon la définition stoïcienne du critère de la vérité, mais rejet de l'ἀκαταληψία des choses en elles-mêmes). L'adoption d'une définition moins stricte de la représentation compréhensive autorisait l'assentiment à des représentations qui pouvaient ultimement s'avérer fausses, d'où le terme de «faillibilisme» proposé par Brittain.

Cette étape intermédiaire est déjà envisagée par 55 Gisela Striker, «Academics fighting Academics», dans Inwood et Mansfeld 46, p. 257-276. Sedley 17, p. 71, dégage lui aussi des témoignages la nécessité de reconstituer une phase «métrodoréenne» dans l'évolution philosophique de Philon. Mansfeld 65 p. 70, évoque quant à lui : «[Philo's] Clitomachean, his more or less Metrodoreanizing as well as his Roman phases». Görler 23, p. 920-921, distingue de même trois phases dans l'évolution intellectuelle de Philon. Cette deuxième phase est implicite dans Burnyeat 51, p. 305 (et n. 78). En revanche, Glucker 16, p. 67, n'avait envisagé une phase métrodoréenne que pour la rejeter : «for this, we have no evidence». Dans son compte rendu de l'ouvrage de Brittain, Glucker 6 critique longuement l'hypothèse d'une tendance que l'on pourrait qualifier de métrodoréenne-philonienne. Elle est également rejetée par Lévy 27, p. 87. Concernant cette deuxième phase de l'évolution de Philon, Glucker rappelle que d'après Augustin, *Contra Academicos* III 42, Métrodore avait précédé Philon dans sa tentative d'établir que l'Académie n'avait pas soutenu la thèse de l'incompréhensibilité, qui serait pourtant caractéristique, selon Brittain, de cette seconde phase. Brittain 5, p. 215, remet cependant en cause cette opinion d'Augustin qui dépend de Cicéron (et contredit II 78). Voir sur ce point la réponse de Glucker 6, p. 124-128. On peut également rappeler que l'*Index Acad.* (col. XXVI 10-11, p. 163 Dorandi) rapporte que selon Métrodore «Carnéade n'avait pas conçu que tout était incompréhensible» (οὐ γὰρ ἀκα[τάλη]]πτα ν[ε]νομικέναι πά[ντα]), ce qui semble bien confirmer l'interprétation de Cicéron. Görler 23, p. 921, souligne de son côté que les positions prises dans les livres romains ne pouvaient pas avoir été déjà celles de Métrodore, puisque, selon Héraclite de Tyr, elles n'avaient jamais auparavant été soutenues par aucun académicien. Lévy 27, p. 84, souligne que Métrodore qui prétendait que «tous (les autres) avaient mal compris Carnéade» (*Index Acad.*, col. XXVI 9-10, p. 163 Dorandi) ne devait pas être très disposé à s'associer à d'autres disciples de Carnéade. L'hypothèse d'une phase métrodoréenne-philonienne chez Philon n'implique cependant pas l'existence d'un groupe constitué d'académiciens revendiquant les mêmes positions.

Le terme de "fallibilism" apparaît déjà chez Striker 55, p. 257 («It appears that Philo was the first to formulate a modest conception of knowledge that can be compared to contemporary versions of fallibilism, dropping the requirement of certainty that has bedeviled so many epistemological debates both before and after his time»), ainsi que dans le recueil de 56 A. A. Long et D. N. Sedley, *The Hellenistic philosophers*, t. I, Cambridge 1987, p. 449. Il est devenu omniprésent dans les études récentes sur l'Académie (voir par exemple Thorsrud 26, qui en fait le slogan de la position philonienne, mais l'étend à Arcésilas et Carnéade). Ce terme apporte peut-être une saveur moderne à la discussion, mais c'est un équivalent fort peu adéquat du probabilisme : alors que ce terme envisageait la représentation ou l'opinion comme "probablement vraie", le faillibilisme l'envisage comme "possiblement fausse".

Glucker 16, p. 83-84 et 413 *sqq.*, suppose, en se fondant sur le témoignage d'Augustin, *Contra Academicos* III 41, que Philon, à la suite des critiques formulées par Antiochus dans son *Sosus*, revint finalement au terme de sa vie aux positions sceptiques originelles héritées de Clitomaque pour faire face aux tendances stoïcisantes adoptées par son ancien disciple. Cette hypothèse est liée à l'autre hypothèse majeure de Glucker 16, selon laquelle la source du discours de Cicéron dans le *Lucullus* serait un écrit de Philon réfutant le *Sosus* d'Antiochus. Philon y aurait soutenu une position académicienne plus traditionnelle :

«Philo's answer to the *Sosus* was (...) based entirely on the traditional Carneadean and Clitomachean arguments against Antiochus' Stoic epistemology. Philo did not try to defend his Roman books any longer once he realized that the old arguments against the Stoics could serve just as well in an attack on Antiochus. (…) The arguments are strictly those of the school of Carneades in Clitomachus' interpretation. Indeed, next to Carneades, Clitomachus is the name most frequently mentioned in it, and the author dissociates himself from the views of Metrodorus and of Philo (in his Roman books) – as Philo (in his answer to the *Sosus*) was most likely to have done » (p. 415).

Sedley **17**, p. 71, se demande pourquoi alors Philon ne serait pas revenu aux positions métrodoréennes antérieures aux livres romains, plutôt qu'aux positions traditionnelles de Clitomaque.

Il n'est pas possible d'entrer plus avant dans ce débat intéressant qui repose toutefois sur l'interprétation d'une poignée de témoignages peu explicites décrivant avec des nuances parfois subtiles des attitudes sceptiques différentes.

Philon dans les *Académiques* de Cicéron. Cicéron, on le sait, est passé maître dans l'art de déjouer les analyses de la *Quellenforschung*… Et pourtant, il nous fournit pour les *Académiques* de précieuses informations. (1) Dans une lettre à Atticus, *Ad Att.* XII 52, il décrit les *Academica* comme des ἀπόγραφα d'écrits philosophiques grecs (voir l'interprétation de Glucker **16**, p. 407-412). (2) Il dit expressément que Philon fut à l'arrière-plan de la composition des *Académiques* : dans une lettre à Varron datée du 10 ou 11 juillet 45 (*Ad Fam.* IX 8, 1 = XXIV Brittain), Cicéron apprend en effet à Varron que dans cet ouvrage qu'il lui dédie, il lui a attribué les idées d'Antiochus dont il avait été l'élève, et a assumé lui-même les positions de Philon. (3) Le récit par Lucullus (II 12-13) des discussions provoquées à Alexandrie par la publication des « livres romains » de Philon nous fait connaître au moins deux sources possibles de la connaissance que pouvait avoir Cicéron du débat intellectuel entre Philon et son ancien disciple Antiochus : les deux livres de Philon lui-même et le *Sosus* composé peu après par Antiochus pour réfuter les positions nouvelles du scholarque réfugié à Rome. Sur la base de ces renseignements, il paraît légitime de chercher des traces des ouvrages de Philon (et d'Antiochus qui l'attaquait) dans ces *Académiques*, dont nous possédons les restes de deux versions différentes.

Rappelons que de la première version seul le second livre est conservé (le *Lucullus* qui faisait suite au *Catulus*), alors que de la seconde version seul le premier des quatre livres (parfois appelé le *Varro*) est (incomplètement) conservé. Les éditions impriment le *Varro* avant le *Lucullus*, bien qu'il provienne de la seconde version, parce qu'il se situe avant dans le débat général. L'emploi des termes *Academica priora* (pour le *Lucullus*) et *posteriora* (pour le *Varro*) ne fait que compliquer le problème, du fait que de tels termes sont ailleurs employés non pour des versions, mais pour des traités différents (comme pour les *Analytiques* d'Aristote par exemple).

Sur les deux (ou trois) versions des *Académiques* de Cicéron, les étapes de leur composition (en 45ᵃ) et leurs sources éventuelles, voir Lévy **21**, p. 129-140, et **57** C. Lévy, notice « Les *Academica* », dans DPhA II, 1994, p. 377-382. Voir également l'étude richement documentée de **58** M. Griffin, « The composition of the *Academica*. Motives and versions », dans Inwood et Mansfeld **46**, p. 1-35 (avec un appendice, regroupant, p. 28-32, tous les témoignages des lettres et des ouvrages de Cicéron relatifs à la composition des *Académiques*). Lévy **21** et Griffin **58** ont insisté sur l'existence d'une version intermédiaire où Cicéron envisagea de remplacer Catulus et Lucullus par Caton et Brutus (*cf. Att.* XIII 16, 1), avant de choisir finalement comme interlocuteur le seul Varron quelques jours plus tard. Le remplacement de Catulus et Lucullus par Varron dans la version finale semble lié aux reproches qu'on aurait pu lui faire d'attribuer aux intervenants de la première version une culture philosophique qui ne leur était généralement pas reconnue (voir *Acad.* II 7 ; voir aussi *Ad Att.* XIII 12, 3 ; XIII 16, 1 ; XIII 19, 3).

Charles Brittain a récemment publié une traduction anglaise annotée des *Académiques* : **59** *Cicero, On Academic scepticism.* Transl., with introd. and notes by Ch. Brittain, Indianapolis (Ind.) 2006 ; LVIII-161 p. Non sans raisons, il fait figurer le *Lucullus* avant le premier livre incomplet des *Académiques*. Plus récemment est parue la première traduction française des *Académiques* depuis 1833. Voir **60** *Cicéron, Les Académiques. Academica.* Traduction [avec en regard le texte latin de Plasberg], notes et bibliographie par José Kany-Turpin. Introduction par Pierre Pellegrin, coll. *GF* 1460, Paris 2010, 353 p. Il faut toujours recourir au texte et aux notes de **61** *M. Tulli Ciceronis Academica.* The text revised and explained by J. S. Reid, 2ᵉ éd., London 1885, réimpr. Hildesheim 1984.

Concernant les sources des *Academica,* une solution simple vient immédiatement à l'esprit. Puisque Cicéron évoque dans l'épisode alexandrin d'une part les « livres romains » et d'autre part le *Sosus* qui les attaquait, n'aurait-il pas utilisé les premiers pour exposer le point de vue de Philon (qu'il déclare avoir adopté) et le second pour celui d'Antiochus ? Cette hypothèse doit affronter plusieurs difficultés. D'une part, on constate que lorsque Cicéron fait mention de positions doctrinales soutenues par Philon après ou avant la publication des livres romains (sur l'incompréhension ou l'opinion du sage), il prend systématiquement une position contraire. D'autre part, l'ordre de publication des deux ouvrages ne se prêtait pas facilement à la construction des *Académiques,* où c'est le point de vue académicien qui s'impose finalement, de façon plus ou moins affirmée, et c'est plutôt la position d'Antiochus qui fait l'objet des attaques les plus développées. Autrement dit : on se serait attendu à ce qu'Antiochus *(Sosus)* prenne la parole après Cicéron (les « livres romains ») et non le contraire. En conséquence, la *Quellenforschung,* ancienne ou récente, a préféré choisir l'une des deux sources signalées par Cicéron ou a dû trouver une explication au fait que Cicéron aurait utilisé les « livres romains » pour réfuter le *Sosus* qui était pourtant déjà une réfutation de ces derniers.

Après de nombreuses hypothèses antérieures, résumées dans Glucker **16**, p. 406, où l'on avait conclu à l'utilisation d'un grand nombre de sources différentes, Hirzel **11**, p. 251-341, a proposé de rattacher au moins la première partie de l'exposé de Lucullus (II 19-39) au *Sosus* et celui de Cicéron (II 64-147) aux « livres romains » de Philon, alors même que le *Sosus* était une réponse aux « livres romains ». Hirzel était évidemment conscient des difficultés qu'on pouvait soulever contre cette hypothèse, mais ses analyses l'amenaient à penser que lorsque Cicéron réfute des attaques d'Antiochus, il ne fait guère que répéter les thèses attaquées par Antiochus ; autrement dit il n'aurait pas disposé de critiques contre Antiochus ou le dogmatisme postérieures aux livres de Philon. Dans d'autres passages, on a l'impression que le discours de Lucullus est la réponse que pouvait donner Antiochus aux critiques académiciennes qui ne seront exposées par Cicéron que par la suite.

Comme le fait remarquer Glucker **16**, p. 393 : « This strangely reversed order [c'est-à-dire le fait que les arguments de Cicéron paraissent plus faibles que les attaques de Lucullus auxquelles elles devraient répondre] could only be explained if we were to assume that in his refutation of Lucullus' speech, Cicero drew on no better source than the very work which that speech (= Antiochus' *Sosus*) was meant to refute : Philo's Roman books ». Cette hypothèse de Hirzel est discutée en détail, avec celles de nombreux autres spécialistes, dans Glucker **16**, Excursus II : « Sources for

Cicero's *Lucullus* », p. 391-420. On a fait valoir que les réponses de Cicéron aux attaques formulées antérieurement par Antiochus étaient loin d'être aussi malhabiles que le supposait Hirzel. Voir Goedeckemeyer **13**, p. 111 n. 3, et Glucker **16**, p. 399-405. On ne peut contester toutefois la pertinence de certaines analyses proposées par Hirzel, de sorte qu'elles doivent être prises en compte dans une étude systématique de l'argumentation des *Académiques*. Signalons que Hirzel **11**, p. 342-402, notamment p. 479-492, retrouvait également l'enseignement de Philon dans les *Tusculanes* de Cicéron où son nom n'apparaît cependant pas. Voir également l'étude de Schofield **68** (cité plus bas).

Beaucoup de philologues ont préféré ne retenir qu'une des deux sources envisagées. On est alors confronté à un dilemme, dont on ne peut se sortir qu'en postulant l'existence d'au moins un autre ouvrage perdu. Ou bien Cicéron a utilisé les « livres romains » de Philon pour réfuter Antiochus, et alors ces derniers, antérieurs au *Sosus,* devaient critiquer un ouvrage *plus ancien* d'Antiochus, composé peut-être dès l'époque où l'un et l'autre vivaient à Athènes, ou bien le discours de Cicéron visait le *Sosus* – et on est alors amené à supposer une réponse de Philon composée *après* cet ouvrage d'Antiochus et donc dans les toutes dernières années de sa vie. L'existence de l'un ou l'autre ouvrage ne peut être que postulée et n'est aucunement attestée par les sources.

Tout au plus peut-on faire valoir que c'est Lucullus qui révèle l'existence des « livres romains » et que le *Sosus* pourrait donc être la source (plus récente) qui a fait connaître à Cicéron les « livres romains ». Si Cicéron n'a utilisé qu'une des deux sources dont il parle c'est plutôt le *Sosus,* puisque seul cet ouvrage pouvait le renseigner sur les « livres romains ». Nous verrons que cette position a été adoptée par Lévy **21**.

Goedeckemeyer **13**, p. 103 n. 12 et 111 n. 3, prend parti pour les « livres romains » : Philon répondait à un ouvrage polémique d'Antiochus perdu, antérieur à l'affaire du *Sosus* et dirigé contre les doctrines académiciennes telles que les exposait autrefois Philon (« …während sich der Vortrag des Lucullus […] gegen die arcesilaisch-carneadeische Skepsis, aber wohl in der Form, wie sie Philo anfänglich vertrat… »). Seuls quelques passages (par exemple II 18) dans le discours de Lucullus seraient empruntés au *Sosus*. Von Fritz **14**, col. 2539, semble voir également dans les « livres romains » la source de la réfutation de Lucullus-Antiochus qui commence en II 72 : « Die ausführliche Widerlegung des Antiochos bei Cic. ac. pr. II 72ff. geht wohl noch auf das ältere zweibändige Werk des P[hilons] von 87 zurück. »

Glucker **16**, p. 398, rejette catégoriquement cette hypothèse : « If (…) Cicero's source for his speech in the *Lucullus* is Philo, it could not be the Philo of the Roman books. » *Ibid.,* p. 405 : « No part of the *Lucullus* is derived from Philo's Roman books, except the few passages where Philo's innovations are referred to explicitly ». Voir de même, p. 420. En revanche, Glucker **16**, p. 419, considère que les « livres romains » de Philon pouvaient avoir été utilisés pour le discours de Cicéron dans le premier livre des *Académiques*. Notons en passant que Glucker **16**, p. 73 (voir également p. 406), attribue de façon erronée à Goedeckemeyer et à von Fritz l'idée que le discours de Cicéron reprendrait une réponse de Philon au *Sosus*. Selon Goedeckemeyer, Philon répondait à un écrit plus ancien d'Antiochus. Goedeckemeyer ne dit pas autre chose p. 111 n. 3 (passage auquel Glucker fait référence).

Précisons que l'analyse du *Lucullus* suggère que la source des interventions de Cicéron, qui prétend exposer le point de vue probabiliste de la Nouvelle Académie, n'est pas Clitomaque, cité à plusieurs reprises comme l'auteur de tel ou tel argument. Cicéron réfute des objections attribuées à Antiochus (II 61) et ne peut donc pas simplement reprendre un ouvrage de Clitomaque. Voir Glucker **16**, p. 412-413. D'un autre côté, la source de Cicéron reste marquée par le point de vue orthodoxe de Carnéade ou Clitomaque et ne peut donc être reconnue dans les « livres romains » de Philon : « Die Cicero-Rede aber ist in fast allen Punkten "orthodox". Eine Rekonstruktion des "römischen Bücher" aus dieser Rede ist daher nicht möglich » (Görler **23**, p. 919).

Glucker **16**, p. 27, 84 et *sqq.,* 406 et *sqq.,* adopte la seconde solution. Il propose, après d'autres (**62** M. Plezia, « De Ciceronis "Academicis" dissertationes tres », *Eos* 37, 1936, p. 425-449 ; 38, 1937, p. 10-30 et p. 169-186, et **63** R. Philippson, art. « M. Tullius Cicero - Die philosophischen Schriften », *RE* VII A 1, 1939, col. 1132-1134), que Cicéron suivrait en fait un ouvrage, par ailleurs non attesté, écrit par Philon en réponse au *Sosus* d'Antiochus dans la droite ligne du scepticisme probabiliste de Carnéade et de Clitomaque. Quant au discours de Lucullus, II 19-39 serait inspiré par une partie du *Sosus* lui-même et II 40-61 par un ouvrage plus récent d'Antiochus ou par des notes prises par Cicéron lors de son séjour à Athènes en 79[a] (p. 415-417). Certaines attaques personnelles contre Antiochus (II 69-70.98.102.132.133-134.143), un philosophe que Cicéron pour sa part tient en haute estime (II 4, 111 et 113), confirmeraient l'origine philonienne de cette documentation (p. 415).

Cette hypothèse a été critiquée. Voir Lévy **21**, p. 46. « The evidence that Philo actually answered Antiochus is too flimsy » (Mansfeld **67** [cité plus bas], p. 72). « Auch diese Ansicht ist unhaltbar » (Görler **23**, p. 919).

Cicéron a eu d'autres sources d'information : sa propre fréquentation de Philon à Rome (à partir de 88[a]), son séjour d'étude auprès d'Antiochus à Athènes (en 79[a]), les entretiens entre Lucullus et Antiochus tenus plus tardivement en Syrie peu avant la mort du philosophe (II 61), et éventuellement d'autres ouvrages liés aux noms des philosophes cités en II 11-12, par exemple Héraclite de Tyr. Lucullus semble tirer son exposé de fréquents *(saepius)* entretiens tenus avec son maître et conseiller (II 10). Selon Glucker, le discours de Lucullus (§§ 40-61) comprendrait également des arguments avancés par Antiochus à une date ultérieure, ce qui expliquerait qu'ils ne soient pas correctement réfutés par Cicéron qui ne disposait pas de la réaction de Philon sur ces points particuliers.

Selon Glucker, même en supposant que des écrits de Philon furent utilisés par Cicéron dans le *Lucullus,* il ne faudrait pas y chercher autre chose que des positions déjà fermement établies par Carnéade et Clitomaque et non les nouveautés propres aux « livres romains ». De la même façon le discours d'Antiochus attaquerait principalement le scepticisme d'Arcésilas et Carnéade et non le contenu spécifique des « livres romains ». Par conséquent, inspirés par Antiochus et par Philon, les *Académiques* ne nous apprendraient pas grand chose sur Philon.

Une autre façon d'échapper au dilemme a été proposée par Lévy **21**, p. 180-201 : la source principale de Cicéron, tant pour les *partes Antiochinae* que pour les *Philonis partes,* serait le *Sosus* d'Antiochus :

« On ne peut exclure que l'Arpinate, qui disposait avec le *Sosus* d'un texte écrit après les livres philoniens et dans lequel étaient traités sous forme de dialogue les multiples aspects de la controverse à propos du sens de la philosophie néoacadémicienne, ait continué à s'en servir pour la rédaction des *Philonis partes,* quitte à modifier ou à compléter cette source pour l'adapter à son propos » (p. 194).

Que Cicéron ait pu construire une critique d'Antiochus sur la base d'un ouvrage d'Antiochus dirigé contre Philon reste cependant peu vraisemblable. Une autre difficulté pouvant mettre en doute l'utilisation du *Sosus* vient du fait que ce dernier était une attaque contre Philon, alors que Lucullus déclare laisser de côté les vues de Philon, d'ailleurs faciles à réfuter selon lui, et qu'il fait porter ses attaques essentiellement sur les critiques adressées par Arcésilas et Carnéade (II 12 fin). Voir Lévy **21**, p. 192-193. La solution proposée par Lévy est que, dans son *Sosus,* Antiochus ne s'en prenait à Philon qu'en tant que représentant peu original de la tradition néoacadémicienne. Mais n'est-ce pas oublier que ce sont justement des idées originales, jugées révolutionnaires par rapport aux positions traditionnelles de l'école, qui avaient motivé la rédaction de ce *liber* dirigé *contra suum docto-rem* ? Glucker **16**, p. 84-88, qui lui aussi doit expliquer cette élimination inattendue de Philon, suppose pour sa part que c'est par charité (ou piété) envers son ancien maître que Cicéron aurait choisi d'omettre les critiques d'Antiochus portant sur les innovations doctrinales de Philon. On peut cependant se demander si Cicéron, dont l'estime pour Philon était très grande, était alors obligé de présenter ces vues comme faciles à réfuter et négligeables.

Manifestement aucune solution proposée jusqu'ici ne s'impose et on est amené à examiner de plus près la déclaration de Cicéron concernant l'utilisation de Philon. Elle peut-être interprétée de diverses façons. Tout d'abord elle ne dit pas si « Philon » désigne les positions philosophiques qui lui étaient propres, sinon comme dissident de l'Académie, du moins comme initiateur d'une Quatrième Académie, ou bien s'il est mentionné simplement comme un représentant de la Nouvelle Académie que Cicéron va défendre dans cet ouvrage.

Philon apparaît par exemple en II 17 comme un fidèle scholarque de l'Académie. Dans le *De natura deorum*, Velleius se moque de Cotta et de Cicéron en disant qu'en tant que disciples de Philon ils avaient appris à ne rien connaître et prête donc à leur maître commun la thèse classique de l'incompréhensibilité (Cic., *De natura deorum* I 17 = XIX Brittain). Dans ses *Académiques,* Cicéron défend un point de vue académicien traditionnel, plutôt celui de Carnéade et Clitomaque, et il ne fait que rarement mention des idées originales de Philon. En *Acad.* II 69, Philon est associé à la position académicienne générale et c'est par rapport à son enseignement, suivi pendant de nombreuses années, qu'Antiochus est dit, dans sa vieillesse *(in senectute),* avoir pris position, et cela seulement après avoir commencé à enseigner lui-même à des élèves.

À supposer qu'il s'agisse des vues spécifiques de Philon, il n'est pas dit à quelle phase de son évolution doctrinale (antérieure ou postérieure à la publication des « livres romains ») elles se rapporteraient. Il n'est pas dit non plus explicitement que ce qui sera emprunté à Philon sera tiré de ses ouvrages. Même si la chose est probable, il n'est pas dit s'il s'agit d'un ou de plusieurs ouvrages, ni de quel ouvrage il s'agit, car on peut présumer que Philon a pu écrire d'autres livres, avant et après ses « livres romains », et Cicéron qui l'a fréquenté longtemps devait avoir accès à l'ensemble des écrits de son maître. Enfin, les ouvrages de Philon (ou d'Antiochus) ne devaient pas se limiter à exposer des arguments polémiques *ad hominem* : ils devaient offrir des développements plus généraux susceptibles d'inspirer Cicéron. Ce que Cicéron appelle le point de vue d'Antiochus et celui de Philon ne doit donc pas être réduit aux positions singulières de ces deux philosophes. A travers Antiochus, c'est toute l'épistémologie stoïcienne et sa justification face aux attaques académiciennes qui pouvaient être mises à profit, tandis que l'enseignement de Philon devait incorporer une grande partie des positions traditionnelles de l'Académie sceptique. Il est donc envisageable que Cicéron ait emprunté principalement dans le ou les écrits de ce débat des développements généraux qui débordaient la querelle personnelle entre les deux philosophes.

Görler **23**, p. 919, envisage comme source de Cicéron des écrits de Philon antérieurs aux livres romains visant la sécession déjà consommée d'Antiochus (ce qui expliquerait que la prise en compte des idées personnelles de Philon reste marginale dans les *Académiques* par rapport à la discussion des thèses sceptiques plus traditionnelles), puis (p. 919-920) il se demande si la dédicace à Varron fait réellement allusion à des sources littéraires : « Mit Antiochos und Philon sind die jeweiligen philosophischen Lehrer genannt, und da Cicero Philon noch vor der Phase der "römischen Bücher", also von ihm in eine noch (relativ) "orthodoxe" akademische Lehre eingeführt wurde, können die Namen als blosse Symbole für Dogmatismus und Skeptizismus stehen. »

Pour terminer sur ce point, Cicéron était libre de manipuler ses sources comme il l'entendait et certains de ses développements proviennent certainement d'une documentation tout à fait étrangère au débat personnel entre Philon et Antiochus.

En utilisant ces sources Cicéron ne s'interdisait pas d'organiser le dialogue pour le rendre le plus vivant possible, de mettre en forme les arguments dans la perspective qui lui paraissait la plus opportune et d'incorporer des exemples ou des développements qui ne figuraient certainement pas dans ses sources principales. L'apparition de l'épicurien Siron en II 111 ou du stoïcien Diodote (☛D 134), tous deux amis personnels de Cicéron, est ainsi manifestement un apport personnel. En II 29 et 98, Cicéron fait intervenir des explications qu'il attribue expressément à Antiochus et qui ne semblent donc pas directement empruntées à la source antiochienne générale de son exposé. C'est probablement à une source sceptique indépendante que Cicéron a de même emprunté la longue doxographie qui lui sert à illustrer les désaccords entre les philosophes (II 118). Sur les positions personnelles de Cicéron, éventuellement un peu différentes de celles qu'il défend sous le label « académicien », voir **64** W. Görler, « Cicero's philosophical stance in the *Lucullus* », dans Inwood et Mansfeld **46**, p. 36-57. Voir également **65** W. Burkert, « Cicero als Platoniker und Skeptiker. Zum Platonverständnis der "Neuen Akademie" », *Gymnasium* 72, 1965, p. 175-200 ; **66** F. Cupaiuolo, « Cicerone e il problema della conoscenza », *Paideia* 45, 1990, p. 51-92.

Toutes ces hypothèses ne peuvent conduire qu'à beaucoup de scepticisme concernant les sources des *Académiques* et l'influence de Philon ou d'Antiochus sur diverses sections du traité. Ce n'est qu'en approfondissant l'analyse de l'ouvrage et en déterminant cas par cas la perspective philosophique dans laquelle s'inscrivent les diverses prises de position évoquées qu'on peut espérer parvenir un jour à une clarification plus fine des oppositions doctrinales et à l'identification des sources littéraires qui ont pu être utilisées.

Philon dans le *Catulus* perdu. Comme le *Catulus* est perdu, il est difficile de savoir si les idées de Philon y jouaient, par personnes interposées, un rôle plus important que dans le *Lucullus*. Une reconstitution du *Catulus* est proposée par **67** J. Mansfeld, « Philo and Antiochus in the lost *Catulus* », *Mnemosyne* 50, 1997, p. 45-74 (qui isole, p. 47-51, dans le *Lucullus* tous les passages qui nous informent sur les interventions des différents personnages du *Catulus*). Voir également Griffin **58**, p. 16-18.

Sur la base des analyses de Mansfeld, on peut reconstituer à partir des références du *Lucullus* au *Catulus* un certain nombre d'interventions des personnages du dialogue. (1) Hortensius devait donner un premier exposé sommaire (II 10 et 28) des positions d'Antiochus (II 63), peut-être tiré de la présentation qu'en offrait Philon (dans ses *livres romains*) pour le combattre. (2) Peut-être Cicéron critiquait-il ce tableau de l'histoire de l'Académie, comme il le fait dans le premier livre de la seconde version. Quoi qu'il en soit, les positions d'Antiochus avaient dans ce contexte été fragilisées (*labefactata*, II 10). En revanche, lorsqu'en II 61 il est dit que Cicéron a ébranlé les positions d'Hortensius *(Hortensiumque nostrum dissentientem commoveris)*, l'allusion concerne probablement l'*Hortensius* et non le *Catulus*. (3) Puisque les vues de Philon dans ses deux livres romains avaient été critiquées dans le *Catulus* (II 12), on peut présumer qu'elles avaient d'abord été présentées et, comme Cicéron ne semble pas avoir joué un rôle très important dans le *Catulus* (il avait tout de même beaucoup parlé contre les sens, *heri… contra sensus tam multa dixeram,* II 79), il n'y a guère que Catulus lui-même qui, parmi les intervenants, puisse avoir été le porte-parole de Philon. Lorsqu'en *Acad.* II 148, Catulus affirme revenir aux opinions de son père – qui étaient celles de Carnéade – il n'abandonnerait pas les positions d'Antiochus, mais bien celles de Philon. (4) Catulus devait également rapporter les critiques qu'avait adressées son père, Q. Lutatius Catulus *senex* (⏩C 60 ; voir aussi Lévy **21**, p. 79-81), mort en 87[a] et qui n'a donc pas dû connaître Philon longtemps (Cic., *Acad.* II 12 = XXIX Brittain, et II 18 = XXVII Brittain), au contenu des livres romains, au nom des positions de Carnéade (II 12 et 18). Ces idées purent être reprises par Antiochus à Alexandrie comme le prétend Lucullus (ou être tirées anachroniquement de son *Sosus* et prêtées à Catulus père) parce que les vues de Philon heurtaient tout aussi bien la Nouvelle Académie probabiliste que l'"Ancienne Académie" stoïcisante d'Antiochus. (5) Enfin Lucullus devait promettre d'exposer plus longuement les idées d'Antiochus (II 10). Plusieurs autres passages renvoient aux discussions du premier livre, mais en des termes qui ne permettent pas vraiment d'en déterminer le contenu (II 10.28.42.59.63.78).

Brittain **5**, p. 77 n. 7, suggère une reconstitution différente : « It seems that the *Catulus* had a more detailed discussion of the different Academic positions : Catulus (junior) advocated the Philonian/Metrodorian view held by his father, and criticized the Roman Books, while Cicero represented (as he does in the *Lucullus*) the Clitomachian view. » Selon Glucker **16**, p. 417-419, les idées soutenues par Catulus dans le premier livre attaquaient les positions de Philon dans ses livres romains (exposées par Cicéron) et pourraient avoir été empruntées à un discours d'Héraclite de Tyr dans le *Sosus* d'Antiochus. Sedley **17**, p. 71 et p. 74 n. 2, tout en renvoyant à ces pages de Glucker, prête à ce dernier l'idée que Catulus aurait défendu dans le premier livre « the orthodox Philonian Academy ».

Catulus prétend que l'objet de la discussion (il n'est pas autrement précisé) avait déjà été traité presque entièrement la veille (*ut tota fere quaestio tractata videatur,* II 10). On peut donc se demander pourquoi il était nécessaire de reprendre le débat et d'ajouter un livre au *Catulus*. Est-ce la conséquence de l'utilisation par Cicéron de deux sources et de deux contextes argumentatifs différents ? Par exemple les « livres romains » dans le *Catulus* et le *Sosus* d'Antiochus et peut-être un autre ouvrage de Philon dans le *Lucullus* ?

Philon dans le *Varron*. Dans la seconde version des *Académiques*, l'ouvrage de Philon avait également été mis à contribution, car c'est à Varron, dédicataire et personnage de cette seconde version, que Cicéron dit avoir utilisé Philon et il est improbable qu'en moins de trois semaines il ait eu le temps de modifier en profondeur le fond des argumentations d'une version à l'autre. Voir Glucker **16**, p. 414-415. Malheureusement seul le premier livre de cette seconde version est (incomplètement) conservé (sauf de maigres fragments des trois autres livres) et ce n'est que dans la section I 43-46 (après l'exposé en I 15-42, par Varron-Antiochus, de la doctrine académico-péripatéticienne, corrigée sur certains points par Zénon, sur les trois parties de la philosophie) que la doctrine de Philon serait susceptible d'être retrouvée.

En I 13, on apprend que Philon refusait la distinction entre deux Académies et qu'Antiochus l'avait combattu sur ce point. Mais dans la section I 15-42, l'exposé doctrinal de Varron-Antiochus ne fait aucunement référence à Philon et inversement la critique du concept de Nouvelle Académie par Philon en I 46 ne fait pas référence non plus à la prétention d'Antiochus de restaurer l'Ancienne Académie. Pour Philon-Cicéron il n'y a pas lieu de parler de Nouvelle Académie pour la période qui va d'Arcésilas à Carnéade (Clitomaque n'est donc pas pris en compte), puisque déjà l'Ancienne avait adopté un point de vue sceptique.

Varron présente Cicéron en I 43 comme un dissident de l'Académie Ancienne et un partisan d'Arcésilas. Cicéron va de fait tenter de justifier ces positions nouvelles d'Arcésilas *(ea quae ab Arcesila novata sunt)*, notamment la thèse de l'incompréhensibilité *(Arcesilas negabat esse quidquam quod sciri posset)* et la nécessité de la suspension de l'assentiment. Si donc Philon ne soutenait pas personnellement ces deux thèses, du moins dans ses livres romains, il ne peut pas être considéré comme l'auteur de cette théories sur l'unité de la tradition académique. En comparant ce développement de I 43-46 avec l'exposé sceptique strictement parallèle de Cicéron en II 72-78, Brittain **5**, p. 175-178, conclut que l'inspiration de cette reconstitution historique est plutôt clitomachéenne et qu'elle voit en Arcésilas le responsable de cette nouvelle orientation de l'Académie.

Philon dans le *Lucullus*. Si l'on excepte les rares paragraphes du *Lucullus* où son nom est cité, on retient l'impression que le débat met en cause des conceptions plus anciennes peu concernées par les innovations philoniennes. Si à première vue Philon ne joue pas un rôle capital dans l'argumentation des *Académiques*, peut-on cependant retrouver la trace de ses doctrines ailleurs dans l'ouvrage ?

Après avoir évoqué les « livres romains » et leur réception à Alexandrie, Lucullus s'engage à rapporter les critiques d'Antiochus contre Arcésilas et Carnéade, en laissant de côté la partie dirigée contre Philon *(ea pars quae contra Philonem erat praetermittenda est)*, un adversaire plus facile à réfuter, qui maintenait, dans un mensonge *(mentitur)*, que « les doctrines soutenues hier », c'est-à-dire dans le *Catulus,* n'avaient jamais été adoptées par les académiciens *(qui ista quae sunt heri defensa negat Academicos omnino dicere,* II 11-12), ce qui fait pendant à la critique d'Antiochus soutenant que les idées exprimées dans les « livres romains » n'avaient jamais été défendues par les académiciens.

Lévy **21**, p. 159, voit dans l'élimination de Philon en II 12 une contradiction dans la disposition des points de vue: «Pourquoi accorder une telle importance à Philon [dont les livres romains seraient la cause de tous ces débats] pour aussitôt après affirmer qu'il ne mérite pas la moindre considération ?» Selon Brittain **5**, p. 171 n. 4, ce que Lucullus va laisser de côté, c'est la critique de la thèse historique de Philon (déjà critiquée la veille par Catulus) ; il va cependant traiter de la partie proprement philosophique (en II 13-62). Mais Lucullus dit plutôt qu'il va maintenant s'en prendre aux doctrines d'Arcésilas et de Carnéade.

Curieusement, après avoir déclaré qu'il laissera de côté les doctrines propres à Philon, qui lui paraissent peu dangereuses (II 12), Lucullus voit dans la nécessité de maintenir la définition du critère que rejetait Philon la tâche essentielle à laquelle il est confronté (II 18 fin) : si on ne peut maintenir la nécessité de cette définition (dans sa version stricte) comme critère de la vérité et si on ne peut pas montrer qu'il est possible de satisfaire ce critère, alors il faut accepter la thèse académicienne de l'incompréhensibilité. Il est pour le moins paradoxal de minimiser le point de vue de Philon en même temps qu'on y voit le principal obstacle pour fonder en droit la connaissance. La position de Lucullus pourrait s'expliquer en distinguant d'une part la tâche du discours anti-académicien qui est de montrer qu'il est possible de discriminer (sur la base de la troisième clause du critère de la vérité) entre vraies et fausses représentations et donc de fonder la connaissance et la science, et d'autre part une *question préjudicielle,* soulevée par la position singulière et provocatrice de Philon, qui remet en cause une des clauses constitutives du critère de la vérité.

Les critiques de Catulus père contre Philon sont en effet exposées en II 18 dans le cadre d'une question préjudicielle concernant la nécessité d'une définition valable du critère de la vérité. Certains adversaires (primaires) des académiciens (peut-être des stoïciens) considéraient qu'une discussion était inutile avec des philosophes qui niaient l'évidence et refusaient de débattre de la nécessité d'un critère et de sa définition (II 16-18a). Philon pour sa part reconnaissait la nécessité d'un critère, mais refusait la définition trop contraignante qu'en donnaient les stoïciens. Aux yeux d'Antiochus, c'était une position qui échappait au scepticisme radical traditionnel sans pouvoir fonder la connaissance sur une base solide. Catulus avait reproché un mensonge *(mentitur)* à Philon qui proposait des innovations *(nova)* provoquées par son incapacité à répondre aux attaques anti-académiciennes. Comme ce terme de *nova* rappelle la nouveauté des « livres romains » et que dans les deux cas, on évoque les critiques que leur avait adressées Catulus père (par l'intermédiaire de son fils) dans le premier livre, on peut estimer qu'un point important de la position de Philon est ce qui sera présenté dans les lignes suivantes : tout en reconnaissant que selon la définition stricte et développée du critère stoïcien rien ne peut être compris, puisque de fait toute représentation d'un objet ou d'un fait peut aussi bien être produite par un objet ou un fait différent et qu'il est donc impossible de discerner une représentation vraie d'une fausse, Philon affaiblissait et abolissait *(infirmat tollitque)* la définition du critère qui formait la base de toute cette discussion, dans le but, nous dit Lucullus, d'échapper précisément à la thèse académicienne de l'ἀκαταληψία. (Si Catulus père s'en prenait à Philon sur ce point, il est possible que son autre critique, déjà évoquée en II 12, ait porté sur une idée connexe : Philon pouvait nier que les académiciens aient jamais accepté ce critère et donc qu'ils aient jamais soutenu une ἀκαταληψία radicale, et cela tout au long de leur histoire depuis Platon jusqu'à Philon lui-même.) Quoi qu'il en soit, Antiochus trouvait cette position contradictoire, puisqu'en l'absence d'un critère solide, on ne peut imaginer fonder aucun savoir. Voilà en quoi la position de Philon, celle sans doute qu'il avait exposée dans ses « livres romains », lui paraissait fragile et facile à réfuter. Aux yeux d'Antiochus, la discussion ne méritait d'être menée qu'avec des académiciens conséquents qui adoptaient le critère stoïcien le plus exigeant. En d'autres termes, comme le précise Antiochus à la fin de II 18, il faut montrer que la troisième clause du critère est vérifiable et donc nier l'ἀπαραλλαξία, car, même si on nie la portée de ce critère comme le fait Philon, on ne pourra pas échapper à l'ἀκαταληψία : « C'est pourquoi tout notre discours contre l'Académie est entrepris par nous de façon à ce que nous conservions *cette définition* (du critère) que Philon a voulu rejeter; si nous ne la maintenons pas, nous concédons que rien ne peut être compris». Antiochus devra donc montrer que sans cette troisième clause du critère, il n'est pas de savoir possible et que de fait cette troisième clause peut être vérifiée.

Dans l'ensemble du *Lucullus* on retrouve constamment, en des formulations toujours nouvelles, la troisième clause rejetée par Philon et cela dans des contextes un peu différents qui peuvent dépendre de sources littéraires distinctes (voir par exemple en II 18.22.25.27.33.34.36, puis en II 40.41.44.57.58.59 et enfin en II 71.77.83.84.89.90.99.111.112.113). Dans certains passages, c'est la pertinence de cette clause qui est examinée (II 18 et peut-être II 33) ou encore son addition par Zénon (II 77 et 113). Mais la plupart du temps, cette clause est acceptée tacitement sans avoir besoin de justification. La troisième clause apparaît chez Lucullus dans les *deux thèses sceptiques* de II 40 qui sont censées «contenir presque toute la question» *(duo quae quasi contineant omnem hanc quaestionem)*: (a) aucune connaissance n'est possible si des choses différentes peuvent produire des représentations identiques, (b) ni si ces représentations, sans être identiques, sont indiscernables. Elle intervient ensuite dans le *syllogisme sceptique* rapporté par Lucullus: l'une des prémisses entraînant la conclusion de l'incompréhensibilité est le fait que pour toute représentation vraie peut s'en produire une identique qui soit en fait fausse *(quod autem verum visum est id omne tale est ut eiusdem modi falsum etiam possit videri)*; à partir de telles représentations qui peuvent être indiscernablement *(inter quae visa nihil intersit)* vraies ou fausses, il est impossible d'obtenir une connaissance certaine. Une grande partie de l'arsenal sceptique, dit Antiochus (II 41), est destinée à établir cette thèse: toute représentation qui repose sur le vrai est telle qu'elle peut également reposer sur le faux *(omne visum quod sit a vero tale esse quale etiam a falso possit esse)*.

Si l'on passe maintenant au discours de Cicéron à partir de II 63, on constate que les problématiques propres à Philon apparaissent également en filigrane. Dans la réponse de Cicéron, on distingue nettement des attaques assez personnelles dirigées contre Antiochus (II 69-70), puis une réponse adressée aux arguments avancés par Lucullus (à partir de II 72). Comme Cicéron manifeste généralement une grande estime pour Antiochus (par exemple en II 113, où il le présente comme *politissimum et acutissimum omnium nostrae memoriae philosophorum*), on peut estimer que ces attaques personnelles peuvent provenir d'une source hostile, qui pourrait bien être Philon, sans que l'on puisse dire s'il s'agissait des «livres romains» critiquant la sécession antérieure d'Antiochus ou d'une critique postérieure au *Sosus* comme l'a envisagé Glucker. En tout cas, il n'est pas dans la manière de Cicéron d'envisager qu'Antiochus se soit éloigné de l'enseignement de Philon par gloriole ou pour avoir des disciples qui se diraient «Antiochiens» (II 70).

La troisième clause apparaît également dans le cadre des *quattuor capita* énumérés en II 83 (remontant à Carnéade) qui reprend une argumentation déjà évoquée en II 40.

En revanche, c'est peut-être le point de vue de Philon qui est rappelé en II 113: aucun académicien ancien, ni aucun péripatéticien n'a soutenu la nécessité qu'une représentation vraie ne puisse être identique à une représentation fausse. (Tout en reconnaissant qu'il s'agissait d'une addition due à Zénon, Cicéron en accepte cependant la validité. Mais une opposition semblable entre stoïciens et péripatéticiens sur la question est évoquée dans le *De finibus* V 76.) C'est peut-être là le mensonge ou l'erreur principale qu'Antiochus dénonçait dans les «livres romains» (II 13). [La seconde thèse dans ce passage (le sage n'a jamais d'opinion) pourrait également avoir été critiquée par Philon comme un apport zénonien postérieur, peu compatible avec les conceptions de l'Ancienne Académie.]

On est donc en présence d'une énigme qui reste non résolue à ce jour. Cicéron nous apprend qu'il a utilisé Philon pour développer le point de vue académicien. Il mentionne deux ouvrages qui pourraient correspondre aux sources qu'il a utilisées: les livres romains de Philon et le *Sosus* d'Antiochus. Immédiatement après avoir évoqué les livres romains et souligné leur caractère révolutionnaire, Lucullus déclare qu'il va laisser de côté les vues (nouvelles) de Philon pour critiquer celles d'Arcésilas et de Carnéade. Pourtant, plusieurs paragraphes exposent des positions originales de Philon concernant la troisième clause du critère stoïcien de la vérité (dont la pertinence dans la définition du critère est discutée) ou encore la possibilité pour le sage d'opiner (dans des développements où la thèse est prêtée à Carnéade). Dans plusieurs de ces passages qui mentionnent Philon ou encore l'interprétation qu'il donnait de la pensée de Carnéade et dans d'autres passages qui mettent en cause les problématiques de Philon sans le nommer, on constate que Cicéron prend ouvertement parti contre son ancien maître et contre l'interprétation que celui-ci donnait de Carnéade. Ne pourrait-on pas envisager que ces attitudes étonnantes de Cicéron soient la conséquence d'un embarras dans le maniement de ses sources ? Alors qu'il souhaitait mettre à contribution un ouvrage de Philon (sans doute les livres romains), il ne pouvait pas ne pas tenir compte de la réfutation des positions spécifiquement philoniennes qu'Antiochus avait donnée dans son *Sosus*. Il ne pouvait donc garder de ce débat que le fond académicien traditionnel qui pouvait prendre place dans l'argumentation générale de Philon en ne conservant que quelques allusions ponctuelles à des positions qu'il pouvait rejeter. C'est à peu près la position de Hirzel **11**, p. 341, qui suppose que Cicéron ne disposait pas de réponse de Philon aux attaques du *Sosus*.

Écrits philosophiques. Voir Brittain **5**, p. 70-72. Aucun titre n'est rapporté. Les deux livres composés par Philon à Rome et qui furent connus à Alexandrie en 87/86 comportaient des innovations doctrinales qui surprirent et scandalisèrent certains de ses anciens élèves à Athènes. Ils entraînèrent la rédaction du *Sosus* d'Antiochus d'Ascalon. On a envisagé que Philon avait eu l'occasion d'apporter une réponse à ces critiques, mais l'existence d'une telle réfutation n'est pas démontrée. Un autre écrit *(in libris)* est signalé par Cic., *Acad.* I 13 : Philon y aurait démontré l'erreur de ceux qui soutenaient l'existence de deux Académies. Selon Mansfeld **67**, p. 67, le fait que Cicéron reconnaisse avoir entendu cette théorie de la bouche même de Philon, tout comme d'ailleurs Varron, et donc lorsque le maître était déjà à Rome, invite à identifier ce ou ces livres aux « livres romains ».

Le seul témoignage qui soit un résumé apparemment fidèle des positions philosophiques de Philon est un long extrait de la division de la philosophie qui était enseignée par ce philosophe. Il est conservé par Stobée, *Anthol.* II 7, p. 39, 20-41, 1 Wachsmuth = XXXII Brittain. Voir Brochard **12**, p. 205-207 ; Brittain **5**, p. 255-295 ; **68** M. Schofield, « Academic Therapy : Philo of Larissa and Cicero's Project in the *Tusculans* », dans G. Clark et T. Rajak (édit.), *Philosophy and Power in the Graeco-Roman World. Essays in honour of Miriam Griffin,* Oxford 2002, p. 91-109 (qui traduit et commente le passage).

D'après Cicéron, *Tusc.* II 9 = XXXV Brittain, Philon transmettait à certains moments les enseignements des rhéteurs, à d'autres ceux des philosophes *(alio tempore rhetorum praecepta tradere, alio philosophorum).* Sur Philon et la rhétorique, voir Brittain **5**, chap. VII, p. 296-343, et **69** T. Reinhardt, « Rhetoric in the Fourth Academy », *CQ* 50, 2000, p. 531-547, qui essaie de retrouver l'influence de Philon sur la théorie et la pratique d'une rhétorique philosophique chez Cicéron.

Voir également, sur le rôle joué par Philon dans la transmission de la rhétorique grecque à la société romaine, l'étude de **70** C. Lévy, « La rhétorique et son contexte : quelques remarques sur l'enseignement rhétorique de Philon de Larissa », dans L. Brisson et P. Chiron (édit.), *Rhetorica Philosophans. Mélanges offerts à Michel Patillon,* coll. « Textes et traditions » 20, Paris 2010, p. 95-106.

Je remercie Emmanuel Bermon et Brigitte Pérez qui ont relu une version antérieure de cette notice et m'ont fait part de leurs précieuses observations.

RICHARD GOULET.

156 PHILON (DE MÉGARE) *RE* 39   F IV-M III

Philosophe traditionnellement rattaché à l'école de Mégare, connu surtout comme dialecticien.

Témoignages (et fragments?). 1 K. Döring, *Die Megariker,* fr. 101, 102, 104, 110 ; 135-138 (la notion de possible) ; 140-142 (la validité de la proposition hypothétique, συνημμένον) ; 144. Traduction française dans **2** R. Muller, *Les Mégariques.* A noter que les fr. 141-142, qui sont parmi les plus importants, sont extraits d'ouvrages de Sextus dont il existe plusieurs traductions bien connues. **3** G. Giannantoni, *SSR,* fr. II G (= renvoi à II F 3, 6, 19, 20, 21, 23, 27, 28, 31).

Œuvres. Nous connaissons de Philon trois titres : un *Ménexène* (fr. 101), qui paraît avoir été un dialogue, et dans lequel il était question des filles de Diodore Cronos ; un περὶ σημασιῶν et un περὶ τρόπων, ouvrages de logique auxquels Chrysippe (➤C 121) a répondu (fr. 144). On peut relever aussi que Thémistius mentionne l'argument Souverain (κυριεύων) et le Cornu comme étant de brillants « monuments » (ἀναθήματα) dus à Philon et à Diodore (dans cet ordre), mais sans autre précision quant à leur provenance.

Datation, école d'appartenance, influence. Diogène Laërce affirme que Philon a été le condisciple de Zénon de Citium (fr. 104), et la fin du passage invite naturellement à penser que leur maître commun était Diodore Cronos, bien que la lettre du texte ne le dise pas ; mais il est attesté que Zénon a étudié auprès de Diodore ; et d'autre part, que Philon ait été un proche du même Diodore est vraisemblable d'après les fr. 101-102 (témoignage sur les filles de Diodore), ainsi que d'après l'ensemble des sources (Philon n'est jamais mentionné seul, mais son nom est toujours associé à celui de Diodore – sauf dans le fr. 144, simple énoncé de titres d'ouvrages). Cette information permet de penser que Philon était plus jeune que Diodore et contemporain approximatif de Zénon, donc qu'il a vécu du dernier tiers du IVe s. jusque vers le milieu du IIIe s. (dans le même sens, *cf.* le fait que Chrysippe ait écrit deux livres en réponse à des ouvrages de Philon, si l'on admet que ces réponses s'adressent généralement à un vivant).

Ce que l'on connaît de sa doctrine fait cependant de Philon un auteur à part parmi les mégariques, et l'on peut se demander s'il faut continuer à le ranger avec eux : les deux questions sur lesquelles les thèses de Philon nous sont parvenues font bien partie des préoccupations de l'école, et de son maître Diodore en particulier ; mais, justement, les positions » qu'il défend s'écartent sensiblement de celles de Diodore (la validité du συνημμένον) quand elles ne s'opposent pas radicalement à elles (la notion de possible), de sorte que, sur ces deux points, leur compatibilité avec l'ensemble de la philosophie mégarique se révèle problématique. L'originalité de cette pensée mérite d'autant plus d'être relevée que son importance n'est pas négligeable : pour la doctrine stoïcienne d'abord, dont certains éléments semblent empruntés à Philon (comparer les fr. 135 et 136 avec Cicéron, *De fato* 7, 13 = fr. 132 A, 1. 7-8 ; voir aussi fr. 138), alors que d'autres ont manifestement été élaborés par référence à ses thèses ou contre elles (*cf.* fr. 140, 144) ; pour l'histoire de la logique ensuite, dans la mesure où sa conception de la liaison entre les deux propositions du συνημμένον relève déjà de ce qu'on appelle aujourd'hui une théorie des fonctions de vérité et est très proche de l'« implication matérielle » de Russell (que certains préfèrent d'ailleurs, à la suite de W. Kneale, appeler « philonienne ») (sur ce point, voir **4** R. Blanché, *La logique et son histoire d'Aristote à Russell,* Paris 1970, p. 99-100).

Études d'orientation, bibliographie. Le travail de **5** K. von Fritz, art. « Philon » 39, *RE* XIX, 2, 1938, col. 2533-2535, a un peu vieilli et contient quelques inexactitudes. Commentaire et bibliographie assez complets dans Döring **1**, p. 126-127, 134-135, 137-139. Pour les problèmes logiques, outre Blanché **4**, voir aussi **6** J.-L. Gardies, *La logique du temps,* Paris 1975, p. 20-24. **7** S. Bobzien, « Chrysippus' modal logic and its relation to Philo and Diodorus », dans K. Döring et Th. Ebert (édit.), *Dialektiker und Stoiker. Zur Logik der Stoa und ihrer Vorläufer*, coll. « Philosophie der Antike » 1, Stuttgart 1993, p. 63-84 ; **8** Th. Ebert, « Dialecticians and Stoics on classifying propositions », dans le même recueil, p. 111-127 ; Th. Ebert, *Dialektiker und frühe Stoiker bei Sextus Empiricus. Untersuchungen zur Entstehung der Aussagenlogik*, coll. « Hypomnemata » 95, Göttingen 1991, 347 p.

ROBERT MULLER.

157 PHILONICOS   IV^a?

« Dialecticien » dont Denys d'Halicarnasse, *De Isocrate* 13, 2, cite textuellement les critiques stylistiques qu'il adressait à Isocrate :

« Philonicos le dialecticien, qui en général vante la mise en œuvre du style chez Isocrate, en blâme la gratuité et le mauvais goût. Isocrate, dit-il, ressemble à un peintre qui imposerait à tous les personnages de ses portraits les mêmes vêtements et les mêmes attitudes. *Je trouve que, dans tous ses discours, il utilise toujours les mêmes tournures de style : chaque détail en général est mis au point avec beaucoup d'art, mais paraît totalement dénué de convenance par rapport à l'ensemble : c'est qu'il n'adapte jamais son style au caractère des personnages* » (traduction de **1** G. Aujac, *Denys d'Halicarnasse, Opuscules rhétoriques*, t. I : *Les orateurs antiques, CUF*, Paris 1978, p. 130).

Aujac **1**, p. 193 (n. 3 de la p. 130), parle de « Philonicos le dialecticien, de l'école de Mégare » et renvoie à **2** F. Blass, *Die attische Beredsamkeit,* t. II : *Isokrates und Isaios,* Leipzig 1874, p. 111 et 184 ; dans la seconde édition de 1892, p. 120 et 202-203. Dans sa note 3 de la page 130 (à lire p. 13), G. Aujac rapproche cette critique de celle que formulait Alcidamas (⟫→A 125) à l'endroit d'Isocrate et renvoie à la *Vie de Démosthène* de Denys, V 18.

3 J. L. López Cruces et P. P. Fuentes González, notice « Isocrate d'Athènes », I 38, *DPhA* III, 2000, p. 936, présentent ce « dialecticien » comme un « mégarique ». Mais ce rattachement à l'école de Mégare ne repose que sur le mot διαλεκτικός, dont le sens peut varier en fonction des contextes. Pour toute une série de philosophes, on considère que le mot traduit une appartenance à l'école de Mégare : c'est le cas pour Alexinos (fr. 91 Döring = ⟫→A 125), Aristide (164 A 352), Denys de Chalcédoine (45 = ⟫→D 83), Diodore (97-98, 106 = ⟫→D 124), Diphilos (164 A = ⟫→D 213), Euboulidès (53 A-B, 56-57 = ⟫→E 71), Euphante (164 A = ⟫→E 125), Myrmex (164 A-B = ⟫→M 205), Paiôneios (164 A = ⟫→P 6), Panthoïdès (145 = ⟫→P 32), Philon (101, 104 = ⟫→P 156), Polyxène (216, 218 = ⟫→P 249), sans parler des cinq filles dialecticiennes de Diodore Cronos (101), Ménexène (⟫→M 127), Argeia (⟫→A 329), Théognis, Artémisia (⟫→A 432) et Pantacléia (⟫→P 29). C'est sans doute à des philosophes de cette école que fait allusion Sénèque, dans sa *Lettre* 117, 12, où il présente les subtilités dialectiques des stoïciens comme le résultat de l'influence de « dialecticiens » plus anciens (ce témoignage est absent du *Stellenregister* de l'édition Döring et de l'*Index locorum* de la traduction des fragments par R. Muller). Mais d'autres philosophes sont dits « dialecticiens », sans que l'on puisse établir un lien explicite avec l'école de Mégare : voir Aristote le dialecticien (⟫→A 410), Artémidore le dialecticien (⟫→A 427) ou Héraclide de Bargylia (⟫→H 57). Dans certains cas, une appartenance à une autre école est affirmée, comme pour Musonius (Rufus), διαλεκτικὸς φιλόσοφος καὶ Στωϊκός (⟫→M 198), et parfois même le mot ne concerne pas un philosophe, comme c'est le cas pour le médecin Hérophile (Galien, *De methodo medendi libri XIV,* t. X, p. 28 Kühn).

Quoi qu'il en soit, ce Philonicos, absent de la *RE,* n'est pas mentionné dans les plus importantes études sur les philosophes dits mégariques ou dialectiques, comme celles de 4 K. Döring, *Die Megariker,* Amsterdam 1972 (voir cependant p. 94-97 sur la réalité historique et le caractère peu institutionnel d'une école de Mégare) ; 5 R. Muller, *Les Mégariques,* Paris 1985 ; 6 D. Sedley, « Diodorus Cronus and Hellenistic philosophy », *PCPhS* 23, 1977, p. 74-120 (qui distingue au IVe s. les mégariques et les dialecticiens) ; 7 K. Döring, « Gab es eine dialektische Schule ? », *Phronesis* 34, 1989, p. 293-310 (contre la thèse de Sedley) ; 8 Th. Ebert, *Dialektiker und frühe Stoiker bei Sextus Empiricus. Untersuchungen zur Entstehung der Aussagenlogik,* coll. « Hypomnemata » 95, Göttingen 1991, 347 p.

Dionysius of Halicarnassus, The critical essays in two volumes, with an English translation by S. Usher, coll. *LCL,* Cambridge Mass/London, 1974, p. 135 n 4, voit plutôt en Philonicos « a Stoic grammarian » de Mégare.

Sur le passage de Denys d'Halicarnasse, voir 9 D. M. Schenkeveld, « Figures and tropes. A border-case between grammar and rhetoric », dans G. Ueding (édit.), *Rhetorik zwischen den Wissenschaften,* Tübingen 1991, p. 149-157, notamment p. 154 ; 10 G. Calboli, « From Aristotelian *lexis* to *elocutio* », *Rhetorica* 16, 1998,

47-80, notamment p. 66-67 (où est cité un passage de la *Rhétorique à Herennius* mentionnant des dialecticiens, peut-être des stoïciens dans le contexte) et p. 80.

Je remercie Robert Muller et Klaus Döring (dans une lettre à R. Muller) qui ont confirmé la fragilité d'une affiliation automatique de ce dialecticien négligé à l'école de Mégare.

RICHARD GOULET.

158 PHILONIDÈS

Proclus, *in Tim.* II, p. 88, 11 Diehl, cite comme auteurs *anciens* ayant enseigné l'immutabilité des corps célestes son homonyme Proclus de Mallos (➽P 293) et un certain Philonidès ; cette thèse était également soutenue par des philosophes plus récents : «tous les platoniciens de l'école de Plotin». Selon A. J. Festugière, *Proclus, Commentaire sur le Timée,* Paris 967, t. III, p. 123 n. 4, il ne peut que difficilement s'agir de l'épicurien Philonidès de Laodicée (➽P 159). S'il en est ainsi, ce nom est absent de la *RE.*

La *Souda* connaît deux Proclus de Mallos en Cilicie (➽P 293) : un stoïcien qui écrivit un *Commentaire des sophismes de Diogène* et un *Contre Épicure* (Π 2470), et un second stoïcien dont on ne sait rien d'autre (Π 2471).

RICHARD GOULET.

159 PHILONIDÈS DE LAODICÉE *RE* 5 + 7 (?)   fl. 175ᵃ-150ᵃ

Philosophe et mathématicien épicurien.

Source biographique ancienne. *P. Herc.* 1044 contient une *Vie de Philonidès,* éditée par **1** W. Croenert, « Der Epikureer Philonides », *SPAW* 1900, II, p. 942-959 = **2** *Id., Studi Ercolanesi.* Introduzione e traduzione a cura di E. Livrea, coll. «Collana di Filologia Classica» 3, Napoli 1975, p. 39-61. Le papyrus est décrit dans **3** *CPE,* p. 241-242, où l'on trouvera une bibliographie détaillée. Pour l'établissement du texte, voir **4** M. Capasso, M. G. Cappelluzzo, A. Concolino Mancini, N. Falcone, F. Longo Auricchio et A. Tepedino, « In margine alla Vita di Filonide », *CronErc* 6, 1976, p. 55-59. Mais l'édition à consulter est maintenant celle de **5** Italo Gallo, *Frammenti biografici da papiri,* t. II : *La biografia dei filosofi,* coll. «Testi e Commenti» 6, Roma 1980, § 1 : «Vita di Filonide Epicureo (PHerc. 1044)», p. 21-166, avec trois photographies du papyrus (I-III) après la p. 156 et une bibliographie, p. 447-450. On trouve successivement une introduction, p. 23-49, une édition et une traduction italienne des fragments, p. 55-95, enfin un long commentaire, p. 97-166. **6** R. Philippson, art. «Philonides» 5, *RE* XX 1, 1941, col. 63-73, offre des interprétations qui reposent sur des restitutions souvent très fragiles. Voir Gallo **5**, p. 31 n. 28. **7** F. Longo Auricchio, « Gli studi sui testi biografici ercolanesi nei ultimi dieci anni », dans M. Erler et St. Schorn (édit.), *Die griechische Biographie in hellenistischer Zeit,* coll. «Beiträge zur Altertumskunde» 245, Berlin 2007, p. 219-256, notamment p. 239-240.

8 M. G. Assante, « *PHerc.* 1044 (*Vita Philonidis*) : fr. 58-59 Gallo », *CronErc* 40, 2010, p. 51-64.

Bien que la souscription du papyrus ne soit pas conservée, on a maintenant tendance à attribuer cette *Vie de Philonidès* à Philodème de Gadara (⟹P 142), dont les œuvres sont nombreuses dans la bibliothèque philosophique d'Herculanum (*cf. CPE*, p. 54-55, où l'on en dénombre trente-sept). Après **9** W. Croenert, *Kolotes und Menedemos*, Leipzig 1906, Nachtrag, p. 182, **10** H. Diels, *Philodemos Über die Götter drittes Buch, APAW* 1917, II, p. 46, et **11** H. Usener, « Philonides », *RhM* 56, 1901, p. 145-148, voir les observations, fondées sur des relevés linguistiques dans l'œuvre de Philodème, de Capasso *et alii* **4**, p. 58, et surtout de Gallo **5**, p. 47-49.

Autres témoignages. (a) Littéraires. Avant la publication du papyrus, Philonidès n'était connu que comme géomètre grâce à la lettre-préface d'Apollonius de Pergé au second livre de ses *Sections coniques,* dédié à Eudème de Pergame. En lui faisant parvenir son ouvrage par l'entremise de son fils Apollonius, il recommande à Eudème, de le faire lire éventuellement à d'autres spécialistes, notamment à Philonidès le géomètre, qu'il lui avait auparavant présenté à Éphèse, si ce dernier vient à passer à Pergame (t. I, p. 192, Heiberg). Le texte grec est cité par Gallo **5**, p. 33 n. 33. Pour une traduction française du passage, voir **12** Apollonius de Pergé, *Les Coniques.* Traduction française par P. ver Eecke, Paris 1963 ; **13** M. Decorps-Foulquier et M. Federspiel, *Apollonius de Perge, Coniques.* Traduit et commenté sous la direction de R. Rashed, coll. « Scientia graeco-arabica » 1, Berlin 2008.

Bien que le nom de Philonidès soit très répandu (on en relève déjà 152 occurrences dans les tomes parus du *LGPN*), le lien établi avec Eudème, connu comme l'un des maîtres du philosophe épicurien de Laodicée, et la nature mathématique de leurs préoccupations communes permettent de penser qu'il s'agit bien de Philonidès de Laodicée.

On date la naissance d'Apollonius de Pergé, qu'Eutocius situe sous Ptolémée Évergète (246-221), vers 240ᵃ et la compistion des *Coniques* au début du IIᵉ s. av. J.-C., mais c'est essentiellement sur la base de la datation de Philonidès. Voir **14** T. Heath, *A History of Greek Mathematics,* t. II, New York 1921, p. 159 ; **15** G. J. Toomer, art. « Apollonius of Perga », *DSB* I, 1981, p. 179-193, notamment p. 187 ; **16** G. J. Toomer (édit.), *Apollonius Conics books V to CII. The Arabic translation of the lost Greek original in the version of the Banū Mūsā,* vol. I : *Introduction, text, and translation. Edited with tranlation and commentary,* NewYok/Berlin 1990, t. I, p. XI, datation acceptée par **17** M. N. Fried et S. Unguru, *Apollonius of Perga's "Conica". Text, context, subtext,* coll. « Mnemosyne - Suppl.» 222, Leiden 2011, p. 2-3

18 M. Decorps-Foulquier M., *Recherches sur les* Coniques *d'Apollonius de Pergé et leurs commentateurs grecs.* Paris 2000.

Pour une autre mention d'un Philonidès ayant enseigné l'immutabilité des corps célestes chez Proclus, *in Tim.,* t. I, p. 88, 11 Diehl, voir la notice précédente.

(b) Épigraphiques. A la suite de l'édition de Croenert, **19** U. Koehler, « Ein Nachtrag zum Lebenslauf des Epikureers Philonides », *SPAW* 61, 1900, 2, p. 999-1001, signala trois inscriptions grecques mentionnant la famille de Philonidès. Voir Gallo **5**, p. 34-35, et **20** Renée Koch, *Comment peut-on être dieu ? La secte d'Épicure,* coll. « L'Antiquité au présent », Paris 2005, p. 227-228, qui traduit ces textes dans son Dossier épigraphique ; voir également p. 65-68.

(1) *IG* II^2 1236 = *IEleusis* 221, li. 2-21. Voir **21** Kevin Clinton, *Eleusis, the inscriptions on stone. Documents of the Sanctuary of the Two Goddesses and public documents of the deme,* coll. « The Archaeological Society at Athens Library » 236 et 259, Athens 2005, t. I, p. 247-248, avec le commentaire t. II, p. 269-271 ; **22** A. Bielman, *Retour à la liberté. Libération et sauvetage des prisonniers en Grèce ancienne. Recueil d'inscriptions honorant des sauveteurs et analyse critique,* coll. « Études épigraphiques » 1, Lausanne 1994, p. 202-205, n° 56 et planche XXII (Décret des *génè* des Eumolpides et des Kérykès en l'honneur de Philonidès et de ses fils, vers 175 av. J.-C. ?). Voici la traduction que donne A. Bielman de l'inscription, telle qu'elle l'a reconstituée :

> « …et (Philonidès) soutenait avec zèle les ambassadeurs dépêchés par notre peuple *auprès des rois* ; le peuple, en réponse à ces actions et à tous les autres bienfaits qu'il a accomplis en sa faveur, lui a octroyé le droit de cité ainsi qu'à ses fils Philonidès et Dikaiarchos et l'a couronné d'abord d'une couronne de feuillage puis d'une couronne d'or qu'on a consacrées dans le sanctuaire du Démos et des Charites, conformément au désir de (Philonidès) lui-même ; le peuple l'a également sauvé de la captivité en prenant grand soin de lui ; lorsqu'il vint dans notre cité en compagnie de son fils aîné Philonidès, les prytanes les présentèrent au peuple parmi les membres des collèges sacerdotaux (ἐν ἱεροῖς) et après que (Philonidès) eut parlé des sentiments de bienveillance qu'ils éprouvaient envers tous les Athéniens, le peuple les accueillit avec bonté et jugea digne de les inviter au prytanée à la table publique du peuple. Afin donc que nous, Eumolpides et Kérykès, honorions de façon manifeste (Philonidès) et ses descendants pour leur piété envers les deux déesses et afin que nous devenions émules des hommes qui se montrent bons envers nos envoyés. A la Bonne Fortune. Plaise aux *génè* qui envoyent en ambassade les spondophores de louer Philonidès de Laodicée et ses fils Philonidès et Dikaiarchos et de couronner chacun d'eux de la couronne de myrte offerte traditionnellement aux bienfaiteurs des deux *génè*. Qu'il soit donné à Philonidès et à ses descendants, s'ils conservent la même bienveillance envers le peuple, de recevoir tous les autres biens dont ils paraîtront dignes. Que l'archonte des *génè* fasse transcrire ce décret sur une stèle de marbre… Que la dépense consécutive soit portée au compte des *génè* ».

Les Athéniens, puis plus tard les Eumolpides et les Kerykes, ont donc honoré « Philonidès de Laodicée et ses fils Philonidès et Dicéarque » parce qu'ils ont reçu à Laodicée (en tant que *théorodokoi*) les hérauts athéniens *(spondophoroi)* qui devaient annoncer les Panathénées et les Mystères d'Éleusis. Clinton **21**, t. II, p. 270, signale qu'à ce titre Philonidès et ses fils devaient avoir été initiés à Éleusis et par conséquent, que le philosophe épicurien ait été le père ou l'un des fils, qu'un épicurien avant été initié. [En réalité, leur rôle allait au-delà, même si c'est bien ce point qui intéresse plus particulièrement les *génè* (li. 14) ; le décret du peuple, qui a précédé celui des génè, semble bien motiver l'octroi de la citoyenneté par un rôle diplomatique, plus que religieux, des intéressés, quand il évoque l'assistance fournie aux ambassadeurs (restitution presqu'inévitable, vu les mots précédents) délégués par le peuple auprès des rois. B.P.] L'inscription n° 2 (voir plus loin) montre qu'ils avaient également joué ce rôle d'hôtes pour les *theoroi* de Delphes. On apprend au passage que les Athéniens avaient sauvé Philonidès de la captivité, dans des circonstances qui ne sont pas précisées.

D'après **23** S. V. Tracy, *Attic Letter-Cutters of 229 to 86 B. C.,* coll. « Hellenistic culture and society » 6, Berkeley 1990, p. 93 et 95, l'inscription aurait été gravée par le «graveur de *IG* II² 1326» et devrait être datée entre 185-176/5 (selon Clinton en 199/8-176/5).

L'inscription a été récemment commentée par **24** M. Haake, *Der Philosoph in der Stadt*, München 2007, sect. II, 7 b: «Philonides aus Laodikeia: Epikureer und *euergetes*», p. 148-159.

Selon Clinton **21**, t. II, p. 221, la datation établie par Tracy **23** invite à identifier «les rois» dont parle de début de l'inscription à Séleucus IV Philopator et Antiochus IV Épiphane, mais il n'est pas impossible que le graveur de Tracy ait pu rester en activité jusqu'au règne de Démétrius Ier qui serait alors un des rois de l'inscription. Haake **24**, p. 152, pense pour sa part à Antiochus III (223-187) et son fils aîné Antiochus (co-régent 209-193); ou bien à Antiochus III et Séleucus IV Philopator (co-régent 189-187). S'il s'agit de deux rois successifs, à Antiochus III (223-187) et Séleucus IV Philopator (187-175). Bielman **17**, p. 203, pense plutôt à Antiochus IV Épiphane (175-164) et Démétrius Ier Sôter (162-150). Mais cette solution est peu vraisemblable si l'inscription est antérieure à 176/5, comme le pense Tracy.

> Antiochus III le Grand (223-187)
>
> Séleucus IV Philopator (187-175)
>
> Antiochus IV Épiphane (175-164)
>
> Antiochus V Eupator (164-162)
>
> Démétrius I Sôter (162-150)
>
> *Rois de Syrie*

[Une datation différente a été proposée récemment par **25** C. Habicht, dans *Cambridge Ancient History. Second edition*, t. VIII: *Rome and the Mediterranean to 133 B.C.*, Cambridge 2008, p. 342-343, qui place l'inscription dans les premières années du règne d'Antiochos IV (175-164) et la rapproche des divers honneurs votés par les Athéniens au roi et à ses proches. (Le pluriel serait alors tout naturel: le nouveau roi et son prédécesseur). B.P.]

(2) **26** A. Plassart, «La liste des théorodoques», *BCH* 45, 1921, p. 1-85: p. 24, col. IV, li. 78-80: ἐν Λαοδικείαι ταῖ π<ο>τ[ὶ θαλάσσαι Φιλωνί]ιδας Φιλωνίδα καὶ ὁ ἀ[δελφὸς αὐτοῦ] | Δικαίαρχος Φιλωνί[δα]. «A Laodicée-sur-Mer Philonidès, fils de Philonidès, et son frère Dicéarque, fils de Philonidès.»

Il faut sous-entendre devant les noms de la liste: «Sont théorodoques, pour la théorie qui se rend en telle région, dans telle cité, tel et tel». Voir Plassart **26**, p. 36. «Les théorodoques, au sens qui nous occupe, sont les citoyens chargés d'accueillir les théores, qui viennent annoncer l'institution ou la prochaine célébration d'une fête» (p. 36). Pour Delphes, il s'agit des Pythia et des Sotéria. Pour Athènes, des Panathénées et des Mystères d'Éleusis. «Bien plus qu'à la publicité abrégée d'une distinction honorifique, cette liste, ainsi ordonnée, a été destinée à renseigner les théores qui se mettaient en route» (p. 36). Selon Plassart **26**, p. 41, le nom de Dicéarque aurait été ajouté à la liste en 168/7 (l'inscription n° 3 fournissant un *terminus post quem*). Les noms apparaissent ordonnés selon divers itinéraires géographiques. La place de Laodicée-sur-Mer reste étonnante: «Une cité lointaine de Syrie, Laodicée-sur-Mer, est singulièrement perdue dans cette colonne» (p. 66). Plassart ne fournit pas d'explication.

Voir également **27** G. Daux, «Listes delphiques de théarodoques», *REG* 80, 1949, p. 1-30 [p. 12-27]; **28** *Id.*, «La grande liste delphique des théarodoques», *AJPh* 101, 1980, p. 318-323 [p. 318-320]; **29** *Id.*, «Trois remarques de chronologie delphique (IIIᵉ et IIᵉ siècles avant J.-C.)», *BCH* 104, 1980, p. 115-125 [p. 120-123]. Daux **29**, p. 120-121: «Gravée sur une grande stèle selon un ordre géographique – correspondant à une manière d'itinéraire approximatif et couvrant autant de secteurs qu'il y avait de missions (théores) envoyées par la ville de Delphes –, elle ne comporte aucune indication de date ».

(3) *SGDI* II 2677 = *OGIS* 241. Voir le texte de Nikitsky reproduit par **30** G. Daux, *Delphes au IIe et au Ier siècle,* Paris 1936, p. 511 (décret pour Dicéarque). Sous un archonte qui, plutôt que Xén[on] (*SGDI* : ἄρχοντος <Ξέν>ων[ος], 189/88), devrait être Clé[on] (168/7), est honoré « Dicéarque, fils de Philonidès, de Laodicée-sur-Mer » pour sa piété (εὐσέβεια) envers les Dieux, parce qu'il a rendu service aux théores de Delphes chargés d'annoncer les Pythia et les Sôtèria auprès du roi Antiochus (III ou IV ?). Il est nommé proxène et évergète du sanctuaire et de la cité de Delphes, ce qui lui confère les droits de προμαντεία, προδικία, ἀσυλία, ἀτέλεια πάν<των>, et προεδρία dans tous les concours.

[Étant donné la relative banalité des noms Dicéarque et Philonidès, le rapprochement, envisagé par R. Koch Piettre, « Des épicuriens entre la vie retirée et les honneurs publics », dans V. Dasen et M. Piérart (édit.), *Idia kai dèmosia. Les cadres « privés » et « publics » de la religion grecque antique,* coll. « Kernos, Suppl. » 15, Liège 2005, p. 264), avec un homonyme mentionné dans une inscription de Narthakion, de date incertaine, ne s'impose nullement.   B.P.]

Sur ces divers documents épigraphiques, voir les indications suivantes fournies par Bernadette Puech :

« Les trois documents mettent surtout en lumière l'influence de la famille du philosophe à la cour des Séleucides. Le décret des Eumolpides et des Kéryces (1), qui évoque les services rendus aux Athéniens par Philonidès père auprès « des rois », doit dater au plus tard du début du règne d'Antiochus IV : il implique que cette influence remonte au moins au règne de Séleucus IV (époque où son fils aîné, le philosophe, était le maître du futur Démétrius Sôter, fils du roi Séleucus). Philonidès fils avait accompagné son père à Athènes, après que les Athéniens eurent sauvé celui-ci de la captivité (sans doute, comme le suppose Koehler, avait-il été capturé par des pirates ; on ne peut retenir le rapprochement établi par **31** L. Moretti, « Epigraphica », *RFIC* 93, 1965, p. 278-287, notamment p. 287, avec les événements de 162^a) ; l'inscription ne dit nullement, comme l'affirme Philippson, que Philonidès et son père étaient venus à Athènes comme ambassadeurs d'Antiochus. La mention de Philonidès fils et de son frère dans la liste des théarodoques de Delphes (2) tend à les remercier de l'accueil qu'ils réservent aux ambassadeurs sacrés ; mais le décret pour Dicéarque (3) met en évidence un rôle beaucoup plus important que ces services de routine : non seulement Dicéarque s'est comporté en proxène avant même d'en recevoir le titre, mais on lui prête un véritable rôle diplomatique (li. 7-8 : « que par ses paroles comme par ses actes il sert continuellement auprès du roi Antiochus les droits et les intérêts du sanctuaire et de la cité… »). La fréquence des honneurs décernés à cette famille – ainsi, à Athènes, citoyenneté et couronne d'olivier, puis couronne d'or et statue (élevée dans l'enclos des Grâces), puis réception au prytanée – traduit le désir d'entretenir, entre la Syrie et les cités concernées, les bons rapports auxquels les deux parties semblent avoir attaché un grand intérêt : Antiochus, on le sait, posait volontiers au philhellène. Le témoignage des inscriptions rejoint donc celui du papyrus d'Herculanum pour souligner l'importance politique de Philonidès et de ses proches. »

B.P.

Problèmes d'identification. L'identité du Philonidès *fils* de l'inscription (1) avec le philosophe épicurien du papyrus semblait assurée par la mention en divers fragments du père et du frère de Philonidès (fr. 3 ; 5 ; 58 et 59), ainsi que du nom de Dicéarque (fr. 21-22). C'est encore celle défendue par Bielman **22**, p. 203, et par Koch **20**, p. 66.

Les inscriptions rattachent la famille de Philonidès à Laodicée-sur-Mer (*OGIS* 241) et dans le papyrus cette ville apparaît à plusieurs reprises (fr. 48[a] ; 62, 7 ; 52[a], 9 ; 57, 7 ; 32, 8).

Mais selon Haake **24**, p. 154 n. 626 et p. 157, contrairement à qu'on pensait depuis Köhler **19**, c'est le Philonidès *père* de l'inscription qui serait le philosophe épicurien dont la vie est racontée dans le papyrus. Voir déjà **32** Chr. Habicht, «Athens und die Seleukiden», *Chiron* 19, 1989, p. 7-26, notamment p. 18, et **33** *Id.,* «Hellenistic Athens and Her Philosophers», dans son recueil *Athen in hellenistischer Zeit. Gesammelte Aufsätze,* München 1994, p. 231-247, notamment p. 241. Le personnage honoré à Athènes serait de même le philosophe Philonidès selon **34** Ivana Savalli-Lestrade, *Les "philoi" royaux dans l'Asie hellénistique,* coll. «École pratique des Hautes Études, IVe section, III : Hautes études du monde gréco-romain» 25, Genève 1998, p. 46-47 («Prosopographie des *Philoi* séleucides»), n° 46 ; voir également p. 51-53, n° 50 (Diakaiarchos, fils de Philônidès) et p. 62, n° 60 (Philônidès II, fils de Philônidès). [La même position est adoptée, sans justification, par **35** P. J. Perlman, *City and Sanctuary in ancient Greece : the Theorodokia in the Peloponnese,* coll. «Hypomnemata» 121, Göttingen 2000, p. 56 et 57, n. 68 et 69, dont l'analyse est par ailleurs en contradiction avec le décret pour Dicéarque (qui lui accorde bien la proxénie). B.P.] [En dernier lieu, cependant, Habicht **25**, p. 342-343, a identifié le philosophe avec le théordoque de Delphes (frère de Dicéarque), dont il semble distinguer «the elder Philonides» : voir. B.P.]

L'identification du philosophe à Philonidès père est possible, mais elle implique que le Philonidès du papyrus, qui a un père auquel il est très attaché (fr. 3, 7-10 ; 6b, 10 ; 58, 1-2) et un frère (fr. 58, 1-2 ; 5, 4 ; 59, 8) du nom de Dicéarque (fr. 22, 25-26), et qui ne semble pas avoir eu lui-même d'enfant, ayant en tout cas refusé le mariage par affection pour son père (fr. 3, 7-10), ne serait pas le Philonidès fils des inscriptions qui a lui aussi un frère du nom de Dicéarque et un père auquel il semble intimement lié, mais plutôt Philonidès père. Dans cette hypothèse, le Dicéarque du papyrus ne serait pas le Dicéarque des inscriptions, mais un homonyme de la génération précédente, frère de Philonidès père.

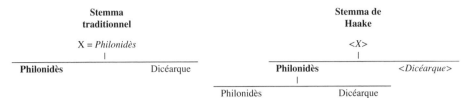

Contrairement à la tendance épicurienne à ne pas avoir d'enfants (voir Diogène Laërce X 119, où toutefois l'établissement du texte est discuté), Philonidès, dans la perspective de Haake, eut deux fils : Philonidès et Dicéarque. Il ne faut toutefois pas oublier que la plupart des premiers maîtres épicuriens (Métrodore, Hermarque, Polyen), tout comme plus tardivement Phèdre d'Athènes (➳P 107), eurent des enfants.

Comme aucune date précise et aucun âge ne sont donnés dans toute la documentation, l'identification soutenue par Haake ne semble pas indispensable et elle soulève davantage de difficultés que l'identification traditionnelle.

Datation. Les rapports personnels entretenus par Philonidès avec Antiochus IV Épiphane [175-164] (fr. 9 et 30), Démétrius I Sôter [162-150] (fr. 10, 27 et 30), de même qu'avec Carnéade (➳C 42) et Diogène de Babylonie (➳D 146), membres de la délégation philosophique athénienne à Rome en 156/5 (fr. 27, 24-25 ; 53, 7-8), permettent de situer l'*acmè* du philosophe entre 175 et 160 et sa naissance vers 200[a], plus probablement avant 220[a], s'il est vrai qu'il a connu Apollonius de Pergé.

Si Apollonios de Pergé a exercé son activité sous les souverains Ptolémée III et IV, il se situe principalement au IIIe s. Gallo **5**, p. 155 et 158, ne croit pas que l'enseignement donné par Philonidès à Démétrius soit à situer avant 175[a], avant que Démétrius soit envoyé en otage à Rome (comme le supposait Philippson **6**, col. 64) : Démétrius, né en 184[a], n'était pas alors en âge d'étudier la philosophie, il n'avait pas dix ans.

De son côté le Philonidès père de la première inscription avait deux fils majeurs au plus tard vers 176/5. Mais ce décret évoque des honneurs qui leur avaient déjà été accordés antérieurement, ce qui suggère que lors du décret conservé ils n'étaient pas seulement majeurs, mais étaient peut-être déjà d'âge mûr. Si le philosophe, connu par Apollonius de Pergé, en activité dans les dernières décennies du IIIe siècle, était le Philonidès fils de l'inscription, et s'il était né par exemple vers 220, il aurait eu 45 ans vers 176/5 (datation basse de Tracy) et 35 ans vers 185 (datation haute de Tracy).

Quant à l'aide que les Athéniens s'honorent d'avoir apportée, alors que Philonidès était en captivité, on ignore s'il s'agit d'un fait militaire ou d'un rapt perpétré par des pirates (voir Bielman **22**, p. 204). On ne peut donc en déterminer la date.

Formation. Quelques renseignements nous sont donnés sur les maîtres de Philonidès.

A. Fr. 25, 4-8 : Φιλωνίδης ἤκου-Ισε μὲν Εὐδήμου πρώτου, Ι μετὰ δὲ ταῦτα Διονυ[σο-Ιδώρου τοῦ Διον[υσοδώρ]ου Ι Καυνίο[υ]. « Philonidès fut l'auditeur d'abord d'Eudème, puis de Dionysodore, fils de Dionysodore, de Caunes ». Philonidès fut présenté à Eudème, à Éphèse, par Apollonius de Pergé et cela avant 180[a] (car le IVe livre des *Sections coniques* de ce dernier a été écrit après la mort

d'Eudème que l'on situe vers 180). Quant à Dionysodore de Caunes (en Carie)
[➤D 191], il est également connu comme mathématicien (*cf.* références dans Gallo
5, p. 36 n. 42).

B. Fr. 33, 6-10 : [...] ὅτι ἠχαρίστησεν Ἀρ-Ιτέμ.[ω]νι τῶι καθηγητεῖ κα[ὶ] Ι
σ[υνεσ]τήσατο ἐ]ν τ[ῆι] αὐτῆ[ι] Ι πόλ[ει σ]χολὴν [ἐ]πὶ κ[α]ταλύ-Ισει το]ῦ
κ[αθηγητοῦ]. « Il manqua de gratitude envers son professeur Artémon et il ouvrit
une école dans la même cité pour abattre son professeur ». Artémon (➤A 433)
avait commenté le Περὶ φύσεως d'Épicure (➤E 36), comme nous le verrons plus
loin. C'était manifestement un épicurien. Philonidès aurait manqué de reconnaissance envers ce maître en ouvrant une école concurrente dans la même ville. Sur ce
fragment, voir **36** J. Glucker, *Antiochus and the Late Academy,* coll. « Hypomnemata » 56, Göttingen 1978, p. 131-132, qui souligne que l'événement se situe
vraisemblablement en Orient et que le terme καθηγητής désigne un professeur
privé de philosophie et non un scholarque. Le ton d'hostilité que le fragment
semble comporter proviendrait (ainsi Gallo **5**, p. 160) de la source que cite l'auteur
de la *Vie,* peut-être l'épicurien dissident Antiphane (➤A 207).

C. Fr. 11, 1-18 : καιροῦ Β[ασιλείδ]ου κα[ὶ] Ι Θέσπιδος, [οἷς συγγέγο]νε μὲν Ι
ἐνιαυτόν, [ἀπολιπὼν δ]ὲ πά-Ιλιν βασιλέ[α συνῆ]ν Θ[έσ]πιδι Ι μῆνας ἕξ.
Σ[υνέτ]υχεν δὲ Ι καὶ Ἰολάωι [μέχρι εἰ]ς ποσὸν Ι [χρό]νον καὶ [πολλοῖ]ς ἄλλοις Ι
φιλ[οσόφοις]. « (...) de Basilide et de Thespis, qu'il fréquenta un an, puis, après
avoir quitté à nouveau le roi, il étudia avec Thespis pendant six mois. Il rencontra
également Iolaos pendant un certain temps, ainsi que plusieurs autres philosophes ». Croenert **7**, p. 88, avait déjà proposé une lecture améliorée de ce
fragment. On y évoque deux séjours d'étude de Philonidès à l'école épicurienne
d'Athènes. Basilide (➤B 16) et Thespis apparaissent également ensemble en
P. Herc. 182, col. V. Basilide est présenté par Diogène Laërce X 25 comme le
successeur de Dionysios de Lamptres (➤D 181) à la tête du Jardin et Croenert
croit le reconnaître dans le Basilide de Tyr, mentionné dans la préface du commentaire d'Hypsiclès sur les *Éléments* d'Euclide (Τὰ εἰς Εὐκλείδην ἀναφερόμενα,
t. V 1, p. 1, 1 Heiberg-Stamatis), qui aurait séjourné à Alexandrie chez le père
d'Hypsiclès. Voir **37** P. M. Fraser, *Ptolemaic Alexandreia,* Oxford 1972, t. I,
p. 423 et t. II, p. 612 *sq.* Le dédicataire de cet ouvrage est Protarque de Bargylia
(➤P 305), maître, selon Strabon XIV 2, 20, 658, de l'épicurien Démétrius Lacon
(➤D 60). Le scholarcat de Basilide peut être maintenant daté des années 201/200
(archontat d'Isocrate, selon *P. Herc.* 1780) à 175 av. J.-C. *Cf.* Gallo **5**, p. 37, à la
suite de **38** T. Dorandi, G. Indelli et A. Tepedino Guerra, « Per la cronologia degli
scolarchi epicurei », *CronErc* 9, 1979, p. 141 *sq.* Thespis pourrait être l'assistant et
le successeur de Basilide. *Cf.* **39** T. Dorandi, « Un nuovo scolarca epicureo :
Tespi ? », *ZPE* 45, 1982, p. 50-52, et **40** *Id., Ricerche sulla cronologia dei filosofi
ellenistici,* coll. « Beiträge zur Altertumskunde » 19, Stuttgart 1991, p. 49-51.
Après un premier séjour d'un an, Philonidès semble avoir quitté à nouveau la cour
de Démétrius pour fréquenter Thespis pendant six mois. Quant à Iolaos (➤I 16), il
pourrait s'agir d'un autre épicurien. Croenert **1**, p. 956 = **2**, p. 57, l'a identifié à

Iollas de Bithynie (*RE* 2), un auteur de traités de sciences naturelles et de médecine (*cf.* **41** F. Susemihl, *GGLA*, t. I, p. 826), mais cette suggestion est rejetée par Philippson **6**, col. 72, et Gallo **5**, p. 121-122.

C'est au cours de ces séjours à Athènes que Philonidès entra en relations d'amitié avec l'académicien Carnéade (fr. 27, 12, témoignage oublié dans le recueil de **42** B. Wiśniewski, *Karneades, Fragmente. Text und Kommentar,* coll. «Archiwum Filologiczne» 24, Warszawa 1970, ainsi que l'a remarqué **43** M. Gigante, «Atakta», *CronErc* 3, 1973, p. 86) et le stoïcien Diogène de Babylonie (fr. 53, 7). J. Glucker semble méconnaître ces divers témoignages quand il refuse de croire que Philonidès a étudié à Athènes (**36**, p. 131 n. 36; p. 182; p. 374-375). On relève également (fr. 31, 4 et 34, 1) le nom de Zénodore qui est peut-être l'auteur d'un traité de géométrie cité par Théon d'Alexandrie et Pappus. Ce pourrait être un autre maître de Philonidès. Sur la place de Philonidès à l'intérieur des courants orthodoxes et hérétiques de l'épicurisme du IIe siècle av. J.-C., voir Gallo **5**, p. 39-41.

44 G. J. Toomer, «The Mathematician Zenodoros», *GRBS* 13, 1972, p. 177-192, a proposé de reconnaître ce Zénodore mathématicien en Zénodore du dème attique de Lamptres mentionné comme donateur d'une somme importante dans une inscription de 183/2 (*IG* II^2 2332, col. 1, li. 27-36). Voir toutefois les réserves de Haake **24**, p. 297-299.

Rôle et influence politique. Si les inscriptions attestent la faveur dont jouissait Philonidès auprès d'Antiochus, c'est avec Démétrius que le philosophe semble avoir entretenu les liens les plus étroits, au point d'avoir fait du roi un adepte de l'épicurisme et son propre élève (*cf.* fr. 12, 1-8; 19, 4-8; 20, 1-13; 27, 1-10; 30, 1-8). Les fragments évoquent une maison où enseignait Philonidès; elle avait été donnée par Démétrius (fr. 27, li. 1-2) et était sise devant le palais impérial (fr. 19, 6-8: Ἡ διατριβὴ ǀ δ' ἦν ἐν [ταὐτῆ]ι ἀντὶ τῶν ǀ βασιλείων οἰκίαι), vraisemblablement à Antioche. Le roi y venait avec une foule d'amoureux du savoir (fr. 12, 3-4: ἐς [σχο]λὴν ǀ ἔχων μεθ' ἑαυ[του] φιλο-ǀλόγ]ων πλῆθος). D'autres fragments font allusion au rôle d'intercesseur joué par Philonidès auprès du roi afin d'obtenir qu'une cité (Laodicée?) soit épargnée (*cf.* fr. 9, 10 et 32). Voir aussi **45** W. Croenert, «Die Epikureer in Syrien», *JÖAI* 10, 1907, p. 145-152.

Fr. 27, li. 1-10: «(...) <une maison> que le roi Démétrius (Sôtèr) offrit à Philonidès, dans le but de pouvoir fréquenter ses leçons et d'étudier avec lui (ἐφ' ᾧ συνδιατρίψει αὐτοῦ καὶ συ[σ]χολάσει). Mais en de telles circonstances aussi il se comporta bien, en philosophe et de façon honorable. Car il ne se donna pas tout bonnement (ἁπλῶς) au Conseil, à la diplomatie et aux choses semblables...» Haake **24**, p. 149, interprète la fin du passage comme un refus typiquement épicurien de la part de Philonidès d'assumer des fonctions politiques: «An der Ratsversammlung nämlich und am Gesandtschaftsverkehr und derartigen Angelegenheiten beteiligte er sich nicht...» (où l'on voit que l'adverbe décisif ἁπλῶς n'est pas traduit). Voir aussi **46** Chr. Habicht, *The Hellenistic Monarchies. Selected Papers,* Ann Arbor, Univ. of Michigan Press 2006, p. 32: «The biographer expressly says of Philonides, who lived around the middle of the second century BC at the Seleucid court, that he refused to participate in the throne council, or become involved in embassies or other missions for the king, but lived for his philosophy alone and yet retained the king's favor: this was unusual, on both sides». Gallo **5**, p. 152, y voit au contraire la célébration d'un comportement philosophique dans l'exercice de ses charges politico-diplomatiques.

Selon **47** Chr. Habicht, « Zur Vita des Epikureers Philonides (P. Herc. 1044) », *ZPE* 74, 1988, p. 211-214, le fr. 52a, li. 10 ne voudrait pas dire que Philonidès avait été *epistatès* de Laodicée (ἐπιστα<τ>ευθείς, Gallo), mais qu'une garnison fut établie dans cette ville (donc ἐπισταθ-<μ>ευθείσης, restitution qui avait déjà été envisagée par Gallo **5**, p. 137), sans doute à la suite du meurtre du légat romain Gnaeus Octavius en 162 (Habicht), plutôt qu'à la suite du meurtre de Séleucos IV en 175, comme l'envisage **48** Dov Gera, « Philonides the Epicurean at court : early connections », *ZPE* 125, 1999, p. 77-83. Laodicée fut épargnée, non pas grâce à Philonidès, mais grâce à Ménocharès, homme de confiance de Démétrius I Sôter. Voir **49** G. Marasco, « L'uccisione del legato Gn. Ottavio (162 a. C) e la politica romana in Siria », *Prometheus* 12, 1986, p. 226-238. Habicht lit en conséquence dans le fr. 10, li. 3 *sq.* le nom de [Μη]νοχάρην.

Sur le rôle de Philonidès à la cour des Séleucides, voir également Savalli-Lestrade **34** ; **50** Kay Ehling, « Gelehrte Freunde der Seleukidenkönige », dans A. Goltz, A. Luther et H. Schlange-Schöningen (édit.), *Gelehrte in der Antike. Alexander Demandt zum 65. Geburtstag,* Wien 2002, p. 41-58, notamment p. 48-49.

Selon Haacke, le désengagement politique épicurien de Philonidès, *philos* de Démétrius et déjà de ses prédécesseurs, serait une invention biographique. Le biographe aurait voulu conformer la vie du philosophe à l'idéal épicurien de la vie philosophique. Ce point de vue est contredit par les honneurs décernés par les Athéniens pour le soutien qu'il aurait assuré aux théores auprès des rois séleucides. Mais le passage sur lequel s'appuie Haake **24** pour le déduire est lacunaire et pourrait se prêter à d'autres interprétations.

Écrits. Plusieurs fragments du papyrus nous renseignent sur les ouvrages composés par Philonidès.

A. Fr. 7+49 : [ἐν μέν-]|τοι βυβλίοις ὑπ[ο]μν[ήμα-|τα φέρει δυ' ἀρχαῖα, « il cite parmi ses ouvrages deux commentaires anciens » (œuvres de jeunesse ?), (1) τῶν πα-|ρ' Εὐδήμωι, « sur l'enseignement d'Eudème » (notes de cours consignant l'enseignement d'Eudème (de Pergame), le premier maître de Philonidès sans doute dans le domaine des mathématiques) καὶ (2) τῶν πρὸς | τὸ ἕκτον, « sur le livre VI » (commentaire d'Épicure, Περὶ φύσεως, livre VI ou peut-être publication des notes de cours consignant le commentaire d'un maître de Philonidès, éventuellement Eudème à nouveau, sur cet ouvrage), καὶ (3) πε[ρὶ τ]ῶν ἐ-|πιστη-μονικῶν δ[ι]ανοή-|σεων, « sur les conceptions scientifiques » (ouvrage relevant de la canonique) καὶ (4) τῶν παρ' Ἀρτέμω-|νι ἀπὸ τοῦ πρὸς τὸ πρῶτον | μέχρι πρὸς τὸ τρίτ[ον] καὶ <τρι>[α]κοστόν, ἐκλ[ι]πόν-|[των τ]ινῶν, « sur l'enseignement d'Artémon, du premier livre au trente-troisième, avec quelques lacunes » (notes de cours consignant le commentaire par Artémon des trente-trois premiers livres du Περὶ φύσεως d'Épicure, qui en comprenait trente-sept ; les livres qui manquent peuvent être les quatre derniers, d'autres non commentés à l'intérieur des trente-trois livres, ou bien des livres absents de la publication de Philonidès), καὶ (5) σ[χολ]ῶν τῶν [π]αρὰ Διονυ[σοδ]ώρωι, « sur les leçons données par Dionysodore » (à nouveau un « cours » du second maître de Philonidès). φέρε[ι δὲ] καὶ (6) σύντ[αγμα] | π[ρὸς τὸ]ν Παταρέ[α, « il cite également un ouvrage contre le (philosophe) de Patara » (sans doute Actos de Patara [➙A 16], mentionné en *P. Herc.* 1389 et *P. Herc.* 1003 [Croenert], peut-être un épicurien dissident combattu par Philodème). Après trois lignes aujourd'hui perdues on lit les restes d'une référence à un ouvrage consacré à la géométrie et à l'astrologie dans lequel Philonidès adoptait les vues d'Épicure sur les *meteora* : (7) γεωμετρίαι τε καὶ ἀσ[τρο-]|λογίαι· καὶ ἰδίως πως τὰς | ἐν ταύτηι περὶ τῶν με-|τεώρων ἀπεδέ-δεκτο, « sur la géométrie et l'astrologie ; et (Philonidès) avait accepté d'une façon qui lui était propre (ἰδίως πως ?) les (opinions d'Épicure?) dans ce livre sur les phénomènes célestes ». Un autre traité devait tenter de justifier l'amour du sage pour ses enfants comme naturel : (8) Περὶ δὲ τοῦ κατὰ τὴν φι-|λοτεκνίαν [ζήλου (?)] | λαλῶν· «ἔτι παιδίων – φη-|σίν – ἡμῶν ὄντων προσε-||. « Traitant de l'amour pour les enfants, il dit : "Quand nous étions encore des enfants" ».

B. Fr. 13 : (9) (αὐτοσχε)||διαστικ[ά.... ναι ὠφέλ[ιμα καὶ.... ποι-]|κίλα (écrits improvisés ?). (10) Καὶ γὰρ πρὸ[ς τοὺς δο-]|ξάζοντας διεν[έγ]κα[ι ποι-]|κίλως γεωμετρίας δ[ια]λε-|κτικ[ὴν] ῥήτορας δ[υσφ]η-|[μεῖ.....] : « et il s'emporte contre les rhéteurs qui estiment que la dialectique l'emporte de différentes façons sur la géométrie » (contre la distinction soutenue par certains rhéteurs entre la méthode géométrique et la méthode dialectique ?). Fr. 13 inf. +14 : (11) [δὲ τοῦ ὀγ]δόου περὶ φύσε-ως, « (commentaire) du Περὶ φύσεως (d'Épicure), livre VIII », καὶ (12) ἄλλας παντοδα-||πὰς εἰς τὰ δόγματ' α[ὐτοῦ] | γεωμετρικὰς περὶ ἐλα[χίσ]-|του πολλάς, « et de nombreux et divers écrits géométriques sur les enseignements d'Épicure concernant le *minimum* » (traités géométriques sur la théorie épicurienne du minimum, cf. **51** D. Sedley, «Epicurus and the Mathematicians of Cyzicus», *CronErc* 6, 1976, p. 24). (13) Πεπόηκεν | δὲ νέοις ἀργοῖς ὠφελί-|μους καὶ [τ]ὰς ἐπιτομὰς τ[ῶν] | ἐπιστολῶν τῶν Ἐπικούρ[ου,] | Μητροδώρου, Πολυαίνου, | Ἑρμάρχου καὶ τῶν σ[υνηγ]-|μέ[νω]ν κατὰ γένος ἐπ[ι-|στο[λῶν]. « Il a composé également, comme écrits utiles aux jeunes élèves paresseux, les résumés des lettres d'Épicure, Métrodore, Polyen et Hermarque, ainsi que des lettres rassemblées par genre ».

C. Le fr. 66, 6-8 confirme cet intérêt porté aux classiques de l'école : σπουδ[ὴν ἔχων τῆς] | συ[να]γωγῆς τῶν Ἐπ[ι]κού-|[ρο]υ βυβλίων, « manifestant du zèle pour recueillir les livres d'Épicure », peut-être pour la bibliothèque des Séleucides ou plus probablement pour les besoins de l'école. *Cf.* **52** E. Puglia, «La filologia degli Epicurei», *CronErc* 12, 1982, p. 19-34 (sur Philonidès, p. 19-21), également publié dans **53** E. Puglia (édit.), *Demetrio Lacone. Aporie testuali ed esegetiche in Epicuro (PHerc. 1012). Edizione, traduzione e commento a cura di E.P. ; Precedono tetimonianze sur Demetrio Lacone ordinate da M. Gigante*, coll. «La Scuola di Epicuro» 8, Napoli 1988, p. 49-104 (sur Philonidès, p. 51-55) ; **54** Matilde Ferrario, «La nascita della filologia epicurea : Demetrio Lacone e Filodemo», *CronErc* 30, 2000, p. 53-61 (sur Philonidès, p. 53-54).

D. Ces nombreux titres confirment d'autre part l'indication du fr. 30, 5-8 : συν-τάγματα ἑκατὸν εἴκο-|σι πέντε ἐκδεδω[κώς, καὶ ἐνί-]|ους ὑπομνηματισμ]οὺς | [τοῖ]ς γνωρίμο[ις ἀπέλι]πε. « Ayant publié 125 traités, et il laissa à ses compagnons certains livres de notes ».

Haake **24**, p. 158 et n. 648, retrouve dans le fr. 29, li. 24-25, un témoignage sur un écrit de caractère historique de Philonidès : Φιλωνί-|δου γράψαντος ἐν οἷς πα-|ρεθέμεθα πρότερον (...), «Philonidès ayant écrit dans les (ouvrages ou passages) que nous avons cités auparavant... ». Philodème aurait eu une connaissance directe de cet écrit et l'aurait utilisé. Il y aurait retrouvé des passages où Philonidès s'efforçait de se présenter comme un authentique philosophe épicurien, peut-être contre les attaques de collègues dans l'école. « Der Umstand daß er Anhänger der epikureischen Philosophie war und selbst philosophische und wissenschaftliche Schriften verfaßte, hatte anscheinend keinen Einfluß auf seine Lebensführung – weder pflegte er die *ataraxia* noch die Kinderlösigkeit » (p. 159).

En plus du caractère scolaire et exégétique de la majorité de ces écrits, on ne peut manquer de constater qu'ils relèvent dans un grand nombre de cas des mathématiques et de la physique. Philonidès se rattache par là à un courant de l'épicurisme que des études récentes ont mis en lumière. *Cf.* **55** J. Mau, « Was there a special epicurean mathematics », dans *Exegesis and Argument. Studies presented to G. Vlastos = Phronesis Suppl.* 1, 1973, p. 421-430 ; Sedley **51**, p. 23-59 ; **56** F. Longo Auricchio, « La scuola di Epicuro », *CronErc* 8, 1978, p. 21-37.

Je remercie Bernadette Puech qui a apporté à cette notice plusieurs compléments utiles.

RICHARD GOULET.

PHYLARCHOS → PHILARCHOS

160 PHILÔNIDÈS DE TARENTE   IV^a

A. Pythagoricien ancien dont le nom figure dans le catalogue de Jamblique (*V. pyth.* 36, 267, p. 144, 14 Deubner = **1** DK 58 A, t. I, p. 446, 25), qui semble remonter à Aristoxène de Tarente. Il est répertorié dans **2** W. Pape et G. Benseler, *Wörterbuch der griechischen Eigennamen*, t. II, p. 1631, ainsi que dans le **3** *LGPN*, t. III A, p. 464.

B. C'est sans doute ce même Philônidès qui est mentionné dans la *Lettre IX* de Platon (357 D) aux côtés d'un certain Archippos (➤A 321 ou A 320). Le pythagoricien Archytas (➤ A 322), lui aussi de Tarente, aurait confié à tous les deux une mission diplomatique consistant à remettre à son ami Platon une lettre de sa part et de lui donner de ses nouvelles ; *cf.* **4** L. Brisson (édit.), *Platon. Lettres*, coll. *GF*, Paris ²1994 [¹1987], p. 251-255. Bien qu'elle ne contienne rien d'historiquement invraisemblable ou de véritablement suspect, la plupart des critiques modernes rangent la *Lettre IX* parmi les inauthentiques. Selon Brisson **4**, p. 252, elle « pourrait avoir été écrite par quelqu'un ayant intérêt à montrer les liens de Platon avec le mouvement pythagoricien ». Mais même si l'on accepte l'hypothèse de la pseudépigraphie, l'existence historique de Philônidès et son appartenance à la communauté pythagoricienne de Tarente se trouvent confirmées par le fait même que le faussaire a pensé à le mentionner afin de rendre plus véridique la lettre qu'il a fait circuler sous le nom de Platon. Le synchronisme avec Archytas (*ca* 435/410 – 360/350 av. J.-Chr.) nous permet aussi de dater ce pythagoricien à la deuxième moitié du IVe siècle. Sur l'identification des deux Philônidès et leur datation, voir aussi **5** D. Nails, *The People of Plato*, p. 240, qui remarque : « there is really no question that the two are the same ».

Sur ce type de nom, *cf.* **6** Fr. Bechtel, *Die historischen Personennamen*, p. 452. Philônidès est un nom attesté également à Tarente quelques décennies plus tard, au premier quart du IIIe siècle av. J.-Chr. ; *cf.* **7** P. Schoch, art. « Philonides » 2, *RE* XX 1, 1941, col. 61.

CONSTANTINOS MACRIS.

161 PHILONIDÈS DE THÈBES *RE* 4   *flor.* M III[a]

Philosophe stoïcien, disciple de Zénon de Citium.

Sources. Diogène Laërce IV 47 (= *SVF* I 459, où D. L. cite Bion de Borysthène [➤B 32], fr. 1 A Kindstrand) ; VII 9 (= *SVF* I 439, où D. L. évoque la *Lettre à Aristobule* d'Épicure [➤E 36] = fr. 119 Usener = fr. 45 Arrighetti) ; VII 38 (= *SVF* I 38), où D. L. cite la liste des élèves de Zénon de Citium d'après Hippobote (➤H 148), sans doute le Περὶ αἱρέσεων mentionné par D. L. I 19 ; Philodème, PHerc 1018 (*Historia Stoicorum*), col. IV 9-10 Dorandi (*SVF* I 42). Ajouter peut-être Proclus, *in Tim.* II, p. 88, 11 Diehl.

Cf. 1 H. J. Mette, art. « Philonides », *RE* XX 1, 1941, col. 62-63 ; **2** M. Pohlenz, *Die Stoa*[3], Göttingen 1964, t. II, p. 15 ; **3** M. Lapidge, « Stoic cosmology », dans J. M. Rist (édit.), *The Stoics,* Berkeley/Los Angeles 1978, p. 181 ; **4** A. Erskine, *The Hellenistic Stoa. Political thought and action,* London 1990, p. 80, 87-88 ; **5** P. Steinmetz, « Die Schüler Zenons. C. Philonides », *GGP, Antike 4,* p. 558.

Selon les témoignages de Diogène Laërce VII 38 et VII 9, Philonidès fut le condisciple de Persaïos de Kition (➤P 83) avec qui il partit en Macédoine pour conseiller le roi Antigone Gonatas (➤A 194) à la demande de Zénon peu avant la mort du fondateur de la Stoa. **6** W. Crönert, *Kolotes und Menedemos*, Leipzig 1906, p. 28-30, doute que Zénon ait envoyé Philonidès en même temps que Persaïos de Kition, mais ces doutes ont généralement été rejetés : *cf.* **7** W. S. Ferguson, *Hellenistic Athens*, London 1911, p. 176 n. 2, et **8** H. Sonnabend, *Die Freundschaften der Gelehrten und die zwischenstaatliche Politik im klassischen und hellenistischen Griechenland*, Hildesheim/Zürich/New York 1996, p. 244 n. 115. Philonidès est également associé à Persaïos dans le témoignage de Philodème, *Historia Stoicorum,* col. IV 9-10 Dorandi (= *SVF* I 42) pour le rejet d'allégations concernant la *République* de Zénon, et dans l'anecdote rapportée par D. L. IV 47 (= *SVF* I 459) mettant en scène les deux stoïciens à la cour d'Antigone comme calomniateurs de Bion de Borysthène (du moins selon celui-ci), ce qui semble largement confirmer qu'ils se trouvaient en même temps à la cour d'Antigone. Il n'apparaît donc guère doté d'une personnalité propre, mais plutôt dans l'ombre de Persaïos.

Pour Pohlenz **2**, il serait également question de Philonidès de Thèbes dans l'*in Tim.* de Proclus (II, p. 88, 11 Diehl). Il est vrai que le Philonidès (➤P 158) cité paraît difficilement être l'épicurien Philonidès de Laodicée (➤P 159) (*cf.* **9** A. J. Festugière, *Proclus, Commentaire sur le Timée,* Paris 1967, t. III, p. 123 n. 4). L'autre philosophe cité par Proclus est Proclus de Mallos (➤P 293) qui pourrait être un des stoïciens connus de la *Souda* sous ce nom. Dans ce cas, quoique la doctrine soit en désaccord avec celle, traditionnelle, de la Stoa (*cf. SVF* II 650 ; 661 ; 663 ; et voir Lapidge **3**), Philonidès aurait pu lui-même être stoïcien, et peut-être s'identifier à Philonidès de Thèbes.

Cette notice, rédigée il y a plusieurs années par Christian Guérard, a été revue et complétée par Jean-Baptiste Gourinat.

CHRISTIAN GUÉRARD † et JEAN-BAPTISTE GOURINAT.

162 PHILOPATÔR *RE*   I-II

Philosophe stoïcien cité avec Chrysippe de Soles (☞C 121) dans deux passages du chapitre 35 *De natura hominis* de Némésius d'Émèse (☞N 17) sur le destin. Dans le premier passage (p. 105, 12-13 Morani : εἰσὶ δὲ τῶν Στωικῶν Χρύσιππός τε καὶ Φιλοπάτωρ καὶ ἄλλοι πολλοὶ καὶ λαμπροί), seul le nom est donné, mais plus loin dans l'ouvrage un traité de cet auteur *Sur le destin* est mentionné (ἐν τῷ περὶ εἱμαρμένης). Ce philosophe est également évoqué par Galien, *De propriorum animi cuiuslibet affectuum dignotione et curatione*, t. V, p. 41, 10 - 42, 3 Kühn = *De cognosc. an. morb.* 7-8, 531-532 W. de Boer (*CMG* IV 1, 1). Galien (☞G 3) rapporte qu'après une première formation reçue de son propre père, parvenu à 14 ans accomplis, il fut à Pergame l'élève de philosophes des différentes écoles : un stoïcien disciple de Philopator, un platonicien disciple de Gaios (☞G 2), un péripatéticien disciple d'Aspasius (☞A 461) et un épicurien originaire d'Athènes. Comme Galien est né en 129 et a commencé des études philosophiques vers 145, Philopator, maître de son professeur stoïcien, serait donc un philosophe de la fin du Iᵉʳ siècle ap. J.-C. et du début du IIᵉ siècle.

Selon Suzanne Bobzien, *Determinism and Freedom in Stoic Philosophy,* Oxford 1998, p. 368, chap. 8 (« A later Stoic theory of compatibilism », p. 358-396), le traité de Philopator *Sur le destin* serait la source commune du bref résumé de Némésius et du traité d'Alexandre d'Aphrodise (☞A 112) *Sur le destin* (notamment dans le chap. 13). C'est la même théorie stoïcienne tardive d'une compatibilité entre le destin et « ce qui dépend de nous » que l'on retrouverait dans les deux ouvrages.

Cf. H. J. Mette, art. « Philopator », *RE* XX 1, 1941, col. 75-76.

RICHARD GOULET.

163 PHILOPOIMÈN DE MÉGALOPOLIS *RE*   253-183

Stratège de la Confédération achéenne, défenseur de la liberté des Grecs contre la Macédoine et Rome.

Plutarque, qui lui a consacré une de ses *Vies parallèles,* insiste sur l'« éducation noble et royale » que lui assura Cléandros de Mantinée, ami du père de Philopoimèn, Craugis de Mégalopolis, après la mort de ce dernier :

« Quand Philopoimèn commença à sortir de l'enfance, deux Mégalopolitains, Ecdélos [☞E 2] (d'autres sources lui donnent comme nom Ecdémos) et Démophanès [☞D 75] (certains manuscrits ont Mégalophanès), prirent ensuite soin de lui. C'étaient des disciples d'Arcésilas (☞A 302) et, plus que personne de leur temps, ils avaient orienté la philosophie vers la politique et l'action. Ils délivrèrent leur patrie de la tyrannie, en préparant secrètement le meurtre d'Aristodémos ; ils aidèrent aussi Aratos à chasser Nicoclès, tyran de Sicyone, et, à la prière des Cyrénéens, dont l'État était troublé et malade, ils traversèrent la mer pour y établir de bonnes lois et organiser au mieux leur cité. Ils comptaient eux-mêmes au nombre de leurs belles actions l'éducation de Philopoimèn, pour avoir fait de lui par la philosophie le soutien commun de toute la Grèce » (*Philopoimèn* 1, 3-5, trad. Flacelière et Chambry).

Mais Plutarque reconnaît que les ambitions du jeune Philopoimèn étaient moins philosophiques que politiques et militaires :

« Il écoutait les leçons des philosophes et lisait leurs œuvres, non pas toutes, il est vrai, mais celles qui lui paraissaient devoir favoriser ses progrès dans la vertu. Dans les poèmes homériques, il appliquait son attention aux scènes qui lui semblaient propres à éveiller et exciter le courage. Quant à ses autres lectures, il s'attachait particulièrement au traité d'Évangélos sur la tactique… » (*ibid.*, 4, 6-8, trad. Flacelière et Chambry)

Édition : Plutarque, *Vies*, t. V : *Aristide-Caton l'Ancien – Philopœmen-Flamininus*. Texte établi et traduit par R. Flacelière et É. Chambry, *CUF*, Paris 1969.

Polybe (☞P 236), son compatriote, avait écrit un *Éloge de Philopoimèn* en trois livres qui est perdu (voir Polybe X 21, 5-6). L'historien parle de lui avec admiration dans son *Histoire*, surtout à partir du livre X, section très mutilée que l'on peut toutefois combler par le récit de Tite-Live. Sur l'*Éloge*, voir P. Pédech, « Polybe et l'Éloge de Philopoemen », *REG* 64, 1951, p. 82-103. Polybe était la source principale de Plutarque pour la biographie de Philopoimèn.

Cf. W. Hoffmann, art. « Philopoimen », *RE* XX 1, 1941, col. 76-95 ; R. M. Errington, *Philopoemen*, Oxford 1969, XII-314 p. ; L.-M. Günther, art. « Philopoimen », *NP* IX, 2000, col. 859.

RICHARD GOULET.

164 PHILOPON (JEAN –) *RE* Ioannes 21 *CPG* III 7260-7282   *ca* 490-574

PLAN DE LA NOTICE

La présente notice, en deux parties, a été rédigée par Giovanna R. Giardina et Emma Gannagé, avec le concours d'Inna Kupreeva et Richard Goulet pour les sections consacrées aux traités 4, 11 et 37 qui devaient être rédigées par Alain Segonds. Après avoir longuement travaillé, en collaboration avec Concetta Luna, à la rédaction de quatre autres notices du présent tome, dont "Plutarque d'Athènes" et "Proclus de Lycie", Alain s'apprêtait à rédiger, avec l'achèvement du tome III de l'édition Budé de l'*in Parmenidem* de Proclus, ces trois sections qui portaient sur à des ouvrages qu'il avait beaucoup étudiés et sur lesquels il avait entre temps amassé une riche documentation. Les trois notices, rédigées par Inna Kupreeva et R. Goulet avec l'aide de Giovanna Giardina, ne contiennent probablement qu'une part de l'information, nouvelle sur certains points, qu'Alain Segonds entendait présenter et qu'il avait évoquée dans un message à Mme Giardina. Concetta Luna a cependant retrouvé dans les papiers d'Alain des notes substantielles sur la biographie et la chronologie de Philopon que Mme Giardina a pu mettre à contribution pour la rédaction finale de sa notice.

Grammairien, philosophe néoplatonicien alexandrin, théologien engagé dans les controverses trinitaires, d'abord du côté des monophysites contre les orthodoxes, puis avec les trithéistes contre les monophysites, Jean Philopon a cherché, semble-t-il, tout au long de sa vie, à bâtir, à partir de la philosophie païenne, une alternative chrétienne. En dépit de l'importance de son œuvre, nous sommes pratiquement dans l'incapacité d'écrire une biographie de cet auteur. Personne, au VIᵉ s., ne s'est jamais donné la peine d'écrire sa vie : chrétien, il était méprisé des païens, ses adversaires ; monophysite, il était détesté des orthodoxes ; trithéiste, il s'était exclu de la communauté chrétienne dominante dans le monde intellectuel d'Alexandrie ; il finira même, comme on le verra plus loin, par s'écarter du courant principal des trithéistes. Dans ces conditions, il faut être extrêmement prudent s'agissant de reconstituer sa biographie : il faut reconnaître qu'on ne peut fixer que des dates, toujours d'interprétation délicate.

BIOGRAPHIE ET CHRONOLOGIE

Dans la biographie de Philopon, on ne possède que deux dates absolues, fournies par Philopon lui-même dans ses écrits, qui cependant ne peuvent servir que de *terminus post quem*. La première date-*terminus post quem* se rencontre dans le *Commentaire à la Physique* d'Aristote (éd. Vitelli, p. 703, 16-20) : au commencement de son traité sur le temps, Philopon explique que, selon Aristote (*Phys.* IV 10, 217 b 29-218 a 29, en particulier 218 a 11-16), le temps n'existe pas, parce que « deux temps ne peuvent exister simultanément, à moins que l'un n'embrasse et que l'autre ne soit embrassé » (p. 703, 15-16) ; et il poursuit en donnant l'exemple suivant : φαμὲν γὰρ ἐνεστηκέναι νῦν καὶ ἐνιαυτὸν καὶ μῆνα καὶ ἡμέραν, ἐνιαυτὸν Διοκλητιανοῦ ἔτος σλγ´, μῆνα παχών, ἡμέραν δεκάτην· ἅμα οὖν οὗτοι τρεῖς χρόνοι, ἀλλὰ περιέχει μὲν ὁ ἐνιαυτὸς τὸν μῆνα, οὗτος δὲ τὴν ἡμέραν, ἅμα μέντοι εἶναι δύο χρόνους ἴσους, οἷον ἡμέρας δύο ἢ μῆνας δύο ἢ ἐνιαυτοὺς δύο, ἀδύνατον (« nous disons, en effet, qu'existent en ce moment et l'année et le mois et le jour : l'année la deux cent trente-troisième de l'ère de Dioclétien ; le mois : [le mois] de Pachôn ; le jour : le dixième ; ces trois temps existent donc simultanément, mais l'année embrasse le mois, et celui-ci le jour ; mais qu'il existe simultanément deux temps égaux, par exemple deux jours ou bien deux mois ou deux années, cela est impossible »). On déduit de cette indication ou bien que Philopon enseignait ce passage de la *Physique* le 10 mai 517 ou bien qu'il écrivait son commentaire ce jour-là ; notons qu'il lui restait à commenter les quatre derniers livres de la *Physique* et que donc le commentaire, au mieux, ne peut guère être daté que "après 517". On déduira de cette date, cependant, que l'on peut difficilement imaginer Philopon en train d'enseigner la *Physique* avant l'âge de vingt ou vingt-cinq ans : on devra donc placer sa date de naissance vers 490. Cette reconstruction chronologique a été mise en doute par **1** M. Perkams, « Zwei chronologische Anmerkungen zu Ammonios Hermeiou und Johannes Philoponos », *RhM* 152, 2009, p. 385-391, en part. p. 388-391. Selon Perkams, la date du 10 mai 517 se rapporte non pas au commentaire de Philopon, mais au cours oral d'Ammonius dont le commentaire de Philopon n'est qu'une réélaboration, ce qui permettrait de placer la date de naissance de Philopon vers 500.

Deuxième date-*terminus post quem* : un passage du *Contra Proclum de aeternitate mundi*. Au livre XVI 4, Philopon se propose de montrer qu'il peut y avoir de "l'antérieur et du postérieur" dans les pensées du démiurge de l'univers, sans que cela entraîne nécessairement que le démiurge soit placé sous le temps. Et il en donne comme exemple une grande conjonction où le démiurge sait que la sphère des fixes reviendra à son point de départ la première, et celle de Saturne la dernière ; or, note-t-il, une telle situation non seulement n'est pas impossible, elle est même possible et il est nécessaire qu'elle se soit produite ou qu'elle doive se produire (p. 578, 26-579, 1 Rabe) ; il n'est même pas nécessaire que les planètes reviennent exactement au même degré ; et justement, ajoute Philopon : καὶ νῦν γὰρ ἐφ᾽ ἡμῶν κατὰ τὸ διακοσιοστὸν τεσσαρακοστὸν πέμπτον Διοκλητιανοῦ ἔτος ἐν τῷ αὐτῷ ζῳδίῳ τῷ ταύρῳ γεγόνασιν οἱ ἑπτὰ πλανώμενοι, εἰ καὶ μὴ ἐν τῇ αὐτῇ μοίρᾳ ἅπαντες· ὥστε καὶ ἐν τῷ αὐτῷ σημείῳ γενέσθαι πάντας ἐνδέχεται (« présentement, à notre époque, en la 245ᵉ année de l'ère de Dioclétien, les sept planètes se sont retrouvées toutes dans le même signe du Taureau, même si toutes n'étaient pas au même degré ; il est donc possible qu'elles se retrouvent toutes au même degré », p. 579, 14-18 Rabe). On peut vérifier que l'indication de Philopon est exacte : en 529, les planètes étaient toutes dans le signe du Taureau. Mais on se gardera bien de déduire de cet événement la date de composition du *De aeternitate mundi* : on a, au mieux, un *terminus post quem*. Par ailleurs, rien ne permet de mettre cette date en rapport avec l'interdiction de l'enseignement de la philosophie à Athènes en 529 (sur cet événement, *cf.* en dernier lieu **2** M. Di Branco, *La città dei filosofi*, Firenze, 2006, p. 192-199) et d'en déduire une possible intention, de la part de Philopon, de se distinguer de ses malheureux contreparties d'Athènes.

Une troisième date possible, *ca* 557-560, a été proposée pour la rédaction du *De opificio mundi*, en tenant compte de la chronologie du Patriarcat d'Antioche et de l'identification du dédicataire de l'ouvrage, le monophysite Serge de Tella, avec

Serge, le Patriarche d'Antioche ; cette identification était déjà soutenue par **3** W. Reichardt dans la préface à son édition *Ioannis Philoponi. De Opificio Mundi libri VII*, coll. *BT*, Leipzig 1897 ; sur cette hypothèse, voir **4** É. Évrard, « Les convictions religieuses de Jean Philopon et la date de son *Commentaire aux Météorologiques* », *BAB* 39, 1953, p. 299-357, notamment p. 299-300, et **5** H. Chadwick, « Philoponus the Christian Theologian », dans **6** R. Sorabji (édit.), *Philoponus and the Rejection of Aristotelian Science*, London/Ithaca, NY 1987, p. 50 et 55. Au début du XIXe s., Serge était identifié avec un homonyme, patriarche de Constantinople de 610 à 639, et, sur la base de cette datation, on avait supposé l'existence d'un autre Jean Philopon, auteur des écrits théologiques attribués à notre auteur (et même du *Commentaire sur la Physique*, en raison d'une faute dans la date, 333 au lieu de 233 ; voir à ce sujet **7** E. Gannagé, « Philopon (Jean –) », *DPhA*, t. V, p. 507). Les années 546-549 ont cependant été proposées pour la rédaction du *De opificio* par **8** W. Wolska, *La "Topographie chrétienne" de Cosmas Indicopleustès. Théologie et science au VIe s.*, Paris 1962, p. 163-165, qui se fondait sur le fait que c'est au cours de cette période que se situerait la polémique de Cosmas Indicopleustès avec Philopon, polémique dont la *Topographie chrétienne* est le témoin. Néanmoins, **9** J. Schamp, « Photios et Jean Philopon : Sur la date du *De Opificio mundi* », *Byzantion* 70, 2000, p. 135-154, pense pouvoir dater l'ouvrage d'après 553 sur la base de plusieurs notices de la *Bibliothèque* de Photius : en particulier, la polémique de Philopon contre Théodore de Mopsueste pourrait bien être une conséquence du concile de Constantinople qui, en 553, avait condamné la christologie de Théodore, car il est possible qu'une telle condamnation ait incité Philopon à reprendre des chefs d'accusation contre Théodore.

C'est à partir de ces trois dates (517, 529 et 553-560) et en mettant à profit divers renvois internes dans ses ouvrages, que l'on a essayé, dans le passé, d'établir une chronologie de la vie et des œuvres de Philopon, entreprise fort délicate si l'on songe qu'il faut encore tenir compte d'autres données, elles-mêmes incertaines et discutables, de la biographie de Philopon.

La première datation, aujourd'hui largement dépassée, a été proposée par **10** A. Gudeman, art. « Ioannes Philoponus », *RE* IX 2, 1916, col. 1763-1793 (avec un supplément de **11** W. Kroll, « Ioannes 21 », col. 1793-1795), et se fonde sur plusieurs graves erreurs : d'abord, l'identification de Philopon avec un certain Jean le Grammairien, visé par la polémique de Sévère d'Antioche ; ensuite, l'idée, erronée, que Philopon se serait converti au christianisme vers 520 : Gudeman situe les Commentaires dans la période païenne de la vie du philosophe, tandis qu'il place dans la partie postérieure à cette présumée conversion d'abord des écrits de conciliation entre paganisme et christianisme, comme le *De opificio* et l'*Arbiter*, puis des écrits où la philosophie païenne était de plus en plus explicitement répudiée, comme le *Contra Aristotelem* ; inutile de dire que cette chronologie rencontre de graves difficultés pour placer les écrits trithéistes de Philopon.

La seconde tentative est celle d'Évrard **4** qui, en considérant à juste titre que Philopon était chrétien depuis sa naissance, situe au début de la production philosophique de ce philosophe l'*in Phys.* et les autres commentaires aristotéliciens, mais place l'*in Meteor.* après le *Contra Proclum* et avant le *Contra Aristotelem* : les écrits de Philopon laisseraient apparaître une cohérence interne qui se situerait dans l'effort constant pour réconcilier non seulement Aristote avec Platon, mais également la philosophie païenne avec le christianisme : c'est ce qu'il faudrait déduire également de certaines positions anti-aristotéliciennes que l'on retrouve dans l'*in Phys.*, c'est-à-dire dans un commentaire qui se situe certainement au début de l'activité philosophique de Philopon. La nouvelle orientation adoptée par Évrard par rapport à Gudeman, déterminée par l'idée que Philopon était dès le début critique à l'égard d'Aristote, a été corrigée par la troisième tentative pour fixer une chronologie des œuvres de Philopon, celle due à K. Verrycken dans diverses études, dont **12** « The Development of Philoponus' thought and its chronology », dans **13** R. Sorabji (édit.), *Aristotle transformed. The Ancient commentators and their influence*, London 1990, p. 233-274, **14** « La psychogonie platonicienne dans l'œuvre de Philopon », *RSPT* 75, 1991, p. 211-234, et **15** *De vroegere Philoponus. Een studie van het Alexandrijnse Neoplatonisme*, coll. « Verhandelingen van de Koninklijke Academie voor Wetenschappen, Letteren en Schone Kunsten van België. Klasse der Letteren » 153, Brussel 1994, notamment p. 14-63. Verrycken considère que les œuvres de Philopon laissent apparaître un changement radical à partir de 529 et, pour cette raison, il distingue nettement deux périodes, parlant d'un Philopon I et d'un Philopon II : avec le *Contra Proclum* Philopon cesserait d'adhérer aux interprétations néoplatoniciennes d'Aristote pour prendre position ouvertement d'abord contre Proclus, puis contre Aristote, à propos du problème de l'éternité du monde. C'est à partir de ce moment qu'il aurait abandonné l'idée d'une conciliation possible entre Aristote et Platon au profit du créationnisme platonicien et en opposition à l'interprétation éternaliste du *Timée* proposée par Ammonius, *cf.* aussi **16** K. Verrycken, chap. « John Philoponus », dans *CHPLA*, t. II, chap. 40, p. 733-755, avec une bibliographie, p. 1143-1147. Dans cette seconde période Philopon aurait repris et réaménagé certains de ses écrits pour les corriger sur la base de ses nouvelles positions, afin de pouvoir utiliser ses ouvrages dans le cadre de son activité d'enseignement à l'intérieur de l'école d'Alexandrie. Verrycken considère en effet que Philopon aurait été à la tête de l'école d'Alexandrie après Ammonius, sinon *de iure,* du moins *de facto.* Pour ma part, il me semble improbable que Philopon, après avoir écrit des ouvrages comme le *Contra Proclum* et le *Contra Aristotelem,* ait pu jouer un quelconque rôle à l'intérieur de l'école d'Alexandrie ou qu'il ait pu réellement avoir été à la tête de l'école, et certains spécialistes comme **17** C. Scholten, *Iohannes Philoponus, De opificio mundi,* übers. und eingel. von C. S., coll. « Fontes Christiani » 23, Freiburg i. Br. 1997, 3 vol., vol. I, p. 20 n. 41, ont considéré que la thèse de Verrycken n'était rien d'autre qu'un remaniement de celle de Gudeman. Scholten **17** renvoie en outre à son précédent ouvrage **18** C. Scholten, *Antike Naturphilosophie und christliche Kosmologie in der Schrift "De opificio mundi" des Johannes Philoponos*, coll. « Patristische Texte und Studien » 45, Berlin/New York

1996, p. 118-143, où il a réfuté la thèse de Verrycken. Toutefois, ces doutes concernant le scholarcat de Philopon au sein de l'école d'Alexandrie n'interdisent pas de penser qu'il a pu réviser certains de ses écrits, ainsi que l'a soutenu Verrycken. Selon Verrycken, les textes où une telle révision serait sensible seraient principalement les commentaires *in APo.*, *in Phys.* et *in Meteor.* Selon Verrycken, en conclusion, "Philopon I" aurait été un philosophe néoplatonicien convaincu ; il n'aurait perçu aucune difficulté à adhérer à la philosophie païenne tout en étant chrétien, notamment en raison de l'influence d'Ammonius, un maître capable d'adoucir les âmes des jeunes gens, comme on le lit dans Zacharie de Mytilène, *Ammonius*, p. 93, 27-32 Minniti Colonna. L'année 529 aurait toutefois constitué un moment difficile pour les chrétiens, lesquels auraient subi des pressions et des menaces qui les auraient contraints à abjurer leur intérêt antérieur pour la philosophie païenne : de cette situation nouvelle témoignent les sources arabes rassemblées par **19** J. L. Kraemer, « A Lost passage from Philoponus' *Contra Aristotelem* in Arabic translation », *JAOS* 85, 1965, p. 321-325, tout comme le *Prooemium* du *De opificio mundi*.

Il faut donc éliminer l'hypothèse d'une conversion au christianisme, qui aurait dû au moins figurer parmi les accusations violentes dirigées contre Philopon par Simplicius alors même que les deux écoles néoplatoniciennes d'Athènes et d'Alexandrie connaissaient des destins très différents. Simplicius, qui n'a pas connu personnellement Philopon, bien qu'il ait étudié à Alexandrie dans l'école d'Ammonius, comme il le dit lui-même dans son *in De cael.*, p. 26, 17-19, mène contre Philopon une vive polémique qu'a étudiée **20** Ph. Hoffmann, « Simplicius' polemics », dans Sorabji **6**, p. 57-83, version française dans **21** *Id.*, « Sur quelques aspects de la polémique de Simplicius contre Jean Philopon », dans **22** I. Hadot [édit.], *Simplicius, Sa vie, son œuvre, sa survie*, p. 183-221). L'hypothèse est également rendue improbable par le fait que le nom, Jean, attesté aussi par les manuscrits qui transmettent les ouvrages de la période présumée païenne, est un nom typiquement, bien que non exclusivement, chrétien. Reste à expliquer le qualificatif de *philoponos,* qui est donné à Jean par la *Souda*, mais qui ne figure dans le titre d'aucun ouvrage transmis par voie manuscrite. Les *philoponoi*, également appelés *spoudaioi*, étaient des laïcs militants qui œuvraient à l'intérieur de l'Église comme auteurs de textes liturgiques, comme secrétaires ou tout simplement comme des personnes charitables au service des pauvres et des nécessiteux ; ils se sont parfois distingués au cours de déplorables épisodes d'intolérance religieuse, comme ceux qui sont rapportés dans la *Vie de Sévère* par Zacharie de Mitylène (publiée par M. A. Kugener, PO II/1, Paris 1903) : voir au moins **23** S. Pétridès, « *Spoudaei* et *Philopones* », *EO* 7, 1904, p. 341-348. C'est en ce sens que Jean est considéré comme un *philoponos* par **24** H. D. Saffrey, « Le chrétien Jean Philopon et la survivance de l'école d'Alexandrie au VIe siècle », *REG* 67, 1954, p. 403-405, à la suite de **25** J. Maspéro, *Histoire des Patriarches d'Alexandrie*, Paris 1923, p. 197 n. 4, par **26** G. Lucchetta, « Aristotelismo e cristianesimo in Giovanni Filopono », *StudPat* 25, 1978, p. 584, et, avec quelque prudence, par

27 N.G. Wilson, *Scholars of Byzantium*, London 1983, p. 44 ; **28** E. Wypszycka,
«Les confréries dans la vie religieuse de l'Égypte chrétienne», dans *Proceedings
of the XIIIth intern. Congress of Papyrology,* Toronto 1970, p. 511-525. En réalité,
le qualificatif φιλόπονος était une épithète scolaire, comme l'a noté Scholten **17**,
vol. I, p. 24 n. 50. Il est probable que, dans le cas de Jean, φιλόπονος signifie qu'il
fut un penseur infatigable et un auteur prolifique : des qualificatifs de ce genre
n'étaient pas inhabituels dans l'antiquité et il suffit de se rappeler qu'Ammonius
aussi était qualifié de φιλοπονώτατος (Damascius, *Vita Isidori,* fr. 79 Zintzen).
29 G. Fernandez, «Was John the Grammarian a Philoponus ?», *Studia Patristica*
23, 1989, p. 17-20, a mis en évidence le fait que Jean n'a été qualifié de *philoponos*
qu'à partir du sixième Concile œcuménique, Constantinople III (sur ce Concile, *cf.*
30 F. X. Murphy et P. Sherwood, *Konstantinopel II und III*, coll. «Geschichte der
ökumenischen Konzilien» 3, Mainz 1990, p. 161-315) et donc seulement à partir
de 680-681, lorsqu'il fit l'objet d'un jugement négatif à cause de son trithéisme et
qu'il fut condamné (*actio* 11, 501 A Mansi), et où l'on disait qu'il était plutôt
ματαιόπονος, c'est-à-dire «quelqu'un qui se fatigue en vain», ce qui invite à
entendre *philoponos* non pas dans son sens religieux, mais dans son sens scolaire
de "ami de l'étude", car, s'il n'en était pas ainsi, l'argument des Pères serait
dépourvu de sens. Comme le souligne encore Fernandez **29**, p. 19, Jean lui-même
ne se désigne jamais comme *philoponos*, mais, comme l'atteste Simplicius (*in de
Cael.*, p. 119, 7) uniquement comme *grammatikos* (οὗτος ὁ Γραμματικὸν ἑαυτὸν
ἐπιγράφων) ; *cf.* aussi Simpl. *in de Cael.* 49, 10 et 71, 8. Sur ce titre de grammairien que Philopon se donne à lui-même et qui lui est donné par les sources anciennes, *cf.* **31** R. A. Kaster, *Guardians of Language : The Grammarian and Society in
Late Antiquity*, coll. «The Transformation of the Classical Heritage» 11, Berkeley
1988, n° 118, *s.v.* Ioannes Philoponus, p. 335 et 337-338.

[On a cependant récemment soutenu que Jean était effectivement un *philoponos*
au sens religieux, et fondé sur cette hypothèse toute une reconstitution des événements des années 520-530 : *cf.* **32** E. J. Watts, *City and School in Late Antique
Athens and Alexandria*, coll. «The Transformation of the Classical Heritage» 41,
Berkeley/Los Angeles/London 2006, p. 237-256. Selon E. J. Watts, Philopon,
arrivé à l'école d'Ammonius vers 510, serait rapidement devenu l'éditeur des cours
d'Ammonius ; à partir des années 520, il aurait commencé à prendre clairement ses
distances par rapport à Ammonius, particulièrement sur la question de l'éternité du
monde. Dans la décennie 520-530 paraissent deux de ses ouvrages polémiques : le
De aeternitate mundi contra Proclum (achevé en 529, ouvrage n° 11 plus bas),
réfutation d'un ouvrage où Proclus aurait critiqué la doctrine chrétienne de la
création du monde (*cf.* Watts, p. 239), et le *De aeternitate mundi contra Aristotelem* (ouvrage n° 12 plus bas). Watts discerne des parallèles avec l'*Ammonius* de
Zacharie de Mitylène, assurément un *philoponos* – ce qui l'amène à parler de
«*philoponoi* text» à propos de l'*Ammonius* (p. 241) ou même de «key *philoponoi*
texts like Basil's *Hexameron*» (p. 242) – et croit même pouvoir identifier Philopon
avec un certain Jean qui, dans les années 520, pratiquait «la divine philosophie

avec ceux du monastère de l'Enaton» et qui était expert en philosophie profane et en médecine (Zacharie de Mitylène, *Vita Seueri*, 43). Selon Watts, p. 244, le *Contra Proclum*, commencé vers 525, serait lié non pas aux événements athéniens de 529, mais aux événements alexandrins : dans la succession à la chaire d'Ammonius et d'Eutocius, bien que les chances de Philopon aient été considérables en 529, il aurait été négligé au profit d'Olympiodore, car le soutien des «*philoponoi* and their supporters» n'aurait pas été suffisant pour imposer le choix de Philopon (p. 244-256). En effet, alors qu'Olympiodore avait fait les concessions attendues par les chrétiens, Philopon aurait commis l'erreur de s'allier avec les moines du monastère Enaton, alignés sur le parti de Sévère d'Antioche, l'ennemi de Justinien. Selon Watts (p. 247-248), l'échec des *philoponoi* serait dû à une division dans le parti anti-chalcédonien alors tout-puissant à Alexandrie, entre sévériens et julianistes, qui affaiblissait considérablement le nouveau patriarche d'Alexandrie, Timothée, et l'empêchait de prendre un rôle actif dans la succession de l'école. C'est alors que Jean aurait été approché par les *philoponoi* et c'est dans le cadre d'une collaboration intime avec eux, contre les païens, qu'il faudrait interpréter son œuvre.

Il faut reconnaître que cette reconstruction s'appuie souvent sur des données mal interprétées. Par exemple, l'identification de Philopon avec le Jean du monastère Enaton, est fondée sur une erreur : il a échappé à Watts que, dans ce monastère, Jean pratique non pas "la philosophie" mais "la philosophie divine", syntagme bien connu qui signifie la vie monastique ; or, Philopon n'a jamais été moine. Par conséquent, toute cette partie de la reconstruction de Watts (liens avec le parti sévérien, rapports avec la cour de Constantinople etc.) s'effondre ; d'autre part, le terme *philoponos* est trop vague pour qu'il puisse constituer la base d'une reconstruction historique : que l'on songe, par exemple, qu'un adversaire de Philopon, un nestorien comme Cosmas Indicopleustès, était considéré, lui aussi, comme un *philoponos*. L'explication de l'échec de Philopon à succéder à Ammonius n'est guère plus convaincante : aucun document ne prouve le manque d'appui du patriarche ni le désintérêt marqué des fonctionnaires impériaux. Il est donc beaucoup plus raisonnable de s'en tenir à l'explication aujourd'hui largement reçue de *philoponos* comme une épithète d'origine scolaire, signifiant simplement la puissance de travail de Philopon, qui nous est encore évidente dans les centaines de pages qui nous restent.

A.-Ph.S.]

Signalons que Georges Choeroboscos, *Prolegomena et Scholia in Theodosii Alexandrini canones isagogicos de flexione nominum*, cite à plusieurs reprises les vues d'un certain Romanos (*PLRE* II, *s.v.* Romanus 6, p. 947-948), un grammairien que, à deux reprises, il présente comme le maître de Philopon (p. 106, 3-4 et 309, 28-29 Hilgard, coll. «Grammatici Graeci» IV 1, Leipzig 1894 : ὁ τοῦ φιλοπόνου διδάσκαλος) ; *cf.* **33** A. Ludwich, *Commentatio de Joanne Philopono grammatico*, Regimontii 1888-1889, p. 4-11 ; **34** H. Blumenthal, «John Philoponus : Alexandrian Platonist ?», *Hermes* 114, 1986, p. 314-335, en part. p. 317 et n. 19 ; Scholten **17**, p. 25 et n. 54). C'est probablement à ce Romanus maître de Philopon qu'il faut attribuer un petit traité sur le style familier : Romanus Sophista, Περὶ ἀνειμένου [*scil.* χαρακτῆρου], ed. W. Camphausen, coll. «Rhetores graeci» XIII, Leipzig 1922.

Voici donc comment on pourrait reconstruire la chronologie de Philopon. Né peut-être à Alexandrie et en tout cas d'origine égyptienne (*cf.* **35** L. S. B. MacCoull, « Philoponus on Egypt », *ByzF* 17, 1991, p. 167-172), Philopon devait appartenir à une famille aisée, s'il est vrai qu'il a reçu une instruction supérieure : vers 510, âgé d'environ vingt ans, il était déjà grammairien (*grammatikos*) lorsqu'il entra à l'école d'Ammonius. Par rapport à l'école néoplatonicienne d'Athènes, l'école d'Alexandrie n'avait pas, comme l'a soutenu autrefois Praechter et l'a contesté I. Hadot dans diverses études, notamment dans **36** *Le problème du néoplatonisme alexandrin. Hiéroclès et Simplicius*, Paris 1978, une orientation philosophique générale différente, mais il est indéniable que la situation historique de l'Égypte, de même que le tissu social particulier d'Alexandrie avaient empêché que le néoplatonisme ne s'y développe avec les aspects religieux qui caractérisent le néoplatonisme athénien où l'étude de la philosophie platonicienne, préparée par l'étude de la métaphysique aristotélicienne, trouvait son couronnement dans des formes mystico-théurgiques tout à fait cohérentes avec l'orientation philosophique fondamentale de l'école. Voir **37** H. J. Blumenthal, « Alexandria as a centre of Greek philosophy in later classical antiquity », *ICS* 18, 1993, p. 307-325. L'école alexandrine, même si elle s'accordait avec les doctrines professées par le néoplatonisme athénien, s'était implantée dans un territoire où la tolérance culturelle et religieuse était parfois interrompue par des épisodes d'intolérance susceptibles de déboucher sur une violence ouverte : il est tout à fait vraisemblable que dans l'école païenne d'Ammonius aient été admis de nombreux chrétiens, qui ne disposaient pas encore d'une organisation scolaire autonome de niveau universitaire. Dès avant l'arrivée de Jean dans son école, Ammonius (➨A 141) aurait signé avec l'évêque d'Alexandrie un accord privé qui suscita les paroles pleines de ressentiment de Damascius, *Vita Isidori*, fr. 250-251 : un tel accord ne touchait pas au contenu de l'enseignement, comme on l'a cru, au profit de l'enseignement d'Aristote, car des cours de philosophie platonicienne d'Ammonius sont attestés chez Damascius, *Vita Isidori*, p. 111, 10-11 Zintzen et Olympiodore, *in Gorg.*, p. 199, 8-10 (*cf.* **38** L. G. Westerink [édit.], *Prolégomènes à la philosophie de Platon*, texte établi par L. G. Westerink et traduit par J. Trouillard avec la collaboration de A. Ph. Segonds, *CUF*, Paris 1990, p. XII-XIII), mais il concernait plutôt la possibilité d'accueillir dans l'école des élèves chrétiens en échange d'un soutien financier indispensable à la survie de l'école elle-même, dès lors que l'école d'Alexandrie ne disposait pas des importantes ressources économiques, assurées par de fréquentes donations, sur lesquelles pouvait compter l'Académie d'Athènes. Sur l'épisode de la fermeture de l'École d'Athènes, voir **39** A. Cameron, « The last days of the Academy at Athens » (1969), repris dans **40** *Id., Literature and Society in the Early Byzantine World*, London 1985, p. 7-30, ainsi que **41** P. Chuvin, *Chronique des derniers païens. La disparition du paganisme dans l'Empire romain, du règne de Constantin à celui de Justinien*, Paris, 2ᵉ éd., 2008, p. 139-144. Il est vraisemblable que, dans cette situation, Ammonius ait privilégié des cours plus adaptés à la diversité de son auditoire et qu'il ait trouvé opportun d'utiliser le chrétien Jean comme son proche collaborateur. Saffrey **24**, p. 405, considère que Jean fut l'"éditeur officiel d'Ammonius" à l'égal de son condisciple Asclépius (☞A 458), mais l'originalité de Jean, qui souvent s'éloignait de la pensée d'Ammonius, comme l'a déjà souligné Évrard **4** et encore dans **42** «Jean Philopon. Son commentaire sur Nicomaque et ses rapports avec Ammonius», *REG* 78 1965, p. 592-598, originalité qui, selon Verrycken **12** et **14**, serait plutôt due à la révision tardive des écrits philoponiens, amène à s'interroger sur la fonction exacte qu'exerçait Jean à l'intérieur de l'école d'Ammonius avant et après la mort du maître. Si, en effet, Jean fut certainement un collaborateur d'Ammonius, employé par ce dernier comme éditeur de ses ouvrages, il remplissait cette tâche avec une certaine liberté – voir aussi Blumenthal **34**, p. 326-328 – surtout si l'on compare son activité d'éditeur des ouvrages d'Ammonius avec la même activité réalisée à la même époque par Asclépius, qui se montre un éditeur moins indépendant par rapport aux leçons de leur maître commun. **43** M. Richard, « ΑΠΟ ΦΩΝΗΣ », *Byzantion* 20, 1950, p. 193, repris dans **44** *Opera Minora,* t. III, Turnhout/Leuven 1977, n° 60, prenant comme exemple l'opposition entre Asclépius et Jean, explique que la formule ἀπὸ φωνῆς, qui indique la plus forte dépendance du rédacteur par rapport à sa source, n'exclut pas une certaine liberté, dont le savant attribue une large part à Philopon. A plus forte raison on peut supposer une certaine liberté du rédacteur pour les commentaires dont les titres, tout en faisant référence au nom du maître, ne sont pas présentés comme ἀπὸ φωνῆς : il s'agit des commentaires de Jean *in APr., in APo., in GC* et *in An.*, qui sont ἐκ τῶν συνουσιῶν Ἀμμωνίου τοῦ Ἑρμείου et parmi ceux-ci les trois derniers comportent l'ajout des mots μετά τινων ἰδίων ἐπιστάσεων, c'est-à-dire «avec certaines observations critiques propres». Voir également **45** E. Lamberz, «Proklos und die Form des philosophischen Kommentars», dans **46** J. Pépin et H. D. Saffrey (édit.), *Proclus, lecteur et interprète des anciens*, Paris 1987, p. 1-20. Tout cela conduit à penser que, si d'un côté Jean fut un collaborateur immédiat d'Ammonius et qu'il fut par conséquent parfaitement intégré dans l'école, d'un autre côté sa collaboration n'impliquait pas une renonciation à sa foi chrétienne et annonçait donc des positions parfois divergentes. Voir **47** L. S. B. MacCoull, « A new look at the career of John Philoponus», *JECS* 3, 1995, p. 47-60. Jean fut, selon moi, à l'intérieur de l'école alexandrine une figure atypique et pas complètement orthodoxe. Il ne me semble pas vraisemblable que Jean se soit aperçu à l'improviste en 529 de l'incompatibilité entre la philosophie païenne et la foi chrétienne et, pour cette raison, de la nécessité d'abandonner la philosophie. Il me semble au contraire plus vraisemblable de penser qu'il considérait que la vérité de la philosophie pouvait se conjuguer avec celle de la foi dans une vérité unitaire, tout en reconnaissant la difficulté d'une pareille conciliation. Ce qui est certain, c'est qu'à partir du *Contra Proclum,* dont le *terminus post quem* est, comme on l'a dit, l'année 529, Jean se place de façon plus manifeste du côté de la doctrine chrétienne. Entre temps Ammonius était mort, l'école était désorientée et, si le *Contra Proclum* n'est pas, comme certains l'ont pensé autrefois, la décision consciente prise par l'école tout entière de changer d'orientation religieuse, il est toutefois possible qu'un pareil ouvrage, publié par un collaborateur d'Ammonius, ait été considéré comme avantageux pour l'École. Jean agissait cependant comme un penseur essentiellement indépendant, ainsi que l'a vu également Westerink **38**, p. XVI-XVII, s'il est vrai qu'il ne devait plus jouer, après Ammonius, de rôle officiel dans l'école et s'il faut constater qu'après la brève parenthèse du scholarcat d'Eutocius [➤E 175] (*cf.* **48** R. T. Wallis, *Neoplatonism*, coll. «Classical Life and Letters», London 1972, p. 139 n. 1), le vrai successeur d'Ammonius, Olympiodore, fait à plusieurs reprises des déclarations de paganisme, signe que l'orientation de l'école n'avait pas fondamentalement changé (Westerink **38**, p. XXI-XXVI). Après 529, Philopon écrivit d'autres ouvrages sur la création et contre l'éternité du monde, par exemple le *Contra Aristotelem*, et il se consacra pareillement à la reprise de certains sujets déjà traités dans les commentaires, lesquels firent ainsi l'objet de révisions. Après la publication du *De opificio mundi* cependant, il prit définitivement ses distances avec la philosophie pour se consacrer uniquement aux problèmes de la foi, s'alignant sur le parti monophysite (voir **49** T. Hermann, «Johannes Philoponos als Monophysit», *ZNTW* 29, 1930, p. 209-264), auquel il a d'ailleurs toujours adhéré, soit du fait de l'influence de Sergius, soit parce que l'hérésie monophysite correspondait mieux aux préceptes de la philosophie aristotélicienne. Voir **50** W. H. C. Frend, *The Rise of the Monophysite movement. Chapters in the history of the Church in the fifth and sixth centuries*, Cambridge 1972.

Une chronologie vraisemblable des écrits de Philopon a été établie par Évrard **4**, même si, à la suite de Verrycken **12**, il faut rejeter certains de ses arguments et s'il s'avère nécessaire d'opérer certaines rectifications, surtout en ce qui concerne l'*in Meteor.* Évrard, en effet, plaçait l'*in Meteor.* avant le *Contra Aristotelem* et après le *Contra Proclum* (p. 303, 339, 345), et il supposait aussi qu'entre le *Contra Proclum* et l'*in Meteor.* Philopon avait composé d'autres ouvrages, sans préciser lesquels. A la différence d'Évrard, Verrycken **12** considère que l'*in Meteor.* en l'état dans lequel il a été conservé est postérieur à 529, et par conséquent postérieur au *Contra Proclum*, et que ce commentaire, tout comme l'*in Phys.* et l'*in APo.*, a été repris et remanié par Philopon, comme le montreraient certaines anomalies théoriques qu'il signale à la p. 258. Indépendamment de la position de Verrycken qui établit une ligne de démarcation à l'intérieur de la production philosophique de Philopon, fût-ce pour des raisons différentes de celles avancées autrefois par Gudeman, par opposition à l'interprétation unitaire qui était au contraire défendue d'abord à la suite de l'étude d'Évrard **4**, puis de Saffrey **24**, il est certain que, si l'on s'en tient à la version de l'*in Meteor.* que nous possédons, il faut assigner à ce commentaire une date tardive, certainement postérieure à 529.

Alain Segonds qui s'est toujours intéressé au problème de la chronologie de Philopon et de ses ouvrages, avait signalé à l'auteur que Philopon faisait état d'observations de comètes, qui pourraient être datées au moyen de sources cométographiques chinoises. A partir de ces données, il envisageait, au moins à titre provisoire, de dater ce commentaire vers 540. Sur la photocopie d'un article qu'il espérait utiliser pour la rédaction de la section qu'il entendait consacrer à l'*in Meteor.*, il avait marqué la comète observée le 17 novembre 539. Il n'a malheureusement pas laissé de notes manuscrites à ce sujet. Voir plus loin la section I A 4, rédigée par Inna Kupreeva.

51 R. Sorabji, «John Philoponus», dans Sorabji **6**, p. 37-40, a résumé les conclusions de la longue querelle sur la chronologie des écrits de Philopon, mais son étude précède celles que Verrycken a consacrées au problème : selon ce dernier certains renvois à d'autres écrits à l'intérieur de certaines œuvres de Philopon devraient être interprétés à la lumière de l'hypothèse d'une révision tardive. Scholten **17**, p. 29, a récemment proposé un tableau chronologique des écrits de Philopon.

Sur la base de tous ces indices il est possible de fixer comme acceptable la chronologie suivante : l'année 517 fournit, comme je l'ai déjà dit, une date-*terminus post quem* pour l'*in Phys.*, mais au cours de cette première période de collaboration avec Ammonius il faut aussi placer *in An.*, *in GC*, *in APr.*, *in APo.* et *in Cat.*, en plus des *Summikta Theôrêmata* et de l'*in Nicom.* ; 529 est un point de repère pour le *Contra Proclum*, par rapport auquel le *Contra Aristotelem* est postérieur, dès lors qu'on trouve dans ce dernier ouvrage (*cf.* Simplicius, *in Cael.*, p. 135, 27-28) un renvoi au premier ; l'*in Meteor.* appartient à une période plus tardive par rapport à ces deux traités ; en effet, **52** C. Wildberg, «Prolegomena to the study of Philoponus' *contra Aristotelem*», dans Sorabji **6**, p. 202-204, a retrouvé dans ce commentaire des renvois au *Contra Aristotelem*, mais il est possible qu'encore avant l'*in Meteor.* Philopon ait écrit une ou plusieurs œuvres perdues toujours sur la question de l'éternité du monde. Entre 553 et 560 fut publié le *De opificio mundi* (*cf.* Scholten **17**, p. 29), qui traite du récit biblique de la création dans la *Genèse* ; ce fut probablement le dernier ouvrage qu'il écrivit sur le problème de la création et de l'éternité du monde. A partir de ce moment, Philopon se consacra uniquement à la docrine chrétienne : vers 552-553, à l'occasion du cinquième concile œcuménique, tenu à Constantinople, il composa l'*Arbiter*, dans lequel il prenait parti pour le monophysisme ; peu avant le concile, entre 551 et 553, il a probablement écrit la *Lettre à Justinien*, tandis que tout de suite après il rédigea l'*Epitomé* de l'*Arbiter*, les deux *Apologies* du même ouvrage, ainsi que les *Quatre arguments contre Chalcédoine*. Sont également postérieurs au *De opificio mundi* le *De Paschate*, le *Sur la différence, le nombre et la division* ; C'est peu avant 567 que se situe le *Contre André l'Arien*, et en 567, selon **53** H. Martin, «Jean Philopon et la controverse trithéiste du VIᵉ siècle», dans **54** F. L. Cross (édit.), *Studia Patristica*, t. 5, coll. *TU* 80, Berlin 1962, p. 519-525, qu'est daté le traité *Sur la Trinité*, dans lequel Philopon épouse la cause du trithéisme ; vers 574, aurait été publié l'écrit *Sur la résurrection* (*cf.* **55** R. Y. Ebied, A. van Roey et L. R. Wickham, *Peter of Callinicum : anti-Tritheist Dossier*, coll. «Orientalia Lovaniensia analecta» 10, Leuven 1981, p. 22).

Le *corpus* philoponien peut être divisé – pour faciliter l'exposé et sur la base de leur contenu et des genres auquels appartiennent les différents écrits – en quatre sections : I. les écrits philosophiques, lesquels comprennent des commentaires, des traités et des écrits philosophico-mathématiques ; II. les écrits théologiques, à leur tour distribués en écrits monophysites, trithéistes et ouvrages sur la résurrection ; III. les écrits philologico-grammaticaux, et IV. les écrits scientifiques.

ŒUVRES

PREMIÈRE SECTION : ÉCRITS PHILOSOPHIQUES

A) Commentaires

Philopon a écrit des commentaires à Aristote (1-8), à Platon (9), à Porphyre (10) et au néopythagoricien Nicomaque (11). Les commentaires à Aristote sont tous publiés dans la série *Commentaria in Aristotelem Graeca (CAG)*, vol. XIII-XVII, édités par l'Académie des sciences de Berlin.

(1) In Aristotelis Categorias

Ed. **56** A. Busse, 1898 = *CAG* XIII 1. Sorabji **51**, p. 38, considère que ce commentaire est antérieur à l'*in Phys.*, du fait qu'on n'y trouve aucune réserve concernant la priorité de la catégorie de la substance par rapport à la catégorie de la quantité, mais aussi à l'*in APr.*, car on trouve dans ce dernier commentaire des renvois à l'*in Cat.* (p. 1, 40 et 273) ; mais Verrycken **12**, p. 240, 249-250 et 250 n. 105, considère qu'il est postérieur à l'*in Phys.*, si l'on prend en compte cet ouvrage dans sa rédaction originaire de 517, mais antérieur si l'on prend en compte la version remaniée plus tardive. Cela expliquerait, selon Verrycken, les renvois à ce commentaire que l'on trouve dans l'*in Phys.*, p. 414, 21-22 et p. 705, 21-22. En ce qui concerne la dépendance de Philopon par rapport à Ammonius, voir la *Praefatio* de Busse **56**. Les écrits philoponiens relatifs à la logique, non encore traduits dans la collection *ACA*, sont considérés comme médiocres par **57** S. Ebbesen, « Philoponus, "Alexander" and the origins of medieval logic », dans Sorabji **13**, p. 446.

(2) In Aristotelis Analytica Priora

Ed. **58** M. Wallies, 1905 = *CAG* XIII 2, v-543 p. D'après le titre original, il s'agit de ΣΧΟΛΙΚΑΙ ΑΠΟΣΗΜΕΙΩΣΕΙΣ ΕΚ ΤΩΝ ΣΥΝΟΥΣΙΩΝ ΑΜΜΩΝΙΟΥ ΤΟΥ ΕΡΜΕΙΟΥ. Le commentaire sur le livre I occupe presque un tiers de l'œuvre entière (p. 1-333 ; livre II, p. 334-440, *Index verborum, Index nominum, Loci Platonici, Loci Aristotelici*, p. 443-543 ; *Anonymi in Analyticorum Posteriorum librum alterum commentarium*, p. 447-603, *Index verborum, Index nominum, Loci Aristotelici, Addenda et Corrigenda*, p. 607-620). *Cf.* **59** Tae-Soo Lee, *Die griechische Tradition der aristotelischen Syllogistik in der Spätantike. Eine Untersuchung über die Kommentare zu den* Analytica Priora *von Alexander Aphrodisiensis, Ammonius und Philoponus*, Göttingen 1984 ; **60** W. Breidert, « Die Konversion in der Syllogistik bei Philoponos », *AGPh* 71, 1984, p. 327-334.

(3) In Aristotelis Analytica Posteriora
(ΣΧΟΛΙΚΑΙ ΑΠΟΣΗΜΕΙΩΣΕΙΣ ΕΚ ΤΩΝ ΣΥΝΟΥΣΙΩΝ ΑΜΜΩΝΙΟΥ ΤΟΥ ΕΡΜΕΙΟΥ ΜΕΤΑ ΤΙΝΩΝ ΙΔΙΩΝ ΕΠΙΣΤΑΣΕΩΝ)

Ed. **61** M. Wallies, 1909 = *CAG* XIII 3, v-485 p. ; trad. anglaise dans la série *ACA* **62** *On Aristotle Posterior Analytics 1.1-8*, transl. by R. McKirahan, London

2008 ; **63** *On Aristotle's Posterior Analytics 1. 9-18*, transl. by R. McKirahan, London 2011 (sous presse) ; **64** Philoponus (?), *On Aristotle Posterior Analytics 2*, transl. by O. Goldin, London 2009. Comme pour le commentaire des *APr.*, le livre premier de ce commentaire aux *APo.* constitue presque un tiers de l'œuvre (p. 1-386 ; livre II p. 387-485, *Index verborum, Loci Platonici, Loci Aristotelici*, p. 489-493). Wallies **61**, p. V, a exprimé des doutes sur l'authenticité du livre II, mais récemment Goldin **64** a cherché à défendre l'attribution à Philopon avec des arguments qui demandent à être discutés. Ce commentaire a exercé une certaine influence sur la logique médiévale, car on trouve dans des commentaires médiévaux certains passages qui, tout en donnant comme source le nom d'Alexandre, proviennent en réalité de ce commentaire de Philopon. Voir **65** S. Ebbesen, «Anonymus Aurelianensis II, Aristotle, Alexander, Porphyry and Boethius : ancient scholasticism and twelfth-century Western Europe. With an edition of the *Tractatus de Paralogismis*», *CIMA* 16, 1976, p. 1-128, compléments dans **66** *Id.*, «Boethius, Jacobus Veneticus, Michael Ephesius and "Alexander"», *CIMA* 34, 1979, p. 39-40 et maintenant dans **67** *Id.*, «New fragments of "Alexander's" Commentaries on *Analytica Posteriora* and *Sophistici Elenchi*», *CIMA* 60, 1990, p. 113-120. On trouve également chez Robert Grosseteste des éléments philoponiens : voir **68** P. Rossi, «Tracce della versione latina di un commentario greco ai *Secondi Analitici* nel *Commentarius in Posteriorum Analyticorum* di Grossatesta», *RFN* 70, 1978, p. 433-439.

GIOVANNA R. GIARDINA.

(4) In Aristotelis Meteorologica

Titre. Hayduck donne comme titre du commentaire (d'après les manuscrits V et M) : Ἰωάννου γραμματικοῦ Ἀλεξανδρέως τῶν εἰς τὸ πρῶτον τῶν Μετεωρολογικῶν Ἀριστοτέλους ἐξηγητικῶν τῶν εἰς τὰ τρία τὸ πρῶτον.

Édition. 69 M. Hayduck (édit.), *Ioannis Philoponi in Aristotelis meteorologicorum librum primum commentarium*, coll. *CAG* XIV 1, Berlin 1901, VIII-156 p. (*Index verborum, Index nominum, Loci Platonici, Loci Aristotelici*, p. 135-155, sur deux colonnes).

Traduction. 70 *Philoponus, On Aristotle Meteorology 1.1-3*, Translated by I. Kupreeva and L. G. Westerink, coll. *ACA*, Bristol 2011, 224 p. ; **71** *Philoponus, On Aristotle's Meteorology 1.4-9 and 12*, Translated by Inna Kupreeva, coll. *ACA*, Bristol 2011, 224 p.

Seul le commentaire sur le premier livre des *Météorologiques* d'Aristote a été conservé et il est affecté par deux longues lacunes : la première (p. 123, 17-18 Hayduck) qui couvre la section 346b32 à 348a20 dans le texte d'Aristote (soit la seconde moitié du chapitre 9 et les chapitres 10-11), et la seconde (p. 131, 11 Hayduck) qui va de 348b30 à la fin du livre (soit les dernières lignes du chapitre 12 et les chapitres 13-14). Le prologue de Philopon ne suggère nullement qu'il ait prévu de commenter uniquement le premier livre. Plusieurs passages dans le texte montrent qu'il était familier avec le texte de l'ensemble du traité d'Aristote. Nous ne disposons toutefois d'aucune preuve externe de l'existence de son commentaire sur les livres II-IV.

Le commentaire doit être daté après les années 530 (il est postérieur au *Contra Aristotelem,* qui est lui-même postérieur au *De aeternitate mundi contra Proclum* (daté de 529) et antérieur à son *De opificio mundi* (que l'on date d'environ 546-549). Sur les problèmes de chronologie, voir **72** C. Wildberg, art. « Philoponus », sur le site de la *Stanford Encyclopedia of Philosophy* ; voir aussi Évrard **4**, p. 299-357 ; Scholten **18**, p. 118-143 ; Verrycken **16**, p. 733-755 ; un état de la question récent est présenté dans Sorabji **6**, p. 14-18.

Les sources de Philopon. *Sources philosophiques.* Le principal commentaire écrit utilisé par Philopon est celui d'Alexandre d'Aphrodise (➹⁺A 112). Philopon le cite fréquemment et, en général, de façon exacte, ce qui nous assure qu'il utilisait le même commentaire que celui qui a été conservé sous le nom d'Alexandre (sur le problème de son authenticité, voir **73** R. W. Sharples, « Alexander of Aphrodisias : Scholasticism and Innovation », dans *ANRW* II 37, Berlin 1987, p. 1184).

L'utilisation par Philopon des cours inédits d'Ammonius (➹⁺A 141) sur les *Météorologiques* peut être établie à partir de passages parallèles dans le commentaire d'Olympiodore (➹⁺O 17), dont certains font explicitement référence à Ammonius comme étant leur source (**74** W. Stüve [édit.], *Olympiodori in Aristotelis Meteora Commentaria,* coll. *CAG* XII 2, Berlin 1900, p. 51, 9-15 et 51, 29 - 52, 1, *cf.* Philopon, p. 79, 30-36 Hayduck ; *cf.* également Olympiodore, p. 38, 26 - 39, 16 Stüve, et Philopon, p. 64, 33-35 Hayduck). Philopon utilise Ammonius moins largement que dans ses commentaires sur le *GC,* les *Catégories,* le *De anima* ou la *Physique.* Des sections importantes de son argumentation dans l'*in Meteor.* non seulement lui sont personnelles, mais elles n'auraient pu être partagées par Ammonius, par exemple sa prise de position contre la théorie péripatéticienne (présente chez Aristote et Alexandre) du soleil qui réchauffe le monde sublunaire par friction. C'est également ce que démontrent les références de Philopon à ses autres œuvres, dans lesquelles il critique la théorie aristotélicienne du cinquième élément (pour une discussion de ces problèmes, voir Évrard **4** et Wildberg **52**, p. 239-250).

J. Combès a suggéré, d'après certaines références, que Philopon avait utilisé le commentaire perdu de Damascius (➹⁺D 3) sur les *Météorologiques* d'Aristote, une suggestion plausible, même si la nature exacte et la forme de la contribution exégétique de Damascius sur ce traité ne sont pas bien définies (**75** J. Combès, « Introduction », dans L. G. Westerink (édit.), *Damascius, Traité des premiers principes,* t. I, *CUF,* Paris 1986, p. IX-LXXII, notamment p. XXXIX-XLI. Philopon fait référence à Damacius p. 44, 21-36, p. 97, 20-21 et p. 116, 36 - 117, 31 Hayduck ; voir également **76** Ph. Hoffmann, notice « Damascius », D 3, *DPhA* II, 1994, p. 573).

Sources scientifiques et autres sources. Philopon est manifestement familier des œuvres de Ptolémée (➹⁺P 315), notamment de l'*Almageste* et peut-être aussi des *Hypothèses planétaires* et de l'*Optique* (*cf.* p. 69, 22, p. 85, 24, p. 85, 41 - 86, 5,

p. 103, 37, p. 109, 31-32 et p. 110, 14 Hayduck). En plus de l'œuvre de Ptolémée, Philopon a utilisé divers commentaires, monographies et manuels. Il cite (p. 15, 13-15 Hayduck) la *Météorologie* d'Arrien (☞A 425) comme source pour la mesure par Ératosthène de Cyrène (☞E 52) de la circonférence terrestre (Arrien, *Fragmenta de rebus physicis,* fr. 1 Roos-Wirth). Voir **77** S. Follet, notice « Arrien de Nicomédie », A 425, *DPhA* I, 1989, p. 602, et **78** P. P. Fuentes González, notice « Ératosthène de Cyrène », E 52, *DPhA* III, 2000, p. 214-217. Ses développements sur la distance relative et les dimensions de la terre et du soleil présentent de nombreux parallèles avec Adraste (☞A 24), tel qu'il nous est connu par Théon de Smyrne (voir p. 20, 20 - 21, 23, et p. 104, 24 Hayduck). On relève également de nombreuses citations d'Aratus (☞A 298).

Philopon a peut-être également tiré parti de l'enseignement d'Ammonius relatif à l'astronomie pratique. A la p. 84, 19-21 Hayduck, il fait mention de l'observation d'une comète « sous le pied d'Orion » qui aurait été effectuée « de notre temps ». Il ne semble pas que cette comète ait été signalée dans les sources grecques, mais **79** G. Kronk, *Cometography. A catalog of comets*, t. I : Ancient – 1799, Cambridge 1999, p. 84, a. 483, fait référence au texte chinois Wéi Shu (572), qui décrit « l'étoile invitée » qui apparut pendant le mois s'étendant du 16 novembre au 14 décembre de l'an 483 de notre ère à Shen *(a, b, g, d, e, z et k Orionis)*. La date de 483 est un peu prématurée par rapport à la chronologie retenue de Philopon, mais elle pourrait bien correspondre à l'époque d'Ammonius. Alain Segonds, dans les notes qu'il avait rassemblées pour la rédaction d'une notice sur ce commentaire de Philopon, avait envisagé d'identifier la comète dont parle Philopon avec une comète attestée par des sources chinoises pour le 6 novembre 539. Nous savons en effet que des observations astronomiques en général et des observations de comètes en particulier ont continué à être pratiquées dans l'école d'Alexandrie bien après Ammonius. Olympiodore, *in Meteor.,* p. 52, 30 - 53, 3 Stüve, signale une comète apparue en 565 (281ᵉ année de l'ère de Dioclétien commençant en 284) qui s'est déplacée pendant deux mois (août et septembre) depuis la tête de la constellation du Serpent jusqu'au Capricorne. A propos des connaissances de Philopon concernant l'astronomie pratique, voir Segonds **229** (cité plus loin), « Introduction ».

Structure et contenu. Certaines données structurelles et quelques détails stylistiques du commentaire suggèrent qu'il avait été conçu dans un contexte pédagogique. Philopon utilise, tout au long du commentaire, la distinction traditionnelle entre *théôria* (examen de l'argumentation générale du passage commenté et questions de doctrine) et *lexis* (examen des problèmes de texte et de style).

Le texte du commentaire sur le livre I est divisé par Philopon en trois sections (τμήματα ou λόγοι) : la première porte sur les chapitre 1-3, la seconde sur les chapitres 4-8, la troisième (lacunaire) sur les chapitre 9-14. Philopon précise les points de démarcation dans le texte (p. 53, 26-27 et p. 118, 25-26 Hayduck), et ces sections sont également signalées dans les titres et les rubriques des manuscrits M et V. Il est peu probable que ces sections aient correspondu à des heures de cours :

elles sont trop longues pour avoir été exposées dans une seule session ou heure de
cours (elles sont beaucoup plus longues que les *praxeis* d'Olympiodore). La
division du texte repose plus vraisemblablement sur la base d'une unité thématique, chaque section correspondant à un petit traité sur un sujet particulier. Le
commentaire de Philopon sur les *Premiers Analytiques* présente une structure
similaire.

La première section du commentaire de Philopon contient le prologue, avec une mention des
dix questions à aborder avant l'étude d'Aristote et des six questions auxquelles il faut répondre
avant d'étudier un ouvrage particulier (son but, son utilité, sa place dans l'ensemble des œuvres,
son titre, son authenticité, sa structure et sa division). Rien ne suggère dans ces développements
que Philopon se lançait dans un commentaire ne portant que sur le premier livre : il discute du
contenu de l'ensemble du traité, en quatre livres, et de sa place dans le corpus aristotélicien (sur le
problème posé par sa description du contenu du livre IV, voir **80 C.** Viano, *La matière des choses.
Le livre IV des Météorologiques d'Aristote et son interprétation par Olympiodore*, Paris 2006,
p. 89-91). Philopon résume la théorie d'Aristote sur les éléments et la façon dont elle est présentée dans les *Météorologiques*. Il consacre un long examen à la question de la dimension du
cosmos, ainsi qu'à celle des distances relatives et des dimensions du soleil et de la terre, cela dans
le cadre de sa critique de la doctrine de l'éther. Le point essentiel du chapitre 3 est sa critique de
la théorie du soleil réchauffant le monde sublunaire par friction, ainsi que des arguments avancés
par Alexandre pour la défendre. Philopon y oppose sa propre théorie, selon laquelle le soleil est
chaud par nature, du fait qu'il est fait de feu, et chauffe en vertu de sa chaleur.

La seconde section est consacrée aux effets de l'exhalaison sèche et couvre la discussion par
Aristote des météores (*Meteor*. I 4), de l'aurore boréale (I 5), des comètes (I 6 et I 7) et de la Voie
Lactée (I 8). Philopon distingue trois espèces de phénomènes célestes : ceux qui sont tout à fait
réels, ceux qui ne sont qu'apparence, et une espèce « mixte », *i.e.* ceux qui à la fois ont une
certaine réalité et une certaine apparence qui ne correspond à aucune réalité. Aristote ne fait pas
explicitement une telle trichotomie, mais elle est certainement suggérée par son texte et fondée
dans la tradition plus ancienne, bien qu'une division plus fréquente soit dichotomique ("Aétius"
III 5, 1 ; Pseudo-Aristote, *De mundo* 4, 95a28 [dichotomie sans espèce « mixte »] ; *Schol. Arat.*
811 [trichotomie], *cf.* Alexandre d'Aphrodise, *in Meteor*. p. 23, 21-26). La première espèce, celle
des phénomènes « réels », inclut les étoiles filantes formées par pression (I 4), aussi bien que la
neige, la grêle et la pluie (I 9-12) ; la seconde espèce, les phénomènes purement apparents, inclut
les χάσματα (« gouffres »), les βόθυνοι (« trous ») et les colorations lumineuses dans le ciel qui
apparaissent dans l'atmosphère (divers phénomènes liés aux aurores boréales qui sont examinés
en I 5), de même que les illusions d'optique sur terre ; la troisième espèce, celle des phénomènes
qui sont en partie réels et en partie de simples impressions, inclut les étoiles filantes formées par
combustion (I 4) (p. 169, 3-19 ; *cf.* 75, 11-13 Hayduck).

Une des caractéristiques remarquables de cette seconde section est l'utilisation par Philopon
de la théorie de rayons visuels pour rendre compte des phénomènes célestes observés. L'astronomie mathématique avait eu recours à l'idée selon laquelle la vision humaine s'opérait au moyen
de rayons visuels, qui d'une façon ou d'une autre s'écoulaient de la pupille des yeux sous la
forme de cônes réguliers atteignant l'objet de la vision par leur base. Cette idée était très
importante, car le fait de connaître la géométrie des rayons visuels associé aux valeurs de certains
angles et distances directement mesurables permettait aux géomètres et aux astronomes de
calculer des magnitudes inaccessibles à une mesure directe. Les rayons visuels sont traités comme
des processus physiques (Ptolémée en affirmant l'égalité des angles d'incidence et de réflexion
compare la réflexion au rebond d'un corps élastique). Mais l'hypothèse de caractéristiques physiques des rayons visuels dans tous les cas de ce genre n'a d'importance que dans la mesure où ils
sont nécessaires pour expliquer leurs propriétés géométriques. Aristote lui-même a recours à cette
théorie de la vision au livre III des *Météorologiques,* lorsqu'il discute de l'arc-en-ciel, des halos,

des soleils illusoires, mais on ne rencontre rien de tel dans son *De anima,* où les propriétés physiques deviennent plus importantes. Philopon dans son commentaire sur *De anima* II 7, discute longuement des mérites et des inconvénients respectifs des deux théories de la vision – « rayons visuels » et « activités »] *(energeiai),* et n'aboutit à aucune conclusion explicite, bien que sa préférence personnelle aille vers la théorie des rayons visuels *(in De anima,* p. 324,25 - 341,9 ; p. 340, 19-22 Hayduck). Dans son commentaire sur les *Météorologiques,* il reste attaché à une version nettement physiologique de la théorie des rayons visuels.

Aristote est parfaitement conscient que les problèmes relatifs au caractère réel ou illusoire des phénomènes célestes ne peuvent que rarement être résolus par la simple observation, à supposer qu'il soit possible de les résoudre. Il soutient par conséquent que nous devons nous estimer contents de pouvoir tirer une explication se situant dans le domaine du possible, puisqu'une vérification parfaite en ces domaines ne peut pas être mise en œuvre (344a5-9). Philopon se montre d'accord. En général, dans cette seconde section, il est enclin à afficher moins souvent son désaccord avec les théories d'Aristote que dans la précédente. C'est ainsi qu'il n'a pas d'objection majeure contre les théories d'Aristote sur les étoiles filantes, les aurores boréales et les comètes, dans la mesure où elles sont compatibles avec sa propre conception du cosmos, fait de quatre éléments. Dans son exposé de la théorie aristotélicienne des comètes, il soutient que la rotation des couches supérieures de l'air et du feu peut être décrite comme naturelle plutôt que surnaturelle (une position qu'il défend encore dans son commentaire sur la *Physique* et dans son *Contra Proclum,* voir Évrard **4** 305-22 and Wildberg **52**), et il donne d'Aristote une interprétation qui s'accorde avec ce point de vue (p. 97, 20-21 Hayduck). Il n'apprécie manifestement pas la théorie aristotélicienne de la Voie Lactée (suivant sur ce point le point de vue d'Ammonius), mais il ne s'exprime pas beaucoup sur la position rivale. En réalité, lorsqu'une théorie différente est proposée par Damascius (le Voie Lactée a une origine céleste et non sublunaire, et c'est la demeure des âmes dans leur ascension), Philopon la condamne comme étant mal argumentée et méthodologiquement fautive, suggérant que le problème requiert davantage d'observations pour qu'il soit possible d'établir si les faits correspondent vraiment ou non à la façon dont Aristote les présente, et si les phénomènes abordés appartiennent à la réalité ou sont, dans une certaine mesure ou entièrement, le résultat d'une pure apparence, du type de l'illusion d'optique (p. 98, 5-8 Hayduck)

La troisième section est très courte à cause des lacunes qu'elle présente. Son thème est sensé être l'exhalaison vaporeuse. Dans les restes de son commentaire sur I 9, Philopon examine le mécanisme de cette exhalaison. Il s'attarde un peu sur l'affirmation d'Aristote selon laquelle « le principe moteur, directeur et premier est le cercle » de l'écliptique (346b20-23). Philopon explique que le soleil est dit être la cause « première » des processus atmosphériques au sens d'« ultime », tandis que leur cause prochaine et secondaire est le réchauffement et le refroidissement procurés par les mouvements du soleil. La discussion se termine avec une remarque, qui ne peut que difficilement s'expliquer par le texte d'Aristote, affirmant que « le premier » doit être compris uniquement en rapport avec le monde des choses naturelles, qui, selon Philopon, inclut le mouvement d'un cercle, « car si quelqu'un s'élève jusqu'à la cause du mouvement dans un cercle, il recherche une cause qui est transcendante et non naturelle. Mais le but de celui qui étudie la nature est de donner des causes naturelles » (p. 120, 25-29 Hayduck). En employant le terme de causes « transcendantes » *(exêirêmena),* Philopon n'entend sans doute pas les explications des mouvements du ciel avancées par l'astronomie mathématique. Il est beaucoup plus probable que, tout comme dans le débat avec Damascius, il vise les tentatives pour associer les causes naturelles et surnaturelles dans un même système explicatif. Sur ce point, la position méthodologique de Philopon semble beaucoup plus proche d'Aristote que de Platon, lequel n'hésite pas à recourir aux mythes comme véhicules de la vérité scientifique. Le commentaire conservé de *Météorologiques* I 12 couvre l'examen de la formation de la grêle ; Philopon y explique de façon assez détaillée la théorie aristotélicienne de l'*antiperistasis.* Le commentaire s'achève par une lacune, de sorte qu'on ignore s'il avançait des réflexions intéressantes à propos de ce concept.

Traduit de l'anglais par R. Goulet.

INNA KUPREEVA.

(5) In Aristotelis libros de generatione et corruptione
(ΣΧΟΛΙΚΑΙ ΑΠΟΣΗΜΕΙΩΣΕΙΣ ΕΚ ΤΩΝ ΣΥΝΟΥΣΙΩΝ ΑΜΜΩΝΙΟΥ ΤΟΥ ΕΡΜΕΙΟΥ ΜΕΤΑ ΤΙΝΩΝ ΙΔΙΩΝ ΕΠΙΣΤΑΣΕΩΝ)

Ed. **81** H. Vitelli, 1897 = *CAG* XIV 2 ; trad. anglaise dans la série *ACA* : **82** *Philoponus, On Aristotle On Coming-to-be and Perishing 1.1-5*, transl. by C. J. F. Williams, London/Ithaca, N.Y. 1999 ; **83** *1.6-2.4*, transl. by C. J. F. Williams, London/Ithaca, N.Y. 1999 ; **84** *2.5-11*, transl. by I. Kupreeva, London/ Ithaca, N.Y. 2005. Ce commentaire appartient à la période ammonienne de la carrière de Philopon, mais, bien qu'il soit directement dépendant des leçons d'Ammonius, comme c'est le cas pour l'*in APo.* et l'*in An.*, il est accompagné, comme le signale le titre, d'observations critiques personnelles : voir Kupreeva **84**, p. 1-2 ; en outre, selon Verrycken, il aurait fait l'objet, comme les commentaires *in Cat.*, *in APr.* et *in An.*, de peu de retouches de la part du Philopon tardif.

Dans le prologue de ce commentaire le *GC* d'Aristote est considéré à juste titre par Philopon comme un écrit dont les principes généraux se trouvent dans la *Phys.* Une source importante de Philopon est certainement le commentaire perdu d'Alexandre d'Aphrodise (☛A 112) au *GC*. Il s'agit, dans ce cas, d'un lien de dépendance déjà perçu dans le passé par les savants et récemment démontré par **85** E. Gannagé, « Alexandre d'Aphrodise *In De generatione et corruptione apud* Gâbir b. Hayyân "K. al-Tasrîf" », *DSTFM* 9, 1998, p. 35-86. Alexandre est souvent cité explicitement par Philopon, mais il influence l'interprétation de Philopon même dans des passages où son nom n'apparaît pas explicitement. Il faut remarquer que Philopon, *in GC*, p. 48, 1-16, porte son attention sur le rôle de substrat joué par la cause matérielle et qu'il finit par affirmer que dans les transformations réciproques des éléments rien d'autre ne subsiste que la matière première. ❑ Philopon en effet, *in GC*, p. 62, 30 - 64, 2, interprète les lignes difficiles de *GC* 319 b 2-4 en soutenant qu'on y trouverait une théorie aristotélicienne de la matière première. ❑ Le problème de l'augmentation et de la diminution occupe une grande partie de l'*in GC*, soit p. 69, 26 -123, 25. Le problème concerne l'identification des caractéristiques qui ne s'appliquent qu'à l'augmentation : il s'agit de distinguer la cause matérielle de l'augmentation par rapport à celle des autres types de changement et surtout par rapport à celle de la génération absolue, en raison aussi du fait qu'Alexandre avait affirmé que la cause matérielle de l'augmentation est identique à celle de la génération. Cette distinction se fonde sur le fait que, tandis que la matière de la génération absolue est une matière première, c'est-à-dire une matière totalement privée de forme, la matière de l'augmentation en revanche serait déterminée quantitativement. ❑ A propos de la notion de contact (*GC* I 6), Philopon étend la discussion d'Aristote aux cieux, pour lesquels avoir un lieu et un contact n'implique nullement une réciprocité d'action ou de passion. ❑ A propos du problème de l'agir et du pâtir, qui occupe *GC* I 7-9 et dont le contact constitue un aspect, Philopon apporte des précisions à la solution théorique proposée par Aristote, réfléchissant par exemple sur le fait que, s'il est vrai que le semblable agit sur le semblable, alors une chose peut agir sur elle-même et par conséquent peut également se détruire, avec cette conséquence que rien ne serait plus éternel (*in GC*, p. 140, 10-17). Dans ce commentaire en réalité Philopon accepte l'idée, sur laquelle il reviendra ultérieurement, selon laquelle les corps célestes sont indestructibles et donc différents des corps sublunaires ; voir **86** R. Sorabji, *Time, Creation and the Continuum*, London/Ithaca, N.Y. 1983. ❑ Toujours selon Philopon il convient de restreindre davantage que ne l'avait fait Aristote le champ des qualités qui peuvent agir et subir réciproquement en raison de la matière à laquelle ils appartiennent, car si d'un côté la matière première commune à tous les corps permet l'agir et le pâtir de la façon dont le dit Aristote, toutefois dans les processus spécifiques intervient une matière proche qui limite les qualités possibles qu'une substance spécifique peut acquérir (*in GC*, p. 145, 5 - 149, 31): cf. **87** F. de Haas, *John Philoponus' new definition of Prime Matter. Aspects of its background in Neoplatonism and the ancient commentary tradition*, Leiden 1997, mais aussi **88** R. Sorabji, *Matter, Space and Motion : Theories in Antiquity and their sequel*, London/Ithaca, N.Y. 1998, chap. 2. ❑ A propos du mélange également Philopon offre des réflexions intéressantes sur le texte aristotélicien. En *in GC*, p. 191, 22 - 192, 13 il souligne que le fait que potentiellement les éléments restent identiques à ce qu'ils étaient avant le mélange explique qu'on puisse récupérer l'élément au moyen d'artifices opportuns, puisqu'il n'est pas détruit. ❑ Ces propos, de nature essentiellement chimico-physique, introduisent au problème de la potentialité particulière qui est en jeu dans ce contexte aristotélicien précis : Philopon (*in GC*, p. 188, 21-26) comprend la δύναμις des éléments mélangés, puissance qu'il compare à l'efficacité d'un géomètre ivre, comme la possibilité d'une diminution de l'efficacité des éléments initiaux qui subsistent dans le mélange : à la différence d'un géomètre qui dort, le géomètre ivre peut produire ses théorèmes, mais son efficacité ne serait pas la même que lorsqu'il est sobre ; *cf.* **89** F. de Haas, « Mixture in Philoponus. An Encounter with a third kind of potentiality », dans **90** J. M. M. H. Thijssen et H. A. G. Braakhuis (édit.), *The Commentary Tradition on* De generatione et corruptione : *Ancient, Medieval and Early Modern*, coll. « Studia Artistarum » 7, Turnhout 1999, p. 21-46 ; Sorabji **88**, p. 67-69. ❑ A propos de la théorie des éléments dans *GC*, Philopon (*in GC*, p. 212, 23 - 215, 24) considère explicitement comme principes des corps non pas déjà les quatre éléments, mais plutôt les propriétés contraires qui les constituent. Il s'efforce dans ce contexte de défendre le *Timée* de Platon contre les accusations d'Aristote, à propos du substrat indéterminé que Platon appelle "réceptable universel" (τὸ πανδεχές). ❑ Philopon mène ensuite une discussion serrée de tous les sens dans lesquels il est possible de comprendre que les éléments d'Empédocle sont immuables et, à propos de cette enquête, il en vient à soutenir la théorie de la matière première et prépare en outre le concept de matière tridimensionnelle : *cf.* de Haas **87**, Sorabji **51**, p. 18-23, et **91** R. Sorabji, *The Philosophy of the Commentators 200-600*, London 2004, t. II, p. 263-268. ❑ En *GC* II 7 Aristote revient sur le problème du mélange, relancé par la question des homéomères. De ce problème s'était également occupé entre autres, dans une polémique contre les stoïciens, Alexandre dans son *De Mixtione et Augmentatione* : *cf.* **92** R. B. Todd, *Alexander of Aphrodisias on Stoic Physics. A study of the* De Mixtione *with preliminary essays, text, translation and commentary*, coll. « Philosophia Antiqua » 28, Leiden 1976, mais Philopon présente pour le problème de l'état des homéomères une solution originale, assez indépendante aussi bien d'Alexandre que de la théorie aristotélicienne du mélange exposée en *GC* I 10. ❑ A la suite d'Aristote, Philopon passe au problème de la causalité. A propos de la matière des êtres éternels le commentateur subit l'influence d'Alexandre, *Quaest.* 1, 10 et 1, 15, en ce qu'il distingue une matière supérieure et une matière inférieure, bien que dans des écrits plus tardifs – *cf. Contra Aristotelem* [ouvrage n° 12 plus bas], fr. 59 Wildberg – il rejette l'existence d'une différence entre la matière des cieux et celle du monde sublunaire : *cf.* **93** C. Wildberg, *John Philoponus' criticism of Aristotle's theory of aether*, coll. « Peripatoi » 16, Berlin/New York 1988, p. 181-185. ❑ Philopon défend la cause efficiente du *Phédon* de Platon, critiquée par Aristote dans *GC* II 9, en proposant la défense déjà avancée dans le camp de "certains" qui soutenaient que « les formes démiurgiques sont causes efficientes et que les choses qui en participent s'engendrent, tandis que celles qui n'en participent pas périssent » (*in GC*, p. 286, 1-4). Philopon considère qu'Aristote critique Platon parce que le *Phédon* ne mentionne pas le Démiurge – que les néoplatoniciens identifiaient avec le second principe ou Intellect – tout en attribuant aux Formes une toute-puissance causale de type efficient : ici pourrait se cacher une tentative de réconciliation d'Aristote avec Platon sur la base de la métaphysique néoplatonicienne : *cf.* Kupreeva **84**, p. 9 et p. 22 n. 79. Le commentaire de Philopon sur la cause efficiente de *GC* II 10 se ressent encore de l'influence d'Alexandre d'Aphrodise. Puisqu'Aristote voit dans le rapprochement et l'éloignement du soleil la cause respectivement de la génération et de la corruption, Philopon s'interroge sur des phénomènes saisonniers, dès lors que certains phénomènes se produisent aussi bien en hiver qu'en été. La solution philoponienne (*in GC*, p. 289, 27 - 290, 7) est identique à celle d'Alexandre, *Quaest.* 3, 4 : le rapprochement et l'éloignement du soleil sont causes de la génération et de la corruption des substances supérieures seulement. ❑ Sont ensuite discutées des questions relatives aux cycles de vie des êtres vivants et à la dépendance de tels cycles par rapport à la structure de l'univers ; il est ensuite souligné que, lorsqu'Aristote dit que la durée de la vie de chaque être est un nombre (*GC* II 10, 336 b 10-12), il veut parler des espèces et non des individus, argument qui conduit Philopon à discuter de la providence divine en des termes qui remontent à Alexandre : *cf.* Kupreeva **84**, p. 11-12. ❏ A propos de la nécessité en *GC* II 11, Aristote, pour finir, montre que la nécessité qui existe par nature est celle qui est hypothétique et non la nécessité absolue, et à partir de ce résultat il établit que la génération absolue est uniquement circulaire, démontrant en outre qu'est impossible une génération absolue qui procéderait en ligne droite, que celle-ci soit finie ou qu'elle soit infinie. De cette façon la génération a un point de départ et en même temps elle est éternelle : Philopon adopte une preuve différente de celle d'Aristote, puisqu'alors qu'Aristote propose le cas de la génération qui procède de façon linéaire du présent vers le futur, Philopon prend le cas de la génération qui procède de façon linéaire, mais du passé vers le présent. Il conclut ensuite avec une série de considérations critiques et d'élaborations théoriques portant toujours sur le problème de la génération absolue et sa succession circulaire.

(6) In Aristotelis De anima

Ed. **94** M. Hayduck, 1897 = *CAG* XV ; trad. anglaise dans la série *ACA* : **95** *Philoponus, On Aristotle On the Soul 1.1-2*, transl. by P. van der Eijk, London/Ithaca, N.Y. 2005 ; **96** *1.3-5*, transl. by P. van der Eijk, London/Ithaca, N.Y. 2006 ; **97** *2.1-6*, transl. by W. Charlton, London/Ithaca, N.Y. 2005 ; **98** *2.7.12*, transl. by W. Charlton, 2005 ; **99** *3.1-8* (Sp.), transl. by W. Charlton, London/ Ithaca, N.Y. 2000 ; **100** *3.9-13* (Sp.), publié avec Stephanus, *On Interpretation*, transl. by W. Charlton, London/Ithaca, N.Y. 2000 ; **101** *On Aristotle on the intellect (De anima 3.4-8)*, transl. by W. Charlton et F. Bossier, London/Ithaca, N.Y. 1991.

Pour Verrycken **14** ce commentaire appartient à la première période de la carrière de Philopon, du fait qu'il y donne une interprétation néoplatonicienne de la psychogonie : la psychogonie du *Timée* est une exposition symbolique qui, en réalité, ne nie pas l'éternité des corps célestes, de l'Âme du monde et de l'âme rationnelle humaine. Dans le *Contra Proclum* au contraire, Philopon soutient une interprétation littérale de la psychogonie du *Timée,* pour laquelle l'animation des corps célestes dont parle Platon correspond à leur création : *cf.* **102** K. Verrycken, « Philoponus' interpretation of Plato's cosmogony », *DSTFM* 8, 1997, p. 269-318. Le titre original du commentaire *in An.* indique qu'il s'agit de ΣΧΟΛΙΚΑΙ ΑΠΟΣΗΜΕΙΩΣΕΙΣ ΕΚ ΤΩΝ ΣΥΝΟΥΣΙΩΝ ΑΜΜΩΝΙΟΥ ΤΟΥ ΕΡΜΕΙΟΥ ΜΕΤΑ ΤΙΝΩΝ ΙΔΙΩΝ ΕΠΙΣΤΑΣΕΩΝ, mais on a beaucoup discuté sur l'apport original de Philopon dans cet ouvrage : *cf.* **103** H. Blumenthal, *Aristotle and Neoplatonism in Late Antiquity. Interpretation of the "De Anima"*, London 1996, p. 59-61.

Le livre III de l'*in An.* est considéré comme pseudépigraphe par son éditeur, Hayduck **94** qui, dans la préface de son édition, présente divers arguments, principalement formels, contre l'attribution à Philopon et propose de l'attribuer à Étienne (Stéphanos) d'Alexandrie. **104** W. Bernard, *Philoponus on Self-Awareness*, dans Sorabji **6**, p. 154 n. 3, considère en revanche que l'*in An.* III est de Philopon et que la différence avec les deux premiers livres s'explique par le fait que le commentateur a suivi des cours différents sur le *De anima* d'Aristote, à des époques et dans des contextes scolaires différents. Ce n'est pas par hasard qu'est attribué à Philopon un autre commentaire au *De anima* III, dont une partie, *in An.* III 4-8, a été conservée dans une traduction latine de Guillaume de Moerbeke : *cf.* **105** G. Verbeke, *Jean Philopon. Le Commentaire sur le* De anima *d'Aristote. Traduction* *de Guillaume de Moerbeke*, coll. « Corpus latinum commentariorum in Aristotelem Graecorum » 3, Louvain/Paris 1966. Cette traduction latine se rapporte aux développements d'Aristote sur l'intellect et elle est différente de la section correspondante dans l'*in An.* III 4-8 publiée dans les *CAG*. Dans son livre, Verbeke a également ajouté des fragments d'une traduction latine différente de Moerbeke d'une partie de l'*in An.* III. Des fragments grecs de l'exposé de Philopon sur l'intellect tirés de Sophonias ont été rassemblés par **106** S. van Riet, « Fragments de l'originel grec du *De Intellectu* de Philopon », *RPhL* 63, 1965, p. 5-40, voir maintenant Charlton et Bossier **101**. L'attribution à Étienne, discutée dans de nombreuses études, notamment dans **107** H. J. Blumenthal, « John Philoponus and Stephanus of Alexandria : two Neoplatonic Christian commentaries on Aristotle ? », dans **108** D. J. O'Meara (édit.), *Neoplatonism and Christian Thought*, coll. « Studies in neoplatonism, ancient and modern » 3, Nolfork VA [1982], p. 54-63 et 244-246, a été plus récemment rejetée par **109** P. Lautner, « Philoponus, *In De anima* III : quest for an author », *CQ* 42, 1992, p. 510-522, lequel considère que *in An.* III doit être attribué à Philopon ou à l'un de ses disciples.

Le *Prologue* du commentaire où Philopon distingue tout d'abord les diverses facultés de l'âme et discute ensuite de l'incorporalité de l'âme et de sa relation avec le corps, présente des éléments théoriques très intéressants qui sont soulignés par R. Sorabji dans la *Préface* de van der Eijk **95**. A la p. 5, 7-23 Philopon affirme que l'âme possède les principes formels des choses et que l'opinion, sous l'impulsion de la perception sensible, a une fonction de projection de ces principes formels : en effet l'opinion enregistre et assure un discernement commun au moyen duquel il est possible d'avoir une connaissance sans démonstration. Philopon se réfère en effet à la théorie platonicienne de la réminiscence – il croit, à la suite de Platon, à la préexistence et à l'immortalité de l'âme rationnelle : **110** L. P. Schrenk, « John Philoponus on the immortal soul », *PACPhA* 64, 1990, p. 151-160 – tout comme dans le *De Intellectu*, p. 40, 36 Verbeke, il attribue à Aristote la théorie platonicienne selon laquelle l'intellect potentiel des embryons possède cette connaissance innée que ceux-ci oublient avec la naissance. Une telle fonction projective de l'opinion se rencontre également chez Proclus, *in Tim.* I, p. 251, 4-9, lequel, pour expliquer que l'opinion accompagnée de sensation saisit le monde de la génération, dit qu'elle annonce les propriétés des choses (εἰσαγγελλούσης τὰ πάθη) en projetant à partir d'elle-même leurs principes formels et en connaissant de cette façon leur essence (τῆς δὲ τοὺς λόγους αὐτῶν προβαλλούσης ἐφ' ἑαυτῆς καὶ τὰς οὐσίας γινωσκούσης). Mais il ne s'agit pas, selon moi, du projectionnisme dont Proclus parle dans l'*in Eucl.*, p. 121, 1-7 et 141, 2-13, projectionnisme qui, remontant à Jamblique, *De comm. math. sc.*, p. 32, 9 - 34, 18, à travers l'enseignement de Syrianus, transforme l'abstractionnisme aristotélicien, auquel Philopon en revanche adhère, en une théorie selon laquelle l'âme engendre les λόγοι mathématiques en les projetant dans une matière intelligible qui est l'imagination ou la φαντασία (*in Eucl.*, p. 13, 8 *sqq.*). Chez Philopon en revanche, de façon originale, la φαντασία est assimilée à l'intellect passif, *in An.*, p. 6, 1-2 : *cf.* **111** P. Lautner, « Philoponean accounts on *Phantasia* », *AAntHung* 34, 1993, p. 159-170. L'âme est incorporelle et son incarnation dans un corps est le résultat d'une erreur métaphysique. L'incorporalité de l'âme est le présupposé de la conscience qu'elle a d'elle-même : celle-ci est un retour sur soi-même et est la propriété des seules facultés rationnelles, puisque les corps, comme l'a montré Porphyre, *Sent.* 41, 52 - 53, 5 Lamberz, ne peuvent pas se connaître eux-mêmes. C'est l'âme raisonnable et non pas le sens commun comme l'a pensé Aristote, qui est conscient de la perception, pense Philopon en accord avec la tendance platonicienne à considérer le sens commun comme une faculté rationnelle. L'âme dérive d'une réalité supérieure et transcendante vers laquelle elle est destinée à retourner, puisque le vrai bien ne se trouve pas dans la vie corporelle, mais dans la vie dans l'au-delà, et le temps pendant lequel l'âme vit incarnée dans le corps est seulement un parcours pendant lequel elle s'efforce, grâce à l'exercice des vertus et un style de vie frugal, de neutraliser les influences du corps. ❏ En accord avec les positions platoniciennes, par exemple *Phdr.* 247 b, *Phd.* 113 d et *Tim.* 41 d-e, mais aussi avec Proclus et Simplicius (*cf.* **112** H. J. Blumenthal, « Soul vehicles in Simplicius », dans **113** S. Gersh et C. Kannengiesser [édit.], *Platonism in Late Antiquity [Mélanges Éd. des Places]*, coll. « Christianity and Judaism in antiquity » 8, Notre Dame (Indiana) 1992, p. 173-188), Philopon considère en outre que l'âme se trouve non seulement dans des corps concrets, mais aussi dans deux autres sortes de corps, dits véhicules, l'un pneumatique et l'autre lumineux ou corps astral (*in An.*, p. 18, 17-18), qui pénètrent les corps concrets et leur survivent : ces véhicules de l'âme servent à expliquer la possibilité des punitions après la mort et la matérialisation des phantasmes et des démons : **114** N. Aujoulat, « Le "pneuma" et le "corps lumineux" de l'âme d'après le *Prologue* du *Commentaire sur le De Anima* d'Aristote de Jean Philopon », *ByzS* 59, 1998, p. 1-23. ❏ Dans le livre I, Philopon, tout en s'occupant principalement du rapport entre l'âme et le corps, manifeste la tendance, déjà présente dans la partie finale du *Prologue,* à neutraliser l'indéniable divergence entre Aristote et Platon à propos de la définition de l'âme, « acte premier du corps naturel qui a la vie en puissance » selon l'un, « principe de mouvement et d'auto-motricité » selon l'autre ; il cherche à démontrer qu'Aristote, surtout quand il affronte le thème des facultés rationnelles de l'âme, *nous* et *dianoia,* se retrouve substantiellement d'accord avec Platon pour considérer l'âme comme une entité séparée du corps et immortelle. Évidemment Philopon en vient à critiquer Aristote lorsqu'il s'agit d'expliquer les fonctions vitales et perceptives des sens, puisqu'il considère la perception comme incorporelle. Il pense en effet que seul le toucher, qui est le plus physique des sens, concerne les qualités tangibles, alors que les autres sens perçoivent de façon non physique. Le discours philoponien s'enrichit sur ce point de plusieurs arguments d'ordre médical qui sont présentés en détail, par exemple une attention particulière est prêtée à l'anatomie de l'œil et aux mécanismes de la vision. Voir **115** R. B. Todd, « Philosophy and Medicine in John Philoponus' Commentary on Aristotle' *De Anima* », *DOP* 38, 1984, p. 103-120. Philopon, pour l'essentiel, réfute le point de vue organiciste de Galien (☞*G* 3), selon lequel les états psychologiques dépendent en fait de la condition chimique du corps.

Au livre II on trouve une discussion où Philopon manifeste un net désaccord par rapport à Aristote : il s'agit du problème de la propagation de la lumière. Philopon interprète la doctrine aristotélicienne selon laquelle la lumière est l'acte de ce qui est transparent (*An.* II 2, 418 b 9), en considérant que la lumière est ce grâce à quoi il est possible de voir en acte à travers un corps transparent, tandis que dans l'obscurité il est possible de voir à travers un corps seulement en puissance. Il soutient en outre que la lumière est transmise par une succession d'effets qui se produisent en dehors du temps (ἀχρόνως) ; *cf.* **116** J. C. de Groot, « Philoponus on *De Anima* II.5, *Physics* III.3, and the propagation of light », *Phronesis* 28, 1983, p. 177-196, et **117** *Id., Aristotle and Philoponus on light*, Thèse Harvard 1979, New York 1991.

Avec son commentaire du *De anima,* Philopon se rattache à la tradition exégétique antérieure – il connaît bien le commentaire d'Alexandre d'Aphrodise, sur lequel il fournit de nombreuses informations, mais également Plutarque d'Athènes, Syrianus, Proclus ; en revanche on ne sait pas s'il connaît le commentaire attribué à Simplicius, qui est très probablement l'œuvre de Priscien de Lydie (☞*P* 280), comme l'ont montré **118** F. Bossier et C. Steel, « Priscianus Lydus en de *in De Anima* van pseudo (?)- Simplicius », *RPhL* 34, 1972, p. 761-822 et récemment **119** M. Perkams, « Priscian of Lydia, Commentator on the *De Anima* in the tradition of Iamblichus », *Mnemosyne* 58, 2005, p. 510-530, et **120** *Id., Selbstbewusstsein in der Spätantike. Die neuplatonischen Kommentare zur Aristoteles' De Anima,* coll. « Quellen und Studien zur Philos. » 85, Berlin 2008, p. 30-148. Philopon a exercé une influence sur les études postérieures : paraphrasé par le byzantin Sophonias, il fut accessible à des intellectuels comme Gémiste Pléthon ; traduit en latin par Guillaume de Moerbeke, il a été utilisé comme source pour le commentaire sur le *De anima* de Thomas d'Aquin.

(7) In Aristotelis Physicorum libros

Ed. **121** H. Vitelli, 1887-1888 = *CAG* XVI-XVII ; trad. angl. dans la série *ACA* : **122** *On Aristotle Physics 1.1-3 & 1.4-9*, transl. by C. Osborne, London/Ithaca, N.Y. 2006-2009 ; **123** *2*, transl. by A. R. Lacey, London/Ithaca ; N.Y. 1993 ; **124** *3*, transl. by M. J. Edwards, London/Ithaca, N.Y. 1994 ; **125** *5-8*, transl. by P. Lettinck, London/ Ithaca, N.Y. 1994 ; une partie du commentaire au livre IV est traduite par D. Furley et publiée dans l'ouvrage **126** *Philoponus, Corollaries on Place and Void*, translated by D. Furley, with *Simplicius, Against Philoponus on the eternity of the world*, transl. by C. Wildberg, coll. *ACA*, London/Ithaca, N.Y. 1991. Dans ce commentaire Philopon se propose de montrer que le projet aristotélicien de la *Physique* est systématique, adéquat et complet et, pour ce faire, il s'efforce de rendre intelligible le texte de la *Physique* afin de montrer qu'une compréhension approfondie de l'ouvrage fournit une solution aux apparentes discordances entre ce texte et d'autres traités aristotéliciens.

Philopon procède ainsi de façon méthodique, divisant souvent le texte d'Aristote en sections d'après le contenu et discutant tout d'abord le problème de façon générale *(theôria)* avant d'affronter de façon très détaillée les aspects spécifiques *(lexis)* : *cf.* **127** É. Évrard, *L'école d'Olympiodore et la composition du* Commentaire à la Physique *de Jean Philopon*, diss. Liège 1957. Par exemple, la discussion des Éléates sur le problème des principes en *Phys.* I 2-3 est divisée par Philopon en deux sections : la première concerne la partie où Aristote discute de la signification du terme "un", terme utilisé par les Éléates pour qualifier l'être, tandis que la seconde concerne l'analyse aristotélicienne des théories de Parménide (➤P 40) et de Mélissos (➤M 97) : Philopon la subdivise ultérieurement en quatre sous-sections, chacune se rapportant à une portion du texte de la *Physique*. D'après ce que j'ai dit plus haut concernant la chronologie des œuvres de Philopon et la révision tardive de ses commentaires soutenue par Verrycken, on a pu comprendre que l'*in Phys.* est le texte qui est mis le plus en cause dans le débat sur la chronologie. Ce qui est sûr, c'est que, même si le but de Philopon est principalement de clarifier le texte d'Aristote, il assume néanmoins une position critique personnelle – due également à la connaissance des exégètes d'Aristote qui lui étaient antérieurs ou contemporains – qui l'amène d'une part à marquer son désaccord par rapport à d'autres interprètes qu'il ne nomme pas expressément, mais qu'il désigne par des formules génériques, et d'autre part à prendre parfois ses distances par rapport à Aristote lui-même. Il n'est pas rare que Philopon adresse des objections à Aristote, par exemple à propos du problème de la nature essentielle des corps *(in Phys.*, p. 4, 26-27), problème lié à la réticence du Stagirite à séparer les formes du substrat corporel, ou encore à propos du problème de l'éternité du monde, auquel sont consacrés plusieurs passages importants. Parfois en revanche, Philopon se borne à proposer des solutions différentes par rapport à celles d'Aristote, par exemple dans le cas du commentaire sur *Phys.* 187 a 3-9. Dans l'*Introduction* à sa traduction d'*in Phys.* 1.1-3, Osborne **122**, p. 11-13, analyse les passages de Philopon relatifs à l'éternité du monde et, à travers une analyse de ceux où Philopon discute de la matière première et du problème connexe de la génération de l'être à partir du non-être, elle focalise son attention sur les deux réponses fournies par Philopon : la première est que la matière première, comprise comme cause matérielle éternelle et inengendrée, préexiste et qu'elle est ce à partir de quoi les choses sont engendrées ; la seconde réponse de Philopon, qui est liée aux œuvres plus tardives et correspond bien au créationnisme chrétien, est que la matière est créée *ex nihilo* par une cause efficiente préexistante et que par conséquent la génération de l'être à partir du non-être correspond à la création du monde. Partant de ces deux réponses différentes, C. Osborne propose trois hypothèses : la première est que Philopon, auteur de l'*in Phys.*, était convaincu, en bon néoplatonicien, de la véracité de la première réponse, mais qu'en rencontrant par la suite des difficultés pour comprendre le texte aristotélicien, il aurait présenté deux solutions différentes, raison pour laquelle il aurait modifié sa position dans le cours de la composition du commentaire ; la seconde hypothèse est celle proposée par Verrycken d'une révision tardive du texte, ce qui, selon C. Osborne, laisse subsister cependant une difficulté : comment connaître la version de certains passages antérieure à cette seconde rédaction ; la troisième hypothèse, qui me semble jouir des faveurs de C. Osborne, est qu'il n'y aurait pas eu changement d'opinion et que Philopon aurait toujours pensé que chacune des deux réponses n'était pas impossible. ❏ Dans le commentaire sur *Phys* II – section que Verrycken ne considère pas comme remaniée du fait qu'y est soutenue la théorie de la matière première comme totalement privée de forme et non la théorie plus tardive de la matière comme extension tridimensionnelle que l'on rencontre par exemple dans le *Contra Proclum* –, Philopon lui-même s'éloigne d'Aristote en montrant clairement que son orientation philosophique est néoplatonicienne ; par exemple, il propose des définitions de la nature influencées tantôt par le stoïcisme, par exemple celle de la nature comme étant la puissance qu'a toute chose de se maintenir dans l'être (198, 3), tantôt par le néoplatonisme, par exemple celle de la nature comme vie descendant dans les corps et les modelant et les dirigeant (197, 34-35) : voir **128** J. E. McGuire, « Philoponus on *Physics* 2.1, *phusis, hormê emphutos* and the motion of the simple bodies », *AncPhil* 5, 1985, p. 241-267, et **129** E. M. Macierowski et R. F. Hassing, « John Philoponus on Aristotle's definition of nature », *AncPhil* 8, 1988, p. 73-100. Philopon critique en outre certains arguments aristotéliciens relatifs au finalisme naturel et formule l'hypothèse d'une nature universelle distincte de la nature des choses individuelles qui est la seule à accueillir le mal (voir **130** M. Wolff, *Fallgesetz und Massebegriff. Zwei wissenschaftshistorische Untersuchungen zur Kosmologie des Johannes Philoponus,* coll. « Quellen und Studien zur Philosophie » 2, Berlin 1971), ce qui l'amène à discuter également de la providence divine (*in Phys*., p. 312, 26-27 et 323, 16-19), laquelle, si elle est absente du panorama philosophique aristotélicien, a fait toutefois l'objet de discussions de la part de l'aristotélisme post-stoïcien. ❏ Plus souvent il se trouve en accord avec Simplicius, par exemple en ce qui concerne la différence entre μορφή et εἶδος en *Phys*. 193 b 4, ou encore à propos du fait que les causes sont les quatre énumérées par Aristote dans *Phys*. II 3 : aussi bien Simplicius, *in Phys*., p. 316, 22-26, que Philopon, *in Phys*., p. 241, 17-23, accommodent de fait Aristote avec l'étiologie platonicienne revue sur un mode néoplatonicien et tous les deux accordent le premier rang aux causes motrice et finale, le second rang aux causes matérielle et formelle (Simplicius, *in Phys*., p. 309, 2-21, et Philopon, *in Phys*., p. 241, 3-12). ❏ Dans son commentaire sur *Phys*. III, Philopon laisse voir sa position chrétienne et antiaristotélicienne principalement lorsqu'il critique la théorie aristotélicienne de l'éther (*in Phys*., p. 340, 30 - 341, 10), et il se montre proche des positions de son maître Ammonius, soit lorsqu'il se réfère au dieu aristotélicien, mettant en évidence le fait qu'il est difficile de le concevoir comme la cause de phénomènes naturels éternels, par exemple la rotation du ciel sans également le concevoir comme créateur (Sorabji **88**, chap. 15), soit lorsqu'il cherche à mettre en accord Platon et Aristote (*in Phys*., p. 473, 24 - 476, 19), tout comme il avait déjà cherché à le faire dans *in Phys*., 2, p. 241, 17-21. ❏ Dans le commentaire sur *Phys*. IV les corollaires que Philopon a consacrés au lieu et au vide ont une grande importance pour l'histoire de la science. En ce qui concerne le lieu, comme son contemporain Simplicius (*cf.* **131** *Simplicius' Corollary on time and place*, transl. J. O. Urmson, coll. *ACA,* London/Ithaca, N.Y. 1992), il formule de nombreuses objections contre l'opinion d'Aristote qui, pour éviter que l'espace puisse être conçu comme un corps et par conséquent qu'une chose présente dans un lieu soit un corps logé dans un autre corps (*Phys*. IV 1, 209 a 6-7), a refusé à l'espace la tridimensionnalité et l'a conçu comme une surface. L'espace pour Philopon est au contraire une extension tridimensionnelle immobile et qui peut être vide : **132** D. Furley, « Summary of Philoponus' Corollaries on place and void », dans Sorabji **6**, p. 130-136, et **133** D. Sedley, « Philoponus' conception of space », dans Sorabji **6**, p. 140-153. ❏ A propos de la δύναμις qu'Aristote attribue à l'espace afin d'expliquer le mouvement des quatre éléments et probablement aussi pour insérer cette notion dans le cadre de sa théorie du finalisme naturel, Philopon reprend et développe une position qui était déjà celle de Théophraste, selon laquelle le cosmos est comme un corps dont les parties sont en relation les unes avec les autres ; le mouvement des éléments, qui fait que le feu tend vers le haut et la terre vers le bas, est dû non pas à une δύναμις de leur lieu naturel respectif, mais bien à l'impulsion (ὁρμή) qui les amène à prendre la juste relation avec les autres corps élémentaires et cette relation, ajoute Philopon, *in Phys.*, p. 579, 27 - 580, 17, a été concédée aux éléments par Dieu au moment de la création. Les réflexions philoponiennes sur le vide se fondent principalement sur l'impossibilité du mouvement dans le vide enseignée par Aristote et culminent dans l'argument où le commentateur défend le mouvement dans le vide dans le cas où, selon un raisonnement par l'absurde, on voudrait supposer l'existence du vide. Philopon considère en effet que le vide, même s'il n'est jamais réalisé de fait, serait toutefois possible dans le sens faible, dont a parlé Sedley **133**, et il rattache l'idée de vide à l'idée d'espace comme extension vide dont j'ai déjà parlé. ❏ Un problème très intéressant sur lequel Philopon critique Aristote est celui de la vitesse dans le vide, puisque selon Aristote (*Phys.* IV 8, 215 a 24-29) si la résistance était annulée, comme cela se produit dans le cas d'un mouvement dans le vide, la vitesse pourrait augmenter à l'infini. Philopon, *in Phys.*, p. 678, 24 - 684, 10, répond que tout mouvement a besoin de temps et que lorsqu'on élimine la résistance, on n'élimine pas pour autant la nécessité du temps, mais simplement la nécessité d'un temps supplémentaire, utilisé pour vaincre la résistance : *cf.* Sorabji **88**, p. 146-148 et 283-284, mais aussi **134** M. Wolff, « Philoponus and the rise of preclassical dynamics », dans Sorabji **6**, p. 91-96 ; en outre, Aristote est en contradiction avec lui-même, selon Philopon, puisque, s'il est vrai qu'en l'absence d'une résistance la vitesse augmente à l'infini, alors on ne comprend pas comment il serait possible que les corps célestes, qui ne sont pas limités par quoi que ce soit et par conséquent ne rencontrent aucune résistance, aient une vitesse de rotation finie (*in Phys.*, p. 690, 34 - 691, 8). Ces deux arguments philoponiens ont été repris au Moyen-Âge, par l'intermédiaire du philosophe arabe Avempace, par Averroès et Thomas d'Aquin : *cf.* **135** F. Zimmermann, « Philoponus' *Impetus* theory in the Arabic tradition », dans Sorabji **6**, p. 121-129, puis ils furent discutés à nouveau par Galilée : *cf.* **136** Ch. Schmitt, « Philoponus' Commentary on Aristotle's *Physics* in the Sixteenth century », dans Sorabji **6**, p. 210-217, et Sorabji **88**, p. 227-248. ❏ A la p. 683, 5 - 684, 12. Philopon examine de façon détaillée l'argument aristotélicien selon lequel un corps d'un poids donné tombe à une vitesse proportionnelle à la densité du milieu traversé : si Aristote avait raison, estime Philopon, il serait également vrai que pour un milieu déterminé la vitesse de la chute devrait varier à proportion du poids. Mais l'observation des phénomènes montre qu'il n'en va pas ainsi, puisque, si nous doublons un poids et que nous le laissons tomber de la même hauteur, nous ne constatons pas que la vitesse de la chute soit doublée. Ces observations se rattachent à la plus importante et la plus novatrice des idées de Philopon, à savoir sa théorie de l'*impetus*. Aristote a considéré qu'il faut distinguer du mouvement naturel le mouvement contraint ou violent, dû à une cause externe. En enquêtant ensuite sur le fait que le projectile continue à se mouvoir même après qu'il n'a plus de rapport avec sa cause motrice, Aristote a considéré que cela est dû à une succession de poches d'air qui recevraient de la cause motrice le pouvoir de mettre en mouvement le projectile. Mais cette théorie aristotélicienne du projectile n'explique pas suffisamment comment il est possible que tantôt l'air facilite le mouvement, tantôt il lui fasse obstacle en opposant une résistance. Les difficultés inhérentes à la théorie d'Aristote avaient déjà été perçues par Simplicius, mais c'est Philopon qui s'oppose à Aristote en expliquant la continuité du mouvement du projectile au moyen de la théorie de l'*impetus,* c'est-à-dire d'une force de propulsion que la cause motrice imprime non pas au milieu intermédiaire, mais directement au projectile : **137** C. Wildberg, « Impetus theory and the hermeneutics of science in Simplicius and Philoponus », *Hyperboreus* 5, 1999, p. 107-124. Cette théorie de l'*impetus* a eu après Philopon une énorme influence : immédiatement reçue dans le monde islamique (*cf.* Zimmermann **135**, p. 120-129), elle se retrouve dans l'Occident latin, surtout chez Buridan et Nicolas Oresme, même s'il n'est pas possible d'établir précisément ce qui, chez ces philosophes, est le fruit d'une réflexion autonome, comme l'affirme **138** Anneliese Maier, *Zwei Grundprobleme der scholastischen Naturphilosophie*, coll. « Storia e letteratura » 37, Roma 1951, p. 127-133, et ce qui, en revanche, provient d'une influence de Philopon à travers Al-Ghazali, comme le soutient Zimmermann. La théorie de l'*impetus* tient une large place dans la pensée de Galilée, même si celui-ci ne fait pas explicitement référence à des sources éventuelles, et son influence durera jusqu'à la découverte du principe d'inertie, selon lequel il n'est pas nécessaire qu'il y ait une force imprimée de l'extérieur pour qu'un corps se meuve d'un mouvement continu en ligne droite. Quant à savoir si le principe d'inertie remonte à Galilée, à Descartes ou à Newton, c'est une question encore discutée, *cf.* **139** A. Koyré, *Études galiléennes,* Paris 1939 (réimpr. 1966). Toutefois Newton se montre encore en accord avec l'enseignement de Philopon lorsqu'il considère l'inertie à la façon de l'inclination innée (ἔμφυτος ῥοπή) de Philopon, notion étudiée par **140** H. S. Lang, « Inclination, *impetus* and the last Aristotelian », *AIHS* 46, 1996, p. 221-260. Sur le fait que Sorabji **51**, p. 9-10, considère la théorie de l'*impetus* chez Philopon comme une sorte d'unification de la dynamique aristotélicienne, je renvoie à ce que je dirai plus loin à propos du *De opificio mundi.*

La partie restante de l'*in Phys.*, consacrée aux livres V-VIII de la *Physique* d'Aristote, est perdue dans l'original grec, sauf pour quelques fragments. Toutefois une traduction arabe d'Aristote a conservé une paraphase d'*in Phys.* V-VII et deux commentaires sur *in Phys.* VIII : *cf.* Lettinck **125**, p. 6-18. C'est cette version arabe qui a été traduite par Lettinck **125**. Le commentaire de Philopon sur *Phys.* V-VIII dans la paraphrase arabe n'est pas détaillé comme dans le texte grec du commentaire sur les quatre premiers livres, certainement parce que le texte grec originel a été synthétisé, mais une comparaison entre les versions grecque et arabe des quatre premiers livres a permis à Lettinck de montrer qu'il n'y avait pas divergences fondamentales entre les deux versions (voir aussi **141** P. Lettinck, « Problems in Aristotle's *Physics* 1,1 and their discussion by Arab commentators », *JHAS* 10, 1994, p. 91-109), signe que la version arabe d'*in Phys.* V-VIII doit restituer la pensée authentique de Philopon. Les deux commentaires sur *Phys.* VIII en outre, bien qu'ils ne fournissent que de rares témoignages sur le commentaire philoponien consacré à ce livre de la *Physique,* montrent toutefois un Philopon fortement antiaristotélicien, puisqu'il défend deux idées chrétiennes : le premier commentaire soutient que le temps a eu un commencement et l'autre que les corps sont créés *ex nihilo.* Les arguments traités dans d'autres livres suivent ceux d'Aristote : *in Phys.* V traite du changement, *in Phys.* VI du continu, *in Phys.* VII du Premier Moteur.

Dans un ouvrage récent, **142** Pantelis Golitsis, *Les Commentaires de Simplicius et de Jean Philopon à la Physique d'Aristote,* coll. « Commentaria in Aristotelem Graeca et Byzantina. Quellen u. Studien » 3, Berlin 2008, X-306 p., a comparé les interprétations de la *Physique* d'Aristote fournies par Simplicius et par Philopon, en mettant en évidence les différences.

(8) Autres commentaires à Aristote

Philopon avait probablement écrit d'autres commentaires à Aristote aujourd'hui perdus : un commentaire présumé à la *Métaphysique,* traduit en latin par F. Patrizi, est pseudépigraphe selon **143** S. Ebbesen, *Commentators and Commentaries on Aristotle's 'Sophistici Elenchi',* coll. « Corpus Latinum Commentariorum in Aristotelem Graecorum » 7, Leiden 1981, t. III, p. 86-87, car il est postérieur à Michel d'Éphèse (☞M 163). **144** S. Alexandru, « Reflections regarding Milan manuscripts of the commentary on Aristotle's "Metaphysics" ascribed to Georgios Pachymeres », *RHT* 31, 2001, p. 117-127, a étudié les manuscrits qui ont transmis ce commentaire sur la *Métaphysique* traditionnellement attribué à Philopon en prêtant une attention particulière à un manuscrit de la Bibliothèque Ambrosienne récemment découvert, dans lequel l'ouvrage est attribué au byzantin Georges Pachymère. – Fabricius, *Bibliotheca Graeca,* t. III, p. 218 et t. X, p. 646, parle d'un commentaire aux *Réfutations sophistiques* ; en effet, on trouve dans l'*in APo.,* p. 3, 4 un renvoi qui pourrait se rapporter à un commentaire aux *Réfutations sophistiques,* ou bien aux *Topiques.* Un renvoi qui se trouve dans l'*in Meteor.,* p. 16, 31, a conduit à supposer l'existence d'un commentaire philoponien au *De caelo.*

(9) Autres commentaires à Platon

En ce qui concerne les commentaires sur Platon, Gudeman **10**, col. 1772, a cru, sur la base du passage *in APo.,* p. 215, 3-5, que Philopon avait écrit un commentaire sur le *Phédon* ; Saffrey **24**, p. 406 n. 1, a considéré que dans ce passage Philopon renvoyait non pas à un commentaire qu'il aurait lui-même rédigé, mais à un texte qui circulait dans l'école. De toute manière, dans *in APo*. 214, 21 - 215, 3 Philopon montre qu'il accepte la théorie platonicienne de la réminiscence. Dans le *De opif. mundi* 288, 5-10 toutefois, Philopon fait référence à l'un de ses traités où il avait réfuté les arguments de Platon et de Proclus sur la connaissance comme réminiscence. Par conséquent, un tel traité polémique qui n'a pu avoir été composé au cours de la période de son activité exégétique ne permet pas de lever le doute concernant la composition par Philopon d'un commentaire sur le *Phédon*. Ce dernier passage est examiné dans la notice « Proclus ».

(10) Commentaire sur l'Isagoge de Porphyre

Philopon y fait lui-même référence dans l'*in Phys.*, p. 250, 28. On trouve un commentaire sur l'*Isagoge* attribué à Philopon dans les manuscrits *Vat. gr.* 309, fol. 1-19 et 195-217, *Marc. gr.* 202, fol. 1-40, *Laur.* 85.1, fol. 14-26, *Matr. B.N.* 238, fol. 188-203, *Mutin.* 195, fol. 17-91, *Barocc.* 145, fol. 145-170, *Matr. B.N.* 209, fol. 1-40. Une traduction latine se trouve dans le *Vat. lat.* 4558, fol. 193-230. Des fragments d'un commentaire de Philopon à l'*Isagoge* sont conservés en version syriaque dans le *Vat. syr.* 158 et ont été publiés avec une traduction allemande par **145** A. Baumstark, *Aristoteles bei den Syrern vom V-VIII Jahrhundert*, Leipzig 1900, p. 167-181. Du texte grec, **146** Ch. A. Brandis, *Aristotelis Opera*, t. IV : *Scholia in Aristotelem*, Berlin 1836, p. 10-12, a publié, sur la base du *Barocc.* 145, l'introduction du commentaire, qu'il considère comme l'œuvre d'un auteur byzantin, et quelques extraits qu'il fait remonter au commentaire de David (☛D 23). Bessarion, dans une note placée en marge du *Marc. gr.* 202, fol. 1ᵛ, en nie l'attribution philoponienne. **147** S. G. Mercati, « Un codice non riconosciuto dello Ps.-Filopono sull'*Isagoge* di Porfirio », *RhM* 69, 1914, p. 415-416, en reconstruisant le commentaire philoponien du *Vat. gr.* 309, reproche à Busse (*CAG* IV 1, Berlin 1887, p. XXXVIII-XXXIX, et IV 3, Berlin 1891, p. XXV) d'avoir de façon trop superficielle attribué ces *scholies* au commentaire de David et, après avoir identifié des extraits d'Élias (☛E 18) et de David, il montre que dans certaines sections du texte on reconnaît la main d'un auteur différent. Je ne pense pas que depuis Mercati personne se soit occupé de ce texte grec, dont il n'est pas fait mention non plus dans la liste des ouvrages de Philopon contenue dans Sorabji **6**, p. 232, où sont citées la traduction latine et la version syriaque publiée par Baumstark.

GIOVANNA R. GIARDINA.

B) Traités philosophiques

(11) De aeternitate mundi contra Proclum

Réfute en dix-huit livres le Περὶ ἀϊδιότητος τοῦ κ όσμου (*De aeternitate mundi*) de Proclus.

Édition. 148 Ioannes Philoponus, *De aeternitate mundi contra Proclum*, ed. H. Rabe, coll. *BT*, Leipzig 1899, réimpr. Hildesheim 1963, XIV-699 p. (Index nominum et rerum : p. 647-696 ; « Grammatica », p. 697-699).

Le texte est fondé sur le *Marcianus graecus* 236 des IXe-Xe siècles. Le texte ne commence qu'au milieu de la réponse de Philopon à la deuxième objection de Proclus. Les derniers folios sont également perdus.

Traductions. 149 C. Scholten, *Johannes Philoponos, De aeternitate mundi. Über die Ewigkeit der Welt*, übersetzt und eingeleitet von C. S., coll. « Fontes Christiani » 64, 1-2, Turnhout 2009, 314 p. et X-p. 316-583 (Bibliographie, p. 259-314) [le premier livre contient l'introduction et le second la traduction de la réfutation des objections 1-5 de Proclus]. Une traduction anglaise annotée a été publiée par M. Share et J. Wilberding dans quatres volume de la collection *Ancient Commentators of Aristotle* : **150** *Philoponus, Against Proclus On the Eternity of the World 1-5*, transl. by M. Share, coll. *ACA*, London/Ithaca 2004, IX-154 p. (bibliographie, p. 115-117) ; **151** 6-8, transl. M. Share, London/Ithaca 2005, VIII-200 p. (bibliographie, p. 155-156) ; **152** 9-11, transl. M. Share, London/Ithaca 2010, 176 p. ; **153** 12-18, transl. J. Wilberding, London/Ithaca 2006, VI-192 p. (bibliographie, p. 141-142) Une liste des passages où un texte différent de celui de Rabe est adopté est fournie avant la traduction dans ces différents fascicules.

Cf. Gudeman **10**, col. 1788-1789, avec des remarques complémentaires de Kroll, col. 1793-1794. Voir surtout pour le traité de Proclus, dans ce tome V, **154** Concetta Luna et Alain Segonds, notice « Proclus de Lycie » P 293, section (35). L'introduction la plus détaillée au traité de Philopon se trouve dans le premier tome de Scholten **149**.

Le titre proposé dans l'édition de Rabe (Ἰωάννου Ἀλεξανδρέως τοῦ φιλο-πόνου κατὰ τῶν Πρόκλου περὶ ἀϊδιότητος κόσμου ἐπιχειρημάτων) est reconstitué, car le manuscrit est acéphale et les références qui sont faites à l'ouvra-ge le désignent par des paraphrases imprécises. Dans sa notice sur Jean (Philopon) la *Souda* répertorie le traité sous le titre κατὰ τῶν δεκαοκτὼ Προκλείων ἐπιχει-ρημάτων (I 464). La notice sur Proclus mentionne également l'écrit de Philopon κατὰ τῶν ιη′ ἐπιχειρημάτων de Proclus (Π 2473). Simplicius fait référence au onzième livre τῶν ἐλέγχων τῶν πρὸς τὰ Πρόκλου (*in De caelo* I 3, p. 135, 26 Heiberg) et Philopon lui-même renvoie dans son *De opif. mundi* II 16, p. 88, 21 Reichardt au premier livre τῶν εἰς τὰ Πρόκλου γραφέντων ἡμῖν.

Le *terminus post quem* du traité est 529, d'après une indication du XVIe livre, p. 579, 14-15 Rabe, qui évoque une configuration astrale vérifiée en la 245e année de l'ère de Dioclétien (qui commença en 284) : καὶ νῦν γὰρ ἐφ᾽ ἡμῶν κατὰ τὸ διακοσιοστὸν τεσσαρακοστὸν πέμπτον Διοκλητιανοῦ ἔτος ἐν τῷ αὐτῷ ζῳδίῳ τῷ ταύρῳ γεγόνασιν οἱ ἑπτὰ πλανώμενοι, εἰ καὶ μὴ ἐν τῇ αὐτῇ μοίρᾳ ἅπαντες. Sur la datation relative du traité par rapport à d'autres œuvres de Philopon, voir la section « Biographie et chronologie » de la présente notice, plus haut, p. 457.

L'ouvrage attaquait les dix-huit arguments avancés par Proclus en faveur de l'éternité du monde et de son incorruptibilité, en s'appuyant essentiellement sur Platon (qui aurait enseigné au sens littéral une genèse temporelle du monde), Aristote et les commentateurs de Platon. Parmi les philosophes plus récents, il cite Alexandre d'Aphrodise, Plutarque (de Chéronée), Atticus, Taurus, Ptolémée, Galien, Plotin et Porphyre.

On a soutenu récemment que les objections de Proclus ne visaient pas les chrétiens, mais plutôt des philosophes médio-platoniciens qui développaient une exégèse littéraliste de Platon (comme Plutarque de Chéronée ou Atticus), et que la réponse de Philopon était formulée d'un point de vue purement philosophique, sans référence à ses convictions chrétiennes. Voir en ce sens **155** Proclus, *On the Eternity of the World (De Aeternitate Mundi)*, Greek Text with Introduction, Translation, and Commentary by Helen S. Lang and A. D. Macro, Argument I translated from the Arabic by J. McGinnis, coll. « The Joan Palevsky Imprint in Classical Literature », Berkeley/Los Angeles/London 2001, p. 4-16. Share **150**, p. 1-6, partage le point de vue de ces auteurs sur la première thèse, mais signale de nombreuses passages où Philopon fait référence à l'Écriture ou aux auteurs chrétiens comme Eusèbe de Césarée et adopte un point de vue manifestement chrétien.

Le premier argument de Proclus, perdu en grec, peut être reconstitué à partir de l'arabe. Voir **156** M. Maróth, « Der erste Beweis des Proklos für die Ewigkeit der Welt », *AAntHung* 30, 1982-1984, p. 181-189. Le texte arabe et une traduction anglaise annotée par J. McGinnis sont imprimés dans Lang et Macro **155**, p. 156-163 ; une traduction anglaise par P. Adamson a été utilisée dans Share **150**, p. 19-20.

Chaque livre de Philopon est précédé d'une citation de l'objection de Proclus, puis des κεφάλαια de la réfutation.

Principales études.

F. A. J. de Haas **87**, p. 1-45 (le onzième argument de Proclus et la réfutation de Philopon) ; **157** P. Mueller-Jourdan, *Gloses et commentaire du livre XI du Contra Proclum de Jean Philopon : autour de la Matière première du monde*, coll. « Philosophia antiqua » 125, Leiden 2011, VIII-236 p.

Sur un passage concernant Porphyre dans l'ouvarge de Philopon, voir **158** K. Verrycken, « Porphyry, *In Timaeum* fr. XXXVII (Philoponus, *De aeternitate mundi contra Proclum* 148,9-23) », *AC* 57, 1988, p. 282-289. **159** A. Segonds, « À propos d'une page du "De aeternitate mundi" de Jean Philopon », dans **160** M.-O. Goulet-Cazé, G. Madec et D. O'Brien (édit.), *ΣΟΦΙΗΣ ΜΑΙΗΤΟΡΕΣ*. « *Chercheurs de sagesse* ». Hommage à J. Pépin, Paris 1992, p. 461-479.

Sur la place du traité de Philopon dans le cadre d'une évolution possible d'un « Philopon I », platonicien cherchant comme Ammonius à mettre en harmonie doctrinale Platon et Aristote (éternité du monde soutenue grâce à une interprétation non littérale du *Timée*) à un «Philopon II», (*creatio ex nihilo* et corruptibilité du monde) voir Verrycken **16**, p. 733-755.

Sur la critique de Philopon (notamment d'idées soutenues dans le *Contra Proclum*) par Simplicius, voir **161** W. Wieland, «Die Ewigkeit der Welt (Der Streit zwischen Johannes Philoponus und Simplicius)», dans D. Henrich, W. Schulz et K.-H. Volkmann-Schluck (édit.), *Die Gegenwart der Griechen im neueren Denken*. Festschrift H.-G. Gadamer, Tübingen, 1960, p. 206-219; **162** R. Sorabji, «Simplicius: Prime matter as extension», dans Hadot **22**, p. 148-165; **163** Ph. Hoffmann, «Sur quelques aspects de la polémique de Simplicius contre Jean Philopon; De l'invective à la réaffirmation de la transcendance du ciel», dans Hadot **22**, p. 182-221.

Voir également les études rassemblées dans Sorabji **6**.

Pour la survie arabe du traité, voir plus loin la notice de **164** E. Gannagé, II B (14), qui signale les fragments arabes du traité de Philopon découverts par A. Hasnawi.

RICHARD GOULET.

(12) De aeternitate mundi contra Aristotelem (Sur l'éternité du monde contre Aristote).

Certainement postérieur au *Contra Proclum*, auquel il renvoie dans le fr. 72 (= Simplicius, *in Cael.*, p. 135, 27-28), cet ouvrage n'est conservé que de façon fragmentaire: cent vingt-neuf fragments grecs sont tirés de Simplicius, *in Cael.* et *in Phys.*, quatre fr. de textes arabes et un fr. d'un texte syriaque. Tous ces fragments sont traduits en anglais dans la collection *ACA* par **165** C. Wildberg, *Philoponus. Against Aristotle on the Eternity of the World*, coll. *ACA*, London 1987. Les fragments arabes avaient déjà été traduits par **166** M. Mahdi, «Alfarabi against Philoponus», *JNES* 26, 1967, p. 233-260, et un par **167** J. L. Kraemer, «A lost passage from Philoponus' *contra Aristotelem* in Arabic translation», *JAOS* 85, 1965, p. 318-337. Le fr. syriaque montre qu'il devait y avoir au moins deux autres livres en plus des six qui ont été partiellement reconstruits: voir Wildberg **52**, p. 198-199, pour qui l'ouvrage se composait probablement de huit livres en tout. En ce qui concerne les deux derniers livres, s'il n'est pas possible de rien affirmer du VIIe livre, il semble vraisemblable que le VIIIe traitait de la destruction du monde et de la venue d'un monde nouveau sur la base de la théologie chrétienne: voir Wildberg **166**, p. 27. La matière des six livres conservés de façon fragmentaire serait ainsi distribuée: dans les cinq premiers livres, comme l'indique Simplicius, *in Phys.*, p. 1117, 15 - 1118, 9, Philopon critiquait la doctrine aristotélicienne de l'éternité du monde traitée dans le *De caelo,* tandis que, dans le sixième livre, il s'en prenait aux arguments de la *Physique* en faveur de l'éternité du mouvement et du temps.

En particulier, le livre I concerne l'existence du cinquième élément ou éther, en référence à *Cael*. I 2, mais aussi aux *Météor*. I 3 et 4: Philopon, qui a rejeté la théorie du cinquième élément déjà dans le *Contra Proclum,* trouve inacceptable la divinité de l'éther, tout comme le caractère surnaturel de son mouvement. Il critique Aristote parce que, s'il est vrai, comme l'établit Aristote, que les mouvements cosmiques sont dus à la nature comme principe de mouvement, alors il n'est pas nécessaire, en plus des quatre éléments, d'en supposer un autre, puisque le mouvement circulaire est un des mouvements naturels du feu et de l'air, et ce mouvement n'est pas primaire par rapport au mouvement rectiligne comme le pense Aristote. ❏ Le livre II se focalise sur *Cael*. I 3, c'est-à-dire sur la théorie selon laquelle les cieux seraient privés de ces propriétés qui appartiennent essentiellement aux éléments sublunaires comme le poids et la légèreté, et il se conclut en établissant, en accord avec Platon, que le mouvement circulaire des corps célestes est ou bien naturel ou bien d'ordre psychique. ❏ Le livre III traite d'un argument qui se lit dans les *Météor*. I 3, 340 a 1-3 : Philopon entend démontrer la fausseté de l'argument d'Aristote selon lequel les cieux ne peuvent être ignés parce qu'en pareil cas les autres éléments auraient déjà été détruits, en considérant avec Platon qu'au contraire les cieux sont faits surtout de feu. ❏ Dans les livres IV et V, la polémique roule avant tout sur le problème de l'éternité du cinquième élément : en premier lieu Philopon montre l'incohérence de la théorie aristotélicienne parce qu'elle n'explique pas en quel sens il faut comprendre le terme "inengendré", ἀγένητος, utilisé par Aristote pour qualifier le ciel ; en outre, le problème de la création *ex nihilo* est fondé en grande partie sur la réflexion relative à l'opposition de type possession-privation que Philopon examinera dans le *De opificio mundi,* en parvenant aux mêmes conclusions, pour clarifier le rapport entre lumière et ténèbre : selon Aristote, *Cael*. I 3, 270 a, le ciel est un corps possédant un mouvement circulaire, inengendré et incorruptible du fait que la génération doit toujours partir d'un contraire et d'un substrat, tandis que le mouvement circulaire n'a pas de contraire. La théorie aristotélicienne, de même que l'interprétation qu'en a donnée Alexandre d'Aphrodise, est fausse, parce qu'elle ne distingue pas les contraires propres comme chaud-froid ou humide-sec, des contraires privatifs comme homme-non homme et d'autres. Aristote a commis une erreur en pensant que le ciel serait éternel dans la mesure où le mouvement circulaire est privé de contraire, puisque le mouvement circulaire n'a pas de contraire propre mais possède un contraire privatif, c'est-à-dire l'immobilité. La génération cependant a comme contraires précisément la possession et la privation : en conséquence les corps célestes sont engendrés. Il reste pour finir le problème de la préexistence du substrat, puisque la génération *ex nihilo* a pour condition nécessaire qu'une chose soit générée dans un sens absolu : Philopon montre que la forme est générée en même temps que le substrat : voir aussi **168** É. Évrard, « Philopon, La ténèbre originelle et la création du monde », dans **169** C. Rutten et A. Motte (édit.), *Aristotelica*, Mélanges offerts à M. De Corte, Bruxelles 1985, p. 185-188, et **170** G. Verbeke, « La physique d'Aristote et l'interprétation de Jean Philopon », dans **171** M. A. Sinaceur (édit.), *Aristote aujourd'hui*, Paris 1987, p. 307-312. ❏ Le livre VI concerne la polémique contre les arguments aristotéliciens en faveur de l'éternité du mouvement et du temps en *Phys*. VIII 1 : Philopon part de la critique adressée à la notion aristotélicienne de mouvement et, à partir de là, il en vient à établir non seulement la création *ex nihilo,* mais également la thèse que mouvement et temps ont un commencement et auront une fin. ❏ Dans le livre VIII (perdu) pour terminer, l'attente chrétienne d'un nouveau monde était fondée sur la croyance en un monde qui commencerait, mais ne finirait jamais et qui dériverait de la nature surabondante de Dieu : *cf.* **172** L. Judson, « God or Nature? Philoponus on generability and perishability », dans Sorabji **6**, p. 179-196. L'ouvrage de Philopon, selon Simplicius, *in Cael*., p. 25, 22 - 26, 31, était prolixe et c'est pour cette raison qu'il n'a pas été pris en considération : les arguments de Philopon, en réalité, peuvent effrayer (καταπλήττειν), dit Simplicius, des hommes incultes, ou bien les chrétiens incultes qui ne savent rien ni d'Aristote, ni, en général, de la philosophie. Le *Contra Aristotelem* est en effet considéré de façon générale comme moins intéressant que le *Contra Proclum* (voir **173** R. Sorabji, « The *Contra Aristotelem*. Purpose, context and significance » dans Wildberg **165**, p. 20) ; il eut cependant une énorme importance dans l'antiquité : Simplicius, qui par exemple reconnaît, dans l'*in Cael*., p. 135, 27-31, ne pas avoir lu le *Contra Proclum,* s'en prend vivement au *Contra Aristotelem.* Le monde islamique a reçu ce dernier traité grâce à al-Farabi – lequel considérait que Philopon s'était trompé en attribuant à Aristote la

croyance en l'éternité du monde, mais al-Farabi interprétait Aristote à travers un texte pseudépigraphe, la *Théologie d'Aristote* (voir *DPhA*, t. I, 1989, p. 541-590), qui est en fait une version
arabe de textes tirés d'Alexandre, de Plotin et de Proclus, altérés en plus dans le sens du créationnisme chrétien – et il l'a utilisé au moins jusqu'au Xᵉ-XIᵉ siècles, puisque le texte est connu par
Avicenne. Dans l'Occident latin, on a retrouvé son influence chez Bonaventure (Sorabji **88**,
p. 202) et chez Thomas d'Aquin (Sorabji **173**, p. 21 n. 12). Dans le monde byzantin, on constate
que Pléthon connaît la doctrine philoponienne selon laquelle les cieux sont faits de feu et non
d'éther, et même après la révolution copernicienne du XVIIᵉ siècle, Cremonini défend le
cinquième élément d'Aristote contre Philopon (Sorabji **173**, p. 21 et n. 15).

(13) Ouvrage sur l'éternité du monde

Simplicius, *in Phys.*, p. 1326-1336, cite des extraits de Philopon qui proviennent d'un ouvrage sur l'éternité du monde différent de celui que nous possédons. Voir **174** H. A. Davidson, « John Philoponus as a source of medieval Islamic
and Jewish proof of creation », *JAOS* 89, 1969, p. 358-359. Ces extraits ont été
traduits par Furley et Wildberg **126**, p. 107-128.

(14) Ouvrage sur la création du monde dans le temps

175 S. Pines, « An Arabic summary of a lost work of John Philoponus », *IOS* 2,
1972, p. 320-352, a traduit en anglais le sommaire arabe d'un ouvrage perdu dans
lequel Philopon discutait de la création du monde dans le temps et où l'auteur du
sommaire faisait référence au *Contra Proclum* et au *Contra Aristotelem*. Ce
sommaire a été également traduit en français par **176** G. Troupeau, « Un épitomé
arabe du *De contingentia mundi* de Jean Philopon », dans **177** E. Lucchesi et H. D.
Saffrey (édit.), *Mémorial A.J. Festugière. Antiquité païenne et chrétienne*, coll.
« Cahiers d'orientalisme » 10, Genève 1984, p. 77-88.

(15) De opificio mundi (Sur la création du monde)

Édité par Reichardt **3** ; traduction allemande : Scholten **17** ; traduction française : **178** M. C. Rosset et M.-H. Congourdeau, *Jean Philopon. La création du
monde*, coll. « Les Pères dans la foi » 87-88, Paris 2004. L'ouvrage qui a probablement été composé, comme nous l'avons dit, dans les années 553-560, comprend
sept livres et est un commentaire des premiers chapitres de la *Genèse* ; Philopon
s'inspire des *Homélies sur l'Hexaeméron* de Basile le Grand, auquel il porte la plus
grande considération : *cf.* **179** C. Scholten, « Weshalb wird die Schöpfungs-
geschichte zum naturwissenschaftlichen Bericht ? Hexaemeronauslegung von
Basilius von Cäsarea zu Johannes Philoponus », *ThQ* 117, 1997, p. 1-15.

Dans cet ouvrage Jean entend réfuter l'interprétation des mêmes chapitres de la *Genèse* proposée dans l'Ἑρμηνεία τῆς κτίσεως de Théodore de Mopsueste : ce dernier, à l'occasion du
Concile œcuménique de Constantinople de 553, fut accusé d'être nestorien, mais Philopon s'en
prend à lui non seulement pour son nestorianisme, mais aussi à cause des aspects manichéens de
son exégèse. Philopon s'oppose en particulier à l'interprétation que donnait Théodore du concept
de ténèbre (σκότος), qui est pour Théodore, « à la manière manichéenne », essence, tandis que
pour Philopon la ténèbre n'est ni essence ni qualité, mais uniquement privation de lumière,
comme il l'avait déjà montré dans l'*in An.*, p. 344, 14-29 : *cf.* Évrard **168**, p. 180-184. Le même
Évrard, **168**, p. 184, souligne que l'attention portée au problème de la ténèbre comme privation de

lumière est liée à l'intérêt porté par Philopon au problème de la création *ex nihilo*, car la notion de privation lui permet de démontrer l'existence d'une création de ce type dans le cas de la lumière. Les thèmes abordés dans le *De opificio mundi* sont discutés dans Scholten **17**, lequel montre comment Philopon, sur la base du récit biblique de la création, a réussi à élaborer une cosmologie conforme aux connaissances scientifiques de l'époque, en réaction contre la *Topographie chrétienne* de Cosmas Indicopleustès. Dans le *Prologue,* Philopon nous apprend que plusieurs personnes lui ont demandé de mettre par écrit une explication de la cosmogonie mosaïque, principalement dans le but de réfuter l'opinion des philosophes selon laquelle le monde serait éternel. Scholten **17** s'interroge sur le but de l'ouvrage, se demandant si l'intention de Philopon était de démontrer que Moïse est en accord avec la science de la nature, repoussant de la sorte l'objection que les néoplatoniciens adressaient aux chrétiens, ou bien s'il voulait plutôt en qualité de monophysite montrer que les disciples de Théodore, comme Cosmas, non seulement faisaient erreur en proposant une christologie dualiste qui du reste soulignait la nature humaine du Christ au détriment de sa divinité, mais ignoraient totalement l'exégèse biblique correcte en matière de science naturelle. L'explication du début de la *Genèse* contient beaucoup de platonisme, mais l'apport de la philosophie d'Aristote est fondamental. Par exemple, les réflexions d'Aristote concernant l'espace s'avèrent précieuses quand Philopon se demande si les anges ont ou peuvent assumer la corporalité et par conséquent occuper un espace, ou bien également lorsqu'il examine pourquoi Théodore a utilisé très souvent le concept d'espace en affirmant que les planètes sont les véhicules des anges, lesquels ont été créés en même temps que le monde. Les deux passages du *De opificio mundi* qui concernent les anges (1, 8-22 et 6, 9) marquent une opposition significative à l'égard de la dualité des natures dans le Christ et proposent une création des anges de la part de Dieu antérieure à l'acte divin de création du monde : *cf.* **180** L. S. B. MacCoull, « The monophysite angelology of John Philoponus », *Byzantion* 65, 1995, p. 388-395. La philosophie et le langage d'Aristote sont encore utilisés par Philopon pour résoudre d'autres problèmes : **181** C. Scholten, « Verändert sich Gott, wenn er die Welt erschafft ? Die Auseinandersetzung der Kirchenväter mit einem philosophischen Dogma », *JbAC* 43, 2000, p. 25-43. Philopon considère que Dieu, au moment de la création, a introduit le mouvement dans les étoiles : ici encore est présente la théorie de l'*impetus* dont il a été question à propos de l'*in Phys.* Sorabji **51**, p. 9-10, considère l'utilisation de cette théorie dans le *De opificio mundi* comme une tentative de la part de Philopon pour unifier la dynamique aristotélicienne. Aristote, soutient Sorabji, a divisé sa dynamique en secteurs non reliés entre eux, parce qu'il a expliqué le mouvement du projectile au moyen d'une force imprimée par la cause motrice à des poches d'air externes ; il a interprété le mouvement des cieux, comme celui des animaux, en termes psychologiques ; le mouvement de la terre et du feu en recourant à une nature interne, tandis que la rotation de la sphère du feu élémentaire serait, comme on l'a vu à propos de l'*in Phys.*, un cas encore différent des autres. Dans le *De opificio mundi* Philopon applique la théorie de l'*impetus* à tous les cas précédemment énumérés, car il montre que c'est Dieu, au moment de la création, qui imprime une force motrice dans les corps célestes, une inclination descendante dans la terre et ascendante dans le feu, ainsi que le mouvement lié à l'âme dans les animaux. Le mouvement des éléments serait en revanche un cas plus complexe dans la mesure où ceux-ci perdent leur propre inclination lorsqu'ils atteignent leur propre lieu naturel. A ce propos, Sorabji **51**, p. 13, précise que la théorie de l'*impetus* n'a pas pour but de détruire la distinction aristotélicienne entre mouvements naturels et mouvements violents, distinction qui peut très bien être maintenue intacte. L'importance de la théorie de l'*impetus* pour les questions qui concernent la création du monde est confirmée par des études qui ont cherché à en identifier l'origine : *cf.* **182** L. Fladerer, « Johannes Philoponos, Gregor von Nyssa und die Genese der Impetustheorie », dans **183** P. Defosse (édit.), *Christianisme et Moyen Âge, néo-latin et survivance de la latinité*, Hommages à C. Deroux, Bruxelles 2003, p. 138-151.

Très importante aussi est la question de l'herméneutique qui est appliquée à la *Genèse*. Théodore de Mopsueste, en effet, avait été l'élève de Diodore de Tarse, champion de l'orthodoxie et grand maître en théologie et en exégèse. Ce dernier avait opposé à l'allégorisme alexandrin la *theôria* antiochienne qui, sans renoncer à comprendre les significations plus secrètes des Saintes

Écritures, considérait cependant le respect de la lettre du texte comme le critère méthodologique le plus efficace pour en assurer la compréhension. Théodore suivait scrupuleusement l'enseignement de Diodore dans ses interprétations de pratiquement tous les livres de la Bible. Le *De opificio mundi* de Philopon se présente comme un écrit ἐξηγητικόν, c'est-à-dire comme un ouvrage qui ne présente aucune explication qui n'ait un rapport direct avec le texte et par conséquent comme une sorte de commentaire philosophiquement fondé sur la pensée de l'auteur de la *Genèse*. L'aspect linguistique de la *Genèse* est examiné par Philopon en fonction non seulement de sa propre formation de grammairien, mais aussi sur la base des modèles linguistiques néoplatoniciens, où la parole est considérée comme un symbole renvoyant à une vérité philosophique : pour expliquer des termes employés, Philopon a recours à Orion de Thèbes (☛O 44), maître de Proclus (*cf.* Marinus, *Vita Procli* 8), et il utilise les éymologies en les présentant comme des arguments auxiliaires de la théorie. Sur toute cette question, *cf.* **184** L. Fladerer, *Johannes Philoponos, « De opificio mundi ». Spätantikes Sprachdenken und christliche Exegese*, coll. « Beiträge zur Altertumskunde » 135, Stuttgart/Leipzig 1999. Pour tout ce qui concerne par ailleurs la terminologie juridique, *cf.* **185** L. S. B. MacCoull, « John Philoponus' *De opificio mundi* and the papyri », dans **186** I. Andorlini *et alii* (édit.), *Atti del XXII congresso internazionale di papirologia*, Firenze 23-29 agosto 1998, Firenze 2001, p. 841-847.

C) Écrits philosophico-mathématiques

(16) Σύμμικτα θεωρήματα (Théorèmes mélangés).

Cet ouvrage perdu pourrait remonter à une période antérieure à 517, car on trouve des renvois probables à cette œuvre dans l'*in Phys.*, p. 55, 26 et 156, 17, et dans l'*in APo.*, p. 179, 11 et 265, 6. Le premier passage qui, selon Évrard **4**, p. 340, renvoie aux *Summikta Theôrêmata*, a une importance particulière, car Philopon fait référence à ses arguments antérieurs contre l'éternité du monde ; les autres passages, en revanche, concernent des problèmes de géométrie et d'optique.

(17) Ad Nicomachi Introductionem Arithmeticam scholia (Scholies sur l'Introduction arithmétique de Nicomaque)

Éd. **187** R. Hoche (édit.), *Nicomachi Geraseni, Introductionis arithmeticae libri II recensuit R.H. Accedunt codicis Cizensis problemata arithmetica*, coll. *BT*, Leipzig 1864-1867 ; voir maintenant **188** G. R. Giardina, *Giovanni Filopono matematico tra Neopitagorismo e Neoplatonismo. Commentario alla* Introduzione Aritmetica *di Nicomaco di Gerasa*. Introduzione, testo, traduzione e note, coll. « Symbolon » 20, Catania 1999. Cet ouvrage provient d'un cours donné par Ammonius dans son école d'Alexandrie ; il en existe également une version transmise par Asclépius (☛A 458) : *cf.* **189** L. Tarán (édit.), *Asclepius of Tralles, Commentary to Nicomachus' Introduction to Arithmetic*, coll. « Transactions of the American philosophical society », new series 59, 4, Philadelphia 1969. Il convient de comparer ces deux éditions du cours, car les deux commentaires offrent parfois des correspondances littérales. A ce propos, **190** L. G. Westerink, « Deux commentaires sur Nicomaque : Asclépius et Jean Philopon », *REG* 77, 1964, p. 534, a considéré que Philopon aurait publié son commentaire sur Nicomaque en utilisant et en plagiant celui d'Asclépius. Contre cette position de Westerink et pour défendre l'originalité de Philopon, Évrard **42**, p. 594 n. 8, a signalé qu'on trouve un renvoi à l'*in Meteor.* dans l'*in Nicom.* I 14, 4-5 (ὅτι δὲ καὶ τὰ οὐράνια

ἀλλοιοῦται κατὰ ποιότητα, ἐν ταῖς εἰς τὰ μετέωρα σχολαῖς ἐδείξαμεν), ce qui
ne correspond à rien chez Asclépius : il faudrait donc situer la composition de l'*in
Nicom*. à une époque tardive de la carrière de Philopon, si l'on tient compte du fait
que, selon Évrard, l'*in Meteor*. doit être daté de 529. Westerink considère que le
renvoi en question ne concerne pas *in Meteor.*, p. 49, 25 - 52, 5, comme le pense
Évrard – lequel a reçu l'approbation de Tarán **189**, p. 11 n. 50 –, mais plutôt les
pages perdues de ce commentaire. Évrard a cependant raison, comme je l'expli-
querai un peu plus loin, de reconnaître dans l'*in Nicom*. une prise de position polémique sur le problème de l'éternité du monde. Tarán **189**, a adopté une position
intermédiaire entre celles d'Évrard et de Westerink, car il estime que Philopon
aurait utilisé les notes d'Asclépius, fautives et désorganisées, mais aurait travaillé
sur ce matériel en apportant des corrections et des ajouts.

En réalité, le problème de la dépendance de l'*in Nicom*. de Philopon par rapport à celui
d'Asclépius n'a qu'une importance relative, car le texte de Philopon est beaucoup plus développé
que celui d'Asclépius, beaucoup plus correct et présente des interprétations personnelles originales. Par exemple en *in Nicom*. I 7, à propos du fait que les êtres corporels sont toujours, dans
leur changement perpétuel, des imitations de la nature instable de la matière, contrairement à
Asclépius qui se borne à rappeler la polémique d'Ammonius contre Nicomaque, Philopon défend
Nicomaque (➽N 50) en donnant tort à son maître, parce qu'il n'aurait pas compris en quel sens
Nicomaque parlait d'une imitation de la matière de la part des êtres corporels : *cf.* Giardina **188**,
p. 70-72. En revanche, il est très important de se demander pourquoi, dès lors que Philopon se
démarquait de plus en plus de l'environnement néoplatonicien, il a ressenti le besoin de travailler
sur un écrit de mathématique pythagoricienne. Je considère comme probable que l'*in Nicom.*,
plutôt que de se situer dans une période tardive en raison du renvoi présumé à l'*in Meteor.*, serait
l'un des écrits impliqués dans l'entreprise de révision dont parle Verrycken ; même s'il fallait
supposer, comme le fait Évrard, une datation tardive, l'essentiel du problème resterait identique,
dans la mesure où le matériel constitutif de base, qui se rencontre aussi chez Asclépius, remonte à
l'esprit des commentaires d'Ammonius et par conséquent à celui du jeune Philopon. La façon
sélective dont Philopon revoit ce commentaire manifeste le souci, qui s'exprime de façon polémique dans le *Contra Proclum* et dans le *Contra Aristotelem*, de défendre la doctrine de la création.
Par exemple, chez Asclépius, *in Nicom*. I 3, 68-79, à la suite du *Timée* 27 d - 28 a, nous trouvons
une interprétation d'Ammonius qui semble soutenir l'éternité du monde, puisqu'il est expliqué
que le cosmos se trouve impliqué dans un processus de changement continuel, sans que cela
implique la génération dans le temps, tandis que chez Philopon, *in Nicom*. I 3, 54-58, l'interprétation ammonienne est supprimée. Dans l'*in Nicom*. I 14 Philopon renvoie à l'*in Meteor*. à
propos du fait que les cieux changent selon la qualité : si les corps célestes sont sujets non seulement à une translation – qui est l'unique type de mouvement admis par Asclépius *in Nicom*. I 3,
55-60 –, mais aussi à une altération, cela implique qu'ils ne sont pas immuables comme l'a soutenu Aristote, mais qu'ils sont eux aussi sujets à corruption et à génération. En ce qui concerne en
revanche la psychogonie platonicienne, Philopon parle du rapport entre les nombres et la tripartition de l'âme dans l'*in Nicom*. I 31 et 178, mais plus important est le problème du rôle des
nombres dans la création extra-temporelle de l'âme qui remonte à *Timée* 35 a - 36 d et dont
Philopon traite en II 12 et qu'il évoque à nouveau en II 90 et 91 : *in Nicom*. II 12, 1-8 doit être
rapproché de deux autres passages philoponiens de plus grande extension, c'est-à-dire *in An.*,
p. 115, 22 - 122, 26 et *Contra Proclum*, p. 195, 13 - 200, 3 étudiés par Segonds **159**, p. 461-479,
lequel montre comment ces passages dérivent indirectement du *Timée*. Dans l'*in Nicom*. II 70,
Philopon insiste sur le fait que la théorie des proportions est indispensable pour comprendre ce
que dit Platon dans le *Timée* sur la création de l'âme et il fait référence à l'enseignement
platonicien par αἰνίγματα, mais, dans le passage déjà cité II 12 également, Philopon affirme que
Platon enseigne « symboliquement » la naissance de l'âme : Verrycken **14** souligne que l'interpré-

tation symbolique de la psychogonie platonicienne, qui se rencontre également dans l'*in An.* et qui est en revanche abandonnée au profit de l'interprétation littérale dans le *Contra Proclum*, est un résidu de la période ammonienne de Philopon, à laquelle appartiendrait aussi, selon le même savant, l'*in Nicom.*

L'ouvrage aborde les thèmes proposés dans l'*Introduction arithmétique* de Nicomaque, dont est cité en tête de chaque lemme le texte à commenter, et il s'inscrit essentiellement dans le sillage de la composante néopythagoricienne intégrée dans le néoplatonisme par Jamblique (➚I 3), ainsi qu'en parfaite cohérence avec le commentaire à Nicomaque de ce philosophe : *cf.* Giardina **188**. Platon et Aristote sont mis en accord entre eux par Philopon : les êtres mathématiques constituent une classe d'êtres intermédiaires entre les intelligibles et les sensibles, une classe qui a des propriétés en commun avec l'un et l'autre groupes ; les sensibles sont mêlés au non-être non seulement en raison de leur temporalité, mais surtout parce qu'ils sont des êtres matériels et la matière est un non-être qui accède à l'existence seulement quand à la matière s'unit une forme déterminée, constituant ainsi une substance ; les formes immatérielles, énumérées dans l'*in Nicom.* I 8, 5-6, correspondent aux catégories aristotéliciennes et sont traitées comme des idées platoniciennes qui, immuables en elles-mêmes, sont inhérentes à une matière-substrat, provoquant le changement des êtres ; le nombre noétique, dont le nombre dianoétique est une imitation, est celui avec lequel le démiurge organise le monde et il a la même fonction qu'ont les formes dans la détermination de la matière : *cf.* **191** G. R. Giardina, « Il concetto di numero nell'*in Nicomachum* di Giovanni Filopono », dans **192** G. Bechtle et D. J. O'Meara (édit.), *La philosophie des mathématiques dans l'Antiquité tardive*, Fribourg (Suisse) 2000, p. 149-171. Ainsi l'étude des nombres, de leurs principes, monade et dyade, de leurs espèces et sous-espèces, des méthodes comme le δίαυλος (*cf.* **193** F. Romano, *Giamblico. Summa Pitagorica*, Milano 2006, p. 822, n. 428) ou de ce qu'on appelle aujourd'hui l'algorithme, culmine dans la théorie des dix proportions, théorie qui est indispensable pour comprendre, comme je l'ai dit, la psychogonie du *Timée*. Les tendances qui se rencontrent et se croisent dans l'*in Nicom.* sont en définitive au nombre de deux : d'un côté l'aspect immédiat du commentaire, qui consiste à expliquer le « manuel » d'arithmétique de Nicomaque et donc de fournir un exposé facilement compréhensible de l'arithmétique pythagoricienne, de l'autre côté le volet métaphysique de la mathématique pythagoricienne. C'est en vertu du rôle que les mathématiques jouent en rapport avec le problème de la création que le Philopon tardif a repris son commentaire pour éliminer ou pour corriger, même en apportant des modifications superficielles, les passages qui peuvent donner l'impression d'appuyer l'éternalisme aristotélicien.

DEUXIÈME SECTION : ÉCRITS THÉOLOGIQUES

Après que la controverse arienne se fut terminée avec l'affirmation de la divinité du Christ, se posa au Ve siècle le problème complémentaire de l'union dans le Christ des deux natures, humaine et divine. Déjà Apollinaire de Laodicée (➚A 239) avait affirmé que le Christ, étant entièrement Dieu, ne pouvait participer complètement à la nature humaine et il avait été condamné pour cette doctrine au Concile de Constantinople en 381. Le problème avait été repris par les deux grandes écoles théologiques de l'Église orientale, c'est-à-dire celle d'Alexandrie et celle d'Antioche : la première insistait sur la nature divine du Christ soutenant également la fusion parfaite en lui des deux natures ; l'autre école au contraire, qui avait comme représentants Diodore de Tarse et Théodore de Mopsueste, soutenait la juxtaposition des deux natures qui coexistaient dans le Christ de façon indépendante l'une de l'autre. La conséquence de la doctrine antiochienne était que du Christ seul l'homme était né de Marie – à laquelle par suite on déniait le qualificatif de *Theotokos* – et avait souffert sur la croix. C'était là la doctrine nestorienne, ainsi appellée à cause de Nestorius d'Antioche qui, une fois monté sur le siège patriarcal de Constantinople, se rangea du côté des Antiochiens. Lors du Concile d'Éphèse en 431, Cyrille, évêque d'Alexandrie, obtint la condamnation et la déposition de Nestorius, mais sans que soit trouvée une réponse définitive au problème des deux natures du Christ. D'un autre côté la pensée de Cyrille peu de temps après conduisit aux conséquences extrêmes déduites par Eutychès qui, en affirmant la suprématie de la nature divine dans le Christ après l'incarnation, engendra l'hérésie monophysite. Dans cet amas de doctrines, le Concile de Chalcédoine en 451 formula un dogme christologique dans lequel était assumée une position intermédiaire entre le nestorianisme et le monophysisme et qui constituait un exemple exquis de synthèse dogmatique. Voir **194** A. Grillmeier, *Le Christ dans la tradition chrétienne*, t. I : *De l'âge apostolique au Concile de Chalcédoine (451)*, 2ᵉ éd. fr. par Th. Hainthaler, Paris 2003, p. 1003-1033. En se réclamant de la tradition dogmatique des Pères, Chacédoine affirme l'unité du Christ, parfait dans sa divinité et parfait dans son humanité ; contre la négation arienne et apollinariste de l'intégrité de la nature humaine du Christ, il affime que le Christ a une âme raisonnable (ce n'est donc pas le *Logos* divin qui tient lieu d'âme, comme le voulaient les apollinaristes) et un corps, ceci afin de dire que rien ne doit être sacrifié de l'humanité du Christ et ainsi, pour bien différencier la nature humaine de la nature divine, fut conçu un terme fort contesté au IVᵉ siècle, celui d'ὁμοούσιος, puisque le Christ est consubstantiel au Père selon la divinité et qu'il nous est consubstantiel selon l'humanité. A Marie, en outre, est reconnu le titre de *Theotokos*. La synthèse dogmatique présentée par le Concile de Chalcédoine consistait alors à soutenir l'unité du Christ et, en même temps, que cette unité est en deux natures, ἐν δύο φύσεσιν. Cette formule qui modifiait celle d'Éphèse, dans laquelle on lisait ἐκ δύο φύσεων, était destinée à entraîner une division de l'Église et un débat dont les écrits de Philopon répertoriés dans la présente section constituent un exemple significatif.

A) Écrits monophysites

A l'exception des *Quatre arguments contre Chalcédoine*, ces écrits ont tous été publiés, dans la version syriaque qui les a conservés, avec une traduction latine par **195** A. Šanda, *Opuscula Monophysitica Ioannis Philoponi*, Beirut 1930.

On notera, pour les numéros de pages, qu'il s'agit d'un unique volume divisé en deux parties, la première qui contient la traduction et la seconde qui donne le texte syriaque, et que la numérotation des pages de chaque partie reprend au début.

Une traduction allemande de certains passages se trouve dans **196** W. Böhm, *Johannes Philoponos, Ausgewählte Schriften*, München/Paderborn/Wien 1967.

(18) Arbiter (Διαιτητὴς ἢ περὶ ἑνώσεως)

Éd. Šanda **195**, texte syriaque, p. 3-48, trad. lat., p. 35-88 ; trad. allemande dans Böhm **196**, p. 414-429 ; des extraits en traduction anglaise se trouvent dans Ebied, van Roey et Wickham **55**. Récemment, **197** U. M. Lang, *John Philoponus and the*

controversies over Chalcedon in the sixth century : a study and translation of the
« *Arbiter* », coll. « Spicilegium sacrum Lovaniense » 47, Leuven 2001, p. 173-217,
a non seulement traduit la version syriaque, mais a également publié les fragments
grecs retrouvés et déjà édités par **198** F. Diekamp, *Doctrina Patrum de Incar-
natione Verbi*, Münster 1907, p. 272-283 (réimpr. Münster 1981). Le texte grec de
ce grand traité théologique de Philopon est aujourd'hui perdu, comme celui de ses
autres écrits théologiques, parce que leur auteur s'oppose aux dogmes du Concile
de Chalcédoine de 451. L'ouvrage a été conservé entièrement en version syriaque
et de façon fragmentaire dans des citations faites par Léonce de Byzance, *De
sectis*, actio V (*PG* 86, 1, 1232d-1233b), dans le *De haeresibus* de Jean Damascène
(*PG* 94, 744-754) et dans l'*Histoire ecclésiastique* de Nicéphore Calliste (*PG* 147,
425-428).

De plus, la similitude entre la discussion du monophysisme chez Nicétas Choniatès, *Thesaurus Orthodoxiae* (*PG* 140, 56a-61b) et chez Philopon a montré que Nicétas constituait une source
fiable pour la reconstruction partielle du texte grec de l'*Arbiter* : *cf.* Lang **197**, p. 217-230, et
199 *Id.*, « Nicetas Choniates : a neglected witness to the Greek text of John Philoponus' *Arbiter* »,
JThS 48, 1997, p. 540-548. L'*Arbiter*, dédié à Serge, patriarche d'Antioche résidant à Constantinople, se situe chronologiquement dans les années du Concile œcuménique de Constantinople
en 553 : peu après selon Šanda **195** (Préface), peu avant selon Chadwick **5**, et Lang **197**, p. 130.
Grâce à cet écrit Philopon entendait mettre ses connaissances dans le domaine de la logique
aristotélicienne au service de la communauté ecclésiastique afin d'éviter des confusions dans la
terminologie complexe de la controverse christologique : **200** G. Furlani, « Il contenuto
dell'*Arbitro* di Giovanni Filopono », *RTSFR* 3, 1922, p. 385-405. Philopon présente les éléments
de base de sa christologie dans le *Prologue* et développe dans les chapitres I-VI des arguments
qui démontrent que, si l'on comprend correctement l'union de la nature humaine et de la nature
divine dans le Christ, on se convainc nécessairement que le Christ a une unique nature composite
(μία φύσις σύνθετος). Philopon étudie les problèmes posés par le fait que le Christ est un, que le
Christ est identique à sa nature singulière, que le Christ dénote une seule nature ou substance
(φύσις et οὐσία sont synonymes), que le Christ n'admet pas de dualité, etc. Dans les chapitres
suivants (VII-IX), Philopon examine la formule de Chalcédoine qui parle d'une hypostase en
deux natures et il s'efforce de comprendre ce que signifie ὑπόστασις : dans le chapitre VII qui
constitue la partie la plus importante de l'ensemble de l'ouvrage, ce terme indique l'existence
individuée, la réalité concrète dans laquelle existent les universels ; c'est une notion plus
restreinte que φύσις, laquelle est en revanche ce à quoi participent une pluralité d'hypostases,
puisque l'hypostase en fait une nature particulière. C'est en raison de cette identification que
Philopon s'oppose à la christologie du Concile : la formule de Chalcédoine aurait été compréhensible si on avait parlé d'une nature et de deux hypostases, mais, puisqu'elle affirme une seule
hypostase et deux natures, elle s'avère incompréhensible. Philopon continue ensuite en analysant
les deux prépositions ἐν et ἐκ employées par les Chalcédoniens pour affirmer la nature composite
du Christ, afin de montrer en définitive l'erreur commise par le Concile : *cf.* aussi **201** L. S. B.
MacCoull, « John Philoponus and the composite nature of Christ », *OstkStud* 44, 1995, p. 197-
204.

(19) Epitome libri Diaetetis

Éd. Šanda **195**, texte syriaque, p. 49-62, trad. lat., p. 89-103. Cet écrit doit être
daté, comme l'*Arbiter*, de la période un peu antérieure à 553 : Lang **197**, p. 30.

Cet écrit, souvent articulé selon la méthode objection-réponse, rappelle que le Christ a une
unique nature composite. Philopon réfléchit principalement sur les termes πρόσωπον et ὑπόστασις, qui correspondent à l'expression aristotélicienne τὸ τί ἦν εἶναι.

(20) Dubiorum quorundam in Diaitete solutio duplex (Double solution à certains doutes concernant l'Arbiter)

L'ouvrage est connu sous le titre *Deux apologies de l'Arbiter*. Šanda **195**, texte syriaque, p. 63-80, trad. lat., p. 104-118 pour la première *Apologie* et p. 118-125 pour la seconde. L'ouvrage se situe chronologiquement peu après 553: *cf.* Lang **197**, p. 30.

Philopon dit que l'*Arbiter* a été écrit pour ceux qui l'ont réclamé: dans cet ouvrage sont traités tout d'abord les principes dont dérive la question des deux natures. Les théologiens contemporains, dit Philopon, attaquent l'*Arbiter* davantage dans ses termes que dans sa substance. A cet endroit de l'exposé sont cités des passages entiers de l'*Arbiter* et la discussion devient serrée autour de la question de l'emploi de ἐϰ ou de ἐν. La seconde *Apologie* prolonge la discussion sur la préposition ἐν qui fait l'objet de la dispute entre les Chalcédoniens, et sur la matière de l'*Arbiter*; en particulier, Philopon discute de la façon dont les Chalcédoniens cherchent à interpréter l'expression « en deux natures ». Le texte s'achève sur un avertissement adressé aux adversaires, taxés d'ignorance, lesquels ne peuvent éviter de tomber dans l'erreur.

(21) Tomi quattuor contra Synodum Quartam, c'est-à-dire Quatre arguments contre le IVᵉ Concile (Chalcédoine)

Nous possédons des extraits de cet écrit en version syriaque, contenus dans la *Chronique* de Michel le Syrien: *cf.* **202** J.-B. Chabot, *Chronique de Michel le Syrien, Patriarche Jacobite d'Antioche (1166-1199)*, coll. *CSCO*, 4 vol., Paris 1901-1910, t. IV, p. 218-238, pour la version syriaque, et t. II, p. 92-121, pour la traduction française. Des informations sont également fournies par Photius, *Bibliotheca, cod.* 55. Dans cet ouvrage, Philopon accuse, comme dans les deux *Apologies,* le Concile de tendances nestoriennes. L'ouvrage se situe tout de suite après le Concile œcuménique de Constantinople (553): Philopon s'efforce de montrer que ce dernier Concile a renversé sur le fond ce qui avait été établi par le Concile de Chalcédoine (451). La formule soutenue par Philopon est celle d'« une hypostase composite » qui signifie « une nature composite »: Chadwick **5**, p. 49. Le ton agressif de cet écrit est semblable à celui des deux *Apologies* et fait par conséquent contraste avec le ton pacifique de l'*Arbiter*.

(22) Tractatus de totalitate et partibus ad Sergium Presbyterum (Traité sur la totalité et les parties dédié au prêtre Sergius)

Éd. Šanda **195**, texte syriaque p. 81-94, trad. lat. p. 126-139; extraits dans Böhm **196**. Trad. latine dans **203** G. Furlani, « Il trattato di Giovanni Filopono sul rapporto tra il parti e gli elementi e il tutto e le parti », *AIV* 81, 1921-1922, p. 83-105. Le sujet de cet écrit, même s'il est de nature christologique, est traité de façon spécifiquement philosophique, puisque le but de Philopon est de montrer pourquoi il est incorrect de parler de parties « en » un tout, surtout dans le cas des deux natures « en » Christ.

(23) Tractatus de differentia, numero ac divisione (Traité de la différence, du nombre et de la division)

Éd. Šanda **195**, texte syriaque p. 95-122, trad. lat. p. 140-171. Texte syriaque et traduction italienne dans **204** G. Furlani, « Unità e dualità di natura secondo Giovanni il Filopono », *Bessarione* 27, 1923, p. 45-65. Cet écrit est probablement pseudépigraphe : Šanda **195**, p. 7 et 181 ; Lang **197**, p. 33-40.

Dans tout le traité sont considérées trois notions : hypostase, nature et propriétés. Tous les théologiens affirment que l'hypostase est unique et les propriétés multiples. En ce qui concerne la nature, personne ne la multiplie comme les propriétés, mais certains disent qu'elle est unique comme l'hypostase. La nature d'autre part est plus proche de l'hypostase que les propriétés et nul théologien ne dit que l'union est faite à partir des propriétés ou que les propriétés sont incarnées. Par conséquent, nature, essence et hypostase sont une seule et même chose. L'essence est une chose unique, ce qui fait qu'il est possible d'admettre une nature unique incarnée avec plusieurs propriétés.

(24) Epistula ad Iustinianum (Lettre à Justinien)

Éd. Šanda **195**, texte syriaque p. 124-131, trad. lat. p. 172-180 ; extraits dans Böhm **196**. Trad. latine dans **205** G. Furlani, « Una lettera di Giovanni Filopono all'imperatore Giustiniano », *AIV* 79/2, 1919-20, p. 1247-1265. La lettre a été étudiée par **206** L. S. B. MacCoull, « Philoponus' Letter to Justinian », *Byzantion* 73, 2003, p. 390-400, mais voir aussi Lang **197**, p. 24-27. Cette lettre adressée à l'empereur Justinien a longtemps servi à fonder l'hypothèse que Philopon serait mort peu après, vers 555. Philopon s'y excuse en effet de ne pouvoir aller à Constantinople pour exposer ses convictions monophysites, prétextant de son âge et de son état de santé. En se plaignant des inconvénients de son grand âge, le philosophe toutefois invoque un prétexte qui n'est pas tout à fait étranger à l'épistolographie d'époque byzantine et qui ne suffit pas à lui seul à fixer la date de la mort de Philopon quelques années seulement après le Concile. Le *terminus post quem* de cette lettre est l'année 551, année où l'empereur Justinien avait annoncé le programme général du Cinquième Concile œcuménique qui se tint à Constantinople en 553, par l'édit *De recta fide,* et si Chadwick **5**, p. 40 et 55, a proposé de le dater dans les cinq années qui ont précédé la mort de Justinien en 565, Lang **197**, p. 28 et 89, propose en revanche de considérer que la lettre est plutôt liée à l'édit et elle suggère donc une date entre 552 et 553. Scholten **17**, p. 58 n. 212, s'est également prononcé contre la datation de Chadwick **5**.

Dans la lettre Philopon semble en effet répliquer directement au contenu de l'édit, avec des arguments comme le suivant : de même que l'âme et le corps forment une seule nature, ainsi le Christ est composé (ἐϰ) "d'une" nature humaine et d'une nature divine ; si les deux personnes (πρόσωπα) de Nestorius sont réunies en une seule personne (πρόσωπον), alors la vraie union de deux natures est une seule nature, puisqu'être uni équivaut à être rendu un. Justinien lui-même enseigne l'unique hypostase composite dans le Christ et quand on parle d'ὑπόστασις on dit la même chose que quand on parle de φύσις. L'*Epistula* s'achève avec le souhait que l'empereur supprime les affirmations « deux natures » et « en deux natures » et que Dieu accorde, grâce à l'ὁμολογία de la foi, l'unité de l'Église.

B) Écrits trithéistes

Le trithéisme est, comme on le sait, une hérésie qui a pris naissance au sein du monophysisme vers 557 à la suite de l'activité du syrien Jean Ἀσκουτζαγγής, dont la doctrine est connue par le traité qu'écrivit contre lui Théodose d'Alexandrie (traité publié dans sa version syriaque par **207** J.-B. Chabot, *Documenta ad origines monophysitarum illustranda*, coll. *CSCO*, t. XVII, Paris 1908, p. 40-79, et vol. CIII, Paris 1933, p. 26-55) et qui devint la base de la théologie trinitaire des monophysites. Très rapidement deux évêques, Conon de Tarse et Eugène de Séleucie, sont devenus les protagonistes du trithéisme (*cf.* **208** E. Honigmann, *Évêques et évêchés monophysites d'Asie antérieure au VIᵉ siècle*, coll. *CSCO* sub. 2, Louvain 1951, *passim* et *indicem* p. 253, 257; **209** A. van Roey, «La controverse trithéite jusqu'à l'excommunication de Conon et d'Eugène (557-569)», *OLP* 16, 1985, p. 141-165) et ils furent soutenus par Jean Philopon, dont le traité *Sur la Trinité*, qui fut rapidement connu en version syriaque, fut condamné par les autorités orthodoxes : dans un premier temps il s'agit d'un schisme interne à l'Église monophysite, mais les choses changèrent en 569 quand Conon et Eugène refusèrent d'approuver une encyclique, ratifiée par les évêques orthodoxes de Syrie et de Constantinople, qui exposait la vraie doctrine de la Trinité en s'inspirant de Théodose : ils furent déposés, mais la condamnation fut rapidement retirée grâce à l'intervention du moine Athanase, neveu de l'impératrice Théodora. En 574 se produisit un deuxième schisme, cette fois à l'intérieur de l'Église trithéiste elle-même, avec la publication par Philopon de son traité *Sur la résurrection* (*cf. infra* n° 29), où il affirmait que ce ne sont pas nos corps actuels qui seront ressuscités. Athanase lui resta fidèle, mais Conon et Eugène l'abandonnèrent : les trithéistes se divisèrent alors en Athanasiens et Cononiens. A partir de ce moment nous ne savons plus rien concernant Philopon, ce qui permet de penser de façon vraisemblable qu'il est mort peu après, vers 575.

Philopon est de fait le théologien du trithéisme, une hérésie à laquelle il parvint en tentant d'expliquer, avec comme guide la logique d'Aristote, le mystère de la Trinité. Le point de départ est la doctrine de l'*Arbiter* : οὐσία et φύσις sont synonymes, mais peuvent être comprises de deux façons, car on comprend οὐσία ou bien en tant que φύσις κοινή, qui désigne ce que les individus de la même espèce ont en commun, ou bien en tant que φύσις ἰδικωτάτη, c'est-à-dire comme substance ou nature individuelle, concept qui joue une rôle spécial dans le trithéisme. Philopon pense que le rapport entre les trois personnes de la Trinité est analogue à celui qui existe entre les individus humains : ainsi de même qu'il existe une nature commune de l'homme qui, lorsqu'elle se réalise dans l'individu, devient propre à cet individu et cesse d'être commune, de la même façon il existe une unique nature commune de la divinité qui devient multiple et individuée dans les trois personnes de la Trinité.

(25) De Trinitate (Sur la Trinité)

De cet écrit, connu sous le double titre de *De Trinitate* ou *De theologia*, il reste, outre une sévère analyse critique de Photius (*Bibliotheca, cod.* 75), quinze fragments syriaques, édités, avec une traduction latine par **210** A. van Roey, «Les fragments trithéistes de Jean Philopon», *OLP* 11, 1980, p. 148-154 et 158-161. Quatre fragments sont conservés dans la *Chronique* de Michel le Syrien : Chabot

202, texte syriaque t. IV, p. 361-362, trad. fr. t. II, p. 331-332. Une traduction italienne de certains fragments se lit dans le premier des écrits édités par **211** G. Furlani, « Sei scritti antitriteistici in lingua siriaca », *PO* 14, 1920, p. 679-736, et **212** *Id.*, « Un florilegio antitriteistico in lingua siriaca », *AIV* 83, 1923-1924, p. 663-665, 667-669, 671, 674. Plus récemment, certains fragments ont été traduits en anglais par Ebied, van Roey et Wickam **55**, p. 29-30.

Cet écrit constitue le manifeste du trithéisme. Il a pu être écrit à l'époque où une partie des monophysites, avec Conon et Eugène, refusaient de souscrire au texte inspiré par Théodose, où étaient réfutés ceux qui affirmaient une pluralité de dieux, de substances et de natures. En accord avec ce parti, grâce à l'intermédiaire du moine trithéiste Athanase, Philopon écrit un texte officiel destiné à être envoyé à Constantinople. On a longtemps considéré que cet écrit était l'*Arbiter*, mais cette hypothèse ne tient pas, dès lors que l'écrit est cité par Philopon dans ses *Quatre arguments contre Chalcédoine*, qui est de peu postérieur à 553 et précède donc la naissance du trithéisme qui se situe en 557, comme on l'a déjà dit. L'ouvrage envoyé par Philopon à Constantinople pour soutenir le trithéisme doit en réalité être identifié avec le *De Trinitate*. Et puisque l'ouvrage constitue la réponse adressée au discours catéchétique qu'avait prononcé sur la Sainte Trinité entre le 1er septembre 567 et le 31 août 568 le patriarche de Constantinople Jean le Scolastique, sa publication se situerait dans les derniers mois de 567. Sur toute cette question, *cf.* Martin **53**, p. 519-525).

(26) Contra Themistium (Contre Thémistius)

Fragments syriaques et traduction latine dans van Roey **210**, p. 154-156 et 161-162. Traduction italienne de certains fragments dans Furlani **211**, p. 668-669 et 671. Plus récemment, certains fragments ont été traduits en anglais par Ebied, van Roey et Wickam **55**, p. 33, 51-52. En 581 Pierre de Callinicos envoya à Damien, consacré patriarche d'Alexandrie, une lettre synodale où était réfuté le trithéisme : le texte qui était attaqué n'était pas le traité *Sur la Trinité* de Philopon, mais le *Contre Thémistius,* où Philopon répétait ce qu'il avait déjà affirmé dans le *De Trinitate :* de même que chaque homme est différent de chaque autre homme, de même chaque personne divine est Dieu de façon différente.

En ce qui concerne l'identité de ce Thémistius, il s'agirait d'un partisan du trithéisme, diacre d'Alexandrie et chef de file des *Agnoètes* (une secte monophysite), défenseur de la doctrine selon laquelle l'âme humaine du Christ était semblable à celle de l'homme en tous points sauf l'ignorance et les limites de la connaissance humaine ; *cf.* **213** É. Amann, art. « Themistius », *DTC* XV, 1946, col. 219-22 ; **214** Th. Hermann, « Monophysitica », *ZNTW* 32, 1933, p. 287-294. Ce Thémistius, avec les évêques Conon et Eugène, attaquera la doctrine philoponienne du *De resurrectione, cf.* Honigmann **208**, p. 37 n. 5.

(27) Epistula ad consentaneum quemdam (Lettre à un partisan)

Un fragment dans van Roey **210**, p. 157 et 162.

(28) Autres fragments syriaques

Quatre autres fragments syriaques d'origine incertaine sont édités par van Roey **210**, 157-158 et 162-163.

C) Écrits sur la résurrection

(29) De Resurrectione (Sur la résurrection)

De cette œuvre qui comprenait au moins sept livres nous ne possédons qu'une quinzaine de fragments syriaques, publiés avec une traduction française par **215** A. van Roey, «Un traité cononite contre la doctrine de Jean Philopon», dans *Antidoron, Hommage à Maurits Geerard*, Wetteren 1984, p. 123-139. Certains fragments grecs sont conservés par Nicéphore Calliste, *Historia ecclesiastica*, 18, 47 (*PG* 147, 424 D-425 A), et par Timothée de Constantinople, *De receptione haereticorum* (*PG* 86, 61 A). Voir aussi **216** T. Hermann, «Johannes Philoponos als Monophysit», *ZNTW* 29, 1930, p. 211 et n. 7.

Dans cet ouvrage Philopon utilise la doctrine aristotélicienne de la matière et de la forme pour critiquer la doctrine chrétienne de la résurrection des corps. Photius, *Bibliotheca, codd.* 21-23, ne lui épargne pas d'âpres critiques. Ses positions théoriques, conformes au système conceptuel enseigné par Ammonius dans son commentaire sur l'*Isagoge* de Porphyre, se font si extrêmes qu'elles finirent par lui faire perdre l'amitié de Conon et d'Eugène, qui prirent position contre lui : *cf.* Photius, *Bibliotheca, cod.* 23; Schamp **9**, p. 142-145.

(30) Contra Epistulam Dosithei

Voir van Roey **215**, p. 134-135.

D) Autres écrits théologiques

(31) Contra Andream (Contre André)

Proviennent presque certainement de cet ouvrage les fragments syriaques contre les ariens publiés avec une traduction latine par **217** A. van Roey, «Fragments antiariens de Jean Philopon», *OLP* 10, 1979, p. 240, 241-248. *Cf.* aussi Hermann **216**, p. 211 n. 9, et Honigmann **208**, p. 183 n. 1.

(32) De Paschate (Sur la Pâque)

Éd. par **218** C. Walter, *Ioannis Philoponi Libellus de Paschate*, coll. «Commentationes Philologae Jenenses» VI 2, Leipzig 1899, p. 195-229. Le traité est conservé dans deux manuscrits : le *Paris. Coislinianus* 378, où il est attribué par erreur à Jean Damascène, et le *Vindob. theol. gr.* 29, où il est transmis sans nom d'auteur. Il a été attribué à Philopon par Walter **218** parce que le *De opificio mundi*, avec lequel il présente des similitudes, se trouve également dans le *Vindob. theol. gr.* 29. Cet écrit, négligé par les spécialistes de Philopon, est analysé par **219** L. S. B. MacCoull, «John Philoponus, On the Pasch (CPG 7267): the Egyptian Eucharist in the sixth century and the Armenian connection», *JÖByz* 49, 1999, p. 1-12.

Philopon y soutient deux thèses principales : la première est que la Dernière Cène n'est pas le rite prescrit par la Torah et par conséquent prévu par la Loi ancienne pour la première nuit de la Pâque, mais une nouvelle création du Christ et donc une nouvelle Pâque véritable et mystique ; la seconde est que le pain azyme ne fut pas utilisé lors de la Dernière Cène.

(33) Contre le traité de Jamblique Sur les statues

Cet écrit est perdu. Il est signalé par Photius, *Bibliotheca*, *cod*. 215, qui en donne une brève description. Philopon réfutait l'ouvrage de Jamblique qui était probablement une réponse à Porphyre concernant le problème de la valeur et de la signification des représentations figurées des dieux, *cf.* Romano **193**, p. 22.

TROISIÈME SECTION :
ÉCRITS PHILOLOGIQUES ET GRAMMATICAUX

(34) De vocabulis quae diversum significatum exhibent secundum differentiam accentus (Des mots qui offrent une signification différente en fonction de la différence de leur accentuation)

Ed. **220** L. W. Daly, coll. « Proceedings of the American Philosophical Society » 30 / « Memoirs of the American Philosophical Society » 151, Philadelphia 1983 ; **221** A. Bravo Garcia, « Varia lexicographica graeca manuscripta V : Iohannis Philoponi collectio vocum », *EClás* 27, 1985, p. 149-156.

(35) Τονικὰ Παραγγέλματα (Préceptes sur l'accentuation)

222 Ed. W. Dindorf, *Ioannes Philoponos*, Leipzig 1825. Il s'agit d'un épitomè du Περὶ σχημάτων d'Hérodien. Voir Sorabji **6**, p. 233.

(36) Traités de dialectologie

A un Jean le Grammairien sont attribués trois traités de dialectologie publiés pour la première fois par **223** A. Manuzio, *Thesaurus Cornucopiae et Horti Adonidis*, Venetiis 1496. La première tentative moderne pour rassembler et étudier les sources de cet ouvrage est due à **224** O. Hoffmann, *Die griechischen Dialekte in ihrem historischen Zusammenhange*, 3 vol., Göttingen 1891-1898, qui publia le Περὶ Αἰολίδος, *pars operis* Περὶ διαλέκτων, t. II, 1893, p. 206-208 et 213-222. Les trois traités Περὶ διαλέκτων ἐκ τῶν Ἰωάννου γραμματικοῦ ont été publiés par **225** C. Consani, *ΔΙΑΛΕΚΤΟΣ. Contributo alla storia del concetto di « dialetto »*, coll. « Testi linguistici » 18, Pisa 1991, p. 95-121, et accompagnés d'observations linguistiques et philologiques, p. 122-144, ainsi que d'une étude introductive, p. 55-71. En ce qui concerne l'identification de ce Jean le Grammairien avec Philopon, Consani **225**, p. 55 n. 2, se contente de renvoyer à **226** K. Krumbacher, *Geschichte der Byzantinischen Litteratur*, München 1891, p. 277.

GIOVANNA R. GIARDINA.

QUATRIÈME SECTION : ÉCRITS SCIENTIFIQUES

(37) De usu astrolabii eiusque constructione libellus

Le plus ancien traité conservé concernant la fabrication et l'utilisation de l'astrolabe planisphérique.

Titre. Περὶ τῆς τοῦ ἀστρολάβου χρήσεως καὶ κατασκευῆς καὶ τῶν ἐν αὐτῷ καταγεγραμμένων («Sur l'usage et la construction de l'astrolable et sur les tracés qu'il présente»).

L'attribution par les manuscrits du traité à Jean d'Alexandrie, Jean Philopon ou Jean le Grammarien, ne laisse aucun doute sur son authenticité, d'autant plus que l'auteur se présente comme un disciple du «très philosophe Ammonius» (d'Alexandrie). «Les connaissances astronomiques que Philopon y manifeste sont d'un niveau tout à fait élémentaire et comparables à celles dont il a l'occasion de faire preuve dans ses autres œuvres (en particulier dans le *De opificio mundi* ou dans son *Commentaire sur les Météorologiques)*» (Segonds **229** [cité plus loin], p. 14).

Le traité est destiné à un public de philosophes ne possédant que des rudiments d'astronomie : «Sans doute ce (sujet) a-t-il déjà été traité d'une manière satisfaisante par mon maître, le très philosophe Ammonios, mais il réclame néanmoins davantage d'explication pour pouvoir être saisi même par ceux qui n'ont pas reçu d'instruction dans ce domaine. Aussi ai-je été engagé à faire ce travail par certains de mes amis» (chap. 1, trad. Segonds, p. 142).

Édition. La seule édition du texte, fort imparfaite, est celle de **227** H. Hase = Karl-Benedict Hase (1780-1861), *Ioannis Alexandrini, cognomine Philoponi, de usu astrolabii eiusque constructione libellus e codd. Mss. Regiae Bibliothecae Parisiensis,* Bonn 1939, IV-44 p., qui reprend un article paru dans *RhM* 6, 1839, p. 129-156. Sur la valeur de cette édition, les trois manuscrits prétendument utilisés et la méthode de travail peu scrupuleuse de l'éditeur, «faussaire érudit», voir Segonds **229** (cité plus loin), p. 113-121.

Traductions. En français : **228** P. Tannery, «Jean le grammairien d'Alexandrie (Philopon). Sur l'usage de l'astrolabe et les tracés qu'il présente», dans *Mémoires scientifiques,* t. IX, Paris 1927, p. 341-367 ; **229** *Jean Philopon, Traité de l'astrolabe,* coll. «Astrolabica» 2, Paris 1981, 205 p. L'ouvrage, publié sans nom d'auteur, est d'Alain-Philippe Segonds, dont le nom apparaît à la fin de l'Avant-Propos, p. 6. Le texte de l'édition Hase est reproduit en vis-à-vis de la traduction française, mais une liste de corrections au texte grec est proposée p. 199-203. Une riche Introduction, rédigée avec beaucoup d'érudition et d'humour, fait un point complet sur la place de l'ouvrage dans l'histoire des traités sur l'astrolabe de Ptolémée à la fin de l'époque byzantine. En allemand : **230** J. Drecker, «*Des Johannes Philoponus Schrift über das Astrolab*», *Isis* 11, 1928, p. 15-44 ; En anglais : traduction par **231** H. W. Greene dans R. T. Gunther, *Astrolabes of the World,* Oxford 1932, t. I, p. 61-81 («le mieux est de n'en rien dire», Segonds **229**, p. 121).

Cf. Gudemann **10**, col. 1792.

Principales études. 232 G. Kaufmann, art. «Astrolabium» 2, *RE* II 2, 1896, col. 1799-1802 ; **233** P. H. Michel, *Traité de l'astrolabe,* Paris 1947, 202 p. ; **234** O. Neugebauer, «Studies in Ancient Astronomy, IX. The early History of the Astrolabe», *Isis* 40, 1949, p. 240-256 ; **235** *Id., A History of ancient mathematical astronomy,* coll. «Studies in the history of mathematics and physical sciences» 1, Berlin 1975, 3 vol., t. I, p. 877-879 et 1041-1042 ; **236** A. Stückelberger, «Der

Astrolab des Ptolemaios: ein antikes astronomisches Messgerät», *AW* 29, 1998, p. 377-383; **237** P. Kunitzsch, «Observations on the Arabic reception of the astrolabe», *AIHS* 31, 1981, p. 243-252; **238** B. Stautz, «Die früheste bekannte Formgebung der Astrolabien», dans A. von Gotstedter (édit.), *Ad radices. Festband zum fünfzigjährigen Bestehen des Instituts für Geschichte der Natur- wissenschaften der Johann Wolfgang Goethe-Universität Frankfurt am Main*, Stuttgart 1994, p. 315-328; **239** Gisèle Cocco, «Un dossier: la dioptre à travers les traités grecs de l'astrolabe plan», dans G. Argoud et J.-Y. Guillaumin (édit.), *Autour de "La Dioptre" d'Héron d'Alexandrie*, coll. «Mémoires du Centre Jean- Palerne» 21, Saint-Étienne 2000, p. 45-64; **240** F. Maddison, «Observatoires portatifs: les instruments arabes à usage pratique», dans R. Rashed et R. Morelon (édit.), *Histoire des sciences arabes*, t. I: *Astronomie, théorique et appliquée*, Paris 1997, p. 139 172, notamment p. 146 160.

Manuscrits. Une liste de 66 manuscrits, dont aucun n'est antérieur au XIIIe siècle, a été établie par Segonds **229**, p. 122-126, qui dresse également une liste de manuscrits à éliminer (p. 126-127).

Plan (selon Segonds **229**, p. 16): 1. Introduction (chap. 1). 2. Construction de l'instrument (chap. 2-4). 3. Usage de l'instrument (chap. 5-15). C'était déjà le plan du traité de Théon d'Alexandrie sur le même sujet, source vraisemblable de Philopon. L'ouvrage de Théon est perdu en grec, mais il est connu par al-Yakubi et Sévère Sébokht (voir Segonds **229**, p. 16-17, et, pour une synopse des trois documents, *ibid.*, p. 33-37). Pour le témoignage d'al-Yakubi, voir **241** M. Klamroth, «Über die Auszüge aus griechischen Schriftstellern bei al-Jaq'ûbî. IV. Mathematiker und Astronomen», dans *ZDMG* 42, 1888, p. 1-44. Pour celui de Sévère Sébokht, voir **242** F. Nau, «Le traité sur l'astrolabe plan de Sévère Sabokt écrit au VIIe siècle d'après des sources grecques et publié pour la première fois avec traduction française», *JA*, IXe série, 13, 1899, p. 56-101 et 238-303.

Résumé sommaire des quinze chapitres dans Segonds **229**, p. 140-141.

RICHARD GOULET.

(38) Sur les fièvres (Ἰωάννου τοῦ Φιλοπόνου ἰατροσοφιστοῦ περὶ πυρετῶν θαυμάσιον).

L'œuvre, conservée dans le *Mosq. G.I.M. Synod. gr.* 466, fol. 157[r]-174[r], est répertoriée dans le catalogue de manuscrits médicaux de **243** H. Diels, «Die Handschriften der Antiken Ärzte», *Philosophische und historische Abhandlungen der Königlich preussischen Akademie der Wissenschaften*, II. Teil, Berlin 1906, p. 50, et a été étudiée par **244** C. Schiano, «Il trattato inedito "Sulle febbri" attri- buito a Giovanni Filopono: contenuto, modelli e struttura testuale», dans **245** I. Garofalo et A. Rosselli (édit.), *Galenismo e medicina tardoantica: fonti greche, latine e arabe*, coll. «A.I.O.N., Dipartimento di studi del mondo classico e del Mediterraneo antico, Sezione filologico-letteraria. Quaderni» 7, Napoli 2003, p. 75-100.

Cet ouvrage est marqué par de fortes préoccupations philosophiques, comme le montre par exemple la section consacrée à la définition de la fièvre maligne qui est mortelle, s'il est vrai que la fièvre, considérée comme un accident du corps, d'après ce qu'enseigne l'*Isagoge* de Porphyre sur l'accident, devrait disparaître sans détruire le substrat et donc ne pas être mortelle : *cf.* Ammonius, *In Porphyrii Isagogen sive quinque voces,* p. 111-113 Busse. S'il est possible d'affirmer avec une grande probabilité que ce texte appartient au milieu alexandrin, il est plus difficile de l'attribuer avec certitude à Philopon : après l'étude de **246** M. Meyerhof, «Joannes Grammatikos (Philoponos) von Alexandrien und die arabische Medizin», *MDAI(K)* 2, 1931, p. 1-21, on est plutôt sceptique sur la possibilité que Jean Philopon ait écrit des ouvrages de médecine : voir aussi **247** C. L. Temkin, «Byzantine medicine : tradition and empiricism», *DOP* 16, 1962, p. 105 n. 58, et **248** V. Nutton, «John of Alexandria again : Greek medical philosophy in Latin translation», *CQ* 41, 1991, p. 510 n. 6, même si une certaine compétence en matière médicale lui est reconnue : Todd **115**.

(39) Sur les battements du cœur (ou Sur le pouls)

Petit traité conservé dans le *Vat. gr.* 280. Voir **249** I. Garofalo, «La traduzione araba del commento di Ioannes Grammatikos al "De pulsibus" di Galeno», dans **250** A. Garzya et J. Jouanna (édit.), *I testi medici greci : tradizione ed ecdotica,* coll. «Collectanea» 17, Napoli 1999, p. 185-218.

(40) Écrits médicaux conservés en arabe

Pour les écrits médicaux en traduction arabe attribués à Philopon, voir **251** M. Steinschneider, «Johannes Philoponus bei den Arabern. Eine Ergänzung zu Wenrich», dans *Id., Al-Farabi (Alpharabius) des arabischen Philosophen Leben und Schriften mit besonderer Rücksicht auf die Geschichte der griechischen Wissenschaft unter den Arabern,* coll. «Mémoires de l'académie impériale des sciences de St. Petersbourg», VIIe série, XIII 4, Saint Petersbourg 1869 (réimpr. Amsterdam 1966), p. 163-165. **252** F. Sezgin, *Geschichte des arabischen Schrifttums,* Leiden, t. III, 1990, p. 15-60, fournit une très importante documentation sur les ouvrages de médecine en arabe attribués à Philopon. Le ms. *Arund. Or.* 17 de la British Library conserve des traductions arabes de textes médicaux attribués à Jean le Grammairien : sur le contenu de ce manuscrit et son auteur présumé, voir **253** I. Garofalo, «Il sunto di Ioannes Grammatikos delle opere del canone di Galeno», dans **254** D. Manetti (édit.), *Studi su Galeno : scienza, filosofia, retorica e filologia,* coll. «Studi e testi» 17, Firenze 2000, p. 135-147 ; voir aussi Garofalo **259** et **255** I. Garofalo, École Pratique des Hautes Études, *Livret-Annuaire,* 14 (1998-1999), Paris 2000, p. 225. L'abrégé du *De sectis* attribué par le manuscrit à un certain Jean le Grammairien est maintenant publié et traduit par **256** P. E. Pormann, «Jean le Grammairien et le "De sectis" dans la littérature médiévale d'Alexandrie», dans Garofalo et Rosselli **245**, p. 233-263.

En achevant cette notice sur Philopon, je me dois d'avoir une pensée pour Alain Segonds, récemment disparu, en signe de gratitude pour les précieux conseils et les pertinentes suggestions dont il m'a fait part pour la mise au point de la version finale de ce travail difficile. Je remercie également R. Goulet pour le soin qu'il a consacré à la traduction française et à la révision de cette notice.

GIOVANNA R. GIARDINA.

TRADITION ARABE

Connu par la tradition arabe surtout sous le nom de Yaḥyā al-Naḥwī, traduction littérale de Ἰωάννης γραμματικός (Jean le Grammairien) comme le rappelle Bar Hebraeus (voir **1** Gregorius Ibn al-ʿIbrī, *Tārīḫ Muḫtaṣar al-Duwal*, éd. A. Salhani, réimp. Dār al-rāʾid al-lubnānī, Beyrouth 1983, p. 175, 13-14): « Yaḥyā connu chez nous par [le surnom] de *ġramāṭīqūs*, c'est-à-dire le Grammairien (*al-naḥwī*) », mais aussi sous celui de Yaḥyā al-Naḥwī al-Iskandarānī (Jean le Grammairien l'Alexandrin), voir **2** Muḥammad b. Isḥāq al-Nadīm, *Kitāb al-Fihrist*, éd. G. Flügel, J. Rödiger, rééd. Khayats, Beyrouth 1964, vol. I, p. 250, 18; **3** D. M. Dunlop, *The Muntakhab Ṣiwān al-Ḥikmah of Abū Sulaymān al-Sijistānī*. Arabic text, introduction and indices, La Haye/Paris/New York 1979, p. 110; **4** Ibn Abī Uṣaybiʿa, *ʿUyūn al-anbāʾ fī ṭabaqāt al-aṭibbāʾ*, éd. A. Müller, Könisberg/Le Caire 1882-1884, vol. I, p. 104, 3, qui le désigne comme Yaḥyā al-Naḥwī al-Iskandarānī al-Askalānī, probablement une translittération déformée du syriaque *eškūlāyā* (le scolastique) comme le suggère **5** G. Graf, *Geschichte der christlichen arabischen Literatur (GCAL)*, vol. I: *Die Übersetzungen*, coll. « Studi e Testi » 118, Cité du Vatican 1944, p. 417 n. 4, et **6** *Id.*, « Die koptische Gelehrtenfamilie der Aulād al-ʿAssāl und ihr Schrifttum », *Orientalia* N. S. 1, 1932, p. 34-56; 129-148, 193-204, (p. 195, n. 1) cité par **7** E. Platti, *Yaḥyā Ibn ʿAdī, théologien chrétien et philosophe arabe*, coll. « Orientalia Lovaniensia Analecta » 14, Louvain 1983, p. 38 n. 155; ou encore **8** Ǧamāl al-Dīn Abū al-Ḥasan b. Yūsuf al-Qifṭī, *Aḫbār al-ʿulamāʾ bi-aḫyār al-ḥukamāʾ*, éd. J. Lippert, Leipzig 1903, p. 304, 5, qui ajoute ailleurs le qualificatif d'Égyptien (Yaḥyā al-Naḥwī al-Miṣrī al-Iskandarānī). Signalons qu'Ibn Bāǧǧa se réfère à lui fréquemment dans son commentaire à la *Physique* d'Aristote comme Yūḥannā al-ʿAsqalānī, voir **9** P. Lettinck, *Aristotle's Physics and its Reception in the Arabic World, With an Edition of the Unpublished Parts of Ibn Bājja's Commentary on the Physics*, coll. « Aristoteles Semitico-Latinus » 7, Leiden/New York/Köln 1994 [c.r. **10** A. I. Sabra, *Isis* 87, 1990, p. 153-154 et **11** J. Puig Montada, *JAOS* 115, 1995, p. 496-497], p. 684, 20; 24; 685, 7-8; 688, 7.

Son surnom de Philopon est aussi connu des Arabes comme l'atteste le *Muntaḫab Ṣiwān al-Ḥikma* qui, tout en le confondant avec l'auteur d'une *Chronique* (voir *infra*, p. 505-506, et section IV A, p. 554-556), l'identifie comme « Yaḥyā al-Naḥwī et c'est celui que les gens nomment "l'amoureux du labeur *(al-muḥibb li-al-taʿab)*" » (voir Dunlop **3**, p. 14, 8), ou encore l'historien **12** Abū al-Ḥasan ʿAlī al-Masʿūdī, *Kitāb al-Tanbīh wa-ʾl-išrāf*, coll. « Bibliotheca geographorum Arabicorum » 8, Leiden 1967, p. 13, qui précise « Yaḥyā al-Naḥwī connu comme le zélé Alexandrin (*wa-huwa al-maʿrūf bi-al-ḥarīṣṣ al-Iskandarānī*) ». Ibn Abī Uṣaybiʿa **4**, p. 104, 30-32, va même jusqu'à donner son surnom grec qu'il traduit en arabe: « Ce Yaḥyā al Naḥwī a un autre surnom en grec, on l'appelle Philoponos ce qui veut dire celui qui s'efforce à la réflexion (*al-muǧtahid*) ».

Enfin al-Qifṭī **8**, p. 35, 4, lui attribue le titre de patriarche d'Alexandrie (Yaḥyā al-Naḥwī *baṭrak al-Iskandariyya*) et **13** Ẓahīr al-Dīn al-Bayhaqī, *Tatimmat ṣiwān al-ḥikma*, éd. R. al-ʿAğam, Beyrouth 1994, p. 47, lui confère le surnom d'*al-Biṭrīq* « Yaḥyā al-Naḥawī *al-mulaqqab bi-al-biṭrīq* (Jean le Grammairien surnommé *al-biṭrīq*) », probablement la translittération du grec πατριάρχης qui était le titre porté par les évêques d'Alexandrie, de Rome, de Constantinople, d'Antioche et de Jérusalem (voir **14** *LSJ*, p. 1348), en référence à la fonction d'évêque qui lui est attribuée dans les sources arabes. Dans ce cadre-là, *biṭrīq* ne peut renvoyer à un chef d'armée byzantin comme le suggère **15** M. Meyerhof, « ʿAlī al-Bayhaqī's *Tatimmat Ṣiwān al-Ḥikma*: a Biographical Work on Learned Men of the Islam », *Osiris* 8, 1948, p. 122-217 (p. 143), mais devrait être compris comme l'équivalent de *biṭrīk* ou *baṭrak* (attesté par **16** E. W. Lane, *An Arabic-English Lexicon*, London/Edinburgh 1863, vol. I, p. 218).

Signalons enfin qu'il est parfois confondu dans les sources avec le célèbre théologien et philosophe Yaḥyā b. ʿAdī (m. 974), sous l'appellation, Yaḥyā b. ʿAdī al-Naḥwī, erreur fréquente qu'on retrouve par exemple chez **17** Agapius al-Manbiğī, *Kitāb al-ʿUnwān*, éd. L. Cheikho, coll. « Corpus Scriptorum Christiano-rum » 65, « Scriptores Arabici Textus » Ser. 3, vol. 5, Beyrouth 1912, p. 289, ou encore chez Ibn Bāğğa dont S. Pines explique la confusion en renvoyant à l'édition de l'école de Bagdad de la traduction arabe de la *Physique* d'Aristote où certaines gloses marginales renvoient à Yaḥyā b. ʿAdī, d'autres à Yaḥyā al-Naḥwī et un grand nombre à Yaḥyā tout court. Voir **18** S. Pines, « La dynamique d'Ibn Bâjja », dans *Mélanges Alexandre Koyré*, t. I, Paris 1964, p. 442-468 (p. 465 et n. 53), réimpr. dans **19** *Id.*, *Studies in Arabic versions of Greek texts and in Medieval Science*, (*The Collected Works of Shlomo Pines*, vol. II), Jerusalem/Leiden 1986. Voir aussi **20** M. Steinschneider, « Johannes Philoponus bei den Arabern. Eine Ergänzung zu Wenrich » dans **21** *Id.*, *Al-Farabi (Alpharabius), des Arabischen Philosophen Leben und Schriften, mit besonderer Rücksicht auf die Geschichte der griechischen Wissenschaft under der Arabern*, coll. « Mémoires de l'Académie impériale des Sciences de Saint-Pétersbourg », VIIᵉ série, XIII 4, St.-Pétersbourg 1869, p. 152-176 et 220-224 (aux p. 154-156).

I. « LA LÉGENDE DE JEAN PHILOPON »

Hormis la brève et sobre notice d'Agapius al-Manbiğī **17**, p. 323, une grande confusion entoure la biographie de Jean Philopon dans les sources arabes. Aux éléments de légende se mêlent de graves anachronismes, qui semblent reposer en grande partie sur la confusion entre différents « Jean le Grammairien » appartenant à différents milieux et différentes époques.

Al-Nadīm **2**, vol. I, p. 254, 20, suivi par al-Qifṭī **8**, p. 354, 5, et par Ibn Abī Uṣaybiʿa **4**, vol. I, p. 104, 4, en fait d'abord un disciple (*tilmīḏ*) de Sévère [d'Antioche] comme le mentionne aussi Bar Hebraeus qui se contente de dire qu'il « professait la doctrine de Sévère », voir Ibn al-ʿIbrī **1**, p. 175. C'est aussi vrai-semblablement pour les mêmes raisons qu'Ibn Abī Uṣaybiʿa **4**, vol. I, p. 104, 26 –

105, 14 l'associe étroitement à un certain Eutychius *(Ūtūšīyūs)*, vraisemblablement Eutychès, avec qui il va même jusqu'à le confondre, en le faisant participer au quatrième Concile de Chalcédoine en 451 (*wa-kāna fī hāḏā al-maǧmaʿ suttumāʾa wa-ṯalāṯūn usqufan ʿalā Ūtūšīyūs wa-huwa Yaḥyā al-Naḥwī wa-aṣḥābuhu*: étaient présents à ce Concile 630 évêques contre *Ūtūšīyūs* [i.e. Eutychès (?)], à savoir Jean le Grammairien et ses compagnons, p. 104, 25-28), de même qu'il relate, de manière certes romancée et anachronique, puisqu'il le place après le concile de Chalcédoine, l'épisode du Concile d'Éphèse convoqué en 449 par Dioscore, qui rétablit *Ūtūšīyūs* [i.e. Eutychès] «connu comme Jean le Grammairien (?)» (*Ūtūšīyūs al-maḏkūr al-maʿrūf bi-Yaḥyā al-Naḥwī*, p. 105, 14).

Généralement les biobibliographes le présentent comme un évêque vivant en Égypte (al-Qifṭī précise même qu'il était évêque à Alexandrie), jacobite, contemporain de la conquête d'Égypte en 640 par ʿAmr b. al-ʿĀṣ, qui l'aurait pris sous sa protection. Il aurait ensuite rejeté la doctrine orthodoxe en matière de trinité (allusion à son trithéisme) (al-Qifṭī attribue ce revirement à ses lectures philosophiques) ce qui lui valut d'être déposé par une assemblée d'évêques (voir al-Nadīm **2**, vol. I, p. 254; al-Qifṭī **8**, p. 354; Ibn Abī Uṣaybiʿa **4**, vol. I, p. 104) après maintes tentatives pour le persuader de revenir sur ses positions.

A cela il faudrait ajouter qu'une *Chronique (Taʾrīḫ)* de Yaḥyā al-Naḥwī est citée comme source principale notamment pour ce qui concerne l'histoire de la médecine ancienne. Mentionnée d'abord dans le *Taʾrīḫ al-aṭibbāʾ* attribué à Isḥāq b. Ḥunayn (voir **22** F. Rosenthal, «Isḥâq b. Ḥunayn's Taʾrîḫ al-aṭibbâ'», *Oriens* 7, 1954, p. 55-80), elle est systématiquement reproduite par les biobibliographes postérieurs.

Ces récits plus ou moins fictifs et truffés d'anachronismes, reposent néanmoins tous sur des éléments tirés de la réalité, ainsi que sur des personnages historiques, compte tenu du fait que plusieurs «Jean le Grammairien» ont existé en association avec diverses doctrines monophysites, (voir par exemple l'index de la **23** *Chronique de Michel le Syrien, Patriarche Jacobite d'Antioche*, éd. et trad. J.-B. Chabot, 4 vol., Paris 1899, vol. I, *s.v.* Jean Grammaticus d'Alexandrie). Il est certain qu'un travail d'interprétation, qui démêlerait l'écheveau très serré d'informations erronées qui figurent dans les sources biobibliographiques arabes à propos de Jean Philopon, reste à faire.

Rappelons toutefois un article de Louis Cheikho passé quasiment inaperçu de la recherche contemporaine (voir **24** L. Cheikho, «Yaḥyā al-Naḥwī, man huwa wa matā kāna», *Al-Mašriq* 16, 1913, p. 47-57), mais cité par **5** *GCAL*, vol. I, p. 417, puis par **25** J. Kraemer, *Philosophy in the Renaissance of Islam. Abū Sulaymān al-Sijistānī and his circle*, coll. «Studies in Islamic Culture and History Series» 8, Leiden 1986, p. 98-99, et qui a le mérite de proposer une interprétation plausible d'une partie de ces anachronismes: le nom de Jean Philopon alias Jean le Grammairien (Yaḥyā al-Naḥwī) aurait été confondu avec celui de Yūḥannā al-Naqwī ou al-Naḥwī, à savoir Jean de Nikiou, évêque jacobite d'Égypte de la seconde moitié du VIIe siècle, contemporain de la conquête d'Égypte par les

Arabes. Nommé administrateur général des monastères en 696, il fut par la suite déposé par une assemblée d'évêques pour abus de pouvoir. Jean de Nikiou est surtout l'auteur d'une *Chronique (Ta'rīḫ)* qui aurait été traduite en arabe, puis de l'arabe en éthiopien. Seule la version éthiopienne, datant de 1602, est conservée (voir **26** H. Zotenberg, *Chronique de Jean, évêque de Nikiou, Texte éthiopien publié et traduit,* Paris 1883, et **27** R. H. Charles [trad.], *The Chronicles of John, Bishop of Nikiu, translated from Zotenberg's Ethiopic text,* Oxford 1916). Source inestimable pour ce qui concerne la conquête de l'Égypte, elle reflète un état du texte partiel et aurait été abrégée en cours de transmission. Le chap. 37 de la *Chronique* s'intitule : « A propos de ceux qui pratiquèrent la médecine en premier dans le monde » (trad. Zotenberg). Malheureusement, le chapitre transmis sous ce titre est extrêmement bref (ou aurait été abrégé au cours de la transmission comme le laisse croire le premier éditeur du texte, voir Zotenberg **26**, p. 7, et références n. 2, et Charles **27**, introduction § 1) et ne nous permet pas d'établir si la *Chronique* de Jean de Nikiou est la source citée par Isḥāq b. Ḥunayn dans son *Ta'rīḫ al-aṭibbā'* sous le titre de *Ta'rīḫ Yaḥyā al-Naḥwī* et reproduite par les biobibliographes postérieurs. Notons toutefois qu'Agapius al-Manbiǧī **17**, p. 289, qui a recours à plus d'une reprise au *Ta'rīḫ (Chronique) Yaḥyā al-Naḥwī,* signale que l'auteur de la *Chronique* aurait rédigé son ouvrage dans un ermitage *(kitāb al-Tārīḫ alladī waḍaʿahu fī al-maḥbasa).* Les auteurs arabes (ou leurs éditeurs ?) auraient donc attribué à Jean Philopon les événements relevant de la biographie de Jean de Nikiou. Cette explication qui gagnerait à être davantage approfondie a le mérite de rendre compte de plusieurs éléments douteux dans la biographie « arabe » de Jean Philopon : (a) la charge d'évêque qu'on lui attribue et sa déposition (voir à ce sujet l'interprétation proposée par **28** G. Furlani, « Giovanni il Filopono e l'incendio della Biblioteca di Alessandria », *BSAA* 21, 1925, p. 58-77 [p. 63-64], et **29** *Id.,* « L'anatema di Giovanni d'Alessandria contra Giovanni Filopono », *AAT* 4, 1919-1920, p. 188-194), sachant toutefois que Jean fut frappé d'anathème un siècle après sa mort au 3e concile de Constantinople contre les monothélètes (680-681), voir **30** H. Chadwick, « Philoponos the Christian Theologian », dans **31** R. Sorabji (édit.), *Philoponus and the Rejection of the Aristotelian Science,* London 1987, p. 41-56 (p. 54-55) ; (b) le fait qu'on en fasse un contemporain de la conquête de l'Égypte par les Arabes et un proche de ʿAmr b. al-ʿĀṣ souvent cité dans la *Chronique* de Jean de Nikiou, sans qu'on puisse établir avec certitude si ce dernier a personnellement eu affaire avec lui ou pas ; (c) enfin et surtout la *Chronique (Ta'rīḫ)* attribuée à Yaḥyā al-Naḥwī pourrait vraisemblablement être celle de Jean de Nikiou, si on admet avec les éditeurs du texte que celui-ci a été abrégé après sa traduction en arabe, ce qui laisse supposer que les Arabes ont eu une version complète de la *Chronique* (pour un développement plus ample au sujet du *Ta'rīḫ* Yaḥyā al-Naḥwī, voir *infra* section V A, p. 554-556).

Au sujet de la date de composition de l'*in Phys. (in Phys.,* p. 703, 16-17 Vitelli) qu'al-Nadīm **2**, p. 255, 2-3, reproduit de manière erronée, à savoir 343 de l'ère de Dioclétien (627 A. D.) au lieu de 233 (517 A. D.), ce qui lui permet de faire de

Philopon un contemporain de ʿAmr b. al-ʿĀṣ, voir Furlani **28**, p. 66-68, suivi par
32 M. Meyerhof, « Joannes Grammatikos (Philoponos) von Alexandrien und die
arabische Medizin », dans *MDAI(K)* 2, 1932, p. 1-21 (à la p. 7), qui attribue cette
méprise à des erreurs de scribe à répétition : la première aurait eu lieu d'abord dans
le texte grec où un scribe aurait transcrit 333 (617 A. D.) de l'ère de Dioclétien au
lieu de 233, ce qui, selon Furlani, correspond à plusieurs des manuscrits grecs de
l'*in Phys.* y compris certains parmi les plus fiables comme le Laurentianus 87.6 ;
cette erreur aurait été redoublée lors de la transmission syriaque ou arabe où 333
aurait été rendu par 343 soit 627 A.D. Kraemer **25**, p. 98, considère cette interprétation comme peu convaincante. Quelle que soit la raison de ces multiples
confusions, elles ont clairement pour objet, comme l'a déjà relevé Kraemer **25**,
p. 98-99, de vouloir faire croire à une *translatio continua* des sciences et de la
philosophie de la Grèce ancienne (hellénistique) au monde arabo-islamique. Cela
se manifeste notamment dans la volonté de faire de Jean Philopon le maître de
Ḫālid b. Yazīd en médecine, ce dernier ayant été considéré par al-Nadīm comme le
premier arabe qui aurait commandé des traductions d'ouvrages de médecine,
d'alchimie et d'astronomie. Cette filiation est le fait d'une tradition bien précise
qui remonte à al-Bayhaqī **13**, p. 49, 6, et qu'on retrouve dans le *Muntaḫab Ṣiwān
al-Ḥikma*, Dunlop **3**, p. 111, 1-2, ainsi que chez **33** Šams al-Dīn al-Šahrazūrī (m.
après 1288), *Nuzhat al-arwāḥ wa-rawḍat al-afrāḥ fī tārīḫ al-ḥukamā' wa-'l-
falāsifa*, éd. Ḥ. Ahmad, 2 vol., Hyderabad 1976, vol. II, p. 22. En bref, Philopon
aurait été le dernier des Anciens et le premier des savants de l'Islam. Al-Šahrastānī
le classe parmi les « Modernes qui sont les philosophes de l'Islam » *(al-
muta'aḫirūn min falāsifat al-Islām)*, trad. J. Jolivet dans **34** J. Jolivet et G. Monnot
(trad.), Shahrastani, *Livre des Religions et des Sectes*, II, traduction avec
introduction et notes, Paris 1993, p. 363, voir aussi n. 3) et le *Muntaḫab Ṣiwān al-
Ḥikma* (Dunlop **3**, p. 110, 24) en fait le premier savant des débuts de l'Islam,
contemporain des calives ʿUṯmān (644-656) et Muʿāwiya (661-680), suivi par al-
Šahrazūrī **33**, p. 19, qui reproduit en partie la notice du *Muntaḫab*. Peut-être
faudrait-il mettre sur le compte de cette *translatio* la légende qui en fait un passeur
d'eau avant de se tourner vers la philosophie (al-Qifṭī **8**, p. 356, 20 – 357, 12, et
Ibn Abī Uṣaybiʿa **4**, vol. I, p. 104, 15-25, à sa suite, attribuent la source de cette
légende aux *Manāqib al-aṭibbā'* du médecin ʿUbayd Allāh b. Ǧibrāʾīl b. ʿUbayd
Allāh b. Baḫtīšūʿ [m. 1058] qui, selon al-Qifṭī **8**, p. 356, 15, aurait aussi mentionné
que le nom de Yaḥyā était Thémistius (notons l'existence de Thémistius, diacre
d'Alexandrie, sévérien aussi, et contemporain de Jean Philopon, contre lequel ce
dernier écrivit un traité, voir *supra* la notice de Giovanna R. Giardina, section II B
(26), p. 497) ; voir aussi à ce sujet, Steinschneider **20**, p. 152 n. 2.

Quant au récit légendaire de l'incendie de la bibliothèque d'Alexandrie dont al-
Qifṭī **8**, p. 354-356 (suivi par Ibn al-ʿIbrī [Bar Hebraeus] **1**, p. 175-176, qui
reproduit littéralement la notice d'al-Qifṭī) rend Philopon indirectement responsable, il suffit de dire ici que pour ce qui a trait à l'attribution de l'incendie à ʿAmr
b. al-ʿĀṣ sur ordre du calife ʿUmar, l'épisode est rapporté, outre par al-Qifṭī et par

Bar Hebraeus, **35** par ʿAbd al-Laṭīf al-Baġdādī, *Kitāb al-ifāda wa-'l-i'tibār fī al-umūr al-mušāhada wa-'l-ḥawādiṯ al-muʿāyana bi-arḍ Miṣr*, éd. A. Sbānū, Beyrouth/Damas 1984, p. 52, qui ne fait toutefois nullement mention de Philopon. Par contre aucune mention de l'événement dans les chroniques contemporaines de la conquête de l'Égypte, comme la *Chronique* de Jean de Nikiou ou les *Annales* d'Eutychius qui ont amplement décrit la prise d'Alexandrie ou encore al-Balāḏūrī ou Ibn ʿAbd al-Ḥakam, *Futūḥ Miṣr*, comme le relève justement **36** D. Delia, « From Romance to Rhetoric: The Alexandrian Library in Classical and Islamic Traditions », *AHR* 97, 1992, p. 1449-1467 (p. 1465). Il n'y a pas lieu de discuter ici du caractère légendaire de tels récits ni de l'interprétation du *topos* qu'ils représentent dans l'historiographie des conquêtes; ils ne nous intéressent que dans la mesure où la figure de Philopon y est curieusement liée. Kraemer **25**, p. 98, suggère, en s'appuyant sur **37** F. Nau, « Un colloque du Patriarche Jean avec l'émir des Agaréens et faits divers des années 712 à 716 d'après le ms. du British Museum, Add. 17193 », *JA*, série XI, vol. 5, mars-avril 1915, p. 225-279, que le récit du dialogue entre ʿAmr b. al-ʿĀṣ et Jean Philopon dont la conséquence aurait été l'incendie de la bibliothèque, aurait pour origine une conversation que ʿAmr aurait eu avec le patriarche jacobite de Syrie, Jean Ier (635-648) en 639 A.D., alors que ʿAmr était gouverneur de Syrie. A noter toutefois que la date de la controverse, de même que l'identification de l'interlocuteur présumé du Patriarche Jean Ier avec ʿAmr b. al-ʿĀṣ, a été mise en question par **38** H. Lammens, « A propos d'un colloque entre le Patriarche Jacobite Jean Ier et ʿAmr ibn al-ʿĀṣi », *JA*, série XI, vol. 13, 1919, p. 97-110, pourtant cité par Kraemer. Voir aussi **39** L. Canfora, *The Vanished Library: a Wonder of the Ancient World*, Berkeley/Los Angeles 1987, p. 83-99; 109-114 et 115-122, pour une reproduction plus ou moins fantaisiste du dialogue entre Jean Philopon et ʿAmr b. al-ʿĀṣ; **40** A. J. Butler, *The Arab Conquest of Egypt and the Last Thirty Years of the Roman Dominion*, édit. par P. M. Fraser, 2e éd., Oxford 1978, p. 401-421; **41** S. Yajima, « A short Report on Arabian Science – 3 », *KK* Ser. II, 19 [133], 1980, p. 51-54 (en japonais).

Enfin, dans la notice qu'al-Bayhaqī **13**, consacre à Philopon, il le surnomme Yaḥyā al-Naḥwī al-Daylamī (p. 47, 6) et en fait un protégé du calife ʿAlī b. Abī Ṭālib et de son fils Muḥammad ibn al-Ḥanafiyya. S'agirait-il d'une confusion complètement anachronique avec un certain Yaḥyā al-Daylamī, saint syriaque (m. 738) et fondateur d'un certain nombre de monastères dans le Fārs? Hypothèse on ne peut plus hasardeuse, sachant toutefois que, selon un des récits syriaques de la vie de Yaḥyā al-Daylamī publié par **42** S. Brock, « A syriac life of John of Dailam », *POr* 10, 1981-1982, p. 123-189, ce dernier aurait été capturé et emmené dans le Daylam sous le califat de ʿAlī b. Abī Ṭālib (m. 661) et aurait bénéficié plus tard de la protection du calife ʿAbd al-Malik b. Marwān et de son gouverneur en Iraq, al-Ḥaǧǧāǧ. Sur les incohérences chronologiques de ce récit voir Brock **42**, p. 178-181. Au sujet de Yaḥyā al-Daylamī, voir aussi **43** J. M. Fiey, « Jean de Dailam et l'imbroglio de ses fondations », *POC* 10, 1960, p. 195-211; **44** N. Sims-Williams, « Deylam, John of », *Encyclopaedia Iranica Online*, 1996 (accessible en ligne sur www.iranica.com) et **45** R. G. Hoyland, *Seeing Islam as Others Saw it. A Survey and Evaluation of Christian, Jewish and Zoroastrian Writings on Early Islam*, coll. «Studies in Late Antiquity and Early Islam» 13, Princeton 1997, p. 203-205.

Il faut noter enfin qu'al-Šahrazūrī **33**, distingue entre Yaḥyā al-Naḥwī al-Iskandarānī (Jean le Grammairien l'Alexandrin) et Yaḥyā al-Naḥwī al-Daylamī *al-mulaqqab bi-al-Biṭrīq* (Jean le Grammairien le Daylamite surnommé *al-biṭrīq*) consacrant à chacun une notice indépendante. Sous l'entrée de Yaḥyā al-Naḥwī al-Iskandarānī (Jean le Grammairien l'Alexandrin), p. 19-20, il reproduit en partie, mais de manière littérale, la notice du *Muntaḫab Ṣiwān al-Ḥikma* et sous la seconde entrée, p. 21-22, consacrée à Jean le Grammairien le Daylamite, il reproduit la notice du *Tatimmat Ṣiwān al-Ḥikma* d'al-Bayhaqī.

Au sujet de la biographie arabe de Jean Philopon voir aussi les titres suivants qui sont toutefois dépassés: **46** M. Meyerhof, «Von Alexandrien nach Baghdad. Ein Beitrag zur Geschichte des philosophischen und medizinischen Unterrichts bei den Arabern», *SPAW* 23, 1930, p. 387-429; **47** *Id.*, «La fin de l'école d'Alexandrie d'après quelques auteurs arabes», *Archeion* 15, 1933, p. 1-15; **48** A. Abel, «La légende de Jean Philopon chez les Arabes», dans *Acta Orientalia Belgica, 31 mai 1963 – 1-2 juin 1964*, coll. «Correspondance d'Orient» 10, Bruxelles 1966, p. 251-280.

Notre notice était soumise depuis longtemps déjà lorsque nous avons pris connaissance, grâce à l'excellente bibliographie de Thérèse-Anne Druart (http://philosophy.cua.edu/faculty/tad/bibliography-09-10.cfm), de l'article de **48bis** S. El Bousklaoui, «Yaḥyā al-Naḥwī fī al-maṣādir al-bīū-bibliūġrāfiyya al-ʿarabiyya (Yaḥyā al-Naḥwī dans les sources bio-bibliographiques arabes)», *Majallat Kulliyat al-ādāb wa-al-ʿulūm al-insāniyya (al-Rabāṭ)* 29, 2009, p. 57-81 (en arabe). Cet article fait état d'un certain nombre d'informations que nous mentionnons indépendamment dans la première partie de cette notice. L'usage que nous en faisons et l'interprétation que nous en proposons ne sont toutefois pas les mêmes. Voir aussi **48ter** *Id.*, «Madrasat al-Iskandariyya wa-baʿḍ ʿanāṣir istim-rārihā fī al-ʿaṣr al-Islāmī (l'école d'Alexandre et certains éléments de sa continuité à l'époque islamique)», dans B. El Bouazzati (édit.), *Les institutions de science et d'enseignement au sein de la civilisation islamique*, Université Mohammed V, Publications de la Faculté des Lettres et des sciences humaines à Rabat, Rabat, 2008, p. 11-43 (en arabe – *non vidi*).

II. ŒUVRES PHILOSOPHIQUES

En dépit du caractère prolixe de ses commentaires et de l'importance de ses traités philosophiques, la réception arabe des œuvres de Philopon est loin d'égaler celle d'un Alexandre d'Aphrodise par exemple, comme l'a déjà relevé **49** R. Wisnosky, «Yaḥyā al-Naḥwī», *EI²*, vol. XI, p. 251b-253a. Citées avec parcimonie, ses œuvres philosophiques ont pourtant été quasiment toutes traduites. Cela n'empêchera ni Averroès (voir **50** M. Bouyges (édit.), Averroès, *Tafsīr mā baʿd at-*

ṭabīʿat, 3 vol., coll. «Bibliotheca Arabica Scholasticorum» 5-7, Beyrouth 1948, vol. III, p. 1498, 4-7, cité par Wisnosky **49**, p. 252b) ni Maïmonide (voir **51** S. Pines [trad.], Moses Maimonides, *The Guide of the Perplexed*, translated with an introduction and notes, with an introductory essay by L. Strauss, 2 vol., Chicago/ London 1963, vol. I, p. 177) de le compter parmi les *mutakallimūn* («théologiens»). **52** S. Harvey, «The Greek Library of the Medieval Jewish Philosophers» dans **53** C. D'Ancona (édit.), *The Libraries of the Neoplatonists*, Proceedings of the Meeting of the European Science Foundation Network «Late Antiquity and Arabic Thought. Patterns in the Constitution of European Culture», Strasbourg, March 12-14 2004, coll. «Philosophia Antiqua» 107, Leiden 2007, p. 493-506, (à la p. 506 n. 44), souligne en effet la faible réception des œuvres de Philopon dans la tradition hébraïque dont il attribue la raison, en partie, à la réputation de *mutakallim* que lui fit Maïmonide qui, dans une lettre célèbre à Samuel ibn Tibbon, traducteur du *Guide des égarés*, ne l'a pas inclus parmi les commentateurs utiles à la compréhension des œuvres d'Aristote.

Bibliographies, états de la recherche. Une des listes les plus anciennes des œuvres de Philopon en version arabe est celle de Steinschneider **20**, p. 152-176, qui repose essentiellement sur Ibn Abī Uṣaybiʿa, complétée par **54** *Id.*, *Die Arabischen Übersetzungen aus dem Griechischen*, Graz 1960, p. (141)-(143) et *passim*; elles sont toutes les deux aujourd'hui dépassées mais, hormis l'article de Wisnosky **49**, il n'existe pas d'étude systématique plus récente consacrée à la réception arabe de Philopon. A noter toutefois que la synthèse de **55** R. Sorabji, «John Philoponus», dans *Id.*, **31**, p. 1-40, tient compte de la tradition arabe. Des informations parfois vieillies mais souvent utiles peuvent être recueillies dans **56** A. Baumstark, *Geschichte der syrischen Literatur mit Ausschluss der christlich-palästinensichen Texte*, Bonn 1922, p. 162-163; **5** *GCAL*, vol. I, p. 301; 417-418 et vol. II: *Die Schriftsteller bis zur Mitte des 15. Jahrhunderts*, coll. «Studi e Testi» 133, Cité du Vatican 1947, p. 60; 410; **57** F. E. Peters, *Aristoteles Arabus. The oriental tradition and commentaries on the Aristotelian Corpus*, Leiden 1968; **58** ʿA. Badawi, *La transmission de la philosophie grecque au monde arabe*, Paris 1968, p. 103-104. Voir plus récemment **59** G. Endress, «Die wissenschaftliche Literatur», dans *Grundriss der Arabischen Philologie*, Bd. II: H. Gätje (édit.), *Literaturwissenschaft*, Wiesbaden 1987, p. 400-492 (p. 402-405; 430; 451; 461-462; 466; 474) et Bd. III: W. Fischer (édit.), *Supplement*, Wiesbaden 1992, p. 3-149 (p. 32-33; 118-119); **60** H. Daiber, *Bibliography of Islamic Philosophy*, 3 vol. coll. «Handbuch der Orientalistik» 43, Leiden 1999-2007, vol. I, p. 719; vol. II, p. 337, et aussi **61** Ch. Hein, *Definition und Einteilung der Philosophie. Von der spätantiken Einleitungsliteratur zur arabischen Enzyklopädie*, Frankfurt am Main 1985, p. 14-20, qui donne une vue d'ensemble de la réception arabe de Philopon; **62** G. Strohmaier, «Patristische Überlieferung im Arabischen», dans **63** *Id.*, *Von Demokrit bis Dante. Die Bewahrung antiken Erbes in der arabischen Kultur*, Hildesheim/Zürich/New York 1996, p. 167-173, ainsi que **64** C. D'Ancona, «Commenting on Aristotle: From Late Antiquity to the Arab Aristotelianism», dans **65** W. Geerlings et C. Schulze (édit.), *Der Kommentar in Antike und Mittelalter. Beiträge zu seiner Erforschung*, coll. « Clavis Commentariorum Antiquitatis et Medii Aevi » 2, Leiden 2002, p. 201-251 (notamment aux p. 233-240) ; **66** C. D'Ancona, « Greek into Arabic : Neoplatonism in Translation », dans **67** P. Adamson et R. C. Taylor (édit.), *The Cambridge Companion to Arabic Philosophy*, Cambridge 2005, p. 10-31, et **68** C. D'Ancona, « Aristotle and Aristotelianism » dans *EI³*, vol. I, fasc. 1, p. 153-169 (p. 164). La bibliographie la plus complète et la plus récente au sujet de Philopon qu'on trouve dans Sorabji **31**, inclut aussi la tradition arabe.

A) Commentaires

A l'exception de l'*in Phys.* dont l'édition de l'école de Bagdad de la traduction, par Isḥāq b. Ḥunayn, de la *Physique* d'Aristote nous a préservé d'importants fragments, tous les commentaires de Philopon dont la traduction arabe est attestée doivent être considérés, jusqu'à présent, comme perdus.

(1) In Aristotelis Categorias

Traduction arabe attestée par les biobibliographes (al-Nadīm **2**, vol. I, p. 248, 21 ; al-Qifṭī **8**, p. 35, 4 ; Ibn Abī Uṣaybiʿa **4**, vol. I, p. 105, 16). Voir aussi Steinschneider **20**, p. 157. Peters **57**, p. 9, suggère que le commentaire de Jean Philopon aurait été traduit en syriaque d'abord. Toutefois **69** H. Hugonnard-Roche, *La logique d'Aristote du grec au syriaque. Études sur la transmission des textes de l'*Organon *et leur interprétation philosophique*, coll. « Textes et Traditions » 9, Paris 2004, p. 13, et **70** *Id.*, « Le corpus Philosophique Syriaque aux VIᵉ-VIIIᵉ siècles », dans D'Ancona **53**, p. 279-291, (à la p. 286), relève qu'on ne possède aucune attestation qu'un des commentaires grecs sur les traités de logique d'Aristote, composés par Ammonius et ses successeurs, ait été traduit en syriaque. Il est par contre certain qu'ils ont été lus en grec par les auteurs syriaques qui les ont utilisés. Ainsi, dans la notice **71** « *Organon* – Tradition syriaque et arabe. 1) Les *Catégories* – Tradition syriaque », qu'il a rédigée pour le *DPhA*, vol. I, p. 507-510, H. Hugonnard-Roche rappelle (p. 509) que l'influence du commentaire de Philopon aux *Catégories* sur le commentaire de Georges des Arabes a été établie par **72** G. Furlani, « La versione e il commento di Giorgio delle Nazioni all'Organo aristotelico », *SIFC* 3, 1923, p. 305-333, qui donne (p. 326) une liste d'emprunts. L'introduction et le commentaire de Georges des Arabes ne seraient, d'après Furlani, qu'un résumé des *Prolégomènes* et du commentaire de Philopon. L'influence de ce dernier sur le commentaire de Sergius de Rešʿaynā aux *Catégories*, adressé à Théodore, fut soulignée par **73** *Id.*, « Sul Tratto di Sergio di Rêshʿayna circa le Categorie », *RTSFR* 3, 1922, p. 135-172 (à la p. 172), mais établie par Hugonnard Roche **69**, p. 189-190 et 203-231, qui a montré la forte dépendance des commentaires de Sergius de Rešʿaynā aux *Catégories* à l'égard des commentaires d'Ammonius et de Philopon. **73bis** R. Walzer, « New Light on the Arabic Translations of Aristotle », *Oriens* 6, 1953, p. 91-142, réimpr. dans **74** *Id.*, *Greek* *into Arabic. Essays on Islamic Philosophy*, «Oriental Studies» 1, Oxford 1962, p. 60-113, à la p. 72, signale qu'une variante à *Cat.* 8, 9a 23 *sq.*, mentionnée dans les scholies de l'édition de l'école de Bagdad de l'*Organon* d'Aristote, (*cf.* **75** Kh. Georr, *Les* Catégories *d'Aristote dans leurs versions syro-arabes. Édition de textes précédée d'une étude historique et critique et suivie d'un vocabulaire technique*, Beyrouth 1948, n° 85, p. 382) correspond à la traduction syriaque de Sergius, au commentaire de Jean Philopon *ad. loc.* (*in Cat.*, p. 146, 24 Busse) ainsi qu'à la leçon conservée par le ms. Ambrosianus *n* (IXe siècle). De même, Hugonnard-Roche **69**, p. 50-51, établit un parallèle entre une des gloses marginales de la traduction syriaque des *Catégories* par Jacques d'Édesse, et le commentaire de Philopon, *in Cat.*, p. 190, 28-29 Busse.

S'agissant de la réception arabe du commentaire de Philopon sur les *Catégories*, **76** S. M. Stern, «"The First in Thought is the Last in Action": the History of a saying attributed to Aristotle» dans **77** *Id.*, *Medieval Arabic and Hebrew Thought*, éd. par F. W. Zimmermann, coll. «Variorum Reprints», London 1983, art. n° IV, attribue à Philopon l'origine d'un passage relatif à la place du traité des *Catégories* en tête des livres de logique, dont il retrace la transmission syriaque et arabe. L'argument de Jean Philopon, *in Cat.*, p. 11 : «en général ce qui est dernier dans l'ordre de la pensée est premier dans l'ordre de l'action et inversement ce qui est dernier dans l'ordre de l'action est premier dans l'ordre de la pensée (καθόλου γὰρ τῆς μὲν θεωρίας τὸ τέλος ἀρχή τῆς πράξεως γίνεται, ἔμπαλιν δὲ τῆς πράξεως τὸ τέλος ἀρχή τῆς θεωρίας)», aurait été reproduit par Sergius de Rešʿaynā dans son traité sur les *Catégories* analysé par Furlani **73**, p. 140-41 ; voir aussi **78** *Id.*, «Di una presunta versione araba di alcuni scritti di Porfirio e di Aristotele», *RAL* 11, 1926, p. 205-213 (aux p. 209-210). Stern le localise aussi dans la paraphrase des *Catégories* d'Aristote attribuée à Ibn al-Muqaffaʿ (voir maintenant **79** M. T. Danesh-Pajuh [édit.], *al-Manṭiq, Ibn al-Muqaffaʿ - Ḥudūd al-Manṭiq, Ibn Bihrīz*, Téhéran 1978, p. 9), dans le *Firdaws al-Ḥikma* de ʿAlī b. Rabbān al-Ṭabarī, ainsi que dans *Adab al-Kātib* d'Ibn Qutayba (828-889) qu'Ibn Bāǧǧa cite à ce propos. Stern signale aussi le *K. al-Baḥth* de Ǧābir b. Ḥayyān, et poursuit son enquête dans des textes plus tardifs dans lesquels le passage existe mais où le rapport à Philopon semble distendu. **80** F. W. Zimmermann, «The Origins of the So-Called Theology of Aristotle», dans **81** J. Kraye *et al.* (édit.), *Pseudo-Aristotle in the Middle Ages*, coll. «Warburg Institute Surveys and Texts» 11, London 1986, p. 226-227, n. 6, remet en question l'attribution à Philopon de l'origine de la tradition arabe de ce passage qu'on retrouve en fait chez plusieurs auteurs alexandrins et suggère une origine porphyrienne qui aurait probablement été la source commune de Simplicius et d'Olympiodore aussi bien que de Philopon.

A propos de l'influence du commentaire de Philopon sur le *Commentaire aux* «*Catégories*» *d'Aristote* d'Abū al-Faraǧ Ibn al-Ṭayyib (m. 1043), voir **82** C. Ferrari, «Der Duft des Apfels. Abū al-Faraǧ ʿAbdallāh ibn aṭ-Ṭayyib und sein Kommentar zu den Kategorien des Aristoteles» dans **83** V. Celluprica et C.

D'Ancona avec la collaboration de R. Chiaradonna (édit.), *Aristotele e i suoi esegeti neoplatonici. Logica e ontologia nelle interpretazioni greche e arabe*. Atti del convegno internazionale, Roma, 19-20 ottobre 2001, Roma 2004, p. 85-106, et **84** C. Ferrari, *Der Kategorienkommentar von Abū l-Farraǧ 'Abdallāh ibn aṭ-Ṭayyib. Text und Untersuchungen*, coll. « Aristoteles Semitico-latinus » 19, Leiden 2006. L'auteur relève des rapprochements avec le commentaire de Philopon sans pouvoir déterminer une influence directe. Olympiodore y serait le seul commentateur grec nommément cité.

Enfin, **85** E. K. Rowson, *A Muslim Philosopher on the Soul and its Fate : al-'Āmirī's Kitāb al-Amad 'alā al-Abad*, « American Oriental Series » 70, New Haven 1988, p. 268, relève que la liste des qualités nécessaires à l'acquisition de la sagesse qu'on trouve dans le *Kitāb al-Amad 'alā al-Abad*, d'al-'Āmirī (m. 992), (*cf.* Rowson **85**, VI 5) pourrait être empruntée à la section relative aux « qualités requises du bon auditeur » qu'on trouve dans les introductions aux commentaires exégétiques des auteurs néoplatoniciens. Les listes de Philopon (*in Cat.*, p. 6, 29-30) et d'Olympiodore lui paraissent particulièrement proches.

(2) In Aristotelis De interpretatione

Traduction arabe attestée par al-Nadīm **2**, vol. I, p. 249, 2, et al-Qifṭī **8**, p. 35, 18, mais pas par Ibn Abī Uṣaybiʿa **4**. **86** F. Zimmermann, *Al-Farabi's Commentary and Short Treatise on Aristotle's De Interpretatione*, coll. « Classical and Medieval Logical texts » 3, Oxford 1981, p. XCII, signale que nous n'avons aucune certitude quant au fait qu'il ait été accessible. Lui-même ne le mentionne pas parmi les sources grecques auxquelles aurait eu accès al-Fārābī.

(3) In Aristotelis Analytica Priora

Traduction arabe attestée par al-Nadīm **2**, vol. I, p. 249, 9 ; al-Qifṭī **8**, p. 36, 8, et Ibn Abī Uṣaybiʿa **4**, vol. I, p. 105, 16-17, jusqu'aux « figures prédicatives » (à savoir la fin du chap. 7 du livre I, ou la fin de la syllogistique assertorique). Non mentionné dans les notes marginales du manuscrit de Paris. Sur l'éventuelle parenté qui existerait entre le commentaire de Georges, évêque des Nations arabes et celui de Philopon voir la notice de **87** H. Hugonnard-Roche, « *Organon –* Tradition syriaque et arabe. 3) Les *Premiers Analytiques* », *DPhA*, vol. I, p. 519, et références *ad. loc.*

Sur l'influence du commentaire de Philopon sur la théorie syllogistique d'al-Fārābī voir **88** J. Lameer, *Al-Fārābī and Aristotelian Syllogistics. Greek Theory and Islamic Practice*, coll. « Islamic Philosophy Theology and Science Text and Studies » 20, Leiden 1994, p. 61-63, qui remarque que la distinction qu'opère al-Fārābī entre le syllogisme nécessaire (*qiyās ḍarūrī*) et le syllogisme possible (*qiyās mumkin),* et qu'on rencontre aussi dans la version arabe des *APr.* (sous la forme *qiyās iḍṭirārī* et *qiyās mumkin*) aurait pour origine la distinction qu'on trouve dans le commentaire de Philopon (*in APr*, p. 161, 24-25) entre ἀναγκαῖος et ἐνδεχόμενος συλλογισμός. La même explication vaudrait pour l'expression *qiyās muṭlaq*

dans la version arabe des *APr.* et ὑπάρχων συλλογισμός chez Philopon, (p. 61).
De manière générale il relève que la distinction entre syllogismes 'existentiel'
(wuǧūdī), nécessaire *(ḍarūrī)* et possible *(mumkin)* trouve sa source dans la
distinction entre des déductions qui sont respectivement ὑπάρχων, ἀναγκαῖος et
ἐνδεχομένος. Dans les sources grecques, cette distinction n'existerait pas avant le
commentaire de Jean Philopon *in APr.* I. A rapprocher des analyses de **89** H.
Hugonnard-Roche, «Remarques sur la tradition arabe de l'*Organon* d'après le
manuscrit Paris, Bibliothèque Nationale, *ar.* 2346», dans **90** Ch. Burnett (édit.),
*Glosses and Commentaries on Aristotelian Logical Texts. The Syriac, Arabic and
Medieval Latin Traditions*, coll. «Warburg Institute Surveys and Texts» 23,
London 1993, p. 19-28 (aux p. 25-27); voir aussi **91** H. Hugonnard-Roche,
«Aspects de la logique hypothétique chez Fārābī», dans **92** R. Arnzen et
J. Thielmann (édit.), *Words, Texts and Concepts Cruising the Mediterranean Sea :
Studies on the Sources, Contents and Influences of Islamic Civilization and Arabic
Philosophy and Science, Dedicated to Gerhard Endress on His Sixty-Fifth
Birthday*, coll. «Orientalia Lovaniensia Analecta» 139, Leuven/Paris/Dudley
(Mass.) 2004, p. 223-243.

(4) In Aristotelis Analytica Posteriora

Traduction arabe attestée par al-Nadīm **2**, vol. I, p. 249, 13 ; al-Qifṭī **8**, p. 36,
14-15, et Ibn Abī Uṣaybiʻa **4**, vol. I, p. 105, 17. Le *in APo.* a, sans aucun doute, été
largement utilisé dans la tradition d'étude du texte à Bagdad comme le montre
93 H. Hugonnard-Roche, «Averroes et la tradition des Seconds Analytiques»,
dans **94** G. Endress et J. A. Aertsen (édit.), *Averroes and the Aristotelian Tradition. Sources, Constitution and Reception of the Philosophy of Ibn Rushd (1126-
1198)*, Proceedings of the Fourth Symposium Averroicum (Cologne, 1996), coll.
«Islamic Philosophy Theology and Science Texts and Studies» 31, Leiden 1999,
p. 173-187, à partir des gloses marginales du manuscrit de Paris BNF ar. 2346
ayant recours à ce commentaire qui semble avoir été une source importante pour le
glossateur Ibn Suwār et avant lui pour son maître Yaḥyā ibn ʻAdī (voir Georr **75**,
p. 195). Abū Bišr Mattā s'en serait aussi inspiré, mais H. Hugonnard-Roche pense
que sa source principale pourrait être Thémistius plutôt que Philopon. Pour un
recours au même commentaire par al-Ḥasan Ibn Suwār, voir **95** H. Hugonnard-
Roche, «Les traductions syriaques», dans **96** J. Hamesse (édit.), *Les traducteurs
au travail : leurs manuscrits et leurs méthodes*. Actes du colloque international
organisé par le "Ettore Majorana Centre for Scientific Culture", (Erice, 30
septembre-6 octobre 1999), Turnhout 2001, p. 19-49 (p. 45), et **97** ʻA. Badawi,
Manṭiq Arisṭū, 3 vol., Le Caire 1948-1952, vol. II, p. 379, n. 9, signalé aussi par
98 A. Elamrani-Jamal dans sa notice «Organon – Tradition syriaque et arabe. 4)
Les Seconds Analytiques – Tradition arabe», *DPhA*, vol. I, p. 523, qui signale en
outre une citation du commentaire de Philopon rapportée par Abū Yaḥyā al-
Marwazī, le maître d'Abū Bišr Mattā, dans les notes marginales du *Parisinus* ar.
2346, *cf.* Badawi **97**, vol. II, p. 351 n. 1. Walzer mentionne deux autres recours au

commentaire de Philopon, par al-Ḥasan Ibn Suwār : Badawi **97**, vol. II, p. 381, n. 2 et p. 402-403, n. 10. Pour l'identification de ces occurrences, *cf.* Walzer **73bis**, p. 99-102. Pour les rapprochements que fait Walzer entre certaines gloses et le commentaire de Philopon *in APo.*, voir Walzer **73bis**, p. 100-105, 108, 110.

Sur la parenté qui existerait entre la traduction anonyme d'*APo.*, mise au jour grâce à la découverte par G. Schoeler du *Grand Commentaire aux « Analytiques Postérieurs I »* d'Aristote par Averroès, qui reproduit cette traduction dans ses lemmes (voir **99** H. Gätje et G. Schoeler, « Averroes' Schriften zur Logik. Der arabische Text der *Zweiten Analytiken* im *Grossen Kommentar* des Averroes », *ZDMG* 130, 1980, p. 557-585) et le commentaire de Philopon *in APo.*, voir Elamrani-Jamal **98**, p. 522-523, qui signale qu'un passage du commentaire de Philopon, *in APo.*, p. 37, 21-22 Wallies, a été intégré au texte d'Aristote dans la traduction anonyme que commente Averroès (*cf.* **100** ʿA. Badawi [édit.], *Ibn Rushd, Šarḥ al-Burhān li-Arisṭū wa-talḫīṣ al-burhān (Grand Commentaire et paraphrase des Secondes Analytiques d'Aristote)*, Koweit 1984, p. 195, 4-6).

Sur la parenté entre le récit que fait Philopon, *in APo.*, p. 102, 12 *sqq.* Wallies, de la légende de l'oracle de Délos qui aurait promis de mettre fin à la peste à condition que le volume de l'autel cubique d'Apollon soit doublé, et celui qu'on trouve dans al-ʿĀmirī, *Kitāb al-Amad ʿalā al-abad*, voir Rowson **85**, p. 212 (il faut corriger la coquille qui s'est glissée dans la référence indiquée par Rowson).

Sur les rapports qu'il y aurait entre les développements d'Avicenne sur l'intuition et le commentaire de Philopon *in APo.*, voir **101** D. Gutas, *Avicenna and the Aristotelian Tradition. Introduction to Reading Avicenna's Philosophical Works*, coll. « Islamic Philosophy and Theology. Texts and Studies » 4, Leiden 1988, p. 162 n. 33 et 167.

Sur la tradition arabe du *in Apo*, voir aussi : **102** H. A. Wolfson, « Avicenna, Algazali and Averroes on Divine Attributes », dans *Homenaje a Millas-Vallicrosa*, 2 vol., Barcelona 1954-1956, vol. II, p. 545-571, réimpr. dans **103** *Id.*, *Studies in the History of Philosophy and Religion*, édit. I. Twersky et G. H. Williams, 2 vol., Cambridge (Mass.)/London, vol. I, p. 143-169 (à la p. 168), qui montre que, dans son *Grand Commentaire aux « Analytiques Postérieurs »* d'Aristote (**104** *Aristotelis Opera cum Averrois Cordubensis Commentariis*, 12 vol., Venetiis apud Junctas, 1562-1574, réimpr. Frankfurt am Main 1962, vol. I, *pars* 2, p. 470-471 [Comm. 44]), Averroès suit Philopon, *in APo.*, p. 372, 18-19 Wallies, en commentant *APo.* II 10, 93 b 30-32 ; **105** A. Elamrani-Jamal, « La démonstration du signe (*burhān al-dalīl*) selon Ibn Rushd (Averroès) », *DSTFM* 11, 2000, p. 113-131, qui attire l'attention sur la parenté entre un passage du *Grand Commentaire aux « Analytiques Postérieurs »* d'Aristote par Averroès (éd. Badawi **100**, p. 296-98) sur la portée démonstrative du signe *(dalīl)* et les « preuves tekmériodiques » dont useraient Philopon et Simplicius comme de l'outil essentiel pour l'établissement des principes premiers de la physique. L'auteur récuse une influence directe de ces deux auteurs sur Averroès, mais suggère que certains passages glosés de la traduction anonyme dont disposait Averroès pourraient contenir des indices de cette tradition, principalement celle de Philopon.

(5) In Aristotelis Topica

Une traduction arabe est signalée uniquement par Ibn Abī Uṣaybiʿa **4**, vol. I, p. 105, 17; voir Steinschneider **20**, p. 157-158. Al-Nadīm **2**, vol. I, p. 249, 17-19, nous apprend qu'au début de son commentaire aux *Topiques*, Yaḥyā b. ʿAdī dit n'avoir trouvé comme commentaires anciens à ce livre qu'une partie du commentaire d'Alexandre d'Aphrodise (une partie du livre I ainsi que les livres V-VIII) ainsi que le commentaire d'Ammonius aux livres I-IV.

(6) Commentaire sur l'Isagoge de Porphyre

Ibn Abī Uṣaybiʿa **4**, vol. I, p. 105, 32, mentionne un commentaire de Philopon à l'*Isagoge* de Porphyre, information qu'on ne trouve ni chez al-Nadīm ni chez al-Qifṭī; voir aussi Steinschneider **20**, p. 157. Selon **106** A. Baumstark, *Aristoteles bei den Syrern vom 5. bis 8. Jahrundert. Syrische Texte, herausgegeben, übersetzt und untersucht. Bd. I: syrisch-arabische Biographien des Aristoteles – Syrische Kommentare zur ΕΙΣΑΓΩΓΗ des Porphyrios*, Leipzig 1900, réimpr. 1975, p. 156-223, qui publie une édition avec traduction allemande des fragments syriaques d'un commentaire de Philopon à l'*Isagoge* (?) conservé dans le ms. Vat. Syr. 158 (aux p. 171-181), le commentaire de Philopon à l'*Isagoge* de Porphyre aurait été considéré par les monophysites comme un manuel (p. 171). Des extraits d'une version syriaque sont signalés par Georr **75**, p. 202-203, dans le ms. 248 de la Bibliothèque nationale à Paris, « exécuté par Ibrāhīm al-Ḥāqilānī en 1637, probablement sur le ms. n° CLVIII de la bibliothèque du Vatican (v. Assemani, *Bibl. apost. Vatic. codicum manuscr. Catal. III*, p. 304 et suiv.) », aux fol. 63ʳ-64ʳ. Cette attribution a été probablement faite sur la base du catalogue de **107** H. Zotenberg, *Manuscrits orientaux. Catalogue des manuscrits syriaques et sabéens (mandaïtes) de la Bibliothèque Nationale*, Paris 1874, p. 201-202; voir **108** K. Gyekye, *Arabic Logic. Ibn al-Ṭayyib's Commentary on Porphyry's Eisagoge*, Albany 1979, p. 14. **109** H. Daiber, « Ein vergessener syrischer Text: Bar Zoʿbi über die Teile der Philosophie », *OC* 69, 1985, p. 73-80, met en question l'influence du commentaire de Philopon à l'*Isagoge* de Porphyre sur le commentaire de Stéphane d'Alexandrie *ad loc.*, que Baumstark (suivi par G. Furlani, G. Richter et P. Moraux) croit déceler, et les conséquences que ce dernier en tire, à savoir la transmission syriaque du commentaire Philopon par le truchement du commentaire de Stéphane d'Alexandrie qui aurait été transmis dans un compendium syriaque de logique de la fin du VIIᵉ début VIIIᵉ siècle. Au XIIᵉ s., Severus Bar Šakku aurait utilisé ce compendium dans son livre de *Dialogues*. D'après Daiber, nous ne savons rien au sujet d'un commentaire de Stéphane d'Alexandrie sur l'*Isagoge* de Porphyre; nous n'avons pas non plus de compendium syriaque qui aurait servi d'intermédiaire entre Stéphane d'Alexandrie et Severus Bar Šakku; enfin l'existence d'un commentaire de Philopon à l'*Isagoge* de Porphyre, qui aurait été par la suite traduit

en arabe, demeure d'après lui, jusqu'à présent, de l'ordre de l'hypothèse (p. 75 et
79-80). En somme, il se demande si Baumstark et Furlani n'auraient pas surestimé
l'importance de l'influence de Philopon et de Stéphane d'Alexandrie sur la tradition syriaque. Voir aussi en ce sens, **110** S. Brock, « The Syriac Commentary
Tradition », dans Burnett **90**, p. 3-18, pour qui la relation entre les textes d'auteurs
syriaques du VIIᵉ siècle et la tradition des commentateurs grecs n'a toujours pas été
élucidée.

Sur les questions relatives à l'introduction générale de la philosophie, voir Hein
61, qui examine la manière dont ces questions sont traitées par les commentateurs
grecs, syriaques et arabes et montre notamment l'influence des commentaires
d'Ammonius et de ses disciples sur al-Fārābī et Abū al-Farağ Ibn al-Ṭayyib.
111 H. A. Wolfson, « The classification of Sciences in Mediaeval Jewish Philosophy », dans D. Philipson (édit.), *The Hebrew Union College Jubilee Volume
(1875-1925)*, Cincinnati 1925, p. 263-315, réimpr. dans Wolfson **103**, vol. I,
p. 493-545 (à la p. 494), mentionne que la classification aristotélicienne des
sciences aurait été transmise à la philosophie arabe par le truchement de la traduction arabe du commentaire de Jean Philopon à l'*Isagoge* de Porphyre, suivant en
cela **112** M. Grabmann, *Die Geschichte der scholastischen Methode, nach den
gedruckten und ungedruckten Quellen*, 2 vol., Berlin 1956, vol. II, p. 30. Voir aussi
à ce sujet, **113** Dominicus Gundissalinus, *De divisione Philosophiae*, herausgegeben und philosophiegeschichtlich untersucht von L. Baur, dans *Beiträge zur
Geschichte der Philosophie des Mitelalters*, Bd. IV, Heft 2-3, Münster 1903
(index, *s.v.* Philoponus, Johannes), et **114** H. Hugonnard-Roche, « La classification
des sciences de Gundissalinus et l'influence d'Avicenne », dans **115** J. Jolivet et
R. Rashed (édit.), *Études sur Avicenne*, Paris 1984, p. 41-75.

Enfin, **116** A. Heinen, « Mutakallimūn and Mathematicians. Traces of controversy with lasting consequences », *Isl* 55, 1978, p. 57-73 (cité par **117** A. Shihadeh,
The Teleological Ethics of Fakhr al-Dīn al-Rāzī, Leiden 2006, p. 197), retrace (aux
p. 65-72) l'origine d'une thèse attribuée par **118** Faḫr al-Dīn al-Rāzī, *Muḥaṣṣal
afkār al-mutaqaddimīn wa-'l-muta'aḫḫirīn min al-'ulamā' wa-'l-ḥukamā'wa-'l-
mutakallimīn*, Le Caire 1323H, p. 24 (Shihadeh ajoute une référence supplémentaire : **119** *al-Maḥṣūl fī 'ilm uṣūl al-fiqh*, édit. J. F. al-'Alwānī, 6 vol., al-Riyāḍ
1997, 1/1, p. 207 ; 1/2, p. 444) et 'Aḍud al-Dīn al-Īğī (*cf.* **120** J. van Ess, *Die
Erkenntnislehre des 'Aḍuddīn al-Īcī*, Wiesbaden 1966, p. 274-276) à un groupe de
géomètres sur l'utilité de la pensée discursive dans les sciences mathématiques par
opposition aux limites de son usage en théologie où le maximum qu'elle puisse
atteindre est une connaissance probable. Un point de vue similaire se trouve
exposé dans le commentaire de Philopon à l'*Isagoge* de Porphyre, où un passage
(conservé parmi les fragments syriaques édités et traduits par Baumstark **106**,
p. 192) rapporte l'opinion d'un groupe de mathématiciens selon lesquels la pensée
spéculative peut produire de nouvelles connaissances dans le domaine des mathématiques, mais pas dans les domaines de la théologie ou de la métaphysique où elle

conduit au mieux à une opinion probable. Un débat similaire entre mathématiciens et *mutakallimūn* est rapporté par al-Ǧāḥiẓ, *Risāla fī ṣināʿat al-kalām*.

(7) In Aristotelis Physicorum libros

Al-Nadīm **2**, vol. I, p. 250, 18-20, nous apprend que les quatre premiers livres du commentaire de Philopon à la *Physique* (*al-samāʿ al-ṭabīʿī bi-tafsīr Yaḥyā al-Naḥwī*) furent traduits par Qusṭā b. Lūqā (m. *ca* 912) sous forme de « *leçons (fa-huwa taʿālīm)* » (voir au sujet de cette division qui pourrait faire référence au grec τὰ μαθήματα, **121** E. Giannakis, *Philoponus in the Arabic Tradition of Aristotle's Physics*, PhD thesis, University of Oxford 1992, p. 66-68 et 97 n. 2) et qu'Ibn Nāʿima al-Ḥimṣī (IXᵉ s.), traduisit les quatre derniers livres. Au sujet de la date de composition de l'*in Phys.* (*in Phys.*, p. 703, 16-17 Vitelli) qu'al-Nadīm **2**, vol. I, p. 255, 2-3, reproduit de manière erronée, à savoir 343 de l'ère de Dioclétien (627 A. D.) au lieu de 233 (517 A. D.) voir *supra*, p. 506-507. Al-Qifṭī **8**, p. 39, 14-21, nous dit avoir possédé le commentaire de Philopon en 10 volumes (*ʿašr muǧalladāt*) avec, dans les *marginalia*, le commentaire de Thémistius de la main de Ǧūrǧis (Georgios) al-Yabrūdī. Cette copie aurait d'abord été la propriété de ʿĪsā fils du vizir ʿAlī b. ʿĪsā b. al-Ǧarrāḥ qui aurait étudié la *Physique* avec Yaḥyā b. ʿAdī dont il aurait noté les explications dans la marge. *Cf.* Ibn Abī Uṣaybiʿa **4**, vol. I, p. 105, 18, et Steinschneider **20**, p. 158-160 ; voir aussi Peters **57**, p. 30-34.

Le manuscrit Leiden Or. 583

L'édition de l'école de Bagdad de la traduction, par Isḥāq b. Ḥunayn, de la *Physique* d'Aristote a été préservée dans un manuscrit unique conservé à Leiden (*Or.* 583) et publié par **122** ʿA. Badawi (édit.), *Arisṭūṭālīs, Al-Ṭabīʿa* (*Physique*, traduction d'Isḥāq b. Ḥunayn), 2 vol., Le Caire 1964-1965 ; voir aussi **123** W. Kutsch et Kh. Georr, « al-Maqāla al-ʿūlā min *Kitāb al-Samāʿ al-ṭabīʿī li-Arisṭū-ṭālīs*, naql Isḥāq b. Ḥunayn wa-taʿlīq Abī ʿAlī al-Ḥasan Ibn al-Samḥ (Texte arabe du grand commentaire de la *Physique* d'Aristote par Abū ʿAlī b. as-Samḥ. 1ᵉʳ Livre) », *MUSJ* 39, 1963, p. 266-310. Pour une étude systématique du manuscrit de Leiden, de sa structure et de sa composition ainsi qu'une information détaillée sur les versions arabes du commentaire de Philopon et sur leurs sources, voir Giannakis **121**, p. 81-83 et 93-131, et aussi **124** *Id.*, « The structure of Abū l-Ḥusayn al-Baṣrī's copy of Aristotle's *Physics* », *ZGAIW* 8, 1993, p. 251-258.

125 G. Endress, *The Works of Yaḥyā ibn ʿAdī. An analytical inventory*, Wiesbaden 1977, p. 36-38, a établi que les passages, reproduits dans les scolies qui accompagnent l'édition d'école de la traduction arabe, par Isḥāq b. Ḥunayn (m. 910/911), de la *Physique* d'Aristote, intitulés simplement : « Yaḥyā », appar-tiennent, non pas à Yaḥyā b. ʿAdī, mais à Yaḥyā al-Naḥwī (Jean le Grammairien), autrement dit à Jean Philopon. Auparavant, S. Pines avait déjà identifié les cita-tions introduites par Yaḥyā, comme étant des extraits du commentaire de Philopon, voir **126** S. Pines, « Un précurseur baghdadien de la théorie de l'*impetus* », *Isis* 44, 1953, p. 247-251 (p. 250), où il avance que les gloses introduites par « Yaḥyā » seraient en définitive des notes que Yaḥyā b. ʿAdī aurait tirées du Commentaire de Philopon ; Pines **18**, p. 442-468 (p. 465 n. 53). Les deux articles sont réimpr. dans Pines **19**, respectivement p. 418-422 et 440-466 ; voir aussi p. IX. A son tour, Giannakis **121**, p. 44-66, a montré que tous les passages introduits par « Yaḥyā », « *qāla* Yaḥyā » ou encore « Yaḥyā *wa* Abū ʿAlī » figurant dans les gloses au livre II jusqu'à la moitié du livre VI dérivent d'une version arabe du commentaire de Philopon qui serait l'œuvre de Qusṭā b. Lūqā au moins jusqu'au livre IV. L'arabe se présente comme une paraphrase abrégée du grec sans que l'on sache si Qusṭā en est l'auteur ou s'il a eu en main une version grecque abrégée ou encore si la version de Qusṭā aurait été abrégée par les compilateurs des gloses du manuscrit de Leiden. Pour une analyse de ces passages et de leur rapport avec le commentaire de Philopon, voir Giannakis **121**, p. 97-128. Les passages introduits par « Yaḥyā » ou « Yaḥya et Abu al-Faraǧ » à partir du milieu du livre VI jusqu'à la fin du manuscrit de Leiden seraient aussi dérivés du commentaire de Philopon sans que l'auteur puisse l'attester, en l'absence de l'original grec (p. 66-74). Enfin Giannakis **121** (p. 31 et 33-34), signale que les gloses introduites par la lettre 'ḥ' dérivent aussi du commentaire de Philopon et relèvent de la copie de Yaḥyā b. ʿAdī qui devait contenir une partie si ce n'est la totalité des commentaires transmis sous le nom de « Yaḥyā ». Lettinck **9**, parvient plus ou moins aux mêmes conclusions (p. 4-6) : toutes les gloses précédées du nom de Yaḥyā reproduisent une paraphrase adaptée et abrégée du commentaire de Philopon *in Phys.* III-VII, auxquels il faut ajouter deux fragments du *in Phys.* VIII. Il est difficile de savoir si l'éditeur des gloses du manuscrit de Leiden est aussi « l'éditeur » de la paraphrase de Philopon ou si une paraphrase arabe du commentaire de Philopon était utilisée dans l'école de Bagdad où la *Physique* était étudiée. Une table de concordances entre les scholies transmises sous le nom de Yaḥyā dans le manuscrit de Leiden et les passages correspondant du commentaire de Philopon fut établie d'abord par Endress **125**, p. 36-38 puis de manière plus systématique par Giannakis **121**, p. 152-82, et Lettinck **9**, p. 194 ; 200 ; 207 ; 224 ; 237 ; 245 ; 248 ; 272 ; 274 ; 277 ; 286-289 ; 292 ; 318 ; 322 ; 329 ; 339 ; 349 ; 358 ; 365 ; 369 ; 371 ; 397 ; 401 ; 404 ; 408 ; 411 ; 413 ; 442 ; 445 ; 448 ; 450 ; 458 ; 462 ; 464 ; 467 ; 471 ; 514 ; 517 ; 521 ; 525 ; voir aussi **127** P. Lettinck, *Philoponus, On Aristotle's Physics 5-8, with Simplicius, On Aristotle on the void*, London 1994, p. 7-10.

On trouve dans **128** E. Giannakis, « Yaḥyā ibn ʿAdī against John Philoponus on place and void », *ZGAIW* 12, 1998, p. 245-302, une édition et traduction anglaise annotée de la paraphrase arabe des corollaires sur le lieu et sur le vide de Philopon incluse dans les chap. 7 et 17 du livre IV de l'édition d'école de la traduction arabe de la *Physique* telle qu'elle nous a été transmise dans le ms. Leiden, *Or.* 583, avec les objections de Yaḥyā b. ʿAdī. L'auteur donne les concordances dans l'édition Badawi ainsi que dans le texte grec édité par Vitelli. Pour une traduction anglaise des fragments du commentaire de Philopon conservés dans le manuscrit de Leiden, relatifs au corollaire sur le vide (livre IV) ainsi qu'aux quatre derniers livres de la *Physique* (V-VIII) voir Giannakis **121**, p. 185-394, et Lettinck **127**. Enfin, Lettinck

9 donne une paraphrase anglaise de tous les fragments du commentaire de Philopon conservés dans le manuscrit de Leiden.

Sur les citations d'Alexandre d'Aphrodise qu'on trouve dans les gloses du manuscrit de Leiden, voir Giannakis **121**, p. 75-80, qui pense qu'elles seraient toutes extraites du commentaire de Philopon. Voir aussi **129** E. Giannakis, « Fragments from Alexander's Lost Commentary on Aristotle's *Physics* », *ZGAIW* 10, 1996, p. 157-187. De même, à l'exception d'une ou de deux, toutes les citations de Thémistius dans le manuscrit de Leiden seraient empruntées au commentaire de Philopon, (Giannakis **121**, p. 81-82) ; voir aussi à ce sujet, **130** D. Gutas, « Averroes on Theophrastus, through Themistius » dans Endress et Aertsen **94**, p. 125-144 (p. 129 et 144).

Pour une analyse des passages attribués à Anaxagore dans les extraits de la paraphrase du commentaire de Philopon reproduits dans les scholies de l'édition de la *Physique* dans le manuscrit de Leiden, voir **131** E. Giannakis, « Anaxagoras in the Baghdad Physics », dans **132** P. Adamson (édit.), *In the Age of al-Fārābī : Arabic Philosophy in the Fourth/Tenth Century*, coll. « Warburg Institute Colloquia » 12, London/Torino 2008, p. 35-50, qui montre par ailleurs l'influence du commentaire de Philopon sur les commentaires d'Abū ʿAlī Ibn al-Samḥ (1027) à *Phys.* I-IV et d'Abū al-Faraǧ Ibn al-Ṭayyib (1043) à *Phys.* IV-VIII.

Les notes de l'édition d'école de la *Physique* reflètent le travail exégétique des commentateurs de l'école de Bagdad : Abū Bišr Mattā (m. 940), Yaḥyā b. ʿAdī (m. 974), Abū ʿAlī b. al-Samḥ (m. 1027) et Abū al-Faraǧ b. al-Ṭayyib (m. 1043) ont certainement utilisé le commentaire de Philopon qu'ils suivent très souvent tout en le paraphrasant. Endress **125**, p. 37, suivi de Giannakis **121**, p. 61-63, a montré que lorsque Philopon était cité conjointement avec Ibn al-Samḥ (*qāla Yaḥyā wa-Abū ʿAlī*), ce qui arrive fréquemment, son commentaire est utilisé mais non cité littéralement ; voir aussi Lettinck **9**, p. 5. Il faut noter que même là où le commentaire de Philopon n'est pas explicitement reproduit dans les gloses, on en retrouve la trace dans les commentaires des glossateurs, notamment dans les gloses d'Ibn al-Samḥ qui très souvent présentent une similitude avec le commentaire de Philopon dont il reproduit les exemples et les expressions, ce qui n'empêche pas Ibn al-Samḥ d'en prendre parfois le contre-pied (voir, Giannakis **121**, p. 43-66, pour une analyse détaillée des gloses d'Abū ʿAlī Ibn al-Samḥ et de leur rapport au commentaire de Philopon, et Appendice II [p. 136-146] pour une table de concordance ; voir aussi Lettinck **9**, p. 38 ; 42 ; 52 ; 62 *passim*). Giannakis **121**, p. 35-36, montre en outre qu'Abū Bišr Mattā aurait aussi utilisé et annoté une version arabe du commentaire de Philopon *in Phys.* (voir Appendice I, p. 132-135, pour une table de concordance entre les gloses d'Abū Bišr Mattā et le commentaire de Philopon). En outre, Giannakis **121**, p. 66-74, montre que la seconde partie du codex de Leiden aurait été compilée par Abū al-Ḥusayn al-Baṣrī sur la base d'un manuscrit d'Abū al-Faraǧ Ibn al-Ṭayyib et de notes prises dans le cours d'Ibn al-Ṭayyib. Abū al-Faraǧ aurait utilisé la version arabe de Philopon entièrement ou en partie. Pour des parallèles entre les citations d'Abū al-Faraǧ et le commentaire de

Philopon voir Giannakis **121**, p. 69-74, et de manière plus systématique Appendice III (p. 147-151), où l'auteur établit une table de concordance. Comme l'a relevé Sabra **10**, p. 154), ces notes reflètent la place prédominante que Philopon occupait dans le curriculum de l'école de Bagdad sachant qu'Avicenne comptait Philopon parmi ceux qui avaient échoué à comprendre les implications profondes de la *Physique* d'Aristote, voir **133** ʿA. Badawi, *Arisṭū ʿinda al-ʿArab*, Le Caire 1947, p. 121.

Réception arabe

Dans son *Traité de Métaphysique* (*Maqāla fī mā baʿad al-ṭabīʿa*), Abū Bakr al-Rāzī (m. 925 ou 935) fait référence à plusieurs reprises au commentaire de Philopon *in Phys*. II, notamment au sujet de la définition de la nature comme principe de mouvement et de repos, voir **134** P. Kraus (édit.), *Rasāʾil falsafiyya : maʿa qiṭaʿ bāqiyat min kutubihi al-mafqūda li-Abī Bakr Muḥammad ibn Zakariyyā al-Rāzī*, coll. «Ğāmiʿat Fuʾād al-Awwal, Kulliyyat al-Ādāb» 22, Le Caire 1939 [réimpr. Beyrouth, Dār al-āfāq al-ğadīda, 1973], vol. I, p. 117, 11-14, correspondrait à *in Phys*., p. 198, 19-31 Vitelli ; p. 118, 1 à *in Phys*. p. 197, 34-35 Vitelli ; p. 121, 4-5 est en fait une référence au *Contra Proclum*, voir *infra* n° 14, p. 535-537 ; p. 123, 8-16 correspondrait à *in Phys*. p. 201, 10-27 Vitelli. Voir plus récemment **135** G. A. Lucchetta, *La natura e la sfera : la scienza e le sue metafore nella critica di Rāzī*, presentazione di G. E. R. Lloyd, Lecce 1987, pour une étude détaillée du *Traité de Métaphysique* et de la critique adressée par Abū Bakr al-Rāzī tant à la physique aristotélicienne (la nature, le mouvement et le temps) qu'à celle des commentateurs et notamment Philopon (index, *s.v.* "Giovanni il Grammatico") et en particulier, p. 57-65 sur la nature comme principe de mouvement ; p. 219-230 sur le mouvement de la sphère céleste et p. 271-278 sur le temps).

Les notes d'Ibn Bāğğa à la *Physique* d'Aristote contiennent d'importantes références à Philopon (voir par exemple, **136** P. Lettinck, «Ibn Bājja's Commentary on Aristotle's Physics», dans **137** G. Endress et M. Schmeink [édit.], *Symposium Graeco-Arabicum*. Akten des zweiten Symposium Graeco-Arabicum, Ruhr Universität Bochum, 3-5 März 1985, Amsterdam 1989, p. 32-40). Deux éditions existent, toutes deux incomplètes parce que fondées sur le seul manuscrit d'Oxford, Bodleian Library, Pococke 206 : **138** Ibn Bāğğa, *Šarḥ al-Samāʿ al-ṭabīʿī li-Arisṭūṭālīs*, éd. M. Fakhry, Beyrouth 1973, et **139** M. Ziyada (édit.), *Šurūḥāt al-Samāʿ al-ṭabīʿī li-Ibn Bāğğa al-Andalusī*, Beyrouth 1978. Un autre manuscrit, Berlin, Bibliothèque Royale, Wetzstein 87, plus complet, était considéré comme perdu et a été retrouvé en 1988 par G. Endress à la Bibliothèque Jagellonne à Cracovie. Lettinck **9**, p. 675-747, a publié les parties du manuscrit de Berlin qui n'existent pas dans le manuscrit d'Oxford (pour les références à Philopon qu'on trouve dans ces extraits voir *infra* p. 528). Le commentaire d'Ibn Bāğğa à la *Physique* d'Aristote est important à plus d'un égard pour notre propos : d'une part Ibn Bāğğa aurait eu accès à une version complète du commentaire de Philopon *in Phys*. qu'il aurait utilisée et non pas la paraphrase dont on trouve des extraits dans le manuscrit de Leiden (voir Lettinck **9**, p. 13), d'autre part Averroès en aurait fait usage dans les trois commentaires qu'il consacre à la *Physique* d'Aristote et dont seul l'Épitomé a été conservé en version arabe (voir **140** J. Puig Montada [édit.], Abū al-Walīd Ibn Rušd, *Al-Ǧawāmiʿ fī al-falsafa : Kitāb al-Samāʿ al-ṭabīʿī*, Madrid 1983 et trad. espagnole par **141** *Id.* [trad.], *Averroes, Epitome de fisica : filosofia de la naturaleza*, Madrid 1987). Le *Grand Commentaire* ainsi que le *Commentaire Moyen* existent en versions hébraïque et latine (pour les références aux éditions ainsi qu'aux manuscrits du *Grand Commentaire* et du *Commentaire Moyen à la « Physique »* d'Aristote d'Averroès, voir **142** R. Glasner, *Averroes' Physics. A Turning Point in Medieval Natural Philosophy*, Oxford 2009, p. 178-179). Lettinck **9**, p. 14, signale que l'influence de Philopon sur Averroès est manifeste dans les trois commentaires, notamment dans le *Grand Commentaire*, alors que Puig Montada **11**, p. 496-497, doute d'une quelconque influence de Philopon sur le *Grand Commentaire à la « Physique »* d'Aristote, Averroès n'y mentionnant jamais Philopon comme l'une de ses sources, alors qu'il évoque le commentaire d'Alexandre d'Aphrodise et celui de Thémistius. Pour une opinion contraire voir **143** S. Harvey, « The Impact of Philoponus' *Commentary on the Physics* on Averroes' Three Commentaries on the *Physics* », dans **144** P. Adamson, H. Baltussen et M. W. F. Stone (édit.), *Philosophy, Science and Exegesis in Greek, Arabic and Latin Commentaries*, vol. II = *BICS*, Supplement 83.2, 2004, p. 89-105, (p. 92), et Glasner **142**, p. 25, selon laquelle Philopon serait cité dans le *Grand Commentaire à la « Physique »* d'Aristote (voir références, p. 25 n. 28), et trois fois nominalement dans le *Commentaire Moyen*, sans compter les nombreuses fois où Averroès s'y réfère sans le citer (p. 23). Le commentaire d'Ibn Bāǧǧa n'ayant pas été traduit en latin, c'est donc par le truchement des traductions latines d'Averroès que certaines de ses théories ont été transmises au Moyen Âge latin, notamment celles relatives au mouvement d'un corps dans un milieu (*Phys.* IV) ; au lieu et notamment le lieu de la sphère céleste et de l'univers (*Phys.* IV) ; à l'infinité du temps, ou encore à l'antériorité de la puissance du mouvement naturel sur le mouvement lui-même (*Phys.* VI) etc. A chaque fois Ibn Bāǧǧa a pris position en faveur ou contre Philopon, son commentaire représente donc une étape importante dans l'histoire de la physique et notamment de la dynamique. Pour une étude générale sur la dynamique d'Ibn Bāǧǧa voir **145** M. Ziyada, *The Theory of Motion in Ibn Bājja's Philosophy*, PhD thesis, McGill University, Montreal 1972 (*non vidi*) et trad. arabe **146** *Id.*, *al-Ḥaraka min al-ṭabīʿa ilā mā baʿd al-ṭabīʿa : dirāsa fī falsafat Ibn Bāǧǧa al-Andalusī*, Beyrouth 1985 (*non vidi*). Lettinck **9** reproduit systématiquement une paraphrase anglaise du commentaire d'Ibn Bāǧǧa à la suite de la paraphrase anglaise de chaque passage de la version arabe de la *Physique* d'Aristote qu'il commente, accompagnée, lorsqu'il y a lieu, des passages correspondant dans les commentaires d'Averroès.

La théorie de l'impetus (voir in Phys., p. 639-642 et 678-684 Vitelli)

Sur la réception syriaque de la théorie du mouvement des projectiles voir **146bis** J.T Walkers, « Against the Eternity of the Stars : Disputation and Christian

Philosophy in Late Sasanian Mesopotamia», dans *La Persia e Bisanzio* (Roma, 14-18 ottobre 2002), (Atti Dei Convegni Lincei, 201), Roma, Accademia Nazionale dei Lincei, 2004, p. 509-537 (à la p. 529), et **146ter** *Id., The Legend of Mar Qardagh. Narrative and Christian Heroism in Late Antique Iraq*, Berkeley/Los Angeles/London 2006, p. 30 et chap. 3 (notamment p. 194-197) qui signale l'existence d'une version très abrégée et diluée, mais reconnaissable, de la théorie du mouvement des projectiles de Philopon dans l'*Histoire de Mar Qardagh*, une biographie syriaque anonyme du début du VIIe siècle, du martyr Mar Qardagh d'Arbela, vice-roi sassanide exécuté «durant la 49ème année du règne du roi Shāpūr». L'hagiographe qui met en scène une controverse entre Qardagh et un ermite chrétien du nom d'Abdišōʿ au sujet de l'éternité des corps célestes emploierait des arguments empruntés, de manière probablement indirecte, à la théorie des projectiles de Philopon, dont il reproduirait l'exemple du mouvement de la flèche et de la pierre (*cf.* Philopon, *in Phys.* IV 8, p. 639, 3 – 642, 9 Vitelli). De même, la distinction entre, d'une part la nature animée des animaux et des plantes et de l'autre, la nature inanimée des éléments et des sphères célestes qu'on trouve dans l'*Histoire de Mar Qardagh* serait inspirée du *De Opifico Mundi* V 1 (éd. Scholten, t. II, p. 454, li. 16-23) de Philopon.

Endress **125**, p. 38, a, le premier, attiré l'attention sur les notes critiques de Yaḥyā b. ʿAdī sur la théorie de l'*impetus* de Philopon, dans les gloses de l'édition d'école de la traduction arabe de la *Physique* d'Aristote. Sur l'exégèse de la définition aristotélicienne du mouvement dans les gloses de cette même édition, notamment celles transmises sous le nom de Yaḥyā, et sa réception dans la *Physique* d'Avicenne, voir **147** A. Hasnawi, «La définition du mouvement dans la Physique du *Šifāʾ* d'Avicenne», *ASPh* 11, 2001, p. 219-255, qui donne en Appendice une traduction française des passages de la *Physique* d'Avicenne. De manière générale, sur la théorie du mouvement des projectiles exposée dans le commentaire de Philopon *in Phys.* IV et VIII et l'expression qu'elle trouve dans la *Physique* du *Šifāʾ* d'Avicenne, sur les modifications qu'elle subit et les développements qui lui sont apportés, voir **148** S. Pines, «Études sur Awḥad al-Zamân Abu'l-Barakât al-Baghdâdî», *REJ* 103, 1937, p. 3-64, et 104, p. 1-33, réimpr. dans **149** *Id., Studies in Abu'l-Barakāt al-Baghdādī Physics and Metaphysics*, (*The Collected Works of Shlomo Pines*, vol. I), Jerusalem/Leiden 1979, p. 31-95 : sur les diverses notions de *mayl* (inclination) et sur la notion de *quwwa mustafāda* (force acquise) chez Avicenne (p. 48-51 et pour des références aux multiples définitions de *mayl* chez Avicenne, p. 43 n. 169 et p. 48 n. 197) ; sur le concept d'*iʿtimād* et son usage dans le *kalām*, notamment chez les muʿtazilites, et dans la *falsafa* (p. 43-48) ; sur ce qu'Abū al-Barakāt al-Baġdādī (*Kitāb al-Muʿtabar, faṣl* XXIV et XXVII) lui doit et sur les points de divergence entre eux (p. 63-74 et 83-92) ; sur la théorie du *mayl qaṣrī* (inclination violente) chez les successeurs d'Avicenne, notamment Abū al-ʿAbbās al-Faḍl b. Muḥammad al-Lūqarī (*fl. ca* 1080), *K. Bayān al-ḥaqq wa-mīzān al-ṣidq*, Faḫr al-Dīn al-Rāzī (1150-1210), *Šarḥ al-Išārāt* et *al-Mabāḥit al-mašriqiyya*, Naṣīr al-Dīn al-Ṭūsī (1201-1274) dans son commentaire au *K. al-*

Išārāt d'Avicenne, Šams al-Dīn Muḥammad al-Šahrazūrī, *Rasā'il al-šaǧara al-ilāhiyya*, au sujet duquel voir aussi **150** S. Pines, « Saint-Augustin et la théorie de l'*impetus* », *AHMA* 36, 1969, p. 7-21 (réimpr. dans Pines **19**, p. 394-408) ainsi que Ṣadr al-Dīn al-Šīrāzī (p. 74-77) et sur sa transmission au Moyen Âge latin (p. 78-83). Voir aussi **151** Seyyed H. Nasr, *An Introduction to Islamic Cosmological Doctrines. Conceptions of Nature and Methods used for its study by the Ikhwān al-Ṣafā', al-Bīrūnī and Ibn Sīnā*, Revised edition, Shambhala/Boulder 1978, p. 226-229 ; **152** M. Naẓīf, *Ārā' al-falāsifa al-islāmiyyīn fī al-ḥaraka* (Les conceptions des philosophes musulmans concernant le mouvement), Le Caire 1943 (*non vidi*), cité par **153** A. Hasnaoui, « La dynamique d'Ibn Sīnā (La notion d'"inclination" : *mayl*) », dans Jolivet et Rashed **115**, p. 103-123, qui analyse les distinctions entre les diverses notions de *mayl* dans la *Physique* du *Šifā'* d'Avicenne, notamment le mouvement des projectiles et l'inclination violente *(mayl qaṣrī)* et souligne les similitudes ainsi que les différences fondamentales entre la notion de « force acquise *(quwwa muktasaba)* » et la « δύναμις ἐνδοθεῖσα » de Philopon, *in Phys.*, p. 642 Vitelli (p. 112 et n. 50).

A la question de savoir si Philopon est la source des théories relatives au mouvement des projectiles dans le monde médiéval islamique voir **154** S. Pines, « Les Précurseurs musulmans de la théorie de l'*impetus* », *Archeion* 21, 1938, p. 298-306, réimpr. dans Pines **19**, p. 409-417, qui reprend en les résumant les conclusions de Pines **148**, et Pines **126**. Quant à savoir si la notion existe dans les sources arabes avant Avicenne, Pines fait état, dans **148**, p. 41 ; 50 et 78, du fait que le terme *mayl qaṣrī* se rencontre déjà chez al-Fārābī dans *'Uyūn al-masā'il (Fontes quaestionum)*, mais il faut savoir que, depuis, l'authenticité de ce texte a été remise en question (voir à ce sujet **155** Th. A. Druart, « Al-Farabi and Emanationism », dans J. F. Whippel [édit.], *Studies in Medieval Philosophy*, coll. « Studies in Philosophy and the History of Philosophy » 17, Washington 1987, p. 23-43, p. 24 n. 9, et références *ad loc.* et plus récemment **156** Ph. Vallat, *Farabi et l'école d'Alexandrie : des prémisses de la connaissance à la philosophie politique*, coll. « Études musulmanes » 38, Paris 2004, p. 383, n° XL). Voir aussi en ce sens, **157** S. Pines, « *Omne quod movetur necesse est ab alio moveri* : a refutation of Galen by Alexander of Aphrodisias and the theory of Motion », *Isis* 52, 1961, p. 21-54, notamment p. 48-54, réimpr. dans Pines **19**, p. 218-251, où l'auteur signale que l'expression *mayl qaṣrī* (inclination violente) se retrouve chez al-Fārābī avec l'expression *mayl ṭabī'ī* (inclination naturelle) où elle n'est toutefois pas expliquée. L'auteur se demande donc si les philosophes arabes ont eux-mêmes forgé l'expression ou s'ils l'ont prise d'une œuvre aujourd'hui perdu de Jean Philopon qui aurait énoncé la théorie à laquelle cette expression est liée. Notons aussi un traité de Yaḥyā b. 'Adī signalé par Endress **125**, p. 62, *Maqāla fī al-radd 'alā man qāla bi-anna al-aǧsām muǧallaba [leg. muǧtaliba] 'alā ṭarīq al-ǧadal [leg. Al-badal?]* (nous reproduisons la transcription et les conjectures de G. Endress) à rapprocher de *in Phys.*, p. 639-642 Vitelli.

Par ailleurs, Pines (**148**, p. 78-83) a noté que le recours à un principe intrinsèque de mouvement pour expliquer aussi bien le mouvement naturel des corps que le mouvement violent des projectiles qu'on rencontre chez Avicenne et ses successeurs réapparaît dans la doctrine scholastique sous la forme de la théorie de l'*impetus*, ce qui renforce l'hypothèse que cette théorie soit parvenue aux Latins à travers les Arabes, compte tenu du fait que **158** P. Duhem, *Études sur Léonard de Vinci : ceux qu'il a lus et ceux qui l'ont lu*, Paris 1906-1913, vol. II, p. 191, avait déjà signalé que l'astronome al-Bitrūǧī (*fl. ca* 1190), l'Alpetragius des Latins, fait allusion à une théorie similaire (Pines **148**, p. 33 ; **154**, p. 300/411). A noter toutefois, que **159** A. Maier, *Zwei Grundprobleme der scholastischen Naturphilosophie. Das Problem der intensiven Grösse, die Impetustheorie*, 2 vol., Roma 1951, p. 127-134, renvoie dos à dos les deux hypothèses, et croit à un développement indépendant de la théorie de l'*impetus* dans la scholastique latine. Plus récemment, **160** F. Zimmermann, « Philoponus' Impetus theory in the Arabic Tradition », dans Sorabji **31**, p. 121-129, a appuyé les hypothèses de S. Pines en reconnaissant qu'Avicenne à l'Est et Avempace (Ibn Bāǧǧa) à l'Ouest partagent tous deux, indépendamment, l'idée que le *motus separatus* dans les corps inanimés est causé par un moteur interne. Tous les deux ont aussi émis des objections qui rappellent les arguments de Philopon, contre certaines revendications liées au refus d'Aristote de reconnaître un moteur interne dans les corps inanimés. Par conséquent Zimmermann suggère qu'on peut naturellement supposer que ces philosophes ont eu accès aux critiques que Philopon formulait contre Aristote. L'absence du mot *mayl*, que ce soit dans la version arabe de la *Physique* ou du *De Caelo*, rend notamment difficile l'hypothèse qu'Avicenne se soit inspiré d'Aristote. Il aurait manifestement été familier de Philopon : la similitude de leurs idées sur le mouvement des corps inanimés peut être difficilement accidentelle. Le *mayl* d'Avicenne pourrait donc être directement inspiré de la *rhopê* de Philopon. Zimmermann relève en outre que ni Avempace (Ibn Bāǧǧa) ni Avicenne ne reconnaissent leur dette à l'égard de Philopon. Par conséquent on serait en présence d'une tradition médiévale de la théorie de l'*impetus* de Philopon avec très peu de crédit accordé à Philopon. Enfin au sujet de la transmission de la version avicenienne de la théorie de l'*impetus* de Philopon au Moyen Âge latin, Zimmermann souligne qu'il était en effet possible d'avoir accès au concept avicennien d'inclination à travers le livre d'al-Ġazālī sur *Les Intentions des Philosophes (Maqāṣid al-Falāsifa)* qui fut traduit en latin *(Logica et philosophica Algazelis)* dès la seconde moitié du XIIe siècle. Al-Ġazālī y mentionne clairement le fait que l'inclination est une cause de mouvement résidant dans le corps mobile lui-même. Le livre d'al-Ġazālī a été traduit en hébreu à plus d'une reprise. Vers 1400, Crescas, écrivant en hébreu, adopte l'idée que les corps inanimés se meuvent vers leur lieu naturel au moyen d'une force inhérente à leur forme (voir **161** H. A. Wolfson, *Cresca's Critique of Aristotle. Problems of Aristotle's* Physics *in Jewish and Arabic Philosophy*, Cambridge (Mass.) 1929, p. 298-299 et 672-675 et aussi, p. 410-414, cité par l'auteur). Voir aussi **162** M. Rashed, « Natural Philosophy », dans Adamson et Taylor **67**, p. 287-

307 (p. 297), et **163** A. Sayili, « Ibn Sīnā and Buridan on the Dynamics of Projectile Motion », dans **164** *Ibn Sīnā : Ölümün bininci yılı Armaflani 1984'ten ayribasim*, Ankara 1984 (cité par Rashed). Pour une étude d'ensemble sur la théorie de l'*impetus* dans la dynamique en Islam médiéval qui couvre l'ensemble de la littérature à ce sujet, voir **165** R. E. Hall, « Mechanics », dans **166** *The Different Aspects of Islamic Culture*, vol. 4 : *Science and Technology in Islam*, part I : *The Exact and Natural Sciences*, édit. par A. Y. al-Hassan, Paris, UNESCO, 2001, p. 297-336, (p. 314-336 et notamment p. 326-336). Voir enfin, **167** A. Dhanani, *The Physical Theory of Kalām, Atoms, Space and Void in Basrian Mu'tazilī Cosmology*, Leiden 1994, p. 81, sur la parenté qu'il y aurait entre la notion de l'*i'timād* utilisée par les mu'tazilites de Baṣra et la théorie de l'*impetus* de Philopon, et **168** D. C. Reisman, « An Obscure Neoplatonist of the Fourth/Tenth Century and the Putative Philoponus Source », dans Adamson **132**, p. 239-264, qui établit l'influence de Philopon sur un traité du philosophe et mathématicien jusque-là quasi inconnu, Abū Ḥāmid Aḥmad b. Muḥammad al-Isfizārī (Xe siècle), *Kitāb fī masā'il al-umūr al-ilāhiyya*, notamment en ce qui concerne la cause du mouvement de la sphère céleste et la théorie de l'*impetus*. L'auteur connaît le commentaire de Philopon à la *Physique* d'Aristote, le *De Aeternitate Mundi contra Proclum* dont il cite le titre et le *De Aeternitate Mundi contra Aristotelem*, de même que l'abrégé arabe d'un traité perdu de Philopon.

Le mouvement comme achèvement ou actualisation (Phys. III)

Sur la définition du mouvement comme « l'entéléchie de ce qui est en puissance en tant que tel » (*Phys.* III 1, 201a10-11) et l'exégèse sur la double entéléchie à laquelle elle a donné lieu chez Philopon (*in Phys.* 342, 16 – 343, 2 Vitelli), sur sa transmission arabe, par le biais des gloses de l'édition d'école de la traduction arabe de la *Physique* et l'écho qu'elle trouve chez Yaḥyā b. 'Adī (*Maqāla fī al-Mawǧūdāt* [Traité des existants]) mais surtout Avicenne chez qui elle donne lieu à une double définition du mouvement au livre I de la Physique du *Šifā'*, voir Hasnawi **147**, p. 219-255, qui donne en Appendice une traduction française des passages de la Physique du *Šifā'* à propos du mouvement. Voir aussi **169** *Id.* « Alexandre d'Aphrodise *vs* Jean Philopon : notes sur quelques traités d'Alexandre 'perdus' en grec conservés en arabe », *ASPh* 4, 1994, p. 53-109 (p. 64-67); Lettinck **9**, p. 186-187, 190, 191 ; **170** J. Janssens, « L'Avicenne latin : un témoin (indirect) des commentateurs (Alexandre d'Aphrodise – Thémistius – Jean Philopon) », dans **171** R. Beyers, J. Brams, D. Sacré et K. Verrycken (édit.), *Tradition et traduction. Les textes philosophiques et scientifiques grecs au Moyen Âge latin.* Hommage à Fernand Bossier, Leuven 1999, p. 89-105 (p. 97-100), et **172** R. Wisnosky, *Avicenna's Metaphysics in Context*, Ithaca (NY) 2003, p. 25 et n. 6 et 7 ; 52 ; 104-105 n. 13, et, de manière générale, sur la notion de double entéléchie induite par la définition du mouvement, chap. 2-5. Enfin, sur la double définition du mouvement dans la physique d'Averroès voir Glasner **142**, p. 127-133.

Le mouvement dans le vide

Sur la parenté entre la critique que formule Ibn Bāǧǧa (m. 1139), dans ses notes à la *Physique* (voir Ziyada **139**, p. 142-144), contre Aristote, sur la possibilité du mouvement dans le vide (*Phys.* IV 8, 215b19 sqq.) et la critique de Philopon à ce sujet voir Zimmermann **160**, p. 123, et **173** P. Lettinck, « Some remarks on Ibn Bājja's commentary on Aristotle's Physics », dans **174** G. Endress et R. Kruk (édit.), *The Ancient Tradition in Christian and Islamic Hellenism. Studies on the Transmission of Greek Philosophy and Sciences*, dedicated to H. J. Drossart Lulofs on his ninetieth birthday, Leiden 1997, p. 193-200 (aux p. 193-194). Averroès critiquera Ibn Bāǧǧa sur ce point et défendra Aristote (voir **104**, vol. IV : *De physico auditu libri cum Averrois in eosdem commentariis*, p. 160 C 7 - 162 C 10 et Wolfson **161**, p. 403-405, cités par Lettinck). La controverse entre Averroès et Ibn Bāǧǧa donnera lieu à une discussion dans l'Occident latin entre Averroistes et partisans d'Avempace (Ibn Bāǧǧa) qui continuera sous Galilée. Sur la transmission des théories de Philopon sur le lieu et sur le vide, et notamment ses arguments au sujet de la vitesse de la chute des corps dans le vide, au Moyen Âge latin par l'intermédiaire du *Grand commentaire à la « Physique » d'Aristote* d'Averroès et des extraits d'Ibn Bāǧǧa qui y sont reproduits, voir **175** Ch. Schmitt, « Philoponus' Commentary on Aristotle's *Physics* in the Sixteenth Century », dans Sorabji **31**, p. 210-230 (p. 214-215 et 223-27), qui renvoie pour l'*opinio Avempace* à **176** E. A. Moody, « Galileo and Avempace : The Dynamics of the Leaning Tower Experiment (I) (II) », *JHI* 12, 1951, p. 163-93 et 375-422 (abrégé dans **177** P. P. Wiener et A. Noland [édit.], *Roots of Scientific Thought*, New York 1957, p. 176-206), qui identifie Avempace, et à travers lui, Philopon, comme l'une des sources de la dynamique de Galilée à Pise, et Pines **18**, p. 442-468, qui apporte des rectifications importantes à l'article de Moody au sujet notamment de la survie du commentaire d'Ibn Bāǧǧa à la *Physique*. Pines s'interroge (**18**, p. 464-468) sur une possible influence de Philopon sur Ibn Bāǧǧa, sachant que ce dernier n'aurait vraisemblablement connu les thèses de Philopon qu'à travers le traité d'al-Fārābī *Sur les Étants changeants (Fī al-Mawǧūdāt al-mutaǧayyira)* ; voir aussi **178** A. Maier, *Zwischen Philosophie und Mechanik*, Roma 1958, p. 240-285 ; **179** M. Clagett, *The Science of Mechanics in the Middle Ages*, Madison 1959, chap. 8 et 9 ; **180** E. Grant, « Aristotle, Philoponus, Avempace and Galileo's Pisan dynamics », *Centaurus* 11, 1965, p. 79-95, réimp. dans **181** *Id.*, *Studies in Medieval Science and Natural Philosophy*, London 1981 ; **182** J. A. Weisheipl, « Motion in a void : Aquinas and Averroes », dans **183** A. Maurer (édit.), *St Thomas Aquinas 1274-1974 : Commemorative Studies*, Toronto 1974, vol. I, p. 467-88, réimpr. dans **184** J. A. Weisheipl, *Nature and Motion in the Middle Ages*, coll. « Studies in Philosophy and the History of Philosophy » 11, Washington (DC) 1985, p. 121-142 ; **185** E. Grant, *Much Ado about Nothing : Theories of Space and Vacuum from the Middle Ages to the Scientific Revolution*, Cambridge 1981, chap. 3.

Sur le mouvement dans le vide, voir aussi : **186** J. McGinnis, « Avoiding the Void : Avicenna on the Impossibility of Circular Motion in a Void », dans **187** P.

Adamson (édit.), *Classical Arabic Philosophy: Sources and Reception*, coll. « Warburg Institute Colloquia » 11, London/Torino 2007, p. 74-89, et **188** J. McGinnis, « Positionning Heaven : the Infidelity of a Faithful Aristotelian », *Phronesis* 51, 2006, p. 140-161.

Sur le lieu et sur le vide

Sur le rapport que la théorie du lieu du mathématicien Ibn al-Haytham (m. *ca* 1039) entretient avec la théorie du lieu de Philopon comme une extension tridimensionnelle vide mais douée d'une existence, même si celle-ci n'est pas « en acte », sur ce qu'elle lui doit et sur la manière dont elle s'en écarte fondamentalement voir **189** S. Pines, « La fonction des théories astronomiques d'après Ibn al-Haytham » (en hébreu), *Tarbiz* 17, 1946, p. 101-104 (Appendice II) ; **190** *Id.*, « Nouvelles Études sur Awḥad al-Zamân Abu'l-Barakât al-Baghdâdî », *MSEJ* 1, 1955, p. 7-173 (p. 18 n. 4), réimpr. dans Pines **149**, p. 96-173 (p. 107 n. 4), et surtout **191** R. Rashed, *Les mathématiques infinitésimales du IXᵉ au XIᵉ siècle*, vol. IV : Ibn al-Haytham, *Méthodes géométriques, transformations ponctuelles et philosophie des mathématiques*, London 2002, p. 655-662 (éd. et trad. du *Traité sur le lieu* d'Ibn al-Haytham, p. 666-685) ; pour la critique que lui adresse ʿAbd al-Laṭīf al-Baġdādī (*Fī al-Radd ʿalā Ibn al-Haytham fī al-makān* [*Sur la réfutation du Lieu d'Ibn al-Haytham*]), voir p. 901-953 ; voir aussi **192** N. Bizri, « In Defense of the Sovereignty of Philosophy : al-Baghdādī's Critique of Ibn al-Haythams' Geometrization of Place », *ASPh* 17, 2007, p. 57-80. Pour la critique par Avicenne de la théorie néoplatonicienne du lieu comme identique à l'espace qu'un corps occupe (**193** Ibn Sīnā, *al-Šifāʾ*, *al-Ṭabīʿiyyāt*, vol. I : *al-Samāʿ al-ṭabīʿī*, édit. S. Zayed, Le Caire 1983, I 7, p. 119, 9 – 120, 14 ; 120, 15 – 122, 8 et II 9, 141, 8 – 142, 7), notamment telle qu'elle est exposée par Philopon (*in Phys.*, 574, 13 – 575, 20 ; 578, 5 – 579, 18 et 558, 19 – 559, 18 et 560, 17 – 561, 5 Vitelli), voir **194** J. McGinnis, « A penetrating Question in the History of Ideas : Space, Dimensionality and Impenetrability in the Thought of Avicenna », *ASPh* 16, 2006, p. 47-69.

On trouve des citations du commentaire de Philopon *in Phys.* relatives à la théorie du lieu dans l'édition des passages du commentaire d'Ibn Bāǧǧa à la *Physique* qui existent dans le manuscrit de Berlin (Bibliothèque Royale, Wetzstein 87) et qui sont absents du manuscrit d'Oxford (Bodleian Library, Pococke 206), voir Lettinck **9**, p. 684, 20, 24 ; 685, 7 ; 686, 9 ; 688, 7, 16 ; 689, 16 ; 691, 2, 5.

Sur les arguments qu'Abū al-Barakāt al-Baġdādī (m. après 1164/65) aurait empruntés à Philopon au sujet de l'existence d'un espace tridimensionnel, dans le *K. al-Muʿtabar*, voir Pines **148**, p. 1-95 (p. 3-31), qui reproduit les objections des adversaires des partisans du vide exposées par Abū al-Barkāt au *faṣl* XIV, ainsi que leur réfutation par ce dernier : au sujet de l'interpénétration des corps, l'exemple du monde et de la graine se trouverait dans le *Contra Proclum*, p. 283, 4 Rabe (p. 7) ; deux étendues, l'une à deux dimensions et l'autre à trois seraient interpénétrables, *cf.* Philopon, *in Phys.*, p. 558 *sq.* Vitelli (p. 8) ; contre l'impossibilité du mouvement naturel ou violent dans le vide, *cf.* Philopon, *in Phys.*, p. 579 *sq.* Vitelli (p. 11); réfutation du corollaire du principe fondamental de la dynamique aristotélicienne: la vitesse du mobile est proportionnelle au rapport de la puissance et de la résistance (p. 12-18). Ce principe est incompatible avec l'existence du mouvement dans le vide, argument critiqué par Philopon, *in Phys.*, p. 675 *sqq.* Vitelli. Avicenne expose pour la réfuter une argumentation analogue à celle de Philopon (Ibn Sīnā **193**, vol. I, p. 60). Abū al-Barakāt reprend aussi bien le raisonnement exposé par Avicenne que celui défendu par Jean Philopon qu'il considère toutefois comme plus probant. Faḫr al-Dīn al-Rāzī, reprendra ce dernier dans son commentaire des ʿUyūn al-Ḥikma d'Avicenne et semble y faire une allusion dans son *Mulaḫḫaṣ*. A la suite de Faḫr al-Dīn, l'argument en question est attribué à Abū al-Barakāt par Naṣīr al-Dīn al-Ṭūsī dans son commentaire du *Kitāb al-Išārāt wa-'l-tanbīhāt*, par al-Ǧurǧānī dans son commentaire des *Mawāqif* d'Īǧī et par al-Šīrāzī dans les *Asfār al-arbaʿa*.

Sur le lieu et sur le vide, voir aussi: **195** H. Daiber, «Farabis Abhandlung über das Vakuum: Quellen und Stellung in der islamischen Wissenschaftsgeschichte», *Isl* 60, 1983, p. 37-47; Dhanani **167**, p. 74, relève que, parmi les 7 arguments énumérés par les muʿtazilites de Bagdad contre l'existence d'intervalles vides à l'intérieur du cosmos, et conservés par Ibn Mattawayh et al-Nīsābūrī, le 6ᵉ (l'argument de la clepsydre) figure chez Philopon (voir *in Phys.*, 569, 21 *sqq.* Vitelli, et **196** *Place, Void and Eternity*, Philoponus: *Corollaries on Place and Void*, trad. D. Furley, with Simplicius: *Against Philoponus on the Eternity of the World*, trad. Ch. Wildberg, coll. *ACA*, Ithaca (NY) 1991, p. 30-33, et Grant **185**, p. 83-86 cités par l'auteur).

Contre l'infinité du temps

La démonstration contre l'infinité du temps (*Phys.* V 2, 226a1 *sqq.* et VIII 1, 251b10 *sqq.*) est conservée dans les notes de l'édition d'école de la *Physique* d'Aristote, voir Lettinck **127**, p. 11 et 17, et **197** R. Sorabji, *Time, Creation and the Continuum, theories in antiquity and the early middle ages*, Ithaca (NY) 1983, p. 228-229; **198** H. A. Davidson, *Proofs for Eternity, Creation and the Existence of God in Medieval Islamic and Jewish Philosophy*, New York/Oxford 1987, p. 87-88; **199** H. A. Wolfson, *The Philosophy of the Kalam*, Cambridge (Mass.)/London 1976, p. 413-414. Cette démonstration fut critiquée par les adhérents à l'éternité du monde comme Ibn Bāǧǧa et Ibn Rušd. Voir Ziyada **139**, p. 51, 14 – 54, 2 (au sujet de *Phys.* V 2) et p. 174, 21 – 175, 18 (au sujet de *Phys.* VIII 1); et le *Grand Commentaire à la «Physique» d'Aristote*, d'Averroès dans **104**, vol. IV: *De physico auditu libri cum Averrois in eosdem commentariis*, p. 218 B8 – K4 (au sujet de *Phys.* V 2); p. 349 G14 – 350 M1 (au sujet de *Phys.* VIII 1 avec une référence à *Phys.* V) et p. 388 K8-L4 (au sujet de *Phys.* VIII 6); Averroès, *Epitomé de la «Physique»*, édit. Puig Montada **140**, p. 41, 19 – 42, 4 (au sujet de *Phys.* III); 76, 3 – 77, 4 (au sujet de *Phys.* V 2) et 133, 5 – 135, 11 (*in Phys.* VIII 1); trad. espagnole par *id*, **141**; voir aussi Sorabji **197**, p. 230; Davidson **198**, p. 131-133; Wolfson **199**, p. 428-430, et Lettinck **9**, p. 658-660.

L'éternité du mouvement - Puissance et mouvement (Phys. VIII)

La thèse de Philopon relative à la non antériorité de la puissance du mouvement naturel sur le mouvement lui-même, (*apud* Simplicius, *in Phys.*, p. 1133, 16 – 1135, 15 Diels) a été réfutée par al-Fārābī, *Sur les Étants changeants*, ainsi que par Ibn Bāǧǧa qui, dans son commentaire à la *Physique* d'Aristote, reproduit partiellement la réfutation d'al-Fārābī (Ibn Bāǧǧa **138**, p. 141-145) et défend Aristote contre Philopon en soutenant que la puissance de se mouvoir vers le haut du feu existe déjà dans le bois ; voir Lettinck **9**, p. 601-605) ; Lettinck **173**, p. 195, qui renvoie à Ziyada **139**, p. 170, 9 – 171, 13 ; 179, 9 – 181, 2 et 194, 21 – 196, 9 et ajoute qu'Averroès (*De physico auditu libri cum Averrois in eosdem commentariis*, dans **104**, vol. IV, p. 340 I7 - 341 K10) fait des remarques similaires à celles d'Ibn Bāǧǧa sur ce sujet. Voir en ce sens, **200** J. Puig Montada, « Zur Bewegungs-definition im VIII Buch der Physik », dans Endress et Aertsen **94**, p. 145-59, qui fournit (p. 151-159) une liste des citations (avec trad. allemande) tirées du commentaire d'Ibn Bāǧǧa à la *Physique* d'Aristote, dans lesquels le philosophe andalou fait référence au *Traité Sur les Étants changeants* (*Fī al-Mawǧūdāt al-mutaġayyira*) d'al-Fārābī, notamment en ce qui concerne la thèse de Philopon sur l'antériorité chronologique de la puissance sur le mouvement ; voir aussi **201** H. T. Goldstein, *Averroes, Questions in Physics* : from the unpublished *Sêfer ha-derûšîm ha-tib'îyîm*, Dordrecht 1991, « Question Seven », §§ 15 et 18, p. 18-19 et p. 100-103, et plus récemment, Glasner **142**, p. 73-75 ; 86 ; 89-91 qui passe en revue l'exégèse d'Averroès relative à *Phys.* VIII 1, dans la première version de ses trois commentaires à la *Physique* (références p. 90-91 et n. 140), où il prend la défense d'Aristote contre la critique formulée par Philopon (Simplicius, *in Phys.*, p. 1133, 24 - 1134, 14 Diels). Voir aussi Vallat **156**, p. 352 n. 2.

Pour d'autres aspects de la réception arabe du *in Phys.*, voir aussi : **202** R. Wisnovsky, « Towards a History of Avicenna's Distinction Between Immanent and Transcendent Causes », dans **203** D. Reisman (édit.), *Before and After Avicenna*. Proceedings of the First Conference of the Avicenna Study Group, with the assistance of A. H. al-Rahim, coll. « Islamic Philosophy, Theology and Science. Text and Studies » 52, Leiden 2003, p. 49-68, qui montre que la distinc-tion qu'on trouve chez Avicenne entre causes immanentes et causes transcendantes se trouve déjà chez les commentateurs néoplatoniciens dont Philopon, *in Phys.* II 3 et 7 ; **204** J. McGinnis, « On the Moment of Substantial Change : a Vexed Question in the History of Ideas », dans **205** *Id.* (édit.), *Interpreting Avicenna : Science and Philosophy in Medieval Islam*, Proceedings of the Second Conference of the Avicenna Study group, with the assistance of D. Reisman, coll. « Islamic Philo-sophy, Theology and Science. Text and Studies » 56, Leiden 2004, p. 42-61, suggère que le commentaire de Philopon, *in Phys.*, p. 692, 10-15 Vitelli (à propos de *Phys.* VI 6, 237b9-13, le changement substantiel est-il instantané ou progres-sif ?) aurait très probablement influencé la manière dont Ibn Sīnā a compris ce passage en faveur d'un changement substantiel instantané. De même l'argument d'Avicenne au sujet du fait que la matière première ne peut pas sous-tendre une transformation progressive d'une substance en une autre (*al-Šifā'*, *al-Ṭabī'iyyāt*, *al-Samā' al-ṭabī'ī*, II 3 et I 2, voir Ibn Sīnā **193**, p. 98, 12-18 et p. 14, 12-15) serait inspiré d'arguments présents dans le commentaire de Philopon même s'il s'agit de contextes différents (*in Phys.*, p. 506, 20-23 et 526, 17-23 Vitelli, où l'argument sert toutefois à montrer la distinction entre le mouvement au sens strict et la génération).

(8) In de Caelo (?)

Traduction arabe non attestée par les biobibliographes. Toutefois, Ibn Abī Uṣaybi'a **4**, vol. II, p. 94, 31-32, signale qu'Ibn al-Haytam (*ca* 965-1039) aurait écrit une réfutation de la critique addressée par Philopon à certains passages du *De caelo* d'Aristote (*Kitāb Fī al-radd 'alā Yaḥyā al-Naḥwī mā naqaḍahu 'alā Arisṭū-ṭālīs wa-ġayrihi min aqwālihi fī al-samā' wa-'l-'ālam*); voir aussi Steinschneider **54**, (p. 94) et (143) et Peters **57**, p. 36.

(9) In Aristotelis libros de generatione et corruptione

Traduction arabe attestée par les biobibliographes : al-Nadīm **2**, vol. I, p. 251, 7, suivi par al-Qifṭī **8**, p. 40, 21 – 41, 2, mentionne un commentaire complet au *GC* dont la version arabe serait de facture inférieure à la version syriaque ; voir aussi Ibn Abī Uṣaybi'a **4**, vol. I, p. 105, 18-19 ; Steinschneider **20**, p. 160, et Peters **57**, p. 38. Un manuscrit est signalé par **206** P. Sbath, *Al-Fihris (Catalogue de Manuscrits Arabes). Première Partie : Ouvrages des Auteurs antérieurs au XVIIe siècle,* Le Caire 1938, p. 70, n° 568, *Tafsīr Kitāb al-kawn wa-'l-fasād li-Arisṭūṭālīs* (*Commentaire du livre « De la génération et de la corruption » d'Aristote*) comme appartenant au fonds privé de Miḫā'īl Ǧedd à Alep.

Sur la réception arabe de ce commentaire voir **207** M. Rashed, « Aristote de Stagire – *De generatione et corruptione* – Tradition arabe », *DPhA*, Supplément, p. 304-314, qui signale qu'Avicenne est le seul philosophe arabe à le mentionner explicitement dans sa correspondance avec al-Bīrūnī, voir références (p. 312) auxquelles il faudrait ajouter, Gutas **101**, p. 289. Pour son éventuelle influence sur Averroès, voir **208** S. Kurland (trad.), *Averroes on Aristotle's De Generation et Corruptione Middle Commentary and Epitome*, translated from the original Arabic and the Hebrew and Latin Versions, coll. « Corpus Commentarium Averrois in Aristotelem » IV, 1-2, Cambridge (Mass.) 1958, p. 154, 158, 168, 170, 174, 176, 179, 183-187, 202-204. A noter toutefois qu'un grand nombre des parallèles signa-lés par Kurland remontent à Alexandre d'Aphrodise que Philopon cite nomina-lement et c'est donc en dernier ressort, le commentaire d'Alexandre qu'Averroès citerait et qu'il aurait eu en main. Voir en ce sens, **209** H. Eichner, « Ibn Rushd's Middle Commentary and Alexander's Commentary in their relationship to the Arab commentary tradition on the *De generatione et corruptione* », dans **210** C. D'Ancona et G. Serra, (édit.), *Aristotele e Alessandro di Afrodisia nella Tradizione Araba*, Atti del colloquio 'La ricezione araba ed ebraica della filosofia e della scienza greche', Padova, 14-15 maggio 1999, Padova 2002, p. 281-297, qui soutient qu'Averroès n'a pas utilisé le commentaire de Philopon et qu'il n'en avait pas connaissance : il ne cite jamais le nom de Philopon, alors qu'il cite Alexandre d'Aphrodise nommément et s'éloigne souvent des interprétations de Philopon qu'il ne suit pas lorsque ce dernier critique Alexandre. Voir aussi plus récemment, **211** R. Arnzen, *Averroes, On Aristotle's Metaphysics : An Annotated Translation of the So-called Epitome*, coll. « Averrois Opera – Series A : Averroes Arabicus » 35, Berlin/New York 2010, p. 290-291, au sujet des similitudes entre la théorie de Philopon sur la tri-dimensionnalité comme matière commune aux éléments et réceptacle ultime des contrariétés telle qu'exposée dans son commentaire *in GC* et l'idée qui apparaît dans l'*Épitomé de la « Métaphysique »* d'Averroès, que la matière première ne peut servir de substrat pour les premières contrariétés à moins d'être déjà informée et donc d'être potentiellement tri-dimensionnelle.

En guise d'appendice : pour une parenté indirecte et incertaine entre la théorie des accidents de Ḍirār b. ʿAmr (m. *ca* 815) qu'il appelle des *abʿāḍ* ou *aġzāʾ* (parties) et les μέρη de Philopon (par exemple *in GC*, p. 173, 12 *sqq.* Vitelli), voir **212** J. van Ess, « Ḍirār b. ʿAmr und die ʿCahmiya'. Biographie einer vergessenen Schule », *Isl* 43, 1967, p. 241-279 (aux p. 267-268).

(10) In Aristotelis Meteorologica

Traduction arabe non attestée par les biobibliographes. Il semblerait que le commentaire de Philopon, qui couvre uniquement le livre I 1-12, n'ait pas été connu par les Arabes, voir Peters **57**, p. 39-40, et **213** P. Lettinck, *Aristotle's "Meteorology" and its reception in the Arab world, with an edition and translation of Ibn Suwār's "Treatise on Meteorological Phenomena" and Ibn Bājja's "Commentary on the Meteorology"*, coll. « Aristoteles Semitico-Latinus » 10, Leiden 1999, p. 3, et de manière générale pour une comparaison systématique entre les thèses d'Aristote et celles développées dans les commentaires grecs de Philopon et Olympiodore d'une part, et les textes d'al-Kindī, d'Ibn Suwār, des Iḫwān al-Ṣafāʾ, Ibn Sīnā (Avicenne), Ibn al-Hayṯam, Ibn Bāǧǧa (Avempace), Ibn Rušd (Averroès) et al-Qazwīnī de l'autre.

(11) In De anima

Les biobibliographes ne semblent pas connaître de version arabe du commentaire de Jean Philopon au traité *De l'âme* d'Aristote. Al-Nadīm, al-Qifṭī, Ibn Abī Uṣaybiʿa, Ḥaǧǧi Ḫalīfa, pas plus que Bar Hebraeus, n'y font la moindre allusion. Pourtant on en trouve une citation chez **214** al-Muṭahhar b. Ṭāhir al-Maqdisī, *Kitāb al-Badʾ wa-ʾl-taʾrīḫ*, édit. et trad. par C. Huart, 6 vol., Paris 1899-1919, vol. II, chap. 8, p. 130, 1-5, correspondant à *in de An.*, p. 19, 17 *sqq.* Hayduck. On a en outre depuis longtemps reconnu une influence du commentaire de Philopon sur la tradition arabe de la psychologie et de la noétique. Aux informations importantes fournies par les notices de **215** A. Elamrani-Jamal, « *De Anima* – Tradition arabe », *DPhA, Supplément*, p. 346-358 (voir notamment, p. 353-354), et **216** R. Arnzen, « De Anima – Paraphrase arabe anonyme », *DPhA*,

Supplément, p. 359-365 (voir surtout, p. 361-363), au sujet d'une part de la tradition arabe du commentaire de Philopon et d'autre part du rapport entre ce commentaire et la *Paraphrase* anonyme du *De anima* transmise en arabe et en persan, que nous ne répéterons donc pas, nous apportons la mise à jour suivante :

La Paraphrase anonyme du De anima et le commentaire de Philopon

Au sujet de la *Paraphrase* anonyme du *De anima* et de son rapport au commentaire de Philopon, outre les travaux importants de G. Endress et R. Arnzen signalés dans les notices sus-mentionnées, il faut désormais ajouter : **217** G. Endress, « The New and Improved Platonic Theology. Proclus Arabus and Arabic Islamic Philosophy », dans **218** Ph. Segonds et C. Steel avec la collaboration de C. Luna et A. F. Mettraux (édit.), *Proclus et la Théologie platonicienne*. Actes du colloque international de Louvain (13-16 mai 1998) en l'honneur de H. D. Saffrey et L. G. Westerinck, coll. « Anagoge » 26, Leuven/Paris 2000, p. 553-570 (p. 568) (pour l'origine philoponienne de l'argument sur l'immatérialité de l'âme qu'on trouve dans la *Paraphrase* anonyme du *De anima*, mentionné par **219** M. Sebti, « Une épître inédite d'Avicenne, *Ta'alluq al-nafs bi-al-badan* (De l'attachement de l'âme et du corps) : édition critique, traduction et annotation », *DSTFM* 15, 2004, p. 141-200, p. 166) ; **220** G. Endress, « Building the Library of Arabic Philosophy Platonism and Aristotelianism in the Sources of al-Kindī », dans D'Ancona **53**, p. 319-350 (p. 346-347), et **221** M. Sebti, « Une copie inconnue d'une paraphrase anonyme conservée en arabe du *De anima* d'Aristote. Le ms. Ayasofia 4156 », dans D'Ancona **53**, p. 399-413.

Pour des parallèles entre les théories de la vision d'al-Kindī et de Philopon, pour lesquels la *Paraphrase* anonyme du *De anima* aurait servi d'intermédiaire voir **222** P. Adamson, « Vision, Light and Color in al-Kindi, Ptolemy and the Ancient Commentators », *ASPh* 16, 2006, p. 207-236 (p. 221-222) et **223** E. Wakelnig, « Al-'Āmirī on vision and the visible. Variations on Traditional Visual Theories », dans **224** A. Akasoy et W. Raven (édit.), *Islamic Thought in the Middle Ages. Studies in Text, Transmission and Translation, in Honour of Hans Daiber*, Leiden 2008, p. 413-430, (p. 420), pour une influence possible du commentaire de Philopon sur la théorie de la vision d'Abū al-Ḥasan al-'Āmirī dans *Risālat al-qawl fī al-ibṣār wa-'l-mubṣar*, par le biais de la *Paraphrase* arabe du *De anima*.

Réception arabe du commentaire de Philopon in De anima

225 P. Adamson, *al-Kindī*, Oxford 2007, p. 125 *sq.* émet des réserves quant à la possibilité que le commentaire de Philopon ait été une source directe d'al-Kindī, en raison de divergences fondamentales entre al-Kindī et Philopon notamment au sujet de la nature de l'intellect agent (p. 126-127). Voir aussi, **226** P. Adamson, « Al-Kindī and the Reception of Greek Philosophy », dans Adamson et Taylor **67**, p. 32-51 (p. 39-40).

Sur une possible influence du commentaire de Philopon sur al-Fārābī, voir Vallat **156**, p. 54, et **227** *Id.*, « Du possible au nécessaire. La connaissance de l'universel selon Farabi », *DSTFM* 19, 2008, p. 89-121 (aux p. 104-105). Sur les similitudes entre la psychologie exposée dans le traité d'Abū al-Ḥasan al-ʿĀmirī, *al-Amad ʿalā al-abad*, et le commentaire de Philopon, voir Rowson **85**, p. 41 ; 264-266 ; 272 ; 282.

S'agissant de la possibilité qu'Avicenne ait eu connaissance du commentaire de Philopon, **228** R. M. Frank, « Some Fragments of Ishaq's Translation of the De Anima", *Byrsa* 8, 1958-59, p. 231-251, réimpr. dans **229** *Id.*, *Philosophy, Theology and Mysticism in Medieval Islam*, vol. I : *Texts and Studies on the Development and History of Kalām*, édit. D. Gutas, coll. « Variorum », Aldershot 2005, art. n° II, note (n. 5, p. 235-236) que dans les gloses marginales d'Ibn Sīnā au *De anima*, Jean Philopon n'est jamais cité, mais que le *Kitāb Yaḥyā al-Naḥwī* (probablement le commentaire au *De anima*) est cité dans son *Kitāb al-Mubāḥaṯāt* (**230** ʿA. Badawi [édit.], *Ibn Sīnā : al-taʿlīqāt ʿalā ḥawāšī kitāb al-nafs li-Arisṭaṭālîs, Arisṭū ʿinda al-ʿarab*, Le Caire 1947, 2ᵉ éd., Koweit 1978, p. 121). L'auteur fournit une liste de passages parallèles où les gloses d'Ibn Sīnā présentent des similitudes frappantes avec le commentaire de Philopon. Voir aussi **231** D. Gutas, « Philoponos and Avicenna on the separability of the Intellect. A Case of Orthodox-Muslim agreement », *GOThR* 31, 1986, p. 121-129, réimpr. dans **232** *Id.*, *Greek Philosophers in the Arabic Tradition*, coll. « Variorum », Aldershot 2000, art. n° XI, qui considère que la question n'est plus de savoir si le commentaire de Philopon a existé en version arabe, mais plutôt sous quelle forme il a existé ; et plus récemment **233** *Id.*, « Avicenna's marginal glosses on *De Anima* and the Greek commentorial tradition », dans Adamson, Baltussen et Stone **144**, vol. II, p. 75-85, p. 83, où l'auteur montre que le commentaire d'Avicenne au *De anima* I 4, 480b15-18 ainsi qu'à III 4, 429a10-12, dépend du commentaire de Philopon. Voir aussi, Janssens **170**, p. 90-91, qui signale un emprunt à Philopon, *in De an.*, p. 333, 31-32 Hayduck dans la traduction latine du *De anima* d'Avicenne, **234** S. van Riet (édit.), *Avicenna Latinus. Liber de anima, seu sextus de naturalibus*, Introduction sur la doctrine psychologique d'Avicenne par G. Verbeke, 2 vol. Louvain/Leiden 1968-1972, p. 218 n. 35, ainsi que deux autres références, mentionnées par S. van Riet, dont Philopon pourrait constituer la source (van Riet **234**, p. 132 n. 9 et 185 n. 17). Sur ce que la théorie avicennienne de l'âme humaine comme cause finale séparée du corps emprunte aux commentateurs néoplatoniciens et notamment à Philopon, voir Wisnosky **172**, chap. 4 et 6.

Comme l'a souligné Elamrani **215**, p. 354, Averroès ne semble pas avoir connu le commentaire de Philopon *in De an.* Voir **235** A. I. Ivry, Averroës, *Middle Commentary on Aristotle's De anima*, A Critical Edition of the Arabic text with English Translation, Notes and Introduction, coll. « Graeco-Arabic Sciences and Philosophy », Provo (Utah) 2002, qui confirme cette hypothèse (p. XV et 182 n. 8) tout en reconnaissant parfois certaines similitudes entre le commentaire de Philopon et celui d'Averroès (p. 154 n. 28 ; 160 n. 3 et 9 ; 162 n. 29).

Enfin sur une possible influence du commentaire de Philopon *in De an.* sur Maïmonide, voir **236** S. Pines, « Some Traits of Christian Theological Writing in Relation to Moslem Kalām and to Jewish Thought », dans **237** *Id.*, *Studies in the History of Arabic Philosophy*, (*The Collected Works of Shlomo Pines*, vol. III), édit. par S. Stroumsa, Jerusalem 1996, p. 79-99, Appendix II qui reconnaît toutefois que Maïmonide n'aurait pas eu en main le commentaire de Philopon.

(12) Des parties des animaux (?)

Dans la notice qu'il consacre au traducteur ʿĪsā Ibn Zurʿa, al-Nadīm **2**, vol. I, p. 264, 26, signale que ce dernier a traduit « le livre sur *L'Utilité des parties des animaux (Manāfiʿ aʿḍāʾ al-ḥayawān)* avec le commentaire de Jean le Grammairien *(bi-tafsīr Yaḥyā al-Naḥwī)* », information relayée par al-Qifṭī **8**, p. 245 ; voir aussi Steinschneider **20**, p. 160, n° 9. Le titre est ambigu et pourrait renvoyer aussi bien au *De partibus animalium* d'Aristote qu'au *De usu partium* de Galien, voir à ce sujet **238** R. Kruk, *The Arabic Version of Aristotle's Parts of Animals. Book XI-XIV of the Kitāb al-Ḥayawān. A critical edition with introduction and selected glossary*, Amsterdam/Oxford 1979, p. 22. Mais puisque la tradition arabe attribue à Jean Philopon un commentaire au *De usu partium* de Galien traduit par Ibn Zurʿa, il semble plus probable qu'il s'agisse donc de cet ouvrage plutôt que du traité aristotélicien. Sur le commentaire au *De usu partium* attribué à Jean Philopon, voir *infra*, n° 39.

(13) In Problemata physica

Traduction arabe attestée par les biobibliographes sous le titre *Kitāb Tafsīr mā bāla li-Arisṭūṭālīs*, al-Nadīm **2**, vol. I, p. 254, 26-27 (qui ajoute *al-ʿāšir* [?] ce que **239** L. Filius traduit par « en dix tomes », dans sa notice « La Tradition orientale des *Problemata Physica* », *DPhA*, *Supplément*, p. 593) ; al-Qifṭī **8**, p. 356, 7 ; Ibn Abī Uṣaybiʿa **4**, vol. I, p. 105, 19 ; voir aussi Steinschneider **20**, p. 161, n° 10 ; **240** M. Ullmann, *Die Medizin im Islam*, coll. « Handbuch der Orientalistik » Suppl. 6, 1, Leiden 1970, p. 94, et **241** L. Filius, *The "Problemata Physica" Attributed to Aristotle. The Arabic Version of Ḥunain ibn Isḥāq and the Hebrew Version of Moses ibn Tibbon*, coll. « Aristoteles Semitico-latinus » 11, Leiden 1999, p. XXVI.

B) Traités philosophiques

(14) De aeternitate mundi contra Proclum.

Traduction arabe attestée par les biobibliographes arabes sous le titre, *Kitāb al-radd ʿalā Bruqlus* (*Livre De la réfutation de Proclus*), en 18 livres : al-Nadīm **2**, vol. I, p. 254, 25 ; Ibn Abī Uṣaybiʿa **4**, vol. I, p. 105, 28, mentionne (p. 105, 31) un deuxième titre qui semble être un doublet du précédent : *naqḍuhu li-al-ṯamāni ʿašara masʾala li-diadūḫus Bruqlus al-aflāṭūnī* (*Réfutation des 18 questions du diadoque Proclus le platonicien*) mal déchiffré par Steinshneider, p. 163, n° 14 (Diadochus Ibn Malas). Al-Qifṭī **8**, p. 356, 5, signale un titre légèrement différent : *Kitāb al-radd ʿalā Bruqlus al-qāʾil fī al-dahr* (*Livre de la réfutation de Proclus qui* *a soutenu l'éternité*) en 16 livres et nous apprend (p. 89) qu'il en a possédé une copie et que Philopon aurait précisé dans le premier livre de son traité que Proclus vivait au temps de Dioclétien le Copte. La version arabe n'est pas conservée.

Tradition directe

Hasnawi **169**, a montré que certains traités attribués en arabe à Alexandre d'Aphrodise et dont on pensait qu'ils n'avaient pas de correspondant grec, ne sont pas d'Alexandre d'Aphrodise mais qu'il s'agit de versions adaptées dans le « cercle d'al-Kindī » de passages du *Contra Proclum* de Jean Philopon. Il s'agit de *Maqālatu al-Iskandari fī anna al-fiʿla aʿammu mina al-ḥarakati ʿalā raʾyi Arisṭū* (*Traité d'Alexandre que l'acte est plus général que le mouvement selon l'opinion d'Aristote* [D 9]) qui correspond en fait au *Contra Proclum*, IV 4-6 (p. 65, 1 – 68, 17 Rabe) (voir Hasnawi **169**, p. 68-75 ; édit. p. 71-75 et trad., p. 95-97) et de *Maqālatu al-Iskandari al-Afrūdīsī fī ibṭāli qawli man qāla innahu lā yakūnu šayʾun illā min šayʾin wa iṯbāti anna kulla šayʾin innamā yakūnu lā min šayʾin* (*Traité d'Alexandre d'Aphrodise réfutant la doctrine de qui affirme qu'une chose ne peut être engendrée qu'à partir d'une chose et établissant que toute chose ne peut être engendrée qu'à partir du néant* [D 16]) qui serait en fait une version adaptée du *Contra Proclum*, IX 11, (p. 345, 4 – 355, 27 Rabe) hormis un passage introductif emprunté à IX 8 (voir Hasnawi **169**, p. 76-91 ; édition d'extraits, p. 76-85 et traduction, p. 97-100). A. Hasnawi aura ainsi été le premier à mettre au jour des fragments non négligeables du *Contra Proclum* en version arabe. Sur des parallèles entre D 27g (*Fī al-Kawn* [*De la Génération*]), un autre traité attribué à Alexandre d'Aphrodise en arabe et longtemps considéré comme une autre version de D 16, et certains passages du *Contra Proclum* de Philopon, voir Hasnawi **169**, p. 101-106.

Tradition indirecte

G. Endress a montré la contamination de la version arabe de certaines propositions des *Éléments de Théologie* de Proclus par des idées philoponiennes, voir **242** G. Endress, *Proclus Arabus : zwanzig Abschnitte aus der Institutio theologica in arabischer Übersetzung*, eingeleitet, herausgegeben und erklärt, coll. « Beiruter Texte und Studien » 10, Beirut 1973, index p. 314, *s.v.* "Johannes Philoponos" et notamment p. 229-231 ; voir plus récemment, Endress **217**, p. 560-564. Sur la connaissance qu'avaient les philosophes arabes du *Contra Proclum* voir Endress **242**, p. 17-18, et **243** E. Behler, *Die Ewigkeit der Welt. Problemgeschichtliche Untersuchungen zu den Kontroversen um Weltanfang und Weltunendlichkeit im Mittelalter*, vol. I : *Die Problemstellung in der arabischen und jüdischen Philosophie des Mittelalters*, München/Paderborn/Wien 1965, p. 128-137 (cité par Endress). Voir aussi **244** S. van den Bergh (trad.), *Averroes' Tahafut al-Tahafut (The Incoherence of the Incoherence)*, 2 vol., London 1969, vol. I, p. XVII-XX et vol. II, p. 3 ; 7-9 ; 26 ; 29-30 ; 56 pour l'influence du *Contra Proclum* sur les arguments d'al-Ġazālī et les objections d'Ibn Rušd. Voir plus récemment, Sorabji **197**, p. 115 ; p. 236-238 et 248-249 ; Arnzen **211**, p. 252, 31 – 253, 6.

De manière générale, on trouve, dans la tradition arabe, un certain nombre de références au *Contra Proclum* qui varient de la citation plus ou moins littérale à la paraphrase libre :

– Citation du *Contra Proclum*, p. 526, 26 – 527, 1 Rabe (à propos de Plotin, *Ennéades* II 1, 4) dans Abū Bakr al-Rāzī, *Maqāla fī mā ba'd al-ṭabī'a*, dans Kraus **134**, vol. I, p. 121, 4-5, identifiée par **245** P. Kraus, « Plotin chez les Arabes. Remarques sur un nouveau fragment de la paraphrase arabe des *Ennéades* », *BIE* 23, 1941, p. 263-295 (p. 277 n. 1) ; voir aussi **246** F. Rosenthal, « Plotinus in Islam : the Power of Anonymity », dans *Plotino e il Neoplatonismo in Oriente e in Occidente*, Atti del convegno internazionale Roma, 5-9 Ottobre 1970, coll. « Problemi Attuali di scienza e di cultura » 198, Roma 1974, p. 437-446, réimpr. dans *Id., Greek Philosophy in the Arab World*, coll. « Variorum », Aldershot 1999, art. n° IV, p. 440-441, et **247** H. al-Alousî, *The Problem of Creation in Islamic Thought : Qur'an, Hadith, Commentaries and Kalam*, Bagdad 1965, p. 232.

– Citation chez al-Mas'ūdī **12**, p. 13, 2-6. Aucun passage corespondant littéralement à cette citation n'existe dans l'édition Rabe. Le parallèle le plus proche que nous ayons trouvé correspondrait au *Contra Proclum*, p. 578, 14-17 Rabe.

– **248** Abū Rayḥān Muḥammad b. Aḥmad al-Bīrūnī cite à cinq reprises le *Contra Proclum* dans son *Taḥqīq mā li-al-Hind min maqūla maqbūla fī al-'aql aw marḍūla*, Hyderabad 1958, p. 26, 18 – 27, 3 ; 49, 10-12 ; 184, 13-15 ; 189, 3-5 ; 480, 18-20 ; trad. anglaise par **249** E. C. Sachau, *Alberuni's India. An account of the religion, philosophy, literature, geography, chronology, astronomy, customs, laws and astrology of India about A. D. 1030*, An English edition with notes and indices, 2 vol., London 1910, vol. I, p. 36 ; 65 ; 226 ; 231 ; vol. II, p. 171 et commentaire p. 367. **250** E. Giannakis, « The Quotations from John Philoponus' *De aeternitate mundi contra Proclum* in al-Bīrūnī's India », *ZGAIW* 15, 2002-2003, p. 185-195, donne les parallèles grecs pour les cinq citations : al-Bīrūnī **248**, p. 26, 18 – 27, 3 correspondrait à *Contra Proclum*, p. 636, 4-14 et 637, 1-6 Rabe ; al-Bīrūnī **248**, p. 49, 10-12, à *Contra Proclum*, p. 318, 19-21 Rabe ; al-Bīrūnī **248**, 184, 13-15, à *Contra Proclum*, p. 537, 7-10 Rabe ; al-Bīrūnī **248**, p. 189, 3-5, à *Contra Proclum*, p. 290, 7-9 Rabe et al-Bīrūnī **248**, p. 480, 18-20, à *Contra Proclum*, p. 241, 14-19 Rabe. Voir aussi, **251** M. Fakhry, « Al-Bīrūnī and Greek Philosophy : an Essay in Philosophical Erudition », dans H. M. Said (édit.), *Al-Biruni Commemorative Volume*, Pakistan 1979, p. 344-350, réimpr. dans **252** *Id., Philosophy, Dogma and the Impact of Greek Thought in Islam*, coll. « Variorum », Adelrshot 1994, art. VII.

– Dans le **253** *Kitāb al-Ǧamāhir fī ma'rifat al-ǧawāhir*, Hyderabad 1355H, al-Bīrūnī cite aussi à plus d'une reprise (p. 79, 10 ; 182, 15 et 20) le *Contra Proclum* pour distinguer la pierre que les Indiens appellent *ǧandarkand* de la sélénite ou pierre de lune que Philopon aurait évoquée dans le *Contra Proclum*. Aucun passage correspondant n'existe dans l'édition Rabe ; voir **254** P. Kraus, *Jābir ibn Ḥayyān, Contribution à l'histoire des idées scientifiques dans l'Islam. Jābir et la science grecque*, Paris 1986, p. 74.

– Référence dans al-'Āmirī, *Kitāb al-Amad 'alā abad*, éd. Rowson **85**, p. 85 ; pour une analyse de l'influence du *Contra Proclum* sur al-'Āmirī, voir Rowson **85**, index *s.v.* Philoponus, *De Aeternitate Mundi contra Proclum*.

(15) De aeternitate mundi contra Aristotelem

Traduction arabe attestée par les biobibliographes arabes sous le titre *al-Radd 'alā Arisṭūṭālīs* (*Réfutation d'Aristote*) en 6 livres (voir al-Nadīm **2**, vol. I, p. 254, 25-26 ; al-Qifṭī **8**, p. 356, 6-7 ; Ibn Abī Uṣaybi'a **4**, vol. I, p. 105, 29-30) sans que l'on sache toutefois s'il s'agit d'une version complète, surtout s'il s'avère que l'ouvrage se composait à l'origine de huit livres, voir *infra*, 540. La version arabe n'est pas conservée.

Sur les circonstances entourant la rédaction du *Contra Aristotelem*, on retrouve chez les biobibliographes arabes une « légende », qui remonte au moins jusqu'au *Ṣiwān al-Ḥikma* d'Abū Sulaymān al-Siǧistānī (m. *ca* 1000), selon laquelle Philopon aurait entrepris la rédaction de ce traité pour calmer le courroux de ses contemporains chrétiens suscité par son intérêt pour l'exégèse des œuvres d'Aristote. Al-Siǧistānī cite aussi une seconde version selon laquelle Philopon aurait monnayé la rédaction du *Contra Proclum* et du *Contra Aristotelem* (**255** J. L. Kraemer, « A lost passage from Philoponus' *Contra Aristotelem* in Arabic translation », *JAOS* 85, 1965, p. 318-337, à la p. 322). Comme le souligne Kraemer, les deux « anecdotes » mettent en lumière le fait que les deux traités ne reflètent pas les convictions réelles de Philopon. Voir en ce sens al-Bayhaqī **13**, p. 48, 10, qui va même jusqu'à avancer que Yaḥyā al-Naḥwī aurait réfuté Platon et Aristote lorsque les chrétiens auraient eu l'intention de le tuer *(ḥīna hammat al-naṣāra bi-qatlihi).* Il s'appuie sur Ibn Sīnā qui aurait dit que Philopon avait leurré les chrétiens : « *wa-qāla fī ša'nihi Abū 'Alī : huwa Yaḥyā al-Naḥwī al-mumawwih 'alā al-naṣāra* » (p. 49, 1, information relayée par al-Šahrazūrī **33**, p. 21-22). L'expression apparaît effectivement dans les *Réponses aux questions d'Abū al-Rayḥān al-Bīrūnī,* (**256** Seyyed H. Nasr et M. Mohaghegh [édit.], *Abū Rayḥān Bīrūnī wa-Ibn Sīnā : al-as'ila wa-'l-aǧwiba,* Téhéran 1973, p. 13) en réponse à une objection soulevée par al-Bīrūnī mettant en question l'argument rhétorique du *Cael.* (I 3, 270b11-16) invoqué par Aristote pour soutenir l'éternité de la sphère céleste. Dans sa réponse, Avicenne observe qu'al-Bīrūnī se serait peut-être inspiré de Yaḥyā al-Naḥwī « qui a trompé les Chrétiens en faisant semblant d'être en désaccord avec Aristote à ce sujet » *(al-mumawwih 'alā al-naṣāra bi-iẓhār al-ḫilāf li-Arisṭūṭālīs fī hāḏā al-qawl),* alors qu'il aurait exprimé sa véritable opinion à la fin de son commentaire au *GC* ainsi que dans d'autres écrits ; voir aussi, p. 51-52 ; 69-70 pour la réponse d'al-Bīrūnī qui réfute l'accusation de falsification à l'encontre de Philopon dont il soutient les vues contre l'éternité du monde telles qu'exposées dans le *Contra Proclum* et le *Contra Aristotelem* qu'il cite, ainsi que dans les commentaires de Philopon dont il semble bien connaître l'œuvre. Voir Seyyed Nasr **151**, p. 166-174 (à la p. 167) ; Pines **148**, p. 5 n. 20. Voir aussi à ce sujet Gutas **101**, p. 289-290, et **257** G. Strohmaier, « Avicenna und al-Bīrūnī. Ein Dialog zweier Wissenschaftler im Islam und warum es bei den Anfängen blieb », dans **258** *Id., Hellas im Islam : Interdisziplinäre Studien zur Ikonographie, Wissenschaft und Religionsgeschichte,* Wiesbaden 2003, p. 67-71. L'objection soulevée par al-Bīrūnī apparaît dans le *Contra Aristotelem* (voir Simplicius, *in Cael.,* p. 142, 7-19 Heiberg, et **259** Ch. Wildberg [trad.], *Philoponus, Against Aristotle on the Eternity of the World,* London 1987, fr. 80, p. 90-100). Quant à la connaissance qu'Avicenne aurait eu du *Contra Aristotelem,* on notera que, dans une lettre adressée à un de ses disciples, la « Lettre à Kiyā » (identifié par 'A. Badawi comme étant Abū Ǧaʿfar Muḥammad ibn Ḥusayn al-Kiyā), Avicenne mentionne le *Contra Aristotelem* comme « le livre de Jean le Grammairien réfutant cet homme ; il cache sous une rigueur apparente une faiblesse intrinsèque » (trad.

légèrement amendée, de **260** S. Pines, « La philosophie Orientale d'Avicenne et sa polémique contre les Bagdadiens », *AHMA* 1952, p. 5-37, à la p. 7 [réimpr. dans Pines **237**, p. 301-333]), à mettre en parallèle avec la citation d'al-Bayhaqī **13**, p. 48, 5-6, selon lequel Avicenne aurait dit : « quant au livre de Jean le Grammairien [al-Bayhaqī ne précise pas de quel livre il s'agit] il est en apparence rigoureux mais faible quand au fond » *(ẓāhiruhu sadīd wa-bāṭinuhu ḍaʿīf)*. Voir à ce sujet, Gutas **101**, p. 62-64 ; voir aussi, Badawi **133**, p. 119-122. Au sujet du fait que les réfutations de Philopon étaient considérées comme étant d'ordre plutôt rhétorique et dialectique, voir al-Qifṭī **8**, p. 306, 1-2, qui reproduit des extraits d'une épître *(Risāla)* du médecin chrétien Ibn Buṭlān (m. 1066) qualifiant de la sorte les « réfutations » *(naqāʾiḍ)* de Jean le Grammairien.

Tradition directe

La tradition arabe est tout aussi fragmentaire que la tradition grecque. A ce jour, cinq fragments arabes du *Contra Aristotelem* ont été découverts :

Trois fragments ont été mis au jour par M. Mahdi dans un traité d'al-Fārābī (m. 950) dirigé précisément contre Jean Philopon : *Réfutation de Jean le Grammairien (al-radd ʿalā Yaḥyā al-Naḥwī)* le titre étant suppléé par l'éditeur sur la base des notices des biobibliographes arabes, éd. par **261** M. Mahdi, « The Arabic text of Alfarabi's Against John the Grammarian », dans **262** S. A. Hanna (édit.), *Medieval and Middle Eastern Studies in Honor of Aziz Suryal Atiya*, Leiden 1972, p. 268-284 et trad. anglaise par **263** M. Mahdi, « Alfarabi against Philoponus », *JNES* 26, 1967, p. 233-260. Au sujet de ce traité où al-Fārābī entreprend de défendre Aristote contre Philopon voir Vallat **156**, p. 39 n. 5 ; chap. IV, art. 2, section 1. Les trois fragments ont été reproduits en traduction anglaise avec de légers amendements dans Wildberg **259**.

1. Le 1er fragment (éd. Mahdi **261**, p. 277-278, §§ 9-15 ; trad. Mahdi **263**, p. 257-259, §§ 9-15) correspond au livre I, fr. 3 Wildberg (parallèle à Simplicius *in Cael.*, p. 26, 31 – 27, 4 Heiberg) dirigé contre la thèse formulée en *Cael.* I 2, au sujet de la nature du 5e élément et de l'éternité du mouvement circulaire qui l'anime.

2. Le 2e fragment (éd. Mahdi **261**, p. 275-276, § 7, 1-6 ; trad. Mahdi **263**, p. 256, § 7, 1-6), correspond au livre IV, fr. 62 Wildberg (parallèle à Simplicius *in Cael.*, p. 119, 7 – 120, 12 Heiberg) dirigé contre la thèse d'Aristote que le monde est inengendré et incorruptible (*Cael.* I 3, 270a12-22)

3. Le 3e fragment (éd. Mahdi **261**, p. 276, § 7, 6-17 ; trad. Mahdi **263**, p. 256, §7, 6-18), correspond au L. IV, fr. 76 Wildberg, où Philopon accuse Aristote de sophistique en appliquant de manière illégitime au monde sublunaire ce qu'il a dit à propos du supralunaire.

4. Kraemer **255**, fait état d'un fragment conservé dans une recension anonyme du XIIIe siècle du *Ṣiwān al-Ḥikma* d'Abū Sulaymān al-Siǧistānī (*ca* 912-985), *Muntaḫab ṣiwān al-ḥikma*. Édition et traduction du fr., p. 325-326, correspondant au livre IV, fr. 79 Wildberg qui suit la traduction de Kraemer (parallèle à

Simplicius, *in Cael.*, p. 141, 11-19 Heiberg) dirigé contre *Cael.*, I 3, 270b5-11 où Aristote appuie sa théorie de la nature de l'éther et de l'éternité de la sphère céleste par 3 arguments tirés des préjugés populaires.

5. Il faut désormais ajouter à cette liste un fragment mentionné par Graf **5** *GCAL*, vol. II, p. 52-53) et mis au jour par M. Rashed, dans le chap. 14 du *Kitāb al-Minfa'a* du théologien Melkite Ibn al-Faḍl ʿAbdallāh al-Anṭākī (XIᵉ s.) (ms. Beyrouth, Bibliothèque Orientale, Ar. 342, fol. 28ᵛ-29ʳ) qui serait parallèle aux fr. 59 et 61 Wildberg; voir **264** M. Rashed, « The Problem of the Composition of the Heavens (529-1610): a New Fragment of Philoponus and its Readers», dans Adamson, Baltussen et Stone **144**, vol. II, p. 35-57 (trad. du fr., p. 38). Le fr. d'al-Anṭākī concerne la nature de la sphère céleste dont Philopon soutient la composition par opposition à Aristote pour qui la sphère céleste est dépourvue de toute qualité. Étant composée, elle devient de même nature que le sublunaire et donc sujette à génération et corruption.

Un fragment syriaque extrait d'un manuscrit anonyme de la British Library (ms. London, British Library, Add. 17 214, fol. 72ᵛb-73ʳa) est mentionné et reproduit par Wildberg **259** (fr. 134). Il permettrait d'attester l'existence d'un livre VIII au *Contra Aristotelem*, voir *supra* la notice de **265** Giovanna R. Giardina, section I B (12), p. 485, et Baumstark **56**, p. 162.

Tradition indirecte

On a depuis longtemps attiré l'attention sur la réception arabe du *Contra Aristotelem* qui, pour partielle qu'elle aurait été, – si tant est que l'existence d'un traité en 8 livres s'avérerait exacte alors que la tradition arabe n'en mentionne que 6 –, semble avoir été large mais diffuse. Que ce soit dans les milieux philosophiques ou dans ceux du *kalām*, un grand nombre de démonstrations en faveur de la création *ex nihilo* et contre l'éternité *a parte ante* du monde s'inspireraient directement ou indirectement de Philopon sans toutefois le citer ou très rarement. Ainsi al-Bayhaqī **13**, p. 49, 1-2, nous rappelle que la plupart des arguments *(akṯara mā awradahu)* avancés par al-Ġazālī dans son *Tahāfut al-falāsifa (L'Incohérence des philosophes)* auraient été empruntés à Jean le Grammairien *(taqrīr kalām Yaḥyā al-Naḥwī).* De manière générale, voir **266** H. Davidson, « John Philoponus as a Source of Medieval Islamic and Jewish Proofs of Creation», *JAOS* 89, 1969, p. 357-391, et Davidson **198**, chap. IV et V qui met au jour deux ensembles de preuves en faveur de la création issues du *Contra Aristotelem* de Philopon qui auraient circulé dans les milieux médiévaux arabes et juifs, sous diverses formes et versions, sans toutefois pouvoir attester qu'elles aient été transmises à chaque fois ensemble. Le premier ensemble, destiné à montrer l'impossibilité d'un infini par succession et donc l'impossibilité de l'éternité *a parte ante* de l'univers, est issu du *Contra Aristotelem*, fr. 132 Wildberg (Simplicius, *in Phys.*, p. 1178, 7 – 1179, 26 Diels) alors qu'un second ensemble de preuves en faveur de la création reposerait sur le principe qu'un corps fini ne peut contenir qu'une puissance finie; l'univers, étant un objet corporel fini, ne peut donc contenir qu'une puissance finie; or ce qui contient une puissance finie est corruptible (Simplicius, *in Phys.*, p. 1327 Diels). Cet ensemble constituerait, d'après Davidson, un traité indépendant ou semi-indépendant (Davidson **266**, p. 362 *sqq.* ; voir *infra* n° 16). Cinq ou six corollaires seraient rattachés à ce principe dont il retrace l'usage chez les philosophes et les auteurs de *kalām* (Davidson **198**, p. 91). Voir aussi Wolfson **199**, p. 410-434 ; Sorabji **197**, p. 196-199 ; 202-203 ; 214-224 ; **267** M. Iskenderoglu, *Fakr al-Dīn al-Rāzī and Thomas Aquinas on the Question of the Eternity of the World*, Leiden 2002, chap. 1, qui retrace de manière générale l'influence de Philopon sur les discussions au sujet de la création du monde dans la tradition islamique médiévale aussi bien chez les *mutakallimūn* que chez les philosophes, et notamment chez Faḫr al-Dīn al-Rāzī, *Al-Maṭālib al-'āliya min al-'ilm al-ilāhī* (*Les Suprêmes Quaesita de la science divine*).

Contre l'éternité du monde :
un corps fini ne peut contenir qu'une puissance finie

En réponse à l'objection soulevée par le savant juif Ibn Abī Sa'īd au sujet de l'impossibilité pour la puissance de la sphère céleste d'être infinie, alors que le corps qui la contient est lui-même fini, Yaḥyā b. 'Adī fait référence à un traité de Philopon « où ce dernier aurait exprimé les mêmes doutes et où il se serait trompé *(ġaliṭa)* ou aurait induit les autres en erreur *(ġālaṭa)* », (**268** S. Ḫalīfāt [édit.], *Maqālāt Yaḥyā b. 'Adī al-Falsafiyya*, 'Ammān 1988, p. 332), voir **269** S. Pines, « A tenth century philosophical correspondence », *PAAJR* 25, 1955, p. 103-136, à la p. 115. Sur les manuscrits de cette correspondance voir **270** S. Pines, « An Arabic Summary of a Lost Work of John Philoponus », *IOS* 2, 1972, p. 320-352, réimpr. dans Pines **19**, p. 294-326, p. 319 n. 293. D'après Kraemer **255**, p. 320, Yaḥyā b. 'Adī ferait référence ici au *Contra Aristotelem*, probablement au livre VI (*cf.* Simplicius, *in Phys.*, p. 1117, 15 – 1118, 9 Diels et Wildberg **259**, p. 122) où une objection, similaire à celle d'Ibn Abī Sa'īd, apparaît (voir aussi Simplicius, *in Phys.*, p. 1327, 13-19 Diels et *in Cael.*, p. 79, 2-8 Heiberg).

Le même passage serait cité par un disciple de Yaḥyā b. 'Adī, Abū al-Ḫayr al-Ḥasan Ibn Suwār (m. après 1017) dans un court traité intitulé *Fī anna dalīl Yaḥyā al-Naḥwī 'alā ḥadṯi al-'ālam awlā bi-al-qubūl min dalīl al-mutakallimīn aṣlan* (*Sur le fait que la preuve de Jean le Grammairien, au sujet de l'instauration du monde, est plus acceptable que la preuve des théologiens*), édité par **271** 'A. Badawi, *Al-Aflāṭūniyya al-muḥdiṯa 'inda al-'arab*, 2ᵉ éd., Koweit 1977, p. 243-247 (voir notamment p. 246, 12-14) ; trad. française par **272** B. Lewin, « La notion de *muḥdaṯ* dans le kalām et dans la philosophie. Un petit traité inédit du philosophe chrétien Ibn Suwār », dans *Donum Natalicium H. S. Nyberg Oblatum*, Uppsala 1954, p. 84-93, sur la base du ms. Istanbul, Rağib 1463, fol. 47a-48b. Voir Pines **270**, p. 319 ; Kraemer **255**, p. 321, et Davidson **266**, p. 361, qui attribue ces arguments à un autre traité de Philopon dont seule une version arabe est signalée, le *Livre au sujet du fait que tout corps fini a une puissance finie*, voir *infra*, n° 16, tout en reconnaissant que ni Ibn Suwār ni Averroès chez qui l'on retrouve le même argument (voir Kraemer **255**, p. 321 n. 12, qui renvoie au *Grand Commentaire à la* « *Métaphysique* » *d'Aristote* d'Averroès, *cf.* Bouyges **50**, vol. III, p. 1628, p. 10-15, et **273** Ch. Genequand, *Ibn Rushd's Metaphysics. A Translation with introduction of Ibn Rushd's Commentary on Aristotle's Metaphysics, Book Lām*, coll. « Islamic Philosophy and Theology Text and Studies » 1, Leiden 1986, p. 163-164 [Davidson **266**, p. 361, renvoie aussi, à Bouyges **50**, vol. III, p. 1627, 14 ; voir aussi Davidson **198**, p. 94 ; Steinschneider **21**, p. 123, citation 2-5, et **274** R. Walzer, « New Studies on al-Kindī », *Oriens* 10, p. 203-232, réimpr. dans Walzer **74**, p. 175-205, à la p. 194]) ne font référence à un traité indépendant de Philopon, mais uniquement à 'la preuve' ou à 'l'aporie' soulevée par Philopon. L'argument reproduit par Ibn Suwār et attribué à Philopon est le suivant : « chaque corps est limité ; le monde est un corps ; donc le monde est limité. Chaque corps limité a une puissance limitée ; la puissance des choses éternelles n'est pas limitée ; donc le monde n'est pas éternel » (trad. Lewin **272**, p. 91). Voir aussi Davidson **198**, p. 135, pour une analyse de la manière dont Ibn Suwār reproduit la preuve du *kalām* en faveur de la création, « à partir des accidents ».

Davidson **266**, p. 363-365, soutient qu'au moins deux arguments de Philopon appartenant à cet ensemble apparaissent sous une forme ou sous une autre chez Sa'adia Gaon (m. 942), *K. al-Amānāt wa-'l-I'tiqādāt*, voir **275** S. Landauer (édit.), *Kitâb al-Amânât wa'l-i'tiqâdât von Sa'adja b. Jûsuf al-Fajjûmî*, Leiden 1880, p. 32, 10 – 37, 9, et **276** A. Altmann (trad.), *Saadya Gaon, The Book of Doctrines and Beliefs*, An abridged edition translated from the Arabic with an Introduction and notes, Oxford 1946, New introduction by D. H. Franck, Indianapolis/ Cambridge 2002, p. 51-58, qu'il s'agisse de la preuve à partir de la finitude de la puissance de l'univers, ou celle de la composition de matière et de forme telle qu'elle fut reformulée dans le *kalām*, même si Sa'adia ne mentionne jamais le nom de Philopon ni ne le cite et qu'il ne semble pas en avoir eu une connaissance de première main ; voir aussi Davidson **198**, p. 101-104, et **277** H. A. Wolfson, « The Kalam Arguments for Creation in Saadia, Averroes, Maimonides and St. Thomas », dans **278** *Saadia Anniversary Volume*, New York 1943, p. 197-245 (p. 202-203).

Enfin, Davidson suggère que la preuve par excellence du *kalām* en faveur de la création, à savoir la preuve « à partir des accidents » serait une excroissance du second corollaire de la preuve de Philopon en faveur de la création à partir de la puissance finie des corps finis (puisque la matière est telle qu'elle ne peut retenir aucune forme de manière permanente, « rien de composé de matière et de forme ne peut être considéré comme incorruptible » [Simplicius, *in Phys.*, p. 1329 Diels]), reformulée en termes propres au *kalām* qui remplace la succession continuelle de formes à travers la matière par la présence continue d'accidents dans les corps. Pour une revue des auteurs chez qui on retrouve cette preuve, pour les diverses formes qu'elle revêt, notamment chez al-Baqillānī, *K. al-Tamhīd*, (Davidson **198**, p. 135-139), 'Abd al-Ǧabbār et al-Ǧuwaynī, ainsi que pour les critiques qui lui sont adressées par les philosophes qui la reproduisent voir Davidson **266**, p. 382-391, et

Davidson **198**, p. 134-146 ; Sorabji **197**, p. 292-296. Davidson signale en outre que le chrétien Théodore Abū Qurrā (*ca* 740-820) utilise une preuve en faveur de la création à partir de la composition (voir **279** L. Cheikho, « Maymar li-Tādrus Abī Qurra *Fī Wuǧūd al-ḫāliq wa-'l-dīn al-qawīm* », *Al-Mašriq* 15, 1912, p. 757-774 [aux p. 762-773], et **280** G. Graf [trad.], *Des Theodor Abū Kurra Traktat Ueber den Schöpfer*, Münster 1913, p. 17-18, cités par l'auteur), dont l'un des arguments, soutenant que la composition implique par elle-même création, pourrait remonter à Philopon.

Pour la réfutation par Averroès de la preuve de Philopon à partir de la puissance finie de la sphère céleste, qu'il considérait comme la plus puissante preuve en faveur de la création (voir Goldstein **201**, « Question Seven », notamment § 47, où en outre Averroès considère Philopon comme l'une des sources des *mutakallimūn*), et la manière dont il la dirige contre la solution d'Alexandre d'Aphrodise qui attribue l'éternité de la sphère céleste à l'action du premier moteur, voir Wolfson **199**, p. 374-385, qui analyse le passage du *Grand Commentaire à la « Métaphysique » d'Aristote* par Averroès (*in Metaph.* XII, Comm. 41, Bouyges **50**, p. 1628, 10-12 ; Genequand **273**, p. 163-164) où ce dernier reproduit la preuve de Philopon en le citant nommément : « Jean le Grammairien a soulevé une aporie grave et difficile contre les péripatéticiens à ce sujet. Il a dit : si tout corps n'a qu'une puissance finie et que [la sphère] céleste est un corps, alors [la sphère] céleste n'a qu'une puissance finie. Mais tout ce qui est fini est corruptible. Le ciel est donc corruptible » (voir aussi Genequand **273**, p. 44-45). Cet extrait, qui correspond à Simplicius, *in Phys.*, p. 1327, 14-16 Diels, serait, d'après Wolfson, une paraphrase abrégée de l'argument de Philopon par Averroès plutôt qu'une citation littérale. Le même argument est aussi reproduit sous le nom de Philopon par Ibn Suwār (voir Badawi **271**, p. 246, et Lewin **272**, p. 91). Wolfson, a tenté de reconstituer la démonstration de Philopon sous sa forme originale en se fondant sur une comparaison entre l'extrait reproduit par Averroès dans son *Grand Commentaire à la « Métaphysique » d'Aristote* et des passages parallèles dans le *Grand Commentaire à la « Physique » d'Aristote* VIII, com. 79, (**104**, vol. IV : *De physico auditu libri cum Averrois in eosdem commentariis*, p. 426^v KL *sqq.*), le *Grand Commentaire au « De Caelo »* II, com. 71 (voir maintenant **281** F. J. Carmody et R. Arnzen [édit.], *Averrois Cordubensis commentum magnum super libro De caelo et mundo Aristotelis*, avec une préface de G. Endress, Leuven 2003, p. 408), ainsi que le *Commentaire Moyen au « De Caelo » d'Aristote* (voir maintenant, **282** Ǧ. Al-ʿAlawī [édit.], *Talḫīṣ al-Samāʾ wa-'l-ʿālam li-Abī al-Walīb Ibn Rušd*, Fès 1984, p. 177-184, notamment, p. 177-178) dans lesquels l'argument de Philopon apparaît explicitement dirigé contre la solution proposée par Alexandre d'Aphrodise qui attribue l'éternité de la sphère céleste à l'action du 1er moteur (Wolfson **199**, p. 377-382). Voir aussi Davidson **198**, p. 321-331, qui ajoute des références supplémentaires, et **283** H. Davidson, « The Principle that a Finite Body Can Contain Only Finite Power », dans **284** S. Stein et R. Loewe (édit.), *Studies in Jewish Religious and Intellectual History, Presented to Alexander Altmann on the*

Occasion of his Seventieth Birthday, Alabama 1979, p. 75-92 (aux p. 82-85);
285 A. Hyman, *Averroes' De Substantia Orbis*. Critical Edition of the Hebrew
Text with English Translation and Commentary, Cambridge (Mass.)/Jerusalem
1986, chap. 5, p. 121-22, et aussi chap. 3, p. 105-110, signalé par **286** G. Endress,
« Averroes *De caelo* : Ibn Rushd's cosmology in his commentaries on Aristotle's
On the Heaven », *ASPh* 5, 1995, p. 1-41 (à la p. 35).

Contre l'éternité du monde, voir aussi : al-Alousî **247**, p. 310-313 et 317 ;
287 F. Rahman, « The Eternity of the World and the Heavenly Bodies in Post-
Avicennan Philosophy », dans **288** G. Hourani (édit.), *Essays on Islamic Philosophy and Science*, coll. « Studies in Islamic philosophy and science », Albany
1975, p. 222-237 ; **289** H. Davidson, « Maimonides' Secret Position on Creation »,
dans **290** I. Twersky (édit.), *Studies in Medieval and Jewish History and Literature*, Cambridge (Mass.)/London 1979, p. 16-40 ; **291** T. Kukkonen, « Infinite
Power and Plenitude. Two Traditions on the Necessity of the Eternal », dans **292** J.
Inglis (édit.), *Medieval Philosophy and the Classical Tradition in Islam, Judaism
and Christianity*, Richmond 2002, p. 183-201 ; **293** L. Muehlethaler, « Maimonides, Alfarabi and Averroes on John Philoponus and the emergence of kalâm »,
(en hébreu), MA thesis, The Hebrew University of Jerusalem, 2002 ; **294** G.
Endress, « 'If God will grant me life'. Averroes the philosopher : Studies on the
History of His Development », *DSTFM* 15, 2004, p. 227-253, qui signale (p. 247)
que dans un *corollarium (mas'ala)* au Livre I du *Talḫīṣ al-Samā' wa-'l-'ālam
(Commentaire Moyen au « De Caelo »)*, éd. al-'Alawī **282**, p. 183, 12-14, Averroès
discute l'échec de ses prédécesseurs, Philopon, Ibn Sīnā et même Alexandre, par
rapport au problème soulevé dans les sections introductives du *De Substantia
Orbis*, à propos de la composition de matière et de forme de la sphère céleste. Voir
enfin, **295** D. Reisman et A. Bertolacci, « Thābit ibn Qurra's *Concise Expostion of
Aristotle's Metaphysics* : Text, Translation and Commentary », dans **296** R. Rashed
(édit.), *Thābit ibn Qurra. Science and Philosophy in Ninth-Century Baghdad*, coll.
« Scientia Graeco-Arabica » 4, Berlin/New York 2009, p. 715-776 (à la p. 770).

Impossibilité de l'infini « par succession »

Les preuves avancées par Philopon contre la possibilité de l'existence en acte
d'une série infinie de mouvements, et dont les trois plus célèbres se trouvent
consignées par Simplicius, (*in Phys.*, p. 1178, 7 - 1179, 26 Diels = fr. 132
Wildberg) étaient connues dans les milieux philosophiques médiévaux (voir van
den Bergh **244**, vol. II, p. 7-8) ainsi que par les partisans du *kalām*, qui ont eux
aussi considéré l'impossibilité de l'infini par succession comme une des preuves
décisives contre l'éternité du monde. Davidson, (**266**, p. 375-382, et **198**, p. 117-
153) en fait remonter l'usage aux Mu'tazilites Abū Ǧa'far al-Iskāfī (m. 854) et
Abū Isḥāq al-Naẓẓām (m. entre 835 et 845). Plus généralement il en suit la trace
chez un grand nombre d'auteurs arabes, juifs et latins, qui, entre le IXe et le XIVe
siècle auraient utilisé, reformulé ou réfuté les arguments de Philopon et leurs
corollaires. Voir aussi al-Alousî **247**, p. 242 ; 309-310 ; **297** L.-E. Blanchet, « L'in-

fini dans les pensées juive et arabe », *LThPh* 32, 1976, p. 11-21 (notamment aux p. 19-20), et Wolfson **199**, p. 410-434, qui retrace les différentes formes et versions sous lesquelles les deux preuves de Philopon contre l'infini de succession [(1) un infini ne peut être traversé ; (2) un infini ne peut être plus grand qu'un autre] apparaissent chez les *mutakallimūn* et leur réfutation par Averroès et Maïmonides (p. 424-434) ; pour la manière dont Thābit ibn Qurra s'inscrit dans le débat à propos de la 2ᵉ preuve (un infini ne peut être plus grand qu'un autre), voir **298** M. Rashed, « Thābit ibn Qurra sur l'existence et l'infini : les réponses aux questions posées par Ibn Usayyid », dans Rashed **296**, p. 619-673 (p. 624 n. 12 ; 661 ; 677) ; voir aussi **299** H. Daiber, *Das theologisch-philosophische System des Mu'ammar ibn 'Abbad As-Sulamī (gest. 830 n. Chr.)*, coll. « Beiruter Texte und Studien » 19, Beirut 1975, p. 252-253, qui, tout en reconnaissat l'impossibilité d'une influence directe de Philopon sur Mu'ammar b. 'Abbād, montre les parallèles et les divergences entre la preuve de Mu'ammar en faveur de la création à partir d'une série infinie de *ma'ānī* qui trouvent néanmoins leur limite en Dieu et la preuve de Philopon à partir de l'impossibilité de l'infini de succession ; voir dans le même sens, **300** U. Rudolph, *Al-Māturīdī und die sunnitische Theologie in Samarkand*, coll. « Islamic Philosophy, Theology and Science. Text and Studies » 30, Leiden 1997, p. 265-266. Pour un écho du premier argument de la preuve de Philopon contre l'infini de succession chez Yaḥyā b. 'Adī et le tour qu'il prend dans la tradition arabe dans les discussions sur l'existence de l'infini, voir **301** M. Rashed, « On the Authorship of the Treatise *On The Harmonization of the Opinions of the Two Sages* Attributed to Al-Fārābī », *ASPh* 19, 2009, p. 43-82 (p. 60 *sq.*). Voir aussi Pines **270**, p. 321-326, qui restitue le contenu d'un traité inédit d'Avicenne traitant des arguments contre l'infinité du monde, et Davidson **198**, p. 126-129, pour une adaptation de la seconde preuve de Philopon contre l'infini par succession (un nombre infini ne peut exister en acte, ni être compté, ni être augmenté) et de son application à la grandeur dans *al-Naǧāt* d'Avicenne ; voir aussi Sorabji **197**, p. 225-226 et références *ad loc.*

Pour un exposé des cinq preuves en faveur d'un commencement de l'univers qu'on trouve au début du *Kitāb al-Fiṣal fī al-milal wa-'l-ahwā' wa-'l-niḥal*, d'Ibn Ḥazm (m. 1064) et qui sont manifestement voisines de celles de Philopon voir **302** M. Fakhry, « The Classical Islamic Arguments for the Existence of God », *MW* 47, 1957, p. 133-145, réimpr. dans **303** *Id.*, *Philosophy, Dogma and the Impact of Greek Thought in Islam*, coll. « Variorum », Adelrshot 1994, art. n° XIII, p. 134.

Pour des parallèles entre les arguments d'al-Ġazālī dans le *Tahāfut al-falāsifa (L'Incohérence des philosophes),* contre l'existence d'un temps et d'un mouvement infinis et ceux de Philopon, voir **304** T. Kukkonen, « Causality and Cosmology. The Arabic Debate », dans **305** E. Martikainen (édit.), *Infinity, Causality and Determinism. Cosmological Entreprises and their Preconditions*, coll. « Contributions to Philosophical Theology » 6, Frankfurt am Main/New York 2002, p. 19-43 (aux p. 27-29) ; **306** L. E. Goodman, « Time in Islam », *AsPhilos* 2, 1992, p. 3-19, réimpr. dans **307** I. R. Netton (édit.), *Islamic Philosophy and Theology.*

Critical Concepts in Islamic Thought, 4 vol., London/New York 2007, vol. III, p. 5-26 (aux p. 21-22).

Averroès mentionne trois fois cet argument dans ses *Quaestiones de Physique* : dans la *Quaestio* III il l'attribue aux *mutakallimūn*, dans la *Quaestio* IV, il l'attribue à Platon et dans la *Quaestio* VII à Philopon. Voir Goldstein **201**, p. 18 ; 68 n. 38, qui suggère que l'alignement de Philopon sur les *mutakallimūn* serait peut-être inspiré du traité d'al-Fārābī, *Sur les Étants changeants*, et p. 71 n. 5. Pour de plus amples analyses sur cet argument et ses diverses applications voir Sorabji **197**, p. 211-224, et *Id.*, « Infinity and the Creation » dans *Id.* **31**, p. 164-178.

Sur la notion d'« infini par accident » mise en avant par les *falāsifa* pour réfuter les thèses de Philopon contre l'éternité et l'usage qu'en feront les *mutakallimūn*, voir Davidson **198**, p. 131-134 ; Sorabji **197**, p. 229-231 ; **308** T. Lévy, « Le langage de l'infini dans les débats médiévaux. L'infini temporel chez Maïmonide (1138-1204) et Gersonides (1288-1344) », dans **309** A. De Libéra, A. Elamrani-Jamal et A. Galonnier (édit.), *Langages et Philosophie. Hommage à Jean Jolivet*, coll. « Études de philosophie médiévale » 74, Paris 1997, p. 49-62, qui montre comment Averroès non seulement détaille longuement la notion d'« infini par accident » afin de récuser les arguments du *kalām* et d'al-Ġazālī, mais qu'il entend en fonder positivement l'existence, voir par exemple l'*Epitome à la « Physique »*, éd. Puig Montada **140**, p. 134, 4-5, et **310** M. Bouyges (édit.), Averroes, *Tahafot at-Tahafot (Tahāfut al-Tahāfut)*, coll. « Bibliotheca arabica scholasticorum. Série arabe » 3, Beyrouth 1930, p. 20 (cités par l'auteur). Lévy examine aussi la manière dont Maïmonide s'attache à montrer, dans le *Guide des égarés*, que l'impossibilité de l'infini par succession n'est pas démontrée par les adversaires de cette proposition, et en particulier les partisans du *kalām*, en s'appuyant notamment sur le traité d'al-Fārābī, *Sur les Étants changeants* (voir **311** S. Munk, *Le Guide des égarés. Traité de théologie et de philosophie par Moïse ben Maimoun dit Maïmonide*, 3 vol., Paris 1856-1866, vol. I, LXXIV, [fol. 12a-b] p. 437-438, cité par l'auteur). Voir aussi **312** T. Lévy, *Figures de l'infini. Les mathématiques au miroir des cultures*, Paris 1987, p. 92. Voir plus récemment Glasner **142**, p. 69, qui situe le point de départ de l'exégèse d'Averroès dans la tension mise au jour par Philopon (*in Phys.*, p. 520, 5-10 Vitelli, et Lettinck **127**, p. 37) entre *Phys.* VIII 1 et *Phys.* V 2.

Philopon et al-Kindī

La parenté entre certaines thèses de Philopon à propos de la création *ex nihilo*, telles qu'elles apparaissent en particulier dans le *Contra Aristotelem*, et certaines positions d'al-Kindī a depuis longtemps attiré l'attention des chercheurs ; voir par exemple Walzer **274**, p. 190-196, qui souligne la similitude des arguments en faveur de la création du monde de Philopon et d'al-Kindī, tout en jugeant peu probable que ce dernier ait eu une connaissance directe de l'œuvre de Philopon, et Davidson **266**, p. 370-373, qui considère que les trois preuves en faveur de la création qu'on trouve chez al-Kindī dans son traité *Sur la Philosophie première* (*Fī al-Falsafa al-ūlā*, dans **313** M. 'A. Abū Rīda [édit.], *Rasā'il al-Kindī al-falsafiyya*, 2ᵉ éd., 2 vol., Le Caire 1978, vol. I, p. 54, 13 – 56, 13 [Davidson cite la 1ʳᵉ éd., Le

Caire 1950, vol. I, p. 118-121, que nous n'avons pas pu vérifier] voir maintenant pour une nouvelle édition critique et une traduction en français, **314** R. Rashed et J. Jolivet, *Œuvres philosophiques et scientifiques d'al-Kindī*, vol. II : *Métaphysique et cosmologie*, coll. « Islamic Philosophy, Theology and Science. Texts and Studies » 29, Leiden 1998, p. 35, 23 – 39, 1) seraient inspirées de Philopon, notamment la 2ᵉ preuve qui se fonde sur la double composition des corps, composition de matière et de forme, mais aussi de substance et de tridimensionnalité, qui n'est pas sans rappeler la preuve de Philopon par la composition de matière et de forme de la sphère céleste et celle fondée sur sa tridimensionnalité (voir Simplicius, *in Phys.*, p. 1331 Diels). Pour de plus amples développements sur les preuves en faveur de la création d'al-Kindī qui trahiraient l'influence de Philopon, voir Davidson **198**, p. 106-115, qui, au regard des similitudes qui existent entre certaines preuves qu'on trouve chez al-Kindī et d'autres chez Saʿadia Gaon, conclut (p. 114) qu'une collection de preuves en faveur de la création issues du *Contra Aristotelem* aurait circulé et aurait été accessible, indépendamment, à Saʿadia et à al-Kindī ; voir aussi **315** W. L. Craig, *The Kalām Cosmological Argument*, London 1979, p. 19-41 (notamment aux p. 22, 23, 31, 39).

316 P. Adamson, « Al-Kindī and the Muʿtazila : Divine Attributes, Creation and Freedom », *ASPh* 13, 2003, p. 45-79 (aux p. 57-66), établit un parallèle entre les preuves en faveur de la création (la création ne requiert ni matière préexistante, ni temps) qu'on trouve dans l'Épître d'al-Kindī *Sur le nombre des livres d'Aristote et ce qui est nécessaire à l'apprentissage de la philosophie* [nous reproduisons la traduction de **317** A. Hasnawi, art. « Kindî, Abû Yûsuf Yaʿqûb b. Isḥāq al- », dans *Encyclopédie Philosophique Universelle*, vol. III : *Les œuvres philosophiques*, Paris 1992, t. I, p. 655-657] (*Risāla Fī Kammiyat kutub Arisṭūṭālīs wa-mā yuḥtāǧu ilayhi fī taḥṣīl al-falsafa* dans M. H. Abū Rīda, *Rasāʾil al-Kindī al-falsafiyya*, 2 vol. en 1, Le Caire 1950, p. 363-384) dirigés contre les arguments d'Aristote en faveur de l'éternité du monde (*Phys.* VIII 1) et les fr. 119 et 120 Wildberg (Simplicius, *in Phys.*, p. 1150, 23-25, et 1151, 8-16 Diels) du *Contra Aristotelem* VI et considère que Philopon est la source d'al-Kindī. Voir aussi Adamson **225**, p. 63-65, qui relève dans le traité d'al-Kindī *Sur le nombre des livres d'Aristote*, § VI, 7-8 (Abū Rīda **313**, vol. II, p. 374-375), quatre parallèles frappants avec Philopon : (1) le rejet d'une régression à l'infini de la génération du feu (voir fr. 120 Wildberg) ; (2) Dieu crée sans substrat matériel préexistant (fr. 115 Wildberg) ; (3) l'acte divin de création est instantané (fr. 115 et 129 Wildberg) ; (4) La création divine consiste à faire advenir à l'être à partir du non-être (fr. 116 ; 119 Wildberg). Inversement, si Dieu annihile quelque chose il le réduit au non-être d'où il provenait (fr. 131 Wildberg).

Au sujet des quatre autres traités qu'al-Kindī a consacrés à la notion d'infini, à savoir le *Traité sur la Philosophie première*, dans Abū Rīda **313**, vol. I, p. 25-107 (les analyses sur l'éternité de l'univers figurent aux p. 47-58) ; voir aussi Rashed et Jolivet **314**, p. 8-99 (aux p. 29, 5 – 39, 22), et **318** A. Ivry, *Al-Kindi's Metaphysics. A Translation of Yaʿqūb ibn Isḥāq al-Kindī's Treatise « On First Philosophy »* (*fī* *al-Falsafah al-Ūlā),* with introduction and commentary, Albany 1974, p. 68, 9 – 75, 21 ; l'*Épître sur l'unicité de Dieu et la finitude du corps du monde* [pour ce titre et les trois suivants, nous reproduisons la traduction de Rashed et Jolivet **314**], dans Abū Rīda **313**, vol. I, p. 157-164 ; Rashed et Jolivet **314**, p. 136-147, et **319** Al-Kindī, *Cinq Épîtres,* Paris 1976, p. 93-98 ; l'*Épître sur la quiddité de ce qui ne peut être infini et de ce qu'on appelle infini,* dans Abū Rīda **313**, vol. I, p. 149-153 ; Rashed et Jolivet **314**, p. 150-155 ; l'*Épître pour expliquer la finitude du corps du monde,* dans Abū Rīda **313**, vol. I, p. 139-146 ; Rashed et Jolivet **314**, p. 158-165 ; trad. anglaise de **320** N. Resher et H. Katchadourian, « Al-Kindī's Epistle on the Finitude of the Universe », *Isis* 56, 1965, p. 426-433, voir Lévy **312**, p. 93-101 (notamment p. 99 sur le rapport avec la 2e preuve de Philopon en faveur de la création [l'infini ne peut être augmenté]) et Adamson **225**, chap. 4, p. 74-105. Voir aussi, Adamson **226**, p. 39 ; **321** K. Staley, « al-Kindī on Creation : Aristotle's Challenge to Islam », *JHI* 50, 1989, p. 355-370 ; **322** C. D'Ancona, « Aristotele e Plotino nella dottrina di al-Kindī sul primo principio », *DSTFM* 3, 1992, p. 363-421, (p. 370-371 ; 391 ; 393-95).

Enfin, pour une mise en question de la parenté invoquée entre certains arguments de Jean Philopon en faveur d'un commencement du monde et ceux mis en œuvre par al-Kindī, voir Hasnawi **317**, p. 655.

Philopon, al-Fārābī, Ibn Bāǧǧa et Ibn Rušd

D'après Mahdi **263**, p. 236, al-Fārābī aurait eu affaire avec le *Contra Aristotelem* dans au moins quatre de ses ouvrages : outre sa *Réfutation de Jean le Grammairien (al-radd ʿalā Yaḥyā al-Naḥwī)* qui porte, d'après Mahdi, sur les cinq premiers livres du *Contra Aristotelem* (voir *supra,* p. 539), il en aurait aussi traité dans son commentaire au *De Caelo,* ainsi que dans son commentaire à la *Physique* d'Aristote dont il ne nous resterait que quelques citations chez Averroès. Enfin, on sait qu'un des buts d'al-Fārābī, dans un traité intitulé *Sur les Étants changeants (Fī al-Mawǧūdāt al-mutaǧayyira),* aujourd'hui perdu, mais dont il nous reste d'importantes citations chez Ibn Bāǧǧa, Averroès et Maïmonide, était de réfuter les arguments de Philopon contre *Phys.* VIII 1 tels qu'exposés au livre VI du *Contra Aristotelem* (voir Ibn Bāǧǧa **138**, p. 141, 17 – 142, 2). Voir Steinschneider **21**, p. 119-23 et 135-138, qui reproduit les références qu'on trouve chez Averroès, au traité *Sur les Étants changeants* ayant trait à Philopon (p. 121-23), ainsi que des passages parallèles où Averroès réfute lui-même Jean Philopon à propos des mêmes positions. Les références fournies par Steinschneider peuvent être désormais mises à jour : pour le *Grand commentaire à la « Métaphysique » d'Aristote* par Averroès, voir Bouyges **50**, p. 1498 et aussi p. 1504, trad. anglaise par Genequand **273**, p. 108-109 ; voir aussi *Maqāla li-Abī al-Walīd ʿalā al-maqāla al-sābiʿa wa-'l-ṯāmina min al-samāʿ al-ṭabīʿī li-Arisṭū (Traité d'Abū al-Walīd sur les livres VII et VIII de la « Physique » d'Aristote),* dans **323** Ǧ. Al-ʿAlawī (édit.), *Maqālāt fī al-Manṭiq wa-'l-ʿilm al-ṭabīʿī li-Abī al-Walīd b. Rušd,* Casablanca 1983, p. 225-243 (p. 231-232 et 242) et Goldstein **201** ; Hyman **285**, chap. 5,

p. 121-122 et n. 13, où l'auteur reproduit les références fournies par Steinschneider **21** (voir aussi, chap. 3, p. 105-110, signalé par Endress **286**, p. 35) ; Carmody et Arnzen **281**, p. 19, 408, 705. Un tiers environ de la version arabe du *Grand Commentaire au « De caelo » d'Aristote* d'Averroès nous est parvenu, voir l'édition fac-simile de l'unique manuscrit (ms. Tunis, Bibliothèque Nationale 11821, fonds Aḥmadiyya, 5538) dans **324** Ibn Rušd, *Šarḥ Kitāb Arisṭūṭālīs fī al-samā' (sic !) wa-'l-'ālam*, préface de G. Endress, coll. « Publications of the Institute for the History of Arabic-Islamic Science. Series C » 57, Frankfurt 1994 ; voir aussi Al-'Alawī **282**, p. 178 ; Puig Montada **140**, **141** et **200**, qui, outre une mise à jour de la liste de Steinschneider (p. 151 n. 25), fournit aussi (p. 151-159) une liste des citations (avec traduction allemande) tirées du commentaire d'Ibn Bāǧǧa à la *Physique* d'Aristote, dans lesquels le philosophe andalou fait référence au traité *Sur les Étants changeants* (*Fī al-Mawǧūdāt al-mutaǧayyira*) d'al-Fārābī, notamment en ce qui concerne la thèse de Philopon sur l'antériorité chronologique de la puissance sur le mouvement ; les références y sont à Ibn Bāǧǧa **138** (p. 133 ; 141 ; 142 ; 144 ; 145 ; 153), ainsi qu'à la paraphrase de Lettinck **9**, p. 594-605 ; voir aussi Davidson **266**, p. 359-60 ; Davidson **198**, p. 43 et 128 (références incluses à Averroès et Maïmonide pour lequel il renvoie aussi à l'introduction de Pines **51**, vol. I, p. LXXXV-LXXXVI) ; Vallat **156**, p. 49 n. 1 et p. 174 n. 3, et plus récemment **325** M. Rashed, « Al-Fārābī's Lost Treatise *On Changing Beings* and the Possibility of a Demonstration of the Eternity of he World », *ASPh* 18, 2008, p. 19-58, qui reproduit des extraits d'Averroès et de Maïmonide où ce dernier mentionne le traité de Fārābī notamment au sujet de l'éternité du mouvement et de l'éternité du temps (p. 31-33 et références *ad loc.*), et Glasner **142**, p. 105, qui montre que le traité d'al-Fārābī, *Sur les Étants changeants* est à l'origine de la seconde version d'Averroès dans les trois commentaires à la *Physique* (VIII 1) où le traité d'al-Fārābī est à chaque fois cité (voir références, n. 228, 229 et 230). A chaque fois Averroès rappelle que ce sont les apories soulevées par l'argument d'Aristote qui ont poussé al-Fārābī à rédiger son traité.

(16) Livre au sujet du fait que tout corps fini a une puissance finie (Kitāb fī anna kull ǧism mutanāhin fa-quwwatuhu mutanāhiya)

Non conservé en grec. Version arabe attestée par les biobibliographes arabes, al-Nadīm **2**, vol. I, p. 254, 25-26 ; al-Qifṭī **8**, p. 356, 5-6 ; Ibn Abī Uṣaybi'a **4**, p. 105, 28-29 ; voir **5** *GCAL*, vol. I, p. 418. Un manuscrit est mentionné par Sbath **206**, p. 70, n° 565. Au sujet de ce titre, Lewin **272**, p. 86 n. 2, signale que, dans le *Contra Proclum*, p. 134, 17 Rabe, Philopon fait allusion à une œuvre qu'il projetait d'écrire sur le caractère illimité du monde. Signalons une autre référence, *Contra Proclum*, p. 461, 1-2, qui nous semble plus probante sans être pour autant déterminante, dans la mesure où Philopon y signale plus explicitement qu'il « mentionnera le corps céleste ailleurs ». Pines **270**, p. 317-318, suggère qu'il pourrait s'agir de la 1re section de l'épitomé *Matières [sommaires] de trois sections du Livre Sur la Preuve de la création du monde*, voir *infra*, n° 18. En se basant sur un ensemble d'arguments reproduits par Simplicius, *in Phys.* p. 1326-1336 Diels, reposant essentiellement sur la thèse que l'univers, étant un objet corporel fini, ne peut contenir qu'une puissance finie, Davidson **266**, p. 358-362, soutient que cet ensemble serait extrait d'un 3ᵉ traité indépendant de Philopon dans lequel il démontrerait la création de l'univers et qui ne serait ni le *Contra Proclum* ni le *Contra Aristotelem*. Voir aussi à ce sujet Sorabji **55**, p. 7 et n. 38. Pour une analyse des arguments de Davidson, voir Pines **270**, p. 314-317, et p. 317-318 pour la parenté entre ce traité et notre n° 18.

(17) Sur la Preuve de l'instauration du monde (Kitāb Fī al-Dalāla ῾alā ḥadṯ al-῾ālam)

Perdu en grec et non attesté par les biobibliographes arabes. Voir *infra*, n° 18.

(18) Matières [sommaires] de trois sections du Livre « Sur la Preuve de l'instauration du monde » (Ma῾ānī ṯalāṯ maqālāt min kitāb fī al-dalāla ῾alā ḥadṯ al-῾ālam, li-Yaḥyā al-Naḥwī)

Non attesté par les biobibliographes arabes ; **5** *GCAL*, vol. I, p. 418, n° 117/1. Traduction anglaise et commentaire par Pines **270**, p. 294-326, sur la base du manuscrit Oxford, Bodleian Library, Hunt collection 240. Pines signale aussi (p. 295) une recension courte du même texte incluse dans le livre IV de la somme théologique de Hibat Allāh al-Mu'taman Isḥāq Ibn al-῾Assāl, *Maǧmū῾ Uṣūl al-Dīn* (Ms. Vatican, Arabo 103, fol. 30a-32b), portant l'intitulé suivant : *Ma῾ānī al-maqālāt al-ṯalāṯ min kitāb al-šayḫ al-aǧall al-awḥad al-῾ālim Yaḥyā [bn] al-Naḥwī al-Ya῾qūbī al-Askulā'ī allaḏī radda bi-hi ῾alā al-qā'ilīn bi-qidam al-῾ālam*. La somme d'Ibn al-῾Assāl est désormais éditée : **326** Al-Mu'taman Ibn al-῾Assāl, *Maǧmū῾ uṣūl al-dīn wa-masmū῾ uṣūl al-yaqīn, (Summa dei principi della religione)*, éd. A. Wadi, trad. B. Pirone, 6 vol., coll. « Studia Orientalia Christiana Monographia » 6a, 6b, 7a, 7b, 8-9, Le Caire/Jérusalem 1998-2000, voir vol. I (6a), p. 95-101, et traduction italienne, vol. I (8), p. 106-111. Voir aussi à ce sujet Platti **7**, p. 37-38, qui considère qu'il s'agit d'un résumé des arguments exposés dans le *Contra Proclum*. Édition et traduction française par **327** G. Troupeau, « Un épitomé arabe du "De contingentia mundi" de Jean Philopon », dans **328** E. Lucchesi et H. D. Saffrey (édit.), *Mémorial André-Jean Festugière, Antiquité païenne et chrétienne*, Genève 1984, p. 77-88.

Mentionné d'abord sous ce titre, par **329** A. F. L. Beeston, « *Commentarii Breviores*. An important Christian Arabic Manuscript in Oxford », *OCP* 19, 1953, p. 197-205, dans sa description du ms. Oxford, Bodleian Library, Hunt collection 240. Le traité attribué à Philopon (Beeston l'attribue à tort à Yaḥyā b. ῾Adī ; voir à ce sujet Platti **7**, p. 37-38, qui cite aussi **330** G. Graf, « Das Schriftsteller-verzeichnis des Abū Isḥāq ibn al-῾Assāl » *OC* 2, 1912, p. 205-224, aux p. 212 et 220) figurerait aux fol. 105ᵛ-109ᵛ. Graf, qui mentionne pourtant le manuscrit de la Bodléienne (**5** *GCAL*, vol. I, p. 418, n° 117/1), reproduit un titre abrégé et légèrement différent, *Dallālat (sic) ῾alā ḥudūṯ al-῾ālam (La preuve de l'instau-*

ration du monde) ; voir aussi **330bis** L. Maalouf, « Risāla fī wiḥdāniyyat al-ḫāliq wa-taṯlīṯ aqānīmihi, ta'līf Īliyya miṭrān Naṣībīn », *Al-Mašriq* 6, 1903, p. 111-116 (à la p. 111) (cité par Graf) qui donne le titre suivant : *Maqāla li-Yaḥyā al-Naḥwī fī al-dalāla ʿalā ḥadṯi al-ʿālam (Traité de Jean le Grammairien sur l'instauration du monde)*. **331** A. Sidarus, « Note sur deux épitomés portant sur la Création du monde dans une miscellanée copto-arabe de la Bodléenne (Yuhannā al-Naḥwī et Abū Šākir Ibn al-Rāhib) », *ZGAIW* 19, 2010 (sous presse), relève que le titre reproduit par Graf correspond à l'*explicit* du traité figurant dans le manuscrit d'Oxford, à savoir, *Kitāb Yaḥyā al-Naḥwī fī al-dalāla ʿalā ḥudūṯ al-ʿālam (Livre de Jean le Grammairien sur la preuve de l'instauration du monde)*. Graf identifie ce titre avec le *Contra Proclum*, probablement induit en erreur par le catalogue de Sbath **206**, p. 70, n° 566, qui signale l'existence d'un manuscrit intitulé *Kitāb fī ḥadṯi al-ʿālam yunāqiḍ bi-hi Bruqlus (Livre sur l'instauration du monde dans lequel il réfute Proclus)* qui aurait appartenu à Mgr E. Hallouli, évêque jacobite de Jérusalem. Le *Livre sur la Preuve de l'instauration du monde* ne peut être identique au *Contra Proclum*, puisque les premières lignes du texte figurant dans le manuscrit d'Oxford, font référence au *Contra Proclum* et au *Contra Aristotelem*, comme à deux œuvres antérieures au présent traité. Abū al-Barakāt Ibn Kabar (XIVᵉ s.), *Miṣbāḥ al-ẓulma fī īḍāḥ al-ḫidma*, éd. **332** W. Riedel, *Die Kirchenrechtsquellen des Patriarchats Alexandrien*, Leipzig 1900, p. 651 (cité par Graf **5**, *GCAL*, p. 418, n° 117/1 ; voir aussi **333** Šams al-Ri'āsa Abū al-Barakāt Ibn Kabar (ou Kubr), *Miṣbāḥ al-ẓulma fī īḍāḥ al-ḫidma*, éd. Maktabat al-Kārūz, Le Caire 1971, vol. I, p. 301, que nous avons pu consulter) attribue à Jean le scholastique *(al-ḥakīm Yaḥyā al-Askulā'ī)* un ouvrage intitulé *Kitāb ḥadṯ al-ʿālam wa-huwa yufīd fī izālat al-šakk al-wārid ʿalā al-ḏihni bi-qawli man qāla bi-qidamihi (Livre De l'instauration du monde qui est utile pour écarter de l'esprit le doute survenu suite aux propos de ceux qui ont soutenu son éternité a parte ante)* ; voir aussi Platti **7**, p. 38 n. 156, pour les références aux éditions plus récentes d'Ibn Kabar (ou Kubr). Tout se passe donc comme si notre traité était un épitomé d'une œuvre, jusqu'à présent perdue, de Jean Philopon, intitulée *Kitāb fī ḥadṯi al-ʿālam (Livre Sur L'instauration du monde)* et différente du *Contra Proclum* et du *Contra Aristotelem*. Pines **270**, p. 313-314 n. 266, signale que, dans un mémoire de licence non publié, **334** E. Évrard, « Philopon, *Contre Aristote*, Livre I », Mémoire de Licence, Université de Liège, 1942-1943) avait signalé, qu'à trois reprises dans son *Contra Proclum*, Philopon fait allusion à un autre ouvrage qu'il rédigerait après avoir réfuté l'opinion des philosophes et montré l'impossibilité de l'éternité de l'univers, pour démontrer de manière non polémique que le monde avait un commencement dans le temps. De même, note Évrard, dans les premières lignes du *De Opificio Mundi*, ouvrage postérieur au *Contra Proclum* ainsi qu'au *Contra Aristotelem*, Philopon rappelle qu'il a montré ailleurs, πλείοσιν ἐπιβολαῖς τοῦτο συλλογισάμενος, que le monde avait un commencement. Pines voit une ressemblance entre cette expression, et les premières lignes de notre traité où Philopon dit qu'après avoir réfuté Aristote et Proclus au sujet de l'éternité du monde, il va maintenant s'employer à démontrer *(uqīm al-burhān)* au moyen de raisonnements syllogistiques *(qiyās)* que le monde avait un commencement. Sur les parallèles entre ce traité et le *Contra Proclum*, voir Pines **270**, p. 315-317, et sur les similitudes avec le *Contra Aristotelem*, voir Sorabji **197**, p. 228-229. Reste à établir le rapport entre le *Livre au sujet du fait que tout corps fini a une puissance finie* et le *Livre sur l'instauration du monde*, la question étant de savoir si le premier aurait constitué une partie du second comme le suggère Pines.

III. ŒUVRES THÉOLOGIQUES

L'étude sur la transmission et la réception arabe des œuvres théologiques de Jean Philopon reste entièrement à faire. Alors que Graf, (**5** *GCAL*, vol. I, p. 301) affirme que la littérature monophysite grecque est surtout représentée par les traductions des œuvres relevant de l'apollinarisme, notamment Philopon et Sévère d'Antioche, les biobibliographes arabes ne mentionnent que trois ouvrages dont l'authenticité doit être encore prouvée. La littérature médiévale arabe chrétienne n'est pas plus prolixe : Abū al-Barakāt Ibn Kabar (ou Kubr) ne consacre pas plus d'une ligne à Philopon, et encore pour évoquer un de ses traités contre l'éternité du monde *(Livre Sur l'instauration du monde),* voir *supra* n° 17 et 18. Ibn al-'Assāl le mentionne plus longuement mais aussi pour reproduire une version abrégée de ce qui serait un épitomé d'une œuvre, jusqu'à présent perdue, de Jean Philopon, intitulée *Kitāb Fī Ḥadṯi al-'ālam (Livre Sur l'instauration du monde),* voir *supra* n° 18. Il semble en effet que ses traités philosophiques, notamment ses arguments contre l'éternité du monde aient davantage influencé le *kalām* chrétien et musulman plutôt que sa christologie, ou du moins davantage attiré l'attention des chercheurs.

La liste ci-dessous ne prend en considération que les éléments qui ne se trouvent pas mentionnés dans la notice de Giardina **265**.

(19) Traité où il réfute Nestorius (Maqāla yaruddu fī-hā 'alā Nasṭūrus)

Attesté par les biobibliographes arabes, al-Nadīm **2**, vol. I, p. 254, 27 ; al-Qifṭī **8**, p. 356, 7-8, qui offre un titre légèrement différent : *kitāb al-radd 'alā Nasṭūrus (Livre De La réfutation de Nestorius)* ; Ibn Abī Uṣaybi'a **4**, vol. I, p. 105, 29-30. Manuscrits : Sbath **206**, p. 70, n° 567 ; **5** *GCAL*, vol. I, p. 418, n° 117/ 2, mentionne aussi un ms. Šarfeh, [Dayr Sayyidat al-Naǧāt], ar. 5/4 II, 1. Endress **125**, p. 113, signale un abrégé *(muḫtaṣar)* d'un traité de Yaḥyā b. 'Adī *(Munāqada ayḍan li-Aḥmad b. Muḥammad al-Miṣrī fī nuṣratihi li-al-Nasṭūriyya, wa-munāqada fī al-radd 'alayhim fī hāḏihi al-risāla mā ta'taqiduhū min anna al-Masīḥ ǧawharān* [Another rejoinder (against Yaḥyā ibn 'Adī), by Aḥmad ibn Muḥammad al-Miṣrī, in defence of the Nestorians, and Yaḥyā's counterarguments in refutation of their view set forth in this epistle, that the Christ is two substances (trad. Endress)] par al-Ṣafī b. al-'Assāl, qui comporte trois appendices. Le deuxième appendice de l'abrégé, concerne une proposition de Jean Philopon sur la double nature du Christ, comme l'indique l'incipit reproduit par Endress : « *Qāla Yaḥyā al-Naḥwī raddan* 'alā al-Nasṭūriyya : iḏā kuntum taqūlūn inna Maryam waladat al-Masīḥ, wa-inna al-Masīḥ Ilāh, ... » (Jean le Grammairien dit pour réfuter les Nestoriens : puisque vous dites que Marie a donné naissance au Christ et que le Christ est Dieu, ...), proposition qui sera discutée par Yaḥyā b. ʿAdī et Abū al-Faraǧ Ibn al-Ṭayyib.

(20) Livre où il réfute certains qui ne reconnaissent pas (Kitāb yaruddu fī-hi ʿalā qawmin lā yaʿtarifūn, maqālatān)

En deux livres, selon le titre reproduit par al-Nadīm **2**, vol. I, p. 254, 27. Al-Qifṭī **8**, p. 356, 8, et Ibn Abī Uṣaybiʿa **4**, vol. I, p. 105, 30, donnent un titre légèrement différent : *Livre où il réfute certains qui ne connaissent pas (Kitāb yaruddu fī-hi ʿalā qawmin lā yaʿrifūn).* Jusqu'à présent aucun manuscrit de ce traité n'a été signalé.

(21) Autre traité où il réfute d'autres gens (Maqāla uḫrā yaruddu fī-hā ʿalā qawmin āḫar)

Attesté par les biobibliographes arabes : al-Nadīm **2**, vol. p. 255, 1 ; al-Qifṭī **8**, p. 356, 8-9, qui donne un titre différent (*Kitāb miṯl al-awwal* [Livre comme le premier]) signalant qu'il s'agit d'un traité en un livre et Ibn Abī Uṣaybiʿa **4**, vol. I, p. 105, 30-31. Jusqu'à présent aucun manuscrit de ce traité n'a été signalé.

(22) Sur le monachisme

Signalé par Graf, **5** *GCAL*, vol. I, p. 418, n° 117/3, ms. Dayr al-Suryān, théol. 60. Non conservé en grec, ni en syriaque. Authenticité à vérifier.

Rappelons aussi que **335** H. A. Wolfson, « Saadia on the Trinity and Incarnation » dans M. Ben-Horin, B. D. Weinryb et S. Zeitlin (édit.), *Studies and Essays in Honor of Abraham A. Neuman*, President, Dropsie College for Hebrew and Cognate Learning, Philadelphia, Philadelphia 1962, p. 547-568, réimpr. dans Wolfson **103**, vol. II, p. 393-414, (à la p. 394), signale que, dans son traité *Sur la Trinité*, Yaḥyā b. ʿAdī fait allusion à la secte des trithéistes, dont un des représentants était Jean Philopon, en évoquant les doctrines des « ignorants parmi les chrétiens ». La description de leurs doctrines correspondrait en effet exactement à la manière dont Photius décrit le trithéisme. On retrouve les mêmes propos chez Saʿadia Gaon. Daiber **299**, p. 60 n. 4, relève la parenté qu'il y aurait entre l'expression *al-ǧawhar al-fard*, qu'on trouve chez Averroès ou encore chez Faḫr al-Dīn al-Rāzī ainsi que chez d'autres auteurs, et le grec οὐσία μερική qu'on rencontre chez Jean Philopon, qui qualifie les trois hypostases de τρεῖς μερικαὶ οὐσίαι de l'unique οὐσία κοινή. Endress **125**, p. 54-55 et 68, a très tôt attiré l'attention sur ce que la théorie des universaux de Yaḥyā b. ʿAdī comporte de réaction au nominalisme et par conséquent au trithéisme de Jean Philopon, qu'il s'agisse du traité de Yaḥyā b. ʿAdī *Sur le Tout et les parties (Maqāla fī al-kull wa-'l-aǧzāʾ)* que l'auteur oppose au traité de Philopon *Sur la totalité et les parties* dédié au prêtre Serge, ou encore de son traité *Sur l'éclaircissement de l'existence* *des choses communes, sur la façon dont il leur appartient d'être prédiquées et sur la façon dont elles ne sauraient être prédiquées* (trad. **336** M. Rashed, « Ibn ʿAdī et Avicenne : sur les types d'existants », dans Celluprica et D'Ancona **83**, p. 109-171, à la p. 160). Voir plus récemment, **337** C. Ehrig-Eggert, « Yaḥyā ibn ʿAdī on Universals and the Intellect », dans Adamson **132**, p. 51-61 (aux p. 55-57), qui décèle aussi, dans la théorie des universaux de Yaḥyā b. ʿAdī, une possible réaction au trithéisme de Jean Philopon, ce qui impliquerait qu'Ibn ʿAdī ait eu connaissance des écrits trithéistes de ce dernier, et Rashed **336**, notamment aux p. 120, 128 et 132, qui donne en Appendice une traduction du traité de Yaḥyā b. ʿAdī, *Sur l'éclaircissement de l'existence des choses communes, sur la façon dont il leur appartient d'être prédiquées et sur la façon dont elles ne sauraient être prédiquées* (trad. de l'auteur). Signalons enfin, un titre dont nous avons pris connaissance en corrigeant les épreuves de cet article, **337bis** J. F. M. Van Reeth, « Éléments de théodicée syrienne. De Jean Philopon au *Causa causarum* », dans *Les Syriaques transmetteurs de civilisations. L'expérience du Bilâd el-Shâm à l'époque Omeyyade*. (Patrimoine Syriaque. Actes du Colloque IX), Paris 2005, p. 151-164 *(non vidi)*.

IV. ŒUVRES MÉDICALES

A) La *Chronique* de Yaḥyā al-Naḥwī

La recherche récente a souvent eu tendance à considérer que la tradition arabe avait attribué à Yaḥyā al-Naḥwī une *Histoire de la médecine* ou une *Chronique des Médecins (Ta'rīḫ al-aṭibbā')* (voir Ullmann **240**, p. 91 et 228 ; **338** F. Sezgin, *Geschichte des arabischen Schrifttums (GAS)*, Bd. III, Leiden 1970, p. 157, qui mentionne même une "Histoire des médecins grecs" [*Geschichte der griechischen Ärzte*] ; Wisnosky **49**, p. 252a ; **339** S. Swain, « Beyond the Limits of Greek Biography : Galen from Alexandria to the Arabs », dans **340** B. C. McGing et J. Mossman (édit.), *The Limits of Ancient Biography*, Oakville (CT) 2006, p. 395-433, à la p. 395) attributions qui semblent toutes remonter à Meyerhof **32**, p. 12-16) redoublant ce faisant une erreur par une autre. En effet, aucune des sources arabes incriminées n'attribue à Yaḥyā al-Naḥwī (Jean le Grammairien) une chronique des médecins, mais toutes mentionnent une *Chronique de Jean le Grammairien (Ta'rīḫ Yaḥyā al-Naḥwī)* à laquelle elles ont certes recours essentiellement au sujet de l'histoire de la médecine ancienne (voir à ce sujet le rapport vieilli mais prudent de Steinschneider **20**, p. 174, n°19). A l'origine de cette première erreur, la source arabe la plus ancienne que nous connaissons à ce sujet, à savoir le *Ta'rīḫ al-aṭibbā' (Chronique des médecins)* attribué à Isḥāq b. Ḥunayn (m. 910/11) qui cite comme source principale : « la *Chronique* qu'a composée Jean le Grammairien et c'est celui que les gens appellent l'amoureux du labeur […], j'ai copié ce qu'il a dit à ce sujet et je l'ai corrigé […]. Quant à Jean le Grammairien, il a établi la chronologie des médecins uniquement, et j'ai moi-même introduit dans cette chronologie les philosophes qui ont existé à l'époque de chaque médecin […] Voici ce qu'a dit Jean le Grammairien l'Alexandrin *(al-ta'rīḫ alladī ʿamilahu Yaḥyā al-*

Naḥwī wa-huwa alladī yusammīhi al-nāss al-muḥibb li-al-taʿab [...] *fa-nasaḥtu mā qālahu fī ḍālika wa-ṣaḥḥaḥtuhu* [...] *wa ammā Yaḥyā al-Naḥwī fa-innamā arraḥa al-aṭibbāʾ wa-anā qad adḥaltu fī ḥilāl ḍālika man kāna min al-falāsifa fī ʿaṣr kull wāḥid min al-aṭibbāʾ* [...] *wa-hāḍā kalām Yaḥyā al-Naḥwī al-Iskandarānī)*», voir Rosenthal **22**, p. 64, 5 *sqq.*, qui a édité et traduit le texte incomplet du *Taʾrīḥ al-aṭibbāʾ* d'Isḥāq b. Ḥunayn contenu dans le ms. Istanbul, Millet Library, Hekimoğlu Ali Pasha 691, fol. 125a-126b. Cet extrait nous apprend non seulement que la *Chronique* de Yaḥyā al-Naḥwī est la source principale d'Isḥāq b. Ḥunayn mais que ce dernier identifie explicitement Yaḥyā al-Naḥwī avec Jean Philopon et qu'il l'aurait copié *verbatim*. En outre, la restriction "*Jean le Grammairien* [...] *a établi la chronologie des médecins uniquement*" ne s'applique pas à la *Chronique* dans son ensemble, dans le sens où celle-ci n'aurait porté que sur les médecins, mais vise la deuxième partie de la phrase où Isḥāq b. Ḥunayn précise qu'il a pris en considération non seulement les médecins, comme l'a fait Yaḥyā al-Naḥwī, mais aussi les philosophes. Rosenthal **22**, p. 56, a d'ailleurs noté à juste titre que la *Chronique* de Yaḥyā al-Naḥwī ne porte pas uniquement sur l'histoire de la médecine comme le montre Agapius (Maḥbūb) al-Manbiǧī qui le cite dans son *Histoire Universelle* au sujet de la chronologie des rois « d'Adam à Constantin » (**17**, p. 289). Par ailleurs, dans la brève entrée qu'Agapius consacre à Jean Philopon, qu'il nomme Jean le Grammairien, et dont toutes les informations fournies sont exactes, il ne semble guère l'identifier avec l'auteur de la *Chronique*.

Il semble donc que la confusion entre un certain Yaḥyā al-Naḥwī (Jean le Grammairien) auteur d'une *Chronique* et Jean le Grammairien alias Jean Philopon soit due d'abord à Isḥāq b. Ḥunayn qui identifie les deux dans sa *Chronique des Médecins (Taʾrīḥ al-aṭibbāʾ)*. A cela s'ajoute le glissement opéré par la recherche contemporaine qui, imperceptiblement, a transformé la *Chronique* de Yaḥyā al-Naḥwī en une *Chronique des médecins (Tāʾrīḥ al-aṭibbāʾ)*.

En effet, ni Isḥāq b. Ḥunayn, ni aucune des sources arabes postérieures qui ont eu recours à la *Chronique* de Yaḥyā al-Naḥwī, que ce soit par le truchement du *Taʾrīḥ al-aṭibbāʾ* d'Isḥāq b. Ḥunayn ou indépendamment, n'ont mentionné une *Chronique de médecins* ou une *Histoire de la médecine* attribuée à Yaḥyā al-Naḥwī (voir al-Nadīm **2**, vol. I, p. 286, 17, 19 ; 287, 13, 18, 22, 24 ; 289, 8 ; 293, 7 ; al-Qifṭī **8**, p. 92, 21 ; 93, 14, 19 ; 126, 3 ; 127, 17 ; 183, 18 ; Ibn Abī Uṣaybiʿa **4**, vol. I, p. 17, 21 ; 22, 5 ; 23, 11, 13 ; 33, 19 ; 71, 16-17, 18, 29 ; 75, 32 – 76, 1). La seule référence qu'on retrouve invariablement dans toutes les sources arabes est au *Taʾrīḥ* Yaḥyā al-Naḥwī. Il est remarquable à cet égard qu'aucune *Chronique* n'est mentionnée dans les entrées consacrées à Jean Philopon chez les biobibliographes arabes, comme l'a déjà remarqué Swain **339**, p. 398. Rosenthal **22** (p. 56), qui paraît emboîter le pas à Isḥāq b. Ḥunayn en identifiant Philopon et l'auteur de la *Chronique*, suggère qu'elle aurait pu faire partie d'un des ouvrages de Philopon ce qui expliquerait son absence de la liste des ouvrages attribués à Jean Philopon. Il semble plus simplement, que de même que les biobibliographes n'ont pas attribué à Jean Philopon une *Chronique des médecins (Taʾrīḥ al-aṭibbāʾ)*, ils n'ont pas non plus identifié Jean Philopon avec l'auteur du *Ta'rīḫ* Yaḥyā al-Naḥwī (sur l'identité de ce personnage voir *supra*, p. 505).

B) Jean le Grammairien, commentateur de Galien

De tous les biobibliographes arabes, seul Ibn Abī Uṣaybiʿa **4**, vol. I, p. 105, 19-28, attribue à Jean Philopon des commentaires à 17 œuvres de Galien ainsi que deux épitomés. En effet, dans l'entrée qu'il consacre à Jean Philopon, Al-Nadīm **2**, vol. I, p. 255) évoque des commentaires à certains des traités médicaux de Galien «qu'il mentionnera dans sa notice sur Galien» *(wa-lahu tafsīr li-baʿḍi kutubi Ǧālīnūs fī al-ṭibbi naḥnu naḏkuru ḏālika ʿinda ḏikrinā Ǧālīnūs)*. Toutefois aucune mention ne sera faite à un quelconque commentaire de Jean Philopon dans la notice consacrée à Galien. Sur les 17 titres de commentaires mentionnés par Ibn Abī Uṣaybiʿa, 16 correspondent aux 16 titres du «Canon alexandrin». A noter que l'entrée que le biobibliographe consacre à Jean Philopon apparaît au chap. VI de la première partie, consacré aux «Classes des médecins alexandrins» qu'Ibn Abī Uṣaybiʿa introduit (**4**, p. 103) par une liste de sept auteurs alexandrins qui auraient rassemblé et ordonné les 16 traités de Galien, parmi lesquels figure le nom de Jean le Grammairien (Yaḥyā al-Naḥwī). Ibn Abī Uṣaybiʿa attribue l'information au médecin Ibn Buṭlān (m. 1066). Information réfutée par ʿUbayd Allāh b. Ǧibrāʾīl b. Buḫtīšūʿ sur lequel s'appuie al-Qifṭī **8**, p. 356, 16-17, qui réduit la liste à quatre noms en précisant que Yaḥyā al-Naḥwī n'en fait pas partie *(wa-lā yulḥāq bi-haʾulāʾ al-aṭibbāʾ yaʿnī al-iskandarāniyyīn al-mašhūrīn [...] wa-hum allaḏīn rattabū al-kutub)*. Al-Qifṭī **8**, p. 356, 18-19, reconnaît toutefois que Philopon aurait commenté un grand nombre de livres médicaux. Enfin, un certain nombre de manuscrits arabes attribuent à Jean le Grammairien (Yaḥyā al-Naḥwī) des commentaires aux traités de Galien.

Il semblerait qu'en réalité, il faille distinguer d'une part entre Jean le Grammairien (Yaḥyā al-Naḥwī) auteur de commentaires à un certain nombre de traités de Galien et Jean le Grammairien alias Jean Philopon, le commentateur d'Aristote, tous deux étant parfois désignés par les sources arabes comme Jean le Grammairien l'Alexandrin, et d'autre part entre ces deux personnages et un troisième, Jean d'Alexandrie, commentateur aussi de traités médicaux si tant est que ce dernier ne se dédouble pas à son tour en un Jean l'Alexandrin, auteur d'un commentaire au livre VI de l'*Épidémie* d'Hippocrate conservé en traduction latine (**341** C. D. Pritchet [édit.], *Iohannis Alexandrini Commentaria in Sextum Librum Hippocratis Epidemiarum*, Leiden 1975) et partiellement en grec (**342** John of Alexandria, *Commentary on Hippocrates' Epidemics VI, Fragments*, édition, traduction et notes par **343** J. M. Duffy, coll. *CMG* XI 1, 4, Berlin 1997) qui serait peut-être identique à l'auteur du commentaire au *De Sectis* (**344** C. D. Pritchet [édit.], *Iohannis Alexandrini Commentaria in Librum de Sectis Galeni*, Leiden 1982) et à celui d'un commentaire mutilé sur le *De natura pueri* d'Hippocrate (voir **345** John of Alexandria, *Commentary on Hippocrates' On the nature of the child*, édition, traduction et notes par T. A. Bell, D. P. Carpenter, D. W. Schmidt, M. N.

Sham, G. I. Vardon et L. G. Westerink, coll. « Corpus Medicorum Graecorum » XI
1, 4, Berlin 1997). Voir à ce sujet **346** G. Sarton, *Introduction to the History of
Science*, vol. I : *From Homer to Omar Khayyam*, Baltimore 1927, p. 421 et 480,
qui distingue clairement entre Jean Philopon et un *Joannes Alexandrinus grammaticus* évêque jacobite, auteur de commentaires aux traités de Galien ainsi que d'un
épitomé aux « Seize Livres » de Galien dont la traduction arabe est conservée dans
le ms. British Museum, Arundel Or. 17 ; Meyerhof **32**, p. 19-21, qui, tout en
réfutant l'attribution d'une production médicale, quelle qu'elle soit, à Jean le
Grammairien alias Jean Philopon, nie l'existence d'un Jean l'Alexandrin dont les
ouvrages médicaux auraient été conservés en arabe. Affirmation tempérée par
347 O. Temkin, « Byzantine Medicine : Tradition and Empiricism », *DOP* 16,
1962, p. 97-115, réimpr. dans **348** *Id.*, *The Double Face of Janus and Other Essays
in the History of Medicine*, Baltimore/London 1997, p. 202-222 (à la p. 212), et
réfutée par **349** F. Zimmermann, « The chronology of Isḥāq ibn Ḥunayn *Ta'rīḫ al-
aṭibbā'* », *Arabica* 21, 1974, p. 324-330 (à la p. 329). **350** P. E. Pormann, « The
Alexandrian Summary (*Jawāmi'*) of Galen's *On the Sects for Beginners* :
Commentary or Abridgment ? », dans Adamson, Baltussen et Stone **144**, p. 11-33,
(à la p. 22), suivi de Swain **339**, p. 399, serait enclin à identifier Jean le
Grammairien et Jean l'Alexandrin ; au sujet de ce dernier voir **351** O. Temkin,
« Geschichte des Hippokratismus im ausgehenden Altertum », *Kyklos* 4, 1932,
p. 51-80, et plus récemment **352** V. Nutton, « John of Alexandria Again : Greek
Medical Philosophy in Latin translation », *CQ* 41, 1991, p. 509-519, et **353** E.
Savage-Smith, « Galen's lost ophtalmology and the 'Summaria Alexandrinorum' »,
dans **354** V. Nutton (édit.), *The unknown Galen*, London 2002, p. 121-138, p. 127
(cités par Swain). Pour une liste des différents Jean auxquels sont attribués des
commentaires d'Hippocrate et de Galien, voir **355** I. Garofalo, « La traduzione
araba del commento di Ioannes Grammatikos al *De Pulsibus* di Galeno », dans
356 A. Garzya et J. Jouanna (édit.), *I Testi medici greci. Tradizione e ecdotica*. Atti
del III Convegno Internazionale – Napoli 15-18 ottobre 1997, Napoli 1999, p. 185-
218 (aux p. 189-192), reprise et augmentée par **357** P. E. Pormann, « Jean le
Grammairien et le *De sectis* dans la littérature médicale d'Alexandrie » dans **358** I.
Garofalo et A. Roselli (édit.), *Galenismo e medicina tardoantica : fonti greche,
latine e arabe*. Atti del Seminario Internazionale di Siena, Certosa di Pontignano –
9 e 10 settembre 2002, Napoli 2003, p. 233-263 (p. 248-251). Les commentaires
attribués à Jean le Grammairien sont, dans leur grande majorité, conservés en
version arabe uniquement et leur attribution à Jean Philopon est considérée, par la
majeure partie de la recherche récente, comme inauthentique.

Bibliographies et état des lieux : Steinschneider **20**, p. 163-176 ; Meyerhof
32 ; Ullmann **240**, p. 89-91 ; **228** ; **338** *GAS*, III, p. 157-160 ; **359** E. Savage-Smith,
*Galen on Nerves, Veins and Arteries : a Critical Edition and Translation from the
Arabic, with Notes, Glossary and an Introductory Essay*, Diss., University of
Wisconsin, 1969, p. 17-28 ; **360** G. Strohmaier, « Der syrische und der arabische
Galen », dans *ANRW* II 37, 2, Berlin 1994, p. 1987-2017, réimpr. dans Strohmaier

258, p. 85-106 ; Garofalo **355**, p. 185-218 ; Pormann **357**, p. 233-252 ; **361** S. Ihm, « Untersuchungen zu einer Typologisierung medizinischer Kommentare », dans **362** W. Geerlings et Ch. Schulze (édit.), *Der Kommentar in Antike und Mittelalter. Beiträge zu Seiner Erforschung*, Leiden 2002, p. 315-333 ; **363** V. Boudon-Millot (édit. et trad.), *Galien*, t. I, coll. *CUF*, Paris 2007, p. CXIV-CXXXVII.

Dans la liste qui suit, nous mentionnons les titres des commentaires de Galien attribués à Jean le Grammairien tels qu'ils apparaissent chez Ibn Abī Uṣaybi'a **4**, vol. I, p. 105, et dans l'ordre dans lequel ils apparaissent, auxquels nous ajoutons les titres supplémentaires fournis par les catalogues de manuscrits. Pour la traduction des titres de Galien nous nous sommes inspirés, quand il y a eu lieu, des traductions de Boudon **363**, p. CXXXI. Lorsque nous n'indiquons pas de manuscrits, les commentaires signalés sont apparemment, jusqu'à présent, perdus.

(23) Commentaire au Livre « Sur les sectes » de Galien (Tafsīr Kitāb al-Firaq li-Ǧālīnūs)

Ibn Abī Uṣaybi'a **4**, vol. I, p. 105, 19-20 ; Steinschneider **20**, p. 163, n° 18/1.

(24) Commentaire au Livre sur « Le petit art » de Galien (Tafsīr Kitāb al-Ṣinā'a al-ṣaġīra li-Ǧālīnūs)

Ibn Abī Uṣaybi'a **4**, vol. I, p. 105, 20 ; Steinschneider **20**, p. 163, n° 18/2.

(25) Commentaire au Livre « Sur le pouls mineur » de Galien (Tafsīr Kitāb al-Nabaḍ al-ṣaġīr li-Ǧālīnūs)

Ibn Abī Uṣaybi'a **4**, vol. I, p. 105, 20-21 ; Steinschneider **20**, p. 163, n° 18/3, et Steinschneider **54**, p. (332) ; Ullmann **240**, p. 90, n° 2, donne le titre suivant : *Tafsīr Yaḥyā al-Naḥwī li-Kitāb Ǧālīnūs Fī al-Nabaḍ al-ṣaġīr ilā Ṭūṭarān, naql Abū 'Uṯmān al-Dimašqī*, ms. Berlin, Staatsbibliothek 6230 (Wetzstein II, 1184) et signale des citations de ce commentaire chez des auteurs postérieurs, notamment dans le *compendium* **364** d'Abū Bakr Muḥammad b. Zakariyyā' al-Rāzī, *Kitāb al-Ḥāwī fī al-ṭibb*, 23 vol., Hayderabad 1955-1971, vol. V, 169, 2 ; XVI, 52, 1 ; XVII, 44, 11 ; XX, 441, 8 ; voir aussi **338** *GAS*, III, p. 82 et 159, qui fournit des références supplémentaires au *K. al-Ḥāwī*. Pour une description du manuscrit, de son contenu et de l'identité de son auteur, voir Garofalo **355**, qui prépare une édition et une traduction italienne de ce commentaire.

(26) Commentaire au Livre « A Glaucon [Sur la méthode thérapeutique] » de Galien (Tafsīr Kitāb Uġlūqun li-Ǧālīnūs)

Ibn Abī Uṣaybi'a **4**, vol. I, p. 105, 21 ; Steinschneider **20**, p. 163, n° 18/4.

(27) Commentaire au Livre « Sur les éléments » de Galien (Tafsīr Kitāb al-Usṭuqussāt li-Ǧālīnūs)

Ibn Abī Uṣaybi'a **4**, vol. I, p. 105, 21 ; Steinschneider **20**, p. 163, n° 18/5.

(28) Commentaire au livre « Sur les Tempéraments » de Galien (Tafsīr Kitāb al-mizāğ li-Ğālīnūs)

Ibn Abī Uṣaybiʿa **4**, vol. I, p. 105, 22 ; Steinschneider **20**, p. 163, n° 18/6 ; Sbath **206**, p. 70, n° 570 ; **338** *GAS*, III, p. 87.

(29) Commentaire au Livre « Sur les facultés naturelles » de Galien (Tafsīr Kitāb al-qiwā al-ṭabīʿiyya li-Ğālīnūs)

Ibn Abī Uṣaybiʿa **4**, vol. I, p. 105, 22 ; Steinschneider **20**, p. 163, n° 18/7.

(30) Commentaire au Livre sur « l'Anatomie mineure » de Galien (Tafsīr Kitāb al-Tašrīḥ al-ṣaġīr li-Ğālīnūs)

Ibn Abī Uṣaybiʿa **4**, vol. I, p. 105, 23 ; Steinschneider **20**, p. 163, n° 18/8 ; voir **365** I. Garofalo, « La tradition de l'anatomie 'pour débutants' de Galien », dans **366** A. Garzya (édit.), *Storia e ecdotica dei testi medici greci*, Napoli 1996, p. 155-179.

(31) Commentaire au livre « Des causes et des symptômes » de Galien (Tafsīr Kitāb al-ʿilal wa-ʾl-aʿrāḍ li-Ğālīnūs)

Ibn Abī Uṣaybiʿa **4**, vol. I, p. 105, 23 ; Sbath **206**, p. 70, n° 573, signale un manuscrit appartenant au fonds privé de Miḫāʾīl Ğedd *(sic)* à Alep ; **338** *GAS*, III, p. 90.

(32) Commentaire au Livre « Sur le diagnostic des parties internes affectées [i.e. Sur les lieux affectés] » de Galien (Tafsīr Kitāb taʿarruf ʿilal al-aʿḍāʾ al-bāṭina li-Ğālīnūs)

Ibn Abī Uṣaybiʿa **4**, vol. I, p. 105, 24 ; Steinschneider **20**, p. 163, n° 18/10.

(33) Commentaire au « Grand Livre sur le pouls » de Galien (Tafsīr Kitāb al-nabaḍ al-Kabīr li-Ğālīnūs)

Ibn Abī Uṣaybiʿa **4**, vol. I, p. 105, 24 ; Steinschneider **20**, p. 163, n° 18/11. Citations dans Abū Bakr al-Rāzī **364**, vol. XXI, § 294, voir aussi XVII 45-50 cité par Garofalo **355**, p. 187 n. 24 ; Pines **269**, p. 132, signale qu'un commentaire de Jean le Grammairien au *Grand Livre sur le pouls* de Galien est mentionné par le savant juif Ibn Abī Saʿīd dans une des lettres qu'il adressa à Yaḥyā b. ʿAdī (voir Ḫalīfāt **268**, p. 328). Ibn Abī Saʿīd se plaint que Jean le Grammairien n'ait pas démontré pourquoi le nombre de genres de pouls énumérés par Galien, dans son *Grand Livre Sur le pouls (Kitābihi al-kabīr fī al-nabaḍ)* s'élève à 10 « ni plus ni moins », alors qu'il avait relevé que Galien n'en énumère que sept dans son *Petit Livre Sur le pouls (Kitābihi al-ṣaġīr fī al-nabaḍ)*, se bornant à attribuer l'omission des trois genres restant au fait que la classe des étudiants était incapable d'en comprendre le contenu.

(34) Commentaire au livre « Sur les Fièvres » de Galien (Tafsīr K. Al- Ḥumayyāt li-Ǧālīnūs)

Ibn Abī Uṣaybiʻa **4**, vol. I, p. 105, 25 ; Steinschneider **20**, p. 163, n° 18/12 ; Sbath **206**, p. 70, n° 571, signale un manuscrit appartenant au fonds privé de Miḫāʼīl Ǧedd (*sic*) à Alep ; **338** GAS, III, p. 95.

(35) Commentaire au Livre « Sur les crises » de Galien (Tafsīr Kitāb Al-Buḥrān li-Ǧālīnūs)

Ibn Abī Uṣaybiʻa **4**, vol. I, p. 105, 25 ; Steinschneider **20**, p. 163, n° 18/13.

(36) Commentaire au Livre « Sur les jours critiques » de Galien (Tafsīr Kitāb Ayyām al-buḥrān li-Ǧālīnūs)

Ibn Abī Uṣaybiʻa **4**, vol. I, p. 105, 25-26 ; Steinschneider **20**, p. 163, n° 18/14.

(37) Commentaire au Livre « Sur la méthode thérapeutique » de Galien (Tafsīr Kitāb Ḥīlat al-bar' li-Ǧālīnūs)

Ibn Abī Uṣaybiʻa **4**, vol. I, p. 105, 26 ; Steinschneider **20**, p. 163, n° 18/16.

(38) Commentaire au Livre « Sur le régime des bien-portants » de Galien (Tafsīr Kitāb Tadbīr al-aṣiḥḥā' li-Ǧālīnūs)

Ibn Abī Uṣaybiʻa **4**, vol. I, p. 105, 26 ; Steinschneider **20**, p. 163, n° 18/15 ; Sbath **206**, p. 70, n° 572, signale un manuscrit appartenant au fonds privé de Miḫāʼīl Ǧedd (*sic*) à Alep ; **338** GAS, III, p. 122.

(39) Commentaire au Livre « Sur l'utilité des parties » de Galien (Tafsīr Kitāb Manāfiʻ al-aʻḍā' li-Ǧālīnūs)

Ibn Abī Uṣaybiʻa **4**, vol. I, p. 105, 27 ; Steinschneider **20**, p. 163, n° 18/17 ; seul le commentaire au livre XI (et non pas XIV comme **367** I. Garofalo, « Il *sunto* di Ioannes 'Grammatikos' delle opere del canone di Galeno », dans **368** D. Manetti [édit.], *Studi su Galeno. Scienza, Filosofia, Retorica e Filologia*, Atti del seminario, Firenze 13 novembre 1998, Firenze 2000, p. 135-151, à la p. 136) est conservé en traduction arabe, voir Ullmann **240**, p. 90, n° 3, qui donne le titre suivant : *Kitāb Yaḥyā al-Naḥwī al-Iskandarānī fī tafsīr Kitāb Ǧālīnūs fī manfaʻat al-aʻḍā'. Naql ʻĪsā b. Isḥāq b. Zurʻa* : ms. Gotha, Landesbibliothek, ar. 1906, fol. 1-86, et **338** GAS, III, p. 107. Voir aussi **369** G. Strohmaier, « Der Kommentar des Johannes Grammaticus zu Galen, *De usu partium* (Buch 11), in einer unikalen Gothaer Handschrift », dans Strohmaier **258**, p. 109-112, et Savage-Smith **359**, p. 17. **370** D. Z. H. Baneth, « A Doctor's Library in Egypt at the Time of Maimonides », *Tarbiz* 30, 1960, p. 171-185 (en hébreu) (cité par Strohmaier **369**, p. 110 n. 13), publie un fragment de la Geniza, provenant d'un acte de vente, comportant une liste de livres appartenant à un médecin Cairote du nom d'Abū Saʻd, parmi lesquels figure un *[Kitāb] Manāfiʻ al-aʻḍā', ǧuzʼayn, šarḥ Yaḥyā al-Naḥwī* (Livre « Sur l'utilité des parties », deux parties, commentaire de Jean le Grammairien). L'acte de vente est daté de 1190 A.D.

(40) Commentaire au livre de Galien « Sur la Thériaque » (Tafsīr Kitāb Ǧālīnūs fī al-dariyāq)

Sbath **206**, p. 70, n° 569, signale, dans un manuscrit appartenant au fonds privé de Miḫā'īl Ǧedd *(sic)* à Alep, un traité portant ce titre. Voir **338** *GAS*, III, p. 122. De même, **371** L. Cheikho, *Al-Maḫṭūṭāt al-ʿarabiyya li-katabat al-naṣrāniyya*, Beyrouth 1924, p. 213, dit avoir trouvé à la Bibliothèque publique de Bagdad le commentaire de Jean le Grammairien sur le livre « Sur la Thériaque » tiré du Livre de Galien *Sur Les électuaires (wa-qad waǧadnā la-hu fī maktabat Baǧdād al-ʿumūmiyya tafsīruhu ʿalā maqālat al-tariyāq mi kitāb Ǧālīnūs fī al-maʿǧūnāt)*. Vraisemblablement à identifier avec n° 41 *infra*, qui apparaît par exemple dans le manuscrit de Beyrouth, Bibliothèque Orientale 283, sous le titre générique, *Livre de Galien « Sur la Thériaque », commentaire de Jean le Grammairien (Kitāb Ǧālīnūs fī al-dariyāq, tafsīr Yaḥyā al-Naḥwī)* avant de donner le titre exact dans l'*incipit*.

C) Les Épitomés

(41) Épitomé du livre « Sur la Thériaque » (Ǧawāmiʿ Kitāb al-Tariyāq)

Ibn Abī Uṣaybiʿa **4**, vol. I, p. 105, 27 ; Ullmann **240**, p. 90, n° 4, donne comme titre : *Épitomé du livre I du Livre de Galien « Sur les électuaires » (Ǧawāmiʿ al-maqāla al-ūlā min kitāb Ǧālīnūs fī al-maʿǧūnāt)* et signale les manuscrits suivants : Vienne, [Österreichische Nationalbibliothek], 1462 (voir **372** G. Flügel, *Die arabischen, persischen und türkischen Handschriften der Kaiserlich-Königlichen Hofbibliothek zu Wien*, Bd. 2., Wien 1865, p. 530-531) ; Le Caire, Dār al-Kutub, 166 ṭibb (voir **373** I. Šabbūḥ, *Fihris al-maḫṭūṭāt al-muṣawwara*, al-Ǧuz' III, al-Qism 2 : *al-ʿUlūm – al-Ṭibb*, Maʿhad al-maḫṭūṭāt al-ʿarabiyya, Le Caire 1959, n° 53, et Meyerhof **32**, p. 16-20, qui donne une description détaillée du manuscrit et de son contenu) ; Beyrouth, Bibliothèque Orientale 283, qui d'après la notice du catalogue (**374** L. Cheikho, « Catalogue raisonné des manuscrits de la Bibliothèque Orientale, III », *MUSJ* 8, 1922, p. 385-440, aux p. 405-406) porte le titre suivant : *Livre de Galien « Sur la Thériaque », commentaire de Jean le Grammairien (Kitāb Ǧālīnūs fī al-Dariyāq, Tafsīr Yaḥyā al-Naḥwī)* suivi du sous-titre : *Épitomé du livre I du Livre de Galien « Sur les électuaires » dans lequel il mentionne en particulier l'électuaire de la thériaque, avec le commentaire de Jean le Grammairien (Ǧawāmiʿ al-maqāla al-ūlā min kitāb Ǧālīnūs fī al-maʿǧūnāt wa-hiya allatī yaḏkuru fīhā maʿǧūn al-daryāq ḫāṣatan, bi-tafsīr Yaḥyā al-Naḥwī al-Iskandarī)* ; Paris, BN, ar. 2964 (37 folios) (pour une description physique détaillée de ce manuscrit de la fin du XIIᵉ siècle, richement enluminé, voir **375** B. Farès, *Le livre de la thériaque : manuscrit arabe à peintures de la fin du XIIᵉ siècle, conservé à la Bibliothèque nationale de Paris*, coll. « Art Islamique » 2, Publications de l'Institut français d'archéologie orientale du Caire, Le Caire 1953, qui reproduit (p. 3) le titre suivant : *Le livre de la Thériaque du Sage et excellent Galien tiré de l'Épitomé du livre I du Livre de Galien « Sur les électuaires » avec le commentaire* *de Jean le Grammairien l'Alexandrin* [*Kitāb al-Daryāq li-al-ḥakīm al-fāḍil Ǧālīnūs min ǧawāmiʿ al-maqāla al-ūlā min kitāb Ǧālīnūs fī al-maʿǧūnāt bi-tafsīr Yaḥyā al-Naḥwī al-Iskandarānī*]) ; Farès **375**, p. 4 n. 2, signale un autre manuscrit qui se trouverait à Bagdad, et renvoie à Cheikho **371**, p. 213 (voir *supra*, n° 40) ; **338** *GAS*, III, p. 159 signale un manuscrit supplémentaire : St. Petersbourg, Petropolit Bibl. Imp. 123 (déjà signalé par Steinschneider **54**, p. (330). Meyerhof **32**, p. 16 n. 63, suivi par Ullmann **240**, p. 90, précisent que le titre ne renvoie pas à un des deux traités pseudo-galéniques *Sur la thériaque*, mais au traité de Galien *Sur les antidotes*.

(42) Épitomé du Livre « Sur la saignée » de Galien (Ǧawāmiʿ Kitāb al-faṣad li-Ǧālīnūs)

Ibn Abī Uṣaybiʿa **4**, vol. I, p. 105, 28.

(43) Épitomé du Livre « Sur l'utilité des parties » (?) (Ǧawāmiʿ Kitāb manāfiʿ al-aʿḍāʾ).

Savage-Smith **359**, p. 17, signale dans le ms. Paris, BN, ar. 2853, qui contient la version arabe des 17 livres du *De usu partium* de Galien, une variante ajoutée par le scribe à la fin du livre XIV, tirée de l'épitomé *(ǧawāmiʿ)* de Yaḥyā al-Naḥwī. Voir aussi le ms. Washington, National Library of Medicine, MS A 30.1, fol. 209a, et **376** E. Savage-Smith, *Islamic Medical Manuscripts at the National Library of Medicine*, catalogue en ligne à http://www.nlm.nih.gov/hmd/arabic/welcome.html#kitab1.

D) « L'abrégé – paraphrase » des seize livres de Galien

(44) Livre de l'abrégé des seize [livres] de Galien, paraphrase de Jean le Grammairien (Kitāb Iḫtiṣār al-sittata ʿašar li-Ǧālīnūs, talḫīṣ Yaḥyā al-Naḥwī)

Ms. British Library, Or. 444 (Arund. Or. 17), fol. 2ᵛ-139ʳ ; **338** *GAS*, III, p. 140-150 ; Ullmann **240**, p. 65-67. Ce manuscrit qui contient en fait des abrégés de 15 des 16 traités mentionnés dans le titre, a été décrit et étudié par Garofalo **367**. Nous reproduisons le titre tel que transcrit par Pormann **350**, p. 22 n. 33, qui corrige le titre donné par Garofalo **367**, p. 135 n. 3 : *Kitāb iḫtiṣār al-sittata ʿashar min Ǧālīnūs, min Yaḥyā al-Naḥwī*. Pour une édition et traduction italienne du prologue de l'abrégé voir Garofalo **367**, p. 150-151 et 144-147 ; pour une traduction française voir **1** I. Garofalo, « La tradition anatomique : Galien et l'Antiquité tardive. Rapport sur les quatre leçons tenues par M. I. Garofalo à la IVᵉ Section de l'École Pratique des Hautes Études, durant le mois de mai 1991 », *Livret – Annuaire* (École Pratique des Hautes Études) 14 (1998-1999), Paris 2000, p. 224-229 (p. 225) ; Garofalo **355**, p. 188, soutient que l'auteur du *Commentaire au Livre sur le pouls mineur* de Galien (voir *supra* n° 25) et l'auteur de l'abrégé-paraphrase du ms. Or. 444 de la Br. Library sont identiques et que ce dernier aurait abrégé son propre commentaire plutôt que le traité de Galien. Pour une analyse du rapport entre la paraphrase *(talḫīs)* de la version abrégée du *De Sectis* par Yaḥyā al-Naḥwī et l'épitomé alexandrin *(Ǧawāmiʿ)* du *De Sectis*, voir Pormann **357**, p. 235-252, et p. 253-263, pour une édition et traduction française de l'abrégé du *De Sectis*, voir Pormann **350**, p. 21-24.

M. F. Alpi, M. M. Aouad, M. G. Bowersock, Mme P. Crone, Mme Thérèse-Anne Druart, Mlle K. Ivanyi, M. Richard Payne et M. A. Sidarus m'ont aimablement communiqué des références, des documents ou des informations dont ils disposaient. Qu'ils en soient ici vivement remerciés. La Bibliothèque Orientale de Beyrouth, m'a toujours aimablement fourni des copies de tous les documents dont je pouvais avoir besoin ; je voudrais y remercier en particulier Mlle Christia Sayegh pour son extraordinaire diligence. Le service de prêt inter-bibliothécaire de la Lauinger Library à Georgetown University, et notamment Mme Meaghan Corbett, m'ont procuré avec une remarquable efficacité des documents difficiles d'accès. Qu'ils trouvent ici l'expression de ma vive reconnaissance. Enfin, ce travail n'aurait pu être accompli sans les moyens et ressources mis à ma disposition par l'Institute for Advanced Study à Princeton. A son directeur et au personnel de la bibliothèque je redis toute ma gratitude.

EMMA GANNAGÉ.

165 PHILOSTRATOS DE STEIRIA (L. FLAVIUS –) *RE* 9-12   *ca* 170 à 244-249

Athénien d'Hèphaistia de Lemnos, sophiste.

*PIR*² F 332-333 *(cf.* P 383-384) ; *KP* IV, p. 780-784 ; *NP* IX, 888-894.

Un important corpus d'œuvres nous est parvenu sous le nom de Philostrate et leur attribution a été longtemps disputée. Un consensus s'est progressivement dégagé pour attribuer toutes les œuvres majeures au second sophiste de ce nom, Philostrate II, dit parfois « Philostrate l'Ancien » ou « Philostrate l'Athénien », à l'exception de la lettre à Aspasios sur le style épistolaire, qui est de Philostrate III, dit « Lemnien », et de la seconde série de *Tableaux*, œuvre de Philostrate IV, dit « Philostrate le Jeune ».

Orientation bibliographique. 1 W. Schmid, « Die Heimat des zweiten Philostratus », *Philologus* 57, 1898, p. 503-504 ; **2** *Id., Der Atticismus in seinen Hauptvertretern von Dionysius von Halikarnass bis auf den zweiten Philostratus*, t. IV, Stuttgart 1896 (réimpr. Hildesheim 1964), p. 1-11 ; **3** J. Jüthner, « Der Verfasser des Gymnastikos », dans *Festschrift Theodor Gomperz,* Wien 1902, p. 225-232 ; **4** K. Münscher, « Die Philostrate », *Philologus Suppl.* 10, 1907, p. 467-558 ; **5** F. Solmsen, « Some Works of Philostratus the Elder », *TAPhA* 71, 1940, p. 556-572 ; **6** *Id.*, art. « Philostratus », *RE* XIX 2, 1941, col. 124-177, repris dans **7** *Kleine Schriften*, t. II, Hildesheim 1968, p. 74-90 et 91-118 ; **8** G. W. Bowersock, *Greek Sophists in the Roman Empire*, Oxford 1969, p. 1-16 ; **9** I. Avotins, « The Year of Birth of the Lemnian Philostratus », *AC* 47, 1978, p. 538-539 ; **10** *Id.*, « The Date and the Recipient of the *Vitae Sophistarum* of Philostratus », *Hermes* 106, 1978, p. 242-247 ; **11** G. Anderson, *Philostratus. Biography and* Belles Lettres *in the Third Century A. D.*, London/Sydney/Dover 1986, p. 1-22 et 291-298 ; **12** S. Swain, *Hellenism and Empire : Language, Classicism, and Power in the Greek World, AD 50-250*, Oxford 1996, p. 380-400 ; **13** L. de Lannoy, « Le problème des Philostrate (État de la question) », dans *ANRW*

II 34, 3, Berlin 1997, p. 2362-2449 ; **14** A. Billault, *L'Univers de Philostrate*, coll. « Latomus » 252, Bruxelles 2000, p. 5-31 ; **15** B. Puech, *Orateurs et sophistes grecs dans les inscriptions d'époque impériale*, coll. « Textes et traditions » 4, Paris 2002, p. 74-87, 88-94, 158, 242-247, 308-312, 357-360, 377-383, 387-389 ; **16** S. G. Byrne, *Roman Citizens of Athens*, coll. « Studia Hellenistica » 40, Leuven/Dudley 2003, Flavius 152-155, p. 262-263.

Sur le sophiste Antipatros, voir aussi **17** T. Ritti, « Il sofista Antipatros di Hierapolis », *Miscellanea greca e romana* 13, 1988, p. 71-128 ; sur le cercle de Julia Domna, outre Bowersock **8**, p. 101-109, **18** E. A. Hemelrijk, *Matrona docta. Educated women in the Roman élite from Cornelia to Julia Domna*, coll. « Routledge Classical Monographs », London/New York 1999, p. 122-128 et 303-306 (notes) ; **19** P. Robiano, « Le cercle, une image récurrente chez Philostrate et dans l'idéologie impériale de son temps », *Ktèma* 34, 2009, p. 453-464.

Biographie. Sans doute né vers 170 apr. J.-C. et élevé d'abord à Lemnos, il considère aussi Imbros comme sa patrie (*Ep.* 70). Fils d'un sophiste homonyme, auteur dramatique et rhéteur selon la *Souda* (Φ 421-422, t. IV, p. 734 Adler), il étudia à Athènes auprès de Proclos de Naucratis (*V. soph.* II 21, 1, 3), Antipatros d'Hiérapolis (*V. soph.* II 24, 1) et Hippodromos de Larissa (*V. soph.* II 27, 3) ; il eut aussi plusieurs entretiens avec Damianos à Éphèse (*V. soph.* II 23, 4 ; *cf.* II 9, 2-3) et avec l'érudit Aristaios (*V. soph.* I 22, 4), qui l'informèrent sur certains sophistes. Entre 203/4 et 208/9, sous l'archonte Munatius Thémison d'Azènia, il fut stratège des hoplites à Athènes (*Agora* XV, n° 447-449, p. 313-315) et prytane quelques années plus tard (J. S. Traill, *Hesperia* 41, 1982, n° 34, p. 231-233 et pl. 66). Admis dans le cercle de l'impératrice Julia Domna (➙I 42), au moment de l'ascension du préfet du prétoire Plautien ou un peu plus tard, il dut ensuite accompagner la cour : il dit avoir parcouru une grande partie de la terre habitée et avoir observé chez les Celtes les marées de l'Océan ; quand Caracalla fut seul empereur il séjourna certainement en Asie mineure et en Syrie auprès de Julia Domna. Il se trouvait peut-être à Olympie en 213 quand son jeune parent, Philostrate de Lemnos, déclama en présence d'Hippodromos (*V. soph.* II 27, 3) ; en tant que sophiste athénien, il y fut honoré d'une statue (*I. Olympia* 476 = *Sylloge*³ 878). Sans doute après la mort de Caracalla et de Julia Domna (217), il séjourna à Rome et aux environs de Naples, où il situe la galerie décrite dans ses *Tableaux*. Il revint ensuite enseigner à Athènes. Une inscription d'Érythrées (Ritri), *IK* 1, 63, nous a fait connaître le nom de son épouse, *egregia femina*, Aurelia Melitine, d'un de ses fils, L. Flavius Capitolinus, plus tard stratège à Érythrées, « parent par alliance, frère et oncle de sénateurs ». La famille devait y posséder un domaine, car une des lettres de Philostrate (*Ep.* 45) accompagne l'envoi de grenades d'Érythrées. Il dut enseigner à Athènes jusqu'à la fin de sa vie, en même temps que Fronton d'Émèse (*Souda*, Φ 735, t. IV, p. 763 Adler), Maior d'Arabie (*Souda*, M 46, III, p. 308 Adler), Apsinès de Gadara (*V. soph.* II 33, 4 ; *Souda*, A 4735, t. I, p. 443 Adler), Nicagoras d'Athènes (*V. soph.* II 33, 4 ; K. Clinton, *Eleusis*, 650 ; *Souda*, N 373, t. III, p. 465 Adler) et son jeune parent Philostrate de Lemnos (*V.

soph. II 33, 4*)*, qui aurait été, selon la *Souda*, Φ 423, « son disciple et son gendre » et serait mort à Lemnos ; il est attesté comme prêtre d'Hèphaistos dans une inscription (*IG* XII 8, 27) qui honore son neveu, P. Aelius Ergocharès de Prospalta, fils du grand-prêtre P. Aelius Mètrophanès. D'après l'onomastique et la chronologie, Philostrate de Lemnos est probablement le père de l'archonte athénien homonyme de 255/6 (*IG* II^2 2245), auteur de la seconde série de *Tableaux*, qui se dit, dans sa préface, petit-fils par sa mère de Philostrate d'Athènes. Philostrate dédia ses *V. soph.* à Antonius Gordianus, proconsul (d'Afrique), sans doute en 237 ou au début de 238, avant l'accession de celui-ci à l'empire. Selon la *Souda*, Philostrate II est mort sous Philippe l'Arabe, entre 244 et 249.

Sources. Les sources sont citées et analysées de façon critique par de Lannoy **13** ; pour les inscriptions, voir aussi Puech **15**, p. 377-383, et Byrne **16**, p. 262-263. On peut écarter la notice du *Vaticanus gr.* 96, citée par C. L. Kayser dans son édition des *Vies de sophistes* (1838), p. XXVIII, qui semble attribuer une collection de *Tableaux* à Philostrate III, en raison de son caractère conjectural, souvent souligné, mais aussi parce que l'expression τοῦ τὰς Εἰκόνας γράψαντος est une addition de seconde main, certainement mal placée. En effet, dans le *Laurentianus* 59, 37, apparenté au *Vaticanus gr.* 96, la notice a la forme suivante (f. 84ᵛ) : Τούτου τοῦ Φιλοστράτου (l'auteur de *V. soph.*) ἔοικεν εἶναι καὶ τὰ εἰς τὸν Τυανέα Ἀπολλώνιον · ἐν τούτῳ γὰρ τῷ βιβλίῳ μέμνηται τῶν εἰς τὸν Τυανέα ὁ Φιλόστρατος. Τούτου φαίνονται εἶναι καὶ αἱ ἐρωτικαὶ ἐπιστολαί. Τοῦ δὲ Λημνίου Φιλοστράτου μέμνηται οὗτος ἐν τούτῳ τῷ βιβλίῳ ἐπαινῶν τὸν ἄνδρα, « La *Vie d'Apollonios* semble être aussi de ce Philostrate, car dans ce livre (*V. soph.*) Philostrate mentionne l'ouvrage sur Apollonios. Les lettres d'amour semblent être aussi de ce Philostrate. Dans ce livre-ci (*V. soph.*), il évoque Philostrate de Lemnos avec éloge ». De plus, le pseudo-Hésychius de Milet (éd. I. Flach, Leipzig 1880, n° 76, p. 54-55) a la notice suivante : Φιλόστρατος ὁ Λήμνιος, ὁ τὰς Εἰκόνας γράψας, υἱὸς ἦν τοῦ πρώτου σοφιστοῦ Φιλοστράτου Λημνίου. Οὗτος ὁ δεύτερος ἐσοφίστευσεν ἐν Ἀθήναις, εἶτα ἐν Ῥώμῃ, ἐπὶ Σεβήρου τοῦ βασιλέως, « Philostrate de Lemnos, l'auteur des *Tableaux*, était le fils du premier sophiste Philostrate de Lemnos. Ce Philostrate II fut sophiste à Athènes, puis à Rome, sous l'empereur Sévère (= Septime Sévère : 193-211) ». C'est bien Philostrate II qui est l'auteur de la première série de *Tableaux*, donc aussi, selon le rhéteur Ménandre, de l'*Héroïque*.

Parmi les documents relatifs à cette famille, il faut peut-être citer une inscription d'Halonnèsos portant le nom de Philostratos, rapprochée par C. Fredrich, *DLZ* 30, 1909, p. 1117-1118, parce que cette île dépendait d'Hèphaistia de Lemnos, et un ex-voto de Thasos portant le nom Philostratos, publié par P. Bernard et F. Salviat, « Inscriptions de Thasos », *BCH* 91, 1967, n° 28, p. 580-581, les sophistes célèbres négligeant parfois de faire inscrire leur prénom et leur gentilice. Mais nous ne suivrions pas K. Clinton, « A Family of Eumolpidai and Kerykes descended from Pericles », *Hesperia* 73, 2004, p. 39-57 (voir aussi *Eleusis*, II,

Athènes 2008, n° 645, p. 412-414), qui, d'après une inscription mutilée, a supposé une alliance entre la famille des Philostrate et celle des Cassiani de Steiria.

Œuvres.

La seule édition encore utilisée des œuvres complètes est **20** l'*editio minor* de C. L. Kayser, *Flavii Philostrati opera auctiora,* coll. *BT*, 2 vol., Leipzig 1870-1871 (réimpr. Hildesheim 1964). Mais il existe aussi de nombreuses éditions, traductions et études consacrées à une seule œuvre.

(1) *Vie d'Apollonios de Tyane* (*V. Ap.)*: Biographie romancée et hagiographique du philosophe pythagoricien du Ier siècle apr. J.-C. (➠A 284). Aux éditions et études signalées par P. Robiano dans sa notice on peut ajouter :

Éditions et traductions : Texte et traduction anglaise : **21** Philostratus, *The Life of Apollonius of Tyana,* éd. et trad. C. P. Jones, coll. *LCL*, Cambridge Mass./ London 2005. Traduction seule : **22** Philostratus, *In honour of Apollonius of Tyana*, trad. J. S. Phillimore, 2 vol., Oxford 1912. Texte et traduction espagnole : **23** Filóstrato, *Vida de Apolonio de Tiana*, ed. A. Bernabé Pajares, coll. « Biblioteca clásica Gredos » 18, Madrid 1979.

Études : **24** L. Belloni, « Aspetti dell' antica σοφία in Apollonio di Tiana », *Aevum* 54, 1980, p. 140-149 ; **25** M. Mazza, « L'intellettuale come ideologo : Flavio Filostrato ed uno « speculum principis » del III secolo d. C. », dans P. Brown, L. Cracco Ruggini et M. Mazza (édit.), *Governanti e intellettuali. Popolo di Roma e popolo di Dio,* coll. « Passatopresente » 2, Torino 1982, p. 93-122 ; **26** D. H. Raynor, « Moeragenes and Philostratus : Two views of Apollonius of Tyana », *CQ* 34, 1984, p. 222-226 ; **27** M. Dzielska, *Apollonius of Tyana in Legend and History*, coll. « Problemi e ricerche di storia antica » 10, Roma 1986 ; **28** F. Gascó, « Un Pitagorico en Gades (Filostrato, *V. Ap.* IV, 47-V, 10). Uso, abuso y comentario de una tradición », *Gallaecia* 12, 1990, p. 331-350 ; **29** A. Billault, « Un sage en politique : Apollonios de Tyane et les empereurs romains », dans F. Jouan et A. Motte (édit.), *Mythe et politique*, coll. « Bibliothèque de la Faculté de philosophie et lettres de l'Université de Liège » 257, Liège 1990, p. 23-32 ; **30** M. J. Edwards, « Damis the Epicurean », *CQ* 41, 1991, p. 563-566 ; **31** C. Padilla, *Los milagros de la « Vida de Apolonio de Tiana »*, Córdoba 1991 ; **32** E. Koskenniemi, *Der philostrateische Apollonios*, coll. « Commentationes Humanarum Litterarum » 94, Helsinki 1991 ; **33** A. Billault, « Le personnage de Philostrate dans la *Vie d'Apollonios de Tyane* : autoportrait de l'auteur en biographe », dans M.-F. Baslez, Ph. Hoffmann et L. Pernot (édit.), *L'Invention de l'autobiographie d'Hésiode à saint Augustin,* coll. « Études de littérature ancienne » 5, Paris 1993, p. 271-278 ; **34** E. Bowie, « Philostratus writer of fiction », dans J. R. Morgan et R. Stoneman (édit.), *Greek Fiction. The Greek Novel in Context*, London 1994, p. 181-199 ; **35** J. J. Flinterman, *Power,* Paideia, *and Pythagoreanism. Greek identity, conceptions of the relationship between philosophers and monarchs and political ideas in Philostratus*' Life of Apollonius, coll. « Dutch Monographs on Ancient History and Archaeology » 13, Amsterdam 1995 ; **36** J. Elsner, « Hagiographic geography :

travel and allegory in the *Life of Apollonius of Tyana*», *JHS* 117, 1997, p. 22-37 ;
37 J. A. Francis, «Truthful fiction : new questions to old answers on Philostratus'
"Life of Apollonius"», *AJPh* 119, 1998, p. 419-441 ; **38** Ph. Hanus, «Apollonios
de Tyane et la tradition du *theios aner*», *DHA* 24, 1998, p. 200-231 ;
39 P. Robiano, «Un discours encomiastique : *En l'honneur d'Apollonios de
Tyane*», *REG* 114, 2001, p. 637-646 ; **40** C. P. Jones, «Apollonius of Tyana's
passage to India», *GRBS* 42, 2001, p. 185-199 ; **41** C. M. Lucarini, «Filostrato e
Apollonio di Tiana», dans B. Virgilio (édit.), *Studi ellenistici*, t. 16, Pisa 2005,
p. 289-344 ; **42** Th. Schirren, *Philosophos bios. Die antike Philosophenbiographie
als symbolische Form : Studien zur "Vita Apollonii" des Philostrat*, coll. «Bibliothek der klassischen Altertumswissenschaften», N.F., 2. Reihe, 115, Heidelberg
2005 ; **43** W. Gyselinck, «Pinning down Proteus : Some thoughts on an innovative
interpretation of Philostratus *Vita Apollonii*», *AC* 76, 2007, p. 195-203 ;
44 K. Demoen et D. Praet (édit.), *Theios sophistes*. Essays on Flavius Philostratus'
Vita Apollonii, Leiden 2008.

(2) *Héroïque* (*Her.*) : Dialogue, situé à Éléonte, entre un vigneron de Cherson-
nèse et un négociant phénicien sur les héros de la guerre de Troie.

Éditions, traductions, commentaires : **45** J. F. Boissonade, *Philostrati Heroica
ad fidem codicum manuscriptorum IX recensuit, scholia Graeca adnotationesque
suas addidit J.-Fr. Boissonade*, Paris 1806. Voir **46** E. Egger, «Index du commentaire sur les *Heroica* de Philostrate», *AAEEG* 10, 1876, p. 97-120. **47** *Flavii Philostrati Heroicus*, ed. L. de Lannoy, coll. *BT*, Leipzig 1977 (édition critique avec
index complet). Une édition critique, avec traduction française et notes de
S. Follet, est sous presse pour la *CUF*. Édition avec traduction anglaise de **48** J. K.
Berenson Maclean et E. Bradshaw Aitken : *Flavius Philostratus : Heroikos,* coll.
«Society of Biblical Literature. Writings from the Greco-Roman World» 3,
Atlanta 2003 (**49** traduction seule des mêmes : Atlanta 2001). Édition avec traduction espagnole : **50** F. Mestre : Filóstrato, *Heroico, Gimnástico, Descripciones de
cuadros,* Calístrato, *Descripciones*, coll. «Biblioteca clásica Gredos» 217, introd.
de C. Miralles, Madrid 1996. Édition avec traduction italienne : **51** *Filostrato,
Eroico*, ed. V. Rossi, préface de M. Massenzio, coll. «Il convivio. Collana di classici greci e latini», Venezia 1997. Traductions allemandes et commentaires : **52** A.
Beschorner, *Helden und Heroen, Homer und Caracalla : Übersetzung, Kommentar
und Interpretationen zum Heroikos des Flavios Philostratos*, coll. «Pinakes» 5,
Bari 1999 ; **53** P. Grossardt, *Einführung, Übersetzung und Kommentar zum* Heroikos *von Flavius Philostrat,* coll. «Schweizerische Beiträge zur Altertumswissenschaft» 33, 2 vol., Basel 2006 (bibliographie, I, p. 245-298).

Études : **54** T. Mantero, *Ricerche sull'* Heroikos *di Filostrato*, coll. «Università
di Genova, Facoltà di Lettere, Istituto di filologia classica e medioevale», Genova
1966 ; **55** E. Bradshaw Aitken et J. K. Berenson Maclean (édit.), *Philostratus's
Heroikos. Religion and Cultural Identity in the Third Century C. E.*, coll. «Society
of Biblical Literature, Writings from the Greco-Roman World» 6, Atlanta 2004
(bibliographie, p. 333-368).

(3) *Néron ou sur le percement de l'Isthme (Ner.)* : Dialogue entre Musonius (➤M 198) et Ménécratès situé peu avant la mort de Néron. Transmis parmi les œuvres de Lucien et attribué à Philostrate I par la *Souda,* il est plus probablement de Philostrate II (nombreuses concordances thématiques avec *V. Ap.* et *Her.*).

Éditions : **56** *Luciani Opera*, ed. M. D. Macleod, coll. *OCT*, t. IV, Oxford 1987, p. 405-410. Édition avec traduction anglaise : **57** Lucian, ed. M. D. Macleod, coll. *LCL*, VIII, London/Cambridge, Mass. 1967, p. 505-521. Traduction française : **58** Lucien de Samosate, *Œuvres complètes*, trad. É. Chambry, t. III, Paris 1934, p. 469-473.

Études : **59** R. Hirzel, *Der Dialog. Ein literarhistorischer Versuch*, t. II, Leipzig 1895, p. 337-342 ; **60** J. Korver, « Néron et Musonius. A propos du dialogue du Pseudo-Lucien 'Néron, ou sur le percement de l'Isthme de Corinthe' », *Mnemosyne* 3, 1950, p. 319-329 ; **61** G. Traina, « L'impossibile taglio dell' Istmo (Ps.-Lucian, *Nero* 1-5) », *RFIC* 115, 1987, p. 40-49 ; **62** O. Vox, « Note al *Nerone* di Filostrato Flavio », *Rudiae* 11, 1999, p. 135-159 ; **63** T. Whitmarsh, « Greek and Roman in Dialogue : the Pseudo-Lucianic *Nero* », *JHS* 119, 1999, p. 142-160.

(4) *Sur la gymnastique (Gymn.)* : Réflexion sur la pratique sportive ancienne et le régime des athlètes, l'ouvrage est attribué à Philostrate I par la *Souda*, mais, en raison de sa date (sous Sévère Alexandre) et des recoupements avec d'autres œuvres, ne peut être que de Philostrate II.

Édition de référence : **64** *Philostratos Über Gymnastik*, ed. J. Jüthner, coll. « Sammlung wissenschaftlicher Kommentare zu griechischen und römischen Schriftstellern », Leipzig/Berlin 1909 (réimpr. Amsterdam 1969). Traduction anglaise : **65** W. E. Sweet, *Sport and Recreation in Ancient Greece. A Sourcebook with Translations,* Oxford 1957, p. 213-230. Traductions italiennes : **66** Filostrato, *La ginnastica*, trad. V. Nocelli, Napoli 1955 ; **67** Filostrato di Lemno, *Il manuale dell' allenatore*, trad. A. Caretta, Novara 1995. Traduction espagnole : Mestre **49**, p. 163-210, avec introd. de C. Miralles, p. 23-29.

Tradition du texte : **68** J. Jüthner, *Der Gymnastikos des Philostratos. Eine textgeschichtliche und textkritische Untersuchung*, SAWW 145, Wien 1902, p. 1-79 et 3 pl.

Études : **69** J. Zingerle, « Zum *Gymnastikos* des Philostratos », *WS* 54, 1936, p. 153-159 ; **70** F. Fetz, *Gymnastik bei Philostrat und Galen*, coll. « Studientexte zur Leibeserziehung » 4, Frankfurt a. M. 1969 ; **71** A. Billault, « Le Γυμναστικός de Philostrate a-t-il une signification littéraire ? », *REG* 106, 1993, p. 142-162 ; **72** S. Müller, *Das Volk der Athleten. Untersuchungen zur Ideologie und Kritik des Sports in der griechisch-römischen Antike*, coll. « Bochumer Altertumswissenschaftliches Colloquium » 21, Trier 1995 ; **73** C. P. Jones, « The Pancratiast Helix and Alexander on an Ostian Mosaic », *JRA* 11, 1998, p. 293-298 ; **74** I. Weiler, « Kynische Sportkritik », dans P. Scherrer, H. Täuber et H. Thür (édit.), *Steine und Wege. Festschrift für Dieter Knibbe zum 65. Geburtstag*, coll. « Sonderschriften des Österreichischen archäologischen Instituts » 32, Wien 2000,

p. 253-260 ; **75** P. Grossardt, « Der Ringer Maron und der Pankratiast "Halter" in epigraphischen und literarischen Quellen (*SEG* 41, 1407 A und B bzw. Philostr. *Gym.* 36 und *Her.* 14-15)», *EA* 34, 2002, p. 170-172 ; **76** J. König, *Athletics and Literature in the Roman Empire*, coll. « Greek Culture in the Roman World », Cambridge 2005, p. 301-344.

(5) *Lettres (Ep.)* : Collection de 73 lettres, dont 64 lettres d'amour, en tout ou en partie fictives.

Édition avec traduction anglaise : **77** *The Letters of Alciphron, Aelian and Philostratus*, ed. A. R. Benner et F. H. Fobes, coll. *LCL*, London/Cambridge, Mass. 1949. Traduction allemande : **78** *Erotische Briefe der griechischen Antike*, ed. B. Kytzler, coll. « Die Fundgrube » 32, München 1967. Édition et traduction italienne : **79** *Alcifrone, Filostrato, Aristeneto, Lettere d'amore*, ed. F. Conca et G. Zanetto, coll. « BUR Classici greci e latini », Milano 2005. Traduction française partielle : **80** E. J. Bourquin, « Essai sur la Correspondance de Flavius Philostrate », *AAEEG* 20, 1886, p. 121-158.

Tradition manuscrite : **81** D. K. Raïos, *Philostratea : Recherches sur la tradition manuscrite des Lettres de Philostrate* (en grec moderne, avec résumés français), 2 vol., Jannina 1992-1997 ; **82** S. Follet, « Dédicataire et destinataires des *Lettres* des Philostrates », dans J.-C. Fredouille, M.-O. Goulet-Cazé, Ph. Hoffmann et P. Petitmengin (édit.), *Titres et articulations du texte dans les œuvres antiques*. Actes du Colloque international de Chantilly, 13-15 décembre 1994, « Collection des Études augustiniennes », série Antiquité 152, Paris 1997; p. 135-147.

Études : **83** M. Heinemann, *Epistulae amatoriae quomodo cohaereant cum elegiis Alexandrinis,* diss. Strassburg 1909 ; **84** G. Anderson, « Putting Pressure on Plutarch : Philostratus, *Epistle 73* », *CPh* 72, 1977, p. 43-45 ; **85** R. J. Penella, « Philostratus' Letter to Julia Domna », *Hermes* 107, 1979, p. 161-168 ; **86** E. Suárez de la Torre, « Motivos y temas en las cartas de amor de Filóstrato y Aristéneto », *Fortunatae* 1, 1991, p. 113-132 ; **87** A. Walker, « *Eros* and the Eye in the *Love Letters* of Philostratus », *PCPhS* 38, 1992, p. 132-148 ; **88** S. Follet, « Éthopée, nouvelle, poème en prose : trois avatars de la lettre à l'époque impériale », dans L. Nadjo (édit.), *Epistulae antiquae* : Actes du 1er colloque *Le genre épistolaire antique et ses prolongements*, Université François-Rabelais, Tours, 18-19 septembre 1998, Louvain/Paris 2000, p. 243-249 ; **89** P. A. Rosenmeyer, *Ancient Epistolary Fictions. The Letter in Greek Literature*, Cambridge 2001, p. 322-338.

(6) *Tableaux (Imag.)* :

Édition critique : **90** *Philostrati maioris Imagines*, ed. O. Benndorf et C. Schenkl, coll. *BT*, Leipzig 1893. Édition avec traduction anglaise : **91** Philostratus the Elder, *Imagines*, Philostratus the Younger, *Imagines*, Callistratus, *Descriptions*, ed. A. Fairbanks, coll. *LCL*, Cambridge Mass./London 1931. Édition avec traduction allemande : **92** *Philostratos, Die Bilder*, ed. O. Schönberger, München 1968. Éditions avec *traductions* espagnoles : **93** Filóstrato el Viejo, *Imágenes, Filóstrato el Joven, Imágenes*, Calístrato, *Descripciones*, éd. L. A. de

Cuenca et M. A. Elvira, Madrid 1993 ; Mestre **49**. Traduction française : **94** A. Bougot, *Une galerie antique de 64 Tableaux,* Paris 1864, révisée par **95** F. Lissarrague, *La Galerie de tableaux,* préface de P. Hadot, coll. « La Roue à livres », Paris 1991. Édition commentée : **96** *Philostrati Imagines et Callistrati Statuae,* éd. F. Jacobs et F. Th. Welcker, Leipzig 1825.

Études : **97** É. Bertrand, *Un critique d'art dans l'Antiquité, Philostrate et son école,* Paris 1882 ; **98** K. Lehmann-Hartleben, « The *Imagines* of the Elder Philostratus », *ABull* 23, 1941, p. 16-44 ; **99** S. M. Beall, « Word-Painting in the 'Imagines' of the Elder Philostratus », *Hermes* 121, 1993, p. 350-363 ; **100** N. Bryson, « Philostratus and the Imaginary Museum », dans S. Goldhill et R. Osborne (édit.), *Art and Text in Ancient Greek Culture,* coll. « Cambridge Studies in New Art History and Criticism », Cambridge/New York 1994, p. 255-283 et 312-314 ; **101** O. Schönberger, « Die *Bilder* des Philostratos », dans G. Boehm et H. Pfotenhauer (édit.), *Beschreibungskunst-Kunstbeschreibung. Ekphrasis von der Antike bis zur Gegenwart,* München 1995, p. 157-176 ; **102** F. Ghedini, « Filostrato Maggiore come fonte per la conoscenza della pittura antica », *Ostraka* 9, 2000, p. 175-197 ; **103** *Ead.,* « Le 'Immagini ' di Filostrato il Vecchio fra esercitazione retorica e realtà figurativa », dans M. Fano Santi (édit.), *Studi di archeologia in onore di Gustavo Traversari,* I, Roma 2004, p. 417-437. Voir aussi les études citées *infra* sur l'esthétique de Philostrate.

(7) *Vies de sophistes* (*V. soph.*) :

Édition avec traduction anglaise : **104** Philosratus and Eunapius, *The Lives of the Sophists,* éd. W. C. Wright, coll. *LCL,* London/Cambridge Mass. 1921, réimpr. 1952. Édition avec traduction espagnole : **105** Filóstrato, *Vidas de los sofisas,* éd. M. C. Giner, coll. « Biblioteca clásica Gredos » 55, Madrid 1982. Édition avec traduction italienne : **106** Filostrato, *Vite dei sofisti,* trad. G. Brussich, Palermo 1987 ; **107** Flavio Filostrato, *Le Vite dei sofisti,* trad. M. Prosdocimi, Bologna 1989 ; **108** Filostrato, *Vite dei sofisti,* éd. M. Civiletti, coll. « Il pensiero occidentale », Milano 2002 ; voir les c.r. de C. M. Lucarini et D. Campanile, *RSO* 76, 2002, p. 215-230 ; C. Castelli, *Eikasmos* 15, 2004, p. 500-507.

Éditions commentées : **109** Flavii Philostrati, *Vitae sophistarum,* ed. C. L. Kayser, Heidelberg 1838, réimpr. Hildesheim/New York 1971 ; **110** S. Rothe, *Kommentar zu ausgewählten Sophistenviten des Philostrat. Die Lehrstuhlinhaber in Athen und Rom,* Heidelberg 1989.

Index : **111** I. Avotins et M. Milner Avotins, *An Index to the Lives of the Sophists of Philostratus,* coll. « Alpha-Omega, Reihe A : Lexika. Indizes. Konkordanzen zur klassischen Philologie » 25, Hildesheim/New York 1978.

Études : **112** A. Boulanger, *Aelius Aristide et la sophistique dans la province d'Asie au IIe siècle de notre ère,* coll. BEFAR 126, Paris 1923, réimpr. 1968 ; **113** E. L. Bowie, « Greeks and their Past in the Second Sophistic », *P&P* 46, 1970, p. 3-41, repris dans M. I. Finley (édit.), *Studies in Ancient Society,* London/Boston 1974, p. 166-209 ; **114** I. Avotins, « Prosopographical and Chronological Notes on

Some Greek Sophists of the Empire», *CSCA* 4, 1971, p. 67-80; **115** L. Cracco Ruggini, «Sofisti greci nell' impero romano», *Athenaeum* 49, 1971, p. 402-425; **116** G. R. Stanton, «Sophists and Philosophers: Problems of Classification», *AJPh* 94, 1973, p. 350-364; **117** I. Avotins, «The Holders of the Chair of Rhetoric at Athens», *HSCP* 79, 1975, p. 313-324; **118** *Id.*, «The Sophist Aristocles and the Grammarian Phrynichos», *PP* 33, 1978, p. 181-191; **119** E. L. Bowie, «The Importance of Sophists», dans J. J. Winkler et G. Williams (édit.), *Later Greek Literature*, coll. «Yale Classical Studies» 27, Cambridge University Press 1982, p. 29-59; **120** W. Ameling, *Herodes Atticus,* t. I: *Biographie,* t. II: *Inschriften-katalog*, coll. «Subsidia epigraphica» 11, Hildesheim 1983; **121** G. Anderson, «The *Pepaideumenos* in Action: Sophists and their Outlook in the Early Empire», dans *ANRW* II 33, 1, Berlin 1989, p. 79-208.; **122** V. A. Sirago, «La seconda sofistica come espressione culturale della classe dirigente del II sec.», dans *ANRW* II 33, 1, Berlin 1989, p. 36-78; **123** S. Swain, «The Reliability of Philostratus' *Lives of the Sophists*», *ClAnt* 10, 1991, p. 148-163; **124** G. Anderson, *The Second Sophistic: A Cultural Phenomenon in the Roman Empire,* London 1993; **125** G. Woolf, «Becoming Roman, Staying Greek: Culture, Identity, and the Civilizing Process in the Roman East», *PCPS* 40, 1994, p. 116-143; **126** P. A. Brunt, «The Bubble of the Second Sophistic», *BICS* 39, 1994, p. 25-52; **127** M. W. Gleason, *Making Men: Sophists and Self-Representation in Ancient Rome,* Princeton 1995; **128** P. Schubert, «Philostrate et les sophistes d'Alexandrie», *Mnemosyne* 48, 1995, p. 178-188; **129** Th. Schmitz, *Bildung und Macht. Zur sozialen und poli-tischen Funktion der zweiten Sophistik in der griechischen Welt der Kaiserzeit,* coll. «Monographien zur klassischen Altertumswissenschaft» 97, München 1997; **130** M. D. Campanile, «La costruzione del sofista. Note sul βίος di Polemone di Laodicea», dans B. Virgilio (édit.), *Studi ellenistici,* t. 12, Pisa/Roma 1999, p. 269-315; **131** P. Desideri, «Ellenismo imperiale (I-II sec. d. C.)», *SHHA* 19, 2001, p. 165-188; **132** S. Goldhill (édit.), *Being Greek under Rome. Cultural Identity, the Second Sophistic and the Development of Empire,* Cambridge 2001; **133** C. Castelli, «Elementi di estetica sofistica in Filostrato», *Acme* 55, 2002, p. 233-248; **134** L. Pernot, «Les sophistiques réhabilitées», dans L. Pernot (édit.), *Actualité de la rhétorique*, Paris 2002, p. 27-48; **135** A. Breitenbach, «Kritias und Herodes Attikos. Zwei Tyrannen in Philostrats Sophistenviten, *WS* 116, 2003, p. 109-113; **136** M. D. Campanile, «Vivere e morire da sofista: Adriano di Tiro», dans B. Virgilio (édit.), *Studi ellenistici,* t. 15, Pisa/Roma 2003, p. 245-273; **137** M.-H. Quet, «Le sophiste M. Antonius Polémon de Laodicée, éminente personnalité politique de l'Asie romaine du IIe siècle», dans M. Cébeillac-Gervasoni et L. Lamoine (édit.), *Les élites et leurs facettes. Les élites locales dans le monde hellénistique et romain,* «Collection de l'École française de Rome» 309 – «Erga» 3, Rome 2003, p. 401-443; **138** B. E. Borg (édit.), *Paideia: The World of the Second Sophistic,* Berlin/New York 2004; **139** C. Castelli, «Le *Vitae sophistarum* di Filostrato nel ms. Laur. gr. 69. 30», *AAP* 53, 2004, Napoli, 2005, p. 397-414; **140** M. D. Campanile, «Il sofista allo specchio: Filostrato nelle *Vitae sophista-*

rum», dans B. Virgilio (édit.), *Studi ellenistici*, t. 16, Pisa 2005, p. 275-288 ; **141** C. Castelli, « Il ms. Ambrosianus gr. T 122 sup. et altri manoscritti "perduti" delle "Vitae Sophistarum" », *Eikasmos* 17, 2006, p. 373-389.

(8) *Dialexis* II (<Sur la nature et la loi>). La *Souda* cite des Διαλέξεις parmi les œuvres de Philostrate II. Une seule est conservée (t. II, p. 258-260 Kayser). Voir **142** M. C. Giner Soria, « Acotaciones a una breve *diálexis* », *Minerva* 9, 1995, p. 79-95.

(9) Épigramme sur Télèphe blessé, *Anth. Plan.* 110. La *Souda* mentionne des épigrammes parmi les œuvres de Philostrate II. Une seule est conservée.

Éditions : **143** H. Beckby, *Anthologia Graeca*, t. III, München 1965, p. 362-363 (avec traduction allemande) ; **144** R. Aubreton et F. Buffière, *Anthologie de Planude*, *CUF*, Paris 1980, p. 122 et 264 (avec traduction française).

N. B. Les deux épigrammes attribuées à Philostrate dans le *Parisinus gr.* 3019 sont apocryphes. Voir **145** S. Follet, « Deux épigrammes peu connues attribuées à Philostrate (*Parisinus gr.* 3019, folio 206)», *RPh* 38, 1964, p. 242-252 ; **146** P. Canart, « Une épigramme de Théodore Prodrome attribuée à Philostrate », *RPh* 43, 1969, p. 93-95 ; **147** D. K. Raïos, « Νέα στοιχεῖα γιὰ τὴν παράδοση καὶ τὴν πατρότητα τοῦ ψευδο-Φιλοστράτου», *Dodone* 18, 1989, p. 181-194 ; Raïos **79**, t. I, p. 177-208 et 212-213 (résumé) ; Grossardt **52**, t. I, p. 164-165.

Œuvres perdues : Selon la *Souda*, Philostrate II a aussi écrit :

(1) Μελέται *(Déclamations)* : Le scholiaste de Lucien, *Sur la danse*, 69, les cite avec éloge à propos de Lesbonax de Mytilène (voir t. II, p. 233 Rabe ; t. IV, p. 144 Jacobitz) : Τοῦτον λέγει Λεσβώνακτα οὗ καὶ ἄλλαι μελέται ῥητορικαὶ φέρονται, θαυμάσιαι καὶ ἐνάμιλλοι Νικοστράτου καὶ Φιλοστράτου τῶν ἐν τοῖς νεωτέροις σοφισταῖς διαπρεπόντων, « Il parle de ce Lesbonax dont on connaît aussi d'autres déclamations, admirables, qui peuvent rivaliser avec celles de Nicostrate et de Philostrate, distingués parmi les sophistes récents ». Sur le genre de l'œuvre, voir surtout **148** D. A. Russell, *Greek Declamation*, Cambridge 1983.

(2) Ἀγορά *(Agora)*. Le genre de l'œuvre est inconnu.

(3) Αἶγες ἢ περὶ αὐλοῦ (« *Les chèvres ou de l'*aulos »). Le genre de l'œuvre est inconnu.

Il se peut que des œuvres attribuées par la *Souda* à d'autres membres de la famille soient aussi de Philostrate II, comme nous l'avons indiqué *supra* pour le *Néron* et la *Gymnastique*. En tout cas, l'énumération présentée n'est pas exhaustive (elle se termine par *etc.*).

Philostrate et la philosophie. Philostrate est un sophiste qui fait apprécier dans des genres variés (biographie, description, lettre, essai...) toutes les ressources de son art. Plusieurs aspects de son œuvre intéressent néanmoins l'historien de la philosophie.

(1) *Le biographe du pythagoricien Apollonios de Tyane et des sophistes-philosophes (V. Ap., V. soph.).* Même si la *V. Ap.* tient à la fois du roman et de l'hagio-

graphie, elle est le seul ouvrage important consacré au sage de Tyane que nous ayons conservé, elle a de nombreux traits communs avec les vies de philosophes et elle a imposé une image qui a joué un grand rôle dans le débat entre païens et chrétiens pendant les siècles suivants. Voir la notice Apollonios (⮞A 284) et la section sur le pythagorisme de l'époque impériale (dans le t. VI).

En se faisant le mémorialiste de la « seconde sophistique », mouvement qu'il a analysé et décrit dans ses *V. soph.*, Philostrate a donné des renseignements parfois superficiels et inexacts sur certains sophistes-philosophes, mais il a consacré à Dion Chrysostome (⮞D 166) et à Favorinus (⮞F 10) des notices assez détaillées qui ne sont pas sans valeur. Il est l'un des meilleurs représentants du débat entre philosophie et rhétorique qui a structuré la vie intellectuelle de la fin du Iᵉʳ au IIIᵉ siècle : voir sur ce point surtout l'ouvrage de **149** A. Brancacci, *Rhetorike philoso-phousa : Dione Crisostomo nella cultura antica e bizantina*, coll. « Elenchos » 11, Napoli 1985, et **150** *Id.,* « Seconde sophistique, historiographie et philosophie (Philostrate, Eunape, Synésios) », dans B. Cassin (édit.), *Le plaisir de parler. Études de sophistique comparée*, Paris 1986, p. 87-110.

(2) *Philostrate et la physiognomie* : Comme beaucoup d'intellectuels de son temps, Philostrate a étudié les théoriciens de la physiognomie. Il connaît leurs méthodes (anatomique, zoologique, ethnologique) et parsème ses œuvres d'observations montrant que l'examen physique permet de connaître les caractères, qu'il s'agisse des héros de la guerre de Troie ou de l'attention que l'entraîneur doit porter à l'athlète pour adapter son régime et son entraînement. Il ne manque pas de signaler, dans ses *V. soph.*, les compétences particulières acquises par certains sophistes auprès de grands professionnels, comme Mégistias de Smyrne (⮞M 80) ou Polémon de Laodicée (⮞P 218).

Sur cet aspect de son œuvre, voir : **151** J. Mesk, « Die Beispiele in Polemons Physiognomonik », *WS* 50, 1932, p. 51-67 ; **152** A. MacC. Armstrong, « The Methods of the Greek Physiognomists », *G&R* 5, 1958, p. 52-56 ; **153** E. C. Evans, *Physiognomics in the Ancient World*, coll. *TAPhS,* 59, 5, Philadelphia 1969, p. 44-46 ; **154** B. P. Reardon, *Courants littéraires grecs des IIᵉ et IIIᵉ siècles après J.-C.*, coll. « Annales littéraires de l'Université de Nante*s* » 3, Paris 1971, p. 185-198 et 242-248 ; **155** T. S. Barton, *Power and Knowledge. Astrology, Physiognomics, and Medicine under the Roman Empire,* Ann Arbor 1994, p. 95-131 et 205-217 (notes) ; Gleason **124,** p. 21-54 ; **156** L. A. Holford-Stevens, « Favorinus : The Man of Paradoxes », dans J. Barnes et M. Griffin (édit.), *Philosophia togata*, t. II : *Plato and Aristotle at Rome*, Oxford 1997, p. 188-217 ; **157** J. Elsner, « Physiognomics : Art and Text », dans S. Swain (édit.), *Seeing the face, seeing the soul. Polemo's Physiognomy from classical Antiquity to medieval Islam*, Oxford 2005, p. 203-224.

(3) *Les théories esthétiques* : Amateur d'art, bon connaisseur en peinture, Philostrate a parfois développé ses idées sur l'art, en particulier dans *V. Ap.* et *Imag.*

Il offre ainsi une réflexion sur l'imagination créatrice (φαντασία), sur la perception, surtout visuelle, sur la beauté, sur le rapport entre les arts plastiques et la poésie, sur la signification de l'œuvre d'art, sur l'illusion. Cet aspect de l'œuvre a beaucoup intéressé les critiques contemporains.

Les principaux textes sont cités et traduits dans **158** A. Reinach, *Textes grecs et latins relatifs à l'histoire de la peinture ancienne. Recueil Milliet*, introduction et notes d'A. Rouveret, coll. « Deucalion », Paris 1985, p. 52-59.

Études : **159** E. Birmelin, « Die kunsttheoretischen Gedanken in Philostrats Apollonios », *Philologus* 88, 1933, p. 149-180 et 392-414 ; **160** A. Lesky, « Bildwerk und Deutung bei Philostrat und Homer », *Hermes* 75, 1940, p. 38-53 ; **161** Ch. Michel, « Die 'Weisheit' der Maler und Dichter in den *Bildern* des älteren Philostrat », *Hermes* 102, 1974, p. 457-466 ; **162** M.-E. Blanchard, « Philostrate : Problèmes du texte et du tableau : les limites de l'imitation à l'époque hellénistique et sous l'Empire », dans B. Cassin (édit.), *Le Plaisir de parler. Études de sophistique comparée*, Paris 1986, p. 131-154 ; **163** S. Maffei, « La σοφία del pittore e del poeta nel proemio delle *Imagines* di Filostrato Maggiore », *ASNP* 21, 1991, p. 591-621 ; **164** G. Watson, « The Concept of 'Phantasia' from the Late Hellenistic Period to Early Neoplatonism », dans *ANRW* II 36, 7, Berlin 1994, p. 4765-4810, notamment p. 4766-4784 ; **165** F. Graziani (édit.), *Philostrate, Les images ou tableaux de platte peinture de Philostrate lemnien, sophiste grec*. Traduction et commentaire de Blaise de Vigenère (1578), 2 vol., Paris 1995 (importante introduction sur l'*ecphrasis* et sur la réception du texte) ; **166** R. Webb, « Mémoire et imagination : les limites de l'*enargeia* dans la théorie rhétorique grecque », dans C. Lévy et L. Pernot (édit.), *Dire l'évidence (philosophie et rhétorique antiques),* coll. « Cahiers de philosophie de l'Université de Paris XII-Val de Marne » 2, Paris/Montréal 1997, p. 229-248 ; **167** R. Crescenzo, *Peintures d'instruction. La postérité littéraire des* Images *de Philostrate en France, de Blaise de Vigenère à l'époque classique,* coll. « Travaux du Grand Siècle » 10, Genève 1999 ; **168** R. Webb, « *Ekphrasis* Ancient and Modern : the Invention of a Genre », *W&I* 15, 1999, p. 7-18 ; **169** J. Elsner, « Making myth visual : the Horae of Philostratus and the dance of the text », *MDAI(R)* 107, 2000, p. 253-276 ; **170** E. Winsor Leach, « Narrative Space and the Viewer in Philostratus' *Eikones* », *MDAI(R)* 107, 2000, p. 237-251 ; **171** L. Abbondanza, « Immagini della fantasia. Cuadri di Filostrato maior tra pittura e scultura », *MDAI(R)* 108, 2001, p. 111-134 ; **172** R. Popowski, « La théorie de l'art chez Philostrate Flavius », *Eos* 90, 2003, p. 205-214 ; **173** R. Webb, « The *Imagines* as a fictional text : *Ekphrasis*, *apatè* and illusion », dans **174** M. Costantini, F. Graziani et S. Rolet (édit.), *Le défi de l'art, Philostrate, Callistrate et l'image sophistique*, Rennes 2006, p. 113-136 ; **175** F. Graziani, « La vérité en image : la méthode sophistique », dans Constantini *el alii* **175**, p. 137-151 ; **176** F. Fimiani, « Des eaux mentales. Vision et cécité chez Philostrate », dans Constantini *el alii* **175**, p. 197-211.

SIMONE FOLLET.

166 PHILOSTRATE D'ÉGYPTE *RE* 7 et 8 *PIR*² 382   MF Iª

Philosophe (académicien ?) et sophiste.

Sources. Philostrate, *V. Soph.* I 5 ; Plutarque, *Cat.* 57, 4 ; *Ant.* 80, 3-5 ; Crinagoras de Mytilène, *Anth. Palat.* VII 645.

Biographie. Plusieurs textes depuis longtemps regroupés éclairent quelques épisodes de la vie de Philostrate. Au début de 49ª (avant le 25 mars), alors que Caton d'Utique (⇒+C 59), sans doute propréteur en Sicile, se promène avec un groupe, il fait placer Philostrate au centre pour honorer en lui la philosophie. L'épisode doit se situer à Syracuse, où résidait habituellement Caton. Ce geste lui fut plus tard reproché, selon Plutarque, *Cat.* 57, 4.

Philostrate, passant en revue des philosophes qui ont été aussi considérés comme sophistes, évoque (*V. Soph.* I 5) un Égyptien, Philostrate, philosophant auprès de la reine Cléopâtre, qui aimait aussi les belles lettres, et salué comme sophiste en raison de son style panégyrique et chatoyant. En lui appliquant un vers de Théognis détourné de son sens, on raillait son assiduité auprès de Cléopâtre, telle qu'il avait fini par lui ressembler.

Évoquant l'entrée d'Octavien à Alexandrie le 1ᵉʳ août 30ª, alors qu'Antoine est mort et Cléopâtre prisonnière, Plutarque, *Ant.* 80, 3-5, insiste sur le crédit dont jouissait le philosophe Aréios (⇒+A 324) auprès d'Octavien : « Il obtint de lui la grâce de nombreuses personnes, entre autres de Philostrate, le plus habile des sophistes d'alors pour parler à l'improviste, mais qui se donnait à tort pour un philosophe de l'Académie (Φιλόστρατος, ἀνὴρ εἰπεῖν μὲν ἐξ ἐπιδρομῆς τῶν τότε σοφιστῶν ἱκανώτατος, εἰσποιῶν δὲ μὴ προσηκόντως ἑαυτὸν τῇ Ἀκαδημείᾳ) – la formule est diversement interprétée : entré frauduleusement à l'Académie ou menant une vie indigne d'un philosophe de l'Académie. Aussi César, qui avait son caractère en horreur, repoussait-il ses prières. Mais Philostrate, ayant laissé pousser sa barbe blanchissante et revêtu un manteau de deuil, suivit partout Aréios en lui répétant constamment ce vers :

> Les sages véritablement sages sauvent les sages.

César, l'ayant appris et voulant plutôt délivrer Aréios de la malveillance que Philostrate de la crainte, pardonna » (trad. R. Flacelière-É. Chambry, Paris 1977, p. 179).

Une épigramme du poète courtisan Crinagoras de Mytilène, *Anth. Palat.* VII 645, évoque une fin de vie disgraciée, celle d'« un certain Philostrate, riche et heureux, mort en terre étrangère » (εἰς Φιλόστρατόν τινα πλούσιον καὶ εὐτυχῆ ἐπὶ ξένης τελευτήσαντα) selon le lemme :

> Ὦ δύστην' ὄλβοιο Φιλόστρατε, ποῦ σοι ἐκεῖνα
> σκῆπτρα καὶ αἱ βασιλέων ἄφθονοι εὐτυχίαι,
> αἷσιν ἐπηώρησας ἀεὶ βίον, ἢ ἐπὶ Νείλῳ
> <ἢ παρ' Ἰου>δαίοις ὢν περίοπτος ὅροις ;
> Ὀθνεῖοι καμάτους τοὺς σοὺς διεμοιρήσαντο,
> σὸς δὲ νέκυς ψαφαρῇ κείσετ' ἐν Ὀστρακίνῃ.

Infortuné Philostrate, qui es ruiné, où sont ces fameux sceptres et ces abondantes faveurs royales auxquelles tu avais toujours suspendu ta vie, bien en vue, ou au bord du Nil ou sur le territoire de la Judée ? Des étrangers se sont partagé le fruit de tes peines, mais ton cadavre, lui, reposera dans la sableuse Ostrakina (nous avons admis la restitution de Cichorius au v. 4, approuvée aussi par A. S. F. Gow et D. L. Page, qui donne un sens satisfaisant).

Malgré le « pardon » d'Octavien, Philostrate semble avoir perdu tous les biens que lui avait procurés à Alexandrie la faveur de Cléopâtre. Un passage de Dion Cassius, LI 17, 6-7, éclaire l'épigramme : après sa victoire, Octavien prit comme butin tout ce que Cléopâtre avait amassé dans son palais, on prit beaucoup d'argent aussi à tous ceux qu'on avait accusés d'un délit, et on demanda à tous les autres, auxquels on n'avait rien à reprocher, les deux tiers de leurs biens ; dans les conditions les plus favorables Philostrate n'aurait pu garder, semble-t-il, que le tiers de ses biens, mais il a probablement tout perdu. On a supposé aussi qu'il avait vécu quelque temps à la cour de Judée. Il a pu simplement se réfugier à Ostrakina, modeste station située à 97 km à l'est de Péluse, sur un cordon littoral en bordure du désert séparant l'Égypte de l'Arabie – station si dépourvue d'eau (ἄνυδρος), selon Flavius Josèphe, *Guerre des Juifs* IV 661, que les habitants doivent faire venir d'ailleurs l'eau nécessaire à leurs besoins – dans l'intention de se faire oublier, cette zone frontière pouvant offrir aussi des possibilités de fuite par la mer ou le désert. Le poète lui prédit qu'il y sera enseveli, autrement dit qu'il y restera jusqu'à sa mort. Le fait que l'entourage d'Octavien sait exactement où il se cache peut apparaître comme une menace.

C. Cichorius a supposé que Crinagoras avait pu être informé sur le lieu où résidait Philostrate par Aréios, ami d'Auguste, qui se trouvait dans son entourage à Rome quand Crinagoras y vint en ambassade pour la deuxième fois, vers 27[a]. Crinagoras avait pu rencontrer personnellement Philostrate lors d'une première ambassade auprès de César, entre septembre 45 et mars 44, car Cléopâtre y séjournait alors avec de nombreux lettrés, dont peut-être Philostrate.

C. Cichorius a aussi proposé d'identifier ce personnage à l'historien homonyme, non daté exactement, cité par Flavius Josèphe dans le *Contre Apion* I 144 et les *Antiquités juives* X 228. Cette hypothèse ne paraît pas assurée.

Cf. M. Rubensohn, *Crinagorae Mytilenaei Vita et epigrammata,* diss. Berlin 1887, t. I, p. 10-11 (épigramme 23 = *A.P.* VII 645) ; *Id., Crinagorae Mytilenaei Epigrammata,* éd. et comm., Berlin 1888, p. 80-81 (épigramme 23) ; C. Cichorius, *Römische Studien,* Leipzig/Berlin 1922, p. 314-318 ; K. von Fritz, art. « Philostratos » 7, *RE* XX 1, 1941, col. 123-124 ; [F. Solmsen], art. « Philostratos » 8, *RE* XX 1, 1941, col. 124-125 ; A. S. F. Gow et D. L. Page, *The Greek Anthology. The Garland of Philip,* Cambridge 1968, t. I, n° 20, p. 210-211 ; t. II, p. 227-228 ; L. Petersen et K. Wachtel, art. « Philostratus Aegyptius », *PIR*[2], VI, Berlin 1998, p. 148, n° P 382.

SIMONE FOLLET.

167 PHILOXÈNE   I[a]?

Dans une lettre à Atticus (*Epist. ad Att.* XIII 8), datée du 10 juin 45[a], Cicéron demande à son ami : *Epitomen Bruti Caelianorum velim mihi mittas et a Philoxeno Παναιτίου Περὶ προνοίας.* On a supposé qu'il s'agissait d'un abrégé de l'ouvrage de Panétius de Rhodes (**➳P 26**) *Sur la providence* (test. 18 Alesse) qu'aurait fait ce Philoxène et que Cicéron entendait utiliser pour la composition de son *De natura deorum.* Mais ce Philoxène pourrait être un serviteur de Quintus Cicéron (*cf. ad Qu. fr.* III 1, 1) et le responsable de sa bibliothèque. J. Beaujeu (*CUF,* Paris 1983, p. 156) traduit en ce sens : « Pourrais-tu m'envoyer l'abrégé qu'a donné Brutus de l'*Histoire* de Célius et, en le demandant à Philoxénus, l'ouvrage de *Panétius "Sur la Providence"*? »

Ce personnage est absent de la *RE.*

                                                          RICHARD GOULET.

168 PHILTYS DE CROTONE

Pythagoricienne dont le nom figure dans le catalogue de Jamblique (*V. pyth.* 36, 267, p. 146, 18-19 Deubner = **1** DK 58 A, t. I, p. 448, 8).

La forme Φιλτύς est une correction des éditeurs de la *V. pyth.* pour le Φίλτυς du *codex Laurentianus* (le principal ms ayant transmis ce texte), qui est aussi la forme retenue dans le **2** *LGPN,* t. III A, p. 462. E. Schwyzer envisageait également l'accentuation Φιλτῦς ; voir l'apparat critique du dernier éditeur du *De vita pythagorica,* **3** L. Deubner (Stuttgart [2]1975 [[1]1937]), *ad loc.* Dans **4** W. Pape et G. Benseler, *Wörterbuch der griechischen Eigennamen,* t. II, p. 1630, elle est répertoriée sous la forme Φίλτις. **5** O. Masson, quant à lui, préfère « Φιλτίς *de la vulgate plutôt que -ύς peu plausible chez Nauck et Deubner*» («Sur quelques noms de philosophes grecs : à propos du *Dictionnaire des philosophes antiques*, vol. II», *RPh* 68, 1994, p. 231-237, à la p. 233 [= *Id., Onomastica graeca selecta,* vol. 3, Genève 2000, p. 218-224, à la p. 220]). Le nom Φιλτίς est en effet bien attesté, p. ex. dans les îles de la Mer Égée (*cf.* **2** *LGPN,* t. I, p. 471) ; c'était aussi le nom de la fille d'Eudoxe de Cnide (Diog. L. VIII 88 et *Souda, s.v.* Εὔδοξος). Dans **6** G. Ménage, *Historia mulierum philosophorum,* Lyon 1690, p. 108 (*cf.* p. 116) [= trad. M. Vaney, *Histoire des femmes philosophes,* Paris 2003, p. 97-98], le nom de Philtys figure sous la forme "Philtatis", qui est sûrement erronée.

Il serait très tentant d'identifier cette Φιλτύς à Φιντύς [**➳P 170**], la pythagoricienne dont Stobée a transmis deux fragments d'un traité en dorien *Sur la tempérance de la femme,* étant donné que "Phintys" est tout simplement la forme dorienne pour "Philtys", et que, plus généralement, la combinaison de consonnes "nt" en dorien équivaut à "lt" en ionien. Dans cette hypothèse, on aurait dans le catalogue la transcription en ionien d'un nom originellement dorien, faite soit par Aristoxène, qui a confectionné le catalogue, soit par la tradition manuscrite du texte de Jamblique, qui nous l'a transmis.

7 H. Thesleff (*The Pythagorean texts,* p. 151 n. *ad* li. 15 ; *cf.* **8** *Id., Introduction,* p. 88), a relevé les formes ἐπένθωμεν, ἐπενθόν qu'on rencontre à la place de ἐπέλθωμεν, ἐπελθόν (λθ → νθ) dans les *Pseudopythagorica dorica* (voir Thesleff **7**, p. 89, 14 et p. 123, 20), tandis que l'interchangeabilité des formes similaires Φίλτις (dorienne) et Φίντις (ionienne) est déjà signalée clairement par Pape et Benseler **4**, t. II, p. 1633. *Cf.* aussi, dans un tout autre contexte, **9** Fr. Bechtel, *Die historischen Personennamen*, p. 454-455.

Mais les filiations familiales de ces deux personnes telles qu'elles sont transmises respectivement par Jamblique et Stobée ne sont pas du tout les mêmes : chez Jamblique, Philtys est la fille d'un Théophris de Crotone (inconnu par ailleurs, et absent du catalogue des pythagoriciens conservé par le même auteur), tandis que chez Stobée le père de Phintys est un certain Callicratès (*sic* pour le pythagoricien Callicratidas de Sparte ? [⟴C 19]).

Philtys ne serait pas la sœur de Byndacos [⟴B 70] comme on le pense habituellement, car il semble qu'un personnage de ce nom n'a jamais existé (il devrait donc être rayé du **10** *DPhA* II, 1994, p. 144) : en 36, 267, p. 146, 19 Deubner, le texte de la *V. pyth.* de Jamblique est corrompu, et en réalité il y est question d'une femme, la pythagoricienne Byndacô, sœur d'Occélos et Eccélos, les Lucaniens n'ayant du coup aucun rapport de parenté avec Philtys, qui la précède dans la liste. Voir la démonstration détaillée dans **11** Br. Centrone et C. Macris, notice « Occelô », *DPhA* IV, 2005, p. 743-746.

La différence des patronymes nous pousse à penser que l'on a affaire à deux personnes quasi homonymes mais bien distinctes, dont l'une, Philtys, aurait réellement existé et serait d'origine achéenne, tandis que l'autre, Phintys la dorienne, serait fictive : l'auteur néopythagoricien qui aurait écrit sous son nom (vraisemblablement le même que celui qui a écrit sous le nom de Callicratidas, ou ayant appartenu au même milieu) se serait peut-être inspiré de la première pour choisir son nom. Pourtant, la difficulté qui persiste, à savoir qu'il semble curieux d'avoir un nom ionien dans la colonie dorienne de Crotone, permet de se demander si l'on ne serait pas finalement en présence d'une seule Phintys : une dorienne de Crotone dont le nom a été transmis en ionien. Dans ce cas, il ne serait pas difficile d'envisager que la tradition nous aurait tout simplement transmis deux versions pour le nom de son père (cela arrive tellement souvent dans les sources antiques…).

CONSTANTINOS MACRIS.

PHILUS → FURIUS PHILUS

169 PHINTIAS DE SYRACUSE *RE* 3   IV^a

Pythagoricien ancien dont le nom figure dans le catalogue de Jamblique (*V. pyth.* 36, 267, p. 146, 1 Deubner = **1** DK 58 A, t. I, p. 447, 12) ; il est répertorié dans **2** W. Pape et G. Benseler, *Wörterbuch der griechischen Eigennamen*, t. II, p. 1633, ainsi que dans le **3** *LGPN*, t. III A, p. 465. Phintias était contemporain du tyran Denys II de Syracuse dit le jeune (397-344 av. J.-Chr.), connu par la *Lettre VII* de Platon (⟴D 84). Aristoxène de Tarente (⟴ A 417) a rendu ce pythagoricien célèbre en reproduisant l'histoire de la mise à l'épreuve par Denys de l'amitié exemplaire qui le liait à son concitoyen Damôn (⟴D 15), une amitié qui allait jusqu'à la caution sur la vie ; voir le fr. 31 Wehrli, transmis par Nicomaque de Gérasa, *FGrHist [contin.]* 1063 F 3, lui-même cité à son tour par Porphyre, *Vie de Pythagore*, 59-61, p. 65, 3 - 66, 17 Des Places, et par Jamblique, *V. pyth.* 33, 233-237, p. 125, 13 - 127, 11 Deubner = **1** DK 58 D 7 = **4** M. Timpanaro Cardini, *I*

Pitagorici. Testimonianze e frammenti, t. III, Firenze 1964, p. 304-309 (avec les n. *ad loc.*); sur les différences imperceptibles mais significatives entre le texte de Porphyre et celui, réécrit, de Jamblique, voir **5** L. Zhmud, *Wissenschaft, Philosophie und Religion im früher Pythagoreismus*, Berlin 1997, p. 81 n. 25. Aristoxène prétendait avoir entendu cette histoire du tyran Denys lui-même (sur ce point, *cf.* aussi Jamblique, *V. pyth.* 27, 127, p. 72, 18-20 Deubner = **1** DK 54 A 1). L'histoire est racontée en des termes assez similaires par Diodore de Sicile X 4, 3-6 (= **1** DK 55 = Timpanaro Cardini **4**, t. II, Firenze 1962, p. 434-435), selon qui Phintias aurait effectivement comploté contre Denys, contrairement à la version pro-pythagoricienne d'Aristoxène, qui innocente totalement Phintias. Voir encore Valère Maxime IV 7, 7 ext. 1, ainsi que Cicéron, *Tusculanes* V 22, 63 (*cf. De officiis* III 10, 45; *De finibus* II 24, 79), qui situe toutefois l'épisode à l'époque de Denys l'ancien. *Cf.* **6** K. von Fritz, art. «Phintias» 3, *RE* XX 1, 1941, col. 249; **7** Fr. Wehrli, *Aristoxenos*, coll. «Die Schule des Aristoteles» II, Basel/Stuttgart ²1967, p. 56-57. Pour plus de détails sur le contenu de cette anecdote, voir **8** Chr. Riedweg, art. «Damon» 2, *NP* III, 1997, col. 303; **9** Br. Centrone, notice «Damon de Syracuse», *DPhA* III, 2000, p. 607-608; **10** Πορφυρίου. Πυθαγόρου βίος, εισαγωγή, μετάφραση, σχόλια Κ. Μακρής, coll. «Ύστερη αρχαιότητα» 6, Αθήνες 2001, n. 203-206, aux p. 374-377. Selon **11** W. Burkert, «Craft versus sect: the problem of Orphics and Pythagoreans», dans B. F. Meyer et E. P. Sanders (édit.), *Jewish and Christian Self-definition*, t. 3: *Self-definition in the Greco-Roman World*, Philadelphia 1982, p. 1-22 + 183-189 [=*Id., Kleine Schriften III. Mystica, Orphica, Pythagorica*, éd. Fr. Graf, Göttingen 2006, p. 191-216], à la p. 16, «the incident is neatly dated 367/357 BCE». L'auteur propose par ailleurs une approche sociologique des pratiques de l'amitié et de la solidarité qui caractérisaient les communautés pythagoriciennes, interprétées comme des sectes, tout en voyant en Damon et Phintias «an experiment in alternative life-forms on a totally private basis» (p. 17).

Phintias de Syracuse se cache peut-être aussi derrière un certain "Phintia" mentionné par Hygin (*Fables*, CCLIV 4) à côté de Damôn comme exemple d'amour filial. Selon la tradition rapportée par cet auteur, «en Sicile, dès que l'Etna s'embrasa, Damôn arracha au feu sa mère, et Phintia son père; et de même Énée, à Ilion, arracha son père Anchise à l'incendie, sur ses épaules, ainsi que son fils Ascagne» (trad. *CUF* modifiée). Von Fritz **6** pense qu'il s'agirait là d'une transposition de l'histoire d'Amphinomos et Anapis (sur lesquels *cf.* **12** G. Wissowa, art. «Amphinomos» 5, *RE* I 2, 1894, col. 1943-1944; **13** *Id.*, «Anapias», *ibid.*, col. 2061).

Sur la forme du nom de Phintias, *cf.* **14** Fr. Bechtel, *Die historischen Personennamen*, p. 454.

"Nachleben". Depuis Aristoxène, l'amitié de Damôn et Phintias s'est érigée en paradigme de la *philia* pythagoricienne, voire de l'amitié tout court. Ainsi Plutarque, *Sur la multitude des amis* 2, 93 E 7, évoque Damôn et Phintias comme exemple d'amitié en couple, à côté de Thésée et Peirithous, Achille et Patrocle, Oreste et Pylade, Épameinôndas et Pélopidas. Dans les *Fables* d'Hygin (CCLVII 3-8) ce

sont Sélinountios et Moérus qui prennent la place de Damôn et Phintias dans ce qui
semble être une variante ou un pastiche de la fameuse anecdote illustrant comment
les liens de la vraie amitié peuvent rester indissolubles face à la cruauté du tyran.
Pour un parcours panoramique de la fortune qu'a eue ce couple d'amis dans la
littérature, voir l'étude complète de **15** E. Gegenschatz, «Die 'pythagoreische
Bürgschaft' – zur Geschichte eines Motivs von Aristoxenos bis Schiller», dans
P. Neukam (édit.), *Begegnungen mit Neuem und Altem*, München 1981, p. 90-154.
Pour les sources latines, notamment chrétiennes (p. ex. Ambroise, *De off. min.* III
12, 80; *De virginibus* II 5, 34; Jérôme, *Comm. in Matt.* XVIII 19-20), voir
16 P. Courcelle, «Les sources de saint Ambroise sur Denys le tyran», *RPh* 95,
1969, p. 204-210 [= *Id., Opuscula selecta. Bibliographie et recueil d'articles
publiés entre 1938 et 1980*, Paris 1984, p. 312-318]; **17** C. White, *Christian friendship in the fourth century*, Cambridge 1992, p. 18-19, avec les n. 20-21 (à la
p. 228), 38, 142-143, 149-150; **18** G. Freyburger, «De l'*amicitia* païenne aux
vertus chrétiennes: Damon et Phintias», dans G. Freyburger et L. Pernot (édit.),
Du héros païen au saint chrétien. Actes du colloque organisé par le Centre
d'Analyse des Rhétoriques Religieuses de l'Antiquité (C.A.R.R.A.) (Strasbourg, 1-
2 décembre 1995), coll. «Collection des Études Augustiniennes. Série Antiquité»
154, Paris 1997, p. 87-93.

N.B. Le nom de Phintias est parfois transcrit "Pythias" en latin, et cette erreur s'est perpétuée
jusqu'aux reprises modernes de l'anecdote dont il est le protagoniste (*cf. infra*).

Pour les ré-élaborations de ce thème dans la littérature du Moyen-Âge, de la
Renaissance et des temps modernes, voir, entre autres, **19** J. M. Ziolkowski,
«Twelfth century understandings and adaptations of ancient friendship», dans
A. Welkenhuysen, H. Braet et W. Verbeke (édit.), *Mediaeval Antiquity*, Leuven/
Louvain 1995, p. 59-81, aux p. 73-74; **20** R. Stretter, «Cicero on stage: Damon
and Pythias and the fate of classical friendship in English Renaissance drama»,
TSLA 47, 2005, p. 345-365; **21** J. F. L. Raschen, «Earlier and later versions of the
friendship-theme. I. 'Damon and Pythias'», *ModPhil* 17, 1919, p. 105-109.

22 V. F. Maher, «Damon or Pandora?», *Medicine, Health Care and Philosophy* 3, 2000,
p. 179-183, considère l'histoire de l'amitié de Damon et Phintias comme «one of the earliest
recordings of [the recognition of] individual worth».

CONSTANTINOS MACRIS.

170 PHINTYS *RE*

Pythagoricienne inconnue sous le nom de laquelle circulait dans l'Antiquité un
traité en dorien *Sur la tempérance de la femme* (Περὶ γυναικὸς σωφροσύνας)
dont Stobée a transmis deux fragments assez consistants (IV 23, 61 et 61 a,
p. 588, 17 - 593, 11 Hense). Étant donné le caractère probablement fictif de ce
personnage, ainsi que l'absence d'indication au sujet de son origine, Φιντύς n'a
pas été répertoriée dans le **1** *LGPN*, t. I-IV; on la trouve en revanche dans
2 W. Pape et G. Benseler, *Wörterbuch der griechischen Eigennamen*, t. II, p. 1633,
accentuée Φίντυς (comme chez Frede et Riedweg **5**, *infra*). Voir à son propos les
brèves notices de **3** K. von Fritz, art. «Phintys», *RE* XX 1, 1941, col. 250-251;

4 H. Thesleff, *Introduction*, p. 57-59 ; **5** M. Frede et Chr. Riedweg, art. «Phintys», *NP* IX, 2000, p. 905.

Phintys est présentée comme la fille d'un certain Callicratès, dont le nom pourrait être en réalité une variante ou une déformation de celui de Callicratidas de Sparte (➡C 19), pythagoricien à qui est attribué un traité en dorien *Sur la félicité domestique* d'esprit assez similaire.

Ce rapprochement a déjà été envisagé par **6** I. C. Orelli, *Opuscula Graecorum veterum sententiosa et moralia, graece et latine*, t. II, Leipzig 1821, p. 725 ; *cf.* **7** Fr. Wilhelm, «Die *Œconomica* der Neupythagoreer Bryson, Kallikratidas, Periktione, Phintys», *RhM* 70, 1915, p. 161-223, à la p. 206 n. 6. Avançant d'un pas, **8** Ed. Zeller, *Die Philosophie der Griechen*, t. III 2⁴, p. 117, Nᵒ 31, pensait carrément que les traités ayant circulé sous les noms de Phintys et de Callicratidas provenaient du calame du même auteur. Cela est effectivement possible, mais Wilhelm **7**, p. 220 n. 3, et **9** K. Praechter, art. «Kallikratidas» 2, *RE* X 2, 1919, col. 1642-1643, aux li. 46 *sq.*, ont réagi à juste titre en protestant que Zeller allait trop loin dans ses spéculations et que sa proposition n'était rien de plus qu'une simple hypothèse. On pourrait tout au plus envisager que les deux textes, qui présentent en effet de nombreuses ressemblances tant sur le plan de la forme et de la terminologie que sur celui du contenu (elles sont relevées par Wilhelm **7**, *passim* ; *cf.* p. 220), seraient issus du même milieu philosophique ou littéraire.

Par ailleurs, Callicratès pourrait être le nom d'un pythagoricien ayant réellement existé, qui semble avoir laissé deux traces bien minces dans la documentation à notre disposition : (1) un ΚΑΛΛΙΚΡΑΤΗΣ figure dans une liste comportant une quarantaine de noms, masculins et féminins, inscrits sur deux feuilles de plomb recueillies dans une tombe collective tarentine et datant de *ca* 300 av. J.-C. (**10** *IG* XIV, 668, col. II, 7 ; *cf.* **11** H. Thesleff, discussion dans K. von Fritz [édit.], *Pseudepigrapha I. Pseudopythagorica, lettres de Platon, littérature pseudépigraphique juive*, coll. «Entretiens sur l'Antiquité classique» 18, Vandœuvres-Genève 1972, p. 95) ; cette liste de «membres d'un cénacle mystique» [= pythagoricien?] (selon P. Wuilleumier) présente de nombreux recoupements avec le catalogue des pythagoriciens de Jamblique (pour plus de détails sur ce document, voir la notice du *DPhA* sur Polémarchos de Tarente [➡P 215]) ; (2) un "Callicrates Pythagoreus" faisait partie des autorités citées dans la collection d'apophtegmes confectionnée par Arsénios, l'archevêque de Monembasia, sous le titre Ἰωνιά, connue aussi comme *Violetum* ; voir la liste alphabétique donnée par **12** A. M. Bandini, *Catalogus codicum manuscriptorum Bibliothecae Laurentianae varia continens opera graecorum Patrum*, t. I, Florentiae 1764 [réimpr. anastatique Leipzig 1961], p. 549, sur la base du codex *Laur. Plut.* IV.26 (en revanche, on n'a pas pu repérer ce nom dans l'édition de **12a** Chr. Walz, Ἀρσενίου Ἰωνιά / *Arsenii Violetum*, Stuttgart 1832).

Convaincue du fait que Phintys serait la fille de Callicratidas de Sparte, **13** M. E. Waithe (édit.), *A History of women philosophers*, t. 1, *Ancient women philosophers, 600 B. C. – 500 A. D.*, Dordrecht/Boston/London 1987 [réimpr. 1992], p. 26, fait de Phintys une Spartiate, ce qui est possible (*cf.* déjà Thesleff **4**, p. 76 n. 3 et p. 100 n. 2) ; mais lorsqu'elle présente comme une quasi certitude l'identification de Callicratidas l'auteur pythagoricien avec l'amiral lacédémonien homonyme, on ne peut plus la suivre, ne serait-ce qu'en raison de la grande popularité du nom "Callicratidas" en Laconie.

Étant donné que Phintys est tout simplement la forme dorienne de Philtys, il serait tout à fait envisageable que cette Phintys par ailleurs inconnue soit identique à Philtys de Crotone, qui figure parmi les femmes pythagoriciennes du catalogue de Jamblique («vielleicht identisch» selon Frede et Riedweg **5**) ; voir à ce sujet la notice consacrée à cette dernière (➡P 168). – On pourrait d'ailleurs se demander si l'on ne devrait pas établir un rapport de parenté entre Phintys et le pythagoricien syracusain Phintias (➡P 169) dont le nom vient de la même racine (*cf.* les cas analogues de Cheilônis fille de Cheilôn, Habrotéleia fille de Habrotélès, Échécrateia fille ou sœur d'Échécratès, Tyrsénis fille ou sœur de Tyrsénos, P(e)isirrhodè fille ou sœur de P(e)isirrhodos dans le catalogue de Jamblique – noms qui sont tous répertoriés dans le *DPhA*). – Pindare mentionne dans *Ol.* VI, 22 un Syracusain du nom de Phintis (Φίντις) (date: 468 av. J.-C.; répertorié dans Pape et Benseler **2** et *LGPN* **1**, t. III A, p. 462), qui pourrait aussi avoir un rapport avec la Phintys pythagoricienne, à supposer que celle-ci ait jamais existé…

Pour le texte attribué à Phintys, voir **14** Fr. Mullach, *FPhG* II, p. 36-37 = **15** H. Thesleff, *The Pythagorean texts*, p. 151, 17 - 154, 11. **Traductions**. *Latine* (avec texte grec en regard): Orelli **6**, p. 356-361 (avec des *annotationes*, p. 725-727). *Françaises*: **16** Cl. Bader, *La femme grecque : étude de la vie antique*, Paris ²1873, p. 423-428 (avec un bref comm., aux p. 428-430); **17** M. Meunier, *Femmes pythagoriciennes. Fragments et lettres de Théanô, Périctioné, Phintys, Melissa et Myia*, Paris 1932 [réimpr. 1980], p. 63-75 (richement annotée). *Anglaises*: K. S. Guthrie, dans **18** D. Fideler (édit.), *The Pythagorean sourcebook*, p. 263-264, et dans **19** R. Navon (édit.), *The Pythagorean writings*, p. 70-71 (qui adopte la graphie Phyntis); V. L. Harper, dans Waithe **13**, p. 26-27 et 30-31 (avec le comm. de Waithe, aux p. 28-29 et 31).

Datation. Iᵉʳ siècle av. – Iᵉʳ siècle ap. J.-C. (p. 163), voire IIᵉ siècle de notre ère (p. 223), selon Wilhelm **7**; ses arguments sont critiqués par Thesleff **4**, p. 57-59; *cf.* aussi p. 34. Selon ce dernier (p. 115; *cf.* aussi p. 110), la date de composition du traité attribué à Phintys serait beaucoup plus haute: elle remonterait au IIIᵉ s. av. J.-C. Waithe **13**, en revanche (p. 26), convaincue du fait que Phintys serait la fille de l'amiral Callicratidas de Sparte, mort pendant la bataille d'Arginuses en 406 av. J.-C., considère Phintys comme une contemporaine de Platon et la range parmi les « late Pythagoreans, [who] probably lived no earlier than *circa* 425 *B. C.* … ».

Contenu. Voir l'étude détaillée de Wilhelm **7**, p. 206-223; *cf.* aussi **20** D. L. Balch, « Neopythagorean moralists and the New Testament household codes », dans *ANRW* II 26, 1, Berlin 1992, p. 380-411, aux p. 399-401, et déjà **21** K. Praechter, « Metopos, Theages und Archytas bei Stobaeus *Flor.* I 64, 67 ff. », *Philologus* 50, 1891, p. 49-57, aux p. 50 et 56 (parallèles ponctuels avec les textes pythagoriciens tardifs ayant circulé sous les noms de Métopos [☞M 141] et d'Euryphamos [☞E 145], ainsi qu'avec Areios Didymos [☞A 324]).

"Gender studies". Comme les autres pythagoriciennes, Phintys occupe une place d'honneur dans les études modernes et contemporaines consacrées aux femmes philosophes. Voir p. ex. **22** G. Ménage, *Historia mulierum philosophorum*, Lugduni 1690, p. 117-118 [= trad. M. Vaney, *Histoire des femmes philosophes*, Paris 2003, p. 104]; **23** Sister Prudence Allen R.S.N., *The concept of woman : the Aristotelian revolution, 750 B. C.–A. D. 1250*, Grand Rapids (Michigan)/Cambridge ²1997, p. 147-150 (sous le nom de Phyntis); **24** I. M. Plant (édit.), *Women writers of ancient Greece and Rome : an anthology*, London 2004, p. 84-86; *cf.* **25** M. Jufresa, « Savoir féminin et sectes pythagoriciennes », *Clio* 2, 1995, p. 17-40; **26** E. Haskins, « Pythagorean women », dans M. Ballif et M. G. Moran (édit.), *Classical rhetorics and rhetoricians : critical studies and sources*, Westport (Connecticut) 2005, p. 315-319.

CONSTANTINOS MACRIS.

171 PHOCION surnommé CHRESTOS *RE* 2   IV^a

Phocion surnommé «Le Bon (χρηστός)» était un général athénien et un homme d'état important (voir Th. Lenschau, art. «Phokion», *RE* XX 1, 1941, col. 458-473). Il suivit les leçons de Platon (➚P 195), puis celles de Xénocrate à l'Académie (Plutarque, *Phocion* 4, 2; *Adv. Coloten* 32, 1126 C), où il eut pour condisciple Léon de Byzance [➚L 33] (Plutarque, *Phocion* 14, 7). On retrouve une trace de cette éducation platonicienne par exemple quand il dit préférer subir une injustice plutôt que la commettre (*ibid.*, 32, 6). En Diogène Laërce VI 76 (*SSR* V B 138) et dans la *Souda*, Φιλίσκος Αἰγινήτης Φ 362, t. I 4, p. 726, li. 10-11Adler (absent de *SSR* V B), il est présenté comme un disciple de Diogène le Chien (➚D 147). Plusieurs témoignages illustrent par ailleurs sa pauvreté (Stobée, *Anthol.* III 5, 37, t. III, p. 267, 6 H.; III 37, 36, t. III, p. 707, 4-9 H.; IV 2, 32a, 10, t. V, p. 782, 12-13 H.; Plutarque, *Phocion* 9, 1), la simplicité de son mode de vie (*ibid.*, 18, 3), sa franchise brutale (*ibid.* 9, 1 - 10, 3), son refus de l'argent (quand Alexandre veut lui en donner [*ibid.*, 18, 1-2] ou quand il refuse les présents de Ményllos et d'Antipatros [30, 1-5]), ce qui s'harmoniserait bien avec la pratique du cynisme. Cependant le fait qu'il ait pu être disciple de Diogène a suscité le scepticisme, d'autant plus que Plutarque dans sa *Vie* de Phocion ne semble pas au courant de ce lien éventuel entre Phocion et le philosophe (voir Giannantoni, *SSR*, t. IV, Nota 46, p. 485).

MARIE-ODILE GOULET-CAZÉ.

PHOEBUS → SEVERUS (MESSIUS P. –)

172 PHOIBIÔN (Phoebion) *RE*   III

Stoïcien du milieu du IIIe siècle (Porphyre, *Vita Plotini* 20, 64) que, dans la Préface de son livre *Sur la fin*, Longin (➚L 63) classe parmi ceux qui n'ayant «retenu des recherches des anciens que des éléments tout à fait mineurs, ont entrepris de composer des livres sur les mêmes sujets qu'eux; c'est le cas d'Annius (➚A 187), de Médius (➚M 75) et de Phoibiôn, lequel prétendait à la célébrité par le travail du style plus que par la mise en ordre de la pensée...» (*V. Plot.* 20, 63-65).

Le nom est attesté à 8 reprises dans les volumes parus du *LGPN*.

Cf. Brisson, Prosopographie, *PVP* I, *s.v.*

LUC BRISSON.

173 PHORMION *RE* 8   MF III^a

Péripatéticien dont on ne connaît ni l'origine ni l'activité littéraire.

Cf. 1 K. O. Brink, art. «Phormion» 8, *RE* XX 1, 1941, col. 540; **2** F. Wehrli, *GGP*, *Antike* 3, p. 581; **3** F. Wehrli †, G. Wöhrle et L. Zhmud, *GGP*, *Antike* 3, 2e éd. (2004), p. 619.

Nous possédons deux témoignages sur Phormion (Φορμίων), une anecdote rapportée par Cicéron (*De oratore* II 18, 75) et la mention de ce nom dans une liste de successeurs d'Aristote à la tête de l'école (*Vita Menagiana* = *Vita Hesychii* 9 Düring). L'anecdote cicéronienne nous présente un vieillard péripatéticien du nom de Phormion, auréolé d'un grand renom *(magna apud omnis gloria),* que les hôtes d'Hannibal réfugié à Éphèse auprès d'Antiochus III (195/4) ont jugé bon de présenter au général carthaginois pour un entretien. Le philosophe-rhéteur traita longuement des devoirs du général et de l'art militaire *(de imperatoris officio et de omni re militari).* Mais le discoureur, malgré l'admiration des auditeurs, est finalement ridiculisé par le général, et figure le type de l'orateur qui traite en théorie d'un sujet qui exige une connaissance fondée sur l'expérience. Une anecdote semblable est rapportée à un stoïcien anonyme ; elle convient bien à la polémique sur les paradoxes des stoïciens (Stobée, *Anth.* IV 13, 58 (W.-H.) : Ἀννίβαλ ἀκούσας Στωικοῦ τινος ἐπιχειροῦντος ὅτι ὁ σοφὸς μόνος στρατηγικός ἐστιν, ἐγέλασε νομίζων ἀδύνατον εἶναι ἐκτὸς τῆς δι' ἔργων ἐμπειρίας τὴν ἐν τούτοις ἐπιστήμην σχεῖν («Entendant un stoïcien soutenir que seul le sage est général, Hannibal éclata de rire, pensant qu'il était impossible de posséder la science en ce domaine en dehors de l'expérience qui repose sur des actes»). La date de l'événement et l'âge avancé de Phormion (qualifé de *senex* par Hannibal) laissent penser qu'il est né vers 260 av. J.-C.

La présence de Phormion sur une liste de διάδοχοι, immédiatement avant Critolaos (➳C 219), dans une *Vie d'Aristote [Vita Hesychii]*, serait due, comme pour Prytanis (➳P 310) qui le précède, à une interpolation (pour le texte et le commentaire, *cf.* I. Düring, *Aristotle in the ancient biographical tradition*, Göteborg 1957, p. 82 et 90). Sur cette liste, énumérant dans l'ordre (κατὰ τάξιν) les successeurs d'Aristote : Théophraste, Straton, Praxitélès (➳P 278), Lycon (➳L 83), Ariston (➳A 396), Lyciscos (la notice figurera dans les compléments du tome VI), Praxiphane (➳P 277), Hiéronymos (➳H 129), Prytanis (➳P 310), Phormion, Critolaos, voir K. O. Brink, art. «Peripatos», *RESuppl.* VII, 1940, col. 908-909, et J. P. Lynch, *Aristotle's School*, p. 141 n. 12.

Avec Phormion, il semble que nous ayons affaire à un «péripatéticien» au sens large du terme, qui n'enseigne pas dans une école, mais parcourt les cités pour y donner des conférences (*cf.* cependant Wehrli **2**, qui pense que Phormion, tout comme Prytanis, ont été des membres réguliers du Péripatos).

JEAN-PIERRE SCHNEIDER.

174 PHORMION D'ÉLÉE *RE* 7   IVᵃ

Académicien, disciple de Platon.

Phormion, originaire d'Élée, aurait été envoyé par Platon dans sa ville natale pour la doter d'une constitution (Plut., *Adv. Col.* 32, 1126 C). Selon Plutarque (*Praec. rep. ger.* 10, 805 D) il aurait réorganisé le régime oligarchique de la ville. **1** W. L. Newman, *The Politics of Aristotle*, Oxford 1902, t. IV, p. 358, met en rapport ce renseignement avec ce qu'Aristote (*Pol.* V 6, 1306 a 15-19) raconte de la disparition de l'oligarchie d'Élée, mais l'interprétation du passage reste controversée (**2** M. Isnardi Parente, *Studi sull'Accademia platonica antica*, Firenze 1979, p. 278-279).

Cf. 3 A. Wörle, *Die politische Tätigkeit der Schüler Platons*, Darmstadt 1981, p. 112-114 ; **4** K. Trampedach, *Platon, die Akademie und die zeitgenössiche Politik*, coll. « Hermes Einzelschriften » 66, Stuttgart 1994, p. 41-47.

TIZIANO DORANDI.

PHOTIDAS → **PHRONTIDAS**

175 PHOTIOS *RE* 13 *PmbZ* 6253 (*partim*)   IX

L'intellectuel le plus fameux de toute la période byzantine.

PLAN DE LA NOTICE

1. ÉTUDES D'ORIENTATION

1 D. Hergenröther, *Photius, Patriarch von Konstantinopel. Sein Leben, seine Schriften und das griechische Schisma*, 3 vol., Regensburg 1867-1869 (dépassé sur bien des points, mais reste la somme la plus importante jamais consacrée à Photios) ; **2** F. Dvornik, *Le schisme de Photius. Histoire et légende*, Paris 1950 ; **3** P. Lemerle, *Le premier humanisme byzantin. Notes et remarques sur enseignement et culture à Byzance des origines au Xe siècle*, Paris 1971, p. 177-204.

2. ÉDITIONS CRITIQUES DES GRANDES COLLECTIONS

a. Lexique

4 S. A. Naber, *Photii Patriarchae Lexicon,* 2 vol., Leiden 1864-1865 (version incomplète) ; **5** Ch. Theodoridis, *Photii Patriarchae Lexicon,* t. I : A-Δ, Berlin/New York, 1982 ; **6** *Id., Photii Patriarchae Lexicon,* t. II : E-M, Berlin/New York 1998 (Theodoridis **5** et **6** utilise le manuscrit de Zaborda, découvert en 1961, voir *infra* ; les deux volumes contiennent des introductions fort importantes faisant le point sur la place du *Lexique* dans l'histoire de la lexicographie byzantine ; la suite est attendue avec impatience).

b. Bibliothèque

7 I. Bekker, *Photii Bibliotheca,* 2 vol., Berlin 1824-1825 ; **8** R. Henry, *Photius. Bibliothèque,* 8 vol., « Collection Byzantine », Paris 1959-1977 (texte critique, traduction et annotation) ; Henry **8** a été republié à l'identique, mais dans la *CUF*, Paris 1991.

c. Lettres

9 B. Laourdas et L. G. Westerink, *Photii Patriarchae Constantinopolitani Epistulae et Amphilochia,* I-III : *Epistularum partes* 1-3, Leipzig 1983-1985 (l'introduction est très importante pour l'histoire des textes).

d. Questions à Amphilochios (abrégé par la suite *QA*)

10 L. G. Westerink, *Photii Patriarchae Constantinopolitani Epistulae et Amphilochia,* IV-VI 1 : *Amphilochiorum partes* 1-3, Leipzig 1986-1987.

e. Homélies

11 B. Laourdas, *ΦΩΤΙΟΥ ΟΜΙΛΙΑΙ,* Thessalonique 1959 (contient, p. 1*-128*, une très importante introduction, avec 4 planches ; l'édition critique, fondée sur 14 manuscrits, se lit p. 1-186 ; les p. 205-263 contiennent le commentaire ; l'index des noms propres (p. 265-269) porte à la fois sur l'introduction, le texte et le commentaire.

On ne possède de Photios aucune biographie. L'œuvre contient à la fois, mais en proportions fort inégales, poésie et prose. D'autre part, la production littéraire est nécessairement tributaire de la trajectoire historique qui a conditionné la formation, pour ne pas dire le message philosophique de Photios. La logique dicte donc son plan à l'exposé qu'on va lire. Toutefois, on peut négliger la poésie et les parties de l'œuvre qui ont trait aux péripéties de l'époque. Enfin, une fois élu patriarche, Photios échappe à la philosophie pour l'essentiel. L'essentiel de son apport relève désormais de l'histoire générale et n'est plus du ressort du *DPhA*.

3. LA FORMATION DE PHOTIOS

a. La prime jeunesse

Sa famille pourrait avoir une origine lointainement arménienne [*Ép.* 284, 83-84, t. III, p. 6 Laourdas-Westerink (à Asot, roi d'Arménie): συγγενοῦς αἵματος χρηματίζουσαν]. En l'absence de tout récit biographique, on possède sur Photios peu de dates assurées, en tout cas pas plus celle de sa naissance que de sa mort. Les seules que l'on puisse garantir sont liées à son activité politico-religieuse, c'est-à-dire celles de son élévation au patriarcat (25 décembre 858), de sa chute (25 septembre 867), de sa seconde élévation au patriarcat (26 octobre 877) et de son abdication (29 septembre 886). Les dates sont empruntées à **12** V. Grumel, *Les regestes des actes du patriarcat de Constantinople*, t. I : *Les Actes des patriarches*, fasc. II et III : *Les regestes de 715 à 1206*, Paris 1989, p. 95 et 137. On a proposé diverses années de naissance : 800 (Papadopoulos-Kerameus), 820 (Beck) ou 827 (Hergenröther). Voir pour tout ceci : **13** *PmbZ*, 6253 *Photios*, p. 671. Le plus probable est que Photios naquit entre 810 et 820, **14** Hélène Ahrweiler, « Sur la carrière de Photius avant son patriarcat », *ByzZ* 58, 1965, p. 348-363, spécialement p. 348-350 ; **15** C. Mango, « The Liquidation of Iconoclasm and the Patriarch Photius », dans A. Bryer et Judith Herrin (édit.), *Iconoclasm*, Birmingham 1977, p. 135-139. Pour la fin de son existence, les chroniques mentionnent seulement le second exil et le dépôt de ses restes dans l'église d'Érémia ou de Jérémie de Merdosagar. Des notices à la crédibilité douteuse donnent pour date de sa mort le 6 février 891, **16** K. Ziegler, art. « Photios » 13, dans *RE* XX 1, 1941, col. 667-737, spécialement col. 683. Suivant **17** A. Papadopoulos-Kerameus, « Ὁ πατριάρχης Φώτιος ὡς πατὴρ τῆς ὀρθοδόξου καθολικῆς ἐκκλησίας », *ByzZ* 8, 1899, p. 647, il faudrait plutôt considérer qu'il s'agissait du 6 février 897. Il semble que l'on puisse décrire quelques sombres péripéties de la vie du personnage. Elles ne sont pas sans intérêt car elles mettent en jeu les circonstances dans lesquelles il acquit les connaissances dont ses œuvres font la preuve. Dans sa *Bibliothèque*, la plus connue d'entre elles, dont il sera question longuement dans la deuxième partie de cet article, Photios (*cod.* 67, 33 b 30) recense un ouvrage qu'il prête à un certain Serge le Confesseur, écrivain fort mal attesté.

Il le fait avec une extrême sobriété, suivant une formulation tout à fait inhabituelle : *Lu par moi du Serge le Confesseur.* Le pronom μοι apparaît pour la première fois dans un emploi semblable ; on ne le retrouve qu'aux *codd.* 69 (34 a 36) et 70 (35 a 2), qui roulent respectivement sur l'*Histoire universelle* d'Hésychios de Milet et sur la *Bibliothèque historique* de Diodore de Sicile. En outre, il n'y a pas d'indication d'ordre bibliographique pour l'ouvrage de Serge. Faut-il entendre que l'ouvrage était inachevé ? La carence est-elle le signe d'une émotion ? On a signalé depuis longtemps l'importance de la notice (*cod.* 67, 33 b 31-38) sur ce dernier ouvrage, le plus récent dont Photios ait fait l'analyse dans sa *Bibliothèque*, Dvornik **2**, p. 524 ; et surtout Mango **15**, p. 133-140, plus spécialement, p. 136-140. Il s'agissait d'un récit, autant qu'un traité anti-iconoclaste, qui retraçait l'histoire de l'hérésie depuis Constantin V, appelé Copronyme (740-755), jusqu'au règne de Michel II, plus précisément, jusqu'en 828. Il ne faisait pas allusion à la mort de Michel II, en 829.

Le *Synaxaire de Constantinople* (**18** H. Delehaye, « Synaxarium Ecclesiae Constantinopolitanae », dans *Propylaeum ad Acta sanctorum Novembris*, Bruxelles, Société des Bollandistes,

1902, p. 982, li. 9-20) signale que l'on évoquait le souvenir de Serge le Confesseur le 13 mai : l'homme était originaire de Constantinople et issu d'une famille noble ; il était connu pour la vénération qu'il avait pour les saintes icônes. Conduit devant l'empereur Théophile, il reçut une corde qu'on lui mit au cou pour le conduire en rond autour du marché public, comme un criminel, puis il fut emprisonné. Le *Parisiensis Coisl.* 223 offre en substance la même matière, sauf que l'humiliation fut ordonnée alors que le marché battait son plein (καὶ αὐτῆς ἀγορᾶς πληθούσης). On trouve, en substance, des indications analogues dans le *Ménologe de Basile* (*PG* 117, col. 453 C-D), où l'empereur hérétique porte le nom de Léon (III l'Isaurien). Privé de ses grandes richesses, Serge fut exilé avec toute sa famille, c'est-à-dire son épouse Irène et ses enfants. Il mourut après avoir connu maintes tribulations en exil.

Des faits semblables sont rappelés par Photios lui-même à propos de ses parents. Dans une lettre aux évêques orientaux, que l'on date du printemps 860, Photios évoque sa vocation contrariée par les événements politiques (*Ép.* 289, t. III, p. 122, 48-57 W.) :

J'étais encore dans mon jeune âge que mûrissait en moi le goût pour la vie monastique, même si l'adversité, par son action en désaccord avec les dispositions personnelles, en s'opposant à la vivacité de l'aspiration, rendît pendant longtemps sans effet les expressions du désir, quoiqu'il y eût des raisons nombreuses qui n'eussent pas dû interdire à la volonté d'atteindre son objectif. J'avais aussi un père qui, pour avoir entendu précédemment l'appel de la vertu, en raison de l'orthodoxie de ses convictions et la vérité de sa foi, avait dû dire un adieu définitif à ses richesses et au cercle d'amis que lui valaient ses dignités et qui avait subi toutes les épreuves, pour ne pas entrer dans le détail, et qui connut sa fin dans le martyre même de l'exil ; et ma mère, qui était attachée à Dieu autant qu'à la vertu et qui disputait la palme à son mari, ne le lui céda en rien sur ces points.

Dans la lettre de consolation à son frère Tarasios (*PmbZ* **13**, *Tarasios* 7237), il explique que la perte de trois de ses frères survint alors que les siens affrontaient les duretés de l'exil (*Ép.* 234, t. II, p. 151, 52-54 W., voir **19** W. T. Treadgold, *The Nature of the* Bibliotheca *of Photius*, Dumbarton Oaks, Washington 1980), p. 2 n. 9) :

Et pesaient alors sur eux les rigueurs et la dureté de l'exil, alors qu'ils étaient abandonnés par leurs amis, les parents qui les entouraient, et privés d'absolument tous les éléments propres à apporter un soulagement à l'âme.

Photios lui-même ne fut pas exempté de ces tribulations, qu'il partagea avec la famille, *Vie* d'Euthyme le Jeune (*BHG* 655), dans **20** L. Petit, « Vie et office de saint Euthyme le Jeune », *ROC* 8, 1903, p. 155-205, en particulier, p. 179 :

Φώτιος γὰρ ἦν ὁ μακάριος, ὁ φωτὸς ἀκτῖσι φερωνύμως τοῦ ὀνόματος πλήθει διδασκαλιῶν καταλάμψας τὰ πέρατα, ὁ ἐξ αὐτῶν σπαργάνων ἀφιερωθεὶς τῷ Χριστῷ, ὡς ὑπὲρ τῆς αὐτοῦ εἰκόνος δημεύσει καὶ ἐξορίᾳ, τούτοις δὴ τοῖς ἀθλητικοῖς ἐκ προοιμίων ἀγῶσι, συγκοινωνήσας τῷ γεννήτορι, οὗ καὶ ἡ ζωὴ θαυμαστὴ καὶ τὸ τέλος ἐπέραστον, ὑπὸ θεοῦ τοῖς θαύμασι μαρτυρούμενον.

« En effet, c'était Photios le Bienheureux, celui qui avait par une foule d'enseignements illuminé les extrémités (du monde) des rayons de lumière (c'est le nom qu'il porte), celui qui dès sa première enfance avait été consacré au Christ, au point que pour la défense de son image, il avait subi confiscations et exil – ce sont précisément ces combats qu'avaient livrés dès les origines les champions (du Christ) – en partageant le sort de son père, dont la vie fut admirable et la fin digne d'amour, au témoignage des miracles de Dieu. »

Voir, pour tout ceci, *PmbZ* **13**, *Sergios Homologetes* 6665. C'est ce que confirme un passage de la lettre qu'il envoie en août ou en septembre 861 au pape Nicolas :

Nous avons essuyé la violence. De quelle ampleur, Dieu, qui voit tout au grand jour, y compris les choses cachées, en est conscient! On nous a tenu attaché, malgré que nous en eussions ; à l'égal de bandits, on nous a tenu enfermé ; on nous a tenu sous la garde de sentinelles.

On ne verra pas ici une présentation rhétorique des faits. Les actes du VIIIe concile œcuménique de 879-880 indiquent que les parents de Photios souffrirent et moururent en effet pour la défense de l'orthodoxie (Mansi, XVII A, 460 B). Il n'en faut guère plus pour admettre que Serge le Confesseur, le Saint élevé sur les autels de l'Église byzantine à la date du 13 mai, et le père de Photios ne faisaient qu'un seul et même homme.

Nous n'avons pas d'autre information sur cet exil, qui ne peut guère avoir eu lieu sous le règne de Léon V l'Arménien (813-820), quand Théodore Studite fut exilé et que son vieil adversaire, le patriarche Nicéphore Ier (806-813 ou 20.3. 815, voir *PmbZ* **13**, *Nikephoros* 5301), fut déposé, le 1er avril 815, **21** G. Ostrogorsky, *Histoire de l'État byzantin,* Paris 1956 (trad. J. Gouillard), p. 231-232. Plus vraisemblable est la dernière persécution lancée contre l'iconodoulie en 837. Toutefois, déjà précédemment, le 18 juillet 836, des mesures cruelles et infamantes avaient été décrétées contre deux iconodules célèbres, les deux frères Théodore et Théophane, les « Grapti », qui avaient refusé de se convertir : sur ordre de l'empereur Théophile, qui, comme eux, se piquait de poésie, l'éparque fit tatouer sur leur visage douze trimètres iambiques. Par la suite, sans doute au début de l'année suivante, ils furent, après un séjour en prison, frappés d'exil, *PmbZ* **13**, *Theodoros Graptos* 7526, avec les notes 17-18. Photios et les siens furent-ils emprisonnés au même moment et au cours de la même vague que les « Grapti » ?

Serge, le père de Photios, était un frère ou plutôt un neveu du patriarche Tarasios (784-806, voir *PmbZ* **13**, *Tarasios* 7235), Lemerle **3**, p. 181, et surtout Mango **15**, p. 136-137), qui exerça lui-même de hautes fonctions dans l'empire, sans doute celles de *prôtasécrétis*. Il portait le titre de « spathaire », ou, en principe, garde du corps, originairement, sous Théodose II, eunuque (sur les spathaires, voir, par exemple **22** A. H. M. Jones, *The Later Roman Empire 284-602,* t. I, Baltimore 1986, p. 567-568 ; **23** N. Oikonomidès, *Les listes de préséance byzantines des IXe et Xe siècles,* Paris 1972, p. 297-298). Sa mère, elle, avait reçu le nom d'Irène et elle était apparentée à la famille régnante. Elle était la sœur du Magistre Arsaber, qui était lui-même l'époux de Maria dite Kalomaria, une sœur de l'impératrice Théodora (*PmbZ* **13**, *Arsaber* 601 et *Maria* 4738). Sans doute Photios fut-il l'aîné de sa famille, qui compta huit fils, dont trois moururent fort jeunes, en sorte que nous ne connaissons même pas leur nom ; c'est ce que Photios explique dans une lettre de consolation, pour la mort de sa fille, à son frère Tarasios, que l'on date d'une période entre octobre 867 et 875 (*Ép.* 234, t. II, p. 151, li. 50-52). Le nom des autres est bien attesté, grâce aux *Lettres* de Photios lui-même, Tarasios, Constantinos, Théodoros et Sergios. La mère de Photios paraît avoir disparu à un âge relativement jeune. D'après le ps.-Syméon, elle aurait été religieuse ; son mari l'avait enlevée à son couvent, ps.-Syméon, p. 668, 17-20 B, d'après qui Serge était ἐθνικοῦ αἵματος. La liaison de la famille de Photios avec la faction iconodule de l'empire est avérée, notamment en raison des liens de Serge avec des représentants notoires de cette tendance, à savoir Michel de Synada, qui mourut le 23 mai 826 (*PmbZ* **13**, *Michael* 5042), avec Hilarion, l'abbé du monastère Dalmatos, mort en 845 (*PmbZ* **13**, Hilarion 2584, Jacques (Iakobos), abbé de Maximina (*PmbZ* **13**, *Iakobos* 2635) et saint Ioannikios, mort le 3 ou le 4 novembre 846 (*PmbZ* **13**, *Ioannikios* 3389).

Le 23 mai 826 fournit tout au plus une date approximative plausible pour la naissance de Photios, mais la source, fort suspecte, n'encourage guère à spéculer sur la donnée. En effet, tous ces personnages dévots surgissent dans le pamphlet haineux du ps.-Syméon, pour prédire à Photios le plus odieux des destins. Michel voit en Irène une nouvelle Ève grosse d'un serpent ; il annonce l'accession de Photios au patriarcat, pour le malheur de la Sainte Croix (ps.-Syméon, p. 669, 1-8). Hilarion déclare à Irène qu'elle porte en son sein Satan incarné, qu'il finit toutefois par baptiser en lui donnant le nom de Photios (ps.-Syméon, p. 669, 14-18). Irène avait rêvé enceinte que son ventre s'était ouvert et qu'il en était sorti un δράκων. Elle va trouver Jacques en l'informant de son rêve et jette l'enfant à ses pieds en le priant de le baptiser (ps.-Syméon, p. 669, 11-14). Recevant sur l'Olympe Photios tout enfant, saint Ioannikios déclare à Serge qu'il aurait un destin funeste (ps.-Syméon, p. 669, 22 - 670, 6).

On a vu qu'aux yeux du ps.-Syméon, Serge lui-même était ἐθνικοῦ αἵματος. L'expression ne peut guère passer pour flatteuse. L'adjectif ἐθνικός signifie normalement « païen » (Lampe, *PGL*, *s.v.*, p. 407). Souvent critiqué durant sa vie, Photios reçut différents surnoms, comme, par exemple Χαζαροπρόσωπος, c'est-à-dire " tête de Khazar " (ps.-Syméon, p. 673, 19 ; le mot ne figure qu'ici). Ceci donne à penser qu'il était originaire d'une famille d'origine orientale établie, sans doute depuis longtemps, dans la capitale de l'Empire.

b. La formation

Plusieurs sources font état des titres que revêtit Photios, au premier rang des sénateurs [Mansi, XVII A 460 A ἐν τοῖς πρώτοις μὲν κατελέγετο τῆς συγκλήτου βουλῆς ; *cf. Vie de Joseph l'Hymnographe,* 30 [*BHG* 946], PG 105, 968 D]. Après avoir occupé la charge de *prôtasécrétis* (Anastase le Bibliothécaire, *Ép.* 5, dans *MGH Epp.* VII, 5, p. 404, 9 *senator saecularis administrationis fungens officio asecretis*), c'est-à-dire de chef de la chancellerie impériale, Photios fut investi par l'empereur Michel III (20.1.842-23.9.867) du patriarcat à Constantinople, Théoph. Cont., p. 195, 12-15 B., Georges le Moine, p. 826, 12-14 B. Chargé notamment de produire les chrysobulles, le *prôtasécrétis* était nécessairement doté d'une solide formation. On chercherait en vain dans toute l'œuvre de Photios la moindre allusion aux maîtres qui lui ont donné son instruction, de qualité tout à fait exceptionnelle.

Dans sa propre famille, pourvu de l'éducation idoine, Tarasios, qui avait reçu le titre de « consul », avait exercé la fonction, avant de devenir patriarche.

Sur la carrière de Tarasius, voir Ignace le Diacre, *Vie de Tarasios,* 6 Evthymiadis : Ὅθεν διὰ πάσης ἀρετῆς ὁδεύσας αἰδοῖος παρὰ πᾶσιν ἐκρίνετο, ὡς καὶ τὴν ὕπατον ἀξίαν κοσμῆσαι καὶ πρῶτος ὑπογραφεὺς τῶν βασιλικῶν μυστηρίων ἐγκριθῆναι καὶ ταῖς τῆς ἐξουσίας αὐλαῖς.

« C'est pourquoi faisant sa route à travers tous (les degrés) de la vertu) il était jugé digne de respect dans tous (les milieux), au point de devenir l'ornement de la dignité consulaire et d'être choisi aussi à la cour du gouvernement comme premier "notaire" (en charge) des secrets impériaux [c'est-à-dire pour avoir la fonction de prôtasecretis]. »

Voir Lemerle **3**, p. 129 et n. 76. Sur Ignace le Diacre, voir *PmbZ* **13**, *Ignatios Diakonos* 2665.

Cette formation permettait au moins d'écrire sans solécisme ni barbarisme (*Vie de Tarasios*, 6 : δι᾽ ὧν ἐστι τὸ διεστραμμένον ἰθύνειν καὶ βαρβαρῶδες καὶ τῇ γλώσσῃ νομοθετεῖν τὴν ἀκρίβειαν – *« moyens par lesquels on peut redresser ce qui est de travers et barbare, et donner au langage des règles pour atteindre l'exactitude »*) et renfermait l'essentiel de ce que l'on apprenait dans les classes depuis l'Antiquité (*V. Taras.* 6 : τῆς θύραθεν παιδείας τὰ κράτιστα συλλεξάμενος – *« ayant rassemblé en les faisant siennes les données les plus importantes de la culture païenne »*). Enfin, l'apprentissage de la poésie n'était pas oublié, trimètres et tétramètres trochaïques ou anapestiques et vers épiques (Lemerle **3**, p. 129). Dans sa *Vie* de Nicéphore, le même Ignace le Diacre offre quelques indications complémentaires sur l'instruction dont bénéficia le futur patriarche qui passa lui aussi par les bureaux impériaux, dès la fin de son adolescence – l'écrivain signale au passage que le mot ἀσηκρήτης est d'origine latine (p. 144, 6-10 de Boor : ἄρτι τότε τῆς ἐγκυκλίου παιδείας ἐφαπτομένῳ καὶ τὴν διὰ χειρῶν καὶ μέλανος τέχνην πονουμένῳ. Ἡρέθη γὰρ ὑπογραφεὺς τοῖς τῶν κρατούντων μυστηρίοις ὑπηρετούμενος, οὕτω γὰρ παρὰ τῇ Αὐσονίδι διαλέκτῳ τὸ Ἀσηκρήτης ὄνομα, ὃ ἐπὶ τῶν μυστηρίων μεθερμηνεύεσθαι βούλεται – *Il venait tout juste alors d'acquérir sa formation générale et l'art faisant appel aux mains et à l'encre constituait son métier. En effet, il avait été choisi comme notaire au service des secrets du gouvernement. Tel est le nom que l'on donne à l'*asecretis *dans la langue d'Ausonie [i.e. de l'Italie], ce qui doit être traduit "responsable des secrets »*). D'abord, on doit faire état de ce qui constituait à l'époque l'équivalent de notre enseignement secondaire (ἡ ἐγκύκλιος παιδεία), avec la tétrade habituelle astronomie, géométrie, musique et arithmétique.

Par la suite, Nicéphore se familiarisa avec la philosophie, qualifiée de maîtresse (δέσποινα) des autres disciplines, dont la Vie offre un aperçu, probablement préle-vé dans la table des matières du manuel utilisé à l'époque (p. 150, 15 - 151, 13). Selon Lemerle **3**, p. 132-133, on peut relever quelques têtes de chapitres signi-ficatives :

1. p. 150, 15-18 : τίνες γὰρ ὅροι ταύτης καὶ πόσοι ἐπιεικῶς ἠκριβώσατο, καὶ τίς ἰδιότης αὐτῶν, ποῖος ὑπόκειται καὶ τί τὸ κατηγορούμενον, καὶ τοῦτο ἄρα κατὰ παντός, ἢ οὐδενός, ἢ ἐν ὅλῳ, καὶ τὰ ὅμοια ;	1. Aristote, *Prem. Anal.* I, 24 a 11-15 ; 24 b 26-30
2. p. 150, 18-19 : τί ποτε δὲ τὰ στοιχεῖα θέλει δηλοῦν παρ᾽ αὐτοῖς ;	2. *Métaph.* Δ 3 ; *Catég.* 12, 14 a 39-14 b 2
3. p. 150, 19-20 : καὶ εἰ τῶν φυσικῶν ἢ γεωμετρικῶν ταῦτα μόνων ὁμώνυμα ;	
4. p. 150, 21 : τίς ἀντιφάσεως δύναμις ;	4. *Catég.*, 10, 13 a 37-b 35 et *Interpr.* 6, 17 a 33-34
5. p. 150, 21-22 : τὰ προσκατηγορούμενα δὲ ποῖα ;	5. *Interpr.*, 10, 19 b 19 et *Prem. Anal.* I, 3, 25 b 22
6. p. 150, 22 : προσδιορισμοὶ δὲ τίνες ;	6. *Interpr.* 6, 17 a 36 ; 11, 20 b 29.
7. p. 150, 23-24 : τρόποι δὲ πόσοι τῶν συλλογισμῶν ;	
8. p. 150, 24-25 : ὁποῖα καὶ πόσα τὰ σχήματα · ποῖος ὑποθετικὸς, ποῖος δὲ κατηγορικὸς, καὶ τί διαφέρουσι	

Toujours est-il que l'enseignement de la philosophie aristotélicienne, utilisée de façon scolastique, a été convoqué pour justifier les images religieuses et leur culte dans l'Église byzantine (Lemerle **3**, p. 134). On en trouve aisément des preuves dans un traité de Nicéphore lui-même, assez récemment édité [**23** J.M. Featherstone, *Nicephori Patriarchae Constantinopolitani Refutatio et Eversio Definitionis Synodalis Anni 815,* coll. *CCG* 33, Turnhout 1997], voir, par exemple, **24** Marie-José Mondzain-Baudinet, *Nicéphore. Discours contre les iconoclastes,* Paris s.d. [1989], p. 83 (241 A) = *Phys.* IV 4, 210 b 34-a 1 ; p. 87 (245 B) = *An. Pr.* 38, 49 a 24 et *An. Post.* 6, 92 b 7 ; 99 (261 C) = *Phys.* 4, 215 a 15 ; p. 110 (277 C) = *Cat.* 6 a, 36-37 ; 6 b, 28-29 ; p. 135 (309 C) = *Métaph.* Γ 2, 1004 a 10 ; p. 168 (356 C) et 178 (369 B) = *Phys.* IV 4, 212 a.

À rebours, l'exemple de Jean le Grammairien (*PmbZ* **13**, *Ioannes VII Grammatikos* 3199), pourtant un des grands intellectuels du IXe s. réputé notamment pour son habileté à la dialectique, mais iconoclaste – c'est à ce titre qu'il devint lui aussi patriarche (21.1.837-4.3.843) –, paraît montrer qu'une maîtrise de la logique n'était normalement pas le point fort des contempteurs des images (Lemerle **3**, p. 146 ; sur Jean en général, voir p. 135-147).

Qu'en fut-il de son neveu, Léon le Mathématicien, le deuxième grand esprit du siècle, archevêque de Thessalonique, au moins de 840 à 843 (*PmbZ* **13**, *Leon* 4440 ; étude complète dans Lemerle **3**, p. 148-176) ? Naturellement, il perdit son siège lors du rétablissement de l'orthodoxie iconodule, sans que l'on soit convaincu qu'il ait été vraiment iconoclaste. Sous Michel III, il fut engagé à l'initiative du César Bardas pour enseigner la philosophie, au Palais de la Magnaure, à une date impossible à préciser. Les titulaires des autres enseignements étaient Théodégios, pour l'astronomie, Théodore, pour la géométrie, et Kométas, pour la grammaire. Des deux premiers, on ne sait rien ; seul le troisième a laissé un nom comme commentateur et peut-être éditeur d'Homère (*Anth.* XV 36-37 ; 40). Personne n'évoque à propos de Léon une accointance quelconque avec l'*Organon* aristotélicien. En revanche, il joua un rôle important dans la transmission du texte de Platon. En effet, une scolie du manuscrit O *Vatic. Gr.* 1 (aux *Lois* V, 743 b, voir **25** G.C. Chase, *Scholia Platonica,* Haverford 1938, p. 322 ; Lemerle **3**, p. 168) porte l'indication : τέλος τῶν διορθωθέντων ὑπὸ τοῦ φιλοσόφου Λέοντος. Le manuscrit commence aujourd'hui avec la 9e tétralogie, mais on a prouvé [**26** J. Bidez, « Aréthas de Césarée éditeur et scholiaste », *Byzantion* 9, 1934, p. 391-408] qu'il avait contenu probablement les tétralogies 7 et 8, avec le début de la 9e. On ne sait au juste où le travail de Léon avait commencé. Avait-il possédé des œuvres de Porphyre ? En tout cas, une épigramme (*Anth.* IX 214) porte son nom : « Avec la conque de tes discours, ô Porphyre, tu teins les lèvres et tu habilles les esprits », voir le commentaire d'A. Dain dans **18** P. Waltz et G. Soury (édit.), *Anthologie grecque,* Première partie. *Anthologie palatine* VII (livre IX, épigr. 1-358), *CUF,* Paris 1957, p. 85 n. 1. On est sûr qu'il avait disposé d'une bibliothèque scientifique d'une rare richesse, dont on a dressé l'inventaire (Lemerle **3**, p. 169-172 ; **27** N.G. Wilson, *Scholars of Byzantium,* London 1983, p. 83-84) ; on y pointera en particulier un Ptolémée, un Archimède, un Euclide.

Les conditions dans lesquelles Léon reçut sa formation laissent rêveur. La chronique du Théophane Continué (p. 192, 2-13 B.) en offre une description :

Quand il eut réussi à Constantinople les études de grammaire et de poésie, il se rendit dans l'île d'Andros pour la rhétorique, la philosophie et les éléments d'arithmétique ; en effet, il y avait rencontré un savant et, lorsqu'il eut reçu de lui les principes seulement et quelques leçons, comme il n'y trouvait pas autant qu'il le souhaitait, ce fut en voyageant dans la partie intérieure de l'île, en y trouvant des monastères, où il fouilla dans les livres qui y étaient entreposés et qu'il se procura, et en y étudiant à fond au sommet des montagnes qu'il parvint enfin à la cime de la connaissance ; lorsque dès lors il se fut gorgé de connaissances à satiété, il retourna dans la capitale où il prodigua les semences des sciences à ceux dont l'intelligence les voulaient.

Elle n'est pas des plus claire ; au moins, elle souligne le médiocre niveau des connaissances que l'on pouvait recevoir à Constantinople. Pour en acquérir davantage, il fallait se déplacer et faire preuve d'initiative personnelle. Les couvents de la peu accueillante Andros furent-ils donc à l'époque des havres ou des dépôts de la haute culture ? On en peut au moins douter. Au demeurant, le document n'est pas exempt de rhétorique. On notera, par exemple, les jeux de mot Ἄνδρον et τινι σοφῷ ἀνδρί, τὰς κορυφὰς τῶν ὀρέων et τὸ τῆς γνώσεως ὕψος. Ne faut-il pas corriger le texte, par exemple, en écrivant κατὰ τὸν ἴσον ἀνὴρ γενόμενος ?

D'autre part, la quête de Léon aurait en quelque sorte devancé celle de Hunayn cherchant désespérément, vers 863, un exemplaire complet du *De demonstratione* de Galien, en Mésopotamie du Nord, dans toute la Syrie, en Palestine, en Égypte et enfin à Alexandrie, où il mit la main sur le livre tant convoité ; à Damas, il n'avait découvert que la moitié du manuscrit en désordre, **28** D. Gutas, *Pensée grecque, culture arabe. Le mouvement de traduction gréco-arabe à Bagdad et la société abbasside primitive (IIe-IVe/VIIIe-Xe siècles)*, trad. A. Cheddadi, Paris 2005, p. 268-269. Si le fait est avéré, c'est que l'on pouvait toujours légitimement faire une chasse giboyeuse dans les régions passées sous autorité musulmane. Toujours selon le même Théophane Continué, un des élèves de Léon, fait prisonnier des Arabes, aurait, devant le calife Al-Ma'mûn (*PmbZ* **13**, *al-Ma'Mûn* 4689) fait étalage de ses connaissances à telles enseignes que ce dernier voulut à toutes forces attacher Léon à sa cour. Pour dissuader le philosophe de céder aux Sirènes arabes, l'empereur Théophile le retint en lui offrant un enseignement à l'église des Quarante-Saints, puis le siège de Thessalonique. Lemerle **3**, p. 150-154, a bien étudié le document, dont il a souligné le manque de cohérence sur le plan chronologique. Gutas **28**, p. 270, voit dans ce récit « un conte à dormir debout ». Il fait intervenir dans la réflexion le témoignage de Stéphane le Philosophe (*PmbZ* **13**, *Stephanos* 7014), né probablement en Perse, sans doute à Bagdad, à une date impossible à préciser. Auteur d'un traité *De l'art mathématique* (*CCAG* II, 181-186 Cumont), celui-ci vint à Constantinople dans la seconde moitié du VIIIe s. Il a laissé quelques lignes intéressantes (*CCAG* II, p. 181, 2-7 Cumont) :

Puisque la production du moment et le cours du temps entraînent le retour de quelques-unes des connaissances tout en recouvrant d'autres d'un oubli complet, et cela tantôt dans toutes les cités également, tantôt dans certaines d'entre elles, pour ma part, au cours d'une visite depuis la Perse dans cette cité bienheureuse, j'y ai trouvé une partie de la philosophie, l'astronomie et l'astrologie, mise sous le boisseau.

Il cite plus loin les titres de quelques ouvrages, parmi lesquels le Canon de Ptolémée. Un tableau comparatif des auteurs grecs traduits en arabe au IXe s., Aristote, Aristarque, Autolycos, Dioscoride, Euclide, Hypsiclès, Marinos, Pappus, Paul d'Égine, Ptolémée, Théodose, Théon, Théophraste, permet à Gutas **28**, p. 276, de montrer qu'ils constituent pratiquement, hormis le contenu des volumes de la fameuse « bibliothèque philosophique », la liste des premiers manuscrits grecs séculiers copiés jusqu'en 850. Ce que l'on appelle désormais « le premier humanisme byzantin » aurait-il eu pour point de départ « une grande lumière » venue du monde arabe, dans lequel il aurait trouvé l'impulsion ?

Né aux alentours de 790, Léon eut peut-être quelque raison d'être mécontent des ressources intellectuelles de Constantinople dans les premières années du IXe s.

Originaire de Jérusalem, où il naquit vers 760-761, Michel le Syncelle [*PmbZ* **13**, *Michael Synkellos* 5059 ; **29** A. Kazhdan, *A History of Byzantine Literature (650-850)*, Athènes 1999, p. 257-259], formé à la grammaire, à la rhétorique et à la philosophie – autant dire au *trivium* et au *quadrivium*, comme le suggère **30** S. S. Farouk, « Reassessing views regarding the 'dark ages' », *Byzantion* 76, 2006, p. 115-152, plus spécialement, p. 135 – fut chargé par le synode de Jérusalem (*ca* 812/813) de mener une ambassade à Rome, en compagnie des frères Théodore (*PmbZ* **13**, *Theodoros* 7526) et Théophane (*PmbZ* **13**, *Theophanes* 8093), les célèbres *Grapti*, qu'il avait lui-même instruits à la laure de Saint-Sabas. Tous trois ne quittèrent plus Constantinople où ils furent persécutés au cours de la seconde crise iconoclaste. Or, Michel est l'auteur d'une Μέθοδος περὶ τῆς τοῦ λόγου συντάξεως, voir **31** D. Donnet, *Le traité de la construction de la phrase de Michel le Syncelle de Jérusalem. Histoire du texte, traduction et commentaire,* Bruxelles/ Rome 1982 ; pour une caractérisation, voir **32** R. H. Robins, *The Byzantine Grammarians. Their Place in History,* Berlin/New York 1993, p. 149-162. Théophane est connu pour avoir donné de nombreux hymnes. À l'époque où Photios était dans son adolescence, la situation n'était probablement plus la même qu'à celle de Léon.

c. L'enseignement

On a des preuves que Photios se livra à l'enseignement. Le fait en soi n'a rien de surprenant, et il a laissé des traces surprenantes dans les chroniques hostiles.

Sa prodigieuse culture, Photios la devait, non pas à un maître patenté, mais à un mage juif. Autant dire qu'elle lui venait du diable. D'ailleurs, acceptant le pacte qui lui était proposé, Photios aurait renié le signe de la Croix : ainsi, il aurait reçu à profusion les livres de mantique et d'astrologie qu'il n'aurait plus quittés (ps.-Syméon, p. 670, 7-20 B.). Léon III l'Isaurien aurait, de semblable façon, troqué l'abolition des images contre l'assurance d'un bon règne, **33** J. Gouillard, « Le Photius du pseudo-Syméon Magistros. Les sous-entendus d'un pamphlet », *RESE* 9, 1971, p. 398-404, surtout p. 401. Devant un moine, des gens prétendirent avoir entendu Photios réciter lors d'un office, non pas les prières d'usage, mais des vers païens (ps.-Syméon, p. 672, 2-9, voir Gouillard **33**, p. 400). Faut-il voir là une allusion à des compositions poétiques, notamment en vers anacréontiques ? Monté à l'ambon, à un moment où Constantinople était frappée par un séisme, Photios expliqua aux fidèles affolés que le phénomène n'était pas dû à un excès de péchés, mais à des raisons naturelles (ps.-Syméon, p. 673, 9-12). Dans la présentation du pamphlétaire, il n'y a pas de relation logique entre le phénomène et l'explication proposée. On n'attribuera pas cette maladresse au hasard. Toutefois, si dépréciatif qu'il soit, le mot « juif » pourrait constituer aussi une référence à l'« East connexion » formée à Constantinople depuis Stéphane le Philosophe au moins.

Mais, lorsque Photios parle d'enseignement, c'est en rapport avec l'activité qu'il menait en qualité de laïque. L'information provient d'un des très rares documents à caractère autobiographique que nous possédions. Photios (*Ép.* 290, t. III, p. 125-126, li. 49-80 Laourdas-Westerink ; la traduction est celle de Lemerle **3**, p. 197-198 ; la lettre est déjà évoquée par Dvornik **2**, p. 145-146) écrivit au pape Nicolas Ier (858-867) :

J'ai quitté une vie paisible, j'ai quitté un calme plein de douceur, j'ai quitté aussi la célébrité (s'il est permis de s'attacher à la gloire mondaine), j'ai quitté ma chère tranquillité, cette pure et

délicieuse fréquentation de mes proches, ce commerce exempt de chagrin, de calcul et de repro-
che (…). Comment serait-il possible de voir passer tout cela sans gémir ? Quand je restais à la
maison, je baignais dans le plus délicieux des plaisirs, à savoir le zèle de ceux qui s'instruisaient,
l'ardeur de ceux qui posaient des questions, l'entraînement de ceux qui répondaient : ainsi se
forme et s'assure le jugement, chez ceux dont les loisirs studieux aiguisent l'intelligence, ceux
que les méthodes " logiques " mettent sur la voie de la vérité, ceux dont les saintes écritures diri-
gent l'esprit vers la piété, fruit suprême de toutes les autres études. Car c'était un tel chœur qui
fréquentait ma maison. Et quand je sortais pour me rendre, comme c'était fréquent, à la cour
impériale, c'étaient de touchants adieux, et l'on m'invitait à ne pas m'attarder : car j'avais ce
privilège exceptionnel que la durée de ma présence au palais ne dépendait que de moi. Et quand
je revenais, le savant choros *qui se tenait devant ma porte venait à ma rencontre : les uns, ceux à*
qui leurs mérites éminents donnaient plus d'assurance qu'aux autres, me reprochaient d'avoir
tant tardé ; d'autres se bornaient à me saluer ; d'autres encore, à laisser voir qu'ils m'atten-
daient avec impatience. Et tout cela rondement, sans intrigues, sans malice, sans jalousie.

Le mot « choros » était déjà courant chez les sophistes pour désigner la classe de leurs étudiants. On n'a aucune raison de supposer que Photios l'avait employé dans un autre sens. Comme
Lemerle **3** le fait observer à juste titre, Photios distingue trois groupes ou trois niveaux d'auditeurs : les plus avancés dans la connaissance, qui sont en état de répondre aux questions des
autres, qui sont aussi devenus les intimes de Photios et peuvent se permettre, quand celui-ci
revient du palais, de lui reprocher d'avoir tant tardé ; puis ceux qui questionnent, s'informent,
plus jeunes sans doute ou plus récemment arrivés, moins avancés dans l'intimité de Photios, qui
se bornent à le saluer ; enfin les néophytes, qui s'instruisent en écoutant, sans participer encore
eux-mêmes, de même qu'ils ne marquent que par leur attitude muette l'impatience qu'ils avaient
du retour de Photios. De surcroît, on a l'impression que les préoccupations des uns et des autres
n'étaient pas les mêmes. Si l'on comprend bien, la description est construite sous la forme d'un
chiasme :

p. 126, 67-68 : ceux dont les loisirs studieux aiguisent l'intelligence ;	p. 126, 78 : d'autres encore à laisser voir qu'ils m'attendaient avec impatience ;
p. 126, 68-69 : ceux que les méthodes « logiques » mettent sur la voie de la vérité ;	p. 126, 77 : d'autres se bornaient à me saluer ;
p. 126, 69-70 : ceux dont les saintes écritures dirigent l'esprit vers la piété, fruit suprême de toutes les autres études.	p. 126, 76-77 : les uns, ceux à qui leurs mérites éminents donnaient plus d'assurance qu'aux autres, me reprochaient d'avoir tant tardé.

Dans ce cas, ceux qui sont les plus avancés s'occupaient des Saintes Écritures ; à un niveau
inférieur se présentaient ceux que la logique mettait sur la voie de la vérité ; au premier niveau, on
trouvait ceux qui s'appliquaient à des μαθηματικαὶ σχολαί. On croit déceler dans la description
une structure à trois niveaux : une formation générale, des études de philosophie, enfin un apprentissage de l'exégèse sacrée. Les choses ont-elles beaucoup changé depuis ? Des préoccupations se
décèlent à travers l'œuvre même qu'a laissée Photios : elles respectent probablement le même
ordre chronologique. La démonstration viendra plus loin. Autant que l'on puisse voir, cet enseignement était dispensé à titre privé.

Que les trois niveaux d'études étaient utiles à de futurs théologiens à Byzance paraît bien
ressortir de *QA* 27. Pour aborder une question théologique fondamentale, il utilise comme majeure la proposition « Socrate est un homme ». En effet, le problème posé est le suivant :

Comment, en disant un seul Dieu, mais trois hypostases, se fait-il que nous disons le Père
Dieu, le Fils Dieu en Lui-même et l'Esprit exactement de même, mais qu'en disant une divinité
unique et trois hypostases, nous ne puissions pas dire que le Père est une divinité ni le Fils ni
l'Esprit, mais pas davantage non plus les trois ensemble.

La suite de la réflexion prend un tour résolument grammatical. Je reprends ici
des éléments de **34** J. Schamp, « Porphyre et Photios », étude inédite préparée pour

publication dans C. Érismann (édit.), *Porphyre au Moyen Âge*. Avec P. Müller-Jourdan, J. Schamp prépare une traduction commentée de tous les textes philosophiques de Photios ; voir déjà dans le même sens, **35** J. Schamp, « La "localisation" chez Photios : traduction commentée de *Questions à Amphilochios, 145* », dans A. Motte et J. Denooz (édit.), *Aristotelica Secunda. Mélanges offerts à Christian Rutten*, Liège 1996, p. 265-279. La même proposition revient plus loin dans la *QA* 77 (p. 95, 1-2 Westerink) intitulée : *Diverses apories du genre et de l'espèce ; on pourra en trouver la solution*. On entrevoit le cadre dans lequel l'étude avait été menée (p. 95, 3-5 W.) :

> *Nous avons fait des genres et des espèces le sujet de fréquentes recherches. Aussi en est-il sorti un jugement critique sur les anciennes controverses qui, comme il est apparu aux membres de notre séminaire à l'époque, n'avait laissé subsister aucune difficulté.*

La première partie de l'exposé portait sur les systèmes idéalistes de type platonicien dont Photios cite le nom (p. 95, 5-7 W.) :

> *En effet, même les idées de Platon bien sûr avaient fait l'objet d'un examen spécial, puisqu'elles ne peuvent pas non plus se prédiquer des individus.*

On entrevoit la portée des raisonnements tenus en la circonstance :

> *Je ne dirai pas maintenant que (1.) présupposer comme existence substantielle des formes et des similitudes des choses à produire est le fait d'un artiste incapable de créer ce qu'il veut par simple démarche de sa volonté ; (2.) pas davantage que rechercher en la circonstance des modèles des objets existants conduit nécessairement à la procession à l'infini des objets façonnés.*

(1.) L'éternité du monde et par conséquent de la matière ne laisse à Dieu qu'une marge d'action réduite : le voici réduit au statut subalterne de simple artiste incapable de créer les matériaux de son œuvre. L'âme ne saurait donc avoir existé avant la matière ni se dégrader en entrant en contact avec elle. Peu suspect d'antipathie pour le platonisme, Synésios, le futur évêque de Cyrène, ne réussit jamais, malgré son éducation chrétienne, à se déprendre des convictions acquises au contact d'Hypatie (➡H 175), voir **36** J. Schamp, *Photios historien des lettres. La Bibliothèque et ses notices biographiques*, Paris 1987, p. 340, avec la n. 7. Pour un orthodoxe strict comme Photios se profilait derrière l'ombre d'Origène (➡O 42), au moins tel qu'on le lisait à la lumière des anathématismes de Justinien, **37** Cl. Tresmontant, *La métaphysique du Christianisme et la naissance de la philosophie chrétienne*, Paris 1961, p. 504-515, où les textes sont traduits et, pour une bonne part, donnés en note dans la langue originale. (2.) La seconde critique vise l'objection du troisième homme, que Platon soulevait lui-même contre ceux qui entendaient sa gnoséologie dans un sens réaliste, voir Platon, *Parménide,* 132 a-b (avec déjà, à propos des sciences et des non-sciences, *Théétète,* 200 b), avec **38** J. Moreau, *La construction de l'idéalisme platonicien*, Hildesheim 1986 (Paris 1939), § 270, n. 3 (p. 343) ; on en trouve une formulation chez Alexandre d'Aphrodise (*Mét.* 990 b 15, *CAG* I, p. 83, 35-84, 7 Hayduck).

La seconde partie, de loin la plus longue, porte sur les genres et les espèces. La présentation qu'en fait Photios montre dans quel cadre se situe sa réflexion. Il utilise les expressions « au-dessus du multiple » (ἐπὶ τοῖς πολλοῖς) et « dans le multiple » (ἐν τοῖς πολλοῖς). Par conséquent, la réfutation qu'il vient d'administrer touche le troisième terme, qu'il était inutile de rappeler, « avant le multiple » (πρὸ τῶν πολλῶν), c'est-à-dire le platonisme et son héritage. Notre philosophe s'inscrit dans la tradition des commentaires néoplatoniciens à l'*Isagôgé*. Rien de plus courant en effet que ces expressions que l'on trouve pratiquement partout, Ammonios, *in Isag., CAG* IV 3 p. 41, 17-20 ; p. 42, 8-13 ; Élias, *in Isag., CAG* XVIII 1 p. 48, 15-30 Busse ; David, *in Isag., CAG* XVIII 2, p. 113, 11-114, 6 Busse ; les trois usent aussi de l'image du cachet et de la cire, qui est d'inspiration stoïcienne.

On peut être sûr que Photios avait lu les *Catégories* d'Aristote, voir Schamp **35**, p. 272-273. Il en fut sûrement de même pour l'*Isagôgé* de Porphyre. Mêlées à celles d'Ammonios, des scolies de sa plume accompagnent le texte de l'*Isagôgé* dans le Monacensis 222, un papier oriental du XIIIe s. ; on peut les lire dans **39** J. Hergenröther (édit.), *Monumenta graeca ad Photium ejusque historiam pertinentia quae ex variis codicibus manuscriptis*, Regensburg 1869, p. 12-18 et, plus commodément, dans **40** A. Busse (édit.), *CAG* IV 3 (Berlin 1899), p. XXI-XXIII. On peut donc supposer qu'Ammonios avait annoté un exemplaire du traité qui passa plus tard entre les mains de Photios. L'impression qu'engendre la lecture, c'est que ce dernier en a rédigé une sorte d'abrégé. Les commentaires de Photios, copiés à pleine page, dans la marge ou entre les lignes, se distribuent en sept parts : (1) le genre, (2) l'espèce, (3) la différence, (4) le propre, (5) l'accident et (7) les caractères communs du genre et de la différence. Hormis l'avant-dernière, on se trouve en présence des sept premières têtes de chapitre de l'*Isagôgé*. Il ne serait pas inintéressant de regarder ces scolies d'un peu plus près qu'on ne l'a fait jusqu'ici, mais on se contentera ici d'un seul exemple, celui du genre. Un tableau permettra de lire aisément les deux textes en parallèle (Busse **40**, p. XXI = Porphyre, *Isagôgé*, p. 1, 23-2, 5 *CAG* IV 1 Busse) :

PHOTIOS	PORPHYRE
Le genre se dit en trois sens.	*« Genre » se dit encore d'une autre façon : c'est le principe de la génération de chacun, qu'il s'agisse de celui qui l'a engendré ou du lieu où il est né. C'est ainsi que nous disons qu'Oreste tire son « genre » de Tantale, Hyllos d'Héraclès, et encore que Pindare est de « gen-*
En effet, ou bien d'après le lieu, comme les Égyptiens d'après l'Égypte, ou d'après le père, comme les Israélites, d'après Israël.	*re » thébain, et Platon de « genre » athénien ; et de fait, la patrie est une sorte de principe de la naissance de chacun, tout comme le père.*

Le procédé est clair :

PHOTIOS	PORPHYRE
Israélites < Israël	*Oreste = Tantalide < Tantale*
	Hyllos = Héraclide < Héraclès
Égyptiens < Égypte	*Pindare < Thébain*
	Platon < Athénien

Photios entend éliminer tout ce qui fleure l'Antiquité païenne. Chacune des références à la mythologie reçoit un équivalent dans le cadre hébraïque : modification qui vise à rendre les exemples plus facilement utilisables dans une société imprégnée de christianisme. Il fait l'économie d'une précieuse définition porphyrienne. On voit que le mot γένος est utilisé chez Porphyre dans un double sens, celui de « race » ou de « lignée », qu'il revêtirait normalement dans un contexte de ce type, **41** A.-Ph. Segonds, dans **41a** A. de Libera et A.-Ph. Segonds, *Porphyre. Isagoge*. Texte grec et latin, traduction, Paris 1998, p. 38 n. 11 (à la p. 2), mais aussi dans le sens à la fois ontique et logique de « genre ». Photios esquive ainsi les difficultés liées à l'amphibologie.

Dans la suite, Photios s'en tient encore de plus près à la lettre du texte :

PHOTIOS (p. XXI Busse)	PORPHYRE (p. 2, 14-16)
ou bien le genre dont il est question chez les philosophes, celui celui dont ils disent en le définissant aussi : est genre « ce qui est prédicable de plusieurs différant par l'espèce relativement à la question 'qu'est-ce que c'est ?' ».	*« Genre » se dit donc de trois façons, et c'est de la troisième qu'il est question chez les philosophes. Pour décrire [ce genre], ils le définissent ainsi : [le genre] « c'est ce qui est prédicable de plusieurs différant par l'espèce,*

relativement à la question : 'Qu'est-ce que c'est ?' », par exemple 'animal'.

L'animal se dit de plusieurs espèces, c'est-à-dire pour l'homme, le bœuf et les choses semblables, mais différant par l'espèce. Autre chose est un homme, autres choses un bœuf et un cheval.

Le mot « animal », simple exemple chez Porphyre, devient le sujet d'une phrase qui permet à Photios d'embrayer sur la notion d' « espèce ». Il le fait en brandissant deux exemples, celui de l'« homme » d'une part, celui de « bœuf » et de « cheval » d'autre part. Les deux derniers sont ceux mêmes de Porphyre, qui en use dans un cadre conceptuel identique. Toutefois, il introduit la notion de différence spécifique qui recourt au nombre comme principe de différenciation (p. 2, 26-3, 1) :

En effet, 'homme', qui est une espèce, se prédique de Socrate et de Platon, lesquels diffèrent l'un de l'autre non pas spécifiquement, mais numériquement, tandis que 'animal', qui est un genre, se prédique de l'homme, du bœuf et du cheval, lesquels sont aussi différents les uns des autres spécifiquement, et non pas seulement numériquement.

Tout ceci mériterait évidemment de plus longs développements.

Ce n'était là qu'une partie de l'enseignement. Une introduction avait apparemment précédé. Photios la décrit ainsi (*QA* 77, p. 101, 209-218 W.) :

Quant à la prédication voisine et immédiate des dix genres, qui leur est subordonnée (elle a, elle aussi, quelque chose de plus profond, je pense, que l'opinion et la philosophie des Anciens), elle a bénéficié d'un autre examen plus minutieux, lorsque nous avions encore des loisirs pour nous livrer à des exercices dialectiques, quand, gros encore de multiples enfants, (nos) leçons les enfantaient à la lumière, alors que, depuis longtemps déjà, à cause du dessein d'hommes contrevenant aux lois, la théorie a été mise sous l'éteignoir. Par suite donc, voilà qui est facile, en prenant aussi à cette étude ce qui a échappé précédemment au zèle de beaucoup, pour ceux qui philosophent aujourd'hui en empruntant à cette pousse sacrée. Puissent donc ceux qui viennent après nous, si elle fleurit et embellit, en parler avec l'aide de la juste raison, loin de toute jactance et par conséquent, sans susciter l'envie.

On trouve en effet plus loin une série de chapitres portant en effet sur les catégories. Le premier exposé se donne pour une σύνοψις σαφὴς τῶν δέκα κατηγοριῶν (*QA* 137, p. 141-144), les suivants portent respectivement sur l'οὐσία (*QA* 138, p. 145-150), ποσόν (*QA* 139, p. 151-152), ποιότης (*QA* 140, p. 152-156), τὰ πρός τι (*QA* 141, p. 156-158), αἱ ὑπόλοιπαι ἓξ κατηγορίαι (*QA* 142, p. 158-159), ποιεῖν (*QA* 143, p. 159-161), πάσχειν (*QA* 144, p. 161), ποῦ (*QA* 145, p. 161-163), κεῖσθαι (*QA* 146, p. 163-164) et ποτέ (*QA* 147, p. 164-165). Dans cet ensemble, qui aurait dû compter dix éléments, manque le chapitre portant sur ἔχειν. On vient de voir que les leçons sont mises en relation avec des hommes « contrevenant aux lois ». Les adversaires visés n'étaient sans doute que les iconoclastes tant haïs. L'enseignement de Photios se plaçait ainsi délibérément dans la ligne de celui de Nicéphore. La dureté de l'expression donne à supposer qu'il eut lieu après le rétablissement de l'iconodulie.

Comme les professeurs d'aujourd'hui, Photios savait qu'il devait laisser un syllabus à ses étudiants. Au moins, c'est en ce sens que l'on peut comprendre un rappel laissé à l'un d'entre eux, Amphilochios ou un autre, devenu lui-même un maître pour les techniques de raisonnement et l'exégèse sacrée, en somme un collègue. Ce qui est intéressant aussi, c'est que l'on retrouvait

apparemment dans le χορός de ce dernier les deux classes d'étudiants qui avaient suivi les enseignements de Photios. Ici encore, nous avons droit à un aperçu sur ces cours. La question portait
sur plusieurs passages des discours 29-30 (*QA* 78, p. 102, 17-p. 104, 95 = 30, 8 dans *PG* 36, 113
A 11-B 2 ; p. 104, 96 = 29, 9 dans *PG* 36, B 7-13) de Grégoire de Nazianze, notamment les mots
ὥστε τὸ μὲν κυρίως ἐπ' ἀμφοῖν, τὸ δὲ οὐ κυρίως, ἐναντίως ἢ ἐφ' ἡμῶν ἔχει (p. 102, 15-25) :

> *Pour la question que vous aviez posée, le sens est clair et ne réclame, je crois, aucune expli-*
> *cation, mais c'est la structure de l'argumentation qui est quelque peu ramassée et qui réclame un*
> *examen pour être élucidée. Ainsi, du Verbe incarné, on peut dire Dieu et Père, mais Père du*
> *Verbe au sens propre et Dieu au sens propre de la nature assumée, de même que l'on dit au sens*
> *impropre Dieu pour le Verbe et Père pour la nature assumée. En sorte que c'est au sens propre et*
> *au sens impropre que ces expressions se trouvent employées pour le Père, dirais-je, et pour*
> *Dieu : au sens propre, l'épithète Père est donnée au Verbe et Dieu à la nature assumée et, au*
> *sens impropre, mais en inversant les termes, on donne en revanche cette dernière au Verbe et*
> *celle de Père à la nature assumée. Telle est donc la pensée, et, comme vous le voyez, elle ne*
> *contient rien qui ne soit clair.*

Photios décrit longuement un schéma qui a dû être exécuté au cours de la séance et qui a
soutenu l'explication du passage de Grégoire. On le trouve en marge des manuscrits :

Πατήρ   Θεός

Λόγος   πρόσλημμα

Les rapports de propriété se lisent dans le sens des verticales, d'impropriété dans celui des
diagonales.

Photios a été interrogé aussi sur un autre passage de Grégoire (29, 9, *PG* 36, p. 194, 23
Gallay) : νῦν δ' ἐγὼ ψεύδομαι. Plus loin, il cite encore un autre extrait (p. 16, 29-30 Gallay) :
σεαυτῷ δὲ γεννωμένῳ παρῆς. À l'époque, il avait donné un séminaire (p. 104, 97-102 W.) :

> *il est vrai qu'autrefois, au cours de séminaires de dialectique, en exposant les procédés dans*
> *les lieux communs pour mes auditeurs — vous en étiez, et non parmi les médiocres, mais parmi*
> *ceux qui menaient la recherche avec le plus d'ardeur, j'avais donné un cours suffisant sur ce*
> *sujet de recherche. On avait laissé aussi un écrit que pouvaient recevoir ceux qui le voulaient à*
> *l'époque.*

Le titre lui-même fait penser aux *Topiques* d'Aristote. La référence est bonne :
les techniques qui avaient si bien servi le second arianisme pouvaient être utilisées
ad majorem gloriam orthodoxiae.

L'objectif apparaît clairement (p. 104, 105-105, 125 Westerink) :

> *Dans sa connaissance surnaturelle de la divine théologie, alors qu'à force d'habileté*
> *logique, les comparses d'Eunome croyaient pouvoir prendre à la chasse, comme un gibier*
> *quelconque, la compréhension des dogmes incompréhensibles, la ramener dans leurs filets et, à*
> *travers un échange de questions contradictoires, se targuaient, comme ils le croyaient, de placer*
> *le Verbe coéternel au Père au rang des objets entrés plus tard dans le devenir, le divin Grégoire*
> *accepta que l'interrogatoire procédât par questions contradictoires. (…) Et répondant par*
> *avance à leurs objections, (Grégoire) leur donne comme exemples le "maintenant, je mens" et le*
> *"étais-tu présent à toi-même quand tu étais engendré ?" et d'autres du même genre, en montrant*
> *en tout cas que l'on ne doit pas nécessairement donner son accord à un des termes de la*
> *contradiction mais que parfois, comme dans les exemples précédents, on peut refuser chacun des*
> *deux termes, les rejeter et en considérer un troisième, où l'on voit surgir la vérité.*

Les *Topiques* de Photios offraient au moins une série de douze exemples, repris pour la
plupart, comme il est naturel, à l'histoire de la théologie. Certaines de ces prétendues apories
proviennent tout droit de l'Antiquité, ainsi (p. 105, 144-106, 146) :

Le coureur arrivé déjà à la fin de la ligne, est-ce dans le moment où il se meut qu'a lieu le commencement de son mouvement ou tout simplement n'a-t-il pas lieu ?

Ce sont les apories de Zénon d'Élée. On ne peut dire, selon Aristote, que « les extrémités des points font un, puisque pour l'indivisible il n'existe pas une extrémité qui serait distincte d'une autre partie » (*Phys.* VI 1, 231 a 26-27). D'autre part, « le continu est ce dont les extrémités sont une seule chose » (*Phys.* VI 1, 231 a 22). Donc, « il est impossible qu'un continu soit formé d'indivisibles, par exemple qu'une ligne soit formée de points, s'il est vrai que la ligne soit un continu et le point un indivisible » (*Phys.* VI 1, 231 a 24-26). Le mouvement est un continu, en sorte qu'il n'est pas utile de distinguer le début et la fin de la course qui appartiennent à l'ensemble du mouvement.

Nulle part ne se montre mieux qu'ici l'imbrication de la philosophie et de la théologie. À la fin du IVe s., au plus fort de la crise du second arianisme, le système d'Eunome de Cyzique (➤E 122) se construit visiblement sur un patron néoplatonicien : voilà qui supposait la maîtrise d'un arsenal logique fondé sur l'aristotélisme et le stoïcisme, comme l'avait souligné Basile lui-même (*Contre Eunome* I 5, 43-45 Sesboüé-de Durand-Doutreleau) : « Ou avions-nous vraiment besoin des syllogismes d'Aristote et de Chrysippe pour apprendre que l'inengendré n'a pas été engendré ni par lui-même ni par un autre ? », voir **42** B. Sesboüé et G.-M. de Durand dans B. Sesboüé, G.-M. de Durand et L. Doutreleau, *Basile de Césarée. Contre Eunome...*, t. II, coll. *SC* 305, Paris 1983, p. 189. Au VIe s., Léonce de Byzance commit un *Contre les Nestoriens et les Eutychiens* (voir *PG* 86, col. 1193-1268). Il possédait certainement une excellente connaissance de la logique aristotélicienne, d'après **43** G.L. Prestige, *Dieu dans la pensée patristique,* trad. par D. M., Paris 1955, p. 227. H. Reindl (*Der Aristotelismus bei Leontios von Byzanz,* München 1953) a produit une dissertation que je n'ai pu voir sur l'aristotélisme chez Léonce de Byzance, voir **44** H.-G. Beck, *Kirche und theologische Literatur im byzantinischen Reich,* München [dans le *Handbuch* de H. Bengtson, XII 2, 1], 1959, p. 374 n. 1. Le dernier des néoplatoniciens avérés, Stéphanos, avait écrit, lui aussi, un commentaire aux *Catégories,* qu'il cite dans ses commentaires aux traités *De l'interprétation* et *De l'âme.* Bien qu'on ne l'ait pas retrouvée jusqu'ici, l'œuvre fut connue du monde arabe, **45** Wanda Wolska-Conus, « Stéphanos d'Athènes et Stéphanos d'Alexandrie. Essai d'identification et de biographie », *REByz* 47, 1989, p. 9. Au tournant des XIXe et XXe s., A. Baumstark avait publié un *Dialogue* de Sévère, daté du XIIe s. : il repose sur la traduction, complète ou déjà réduite à des extraits, en syriaque dudit commentaire, **46** M. Roueché, « Byzantine Philosophical Texts of the Seventh Century », *JÖB* 23, 1974, p. 62. L'affiliation de Stéphanos au christianisme dédouana les textes de l'espèce. La collection de définitions de la *Doctrina Patrum,* la section philosophique sur laquelle se ferme la Προπαρα-σκευή de Théodore de Raïthu (**47** édition de Fr. Diekamp, dans *Orientalia Christiana Analecta* 117, 1938, p. 200-222), le livre consacré à la logique dans la *Viae dux* d'Anastase le Sinaïte, voir **48** K.-H. Uthemann, *Anastasii Sinaitae Viae dux,* coll. *CCG* 8, Turnhout/Louvain 1981, p. 23-75 : autant de documents pour lesquels les commentaires aristotéliciens d'Élias, de David et sans doute de Stéphanos fournirent l'armature logique employée au cours de la querelle monothélite du VIIe siècle. C'est dans ce cadre que se placent les pages publiées par Roueché **46**, p. 72-76. Plus récemment, le même **49** M. Roueché, « A Middle Byzantine Handbook of Logic Terminology », *JÖB* 29, 1980, p. 89-98, a exhumé un autre compendium de logique, dont il situe la rédaction au VIIIe s. Comme autre 'aristotélisant', dépourvu d'ailleurs de la moindre originalité, on ne peut guère citer que Jean Damascène (➤J 1), avec ses *Dialectica,* voir **50** B. Kotter, *Die Schriften des Johannes von Damaskos,* t. I, Berlin 1969, p. 47-146 ; on trouvera une étude précise et complète dans un livre important de **51** G. Richter, *Die Dialektik des Johannes von Damaskos. Eine Untersuchung des Textes nach seinen Quellen und seiner Bedeutung,* Ettal 1964]). La lutte contre l'iconoclasme marqua l'époque, et le Damascène y prit part, plume à la main, **52** Al. Kazhdan, art. « John of Damascus », *ODB,* p. 1064. Curieusement, toutefois, Jean ne paraît pas avoir mis à profit sa maîtrise des techniques de la logique au service d'une réfutation de l'hérésie nouvelle, **53** P.J. Alexander, *The Patriarch Nicephorus of Constantinople. Ecclesiastical Policy and Image Worship in the Byzantine Empire,* Oxford 1958, p. 191. Ce sera l'œuvre du patriarche

Nicéphore : non content d'emprunter des passages à Jean, il mit en œuvre tout un réseau de définitions fleurant bon l'aristotélisme scholastique, comme l'a démontré Alexander **53**, p. 189-213 et 205. À la même époque, Théodore Stoudite travailla aussi sur les mêmes bases, Alexander **53**, p. 192, par exemple. Cette rapide synthèse historique est reprise à **54** J. Schamp, « Photios aristotélisant ? Remarques critiques », dans Margarethe Billerbeck et J. Schamp (édit.), *Kainotomia. Die Erneuerung der griechischen Tradition. Le renouvellement de la tradition hellénique.* Colloquium Pavlos Tzermias (4.XI.1995), Fribourg (Suisse) 1996, p. 1-17, particulièrement p. 13-14. Telle est l'origine de l'aristotélisme que l'on a trop vite prêté à Photios. On verra que l'ordre même des œuvres de Photios en prose correspond approximativement à celui des niveaux d'étudiants dont il avait pris la responsabilité. Le modèle est au fond repris à celui qui avait prévalu dans les écoles néoplatoniciennes de la fin de l'Antiquité. Les études aristotéliciennes formaient une propédeutique aux véritables études supérieures, celles qui portaient sur l'explication des textes sacrés et des Pères de l'Église (Schamp **54**, p. 16). Si les conclusions sont correctes, le *Lexique* formerait le premier niveau, la *Bibliothèque* les deuxième et troisième et les *QA* le troisième exclusivement.

d. Le très haut fonctionnaire

Est-il possible de dater la promotion de Photios au rang de *prôtasécrétis* ? On s'y est employé au départ d'un traité qu'il avait rédigé *Contre les Manichéens*. Dans la première édition, l'ouvrage avait été adressé à un certain Zélix (*PmbZ* **13**, *Zelix* 8642), qui avait depuis longtemps fait allégeance, sous le nom de Nicéphore, à l'orthodoxie au moment où fut publiée la seconde édition, voir **55** Wanda Conus-Wolska, dans C. Astruc, W. Conus-Wolska, J. Gouillard, P. Lemerle, D. Papachyssanthou et J. Paramelle, « Les sources grecques pour l'histoire des Pauliciens d'Asie Mineure », *TM* 4, 1970, p. 181. Or, ce personnage, responsable d'une secte hérétique, les Zéliques, avait exercé les fonctions de *prôtasécrétis* (Théoph. Cont., p. 161, 18 - 162, 2 B. ; Génésios, IV 6, p. 60, 84-88 ; Jean Scylitzès, *Michel III,* 6). Les dissidents étaient probablement affiliés au groupe des Manichéens, plus précisément des Pauliciens. En tout cas, le Canon du patriarche Méthode (843-847) condamne Zélix dans la même fournée que trois patriarches iconoclastes, Jean le Grammairien (sans doute janvier 837-4 mars 843), Antoine « Kassymatas » (24 mars 821-janvier 837) et Théodotos Mélissénos (1er avril 815-fin 820 ou janvier 821), et que l'économe de la Grande Église (*ca* 820/830, puis rappelé et destitué à plusieurs reprises) Théodoros Krithinos, un iconoclaste irréductible ; sur ces différents personnages, voir *PmbZ* **13**, respectivement 3199, 550, 7954 et 7675 ; pour les textes, voir *Vie de Méthode le Patriarche* (extrait dans le *Thesaurus orthodoxae fidei* de Nicétas Choniatès), *PG* 140, col. 281 D-284 A ; Méthode, *Canon,* dans *PG* 99, col. 1769 A-D ; 1773 A-C. La liaison entre eux n'a rien que de logique. Depuis le premier rétablissement des images en 787, de nombreux iconoclastes pourchassés cherchaient refuge auprès des Pauliciens. Quand, en 812-813, des hérétiques, appelés partisans de Constantin V, c'est-à-dire iconoclastes, envahirent les rues de Constantinople où ils semèrent le désordre, le groupe comprenait nombre de Pauliciens, voir Théoph., A. M. 5305, p. 501, 4-5 et 21-23 de Boor, et **56** G. Dagron, *Le christianisme byzantin du VIIe s. au milieu du XIe siècle,* dans J.-M. Mayeur, Ch. (†)-Luce Pietri, A. Vauchez, M. Venard et G. Dagron, *Histoire du christianisme,* t. IV : *Évêques, moines et empereurs (610-1054),* [Paris] 1993,

p. 167-240, spécialement p. 228-229. Photios aurait recueilli la succession de Zélix en qualité de *protasécrétis*. On en a même cherché des confirmations dans la *Bibliothèque* elle-même. Le titre complet du traité *Contre les Manichéens* est ἐν συνόψει διήγησις τῆς νεοφανοῦς τῶν Μανιχαίων ἀναβλαστήσεως, et, dans la lettre d'envoi à Arsénios, l'higoumène de Hiéra, un de ses amis, Photios évoquait aussi un mouvement en recrudescence récente (ἀρτιφυής). C'est ce qu'on lit aussi au *cod.* 52, un compte rendu des actes d'un synode tenu à Sidé pour condamner les Messaliens (13 b 13-16) :

> De même, nous aussi, en écartant voici peu (ἄρτι) dans la mesure du possible, d'une erreur pareille des gens qui avaient commencé à la propager, nous avons vu une abondante pourriture de passions et de vice qui se repaissait de leur âme.

On devrait découvrir ici un rappel de la lutte menée par Photios contre les Pauliciens et contre les disciples de Zélix. En vérité, les locutions du genre ne manquent pas, y compris dans la correspondance professionnelle de Photios (*Ep.* 2, p. 42, 78 Laourdas-Westerink, qui date du début de 867. Surtout, ce dernier a reproduit ici presque à la lettre une phrase de l'original, Schamp **36**, p. 43-51. De surcroît, si Zélix fut en effet iconoclaste, son adhésion au paulicianisme est loin d'être avérée, **57** P. Lemerle, « L'histoire des Pauliciens d'Asie Mineure d'après les sources grecques », *TM* 5, 1973, p. 42-43. Par conséquent, rien n'invite à croire que Photios fait ici un rappel à caractère autobiographique ni par conséquent qu'il accéda au poste de Zélix immédiatement après la chute de ce dernier, que l'on attribue traditionnellement à l'action du patriarche Méthode. Établir une date est donc impossible en raison de la carence des documents ; nous ne voyons pas ce qui permet à Dagron **56**, p. 170) d'écrire : « peu après 843 » et (n. 19) (il) « succède à un certain Zélis ».

Devenu patriarche, Photios entre dans la sphère de l'histoire générale dont il ne sortira plus. Pour les détails, on se reportera en dernier lieu à **57** J. Schamp et B. Kindt-Cental, *Thesaurus Photii Constantinopolitani Bibliotheca*, Turnhout 2004, p. XXVII-XXXVII. La biographie désormais n'interviendra plus ici, excepté quand il sera question de la composition de la *Bibliothèque*, l'œuvre la plus importante de Photios.

4. ŒUVRES

1. Le *Lexique*

1. On a conservé de Photios un ***Lexique*,** qui fort longtemps n'avait circulé et n'était connu que sous une forme incomplète, environ les deux tiers. Pour une édition de ce que l'on peut en lire aujourd'hui, voir Naber **4**. En 1961, M. L. Politis découvrit dans le petit monastère de Zaborda, en Macédoine occidentale, fondé par Nikanor, au début du XVIe s., un manuscrit contenant le *Lexique* de Photios dans son intégralité ; l'édifice se trouve sur une colline de la rive gauche de l'Haliakmôn, au sud de Kozani et à l'est de Grévéna. On ne peut dater la rédaction du livre, qui paraît cependant dater de la jeunesse de l'auteur, ce qui ne veut pas dire qu'il ait été publié dès son achèvement, Lemerle **3**, p. 186-188 ; **58** L. Politis, « Die Handschriftensammlung des Klosters Zavorda und die neuaufgefundene Photios-Handschrift », *Philologus* 105, 1961, p. 136-144. Aujourd'hui, un spécialiste de

l'Université de Thessalonique est en train de donner une édition complète du *Lexique,* dont deux tomes ont paru : Théodoridis **5** et **6**. La partie du manuscrit en cause (ff. 77-198) concernant Photios daterait de la fin du XIIIe s. L'intitulé dédie le lexique à un certain Thomas, protospathaire et *archôn* de Lykostomion, aujourd'hui Périprava en Roumanie (*PmbZ* **13**, 8474), que Photios nomme un de ses anciens élèves. À la suite d'un travail au cours duquel il vient d'offrir le sens de plus de trente mots ou expressions polysémiques, Photios écrit : « On ferait un copieux ouvrage en réunissant, non pas tous les mots à sens multiples, tâche immense et presque impossible, mais les plus courants et les plus fréquemment employés : ce que j'ai fait, comme tu le sais, lorsque je sortais de l'adolescence » (*QA* 21 p. 71, 132-136 Laourdas-Westerink). L'annotation de L. G. Westerink, qui a été en mesure de collationner le manuscrit de Zavorda, ne laisse pas place au doute. La source de Photios pour le passage considéré est bien son propre lexique, et il n'avait pas en vue un autre ouvrage composé de sa main.

2. La *Bibliothèque*

a. *Études d'orientation*

Ziegler **16** ; Henry **8**, t. I, p. XIX-XXV ; **59** T. Hägg, *Photios als Vermittler antiker Literatur. Untersuchungen zur Technik des Referierens und Exzerpierens in der* Bibliotheke, Uppsala 1975 ; Treadgold **19** ; Schamp **36** ; **60** L. Canfora, « Libri e biblioteche », dans *Lo spazio letterario della Grecia antica,* t. II *Le ricezione e l'attualizzazione del testo,* Roma 1995, p. 29-64 ; Schamp et Kindt-Cental **57**, p. XL-XLVI ; **60bis** J. Schamp, « Photios abréviateur », dans Marietta Horster et Christiane Reitz (édit.), *Condensing texts - Condensed texts,* Stuttgart 2010, p. 649-734.

b. *Traductions*

61 J. H. Freese, *The Library of Photius,* t. I, London/New York 1920 (seul paru) ; Henry **8**, I-VIII.

c. *Index et tables*

62 J. Schamp, *Photius. Bibliothèque,* t. IX, *CUF,* Paris 1991 ; Schamp et Kindt-Cental **57**.

d. *Histoire du texte*

63 E. Martini, « *Textgeschichte der Bibliotheke des Patriarchen Photios von Konstantinopel. Ier Teil : Die Handschriften, Ausgaben und Übertragungen,* coll. « Abhandlungen der Philol.-hist. Klasse der Königl. Sächsischen Gesellschaft der Wissenschaften » XXVIII 6, Leipzig 1911 ; **64** A. Severyns, *Recherches sur la Chrestomathie de Proclos.* Première partie : *Le codex 239 de Photius,* Liège/Paris 1938, spécialement p. 261-295 et 359-382 ; **63** E. Martini doit être complété par **65** P. Eleuteri, « *I manoscritti della* Biblioteca *di Fozio* », *QS* 26, 2000, p. 111-156, y compris la précieuse note de G. Cavallo [« Per le mani e la datazione del codice Ven. Marc. gr. 450 », *QS* 26, 2000, p. 157-162] ; pour l'histoire de la redécouverte du texte à la Renaissance, **66** L. Canfora, *Il Fozio ritrovato. Juan de Mariana e André Schott,* Bari 2001 ; et au XVIIe siècle, **67** L. Canfora, *La bibliotheca del patriarca. Fozio censurato nella Francia di Mazzarino,* Roma 1998 ; ce dernier livre a bénéficié d'une traduction française par L.-A. Sanchi, **68** L. Canfora, *La bibliothèque du patriarche. Photius censuré dans la France de Mazarin,* Paris 2003.

L'importance de la *Bibliothèque* pour la littérature païenne antique fait qu'elle a été beaucoup plus souvent étudiée. On a pu dire d'elle qu'elle était le plus vaste monument de la critique littéraire au Moyen-Âge. Texte énigmatique aussi que l'on a tâché de rattacher aux étapes de la carrière politique de Photios. Malgré les multiples études qui lui ont été consacrées, toutes les incertitudes sont loin d'être levées ; pour une analyse approfondie des problèmes, voir Canfora **60**. Les difficultés tiennent notamment au contenu des manuscrits qui ont conservé l'œuvre. Un bref rappel sur l'histoire du texte suffira ici. Dans ses grandes lignes, elle a été éclairée par Martini **63**. Le manuscrit le plus ancien est le *Marcianus gr.* 450 (A), que l'on incline aujourd'hui à dater de l'extrême fin du IXe s. Le mérite d'avoir révélé à la recherche ce témoin capital revient à Bekker **7**, d'après qui on continue à citer la somme. On y trouve une lettre-dédicace à Tarasios, un des frères de Photios, dont le texte est aujourd'hui fort difficile à déchiffrer, une table des chapitres, puis le texte lui-même, qui court jusqu'à 527 b 34. La *Bibliothèque* renfermait aussi une postface, qui est le pendant de la préface. Elle figure dans le second manuscrit le plus ancien, M (*Marcianus gr.* 451), du XIIe s. Curieusement, l'existence de M avait échappé à Bekker **7**. Severyns **64**, p. 339-357, a montré que le manuscrit est un dérivé de l'officine d'Aréthas de Césarée. Tout travail lexicographique d'envergure sur la *Bibliothèque* doit donc se fonder sur une édition qui fasse entrer en ligne de compte toutes les données de la tradition. C'est celle qu'a procurée Henry **8**. Schamp et Kindt-Cental **57** p. XI-XIX, renferme une importante liste de corrections à l'édition Henry **8**, ainsi qu'une double table de correspondances selon l'ordre arithmétique des *codices* (p. LI-LVII) et selon l'ordre alphabétique des auteurs recensés (p. LVIII-LXIV). Munie notamment de notes bibliographiques succinctes, elle remplace avantageusement la « table générale de la *Bibliothèque* de Photius (volumes I-VIII) » de Schamp **62**, p. 17-29.

Schamp **36** a montré que les nombreuses notices bio-bibliographiques de la somme ne doivent rien à des documents extérieurs aux œuvres ou aux auteurs recensés correspondants. La même conclusion vaut pour les notices sur les dix orateurs attiques (*codd.* 259-268), voir **69** J. Schamp, *Les* Vies *des dix orateurs attiques,* Fribourg (Suisse) 2000. La constatation doit inciter à la prudence ceux qui cherchent le moyen de dater la rédaction de la *Bibliothèque* en rejetant les affirmations de Photios lui-même.

Le titre véritable d'ailleurs n'était pas « Bibliothèque » : la plus ancienne occurrence du mot se trouve dans deux manuscrits du XVIe siècle, *Ottobonianus gr.* 163

et *Hierosolymitanus gr*. 85 (bibl. patr. arch.). On a aussi usé du mot μυριόβιβλος pour la désigner, déjà dans un manuscrit de Paris du XIVᵉ s., le *Suppl. gr*. 256, fol. 239ᵛ, Ziegler **16**, col. 684. Rien de tout cela ne correspond aux données du manuscrit A, les seules sur lesquelles on doive compter ; on y lit en effet : « Transcription et énumération des livres lus par nous, que notre frère bien-aimé Tarasios nous a réclamées en vue d'une prise de connaissance sommaire. Ils sont, à vingt et un près, trois cents ». Les lettres-préface et postface ont fait couler de l'encre. Suivant la première, Photios aurait été désigné pour une ambassade en Orient, chez les « Assyriens ». À la demande de Tarasios, qui souffrait à la perspective de cette séparation, il rédigea des notices sur les livres lus en l'absence de son frère et les confia à un secrétaire. La « Bibliothèque » n'aurait pas d'autre origine. On a vainement tenté d'identifier l'ambassade, que l'on a située tantôt en 838, tantôt en 845, en 851 ou en 856. Jamais le nom de Photios n'est nommé dans les documents traitant de ces ambassades : « En somme, des hypothèses sur cette ambassade insaisissable il ne reste sur le terrain qu'un cimetière », Canfora **60**, p. 33. Vu l'impossibilité de dater formellement la *Bibliothèque*, grande fut la tentation de rejeter comme imaginaires ou fictives les données de la préface.

Ceci dit, sauf interprétation nouvelle, il reste que trois thèses sont en présence, voir Henry **8**, t. I, p. XIX :

1. La *Bibliothèque* fut rédigée *avant* l'ambassade. Les lectures faites par Photios depuis longtemps en forment la matière, voir, pour les critiques à cette thèse, Treadgold **19**, p. 20-21 ; Schamp **36**, p. 37-39 (avec, p. 37 n. 1, un aperçu de la littérature antérieure).

2. La *Bibliothèque* est le fruit des lectures faites *au cours de* l'ambassade ; c'est la thèse de **70** A. Severyns, *Recherches sur la Chrestomathie de Proclos*. Première partie. *Le codex 239 de Photius*, t. II : *Texte traduction commentaire*, Liège/Paris 1938, p. 1-3. Photios se serait fait accompagner par des élèves ou amis constituant une sorte de société de lecture.

3. La préface est une supercherie littéraire ou un *topos*. En fait, la *Bibliothèque* serait un « Lebenswerk », ce qui cadrerait bien avec les dimensions qui sont les siennes.

La seconde thèse est en contradiction avec les données de la préface et de la postface. On a cherché des arguments probants à l'appui de la troisième. Elle revient à considérer les deux pièces comme des fictions littéraires ou des éléments extratextuels. Cette dernière supposition ne retiendra pas longtemps. Photios ne fut pas le seul à adopter le plan qui a déconcerté : préface, *pinax* puis texte. En effet, une autre œuvre de pure compilation, comme l'*Histoire naturelle* de Pline offre une disposition analogue : préface à Vespasien, puis *pinax*, qui forme à lui seul le livre I de l'ensemble. Il n'en alla pas autrement pour les *Nuits attiques* d'Aulu-Gelle [➙A 509] (*Préf.* 25). Toutefois, ce n'est pas le cas dans les manuscrits anciens, sauf pour A, un palimpseste daté IVᵉ ou Vᵉ s., voir **71** R. Marache (édit.), *Aulu-Gelle. Les nuits attiques,* t. I, *CUF,* Paris 1967, p. 7 avec la n. 1 ; néanmoins, l'éditeur français a décidé, curieusement, de ne pas suivre les indications de A et de la préface. À l'époque byzantine, mais aux Xᵉ-XIᵉ s., Syméon le Nouveau Théologien adopte pour le recueil de ses *Hymnes* le même dispositif. Par conséquent, on ne peut juger le plan du manuscrit A de la *Bibliothèque* comme extravagant pour l'époque, et rien n'oblige à voir dans les pièces qui bardent le corps de la *Bibliothèque* des éléments « extratextuels ».

En fait, le désaccord entre les érudits remonte au XVIe siècle. La première édition de la *Bibliothèque* vit le jour durant une période d'intenses discussions religieuses. Pouvait-on sauver un texte comme celui-là, dont les pages regorgent de références ou d'allusions à des doctrines hérétiques. Deux jésuites, qui jouèrent un rôle de premier plan dans la production du texte, eurent à trancher. Juan de Mariana (1536-1624) fut un des premiers à acquérir une connaissance de l'œuvre dans son intégralité ; il en laissa un épitomé et finit par renoncer à publier une édition. Il connaissait, naturellement, la fameuse préface à Tarasios, mais il ne lui prêta aucun crédit. À ses yeux, la *Bibliothèque* était bien l'œuvre d'une vie entière. L'autre, un Belge, Andreas Schott, avait bien connu son prédécesseur et ses travaux, qu'il n'hésita pas à exploiter, tout en les dénaturant. Il désirait soulager la mémoire de Photios des reproches qu'on ne manqua pas de lui décocher lors du VIIIe concile œcuménique. C'est de là que viendrait l'idée de situer la rédaction de l'œuvre dans une chronologie haute, c'est-à-dire de la lier à la fameuse ambassade, mais aussi de maquiller quelque peu la traduction latine postérieure à l'édition *princeps*. On lira à ce propos le recueil de Canfora **66**. **72** M.G. Solaro, *Juan de Mariana. Epitoma latina di Fozio*, Bari 2004, offre une édition critique de l'épitomé ; dans Canfora **66**, p. 218-231, il avait déjà donné une édition, avec traduction italienne et des commentaires, d'extraits significatifs de ce dernier. Désormais les règles étaient définies clairement et l'on était virtuellement sommé de choisir son camp. Certes, la conception de Mariana avait de quoi séduire, et l'on s'est mis en quête de preuves.

Toutefois, la prudence reste de mise. Dans sa seconde lettre de 904 à l'émir de Crète, Nicolas le Mystique dépeint ainsi l'attitude ouverte de Photios à l'endroit d'un Musulman ; la traduction est fondée sur le texte établi par **73** R.J.H. Jenkins et L.G. Westerink, *Nicholas I Patriarch of Constantinople Letters*, Washington, Dumbarton Oaks, 1973 ; pour la date, voir p. XXVII [traduction française de la lettre dans **74** A.A. Vasiliev, *Byzance et les Arabes*, II, 1re partie : *La dynastie macédonienne (867-959)*, éd. fr. par M. Canard, Bruxelles 1968, p. 400-403]. L'ami de Photios pourrait avoir été Šu'ayb I b. 'Umar (*ca* 855-880) ; quant au destinataire de la lettre, il pourrait avoir été Muḥammad b. Šu'ayb (*ca* 895-910). Jenkins et Westerink **73**, p. 526, reproduisent les données chronologiques établies par **75** G.C. Miles, « A Provisional Reconstruction of the Genealogy of the Arab Emirs of Crete », dans Κρητικὰ Χρονικά 15, 1963, p. 59-73, dont ils soulignent les incertitudes :

Votre Sagesse n'oublie pas que le plus grand des évêques de Dieu, le célèbre Photios, mon père dans l'Esprit Saint, était lié au père de Votre Noblesse par le lien de l'affection à telles enseignes que personne parmi vos frères de religion et de race n'avait eu des dispositions aussi amicales à notre égard. Homme de Dieu, très versé dans les choses tant de Dieu que des hommes, il savait que, nonobstant la barrière dressée par la religion, les manifestations de l'intelligence, de la perspicacité, de la fermeté de caractère, de l'amour pour l'humanité, bref, toutes les qualités qui confèrent à la nature humaine ornement et respectabilité font flamber dans le cœur des hommes mus par l'amour du bien l'affection pour ceux qui sont dotés de la même aspiration au bien. Voilà pourquoi (Photios) avait de l'amitié pour votre père dont l'esprit avait pour ornement les mêmes qualités dont j'ai parlé, bien que se dressât entre eux la différence de foi.

Ce n'est pas la seule preuve dont nous disposons. Lors de la quatrième session du synode de 879-880, qui rétablissait officiellement Photios sur son siège et signifiait la réconciliation avec Rome, on entendit un long éloge du nouveau patriarche dans la bouche du représentant de Jérusalem, Élie, voir Dvornik **2**, p. 272. Ce dernier peignait le prestige en Orient de Photios qui recevait même de Musulmans des demandes d'accès au baptême, Mansi, XVII, 484 D, signalé par Canfora **66**, p. 55 n. 67. De quand datent ces bonnes relations ? De l'exil qu'eut à souffrir Photios avec toute sa famille, probablement sous Théophile, ou de l'ambassade ? Ou de tout autre échange que nous ne connaissons pas par une autre source. À moins que le choix de Photios pour une ambassade n'ait été précisément motivé par les liens déjà noués au cours de la période de persécutions. On le voit, rien ici n'est vraiment assuré, mais il n'y a pas non plus matière à considérer l'ambassade comme un mythe littéraire.

76 Fr. Halkin, « La date de composition de la "Bibliothèque" de Photius remise en question », *AB* 81, 1963, p. 414-417, avait cru pouvoir déceler un élément solide, qu'il tirait d'un article antérieur de H. Delehaye. Photios présente la recension d'une *Vie* de s. Grégoire le Grand (*BHG* 1445 y) en ces termes, *Bibl. cod.* 252, 466 b 26-28 (Henry **8**, t. VII, p. 207, apparat : Ἀνεγνώσθη Γρηγορίου τοῦ διαλόγου ὁ βίος οὗ ἡ ἔκδοσις ἐκλογήν τινα ἀναγράφει - *Lu de Grégoire « le Dialogue » la Vie dont cette publication transcrit un choix*).

Nous retenons ici le texte donné dans A et dans le *Pinax* par A et M, à la différence de Henry **8**, t. VII, p. 207, qui avait fait imprimer celui de M, à la suite de Bekker **7**. H. Delehaye avait montré que la *Vie* grecque de s. Grégoire le Grand avait été tirée de la grande *Vita* latine composée à la demande du pape Jean VIII par le diacre Jean Hymmonide : commandé le 11 mars 873, achevé vers 876 dans la langue originale, l'ouvrage traduit n'eût guère pu parvenir à Photios avant un an au moins, Schamp **36**, p. 71. Les deux épisodes formant la matière du *codex* en cause répondent d'ailleurs à ceux de la *Vie* grecque qui serait donc la source du chapitre de Photios. Partant la *Bibliothèque* aurait été rédigée au plus tôt à la fin du second patriarcat de Photios. La conclusion n'a pas convaincu grand monde, voir toutefois Canfora **60**, p. 35. On peut supposer a priori que deux *Vies* du même personnage devraient nécessairement mettre en œuvre un matériel identique, voire renfermer des expressions très voisines. Si Grégoire a réellement reçu comme surnom « Dialogue », il le doit à la notoriété de son œuvre la plus fameuse, les *Dialogues*. On a quelques bonnes raisons de croire que c'est bien l'origine de la *Vie* recensée au *cod.* 252 : elle a dû accompagner une édition grecque des *Dialogues,* sur laquelle Photios nous donne des informations (*cod.* 252, 467 a 40-b 14) :

Entre autres nombreux livres en latin utiles à l'âme, cet admirable Grégoire a laissé des homélies expliquant les Évangiles ; toutefois, ce fut aussi à des biographies mémorables de personnages italiens, en y mêlant des récits propres à enseigner les voies du salut, qu'il consacra des études en quatre dialogues. Mais, depuis cent soixante-cinq ans, ceux qui parlent le latin étaient seuls à tirer profit de ses travaux. Zacharie, qui fut plus tard, à l'époque susdite, le successeur de cet homme digne des Apôtres, en étendit la connaissance et le profit réservés au seul domaine du latin par une traduction en grec, et il en offrit généreusement tout le bénéfice à la terre entière. Il voua son travail à tourner en grec non seulement les livres appelés « dialogues », mais aussi d'autres ouvrages mémorables de lui.

Autrement, on comprendrait mal l'utilité de cette longue note bio-bibliographique, isolée dans cette petite section de la *Bibliothèque*. Dans la tradition latine, les *Dialogues* de Grégoire sont précédés d'une préface anonyme où se lisent des chiffres semblables : si les *Dialogues* sont de 593-594, dates que l'on obtient par de savants rapprochements, le calcul donne celle de 758 pour la traduction. Si l'on fait entrer en ligne la date de mort de Zacharie (758), la soustraction donne 587 pour résultat, soit un *terminus ante quem* pour la rédaction de l'œuvre. Pour compléter la présentation des *Dialogues,* le préfacier de Zacharie a rédigé une biographie de Grégoire, munie d'un bref dossier sur sa production littéraire. Treadgold **19**, p. 30-31, avec la n. 44 de la p. 30, signale, avec beaucoup de pertinence, que le résumé grec de la *Vie* de Jean Hymmonide renferme des latinismes, comme βεστιάριος ou σκουτέλιον, qui ont leur équivalent chez Photios, mais sous la forme attendue en grec, διακονησάμενος ou πινακίσκος. Ailleurs, quand la langue de ses sources le requiert, ce dernier n'hésite pas à truffer les recensions de latinismes, ainsi, par exemple, dans le chapitre réservé à l'historien Olympiodore (*cod.* 80), que l'on eût dû surnommer « l'Hérodote du Vᵉ siècle », Schamp **36**, p. 173-179. Dès lors, si Photios n'a pas fait de même dans le cas qui nous occupe, où la chose eût été spécialement bienvenue, c'est tout simplement que le texte n'y prêtait pas et que par conséquent il n'avait rien à voir avec la *Vie* de Jean Hymmonide traduite après 876. Il ne permet en aucun cas de situer la rédaction de la *Bibliothèque* dans la carrière de Photios. Plus tard, Photios sera encore amené à citer saint Grégoire à propos du Saint-Esprit. Or, le passage revient dans un traité qui date probablement du second patriarcat,

Contre les partisans de Rome. Loin de mentionner Jean Hymmonide, Photios s'obstine à citer les *Dialogues* d'après la version grecque procurée au temps de Zacharie d'abord dans un fragment de traité *Contre les partisans de la vieille Rome* (11, dans **77** J. Hergenröther, *Photii Constantinopolitani liber de Spiritus Sancti Mystagogia*, Regensburg 1857, p. 116), puis dans la *Mystagogie du Saint-Esprit*, le dernier traité connu de Photios (84, dans Hergenröther **77**, p. 87-88).

Écartée l'hypothèse aventureuse de Halkin **76**, on se retrouve devant les mêmes incertitudes que précédemment. On a toutefois continué à essayer de montrer que la lettre-préface de Photios n'était qu'une fiction. A-t-il jamais existé un « conte de l'ambassade » ? Si l'on peut le dire, en se rapportant à la fameuse *Lettre d'Aristée à Philocrate*. Il était donc tentant de penser, comme l'a fait Canfora **60**, p. 38-40, à essayer de découvrir entre les deux œuvres des similitudes d'expression assez marquantes. Pourtant, celles qui sont retenues paraissent relativement banales, excepté la première que signale Canfora **60**, *Aristée*, 322 : σὺ δέ, (...) ἀπέχεις τὴν διήγησιν, ὦ Φιλόκρατες = *Bibl.* 545, 8-12 : σὺ δέ, ὦ (...) ἔχεις τὴν αἴτησιν τῆς ἐλπίδος οὐ διαμαρτοῦσαν. Sous diverses formes, le thème de la *Lettre d'Aristée* a connu maints avatars qu'a retracés brillamment **78** L. Canfora, *Il viaggio di Aristea,* Bari 1996, p. 3-31 pour l'Antiquité. Toutefois, l'indice est assez mince.

En revanche, on s'est peu soucié de chercher des coïncidences d'expression significatives entre les *Lettres* ou les *QA* et la *Bibliothèque*. Il en est une qui est significative, à mon sens. Dans l'*Ép.* 187 = *QA* 101 (Laourdas et Westerink **9**, t. II, p. 80, 105-106), où il est question de Julien l'Apostat, on lit : « Mais pourquoi diable est-ce à propos de cet enseignement seulement que vous tenez à faire étalage de votre pénétration dans les raisonnements ainsi que de la vigoureuse profondeur de votre naturel perspicace (τῆς ἰθυβόλου φύσεως) ». La locution τῆς ἰθυβόλου φύσεως n'est pas attestée ailleurs dans la littérature grecque conservée, sauf dans la *Vie d'Isidore* de Damascios, le dernier scholarque de l'école néoplatonicienne d'Athènes (*Bibl. cod.* 242, 346 b 5-6). Par la suite, évidemment, Photios s'évertue à prouver que les leçons de Julien sont dépourvues de toute pertinence. Or, il avait rassemblé avec une hâte extrême à la fin de la *Bibliothèque* une foule de documents qui n'eussent pas trouvé place ailleurs, ceux justement auxquels appartient le *codex* 242, **79** J. Schamp, « *'Vendez vos biens'* (Luc. 12, 33). Remarques sur le Julien de Photios et la date de composition de la *Bibliothèque* », dans B. Janssens, B. Roosen et P. Van Deun (édit.), *Philomathestatos. Studies in Greek Patristic and Byzantine Texts Presented to Jacques Noret for his Sixty-Fifth Birthday,* coll. « Orientalia Lovaniensia Analecta » 137, Louvain 2004, p. 535-554, surtout p. 552-553.

La chute du patriarche précédent, Ignace (*PmbZ* **13**, *Ignatios* 2666, p. 175), eut lieu formellement le 23 octobre 358. Simple laïc, Photios fut élevé au patriarcat le 25 décembre de la même année. Deux mois s'étaient passés entre les deux événements. On peut supposer que l'opération n'était pas sans portée politique. Le *Synodicum Vetus* (157 dans **80** J. Duffy et J. Parker, *The "Synodicon Vetus",* Washington 1979, p. 133 et n. 203) signale la tenue dans l'intervalle d'un σύνοδος qui se tint au Palais, avec la participation de Photios. L'élévation de ce dernier dut être décidée alors. On ne sait si le bénéficiaire fournit un aperçu du programme qu'il s'engageait à appliquer.

Dans la célèbre préface de la *Bibliothèque*, Photios use d'une polyptote (τῷ τε κοινῷ τῆς πρεσβείας... πρεσβεύειν ἡμᾶς). On doit s'y arrêter brièvement pour comprendre. La locution τὸ κοινὸν τῆς πρεσβείας est isolée et ne correspond à rien de ce que l'on connaît dans les usages diplomatiques ou administratifs byzantins. À mon sens, on doit entendre πρεσβεία avec le sens de « intercession », Lampe, *PGL, s.v.,* p. 1128. On trouve souvent, au moins pour la Vierge et les Saints, des intercessions dans les *Homélies* notamment [2, p. 28, 14-15 ; 6, p. 73, 9-11 ; 15, p. 151, 23-24, mais aussi à propos de patriarches, voir Malalas, p. 417, 17 (à propos d' Éphrem d'Antioche) ; Théophane, A. M. 6018, 525-526 (à propos d'Euphrasios)]. Dans la vie de saint Nicolas de Myre (54, 18 Anrich, *BHG* 1347), l'âme du Saint, avec le groupe de celle des patriarches qu'elle rencontre au ciel, est appelée à intercéder (πρεσβεύειν) pour tous ceux qui ont la foi. On traduira donc « grâce à l'intercession unanime (des chrétiens) ». À ce compte, il n'y eut jamais d'ambassade. Une fois patriarche, Photios s'engageait à intercéder (πρεσβεύειν) auprès des « Assyriens » pour obtenir leur conversion. Après tout, il entretenait de bonnes relations avec les occupants du Proche Orient. Beaucoup de livres rarissimes ou perdus dont avait traité la *Bibliothèque* provenaient probablement de ces régions converties à l'Islam.

On peut croire qu'une bonne partie des notices de la *Bibliothèque* ont fourni de la matière à un enseignement. Ainsi s'expliquerait le fameux « cercle de lecture » sur lequel **81** L. Canfora, « Il 'reading circle' intorno a Fozio », *Byzantion* 68, 1998, p. 222-223, est revenu voici peu. Comme il l'a rappelé, Anastase le Bibliothécaire (Mansi XVI, col. 165 *ad herentes sibi clientes ad discendam sapientiam*) fait allusion à ce cercle déjà signalé plus haut à propos d'*Ép.* 290. À mon sens, l'élévation au patriarcat a brisé net les activités de ce dernier. Continuer à expliquer en grand nombre des auteurs païens revenait pour Photios à tendre à ses adversaires les armes qu'ils attendaient pour l'abattre, Schamp **79**, p. 554 n. 58. Il restait à trouver d'autres moyens de continuer à communiquer son immense savoir. Ce fut l'objet de l'ensemble *Épîtres-QA*.

La somme est dédiée à son frère Tarasios (*PmbZ* **13**, *Tarasios* 7237), qui souhaitait pouvoir disposer des notes de lecture collectionnées au fil des années. D'après la préface du manuscrit A, elles furent composées en l'absence de Tarasios. Ce dernier avait marqué à l'entreprise de son aîné un vif intérêt, car au moins une fois, à propos des discours d'Himérios qu'il avait lus d'un bout à l'autre (*cod.* 165, 108 b 28-30), il avait pris part aux activités du cercle de lecture. On décèle donc une petite contradiction entre la préface et l'indication du *cod.* 165. Tarasios fut patrice à une époque impossible à déterminer avec précision. Il reçut de nombreuses lettres de Photios (31, 79, 131-132, 152-153, 160, 234, 256, 258, 260, 262, 264) à qui il en envoya à son tour trois (259, 261, 263). Aucune d'entre elles ne roule sur la philosophie.

On ne s'étonnera du reste pas que cette dernière occupe une place relativement réduite dans la *Bibliothèque*. On a vu que c'était le rôle dévolu normalement aux *QA*. L'inventaire est donc vite fait : la *Vie d'Isidore* de Damascios (cod. 242, 335 a 20-353 a 20, voir Schamp **36**, p. 129-152, ➤+D 3 et I 31), les *Écrits pyrrhoniens* d'Énésidème (*cod.* 212, 169 b 18-171 a 4, ➤+E 24), *Sur la providence*, du néoplatonicien Hiéroclès (cod. 214, 171 b 19-173 b 2 et 251, 460 b 21-466 b 24, ➤+H 126), une réfutation (*cod.* 215, 173 b 4-32) du traité de Jamblique (➤+I 3) *Sur les statues* par Jean Philopon (**82** J. Schamp, « Photios et Jean Philopon : sur la date du traité *De opificio mundi* », *Byzantion* 70, 2000, p. 135-154, spécialement p. 146-147, ➤+P 164) et une *Vie* anonyme de Pythagore (*cod.* 249, 438 b 15-441 b 15).

3. Les *Lettres* et les *Questions à Amphilochios*

Index. Westerink **10**, VI 2, Leipzig 1988.

Il n'existe pas de traduction en langue vernaculaire. Cependant, on trouvera une version française, tributaire évidemment des usages de l'époque, de maintes lettres dans le livre vénérable de **83** J.-N. Jager, *Histoire de Photius,* 2ᵉ éd., Paris 1845 ; **84** Despoina S. White, *Patriarch Photios of Constantinople,* Brookline (Mass.) 1981, rend des services équivalents. L'histoire et la formation des deux collections a été magistralement reconstituée par Westerink **9**, en particulier t. I, p. VI-XI et XVIII-XXII, et Westerink **10**, t. I, p. XVI-XXII. On notera une très belle étude de **85** W. G. Brokkaar, *De brieven van Photius aan Nicephorus,* thèse Amsterdam 1995.

On a montré plus haut le rôle que joue la philosophie aristotélicienne dans le dispositif de formation mis sur pied par Photios à titre privé. Sont concernées essentiellement les *QA* 77 et 137-147.

Photios cite 3 B 1 DK⁶ d'Épiménide de Crète, d'après *Tit.* 1, 12 (*QA* 151, 27-31). Il mentionne les pythagoriciens comme exemple *a contrario* (*QA* 149, 196-200). Il cite le mot αὐτὸς ἔφα (*QA* 149, 174-176). À propos de la *tétraktys* comme figurant les quatre éléments (*QA* 235, 9-10). Il compare la doctrine d'Origène à la métempsycose des pythagoriciens (*Ép.* 284, 675-677 Il trouve le style de saint Paul supérieur à celui de Gorgias qu'il décrit sommairement (*Ép.* 165, 198-203). Allusion au procès de Socrate (*Ép.* 221, 9-10). Analyse de l'exemple ὁ Σωκράτης ἄνθρωπός ἐστι (*Ép.* 284, 1977-1978, mais il faudrait étudier de près tout le passage jusqu'à 2057, *cf. QA* 27, 27-136). Platon et Aristote sont mentionnés à propos d'une théorie de l'art épistolaire inspirée de Philostrate [*Lettres et conférences,* 1, 2, voir **86** J. Schamp, « Photios, maître de l'art épistolaire », dans P. Laurence (édit.), *Epistulae antiquae V. Actes du Ve colloque international « L'épistolaire antique et ses prolongements européens »,* Louvain/Paris, 2008, p. 313-314]. Photios souligne la supériorité stylistique de Platon (*cf. QA* 155, 22-23, même sur les œuvres « exotériques » d'Aristote (*Ép.* 207, 2-7). Il donne Platon comme « la fine fleur » (ἄκρον ἄωτον) de la philosophie grecque (*QA* 190, 118). Prise à Pindare (*Isthm.* 7, 18), l'expression n'a pas été employée ailleurs à propos du philosophe. Il cite l'emploi de ἄλοχος au sens de παρθέ-νος, *Théét.,* 149 b 10, *cf. Lois* III, 680 c 1 (*QA* 21, 10-13), Photios critique la cité platonicienne à laquelle Julien vouait une vive admiration (*Ép.* 187, 166-176, *cf.* 230-231, voir, pour une traduc-tion, Schamp **54**, p. 4-5). À propos des idées platoniciennes, *Ép.* 157, 6-9. En expliquant *Regn.* 28, 3, qui fait allusion à des ἐγγαστρίμυθοι, il fait usage de sch. T à Platon, *Soph.* 252 c, qui lui offre un fragment de Sophocle (*Ép.* 151, 4-12). Voir aussi *Ép.* 166, 179 ; *QA* 21, 38-50. Il critique Épicure et les stoïciens (*Ép.* 165, 59-61). Toutefois, il arrive à Photios de citer les philosophes cyniques Diogène, Antisthène et Cratès de Thèbes dans *Ép.* 187 (92-97, au cours d'une réfutation de Julien l'Apostat, Schamp **79**, p. 546-552). Photios (*Ép.* 284, 2207-2214) cite le stoïcien Zénon de Citium (fr. 143, *SVF* I, p. 39, où toutefois le présent passage n'est pas relevé). La troisième Sibylle, née à Delphes, se serait appelée Delphis, d'après Chrysippe, fr. 1216, *SVF* II, p. 348 = Lactance, *Inst. Div.* I 6, 8 (*QA* 150, 12, non cité par von Arnim). Toute l'*Ép.* 187 est une réfutation de Julien l'Apostat, Schamp **79**. Julien critique les chrétiens pour leur refus du sacrifice sanglant (*Ép.* 211, 103-106). Photios analyse rapidement la théologie négative du ps.-Denys l'Aréopagite (*Ép.* 249, 53-58, ➜D 85), *cf. QA* 182, 27-40, où il cite des passages de *Théol. Myst.,* 5, p. 149, 8 Heil-Ritter et de *Noms divins,* p. 112, 11-113, 2 Suchla. Photios avait lu un ouvrage d'un prêtre du VIe s. nommé Thomas, qui concluait à l'authenticité des écrits dionyséens (*Bibl. cod.* 1, 1 a 1-16). Il traite de Jean Philopon, mais en rapport avec les hérésies (*Ép.* 284, 499-500 ; 285, 214).

Photios a comme correspondants des hommes qu'il donne comme philosophes, ainsi Ἰωάννης (*Ép.* 63-64), à qui il répond à des questions sur saint Paul et sur les Prophètes, Λέων (*Ép.* 208), à qui il déclare que l'expression ἐγώ εἰμι dans l'Écriture n'est pas un solécisme, et Νικηφόρος, également moine (*Ép.* 204, 217, 235, 237-238, 242-244), avec qui il paraît avoir noué des relations étroites, discutant de grammaire et de rhétorique, ou corrigeant un éloge des martyrs rédigé en style asianiste.

4. Les *Homélies*

Traduction. 87 C. Mango, *The Homilies of Photius Patriarch of Constan-tinople. English Translation, Introduction and Commentary,* Cambridge (Mass.) 1958. Malheureusement, vu sa date, cette version repose, non pas sur Laourdas **11**, mais sur la vieille édition, assez fantaisiste, de S. Aristarches, Τοῦ ἐν ἁγίοις πατρὸς ἡμῶν Φωτίου Κωνσταντινουπόλεως λόγοι καὶ ὁμιλίαι ὀγδοήκοντα τρεῖς, 2 vol., Constantinople 1900 *(non vidi).*

Nous ne possédons que dix-huit homélies, toutes prononcées probablement durant le premier patriarcat de Photios (858-867), Mango **87**, p. 3.

Logiquement, les allusions ou les fragments de philosophes ne pouvaient être nombreux. En décrivant en 864 l'inauguration par Michel III de l'Église palatine de Notre Dame au Pharos, Photios compare pour leur petitesse les tessères de la mosaïque aux atomes de Démocrite (10, p. 102, 9-12 Laourdas) ; la lyre d'Orphée est capable de mouvoir même les objets inanimés (10, p. 101, 10-12).

JACQUES SCHAMP.

176 PHRAÔTES M I

Sage roi indien de Taxila.

D'après la *Vie d'Apollonios de Tyane* de Philostrate, Phraôtès est un roi indien, disciple d'Iarchas (⟿I 6), qui aurait reçu Apollonios de Tyane (⟿A 284) dans sa capitale, Taxila (II 20-41). Il refuse le luxe, suit un régime végétarien (II 26), parle grec (II 27), pratique la chasse et les exercices physiques des Grecs. Philostrate décrit longuement le banquet auquel il convie Apollonios (II 39). Il expose aussi comment les Indiens sélectionnent et forment des philosophes (II 30). Son grand-père Phraôtès était roi ; son père, orphelin de bonne heure, fut élevé en sage. Phraôtès fut formé à la sagesse grecque par son père, puis, depuis l'âge de douze ans, par les sages. Il commença à régner à dix-neuf ans et résista à une tentative de spoliation par son oncle (II 21-22). Le roi fait aussi assister Apollonios à une séance de son tribunal, soulignant la piété et la justice des Indiens et d'Apollonios (II 39). Après quatre jours, Apollonios le quitte ; Phraôtès lui offre divers présents et le pourvoit d'une lettre de recommandation pour son maître Iarchas (II 41 ; la lettre figure aussi dans la collection des lettres d'Apollonios, *Ep.* 77 b Penella), annonçant qu'Apollonios se rend auprès des sages pour s'instruire.

Les quelques mentions supplémentaires ajoutent peu de chose au portrait du roi. Apollonios considère Phraôtès comme bien plus sage que Iarchas (III 26-30). Les entretiens avec Phraôtès sont évoqués de façon rétrospective par Apollonios en VII 30 et 32. Apollonios rappelle qu'il considère les Indiens Iarchas et Phraôtès comme des dieux (VII 32).

Le nom de Phraôtès *(Prāvrti)* apparaît peut-être dans un texte sanscrit avec ceux d'Apollonios *(Apalūnya),* Damis *(Damīśa)* et Iarchas *(Ayārcya)* : voir **1** V. Bhattacharya, *The Āgamaśāstra of Gaudapāda*, Calcutta 1943, p. LXXII-LXXIV, avec les commentaires de **2** G. W. Bowersock, *Cambridge History of Classical Literature*, Cambridge 1985, p. 657 ; **3** D. Del Corno, préface à sa traduction italienne de la *Vie d'Apollonios*, coll. « Biblioteca Adelphi » 82, Milano 1978, p. 30 n. 24 ; **4** G. Anderson, *Biography and* Belles Lettres *in the Third Century A. D.*, London 1986, p. 173 n. 106. Mais ce témoignage peut dépendre de Philostrate.

Sur la capitale de Phraôtès, Taxila, que l'archéologie nous a fait connaître, voir la mise au point de **5** P. Bernard, « L'Aornos bactrien et l'Aornos indien. Philo-strate et Taxila : géographie, mythe et réalité », *Topoi* 6, 1996, p. 475-530, notamment p. 514-519. Pour lui (p. 518), « un roi de Taxila dénommé Phraôtès n'a jamais existé dans la dynastie des souverains indo-parthes qui règne alors à Taxila ». Voir aussi les notices Apollonios de Tyane (⟿A 284) et Iarchas (⟿I 6).

SIMONE FOLLET.

177 PHRASIDÈME dit le Péripatéticien *RE*   F IV-D III (?)

Physicien réputé, il est cité par Diogène Laërce II 114 comme un de ceux que le mégarique Stilpon attira auprès de lui et s'attacha comme disciples. Voir K. Döring, *Die Megariker,* fr. 165 et p. 146.

                                                          ROBERT MULLER.

178 PHRONTIDAS DE TARENTE   IV[a]

Pythagoricien ancien dont le nom figure dans le catalogue de Jamblique (*V. pyth.* 36, 267, p. 144, 14 Deubner = **1** DK 58 A, t. I, p. 446, 25), qui semble remonter à Aristoxène de Tarente. Il est répertorié dans **2** W. Pape et G. Benseler, *Wörterbuch der griechischen Eigennamen,* t. II, p. 1648, et dans le **3** *LGPN,* t. III A, p. 468.

Comme le signale **4** A. Nauck dans son édition du *De vita pythagorica* (Saint Pétersbourg 1884 [réimpr. Amsterdam 1965], apparat critique *ad loc.*), Benseler avait proposé de corriger ce nom en Φωτίδας (répertorié dans *LGPN* **3**, p. 470 et ne comportant aucun autre homonyme), pour y reconnaître le "Photidas" mentionné dans la lettre (apocryphe) d'Archytas à Denys comme l'un des deux hommes envoyés par lui et les autres amis de Platon depuis Tarente avec la mission d'intercéder en sa faveur et d'obtenir que le philosophe rentre sain et sauf à Athènes ; voir [Archytas], *Lettre à Denys,* dans **5** R. Hercher, *Epistolographi Graeci,* p. 132 = **6** H. Thesleff, *The Pythagorean texts,* p. 45, 19-30 = Diogène Laërce III 22. *Cf.* **7** K. von Fritz, art. «Photidas», *RE* XX 1, 1941, col. 659-660. Le rapprochement de ces deux personnages par ailleurs inconnus est intéressant et chronologiquement possible (la mission de Phôtidas daterait des alentours de 360 av. J.-Chr., date qui correspond assez bien à celle des derniers pythagoriciens qu'aurait connus Aristoxène de Tarente, source du catalogue dans lequel apparaît le nom de Phrontidas), mais la correction ne semble pas très plausible paléographiquement.

8 Fr. Bechtel a recensé normalement le nom du pythagoricien Phrontidas à la p. 458 de ses *Historische Personennamen* sans se poser trop de questions.

                                                    CONSTANTINOS MACRIS.

179 PHRYNICHOS DE LARISSE

Présenté par Diogène de Sinope (➤▸D 147), dans la *Lettre pseudépigraphe* 48 qu'il adresse *à Rhésos,* comme son auditeur (ἀκουστὴς ἡμῶν) : « Phrynichos de Larisse, notre auditeur, désire voir Argos nourricière de chevaux ; mais vu qu'il est philosophe, il ne te demandera pas grand chose ».

Outre l'édition Giannantoni, *SSR,* t. II, p. 462 (V B 577), on trouve une éd. avec trad. latine dans **1** R. Hercher, *Epistolographi graeci,* p. 257 ; une éd. avec trad. allemande dans **2** Eike Müseler, *Die Kynikerbriefe,* t. II : *Kritische Ausgabe mit deutscher Übersetzung,* coll. «Studien zur Geschichte und Kultur des Altertums», Neue Folge, 1. Reihe : Monographien, Paderborn 1994, p. 94-95 ; la reprise du texte de Hercher avec une trad. anglaise par R. F. Hock dans **3** A. J. Malherbe, *The Cynic Epistles. A Study Edition,* coll. «Society of Biblical Literature. Sources for Biblical Study» 12, Missoula (Montana) 1977 (réimpr. Atlanta 1986), p. 178-179 ; une trad. française dans **4** G. Rombi et D. Deleule, *Les Cyniques grecs. Lettres de Diogène et Cratès,* coll. «Les philosophiques», Paris 1998, p. 20-21). Sur la *Lettre* 48, voir **5** F. Junqua, *Lettres de Cyniques. Étude des correspondances apocryphes de Diogène de Sinope et Cratès de Thèbes,* Thèse de doctorat inédite, Université de Paris IV-Sorbonne, Paris 2000, 2 vol. (cette thèse offre le texte grec, une traduction française et un important commentaire d'ensemble des lettres de Diogène et Cratès avec une bibliographie substantielle), t. II, p. 535.

                                              MARIE-ODILE GOULET-CAZÉ.

180 PHRYNICHOS DE TARENTE

IV^a ?

Pythagoricien ancien dont le nom figure dans le catalogue de Jamblique (*V. pyth.* 36, 267, p. 144, 16*sq.* Deubner = **1** DK 58 A, t. I, p. 446, 27), qui semble remonter à Aristoxène de Tarente. Il est répertorié dans **2** W. Pape et G. Benseler, *Wörterbuch der griechischen Eigennamen*, t. II, p. 1651 (3), ainsi que dans le **3** *LGPN*, t. III A, p. 469.

Le nom "Phrynichos" est bien attesté à Tarente au IVe-IIIe siècle av. J.-Chr. Voir **4** P. Wuilleumier, *Tarente, des origines à la conquête romaine*, coll. *BEFAR* 148, Paris 1939 [réimpr. 1968], p. 723, *s.v.* (terracotta).

On peut se demander si ce n'est pas en l'honneur de ce pythagoricien par ailleurs inconnu que Cébès (➡C 62), l'élève (pythagoricien?) de Philolaos (➡ P 143) et de Socrate (ou l'auteur tardif ayant écrit sous le nom de Κέβης...), aurait intitulé l'un de ses dialogues *Phrynichos* (titre transmis par Diogène Laërce II 125). En effet, y reconnaître le poète tragique ou le poète comique du même nom nous aiderait moins à comprendre les raisons du choix de ce titre par Cébès ; *cf.* **5** M.-O. Goulet-Cazé, dans *Ead.* (dir.), *Diogène Laërce. Vies et doctrines des philosophes illustres*, coll. «Classiques modernes», Paris 1999, p. 342 n. 4. **6** L. Brisson, quant à lui (notice «Cébès de Thèbes», *DPhA* II, 1994, p. 246-248, à la p. 248), penserait plutôt à l'auteur tragique.

Diels se demandait (**1** DK, vol. 1, p. 446, 27, *apparatus ad loc.*) s'il ne fallait pas corriger Φρύνιχος en Φρυνίων, et y reconnaître le père de l'Échécratès mentionné dans la IXe *Lettre* platonicienne (pseudépigraphe) (358 B) – ce dernier étant «a younger relative of the Echecrates of the *Phaedo* [identifiable à son tour avec l'Échécratès de Tarente (➡E 5) figurant dans le catalogue des pythagoriciens de Jamblique], who was already an adult in 399» (alors que la *Lettre IX* est datée après 383^a) ; *cf.* **7** D. Nails, *The People of Plato*, p. 139.

CONSTANTINOS MACRIS.

PHRYNIÔN → **PHRYNICHOS**

181 PHYKIADAS DE CROTONE

Pythagoricien ancien dont le nom figure dans le catalogue de Jamblique (*V. pyth.* 36, 267, p. 143, 20 Deubner = **1** DK 58 A, t. I, p. 446, 11), qui semble remonter à Aristoxène de Tarente. Il est répertorié dans **2** W. Pape et G. Benseler, *Wörterbuch der griechischen Eigennamen*, t. II, p. 1652, et dans le **3** *LGPN*, t. III A, p. 469.

4 E. Sittig, *De Graecorum nominibus theophoris*, Diss. Halle 1911, p. 78, avec la n. 2, mettait ce nom inconnu par ailleurs en rapport avec l'épithète Φύκιος, attestée pour Poséidon à Myconos (*cf. SIG*, n° 615, 9), en y reconnaissant un nom théophore.

CONSTANTINOS MACRIS.

182 PHYLLIS

Inconnue par ailleurs, Phyllis (sans autre indication) est présentée comme la destinataire (vraisemblablement fictive) d'une lettre de la pythagoricienne Myia (➡M 202). On devrait peut-être la compter elle aussi parmi les femmes pythagoriciennes.

CONSTANTINOS MACRIS.

183 PHYROMACHOS   IV^a

Pythagoricien (ou plutôt "pythagoriste", c'est-à-dire imitateur des pythagoriciens authentiques) du IVe s. av. J.-C., évoqué par Alexis dans sa comédie *Les
Tarentins*, fr. 221, t. II, p. 378 Kock = fr. 223 Kassel-Austin, *PCG* II = Athénée IV,
161 B-C = **1** DK 58 E 1, t. I, p. 479, 25-28 = **2** M. Timpanaro Cardini, *I Pitagorici.
Testimonianze e frammenti*, t. III, Firenze 1964, p. 378-379. Pour une trad. fr., voir
3 A. Lukinovich, *Mélodie, mètre et rythme dans les vers d'Alexis : le savoir-faire
d'un poète comique*, Grenoble 2009, p. 255 ; pour un commentaire exhaustif,
4 W. G. Arnott, *Alexis, the fragments : a commentary*, Cambridge 1996, p. 635-
641 ; *cf.* aussi Lukinovich **3**, p. 255-259.

Dans ce fragment Phyromachos, qui fait partie d'une tétrade de compagnons
(ἑταῖροι), devient objet de moquerie en raison de son régime alimentaire extrêmement frugal. Sur le "quatuor" de "pythagoristes" dont il fait partie, voir notamment
la notice consacrée à Phanos (➤P 96).

Selon Arnott **4**, p. 640 (suivi par Lukinovich **3**, p. 256 et 259, et par
5 L. Zhmud, *Pythagoras and the early Pythagoreans*, Oxford 2012, chap. 5.2), « if
these three [*scil.* Mélanippidès (➤M 82), Phanos (➤P 96) et Phaôn (➤P 99)],
were impoverished Athenians inserted into Alexis' list in order to ridicule both
themselves and Pythagorist asceticism, the addition of Phyromachus could be a
stroke of comic genius [...] A man with this name was ridiculed as a gluttonous
parasite in comedy [...], in epigram [...] and in anecdote [...]. It would be an
improbable coincidence if two men bearing this rather unusual name [...] were
mocked on dietary grounds at the same time, and the identification of Alexis'
Phyromachus with the parasite appears tempting. In that case he was [...] a hungry
pauper [...], or – the more appealing alternative – a glutton perhaps of Falstaffian
girth included in the list παρὰ προσδοκίαν in order to raise a laugh at the
incongruity ».

Le nom de Phyromachos est répertorié dans **6** W. Pape et G. Benseler, *Wörterbuch der
griechischen Eigennamen*, t. II, p. 1654. Sur les occurrences qu'on en trouve à Athènes, voir
7 *LGPN*, t. II, p. 468 ; **8** *PA*, n° 15052-15058 (= t. II, p. 400 *sq.*).

Sur les "pythagoristes" de la comédie moyenne en général, voir la bibliographie signalée dans
la notice consacrée à Phanos (➤P 96).

                                                      CONSTANTINOS MACRIS.

184 PHYRSON DE COLOPHON *RE*   III^a

Correspondant d'Épicure (➤E 36). Phyrson était né à Colophon ; son père
s'appelait Dosithée (➤D 224) et son frère Hégésianax (➤H 17). Philodème cite
deux lettres d'Épicure à Phyrson, l'une datée de 289/8 et l'autre de 285/4 (*De piet.,*
col. XXVII 797-799 et col. XXX 841-842 Obbink). Une troisième lettre du frère
d'Épicure, Néoclès (➤N 18), à Phyrson est elle aussi citée par Philodème (*De
piet.,* col. XXIII-XXXIV 945-957 Obbink).

Le Phyrson de ces lettres est vraisemblablement le même personnage que Plut., *Contra Epic. beat.* 20, 1101 AB (= Epic. fr. 46 Arrighetti[2]) connaît sous le nom de Πύρσων.

Cf. D. Obbink, *Philodemus On Piety. Part 1*, Oxford 1996, p. 412-414, 452-453.

TIZIANO DORANDI.

185 PHYTIOS DE RHÉGION *RE* 2   VI - Vᵃ ?

Législateur archaïque réputé pythagoricien qui, en compagnie de ses collègues et compatriotes Aristocratès (**➤**A 373) et Hélicaôn (**➤**H 24), figure dans le catalogue de Jamblique (*V. pyth.* 36, 267, p. 145, 18-19 Deubner = **1** DK 58 A, t. I, p. 447, 10), qui semble remonter à Aristoxène de Tarente. Son nom est répertorié dans **2** W. Pape et G. Benseler, *Wörterbuch der griechischen Eigennamen*, t. II, p. 1655, ainsi que dans le **3** *LGPN*, t. III A, p. 470.

Inconnue par ailleurs, la triade législatrice de Rhégion est évoquée aussi par Jamblique [a] en *V. pyth.* 27, 130, p. 73, 26 - 74, 3 et [b] en *V. pyth.* 30, 172, p. 96, 24 - 97, 3 Deubner. Selon [a], les trois nomothètes, qui se distinguaient non seulement par leurs réalisations (ἐπιτηδεύματα) mais aussi par leurs qualités morales, auraient établi à Rhégion deux sortes de constitutions d'inspiration pythagoricienne : (i) celle qui est qualifiée de "gymnasiarchique", suivant laquelle la cité devait être commandée par un "chef de gymnase", et (ii) celle qui tire son nom de Théoclès, leur concitoyen et collègue en législation. Pour toutes ces raisons, la cité de Rhégion, reconnaissante, leur aurait réservé des honneurs dignes de dieux (ἰσοθέους).

Théoclès est appelé (par erreur ?) Théétète dans [b], et est absent du catalogue de Jamblique – à moins qu'on ne veuille corriger en Théoclès le "Euthyclès" des mss (**➤**E 168), nom d'un pythagoricien inconnu par ailleurs dont le nom figure dans le catalogue parmi les membres originaires de Rhégion (*V. pyth.* 36, 267, p. 145, 20 Deubner = **1** DK 58 A, t. I, p. 447, 11) ; voir **4** A. Delatte, *Essai sur la politique pythagoricienne*, coll. « Bibl. de la Fac. de philos. et lettres de l'Univ. de Liège » 29, Liège/Paris 1922 [réimpr. Genève 1979 et 1999], p. 28 n. 1.

Sur Phytios (et Cie...), voir **5** K. von Fritz, art. « Phytios » 2, *RE* XX 1, 1941, col. 1178 ; **6** G. Vallet, *Rhégion et Zancle : histoire, commerce et civilisation des cités chalcidiennes du détroit de Messine*, coll. BEFAR 189, Paris 1958, p. 287 et 313 ; **7** F. Cordano, « Leggi e legislatori calcidesi », *ASMG* 6, 1978, p. 89-98, aux p. 92 *sq.* ; **8** K.-J. Hölkeskamp, *Schiedsrichter, Gesetzgeber und Gesetzgebung im archaischen Griechenland*, coll. « Historia. Einzelschriften » 131, Stuttgart 1999, p. 28 et 236 (*cf.* p. 234-237 sur la question de la législation de Rhégion dans son ensemble).

En dépit de quelques accrétions légendaires, la réalité historique de ces personnages ne devrait pas être remise en doute ; voir Hölkeskamp **8**, p. 236 : « Diese Figuren müssen keineswegs schon wegen ihrer (natürlich nachträglich konstruierten) Verbindung zu Pythagoras erfunden sein – auch Zaleucos und Charondas sind ja zweifellos im Kern historische Persönlichkeiten ».

Leur datation, en revanche, reste incertaine. La tendance d'Aristoxène de
Tarente (source du catalogue des pythagoriciens) à accepter l'appropriation
rétrospective des nomothètes archaïques de la Grande Grèce par la propagande
pythagoricienne nous ferait penser que les législateurs de Rhégion remonteraient
peut-être eux aussi au VIᵉ siècle, comme Charôndas de Catane (➪C 105) ou
Zaleucos de Locres. (La datation au VIIᵉ-VIᵉ siècle proposée dans le *LGPN* **2**
semble trop haute.) Mais Delatte **4**, p. 28, 183 et 254, verrait plutôt en eux, peut-
être à juste titre, des réformateurs de la législation de leur cité, qui était basée auparavant sur les lois de Charôndas (Héraclide Lembos, *Excerpta politiarum* 55 ;
cf. Aristote, *Politique* II 12, 1274 a 23) – tout comme Timarès (ou Timaratos)
aurait opéré « une réforme législative à Locres, où étaient en vigueur primitivement
les lois de Zaleucos » (p. 183). Cela les rendrait plus récents, datables dans la
seconde moitié du Vᵉ siècle (après 461 av. J.-Chr., date à laquelle Anaxilas et ses
fils ont quitté le pouvoir à Rhégion), et enlèverait le doute concernant la réalité
historique de leurs rapports avec le mouvement pythagoricien. À l'appui de son
interprétation, Delatte rappelle qu'au moment des révoltes anti-pythagoriciennes
Rhégion devint un refuge pour les pythagoriciens de l'Italie du Sud : « La bienveillance de cet accueil public permet de supposer que les Pythagoriciens de l'endroit continuaient à y disposer du pouvoir. C'est parmi eux, apparemment, ou
parmi leurs prédécesseurs, qu'il faut chercher les noms des législateurs que cite
Aristoxène » (p. 183).

Von Fritz **5** se demandait si ce Phytios ne devait pas être identifié à un autre, donné par la
Souda (*s.v.* Ἴβυκος, I 80, ed. Adler) comme l'un des noms possibles du père du poète Ibycos, qui
était également originaire de Rhégion, et qui a vécu aussi au VIᵉ siècle av. J.-C. Que ce poète
contemporain de Pythagore (étant donné qu'il avait émigré de Rhégion à Samos au temps du
tyran Polycrate, que Pythagore a fui plus tard pour venir s'installer en Grande Grèce ; *cf.* **9** L.
Woodbury, « Ibycus and Polycrates », *Phoenix* 39, 1985, p. 193-220) ait eu un père qui fut déjà
pythagoricien semble évidemment absurde. C'est pourquoi von Fritz, ayant remarqué (a) que la
Souda donne aussi d'autres noms possibles pour le père du poète Ibycos et (b) que les mss
d'Athénée mentionnent (en II 80, 69 E) un pythagoricien du nom d'Ibycos (absent du catalogue
de Jamblique, et souvent corrigé en Lycôn [➪L 85] ou Iccos [➪I 11]), suggérait de reconnaître
en la personne du Phytios de la *Souda*, identifiable au nomothète pythagoricien du même nom, le
père de cet autre Ibycos le Pythagoricien (inconnu par ailleurs) et non pas de son illustre
homonyme, le poète (tous les deux Ibyci étant originaires de Rhégion, comme Phytios). Dans ce
cas on aurait une famille de Rhégion qui serait d'obédience pythagoricienne de père en fils.
Pourtant, à partir du moment où la pythagorisation rétrospective de figures importantes du passé
pré-pythagoricien de la *Magna Graecia* était monnaie courante dans l'Antiquité, rien n'empêche
que le législateur archaïque qui fut pythagorisé par la suite grâce à la propagande de la secte ait
été aussi le père du poète Ibycos. (Simplement, dans ce cas le scénario de la datation tardive
proposé par Delatte **4**, *supra*, devient caduc.)

Que le vrai nom du père du poète Ibycos fut Phytios est confirmé par l'inscription qui se
trouve sur un buste hermaïque du poète trouvé à Tivoli (*IG* XIV 1167 = G. Mancini, *Inscr.
Italiae*, IV, 1, n° 569), dont la partie manquante a été complétée de manière convaincante par
10 L. Moretti, « Erme acefale scritte, edite e inedite », *ArchClass* 25-26, 1973-74, p. 464-471, aux
p. 469-470. Selon **11** D. Knoepfler, « Was there an anthroponymy of Euboian origin in the
Chalkido-Eretrian colonies of the West and of Thrace ? », dans E. Matthews (édit.), *Old and new
worlds in Greek onomastics*, coll. « Proceedings of the British Academy », 148, Oxford 2007,

p. 87-119, à la p. 98, (a) le pythagoricien Phytios « could well be Ibykos' father » et (b) tous les deux, étant donné que les noms de la famille de Phyt- (tels Phytôn, Phytios ou Phytalinos) sont attestés à Athènes et en Eubée, « should, until there is proof to the contrary, be taken as of Euboian origin ».

Sur la forme du nom, *cf.* **12** Fr. Bechtel, *Die historischen Personennamen*, p. 532 et 554.

CONSTANTINOS MACRIS.

186   PHYTON DE RHÉGION *RE*   D IV[a]

Stratège.

Phyton de Rhègion est présenté par Diodore de Sicile, XIV 108, 111-112, comme un bon général qui s'efforça de défendre sa patrie contre les menées impérialistes de Denys l'Ancien, tyran de Syracuse. Après presque un an de siège, quand la cité affamée se rendit en 387[a], Denys fit noyer le fils de Phyton, promener ce dernier outrageusement par la ville, et enfin il le fit noyer avec sa famille parce que certains, même parmi ses propres soldats, commençaient à le prendre en pitié. Ce déplorable sort fut plus tard célébré par des poètes.

Les deux passages où Philostrate nomme Phyton de Rhégion dans sa *Vie d'Apollonios de Tyane* montrent que le personnage était entré aussi dans la tradition philosophique, sous des couleurs contrastées. Dans le premier (I 35), Apollonios de Tyane (➻A 284) énumère à son disciple Damis (➻D 9) des philosophes qui ont cédé à la cupidité, notamment auprès du tyran Denys de Syracuse : Eschine de Sphettos (➻A 71), Platon (➻P 195), Aristippe de Cyrène (➻A 356), Hélicon de Cyzique (➻H 25) et Phyton de Rhégion pendant son exil. Dans le second (VII 2), au contraire, pour montrer que l'attitude face au tyran est la pierre de touche du philosophe, il cite plusieurs philosophes qui ont su résister, Zénon d'Élée, Platon avec l'aide de Dion (➻D 167), enfin Phyton de Rhégion qui, attaché par Denys à une de ses machines de siège, exhorta ses compatriotes à tirer, l'enjeu étant leur liberté.

C'est surtout cette fin exemplaire qui a fait considérer Phyton comme un philosophe. Les deux séries dans lesquelles le place Philostrate sont sans doute antérieures à lui. Comme elles comportent des philosophes de tendances diverses, on ne peut dire à quelle école appartenait Phyton. Rien n'autorise, semble-t-il, à l'identifier au pythagoricien Phytios (➻P 185) cité dans la *Vie de Pythagore* de Jamblique, 27, 130, les noms Phyton et Phytios étant tous deux bien attestés épigraphiquement.

Cf. V. Ehrenberg, art. « Phyton », *RE* XX 1, 1941, col. 1178-1179.

SIMONE FOLLET.

187   PIERIUS *RE* 5   F III

Piérius avait été surnommé « Origène le jeune », en raison de la puissance de son éloquence de prédicateur et de la force de ses traités (Jérôme, *De viris ill.* 76, 1 ; Photius, *Bibl.*, *cod.* 119, 93 b). Il fut prêtre à Alexandrie sous l'épiscopat de Théonas (*ca* 281-300) (Eusèbe, *Histoire ecclésiastique* VII 32. 26. 30 ; Jérôme, *De viris ill.* 76, 1 : à l'époque où Carus et Dioclétien étaient empereurs ; *cf.* Photius, 93 b). Eusèbe le met au nombre des « hommes très rares » parmi les contemporains, sur le même plan que Pamphile à Césarée (*H. E.* VII 32, 26). Il « était estimé au plus haut point pour sa vie pauvre et pour ses connaissances philosophiques, et il était extrêmement exercé dans les spéculations et les explications relatives aux choses divines comme dans les exposés qu'il faisait à l'assemblée de l'Église » (Eusèbe, *H. E.* VII 32, 27, trad. de **1** G. Bardy, *SC* 41 ; *cf.* Jérôme, *Les hommes illustres* 76, 2). Jérôme précise qu'il était « expert éminent dans l'art de la dialectique », ce que confirme Photius (93 b). Il eut parmi ses disciples Pamphile, dont il fut « l'initiateur dans les sciences ecclésiastiques » (Photius, 93a). Il fut confesseur au début de la persécution de Dioclétien, avec son frère Isidore (Photius, *Bibl.*, *cod.* 118, fin, et *cod.* 119, début). Jérôme affirme : « Il est établi... qu'après la persécution il passa tout le reste de sa vie à Rome » (*De viris ill.* 76, 2). Selon Photius, « les uns rapportent qu'il termina sa vie dans le martyre, les autres qu'il acheva son existence à Rome après la persécution » (*cod.* 119). Un historien de l'Église du Ve siècle, dans un fragment retenu par l'Épitomé du début du VIIe siècle identifié par **2** C. De Boor, « Neue Fragmente des Papias, Hegesippus und Pierius aus der Kirchengeschichte des Philippus Sidetes », coll. *TU* V, 2, Leipzig 1888, p. 167-184, rapporte qu'un avocat d'Alexandrie, un certain Théodore, disait dans un poème que « Piérius et son frère Isidore avaient été martyrs et qu'ils avaient à Alexandrie un très grand temple » (De Boor **2**, p. 171). Ces traditions peuvent être conciliées si seul Isidore est mort martyr et si la mémoire de son frère Piérius, confesseur, lui était associée dans l'église qui leur était dédiée. Une autre version est donnée par les Actes de Philéas de Thmuis (entre 304 et 307) : « Vous avez tué beaucoup d'hommes en ne sacrifiant pas, Piérios en a sauvé beaucoup en se soumettant » (**3** V. Martin, *Papyrus Bodmer XX. Apologie de Philéas de Thmuis*, « Bibl. Bodmeriana », Genève 1964, p. 4). L'église portant son nom pourrait alors être une donation, et son apostasie expliquerait la discrétion d'Eusèbe (**4** Annick Martin, *Athanase d'Alexandrie et l'Église d'Égypte au IVe siècle (328-373)*, « Collection de l'École française de Rome » 216, Rome 1996, p. 145). Le témoignage de Jérôme permet par ailleurs d'expliquer que Piérius ait pu composer une vie de Pamphile (mort en 310), mentionnée par le même fragment repéré par De Boor **2**.

Cf. 5 G. Fritz, article « Piérius » 1, *DTC* XII, 2, col. 1744-1746 ; **6** W. Ensslin, art. « Pierius » 5, *RESuppl.* VIII, 1956, col. 497-498 ; **7** M. Geerard, *CPG,* n° 1630 ; **8** C. Scholten, « Die alexandrinische Katechetenschule », *JAC* 38, 1995, p. 16-37 (p. 32-33).

Eusèbe et Photius font de Piérius le chef de l'école chrétienne d'Alexandrie. Jérôme l'intègre à sa liste des écrivains chrétiens qui connaissaient bien les philosophes et qui avaient su rivaliser avec eux (*Lettre* 70, 4). Dans un passage qui manque de clarté, Eusèbe écrit qu'Achillas (➨A 7), « honoré du sacerdoce en même temps que Piérius », « avait reçu la conduite du didascalée de la foi sacrée » (*H.E.* VII 32, 30). La succession Piérius-Achillas est la plus vraisemblable

(**9** E. Prinzivalli, « Le metamorfosi della scuola alessandrina da Eracla a Didimo », dans L. Perrone [édit.], *Origeniana Octava. Origen and the Alexandrian Tradition*, Papers of the 8th International Origen Congress. Pisa, 27-31 August 2001, coll. « Bibliotheca Ephemeridum Theologicarum Lovaniensium » 164, Leuven 2003, p. 911-937, notamment p. 933). On peut voir dans la « pauvreté » de Piérius, sur laquelle insistent Eusèbe, Jérôme et Photius, l'un des signes de la convergence qui s'esquisse à la fin du IIIe siècle entre le didascalée chrétien d'Alexandrie et les débuts du monachisme (Prinzivalli **9**, p. 931-936).

Photius a lu un livre de Piérius, en douze « discours ». Ce qu'il en dit et ce que rapportent sur ses œuvres les autres témoignages anciens montrent qu'il était effectivement un digne émule d'Origène, prédicateur, théologien profond, formé à la philosophie, et exégète érudit de la Bible. Les préoccupations des auteurs chrétiens ont limité cependant à la théologie et à l'exégèse scripturaire les fragments retenus. L'analyse de Photius fait apparaître une théologie trinitaire archaïque à ses yeux, manifestement influencée par celle d'Origène. Il n'y a guère que le grief de reprendre « l'ineptie d'Origène » (« la préexistence des âmes »), qui fasse indirectement allusion au platonisme de Piérius. Le reste des notes de lecture de Photius (*cod.* 119) concerne l'interprétation non littérale que donnait l'Alexandrin des « Chérubins » d'Ex 25, 18-21 et 37, 7-9. Photius, Jérôme (*De viris ill.* 76, 3) et l'un des brefs extraits conservés par l'Épitomé identifié par De Boor **2** attestent que Piérius avait composé des sermons de Pâque, dont l'un au moins portait sur Osée (De Boor **2**, p. 170-171 et 180 ; *cf.* **10** Jérôme, *in Osee*, Prologus, l. 125-127, ed. M. Adriaen, *CCSL* 76, Turnhout 1969, p. 4-5). Cyrille d'Alexandrie a probablement connu ce sermon (**11** D. Zaganas, « Cyrille d'Alexandrie aux prises avec un exégète allégoriste au début de son *In Oseam* : Didyme l'Aveugle ou Piérius d'Alexandrie ? », *VChr* 64, 2010, p. 480-491). Un autre sermon traitait de Marie. Jérôme a pu consulter des *Adamantii et Pierii exemplaria*, des manuscrits d'Origène et de Piérius de l'Évangile de Matthieu (peut-être apportés à Césarée par Pamphile) (*Comm. in Matth* 24, 36).

Le témoignage de Pallade montre que les ouvrages de Piérius étaient lus et tenus en honneur par les admirateurs d'Origène, comme Ammonios dans le désert de Nitrie, ou Mélanie l'Ancienne (*Histoire Lausiaque* 11, 4 et 55 : **12** *La Storia Lausiaca*, introduzione di Christine Mohrmann, testo critico e commento a cura di G. J. M. Bartelink, traduzione di M. Barchiesi, coll. « Scrittori Greci e Latini » 1 (2), Milano 1974 ; *cf.* **13** Pallade d'Hélénopolis, *Histoire Lausiaque*, trad. et notes de N. Molinier, coll. « Spiritualité orientale – Série Monachisme primitif » 75, Bégrolles-en-Mauges, Abbaye de Bellefontaine, 1999).

ALAIN LE BOULLUEC.

188 PIERRE D'ALEXANDRIE *RE* Petros 1   mort en 311

Pierre succède en 300 à Théonas sur le siège épiscopal d'Alexandrie. Pendant la persécution, il a dû se cacher un certain temps. Arrêté finalement, il est décapité le 25 novembre 311, sous le règne de Maximin Daïa (*cf.* Eusèbe, *H. E.* VII 32, 31 ;

VIII 13, 7; IX 6, 3). Plusieurs sources anciennes, sous diverses formes, traitent de la vie et de l'activité de Pierre d'Alexandrie. Certains éléments sont légendaires, mais la critique historique y a repéré des informations sûres. Un *Éloge* attribué à son second successeur, Alexandre, est conservé par deux versions coptes (en bohaïrique et en sahidique), et dans une version arabe fort différente écrite au Xe siècle. Les *Acta Petri* (trois recensions grecques, trois latines) ont intégré des parties de l'*Éloge* et d'une *Passion* (conservée en copte et en syriaque). Ils ont aussi une tradition éthiopienne (**1** G. Haile, « The Martyrdom of St. Peter of Alexandria (EMMI. 1763, ff. 79^r-80^v) », *AB* 98, 1980, p. 85-92). Les éléments les plus anciens des *Acta Petri* peuvent remonter à l'épiscopat de Théophile. La forme tardive associe l'évêque d'Alexandrie à l'apôtre Pierre (« Pierre, le premier des apôtres, Pierre, le dernier des martyrs » : Πέτρος ἀρχὴ ἀποστόλων, Πέτρος τέλος μαρτύρων, parole venue du ciel, entendue selon la légende par une moniale, après une prière au Christ adressée par Pierre sur la tombe de S. Marc : **2** P. Devos, « Une Passion grecque inédite de S. Pierre d'Alexandrie et sa traduction par Anastase le Bibliothécaire », *AB* 83, 1965, p. 172 ; *cf.* traduction latine d'Anastase : *PG* 18, col. 462C).

Cf. 3 F. H. Kettler, art. « Petros » 1, *RE* XIX 2, 1938, col. 1281-1288 ; **4** A. Solignac, art. « Pierre d'Alexandrie », *DSp* 12/2, 1985, col. 1495-1502 ; **5** M. Geerard, *CPG* n°s 1635-1652 ; **6** D. B. Spanel et T. Vivian, art. « Peter I », *The Coptic Encyclopedia* 6, 1991, p. 1943-1947 ; et surtout **7** A. Camplani, « Pietro di Alessandria tra documentazione d'archivio e agiografia popolare », dans H. Grieser et A. Merkt (édit.), *Volksglaube im antiken Christentum* (Festschrift Theofried Baumeister), Darmstadt 2009, p. 138-156.

Philippe de Sidè en fait l'un des maîtres du « didascalée » d'Alexandrie (fragment du livre 24 transmis par un *Épitomé* du début du VIIe siècle, conservé par le codex *Baroccianus Graecus* 142 ; voir **8** B. Pouderon, « Le témoignage du Codex *Baroccianus* 142 sur Athanagore et les origines du *Didaskaleion* d'Alexandrie », *Archipel égéen* (Université de Tours), 1, 1992, p. 23-63, article repris dans **9** B. Pouderon, *D'Athènes à Alexandrie. Études sur Athénagore et les origines de la philosophie chrétienne*, coll. « Bibliothèque copte de Nag Hammadi », Section « Études », Québec/Louvain, 1997, p. 2-70 ; fragment traduit par **10** P. Nautin, « La continuation de l'*Histoire ecclésiastique d'Eusèbe* par Gélase de Césarée », *REByz* 50, 1992, p. 175-178). Cette allégation erronée ne peut avoir le soutien de l'expression d'Eusèbe caractérisant Pierre, « évêque d'Alexandrie », comme « un exemple divin des maîtres de la religion du Christ » (*H. E.* VIII 13, 7 ; voir **11** E. Prinzivalli, « Le metamorfosi della scuola alessandrina da Eracla a Didimo », dans L. Perrone [édit.], *Origeniana Octava. Origen and the Alexandrian Tradition*, Leuven 2003, p. 911-937 [932-933]).

Eusèbe insiste sur la tension extrême de son ascèse au cours de sa vie et sur son dévouement au bien commun des Églises (*H. E.* VII 32, 31). Ses relations avec le didascalée, de tradition origénienne, ont dû être celles d'un évêque cultivé, capable de participer à des débats intellectuels (un fragment en copte sahidique de l'*Éloge* prétend que Pierre était devenu prêtre après une controverse avec un « philosophe » nommé Diogène), et en même temps soucieux de conforter l'autorité doctrinale du représentant de l'orthodoxie : Pierre a corrigé certaines thèses origéniennes, comme celle de la préexistence des âmes, d'après des fragments transmis par les documents anti-origénistes du VIᵉ siècle et par d'autres sources (voir *PG* 18, col. 520-521, et **13** W. A. Bienert, « Neue Fragmente des Dionysius und Petrus von Alexandrien aus Cod. Vatopedi 236 », *Kleronomia* 5, 1973, p. 311-312 et **13** *Kleronomia* 6, 1974, p. 237-241 ; **14** M. Richard, « Le florilège du cod. Vatopédi 236 sur le corruptible et l'incorruptible », *Muséon* 86, 1973, p. 249-273, notamment p. 267 *sq.*, repris dans **15** *Opera Minora*, Turnhout/Leuven 1976 t. I, n° 4 [deux fragments de la *Lettre pascale* de l'année 309 concernant la résurrection des corps, à rapprocher des fragments syriaques du traité *Sur la résurrection*, édités dans **16** J. B. Pitra, *Analecta sacra*, t. IV, Paris 1883, p. 189-193 ; *cf.* le fragment grec du *Sur la résurrection* édité par **17** L. Vianès, *La chaîne monophysite sur Ézéchiel 36-48*, Thèse de doctorat, École Pratique des Hautes Études, Sciences religieuses, Paris 1997, p. 180-181] ; *cf.* **18** R. Williams, « Origen : Between Orthodoxy and Heresy », dans **19** W. A. Bienert et U. Kühneweg [édit.], *Origeniana Septima*, Leuven 1999, p. 11 ; O. Maritano, « Girolamo e l'accusa della metempsicosi contro Origene », dans Bienert et Kühneweg **19**, p. 262 ; **20** J. F. Dechow, *Dogma and Mysticism in Early Christianity. Epiphanius of Cyprus and the Legacy of Origen*, Macon 1988, p. 108-112). Il ne semble pas, cependant, s'être opposé directement à Origène (**21** É. Junod, « Controverses autour de l'héritage origénien au IVᵉ siècle », dans Bienert et Kühneweg **19**, p. 222 ; *cf.* **22** T. Vivian, *St. Peter of Alexandria : Bishop and Martyr*, coll. « Studies in Antiquity and Christianity » 3, Philadelphia 1988, p. 87-138).

L'activité pastorale de l'évêque Pierre a été marquée surtout par la question pénitentielle soulevée par les *lapsi*, débattue en Égypte comme dans toutes les Églises pendant et à l'issue de la persécution, et a laissé pour trace écrite sa *Lettre canonique* de 306, examinant les conditions de la réintégration des *lapsi* dans l'Église (*PG* 18, col. 467-508). Sa politique épiscopale a été déterminée par son conflit avec Mélitios, évêque de Lycopolis, en Thébaïde, qui tenta de substituer son autorité à celle de Pierre, en l'absence de celui-ci, à Alexandrie, conflit qui finit par aboutir au schisme mélitien. On a longtemps associé la question pénitentielle et les dissensions avec le clergé mélitien, en voyant dans le rigorisme de Mélitios à l'encontre des *lapsi* la cause principale de la querelle. La question pénitentielle n'a joué qu'un rôle subsidiaire, et le véritable objet du différend a été le rejet par l'évêque dissident de la tutelle alexandrine et du monopole exercé par Alexandrie sur le reste du pays (**23** A. Martin, *Athanase d'Alexandrie et l'Église d'Égypte au IVᵉ siècle (328-373)*, « Collection de l'École française de Rome » 216, Rome 1996, p. 287 et *passim* ; **24** A. Camplani, « Lettere episcopali, storiografia patriarcale e letteratura canonica : a proposito del *Codex veronensis LX (58)* », *RSCr* 3, 2006, p. 117-164).

ALAIN LE BOULLUEC.

PISI– → PEISI–

PISO → P(E)ISÔN

189 PISO FRUGI CALPURNI(A)NUS (MARCUS PUPIUS –) *RE* Pupius 10   I[a]

Orateur et homme politique romain, partisan de Pompée, né vers 115[a], consul en 61[a]. Il enseigna un temps la rhétorique à Cicéron dont il fut l'ami jusqu'en 61[a], puis l'adversaire.

A propos d'un passage de l'*in Pisonem* [= L. Calpurnius Caesonius Piso, consul en 58[a], (ou plutôt Piso Caesoninus), ⇒P 190] prononcé par Cicéron en août 55[a] (§ 62 = 26), où était mentionné le triomphe de M. Pison, Pedanius Asconius écrit:

> « Je crois que vous ignorez qui fut ce M. Pison. Et bien, comme je pense que nous l'avons dit, il y eut parmi les contemporains de Cicéron, un Pupius Pison, mais suffisamment plus âgé que lui pour que le père de Cicéron l'envoyât adolescent auprès de lui, parce qu'on trouvait chez lui une façon de vivre qui ressemblait à l'ancienne façon de vivre et une grande culture littéraire. Il fut tenu comme un orateur excellent, mais qui ne se produisait que rarement. Il fut consul (61[a]) deux ans après Cicéron. Il triompha comme proconsul en Espagne sous les consuls Q. Hortensius et Q. Metellus Creticus (en 69[a]) avant le consulat de Cicéron (63[a]). »

> Pour le texte, voir **1** A. C. Clark (édit.), *Q. Asconii Pediani orationum Ciceronis quinque narratio,* Oxford 1907, p. 15, li. 13-21; un traduction anglaise est donnée dans **2** *Asconius, Commentaries on speeches of Cicero.* Transl. with commentary by R. G. Lewis (revised by J. Harries [*et al.*]), with Latin text edited by A. C. Clark [texte repris de Clark **1**], coll. « Clarendon ancient history series », Oxford 2006, p. 31; commentaire p. 212.

M. Piso avait été préteur vers 72, puis il servit comme légat de Pompée dans ses campagnes contre les pirates et contre Mithridate, avant de devenir consul en 61. On n'a plus de traces d'une carrière politique pour la suite.

Cicéron rapporte avoir fréquenté à Athènes en compagnie de M. Pison les cours d'Antiochus d'Ascalon (⇒A 200) dans le gymnase de Ptolémée (*De finibus* V 1) Dans une lettre à Atticus XIII 25, 3, Cicéron le qualifie pour cette raison d'« Antiochien ».

Dans une lettre à Atticus (I 13, 2) datée de 61[a], à l'époque du procès de Clodius, Cicéron dresse de Pupius Pison, sans donner son nom (mais Pison est nommé au paragraphe suivant), un portrait peu flatteur :

> « Quant au consul, c'est un petit esprit, et un esprit mal fait, d'ailleurs un de ces plaisantins du genre chagrin qui n'ont pas besoin d'être spirituels pour faire rire, et sa face est plus drôle que ses facéties ; il ne se soucie pas de l'intérêt public, il se tient à l'écart du parti des honnêtes gens, la république n'a rien de bon à espérer de lui, parce que la bonne volonté lui manque, ni rien de mal à craindre, parce que l'audace lui fait défaut » (trad. Constans). Dans une autre lettre écrite quelques jours plus tard (I 14, 6), Cicéron le décrit comme un paresseux et un incapable. Voir encore *Att.* I 16, 12 (« ce fameux consul qui ressemble à un comédien de bas étage »).

Cicéron revint rapidement à de meilleurs sentiments. Il présente Pison dans le *De Oratore* (écrit en 55[a], mais qui rapporte des échanges tenus longtemps avant, en 91[a]) comme un esprit distingué et il lui attribue de grandes qualités rhétoriques dans son *Brutus* écrit en 46 (§ 236) :

« Marcus Piso dut tout à l'étude et de tous les orateurs qui l'avaient précédé aucun n'eut des sciences de la Grèce une connaissance plus profonde *(maxime… Graecis doctrinis eruditus fuit).* Il tenait de la nature un genre de finesse que l'art avait aiguisé, consistant en discussions de mots, discussions adroites et ingénieuses, quoique trop vives souvent ou quelquefois trop froides, discussions, par moments aussi, spirituelles » (trad. Martha).

Il fut vers 92[a] le disciple du péripatéticien Staséas de Naples (Cic., *De finibus* V 8, 75) qu'il accueillit pendant de nombreuses années chez lui à Rome (*De Orat.* I 104). Il défend d'ailleurs les positions philosophiques de cette école (telles que réinterprétées par Antiochus d'Ascalon) dans le cinquième livre du *De finibus* de Cicéron, composé en 45[a] à une époque où Pison était mort depuis un certain temps (avant 47[a] probablement), mais dont la « date dramatique » se situe en 79[a]. Voir aussi *Att.* XIII 19, 4. Sur l'origine de la doctrine exposée dans le livre V du *De finibus,* voir C. Lévy, *DPhA Suppl.* 2003, p. 669-670. Pison avoue à la suite de son exposé (*De finibus* V 75) avoir suivi Antiochus et non Staséas de Naples dont les vues sur la question des biens de la fortune ou du corps étaient différentes et les arguments moins solides. Il intervenait déjà au livre précédent pour critiquer une position stoïcienne (IV 73). Il est également mentionné au début du *De natura deorum* (I 16) où son absence en tant que représentant des péripatéticiens est dite compensée par la présence d'un stoïcien, à cause de l'accord substantiel entre ces deux écoles qu'enseignait Antiochus.

Pour sa carrière politique, voir **3** [A. Stein], art. « M. Pupius Piso Frugi » 10, *RE* XXIII 2, 1959, col. 1987-1993 ; **4** R. Syme, « Piso Frugi and Crassus Frugi », *JRS* 50, 1960, p. 12-20, notamment p. 15, avec un arbre généalogique de toute la famille p. 16, repris dans *Roman Papers,* Oxford 1979, t. II, 1979, p. 496-509 ; *MRR* t. II, p. 177 et t. III (Supplement), p. 177.

Selon **5** G. Sauron, « Un interlocuteur du "De finibus" à Oplontis (Torre Annunziata): M. Pupius Piso », *REL* 73, 1995, p. 92-114, parmi les peintures de la villa « de Poppée » à Torre Annunziata, sur l'« ager Pompeianus », une fresque rendrait hommage à M. Pupius Piso Frugi Calpurnianus et elle aurait été commandée par son fils M. Pupius Piso, préteur en 44 av. J.-C. et lui aussi ami de Cicéron. Sur M. Pupius Piso, voir en particulier p. 104-105, 110-111 et 113.

RICHARD GOULET.

190   PISO (L. CALPURNIUS CAESONINUS –) *RE* 90   101[a] ?/I[a]

Homme politique romain.

Il appartenait à la puissante et ancienne famille plébéienne des Calpurnii : la branche des Calpurnii Pisones Caesonini offrait à Rome des consuls à chaque génération ou presque depuis 211[a] (*cf.* **1** I. Hofmann-Löbl, *Die Calpurnii. Politisches Wirken und familiäre Kontinuität,* Frankfurt am Main 1996). Le père de Pison n'est guère connu : on pense parfois qu'il fut questeur en 100 puis préteur en 90 (*cf.* **2** B. Englisch, *L. Calpurnius Piso Caesoninus. Ein Zeitgenosse Ciceros,* München 1979, p. 16). Sa mère était originaire de Placentia en Gaule cisalpine : elle appartenait au milieu de la bourgeoisie municipale locale, son père Caluentius était commerçant (*Pis.* fr. 9). La date de naissance probable de Pison se déduit à la fois d'une allusion de Cicéron, qui le dit *puer* au moment de la Guerre Sociale (*Pis.*

87), et de sa carrière : il a obtenu régulièrement les magistratures du *cursus hono-rum* sans échec semble-t-il.

Questeur en 70 (*MRR* II 129), il fut édile curule en 64 (*MRR* II 162), puis préteur, probablement en 61 (*MRR* II 179). Il n'est pas certain qu'il ait ensuite gouverné une province en tant que propréteur : Valère-Maxime (Val.-Max. VIII 1 absol. 6) rapporte qu'un Pison aurait administré une province avant d'être attaqué à son retour à Rome en 60 par Clodius, mais rien ne prouve qu'il s'agissait du même Pison (*cf.* **3** E. Gruen, « Some Criminal Trials of the Late Republic : Political and Prosopographical Problems », *Athenaeum* 49, 1971, p. 54-69, en particulier p. 55-56). En 63 il intervint pour demander la grâce de Cethegus, son cousin, qui faisait partie des complices de Catilina. Il condamna ensuite l'exécution des conjurés (Cicéron, *Sen.* 17).

L'année 59 fut particulièrement importante dans la vie de Pison, puisqu'il maria sa fille Calpurnia à Jules César et fut élu au consulat. Plutarque considère que le mariage eut lieu avant les élections et que Pison fut donc le candidat de César (*Caes.* 14, 7-8), mais il est le seul à présenter les faits dans cet ordre (*cf.* Suétone, *Caes.* 21 ; Appien, *Ciu.* II 14 ; Dion Cassius XXXVIII 9, 1-2), et il semble assez clair que Pison était déjà consul désigné quand César choisit d'épouser Calpurnia en quatrièmes noces. On a dit que César avait favorisé son élection (*cf.* Englisch **2**, p. 75), mais une allusion de Cicéron (*Sest.* 21) invite plutôt à penser que Pison fut le candidat du Sénat et non celui des Triumvirs qui firent élire Gabinius (*cf.* **4** Y. Benferhat, *Ciues Epicurei. Les épicuriens et l'idée de monarchie à Rome et en Italie de Sylla à Octave*, Bruxelles 2005, p. 184-185). César obtint par cette alliance un relais sûr et estimé au Sénat, ainsi que des liens précieux avec la Gaule cisalpine. Pison aida son gendre à obtenir les provinces qu'il souhaitait (Suétone, *Caes.* 22, 1).

Le consulat de Pison en 58 souffre de la publicité négative faite par Cicéron exilé cette année-là et qui reprocha longtemps à Pison la chose. Néanmoins, une lecture plus objective et plus favorable à Pison a été proposée (*cf.* **5** P. Grimal, « Les éléments philosophiques dans l'idée de monarchie à Rome à la fin de la République », dans H. Flashar et O. Gigon (édit.), *Aspects de la philosophie hellénistique*, Vandoeuvres-Genève 1985, p. 233-281). Pison fut l'auteur de la *lex Gabinia-Calpurnia* avec son collègue Gabinius (*cf.* **6** C. Nicolet, *Insula sacra : la loi Gabinia-Calpurnia de Délos (58 av. J.C.)*, Roma 1980) qui concernait Délos : cette île se retrouva exemptée des droits de douane qu'elle avait dû payer jusque-là à Rome. Il semble bien que derrière l'apparent désordre de l'année 58, qui devait beaucoup aux menées de Clodius alors tribun de la plèbe, il y ait eu une politique cohérente de réorganisation des provinces orientales, particulièrement de la Macédoine qui fut d'ailleurs attribuée, après avoir été remodelée, à Pison à la sortie de son consulat. Pison se signala également par la suppression des cultes d'Isis et de Sérapis à Rome (*cf.* **7** S.A. Takacs, *Isis and Serapis in the Roman World*, Leiden 1995, p. 62-64).

Pison fut proconsul en Macédoine de 57 à 55 : il avait obtenu très tôt au cours de l'année 58 cette province, déjà particulièrement prestigieuse, mais à laquelle Clodius avait fait ajouter les peuples libres de Thessalie, d'Achaïe, d'Athènes. Son activité de gouverneur fut critiquée à la fois par Catulle (28, 1-5 et 47, *cf.* **8** C.J. Fordyce, *Catullus. A Commentary*, Oxford 1961, p. 113 et 211) et par Cicéron (*Prou.* 4-8). Sur le plan militaire, Pison semble avoir rencontré des difficultés avec les Thraces, mais remporta une victoire qui lui valut le titre d'*imperator*, sans qu'il ne demande le triomphe à son retour à Rome (Cicéron, *Prou.* 15). D'autre part, il paraît s'être conduit en administrateur rigoureux et intègre, et non comme un Verrès au petit pied. Néanmoins, il fut violemment attaqué à son retour pour sa gestion, mais surtout à cause de ses liens avec César (*cf.* **9** E. Gruen, *The Last Generation of the Roman Republic*, Berkeley 1974, p. 311 *sqq.*).

En 50 Pison fut élu censeur avec App. Claudius Pulcher (*MRR* II 247-248, *cf.* **10** J. Suolahti, *The Roman Censors : a Study on Social Structure*, Helsinki 1963, p. 486-489) : cette charge couronnait en général une carrière brillante, mais il semble que Pison fut élu à son corps défendant (Dion Cassius XL 63, 2-5) probablement du fait de ses liens avec César. Il apparaît comme modéré et s'opposant aux excès de son collègue, alors beau-père de Pompée et hostile aux Césariens. Pison intervint pour empêcher l'exclusion de Curion du Sénat, mais ne fit rien pour Salluste, autre césarien notoire.

Pison tenta d'éviter le déclenchement de la guerre civile (*cf.* **11** E. Scuotto, « Realtà umana e attegiamenti politici e culturali di Lucio Calpurnio Cesonino », *RAAN* 46, 1972, p. 149-166) d'abord en novembre 50 en s'associant à Marc Antoine alors tribun de la plèbe pour soutenir une proposition de Curion demandant aux deux chefs, César et Pompée, de renoncer à leurs provinces et d'abandonner leurs armées. Après l'échec de cette première tentative, Pison se proposa, en vain, comme ambassadeur au début janvier 49 (César, *B.C.* I 3). Ensuite, il se retira de Rome, pour ne pas sembler cautionner les agissements de son gendre (Cicéron, *Fam.* XIV 14, 2, et *Att.* VII 17, 3). Il tenta une dernière fois d'éviter l'affrontement direct entre les deux camps en proposant à César de retour de sa campagne d'Espagne d'envoyer une ambassade auprès de Pompée passé en Grèce (Plutarque, *Caes.* 37, 1).

On le retrouve ensuite à l'automne 46 jouant un rôle majeur en faveur de Marcellus (Cicéron, *Fam.* IV 4, 2) : il a manifestement joué l'intermédiaire entre César et le Sénat dans ce qui paraît avoir été une remarquable mise en scène de part et d'autre. En 44, après les Ides de mars, Pison se chargea des funérailles de son gendre et des formalités concernant son testament, malgré l'hostilité des opposants à César (Appien, *Ciu.* II 136). Par la suite, il demeure égal à lui-même en montrant le même souci de la paix, la même indépendance vis-à-vis des différents camps politiques en présence (*cf.* **12** Y. Benferhat, « Plaidoyer pour une victime de Cicéron : Pison », *REL* 80, 2002, p. 55-77). S'il se montra plutôt proche du consul Antoine dans les mois qui suivirent l'assassinat de César, il n'hésita pas à manifester son opposition aux excès de ce dernier qui commencèrent en juin 44. Loin de chercher à garantir sa propre sécurité en demandant une mission à l'étranger, comme le bruit courut alors (Cicéron, *Att.* XV 26, 1), il critiqua le consul en plein Sénat lors de la séance du premier août 44 (*Phil.* I 14 et XII 14).

Il continua cependant sa politique d'intermédiaire entre les différentes factions : il fit partie d'une ambassade chargée de trouver un compromis entre Antoine et le Sénat au début janvier 43 (*MRR* II 350), après plusieurs jours de débats passionnés au Sénat (Appien, *Ciu.* III 50, et Dion Cassius XLV 17-47 ainsi que XLVI 1-29). Pison hébergea la femme d'Antoine, Fulvia, et ses enfants en mars 43. Il essaya une dernière fois, à la même époque, de trouver un compromis en proposant l'envoi d'une nouvelle ambassade, en vain du fait de l'opposition de Cicéron. Il se tint ensuite à l'écart, sans être inquiété par la proscription : on ne le retrouve pas dans l'entourage des triumvirs, mais la brillante carrière de son fils prouve qu'il ne devait pas être en mauvais termes avec Octave.

Pison est généralement considéré comme un épicurien (*cf.* **13** C. Castner, *A Prosopography of Roman Epicureans*, Frankfurt am Main 1989, p. 16-23). Il n'existe cependant aucune preuve formelle de son adhésion aux idées du Jardin. La présence du philosophe épicurien Philodème (➤P 142) dans son entourage (Cicéron, *Pis.* 68, *cf.* **14** M. Gigante, *La bibliothèque de Philodème*, Paris 1985) ne peut pas être interprétée comme le signe d'une préférence de Pison pour l'épicurisme. En effet, un grand nombre d'hommes politiques romains à la fin de la République avaient dans leur entourage un philosophe grec (*cf.* **15** M.T. Griffin, « Philosophy, Politics and Politicians at Rome », dans M.T. Griffin et J. Barnes (édit.), *Philosophia Togata : Essays on Philosophy and Roman Society*, Oxford 1989, p. 1-37) pour des raisons variées d'ailleurs (*cf.* **16** E. Rawson, *Intellectual Life in the Late Roman Republic*, London 1985, p. 81).

On a pensé trouver une preuve indéniable de l'épicurisme de Pison avec la découverte de l'épitaphe du fils d'une affranchie de Calpurnia nommé Ikadium (*cf.* **17** P. Boyancé, « Sur une épitaphe épicurienne », *REL* 33, 1955, p. 113-120). C'est Pison qui aurait choisi ce nom, en mémoire de la fête épicurienne des Icades, célébrée le 20 de chaque mois, pour celui qui aurait été son fils naturel. On peut cependant relever qu'Ikadium était un nom assez répandu, semble-t-il, dans l'Antiquité : ce choix ne prouve donc pas que Pison aurait été épicurien.

Il paraît plus sûr de se tourner vers Cicéron qui fait plusieurs fois allusion aux préférences philosophiques de Pison. Certes, on peut penser que cela visait surtout à le déconsidérer, en particulier dans l'*in Pisonem* (*cf.* **18** Ph. De Lacy, « Cicero's Invective against Piso », *TAPhA* 22, 1941, p. 48-59), en caricaturant d'une part la philosophie du Jardin pour la réduire à une recherche du plaisir facile, d'autre part en le décrivant comme un faux épicurien et un véritable pourceau. Mais l'insistance de Cicéron montre bien que Pison était célèbre pour son adhésion à l'épicurisme et qu'il s'agissait d'exploiter une réalité connue de tous à des fins polémiques (*Pis.* 31, *cf.* **19** M. Griffin, « Piso, Cicero and their Audience », dans C. Auvray-Assayas et D. Delattre (édit.), *Cicéron et Philodème. La polémique en philosophie*, Paris 2001, p. 85-99).

On ne sait pas quand Pison devint épicurien : on s'est parfois appuyé sur un passage de l'*in Pisonem* pour affirmer que Pison se serait converti pendant son proconsulat en Macédoine en rencontrant alors Philodème (*cf.* **20** M. Gigante, « Il ritratto di Filodemo nella Pisoniana », dans *Ricerche Filodemee*, Napoli 1969, p. 35-53). Il est cependant possible que Pison soit devenu épicurien bien plus tôt en se liant avec Philodème dès la fin des années 70 à Rome même, ce peut-être dès la fin des années 70 (*cf.* **21** Y. Benferhat, *Ciues Epicurei. Les épicuriens et l'idée de monarchie à Rome et en Italie de Sylla à Octave*, Bruxelles 2005, p. 211-213).

YASMINA BENFERHAT.

191 PISON *RE* 5   II

Haut personnage romain, ami de Galien et dédicataire du *Sur la thériaque à Pison* (t. XIV, p. 210-294 Kühn), nourri de philosophie platonicienne.

Cf. 1 J. Klass, art. « Pison » 5, *RE* XX 2, 1950, col. 1802-1803 ; **2** E. Coturri, *Claudio Galeno, De theriaca ad Pisonem*. Testo latino, traduzione italiana (dell'interpretazione latina di Giulio Marziano Rota) e introduzione, presentazione M. G. Nardi, Firenze 1959 ; **3** L. Richter-Bernburg, *Eine arabische Version der pseudogalenischen Schrift De theriaca ad Pisonem*, Diss. Phil. Götttingen 1969 ; **4** V. Nutton, « Galen on Theriac : Problems of Authenticity », dans A. Debru (édit.), *Galen on Pharmacology. Philosophy, History and Medicine*, Leiden 1997, p. 133-151.

Un personnage du nom de Pison est mentionné comme dédicataire du traité galénique *Sur la thériaque à Pison* (t. XIV, p. 210, 1 Kühn). Dans les premières lignes du traité, Galien s'adresse à son « excellent Pison » (t. XIV, p. 210, 4 Kühn : ἄριστε Πίσων) pour lequel il a décidé de composer un traité sur la thériaque, depuis qu'il l'a vu se livrer à l'étude du sujet, non pas de façon superficielle, mais fort approfondie. Galien rappelle alors à Pison ce jour où il se rendit chez lui, comme il avait coutume de le faire, et le trouva entouré de ses livres habituels (t. XIV, p. 210, 6-8 Kühn : εἰσελθὼν γάρ ποτε πρός σε κατὰ τὸ ἔθος, πολλὰ μὲν καὶ ἄλλα τῶν συνήθων σοι παρακαίμενα βιβλία εὗρον). Pison, précise alors Galien, après s'être acquitté des charges liées à l'administration des affaires publiques, aimait consacrer ses loisirs à l'étude des philosophes anciens (t. XIV, p. 210, 9-211, 1 Kühn : καὶ γὰρ καὶ ἄλλως ἔστι σοι φίλον, μετὰ τὰς δημοτικὰς τῶν πράξεων ἀσχολίας, τοῖς παλαιοῖς τῶν φιλοσόφων ἀνδρῶν ὁμιλεῖν). Ce jour-là en particulier, Pison fit lecture à haute voix (ἀνεγίνωσκες), devant Galien, d'un traité sur la thériaque écrit par un certain Andromaque.

[Andromaque dit l'Ancien, pour le distinguer de son fils Andromaque le jeune, fut médecin de Néron. Originaire de Crète, il était l'auteur d'une recette de thériaque tenue en haute estime par Galien. Cette recette versifiée, composée de quatre vingt-sept distiques élégiaques, est citée deux fois par Galien, une fois dans le *Sur les antidotes* I 6 (t. XIV, p. 32, 11-42, 9 Kühn) et une deuxième fois dans le *Sur la thériaque à Pison* 6 et 7 (t. XIV, p. 233 Kühn). La question se pose donc de l'utilité de cette seconde citation dans un traité dédicacé à Pison, s'il est vrai que Galien surprit Pison précisément en train de lire cet auteur. Le *Laurentianus* 74, 5 nous a d'ailleurs conservé à cet endroit un autre nom, celui du médecin Magnus, un peu plus récent qu'Andromaque et lui aussi attaché au service des empereurs, voir J.-M. Jacques, « Le manuscrit de Florence *Laurentianus gr. 74. 5* et les écrits galéniques sur la thériaque et les antidotes », *REA* 101, 1999, p. 527.]

À cette occasion, Galien admire l'application mise par Pison à cette étude (t. XIV, p. 212, 1-3 Kühn : καὶ ἀληθῶς μέγα με θαῦμα κατεῖχε ... ὅτι σε φιλοπόνως οὕτως ἔχοντα περὶ τὴν τέχνην ἔβλεπον), et loue son intelligence naturelle et sa perspicacité.

Galien rapporte alors un autre souvenir à propos de Pison, souvenir dont on peut douter qu'il soit exactement contemporain de la scène rapportée plus haut. Ce dernier épisode a en effet toute chance d'être antérieur au précédent selon un procédé de composition annulaire déjà étudié chez Galien à propos d'un autre traité (E. Garcia Novo, « Composition et style du traité de Galien *De inaequali intemperie* : avantages et désavantages pour la transmission du texte », dans J. Jouanna et A. Garzya [édit.], *Storia e ecdotica dei testi medici greci*, Napoli 1996, p. 141-149, et en particulier p. 145-147). Galien confie avoir eu l'occasion d'éprouver les autres qualités de Pison, lorsque son jeune fils préféré (φίλτατος) fut atteint d'un abcès purulent entraîné par un décollement du périnée (plutôt que du péritoine, avec une confusion probable en grec entre τὸ περιτόναιον et τὸ περίναιον) et dû à une pratique trop intensive de l'équitation lors de sa participation à une célébration religieuse, en l'honneur des dieux romains, au cours de laquelle étaient pratiqués des jeux hippiques. Selon Nutton **4**, p. 148-149, il ne peut s'agir que des *Lusus Troiae* célébrés en juin 204, sous le règne conjoint de Septime Sévère et Caracalla (voir A. von Premerstein, « Das Troiaspiel und die Tribuni celerum », *Festschrift Otto Benndorf,* Wien 1898, p. 261-266) et à laquelle avaient coutume de participer les jeunes citoyens romains des meilleures familles (t. XIV, p. 212, 14-15 Kühn : τοὺς εὐγενεστάτους παῖδας ἱππεύοντας εὐρύθμως). Face à la blessure de son jeune fils, Pison fit montre à la fois d'une fermeté d'âme et d'une sollicitude remarquable, assistant aux soins des médecins, donnant au besoin un conseil avisé, apportant lui-même des soins experts et attentifs, et illustrant ainsi par son exemple et sa propre expérience l'adage du très sage Platon (t. XIV, p. 213, 17 Kühn : ὡς ὁ σοφώτατος Πλάτων), selon qui « les connaissances sont des réminiscences » (καὶ τὰς μαθήσεις ἀναμνήσεις εἶναι λέγει) et pour qui « l'âme semble posséder les notions de tout, notions qui sont révélées quand l'usage le demande (t. XIV, p. 214, 2-3 Kühn : ἐμφαίνεσθαι δὲ αὐτὰς τότε, ὅτε ἡ χρεία καλεῖ). Galien se souvient ici du *Phédon* et en particulier du passage 91 e 6 (ἐν ᾧ ἔφαμεν τὴν μάθησιν ἀνάμνησιν εἶναι ; voir aussi 72 e 5 ; 76 a 7). Mais le jeune fils de Pison lui-même ne fut pas en reste, manifestant une endurance et un courage qui semblaient comme inspirés par un enseignement philosophique (t. XIV, p. 213, 3-4 Kühn. : καθάπερ ἔκ τινος τοῦ φιλοσοφίας λόγου).

Cet événement a son importance à la fois pour dater le traité de Galien et pour tenter de préciser l'identité de Pison. Ces deux questions cependant sont, à leur tour, dépendantes d'une troisième : celle de l'authenticité du traité *Sur la thériaque à Pison* régulièrement mise en cause par les spécialistes, notamment en raison de l'absence de références à ce traité à l'intérieur du corpus galénique. Le débat sur l'authenticité remonte à P. Labbé, *C. Galeni Chronologicum elogium*, Paris 1660, p. 23-34. Le traducteur italien du traité, Coturri **2**, p. 16, a depuis affirmé son authenticité dans son ouvrage paru en 1959. Dix ans plus tard, Richter-Bernburg **3** est revenu sur ce jugement en considérant le *Sur la thériaque à Pison* comme apocryphe. Mais, tout récemment, Nutton **4** a de nouveau vigoureusement défendu son authenticité en apportant plusieurs arguments forts : le traducteur arabe Ḥunain ibn Isḥāq, au IXe siècle, dans sa *Risala* cite déjà le traité parmi les œuvres de Galien (Ḥunain ibn Isḥāq, *Über die syrischen und arabischen Galen-Über-setzungen*. Zum ersten Mal herausgegeben und übersetzt von G. Bergsträsser, coll. « Abhandlungen für die Kunde des Morgenlandes » XVII 2, Leipzig 1925, p. 31, n° 83) ; au VIe siècle le *Sur la thériaque à Pison* était également déjà cité par Aétius d'Amida comme étant de Galien (XIII 88-97 : éd. S. Zervos, Athènes 1906, vol. XVIII), et au début du siècle suivant, il l'était à nouveau par Paul d'Égine qui l'attribue explicitement à Galien (VII 10, 2 : *CMG* IX 2, p. 293, 11-297, 14).

Par ailleurs, le *Sur la thériaque à Pison*, selon Nutton **4**, p. 148-149, ne peut être antérieur à 204, date des *Lusus Troiae*. La référence aux empereurs, au pluriel, dans le chapitre 2 (t. XIV, p. 217 Kühn) fait en effet allusion, ou bien à la fin du règne de Sévère et à son association à Caracalla comme co-empereur (à partir de 198), ou bien à la brève période où Geta partagea le pouvoir avec son frère Caracalla (211-212) avant que ce dernier ne tue le premier. Aussi Nutton propose-t-il de dater la composition du *Sur la thériaque à Pison* quelques années après les *Lusus Troiae*, entre 206 et 211 (Klass **1** ayant déjà proposé une date comprise entre 198 et 211).

Si l'on admet à la fois l'authenticité et la datation proposée, quel personnage du nom de Pison a le plus de chance de correspondre au dédicataire de Galien ? E. Groag, *PIR* II, 1936², p. 71, n° 295, avait d'abord proposé (avec A. von Premerstein) d'identifier ce Pison avec L. Calpurnius P., consul en 175, avant d'avancer le nom de son neveu (*Supplement Band* I, p. 271, n° 82). Selon Coturri **3**, p. 16, il s'agit de façon presque certaine d'un des membres de la célèbre famille des Pisoni, mais il est difficile de préciser lequel. Un certain Cnaeus Calpurnius Pison a, pour sa part, eu la préférence de D. Gourevitch, *I giovani pazienti di Galeno. Per una patocenosi dell'impero romano,* Roma/Bari, 2001, p. 69-71, et index p. 156. Mais rien, en l'état de nos connaissances ne permet de trancher définitivement cette question.

VÉRONIQUE BOUDON-MILLOT.

192 PISON   F II-D III

L'absence dans l'ouvrage de toute indication biographique tant à propos du destinataire que de l'auteur lui-même n'autorise aucune spéculation quant à l'identité de Pison, à qui est adressé le traité *Sur le destin*, attribué à tort à Plutarque. Tout au plus peut-on supposer qu'il partageait, sinon l'orientation platonicienne de l'auteur, du moins son hostilité au stoïcisme. Il est tout à fait possible, mais nullement certain, qu'il soit identique à l'ami de Galien, qui se vit dédicacer, aux environs de 206 probablement (voir V. Nutton, « Galen *On Theriac* : Problems of Authenticity », dans A. Debru [édit.], *Galen on pharmacology*, Leiden 1997, p. 133-151), le traité *Sur la thériaque* (☛P 191). Mais l'identité de ce personnage est à son tour incertaine : qu'il soit le consul de 175, L. Calpurnius Piso (*PIR²* C

295), n'est qu'une hypothèse parmi d'autres, comme l'a précisé S. Swain, *Hellenism and Empire*, Oxford 1996, p. 368.

BERNADETTE PUECH.

PLANCIADES → **FULGENTIUS (FABIUS PLANCIADES –)**

PLANÉTIADÈS → **DIDYMOS**

193 **PLATON** *RE* 8   F IV[a]

Péripatéticien, disciple d'Aristote (mort en 322[a]), second homonyme de Platon d'Athènes chez Diogène Laërce III 109.

RICHARD GOULET.

194 **PLATON** *RE* 9   III[a]

Disciple du péripatéticien Praxiphane (→P 277), sans doute à Rhodes.

Dans son livre III consacré à Platon, Diogène Laërce note, parmi les homonymes, qu'« il y eut encore un autre Platon (→P 193), péripatéticien, disciple d'Aristote, et un autre, disciple de Praxiphane » (D. L. III 109 *sub fine* = Praxiphane, fr. 6 Wehrli).

JEAN-PIERRE SCHNEIDER.

195 **PLATON** *RE* 1   427-347

Disciple de Socrate et fondateur de l'Académie à Athènes.

PLAN DE LA NOTICE

Les notices sur les différents dialogues ont été classées en suivant globalement l'ordre traditionnel des tétralogies adopté par Burnet. Seuls certains dialogues douteux ou apocryphes ont été déplacés dans une section à part.

BIOGRAPHIE

Principales études concernant la vie de Platon. 1 H. Leisegang, art. « Platon », *RE* XX 2, 1941, col. 2342-2537 ; **2** L. Robin, *Platon*. Nouvelle édition avec bibliographie mise à jour et complétée, coll. « Les grands penseurs », Paris 1968, p. 1-14 ; **3** W. K. C. Guthrie, *A History of Greek Philosophy*, t. IV : *Plato. The man and his dialogues : Earlier period*, Cambridge 1975, p. 8-38 ; **4** J. Platthy, *Plato : a critical biography*, Santa Claus, Ind. 1990, 303 p. ; **5** M. Erler, *Platon = GGP Antike* II 2, Basel 2007, § 3 (« Das Leben Platons »), p. 35-59 (bibliographie, p. 681-683).

Les sources. Outre les dialogues (où Platon ne parle pas de lui-même, se bornant à rappeler qu'il était présent lors du procès de Socrate [*Apol.* 34a et 38b], mais absent lors de sa mort [*Phaed.* 59b]), notre principale source d'informations est constituée par le corpus des lettres attribuées à Platon, dont une seule toutefois, la lettre VII, peut être considérée comme authentique ou du moins composée par un proche bien informé de la vie du philosophe. Sur le témoignage de la Lettre VII, voir **6** L. Brisson, «La *Lettre VII* de Platon, une autobiographie?», dans M.-F. Baslez, Ph. Hoffmann, et L. Pernot (édit.), *L'invention de l'autobiographie, d'Hésiode à Saint Augustin,* coll. «Études de littérature ancienne» 5, Paris 1993, p. 37-46, repris dans L. Brisson, *Lectures de Platon,* Paris 2000, p. 15-24. Voir également les notes de **7** *Platon, Lettres.* Traduction inédite, introduction, notices et notes par L. Brisson, coll. *GF* 466, Paris 1987, 314 p.

On dispose également d'un certain nombre de vies anciennes de Platon, ainsi que de nombreux témoignages dispersés. (1) Des renseignements sur Platon peuvent être glanés dans l'*Histoire de l'Académie* écrite par l'épicurien Philodème de Gadara (Ier s. av. J.-C.). Voir **8** T. Dorandi (édit.), *Filodemo, Storia dei filosofi* [.]: *Platone e l'Academia,* coll. «La Scuola di Epicuro» 12, Napoli 1991, 293 p.; **9** K. Gaiser, «La biografia di Platone in Filodemo. Nuovi dati dal PHerc. 1021», *CronErc* 13, 1983, p. 53-62. (2) Les *Vies et doctrines des philosophes illustres* de Diogène Laërce (IIIe s. apr. J.-C.) contiennent une *Vie de Platon* (III 1-47). Voir la traduction annotée de **10** L. Brisson dans M.-O. Goulet-Cazé (édit.), *Diogène Laërce. Vies et doctrines des philosophes illustres,* Paris 1999, p. 369-464; **11** G. Kühhas, *Die Platonvita des Diogenes Laertios,* Diss. Graz 1947; **12** O. Gigon, «Das dritte Buch des Diogenes Laertios», *Elenchos* 7, 1986, p. 33-182; **13** L. Brisson, «Diogène Laërce, "Vies et doctrines des philosophes illustres", Livre III: Structure et contenu», dans *ANRW* II 36, 5, Berlin 1992, p. 3619-3760. (3) Apulée de Madaure (IIe s. apr. J.-C.) a écrit un ouvrage intitulé *Sur Platon et sa doctrine,* où il se montre sensible à la qualité littéraire de l'œuvre philosophique de Platon. Voir **14** J. Beaujeu (édit.), *Apulée. Opuscules philosophiques et fragments. Texte établi, traduit et commenté par J. B.,* *CUF,* Paris 1973, p. 47-107 (en partie doubles). *Cf.* **15** K. P. Schmutzler, *Die Platon-Biographie in der Schrift des Apuleius De Platone et eius dogmate,* Kiel 1974, 167 p. (4) Olympiodore d'Alexandrie (VIe s. apr. J.-C.) a mis une *Vie de Platon* en tête de son *Commentaire sur le premier Alcibiade de Platon.* Voir **16** L. G. Westerink (édit.), *Olympiodorus, Commentary on the First Alcibiades of Plato. Critical text and Indices,* Amsterdam 1956, p. 1-6. (5) C'est aussi dans l'école d'Alexandrie que furent rédigés au VIe siècle les *Prolégomènes à la philosophie de Platon,* un cours de philosophie qui s'ouvre sur une courte biographie du philosophe. Voir **17** L. G. Westerink, J. Trouillard et A.-Ph. Segonds, *Prolégomènes à la philosophie de Platon, CUF,* Paris 1990, p. 1-10 (doubles pages). (6) Au Xe siècle enfin, la *Souda* recopie plusieurs passages des *Vies de Platon* plus anciennes.

Parmi les sources plus anciennes citées dans les vies conservées, il faut mentionner le *Banquet funéraire de Platon* (Πλάτωνος περίδειπνον, D.L. III 2) composé par son neveu et successeur Speusippe (qui avait par ailleurs écrit un *Éloge de Platon,* Πλάτωνος ἐγκώμιον, signalé en III 5) ; un ouvrage d'Hermodore de Syracuse (➣H 91) ; un *Éloge de Platon* (Πλάτωνος ἐγκώμιον III 2) par Cléarque [de Soles] (➣C 141) ; une vie de Platon publiée par Thrasylle en tête de son édition des dialogues (*cf.* D. L. III 1), sans parler des écrits de la tradition biographique (Anaxilaïdès [➣A 162], *Sur les philosophes,* livre II, Néanthe de Cyzique [➣N 10], Dicéarque [➣D 98], Aristoxène [➣A 417], Hermippe [➣H 86], Satyros, Alexandre Polyhistor [➣A 118], Héraclide Lembos [➣H 61]), chronographique (Antiléon, Apollodore d'Athènes [➣A 244]) ou encyclopédique (Favorinus d'Arles [➣F 10], Pamphilè d'Épidaure [➣P 12]). Une partie de cette tradition est hostile à Platon (Alcimos [➣A 90], Théopompe l'historien [*Contre l'école de Platon*], Hérodicos [➣H 100], "Aristippe" [➣A 356]) ou du moins parle de lui en termes satiriques (Timon de Phlionte). *Cf.* **18** A.-H. Chroust, « Plato's detractors in antiquity », *RMetaph* 16, 1962, p. 98-118. Sur les vestiges du Pseudo-Aristippe, voir **19** T. Dorandi, « Il Περὶ παλαιᾶς τρυφῆς attribuito a Aristippo nella storia della biografia antica », dans M. Erler et St. Schorn (édit.), *Die griechische Biographie in hellenistischer Zeit.* Akten des internationalen Kongresses vom 26.-29. Juli 2006 in Würzburg, coll. « Beiträge zur Altertums-kunde » 245, Berlin 2007, p. 157-172. Le philosophe était également raillé par les poètes de la moyenne-comédie athénienne, (Alexis, Amphis, Anaxandridès, Cratinos, Épicratès, Eupolis, Philippidès, Théopompe le poète). Voir **20** K. Gaiser, « Ein Komödienwitz über Platon », dans U. Reinhardt et K. Sallmann (édit.), *Musa iocosa. Festschrift für A. Thierfelder,* Hildesheim 1974, p. 62-67 ; **21** A. Weiher, *Philosophen und Philosophenspott in der attischen Komödie,* Diss. München 1913, 81 p.

Pour une analyse des sources diverses de la biographie de Platon, voir **22** G. Boas, « Fact and legend in the biography of Plato », *PhR* 57, 1948, p. 439-457. Sur les sources arabes de la biographie de Platon, voir plus loin la section « Tradition arabe ».

Très étalés dans le temps, tous ces récits de la vie de Platon ont pourtant un point commun : ils s'insèrent tous dans une tradition où la biographie ne recherche pas l'objectivité. On la conçoit sur un mode rhétorique, soit comme la défense d'un personnage célèbre, soit comme la dénonciation de sa turpitude. Même s'il faut relativiser et replacer dans leur contexte les faits qu'elles rapportent, elles n'en présentent pas moins une grande valeur aux yeux de qui veut comprendre l'histoire du platonisme.

Sa vie. On date traditionnellement la naissance de Platon en 428/7 à Athènes (ou peut-être à Égine, où son père aurait été envoyé comme colon), dans le dème de Collytos. Issu d'une famille de haute lignée, Platon chercha durant toute sa vie à jouer un rôle politique, comme conseiller ou législateur, non seulement à Athènes, mais aussi à l'étranger et notamment en Sicile. Écrivain et philosophe, Platon est avant tout un citoyen qui, comme en témoignent les dix livres de la *République* et les douze livres des *Lois* (formant presque la moitié de son œuvre), veut réformer la vie politique de sa cité en accordant le pouvoir non point à la richesse ou à la force militaire, mais au savoir. Contre la vision traditionnelle de la culture à son époque, essentiellement transmise par la poésie, Platon propose un nouveau système d'éducation fondé sur un savoir où les mathématiques jouent un rôle important, et qui culmine dans la contemplation des réalités véritables et du Bien. Dès lors, la vie et la pensée de Platon ne peuvent être dissociées.

Selon Apollodore (D. L. III 2 = *FGrHist* 244F37), Platon serait né dans la 88ᵉ Olympiade (428-425), et il serait mort en la première année de la 108ᵉ Olympiade (348/7), à l'âge 81 ans (comptés de façon inclusive). D. L. V 9 (= *FGrHist* 244F38), l'*Index Academicorum* et la *Vita Marciana* d'Aristote précisent que la mort de Platon est intervenue sous l'archontat de Théophile (348/7). A sa mort, Platon aurait eu 82 ans (*Index,* Néanthe = *FGrHist* 84F20, mais les manuscrits ont 84) ou 81 ans (D. L.). Si l'on veut retrouver 81 en remontant à partir de l'année d'Olympiade 348/7, la seule année de la 88ᵉ Olympiade qui soit acceptable est la première, et encore en comptant de façon inclusive! On constate d'ailleurs que c'est bien en Ol. 88, 1 qu'Hippolyte (*Ref.* I 8, 13) situe la naissance de Platon et que la *Vita Marciana* d'Aristote date la naissance de Platon de l'archontat de Diotimos, et donc d'Ol. 88, 1 (428/7). Pour Néanthe (*ibid.*) toutefois, il serait mort à 84 ans (chiffre que les éditeurs ont corrigé en 82 ans). Il est probable que le chiffre 81 dépendait de considérations arithmologiques : 81 étant le carré du carré du nombre parfait 3: $81 = 9^2$ ou $(3^2)^2$. La datation d'Apollodore est confirmée par le témoignage d'Hermodore de Syracuse (fr. 5 Isnardi Parente) qui donne à Platon 28 ans à la mort de Socrate en 399, ou du moins à l'époque où il se retira chez Euclide à Mégare avec d'autres disciples (D. L. III 6): il serait en conséquence né en 428/7, mais il est possible qu'Apollodore ait lui-même établi sa datation sur la foi d'Hermodore. Sur les nombreux problèmes posés par les témoignages sur la chronologie de Platon, voir F. Jacoby, *Apollodors Chronik. Eine Sammlung der Fragmente,* coll. « Philologische Untersuchungen » 16, Berlin, 1902, p. 304-312.

23 D. Nails, *The People of Plato,* p. 243-250, notamment p. 243, rappelle toutefois que la seule donnée chronologique sûre est la date de la mort de Platon et que sa date de naissance a été calculée à partir de l'âge qu'on lui attribuait à sa mort, âge qui a donc pu être le résultat d'une idéalisation arithmologique.

Platon était le fils d'Ariston et de Périctionè (pour un arbre généalogique de la famille de Platon, voir **24** L. Brisson, art. « Adimante d'Athènes », A 23, *DPhA,* t. I, 1989, p. 55, et Brisson **10**, p. 387, et Nails **23**, p. 244). Du côté maternel, la famille de Platon remonte jusqu'à Solon, et du côté paternel jusqu'à Mélanthos, dont le fils Codros aurait été roi d'Athènes. Certaines sources prétendent que Platon portait originellement le nom de son grand-père paternel Aristoclès et que le surnom de Platon lui aurait été donné à cause de la largeur de son front, ou bien de l'ampleur de son style… (D. L. III 4). Mais, selon **25** J. A. Notopoulos, « The name of Plato », *CPh* 1939, p. 135-145, « Platon » ne serait pas un surnom, car c'est un nom bien attesté dans la prosopographie athénienne de l'époque (voir le tableau dans Notopoulos, p. 144, et le *LGPN* qui en recense 126 occurrences dans les volumes déjà parus). Ce n'est qu'à partir du moment où l'on vit dans Platon un surnom que l'on pensa sans doute à lui attribuer comme nom véritable celui de son grand-père, Aristoclès, conformément à la pratique familiale grecque.

À un moment, on fit courir le bruit qu'il était en fait le fils d'Apollon. Voilà pourquoi, dans les écoles platoniciennes, on fêtait l'anniversaire de Platon le jour de la naissance d'Apollon (le septième jour du mois de Thargélion), et l'anniversaire de Socrate, la veille, le jour de la naissance de la sœur jumelle d'Apollon.

Platon eut pour frères Adimante (➣A 23) et Glaucon (➣G 21), qui interviennent dans la *République* notamment, pour sœur Potonè qui fut la mère de Speusippe, le successeur de Platon à la tête de l'Académie, et pour demi-frère l'Antiphon (➣A 210) mentionné dans le *Parménide*, enfant né d'un second mariage de sa mère. Sur la famille de Platon dans le cadre de la société athénienne, voir les notices de **26** J. K. Davies, *Athenian propertied families 600-300 B.C.*, Oxford 1971, XXXII-653 p., n° 8792, XI. Pour une liste de parents de Platon apparaissant dans les dialogues, voir Erler **5**, p. 41-42.

Quelques maîtres de Platon sont mentionnés par la tradition biographique : le maître d'école Denys (mentionné dans les *Rivaux*), le lutteur Ariston d'Argos. On prêtait d'ailleurs à Platon des victoires aux Jeux Olympiques, Pythiens ou Néméens. Pour la musique, il aurait suivi l'enseignement de Dracon (➣D 228), disciple de Damon (➣D 13). C'est sans doute à tort que Erler **5**, p. 45, présente Damon comme le maître direct de Platon. Les *Prolégomènes anonymes* (§ 2) mettent cette triple formation en relation avec la théorie platonicienne des trois parties de l'âme. La formation de Platon aurait également compris l'étude de la poésie dithyrambique, tragique et comique, ainsi que l'étude de la peinture et du mime (Sophron). Avant de faire la rencontre de Socrate, il aurait été également un sectateur d'Héraclite (➣H 64). Puis, après la mort de Socrate, il se serait attaché à Cratyle l'Héraclitéen [➣C 210] (voir aussi Aristote, *Métaphysique* 987 a 32, qui situe cet enseignement dès l'enfance du philosophe) et à Hermogène [➣H 94] (les *Prolégomènes* § 4 écrivent "Hermippe"), un disciple de Parménide [➣P 40] (D. L. III 6).

Diogène Laërce III 8 mentionne, à la suite d'Aristoxène (fr. 61 Wehrli) trois campagnes militaires auxquelles Platon aurait pris part (Tanagra, Corinthe et Délion), mais la chronologie interdit sa participation à la campagne de Délion en 424 : l'information doit résulter d'une confusion avec la biographie de Socrate.

On sait peu de choses sur la vie de Platon, qui vers l'âge de vingt ans, soit aux alentours de 408/7, s'attacha à Socrate, pendant dix ans (*Prolégomènes* § 3), jusqu'à la mort de ce dernier, en 399. En 404, Athènes tombe aux mains de Sparte qui instaure aussitôt un régime oligarchique. Mais la tyrannie des « Trente » citoyens désignés par Sparte pour diriger Athènes, au nombre desquels se trouvent Charmide (➣C 102), son oncle maternel, et Critias (➣C 216), le cousin de sa mère, connaît un destin trop éphémère et tragique pour permettre à Platon de s'occuper des affaires publiques. La démocratie est rétablie en 403, mais elle condamne Socrate à mort en 399 au cours d'un procès dont l'*Apologie* se veut le compte rendu.

Il est pratiquement impossible de décrire quelles relations concrètes entretint Platon avec un Socrate qui fut, à n'en point douter, un personnage hors du commun, si l'on considère ceux qui formèrent son entourage. On y trouve Callias (➣C 16), le citoyen le plus riche d'Athènes, un militaire conservateur comme Xénophon, des hommes politiques particulièrement contestables comme Critias, Charmide et surtout Alcibiade (➣A 86), ainsi que des philosophes de tendances très différentes et qui surtout s'opposent entre eux comme Aristippe de Cyrène [➪A 356] (tenu pour le fondateur de l'école cyrénaïque, il considère que le but de la vie réside dans la recherche des plaisirs), Antisthène [➪A 211] (tenu pour avoir été le premier des cyniques, il rejette toutes les doctrines et il prône une vie faite d'exercices destinés à affronter les souffrances que peuvent infliger à l'homme la Fortune et la Nature), Euclide de Mégare [➪E 82] (le fondateur de l'école méga-rique qui s'intéresse surtout à l'argumentation) qui met en évidence l'impossibilité pour la raison d'appréhender adéquatement le devenir, et finalement Platon, qui rend compte du sensible par sa participation à l'intelligible et qui considère que le but de l'existence est de s'assimiler à la divinité par la recherche du savoir tendu vers un Bien unique. C'est d'ailleurs probablement ses liens avec Critias, Char-mide et Alcibiade qui expliquent en grande partie le procès que Socrate dut affronter en 399 et qui entraîna sa mort, même si les griefs politiques que fondaient ces relations ne pouvaiennt s'exprimer ouvertement en raison de l'amnistie de 403.

Après la mort de Socrate en 399, « par peur des tyrans », alors qu'il avait 28 ans, Platon se retira avec d'autres disciples de Socrate auprès d'Euclide de Mégare [➪E 82] (D. L. III 6 et II 106).

L'âge de 28 ans, transmis par D.L. III 6, est emprunté à Hermodore ; Philodème lui donne plutôt 27 ans à l'époque (*Ind. Acad.* X 7, p. 130 Dorandi). Nails **23**, p. 247, fait toutefois remar-quer que Diogène place le départ pout Mégare chez Euclide après des études chez Cratyle et Hermogène. L'événement ne serait donc pas nécessairement contemporain de la mort de Socrate en 399 et par conséquent on n'est pas légitimé à situer la naissance de Platon 28 ans auparavant (428/7).

Nails **23**, p. 245, déduit des témoignages que Platon, contrairement à ses deux frères Adimante et Glaucon, n'est pas loué pour sa participation à la bataille de Mégare (*Rép.* 368a), peut-être celle de 409 mentionnée par Diodore de Sicile XIII 65, 1-2, et qu'il ne devait donc pas avoir atteint 19 ans, âge requis pour un engagement militaire en dehors des frontières de l'Attique. Il ne semble pas avoir combattu aux Arginuses en 406 ni à Aigos Potamos en 405, à une époque où l'on recruta même des métèques et des esclaves. Il était toutefois en âge, à la mort de Socrate, de proposer sa propre contribution financière au paiement de l'amende envisagée pour le philosophe (*Apol.* 38 b-c). D. Nails prend également en compte un passage de la *Lettre* VII (324 b-d) où Platon raconte qu'il envisagea de se lancer dans la politique en 404 lors de l'arrivée au pouvoir des Trente, projet qu'il serait, selon Nails **23**, p. 246, difficile d'attribuer à un νέος de moins de vingt ans. Elle en conclut qu'il faut placer la naissance de Platon plutôt vers 424/3. Il aurait donc eu seulement 25 ans à la mort de Socrate en 399. Si donc Platon a étudié dix ans avec Socrate (*Souda* Π 1707 : ἐφιλοσόφησε παρὰ Σωκράτει ἐπὶ ἔτη κ΄), il ne l'aurait pas rencontré alors qu'il avait déjà vingt ans (D.L. III 6), mais plutôt alors qu'il avait une quinzaine d'années seulement (Nails **23**, p. 247).

On mentionne également des voyages d'études à Cyrène auprès de Théodore le mathématicien, en Phénicie où il aurait pris connaissance de l'enseignement de Zoroastre, en Sicile (Philolaos [➪P 143] et Eurytos [➪E 150]) et enfin en Égypte. Sur les diverses influences reçues par Platon, voir **27** G. C. Field, *Plato and his contemporaries. A study in fourth-century life and thought*, 3ᵉ éd. New York/London 1967, XII-242 p. Voir **28** H. Dörrie, « Platons Reisen zu fernen Völkern. Zur Geschichte eines Motivs der Platon-Legende und zu seiner Neuwendung durch Lactanz », dans W. den Boer, P. G. Van der Nat, C. M. J. Sicking et J. C. M. van

Winden (édit.), *Romanitas et christianitas. Studia Iano Henrico Waszink, A.D. VI Kal. Nov. A. MCMLXXIII, XIII lustra complenti oblata,* Amsterdam/London 1973, p. 99-118; **29** L. Brisson, «L'Égypte de Platon», *EPh* 1987, p. 153-168.

Erler **5**, p. 47, rappelle que Strabon (XVII 1, 29) prétendait avoir vu en Égypte en 25/24 l'endroit où Platon et Eudoxe avaient étudié.

En 388/7, comme le raconte la *Lettre* VII, Platon, âgé de 40 ans (ou en 384/3 selon Nails **23**, p. 248), se rend en Italie du Sud où il rencontre Archytas de Tarente (☞A 322), puis en Sicile d'où il revient bientôt en raison des mauvais rapports entretenus avec le tyran Denys de Syracuse. Sur le contexte de ce premier séjour, voir **30** L. J. Sanders, «Plato's first visit to Sicily», *Kokalos* 25, 1979, p. 207-219; **31** B. Caven, *Dionysius I. War-lord of Sicily,* New Haven, Yale University Press, 1990. De nombreux témoignages historiques sur la Sicile à cette époque sont rassemblés dans **32** M. Sordi, *La Sicilia dal 368/7 al 337/6 a.C.,* coll. «Istituto Siciliano per la storia antica. Testimonia Siciliae antiqua» I 8 = «Supplementi a *Kokalos*» 5, Roma 1983, 238 p.

Certaines sources anciennes rapportent que Platon aurait alors été réduit en esclavage par, ou à cause de, Denys et qu'il aurait été amené par Pollis de Sparte à Égine (alors en conflit avec Athènes), où il aurait été racheté par Annicéris de Cyrène [☞A 185] qui refusa que les amis de Platon lui remboursent le prix de la rançon (D. L. III 19-20). Voir **33** U. Kahrstedt, «Platons Verkauf in die Sklaverei», *WJA* 2, 1947, p. 295-300; **34** K. F. Stroheker, «Sizilien und die Magna Graecia zur Zeit der beiden Dionysii», *Kokalos* 14-15, 1978-1979, p. 119-134; **35** M. Sordi, «Dionisio I e Platone», dans *Miscellanea di studi classici in onore di Eugenio Manni,* t. VI, Roma 1980, p. 2013-2022; **36** K. Gaiser, «Der Ruhm des Annikeris», dans P. Haendel et W. Meid (édit.), *Festschrift für Robert Muth,* Innsbruck 1983, p. 111-128, repris dans K. Gaiser, *Gesammelte Schriften,* hrsg. von Th. A. Szlezák und K.-H. Stanzel, Sankt Augustin 2004, p. 597-616.

À son retour à Athènes, il fonde (en 387 selon la datation traditionnelle, en 383 selon Nails **23**, p. 248) au nord-ouest de la ville, au-delà de la Porte Dipylon, l'Académie que va fréquenter Aristote (☞A 414) pendant vingt ans, entre 368/7 et 348/7. Sur l'institution de l'Académie, voir **37** H. Herter, *Platons Akademie,* 2ᵉ éd., Bonn 1952, 40 p. Sur le site de l'Académie, voir **38** M.-F. Billot, «Académie (topographie et archéologie)», *DPhA* I, 1989, Annexe, p. 693-789; **39** W. Hoepfner, «Platons Akademie. Eine neue Interpretation der Ruinen», dans W. Hoepfner (édit.), *Antike Bibliotheken,* coll. «Zaberns Bildbände zur Archäologie», Mainz 2002, p. 56-62. Sur la rivalité de l'Académie avec l'école d'Isocrate à Athènes, voir **40** J. L. López Cruces et P. P. Fuentes González, notice «Isocrate d'Athènes», I 38, *DPhA* III, 2000, p. 891-938.

De nombreux disciples de Platon sont connus. Une liste est fournie par Diogène Laërce III 46:

«Speusippe d'Athènes, Xénocrate de Chalcédoine, Aristote de Stagire (☞A 414), Philippe d'Oponte (☞P 131), Hestiaios de Périnthe (☞H 111), Dion de Syracuse (☞D 167), Amyclos d'Héraclée (☞A 149), Érastos (☞E 49) et Coriscos (☞C 187) de Scepsis, Timolaos de Cyzique,

Évaéon de Lampsaque (⇒E 61), Python (⇒P 338) et Héraclide (⇒H 55 d'Ainos), Hippothale (⇒H 158) et Callippe (⇒C 31) d'Athènes, Démétrios d'Amphipolis (⇒D 48), Héraclide du Pont (⇒H 60) et bien d'autres. A ces hommes, il faut adjoindre deux femmes : Lasthénia de Mantinée (⇒L 22) et Axiothée [les *Prolégomènes* écrivent "Dexithea"] de Phlionte (⇒A 517), laquelle portait des vêtements d'homme, comme le rapporte Dicéarque » (trad. Brisson).

Sur ces deux élèves de sexe féminin de Platon, voir **41** T. Dorandi, « Assiotea et Lasteneia, due donne all'Accademia », dans *AATC* 54, 1989, p. 51-66.

Diogène ajoute quelques noms plus ou moins bien attestés par la tradition : Théophraste, Hypéride l'orateur (⇒H 176) et Démosthène. D'autres sources (dont Plutarque, *Adv. Colot.* 1126 c) mentionnent encore d'autres disciples : Aristonymos (⇒A 400), Phormion (⇒P 174), Ménédème de Pyrrha (⇒M 117), Eudoxe de Cnide (⇒E 98) et Théétète. On prête à plusieurs une activité politique. Voir **42** A. Wörle, *Die politische Tätigkeit der Schüler Platons,* coll. « Göppinger akademische Beiträge » 112, Darmstadt 1981, 186 p. ; **43** K. Trampedach, *Platon, die Akademie und die zeitgenössische Politik,* coll. « Hermes Einzelschriften » 66, Stuttgart 1994, 300 p.

En 367/6, une vingtaine d'années après le voyage précédent, Platon retourne en Sicile à la demande de Dion (⇒D 167), ancien élève de l'Académie, qui était le beau-frère de Denys I qui avait épousé Aristomachè, la sœur de Dion. Il était donc l'oncle du nouveau tyran Denys le jeune (⇒D 84), le fils du précédent. Platon nourrit l'espoir de convertir le tyran à ses idées. Peine perdue, car Dion est exilé et Platon lui-même doit revenir précipitamment à Athènes.

En 361/0, Platon retourne une troisième fois à Syracuse, pour aider Dion, laissant la direction de l'Académie à Héraclide le Pontique (⇒H 60). C'est une fois de plus un échec et Platon ne peut quitter la Sicile qu'avec l'aide d'Archytas (⇒A 322). En 357, sans avoir obtenu l'appui de Platon, rencontré à Olympie, Dion lance une expédition victorieuse contre la Sicile ; mais son succès est de courte durée, car il est assassiné en 354. Diogène Laërce III 30 cite une épitaphe composée par Platon et inscrite sur le tombeau de Dion à Syracuse.

Sur les rapports entre Platon et Dion, voir la vie de *Dion* par Plutarque. Cf. **44** H. Berve, *Dion,* coll. « Akademie der Wissenschaften und der Literatur in Mainz. Abhandlungen der geistes- und sozialwissenschaftlichen Klasse » Jahrgang 1956, 10, Wiesbaden 1957, 141 p. ; **45** *Id.,* « Dion. Der Versuch der Verwirklichung platonischer Staatsgedanken », dans *HZ* 184, 1957, p. 1-18 ; **46** H. Breitenbach, *Platon und Dion. Skizze eines idealpolitischen Reformversuches im Altertum,* coll. « Lebendige Antike », Zürich 1960, 100 p. ; **47** J. Sprute, « Dions syrakusanische Politik und die politischen Ideale Platons », *Hermes* 100, 1972, p. 294-313.

Sur les séjours en Sicile, voir **48** K. von Fritz, *Platon in Sizilien und das Problem des Philosophenherrschaft,* Berlin 1968, XIV-147 p. ; **49** G. R. Levy, *Plato in Sicily,* London 1956, 161 p. ; **50** L. J. Sanders, « Plato's first visit to Sicily », *Kokalos* 25, 1979, p. 207-219.

La date de la mort de Platon est traditionnellement placée en 348/7 à l'âge de 81 ans, alors qu'il travaillait à la rédaction des *Lois*. Il fut enterré à l'Académie

(D.L. III 40). C'est à Speusippe qu'il avait légué la direction de l'Académie. Le testament de Platon, conservé par Diogène Laërce III 41-43, nous renseigne notamment sur les propriétés de Platon et leur localisation à Athènes (voir Nails **23**, p. 249-250).

On trouve beaucoup d'anecdotes sur la vie de Platon, mais elles jouent le rôle d'illustrations de points de doctrine plus que de témoignages véridiques. Tout ce matériel a été recueilli par **51** A. Swift Riginos, *Platonica. The Anecdotes concerning the life and writings of Plato,* Leiden 1976, XII-248 p.

LUC BRISSON et RICHARD GOULET.

ŒUVRES

Platon est avant tout un auteur littéraire, un écrivain. Tout comme Xénophon dans ses *Mémorables*, Platon, dans ses écrits, veut rappeler les faits et gestes de Socrate, ce personnage hors du commun qui eut une influence déterminante sur lui et sur tant d'autres. C'est ce dessein qui lui impose la forme littéraire du dialogue, qui se maintient tout au long de son œuvre, sans pourtant cesser de se modifier.

La forme dialoguée. Les écrits de Platon se répartissent ainsi du point de vue de la forme dialoguée. On trouve d'abord des dialogues directs : *Alcibiade*, *Cratyle*, *Criton*, *Euthyphron*, *Gorgias*, les deux *Hippias*, *Ion*, *Lachès*, *Lois*, *Ménon*, *Phèdre*, *Sophiste*, *Philèbe*, *Politique* ; des dialogues racontés : *Banquet*, *Charmide*, *Euthydème*, *Lysis*, *Parménide*, *Phédon*, *Protagoras*, *République*, *Théétète* ; et des exposés : *Apologie*, *Ménexène* et *Timée*. Le dialogue permet également d'associer l'œuvre de Platon à d'autres genres littéraires, comme la tragédie et la comédie. « Inventeur » des termes « philosophe » et « philosophie », Platon ne peut être considéré d'entrée de jeu comme un penseur défendant une doctrine philosophique, et encore moins un système. Au contraire, c'est peu à peu qu'il devient un philosophe au sens où nous l'entendons à notre époque – un bâtisseur de système, un inventeur de concepts.

Rappeler les faits et gestes de Socrate n'était pas une tâche facile : comment présenter comme un éducateur quelqu'un qui prétend ne rien savoir ? Puisque Socrate déclare être ignorant, c'est-à-dire dépourvu de savoir, il ne peut transmettre aucun savoir. Le savoir qu'il ne possède pas, il doit donc le chercher chez les autres, ceux qui possèdent vraiment un savoir ou ceux qui prétendent en posséder un. Et, pour ce faire, il doit entrer en contact avec ces personnes en engageant avec elles un dialogue. La pratique du dialogue par le Socrate de Platon est donc indissociable de l'idée que se fait Platon de ce que c'est que savoir, de ce que c'est qu'enseigner. Et parce qu'il écrit des dialogues dont l'interlocuteur principal est avant tout Socrate, mais aussi Critias (dans le *Critias*), Timée (dans le *Timée*), l'Étranger d'Élée (dans le *Politique* et dans le *Sophiste*) et l'Étranger d'Athènes (dans les *Lois*), Platon s'efface dans un anonymat total.

Les écrits. Platon est l'un des rares philosophes de l'Antiquité dont l'œuvre nous soit parvenue dans sa totalité (ou presque). Les deux manuscrits les plus anciens, conservés pour l'un à la Bibliothèque Nationale de Paris (le *Parisinus Graecus* 1807), et pour l'autre à la Bodleian Library d'Oxford (le *Bodleianus* 39), remontent à la fin du IXe siècle après J.-C., et sont tributaires d'une tradition manuscrite qui s'étend sur plus de douze siècles. L'archétype dont dérivent ces deux manuscrits et dont, par conséquent, dépendent les manuscrits plus récents a dû être copié vers le VIe siècle, et devait s'inspirer d'une « édition » réalisée au premier siècle de notre ère, à Rome par Thrasylle (mort vers l'an 36 de notre ère), astrologue de Tibère, et probablement de celle réalisée un siècle plus tôt par T. Pomponius Atticus (⇒A 505), l'ami de Cicéron, édition qui dépendait elle-même de la révision effectuée à Alexandrie par Aristophane de Byzance (⇒A 405) aux alentours de 200 avant J.-C. d'une édition ancienne faite avant 314 avant J.-C. à l'Académie alors dirigée par Xénocrate, une trentaine d'années après la mort de Platon.

On ne sait rien de précis sur l'édition faite à l'Académie et sur celle établie à l'époque de Cicéron. Mais il est très probable que c'est au cours de ce processus de transmission qu'apparurent les titres (celui de l'interlocuteur principal habituellement) et les sous-titres (indiquant le sujet) qui s'imposèrent par la suite, car il ne semble pas que Platon ait donné lui-même un titre définitif à ses écrits ; le fait qu'Aristote parle du *Sur l'âme* pour désigner le *Phédon* en est la preuve.

[En dehors de la tradition ainsi reconstituée, d'autres éditions circulèrent dans l'Antiquité qui sont aujourd'hui perdues, comme celle qu'aurait réalisée Panétius et qui, parvenue entre les mains de Galien (⇒G 3), disparut dans l'incendie des dépôts de la Voie Sacrée en 192. Voir à ce sujet la mise au point de J.-B. Gourinat dans la notice « Panétius de Rhodes », P 26.   M.N.]

Selon Diogène Laërce, Aristophane de Byzance avait rassemblé certains dialogues par trilogies, par groupes de trois :

1) La *République* et (que suivent) le *Timée* et le *Critias*.

2) Le *Sophiste*, le *Politique* et le *Cratyle*.

3) Les *Lois*, le *Minos* et l'*Épinomis*.

4) Le *Théétète*, l'*Euthyphron* et l'*Apologie*.

5) Le *Criton*, le *Phédon* et les *Lettres*.

Thrasylle rangea pour sa part les dialogues qu'il édita en tétralogies, par groupes de quatre :

1) L'*Euthyphron* ou *Sur la piété*, dialogue critique ; l'*Apologie de Socrate*, éthique ; le *Criton* ou *Sur ce qu'il faut faire*, éthique ; le *Phédon* ou *Sur l'âme*, éthique.

2) Le *Cratyle* ou *Sur la justesse des termes*, logique ; le *Théétète* ou *Sur la science*, critique ; le *Sophiste* ou *Sur l'être*, logique ; le *Politique* ou *Sur la royauté*, logique.

3) Le *Parménide* ou *Sur les formes*, logique ; le *Philèbe* ou *Sur le plaisir*, éthique ; le *Banquet* ou *Sur le bien*, éthique ; le *Phèdre* ou *Sur l'amour*, éthique.

4) L'*Alcibiade* ou *Sur la nature de l'homme*, maïeutique ; le second *Alcibiade* ou *Sur la prière*, maïeutique ; l'*Hipparque* ou *Sur la cupidité*, éthique ; les *Rivaux* ou *Sur la philosophie*, éthique.

5) Le *Théagès* ou *Sur la philosophie*, maïeutique ; le *Charmide* ou *Sur la modération*, critique ; le *Lachès* ou *Sur le courage*, maïeutique et le *Lysis* ou *Sur l'amitié*, maïeutique.

6) L'*Euthydème* ou l'*Éristique*, réfutatif ; le *Protagoras* ou *Les Sophistes*, probatoire ; le *Gorgias* ou Sur la rhétorique, réfutatif ; le *Ménon* ou *Sur la vertu*, critique.

7) Les deux *Hippias* – le premier *Sur le Beau* ; le second *Sur l'erreur* –, réfutatifs ; l'*Ion* ou *Sur l'Iliade*, critique ; le *Ménexène* ou l'*Oraison funèbre*, éthique.

8) Le *Clitophon* ou le *Protreptique*, éthique ; la *République* ou *Sur le juste*, politique, le *Timée* ou *Sur la nature*, physique ; le *Critias* ou l'*Atlantique*, politique.

9) Le *Minos* ou *Sur la loi*, politique ; les *Lois* ou *Sur la législation*, politique, l'*Épinomis* ou le *Collège de veille* ou le *Philosophe*, politique ; et treize *Lettres*, éthiques.

Le critère qui a présidé à ce classement en neuf tétralogies nous échappe, mais Thrasylle semble avoir pris modèle sur les concours de tragédie, où quatre pièces étaient en compétition – trois tragédies et un drame satyrique. On ne sait si Thrasylle fut l'initiateur de ce classement, qui semble avoir déjà inspiré Aristophane, lequel ne prenait pas en considération le drame satyrique. Il semble clair cependant que les nombres 9 (= 3 x 3) x 4 (= 2 x 2) procédaient de la numérologie néopythagoricienne où le premier pair et le premier impair étaient considérés comme les principes de toutes choses. On notera par ailleurs, que, en l'absence de catalogue précis, il était pratique de connaître le nombre exact d'ouvrages attribués à un même auteur.

C'est le classement tétralogique de Thrasylle que l'on retrouve habituellement dans les éditions modernes. Il convient de remarquer d'une part que cet inventaire comprend des dialogues aujourd'hui considérés comme douteux et apocryphes, et surtout que les écrits de Platon, dont on ne sait si à l'origine ils avaient un titre, sont désormais dotés d'un titre, qui est en général le nom de l'interlocuteur principal, et de deux sous-titres, dont le premier indique le sujet du dialogue, et le second sa « tendance » ; or, si l'on se reporte à l'inventaire qui vient d'être donné, ces tendances se distribuaient ainsi :

A) Exposition de doctrines

    a) Théorique

        1) Physique : *Timée*
        2) Logique : *Politique*, *Sophiste*, *Cratyle*, *Parménide*

    b) Pratique

        1) Politique : *République*, *Lois*, *Minos*, *Épinomis*, *Critias*
        2) Éthique : *Apologie*, *Criton*, *Phédon*, *Phèdre*, *Banquet*, *Lettres*, *Ménexène*, *Clitophon*, *Philèbe*, *Hipparque*, *Rivaux*

B) Recherche

    a) Exercice

        1) Maïeutique : les deux *Alcibiade*, *Théagès*, *Lysis*, *Lachès*
        2) Critique : *Euthyphron*, *Ménon*, *Ion*, *Charmide*

    b) Controverse

        1) Probatoire : *Protagoras*
        2) Réfutatif : *Euthydème*, *Gorgias*, les deux *Hippias*.

Ces seconds sous-titres sont sûrement la marque d'une utilisation scolaire des dialogues.

L'œuvre de Platon fut, dans son intégralité, révélée dans l'Europe occidentale par la traduction latine que réalisa Marsile Ficin en 1483-1484. La première édition du texte grec date de 1534. Mais c'est en 1578, à Genève, où il s'était réfugié pour échapper aux persécutions menées en France contre les Protestants, qu'Henri Estienne fit paraître l'édition d'après laquelle on a pris l'habitude de citer Platon.

Cette édition complète des *Œuvres* de Platon comprend trois tomes dotés d'une pagination continue. Chaque page comporte deux colonnes : sur celle de droite est imprimé le texte grec, sur celle de gauche on trouve une traduction latine faite par Jean de Serres. Au milieu, entre les deux colonnes, on discerne cinq lettres : a, b, c, d, e, qui permettent de diviser automatiquement en cinq paragraphes les deux colonnes que comprend chaque page. Cette disposition explique la façon actuelle de citer Platon partout dans le monde. On mentionne d'abord le titre de l'ouvrage, éventuellement de façon abrégée, puis, après avoir signalé le cas échéant le numéro du livre (uniquement pour la *République* ou pour les *Lois*), on indique la page d'après l'édition d'Henri Estienne (sans préciser le tome), et enfin, on spécifie à quel(s) paragraphes(s) il est fait référence. Il arrive que l'on précise la (ou les) ligne(s) visée(s) ; on renvoie alors à l'édition des *Œuvres complètes* de Platon publiée à Oxford par John Burnet entre 1900 et 1907 (nouvelle édition du premier tome en 1995, et de la *République* parue en 2003) : par exemple, *République* VII, 515 d 2.

Les œuvres complètes de Platon, consignées dans les manuscrits médiévaux, comprennent quarante-deux ou quarante-trois dialogues, treize lettres et une collection de définitions. Mais tous ces écrits ne sont pas de Platon. Aussi les spécialistes distinguent-ils entre les écrits apocryphes, ceux dont on est sûr qu'ils ne sont pas de Platon ; les écrits douteux, ceux sur l'authenticité desquels on se pose encore des questions, même s'ils sont mentionnés dans le catalogue de Thrasylle ; et les écrits authentiques, ceux dont on estime que Platon est le véritable auteur, suivant le consensus actuel.

Les écrits douteux et apocryphes. Ces textes ou ensembles de textes ont été, au cours de l'histoire, attribués à Platon. Ils constituent un témoignage inestimable sur l'histoire de la tradition platonicienne, notamment dans le cadre de l'ancienne Académie après la mort de Platon (347-269 avant J.-C.) et de la nouvelle Académie (268-68 avant J.-C.) qui la suivit, périodes essentielles pour l'histoire du platonisme, mais sur lesquelles on dispose de peu d'informations. Le second *Alcibiade*, le *Clitophon*, l'*Épinomis* et le *Minos* se présentent comme les premières interprétations de dialogues platoniciens, à savoir le premier *Alcibiade*, la *République* et les *Lois*. Les autres abordent des thèmes très discutés à l'époque hellénistique ; l'*Alcyon* porte sur la providence divine qui administre le monde ; l'*Axiochos*, qui appartient au genre de la « consolation », développe une série d'arguments destinés à apaiser la peur de la mort ; le *Démodocos* s'interroge sur des questions de sens commun, la délibération et la persuasion ; l'*Éryxias* pose une série de questions sur la richesse, sa signification et son usage ; l'*Hipparque* tente de définir la rapacité ; *Sur le juste* tout comme *Sur la vertu* abordent des thèmes très débattus à l'époque hellénistique ; les *Rivaux* recherchent une définition de la philosophie ; le *Sisyphe* s'interroge sur la possibilité de la délibération en commun (et donc de la politique) ; et enfin, le *Théagès* sur celle de l'éducation. En lisant ces textes, on retrouve une problématique philosophique qui était celle de l'époque hellénistique, mais traitée dans une perspective platonicienne où se faisait sentir l'influence du stoïcisme, de l'épicurisme et surtout du scepticisme. Comme il ne nous reste que des fragments des philosophes platoniciens de l'époque, on comprend l'énorme intérêt que représentent les dialogues douteux et apocryphes pour un historien du platonisme. Ils nous font en effet connaître les thèmes philosophiques abordés par la mouvance platonicienne, mais aussi et surtout le type d'arguments développés dans l'ancienne Académie, où s'était imposé, contre les tenants d'Aristote, un dogmatisme assimilant ou identifiant les réalités intelligibles à des nombres, et surtout dans la nouvelle Académie où, contre les stoïciens, s'était établi un probabilisme qui remettait en cause tout critère de vérité ayant pour objet le monde sensible. Les dialogues douteux et les apocryphes nous permettent donc d'établir un lien entre le platonisme littéraire et dialectique de l'époque de Platon et de l'Académie et le dogmatisme scolaire de cette renaissance qui se développa au Ier siècle de notre ère, et qui fut qualifié de médio-platonisme par les historiens modernes. À ces dialogues, il faut ajouter quelques épigrammes qui devraient faire la preuve du talent littéraire de Platon, et un recueil de définitions qui devait servir à l'enseignement.

La chronologie des œuvres de Platon. Pour ce qui est des dialogues authentiques, une autre question de taille se pose : celle de leur chronologie. À quelle époque de sa vie Platon a-t-il pu écrire tel ou tel ouvrage ? Il est impossible de répondre avec certitude à cette question. Pour apporter une réponse relative, on peut faire intervenir deux types de critères. (1) Les références historiques dans le corps de l'ouvrage. Par exemple, quand Platon mentionne une bataille, dont on sait par ailleurs qu'elle s'est déroulée à telle date, on peut estimer que le dialogue en question a été écrit après cette date. Toutefois, comme Platon n'évite pas toujours l'anachronisme, ce genre de renseignement ne laisse pas d'être problématique. (2) Voilà pourquoi à partir du XIXe siècle, on a tenté de classer les ouvrages de Platon en fonction de critères stylistiques, dont on avait testé la pertinence sur des ouvrages d'auteurs modernes, ceux de Goethe, par exemple : usage du hiatus, préférence accordée à telle ou telle construction grammaticale, etc. L'usage de l'informatique a relancé les recherches en ce domaine.

Les résultats, contestables, de cette double enquête sont les suivants :

Ouvrages authentiques

1) Période de jeunesse (399-390)

Les deux *Hippias, Ion, Lachès, Charmide, Protagoras, Euthyphron*

2) Période de transition (390-385)

Alcibiade, Gorgias, Ménon, Apologie de Socrate, Criton, Euthydème, Lysis, Ménexène, Cratyle

3) Période de maturité (385-370)

Phédon, Banquet, République, Phèdre

4) Dernières années (370-348)

Théétète, Parménide, Sophiste, Politique, Timée, Critias, Philèbe, Lois

Œuvres douteuses

1) Dialogues

Le second *Alcibiade, Hipparque, Rivaux, Théagès, Clitophon, Minos, Épinomis*

2) Certaines Lettres

Œuvres apocryphes

1) Dialogues

Axiochos, Sur le juste, Sur la vertu, Démodocos, Sisyphe, Éryxias

2) Certaines *Lettres*

3) *Définitions*

4) Épigrammes

Ce classement chronologique n'a de valeur qu'heuristique, et ne doit donc pas être considéré comme une base pour l'argumentation.

La question de la date de composition d'un écrit de Platon considéré comme authentique doit cependant être distinguée d'une autre : celle de la date dramatique de cet écrit, c'est-à-dire de la situation historique de la conversation considérée dans cet écrit.

Prosopographie. 1 W. Groen van Prinsterer, *Prosopographia platonica, sive expositio judicii, quod Plato tulit de iis, qui in scriptis ipsius aut loquentes inducuntur, aut quavis de causa commemorantur,* Leiden 1823, réimpr. Amsterdam 1975, XVI-239 p. ; **2** D. Nails, *The People of Plato. A prosopography of Plato and other Socratics,* Indianapolis 2002, XLVIII-414 p.

LUC BRISSON.

ÉTUDES D'ORIENTATION

On se borne à indiquer ici les ouvrages ou articles pouvant servir de point de départ à une étude plus approfondie de différents aspects de la philosophie platonicienne. Deux critères ont présidé à ce choix : l'importance que le travail signalé a occupée ou occupe encore dans l'historiographie platonicienne, sa nouveauté ou son caractère récent par rapport à d'autres travaux ou à d'autres interprétations. N'y figurent pas les commentaires consacrés aux différents dialogues, dont on trouvera les références dans les répertoires qui suivent. Pour une bibliographie exhaustive des publications à partir de 1950, consulter **1** H. Cherniss, « Platon 1950-1957 », *Lustrum* 4 et 5, 1959-1960 ; **2** L. Brisson, « Platon 1958-1975 », *Lustrum* 20, 1977 ; **3** L. Brisson et H. Ioannidi, « Platon 1975-1980 », *Lustrum* 25, 1983 ; **4** « Platon 1980-1985 », *Lustrum* 30, 1988 ; **5** « Platon 1985-1990 », *Lustrum* 34, 1992 ; **6** L. Brisson et F. Plin, *Platon 1990-1995,* Paris 1999. Voir aussi **7** Y. Lafrance, *Pour interpréter Platon, I. La ligne en* République *VI, 509 d-511 e. Bilan analytique des études (1804-1984),* Montréal/Paris 1986. Plusieurs instruments indispensables à une étude approfondie de Platon sont disponibles : **8** L. Brandwood, *A Word Index to Plato,* Leeds 1976 ; **9** H. Alline, *Histoire du* *texte de Platon*, Paris 1915 ; **10** Y. Lafrance, *Pour interpréter Platon*, t. II : *La ligne en* République *VI, 509 d-511 e. Le texte et son histoire*, Montréal/Paris 1994. Les problèmes de stylistique peuvent être abordés à partir de **11** G. R. Ledger, *Recounting Plato. A computer Analysis of Plato's Style*, Oxford 1989.

L'étude du problème de l'établissement de la chronologie des écrits de Platon peut s'appuyer sur **12** L. Brandwood, *The Chronology of Plato's Dialogues*, Cambridge 1990 ; **13** H. Thesleff, *Studies in Platonic Chronology*, coll. « Commentationes Humanarum Litterarum » 70, Helsinki 1982 ; **14** C. M. Young, « Plato and computer-dating », *OSAPh* 12, 1994, p. 227-250.

Sur la vie de Platon, la source principale reste Diogène Laërce, *Vies et doctrines des philosophes illustres*, livre III. L. Brisson en a donné une traduction commentée dans **15** L. Brisson, « Diogène Laërce, "Vies et doctrines des philosophes illustres". Livre III : structure et contenu », dans *ANRW* II 36, 5, Berlin 1992, p. 3619-3760. Voir aussi **16** A. S. Riginos, *Platonica. The Anecdotes Concerning The Life and Writings of Plato*, Leiden 1976.

Concernant le problème de l'enseignement oral, voir **17** L. Robin, *La théorie platonicienne des Idées et des Nombres d'après Aristote*, Paris 1908. L'interprétation ésotériste est présentée dans les ouvrages suivants : **18** H.-J. Krämer, *Arete bei Platon und Aristoteles*, Heidelberg 1959 ; **19** K. Gaiser, *Platons ungeschriebene Lehre*, Stuttgart 1963 ; **20** *Id., Protreptik und Paränese bei Platon. Untersuchungen zur Form des platonischen Dialogs*, Stuttgart 1957 ; **21** T. Szlezák, *Platon und die Schriftlichkeit der Philosophie*, Berlin 1985. Les sources relatives à ce problème et mises en jeu dans cette interprétation sont rassemblées et traduites par **22** M.-D. Richard, *L'enseignement oral de Platon. Une nouvelle interprétation du platonisme,* Paris 1986 (2ᵉ éd., 2005). Une bonne synthèse des points de vue récents se trouve dans **23** *L'interprétation ésotériste de Platon* = *EPh* 1998, fasc. 1. Pour la thèse opposée, on trouvera deux points de vue très argumentés dans **24** H. F. Cherniss, *The Riddle of the early Academy*, Los Angeles 1945, trad. fr. : *L'énigme de l'ancienne Académie*, suivi de E. N Tigerstedt, *Le système caché*, Paris 1993 ; **25** L. Brisson, « Présupposés et conséquences d'une interprétation ésotériste de Platon », *EPh* 1993, p. 473-495 [une version plus récente figure dans **25bis** *Id., Lectures de Platon*, Paris 2000, p. 43-73, suivie de six annexes, p. 74-110].

On trouvera une présentation d'ensemble de la philosophie platonicienne dans les ouvrages ou collectifs suivants : **26** C. Ritter, *Platon : sein Leben, seine Schriften, seine Lehre*, 2. Aufl., München 1910 ; **27** A. Diès, *Autour de Platon. Essai de critique et d'histoire*, Paris 1926 ; **28** P. Friedländer, *Platon*, 3 vol., Berlin 1928-1930 ; **29** L. Robin, *Platon*, Paris 1935. **30** I. M. Crombie, *An Examination of Plato's Doctrines,* vol. I : *Plato on men and society* ; II : *Plato on knowledge and reality*, London 1935. **31** V. Goldschmidt, *Platonisme et pensée contemporaine*, Paris 1970. Composé de deux parties, cet ouvrage donne une présentation de la philosophie de Platon et des débats qu'elle suscite dans le champ philosophique. **32** G. Vlastos (édit.), *Plato. A collection of critical Essays*, 2 vol., New York

1971 ; **33** W. K. C. Guthrie, *A History of Greek Philosophy*, vol. IV-V, Cambridge 1975-1978 ; **34** R. Kraut (édit.), *The Cambridge Companion to Plato*, Cambridge 1992 ; **35** G. Fine (édit.), *Plato*, vol. 1 : *Metaphysics and Epistemology ;* vol. 2 : *Ethics, Politics, Religion and the Soul*, Oxford 1999 ; **36** M. Dixsaut, *Platon, Le désir de comprendre*, Paris 2003. On ajoutera deux ouvrages qui présentent une vision d'ensemble de la pensée platonicienne à la lumière de problèmes particuliers : **37** M. Dixsaut, *Le naturel philosophe. Essai sur les Dialogues de Platon*, Paris 1985 ; **38** H. Joly, *Le renversement platonicien. Logos, epistémè, polis*, Paris 1974 ; Brisson **25bis**.

Sur la forme dialogique et son analyse, voir **39** R. Schaerer, *La question platonicienne*, Paris 1938 ; **40** J. Laborderie, *Le dialogue platonicien de la maturité*, Paris 1978 ; **41** C. Kahn, *Plato and the Socratic Dialogue : the Philosophical Use of a Literary Form*, Cambridge 1999 ; **42** C. Gill et M. M. McCabe, *Form and Argument in Late Plato*, Oxford 1996. Les différentes approches possibles du dialogue platonicien peuvent être étudiées à partir de **43** G. Press (édit.), *Plato's Dialogues : New Studies and Interpretations*, Lanham 1984, et **44** C. Klagge et N. D. Smith (édit.), *Methods of Interpreting Plato and his Dialogues = OSAPh Supplementary Volume*, Oxford 1992. Sur la « méthode » platonicienne et la dialectique en particulier, voir **45** J. Stenzel, *Studien zur Entwicklung der platonischen Dialectik von Sokrates zu Aristoteles*, Breslau 1917, trad. angl. : *Plato's Method of Dialectic*, Oxford 1940 ; **46** R. Robinson, *Plato's earlier dialectic*, Ithaca 1941 ; **47** V. Goldschmidt, *Le paradigme dans la dialectique platonicienne*, Paris 1947 ; **48** *Id.*, *Les Dialogues de Platon. Structure et méthode dialectique*, Paris 1947 ; **49** P. Kucharski, *Les chemins du savoir dans les derniers dialogues de Platon*, Paris 1949 ; **50** H. G. Gadamer, *Dialogue and Dialectic. Eight Hermeneutical Studies on Plato*, New Haven 1980 ; **51** M. Dixsaut, *Métamorphoses de la dialectique dans les dialogues de Platon*, Paris 2001. Sur le problème de la place et du sens des mythes chez Platon, voir **52** L. Brisson, *Platon, les mots et les mythes*, Paris 1982 (2ᵉ éd. augm., 1994).

Sur le problème des formes, deux ouvrages classiques donnent une vision d'ensemble : **53** J. Moreau, *La construction de l'idéalisme platonicien*, Paris 1939 ; **54** D. Ross, *Plato's Theory of Ideas*, Oxford 1951. Sur le statut des formes, les contributions importantes et divergentes des interprètes sont rassemblées dans **55** R. E. Allen (édit.), *Studies in Plato's Metaphysics*, London 1965 ; **56** G. Vlastos, *Platonic studies*, Princeton, 2ᵉ éd. 1981 ; **57** J.-F. Pradeau (édit.), *Platon : les formes intelligibles*, Paris 2001. Sur le problème de la participation, voir **58** F. Fronterotta, *METHEXIS. La teoria platonica delle idee e la partecipazione delle cose empiriche. Dai dialoghi giovanili al "Parmenide"*, Pisa 2001. Sur le problème de la *self-participation,* voir **59** J. Malcolm, *Plato on Self-Predication of Forms. Early and Middle Dialogues*, Oxford 1991, et l'analyse de **60** L. Brisson, « Participation et prédication chez Platon », *RPhilos* 4, 1991, p. 557-569, repris et complété dans **60bis** *Id.*, *Platon, Parménide*. Introduction, traduction et notes par

L. B., coll. *GF* 688, Paris 1994, 1999², Annexe II : « Les interprétations "analyti-ques" du *Parménide* de Platon. Participation et prédication chez Platon ».

Sur le problème de la connaissance et de la science, outre les ouvrages déjà cités sur la dialectique et sur la théorie des formes, notamment Robinson **46**, Kucharski **49**, Vlastos **56**, on ajoutera **61** A.-J. Festugière, *Contemplation et Vie contemplative chez Platon*, Paris 1936 ; **62** L. Robin, *Les rapports de l'être et de la connaissance d'après Platon* (1932-1933), Paris 1957 ; **63** F. M. Cornford, *Plato's Theory of Knowledge*, London 1935 ; **64** Y. Lafrance, *La théorie platonicienne de la doxa*, Montréal/Paris 1981 ; **65** W. Wieland, *Platon und die Formen des Wissens*, Göttingen 1982. **66** J.-P. Anton (édit.), *Science and the Sciences in Plato*, New York 1982. Sur des aspects particuliers, voir **67** D. H. Fowler, *The Mathe-matics of Plato's Academy*, Oxford 1987 ; **68** P. Pritchard, *Plato's Philosophy of Mathematics*, Sankt Augustin 1995 ; **69** J. Moreau, *L'âme du monde de Platon aux Stoïciens*, Paris 1939 ; **70** T. M. Robinson, *Plato's Psychology*, coll. « Phoenix » 8, Toronto 1970 ; **71** P. M. Steiner, *Psyche bei Platon*, Göttingen 1992 ; **72** C. Mugler, *La physique de Platon*, Paris 1960 ; **73** L. Brisson, *Le Même et l'Autre dans la structure ontologique du "Timée" de Platon*, Paris 1974, Sankt Augustin 1998³ ; **74** G. Vlastos, *Plato's Universe*, Oxford 1975 ; **75** R. D. Mohr, *The Plato-nic Cosmology*, Leiden 1985 ; **76** D. O'Brien, *Theories of Weight in the Ancient World*, t. II : *Plato, Weight and Sensation*, Paris/Leiden 1984 ; **77** C. Joubaud, *Le corps humain dans la philosophie platonicienne*, Paris 1991 ; **78** M. Vegetti, *La medicina in Platone*, Venezia 1995 ; **79** G. Cambiano, *Platone e le techniche*, Roma/Bari 1991.

Les questions d'esthétique peuvent être abordées à partir de **80** P. M. Schuhl, *Platon et l'Art de son temps*, Paris 1935 ; **81** I. Murdoch, *The Fire and the Sun : why Plato banished the Artists*, Oxford 1977 ; **82** *Plato on beauty, wisdom and the arts*, J. Moravcsik et P. Temko, Totowa (N. J.) 1982 ; **83** C. Janaway, *Images of Excellence. Plato's Critique of the Arts*, Oxford 1995 ; **84** R. B. Rutherford, *The Arts of Plato. Ten Essays in Platonic Interpretation*, Cambridge, Mass. 1995.

Sur les aspects éthiques et politiques de la pensée platonicienne, voir **85** P. Lachièze-Rey, *Les idées morales, sociales et politiques de Platon*, Paris 1938. Plus particulièrement, **86** T. Irwin, *Plato's Moral Theory : the Early and Middle Dialogues*, Oxford 1977, éd. remaniée : *Plato's ethics*, Oxford 1995 ; **87** R. Muller, *La doctrine platonicienne de la liberté*, Paris 1997 ; **88** J. Annas, *Platonic Ethics, Old and New*, Ithaca 1999. La pensée politique platonicienne est présentée dans **89** E. Barker, *The political thought of Plato and Aristotle*, New York 1959 ; **90** G. Klosko, *The Development of Plato's Political Philosophy*, London 1986. Sur son influence, voir **91** A. Neschke-Hentschke, *Platonisme politique et théorie du droit naturel. Introduction à une généalogie de la culture politique européenne*, t. I : *Le platonisme politique dans l'Antiquité*, Louvain 1995. Longtemps dépendante de l'importance accordée à la *République*, la présentation de la pensée politique platonicienne a donné lieu à de récentes révisions à partir d'une plus grande considération accordée aux *Lois* notamment. On verra en particulier, **92** F. Lisi (édit.), *Plato's Laws and its Historical Significance*, Sankt Augustin 2001 ; **93** C. Bobonich, *Plato's Utopia Recast. His Later Ethics and Politics*, Oxford 2002 ; **94** A. Laks, *Médiation et coercition. Pour une lecture des « Lois » de Platon*, Lille 2005. L'appréciation de la philosophie politique platonicienne a donné lieu à des points de vue très différents. Voir en particulier **95** L. Strauss, *The City and Man*, Chicago 1964, et **96** K. Popper, *The Open Society and its Enemies*, t. I : *The Spell of Plato*, London 1945, lequel a donné lieu à de vives polémiques, notamment **97** R. B. Levinson, *In Defense of Plato*, Cambridge, Mass. 1953. Les aspects du débat se retrouvent et se prolongent dans **98** *Plato : totalitarian or democrat*, Englewood Cliffs 1963, et dans **99** R. Bambrough (édit.), *Plato, Popper and politics. Some contributions to a Modern Controversy*, Cambridge/New York 1967. Voir enfin **100** J.-F. Pradeau, *Platon, les démocrates et la démocratie. Essai sur la réception contemporaine de la pensée politique platonicienne*, Napoli 2005.

SYLVAIN ROUX.

LES DOCTRINES NON ÉCRITES

Questions préliminaires. L'existence d'un enseignement oral de Platon est attestée par quelques témoignages antiques importants ; du reste, l'hypothèse selon laquelle Platon aurait adjoint à la publication des dialogues une activité d'enseignement à l'intérieur de son école, l'Académie, semble parfaitement naturelle et ne nécessite aucune démonstration. Au cours des dernières décennies toutefois la question des doctrines non écrites (ἄγραφα δόγματα), c'est-à-dire des doctrines formulées dans le cadre de cette activité d'enseignement, a pris une importance considérable dans le domaine des études platoniciennes, au point de devenir un des problèmes essentiels qui ont suscité les plus vives controverses parmi les interprètes.

Recueils des témoignages sur les doctrines non écrites. Le premier recueil des témoignages relatifs aux doctrines non écrites de Platon a été procuré en appendice à l'ouvrage de **1** K. Gaiser, *Platons ungeschriebene Lehre. Studien zur systematischen und geschichtlichen Begründung der Wissenschaften in der platonischen Schule*, Stuttgart 1963 (2ᵉ éd. 1968) : *Testimonia Platonica (TP). Quellentexte zur Schule und mündlichen Lehre Platons*, p. 441-557. Moins complète est l'édition placée en appendice à l'étude de **2** H. J. Krämer, *Platone e i fondamenti della metafisica. Saggio sulla teoria dei principi e sulle dottrine non scritte di Platone con una raccolta dei documenti fondamentali*, Milano 1982 (3ᵉ éd. 1989), p. 335-417. Le recueil le plus complet est dû à **3** Marie-Dominique Richard, *L'enseignement oral de Platon*, avec une préface de P. Hadot, Paris 1986 (2ᵉ éd., portant comme sous-titre : *Une nouvelle interprétation du platonisme*, 2005), p. 243-381. Il faut enfin signaler le recueil, amplement commenté, de **4** M. Isnardi Parente, laquelle est de façon générale sceptique concernant la possibilité de rapporter à Platon les témoignages antiques : *Testimonia Platonica*.

Per una raccolta dei principali passi della tradizione indiretta riguardante i λεγό-μενα ἄγραφα δόγματα di Platone, t. I : *Le testimonianze di Aristotele*, t. II : *Testimonianze di età ellenistica e di età imperiale*, dans *MAL* 394, 1997, p. 375-487, et 395, 1998, p. 5-120.

Le premier auteur à avoir parlé des ἄγραφα δόγματα platoniciens est Aristote qui signale les analogies entre la conception de la matière formulée par Platon dans le *Timée* et celle exposée ἐν τοῖς λεγομένοις ἀγράφοις δόγμασιν, c'est-à-dire « dans ce qu'on appelle les doctrines non écrites » (Arist., *Phys.* Δ 2 ; 209 b 11-17 = *TP* 54 A Gaiser = 2 Richard = A 18 Isnardi Parente). En commentant ce passage d'Aristote, Thémistius mentionne lui aussi les doctrines non écrites (Thémistius, *in Phys.*, p. 106, 16-23 Schenkl = *TP* 54 B Gaiser = 3 Richard = C 19 Isnardi Parente) ; des expressions semblables se rencontrent ensuite chez Jean Philopon, lequel parle également d'entretiens non écrits (ἄγραφοι συνουσίαι, Philopon, *in Phys.*, p. 521, 9-15 Vitelli = *TP* 54 B Gaiser = 5 Richard) ; sur ces témoignages, voir Gaiser **1**, p. 534-535 et, pour une interprétation différente, **4bis** H. Cherniss, *Aristotle's criticism of Plato and the Academy*, t. I, Baltimore 1944, p. 112-124.

Les sources antiques nous apprennent que le contenu de l'enseignement oral de Platon fut exposé (et certainement également critiqué) par Aristote dans son ouvrage en trois livres *Sur le Bien* (Περὶ τἀγαθοῦ, *De bono*), qui est perdu, mais dont sont disponibles d'importantes sections (conservées directement ou plus probablement sous forme de paraphrase) chez certains commentateurs de l'époque impériale (notamment Alexandre d'Aphrodise [⇒A 112] et, en dépendance de cet auteur, Simplicius). Du reste, l'ouvrage d'Aristote ne constitue pas l'unique témoignage pouvant servir à la reconstruction du contenu des leçons de Platon : nous savons grâce à Simplicius quen plus d'Aristote, Héraclide le Pontique (⇒H 60), Hestiaos (⇒H 111) et d'autres élèves de Platon (vraisemblablement Speusippe et Xénocrate), assistèrent à ces cours oraux et en transcrivirent le contenu (Simpl., *in Phys.*, p. 453, 22-30 Diels = *TP* 23 B Gaiser = 14 Richard = C 12 Isnardi Parente).

La série de leçons *Sur le Bien*, qui devait se présenter sous la forme d'une activité régulière et continue, ne doit pas être confondue avec l'épisode raconté par Aristoxène de Tarente (⇒A 417), qui parle d'une unique leçon publique (ἀκρόα-σις) que Platon aurait donnée afin de transmettre également à un public de non spécialistes ses conceptions relatives au bien (Aristox., *Harm. elem.* II 39-40 Da Rios = *TP* 7 Gaiser = 1 Richard = B 1 Isnardi Parente). L'échec de cette tentative aurait conduit Platon, selon certains savants, à éviter de publier sous forme écrite le contenu de ses réflexions concernant le bien, du fait qu'elles présentaient un degré excessivement élevé d'abstraction et de complexité (Richard **3**, p. 70-71).

Les sources. La principale source d'information concernant l'enseignement oral donné par Platon dans le cadre de l'Académie est Aristote, lequel, en plus d'avoir composé un traité intitulé Περὶ τἀγαθοῦ (perdu, mais partiellement disponible grâce aux citations qu'en ont faites certains commentateurs d'époque impériale), rapporte le contenu des doctrines académiciennes de Platon dans les livres A (chap. 6 et 9), M et N de la *Métaphysique,* dans une section du livre Δ de la *Physique*, à l'intérieur d'une discussion concernant le statut du bien contenue dans le livre A de l'*Éthique à Eudème,* et dans un passage controversé du livre A du *De anima* (404 b 16-30 = *TP* 25 A Gaiser = 27 Richard = A 22, Isnardi Parente, passage considéré comme étant d'origine platonicienne par Gaiser **1**, p. 44 *sqq.*, et par **5** H. J. Krämer, *Der Ursprung der Geistmetaphsik. Untersuchungen zur Geschichte des Platonismus zwischen Platon und Plotin*, Amsterdam 1964, p. 202-207, mais qui au contraire est attribué à Xénocrate par Cherniss **4bis**, p. 565 *sqq.,* et à Speusippe par Isnardi Parente **4**, t. I, p. 479-484).

D'Aristote dépendent ensuite, de façon parfois directe, mais plus souvent médiate, les informations sur les doctrines orales de Platon transmises par certains auteurs appartenant à la tradition aristotélicienne. Alexandre utilise dans son *Commentaire sur la Métaphysique* le *De bono* d'Aristote (qu'il pouvait sans doute lire encore) ; en revanche, c'est à Alexandre que puisent les commentateurs postérieurs, comme Porphyre (dont dépend Simplicius), Thémistius (source probable de Philopon) et Asclépius.

Parmi les documents d'origine aristotélicienne une place à part est détenue par ce qu'on appelle communément les *Divisiones Aristoteleae*, un texte conservé dans certains manuscrits (*cod. Marc.* 12 ; 23 ; 67 ; 68) comme œuvre d'Aristote et conservé également dans les *Vitae philosophorum* de Diogène Laërce (III 104-105 et 108-109). Il s'agit de passages qui rapportent une division catégoriale de l'être qui doit remonter à l'ancienne Académie et qui, selon certains savants, reprendrait un matériel platonicien provenant du cours Περὶ τἀγαθοῦ (*cf.* **6** E. Berti, « Le dottrine platoniche non scritte Intorno al Bene nelle testimonianze di Aristotele », dans G. Reale, *Verso una nuova immagine di Platone,* Milano 1994, p. 251-294, notamment p. 277 *sqq.*).

Il existe en outre une tradition indépendante d'Aristote que les savants font habituellement remonter à l'ancienne Académie. Il s'agit en vérité d'une tradition extrêmement complexe, dans laquelle le nom de Platon est souvent placé à côté de celui des pythagoriciens. Par conséquent il est assez dificile d'isoler les théories que l'on peut effectivement attribuer à Platon ; le fait cependant que dans certains cas ces doctrines présentent des analogies indiscutables avec celles qui sont d'attribution platonicienne mieux assurée a conduit certains spécialistes à les considérer comme des témoignages relatifs aux doctrines non écrites.

Le document le plus intéressant (principalement à cause de sa proximité chronologique) est une large section de la *Métaphysique* de Théophraste (*Metaph.* 6 a 15-b 17 = *TP* 30 Gaiser = 89 Richard = B 4 Isnardi Parente), qui devrait représenter une source indépendante d'Aristote. Simplicius rapporte également un texte qui, à travers la médiation de Porphyre [➨P 263] (lui-même dépendant de Dercylide [➨D 87]), remonte à l'académicien Hermodore [➨H 91] (Simpl., *in Phys.*, p. 247, 30 - 248, 15 Diels = *TP* 31 Gaiser = 91 Richard = B 2 Isnardi Parente). Enfin, plus problématique est le cas d'un long extrait contenu dans le livre X de l'*Adversus mathematicos* de Sextus Empiricus, qui attribue aux pythagoriciens un processus de reconduction dimensionnelle et catégoriale des choses aux principes, passage qui présente de nombreuses analogies avec des développements théoriques attribués par Alexandre (et d'autres sources) à Platon (Sext. Emp., *Adv. Math.* X 248-283 = *TP* 32 Gaiser = 94 Richard = C 1-2 Isnardi Parente). Dans le texte de Sextus le nom de Platon n'apparaît qu'une seule fois, mais certains ont avancé l'hypothèse que les doctrines qui y sont exposées remonteraient, à travers une série d'intermédiaires, aux comptes rendus académiciens (peut-être celui de Xénocrate lui-même) relatifs à l'enseignement oral de Platon (*cf.* sur ces hypothèses **7** K. Gaiser, « Quellenkritische Probleme der indirekten Platonüberlieferung », dans H. G. Gadamer et W. Schadewaldt [édit.], *Idee und Zahl*, Heidelberg 1968, p. 31-84 ; contre l'attribution à Platon voir Isnardi Parente **4**, t. II, p. 40 *sqq.*).

Comme on le voit, la soi-disant *tradition indirecte* est plutôt enchevêtrée et d'utilisation peu facile. A côté de documents où le nom de Platon apparaît de façon explicite, il en existe plusieurs autres où la référence à Platon n'est pas directe. Dans le cas des auteurs tardifs, il est fort probable que le noyau platonicien originel (quand il existe) a été enrichi d'ajouts successifs, dus le plus souvent aux sources intermédiaires. Pour ces diverses raisons, il est clair que les témoignages les plus significatifs sont ceux qui sont les plus proches chronologiquement de Platon et ceux dans lesquels le nom de ce dernier apparaît explicitement. Il ne fait pas de doute, par conséquent, que les comptes rendus aristotéliciens qui font directement référence à Platon occupent une position privilégiée dans le cadre de la tradition indirecte. Mais il ne serait pas correct philologiquement d'exclure totalement les autres sources. Celles-ci se révèlent importantes ou bien parce qu'en certains cas on peut démontrer qu'elles avaient accès à des ouvrages aristotéliciens aujourd'hui perdus (c'est le cas par exemple d'Alexandre), ou bien parce qu'en d'autres cas elles ont puisé à des sources académiciennes indépendantes d'Aristote.

Le contenu des doctrines non écrites. *a. Les principes de la réalité :* La structure philosophique qui semble se dégager des témoignages relatifs aux ἄγραφα δόγματα présente de façon générale la forme d'une analyse ontologique de l'ensemble de la réalité, laquelle est reconduite à ses principes premiers et absolus, et celle d'une déduction symétrique des divers niveaux ontologiques à partir des principes. Avec une marge raisonnable de sécurité, on peut affirmer que les principes postulés par Platon étaient au nombre de deux, c'est-à-dire l'un (τὸ ἕν), à titre de principe formel et essentiel, et un second principe, appelé grand et petit (μέγα καὶ μικρόν) ou encore dyade indéterminée (ἀόριστος δυάς) du grand et du petit qui assume la fonction de principe matériel. Le témoignage le plus célèbre sur les rapports entre les principes et les autres réalités est contenu dans la présentation de la philosophie platonicienne donnée par Aristote dans le livre A de la *Métaphysique*. Il explique que, selon Platon, dès lors que les idées ou les formes (τὰ εἴδη) sont causes des autres choses, c'est-à-dire de la réalité sensible, les éléments (στοιχεῖα) des formes sont en conséquence également éléments de toutes les choses, autrement dit de tous les êtres. Platon aurait admis deux principes pour les idées (et par conséquent pour tous les êtres) : l'un et le grand et petit ; en fait, les idées s'engendrent au moment où le grand et le petit (que plus loin Aristote appelle aussi dyade indéterminée) participent à l'un, lequel définit cette dualité indéterminée, donnant lieu à la genèse ontologique des idées. Ces dernières seraient identifiées par Platon avec les nombres et de façon plus précise avec les *nombres eidétiques*. Aristote attribue donc à Platon le schéma ontologique suivant : les idées sont causes et principes des choses sensibles ; mais au-dessus des idées agissent deux principes non dérivés, lesquels, en tant qu'éléments des idées, constituent les principes de l'être tout entier. Il s'agit de l'un et de la dyade indéterminée du grand et du petit, laquelle, en vertu de la participation à l'un (κατὰ μέθεξιν), donne naissance aux idées, elles-mêmes identifiées à leur tour avec les nombres. Selon Aristote l'un agit comme cause formelle et essentielle (ὡς οὐσία), tandis que le grand et le petit représentent la cause matérielle (ὡς ὕλη) des idées ; toujours selon Aristote, Platon se serait servi de deux types de causes uniquement, la cause formelle (constituée par les idées par rapport aux choses sensibles et par l'un par rapport aux idées) et la cause matérielle (fournie par la dyade du grand et du petit aussi bien dans la génération des idées que dans celle des choses sensibles). Enfin, Aristote soutient que pour Platon l'un faisait fonction de cause du bien, tandis que le principe du grand et du petit jouait le rôle de cause du mal (Aristote, *Metaph.* A 6, 987 b 17-988 a 17 = *TP* 22 A Gaiser = 34 Richard = A 1-2 Isnardi Parente).

Théophraste aussi semble attribuer à Platon un processus de reconduction de l'être aux deux principes fondamentaux, l'un et la dyade indéterminée. Il rapporte en effet que Platon aurait opéré une véritable reconduction vers les principes (ἐν τῷ ἀνάγειν εἰς τὰς ἀρχάς) de la réalité : les sensibles seraient reconduits aux idées, celles-ci aux nombres, et finalement les nombres aux principes (Théophraste, *Métaph.* 6 a 15-b 17 = *TP* 30 Gaiser = 89 Richard = B 4 Isnardi Parente). A la différence d'Aristote qui attribue à Platon une identification substantielle entre les idées et les nombres (idéaux), Théophraste semble au contraire penser à une subordination des idées aux nombres. Ce contraste apparent qui a conduit certains spécialistes à rejeter l'un et l'autre témoignages (par exemple **8** H. Cherniss, *The Riddle of the early Academy*, Berkeley/Los Angeles 1945), pourrait trouver une explication si l'on supposait que les deux auteurs présentent de façon différente la même théorie. Aristote, en identifiant les idées avec les nombres, aurait voulu attirer l'attention sur le fait que pour Platon les idées présentent une structure numérique (et sont pour cette raison des nombres) ; Théophraste de son côté, en rapportant les idées aux nombres, aurait voulu soutenir que pour Platon les idées, justement à cause de leur structure numérique, se fondent sur les nombres, lesquels par conséquent possèdent une certaine suprématie ontologique. D'une certaine façon, les nombres seraient plus universels que les idées, puisque ces dernières, du fait qu'elles présentent une structure numérique, s'avéreraient reconductibles aux nombres comme à leurs fondements. Soutenir, comme le fait Aristote de façon répétée, que les idées sont des nombres ne signifie pas vraiment qu'elles sont identiques aux nombres, mais plutôt que les nombres sont prédiqués des idées et par conséquent se révèlent plus universels qu'elles (*cf.* **9** L. Robin, *La Théorie* *platonicienne des Idées et des Nombres d'après Aristote*, Paris 1908 (réimpr. Hildesheim 1963), p. 450-468, et Berti **6**, p. 266-267).

   b. Nombres eidétiques et nombres mathématiques : D'après le compte rendu d'Aristote il faut encore supposer qu'à côté des sensibles et des idées (identifiées avec les nombres idéaux) Platon aurait admis un troisième type de réalités, celui des entités mathématiques (τὰ μαθηματικά ; *cf. Metaph.* A 6, 987 b 14-18 = *TP* 22 A Gaiser = 34 Richard = A 1 Isnardi Parente et Z 2, 1028 b 18-21 = *TP* 28 A Gaiser = 42 Richard). Les êtres mathématiques sont éternels (comme les idées), mais présentent de nombreuses instances d'un même objet (comme les réalités sensibles, tandis que les idées sont uniques). Selon Aristote par conséquent, Platon aurait admis deux types de nombres : les nombres arithmétiques ou mathématiques et les nombres eidétiques ou idéaux. Il s'agit sans aucun doute d'une des conceptions les plus obscures parmi celles qu'Aristote attribue à son maître ; le même Aristote déclare à plusieurs reprises ne pas réussir à comprendre comment peut exister un nombre différent du nombre mathématique. Sur la base des informations que l'on peut extraire des témoignages aristotéliciens (contenus principalement dans *Metaph.* M et N : M 6, 1080 a 17-23 = *TP* 59 Gaiser = 49 Richard ; M 7, 1081 b 35 *sqq.* etc.), les nombres eidétiques se distinguent des nombres mathématiques en tant qu'ils sont ἀσύμβλητοι, c'est-à-dire non combinables (non sujets à des opérations mathématiques), tandis que les nombres arithmétiques sont συμβλητοί, c'est-à-dire combinables (le nombre arithmétique 5, par exemple, peut être obtenu en additionnant le nombre 3 et le nombre 2, opération qui n'est pas admise pour les nombres eidétiques). En outre, il semblerait, mais sur ce point le témoignage d'Aristote n'est pas tout à fait univoque, que les nombres idéaux ne sont pas composés d'unités combinables entre elles, à la différence des nombres mathématiques qui se composent d'unités indifférenciées. Il est probable qu'à l'arrière-plan de la distinction entre ces deux types de nombres se trouvait l'idée que les nombres eidétiques dérivent directement des principes, tandis que les nombres arithmétiques peuvent être obtenus les uns à partir des autres.

   Aristote soutient en outre que les nombres eidétiques dont parle Platon ne sont pas infinis (comme les nombres mathématiques), mais qu'ils s'arrêtent à la décade (*Metaph.* M 8, 1084 a 12-b 2 = *TP* 61 Gaiser = 58-59 Richard = A 11 Isnardi Parente). Par là il veut probablement affirmer que de tels nombres constituent les modèles suprêmes par rapport auxquels se forment les idées ; chaque idée représente en effet l'unité d'une multiplicité, dès lors qu'elle contient en elle-même la multiplicité (numérique) des déterminations qui la constituent. La thèse selon laquelle les idées sont des nombres (Aristote) et celle qui affirme que les idées se laissent reconduire aux nombres (Théophraste) s'expliquent par le fait que les idées ont pour modèles les nombres de la décade (de 2 à 9), qui sont donc plus universels qu'elles. En outre, Aristote, puis Alexandre, soutiennent que les nombres idéaux (à l'exception des nombres premiers ou impairs) s'engendrent de façon naturelle (εὐφυῶς) à partir de la dyade indéterminée lorsque celle-ci se trouve définie à travers la participation à l'un (*Metaph.* A 6, 987 b 34-988 a 7 = *TP* 22 A Gaiser =

34 Richard = A 1 Isnardi Parente ; Alex. Aphr., *in Metaph.,* p. 55, 20 - 56, 35
Hayduck = *TP* 22 B Gaiser = 10 Richard = C 3 Isnardi Parente, qui entend
l'expression aristotélicienne ἔξω τῶν πρώτων au sens de ἔξω τῶν περιττῶν).

c. La réduction dimensionnelle : Dans d'autres passages Aristote établit au
contraire une relation entre les quatre premiers nombres, hérités de la célèbre
tétrade des pythagoriciens, et les dimensions, attribuant à Platon (ou aux académiciens) la théorie selon laquelle la ligne, la surface et le solide s'engendrent à
partir, respectivement, du long-court, du large-étroit et du haut-bas (qui sont des
espèces du grand et petit, c'est-à-dire du principe de l'indétermination) et des
nombres 2, 3, 4, lesquels jouent le rôle de principes de détermination (*Metaph.* A 9,
992 a 10-24 = *TP* 26 A Gaiser = 36 Richard = A 5 Isnardi Parente). A cette
conception se rattache probablement la célèbre doctrine de la réduction dimensionnelle de toute la réalité aux principes attestée par de nombreuses sources.
Platon aurait en effet conçu les principes de l'un et de la dyade indéterminée
comme les termes ultimes d'un processus de réduction dimensionnelle, qui part des
solides pour rejoindre, à travers les surfaces et les lignes, les points assimilés
ensuite aux nombres et reconduits directement aux principes. Nos sources attribuent en effet à Platon une théorie selon laquelle ce qui est premier (πρῶτον) et
incomposé (ἀσύνθετον) doit être considéré comme principe (ἀρχή) de ce qui vient
après et est composé ; ainsi les surfaces sont principes des corps, les lignes des
surfaces, les points des lignes ; les points sont ensuite assimilés aux nombres et
dérivent directement des deux principes ; selon Alexandre, le caractère primordial
des nombres dans le processus de réduction dimensionnelle aurait conduit Platon à
les identifier avec les idées (Alex. Aphrod., *in Metaph.,* p. 55, 20 - 56, 6 Hayduck
= *TP* 22 B Gaiser = 10 Richard = C 3 Isnardi Parente ; la réduction dimensionnelle
aux principes est attestée par d'autres sources, dont Sext. Emp., *Adv. Math.* X 258
sqq. = *TP* 32 Gaiser = 94 Richard = C 1 Isnardi Parente). A l'arrière-plan du
processus de réduction dimensionnelle des choses aux principes intervient une
importante règle métaphysique et épistémologique, selon laquelle la soustraction
de ce qui est simple (et par conséquent principe) implique l'élimination de ce qui
est composé (et donc dérivé), mais non l'inverse (ce principe est appelé συναναι-
ρεῖν καὶ μὴ συναναιρεῖσθαι).

d. La réduction catégoriale : A côté du principe de réduction dimensionnelle
Platon aurait également opéré dans le Περὶ τἀγαθοῦ une réduction de nature catégoriale. Celle-ci consiste dans la classification des êtres en deux ou, selon d'autres
sources, trois catégories fondamentales, c'est-à-dire les êtres en soi (καθ' αὐτά),
comme homme, les relatifs (πρός τι), comme droite et gauche, et les contraires
(ἐναντία), comme bon et mauvais. Dans le processus de réduction aux principes,
les êtres en soi seraient reconduits à l'un, tandis que les relatifs et les contraires, sur
la base de leur finitude ou infinitude, dépendraient, à travers l'égal (ἴσον) et
l'inégal (ἄνισον), respectivement de l'un et de la dyade du grand et du petit (nos
principales sources sur le processus de réduction catégoriale sont celles que nous
avons déjà citées : Alexandre et Sextus, *TP* 22 B et 32 Gaiser ; on peut leur ajouter

quelques passages tirés des *Divisiones Aristoteleae* : *TP* 43 et 44 A et B Gaiser = 83-87 Richard ; sur la division catégoriale de la réalité et sur le processus de reconduction aux principes, voir Krämer **2**, p. 158-160, et Richard **3**, p. 184-190).

Dans son cours *Sur le bien* Platon accompagnait l'exposition des deux processus de reconduction vers les principes (dimensionnelle et catégoriale) de la présentation de la déduction de l'être à partir des principes. Il semble que Platon accordait une attention particulière à la génération ontologique des idées (nombres) à partir des principes, et en particulier à la façon dont le grand et le petit participaient à l'un, étant ainsi délimités et définis, et donnant origine aux idées. La présence dans les doctrines non écrites d'un double processus, c'est-à-dire analytique (de reconduction vers les principes) et synthétique (de déduction de l'être à partir des principes) peut-être rapprochée, avec cependant la prudence requise, du programme d'ascension vers le principe non hypothétique, puis de justification ontologique des réalités dérivées qui est décrit par Platon dans le livre VI de la *République*.

Rapports avec les dialogues. Le contenu des doctrines non écrites, telles qu'elles se trouvent rapportées par les sources antiques, ne trouve pas une correspondance directe dans les dialogues. Toutefois, on ne peut nier qu'au moins certaines des conceptions développées par Platon dans le cours *Sur le bien* semblent représenter le développement de thèmes théoriques que l'on peut effectivement retrouver dans les dialogues. Le processus de réduction dimensionnelle de la réalité corporelle aux principes présente plus d'une analogie avec l'analyse des corps physiques exposée dans le *Timée*, où Platon avait opéré une reconduction de la réalité matérielle à deux triangles fondamentaux (à travers la réduction des corps aux polyèdres réguliers, de ceux-ci aux surfaces, c'est-à-dire aux triangles, et l'identification de deux triangles fondamentaux : *Tim.* 53 c 4-d 7) et avait ensuite fait allusion à des principes encore supérieurs (ἀρχαὶ ἄνωθεν) qui peuvent être mathématiques (lignes et surfaces) ou bien méta-mathématiques (grandeurs idéales et nombres idéaux).

De même la conception selon laquelle les idées sont des nombres ou sont reconductibles aux nombres (idéaux), bien qu'elle ne soit pas formulée *expressis verbis* dans les dialogues, ne peut pas être considérée comme totalement étrangère à ceux-ci. Dans le *Philèbe* en effet, Socrate fait allusion à un mystérieux « don des dieux », qui consiste dans la théorie selon laquelle les choses qui sont toujours, c'est-à-dire les idées, sont constituées d'unité et de multiplicité, ou plutôt de limite (πέρας) et d'illimité (ἀπειρία) ; la conscience de ce fait n'est pas encore suffisante pour engendrer une véritable connaissance, car le vrai dialecticien est celui qui se montre capable d'établir le nombre exact de déterminations de chaque chose, c'est-à-dire le nombre qui se trouve entre l'un et l'illimité (*Phil.* 14 c 7-19 a 2 ; Porphyre, *apud* Simpl., *in Phys.*, p. 453, 30-37 = *TP* 23 B Gaiser = 14 Richard, avait déjà observé que le *Philèbe* présentait des analogies avec le contenu des doctrines non écrites ; sur la proximité entre la conception du *Philèbe* et celle des doctrines non écrites, voir **10** E. Berti, « Il *Filebo* e le dottrine non scritte di

Platone », dans *Nuovi studi aristotelici*, t. II : *Fisica, antropologia e metafisica*, Brescia 2005, p. 539-551 ; *cf.* aussi **11** F. Ferrari, « Platon et la théorie des principes », dans L. Brisson et F. Fronterotta [édit.], *Lire Platon*, Paris 2006, p. 135-143). Comme on le voit, cette doctrine rappelle la célèbre conception des idées-nombres et en outre elle présente plus d'une analogie avec la théorie selon laquelle les idées se trouvent constituées à partir de deux principes, l'un limitant et l'autre indéfini.

On peut trouver dans les dialogues de nombreux signes qui pourraient être lus comme des allusions au principe du grand et petit. Dans la classification des êtres contenue dans la première partie du *Philèbe* par exemple, Platon décrit les caractéristiques du genre de l'illimité (ἄπειρον) avec des traits qui apparentent ce type de réalité avec le grand et petit des doctrines non écrites. Les choses de ce type, c'est-à-dire illimitées, sont en effet caractérisées par le plus et le moins (τὸ μᾶλλόν τι καὶ ἧττον) et de façon générale par l'indétermination, exactement comme le grand et petit dont parlent les témoignages sur le Περὶ τἀγαθοῦ (*Phil.* 24 a 1-25 d 10). Dans le *Timée* également sont contenues apparemment des allusions au principe de la dyade, déjà remarquées par Aristote, lequel avait établi une sorte d'identité entre l'espace (χώρα), qu'il appelle matière (ὕλη), dont on parle dans le *Timée* et le participant (τὸ μεταληπτικόν) des doctrines non écrites (*Phys.* Δ 2 ; 209 b 11-17 = *TP* 54 A Gaiser = 2 Richard = A 18 Isnardi Parente). Bien qu'on ne trouve dans le *Timée* aucune allusion à la dyade du grand et du petit, il y est affirmé toutefois que le troisième principe, c'est-à-dire le réceptacle spatial, participe de façon obscure et difficilement explicable à l'intelligible (*Tim.* 51 a 7-b 2). C'est à travers cette participation, c'est-à-dire la participation du réceptacle aux idées, que les corps physiques ont leur origine ; dans le *De bono,* au moyen d'un mécanisme assez semblable on devait soutenir qu'à travers la participation du grand et petit à l'un s'engendrent les idées ; cette analogie amène à considérer que le réceptacle spatial constituait une sorte de manifestation sensible de la dyade du grand et du petit (laquelle fonctionnait principalement au niveau intelligible ; sur l'analogie entre la dyade indéfinie des doctrines non écrites et la χώρα du *Timée,* voir **11bis** F. Ferrari, « La *chora* nel *Timeo* di Platone. Riflessioni su "materia" e "spazio" nel'ontologia del mondo fenomenico », *Quaestio* 7, 2007, p. 3-23).

L'identification du principe de l'un avec l'idée du bien, tout en n'étant pas formulée explicitement dans les dialogues, ne semble pas, elle non plus, en contradiction avec les dialogues. En effet, là où Aristote soutient que pour les platoniciens l'essence du Bien réside dans l'un (*Métaph.* N 4, 1091 b 13-15 = *TP* 51 Gaiser = 65 Richard) ou plutôt que l'un en soi est le bien (*Eth. Eud.* A 8,1218 a 15-28 = *TP* 79 Richard), il ne fait que développer un thème largement présent dans les dialogues, notamment dans la *République*. Du reste, d'après les interprètes de l'école de Tübingen, le fait que, dans la *République,* Socrate refuse de se prononcer expressément sur l'essence de l'idée du Bien et se limite à parler de cette entité au moyen de l'analogie du soleil (*Resp.* VI, 506 d 2 - 507 a 2), constitue un indice clair de l'intention de Platon de ne pas exprimer sous forme écrite le noyau de sa doctrine, se réservant le droit de l'exposer dans le cadre des leçons internes à l'Académie. Les spécialistes de l'école de Tübingen attribuent ensuite une importance considérable à ces passages des dialogues où Platon semble différer l'examen de théories particulières et où il laisse entendre que tel ou tel thème nécessiterait un approfondissement ultérieur, qui cependant ne se retrouve pas à l'intérieur des dialogues (ces passages ont été rassemblés dans Krämer **2**, p. 358-369 : « Les renvois des écrits platoniciens à l'enseignement "non écrit" »).

Problèmes d'interprétation. L'existence d'analogies entre le contenu des doctrines non écrites et les dialogues ne doit cependant pas nous amener à penser que le sujet des ἄγραφα δόγματα ne pose pas de problèmes. Les questions qui restent ouvertes sont nombreuses et certaines semblent carrément insolubles.

Les opinions des savants divergent de façon considérable non seulement à propos de l'existence des doctrines non écrites (que certains refusent catégoriquement), mais également de la signification qui doit leur être attribuée et des raisons qu'aurait eues Platon pour ne pas communiquer sous forme écrite de telles doctrines. Les interprètes de l'école de Tübingen, qui peuvent être définis comme *ésotéristes,* considèrent que le noyau authentique de la philosophie platonicienne se trouve exprimé dans les doctrines non écrites exposées dans le cours *Sur le Bien* ; selon eux, Platon aurait, dès la fondation de l'Académie (388/387), adjoint à l'activité de composition des dialogues l'exposition orale des aspects philosophiquement les plus importants de sa pensée. Les raisons pour lesquelles Platon ne mit pas sous forme écrite le contenu de ces questions seraient indiquées, toujours selon les ésotéristes, dans la partie finale du *Phèdre* et à l'intérieur de la section 341 c - 344 e de la *Lettre VII* (considérée évidemment comme authentique). Dans le *Phèdre,* Socrate oppose le discours écrit et le discours vivant et animé, c'est-à-dire le discours oral. Tandis que le premier, le discours écrit, répète toujours la même chose et ne sait pas modifier son message en fonction des exigences du destinataire, c'est-à-dire le public, le discours oral peut s'adapter aux capacités de l'auditeur ; en outre, tandis qu'un texte écrit n'est pas en mesure de se porter secours à lui-même et a constamment besoin de l'aide de son père, c'est-à-dire l'auteur (pour éviter d'être mal compris), le discours oral vit avec son auteur, lequel peut éviter l'apparition de contresens ; enfin, une fois écrit, un texte finit dans les mains de n'importe qui, justement parce que l'écriture n'est pas en mesure de sélectionner le destinataire et s'adresse tantôt à celui qui sait, tantôt à celui qui n'est pas apte à l'apprentissage de la philosophie, tandis que l'oralité permet de sélectionner le destinataire de tout discours (*Phaedr.* 274 b 6 - 278 e 2). Dans la *Lettre VII,* ensuite, l'auteur déclare tout bonnement qu'il n'existe de lui aucun écrit (σύγγραμμα) concernant les choses qu'il considère comme les plus sérieuses (341 c 4-5), dès lors que la vérité en ces questions naît seulement au terme d'un long parcours cognitif qui présuppose la proximité intellectuelle entre le maître et ses disciples (il faut toutefois observer que l'auteur de la *Lettre* semble soutenir que toute forme de discours, et par conséquent même le discours oral, se révèle insuffisant sous le rapport de la communication de la vérité philosophique suprême).

L'ensemble de ces affirmations relatives aux limites de l'écriture se prête à des interprétations fort diverses. Les ésotéristes y voient une justification claire et incontestable de l'existence des doctrines non écrites (Richard **3**, p. 50-58, **12** T. A. Szlezák, *Platon und die Schriftlichkeit der Philosophie. Interpretationen zu den frühen und mittleren Dialogen*, Berlin/New York 1985, p. 7-48, et **13** G. Reale, *Per una nuova interpretazione di Platone. Rilettura della metafisica dei grandi dialoghi alla luce delle « Dottrine non scritte »*, Milano 1984 (20ª éd. 1997), p. 75-111) ; les *antiésotéristes* considèrent au contraire que Platon aurait voulu protéger ses écrits, c'est-à-dire les dialogues, contre les critiques adressées à l'écriture, du fait que leur caractère vivant et animé les préserverait des risques généralement rencontrés par un texte écrit ; dans cette perspective exégétique, la critique de Platon ne s'adresserait pas à l'écriture en tant que telle, mais bien à des formes déterminées d'écriture, comme celle qui conduit à la rédaction de traités et de manuels de caractère sophistique (*cf.* **14** F. Trabattoni, *La verità nascosta. Oralità e scrittura in Platone e nella Grecia classica*, Roma 2005, p. 86-101 ; **15** W. Kühn, *La fin du "Phèdre" de Platon. Critique de la rhétorique et de l'écriture*, Firenze 2000).

Ésotéristes et antiésotéristes proposent, pour terminer, des interprétations radicalement différentes de l'affirmation par laquelle Socrate conclut la critique de l'écriture dans *Phaedr*. 278 b 6 - e 2 ; il y est soutenu que le philosophe est celui qui possède des choses de plus de valeur (τιμώτερα) par rapport à ce qu'il a mis par écrit. Au moyen de ces τιμώτερα le philosophe est capable de venir en aide à son argumentation (βοηθεῖν τῷ λόγῳ). Selon les représentants de l'école de Tübingen, les τιμώτερα auxquelles fait allusion Platon ne sont rien d'autre que les doctrines non écrites, et en particulier la théorie des principes (**16** T. A. Szlezák, « Zum Kontext der platonischen τιμώτερα. Bemerkungen zu *Phaidros* 278 b-e », *WJA* 16, 1990, p. 75-85), tandis que les antiésotéristes considèrent que les choses de plus grande valeur ne peuvent pas être identifiées une fois pour toutes avec des doctrines précises et définies, mais consistent essentiellement en ce que le lecteur doté de qualités philosophiques particulières est en mesure de trouver par lui-même, en approfondissant le sens des dialogues ou bien en recherchant leur signification profonde (une interprétation de ce genre a été avancée par **17** H. Meissner, *Der tiefere Logos Platons*, Heidelberg 1978 ; voir aussi **18** E. Heitsch, « τιμώτερα », *Hermes* 117, 1989, p. 278-287).

Ceux qui ne sont pas disposés à mettre en rapport les témoignages antiques relatifs aux doctrines non écrites avec la critique adressée par Platon à l'écriture doivent chercher à expliquer l'existence de ces témoignages. Face à cette difficulté, deux voies ont été empruntées. Pour certains les témoignages d'Aristote (et des autres sources dont on a parlé) rapportent des doctrines effectivement soutenues par Platon, mais dans une période tardive de sa vie ; il s'agit de doctrines qu'il n'a pas mises par écrit non pas pour des raisons intrinsèques (celles qui sont exposées dans le *Phèdre* et dans la *Lettre VII*), mais tout simplement parce qu'elles nécessitaient des approfondissements ultérieurs qu'il n'eut pas le temps d'achever (une thèse de ce genre a été soutenue par Robin **9**). Une solution beaucoup plus radicale a été envisagée par Cherniss et ses disciples, pour qui le témoignage d'Aristote dans sa totalité (et par ricochet toutes les autres sources qui dépendent de lui d'une façon ou d'une autre) ne serait pas digne de foi, du fait qu'il est vicié par une intention polémique incontournable à l'égard de Platon. Pour Cherniss, aussi bien la théorie des principes que la conception des nombres idéaux constituent des falsifications par Aristote, lequel aurait déformé à des fins polémiques des théories exposées par Platon dans ses dialogues en les rendant de fait pratiquement méconnaissables. En outre, toujours selon Cherniss et ses disciples, Aristote aurait attribué à Platon des conceptions soutenues en réalité par des élèves de ce dernier, et en particulier par Xénocrate (cette ligne d'interprétation que l'on pourrait définir comme hyper-négationniste, fut inaugurée par **19** H. Cherniss, *Aristotle's Criticism of Plato and the Academy*, t. I, Baltimore 1944, et Cherniss **8** ; elle a été reprise par **20** M. Isnardi Parente, *L'eredità di Platone nell'Accademia antica*, Milano 1989).

Il existe pour terminer une autre solution au problème de l'existence et de la signification des ἄγραφα δόγματα. Elle fut proposée par R. Ferber, puis reprise et approfondie par C. Gill. Selon ces savants l'existence de doctrines platoniciennes non écrites ne peut être mise en doute (à la façon de Cherniss) ; toutefois, de telles doctrines ne constituent pas un système clos et définitif, pour la simple raison que la dialectique platonicienne (aussi bien écrite que non écrite) ne présente pas une configuration systématique. Toute acquisition, et par conséquent celles qui ont pu être formulées dans les doctrines non écrites également, est susceptible d'approfondissement, de révision et même de réfutation. La philosophie platonicienne, aussi bien celle des dialogues que celle des doctrines non écrites, reste une philosophie ouverte, qui n'a aucune prétention à être définitive (*cf.* **21** R. Ferber, *Warum hat Platon die ungeschriebene Lehre nicht geschrieben ?*, München 1991 [2ᵃ éd. 2007], et **22** C. Gill, « Platonic Dialectic and the Truth-Status of the unwritten Doctrines », *Méthexis* 6, 1993, p. 55-72 ; cette solution est anticipée par Gaiser **1**).

Considérations finales. Une évaluation d'ensemble de la question des ἄγραφα δόγματα de Platon n'est pas facile. Les sources sont hétérogènes et parfois contradictoires. Dans le cas d'Aristote, l'intention polémique prend souvent le pas sur l'honnêteté de l'exposé ; il ne fait montre d'aucune sympathie pour la théorie des principes platonico-académiciens et semble avoir encore moins de compréhension à l'égard de la conception des nombres idéaux ou des idées-nombres. En outre, Aristote dans l'exposition et la critique de ces théories se comporte comme si ses lecteurs avaient une connaissance approfondie du sujet et, par conséquent, il néglige souvent de décrire de telles théories au profit de développements polémiques et critiques. Enfin, il mentionne rarement de façon explicite les auteurs en cause, préférant utiliser des formules génériques comme « ceux qui soutiennent l'existence des idées ». Il ne fait pas de doute également qu'Aristote tend à transposer les conceptions dont il parle dans le cadre de ses propres catégories philosophiques (par exemple en parlant de cause formelle et de cause matérielle à propos de l'un et de la dyade du grand et du petit). En général, son témoignage se révèle lacunaire et de compréhension difficile.

Toutes ces considérations cependant expliquent l'intérêt porté aux « doctrines non écrites » de Platon. Comme nous l'avons dit, certains aspects des doctrines attestées par la tradition indirecte constituent des approfondissements et des développements de thèmes effectivement présents dans la tradition directe, c'est-à-dire celle des dialogues. L'analyse dimensionnelle de la réalité, attestée par la tradition indirecte, trouve un correspondant dans la reconduction des corps aux principes géométrico-mathématiques dont il est parlé dans le *Timée* ; le fait de postuler deux principes absolus, l'un étant principe de limite et de détermination, l'autre de multiplicité et d'indétermination, présente une similitude remarquable avec les réflexions contenues au début du *Philèbe* ; la même conception selon laquelle les idées s'engendrent à partir de l'un et d'un principe d'indétermination et de multiplicité pourrait se rattacher à la doctrine des idées exposée dans les dialogues postérieurs au *Parménide*. La philosophie exposée oralement par Platon n'est donc pas étrangère à celle qui est contenue dans les dialogues. La difficulté est d'établir le rapport qu'elles entretiennent entre elles : hiérarchique ou bien paritaire.

En général on peut observer que la forme systématique sous laquelle se présente la doctrine non écrite dans nos sources doit dépendre au moins en partie de ces sources mêmes. En effet, il est probable que les leçons platoniciennes *Sur le Bien* n'avaient pas le caractère systématique et quasi déductif qui se dégage des témoignages antiques, notamment de celui d'Aristote. On doit tenir compte du fait qu'Aristote a tendance à attribuer aux auteurs dont il rapporte la pensée davantage que ce qu'ils ont soutenu effectivement. C'est le cas aussi de Platon auquel il semble attribuer non seulement ce que ce dernier a affirmé dans le cadre de son enseignement académique, mais aussi ce qu'il aurait dû affirmer sur la base de ses présupposés. C'est sans doute de l'application d'un semblable parti pris herméneutique que dérive le caractère hautement systématique que les doctrines platoniciennes revêtent. Aristote aurait en somme systématisé des éléments théoriques et des conceptions philosophiques effectivement soutenus par Platon, mais pas dans la forme plutôt rigide qui se dégage des comptes rendus aristotéliciens et de l'ensemble de la tradition indirecte (qu'elle soit dépendante d'Aristote ou indépendante de lui).

Études fondamentales : L'interprétation de l'école de Tübingen a été inaugurée par deux ouvrages : **23** H. J. Krämer, *Arete bei Platon und Aristoteles. Zum Wesen und zur Geschichte der platonischen Ontologie*, Heidelberg 1959, et Gaiser **1** ; une présentation systématique des thèses de l'école de Tübingen a ensuite été donnée dans les travaux suivants : Krämer **2** ; Richard **3**. Une excellente reconstruction du *De bono* d'Aristote a été procurée par Berti **6**. Très importante est l'étude de Szlezák **12**, où est développée la thèse selon laquelle les dialogues platoniciens renvoient à l'enseignement oral. Le même auteur a consacré un second ouvrage aux dialogues tardifs : **24** T. A. Szlezák, *Das Bild des Dialektikers in Platons späten Dialogen*, Berlin/New York 2004. L'interprétation de l'école de

Tübingen a été reprise et développée par quelques chercheurs liés à l'Université catholique de Milan ; outre l'ouvrage de Reale **13**, il faut signaler quelques études s'efforçant de démontrer les liens entre les dialogues et les doctrines non écrites : **25** M. Migliori, *Dialettica e verità. Commentario filosofico al "Parmenide" di Platone*, Milano 1990, et **26** G. Movia, *Apparenza, essere e verità. Commentario storico-filosofico al "Sofista" di Platone*, Milano 1991. Signalons pour terminer que le volume des *Études philosophiques* pour janvier-mars 1998 est entièrement consacré à la question des doctrines non écrites de Platon.

Se sont exprimés en faveur de l'existence historique des doctrines non écrites, mais contre leur caractère systématique et définitif présumé, Ferber **21** et Gill **22**.

L'attribution à Platon de doctrines non écrites radicalement différentes de ce qu'on trouve dans les dialogues a été fermement contestée par Cherniss **19** et Cherniss **8**. Position semblable chez Isnardi Parente **20**, et **27** M. Isnardi Parente, « Platone e il problema degli *agrapha* », *Méthexis* 6, 1993, p. 73-93 ; se sont montrés également sceptiques **28** L. Brisson, « Présupposés et conséquences d'une interprétation ésotériste de Platon », *Méthexis* 6, 1993, p. 11-36 [la version la plus récente figure dans **28bis** *Id.*, *Lectures de Platon*, Paris 2000, p. 43-73, suivie de six annexes, p. 74-110], et **29** F. Fronterotta, « Une énigme platonicienne. La question des doctrines non écrites », *RPhA* 11, 1993, p. 115-137.

La meilleure reconstruction du témoignage aristotélicien sur la conception platonicienne des idées et des nombres est due à Robin **9**. Plus récemment, voir **30** J. Annas, *Aristotle's Metaphysics. Books M and N*, translated with introduction and notes, Oxford 1976 ; **31** M. F. Burnyeat, « Platonism and Mathematics : A Prelude to Discussion », dans A. Graeser (édit.), *Mathematics and Metaphysics in Aristotle*. Proceedings of the 10th Symposium Aristotelicum, Bern 1987, p. 213-240 ; **31** J. J. Cleary, « Aristotle's criticism of Plato's theory of Form Numbers », dans G. Damschen, R. Enskat et A. G. Vigo (édit.), *Platon und Aristoteles – sub ratione veritatis*, *Festschrift für Wolfgang Wieland zum 70. Geburtstag*, Göttingen 2003, p. 3-30.

Notice traduite et adaptée de l'italien par Richard Goulet.

FRANCO FERRARI.

LES DIALOGUES

EUTHYPHRON (Εὐθύφρων)

DATES

La rédaction de l'*Euthyphron* se situe probablement entre 399[a] (mort de Socrate) et 388/87 (premier voyage de Platon en Sicile). La discussion rapportée dans le dialogue peut toutefois être datée avec beaucoup de précision, puisqu'elle est censée avoir eu lieu peu avant le procès de Socrate (399[a]).

PERSONNAGES

L'*Euthyphron* est l'un des rares dialogues, avec l'*Hippias majeur*, l'*Ion*, le *Ménexène*, le *Criton* et le *Phèdre*, qui ne mettent en présence que deux personnages (Socrate et Euthyphron). Cet élément de mise en scène semble destiné à accentuer le contraste entre Euthyphron et Socrate, si bien qu'Euthyphron sert de repoussoir à Socrate. Ainsi, Euthyphron joue le rôle d'accusateur, il prétend savoir ce qu'est la piété et être en mesure de l'enseigner ; il est confiant de remporter son procès, il accepte les récits de la mythologie traditionnelle et, en ce qui regarde la piété, il se contente d'une espèce de formalisme, en vertu duquel les échanges entre les dieux et les hommes sont régis par des règles de nature quasi-commerciale. Sur tous ces points, Socrate s'oppose à Euthyphron : il est accusé d'impiété, il reconnaît son ignorance de la piété et il ne demande pas mieux que d'être l'élève de celui qui lui enseignera la nature de cette vertu ; il est incertain de l'issue de son procès, il doute fort que les récits de la mythologie traditionnelle soient dignes des dieux et, en matière de piété, il ne se satisfait pas du formalisme vide qui règle les échanges entre les dieux et les hommes. Alors qu'il est sur le point de comparaître devant l'Archonte-roi, à la veille du procès qui le condamnera à mort, Socrate se révèle d'une extraordinaire fidélité à son engagement philosophique. Mis en présence d'un devin qui poursuit son propre père pour meurtre et qui soutient qu'il serait impie de ne pas le faire, Socrate, alors âgé de soixante-dix ans et fidèle jusqu'au bout à sa mission d'éprouver le prétendu savoir de ses concitoyens, prend le temps d'interroger Euthyphron afin de vérifier si son interlocuteur possède ou non le savoir qu'il prétend posséder.

Euthyphron a-t-il réellement existé ou n'est-il qu'un personnage de fiction ? Il n'est mentionné que dans un seul autre texte, soit le *Cratyle* (*cf.* 396d, 399a, 400a, 407d, 409d, 428c). Si une autre source, texte littéraire ou document historique, avait fait état d'un certain devin Euthyphron, l'historicité de ce personnage serait acquise, mais ce n'est pas le cas. Les mentions d'Euthyphron dans le *Cratyle* militent cependant en faveur de son historicité ; dans la mesure où il n'apparaît pas dans le *Cratyle* comme un personnage qui prend part au dialogue, mais uniquement comme quelqu'un à qui Socrate fait allusion, on comprendrait mal que Socrate puisse faire allusion à Euthyphron comme à un personnage historique, s'il ne s'agissait en fait que d'un personnage de fiction. A l'époque de l'entretien rapporté dans le dialogue qui porte son nom, Euthyphron semble âgé d'une quarantaine d'années (*cf.* **1** D. Nails, *The People of Plato*, *s. v.* « Euthyphro of Prospalta », p. 152).

Beaucoup plus importante est la question du profil religieux d'Euthyphron. On a longtemps considéré que ce devin incarnait l'orthodoxie religieuse et que Platon cherchait en fait à démontrer qu'un représentant des croyances traditionnelles, celles-là mêmes au nom desquelles on a poursuivi Socrate pour impiété, était tout à fait incapable de définir la piété. Cette interprétation n'est valable que si Euthyphron est un représentant ou un défenseur de l'orthodoxie religieuse (*cf.* **2** W. A. Heidel, *Plato's Euthyphro*, New York 1902, p. 14 et 51 ; réimp. New York 1976).

Le dialogue aurait ainsi pour but non seulement de critiquer la religion tradi-tionnelle, mais aussi de défendre la mémoire de Socrate, en montrant qu'il a été victime des excès et de l'ignorance des zélateurs de la religion traditionnelle. En réfutant Euthyphron, Socrate réfute et discrédite ceux qui l'ont accusé d'impiété.

La thèse de l'orthodoxie religieuse d'Euthyphron a toutefois été contestée dans le premier quart du XXe siècle (*cf.* **3** J. Burnet, *Plato : Euthyphro, Apology of Socrates and Crito*, Oxford 1924, p. 85-87). Euthyphron serait plutôt un excen-trique qui se distingue nettement, par ses croyances, de la religiosité moyenne de ses concitoyens. Il est régulièrement raillé par les Athéniens lorsqu'il traite de questions religieuses à l'assemblée, au point même de passer pour un fou (*cf.* 3c et 4a). Il connaît aussi, concernant les dieux, des histoires extraordinaires et stupé-fiantes, à propos desquelles il prend la peine de souligner qu'elles sont totalement inconnues de la très grande majorité des Athéniens (*cf.* 6b et 6c). En outre, le procès qu'il intente à son propre père suscite la réprobation non seulement de sa famille et de ses proches (*cf.* 4d-e), mais aussi de ses concitoyens (*cf.* 6a). Il semble que Platon ne cherche pas à associer Euthyphron au parti orthodoxe qui poursuit Socrate pour impiété. Euthyphron n'a en effet jamais entendu parler de Mélètos (*cf.* 2b), il ne connaît pas non plus les chefs d'accusation retenus contre le maître de Platon (*cf.* 2b-c) et, pour tout dire, il ne sait même pas que l'on a intenté un procès à Socrate (*cf.* 2a-b). Euthyphron se désole de ce procès et il déclare même que s'attaquer à Socrate revient à porter atteinte au cœur de la ville (*cf.* 3a). Enfin, il est confiant que Socrate défendra sa cause avec succès et qu'il sera acquitté (*cf.* 3e). On a ainsi l'impression qu'Euthyphron essaie par tous les moyens de se ranger du côté du Socrate, tous deux unis contre les Athéniens. Il devine que la cause de l'accusation d'impiété est le fameux « signe divin » *(daimonion sêmeion)* de Socrate ; or non seulement ce signe divin ne le choque pas, mais Euthyphron rapproche son cas de celui de Socrate, en affirmant qu'ils sont deux « incompris » et qu'ils ne doivent pas prêter attention à ce que dit la foule (*cf.* 3b-c). C'est pour-quoi on a longtemps admis qu'Euthyphron est une espèce de fanatique et d'excen-trique, probablement membre d'une secte religieuse, que l'on identifie souvent à l'orphisme (*cf.* Heidel **2**, p. 52 ; Burnet **3**, p. 85-86). Or cette hypothèse ne va pas, à son tour, sans soulever de nombreux problèmes : si Euthyphron est un orphique, pourquoi Platon l'a-t-il choisi pour être l'interlocuteur de Socrate ? Étant donné que Platon a sans doute été lui-même influencé par l'orphisme (*cf.* **4** W. K. C. Guthrie, *Orphée et la religion grecque. Étude sur la pensée orphique*, (trad. de l'anglais par S. M. Guillemin), Paris 1956, p. 265-270), quel intérêt aurait-il eu à s'en prendre à cette secte ?

La principale difficulté soulevée par les interprétations qui font d'Euthyphron un marginal et un excentrique est qu'on ne comprend plus quel était l'objectif poursuivi par Platon dans ce dialogue. Son but était-il vraiment de critiquer les positions religieuses de certaines sectes plus ou moins obscures ? Et quel rapport cela peut-il bien avoir avec le procès d'impiété intenté à Socrate ? Ce sont là quelques-unes des difficultés qui ont favorisé le retour de la thèse traditionnelle, celle de l'orthodoxie d'Euthyphron (*cf.* **5** W. D. Furley, « The Figure of Euthyphro in Plato's Dialogue », *Phronesis* 30, 1985, p. 201-208).

PLAN DU DIALOGUE

1. Introduction (2a-5d)

   - L'accusation portée contre Socrate (2a-3e)
   - Euthyphron poursuit son père (3e-4e)
   - Socrate à l'école d'Euthyphron (4e-5d)
   - Le réquisit de toute définition : l'*eidos* et l'*idea* de la piété (5d)

2. Première définition (5d-6e) : la piété consiste à poursuivre celui qui a commis une injustice

3. Deuxième définition (6e-11b)

   - 1re formulation 6e-8b) : la piété est ce qui est cher aux dieux
   - 2e formulation (8b-9e) : la piété est ce qui est cher à *tous* les dieux
   - réfutation (9e-11b)

4. Intermède (11b-e)

5. Troisième définition (11e-14a)

   - le genre du pieux (11e-12d) : la justice
   - la différence (12d-14a) : (a) la piété est le soin des dieux (12d-13d) ; (b) la piété est le service des dieux (13d-14a)

6. Quatrième définition (14a-15c) : la piété est la connaissance des prières et des sacrifices adressés aux dieux

7. Conclusion (15c-16a)

ANALYSE

Introduction (2a-5d) — Socrate et Euthyphron se rencontrent par hasard sur l'agora, plus précisément au Portique de l'Archonte-roi. Si cette rencontre est fortuite, leur présence respective à cet endroit précis ne l'est pas, puisque tous deux ont affaire chez l'Archonte-roi, dont la responsabilité est d'enquêter sur les causes où ils sont impliqués, Socrate comme accusé, Euthyphron comme accusateur. Ironique, Socrate admire l'assurance d'Euthyphron : s'il n'hésite pas à poursuivre son père pour meurtre et si, ce faisant, il ne craint pas de commettre un acte impie, c'est donc qu'il connaît les lois divines relatives à la piété. Affichant une grande suffisance, Euthyphron se vante en effet d'avoir une parfaite connaissance de ces lois. Socrate lui demande alors de le prendre comme élève. Cet enseignement pourrait se révéler très utile en vue de son procès ; il pourra en effet dire à ses accusateurs qu'il a suivi les leçons d'Euthyphron et que cet enseignement démontre qu'il a souci d'honorer les dieux comme il se doit. Alors qu'il demande à Euthyphron de définir la nature du pieux et de l'impie, Socrate énonce la principale exigence à laquelle devra satisfaire la réponse : le pieux, considéré en lui-même, doit demeurer identique à lui-même en toute action, qu'il s'agisse d'une poursuite, d'une prière, d'un sacrifice, etc. Bref, le pieux possède une forme (ἰδέα, 5d4, 6e1 ; εἶδος, 6d11) caractéristique, ou distinctive, et c'est précisément cette forme que Socrate demande à Euthyphron de définir. L'emploi des termes εἶδος et ἰδέα, que

Platon a coutume d'utiliser pour désigner les formes intelligibles, soulève inévitablement la question de savoir si l'on trouve dans l'*Euthyphron* une préfiguration de la théorie des formes que l'on trouve dans les dialogues de la maturité (*pro* : *cf.* **6** R. E. Allen, *Plato's Euthyphro and the Earlier Theory of Forms*, London/New York 1970 ; *contra*, *cf.* **7** L.-A. Dorion, *Platon : Lachès, Euthyphron*, coll. *GF* 652, Paris 1997, p. 208-213).

Première définition (5d-6e) — Le pieux, selon Euthyphron, c'est faire précisément ce qu'il fait, c'est-à-dire poursuivre le coupable d'un crime. Socrate rejette cette définition parce qu'elle se contente de décrire une action pieuse, alors qu'il avait été convenu que l'on recherchait la forme distinctive de la piété, le caractère général en vertu duquel sont pieuses toutes les choses pieuses.

Deuxième définition (6e-11b) — Dans sa première version (6e-8b), la deuxième définition proposée par Euthyphron s'énonce comme suit : « ce qui est cher aux dieux est pieux, alors que ce qui ne leur est pas cher est impie » (6e-7a). Socrate fait reconnaître à Euthyphron que le pieux et l'impie ne sont pas identiques et qu'ils sont même tout à fait opposés (7a). C'est tout ce dont Socrate a besoin pour réfuter la définition d'Euthyphron. Il lui suffit en effet de montrer que cette définition a pour conséquence inévitable qu'un même acte sera à la fois pieux et impie. Comme Euthyphron ajoute foi aux récits des poètes concernant les dieux, il reconnaît que les dieux, comme les hommes, se querellent pour des questions qui concernent le juste, le beau, le bien, etc. L'existence de désaccords fréquents entre les dieux sur des questions de ce genre implique qu'un même acte peut à la fois être cher à certains dieux, et détesté par d'autres dieux, de sorte qu'il est à la fois cher aux dieux et détesté des dieux. Étant donné que la piété a été définie comme ce qui est cher aux dieux, et l'impiété comme ce qui est détesté des dieux, et qu'il a été admis que le pieux et l'impie sont parfaitement distincts et opposés, ce qui implique que le cher-aux-dieux et le détesté-des-dieux ne peuvent jamais se recouvrir ni se confondre, il résulte que la définition d'Euthyphron n'est pas cohérente, puisqu'il vient d'être démontré qu'un même acte peut à la fois être cher aux dieux et détesté des dieux, c'est-à-dire pieux et impie.

Devant l'embarras d'Euthyphron, Socrate propose d'apporter lui-même une correction à la définition : le pieux est ce qui est aimé par *tous* les dieux et l'impie est ce qui est détesté par *tous* les dieux (9d). C'est donc une restriction par rapport à la précédente formulation. Socrate parvient à faire admettre à Euthyphron, au terme d'une argumentation passablement tortueuse (10a-11b ; *cf.* Dorion **7**, p. 323-334), que le pieux est aimé des dieux parce qu'il est pieux, et non pas parce qu'il est aimé par les dieux. Cette assertion est lourde de conséquences, puisqu'elle affirme, ni plus ni moins, la complète autonomie du pieux par rapport aux dieux. La piété existe en elle-même et son contenu n'est pas déterminé par la volonté des dieux. Cette indépendance de la piété confirme l'existence d'une « forme » de la piété, qui est aussi décrite comme une « essence » (οὐσία, 11a8).

Intermède (11b-e) — La complexité de l'argument développé en 10a-11b est telle que Socrate et Euthyphron marquent un temps d'arrêt et font une pause bien méritée. Cet intermède partage le dialogue en deux parties bien distinctes : une première qui n'a donné aucun résultat probant, et une seconde, où Socrate prend le relais d'Euthyphron, qui contient un enseignement positif sur la nature de la piété. L'*Euthyphron* est donc à rapprocher des autres dialogues (*cf.* *Phd.* 77a-78b, 84b-85b, 88c-91c, 102a-b ; *Phdr.* 234c-237a ; 241d-243e ; *Prot.* 347a-348d) où ce genre d'intermède fait suite à des recherches infructueuses et précède immédiatement des développements qui s'avèrent féconds.

Troisième définition (11e-14a) — Socrate propose d'explorer la piste suivante : n'est-il pas nécessaire que tout ce qui est pieux soit également juste ? Mais le pieux et le juste sont-ils identiques et coextensifs ? Autrement dit, peut-on aussi affirmer que tout ce qui est juste est également pieux ? Comme Euthyphron ne comprend pas très bien, Socrate lui présente deux exemples (*cf.* 12c) : la crainte et le respect, l'impair et le nombre. Dans le premier cas, Socrate montre que le respect est indissociable de la crainte, mais que la crainte, elle, n'est pas nécessairement accompagnée de respect. Le respect est donc une partie de la crainte. Le second exemple est plus clair : la notion d'impair est indissociable de celle de nombre, de sorte que là où il y a un chiffre impair, on retrouve forcément la notion de nombre, alors que la réciproque n'est pas vraie, puisqu'il y a des nombres qui ne sont pas impairs. Il en résulte que l'impair est une partie du nombre. La piété serait ainsi une partie de la justice, de sorte que tout ce qui est pieux est nécessairement juste, mais tout ce qui est juste n'est pas nécessairement pieux. Il reste toutefois à déterminer quelle partie de la justice correspond à la piété. Euthyphron propose que la piété est la partie de la justice qui concerne les soins rendus aux dieux, et que la partie restante se rapporte au soin des hommes. Lorsqu'on prodigue des soins à quelqu'un ou à quelque chose, observe Socrate, on rend habituellement meilleur l'objet de nos soins. Est-ce à dire que les dieux tirent semblablement profit des soins qu'on leur prodigue en étant pieux ? Bref, rend-on les dieux « meilleurs » lorsqu'on fait acte de piété ? Ce n'est pas à ce genre de soin qu'Euthyphron songe, mais plutôt au genre de soins que les esclaves rendent à leurs maîtres. En somme, précise Socrate, il s'agirait d'un *service* rendu aux dieux.

Pour bien saisir la suite de l'argumentation, il faut être attentif au vocabulaire employé. D'après Euthyphron, la piété consiste en une forme de soin (θεραπεία, 12e8) des dieux, un peu à la façon dont les esclaves prennent soin (θεραπεύουσιν, 13d7) de leurs maîtres. Socrate substitue alors le terme ὑπηρετική (13d8) à θεραπεία : la piété est une espèce de *service*. Or le terme ὑπηρετική renferme une ambiguïté analogue à celle qui existe, en français, dans le mot « service », selon qu'il est employé dans l'expression « faire le service » (= A) ou dans l'expression « rendre service » (= B). Euthyphron entend ὑπηρετική au sens A : les hommes *font le service* des dieux, comme les esclaves le font pour leurs maîtres. Entendu en ce sens, le « service » ne produit aucune œuvre. Or Socrate comprend ὑπηρετική au sens B : les hommes *rendent service* aux dieux et, habituellement, quand on rend service à quelqu'un, c'est pour l'aider à accomplir quelque chose, à produire une œuvre. De fait, tous les exemples de services que Socrate soumet à Euthyphron sont des cas où celui qui rend service contribue à la production d'une œuvre (*cf.* 13d-14a). Socrate détourne, à l'insu même d'Euthyphron, la signification obvie de la définition proposée par son interlocuteur. Alors qu'Euthyphron veut manifestement dire que les hommes font le service des dieux, Socrate fait comme si le devin avait affirmé que les hommes rendent service aux dieux en vue de la production d'une œuvre. Socrate presse Euthyphron de lui indiquer quelles sont les œuvres que les dieux produisent et accomplissent grâce au service qu'on leur rend. Embarrassé, Euthyphron se contente de répondre que ces œuvres sont belles et nombreuses. Peut-on les nommer et les identifier, comme on l'a fait pour les œuvres produites par le médecin, l'architecte, l'armateur et l'agriculteur? Excédé et impuissant à répondre, Euthyphron se dérobe et il coupe court à la discussion sur cette définition.

La troisième définition a fait couler beaucoup d'encre, car de nombreux commentateurs ont cru y voir, en filigrane, la conception proprement platonicienne de la piété (*cf.*, entre autres, **8** H. Bonitz, «Zur Erklärung des Dialogs *Euthyphron*», dans *Platonische Studien*, Berlin 1886³, p. 227-242; réimp. Hildesheim 1968; Heidel **2**, p. 20-21; **9** W. G. Rabinowitz, «Platonic Piety, an Essay toward the Solution of an Enigma», *Phronesis* 3, 1958, p. 108-120 (ici, p. 113-120); **10** L. Versényi, *Holiness and Justice. An Interpretation of Plato's Euthyphro*, Washington 1982, p. 11-20, 95-134; **11** M. L. McPherran, «Socratic Piety in the *Euthyphro*», *JHPh* 23, 1985, p. 283-309; **12** T. C. Brickhouse et N. D. Smith, *Socrates on Trial*, Oxford 1989, p. 91-93). Les dialogues aporétiques ne seraient donc pas purement négatifs, c'est-à-dire qu'ils ne se limiteraient pas à démasquer les faux-savoirs et à réfuter les conceptions fautives, sans proposer ou exposer le moindre contenu positif, fût-il caché et dissimulé, que Platon laisserait à son lecteur le soin de décrypter. Bonitz **8** fut le premier, semble-t-il, à insister sur l'importance des passages 13e10-11 et 14a9-10, où Socrate exhorte Euthyphron à lui dire quelles sont les œuvres que les dieux produisent grâce au service que les hommes leur rendent. Devant l'impuissance ou le refus d'Euthyphron de répondre, Socrate exprime sa plus vive déception car la réponse à cette question lui aurait enfin permis d'apprendre en quoi consiste la piété. Certes, la question se pose de savoir si cette remarque de Socrate est sincère ou ironique. Si elle est ironique, la troisième définition perd évidemment beaucoup d'intérêt. Mais si l'on prend la remarque de Socrate au pied de la lettre, on détient un indice que cette définition était bien engagée. Cette définition n'est pas réfutée, ni rejetée, mais tout simplement laissée incomplète et inachevée, ce qui laisse ouverte la possibilité, pour le lecteur, de la compléter. En vertu d'un principe exégétique que l'on appelle parfois le «principe de Bonitz», toute définition qui n'est pas clairement rejetée ou réfutée est susceptible de renfermer un contenu positif (*cf. Grg.* 527b).

A la suite de **13** J. Socher, *Ueber Platons Schriften*, München 1820, p. 62, plusieurs interprètes (*cf.* **14** W. A. Heidel, «On Plato's *Euthyphro*», *TAPhA* 31, 1900, p. 163-181 (ici, p. 171-173, 180); McPherran **11**, p. 290; Brickhouse et Smith **12**, p. 92-94) ont proposé de rapprocher la question posée par Socrate en

13e12-13 — « quelle est cette œuvre magnifique que les dieux accomplissent en ayant recours à nous comme serviteurs (ὑπηρέταις) ? » — d'un passage de l'*Apologie* où Socrate affirme qu'il est au *service du dieu* (30a). Ce passage de l'*Apologie* est en effet du plus grand intérêt : non seulement Socrate déclare être au service de la divinité (*cf.* aussi 23b) — et ce, en employant le terme même (ὑπηρεσία, 30a7) qui apparaît dans l'*Euthyphron* —, mais il ajoute que ce service a contribué à produire un très grand bien (μεῖζον ἀγαθόν, 30a6). Ce bien peut être identifié à l'« œuvre magnifique » (τὸ πάγκαλον ἔργον, *Euthphr.* 13e12) que les dieux réalisent avec le concours des hommes. La lecture de la troisième définition de l'*Euthyphron* à la lumière de ces passages de l'*Apologie* (23b et 30a) permet de dégager la conception socratique de la piété, que l'on pourrait formuler comme suit : la piété consiste à se mettre au service des dieux dans le but d'accomplir le bien des hommes (*cf.* **15** G. Vlastos, *Socrates, Ironist and Moral Philosopher*, Ithaca (N.Y.) 1991, p. 176 ; trad. française : *Socrate, ironie et philosophie morale*, Paris 1994, p. 244).

Quatrième définition (14a-15c) — Euthyphron coupe court à l'examen de la troisième définition et propose cette nouvelle définition : la piété consiste à savoir dire et faire ce qui est agréable aux dieux, à l'occasion des prières et des sacrifices. Il s'agit d'une conception traditionnelle de la piété ; on peut en effet la rapprocher d'un passage de l'*Iliade* (IX 497-501) et de la définition de la piété formulée par Socrate dans les *Mémorables* (IV 6, 2-4). Cette nouvelle définition, une fois reformulée par Socrate, se résume au savoir de la façon de prier et d'offrir des sacrifices. Autrement dit, la piété est la science d'adresser des demandes et d'offrir des dons aux dieux. Or il est inutile de demander des choses qui ne comblent pas un manque, ni d'offrir des présents dont l'autre n'a pas besoin ; dans ce jeu de demandes et de présents, il faut donc que les deux parties, hommes et dieux, y trouvent leur compte. La piété, ainsi comprise, n'est finalement rien de plus qu'une technique d'échange commercial entre les hommes et les dieux. La réduction de la piété à une espèce de troc ne choque pas Euthyphron, mais paraît tout à fait inacceptable à Socrate, pour autant que cela contrevient à l'une des principales caractéristiques de la divinité, soit l'autarcie (*cf.* Xénophon, *Mem.* I 6, 10 ; Aristote, *Pol.* I 2, 1253a29). Euthyphron se rend rapidement aux raisons de Socrate : les dieux ne tirent aucun profit, de quelque nature que ce soit, des sacrifices que leur offrent les hommes. Alors en quoi consistent les dons et les présents qui leur sont adressés ? Ce sont tout simplement le respect, les marques d'honneur et la reconnaissance (*cf.* 15a). Socrate formule sans tarder la question appropriée pour faire dire à Euthyphron que le pieux est d'abord et avant tout ce qui est cher aux dieux (*cf.* 15b). Et le tour est joué : il ne reste plus à Socrate qu'à souligner que cette définition de la piété a déjà fait l'objet d'un examen et d'une réfutation plus tôt dans le dialogue (*cf.* 15b-c).

Conclusion (15 c-16 a) — Bien que Socrate l'exhorte à ne pas se décourager et à proposer une autre définition, Euthyphron prétexte d'un rendez-vous urgent pour se dérober. Selon Diogène Laërce (II 29), Euthyphron aurait finalement renoncé à poursuivre son père, mais le fait même qu'il refuse de poursuivre la discussion laisse plutôt entendre que ses (fausses) convictions n'ont pas été ébranlées.

BIBLIOGRAPHIE

Éditions, traductions et commentaires. Heidel **2** ; Burnet **3** ; **16** E. A. Duke *et al.*, *Platonis Opera*, t. I : *Tetralogias I-II continens,* coll. Oxford Classical Texts, Oxford 1995, p. 3-25 ; Dorion **7** ; **17** J. Y. Chateau, *Philosophie et religion. Platon :* *Euthyphron*, Paris 2005.

Études. 18 R. G. Hoerber, « Plato's *Euthyphro* », *Phronesis* 3, 1958, p. 95-107 ; Rabinowitz **9** ; **19** J. H. Brown, « The Logic of the *Euthyphro* 10a-11b », *PhilosQ* 14, 1964, p. 1-14 ; **20** P. T. Geach, « Plato's *Euthyphro* : an Analysis and Commentary », *Monist* 50, 1966, p. 369-382 ; Allen **6** ; Versényi **10** ; McPherran **11** ; **21** R. Weiss, « Euthyphro's Failure », *JHPh* 24, 1986, p. 437-452 ; **22** S. W. Calef, « Piety and the Unity of Virtue in *Euthyphro* 11e-14c », *OSAPh* 13, 1995, p. 1-26 ; **23** D. Wolfsdorf, « *Euthyphro* 10a2-11b1. A study in Platonic Metaphysics and its Reception since 1960 », *Apeiron* 38, 2005, p. 1-71.

LOUIS-ANDRÉ DORION.

APOLOGIE DE SOCRATE (Ἀπολογία Σωκράτους)

L'*Apologie* est contemporaine du *Criton* et a dû être écrite, comme le *Criton*, peu après la mort de Socrate.

Platon et Xénophon firent l'un et l'autre le récit du procès de Socrate. Xénophon ne revint pas d'Asie mineure avant 394[a], soit cinq ans après l'événement qu'il faut situer en 399[a], vers le milieu du mois de mai alors que Platon assistait au procès (*Apologie* 34 a, *cf.* aussi 38 b), même si, dans le *Phédon* (59 b), on apprend qu'il n'était pas présent à la mort de Socrate, parce qu'il était malade. Voilà pourquoi le témoignage de Platon semble devoir être privilégié, même si l'on peut penser que Platon fait souvent dire à Socrate ce qu'il aurait dû dire plutôt que ce qu'il a dit. Platon devait tout de même respecter une certaine vraisemblance tenant au fait que le procès qu'il décrit s'était tenu non seulement en présence de plusieurs personnes de l'entourage de Socrate : Criton (☛C 220), père de Critobule (☛C 217), Lysanias de Sphettos, père d'Eschine (☛A 71), Antiphon de Céphise, père d'Épigène (☛E 38), Nicostrate, fils de Théozotidès et frère de Théodote, Paralios (☛P 38), fils de Démodocos (☛D 72) et frère de Théagès, Adimante (☛A 23), fils d'Ariston, Aïantodore et son frère Apollodore [☛A 249] (33 e), mais aussi devant plusieurs centaines de juges, et d'auditeurs qui, pour la plupart, devaient probablement être encore vivants, lorsque l'*Apologie* fut écrite ; cette situation impose des contraintes bien plus fortes que s'il s'agissait d'une conversation privée entre quelques interlocuteurs morts lors de la rédaction du dialogue, comme c'est le cas pour le *Parménide* par exemple.

À la suite du dépôt d'une plainte par Mélétos, Anytos (☛A 227) et Lycon, Socrate est cité à comparaître au tribunal. Accusé de ne pas reconnaître l'existence des dieux traditionnels, de promouvoir de nouvelles divinités et de corrompre la jeunesse, Socrate doit d'abord répondre à ces accusations : son activité réfutatrice est destinée à comprendre la réponse faite à Chéréphon (➽C 109) par l'Oracle de Delphes qui avait répondu qu'il n'y avait personne qui fût plus savant que Socrate ; quant au mode de vie qu'il a choisi, il est tout entier au service de la divinité, et son influence sur les jeunes est salutaire. À la suite de cette défense, Socrate est condamné par une courte majorité de juges ; il doit alors, suivant ce type de procès proposer une peine. Mais au lieu de s'acquitter d'une amende comme peine de substitution, il indispose ses juges en faisant valoir que, au lieu d'être puni, il devrait être récompensé. C'est alors qu'un second vote des juges le condamne à mort à une majorité plus forte. Et l'*Apologie* s'achève par une conversation informelle, où Socrate explique à ceux qui l'ont condamné que son exemple sera suivi par beaucoup d'autres, et à ceux qui ont voté son acquittement que la divinité ne s'est pas opposée à sa condamnation, si bien que sa mort annoncée ne peut être considérée comme une chose mauvaise.

Les positions divergent sur la nature de ce procès. Tout porte à croire que ce ne fut pas, dans le fond, un procès en impiété, et que le chef d'accusation officiel dissimulait un motif politique : il s'agissait de se débarrasser, par-delà la loi d'amnistie de 403ᵃ, d'un Socrate qui avait accueilli dans son entourage des personnages comme Alcibiade (➽A 86), Charmide (➽C 102) et Critias (➽C 216), lesquels avaient précipité Athènes dans la ruine et y avaient fait régner la terreur. De plus, l'attitude provocatrice de Socrate explique en grande partie ses deux condamnations. Il n'en reste pas moins que Platon fit de ce fait contingent l'acte fondateur de la philosophie.

Textes, traductions et commentaires. 1 J. Burnet (édit.), *Plato's Euthyphro, Apology of Socrates and Crito, edited with notes,* New York 1977, 1ʳᵉ éd. Oxford 1924 ; **2** Platon, *Apologie de Socrate, Criton*, Introduction, traduction et notes par L. Brisson, coll. *GF 848,* Paris 1997, 2005³ (importante bibliographie) ; **3** E. de Strycker, *Plato's Apology of Socrates. A literary and philosophical study with a running commentary*, edited and completed from the papers of the late E. De Strycker by S. R. Slings, coll. « Mnemosyne. Supplements » 137, Leiden 1994.

Études. 4 T. C. Brickhouse et N. C. Smith (édit.), *Socrates on trial*, Oxford 1990 (recueil de neuf études).

Sur la question des procès en impiété à Athènes, le livre ancien de **5** E. Derenne, *Les procès d'impiété intentés aux philosophes à Athènes au Vᵐᵉ et au IVᵐᵉ siècle avant J.-C.*, coll. « Bibliothèque de la Faculté de Philosophie et Lettres de l'Université de Liège » 45, Liège/Paris 1930, est sévèrement critiqué par **6** K. J. Dover, dans « The freedom of the intellectual in Greek society », *Talanta* 7, 1976, repris dans *The Greeks and their legacy,* Oxford 1988, p. 135-158. On lira aussi **7** D. Cohen, « The prosecution of impiety in Athenian law », *Zeitschrift der Savigny-Stiftung für Rechtsgeschichte* 118, 1980, p. 695-701, et **8** R. Parker, *Athenian religion : a history*, Oxford 1996, chap. 10.

LUC BRISSON.

CRITON (Κρίτων)

Le *Criton* est contemporain de l'*Apologie* et a dû être écrit, comme l'*Apologie*, peu après la mort de Socrate.

Dans l'*Apologie* (31 d-e), Socrate dit de Criton (➳C 220) qu'il est du même âge que lui, qu'il vient du même dème, et il rappelle qu'ils sont amis depuis l'enfance. Cela signifie que Criton est né vers 470[a], et qu'il est du dème d'Alopékè. D'une épouse de la plus grande noblesse (Platon, *Euthydème* 306 e), Criton eut des fils dont Diogène Laërce prétend connaître le nom : Critobule [➳C 217] (*Apologie* 31 d-e), Hermogène (➳H 94), Épigène (➳E 38 B) et Ctésippe (➳C 227). On peut avoir des doutes concernant les trois derniers. Platon et la tradition relative à Socrate présentent Criton comme un homme riche (Platon, *Apologie* 33 e et *Criton* 44 b), qui se déclare prêt à aider ses amis. Dans le *Criton,* Platon fait de Criton le représentant de l'opinion publique auprès de Socrate.

Un matin de juin 399[a] sans doute, dans la prison où Socrate a été amené immédiatement après son procès, Criton, assis sur le bord du lit, regarde dormir paisiblement son ami d'enfance à qui il est venu annoncer la nouvelle de sa mort prochaine (décrite dans le *Phédon*). Criton propose à Socrate de le faire évader, ce qui semble facile étant donné les amis fortunés qui comptent parmi leurs relations. Pour appuyer sa requête, Criton évoque la réaction de « l'opinion publique » : en refusant de s'évader, Socrate, qui n'aurait pas le courage d'affronter ses ennemis, ne ferait preuve de justice ni à l'égard de lui-même, ni à l'égard de ses enfants qu'il abandonnerait, ni à l'égard de son entourage que l'on accuserait d'avoir manqué de solidarité à son égard. Socrate refuse et, au lieu de s'en remettre à l'opinion du grand nombre, s'en remet à ces experts que sont les Lois d'Athènes. Dans une prosopopée célèbre, ces dernières font valoir que s'évader constituerait une injustice à leur égard et n'apporterait pas les avantages escomptés. De surcroît, sa fuite, qui pourrait entraîner des conséquences fâcheuses pour ses proches, serait la preuve de la culpabilité et de la duplicité de Socrate.

Traduction. 1 A. D. Woozley, *Law and Obedience. The Arguments of Plato's Crito*, Chapel Hill 1979 (traduction sans note, suivie de cinq essais) ; **2** Platon, *Apologie de Socrate*, *Criton*, Introduction, traduction et notes par L. Brisson, coll. *GF* 848, Paris 1997, 2005[3] (importante bibliographie).

Études. 3 D. Gallop, « Socrates, Injustice, and the Law. A Response to Plato's *Crito* », *AncPhil* 18, 1998, p. 51-265 ; **4** Verity Harte, « Conflicting Values in Plato's *Crito* », *AGPh* 81, 1999, 117-147 ; **5** M. S. Lane, « Argument and Agreement in Plato's *Crito* », *HPTh* 19, 1998, p. 313-330 ; **6** R. Weiss, *Socrates Dissatisfied. An Analysis of Plato's Crito*, New York/Oxford 1998.

LUC BRISSON.

PHÉDON (Φαίδων)

AUTHENTICITÉ, TITRE ET SOUS-TITRE

L'authenticité du dialogue n'a jamais été contestée. Il est cité sous le nom de *Phédon* quatre fois par Aristote (*Metaph.*, A 9, 991 b 3, répété en M 5, 1080 a 2 ; *De gen. et corr.* 335 b 10 ; *Météor.* 2, 335 b 32), mais dès l'Antiquité on s'y référait aussi comme au «discours *Sur l'âme*» (*Lettre* XIII, 363 a) ou à «l'écrit *Sur l'âme*» (Callimaque, fr. 23 Pfeiffer), et Diogène Laërce utilise l'un ou l'autre titre (*cf.* III 36 et III 50). Nous savons par lui (III 62) que, dans le classement d'Aristophane de Byzance (➽A 405), le dialogue intitulé «Phédon» faisait partie de la dernière trilogie, alors que l'œuvre figure dans la première tétralogie du catalogue de Thrasylle (III 58) avec son titre nominal, son sous-titre ou titre thématique et son genre : «*Phédon* ou *Sur l'âme*, éthique». Chez les auteurs latins, Cicéron se réfère au *liber de animo* (*Tusc.* I XI 24) et Aulu-Gelle dit dans ses *Noctes Atticae* II 18 que Platon a donné le nom de *Phédon* à son livre «*de immortalitate animae*».

DATES ET LIEUX

La date de l'entretien de Socrate avec ses disciples ne fait aucun doute : Socrate est mort en 399[a], à la fin du mois de février ou mars (époque du pèlerinage annuel de Délos). Si c'est lors de son retour à Élis que Phédon (➽P 102), faisant un détour par Phlionte, raconte l'événement à Échécrate (➽E 5) qui se plaint de ne plus avoir de nouvelles d'Athènes depuis «un bon moment», on peut supposer que Phédon avait quitté Athènes plus ou moins un an après la mort de Socrate. Pour la date de composition, le *Phédon* se situe certainement avant la *République,* où un argument vient s'ajouter aux «autres preuves» de l'immortalité de l'âme (X, 611 b), et au *Phèdre,* où apparaît la conception de l'automotricité l'âme. *Cratyle, Banquet* et *Phédon* sont probablement les derniers dialogues de la première période (*cf.* **1** L. Brandwood, *A Word Index to Plato,* Leeds 1976, p. XVIII). Ils doivent suivre le grand voyage de Platon et être liés à la fondation de l'école, vers 387. La difficulté porte sur l'antériorité respective du *Banquet* et du *Phédon*. Vont dans le sens d'une antériorité du *Banquet* le fait qu'Échécrate s'y réfère peut-être quand il dit connaître le caractère d'Apollodore (➽A 249), et que, du *Cratyle* en passant par le *Phédon* jusqu'aux livres VI et VII de la *République,* s'élabore une définition de la dialectique qui reprend là où s'arrête l'ascension érotique du *Banquet*. En raison d'un «anachronisme» – le diœcisme infligé par Sparte aux habitants de Mantinée avait eu lieu en 385 – nous sommes raisonnablement certains que le *Banquet* a été écrit après cette date. Si le *Phédon* est postérieur, l'époque possible de rédaction se situerait vers 383-382.

Le récit de Phédon se déroule à Phlionte, dans le lieu de réunion des pythagoriciens dont la cité était alors un des deux principaux centres.

La tradition rapporte que c'est pour répondre à la question de Léon, tyran de Phlionte : «qui es-tu ?» que Pythagore aurait inventé le mot *philosophos* (Héraclide du Pont, Wehrli fr. 87, cité par Diogène Laërce, Prologue 12 et VII 8). Le *Phédon* est le premier dialogue où l'adjectif *philosophos* est substantivé.

L'entretien avec les disciples a lieu sur l'*agora* d'Athènes, dans une salle de la prison où est enfermé Socrate.

PERSONNAGES

Échécrate (☛►E 5) est un membre du groupe des pythagoriciens de Phlionte. Il aurait suivi l'enseignement de Philolaos (☛►P 143) et d'Eurytos de Tarente (☛►E 150), et se montre attaché à la théorie de l'âme-harmonie (sans que cela permette de l'attribuer à Philolaos, *cf.* **2** C. A. Huffman, *Philolaus of Croton, Pythagorean and Presocratic,* Cambridge 1993, p. 323-327).

Phédon (☛►P 102) est le seul personnage des Dialogues à être mis en position à la fois de narrateur et d'interlocuteur. Il semble avoir été un des disciples les plus chers à Socrate, comme en témoignent les scènes où Socrate caresse ses longs cheveux (signe que c'était à l'époque un jeune homme) et où il l'appelle à son secours pour vaincre l'hydre « misologie ».

De sa « biographie » par Diogène Laërce (*Vies* II 105), on peut penser comme **3** L. Robin (*Platon. Œuvres Complètes*, t. IV, 1ʳᵉ Partie, Notice de L. Robin [1926], texte établi et traduit par P. Vicaire, *CUF,* Paris 1983) que c'est un « roman » construit pour faire de Phédon l'image de la conversion à la philosophie. Diogène tient deux de ses dialogues pour authentiques, le *Zopyre,* origine de la tradition physiognomonique concernant Socrate, et le *Simon,* dialogue avec un cordonnier, qui iraient dans le sens d'une tendance cynique, mais on attribue plutôt à Phédon et à son école une doctrine logique voisine de celle des mégariques.

Le choix de Phédon comme narrateur est plus à chercher dans sa tendresse et son admiration pour Socrate et dans ses entretiens réguliers avec lui que dans sa doctrine ; la raison se trouvant peut-être dans la phrase que Platon lui prête : « rien, jamais, ne m'est plus agréable que de me ressouvenir de Socrate. »

Socrate est en effet ici objet de mémoire – montrer que jusqu'à l'instant de sa mort il est resté l'homme « le plus sensé et le plus juste » – et occasion de réminiscence de ce qu'a pu signifier et impliquer, en lui et par lui, la philosophie. Le dialogue est habité par la conscience du danger que « demain » personne ne pense et ne parle plus de cette façon. Sa sérénité et son courage, non face à la mort qu'il ne craint pas mais à la misologie, éveillent « l'étonnement » constant des auditeurs. Car dans le *Phédon* les situations dialogiques habituelles sont inversées : c'est Socrate qui défend ce qu'il a choisi d'être et sa manière de mourir, et qui doit rendre raison de ce qu'il croit ; l'opinion, pour une fois, est de son côté, mais c'est celle propre aux « authentiques philosophes ». C'est aussi lui qui propose de la mort des définitions successives sans jamais marquer qu'elles se contredisent. Après avoir composé une petite fable, il déclare ne pas être un « faiseur de mythes », puis sa démonstration s'achève sur un mythe très élaboré. Il prescrit pour seuls objets à la pensée les êtres intelligibles, mais son enthousiasme pour l'invisible le fait chanter. Il affirme avec la plus grande force la nécessité de se détacher du corps, mais ses changements de posture, gestes, regards, sourires et rires (le Socrate de Platon ne rit que le jour de sa mort) scandent le récit : jamais le corps de

Socrate n'a été ni ne sera aussi présent (*cf.* **4** N. Loraux, « Donc Socrate est immortel », dans J.-B. Pontalis, *Le temps de la réflexion,* t. III, Paris 1982, p. 19-46). Incarné, contradictoire, Socrate est plus vivant dans le *Phédon* que dans aucun autre dialogue.

Simmias et **Cébès** (⧉→C 62). Simmias est thébain, Cébès thébain ou béotien ; les deux interlocuteurs de Socrate sont jeunes, riches et ont été tous deux élèves de Philolaos. Ce seraient donc des pythagoriciens de la tendance « mathématique » (*cf.* **5** W. Burkert, *Lore and Science in ancient Pythagoreanism*, Cambridge, Mass. 1972, p. 198) ; que Socrate les cite avec Apollodore et Antisthène (⧉→A 211) comme étant ses auditeurs les plus fidèles (Xén., *Mém.* I 2, 48 et III 11, 17) n'en fait pas pour autant des « socratiques » au sens strict du mot. Après avoir suscité l'« apologie » présentée par Socrate, Simmias est son répondant au cours de la définition de la réminiscence ; il reprend la parole pour exposer la théorie de l'âme-harmonie que son incompatibilité avec l'existence de la réminiscence l'amène à abandonner, et juge que rien n'égale l'évidence de la réalité du beau ou du bien en soi. Cébès est en position de répondant à peu près deux fois plus longtemps que Simmias, son objection est deux fois plus longue et Socrate la résume à deux reprises. Il semble qu'il faille mettre deux fois plus de temps pour convaincre Cébès que Simmias.

Selon Olympiodore (Westerink **24** [cité plus loin], I, 2-3, p. 60-63) le raisonnement de Cébès « est plus scientifique, parce qu'il procède selon le général », tandis que celui de Simmias « vient de la sympathie et de la juste appréciation qu'il a du maître ». Traduit par certains interprètes modernes, cela signifierait que Simmias est « rêveur » ou « enclin au mysticisme », or Socrate dit de lui dans le *Phèdre* (242 b) qu'il est le seul à surpasser Phèdre dans « l'art de provoquer la discussion ».

Tous deux occupent le terrain de la rationalité, mais alors que Simmias est comparé à la déesse Harmonie Cébès l'est à son époux mortel, Cadmos. Les problèmes posés par Cébès peuvent être résolus et Socrate lui fournit les bases sûres sur lesquelles fonder ses recherches sur la nature. Simmias conserve à la fin un doute et rejoint le Socrate de l'*Apologie* (29 b) qui, n'ayant pas de savoir certain de ce qui se passe chez Hadès, ne se figure au moins pas savoir ce qu'il ne sait pas.

Interviennent des personnages secondaires : le portier de la prison, l'esclave exécuteur des hautes œuvres, le serviteur des Onze. Il faut ajouter Xanthippe, renvoyée « à la maison » à cause de ses lamentations, et Criton (⧉→C 220), soucieux d'organiser les funérailles de Socrate et de régler les affaires de sa famille. Pour eux, il est clair que la mort est rappel à l'ordre commun.

FORME ET STRUCTURE DU DIALOGUE

La complexité du dialogue tient d'abord à sa forme : précédé d'un cours prologue dialogué, le *Phédon* est un récit qui s'interrompt par trois fois et qui se fait tantôt relation d'événements et tantôt restitution de dialogue. D'antiques sentences sont citées à l'appui d'arguments qui ne provoquent pas seulement objections et discussions mais des émotions mélangées. La complexité tient également à ce que trois thèmes principaux s'entrelacent : la mort, le philosophe et la philosophie, l'âme et son immortalité. Tous peuvent s'entendre en plusieurs sens, mais seule la mort fait l'objet de la question socratique « qu'est-ce que ? ». Ne plus faire de la mort un sujet de tragédie, sans la traiter pourtant comme une loi naturelle vouant à se corrompre tout ce qui a été engendré, réussir à parler de la mort en philosophe, tel est l'enjeu du *Phédon*. Car de la signification donnée à ce terme, mort, dépendent celles des autres termes : son attitude devant la mort est le signe *(tekmerion)* à quoi on reconnaît un philosophe ; la manière dont chacun se représente la mort découle de sa conception de la nature de l'âme et indique la nature propre de son âme. On ne se donne pas la même âme selon qu'on la décide ou non mortelle : la question de son immortalité est préalable à celle de sa nature (de même en *Rép.*, X, 608 c-12 a, et *Phèdre*, 245 c-246 a).

Trois définitions de la mort structurent le dialogue. Aucune n'est vraiment rejetée : les raisonnements du *Phédon* n'ont pas pour but d'en valider ou d'en réfuter une, ils argumentent à partir de chacune.

ANALYSE

Prologue du dialogue (57 c-58 d). Échécrate s'étonne du long intervalle de temps entre le procès et la mort de Socrate. Le délai s'explique par l'interdiction d'exécuter les condamnés durant le pèlerinage à Délos, résultat d'un vœu fait par les Athéniens à Apollon après l'épisode de Thésée et du Minotaure. Interrogé ensuite sur ceux qui étaient présents auprès de Socrate, Phédon énumère les noms de tous les étrangers mais laisse ouverte la liste des familiers athéniens.

Ce catalogue constitue l'information la plus complète sur le cercle socratique : assistaient au dernier jour de Socrate les Athéniens Critobule (➤C 217) et son père Criton (➤C 220), Hermogène (➤H 94), Épigène (➤E 38), Eschine (➤A 71), Antisthène (➤A 211), Ctésippe (➤C 227) et Ménexène (➤M 126), et (outre Cébès et Simmias) les étrangers Phédondès (➤P 105), ainsi qu'Euclide (➤E 82) et Terpsion de Mégare. L'anonyme qui présente une objection en 103 a est l'un de ceux-là, ou un porte-parole de Platon. Certains noms manquent : Chéréphon (➤C 109) était mort, comme Adimante (➤A 23), Théodote et Théagès mentionnés dans l'*Apologie* (33e-34a) ; Xénophon était en campagne et Platon était malade. Phédon dit d'Aristippe (➤A 356) et Cléombrote (➤C 161) qu'ils étaient à Égine, ce qui peut être considéré comme une critique, l'île étant très proche (pour tous ces personnages, *cf.* **6** G. Giannantoni, *Socratis et Socraticorum Reliquiae*, Napoli, 4 vol., 1990, et **7** D. Nails, *The People of Plato : A Prosopography of Plato and other Socratics*, Indianapolis 2002, *s.v.*).

Mais avant de répondre, Phédon décrit ce qu'il a éprouvé : pas de la pitié, mais une curieuse alternance de plaisir et de douleur.

Prologue du récit (58e-61c). Socrate fait la même expérience quand on le libère de ses chaînes et compose à ce sujet une histoire à la manière d'Ésope (➤E 60) dont il avait mis les fables en vers pour obéir à l'injonction entendue en rêve de « faire de la musique ». Alors qu'il avait jusque là pensé que la philosophie était la musique la plus haute, il avait également composé un hymne à Apollon.

Comme dans l'*Apologie* (28 e-30 d), Socrate se dit consacré à ce dieu (85 a-b). Les quatre puissances d'Apollon, médecin, devin, archer infaillible, musicien (*cf. Cratyle*, 404 e-406 a), ont un rapport évident avec les thèmes du *Phédon*. Les quatre puissances d'Apollon (*cf. Cratyle*, 404 e-406 a) ont un rapport évident avec les thèmes du *Phédon*. Apollon, dieu médecin, a l'usage des philtres : Socrate guérit les assistants de la misologie (89 a) et meurt en buvant un *pharmakon* ; Apollon, archer infaillible, tire « quand il faut » : le sursis dont il fait bénéficier Socrate répond à une nécessité (62 c), il lui permet de montrer une puissance divinatoire égale à celle des cygnes, oiseaux d'Apollon (85 a-b), d'obéir au songe et de « faire de la musique ».

Cébès doit expliquer cela à Éuènos (une notice sera consacrée à Euènos de Paros dans les compléments du dernier tome) et lui conseiller de suivre Socrate au plus vite, ce qu'il fera s'il est philosophe. Pourtant, le suicide est interdit car les humains font partie des troupeaux que les dieux possèdent et qu'ils assignent à résidence.

Huffman 2, p. 406-410, rejette l'attribution à Philolaos de cette interdiction. Augustin se réfère à ce passage et à l'anecdote du suicide de Cléombrote (⊃C 161) dans le *De civ. Dei*, XXIII.

Cébès et Simmias estiment qu'il y a contradiction puisque, si mourir signifie quitter les meilleurs maîtres qui soient, il est insensé de ne pas se révolter. Socrate doit donc défendre la facilité avec laquelle il accepte la mort.

Première partie : la mort comme séparation (61c-85a). Sa conduite se justifie par l'espoir que, pour les morts, il existe « quelque chose de bien meilleur pour les bons que pour les mauvais ». Socrate avance une première définition : il se peut que la mort « ne soit rien d'autre que la séparation de l'âme d'avec le corps ». Cette mort-là ne fait pas plus périr l'âme qu'elle ne fait mourir l'homme. Se séparer de son corps signifie se détourner des plaisirs illusoires qu'il procure et ne pas se fier à des perceptions qui non seulement la trompent mais empêchent l'âme de rechercher en elle-même la vérité : l'essence de chacun des êtres n'est en effet accessible qu'à la pensée seule. Telle est l'opinion des vrais philosophes, ceux qui sont amoureux de la pensée *(phronèsis)* et désireux d'apprendre.

Le philosophe se constitue ainsi comme sujet d'un discours portant sur ce qui est, non sur ce qui devient, et il est aussi le seul détenteur de vraies vertus. Pour le montrer, Socrate dénonce un mode d'échange incorrect : quand on renonce à un plus petit plaisir en vue d'un plus grand, on appelle cela « modération », et quand on troque une plus grande peur contre une plus petite on baptise cela courage. À ces vertus « sociales » le philosophe oppose les vertus véritables : la pensée *(phronèsis)* est la seule monnaie qui vaille, le seul moyen « d'acheter » et de « vendre » de la vertu parce qu'elle purifie l'âme de ses opinions fausses sur la nature du dangereux, de l'agréable et du pénible. Chaque vertu est une espèce de *phronèsis* (*Ménon*, 88 c-d, *cf.* la critique d'Aristote, *Eth. Nicom.*, 1144 b 18-21) et non l'inverse, car si *phronèsis* désignait ici une partie de la vertu, on voit mal pourquoi chaque autre partie devrait s'échanger contre elle.

La confiance du philosophe s'appuie sur une expérience comparable à celle dont parlent deux anciennes sentences : après la mort, les non-initiés seront couchés dans le bourbier, les initiés admis dans la demeure des dieux ; nombreux sont les porteurs de thyrse, mais rares sont les Bacchants. Pour Socrate initiés et Bacchants « ne sont autres que ceux qui toujours se sont occupés à philosopher droitement ». Si l'expérience est exceptionnelle, elle ne saurait convaincre la plupart des hommes et Cébès se fait leur interprète : la mort n'est pas un état qu'il faut atteindre, c'est un événement qui a lieu dans ce bref moment que tous nomment « mourir ». Il faut être certain que l'âme ne se dissipera pas alors comme un souffle ou une fumée.

« Mais l'âme, à la façon d'une fumée, disparaît sous la terre avec un petit cri » (*Iliade* XXIII 107). Chez Homère, l'âme est un fantôme privé de pensées (*phrenès*, *Iliade* XVI 857). Empédocle et pythagoriciens, en dépit de leur doctrine de la transmigration, semblent avoir vu en la *psukhè* un principe de vie matériel (Huffman **2**, p. 328-332 ; *cf.* **8** E. Rohde, *Psyche, Le Culte de l'âme chez les Grecs et leur croyance à l'immortalité*, trad. fr., Paris 1928 [2e éd. corr., Tübingen 1897], et **9** J. Bremmer, *The Early Greek concept of the soul*, Princeton 1983). Le concept subit dans le *Phédon* une mutation radicale : voir **10** M. Guéroult, « La méditation de l'âme sur l'âme dans le *Phédon* », *RMM*, 1926, p. 469-491 : cette méditation est acte d'auto-constitution.

L'argument cyclique. Un antique discours affirme que « les âmes arrivées d'ici existent là-bas, puis à nouveau font retour ici même et naissent à partir des morts ». Formulé logiquement, cela signifie que les contraires ne naissent de rien d'autre que de leurs contraires, quand ces contraires existent. Les vivants doivent naître à partir des morts car, s'ils naissaient des vivants, comme tous les vivants meurent, tout finirait par s'abîmer dans la mort si ce qui mourait ne renaissait jamais. « Vivant » et « mort » sont pris comme des termes relatifs : le devenir ne tolère aucune qualité stable et, dans le cas de propriétés contraires, admet seulement du plus et du moins. Il existe deux processus allant d'un contraire à l'autre en sens opposé : « s'éveiller » est devenir plus éveillé et « s'endormir » devenir plus endormi. Par analogie, le processus allant de plus vivant à plus mort se nomme « mourir », et le parcours inverse, qui doit exister pour que la nature ne soit pas boiteuse, se nomme « reprendre vie ». « Vivant » et « mort » peuvent se mettre au comparatif car ce qu'ils signifient est simplement que l'âme devient plus unie à son corps ou plus séparée de lui. Être « morte » n'est pour elle qu'un mode provisoire de son existence.

La réminiscence. Cébès remarque que l'argument va dans le sens de ce que Socrate a coutume de répéter, qu'apprendre n'est rien d'autre que se ressouvenir. Pour procurer à Simmias une réminiscence de ce qu'est la réminiscence, Socrate s'y prend d'une façon différente de celle du *Ménon* (81 a-86 c). Il pose (1) que pour se ressouvenir de quelque chose, il faut en avoir eu un savoir ; (2) que toutes les fois que, percevant une chose, on en conçoit une autre, il y a réminiscence ; (3) que celle-ci s'opère aussi bien à partir du semblable que du dissemblable ; (4) mais que, lorsque c'est à partir du semblable, on est forcé de réfléchir à ce dont manque ce qu'on perçoit quant à sa ressemblance avec ce qu'on conçoit : des bouts de bois qui semblent égaux sont en fait impuissants à être semblables à l'autre réalité qu'ils souhaitent manifester, l'Égal en soi. Percevoir leur déficience suppose un savoir de l'Égal qu'on ne saurait avoir acquis à partir de la perception de choses en fait inégales. Cela vaut pour toute essence *(ousia)*. L'âme a besoin des sensations pour se ressouvenir, mais elle rapporte les choses qu'elle perçoit à l'essence dont ces choses sont homonymes et cherche à en réacquérir le savoir. La réminiscence ne se réduit pas à l'instant de l'anaphore, elle coïncide avec le mouvement de l'apprendre.

Comme nous disposons de nos facultés sensibles dès que nous naissons hommes, nous devons avoir acquis ce savoir des réalités avant. Le conservons-nous notre vie durant, ou l'oublions-nous en naissant ? Le critère permettant de choisir est que celui qui sait doit pouvoir rendre compte de ce qu'il sait. Tous n'en sont manifestement pas capables, donc tous oublient et ne savent qu'à la condition de se ressouvenir. L'argument est suspendu à l'hypothèse de l'existence d'êtres « en soi » : dans la mesure où ces êtres existent, existent aussi nos âmes avant que nous soyons nés. Ni Simmias ni Cébès ne nient cette égale nécessité d'existence, mais la réminiscence ne démontre à leurs yeux que la préexistence de l'âme. Socrate juge la démonstration suffisante à condition de combiner les deux arguments.

L'argument de l'affinité. Cébès éprouve malgré tout la crainte que l'âme ne périsse à l'instant de la mort. Avant l'« incantation » destinée à le guérir, Socrate pose deux questions : (1) à quelle sorte de choses convient-il d'être dispersé ? (2) au sujet de quelle sorte de choses y a-t-il lieu de craindre qu'elle le soit et par l'action de quelle sorte de chose ? Ce à quoi il convient par nature d'être dispersé est ce qui est composé. La distinction entre composé et non composé conduit, par identifications successives, à deux séries de propriétés contraires : ce qui est non composé est toujours même que soi-même, possède une forme unique, est saisissable par le seul raisonnement, est invisible. Ce qui est composé, étant multiple et sensible, n'est jamais même que lui-même. Ce qui a été ou est composé d'une certaine manière se dissociera selon le même processus. Toutes les essences font partie des choses non composées, réellement (mais non pas dialectiquement) indivisibles.

Il existe donc deux espèces d'êtres. À laquelle de ces deux espèces appartiennent les deux réalités dont sont faits les hommes, l'âme et le corps ? Le corps offre évidemment plus de parenté avec l'espèce visible. Invisible, l'âme est plus semblable à ce qui est immuable bien qu'elle ne soit pas, par nature, exempte de changements : elle erre et tournoie lorsque, se servant des sens, elle entre en contact avec un monde en perpétuel devenir. Si en revanche elle s'attache à des réalités toujours mêmes, elle s'apparente à elles. La parenté varie en fonction de l'activité de penser mais quant à ce qui doit commander et obéir les rôles sont invariables : l'âme, faite pour diriger, est « semblable au divin », le corps, fait pour obéir, semblable à ce qui est mortel. Certaines parties du corps résistent néanmoins presque indéfiniment à leur décomposition, et il est vraisemblable que l'âme résistera encore plus longtemps, à condition de se concentrer. Elle n'est donc ni composée ni non composée, ni toujours changeante ni toujours même, elle peut devenir l'un ou l'autre selon son degré de compromission avec le corps et sa capacité de philosopher droitement.

On a cru relever une contradiction avec les analyses de la *République*, du *Phèdre* et du *Timée* affirmant la nature composée de l'âme. Mais l'argument (« retravaillé » par M. Mendelssohn, *Phaidon*, Berlin/Stettin 1767, et réfuté par Kant, *Kritik der reinen Vernunft*, 2ᵉ éd., AK. Bd. III, p. 270) ne fonde pas l'immortalité sur la simplicité (*cf.* **11** Ch. Rowe, « The affinity argument in the *Phaedo* », *RPhilos* 1991, p. 463-477).

Il ne convient pas à la nature de l'âme d'être dispersée. Pourtant, si elle s'est complètement mélangée à son corps, elle se sera condamnée au mal suprême : elle ne tiendra pour réel que ce qui est corporel, identifiera savoir et sentir, ne jugera bon que l'agréable et mauvais que le pénible. La source de cette homodoxie avec le corps n'est pas le corps lui-même mais l'appétit. Il « cloue » et « colle » l'âme au corps au point que ceux qui auront vécu en amis de l'argent ou des honneurs n'auront de cesse de se réincarner, ce qu'ils feront dans l'espèce animale à laquelle leur vie précédente les aura rendus semblables. Pour l'âme purifiée, la mort ne signifie rien d'autre que délivrance et déliaison, travail de Pénélope auquel s'emploie la philosophie. L'âme qui pense a son lieu dans « l'Hadès », l'invisible (*aeidès*), l'intelligible. Éprouvant sa parenté avec l'indissoluble, elle ne pourra craindre de se dissoudre. Socrate devine ainsi que la mort n'est pas un mal, puisqu'elle est occasion de chant, car c'est la joie qui fait chanter, pas la douleur ; comme les cygnes, oiseaux d'Apollon, Socrate chante par prescience d'un ailleurs.

Deuxième partie : la mort, destruction de l'âme (85 b-99 c). Simmias comprend que ce qui a manqué jusqu'alors est une définition de la nature de l'âme. Il propose celle qui voit dans l'âme une harmonie, car si on ne réussit pas à apprendre par soi-même ce qu'il en est, il faut choisir parmi les opinions des hommes celles qui semblent les moins contestables. Or, si on applique le raisonnement précédent à une lyre, on est forcé de soutenir que l'accord gouvernant les rapports de tension des cordes subsiste même une fois la lyre détruite, ce qui est absurde. De même, la ruine de la proportion convenable entre les qualités opposées composant le corps est incompatible avec la présence de l'âme : ce mélange bien tempéré qu'est la vie dépend de l'état du corps. Si l'âme est une harmonie, elle disparaît la première, bien avant que le corps dont elle était l'harmonie ne se corrompe.

Sur la théorie de l'âme-harmonie, *cf.* Aristote, *De an.* 407 b, et fr. 45 Ross ; Plotin, *Enn.* IV 7 [2] 8[4] ; Philopon, *in De an.*, p. 141-142 Hayduck (*CAG* XV 1).

Cébès accorde la préexistence de l'âme et conteste qu'elle soit chose plus faible et moins durable que le corps : elle ne se contente pas d'être présente au corps mais le « tisse » continuellement. De même qu'un vieux tisserand a usé et remplacé une grande quantité de vêtements tout au long de sa vie et que sa disparition ne survient la première que relativement au dernier vêtement tissé, l'âme ne cesse de restaurer un corps qui s'altère perpétuellement. Rien n'empêche donc qu'une même âme, puisqu'elle use successivement un grand nombre de corps au cours d'une même vie, puisse animer un grand nombre de corps au cours de plusieurs vies. Elle peut traverser une série de naissances et de morts, mais elle s'épuisera et finira par périr, et il est impossible de savoir quelle mort signifiera sa destruction.

Ces objections produisent sur les assistants une défiance envers les raisonnements. Pour Socrate, la misologie a même origine que la misanthropie : l'ignorance du fait que tout maniement correct d'une réalité requiert une compétence, ce qui engendre des déceptions successives. Le misanthrope se trompe sur la nature de l'objet : la grande majorité des hommes ne se situe pas dans les extrêmes. Voyant qu'il est possible de fabriquer à volonté des raisonnements contradictoires, le misologue juge pour sa part que la faute en revient aux raisonnements alors que la variabilité et l'ambiguïté des choses en sont responsables : il se trompe en choisissant ces choses pour objets de discours. Les raisonnements ne peuvent être toujours vrais qu'à condition de porter sur des êtres toujours mêmes. Ce changement d'orientation du *logos* entraîne que c'est de la vérité, non de Socrate qu'il faut se préoccuper. Pour Socrate, un pari suffit : si ce à quoi il croit se révèle être vrai, il ne peut que s'en trouver bien ; mais si « une fois qu'on a cessé de vivre, il n'y a rien » il s'en trouvera bien quand même puisqu'il n'aura pas importuné de ses lamentations ceux qui l'entourent.

La conception de l'âme-harmonie entraîne deux conséquences : la subordination des états du composé aux états de ses composants, et la relativité des propriétés du composé à son mode de composition. Pour réfuter la seconde, il suffit de comprendre qu'il peut exister des différences d'étendue et de nombre de degrés entre les différentes espèces d'harmonies, mais non à l'intérieur d'une même espèce. Toutes les âmes étant semblablement harmonisées, elles sont toutes semblablement des âmes. Pourtant, on dit de certaines qu'elles sont vertueuses et d'autres non. Si on rend compte de cette différence en faisant de la vertu une harmonie, il faut admettre qu'une âme vertueuse est plus harmonisée, donc plus âme qu'une autre. En outre, une âme ne peut pas à la fois être et contenir en elle de l'harmonie. Enfin, si l'âme est une harmonie, elle ne peut participer à cette dysharmonie qu'est le vice : toutes les âmes seraient semblablement bonnes. Quant à la première conséquence, elle implique que les états de l'âme dépendent des états du corps : l'âme ne pourrait donc ni s'opposer à eux ni leur résister. Or elle le fait, en utilisant la médecine et la gymnastique et en dialoguant avec les appétits, colères, peurs (la division de l'âme en rationnelle et irrationnelle est ici en germe). L'âme est « chose trop divine pour n'être qu'harmonie ».

Cébès posait selon Socrate la question suivante : quelle est la cause de la génération et de la corruption ? Elle relève de « ce qu'on nomme l'enquête *(historia)* sur la nature ». Dans sa jeunesse, Socrate attendait d'elle qu'elle lui fasse connaître pourquoi chaque chose advient, périt, et existe. Il s'intéressait aux problèmes scientifiques du temps mais, prenant rapidement conscience du caractère contradictoire des solutions apportées, il décide d'abandonner ce type d'explications. Il a éprouvé sa plus grande déception face à Anaxagore (☞A 158) : il pensait trouver chez lui un monde qui serait l'œuvre d'un Intellect se livrant, en gros et en détail, au calcul du meilleur, et découvre que l'impulsion initiale une fois donnée l'Intellect laisse place à des causes matérielles et mécaniques. Pourtant, l'intellect de Socrate peut choisir le meilleur et maintenir son corps plié sur ce lit au lieu de l'emporter du côté de Mégare ou de la Béotie : ce que peut faire l'intellect d'un homme, l'Intellect diacosmique devrait pouvoir le faire à l'échelle du tout.

La traduction de cette page du *Phédon* constitue l'essentiel du § 20 du *Discours de Métaphysique* de Leibniz, qui identifie principe du meilleur et principe de raison.

Troisième partie : la mort, contraire de la vie (99c-107d). Socrate entreprend donc une « seconde navigation ».

L'expression signifie soit un procédé de remplacement (Ménandre, fr. 241 Kock), soit une traversée plus sûre (scholie). On y voit souvent un pis-aller, mais en *Philèbe*, 19 c il s'agit d'un changement radical de direction, et c'est probablement aussi le cas dans le *Phédon*.

Ce qui mérite le nom de cause n'est pas ce qui engendre, même de la meilleure manière possible, mais ce qui rend intelligible. Socrate renonce donc aux causes finales et fuit vers les *logoi*. Car si on se tourne vers les essences intelligibles, il faut faire comme ceux qui, étudiant une éclipse de soleil, regardent son image dans l'eau : à vouloir regarder en face on risque de ne rien voir et de ruiner l'organe de la vision. La différence est que la vision dans l'eau n'atteint que l'image du soleil alors que les raisonnements, bien qu'indirects, saisissent les êtres réels dont les perceptions n'appréhendent que les images.

Son élan vers ce qui mérite le nom de cause a conduit Socrate à poser, en chaque cas, un *logos* ayant pour contenu une chose toujours même et pour unique formule : « c'est par une Forme X qu'une chose possède la nature ou la propriété d'être x. » Socrate affirme qu'il ne dit là rien de nouveau.

La majorité des commentateurs est d'un avis opposé : la théorie des Idées, ou Formes intelligibles, ne s'élaborerait que dans le *Phédon* ; il ne s'agirait auparavant que d'idées générales dégagées par induction. La causalité des Formes est pourtant affirmée dans l'*Hippias Majeur* (287 b-d), l'*Euthyphron* (6 d-e), le *Ménon* (72 c) et le *Cratyle* (439 d-e, 440 b).

Toute possession ou acquisition d'une essence ou d'une propriété doit être tenue pour une participation ou une entrée en participation à une Forme. Il est juste indiqué qu'il peut s'agir de communauté – ce terme s'appliquera dans le *Sophiste* aux relations entre Formes – ou de présence, terme plus adapté au rapport entre choses et Formes. L'hypothèse de la causalité des Formes mettra le *logos* à l'abri des contradictions du devenir, donc de l'antilogie et de la misologie. Si quelqu'un s'attaque à l'hypothèse elle-même, il faut d'abord examiner si les conséquences qui en découlent sont consonantes entre elles. Si, dans un ensemble de choses, on constate des dissonances, cela signifie qu'il est impossible de les référer toutes à une même Forme, donc qu'on a donné à certaines un nom ou un prédicat incorrect. La cohérence établie, on rendra ensuite compte de l'hypothèse en la rattachant à une autre hypothèse « d'en haut » (*anôthen* indique la provenance, non la direction où aller : il n'y a pas ici de remontée), c'est-à-dire à une autre Forme, jusqu'à ce qu'on atteigne « quelque chose de suffisant ». Le but est de « découvrir quelque chose de ce qui est », de définir suffisamment une première Forme en en introduisant une ou plusieurs autres.

La première occurrence d'*eidos* au sens de Forme est liée à la causalité ; tant qu'il affirmait l'existence d'êtres en soi, Socrate ne parlait que d'essences (*ousiai*, *cf.* **12** M. Dixsaut, « *Ousia*, *eidos* et *idea* dans le *Phédon* », *RPhilos* 1991, p. 479-500). Sur l'identification discutable du « quelque chose de suffisant » avec une ἀρχὴ ἀνυπόθετος ou avec le Bien, voir la note lapidaire de Burnet **16** [cité plus loin] *ad* 101e p. 101.

Parce qu'elle participe à cette sorte de causes aucune chose ne peut être dite posséder une propriété et son contraire. Pourtant, Simmias, plus grand que Socrate et plus petit que Phédon, possède bien en lui grandeur et petitesse. Mais aucun contraire en soi ou en nous ne peut ni être ni devenir son propre contraire : ou bien

il s'en va, ou bien il périt. Un anonyme rappelle qu'il y avait eu accord sur la génération des contraires ; Socrate précise qu'il faut distinguer choses et Formes
contraires, ce qui l'amène à formuler un dernier argument.

Sa stratégie consiste à étendre le principe d'exclusion des contraires. Les
Formes excluent leurs contraires directs, mais le caractère composé des choses
sensibles et la multiplicité des rapports dans lesquels elles entrent rendent possible
leur possession de propriétés contraires, partielle et simultanée dans le premier cas,
relative dans le second. La participation empêche seulement ces choses de subir les
contrariétés du devenir « sans cesse, en tous points et de toutes les façons », mais
elles n'ont pas en elles-mêmes la puissance d'exclure les contraires. Il y a pourtant
des exceptions. La Forme Neige n'a pas de contraire direct, mais comme elle
participe essentiellement au Froid, elle a pour contraire indirect le Chaud ; il en va
de même de la neige sensible : quand la chaleur s'approche, elle ne peut que
s'enfuir ou fondre, donc cesser d'être neige. La règle de l'exclusion des contraires
vaut donc, s'agissant des Formes, pour les contraires directs et indirects, et,
s'agissant des choses, seulement pour celles possédant un contraire indirect par
double participation essentielle. Les cas de ce genre sont ceux où l'action des
Formes sur les choses est la plus forte. Plus le pâtir eidétique est grand, moins la
chose « s'écarte du caractère essentiel *(idea)* qui est le sien ». En contraignant la
chose à avoir son *idea* et à s'y tenir, la Forme la contraint à correspondre à son
nom autant qu'il est possible.

À partir du modèle binaire de la causalité naïve et sûre (Chaleur-chaud), on
peut rattraper les causes « raffinées » (efficientes) et construire un modèle ternaire
(chaleur-feu-chaud) puisqu'il existe une relation essentielle entre Feu et Chaleur. Il
faut cependant étendre le principe une troisième fois, car l'âme ne participe pas
essentiellement à deux Formes. Mais elle apporte toujours la vie avec elle « et
jamais ce qui apporte n'admet le contraire de ce qui est apporté par lui ». L'âme a
pour contraire indirect la mort. En vertu de la règle sémantique qui veut que le α-
privatif signifie « qui ne peut pas recevoir », l'âme est immortelle : *a-thanatos* :
« mort » n'est pas un prédicat attribuable à « âme ». Cependant, pour le dire comme
Straton (*cf.* Westerink **24** [cité plus loin], II, I 431-448, p. 231-234), l'argument a
seulement démontré que « l'âme est immortelle, tant qu'elle existe ». Car la
seconde branche de l'alternative persiste : il n'est pas impossible que l'âme puisse
périr. Reste donc à prouver qu'elle est indestructible.

Si on peut démontrer qu'un prédicat appartient nécessairement à un sujet,
comment prouver la nature indestructible d'une existence ? Cébès juge qu'il serait
absurde de penser que ce qui est immortel, étant éternel, pourrait se corrompre.
Socrate acquiesce : les dieux, la Forme de la Vie sont éternels donc indestructibles.
Définir l'âme comme un principe de vie permettrait de lui accorder un mode
d'existence identique ; « plus que tout donc (...) l'âme est chose immortelle et
indestructible ». Mais Socrate ajoute « et bien réellement nos âmes à nous existe-
ront dans l'Hadès ». Or nos âmes ne jouissent pas de l'existence atemporelle d'un
principe, elles peuvent seulement, en pensant, s'apparenter à cette sorte d'existen-

ce. Simmias doute encore et Socrate lui prescrit d'aller aussi loin, mais pas plus, que le logos peut aller.

Quelles preuves de l'immortalité de l'âme faut-il juger conclusives ? Les commentateurs anciens semblent avoir dénombré cinq preuves : par les opposés, la réminiscence, l'affinité, l'harmonie et l'essence, alors que les modernes en retiennent généralement quatre (excluant la preuve par l'harmonie). Presque tous jugent la dernière seule conclusive, à l'exception de Plotin et Jamblique pour qui toutes l'étaient (*cf.* Olympiodore dans Westerink **24** [cité plus loin], I, 13 4, p. 172-175). On peut estimer avec **13** H. G. Gadamer (« Unsterblichkeitsbeweise in Platons *Phaidon* », dans *Wirklichkeit und Reflexion* = Mélanges W. Schulz, Pfullingen 1973, trad. angl. dans *Dialogue and dialectic, Eight hermeneutical studies on Plato,* New Haven/London 1980, p. 21-38) que chaque argument n'est que l'étape d'une réflexion dialectique dont le but n'est nullement de démontrer l'immortalité de l'âme, mais d'articuler et approfondir la « compréhension toujours en éveil que l'âme a d'elle-même et de ce qui est ».

Le mythe (107d-115a). Pour un philosophe, la mort signifie le passage dans un lieu intelligible, mais pour tous les hommes et l'homme que le philosophe est aussi, c'est un voyage dans l'au-delà. Si voyage il y a, il faut croire que l'âme ne pourra pas se débarrasser d'elle-même, qu'elle aura pour bagage sa vie telle qu'elle l'aura menée et qu'elle sera jugée en fonction d'elle. Ce jugement suppose un espace où chaque espèce d'âme trouvera son lieu propre, d'où la géographie infernale dessinée par le mythe : ceux qui auront vécu une existence moyenne – la très grande majorité – résideront sur le lac Achérousias ; les incurables seront jetés dans le Tartare (ce « cœur » de la Terre) d'où ils ne ressortiront pas ; quant aux auteurs de crimes qui ne semblent pas inexpiables, les meurtriers de sang-froid suivront le cours glacé du Cocyte, ceux qui auront commis des crimes violents seront emportés par le bouillant Pyriphlégéthon. Les « bons » enfin seront divisés en hommes pieux qui seront transportés à la surface de la Terre, et en philosophes qui iront, délivrés de leur corps, habiter des régions encore plus belles. Pour échapper aux châtiments d'après la mort nul autre moyen que de vivre une vie pure, et la meilleure vie est celle qui ajoute liberté et vérité aux vertus communes. Tout, dans cette histoire, conclut Socrate, ne mérite pas adhésion ; mais la croire, ou croire qu'il en va à peu près ainsi, est un risque qui mérite d'être couru. Il consiste à espérer qu'on n'aura pas été philosophe pour rien et que nos âmes devront habiter des lieux qui leur ressemblent. La vie d'après n'est que la métaphore de celle d'ici, le mythe comporte une bonne dose d'ironie et il y a moins rétribution que typologie.

Socrate meurt (115a-118a). Socrate passe alors dans une autre salle pour y prendre son bain et parler avec sa famille. Non sans avoir encore une fois rappelé à Criton qu'il ne faut pas appeler « Socrate » un cadavre, et comprendre la différence qu'il a tout au long tenté d'établir entre le « je » de « je mourrai » et le « je » de « je pense ». Quand il revient, Socrate boit le poison « avec facilité ». Ses dernières paroles recommandant à Criton de ne pas oublier que « nous devons un coq à Esculape ».

De quoi Esculape « nous » a-t-il guéris ? D'une vie clouée au corps, de la peur de la mort, de la misologie ? Ou des trois à la fois ? Ou encore, cette dernière parole, événement fondateur de la philosophie occidentale, renvoie-t-elle « au souci que les dieux ont des hommes pour qu'ils aient souci d'eux-mêmes, sous la forme du sacrifice à Asklèpios » ? voir **37** M. Foucault, *Le courage de la vérité, Le gouvernement de soi et des autres,* t. II, Paris 2009.

ÉDITIONS, TRADUCTIONS ET COMMENTAIRES

Toutes les éditions du *Phédon* sont redevables à la collation des mss faite par Bekker (1825), Stallbaum (1833) et Schanz (1875). La dernière édition du texte grec est celle de **14** J. C. G. Strachan, dans E. A. Duke *et alii, Platonis Opera,* t. I, *Tetralogias I-II continens,* Oxford/New York 1995. Destinée à remplacer celle de **15** J. Burnet, *Platonis Opera,* t. I, *Tetralogias I-II continens,* Oxford 1900, elle n'apporte que fort peu de modifications par rapport au petit nombre de celles établies par **16** Burnet lui-même dans son *Plato's Phaedo,* ed. with introd. and notes, Oxford 1911.

Sur les trois familles de mss, β, T et δ, voir Duke *et al.* **14**, p. V-XIII, Le classement s'inspire de **17** A. Carlini, *Studi sulla tradizione antica e medievale del Fedone,* Roma 1972, qui note que, pour le *Phédon,* la famille de δ n'a pas de rapport avec les deux autres mais dérive sans doute directement de l'archétype lui-même. Sur la valeur à accorder à la foule de papyrus, très divers par leur étendue, leur date et leur valeur, voir **18** A. Carlini, « Sul papiro Flinders Petrie I 5-8 del *Fedone* », dans *Studi su codici e papiri filosofici : Platone, Aristotele, Ierocle,* Firenze 1992, p. 147-159. Il conteste le refus de Burnet **15** d'en tenir compte, mais le seul exemple convaincant (p. 158-159) est une leçon du papyrus Flinders Petrie I. 7 pour 82 d 4-5. Sur la tradition indirecte, voir Vicaire **3**, p. XCV-XCVIII. On dispose d'une bonne traduction latine (1146) de **19** Henri Aristippe (*Plato latinus,* éd. R. Klibansky, vol. 2 *Phaedo,* ed. et praef. instruxit L. Minuo-Paluello adjuv. H. J. Drossaart Lulofs, London 1950), faite à partir d'un ms. grec perdu se rattachant à δ. Pour les difficultés textuelles voir **20** W. J. Verdenius, « Notes on Plato's *Phaedo* », *Mnemosyne* 11, 1958, p. 193-243.

Commentaires antiques. Sur la tradition exégétique du *Phédon,* voir Westerink **24**, I, p. 7-20. **21** Alcinoos, *Didaskalikos,* chap. 25. **22** J. M. Dillon, « Harpocration's Commentary on Plato : Fragments of a Middle Platonic Commentary », *CSCA* 4, 1971, *cf.* p. 129-139. **23** *Iamblichi Chalcidensis in Platonis Dialogos Commentariorum Fragmenta,* trad. et comm. de J. M. Dillon, Leiden 1973, *cf.* p. 39-44. **24** *The Greek Commentaries on Plato's Phaedo,* L. G. Westerink édit., vol. I : *Olympiodore,* Amsterdam/Oxford/New York 1976; vol. II : *Damascius, ibid.* 1977 (probablement le résumé d'un commentaire perdu de Proclus, abondamment annoté par Damascius).

Commentaires modernes. Le *Phédon,* le plus long dialogue à l'exception de la *République* et des *Lois,* a été aussi le plus lu. On ne mentionnera que les ouvrages marquant une étape dans l'interprétation, ou les plus précis et détaillés, à partir de la deuxième moitié du XXᵉ siècle (pour une bibliographie plus complète voir Dixsaut **32** [cité plus loin], p. 411-423). **25** R. Hackforth, *Plato's Phaedo,* transl. with introd. and comm., Cambridge 1955 ; **26** R. S. Bluck, *Plato's Phaedo,* A transl. with introd., notes and appendices, London 1955, qui instaure une ligne interprétative « analytique », modérée chez **27** D. Frede, *Platons 'Phaidon', Werkinterpretationen,* Darmstadt 1999, radicale chez **28** D. Bostock, *Plato's Phaedo,* Oxford 1986. Opposés à cette tendance, **29** K. Dorter, *Phaedo : An Interpretation,* Toronto/Buffalo/London 1982, **30** R. Burger *The Phaedo, A Platonic Labyrinth,*

Yale 1984, **31** D. A. White, *Myth and Metaphysics in Plato's "Phaedo"*, London/
Toronto 1989. Pour un refus de la distinction entre littéraire et « philosophique »
identifié à argumentatif, voir **32** M. Dixsaut, *Platon. Phédon*, trad. nouvelle, introd.
et notes, coll. *GF* 489, Paris 2ᵉ éd. corr. 1991. **33** Th. Ebert, *Platon, Phaidon*.
Übersetz. und Komm., Göttingen 2004, affirme l'influence pythagoricienne contre
toute méfiance « hypercritique ». Se présentent comme un ensemble précieux de
notes à la traduction **34** R. Loriaux, *Le Phédon de Platon, Commentaire et
traduction*, t. I (57a-84b), Namur 1969, t. II (84b-118a), *ibid.*, 1975, **35** D. Gallop,
Plato. Phaedo, transl. with notes, Oxford 1975, et **36** Ch. Rowe, *Plato, Phaedo*,
Cambridge 1993.

MONIQUE DIXSAUT.

CRATYLE (Κράτυλος)

Dans le *Cratyle* Socrate s'interroge, au cours d'une discussion avec Hermogène
(➤H 94) et Cratyle (➤C 210), sur le rapport que peuvent entretenir les mots et les
choses qu'ils désignent. Fils du richissime Hipponicos, Hermogène, qui pour une
raison inconnue est pauvre, a pour demi-frère Callias [➤C 16] (c'est dans sa
maison que Platon situe le *Protagoras*) qui héritera de la fortune de son père et
pour demi-sœur Hipparété qui épousera Alcibiade (➤A 86) ; il fait partie des
intimes de Socrate et l'assistera dans ses derniers moments (*Phédon* 59 b). Cratyle
suscite beaucoup plus de questions. Certains l'ont considéré comme une figure
littéraire (E. Dupréel) ; d'autres (S. Mouraviev) comme une figure historique dont
il est possible de reconstituer la doctrine ; d'autres enfin l'ont considéré comme le
prête-nom d'un sophiste : Antisthène [➤A 211] (J. Derbolav), Héraclide du Pont
[➤H 60] (M. Warburg) ou comme exposant une doctrine que l'on peut rattacher à
Protagoras [➤P 302] (M. Narcy). Il n'est pas facile de concilier ces hypothèses
avec le témoignage d'Aristote qui paraît lier la thèse héraclitéenne extrême de
Cratyle à la nécessité de son silence.

Socrate fait d'abord reconnaître au jeune Hermogène, qui soutient une thèse
conventionnaliste, que les noms sont des instruments dotés d'une certaine
« nature » pour « enseigner les choses ». Mais ces instruments sont faillibles,
comme il le montre ensuite à Cratyle, qui soutient une thèse naturaliste. Personnage peu loquace qui se présente comme un héraclitéen, Cratyle n'est pas totalement convaincu par Socrate.

Quelles étaient les cibles de Platon en écrivant ce dialogue qui nous semble si
déconcertant ? Une fois encore, Platon s'attaque à la double orientation qu'avait
alors prise l'éducation (*paideía*). Il refuse de ramener tout le savoir de l'époque à
ses origines, la lecture de poètes, et dénonce l'exigence de l'interprétation « allégorique » qui en découle, exigence dont Euthyphron donne un bon exemple dans le
dialogue éponyme, qui s'appuie sur la prémisse erronée d'un accès possible à la
réalité brute des mots. Platon lutte également contre les prétentions des grands
ténors de la sophistique, Prodicos (➤P 296) et Protagoras, à rendre compte de
l'étymologie en fondant le langage sur la connaissance du sensible. Pour le Platon

du *Cratyle*, les noms sont les images des réalités véritables, les Formes qui se situent au-delà du sensible. Et c'est dans le *Sophiste* que le problème posé dans le *Cratyle* sera résolu. La rectitude d'un terme dépend d'un accord sur une définition explicitant « ce qu'est » la réalité recherchée et obtenue au terme d'une discussion rigoureuse qui obéit aux règles de la dialectique. Considéré de ce point de vue, le *Cratyle* est un dialogue qui marque une étape importante dans l'histoire de la linguistique et qui dénonce l'usage d'une allégorie fondée sur l'étymologie ; sur ce dernier point, le commentaire de Proclus illustre bien la position de l'École d'Athènes.

Le *Cratyle* reste pourtant un dialogue énigmatique. On y trouve l'intrusion d'un passage (437 d 10 - 438 a 2) que nous transmet le seul manuscrit W et qui serait une autre version de 438 a 3 - b 3, et une variante de 438 a 3 - b 4, et 385 b 2 - d 1 ; une mention en 408 d de l'éther comme élément distinct qu'on ne retrouve pas avant Aristote ; et le fait de considérer la terre comme un corps mobile en 397 c-d, ce qui ne correspond pas à ce que l'on trouve dans le *Timée* (40 b-c).

Traductions récentes. 1 Platone, *Cratilo*. Traduzione e introduzione di Fr. Aronadio, coll « Economica Laterza » 89, Roma 1996; **2** Platon, *Cratyle*. Traduction inédite, introduction, notes, bibliographie et index par Catherine Dalimier, coll. *GF* 954, Paris 1998.

Commentaires. *Antique :* **3** Proclus Diadochus, *In Platonis Cratylum Commentaria*, ed. G. Pasquali, coll. *BT,* Leipzig 1908, réimpr. Stuttgart 1994. *Modernes :* **4** T. M. S. Baxter, *The Cratylus. Plato's Critique of Naming*, Leiden 1992.

Études d'orientation. 5 G. Casertano (édit.), *Il Cratilo di Platone. Struttura e problematiche*, Napoli 2005 (recueil d'études); **6** K. Gaiser, *Name und Sache in Platons Kratylos*, Heidelberg 1974 ; **7** K. C. Rijlaarsdam, *Platon über die Sprache : Ein Kommentar zum Kratylos*, Utrecht 1978 ; **8** D. Sedley, *Plato's Cratylus*, Cambridge 2003.

Cf. 9 É. Dupréel, *La légende socratique et les sources de Platon*, Bruxelles 1922, p. 323 ; **10** S. Mouraviev, notice « Cratylos », C 210, *DPhA* II, 1995, p. 503-510 ; **11** J. Derbolav, *Platons Sprachphilosophie im Kratylos und in den späteren Schriften*, Darmstadt 1972, p. 221-312 ; **12** M. Warburg, *Zwei Fragen zum Kratylos*, Berlin 1929 ; **13** M. Narcy, « Cratyle par lui-même », *RPhA* 5, 1987, p. 151-165.

LUC BRISSON.

THÉÉTÈTE (Θεαίτητος)

À la fin du *Théétète* (210d), Socrate donne rendez-vous pour le lendemain à Théodore, à l'entremise duquel il doit d'avoir eu la conversation qu'on vient de lire avec le jeune Théétète ; c'est en soulignant qu'il honore dûment ce rendez-vous que ledit Théodore ouvre le *Sophiste* (216a1-2) : façon évidemment pour Platon d'affirmer une continuité entre les deux dialogues. Le *Politique*, d'autre part, prenant lui-même la suite du *Sophiste*, le *Théétète* se trouve, par la volonté explicite de son auteur, former avec *Sophiste* et *Politique* une trilogie dont Thrasylle a à juste titre respecté l'intégrité en se bornant à y ajouter le *Cratyle* pour constituer sa deuxième tétralogie.

DATE DE COMPOSITION

La stylométrie permet de fixer avec une forte probabilité la place du *Théétète* dans la chronologie relative des dialogues. Les critères stylométriques attestent en effet l'appartenance du *Sophiste* au même groupe que les *Lois*, groupe tenu pour cette raison pour celui des derniers dialogues de Platon. Bien que l'ordre de succession des dialogues au sein des groupes distingués par la stylométrie reste problématique, il existe cependant, selon **1** Ch. Kahn, « On Platonic Chronology », dans J. Annas et C. Rowe (édit.), *New Perspectives on Plato, Modern and Ancient*, coll. « Center for Hellenic Studies Colloquia » 6, Cambridge, Mass. 2002, p. 93-127, cit. p. 104, au moins un indice permettant de conclure que, des derniers dialogues, le *Sophiste* fut écrit en premier.

Il s'agit du fait, relevé par **2** M. Schanz, « Zur Entwickelung des platonischen Stils », *Hermes* 21, 1886, p. 439-459, cit. p. 442, que le *Sophiste* est le seul de son groupe où figure une occurrence de l'expression τῷ ὄντι, remplacée par ὄντως dans les autres dialogues du même groupe, employée au contraire à l'exclusion de ὄντως dans ceux du premier groupe, et concurremment avec ὄντως, dans des proportions variables, dans ceux du groupe « de transition » auquel appartient le *Théétète*.

L'application de ce critère au *Théétète* indique sa postériorité par rapport au *Phèdre*. (D'autres indices, rassemblés par **3** L. Brandwood, *The Chronology of Plato's Dialogues*, Cambridge 1990, p. 251 et n. 9, vont dans le même sens.) Cependant, il paraît naturel de considérer la mention par Socrate, dans le *Théétète* (183e7), de sa rencontre avec Parménide comme une référence au dialogue du même nom, ce qui implique, pour le *Théétète*, une date postérieure au *Parménide*. Si l'on exclut que la *République* soit elle-même postérieure au *Parménide*, il apparaît que le *Théétète* et le *Phèdre* sont les plus tardifs du groupe « de transition » : à supposer même que le *Phèdre* soit postérieur à notre dialogue, on peut cependant conclure avec vraisemblance que Platon n'est pas loin de la vérité quand, mettant en continuité la fin du *Théétète* et le début du *Sophiste*, il donne à entendre que les deux dialogues ont été écrits à la suite l'un de l'autre. De cette conclusion résulte évidemment une datation tardive pour la rédaction du *Théétète*.

Ce point a cependant été mis en question à partir de l'édition par **4** H. Diels et W. Schubart d'un papyrus contenant un commentaire du *Théétète* (*Anonymer Kommentar zu Platons Theaetet* (*Papyrus 9782*), Berlin 1905 ; nouv. éd. par **5** G. Bastianini et D. N. Sedley, dans *CPF*, Parte III : *Commentari*, Firenze 1995, p. 227-562), qui fait mention (col. III 28-37) d'un prologue différent de celui qui ouvre l'ouvrage tel qu'il nous est parvenu. Le prologue que nous connaissons met en scène la rencontre à Mégare de deux personnages, Euclide et Terpsion : Euclide raconte qu'il vient de faire escorte, jusqu'à la limite du territoire athénien, à Théétète qu'on ramène de Corinthe à Athènes, souffrant de blessures reçues au combat et d'une dysenterie. C'est pour lui l'occasion d'évoquer la conversation qu'eut autrefois Socrate avec Théétète, alors tout jeune homme, et, pour Terpsion, celle d'obtenir d'Euclide la lecture de la version écrite qu'il a faite de cette conversation. Le prologue s'achève ainsi sur l'ordre donné à un esclave d'en donner lecture :

« prends le livre et parle » (143c8). Au dire du commentateur anonyme, il circulait à son époque un autre prologue, « un peu froid » et comptant à peu près le même nombre de lignes, mais qui commençait au contraire sur les mots : « Est-ce bien le discours sur Théétète que tu apportes, mon garçon ? » (col. III 33-34.)

À partir de cette information, on a supposé que le dialogue comportait initialement un autre prologue, limité peut-être à l'exposition par Euclide de la façon dont il avait mis par écrit, avec l'aide de Socrate, la conversation de ce dernier avec Théétète, et du motif pour lequel il avait adopté dans sa rédaction le style direct ; à ce prologue aurait été substitué, après la mort de Théétète, dans l'intention d'honorer sa mémoire, celui qui nous est parvenu. Sans entrer dans le détail des spéculations auxquelles cette supposition a donné lieu (voir la bibliographie dans Bastianini et Sedley **5**, p. 486), on peut relever qu'elles font toutes bon marché du second volet de l'information donnée par le commentateur anonyme, à savoir que c'est le prologue actuel qui est « l'authentique » (col. III 35-37), affirmation dont on ne voit pas bien pourquoi elle serait moins fiable que la première.

DATE DRAMATIQUE

La date dramatique de l'entretien entre Socrate, Théodore et Théétète est indiquée de façon assez claire. Aux dernières lignes du dialogue (21 d2-4), Socrate prend congé pour se rendre au Portique du Roi, à cause de l'accusation déposée contre lui par Mélétos : sa conversation avec Théodore et Théétète a donc lieu alors qu'est engagée la procédure qui aboutira à sa condamnation, c'est-à-dire quelques semaines avant sa mort (399[a]).

La date dramatique du prologue donne en revanche matière à débat. Euclide revient d'escorter Théétète qu'on ramenait à Athènes, mourant, de Corinthe où il a quitté l'armée. Blessé, Théétète est surtout (μᾶλλον μὴν), dit Euclide, victime d'une épidémie de dysenterie qui s'est répandue dans l'armée athénienne (142a6-b5). La date à laquelle se situe la scène est évidemment fonction de celle de la bataille à laquelle a participé Théétète. Ignorée des historiens, l'épidémie de dysenterie sur laquelle insiste Platon ne nous est d'aucune aide pour fixer cette date. Reste donc à savoir quelles batailles ont livrées des forces athéniennes à Corinthe. On a pensé à la bataille de Némée (394[a]) où, au début de la guerre de Corinthe, les hoplites athéniens furent engagés au sein de la coalition anti-spartiate. Si Théétète est mort à cette date, cinq ans après Socrate, il est mort fort jeune, puisqu'il n'était encore, au moment de leur rencontre en 399[a], qu'un adolescent (μειράκιον, 142c6, 143e5), dont la croissance n'était même pas achevée si l'on en croit un sophisme imaginé par Socrate (155b7-c1) : outre qu'on comprend mal les égards témoignés cinq ans plus tard par Euclide à un jeune homme d'à peine plus de vingt ans, lui faisant escorte jusqu'aux confins de la Mégaride, il faut noter qu'il en parle avec Terpsion comme d'un homme fait (ἄνδρα, 142b6), à la réputation affirmée de καλὸς κἀγαθός (142b7-c1). Par ailleurs, on imagine mal que Théétète ait eu, avant l'âge de vingt-trois ans, le temps de répondre aux attentes exprimées par Socrate à son sujet et jugées véritablement divinatoires par Euclide (142c4-5, d1-3) – en particulier, qu'il ait pu réaliser toute l'œuvre mathématique dont il est crédité. Pour cette raison, depuis **6** Eva Sachs, *De Theaeteto Atheniensi Mathematico*, Berlin 1914, on pense que la bataille où fut blessé Théétète est celle que livrèrent les Athéniens, cette fois alliés des Lacédémoniens, pour défendre Corinthe contre une attaque des Thébains conduits par Épaminondas (Diodore de Sicile, XV 69), ce qui nous place en 369ᵃ. **7** Auguste Diès, dans la « Notice » de son édition et traduction du *Théétète* (Platon, *Œuvres complètes*, t. VIII, 2ᵉ partie, *CUF*, Paris 1926, p. 120-121), a en outre montré combien cette date, par son éloignement de celle où eut lieu l'entretien, rend nécessaire le prologue : alors que, trente ans après en avoir recueilli le récit, on peut douter qu'Euclide soit en mesure de rapporter de mémoire la conversation entre Socrate, Théodore et Théétète, la lecture d'une version mise par écrit du vivant même de Socrate et sous son contrôle offre au dialogue une garantie de vraisemblance.

Arguant du court intervalle de temps entre l'entretien noté par Euclide et la mort de Socrate, on a cependant trouvé invraisemblable qu'il ait pu, comme il le prétend (143a1-5), améliorer sa rédaction grâce à des visites répétées à Socrate. Mais comme l'a fait remarquer **8** Debra Nails, *The People of Plato*, Indianapolis 2002, *s. v.* « Euclides of Megara », p. 145, il a pu se passer au moins six semaines, voire quelques mois, entre l'entretien lui-même et la mort de Socrate. La même D. Nails **8**, *s. v.* « Theaetetus », p. 276-277, a d'autre part opté, contre l'opinion aujourd'hui dominante, pour un retour à une datation dramatique haute du prologue (391ᵃ), mais ses arguments ne peuvent cette fois être retenus : à l'objection qu'il est peu vraisemblable qu'en 369ᵃ Athènes ait mobilisé des hommes de 46 ans comme hoplites, on peut répondre que Socrate, à 47 ans, combattait à Amphipolis (*cf.* Nails **8**, *s. v.* « Socrates », p. 265) ; d'autre part, le trajet effectué par Euclide de Mégare à Érinos et retour, soit 30 km, lui paraît peu vraisemblable pour un homme de 81 ans : mais Platon ne se soucie pas davantage de vraisemblance quand il fait parcourir aux trois vieillards des *Lois* plus de 40 km sans autre soutien que leur conversation.

À moins de supposer une composition du prologue postérieure à celle du dialogue principal (supposition qui remonte au commentateur anonyme, col. III 37-49), la datation dramatique basse du prologue concorde avec les critères stylométriques qui font du *Théétète* l'un des derniers dialogues du groupe intermédiaire ; une datation haute, cependant, n'y contredit pas non plus, rien ne s'opposant à ce que Platon ait écrit un dialogue dont la date dramatique serait bien antérieure à sa date de composition.

PERSONNAGES

Euclide (➻E 82). Mentionné dans le *Phédon* (59c2) en compagnie de Terpsion parmi les disciples présents à la mort de Socrate, c'est un disciple assez assidu pour faire fréquemment le trajet de Mégare à Athènes (y compris, selon une anecdote peut-être légendaire, nuitamment et travesti en femme à un moment où les Mégariens étaient interdits de séjour à Athènes), mais sans y transporter sa résidence. Ni le *Phédon* ni le *Théétète* ne contiennent d'allusion à l'« école » dont il passe pour le fondateur.

Terpsion. Compatriote d'Euclide, présent avec ce dernier à la mort de Socrate (*Phédon*, 59c2). C'est sans doute son compagnonnage avec Euclide qui lui vaut d'être encore mentionné avec ce dernier par Olympiodore (*in Arist. Categ. proleg.* 3, 17 Busse = *SSR* I H 9, 19) comme initiateur de la « philosophie mégarique », à laquelle on ne lui connaît pas par ailleurs de contribution. À part le témoignage à lui attribué par un personnage du *Démon de Socrate* de Plutarque (11, 581 A = *SSR*

I C 411, 48-53) sur la manifestation sous forme d'éternuement dudit démon, rien n'a été transmis de significatif à son égard. Voir *SSR* VI B 94-98.

Socrate. On répète souvent que dans le *Théétète*, dialogue aporétique, Socrate est redevenu le réfutateur des dialogues dits « socratiques », tenus pour les premiers qu'ait écrits Platon. De nombreux traits le rattachent cependant aussi aux dialogues de la période intermédiaire.

Son insistance à exiger une réponse unitaire à une question du type « qu'est-ce que X ? » le rapproche évidemment du *Ménon* ; Diès **7**, p. 123-124, a noté des similitudes avec le *Charmide* ; **9** M. Narcy, *Platon : Théétète*, traduction inédite, introduction et notes, coll. *GF* 493, Paris 1994, p. 69-82, a relevé dans l'opposition entre le philosophe et l'habitué des tribunaux (172c-176a) la proximité avec le *Gorgias* et, dans la réfutation de l'équivalence science-sensation (184d-185e), la présence implicite de l'épistémologie de la *République* (*op. cit.*, p. 41) ; **10** L. Campbell, *The Theaetetus of Plato* with a Revised Text and English Notes, 2nd ed. Oxford 1883, p. 30 n. 8 *ad* 150b6, a rapproché la description par Socrate de son art maïeutique de la conception de l'enseignement présente aussi bien dans le discours de Diotime [➤D 204] (*Symp.* 206c *sqq.*) que dans le *Phèdre* (276e4-277a4, 278a) et la *République* (518b7-d7). Déjà le commentateur anonyme voyait dans la doctrine de la réminiscence du *Ménon* l'arrière-plan doctrinal du discours de Socrate sur son art maïeutique (*cf.* col. XLVII 45-XLVIII 7 ; LVI 14-31).

Malgré les liens qui le rattachent ainsi à l'ensemble des dialogues antérieurs, le Socrate du *Théétète* présente cependant des traits singuliers. Ainsi des premiers mots adressés par Socrate à Théodore (141d1-e3) : qui, parmi la jeunesse athénienne, se distingue par son goût d'apprendre ? Socrate pose à peu près la même question au début du *Charmide* (153d2-5). On doit en conclure qu'à près de 70 ans (*cf.* Plat., *Ap.* 17d2) son intérêt pour la jeunesse athénienne est aussi vif qu'à l'époque de ses 40 ans. Mais au début du *Charmide* Socrate revient à Athènes après une absence d'environ trois ans (*cf.* Nails **8**, *s. v.* « Socrates », p. 265) ; en 399^a, au contraire, il n'a en principe pas quitté Athènes depuis la campagne d'Amphipolis, plus de vingt ans auparavant (*cf.* Plat., *Crit.* 52b) : qu'il ait besoin d'un informateur – qui plus est en la personne d'un étranger de passage comme Théodore – semble donc indiquer qu'il ne fréquente plus cette jeunesse, et fait entrevoir un Socrate menant désormais une existence retirée. Ce trait le rapproche du philosophe dont il brossera le portrait au cours de l'entretien (173c7 *sqq.*), mais est en contradiction avec l'un des chefs de l'accusation portée contre lui – corrompre la jeunesse : intention apologétique de la part de Platon ?

À y regarder de près, la conception de l'apprentissage développée par Socrate sous les espèces de la maïeutique présente elle aussi des différences surprenantes par rapport aux autres métaphores de l'apprentissage dont l'a rapprochée Campbell **10** ou par rapport à la doctrine de la réminiscence. À Théétète, Socrate dit en effet qu'il lui arrive d'avoir affaire à des jeunes gens qui ne lui semblent pas « enceints » (151b2) et à qui son talent d'accoucheur est inutile : si la « grossesse » des patients de Socrate devait être entendue comme la possession d'un savoir latent dont ils n'auraient qu'à se « ressouvenir », pareille éventualité serait impossible, puisque, selon la doctrine exposée dans le *Ménon* (81c5-d5), toute âme, étant immortelle et ayant connu de multiples renaissances, possède sous forme latente tout le savoir possible. Ceux, poursuit le Socrate du *Théétète*, qu'il trouve dans cet état de vacuité, il les confie à des savants tels que Prodicos (*Theaet.* 151b3-6). Autrement dit, alors que, dans le *Ménon*, la doctrine de la réminiscence est censée trouver son illustration dans la personne d'un esclave dépourvu d'instruction que Socrate fait se « ressouvenir » de la duplication du carré, l'art maïeutique de Socrate est impuissant à l'égard de qui n'a pas d'abord appris auprès d'un autre maître – éventuellement un sophiste, Socrate n'ayant pour sa part aucun savoir à transmettre. Si cette conception de l'appropriation du savoir est à la rigueur compatible avec les passages évoqués plus haut du *Phèdre* ou de la *République*, elle l'est moins avec le discours de Diotime qui attribue à « tous les hommes » la faculté d'enfanter selon l'âme, et pas du tout avec la doctrine de la réminiscence que Socrate, s'il l'a jamais faite sienne, paraît ici avoir abandonnée.

Ainsi le Socrate du *Théétète* n'est-il pas seulement la somme ou le dénominateur commun des aspects sous lesquels il est apparu dans les dialogues antérieurs ; c'est aussi, à plusieurs égards, un nouveau Socrate, ce qui peut n'être pas sans conséquence pour l'interprétation du dialogue.

Théodore. Mathématicien originaire de Cyrène (dans la partie orientale de l'actuelle Libye). Contemporain d'Hippocrate de Chios (☛H 151) d'après Proclus (*in primum Euclidis Element. libr. Comm.*, 65, 21-66, 9 Friedlein), il a donc à peu près le même âge que Socrate. Du moment où se déroule l'entretien entre Socrate, Théétète et Théodore, on déduit naturellement que ce dernier vécut au-delà de 399[a]. Diogène Laërce (II 103) déclare que Platon fut son disciple, précisant plus loin (III 6) qu'après la mort de Socrate, après un séjour à Mégare auprès d'Euclide, il se rendit à Cyrène auprès de Théodore. Enfin, le « catalogue des pythagoriciens » qui clôt la *Vie de Pythagore* de Jamblique mentionne un Théodore de Cyrène (*V. P.* 267) qu'on identifie habituellement avec le nôtre. Toutes ces indications peuvent bien sûr n'être que des conjectures fondées sur les données fournies par le seul *Théétète*, ce qui pourrait conduire à douter de l'historicité même du personnage. En tout état de cause, l'indication selon laquelle Platon aurait été le disciple de Théodore cadre mal avec le portrait tracé de ce dernier dans le *Théétète*, où il déclare avoir abandonné la dialectique pour la géométrie (165a1-3) et où, qualifié par Socrate d'associé ou adepte *(hetairos)* de Protagoras (161b9), il dit que l'homme lui est cher (162a4) et s'insurge pour cette raison contre l'attaque menée contre lui par Socrate.

Bien que Théétète apprenne aussi auprès de lui l'astronomie, la musique et l'arithmétique (*Theaet.* 145d1-2), c'est sa compétence de géomètre que Socrate met en avant (*ibid.* 143e2), et « géomètre » est l'unique épithète qu'accolent à son nom aussi bien Xénophon (*Mem.* IV, 2, 10) que, beaucoup plus tard, Proclus (*loc. cit.*). De fait, dans l'unique passage du *Théétète* où il est évoqué dans son activité de mathématicien, c'est de géométrie qu'il s'agit : Théodore, raconte Théétète, construisait la série des grandeurs irrationnelles de $\sqrt{3}$ jusqu'à $\sqrt{17}$, à laquelle, dit le jeune homme, « quelque chose l'a arrêté (πως ἐνέσχετο) » (147d4-8). L'irrationalité de ces grandeurs consiste en ce qu'elles ne peuvent être exprimées par des nombres entiers naturels, les seuls connus de l'arithmétique grecque de l'époque : ne pouvant donc qu'être représentées sous forme de longueurs, elles ne trouvent place en mathématiques qu'à titre d'entités géométriques, et Théodore, comme aussitôt après lui Théétète, ne pouvait en traiter que par des moyens géométriques.

Comment ? Le dialogue ne donne aucune indication sur ce point, et aucune des tentatives de reconstitution des démonstrations successives de Théodore n'est parvenue à l'établir. Au terme d'une discussion des principales tentatives, **11** Ivor Bulmer-Thomas, *s. v.* « Theodorus of Cyrene », *DSB* XIII, 1981, a pu montrer que, même à l'aide de la notation arithmétique moderne, la démonstration de l'irrationalité de √19 demande une grande virtuosité, ce qui suffit à expliquer que Théodore, qui ne disposait, lui, que de moyens géométriques, se soit arrêté à √17 (l'irrationalité de √18 ne demandant pas, selon cet auteur, de démonstration spéciale) : mais cela ne nous indique précisément pas quels étaient ces moyens géométriques qui permettaient pourtant à Théodore d'arriver jusque-là. Outre l'exposé lucide de Bulmer-Thomas **11**, consulter la bibliographie donnée par **12** M[enso] F[olkerts], *s. v.* « Theodoros [2] », *NP,* XII 1, 2002, et la littérature mentionnée par Narcy **9**, n. 51 p. 312.

Théétète. Donné comme mourant dans le prologue (142b1), Théétète était encore adolescent lors de son entretien avec Socrate (voir *supra*). Une tradition bien établie atteste que, dans l'intervalle, il s'est illustré comme mathématicien. On notera pourtant que le dialogue reste muet sur ses travaux mathématiques. Dans la conversation avec Socrate, il ne peut en être question puisque, selon toute vraisemblance, ils n'ont pas encore vu le jour ; mais Euclide et Terpsion, dont la considération pour Théétète est patente, n'en font pas non plus état. La seule allusion faite par Platon aux compétences mathématiques de Théétète se réduit donc à l'exposé prêté à ce dernier de la façon dont, à la suite de la leçon de Théodore sur les grandeurs irrationnelles (« puissances »), il en a trouvé une définition unique (147d4-148b3).

La découverte de Théétète, si découverte il y a, n'est pas celle des « puissances », puisque c'est sur elles que porte la leçon de Théodore. Par « puissance », d'autre part, il ne faut pas entendre la même chose que dans l'arithmétique moderne, où ce terme désigne la multiplication d'un nombre par lui-même. Dans la bouche de Théétète, il s'agit d'une grandeur irrationnelle, en ce qu'elle n'appartient pas à l'ensemble des entiers naturels, le seul que connaisse l'arithmétique grecque ; en usant de la terminologie moderne, on dira qu'elle n'appartient à l'ensemble des nombres que par l'intermédiaire de l'entier naturel dont elle est la racine. « Puissance », comme on l'écrit souvent, désigne donc bien dans le langage de Théétète ce que l'arithmétique moderne appelle une racine carrée, mais avec la restriction essentielle que Théétète n'appelle ainsi que les racines carrées irrationnelles, c'est-à-dire non exprimables par un nombre entier naturel (ex. : √2) : les racines carrées rationnelles (ex. : √4 = 2), il les appelle « longueurs » (148a8). Une terminologie arithmétique adéquate lui faisant défaut, Théétète y supplée ainsi par le recours à une terminologie géométrique : comme les longueurs, les puissances sont des lignes (148a7-8 : ὅσαι μὲν γραμμαὶ… ὅσαι δὲ…). La démarche de Théétète consiste en effet en une géométrisation du nombre, l'ensemble des entiers naturels (qui se confond pour lui avec l'ensemble des nombres : τὸν ἀριθμὸν πάντα, 147e5) étant divisé en deux classes, celle des nombres qui, produits de facteurs égaux, peuvent être représentés par des carrés, et celle des nombres qui, ne pouvant être les produits que de facteurs inégaux, seront représentés par une figure oblongue (ce que nous appelons un rectangle). À condition cependant de renoncer à exprimer la longueur de son côté par un entier naturel, on peut construire un carré de même surface qu'un rectangle donné ; c'est le côté de ce carré que Théétète appelle puissance : c'est une ligne dont la mesure échappe à l'ensemble des entiers naturels, mais le carré dont elle est (géométriquement) le côté et (arithmétiquement) la racine est un nombre (entier). En définissant ainsi la puissance, Théétète en fait l'opérateur d'une unité retrouvée de l'ensemble des grandeurs, par delà le clivage rationnelles/ irrationnelles ou, ce qui revient au même, d'une extension de l'ensemble des nombres aux grandeurs irrationnelles.

Si l'on s'en tient à la lettre du dialogue, la définition ainsi obtenue des puissances constitue aux yeux des deux interlocuteurs un modèle de la définition unitaire de la science demandée par Socrate (147c7-d2, 148b8-9, 148d4-7). Il est difficile pourtant de trouver une similitude entre l'exposé de Théétète et les tentatives inabouties de définition de la science qui constituent le corps du dialogue. On peut donc comprendre au contraire que le dialogue, construit sur le contraste entre l'aptitude mathématique manifestée par Théétète et son incapacité de venir à bout d'une définition de la science, met en évidence les limites d'une mathématique qui refuse la dialectique, comme le professe Théodore (*cf.* Narcy **9**, p. 40-62, notamment p. 54-55).

ANALYSE

À la différence d'autres dialogues qui entrelacent différents thèmes, le *Théétète* se tient tout entier dans les limites de la question posée par Socrate au début de son entretien avec Théétète : qu'est-ce que la science ? (145e9-146a1) À cette question, le dialogue n'apporte finalement pas de réponse, renouant avec le caractère aporétique des dialogues dits socratiques.

Tenant pour un second prologue l'exposé mathématique de Théétète et l'exposé de Socrate sur la maïeutique qui lui fait suite, on considère traditionnellement que la discussion sur la science ne commence vraiment qu'à 151e, et on la divise en trois parties, correspondant aux trois définitions successives de la science proposées successivement par Théétète et réfutées par Socrate : « la science n'est rien d'autre que sensation » (151e2-3), « il y a des chances que l'opinion vraie soit science » (187b5-6), « l'opinion vraie accompagnée de raison (*logos*) est science » (201c8-d1).

Certains auteurs, comme **13** R. Polansky, *Philosophy and Knowledge : a Commentary on Plato's Theaetetus,* Lewisburg (PA) 1992, p. 47-53, **14** M. Narcy, « Qu'est-ce que la science ? Réponses dans le *Théétète* », dans *Id.* (édit.), *Platon : l'amour du savoir*, Paris 2001, p. 49-72 (notamment p. 51-55), et **15** T. Chappell, *Reading Plato's Theaetetus* [Sankt Augustin 2004[1]], Indianapolis 2005, p. 15 et 33-38, font cependant commencer la discussion à 146c7, où Théétète, à la question « que te semble être la science ? », répond une première fois en indiquant comme sciences à la fois les disciplines mathématiques enseignées par Théodore et les métiers artisanaux. Chappell **15**, p. 35-38, défend contre les critiques modernes le rejet par Socrate de cette réponse qui ne donne qu'une collection d'exemples au lieu d'une définition ; Narcy **14** fait observer qu'elle ne se limite pas à une collection d'exemples, mais comporte un critère définitionnel : est science ce qui, théorique ou pratique, est susceptible d'apprentissage.

Première partie (151e-186e). De loin la plus longue (35 pages St. contre respectivement 15 et 9 pour les deux suivantes), cette partie présente l'originalité que Socrate se comporte d'abord en exégète de la thèse avancée par Théétète, à savoir l'équivalence science-sensation. Cette thèse, déclare-t-il d'emblée, est identique au principe protagoréen de l'homme, mesure de toutes choses, à son tour retraduit en équivalence entre apparaître et être (151e8-152c3 = 80 B 1 D.-K. ↠P **302**) : s'il n'y a d'autre réalité que l'apparence, elle-même identique à la sensation, alors il n'y a rien de plus à connaître que ce que nous sentons et Théétète a raison d'assimiler science et sensation (152c5-6). À cette « épistémologie » commune à Théétète et à Protagoras, Socrate ajoute alors une « ontologie » selon laquelle tout est en perpétuel devenir et rien n'est de façon stable. Cette doctrine, qu'il fait remonter jusqu'à Homère et attribue à « tous les savants successivement sauf Parménide » (152e2), il la présente comme un enseignement secret de Protagoras (152c10-11) : ce que l'on peut tenir pour l'indication donnée au lecteur que l'exposé mis dans la bouche de Socrate est, non pas le rapport d'une doctrine attestée de Protagoras, mais une construction doxographique amalgamant au principe de l'homme-mesure, qui semble être, lui, une citation littérale, une physique de type héraclitéen. C'est d'ailleurs à des partisans d'Héraclite (➡H 64) que Théodore, lui, l'attribuera plus loin de façon explicite (179d7-8, e3 *sqq.*).

Une fois achevé l'exposé argumenté de cette construction (160e), Socrate la soumet à la critique. Première objection : quel titre a l'homme à être mesure des choses ? Si c'est comme être doué de sensation, cette propriété lui est commune avec n'importe quel animal ; si c'est au titre du savoir, il ne peut prétendre égaler les dieux. À quoi, indique Socrate lui-même, Protagoras opposerait (a) qu'il ne se prononce pas sur l'existence des dieux (*cf.* 80 B 4 D.-K.), (b) que l'accuser de ravaler l'homme au rang d'un animal est un procédé oratoire, non une démonstration. Laissant de côté le statut de l'homme entre bête et dieu, Socrate met alors en question l'équivalence science-sensation elle-même : si savoir, c'est sentir, par exemple voir, cesse-t-on de savoir quand on ferme les yeux ? Et quand on n'en ouvre qu'un, se trouve-t-on, relativement au même objet, savoir et ne pas savoir en même temps ?

Objections verbales, de l'aveu même de Socrate, auxquelles Théétète se révèle cependant incapable de parer. Socrate entreprend alors de lui montrer comment Protagoras lui-même pourrait les écarter ; puis se reprochant à lui-même d'avoir confié la défense de cette doctrine à un enfant, il obtient que Théodore, seul adulte présent à part lui-même, lui donne maintenant la réplique. La défense prêtée à Protagoras consiste à dissocier le principe de l'homme-mesure, d'une part, et les notions de science ou de savant, d'autre part : de ce que les opinions de chacun sont vraies pour lui, il ne résulte pas que tous sont aussi savants ; les savants sont ceux qui savent opérer en autrui un changement vers le mieux : médecins en matière de santé, sophistes en matière d'éducation, orateurs en matière politique, et même agriculteurs à l'égard des plantes. C'est sur ces deux points que va porter maintenant la critique de Socrate : (a) s'il admet que l'opinion de chacun est vraie pour lui, Protagoras doit admettre la vérité de l'opinion contraire à la sienne, qui se trouve être la plus répandue, à savoir qu'il y a entre les opinions des différences relativement à la vérité ; mais, s'il admet que cette opinion est vraie, il admet aussi que l'opinion contraire, à savoir la sienne, est fausse : c'est ce qu'on appelle l'auto-réfutation de Protagoras ; (b) bien qu'il nie toute différence entre les hommes au regard de la vérité, Protagoras admet des différences de compétence en ce qui concerne l'utilité : un médecin sait mieux que son patient ce qui est utile à ce dernier ; mieux que lui, il sait comment évoluera sa maladie et comment la faire évoluer, c'est-à-dire le ramener à la santé ; de même dans les différents métiers, y compris celui même de Protagoras, l'éloquence, où il professait être le mieux à même d'anticiper le degré de conviction où un discours pouvait amener les auditeurs. Conclusion : quel que soit le domaine considéré, c'est le spécialiste qui y est mesure, et non chaque individu.

Alors que (a) menait à l'auto-contradiction l'opinion que toutes les opinions sont vraies, c'est-à-dire ce que la thèse de Protagoras a de paradoxal, (b) en montre la faiblesse dans ce qu'elle a d'acceptable par le sens commun, à savoir que, toutes opinions égales d'ailleurs quant à leur vérité, en matière d'utilité certains s'y entendent mieux que d'autres : l'homme bien portant n'en sait pas plus que le malade, mais le médecin sait rendre le malade bien portant. Transposé au corps politique, ce modèle mène à dire qu'en matière de justice et de piété toutes les opinions sont vraies et que ce qu'une cité décrète juste est juste pour elle ; le juste, en d'autres termes, est affaire de convention *(nomos),* il se décrète, mais l'utile, non. Telle n'est évidemment pas l'opinion de Socrate, qui ne manque donc pas de faire observer à Théodore qu'il y a beaucoup à dire sur cette prémisse (172b8-c1). Théodore déclarant qu'ils ont tout loisir d'en parler, Socrate, avant de développer (b), ouvre une longue parenthèse où il se livre à une véritable profession de foi anti-protagoréenne, sous la forme de l'antithèse célèbre entre celui précisément qui, soumis à la seule considération de l'utile, est esclave de la nécessité, et le philosophe qui, à l'image de Thalès scrutant le ciel plutôt que l'obscurité à ses pieds, dédaigne de chercher à se défendre d'une injustice pour examiner « la justice elle-même » – ce qui implique qu'il ne s'agit justement pas de la convention qu'établit chaque cité sous ce nom. À cette antithèse fait suite l'exhortation à devenir semblable à un dieu, car c'est devenir juste de cette justice-là, qui est pourtant l'apanage des dieux, qui constitue la véritable habileté de l'homme. Et ce n'est qu'après avoir ainsi pour ainsi dire dûment sacrifié à la véritable idée de la justice que Socrate, revenant à ceux qui tiennent la justice pour une convention mais pas l'utilité, mène (b) à son terme, et avec lui la réfutation de Protagoras.

Socrate ne se dira cependant « débarrassé » de Protagoras (183b7) qu'après avoir aussi réfuté la physique héraclitéenne dont il a fait auparavant la doctrine secrète du sophiste. L'argument peut se résumer de la façon suivante : si, comme cette doctrine l'établit en principe, tout est sans cesse soumis au changement (par translation ou par altération), il n'y a rien à quoi l'on puisse donner un nom, puisque rien ne conserve l'identité qui donnerait sens à son nom ; mais rien non plus que l'on puisse sentir, puisque la sensation elle-même est en incessante altération, de sorte qu'il est impossible de distinguer sentir et ne pas sentir et, si savoir c'est sentir, savoir et ne pas savoir. Ce n'est donc pas sur la base d'une telle doctrine que la sensation peut être réputée science.

L'ayant dissociée aussi bien de l'« épistémologie » protagoréenne que de l'« ontologie » héraclitéenne, Socrate revient alors à la thèse de Théétète (la science, c'est la sensation). Nécessairement distribuées selon chacun des cinq sens, nos sensations sont hétérogènes entre elles ; par exemple, le son est inaccessible à la vue, comme la couleur à l'ouïe. Son et couleur ont pourtant des propriétés communes : tous deux sont, chacun est différent de l'autre et identique à soi, ensemble ils sont deux, etc. La connaissance de ces propriétés n'est le fait d'aucun de nos sens : ce n'est pas une sensation. Il existe donc une connaissance qui n'est pas sensation ; n'étant pas obtenue par les sens, elle ne peut être attribuée qu'à l'âme. Or, parmi les propriétés communes à nos sensations malgré leur diversité, il y a le fait même qu'elles sont, leur réalité (*ousia*) – le mobilisme héraclitéen ayant été réfuté, il n'y a plus d'obstacle à l'emploi de ce terme ; mais si ce n'est pas la sensation qui connaît la réalité, elle n'a pas non plus trait à la vérité : ainsi est-il définitivement établi qu'elle ne saurait être science.

Deuxième partie (187a-201c6). Le deuxième essai de définition de la science par Théétète consiste à substituer l'opinion à la sensation. Ne pouvant plus, après l'« auto-réfutation » de Protagoras, soutenir tout uniment que l'opinion est science, parce que toujours vraie, Théétète propose l'opinion vraie comme définition de la science, concédant donc l'existence de l'opinion fausse (187b5-6). Ce sont les difficultés soulevées par Socrate à propos de cette concession qui vont occuper la majeure partie de cette section. En effet, comme le remarque **16** W. K. C. Guthrie, *A History of Greek Philosophy*, t. V, p. 103, la nouvelle définition donnée par Théétète est traitée de façon assez expéditive, à la toute fin de la section (200e-201c6). Socrate n'a pas de mal à établir la différence entre opinion vraie et science : à l'argument avancé par Théétète, que l'opinion vraie a en partage, comme la science, vérité et efficacité (*cf. Men.* 97a-c), il oppose qu'au tribunal les juges rendent leur verdict en se fondant, non sur la connaissance des faits, puisqu'ils n'en ont pas été témoins, mais sur l'opinion qu'ils se sont faite à l'audition des plaidoiries. On notera que Socrate ne fait ici aucune allusion à la doctrine développée dans la *République* (V, 476c-480a), où la différence entre science et opinion vraie est corrélative de la hiérarchisation ontologique de leurs objets : il n'a besoin ici, pour produire la différence entre elles, que de la définition de la rhétorique obtenue de Gorgias dans le dialogue homonyme, à savoir un art de persuader sans enseigner (*Gorg.* 455a), de faire avoir des opinions sans donner de connaissance.

Le problème qui au contraire arrête Socrate dans cette partie du dialogue, et qui reste sans solution, est celui de la possibilité de l'opinion fausse. Le dialogue ici change de caractère ; désormais exempte de toute prétention doxographique, la discussion envisage successivement cinq hypothèses susceptibles de rendre compte du phénomène de l'erreur : avoir une opinion fausse serait (1) prendre une chose pour une autre (188b3-c9) ; (2) penser ce qui n'est pas (188c10-189b6) ; (3) prendre quelque chose (p. ex. « laid ») pour autre que ce qu'il est (p. ex. « beau ») (189b10-e4) ; (4) rapporter une perception actuelle à un souvenir qui ne lui correspond pas (191c8-196c8) ; (5) actualiser de façon inappropriée l'une des connaissances que l'on possède (197a7-200c6). Les trois premières hypothèses reposent sur la relation de la pensée avec ses objets, les deux dernières, qui sont aussi les plus longuement développées, sur la relation entre eux de moments différents de la pensée. Toutes sont successivement réfutées comme suit :

(1) on ne peut prendre l'une pour l'autre ni deux choses qu'on connaît, ni deux choses qu'on ne connaît pas, ni une chose qu'on connaît et une autre qu'on ne connaît pas ;

(2) de même qu'on ne peut voir, entendre ni toucher une chose qui n'existe pas, on ne peut non plus penser ce qui n'est pas. On reconnaît évidemment le principe énoncé par Parménide (☞P 40), dont la réfutation fera l'objet du *Sophiste*.

17 Myles F. Burnyeat, *The Theaetetus of Plato*, Indianapolis/Cambridge 1990, p. 78 (= trad. fr. par M. Narcy, *Introduction au* Théétète *de Platon*, Paris 1998, p. 109), tient pour « scandaleuse » l'analogie qu'établit ici Socrate entre juger (sa traduction pour *doxazein*, « avoir une opinion ») et percevoir. Cependant, il n'est pas sûr qu'aux yeux de Platon l'argument dépende de cette analogie : c'est sans faire appel à cette analogie que la *République* (V, 478b) affirme qu'il est impossible d'« avoir pour opinion rien (δοξάζειν μηδέν) », pour en conclure que l'opinion a pour objet le devenir, intermédiaire entre être et non-être. À la différence de la *République*, en revanche, Socrate mentionne deux sens possibles d'« avoir pour opinion le non-être (τὸ μὴ ὂν δοξάζειν) » : (i) « à propos de l'une des choses qui sont », (ii) « en soi et par soi » (*Theaet.* 188d9-10) ; pourtant, alors que cette distinction sera à la base de la solution apportée par le *Sophiste* à la difficulté de penser le non-être, Socrate applique ici l'analogie penser (juger)/percevoir comme si ces deux sens n'en faisaient qu'un. Selon Guthrie **16**, p. 107, et Burnyeat **17**, p. 79 et n. 16 (= trad. fr. p. 110 et n. 2), cette anomalie concorde avec le refus déjà exprimé par Socrate (183d10-184b1) de s'engager dans une discussion au sujet de Parménide au risque d'oublier la question de la science : on peut y voir une limitation délibérée, de la part de Platon, du *Théétète* à la dimension épistémologique, la question ontologique étant reportée à un autre dialogue.

(3) alors que Théétète semble envisager le cas banal où l'on trouve laide une chose belle en réalité, ou inversement (189c5-7), Socrate, ayant entre temps introduit la définition de la pensée comme discours que l'âme se tient à elle-même sur ce qu'elle examine (189e6-7 ; *cf. Soph.* 263e3-5) rétorque que nul, considérant un couple d'opposés (beau-laid, juste-injuste, pair-impair) ou des êtres d'espèces différentes (bœuf, cheval), ne se dit jamais que l'un est l'autre ; que si, en revanche, un seul des deux objets est présent à l'esprit, on ne le prendra évidemment pas pour l'autre, auquel on ne pense pas, ni inversement.

En raisonnant ainsi, Socrate semble en réalité ramener (3) à (1). De fait, c'est aussi à (1) que reviennent (4) et (5) : étant entendu que l'erreur ne peut être une confusion entre deux choses qu'on ne connaît pas, ni entre une chose qu'on connaît et une autre qu'on ne connaît pas, les deux dernières hypothèses, comparant respectivement la mémoire à un bloc de cire et l'esprit à une volière – métaphores restées célèbres – explorent à nouveaux frais la possibilité de confondre deux choses que l'on connaît, mais de façons différentes.

(4) distingue à cet effet connaître et apprendre : connaître sera savoir quelque chose qu'on a déjà appris, donc en avoir le souvenir ; apprendre sera recevoir l'impression actuelle (sensible ou mentale) de quelque chose. L'erreur viendrait de ce que, au moment d'identifier cette impression actuelle, on l'associerait à un souvenir qui ne lui correspond pas. Reste, objecte Socrate, que ce modèle ne rend pas compte de toute erreur : une erreur de calcul, par exemple 7 + 5 = 11, consiste à donner pour résultat un nombre qu'on connaît (= dont on se souvient) à la place d'un autre qu'on connaît de la même façon.

Distinguant entre posséder une connaissance et l'utiliser, (5) pose alors que connaître une chose, c'est utiliser la connaissance qu'on en possède pour l'avoir acquise : l'erreur vient de ce qu'il arrive qu'on applique à cette chose une connaissance au lieu d'une autre (dans l'exemple précédent, celle du nombre 11 à la place de celle du nombre 12). Pour éviter à ce modèle explicatif de tomber dans l'absurdité (on serait dans l'erreur du fait d'une science que l'on possède, la science serait cause d'ignorance), Théétète le complique en imaginant que nous possédons à la fois des connaissances et des ignorances, l'erreur se produisant quand nous utilisons une ignorance à la place de la connaissance dont nous avons besoin : Socrate n'a pas de peine à montrer que posséder (= avoir connaissance de) une ignorance est encore plus absurde.

Se reprochant d'avoir cru pouvoir éclaircir la nature de l'erreur avant de savoir ce qu'est la science, il réfute, de la manière indiquée ci-dessus, l'identification science-opinion vraie.

Troisième partie (201c7-210d). Théétète se souvient à ce moment-là d'avoir entendu quelqu'un donner sa seconde définition sous une forme plus complète : l'opinion vraie accompagnée de *logos* – terme d'autant plus difficile à traduire ici que Socrate va plus loin tirer parti de sa polysémie. C'est d'ailleurs lui qui se charge, comme il l'a fait pour la première, d'interpréter cette nouvelle définition : il rapporte « comme un rêve » une doctrine selon laquelle, des premiers éléments de toutes choses, on ne peut dire que le nom, seules les choses composées de ces éléments étant susceptibles d'un *logos* lui-même composé des noms des éléments ; et c'est seulement la connaissance d'un tel *logos* (définition ou description) que désignerait le nom de science, la connaissance de la chose sans son *logos* en restant à l'opinion vraie.

En s'appuyant sur Aristote, *Metaph.* H 3, 1043b28-30, certains pensent reconnaître ici la doctrine d'Antisthène (➠A 211) ; controversé, le point ne peut guère être démontré de façon définitive, étant donné la minceur de notre documentation sur Antisthène.

La réfutation de Socrate a la forme d'un dilemme : ou bien un composé est identique à l'ensemble de ses parties ou éléments, et l'on ne comprend pas comment la connaissance du composé peut ne pas être aussi connaissance des éléments dont il est l'ensemble ; ou bien le composé est doté d'une unité qui le distingue de la pluralité de ses éléments, mais dans ce cas le tout a les mêmes caractères d'unité et d'indivisibilité que l'élément et n'est donc pas, aux termes de la théorie examinée, plus connaissable que lui. À quoi s'ajoute le fait, attesté par la lecture/écriture et par la musique, que la connaissance des éléments (lettres, notes) est un préalable nécessaire à celle des composés (mots, mélodies).

Socrate cherche alors quels autres sens de *logos* pourraient convenir à la définition de la science comme opinion vraie plus *logos*. Une fois exclu son sens premier, parole, d'où il résulterait que la science se réduirait à l'énoncé d'une opinion vraie, Socrate écarte le cas où *logos* signifierait l'énumération des éléments d'un tout, car on peut écrire « Théétète » sans réellement savoir ses lettres, c'est-à-dire être capable de reconnaître ou d'utiliser les mêmes lettres dans d'autres combinaisons ; puis celui où *logos* serait l'énoncé de la différence singulière qui permet d'identifier un objet à l'exclusion de tout autre, d'où résulte un nouveau dilemme : ou bien avoir une opinion vraie de Théétète, par exemple, c'est être capable de ne pas le confondre avec Socrate malgré leur ressemblance et donc savoir ce qui l'en distingue, auquel cas l'énoncé de la différence n'ajoute rien à l'opinion vraie ; ou bien ce que le *logos* ajoute à l'opinion vraie, c'est la connaissance de ce que l'objet a de différent, mais cela revient à dire que la science, c'est l'opinion vraie accompagnée de science, ce qui n'est évidemment pas une définition valide.

Théétète étant ainsi délivré de tout ce qu'il avait en lui, et même de beaucoup plus, le dialogue s'achève sur la mention par Socrate du bienfait que représente pour le jeune homme ne plus croire savoir ce qu'il ne sait pas, l'annonce de sa visite au portique du Roi et le rendez-vous fixé à Théodore pour le lendemain.

COMMENTAIRE

La conclusion négative du *Théétète* est d'autant plus surprenante que Platon s'est doté d'une théorie de la connaissance fort articulée, illustrée principalement par le *Phédon* (99d-101e) et par les livres VI et VII de la *République*. Comme l'explique clairement la fin du livre VI, cette théorie n'est rien d'autre que la contrepartie épistémologique d'une ontologie fondée sur la distinction entre sensible et intelligible et l'idée que les objets sensibles ne sont que les images de Formes purement intelligibles subsistant en et par elles-mêmes, seuls véritables objets d'une connaissance véritable. Nulle part dans le *Théétète* il n'est fait explicitement mention de cette théorie ; bien au contraire, même une fois réfutée la construction héraclitéo-protagoréenne qui fait de l'apparence sensible la seule réalité, Socrate semble continuer de ne prendre en considération que la connaissance empirique du monde sensible auquel nous avons affaire. La question qui divise les interprètes est donc de savoir si, au moment où il rédige le *Théétète*, Platon fait toujours sienne la théorie des Formes ou s'il l'a abandonnée. Toute prise de position dans ce débat revient à se situer par rapport à **18** F. M. Cornford, *Plato's Theory of Knowledge : the "Theaetetus" and the "Sophist" of Plato translated with a running commentary*, London 1935 (nombreuses réimpressions) qui tient pour la première branche de l'alternative : si le *Théétète* aboutit à une conclusion négative, c'est parce qu'il s'en tient à la connaissance des objets de l'expérience sensible dont il montre précisément les impasses, illustrant ainsi négativement le bien-fondé de la théorie des Formes. L'alternative à cette interprétation consiste à lire le dialogue abstraction faite de la théorie des Formes. N'engageant pas nécessairement une prise de position quant à une évolution de Platon qui l'aurait conduit à abandonner cette théorie, ce type d'interprétation suppose seulement que Platon prend suffisamment au sérieux la connaissance du monde empirique pour en faire l'objet d'un examen apparemment exhaustif au cours duquel il offre à ses lecteurs à la fois les ressources et les mises en garde nécessaires pour contrôler leurs propres démarches cognitives. Le représentant le plus notoire de cette orientation est actuellement Burnyeat **17**.

BIBLIOGRAPHIE ESSENTIELLE

Édition. Outre les éditions complètes de Platon, il faut signaler la récente édition procurée par **19** W.F. Hicken, dans E. A. Duke, W. F. Hicken, W. S. M. Nicoll, D. B. Robinson et J. C. G. Strachan, *Platonis Opera, tomus I Tetralogias I-II continens*, Oxford 1995, p. 277-382.

Traductions. Outre, ici encore, les traductions complètes de Platon, on mentionnera Cornford **18** ; **20** *Plato. Theaetetus*, translated with notes by John McDowell, Oxford 1973 ; Narcy **9** ; Chapell **15**.

Commentaires. 21 D. Bostock, *Plato's* Theaetetus, Oxford 1988 ; Burnyeat **17** ; Polansky **13** ; **22** D. N. Sedley, *The Midwife of Platonism : Text and Subtext in Plato's Theaetetus*, Oxford 2004.

Études. 23 A. Havliček, F. Karfík et Š. Špinka (édit.), *Plato's Theaetetus*. Proceedings of the Sixth Symposium Platonicum Pragense, Prague 2008 ; **24** G. Mazzara et V. Napoli (édit.), *Platone. La teoria del sogno nel Teeteto*. Atti del Convegno Internazionale Palermo 2008, coll. « Studies in Ancient Philosophy » 9, Sankt Augustin, 2010.

MICHEL NARCY.

SOPHISTE (Σοφιστής)

DATE DE COMPOSITION

Le *Sophiste* ayant servi de point de repère pour fixer la position du *Théétète* dans la chronologie relative des dialogues, on trouvera dans la notice relative à ce dialogue les arguments fournis par les études stylométriques pour voir dans le *Sophiste* le premier des dialogues tardifs de Platon.

DATE DRAMATIQUE

Le *Sophiste* s'ouvrant sur les mots par lesquels Théodore rappelle le rendez-vous donné la veille par Socrate (216a1-2, *cf. Théétète* 210d3), sa date dramatique est, à un jour près, la même que celle du *Théétète*, à savoir à quelques semaines du procès et de la condamnation de Socrate.

Le *Sophiste* se présentant comme la reprise de la conversation interrompue la veille, il est permis de se demander si l'esclave d'Euclide poursuit la lecture d'un texte mis par écrit par son maître à partir du récit de Socrate. Socrate cédant ici la parole, pour ne plus la reprendre jusqu'à la fin du *Politique*, au nouveau personnage introduit par Théodore, Platon aurait dans ce cas fait de Socrate le narrateur de son propre effacement.

PERSONNAGES

Les personnages sont les mêmes que dans le *Théétète*, à l'exception de celui qu'introduit Théodore dans sa première réplique : un étranger (ξένος, mot que l'on traduit aussi par « hôte » ou « visiteur »), dont le nom ne sera jamais prononcé ; la seule information livrée à son sujet par Théodore est qu'il est « de souche éléatique, associé au cercle de Parménide (☞P 40) et de Zénon, et un homme tout à fait philosophe (τὸ μὲν γένος ἐξ Ἐλέας, ἑταῖρον δὲ τῶν ἀμφὶ Παρμενίδην καὶ Ζήνωνα ἑταίρων, μάλα δὲ ἄνδρα φιλόσοφον)» (216a2-4).

1 N.-L. Cordero, *Platon : Le Sophiste*, traduction inédite, introduction et notes, coll. *GF* 687, Paris 1993, Annexe I, p. 281-284, a contesté l'appartenance de l'Étranger à l'école éléatique. Ses arguments sont les suivants : (i) plusieurs manuscrits portent, à la place de ἑταῖρον, la leçon ἕτερον ; (ii) le choix de la leçon ἑταῖρον conduit à athétiser, pour cause de redondance, un ἑταίρων qui figure pourtant dans tous les manuscrits après Ζήνωνα, alors que la redondance disparaît si l'on choisit la leçon ἕτερον ; (iii) le texte ainsi établi (ἕτερον δὲ τῶν ἀμφὶ Παρμενίδην καὶ Ζήνωνα ἑταίρων) aurait fait autorité pendant toute l'époque de la Renaissance et trouverait confirmation dans la traduction latine de Marsile Ficin : *longe vero alterum ac dissimilem a Parmenide & Zenone suis aequalibus.* C'est ce texte que Cordero 1 retient pour base de sa traduction.

2 D. B. Robinson, dans E. A. Duke, W. F. Hicken, W. S. M. Nicoll, D. B. Robinson et J. C. G. Strachan, *Platonis Opera, tomus I Tetralogias I-II continens,* coll. *OCT,* Oxford 1995, a adopté la position inverse : à la tradition directe des manuscrits platoniciens, il préfère le témoignage de Proclus qui écrit : καὶ γὰρ ἐκεῖνον οὕτω προσείρηκεν (*scil.* Platon) ἑταῖρον τῶν ἀμφὶ Παρμενίδην καὶ Ζήνωνα, μάλα δὲ ἄνδρα φιλόσοφον (*in Parm.*, col. 672 Cousin, li. 19-21 Steel). Comme tous les éditeurs depuis le début du XIXᵉ siècle, Robinson 2 édite donc ἑταῖρον, mais il est le premier à athétiser purement et simplement ἑταίρων. 3 L. Campbell, *The Sophistes and Politicus of Plato, with a Revised Text and English Notes*, Oxford 1867 (réimpr. New York 1973 dans la coll. «Philosophy of Plato and Aristotle»), note *ad loc.*, signale cependant deux autres citations de ce passage par Proclus dans son commentaire du *Parménide*, dont l'une au moins (Ἀλλὰ καὶ ὁ Ἐλεάτης σοφὸς καὶ τῶν περὶ τὸν Παρμενίδην καὶ Ζήνωνα ἑταίρων αὐτὸς ὤν, *in Parm.*, col. 649 Cousin, li. 27-28 Steel) confirme la présence de ἑταίρων, ce qui justifie la prudence des éditeurs précédents qui, à l'athétèse pure et simple de ce mot, ont préféré sa mise entre *cruces* ou entre crochets droits.

L'histoire du texte et de la traduction de Platon au XVIᵉ siècle est plus complexe que ne le dit Cordero 1 et ne lui donne pas raison. Il est, certes, de fait que les éditions de cette époque (Alde Manuce, Venise 1513 ; Simon Grynaeus, Bâle 1534 ; Henri Estienne, Genève 1578) portent toutes la leçon ἕτερον ; ἑταίρων n'apparaîtra que sous la forme d'une correction proposée par Cornarius dans les *Eclogae* jointes à sa traduction latine de Platon (1561). Mais il ne suit pas de là que les auteurs de ces éditions aient compris ἕτερον... ἑταίρων au sens où l'entend Cordero 1, à savoir «différent des compagnons de Parménide et de Zénon» : le contraire ressort de l'histoire des traductions latines de Platon, de 1491, date de l'édition définitive de la traduction de Ficin, jusqu'en 1578, où paraît l'édition de Henri Estienne accompagnée de la traduction latine de Jean de Serres. En effet, le texte qu'on lit dans 4 *Platonis Opera, latine, interprete Marsilio Ficino,* Venetiis, per Bernardinum de Choris et Simonem de Luero, impensis Andreae Toresani de Asula, 1491, n'est pas celui que cite Cordero 1 (comme avant lui Campbell 3, *loc. cit.*), mais : *hospitem hunc nobiscum ducimus : qui Eleates est ex familiaribus Parmenidis atque Zenonis : ac vir apprime sapientiae studiosus.* Cette traduction ne permet pas de savoir si Ficin lisait en 216a3 ἕτερον ou ἑταῖρον, mais puisque *ex familiaribus* traduit τῶν... ἑταίρων, interprété comme un génitif partitif, elle indique clairement qu'aux yeux de Ficin l'Étranger d'Élée fait partie des disciples de Parménide, ce qui s'accorde avec l'identification qu'il propose de l'Étranger avec Mélissos [☞M 97] (*cf.* éd. de 1491, p. 62r. col. : *HOSPES ELEATES : qui forte MELISSVS est*). 5 Simon Grynæus, *Omnia divini Platonis opera, tralatione Marsili Ficini, emendatione et ad graecum codicem collatione Simonis Grynaei, nunc recens summa diligentia repurgata,* Basileæ, in officina Frobeniana, 1532, voyant dans τῶν... ἑταίρων une périphrase qui désigne Parménide et Zénon, s'appuie sur ἕτερον pour aller jusqu'à faire de l'Étranger «un autre Parménide et un autre Zénon» : *Parmenidem atque Zenonem alterum.* En 1578, 6 Jean de Serres, Πλάτωνος ἅπαντα τὰ σωζόμενα, *Platonis opera quae extant omnia, ex nova Ioannis Serrani interpreta-*

tione, perpetuis eiusdem notis illustrata, etc., Genève 1578, revient à l'interprétation de Ficin et traduit ἕτερον δὲ τῶν... ἑταίρων : *Parmenidis vero & Zenonis sodalium unum* ; Estienne signalant pour sa part, sans en indiquer l'origine, la variante ἑταῖρον, dont il donne deux traductions possibles : celle de Cornarius, *Qui sodalium Parmenidae & Zenonis est sodalis*, et une autre qui combine la variante ἑταῖρον avec l'interprétation de Ficin : *Sodalem nostrum, ex eorum numero sodalium qui Parmenidem & Zenonem sectantur.*

Ce n'est qu'en 1590, dans une édition dont l'auteur ne se nomme pas, **7** *Τοῦ θείου Πλάτωνος ἅπαντα τὰ σωζόμενα, Divini Platonis opera omnia quae exstant, Marsilio Ficino interprete, Græcus contextus quam diligentissime cum emendatioribus exemplaribus collatus est : Latina interpretatio a quam plurimis superiorum editionum mendis expurgata*, Genevæ, apud Guillelmum Læmarium, qu'est pour la première fois, en face du texte grec de Henri Estienne, mise sous le nom de Marsile Ficin la traduction dont fait état Cordero **1**. À quoi réplique deux ans plus tard une nouvelle révision de Ficin due à Étienne Tremblay, **8** *Divini Platonis Opera omnia quæ extant, ex Latina Marsilii Ficini versione, nunc multo accuratius quam antea cum Græco contextu collata, & quam plurimis locis emendata. Tomus primus*. Apud Iacobum Stoer, 1592, qui adopte la traduction (et par conséquent la correction) de Cornarius : *sodalem vero Parmenidis & Zenonis amicorum.*

C'est cependant l'édition parue en 1590 qui, jusqu'à la naissance de la philologie moderne, a fait autorité : une édition qui n'en diffère que par la disposition des dialogues paraît en 1602 à Francfort (*apud Claudium Marnium & hæredes Ioannis Aubrii*), et son usage est attesté jusqu'à l'édition dite bipontine des œuvres de Platon (Zweibrücken, 11 vol., 1781-1787 [pour le *Sophiste* : vol. II, 1782]), où son dispositif (grec de Estienne **6** + latin de « Ficin » **7**) est repris à l'identique. Son interprétation du passage, et par conséquent du personnage de l'Étranger, n'en reste pas moins minoritaire même parmi les tenants de la leçon ἕτερον.

ANALYSE

L'affirmation par Théodore que l'Étranger est un philosophe donne occasion à Socrate de demander à ce dernier si, dans le milieu éléate (οἱ περὶ τὸν ἐκεῖ τόπον, 217a1), sophiste, politique et philosophe étaient confondus ou si on voyait en eux deux, voire trois genres distincts (217a7-9). La réponse de l'Étranger, qu'on en voyait trois, débouche alors, de sa propre initiative, sur le projet de les définir, en commençant par le sophiste. Mais au lieu que Socrate, comme on peut s'y attendre dans un dialogue platonicien, entreprenne de l'interroger, il lui offre ce rôle et l'incite en outre à choisir Théétète pour interlocuteur, se plaçant donc de son propre chef en retrait de la conversation qui va suivre. De façon tout à fait inhabituelle chez Platon, Socrate désigne donc les partenaires d'un dialogue auquel lui-même ne prendra pas part. En outre, ce n'est pas du tout à la manière de Socrate que l'Étranger va conduire son dialogue avec Théétète.

Ce dialogue se divise en deux parties nettement distinctes : une première partie où plusieurs définitions du sophiste se succèdent pour aboutir à le caractériser comme illusionniste (218b-236c), puis une deuxième partie beaucoup plus longue où, pour légitimer ce résultat, il faudra établir contre Parménide la réalité du non-être et son corrélat mental, à savoir la possibilité de l'erreur (236c-264b), avant de reprendre le fil des définitions du sophiste et de parvenir à le cerner dans une ultime formule. Bien que l'objet déclaré de la discussion soit la définition du sophiste, et que le dialogue tienne de là son titre, une majorité d'interprètes a, depuis l'antiquité, considéré que les questions philosophiques agitées dans la deuxième partie constituaient le sujet véritable de l'ouvrage ; cette opinion, reflétée dans le sous-titre Περὶ τοῦ ὄντος avec lequel le dialogue a été transmis depuis au moins l'époque de Thrasylle, a été popularisée chez les exégètes contemporains par la métaphore de la coquille et de l'amande due à **9** Th. Gomperz, *Les Penseurs de la Grèce*, trad. fr. A. Reymond, t. II, Lausanne 1905, p. 592 : la définition du sophiste n'étant que l'enveloppe extérieure dont doit être dépouillé le dialogue pour qu'en soit apprécié l'enseignement véritable.

Cette opinion néglige le fait que la division du dialogue en deux parties procède elle-même de la méthode pratiquée par l'Étranger dans sa recherche d'une définition du sophiste, à savoir la division dichotomique. Cette méthode ne consiste pas, comme l'interrogation socratique, à mettre à l'épreuve la cohérence interne des opinions soutenues par son interlocuteur, mais à guider ce dernier à travers une succession de divisions de plus en plus précises jusqu'à isoler dans sa spécificité l'objet recherché. Pour définir le sophiste, l'Étranger partira d'une division très générale des arts en arts de production et arts d'acquisition : le signe extérieur le plus flagrant du sophiste étant qu'il fait payer son enseignement, la sophistique sera rangée parmi les arts d'acquisition, pour être bientôt définie une « chasse aux jeunes gens riches et renommés » (223b4-5). À la différence de ce qui arrive dans un dialogue socratique, où l'on ne voit se succéder différentes définitions que parce que chacune à son tour est rejetée pour insuffisance, à cette première définition, pourtant jugée adéquate par les deux interlocuteurs, vont en succéder quatre autres et même cinq du fait de Théétète qui en dédoublera une au moment de les récapituler (231d8-11) : après la chasse, le sophiste se verra ainsi localisé successivement dans le commerce (importation, revente, voire vente en direct du producteur) des sciences propres à l'âme, dans la lutte verbale, autrement appelée éristique, à quoi s'ajoutera un emploi de la contradiction destiné à purger les âmes de leurs opinions fausses, dans lequel l'Étranger verra l'« authentique et vraiment noble (γένει γενναία) sophistique » (trad. Diès, 231b8).

Contrairement à la première apparence, cette première partie du *Sophiste* n'est donc pas une anticipation de la définition aristotélicienne par genre et différence. La division dichotomique, telle qu'elle est appliquée par l'Étranger, offre au contraire ce paradoxe, qu'elle multiplie les définitions du sophiste : poursuivre jusqu'à son terme la division des arts d'acquisition permet d'identifier, non pas la sophistique comme l'un d'entre eux, mais tous ceux d'entre eux que peut pratiquer le sophiste, toutes les façons, autrement dit, dont il peut faire d'enseigner une activité rémunérée. Plus qu'une méthode de définition, la méthode de division, entre les mains de l'Étranger, est une méthode d'inventaire. Le but recherché n'est pas de parvenir à une définition générale du sophiste, mais de ne laisser de côté aucun des types possibles de sophiste.

Socrate, dans le *Phèdre* (265d-266c), parle des divisions et des rassemblements nécessaires pour apercevoir l'unité d'une multiplicité. **10** L. Robin, *Platon, Phèdre, CUF,* 1933, p. CLVII (= *CUF,* 1985, p. CLXXXIV), a affirmé l'unité de cette méthode avec celle que pratique l'Étranger dans le *Sophiste* et dans le *Politique*. Il est vrai que la métaphore des membres gauche et droit (*Phèdre* 266a) peut faire penser aux divisions dichotomiques du *Sophiste*, mais ce rapprochement est superficiel : le procédé utilisé par l'Étranger ne consiste pas à chercher l'unité d'une multiplicité (en l'occurrence, l'unité des multiples formes que peut prendre le sophiste), mais, on vient de le montrer, à déployer la multiplicité de ces formes au sein d'un ensemble, celui des arts d'acquisition, dont l'unité est donnée initialement par la division entre arts de production et arts d'acquisition.

Il est vrai qu'en 232 a l'Étranger reconnaît que dénommer du seul nom de sophistique une telle multiplicité de compétences ou, inversement, désigner le sophiste à l'aide d'autant de noms divers est un signe de l'inachèvement de l'enquête. Il retient alors comme la plus révélatrice de la nature du sophiste sa définition comme contradicteur ; développant l'aphorisme attribué à Protagoras (➥P 302), « sur toute question il y a deux discours mutuellement opposés » (DK 80 B 6a), il en conclut que les sophistes ne peuvent pratiquer universellement l'art de la contradiction sans donner l'impression d'être omniscients, impression illusoire puisque l'être réellement, c'est impossible : voilà comment le sophiste en vient à être défini comme « fabricant d'imitations et d'homonymes des réalités (μιμήματα καὶ ὁμώνυμα τῶν ὄντων ἀπεργαζόμενος) » (234b6-7) et la sophistique, cette partie de la fabrication d'images (εἰδωλοποιική ; *cf.* 265b1) qui « fabrique de l'illusion (φάντασμα… ἀπεργαζομένην) » (236c3).

En apparence, l'Étranger ramène ainsi à l'unité la multiplicité des définitions du sophiste qui ont été auparavant passées en revue, ce qui autorise à assimiler sa démarche aux rassemblements et divisions chers au Socrate du *Phèdre*. Mais en réalité, l'usage de la contradiction, d'où est tirée la définition du sophiste comme illusionniste, n'est commun qu'aux deux dernières définitions précédentes de la sophistique : éristique et purgation des opinions fausses ; pour en faire le genre commun de toutes les espèces de sophiste, il faut admettre que c'est à l'art de la contradiction que se réduit l'enseignement des sophistes, ce qui n'est pas établi. Un point rarement relevé permet de donner à la démarche de l'Étranger une signification qui s'accorde mieux avec les étapes précédentes de son investigation : conclure de l'usage universel de la contradiction, dont les sophistes font un métier et qui par conséquent a sa place parmi les arts d'acquisition, à la fabrication d'images, permet à l'Étranger de poursuivre son inventaire des types de sophiste jusqu'ici inexplorée : celle des arts de production. Cette ultime définition du sophiste (toute la seconde partie du dialogue n'ayant d'autre but que de la confirmer) revêt donc moins un caractère générique qu'elle ne vient compléter un inventaire exhaustif des variétés de sophiste.

On peut voir un signe de la priorité de la volonté d'exhaustivité sur la recherche d'une unité générique dans une double anomalie de la démarche de l'Étranger. (i) Même s'ils divergent sur la façon dont il faut le comprendre, l'ensemble des interprètes s'accorde à reconnaître dans l'« authentique et noble sophistique » l'*elenchos* socratique. Or, s'il est vrai que Socrate, à cet égard, rentre sous la définition du sophiste comme contradicteur, il n'est pas possible de lui imputer pour autant une prétention à l'omniscience, ni par conséquent de le qualifier de producteur d'illusion : à supposer que cette définition du sophiste vise réellement à récapituler toutes les précédentes, Socrate fait inévitablement figure d'exception. (ii) La purgation des opinions fausses consiste à faire le tri entre ces dernières et les opinions vraies. Il n'y a là ni acquisition ni production : c'est pourquoi l'Étranger va chercher cette définition de la sophistique parmi les activités «domesti-ques» (226b3), celles qui s'exercent au sein de la maison, hors de la sphère des métiers. En d'autres termes, il n'est possible d'inclure l'*elenchos* socratique parmi les types de sophistique qu'à la condition de sortir de la classification générale des arts qui fixe le cadre de l'enquête. La mention de l'*elenchos* socratique s'explique donc plus par le souci de faire droit à la polysémie du mot «sophiste» que par celui d'énumérer toutes les espèces d'un genre où en définitive il ne trouve pas sa place.

Citant à l'appui deux vers de Parménide (237a8-9 =DK 28 B 7, 1-2), l'Étranger fait observer que la définition du sophiste comme producteur d'illusion se heurte à l'impossibilité que puisse exister (donc, implicitement, être produit) quelque chose qui ne soit pas réel. Cette définition n'aura donc de validité qu'à la condition de reconnaître au non-être une forme de réalité : il faudra, contre la thèse parméni-déenne que seul l'être est et que le non-être, par définition, n'est pas, faire admettre «que le non-être est, sous un certain rapport, et que l'être, à l'inverse, en quelque manière n'est pas (τό τε μὴ ὂν ὡς ἔστι κατά τι καὶ τὸ ὂν αὖ πάλιν ὡς οὐκ ἔστι πῃ)» (241d6-7). Cette phrase, que l'Étranger ne prononce pas sans exprimer la crainte de passer pour parricide (241d3), définit le programme de toute la seconde partie, la plus longue, du dialogue.

Ce programme n'échappe évidemment à l'auto-contradiction qu'à la condition que l'être et le non-être ne soient pas eux-mêmes des contradictoires. C'est à éla-borer de tels concepts que va s'attacher l'Étranger, d'abord en montrant qu'aucune définition univoque de l'être (multiple ou un, matériel ou formel, mobile ou immobile) ne se suffit à elle-même (242c-249d). Or, s'il faut accorder l'être à des états opposés, tels que mouvement et repos, il s'ensuit que chacun est ce que n'est pas l'autre tout en étant ce qu'il est ; autrement dit, qu'aucun ne peut être ce qu'il est sans en même temps ne pas être ce qu'est son opposé. Ainsi tout ce qui est, en même temps ou du fait qu'il est ce qu'il est, n'est pas, puisqu'il est autre que ce qu'il n'est pas : «autour de chacune des formes l'être est multiple et le non-être, infini en nombre» (256e6-7 ; *cf.* 263b11-12). Ne pas être, ce n'est donc pas le contraire d'être, mais être autre : à condition de ne pas l'entendre comme le contraire de l'être, il y a bien une réalité du non-être (258e6-259b7).

Il ne reste qu'à montrer qu'il en va de la chose dite comme de la chose existante, autrement dit que si, entendu au sens d'«autre», le non-être est, il est possible de le dire, ce qui confirme la définition du sophiste à laquelle l'axiome parménidéen faisait obstacle : celui qui, au moyen de la parole, produit de l'illusion (259e-264b).

Ce résumé est évidemment bien loin de rendre compte de la complexité des analyses au long desquelles Platon conduit son lecteur. Il suffit cependant à faire comprendre qu'elles donnent lieu à de nombreuses innovations ontologiques, ou du moins à l'établissement de thèses que ne laissaient pas soupçonner les dialogues antérieurs.

Ce sont ces innovations qui font, aux yeux de la plupart des commentateurs, l'intérêt philosophique principal du dialogue. Puisque l'enquête sur le sophiste consiste à pousser l'inventaire de ses formes jusqu'au point où il donne occasion d'ouvrir le débat ontologique, on est en effet tenté de penser que c'est là le but réel de Platon et le sujet réel du dialogue. Il n'en est pourtant pas le but ultime, si l'on en croit la fin du dialogue (264c-268d) : une fois établies la réalité du non-être et par conséquent la possibilité de l'erreur, l'Étranger entreprend de parfaire la définition du sophiste comme producteur d'illusion au sein d'un tout nouveau tableau des types de production, tant divine qu'humaine, toute production, de réalités aussi bien que d'illusions, étant une façon de faire être quelque chose qui n'était pas, de faire être un non-être (265b 8-c5). Un tel tableau n'était, de fait, pas possible avant qu'ait été imposée contre Parménide la nécessité de reconnaître une réalité au non-être : on comprend alors que l'enjeu final du dialogue n'était pas seulement la définition du sophiste comme producteur d'illusion, mais celle de toute espèce de production. Tout se passe comme si Platon avait besoin de la définition du sophiste comme producteur de non-être (un véritable oxymoron !) pour libérer sa propre ontologie de l'interdit parménidéen de penser le non-être, et par conséquent le devenir et la causalité. C'est en ce sens que l'ontologie du *Sophiste* peut être lue non pas comme une rupture avec le platonisme de la maturité, mais comme son accomplissement.

BIBLIOGRAPHIE ESSENTIELLE

Édition. Outre les éditions complètes de Platon, il faut signaler la récente édition procurée par Robinson **2**, p. 383-471.

Traductions. Outre, ici encore, les traductions complètes de Platon, on mentionnera **11** F. M. Cornford, *Plato's Theory of Knowledge : the "Theaetetus" and the "Sophist" of Plato translated with a running commentary*, London 1935 (nombreuses réimpressions) ; Cordero **1** ; les plus récentes sont **12** F. Fronterotta, *Platone, Sofista*, introduzione, traduzione e note, coll. « Biblioteca Universale Rizzoli. Classici Greci e Latini », Milano 2007 ; **13** B. Centrone, *Platone, Sofista*, Traduzione a cura di B.C., « Piccola Biblioteca Einaudi. Classici. Filosofia », Torino 2008.

Commentaires. 14 W. Kamlah, *Platons Selbstkritik im Sophistes*, München 1963 ; **15** K. Sayre, *Plato's Late Ontology : a Riddle Resolved*, Princeton 1983 ; **16** J.-F. Mattéi, *L'Étranger et le simulacre. Essai sur la fondation de l'ontologie platonicienne*, coll. « Épiméthée », Paris 1983 ; **17** L. M. De Rijk, *Plato's Sophist : a Philosophical Commentary*, Amsterdam/Oxford/New York 1986.

Études. 18 P. Aubenque (édit.), *Études sur le "Sophiste" de Platon*, coll. « Elenchos » 21, Napoli 1991.

MICHEL NARCY.

POLITIQUE (Πολιτικός)

DATE DE COMPOSITION

Ici encore, on se reportera à la notice sur le *Théétète*.

DATE DRAMATIQUE

Le *Politique* représente la deuxième étape du programme fixé au début du *Sophiste* : définir, en commençant par le sophiste (218b8), les trois genres que constituent pour l'Étranger sophiste, politique et philosophe. À la différence du *Théétète* et du *Sophiste*, explicitement situés par Platon la veille et le lendemain l'un de l'autre, le *Politique* fait suite au *Sophiste* sans transition ou presque : seul un bref aparté avec Socrate sépare la conclusion du *Sophiste* de la demande faite par Théodore à l'Étranger d'enchaîner (*cf.* ἑξῆς, 257b9), à son choix, sur la définition de « l'homme politique » ou du philosophe ; la continuité entre les deux dialogues est soulignée par la proposition de l'Étranger de laisser se reposer Théétète en prenant à sa place pour répondant son condisciple Socrate le Jeune (257c7-8). Le *Politique* est donc situé par Platon dans la même journée que le *Sophiste*.

PERSONNAGES

Les personnages sont les mêmes que dans le *Sophiste*, à l'exception cette fois de Socrate le Jeune qui relaie Théétète dans le rôle de répondant. Élève lui aussi de Théodore et coauteur de la définition des « puissances » exposée par Théétète (*Theaet.* 147d-148b), il a été témoin des entretiens de son condisciple avec Socrate puis avec l'Étranger (*Soph.* 218b) ; resté parfaitement silencieux tout au long de ces entretiens, il fait cependant ici figure de nouveau venu.

ANALYSE

Comme dans le *Sophiste*, les problèmes de méthode sont indissociables de l'objet propre du dialogue : le motif principal de la recherche du politique est de devenir meilleurs dialecticiens sur toutes choses, fera observer l'Étranger au jeune Socrate (285d5-8). Il s'avère cependant dans le *Politique* que la division dichotomique ne suffit pas à rendre bon dialecticien.

Alors, en effet, qu'elle a fourni le cadre du dialogue précédent et a permis d'aboutir à la définition recherchée, la division dichotomique s'avère impuissante à donner une définition satisfaisante du politique. Ayant posé que l'homme politique figure au nombre des détenteurs d'un savoir (258b4-5), ce qui implique que la politique est un savoir, l'Étranger, procédant, comme pour trouver la définition du sophiste, par dichotomies successives, guide le jeune Socrate au long d'une division des sciences dont l'aboutissement final sera la définition de l'art politique comme celui de paître les hommes (ἀνθρωπονομικόν, 267c1). (On trouvera dans l'introduction au dialogue de **1** L. Brisson et J.-F. Pradeau, *Platon : Le Politique*, présentation, traduction et notes, coll. *GF* 1156, Paris 2003, p. 21, une présentation sous forme de tableau des différentes étapes qui conduisent à cette conclusion.) Mais, au lieu de s'en satisfaire, l'Étranger se livre au contraire à une critique en règle du résultat qu'il vient d'obtenir. Paître les hommes, en effet, c'est les nourrir, les soigner, les faire se reproduire, les élever, toutes fonctions qui, dans les sociétés humaines, sont réparties entre commerçants, agriculteurs, médecins, maîtres de gymnastique, etc. : dans la mesure où, concrètement, ce sont eux qui contribuent à l'entretien de leurs semblables, chacun d'eux pourrait, en vertu d'une telle définition, revendiquer le titre de politique au même titre, voire à meilleur titre que le détenteur de l'art de gouverner.

Puisqu'il faut donc discriminer le politique proprement dit de ceux qui prétendent partager son rôle, l'Étranger déclare alors la nécessité de repartir d'un autre point de départ, sur une route différente (268d5-6). Quelle est cette autre route ? demande le jeune Socrate. Après un intermède quasi ludique (σχεδὸν παιδιὰν ἐγκερασαμένους) procuré par « une large portion d'un grand mythe » (268d8-9), répond l'Étranger, le reste (τὸ λοιπόν) consistera à appliquer la même méthode que précédemment, à savoir procéder par élimination progressive jusqu'au terme extrême de la recherche (268d8-e2). En d'autres termes, changer de route ne signifie pas changer de méthode : quoique sur une route différente, on y progressera de la même façon.

Étant donné que l'Étranger entame aussitôt le récit mythologique annoncé, assurant qu'il sera propre à manifester la nature du roi (269c1-2), on peut croire que c'est là son nouveau point de départ. Mais en réalité, pas plus que la division précédente, le mythe ne débouche sur une définition du politique. Quelle est donc sa fonction ?

Sans entrer ici dans tous ses détails (comme l'écrit **2** L. Campbell, *The Sophistes and Politicus of Plato with a Revised Text and English Notes*, Oxford 1877 [réimpr. New York 1973, coll. « Philosophy of Plato and Aristotle »], p. 41, n. *ad* 268d8-9, seule une partie en a trait à l'objet du dialogue), rappelons qu'il s'agit d'un mythe cosmologique, selon lequel la rotation du ciel, c'est-à-dire de l'univers tout entier, se fait en un sens ou dans l'autre, suivant qu'elle est assurée par les dieux sous l'autorité du premier d'entre eux ou que l'univers est laissé à lui-même. Lorsque les dieux veillent à la marche de l'univers, chacune de ses parties, chaque espèce animale, voire chaque troupeau (271d6-7), est placé sous la garde de l'un d'entre eux, et il en va de l'espèce humaine comme des autres : au cours de cette période, les sociétés humaines sont donc remises à la garde de dieux qui veillent à la satisfaction de leurs besoins comme un berger veille sur son troupeau ; dans cet âge d'or où un dieu pourvoit pour eux à tout, les hommes ignorent aussi bien l'organisation politique (πολιτεία) que la famille (271e7-8). Manière de dire que l'image du pasteur d'hommes, à laquelle a abouti plus haut la division, est doublement inadéquate à la définition du politique : tout comme c'est d'espèces qui leur sont inférieures que les hommes pratiquent l'élevage, on ne peut les concevoir à leur tour sous l'autorité d'un pasteur à moins que ce ne soit un dieu ; mais dans ce cas la question de l'organisation politique et celle, corrélative, de la définition du politique, est vidée de sa substance. Si, comme l'a montré l'Étranger, la façon dont les différents métiers se répartissent la satisfaction des besoins de la cité suscitent tant de concurrents à qui s'en prétendrait le berger, c'est précisément parce que, de fait, les hommes aujourd'hui ne vivent pas dans cet âge d'or appelé par l'Étranger l'âge de Cronos ; la période actuelle de l'univers est au contraire celle où, les dieux s'étant retirés du monde (272e3-273a1), c'est dans un univers laissé à lui-même qu'il faut aux hommes, à son imitation, assurer eux-mêmes la conduite de leur vie et prendre soin d'eux-mêmes (274d5-7), et c'est la collectivité tout entière qui supplée le pasteur absent.

Le mythe ne fournit donc pas de nouvelle définition du politique ; comme l'indique l'Étranger, son utilité se borne à faire voir à quel point le discours qui l'a précédé s'était fourvoyé en donnant à la question du politique une réponse anachronique, rendant ainsi impossible d'expliciter la façon dont, à la tête d'une cité et non d'un troupeau, le politique gouverne (274e1-275a6). Utilité négative, certes, mais réelle : en rejetant dans un passé mythique la représentation du politique comme pasteur d'hommes, il invite à en chercher une définition où la fonction politique soit dissociée de l'économique.

La difficulté est alors d'en définir le contenu. Soit une redéfinition de la fonction politique comme l'art humain (et non divin) de prendre soin (au lieu de nourrir) d'une communauté humaine qui l'accepte librement : en quoi consiste ce soin ? La méthode de division ne suffit pas à le dire ; de même que, dans le *Sophiste*, il avait fallu en donner démonstration sur l'exemple (παράδειγμα, *Soph.* 218d9) du pêcheur à la ligne pour ensuite l'appliquer (au sein du même ensemble : les arts d'acquisition) à la définition du sophiste, de même ici l'Étranger montre sur l'exemple du tissage comment la méthode de division permet d'en donner une définition qui le distingue de tous les arts qui sont ses auxiliaires dans la fabrication des vêtements. Il est alors possible de montrer dans l'art politique un analogue du tissage, en rangeant parmi les auxiliaires de l'art politique tous ceux qui produisent les biens en circulation dans la cité, puis tout ce qui relève de l'administration publique et qui peut prétendre à exercer un rôle politique alors que ce n'est qu'à un rang subalterne.

Si le procédé relève bien toujours de la division, il aura fallu toutefois renoncer pour celle-ci à procéder par dichotomies (287b10-c5) : au lieu de procéder par étapes en divisant toujours par deux l'une des parties de la dichotomie précédente, comme l'avait annoncé l'Étranger (268d8-e2), c'est à chaque fois tout un ensemble de métiers que l'on sépare en bloc de l'art politique. Mais, même corrigée ainsi, la méthode de division ne permet pas d'arriver au but : une fois éliminés auxiliaires et subalternes, le politique se trouve encore des concurrents, formant « une foule innombrable » (291a2-3), « un genre aux innombrables variétés » (291a8), un « chœur » (291c1), et pour finir identifiés comme « le plus magicien de tous les sophistes » (291c3), expression qui ne sera explicitée qu'en 303b8-c5, quand l'Étranger, ayant distingué l'unique constitution droite de toutes les constitutions existantes, qualifiera de « plus grands sophistes entre les sophistes » ceux qui participent (κοινωνούς) à toutes ces dernières

Comment faut-il entendre κοινωνούς ? **3** A. Diès, *Platon, Œuvres complètes*, tome IX-1re partie : *Le Politique*, *CUF*, Paris 1935, et Brisson et Pradeau **1**, traduisent « ceux qui ont/jouent un rôle », ce qui peut se limiter à ce qu'on appelle aujourd'hui la classe politique ; mais il peut s'agir aussi de ceux que Socrate, dans la *République* (492b1-2), désigne comme « les plus grands sophistes », à savoir l'ensemble des citoyens, voire des habitants de la cité qui, réunis à l'assemblée, au tribunal, mais aussi au théâtre, conditionnent par leurs manifestations collectives le jugement de chacun.

À partir de là le dialogue prend un tour inattendu. Pour distinguer ce sophiste majeur de « ceux qui sont véritablement politiques et royaux » (291c4-5), il n'est pas fait appel à quelque nouvelle division, mais bel et bien, malgré son échec reconnu, aux principes qui ont guidé la première. Passant en revue les différentes formes du pouvoir politique (monarchie/tyrannie, aristocratie/oligarchie, démocratie) et les critères selon lesquels on les distingue ordinairement (nombre de ceux qui ont part aux affaires publiques, usage de la contrainte ou consensus, pouvoir aux mains des possédants ou des démunis, souci ou non de la légalité), l'Étranger déclare qu'aucun de ces critères ne permet de décider lequel de ces régimes est le meilleur. Dès le début de l'enquête, rappelle-t-il en effet, il a été admis que l'art politique est un savoir (292b6, *cf.* 258b4-5) : en vertu de ce principe, tout détenteur de ce savoir, qu'il détienne ou non le pouvoir, doit être considéré comme politique (ou royal, selon une équivalence récurrente dans le dialogue, 292e9-293a1) ; réciproquement, porté au pouvoir, un tel homme n'est astreint à respecter aucun autre critère de légitimité : puisqu'il sait ce qui est juste, il est en droit, s'il le juge bon, d'imposer ses vues par la force et d'aller contre les lois, y compris celles qu'il a lui-même édictées.

L'idée que l'on puisse gouverner sans lois sonne mal aux oreilles de Socrate le Jeune (293e8-9). Face à cette réticence attendue, la réponse de l'Étranger est double. Même si, fait-il valoir en premier lieu, légiférer fait partie de l'exercice du pouvoir royal, ce n'est pas aux lois elles-mêmes que le pouvoir doit appartenir, mais à qui l'exerce avec prudence (μετὰ φρονήσεως, 294a8). La raison en est, explique-t-il ensuite longuement, que la loi, générale par définition, n'est adaptée, ni à la diversité ni au changement des circonstances où on est supposé l'appliquer, à l'inverse de « l'homme royal » qualifié comme tel par sa possession du savoir politique, capable de prescrire en chaque cas le meilleur et le plus juste, et par conséquent le plus utile. Il s'agit nécessairement d'un individu, insiste l'Étranger, puisqu'on ne peut imaginer qu'un grand nombre entre en possession d'une telle science : on ne la rencontrera que chez un nombre restreint, réduit à la minorité, voire à l'unité (297b7-c1, *cf.* 293a2-4). La « droite constitution », ou constitution idéale, est donc de forme monarchique, à ceci près que ce qui, dans les constitutions existantes, distingue la monarchie de la tyrannie, c'est que le roi gouverne conformément aux lois (301a10-b1), ce à quoi n'est pas tenu, on l'a vu, le politique idéal, que seule, en définitive, sa sagesse sépare du tyran.

Socrate le Jeune n'a pas le temps de s'inquiéter d'une telle proximité entre le meilleur et le pire des régimes car, à peine achevé cet éloge de ce qu'on peut appeler un despotisme éclairé, l'Étranger en dévoile aussitôt l'envers : « aujourd'hui (νῦν δέ), poursuit-il, où il n'y a pas de roi qui advienne dans les cités comme il en naît dans les essaims, d'emblée unique par sa supériorité de corps et d'âme, il faut se rassembler pour rédiger des traités (συγγράμματα) en se lançant sur les traces de la constitution la plus véritable » (301d8-e4). À l'inverse de la *République*, où Socrate maintient qu'après tout l'apparition d'un philosophe roi ou d'un roi philosophe n'a rien d'impossible (*Resp.* 499c7-d6), la référence à « aujourd'hui », à la réalité actuelle, n'a pas pour contrepartie l'espoir que survienne un jour le monarque idéal. Ayant démontré qu'en l'absence ou à défaut de ce dernier, la loi, quels qu'en soient les défauts, doit être en tout point obéie (comme la prescription d'un médecin, aussi longtemps que lui-même ne juge pas bon de la modifier), l'Étranger n'a d'autre programme à proposer que de faire justement des lois, qui soient aussi proches que possible du régime idéal. Autant que l'annonce des *Lois*, il faut vraisemblablement voir ici la conclusion proprement politique du dialogue : contrairement à ce que fait croire l'insistance de l'Étranger sur l'autorité absolue dont doit jouir le monarque idéal, la nécessité des lois.

Platon pousse même plus loin le réalisme. Une fois admise, en effet, la nécessité des lois, reconnaissance ou ignorance de cette nécessité fournissent un critère de discrimination et de hiérarchisation au sein même des constitutions imparfaites : aussi longtemps que monarchie, oligarchie, démocratie sont soumises aux lois, la monarchie est le meilleur régime, et la démocratie le moins bon ; mais inversement, dès lors que toutes connaissent une liberté sans frein (ἀκολάστων μὲν πασῶν οὐσῶν), le pouvoir d'un seul, mué en tyrannie, est au contraire le pire des régimes, et « c'est vivre en démocratie qui l'emporte (ἐν δημοκρατίᾳ νικᾷ ζῆν) » (303b1-2), la distribution généralisée des pouvoirs la rendant aussi impuissante à faire le mal que le bien. Aveu, peut-être, d'un Platon revenu des déceptions de sa jeunesse comme de celles de son âge mûr au régime politique de sa patrie.

Après cette conclusion politique, l'Étranger donne au dialogue son achèvement théorique. Il commence par réaffirmer (dans des termes qui, il vaut la peine de le noter, seront repris presque à la lettre par Aristote [*Eth. Nic.* 1094b3]), la primauté de la politique sur des savoirs que l'on confond avec elle et qui n'en sont que les auxiliaires : stratégie, jurisprudence et rhétorique (303d9-305e7). En second lieu, reprenant le paradigme du tissage, il expose comment le politique véritable saurait unir dans la cité dont il aurait la charge ces caractères opposés, quoique également vertueux, que sont le courageux et le tempérant (305e8-311b10). La science politique apparaît ainsi comme la solution du problème de l'unité de la vertu posé dans le *Protagoras*.

BIBLIOGRAPHIE ESSENTIELLE

Édition. Outre les éditions complètes de Platon, il faut signaler la récente édition procurée par **3** D. B. Robinson, dans E. A. Duke, W. F. Hicken, W. S. M. Nicoll, D. B. Robinson et J. C. G. Strachan, *Platonis Opera, tomus I Tetralogias I-II continens*, Oxford 1995, p. 473-559.

Traductions. Outre, ici encore, les traductions complètes de Platon, on mentionnera **4** J. B. Skemp, *Plato's Statesman : A Translation of the* Politicus *of Plato with Introductory Essays and Footnotes*, London 1952 ; Brisson et Pradeau **1**.

Commentaires. 5 S. Rosen, *Plato's* Statesman : *the Web of Politics*, New Haven/London 1995, trad. fr. par E. Helmer, coll. «Tradition de la pensée classique», Paris 2004 ; **6** S. Delcomminette, *L'Inventivité dialectique dans le "Politique" de Platon*, coll. «Cahiers de philosophie ancienne» 1, Bruxelles 2000.

Études. 7 C. J. Rowe (édit.), *Reading the* Statesman : *Proceedings of the III Symposium Platonicum*, coll. «International Plato Studies» 4, Sankt Augustin, 1995.

MICHEL NARCY.

PARMÉNIDE (Παρμενίδης)

Le *Parménide* reste le plus énigmatique de tous les dialogues de Platon, celui qui a donné lieu au plus grand nombre d'interprétations divergentes. Dès l'Antiquité, on ne parvenait à expliquer ni comment les deux parties qui le composent pouvaient constituer une unité ni quel était le thème de la seconde partie. On commença (c'est le cas des médioplatoniciens, comme Alcinoos [➤A 92]) par s'intéresser à la première partie, où Parménide expose les difficultés relatives à la participation des choses sensibles aux formes intelligibles dont elles sont les images, la question la plus disputée chez les platoniciens étant alors celle de savoir de quoi il y avait des Formes. La seconde partie attira elle aussi l'attention des interprètes antiques (surtout néoplatoniciens, ([Porphyre] [➤P 263], Proclus [➤P 292], Damascius [➤D 3]) : était-ce une joute dialectique entre Socrate et Parménide (➤P 40) sur la base des arguments de Zénon d'Élée, un exercice logique, une gymnastique destinée à faire comprendre les difficultés associées à une ontologie aussi particulière que celle de Platon ? La seconde partie du *Parménide* devint pour les néoplatoniciens un manuel où se trouvait formulée la théologie de Platon, qui avait pour principe suprême l'Un identifié au Bien ; c'est cette interprétation qui connut les faveurs de la Renaissance et qui parvint jusqu'à nous. Mais après la Seconde Guerre mondiale, des interprètes s'intéressèrent surtout à la première partie, où ils voulaient trouver confirmation de l'abandon par Platon de la doctrine des Formes, qui aurait été remplacée par une théorie du concept. Une autre interprétation a été proposée, qui est plus modeste, car elle adopte une perspective historique. Le dialogue met en scène le jeune Socrate qui défend la doctrine des Formes face à Parménide, venu à Athènes avec son disciple et aimé, Zénon, lequel, au début du dialogue, lit une partie du livre qu'il vient de composer. Dans la première partie, Parménide soulève contre la doctrine des Formes que Socrate tient pour la solution aux difficultés soulevées par Zénon relativement aux choses sensibles une série d'objections, notamment celle, fameuse, du «Troisième homme», auxquelles Socrate n'arrive pas à répondre de façon satisfaisante. Voilà pourquoi, dans la seconde partie du dialogue, Parménide donne à Socrate une leçon de discussion dialectique en examinant l'hypothèse qui est la sienne et que défend

Zénon. Dans cette perspective, la seconde partie du *Parménide* doit être considérée comme un témoignage sur le Parménide et le Zénon historiques, et donc sur une cosmologie antérieure à celle du *Timée*, mais dont Platon a fait usage en la transformant de façon radicale. On y retrouve du reste un problème qui demeure d'actualité : peut-on parler d'univers, en entendant par là l'unité que formeraient toutes les choses qui nous entourent, et dont l'écrasante multiplicité échappe aux efforts de la compréhension humaine ?

Traductions et commentaires. 1 Platon, *Parménide*. Introduction, traduction et notes par L. Brisson, coll. *GF* 688, Paris 1994, 1999² (bibliographie analytique importante) ; **2** F. M. Cornford, *Plato and Parmenides. Parmenides' Way of Truth and Plato's "Parmenides"*, translated with an introduction and a running commentary, London 1939 ; **3** R. E. Allen, *Plato's* Parmenides, Oxford 1983 ; **4** G. Cambiano et F. Fronterotta, *Parmenide,* Bari 1998 ; **5** C. Moreschini, *Platonis Parmenides*, *Phaedrus*, Roma 1966 ; **6** K. Sayre, *Parmenides' Lesson*, Notre Dame [Indiana] 1996 ; **7** H. G. Zekl, *Parmenides*, Hamburg 1972.

Interprétation analytique. 8 A. H. Coxon, *The Philosophy of forms : an Analytical and Historical Commentary on Plato's "Parmenides"*, Assen 1999 ; **9** F. von Kutschera, *Platons Parmenides,* Berlin 1995 ; **10** C. C. Meinwald, *Plato's Parmenides*, New York 1991 ; **11** G. Ryle, « Plato's *Parmenides* », *Mind* 48, 1939, p. 129-151 (un article qui a avancé l'idée suivant laquelle, après les critiques soulevées dans le *Parménide*, Platon considérait ce qu'il appelait des Formes comme des concepts) ; **12** S. Scolnicov, *Plato's Parmenides,* Berkeley 2003 ; **13** G. Vlastos, « The third man Argument in the *Parmenides* », *PhR* 63, 1954, p. 319-349, qui a déclenché la rédaction d'un déluge d'articles proposant une analyse logique de 132a-b.

Autres types d'interprétation. 14 A. Graeser, *Prolegomena zu einer Interpretation des Zweiten Teils des Platonischen Parmenides*, Bern 1999 (dans la seconde partie, Platon tente de répondre aux objections faites par Speusippe dans le cadre de l'Académie) ; **15** M. Migliori, *Dialettica e verità. Commentario filosofico al "Parmenide" di Platone*, Milano 1990 (interprétation ésotériste du dialogue) ; **16** J. A. Palmer, *Plato's Reception of Parmenides*, Oxford 1999 (l'influence de Parménide sur Platon).

LUC BRISSON.

PHILÈBE (*Φίληβος*)

DATE DE COMPOSITION

Il règne une quasi-unanimité sur l'appartenance du *Philèbe* à la dernière période de la production platonicienne. Les critères stylométriques, dont on trouvera un exposé à la fois concis et détaillé dans **1** Ch. Kahn, « On Platonic Chronology », dans J. Annas et C. Rowe (édit.), *New Perspectives on Plato, Modern and Ancient*, coll. « Center for Hellenic Studies Colloquia » 6, Cambridge, Mass. 2002,

p. 93-127, placent le *Philèbe* dans le groupe des derniers dialogues écrits par Platon avant les *Lois* et, au sein de ce groupe, après le *Sophiste*; la continuité entre le *Sophiste* et le *Politique* conduit à tenir le *Philèbe* pour postérieur à la trilogie *Théétète-Sophiste-Politique*. Seule reste en discussion la place relative du *Philèbe* et du *Timée*, mais les arguments invoqués à ce sujet étant surtout relatifs au contenu du dialogue, la réponse est affaire d'interprétation, et ne conduit pas à modifier la datation de toute façon tardive du *Philèbe*.

DATE DRAMATIQUE

Comme le *Ménon* ou le *Cratyle*, le *Philèbe* ne comporte aucune indication du moment où est censé avoir lieu le dialogue. En 58a7-8, Protarque (➨P 304) affirme avoir entendu dire à Gorgias (➨G 28), de façon répétée, que persuader l'emporte sur tous les arts : la thèse est indubitablement celle que soutient Gorgias dans le dialogue homonyme (452e1-8, 456a7-8), mais l'insistance de Protarque sur sa fréquence dans la bouche de Gorgias (ἑκάστοτε... πολλάκις) empêche de trouver dans ce rapprochement une indication à valeur chronologique, les nombreuses occasions où Protarque l'a entendue pouvant se situer aussi bien avant qu'après la scène représentée dans le *Gorgias*.

PERSONNAGES

Le *Philèbe* présente la singularité de donner pour interlocuteurs à Socrate deux personnages dont l'historicité n'est aucunement attestée. Le nom même de Philèbe (➨P 114), qui signifie « épris de la jeunesse », semble faire de lui la pure allégorie de l'hédonisme radical à la défense duquel se borne son rôle dans le dialogue. En 19b5, Socrate appelle Protarque (➨P 304) « fils de Callias ». Cependant, comme le fait observer **1** D. Nails, *The People of Plato*, p. 257, il est difficile de voir en lui un fils du Callias fils d'Hipponicos (➨C 16) hôte des sophistes dans le *Protagoras* : on connaît à ce dernier deux fils (*cf.* Plat., *Apol.* 20a7), dont l'un portait le nom d'Hipponicos et le second ne peut être notre Protarque puisque, né au plus tôt en 412[a], il était au moment du procès de Socrate encore trop jeune pour être son interlocuteur. Si Protarque était un troisième fils du même Callias, on devrait se demander pourquoi Socrate, dans l'*Apologie* (20a7), n'en attribue à ce dernier que deux – et pourquoi il n'en est nulle part fait mention dans notre documentation, mis à part la présente occurrence. À la différence du nom de Philèbe, ceux de Protarque et de Callias étaient assez communs, mais cette circonstance elle-même rend l'identité et peut-être l'existence du personnage du *Philèbe* aussi incertaine que celles de Philèbe lui-même.

Commentant l'apostrophe de Socrate en 36d6-7, « ô fils de cet homme-là » (ὦ παῖ 'κείνου τἀνδρός), qu'il comprend comme « une façon honorifique de parler d'un défunt sans prononcer son nom », **2** A. E. Taylor, Plato, *Philebus* and *Epinomis*, Translation and Introduction by A. E. Taylor, ed. by Raymond Klibansky with the co-operation of Guido Calogero and A. C. Lloyd, London 1956, p. 10-11 et n. *ad loc.* p. 145-146, a fait l'hypothèse que le père de Protarque évoqué de cette façon soit Callias fils de Calliadès (➨C 15), disciple de Zénon d'Élée selon l'*Alcibiade I* (119a4-5), qui trouva la mort comme stratège à Potidée en 432[a].

ANALYSE

Énoncé en préliminaire à la discussion qui va suivre, le sujet du *Philèbe* est de « mettre en lumière une condition et une disposition de l'âme qui soit capable de procurer à tous les hommes la vie heureuse » (11d4-6). C'est le thème qui, dans le *Gorgias*, s'est révélé être au centre des discussions de Socrate avec ses trois interlocuteurs successifs. Dans l'un comme dans l'autre dialogue, la position défendue par Socrate est le refus de confondre le plaisir et le bien, mais le *Philèbe* développe ce point de vue avec des moyens tout différents de ceux du *Gorgias*, à tel point que la comparaison entre les deux dialogues est la plus propre à faire ressortir la singularité du *Philèbe* au sein du *corpus* platonicien.

Singularité formelle tout d'abord : alors que dans le *Gorgias*, comme dans tous les dialogues dont il est le protagoniste, Socrate ne s'adresse jamais qu'à un seul interlocuteur à la fois, il est frappant que dans le *Philèbe*, où Protarque est son interlocuteur désigné dès le début du dialogue, il sollicite à deux reprises (12a6, 27e1) Philèbe d'intervenir dans la discussion et s'adresse, dans la deuxième occasion, à ses deux interlocuteurs à la fois (28a5). (Si par la suite Philèbe n'intervient plus, c'est parce qu'il se décharge sur Protarque du soin de soutenir une supériorité du plaisir déjà fortement relativisée.)

Certes, Protarque n'a été désigné comme interlocuteur que pour soutenir une thèse dont Philèbe a abandonné la défense (ἀπείρηκεν, 11c8) ; thèse qui est si peu la sienne que Socrate juge nécessaire de lui en préciser les termes autant que ceux de la sienne propre : on comprend par conséquent que, dans la suite, il veuille soit s'assurer que Philèbe s'estime correctement représenté soit le réintroduire dans une discussion où après tout il est impliqué. Mais cette raison de bon sens ne doit pas masquer le fait que les deux interlocuteurs se trouvent l'un et l'autre dans des postures inhabituelles : alors que l'exigence formulée par Socrate à l'adresse de Calliclès (☛C 17), ne pas parler « contre ce qu'il lui semble » (παρὰ τὰ δοκοῦντα σαυτῷ, *Gorg.* 495a9), passe généralement pour la règle constante du dialogue socratique, ici Protarque, parlant pour un autre (Philèbe), doit éviter de parler non pas contre sa pensée, mais contre la thèse qu'il est chargé de soutenir. Socrate, de son côté, au lieu d'endosser comme à son habitude le rôle de questionneur, déclare d'emblée soutenir lui-même une thèse, contraire à celle de Philèbe ; évoquant cette thèse, il emploie même la première personne du pluriel, et en vient à définir deux camps opposés, « vous », à savoir sans doute Philèbe et Protarque, et « nous » (11d8), qu'il est beaucoup plus difficile d'identifier, mais qui laisse penser que Socrate non plus ne parle pas en son seul nom.

Certains traducteurs tiennent le « nous » prononcé par Socrate pour un pluriel de majesté, mais le cas serait unique dans le *corpus* platonicien. Platon fait dire « nous » à Socrate dans sa prison (*Criton*, 49a6-7, *Phédon*, 65d4-5), mais ce pluriel englobe alors les interlocuteurs de Socrate qui, tout en étant eux-mêmes des socratiques, sont saisis par le doute quant au bien-fondé de sa conduite ou de son assurance devant la mort, et que Socrate appelle à être cohérents avec les convictions qu'ils partagent avec lui.

Dans le *Gorgias* aussi, Socrate affirme avec force ses convictions, face à Polos (☛P 232) et à Calliclès : que dans le *Philèbe* il se présente comme le tenant d'une thèse en bonne et due forme n'est donc pas une singularité absolue. Mais, outre qu'on ne retrouve pas dans le *Philèbe* les fameux «paradoxes socratiques» du *Gorgias*, Socrate n'y argumente pas non plus de la même façon : dans le *Gorgias*, il expose ses convictions avec autant d'éloquence que ses adversaires, mais il est le seul à manier l'arme de l'*elenchos*, de sorte que sa thèse reste inébranlée quand celles de ses contradicteurs ont été réfutées (*Gorg.* 527a8-b4) ; dans le *Philèbe* au contraire, Socrate envisage d'emblée la possibilité que la vie bonne soit assurée par une disposition de l'âme qui l'emporte aussi bien sur le plaisir que sur la sagesse (11d11), ouvrant ainsi la voie à une discussion *in utramque partem* : de même, en effet, qu'il existe entre les plaisirs une contrariété telle qu'on ne peut tout uniment identifier le plaisir au bien, de même on peut objecter à l'identification de la sagesse avec le bien la multiplicité des sciences (12c1-14a9). À la relation asymétrique questionneur-répondant caractéristique de l'*elenchos* est donc substituée la mise en regard équilibrée de deux thèses adverses entre lesquelles est envisagée dès le départ, plutôt que la victoire de l'une sur l'autre, la possibilité d'un compromis.

Une telle possibilité réside d'ailleurs dans la symétrie même supposée par Socrate entre les deux thèses en présence. En effet, la mise en évidence de la propriété commune au plaisir et à la science d'être chacun un et multiple conduit aussitôt Socrate à distinguer ces deux prédicats comme l'être et le devenir ; à les distinguer, mais pas à les opposer : en cela réside cette fois la singularité du *Philèbe*, non plus quant à la forme mais quant à son contenu. En effet, affirme aussitôt Socrate, cette unité dont l'identité perpétuelle à soi contraste avec le devenir constant du multiple est pourtant présente au sein de ce dernier, auquel elle apporte sa limite. Toutes choses sont ainsi faites d'un et de multiple, ou encore de limite et d'infinité (16c9-10). Sont ainsi livrés dès le début de l'enquête les termes-clés qui permettront de la mener à son terme.

Si l'on s'en tient d'ailleurs à l'objet de la discussion initialement défini (11d4-6, déjà cité), ce terme est rapidement atteint. Protarque, en effet, admet volontiers que nul ne choisirait une vie de pure jouissance à l'exclusion de toute forme de pensée, ni une vie purement intellectuelle à l'exclusion de tout plaisir, mais que tout homme, au contraire, sans exception, choisira une vie où se mêlent «plaisir, intellect et sagesse» (22a3). Ni le plaisir, par conséquent, ni l'intellect – du moins l'intellect humain, Socrate laissant ouverte la question pour l'intellect divin – ne peuvent être identifiés au bien. Si donc seule la vie mêlée de plaisir et d'intellect est «à la fois éligible et bonne» (22d7), il reste cependant à savoir ce qui la rend telle : le plaisir, l'intellect ou, si aucun des deux n'en est à lui seul la cause, lequel présente avec elle «le plus de parenté et de ressemblance» (22b3-d8). Malgré la velléité de Protarque de défendre au moins à ce stade la prééminence du plaisir, la méthode préalablement définie par Socrate va mener rapidement à la conclusion opposée.

Le *Philèbe* contient en effet une description inédite de la dialectique (16c5-17a5), définie non plus, comme dans les dialogues antérieurs, comme une façon de

dialoguer, mais comme le dénombrement complet des formes contenues dans chaque « forme unitaire (μίαν ἰδέαν, 16d1) ». À la place de l'opposition rudimentaire
entre l'un et un multiple confondu avec l'infini apparaît ici une structure triadique,
un, multiple, infini, où le multiple remplit une fonction vicariante vis-à-vis de l'un
dans la mesure où la quantité dénombrée, donc finie, s'oppose elle aussi, comme
l'un, à l'infini.

Ayant donc fait admettre que la vie bonne ne peut être que mélangée de plaisir
et d'intellect, Socrate n'aura pas de peine à faire valoir que l'ontologie qu'il a préalablement exposée offre un modèle adéquat pour penser un tel mélange : toute
chose étant un mélange d'infinité et d'unité, il suffit pour comprendre ce qui fait la
vie bonne de savoir auquel de ces deux termes sont apparentés respectivement le
plaisir et l'intellect. Étant donné les possibilités d'illimitation du plaisir, il ne sera
pas difficile à Socrate de montrer que ce n'est pas de lui que peut venir la limitation qu'implique son mélange : c'est l'intellect qui est parent de l'unité, et c'est à
lui, qui donne au plaisir sa limite, qu'est dû le mélange qui fait la vie bonne.

Il ne reste alors qu'à analyser ce mélange : la question litigieuse de la priorité
de l'intellect ou du plaisir étant désormais entendue, le dialogue prend un tour
fortement didactique ; comparé même au *Sophiste* et au *Politique*, où la question
initiale reste en suspens jusqu'au bout, le *Philèbe* peut à cet égard être considéré
comme le plus « scolaire » des dialogues platoniciens.

La plus longue section du dialogue (31b-59d) est consacrée à l'analyse des
espèces du plaisir et de la sagesse. Le but de cette analyse est de discriminer les
unes et les autres en fonction de leur degré de vérité, de façon à déterminer lesquelles seront admises au mélange de la vie bonne : en seront évidemment écartés
les plaisirs faux ; cependant, s'agissant de vie et non seulement de vérité, il faudra
y admettre aussi les plaisirs nécessaires, même s'ils ne sont pas vrais sans partage.
Pour la même raison, seront admises au mélange, outre la connaissance de la réalité absolue, les sciences nécessaires ou utiles à la vie, aucune science, par définition, n'étant fausse.

La notion de plaisir faux est en soi problématique : le plaisir n'existant que ressenti, on peut
lui appliquer le raisonnement du *Théétète* sur la sensation, incontestable du moment qu'elle a lieu.
Pour établir l'existence de plaisirs faux, Platon a ici recours à plusieurs arguments : (i) le plaisir
étant souvent lié à une opinion, il en partage le sort en termes de vérité ou de fausseté ; (ii) dans
l'alternance de plaisir et de douleur, un plaisir paraît d'autant plus grand – et donc plus grand
qu'il ne l'est en réalité – que la douleur l'a été ; (iii) à tel point que certains en viennent à définir
comme plaisir l'absence de douleur. Ces arguments ont en commun de faire passer le plaisir du
registre de la sensation à celui de l'opinion : soit (i) il résulte d'un jugement, qui peut être erroné,
sur ce par quoi il est provoqué, soit (ii) et (iii) il se confond avec le jugement même porté par le
sujet sur son état.

Étant admis désormais que la vie bonne est mélangée d'intellect et de plaisir,
que ne peuvent y contribuer que les plaisirs qui connaissent la limite et que c'est
l'intellect qui leur apporte cette limite, se révélant ainsi être la cause d'où provient
la vie bonne, il est possible de répondre à la question initiale et de départager
plaisir et intellect par rapport au bien : puisque c'est la limite qui rend la vie bonne,

c'est elle qui est le bien, et non le plaisir ni l'intellect. Il existe pourtant entre eux une hiérarchie dans la proximité au bien : après la limite et la proportion viennent dans l'échelle des biens la beauté, puis l'intellect suivi par l'opinion droite, et enfin seulement, au cinquième rang, les plaisirs vrais ou purs qui, pour être tels, ne peuvent être que ceux de l'âme, puisque c'est dans le corps que le plaisir se mesure en proportion inverse de la douleur.

On s'appuie traditionnellement sur le livre X de l'*Éthique à Nicomaque* d'Aristote (chap. 2) pour identifier en Eudoxe (⟶E 98) et Speusippe les adversaires visés par Platon. Ce qu'Aristote permet d'assurer, c'est que la valeur et la nature du plaisir faisaient l'objet d'un débat au sein de l'Académie et que certains des arguments présentés dans ce débat sont discutés dans le *Philèbe*. Mais, comme l'a bien montré **3** A. Diès, *Platon, Œuvres complètes*, tome IX, 1re partie, *CUF*, Paris 1935, p. LIII-LXX, l'attribution à Eudoxe, à Speusippe, à tel autre socratique ou membre de l'Académie des thèses exposées puis combattues par Platon repose sur des bases largement conjecturales ; Platon, comme à son habitude, ramène des théories distinctes à ce qu'il aperçoit comme leur dénominateur commun, et d'autre part envisage des possibilités qui peuvent très bien ne correspondre à aucune théorie historiquement soutenue. L'horizon du *Philèbe* ne se limite donc pas aux thèses opposées d'Eudoxe et de Speusippe, ni même à celui de l'Académie. On peut même aller jusqu'à dire qu'il ne se limite pas à la question du plaisir : loin en effet de ne traiter du plaisir, comme Aristote, qu'en fonction d'une problématique éthique, Platon, on l'a vu, fonde son analyse sur un modèle à portée tout à fait générale, celui du mélange d'illimité et de limite (que les exégètes rapportent à son tour à Philolaos [⟶P **143**]). En d'autres termes, pour trancher la question de la valeur à donner au plaisir dans l'échelle des biens et pour cela distinguer, parmi les plaisirs, ceux qui ont leur place dans la vie bonne, Platon se réclame d'une ontologie générale. Cela aussi est conforme à son habitude : le traitement de la question centrale du dialogue mobilise des questions de tous ordres : une conception nouvelle de la dialectique, elle-même fondée sur l'ontologie évoquée ci-dessus, de longues analyses psychologiques, etc. À première vue nouvelles, une analyse détaillée montrerait pourtant que ces conceptions, à commencer par la doctrine de la mesure, souvent reprennent, réinterprètent ou prolongent les doctrines de dialogues antérieurs. Platon, dans le *Philèbe*, a pour horizon avant tout sa propre philosophie, et c'est sans doute dans ce dialogue que l'on trouve la forme la plus aboutie de la métaphysique platonicienne.

BIBLIOGRAPHIE ESSENTIELLE

Édition. En dehors des éditions complètes de Platon, **4** R. G. Bury, *The Philebus of Plato*, edited with Introduction, Notes, and Appendices, Cambridge, 1897.

Traductions. Outre, ici encore, les traductions complètes de Platon, on mentionnera Taylor **2** ; **5** R. Hackforth, *Plato's Examination of Pleasure (The Philebus)*, translated with an Introduction and Commentary, Cambridge 1945 ;

6 D. Frede, *Platon, Philebos*, Übersetzung und Kommentar, Göttingen 1997 ; **7** J.-F. Pradeau, *Platon, Philèbe*. Introduction, traduction et notes, coll. *GF* 705, Paris 2002.

Commentaires. 8 H. G. Gadamer, *Platos dialektische Ethik. Phänomenologische Interpretationen zum Philebos*, Leipzig, 1931 (Hamburg 1968, 1983 ; trad. fr. par F. Vatan et V. von Schenck, Arles 1994) ; **9** G. Striker, *Peras und Apeiron. Das Problem der Formen in Platons Philebos*, Göttingen 1970 ; **10** E. E. Benitez, *Forms in Plato's Philebus*, Assen 1989 ; **11** M. Migliori, *L'uomo fra piacere, intelligenza e Bene. Commentario storico-filosofico al "Filebo" di Platone*, coll. «Temi metafisici e problemi del pensiero antico» 28, Milano 1993 ; **12** P. Schmidt-Wilborg, *Dialektik in Platons Philebos*, Tübingen 2005 ; **13** S. Delcomminette, *Le "Philèbe" de Platon : Introduction à l'agathologie platonicienne*, coll. «Philosophia antiqua» 100, Leiden 2006.

Études. 14 P. Cosenza (édit.), *Il Filebo di Platone e la sua fortuna*. Atti del Convegno di Napoli 4-6 novembre 1993, coll. «Collectanea» 11, Napoli 1996 ; **15** M. Dixsaut (édit.), *La Fêlure du plaisir*, t. I : *Commentaires*, t. II : *Contextes*, coll. «Tradition de la pensée classique», Paris 1999 ; **16** J. Dillon et L. Brisson (édit.), *Plato's Philebus : Selected Papers from the Eighth Symposium Platonicum*, coll. «International Plato Studies» 26, Sankt Augustin 2009.

MICHEL NARCY.

BANQUET (Συμπόσιον)

Le terme «banquet» traduit inadéquatement le grec συμπόσιον qui signifie littéralement «beuverie en commun». Le συμπόσιον est une institution particulière aux anciens Grecs, qui associe convivialité et culture. Il suit le δεῖπνον, le souper qui constitue le repas proprement dit. Le vin fait son apparition à la fin du repas, sous la forme d'une libation de vin pur. Puis les serviteurs nettoient les tables et le sol, et le συμπόσιον, où, dans un contexte compétitif, se succèdent les toasts, les chants, les discours et les conversations, peut commencer ; il se poursuit jusqu'à l'aube, comme c'est le cas dans le dialogue, où Platon évoque le banquet offert par Agathon, l'aimé de Pausanias (⏩P 67), pour fêter sa victoire au concours de tragédies. Le contexte historique de l'événement qui met en évidence le couple que formeront pendant trente ans Pausanias et Agathon, amène à considérer ce dialogue comme une critique de cette institution éducative qu'était la παιδεραστία. Pour Socrate, l'éducation n'est pas la transmission d'un savoir, d'un pouvoir ni même de richesses dans le cadre d'une relation entre un jeune homme et un homme fait, mais la découverte d'un savoir faisant intervenir une séduction qui n'a rien de sexuel et dont le modèle n'est plus masculin, mais féminin, car il fait intervenir la notion d'accouchement. Par là le dialogue s'intègre dans la série des dialogues métaphysiques où la contemplation des Formes est le fait d'une âme qui n'est pas encore incarnée comme dans le *Phèdre* ou qui, incarnée, se souvient de ses expériences intellectuelles passées, comme dans le *Ménon* et dans le *Phédon*.

Et il donne un tout autre sens aux premières pages du *Théétète* sur la maïeutique, conçue comme accouchement de l'âme.

Le *Banquet*, une œuvre d'art, aussi bien du point de vue de son style que de sa composition, rapporte sept discours. Les six premiers, prononcés pendant que les convives boivent modérément, sont des éloges d'Éros, la divinité de l'Amour, et le septième est un éloge de Socrate par un Alcibiade complètement ivre. Les six éloges d'Éros peuvent être regroupés en trois couples, où chacun des discours s'oppose à l'autre. Pour Phèdre (➤P 106) et pour Agathon, il n'y a qu'un seul Éros. Toutefois, alors que Phèdre soutient qu'Éros est le plus ancien des dieux, Agathon maintient au contraire qu'il est le plus jeune. Pausanias et Éryximaque (➤E 59), eux, estiment qu'il y a deux Éros, qui correspondent aux deux Aphrodites, la Céleste et la Vulgaire. Mais alors que Pausanias n'examine les conséquences de cette dualité que dans le cas de l'homme, Éryximaque étend son enquête à l'ensemble des êtres. Enfin, Aristophane et Socrate posent le problème à un autre niveau. Pour Aristophane, Éros est le seul dieu qui puisse nous permettre de réaliser ce à quoi tend tout être humain : l'union avec la moitié de lui-même dont il a été séparé par Zeus. Et pour Socrate qui rapporte les paroles de Diotime (➤D 204), une étrangère de Mantinée, Éros n'est pas un dieu, mais un démon, qui, étant donné sa fonction d'intermédiaire, permet de transformer, en une possession perpétuelle, l'aspiration vers le Beau et vers le Bien que ressent tout homme par le moyen de la procréation selon le corps, mais surtout selon l'âme. Ce discours, qui touche à ce qu'il y a de plus profond dans ce qui constitue l'identité de l'être humain, connut une fortune immense dans la cadre du néoplatonisme et à la Renaissance.

Le dialogue se termine par un magnifique éloge de Socrate par un Alcibiade aviné qui fait irruption dans la salle où prend place le συμπόσιον.

Sur la traduction manuscrite voir **1** Chr. Brockmann, *Die handschriftliche Überlieferung von Platons "Symposion"*, coll. «Serta Graeca» 2, Wiesbaden 1992, X-282 p.

Éditions, traductions et commentaires. 2 K. Dover, *Symposium*, coll. «Cambridge Greek and Latin Classics», Cambridge 1980 X-185 p.; **3** Platon, *Le Banquet*. Traduction inédite, introduction et notes par L. Brisson, coll. *GF* 987, Paris 1999, 263 p.; **4** Plato, *Symposium*, ed. with an introd., transl. and comment. by Chr. J. Rowe, coll. «Classical texts», Warminster 1998, VIII-231 p.; **5** Plato, *Symposium*, transl. by R. Waterfield, coll. «World's classics», Oxford/New York 1994, XLV-104 p.

Interprétations. 6 J. H. Lesher, D. Nails et Frisbee C. C. Sheffield (édit.), *Plato's "Symposium"*: *Issues, Interpretation and Reception*, coll. «Hellenic Studies» 22, Cambridge, Mass./Washington, D.C., 2006 XI-446 p.

Principales études récentes. 7 R. L. Hunter, *Plato's "Symposium"*, coll. «Oxford approaches to classical literature», Oxford/New York 2004, XIII-150 p. (le dialogue comme une œuvre d'art littéraire); **8** Chr. Gill, *Personality in Greek Epic, Tragedy, and Philosophy. The self in Dialogue*. Oxford/New York 1996, X-

510 p. (sur la question de la définition du soi) ; **9** D. M. Halperin, *One Hundred years of Homosexuality and Other Essays on Greek Love*, coll. « New ancient world », New York 1990, X-230 p. (sur la question de l'homosexualité dans l'Antiquité) ; **10** L. Brisson, « Agathon, Pausanias, and Diotima in Plato's *Symposium. Paiderastia* and *Philosophia* », dans Lesher, Nails et Sheffield **6**, p. 229-251 (sur le rapport entre deux conceptions de l'éducation) ; **11** C. Osborne, *Eros Unveiled. Plato and the God of Love*. Oxford 1994, X-246 p. (sur Éros) ; **12** A. W. Price, *Love and Friendship in Plato and Aristotle*. Oxford 1989, XIV-264 p. (sur Éros et *Philia*) ; **13** Chr. J. Rowe, *Il "Simposio" di Platone*. Cinque lezioni sul dialogo con un ulteriore contributo sul Fedone e una breve discussione con M. Migliori e A. Fermani, a cura di M. Migliori, coll. « Lecturae Platonis » 1, Sankt Augustin 1998, 115 p. (sur Éros et le Bien dans le *Banquet*) ; **14** Frisbee C. C. Sheffield, *Plato's Symposium. The Ethics of Desire*, coll. « Oxford classical monographs », Oxford/New York 2006, VIII-252 p. (sur la question du désir).

LUC BRISSON.

PHÈDRE (Φαῖδρος)

Le dialogue se présente comme une critique, sur le fond comme sur la forme, d'un discours de Lysias (➙L 94). La critique menée par Socrate touche d'abord le sujet traité par Lysias : il faut accorder ses faveurs à celui qui n'est pas amoureux, car l'amoureux est fou, et représente un danger pour celui qu'il aime. À cette folie qui est une maladie humaine, Socrate oppose une folie d'origine divine, qui explique la poésie, la divination, l'amour du beau et l'amour du savoir, c'est-à-dire de la philosophie. Comme tous les rhéteurs, Lysias s'en est tenu au vraisemblable. L'art de parler lui échappe.

De surcroît, il ignore ce que c'est que d'écrire, car il ne sait pas que le discours écrit sur un rouleau de papyrus ne peut constituer, par rapport au discours écrit dans l'âme, qu'une image, un jeu, comme l'illustre la célèbre comparaison avec les Jardins d'Adonis. Il ne sait pas non plus que l'écriture, qui facilite la remémoration, ne peut en aucune façon remplacer la véritable mémoire, qui seule peut rendre compte de la connaissance et de sa transmission par l'intermédiaire de l'enseignement. Dans l'écriture et dans la parole, c'est donc la destinée de l'âme qui se joue.

C'est dans ce contexte que se trouve décrite l'âme et racontées ses pérégrinations dans le ciel et sur terre. Le mythe central décrit l'ascension d'une âme dépourvue de corps terrestre mais montée sur un char tiré par deux chevaux, qui suit la troupe des dieux et des démons qui vont s'abreuver de cette nourriture en quoi consiste la réalité véritable située hors de ce monde. Puis c'est la bousculade des âmes, la perte de leurs ailes et leur chute dans le sensible où se succèdent les réincarnations, et où chaque âme doit choisir entre la séduction par le discours rhétorique orientée vers le plaisir ou la recherche du savoir en quoi consiste la philosophie qui apparente l'être mortel aux dieux dont le savoir est la nourriture.

Dans le *Phèdre*, c'est toute la métaphysique de Platon relative à l'âme et à l'intelligible, que l'on trouve exposée sous la forme d'un récit somptueux.

Alors que, dans le *Gorgias,* Platon dénonçait la rhétorique comme une routine ne visant qu'à la flatterie, il semble, à la fin du *Phèdre*, où l'on trouve la première « histoire » de la rhétorique grecque, envisager la possibilité d'une « rhétorique philosophique » qui fasse appel à la fois à la dialectique et à la cosmologie, un projet qui ne semble pas avoir eu de suite. Mais c'est surtout ce que l'on trouve dans le dialogue sur la nature de l'âme et ses voyages qui a inspiré les platoniciens à la fin de l'Antiquité et à la Renaissance.

Éditions et traductions. 1 *Platon, Œuvres complètes,* t. IV 3, notice par L. Robin [1933], texte établi par Cl. Moreschini, traduction par P. Vicaire, *CUF,* Paris 1983 ; **2** Platone, *Fedro.* Ed. integrale comm. a cura di A. Guzzo, trad. di C. Guzzo, Milano 1984, 227 p. [éd. originale, Napoli 1934] (édition critique avec commentaire) ; **3** Plato, *Phaedrus*, with transl. & comm. by Chr. J. Rowe, Warminster 1986 VIII-224 p. (traduction et notes) ; **4** Platon, *Phèdre.* Traduction inédite, introduction et notes par L. Brisson, suivi de « La Pharmacie de Platon » de J. Derrida, coll. *GF* 488, Paris 1989, 406 p. [travail réédité plusieurs fois] (traduction avec de nombreuses notes, et précédée d'une introduction) ; **5** Platon, *Werke*, t. III, 4, *Phaidros,* Übers. und Kommentar von E. Heitsch. 2., erw. Aufl., Göttingen 1997, 281 p. ; **6** Platone, *Fedro.* Traduzione di P. Pucci, introduzione di B. Centrone, coll. « Economica Laterza » 152, Bari 1998, LXI-172 p. (traduction avec commentaire).

Commentaire ancien. 7 *Hermiae Alexandrini in Platonis "Phaedrum" scholia ad fidem codicis parisini 1810,* ed. P. Couvreur, coll. « Bibliothèque de l'École des Hautes Études » 133, Paris 1901, XXIII-270 p. ; traduction allemande avec une introduction et des notes : **8** Hermeias von Alexandrien, *Kommentar zu Platons Phaidros.* Übers. und eingel. von B. Hildegund, coll. « Philosophische Untersuchungen » 1, Tübingen 1997, VIII-442 p.

Commentaire moderne. 9 J. G. de Vries, *A Commentary on the "Phaedrus" of Plato*, Amsterdam 1969, VII-274 p.

Interprétations. 10 G. F. R. Ferrari, *Listening to the Cicadas. A study of Plato's "Phaedrus"*, coll. « Cambridge Classical Studies », Cambridge 1987, XIII-293 p. (du point de vue de la literature comparée) ; **11** Ch. L. Griswold, *Self-knowledge in Plato's "Phaedrus"*, New Haven 1986, XII-315 p. (le dialogue a pour thème la connaissance de soi entendue comme définition de l'homme dans l'univers) ; **12** L. Rossetti (édit.), *Understanding the "Phaedrus,"* Proceedings of the II Symposium Platonicum, coll. « International Plato studies » 1, Sankt Augustin 1992, 328 p. (recueil d'une cinquantaine d'articles représentant divers courants d'interprétation).

Sur le problème de l'écriture. 13 E. Heitsch, *Platon über die rechte Art zu reden und zu schreiben,* coll. *AAWM,* 1987, 4, Stuttgart 1987, 50 p. (contre l'interprétation ésotériste qui voit dans la fin du *Phèdre* une condamnation de l'écriture) ; **14** W. Kühn, *La fin du Phèdre de Platon. Critique de la rhétorique et de l'écriture*, coll. « Studi / Accademia toscana di scienze e lettere La Colombaria » 186, Firenze 2000, 137 p. (contre l'interprétation ésotériste qui voit dans la fin du *Phèdre* une condamnation de l'écriture) ; **15** Th. A. Szlezák, « Gilt Platons Schrift-kritik auch für die eigenen Dialoge? », *ZPhF* 53, 1999, p. 259-267, traduction française parue sous le titre « La critique platonicienne de l'écrit vaut-elle aussi pour les « dialogues » de Platon ? : à propos d'une nouvelle interprétation de *Phèdre* 278B8-E4 », *RPhA* 17, 1999, p. 59-62 (réponse aux arguments de W. Kühn).

LUC BRISSON.

CHARMIDE (Χαρμίδης)

DATES

Le *Charmide* compte parmi les premiers dialogues de Platon et il remonte sans doute à une période qui se situe entre 399 (mort de Socrate) et 388/87 (premier voyage de Platon en Sicile). Certains interprètes avancent des dates plus précises, mais elles demeurent toutes hypothétiques.

La date dramatique du dialogue peut en revanche être déterminée avec préci-sion, puisque Socrate mentionne, tout au début du dialogue, qu'il rentre de Potidée (153a et b). Or nous savons que Potidée fut assiégée par les Athéniens de 432 à 429 ; comme la cité tomba finalement entre les mains des Athéniens en 429, et que Socrate ne fait pas mention de la victoire finale des Athéniens, le dialogue doit donc se situer avant la fin du siège. La date dramatique coïncide avec le début de la guerre du Péloponnèse (431-404), qui fut fatale non seulement à la puissance et à la grandeur d'Athènes, mais aussi aux trois principaux personnages du dialogue, à savoir Socrate, Charmide (⮞C 102) et Critias (⮞C 216). La date dramatique et l'identité des interlocuteurs renvoient immédiatement le lecteur à la fin de la guerre du Péloponnèse, à la défaite d'Athènes, à la tyrannie des Trente, à la fin tragique de Charmide et de Critias et, finalement, au procès de Socrate, qui fut condamné à mort, entre autres raisons, pour avoir été le maître de Critias (*cf.* **1** M.-F. Hazebroucq, *La folie humaine et ses remèdes. Platon : Charmide ou de la modération*, Paris 1997, p. 79-80 et 93 ; **2** W. T. Schmid, *Plato's* Charmide*s and the Socratic ideal of rationality*, Albany (N. Y.) 1998, p. 3).

PERSONNAGES

Critias (⮞ C 216 ; voir aussi **3** D. Nails, *The People of Plato*, *s.v.* « Critias IV of Athens », p. 108-111) est présenté sous les traits d'un aristocrate (*cf.* 157e-158a, 163b-c) qui entretient des relations avec Socrate (*cf.* 156a), mais qui n'a pas une bonne connaissance de la doctrine socratique, ainsi que le prouve son incapacité à rendre raison des définitions dont la formulation ne saurait être récusée par Socrate. Comme l'appartenance de Critias aux cercles sophistiques est très incer-taine, il est imprudent d'interpréter le personnage de Critias, dans le *Charmide*, comme s'il était un digne représentant de la sophistique (*cf.* **4** L.-A. Dorion, *Platon : Charmide/Lysis*, coll. *GF* 1006, Paris 2004, p. 23-25). Il est toutefois incontestable que si Critias était un sophiste, la tâche de l'interprète s'en trouverait grandement facilitée, puisque l'opposition entre Critias et Socrate, dans le *Charmide*, deviendrait alors un épisode parmi d'autres du débat incessant qui oppose Socrate aux sophistes (*cf.* Hazebroucq **1**, p. 9 : « Le *Charmide* est sans doute le dialogue où la rivalité entre le philosophe et le sophiste est à son comble » ; *cf.* aussi p. 141). Mais si Critias est d'abord et avant tout un Socratique qui a « mal tourné », la tâche de Platon devient plus délicate, en ce qu'il doit montrer, sans rien occulter de l'étroitesse des liens entre Critias et Socrate (156a), comment ce dernier ne saurait être tenu responsable des errements futurs de son disciple. Dans le cours du dialogue, il y a plusieurs indices qui laissent assez clairement entendre que Critias a peine à se contrôler et qu'il n'est pas modéré (*cf.* 162c-e, 169d, 176b).

Comme son cousin Critias, Charmide (⇒ C 217 ; voir aussi Nails **3**, *s.v.* « Charmides of Athens, son of Glaucon III », p. 90-94) appartient à la famille de Platon. Frère de Périctioné, la mère de Platon, il est donc l'oncle maternel de celui-ci. A l'époque de l'entretien rapporté dans le dialogue, Charmide n'est encore qu'un jeune adolescent (*cf.* 154a-b, 156a et Dorion **4**, p. 29 n. 1). Un même destin tragique unit Charmide et son cousin Critias : ils furent l'un et l'autre tués à la bataille de Mounychie (403), dont l'issue précipita la chute de la tyrannie et permit le rétablissement de la démocratie (*cf.* Xénophon, *Helléniques* II 4, 19). Bien que Critias et Charmide aient l'un et l'autre fait partie de la tyrannie des Trente et qu'ils aient, en raison de leurs liens avec Socrate, contribué à rendre le philosophe suspect aux yeux des démocrates, Platon ne les place pas sur le même pied dans le dialogue. Il leur réserve en effet un traitement asymétrique, c'est-à-dire qu'il se montre beaucoup plus sévère à l'endroit de Critias qu'à l'endroit du jeune Charmide (*cf.* Dorion **4**, p. 27-30).

De même qu'il le présente ailleurs comme un modèle de piété *(Euthyphron)*, de courage *(Lachès)*, ou encore comme l'ami par excellence *(Lysis)*, Platon dans le *Charmide* propose Socrate comme un modèle de modération *(sôphrosunê)*. Socrate incarne au moins deux sortes de modération, soit la maîtrise de soi à l'égard des plaisirs et des désirs corporels (155d), et la connaissance de soi (167a).

PLAN DU DIALOGUE

1. Prologue (153a-158e)
2. Les définitions de Charmide (158e-162b)
   a) 1ère définition : le calme (158e-160d)
   b) 2e définition : la pudeur (160d-161b)
   c) 3e définition : faire ses propres affaires (161b-162b)
3. Les définitions de Critias (162b-175a)
   a) Reprise de la 3e définition (162c-163d)
   b) 4e définition : faire le bien (163d-164d)

ANALYSE

Le prologue (153a-158e) — Le prologue contient plusieurs indications essentielles sur la nature de la modération. Ainsi établit-il un lien entre la modération, l'âme et la dialectique. Comme l'âme est le siège de la modération (*cf.* 157a), toute tentative de rendre compte de la modération indépendamment de l'âme semble vouée à l'échec, ainsi que le démontre la suite du dialogue. La principale cause de l'échec de Critias à justifier ses définitions, qui sont formellement exactes, c'est son « oubli de l'âme », c'est-à-dire sa méconnaissance du fait que la modération ne peut se définir que par rapport à l'âme. Un relevé des occurrences du terme *psukhê* (« âme ») est à cet égard révélateur : sur les onze occurrences du terme, il y en a sept dans le prologue (*cf.* 154e, 156e (bis), 157a (bis), 157b, 157c) et quatre dans la section consacrée aux tentatives de définition, dont une seule (175d) alors que Critias est le principal interlocuteur de Socrate.

Les définitions de Charmide (158e-162b) — Charmide propose trois définitions de la modération, mais il n'y a que les deux premières dont il soit véritablement l'auteur, puisque la troisième (« faire ses propres affaires ») revient en réalité à Critias (*cf.* 162b-d). La première définition – le calme – est illustrée par des comportements extérieurs : marcher dans la rue, s'entretenir avec quelqu'un, etc. La réfutation de cette définition laisse beaucoup à désirer (*cf.* **5** G. T. Tuckey, *Plato's Charmides*, Cambridge 1951, p. 19 ; **6** G. Santas, « Socrates at work on virtue and knowledge in Plato's *Charmides* », dans E. N. Lee, A. P. D. Mourelatos et R. M. Rorty, *Exegesis and Argument. Studies in Greek philosophy presented to Gregory Vlastos,* 1973, p. 105-132 (ici, p. 113-117) ; **7** D. A. Hyland, *The virtue of philosophy. An interpretation of Plato's* Charmides, Athens (Ohio) 1981, p. 57-62), mais elle a néanmoins le mérite de contraindre Charmide à prendre en considération, en plus des comportements extérieurs et des activités corporelles (lutter, courir), les actes qui relèvent directement de l'âme (lire, écrire, apprendre). La deuxième définition comporte également une dimension sociale puisque la pudeur *(aidôs)*, ou la réserve, est un sentiment qui est étroitement lié à la vie en société. Mais alors que la première définition renvoie à des attitudes et à des comportements extérieurs (marcher dans la rue) qu'une personne pourrait adopter de façon purement mécanique, sans que ces comportements obéissent à une conviction intime, la deuxième définition désigne un sentiment intérieur qu'on peut difficilement simuler et qui est donc plus authentique que la tranquillité du comportement extérieur. La deuxième définition marque ainsi un certain progrès par rapport à la première. L'impuissance de Charmide à formuler une définition adéquate de la modération confirme qu'il n'est pas modéré, bien qu'il ait la réputation d'être le plus modéré des jeunes de son âge (157d). En vertu du principe énoncé en 159a, la présence de la vertu dans l'âme produit un effet qui ne peut pas passer inaperçu, de sorte que celui qui possède une vertu est nécessairement en mesure, en raison même de cet effet, de formuler en quoi consiste la vertu qui réside en lui. Le mal de tête dont souffre Charmide est un indice de son manque de modération et son impuissance à définir cette vertu est une indication supplémentaire qu'il n'est pas réellement modéré (*cf.* Tuckey **5**, p. 19, 20, 22).

Les définitions de Critias (162b-175a) – Étant donné que la troisième définition proposée par Charmide – « faire ses propres affaires » – est en fait empruntée à Critias, ce dernier est l'auteur de quatre des six définitions examinées dans le *Charmide*. Or deux d'entre elles – la troisième et la cinquième – sont présentées, dans d'autres dialogues, comme des formulations adéquates de la modération. De plus, la quatrième et la sixième définition peuvent l'une et l'autre être comprises en un sens que ne désavouerait pas Socrate. Alors pourquoi Socrate les rejette-t-il dans le *Charmide* ? En prêtant à Critias plusieurs définitions qui sont socratiques, mais qu'il est impuissant à justifier parce qu'il n'en comprend pas la signification profonde, Platon poursuit une visée apologétique : d'une part il reconnaît – ce qu'il ne saurait nier – que Critias fut lié à Socrate et qu'il a retenu des bribes de son enseignement, mais, d'autre part, il montre surtout que Critias n'avait qu'une connaissance superficielle de l'enseignement de Socrate et qu'il n'était pas modéré, puisqu'il ignore en quoi consiste la modération et qu'il se montre impétueux dans le cours du dialogue. Or comme la modération est une vertu indispensable au dirigeant politique, il s'ensuit que Critias n'était pas apte à assumer des responsabilités politiques et que Socrate ne peut être tenu responsable des crimes commis par son disciple, puisqu'il s'est efforcé de lui faire comprendre qu'il n'était pas modéré (*cf.* Dorion **4**, p. 44-46).

Troisième définition : faire ses propres affaires (161b-163d) – Cette définition peut difficilement être balayée du revers de la main dans la mesure où c'est en ces termes que Platon définit ailleurs la modération (*cf. Alc.* 131b-c ; *Timée* 72a) et la justice (*cf. Alc.* 127c ; *Rép.* IV 433a-b, d, 434c, 435b, 441d-e, 443b, 443d ; IX 586e). En outre, c'est également à cette expression que Platon a recours pour caractériser la vie que mène le philosophe (*cf. Gorg.* 526c ; *Rép.* VI 496d) ou encore celle de la divinité (*cf. Phèdre* 247a). Ce qui est rejeté, dans le *Charmide*, ce n'est pas que la modération consiste à faire ses propres affaires, mais la justification que Critias donne à l'appui de cette définition. Cette justification se situe dans le passage 163b-c, où Critias s'efforce d'expliquer ce qu'il entend par « faire ses propres affaires ». Socrate se montre assez indifférent (163d) aux distinctions sémantiques laborieuses et embrouillées que lui soumet Critias, sans doute parce que celui-ci se préoccupe exclusivement du « faire » et néglige ainsi d'éclaircir ce qu'il faut entendre par « ses propres affaires ». L'exposé de Critias, concernant les « choses qui sont nôtres », trahit sa mécompréhension de la doctrine socratique (*cf.* Dorion **4**, p. 46-51).

Quatrième définition : faire le bien (163d-164d) – Cette définition est en réalité une reformulation de la troisième définition. Si la modération consiste à faire ses propres affaires, et que ce qui est nôtre, suivant Critias, est l'activité qui produit une belle chose, il s'ensuit, en raison de l'identité du beau et du bien (*cf.* 163d), que la modération fait le bien. Mais de quelle nature est le bien produit ? Le bien auquel songe Socrate n'est pas assimilable au résultat ou à l'œuvre *(ergon)* que produit un savoir de type technique. Par exemple, le médecin qui applique les règles de l'art médical produit un effet *(ergon)*, à savoir la santé et la guérison du malade. Le médecin serait modéré selon les critères de Critias, puisqu'il se livre à une activité utile qui produit le bien et, partant, il fait preuve de modération. C'est du moins la conclusion qui semble s'imposer si l'on considère que la santé est un bien ; or Socrate ne tient pas la santé pour un bien (*cf. Lysis* 218e). En outre, il peut arriver que le médecin apporte la guérison à un malade dont il aurait mieux valu, pour lui-même, qu'il ne guérît pas de son mal. D'où l'objection que Socrate adresse à Critias : si le médecin qui guérit un malade ne sait pas si cette guérison est en réalité utile, et que l'homme modéré est celui qui s'adonne à une activité qui engendre le bien, il s'ensuit que le médecin qui guérit utilement, mais sans le savoir, ignore qu'il est modéré (164b-c). Or en vertu du principe énoncé en 159a, il est impossible qu'un homme soit modéré à son insu. L'exemple de la médecine vise donc à montrer, ou plutôt à suggérer, que le savoir moral, en quoi consiste la modération, n'est pas de même nature que le savoir technique. Critias confond la finalité technique d'un savoir (la santé pour la médecine) et le bien auquel doit se subordonner ce savoir technique. La connaissance du bien et du mal surplombe le savoir technique qui ne sait pas déterminer avec assurance si l'*ergon* qu'il produit est réellement un bien. La quatrième définition n'est pas réfutée, mais plutôt abandonnée en raison de l'impuissance de Critias à la justifier.

Cinquième définition : la connaissance de soi (164d-166c) — La discussion entourant la quatrième définition a montré qu'un homme pourrait faire le bien tout en ignorant qu'il est modéré, de sorte qu'il ne se connaîtrait pas lui-même. C'est là une conséquence que Critias se refuse d'admettre, car il considère que la modération peut justement se définir comme la connaissance de soi. Après avoir proposé deux définitions qui présentent la modération comme une pratique extérieure – faire ses propres affaires et faire le bien –, Critias définit la modération en termes de connaissance. Or plusieurs dialogues définissent également la modération en termes de connaissance de soi (*cf. Alc.* 131b, 133c ; *Timée* 72a ; *Philèbe* 19c ; [Platon], *Rivaux* 138a). Critias propose donc à nouveau une définition qui est (formellement) exacte. Si cette définition est finalement abandonnée en cours d'examen, plutôt que rejetée au terme d'une réfutation en bonne et due forme, c'est en raison de l'incapacité de Critias à justifier en quel sens la modération consiste en la connaissance de soi. L'incompréhension de Critias se manifeste surtout en deux passages. Le premier est celui où il expose une interprétation pédante et triviale de la maxime delphique « connais-toi toi-même » (*cf.* 164d-165a et Dorion **4**, p. 95 n. 126). Mais son incompréhension est encore plus flagrante dans un second passage (165c-166c), où il se montre incapable de déterminer quel est l'objet précis de la modération entendue comme connaissance de soi. Comme la modération est une connaissance, et que toute connaissance est connaissance d'un objet distinct d'elle-même, elle doit elle aussi porter sur un certain objet. Or si la modération est connaissance de soi, son objet semble correspondre au «soi», c'est-à-dire à l'âme. C'est la réponse que l'on attend en vain de Critias. De même qu'il s'est montré incapable, lors de la discussion sur le sens de l'expression «faire ses propres affaires», de déterminer en quel sens il faut comprendre «ses propres affaires» *(ta heautou)*, de même il ne parvient pas, dans la discussion sur la connaissance de soi, à déterminer en quoi consiste le «soi» *(heauto)*.

Sixième définition : la science d'elle-même et des autres sciences (166c-175a) — Pressé et embarrassé par les questions de Socrate, qui lui demande avec insistance de nommer l'objet de la modération, Critias donne une réponse qui a tout l'air d'une dérobade. À la différence de toutes les autres connaissances, qui portent sur des objets distincts d'elles-mêmes, la modération, soutient Critias, est à la fois science d'elle-même et des autres sciences. Cette réponse est doublement incompréhensible : (1) alors qu'il avait affirmé, dans un premier temps, que la modération est la connaissance de soi *(heautou,* 165c7), il soutient maintenant qu'elle est science d'elle-même *(heautês,* 166c3). Rien n'autorise ce passage de «soi-même» à «elle-même». — (2) Non content d'affirmer que la modération se distingue de toutes les autres sciences par le fait qu'elle seule est science d'elle-même, Critias ajoute qu'elle est aussi la science des autres sciences (166c). Cette seconde affirmation, qui ressemble fort à une fuite en avant *(cf.* **8** R. McKim, «Socratic selfknowledge and "knowledge of knowledge" in Plato's *Charmides*», *TAPhA* 115, 1985, p. 59-77, ici p. 61), va engager la suite du dialogue dans un cul-de-sac. Il est exact que la modération domine les autres connaissances, puisqu'elle fixe à chacune la tâche à accomplir pour parvenir au bien ; mais cette suprématie de la modération sur les autres connaissances ne consiste pas, comme le croit Critias, dans le fait qu'elle serait une espèce de science universelle. En tant qu'elle est la connaissance du bien et du mal (174b-d), la modération commande aux autres sciences dans la mesure où elle sait ce que chacune doit accomplir pour réaliser le bien ; mais elle ne sait pas pour autant ce que chacune sait, contrairement à ce que s'imagine Critias.

Dans le passage de la «connaissance de soi» à la «science d'elle-même», y a-t-il réellement substitution d'objet ? Les commentateurs sont ici divisés : d'aucuns croient que les deux formulations ont une résonnance platonicienne et que le changement d'objet, plus apparent que réel, est légitime *(cf.* Tuckey **5**, p. 109-111 ; **9** M. Dyson, «Some problems concerning knowledge in Plato's *Charmides*», *Phronesis* 19, 1974, p. 102-111, ici p. 102-105 ; **10** S. Solère-Queval, «Lecture du *Charmide*», *RPhA* 11, 1993, p. 3-65, ici p. 34 ; **11** T. M. Tuozzo, «Greetings from Apollo: *Charmides* 164c-165b, *Epistle III*, and the structure of the *Charmides*», dans T. M. Robinson et L. Brisson [édit.], *Plato : Euthydemus, Lysis, Charmides,* Proceedings of the V Symposium Platonicum, coll. «International Plato Studies» 13, Sankt Augustin 2000, p. 296-305, ici p. 303-305) ; d'autres, en revanche, soutiennent que seule la connaissance de soi intéresse Platon et que la science de la science est, sinon une aberration, à tout le moins une vaine réflexivité *(cf.* **12** M.

Pohlenz, *Aus Platos Werdezeit*, Berlin 1913, p. 52-53 ; Hazebroucq **1**, p. 243-244).
Toute connaissance suppose en effet un sujet qui la détient, et ce support obligé de
la connaissance ne peut être que l'âme. En affirmant que la modération est la
science de la science, Critias isole la connaissance de son support et vide ainsi la
modération de toute dimension morale (*cf.* **13** V. Tsouna, « Socrates' attack on
intellectualism in the *Charmides* », dans M. L. McPherran [édit.], *Wisdom, ignorance and virtue. New essays in Socratic Studies* (= *Apeiron* 40, 1997, p. 63-78, ici
p. 72, 74-750 ; voir aussi 174e). La conception de la modération défendue par
Critias a ceci de paradoxal qu'elle est à la fois conquérante dans ses intentions,
puisqu'elle ambitionne rien de moins que de s'assimiler tous les savoirs, et
désespérément impuissante dans les faits, puisque, ainsi que la suite de l'entretien
le révèle (*cf.* 169d-171c), elle est incapable de se substituer aux différents savoirs
qui portent sur des objets précis. La science d'elle-même et des autres sciences
apparaît finalement pour ce qu'elle est : une réflexivité vaine et sans objet qui tourne à vide. De plus, si l'on interprète la connaissance de soi dans le sens de la déclaration d'ignorance (*cf.* 167a), la polymathie tous azimuts exprimée par la formule
« science d'elle-même et des autres sciences » est nécessairement rejetée par
Socrate, puisqu'une telle conception de la modération exclut d'emblée que le
modéré puisse ignorer quelque chose. La même formule fait ainsi l'objet de deux
interprétations diamétralement opposées : selon Socrate, la connaissance de soi est
la reconnaissance de sa propre ignorance ; selon Critias, au contraire, la connaissance de soi est la science d'elle-même et de toutes les autres sciences, donc une
espèce de science universelle, omnisciente et hégémonique. La conception de la
modération défendue par Critias exclut *a priori* que la modération puisse être la
reconnaissance de sa propre ignorance. Il n'y a dès lors rien d'étonnant à ce que
Critias ne reconnaît jamais, malgré ses échecs répétés, qu'il ne sait pas en quoi
consiste la modération.

La discussion à laquelle donne lieu la sixième définition est de loin la plus
étendue et la plus complexe de tout le dialogue. Cette discussion s'ordonne autour
de deux questions principales que Socrate et Critias examinent successivement :
(a) une science de la science est-elle possible (167c-171d) ? (b) dans l'hypothèse
où une telle science existerait, quelle serait son utilité (171d-175a) ? Pour
démontrer l'absurdité d'une science d'elle-même et des autres sciences, Socrate
démontre non seulement qu'une telle science est improbable, mais qu'elle est
également inutile dans l'hypothèse même où elle serait possible. Mais juste avant
qu'il ne formule ces deux questions, et alors même que Critias semble avoir
abandonné la connaissance de soi au profit de la science d'elle-même et des autres
sciences, Socrate renoue avec la connaissance de soi et définit la modération en ces
termes : « Le modéré est donc le seul qui se connaîtra lui-même et qui sera en
mesure d'examiner ce qu'il se trouve savoir et ce qu'il ne sait pas, et il aura
pareillement la capacité d'examiner autrui sur ce qu'il sait et croit savoir, lorsqu'il
le sait, et inversement sur ce qu'il croit savoir, alors qu'il ne le sait pas ; et
personne d'autre n'aura cette capacité. C'est donc en cela que consistent le fait

d'être modéré, la modération et se connaître soi-même : savoir ce que l'on sait et ce que l'on ne sait pas » (167a) Cette description de la connaissance de soi, en quoi consiste la modération, rappelle irrésistiblement l'*anthrôpinê sophia* de l'*Apologie* (21a-23b, notamment 21d), c'est-à-dire la déclaration d'ignorance de Socrate (*cf.* Tuckey **5**, p. 40 ; Schmid **2**, p. vii, 59, 112 ; McKim **8**, p. 63). La modération consisterait donc bien dans la connaissance de soi et celle-ci, à son tour, serait indissociable de la reconnaissance de ce que l'on sait et de ce que l'on ne sait pas. Le passage 167a établit un lien étroit entre la réfutation, la connaissance de soi et la modération. Aussi longtemps qu'elle n'est pas soumise à la réfutation, l'âme peut s'imaginer détenir des connaissances qu'en réalité elle ne possède pas.

Pour déterminer si la conception de la *sôphrosunê* qui est exposée en 167a correspond à une position qui n'est pas désavouée, il faut examiner le sort qui lui est réservé dans la suite du dialogue. Or tout se passe comme si Critias et Socrate rejetaient la position énoncée en 167a, sous prétexte que l'homme modéré ne pourrait pas mettre à l'épreuve ceux qui prétendent détenir des savoirs particuliers, à moins que d'aventure le modéré ne possède lui-même la compétence que revendique celui qu'il met à l'épreuve. Autrement dit, l'entretien entre Socrate et Critias démontrerait que le seul qui soit en mesure de mettre à l'épreuve un savoir particulier est celui qui détient réellement la compétence en question. Platon estimerait désormais qu'un homme qui se reconnaît lui-même ignorant n'est pas en mesure de contrôler la prétention au savoir de son interlocuteur. Aussi paradoxal que cela puisse paraître, Platon, par la bouche même de Socrate, critiquerait la pratique de l'*elenchos* socratique et il prendrait ainsi ses distances par rapport à Socrate. Si la position exposée en 167a correspond bien à la *sophia* de Socrate dans l'*Apologie*, et que cette position est réfutée dans la suite du *Charmide*, il faut apparemment en conclure que Platon est désormais méfiant à l'endroit de l'*elenchos* socratique (*cf.* Tuckey **5**, p. 34, 42-49, 66 ; Santas **6**, p. 110 ; McKim **8**, p. 63 et 65 ; **14** C. H. Kahn, «Plato's *Charmides* and the proleptic reading of Socratic dialogues», *JPh* 85, 1988, p. 541-549, ici p. 546-549). D'aucuns soutiennent même que le *Charmide* ne peut pas, en raison de sa critique de Socrate, être considéré comme un véritable dialogue socratique (*cf.* **15** C. H. Kahn, *Plato and the Socratic dialogue. The philosophical use of a literary form*, Cambridge 1996, p. 184). Contre ceux qui soutiennent que Platon critique la réfutation socratique dans le *Charmide*, on peut élever deux objections :

a) La position qui est rejetée en 171c correspond non pas à la conception de la modération exposée par Socrate en 167a, mais à la compréhension fautive que Critias a de cette conception (*cf.* Schmid **2**, p. 60). Comme Critias s'entête à concevoir la modération comme une science d'elle-même et des autres sciences – ce qui n'est pas la conception exposée par Socrate en 167a –, Socrate lui démontre que l'homme modéré, ainsi compris, ne pourra mettre à l'épreuve le savoir d'autrui que s'il détient lui-même le savoir en question.

b) Ce que 171c conteste, c'est la possibilité qu'un homme ignorant d'une technique particulière (médecine, architecture, pilotage, etc.) puisse mettre à l'épreuve celui qui prétend détenir le savoir technique en question. Or les connaissances que l'*elenchos* socratique met à l'épreuve ne ressortissent pas aux différentes techniques, mais au savoir moral. Pour apprécier un savoir technique, on ne fait pas appel à une mise à l'épreuve dialectique, mais plutôt à une évaluation des œuvres produites ou des résultats obtenus par celui qui prétend posséder la compétence technique. Si l'*elenchos* socratique ne s'est jamais assigné comme tâche de contrôler le savoir technique, l'on voit bien, en revanche, que c'est là une tâche obligée, mais aussi impossible, de la conception de la modération défendue par Critias. Si la modération est en effet comprise comme une science universelle, elle doit nécessairement connaître tous les objets des savoirs individuels, d'où, en principe, l'aptitude à mettre à l'épreuve tous les savoirs techniques. Mais si, comme Socrate le démontre à Critias, on ne peut pas détenir des connaissances particulières autrement que par l'apprentissage des différentes sciences dont relèvent ces connaissances particulières, la seule façon de mettre à l'épreuve le savoir technique d'autrui est de détenir soi-même la même compétence. La réfutation de 171c ne porte donc pas sur la capacité de l'*elenchos* à éprouver le savoir moral et à induire la connaissance de soi, mais sur l'aptitude d'une science des sciences, dépourvue d'objet propre, à mettre à l'épreuve des connaissances particulières qui relèvent nécessairement de savoirs particuliers.

Conclusion : la connaissance du bien et du mal — La conception de la modération formulée par Socrate en 167a n'est pas le dernier mot de Platon sur la nature de la modération. Il n'y a pas de modération véritable, ni de connaissance de soi authentique, aussi longtemps que l'âme abrite en elle, à son insu, des illusions de savoir et de connaissance sur les sujets les plus importants pour la conduite de la vie humaine, mais il ne suffit pas non plus, pour devenir entièrement modéré, de soumettre son âme à l'*elenchos* et d'en accepter le rude verdict avec humilité. Si la modération requiert en outre un savoir positif, propre à garantir le bonheur et la véritable utilité à la conduite de notre vie, seule la connaissance du bien et du mal semble être en mesure de remplir les tâches que Platon assigne à la modération. La connaissance du bien et du mal (174b-d), qui est la dernière conception de la modération examinée dans le dialogue, est en un sens une science des sciences, non pas parce qu'elle serait une science universelle qui engloberait toutes les sciences particulières ainsi que leurs objets de connaissance respectifs, mais en ce sens qu'elle seule connaît les fins que doivent poursuivre les autres sciences pour contribuer au bien réel et au bonheur de l'homme. La modération se rapporte donc bien aux autres connaissances, mais ce rapport n'est pas celui auquel songe Critias. Alors que ce dernier pense la modération comme une espèce de science universelle qui intègre, en les additionnant les uns aux autres, tous les savoirs particuliers, Socrate la pense plutôt comme un savoir architectonique, c'est-à-dire un savoir qui, en tant qu'il est seul détenteur de la connaissance du bien et du mal, est le seul qui soit en mesure de fixer aux autres sciences, ignorantes de ce qui est bien ou mal, les finalités qu'elles doivent poursuivre en vue de la réalisation du bien.

BIBLIOGRAPHIE

Éditions, traductions et commentaires. 16 J. Burnet, *Platonis Opera*, t. III : Tetralogias V-VII continens, coll. *OCT,* Oxford 1903 ; **17** R. K. Sprague, *Plato : Laches & Charmides*, Indianapolis 1973 ; Hazebroucq **1** ; Dorion **4**, p. 11-157.

Études. Tuckey **5** ; Santas **6** ; Dyson **9** ; Hyland **7** ; **18** N. van der Ben, *The Charmides of Plato. Problems and interpretation*, Amsterdam 1985 ; McKim **8** ; Kahn **14** ; Solère-Queval **10** ; Tsouna **13** ; Schmid **2** ; Tuozzo **11** ; **19** T. M. Robinson et L. Brisson (édit.), *Plato : Euthydemus, Lysis, Charmides*, Proceedings of the V Symposium Platonicum, (International Plato Studies, 13), Sankt Augustin 2000 ; **20** H. H. Benson, « A note on Socratic self-knowledge in the *Charmides* », *AncPhil* 23, 2003, p. 31-47 ; **21** O. Balaban, « Le rejet de la connaissance de la connaissance, la thèse centrale du *Charmide* de Platon », *RPhL* 106, 2008, p. 663-693.

LOUIS-ANDRÉ DORION.

LACHÈS (Λάχης)

DATES

Le *Lachès* est un dialogue de jeunesse dont la rédaction se situe sans doute entre 399 (mort de Socrate) et 388/87 (premier voyage de Platon en Sicile). Quant à la date dramatique du dialogue, elle se situe après la bataille de Délion (424 av. J.-C.), à laquelle Lachès et Socrate prirent part (*cf. Lachès* 181b, 188e-189b), et avant la bataille de Mantinée (418 av. J.-C.) où Lachès trouva la mort (*cf.* Thucydide V 61, 1 ; 74, 3). Toutes les tentatives de fixer une date précise entre ce *terminus a quo* et ce *terminus ad quem* se sont révélées bien fragiles. En tout état de cause, la discussion rapportée se situe avant l'expédition de Sicile (415-413), dont l'issue désastreuse peut en grande partie être imputée aux erreurs de commandement commises par Nicias. Enfin, le *Lachès* n'est pas le récit fidèle d'une discussion réelle, puisque Platon, né en 427, n'était qu'un enfant au moment où cette discussion est censée avoir réuni les protagonistes du dialogue. Les personnages du *Lachès* appartiennent à l'histoire, mais les propos que Platon leur prête relèvent, pour leur part, de la fiction.

PERSONNAGES

Lysimaque et Mélèsias sont déjà avancés en âge (*cf.* 180d et 189c). Le premier se présente en effet comme un bon ami de Sophronisque, le père de Socrate ; or comme Socrate a au moins quarante-cinq ans à l'époque du dialogue (*cf.* 181d), on peut conjecturer que Lysimaque et Mélèsias sont âgés d'environ soixante-dix ans. Ces deux septuagénaires sont les fils de politiciens célèbres : le premier eut pour père Aristide, qui s'est illustré lors des guerres médiques, et le second est le fils de Thucydide (qu'il ne faut pas confondre avec l'historien), qui fut l'un des principaux opposants de Périclès. Tout au début du dialogue (179c-d), ces deux fils d'hommes célèbres regrettent amèrement que leur père respectif ait négligé leur éducation et qu'ils n'aient pu, de ce fait, acquérir gloire et renommée auprès de leurs propres enfants. Et comme ceux-ci portent les noms de leurs illustres grands-pères, Lysimaque et Mélèsias désirent qu'ils reçoivent la meilleure éducation. Les regrets exprimés par Lysimaque et Mélèsias sont apparemment justifiés, car ni l'un ni l'autre ne semble avoir joué un rôle éminent dans la vie politique athénienne (*cf.* **1** D. Nails, *The People of Plato*, *s.v.* «Lysimachus II of Alopece», p. 194-195 et *s.v.* «Melesias II of Alopece», p. 198-199).

En revanche, Nicias et Lachès ont rempli d'importantes fonctions militaires. Né vers 470, Nicias devint, après la mort de Périclès (429), le principal rival du démagogue Cléon. Modéré, il s'opposait aux visées impérialistes de certains extrémistes du parti démocrate. Sa principale ambition était de conclure la paix avec Sparte. Élu à plusieurs reprises au poste de stratège, il joua un rôle de premier plan dans les négociations qui aboutirent à l'armistice de 423 et à la paix de 421, qui fut d'ailleurs connue sous le nom de «Paix de Nicias» (*cf.* Plutarque, *Nicias* 9, 9). Après la conclusion de la paix, enfin débarrassé de son rival Cléon, mort en 422, Nicias favorisa une politique de repli. Les partisans d'une reprise des hostilités trouvèrent toutefois un nouveau héraut en la personne du jeune Alcibiade (➨⁺A 86), qui plaidait pour une expédition de grande envergure en Sicile. En dépit de son opposition à ce projet, qui fut finalement adopté, Nicias fut désigné, avec Alcibiade et Lamachos, pour diriger l'expédition. À peine débarqué en Sicile, Alcibiade fut rapidement rappelé à Athènes pour répondre des accusations portées contre lui dans l'affaire des Hermocopides. En 414, Syracuse fut assiégée et presque contrainte à capituler ; mais l'attentisme de Nicias fit bientôt tourner le vent en faveur des Syracusains et de leurs alliés. Les troupes athéniennes furent encerclées et Nicias différa longtemps l'ordre d'évacuation ; lorsqu'enfin il s'y résolut, survint une éclipse de lune (27 août 413) ; superstitieux, Nicias se rangea à l'avis des devins qui lui conseillaient de reporter l'évacuation de vingt-sept jours. Dans le *Lachès*, Platon fait deux allusions ironiques à l'ascendant que les devins ont exercé sur Nicias (*cf.* 195e et 199a). Quand l'ordre d'évacuer fut finalement donné, il était trop tard et l'armée athénienne fut exterminée. Capturé, Nicias fut mis à mort sur l'ordre des Syracusains, contre l'avis des Spartiates. Malgré des paroles louangeuses à l'endroit de Nicias (*cf.* VII 86, 5), le récit de Thucydide révèle que le désastre de l'expédition de Sicile est en grande partie attribuable à l'indécision chronique de Nicias (*cf.* aussi Nails **1**, *s.v.* «Nicias I of Cydantidae», p. 212-215).

Contrairement à Nicias, Lachès ne semble pas avoir joué de rôle politique et il a mené une carrière exclusivement militaire. Sa date de naissance et ses origines nous sont inconnues. En 427, alors qu'il occupe le poste de stratège, il commande une flotte de vingt navires vers la Sicile et la Grande-Grèce ; il y obtient certains succès, mais ne remporte aucune victoire décisive (*cf.* Thucydide III 86 ; III 90 ; III 103). En 421, il fait partie avec Nicias des Athéniens mandatés pour négocier la paix avec Sparte (*cf.* Thucydide IV 118 ; V 20 et 24 ; V 43). Il meurt trois ans plus tard, en 418, au cours de la bataille de Mantinée, où les Athéniens furent défaits par les Spartiates et les Argiens (*cf.* Thucydide V 69-74 et Nails **1**, *s.v.* « Laches of Aexone », p. 180-181).

PLAN DU DIALOGUE

Contrairement aux autres dialogues consacrés à la définition d'une vertu, le *Lachès* ne pose pas d'emblée la question de la définition du courage. Il faut en effet attendre 190d, à mi-chemin du dialogue, pour que cette question soit finalement posée. Cette caractéristique, propre au *Lachès*, soulève la question de l'unité de ce dialogue (*cf.* **2** *Platon : Lachès/Euthyphron*. Traduction inédite, introduction et notes par L.-A. Dorion, coll. *GF* 652, Paris 1997, p. 65-74).

1. Le problème de l'éducation (178a-190c)

   a) Valeur de l'hoplomachie en éducation (178a-184d)

   • Demande d'un conseil sur l'hoplomachie (178a-181d)
   • Avis partagés sur la valeur de l'hoplomachie (181e-184d)

   b) L'éducation se rapporte à l'âme (184d-190b)

   • À la recherche d'un expert dans le soin des âmes (184d-187b)
   • Intermède : dialectique et réfutation (187c-189b)
   • La question de la vertu (189c-190c)

2. La recherche d'une définition du courage (190c-200a)

   a) Les définitions de Lachès (190e-194b)

   • Première définition : le courage, c'est de rester dans les rangs (190e-192b)
   • Deuxième définition : le courage, c'est la fermeté réfléchie de l'âme (192c-194b)

   b) La définition de Nicias (194c-200a) : le courage est la connaissance de ce qui inspire la crainte, ou la confiance.

   • Les objections de Lachès (195a-196b)
   • Les objections de Socrate et la question de l'unité de la vertu (196c-200a)

3. Conclusion (200a-201c)

ANALYSE

Le problème de l'éducation (178a-190c) — Le dialogue débute alors que prend fin l'exhibition de Stésilas, un maître d'armes qui enseigne l'hoplomachie. Lysimaque et Mélèsias ont convié Nicias et Lachès à cette démonstration afin qu'ils donnent leur avis sur la valeur de l'hoplomachie. Alors que Nicias s'empresse d'acquiescer à cette demande, Lachès s'étonne que Lysimaque n'ait pas plutôt sollicité le conseil de Socrate. Nicias loue Socrate de lui avoir trouvé un excellent professeur de musique pour son fils et Lachès rappelle le comportement exemplaire de Socrate lors de la bataille de Délion. Ces premières interventions de Nicias et de Lachès illustrent une opposition qui sous-tend l'ensemble du dialogue, à savoir l'opposition entre les actes (*érga*) et le discours (*lógos*) (*cf.* **3** M. J. O'Brien, « The unity of the *Laches* », *YClS* 18, 1963, p. 133-147). Du côté des actes, de l'*érgon*, se trouve Lachès : il apprécie chez Socrate l'homme qui sait triompher des épreuves auxquelles il est confronté ; du côté du discours, du *lógos*, se tient Nicias : il loue en Socrate le pédagogue avisé qui sait recommander de bons professeurs.

Enchanté d'avoir en sa présence un homme loué à la fois par Nicias et Lachès, et admiré par les enfants, Lysimaque invite Socrate à se prononcer sur la valeur éducative de l'hoplomachie. Socrate prétexte toutefois de son jeune âge et de son inexpérience pour se dérober et pour laisser la parole à Nicias et Lachès. Pour Nicias, la valeur éducative de l'hoplomachie ne fait aucun doute (*cf.* 181e-182d) : elle sera utile au combat, aussi bien dans une bataille rangée où il faut garder son rang que dans un combat singulier. En outre, l'hoplomachie ouvre la voie à des savoirs plus élevés ; elle donne en effet le désir d'apprendre la discipline qui a trait aux ordres et celle qui concerne la stratégie. Bref, l'hoplomachie mène à « tous les objets d'étude et les exercices qu'il est beau et hautement digne pour un homme d'apprendre et de pratiquer » (182c). Lachès, pour sa part, doute fort de la valeur de l'hoplomachie. Il croit en effet que ce n'est pas un objet d'apprentissage, ou alors que cet apprentissage est de peu d'utilité. L'épreuve du combat montre bien, s'il en était besoin, qu'il ne suffit pas de pratiquer l'hoplomachie pour devenir un meilleur soldat. De deux choses l'une : ou bien l'hoplomachie n'est pas un savoir, et alors elle ne mérite pas d'être enseignée ; ou bien c'est un savoir, mais de peu d'utilité, et il ne vaut pas non plus la peine de l'enseigner. Lachès termine son réquisitoire contre l'hoplomachie en se tournant une fois de plus vers Socrate, dont il sollicite l'avis.

Les avis respectifs de Nicias et de Lachès illustrent à nouveau l'opposition *lógos-érgon*. Nicias croit à la valeur éducative de l'hoplomachie, il est persuadé que celle-ci peut faire l'objet d'un enseignement, d'une science, d'un *lógos* ; Lachès, lui, s'en remet presque exclusivement aux faits, aux *érga* : d'une part, les maîtres incontestés dans l'art militaire, les Spartiates, ne jugent pas que l'hoplomachie est digne d'être enseignée et, d'autre part, ceux qui enseignent ou qui ont appris l'hoplomachie, comme Stésilas, se révèlent de piètres soldats.

L'entrée en scène de Socrate opère la transition entre le prétexte du dialogue, soit le débat sur la valeur éducative de l'hoplomachie, et une question plus fondamentale, celle de l'essence de la vertu. Socrate refuse de trancher entre Nicias et Lachès, car il faudrait premièrement examiner s'ils ont reçu en ce domaine une formation appropriée auprès d'un maître compétent. Mais Socrate délaisse aussitôt cette question au profit d'une autre, plus essentielle, qui concerne la *finalité* de l'examen sur l'hoplomachie (185b-e). En vue de quoi examine-t-on l'hoplomachie ? N'est-ce pas parce que l'objectif de cet examen est, en définitive, de rendre meilleures les âmes des jeunes gens ? (185e). Fidèle à son habitude, Socrate évite soigneusement de répondre à cette question. Il a plus tôt (181d) prétexté de son inexpérience et du respect qu'il doit à ses aînés (Lachès et Nicias) pour ne pas être le premier à donner son avis sur la valeur éducative de l'hoplomachie. Cette fois-ci (186c-e), Socrate se déclare impuissant à répondre à la question qu'il a lui-même soulevée pour les raisons suivantes : d'une part, il n'a pas eu de maître en la matière et, d'autre part, il n'est pas non plus parvenu à découvrir par lui-même les secrets de l'art de rendre les âmes meilleures. Socrate invite donc Lysimaque (186d et 187b) à interroger Nicias et Lachès, car ils ont les moyens financiers d'étudier auprès d'un maître qui enseigne cet art et leur âge avancé leur a peut-être permis de le découvrir par eux-mêmes.

Les questions que Socrate exhortait Lysimaque à poser aux deux stratèges sont finalement délaissées au profit d'une autre question. Si nous savons, explique Socrate, qu'une chose particulière, une fois ajoutée à l'âme, rend celle-ci meilleure, et si, de plus, nous savons comment opérer cette addition de l'une à l'autre, il est évident que nous connaissons la nature de cette chose particulière et que, forts de cette connaissance, nous sommes en mesure d'expliquer comment on peut l'acquérir. Or cette chose qui rend l'âme meilleure une fois qu'elle y est associée, c'est la vertu. Mais sait-on vraiment ce qu'est la vertu et comment elle peut être « introduite » dans l'âme ? Sans la connaissance de la nature de la vertu, il sera impossible d'expliquer à Lysimaque et à Mélèsias ce que leurs enfants doivent faire pour l'acquérir et rendre ainsi leurs âmes meilleures.

La recherche d'une définition du courage (190c-200a) — Étant donné que la question de l'essence de la vertu est sans doute trop vaste, Socrate suggère à Lachès de limiter l'entretien à une partie de la vertu, en l'occurrence le courage, puisque c'est la vertu visée par l'apprentissage du combat en armes. Pressé de dire ce qu'est le courage, Lachès affirme que l'homme courageux est celui qui « est prêt à repousser les ennemis tout en gardant son rang, et sans prendre la fuite » (190e). Socrate pourrait immédiatement objecter à Lachès qu'il n'a pas défini ce qu'est le courage, mais qu'il s'est contenté de présenter un exemple d'homme courageux. Or Socrate fait comme si la définition de Lachès était valable et, élargissant peu à peu la perspective, il en montre progressivement toutes les insuffisances. Sa critique vise en fait à montrer que la définition est doublement étroite : d'une part, si l'on ne considère que la guerre, cette définition ne s'applique pas à toutes les situations de combat où des soldats peuvent faire preuve de courage ; d'autre part, la définition ne convient pas aux différentes circonstances, autres que la guerre, où il est également possible de se montrer courageux.

Lachès propose une nouvelle définition : le courage est une certaine fermeté de l'âme (192b-c). Cette nouvelle définition marque un réel progrès, puisque, à la différence de la première, elle formule une caractéristique qui serait commune à toutes les formes de courage. Socrate objecte néanmoins à Lachès que c'est une définition trop large, dans la mesure où toute forme de fermeté ne peut pas être considérée comme du courage. Il fait ensuite admettre à Lachès que la fermeté intelligente est belle et bonne, et que la fermeté secondée par la sottise est une chose laide et nuisible. Comme le courage est une belle chose, il s'ensuit que seule la fermeté intelligente peut véritablement être du courage. Socrate dispose maintenant de tous les éléments nécessaires pour démontrer l'insuffisance de la définition de Lachès. Cette démonstration comporte deux étapes : (1) ce n'est pas toute forme de fermeté intelligente qui est du courage (192e-193a) ; (2) il y a des cas de fermeté irraisonnée qui sont du courage (193a-c).

Force est de constater, à la suite de plusieurs commentateurs, que la deuxième définition de Lachès n'est pas entièrement rejetée par Socrate (*cf.* **4** H. Bonitz, «Zur Erklärung des Dialogs *Laches*», dans *Platonische Studien*, Berlin 1886[3], p. 210-226 (ici, p. 216); **5** T. de Laguna, «The problem of the *Laches*», *Mind* 43, 1934, p. 170-180 (ici, p. 177); O'Brien **3**, p. 139; **6** G. Santas, «Socrates at work on virtue and knowledge in Plato's *Laches*», *RMeta* 22, 1969, p. 433-460 (ici, p. 439 et 448); **7** D. T. Devereux, «Courage and wisdom in Plato's *Laches*», *JHPh* 15, 1977, p. 129-141 (ici, p. 135-136); **8** C. H. Kahn, «Plato's methodology in the *Laches*», *RIPh* 40, 1986, p. 7-21 (ici, p. 12, 18-19)). Il ressort très clairement du passage 193e-194a, où Socrate exhorte Lachès à se montrer ferme dans la quête d'une définition du courage, que la fermeté est une composante essentielle du courage. Mais la fermeté ne suffit pas, à elle seule, à rendre compte du courage ; elle doit nécessairement être associée à un type de savoir et c'est précisément cette indispensable dimension intellectuelle que Lachès ne parvient pas à circonscrire.

Nicias prend donc le relais et il s'étonne aussitôt que l'on n'ait pas examiné une observation qu'il a souvent entendu faire par Socrate, à savoir que le courage est une connaissance. La définition proposée par Nicias est en effet défendue ailleurs par Socrate (*cf. Prt.* 349d-360e ; Aristote, *EN* III 11, 1116b4-9 ; *EE* III 1, 1229a12-16 ; 1230a7-10 ; *MM* I 20, 1190b27-29 ; Xénophon, *Mem.* III 9, 1-3 ; IV 6, 10-11). Étant donné que le savoir est toujours savoir de quelque chose, Lachès et Socrate pressent Nicias de leur indiquer de quel objet le courage peut bien être le savoir. Nicias répond aussitôt que «le courage est la connaissance de ce qui inspire la crainte, ou la confiance, que ce soit à la guerre ou en toutes autres circonstances» (194e-195a). Cette définition traite d'abord du courage à la guerre, mais elle étend également la notion de courage à plusieurs autres domaines, satisfaisant ainsi au vœu de Socrate formulé en 191d-e. L'examen de la définition de Nicias se fait en deux temps : (1) Lachès formule des objections contre lesquelles Nicias se défend bien (195a-196b); (2) Socrate prend l'initiative de l'examen et montre que la définition de Nicias s'applique en fait à la vertu tout entière, et pas seulement au courage (196c-200a).

Lachès ne peut pas admettre que le courage soit une forme de savoir. Il objecte à Nicias que si le courage est la connaissance de ce qui est à redouter, on devra alors dire des médecins qu'ils sont courageux, puisque ce sont eux qui savent quelles sont les maladies que l'on doit craindre. Mais n'est-il pas incongru d'accorder le courage aux médecins, eux qui ne risquent rien, et ne pas le reconnaître aux malades, qui supportent parfois avec bravoure les pires souffrances, et ce, même s'ils n'ont aucune idée de ce qui est à craindre dans la maladie qui les afflige ? Pour Nicias, le savoir des médecins se limite à distinguer la santé de la maladie. Or ce qui est à craindre, ce n'est pas nécessairement la maladie, puisqu'il y a de nombreux hommes pour lesquels il vaudrait mieux être morts que vivants. L'homme courageux est précisément celui qui sait dans quelles circonstances la vie vaut la peine d'être vécue, et dans quelles autres il est préférable d'opter pour la mort. Ainsi, pour reprendre l'exemple de la médecine, selon qu'il est préférable d'être mort ou vivant, on devra craindre la santé ou la maladie respectivement. Or un tel savoir n'appartient pas aux médecins.

Dans ce cas, rétorque Lachès, ce sont les devins qui sont courageux, car ce sont eux qui savent pour qui il vaut mieux vivre ou mourir. Cette allusion aux devins n'est pas innocente : elle est probablement ironique, car l'on sait que Nicias était superstitieux et que dans une situation critique il préféra complaire aux devins plutôt que de prendre les mesures qu'exigeait la situation désespérée de l'armée athénienne (*cf.* Thucydide VII 50, 3-4). Socrate fait lui aussi allusion aux devins et à l'ascendant qu'ils exerçaient sur Nicias (*cf.* 198e-199a). Quoi qu'il en soit, Nicias répond à Lachès que le devin n'est pas l'homme courageux auquel il songe. La compétence du devin se borne en effet à reconnaître les signes annonciateurs du futur ; mais le devin n'est pas plus en mesure que le médecin de dire s'il vaut mieux, pour telle personne, d'éprouver tel ou tel sort. Être courageux ne consiste pas à avoir la prescience des événements futurs, mais à savoir s'il est préférable ou non de les affronter.

Lachès abandonne la partie et laisse à Socrate le soin de poursuivre l'examen de la définition de Nicias. Socrate montre que cette définition n'est pas assez précise, puisqu'elle revient en fait à identifier le courage non pas à une partie de la vertu, mais à la vertu dans sa totalité. Socrate rappelle (198a) d'abord que l'on s'est entendu pour dire que le courage constitue une partie de la vertu (190d) et que celle-ci comporte également d'autres parties, comme la modération, la justice, etc. L'argumentation de Socrate tend dès lors à montrer que la définition de Nicias a pour conséquence d'assimiler le courage à la vertu entière, plutôt que de le circonscrire en tant qu'il est une partie de la vertu. Le courage a donc été défini comme la connaissance de ce qui est à craindre et de ce qui inspire confiance. Or la crainte est l'anticipation d'un mal futur. Il s'ensuit que le courage est la connaissance des maux futurs. Mais les objets sur lesquels portent les sciences sont en quelque façon intemporels, en ce sens qu'ils n'appartiennent pas à une tranche définie du temps, qu'il s'agisse du passé, du présent ou du futur. Dans la mesure où il est une science, le courage doit avoir comme objets d'étude non seulement les maux futurs, mais aussi les maux passés et les maux présents, de même que les biens passés, présents et futurs, puisque le courage, en tant que science de ce qui est à craindre et de ce qui inspire confiance, porte à la fois sur des maux (objets de crainte) et des biens (objets de confiance).

Nicias accepte de modifier sa définition comme suit : le courage est la science de tous les maux et de tous les biens de toutes les époques. Mais l'homme qui possède une telle science possède par le fait même la vertu entière, et pas seulement le courage, puisque la connaissance du bien et du mal englobe nécessairement toutes les autres parties de la vertu, comme la piété, la sagesse, la justice, etc. Or comme il a été admis que le courage ne constitue qu'une partie de la vertu, force est de reconnaître qu'aucune définition appropriée n'a été découverte pour le courage. L'argument final du *Lachès*, qui conclut à l'identité du courage et de l'ensemble de la vertu (197e-199e), a fait l'objet de nombreuses études (*cf.* **9** G.

Vlastos, «The argument in *Laches* 197e ff.», dans *Platonic Studies*, Princeton 1973, p. 266-269; **10** D. T. Devereux, «The unity of the virtues in Plato's *Protagoras* and *Laches*», *PhR* 101, 1992, p. 765-789; **11** T. Penner, «What Laches and Nicias miss — and whether Socrates thinks courage merely a part of virtue», *AncPhil* 12, 1992, p. 1-27; **12** G. Vlastos, «The *Protagoras* and the *Laches*», dans *Socratic Studies*, Cambridge 1994, p. 109-126; Dorion **2**, p. 171-178).

Si la définition de Nicias est bien conforme à la doctrine socratique de la vertu-science, il reste à expliquer comment il se fait qu'elle est rejetée par Socrate. Le *Lachès* développerait, à propos des relations entre la vertu et la connaissance, une position analogue à celle du *Ménon*, où Platon critique la thèse socratique de la vertu-science (*cf.* Devereux **7**, p. 129, 132, 136-137). Platon reconnaîtrait désormais que l'on ne peut plus définir le courage exclusivement en termes de savoir et de connaissance (*cf.* Devereux **10**, p. 767). Une définition adéquate du courage doit en effet prendre en considération certains éléments extra-cognitifs, comme la fermeté et l'endurance. Il n'est pas non plus impossible que la réfutation de Nicias s'explique non pas en raison d'une évolution de la pensée de Platon, mais tout simplement par une compréhension déficiente. Autrement dit, si Nicias avait réellement compris les tenants et aboutissants de la position socratique, il aurait pu expliquer en quel sens il est vrai d'affirmer que la définition du courage entraîne celle de la vertu dans sa totalité.

On a également soutenu que la définition de Nicias complète la deuxième définition de Lachès, en l'occurrence celle qui conçoit le courage comme une fermeté de l'âme accompagnée de prudence (*cf.* O'Brien **3**, p. 139-140; **13** R. G. Hoerber, «Plato's *Laches*», *CPh* 63, 1968, p. 95-105 (ici, p. 102)). Le mérite de l'une correspond en fait au défaut de l'autre. Ainsi le principal mérite de la définition de Lachès est d'avoir mis en lumière l'importance d'une qualité de caractère, soit la persévérance. Mais cette qualité ne suffit pas à définir adéquatement le courage, car il y a plusieurs cas où la fermeté n'est pas synonyme de courage. Socrate fait admettre à Lachès qu'il faut en outre une qualité intellectuelle qui introduit une dimension de connaissance. Or l'échec de Lachès vient précisément de son impuissance à déterminer le type de connaissance qui doit être associé au courage. Inversement, le mérite de la définition de Nicias est qu'elle précise le type de connaissance requis et exercé par le courage. Alors que Lachès est incapable de nommer l'objet sur lequel porte «la fermeté intelligente», Nicias précise d'entrée de jeu que le courage est la connaissance de ce qui est à craindre et de ce qui inspire confiance. Sa définition est toutefois insuffisante dans la mesure où elle omet de reconnaître la nécessité d'une qualité de caractère. Nicias a donc tort de considérer que le courage est essentiellement une connaissance et de ne pas considérer que le courage est plutôt une fermeté *secondée* par la connaissance. Chaque définition comporte ainsi un élément qui n'est pas révoqué en doute par Socrate. Certains commentateurs se sont même plu à formuler une définition du courage qui intègre les éléments des définitions de Lachès et de Nicias qui n'ont pas été réfutés par Socrate (*cf.* Bonitz **4**, p. 216): «Dans une situation qui présente des risques, le courage est une fermeté de l'âme, secondée par la connaissance – qui n'est toutefois pas de nature technique – des biens que l'on doit espérer et des maux que l'on doit craindre ; plus précisément, cette connaissance du bien et du mal revient à savoir quand la vie vaut d'être vécue, et quand elle ne le vaut pas » (d'après **14** C. L. Griswold, « Philosophy, education, and courage in Plato's *Laches* », *Interpretation* 14, 1986, p. 177-193, ici, p. 189).

Conclusion (200a-201c) — Lachès et Nicias dressent un constat d'échec tout en se reprochant l'un à l'autre d'avoir failli à la tâche. C'est toutefois Nicias qui abandonne la partie : il affirme que cette discussion suffit et qu'il la reprendra plus tard en compagnie de Damon (➠D 13). Nicias ne fait pas montre, par une telle attitude, de cette fermeté qui est, selon Socrate, un élément constitutif du courage. C'est à Lachès que revient le mérite de conseiller à Lysimaque et Mélésias de les renvoyer, lui et Nicias, et de ne faire appel, pour l'éducation de leurs fils, qu'aux services du seul Socrate. Cette observation de Lachès renoue avec la question initiale du dialogue, à savoir l'éducation qu'il faut donner aux jeunes gens. L'intervention de Lachès oriente toute la suite de la conclusion ; désormais, la discussion porte à nouveau sur le thème de l'éducation et de l'éducateur, et il n'est plus du tout question du courage, ni de la définition que l'on peut en donner. C'est à Socrate que revient le dernier mot. Dans une longue intervention (200e-201b) où il répond à l'invitation de s'occuper activement de l'éducation des fils de Lysimaque et Mélèsias, Socrate affirme qu'aucun des participants à la discussion qui s'achève n'est en mesure de veiller à l'éducation des jeunes, puisqu'ils ont tous été dans l'embarras, dans l'*aporia*. Cette impuissance à répondre adéquatement aux questions posées démontre en fait la nécessité où ils se trouvent tous, y compris Socrate, de trouver dans les plus brefs délais le meilleur maître possible. Tout à la fin du dialogue, Lysimaque presse Socrate de revenir le lendemain matin pour reprendre la discussion, à laquelle ne sont conviés, cette fois-ci, ni Lachès ni Nicias. C'est donc un retournement complet par rapport à la situation initiale, où seuls les deux généraux avaient été invités à donner leur avis sur les questions d'éducation.

BIBLIOGRAPHIE

Éditions, traductions et commentaires. 15 J. Burnet, *Platonis Opera*, t. III : Tetralogias V-VII continens, coll. *OCT,* Oxford 1903 ; **16** R. K. Sprague, *Plato : Laches & Charmides*, Indianapolis 1973 ; Dorion **2**, p. 81-86.

Études. 17 P. Grenet, « Note sur la structure du *Lachès* », dans *Mélanges Auguste Diès*, Paris 1956, p. 121-128 ; O'Brien **3** ; Hoerber **13** ; Kahn **8** ; **18** P. Woodruff, « Expert knowledge in the *Apology* and *Laches*. What a general needs to know », *PBAC* 1988, p. 79-115 ; **19** W. T. Schmid, *On manly courage : a study of Plato's* Laches, Carbondale 1992 ; **20** C. Emlyn-Jones, « Dramatic structure and cultural context in Plato's *Laches* », *CQ* 49, 1999, p. 123-148 ; **21** A. N. Michelini, « Plato's *Laches*. An introduction to Socrates », *RhM* 143,

2000, p. 60-75 ; **22** A. Hobbs, *Plato and the hero : courage, manliness and the impersonal good*, Cambridge 2000.

LOUIS-ANDRÉ DORION.

LYSIS (Λύσις)

DATES

Si l'on en croit une anecdote rapportée par Diogène Laërce (III 35), le *Lysis* aurait été composé du vivant même de Socrate. Or il est peu probable que Platon ait écrit le *Lysis*, ou tout autre dialogue, avant la mort de Socrate. Selon la chronologie des dialogues établie par la stylométrie, le *Lysis* appartient au groupe des dialogues dits « de jeunesse ». La plupart des commentateurs s'entendent à considérer que le *Lysis* se situe à une étape intermédiaire entre les dialogues de jeunesse et ceux de la maturité (*cf.* **1** M. Bordt, *Platon : Lysis*, (Platon Werke, Band V 4), Göttingen 1998, p. 103-106).

Le *Lysis* ne fait mention d'aucun événement qui nous permettrait de déterminer la date dramatique de l'entretien. Le seul repère temporel se situe tout à la fin du dialogue (223b), lorsque Socrate observe qu'il est un vieil homme. Mais comme il s'agit d'une « confession » que Socrate fait à deux jeunes garçons qui n'ont guère plus que 11-12 ans, il s'agit sans doute d'une exagération ironique, si bien que l'on aurait tort de prendre cette affirmation au pied de la lettre. En tout état de cause, la date dramatique du *Lysis*, quelle qu'elle soit, n'a aucune incidence sur l'interprétation du dialogue.

PERSONNAGES

Les personnages du *Lysis* n'ont joué aucun rôle digne de mention dans l'histoire d'Athènes. Leurs caractéristiques respectives, en tant que personnages du dialogue, doivent néanmoins être relevées avec soin, car elles affectent souvent la forme et le contenu même du *Lysis*.

Hippothalès n'apparaît nulle part ailleurs dans les dialogues de Platon et nous ne le connaissons que par l'intermédiaire du *Lysis*. Dans sa biographie de Platon, Diogène Laërce (III 46) mentionne Hippothalès d'Athènes (➳H 158) au nombre des disciples du fondateur de l'Académie. S'agit-il du même Hippothalès que celui qui figure dans le *Lysis* ? Comme Platon ne met jamais en scène ses propres disciples dans ses dialogues, il est peu probable que nous ayons affaire au même Hippothalès (*cf.* Bordt **1**, p. 110 n. 211). Bien que l'on ne puisse pas déterminer son âge avec exactitude, Hippothalès semble de quelques années plus âgé que le jeune Lysis dont il est amoureux (*cf.* **2** D. Nails, *The People of Plato, s.v.* « Hippothales of Athens », p. 174). Hippothalès représente le type même de l'amant malheureux dont l'amour passionné n'est pas payé de retour. Le dialogue est pour lui un échec : non seulement il semble plus éloigné que jamais de parvenir à ses fins – séduire Lysis –, mais il montre aussi, par son aveuglement, qu'il est impossible de faire entendre raison à un amoureux dont la passion ne procède pas d'une aspiration au bien.

Lysis (☞L 103) et son camarade Ménexène (☞M 126) sont les deux principaux interlocuteurs de Socrate et sans doute les plus jeunes de tous ses interlocuteurs dans l'ensemble des dialogues. Plusieurs indices nous permettent en effet de croire qu'ils n'ont guère plus que onze ou douze ans (*cf.* **3** L.-A. Dorion, *Platon : Charmide/Lysis*, coll. *GF* 1006, Paris 2004, p. 163-164). Ménexène (*cf.* Nails **2**, *s.v.* « Menexenus of Athens », p. 202-203) s'est déjà taillé, malgré son jeune âge, une réputation d'« éristique », c'est-à-dire de dialecticien versé dans la pratique de la réfutation pour elle-même (211b-c). Socrate lui fait la démonstration, à l'occasion d'un entretien étourdissant (212b-213d), dont Ménexène sort passablement ébranlé, qu'il peut également pratiquer l'éristique, mais que celle-ci n'est d'aucune utilité lorsque la discussion est comprise comme une recherche poursuivie en commun, et non pas comme une lutte où l'on doit à tout prix terrasser son adversaire. Jeune, beau, timide et modeste, issu d'une grande famille, Lysis (*cf.* Nails **2**, *s.v.* « Lysis II of Aexone », p. 195-197) présente d'heureuses dispositions pour la philosophie qui sont immédiatement perçues par Socrate (207a) et qui seront confirmées, ultérieurement, par ses judicieuses interventions dans le cours de la discussion (213d, 222a). C'est d'ailleurs sous le rapport du talent philosophique que Lysis se distingue de son camarade Ménexène. Alors que les deux jeunes amis sont encore impuissants à percevoir ce qui les distingue (207c), comme si l'amitié n'était possible que sur un fond de stricte identité, Socrate perçoit d'emblée la principale caractéristique qui les différencie. Le traitement asymétrique que Socrate réserve à Ménexène et à Lysis ne laisse aucun doute sur ses préférences.

Ctésippe de Péanée (☞C 227) apparaît également dans l'*Euthydème*, où il accompagne Socrate à la leçon d'érisitique que celui-ci se dit prêt à recevoir de la part d'Euthydème et de son frère Dionysodore. La compétence de Ctésippe (*cf.* Nails **2**, *s.v.* « Ctesippus of Paeania », p. 119-120) en matière d'éristique n'est sans doute pas étrangère au penchant que son neveu Ménexène semble manifester pour cette forme « disputeuse » d'argumentation (*cf.* 211c).

De même que le Socrate du *Lachès* est une incarnation du courage dont il prétend ne pas connaître la nature, que le Socrate de l'*Euthyphron* illustre la piété dont il recherche désespérément la définition, et que le Socrate du *Charmide* possède la modération qui fait si cruellement défaut à ses interlocuteurs, le Socrate du *Lysis*, qui affirme plaisamment qu'il n'a pas d'amis et qu'il n'y a rien qu'il ne souhaite plus ardemment que d'en avoir un (211e-212a), est le modèle achevé de l'ami. Non seulement il sait mieux que personne ce qui pousse les hommes à tisser entre eux des liens de *philia*, mais il excelle également à nouer des liens d'amitié. La preuve en est donnée par le dialogue lui-même : alors que le malheureux Hippothalès ne sait pas comment s'y prendre pour séduire Lysis, Socrate, sous le couvert d'un conseil à Hippothalès, fait une si brillante démonstration de son savoir-faire qu'il séduit Lysis en un tournemain. Socrate fait ainsi à nouveau la démonstration que le philosophe est celui qui réconcilie le *logos* et l'*ergon*, le discours et les actes, en l'occurrence le savoir du fondement de la *philia* et l'aptitude à nouer des liens d'amitié (*cf.* **4** H. G. Gadamer, « Logos und Ergon im platonischen Lysis », dans *Kleine Schriften*, Band III, Tübingen 1972, p. 50-63 ; trad. française : « *Logos* et *ergon* dans le *Lysis* de Platon », dans *L'art de comprendre*, Paris 1982, p. 279-295).

PLAN DU DIALOGUE

1. Prologue : l'amour malheureux (203a-207d)
2. Esquisse et anticipation du modèle de l'amitié : *philia*, *sophia* et utilité (207d-210e)
3. Fausses pistes (211a-216b)
   a) Une leçon d'éristique (211a-213d)
   b) L'amitié entre semblables (213d-215c)
   c) L'amitié entre contraires (215c-216b)
4. Le modèle platonicien de l'amitié (216c-222e)
   a) Le sujet, l'objet et la cause efficiente de l'amitié (216b-218c)
   b) La cause finale de l'amitié (218c-219b)
   c) Le *prôton philon* (219b-220b)
   d) Substitution du désir au mal (220c-221d)
   e) L'« apparenté » (*oikeion*) (221e-222e)
5. Conclusion (223a-b) : une fausse aporie

ANALYSE

On rapproche souvent le *Lysis* des dialogues de jeunesse qui, tels le *Charmide*, l'*Euthyphron* et le *Lachès*, sont consacrés à la définition d'une vertu. Or le *Lysis* ne soulève jamais, en termes explicites, la question « qu'est-ce que l'amitié ? ». Le seul passage (218b) qui pourrait être lu en ce sens a été l'objet d'une mélecture et d'une mésinterprétation (*cf.* **5** D. Sedley, « Is the *Lysis* a dialogue of definition ? », *Phronesis* 34, 1989, p. 107-108.). La question que pose le *Lysis* n'est pas celle de la nature de l'amitié, mais plutôt celle de l'identité du sujet et de l'objet d'une relation de *philia* et celle de savoir ce qui pousse les hommes à nouer des liens d'amitié.

Le prologue : l'amour malheureux (203a-207d) — Hippothalès est éperdument amoureux de Lysis, à tel point qu'il compose et récite des poèmes en l'honneur de sa famille et de ses ancêtres, et qu'il n'a que le nom de Lysis à la bouche. Socrate a tôt fait de comprendre que les poèmes d'Hippothalès ne s'adressent pas vraiment à Lysis, mais plutôt à Hippothalès lui-même, en ce sens qu'ils flattent le désir d'honneur et de gloire qu'il croit pouvoir assouvir s'il obtenait les faveurs de Lysis (205d-e). Socrate en conclut qu'Hippothalès ne sait pas comment il faut s'adresser à l'être aimé ; non seulement il court le risque de se couvrir de ridicule si ses efforts ne sont pas couronnés de succès, mais ses écrits ont pour effet de flatter la vanité de Lysis, de le rendre encore plus fier et suffisant qu'il ne l'est déjà, de sorte qu'il sera encore plus difficile à séduire. À la question d'Hippothalès qui le prie de lui révéler ce qu'il doit dire et faire pour séduire Lysis, Socrate répond que s'il lui était accordé de rencontrer Lysis, il pourrait faire une démonstration de ce qu'il faut dire à un garçon pour gagner ses faveurs.

Esquisse et anticipation du modèle de l'amitié : philia, sophia et utilité (207d-210e) — Socrate profite de l'absence momentanée de Ménexène (207d) pour engager un premier entretien avec Lysis, en qui il a reconnu d'emblée une bonne nature. Le premier entretien entre Socrate et Lysis contient déjà, *in nucleo*, les principaux éléments de la conception socratique de l'amitié (*cf.* **6** F. J. Gonzalez, « Plato's *Lysis* : an enactment of philosophical kinship », *AncPhil* 15, 1995, p. 69-90 (ici, p. 73) ; **7** M. Narcy, « Le socratisme du *Lysis* », dans G. Giannantoni et M. Narcy (édit.), *Lezioni socratiche*, Napoli 1997, p. 205-233 (ici, p. 215-217)). Socrate cherche à faire comprendre à Lysis qu'il n'obtiendra la confiance, l'affection et la *philia* des autres hommes, qu'il s'agisse de ses parents, de ses concitoyens ou même du Grand Roi, que pour autant qu'il leur soit utile en quelque chose. Or pour être utile aux autres, il faut au préalable acquérir un savoir dont l'exercice leur rendra service. C'est pourquoi Socrate exhorte Lysis à devenir savant : « Il en résulte que si tu deviens savant, mon enfant, tous te seront amis et tous te seront apparentés *(oikeioi)*, car tu seras utile et bon *(khrêsimos kai agathos)* ; sinon, personne ne sera ton ami, ni ton père, ni ta mère, ni tes parents *(oikeioi).* » (210d) L'objet de la *philia* correspond au savoir, que Socrate associe étroitement à l'utilité et au bien, sans doute parce que le savoir est à la source de tout ce qui est véritablement bon et utile. Si Lysis devient savant (et, partant, bon et utile), tous les hommes rechercheront son amitié et lui seront apparentés *(oikeioi).* Autrement dit, celui qui devient savant (et bon et utile) devient pour les autres un objet d'amour et d'amitié, car le bien, ainsi que la suite du dialogue le démontrera, est apparenté *(oikeion)* à la nature de tous les hommes et c'est pourquoi les hommes, qui ont part au bien sans le posséder tout à fait, y aspirent continuellement comme à une partie d'eux-mêmes qui leur fait défaut. Le terme *oikeion* désigne habituellement les proches, les parents, ceux qui appartiennent à la même *oikia* (« maison »). Or les parents passent encore pour être, à l'époque de Platon, les *philoi* (« amis ») par excellence. La position que Socrate esquisse, dans son premier entretien avec Lysis, et qu'il approfondira dans la suite du dialogue, est passablement subversive à l'endroit de la famille, puisqu'elle consiste à dire que ce qui nous est véritablement *philon* (« ami », « cher ») et *oikeion*, ce ne sont pas nos *parents* (père et mère), ni notre famille, mais plutôt ce qui nous est plus profondément *apparenté* (oikeion), c'est-à-dire le savoir et ce qui en découle, soit le bien et l'utilité. Il ne faut donc pas s'offusquer de ce que Socrate affirme à Lysis que s'il ne devient pas savant (donc ni bon ni utile), personne ne sera son ami, pas plus son père, que sa mère et ses autres parents *(oikeioi).* Le *Lysis* peut donc être lu, dans une large mesure, comme une tentative de substituer à une représentation traditionnelle de la *philia* une conception novatrice, voire subversive, où la *philia* a désormais pour condition ce qui nous est encore plus profondément apparenté que nos parents, à savoir la *sophia* et le bien (*cf.* **8** F. J. Gonzalez, «Socrates on loving one's own: a traditional conception of *philia* radically transformed», *CPh* 95, 2000, p. 379-398 (ici, p. 382-383)).

Fausses pistes (211a-216b) — Avant d'entreprendre, à partir de 216c, l'exposé de sa propre conception de la *philia*, Socrate s'emploie à mettre en lumière l'inutilité d'une méthode concurrente (l'éristique), ainsi que les difficultés liées aux principales conceptions qui avaient cours sur la nature et l'identité des termes engagés dans une relation de *philia*.

Une leçon d'éristique (211a-213d) — Ménexène n'a pas assisté à l'entretien entre Socrate et Lysis, de sorte qu'il n'a pas pu en profiter et en tirer la leçon. Platon s'est manifestement appliqué à opposer l'entretien avec Lysis à celui avec Ménexène, et ce, sur le plan de la forme aussi bien que du contenu. Alors que les deux jeunes amis ne savent pas par où ils se distinguent (207c), si bien qu'ils se donnent l'impression d'être égaux en toutes choses, Socrate les perçoit si peu comme des égaux, eu égard, du moins, à leurs dispositions respectives envers la philosophie, qu'il leur réserve, à l'un et l'autre, des traitements fort inégaux. Alors que l'entretien avec Lysis est linéaire, dépourvu d'agressivité, non-réfutatif et qu'il prend fin sur une conclusion positive, la discussion avec Ménexène, qui est d'emblée placée sous le signe de la confrontation, se présente comme une suite de réfutations qui se succèdent les unes aux autres de façon à décrire un parcours sinueux et labyrinthique. Le point de départ est la question de savoir si l'ami est celui qui aime, ou celui qui est aimé, ou les deux indifféremment (212b). Au cours d'une discussion propre à donner le tournis, où il ne songe qu'à réfuter le pauvre Ménexène, Socrate «démontre» tour à tour que l'ami n'est ni celui qui aime, ni celui qui est aimé, ni l'un et l'autre indifféremment, de sorte que l'on ne voit plus qui pourrait bien être l'ami. L'échec (programmé) de la discussion avec Ménexène tient à ce qui est, aux yeux de Socrate, le principal défaut de l'éristique, à savoir le caractère purement verbal de cette forme de dialectique. La suite du dialogue démontre qu'il faut nécessairement tenir compte, dans une explication du fondement de l'amitié, de ces trois points de vue: celui qui aime (le sujet), ce qui est aimé (l'objet) et la réciprocité. On n'a donc pas à retenir, parmi les trois possibilités offertes par Socrate, une possibilité à l'exclusion des autres. Cet entretien avec Ménexène commet l'erreur d'analyser une relation d'amitié comme s'il était évident qu'il s'agissait d'une relation entre deux termes, alors que l'on sait déjà, depuis l'entretien avec Lysis, qu'une relation de *philia* met en jeu trois termes, à savoir les deux amis et ce qui se trouve au fondement de leur attirance réciproque. Comme cet entretien avec Ménexène fait complètement abstraction de l'élément qui motive la *philia* entre deux êtres, il n'est pas étonnant que la discussion tourne court et ne parvienne pas à répondre à la question initiale.

L'amitié entre semblables (213d-215c) — Reprenant la discussion avec Lysis, Socrate lui propose d'examiner les maximes prêtées aux poètes et aux sages, suivant lesquels c'est le semblable qui devient l'ami du semblable. Socrate n'a pas sitôt rapporté cette position qu'il en entreprend la critique: ce ne sont pas tous les

semblables qui peuvent être amis entre eux, car les hommes méchants, tout semblables qu'ils soient, ne peuvent pas être amis ; en outre, il n'est même pas assuré
que les bons, qui sont semblables en tant qu'ils sont bons, peuvent être amis entre
eux. Pour rejeter cette possibilité, qui semblait être la seule qui pût être retenue,
Socrate développe deux arguments : (1) dans la mesure où ils sont semblables,
deux hommes ne peuvent pas se rendre l'un à l'autre des services qu'ils ne pourraient pas se rendre à eux-mêmes (214e-215a). (2) Les bons se suffisent à eux-
mêmes sous le rapport de la bonté, de sorte qu'ils n'ont aucun avantage ni aucun
profit à attendre des autres (215a-c). On voit mal, si l'on ne considère que 215a-c,
comment Socrate peut se croire autorisé à conclure, de ce qu'une personne est
bonne, qu'elle est également, pour cette raison même, autarcique et qu'elle ne peut
attendre aucun profit d'autrui. Cet argument doit être lu à la lumière de 210d, où
Socrate affirme à Lysis que le savoir le rendra bon et utile. Si le bien a pour
corrolaire l'utilité, l'argument de 215a peut se reformuler ainsi : si un homme est
bon, il est également utile, et s'il est entièrement bon, il recèle en lui-même toute
forme d'utilité, de sorte que les autres ne peuvent lui être d'aucune utilité.

L'amitié entre contraires (215c-216b) — Invoquant à nouveau l'autorité des
poètes, cette fois-ci Hésiode, Socrate propose d'examiner une autre théorie, qui
prend le contrepied de la précédente : ce n'est pas entre les semblables que se noue
l'amitié, mais plutôt entre les contraires. Faisant mine d'admirer la sagesse des
poètes, il cherche en fait à montrer qu'il s'agit d'une fausse sagesse, puisque, sur
un même sujet, les deux plus grands poètes (Homère et Hésiode) se contredisent.
La réfutation de l'hypothèse de l'attirance des contraires se fait en un tournemain.
Si ce sont les contraires qui deviennent amis l'un de l'autre, ne devra-t-on pas
admettre, en vertu de cette hypothèse, que les ennemis sont amis entre eux ?
Comme il s'agit d'une hypothèse générale, qui vise à rendre compte de toutes les
relations d'amitié, il suffit d'un seul contre-exemple pour la réfuter.

Le modèle de l'amitié (216c-222e) — Le passage 216c marque un tournant
dans l'argumentation du dialogue. Socrate expose et développe, l'un après l'autre,
les principaux éléments de sa conception de l'amitié.

Première étape : le sujet, l'objet et la cause efficiente de l'amitié (216c-218c)
— Socrate affirme à deux reprises, sous le coup d'une inspiration divine (216d),
que c'est le ni bon ni mauvais qui est l'ami du bien. Cette position, qui sera
maintenue jusqu'à la fin du dialogue, identifie à la fois le sujet de la *philia* (le ni
bon ni mauvais) et son objet (le bien). Comme l'homme ne peut vouloir ou désirer
le mal (216e ; voir aussi *Ménon* 77c-78b), il s'ensuit que l'objet de son amour ou
de son désir est toujours ce qu'il se figure être un bien. Peu importe qu'il s'agisse
d'un bien réel ou apparent, l'homme est toujours à la poursuite d'un bien. En ce
qui concerne le sujet de la *philia*, Socrate l'identifie par voie d'élimination : si les
hommes se distribuent en trois catégories (bons, mauvais, ni bons ni mauvais), et
que ni les semblables ni les opposés ne peuvent être amis entre eux, il ne reste
qu'une seule possibilité : ce sont les ni bons ni mauvais qui aspirent au bien (216d-
e). Mais pourquoi le ni bon ni mauvais aspire-t-il au bien ? Selon une première

explication, que Socrate développe longuement avant de la remettre en question, c'est en raison de la présence du mal que le ni bon ni mauvais aspire au bien. Ainsi le corps, qui est ni bon ni mauvais, aspire-t-il à la santé (= bien) en raison de la présence d'une maladie (= mal). Mais le mal ne doit pas avoir gâté et corrompu l'être en qui il est présent au point de le rendre entièrement mauvais, car cet être serait désormais dans l'impossibilité de désirer le bien.

Deuxième étape : la cause finale de l'amitié (218c-219b) — Reprenant l'exemple du malade, Socrate montre que le corps (= ni bon ni mauvais), à cause de la maladie qui l'affecte (= cause efficiente), aime la médecine (= bien) en vue de la santé (= cause finale). Non seulement l'aspiration au bien tient à au moins deux causes, mais le bien auquel on aspire est lui-même multiple : le malade aime certes le médecin, mais cette relation de *philia* dépend elle-même d'un autre objet d'amour, en l'occurrence la santé. La question se pose donc de déterminer si les biens auxquels on aspire sont en nombre fini et s'il existe entre eux une certaine hiérarchie.

Troisième étape (219b-220b) : le prôton philon — Le malade aime la médecine (ou le médecin) en vue de la santé. La médecine a ainsi le statut de bien intermédiaire en vue d'un bien « absolu », à savoir la santé. Mais cette analyse régressive peut également s'appliquer à la santé : est-elle aimée pour elle-même ou en vue d'autre chose ? Socrate montre que la santé est elle-même aimée en vue d'une autre chose, qui peut à son tour n'être qu'un bien intermédiaire subordonné à un autre bien, d'où le risque d'une régression à l'infini dont les conséquences seraient ruineuses, puisque l'homme serait impuissant à identifier la fin ultime de ses aspirations. Pour conjurer le spectre d'une telle régression à l'infini, Platon affirme la nécessité d'un premier objet d'amour (*prôton philon*), c'est-à-dire d'un objet qui n'est pas aimé en vue d'un autre, mais pour lui-même, et dont la recherche est cause que l'on aime tous les biens intermédiaires qui conduisent à lui. Ce premier objet d'amour n'est autre que le bien (220b).

Quatrième étape : substitution du désir au mal (220c-221d) — Si l'aspiration au bien était conditionnée par la présence du mal, nous n'aurions plus aucune raison de rechercher le bien si jamais le mal disparaissait. Or Socrate refuse d'admettre, dans l'hypothèse de la disparition du mal, que le bien ne servirait à rien et ne nous serait plus d'aucune utilité. Affirmer que le bien, en l'absence du mal, ne nous est plus d'aucune utilité, revient à affirmer que le bien ne serait plus pour nous un objet d'amour. Socrate affirme donc à nouveau, comme en 210d, que l'objet d'amour doit être utile. Il affirmera une dernière fois, à la fin du dialogue (222b-c), qu'il est impossible d'aimer ce qui ne présente aucune utilité. Afin d'affranchir l'aspiration au bien de la présence du mal, Socrate imagine un monde d'où le mal serait absent. Les hommes cesseraient-ils donc pour autant d'aspirer au bien ? Il semble que non. Cette fiction d'un monde libéré du mal permet d'établir, non pas que le mal n'est pas une cause de l'aspiration au bien, mais qu'il n'en est pas la seule cause. Dans un monde affranchi du mal, les hommes n'en continueraient pas moins de *désirer* ce qui leur semblerait susceptible de combler les manques et les déficiences de leur nature, de sorte que le désir semble être la cause permanente de la recherche du bien.

Cinquième étape : l'«apparenté» (oikeion) (221e-222e) — Le désir est l'expression d'une déficience et l'être en proie au désir aime ce dont il éprouve le manque. Or ce qui nous fait défaut, affirme Socrate, c'est ce dont nous avons été dépossédés (221e). Il s'ensuit que l'objet de notre désir nous appartient et nous est apparenté *(oikeion)*, c'est-à-dire qu'il nous est propre et qu'il fait partie de notre nature. En affirmant que le *philon* («objet d'amitié») est l'*oikeion*, mais un *oikeion* qui ne correspond pas à la famille, Platon prend nettement parti : à l'encontre de ceux qui prétendent que les relations familiales représentent la forme la plus achevée et la plus intense de *philia*, Platon soutient, par la bouche de Socrate, que le *philon* est certes l'*oikeion*, mais un *oikeion* qui se définit par une affinité de nature, plutôt que par les liens du sang. L'amour, l'amitié et le désir ont tous pour objet l'*oikeion*, si bien que toute relation d'amour, d'amitié ou de désir implique une affinité, ou un apparentement naturel, entre celui qui désire (ou aime) et l'objet de son désir (ou de son amour). Mais si l'on demeure à ce niveau d'analyse, Socrate justifierait toute forme de désir, d'amitié, ou d'amour, puisqu'il suffirait d'éprouver un désir (ou de l'amitié, ou de l'amour) à l'endroit d'un être ou d'une chose pour décréter aussitôt que cet être nous est apparenté, qu'il nous appartient *(oikeion)*, que nous en avons été dépossédés et qu'il faut donc nous le réapproprier. Si l'*oikeion* correspond en réalité au bien et au *prôton philon*, Socrate doit à tout prix déterminer avec plus de précision ce qui nous est véritablement apparenté. Or les choses qui nous sont apparentées n'ont pas toutes la même valeur, puisqu'il existe différents degrés d'apparentement. L'apparentement entre deux amis s'établit toujours en fonction de quelque chose qui joue à l'endroit des amis le rôle de troisième terme unificateur. Ce par rapport à quoi il y a apparentement, et donc *philia*, peut être, suivant l'énumération de Socrate en 221e-222a, l'âme, les habitudes de l'âme, le type d'activité auquel on s'adonne et, enfin, l'aspect physique. Comme cette énumération obéit sans doute à un ordre décroissant d'importance, l'apparentement sous le rapport de l'âme apparaît comme la forme la plus élevée de *philia*.

Le modèle de l'amitié élaboré par Socrate demeurerait incomplet sans la démonstration que l'*oikeion*, le *prôton philon* et le bien sont une seule et même chose. L'identité du *prôton philon* et du bien a déjà été affirmée par Socrate (220b) et elle n'a pas été remise en question par la suite. Si Socrate parvient à établir que l'*oikeion* correspond au bien, il pourra mettre la dernière main à sa conception de l'amitié : la forme la plus élevée de *philia* entre les hommes est celle qui se fonde sur l'aspiration commune de leur âme à un bien qui les dépasse, mais qui correspond également, en raison d'un apparentement originel, à leur nature la plus intime, de sorte que ce bien est pour ainsi dire la meilleure part d'eux-mêmes, dont ils auraient (en partie) été dépossédés. L'identification de l'*oikeion* au bien devrait se conclure dans le passage 222b-e, peu avant la fin du dialogue. Mais l'échec des interlocuteurs à procéder à cette assimilation n'est pas à interpréter comme une impossibilité en soi, car le dialogue offre au lecteur tous les éléments nécessaires à la justification du bien-fondé de cette assimilation. Après avoir fait reconnaître aux enfants que l'*oikeion* doit à tout prix se distinguer du semblable, car sinon on aboutirait à une position – l'amitié entre semblables – qui a déjà fait l'objet d'une réfutation, Socrate leur pose cette question : « Notre position sera-t-elle aussi qu'à toute chose le bien est apparenté *(oikeion)*, et le mal étranger, ou bien que le mal est apparenté *(oikeion)* au mal, le bien au bien, et ce qui n'est ni bon ni mauvais à ce qui n'est ni bon ni mauvais ? » (222c). L'échec (apparent) du dialogue tient à ce que les enfants optent pour la seconde branche de l'alternative que leur soumet Socrate et qu'ils ne se rendent pas compte que cela revient à soutenir cela même dont ils viennent tout juste d'admettre l'impossibilité, à savoir que l'*oikeion* correspond au semblable. Il y a d'excellentes raisons de croire que la solution au problème réside en fait dans la première branche de l'alternative (*cf.* **9** A. E. Taylor, *Plato, the man and his work*, London 1929³, p. 73 ; **10** J.-C. Fraisse, *Philia. La notion d'amitié dans la philosophie antique*, Paris 1974, p. 147-148 ; Gonzalez **6**, p. 82 ; Dorion **3**, p. 216-218). La première branche de l'alternative, qui identifie l'*oikeion* au bien, apporte au modèle de l'amitié l'élément qui lui manquait. Si l'*oikeion* est ce qui nous est apparenté et ce dont on éprouve le manque, il s'ensuit que ce à quoi le bien est apparenté ne peut pas être le bien ; en effet, outre que cela reviendrait à affirmer l'amitié entre semblables, le bien ne peut pas désirer le bien, puisqu'il ne souffre d'aucune déficience sous le rapport du bien. Le mal ne peut pas non plus être apparenté au bien, puisque Socrate affirme que le mal lui est étranger. Il ne reste qu'une seule possibilité : ce qui est apparenté au bien, c'est le ni bon ni mauvais. On retrouve ainsi le sujet (= le ni bon ni mauvais) et l'objet (= le bien) qui ont été identifiés plus tôt dans le dialogue. Que la première branche de l'alternative corresponde à la bonne réponse, c'est ce dont il n'est guère permis de douter à la lecture du passage parallèle qui se trouve dans le *Banquet* (205d-206a).

BIBLIOGRAPHIE

Éditions, traductions et commentaires. 11 J. Burnet, *Platonis Opera*, t. III : Tetralogias V-VII continens, coll. *OCT,* Oxford 1903 ; **12** D. Bolotin, *Plato's dialogue on friendship*, Ithaca (N.Y.) 1979 ; Bordt **1** ; **13** F. Trabattoni (édit.), *Platone : Liside*, Milano 2003-2004, 2 vol. ; Dorion **3**, p. 159-299 ; **14** T. Penner et C. Rowe, *Plato's Lysis*, Cambridge 2005.

Études. 15 R. G. Hoerber, « Plato's *Lysis* », *Phronesis* 4, 1959, p. 15-28 ; **16** D. N. Levin, « Some observations concerning Plato's *Lysis* », dans J. P. Anton et G. L. Kustas (édit.), *Essays in ancient Greek philosophy*, Albany 1971, p. 236-258 ; **17** L. Versenyi, « Plato's *Lysis* », *Phronesis* 20, 1975, p. 185-198 ; **18** D. B. Robinson, « Plato's *Lysis* : the structural problem », *ICS* 11, 1986, p. 63-83 ; **19** D. Adams, « The *Lysis* puzzles », *HPQ* 9, 1992, p. 3-17 ; Gonzalez **6** ; **20** L. Brisson et T. M. Robinson, (édit.), *Plato : Euthydemus, Lysis, Charmides*, Proceedings of the V Symposium Platonicum, coll. « International Plato Studies » 13, Sankt Augustin

2000 ; Gonzalez **8** ; **21** N. Reshotko, « Plato's *Lysis* : a Socratic treatise on desire and attraction », *Apeiron* 30, 1997, p. 1-18 ; **22** F. J. Gonzalez, « How to read a Platonic prologue : *Lysis* 203a-207d », dans A. Michelini (édit.), *Plato as Author*, Leiden 2003, p. 15-44 ; **23** A. Bosch-Veciana, *Amistat i unitat en el Lisis de Plató. El Lisis com a narració d'una sunousiva dialogal socràtica*, Barcelona 2003 ; **24** G. Rudebusch, « True love is requited : the argument of *Lysis* 221d-222a », *AncPhil* 24, 2004, p. 67-80.

LOUIS-ANDRÉ DORION.

EUTHYDÈME (Εὐθύδημος)

DATES

L'*Euthydème* est généralement considéré comme l'un des derniers dialogues de la première période, dite de « jeunesse », et l'on a beaucoup discuté, sans parvenir à des résultats définitifs, de sa chronologie relative par rapport à d'autres dialogues de la même période, notamment le *Lysis*, le *Ménon*, le *Gorgias* et le *Cratyle* (*cf.* **1** E. H. Gifford, *The Euthydemus of Plato*, Oxford 1905, p. 20-35 (réimpr. New York 1973) ; **2** A.-J. Festugière, *Les trois « protreptiques » de Platon : Euthydème, Phédon, Epinomis*, Paris 1973, Annexe A : « La date de l'*Euthydème* », p. 159-170 ; **3** R. S. W. Hawtrey, *Commentary on Plato's Euthydemus*, Philadelphia 1981, p. 3-10 ; **4** M. Narcy, *Le philosophe et son double. Un commentaire de l'Euthydème de Platon*, Paris 1984, Annexe II : « A propos de la date de l'*Euthydème* », p. 179-184 ; **5** M. Canto, *Platon : Euthydème*, coll. *GF* 492, Paris 1989, p. 37-40).

Les commentateurs sont divisés quant à la date dramatique de l'entretien. Certains considèrent que les indices contenus dans le dialogue sont peu nombreux et que n'importe quelle date entre 420 et 404 pourrait convenir (*cf.* Hawtrey **3**, p. 10), alors que d'autres estiment au contraire que « nous disposons de plusieurs indications pour fixer dans le temps l'action de l'*Euthydème* » (Canto **5**, p. 36), mais ne parviennent pas pour autant à fixer une date précise. En tout état de cause, la date dramatique ne semble pas être un facteur déterminant pour l'interprétation du dialogue.

PERSONNAGES

Criton (⟿C 220 ; *cf.* aussi **6** D. Nails, *The People of Plato*, *s.v.* « Crito of Alopece », p. 114-116) est l'ami auquel Socrate fait le récit de son entretien avec les deux frères sophistes. Il craint d'avoir négligé l'éducation de son fils Critobule (⟿C 217 ; *cf.* aussi Nails **6**, *s.v.* « Critobulus of Alopece », p. 116-119), qu'il aimerait tourner vers l'étude de la philosophie (307a), de même que Socrate demande à ses interlocuteurs de lui montrer comment ils pourraient pousser le jeune Clinias (⟿C 174 ; *cf.* aussi Nails **6**, *s.v.* « Clinias III of Scambonidae, son of Axiochus », p. 100-101) à se consacrer à la philosophie. Ctésippe (⟿C 227 ; *cf.* aussi Nails **6**, *s.v.* « Ctesippus of Paeania », p. 119-120), un amoureux de Clinias (*cf.* 273a, 274c, 300c-d), accompagne Socrate et il participe activement à la discussion avec Euthydème et Dionysodore. Ayant l'insolence de la jeunesse

(273a), il s'indigne souvent des arguments employés par les deux frères (283e, 288a-b, 299a), mais il apprend si rapidement les rudiments de l'éristique (303e) qu'il est en mesure, au cours même du dialogue, de leur rendre la monnaie de leur pièce.

Euthydème (⇒E 172 ; *cf.* aussi Nails **6**, *s.v.* « Euthydemus of Chios and Thurii », p. 152) et son frère Dionysodore (⇒D 192 ; *cf.* aussi Nails **6**, *s.v.* « Dionysodorus of Chios and Thurii », p. 136-137) sont généralement présentés comme des sophistes contemporains de Socrate. Étant donné qu'ils ont sensiblement le même âge que Socrate dans l'*Euthydème* (*cf.* 272b-c), leur date de naissance se situerait autour de 470 av. J.-C. Ce ne sont pas des personnages fictifs, comme l'est peut-être le personnage de Calliclès (⇒C 17) dans le *Gorgias*, puisque leur historicité est confirmée par plusieurs témoignages indépendants de l'*Euthydème* (*cf.* Canto **5**, p. 27-28). Or H. Diels n'a pas compté Euthydème et Dionysodore au nombre des sophistes dont il rapporte les fragments. D'après R. K. Sprague, qui n'a pas hésité à inclure Euthydème et Dionysodore dans son recueil de fragments des sophistes (**7** R. K. Sprague, *The older sophists*, Columbia (S. C.) 1972), « l'explication la plus vraisemblable est qu'à l'époque où il [*scil.* H. Diels] travaillait à la section sur les sophistes, il souscrivait à la position dominante suivant laquelle plusieurs personnages de Platon étaient en réalité des masques pour ses contemporains, en l'occurrence pour Antisthène » (p. 294). La tendance actuelle à les considérer comme des sophistes se fonde surtout, d'une part, sur l'historicité d'Euthydème et de Dionysodore, et, d'autre part, sur les nombreux traits, contenus dans le portrait que Platon brosse des deux frères dans l'*Euthydème*, qui rappellent les sophistes de la première génération (*cf.* Canto **5**, p. 29-32 ; **8** L.-A. Dorion, « Euthydème et Dionysodore », dans J.-F. Pradeau, *Les Sophistes*, coll. *GF* 1433, Paris 2009, t. II, p. 63-80) : tout au début du dialogue, les deux frères sont qualifiés de « sophistes », ou plus exactement de « nouveaux sophistes » (καινοὶ σοφισταί, 271c1) ; ils perçoivent un salaire pour l'enseignement qu'ils dispensent (*cf.* 304a, c) ; ce sont des étrangers (*cf.* 272c, 285a, c, 288b, 293a) que Platon présente comme des professeurs itinérants (*cf.* 273e). Il n'est pas indifférent qu'ils viennent de Thurioi (*cf.* 283e, 288b), car c'est la cité dont Protagoras (⇒P 302) a peut-être conçu les lois (*cf.* DK A1 §50). Euthydème et son frère sont savants en toutes choses (πάσσοφοι, 271c6) et cette prétention à la polymathie est un trait qu'ils partagent avec d'autres sophistes, notamment Hippias (*cf. Hippias majeur* 285b-286c, *Hippias mineur* 367e-368e) ; ils prétendent qu'ils sont en mesure d'enseigner la vertu (273d), ils s'engagent (ἐπαγγέλλεσθαι, 273e5) à transmettre leur compétence et ils donnent une démonstration (ἐπίδειξις, 275a4 ; ἐπιδεικνύναι, 274d2, d6, 275a5, 278c5, 278d2, 282d8, 282e1, 288b7, 293a4, a7, 293b2, etc.) de leur savoir-faire. Les termes ἐπαγγέλλεσθαι et ἐπάγγελμα sont étroitement associés aux engagements que prennent les sophistes en matière d'éducation de la vertu (*cf. Ménon* 95b, *Protagoras* 319a, *Gorgias* 447c, *Lachès* 186c, *Sophiste* 223a). Enfin, les deux frères s'engagent à transmettre *rapidement* leur compétence et leur vertu (*cf.* 272b, 273d, 303c, 303e-304e). Or les sophistes ont coutume de se vanter qu'il leur faut

peu de temps pour former leurs élèves (*cf. Sophiste* 234a). Tous ces traits rappellent les sophistes, mais cela ne suffit pas pour autant à établir de façon certaine et
définitive qu'Euthydème et son frère Dionysodore sont des sophistes contemporains de Socrate, car rien n'empêche que Platon présente parfois sous ces traits
des philosophes du IVe siècle qui étaient en réalité ses adversaires à lui. Il y a de
bonnes raisons de croire que les deux frères sont des représentants d'une école
socratique rivale de l'Académie, celle des mégariques (*cf.* **9** L.-A. Dorion,
« Euthydème et Dionysodore sont-ils des Mégariques ? », dans T. M. Robinson et
L. Brisson (édit.), *Plato : Euthydemus, Lysis, Charmides*, Proceedings of the V
Symposium Platonicum, coll. « International Plato Studies » 13, Sankt Augustin
2000, p. 35-50). Le nom même de leur spécialité et de ce qu'ils font profession
d'enseigner, soit l'éristique (ἐριστική, 272b10), est étroitement associé à l'école
mégarique. Le terme ἐριστικός et d'autres mots appartenant à la famille de ἔρις
(« lutte », « dispute ») servent en effet très souvent à désigner les Mégariques (*cf.*
fr. 8, 9, 31, 33, 34, 40, 51A, 51B, 90, 106, 157, 180, 199 Döring). La réputation
d'éristique, durablement accolée à l'ensemble des mégariques, remonte à Euclide
(➤E 82) lui-même (*cf.* fr. 8-9 Döring). L'éristique, que Platon considérait certainement comme une forme dévoyée de dialectique, s'exerce au moyen de l'argument
dialectique par excellence, soit la réfutation (*elenchos*). Ainsi, peu avant de
nommer la spécialité des deux frères, soit l'éristique, Socrate précise qu'« ils sont
devenus habiles à lutter dans les discussions et à réfuter (ἐξελέγχειν) tout ce qui
est dit, que ce soit faux ou vrai pareillement » (272a-b). De fait, Euthydème et
Dionysodore sont de redoutables dialecticiens, experts dans la pratique de l'*elen-*
chos, au point même qu'ils prétendent être en mesure de réfuter n'importe quel
argument (*cf.* 275e). Les mégariques affectionnaient également les arguments
ludiques qui se présentaient sous forme d'*elenchos*, comme le Sorite, le Chauve,
l'Électre et le Voilé (*cf.* fr. 64 Döring).

PLAN DU DIALOGUE

1. Prologue (271a-273b)

2. Invitation à une « démonstration » (273b-275c)

3. Première ronde de sophismes (275c-277c)

4. Exemple de protreptique socratique (277c-282e)

5. Deuxième ronde de sophismes (283a-288d)

6. Suite du protreptique socratique (288d-293a)

7. Troisième ronde de sophismes (293a-303a)

8. Conclusion (304b-307c)

ANALYSE

Prologue (271a-273b) — Criton demande à Socrate de lui faire le récit d'un
entretien qui a eu lieu la veille et qu'il n'a pas eu la possibilité de suivre avec
attention en raison de la foule considérable qui se pressait pour écouter la discussion. Socrate rapporte donc à Criton l'entretien qu'il a eu avec Euthydème et son
frère Dionysodore. Socrate fait une description détaillée du type de savoir reven-

diqué par les deux frères (271c-272b). Ils sont savants en toutes choses et ils sont experts dans toutes les formes de combat : non seulement le combat en armes, mais aussi le combat judiciaire et ils pratiquent également, depuis peu, la lutte dans la discussion (272a), où ils excellent à réfuter n'importe quel argument, peu importe qu'il soit vrai ou faux. Cette forme de lutte dialectique s'appelle en fait « éristique » (272b). Socrate déclare qu'il aspire au savoir des deux frères (272b ; *cf.* aussi 301b), dont il affirme à plusieurs reprises qu'il espère devenir l'élève (*cf.* 272b, 272c-d, 295d, 304b) et il cherche même à convaincre Criton d'en faire autant. L'expression de ce vœu est sans doute ironique non seulement parce que Socrate oppose ailleurs sa propre façon de dialoguer à l'éristique (*cf. Ménon* 75c-d ; *Rép.* V 454a), mais aussi parce qu'il a souvent coutume, lui qui se déclare ignorant, de se présenter pareillement comme l'élève de ceux qui se prétendent savants et auxquels il feint de reconnaître un savoir (*cf. Apol.* 22b ; *Alc.* 109d ; *Euthyphron* 5a-c ; *Hippias min.* 369d-e, 372a-c ; *Hippias maj.* 286c ; *Lachès* 181d ; *Gorgias* 489d ; *Rép.* I 338a-b). Pour une critique de cette lecture « ironique » de l'admiration exprimée par Socrate à l'endroit des deux frères, et de son désir d'acquérir leur *sophia*, *cf.* Narcy **4**, p. 35-57.

Invitation à une « démonstration » (273b-275c) — Euthydème prétend que personne ne parvient à transmettre la vertu mieux et plus rapidement que son frère et lui (273d). Platon souligne à plusieurs reprises, au fil du dialogue (*cf.* 272b-c, 285b, 303c, 303e-304a), le peu de temps qu'il suffit de consacrer pour apprendre et maîtriser la compétence éristique. Quand on songe au long cursus que les Gardiens doivent suivre avant d'être formés à la dialectique (*cf. Rép.* VII), la rapidité d'apprentissage d'une technique est forcément le symptôme de sa vacuité. Quoi qu'il en soit, Socrate prie instamment Euthydème de faire une démonstration (ἐπιδεικνύναι ταύτην τὴν σοφίαν, 274a8) de son savoir. Socrate invite donc les deux frères à exhiber leur savoir-faire à l'occasion d'un entretien où ils persuaderont le jeune Clinias qu'il doit se consacrer à la philosophie et au soin de la vertu (275a).

Première ronde de sophismes (275c-277c) — Dès la première question qu'Euthydème pose à Clinias — « quels sont les individus qui apprennent, ceux qui savent ou ceux qui ignorent ? » — Dionysodore confie à Socrate que Clinias n'échappera pas à la réfutation, quelle que soit sa réponse, ce qui démontre bien que le but recherché par les éristiques est la réfutation à tout prix, au mépris de la vérité de la proposition qui est l'objet de leur réfutation. Jouant sur l'ambiguïté du verbe μανθάνειν (« apprendre » ou « comprendre »), Euthydème et Dionysodore posent des questions-pièges qui leur permettent de « démontrer » tour à tour que ce sont tantôt les ignorants qui *apprennent*, tantôt les savants qui *comprennent*. Ce tour de passe-passe est le premier d'une longue série de sophismes exposés par les deux frères. On dénombre en effet vingt-et-un sophismes dans l'ensemble du dialogue et l'on a proposé pour chacun une analyse qui s'inspire de la classification aristotélicienne des sophismes dans les *Réfutations sophistiques* (*cf.* Gifford **1**, p. 35-40 ; Hawtrey **3**, p. 1-3 ; Canto **5**, p. 45-48 ; **10** T. H. Chance, *Plato's Euthy-*

demus. Analysis of what is and is not philosophy, Berkeley 1992, p. 213-214).
Plusieurs sophismes contenus dans l'*Euthydème* sont en effet cités et analysés par
Aristote dans les *Réfutations sophistiques*, mais l'on a sans doute exagéré l'étendue
de la dette d'Aristote à l'endroit de l'*Euthydème* (*cf.* **11** L.-A. Dorion, « Une prétendue dette d'Aristote à l'endroit de Platon : le cas des *Réfutations sophistiques* et
de l'*Euthydème* », *LEC* 61, 1993, p. 97-113 ; pour les rapports entre l'*Euthydème* et
les *Réfutations sophistiques*, *cf.* aussi Narcy **4**, p. 159-178).

Exemple de protreptique socratique (277c-282e) — Voyant qu'Euthydème
s'apprêtait à terrasser Clinias et que celui-ci était en train de « couler » (277d),
Socrate interrompt le supplice infligé à Clinias en intervenant dans la discussion. Il
cherche à rassurer Clinias en comparant, d'une part, les arguments des deux frères
à une forme de « jeu » (277d) qui serait le prélude à l'enseignement véritable et en
lui dévoilant, d'autre part, le ressort des sophismes dont il a été la victime, à savoir
l'ambiguïté du verbe « apprendre » (μανθάνειν). C'est le seul passage de l'*Euthydème* où Socrate propose une analyse détaillée du mécanisme d'un sophisme en
particulier et il se contentera, par la suite, de brèves indications qui permettent de
détecter l'aspect fallacieux des arguments exposés par les deux frères (*cf.* Canto **5**,
p. 48-49). Socrate qualifie souvent de « jeu » (*cf.* 277d, e, 278b-c, 283b) l'éristique
pratiquée par les deux frères et il attend en vain qu'ils fassent preuve de « sérieux »
(*cf.* 278c, 283b-c, 288b-d, 293a) en donnant enfin une démonstration de la façon
dont ils s'y prennent pour exhorter un jeune homme au soin de la vertu et de la
philosophie. Étant donné que les deux frères n'ont pas rempli leur promesse
d'exhiber leur talent à exhorter (ἐπιδείξασθαι τὴν προτρεπτικὴν σοφίαν, 278c5-
6), Socrate entend leur donner un exemple du type d'exhortation, ou de « protreptique », qu'il attend d'eux. L'entretien entre Socrate et Clinias (278e-282e) a ceci
de remarquable qu'il traite d'un thème qui est au cœur du platonisme à l'occasion
d'un échange non réfutatif, alors que Socrate a plutôt coutume de réfuter les jeunes
gens qu'il espère convaincre de se consacrer à la philosophie. Lorsque les deux
frères ont interrogé le jeune Clinias, lors du premier entretien (275c-277d), ils ont
employé une dialectique réfutative qui a eu pour seul résultat d'étourdir le jeune
homme et de le laisser complètement hébété. À cette forme d'éristique stérile, qui
consiste dans la réfutation pour la réfutation, Socrate préfère une dialectique plus
constructive, plus didactique, qui permet à Clinias de découvrir certaines vérités
essentielles (278d-282e). La même opposition entre les deux mêmes types de
discours est présente dans le *Lysis* (*cf.* 207d-210e et 211a-213d), sauf que c'est
Socrate qui use tour à tour, au gré de son appréciation des qualités de son interlocuteur, des deux types de discours. L'opposition que l'*Euthydème* situe, par
rapport à un même interlocuteur (Clinias), dans une différence de méthodes,
incarnée pour l'une par les éristiques, pour l'autre par Socrate, devient plutôt, dans
le *Lysis*, une différence d'approche qui est dictée par la différence d'aptitude qu'un
seul et même meneur de jeu (Socrate) croit percevoir chez ses interlocuteurs
successifs. En tout état de cause, le *Lysis* et l'*Euthydème* témoignent tous deux, de
la part de Platon, d'une méfiance inédite à l'endroit de l'*elenchos*. Le type de

discours qui semble désormais le plus approprié pour le protreptique, c'est-à-dire pour l'exhortation et l'édification d'un jeune interlocuteur, n'est plus l'*elenchos*, mais une forme de maïeutique bienveillante qui conduit à des résultats positifs. Dans un premier temps, Socrate fait reconnaître à Clinias que tous les hommes aspirent au bonheur et sont donc à la recherche des biens (santé, beauté, richesse, pouvoir, etc.) dont ils croient qu'ils leur apporteront le bonheur. Or le savoir (*sophia*) a un statut particulier dans la mesure où il est la condition du bon usage des autres prétendus biens. Comme on peut en effet mésuser de la santé, de la beauté ou de la richesse, et que seule la *sophia* permet d'en faire un usage qui contribue au bonheur, il s'ensuit que la *sophia* est le seul bien véritable et que l'on doit donc consacrer tous ses efforts pour l'acquérir, ce dont Clinias convient sans peine (282d), puisque l'on suppose également que la *sophia* peut faire l'objet d'un enseignement. Cet entretien est ainsi un exemple et une démonstration, de la part de Socrate, du type de discours propre à exhorter (προτρεπτικῶν λόγων, 282d6) Clinias à la philosophie et à la vertu. Socrate invite les deux frères à prendre le relais et à montrer à Clinias quelle est cette science qu'il doit acquérir pour atteindre le bonheur et être un homme de bien. On a beaucoup discuté de l'origine du « protreptique » comme genre littéraire (ou philosophique) et de la question de savoir si l'*Euthydème* met en scène l'opposition entre deux genres de protreptique, soit le protreptique sophistique et celui qui est illustré par Socrate dans ses deux entretiens avec Clinias. Une telle opposition suppose non seulement que les sophistes pratiquaient déjà le discours protreptique – or l'on manque de témoignages pour l'attester (*cf.* Narcy **4**, p. 19 ; Canto **5**, p. 60) –, mais que l'*Euthydème* ressortit lui-même à un genre bien défini, celui du « protreptique » philosophique, alors que l'exemple d'Isocrate (*Démonicos* 3-4) suggère plutôt que « le protreptique était un moyen d'exhortation servant à présenter les questions les plus diverses (qu'il s'agisse de l'étude de la médecine ou de celle de la rhétorique) » (Canto **5**, p. 61). De plus, la tradition des œuvres protreptiques qui serait issue de l'*Euthydème*, mais dont nous n'avons conservé que des fragments (le *Protreptique* d'Aristote, l'*Hortensius* de Cicéron), donnerait lieu à une espèce d'illusion rétrospective, dans la mesure où c'est bien cette tradition, et notamment le *Protreptique* de Jamblique, « dont s'autorise la tradition interprétative pour laquelle le sens de l'*Euthydème* est à chercher dans l'intention protreptique, et par conséquent dans le seul λόγος προτρεπτικός de Socrate. » (Narcy **4**, p. 33)

Deuxième ronde de sophismes (283a-288d) — Alors que Socrate espère que les deux frères vont cesser de jouer et se décider enfin à parler sérieusement du type de savoir qu'il faut acquérir, Dionysodore ouvre le bal en exposant un nouveau sophisme qui conclut que ceux qui désirent voir Clinias devenir savant désirent apparemment sa mort, puisqu'ils souhaitent en fait qu'il ne soit plus ce qu'il est, c'est-à-dire ignorant. L'énormité de ce sophisme provoque l'indignation de Ctésippe, qui va dès lors participer activement à la discussion en témoignant souvent de l'irritation à l'endroit des deux frères, ce qui contraint Socrate à intervenir pour calmer Ctésippe et détendre l'atmosphère (*cf.* 285a, 288b). Plusieurs sophismes exposés au cours de cette séquence soulèvent des problèmes logiques qui étaient âprement débattus dans les cercles sophistiques et socratiques, notamment qu'il est impossible de dire faux (*cf.* 283e-284a), de dire ce qui n'est pas (284b-c) ou encore de contredire (285d-286b). Socrate formule une objection (286c-287a) qui rappelle la position qu'il développe plus longuement dans le *Théétète* (*cf.* 163a-166e, 168c-171e) ; s'il est impossible, comme le soutiennent les éristiques, de se tromper, de penser faux et de contredire, non seulement la réfutation elle-même devient impossible, mais l'on ne comprend plus très bien quel pourrait bien être l'objet de l'enseignement des éristiques, de sorte que leur position se renverse (ἀνατρέπων, 286c4) elle-même. Au terme de cette deuxième démonstration du savoir-faire des deux frères, au cours de laquelle ils enchaînent six sophismes, Socrate exhorte à nouveau Euthydème et Dionysodore à cesser de jouer et à remplir enfin sérieusement leur engagement initial.

Suite du protreptique socratique (288d-293a) — Se tournant vers Clinias, qui n'a pas du tout participé à la deuxième ronde avec les deux frères, Socrate reprend l'entretien protreptique là où ils l'avaient interrompu. Quelle est la science que l'on doit acquérir pour être heureux ? Socrate propose l'art du général (290b), ce qui n'est pas sans rappeler la position du Socrate de Xénophon dans les *Mémorables* (III 2), qui soutient également que c'est le général qui sait le mieux assurer le bonheur et la prospérité de la cité. La proposition de Socrate est cependant rejetée par Clinias, qui fait remarquer que les généraux sont incapables de tirer profit des cités ou des armées qu'ils ont « capturées » et qu'ils les remettent entre les mains des politiciens, de sorte que l'art du général ne semble pas être celui qui peut assurer le bonheur et la prospérité de la cité. Clinias ajoute que les géomètres, les astronomes et ceux qui font des calculs sont également des « chasseurs » et qu'ils sont pareillement incapables de tirer profit de leurs découvertes et que c'est pourquoi les plus sensés d'entre eux confient leurs trouvailles aux dialecticiens pour qu'ils en fassent bon usage. Cette référence énigmatique aux dialecticiens (τοῖς διαλεκτικοῖς, 290c5) a fait couler beaucoup d'encre et il est tentant d'y voir une anticipation de la doctrine développée au livre VII de la *République* sur le caractère architectonique de la dialectique par rapport aux autres sciences (**12** R. S. W. Hawtrey, « How do dialecticians use diagramms – *Euthydemus* 290b-c », *Apeiron* 12, 1978, p. 14-18). Le récit de Socrate est alors interrompu par une intervention impromptue de Criton, qui admire la pertinence des positions formulées par Clinias, mais qui s'étonne fort que ce soit justement le jeune Clinias qui ait pu les formuler (290e). Faisant mine de ne plus très bien se souvenir à quel interlocuteur il faut faire crédit de cette objection, Socrate l'attribue finalement à un « être supérieur » (291a) qui se trouvait là. Il ne fait aucun doute, pour Criton, que cet « être supérieur » est Socrate et l'on doit probablement ranger ce passage au nombre de ceux où Platon use d'un moyen détourné et indirect pour attribuer à Socrate une forme de savoir, ce qui lui permet de préserver la cohérence de son portrait d'un Socrate ignorant. Curieux de connaître la suite du récit, Criton demande à Socrate s'ils sont finalement parvenus à identifier la science recherchée.

Socrate lui répond que l'enquête les a finalement conduits à l'art royal (βασιλικὴ τέχνη, 291b5), et que cet art se confond avec la politique (291c). C'est en effet l'art royal qui utilise les produits des autres arts de façon à ce qu'ils contribuent au bonheur et à la prospérité de la cité. Cet art qui préside aux autres arts, dans la mesure où il leur commande et en dispose en vue du bonheur de la cité, joue en fait un rôle « architectonique ». Socrate élève toutefois contre l'art royal une objection que Criton ne parvient pas à surmonter. Comme la science recherchée doit être utile (288e, 292a), elle doit procurer un résultat qui soit un bien. Or comme il n'y a pas d'autre bien que le savoir, l'art royal « devrait rendre les gens savants, et leur communiquer la science, pour être celui qui donne profit et bonheur » (292b ; trad. Méridier). Or non seulement il est peu probable qu'une telle science parvienne à rendre bons et savants tous les citoyens, mais l'on ne voit pas non plus très bien en quoi ils seraient bons et à quoi ils seraient utiles, de sorte que Socrate renonce à identifier la science recherchée à l'art royal. Le « retour » de la βασιλικὴ τέχνη dans le *Politique* (*cf.* 260c1, 276c1, 287d4, 300e7, 311c1) démontre toutefois que Platon ne renonce pas de façon définitive à l'art royal. Confronté à une grande difficulté (ἀπορία, 293a), Socrate se tourne une dernière fois vers les deux frères et les prie « de déployer tout leur sérieux (σπουδάσαι) et de nous faire voir sérieusement (σπουδάσαντας ἐπιδεῖξαι) la nature de cette science qui nous permettrait de bien passer le reste de notre vie » (293a ; trad. Méridier).

Troisième ronde de sophismes (293a-303a) — Dans la dernière ronde entre Socrate, Ctésippe et les deux frères, le rythme d'exposition des sophismes s'accélère et le lecteur n'est pas moins étourdi que Socrate et Ctésippe par les quatorze sophismes que leur assènent en cascades Euthydème et Dionysodore. Plusieurs de ces sophismes sont assez troublants en ce qu'ils semblent mettre en jeu des positions essentielles de la philosophie platonicienne, notamment la réminiscence et la participation aux formes intelligibles. On a en effet remarqué que plusieurs sophismes font référence, de façon plus ou moins voilée, à des thèmes importants du platonisme (*cf.* **13** H. Keulen, *Untersuchungen zu Platons Euthydem*, Wiesbaden 1971, p. 51-54 ; Hawtrey **3**, p. 21, 141, 155, 174-175). Par exemple, le sophisme suivant lequel Socrate sait toutes choses, du seul fait qu'il en sait une (*cf.* 293b-c), rappelle un passage du *Ménon* (81c-d), où l'âme qui a contemplé et appris toutes choses, au cours de ses multiples renaissances, peut retrouver toutes ses connaissances à l'occasion d'un seul ressouvenir, de sorte que l'âme qui sait une chose peut avoir accès à toutes ses connaissances ; le sophisme d'après lequel Socrate a toujours su toutes choses (*cf.* 295b) rappelle également le *Ménon* (85d, 86a), où Socrate affirme que l'âme possède depuis toujours les connaissances dont elle se ressouvient grâce à l'interrogation ; de même, lorsque Dionysodore demande à Socrate si les choses belles sont identiques à la beauté, ou en sont distinctes (*cf.* 301a), et que Socrate lui répond qu'elles sont distinctes du beau en lui-même (αὐτοῦ γε τοῦ καλοῦ, 301a) mais qu'elles sont belles par la présence du beau en chacune d'elles, ce qui permettra à Dionysodore de conclure un sophisme étonnant, il est évidemment difficile de ne pas penser aux formes intelligibles qui transmettent pareillement leurs caractéristiques aux choses en lesquelles elles sont présentes et qui participent d'elles. A la fin de ce dernier échange avec les deux frères, Socrate tient à faire leur éloge (303b-304c), mais cet éloge est profondément ironique dans la mesure où il consiste en un réquisitoire cinglant contre l'éristique. Socrate adresse en effet plusieurs critiques à l'éristique pratiquée par les deux frères : (1) de tels arguments ne peuvent plaire qu'à un petit nombre de gens, eux-mêmes éristiques, alors que la plupart des gens auraient honte « de réfuter autrui avec de semblables raisonnements plutôt que de se voir réfutés eux-mêmes » (303d ; trad. Méridier), de sorte que l'éristique ne devrait pas se pratiquer à l'extérieur du cercle restreint de ses adeptes ; (2) le relativisme que professent les deux frères se retourne nécessairement contre eux ; (3) la rapidité avec laquelle on apprend et maîtrise l'éristique la rend suspecte et trahit sa vacuité ; (4) leur art n'est pas approprié pour la discussion avec les hommes (304a), ce qui revient à dire que l'éristique n'est qu'une pseudo-dialectique.

Conclusion (304b-307c) — Socrate ayant terminé le récit de son entretien avec Euthydème et Dionysodore, Criton lui rapporte les propos que lui a tenus l'un de ceux qui assistaient à cet entretien. Cet homme est décrit comme un personnage qui se croit très savant et qui se montre habile à rédiger des discours destinés aux tribunaux (304d). Cet homme juge très sévèrement le talent des deux frères, qu'il qualifie de bavards qui s'adonnent à des futilités, mais il ne juge pas moins sévèrement la philosophie et l'intérêt que Socrate semblait porter aux deux éristiques. Bien que l'identité de ce censeur de l'éristique et de la philosophie ne soit pas dévoilée par Criton, la description qu'il en donne permet de l'identifier à Isocrate [➨I 38] (*cf.* **14** W. H. Thompson, *The Phaedrus of Plato*, Londres 1868, p. 179-182 ; Hawtrey **3**, p. 190 ; Canto **5**, p. 34). Criton confie enfin à Socrate qu'il se fait du souci pour Critobule, qu'il craint d'avoir négligé son éducation et qu'il ne sait pas comment le pousser à l'étude de la philosophie (307a). La conclusion du dialogue renoue ainsi avec l'un des principaux thèmes du dialogue ; l'inquiétude de Critobule rejoint en effet le souci analogue de Socrate à l'endroit de Clinias : que faut-il faire et dire pour inciter un jeune homme à cultiver la vertu et la philosophie ? Socrate répond à Criton qu'on ne doit pas se préoccuper de ceux qui pratiquent la philosophie et que seul importe l'objet même de leur activité ; la philosophie mérite en effet que l'on y consacre tous nos soins, quel que soit notre âge.

BIBLIOGRAPHIE

Éditions, traductions et commentaires. Gifford **1** ; **15** L. Méridier, *Platon : Œuvres complètes*, tome V, 1ère partie : *Ion, Ménexène, Euthydème*, CUF, Paris 1931 ; **16** R. K. Sprague, *Plato : Euthydemus*, Indianapolis 1955 (repris dans J. M. Cooper [édit.], *Plato : Complete works*, Indianapolis 1997, p. 708-745) ; Hawtrey **3** ; **17** M. Canto, *L'intrigue philosophique. Essai sur l'Euthydème de Platon*, Paris 1987 ; Canto **5**.

Études. 18 R. K. Sprague, *Plato's use of fallacy. A Study of the Euthydemus and some other dialogues*, London 1962 ; **19** *Id.*, « Parmenides' sail and Dionysodorus' ox », *Phronesis* 12, 1967, p. 91-97 ; Keulen **13** ; Festugière **2** ; Hawtrey **12** ; Narcy **4** ; Chance **10** ; Dorion **11** ; Dorion **9** ; **20** T. M. Robinson et L. Brisson (éds.), *Plato : Euthydemus, Lysis, Charmides*, Proceedings of the V Symposium Platonicum, coll. « International Plato Studies » 13, Sankt Augustin 2000.

LOUIS-ANDRÉ DORION.

PROTAGORAS (Πρωταγόρας)

Dans le *Protagoras*, Socrate raconte à un ami sa rencontre avec Protagoras (➠P 302), le plus célèbre des sophistes et le premier à avoir revendiqué ce nom (316c-317c). Ce récit est précédé d'un récit préliminaire où Socrate interroge le jeune Hippocrate, fils d'Apollodore et frère de Phason, sur son désir de recevoir l'enseignement de Protagoras.

1 C. M. J. Sicking, « Plato's *Protagoras* : a 'battle of wits' ? », dans *Id., Distant companions. Selected papers*, Leiden 1998, p. 183-208, juge cette introduction d'une « longueur inhabituelle » (p. 186). Sur ce prologue voir récemment **2** Maria Da Graça Gomes de Pina, « L'arrossire sorridendo di Ippocrate », dans **3** G. Casertano (édit.), *Il Protagora di Platone : struttura e problematiche*, coll. « Skepsís » 17, 1-2, Napoli 2004 [deux volumes en pagination continue], p. 39-64 ; **4** Maddalena Meoli, « La funzione dell'esempio 311b2-313c6 », dans Casertano **3**, p. 65-86 ; **5** Lidia Palumbo, « Socrate, Ippocrate e il vestibolo dell'anima (un'interpretazione di *Prot.* 314c) », dans Casertano **3**, p. 87-103 ; **6** L. Rossetti, « La demonizzazione della Sofistica nella conversazione tra Socrate ed Ippocrate », dans Casertano **3**, p. 104-127.

DATE DRAMATIQUE

La date dramatique du dialogue est traditionnellement fixée autour de 431 av. J.-C., quelques mois avant le début de la première guerre du Péloponnèse, même si cette datation entraîne un certain nombre d'anachronismes (voir **7** Platon, *Protagoras*. Traduction inédite, introduction et notes par F. Ildefonse, coll. *GF* 761, Paris 1997, p. 7).

DATE DE COMPOSITION

On considère d'ordinaire que le *Protagoras* se situe dans la série des dialogues dits socratiques regroupant le *Lachès*, qui traite du courage, l'*Euthyphron* qui traite de la piété et le *Charmide* de la sagesse. Comme eux, il aborde la question de la vertu, mais, à leur différence, il porte l'interrogation sur la vertu en général, et non seulement sur telle ou telle, sagesse, justice, piété, savoir, courage conformément à la classification de la morale populaire de l'époque (sur cette liste de vertus, voir particulièrement **8** L. Brisson, « Les listes de vertus dans le *Protagoras* et dans la *République* », dans P. Demont [édit.], *Problèmes de la morale antique*, Amiens 1993, p. 75-92). Dans le *Lachès*, si Socrate choisit de s'attacher au courage, comme à l'une des parties de la vertu, c'est qu'il considère l'enquête sur « la vertu dans sa totalité » comme une « tâche trop considérable ». L'enquête sur la vertu est plus ambitieuse dans le *Protagoras* que dans les autres dialogues socratiques, puisque, débutant sur la question de l'enseignement de la vertu, elle pose la question de son unité, de son rapport à ses différentes parties et de son rapport au savoir. Après s'être attaché à démontrer que «toutes choses – justice, sagesse, courage – sont science [...]» (361b), Socrate soulignera à la fin du dialogue que l'enquête ne pouvait aboutir, puisque la définition de la vertu est nécessaire à qui veut répondre à la question posée: la vertu peut-elle s'enseigner? De fait, c'est la question: «qu'est-ce que la vertu?» que le *Ménon* viendra reprendre, parachevant l'enquête sur les rapports entre la vertu et le savoir. **9** C. H. Kahn («On the relative dates of the *Gorgias* and the *Protagoras*», *OSAPh* 6, 1988, p. 76) souligne que le *Protagoras* appartient au groupe de dialogues qui comprend aussi le *Lachès*, le *Charmide*, l'*Euthyphron*, le *Ménon*, ainsi que le *Lysis* et l'*Euthydème*. Il soutient que le *Lachès*, le *Charmide*, l'*Euthyphron*, le *Protagoras* et le *Ménon* ne peuvent être interprétés d'une manière satisfaisante qu'à condition d'être considérés comme un groupe thématique unifié, concernés par les questions de la vertu et de ses parties, de l'enseignement de la vertu ainsi que de la priorité de sa définition.

Pour l'attitude de Socrate comme pour le mode d'argumentation, le *Protagoras* paraît proche de l'*Euthydème*. On a des difficultés à le dater par rapport au *Lachès* et par rapport au *Gorgias*. Contre l'opinion communément admise, Kahn **9** défend pour sa part l'idée que le *Gorgias*, extérieur à ces trois thématiques, est antérieur au *Protagoras*. Sur les commentateurs favorables à l'antériorité du *Lachès*, voir Ildefonse **8**, p. 9 n. 4, et **10** Platon, *Lachès*. Traduction inédite, introduction et notes par L.-A. Dorion, coll. *GF* 652, Paris 1997, p. 23-24. Sur le rapport entre le *Protagoras* et le *Lachès*, voir **11** D. O'Brien, «Socrates and Protagoras on virtue», *OSAPh* 24, 2003, p. 87-94 (on trouve la version italienne de cet article, «Socrate e Protagora sulla virtù», dans Casertano **3**, p. 173-250), **12** B. Centrone, «Coraggio e tecnica nel *Protagora* (349d-351b) e nel *Lachete* (192e-193d)», dans Casertano **3**, p. 251-266, et Ildefonse **8**, p. 42-46.

PERSONNAGES

À l'issue du prologue qui met en scène Socrate et le jeune Hippocrate (Hippocrate d'Athènes, fils d'Apollodore, *PA* 7630, **12bis** D. Nails, *The People of Plato,* p. 169-170), le dialogue ne se réduit pas à la rencontre entre Socrate et Protagoras (➥P 302). Dans la maison de Callias, «Protagoras n'est pas seul [...], il y a aussi Hippias d'Élis, Prodicos de Céos, je crois, et bien d'autres savants encore», comme le précise Socrate en 314c. De fait, lorsque la discussion est menacée d'arrêt (335c), les autres sophistes présents interviennent afin qu'elle se poursuive (après Callias et Alcibiade, Critias, Prodicos, Hippias en 336e, 337a-337c et 337d-338b – sur l'intervention de Prodicos, voir **13** Daniela Patrizia Taormina, «Il logo di Prodico (337a1-c4)», dans Casertano **3**, p. 375-389, et sur celle d'Hippias, voir **14** A. Brancacci, «Il *logos* di Ippia. Plat. *Protag.* 337c-338b», dans Casertano **3**, p. 390-401): c'est ainsi que Socrate et Protagoras en viendront pour un temps à intervertir leurs positions dialectiques respectives de questionnant et de répondant, lorsque Protagoras proposera d'étudier le passage de Simonide.

Outre Protagoras et Socrate, les personnages principaux du dialogue sont: Alcibiade (☞A 86); Callias (☞C 16); les sophistes Critias (☞C 216), Hippias d'Élis (☞H 145), fils de Diopeithes et Prodicos (☞P 296).

De nombreux personnages du *Protagoras* apparaissent également dans le *Banquet*. C'est le cas d'Agathon, fils de Tisamène (Agathon d'Athènes, *PA* 83, Nails **12bis**, p. 28-29), très jeune dans le *Protagoras*, qui devint par la suite un tragédien renommé dont la maison sert de cadre au *Banquet*, d'Éryximaque (☞E 59) fils du médecin Acoumène; de Pausanias de Céramées (☞P 67) et de Phèdre de Myrrhinonte (☞P 106). Andron de Gargettos (☞A 176), fils d'Androtion, qui apparaît dans le *Protagoras* est mentionné dans le *Gorgias* (487c).

ANALYSE

Pour reprendre les termes de **15** C. H. Kahn (*Plato and the Socratic Dialogue. The Philosophical Use of a Literary Form*, Cambridge 1996, p. 210), «if the *Protagoras* is one of the most brilliant of Plato's dialogues, it is also one of the most perplexing». Le *Protagoras* est un dialogue d'une grande richesse dramatique où coexistent différentes lignes d'argumentation qui se reprennent et se poursuivent au-delà des différentes interruptions que connaît une discussion vivante et variée, exemplaire de l'enquête dialectique, de son cheminement et de ses règles.

Les réponses de Protagoras aux deux objections de Socrate

Le *Protagoras* est particulièrement célèbre par le mythe que Protagoras donne en réponse à la première des deux objections que lui adresse Socrate sur l'enseignement de la vertu. Ces deux objections elles-mêmes par lesquelles Socrate exprime qu'à son sens la vertu ne peut s'enseigner découlent précisément de la définition que Protagoras a donnée de l'objet de son enseignement en 319a: «mon enseignement porte sur la manière de bien délibérer (εὐβουλία) dans les affaires privées, savoir comment administrer au mieux sa propre maison, ainsi que, dans les affaires de la cité, comment devenir le plus à même de les traiter, en actes comme en paroles» – compétence que Socrate rapporte immédiatement à l'«art politique» et à l'engagement de «faire des hommes de bons citoyens».

La première objection touche à la manière de «bien délibérer *dans les affaires de la cité*». Les Athéniens, qui sont avisés, et qui, lorsqu'il s'agit de délibérer sur tel ou tel projet technique, font appel au spécialiste de la technique considérée, écoutent n'importe quel citoyen lorsqu'il s'agit de prendre une décision en ce qui concerne l'administration de la cité – ce qui implique que les Athéniens considèrent qu'il n'y a pas là matière à enseignement. Il importe de remarquer que cette objection constitue, avec un passage de Thucydide (II 40, 1-2), un précieux témoignage sur la pratique de la démocratie athénienne, qui conjoint isonomie et isègorie.

La seconde objection touche à la manière de bien délibérer dans les affaires privées : comment se fait-il que Périclès qui a pris soin d'éduquer ses fils dans toutes les autres matières ne les a ni éduqués lui-même ni confiés à un autre pour ce qui touche au savoir qui lui est propre ?

Le mythe

Ce morceau de bravoure (320d-322d), « le texte le plus long et le plus explicite que nous possédions sur la politique des sophistes », même si la « médiation » et la « mise en scène platoniciennes du *Protagoras* demeurent inappréciables, dans tous les sens du terme » (**16** B. Cassin, *L'effet sophistique*, Paris 1995, p. 215), vient justifier que tous les hommes soient compétents en politique, non pas de manière naturelle ou innée, mais par l'effet d'un don divin de Zeus, effectué par Hermès, qui venait réparer l'absence de dotation naturelle de l'homme, oublié de la distribution des qualités, par la bévue d'Épiméthée qui avait demandé à son frère Prométhée de répartir à sa place les qualités entre les différents vivants et n'avait pourvu que les ἄλογα. Un intermédiaire de plus : le don de Zeus venait pourvoir l'homme au moment où la manière dont Prométhée avait cherché à réparer l'oubli de son frère – le vol du feu – s'était avérée insuffisante : le feu permettait de développer l'activité technique sans donner les conditions d'un vivre ensemble viable. Zeus donne aux hommes αἰδώς et δικ́η, qui reprennent et modifient l'αἰδώς et la νέμεσις hésiodique (*Les travaux et les jours*, v. 193 : « la seule justice, νέμεσις, sera la force, et il n'y aura plus de vergogne, αἰδώς ») et valent comme les conditions affectives nécessaire de la vie éthique et politique. Outre cette multiplication des liens intermédiaires qui opère une mise à distance radicale à l'égard d'une dotation naturelle de l'homme, on doit prendre en compte la manière dont ce mythe opère une inversion de la tradition hésiodique (voir Ildefonse **8**, Annexe 1).

Protagoras répond ainsi à la première objection que lui adressait Socrate : si les Athéniens écoutent le premier venu en matière politique, ce n'est pas qu'il n'y ait pas de compétence technique en politique, mais c'est que dans cette compétence particulière tous les hommes sont spécialistes : tel est le sens de la distribution universelle de la vergogne et de la justice. Reste à démontrer que « cette excellence politique n'est pas naturelle ni ne survient au petit bonheur, mais qu'elle s'enseigne et n'advient à l'homme que par l'exercice » (323c4-6), ce à quoi Protagoras s'attache ensuite (323c6-324d) en argumentant par la pratique effective du châtiment : si châtier peut dissuader, c'est bien que la vertu peut s'enseigner.

Sur le mythe de Protagoras, voir la bibliographie rassemblée en Ildefonse **8**, p. 248-250 ; on se reportera particulièrement à **17** L. Brisson, « Le mythe de Protagoras. Essai d'analyse structurale », *QUCC* 20, 1975 p. 10-37 ; **18** *Id.*, « Le mythe de Protagoras et la question des vertus », dans L. Brisson, *Lectures de Platon*, Paris 2000, p. 113-133 (voir la bibliographie de sa note 1). Cassin **16**, p. 215-225, propose de relire le mythe de Protagoras avec le discours (λόγος) qui le suit d'une part (*cf. infra*, section suivante), et la version que donne du mythe Aelius Aristide d'autre part : cette explicite « réfection antiplatonicienne du mythe […] barre toute interprétation éthique et impose une interprétation rhétorique : le don divin à l'origine du politique n'est plus constitué par les équivoques αἰδώς et

δικ ή, mais pour de bon par le λόγος. Car le lien c'est la rhétorique elle-même »
(p. 216). Cette relecture amène B. Cassin à souligner que c'est « la dimension du
λόγος [...] qui fait virer dans l'économie du dialogue la différence entre la politique et les autres arts en faveur, et non contre, un enseignement de la vertu »
(p. 224). B. Cassin donne également une traduction du mythe et du discours de
Protagoras, p. 295-308. Voir encore **19** B. Cassin, « Le lien rhétorique de Protagoras à Aelius Aristide », *Philosophie* 28 [*Rhétorique et politique : les métamorphoses de Protagoras*] 1990, p. 14-31. Voir, plus récemment **20** G. Reale, « Il mito
in Platone con particolare riguardo al mito nel *"Protagora"* », dans Casertano **3**,
p. 128-158.

Le discours

À sa réponse par le mythe à la première objection de Socrate, Protagoras ajoute
une réponse par un discours (λόγος) (324d2-328c2) qui vient répondre à sa
seconde objection : « comment se fait-il que ces hommes de valeur instruisent leurs
propres fils dans les matières pour lesquelles il y a des maîtres, alors qu'ils sont
incapables de leur assurer la moindre supériorité dans cette vertu même qui fait
leur propre excellence ? » (324d3-6). La réponse mise en place par Protagoras
constitue un tableau instructif de l'éducation sophistique athénienne (325c6-326e6)
qui développe l'idée selon laquelle en matière d'excellence politique, il n'y a pas
un seul maître assignable, mais pléthore de maîtres : la nourrice, les parents tout
d'abord qui co-enseignent la vertu lorsqu'ils apprennent à parler à l'enfant ; à
l'école l'enseignement des maîtres d'écriture, de cithare et de gymnastique est également un enseignement de la vertu que les lois enfin viennent poursuivre (Sur ce
passage, on se reportera tout particulièrement à Cassin **16**, p. 224 ; **21** H. Joly,
« Platon et les *grámmata* », dans *Philosophie du langage et grammaire dans
l'Antiquité*, Actes du Colloque de Grenoble, Bruxelles/Grenoble 1986, p. 105-136 ;
22 G. B. Kerferd, « Protagoras' doctrine of justice and virtue in the *Protagoras* of
Plato », *JHS* 73, 1953, p. 42-45, notamment p. 44 ; **23** M. Narcy, « Le contrat
social : d'un mythe moderne à l'ancienne sophistique », *Philosophie* 28, 1990,
p. 44-45 ; **24** A. Brancacci, « Protagoras, l'*orthoepeia* et la justesse des noms »,
dans M. Dixsaut et A. Brancacci (édit.), *Platon, source des Présocratiques. Exploration*, Paris 2002, p. 174-176).

La vertu, tout et parties

À l'issue du mythe, puis du discours de Protagoras qui soutient que la vertu
peut s'enseigner, Socrate réoriente l'enquête en pointant certains termes que le
sophiste a employés (« tu as dit en effet que Zeus avait envoyé aux hommes la
Justice et la Vergogne ; dans ton discours en revanche, tu as parlé à plusieurs
reprises de la justice, de la sagesse, de la piété et de toutes les qualités de ce genre,
comme si elles étaient quelque chose d'unique, en un mot : la vertu » [329c]) et en
lui demandant de répondre à la question suivante : « est-ce que la vertu est une
chose unique, et est-ce que la justice, la sagesse et la piété sont ses parties, ou bien

est-ce que toutes les qualités que je viens de citer ne sont que les noms d'une même réalité unique ? » (329c6-d1)

La discussion se développe alors en quatre arguments qui reprennent deux à deux les vertus considérées : 1. Socrate cherche à faire admettre à Protagoras, sans succès, que la justice et la piété sont très similaires. 2. Socrate démontre que la sagesse est identique au savoir. 3. Alors que Socrate considère les rapports entre justice et savoir, Protagoras l'interrompt par une longue tirade sur le bien et l'utile. 4. Le quatrième argument, séparé des trois précédents par une longue interruption, porte sur le savoir et le courage. Contre la position de Protagoras qui déclare le courage bien distinct des autres vertus, Socrate parvient à définir le courage comme savoir.

L'article de D. O'Brien **11**, p. 59-131, est particulièrement important sur toute l'enquête sur la vertu, son tout et ses parties, qui s'ouvre à l'issue du mythe et du discours de Protagoras. (Sur l'unité de la vertu, voir également **25** B. Manuwald, « The unity of virtue in Plato's *Protagoras* », *OSAPh* 29, 2005, p. 115-135. Sur le débat sur la *self-predication,* ou sur la prédication pauli-nienne que croise l'argumentation, voir les références données en Ildefonse **8**, respectivement p. 182 n. 184 et p. 183 n. 189).

Dans une première partie, O'Brien met en évidence que Socrate, une fois délié du « charme de l'éloquence de Protagoras » pose trois questions qui se suivent de manière rapprochée (329c6-e4) : tout d'abord celle qu'on vient de mentionner (« est-ce que la vertu est une chose unique, et est-ce que la justice, la sagesse et la piété sont ses parties, ou bien est-ce que toutes les qualités que je viens de citer ne sont que les noms d'une même réalité unique ? ») (329c6-d1) qui pose une alternative à laquelle Protagoras répond ainsi : « Il est facile de te répondre, Socrate […] La vertu est une chose unique, et les qualités sur lesquelles tu m'interroges sont ses parties » (329d3-4) ; ensuite : « sont-elles ses parties », demande Socrate, « à la manière des parties du visage, la bouche, le nez, les yeux et les oreilles, ou à la manière des parties de l'or qui ne diffèrent les unes des autres et du tout qu'elles composent que par la grandeur et la petitesse ? » (329d4-8) – alter-native à laquelle Protagoras répond en choisissant la première thèse ; enfin : « certains hommes ont-ils part à telle partie de la vertu, certains autres à telle autre, ou est-il nécessaire qu'on les possède toutes dès qu'on en a une ? » (329e2-5) à laquelle Protagoras répond qu'on peut posséder une partie de la vertu et ne pas en posséder une autre. Les trois questions posées par Socrate nous autorisent à distinguer trois thèses en tout :

« *La thèse de Protagoras.* Les vertus individuelles sont des parties de vertu (1a). Elles sont comme les parties d'un visage, chacune différant de l'autre et du tout (2a). On peut avoir une partie sans avoir l'autre (3a).

Première thèse rivale. Les vertus individuelles sont des parties de vertu (1a). Elles sont comme des morceaux d'or, qui diffèrent l'un de l'autre et du tout seulement par "grandeur et petitesse" (2b). On ne peut avoir une vertu sans avoir toutes les vertus (3b).

Seconde thèse rivale. Les vertus individuelles ne sont pas des parties de vertu ; leurs noms ne sont qu'autant de noms d'une seule et même chose (1b). Dès que nous avons une vertu nous avons le tout de la vertu » (O'Brien **11**, p. 62).

À l'issue de l'exégèse du poème de Simonide qui interrompt l'enquête sur la vertu, Socrate récapitule ces thèses : « La question était, je crois, la suivante : est-ce que savoir, sagesse, courage, justice et piété, qui sont cinq noms différents, renvoient à une chose unique, ou est-ce que, sous chacun de ces noms, existe une certaine réalité propre, une chose, qui possède à la fois sa capacité spécifique et est absolument distincte des autres ? De ton côté, tu soutenais qu'il ne s'agissait pas de noms distincts qui renverraient à une chose unique, mais que chacun de ces noms s'appliquait en propre à une chose singulière, et que toutes celles-ci étaient les parties de la vertu – non pas à la manière des parties de l'or qui sont semblables les unes aux autres ainsi qu'au tout dont elles sont les parties, mais à la manière des parties du visage, qui sont dissemblables au tout dont elles sont les parties et dissemblables entre elles, et possèdent chacune une capacité spécifique » (349a9-c5).

O'Brien critique les positions respectives de **26** T. Penner («The Unity of Virtue», *PhR* 82, 1973, p. 35-68, repris dans **26bis** G. Fine (édit.), *Plato 2 : Ethics, Politics, Religion, and the Soul*, Oxford 1999, p. 78-104), et de **27** G. Vlastos («The Unity of the Virtues in the *Protagoras*», *RMetaph* 25, 1972, p. 415-458, repris dans **28** *Id.*, *Platonic Studies*, Princeton 1973, p. 221-265) qui sont «les interprétations auxquelles on renvoie le plus souvent dans la littérature récente sur le *Protagoras*» (O'Brien **11**, p. 67 ; voir par exemple la discussion dans l'annexe «L'argument final du *Lachès* et l'unité des vertus, dans Dorion **10**, p. 171-178, qui distingue la perspective du *Lachès* de celle du *Protagoras* en renvoyant à la position de Vlastos).

Pour Penner **27**, la position de Socrate serait donnée par 1b et non pas 2b, et O'Brien met en lumière que cette interprétation est probablement ce qui lui fait considérer que la thèse de Protagoras est compatible avec l'image des morceaux d'or. Or à ce moment du dialogue ce qui est en jeu c'est de choisir entre l'une ou l'autre des images, ainsi que de choisir entre les deux thèses qui découlent d'elles : «rien dans le texte n'indique que l'image des morceaux d'or (2b) que Protagoras refuse doive être considérée comme compatible soit avec l'image des parties d'un visage (2a) que Protagoras adopte soit avec la thèse qui découle "clairement" (*cf.* 330b1 : δῆλα) de cette image, et que Protagoras adopte également» (O'Brien **11**, p. 69).

Vlastos **28** pour sa part voit clairement que le second terme du choix auquel Protagoras est initialement confronté (1b), qu'il appelle «the Unity thesis» exclut *les deux versions* (2a et 2b) de la manière dont les vertus individuelles sont des parties de vertu. Attribuant à Socrate l'une des deux versions (2 b : les morceaux d'or), Vlastos dégage Socrate de toute responsabilité pour ce qui est de l'assertion initiale de l'"Unity thesis", qu'il tient pour ambiguë, sinon absurde. Il considère que la reformulation de la «*Unity thesis*» en 349b1-3 (la récapitulation citée plus haut) en revanche n'est plus ni ambiguë ni absurde et que Socrate l'assume pleinement. La distinction entre ces deux formulations repose pour Vlastos sur la différence entre une expression au génitif (τοῦ αὐτοῦ ἑνὸς ὄντος) et une autre qui utilise une préposition avec le datif (ἐπὶ ἑνὶ πράγματι). Pour O'Brien **11** une telle interprétation fait trop peser sur l'expression ἐπὶ ἑνὶ πράγματι. De plus, dans l'interprétation de Vlastos, «l'objet unique» ne sera pas «le même objet unique pour tous les cinq noms (les cinq vertus énumérées en 349b1-3), ce qui est difficilement soutenable : «Platon entend clairement que, si nous adoptons cette thèse, alors il y a "un objet", et un seul, auquel tous les cinq noms s'appliquent, exactement de la même manière dont, dans le passage précédent (1b), les noms des vertus individuelles sont «toutes des noms d'une seule et même chose» (329d1)» (p. 73). O'Brien en ce sens réfute l'importance que Vlastos donne aux deux formulations distinctes de la thèse dite «Unity thesis» et rappelle qu'il y a trois thèses en tout (voir citation *supra*). Pour la critique de l'interprétation de **29** B. Hartman («How the Inadequate Models for Virtue in the *Protagoras* Illuminate Socrates' View of the Unity of the Virtues», *Apeiron* 16, 1982, p. 110-117), qui attribue à tort à

Socrate la thèse selon laquelle les différentes parties de la vertu sont comme les parties d'un visage (1b), voir O'Brien **11**, p. 83-84.

Il faut se reporter à l'article de O'Brien **11** dans tout le détail de ses analyses, ici difficiles à résumer en peu de mots. Sa seconde partie est consacrée au savoir comme le «tout» de la vertu; à l'image de l'or qui apparaît, d'une manière distincte, dans le *Protagoras* (329d6-8, *cf.* 349c2-3) et le *Timée* (50a5-b5); aux «parties» de vertu dans le *Ménon*. O'Brien établit que l'image des morceaux d'or dans le *Protagoras* sert tout à la fois à nous permettre de «distinguer des parties qui sont semblables entre elles et semblables au tout (2b), non pas seulement de parties qui sont dissemblables comme les parties d'un visage (2a), mais également de la vertu construite comme une unité où les parties individuelles ne sont pas des parties du tout, mais où leurs noms ne sont qu'autant de noms d'une seule et même chose (1b)» (O'Brien **11**, p. 100). Contre Kahn **15**, p. 221, qui rapporte l'usage socratique de cette image à l'anticipation de la théorie aristotélicienne des homéo-mères, et **30** C. C. W. Taylor (*Plato : Protagoras* [traduction et notes, édition révisée], Oxford 1991, p. 108) qui qualifie d'erreur la mention de «la grandeur et de la petitesse» (329d8), O'Brien **11** montre que l'usage de cette image des morceaux d'or repose sur l'idée que «les morceaux d'or, quoique différant en taille, n'en sont pas moins tous d'or. Parce qu'aucune vertu n'apporte avec elle une qualité intrinsèque que ne procurent déjà les autres vertus, avec l'implication, par conséquent, que nous ne pouvons pas avoir une vertu sans avoir toutes les autres, et en opposition, par conséquent, avec l'image alternative des parties d'un visage, où chaque 'partie' possède une fonction, ou *dunamis*, qui est spécifiquement la sienne, et où en conséquence la capacité d'exercer une vertu ne présuppose pas la capacité d'exercer aucune autre vertu» (O'Brien **11**, p. 103).

Dans une troisième partie de son article, travaillant à partir des témoignages d'Aristote (*Éthique à Nicomaque* VI 13, 1144b19-20) qui reformule le problème du *Protagoras* relatif aux vertus individuelles, de Plutarque (*De virtu morali* 2, 440 E) qui résume deux thèses respectivement attribuées à Ménédème d'Érétrie [➠M 116] (que Diogène Laërce fait figurer parmi les successeurs de Socrate) et à Ariston de Chios [➠A 397] (un successeur de la première génération de Zénon), O'Brien montre qu'il existe une troisième voie, qui ne considère pas les noms des vertus individuelles comme des synonymes, pas plus qu'elle ne considère les cinq vertus comme la même vertu, «si par cela nous devons supposer qu'une des vertus doit être sélectionnée comme étant d'une certaine manière 'la' vertu, les autres noms étant vides de contenu individuel» (O'Brien **11**, p. 128) (sur la position de Vlastos **28**, p. 227, voir O'Brien **11**, p. 120 n. 92 et pour la seconde thèse **31** G. Giannantoni, *Socratis et Socraticorum Reliquiae,* t. IV, Napoli/Roma 1990, p. 57-58). L'usage de ces doxographies vise à mettre en garde contre une lecture simpli-fiée du *Protagoras* qui soit manque la distinction entre les deux théories rivales opposées à la position de Protagoras, soit suppose qu'il est nécessaire de considérer que Socrate endosse l'une de ces théories rivales à l'exclusion de l'autre (O'Brien **11**, p. 126).

La distinction opérée par O'Brien **11** entre les trois thèses rivales est ainsi essentielle pour la structure de l'ensemble du débat sur les parties de la vertu : il n'y a pas simple opposition entre le fait de soutenir que les vertus individuelles sont des parties de la vertu (1a) et le fait de soutenir qu'au contraire leurs noms sont seulement autant de noms d'une seule et même chose : il est également nécessaire de distinguer entre deux conceptions de la relation entre 'tout' et 'partie' (2a et 2b). «Cette distinction mène à reconnaître une théorie (2b) (les parties de la vertu sont comme des morceaux d'or), qui procure les "parties" qui manquaient lorsque les vertus individuelles étaient considérées comme rien de plus que des «noms d'une seule et même chose» (1b), mais qui retient néanmoins l'unité que le choix par Protagoras de l'image (2a) (les parties de la vertu sont comme les parties d'un visage) apparaît mettre en danger (*cf.* 3b)» (O'Brien **11**, p. 128). Protagoras est donc «confronté à deux thèses rivales : une unité qui n'a pas de parties (1b), et une unité qui a des parties (2b), mais des parties qui, en tant que vertus, ne peuvent être séparées les unes des autres (3b)» (*Ibid.*).

L'exégèse du poème de Simonide

Les différents protagonistes interviennent afin que la discussion ne reste pas bloquée après la vive réaction du sophiste aux accusations de macrologie que lui adressait Socrate. La condition de la reprise de l'enquête est que Socrate et Protagoras inversent leurs rôles de questionnant et de répondant. À cette place nouvelle qu'il n'a pas désirée, Protagoras propose d'examiner l'ode de Simonide (Simonide de Céos, *RE* 2, Nails **12bis**, Appendice II p. 343) à Scopas (Scopas de Thessalie, *RE* s.v. *Skopadai*) puisque «la partie la plus importante de l'éducation d'un homme consiste à être compétent en poésie» (338e8-9) – ce qui revient, d'après ses dires, à traiter toujours de la vertu, «mais transporté(e) sur le terrain de la poésie» (339a5). Après avoir résolu la contradiction que Protagoras venait de souligner dans le poème par une analyse lexicale (il faut bien comprendre «devenir», et non pas «être», et par «difficile» il faut bien entendre «ce qui n'est pas facile et ne s'obtient qu'au prix de nombreux efforts», et non pas mauvais), Socrate se livre à une longue exégèse du poème pour en venir finalement à critiquer l'exégèse poétique au profit de l'entretien dialogué. Cette discussion conforte ce que nous savons par ailleurs (Aristote, *Poétique* 19, 1456b15, et *Réfutations sophistiques* 14, 173b17) des compétences linguistiques de Protagoras que rassemble le terme d'*orthoepeia*, *cf.* Brancacci **24**.

Ce passage du *Protagoras* est la seule source existante pour ce poème qui s'y trouve cité presque en entier. Pour la discussion de ce poème, on peut consulter la bibliographie qui figure dans **32** W. Donlan, «Simonides, Fr. 4 Dard P. Oxy. 2432», *TAPhA*, 100, 1969, p. 77 n. 13, et plus récemment celle de **33** G. Cerri, «Il canto di Simonide nel *Protagora* di Platone», dans Casertano **3**, p. 474-495. Voir particulièrement **34** D. Babut, «Simonide moraliste», *REG* 88, 1975, p. 20-62 ; **35** F. Cossutta, «La joute interprétative autour du poème de Simonide dans le *Protagoras* : herméneutique sophistique, herméneutique socratique ?», dans F. Cossutta et M. Narcy (édit.), *La forme dialogue chez Platon. Évolutions et réceptions*, coll. «Horos», Grenoble 2001, p. 119-154 ; **36** Chr. Rowe, «Socrate e Simonide (337c-348a)», dans Casertano **3**, p. 460-473, et Cerri **33**.

Le quatrième argument et l'hédonisme de Socrate en question

À la récapitulation que Socrate propose de la précédente enquête sur la vertu qu'il souhaite reprendre, Protagoras répond que savoir, sagesse, courage, justice et piété sont «toutes» «des parties de la vertu, que quatre d'entre elles sont assez proches les unes des autres, et que le courage, en revanche, est très différent de toutes les autres» (349d2-5). Après une première tentative, dénoncée par le sophiste, pour identifier le courage et le savoir (voir la bibliographie sur cet argument dans **37** M. J. O'Brien, « The "fallacy in *Protagoras* 349d-350c », *TAPhA* 92, 1961, p. 408-417), Socrate développe une longue discussion sur le plaisir qui aboutit à la définition d'une science de la mesure (μετρητιϰή) des plaisirs et des peines et à la définition du courage comme savoir.

Au détour de cette discussion, Socrate propose à l'assentiment de Protagoras une thèse visiblement hédoniste : « une chose est bonne en tant qu'elle est agréable », « une chose est mauvaise en tant qu'elle est désagréable ». Les deux problèmes posés sont alors les suivants : 1. Si Socrate adhère à la thèse hédoniste, il faut comprendre pour quelle raison sa position dans le *Protagoras* est littéralement l'inverse de la position qu'il soutient dans le *Gorgias* (491d-500a et, plus particulièrement, 495a-497a) ; 2. y a-t-il quelque chose dans le dialogue lui-même qui certifie que Socrate adhère ou n'adhère pas à cette position hédoniste ? Toute la question est de savoir dans quelle mesure Socrate adhère ou non aux propositions qu'il soumet à l'assentiment du sophiste. Dans ce débat, l'interprétation du « ἐγὼ γὰρ λέγω » de 351c4 est importante : l'entendre, comme Ildefonse **8**, n. 315, p. 208, et **38** L. Robin, *Platon : Œuvres complètes*, Paris 1950, p. 130, de manière plus explicative qu'assertive (« ce que je veux dire, moi »), permet de soutenir que Socrate maintient l'indétermination de son rapport à la thèse hédoniste. Un Socrate hédoniste dans le *Protagoras* ouvrirait en revanche la voie aux traditions cyrénaïque et épicurienne. Ce qui est certain, c'est que la réflexion sur le plaisir sert de prémisse à la réduction du courage au savoir que Socrate oppose à la position de Protagoras qui met le courage à part des autres parties de la vertu.

Pour une analyse très précise de ce passage, on consultera **39** J. C. Gosling et C. C. W. Taylor, *The Greeks on Pleasure*, Oxford 1982, chap. 3, p. 45-68, et Kahn **15**, p. 234-247 ; voir également **40** R. E. Weiss, « The hedonic calculus in the *Protagoras* and the *Phaedo* », *JHPh* 27, 1989, p. 511-529, et **41** J. C. Gosling et C. C. W. Taylor, « The hedonic calculus in the *Protagoras* and the *Phaedo*. A reply », *JHPh* 28, 1990, p. 115-116. La bibliographie sur la discussion sur le plaisir est très abondante. Jusqu'à 1997, voir Ildefonse **8**, p. 252 et p. 49, la n. 2 qui distingue entre les partisans et les détracteurs de l'hédonisme socratique.

Le second volume de Casertano **3** apporte de nouveaux articles sur cette dernière partie du dialogue : **42** M. Migliori, « Socrate è forse un edonista ? », p. 528-573 ; **43** W. Leszl, « Le funzioni della tesi edonistica nel *Protagora* e oltre », p. 574-638.

Conclusion

Pour O'Brien **11**, p. 85, Socrate dans le *Protagoras* « ne vise pas seulement à prouver que Protagoras a tort, sans aucune indication de ce que lui-même tient pour vrai ». En ce sens, sa position n'est « ni sceptique, ni simplement oppositive » (voir *contra* **44** C. H. Kahn, « Plato on the Unity of the Virtues », dans W. H. Werkmeister (édit.), *Facets of Plato's Philosophy*, coll. « Phronesis, suppl. » 2, Assen/Amsterdam, 1976, p. 21-39, et, pour une position un peu moins tranchée, Kahn **15**, p. 221. Au contraire, Socrate vise à obtenir l'accord de Protagoras sur deux points au moins : avant l'interlude sur Simonide, il vise à prouver que tempérance et savoir ne font qu'un (333b4-5). Après cet interlude il cherche à prouver que « le savoir est courage » (350c4-5). De fait, Socrate à la fin du dialogue parvient à gagner l'assentiment de Protagoras sur le fait que le courage doit être défini en termes de savoir (360d4-5) et qu'il a eu tort de supposer qu'on pouvait être à la fois très ignorant et très courageux (sur ce passage, voir récemment **45** D. Russell, « Protagoras and Socrates on Courage and Pleasure : *Protagoras* 349d *ad finem* », *AncPhil* 20, 2000, p. 311-338).

La question se pose de savoir s'il est possible de relier ces deux conclusions à l'ensemble initial des questions sur les « parties » de la vertu.

De fait, la formulation que donne, à la fin du dialogue, Socrate en personnifiant la discussion elle-même (« il me semble que la conclusion à laquelle vient d'aboutir notre conversation nous accuse et se moque de nous, tout comme un homme, et qu'elle nous dirait, si elle pouvait prendre la parole... » [361a-b]) paraît bien donner une indication claire – la seule de tout le dialogue – sur le but positif que poursuivrait Socrate dans le *Protagoras* : « si elle (la vertu) s'avère être tout entière science, Socrate, comme tu cherches à le montrer (ὡς σὺ σπεύδεις), il sera étonnant qu'elle ne puisse s'enseigner » (361c) (*cf.* O'Brien **11**, p. 86). Il n'empêche que cette thèse, c'est, par la bouche de Socrate, la discussion personnifiée qui l'attribue à Socrate, ce n'est pas Socrate lui-même qui l'énonce.

Il n'en demeure pas moins que dans le *Protagoras* Socrate remet à plus tard l'enquête sur la nature de l'art (τέχνη) et la science (ἐπιστήμη) qui nous permettrait de choisir entre plaisirs et peines, entre bien et mal (357b5-6). En conséquence, il n'est pas possible de statuer sur la position que soutiendrait Socrate sur les rapports entre tout et parties (*cf.* O'Brien **11**, p. 129, qui renvoie aux « pages lumineuses » de Kahn **15**, p. 65-70, sur « l'opacité étudiée, évidemment délibérée, qui est un trait récurrent des dialogues de cette période »).

Il est en tout cas parfaitement impossible de réduire le *Protagoras* à une simple démonstration de virtuosité (sur ce point voir particulièrement Sicking **1**, p. 183-208) : ce dialogue complexe qui traite de la vertu dans son rapport à son tout et ses parties, qui approche la question de l'« art politique » et de son lien à l'enseignement de la vertu, apparaît indissociablement comme une démonstration de discussion dialectique où certaines des règles de cette discussion sont dénudées et formulées : voir Ildefonse **8**, p. 55-57 ; sur la critique de la macrologie au profit de la brachylogie (*cf. Protagoras* 335b-c et 336b-c), voir **46** M. Dixsaut, « Parlare giustamente », dans Casertano **3**, p. 402-421.

ÉDITIONS, TRADUCTIONS ET COMMENTAIRES

Éditions. 47 J. Adam et A. M. Adam (édit.), *Platonis Protagoras,* with introduction, notes and appendices, Cambridge 1893, 2ᵉ éd. 1905 ; **48** A. Croiset (édit.), *Platon, Protagoras*, coll. *CUF*, Paris 1923, rééd. avec introduction et notes par P.-M. Morel, 1997 ; **49** H. W. Krautz (édit.), *Protagoras*, griechisch/deutsch, übers. u. komm., Stuttgart 1987 ; **50** W. R. M. Lamb (édit.), *Plato : Laches, Protagoras, Meno, Euthydemus*, coll. *LCL,* London/Cambridge, Mass. [texte et traduction] 1924 ; **51** G. Reale (édit.), *Platone. Protagora*, Traduzione, introduzione e commento, Brescia 1969, rééd. Milano 1998 ; **52** J. Velarde Lombraña (édit.), *Platón, Protágoras*. Texto griego de J. Burnet, análisis del *Protágoras* por G. Bueno Martínez, nota bibliogr. por G. Bueno Sánchez, Oviedo 1980.

Traductions du *Protagoras*. 53 F. Adorno, *Platone. Protagora*. Traduzione e introduzione, Roma/Bari 1996, 2003 ; **54** A. d'Ari, Platone. *Protagora*. Intro-

duzione, traduzione e note, coll. « Lettura Filosofica », Bologna 1955 ; **55** P.
Demont et M. Trédé, *Protagoras*. Trad. nouvelle, introduction et commentaire,
coll. « Le livre de poche », Paris 1993 ; **56** P. Friedländer, *Platon*, Berlin/Leipzig,
t. I : *Eîdos-Paideía-Diálogos* (1928), t. II : *Die platonischen Schriften* (1930) ;
57 W. K. C. Guthrie, *Plato : Protagoras and Meno*, Harmondsworth 1956 ;
58 B. A. F. Hubaard et E. S. Karnofski, *Plato's* Protagoras : *A socratic commentary*, London 1982 ; Ildefonse **8** ; **59** B. Jowett, *The dialogues of Plato*, Oxford (4ᵉ
éd.) 1953, t. I ; **60** B. Manuwald, *Platon, Protagoras*. Übersetzung und Kommentar, coll. « Platon. Werke » VI 2, Göttingen 1999 ; **61** W. Nestle (édit.), *Platon :
Ausgewählte Schriften*, t. IV : *Protagoras*, Leipzig 1931 ; **62** P. Pellegrin,
Protagoras. Présentation et commentaires, Paris 1993 ; Robin **38** ; **63** C. C. W.
Taylor, *Plato : Protagoras* [traduction et notes, édition révisée], Oxford 1991 ;
64 G. Vlastos (édit.), *Plato : Protagoras*. Jowett's translation revised by M.
Ostwald. Edited with an introduction by G. V., Indianapolis/New York 1956,
Indianapolis 1976.

Principaux commentaires. Ouvrages. 65 L. Bodin, *Lire le* Protagoras –
Introduction à la méthode dialectique de Protagoras, édité par Paul Demont, Paris
1975 ; Cassin **16** ; Casertano **3** ; Gosling et Taylor **41** ; Kahn **15** ; **66** G. B. Kerferd,
The Sophistic Movement, Cambridge 1981 ; **67** G. B. Kerferd (édit.), *The Sophists
and their Legacy, Proceedings of the fourth international colloquium on ancient
philosophy held in cooperation with Projektgruppe Altertumwissenschaften der
Thyssen Stiftung at Bad Homburg*, 29ᵗʰ August-1ˢᵗ september 1979, coll. « Hermes-
Einzelschriften » 44, Wiesbaden 1981.

Articles. 68 Fabienne Blaise, « Une étape singulière dans l'histoire de l'interprétation du *Protagoras* : la lecture du dialogue par Paul Natorp », dans Ada
Neschke-Hentschke (édit.), *Images de Platon et lectures de ses œuvres. Les interprétations de Platon à travers les siècles*, coll. « Bibliothèque philosophique de
Louvain » 48, Louvain-la-Neuve 1997, p. 336-380 ; Babut **34** ; Brisson **18** ; Brisson
9 ; Brisson **19** (voir la bibliographie de sa note 1) ; Cossutta **35** ; **69** M. Frede,
« Plato's Arguments and the Dialogue Form », *OSAPh* Supp. vol., 1992, p. 201-
219 ; **70** M. Gagarin, « The purpose of Plato's *Protagoras* », *TAPhA* 100, 1969,
p. 133-164 ; **71** O. Gigon, « Studien zu Platons *Protagoras* » (1948), repris dans
A. Graeser (édit.), *Studien zur antiken Philosophie*, Berlin 1972, p. 98-154 ;
72 S. R. Hemmenway, « Sophistry Exposed : Socrates on the Unity of Virtue in the
Protagoras », *AncPhil* 16, 1996, p. 1-23 ; Joly **21** ; Kerferd **23** ; **73** G. Klosko,
« Toward a consistent interpretation of the *Protagoras* », *AGPh* 61, 1979, p. 125-
142 ; **74** J. P. Maguirre, « Protagoras... or Plato ? II. The *Protagoras* », *Phronesis*
22, 1977, p. 103-122 ; **75** A. Motte, « Un mythe fondateur de la démocratie (Platon,
Protagoras 319c-322d) », dans F. Jouan et A. Motte (édit.), *Mythe et politique*.
Actes du Colloque de Liège 14-16 septembre 1989, coll. « Bibliothèque de la
Faculté de Philosophie et Lettres de l'Université de Liège » 257, Genève/Paris
1990, p. 218-229 ; O'Brien **11** ; **76** J. Rudhardt, « Quelques remarques sur la notion
d'*aidôs* », dans *Kῆποι. De la religion à la philosophie. Mélanges offerts à André*

Motte, coll. «Kernos, Supplément»11, Liège 2001, p. 1-21 ; Sicking **1** ; **77** G. Vlastos, «The *Protagoras* and the *Laches*», dans *Id., Socratic Studies*, Cambridge University Press, p. 109-126 ; **78** L. Woodbury, «Simonides on ἀρετή», *TAPhA* 84, 1953, p. 135-163 ; **79** D. J. Zeyl, «Socrates and Hedonism : *Protagoras* 351b-358d», *Phronesis* 25, 1980, p. 250-269 ; **80** R. Woolf, «The Written Word in Plato's *Protagoras*», *AncPhil* 19, 1999, p. 21-30 ; **81** *Id.*, «Consistency and *Akrasia* in Plato's *Protagoras*», *Phronesis* 47, 2002, p. 224-252.

FRÉDÉRIQUE ILDEFONSE.

GORGIAS (Γοργίας)

DATES

Selon la chronologie établie en fonction des critères de la stylométrie, le *Gorgias* appartient aux dialogues du premier groupe, dits «de jeunesse». Il est généralement admis que le *Gorgias* est l'un des derniers dialogues de ce groupe, car il possède certaines caractéristiques formelles et doctrinales qui le rapprochent des dialogues du second groupe, notamment de la *République* (*cf.* **1** E. R. Dodds, *Plato : Gorgias*, A revised text with introduction and commentary, Oxford 1959, p. 20-24). Bien que le *Gorgias* soit généralement considéré comme postérieur au *Protagoras* (*cf.* Dodds **1**, p. 21), d'aucuns ont soutenu qu'il lui est au contraire antérieur (*cf.* **2** C. H. Kahn, «On the relative date of the *Gorgias* and the *Protagoras*», *OSAPh* 6, 1988, p. 69-102).

En dépit des allusions et des références abondantes à des personnages ou à des événements historiques (par exemple, l'allusion à la mort *récente* de Périclès, 503c), aucune date dramatique ne peut être déterminée avec précision et il semble que Platon n'ait pas cherché à dater de façon précise l'entretien rapporté dans le *Gorgias* (*cf.* Dodds **1**, p. 17-18 ; **3** M. Canto, *Platon : Gorgias*, coll. *GF* 465, Paris 1987, p. 49-54).

PERSONNAGES

Chéréphon (☛C 109 ; *cf.* aussi **4** D. Nails, *The People of Plato*, *s.v.* «Chaerephon of Sphettus», p. 86-87) accompagne Socrate chez Calliclès, où ils arrivent en retard à une démonstration (447a) que vient de donner Gorgias. Chéréphon intervient très peu dans le cours de la discussion (*cf.* 447b-448c, 458c, 481b). Les principaux personnages du *Gorgias* sont les trois interlocuteurs qui s'entretiennent à tour de rôle avec Socrate (voir plus bas, «Plan du dialogue»), à savoir Gorgias (☛G 28 ; *cf.* aussi Nails **4**, *s.v.* «Gorgias of Leontini», p. 156-158), Polos (☛P 232 ; *cf.* aussi Nails **4**, *s.v.* «Polus of Acragas», p. 252) et Calliclès (☛C 17 ; *cf.* aussi Nails **4**, *s.v.* «Callicles of Acharnae», p. 75-77). On se reportera aux notices très développées qui leur ont été consacrées.

PLAN DU DIALOGUE

1. Prologue (447a-d)

2. Entretien entre Socrate et Gorgias sur l'objet et la *dunamis* de la rhétorique (448a-461b)

3. Entretien entre Socrate et Polos (461b-481b)

4. Entretien entre Socrate et Calliclès (481b-522e)

5. Conclusion : le mythe du jugement (523a-527a)

Ce plan s'en tient aux grandes articulations du dialogue, qui correspondent aux entretiens successifs de Socrate avec ses différents interlocuteurs ; pour des plans plus détaillés, *cf.* Dodds **1**, p. 3 ; **5** T. Irwin, *Plato : Gorgias*, translated with notes, Oxford 1979, p. 11-12.

ANALYSE

Prologue (447a-d) — Socrate et Chéréphon se présentent chez Calliclès alors que Gorgias vient à peine de terminer la « démonstration » (ὀλίγον πρότερον ἐπεδείξατο, 447a6) de son « art ». Socrate est à l'évidence assez peu curieux d'assister à une nouvelle démonstration (ἐπίδειξιν, 447c3 ; *cf.* aussi 447b2 et b8 : ἐπιδείξεται) de Gorgias et il se demande plutôt si ce dernier accepterait de discuter avec eux (ἡμῖν διαλεχθῆναι, 447c1) car il est curieux de connaître quelle est la puissance de son art (ἡ δύναμις τῆς τέχνης, 447c2) et ce qu'il fait profession d'enseigner (447c). Le début du *Gorgias* met ainsi en scène l'opposition entre la rhétorique et la dialectique et affirme la préférence marquée de Socrate pour cette dernière. Dans le cours du dialogue, Socrate enjoint plusieurs fois à ses interlocuteurs de respecter la procédure dialectique pour la recherche qu'ils mènent en commun (*cf.* 448d-e, 449b-c, 461d-462a, 466b, 467c, 471d-472c, 475e-476a).

Entretien entre Socrate et Gorgias sur l'objet et la dunamis de la rhétorique (448a-461b) — En réponse aux questions de Socrate, Gorgias déclare que son art est la rhétorique et qu'il s'engage à enseigner cet art à ceux qui le désirent (449a-b). Socrate s'enquiert ensuite de l'objet de la rhétorique (449d). Étant donné que tout art est la connaissance d'un objet, et que la rhétorique prétend être un art (τέχνης, 449c9), elle devrait également porter sur un objet dont elle détiendrait la connaissance, d'où l'insistance de Socrate auprès de Gorgias pour qu'il lui indique quel est l'objet de la rhétorique (*cf.* aussi 449e, 451a, 451d, 453c, 454a). Socrate n'est pas moins curieux de connaître la « puissance » (δύναμις, 447c2, 452e5, 455d7, 456a5, a8, c6, 460a2) de la rhétorique que son objet (*cf.* **6** D. Lefebvre, « Art et puissance dans le *Gorgias* », dans Samama **32** [cité plus loin], p. 20-31). Après plusieurs tentatives infructueuses pour cerner l'objet de la rhétorique, Gorgias propose finalement de définir la rhétorique comme le pouvoir de convaincre par le discours différentes assemblées (tribunal, Conseil, *ekklêsia*, etc. ; *cf.* 452e). Cette définition est ainsi reformulée par Socrate : la rhétorique est « l'ouvrière de la persuasion » (πειθοῦς δημιουργός ἐστιν ἡ ῥητορική, 453a2). Cette célèbre définition de la rhétorique ne remonte sans doute pas à Gorgias lui-même, car tout porte à croire qu'elle est d'origine platonicienne (*cf.* Dodds **1**, p. 203 *ad* 453a2 ; *contra*, *cf.* Irwin **5**, p. 118 *ad* 453a). On trouve en effet dans d'autres dialogues des expressions analogues à propos de la médecine (ὑγιείας δημιουργός, *Chrm.* 174e9) et de la mantique (φιλίας θεῶν καὶ ἀνθρώπων δημιουργός, *Smp.* 188d1). Or Gorgias doit bien admettre que la rhétorique n'est pas la seule à produire la persuasion, car les autres arts la produisent également dans leur domaine respectif (454a). Gorgias propose donc de circonscrire (454b) la rhétorique à la persuasion qui est produite devant les tribunaux et les autres assemblées, et de lui donner pour objet le juste et l'injuste. Des deux sortes de persuasion – celle qui est fondée sur la science et celle qui repose sur la croyance, c'est la seconde que produit la rhétorique (454e-455a). Plutôt que d'enseigner ce qu'est le juste et l'injuste, l'orateur ne fait que transmettre une croyance à leur sujet. Pour Gorgias, la *dunamis* de la rhétorique excède largement le domaine du juste et de l'injuste, car elle englobe toutes les autres capacités (ἁπάσας τὰς δυνάμεις συλλαβοῦσα ὑφ᾽ αὑτῇ ἔχει, 456a8), comme le montre l'exemple célèbre de son frère médecin (456a-c). Alors que son frère est incapable de convaincre un malade de suivre un traitement qu'il juge indispensable à son rétablissement, Gorgias parvient sans peine à le convaincre uniquement par le moyen de la rhétorique. Gorgias tire de cet exemple une conclusion qui a une portée générale : l'orateur est toujours plus convaincant devant une foule que le spécialiste dans un domaine donné, de sorte que la rhétorique a une vocation universelle et peut *s'asservir* tous les autres arts (*cf.* 452e). Telle est la puissance (δύναμις, 456c5-6) de la rhétorique. Ce pouvoir est considérable et Gorgias reconnaît volontiers que l'on peut en faire un mauvais usage, mais la faute en incombe non pas aux maîtres qui ont transmis cette compétence, mais aux disciples qui ne savent pas s'en servir à bon escient (456d-457c). La rhétorique est un art de combat (ἀγωνία, 456c8) comme un autre, dont on peut faire un bon ou un mauvais usage. Gorgias concède à Socrate que l'orateur n'enseigne pas seulement cette capacité à ses élèves, mais également le bien et le mal, le juste et l'injuste (460a), alors qu'il avait plutôt admis que l'orateur n'enseigne pas la nature du juste et de l'injuste (455a). Cette réponse sera le point de départ de la dernière réfutation de cet échange entre Socrate et Gorgias. Étant donné que l'orateur enseigne également la justice, et que celui qui a appris et connaît la justice est forcément juste, ses disciples ne pourront pas faire un mauvais usage de la rhétorique, contrairement à ce que Gorgias a affirmé un peu plus tôt. Il est remarquable que la question du plaisir n'a pas du tout été abordée à l'occasion de l'entretien avec Gorgias, alors que ce thème sera au cœur des entretiens suivants avec Polos et Calliclès.

Entretien entre Socrate et Polos (461b-481b) — Après la réfutation de Gorgias, Polos intervient brusquement pour souligner que Gorgias a eu tort de concéder à Socrate que l'orateur connaissait le juste et l'injuste (461b ; *cf.* aussi 482d). Lorsqu'il engage la discussion avec Polos, Socrate affirme d'emblée que la rhétorique n'est pas une *tekhnê*, mais une sorte de savoir-faire (ἐμπειρία, 462c3) et de routine (τριβή, 463b4) qui vise le plaisir. Contrairement à Polos, qui a affirmé plus tôt dans le dialogue que la rhétorique est le plus beau des arts (τῆς καλλίστης τῶν τεχνῶν, 448c9), Socrate soutient qu'elle n'est pas une *tekhnê* puisqu'elle ne connaît ni la nature ni les causes de ce dont elle traite, de sorte qu'elle est impuissante à en rendre raison (*cf.* 465a et 500e-501a).

Dans le *Phèdre*, Socrate refuse à nouveau à la rhétorique de son temps le statut de *tekhnê* (*cf.* 260e, 262c, 262e), sous prétexte, comme dans le *Gorgias*, qu'elle ne connaît pas le sujet dont elle traite ; il emploie en outre, pour la qualifier, les mêmes termes péjoratifs que dans le *Gorgias*, soit « savoir-faire » (ἐμπειρία, 270b6) et « routine » (τριβή, 260e5, 270b6). Sur le jugement que Platon réserve à la rhétorique dans le *Gorgias* et le *Phèdre*, et sur l'évolution de sa position entre ces deux dialogues, *cf.* **7** P. Kucharski, « La rhétorique dans le *Gorgias* et le *Phèdre* », *REG* 74, 1961, p. 371-406. Ce jugement très négatif sur le statut a-technique de la rhétorique constraste singulièrement avec celui d'Aristote, qui reconnaît d'emblée que la rhétorique est non seulement une *tekhnê*, mais aussi une *tekhnê* ancienne qui est presque parvenue au terme de son développement (*cf. SE* 34, 183b29-34).

Socrate affirme que le « savoir-faire » en quoi consiste la rhétorique relève de la flatterie (κολακεία, 463b1), pour autant que la rhétorique produit la persuasion en *flattant* l'inclination de la foule pour toutes les formes de plaisir. La flatterie comporte quatre espèces (sophistique, rhétorique, esthétique et cuisine) qui prennent respectivement le masque des arts véritables qui se préoccupent du soin de l'âme (législation et justice) et du soin du corps (gymnastique et médecine) ; autrement dit, la sophistique et la rhétorique sont à la législation et à la justice, en ce qui concerne le soin de l'âme, ce que l'esthétique et la cuisine sont à la gymnastique et à la médecine pour le soin du corps (*cf.* 464b-466a et le tableau de Dodds **1**, p. 226). Les différentes formes de flatterie ont en commun de ne pas du tout se soucier de ce qui est le mieux pour leur objet respectif et de viser uniquement son plaisir (*cf.* 464d et 465a). La rhétorique est ainsi pour l'âme ce que la cuisine est pour le corps (465d). Bien que la rhétorique et la sophistique soient des formes distinctes de la flatterie, Socrate reconnaît leur parenté dans la mesure où les sophistes et les orateurs parlent des mêmes choses (*cf.* 465c ; voir aussi 520a, où Socrate réaffirme la quasi-identité entre le sophiste et le rhéteur).

Indigné que l'on qualifie les orateurs de flatteurs, Polos affirme qu'ils sont, à l'égal des tyrans, tout-puissants dans la cité (466b), ce qui rappelle l'affirmation de Gorgias suivant laquelle la rhétorique peut s'asservir toutes les autres techniques (*cf.* 452e). Socrate lui objecte que les orateurs et les tyrans n'ont en fait aucun pouvoir, puisqu'ils sont impuissants, en dépit des apparences, à faire ce qu'ils veulent. Socrate développe cette position très paradoxale au cours d'une argumentation (466a-468e) qui a été abondamment commentée (*cf.* **8** T. Penner, « Desire and power in Socrates : the argument of *Gorgias* 466a-468e that orators and tyrants have no power in the city », *Apeiron* 24, 1991, p. 147-202 ; **9** R. Weiss, « Killing, confiscating, and banishing at *Gorgias* 466-468 », *AncPhil* 12, 1992, p. 299-315 ; **10** K. McTighe, « Socrates on desire for the good and the involuntariness of wrongdoing : *Gorgias* 466a-468e », dans H. H. Benson (édit.), *Essays on the philosophy of Socrates*, Oxford 1992, p. 263-297). Étant donné que tous les hommes veulent le bien (468b-c ; voir aussi 499e, *Men.* 77c-78b, *Rép.* VI, 505d-e) et que le prétendu pouvoir exercé par les tyrans et les orateurs les conduit souvent à commettre des actes qui tournent à leur désavantage, il s'ensuit qu'ils font ce qui leur paraît être le meilleur, mais qu'ils ne font pas pour autant ce qu'ils veulent vraiment, à savoir le bien. Or comme ils ne font pas ce qu'ils veulent, et que le pouvoir doit être un bien pour celui qui le possède et l'exerce, ils ne sauraient être tout-puissants.

Les orateurs et les tyrans qui commettent des injustices ne sauraient être dignes d'envie, soutient Socrate, car le plus grand mal est de commettre l'injustice (469b). Polos soutient au contraire que le plus grand mal est de *subir* l'injustice et il croit pouvoir réfuter Socrate, et lui démontrer par la même occasion que l'homme injuste est heureux, en lui soumettant l'exemple d'Archélaos, le tyran de Macédoine (470d-471d). Ce type de réfutation rhétorique n'impressionne guère Socrate car il se fonde essentiellement sur des témoignages. Socrate oppose à ce type de réfutation la réfutation dialectique, où un seul « témoignage » compte, celui que son interlocuteur lui apporte en donnant son accord à la proposition qui lui est soumise (*cf.* 471e-472d, 474a, 475e-476a ; **11** L.-A. Dorion, « *Elenchos* dialectique et *elenchos* rhétorique dans la défense de Socrate », *AntPhilos* 1, 2007, p. 75-90). L'opposition entre ces deux types de réfutation s'inscrit dans le cadre plus général de l'opposition entre la dialectique et la rhétorique. Comme le *Gorgias* est une illustration de la méthode dialectique pratiquée par Socrate, il n'est pas étonnant qu'il abonde en réfutations et en observations précieuses sur la pratique de la réfutation (*cf.* 458a, 461a, 470c, 471d, 473b, 473e, 506a-c, 509a), de sorte qu'il est un dialogue privilégié pour l'étude des multiples facettes (logique, épistémologique, éthique) de l'*elenchos* socratique (**12** G. Vlastos, « Was Polus refuted ? », *AJPh* 88, 1967, p. 454-460 ; **13** C. H. Kahn, « Drama and dialectic in Plato's *Gorgias* », *OSAPh* 1, 1983, p. 75-121). Au terme d'une longue argumentation (jusqu'à 476a), Socrate parvient à réfuter Polos et à lui faire admettre qu'il est impossible pour l'homme injuste d'être heureux et qu'il vaut mieux subir l'injustice que la commettre (**14** F. Renaud, « "Commettre l'injustice est pire que la subir" (474b-476a). Structure, prémisse et source de l'argumentation », dans Samama **32** [cité plus loin], p. 49-58).

L'autre point de désaccord entre Socrate et Polos concerne le châtiment de l'injustice (476a-479e). Être châtié pour une injustice est-il vraiment, comme le soutient Polos, le pire des maux ? Là encore, Socrate réfute Polos et lui fait reconnaître que le pire des maux est au contraire de ne pas être châtié pour une injustice que l'on a commise et que l'homme injuste qui n'a pas été puni pour ses crimes ne saurait être heureux (sur le châtiment dans le *Gorgias*, *cf.* **15** M. M. Mackenzie, *Plato on punishment*, Berkeley 1981 ; **16** A. Merker, « Le châtiment entre corps et âme », dans Samama **32** [cité plus loin], p. 118-133 ; **17** C. J. Rowe, « A problem in the *Gorgias* : how is punishment supposed to help with intellectual error ? », dans C. Bobonich et P. Destrée (édit.), *Akrasia in Greek philosophy, from Socrates to Plotinus*, coll. « Philosophia Antiqua » 106, Leiden 2007, p. 19-40). S'il en est bien ainsi, la principale utilité de la rhétorique ne devrait pas être de savoir se défendre pour échapper à tout prix à un châtiment mérité (479c), mais plutôt de mettre en lumière ses propres fautes et s'accuser soi-même pour subir le châtiment qui délivre de l'injustice (480b-d ; voir aussi 508b, 527c). Quant à l'homme qui n'a pas commis d'injustice, la rhétorique ne lui est d'aucune utilité (481b).

Entretien entre Socrate et Calliclès (481b-522e) — Irrité de ce que Polos ait concédé à Socrate que commettre l'injustice est plus laid que la subir, Calliclès intervient et reproche à Socrate de discuter avec mauvaise foi (κακουργεῖς ἐν τοῖς λόγοις, 483a2-3 ; *cf.* aussi 489b) en exploitant à son avantage l'opposition entre la nature et la loi. Comme la nature et la loi se contredisent, il est en effet inévitable que l'interlocuteur se contredise si on l'interroge, comme le fait Socrate, en adoptant successivement, à l'insu de son interlocuteur, le point le vue de la nature et celui de la loi. Selon la loi, il est plus laid de commettre l'injustice que de la subir, mais la loi, qui est édictée par les faibles et par la foule (*cf.* 483b, 489c), contredit le droit de la nature (τὸ τῆς φύσεως δίκαιον, 484b1 ; *cf.* aussi 484c1 ; κατὰ τὸ φύσει δίκαιον, 488c5 ; τὸ δίκαιον εἶναι φύσει, 490a7 ; τὸ κατὰ φύσιν καλὸν καὶ δίκαιον, 491e7 ; *cf.* aussi 488b2-3), suivant lequel il vaut mieux commettre l'injustice que la subir. Le spectacle de la nature (rivalité entre animaux et entre peuples) enseigne en effet que partout le fort impose sa loi aux faibles. Selon Calliclès, il est juste que l'homme supérieur *ait plus* (πλέον ἔχειν, 483c2, c4, c7, d1, d6, 490a8, 491d2 ; πλεονεκτεῖν, 483c4) que les plus faibles. En faisant ainsi l'apologie de la πλεονεξία (508a7), qui serait justifiée par la nature, Calliclès soutient une position qui rappelle celle de Thrasymaque (*cf. Rép.* I 344a-c), qui propose également comme modèle de justice la vie du tyran animé par la même ambition d'avoir toujours plus (πλεονεκτεῖν, *Rép.* I 344a1 ; πλέον ἔχειν, 349c1). Pour une comparaison entre les positions respectives de Calliclès et de Thrasymaque, *cf.* **18** R. Barney, « Callicles and Thrasymachus », dans E. N. Zalta (édit.), *The Stanford Encyclopedia of Philosophy (Spring 2011 Edition)*, <http://plato. stanford.edu/archives/spr2011/entries/callicles-thrasymachus/>. Le plaidoyer de Calliclès en faveur de la *pleonexia* fondée en nature se termine par une critique de la philosophie (484c-486c) et par une allusion voilée au procès de Socrate (486a-b ; *cf.* aussi 521c) : la philosophie est une occupation légitime pour les jeunes gens, mais il est ridicule de s'y attarder encore après un certain âge, car on devient ainsi étranger à la cité, à ses mœurs et à ses institutions – *cf.* d'ailleurs 474a, où Socrate reconnaît lui-même qu'il s'est tourné en ridicule alors qu'il présidait l'assemblée et qu'il ignorait comment mener une procédure de vote – et il est à craindre que le philosophe attardé ne sache même pas se défendre s'il est un jour accusé injustement (*cf.* Dorion **11**). La critique de Calliclès soulève ainsi la question du genre de vie que l'on doit adopter (488a ; *cf.* aussi 492d, 493d, 500c-d, 527b) et l'enjeu de son débat avec Socrate est de déterminer quel genre de vie, de celui de l'orateur ou de celui du philosophe, est le meilleur et le plus apte à conduire au bonheur.

Socrate reproche à Calliclès de ne jamais définir de la même façon ce qu'est l'homme supérieur par nature (*cf.* 491b-c). Alors que Socrate lui demande si le chef auquel il songe se commande à lui-même, en plus de commander aux autres, Calliclès soutient qu'il ne se commande pas à lui-même au sens où l'entend Socrate, c'est-à-dire en étant maître de soi (ἐγκρατῆ αὐτὸν ἑαυτοῦ, 491d11) et en commandant en soi aux plaisirs et aux désirs (τῶν ἡδονῶν καὶ ἐπιθυμιῶν ἄρχοντα τῶν ἐν ἑαυτῷ, 491d11-e1), car les véritables chefs doivent laisser libre cours à tous leurs désirs et chercher à les assouvir tous (491e-492c). Dès lors, la discussion porte à nouveau sur le plaisir, dont il n'avait plus été question depuis l'entretien avec Polos. Le genre de vie dont Calliclès fait l'apologie est la mollesse (τρυφή, 492c4), l'intempérance et le « dérèglement » (ἀκολασία, 492a6, c5) ; dans cette perspective, la vertu consiste à être capable d'assouvir ses passions par tous les moyens (492d-e) et c'est là la clef d'une vie heureuse (492c). Ce modèle de vie heureuse correspond à la vie du tyran, telle que Polos en a fait la description en s'inspirant de l'exemple d'Archélaos. Afin de faire renoncer Calliclès à ce genre de vie, Socrate lui raconte deux mythes (493a-494a) qui font état d'une certaine partition de l'âme, plus exactement d'une bipartition (partie désirante et partie rationnelle) qui est inédite dans les dialogues (*cf.* **19** T. M. Robinson, *Plato's psychology*, Toronto 1995[2], p. 14) et qui entraîne, sur le plan de la psychologie morale, des conséquences que l'on retrouve également dans les dialogues où Platon expose une tripartition de l'âme (*cf.* **20** L.-A. Dorion, « *Enkrateia* and the partition of the soul in the *Gorgias* », dans R. Barney, T. Brennan et C. Brittain [édit.], *Plato and the divided self*, Cambridge 2011). Selon la leçon de ces mythes, la vie prônée par Calliclès est une vie condamnée à l'insatisfaction, car la partie de l'âme où résident les désirs est comme un tonneau percé et elle est par nature insatiable et inassouvissable, de sorte que celui qui considère que la vie heureuse consiste à assouvir ses désirs se condamne en fait à une insatisfaction permanente. Calliclès ne se laisse pas convaincre par les deux histoires de Socrate et il maintient que la véritable « vie de plaisirs est celle où on verse et on reverse autant qu'on peut dans son tonneau » (494b) et que la vie heureuse « c'est de vivre dans la jouissance, d'éprouver toutes les formes de désirs et de les assouvir » (494c ; trad. Canto). Socrate reproche à Calliclès de ne pas distinguer entre les bons et les mauvais plaisirs (495a) et il va s'efforcer, dans la suite de la discussion, de montrer que Calliclès ignore cette distinction, bien que ce dernier reconnaisse qu'il y a des plaisirs qui sont meilleurs que d'autres (499b-c). Pour Calliclès, le plaisir et le bien sont identiques (*cf.* 495a et 495d) et Socrate s'efforce de lui démontrer que le bien ne peut pas être assimilé au plaisir.

Socrate rappelle la distinction qu'il a établie entre les arts véritables et les simples savoir-faire qui n'ont cure du bien et qui se soucient uniquement du plaisir, sans savoir en quoi consiste le plaisir ni s'il y a différents types de plaisir. Il est évident que Socrate compte la philosophie au nombre des arts véritables et qu'il range le genre de vie de Calliclès parmi les flatteries qui recherchent uniquement le plaisir sans se soucier du bien (500e-501c). Pour Socrate, les orateurs n'ont aucun souci du bien, ils ne se soucient pas de rendre les citoyens meilleurs et ils sont absorbés par la recherche de ce qui peut faire plaisir au peuple (502e). Socrate reconnaît néanmoins qu'il pourrait y avoir une bonne rhétorique (503a, 504d, 508c, 517a), mais il met Calliclès au défi de lui nommer un orateur qui satisferait aux exigences de cette bonne rhétorique, à savoir se préoccuper du bien et rendre les citoyens meilleurs. Calliclès n'en voit aucun parmi les orateurs contemporains, mais il lui propose (*cf.* 503c) quatre orateurs du passé récent d'Athènes (Thémistocle, Miltiade, Périclès, Cimon). Socrate les rejette tous car il n'y en a pas un seul, à ses yeux, qui se soit réellement soucié du bien ni qui soit parvenu à rendre ses citoyens meilleurs (*cf.* 515d-517a). La preuve de leur échec est qu'ils ont été accusés et poursuivis par leurs propres concitoyens (*cf.* 516c-e, 519b-520b). Cette critique des dirigeants athéniens est à rapprocher des autres dialogues où Socrate fustige également l'incapacité des hommes politiques à transmettre la vertu (*cf. La.* 179a-d, 180b; *Men.* 93a-94e; *Prt.* 319e-320b; *Alc. I,* 118c-119a). Alors que les hommes politiques ont gorgé la cité de ports, d'arsenaux, de murs (517b-c, 519a) et, ajoute Socrate, d'autres niaiseries du même genre (519a), sans se soucier de la modération et de la justice, aucun d'entre eux ne s'est préoccupé de l'œuvre unique du bon citoyen (ὅπερ μόνον ἔργον ἐστὶν ἀγαθοῦ πολίτου, 517c1-2), qui est de rendre ses concitoyens meilleurs et de résister à leurs désirs (517b). C'est précisément en ce sens et pour cette raison que Socrate est le seul à faire de la politique (521d-e): il est le seul qui se préoccupe de rendre ses concitoyens meilleurs et de résister, s'il le faut, à leurs désirs.

Plutôt que la vie intempérante et « déréglée » (ἀκόλαστος) dont Calliclès se fait le chantre, Socrate vante les mérites d'une vie qui favorise l'ordre et l'harmonie au sein de l'âme car c'est une âme bien ordonnée qui engendre la justice et la modération (*cf.* 504b-d). Socrate soutient en effet que l'ordre (τάξις, 504b5, c2) et l'arrangement (κόσμος, 504b5, c2) qui règnent au sein de l'âme sont la condition pour que les citoyens soient respectueux des lois (νόμιμοι) et ordonnés (κόσμιοι), et que la justice et la modération consistent précisément en cet ordre et cet arrangement de l'âme (*cf.* aussi 506e, 507d-508a et 525a pour l'ordre qui doit régner au sein de l'âme). Ce plaidoyer en faveur d'une âme tempérante et bien ordonnée anticipe les passages du livre IV de la *République* où la justice et la modération sont pareillement définies en termes d'accord (συμφωνία, IV, 430e3, 432a8, 442c10), d'harmonie (ἁρμονία, IV, 430e4, 431e8, 443d5: συναρμόζειν; e2: ἁρμόζειν), de concorde (ὁμόνοια, IV, 432a7), d'arrangement (κόσμος; *cf.* IV, 443d4: κοσμεῖν) et même d'amitié (φιλία, IV, 442c10) entre les différentes parties de l'âme.

Quant au reproche que lui a adressé Calliclès, suivant lequel l'ignorance de la rhétorique ne lui permettrait pas de se porter secours à lui-même, ni de venir en aide à ses amis et à ses proches (508c), Socrate rappelle à nouveau qu'il vaut mieux subir l'injustice que la commettre et que l'essentiel n'est pas de sauver sa vie à tout prix car ce n'est pas de vivre le plus longtemps qui importe, mais de vivre le mieux possible (512e; *cf.* aussi *Cri.* 48b). La meilleure façon de se porter secours est de ne jamais rien faire d'injuste (*cf.* 522c-e).

L'entretien entre Socrate et Calliclès est certainement, avec la discussion entre Thrasymaque et Socrate au livre I de la *République*, l'un des plus âpres et des plus acrimonieux de tous les dialogues. Calliclès manifeste souvent son impatience (*cf.* 489b, 489e, 490c, 490e-491a, 494d, 494e, 497a, 498d, 501d, 505c-d), il ne cache pas sa hâte de voir l'entretien prendre fin, si bien qu'il fait les réponses dont il croit qu'elles sont attendues par Socrate et qu'elles lui permettront d'en finir au plus vite (*cf.* 501c, 510a, 513e, 514a, 516b), et il répond malgré lui pour complaire à Gorgias qui l'exhorte à ne pas quitter la partie (*cf.* 497b, 501c, 505c). Exaspéré, il cesse même de répondre aux questions de Socrate et il lui propose de poursuivre la discussion par lui-même, en faisant à la fois les réponses et les questions (505c-d ; *cf.* aussi 519d-e). Même si Calliclès réintègre la discussion à partir de 509c, son entretien avec Socrate incarne l'échec du type de recherche en commun que Socrate souhaite poursuivre avec son partenaire lors d'un entretien dialectique (*cf.* 506a ; voir aussi *Cri.* 48d ; *Chrm.* 158d, 165b ; *La.* 201a ; *Men.* 80d, 89e ; *Cra.* 384c ; *Tht.* 151e). Et lorsque Calliclès confesse, au terme d'une argumentation de Socrate, que ce dernier lui semble avoir raison, mais qu'il ressent néanmoins ce qu'éprouvent de nombreux autres interlocuteurs de Socrate, à savoir qu'il n'est pas pour autant convaincu (*cf.* 513c), il est difficile de ne pas y voir un échec de la dialectique, dans la mesure où la rigueur d'une démonstration, ou d'une réfutation, n'entraîne pas nécessairement la conviction.

Le mythe du jugement (523a-527a) — En guise d'ultime tentative pour convaincre Calliclès que ce n'est pas la mort que l'on doit craindre, mais l'idée de ne pas avoir été juste, Socrate lui raconte une « belle histoire » (καλοῦ λόγου, 523a1) qu'il présente comme une histoire vraie (ἀληθῆ, 523a2, 524b1). Cette histoire, qui est le premier des grands récits eschatologiques des dialogues platoniciens (voir aussi *Phd.* 107d-115a et *Rép.* X, 614a-621d), raconte comment Zeus est intervenu pour réformer, afin de le rendre plus juste, le jugement des hommes après leur mort (sur le mythe du *Gorgias*, *cf.* **21** A. Fussi, « The myth of the last judgment in the Gorgias », *RMeta* 54, 2000-2001, p. 529-552 ; **22** L. Brisson, « La justice et l'injustice mises à nu : le mythe final du *Gorgias* », dans *Samama* 32 [cité plus loin], p. 152-158 ; **23** T. C. Brickhouse et N. D. Smith, « The myth of the afterlife in Plato's *Gorgias* », dans Brisson et Erler **35** [cité plus loin], p. 128-137). Les principales leçons du mythe sont conformes aux grandes positions défendues par Socrate au cours du dialogue : les témoignages sont proscrits (*cf.* 523e), la rhétorique n'est d'aucune utilité pour se défendre et se porter secours, car l'âme, mise à nue, porte les stigmates des injustices qu'elle a perpétrées (*cf.* 524e-525a) ; le châtiment auquel une âme est condamnée peut contribuer à la guérir des injustices qu'elle a commises, pour peu qu'elles ne soient pas irréparables (*cf.* 525a-b) ; les tyrans et les despotes qui ont commis les plus grands crimes, comme Archélaos, sont incurables et leur châtiment servira d'exemple (*cf.* 525d-e) ; seule l'âme bien ordonnée et exempte d'injustice qui a mené la vie de philosophe échappe au châtiment et est accueillie dans les Îles des Bienheureux (*cf.* 526c). En soulignant qu'il a été convaincu par cette histoire (ὑπό τε τούτων τῶν λόγων πέπεισμαι, 526d3-4) et en invitant Calliclès à se laisser convaincre à son tour (527c), Socrate reconnaît au mythe une vertu persuasive (*cf.* déjà 493c), et donc rhétorique, ainsi que Platon le reconnaît dans le *Politique* (304c-d) et dans le *Phèdre*, lorsqu'il présente la bonne rhétorique comme une ψυχαγωγία (261a8, 271c10).

BIBLIOGRAPHIE

Éditions, traductions et commentaires. Dodds **1**; Irwin **5**; Canto **3**; **24** *Platon: Gorgias*, Übersetzung und Kommentar von J. Dalfen, coll. «Platon Werke» VI 3, Göttingen 2004.

Commentaires anciens. 25 L. G. Westerink, *Olympiodori in Platonis Gorgiam commentaria*, Leipzig 1970; **26** M. Carbonara Naddei, *Gli scoli greci al Gorgia di Platone*, Bologna 1976; **27** *Olympiodorus. Commentary on Plato's Gorgias*, translated with full notes by R. Jackson, K. Lycos and H. Tarrant, coll. «Philosophia Antiqua» 78, Leiden 1998; **28** F. Renaud, «Rhétorique philosophique et fondement de la dialectique: le commentaire du *Gorgias* par Olympiodore», *PhilosAnt* 6, 2006, p. 137-161.

Études. 29 I. M. Linforth, *Soul and sieve in Plato's "Gorgias"*, coll. «University of California publications in classical philology» XII, 17, Berkeley 1944, p. 295-314; Kucharski **7**; Vlastos **12**; Kahn **13**; Kahn **2**; Penner **8**; Weiss **9**; McTighe **10**; **30** J. M. Cooper, «Socrates and Plato in Plato's *Gorgias*», dans *Reason and emotion*, Princeton 1999, p. 29-75; **31** R. Woolf, «Callicles and Socrates: psychic (dis)harmony in the *Gorgias*», *OSAPh* 18, 2000, p. 1-40; Fussi **21**; **32** G. Samama (édit.), *Analyses et réflexions sur Platon, Gorgias*, Paris 2003; Lefebvre **6**; Renaud **14**; Merker **16**; Brisson **22**; **33** G. R. Carone, «Calculating machines or leaky jars? The moral psychology of Plato's *Gorgias*», *OSAPh* 26, 2004, p. 55-96; **34** D. Stauffer, *The unity of Plato's Gorgias*, Cambridge 2006; Dorion **11**; Rowe **17**; **35** L. Brisson et M. Erler (édit.), *Gorgias – Menon*, Selected papers from the seventh Symposium Platonicum, coll. «International Plato Studies» 25, Sankt Augustin 2007; Brickhouse et Smith **23**; Barney **18**; Dorion **20**.

LOUIS-ANDRÉ DORION.

MÉNON (Μένων)

Le *Ménon*, où se mêlent développements logiques et épistémologiques et développements éthiques et politiques, opère une transition entre les dialogues «socratiques» qui n'aboutissent à aucune conclusion positive et ceux qui défendent et illustrent des positions strictement «platoniciennes», celle de l'âme qui peut subsister indépendamment du corps et celle des réalités intelligibles qui se trouvent hors du monde sensible.

Socrate invite Ménon (➫M 136) à répondre lui-même à la question qu'il lui a lui-même posée: «Peux-tu me dire, Socrate, si la vertu s'enseigne?». Ménon finit par soulever le paradoxe suivant: il est impossible de chercher ce que l'on connaît, car on sait déjà à quoi s'en tenir, et de chercher ce que l'on ne connaît pas, car même si on trouvait on ne saurait pas que c'est cela que l'on cherchait. Socrate tente de résoudre le paradoxe, en rappelant une doctrine qu'il dit tenir « de prêtres et de prêtresses », et selon laquelle l'âme, qui peut survivre indépendamment de tout corps, a dans une existence antérieure acquis la connaissance de toutes choses ; apprendre, dans ce contexte, c'est se souvenir de cette connaissance acquise antérieurement. Dans le but de convaincre Ménon de la réalité de la « réminiscence » comme moyen de chercher et d'apprendre, Socrate interroge l'un des jeunes serviteurs de Ménon, sans éducation, et l'amène à découvrir le côté du carré dont la surface est le double de celle du carré de côté 1.

Cette conception de la connaissance comme découverte d'un savoir et non comme transmission amène à reprendre l'examen de la question relative à l'enseignement de la vertu. Puisque seule la science, définie comme savoir vrai et stable, s'enseigne, il est évident que la vertu doit être une science. Or, si la vertu s'enseigne, il doit exister des maîtres qui dispensent cet enseignement et des disciples qui le reçoivent. Quels sont ces maîtres ? Les sophistes, les citoyens athéniens ? Ni les uns ni les autres ne semblent convenir à cette tâche. Or, si l'on ne peut trouver de maître de vertu, il est vraisemblable que la vertu ne s'enseigne pas, et si elle ne s'enseigne pas, il s'ensuit qu'elle n'est pas une science. Force cependant est d'admettre que l'action humaine ne dépend pas seulement de la science, mais aussi de l'opinion vraie. Pour aller à Larisse ou expliquer à autrui comment s'y rendre, une opinion vraie suffit. Mais s'il est vrai que l'opinion vraie est aussi utile que la science, il n'en reste pas moins qu'elle n'est ni stable ni assurée, sauf si elle se trouve liée par un raisonnement qui en donne l'explication et qui est produit pas la réminiscence. La vertu des hommes politiques n'est donc due ni à la science ni à la nature, mais à une faveur divine qui les inspire.

Au cours de ces dernières décennies, le *Ménon* a suscité un grand intérêt chez la plupart de ceux qui s'intéressaient à la question des connaissances : peut-on expliquer ce processus en terme de redécouverte et en quels termes ?

Éditions, traductions et commentaires. 1 *Plato's "Meno"*. Introd., ed. & comm. by R. S. Bluck, Cambridge 1961, VIII-474 p. (édition critique et commentaire) ; **2** *Plato's "Meno"*. Transl. by W. K. C. Guthrie, with essays, ed. by M. Brow, Indianapolis 1971, XXXIV-314 p. (traduction anglaise par W. K. C. Guthrie [1956], accompagnée de neuf textes déjà publiés) ; **3** *Platons "Menon"*. Herausgegeben, übersetzt und nach dem Inhalt erklärt von R. Merkelbach, Frankfurt am Main 1988, 135 p. (traduction allemande) ; **4** Plato, *Meno*. Ed. with transl. & notes by R. W. Sharples, Warminster 1985, VIII-195 p., (traduction anglaise avec des notes) ; **5** M. Canto-Sperber, *Platon, Ménon*. Traduction inédite, introduction et notes par M. Canto-Sperber, coll. *GF* 491, Paris 1991, 1993[2], 350 p.

Travaux d'interprétation. 6 R. Brague, *Le restant : Supplément aux commentaires du "Ménon" de Platon*, « Collection d'études anciennes – Bibliothèque d'histoire de la philosophie », Paris 1978, 248 p. (essai de redécouverte de l'impensé à travers une étude des allusions) ; **7** M. Canto-Sperber (édit.), *Les paradoxes* *de la connaissance : Essais sur le "Ménon" de Platon*, Paris 1991, 382 p. (recueil de quinze textes déjà publiés par divers auteurs) ; **8** M. Canto-Sperber (édit.), *RPhilos* 116, 1991 (recueil de communications données lors d'un colloque international sur le *Ménon* ; **9** M. Erler et L. Brisson (édit.), *Gorgias, Meno : Proceedings of the seventh Symposium Platonicum*, coll. « International Plato studies » 25, Sankt Augustin 2007, XI-389 p. (recueil de plusieurs communications données lors d'un colloque international) ; **10** D. Scott, *Plato's "Meno"*, coll. « Cambridge studies in the dialogues of Plato », Cambridge 2006, X-238 p. (un commentaire insistant sur la doctrine de la réminiscence, mais dans un contexte où n'interviennent pas les Formes) ; **11** R. Sternfeld et H. Zyskind, *Plato's "Meno". A Philosophy of man as acquisitive*, coll. « Philosophical explorations », Carbondale 1978, XVI-176 p. (une interprétation qui ne cherche pas à remonter à des principes généraux).

LUC BRISSON.

HIPPIAS MAJEUR (Ἱππίας μείζων)

Dans le grand *Hippias*, Socrate sollicite l'aide d'Hippias pour répondre à une question que lui a posée un interlocuteur anonyme qui lui reprochait de ne pas s'expliquer sur le critère lui permettant de distinguer entre ce qui est beau et ce qui est laid. La suite du dialogue porte donc sur la définition de ce qu'est le beau. Chacune des définitions proposées par Hippias, Socrate et l'interlocuteur anonyme, sera examinée et réfutée. Finalement, les interlocuteurs s'accordent pour dire qu'ils n'ont abouti qu'à une définition décevante et seulement vraisemblable du beau comme plaisir avantageux.

Au XIXe siècle, les doutes soulevés contre l'authenticité du grand *Hippias* se fondent sur les éléments suivants : (1) Aristote cite le petit *Hippias* sous le titre *Hippias* sans jamais mentionner le grand *Hippias*. (2) Le grand *Hippias* contient un certain nombre de passages dont la ressemblance avec des extraits d'autres dialogues est frappante. (3) Le personnage d'Hippias est présenté sans aucun ménagement, comme si l'on avait forcé le trait, ce qui est inhabituel dans un dialogue platonicien.

HIPPIAS MINEUR (Ἱππίας ἐλάττων)

Le petit *Hippias* propose une interprétation platonicienne d'un passage de l'*Iliade* (IX 308-314) où Achille, présenté comme le plus simple et le plus sincère des héros, serait, suivant la tradition, meilleur qu'Ulysse « aux mille tours ». Alors qu'Hippias admet la lecture traditionnelle, Socrate décide de soumettre cette opinion commune à une enquête aussi sérieuse que minutieuse. L'argument est simple : si la tromperie résulte d'un acte intentionnel et d'un choix raisonné, comment conclure qu'Ulysse est pire qu'Achille ? Une conclusion semble s'imposer : si la justice est une science de l'âme, et si le savoir est la condition de la tromperie, force est d'admettre que l'âme la plus juste sera aussi celle qui trompe le mieux, une conséquence qui est refusée aussi bien par Hippias que par Socrate.

Comme le fait justement remarquer Aristote (*Éthique à Nicomaque* VIII 3, 1145b), l'enjeu de la discussion porte sur ce qu'on entend par savoir (σοφία). Si, comme chez Hippias, le savoir (σοφία) est entendu comme la possession d'un certain nombre de connaissances théoriques qui procurent des compétences techniques et des capacités pratiques sans l'intervention d'aucune considération éthique, on reste prisonnier de la doctrine épistémologique et éthique des sophistes. Une autre solution passe par une définition du savoir (σοφία) distinct du savoir-faire et indissociable d'une dimension éthique culminant dans la considération du bien.

Éditions et traductions. **1** D. Tarrant, The *Hippias maior attributed to Plato*, ed. with introd. essay and comm., Cambridge University Press, 1928, LXXXIV-104 p. ; **2** B. Vancamp (édit.), *Platon, Hippias maior, Hippias minor*, textkritisch hrsg. von B. V., coll. « Palingenesia » 59, Stuttgart 1996, 131 p. ; **3** J.-Fr. Pradeau et Fr. Fronterotta (édit.), *Platon, Hippias majeur, Hippias mineur*. Traductions inédites, introduction et notes, coll. *GF* 870, Paris 2005, 266 p.

Authenticité. Voir « Tableau récapitulatif des prises de position sur l'authenticité de l'*Hippias majeur* », dans Pradeau et Fronterotta **3**, p. 209.

Interprétations. **4** Ch. H. Kahn, « The beautiful and the genuine » [dans l'*Hippias majeur*], *OSAPh* 3, 1985, p. 261-287 ; **5** J. Malcolm, « On the Place of the *Hippias Major* in the Development of Plato's thought », *AGPh* 50, 1968, p. 189-195 ; **6** R. Weiss, « Ὁ ἀγαθός as δυνατός in the *Hippias minor* », *CQ* 31, 1981 p. 287-304.

LUC BRISSON.

ION (Ἴων)

Lorsqu'il est abordé par Socrate, Ion arrive à Athènes pour participer au concours qui se déroule lors de la fête des Panathénées. Ion, qui se considère comme le meilleur des rhapsodes, se consacre à Homère, le meilleur des poètes, dont il interprète les poèmes et dont il explique aussi les vers. Si Ion choisit Homère, c'est parce qu'il est un poète inspiré par la divinité. Or, par cet intermédiaire qu'est le rhapsode, se tend, entre le poète et ses auditeurs, une chaîne au moyen de laquelle l'inspiration se transmet à la façon d'un aimant dont la puissance mystérieuse attire simultanément plusieurs anneaux de fer. Dès lors, le poète ne possède aucun art, aucune technique, aucun savoir, comme c'est le cas d'un grand nombre de prétendus spécialistes dont Socrate dénonce la vanité des prétentions. Ce court dialogue aborde la poésie non du point de vue de l'art ou de la technique, mais de celui de l'inspiration. C'est ce qui lui a valu un statut tout particulier auprès de ceux pour qui la poésie donne accès à un ailleurs.

Édition et traduction. **1** *Filosofi e rapsodi. Testo, traduzione e commento dello* Ione *platonico*, a cura di C. Capuccino. Presentazione di W. Cavini, Bologna 2005, IV-348 p.

Interprétation. 2 J. Moravcsik, « Noetic aspiration and artistic inspiration », dans J. Moravcsik et P. Temko (édit.), *Plato, on Beauty, Wisdom and the Arts*, Totowa, N. J. 1982, p. 29-46 ; **3** G. Nagy, *Plato's rhapsody and Homer's music. The poetics of the Panathenaic festival in classical Athens*, coll. « Hellenic Studies » 1, Athens/Washington, D.C./Cambridge, Mass./London 2002, X-124 p.

LUC BRISSON.

MÉNEXÈNE (Μενέξενος)

DATE DRAMATIQUE

L'opinion générale est que la date dramatique du dialogue est indéterminée, en raison des anachronismes flagrants qu'il contient : l'essentiel de l'oraison funèbre prononcée par Socrate à la mémoire des Athéniens morts à la guerre consiste en un récit de l'histoire d'Athènes qui s'achève avec la paix d'Antalcidas qui mit fin à la guerre de Corinthe en 386[a], soit douze ou treize ans après la mort de Socrate ; cette oraison funèbre aurait été, selon Socrate, composée le jour précédent par Aspasie (➣A 460), probablement morte elle aussi à cette date, et dont on ne sait en tout cas plus rien après son remariage en 428[a] ; enfin, le jeune Ménexène (➣M 126) ne peut guère avoir plus qu'une vingtaine d'années, ce qui, si, avec **1** Debra Nails, *The People of Plato*, p. 196 (Stemma : Lysis I et II), on situe sa naissance au plus tard en 422[a], place sa rencontre avec Socrate au plus tard vers 402[a].

Cette donnée, jointe à l'allusion que fait Socrate à son âge avancé (236c8-9), a incité plusieurs commentateurs (bibliographie dans **2** S. D. Collins et D. Stauffer, « The Challenge of Plato's *Menexenus* », RPol 61, 1999, p. 85-115, cit. n. 8 p. 90) à fixer la date dramatique du dialogue à la fin de la guerre du Péloponnèse, mais dans ce cas la mention d'événements postérieurs à la mort de Socrate est non seulement anachronique mais inexplicable même à titre de fiction : comment Socrate peut-il raconter des événements encore à venir ? Nails **1**, p. 319-320, croit résoudre le problème en donnant cette partie de l'oraison funèbre (244b-246a) pour une interpolation, fruit d'une révision du dialogue au sein de l'Académie ; cette section est en effet selon elle une « faute rhétorique » : évoquant successivement dieux et héros, la guerre contre les Barbares, la guerre contre les autres Grecs puis la guerre civile entre Athéniens, le discours rapporté par Socrate trouve sa conclusion naturelle dans la célébration de l'union retrouvée des Athéniens, l'évocation de nouvelles guerres contre les autres Grecs contredisant cette ordonnance du discours. Se fondant sur cette hypothèse, D. Nails place la date dramatique du dialogue pendant l'hiver 401/400[a]. Outre qu'elle ne supprime pas tous les anachronismes (Aspasie est supposée avoir utilisé pour ce discours, composé la veille même, des « chutes » de la fameuse oraison funèbre prononcée par Périclès à la fin de la première année de la guerre du Péloponnèse, soit trente ans auparavant !), cette hypothèse se heurte à une grave difficulté : l'interpolation supposée n'étant guère concevable du vivant de Platon, dont la mort est située traditionnellement en 347[a], on ne comprend pas pourquoi la guerre de Corinthe aurait, plus de quarante ans après, paru si significative à l'interpolateur qu'il ait tenu à introduire pareil anachronisme dans le texte laissé par Platon.

DATE DE COMPOSITION

Étant entendu que des critères stylométriques, telle la fréquence relative du hiatus, placent le dialogue dans la première période de la production littéraire de

Platon (*cf.* **3** S. Tsitsiridis, *Platons Menexenos*. Einleitung, Text und Kommentar, coll. «Beiträge zur Altertumskunde» 107, Stuttgart/Leipzig 1998, p. 38-41), il est nécessairement postérieur à 386, date du dernier événement mentionné. Les critères susmentionnés, qui le placent au voisinage du *Cratyle*, écartent en toute hypothèse (y compris celle de Nails **1**) une datation sensiblement plus haute. Tsitsiridis **3**, p. 49, se range à l'opinion de **4** E. R. Dodds, *Plato : Gorgias*, Oxford 1959, p. 24, selon qui le *Ménexène* est un appendice du *Gorgias* ; il voit d'autre part dans le *Ménexène* une anticipation du *Banquet*, composé d'une succession de spécimens d'éloquence épidictique offerts à la critique et où le rôle de Diotime (⟶D 204) vis-à-vis de Socrate rappellerait celui d'Aspasie dans le *Ménexène* : ce dernier dialogue ne peut donc être postérieur à 384ᵃ, date approximative de la rédaction du *Banquet* (*id.*, p. 51) ; enfin, choisie pour illustrer l'effet produit sur l'auditoire par le rituel éloge de la cité auquel doit se livrer l'auteur choisi pour prononcer l'oraison funèbre annuelle, celle de 386ᵃ ne pouvait remplir cette fonction que si l'impression qu'elle avait faite aux premiers destinataires du dialogue était encore fraîche dans leurs mémoires (*id.*, p. 48) – ce qui, peut-on ajouter, fournit une explication de l'anachronisme commis par Platon. L'ensemble de ces raisons conduit donc Tsitsiridis **3** à dater le *Ménexène* de 386ᵃ ou peu après, rejoignant ainsi l'opinion lapidaire de **5** L. Méridier, *Platon, Œuvres complètes*, tome V, Iʳᵉ partie, *CUF*, Paris 1931, p. 82.

PERSONNAGES

L'unique interlocuteur de Socrate est Ménexène (⟶M 126 ; voir également Nails **1**, p. 202-203). Il sera présent à la mort de Socrate (*Phédon*, 59b9), qui le connaissait déjà lorsqu'il n'était encore qu'un tout jeune adolescent (*Lysis*, 211b8-c5). Qualifié pourtant alors par Socrate d'«éristique» (*loc. cit.*), il apparaît dans le *Ménexène* comme un de ses fidèles, puisque, sans nier l'ambition que lui prête Socrate d'accéder au gouvernement de la cité, il répond qu'il ne le fera que si ce dernier le lui conseille (234b3-4).

ANALYSE

Socrate rencontre Ménexène, qui vient du *bouleuterion*, où l'élection de celui qui devra prononcer le discours pour les morts à la guerre a été reportée au lendemain. Socrate ironise sur ces discours qui, par convention, glorifient les morts sans distinction de mérite, ainsi que l'auditoire auquel ils s'adressent ; discours préparés de longue date (ἐκ πολλοῦ χρόνου, 234c5), autrement dit sans lien avec la circonstance où ils sont prononcés, mais glorifiant la cité de telle façon que les auditeurs, et Socrate lui-même, s'imaginent posséder les qualités qui leur valent de tels éloges. Mais cette fois-ci, répond Ménexène, vu la brièveté du délai, l'orateur désigné devra presque improviser : un orateur, répond Socrate, a toujours quelque chose de prêt ; de toute façon, s'agissant de louer ceux mêmes à qui l'on s'adresse, l'improvisation n'est pas difficile. Défié par Ménexène de prononcer lui-même un tel discours, il s'exécute en déclamant une oraison funèbre apprise la veille d'Aspasie, son professeur d'éloquence ; partiellement improvisée devant lui, mais faite aussi de restes de l'oraison funèbre composée par Aspasie pour être prononcée par Périclès, cette oraison funèbre confirme l'affirmation de Socrate, que les discours de ce genre ne sont jamais que semi-improvisés.

Le discours déclamé par Socrate exécute ensuite d'une façon qui semble on ne peut plus conventionnelle le programme de glorification de la cité qui, selon lui, est la marque distinctive de ce genre rhétorique : commençant par exalter les origines mythiques d'Athènes puis son régime, une démocratie qui peut aussi bien être qualifiée d'aristocratie puisque le pouvoir y procède du mérite et non de l'inégalité des conditions, Socrate présente ensuite une vision fortement enjolivée de l'histoire d'Athènes, des guerres médiques à la paix d'Antalcidas, où les défaites mêmes de la cité tournent à son éloge et où ses défaillances sont déguisées ou passées sous silence. Parlant ensuite au nom des morts, l'orateur délivre une exhortation à leurs fils et une consolation à leurs parents, avant de conclure pour son propre compte par un éloge de la sollicitude manifestée par la cité à l'égard des morts au combat et de ceux, parents ou orphelins, qu'ils laissent derrière eux.

Le dialogue s'achève par un bref échange entre Socrate et Ménexène où celui-ci remercie d'un tel discours à la fois son auteur supposé, Aspasie, et celui qui l'a prononcé, Socrate.

Étant donné l'hostilité de Platon à l'égard de la rhétorique, telle qu'elle s'exprime dans le *Gorgias* et même dans le *Phèdre* (*cf.* 268a-269d), on ne s'attend pas à le voir placer dans la bouche de Socrate un morceau d'éloquence affichant de façon aussi ostentatoire sa conformité aux conventions du genre. L'une des réponses à l'énigme ainsi présentée par le *Ménexène* a été, au XIXe siècle, d'en contester l'authenticité. Celle-ci, cependant, comme l'a montré **6** H. Diels, *Ueber das dritte Buch der aristotelischen Rhetorik*, coll. *APAW* 4, Berlin 1886, p. 1-34, est attestée par le fait que la remarque de Socrate, qu'il n'est pas difficile de faire l'éloge des Athéniens devant les Athéniens (235d2-6), est citée deux fois par Aristote (*Rhet.* I 9, 1367d7-8 ; III 14, 1415b30-32).

Si donc l'ouvrage est authentique, il reste à s'interroger sur l'intention qui l'anime. Dans le dialogue introductif, l'ironie de Socrate à l'égard des auteurs de ces oraisons funèbres commanditées par la cité, d'ailleurs soulignée par Ménexène lui-même, ne fait pas de doute. Il est tentant d'en conclure que le discours déclamé ensuite par Socrate doit être lui aussi entendu comme ironique, et c'est aujourd'hui l'opinion majoritaire : voir Méridier **5**, p. 74-77 ; **7** R. Clavaud, *Le Ménexène de Platon et la rhétorique de son temps*, «Collection d'études anciennes», Paris 1980. Aussi bien, donc, le talent déployé par Platon dans l'enchaînement des thèmes ou dans l'ornementation rhétorique que les libertés qu'il prend avec l'histoire pour mieux louer Athènes sont donnés pour autant de preuves que Platon n'a dans ce dialogue tendu à rien d'autre que fournir un pastiche de la rhétorique condamnée dans le *Gorgias* comme «flatterie».

Cette interprétation, qui présente l'avantage de concilier le *Ménexène* avec la condamnation platonicienne de la rhétorique, ne peut cependant s'appuyer que sur la partie du discours consacrée à l'éloge de la cité : aucun commentateur ne s'aventure à voir de l'ironie dans la consolation adressée aux survivants. Par ailleurs, l'interprétation ironique du dialogue n'est apparue qu'au XIXe siècle : aucun de nos témoins anciens du dialogue ne semble y avoir soupçonné la moindre ironie.

À l'exception de Denys d'Halicarnasse, tous n'y trouvent matière qu'à admirer. Denys, lui, voit dans la consolation ce que Platon a écrit de meilleur (*Démosthène*, 30) ; si, en revanche, il critique très sévèrement le style de l'éloge (*ibid.* 23-29), il ne pense pas un instant à en expliquer les défauts, comme pourrait le faire un tenant de l'interprétation moderne, par une intention parodique. L'opinion de Cicéron, pourtant parfaitement averti de l'usage socratique de l'ironie (*De oratore*, II 269), selon laquelle l'oraison funèbre du *Ménexène* était réellement l'un de ces discours par lesquels c'était la coutume d'Athènes d'honorer ses morts (*Orator*, 44), a prévalu jusqu'à l'aube de la philologie moderne puisque, par exemple, l'oraison funèbre du *Ménexène* figure, sans les parties dialoguées, dans **8** F. Roget, *Éloges funèbres des Athéniens morts pour la patrie par Périclès, Platon et Lysias*, Genève/Paris 1825 – ouvrage vendu « au profit des Grecs », autrement dit destiné à soutenir leur élan patriotique, ce qui excluait bien évidemment tout soupçon d'ironie, de la part de Platon comme des deux autres auteurs.

L'interprétation de Diels **6** était que Platon, avec le *Ménexène*, a voulu joindre à sa critique de la rhétorique, non pas une parodie, mais la démonstration qu'il pouvait battre sur leur propre terrain les orateurs qu'il critiquait. Cette façon de voir concilie l'ironie évidente de Socrate dans le dialogue introductif avec le jugement traditionnel sur l'oraison funèbre et l'admiration exprimée par Ménexène à la fin du dialogue.

L'idée remonte en fait au début du XIXe siècle : commentant dans son introduction (p. 58) la remarque faite en passant par C. Fleury dans son *Discours sur Platon* (1670), que « le *Ménexène* n'est qu'une raillerie des oraisons funèbres », Roget **8** notait qu'il y a plusieurs genres de raillerie : si le dialogue introductif est bien une critique directe de la façon dont l'éloquence funèbre était pratiquée par ses contemporains, le discours qui suit en est bien aussi une critique, mais indirecte, en ce que Platon ne s'y moque plus de ses rivaux, mais leur présente « un modèle de la manière dont il concevait l'oraison funèbre ».

Collins et Stauffer **2** expliquent de la même façon les libertés prises par Platon avec la vérité historique dans son éloge d'Athènes. Passant sous silence tous les aspects offensifs de la politique athénienne, tant vis-à-vis de l'empire Perse que des autres cités grecques, Platon brosse le portrait d'une Athènes exclusivement soucieuse de sécurité et de liberté, exempte de toute tendance à une forme quelconque d'impérialisme. **9** S. G. Salkever, « Socrates' Aspasian Oration : the Play of Philosophy and Politics in Plato's *Menexenus* », *APSR* 87, 1993, p. 133-143, cit. 135-136, a relevé la façon dont l'éloge platonicien d'Athènes se réclame de valeurs opposées à celles de l'oraison funèbre prêtée par Thucydide à Périclès : dans la mesure où cette dernière est plus conforme à la vérité historique, on est amené à faire l'hypothèse qu'en louant une Athènes qui échapperait aux critiques dont il accable ailleurs les hommes politiques du Ve siècle, en louant, donc, une Athènes qui n'a pas existé et n'existe toujours pas au moment où il écrit, Platon souligne une fois de plus à quel point les valeurs qui devraient selon lui inspirer une politique véritable sont étrangères à l'histoire effective d'Athènes – à quel point, en définitive, l'éloge d'Athènes est impossible.

BIBLIOGRAPHIE ESSENTIELLE

Édition. Tsitsiridis **3**.

Traductions. 10 S. D. Collins et D. A. Stauffer (édit.), *Plato's " Menexenus " and Pericles' funeral oration: empire and the ends of politics*, ed. and trans., Newburyport, Mass. 2000 ; **11** D. Loayza, *Platon : Ménexène*, Traduction inédite, introduction et notes, coll. *GF* 1162, Paris 2006.

Commentaires. 12 C. Kahn, « Plato's Funeral Oration : The Motive of the *Menexenus* », *CPh* 58, 1963, p. 220-234 ; **13** N. Loraux, « Socrate contrepoison de l'oraison funèbre. Enjeu et signification du *Ménexène* », *AC* 43, 1974, p. 172-211, repris dans **14** *Ead.*, *L'invention d'Athènes. Histoire de l'oraison funèbre dans la « cité classique »*, Paris 1981, p. 315-332 ; **15** S. Monoson, « Remembering Pericles : The Political and Theoretical Import of Plato's *Menexenus* », *PT* 26, 1998, p. 489-513 ; **16** C. Eucken, « Die Doppeldeutigkeit des platonischen Menexenus », *Hyperboreus* 9, 2003, p. 44-55 ; **17** F. Pownall, « The *Menexenus* : Plato's Critique of Political Rhetoric », dans *Ead.*, *Lessons from the Past. The Moral Use of History in Fourth-Century Prose*, Ann Arbor 2007, p. 38-64 ; Salkever **9** ; Collins et Stauffer **2** ; **18** M. Tulli, « Ethics and history in Plato's *Menexenus* », dans M. Migliori et L. Napolitano Valditara (édit.), *Plato Ethicus : Philosophy is Life. Proceedings of the International Colloquium Piacenza 2003*, coll. « Lecturae Platonis » 4, Sankt Augustin, 2004, p. 301-314 (=« Etica e storia nel *Menesseno* di Platone », dans *Eid.* (édit.), *Plato Ethicus : La filosofia è vita*, Brescia 2008, p. 323-335).

Étude. Clavaud **7**.

MICHEL NARCY.

CLITOPHON (Κλειτοφῶν)

Parmi les dialogues attribués à Platon, le *Clitophon* occupe une position particulière : Socrate n'y est pas l'interlocuteur principal, car il amorce seulement la discussion. De surcroît, tandis que dans les autres dialogues où il intervient, Socrate est traité positivement et avec respect, son enseignement se trouve ici fortement critiqué. Dans une conversation qu'il a eue avec l'orateur Lysias (➤L 94), Clitophon (➤C 175), un homme politique connu à Athènes, a établi un parallèle entre le comportement de Socrate et celui du sophiste Thrasymaque, tels que les décrit le premier livre de la *République*, et il a marqué sa préférence pour Thrasymaque. Socrate, informé de la chose, demande à Clitophon les raisons d'un tel jugement, et Clitophon lui rapporte la teneur de son entretien avec Lysias. Clitophon ne blâme pas globalement le comportement de Socrate. Il loue ses exhortations : Socrate a raison de reprocher aux hommes de ne pas rechercher la vertu qui seule bénéficie à leur âme, et de confier la direction de leur vie à des gens qui ne savent pas à quoi s'en tenir. Mais suffit-il d'exhorter ?

Thrasylle place le *Clitophon* dans la septième tétralogie, tout juste avant la *République*. Les doutes sur l'authenticité du dialogue sont très répandus aujourd'hui, même si ces dernières années un certain nombre d'interprètes surtout d'obédience straussienne ont défendu l'authenticité du dialogue. Force en effet est de remarquer que les critiques émises dans le *Clitophon* s'adressent autant à l'image de Socrate donnée par Xénophon dans les *Mémorables* (IV 2, 13 *sq.*) qu'à celle proposée par Platon. Dès lors, il faut considérer le *Clitophon* davantage comme un pamphlet contre le Socrate que dépeignent Xénophon et Platon que comme un pastiche du premier livre de la *République*. Par suite, on peut penser que ce court texte fut publié, à la fin de la vie de Platon ou peu après sa mort, par quelqu'un qui donnait la priorité à l'éloquence et à l'action politique sur la pratique de la philosophie.

Traduction. 1 M. Kremer, *Plato's Cleitophon : On Socrates and the Modern mind*, Lanham 2004. Première partie : texte, introduction, traduction et essai d'interprétation ; seconde partie : essais par D. Roochnik (p. 43-58), C. Orwin (p. 59-70), et J. Blits (p. 71-85) ; **2** S. R. Slings, *Clitophon*, Cambridge 1999 (édition, traduction et commentaire. Slings défend l'authenticité du dialogue).

Interprétation. 3 J. H. Blits, « Socratic teaching and justice. Plato's *Clitophon* », *Interpretation* 13, 1985, p. 321-334 ; **4** C. Orwin, « The Case Against Socrates : Plato's *Cleitophon* », *CJPS* 15, 1983, p. 741-753 (interprétation qui prend pour acquise l'authenticité du dialogue) ; **5** D. L. Roochnik, « The riddle of the *Cleitophon* », *AncPhil* 4, 1984, p. 132-145 ; **6** C. J. Rowe, « *Cleitophon* and *Minos* », dans C. J. Rowe et M. Schofield (édit.), *The Cambridge History of Greek and Roman Political thought*, Cambridge 2000, p. 303-390 (Rowe reste hésitant sur la question de l'authenticité) ; **7** *Id.*, « What might we learn from the *Clitophon* about the nature of the Academy ? », dans K. Döring, M. Erler et S. Schorn (édit.), *Pseudoplatonica. Akten des Kongresses zu den Pseudoplatonica vom 6.-9. Juli 2003 in Bamberg*, coll. « Philosophie der Antike » 22, Stuttgart 2005, p. 213-224.

LUC BRISSON.

LA RÉPUBLIQUE (Πολιτεία)

DATE DE COMPOSITION

La place de la *République* dans la chronologie littéraire de Platon a beaucoup varié depuis le grand exposé introductif de F. Schleiermacher (1836) qui la rangeait, pour des raisons doctrinales, avec le *Timée* et le *Critias* dans le groupe le plus tardif des dialogues platoniciens, celui des dialogues dits « constructifs ». Il a fallu attendre les travaux lexicographiques de L. Campbell (1896) et de W. Lutoslawski (1905) pour que l'application de méthodes stylistiques conduise à placer la *République* au cœur de l'œuvre de Platon, avec le *Phédon*, le *Banquet* et

le *Phèdre*. Dans son étude synthétique sur la chronologie, où il discute ces premières hypothèses chronologiques, de même que l'ensemble des travaux antérieurs, **1** L. Brandwood, *The Chronology of Plato's Dialogues*, Cambridge University Press 1990, X-256 p., a montré comment l'étude par des moyens électroniques
de la présence du vocabulaire technique confirme ces résultats. Comme l'avait déjà
montré **2** C. Ritter, *Untersuchungen über Platon. Die Echtheit und Chronologie
der platonischen Schriften, nebst Anhang : Gedankengang und Grundanschauun-
gen von Platos Theätet*, Stuttgart 1888, XI-187 p., sur la base de travaux antérieurs,
la *République* appartient à un groupe intermédiaire où nous trouvons également le
Parménide, le *Phèdre* et le *Théétète*. La chronologie de ce groupe serait selon
Brandwood **1** la suivante : *Phèdre*, *République*, *Parménide* et *Théétète*. Il faut noter
cependant que Ritter **2** avait fait l'hypothèse que la *République* aurait pu être
composée par morceaux distincts, étalés tout au long de la production de Platon et
ensuite rassemblés dans un seul dialogue. Cette hypothèse se fonde surtout sur
l'apparente différence de style du livre I. Pour le vérifier, Brandwood a appliqué
l'ensemble de ses critères à tous les livres, et ce travail a permis de montrer que la
composition des livres II à X relève d'un style uniforme, alors que le livre I montre
plusieurs éléments qui le rapprochent des dialogues de la première période. Ce
premier livre aurait été un dialogue antérieur, conservant des traces du style de la
réfutation des dialogues dits « socratiques ». Mais l'érudition contemporaine considère que, quel que soit son style particulier, ce premier livre a toujours appartenu à
la *République* et n'a pas connu d'édition séparée. Les conclusions de Brandwood
tiennent compte de la recherche lexicographique antérieure et notamment d'une
analyse computationnelle récente, celle de **3** G. R. Ledger, *Re-counting Plato. A
Computer Analysis of Plato's Style*, Oxford 1989, XIII-254 p. La date de composition proposée par **4** C. Kahn, « On Platonic Chronology », dans J. Annas et
C. Rowe (édit.), *New Perspectives on Plato, Modern and Ancient*, coll. « Center for
Hellenic studies colloquia » 6, Cambridge, Mass./Washington, D.C. 2002, p. 93-
127, est conforme à cette classification médiane.

Est-il possible de préciser davantage la date de composition du dialogue en
recourant à des critères externes ou internes ? Selon **5** W. K. C. Guthrie, *A History
of Greek Philosophy*, t. V : *The Later Plato and the Academy*, Cambridge 1975,
p. 437, qui reprend la datation proposée en son temps par E. Zeller, l'ouvrage
aurait été terminé avant 374[a], donc plusieurs années après le premier voyage de
Platon en Sicile, mais avant le deuxième. L'apport des sources internes ne livre
guère de résultats plus précis ; la mention de l'entretien de la *République* dans le
prologue du *Timée* (17b–19b) n'autorise pas à conclure que la *République* fut
rédigée avant le *Timée*. Dans la *Lettre VII* (326a-b), on trouve un passage qui
reprend de manière très proche certaines formulations de la thèse des philosophes-
rois (V, 473c-e et VI, 499b). Cette lettre relate les voyages de Platon en Sicile, dont
le premier peut être daté vers 388/387, mais, outre le fait que son authenticité est
encore très discutée, la date de sa composition demeure difficile à déterminer.
Dans l'hypothèse où Platon en serait l'auteur, elle doit être le fait des dernières

années de sa vie, probablement vers 354[a]. On ne peut donc rien tirer de cette citation pour préciser la date de composition de la *République*, sinon que la composition ne saurait remonter avant ce premier séjour. Comme A. Diès le suggère dans l'introduction de l'édition d'É. Chambry, la meilleure hypothèse est celle d'une période étendue, allant de la fondation de l'Académie en 387[a], au retour de Syracuse, jusque vers 370[a], c'est-à-dire avant les voyages de 367[a] et de 361[a]. Cette période correspond à la rédaction des trois autres grands dialogues métaphysiques, où la doctrine de l'âme immortelle et des formes intelligibles est présentée avec une argumentation enthousiaste et avec le soutien de récits mytho-logiques élaborés : le *Banquet*, le *Phédon* et le *Phèdre*. Parce qu'il s'agit des riches années de la première communauté de l'Académie, on peut penser que cette doctrine fut l'objet de discussions nombreuses, mais la *République*, à la différence du *Phédon*, n'en suppose pas le cadre déjà constitué : la scène du Pirée est une scène publique, à la fois civile et religieuse, elle n'a rien d'une réunion de disciples autour d'un maître, ni d'une communauté savante au sein de laquelle des doctrines connues seraient mises à l'épreuve. On pourrait même dire que la scène de la *République* est représentée comme une anticipation qui prépare l'Académie, puis-que Platon y expose un programme d'éducation philosophique appelé à en devenir la structure et l'inspiration.

Les hypothèses, aussi nombreuses que sophistiquées, de la philologie du XIXe siècle, sur le caractère soi-disant composite de la *République* sont aujourd'hui considérées comme insoutenables. Ni l'idée de rédactions successives, ni le juge-ment porté sur le caractère prétendument artificiel de l'inclusion du Livre I, l'entretien avec Thrasymaque en particulier, ne suscitent encore une discussion. La composition rigoureuse du dialogue le place d'emblée au cœur de l'œuvre plato-nicienne et les quelques témoignages anciens citant des éditions en deux ou cinq livres doivent être rapportés à des éditions ultérieures, et non à la rédaction de Platon lui-même. C'est le cas, par exemple, du témoignage d'Aulu-Gelle (*Nuits attiques* XIV 3), citant Xénophon qui affirmait avoir lu les deux livres "environ" qui avaient paru de la *République*. Voir la discussion toujours valable de **6** A. Diès, Introduction à l'édition de la *République*, *CUF*, Paris 1959 (1re éd. 1932), p. XXXIX-XLIII. Cette rédaction s'est sans doute étendue sur plusieurs années, mais cela n'autorise pas à parler de plusieurs éditions différentes. **7** H. Thesleff, *Studies in Platonic Chronology*, coll. «Commentationes Humanarum Litterarum» 70, Helsinki 1982, p. 100-116, fait de la *République* une sorte de "work in pro-gress" tout au long de la vie de Platon sur la base d'une proto-*République* rédigée durant sa jeunesse, en même temps que certains discours comme le discours du *Phèdre*. Comme plusieurs dialogues, la *République* aurait subi l'intervention de membres de l'Académie ; proche des hypothèses de l'École de Tübingen, cette interprétation laisse entrevoir l'existence d'une sorte de canevas écrit servant à l'exercice dialectique oral, qui conserve la primauté dans la vie philosophique de l'école. Il est vrai que Diogène Laërce (III 37) mentionne qu'Euphorion (➭E 127) et Panétius (➭P 26) ont prétendu avoir trouvé plusieurs versions du début de la

République, mais ces versions différentes, faisant état de corrections, ne seraient pas nécessairement le résultat d'interventions de membres de l'Académie.

DATE DRAMATIQUE

Comme c'est le cas pour plusieurs dialogues, l'entretien de la *République* est présenté en style direct à la première personne par Socrate lui-même, qui le conduit du début à la fin. L'entretien et l'ensemble des échanges qui le constituent sont supposés avoir eu lieu la veille, alors que le groupe des amis de Socrate s'est réuni au Pirée pour une cérémonie religieuse. À quelle date Platon a-t-il voulu situer cette rencontre ? Cet entretien, réparti en dix livres lors de son édition à la période alexandrine, semble avoir été situé par Platon dans le dernier tiers du Ve siècle, bien avant la date réelle de sa composition. Bien qu'il ne s'agisse que d'une date approximative, plusieurs historiens tendent à l'établir en 411 ou 410. Cette date est proposée notamment par deux des premiers éditeurs modernes du texte **8** B. Jowett et L. Campbell, *Plato's Republic,* Oxford 1894, t. III 2, qui reprennent les arguments de plusieurs historiens, et suggérée de nouveau par **9** J. Adam, *The Republic of Plato* [1897], ed. with crit. notes, comm. & append., 2nd ed. with an introd. by D. A. Rees, Cambridge 1965, t. I, p. 90 n. 3, mais sans argument décisif. Dans sa synthèse historique, **10** W. K. C. Guthrie, *A History of Greek Philosophy*, t. IV : *Plato. The Man and his Dialogues,* Cambridge 1975, p. 437 *sqq.*, cite pour sa part avec approbation la date de 421[a], proposée en son temps par **11** A. E. Taylor, *Plato. The Man and His work*, London 1926, XII-562 p. Plus récemment, revoyant l'ensemble de la question, **12** M. Vegetti, *Platone, La Repubblica, Traduzione e commento. Libro I,* coll. «Elenchos» 28, 1, Napoli 1998 [pour l'ensemble de la publication, voir Vegetti **38**], a proposé lui aussi la date de 411[a].

Dans le morceau d'ouverture du dialogue, Platon met en scène Céphale (➤C 79) et ses fils : Polémarque (➤P 213), qui prendra le relais de Céphale, Lysias (➤L 94), un orateur athénien, proche de Socrate, et Euthydème. Tous présents à l'entretien (I, 328b), ils font partie du petit cercle regroupé autour de lui au Pirée à l'occasion d'une fête religieuse. Ce groupe comprend aussi Nicératos, Thrasymaque de Chalcédoine, Charmantide de Péanée et Clitophon (➤C 175). Les frères de Platon, Adimante (➤A 23) et Glaucon (➤G 21), principaux interlocuteurs du dialogue, accompagnent Socrate. Par ailleurs, même si Platon connaît les malheurs provoqués par la Tyrannie des Trente et leurs conséquences pour Lysias et pour Polémarque, condamné en 404[a] à boire la ciguë, il ne les évoque pas. Il cherche plutôt à présenter une scène qui leur serait antérieure, tout en présupposant que ses lecteurs connaissent le destin postérieur, dans certains cas tragique, de ses personnages. Au livre X, 600 c, Platon laisse entendre que Protagoras (➤P 302) et Prodicos (➤P 296) sont encore vivants et, au premier livre, Céphale évoque une rencontre avec le poète Sophocle. Ces éléments reflètent certes le désir de Platon de placer l'entretien à une date assez reculée, mais, si on s'en tient à ces seules indications, rien ne permet de situer avec certitude le cadre dramatique en 411/410.

Peut-on tirer quelque précision de l'étude de la biographie de ces premiers personnages du dialogue ? Plus que de la vie de Céphale, dont la chronologie demeure incertaine (voir le concernant **13 R.** Goulet, notice « Céphalos de Syracuse » C 79, *DPhA* II, p. 263-266), on peut tenter d'éclairer la date de l'entretien par ce que nous savons de Lysias lui-même. Selon son biographe, le pseudo-Plutarque (*Vie de Lysias*, 835c), l'orateur serait né à Athènes en 459/8, sans doute juste après l'arrivée de son père Céphale, un marchand syracusain, venu s'y installer à l'invitation de Périclès qui fut archonte en 459 (Lysias, *Discours XII, Contre Ératosthène*, 4). Comme nous savons par Lysias que Céphale a vécu les trente dernières années de sa vie à Athènes, il ne pourrait être mort avant la date de 429/8, ce qui placerait l'entretien de la *République* dans les années immédiatement antérieures. Sachant que 429ᵃ est l'année de la peste à Athènes, on peut suggérer que Céphale en fut victime. Lorsqu'il fait état des spoliations dont souffrit sa famille, Lysias ne mentionne pas son père, ce qui confirme qu'en 404ᵃ, il était déjà mort. Si nous adoptons une chronologie reposant principalement sur la biographie de Lysias, la date supposée de l'entretien de la *République* serait donc à placer avant la mort de Céphale, vers 430ᵃ, ce qui s'harmonise bien avec l'arrivée de Céphale à Athènes vers 460/59 et la durée de son séjour. Lysias serait né juste après, aux alentours de 459ᵃ. Mais cette chronologie est incompatible avec un élément confirmé par la biographie de Lysias du pseudo-Plutarque : celui-ci aurait quitté Athènes pour la colonie de Thourioi à la mort de son père, alors qu'il aurait été âgé de quinze ans. Il s'y serait établi avec ses frères, en serait devenu citoyen et y serait demeuré trente-trois ans, ce qui placerait son retour à Athènes en 412/411, par suite des sentiments hostiles de la colonie envers Athènes. Plusieurs savants ont proposé de revoir cette chronologie pour la rendre cohérente, mais sans fournir d'indice convaincant. **14** L. Brisson, notice « Lysias » L 94, *DPhA* IV, p. 212-213, se fondant sur un examen de la vie de Lysias, propose une chronologie différente, qui situe d'emblée l'entretien de la *République* entre 420 et 415. Pour conclure, disons qu'en l'absence d'argument déterminant, il semble préférable de donner priorité au témoignage de Lysias lui-même et à la date certaine de l'archontat de Périclès, et de proposer pour la date dramatique de l'entretien une date se situant vers 430ᵃ, juste avant la mort de Céphale.

Pour une revue des différentes hypothèses avancées sur ce sujet, voir **14bis** D. Nails, *The People of Plato*, p. 324-326.

CADRE DRAMATIQUE ET PERSONNAGES

La scène se déroule au Pirée. Socrate, en compagnie de Glaucon, est descendu de la ville haute d'Athènes, curieux de connaître le culte nouvellement introduit d'une déesse septentrionale, Bendis. Ils croisent en chemin, alors qu'ils remontent de la procession, Polémarque, le fils du marchand Céphale, qui est accompagné d'Adimante, le frère de Glaucon, de Nicératos, fils de Nicias, et de quelques autres amis (I, 327b). Polémarque invite Socrate et Glaucon à demeurer au Pirée et Adimante fait valoir que la fête nocturne en vaut la peine. La compagnie accepte et se dirige vers la maison de Polémarque, où on s'attable en attendant la fête de nuit. Dans la maison, se trouvent Lysias, l'orateur, et Euthydème qui sont les frères de Polémarque. On note aussi la présence de trois autres personnages, le sophiste Thrasymaque de Chalcédoine, qui jouera un rôle important dans le premier moment de l'entretien, Charmantide de Paeanée et Clitophon, fils d'Aristonyme, qui eux ne participeront pas à la discussion, si on fait exception d'une brève remarque de Clitophon (340a-b). Céphale enfin, le père de la famille, est déjà attablé ; ceint d'une couronne, il vient de sacrifier dans la cour de sa demeure et c'est avec lui que Socrate entame la conversation.

Les personnages du dialogue d'ouverture, Céphale (voir Goulet **13**) et son fils Polémarque, représentent la culture traditionnelle d'Athènes. Platon leur confie l'amorce de la recherche, en exposant à travers ces deux premiers entretiens la conception populaire de la justice. Même si leur famille est d'origine sicilienne, ils sont introduits comme les porteurs des convictions communes des athéniens : ils expriment avec sincérité les positions courantes sur la justice, opinions que Socrate va entreprendre de critiquer. Céphale est syracusain, ses fils Polémarque et Lysias, sont comme lui des marchands enrichis, qui ont renoncé à la vie politique de leur cité, une attitude peu susceptible de plaire à Platon. La famille sera ruinée, mais à l'ouverture du dialogue, ils jouissent encore de leur prospérité. Ils seront expropriés par les Trente après la date de l'entretien et Polémarque sera exécuté, mais le dialogue ne le laisse nullement entrevoir. Céphale est représenté dans une mise en scène où il accomplit un rituel (I, 331d), alors que Polémarque, qui cite une maxime de Simonide, semble plutôt un marchand averti de l'importance des contrats et des associations (I, 333a). Lysias deviendra un orateur et s'exilera à Mégare. Dans son *Contre Ératosthène*, il parle de la ruine de la famille et plaide contre celui qui avait conduit à l'exécution de son frère Polémarque. Même s'il ne prend pas la parole au cours de ce long entretien, sa figure est importante : son personnage rappelle en effet la place de la rhétorique dans la culture athénienne, et Platon lui rend hommage dans le *Phèdre*, où il le présente comme un maître (*Phèdre*, 227a-228a et 272c). La famille de Céphale, écrit Lysias, a vécu en respectant les lois de la démocratie, sans commettre d'injustice, sans en subir (*Contre Ératosthène* XII 4-6). Ni la richesse donc, ni la justice n'ont profité aux fils de Céphale, mais la *République* n'en dit rien et Platon présente leurs convictions de manière sereine à des lecteurs qui savaient pour leur part à quoi leur « justice » avait conduit. Une fois leur conception critiquée, Céphale et Polémarque s'écartent du dialogue pour laisser la place aux véritables interlocuteurs.

Ceux-ci seront peu nombreux et plus le dialogue progresse, plus Socrate prend en charge l'ensemble de l'échange, laissant aux protagonistes seulement le soin de répondre brièvement à ses questions. Dans le premier livre, on doit cependant noter l'importance donnée au personnage de Thrasymaque, le seul auquel Platon accorde un rôle de réel contradicteur. Sans doute parce qu'il représente le mouvement entier de la sophistique, autant par le style emporté et vindicatif de ses interventions que par les positions conventionnalistes qu'il défend, Thrasymaque incarne dans la *République*, comme Calliclès (☞C 17) dans le *Gorgias*, l'hostilité à la recherche philosophique de Socrate. Ce portrait ne correspond pas tout à fait cependant à ce que nous savons du Thrasymaque historique, un sophiste éclairé et qui ne se signale par aucune originalité particulière. Originaire de Chalcédoine, il était connu comme orateur. Les fragments de son œuvre qui nous ont été conservés par Denys d'Halicarnasse (*Démosthène* 3 ; *Isée* 20) sont typiques d'un art oratoire qu'admirait déjà Théophraste, mais ils ne peuvent guère servir de fondement au personnage intempestif mis en scène par Platon au livre I. Platon en parle ailleurs comme d'un « titan de la rhétorique » (*Phèdre*, 267c et 269d) et il rappelle (I, 337d) que Thrasymaque, comme le sophiste décrit ailleurs comme « négociant en matière de sciences de l'âme » (*Sophiste*, 231d), exigeait un paiement pour ses services. Platon peint à travers lui tout un mouvement de pensée, dont il prend plaisir à grossir les traits d'habileté et de cynisme qui étaient sans doute monnaie courante dans la classe intellectuelle de son temps. Voir sur ce point **15** J. H. Quincey, « Another purpose for Plato, *Republic I* », *Hermes* 109, 1990, p. 300-315, et la synthèse toujours valable de **16** W. K. C. Guthrie, *A History of Greek Philosophy*, t. III : *The Fifth Century Enlightenment,* Cambridge 1969, p. 88-93 et 294-298.

Les autres personnages entretiennent avec Socrate une conversation amicale et Platon a précisément choisi de placer comme interlocuteurs principaux de l'ensemble de l'argument central sur la justice ses propres frères, Adimante (voir **17** L. Brisson, notice « Adimante d'Athènes » A 23, *DPhA* I, 1989, p. 55) et Glaucon (voir **18** L. Brisson, notice « Glaucon d'Athènes » G 21, *DPhA* III, 2000, p. 484-485). Platon fait d'eux un portrait amical, en les dépeignant comme des hommes dociles et authentiquement désireux de parvenir au terme de la recherche. Tous deux sont l'objet de l'attention et de l'estime de Socrate, mais Platon ne leur a pas confié un rôle dialectique déterminant. Comme plusieurs autres interlocuteurs des dialogues, ils sont sincères, intéressés par le progrès de la discussion et ils acceptent de laisser à Socrate toute la liberté nécessaire pour développer ses positions. Leur attitude est donc une attitude de collaboration conviviale et Socrate ne manque pas une occasion de leur témoigner sa gratitude et de louer leur docilité. À travers la sympathie de Socrate, pourrait-on dire, c'est l'affection fraternelle de Platon qui s'exprime et son admiration pour la vaillance (II, 368a) et les dispositions philosophiques de citoyens athéniens exemplaires. Glaucon est doué pour les arts et pour les exercices physiques (III, 398c) et il montre de l'ardeur en tout. Adimante semble plus porté vers les choses de l'esprit, d'un naturel porté vers la philosophie et c'est à lui que Socrate choisit de s'adresser quand il est question de peindre les traits du philosophe.

La richesse du portrait de Socrate dans la *République* exigerait une étude séparée. Maître du jeu, il se montre au sommet de son art, jouant du dialogue avec finesse et parfois avec ironie. Mais le trait majeur du portrait que Platon en donne ici est le contraste entre les dialogues brefs, nerveux, où l'échange se montre pressé d'atteindre le but et les morceaux plus élaborés, et dans certains cas majestueux ou tragiques, où Socrate apparaît comme un esprit lyrique, porté par un projet philosophique sublime et conscient de sa place dans la culture grecque. Son rapport à Homère en est l'exemple le plus vif : critique de la poésie aux livres II et III, Socrate ne manque pourtant pas une occasion de le vénérer, même si l'apostrophe du livre X exprime une déception politique certaine. Ce Socrate doit certes encore beaucoup au maître des dialogues aporétiques de la première période, mais il en transgresse le genre et les limites pour atteindre le modèle même du philosophe dont Platon cherche à stimuler l'éclosion dans la cité juste. Formé par la poésie et les sciences, sa sagesse fait de lui l'objet de l'amour des dieux. Dans la scène célèbre de la caverne, Platon ne peut avoir dépeint le martyre du philosophe cherchant à convaincre ses concitoyens de l'existence d'une réalité supérieure sans penser que ses contemporains y reconnaîtraient Socrate. Quand le philosophe retournant dans la caverne est exécuté par ses concitoyens, le souvenir de la mort de Socrate ne pouvait qu'être présent à tous les lecteurs du dialogue.

Platon semble avoir voulu exploiter la tension entre l'acceptation des valeurs traditionnelles et le nouvel intellectualisme, le rationalisme représenté par la sophistique dont Thrasymaque est le porteur véhément, un mouvement alimenté par le nouveau cosmopolitisme d'Athènes. Cette tension est centrale dans la *République*, elle explique non seulement le choix du cadre dramatique, mais toute la structure littéraire de l'œuvre. Cette structure propose en effet une fresque historique et culturelle, qui s'amorce dans une ouverture centrée sur les valeurs traditionnelles et emblématisée par un culte importé de l'extérieur et une fermeture où Platon revient à un exposé mythique élaboré et à une eschatologie reposant sur un récit traditionnel. De la procession aux flambeaux du livre I à la procession du jugement des morts qui vient la clôturer au livre X, la *République* est profondément dramatique. Les personnages mis en scène illustrent tous les registres de cette dramatisation : du vieillard Céphale et de ses fils, qui représentent la culture traditionnelle, en passant par le sophiste Thrasymaque et les interlocuteurs philosophes, au rang desquels Platon a privilégié ses frères Adimante et Glaucon, c'est toute la société grecque qui est convoquée pour mener à son terme la recherche sur la nature de la justice, le destin du juste et l'interprétation des cycles de l'histoire, esquissée au livre VIII.

Même en l'absence d'une chronologie certaine pour le cadre temporel de l'entretien de la *République*, on ne peut qu'être surpris du silence de Platon sur l'avènement de la Tyrannie des Trente, à laquelle il fait pourtant allusion en parlant des sycophantes (I, 340d) et sur les renversements politiques qui se succédèrent jusqu'à la mort de Socrate, alors même que l'entretien met en scène Polémarque, Nicératos et Lysias qui furent historiquement des victimes de ce régime politique. Platon ne pouvait pas ne pas avoir à l'esprit la communauté de destin tragique, sous des régimes différents, qui avait uni ses protagonistes, et au premier rang d'abord Socrate, et il savait que ce destin constituait pour ses contemporains l'horizon de lecture de son œuvre. C'est en ce sens que la structure du dialogue ne fait qu'approfondir les liens des personnages : Socrate, qui conduit l'entretien du début à la fin, participe symboliquement à chacun des moments dramatiques du dialogue.

Comme Polémarque, il boit la ciguë en 399[a], et comme le philosophe de la caverne, il est exécuté ; mais comme le philosophe, il est également exalté, et dans la scène finale décrite par un témoin mythique, Er le Pamphylien, on peut considérer la célébration du juste comme lui étant directement adressée.

LA PLACE DE LA *RÉPUBLIQUE* DANS L'ŒUVRE DE PLATON

Si on en croit le début du *Timée*, la trilogie inachevée formée du *Timée*, du *Critias* et de l'*Hermocrate* aurait été dans l'esprit de Platon la suite de la *République*. La *République* ne permet pas de confirmer l'existence, même comme projet, de cette trilogie. On peut néanmoins reconnaître une certaine parenté thématique entre le *Timée* et la *République* et déjà Aristophane de Byzance (⟶A 405), le successeur d'Ératosthène (⟶E 52) à la Bibliothèque d'Alexandrie à la fin du IIIe siècle (*ca* 194[a]), les avait classés dans une même trilogie, la première. Cette classification reprenait probablement l'édition académique, et selon **19** H. Alline, *Histoire du texte de Platon*, Paris 1915, réimpr. Genève 1984, p. 97, elle avait une autorité quasi canonique. Ce classement fut repris par Thrasylle, un savant alexandrin du Ier siècle de notre ère, qui est l'auteur, avec Dercyllide (⟶D 87), de la présentation en tétralogie des dialogues. On peut situer cette parenté sur deux plans : d'abord sur le plan de l'histoire d'Athènes, dont les deux dialogues évoquent, de manière plus ou moins directe, à la fois la grandeur et les vicissitudes historiques, mais surtout sur le plan de la métaphysique. Le *Timée* et la *République* ont en effet en commun d'être les deux dialogues qui comportent des exposés complets de la doctrine des formes intelligibles, présentés dans un ensemble qui lie la cosmologie et l'ontologie de manière systématique. Toute perspective critique en est absente et la synthèse de la métaphysique et du projet politique y est élaborée selon les mêmes principes fondamentaux.

Si tout ce qui précède la *République* la prépare, plusieurs dialogues rédigés dans la dernière période de la vie de Platon en prolongent la réflexion. De la *République* au *Politique*, le statut de l'ordre politique se modifie quelque peu en se concrétisant ; tout en demeurant le modèle de la justice, il s'assortit de précisions sur l'art royal requis de ceux qui veulent s'investir dans le gouvernement de la société. La métaphore du tisserand précise celle du médecin et le grand mythe des âges nous donne quelque lumière sur la distance qui toujours pour Platon sépare l'histoire de la forme intelligible. Les *Lois* représentent un état de la philosophie politique qu'on juge généralement plus concret et plus élaboré. Il est sans doute inexact d'y voir un projet entièrement différent de la *République* ; dans les *Lois*, Platon présente une législation détaillée, assortie de mesures pratiques, et il s'agit là du complément nécessaire de la *République*. La présence des interlocuteurs de Sparte et de Crète, sans cesse contrastée sur le discours de l'Athénien, veut précisément définir les modèles qui doivent guider le projet législatif. L'aristocratie militaire de Sparte, la tradition crétoise d'autorité, figures implicites de la *République*, sont rapportées de manière explicite dans les *Lois* à l'idéal athénien de la rationalité. L'unité de la philosophie politique de Platon est en général mal appréciée. Le lecteur de la *République* comprend souvent mieux le sens d'une proposition s'il en voit la portée dans les *Lois*: ces deux œuvres s'interprètent l'une par l'autre. Toutes deux sont motivées par le projet de contrer l'arbitraire des lois, de vaincre la sophistique et d'assurer à l'ordre politique des fondements autres que la violence et la coercition

ANALYSE DE LA *RÉPUBLIQUE*

L'entretien rapporté dans la *République* propose un argument central relatif à la justice et la présence d'exposés complémentaires détaillés sur plusieurs questions de métaphysique, de poétique, de psychologie et de philosophie politique n'en brouille jamais le développement. La structure de l'œuvre est claire et manifeste un souci de composition d'une exemplaire précision. Bien que la *République* nous soit transmise en une suite de dix livres, cette disposition segmentée est entièrement artificielle; les ruptures introduites par les éditeurs alexandrins entre les livres II, III et IV, et plus loin entre les livres V, VI et VII, et VIII et IX, correspondaient sans doute à des exigences codicologiques. Pour en faire l'analyse, on peut toujours se reporter à la lecture de Diès **6**, qui propose d'y retrouver une structure d'ensemble divisée en cinq grandes parties. Cette structure générale est la suivante et elle correspond au plan proposé par Leroux **37** (cité plus loin):

I.	Ouverture. Les conceptions traditionnelles et sophistiques de la justice	Livre I, 327a-354c
II.	La définition de la justice	Livres II, 357a – IV, 445e
III.	Les conditions de réalisation de la cité juste	Livres V, 449a – VII, 541b
IV.	Les formes de l'injustice dans la cité et dans l'âme individuelle	Livres VIII, 543a – IX, 592b
V.	Fermeture. Les récompenses de la justice et le mythe final	Livre X, 595a – 621d

I. Ouverture de la République. Les conceptions traditionnelles et sophistiques de la justice (I, 327a-354c)

La *République* s'ouvre sur une scène religieuse, alors que les interlocuteurs sont rassemblés dans la maison de Céphale au Pirée. Socrate interroge le vieillard sur la vieillesse et sur la place de la richesse dans l'accès à la vie heureuse. Céphale est-il inquiet face à la mort et quelle est son attitude face aux récits concernant l'Hadès? Évoquant Pindare, Céphale expose ses motifs d'espérance: sa richesse lui a permis d'être juste envers les autres. Mais qu'est-ce que la justice? S'agit-il seulement de dire la vérité et de rendre aux autres leur dû? Faut-il par exemple rendre à un homme qui a perdu la raison son couteau? Ce premier entretien permet d'évoquer les conceptions traditionnelles de la justice (I, 327a-331d), mais il est vite conclu: Céphale se retire et laisse la place à son fils Polémarque. Celui-ci propose une définition: la justice consisterait à «faire du bien à ses amis». Ce second entretien (I, 331e-336a) se concentre sur l'interprétation d'une maxime de Simonide, que Socrate entreprend de critiquer en faisant voir les apories auxquelles elle conduit: en quel sens en effet peut-on parler de l'utilité de la justice (333e), si comme tout art utile, la justice est capable du bien et du mal ? Ces apories sur l'utilité laissent entrevoir un Socrate heureux de pouvoir critiquer les poètes et recourant aux techniques habituelles de la réfutation.

C'est alors qu'intervient le sophiste Thrasymaque (I, 336b-354c) qui propose la définition suivante : "la justice est l'intérêt du plus fort" (338c). Laissant de côté l'art des dialogues socratiques, Platon se déplace ici vers une discussion qui rappelle le *Gorgias,* notamment par l'introduction de la question du bonheur du juste. Se fondant sur la présomption de l'avantage du plus fort (339e-340e), le sophiste soutient que la justice correspond toujours à l'utilité et à l'intérêt de celui qui gouverne, du plus fort (341a). À cette thèse, Socrate rétorque qu'au contraire tout art, comme par exemple la médecine, se développe dans l'intérêt du plus faible et en tenant compte du bien. Thrasymaque introduit alors une nouvelle définition : la justice est un bien étranger (343c), elle sert toujours le bien de l'injuste, de celui qui peut profiter de son avantage (344c) et qu'en conséquence seule l'injustice est profitable. L'argument de Socrate soutient au contraire que la justice est plus profitable. Il introduit ensuite la question du sort du juste et de l'injuste : la question du bonheur (348a) et celle de la rétribution concluent cet entretien, alors que les positions du sophiste et de Socrate apparaissent comme irréconciliables. Selon Thrasymaque, l'injustice est habileté et vertu, alors que Socrate soutient que la justice est sagesse et bonté (350c). Cet entretien se termine sur une discussion de la fonction de chaque chose, par exemple les outils ou les organes, ce qui permet de voir la vertu ou excellence propre à chaque fonction (353a-354c). L'âme humaine possède une fonction, c'est la vie humaine, et la vertu qui lui permet de l'accomplir selon l'excellence, c'est la justice. Socrate en conclut que c'est l'homme juste qui vit une vie bonne et connaît le bonheur, et non l'homme injuste.

II. *La définition de la justice (II, 357a – IV, 445e)*

Glaucon intervient alors, exprimant son insatisfaction face à la position du sophiste : comment accepter l'immoralité de la thèse qui donne à l'homme injuste le droit de faire ce qui lui plaît et comment accepter que l'injustice soit la vie heureuse ? Il exige donc de Socrate qu'il réfute définitivement les conceptions inacceptables de la justice (II, 357a-362e). Argumentant par l'absurde, il entreprend un éloge de l'injustice, évoquant notamment la légende de l'anneau de Gygès, qui rendait invisible celui qui le possédait et lui permettait de se livrer à toutes les exactions sans être puni. Tous ne voudraient-ils pas posséder un tel anneau ? N'est-ce pas la preuve du désir de l'injustice ? (359c-360d). Adimante intervient à son tour (362d-368a), pour proposer les arguments en sens contraire : il évoque les poètes et les récompenses promises au juste, les châtiments qui attendent l'injuste. Mais ces récits sont pleins de propos inacceptables et exigent une critique : la religion populaire veut montrer que les dieux peuvent être influencés par les prières, est-ce pensable sans faire injure aux dieux ? Toute la mythologie de la rétribution doit donc être soumise à la critique et il faut trouver une autre méthode pour définir la justice : s'agit-il seulement de se persuader qu'elle nous apportera des bienfaits (366d) ? Adimante exhorte donc Socrate à entreprendre une démarche qui montrera non seulement que la justice est un bien en raison de ses conséquences, mais un bien en soi (367d-e). On peut donc considérer tout ce passage (II, 357a-367e) comme une transition de la critique des conceptions athéniennes vers la conception philosophique de la justice.

À ce point tournant de l'entretien, Socrate accepte en effet de mener la recherche selon ses convictions et il entreprend de développer la méthode qui constitue le dispositif métaphysique de la *République* : c'est l'analogie de l'âme et de la cité. Dans le second segment de cette deuxième partie (II, 368c – IV, 427c), il expose en effet cette analogie : d'abord de manière négative, en se concentrant sur la formation de l'injustice, puis de manière positive en cherchant à préciser comment la cité pourrait être juste. La méthode psycho-politique est donc une méthode complexe, qui s'appuie à la fois sur un argument historique, la genèse historique de la cité injuste, et la transition vers un argument métaphysique, la possibilité de la cité juste. Ce très long morceau incorpore des développements majeurs sur plusieurs points qu'on peut considérer comme indirectement liés à l'argument central sur la nature de la justice : la critique des poètes, les épreuves requises pour la sélection des gardiens, les règles de la cité juste. Mais tous ces développements concourent à illustrer la construction du paradigme de la cité juste, dont le modèle est indispensable à la compréhension de la vertu de justice pour l'âme humaine. Chaque élément de la démonstration politique sera en effet réinvesti dans le morceau suivant, consacré à la dialectique de la justice dans l'âme et à la proposition de l'idéal de la vie philosophique.

Le thème psycho-politique est introduit par une comparaison de Socrate : comme la lecture de petits caractères est rendue plus aisée par celle de plus grands (368b-369b), ainsi la nature de la justice dans l'âme humaine, en tant que vertu, sera plus lisible si elle est d'abord recherchée dans la cité. Socrate amorce cette recherche par des considérations d'anthropologie politique, en proposant d'examiner d'abord la formation de la cité de nature (369b-371d). Il présente en effet l'origine de la cité en décrivant un premier regroupement humain, caractérisé par sa simplicité, et il en décrit l'évolution vers une société complexe, caractérisée par la spécialisation des tâches. Mais cette première cité est également l'occasion de l'apparition de l'injustice, une situation qui exige la formation de corps spécialisés (372a-376c). Car la cité saine des origines est envahie par la cupidité, et elle se transforme rapidement en cité prédatrice (373d) et guerrière. La sécurité conduit en effet à la mise sur pied d'une armée et l'ensemble des tâches du gouvernement de la cité doivent être confiées à un corps spécialisé, celui des gardiens, lesquels devront être choisis avec rigueur. On examinera surtout les aptitudes requises de ces responsables de la cité : bon naturel, courage, ardeur, instinct philosophique (375e). Les qualités naturelles de ces gardiens seront par ailleurs l'objet d'une éducation vigilante. Les qualités physiques seront cultivées par la gymnastique, et les dons intellectuels par la poésie et la musique. Dans ce développement, Platon se déplace d'une considération historique de l'avènement de l'injustice à l'examen des conditions nécessaires pour éviter la corruption et l'immoralité : c'est au cours de ce développement que l'argument psycho-politique se détache d'un examen empirique des cités pour se concentrer sur la recherche théorique d'un modèle purifié de la justice. La transition est cependant marquée d'un certain flou : Socrate parle de la nécessité d'un travail préliminaire (376d), mais le passage d'un examen centré sur la genèse à une critique de l'éducation et à la proposition de modèles idéaux n'est pas justifié. On se retrouve donc dès lors, dans le morceau suivant, dans une entreprise réformatrice et constructive, pas seulement généalogique et critique.

La discussion relative à l'éducation des gardiens concerne donc l'avènement de la cité juste et Socrate va soumettre cette éducation à une critique radicale de la poésie véhiculée par les mythes, principalement ceux d'Homère et de la tragédie. (II, 376c – III, 412c). Non seulement Socrate se livre-t-il à une critique sévère des croyances populaires, mais il propose également un ensemble de modèles pour la rédaction des récits à venir dans la cité juste. C'est à cette occasion que Platon évoque la notion d'une théologie purifiée, appelée à remplacer la mythologie archaïque (II, 376c-398b). Le contraste établi par Socrate entre les récits vulgaires sur les métamorphoses des dieux ou leurs actions immorales et la doctrine attendue des futurs poètes est considérable, Platon formulant ici rien de moins que les principes d'une métaphysique de la divinité où les prédicats de simplicité et de bonté divine sont déterminants. La proposition est précise également sur le plan littéraire, elle comprend en effet des règles pour la diction et elle formule des normes pour l'imitation dans le récit, et dans le dialogue dramatique. Ce passage contient à la fois une doctrine esthétique, qui annonce la métaphysique des modèles intelligibles exposée plus loin, et une théorie politique et morale relative à l'importance des fictions dans le gouvernement des cités : car ce n'est pas seulement l'âme des gardiens qui doit être exposée aux modèles supérieurs, mais aussi l'ensemble de la population. Cette esthétique n'est pas limitée à l'examen des formes poétiques dans la littérature, car elle comprend également une proposition sur les formes musicales qu'il faut privilégier. Socrate expose en effet une critique très détaillée (II, 398c – III, 403c) des rapports de la poésie comme récit et de la poésie comme musique, dans la récitation chorale par exemple. Cette critique touche également la musique à proprement parler instrumentale, par une discussion des critères régissant la promotion de certaines harmonies et de certains rythmes jugés plus propices au développement de l'harmonie de l'âme. Au terme de cet examen, Socrate se déplace ensuite vers la discussion du rôle de la gymnastique dans l'éducation (III, 403c-412b) : il promeut en effet un idéal de simplicité, autant dans la diète que dans le soin du corps, et il encourage à une pratique de la gymnastique qui nourrit la force morale, le courage et la sagesse. Cet exposé pédagogique se termine par l'évocation de la nécessité d'un équilibre, fondé sur la complémentarité de la gymnastique et de la musique. C'est en effet en joignant la beauté morale de l'âme et les qualités physiques du corps que le gardien idéal pourra atteindre la sagesse et la modération : cet idéal de mesure (412a) caractérise la pédagogie de Platon, qui déclare en concluant que de tels êtres sont de parfaits disciples des Muses et qu'ils sont souverainement harmonieux. Seuls de tels êtres peuvent protéger la cité de l'injustice.

La question épineuse du choix des gardiens fait l'objet du développement suivant (III, 412c-414c) : Socrate commence par l'examen des critères qui doivent présider à ce choix, le principal étant l'intérêt de la cité et il présente ensuite un ensemble d'épreuves destinées à choisir les meilleurs candidats. Ces épreuves, à la fois physiques et morales, annoncent le programme éducatif qui leur sera destiné et que Platon réserve à un exposé ultérieur. La qualité principale attendue des candidats est la constance, la capacité de résister à l'opinion commune ou aux pièges de la séduction. Socrate distingue ensuite les gardiens, au sens propre, ceux qui commanderont, et les auxiliaires, ceux qui les assisteront (III, 414b) ; il expose ensuite leur mandat dans une section qui regroupe plusieurs éléments disparates (III, 414b – IV, 423d). Socrate présente d'abord le dispositif idéologique en vertu duquel la légitimité des gardiens sera présentée à la population de la cité : il s'agit du « noble mensonge », et du mythe des races et de l'autochtonie. Ces récits, référant à une tradition ancienne de tripartition des classes, ont pour but de justifier la division de la cité. Platon les introduit avec hésitation, et l'exposé est précautionneux. La suite introduit le mode de vie des gardiens, caractérisé par une éducation rigoureuse, un habitat modeste et un régime austère. Soutenus par la cité, les gardiens ne reçoivent aucun salaire et ne sont pas encouragés à poursuivre la richesse. Ce exposé se termine par une note sur les limites idéales du terrritoire de la cité et sur les exigences fondamentales pour le maintien de son unité. Le principe de base est ici, comme partout dans la *République*, la concentration de chacun sur sa tâche propre (IV, 423d).

Socrate expose ensuite un ensemble de règles nécessaires à la constitution de la cité juste (IV, 423e-427c). Ce développement peut être considéré comme la conclusion de tous les exposés précédents dans cette section, mais aussi comme l'introduction à la dialectique de la justice qui suit. Socrate en effet insiste de nouveau sur la priorité de l'éducation, annonçant ainsi le programme prévu pour les gardiens et qui sera exposé plus loin. Il revient également sur l'importance de la tradition dans la musique et la gymnastique, de manière à consolider sa proposition de modèles austères et moraux. Il insiste également sur l'idéal législatif de la cité juste, un idéal qui impose une législation austère ainsi que l'énoncé de principes justifiant les prescriptions et les lois. Comme l'exercice conduit dans la *République* est un travail de fondation, Socrate conclut cet exposé en évoquant la primauté de l'institution religieuse : comme pour toute fondation, la nouvelle cité, régie par une constitution juste, sera soumise à la loi d'Apollon (427b-c), exégète ancestral de toutes les traditions législatives.

À cette jonction de l'entretien, Platon introduit une césure très nette : Socrate, en effet, déclare que la cité est maintenant fondée et qu'il faut maintenant tenter de voir où résident la justice et l'injustice, quelles sont leurs différences et laquelle est nécessaire au bonheur (427d). Cette question fait donc retour sur le sujet du dialogue, que Socrate va reprendre sur la base de la structure sociale et politique de la cité qu'il vient d'esquisser. Il s'agit d'une section du dialogue à tous égards capitale, et dont l'interprétation détermine la lecture de tout ce qui va suivre. Ce passage présente en effet la dialectique de la justice (IV, 427e-445e), une analyse philosophique menée en suivant une méthode introspective qu'on peut considérer comme la fondation de la psychologie morale. Platon énumère d'abord la liste des vertus de la cité, qui sont au nombre de quatre : sagesse, courage, modération et justice et il montre que chacune caractérise une des classes ou corps constitués de l'ensemble de la cité. La sagesse appartient au corps des gouvernants (429a) et le courage appartient d'abord au corps des guerriers auxiliaires. La modération est certes présente dans le corps des gouvernants, mais elle semble caractériser surtout les membres de la classe des artisans producteurs. Où se situe donc la quatrième vertu, la justice ? La question est difficile (432c), mais au fond, déclare Socrate, la réponse est évidente : la justice est le devoir universel d'exercer sa fonction propre (433a) et en tant que vertu, elle procure aux autres vertus la force de se maintenir et apparaît ainsi comme la condition de l'excellence de la cité (433d). De la même manière, l'injustice résulte de la transgression du principe de la tâche propre (434c). Socrate dispose donc à présent de la réponse à la question formulée au point de départ de l'enquête, lorsqu'il présentait la méthode psycho-politique : il sera possible, en effet, de transférer sur l'individu ce qui vient d'être établi au sujet de la cité (434e). Ce passage résume tout l'argument de la *République* et Socrate récapitule à cette occasion l'analogie de la cité et de l'âme. Sur cette base, Socrate entreprend donc de montrer que l'âme elle-même est divisée en principes ou fonctions distinctes, lesquelles peuvent parfois entrer en conflit : dans une analyse de la distinction du désir et de la raison, et de leur opposition qui ne saurait être saisie que par une réflexion sur l'expérience des contraires, Socrate parvient à déduire l'existence d'un troisième principe, le principe intermédiaire : il le nomme *thumoeidês*, l'ardeur colérique et morale qui peut prendre parti aussi bien pour la raison que contre elle, en se rangeant du côté du désir. Cette analyse met donc en place une structure dynamique de l'âme humaine, représentée par le moyen d'une analogie politique qui permet d'en comprendre le modèle moral. La justice et l'injustice dans l'âme individuelle ne peuvent être comprises que par la saisie de l'harmonie ou du déséquilibre de ses parties constitutives, par leur concorde ou leur discorde. Cette dialectique de l'âme conclut la seconde partie de la *République* : elle fournit à la fois le fondement de toute l'entreprise spéculative, puisqu'elle rend possible désormais une proposition sur la vertu de justice comme harmonie, et elle garantit du même coup la stabilité de la cité politique, en lui donnant un fondement métaphysique.

III. Les conditions de réalisation de la cité juste (V, 449a – VII, 541b)

Après avoir défini la justice par l'harmonie dans l'âme et dans la cité, une harmonie toujours fondée sur l'accomplissement de la tâche propre et des vertus concomitantes, Socrate peut maintenant entreprendre de préciser les conditions de réalisation de la cité juste. Il hésite, avoue-t-il, à les formuler clairement, en raison de leur caractère radical, mais Adimante et Glaucon l'exhortent à ne pas reculer (449a-451c). Socrate craint en effet que ces mesures ne soient qu'utopie, mais il cède devant les encouragements de ses interlocuteurs. Ces mesures soulèveront des objections, qui viendront par vagues fortes, mais Socrate se déclare prêt à les affronter et l'exposé qui suit, qui se termine sur la proposition des philosophes-rois, présente donc successivement trois propositions audacieuses (V, 451c – VI, 502e) : l'égalité des hommes et des femmes, la communauté des femmes et des enfants et la royauté des philosophes. La première mesure se fonde sur l'égalité des hommes et des femmes en ce qui concerne la capacité d'exercer la tâche de gardien. Sur cette base, Socrate soutient que le partage des fonctions est avantageux pour la cité et examine en particulier le cas de la guerre. Cette mesure entraîne une vague importante d'objections, mais Socrate introduit dans la foulée une seconde mesure : la communauté des femmes et des enfants pour le corps des gardiens, ce qui entraîne la deuxième vague d'objections (457d). Pourtant, Socrate ne se laisse pas atteindre et poursuit en proposant un ensemble de prescriptions relatives aux unions et aux enfants. Parmi celles-ci, les règles relatives à la communauté des gardiens (V, 461e-471c), et notamment le fait que les enfants ne puissent connaître leurs pères ou celles concernant la fécondité et les naissances, visent la cohésion du corps des gardiens : toute propriété serait néfaste (464c), la communauté se fondant d'abord sur l'accord et l'unité. Il faut donc promouvoir un idéal de fraternité. Le bonheur des gardiens ne dépend pas de satisfactions familiales, il est au contraire entièrement défini par le service de la cité. L'éducation guerrière des enfants stimule chez eux le courage et la bravoure. L'exposé se termine par l'énoncé de quelques mesures panhelléniques, par lesquelles la cohésion des cités grecques est posée comme un principe à ne jamais transgresser.

Cette cité est-elle possible ? peut-elle un jour se réaliser ? La question est posée sans détours (V, 471c-e) et Socrate soutient que la constitution qu'il promeut pour la cité à venir serait garante de son bien. Il déclare que cette cité est possible, mais il reste une condition fondamentale à examiner pour que l'avènement de cette cité se produise : c'est la troisième mesure, la plus radicale et qui entraînera la vague d'objections la plus forte (472a). Dans un long développement, Socrate assujettit en effet la réalisation de la cité juste à la possibilité d'existence de l'homme juste. Ce développement comprend deux parties, qui exposent la mesure et ses fondements philosophiques : d'une part, un exposé sur la nécessité de recourir à des gardiens possédant un naturel philosophe et sur la définition de la philosophie, d'autre part une dialectique de la connaissance, établissant le fondement du savoir des philosophes et de leurs privilèges (V, 471d – VI, 502c). Le passage célèbre sur la proposition des philosophes-rois (473c-d) est étroitement lié à cet ensemble sur les conditions de réalisation de la cité juste et Platon déclare que ce changement est non seulement possible, mais réaliste. Mais qui sont ces philosophes ? Platon non seulement crée le mot – en le formant à partir de termes désignant les amants de la victoire (philoniques) ou de la connaissance (philomathes), il propose de nommer amants de la sagesse (philosophes) ces êtres exceptionnels –, mais encore élabore-t-il une définition qui fait des philosophes des amants du beau en soi (476b-d). Cette définition demeurerait obscure si elle n'était aussitôt soutenue par une dialectique de la connaissance et de l'opinion, par laquelle Socrate montre que la connaissance supérieure du philosophe est une science véritable et qu'elle est le fondement de son privilège politique (VI, 484a). Platon expose à cette occasion les principes d'une doctrine de la connaissance, qu'il présente dans un rapport symétrique avec une doctrine de l'être. À cette proposition radicale, Adimante fait une objection inspirée par le réalisme (487b-d) : les philosophes sont incapables de servir la cité, à quoi Socrate répond par l'image du capitaine de navire en proie à la mutinerie. Les philosophes sont rares et exceptionnels, et la cité a envers eux des devoirs. Les gouvernants dotés d'un authentique naturel philosophe doivent être distingués de ceux qui les imitent, notamment les sophistes qui montrent un naturel corrompu. Socrate expose alors les conditions de la vie philosophique et le modèle divin qui l'inspire (500c).

C'est alors que s'amorce le long développement consacré à l'éducation des rois philosophes, qui comprend à la fois un programme complet de sciences et l'apprentissage de la science philosophique, la dialectique (VI, 502c – VII, 541b). Ce développement contient les trois discours sur la formation ultime du philosophe, illustrée par le moyen de trois analogies : le soleil, la ligne et la caverne. Cet ensemble structuré présente non seulement la synthèse de l'éducation athénienne la plus élevée, mais aussi son prolongement dans la philosophie. Socrate ne sous-estime pas la complexité et la longueur du programme de ces études (504a) et le présente comme un « long circuit », visant un savoir suprême dont l'objet ultime est la forme du bien. La nature de ce bien demeure cependant un peu obscure (505a-509b), Socrate recourant à une première analogie pour la faire comprendre : le bien doit être saisi par une image (506e). Il introduit alors l'analogie du soleil (507b-509b), qui permet de saisir la différence du visible et de l'invisible, et la différence de causalité propre à chacun des domaines de l'ontologie (509c-521b). Cette première analogie, qui ouvre sans permettre d'y accéder sur une forme de théologie de l'être suprême que serait le bien, est complétée par une seconde analogue, empruntée aux figures de la géométrie : c'est la construction d'un schéma linéaire vertical, où Socrate propose de distinguer de manière symétrique quatre degrés d'être et quatre degrés de connaissance (509d-511e). Il revient alors sur la distinction de l'opinion et de la connaissance, introduite au livre V, dans le but de renforcer la différence fondamentale de l'être et du non-être, objet de l'opinion. Cet ensemble est complété enfin par un récit allégorique, qui constitue sans doute le passage le plus célèbre de l'œuvre platonicienne. Il s'agit de l'allégorie de la caverne (514a-518b), où Socrate invite ses interlocuteurs à se représenter le monde sensible comme l'intérieur d'une caverne, sur les parois de laquelle ne parviennent que les reflets indirects d'un monde extérieur, le monde intelligible. Des prisonniers attachés dans cette caverne sont maintenus dans l'illusion, mais l'un d'eux est détaché et contraint de se lever, et il découvre la réalité intelligible. Revenu pour libérer ses compagnons, personne ne le croit et il est martyrisé. Ces trois discours sont convergents et ils exposent à la fois les principes de la métaphysique de Platon et les fondements de toute législation politique. Le philosophe est amoureux de la vérité, et cet amour doit le conduire au sacrifice de sa vie pour libérer les autres de l'illusion du sensible.

L'exposé sur la formation philosophique des gardiens se poursuit par des compléments sur la nature de l'éducation (518b-519c) et sur les obligations qui en découlent pour les gardiens dans l'exercice de leur fonction de gouvernant. Socrate entreprend alors un exposé complet des sciences propédeutiques, car, avant de s'engager dans la discipline de la dialectique, il convient de se former d'abord aux sciences telles que l'arithmétique, la géométrie, l'astronomie, la stéréométrie et l'harmonie musicale. C'est seulement au terme de ce long parcours que le jeune gardien en formation, choisi pour ses qualités morales et son naturel philosophe, pourra entreprendre le segment final, celui de la dialectique et espérer parvenir, car il s'agit d'une grâce exceptionnelle, à la connaissance du bien (532c-535a). Cet exposé se termine par quelques considérations complémentaires sur le choix des gardiens (535a-541b).

IV. Les formes de l'injustice dans la cité et dans l'âme individuelle (VIII, 543a – IX, 592b)

Dans cette quatrième partie de la *République*, Platon crée ce que nous pouvons appeler déjà la «science politique». Se fondant sur le parcours des livres précédents, qui l'ont conduit à rendre l'avènement de la cité juste dépendant du pouvoir des rois philosophes et à justifier cette thèse par leur savoir dialectique, il aborde dans la foulée la question historique et concrète des divers régimes politiques. L'analyse qu'il propose repose sur une lecture de l'histoire athénienne, mais elle témoigne de sa connaissance de l'histoire de plusieurs cités grecques. Le modèle proposé est celui d'une généalogie des systèmes politiques (VIII, 543a – IX, 576b), se développant suivant une nécessité historique à la fois morale et politique. Platon associe en effet l'évolution des régimes à la transformation qui affecte les dirigeants et les citoyens de chacun d'entre eux ; c'est ainsi qu'il présente un exposé où chaque régime est décrit avec les traits propres au caractère moral de ses citoyens. Tous ces régimes sont défectueux, et s'enchaînent du meilleur vers le pire, en suivant une loi de dégénérescence qui semble inéluctable. Ce sont, dans l'ordre, d'abord la Timocratie (545c-550c), l'Oligarchie (550c-555b), la Démocratie (555b-562a) et finalement la Tyrannie (VIII, 562a – IX, 576b). Cette vision, à bien des égards très sombre et pessimiste, de l'histoire politique humaine n'est certes pas sans rapport avec l'expérience de Platon, telle qu'il la rapporte en particulier dans la *Lettre VII*. Quand il en conclut l'exposé, il attribue à une forme de grâce miraculeuse la régénération rendue possible par l'avènement, au sein même de la tyrannie, d'un naturel philosophique capable de restaurer le pouvoir du bien et les lois justes.

Faisant ensuite retour sur les questions qui ont mis en branle l'entretien de la *République*, Socrate revient sur la thèse du bonheur du juste : seul le juste est heureux (IX, 576c-592b). Cette thèse prend tout son relief après l'exposé des malheurs successifs des régimes corrompus, mais Platon entreprend ici de structurer la démonstration qui achève le dialogue par un ensemble de trois arguments qui permettent de revenir sur plusieurs exposés antérieurs. Il présente d'abord un argument politique (577c-580c), découlant de l'expérience tyrannique : c'est l'argument de la nécessaire servitude du tyran. Socrate présente ensuite un argument psychologique (580d-583c), fondé sur la distinction de diverses classes d'hommes. Le dernier argument est de nature métaphysique (583c-592b) : Socrate propose une comparaison des plaisirs, exposée dans le cadre de la psychologie morale, et cette comparaison établit le privilège de la spiritualité. Ces trois arguments montrent que le juste est le plus sage et le plus heureux des hommes, et ils apportent ainsi une réponse aux questions sur le bonheur du juste, telles qu'elles avaient été formulées dans le premier livre du dialogue.

V. Fermeture de la République. *Les récompenses de la justice et le mythe final (X, 595a-621d)*

La dernière partie de la *République* se compose de deux morceaux qui sont disposés en position symétrique des morceaux correspondants de l'ouverture du dialogue : d'une part, Platon revient sur la question de la critique des poètes, et en introduisant des mesures radicales de bannissement de la poésie de la cité juste, il fait écho à la critique développée aux livres II et III. Ce passage de conclusion (X, 595a-608d), à la différence des morceaux introductifs, est directement lié à la présentation de la métaphysique des formes intelligibles des livres VI et VII, et c'est parce que les compositions imitées ne sauraient être que de pâles copies de leurs modèles, comme le montre l'exemple du lit, que les poètes ne sauraient prétendre à un statut quelconque dans la cité harmonieuse. La cohérence entre ce passage et les morceaux plus accueillants des livres antérieurs a fait l'objet d'une littérature abondante : si en effet le rejet des arts de l'imitation doit avoir pour conséquence le bannissement d'Homère, comme nous le trouvons formulé ici, comment réconcilier cette esthétique fondée sur la censure avec la proposition d'une théologie purifiée aux livres II et III ? On a fait l'hypothèse que le livre X était un assemblage de matériaux mal intégrés dans la rédaction finale, mais les commentateurs s'entendent aujourd'hui pour dire que la conclusion de la *République*, et notamment son mythe eschatologique final, démontrent plutôt que le bannissement de la poésie est d'abord une critique du statut social des poètes et un refus de leur autorité politique. L'argument philosophique de la République doit en effet se conclure sur la préséance de la raison philosophique et c'est en effet sur cette affirmation que Socrate prend congé de ses interlocuteurs.

Le mythe final, qui expose dans une fresque grandiose une scène de résurrection des morts (X, 608c-621d), compte certainement parmi les pages les plus belles de l'œuvre platonicienne. Répondant à l'inquiétude de ceux qui doivent fonder leur espoir de rétribution dans la récompense promise au juste dans la vie future, Socrate propose un récit qu'il dit reprendre d'un soldat pamphylien, nommé Er. Après avoir exposé les perspectives générales de la rétribution et rappelé la doctrine de l'immortalité de l'âme (608c-613e), Socrate entreprend en effet de raconter le jugement des morts, tel qu'il est prononcé par les Parques devant qui défilent les justes et les injustes. Chaque âme reçoit sa récompense ou son châtiment, mais le mécanisme de la rétribution est encadré par la présentation d'un disposif cosmologique qui établit le règne de la Nécessité. Ce modèle, inspiré d'une conception astronomique complexe, se fonde sur le cycle éternel des renaissances et il incorpore le mythe de la métempsychose qui justifie la doctrine de la rétribution : en vertu de ce mythe, en effet, chaque âme est appelée à choisir le sort qui l'attend dans la vie future, Socrate étant attentif à montrer que les âmes justes choisiront de nouveau la justice, mais que les âmes injustes se trouveront contraintes de reproduire le choix de l'injustice, accomplissant ainsi une loi fatale et cyclique qui enchaîne l'injustice et la perpétuation du mal. Cette doctrine conduit donc le dialogue à son terme, alors que Socrate présente une exhortation finale à la justice et à la sagesse. Pour ceux que la dialectique rationnelle n'aura pas convaincus, le mythe peut conserver une utilité, car il nourrit l'espoir de la récompense de la justice, mais pour les philosophes, cet espoir est remplacé par l'accès rationnel aux fondements métaphysiques de la justice.

COMMENTAIRE DE LA *RÉPUBLIQUE*

Depuis le début de la philologie moderne, les commentaires de la *République* se sont multipliés et les débats sur les principes généraux de son interprétation sont aujourd'hui beaucoup plus complexes qu'au cours des dernières décennies. L'effort d'érudition, associé à plusieurs traductions, a conduit en effet à dépasser les perspectives principalement métaphysiques qui subordonnaient le commentaire du dialogue à l'interprétation du passage ontologique, jugé central, des livres VI et VII. Nous ne disposons d'aucune étude synthétique de l'histoire de ce commentaire, mais on trouvera une excellente amorce dans **20** G. A. Press, « Continuities and Discontinuities in the History of the *Republic* Interpretation », *ISPh* 28, 1996, p. 61-78. Cette attitude, qui est encore perceptible avant la seconde guerre mondiale, comme par exemple dans le grand exposé de **21** M. Heidegger sur l'analogie de la caverne, dans *De l'essence de la vérité. Approche de l'"Allégorie de la caverne" et du Théétète de Platon*. Texte établi par Hermann Mörchen. Trad. de l'allemand par Alain Boutot, coll. « Bibliothèque de philosophie », Paris 2001, 382 p., est aujourd'hui indissociable d'une lecture historique et politique, prenant appui sur l'étude du contexte athénien suite à la défaite de 404[a] aux mains de Sparte.

On peut en effet diviser en deux ensembles complémentaires les questions et problèmes qui sont l'objet de l'érudition platonicienne relative à la *République* aujourd'hui : d'une part, on peut regrouper l'ensemble des questions concernant la doctrine ontologique et métaphysique de Platon, telle qu'elle trouve dans la *Répu-*

blique son achèvement. Cette doctrine contient à la fois les propositions les plus claires sur les formes intelligibles, les degrés de la connaissance et du savoir et leur correspondance avec les niveaux de l'être, et la doctrine de l'âme tripartite, composée de trois principes reliés et distincts : la partie désirante, la partie intermédiaire et l'intellect. À cet ensemble se rattache aussi, même si la doctrine en est seulement implicite, la conception platonicienne du principe suprême, le Bien, présentée au livre VI. Cet ensemble a permis le développement d'interprétations philosophiques d'une grande richesse, notamment dans le commentaire d'orientation analytique intéressé surtout par les questions épistémologiques et de philosophie du langage. Mais on peut aussi penser au développement, très considérable, d'approches herméneutiques, telles que proposées par H.-G. Gadamer et reprises par une pléiade d'interprètes inspirés par les questions relatives à la différence ontologique. Parmi eux, on retiendra notamment le grand commentaire de S. Rosen **44** (cité plus loin).

Depuis la seconde guerre mondiale, un second ensemble de travaux s'est constitué, principalement dans la foulée des recherches historiques menées sur la culture athénienne et sur la sophistique. Qu'il s'agisse de l'éducation des gardiens, du corpus des sciences, de la typologie et de l'évolution des régimes politiques, de la fonction des poètes et des sophistes dans la cité, un vaste ensemble de questions a pris corps et forme pour nourrir la réflexion sur la thèse morale et politique de la *République* : comment, en effet, se demandent aujourd'hui les interprètes de cette nouvelle génération, faut-il comprendre le propos de Platon dans un dialogue qui propose un programme politique radical, celui d'une réforme générale de l'institution et du pouvoir de la cité grecque, mais qui semble l'assujettir d'abord à un projet de conversion morale personnelle ? La *République* est-elle un authentique projet politique, dont on devrait prendre à la lettre les dispositions législatives, ou n'est-elle qu'une métaphore destinée à illustrer la nécessité qui s'impose à l'âme individuelle de progresser vers le gouvernement de la raison ? Pour répondre à cette question cruciale, les historiens ont multiplié les enquêtes sur tous les aspects de l'histoire et de la culture grecques qui affleurent dans le texte de Platon, le but étant de montrer comment ce dialogue est à la fois une synthèse de la culture athénienne et une proposition critique. Ces approches ont permis de clarifier le sens du titre du dialogue, *Politeia*, et de montrer comment Platon intervenait dans un contexte marqué par un mouvement de réforme des constitutions politiques, où déjà Protagoras et Thrasymaque avaient fait leur marque. Voir sur toutes ces questions l'étude de **22** J. Bordes, *Politeia dans la pensée grecque jusqu'à Aristote*, « Collection d'Études anciennes », Paris 1982, 470 p.

Dans un recueil d'études récent, **23** G. R. F. Ferrari (édit.), *A Companion to Plato's Republic*, coll. « Cambridge companions to philosophy », Cambridge 2007, XXVI-533 p., nous trouvons une discussion de la question : qu'est-ce qui fait de la *République* un classique de l'histoire de la philosophie ? La réponse à cette question ne peut plus être seulement, comme autrefois, que la *République* est le texte fondateur de la métaphysique ; cette réponse doit en effet incorporer désormais la richesse du témoignage historique de ce dialogue et la force de sa proposition politique. Parmi ces questions ouvertes à présent sur une interprétation renouvelée, nous pouvons mentionner, à la suite de Ferrari, celles qui concernent la justice sociale, le mérite de la vie philosophique, la psychologie morale et la possibilité de la vertu. Toutes ces questions sont en pleine résonance avec la réflexion sur le rôle de la *République* dans l'histoire de la métaphysique, mais elles ont acquis à la période récente un haut degré d'autonomie, comme en témoigne le grand commentaire de Vegetti **38**, entrepris en 1998. Ce dernier a en effet rassemblé, pour chaque question relative à un point d'interprétation, des contributions érudites détaillées.

À ces deux ensembles de thèmes de recherche philosophiques et historiques, nous devons aussitôt ajouter un volet complémentaire de recherches littéraires et rhétoriques dont le volume est allé croissant depuis une vingtaine d'années : ce ne sont pas seulement les aspects poétiques qui enrichissent le texte qui sont étudiés, mais aussi la rhétorique et les aspects pragmatiques du dialogue, en tant que projet destiné à un auditoire particulier, de même que le rapport au style des orateurs contemporains et des tragiques. Le dialogue était-il proposé aux auditeurs de l'Académie ? Quel était son auditoire idéal ? Par ailleurs, quelle est la forme littéraire de l'ensemble du dialogue et comment interpréter les nombreuses correspondances qui semblent associer les parties symétriques du texte ? Le Socrate de la *République* est-il différent du personnage des dialogues antérieurs, et quel est son rapport aux deux interlocuteurs principaux, Adimante et Glaucon ? Parmi les contributions récentes, notons sur ce registre **24** H. Yunis, « The Protreptic Rhetoric of the *Republic* », dans Ferrari **23**, p. 1-26, qui analyse la transformation des interlocuteurs au fur et à mesure que le dialogue progresse : non persuadés de la valeur intrinsèque de la justice, ils sont tentés par la position du sophiste Thrasymaque et c'est l'argument entier de la *République* qui les convaincra. Cette analyse fait donc voir le dialogue comme un protreptique. On peut y joindre les travaux nombreux sur les liens entre l'argument philosophique du dialogue et la pratique du discours public et l'exercice en général de la parole politique, comme par exemple l'étude de **25** S. S. Monoson, *Plato's Democratic Entanglements. Athenian Politics and the Practice of Philosophy*. Princeton 2000, XI-252 p. Un autre volet important des études est celui qui cherche à situer la place de la *République* dans l'ensemble de la philosophie politique de Platon, comme par exemple **26** J.-F. Pradeau, *Platon et la cité*, coll. « Philosophies » 88, Paris 1997, 126 p., qui conteste, à juste titre, l'interprétation traditionnelle du rapport aux *Lois*. En vertu de cette interprétation, les *Lois* apporteraient une version, plus réaliste et corrigée, du programme utopique de la *République*, correspondant en gros à l'évolution biographique de Platon. On lira en ce sens la bonne synthèse de **27** C. Rowe, « The place of the *Republic* in Plato's Political Thought », dans Ferrari **23**, p. 27-54. À partir d'une lecture philosophique de l'ensemble des dialogues, cet auteur conclut à une profonde continuité dans la pensée politique de Platon.

Le projet philosophique de la *République* doit donc être interprété à la fois dans un cadre historique, qui permet d'en préciser la proposition politique, et dans un cadre métaphysique, orienté vers un modèle de justice idéale. L'argument général de la *République* consiste à relier la recherche de cette justice purement normative d'abord avec la genèse de la cité politique (II, 369b–IV, 427c), et ensuite avec la succession de ses formes dégénérées (VIII, 543a – IX, 592b) : la proposition des philosophes rois qui couronne cette approche trouve en effet son sens dans le projet de donner une responsabilité ultime au travail de la raison, dans l'espoir de vaincre les troubles de l'histoire politique. La discussion contemporaine a souvent concentré le débat autour du caractère utopique de cette proposition, et on y trouve un grand nombre d'études sur le caractère totalitaire de certaines mesures préconisées par Platon. Nous devons au livre de **28** K. Popper, *The Open society and its enemies,* t. I : *The Spell of Plato*, London 1945, traduction française par Jacqueline Bernard et Philippe Monod : *La société ouverte et ses ennemis,* t. I : *L'ascendant de Platon*, « L'ordre philosophique », Paris 1979, 256 p., la formulation classique de cette thèse : Platon serait à l'origine des positions anti-libérales qui ont influencé la pensée totalitaire, notamment par la proposition de restrictions importantes de la liberté. Selon Popper, Platon s'opposerait aux trois fondements de la pensée libéale : l'égalitarisme (élimination des privilèges de nature), l'individualisme (priorité des droits individuels) et le libéralisme qui réduit la fonction de l'État à la protection des droits des individus et de leur liberté. Le débat engendré par ce livre s'est concentré sur plusieurs propositions problématiques de la *République* : le statut des individus et de la communauté, la place du bonheur individuel, les conséquences du principe de la spécialisation fonctionnelle, l'inégalité dans l'accès à la vertu et au savoir, les fondements de la division des classes et de la coercition du groupe des gardiens. L'influence de ce livre n'a cessé de croître et malgré plusieurs réfutations importantes, l'essai de K. Popper demeure pour plusieurs l'interprétation classique de la *République* comme utopie totalitaire. Parmi les interprètes qui ont relevé cette interprétation pour la renverser, nous devons noter surtout **29** L. Strauss, *The city and man*, Chicago 1964, 245 p., traduction française : *La cité et l'homme*, nouvelle édition, coll. « Biblio essais » 4375, Paris 2005, 478 p., dont toute l'œuvre vient éclairer la question du droit naturel dans un cadre platonicien. Sur toutes ces questions, voir **30** A. Neschke-Hentschke, *Platonisme politique et théorie du droit naturel. Introduction à une généalogie de la culture politique européenne,* t. I : *Le platonisme politique dans l'Antiquité*, coll. « Bibliothèque philosophique de Louvain », Louvain/Paris 1995, XIII-276 p.

La *République* est-elle d'abord une proposition politique ou n'a-t-elle pour but que de préciser le modèle de vie morale que chacun doit réaliser intérieurement (472b-d, 592a-b) ? Cette question est une de celles qui nourrit le plus de discussions aujourd'hui, en raison de l'évolution importante des doctrines philosophiques de la justice et de la moralité. L'interprétation se trouve dès lors confrontée à une lecture individualiste du dialogue, qui semble contredite par le propos de Platon lui-même, ouvrant le *Timée* (17c) et référant à la *République* en ces termes « Hier donc, si je ne m'abuse, les propos que je tenais sur l'organisation de la cité portaient pour le principal sur cette question : quelle était, selon moi, la constitution la meilleure et quelle sorte d'hommes elle exigeait.» Justice de l'âme, justice de la cité ? Cette question ne trouve aucune réponse satisfaisante si on cherche à disqualifier la psychologie morale du livre IV, qui engage une doctrine complète de la justice comme vertu de l'âme, ou le thème politique de la cité juste, exposé dans les trois premiers livres et repris au livre VIII.

L'influence de la *République* dans l'Antiquité demeure difficile à préciser, mais nous devons noter que ce dialogue a favorisé l'institutionnalisation de la philosophie. L'Académie, qui fut principalement une école de science politique, est aussi la première institution philosophique. Son rôle dans la formation des monarchies hellénistiques ultérieures est réel et mesurable et le modèle de la *République* y représenta longtemps l'expression ultime de la pensée politique. Ensuite, la pensée politique de Platon a incorporé à son dernier stade, celui des *Lois,* une grande partie de la législation athénienne et a fait sienne la tâche pratique du législateur, avec les instruments auxiliaires de l'histoire politique et de la rhétorique. Elle amorce ainsi ce qui deviendra explicite avec Aristote : la sociologie politique et le droit comparé. Dans ses *Politiques* (II 1-3), Aristote a exposé la doctrine de la *République*, principalement pour en critiquer l'utopisme constitutionnel et les mesures excessives comme la communauté des femmes ; cela démontre qu'il en lisait la proposition comme un projet constitutionnel, et pas seulement comme une démarche spéculative sur le rôle de la raison.

LE TEXTE DE LA *RÉPUBLIQUE* ET LE COMMENTAIRE ANCIEN

L'histoire du texte de la *République* n'est pas différente de celle de l'ensemble des dialogues : nous pouvons en retracer les étapes tardives, comme le montre l'étude toujours valable de Alline **19**. Les textes des dialogues sont établis à partir de manuscrits qui reposent sur des prototypes du IXe siècle, lesquels auraient été recopiés à partir d'archétypes copiés entre le Ier siècle av. J.-C. et le Ve siècle de notre ère. Ces archétypes proviendraient d'exemplaires conservés dans les grandes bibliothèques hellénistiques (Alexandrie, Pergame, Athènes et Antioche). La première transmission, décrite dans la notice de Diogène Laërce III 37, fait état d'une transcription sur tablette de cire, ce qui ne doit sans doute pas s'entendre littéralement. Platon écrivait probablement sur des papyrus et à l'encre. Des copies circulaient assez librement et on peut faire état d'un certain nombre de bibliothèques privées à Athènes, notamment au Lycée. Nous ne pouvons cependant faire mention d'aucun indice attestant de l'existence d'une bibliothèque de l'Académie (Strabon XIII 1, 54). On se réunissait pour entendre lire certains ouvrages, comme par exemple ces textes de Zénon d'Élée dont fait mention Platon dans le *Parménide* (126 c). L'exemple de l'arcadienne Axiothea (☛A 517), venue à l'Académie déguisée en homme, après avoir entendu lire la *République*, est un bon indice de la diffusion de l'ouvrage (Diogène Laërce III 46). La division en livres ne peut être attribuée à Platon lui-même, plusieurs témoignages contradictoires rendant impossible l'identification d'une édition en livres séparés à l'époque de la première Académie. Sur toute cette question, voir la synthèse préparée par **31** Y. Lafrance, *Pour interpréter Platon*, t. II : *La ligne en République VI, 509 d – 511 e. Le texte et son histoire*, coll. « Noêsis », Montréal 1994, p. 19-245.

Le plus grand commentaire ancien de la *République* qui nous ait été transmis est incontestablement celui du néoplatonicien Proclus de Lycie [➨P 292] (412-485). Dans sa lecture, Proclus associe le *Timée* et la *République*, comme deux œuvres qui se complètent, ce qui explique qu'il récapitule dans son commentaire du *Timée* l'argument de la *République* (p. 28, 14 - 55, 26 Festugière) de manière élaborée. Par ce résumé de Proclus, nous apprenons que les philosophes de l'École avaient coutume de commenter la *République* de manière détaillée. Origène le Platonicien (➨O 41), Longin (➨L 63), Porphyre (➨P 263), Jamblique (➨I 3) et plusieurs autres sont en effet cités comme ayant tenu des interprétations divergentes sur plusieurs points, et en particulier sur le rapport entre la doctrine de la constitution politique, comme universel, et la philosophie de la nature. Dans leur recueil de témoignages sur l'histoire du platonisme antique, **32** M. Baltes et H. Dörrie, *Der Platonismus in der Antike. Grundlagen, System, Entwicklung*, Band 3 : *Der Platonismus im 2. und 3. Jahrhundert nach Christus*, Stuttgart/Bad Cannstatt 1993, ont donné tout le dossier concernant les traces du commentaire des dialogues. Aucun commentaire ne nous a été transmis avant celui de Proclus, mais il faut faire la part de l'importance des *Politiques* d'Aristote (➨A 414) ou du *De Republica* de Cicéron (➨C 123), qui sans être des commentaires, font néanmoins état d'une discussion élaborée des doctrines de la *République* à leur époque. Nous savons aussi que Harpocration d'Argos (➨H 9) avait écrit un commentaire en vingt-deux volumes, de même qu'Albinus (➨A 78) et Théon de Smyrne. La tradition du néoplatonisme arabe nous a transmis un commentaire d'Averroès sur certains passages, **33** E. I. J. Rosenthal, *Averroes' Commentary on Plato's Republic*. Edited with an introduction, translation and notes, coll. « University of Cambridge oriental publications » 1, Cambridge 1964 [1re éd. 1956], XII-337 p. (édition et traduction anglaise de la version hébraïque de Samuel ben Jehudah de Marseille). Voir également plus loin la section sur la Tradition arabe de Platon.

L'établissement du texte de la *République* a fait l'objet d'un travail assidu au tournant du XXe siècle. L'histoire de la tradition montre en effet que le texte a été lu avec rigueur et précision, de telle sorte que la transmission a livré un texte parmi les plus clairs et les plus indubitables de toute l'Antiquité. C'est la conclusion à laquelle arrive l'étude de Alline **19**, étude qu'on peut corriger et compléter par les travaux récents de **34** Gerard Boter, *The Textual Tradition of Plato's Republic*, coll. « Mnemosyne Supplements » 107, Leiden 1988, XXVII-386 p. Dans cette étude, l'auteur passe en revue la tradition grecque directe (manuscrits primaires et secondaires) et il examine toutes les traductions anciennes et modernes. Des éditions d'Aldus Manutius (1534) et de Henri Estienne [Stephanus] (1578) à celles de J. Adam (1902 ; rééd. 1965), John Burnet (1900-1907), Émile Chambry (1932-1934) et Paul Shorey (1930-1935), le texte s'est consolidé. Plus récemment, se fondant sur le travail critique de la génération précédente, **35** S. R. Slings (édit.), *Platonis Rempublicam recognovit brevique adnotatione critica instruxit S. R. S.*, coll. «Scriptorum Classicorum Bibliotheca Oxoniensis», Oxford 2003, XXIII-428 p., a donné une édition revue de l'ensemble du texte qu'on peut considérer comme l'édition contemporaine de référence.

BIBLIOGRAPHIE ESSENTIELLE

Plusieurs instruments de travail contiennent une bibliographie détaillée. On consultera d'abord le recueil d'études sur la *République*, préparé par Ferrari **23**, qui contient une bibliographie thématique très utile (p. 474-510). On consultera aussi, dans **36** M. Dixsaut (édit.), *Études sur la République de Platon*, coll. «Tradition de la pensée classique», Paris 2005, 2 vol. de 357 et 336 p., une excellente bibliographie préparée par A. Larivée (t. I, p. 297-330). La traduction française la plus récente, celle de **37** G. Leroux, *Platon. La République*. Trad. inédite, introd. et notes, coll. *GF* 653, Paris 2002, 801 p., contient également une bibliographie spécialisée (p. 735-760). Dans le recueil préparé par Ferrari **23**, on trouvera également une liste des principales traductions dans les langues modernes.

Le commentaire historique et philologique contemporain du dialogue est dominé par l'entreprise de **38** M. Vegetti, *Platone, La Repubblica, Traduzione e commento*, coll. «Elenchos» 28, 1-6, Napoli 1998-2007, 6 vol. On consultera aussi le recueil préparé par **39** G. Santas (édit.), *The Blackwell Guide to Plato's Republic*, coll. «Blackwell guides to great works», 1, Oxford 2006, IX-292 p. Parmi les ouvrages introductifs, voir d'abord **40** N. P. White, *A Companion to Plato's Republic*, Indianapolis 1979, VIII-275 p., qui présente une analyse détaillée de l'ensemble de l'argument du dialogue. Également, d'un point de vue analytique, les études introductives de **41** J. Annas, *An introduction to Plato's Republic*, Oxford 1981, 360 p., traduction française: *Introduction à la République de Platon*. Trad. par Béatrice Han. Préf. de Jacques Brunschwig, coll. «Les grands livres de la philosophie», Paris 1994, 474 p. Le commentaire philosophique de l'œuvre a donné lieu à des études majeures, au nombre desquelles on signalera **42** L. H. Craig, *The War Lover. A Study of Plato's Republic*, Toronto 1994, XXXVIII-439 p.; **43** C. D. C. Reeve, *Philosopher-Kings. The Argument of Plato's Republic*, Princeton 1988, XV-350 p.; **44** S. Rosen, *Plato's Republic. A Study*, New-Haven 2005, VIII-423 p.

GEORGES LEROUX.

TIMÉE (Τίμαιος)

Avec le *Critias* et l'*Hermocrate* qui ne fut jamais écrit, le *Timée* devait faire partie d'une trilogie décrivant l'origine de l'univers, de l'homme et de la société. Cette trilogie aurait permis à Platon de renouer avec le projet de ses prédécesseurs qui, à partir du VIᵉ siècle av. J.-C., prenaient le relais de poètes comme Hésiode en exposant ce que furent l'apparition et l'évolution de toute réalité, depuis le chaos primordial jusqu'à l'époque qui était la leur. Ces penseurs, auxquels la tradition donna le nom de « philosophes », tentent dans des ouvrages qui se verront attribuer le titre générique *Sur la nature* (Περὶ φύσεως), de décrire l'origine de l'univers (macrocosme), celle de l'homme considéré comme un univers en miniature (microcosme) et celle de la société, imaginée comme le paradigme auquel devrait se conformer la cité réelle. Le « philosophe » qui veut décrire l'origine de l'univers, de l'homme et de la société se trouve aussi démuni que le poète. Comme lui, il est forcé de tenir un discours qui ne peut être déclaré ni vrai ni faux, dans la mesure où la référence de ce discours échappe à celui qui le tient, qui ne peut tout naturellement pas avoir été le témoin de l'origine de l'humanité, et encore moins de celle de l'univers. Ce type de discours, c'est le mythe.

Comme tout récit, le mythe se déploie dans le temps et décrit les actions de personnages particuliers dotés d'une véritable personnalité. Voilà pourquoi, dans un certain nombre de passages, la mise en ordre du monde sensible est située dans un passé éloigné. C'est aussi la raison pour laquelle le démiurge, qui représente la raison, est doté de personnalité, travaille à la façon d'un artisan et d'un paysan, et tente de convaincre la « nécessité » de collaborer avec lui dans le but de faire apparaître un monde où l'on trouve assez de permanence et de régularité pour que l'homme puisse le connaître, en parler et y agir. Le mythe entre en contradiction avec les exigences d'une explication qui doit transcender le temps et ne faire intervenir que des entités générales ou abstraites. Une telle contradiction se trouve au cœur du *Timée*. Certains, comme Aristote, l'ont versée à leur critique de la cosmologie platonicienne, d'autres ont voulu la résoudre. Mais l'attitude la plus raisonnable et la plus économique est de reconnaître cette contradiction en considérant que, dans le contexte historique qui était le sien, Platon ne pouvait que donner à son explication cosmologique une allure « mythique ».

Dans le *Parménide* (134b5-c2), Parménide recommande le maintien de l'hypothèse de l'existence des formes intelligibles. Sans elles, nomination et pensée deviennent impossibles (*Parménide* 133 b4-134e7), puisqu'une chose sensible doit entretenir une relation avec une Forme aussi bien pour recevoir un nom (*République* IV, 438b-c) que pour être objet de connaissance (*République* IV, 438c-e). On peut donc dire que, dans le dialogue qui porte son nom, Parménide s'attaque à la difficulté que pose la participation des choses sensibles aux formes intelligibles, et non à l'hypothèse de l'existence de ces formes elles-mêmes. La première partie du *Parménide* peut alors être interprétée comme un inventaire d'objections qui, éliminant une conception des formes intelligibles conçues comme des réalités en soi, mènerait à leur assimilation à des catégories, des types. Voilà pourquoi les tenants de cette interprétation révisionniste des Formes ont voulu situer la rédaction du *Timée* avant celle du *Parménide* et tout juste après celle de la *République*. En fait, comme on le considère généralement, la persistance de l'hypothèse des formes intelligibles considérées comme des réalités en soi dans le *Timée* ne fait pas plus problème que le fait qu'il s'agisse là d'un dialogue de vieillesse.

Mais la question de la participation y est reprise à nouveaux frais, en se fondant sur la notion de ressemblance entendue comme relation asymétrique. Cette notion de ressemblance se fonde sur les trois convictions suivantes : (1) il peut y avoir plusieurs images d'un même modèle, mais leurs caractéristiques communes dépendent de ce modèle ; (2) les images présentent une fidélité plus ou moins grande à l'égard de leur modèle, mais jamais elles ne pourront s'égaler et donc s'identifier à lui ; (3) pour savoir de quoi quelque chose est l'image il faut au préalable connaître le modèle dont dépend cette image.

Une telle façon de concevoir la participation confine la forme intelligible au rang de cause "exemplaire". En d'autres termes, les images en quoi consistent les choses sensibles dépendent de la Forme qui est leur modèle pour ce qui est de leurs caractéristiques, mais non pour ce qui est de leur existence. De plus, rien n'explique pourquoi, à la différence de leur modèle, des choses sensibles, qui pourtant présentent des caractéristiques communes, sont multiples et distinctes les unes des autres.

Il faut d'abord expliquer pourquoi les choses sensibles viennent à l'être, pourquoi elles sont produites, c'est-à-dire rendre compte de leur apparition et de leur disparition ; c'est là le rôle du démiurge qui fabrique le monde et l'homme, dotés l'un et l'autre d'un corps et d'une âme. Il faut aussi expliquer pourquoi elles sont distinctes les unes des autres, c'est-à-dire pourquoi aucune ne peut occuper la même place qu'une autre, et pourquoi de ce fait elles sont multiples ; c'est là qu'intervient le matériau ou la χώρα. Il faut enfin expliquer pourquoi même si elles ne cessent de changer et de se mouvoir, les choses sensibles présentent assez de permanence et de régularité pour que l'on puisse les penser, en parler et y agir ; c'est ce dont rendent compte les mathématiques. Du coup, entendre la participation non pas comme "présence dans" mais comme "ressemblance à", amène à parler du matériau, du démiurge et des mathématiques comme des fictions nécessaires.

Par ailleurs, le monde et l'homme sont des vivants, où se trouvent associés un corps et une âme qui rend compte de tous leurs mouvements, psychiques aussi bien que physiques. La régularité et la permanence de ces mouvements se trouvent assurées par le fait que dans l'âme règne une harmonie mathématique, du genre de celle qui prévaut en musique. Tous les corps sont formés à partir de quatre éléments seulement, feu, air, eau et terre, associés à quatre polyèdres réguliers, tétraèdre, octaèdre, dodécaèdre et cube ; et leurs transformations incessantes s'expliquent à partir de "règles de dérivation" mathématiques.

On trouve aussi dans le *Timée* une description de la formation et du fonctionnement de l'homme au niveau biologique, sensoriel et psychique, ce qui implique un rapport avec l'éthique. Une longue section du *Timée* est dédiée à la constitution du corps humain à partie de la moelle et de la chair, du bon fonctionnement de son appareil digestif et respiratoire et des maladies qui peuvent le frapper. On trouve aussi une analyse fine et intéressante des différents organes des sens et des mécanismes qui leur sont associés. Et c'est l'insertion de l'homme dans le monde et l'harmonie hiérarchique entre son corps et son âme, et entre les parties de son âme qui permet de définir une éthique et même une politique déterminées.

Le *Timée*, qui reste traditionnel dans sa visée et dans son exposé, apparaît cependant très novateur par la nature de l'explication qu'il propose. Pour la première fois dans l'histoire, Platon pose le problème de la connaissance scientifique : une explication scientifique doit présenter un caractère de nécessité et d'idéalité qui ne peut être déduit de façon immédiate des données fournies par la perception sensible. De plus, Platon pose les jalons de ce qui va devenir la méthode utilisée dans toute recherche se prétendant scientifique, même si les axiomes qui constituent son système sont posés *a posteriori*, même si les règles d'inférence demeurent implicites, même si l'observation reste très limitée et même si la vérification expérimentale est pratiquement inexistante. Enfin et surtout, Platon fait des mathématiques l'instrument permettant d'exprimer certaines des conséquences qui découlent des axiomes qu'il a posés ; avec Aristote et jusqu'à la Renaissance, l'outil formel auquel eut recours la cosmologie redeviendra le langage ordinaire.

Cela n'empêcha pas le *Timée*, qui donna lieu à un apocryphe néo-pythagoricien, *Sur la nature du monde et de l'âme*, de devenir le dialogue de référence dans l'Ancienne Académie, chez Philon d'Alexandrie (➚P 150) et dans le médioplatonisme ; même si, pour le néoplatonisme, il fut remplacé comme dialogue de référence par le *Parménide*, le *Timée* a donné lieu à des commentaires célèbres, celui de Porphyre et surtout celui de Proclus. Le dialogue, qui fit l'objet d'un abrégé de la part de Galien (➚G 3), fut traduit en latin par Cicéron (➚C 123) et surtout par C[h]alcidius (➚C 12) au IVe siècle de notre ère, qui en proposa un commentaire en latin, lequel permit, avec le commentaire de Macrobe *Sur le songe de Scipion,* de faire connaître Platon au moyen-âge.

Études d'orientation. Sur la date de composition du *Timée* : **1** G. Ryle, «Plato's *Parmenides*» (1939), repris dans **2** R. E. Allen (édit.), *Studies in Plato's metaphysics*, London 1965, p. 97-184 ; **3** G. E. L. Owen, «The place of the *Timaeus* in Plato's later dialogues» (1953), repris dans Allen **2**, p. 313-338, et dans **4** G. E. L Owen, *Logic, science and dialectic. Collected papers in Greek Philosophy,* edit. by Martha Nussbaum, Ithaca [NY] 1986, p. 66-84 ; **5** H. Cherniss, «The relation of the *Timaeus* to Plato's later dialogues» (1957), dans Allen **2**, p. 339-378, et dans **6** H. Cherniss, *Selected papers*, edit. by L. Tarán, Leiden 1977, p. 298-339 ; **7** Chr. Gill, «Plato and Politics : the *Critias* and the *Politicus*», *Phronesis* 24, 1979, p. 148-167 ; **8** E. Ostenfeld, «The role and status of the Forms in the *Timaeus* : Paradigmatism revisited ?», dans Calvo et Brisson **24** (cité plus loin), p. 167-177 ; **9** R. Ferber, «Why did Plato maintain the "Theory of Ideas" in the *Timaeus* ?», dans Calvo et Brisson **9**, p. 167-177 ; **10** *Id.*, «Perché Platone nel *Timeo* torna a sostenere la dottrina delle idee», *Elenchos* 18, 1997, p. 5-27.

Sur le plan : **11** Platon, *Timée/Critias*. Traduction inédite, introduction et notes par L. Brisson. avec la collaboration de Michel Patillon pour la traduction, coll. *GF* 618, Paris 1992 (avec une très riche bibliographie analytique).

Traductions et commentaires. 12 F. M. Cornford, *Plato's Cosmology. The Timaeus*, translated with a running commentary, London 1937 ; **13** H. G. Zekl, *Timaios*, Hamburg 1992.

Commentaires. 14 M. Baltes, *Die Weltentstehung des Platonischen Timaios nach den antiken Interpreten*, t. I : [avant Proclus], coll. « Philosophia antiqua » 30, Leiden 1976 ; t. II : Proklos, coll. « Philosophia antiqua » 35, Leiden 1978 ; **15** M. Baltes (édit.), *Timaios Locros, Über die Natur des Kosmos un des Sell, kommentiert von M. B.*, coll. « Philosophia antiqua » 21, Leiden 1972 ; **16** R. Giomini, *Ricerche sul testo del Timeo ciceroniano*, coll. « Studi e saggi » 9, Roma 1967 ; **17** D. T. Runia, *Philo of Alexandria and the Timaeus of Plato*, coll. « Philosophia antiqua » 44, Leiden 1986 ; **18** C. J. Larrain, *Galens Kommentar zu Platon Timaios*, coll. « Beiträge zur Altertumskunde » 29, Stuttgart 1992 ; **19** J. H. Waszink (édit.), *Calcidius, Timaeus a Calcidio translatus commentarioque instructus*, Leiden 1962 ; **20** A. R. Sodano (édit.), *Porphyrius, In Platonis Timaeum commentariorum fragmenta*, Napoli 1964.

Sur le commentaire de Proclus : **21** E. Diehl (édit.), *In Platonis Timaeum commentaria*, coll. *BT,* 3 vol, Leipzig 1903-1906 ; **22** *Commentaire sur le Timée*. Traduction et notes par A. J. Festugière, 4 vol., Paris 1966-1968 ; **23** *Commentary on Plato's Timaeus* [trad. angl. par plusieurs traducteurs], 3 vol., Cambridge 2007.

Recueil d'articles. 24 T. Calvo, et L. Brisson (édit.), *Interpreting the Timaeus and Critias. Proceedings of the Fourth Symposium Platonicum. Selected Papers,* Sankt Augustin 1997 ; **25** L. M. Napolitano Valditara (édit.), *La sapienza di Timeo. Riflessioni in margine al Timeo di Platone*, Milano 2007 ; **26** C. Natali et St. Maso (édit.), *Plato Physicus. Cosmologia e antropologia nel "Timeo"*, Amsterdam 2003 ; **27** A. Neschke-Hentschke (édit.), *Le Timée de Platon. Contributions à l'histoire de sa réception*, Louvain 2000 ; **28** G. J. Reydams-Schils (édit.), *Plato's Timaeus as Cultural Icon*, Notre Dame 2003 ; **29** R. W. Sharples et A. Sheppard (édit.), *Ancient Approaches to Plato's Timaeus*, London 2003.

Interprétations et commentaires modernes. 30 L. Brisson, *Le même et l'autre dans la structure ontologique du Timée de Platon*, Sankt Augustin 1998[3] (première édition 1974) ; **31** M. Burnyeat, « *Eikos muthos* », *Rhizai* 2, 2005, p. 143-165 ; **32** Th. K. Johansen, *Plato's Natural Philosophy. A Study of the Timaeus-Critias,* Cambridge 2004 ; **33** C. Joubaud, *Le corps humain dans la philosophie platonicienne. Étude à partir du Timée*, Paris 1991 ; **34** D. R. Miller, *The third kind in Plato's Timaeus*, Göttingen 2003 ; **35** D. O'Brien, *Theories of weight in the Ancient world*, t. II : *Plato : Weight and Sensation. The two Theories of the "Timaeus"*, Leiden 1984.

Sujets divers.

Les Formes. **36** J.-F. Pradeau (édit.), *Platon : les formes intelligibles*, coll. « Débats philosophiques », Paris 2001 ; **37** L. Brisson, « Comment rendre compte de la participation du sensible à l'intelligible chez Platon ? », dans Pradeau **36**, p. 55-85 ; **38** H. F. Cherniss, « L'économie philosophique de la théorie des idées » [1936], dans Pradeau **36**, p. 155-176 (présentation et traduction par J.-F. Pradeau) ; **39** F. Fronterotta, « "Les Formes n'existent pas de la façon dont il le dit". La critique aristotélienne de Platon », dans Pradeau **36**, p. 129-154 ; **40** W. G. Leszl,

« Pourquoi des formes ? Sur quelques-unes des raisons pour lesquelles Platon a conçu l'hypothèse des formes intelligibles », dans Pradeau **36**, p. 87-127 ; **41** J.-F. Pradeau, « Les formes et les réalités intelligibles. L'usage platonicien du terme *eîdos* », dans Pradeau **36**, p. 17-54.

Le démiurge et la question de l'apparition du monde dans le temps. **42** A. Balansard, *Technè dans les dialogues de Platon. L'empreinte de la Sophistique*, avec une introduction de L. Brisson en anglais, Sankt Augustin 2001 ; **43** D. Runia, « The literary and philosophical status of *Timaeus'* proemium", dans Calvo et Brisson **24**, p. 101-118 ; **44** M. Baltes, « *Gégonen* (Platon, *Tim.* 28b7). Ist die Welt real entstanden oder nicht ? », dans **45** K. A. Algra, P. W. van der Horst et D. T. Runia (édit.), *Polyhistor. Studies in the history and historiography of ancient philosophy, in honor of Jaap Mansfeld*, coll. « Philosophia antiqua » 69, Leiden 1996, p. 76-96.

Le matériau. **46** J.-F. Pradeau, « Être quelque part, occuper une place. Τόπος et χώρα dans le *Timée* », *EPh* 1995, p. 375-399 ; **47** J. Kung, « Why the receptacle is not a mirror », *AGPh* 70, 1988, p. 167-178 ; **48** J.-M. Narbonne, « Note à propos de l'"extériorité" présumée du réceptacle platonicien », dans Calvo et Brisson **24**, p. 215-226.

Le statut des mathématiques. **49** M. Isnardi Parente, « Idee e numeri nel *Timeo* », Calvo et Brisson **24**, p. 187-193 ; **50** M. Caveing, *La constitution du type mathématique de l'idéalité dans la pensée grecque*, Villeneuve d'Ascq 1994-1998, 3 vol. ; **51** B. Besnier, « Genèses relatives et genèse originelle », dans **52** *Lecture du Timée de Platon*, Groupe de Philosophie de la Mafpen de Lille, 1994, p. 49-56.

Le corps du monde. **53** L. Brisson, « How and why do the building blocks of the universe change constantly in Plato's *Timaeus* (52a-61c) ? », dans Natali **26**, p. 189-205 ; **54** A. Macé, *Philosophie de l'agir et du pâtir*, coll. « International Plato Studies » 24, Sankt Augustin 2006.

L'âme du monde. **55** F. Lisi, « La construcción del alma del mundo en el *Timeo* (35a-b) y la tradición indirecta », dans Calvo et Brisson **24**, p. 251-259 ; **56** G. Reydam-Schils, « Plato's World soul : grasping sensible without sense-perception », dans Calvo et Brisson **24**, p. 261-264.

L'astronomie et l'éthique. **57** D. Sedley, « "Becoming like the god" in the *Timaeus* and Aristotle", dans Calvo et Brisson **24**, p. 327-339 ; **58** G. R. Carone, « The ethical function of astronomy in Plato's *Timaeus* », dans Calvo et Brisson **24**, p. 341-349.

L'âme humaine et la sensation. **59** L. Brisson, « Perception sensible et raison dans le *Timée* », dans Calvo et Brisson **24**, p. 307-316 ; **60** D. O'Brien, « Perception et intelligence dans le *Timée* de Platon », dans Calvo et Brisson **24**, p. 291-305 ; **61** *Id.*, « La définition du son dans le *Timée* de Platon », dans **62** M. Joyal (édit.), *Studies in Plato and the Platonic tradition. Essays presented to John Whittaker*, Aldershot 1997, p. 59-64 ; O'Brien **35** ; **63** U. Hirsch, « Sinnesqualitäten und ihre

Namen (zu *Tim.* 61-69) », dans Calvo et Brisson **24**, p. 317-324 ; **64** A. Merker, *La vision chez Platon et Aristote*, Sankt Augustin 2003.

Les antécédents du *Timée* de Platon et sa fortune. **65** G. Naddaf, « Plato and the Περὶ φύσεως tradition », dans Calvo et Brisson **24**, p. 27-36 ; **66** D. O'Brien, « L'Empédocle de Platon », *REG* 110, 1997, p. 381-398 ; **67** L. Brisson et F. W. Meyerstein, *Inventer l'univers. Le problème de la connaissance et les modèles cosmologiques*, coll. « L'âne d'or » 1, Paris 1991.

LUC BRISSON.

CRITIAS (Κριτίας)

Le récit attaché au nom de l'Atlantide se trouve chez Platon, au début du *Timée* (17 a-27b) et dans le *Critias*, le narrateur étant soit le tyran soit son grand-père. Mais quel statut donner à ce récit : récit historique ou fiction ? Des points de vue opposés continuent de s'affronter. Tout porte à croire pourtant que Platon, en proposant une allégorie politique, a « inventé » le roman historique. En racontant le combat mené par l'Athènes ancienne contre l'Atlantide, Platon dénonce l'Athènes maritime et impérialiste de son temps (décrite sous les traits de l'Atlantide), au nom d'une Athènes terrienne et conservatrice (décrite sous les traits de l'Athènes ancienne), fidèle à son glorieux passé. Après une assez longue introduction (106 a-109a), le *Critias* propose une description de l'Athènes primordiale (109 a-113 b), suivie d'une description de l'Atlantide (113 b-121 e). Puis le récit s'interrompt brutalement, sans raison apparente, laissant le lecteur à des spéculations qui n'ont pas cessé au cours des âges. On peut donc bien dire qu'il s'agit là du premier et du plus célèbre « roman historique » » de l'histoire.

Traduction. Platon, *Timée/Critias*, traduction inédite, introduction et notes par Luc Brisson, avec la collaboration de Michel Patillon pour la traduction, coll. *GF* 618, Paris 1992, 1999[4] ; Chr. Gill, *The Atlantis Story, Timaeus 17-27, Critias*, Bristol 1980(traduction et commentaire).

Études d'orientation. Chr. Gill, « Plato's Atlantis Story and the birth of Fiction », *Ph&L* 2, 1979, p. 54-78 (Platon est l'inventeur du roman historique) ; J.-F. Pradeau, *Le monde de la politique. Sur le récit Atlante de Platon*, Timée (*Tim. 17-27) et Critias*, Sankt Augustin 1997 (sur l'arrière-plan chez les historiens) ; P. Vidal-Naquet, *L'Atlantide : Petite histoire d'un mythe platonicien*, Paris 2005, version anglaise : *The Atlantis Story : A Short History of Plato's Myth*. Exeter 2007 (un roman historique destiné à critiquer la politique de son temps) ; W. Welliver, *Character, plot and thought in Plato's Timaeus-Critias*, coll. « Philosophia antiqua » 32, Leiden 1977 (un commentaire littéraire sur le mythe de l'Atlandide).

LUC BRISSON.

LOIS (*Νόμοι*)

Depuis qu'elles sont lues, les *Lois* ont souvent souffert d'être comparées à la *République*, l'autre grand dialogue que Platon a consacré à la cité, comme le fait Aristote au livre II de son propre traité constitutionnel, la *Politique*. Des siècles plus tard, les réserves d'Aristote sont toujours de mise : peu lues, sinon de façon fragmentaire, et presque toujours détachées du reste de l'œuvre platonicienne, les *Lois* sont souvent traitées comme un réservoir d'exemples ou de citations, à la manière d'une vaste anthologie. Les interminables prescriptions législatives des *Lois* paraissent bien ternes, lorsqu'on les compare à l'audacieuse charge que Platon mène contre Athènes et la démocratie dans la *République*, où il entreprend de saper les principes de la citoyenneté athénienne pour leur opposer ces trois mesures controversées que sont l'interdiction pour les « gardiens » de la cité de toute propriété comme de toute vie familiale, la participation des femmes aux activités civiques et militaires, et l'attribution du pouvoir aux citoyens les plus savants.

Un préjugé tenace préside à la lecture du dernier dialogue de Platon : si cette vaste description s'intéresse de si près à la réalité civique, jusque dans son détail quotidien, aux dépens d'exposés plus philosophiques, c'est que Platon, à la fin de ses jours, aurait renoncé aux exigences utopiques de la philosophie pour adopter une démarche pragmatique. Voilà qui expliquerait l'apparente absence d'enjeux philosophiques au profit de l'organisation des récoltes, ou bien encore le renoncement au gouvernement des savants au profit d'un régime politique plus libéral, une sorte d'oligarchie teintée de démocratie. Cette lecture du dialogue, qui continue d'avoir ses partisans, ne rend pas justice aux *Lois*. Loin d'être l'œuvre du renoncement ou du désenchantement d'un vieil homme, les *Lois* expriment une ambition politique et philosophique considérable, et rassemblent en une œuvre unique un projet philosophique et politique inédit.

Les *Lois* et la *République* ont pour point commun d'ordonner à l'institution d'une cité fictive l'ensemble des questions qui, selon Platon, définissent la réflexion philosophique. Dans ce but, Platon soutient d'abord qu'une cité ne saurait atteindre à l'excellence qu'à la condition que son gouvernement soit exercé par des hommes savants, instruits des fins de la vie commune et des moyens à mettre en œuvre afin que les citoyens soient formés à la vertu qui est la condition de leur bonheur commun. À cet égard, il va de soi que les plus savants des hommes, ceux qui connaissent, en plus et au-delà de toutes les autres, cette science véritable et première qu'on nomme « philosophie », seront les gouvernants de la cité. Platon soutient encore que la cité ne saurait trouver en elle-même le principe de l'excellence qu'elle se propose d'atteindre : la communauté des hommes ne se suffit pas à elle-même, mais elle doit au contraire chercher en dehors d'elle-même, dans la perfection du monde et de ses causes divines, la raison et le modèle de sa propre organisation et de sa possible réforme. C'est la raison pour laquelle l'institution de la cité a pour condition la connaissance de l'ordre du monde et des causes universelles de la bonté, connaissance qu'il revient à nouveau aux philosophes de produire. Et c'est là le projet des *Lois*, qui sont à leur façon le premier grand traité de philosophie politique de la tradition philosophique, mais aussi et surtout le premier grand traité systématique de cette tradition, liant enquête politique et législative, enquête éthique et anthropologique, et enquête sur la nature et sur le divin.

De façon à présenter rapidement mais de façon synoptique ce gigantesque traité qui couvre 345 pages dans l'édition Estienne, il convient d'en dégager le plan qui par la suite sera brièvement commenté.

PRÉAMBULE : La loi doit constituer la cité selon le plus grand bien (I, 624a-628e)

L'OBJET DE LA LÉGISLATION ET LES DIFFÉRENTES CONSTITUTIONS (I, 628e – III, 702e)

  A. Le but de la législation : la vertu tout entière (I, 628e-II, 674c)

   Les législations de Crète et de Lacédémone n'ont pas en vue la vertu tout entière (I, 628e-632d)
   Les espèces de la vertu (I, 632d-636e)
   La vertu et la maîtrise légale des plaisirs : l'éducation et l'ivresse (I, 636e – II, 674c)

  B. L'origine et l'histoire des constitutions (Livre III)

   Les cités après le déluge (III, 676a-693c)
   Les deux types constitutionnels : la Perse et Athènes (III, 693c-702b)
   L'heureux hasard d'une colonisation prochaine : il faut concevoir une cité « en paroles » (III, 702b-d)

CONSTITUTION DE LA CITÉ VERTUEUSE (IV, 704a – XII, 968e)

  A. Préambule à l'ensemble de la législation (IV, 704a – V, 734e5)

   Situation et disposition de la cité : lieu d'implantation et origine des colons (IV, 704a1-715e6)
   Discours aux colons (IV, 715e-718a)
   Recommandations au législateur (IV, 718a-719e)
   Nature, fonction et contenu des principaux préambules (IV, 719e – V, 734e)

  B. La législation (V, 734e – XII, 968e)

   1. Préliminaires constitutionnels : la cité et ses magistratures (V, 734e5 – VI, 768d)
     Purification de la cité (V, 735a-737b)
     Population et partage de la terre (V, 737c-740a)
     Nombre des foyers (V, 740a-741a)
     Exhortation aux citoyens (V, 741a-e)
     Les richesses (V, 741e-745b)
     La division du territoire (V, 745b-747e)
     Les magistratures et les charges (VI, 751a-768e)

   2. L'établissement des lois (VI, 768e – XII, 960b5)
     Introduction : la tâche législatrice (VI, 768e-771a)
     Les foyers (VI, 771a-772d)
     Les mariages et les biens domestiques (VI, 772d-785b)
     L'éducation (VII, 788a – VIII, 842a)
     La nourriture et l'usage des ressources agricoles et artisanales (VIII, 842b-848c)
     L'habitat et le commerce des denrées (VIII, 848c-850c)
     Les crimes et leurs châtiments (Livres IX et X)

À mesure que progresse l'entretien, plusieurs trames argumentatives sont poursuivies, mais toujours en fonction du but formulé dans le préambule : la loi doit constituer pour la cité le bien le plus grand.

La démonstration éthique débute à la faveur des considérations sur la vertu dans les deux premiers livres.

Au début du livre I, les trois interlocuteurs, menés par l'Étranger d'Athènes, s'accordent sur ce principe : la meilleure constitution et la meilleure législation sont celles qui permettent l'acquisition de la vertu tout entière à la cité tout entière. Un examen rapide de l'exemple crétois (représenté par Clinias) et de l'exemple spartiate (représenté par Mégille) montre que ces deux législations ont privilégié une seule partie de la vertu, le courage, plutôt que toute la vertu, et qu'elles ont poursuivi la guerre plutôt que la paix. Le bon législateur doit au contraire s'intéresser à la vertu tout entière, c'est-à-dire à la réflexion, à la tempérance, à la justice et au courage. C'est donc en examinant comment le législateur peut réaliser chacune de ces vertus que l'on pourra définir la meilleure législation.

Dans le livre II, les interlocuteurs poursuivent leur entretien et étendent les remarques qu'ils avaient faites à propos des banquets à l'ensemble de l'éducation, en soutenant que celle-ci doit permettre à l'homme de posséder des opinions vraies. L'éducation est ainsi et d'abord une maîtrise des affections, des plaisirs et des douleurs, et l'éducation « musicale », c'est-à-dire celle à laquelle contribuent tout à la fois la musique, la poésie et le chant, doit servir une telle maîtrise. Mais trouve-t-on dans l'histoire une constitution et une législation correspondant aux fins formulées par les interlocuteurs ?

L'histoire des constitutions et des cités, menée au livre III, commence après le déluge de Deucalion. Ce livre évoque des formes de vie pastorale et patriarcale, auxquelles vont se succéder un rassemblement des villages dans les plaines, puis de véritables cités comme le fut Troie. La suite de ce récit, qui avance en certitude et en exactitude au fur et à mesure de la chronologie, consistera en une histoire commune des trois monarchies doriennes (Argos, Messène et Lacédémone), puis de Lacédémone. Le récit historique s'interrompt pour reprendre avec l'examen de la monarchie et de la démocratie, qui sont examinées au travers de la corruption de deux régimes distincts mais également condamnés par l'histoire : l'empire despotique perse et la démocratie athénienne. La conclusion qui s'impose est la suivante : la bonne constitution, qui n'existe pas encore, devra associer une certaine servitude à une véritable liberté.

Dans le livre V, les interlocuteurs fondent la cité « en parole » : ils lui donnent un lieu d'implantation en Crète, puis sélectionnent les colons qui sont appelés à en devenir les citoyens. S'adressant à eux, les « fondateurs » décrivent les conditions dans lesquelles une cité sera ordonnée : ils évoquent à ce titre le souvenir de l'âge de Kronos, celui d'un gouvernement divin et parfait, puis encore la possibilité, humaine cette fois, que le législateur puisse, dans un premier temps, asseoir son autorité sur la souveraineté et la force d'un tyran, de façon à accélérer son action. Ils leur rappellent que le dieu est la mesure de toutes choses, puis s'adressant au futur législateur, ils lui expliquent qu'il devra toujours légiférer en faisant précéder chaque loi d'un préambule, pour faire que la loi soit respectée non seulement par peur de la sanction mais avant tout par la persuasion.

Le livre VI commence par la description des principales magistratures et de leur mission. Et avec sa seconde partie, débute l'exposé de la législation, qui se poursuivra en suivant l'évolution de la vie du citoyen de sa naissance jusqu'à sa vieillesse et à sa mort.

– On trouve d'abord les principes du droit familial, en incluant le droit relatif à la procréation. Il convient de noter que le droit familial est indissolublement lié au partage du territoire civique en lots et surtout à la nécessité de perpétuer ce partage.

– Après avoir décrit la scolarité des enfants puis des adolescents, les interlocuteurs exposent, dans le livre VII, les principes et les moyens de l'éducation collective par les discours et les arts publics : musique, danse, art lyrique et théâtre sont tous soumis à l'autorité gouvernementale. Le livre s'achève sur une double exigence : celle d'abord d'une éducation mathématique que l'on réservera aux citoyens les plus doués pour leur permettre de recevoir une éducation scientifique entière ; celle ensuite d'une éducation physique qui s'achève pour sa part dans la pratique de la chasse, où le citoyen satisfait ainsi à l'exercice de cette activité en même temps qu'il parcourt le territoire civique.

– Le livre VIII énumère les lois qui doivent présider à la vie civique et accompagner la vie du citoyen adulte. Ce sont celles qui portent sur les fêtes et les célébrations religieuses qui rythment la vie de la cité, sur l'entraînement guerrier et sportif, puis sur les mœurs sexuelles qui doivent prévaloir en son sein. La loi entreprend ensuite de préciser comment doivent être organisées les différentes activités productrices et commerciales : les interlocuteurs se prononcent alors sur l'agriculture, l'artisanat, puis encore sur l'organisation des marchés et les différentes sortes de commerce.

– Le livre IX énumère les peines consécutives aux délits, dont certaines avaient déjà été évoquées. Ce sont désormais les délits « les plus graves » et les crimes qui vont être examinés. Cet exposé pénal se distribue en trois grandes rubriques, qui correspondent aux trois aspects principaux de la nature humaine selon Platon : l'âme, le corps et les biens extérieurs dont l'homme fait usage. Il présente par ailleurs une très grande originalité, car les crimes y sont reconduits à des dispositions psychiques, que le législateur et le juge doivent connaître et guérir. La connaissance des mobiles, et notamment du caractère volontaire ou non des actes commis, joue un rôle considérable dans l'appréciation du châtiment.

– Le livre X poursuit l'examen pénal en considérant les délits commis à l'égard du sacré. Ces délits sont de deux ordres : ils concernent les propriétés sacrées, notamment les temples, et la piété. L'essentiel du livre est consacré au préambule de la loi contre l'impiété. Les *Lois* donnent ici à la constitution son fondement religieux, c'est-à-dire cosmologique, en expliquant comment le monde est divinement ordonné par une âme, et comment la méconnaissance du rôle de la divinité est la menace la plus grave qui pèse sur la sauvegarde et sur l'excellence de la cité.

– Poursuivant la description des peines, le livre XI contient l'essentiel du dernier chapitre d'une enquête qui en compte trois : l'atteinte contre les âmes que constituent les meurtres ; celle contre les corps que constituent les coups et blessures ; enfin, les atteintes contre les biens, qui sont ici décrites et prises pour objet de la législation qui examine les délits relatifs à la propriété et à l'échange des biens, au commerce, puis les différentes règles qui doivent présider à l'administration domestique.

– Le livre XII, le plus long du dialogue, s'ouvre sur des considérations pénales diverses : le parjure, la description du travail des redresseurs, la corruption des magistrats, des considérations sur la propriété, les funérailles ou encore sur l'impôt. L'unité thématique en est toutefois constituée par les diverses obligations civiles qui doivent prévaloir et les différents torts et dommages à l'encontre de la cité.

La fin du livre renoue avec la trame narrative de l'entretien auquel elle vient mettre fin en donnant à la cité sa « tête » et son « intellect », en l'espèce du Collège de Veille qui la dirigera. L'*Épinomis* cherchera à définir cette institution suprême.

Pour comprendre la démarche de Platon dans les *Lois*, il faut rappeler que, selon le philosophe, la véritable identité de l'homme réside en sa ψυχή, que nous traduisons aujourd'hui par le terme « âme ». Aussi bien en l'homme que dans la totalité du monde, c'est l'âme qui rend raison de tout mouvement, qu'il soit matériel (croissance, locomotion, etc.) ou immatériel (sentiments, perception sensible, connaissance intellectuelle, etc.). Dans une telle perspective, un projet constitutionnel ne saurait s'en tenir à la description des moyens appropriés à la poursuite des richesses ou bien à la victoire sur les ennemis. Les *Lois* produisent certes une telle description, et c'est bien ce qui les distingue des autres textes politiques de Platon, mais le territoire, la ville et les villages qu'elles construisent dans le discours sont ordonnés à la poursuite du but principal de la pensée comme de l'action politique : l'acquisition et la pratique de la vertu tout entière par la cité tout entière. Et de cette acquisition et de la pratique de la vertu, Platon fait de la loi le moyen privilégié. Le projet politique des *Lois*, dont l'ambition aura peu de postérité dans la tradition philosophique, déconcerte sans doute les lecteurs modernes que nous sommes, ne serait-ce que parce que l'ambition d'inscrire une cité vertueuse dans un monde divinement ordonné n'est plus à nos yeux un projet politique sensé. En dépit de son étrangeté, un tel projet politique nous permet toutefois de prendre conscience des limites et des carences de nos sociétés qui, réservant à la sphère privée les croyances et les convictions, se préoccupent surtout de la gestion des corps des citoyens par rapport à leur environnement matériel. Les *Lois* nous rappellent que la politique doit aussi et d'abord se préoccuper de l'éducation du citoyen, qu'il faut convaincre d'obéir aux lois avant que de l'y forcer.

Bibliographie (exclusivement consacrée aux *Lois*) : **1** T. J. Saunders, *Bibliography on Plato's Laws,* revised and completed with an additional Bibliography on the *Epinomis* by L. Brisson, Sankt Augustin 2000.

Éditions et traductions [classées par ordre chronologique]. **2** D.F. Ast (édit.), *Platonis Leges et Epinomis* [édition et commentaire], 2 vol., Leipzig 1814, puis 1824 (dernier volume des *Platonis quae exstant opera*) ; **3** G. Stallbaum (édit.), *Platonis opera omnia recensuit et perpetua annotatione illustravit G. Stallbaum* [édition annotée], vol. X sect. I-III : *Platonis Leges et Epinomis,* Gotha/Erfurt 1859-1860 ; **4** J. Burnet (édit.), *Platonis opera* [édition seule], t. V, Oxford 1907 ; **5** O. Apelt (édit.), Platon *Gesetze,* übersetzt und erläutert von O. Apelt, 2 vol., Leipzig 1916, réimpr. 1945 ; **6** E.B. England (édit.), *The Laws of Plato* [édition annotée], 2 vol., Manchester/London 1921, réimpr. New York 1976 ; **7** R.G. Bury (édit.), *Plato with an English Translation :* IX-X, *Laws,* coll. *LCL,* London/New York 1926 ; **8** L. Robin (édit.), *Platon, Œuvres complètes,* t. II, coll. «Bibliothèque de la Pléiade» 64, Paris 1942 [traduction seule] ; **9** Éd. Des Places et A. Diès (édit.), *Platon, Œuvres complètes, XI-XII, les Lois,* introduction de A. D. et L. Gernet, 4 vol., *CUF,* Paris 1951-1956 ; **10** T.J. Saunders (édit.), Plato, *The Laws,* Harmondsworth 1970 (traduction anglaise), réimpr dans : *Plato, Complete Works,* ed. with introduction and notes by J.M. Cooper (Associate editor : D.S. Hutchinson), Indianapolis/Cambridge 1977 ; **11** T.J. Saunders, *Notes on the Laws of Plato,* coll. «Institute of Classical Studies» Suppl. n° 28, London 1972 [contient un important répertoire des erreurs de l'édition des Belles Lettres] ; **12** K. Schöpsdau (édit.), *Nomoi (Gesetze)* [traduction allemande et commentaire], Göttingen, en cours de publication (1994 : Buch I-III ; puis 2003 : Buch IV-VII) ; **13** F.L. Lisi (édit.), Platón, *Diálogos,* vol. VIII et IX, Madrid 1999 [traduction espagnole fondée sur le texte de Burnet] ; **14** L. Brisson et J.-F. Pradeau (édit.),

Platon, *Les Lois*, vol. 1 : Livres I à VI ; vol. 2 : Livres VII à XII, coll. *GF* 1059 et 1257, Paris 2006.

Les commentaires [classés par ordre chronologique]. 15 C. Ritter, *Platons Gesetze. Kommentar zum griechischen Text*, Leipzig 1896, réimpr. 1985 ; **16** U. von Wilamowitz-Moellendorff, *Platon* : t. I : *Sein Leben und seine Werke*, Berlin 1920, 5. Aufl. bearb. und mit einem Nachwort versehen von B. Snell, Berlin 1959 ; t. II : *Beilagen und Textkritik*, Berlin 1920, 3. Aufl. bearb. und mit einem Nachwort vers. von R. Stark, Berlin 1962 ; **17** G. Müller, *Studien zu den platonischen Nomoi*, München 1951 ; **18** G.R. Morrow, *Plato's Cretan City. A Historical Interpretation of the "Laws"*, Princeton 1960, réimpr. 1993 ; **19** H. Görgemanns, *Beiträge zur Interpretation von Platons Nomoi*, München 1965 ; **20** M. Piérart, *Platon et la cité grecque. Théorie et réalité dans la Constitution des « Lois »*, Bruxelles 1974, réimpr. Paris 2008, avec une postface ; **21** J.-M. Bertrand, *De l'écriture à l'oralité. Lectures des "Lois" de Platon*, Paris 1999 ; **22** C. Bobonich, *Plato's Utopia Recast. His Later Ethics and Politics*, Oxford 2002.

Recueils d'études et numéros spéciaux de périodiques sur les *Lois* [classés par ordre chronologique]. 23 J.-F. Balaudé (édit.), « D'une cité possible, sur les *Lois* de Platon », numéro du *Temps philosophique* (Université de Nanterre), 1, 1995, Publication du département de philosophie de l'Université de Paris X-Nanterre, 1996 ; **24** A. Havlíček et F. Karfík (édit.), *The* Republic *and the* Laws *of Plato. Proceedings of the First Symposium Platonicum Pragense*, Prague 1999 ; **25** F.L. Lisi (édit.), *Plato's* Laws *and its Historical Significance*. Selected papers from the First International Congress on Ancient Thought [Salamanca 1998], Sankt Augustin 2000, 351 p ; **26** J.-F. Pradeau (édit.), « Les *Lois* de Platon », numéro de la *RPhilos* 2000/2001, p. 3-122 ; **27** J.-M. Bertrand, L. Brisson et J.-F. Pradeau (édit.), « Sur les *Lois* de Platon », numéro des *CCG*, 11, 2000, p. 7-101 ; **28** S. Scolnicov et L. Brisson (édit.) *Plato's* Laws : *from Theory to Practice. Proceedings of the Sixth Symposium Platonicum*, Sankt Augustin 2003 ; **28bis** « Les *Lois* de Platon », numéro de *RFHIP* 6, 2002.

Études diverses. 29 C. Bobonich, « Persuasion, compulsion and freedom in Plato's *Laws* », *CQ* 41, 1999, p. 363-388 ; **30** R. Bodéüs, « Pourquoi Platon a-t-il composé les *Lois* ? », *LEC* 53, 1985, p. 367-372 ; **31** L. Brisson, « La loi dans les *Lois* de Platon », *MUSJ* 61, 2008, p. 347-358 ; **32** G.R. Carone, « Teleology and evil in *Laws* X », *RMetaph* 48, 1994, p. 275-298 ; **33** H.F. Cherniss, compte rendu de G. Müller, *Studien zu den platonischen Nomoi*, dans *Gnomon*, 25, 1953, p. 367-379 ; **34** A. Fouchard, « *Astos*, *politès* et *épichôrios* chez Platon », *Ktèma* 9, 1984, p. 185-204 ; **35** M. Gagarin, « Le code de Platon et le droit grec », dans E. Lévy (édit.), *La Codification des lois dans l'Antiquité* (Actes du Colloque de Strasbourg, 27-29 novembre 1997, Strasbourg 2000), Strasbourg/Paris 2000, p. 215-227 ; **36** E. Klingenberg, *Platons Nomoi Georgikoi und das positive griechische Recht*, coll. « Juristische Fakultät, Abhandlungen zur Rechtswissenschaftlichen Grundlagenforschung » 17, Berlin 1976 ; **37** A. Laks, « L'utopie législative de Platon », *RPhilos* 1991, p. 417-428 ; **38** A. Larivée, « Du vin pour le Collège de veille ? Mise en lumière d'un lien occulté entre le Chœur de Dionysos et le νυκτερινὸς σύλλογος dans les *Lois* de Platon», *Phronesis* 38, 2003, p. 30-35 ; **39** J. Laurent, «Fil d'or et fils de fer : sur l'homme "marionnette" dans le livre I des *Lois* de Platon (644c-645a)», *ArchPhilos* 69, 2006, p. 461-473 ; **40** F. L. Lisi, *Einheit und Vielheit des platonischen Nomosbegriffes : eine Untersuchung zur Beziehung von Philosophie und Politik bei Platon*, Königstein/Taunus 1985 ; **41** *Id.*, «Nomos, paideia y logos filosófico. Una lectura del libro primero de las *Leyes*», *AEFUE* 10, 1987, p. 197-212 ; **42** L. Mouze, *Le législateur et le poète : une interprétation des Lois de Platon*, Villeneuve-d'Ascq 2005 ; **43** J.-F. Pradeau, «La loi est la production coutumière des mœurs. Remarques sur les *Lois* (VII 792c-793e) et le *Politique* (300bc) de Platon», *CPhS* 11, 2001, p. 9-21 ; **44** M. M. Sassi, «The self, the soul, and the individual in the city of the *Laws*», *OSAPh* 35, 2008, p. 125-148 ; **45** T. J. Saunders, *Plato's Penal Code. Tradition, Controversy and Reform in Greek Penology*, Oxford 1991 ; **46** R. Weil, *L'«Archéologie» de Platon*, Paris 1959 (commentaire suivi du livre III) ; **47** M. Woronoff, «Ville, cité, pays dans les *Lois*», *Ktèma* 10, 1985, p. 67-75.

LUC BRISSON.

ÉPINOMIS (Ἐπινομίς)

Tout porte à croire que l'*Épinomis*, qui se présente comme la suite des *Lois* (on y retrouve les mêmes interlocuteurs), n'est ni de Platon ni même de Philippe d'Oponte (➡P 131), lequel, d'après une tradition qui cependant n'est rapportée que par Diogène Laërce (III 37), aurait «édité» les *Lois*. L'*Épinomis* est une œuvre scolaire très systématique destinée à montrer que le programme des études des membres du Collège de Veille, la plus haute magistrature de la cité des *Lois*, décrite au livre XII, culmine dans l'étude de l'astronomie, laquelle se confond avec la théologie.

On note dans l'*Épinomis* deux différences importantes par rapport à l'astronomie évoquée dans le *Timée* et au livre X des *Lois*. Le fait que l'âme soit dirigée par un intellect qui assure régularité et permanence à ses mouvements amène l'auteur de l'*Épinomis* à évoquer le Destin et son caractère irrévocable, un thème qui n'était pas rapporté de façon aussi directe à la marche des corps célestes dans la *République*, dans le *Timée* ou dans les *Lois*. Par ailleurs, on ne peut pas ne pas être surpris par l'argumentation suivante : le corps des objets célestes est beaucoup plus grand qu'il n'y paraît à l'œil nu ; or pour mettre de telles masses en mouvement, il faut un moteur particulièrement puissant ; et ce moteur ne peut être que l'âme d'un dieu. Déduire la divinité des astres, même indirectement, de la taille du corps que doit mouvoir leur âme, semble être une pratique étrangère à Platon. Il s'agit là d'éléments à verser au dossier de l'inauthenticité de l'*Épinomis*, qui, en promouvant une théologie astrale, joua cependant un rôle considérable dans l'histoire religieuse de l'époque hellénistique notamment dans le cadre de la théologie astrale.

Thrasylle range l'*Épinomis* dans la neuvième tétralogie après le *Minos* et les *Lois*. On considère généralement l'*Épinomis* comme inauthentique. L'ouvrage, sans doute composé dans l'Ancienne Académie, constitue une tentative intéressante pour donner une conclusion au douzième livre des *Lois*.

Éditions. 1 O. Specchia, *Platone, Epinomis*, Firenze 1967 (édition critique et commentaire) ; **2** L. Tarán, *Academica. Plato, Philip of Opus, and the Pseudo-Platonic Epinomis,* Philadelphia 1975 (introduction, édition critique et notes).

Cf. 3 T. Saunders et L. Brisson, *Bibliography on Plato's Laws,* Sankt Augustin 2000, Addenda p. 135-141.

Authenticité et interprétation. 4 A. Q. Morton Andrew et A. D. Winspear, « The Authorship of the *Epinomis* », dans A. Q. Morton Andrew et A. D. Winspear (édit.), *It's Greek to the Computer*, Montreal 1971, p. 95-100 ; **5** M. Bonaria, « L'organizzazione dell'insegnamento scolastico secondo Platone », *GM* 3, 1981, p. 347-371 (l'*Épinomis* comme témoignage sur le travail intellectuel dans l'Académie) ; **6** L. Brisson, « Epinomis. Authenticity and authorship », dans K. Döring, M. Erler et S. Schorn (édit.), *Pseudoplatonica.* Akten des Kongresses zu den Pseudoplatonica vom 6.-9. Juli 2003 in Bamberg, coll. « Philosophie der Antike » 22, Stuttgart 2005, p. 9-24 ; **7** F. Lasserre, « Astronomie et philosophie dans la pensée grecque », *DCG* 24/25, 1984-1985, p. 128-152, paru également en italien : « Astronomia e filosofia nel pensiero antico », dans L. Rossetti *et alii* (édit.), *Letture platoniche*, Napoli 1987, p. 95-114 (l'astronomie dans l'*Épinomis*) ; **8** J. Jirsa, « Authenticity of the « Alcibiades I : some reflections », *LF* 132, 2009, p. 225-244 ; **9** D. Rabouin et B. Vitrac, « Sur le passage mathématique de l'*Épinomis* (990C-992A) : signification et postérité », *PhilAnt* 10, 2010, p. 5-39.

LUC BRISSON.

LETTRES (Ἐπιστολαί)

Dès le Ier siècle de notre ère, la collection des treize lettres transmises par les principaux manuscrits est déjà constituée, puisqu'elle fait partie de la neuvième tétralogie dans l'édition de Thrasylle (voir Diogène Laërce III 61). Seules deux lettres peuvent toutefois être considérées comme authentiques, la septième très probablement, et peut-être la huitième dont cependant certains passages semblent anachroniques. Toutes ces lettres sont introduites par la formule, tenue pour typiquement platonicienne dans l'Antiquité, εὖ πράττειν, fort difficile à traduire. La formule présente un sens général : « Porte-toi bien », mais elle fait aussi référence à la conduite morale qui doit assurer le bonheur, d'où la traduction par « Comporte-toi bien ».

Éditions et traductions. 1 L. Brisson, *Platon, Lettres.* Introduction, traduction et notes, coll. *GF 466,* Paris 1987, 2004⁴ (avec une très riche bibliographie analytique) ; **2** M. Isnardi Parente et M. G. Ciani, *Platone, Lettere*, Milano 2002 (traduction annotée) ; **3** J. Moore-Blunt, *Epistulae,* coll. *BT,* Leipzig 1985 (nouvelle édition critique) ; **4** G. R. Morrow, *Plato's Epistles*, Indianapolis 1962 (une traduction avec des essais critiques et des notes).

Lexique. 5 J. Schiff, *A Computerized word-index to the Platonic Epistles*, University Park, Pa. 1973.

Sur les problèmes d'authenticité, voir **6** N. Gulley, « The Authenticity of the Platonic *Epistles* », dans *Pseudepigrapha I*, coll. « Entretiens sur l'Antiquité Classique » 18, Genève-Vandœuvres 1972, p. 103-143. On trouvera un tableau comparatif des prises de positions concernant l'authenticité des Lettres attribuées à Platon dans Brisson **1**, p. 70.

Lettre I

Dans la *Lettre* I, très courte, Platon se plaint auprès de Denys le Jeune (⟫→D 84) des procédés dont il a été victime lors de son dernier séjour à Syracuse.

Lettre II

La *Lettre* II, qui est évidemment apocryphe, a cependant joué un rôle de premier plan chez les néoplatoniciens. Platon répond à Denys le jeune qui lui a envoyé un émissaire pour lui demander de ne pas lancer d'attaque contre lui, à la suite de son dernier séjour à Syracuse. Cette réponse supposée donne l'occasion de développer un thème connu : quel genre de rapports doivent entretenir sagesse et pouvoir ? – et d'évoquer une doctrine mystérieuse, celle des trois rois, où les néoplatoniciens ont reconnu leurs trois hypostases : l'Un, l'Intellect et l'Âme.

Cf. 7 R. S. Bluck, « The *second* platonic *Epistle* », *Phronesis* 5, 1960, p. 140-151 ; **8** P. T. Keyser, « Orreries, the date of [Plato] *Letter* II and Eudorus of Alexandria », *AGPh* 89, 1998, p. 241-267 ; **9** J. M. Rist, « Neopythagoreanism and Plato's *second Letter* », *Phronesis* 10, 1965, p. 78-81 ; **10** H. D. Saffrey et L. G. Westerink (édit.), *Proclus, Théologie platonicienne*, livre II, *CUF*, Paris 1974, Introduction, p. CC-LIX.

Lettre III

La *Lettre* III, très bien composée, prend pour modèle la *Lettre* VII. À deux séries d'accusations lancées contre lui par Denys le Jeune, Platon répond par une double apologie.

Lettre IV

La *Lettre* IV est adressée à Dion (⟫→D 67) pour lui recommander la modération dans le conflit armé qui l'oppose désormais à Denys le Jeune.

Lettre V

Cette lettre se veut une réponse à une lettre envoyée par Perdicas III, le frère aîné de Philippe II de Macédoine, qui a demandé à Platon de lui envoyer un conseiller politique formé à l'Académie : Euphraios d'Eubée (⟫→E 128) sera cet homme. Et si Athènes n'est pas la première à bénéficier de ces conseils, c'est qu'elle n'y est pas prête.

Lettre VI

Le thème central de cette lettre reprend l'un de ceux développés dans la *Lettre II* : quel genre de rapports doivent entretenir la sagesse et le pouvoir ? Hermias (☞H 80), le tyran d'Atarnée, doit utiliser comme conseillers les deux frères Érastos (☞E 49) et Coriscos (☞C 187), qui ont fréquenté l'Académie.

Cf. 11 M. Isnardi-Parente, « Platone e l'*Epistola VI* », *RSF* 56, 2001, p. 547-559.

Lettre VII

Cette lettre écrite peu de temps après la mort de Dion, assassiné en juin 354[a], est adressée à ses proches et à ses partisans. En fait, c'est de lui-même que parle Platon dans cette lettre ouverte qui prend l'allure d'un récit, interrompu par des conseils (330 b-337 e) et par une digression philosophique (341 a-345 c), lequel reste le passage le plus célèbre de la lettre et le plus utilisé par les tenants d'une interprétation ésotériste. Platon y raconte comment se sont formées ses idées politiques, comment il a été amené à se rendre à Syracuse, et quelles furent ses relations avec Denys l'ancien et Denys le Jeune. Les arguments en faveur de l'authenticité de cette lettre ont beaucoup de poids.

Édition. 12 L. Edelstein, *Plato's seventh Letter*, Leiden 1966.

Cf. 13 L. Brisson, « La *Lettre* VII de Platon : une autobiographie », dans M.-F. Baslez, Ph. Hoffmann, et L. Pernot (édit.), *L'invention de l'autobiographie, d'Hésiode à Saint Augustin,* coll. « Études de littérature ancienne » 5, Paris 1993, p. 37-46 ; **14** A. Graeser, *Philosophische Erkenntnis und begriffliche Darstellung. Bemerkungen zum erkenntnistheoretischen Exkurs des VII. Brief,* Stuttgart 1989 (sur la digression philosophique) ; **15** G. E. R. Lloyd, « Plato and Archytas in the *seventh Letter* », *Phronesis* 35, 1990, p. 159-174 ; **16** M. Tulli, *Dialettica e scrittura nella* VII Lettera *di Platone,* Pisa 1989 ; **17** K. Sayre, « Why Plato never had a Theory of forms ? », *PBAC* 9, 1995, p. 49-61 (sur la digression philosophique de la *Lettre VII*) ; **18** T. Irwin, « The Inside Story of the Seventh Platonic Letter : A Sceptical Introduction », *Rhiza* 5, 2009, p. 127-160.

Lettre VIII

La Lettre VIII est adressée aux mêmes destinataires que la lettre précédente, mais le ton et l'intention ont changé. Platon semble être plus conciliant à l'égard de Denys le jeune et se montre confiant dans l'avenir. Il donne des conseils pour mettre fin à la guerre civile. Pour éviter les deux écueils que sont la tyrannie et la démocratie, la tyrannie doit être transformée en une royauté du genre de celle qu'a établie Lycurgue à Sparte. Ainsi les gens de Syracuse et ceux de Sicile seront asservis non pas à un despote quel qu'il soit, mais à des lois. Ce programme comporte, dans le détail, plusieurs anachronismes qui rendent l'authenticité de la lettre problématique.

Cf. 19 G. J. D. Aalders, « The authenticity of the *eight* Platonic *Epistle* reconsidered », *Mnemosyne* 22, 1969, p. 233-257 ; **20** F. L. Lisi, « El nomos come principio regulativo en la *Carta VIII* de Platón », *Argos* 7, 1983, p. 31-49.

Lettre IX

La *Lettre* IX est adressée à Archytas (➭A 322) qui s'est plaint de ne pouvoir abandonner les affaires publiques pour se consacrer à ses études. Platon lui répond que nous ne nous appartenons pas, mais que nous avons des devoirs envers notre patrie et nos parents, et que de surcroît ce sont les circonstances qui orientent notre action.

Lettre X

Ce court billet rappelle à Aristote, un partisan de Dion, les qualités qui doivent être celles du philosophe.

Lettre XI

Cette lettre est adressée à Laodamas de Thasos (➭L 29), un mathématicien qui, selon la tradition, aurait fréquenté l'Académie et qui aurait joué un rôle politique à l'occasion de la fondation de Crénidès. Platon à qui il a demandé de venir ou d'envoyer un membre de l'Académie pour doter la colonie de bonnes lois, s'excuse de ne pouvoir répondre à son appel : à son âge, il ne peut se déplacer facilement.

Cf. 21 P. Accatino, « Platone (?), *Lettera* XI », *QS* 47, 1998, p. 61-73 (sur l'authenticité de la lettre XI) ; **22** F. Salviat, « La *Lettre XI* de Platon. Léodamas de Thasos, Kallistratos d'Athènes et la fondation de Krénidès », *AFLAix* [Série classique] 43, 1967, p. 43-56.

Lettre XII

Court billet adressé à Archytas (➭A 322). Platon accuse réception d'écrits pythagoriciens, qui auraient pu lui servir à écrire le *Timée*, puis il annonce à Archytas (qui lui répond) l'envoi de notes préparatoires à un ouvrage futur.

Lettre XIII

La *Lettre* XIII présente un certain nombre de ressemblances avec la *Lettre* II, mais Platon y apparaît sous le jour déconcertant d'un « flatteur ». Après avoir répondu à la lettre de Denys le Jeune évoquant des questions scientifiques et matérielles, il s'étend longuement sur les problèmes d'argent qui l'assaillent et sur les dépenses auxquelles devrait consentir le tyran en sa faveur et en faveur d'Athènes ; et il va jusqu'à donner à Denys le jeune des conseils financiers.

Cf. 23 K. Gaiser, « Platone come *kolax* in una lettera apocrifa (*13a epist.*) », *Sandalion* 4, 1981, p. 71-94, repris dans ses *Gesammelte Schriften,* Sankt Augustin 2004, p. 577-595.

LUC BRISSON.

DIALOGUES DOUTEUX ET APOCRYPHES

Au cours de l'histoire, un certain nombre de textes ont été à tort attribués à Platon. Ceux qui se retrouvent dans le catalogue de Thrasylle *(Clitophon, Epinomis, Hipparque, Lettres, Minos, Rivaux et Théagès)* sont considérés comme douteux, alors que les autres sont tenus pour apocryphes *(Alcyon, Axiochos, Démodocos, Éryxias, Sisyphe, Sur le Juste, Sur la Vertu)*, auxquels il faut ajouter les *Définitions* et les *Épigrammes*. Même s'ils sont ou peuvent être inauthentiques, ces textes constituent un témoignage essentiel sur une période de l'histoire du platonisme, ancienne et nouvelle Académie, très mal connues par ailleurs.

Traduction. 1 Th. L. Pangle (édit.), *The Roots of Political Philosophy. Ten Forgotten Socratic Dialogues* [*Hipparchus, Minos, Lovers, Cleitophon, Theages, Alcibiades I, Laches, Lesser Hippias, Greater Hippias, Ion*], translated, with interpretative studies, Ithaca 1987 (traduction et présentation de plusieurs dialogues douteux et apocryphes dans une perspective straussienne).

Cf. 2 K. Döring, M. Erler et S. Schorn (édit.), *Pseudoplatonica*. Akten des Kongresses zu den Pseudoplatonica vom 6.-9. Juli 2003 in Bamberg, coll. «Philosophie der Antike» 22, Stuttgart 2005; **3** C. W. Müller, *Die Kürzdialoge der Appendix Platonica : Philologische Beiträge zur nachplatonischen Sokratik*, München 1975 (le meilleur ouvrage sur la question).

ALCIBIADE I (Ἀλκιβιάδης)

La discussion entre Socrate et Alcibiade, lequel deviendra un homme politique fameux, porte sur les fondements de l'éthique, définie comme gouvernement de soi, et sur ceux de la politique, définie comme gouvernement de la cité. Alcibiade fait part à Socrate de son projet de s'engager en politique. Socrate convainc Alcibiade de la nécessité de se connaître soi-même avant d'entreprendre quoi que ce soi en politique. Le sujet de cette connaissance de soi-même, c'est l'âme (ψυχή) et non le corps ou les biens d'usage. Et c'est sa conduite qui permettra à cette âme d'accéder à l'excellence (ἀρετή). Pour se faire comprendre d'Alcibiade, Socrate utilise le paradigme de la vue et la célèbre image de la pupille (κόρη, la «poupée» au sens propre). De même que l'on voit dans l'œil d'un autre homme ce qui fait l'excellence de tout œil – sa pupille, où se reflète l'image de celui qui regarde –, de même doit-on apercevoir dans l'âme de tout homme ce qui fait l'excellence de son âme, à savoir l'intellect, l'activité la plus élevée de l'âme. Bref, connaître son âme, c'est faire usage de son intellect dont l'objet n'est pas le particulier, mais l'universel. D'où cette conséquence paradoxale : se connaître soi-même, ce n'est pas s'arrêter à soi comme individu, mais se hisser vers l'universel. Dans l'Antiquité, on commençait la lecture des œuvres de Platon par le premier *Alcibiade*. Ce privilège permit au dialogue d'être abondamment commenté. Admise dans l'Antiquité, l'authenticité du dialogue fut remise en question à l'époque moderne, notamment par F. Schleiermacher dès 1809; la rigueur absolue de son argumentation et son style soigné donnent l'impression d'un exposé maintes fois retravaillé. Même si l'on estime que le premier *Alcibiade* n'est pas de Platon, force est de reconnaître que le dialogue a dû être composé dans l'entourage de Platon ou tout de suite après sa mort par des disciples très proches du maître.

Éditions et traductions. 4 A. Carlini (édit.), *Platone, Alcibiade, Alcibiade secondo, Ipparco, Rivali*. Introd., testo crit. e trad., Torino 1964, 405 p. ; **5** N. Denyer (édit.), *Plato, Alcibiades*, ed. with commentaries, Cambridge Univ. Press, 2001, XI-254 p. ; **6** *Plato, Alcibiade*. Traduction inédite par Ch. Marboeuf et J.-Fr. Pradeau. Introd., notes, bibliogr. et index par J.-Fr. Pradeau, coll. *GF* 988, Paris 2000, 243 p.

Authenticité. 7 É. de Strycker, « Platonica I : L'authenticité du *Premier Alcibiade* », *LEC* 11, 1942, 116-151 ; **8** J.-Fr. Pradeau et Ch. Marboeuf, « Tableau récapitulatif des prises de position sur l'authenticité de l'*Alcibiade* », dans Marbœuf et Pradeau **6**, p. 219-220.

Interprétation. *Dans l'antiquité.* **9** A.-Ph. Segonds (édit.), *Proclus, Sur le "Premier Alcibiade" de Platon*. Texte établi et traduit par A.-Ph.S., *CUF*, Paris 1985-1986 ; **10** L. G. Westerink (édit.), *Olympiodorus, Commentary on the First Alcibiades of Plato*. Critical text and indices, Amsterdam 1956, XII-197 p. *À notre époque.* **11** J. Brunschwig, « La déconstruction du 'Connais-toi toi-même' dans l'*Alcibiade majeur* », dans *Recherches sur la philosophie et le langage*, t. 18, Paris 1996, p. 61-84 ; **12** Chr. Gill, « La connaissance de soi dans l'*Alcibiade* de Platon », *EPlaton* 4, 2007, p. 153-162 ; **13** *Id.*, *The Structured Self in Hellenistic and Roman Thought*, Oxford 2006, p. 344-359 ; **14** D. M. Johnson, « God as the true self : Plato's *Alcibiades* I », *AncPhil* 19, 1999, p. 1-19.

ALCIBIADE II (Ἀλκιβιάδης δεύτερος)

Le dialogue s'engage de façon abrupte entre Socrate et Alcibiade qui va prier un dieu pour une affaire qui semble importante. Socrate demande à Alcibiade s'il a bien réfléchi, car l'exemple d'Œdipe montre que la prière peut avoir pour conséquence de terribles malheurs. Car la pire des choses est de croire que l'on sait, alors que l'on ne sait pas. Les Lacédémoniens (voir Xénophon, *Mémorables* I 3, 2) le savaient bien qui n'adressaient aux dieux leurs prières qu'avec une extrême prudence. Il faut donc qu'Alcibiade attende qu'un maître l'instruise.

Thrasylle classe le *second Alcibiade* dans la quatrième tétralogie. Mais dès le premier siècle de notre ère, le doute plane sur son authenticité en raison notamment de différences caractéristiques par rapport à la langue de Platon. Par ailleurs, il semble que l'auteur du second *Alcibiade* (141a-b et 145b-c) ait cherché à broder à partir de passages du premier *Alcibiade* (104e-106a et 107d-108a).

Authenticité. 15 A. Magris, « Der *Zweite Alkibiades* : Ein Wendepunkt in der Geschichte der Akademie », *GB* 18, 1992, p. 47-64.

Interprétations. 16 J. A. Howland, « Socrates and Alcibiades : Eros, Piety, and Politics », *Interpretation* 18, 1990, p. 63-90 ; **17** H. Neuhausen, *Der zweite*

Alkibiades. Untersuchungen zu einem pseudoplatonischen Dialog, coll. « Beiträge zur Altertumsurkunde » 257, Berlin 2010, IX-278 p.

HIPPARQUE (Ἵππαρχος)

Socrate et un interlocuteur anonyme, qui pourrait être un disciple, cherchent à définir ce qu'est l'homme avide, et leur discussion n'est interrompue que par une apologie d'Hipparque, fils de Pisistrate. Il fut associé à son frère Hippias qui succéda à son père comme tyran à Athènes ; c'est dans ce contexte qu'Hipparque favorisa les arts. Il fut assassiné en 514[a].

Quatre définitions sont proposées par l'interlocuteur. (1) Suivant la première, l'homme avide est celui qui estime pouvoir tirer avantage de choses qui ne sont en rien estimables (225a-226e). Mais si tel était le cas, la plupart des hommes seraient des imbéciles. (2) Il faut donc atténuer cette première définition en disant que l'homme avide veut tirer avantage de choses dont il pense qu'elles ont beaucoup de valeur, alors qu'elles n'en ont aucune (226e-227d). Mais si le dommage est considéré comme un mal, l'avantage doit être tenu pour un bien. Or, si l'homme avide recherche le bien, alors tous les hommes sont avides, car tous recherchent le bien. (3) Pour sortir de l'impasse, une troisième définition est proposée (227d-228b) : l'homme avide est celui qui s'imagine pouvoir tirer un avantage de choses dont les honnêtes gens ne cherchent pas à en tirer. Mais cette définition n'est pas meilleure que la précédente, car, comme on vient de le reconnaître, tous les hommes, qu'ils soient honnêtes ou non, recherchent le bien. C'est alors que l'interlocuteur désorienté accuse Socrate de vouloir le tromper. Ce dernier proteste (228b-229e) en soutenant qu'il a toujours obéi à l'injonction d'Hipparque : « Ne trompe pas ton ami. » (4) Après avoir relancé la discussion sur d'autres bases (229e-230 e), l'interlocuteur propose une nouvelle définition qui considère qu'est un avantage toute possession que l'on acquiert en ne dépensant rien ou en dépensant moins pour recevoir plus (230e-231a). Mais comme, dans ce contexte, tout avantage est un bien, on revient (231b-c) à ce qui a été dit auparavant. De plus, cette définition de l'avantage doit faire intervenir non seulement la quantité, mais aussi la valeur (231c-e). Or, ce qui a de la valeur est utile, et donc un bien (231e-232b). Et puisque tous les hommes, honnêtes ou non, aiment le gain, il faut conclure que tous les hommes sont avides (232c).

Thrasylle classe ce dialogue dans la quatrième tétralogie qui comprend aussi les deux *Alcibiade* et les *Rivaux*. Mais Élien (*Histoires variées* VIII 2), au début du IIIe siècle de notre ère, fait état de doutes sur son authenticité, qui paraît en effet très difficile à admettre pour plusieurs raisons : dans la *République* et dans les *Lois*, l'avidité est dénoncée par Platon ; à l'époque de Platon les assassins d'Hipparque étaient considérés comme des héros, défenseurs de la démocratie contre la tyrannie ; et surtout la technique de discussion, qui n'aboutit à aucune conclusion positive, rappelle les pratiques de la Nouvelle Académie.

Édition. 18 D. Massaro et L. Tusa Massaro, *Ipparco*, Milano 1997.

Interprétation. 19 B. M. Lavelle, «Hipparchos' Herms», *ZMC* 29, 1985, p. 411-420; **20** D. Massaro, «Platone e la *paideia* tirannica: per una letture dell' *Ipparco*», *A&R* 36, 1991, p. 57-69; **21** S. Schorn, «Der historische Mittelteil des pseudoplatonischen Hipparchos», dans Döring *et alii* **2**, p. 225-254; **22** H. A. Shapiro, «Hipparchos and the Rhapsodes», dans C. Dougherty et L. Kurke (édit.), *Cultural Poetic in Archaic Greece: Cult, Performance, Politic*, Cambridge 1993, p. 92-107; **23** J. A. Tipton, «Love of gain, Philosophy and Tyranny: A Commentary on Plato's *Hipparchus*», *Interpretation* 26, 1999, p. 201-216.

MINOS (Μίνως)

Le fait que le *Minos* se termine sur une question dont la réponse est donnée dans les *Lois* montre que le dialogue était prévu pour jouer le rôle d'introduction aux *Lois*, tout comme l'*Épinomis* en était sinon une conclusion, du moins un complément qui précisait le contenu du programme d'études des membres du Collège de veille.

Comme l'*Hipparque*, avec lequel il présente beaucoup d'affinités, le *Minos* ne comporte que deux interlocuteurs: Socrate et un disciple. Ce dernier défend une position relativiste: la loi correspond à une décision prise par une cité et elle varie en fonction de la situation de cette cité sur un territoire donné et dans l'histoire. Socrate, lui, fait de la loi une opinion vraie que la cité découvre dans le réel.

Au début de l'ère chrétienne, le *Minos* et l'*Épinomis* étaient considérés comme deux dialogues authentiques; ils l'étaient déjà, deux siècles plus tôt, car, dans l'«édition» due à Aristophane de Byzance (☛A 405) qui fut à la tête de la bibliothèque d'Alexandrie à partir de 194 av. J.-C., ils constituaient, avec les *Lois* qu'ils encadraient, la troisième trilogie. On retrouve le même regroupement chez Thrasylle, dans la neuvième tétralogie. À l'époque moderne, très peu d'érudits se sont prononcés en faveur de l'authenticité du dialogue. On pourrait citer Georges Grote, au XIXe siècle, et Leo Strauss, au XXe siècle, lequel adopte cette position pour des raisons idéologiques: le *Minos* défend une position politique fondée sur le droit naturel. Même si on le considère comme inauthentique, on trouve dans ce dialogue des remarques très intéressantes sur la mythologie et sur les pratiques religieuses des Barbares et des Grecs. Enfin et surtout, son auteur connaît très bien et jusque dans les détails les dialogues de Platon qu'il peut citer ou évoquer à bon escient pour appuyer son argumentation. Sans doute composé entre la mort de Platon qui n'aurait pu achever la composition des *Lois*, et le travail d'Aristophane de Byzance à Alexandrie moins de deux siècles plus tard, le *Minos* propose une interprétation très intéressante de ce qu'est la loi suivant Platon dans les *Lois*.

Édition. 24 G. Orsini, *Platone, Minosso*, Roma 1956 (édition avec quelques notes).

Interprétation. 25 J. Best, «What is law? The *Minos* Reconsidered», *Interpretation* 8, 1979, p. 102-113; **26** W. S. Cobb, «Plato's *Minos*», *AncPhil* 8, 1988, p. 187-207; **27** B. Manuwald, «Zum pseudoplatonischen Character des

Minos. Beobarchtungen zur Dialog- und Argumentationsstruktur », dans Döring *et alii* **2**, p. 133-154 ; **28** M. Petrelli, « Mito e filosofia nel *Minosse* platonico », *RIFD* 58, 1981, p. 310-322.

LES RIVAUX (Ἐρασταί)

L'entretien a pour cadre la maison d'un maître qui enseigne à lire et à écrire à des adolescents. Deux de ces adolescents discutent d'astronomie. Socrate interroge sur l'objet de la discussion en cours un jeune homme qui se trouve être l'amant de l'un des deux ; ce dernier, pour qui ne comptent que les exercices physiques et qui n'a que mépris pour la philosophie, est le rival amoureux d'un autre jeune homme qui, lui, n'est intéressé que par la culture. On retrouve ici un affrontement entre les deux grands domaines de l'enseignement traditionnel dans l'Athènes de Platon : l'exercice physique (γυμναστική) et la culture (μουσική). Socrate engage alors une discussion sur ce qu'est la philosophie. La philosophie, répond le jeune homme épris de culture, n'est rien d'autre que l'acquisition de savoirs toujours nouveaux. Socrate n'a pas de mal à l'amener à se contredire, et à lui montrer que le but du philosophe est de se connaître soi-même. Le dialogue se termine sur la victoire par défaut de celui qui s'adonne aux exercices physiques, une victoire inattendue et surprenante dans un contexte platonicien, où l'âme a toujours la prééminence sur le corps, mais compréhensible dès lors que la philosophie est assimilée à la culture générale.

Thrasylle place ce dialogue, dont la qualité littéraire est certaine, mais dont le contenu théorique est limité, dans la quatrième tétralogie, aux côtés des deux *Alcibiade* et d'*Hipparque* (Diogène Laërce III 59), tout en émettant déjà des doutes sur son authenticité (Diogène Laërce IX 37). L'auteur des *Rivaux*, qui a certainement lu le *Charmide*, ne peut être situé avec précision dans le temps. [Il peut avoir également lu le *Gorgias*, où les allusions faites par Calliclès et Socrate à l'*Antiope* d'Euripide évoquent un débat analogue.] Il n'en reste pas moins que la critique de la philosophie entendue comme culture générale s'attaque à des positions défendues du temps même de Platon, notamment par Isocrate (☞I 38).

Cf. 29 M. Davis, « Philosophy and the Perfect Tense : On the Beginning of Plato's *Lovers* », *GFPJ* 10, 1984-1985, p. 75-97 ; **30** I. Männlein-Robert, « Zur literarischen Inszenierung eines Philosophiekonzeptes in des pseudoplatonischen *Anterastai* », dans Döring *et alii* **2**, p. 119-134.

THÉAGÈS (Θεάγης)

Sous le portique du temple de Zeus libérateur à Athènes, une conversation s'engage entre Socrate, Démodocos (☞D 72) et son fils Théagès, dont on apprend dans la *République* (VI, 496b) que le régime imposé par sa santé fragile le détourne de la politique et le cantonne à la philosophie. Démodocos explique à Socrate que son fils le préoccupe. Théagès souhaite devenir « savant » et harcèle son père pour qu'il fasse la dépense qui lui permettrait de fréquenter les sophistes. Démodocos reste perplexe et demande conseil à Socrate. L'intérêt du *Théagès* réside dans le fait qu'on y trouve la tentative d'interprétation la plus ancienne du signe divin de Socrate, phénomène sur lequel on n'a cessé de s'interroger depuis l'Antiquité jusqu'à nos jours ; on peut même dire que tout le dialogue converge vers ce final. L'Antiquité ne semble avoir eu aucun doute sur l'authenticité de ce dialogue que Thrasylle met en tête de la cinquième tétralogie, aux côtés du *Charmide*, du *Lachès* et du *Lysis* ; pour sa part Élien (début du IIIe siècle de notre ère) en cite plusieurs extraits sans émettre le moindre soupçon à cet égard. En revanche, presque tous les critiques modernes s'entendent pour déclarer inauthentique ce dialogue dont le style imite assez bien celui de Platon, mais dont les emprunts maladroits au premier *Alcibiade* et au *Théétète* sont évidents.

Traduction et commentaire. 31 J. Bailly, *The Socratic Theages,* Hildesheim 2004 (traduction et commentaire) ; **32** M. Joyal, *The Platonic Theages*, Stuttgart 2000.

Authenticité et interprétation. 33 W. S. Cobb, « Plato's *Theages* », *AncPhil* 12, 1992, p. 267-284 (interprétation générale) ; **34** F. Trabattoni, « Sull' autenticità del *Teage* e del *Clitofonte* (pseudo-)platonici », *Acme* 51, 1998, p. 193-210.

ALCYON (Ἀλκυών)

Socrate raconte à Chéréphon (⟫⁺C 109), celui de ses disciples qui alla consulter l'Oracle à Delphes, le mythe d'Alcyon, cette femme inconsolable à la suite de la mort de son mari, que les dieux ont changée en oiseau qui, par son chant plaintif, annonce la fin de la tempête et une période de calme. C'est l'occasion pour Socrate de rappeler la toute-puissance divine qui administre notre monde au cours changeant, un thème traditionnel très en vogue chez les stoïciens notamment. L'*Alcyon* ne se retrouve pas dans tous les manuscrits de Platon. Le style asianiste, très soigné, de ce petit écrit naturel et attachant amène à l'attribuer désormais à Lucien (⟫⁺L 66), orateur et auteur du IIe siècle de notre ère.

Authenticité et interprétation. 35 *CPF* I 1, 2, Firenze 1992, *s.v.* Leo Academicus, « Halcyon (Alcyo) ». Le dialogue y est édité (p. 463-466) avec des notes par Antonio Carlini qui l'attribue à Léon (⟫⁺L 32), un membre de l'Académie ; mais cette attribution ne fait pas l'unanimité.

AXIOCHOS (Ἀξίοχος)

L'*Axiochos*, où alternent narration, dialogue et mythe, relève du genre littéraire de la « consolation » pratiqué par Sénèque (*Consolation à Marcia* et *Consolation à Polybe*), Plutarque (*Consolation à sa femme*) et par Cicéron (*Tusculanes* I et III) ; il connut dans l'Antiquité une grande fortune, en raison de son caractère dramatique qui s'attache à l'effroi qui s'empare d'un homme menacé par la mort, de la qualité de son argumentation et de la tenue de son style. L'inauthenticité du dialogue ne fait pourtant aucun doute, car on y retrouve un catalogue d'arguments contre la peur de la mort qui appartiennent à divers courants philosophiques postérieurs à Platon. Ce sont les arguments stoïciens (370b-d) et surtout platoniciens (371a-

372a) qui convainquent Axiochos, lequel reste dubitatif devant les harangues cyniques (366b-d) et les arguments épicuriens (365d-e et 369b-370b).

Traduction. 36 J. P. Hershbell, *Axiochus*, Chico 1981 (traduction annotée).

Authenticité et interprétation. 37 M. Erler, « Argumente, die die Seele erreichen. Der *Axiochos* und ein antiker Streit über den Zeck philosophischer Argumente », dans Döring *et alii* **2**, p. 81-96 ; **38** M. Joyal, « Socrates as σοφὸς ἀνήρ in the *Axiochus* », Döring *et alii* **2**, p. 97-118 ; **39** M. Tulli, « Der *Axiochos* und die Tradition der *consolatio* in der Akademie », Döring *et alii* **2**, p. 255-272.

DÉFINITIONS (Ὅροι)

Les *Définitions* attribuées à Platon forment un recueil de 185 termes philosophiques disposés à la suite, sans ordre explicite, comportant une ou plusieurs explications. Comme ces définitions ne sont pas écrites en prose littéraire et qu'elles ne sont pas disposées suivant un plan précis, on peut penser que le recueil qui nous en est parvenu a pu connaître des fluctuations au cours des siècles. Le fait que plusieurs de ces définitions apparaissent dans certains manuscrits et non dans d'autres donne du poids à cette hypothèse.

Authenticité et interprétation. 40 H. G. Ingenkamp, *Untersuchungen zu den pseudoplatonischen Definitionen*, Wiesbaden 1967.

DÉMODOCOS (Δημόδοχος)

L'écrit qui nous est parvenu sous ce titre, et qui, tout comme le *Sur le juste* et *Sur la vertu*, ne comporte ni introduction ni conclusion, se compose de quatre pièces, distribuées en deux groupes. La première pièce, la seule adressée à Démodocos, dont on ne peut savoir s'il s'agit du père du Théagès qui a donné son nom à un autre écrit apocryphe, se présente comme un monologue qui développe une argumentation contre la délibération en commun (380a-382e), tandis que les trois autres s'interrogent sur des questions de sens commun : peut-on condamner quelqu'un en ne prêtant l'oreille qu'à son accusateur (392e-384b) ? Quand quelqu'un n'a pas su persuader un tiers de lui prêter de l'argent, lequel a tort, celui qui demande ou celui qui refuse (384b-385c) ? À qui vaut-il mieux se fier, à des inconnus ou à des parents et à des familiers (385 b-386 c) ? Les trois dernières pièces adoptent une position probabiliste qui s'apparente à celle de la Nouvelle Académie d'Arcésilas [☞A 302] (première moitié du IIIᵉ siècle av. J.-C.).

Authenticité et interprétation. 41 K. Döring et Th. Ebert (édit.), *Dialektiker und Stoiker : Zur Logik der Stoa und ihrer Vorläufer*, Stuttgart 1993, p. 253-269 ; **42** J. Glucker, « *Pros ton eiponta* : Sources of *De Stoicorum repugnantiis* 8 », *ICS* 13, 1989, p. 473-489.

ÉRYXIAS (Ἐρυξίας)

Le début de l'*Éryxias*, qui rappelle le prologue du *Charmide*, met en scène aux côtés de Socrate et d'Éryxias de Styria, Critias (☞C 216) qui deviendra l'un des

Trente tyrans, et Érasistratos, le neveu du démagoge Phéas, qui fut peut-être, lui aussi, l'un des Trente. Éryxias est le principal interlocuteur de la première partie du dialogue, Critias de la seconde, et Socrate de la troisième, tandis qu'Érasistratos reste dans l'ensemble effacé. Trois thèses sont examinées dans le cours de ce dialogue raconté : (1) Seul le sage est vraiment riche ; (2) La richesse n'est en soi ni un bien ni un mal, mais peut le devenir ; (3) La richesse est indissociable de l'utilité.

Traduction et commentaire. 43 R. Laurenti, *Erissia,* Bari 1969.

Authenticité et interprétation. 44 E. Dönt, «Zwei Bemerkungen zu pseudo-platonischen Schriften», *RhM* 110, 1967, p. 286 (interprétation) ; **45** K. Döring, «Der Prodikos-Episode im pseudoplatonischen *Eryxias*», dans Döring *et alii* **2**, p. 69-80 ; **46** G. B. Kerferd, «The 'Relativism' of Prodicus», *BJRL* 37, 1954-1955, p. 259-256 (remarques sur Prodicos qui est évoqué dans le dialogue).

SISYPHE (Σίσυφος)

En dehors des deux interlocuteurs, Socrate et Sisyphe de Pharsale, dont on ne sait rien par ailleurs, deux autres personnages sont mentionnés qui eux aussi restent des inconnus. Où se situe l'entretien ? Non loin de Pharsale, une cité sur la route de Larisse en Thessalie, car, la veille, Sisyphe y délibérait avec ses concitoyens. Tel est le thème du dialogue : la délibération en commun.

Authenticité et interprétation. 47 J. Pavlu, «Der pseudoplatonische *Sisyphos*», *Mitteilungen des Vereins klassischer Philologen in Wien* 3, 1926, p. 19-36.

SUR LA VERTU (Περὶ ἀρετῆς)

Socrate pose la question de savoir comment s'acquiert la vertu à un interlocuteur anonyme, qualifié de «disciple» (ἑταῖρος) par plusieurs manuscrits, et d'«éleveur de chevaux» par l'un d'eux ; un manuscrit va même jusqu'à proposer le nom de Ménon (➨M 136 ?). Dans un premier temps (376a-378c), Socrate se demande si la vertu peut être enseignée. La réponse est négative, car ce qui peut s'enseigner peut se transmettre, et l'expérience nous montre qu'un homme vertueux ne peut communiquer sa vertu ni à ses disciples ni même à ses fils. Mais alors (378c-379c), la vertu ne vient-elle pas de la nature ? Non plus, car si tel était le cas il serait possible à un spécialiste de reconnaître les gens vertueux, comme le font les éleveurs de chevaux qui discernent les meilleurs coursiers. Mais alors, qu'est-ce que la vertu ? C'est un don divin (369c-d), conclut Socrate.

Authenticité et interprétation. Müller **3**, p. 155-174.

SUR LE JUSTE (Περὶ δικαίου)

Sans que l'on sache quel est le lieu et quelles sont les circonstances de la discussion, Socrate pose à un interlocuteur anonyme la question qui constitue le thème du dialogue : «Peux-tu me dire ce qu'est le juste ?» Après avoir défini la méthode à suivre : il faut découvrir le caractère commun qui permet de qualifier de

« justes » toutes nos actions, Socrate pose de brèves questions qui peuvent être regroupées sous deux chefs : (1) Qu'est-ce qui sert à distinguer le juste de l'injuste ? Il s'agit du discours, de la parole. (2) Alors, en quoi consistent le juste et l'injuste ? Socrate commence par faire admettre à son interlocuteur que nul n'est injuste de son plein gré.

Cf. Müller **3**, p. 129-191 ; **48** H. Schmeken, « Eine Schülerarbeit aus der mittleren Akademie », *Philosophy* 60, 1950, p. 20-30.

ÉPIGRAMMES (Ἐπιγράμματα)

En son sens premier, *epigramma* signifie « inscription ». C'est la raison pour laquelle beaucoup d'épigrammes se retrouvèrent, réellement ou fictivement, sur des tombeaux. Mais comme ces séries courtes de vers inscrits étaient plus faciles à garder en mémoire qu'un texte en prose, le terme en vint, à partir de la fin du IVe s. av. J.-C., à désigner un genre littéraire se présentant comme un court poème en l'honneur d'une personne décédée ou aimée, ou portant sur un événement remarquable. La vogue de ce genre explique probablement pourquoi on a attribué à Platon, qui, selon une tradition relayée par Diogène Laërce (III 5), aurait d'abord été un auteur littéraire, plusieurs épigrammes dont on peut penser qu'elles ne sont pas de lui.

Édition. 49 E. Diehl, *Anthologia lyrica Graeca*, coll. *BT,* t. I, Leipzig 1949³, p. 102-110.

Cf. 50 G. Giangrande, « Zu den Epigrammen des Platon », dans *Stemmata : mélanges de philologie, d'histoire et d'archéologie grecques offerts à Jules Labarbe*, Liège 1987, p. 111-121 ; **51** W. Ludwig, « Plato's Love Epigrams », *GRBS* 4, 1963, p. 59-82.

LUC BRISSON.

ICONOGRAPHIE

Différents portraits de Platon sont mentionnés dans la tradition littéraire. Pour ces témoignages, les listes fournies par **1** J. J. Bernoulli, *Griechische Ikonographie, mit Ausschluss Alexanders und der Diadochen*, München 1901, t. II, p. 18 *sq.*, et **2** Richter, *Portraits*, t. II, p. 165, restent fondamentales. Sur la localisation des portraits de Platon, nous disposons notamment des renseignements fournis par quatre sources. (1) Cicéron, *Brutus* 4, 24, mentionne un portrait érigé dans sa villa à Tusculum : *Tum in pratulo propter Platonis statuam consedimus.* (2) L'auteur tardif Olympiodore, *V. Plat.* 1, 32, rapporte que des portraits du philosophe se dressaient partout (πανταχοῦ ἀνακείμεναι). (3) D'après une indication fournie par Christodoros de Coptos (☛C 115), *Ekphrasis* 97 (= *Anth. Gr.* II 97 *sq.*), une statue de Platon se trouvait dans les thermes de Zeuxippos à Constantinople. (4) Le témoignage le plus important reste toutefois celui qui est rapporté par Diogène Laërce III 25, selon lequel le perse Mithridate aurait consacré aux Muses une statue de Platon dans l'Académie. De plus, l'inscription que cite Diogène montre que la statue était l'œuvre du sculpteur Silanion : φέρεται ὅτι Μιθριδάτης ὁ Πέρσης ἀνδριάντα Πλάτωνος ἀνέθετο εἰς τὴν Ἀκαδήμειαν καὶ ἐπέγραψε · Μιθριδάτης Ὀροντοβάτου Πέρσης Μούσαις εἰκόνα ἀνέθηκε Πλάτωνος, ἢν Σιλανίων ἐποίησε.

Les portraits conservés ont été rassemblés par **3** R. Boehringer, *Platon. Bildnisse und Nachweise*, Breslau 1935, ainsi que par Richter **2**, p. 164-170, fig. 903-959 (l'élimination de la réplique mentionnée par Richter **2**, p. 167, n° 21, fig. 957-959, proposée par **4** T. Lorenz, « Platon, Silanion und Mithridates », dans F. Blakolmer *et al.* [édit.], *Fremde Zeiten. Festschrift J. Borchhardt*, Wien 1996, t. II, p. 72, n'est pas justifiée). Dès la fin du XIXe siècle, la figure de Platon a pu être identifiée par **5** W. Helbig, *JDAI* 1, 1886, p. 71-78, grâce à un hermès portant le nom de Platon conservé à Berlin, Antikensammlung, Staatliche Museen Inv. 300 (Boehringer **3**, p. 14, n° I, pl. 1-5). L'inscription qui figure sur un autre hermès à Florence doit être considérée comme d'époque moderne, comme l'a montré Helbig **5**, p. 73.

Depuis les remarques convaincantes de **6** E. Pfuhl, *Die Anfänge der griechischen Bildniskunst. Ein Beitrag zur Geschichte der Individualität*, München 1927, p. 29, de **7** R. von den Hoff, *Philosophenporträts des Früh- und Hochhellenismus*, München 1994, p. 20 *sq.*, et de **8** E. Angelicoussis, *The Holkham Hall Collection of Classical Sculptures*, Mainz 2001, p. 119-121, n° 24, il est établi que les portraits conservés se répartissent en deux types différents.

(A) Le type le plus ancien (type dit de Boehringer) est transmis par plus de vingt répliques et remonte vraisemblablement à la statue de Silanion mentionnée plus haut. Il faut ajouter à la liste des pièces établie par Boehringer **3**, p. 14-29, n^os I-XI. XII-XVI ; pl. 1-59 et 66-92, et Richter **2**, p. 164-170, n°s 1-18 et 20-23, fig. 903-953 et 957-959, les deux répliques suivantes : une tête conservée à Malibu (**9** C. Danguillier, *Typologische Untersuchungen zur Dichter- und Denkerikonographie in römischen Darstellungen von der mittleren Kaiserzeit bis in die Spätantike*, Oxford 2001, p. 255 n. 32) et un petit buste en bronze conservé à Kassel (**10** P. Zanker, *Die Maske des Sokrates*, München 1995, p. 71-73, fig. 39 a-b ; von den Hoff **6**, p. 32 n. 106). Ce type a été constitué après la mort du philosophe au milieu du IVe s. av. J.-C. (sur ce point voir l'étude exhaustive récente de von den Hoff **7**, p. 29 ; **11** K. Vierneisel, « Wie groß war Platons Statue in der Akademie ? » dans H. von Steuben [édit.], *Antike Porträts. Zum Gedächtnis von Helga von Heintze*, Möhnesee 1999, p. 24-26). Zanker **10**, p. 72, en revanche n'exclut pas que le portrait ait été constitué du vivant même du philosophe.

On peut tirer les traits caractéristiques du portrait de Platon de l'exemplaire bien conservé de la Glyptothèque de Munich (Boehringer **3**, p. 28, n° XVI, pl. 78-92 : fig. 1). La figure barbue montre une tête proéminente fortement bombée, couverte de touffes de cheveux courts bouclés, épais et en forme de bonnet. A l'avant, les cheveux tombent jusqu'à sur le front en mèches parallèles peignées vers la droite et délimitent le bas du front avec une bordure de cheveux marquée et dégradée. La barbe, formée de boucles parallèles formant des sillons, entoure la bouche fermée et laisse dégagés la lèvre inférieure ainsi que le devant du menton courbé. D'un point de vue physiognomique, le portrait se distingue par la présence de petits yeux rapprochés et fortement dans l'ombre, dont les paupières inférieures sont séparées des pommettes saillantes et anguleuses par de profondes rides. Le nez légèrement recourbé se dégage par un angle marqué de la racine du nez (le détail est frappant sur le buste en bronze de Kassel : Zanker **10**, fig. 39 b). Les deux plis verticaux marqués entre les yeux et les rides parallèles horizontales sur le front suggèrent un mouvement de mimique ; les joues sont maigres et traversées par des plis.

Dans son ensemble le portrait de Platon reproduit les traits d'une personnalité correspondant largement aux caractéristiques du visage de Platon transmis par la tradition littéraire. Ainsi, Diogène Laërce III 4 rapporte qu'il avait un large front et en II 28 il évoque la mine sérieuse et concentrée dans une attitude de réflexion qui fut, dans l'antiquité, perçue comme caractéristique. Enfin les cheveux soignés et la longue barbe restèrent, même pour les disciples, d'importants signes de reconnaissance (Athénée, *Deipnosophistes* XI, 509 c-d ; les sources concernant l'apparence de Platon ont été rassemblées de façon exhaustive par Bernoulli **1**, p. 18 *sq.*). Mais, en même temps, des comparaisons avec les reliefs funéraires attiques du IVe s. av. J.-C. révèlent les contraintes typologiques qui se sont exercées sur ce portrait, lequel s'apparente aux portraits contemporains de citoyens d'Athènes (**12** D. Piekarski, *Anonyme griechische Porträts des 4. Jhs. v. Chr. Typologie und Chronologie*, Rahden 2004, p. 65-67). La représentation de la personne honorée comme un citoyen exemplaire est également une des caractéristiques centrales du portrait de Platon (en ce sens, avec toutefois diverses nuances, Zanker **10**, p. 78 *sq.* ; **13** N. Himmelmann, « Rezension zu : Paul Zanker, *Die Maske des Sokrates* », *BonnerJb* 195, 1995, p. 659). La forme triangulaire de la barbe peut en plus être considérée comme une réminiscence du portrait de Socrate (Himmelmann **13**, p. 659).

Il est impossible de se faire une idée de l'apparence générale de la statue qui avait été érigée sur le site de l'Académie. Les têtes conservées laissent voir cependant un léger penchement de la tête *vers la droite* (nettement représentée sur la réplique conservée au Vatican : Richter **2**, fig. 915). Ce détail permet de rejeter la reconstruction proposée par A. Hekler sur la base d'une statuette assise, comportant le nom de [Π]ΛΑΤΩΝ sur le côté droit du siège, qui n'est plus conservée que dans le moulage d'un gypse (reproduit dans Richter **2**, p. 167, fig. 960). On remarque en effet sur cette statuette que la tête est penchée *vers la gauche* au-dessus d'un *volumen* déployé. D'autre part, la pièce de vêtement conservée sur les répliques de Corinthe et de Kassel n'a pas d'équivalent dans cette statuette (von den Hoff **7**, p. 32 n. 106). Une autre statue au Sérapeion de Memphis portait sur la bordure le nom de Platon, mais, elle non plus, ne nous renseigne pas sur l'attitude adoptée par la statue de l'Académie, dans la mesure où le nom est probablement un graffiti gravé ultérieurement sur la statue (**14** M. Bergmann, « The philosophers and poets in the Sarapieion at Memphis », dans R. von den Hoff et P. Schultz [édit.], *Early hellenistic portraiture*, Cambridge 2007, p. 251, fig. 165). On ne peut savoir si le philosophe était représenté assis (von den Hoff **7**, p. 32), ou bien s'il se tenait debout revêtu du manteau du citoyen (**15** Ch. Vorster, « Die Porträts des 4. Jhs. v. Chr. », dans P. C. Bol (édit), *Die Griechische Bildhauerkunst*, t. II : *Klassische Plastik*, Mainz 2004, p. 401). Pour une étude approfondie de la statue, voir Vierneisel **11**, p. 15-26.

(B) Avec jusqu'à présent seulement quatre répliques – beaucoup moins que le type classique –, on doit distinguer de ce premier modèle sa version d'époque hellénistique qui se laisse identifier comme un type iconographique distinct (voir en dernier lieu Angelicoussis **8**, p. 119-121, ainsi que von den Hoff **7**, p. 20 *sq.*, n. 39 ; leur recueil de portraits doit être enrichi d'une découverte récente faite à Athènes : **16** I. Triante, « Ένα νέο πορτραίτο του Πλάτωνα », dans *Αρχαία ελληνική γλυπτική. Αφιέρωμα στη μνήμη του γλύπτη Στέλιου Τριάντη*, Αθήνα 2002, p. 157 *sq.*, fig. 1-6).

Certes, aucune des répliques n'est authentifiée par une inscription, mais l'identification de ce type de portrait résulte de correspondances typologiques étroites avec la version du portrait de l'époque classique. Ces similitudes concernent tout d'abord la forme du crâne avec la même disposition de la coiffure qui entoure un front bas. A cela s'ajoutent des particularités physiognomiques comme le nez finement recourbé, le front traversé par quatre rides et les petits yeux rapprochés, qui témoignent d'une dépendance par rapport au type dit de Boehringer décrit plus haut. La version hellénistique se distingue cependant par la chevelure plus volumineuse, librement disposée, dont le contour est nettement souligné par les intervalles laissés entre les boucles longues et qui font voir derrière l'oreille droite un motif en forme de fourche. De plus la coiffure est développée par quelques touffes de cheveux disposées de travers. Enfin, le modelé du visage est dans l'ensemble plus charnu.

Cf. 17 K. Kraft, « Über die Bildnisse des Aristoteles und Platon », *JNG* 13, 1963, p. 34-38 (n'apporte aucun argument convaincant contre l'identification ici proposée du portrait de Platon) ; **18** H. von Heintze, « Studien zur griechischen Porträtkunst III. Das Platonbildnis in spätantiker Umwandlung », *MDAI(R)* 71, 1964, p. 81-103 ; **19** E. Berger, « Ein Bildnis des Platon in Basel », dans *Agora. Zu Ehren von R. Berlinger I = PPh* 13, 1987, p. 371-382 ; **20** G. M. A. Richter, *The Portraits of the Greeks*, éd. abrégée par R. R. R. Smith, Oxford 1984, p. 181-186, fig. 145-147 ; **21** K. Fittschen (édit.), *Griechische Porträts*, Darmstadt 1988, pl. 47-49 et 125 ; Zanker **10**, p. 47-49, fig. 24 ; **22** N. Himmelmann, « Das Bildnis Platos », dans N. Himmelmann, *Minima Archaeologica. Utopie und Wirklichkeit in der Antike*, Mainz 1996, p. 112-118 ; **23** Schefold, *Bildnisse*², p. 134-136, fig. 58 ; Vorster **15**, p. 399-402, fig. 370-372 ; **24** M. Erler, *GGP Antike* II 2, Basel 2007, p. 38-40 ; **25** O. Jaeggi, *Die griechischen Porträts*, Berlin 2008, p. 16 ; **26** St. G. Miller, *Berkeley Plato : From Neglected Relic to Ancient Treasure. An Archaeological Detective Story*, Berkeley, University of California Press 2009 (à propos d'un hermès de Berkeley qui fait l'objet de discussions. Richter **2**, p. 166, fig. 907, considérait déjà l'hermès comme antique, mais elle désignait à juste titre l'inscription comme moderne. Elle est en effet identique par le *ductus* et la disposition des lettres à un hermès trouvé à Tivoli en 1846 [Richter **2**, p. 166, n° 8, fig. 906], ce qui suggère de voir dans l'hermès de Berkeley une élaboration moderne réalisée à partir du modèle de Tivoli. Or, si l'inscription est selon toute probabilité moderne, on peut légitimement supposer que la tête également a été sculptée pour accompagner l'hermès ou du moins qu'elle a été retravaillée pour s'y adapter).

JÖRN LANG.

TRADITION ARABE

La connaissance de Platon et de sa philosophie dans la civilisation islamique, tout comme la transmission de ses œuvres en arabe, n'ont pas encore fait l'objet d'une étude approfondie et systématique, malgré l'importance de ces sujets et la longue tradition des études philologiques sur la philosophie gréco-arabe. Parmi les études qui ont abordé la question dans une perspective générale, la première et la plus importante, celle qui résume en pratique la plupart des connaissances dont nous disposons à ce sujet, est l'article de **1** F. Rosenthal, « On the Knowledge of Plato's Philosophy in the Islamic World », *IslCult* 14, 1940, p. 387-422, et 15, 1941, p. 396-398, repris dans son recueil d'articles **1a** *Greek Philosophy in the Arab World,* Aldershot 1990, n° II. Parmi les études ultérieures qui complètent les informations rassemblées par Rosenthal, il faut mentionner, dans l'ordre chronologique : **2** R. Walzer, « Platonism in Islamic Philosophy », dans *Recherches sur la tradition platonicienne*, coll. « Entretiens sur l'Antiquité classique » 3, Genève-Vandœuvres 1955, p. 203-226, repris dans son recueil d'articles **2a** *Greek into Arabic*, Oxford 1962, p. 236-252, et, dans une version allemande légèrement modifiée dans **2b** « Platonismus in der islamischen Philosophie (Arabische Übersetzungen aus dem Griechischen) », dans W. P. Eckert et P. Wilpert (édit.), *Antike und Orient im Mittelalter*. Vorträge der Kölner Mediaevistentagungen 1956-1959, coll. « Miscellanea Mediaevalia – Veröffentlichungen des Thomas-Instituts der Universität Köln » 1, Berlin 1962, p. 179-195 ; une version abrégée a également été publiée dans **2c** *Id.,* art. « Aflāṭūn », *Encyclopaedia of Islam*, 3ᵉ éd., t. I, 1960, p. 234-236. **3** F. Klein-Franke, « Zur Überlieferung der platonischen Schriften im Islam », *IOS* 3, 1973, p. 120-139 ; **4** G. Strohmaier, « Platon in der arabischen Tradition », *WJA* 26, 2002, p. 185-200 ; tout récemment un excellent état de la question a été publié par **5** R. Arnzen, « [Platon] Arabisches Mittelalter », dans Ch. Horn, J. Müller et J. Söder (édit.), *Platon Handbuch,* Stuttgart 2009, p. 439-445. Le projet d'un *Plato Arabus,* conçu juste avant le début de la seconde guerre mondiale, a été victime de cette dernière ; voir le programme qui en avait été décrit par **6** R. Klibansky, *The Continuity of the Platonic Tradition. Outlines of a Corpus Platonicum Medii Aevi*, London 1939, p. 14-18, 39-41 et 53-54. Trois volumes seulement furent publiés dans cette collection : **7** P. Kraus et R. Walzer, *Galeni compendium Timaei Platonis*, London 1951 ; **8** F. Rosenthal et R. Walzer, *Alfa-*

rabius de Platonis philosophia, London 1943 ; et **9** F. Gabrieli, *Alfarabius compendium Legum Platonis*, London 1952. Les trois ouvrages furent réimprimés en un seul volume dans **7a** R. Walzer (édit.), *Plato Arabus*, Liechtenstein 1973. Parallèment à cette entreprise, 'A. Badawī publia un inventaire des œuvres de Platon en arabe, à la fois les textes authentiques et les apocryphes, dans **10** *La transmission de la philosophie grecque au monde arabe*, Paris 1968 ; 2ᵉ éd. revue et augmetée 1987, p. 35-45, et réédita les trois textes de la collection du *Plato Arabus* (Walzer **7a**) dans son ouvrage **11** *Aflāṭūn fī l-Islām*, Téhéran 1974, p. 5-119, qui comprend également un riche matériel tiré de la tradition gnomologique et pseudépigraphique. Les principaux résultats de ces recherches ont été vulgarisés par **12** J. Walbridge, *The Leaven of the Ancients*, Albany 2000, p. 83-103. Deux articles de portée générale examinent le platonisme en tant que mouvement philosophique à la fin de l'Antiquité et aux débuts de l'Islam : **13** F. E. Peters, « The Origins of Islamic Platonism : The School Tradition », dans P. Morewedge (édit.), *Islamic Philosophical Theology*, Albany, N. Y. 1979, p. 14-45, et **14** P. E. Walker, « Platonisms in Islamic Philosophy », *StudIsl* 79, 1994, p. 5-25.

Biographie et liste des œuvres de Platon

La vie de Platon était connue dans le monde arabe principalement grâce à la traduction de la biographie qu'avait rédigée Théon de Smyrne, dont il ne reste que des extraits cités dans le *Fihrist* d'Ibn al-Nadīm (éd. G. Flügel *et al., Leipzig 1871-1872, p. 245-246) ainsi que dans le dictionnaire biographique d'Ibn al-Qifṭī, *Taʾrīḫ al-ḥukamāʾ* (éd. J. Lippert, Leipzig 1903, p. 17-25) ; une traduction richement annotée du passage du *Fihrist* a été donnée par **15** Aug. Müller, « Die griechischen Philosophen in der arabischen Überlieferung », dans *Godofredo Bernhardy... congratulantur... professores magistri*, Halis 1872, p. 18-21. La biographie donnée par Ibn al-Qifṭī a été connue rapidement, grâce au catalogue des manuscrits arabes de l'Escorial publié par **16** M. Casiri, *Bibliotheca Arabico-Hispana Escurialensis*, Tomus Prior, Madrid 1760 (réimpr. Osnabrück 1969), p. 301-304. Casiri imprima de longs extraits tirés d'Ibn al-Qifṭī, qui utilisait une recension du texte différente de celle qui se tient derrière l'édition de Lippert, et il les traduisit (la traduction fut réimprimée dans **17** Th. Roeper, *De Honaini vita Platonis. Lectiones Abulpharagianae alterae. Viro clarissimo Fr. G. Engelhardt... Gymnasii Gedanensis Rectori quinquaginta annos... gratulantur gymnasii professores et magistri*, Kal. Iul. 1866, Gedani [Gdansk], p. 9-11). Peu de temps après, S. Assemani publia la section entière consacrée à Platon par Ibn al-Qifṭī, avec une traduction latine, dans son **18** *Catalogo de codici manoscritti orientali della Biblioteca Naniana*, Padova 1787, p. 202-208 (texte arabe), 58-63 (traduction latine). Le manuscrit de la bibliothèque Naniana de Padoue (n° 35 dans le catalogue) qu'il a utilisé n'est qu'un fragment de l'œuvre entière d'Ibn al-Qifṭī. Comme le premier sage qui faisait l'objet d'une biographie, Idrīs, est identifié dans cet ouvrage avec Hermès Trismégiste (éd. Lippert, p. 2, 1-2), un copiste a pensé que l'ouvrage concernait Hermès et il l'attribua au célèbre traducteur Ḥunayn ibn Isḥāq (Assemani, p. 45). Presqu'un siècle plus tard, Roeper **17**, qui avait noté la similitude entre les textes publiés par Casiri et Assemani, réimprima la traduction latine donnée par Assemani de la biographie de Platon d'Ibn al-Qifṭī et la compléta par d'abondantes annotations, mais, trompé par le titre du manuscrit de Padoue, la source de la traduction d'Assemani qui attribuait le texte à Ḥunayn, il intitula son étude *De Honaini vita Platonis.* Un peu plus tard, J. Lippert, en guise de préparation de son édition du texte d'Ibn al-Qifṭī, tout en ignorant le travail de Roeper et de ses précédesseurs, publia une étude sur la biographie de Platon écrite par Théon : **19** « Theon in der orientalischen Litteratur », dans ses *Studien auf dem Gebiete der griechisch-arabischen Übersetzungslitteratur,* Braunschweig 1894, p. 39-50. Il faisait remonter à Thrasylle la biographie de Platon et en particulier le système caractéristique de classement des dialogues en tétralogies. La théorie de Lippert a été acceptée par **20** K. von Fritz, art. « Theon 14 aus Smyrna », *RE* V A 2, 1934, col. 2069, mais critiquée par **21** C. W. Müller, *Die Kurzdialoge der Appendix Platonica,* coll. « Studia et Testimonia Antiqua » 17, München 1975, p. 27-28 note 4.

En dépendance de la biographie rédigée par Théon (parmi d'autres sources possibles), il faut mentionner les informations fournies à propos de Platon par Ibn al-Nadīm dans le *Fihrist* (traduit par Müller **15**, p. 6) et probablement aussi les deux brèves notices sur Platon données par Bar Hebraeus à la fois dans son histoire arabe et dans sa chronique en syriaque (les deux textes ont été traduits en latin dans Roeper **17**, p. 11-13 ; on peut lire une traduction anglaise du second texte dans **22** E. W. Wallis Budge, *The Chronography of Gregory Abū'l Faraj... Bar Hebraeus,* Oxford 1932, t. I, p. 36). Mais **23** J. A. Notopoulos, « Porphyry's Life of Plato », *CPh* 35, 1940, p. 284-293, a également soutenu que la biographie conservée dans la *Chronique syriaque* de Bar Hebraeus était fondée sur l'histoire de la philosophie de Porphyre ; la thèse de Notopoulos semble toutefois reposer sur une déduction infondée de **24** Th. Preger, *Inscriptiones graecae metricae,* Leipzig 1891, p. 11 (« *Hausit autem Honainus* [*i.e.* Bar Hebraeus, qu'il pensait être Ḥunayn à cause de la publication de Roeper **15**, chez qui Preger avait puisé ses informations] *sine dubio ex Porphyrii historiae philosophiae libro quarto quem Syriace exstitisse compertum habemus.* ») La question mériterait un examen approfondi.

Une vie plus brève et, apparemment, davantage légendaire est conservée dans le *gnomologium* d'al-Mubaššir ibn Fātik, *Muḫtār al-ḥikam,* éd. ʿA. Badawī, Madrid 1958, p. 126-128 (voir Arnzen **5**, section *i*), traduit dans **25** F. Rosenthal, *The Classical Heritage in Islam,* Berkeley/Los Angeles 1975, p. 28-29. La vie de Platon conservée dans une autre collection gnomologique, le *Ṣiwān al-ḥikma,* est traduite par **26** E. Tornero Poveda, « La "Vida de Platón" del Muntajab Ṣiwān al-ḥikma », *CD* 199, 1986, p. 105-117. Des allusions à la vie de Platon se rencontrent dans toute la littérature arabe (voir aussi Walzer **2c**, p. 235b) et les rapports qu'elles entretiennent entre elles et avec leurs sources grecques demandent encore à être étudiés.

Des listes d'œuvres de Platon en arabe sont données en rapport avec trois schémas différents de classement. Le premier se trouve dans la *Philosophie de Platon* d'al-Fārābī, qui énumère les dialogues dans un ordre non-tétralogique qu'on ne retrouve pas dans les sources grecques. Rosenthal et Walzer **8**, p. XII-XVI, le font remonter au moyen-platonisme sans donner davantage d'explications. Klein-Franke **3**, p. 126-127, semble y reconnaître des traces de la disposition proposée par Thrasylle, mais **27** H. Tarrant, *Thrasyllan Platonism*, Ithaca/London 1993, p. 32-38, suggère de façon vraisemblable qu'al-Fārābī aurait tiré son information des résumés des dialogues de Platon rédigés par Galien (☛G 3). L'ordre des résumés des rares dialogues mentionnés par Ḥunayn dans la description de ses traductions (**28** G. Bergsträsser, *Ḥunain ibn Isḥāq über die syrischen und arabischen Galen-Übersetzungen*, Leipzig 1925, p. 50 [texte arabe], 41 [traduction allemande]) correspond en effet à celui donné par al-Fārābī (sauf pour le *Politique*), et l'on sait qu'al-Fārābī a beaucoup utilisé les résumés de Galien (*cf.* **29** D. Gutas, « Galen's *Synopsis* of Plato's *Laws* and al-Fārābī's *Talḫīṣ* », dans G. Endress et R. Kruk (édit.), *The Ancient Tradition in Christian and Islamic Hellenism* [*Festschrift H. J. Drossaart Lulofs*], Leiden 1997, p. 101-119, repris dans le recueil d'articles **29a** *Greek Philosophers in the Arabic Tradition*, Aldershot 2000, n° V). Ḥunayn cependant signale qu'il a traduit seulement quatre des huit livres des résumés de Galien (voir son texte cité plus bas) ; on ne sait pas si les autres furent traduits à un autre moment.

La seconde classification des dialogues est celle que l'on trouve dans le *Pinax* de Théon de Smyrne. L'ouvrage de Théon fut utilisé à la fois par Ibn al-Nadīm dans le *Fihrist* et par Ibn al-Qifṭī, comme on l'a vu plus haut et, si on laisse de côté quelques omissions, il se laisse reconstruire conformément aux analyses de Tarrant **27**, p. 58-68.

En revanche, la troisième classification, présentée dans le *'Uyūn al-anbā' fī ṭabaqāt al-aṭibbā'* d'Ibn Abī Uṣaybi'a, éd. A. Müller, Königsberg 1884, t. I, p. 53, 16-54, 3, suit de façon précise l'ordre de Thrasylle. Ibn Abī Uṣaybi'a commence par citer en premier quatre dialogues célèbres – *Apologie, Phédon, République, Timée* –, puis suit la liste de Thrasylle (dans l'ordre indiqué par Diogène Laërce), en commençant par l'*Euthyphron* et en finissant par l'*Epinomis* et les *Lois* (intervertissant ainsi l'ordre des deux ouvrages et en omettant les *Lettres*), en veillant à ne pas répéter les titres des dialogues qu'il avait cités au tout début. Il faut tenir compte de trois légères discordances dans l'ordre des dialogues (qui demandent à être expliquées) : le *Phèdre* est déplacé à la fin de la liste, avec le *Charmide,* après deux titres qui apparaissent comme des références redondantes à des dialogues précédemment mentionnés (par ex., *Kitāb fīmā yuttaqā* [*sic legendum pro yanbaġī* ; voir Rosenthal et Walzer **8**, p. 6 (texte arabe), note à la li. 17], « Sur ce qui mérite la révérence », allusion probable au contenu de l'*Euthyphron*, Περὶ ὁσίου) ; *Lachès* et *Lysis*, dans cet ordre, apparaissent immédiatement après l'*Euthydème* plutôt qu'avant ce dialogue ; et dans la huitième tétralogie, la *République* et le *Timée* qui apparaissaient en tête de la liste, sont omis et on trouve à leur place une référence au « Livre de... philosophique » (*Kitāb <...> al-falsafī*), qui semble une insertion erronée intervenue quelque part, plutôt que le vestige d'une mention d'un quelconque dialogue, puisque ni la *République* ni le *Timée* ne sont définis comme *philosophiques* dans la liste de Thrasylle, et que tous les autres dialogues authentiques ont déjà été mentionnés.

Œuvres conservées en tradition directe

La transmission des œuvres de Platon en arabe est sporadique, fragmentaire et extrêmement complexe. L'absence de recherches sur cette question à l'époque moderne fait que les étapes de cette transmission et les états du texte, tout comme les circonstances historiques du processus, restent obscurs. On constate en tout cas que pour l'essentiel la civilisation islamique n'a eu une connaissance de la philosophie de Platon que de façon indirecte, et que des traductions complètes de dialogues entiers ne semblent pas avoir été faites. En tout cas, « aucune d'elles ne nous est parvenue » (Rosenthal **1**, p. 393). Dans son évaluation préliminaire de la situation, Rosenthal **1**, p. 393, a suggéré que la raison de cet état de fait était que ce qui intéressait les intellectuels arabophones du premier Islam n'était pas « la forme extérieure des ouvrages [de Platon]..., mais certaines de ses idées ». De fait, la forme des ouvrages philosophiques, tout comme la relative densité théorique et la difficulté des thèmes abordés, semblent avoir dès le début joué un rôle dans leur transmission. Dans le cercle d'al-Kindī au milieu du IXᵉ siècle, des traductions de Plotin et de Proclus furent rendues accessibles dans des paraphrases abrégées, et al-Kindī lui-même fait référence à la substance de certains des dialogues socratiques de Platon (voir plus bas) ; en ce qui concerne Aristote, il semblerait que seuls ses écrits d'une grande densité philosophique, comme les livres de la *Métaphysique,* furent intégralement traduits à cette époque, tandis que d'autres, comme les *Météorologiques* ou les *Parva naturalia,* faisaient l'objet de versions abrégées (voir **30** G. Endress, « Building the Library of Arabic Philosophy. Platonism and Aristotelianism in the Sources of al-Kindī », dans C. D'Ancona (édit.), *The Libraries of the Neoplatonists*, Leiden 2007, p. 319-350). Parmi les explications envisageables, on ne peut que difficilement ne pas établir un lien entre cette pratique de traduire de façon abrégée et le style des œuvres de Platon en cause. La qualité littéraire des dialogues, bien qu'appréciée à juste titre par le lecteur grec, n'a pas dû favoriser leur traduction, alors que leur caractère maieutique, aporétique et philosophiquement peu conclusif – lequel continue de nos jours à susciter des discussions scientifiques à propos de leur signification et de l'intention de leur auteur – ne pouvait que limiter leur utilité dans un climat intellectuel davantage intéressé par une exposition plus engagée des contenus philosophiques. Toutefois, même si de tels facteurs expliquent le caractère restreint et paraphrastique de la plus ancienne réception du Platon authentique, on constate qu'elle fut encore plus réduite à la suite de la prédominance acquise par les aristotéliciens de Bagdad au début du Xᵉ siècle et qu'elle fut complètement éclipsée par le triomphe du péripatétisme d'Avicenne au XIᵉ siècle. A propos du plus fameux des aristotéliciens de Bagdad, al-Fārābī, Rosenthal **1**, p. 411, a écrit, de façon caractéristique, en 1940 : « On est porté à penser qu'il ne fut jamais en contact avec un véritable texte platonicien, en quelque langue que ce soit » (et rien depuis n'est venu infirmer cette déclaration), tandis que le jugement porté par Avicenne sur Platon permet de connaître à la fois la disponibilité des textes de Platon à son époque et la piètre estime dans laquelle le philosophe était tenu : « Si les résultats obtenus par Platon en philosophie se limitent à ce qui nous a été conservé de ses écrits, alors sa production était effectivement maigre et la philosophie à son époque n'avait pas atteint le point de la maturité » (**31** D. Gutas, *Avicenna and the Aristotelian Tradition*, Leiden 1988, p. 287). Il est manifeste que ces jugements expliquent, par négligence ou manque d'intérêt, la disparition de la plus grande partie des traductions du matériel platonicien authentique qui ont pu être produites au cours de la plus ancienne période et des étapes ultérieures de la transmission.

En ce qui concerne la transmission des dialogues comme tels en arabe, on en avait peut-être connaissance davantage à travers des résumés et des épitomés qu'à travers des traductions directes, de sorte qu'il convient de commencer par eux. Pour les épitomés connus avec plus ou moins de précision, on peut en distinguer deux ensembles de façon évidente, un premier dont on trouve la trace dans certains ouvrages d'al-Kindī et un second correspondant aux synopses des œuvres de Platon rédigées par Galien, bien connues mais disparues en grec.

Al-Kindī, qui se situe au tout début du mouvement de traduction d'ouvrages philosophiques du grec en arabe, aurait écrit, si l'on en croit le catalogue de ses œuvres dressé dans le *Fihrist,* un certains nombre d'œuvres socratiques qui semblent reposer sur des paraphrases, en partie conservées, des textes platoniciens originaux. Les ouvrages qui sont répertoriés dans le *Fihrist* (p. 260, 4-6) sont les suivants : *Compte rendu de la vertu (ou de l'excellence) de Socrate,* qui fait sans doute référence au *Criton* ; *Compte rendu de la mort de Socrate,* apparemment une version du *Phédon* ; *Ce que l'on sait de Socrate et des gens de Ḥarrān* (i.e., les grecs païens ou les Athéniens), une version de l'*Apologie* ; *Ce dont l'âme se souvient* (*Fihrist,* p. 259, 26), inspiré par le *Ménon* ; et enfin *L'accord entre les philosophes concernant les allégories de l'Amour* (*Fihrist,* p. 259, 25-26), qui dépend du *Banquet.* D'après ce que l'on sait du dernier ouvrage mentionné, il semble que toutes ces œuvres remontent à des sources sabéennes – c'est-à-dire que le ou les informateurs d'al-Kindī qui lui ont fourni du matériel sur ces questions étai(en)t des Sabéens de Ḥarrān (**32** D. Gutas, « Plato's *Symposion* in the Arabic Tradition », *Oriens* 31, 1988, p. 36-60, notamment p. 42-47, repris dans Gutas **29a**, n° IV). Le fait que ces dialogues socratiques aient été rendus accessibles à al-Kindī d'une manière ou d'une autre est très significatif et de nouvelles études pourraient conduire à de nouvelles identifications au sein des titres de ses ouvrages. De toute manière, il est certain que certains dialogues socratiques de Platon étaient inclus dans les premiers ouvrages philosophiques grecs qui furent introduits dans le monde arabe et qu'ils furent remodelés par al-Kindī ; mais ils n'eurent par la suite que très peu d'influence, même si la question dans son ensemble devrait faire l'objet d'études ultérieures.

La source d'information qui fut de loin la plus importante sur les dialogues de Platon dans le monde arabe fut l'ensemble des synopses rédigées par Galien et d'autres écrits apparentés de cet auteur. Ḥunayn rapporte dans son chapitre bibliographique sur les œuvres de Galien (Bergsträsser **28**, p. 50-51 pour le texte arabe, 41 pour la traduction allemande) les informations suivantes :

> « [N° 124] Parmi les livres relevant de ce domaine [la philosophie] j'en ai trouvé un autre contenant quatre des huit sections des *Synopses des livres de Platon* par Galien. Le première section comprenait les épitomés de cinq livres de Platon, le *Cratyle* sur les noms, le *Sophiste* sur la division, le *Politique* sur l'administrateur [politique], le *Parménide* sur les idées, et l'*Euthydème*. La seconde section comprenait les synopses de quatre livres de la *République* de Platon. La troisième contenait les synopses des six autres livres de la *République* et la synopse du livre intitulé *Timée* sur la science de la nature. La quatrième section contenait les thèmes principaux des douze livres des *Lois* de Platon. J'ai traduit en arabe les trois premières sections pour le compte d'Abū Ǧaʿfar Muḥammad ibn Mūsā. (ʿĪsā <ibn Yaḥyā> a traduit tous ces textes, tandis que Ḥunayn a corrigé la synopse de la *République*.). »

Il faut ajouter que le traité *De placitis Hippocratis et Platonis* de Galien fut également traduit en arabe par Ḥubayš (Bergsträsser **28**, p. 26, 21, n° 46) ; certains fragments en ont été conservés. Voir l'introduction de Strohmaier à l'édition procurée par Ph. De Lacy, coll. *CMG* V4, 1, 2, Berlin 1978-1984, t. I, p. 42-46. Pour le *Timée* « médical » de Galien, voir plus bas à propos de ce dialogue.

A propos des dialogues en eux-mêmes, les informations suivantes peuvent être retenues à la suite d'un examen sommaire de la documentation pour chaque dialogue en particulier.

Apologie. L'ouvrage d'al-Kindī *Ce que l'on sait de Socrate et des gens de Ḥarrān* (*i.e.*, les grecs païens ou les Athéniens), semble avoir été une synopse de l'*Apologie*, comme nous l'avons vu plus haut. L'histoire du procès intenté par les Athéniens à Socrate est brièvement racontée dans les *Iḫwān aṣ-ṣafā'* ; voir **33** C. Baffioni, *Frammenti e testimonianze di autori antichi nelle Epistole degli Iḫwān aṣ-Ṣafā'*, Roma 1994, p. 327-328.

Cratyle. La synopse qu'en avait faite Galien était connue, comme le montre le passage de Ḥunayn cité plus haut.

Criton. L'ouvrage d'al-Kindī, *Compte rendu de la vertu (ou de l'excellence) de Socrate,* était fort probablement un résumé de ce dialogue, la vertu ou l'excellence célébrée faisant référence au respect de la loi maintenu par Socrate même en face d'une injuste condamnation à mort. Un bref résumé de certains des arguments avancés par Criton dans le dialogue, de même que la conversation tenue avec les « Lois », sont insérés dans la scène de la mort de Socrate tirée du *Phédon* dans les récits aussi bien d'al-Mubaššir que d'Ibn al-Qifṭī (voir Rosenthal **1**, p. 390, ainsi que **34** E. K Rowson, *A Muslim Philosopher on the Soul and Its Fate. Al-ʿĀmirī's "Kitāb al-Amad ʿalā l-abad"*, New Haven 1988, p. 36 ; texte arabe accompagné d'une traduction anglaise dans **35** I. Alon, *Socrates Arabus. Life and Teachings*, Jerusalem 1995, p. 31-32). Cette section contenant la conversation avec les « Lois » était apparemment conservée dans une copie effectuée par Yaḥyā ibn ʿAdī (*Fihrist*, p. 246, 17). On ignore si tout ce matériel remonte ultimement à l'ouvrage d'al-Kindī. Certains fragments conservés ont été rassemblés dans Badawī **11**, p. 136-145, Rowson **34**, p. 36-37 ; Baffioni **33**, p. 329-330.

Euthydème. La synopse qu'en avait faite Galien était connue, comme le montre le passage de Ḥunayn cité plus haut.

Gorgias. Le dialogue en lui-même ne fut pas traduit, bien que le *Fihrist* (p. 252, 20), fasse mention d'une traduction syriaque du mythe ; voir **35** G. Endress, *Proclus Arabus*, Beyrouth 1973, p. 28.

Lois. Un ouvrage intitulé *Les Lois* et attribué à Platon est fréquemment cité dans les sources arabes, un fait qui confirme plutôt qu'il ne remet en cause la complexité de la transmission de ce dialogue. Il faut tout d'abord signaler que la tradition arabe fait référence à trois ouvrages intitulés de façon identique comme étant *Les Lois de Platon (Kitāb an-Nawāmīs li-Aflāṭūn)*. Dans un des trois cas, c'est évidemment l'ouvrage authentique qui est visé, mais les deux autres ouvrages sont des pseudépigraphes, le premier étant un traité sur le gouvernement politique, la prophétie et la loi religieuse en trois livres *(maqāla)*, et le second étant un ouvrage de magie (voir les références pour ces deux autres ouvrages dans Gutas **29**, p. 102). Le texte magique pseudépigraphe ne semble pas avoir été sérieusement considéré comme un ouvrage authentique de Platon (voir **36** D. E. Pingree, « Plato's Hermetic Book of the Cow », dans P. Prini [édit.], *Il Neoplatonismo nel Rinascimento*, Roma 1993, p. 133-145). En revanche, l'écrit en trois parties démontre un mélange si remarquable d'idées grecques et islamiques qu'il a été fréquemment considéré comme un écrit platonicien et pour cette raison l'origine de toutes les références aux *Lois* dans la littérature arabe demande à être soumise à une critique d'authenticité. L'ouvrage a été édité par Badawī **11**, p. 197-234, et a fait l'objet d'une étude préliminaire par **37** Georges Tamer, qui en prépare actuellement une édition critique : « Politisches Denken in pseudoplatonischen arabischen Schriften », *MUSJ* 57, 2004, p. 303-335.

Quant au dialogue authentique de Platon, c'est l'une des seules œuvres de ce dernier dont la traduction fasse l'objet d'un peu d'information par le *Fihrist* dans le cadre de sa notice sur Platon : « Les *Lois*, traduites par Ḥunayn [ibn Isḥāq], et traduites par Yaḥyā ibn ʿAdī » (p. 246, 5-6). Aucune preuve n'a été trouvée pour confirmer cette allégation, si du moins il faut la prendre au sens strict. Il n'y a aucune trace de ce dialogue dans la littérature philosophique arabe qu'il faille incontestablement faire remonter à ces prétendues traductions et aucun philosophe n'a utilisé le texte original. Al-Fārābī et Abū l-Faraj ibn aṭ-Ṭayyib, qui ont écrit un *talḫīṣ* (exposition détaillée) et un *ṯimār* (points essentiels) des *Lois,* ont utilisé, l'un et l'autre, une version largement abrégée qui ne peut être que celle de Galien (Gutas **29** ; **38** D. Gutas, « Al-Fārābī's Knowledge of Plato's Laws » (c.r. de l'ouvrage de J. Parens, *Metaphysics as Rhetoric. Alfarabi's Summary of Plato's Laws*, Albany 1995), *IJCT* 4, 1998, p. 405-411 ; et **39** S. Harvey, « Did Alfarabi

Read Plato's *Laws*? », *Medioevo* 28, 2003, p. 51-68). Il faut ajouter que dans le contexte du mouvement de traduction à Bagdad, au cours duquel même la *Politique* d'Aristote ne fut pas entièrement traduite, il paraît très improbable que ce texte, le plus long des ouvrages de Platon, portant sur un sujet qui dans sa totalité n'intéressait aucun des philosophes en activité à Bagdad, ait pu être traduit, ne fût-ce qu'une fois, en arabe, et encore moins deux fois. L'information fournie par le *Fihrist* ne doit donc pas être prise à la lettre.

Quant aux *Synopses* des œuvres de Platon rédigées par Galien, Ḥunayn dit dans son compte rendu *(Risāla)* des versions galéniques cité plus haut (Bergsträsser **28**, p. 50-51 pour le texte arabe, 41 pour la traduction allemande) qu'il a traduit en arabe pour un des Banū Mūsā trois des quatre sections des synopses de Platon, sauf pour la quatrième section qui contenait les *Lois*. Une addition ultérieure dans la transmission de la *Risāla* de Ḥunayn précise que 'Īsā ibn Yaḥyā, un élève de Ḥunayn, « traduisit tout cela ». Puisque Ḥunayn avait déjà traduit en arabe les trois premières sections, « tout cela » doit faire référence aux *Lois* – à moins qu'il ne faille comprendre que 'Īsā a traduit toutes les synopses de Galien et que Ḥunayn se soit contenté de les signer ou de les corriger. Quoi qu'il en soit, Ibn al-Nadīm, qui apparemment n'avait pas accès à la version révisée de la *Risāla* contenant cette addition (Bergstrasser **28**, p. VII-VIII), a pu penser que Ḥunayn avait traduit les *Lois* également et répertorier ainsi la traduction que Ḥunayn avait faite de la *Synopse* de Galien comme étant celle de l'ouvrage original. Pour ce qui est de la « traduction » faite par Yaḥyā ibn 'Adī, on peut y voir une révision d'une traduction antérieure de l'ouvrage de Galien, ou même une simple copie de cette œuvre, étant donné que Ibn al-Nadīm reçut une grande partie de ses informations concernant la philosophie grecque de Yaḥyā et de ses copies manuscrites de telles œuvres. D'après l'ensemble des témoignages, il semble plus vraisemblable qu'il n'ait existé une traduction arabe que de la seule synopse de Galien et non des *Lois* en elles-mêmes. Un fragment tiré explicitement de la synopse de Galien est conservé chez Maïmonide ; voir Kraus et Walzer **7**, p. 39 (texte arabe), p. 100-101 (traduction latine).

Il est également clair, toutefois, que de nombreux passages des *Lois,* comme ceux tirés d'autres dialogues, étaient disponibles en arabe de façon indirecte sous un certain nombre de formes différentes, notamment dans des doxographies (comme celle d'Ibn Abī-Ḍarr ou al-'Āmirī, *as-Sa'āda wa-l-is'ād*, éd. M. Minovi, Wiesbaden 1957-1958, qu'il faudrait scruter minutieusement pour y retrouver de tels passages), des *gnomologia* et, sous la forme d'une transmission indirecte, dans des citations dans le texte d'auteurs grecs par ailleurs traduits en arabe, notamment chez Galien. Pour des références à de tels passages, voir à titre provisoire Rosenthal **1**, p. 395-396 ; Gabrieli **9**, p. XII n. 2 ; Badawī **11**, p. 133-135 ; Klein-Franke **3**, p. 130-131 ; Strohmaier **4**, p. 194 n. 56-57, 62, 63.

Ménon. Une connaissance de la théorie de la réminiscence est attestée dans l'ouvrage d'al-Kindī *Les souvenirs de l'âme se rapportant à ce qu'elle avait dans le monde de l'Intellect,* bien que ce fût apparemment à travers la médiation d'élaborations doctrinales néoplatoniciennes ; voir l'édition et la traduction du texte par **40** G. Endress, « Al-Kindī über die Wiedererinnerung der Seele : arabischer Platonismus und die Legitimation der Wissenschaften im Islam », *Oriens* 34, 1994, p. 174-221. Pour les *Iḫwān aṣ-ṣafā'*, voir Baffioni **33**, p. 289-290. De façon plus directe, le *Ménon* apparaît dans l'ouvrage de Ṭābit ibn Qurra *Sur la preuve attribuée à Socrate concernant le rectangle et son diamètre,* éd. et trad. par **41** A. Sayılı, dans *Belleten* 22, 1958, p. 526-549 ; voir également Gutas **32**, p. 46 n. 44, et Endress **30**, p. 328-329.

Parménide. Le résumé de Galien fut traduit et connu en arabe, comme on l'a vu dans le passage de Ḥunayn, cité plus haut ; il est également signalé dans le *Fihrist* (p. 246, 13). Al-Kindī semble avoir eu une certaine connaissance du *Parménide* (voir **42** M. E. Marmura et J. M. Rist, « Al-Kindī's Discussion of Divine Existence and Oneness », *MediaevalStud* 25, 1963, p. 338-354), peut-être à travers ce résumé de Galien, bien qu'il soit plus probable qu'il dépendait d'intermédiaires néoplatoniciens.

Phédon. Ce dialogue platonicien est peut-être celui qui fut le mieux connu en arabe. Les sources bibliographiques cependant sont presque totalement silencieuses concernant sa transmission ; il n'est dit nulle part qu'il a jamais été traduit, aucun résumé galénique n'est mentionné et aucun commentaire de ce texte n'était connu en arabe, sauf pour la petite partie qui se trouve dans le commentaire de Proclus traduit par Ibn Zurʿa (*Fihrist,* p. 252, 22). Mais il est manifeste, à partir des témoignages conservés, que non seulement le dialogue était connu dans sa quasi totalité, mais qu'il circulait également en de multiples versions. Ce que l'on ignore, c'est la nature de ces versions et leur rapport avec leurs sources grecques, quelles qu'en ait été la nature.

D'après ce témoignage, tel que l'interprète Rowson **34**, p. 29-41, il semble que dans son ouvrage sur l'immortalité de l'âme, *Al-Amad ʿalā l-abad,* al-ʿĀmirī ait utilisé une version du dialogue qui était une paraphrase interpolée qui couvrait la plus grande partie du texte.

Une autre version, plus proche du grec, mais sans la forme du dialogue et apparemment fortement condensée, sous-tend les quinze citations que l'on trouve dans l'*Inde* d'al-Bīrūnī (les textes arabes sont rassemblés dans Badawī **11**, p. 123-129, voir également Strohmaier **4**, 193 n. 52, 194 n. 55). L'éditeur et traducteur de l'ouvrage d'al-Bīrūnī, **43** E. Sachau (*Al-Biruni's India,* London 1910, t. II, p. 278), a suggéré que ces citations aient été empruntée au commentaire de Proclus mentionné dans le *Fihrist,* mais il ne semble y avoir aucune raison pour soutenir une telle hypothèse (Rowson **34**, p. 32, et *cf.* Rosenthal **1**, p. 395).

Une autre version arabe encore, en partie littérale et en partie abrégée, servit à la traduction d'une version persane conservée, effectuée apparemment en 775/1374 (Bursa MS 504/2, fol. 66^b-88^a, encore inédite) ; cette version arabe fut également utilisée par le médecin du IIIe/IXe siècle Isḥāq ibn ʿAlī al-Ruhāwī dans son *Adab al-ṭabīb,* comme l'a établi **44** J. Ch. Bürgel, « A New Arabic Quotation from

Plato's *Phaido* and Its Relation to a Persian Version of the *Phaido* », dans *Actas, IV Congresso de Estudos Árabes e Islamicos, Coimbra-Lisboa, 1 a 8 de Setembro de 1968*, Leiden 1971, p. 281-290.

La scène de la mort de Socrate est conservée chez Ibn al-Qifṭī, p. 198, 10-206, 5 (le texte se trouve également dans Badawī **11**, p. 136-145, le texte et une traduction dans Alon **35**, p. 30-34), et, dans une version plus courte, chez al-Mubaššir, p. 85, 19 - 90, 15 (*cf.* Rosenthal **1**, p. 389-390). Il reste à déterminer à laquelle des trois versions signalées – ou à une autre inconnue ? – ce texte se rapporte. La même difficulté se pose pour de nombreuses références au dialogue que l'on trouve en arabe. Les Épîtres des *Iḫwān aṣ-ṣafā* en particulier ont fait un ample usage du dialogue ; voir les références dans Baffioni **33**, Index, et l'étude détaillée de **45** Y. Marquet, « Socrate et les Iḫwān aṣ-ṣafā », *JA* 287, 1998, p. 409-449. Il serait souhaitable de rassembler et d'éditer toutes ces versions et les passages qui s'y rapportent. On pourrait ainsi obtenir davantage de précisions sur la disponibilité du dialogue en arabe.

Le commentaire de Proclus sur le *Phédon* fut traduit en syriaque d'après le *Fihrist* (p. 252, 22), et une partie fut traduite en arabe par Ibn Zur'a (voir Endress **35**, p. 28-29).

Non seulement le *Phédon* fut bien connu en arabe, mais il est également lié intrinsèquement à l'ouvrage pseudépigraphe intitulé *Le livre de la pomme,* qui relate la discussion tenue sur son lit de mort par Aristote (ou par Socrate selon certains manuscrits), alors qu'il était maintenu en vie par le parfum d'une pomme qu'il tenait en mains, un motif aristotélicien bien connu (voir **46** P. Kalligas, *Phronesis* 29, 1984, p. 103). Sur ce texte, voir aussi M. Aouad, notice « Le *De Pomo* », *DPhA* I, 1989, p. 537-541. Les plus anciennes attestations du texte sont constituées par deux versions, une version brève conservée en arabe et dans une traduction persane (la seconde éditée et traduite par **47** D. S. Margoliouth, « The Book of the Apple », *JRAS* 24, 1892, p. 187-252), et une version plus longue, conservée seulement dans des traductions médiévales en hébreu et en latin. Bien qu'on ait originellement pensé que l'ouvrage se rapportait au *Phédon* (**48** J. Bielawski, « Phédon en version arabe et le *Risālat al-Tuffāḥa* », dans J. M. Barral [édit.], *Orientalia Hispanica*, Leiden 1974, t. I, p. 120-134 ; Rowson **34**, p. 42 ; **49** D. Gutas, « The Spurious and the Authentic in the Arabic Lives of Aristotle », dans J. Kraye *et al.* [édit.], *Pseudo-Aristotle in the Middle Ages*, London 1986, p. 36-50, notamment p. 31, repris dans Gutas **29a**, n° VI), dans une étude récente et exhaustive, **50** P. Kotzia, Περί του μήλου ή Περί της Αριστοτέλους τελευτής *(Liber de pomo)*, Thessaloniki 2007, a avancé de bons arguments en faveur de l'hypothèse que la version hébraïco-latine remonterait ultimement à un prototype grec issu des cercles aristotéliciens ; la transmission d'une telle version toutefois et ses rapports avec la version conservée en arabe et en persan restent obscurs. L'ouvrage de Kotzia contient d'abondantes références à la bibliographie sur la question et devrait constituer le point de départ d'une indispensable recherche approfondie pour le domaine arabe.

Phèdre. On ne possède aucune information concernant une éventuelle traduction arabe ou un abrégé de ce dialogue. Certains passages qui ont été identifiés comme provenant de ce dialogue (par exemple 244a et 265a-b, sur l'amour), et d'autres qui restent à identifier, sembleraient remonter non pas directement au dialogue en lui-même, mais à des *gnomologia* (voir Rosenthal **1**, p. 420). La même remarque peut être faite pour des passages pouvant remonter à ce dialogue dans les *Iḫwān aṣ-ṣafā* ; voir Baffioni **33**, Index.

Politique. Le résumé qu'en avait fait Galien fut traduit en arabe, comme le montre le passage de Ḥunayn cité plus haut.

République. Le dialogue était bien connu en arabe, mais dans quelle mesure il fut connu et sous quelle(s) forme(s) reste encore fort obscur. Pour commencer, deux passages ont été retrouvés dans une traduction littérale qui conserve la forme du dialogue, mais la question de savoir si la totalité du dialogue fut ainsi traduite reste ouverte. La seule référence à une traduction dans les sources bibliographiques est ambiguë ; le *Fihrist* (p. 246, 5) dit, dans la liste des ouvrages de Platon : « La République. Traduite *(fassara)* par Ḥunayn ibn Isḥāq. » Et de fait dans une des deux sources qui conservent un passage sous la forme d'une traduction littérale, immédiatement après la citation du passage (402e3-403b6, voir plus bas), l'auteur introduit une remarque par Ḥunayn qui explique le concept d'amour discuté dans le passage de Platon (voir **51** D. C. Reisman, « Plato's *Republic* in Arabic. A Newly Discovered Passage », *ASPh* 14, 2004, p. 263-300, notamment 267). Ce fait tend à suggérer que Ḥunayn a effectivement traduit littéralement le dialogue (ou du moins certaines parties) et qu'il ajouta des gloses explicatives ici et là ; c'est ce que signifierait exactement le terme *fassara* utilisé par Ibn al-Nadīm (*cf.* Reisman **51**, p. 265 n. 6). On sait toutefois de façon certaine par Ḥunayn lui-même qu'il traduisit également la synopse de la *République* rédigée par Galien et ce fait invite à douter qu'il ait traduit à la fois le très long dialogue en lui-même et la synopse de Galien sans avoir ressenti une forte demande en ce sens, demande qui n'est par ailleurs nullement attestée. Dans ce cas, il semblerait plus vraisemblable que la référence d'Ibn al-Nadīm dans ce passage vise la traduction de la synopse galénique et non le dialogue original en lui-même ; en outre, la référence que fait al-Masʿūdī aux dix livres de la synopse de Galien (*at-Tanbīh wa-l-išrāf*, éd. M. J. de Goeje, Leiden 1894, p. 131) indiquerait également que la synopse était suffisamment détaillée pour contenir la division originelle de la *République* en dix livres. Il resterait à établir si l'une ou l'autre de ces interprétations est la bonne ou s'il faut les combiner ou encore s'il faut en élaborer une troisième. Le premier de ces passages traduits littéralement (402e3-403b6) est cité par Abū Saʿīd ibn Baḫtīšūʿ, édité et traduit par **52** F. Klein-Franke, *Über die Heilung der Krankheiten der Seele und des Körpers*, Beyrouth 1977, p. 46-47 (texte arabe), p. 79-80, et Klein-Franke **3**, p. 129-130 (traduction allemande). Le second passage (506d3-509b10) se trouve dans l'ouvrage intitulé *Kitāb fī masāʾil al-umūr al-ilāhiyya* d'al-Isfizārī, édité et traduit par Reisman **51**, p. 286-292 (texte arabe), p. 296-300 (traduction anglaise). D'autres passages tirés du dialogue que l'on rencontre dans la littérature arabe et qui se présentent comme des traductions littérales ne présen-tent pas la forme du dialogue ou bien parce qu'ils sont trop courts ou bien parce qu'ils sont empruntés à de longues sections narratives, le plus remarquable étant l'histoire de Gygès (359d2-360b2) conservée dans les *Rasā'il Iḫwān aṣ-ṣafā'* (voir **53** C. Baffioni, « Frammenti e testimonianze platoniche nelle *Rasā'il* degli Ikhwān al-Ṣafā' », dans G. Fiaccadori [édit.], *Autori classici in lingue del vicino e medio oriente*, Roma 2001, p. 163-178, notamment 176-178).

En deuxième lieu, davantage que les traductions littérales de passages choisis du dialogue, il faut mentionner des paraphrases portant habituellement sur de courts extraits, dispersés dans toute la littérature arabe, qu'il faudrait répertorier et identifier. Des passages, sous forme de paraphrase, qui, se retrouvant « sans plan préconçu d'un bout à l'autre de l'ouvrage », sont conservés dans l'ouvrage intitué *as-Sa'āda wa-l-is'ād* d'Abū l-Ḥasan ibn Abī Ḏarr, connu également sous le nom d'al-'Āmirī, mentionné plus haut ; ils ont été édités et traduits par **54** A. J. Arberry, « Some Plato in an Arabic Epitome », *IQ* 2, 1955, p. 86-99. D'autres citations attribuées à Platon dans le même ouvrage pourraient également provenir de la *République,* mais le livre n'a pas encore été systématiquement exploré du point de vue de ses sources platoniciennes. Une présentation provisoire et limitée de ses thématiques est donnée par **55** A. J. Arberry, « An Arabic Treatise on Politics », *IQ* 2, 1955, p. 9-22. Voir également la traduction française d'une partie significative du même ouvrage par **56** M.-C. Lacroix, « Éducation et instruction selon Abū l-Ḥasan al-'Āmirī », *RPhL* 87, 1989, p. 165-214. Pour d'autres passages périphrasti-ques analogues, voir les références fournies dans Rosenthal **1**, *passim* ; Klein-Franke **3**, p. 132 ; Strohmaier **4**, p. 193 ; pour des citations dans les *Iḫwān aṣ-ṣafā'* voir Baffioni **33**, *indices*, et notamment Baffioni **53** ; pour la description et le classement des constitutions politiques qui dans les œuvres d'al-Fārābī remontent à la *République,* voir **57** R. Walzer, *Al-Farabi on the Perfect State*, Oxford 1985, et **58** P. Crone, « Al-Fārābī's Imperfect Constitutions », *MUSJ* 57, 2004, p. 191-228.

La question de l'origine exacte de tels passages reste ouverte. Il est permis d'affirmer avec un certain degré de certitude que deux sources au moins eurent une importance primordiale. L'une est constituée par les *gnomologia* (dont on reparlera plus bas) et/ou les collections de matériaux doxographiques ; la seconde est consti-tuée par des traductions d'œuvres composées par d'autres auteurs grecs citant Platon. Dans cette catégorie le premier et le principal auteur est Galien, qui cita amplement Platon dans ses ouvrages et fut dans une large proportion traduit en arabe. Mais Aristote est une source tout aussi importante pour de tels passages de Platon, car sa *Métaphysique* à elle seule (et en particulier les livres A, M et N) fournissait aux lecteurs arabes beaucoup d'informations sur la théorie plato-nicienne des idées, comme l'a récemment illustré **59** A. Bertolacci, « On the Arabic Translations of Aristotle's *Metaphysics* », *ASPh* 15, 2005, p. 241-275, notamment p. 274-275.

En ce qui concerne la synopse de la *République* composée par Galien, deux fragments seulement en ont été retrouvés jusqu'à maintenant (Kraus et Walzer **7**,

p. 37-38, pour le texte arabe, p. 99-100, pour la traduction latine), mais le commentaire d'Averroès sur la *République* pourrait bien être fondé fondé sur cette synopse : voir Strohmaier **4**, p. 197, et **60** R. Walzer, *Galen on Jews and Christians*, Oxford 1949, p. 58, 63, bien que Walzer **2c**, p. 234b, ait apparemment par la suite changé d'avis et ait considéré que la source d'Averroès était un commentaire anonyme sur la *République* « complètement indépendant de toute influence néoplatonicienne ». Le commentaire d'Averroès en tant que tel ne survit que dans une traduction hébraïque, éditée et traduite par **61** E. I. J. Rosenthal, *Averroes' Commentary on Plato' Republic*, Cambridge 1969. Pour d'autres traductions, à l'époque médiévale et moderne, voir les références fournies dans **62** H. Daiber, *Bibliography of Islamic Philosophy*, Leiden 1999, nᵒˢ 4558-4562.

Un passage de Galien sur les chrétiens, qui a suscité beaucoup d'intérêt chez les auteurs musulmans et qui est explicitement attribué dans les sources à la synopse de la *République* rédigée par Galien, a été étudié par Walzer **60**, p. 15-16, 57, 87-98. **63** S. Gero, « Galen on the Christians. A Reappraisal of the Arabic Evidence », *OCP* 56, 1990, p. 371-411, a soutenu que les passages provenaient d'une synopse du *Phédon* rédigée par Galien, bien qu'il puisse tout autant, ainsi que le fait remarquer Strohmaier **4**, p. 192, provenir de la synopse de la *République,* voire des deux.

Le commentaire de Proclus sur la *République* constituait une autre source d'information sur ce dialogue ; le dixième livre de ce commentaire a dû être disponible en arabe, apparemment à travers un intermédiaire syriaque, ainsi que le *Fihrist* nous en informe (p. 252, 21) ; voir Endress **35**, p. 29.

Le dialogue a suscité de l'intérêt et occasionné certaines recherches également au sein de la tradition arabe. Le fameux mathématicien, philologue et traducteur Ṯābit ibn Qurra écrivit sur les allégories présentes dans le dialogue, comme le montre la liste de ses ouvrages dressée par son arrière-petit-fils, al-Muḥassin, et conservée chez Ibn al-Qifṭī (p. 120 Lippert ; voir Gutas **32**, p. 46-47), ainsi qu'un autre ouvrage sur le gouvernement *(Kitāb fī s-siyāsa),* qui a pu s'inspirer de l'ouvrage platonicien. Le fils de Ṯābit, Sinān, incorpora également certaines parties de la *République* dans un de ses ouvrages sur l'éthique. Aucun de ces écrits n'a été conservé (voir Reisman **51**, p. 266).

Sophiste. La synopse qu'en avait donnée Galien était connue, comme le rapporte Ḥunayn, cité plus haut. Le *Fihrist* signale (p. 246, 11 = 246, 19) qu'il a vu une copie « du *Sophiste* de la main de Yaḥyā ibn ʿAdī dans la traduction d'Isḥāq, avec le commentaire d'Olympiodore ».

Symposium (Banquet). L'*Accord des philosophes concernant les allégories de l'amour* d'al-Kindī semble avoir consisté en une paraphrase d'une certaine longueur de ce dialogue, fondée sur des informations qu'il avait obtenues de certains savants d'origine sabéenne. Les *gnomologia* contenaient également des matériaux tirés de ce dialogue. Les parties qui en étaient connues en arabe et qui ont été conservées selon ces deux voies de transmission sont l'histoire d'Alcibiade et le mythe d'Aristophane ; les fragments ont été édités et traduits par Gutas **32**.

Théétète. Le dialogue ne fut pas traduit en arabe ; tout ce qu'on peut en retrouver, par exemple la définition de la philosophie comme ὁμοίωσις θεῷ (176b), remonte à des introductions néoplatoniciennes à la philosophie ou provient de *gnomologia* (*cf.* Rosenthal **1**, p. 409).

Timée. Ce dialogue est également bien connu en arabe, mais à nouveau les détails de sa transmission sont obscurs et complexes. Voici les témoignages fournis par les sources :

(1) Dans sa liste des dialogues empruntée à Théon, le *Fihrist* (p. 246, 12) signale : « *Timée*. Corrigé par Yaḥyā ibn ʿAdī. »

(2) Dans une notice sans lien avec la liste des dialogues empruntée à Théon de Smyrne, le *Fihrist* (p. 246, 14-16) ajoute : « Timée, trois livres ; traduit par <Yaḥyā> ibn al-Biṭrīq. Traduit par Ḥunayn ibn Isḥāq, ou bien Ḥunayn corrigea la traduction d'Ibn al-Biṭrīq. »

(3a) Masʿūdī, *Tanbīh*, p. 162-163 De Goeje : « Platon a fait mention de la multiplicité des mondes dans le livre intitulé *Timée. Sur la métaphysique* en trois livres, <adressé> à son disciple Timée ; traduit par Yaḥyā ibn al-Biṭrīq. (3b) Cet ouvrage doit être distingué de son livre le *Timée médical*, où il mentionne la génération du monde physique et ce qu'il contient, ainsi que les formes diverses (*al-hay'āt wa-l-alwān*) et leur combinaison et différentiation, etc. ; Galien le commenta. Ḥunayn ibn Isḥāq la traduisit *(fassarahū)* et signala qu'il en manquait deux cahiers, le premier et le second. Ce qui est disponible de la traduction de <Ḥunayn> est en quatre livres. »

(4a) Ḥunayn lui-même nous apprend que le Περὶ τῶν ἐν τῷ Πλάτωνος Τιμαίῳ ἰατρικῶς εἰρημένων de Galien fut traduit par lui-même et par son fils, Isḥāq (Bergsträsser **28**, p. 50, 41, n° 122). Les fragments connus et conservés ont été publiés par P. Kahle dans **64** H. O. Schröder, *Galeni in Platonis Timaeum commentarii fragmenta*, coll. *CMGSuppl.* 1, Leipzig/Berlin 1934. (4b) Ibn Abī Uṣaybiʿa (t. I, p. 101, 1) répète le titre dans sa liste des ouvrages de Galien : « Son livre sur ce que Platon a dit de la médecine dans son *Timée*, quatre livres ».

(5) Le résumé du dialogue procuré par Galien, ainsi que le rapporte Ḥunayn, cité plus haut, a été conservé et édité par Kraus et Walzer **7**. Ce résumé semble avoir été largement utilisé et cité comme étant l'œuvre de Platon ; voir **64a** P. E. Pormann, « Al-Kaskarī (10th Cent.) and the Quotations of Classical Authors. A Philological Study », dans I. Garofalo, A. Lami et A. Roselli (édit.), *Sulla tradizione indiretta dei testi medici greci*, Pisa/Roma 2009, p. 106-112.

(6) Ibn al-Nadīm rapporte dans le *Fihrist* (p. 246, 18-19) que « le livre *Timée*, discuté par Plutarque (*yatakallamu ʿalayhi* ; *cf. WKAS* I, 331a16-17) » faisait partie des manuscrits qu'avait apparemment copiés Yaḥyā ibn ʿAdī *(min ḫaṭṭ Yaḥyā)*, son informateur philosophe et théologien qui était également un copiste professionnel. L'identité de l'auteur et de l'ouvrage semblerait correspondre à première vue au Περὶ τῆς ἐν Τιμαίῳ ψυχογονίας de Plutarque de Chéronée [➡P 210] (ou même, bien que la chose soit moins probable à cause de la référence explicite au

Timée dans le titre d'al-Rāzī, cité plus bas, son Περὶ τοῦ γεγονέναι κατὰ Πλάτωνα τὸν κόσμον, comme l'a suggéré **65** S. Pines, *Beiträge zur islamischen Atomenlehre*, Gräfenheinichen 1936, p. 90 n. 1, repris dans ses *Studies in Islamic Atomism*, Jerusalem 1997, p. 103 n. 169), mais une référence à Plutarque d'Athènes (☛P 209) le néoplatonicien n'est pas *a priori* inconcevable, bien qu'un commentaire du *Timée* par ce philosophe ne soit pas attesté. La traduction arabe de ce commentaire de Plutarque était disponible et circulait dans le monde arabe, car le médecin et philosophe al-Rāzī écrivit un *Commentaire sur le commentaire de Plutarque sur le "Timée"*, répertorié dans le catalogue des œuvres d'al-Rāzī (Pines **65**, p. 90).

(7) Le commentaire de Proclus sur le *Timée* : des fragments en étaient disponibles en arabe ; pour les références, voir Endress **35**, p. 24-26.

A partir de ces diverses informations on peut tirer les conclusions suivantes. Le *Timée* en lui-même fut traduit sous une forme ou une autre par Yaḥyā ibn al-Biṭrīq, comme le montrent les témoignages (2) et (3a). Ibn al-Biṭrīq était associé au cercle d'al-Kindī et sa traduction peut être sommairement datée du milieu du IXe siècle. L'existence d'une telle traduction à cette époque est confirmée par la connaissance relativement précise qu'avait al-Kindī lui-même de certains passages du *Timée* (voir **66** N. Rescher, « Al-Kindī's Treatise on the Platonic Solids », dans R. Hunt *et al.* [édit.], *Medieval and Renaissance Studies*, London 1965, repris dans **66a** N. Rescher *Studies in Arabic Philosophy*, Pittsburgh 1967, p. 15-37). En ce qui concerne la forme que présentait cette version, s'il faut en juger d'après la pratique des traducteurs qui œuvraient dans le cercle d'al-Kindī et d'après les autres traductions effectuées par Ibn al-Biṭrīq (par exemple sa traduction des *Météorologiques* d'Aristote ou certains de ses livres sur les animaux), la traduction du *Timée* était fort probablement sélective et en certains endroits paraphrastique ; de fait, puisqu'à la fois al-Masʿūdī (3a) et Ibn al-Nadīm (2) soutiennent que le texte produit par Ibn al-Biṭrīq comprenait trois chapitres ou livres *(maqālāt),* il semblerait que ce dernier ait utilisé une version du *Timée* dans laquelle le dialogue, si vraiment il conservait la forme d'un dialogue, était divisé en trois sections.

Les témoignages (1) et (2) nous apprennent en outre que cette traduction fut révisée par Ḥunayn ibn Isḥāq et/ou par Yaḥyā ibn ʿAdī. La chose n'est pas surprenante, car cette pratique de la révision était tout à fait habituelle à Bagdad au cours des étapes postérieures du mouvement de traduction gréco-arabe. Malheureusement nous n'avons aucun élément pour vérifier ces affirmations pour aucun des deux savants et nous ignorons sur quelle base ces révisions étaient effectuées : se fondaient-elles sur des manuscrits grecs différents et meilleurs, sur des intermédiaires syriaques, sur des scholies et des commentaires sur le dialogue, etc. ? La seule conclusion certaine qu'on peut tirer de ces déclarations, c'est que le *Timée* était étudié de façon approfondie à Bagdad au cours des IXe et Xe siècles.

Le *Timée* médical de Galien fut traduit en entier par Ḥunayn, comme lui-même nous l'apprend (4a), et cette information est confirmée à la fois par al-Masʿūdī (3b) et par Ibn Abī Uṣaybiʿa (4b). Al-Masʿūdī toutefois écrit par erreur que le commentaire de Galien portait sur un autre *Timée* de Platon, parce qu'il croyait que Platon avait écrit deux traités portant ce titre, un de caractère métaphysique, l'autre de caractère médical. (Rappelons en passant que la même erreur se rencontre dans la brève notice sur Platon que l'on trouve dans les *Ṭabaqāt al-umam* de Ṣā'id al-Andalusī, éd. L. Cheikho, Beyrouth 1912, p. 23, traduit dans Rosenthal **25**, p. 41.) Mais, malgré le contresens d'al-Mas'ūdī, son témoignage est précieux, car il atteste l'existence en arabe à son époque des deux traités : la traduction par Ibn al-Biṭrīq du dialogue en lui-même, quelle que soit la version à laquelle il avait accès, et la traduction par Ḥunayn et Isḥāq du *Timée* médical de Galien. Le fait qu'al-Mas'ūdī affirme que le *Timée* médical avait quatre livres ou chapitres – un détail important confirmé par Ibn Abī Uṣaybi'a (4b) – rend son identification certaine (*pace* Zimmermann et D'Ancona dans **67** C. D'Ancona, « The Timaeus' Model for Creation and Providence. An Example of Continuity and Adaptation in Early Arabic Philosophical Literature », dans G. J. Reydams-Schils [édit.], *Plato's Timaeus as Cultural Icon*, Notre Dame 2003, p. 206-237, notamment p. 230). Sur cet ouvrage de Galien voir **68** V. Boudon, art. « Galien de Pergame », G 3, *DPhA* III, p. 459, n° 26.

La synopse du dialogue rédigée par Galien, traduite par Ḥunayn, ainsi que le commentaire sur le *Timée* de Plutarque (de Chéronée ou d'Athènes ?), comme on l'a vu plus haut (témoignages 5 et 6), étaient également disponibles intégralement en arabe, alors que le commentaire de Proclus n'était accessible que pour des passages choisis (7).

Le *Timée* et ses divers rejetons circulaient ainsi largement dans le monde islamique encore tard dans le XIᵉ siècle, ce qui explique les nombreuses références qui sont faites à ce dialogue dans la littérature arabe et les fragments qui en furent transmis (pour une édition partielle et quelques témoignages sur ces fragments, voir Badawī **11**, p. 130-132 ; Rosenthal **1**, p. 395 ; Klein-Franke **3**, p. 128 ; Strohmaier **4**, p. 194-196 ; Baffioni **33**, Index). Il conviendrait de rechercher les sources de ces fragments et de ces témoignages et d'établir leur lien avec les sources que nous avons énumérées afin de reconstruire de façon plus précise l'histoire de leur transmission.

Définitions pseudo-platoniciennes. Deux collections de telles définitions étaient connues en syriaque (**69** A. Baumstark, *Geschichte der syrischen Literatur*, Bonn 1922, p. 170) et elles ont été éditées (**70** E. Sachau, *Anecdota Syriaca*, Halle 1870, p. 66-67, 69-70 ; *cf.* Klein-Franke **3**, p. 125). On n'a pas encore étudié dans quelle mesure ces définitions ont pénétré dans le domaine arabe et de quelle façon elles ont été incorporées dans l'importante littérature philosophique arabe de définitions. Certaines ont pu se retrouver dans les *Épîtres* des Iḫwān aṣ-ṣafā', voir Baffioni **33**, Index. Pour un premier examen du genre de la définition dans les sources gréco-arabes, voir **71** F. E. Peters, *Aristotle and the Arabs*, New York 1968, p. 101-103, et **72** C. Hein, *Definition und Einteilung der Philosophie*, Frankfurt am Main 1985, p. 72-79. Les principaux livres de définitions en arabe pour la période la plus ancienne ont été commodément réunis par **73** 'Abdalamīr al-A'sam, *Al-Muṣṭalaḥ al-falsafī 'inda l-'Arab*, Cairo 1989 ; ils constitueront la base d'une étude comparative sur la question.

Transmission indirecte

Comme nous l'avons dit plus haut à plusieurs reprises, la transmission indirecte d'un riche matériel platonicien en arabe fut importante et exerça une grande influence. Elle prit la forme de doxographies (Rosenthal **1**, p. 393-394), de *gnomologia* (Rosenthal **1**, p. 394) et de citations de Platon dans d'autres œuvres grecques traduites en arabe (Rosenthal **1**, p. 397-398). Ces citations ont été brièvement examinées plus haut. Les doxographies étaient ou bien des traductions d'ouvrages en grec, comme les *Placita philosophorum* du pseudo-Plutarque (éd. par **74** H. Daiber, *Aetius Arabus*, Wiesbaden 1980), ou bien des compilations faites en arabe à partir d'ouvrages traduits du grec comme la *as-Sa'āda wa-l-is'ād* d'Ibn Abī Ḍarr ou al-'Āmirī, mentionné précédemment. Sur ces compilations, voir **75** D. Gutas, « Pre-Plotinian Philosophy in Arabic (Other than Platonism and Aristotelianism). A Review of the Sources », dans *ANRW* II 36, 7, Berlin 1994, p. 4939-4973, notamment p. 4954-4955, repris dans Gutas **29a**, n° I. Les *gnomologia* enfin contenaient un ensemble considérable de dits attribués à Platon, traduits à partir de sources grecques, mais ils incluaient également beaucoup de scories (voir Gutas **75**, p. 4949-4954). Pour un certain nombre de dits qui peuvent être considérés comme authentiques dans quelques-uns des plus anciens *gnomologia* arabes, voir **76** D. Gutas, *Greek Wisdom Literature in Arabic Translation. A Study of the Graeco-Arabic Gnomologia*, New Haven 1975, p. 332-380. Plusieurs collections de dits attribués à Platon, à la fois ceux qui peuvent prétendre à l'authenticité et d'autres qui sont manifestement inauthentiques ont été publiés par Badawī **11**, p. 173-196, 245-330. Pour une étude de compilations arabes plus tardives portant le titre « Anthologies platoniciennes », voir **77** R. Arnzen, « On the Contents, Sources and Composition of Two Arabic Pseudo-Platonica : *Multaqaṭāt Aflāṭūn al-ilāhī and Fiqar ultuqiṭat wa-jumi'at 'an Aflāṭūn* », *Oriens* 37, 2009, p. 7-52. (Signalons que le recueil des vies et des dits de Platon en arabe promis par Gutas **29**, p. 37 n. 4, n'a pas été réalisé et qu'à ce jour l'avenir de ce projet reste incertain.)

Pseudépigraphes platoniciens

Des pseudépigraphes furent abondamment attribués à Platon dans le monde arabe. Dans la plus grande partie des cas, ils relevaient de la littérature parénétique (s'adressant à des jeunes gens ou à des élèves de Platon comme Aristote), de l'alchimie et de l'astrologie. Certains de ces écrits remontaient sans aucun doute à des originaux grecs, d'autres furent composés en arabe ; on ne dispose d'aucun répertoire systématique de ces écrits ni d'aucune étude consacrée à un tel sujet. Bien qu'elle ne concerne pas directement le sujet de la présente notice, il est utile de signaler qu'une première introduction à cette littérature peut être trouvée dans Rosenthal **1**, p. 394-395 ; Strohmaier **4**, p. 186-188 ; Arnzen **5**, dernière section ; quelques-uns de ces textes ont été publiés par Badawī **11**, p. 235-244, 331-332,

337-341. Un répertoire commode des traités alchimiques a été dressé par **78** D. W. Singer, « Alchemical Texts Bearing the Name of Plato », *Ambix* 2, 1946, p. 115-128, et un de ces traités a été publié par Badawī **11**, p. 342-345. Pour une étude récente de l'un des textes alchimiques, voir **79** P. Thillet, « Remarques sur le *Liber Quartorum* du Pseudo-Platon (*Kitāb al-rawābi' li-Aflāṭūn*) », dans Cristina Viano (édit.), *L'alchimie et ses racines philosophiques. La tradition grecque et la tradition arabe*, Paris 2005, p. 201-232.

Le rôle prédominant du matériel arabe attribué à Platon dans le domaine de la littérature parénétique, de la littérature de sagesse et des sciences occultes est également illustré par le fait que c'est ce matériel qui est passé de l'arabe au latin au cours des siècles de la transmission arabo-latine, comme l'a montré **80** D. N. Hasse, « Plato Arabico-latinus : Philosophy – Wisdom Literature – Occult Sciences », dans S. Gersh *et al.* (édit.), *The Platonic Tradition in the Middle Ages. A Doxographic Approach*, Berlin/New York 2002, p. 31-65.

Notice traduite et adaptée de l'américain par Richard Goulet.

DIMITRI GUTAS.

196 **PLATON DE RHODES** *RE* 7   MF II[a]

Philosophe stoïcien, disciple de Panétius de Rhodes (☞P 26) (mort vers 110[a]), mentionné à titre d'homonyme de Platon d'Athènes (☞P 195) en Diogène Laërce III 109 (= Panétius, test. 45 Alesse). Diogène tient son information du premier livre du Περὶ φιλοσοφίας de Séleucus le grammairien. *Cf.* E. Zeller, *Die Philosophie der Griechen in ihrer geschichtlichen Entwicklung*, Leipzig 1923[5], t. III 1, p. 589 n. 3 ; J. Schmidt, art. « Platon » 7, *RE* XX 2, 1950, col. 2546.

FRANCESCA ALESSE.

197 **PLATON DE SARDES** *RE* 16   M I[a]

Épicurien, mentionné avec l'épicurien Patron (☞P 60), scholarque à Athènes de 70 à 50[a] environ, dans une lettre de Cicéron, *Ad Quint.* fr. I 2, 14 (= LIII *CUF*), datée de la fin de 59[a]. A propos de Licinus, esclave du tragédien Ésope, Cicéron écrit :

« Il a demeuré à Athènes chez Patron, l'Épicurien, en se donnant pour un homme libre. Puis il a passé en Asie. Après cela un certain Platon de Sardes, Épicurien, qui fait de longs séjours à Athènes et qui s'y trouvait au moment où Licinius y était arrivé, ayant appris ensuite, par une lettre d'Ésope, que c'était un esclave fugitif, le fit arrêter et emprisonner à Éphèse ; mais je n'ai pas bien pu comprendre, d'après sa lettre, si c'était dans la prison publique ou au moulin » (trad. Constans).

Cf. R. Philippson, art. « Platon » 16, *RE* XX, 1950, col. 2543.

RICHARD GOULET.

PLAUTIUS → **LATERANUS (Q. PLAUTIUS –)**

198　PLAUTUS (L. SERGIUS –) *RE* S 37 *PIR*[1] S 378 [370 et 375?]　　　　D I

Philosophe stoïcien connu principalement pour les équivalents latins qu'il avait proposés de termes philosophiques grecs. Quint., *Instit. Orat.* X 1, 123-124, le mentionne comme l'un des rares écrivains latins ayant traité de philosophie et le juge utile pour connaître la doctrine stoïcienne. Il rendait οὐσία par *essentia* (Quint., *Instit. Orat.* III 6, 23). Il avait inventé *ens* (VIII 3, 33), *essentia* et *queentia* (II 14, 1-2), toutes traductions que Quintilien estime un peu "dures" pour l'oreille latine.

Queentia, formé à partir du verbe *queo* (être capable de), lui-même artificiellement tiré de *nequeo* pourrait être un équivalent de δύναμις selon le dictionnaire latin de Glare (p. 1546 b).

Apulée, *Περὶ ἑρμηνείας* 1, p. 190, 1-8 Moreschini, rappelle différentes traductions latines du mot ἀξίωμα proposées par des auteurs antérieurs. Cicéron traduisait par *enuntiatum*, Varron par *proloquium* et Sergius par *effatum*. En réalité Sergius n'était pas l'initiateur de cette traduction, puisqu'on la trouve déjà chez Cicéron, *Acad.* II 95, qui lui-même a pu reprendre une traduction plus ancienne, selon C. Johanson et D. Londey, «Cicero on propositions: *Academica* II.95», *Mnemosyne* 41, 1988, p. 325-332.

Fronton, *Ad M. Antoninum de orationibus liber* 3, p. 154, 3-4 Van den Hout évoque les profondes pensées *(sententias)* que son disciple peut trouver chez Annaeus, c'est-à-dire Sénèque, ou chez Sergius. M. P. J. Van den Hout, *A Commentary on the Letters of M. Cornelius Fronto,* coll. «Mnemosyne - Supplement» 190, Leiden 1999, p. 362, note: «apparently Fronto respects him even less than Seneca».

Sur ces traductions de termes philosophiques, voir J. Barnes, «Les catégories et les *Catégories*», dans O. Bruun et L. Corti (édit.), *Les "catégories" et leur histoire,* coll. «Bibliothèque d'histoire de la philosophie. Nouvelle série», Paris 2005, p. 11-80, notamment p. 64, où est envisagée et écartée la possibilité que Plautus ait produit une traduction des *Catégories* d'Aristote.

Sergius Plautus est mentionné parmi les sources («ex auctoribus») de Pline l'Ancien, *H. N.* ind. II (p. 61 Beaujeu) et XVIII (p. 102). Mais la tradition manuscrite est très hésitante pour ces deux passages. Voir D. Detlefsen, *Kurze Notizen über einige Quellenschriftsteller des Plinius,* Progr. Glückstadt 1885.

Sur la famille de Sergius Paulus, voir R. Syme, «The Marriage of Rubellius Blandus», *AJPh* 103, 1982, p. 62-85, notamment p. 67-68.

Il n'est sans doute pas identique au dédicataire de l'inscription *CIL* II 1406 (*ILS* 2922, Urso en Bétique): «L. Sergio Regis f. Arn. Plauto Q. Salio Palatino patrono».

Cf. A. Klotz, art. «L. Sergius Plautus» 37, *RE* II A 2, 1923, col. 1719.

RICHARD GOULET.

199 PLAUTUS (RUBELLIUS –) *RE* 8 *PIR*² R 85   I

Fils de C. Rubellius Blandus qui était originaire de la région de Tibur (Tacite, *Annales* XIV 22, 5 : *finibus Tiburtum… unde paterna Plauto origo*) et descendant d'Auguste au même degré que Néron par sa mère Julia, fille de Drusus et de Livia, et petite fille de Tibère (XIII 19, 4 : « per maternam originem pari ac Nero gradu a divo Augusto »), il tirait par sa mère sa noblesse de la famille Julia (XIV 22, 2 : « cui nobilitas per matrem ex Iulia familia »). Comme le mariage de ses parents eut lieu en 33 (*cf.* **1** R. Syme, « The Marriage of Rubellius Blandus », *AJPh* 103, 1982, p. 62-85, notamment p. 79-80), sa naissance est postérieure à cette date (VI 27, 1).

Bien malgré lui, en raison de ses liens avec la famille Julia, il suscita la méfiance de Néron, une méfiance accrue en raison de faux bruits que fit courir dès 55 Julia Silana pour se venger d'Agrippine dont elle avait été proche et qui était alors en disgrâce. Julia Silana laissa entendre en effet qu'Agrippine manigançait un complot, parce qu'elle voulait, moyennant une révolution, élever au rang suprême Rubellius Plautus et l'épouser. La tentative de Julia Silana échoua (XIII 19-21), mais Néron comprit le danger que pouvait représenter pour lui Rubellius Plautus. Quelques années plus tard, en 60, l'opinion publique, sensible à l'apparition d'une comète – supposée annoncer un changement de règne – et à l'action de la foudre qui mit en pièces la table de Néron (XIV 22, 1 et 5), crut que les dieux souhaitaient voir Plautus devenir empereur. Néron eut peur que Plautus le détrônât. Il demanda donc à celui-ci de se rendre en Asie Mineure, ce que fit Plautus, en compagnie de sa femme Antistia Politta (fille de L. Antistius Vetus [XVI 10]) et d'un petit nombre d'amis (XIV 22, 7). Plautus se lia alors d'amitié avec le proconsul d'Asie, Barea Soranus, qui se vit ensuite reprocher cette amitié (XVI 30, 1 et 32, 1). Mais Néron, qui craignait de plus en plus ce rival potentiel et qui était poussé au crime par Tigellin (XIV 57), décida de le faire assassiner. Quoique prévenu de ce qui se tramait par son beau-père L. Antistius Vetus qui l'invitait à la résistance, Plautus ne songea pas à échapper à la mort, soit, comme l'explique Tacite (XIV 59), qu'il ne vît pas comment trouver de l'aide, soit que l'espoir lui apparût trop incertain, soit qu'il songeât à l'avenir de sa femme et de ses enfants, soit, autre version, que son beau-père lui eût envoyé d'autres nouvelles disant qu'il n'y avait rien de fâcheux à craindre, et qu'il ait été sensible aux encouragements à la fermeté et à la constance dans l'attente de la mort que lui prodiguèrent deux philosophes : le Grec Coiranos (☛C 178) et le Toscan Musonius (☛M 198). Il fut assassiné en 62 par un centurion envoyé à cet effet et on rapporta sa tête à Néron qui fit cette moquerie : « Pourquoi craignais-tu, Néron, <cet homme au grand nez> ? » (XIV 59, 5 ; Dion Cassius LXII 14, 1). Néron fit donner à Octavie, dont il venait de divorcer, « les propriétés de Plautus, un don bien sinistre (« praedia Plauti, infausta dona ») [XIV 60, 5]. La femme de Plautus, Antistia, veuve inconsolable, ne cessa de porter le deuil jusqu'au moment où, en 65, elle se donna la mort avec son père et son aïeule Sextia (XVI 10-11). On ignore ce que devinrent ses enfants mentionnés en XIV 59, 1 et en XVI 11, 2.

Tacite, *Histoires* I 14, présente Pison Licinianus et Cornelius Laco comme des amis de Plautus. Pour une allusion à l'attitude de Néron face aux amis de Plautus, voir Plutarque, *De amicorum multitudine* 7, 96 C.

L'inscription punique du temple d'Hathor Miskar à Mactar mentionne Rubellius Plautus (*cf.* **2** G.-Ch. Picard, « Rubellius Plautus patron de Mactar », *CT* 11, 1963, p. 69-74).

Les liens du personnage avec le stoïcisme sont bien attestés. On notera tout d'abord que son comportement est conforme à celui de la secte stoïcienne : il honore les opinions des ancêtres, a une attitude austère et mène une vie domestique chaste et discrète (*Ipse placita maiorum colebat, habitu severo, casta et secreta domo, Annales* XIV 22, 3). Lui-même devait se considérer comme stoïcien et ne pas s'en cacher, si l'on en juge par les propos que tient sur son compte Tigellin : « Plautus, avec ses grandes richesses, ne faisait même pas semblant d'aspirer au repos, mais il mettait en avant son imitation des vieux Romains ; il avait même adopté l'arrogance des stoïciens et leur ligne de conduite qui produit des gens turbulents et avides de réussite dans les affaires (*adsumpta etiam Stoicorum adrogantia sectaque quae turbidos et negotiorum adpetentis faciat*) » (*Annales* XIV 57, 6). Enfin, au moment de sa mort, sont présents à ses côtés Coiranos, un philosophe qui était peut-être stoïcien, et Musonius Rufus, le stoïcien bien connu.

On s'est demandé s'il fallait identifier Rubellius Plautus avec le Rubellius Blandus à qui Juvénal, *Satire* VIII 39-70, reproche de se gonfler de l'antique généalogie des Drusus (v. 40), sans avoir rien fait pour mériter d'être noble et d'être conçu par une femme en qui brillait le sang d'Iule (v. 42). S'il ne s'agit pas de Rubellius Plautus, il pourrait s'agir d'un de ses frères plus âgé que lui, peut-être du fils aîné de Rubellius Blandus et de Julia (*cf.* **3** A. Nagl, art. « Rubellius » 3, *RE* I A 1, 1914, col. 1157-1158) [on connaît par ailleurs (*CIL* VI 16057) encore un autre fils de Rubellius Blandus et de Julia : (Rubellius ?) Drusus, *cf.* **4** A. Nagl, art. « Rubellius » 6, *RE* I A 1, 1914, col. 1159-1160].

MARIE-ODILE GOULET-CAZÉ.

200 PLAUTUS (T. MACCIUS –)   254-184

Poète comique latin.

Éditions d'ensemble. 1 A. Ernout, *Plaute, Comédies*, *CUF*, 7 vol., Paris 1931-1940 ; **2** W. M. Lindsay, *T. Macci Plauti Comoediae*, coll. *OCT*, 2 vol., Oxford 1904-1905.

Traduction. 3 P. Grimal, Plaute, Térence, *Œuvres complètes,* coll. « Bibliothèque de la Pléiade », Paris 1971.

Lexique. 4 G. Lodge, *Lexicon Plautinum*, Leipzig 2 vol., 1904-1933 (réimpr. Hildesheim 2002).

Bibliographie. 5 F. Bubel, *Bibliographie zu Plautus 1976-1989*, Bonn 1992.

Études. 6 T. Sonnenburg, art. « T. Maccius Plautus », *RE* XIV 1, 1928, col. 95-126 ; **7** E. Fraenkel, *Plautinisches im Plautus,* Berlin 1922 = *Elementi plautini in Plauto*, Firenze 1960 ; **8** G.E. Duckworth, *The Nature of Roman Comedy : A Study in Popular Entertainment*, Princeton 1952 ; **9** F. Della Corte, *Da Sarsina a Roma. Ricerche plautine,* 2ᵉ éd., Roma 1967 ; **10** E. Segal, *Roman Laughter. The Comedy of Plautus*, Cambridge 1968 ; **11** N.W. Slater, *Plautus in Performance : the Theatre of the Mind*, Princeton 1985 ; **12** C. Pansiéri, *Plaute ou les ambiguïtés d'un marginal*, coll. « Latomus » 236, Bruxelles 1997 ; **13** M. Leigh, *Comedy and the Rise of Rome*, Oxford 2004 ; **14** J. Blänsdorf, « T. Maccius Plautus », dans W. Suerbaum, *HLLA*, t. I, München 2002, p. 183-228.

Biographie. Nous ne possédons que peu d'éléments sur la biographie de Plaute. T. Maccius Plautus est originaire de Sarsina en Ombrie (Festus 274 L, Hier., *Chron.* ad ann. 1817). L'époque de sa naissance (située vers 254-250ᵃ) est déterminée approximativement par les remarques de Cicéron indiquant qu'il composa dans sa vieillesse plusieurs de ses pièces (*De senectute* 14, 50). Il vint à Rome et fut sans doute acteur avant de devenir directeur de troupe et auteur de comédies ; son activité littéraire se situe vers la fin de la seconde guerre punique et le début du IIᵉ siècle, sur une vingtaine d'années environ. Mais nous ne savons rien de plus précis sur sa formation, sa connaissance de la langue et de la littérature grecques. Selon Cicéron (*Brutus* 15, 60), il mourut en 184ᵃ, l'année où Caton l'Ancien (☞C 58) fut censeur.

Son nom même pourrait n'être qu'un nom de scène évoquant Maccus, personnage bien connu de l'atellane, et *Plautus* renvoyant à l'acteur de mimes *(planipes)* par opposition à l'acteur de tragédie chaussé de cothurnes (Della Corte **9**, p. 19-20 ; Blänsdorf **14**, p. 185). Aulu Gelle (III 3, 14) s'appuyant sur « Varron et plusieurs autres », affirme que Plaute s'enrichit grâce à son métier d'acteur, puis se lança dans le commerce. Ruiné, il aurait loué ses services à un meunier pour tourner la meule d'un moulin, et composé aussi des comédies pour vivre. Mais ce récit ne semble reposer sur aucun élément assuré ; en revanche, il n'est pas exclu que les difficultés économiques dues à la guerre l'aient obligé à interrompre son activité d'acteur et à recourir à ce travail pour vivre (Della Corte **9**, p. 28-33 ; Pansiéri **12**, p. 139-140).

Œuvres. Plaute écrivit de nombreuses comédies : vingt et une nous sont parvenues ; d'autres, plus nombreuses encore, lui étaient attribuées dans l'Antiquité : cent trente circulaient sous son nom à la fin du second siècle ; Varron réduisit cette liste à 21 (Gell. III 3, 3). Leur date de rédaction nous échappe le plus souvent car les indications fournies sont souvent très imprécises : par exemple, Aulu-Gelle (XVII 21, 46) date de « peu après » le début de la seconde guerre punique les succès de Plaute et les succès oratoires de Caton. Seules les didascalies peuvent nous renseigner sur la date de certaines comédies : *Stichus* donné aux *ludi plebei* de 200ᵃ, *Pseudolus* aux jeux mégalésiens de 191ᵃ. Les allusions aux événements contemporains que l'on peut parfois deviner, n'apportent pas les mêmes certitudes.

Ces comédies sont censées se dérouler en Grèce, dans un monde où les personnages portent des noms grecs ; elles constituent la traduction ou l'adaptation d'une œuvre grecque. Plaute s'inspire de la comédie nouvelle : Ménandre (➡M 102), Philémon, Diphile ; il indique parfois sa source dans le prologue de ses comédies (*Asin.* 10-14 : *Demophilus scripsit, Maccus uortit barbare* ; *Cas.* 31-34 *Diphilus hanc Graece scripsit...* ; *Merc.* 9 : *Graece haec uocatur Emporos Philemonis... Trinummus* 18*).* De nombreux travaux ont ainsi étudié les modèles de Plaute et tenté de mesurer la fidélité de l'écrivain romain, ou d'apprécier son originalité dans l'adaptation. Un long fragment du *Double Trompeur* de Ménandre, retrouvé sur un papyrus, a permis des comparaisons précises avec *Les Bacchides* et montré comment Plaute abrège, resserre pour donner une plus grande vivacité à ses comédies (voir l'étude détaillée de **15** J.-C. Dumont, « *Les Bacchides*. De Ménandre à Plaute », dans Plaute, *Comédies, CUF,* t. III, Paris 2003, p. 234-257 ; **16** J.-M. Jacques, « Le *Disexapaton* de Ménadre, modèle des *Bacchides* de Plaute », *REA* 106, 2004, p. 23-47).

Les comédies font apparaître un certain nombre de types caractéristiques : le jeune amoureux, un père sévère et peu généreux, des esclaves habiles et rusés, le *leno*, le soldat fanfaron, des parasites, des courtisanes. L'intrigue concerne souvent les amours contrariées d'un jeune homme, amoureux d'une courtisane qui est entre les mains d'un *leno*. Il n'a pas d'argent et l'esclave trouve des solutions pour l'aider en usant de ruse pour arracher de l'argent au père et en trompant le *leno*. Sur ce schéma Plaute imagine toutes sortes de variantes de situations et d'inventions ; il donne une place centrale à l'esclave qui est le véritable meneur de jeu, conscient de son intelligence et de ses ruses. D'autres comédies, pourtant, sont bien différentes. Dans les *Captifs*, est posée la question de l'esclavage et de la liberté. *Amphitryon* est une tragi-comédie. Plaute propose un théâtre de l'action et du mouvement, rendu plus vivant et plus brillant par le comique, les jeux sur le langage et l'abondance des parties chantées *(cantica).*

Dans cet ensemble, la place de la philosophie paraît mineure. Les études concernant ce sujet s'attachent à deux types de questions :

Les emplois de *philosophia, philosophus, philosophari* dans les comédies ou la mention de certains philosophes (**17** G. Garbarino, *Roma e la filosofia greca,* Torino 1973, p. 544-551 ; **18** G. Petrone, « Plauto e il vocabolario della filosofia », dans *La langue latine langue de la philosophie*, coll. *CEFR* 161, Rome 1992, p. 51-57). Ces termes sont souvent utilisés de façon péjorative pour souligner l'excès de subtilité d'un personnage et ses arguties (*Rudens* 986 ; *Captiui* 284). Un tel commentaire répond parfois à des réflexions générales sur le mélange du bien et du mal dans la vie humaine (*Mercator* 147). L'esclave Pseudolus célèbre le rôle de la Fortune qui seconde les entreprises, mais souligne les erreurs des hommes qui oublient le certain pour chercher l'incertain et se laissent finalement surprendre par la mort (*Pseudolus* 678-686). Il interrompt ce monologue car il a trop parlé et « assez philosophé » (687). Plus loin, des plaisanteries sur la connaissance de soi (*Pseudolus* 972-973 : « je me connais moi-même »... « au forum, à peine en trouverait-on un sur dix qui se connaisse lui-même ») suscitent la même remarque : *philosophatur* (974).

Les noms de certains philosophes sont parfois utilisés en ce sens : Socrate est associé à ce langage habile et trompeur (*Pseudolus* 464) ; Thalès est cité à plusieurs reprises (*Rudens* 1003 ; *Captiui* 274 ; *Bacchides* 122). Chaque fois, il s'agit de se moquer d'une sagesse subtile mais inutile ou intempestive. Il y a sans doute là une critique des philosophes ; elle prouve en tout cas que ni les noms de ces philosophes n'étaient des inconnus pour le public romain, ni même certains aspects de leur doctrine. Dans le *Persa* (v. 123) Saturion, un parasite, trace un parallèle entre le parasite qui n'a rien et le cynique, car « un parasite doit être aussi démuni qu'un cynique. Il faut que tout son avoir se compose d'une fiole d'huile, d'un strigille, d'une tasse, de sandales, d'un petit manteau et d'une bourse peu garnie ». On retrouve ici l'équipement traditionnel du cynique, celui que l'on attribue à Diogène (➤D 147). La comédie grecque dont s'inspire Plaute, contiendrait ainsi la référence la plus ancienne à Diogène (selon F. Leo, « Diogenes bei Plautus », *Hermes* 41, 1906, p. 441-446 ; *cf.* Garbarino **17**, p. 550). Les cyniques sont aussi mentionnés dans le *Stichus* (v. 703), où il est question de manger à la façon des cyniques, sur des tabourets, plutôt que sur des lits. Ils n'étaient donc pas vraiment inconnus du public romain.

La présence de thèmes proprement philosophiques. Selon **19** F. Della Corte, « Stoiker und Epikureer in Plautus' Komödien », dans U. Reinhardt, K. Sallmann et K. H. Chelius (édit.), *Musa Iocosa. Arbeiten über Humor und Witz, Komik und Komödie der Antike : Andreas Thierfelder zum siebzigsten Geburtstag am 15 Juni 1973,* Hildesheim 1974, p. 80-94, Plaute n'a pu reprendre en latin certaines allusions philosophiques de ses modèles et les transforme à sa façon. Pour sa part, Garbarino **17**, p. 551-552, indique qu'il est difficile de trouver des passages proprement philosophiques et qu'il s'agit souvent d'échos superficiels. **20** P. Grimal, « Analisi del Trinummus e gli albori della filosofia a Roma », *Dioniso* 43, 1983, p. 363-375, a toutefois mené des analyses précises sur plusieurs pièces en soulignant que Plaute reprend « les développements que lui fournissaient ses modèles grecs, mais il est important qu'il ne les ait pas supprimés ». Ainsi, dans le *Trinummus*, il est possible de déceler des échos stoïciens dans les paroles du père, Philton, tandis que son fils semble plus proche d'une morale péripatéticienne ; les *Captifs* (**21** P. Grimal, « Le modèle et la date des *Captivi* de Plaute », dans *Hommages à Marcel Renard,* coll. « Latomus » 101, t. I, Bruxelles 1969, p. 394-414), constituent une pièce « toute imprégnée de philosophie » contenant de nombreuses allusions au stoïcisme : soumission au destin, importance de la vertu et du bien moral, que reprend l'esclave Tyndare. Dans le *Mercator* (**22** H. Zehnacker, « Plaute et la philosophie grecque. A propos du *Mercator* », dans *Mélanges de philosophie, de littérature et d'histoire ancienne offerts à Pierre Boyancé,* coll. *CEFR* 22, Rome 1974, p. 769-785) le débat sur le plaisir et la douleur, les dieux qui sont « absents » (626), renvoient à l'épicurisme (Garbarino **17**, p. 558), la question du voyage et de l'exil (645-646) constituerait plutôt une parodie des diatribes cyniques (**23** O.

Musso, « Filemone, Plauto e una parodia filosofica », *PP* 23, 1968, p. 187-198)
même si cette affirmation est discutée par Garbarino **17**, p. 559-560, et nuancée par
Zehnacker **22**. Même affaiblis, ces échos pouvaient retenir l'attention du public ;
avec la comédie, la philosophie pénétrait à Rome, à travers les sources variées
utilisées par Plaute.

L'auteur comique s'est-il toutefois borné à transmettre les allusions qu'il
trouvait dans ses modèles ? **24** P. Grimal, « Existe-t-il une 'morale' de Plaute ? »,
BAGB 1975, p. 485-498, a souligné que le public romain (au moins en partie) était
« préparé à comprendre [cet univers moral] et à en assimiler les leçons » (p. 497), à
un moment où la morale privée se fait plus souple que dans le passé. Les pièces
posent de nombreux problèmes concernant l'amour, la famille, voire les rapports
de la cité et de l'individu. On peut penser qu'il existait une réelle curiosité du
public romain pour la philosophie grecque (Pansiéri **12**, p. 288), mais elle était
associée à un sens aigu des valeurs de la cité, comme le montre l'éloge de la *uirtus*
fait par Alcmène dans *Amphitryon* (v. 648-653). Plaute lui-même n'a sans doute
pas cherché à transmettre une leçon, mais il a su montrer les excès de la passion
qui dégrade, comme dans le *Truculentus*, ou les dangers d'une trop grande rigueur.
Cette morale modérée, qui est une « morale du juste milieu » (selon Pansiéri **12**,
p. 557-558) pourrait le rendre proche d'une morale aristotélicienne, présente
d'ailleurs dans la Comédie Nouvelle. Mais il faut aussi souligner que Plaute se
montre indulgent pour les jeunes gens et leurs amours ; il insiste sur la personnalité
des esclaves et invite à « sympathiser avec certains d'entre eux » (**25** J.-Chr.
Dumont, *Servus. Rome et l'esclavage sous la République,* coll. *CEFR* 103, Rome
1987, p. 605-606). C'est aussi dans cet appel à la tolérance et à une certaine solidarité humaine qu'il faut chercher la « morale de Plaute ».

MICHÈLE DUCOS.

201 PLEISTAINOS D'ÉLIS *RE* 3   IVᵃ (?)

Nous ne possédons qu'un bref témoignage sur ce philosophe : selon Diogène
Laërce II 105, Pleistainos a été le successeur de Phédon (➳P 102) dans l'École
d'Élis, et le maître de Ménédème d'Érétrie (➳M 116) et d'Asclépiade de Phlionte
(➳A 449).

Cf. K. Ziegler, *RE* XXI 1, 1951, col. 195.

ROBERT MULLER.

202 PLEISTARCHOS (POMPEIUS –) D'ATHÈNES   MF II

On connaît le philosophe Pompeius Pleistarchos, établi à Athènes au IIᵉ siècle
de notre ère, par le mariage de sa fille, Pompeia Polla, à un membre d'une famille
sacerdotale d'Éleusis, T. Flavius Euthycomas (*IEleusis* 487). K. Clinton, *The
Sacred Officials of the Eleusinian Mysteries,* coll. *TAPS* 64, 3, Philadelphia 1974,
p. 30-31, a attiré l'attention sur le nom de l'un des fils nés de ce mariage,
Ménandros (*IEleusis* 488) : il n'est pas exclu que la famille de Pleistarchos lui-

même, ou celle à laquelle il s'est allié par le mariage de sa fille, ait eu un lien de parenté – biologique ou spirituelle – avec celle d'un autre philosophe athénien de la fin du Ier siècle, T. Flavius Ménandros (➠M 106 et P 30). Quant au gentilice Pompeius, fort rare à Athènes, il pourrait être en rapport avec le poète pergaménien Q. Pompeius Capito, qui était devenu Athénien sous le règne d'Hadrien (*IG* II^2 3800).

BERNADETTE PUECH.

203 PLINIUS CAECILIUS SECUNDUS (C. –) *RE* 6 *PIR*^{2} 490   MF I

Pline le Jeune, orateur et homme politique romain, proche du cercle stoïcien.

Éditions. 1 A.-M. Guillemin, *Pline le Jeune, Lettres* (Livres I à IX), *CUF*, 3 vol., Paris 1927-1928 ; **2** M. Durry, *Pline le Jeune, Panégyrique de Trajan, Lettres* (Livre X), *CUF*, Paris 1948 ; **3** H. Zehnacker, *Pline le Jeune, Lettres* (Livres I-III), *CUF*, Paris 2009. **4** M. Schuster, *C. Plini Caecili Secundi. Epistularum libri novem, epistularum ad Traianum liber, Panegyricus*, coll. *BT*, Stuttgart/Leipzig, 3e éd. par R. Hanslik, 1958 ; **5** R. A. B. Mynors, *C. Plini Caecili Secundi epistularum libri decem*, coll. *OCT*, Oxford 1963.

Commentaire. 6 A. N. Sherwin-White, *The Letters of Pliny. A Historical and Social Commentary*, Oxford 1966.

Onomasticon. 7 A. R. Birley, *Onomasticon to the Younger Pliny. Letters and Panegyric*, München/Leipzig 2000.

Concordance. 8 F. Heberlein, W. Slaby, *Concordantiae in C. Plinii Caecili Secundi Opera*, I. *Pars prior : Epistulae*, 4 vol, Hildesheim 1991, II. *Pars altera : Panegyricus*, 1994.

Études. 9 M. Schuster, art. « C. Plinius Caecilius Secundus, der 'jüngere Plinius' », *RE* XXI 1, 1951, col. 439-456. **10** A.-M. Guillemin, *Pline le Jeune et la vie littéraire de son temps*, Paris 1929 ; **11** E. Aubrion, « La correspondance de Pline le Jeune. Problèmes et orientations actuelles de la recherche », dans *ANRW* II 33, 1, Berlin 1989, p. 304-374 ; **12** H.-P. Bütler, *Die geistige Welt des jüngeren Plinius. Studien zur Thematik seiner Briefe*, Heidelberg 1970 ; **13** F. Trisoglio, *La personnalità di Plinio il Giovane nei suoi rapporti con la politica, la società e la letteratura*, Torino 1972 ; **14** L. Castagna et E. Lefebvre (édit.), *Plinius der Jüngere und seine Zeit*, München 2003 ; **15** N. Méthy, *Les lettres de Pline le Jeune. Une représentation de l'homme*, Paris 2007 ; **16** I. Marchesi, *The Art of Pliny's Letters : A Poetics of Allusion in the Private Correspondence*, Cambridge University Press, 2008.

Biographie. Originaire de Côme, fils d'un membre de l'ordre équestre, L. Caecilius Secundus, Pline le Jeune, est né en 61 (ou 62) ; cette date se fonde sur la lettre (VI 20) où Pline indique être dans sa dix-huitième année au moment de l'éruption du Vésuve en 79. Après la mort de son père, il eut pour tuteur Verginius Rufus (II 1, 8), puis fut adopté par son oncle (V 8, 5) C. Plinius Secundus (Pline l'Ancien ; ➠P 204). Avocat et orateur célèbre, Pline le Jeune suivit les leçons de

Quintilien (II 14, 9 ; VI 6, 3) et d'un rhéteur grec Nicétès Sacerdos (VI 6, 3) ; il commença à plaider dès l'âge de dix-neuf ans (V 8, 8).

En même temps, il s'engagea dans une carrière politique ; nous la connaissons par des documents épigraphiques : une inscription de Côme, *CIL* V 5262 = *ILS* 2927 (voir **17** G. Alföldy, « Die Inschriften des jüngeren Plinius und seine Mission in Pontus et Bithynia » dans *Städte, Eliten und Gesellschaft in der Gallia Cisalpina. Epigraphisch-historische Untersuchungen*, coll. « HABES » 30, Stuttgart 1999, p. 221-244 ; **18** W. Eck, « Die grosse Pliniusinschrift aus Comum : Funktion und Monument », dans G. Angeli Bertinelli et A. Donati [édit.], *Varia Epigraphica,* Faenza 2001, p. 225-235) ; une inscription d'Hispellum, *CIL* VI 1552. Elles mentionnent bien entendu les différentes charges exercées par Pline, mais elles ne permettent pas de connaître les années pendant lesquelles elles furent exercées ; les indications éparses de la correspondance n'apportent pas non plus de précisions. Par conséquent la chronologie de sa carrière nous échappe et a suscité de très nombreuses discussions depuis Mommsen (**19** Th. Mommsen, « Zur Lebensgeschichte des jüngeren Plinius », *Hermes* 3, 1869, p. 31-169). Nous nous en tiendrons ici aux dates les plus communément admises, sans reprendre le détail des interprétations.

Pline exerça d'abord les fonctions mineures de *decemuir stlitibus iudicandis*, sans doute vers 80 ou 81 ; il devint ensuite tribun militaire, dans la *legio III Gallica*, stationnée en Syrie. Cette fonction lui donna l'occasion de rencontrer des philosophes : Euphratès [➤E 132] (I 10, 2) et Artémidore [➤A 431] (III 11, 5). A son retour, il devint *seuir equitum Romanum,* et un peu plus tard, à une date très discutée, il devint questeur ; il fut même le candidat de l'empereur *quaestor Caesaris* (VII 16, 2) ou *quaestor imperatoris,* selon l'expression de l'inscription de Côme. Cette situation suppose qu'il ait bénéficié de l'appui de Domitien (**20** R. Syme, « Pliny's Early Career » dans *Roman Papers* VII, éd. A. Birley, Oxford 1991, p. 551-567). Après cette charge, Pline entra au sénat et exerça ensuite le tribunat de la plèbe (I 23 ; VII 16 2), puis la préture (VII 16, 2). L'évocation de cette dernière magistrature associée aux persécutions contre les philosophes (III 11, 2-3) a conduit la plupart des historiens à la situer en 93, il faudrait alors placer le tribunat en 92 et la questure en 89 ou 90 (voir *PIR*² et Zehnacker **3**, introduction, p. XIV). Mais Birley **7**, p. 14, propose une autre chronologie.

Après la préture, de 94 à 96, sans doute, Pline exerça les fonctions de préfet de l'*aerarium militare*, comme l'indique l'inscription de Côme, même si lui-même ne fait pas état de cette charge dans ses écrits. Il fut ensuite préfet de l'*aerarium Saturni* (III 4, 2), nommé par Nerva et Trajan en 98 et exerça cette charge jusqu'à son consulat, de 98 à 100. C'est en septembre 100 que Pline devint consul suffect pour deux mois ; il prononça à cette occasion le discours de remerciement à l'empereur, discours qui, une fois revu et amplifié, fut ensuite publié. Après cette date, Pline se trouve chargé d'autres fonctions : *curator aluei Tiberis et riparum et cloacarum Vrbis,* charge prenante qu'il exerce de 104 à 107. Puis il est envoyé en Bithynie par Trajan comme *legatus pro praetore provinciae Ponti et Bithyniae proconsulari potestate* (selon la restitution d'Alföldy **17**). Il avait la mission de remettre de l'ordre dans la province ; il y resta de 110 à 112 sans doute et mourut dans sa province.

Œuvres. Nous avons conservé le *Panégyrique de Trajan*, publié en 101, version amplifiée et revue du discours officiel prononcé devant Trajan en 100. Il constitue un document important pour la compréhension de l'idéologie impériale, qui se développe au début du second siècle, proposant une nouvelle image du prince car l'empereur n'apparaît plus comme un *dominus*, mais comme un prince, soumis aux lois, respectueux de la *libertas*.

Mais ce sont les lettres qui constituent la part la plus importante des écrits de Pline : nous avons conservé neuf livres de lettres adressées à des amis. Un dixième livre, à caractère plus officiel, contient la correspondance échangée avec Trajan, au moment où Pline se trouve en Bithynie. Ces lettres constituent une catégorie à part (et proviennent d'ailleurs d'une tradition manuscrite différente). Car elles traitent des problèmes administratifs de la province.

Cet ensemble comprend 247 lettres réparties en neuf livres. La date exacte de leur publication est mal connue, les savants considèrent qu'elle se fit entre 96 et 108, par groupes de deux ou trois livres (Sherwin-White **6**, p. 27-41). Il s'agit d'un ensemble de lettres « écrites avec un peu plus de soin » rassemblées précisément en vue d'une publication, comme l'explique Pline lui-même dans la lettre à Septicius qui ouvre le recueil (I 1) : l'écrivain les a choisies et revues ; il affirme les avoir disposées sans respecter l'ordre chronologique. Mais ce désordre n'est qu'apparent, comme bien des études l'ont montré (**21** G. Merwald, *Die Buchkomposition des Jüngeren Plinius (Epistulae I-IX)*, Diss. Erlangen-Nürnberg 1964 ; **22** E. Wolff, *Pline le Jeune ou le refus du pessimisme*, Rennes 2003, p. 41-47). La composition de chaque livre est soignée. Les lettres se caractérisent par la variété des thèmes abordés, évoquant tous les aspects de la vie de Pline : le sénateur et l'homme politique ; le conseiller de Trajan, mais aussi l'avocat et l'homme de lettres. A travers l'échange épistolaire et les nombreux amis de Pline, c'est en quelque sorte l'évocation d'une société dans ses préoccupations variées. Ces lettres ont été lues pour les informations qu'elles apportaient ; mais les travaux récents tendent à examiner de préférence la façon dont Pline se met en scène lui-même et l'image qu'il veut donner de lui-même (Méthy **15** ; Marchesi **16**).

Ces lettres montrent aussi les liens de Pline avec les philosophes. En Syrie, il avait rencontré Euphratès de Tyr (I 10) et le stoïcien Artémidore, gendre de Musonius Rufus (☞M 198). Mais il ne semble pas avoir connu Musonius Rufus lui-même (**23** M. Griffin, « The Younger Pliny's debt to moral Philosophy », *HSCP* 103, 2007, p. 451-481 ; voir p. 455). Pline eut aussi des relations étroites avec des stoïciens : dans la lettre III, 11, il énumère Hérennius Sénecion, Helvidius Priscus (☞H 39), Junius Mauricus (☞M 54), et Arulenus Rusticus (☞R 16), ainsi que Fannia (☞F 5), Arria la jeune [☞A 422] (l'épouse de Paetus Thrasea) et Gratilla (peut-être, selon Mommsen, l'épouse d'Arulenus Rusticus). « Apparently the wife of Arulenus Rusticus » selon Sherwin-White **6**, p. 243 ; Birley **7** considère aussi (Verulana) Gratilla comme l'épouse d'Arulenus Rusticus.

Ces relations sont des relations d'amitié : Pline évoque les deux filles d'Helvidius et s'afflige de leur mort (IV 11). Répondant à la demande de Junius Mauricus, il recherche un mari pour la fille d'Arulenus Rusticus (I 14) ou un précepteur pour ses enfants (II 18) ; cette lettre est l'occasion de rappeler « le respect et l'affection » qu'il éprouvait pour Arulenus Rusticus et « les encouragements dont il a soutenu [sa] jeunesse », ce qui laisse penser à des relations anciennes. Dans la lettre III 11, mentionnée plus haut, l'écrivain explique comment il n'a pas hésité à aller trouver Artémidore et à lui prêter de l'argent, au moment où les philosophes étaient persécutés par Domitien et chassés de l'Italie (en 93, sans doute). Pline était alors préteur et cette conduite pouvait avoir des conséquences fâcheuses pour lui.

Le même soutien envers les stoïciens se manifeste après la mort de Domitien : en 97, Pline entreprit de venger la mémoire d'Helvidius Priscus en attaquant Publicius Certus, son accusateur (IX 13). L'écrivain insiste alors sur ses liens d'amitié avec Helvidius [Priscus le Jeune, né d'un premier mariage] (IX 13, 3) et sur son amitié avec Arria, la mère de sa belle-mère, et Fannia, sa belle-mère. L'accusation ne fut pas acceptée par le sénat, mais Pline rédigea (et publia) son discours sur la vengeance d'Helvidius. Vouloir venger la mémoire d'un mort, s'en prendre à son accusateur, revenait à affirmer publiquement des liens fort étroits avec le mort et sa famille. Ces liens expliquent également l'intérêt que Pline éprouvait pour Thrasea et sa famille : il évoque le courage d'Arria l'ancienne (➤A 421) et sa mort (III 16). Pline apparaît ainsi comme très proche des stoïciens, auxquels Domitien manifesta son hostilité. Sa carrière politique montre qu'il n'a pas eu la même conduite que ces opposants sous le règne de cet empereur, même s'il laisse entendre, à plusieurs reprises, que des poursuites le menaçaient (VII 27, 14 ; III 11, 3) il a même été suggéré qu'il était plus proche de cet empereur que ses lettres ne l'indiquent (24 A. Giovannini, « Pline le jeune et les délateurs de Domitien », dans *Oppositions et résistance à l'empire*, coll. « Entretiens sur l'antiquité classique » 33, Vandœuvres-Genève 1987, p. 219-240).

Quoi qu'il en soit, les liens de Pline avec les stoïciens sont indéniables. Peut-on découvrir alors l'influence de l'éthique stoïcienne dans son œuvre ? Les références aux philosophes antiques ne sont pas très nombreuses dans les lettres : Platon est cité (I 10, 5 ; IV 25, 5) ; en outre, Pline connaissait évidemment Cicéron et Sénèque (Griffin 23, p. 456) ; il est possible qu'Arulenus Rusticus ait joué un rôle dans sa formation (I 14, 1 ; Griffin 23, p. 453).

Est-il possible de distinguer dans les portraits que trace Pline, dans les conduites qu'il évoque, dans les valeurs auxquelles il se réfère des traces, de l'influence stoïcienne ? La portée philosophique des lettres est souvent négligée ou considérée comme très superficielle. Mais des études précises ont apporté des conclusions plus nettes (outre Griffin 23, voir 25 J.-M. André, « Pensée et philosophie dans les *lettres* de Pline le jeune », *REL* 53, 1975, p. 225-247). Certes, Pline ne fait pas de référence explicite à des sources philosophiques, mais certaines de ses remarques sur la sagesse et la raison, ou les vertus qu'il apprécie chez ses amis, suggèrent souvent une référence philosophique implicite.

Les différentes vertus auxquelles l'écrivain s'attache, sont inscrites dans la tradition romaine, mais s'accordent aussi avec les vertus fondamentales du stoïcisme (André **25**, p. 237). Pline souligne la *constantia* de Fannia (VII 19) ou de Minicia (V 16), la fille de Minicius Fundanus; Titius Aristo (⟶A 361) est caractérisé par sa *castitas*, sa *pietas*, sa *iustitia* (I 22, 7) et son courage *(fortitudo)*; il est un modèle de grandeur d'âme (I 22, 5).

La question du suicide fait aussi apparaître l'importance d'une décision raisonnée : Corellius choisit une mort volontaire, décision fondée sur une *summa ratio, quae sapientibus pro necessitate est* (I 12, 3); André **25**, p. 241 n. 4, insiste à ce propos sur le caractère proprement stoïcien de l'association *necessitas et ratio*. C'est aussi la raison qui pousse Titius Aristo à résister à la maladie (I 22, 9-10) : et Pline oppose l'élan irréfléchi qui fait courir au devant de la mort et la décision fondée en raison : « délibérer, peser ses motifs et, selon ce que conseillera la raison, prendre la décision de vivre ou de mourir est le propre d'une très grande âme ». Il accepte ces choix rationnels, comme le révèle aussi la lettre concernant le poète Silius Italicus (⟶I 40), qui, atteint d'une tumeur incurable, choisit la mort avec « une constance irrévocable » (III 7, 2). Cette lettre s'achève par des réflexions sur la vie humaine qui constituent « une sorte de *De breuitate uitae* en miniature, avec analyse abstraite de la *fragilitas humana* » (André **25**, p. 241 et n. 6).

Outre ces thèmes stoïciens, M. Griffin a fait apparaître l'existence d'une problématique spécifiquement philosophique que laissent deviner certaines lettres. En écrivant à Pompeius Falco, qui s'interroge pour savoir s'il doit plaider alors qu'il exerce la charge de tribun de la plèbe, Pline conclut en se référant à la notion de *persona* : le choix de son ami dépend du rôle qu'il veut jouer, un rôle qui doit si bien s'adapter à un homme sage qu'il doit pouvoir le tenir jusqu'au bout (I 23, 5). Ces allusions au rôle que doit jouer chaque homme, renvoient nettement à la théorie du *decorum* et de la *persona*, présente dans le *De officiis* de Cicéron (Griffin **23**, p. 458). Une autre lettre concerne la théorie de la justice ; l'écrivain en affirme l'importance dans les affaires publiques et privées et ajoute « car si les fautes sont égales, les mérites le sont également » ; cette dernière formulation constitue une allusion très claire à la doctrine de l'ancien stoïcisme qui affirmait l'égalité des fautes (VIII 2, 2). Pline pourtant décide d'adopter un traitement équitable *(aequum)*, proportionné aux mérites de chacun ; il choisit ainsi une justice proportionnelle, qui n'est pas moins issue des analyses des philosophes. L'importance attachée à la générosité et aux bienfaits révèle aussi l'écho d'une philosophie proche du *De officiis* et de Sénèque (Griffin **23**, p. 469-473).

Malgré la présence de ces notions et de cette réflexion marquée par le stoïcisme, la correspondance ne se présente évidemment pas comme un traité de philosophie, ni comme une quête de la sagesse : les réflexions générales que les critiques ont retenues, se trouvent insérées dans les lettres où se posent des problèmes concrets : fonction de tribun, maladies de ses amis, vendanges… C'est ce qui conduit J.-M. André à affirmer « qu'il s'agit d'affinités avec le stoïcisme plus que d'un accord théorique » (**25**, p. 236). Plus précisément, l'évocation de Titius Aristo

(I 22) révèle clairement les choix pliniens : Titius Aristo s'oppose « à ceux qui affichent dans leur apparence leur goût de la sagesse », car il ne se lance pas dans des discussions interminables, mais il se consacre aux affaires publiques et apporte à ses concitoyens son assistance et ses conseils de juriste (I 22, 5-6). Ailleurs (VII 26, 4), Pline croit pouvoir prescrire lui-même « ce que les philosophes tentent d'enseigner à grand renfort de paroles et même à grand renfort de volumes ». L'homme de lettres refuse ainsi la philosophie théorique au profit de l'expérience et de l'exemple. La vie pratique est supérieure à la vie théorétique (Griffin **23**, p. 458) C'est également ce qu'expriment les paroles d'Euphratès (☞E 132) à Pline : « c'est aussi une partie de la philosophie, et même la plus belle, d'exercer une fonction publique, d'instruire une affaire, de juger, de faire connaître la justice, de la faire appliquer, et de mettre en pratique ce que les philosophes enseignent » (I 10, 10). Les vertus dont Pline fait l'éloge, ne sont donc pas traitées de façon abstraite, mais décrites à travers des caractères et des comportements. Il s'agit donc d'une morale en actes, même si elle puise dans les vertus stoïciennes.

L'originalité de Pline tient aussi à la place qu'il fait à l'*humanitas* et à la sensibilité. Face aux morts qu'il relate, il est attentif à la douleur des vivants et affirme que la sensibilité est une caractéristique de l'être humain : « c'est le propre de l'homme d'être affecté par la douleur, d'éprouver des émotions et pourtant de leur résister et de rechercher des consolations, non de s'en passer. » (VIII 16, 4 ; *cf.* **26** P. V. Cova, « La misura umana di Plinio il Giovane », dans *Lo stoico imperfetto*, Napoli 1978, p. 86-113). Cette conviction l'éloigne du stoïcisme qui privilégie la raison et la résistance aux émotions (Méthy **15**, p. 221-222) ; elle conduit Pline à choisir l'indulgence dans les relations humaines, en s'appuyant sur l'exemple de Thrasea devenu ici *mitis homo* (VIII 22, 3). La *benignitas* est élevée à la hauteur d'un principe de conduite, lorsqu'il s'agit de défendre ses amis et de faire leur éloge au lieu de les attaquer (VIII 28). L'être humain se trouve ainsi défini par l'affectivité, la douceur et l'*humanitas*. Cette dernière, alliant bonté et indulgence, permet d'assouplir les règles trop strictes de la morale sociale (Méthy **15**, p. 254-255) ; elle conduit à faire place à l'émotion, la faiblesse humaine, l'irrationalité. Certes, M. Griffin a voulu montrer comment ces choix (indulgence et humanité) pouvaient aussi être présents chez Sénèque (**23**, p. 464-465), mais si Pline est imprégné de la morale stoïcienne, il s'en éloigne pour proposer une réflexion sur l'homme et une morale à la mesure de l'homme.

MICHÈLE DUCOS.

204 PLINIUS SECUNDUS (CAIUS –) *RE* 21   23/24 - 79

Si Pline l'Ancien est passé à la postérité pour son *Histoire naturelle* (*HN*), il est avant tout un haut fonctionnaire de l'empire romain, qui consacre, dit-il (*Naturalis historia, Praef.*, 18), ses loisirs et ses nuits à rédiger des œuvres de compilation dans différents domaines. Ses liens avec la philosophie se traduisent essentiellement par l'arrière-plan philosophique de son encyclopédie, qui est inséparable de la morale et de l'idéologie politique.

La carrière et l'œuvre de Pline l'Ancien sont assez bien connues grâce à plusieurs témoignages littéraires, notamment Suétone, *De Vir. illust. De hist.*, VI (= *Fragm.* 80, éd. Reifferscheid 1860) et Pline le Jeune, *Ep.*, III 5 (lettre à Bébius Macer sur l'œuvre et le caractère de Pline l'Ancien) et VI 16 (lettre à Tacite sur la mort de Pline l'Ancien). Ces textes sont reproduits dans **1** J. Beaujeu (édit.), *Pline l'Ancien, Histoire naturelle*, t. I, *CUF*, Paris 1950). On trouvera dans **2** R. König et G. Winckler (édit.), *C. Plinius Secundus d. Ä., Naturkunde*, I, coll. « Tusculum », Tübingen 1973, p. 222-321, l'ensemble des *testimonia*, ainsi que les fragments des œuvres de Pline autres que l'*HN*, avec traduction en allemand.

Des origines familiales, de l'éducation et de la vie privée de Pline, on ne sait presque rien. C. Plinius Secundus (que l'on désigne par Pline l'Ancien – ou parfois Pline le Naturaliste – pour le distinguer de son neveu et fils adoptif Caius Plinius Caecilius Secundus, Pline le Jeune [☛P 203]), est né en 23 ou 24 de notre ère, dans le municipe prospère de Côme (*Nouum Comum*), en Gaule Transpadane, dans une famille de rang équestre appartenant à la riche bourgeoisie provinciale. Arrivé tôt à Rome, il s'attache à P. Pomponius Secundus, poète tragique et chef militaire, qui l'introduit dans les grandes familles de Rome. Il exerce la fonction d'avocat (on ignore à partir de quand).

Entré dans la carrière des chevaliers sous le règne de Claude, il mêle tout au long de sa vie hautes fonctions militaires et civiques et activité littéraire. Sa carrière a bien été reconstituée par **3** R. Syme (« Pliny the Procurator », *HSClPh* 73, 1969, p. 201-236, réédité dans **4** E. Badian (édit.), *Roman Papers,* t. II, Oxford 1979, p. 742-773). Tout en restant plus de dix ans à des fonctions de commandement dans les armées du Rhin en Germanie, il écrit un manuel sur le lancer du javelot à cheval *(De iaculatione equestri)*, commence son histoire des campagnes de Germanie (20 volumes de *Bella Germaniae*), et consacre une biographie à son protecteur *(De uita Pomponii Secundi)*. De retour à Rome en 59 (?), il se retire provisoirement de la carrière publique jusqu'à la fin du règne de Néron, période pendant laquelle il achève ses *Bella Germaniae* et rédige des ouvrages sur la langue : le *Studiosus* en trois livres et le *Dubius Sermo* en huit livres. Il retrouve les responsabilités et les honneurs sous Vespasien, dont il est proche.

Pline est déjà devenu, pendant son service en Germanie, un familier – *contubernium (NH, Praef.,* 3) – de Titus, et a peut-être participé à son expédition contre les Juifs en 70. Il exerce plusieurs procuratèles de 70 à 76 (en Tarraconaise, en Afrique et peut-être en Narbonnaise et en Belgique). Il publie en 77 l'*HN*, une encyclopédie en trente-sept volumes qu'il dédie à Titus, et achève également une histoire récente en trente et un volumes, *A fine Aufidii Bassi*, qui sera publiée de façon posthume : cet ouvrage se veut la suite d'Aufidius Bassus [☛B 18], lui-même continuateur de Tite-Live, et traite notamment des règnes de Caligula, Claude et Néron. Pline travaille sans doute depuis plusieurs décennies à ces deux œuvres très volumineuses.

Vespasien lui confie l'un des principaux postes de l'administration impériale : il s'agirait de la charge *a libellis* (répondre aux suppliques adressées à l'empereur), ou bien de la fonction *a studiis* (préparer la documentation nécessaire au prince dans tous les domaines).

En poste à Misène, près de Naples, comme commandant de la flotte, il se dirige vers l'éruption du Vésuve le 24 août 79 – pour observer le phénomène et porter secours aux victimes –, et trouve alors, à cinquante-cinq ans, une mort rendue célèbre par la lettre VI, 16 de Pline le Jeune à Tacite. Son œuvre compte une centaine de volumes, dont plus du tiers pour l'*HN*, la seule conservée en totalité, le reste ne subsistant qu'à l'état de fragments. La perte des ouvrages historiques fausse un peu l'image que l'on a de Pline : rappelons que Suétone le classe parmi les historiens, et que ses *Guerres de Germanie* et sa *Continuation d'Aufidius Bassus* occupent la moitié de sa production et ont constitué une source importante pour Tacite.

L'*HN* a connu dès sa parution une grande popularité et n'a jamais été perdue. Sur l'histoire et la postérité du texte, *cf.* l'introduction de Beaujeu **1**, t. I, p. 20-35 ; **5** Ch. G. Jr. Nauert, « C. Plinius Secundus (*NH*) », dans F. E. Cranz et P. O. Kristeller (édit.), *Catalogus Translationum et Commentariorum : Mediaeval and Renaissance Latin Translations and Commentaries*, t. IV, Washington 1980, p. 297-422 ; **6** A. Borst, *Das Buch der Naturgeschichte. Plinius und seine Leser im Zeitalter des Pergaments*, Heidelberg 1994.

Étant donné son ampleur, l'*HN* a très tôt (après le IIIe s. ?) fait l'objet d'abrégés ou d'éditions partielles (par exemple la *Medicina Plinii*, au IVe s.). Elle a directement inspiré plusieurs auteurs, Solin au IIIe s., Martianus Capella (➡M 46) au Ve s. et Isidore de Séville (➡I 34) au VIIe s. La popularité de l'*HN* se traduit et se manifeste par le nombre élevé de manuscrits conservés, plus de deux cents, mais ils sont très inégaux de par leur qualité, leur étendue et leur état de conservation. Les fragments les plus anciens sont antérieurs au VIIIe s. L'*HN* fut l'un des premiers ouvrages imprimés, à Venise en 1469.

L'*HN* a constitué un inventaire majeur des connaissances, cela jusqu'aux XVIIe-XVIIIe siècles. Son importance dans l'histoire du savoir, surtout au Moyen Age, est aussi la conséquence de la perte – définitive ou provisoire – d'autres textes (que Pline a utilisés comme sources directes ou indirectes), en particulier l'œuvre encyclopédique de Varron, et une partie de l'œuvre scientifique d'Aristote [➡A 414] et de Théophraste. Avec l'avènement de l'esprit scientifique et critique, la tendance s'est inversée, et l'*HN* a été mise en cause, parfois à l'excès, pour ses informations fantaisistes ou fausses. Au XIXe s., elle a bénéficié de toute l'attention de la *Quellenforschung* dans laquelle se sont spécialisés les philologues allemands, qui cherchaient à reconstituer des textes perdus à travers leur utilisation par d'autres auteurs. Cette étude des sources se poursuit au XXe s., mais, à partir des années quatre-vingts, plusieurs congrès consacrés à Pline (à Rieti, Côme et Nantes ; voir *infra*, dans la bibliographie **21** à **28**) font apparaître une nouvelle perspective : on envisage désormais l'*HN* moins comme une source sur tel ou tel domaine spécialisé du savoir que, de façon globale, comme un témoignage capital sur l'histoire culturelle du Ier s. de notre ère. Dans cette lignée, des monographies mettent en particulier en évidence l'ancrage politique et moral de l'œuvre, inséparable de l'idéologie de l'empire romain (*cf.* **7** F. de Oliveira, *Les idées politiques et morales de Pline l'Ancien*, coll. «Estudos de Cultura Classica» 5, Coimbra 1992 (paru originellement en portugais en 1986); sur le projet d'ensemble de Pline, *cf.* **8** V. Naas, *Le projet encyclopédique de Pline l'Ancien*, coll. de l'*EFR* 303, Paris/Rome 2002). Cet impérialisme ressort bien du titre de deux études récentes portant sur l'histoire de l'art et l'ethnographie (*cf.* **9** S. Carey, *Pliny's Catalogue of Culture. Art and Empire in the "Natural History"*, Oxford 2003; **10** T. Murphy, *Pliny the Elder's "Natural History", the Empire in the Encyclopedia*, Oxford 2004).

Pline définit son enquête sur la nature (c'est le sens exact de *Naturalis historia*) comme une reproduction de la vie – *rerum natura, hoc est uita, narratur* (*NH, Praef.*, 12) –, qu'il inscrit dans la tradition encyclopédique grecque, tout en revendiquant sa nouveauté, pour son exhaustivité : il précise dans la *Préface*, 17, avoir rassemblé «vingt mille faits dignes d'intérêt, tirés de la lecture d'environ deux mille volumes». L'œuvre se compose de trente-sept livres, que l'on peut regrouper en sections thématiques : I, préface et index général (Pline cite 146 sources latines et 327 non latines, *externi*; il ne les a probablement pas toutes lues mais reprend des listes déjà constituées, *cf.* **11** F. Della Corte, «La nuova Lex Brunn sugli indici di Plinio», *Opuscula IV*, Univ. di Genova, Facoltà di Lettere, 1973, p. 163-200, 1re publication dans *Varrone, il terzo gran lume romano*, Pubblicazioni dell'Istituto Universitario di Magistero, Genova 1954, p. 283-319); II-VI, géographie; VII, anthropologie; VIII-XI, zoologie; XII-XIX, botanique; XX-XXXII, médecine (remèdes tirés des animaux et des plantes); XXXIII-XXXVII, minéralogie.

Peut-on déceler dans l'*HN* l'attachement de Pline à telle ou telle école de pensée? Longtemps négligée (J.-M. André déplorait cet oubli en 1987, *cf.* **12** «Les écoles philosophiques aux deux premiers siècles de l'Empire», *ANRW*, II 36, 1, Berlin 1987, p. 5-77, p. 28 n. 216; *cf.* aussi **13** *Id.*, «Nature et culture chez Pline l'Ancien», dans *Recherches sur les Artes à Rome*, coll. «Publications de l'Université de Dijon» 58, Paris 1978, p. 7-17), cette question suscite davantage d'intérêt depuis les années 1990, dans la voie ouverte par le colloque de Nantes «Pline l'Ancien, témoin de son temps» (*cf.* bibliogr. n° **27**).

Les mentions significatives de philosophes dans l'*HN* sont peu nombreuses et illustrent une certaine indépendance d'esprit. Dans la *Préface*, 28, Pline écrit que ses ouvrages sur la grammaire sont critiqués par *et stoicos, et dialecticos, et Epicureos*. Sur la question de savoir s'il faut ou non citer ses sources (§ 22), il opte fièrement pour la première solution et prend modèle sur Cicéron, qui se réfère à Platon dans son *De Republica* et à Panétius pour son *De Officiis*. On ne saurait déduire de ce passage l'adhésion de Pline à ces philosophes; il faut plutôt y voir une marque de son éclectisme. Dans son anthropologie (livre VII), Pline passe en revue les hommes remarquables dans différents domaines (qualités physiques, morales, disciplines du savoir) : mis à part Socrate, qui fut désigné, rappelle Pline, par l'oracle d'Apollon Pythien pour sa *sapientia*, aucun philosophe n'est célébré.

Cet inventaire des grands hommes est avant tout l'occasion de faire l'éloge d'éminents représentants du peuple romain, « de tous les peuples au monde, le plus remarquable par sa valeur morale », *uirtus* (*NH*, VII 130).

L'éclectisme de Pline ressort également des sources de l'*HN*, parmi lesquelles figurent plusieurs philosophes : Pythagore, Aristote, Théophraste, Posidonius d'Apamée, Nigidius Figulus. De plus, ces références n'excluent pas l'indépendance : ainsi Pline admire Aristote, se vante de le compléter (*NH*, VIII 44), mais n'hésite pas à marquer son désaccord avec lui (*NH*, IX 16-17).

Plutôt que de situer Pline dans une école précise, ses liens avec la philosophie s'inscrivent tout à fait dans le contexte culturel du premier siècle de l'empire où domine le stoïcisme. En effet, à cette époque, les écoles philosophiques à Rome « s'insèrent profondément dans la conjoncture politique et dans le tissu sociologique » (André **12**, p. 6). Dans ce contexte se développe une « philosophie populaire », « intégrée, mais peu active du point de vue doctrinal » (*ibid.*, p. 17). Ainsi « il existe un stoïcisme populaire, codifié en *paradoxa* et *loci communes* » (*ibid.*, p. 10). Très lié à la rhétorique, il prend la forme de la diatribe morale. Par ailleurs, il marque fortement les milieux scientifiques, « parce qu'il représente une méthodologie rationnelle et un ordre du monde déterministe... » (*ibid.*, p. 14 et p. 26).

Pline l'Ancien illustre bien cette imprégnation diffuse d'un stoïcisme vulgarisé au Ier s. de l'empire. Cependant, si les savants comme Pline ou Columelle reprennent des éléments stoïciens, cela ne suffit pas pour en faire des disciples de cette école.

Dans l'*HN*, la conception de la nature relève du panthéisme stoïcien et l'ordre du monde suit le providentialisme de cette école (sur la cosmologie plinienne, *cf.* **14** W. Kroll, *Die Kosmologie des Plinius*, Breslau 1930). Le monde, la nature et le dieu se confondent en un tout *aeternus, immensus, (...) infinitus* (*NH*, II 1-2). Ce stoïcisme n'empêche pas des emprunts à d'autres écoles : ainsi **15** J.-P. Dumont, « L'idée de Dieu chez Pline (*HN*, II, 1-5 ; 1-27) », dans **27** (cité plus bas) *Colloque de Nantes*, p. 219-237, montre qu'au début du livre II, le questionnement sur le monde est de type aristotélicien, mais que les réponses appartiennent à la doxographie stoïcienne, renouvelée par des sources intermédiaires (probablement Varron). Par ailleurs, Pline suit l'idée pythagoricienne d'éternité du monde (*cf.* Serbat **20** [cité plus bas], p. 2099). Enfin, sur le néant, il reprendrait Épicure (*cf.* **16** J.-M. André, *La philosophie à Rome*, Paris 1977, p. 141).

L'attribut premier de dieu est d'aider ; cette règle doit servir de modèle à tous les hommes, et en premier lieu à l'empereur (*NH*, II 18 : *deus est mortali iuuare mortalem...*). Appliquant ce principe, Pline se donne pour mission de diffuser la connaissance de la nature (*Praef.*, 16 : *utilitas iuuandi*).

Ces choix philosophiques sont indissociables du projet moral qu'ils servent. En effet, si Pline s'inscrit dans une longue tradition scientifique et philosophique d'études de la nature, il change totalement de perspective : son intention est morale et politique bien plus que scientifique. Déplorant la méconnaissance et l'exploitation excessive de la nature par l'homme (conséquence perverse de l'empire, selon un lieu commun du « moralisme stoïco-diatribique », *cf.* **17** S. Citroni-Marchetti, « *Juvare Mortalem*, l'ideale programmatico della *NH* di Plinio nei rapporti con il moralismo stoico-diatribico », *A&R* 27, 1982, p. 124-148, notamment p. 139), Pline se propose de rassembler l'ensemble du savoir de son époque, de montrer la puissance et la bonté de la nature, afin de ramener ses contemporains et compatriotes à une meilleure connaissance et donc à un plus grand respect de la nature. Il s'agit de leur rappeler la primauté de la nature, tout en leur expliquant sa bienveillance à leur égard.

Contrairement aux naturalistes précédents, pour Pline, la nature n'est pas une entité scientifique, un objet d'enquête : c'est un être vivant, personnifié, assimilé à la figure maternelle et au divin. En cela, Pline suit la doctrine stoïcienne. Cette nature est toute-puissante, anthropocentrique, par essence bienveillante envers l'homme ; ainsi la section de médecine, la plus longue de l'*HN*, énumère tous les remèdes que la nature, à travers les substances animales et végétales, met à la disposition de l'homme. Pourtant, la nature peut aussi se faire « marâtre », *nouerca* (*NH*, VII 1), et elle impose à l'homme nombre de misères (maladies, rigueur climatique, par exemple).

De fait, la conception plinienne de l'homme est profondément pessimiste et s'affranchit en cela du stoïcisme : pour Pline, l'homme est une créature faible, démunie et malheureuse (*NH,* VII 130 : *nemo mortalium est felix* ; *NH*, VII 1-5 : l'introduction de l'anthropologie souligne la prévenance de la nature envers l'homme, mais aussi la précarité de ce dernier, le plus démuni des êtres vivants, et lui-même son pire ennemi). Ce pessimisme est compensé par une idée optimiste du développement de l'humanité : Pline a foi en la science, qui permet à l'humanité de progresser, sous l'égide de l'empire romain, garant de paix.

Cela justifie d'autant plus l'idéal plinien d'aider les hommes. Ainsi, le « stoïcisme diatribique » constitue l'arrière-plan culturel de l'*HN*, mais Pline refuse son côté rigide et détaché des besoins humains et de la réalité de la société romaine (Citroni-Marchetti **17**, p. 148).

En effet, au centre de la nature se trouve l'homme, à qui elle apporte, telle une mère, toutes ses ressources et ses soins (*NH*, XXII 117 : *parens illa ac diuina rerum artifex*). Et l'homme étant le destinataire et la référence de l'œuvre, le regard de l'auteur sur la nature passe par une interprétation anthropomorphique et anthropocentrique des informations.

Mais cette nature étant aussi possession de l'Empire, l'inventaire de ses ressources participe de l'éloge de la puissance romaine. Ainsi l'*HN* s'avère une célébration de la Nature, au service de Rome. En effet, l'œuvre comporte une dimension politique essentielle : en haut fonctionnaire de l'Empire, Pline vise à magnifier la puissance de Rome en inventoriant l'ensemble des ressources dont elle dispose. Ses conceptions philosophiques et morales entrent donc parfois en contradiction avec son parti pris idéologique.

En effet, Pline soumet la nature à un point de vue romain : c'est l'homme romain qui bénéficie de toute l'attention de la nature, et c'est son intérêt qui guide l'enquête plinienne. Par exemple, alors qu'il utilise comme sources Aristote et Théophraste pour la zoologie et la botanique, Pline change de perspective. A propos des animaux, il s'intéresse moins à leur anatomie ou à leur physiologie qu'à leur intervention dans la vie romaine : pour les animaux exotiques, la première question est de savoir quand ils ont fait leur apparition à Rome – souvent lors de triomphes et de jeux ; et pour les animaux domestiques et indigènes, quel est leur prix et en quoi ils sont utiles à l'homme ; enfin, pour tous les animaux, Pline se plaît à recenser anecdotes, particularités extraordinaires et traits qui rapprochent les animaux des hommes : l'éléphant a le sentiment de la pudeur et de la décence (*NH*, VIII 13), ce que reprendront Solin et même Buffon.

Le succès du stoïcisme dans l'élite culturelle et sociale sous l'empire s'explique aussi parce qu'en lui se reconnaissent les valeurs traditionnelles romaines. Dans ce stoïcisme vulgarisé se retrouve le *mos maiorum* : il met l'accent sur l'éthique, le sens du devoir, la liberté de pensée, un mode de vie ascétique. Ces valeurs sont précisément réaffirmées par les Flaviens, pour rompre avec le règne de Néron et retrouver les bases augustéennes du régime impérial. Pline partage tout à fait le retour, promu par Vespasien, à « la coutume des ancêtres », qui fonde la société romaine. Dans l'*HN,* ce moralisme politique se traduit par la volonté de faire œuvre utile et par la conception de la divinité, de l'empereur, et de la nature elle-même, tous au service de l'homme (*NH*, II 18). Le projet scientifique de Pline converge avec la politique « sociale » des Flaviens.

De plus, la domination romaine, par la paix qu'elle a instaurée, permet à cette nature de prospérer, en faisant circuler les ressources – en particulier les remèdes –, en diffusant la connaissance... (*NH*, XXVII 3). On retrouve ici l'idéal stoïcien de *commercium*, la communication qui lie les êtres humains dans une entraide mutuelle. C'est ainsi que l'Italie est qualifiée de seconde mère de l'humanité – après la nature elle-même – (*NH*, XXXVII 201 : *parens mundi altera*). Par une confusion entre le monde entier et l'Empire romain, la nature se trouve assimilée à l'ensemble dominé par Rome. Ainsi la politologie plinienne défend le régime monarchique, mais avec réserves (Pline condamne les « mauvais » empereurs et manifeste son admiration pour les grands hommes de la République, en particulier Pompée, *cf.* de Oliveira **7**).

Cependant, la défense des valeurs romaines marque aussi les limites de l'influence stoïcienne : Pline a le sens de la grandeur et de la vertu civilisatrice de Rome ; ainsi le bonheur de Metellus (VII 139-141) est fondé non sur une *uirtus* indépendante des circonstances extérieures, mais sur les valeurs militaires, politiques et civiques de Rome (*cf.* Citroni-Marchetti **17**, p. 132-136).

Sur le plan épistémologique, Pline se démarque également du stoïcisme. L'équation stoïcienne *natura-ratio* postule une harmonie préétablie entre la « nature naturante » et l'outil de la connaissance. Pline suit dans une certaine mesure ce principe, mais pour lui, la nature doit aussi garder une part insaisissable, afin de conserver sa toute-puissance. C'est pourquoi Pline se trouve pris entre deux ambitions contradictoires : faire connaître la nature tout en préservant ses mystères. De fait, c'est dans ses aspects merveilleux et extraordinaires que la nature manifeste au plus haut point sa grandeur ; ces *mirabilia* illustrent à la fois la grandeur de la nature et celle de l'Empire romain.

L'encyclopédie plinienne ne vise nullement à établir une norme, à recenser la régularité, mais s'attache au contraire en priorité aux *mirabilia*, à l'exception. Se détachant de l'étude normative et analogiste d'Aristote – qu'il prend pourtant pour modèle –, Pline s'avère anomaliste, privilégie le rare et le singulier, et parvient ainsi à préserver l'individuel au sein du général.

La nature selon Pline est régie par des liens de sympathie et d'antipathie (*cf.* **8** Naas, p. 63-64) : sa conception mêle héritage stoïcien et intérêt pour les merveilles de la nature. En effet, la physique stoïcienne, reprise par Cicéron, considère que dans un monde clos et sans vide, tous les éléments sont liées entre eux par des relations de *sympatheia* : c'est la *concordia rerum*. Mais par ailleurs, les naturalistes de l'époque hellénistique, s'intéressant aux merveilles de la nature, ont utilisé la *sympatheia* et l'*antipatheia* pour décrire une nature mystérieuse, régie par des rapports d'affinité et d'opposition, que la raison ne peut saisir. Ces liens participent de la conception plinienne du monde : la Nature a voulu que chacun de ses éléments ait une contrepartie assurant l'équilibre de l'ensemble (*NH*, VIII 79). Cependant, ces rapports de sympathie et d'antipathie suscitent l'émerveillement de l'homme bien plus qu'ils ne lui servent à expliquer le monde. Ainsi, Pline admire ces « merveilles de discorde et de concorde » (*NH*, XXIV 1 : *discordiae atque concordiae miracula*), sans pousser plus loin l'enquête ; il revendique lui-même la description et refuse l'investigation (*NH*, XI 8 : *indicare, non indagare*). Pour lui, il ne faut pas chercher de *ratio* dans les phénomènes naturels, mais y voir la manifestation d'une *uoluntas* (*NH*, XXXVII 59). Ainsi, la cosmologie plinienne confine parfois à une pensée magique. Cette conception de la nature limite la démarche scientifique et imprimera fortement l'évolution des sciences : le principe de sympathie va se généraliser et contribuer au déclin des sciences naturelles au Moyen Age.

Là encore se révèle l'ambiguïté du projet plinien : il refuse de pousser trop loin l'enquête, afin de ne pas désacraliser la nature ; bien plus, il s'avoue incapable de mener l'investigation, car l'initiative en appartient non à l'homme, mais à la nature elle-même (*cf.* les formules *natura docuit, natura demonstrauit…*, *NH*, XVII 59, 65, 67, 99, 101).

Éditions. L'édition du texte, avec traduction française et commentaire, dans la collection dite Budé est presque complète (il manque encore une petite partie de la géographie) : J. Beaujeu *et al.* (édit.), *Pline l'Ancien, Histoire naturelle, CUF*, Paris, à partir de 1947.

Traduction et commentaire en anglais du livre VII par **18** M. Beagon, *The Elder Pliny on the Human Animal, NH VII*, Oxford 2005.

Concordance. 19 P. Rosumek et D. Najock, *Concordantia in C. Plinii Secundi Naturalem Historiam*, Hildesheim 1996, 7 vol.

Bibliographie. Le recensement bibliographique le plus récent, avec référence aux précédents, est celui de **20** G. Serbat, « Pline l'Ancien, État présent des études sur sa vie, son œuvre et son influence », dans *ANRW* II 32, 4, Berlin 1986, p. 2069-2200.

Études d'orientation. Dans les années 1980 ont été consacrés plusieurs congrès et colloques à Pline l'Ancien (les références abrégées sont empruntées à Serbat **20**) :

Rieti : *Rieti I (1981)* : **21** B. Riposati (édit.), *Atti del Congresso internazionale di Studi Vespasiani*, Centro di Studi Varroniani editore, Rieti 1981, 2 vol. ; *Rieti II (1983)* : **22** B. Riposati (édit.), *Atti del Congresso internazionale di Studi Flaviani*, Centro di Studi Varroniani editore, Rieti, 1983, 2 vol.

Côme : *Como A ; B ; C ; D : Convegno di Como (Côme, Bologne, Bellagio), 1979, à l'occasion du dix-neuvième centenaire de la mort de Pline l'Ancien*, Actes en 4 volumes publiés à Côme, de 1980 à 1983. *Como A (1980)* : **23** *Tecnologia, economia e società nel mondo romano*, *Atti del Convegno di Como* [27-29 septembre 1979]. *Como B (1982)* : **24** *Plinio il Vecchio sotto il profilo storico e letterario*, *Atti del Convegno di Como* [5-7 octobre 1979]. *Como C (1982)* : **25** *Plinio e la natura*, *Atti del Ciclo di conferenze sugli aspetti naturalistici dell'opera pliniana* [1er juillet 1979]. *Como D (1983)* : **26** *La città antica come fatto di cultura*, *Atti del Convegno di Como e Bellagio* [16-19 janvier 1979].

Nantes : **27** J. Pigeaud et J. Oroz (édit.), *Pline l'Ancien, Témoin de son temps*, coll. « Bibliotheca Salmanticensis, Estudios » 87, Salamanque/Nantes 1987.

Rome : **28** *Plinio il Vecchio, Giornata Lincea (1983)* : *Plinio il Vecchio, Giornata Lincea indetta nella ricorrenza del 19' centenario della eruzione del Vesuvio e della morte di Plinio il Vecchio* [Rome, 4 décembre 1979], coll. « Accademia nazionale dei Lincei, Atti dei Convegni Lincei » 53, Roma 1983.

Ces colloques ont provoqué un nouvel intérêt pour Pline, qui se traduit par des monographies depuis les années 1990 : **29** M. Beagon, *Roman Nature. The Thought of Pliny the Elder*, Oxford 1992 ; **30** S. Citroni-Marchetti, « Filosofia e ideologia nella *NH* di Plinio », dans *ANRW* II 36, 5, Berlin 1992, p. 3249-3306 ; **31** *Ead.*, *Plinio il Vecchio e la tradizione del moralismo romano*, Pisa 1991 ; **32** L. Cotta Ramosino, *Plinio il Vecchio e la tradizione storica di Roma nella "Naturalis Historia"*, Alessandria 2004 ; voir aussi plus haut, les références **7** à **10**.

VALÉRIE NAAS.

205 PLOTIN *RE* XX, 1 *RESuppl.* XV   205-270

Philosophe fondateur d'une nouvelle interprétation de la pensée de Platon, couramment appelée "néoplatonisme".

PLAN DE LA NOTICE

LEXIQUES, ÉDITIONS DE RÉFÉRENCE, BIBLIOGRAPHIES, NOTICES

1 J. H. Sleeman et G. Pollet, *Lexicon Plotinianum*, coll. « Ancient and Medieval Philosophy » 1, II, Leiden/Leuven 1980 ; **2** R. Radice et R. Bombacigno, *Plotinus. Con CD-ROM*, coll. « Lexicon. Collana di lessici di filosofia antica » 2, Milano 2004.

L'œuvre de Plotin a été publiée deux fois au XXe siècle : **3** Plotini *Opera* ed. P. Henry et H.-R. Schwyzer, accedunt *Plotiniana arabica* quae anglice vertit G. Lewis, I-III, coll. « Museum Lessianum. Series philosophica » 33-35, Paris/ Leiden 1951-1973 *(editio maior)* ; **4** Plotini *Opera* ed. P. Henry et H.-R. Schwyzer, I-III, coll. *OCT*, Oxonii 1964/1982 *(editio minor)* ; voir plus loin, "De l'*editio princeps* à l'édition Henry et Schwyzer".

On a pris l'habitude de désigner ces deux éditions de référence comme *maior* et *minor*, celle-ci comportant un apparat critique réduit : cette dernière présente des changements substantiels par rapport à la *maior* ; les deux éditions se chevauchent en partie, la *minor* ayant commencé à paraître avant que ne paraisse le dernier volume de la *maior*.

De nombreuses bibliographies partielles et/ou thématiques ont été consacrées à Plotin ; en revanche, les bibliographies suivantes couvrent la totalité du domaine : du XIX⁰ siècle à 1949, **5** B. Mariën, « Bibliografia critica degli studi plotiniani con rassegna delle loro recensioni », riveduta e curata da V. Cilento, dans **6** Plotino. *Enneadi.* Prima versione integra e commentario critico di V. Cilento, coll. « Filosofi antichi e medievali. Collana di testi e traduzioni », Bari 1973, t. III, p. 389-622 ; de 1950 à 2000, **7** R. Dufour, *Plotinus. A Bibliography 1950-2000*, Leiden/Boston/Köln 2002, avec référence aux bibliographies antérieures et thématiques ; mise à jour sur le site : http://rdufour.free.fr/BibPlotin/Plotin-Biblio.html. **7bis** D. J. O'Meara, chap. « Plotinus », dans *CHPLA*, t. I, chap. 17, p. 301-324, avec une bibliographie, p. 1051-1053.

On se reportera toujours à **8** H.-R. Schwyzer, art. « Plotinos », *RE* XXI 1, 1951, col. 471-592 et 1276 ; « Fortführung », *RESuppl.* XV, 1978, col. 311-328 et 1676 (l'ensemble de la Notice a été publié séparément, München 1978).

BIOGRAPHIE

La source principale est la *Vie de Plotin* écrite par Porphyre (➽P 263) : voir l'ouvrage de référence **9** Porphyre. *La Vie de Plotin*, t. I : *Travaux préliminaires et index grec complet* par L. Brisson, M.-O. Goulet-Cazé, R. Goulet et D. O'Brien, coll. « Histoire des Doctrines de l'Antiquité Classique » 6, Paris 1982 ; t. II : *Études d'introduction, texte grec et trad. française, commentaire, notes complémentaires, bibliographie* par L. Brisson, J.-L. Cherlonneix, M.-O. Goulet-Cazé, R. Goulet, M. D. Grmeck, J.-M. Flamand, S. Matton, D. O'Brien, J. Pépin, H. D. Saffrey, A.-Ph. Segonds, M. Tardieu, P. Thillet, coll. « Histoire des Doctrines de l'Antiquité Classique » 16, Paris 1992.

On peut établir la date de naissance de Plotin grâce au "système chronologique" adopté par Porphyre et analysé par Schwyzer **8**, col. 471-474 et 313-316 ; **10** J. Igal, *La cronología de la Vida de Plotino de Porfirio*, coll. « Publicaciónes de l'Universidad de Deusto. Filosofía y Letras » 1, Bilbao/Madrid 1972 ; **11** T. D. Barnes, « The Chronology of Plotinus' Life », *GRBS* 17, 1976, p. 65-70 ; **12** R. Goulet, « Le système chronologique de la *Vie de Plotin* », dans Brisson *et al.* **9**, t. I, p. 187-227 (repris dans **13** *Id., Études sur les Vies des philosophes de l'Antiquité tardive. Diogène Laërce, Porphyre de Tyr, Eunape de Sardes*, coll. « Textes et Traditions » 1, Paris 2001, p. 153-190) : pour l'année de naissance de Plotin, *cf.* en part. p. 190 (p. 154 de la réimpr.) ; Porphyre évoque la treizième année de règne de Septime Sévère, ce qui donne l'année 205 : voir **14** L. Brisson, « Plotin : une biographie », dans Brisson *et al.* **9**, t. II, p. 1-29, en part. p. 2-3. Toujours selon la *Vie de Plotin*, qui rapporte le témoignage d'Eustochius (➽E 162), le médecin élève et ami de Plotin qui était seul présent au moment de sa mort, ce dernier mourut en 270 : voir Brisson **14**, p. 26-27.

Eunape, *V. Soph.* III 1, 1-2, p. 5, 18-20 Giangrande ; le ps.-Élias, *in Porph. Isag.*, 27, § 3 Westerink ; David, *in Porph. Isag.*, p. 91, 23-26 Busse, et la *Souda*, Π 1811, t. IV, p. 151, 23 Adler indiquent Lycopolis comme lieu de naissance : discussion de l'emplacement de la ville, que l'on est d'accord pour situer en Haute Égypte, par **15** F. Zucker, « Plotin und Lykopolis », *SPAW*, Klasse für Sprache, Literatur u. Kunst 1950, 1 ; voir **16** L. Brisson, « Note » à *VP* 1, 3-4, dans Brisson *et al.* **9**, t. II, p. 189-191. Pourtant, selon Brisson **14**, p. 2, Plotin « n'était pas égyptien au sens strict du terme » et « sa culture semble avoir été exclusivement grecque », thèse remise en cause par **17** L. S. B. McCoull, « Plotinus the Egyptian ? », *Mnemosyne* 52, 1999, p. 330-333, mais réaffirmée par **18** O. Montevecchi, « Ritorniamo a Licopoli e a Plotino », *Aegyptus* 80, 2000, p. 139-143, qui rappelle la présence en ville d'une garnison grecque depuis l'époque des Ptolémées. De souche grecque, Plotin « appartenait à une famille riche, cultivée, et qui disposait de relations » selon Brisson **14**, p. 2.

Les événements de la vie de Plotin, surtout en ce qui concerne la période pendant laquelle Porphyre était à Rome, sont bien connus grâce à ce dernier : il n'y a aucune raison de ne pas faire confiance à Porphyre tant qu'il s'agit de « nackte Tatsachen » selon Schwyzer **8**, col. 472. À la suite de Brisson **14**, on retiendra les dates suivantes : 232-243, "conversion à la philosophie" et enseignement reçu à l'école d'Ammonios dit Saccas (➭A 140) ; 243, Plotin rejoint l'expédition de Gordien III contre les Perses ; 244, arrivée à Rome après l'échec de cette expédition ; 246-269, enseignement dans l'école de philosophie ouverte à Rome ; 269-270, retraite en Campanie, maladie et mort.

La *Vie de Plotin* (3, 6-21) relate que Plotin, arrivé à Alexandrie et âgé de 28 ans, était à la recherche d'un maître de philosophie ; que, après des essais brefs et décevants auprès de maîtres renommés, il s'adressa à Ammonios sur le conseil d'un ami, fut conquis (τοῦτον ἐζήτουν, « voilà celui que je cherchais », *VP* 3, 13) et suivit son enseignement pendant onze années. Voir surtout Schwyzer **8**, col. 477-481 et 316-319 ; **19** H. J. Blumenthal, « Alexandria as a Centre of Greek Philosophy in Later Classical Antiquity », *ICS* 18, 1993, p. 307-325, en part. p. 307-312 ; **20** J. Whittaker, « Plotinus at Alexandria : Scholastic Experiences in the Second and Third Centuries », *DSTFM* 8, 1997, p. 159-190 ; voir aussi Dörrie **33**, Dodds **35**, Schwyzer **40** et **21** M. Baltes, « Ammonios Sakkas », *RAC*, Suppl. 3, 1985, p. 323-332 (repris dans **22** *Id., ΔIANOHMATA. Kleine Schriften zu Platon und zum Platonismus*, coll. « Beiträge zur Altertumskunde » 123, Stuttgart/Leipzig, p. 113-120), en part. p. 324-325 (p. 113-115 de la réimpr.) et, plus loin, "La doctrine. Sources. Les contemporains de Plotin. Ammonios Saccas".

Sur les raisons pour lesquelles Plotin a voulu rejoindre l'expédition de Gordien – selon Porphyre, *VP* 3, 14-17, dans le but de connaître la philosophie des Perses et des Indiens – voir surtout **23** O. Lacombe, « Note sur Plotin et la pensée indienne », *AEHE, V^e sect.*, 1950-1951, p. 3-17 : Plotin ne pouvait avoir qu'une idée d'ensemble très superficielle de ces doctrines ; *cf.* à ce propos **24** J. Filliozat, « La doctrine des Brahmanes d'après saint Hippolyte », *RHR* 130, 1945, p. 59-91 ; **25** *Id.,* « Les échanges de l'Inde et de l'Empire romain aux premiers siècles de l'ère chrétienne », *RH* 201, 1949, p. 1-29 ; **26** H. R. Schlette, « Indisches bei Plotin », dans J. Ratzinger et H. Fries (édit.), *Einsicht und Glaube. Festschrift für G. Söhngen*,

Freiburg 1962, p. 171-192; **27** A. M. Wolters, « A Survey of Modern Scholarly Opinion on Plotinus and Indian Thought », dans **28** R. B. Harris (édit.), *Neoplatonism and Indian Thought*, coll. « Studies in Neoplatonism, Ancient and Modern » 2, Albany 1982, p. 193-308. En 244 Gordien III fut assassiné et Plotin, qui faisait partie de son entourage, s'enfuit à Antioche puis arriva à Rome.

Sur l'ouverture de l'école à Rome et sur son fonctionnement, l'étude de référence est **29** M.-O. Goulet-Cazé, « L'arrière-plan scolaire de la *Vie de Plotin* », dans Brisson *et al.* **9**, I, p. 229-327, en part. p. 231-276, dont on retiendra surtout ici, comme prémisse à la présentation des écrits de Plotin, le caractère de recherche que Plotin donnait à ses cours :

« Même s'il n'est pas exclu qu'une initiation à la philosophie ait pu être donnée à des jeunes gens soucieux de devenir disciples de Plotin, l'enseignement assuré par ce dernier n'avait certainement rien à voir avec la formation philosophique superficielle que recevaient d'ordinaire les jeunes gens désireux de parachever les études supérieures qu'ils avaient entreprises chez le maître de rhétorique. On ne sa

urait non plus l'assimiler à l'enseignement déjà plus élaboré que pouvait recevoir chez un maître un jeune homme qui souhaitait devenir philosophe. Plotin manifestement n'entendait pas faire parcourir à des étudiants, à périodes renouvelées, un cursus d'études fondé sur un programme » (p. 240-241).

La période assez longue (246-269) pendant laquelle Plotin a donné des cours à Rome se partage en deux phases, car, au témoignage de Porphyre, *VP* 3, 22-35, pendant dix années Plotin a enseigné sans rien écrire, tandis que, à partir d'un moment donné – qu'il n'est pas possible, d'ailleurs, de préciser davantage – il a commencé aussi à rédiger des traités. Comme d'autres platoniciens avant lui, par ex. Arcésilas (➤A 302 ; voir aussi **30** C. Lévy, « Scepticisme et dogmatisme dans l'Académie : l''ésotérisme' d'Arcésilas », *REL* 56, 1978, p. 335-348), Carnéade (➤C 42 ; voir Lévy **30** et **31** J. Opsomer, *In Search of the Truth. Academic Tendencies in Middle Platonism*, coll. « Verhandelingen van de Koninklijke Academie voor Vetenschappen, letteren en Schone Kunsten van België, Klasse der letteren » 163, Bruxelles 1998, p. 64) et Ammonios, qui a été son maître à Alexandrie, Plotin pensait que l'enseignement de la philosophie était de préférence oral ; néanmoins, à un moment donné il a décidé de mettre par écrit sa philosophie. À la différence d'autres platoniciens tels qu'Arcésilas, Carnéade, Ammonios, pour lesquels on ne peut que formuler des hypothèses, les raisons pour lesquelles Plotin n'a rien écrit pendant toute une période sont connues, ainsi que celles de son revirement. Selon le témoignage de Porphyre cité plus haut, si Plotin a enseigné pendant dix années sans rien écrire, c'est qu'il s'était engagé à garder le secret sur les doctrines d'Ammonios avec deux condisciples, Érennius et Origène le platonicien (➤O 41), à distinguer d'Origène d'Alexandrie (➤O 42) : voir **32** R. Goulet, « Porphyre, Ammonius, les deux Origène et les autres… », *RHPR* 57, 1977, p. 471-496 (repris dans Goulet **13**, p. 267-290, avec des *Addenda et corrigenda*, en part. p. 391-394) et, plus loin, "La doctrine. Sources. Les contemporains de Plotin. Ammonios Saccas". Toutefois, les interprétations de ce pacte, de sa rupture et du

rapport établi par Porphyre entre la rupture du pacte et le début de l'activité
d'écrivain de Plotin, présentent des divergences : bilan des opinions jusqu'aux
années '80 du siècle dernier dans Goulet-Cazé **29**, p. 257-276, qui examine les
études de **33** H. Dörrie, « Ammonios, der Lehrer Plotins », *Hermes* 83, 1955,
p. 439-477, repris dans **34** *Id., Platonica minora*, coll. « Studia et testimonia
antiqua » 8, München 1976, p. 324-360 (le secret dépend de la nature mystérique et
"pythagoricienne" de l'enseignement d'Ammonios), de **35** E. R. Dodds,
« Numenius and Ammonius », dans **36** *Les Sources de Plotin*, coll. « Entretiens sur
l'Antiquité Classique » 5, Vandœuvres-Genève 1960, p. 3-32, en part. p. 27 (le
pacte imite le vœu "pythagoricien" du secret), de **37** R. Harder, dans *Plotins
Schriften*, Band V. Porphyrios. *Über Plotins Leben und über die Ordnung seiner
Schriften*, Hamburg 1958, p. 86-87 (le pacte ne concerne pas un prétendu "secret"
d'ordre mystique, mais oblige à ne pas divulguer comme les leurs propres les
doctrines communes à Ammonios et à ses disciples), et finalement de **38** Th. A.
Szlezák, « Plotin und die geheimen Lehren des Ammonios », dans **39** H. Holzhey
et W. Ch. Zimmerli (édit.), *Esoterik und Exoterik der Philosophie. Beiträge zur
Geschichte und Sinn philosophischer Selbstbestimmung*, Basel/Stuttgart 1977,
p. 52-69 (Ammonios s'inspirant de la *Lettre* VII, qui interdit la communication par
écrit des vérités philosophiques les plus essentielles, les disciples ont d'abord
adopté l'ésotérisme au sens strict, pour l'abandonner ensuite). Selon Goulet-Cazé
29, p. 260, la raison du choix de Plotin est à chercher dans la conscience qu'il avait
de la radicalité de sa réinterprétation du platonisme, ce qui aurait déconseillé une
« confrontation ouverte avec les institutions scolaires platoniciennes de l'époque ».
Ce souci se serait atténué petit à petit, jusqu'à aboutir à l'édition officielle des
traités par Porphyre. D'autres études ont réouvert le dossier : **40** H.-R. Schwyzer,
Ammonios Sakkas, der Lehrer Plotins, coll. « Rheinisch-Westfälische Akademie
der Wissenschaften, Geisteswissenschaften, Vorträge » G 260, Opladen 1983, 93
p., en part. p. 15-19 et 72-78 (seule la diffusion par écrit enfreignait le pacte) ; **41** J.
Pépin, « L'arcane religieux et sa transposition philosophique dans la tradition
platonicienne », dans **42** *La storia della filosofia come sapere critico*. Studi offerti
a M. Dal Pra, coll. « Filosofia » 2, Milano 1984, p. 18-35 (l'obligation de discrétion
typique du platonisme est conçue sur le modèle du secret imposé dans l'initiation) ;
43 A. H. Armstrong, « The Hidden and the Open in Hellenic Thought », *Eranos-Jb*
54, 1985, p. 81-117, en part. p. 94-96 (repris dans **44** *Id., Hellenic and Christian
Studies*, coll. « Variorum Collected Studies Series » 324, London 1990), reprise de
la thèse de Szlezák **38** ; **45** J.-L. Cherlonneix, « L'intention religieuse de
l''ésotérisme platonicien'. À propos d'un certain pacte du secret évoqué par
Porphyre dans la *Vie de Plotin* », dans Brisson *et al.* **9**, t. II, p. 385-418 (divulguer
les doctrines d'Ammonios seulement à des élèves choisis n'impliquait pas de
rupture du pacte ; Porphyre présente Plotin comme celui qui garda le sens profond
de l''ésotérisme' platonicien pratiqué par Ammonios) ; **46** D. O'Brien, « Plotin et
le vœu de silence », dans Brisson *et al.* **9**, t. II, p. 419-459 et **47** *Id.,* « Plotinus and
the Secrets of Ammonius », *Hermathena* 157, 1994, p. 117-153 (Plotin a rompu le

pacte aussi bien par son enseignement oral qu'en écrivant des traités : Porphyre, au contraire, a cherché à faire de Plotin le seul qui soit demeuré fidèle au pacte).

La bipartition de l'activité de Plotin en une période d'enseignement seulement oral et une autre pendant laquelle il écrivit aussi des traités se double d'une autre périodisation établie par Porphyre, *VP* 6, 27-37, qui répartit l'activité de Plotin comme écrivain selon les trois moments traditionnels "jeunesse-maturité-vieillesse". En réalité, lorsqu'il a commencé à écrire, il était déjà âgé de quarante-neuf ans, ce dont Porphyre était parfaitement conscient. Il ne peut donc pas être question d'âge au sens propre : Porphyre a plutôt voulu – comme l'ont remarqué Harder **37**, p. 91, Schwyzer **8**, col. 484, Goulet-Cazé **29**, p. 296-297, **48** L. Brisson et A.-Ph. Segonds, « Note » à *VP* 6, 27 *sq.*, dans Brisson *et al.* **9**, t. II, p. 224-225 – faire correspondre la période où la production écrite de Plotin était encore immature ("jeunesse") au moment où Porphyre n'était pas encore arrivé à Rome ; puis, l'*acmè* ("maturité") à la période où il était aux côtés du maître, c'est-à-dire les années 263-268 ; enfin, la décadence ("vieillesse") à la période où il n'était plus à Rome, en soulignant ainsi son rôle décisif auprès du philosophe dont il visait, par son œuvre d'éditeur et de biographe, à mettre en évidence la nature exemplaire.

Sur la nature exemplaire attribuée à la vie de Plotin par l'écrit de Porphyre, voir surtout **49** R. Goulet, « L'Oracle d'Apollon dans la *Vie de Plotin* », dans Brisson *et al.* **9**, t. I, p. 371-412 (repris dans Goulet **13**, p. 191-229) ; **50** L. Jerphagnon, « Plotin, épiphanie du νοῦς. Note sur la *Vita Plotini* comme typologie », *Diotima* 11, 1983, p. 111-118 ; **51** G. Clark, « Philosophic Lives and the Philosophic Life : Porphyry and Iamblichus », dans **52** T. Hägg et P. Rousseau (édit.), *Greek Biography and Panegyric in Late Antiquity*, coll. « The Transformation of the Classical Heritage » 31, Berkeley/Los Angeles/London 2000, p. 29-51 ; **53** M. J. Edwards, « Birth, Death, and Divinity in Porphyry's *Life of Plotinus* », *ibid.*, p. 52-71 ; **54** R. Goulet, « Les Vies des philosophes de l'Antiquité tardive », dans Goulet **13**, p. 3-63 ; **55** I. Männlein-Robert, « Biographie, Hagiographie, Autobiographie. Die *Vita Plotini* des Porphyrios », dans **56** Th. Kobusch et M. Erler (édit.), *Metaphysik und Religion*. Akten des Internationalen Kongresses vom 13.-17. März 2001 in Würzburg, coll. « Beiträge zur Altertumskunde » 160, München/Leipzig 2002, p. 581-609.

Dans ce cadre s'inscrit un oracle du dieu Apollon, que Porphyre cite et commente aux chapitres 22 et 23 de la *VP*, et sur lequel la bibliographie ne devient abondante qu'après Goulet **49** (bibliographie antérieure *ibid.*, p. 393 n. 1, à laquelle on peut ajouter **57** P. Courcelle, « Grégoire de Nysse, lecteur de Porphyre », *REG* 80, 1967, p. 402-406). Selon Goulet **49**, l'oracle se compose d'une partie centrale issue du milieu du néoplatonisme syrien et d'un encadrement au début et à la fin, grâce auquel un hymne théurgique a été adapté à Plotin ; le commentaire de Porphyre confère à cette pièce préexistante une signification capitale pour le projet dont la *Vie de Plotin* s'inspire : sommet théologique d'une biographie qui est en même temps un protreptique, l'oracle lui apporte la confirmation suprême à travers l'autorité du dieu. Ce point central a été repris par les études postérieures, mais sur d'autres points, notamment l'origine de la partie centrale de l'oracle et le rôle de Porphyre, des interprétations différentes ont été avancées : voir **58** J. Igal, « El enigma del oráculo de Apolo sobre Plotino », *Emerita* 52, 1984, p. 83-115 ; **59** H.-R. Schwyzer, « Πλείων in der Bedeutung '*plenus*' », dans **60** A. Etter (édit.), *O-O-Pe-Ro-Si. Festschrift für E. Risch zum 75. Geburtstag*, Berlin 1986, p. 546-557 ; **61** J. Miller, *Measures of Wisdom. The Cosmic Dance in Classical Antiquity*, coll. « Visio. Studies in the Relations of Arts and Literature » 1, Toronto 1986, en part. p. 228-231 ; **62** M. Edwards, « Scenes from the Later Wanderings of Odysseus », *CQ* 38, 1988, p. 509-521 ; **63** *Id.*, « A Late Use of Empedocles : the Oracle on Plotinus », *Mnemosyne* 43, 1990, p. 151-155 ; **64** L. Brisson, « L'Oracle d'Apollon dans la *Vie de Plotin* par Porphyre », *Kernos* 3, 1990, p. 77-88 ; **65** L. Brisson et J.-M. Flamand, « Structure, contenu et intentions de l'Oracle d'Apollon », dans Brisson *et al.* **9**, t. II, p. 565-602 ; discussion de ces positions dans **66** R. Goulet, « Sur quelques interprétations récentes de l'Oracle d'Apollon », dans Brisson *et al.* **9**, t. II, p. 603-617 (repris dans Goulet **13**, p. 232-244).

Plusieurs aspects de la vie personnelle et scolaire de Plotin peuvent être ramenés à un modèle "pythagoricien", que Porphyre aurait accentué à dessein (*cf.* **67** D. J. O'Meara, *Pythagoras Revived. Mathematics and Philosophy in Late Antiquity*, Oxford 1989, p. 29), mais qui faisait sans doute déjà partie de la conception plotinienne du platonisme : ascetisme prononcé, végétarisme, célibat, vie communautaire et communauté des biens, présence des femmes dans l'école : voir Goulet-Cazé **29**, p. 254-256, et Goulet **54**, p. 34-36. Selon **68** M. Bonazzi, « Plotino e la tradizione pitagorica », *Acme* 53, 2000, p. 38-73, en part. p. 67-73, et **69** S. Menn, « Longinus on Plotinus », *Dionysius* 19, 2001, p. 113-123, Longin aussi (➙L 63), dans l'écrit *Sur la fin* cité par Porphyre en *VP* 20, aurait voulu souligner que Plotin était un pythagoricien plutôt qu'un platonicien (voir plus loin, "La doctrine. Sources. Traditions du platonisme et du pythagorisme du Iᵉʳ s. av. J.-C. au IIᵉ s. ap. J.-C."). Toutefois, malgré les traits "pythagoriciens", le caractère saillant de l'école est la reprise du modèle de l'Académie de Platon : analyse des éléments qui permettent de saisir le projet de renouer avec ce modèle par Goulet-Cazé **29**, p. 250-251.

Même si des études qui font autorité ont présenté le néoplatonisme comme une philosophie platonicienne amputée de l'intérêt pour l'éthique et la politique (*cf.* **70** W. Theiler, « Plotin zwischen Plato und Stoa », dans *Les sources de Plotin* **36**, p. 65-86, en part. p. 67, qui parle d'un « *Plato dimidiatus*, ein Plato ohne Politik », repris dans **71** *Id.*, *Forschungen zum Neuplatonismus*, coll. « Quellen und Studien zur Geschichte der Philosophie » 10, Berlin 1966, p. 124-139 ; voir aussi **72** J. Rist, *Plotinus. The Road to Reality*, Cambridge 1967, p. 181), il est remarquable que parmi les éléments de cette volonté de renouer avec le platonisme ancien il y ait aussi le projet – avorté, par ailleurs – de fonder une ville idéale, Platonopolis, gouvernée selon les principes de Platon : *cf. VP* 12, 1-12. Sur l'emplacement de la ville, voir **72bis** L. Brisson, « Notices sur les noms propres », dans Brisson *et al.* **9**, t. I, p. 51-140, en part. p. 121-122, et **73** J.-M. Flamand,

« Notes » dans Brisson *et al.* **9**, t. II, p. 259-260 (avec mention de la bibliographie antérieure). Analyse des hypothèses sur les buts que Plotin se proposait, ainsi que des raisons de l'échec, dans **74** L. Jerphagnon, « Platonopolis ou Plotin entre le siècle et le rêve », dans **75** *Le Néoplatonisme.* Mélanges offerts à Jean Trouillard (*Les Cahiers de Fontenay*, 19-22, 1981), p. 215-229. Les savants se demandent en effet si Plotin visait, pour le dire avec **76** D. J. O'Meara, *Platonopolis. Platonic Political Philosophy in Late Antiquity*, Oxford 2003, p. 16, « a kind of pagan monastic community of otherwordly philosophical ascetics » ou bien « the utopia of Plato's *Republic* or rather, as the reference to Plato's laws suggests, the city projected in Plato's *Laws* ». Pour la première interprétation, voir surtout **77** G. Pugliese Carratelli, « Plotino e i problemi del suo tempo », dans **78** *Plotino e il neoplatonismo in Oriente e in Occidente*, coll. « Problemi attuali di scienza e cultura » 198, Roma 1974, p. 61-70 ; **79** G. Fowden, « The Pagan Holy Man in Late Antique Society », *JHS* 102, 1982, p. 33-59, en part. p. 57 ; pour la deuxième interprétation, voir surtout Jerphagnon **74** ; **80** D. J. O'Meara, « Political Life and Divinization in Neoplatonic Philosophy », *Hermathena* 157, 1994, p. 155-164 ; O'Meara **76**, p. 74-76 ; **81** R. M. Helm, « Platonopolis Revisited », dans **82** R. B. Harris (édit.), *Neoplatonism and Contemporary Thought*, t. II, coll. « International Society for Neoplatonic Studies » 11, Albany 2002, p. 81-92. Sur le rapport de Plotin avec la vie politique de son temps et la cour impériale voir surtout Pugliese Carratelli **77** ; **83** J. Gagé, « Programme d'italicité et nostalgies d'hellénisme autour de Gallien et Salonine. Quelques problèmes de 'paideia' impériale au IIIème siècle », dans *ANRW* II 2, Berlin 1975, p. 828-852 ; **84** M. Edwards, « Plotinus and the Emperors », *SO* 69, 1994, p. 137-147.

De même le rapport de Plotin avec la religion rappelle l'attitude critique de Platon, même s'il s'inscrit dans le contexte très différent des « besoins de l'âme religieuse à la période hellénistique », pour reprendre la formule de **85** A. J. Festugière, « Cadre de la mystique hellénistique », dans **86** *Id., L'enfant d'Agrigente.* Nouvelle éd. revue et augmentée, coll. « Patrimoines », Paris 2006, p. 203-220 (1re éd. 1941). Sur le contexte religieux et spirituel à l'époque de Plotin les études sont trop abondantes même pour en faire une sélection : n'en seront mentionnées ici que quelques-unes parmi celles qui portent directement sur Plotin. Voir surtout **87** F. Picavet, « Plotin et les mystères d'Éleusis », *RHR* 47, 1903, p. 281-297 ; **88** F. Cumont, « Le culte égyptien et le mysticisme de Plotin », *MMAI* 25, 1921-1922, p. 77-92 ; Festugière **85** ; **89** V. Cilento, « Esperienza religiosa di un filosofo greco », *RSRL* 2, 1966, p. 405-426 (repris dans **90** *Id., Saggi su Plotino*, coll. « Biblioteca di Filosofia », Milano 1973, p. 159-179) ; **91** *Id.*, « Il genio religioso di Plotino tra misteri antichi e nuovi », *Filosofia* 22, 1971, p. 149-164 (repris *ibid.*, p. 299-313) ; **92** P. Hadot, « Théologies et mystiques de la fin de l'Antiquité », *AEHE*, V^e *sect.*, 1971-72, p. 267-279 ; **93** *Id.*, « Théologies et mystiques de la Grèce hellénistique et de la fin de l'Antiquité », *AEHE*, V^e *sect.*, 1972-1973 et 1973-1974, p. 165-169 ; **94** *Id.*, « Neoplatonist Spirituality, I. Plotinus and Porphyry », dans **95** A. H. Armstrong (édit.), *Classical Mediterranean*

Spirituality. Egyptian, Greek, Roman, coll. « World Spirituality. An Encyclopaedic History of the Religious Quest » 15, London 1986, p. 230-249. L'attitude personnelle de Plotin à l'égard des religions à mystères peut être saisie à travers un épisode raconté par Porphyre, *VP* 10, 33-38 : Plotin, à qui son disciple Amélius (⇒*A 136) demanda de participer avec lui à une célébration religieuse, répondit : « C'est à eux [c'est-à-dire aux dieux] de venir vers moi, non à moi d'aller vers eux » ; voir les notes *ad loc.* de **96** A.-Ph. Segonds dans Brisson *et al.* **9**, t. II, p. 255-256 ; comme le remarque Goulet **49**, p. 408, « Cette ferveur religieuse et le prosélytisme qu'elle secrétait ne trouvaient pas en Plotin de répondant. Pour Plotin, ces manifestations religieuses abordaient le problème religieux par le mauvais bout et en déplaçaient le lieu propre ; c'était là sortir de soi pour aller rencontrer Dieu dans des médiations fallacieuses au lieu de procéder à l'ascension spirituelle des différents niveaux de son moi afin de se constituer en pôle d'attraction vers lequel puisse affluer la divinité ». Cette interprétation était déjà soutenue par Harder **37**, p. 99 ; voir aussi **97** T. G. Sinnige, « Metaphysical and Personal Religion in Plotinus », dans **98** J. Mansfeld et L. M. de Rijk (édit.), *Kephalaion*. Studies in Greek Philosophy and its Continuation offered to C. J. de Vogel, Assen 1975, p. 147-154 ; **99** R. Ferwerda, « Pity in the Life and Thought of Plotinus », dans **100** D. T. Runia (édit.), *Plotinus amid Gnostics and Christians*. Papers presented at the Plotinus Symposium held at the Free University, Amsterdam 1984, p. 53-72. L'épisode raconté par Porphyre, ainsi que les mots par lesquels ce dernier avoue avoir été déconcerté par cette réponse hautaine, ont donné lieu à un débat parmi les savants, dont on trouvera l'examen dans **101** R. M. van den Berg, « Plotinus' attitude to traditional cult : a note on Porphyry *VP* 10 », *AncPhil* 19, 1999, p. 345-360, qui, pour sa part, pense que Plotin a, par sa réponse, non pas rejeté les cultes de la religion traditionnelle, mais souligné que les dieux ne sont pas localisés dans les temples. L'attitude de Plotin à l'égard de la magie a donné lieu à un débat entre **102** Ph. Merlan, « Plotinus and Magic », *Isis* 44, 1953, p. 341-348, et **103** A. H. Armstrong, « Was Plotinus a Magician ? », *Phronesis* 1, 1955, p. 73-79 (repris dans **104** *Id.*, *Plotinian and Christian Studies*, coll. « Variorum Collected Studies Series » 102, London 1979) ; voir aussi **105** C. Zintzen, « Die Wertung von Mystik und Magie in der neuplatonischen Philosophie », *RhM* 108, 1965, p. 71-100 (repris dans **106** C. Zintzen [édit.], *Die Philosophie des Neuplatonismus*, coll. « Wege der Forschung » 436, Darmstadt 1977, p. 391-426) ; **107** E. R. Dodds, *The Greeks and the Irrational*, coll. « Sather Classical Lectures » 25, Berkeley 1951, p. 285-286 ; voir aussi p. 265, n. 78 et p. 268, n. 103 ; **108** M. Edwards, « Two episodes in Porphyry's *Life of Plotinus* », *Historia* 40, 1991, p. 456-464 ; **109** L. Brisson, « Plotin et la magie. Le chapitre 10 de la *Vie de Plotin* par Porphyre », dans Brisson *et al.* **9**, t. II, p. 465-475. Alors que Armstrong **103**, Dodds **107** et Brisson **109** considèrent, contre Merlan **102**, que Plotin n'attribue aucun rôle à la magie dans l'itinéraire de l'âme humaine vers la patrie intelligible, **110** G. Shaw, « Eros and Arithmos : Pythagorean Theurgy in Iamblichus and Plotinus », *AncPhil* 19, 1999,

p. 121-143, pense que Plotin peut être décrit comme un "théurge" au sens que Jamblique aurait par la suite donné à ce terme.

Sur la maladie et la mort de Plotin voir surtout **111** M. D. Grmek, « Les maladies et la mort de Plotin », dans Brisson *et al.* **9**, t. II, p. 335-353. Les paroles que Plotin mourant adressa à Eustochius et qui nous ont été transmises par Porphyre, *VP* 2, 23-27, ont donné lieu à diverses interprétations impliquant un choix entre les variantes de la tradition textuelle de ce passage de la *Vie de Plotin* : bilan des positions antérieures par **112** J. Pépin, « La dernière parole de Plotin (*VP* 2, 23-27) », dans Brisson *et al.* **9**, t. II, p. 355-383 ; par la suite, d'autres études portent sur le même point : **113** K. Alt, « Zu zwei Aussagen über Plotins Kindheit und Tod. Porphyrios *Vita Plotini* 2, 26 f. und 3, 1-6 », *Philotheos* 2, 2002, p. 128-134 ; **114** C. D'Ancona, « To bring back the Divine in us to the Divine in the All. *VP* 2, 26-27 Once Again », dans Kobusch et Erler **56**, p. 517-565 ; **115** G. W. Most, « Plotinus' Last Words », *CQ* 53, 2003, p. 576-587.

L'ŒUVRE

Composition des traités

L'enseignement oral de Plotin avait été conservé dans les notes qu'Amélius avait prises dans ses cours (σχόλια […] ἐϰ τῶν συνουσιῶν, *VP* 3, 46) et qu'il apporta à Apamée lorsqu'il quitta Rome. Sur ces notes, très nombreuses selon Porphyre, qui parle d'« une centaine de livres » (*VP* 3, 46-47), voir Schwyzer **8**, col. 510-512 et Goulet-Cazé **29**, p. 270-272. Selon **116** P. Henry, « Vers la reconstitution de l'enseignement oral de Plotin », *BAB* 23, 1937, p. 310-342, les traces des cahiers de notes d'Amélius conservées par des auteurs postérieurs permettent de remonter jusqu'aux cours donnés par Plotin, au-delà de l'œuvre écrite. Perdues pour nous, les notes d'Amélius étaient encore connues au Ve siècle, si l'on est d'accord pour admettre, avec **117** H.-R. Schwyzer, c.r. de **118** P. Henry, *Études Plotiniennes*, T. I : *Les États du texte de Plotin*, coll. « Museum Lessianum, Sect. Philosophique » 20, Paris/Bruxelles 1938, paru dans *Gnomon* 15, 1939, p. 303-311, en part. p. 305, que c'est à ces notes que fait allusion Proclus, *in Tim.* II, p. 213, 9-11 Diehl, lorsqu'il cite Amélius comme celui qui a transmis la θεωρία communiquée par Plotin ὡς ἐν ἀγράφοις συνουσίαις. Voir toutefois les réserves de Goulet-Cazé **29**, p. 272. D'autres auteurs anciens ont peut-être eu accès à des traces écrites de l'enseignement oral de Plotin ; pourtant, la liste très ample d'Henry **118**, p. XXVII – qui comprend pratiquement tous les philosophes néoplatoniciens – a été restreinte par Schwyzer **8**, col. 510-512 et 321 ; Schwyzer est prudent vis-à-vis de la tentative, qui était celle de Henry **116**, de reconstruire l'« enseignement oral » à partir des différences entre un passage attribué à Plotin par un auteur postérieur et le passage correspondant des *Ennéades*. L'importance des notes d'Amélius a été maintenant redimensionnée : alors que selon Henry **116** et **118**, p. XXVI, n. 2, les cahiers d'Amélius seraient à la base de la tradition arabe du texte de Plotin, le même auteur a par la suite renoncé à cette hypothèse : voir **119** *Id.*, « The Oral Teaching of Plotinus », *Dionysius* 6, 1982, p. 3-12. Mais la trace écrite de l'enseignement oral de Plotin n'a pas été conservée par le seul Amélius : selon **120** P. Henry, « Trois apories orales de Plotin sur les *Catégories* d'Aristote », dans **121** *Zetesis. Album Amicorum door vrienden en collega's aangeboden aan Prof. Dr. E. De Strycker,* Antwerpen/Utrecht 1973, p. 234-265, le commentaire perdu de Porphyre *Ad Gedalium* (➭G 10), connu par Dexippe (➭D 88), ainsi que par Simplicius, peut-être par l'intermédiaire de Jamblique (➭I 3), aurait lui aussi conservé des éléments des cours de Plotin auxquels avait assisté Porphyre. De même, selon **122** H. Dörrie, *Porphyrios' "Symmikta Zetemata". Ihre Stellung in System und Geschichte des Neuplatonismus nebst einem Kommentar zu den Fragmenten*, München 1959, en part. p. 15 et 17-18, le ζήτημα de Porphyre sur l'union de l'âme avec le corps attesté par Némésius d'Émèse (➭N 17) et Priscien de Lydie (➭P 280) conserve du moins en partie les traces de la discussion que Porphyre avait eue avec Plotin pendant trois jours, et dont il fait état en *VP* 13, 10-11.

Lorsque Plotin commença à écrire, ses traités n'avaient qu'une diffusion restreinte : les destinataires étaient peu nombreux, et sélectionnés, dit Porphyre, avec rigueur (*VP* 4, 14-16) ; ce ne fut qu'après sa propre arrivée à Rome que la circulation des écrits du maître s'élargit. Selon Brisson **14**, p. 14, on trouve des indices d'un tel élargissement progressif dans (i) le fait que Longin ait pu écrire vers 265 un livre *Contre Plotin et Gentilianus Amélius* qui présuppose la connaissance d'au moins un traité de Plotin, probablement V 5 [32] ; (ii) le fait que Longin, entre 270 et 272, possède pratiquement tous les traités de Plotin lorsqu'il écrit à Porphyre une lettre que ce dernier cite longuement dans le chapitre 19 de la *VP* ; (iii) le fait que Plotin a été accusé vers 265 d'avoir plagié Numénius (*VP* 17, 1-2) : que cette accusation ait été formulée par des « gens de la Grèce », présuppose que des copies de certains de ses écrits étaient déjà parvenues à Athènes. On ajoutera (iv) la remarque de Goulet-Cazé **29**, p. 285 : « Plotin devait même, de son vivant, songer à une diffusion d'une certaine ampleur, puisqu'il confia à Porphyre la correction et la mise en ordre de ses traités (7, 51 et 24, 2-3) ».

Comme en témoigne Porphyre, *VP* 4, 9-11 ; 5, 5-7 et 60-61, les écrits de Plotin sont issus de ses leçons et des discussions lors des réunions de l'école, dans lesquelles le maître encourageait les auditeurs à poser des questions (*VP* 3, 35-38). Ce témoignage porte sur les traités que Plotin écrivit pendant le séjour de Porphyre à Rome, mais il n'y a aucune raison de penser qu'avant ou après ce séjour Plotin ait suivi une méthode différente ; seuls les quatre traités écrits après sa retraite en Campanie, l'année de sa mort (*VP* 6, 15-25), ne sont donc pas issus de συνουσίαι. Naturellement, le lien avec les discussions d'école n'empêche pas que certains écrits manifestent plus que d'autres le caractère de leçons, avec l'emploi plus fréquent des procédés rhétoriques usuels : il y a lieu de distinguer avec **123** E. Norden, *Die antike Kunstprosa*, Berlin/Leipzig 1915³, I-II, vol. I, p. 399-401, entre "Lehrschriften" et "Vorträgen", ne serait-ce que par l'étendue des écrits. Le fait que les réunions de l'école, tout en étant ouvertes à quiconque souhaitait y assister (*VP* 1, 13-14), étaient plutôt des séances de discussion que des leçons magistrales, ressort de plusieurs remarques de Porphyre : lorsqu'il commence à suivre les cours de Plotin, ceux-ci sont désordonnés et bruyants (*VP* 3, 35-38) ; Porphyre discute avec Plotin pendant trois jours à propos de l'union entre l'âme et le corps : à un moment donné, un auditeur occasionnel se plaint de ces discussions prolongées, mais Plotin répond qu'il ne peut rien dire sur « le texte, τὸ βιβλίον » (voir plus loin "La doctrine. Sources"), sans avoir préalablement mis fin aux doutes de Porphyre (*VP* 13, 10-17) ; parfois Plotin « donnait dans ses cours l'impression de converser », et ne faisait aucun effort pour montrer la structure argumentative (τὰς συλ-λογιστικὰς ἀνάγκας) de son discours (*VP* 18, 6-8). L'enseignement de Plotin a été rapproché de la *diatribè* : discussion de ce rapprochement par **124** J.-M. Narbonne, « Les écrits de Plotin : genre littéraire et développement de l'œuvre », *LThPh* 64, 2008, p. 627-640. La rédaction écrite est si étroitement liée aux séances de l'école, que le rapport direct entre les συνουσίαι et les écrits est établi explici-tement par Porphyre (*VP* 16, 9-11) pour ce qui est du traité *Contre les Gnostiques* (II 9 [33]) ; voir Schwyzer **8**, col. 485-486, pour d'autres exemples de lien entre la discussion d'école et l'œuvre écrite de Plotin. Certains savants en sont venus à croire que les écrits où l'on rencontre la deuxième personne seraient non pas des dialogues fictifs – comme le pensait Norden **123**, p. 401 – mais le compte rendu direct de ces discussions : ainsi **125** F. Heinemann, *Plotin. Forschungen über die plotinische Frage*, Leipzig 1921 (réimpr. Aalen 1973), p. 53-114, qui soutenait par conséquent que les traités contenant ces "échanges" entre interlocuteurs auraient été écrits non pas par Plotin, mais par un rédacteur postérieur ; voir les critiques de Schwyzer **8**, col. 528.

Le chapitre 8 de la *Vie de Plotin* évoque une façon tout à fait singulière d'écrire, qui a attiré l'attention des chercheurs : Plotin, qui écrivait au lieu de dicter (sur les autographes dans la littérature ancienne voir **126** T. Dorandi, « Den Autoren über die Schulter geschaut. Arbeitsweise und Autographie bei den antiken Schriftstellern », *ZPE* 87, 1991, p. 17-21 et **127** *Id., Le stylet et la tablette. Dans le secret des auteurs anciens*, coll. « L'Âne d'or », Paris 2000, p. 69-70), ne se souciait ni de la graphie, ni de l'orthographe, ni de la division des συλλαβαί. Sur l'interprétation de ce terme, voir Goulet-Cazé **29**, p. 282 n. 3, et **128** A. Carlini, « Lettere e 'sillabe' negli autografi di Plotino », dans **129** R. Pretagostini (édit.), *Tradizione e innovazione nella cultura greca da Omero all'età ellenistica*. Scritti in onore di Bruno Gentili, Roma 1993, t. III, p. 1143-1149, qui, à l'aide d'un pas-sage parallèle du *Pastor Hermae*, interprète συλλαβαί comme « nessi significativi, unità di senso ». Le peu de soin est d'ailleurs ce dont se plaint Longin dans la lettre à Porphyre évoquée plus haut : Longin pense que les copies des traités qu'il a reçues de la part d'Amélius sont fautives (*VP* 19, 19-24) ; or elles étaient fidèles, selon Porphyre : ce que Longin considérait comme des fautes de copie n'était que la manière dont Plotin s'exprimait habituellement (τὴν συνήθη ἑρμηνείαν), reproduite à l'identique par Amélius, qui avait pris ses copies sur les autographes (*VP* 20, 5-9). Les écrits du maître avaient donc d'autant plus besoin de la correction (διορθοῦν, διόρθωσις) qui fut confiée à Porphyre, comme ce dernier l'affirme à deux reprises (*VP* 7, 51 et 24, 2-3). Porphyre rapporte avec étonnement au chapitre 8 que Plotin écrivait d'un seul jet, « comme s'il recopiait sur un livre » (*VP* 8, 10-11), sans relire. Le début du chapitre 8 de la *VP* et ses traductions depuis Ficin jusqu'à nos jours sont analysés par **130** D. O'Brien, « Comment écrivait Plotin ? Étude sur *Vie de Plotin* 8.1-4 », dans Brisson *et al.* **9**, t. I, p. 331-367, selon lequel en *VP* 8, 1 il faut garder μεταβαλεῖν des mss (corrigé en μεταλαβεῖν par Dübner), et comprendre que, selon Porphyre, « une fois qu'il avait écrit » Plotin « n'arrivait jamais à copier une seconde fois ce qu'il avait écrit » (p. 360), ce qui implique que la première fois que Plotin écrivait, il "recopiait" ce qu'il "lisait" dans son esprit ; cette traduction est retenue par Brisson *et al.* **9**, t. II, p. 149, mais n'a pas persuadé Carlini **128**, qui interprète ce passage de la *VP* en ce sens que « Plotino non aveva l'abitudine di tornare una seconda volta su quanto aveva scritto » (p. 1143). Sur ce passage, voir aussi Cherniss **355**, p. 246, note 15.

Deux remarques de Porphyre sur la concision de Plotin, aussi bien dans ses écrits (*VP* 14, 1-2) que dans ses leçons (*VP* 14, 17-18), sont selon toute vraisemblance à l'origine de l'appréciation de Macrobe, *in Somn. Scip.* II, 12, 7 « *Plotinus, magis quam quisquam verborum parcus* » ; comme le remarque Schwyzer **8**, col. 520, cette « Breviloquenz » rend souvent difficile de comprendre la pensée : « Unzählige male muß dem Sinne nach etwas ergänzt werden, was nicht im Text steht », ce qui a attiré parfois des corrections malencontreuses de la part des éditeurs : voir Henry **118**, p. 83 et 219, et Schwyzer **8**, col. 520-521, pour quelques exemples. Les études sur la langue de Plotin ne sont pas nombreuses : après les travaux pionniers et pas très fiables de **131** E. Seidel, *De usu praepositionum plotiniano quaestiones. Dissertatio inauguralis philologica* (…), Nissae 1886, et **132** H. F. Müller, « Glosseme und Dittographien in den Enneaden des Plotinos », *RhM* 70, 1915, p. 42-55 (critiqué par Schwyzer **8**, col. 521), l'étude de référence pour les particularités de la langue de Plotin est Schwyzer **8**, col. 512-530, instrument fondamental, avec Sleeman-Pollet **1**. Schwyzer analyse la morphologie et les particularités de la syntaxe.

On remarquera surtout : l'asyndète du singulier et du pluriel (comme dans la formule ἓν πάντα) ; l'échange fréquent entre le masculin et le neutre, ainsi que l'usage de prédicats au neutre pour des sujets masculins ou féminins, mais parfois aussi l'inverse (p. ex. V 1 [10], 6, 51) ; l'accord du participe avec le prédicat plutôt qu'avec le sujet ; l'emploi de l'article aussi pour le prédicat ; la présence de l'article en combinaison avec un pronom interrogatif ou indéfini ; la richesse d'expressions substantifiées (« bei P. fällt auf, daß er alles und jedes substantivieren kann », col. 516) ; l'emploi de l'impératif dans un sens concessif et du futur à la place d'une construction potentielle ou irréelle, de l'aoriste gnomique à la place du présent, du subjonctif à côté de l'optatif ; la syntaxe personnelle de la particule ἄν, qui a été souvent ajoutée par les éditeurs sans nécessité ; la fréquence des constructions participiales (« Manchmal steht ein Partizip, wo man ein Verbum finitum erwarten sollte », col. 518) ; l'emploi fréquent de la particule ἤ, dans ses deux sens emphatique et d'opposition, ce qui n'est pas sans créer des problèmes d'interprétation ; l'emploi de la négation μή là où on s'attendrait plutôt à οὐ ; l'omission d'éléments du discours (le verbe "être" et l'impersonnel δεῖ, le sujet τις, le premier ou le deuxième élément d'une corrélation : l'absence particulièrement fréquente de τὸ μέν par ex. a attiré des corrections inutiles) ; la fréquence de phrases sans verbe, d'incises, d'anacoluthes ; la grande liberté dans l'ordre des mots; la richesse des néologismes (liste aux col. 524-525 et 322-323); l'emploi dans un sens nouveau de mots déjà existants (liste aux col. 525-526).

La conclusion de Schwyzer est que l'idée assez répandue selon laquelle Plotin écrivait un mauvais grec n'est vraie que si l'on considère les règles de la grammaire scolaire comme absolues : « Plotin schreibt gewiß ein einwilliges, aber nie absichtlich dunkles Griechisch », les difficultés de compréhension dérivant non pas d'une expression peu claire, mais de l'« Abstraktheit der Gedanken » (col. 530). Voir aussi **133** V. Cilento, « Stile e linguaggio nella filosofia di Plotino », *Vichiana* 4, 1967, p. 29-41 (repris dans Cilento **90**, p. 201-239); **134** A. M. Wolters, *Plotinus on Eros. A Detailed Exegetical Study of Enneads III, 5*, St. Catharines (Ontario) 1984, p. XIV-XV, qui signale la parenté avec la langue d'Athanase, et l'étude fort utile de **135** J. F. Phillips, *The Prose Style of Plotinus. Rhetoric and Philosophy in the Enneads*, PhD Diss., Madison 1980, qui replace le style de Plotin dans son contexte théorétique propre (« the stylistic ornamentation in the *Enneads* is not a form of digression or rhetorical play; it is a didactic tool which never deviates from the task at hand : the instruction and reorientation of soul toward knowledge of a higher reality », p. 339), et en analyse en détail les éléments structurels (personnification, climax, "Erotic Style", "Hymn Style", "Hyperbolic Style"). Sur les *hapax* de Plotin voir **136** P. Henry, « Un *hapax legomenon* de Plotin », *AIPhO* 2, 1934 *(Mélanges Bidez),* p. 475-485; **137** H.-R. Schwyzer, « Sieben ἅπαξ εἰρημένα bei Plotin », *MH* 20, 1963, p. 186-195; **138** *Id.,* « ἀκήμων 'still' bei Plotin und ἀκήμωτος 'widerspenstig' bei Cicero? », *MH* 37, 1980, p. 197-189; **139** *Id.,* « ἀνάφαυσις, ἔκφαυσις, σύμφαυσις, ἐπιθάλλειν. Vier ἅπαξ εἰρημένα », *MH* 41, 1984, p. 65-80; **140** H. J. Blumenthal, « Plotinus *Ennead* I, 2, 7, 5. A different ἅπαξ », *Mnemosyne* 37, 1984, p. 89-93. Quelques études ont été consacrées à la terminologie de Plotin ainsi qu'à certaines de ses tournures typiques : voir **141** G. Nebel, « Terminologische Untersuchungen zu οὐσία und ὄν bei Plotin », *Hermes* 65, 1930, p. 422-225; **142** E. Peterson, « Herkunft und Bedeutung der μόνος πρὸς μόνον-Formel bei Plotin », *Philologus* 88, 1933, p. 30-41; **143** P. Aubin, « L''image' dans la pensée de Plotin », *RecSR* 41, 1953, p. 348-379; **144** R. Arnou, Πρᾶξις *et* θεωρία. *Étude de détail sur le vocabulaire et la pensée de Plotin*, Roma 1972; **145** Ch. Rutten, « Ὕπαρξις et ὑπόστασις chez Plotin », dans **146** F. Romano et D. P. Taormina (édit.), Ὕπαρξις e ὑπόστασις nel neoplatonismo. Atti del I colloquio internazionale del Centro di ricerca sul neoplatonismo, coll. « Lessico Intellettuale Europeo » 44, Firenze 1994, p. 25-32. Sur les étymologies fictives auxquelles Plotin se plaît parfois, voir **147** H. F. Müller, « Etymologische Spielereien bei Plotinos (V, 5, 5; V, 8, 4) », *Hermes* 52, 1917, p. 151, et **148** *Id.,* « Wortspiele bei Plotinos (VI, 8, 15; V, 5, 1) », *ibid.,* p. 626-628. Schwyzer **8**, col. 526-527, avait attiré l'attention sur un trait de style typique de Plotin : le recours aux expressions désignant des choses sensibles pour parler des réalités du monde intelligible. Certaines de ces images sont analysées par Cilento **133**; pour une analyse systématique voir **149** R. Ferwerda, *La signification des images et des métaphores dans la pensée de Plotin*, Groningen 1965. Riche en images, la langue de Plotin l'est aussi en allégories, dont la matière provient de la culture littéraire et donc mythologique : voir surtout **150** J. Pépin, « Plotin et les mythes », *RPhL* 53, 1955, p. 5-27 (repris dans **151** *Id.*, *Mythe et allégorie. Les origines grecques et les contestations judéo-chrétiennes*, coll. « Philosophie de l'Esprit », Paris 1958, « nouvelle édition revue et augmentée », Paris 1976, p. 190-209) ; **152** V. Cilento, « Fabulazione e mito », dans Cilento **90**, p. 43-62 ; Wolters **134**, p. XXXIII-XXXIII (l'ordre des pages est perturbé dans le volume). Sur les sources littéraires de la langue de Plotin (Homère, Hésiode, Xénophane, Théognis, Archiloque, Pindare, les Tragiques), voir Cilento **133** ; Cilento **152**, p. 44, souligne le caractère littéraire et l'archaïsme des mythes chez Plotin : celui-ci ne les tire pas de la Rome du IIIᵉ siècle, à l'exception peut-être de celui du Soleil, « ma solo dalla cultura, dalla sua paideia alessandrina, dalla tradizione, dalla classicità, da Omero, da Platone. Sono miti morti. È naturale, quindi, che l'Olimpo delle *Enneadi* sfumi in una interpretazione tutta spirituale e filosofica e non abbia il rilievo omerico ed esiodeo e il colore e la lucentezza platonica » ; voir aussi **153** *Id.*, « Tracce di dramma e di mimo nelle *Enneadi* di Plotino », *Dioniso* 43, 1969, p. 277-294 (repris dans Cilento **90**, p. 241-261) ; **154** *Id.*, « Stile e sentimento tragico nella filosofia di Plotino », dans **155** P.-M. Schuhl et P. Hadot (édit.), *Le Néoplatonisme*. Colloque international sur le néoplatonisme, Royaumont, France 1969, coll. « Colloques Internationaux du CNRS. Sciences humaines », Paris 1971, p. 37-43 (repris dans Cilento **90**, p. 255-261).

Circulation des traités

La circulation des écrits de Plotin avant l'édition "officielle" par Porphyre a été analysée par Goulet-Cazé **29**, p. 280-294, qui évoque la notion de "commerce d'amitié" établie par le philologue R. Devreesse à propos de la « première forme de publication » qui consistait à mettre ses écrits à la disposition des disciples et des amis. C'est sous cette forme que les écrits de Plotin étaient relativement accessibles quand Porphyre arriva à Rome, pendant son séjour et aussi lorsqu'il partit en Sicile, où Plotin lui envoya ses derniers traités. Puisque Porphyre prend soin de préciser (*VP* 4, 17-18) que Plotin n'avait pas donné de titre à ses écrits, il s'ensuit que, au cours de leur circulation non-officielle, les traités n'avaient pas de titre, si bien que, comme le dit Porphyre dans le passage cité, c'étaient les lecteurs qui leur en donnaient un. Donner le titre – moment fondamental de l'ἔκδοσις définitive d'un écrit (voir Dorandi **127**, p. 78-81) – est une des tâches que Porphyre assume, en indiquant aussi l'*incipit*, pour éviter toute confusion : analyse des titres dans la *Vie de Plotin* et dans tous les témoignages anciens (manuscrits des *Ennéades* et citations des auteurs aussi bien grecs que latins) dans Henry **118**, p. 2-28.

La *VP* contient en effet deux listes des titres des traités, l'une aux chapitres 4-6, où Porphyre énumère les écrits de Plotin selon l'ordre de composition ; l'autre aux chapitres 24-26, où Porphyre présente son classement systématique (voir plus loin, "Les *Ennéades*"). Puisque ces titres sont parfois différents de ceux qu'attestent les manuscrits des *Ennéades*, Henry **118**, p. XIII, avait émis l'hypothèse que les deux listes de la *VP* donnaient le titre pré-ennéadique, tandis que les mss donnaient les titres "porphyriens", hypothèse vraisemblable mais non démontrée selon Schwyzer

8, col. 487. Grâce à Porphyre, nous possédons, pour Plotin, une information complète sur l'un des aspects les plus épineux dans l'étude des philosophes anciens : la chronologie relative de leurs écrits. L'ordre de composition, selon **156** Th. Gollwitzer, « Über die Reihenfolge der Schriften Plotins », *BBG* 36, 1900, p. 4-16, serait à suivre de préférence, en tant que révélateur de l'ordre que Plotin voulait donner à sa philosophie, bien plus que la mise en ordre de Porphyre. Sur la raison d'être de la liste chronologique dans la *VP*, voir Goulet-Cazé **29**, p. 297.

Si l'initiative de la circulation non-officielle des traités avait été prise par Plotin, selon toute vraisemblance au fur et à mesure qu'il les écrivait, l'édition au sens propre avait été confiée à Porphyre, et ceci par Plotin lui-même, comme Porphyre le souligne avec insistance (*VP* 7, 51 ; 24, 2-3). Toutefois, une édition antérieure à celle de Porphyre est attestée par une scholie, dont l'antiquité est prouvée par le fait qu'elle se trouve dans des mss appartenant à toutes les familles : comme le remarque Schwyzer **8**, col. 488, la scholie « stand also sicher schon im Archetypus ». Édition de toutes les scholies dans Henry **118**, p. 339-373, de la scholie en question, p. 358 : en correspondance du mot σκεπτέον, à la li. 56 du chapitre 29 de IV 4 [28], la scholie porte : ἕως τούτου ἐν τοῖς Εὐστοχίου τὸ δεύτερον Περὶ ψυχῆς καὶ ἤρχετο τὸ τρίτον· ἐν δὲ τοῖς Πορφυρίου συνάπτεται τὰ ἑξῆς τῷ δευτέρῳ. Sur la portée de cette scholie les savants ne sont pas unanimes. Selon **157** H. Oppermann, « Plotin-Handschriften. 2 » *RhM* 77, 1928, p. 417-431 ; **158** J. Cochez, « De handschriftelijke overlevering van Plotinus », *PhStud* 5, 1933-1934, p. 161-187, et **159** P. Henry, *Recherches sur la Préparation Évangélique d'Eusèbe et l'édition perdue des œuvres de Plotin publiée par Eustochius*, Paris 1935, p. 1, la scholie prouve l'existence d'une édition pré-porphyrienne des écrits de Plotin (voir aussi Henry **118**, p. 358, note). La scholie est la seule attestation positive de l'existence de l'édition d'Eustochius : Porphyre n'en dit rien dans la *VP*. Cependant, selon Henry **159**, p. 75-76, c'est de cette édition, perdue pour nous, qu'Eusèbe (➭E 156) tire les longs extraits du traité IV 7 [2] qu'il cite dans *Praep. ev.*, XV 10 et 22. Ces extraits conservent, en outre, une partie du texte absente de la tradition directe de IV 7 [2], à l'exception de trois mss qui signalent la lacune et la complètent en partie (voir plus loin, "Tradition manuscrite"). Henry **118**, p. 70-71, divise le texte en trois « péricopes » (division reprise dans toutes les études consacrées au sujet), selon que le texte est présent dans la tradition directe et chez Eusèbe (« péricope A »), ou chez Eusèbe et seulement dans trois mss de la tradition directe (« péricope B »), ou seulement chez Eusèbe (« péricope C ») ; Henry **118**, p. 77-124, donne l'édition des trois péricopes A-C avec les variantes dans l'interligne. Qu'Eusèbe ait tiré de l'édition d'Eustochius ses extraits du traité IV 7 [2] est prouvé, selon Henry **159**, (i) par le fait qu'il cite ce traité sous un titre attestant la division du traité en deux livres, alors que IV 7 [2] n'est pas divisé dans l'édition porphyrienne ; or, selon la scholie mentionnée plus haut, l'édition d'Eustochius présentait une division des traités différente par rapport à celle de Porphyre ; (ii) par le fait que le texte cité par Eusèbe présente de nombreuses fautes, de sorte que, selon Henry **159**, p. 132, « nous nous trouvons donc en présence d'une double édition, l'une, celle de Porphyre, révisée adroitement par un écrivain à peine inférieur à son maître, l'autre, la moins bonne, celle qu'Eusèbe a connue, publiée négligemment par le médecin Eustochius ». **160** J. Cochez, « De handschriftelijke overlevering van Plotinus (vervolg) », *PhStud* 6, 1934-1935, p. 3-59, en part. p. 12, a changé d'avis par rapport à Cochez **158** quant à l'antiquité de la scholie citée et quant à l'existence d'une édition d'Eustochius : voir la réponse de Schwyzer **8**, col. 487-488 et 319 : une édition d'Eustochius (qu'elle soit intégrale ou partielle) ne peut être mise en doute.

Il importe de distinguer soigneusement entre les deux thèses formulées par Henry **159**, à savoir (i) il y a eu une édition des écrits de Plotin antérieure à celle de Porphyre, et cette édition a été l'œuvre d'Eustochius, et (ii) Eusèbe a tiré précisément de cette édition les extraits de IV 7 [2] cités dans la *Praep. ev.* Alors que la thèse (i) n'a été remise en question que récemment, la thèse (ii) a aussitôt soulevé des objections : voir **161** H.-R. Schwyzer, c.r. de Henry **159**, *Gnomon* 12, 1936, p. 543-549 (il est improbable que l'édition d'Eustochius ait pu survivre longtemps à côté de celle de Porphyre) ; **162** P. Kraus, « Un fragment prétendu de la recension d'Eustochius des œuvres de Plotin », *RHR* 113, 1936, p. 207-218 (la division de IV 7 [2] dont il est question dans la *Praep. ev.* ne peut être le fait d'un éditeur, tellement elle est maladroite : elle remonte plutôt à un lecteur d'Eusèbe ; en outre, la version arabe de Plotin, qui dépend de l'édition de Porphyre, atteste l'existence de la partie conservée par Eusèbe) ; **163** H. Dörrie, c.r. de Henry **118** et **159**, *GGA* 12, 1938, p. 526-539 (alors que la division du traité IV 7 [2] mentionnée par Eusèbe montre qu'il ne citait pas à partir de l'édition de Porphyre, rien n'autorise à dire que l'édition dont il s'est servi était celle d'Eustochius) ; **164** W. Theiler, c.r. de Henry **118**, *ByzZ* 41, 1941, p. 169-176, en part. p. 174 (la division du traité IV 7 [2] en deux livres mentionnée par Eusèbe ne témoigne pas d'une édition différente par rapport à celle de Porphyre, mais d'une première étape du travail éditorial de celui-ci, dépassée par la suite) ; **165** H.-R. Schwyzer, « Das Plotin-Exzerpt im Codex *Rossianus graecus* 986 » *RhM* 88, 1939, p. 367-379 (collation d'un ms qui contient un extrait du passage d'Eusèbe en question, découvert par Dörrie **163** : la collation démontre que les différences entre le texte de Plotin cité par Eusèbe et celui conservé par la tradition directe sont beaucoup moins nombreuses que Henry **159** ne le pensait) ; **166** M. H. A. L. H. van der Valk, « A Few Observations on the Text of Plotinus », *Mnemosyne* 9, 1956, p. 112-134 (la mention d'un premier et d'un deuxième livre est le fait d'Eusèbe, non pas d'un éditeur antérieur – Eustochius ou autre – qui n'aurait jamais coupé l'écrit de Plotin à l'endroit où Eusèbe fait commencer le "deuxième" livre). Concernant Kraus **162** et Van der Valk **166**, observons par ailleurs que Porphyre a été capable de briser la syntaxe d'une phrase pour créer un "traité" : voir plus loin, "Les *Ennéades*". Examen détaillé de tous ces arguments, ainsi que des arguments de Henry **118** et **159**, dans Goulet-Cazé **29**, p. 287-294, qui conclut, p. 294, que si l'existence de l'édition d'Eustochius « est bien attestée par la scholie des *Ennéades*, il n'est pas établi, malgré les efforts d'Henry pour en apporter la preuve, qu'il en reste des vestiges dans les deux

citations de la *Préparation évangélique* d'Eusèbe». Enfin, selon **167** J. M. Rist,
«Basil's 'Neoplatonism'. Its Background and Nature», dans **168** P. J. Fedwick
(édit.), *Basil of Caesarea: Christian, Humanist, Ascetic.* A Sixteen-Hundredth
Anniversary Symposium, Toronto 1981, p. 137-220 (repris dans **169** *Id., Platonism
and its Christian Heritage*, coll. «Variorum Collected Studies Series» 221,
Aldershot 1996), rien ne prouve qu'Eusèbe ait pu connaître plus de traités que ceux
qu'il cite (IV 7 [2] et V 1 [10]), et qu'il pouvait avoir connus grâce à Amélius, ou à
Longin, pas nécessairement grâce à Eustochius. Le rôle décisif joué dans la
transmission à Eusèbe des œuvres de Platon et de Plotin par Longin, parti
d'Athènes avec ses livres pour rejoindre Zénobie à Palmyre, a été soutenu par
170 P. Kalligas, «Traces of Longinus' Library in Eusebius' *Praeparatio Evan-
gelica*», *CQ* 51, 2001, p. 584-598; voir aussi **171** A. Carriker, *The Library of
Eusebius of Caesarea*, coll. «Vigiliae Christianae, Supplements» 67, Leiden 2003,
en part. p. 108-112. L'existence même de l'édition d'Eustochius affirmée par la
scholie a été finalement mise en question: selon **172** L. Brisson, «Une édition
d'Eustochius?», dans Brisson *et al.* **9**, t. II, p. 65-69, l'édition antérieure à celle de
Porphyre aurait été réalisée par Amélius, et Eustochius n'aurait été rien de plus
qu'un «agent de transmission» (p. 69), hypothèse critiquée par **173** M.-O. Goulet-
Cazé, «Remarques sur l'édition d'Eustochius», dans Brisson *et al.* **9**, t. II, p. 71-
76. Enfin, **174** *Ead.,* «Deux traités plotiniens chez Eusèbe de Césarée», dans
175 C. D'Ancona (édit.), *The Libraries of the Neoplatonists.* Proceedings of the
Meeting of the European Science Foundation (…), coll. «Philosophia Antiqua»
107, Leiden 2007, p. 63-97, a soutenu, après réexamen de tout le dossier,
qu'Eusèbe a probablement emprunté son texte aux *Ennéades*, c'est-à-dire l'édition
de Porphyre. L'"édition d'Eustochius" a donc été progressivement redimensionnée, jusqu'à ce qu'on mette en doute non seulement son rôle comme source
d'un des textes les plus importants de la tradition indirecte de Plotin, mais son
existence même; celle-ci demeure attestée par une scholie remontant à l'archétype
de la tradition directe, mais toute autre édition antérieure à celle de Porphyre est
perdue pour nous et n'a eu aucune survivance textuelle.

Les **Ennéades**

Les *Opera omnia* de Plotin nous ont été transmis par Porphyre. Ce dernier
s'acquitta de la tâche que Plotin lui avait confiée (*VP* 24, 2-5) trente ans environ
après la mort de Plotin, c'est-à-dire vers 301, date de composition de la *VP* –
comme le dit Porphyre lui-même lorsqu'il affirme avoir 68 ans au moment où il
écrit (*VP* 23, 13-14) – et selon toute vraisemblance pas après 303, si le voyage à
l'occasion duquel il écrivit la *Lettre à Marcella* a été entrepris par Porphyre,
comme on l'a soutenu, en vue de sa participation au *consilium principis* de cette
année; en tout état de cause, comme la *Souda* affirme que la vie de Porphyre se
prolongea jusqu'à l'empereur Dioclétien, il est improbable qu'il ait survécu longtemps après l'abdication de celui-ci en 305. Les premières années du IVe siècle
sont donc à retenir comme date de la production des *Ennéades*. Il n'est pas aisé de
dire si la *Vie de Plotin* a été écrite avant ou après la mise en place de l'édition des

écrits du maître. L'organisation thématique des traités est présentée par Porphyre comme déjà achevée : en *VP* 24, 12 et 15 ; 25, 2, 3, 8, 9, 11 et 32 ; 26, 2 et 29 les verbes par lesquels Porphyre expose son classement des écrits de Plotin sont tous au passé ; l'année 301 devient ainsi le *terminus ante quem* pour la mise en place des *Ennéades*. Toutefois, en *VP* 26, 37-39, Porphyre parle au futur (πειρασόμεθα) de son travail de ponctuation et de correction (τάς τε στιγμὰς αὐτῶν προσθεῖναι καὶ εἴ τι ἡμαρτημένον εἴη κατὰ τὴν λέξιν διορθοῦν), ce qui suggère, à l'inverse, que la *Vie de Plotin* a été écrite avant la διόρθωσις, étape préalable à l'édition définitive ; la fourchette 301-303 (ou 301-305) deviendrait ainsi la plus probable pour la mise en place des *Ennéades*.

Les *Opera omnia* de Plotin sont connus sous le titre d'*Ennéades*, "groupes de neuf éléments chacun", et les références se font habituellement à l'ennéade en question (de I à VI), suivie de l'indication du traité (de 1 à 9). Ce n'est qu'à la Renaissance, avec la traduction latine de Marsile Ficin, que les traités ont reçu aussi une division en chapitres (voir plus loin, "Les traductions de l'Antiquité tardive à la Renaissance"). De plus, l'usage s'est établi d'ajouter entre crochets droits le numéro qui correspond à la place que le traité occupe dans la liste chronologique de la *VP*. On cite parfois les écrits de Plotin en mentionnant en premier ce numéro de série ; mais pour retrouver un passage il est toujours nécessaire de recourir à la "position" ennéadique : autrement dit, le classement systématique établi par Porphyre demeure indissociable de l'histoire littéraire des écrits de Plotin. Bien que certaines éditions et traductions modernes aient choisi de redistribuer les écrits selon l'ordre chronologique de la *VP* (voir plus loin, "L'*editio princeps* et les éditions critiques contemporaines"), l'œuvre de Plotin, considérée comme entité littéraire, n'existe que sous la forme que Porphyre lui a donnée, d'où l'importance de préciser, dans la mesure du possible, les critères auxquels obéit le classement systématique porphyrien.

Le titre d'*Ennéades* remonte à la *VP*. Le terme se rencontre à plusieurs reprises dans la description que Porphyre fait de son travail d'éditeur, lorsqu'il explique comment il a procédé dans la réorganisation des traités que Plotin avait écrits sans aucun souci de systématicité. Le titre complet de l'écrit mentionné jusqu'ici comme *Vie de Plotin* est en effet *Vie de Plotin et ordre de ses écrits* (καὶ τῆς τάξεως τῶν βιβλίων αὐτοῦ), et Porphyre a pris soin de bien expliquer dans quel ordre il nous a livré les œuvres de son maître. Ne voulant pas « laisser dans l'ordre chronologique des écrits qui avaient été composés pêle-mêle, τὰ βιβλία οὐ κατὰ χρόνους ἐᾶσαι φύρδην ἐκδεδομένα » (*VP* 24, 5-6, trad. Brisson *et al.* 9, II, p. 177), Porphyre se propose de regrouper « dans un même ensemble les sujets apparentés, τὰς οἰκείας ὑποθέσεις εἰς ταὐτὸν συναγαγών » (*VP* 24, 10-11, trad. p. 177), à l'instar d'Apollodore d'Athènes (☞A 244) et d'Andronicus de Rhodes (☞A 181), qui en avaient fait autant l'un pour les écrits d'Épicharme, et l'autre pour les œuvres d'Aristote et de Théophraste (*VP* 24, 5-10). Sur cette déclaration de Porphyre prétendant avoir *suivi* un modèle de rangement thématique et sur ses implications pour l'histoire de la constitution du corpus aristotélicien, voir **176 P**.

Moraux, *Der Aristotelismus bei den Griechen. Von Andronikos zu Alexander von Aphrodisias*, Berlin 1973-2001, 3 vol., t. I, p. 58-94, qui pense que le témoignage de Porphyre est fiable et que ce dernier a effectivement imité l'édition d'Andronicus, sans pourtant suivre **177** F. Littig, *Andronikos von Rhodos*, 3 vol., München 1890 et Erlangen 1894-1895, t. I : *Das Leben des Andronikos und seine Anordnung der aristotelischen Schriften*, p. 15 (d'après lequel Porphyre a essayé de reproduire l'enchaînement même des thèmes du corpus aristotélicien établi par Andronicus). En revanche, **178** J. Barnes, « Roman Aristotle », dans **179** J. Barnes et M. Griffin (édit.), *Philosophia Togata*, t. II : *Plato and Aristotle at Rome*, Oxford 1997, p. 1-69, en part. p. 37-40, pense que le travail accompli par Andronicus sur le texte d'Aristote n'est pas comparable à la διόρθωσις porphyrienne des écrits de Plotin, et que le passage porphyrien ne permet pas d'affirmer qu'Andronicus aurait mis en place des ouvrages d'Aristote à partir d'écrits indépendants, car Porphyre ne s'est livré à aucune « creative activity » : selon Barnes, Porphyre « found fifty-four essays and he left fifty-four essays », la seule différence entre ce qu'il trouva et ce qu'il produisit étant l'ordre selon lequel il rangea les écrits : « he left the same fifty-four essays in what he took to be a more satisfactory and a more philosophical order » (p. 40). En réalité, comme le remarque **180** J. Pépin, Note à *VP* 24, 11-14, dans Brisson *et al.* **9**, t. II, p. 297, lorsque Porphyre se déclare « heureux d'avoir rencontré la perfection du nombre six et les groupes de neuf » (*VP* 24, 12-14), il « feint l'émerveillement » devant le nombre de 54 traités, nombre qui lui permet de répartir les traités en six ἐννεάδες. Sur l'arithmologie "pythagoricienne" de ce passage, voir les sources rassemblées par **181** A. Ph. Segonds, Note à *VP* 24, 13, dans Brisson *et al.* **9**, t. II, p. 298 ; voir aussi Goulet-Cazé **29**, p. 304 n. 3 ; **182** H. D. Saffrey, « Pourquoi Porphyre a-t-il édité Plotin ? Réponse provisoire », dans Brisson *et al.* **9**, t. II, p. 31-64, en part. p. 47 (repris dans **183** Id., *Le Néoplatonisme après Plotin*, t. II, coll. « Histoire des doctrines de l'Antiquité classique » 24, Paris 2000, p. 3-26) ; le pythagorisme sous-jacent à l'organisation de Porphyre est considéré comme le projet délibéré de recréer « the organic wholeness of Plotinus' universe » par **184** S. Slaveva Griffin, « Unity of Thought and Writing : *Enn.* 6.6. and Porphyry's Arrangement of the *Enneads* », *CQ* 58, 2008, p. 277-285, qui estime par conséquent que « Porphyry's arrangement of the *Enneads* in six groups of nine (...) is not arbitrary but mandatory for understanding the universe of Plotinus' thought » (p. 285).

C'est Porphyre donc qui a formé 54 traités à partir des écrits de Plotin : pour pouvoir atteindre le nombre dont il avait besoin, il a découpé certains écrits en deux ou trois parties, chacune comptant comme une unité. Il a aussi donné rang de traité à des écrits très courts, et même à des notes (comme les Ἐπισκέψεις διάφοροι, III 9 [13]). Des écrits d'une certaine étendue, comme les traités Περὶ προνοίας, III 2-3 [47-48] et Περὶ τοῦ τὸ ὂν ἓν καὶ ταὐτὸ ὂν ἅμα πανταχοῦ εἶναι ὅλον, VI 4-5 [22-23] ont été coupés en deux ; d'autres encore plus amples, comme les *Apories sur l'âme*, IV 3-5 [27-29] et le traité Περὶ τῶν γενῶν τοῦ ὄντος, VI 1-3 [42-44], en trois. Chacun de ces "traités" est numeroté, selon les cas, πρῶτον, δεύτερον et τρίτον, aussi bien dans les deux listes des titres de la *VP* que dans les mss ; une telle numérotation prouve à elle seule, selon **185** R. Harder, «Eine neue Schrift Plotins», *Hermes* 71, 1936, p. 1-10, en part. p. 8 (repris dans **185bis** *Id.*, *Kleine Schriften*, München 1960, p. 303-313), que la division est l'œuvre de Porphyre, puisque Plotin n'introduit jamais de division interne dans ses écrits. La coupure est parfois très abrupte, comme dans le cas de la transition de IV 3 [27] à IV 4 [28], qui tombe au milieu d'une phrase, ainsi que l'ont remarqué Harder **185**, p. 7 n. 5, et **186** H.-R. Schwyzer, «Die pseudo-aristotelische *Theologie* und die Plotin-Ausgabe des Porphyrios», *RhM* 90, 1941, p. 216-236, en part. p. 223. Cela montre combien la notion de "traité" est floue et combien sa pertinence dépend de l'écrit en question : parler du "traité" 28 est de toute évidence trompeur, puisqu'il n'y a eu aucun moment où Plotin en a écrit les soi-disant premiers mots, moment qui fût distinct du moment où il avait commencé la phrase, à la "fin" du "traité" 27. Dans la citation qui suit, le signe ‖ marque la "fin" du "traité" 27 et le "début" du "traité" 28 : καὶ εἴποι ἂν ὁ Ἡρακλῆς ἐκεῖνος ἀνδραγαθίας ἑαυτοῦ, ὁ δὲ καὶ ταῦτα σμικρὰ ἡγούμενος καὶ μεταθεὶς εἰς ἁγιώτερον τόπον καὶ ἐν τῷ νοητῷ γεγενημένος καὶ ὑπὲρ τὸν Ἡρακλέα ἰσχύσας τοῖς ἄθλοις, οἷα ἀθλεύουσι σοφοί, ‖ τί οὖν ἐρεῖ; D'autres cas révèlent aussi la nature abrupte des coupures de Porphyre : le "traité" III 2 [47] se termine par les mots : καὶ ἢ οἱ λόγοι πάντες ψυχαί, ἢ διὰ τί οἱ μὲν ψυχαί, οἱ δὲ λόγοι μόνον παντὸς ψυχῆς τινος ὄντος ; et le "traité" III 3 [48] commence par : τί τοίνυν δοκεῖ περὶ τούτων; Par ailleurs, Porphyre a pris soin de maintenir ensemble les écrits ainsi coupés, et il a donné dans la *VP* aussi bien les détails de son procédé que les éléments pour situer exactement tel ou tel écrit de Plotin : c'est peut-être à cause de cela qu'il a pu effectuer des coupures aussi abruptes, car le lecteur savait déjà que tel écrit, situé à tel endroit dans l'édition systématique qu'il avait entre les mains, était la suite immédiate ou l'antécédent immédiat de tel autre.

Un cas différent est celui des traités III 8, V 8, V 5 et II 9, 30-33 dans l'ordre de composition, qui représentent, selon Harder **185**, une "unité littéraire" brisée dans l'édition de Porphyre : puisque dans le traité V 5 [32] Plotin fait allusion (εἴρηται) à une thèse déjà énoncée, qui n'apparaît nulle part dans cet écrit mais se trouve, en revanche, dans le traité III 8 [30], et que la même situation se produit au début du traité II 9 [33], Harder pense que les traités 30-33 constituent une «Gesamt-schrift», au sens de «literarische Einheit» correspondant à un cycle de leçons : «Dann ist das Ganze ein Vortrag, und die vier Bücher sind vier Vortragsstunden» (p. 8-9). La thèse de Harder a été acceptée et deux ouvrages sont organisés selon le modèle de la "literarische Einheit" de ce groupe : **187** D. Roloff, *Plotin. Die Groß-schrift III 8-V 8-V 5-II 9*, coll. «Untersuchungen zur antiken Literatur und Geschichte» 8, Berlin 1970, et **188** V. Cilento, *Paideia antignostica. Ricostruzione d'un unico scritto da Enneadi III 8, V 8, V 5, II 9*. Introduzione e commento, Firenze 1971. Voir aussi **189** Ch. Elsas, *Neuplatonische und gnostische Welt-ablehnung in der Schule Plotins*, coll. «Religionsgeschichtliche Versuche und Vorarbeiten» 34, Berlin 1975, en part. p. 12-14 et 56-103. Cependant, **190** J. N.

Deck, *Nature, Contemplation and the One*, Toronto 1967, traite III 8 [30] comme un écrit indépendant et complet (il est vrai d'ailleurs qu'il ignore Harder **185**), et **191** A. M. Wolters, «Note on the Structure of *Enneads* II 9», dans **192** H. van der Goot (édit.), *Life is Religion*. Essays in Honour of H. Evan Runner, St. Catharines, Ontario 1981, p. 83-94, qui en revanche discute en détail Harder **185**, affirme que le traité II 9 [33], *Contre les Gnostiques*, est une unité littéraire indépendante ; réexamen de la question par **193** C. Guerra, «Porfirio editore di Plotino e la 'paideia antignostica'», *Patavium* 15, 2000, p. 111-137, qui reprend la thèse de Harder **185** tout en introduisant des nuances, et par **194** R. Dufour, «Annexe 1. Les traités 30 à 33 : un grand traité ?», dans Plotin. *Traités 30-37*. Traduction sous la direction de L. Brisson et J.-F. Pradeau, Paris 2006, p. 399-406, selon qui seuls les traités 31 et 32 forment une unité. Quoi qu'il en soit, et même si l'on continue de penser avec Harder **185** que les quatre traités forment un ensemble, il faut remarquer que trois des quatre écrits avaient été composés par Plotin comme des entités littéraires autonomes : il n'y a pas de coupure abrupte à la fin des traités III 8 [30], V 5 [32] et II 9 [33], même si la question se pose pour le traité V 5 [32], qui se termine sur le mot γάρ : voir **195** P. W. van der Horst, «Can a book end with ΓΑΡ ? A note on Mark XVI. 8», *JThS* 23, 1972, p. 121-124, qui répond par l'affirmative. Quant à la transition entre V 8 [31] et V 5 [32], en revanche, on peut se demander s'il ne s'agit pas d'un cas analogue à celui des "traités" 27-28 ou 47-48 : selon Harder **185**, p. 7, la dernière phrase de V 8 [31] appartient déjà, du point de vue syntaxique, au début de V 5 [32], ce qui n'est pas accepté par Wolters **191**, p. 86, pour qui la dernière phrase de V 8 [31] est une «transitional sentence» qui annonce le développement auquel est consacré le traité V 5 [32]. C'est probablement parce qu'il avait à l'esprit ce type de problèmes que Porphyre a parlé de l'insouciance de Plotin à l'égard de la distinction exacte des συλλαβαί, selon l'interprétation de ce terme proposée par Carlini **128**. Quoi qu'il en soit, dans le cas des traités 30-33 Porphyre n'a pas jugé nécessaire de garder l'unité de l'ensemble, à la différence de ce qu'il a fait ailleurs : le traité 30 se trouve dans la IIIᵉ ennéade, les traités 31 et 32 dans la Vᵉ, et le traité 33 dans la IIᵉ. Un autre indice d'un comportement différent, qui reflète une situation différente, est le fait qu'il n'a pas gardé de titre unitaire qualifié de "premier, deuxième, troisième", comme dans les cas des traités dont Porphyre savait qu'ils constituaient des unités littéraires qu'il avait découpées.

Porphyre peut aussi avoir changé d'opinion dans le choix de ses coupures et/ou transformations d'écrits épars en "traités" : un changement d'opinion est en effet évoqué par Theiler **164** pour expliquer le fait qu'un écrit très court, IV 2 [21], se trouve deux fois dans les manuscrits des *Ennéades*, et le fait (connexe, dans l'explication de Theiler) qu'Eusèbe ait connu le traité IV 7 [2] comme divisé en deux (division non attestée dans les *Ennéades*). Le "cas" du doublet de IV 2 [21] a été présenté comme la preuve de l'existence d'une double tradition directe par Henry **118**, p. 36 ; examen des différentes solutions avancées par la suite dans Goulet-Cazé **29**, p. 298-301, qui propose une nouvelle explication.

Les ouvrages de Plotin ont vraisemblablement été écrits sur des rouleaux, mais les *Ennéades* étaient déjà sous forme de *codex*, comme le suggère le terme σωμά-τια (*VP* 25, 1-2 et 26, 1-6), pour lequel voir **196** R. Goulet, « La conservation et la transmission des textes philosophiques grecs », dans D'Ancona **175**, p. 29-61, en part. p. 34-39 ("Le passage au codex de parchemin") ; **197** K. Wilkens, « Zwei Anmerkungen zur Plotinausgabe des Porphyrios », *Hermes* 105, 1977, p. 275-289, en part. p. 285 n. 68, observe que l'œuvre de Plotin a été l'un des premiers exemples de circulation d'ouvrages sur *codex*.

Les trois σωμάτια contenant les *Ennéades* sont organisés en pyramide, selon la progression trois-deux-un : les ennéades I-III (trois, 27 traités) composent le premier σωμάτιον ; les ennéades IV-V (deux, 18 traités), le deuxième ; l'ennéade VI (une seule, 9 traités), le troisième, chaque σωμάτιον contenant à peu près la même quantité de texte : tableau très clair dans Goulet-Cazé **29**, p. 305 ; à la lumière de ce tableau et des remarques de Saffrey **182** sur le soin que Porphyre mit à clore les *Ennéades* sur le traité VI 9 [9], dont la dernière phrase invite à la φυγὴ μόνου πρὸς μόνον (voir Peterson **142**), on observera, avec **198** P. Hadot, *Traité 9 (VI, 9)*, coll. « Les Écrits de Plotin », Paris 1994, p. 51, que la pyramide créée par Porphyre culmine avec le mot μόνον.

Du point de vue de l'organisation thématique des écrits, Porphyre soutient avoir regroupé dans la première ennéade τὰ ἠθικώτερα (*VP* 24, 17), dans les ennéades deuxième et troisième, τὰ φυσικά (*VP* 24, 37-39 et 24, 59-60), tout cela, comme on vient de le voir, constituant le premier σωμάτιον ; avoir regroupé dans la quatrième ennéade les écrits sur l'âme (*VP* 25, 10-11) et dans la cinquième ceux sur l'intellect (*VP* 25, 32-33), l'ensemble constituant le deuxième σωμάτιον ; enfin, avoir regroupé dans la sixième ennéade, qui à elle seule constitue le troisième σωμάτιον, tout ce qui restait (*VP* 26, 2-3), c'est-à-dire, à la lumière de *VP* 25, 34, les écrits sur « ce qui est au-delà, περὶ τοῦ ἐπέκεινα ». Selon Wilkens **197**, p. 287-288, la thèse de Littig **177** demeure valable : Porphyre aurait essayé, dans la mesure du possible, de classer thématiquement les œuvres de Plotin selon une « Aufbau der Wissenschaften » remontant en dernière analyse à Aristote. En revanche, **199** P. Hadot, « La métaphysique de Porphyre », dans **200** *Porphyre*, coll. « Entretiens sur l'Antiquité Classique » 12, Vandœuvres-Genève 1966, p. 127-163 (repris dans **201** *Id.*, *Plotin. Porphyre. Études néoplatoniciennes*, coll. « L'Âne d'or », Paris 1999, p. 317-353), a montré que le plan de Porphyre suit la progression "éthique, physique, métaphysique", résultat d'une longue élaboration conceptuelle, pour laquelle voir **202** P. Hadot, « Les divisions des parties de la philosophie dans l'Antiquité », *MH* 36, 1979, p. 202-223 (repris dans **203** *Id.*, *Études de philosophie ancienne*, coll. « L'Âne d'or », Paris 1998, p. 125-158). Selon Hadot **199**, p. 128, « C'est cette division de la philosophie selon le progrès spirituel que nous retrouvons dans le plan systématique des *Ennéades* tel que Porphyre l'a conçu. La première *Ennéade* rassemble les traités qui ont un caractère éthique : ils sont destinés à procurer une purification initiale. La seconde et la troisième *Ennéades* correspondent à la partie physique de la philosophie. Les quatrième, cinquième et sixième *Ennéades* ont pour objet les choses divines : l'Âme, l'Intelligence et l'Un : elles correspondent à l'époptique. Cette classification est différente de celle de Plotin lui-même qui, dans son traité *Sur la dialectique*, considère la dialectique comme la partie suprême de la philosophie, sans préciser clairement l'ordre qu'il établit entre éthique et physique. (...) Porphyre est donc fidèle à cet ordre : éthique, physique, métaphysique (ou théologie ou époptique), qui était traditionnel dans tout un courant du moyen-platonisme». Dans une relation évidente avec l'ascension vers le sommet théorétique que l'on vient de retrouver dans le plan de Porphyre, ce dernier affirme aussi avoir suivi un critère pédagogique, du plus simple au plus complexe (*VP* 24, 15-16), sans toutefois préciser si un tel ordre est établi au niveau de la progression des traités de 1 à 9 à l'intérieur de chaque ennéade, ou dans l'ensemble des six ennéades : bilan des opinions dans Goulet-Cazé **29**, p. 304, qui remarque, à la suite de Hadot **202**, p. 219, que l'affirmation de Porphyre ne correspond pas à la réalité, la difficulté du traité sur lequel s'ouvrent les *Ennéades* (avant-dernier dans l'ordre chronologique) témoignant à elle seule de la nature abstraite de ce propos. Ce point avait été soulevé par Gollwitzer **156**, p. 14, pour montrer à quel point l'ordre chronologique était préférable par rapport à l'ordre systématique de Porphyre.

En replaçant l'entreprise éditoriale de Porphyre dans le cadre de sa controverse avec Jamblique à propos de la primauté de la philosophie ou de la théurgie, Saffrey **182** a analysé les raisons pour lesquelles Porphyre s'attela à l'édition aussi longtemps après la mort de Plotin. S'appuyant sur les remarques de **204** P. Hadot, « L'Harmonie des philosophies de Plotin et d'Aristote selon Porphyre dans le commentaire de Dexippe sur les *Catégories* », dans *Plotino e il neoplatonismo* **78**, p. 31-47 (repris dans Hadot **201**, p. 355-382 ; trad. anglaise dans **205** R. Sorabji [édit.], *Aristotle Transformed*, London 1990, p. 125-140) et de **206** Ch. Evangeliou, *Aristotle's Categories and Porphyry*, coll. « Philosophia Antiqua » 48, Leiden 1988, Saffrey **182** soutient que Porphyre s'éloigna de Plotin à cause de son désaccord à l'égard des critiques que Plotin avait formulées contre la métaphysique d'Aristote. Lié au départ à Jamblique par le projet commun d'édifier la théologie d'un paganisme menacé par la montée du christianisme en affirmant l'harmonie profonde de Platon et d'Aristote, Porphyre par la suite se détache progressivement de Jamblique. Le différend avec ce dernier finit par le persuader de la nécessité d'opposer la doctrine de Plotin à celle de Jamblique. Par conséquent, « l'édition de Plotin par Porphyre [...] n'est plus un simple exercice de philologie, ni un acte de dévotion à l'égard d'un maître disparu, elle devient une véritable machine de guerre contre une thèse philosophique inacceptable, celle qui subordonne la philosophie à la théurgie » (p. 50). C'est de cette vision d'ensemble que découle la structure que Porphyre a donnée aux *Opera omnia* de Plotin, de manière à les orienter tous vers le traité VI 9 [9], où seul le philosophe, qualifié de σοφὸς (...) ἱερεύς, atteint la vision du Premier Principe : « Porphyre a donc organisé l'œuvre de Plotin pour que son dernier mot soit la réaffirmation de cette doctrine que Jamblique voulait ignorer » (p. 56). Pour une reconstruction en partie différente, voir **207** M. Baltes (†), « Der "Neu"-Platonimus », dans **208** *Id., EΠINOHMATA. Kleine Schriften zur antiken Philosophie und Homerische Dichtung* herausgegeben von M.-L. Lakmann, coll. « Beiträge zur Altertumskunde » 221, München/Leipzig 2005, p. 179-203.

Pour finir, Porphyre affirme avoir fourni trois instruments pour faciliter la lecture des *Ennéades*: ὑπομνήματα, κεφάλαια et ἐπιχειρήματα (*VP* 26, 28-37); sur l'interprétation de ces termes, voir Goulet-Cazé **29**, p. 305-307, 315-323 et Wilkens **197**. Eunape, *Vitae soph.*, IV 1, 9, p. 8, 9 Giangrande, mentionne un ὑπόμνημα de Porphyre : pour les hypothèses émises à ce sujet, voir plus loin, "Histoire du texte et tradition indirecte". Les apparats porphyriens ne sont pas transmis dans la tradition manuscrite des *Ennéades*; toutefois, ils ont laissé des traces : sur ces traces, ainsi que sur l'éventuelle survivance dans la tradition arabe, voir plus loin, "Les traductions de l'Antiquité tardive à la Renaissance. La version arabe".

Tradition manuscrite

L'étude de référence est **209** P. Henry, *Études Plotiniennes,* t. II : *Les manuscrits des Ennéades*, coll. « Museum Lessianum, Sect. Philosophique » 21, Paris/Bruxelles 1941, deuxième volet des « prolégomènes à l'édition constituante des *Ennéades* » (p. XII). Les *Ennéades* sont transmises par environ 50 mss, dont le plus ancien, très incomplet puisqu'il ne contient que trois traités, remonte au XIIe siècle, *terminus ante quem* pour l'archétype : description de ce ms par Henry **209**, p. 151-154, et **210** H.-R. Schwyzer, « Die älteste Plotin-Handschrift », *RhM* 93, 1950, p. 154-158. Les manuscrits se répartissent en quatre familles, dont la première, *w*, est caractérisée par une répétition de quelques pages : description des mss appartenant à cette famille dans Henry **209**, p. 1-114. Parmi ces mss, signalons le *Laur. Plut.* 87, 3 (A), utilisé par Ficin pour sa traduction latine et contenant ses notes : voir **211** H.-R. Schwyzer, « Der Plotin-Codex Laurentianus 87, 3 », *RhM* 86, 1937, p. 358-384. La deuxième famille, *x*, est caractérisée par une inversion : description des mss *x* dans Henry **209**, p. 117-148. La troisième famille, *y*, semble représenter l'« état "normal" du texte et prolonge peut-être en droite ligne le tronc d'où se sont détachées, à différentes époques, les autres branches de la tradition » (p. XLII) : description des mss *y* dans Henry **209**, p. 149-252. Finalement, la famille *z* regroupe des mss apparentés par l'omission de la *VP* et par « une sélection peut-être inachevée et un regroupement des œuvres de Plotin » (p. 253) : description des mss *z* dans Henry **209**, p. 253-293. Liste et description plus synthétique des manuscrits-sources dans Henry **118**, p. 32-34. Voir aussi **212** T. Santander, « Un manuscrito desconocido de Plotino en Salamanca », *Emérita* 37, 1969, p. 93-98, qui signale un ms auparavant inconnu, Salamanca, Biblioteca de la Universidad, 2739, et **213** R. Piñero Moral, « Un manuscrito griego de Plotino en Salamanca », *CiudDios* 207, 1994, p. 27-48, qui montre l'appartenance de ce ms à la famille *w* et le rapproche du ms A (voir ci-dessus).

Bien que la tradition directe soit répartie en familles, Henry **209**, p. XXII, n'a pas voulu établir de *stemma codicum* : Henry **118**, p. XIX-XX, propose en effet une nouvelle notion philologique dont l'édition des *Ennéades* montrerait à son avis tous les avantages, celle d'"états" du texte : « Le terme, encore neuf en critique textuelle, a l'avantage d'être indépendant d'un vocabulaire parfois néfaste et presque périmé. Il ignore les *codices deteriores*, les "fautes de copistes", les "bons" et les "mauvais" archétypes. [...] C'est un terme flottant. Un seul exemplaire, archétype ou sous-archétype perdu, manuscrit-source ou apographe, peut avoir été successivement ou être simultanément porteur de plusieurs "états". Un seul et même "état" peut avoir été multiplié en plusieurs exemplaires médiévaux ou être tout à la fois attesté par un papyrus du IVe siècle et reproduit par une édition du XXe » (Henry **118**, p. XIX-XX). Selon Henry **118** et **209**, cette notion est tout particulièrement appropriée pour expliquer la tradition textuelle de Plotin, dans laquelle le texte cité par Eusèbe constituerait justement un "état" (voir plus haut, "Circulation des traités"). En effet, Henry **118**, p. 70, applique ainsi la notion à ce qu'il considère comme les deux "états" de IV 7 [2], dans les *Ennéades* et chez Eusèbe : « On se trouve donc ici en possession par excellence de deux "états" du texte, non pas directement de deux éditions antiques, car plusieurs fautes sont dues à des copistes, mais de deux archétypes qui dérivent l'un de l'édition de Porphyre, l'autre, d'une édition différente, probablement celle d'Eustochius ». Le doublet du traité IV 2 [21] (voir plus haut) témoigne, selon Henry **118**, p. 36, d'un autre « double état du texte », présent dans toutes les branches de la tradition directe.

L'accord des quatre familles permet de reconstruire l'archétype, qui, selon Henry **118**, p. 30, « date au plus tôt du IXe siècle, au plus tard du XIIe ». Grâce à une étude des omissions et à la comparaison d'une vingtaine de mss écrits entre 890 et 1118, **214** P. Henry, « La longueur des lignes dans l'archétype des *Ennéades* de Plotin », *REG* 49, 1936, p. 571-585, parvient à la conclusion que « L'archétype paraît s'apparenter, pour les caractères extérieurs, à nombre de ces exemplaires soignés dans lesquels on lisait les plus grands auteurs de l'antiquité classique ou chrétienne. [...]. Il était écrit en deux colonnes et comptait une vingtaine de lettres à la ligne » (p. 582 et 585). Mais comment sait-on que cet archétype a effectivement existé ? Son existence est prouvée par la présence de nombreuses fautes communes à toute la tradition, parmi lesquelles la plus évidente est l'omission de plusieurs pages à l'intérieur du traité IV 7[2] (voir plus haut, "Circulation des traités"). Comme on l'a vu, trois mss comblent partiellement cette lacune, selon toute vraisemblance à partir de l'ample citation eusébienne du traité IV 7 [2], connue à partir d'un ms perdu de la *Praep. ev.* d'Eusèbe : tel est l'avis de Schwyzer **165**, p. 373, de **215** Id., « Der Plotin-Codex *Vindobonensis Phil. Graecus* 226 », *RhM* 86, 1937, p. 270-285, en part. p. 270, et de Henry **209**, p. 235. Une partie du texte pourtant (la "péricope C") ne se trouve dans *aucun* ms de Plotin et n'est donc accessible en grec que grâce à la citation d'Eusèbe. La conclusion de Schwyzer **215**, p. 270, est donc que tous les mss des *Ennéades* remontent « auf einen Archetypus, in dem durch Blattausfall die erwähnte Lücke entstanden ist ».

On a vu plus haut que cet archétype présentait des scholies (voir "Circulation des traités") ; or, selon **216** H. Arts, *De scholiën op vijf Griekse filosofen, Plato, Plotinus, Olympiodorus, Ammonius en Proclus*, Thèse de Licence, Louvain 1962, la forme des scholies transmises par quelques-uns parmi les mss les plus anciens de Platon, Plotin, Proclus, Ammonius et Olympiodore suggère que ces mss proviennent d'un même atelier (les scholies de Plotin sont examinées aux p. 21-24). À l'aide de ces données, **217** L. G. Westerink, « Das Rätsel des untergründigen Neuplatonismus », dans **218** D. Harlfinger (édit.), *ΦΙΛΟΦΡΟΝΗΜΑ. Festschrift für Martin Sicherl zum 75. Geburtstag : von Textkritik bis Humanismusforschung*, coll. « Studien zur Geschichte und Kultur des Altertums », N. F. 1, 4, Padeborn/ München/Wien/Zürich 1990, p. 105-123, en part. p. 107 et n. 4, a mis aussi les *Ennéades* au nombre des textes faisant partie de la "Collection Philosophique", un groupe de mss contenant des ouvrages philosophiques (Platon, Alexandre d'Aphrodise, Proclus, Philopon, Simplicius, Damascius, Olympiodore et d'autres) copiés à Constantinople, peut-être au dernier quart du IXe s., sur des modèles provenant d'Alexandrie. Voir aussi **219** G. Cavallo, « Qualche riflessione sulla "Collezione filosofica" », dans D'Ancona **175**, p. 155-165 : Cavallo est d'accord avec Westerink quant à l'intérêt pour la philosophie et le penchant néoplatonicien des commanditaires de la "Collection Philosophique", mais élargit la provenance des modèles aussi à d'autres villes ou centres de culture, outre Alexandrie. Si donc les *marginalia* de l'archétype perdu renvoient à la "Collection Philosophique", on peut imaginer que les trois σωμάτια contenant l'édition porphyrienne des écrits de Plotin ou bien étaient déjà présents à Constantinople (comme les citations de Thémistius le font penser : voir ci-dessous "Histoire du texte et tradition indirecte"), ou bien sont arrivés à Constantinople – depuis Alexandrie ou un autre centre – où ils ont été recopiés, en donnant ainsi naissance à la tradition directe des *Ennéades*. Or, l'omission dont on vient de parler permet d'envisager les deux hypothèses suivantes : (i) l'omission s'est produite dans le ms qui a servi de modèle pour l'archétype ; (ii) l'omission s'est produite dans l'archétype. Comme on l'a vu plus haut, Schwyzer **215**, p. 270, propose la solution (ii). Quoi qu'il en soit, des exemplaires sans lacune existaient à Athènes, à Alexandrie et ailleurs (voir ci-dessous "Histoire du texte et tradition indirecte"). À cela, il faut ajouter qu'un ms des *Ennéades* non affecté par la lacune était arrivé à Bagdad avant les années '40 du IXe s., époque à laquelle remonte la traduction arabe : sans descendance grecque, ce ms est perdu ; néanmoins, il donne indirectement des renseignements précieux pour l'histoire du texte des *Ennéades* (voir plus loin, "Les traductions de l'Antiquité tardive à la Renaissance. La traduction arabe").

Histoire du texte et tradition indirecte

Sans jamais le citer nommément (du moins dans la partie du texte qui nous est parvenue), Porphyre a emprunté maints passages à Plotin dans ses *Sentences sur les intelligibles*, qui fournissent ainsi le plus ancien témoignage indirect du texte de Plotin : voir Henry **118**, p. 43-67 ; **220** H.-R. Schwyzer, « Plotinisches und Unplotinisches in den Ἀφορμαί des Porphyrios », dans *Plotino e il neoplatonismo* **78**,

p. 221-252 ; **221** C. D'Ancona, « Les *Sentences* de Porphyre entre les *Ennéades* de Plotin et les *Éléments de Théologie* de Proclus », dans **222** Porphyre. *Sentences.* Études d'introduction, texte grec et traduction française, commentaire, par l'UPR 76 du CNRS, avec une traduction anglaise de J. Dillon. Travaux édités sous la responsabilité de L. Brisson, coll. « Histoire des doctrines de l'Antiquité classique » 33, Paris 2005, t. I, p. 139-274. Il est impossible d'établir si les emprunts à Plotin dans les *Sentences* sont antérieurs ou postérieurs à l'édition porphyrienne ; quoi qu'il en soit, s'agissant de reprises de la part de Porphyre, il faut être prudent dans l'utilisation éventuelle de ces emprunts comme témoignages sur le texte de Plotin.

Un bilan des lectures plotiniennes de Jamblique n'a pas encore été fait, même si l'influence de Plotin sur ce dernier est bien connue ; Proclus fait de lui un successeur de Plotin au même titre que Porphyre, et pas seulement d'un point de vue chronologique : Πλωτῖνος δὲ καὶ οἱ μετὰ Πλωτῖνον φιλόσοφοι, Πορφύριος καὶ Ἰάμβλιχος (*in Tim.* I, p. 277, 10-12 Diehl). Un peu plus loin, *in Tim.* I, p. 307, 14-19 Diehl, Proclus soutient que Jamblique critiqua une thèse de Porphyre comme fausse et non-plotinienne, καὶ ὡς <μὴ> Πλωτίνειον αὐτὴν οὖσαν (scil. τὴν Πορφυρίου δόξαν) καταβαλών. Par ailleurs, Jamblique n'hésite pas à critiquer Plotin, comme le montrent un autre passage de l'*in Tim.* de Proclus, III, p. 333, 28 - 334, 4 Diehl, et surtout les passages du commentaire perdu sur les *Catégories* transmis par Simplicius : voir en part. p. 145, 20-21 ; p. 289, 16-22 ; p. 303, 35-38 ; p. 307, 34 - 308, 3 ; p. 314, 10 ; p. 321, 23-24 ; p. 326, 3-18 Kalbfleisch. Les citations de Simplicius montrent que Jamblique connaissait bien le traité *Sur les genres de l'être*, VI 1-3 [42-44]. Le *De Anima* de Jamblique contient, lui aussi, des citations nominales, souvent critiques envers Plotin : p. 365, 1 Wachsmuth (= p. 28, 21 Finamore-Dillon) ; p. 365, 16 W (= p. 30, 9 F-D) ; p. 369, 20 W (= p. 38, 3 F-D) ; p. 370, 5 W (= p. 38, 11 F-D) ; p. 372, 10 et 24 W (= p. 44, 6 et 18 F-D) ; p. 374, 24, 375, 5 et 17 W (= p. 48, 13, 20, 28 F-D) ; p. 377, 13 W (= p. 52, 13 F-D) ; p. 379, 13 W (= p. 56, 2 F-D) ; p. 382, 11 W (= p. 60, 10 F-D) ; p. 384, 19 W (= p. 66, 1 F-D) ; p. 454, 10 W (= p. 66, 19 F-D) ; p. 457, 6 W (= p. 72, 5 F-D) ; p. 457, 12 W (= p. 70, 29 F-D). Pour dresser un bilan des traités de Plotin utilisés par Jamblique il ne faut pourtant pas se borner aux seules citations nominales : pour le *De Anima*, il est possible de repérer des citations anonymes, mais parfaitement reconnaissables, des traités IV 7 [2], IV 8 [6], et I 1 [53] : quelques parallèles dans **223** C. D'Ancona, « À propos du *De Anima* de Jamblique », *RSPT* 90, 2006, p. 617-640. Ces citations permettent d'affirmer que Jamblique emprunte des passages aux "péricopes B et C" de IV 7 [2]. On peut certes penser que Jamblique utilisait des traités isolés (voir plus haut, "Circulation des traités") ; mais s'il a eu accès aux *Ennéades*, l'ensemble des données – même partielles – fournies par la liste de ses citations montre qu'il connaissait des traités situés dans chacun des trois σωμάτια : le *De Anima* contient des emprunts à des traités situés dans le Ier et le IIe σωμάτιον, le commentaire perdu sur les *Catégories*, à des traités situés dans le IIIe. Un exemplaire des *Ennéades* pourrait ainsi être localisé à Apamée, le siège de l'école de Jamblique, dans le premier quart du IVe siècle.

Outre le traité IV 7 [2] dont il a été question plus haut, Eusèbe cite aussi le traité V 1 [10], *Sur les trois hypostases qui ont rang de principe*. La citation, introduite par les mots ἐπάκουσον οἷά σοι Πλωτῖνος ἐν οἷς Περὶ τῶν τριῶν ἀρχικῶν ὑποστάσεων συνέταξε διασαφεῖ γράφων, se trouve dans le livre XI 17 de la *Praep. ev.*, et reprend à la lettre des passages assez amples des chapitres 4-7 de ce traité.

Un exemplaire des *Ennéades* devait se trouver vers 335 en Sicile, selon **224** P. Henry, *Plotin et l'Occident. Firmicus Maternus, Marius Victorinus, saint Augustin et Macrobe*, coll. «Spicilegium Sacrum Lovaniense, Études et documents» 13, Louvain 1934, p. 25-43, en part. p. 42 : c'est en Sicile en effet que l'astrologue Firmicus Maternus a rédigé sa *Mathesis*, qui contient un récit détaillé de la mort de Plotin, amplification rhétorique du passage correspondant de la *VP*. Puisque la *VP* n'a pas eu de circulation indépendante de l'édition de Plotin dont elle constitue l'introduction, et puisque Porphyre a sans doute entretenu des relations avec les milieux intellectuels siciliens même après son départ de l'île, on peut imaginer qu'un exemplaire de son édition s'y trouvait au début du IVe siècle.

Le rhéteur romain Marius Victorinus (m. vers 370) emprunte tacitement aux écrits de Plotin un passage cité littéralement et un nombre considérable d'expressions (I 1 [53] ; II 5 [25] ; V 5 [32] ; VI 1-3 [42-44] ; VI 8 [39]) ; pour la comparaison entre V 2 [11], 1, 1-2 et *Adv. Ar.* IV 22, voir **225** P. Henry, «Marius Victorinus a-t-il lu les *Ennéades* de Plotin ?», *RecSR* 24, 1934, p. 432-449, repris dans Henry **224**, p. 44-62 ; pour les emprunts lexicaux, voir Henry **224**, p. 50-62. Victorinus a utilisé plusieurs sources philosophiques, parmi lesquelles l'une des plus importantes est Porphyre, comme l'a montré **226** P. Hadot, *Porphyre et Victorinus*, 2 vol., Paris 1968, en part. t. I, p. 79-143 : le néoplatonisme de Victorinus n'est pas d'inspiration plotinienne, selon P. Hadot. Voir aussi **227** M. Baltes, *Marius Victorinus. Zur Philosophie in seinen theologischen Schriften*, coll. «Beiträge zur Altertumskunde» 174, München/Leipzig 2002. À la suite d'Augustin, *Conf.* VIII 2, 3, qui remarque que Victorinus «*philosophorum tam multa legerat et diiudicaverat*», Baltes souligne que Victorinus avait accès à des sources platoniciennes diverses ; par conséquent, il n'est pas aisé de déterminer si les emprunts de lexique et de doctrine sont puisés directement aux *Ennéades*. La recherche de Baltes **227** élargit considérablement le nombre des passages parallèles avec les *Ennéades*, et le fait que Victorinus ait traduit en latin du moins certains écrits de Plotin (voir plus loin, "Les traductions de l'Antiquité tardive à la Renaissance"), si l'on tient compte aussi de la citation littérale signalée par Henry **224**, p. 49, fait pencher pour l'emprunt direct. La présence tout à fait probable d'un exemplaire des *Ennéades* à Rome, où Plotin tenait son école et où Porphyre doit avoir préparé son édition, rend cette hypothèse encore plus probable. Henry **224**, p. 193-202, fait état aussi de la connaissance des œuvres de Plotin par Servius et Ammien Marcellin.

Des passages de Plotin sont connus aussi par Ambroise (➡A 132): cette découvert de **228** P. Courcelle, « Plotin et saint Ambroise », *RPh* 24, 1950, p. 29-59 (repris dans **229** *Id.*, *Recherches sur les Confessions de saint Augustin*, Paris 1968², p. 106-138), a été approfondie davantage par **230** L. Taormina, « Sant'Ambrogio e Plotino », *MSLC* 4, 1954, p. 41-85 ; par **231** A. Solignac, « Nouveaux parallèles entre saint Ambroise et Plotin. Le *De Iacob et vita beata* et le *Peri eudaimonias* (*Enn.* I 4) », *ArchPhilos* 19, 1956, p. 148-156 ; par **232** P. Hadot, « Platon et Plotin dans trois sermons de saint Ambroise », *REL* 34, 1956, p. 202-220, et par **233** P. Courcelle, « Nouveaux aspects du platonisme chez saint Ambroise », *REL* 34, 1956, p. 220-239. **234** G. Madec, *Saint Ambroise et la philosophie*, Paris 1974, en part. p. 61-71, discute les hypothèses émises au sujet des "sermons plotiniens" d'Ambroise : les emprunts sont indéniables, mais il n'est pas aisé de dire s'ils sont directs, ou si Ambroise a eu recours à des sources intermédiaires. Pour la présence de Plotin chez Augustin (➡A 508), voir "Les traductions de l'Antiquité tardive à la Renaissance".

À la même époque, dans le monde grec, Basile de Césarée (330-379), Grégoire de Nazianze (vers 329-vers 390) Grégoire de Nysse (335-395), Théodoret de Cyr (vers 393-vers 457) et Cyrille d'Alexandrie (370-444) utilisent Plotin. Basile dans le livre VIII du *Contra Iulianum* (écrit vers 440) et Théodoret dans la *Graecarum affectionum curatio* (écrite vers 437) citent le traité V 1 [10]. Théodoret cite aussi le traité III 2 [47] : voir Henry **118**, p. 141-154. Pour les emprunts plotiniens chez Grégoire de Nazianze voir **235** J. Dräseke, « Neuplatonisches in des Gregorios von Nazianz Trinitätslehre », *ByzZ* 15, 1906, p. 141-160 ; **236** J. Whittaker, « Proclus, Procopius, Psellus and the Scholia on Gregory Nazianzen », *VChr* 29, 1975, p. 309-313 ; pour les emprunts chez Grégoire de Nysse, voir **237** J. Daniélou, « Grégoire de Nysse et Plotin », dans **238** *Association Guillaume Budé. Actes du Congrès de Tours et Poitiers*, Paris 1954, p. 259-262 ; Courcelle **57** ; **239** E. Peroli, « Gregory of Nyssa and the Neoplatonic Doctrine of the Soul », *VChr* 51, 1997, p. 117-139 ; **240** H. Dörrie, « Gregors Theologie auf dem Hintergrund der neuplatonischen Metaphysik », dans **241** H. Dörrie, M. Altenberger et U. Schramm (édit.), *Gregor von Nyssa und die Philosophie*. Zweites internationales Kolloquium über Gregor von Nyssa, Leiden 1976, p. 21-42 ; selon Dörrie, Grégoire ne ménage pas ses critiques contre la doctrine plotinienne de la transcendance de l'Un par rapport à l'être. L'écrit plotinien que tous ces auteurs ont connu et repris le plus souvent, V 1 [10], était important à plusieurs égards pour la théologie trinitaire : pour les emprunts de Cyrille d'Alexandrie, voir Arnou **908**. Augustin aussi a connu ce traité, qu'il a cité sous le titre *De tribus principalibus substantiis* (*Civ. Dei* X 23 : cf. Henry **118**, p. 20, et plus loin "Les traductions de l'Antiquité tardive à la Renaissance. Marius Victorinus"). Les passages plotiniens cités par Eusèbe, Théodoret et Cyrille sont imprimés avec les variantes par rapport au texte ennéadique signalées dans l'interligne par Henry **118**, p. 125-140. Les citations de Basile tirées de V 1 [10] et d'autres traités, sont imprimées en parallèle avec les textes correspondants de Plotin par Henry **118**, p. 159-196 ; voir aussi **242** H. Dehnhard,

Das Problem der Abhängigkeit des Basilius von Plotin. Quellenuntersuchung zu seinen Schriften De Spiritu Sancto, coll. «Patristische Texte und Studien» 3, Berlin 1964, et **243** S. Lilla, «Le fonti di una sezione dell'omelia *De Fide* di S. Basilio Magno», *Augustinianum* 30, 1990, p. 5-19. Le cas de Basile est particulièrement intéressant : une table chronologique qui montre les emprunts à plusieurs traités de Plotin dans les œuvres composées entre 358 et 374 environ permet à Henry **118**, p. 160-161, d'affirmer que «Basile s'est inspiré des *Ennéades* à toutes les époques de sa carrière et [...] d'une façon plus accentuée à la fin de sa vie et lorsqu'il s'agit de points de doctrine importants. [...] Au cours de sa carrière littéraire, Basile utilise presque toujours les mêmes traités des *Ennéades*. Sans doute y a-t-il moyen de citer une dizaine de traités qui pourraient l'avoir inspiré, mais il n'y en a que cinq ou six pour lesquels la chose soit à peu près certaine. Ce sont : I, 6 ; I, 7 ; II, 8 ; V, 1 ; VI, 7 et VI, 9. Il est à noter qu'ils appartiennent à quatre *Ennéades* différentes et que, dans l'ordre chronologique, I, 6, VI, 9 et V, 1 sont respectivement le premier, le neuvième et le dixième du premier groupe ; II, 8 et VI, 7 se rangent dans le second groupe, et I, 7 dans le troisième et dernier groupe. Quel que soit l'exemplaire qu'il ait eu à sa disposition, Basile a donc connu l'ensemble de l'œuvre de Plotin». À la lumière du progrès des études retracé plus haut, qui suggère que l'édition officielle de Porphyre remplaça rapidement toute autre forme antérieure de publication des écrits de Plotin, le résultat des comparaisons minutieuses d'Henry **118** est que les trois σωμάτια des *Ennéades* étaient accessibles, dans la deuxième moitié du IVe siècle, dans l'une et/ou l'autre des bibliothèques des villes où Basile a séjourné : Césarée, Constantinople, Athènes.

À Constantinople, en particulier, la "péricope B" du traité IV 7 [2] semble avoir laissé des traces dans la deuxième moitié du IVe siècle : deux passages de la paraphrase du *De Anima* de Thémistius (317-385 *ca*) contiennent un emprunt tacite, mais parfaitement reconnaissable, à IV 7 [2], 8[4], 5-9, emprunt signalé par **244** M. Baltes (†) et C. D'Ancona, «Plotino. *L'immortalità dell'anima*. IV 7[2], 8[4]», dans **245** R. Chiaradonna (édit.), *Studi sull'anima in Plotino*, coll. «Elenchos» 42, Napoli 2005, p. 21-58, en part. p. 31 n. 38. Comme pour Jamblique, pour Thémistius aussi un bilan complet de la connaissance des œuvres de Plotin reste à dresser, recherche indispensable pour résoudre la question de l'appartenance de Thémistius au courant néoplatonicien.

Le *De natura hominis* de Némésius d'Émèse (☛N 17), écrit entre le IVe et le Ve siècles, contient de nombreuses traces de doctrines plotiniennes, en particulier du traité IV 7 [2], utilisé dans le chap. II, et encore une fois en relation avec les "péricopes B et C" ; toutefois, une analyse des détails de l'exposé du chapitre II serait nécessaire pour établir si Némésius a puisé directement ou non aux écrits de Plotin, étant donné que dans le chap. III il mentionne les *Symmikta Zetemata* de Porphyre et fait remonter la doctrine qu'il expose à Ammonios, «le maître de Plotin» (p. 39, 11 - 43, 9 Morani) ; voir l'analyse de ce passage par M. Baltes dans Dörrie et Baltes **436** (cité plus loin), t. II, p. 235-251 ; *cf.* aussi **246** B. Motta, *La* *mediazione estrema. L'antropologia di Nemesio di Emesa fra platonismo e aristo-telismo*, coll. «Problemata» 1, Padova 2004, p. 134-143.

Macrobe (☞M 9), qui tient Plotin pour «le prince des philosophes avec Platon *(Plotinus, inter philosophiae professores cum Platone princeps)*» (*in Somn. Scip.* I 8, 5, trad. Armisen-Marchetti), utilise les *Ennéades* dans le *Commentaire au Songe de Scipion*, écrit vers 430. Il cite des passages des traités I 1 [53], I 2 [19], II 1 [40], II 3 [52] et V 2 [11] : analyse des passages en parallèle par Henry **224**, p. 146-192. Tout en sachant que pour le traité I 2 [19], *Sur les vertus*, Macrobe avait utilisé non pas l'écrit de Plotin, mais la *Sentence* 32 de Porphyre (qui suit de près le traité I 2), Henry pensait que Macrobe avait aussi puisé directement aux *Ennéades* et qu'il n'avait pas besoin d'intermédiaires pour connaître la pensée de Plotin, dont il s'inspire de façon diffuse dans le *Commentaire* : «Macrobe excelle à condenser en une phrase bien latine, sous laquelle le grec ne se laisse plus guère deviner, toute une page des *Ennéades*» (p. 152). Cette position a été jugée excessive par **247** M. Armisen-Marchetti, *Introduction*, dans Macrobe. *Commentaire au Songe de Scipion*, Livre I, coll. *CUF*, Paris 2001, p. LVII-LVIII, qui reprend une remarque de **248** J. Flamant, *Macrobe et le néoplatonisme latin à la fin du IVe siècle*, coll. *EPRO* 58, Leiden 1977, p. 571-573, d'après lequel Macrobe, découragé par la difficulté des écrits de Plotin, ne serait pas allé au-delà de la deuxième ennéade et aurait préféré au texte de Plotin les paraphrases de Porphyre. Or, s'il est vrai que Macrobe cite surtout les traités des Ier et IIe σωμάτια, l'excursus de *Comm.* I 14, 5-7 sur la génération de l'Intellect à partir de l'Un et de l'âme à partir de l'Intellect s'inspire de V 2 [11], 1, 1-22 (voir cependant le dossier des hypothèses dans Armisen-Marchetti **247**, p. 171) ; Macrobe connaît donc au moins un traité de la Ve ennéade (IIe σωμάτιον). À cela on peut ajouter que dans le livre II 12 Macrobe, avant de mentionner le traité I 1 [53] («*Plotinus... libro integro disseruit, cuius inscriptio est quid animal quid homo*»), cite la doctrine selon laquelle l'âme humaine n'est pas seulement immortelle, mais elle est un dieu, allusion claire à V 1 [10], 1, 39-42. Les ὑπομνήματα de Porphyre ont aussi été évoqués comme source de Macrobe, à partir d'une remarque d'Eunape (voir plus haut, "Les *Ennéades*", *sub fin.*) concernant un ὑπόμνημα porphyrien sur le suicide, qui selon **249** F. Cumont, «Comment Plotin détourna Porphyre du suicide», *REG* 32, 1919, p. 113-120, est à l'origine des développements de Macrobe, *Comm.* I 13, 9-20 : Macrobe se serait servi non pas du traité de Plotin sur le suicide, I 9 [16], mais d'un commentaire porphyrien (perdu) ; examen des hypothèses dans Henry **224**, p. 163-181, qui montre par des comparaisons textuelles que Macrobe connaît le texte ennéadique ; voir aussi **250** R. Goulet, «Variations romanesques sur la mélancolie de Porphyre», *Hermes* 110, 1982, p. 443-457 (réimpr. dans Goulet **13**, p. 359-372), en part. p. 454 : l'ὑπόμνημα en question n'est que le passage même de la *VP* dont s'inspire Eunape. Voir aussi Goulet-Cazé **29**, p. 308-309. En conclusion, Macrobe a connu et utilisé les *Ennéades*, à côté d'autres sources platoniciennes. C'est surtout grâce à Macrobe que le nom de Plotin, son appartenance au courant platonicien et certaines de ses doctrines ont été connus au Moyen Âge latin. Le dernier écrivain latin de la fin de l'Antiquité à citer Plotin est Sidoine Apollinaire : voir Henry **224**, p. 199-202.

L'impression d'une circulation ample et précoce des *Ennéades* est confirmée par les citations et les utilisations tacites des philosophes néoplatoniciens des Ve et VIe siècles. Un chapitre important d'Henry **118**, p. 197-284, est consacré aux emprunts plotiniens de Synésius, Hermias d'Alexandrie, Proclus, Marinus, Simplicius, Philopon, auxquels s'ajoutent des *testimonia selecta* de Syrianus, Énée de Gaza et Damascius ; on ajoutera à cette liste Hiéroclès d'Alexandrie, le Ps.-Denys l'Aréopagite, Jean de Scythopolis, Olympiodore, Élias (et pseudo-) et David l'Invincible.

Synésius de Cyrène, qui a été l'élève d'Hypatie d'Alexandrie (➨H 175), a connu les *Ennéades*, puisqu'il cite non seulement les œuvres de Plotin, mais aussi la *VP*, qui les précède dans tous les mss (sauf la famille *z*) ; ses emprunts proviennent de I 2 [19], II 3 [52], IV 4 [28] : voir Henry **118**, p. 202-205 ; Synésius connaît aussi I 1 [53] et IV 8 [6], comme le montre le passage du *De insomn.* cité par Henry **118**, p. 226 note.

Alors que Plutarque d'Athènes (➨P 209), du moins dans les fragments qui sont restés de ses œuvres, semble ignorer Plotin, son élève Hiéroclès d'Alexandrie (➨H 126) démontre une remarquable familiarité avec les écrits de Plotin. Avec Ammonios, Origène, Porphyre, Jamblique et leurs successeurs jusqu'à Plutarque, le maître de Hiéroclès, Plotin fait partie, selon ce dernier, du nombre des hommes divins qui ont rétabli la pureté de l'enseignement de Platon : *cf. De providentia apud* Photius, *Bibl.*, cod. 214, 173 a 32-40. Les emprunts aux écrits de Plotin sont fréquents, comme le montre la riche annotation de la trad. anglaise du commentaire sur les *Vers d'Or* et du *De Providentia* par **251** H. Schibli, *Hierocles of Alexandria*, Oxford 2002. Des tournures typiquement plotiniennes reviennent sous la plume de Hiéroclès, par ex. *in Aur. carm.* XIII 5, p. 60, 5-6 Koehler = p. 245 Schibli, ἐπείπερ ἡμεῖς ἡ ψυχή = I 1 [53], 10, 1 : ἀλλ' εἰ ἡμεῖς ἡ ψυχή. XIV 15, p. 67, 21 Koehler = p. 253 Schibli : ἡμῶν δέ ἐστιν, ἀλλ' οὐχ ἡμεῖς = IV 4 [28], 18, 13-15 : οὔτε γὰρ τοῦτό ἐσμεν ἡμεῖς […] ἡμῶν δὲ ἄλλως ὅμως τοῦτο. XXVI 7, p. 113, 1 Koehler = p. 311 Schibli : τῆς ἀλογίας κλύδωνα = V 1 [10], 2, 15-16 : ὁ τοῦ σώματος κλύδων. XXVI 10, p. 113, 18 Koehler = p. 313 Schibli, πρὸς τὴν ἄνω πορείαν = I 3 [20], 2, 13 : κἀκεῖ βαδιστέον τὴν ἄνω πορείαν. Dans d'autres cas, des locutions originairement plotiniennes ont été transmises à Hiéroclès par l'intermédiaire de Porphyre, par ex. l'expression déjà citée de VI 9 [9], 11, 28, σοφός… ἱερεύς, que Hiéroclès reprend dans la formulation porphyrienne de l'*Ad Marc.* 16, p. 115, 22 - 116, 1 des Places, μόνος οὖν ἱερεὺς ὁ σοφός, μόνος θεοφιλής, μόνος εἰδὼς εὔξασθαι = I 18, p. 13, 8-9 Koehler = p. 183-184 Schibli. Dans d'autres cas encore, le contexte indique clairement qu'une expression platonicienne est reprise par Hiéroclès dans le sens que Plotin lui avait donné : voir par ex. les remarques de Schibli **251**, p. 184 n. 38.

Syrianus cite Plotin nommément, mais les emprunts tacites sont également nombreux. Liste des citations nominales dans Henry **118**, p. 278-279 ; une fois

Syrianus cite le titre d'un traité, V 9 [5] : *in Metaph.* B, p. 38, 37 - 39, 1 Kroll, voir Henry **118**, p. 23 ; une fois, Plotin est dit "divin" : ὅ γε θεῖος Πλωτῖνος (*in Metaph.* M 4, p. 114, 9 Kroll) ; deux des cinq citations nominales dans l'*in Metaph.* présentent Plotin, Porphyre et Jamblique comme ceux qui ont renoué avec la philosophie des anciens (Pythagore, Parménide et Platon : *in Metaph.* B, p. 26, 18-28 Kroll), en abordant le sujet de manière plus spéculative qu'Aristote (θεωρητικώτερον). Ce passage, en particulier, permet de remonter à la source de Syrianus :

<table>
<tr><td>Plotin, V 2[11], 1.3-5</td><td>Syrianus, in Metaph. B, p. 46, 22-25 Kroll</td></tr>
<tr><td>

τὸ ἓν πάντα καὶ οὐδὲ ἕν· ἀρχὴ γὰρ πάντων, οὐ πάντα, ἀλλ᾽ ἐκείνως πάντα· ἐκεῖ γὰρ οἷον ἐνέδραμε· μᾶλλον δὲ οὔπω ἐστίν, ἀλλ᾽ ἔσται. πῶς οὖν ἐξ ἁπλοῦ ἑνὸς οὐδεμιᾶς ἐν ταὐτῷ φαινομένης ποικιλίας, οὐ διπλόης οὔτινος ὁτουοῦν ;

</td><td>

πῶς ἐξ ἑνὸς οὐδεμίαν διπλόην οὐδὲ ἔμφασιν πλήθους ἔχοντος ἐν ἑαυτῷ οὐδὲ ἑτερότητα τὰ πάντα ὑπέστη, δηλοῦσι Πλωτῖνος Πορφύριος Ἰάμβλιχος καὶ πάντες οἱ θεωρητικώτερον περὶ τοῦτο τὸ πρόβλημα διατρίψαντες.

</td></tr>
</table>

Au-delà des citations nominales, les lectures plotiniennes de Syrianus sont parfois évidentes : Plot. VI 9 [9], 1, 1 : πάντα τὰ ὄντα τῷ ἑνί ἐστι ὄντα, Syr., *in Metaph.* Γ, p. 60, 7-8 Kroll : πάντα τῷ ἑνὶ καὶ ἔστι καὶ σῴζεται. Plot. IV 8 [6], 2, 19-21 : διὸ καί φησι καὶ τὴν ἡμετέραν, εἰ μετ᾽ ἐκείνης γένοιτο τελέας, τελειω-θεῖσαν καὶ αὐτὴν μετεωροπορεῖν καὶ πάντα τὸν κόσμον διοικεῖν, Syr., *in Metaph.* M, p. 82, 19-20 Kroll : ἐπεὶ ὅτι καὶ τὸ ἡμέτερον τελειωθὲν καὶ ἐπτερω-μένον μετεωροπολεῖ τε καὶ πάντα τὸν κόσμον συνδιοικεῖ τοῖς θεοῖς, μαρτυρεῖ καὶ ὁ ἐν Φαίδρῳ Σωκράτης. Plot. VI 2 [42], 1, 24-25 : ὥσπερ ἂν εἴ τις Σωκράτη ὑπὸ τὸ αὐτὸ θεῖτο καὶ τὴν τούτου εἰκόνα, Syr., *in Metaph.* M, p. 115, 29-30 Kroll : οὐ γὰρ δὴ τῆς εἰκόνος τοῦ Σωκράτους ὁ αὐτὸς λόγος καὶ τοῦ Σωκρά-τους. Plot. V 1 [10], 8, 15 et 23-24 : ἥπτετο μὲν οὖν καὶ Παρμενίδης πρότερον τῆς τοιαύτης δόξης [...] ὁ δὲ παρὰ Πλάτωνι Παρμενίδης ἀκριβέστερον λέγων διαιρεῖ (...), Syr., *in Metaph.* N, p. 171, 11-13 Kroll : καὶ οὐ διὰ τοῦτο μάχεται Πλάτων τῷ Παρμενίδῃ κατά γε τὸ ἀληθέστατον, ἀλλ᾽ εἰσὶν ἄμφω μὲν ἀληθεῖς οἱ λόγοι, σαφέστερος δὲ ὁ τοῦ Πλάτωνος. Les notes d'un cours de Syrianus sur le *Phèdre* prises par son élève Hermias d'Alexandrie (➳H 78) contiennent aussi des citations de Plotin (IV 3-4 [27-28]) : voir Henry **118**, p. 206-208. Les notes de cours d'Hermias permettent d'affirmer avec certitude que Syrianus disposait d'un exemplaire des *Ennéades*, parce que le "traité" 27, cité littéralement, est indiqué d'après le titre ennéadique : ὁ μὲν οὖν Πλωτῖνος ἐν τῷ πρώτῳ τῶν Περὶ ἀποριῶν, p. 68, 5 Couvreur.

Un bilan complet des citations aussi bien nominales que tacites de Plotin chez Proclus n'a pas encore été dressé, mais elles sont très abondantes : liste des cita-tions nominales dans Henry **118**, p. 209-230 et 279-282. Que Proclus ait eu entre les mains un exemplaire complet des *Ennéades* est prouvé par le fait (i) qu'il cite la *VP* (voir Henry **118**, p. 209-210) ; (ii) qu'il cite littéralement des traités appartenant à chacun des trois σωμάτια (voir Henry **118**, p. 210-230) ; (iii) que son commen-taire sur les *Ennéades* commençait selon toute vraisemblance par le premier traité dans l'ordre ennéadique, I 1 [53]. Le commentaire est perdu, et seuls des fragments relatifs à ce traité sont conservés par Psellus. Les fragments sont édités par **252** L. G. Westerink, «Exzerpte aus Proklos' Enneadenkommentar bei Psellos», *ByzZ* 52, 1959, p. 1-10 (repris dans **253** *Id*., *Texts and Studies in Neoplatonism and Byzantine Literature*, Amsterdam 1980, p. 21-30), qui souligne le caractère de commentaire suivi que présentent les passages cités par Psellus. Voir **254** C. Luna et A.-Ph. Segonds, notice «Proclus» dans ce volume, n° 25, (a). Le commentaire était connu de Damascius (☞D 3), qui parle d'un ouvrage de Proclus «sur Plotin, ἐν τοῖς εἰς Πλωτῖνον» (*in Parm*. IV, p. 14, 6-7 Westerink-Combès); il était connu aussi par le ps.-Élias, qui mentionne un «quatrième argument de Proclus sur Plotin, τέταρτον ἐπιχείρημα Πρόκλου τοῦ ὑπομνηματίσαντος Πλωτῖνον»: *in Isag*. § 12, 13-14 Westerink; *cf.* Goulet-Cazé **29**, p. 323, n. 3; Westerink **268**; Luna et Segonds **254**, n° 25, (d). Une scholie sur le *De Mysteriis* de Jamblique parle de l'ouvrage de Proclus comme d'un commentaire sur les *Ennéades*: ἰστέον ὅτι ὁ φιλόσοφος Πρόκλος ὑπομνηματίζων τὰς τοῦ μεγάλου Πλωτίνου Ἐννεά-δας (texte de la scholie dans Henry **118**, p. 284); voir Luna et Segonds **254**, n° 25, (f). Il est possible que l'auteur de la scholie ne donne pas une information exacte; mais il reste que le commentaire de Proclus, selon cette scholie, ne portait pas sur tel ou tel traité individuel de Plotin, mais sur l'édition de Porphyre, les *Ennéades*. Cela n'implique pas, bien entendu, que le commentaire ait porté sur l'ensemble des *Ennéades*; il y a même présomption du contraire, puisqu'il n'y a pas d'attestation pour les ennéades IV, V et VI. Le commentaire allait pourtant au-delà de I 1 [53], si l'on prête foi à une autre scholie, cette fois sur Proclus, *in Remp*., I, p. 37, 23, publiée par Kroll, t. II, p. 371, 18: καὶ ἐν τοῖς εἰς τὴν τρίτην ἐννεάδα πόθεν τὰ κακά. Westerink **252**, p. 1, soupçonne une faute soit dans le numéro de l'ennéade, soit dans le titre (le traité de Plotin πόθεν τὰ κακά est en effet le 8e de la Ire ennéade); la correction de τρίτην en πρώτην avait déjà été proposée par Henry **118**, p. 8: voir Luna et Segonds **254**, n° 25, (e). Toutefois, la scholie pourrait indi-quer que Proclus aborda le problème de l'origine des maux dans ses commentaires sur les écrits de la IIIe ennéade, qui contiennent le traité sur la providence (III 2-3[47-48]), dont une partie importante est consacrée à la question de l'origine des maux. Que le commentaire de Proclus s'étendait au moins jusqu'à la IIIe ennéade et peut-être plus loin, et en particulier qu'il concernait le traité sur la providence, se déduit aussi du témoignage jadis attribué à l'"astrologue Palchos" reproduit par Henry **118**, p. 220: ὁ δέ γε θεῖος Πρόκλος ὑπομνηματίζων τὰ Περὶ προνοίας Πλωτίνου. Voir maintenant, pour tout ce qui concerne ce commentaire, et en particulier pour l'identité du prétendu "astrologue Palchos", Luna et Segonds **254**, n° 25. Comme dans les cas de Jamblique et de Thémistius, dans le cas de Proclus aussi il est possible d'affirmer que le traité IV 7 [2] tel qu'il le connaissait n'avait pas la lacune, puisqu'il cite un passage à l'intérieur de la section du texte qui manque dans la tradition directe: voir Henry **118**, p. 226, et Goulet-Cazé **174**, p. 87.

Marinus de Néapolis (☞M 42), dans son éloge funèbre de Proclus, cite à plusieurs reprises le traité I 2 [19], peut-être de deuxième main lui aussi, comme Macrobe, à partir de la *Sent.* 32 de Porphyre ; liste des parallèles Marinus-Plotin dans Henry **118**, p. 231-234. Voir aussi les notes complémentaires, avec des remarques importantes sur le texte tel qu'il est cité par Marinus, dans **255** Marinus, *Proclus ou Sur le bonheur.* Texte établi, traduit et annoté par H. D. Saffrey et A.-Ph. Segonds avec la collaboration de C. Luna, coll. *CUF*, Paris 2001, en part. p. 126 [p. 21 n. 8], p. 134 [p. 24 n. 1] (parallèle avec I 2 [19] non signalé par Henry **118**), p. 137 [p. 25 n. 1-2] (Marinus dépend de la *Sent.* 32 de Porphyre et non pas directement de Plotin), p. 138 [p. 25 n. 4]. Marinus connaît aussi le titre du traité III 4 [15], qu'il cite au § 38, 10-11. L'ensemble des emprunts plotiniens chez Syrianus, Proclus et Marinus permet d'affirmer qu'un exemplaire des *Ennéades* précédé de la *VP* et exempt de la lacune de IV 7 [2] se trouvait à Athènes au Vᵉ siècle.

Énée de Gaza (☞A 64) évoque le traité I 8 [51] : voir Henry **118**, p. 282 ; un nombre considérable d'autres citations est rassemblé par **256** S. Sikorski, *De Aenea Gazaeo,* coll. « Breslauer Philologische Abhandlungen » 9, Breslau 1909, 57 p., en part. p. 13 (Énée cite IV 3 [27], 12, 8-9 comme si c'étaient des mots de Platon) et p. 22-34 (citations, dans la plupart des cas tacites, de I 4 [46] ; II 3 [48] ; II 4 [12] ; II 9 [33] ; III 1 [3] ; III 2 [47], IV 3 [27] ; IV 8 [6] ; V 9 [5] ; VI 3 [44] : des traités, donc, localisés dans les trois σωμάτια des *Ennéades.*

Henry **118**, p. 226 et 283, fait état de quelques allusions de Damascius à Plotin ; une liste plus complète peut être dressée à partir des éditions des ouvrages de Damascius postérieures à Henry **118**. Damascius cite les traités II 2 [14], 1 : *De Princ.* III, p. 75, 4-5 Westerink-Combès ; II 6 [17] : *De Princ.* II, p. 56, 15-16 ; III 5 [50], 8, 10-11 et V 3 [49], 3, 44-4.1 : *in Phileb.,* § 133 Westerink = p. 42 van Riel ; III 7 [45], 11, 46 : *in Parm.* I, p. 28, 11-12 Westerink-Combès ; III 9 [13], 1 : *in Parm.* III, p. 74, 5 ; III 9 [13] et V 1 [10], 6, 3-7 (on peut ajouter V 2 [11], 1 1-9) : *De Princ.* III, p. 13, 17-19 ; IV 7 [2] : *in Phaed.* I, § 311 Westerink et *in Phaed.* II, § 29 Westerink (noter que selon **257** L. G. Westerink, *The Greek Commentaries on Plato's Phaedo. I,* Amsterdam 1976, p. 173, l'argument attribué à Plotin par Damascius pour prouver l'immortalité de l'âme « either was entirely reshaped by Iambl. or comes from a non-Enneadic source ») ; IV 4 [28], 32, 52 : *in Phileb.,* § 189 Westerink = p. 62 van Riel ; IV 8 [6], 4, 31-35 : *in Phaed.* II, § 143 ; IV 8 [6], 8, 8-23 : *in Parm.* IV, p. 15, 4-5 ; V 3 [49], 3, 44-45 : *in Phaed.* I, § 90 ; VI 4 [22] : *De Princ.* I, p. 104, 12-14 ; VI 9 [9], 5, 31 : *De Princ.* II, p. 59, 15. D'après Damascius, Plotin et Porphyre ont attribué la primauté à la philosophie (οἱ μὲν τὴν φιλοσοφίαν προτιμῶσιν, ὡς Πορφύριος καὶ Πλωτῖνος), tandis que Jamblique, Syrianus et Proclus l'ont attribuée à la théurgie (τὴν ἱερατικήν) : sur cette remarque importante, *in Phaed.* I, § 172 Westerink, voir Hadot **226**, I, p. 93-94, et Saffrey **182**, p. 52-53.

Une recherche systématique des emprunts directs aux *Ennéades* par le Ps.-Denys l'Aréopagite (☞D 85) n'a pas encore été effectuée. Elle est malaisée parce que les sources du Ps.-Denys sont imbriquées les unes dans les autres : sa source principale étant Proclus, les doctrines et les tournures plotiniennes peuvent toujours être de deuxième main. On peut toutefois reconnaître des traces de lecture directe des *Ennéades* ; voir **258** H. F. Müller, *Dionysios, Proklos, Plotinos. Ein historischer Beitrag zur neuplatonischen Philosophie*, coll. « Beiträge zur Geschichte der Philosophie des Mittelalters » 20, 3-4, Münster 1918-1926 ; **259** S. Lilla, « Zur neuen kritischen Ausgabe der Schrift *Über die göttlichen Namen* von ps. Dionysius Areopagita », *Augustinianum* 21, 1991, p. 421-458, en part. p. 451-457, qui ajoute de nombreux passages de Plotin à l'apparat des sources de l'éd. Suchla des *Noms Divins* ; **260** R. Roques, *L'univers dionysien. Structure hiérarchique du monde selon le Pseudo-Denys*, coll. « Patrimoines. Christianisme », Paris 1983, qui fait remarquer que dans certains cas le vocabulaire du ps.-Denys est plus proche de celui de Plotin que de celui de Proclus (voir par ex. p. 65 n. 1 et p. 114 n. 1).

Jean de Scythopolis, évêque de cette ville, ancienne capitale de la Décapole, entre 536 et 550, cite dans ses scholies sur le corpus pseudo-aréopagitique plusieurs passages de Plotin, empruntés littéralement aux traités I 8 [51], III 7 [45], III 8 [30] et V 9 [5] : voir **261** W. Beierwaltes et R. Kannicht, « Plotin-Testimonia bei Johannes von Skythopolis », *Hermes* 96, 1968, p. 247-251 ; **262** W. Beierwaltes, « Johannes von Skythopolis und Plotin », dans **263** F. L. Cross (édit.), *Studia Patristica XI*. Papers Presented to the 5th International Conference on Patristic Studies (…), Part II : *Classica, Philosophica et Ethica, Theologica, Augustiniana*, Berlin 1972, p. 3-7 ; **264** P. Rorem et J. Lamoureaux, *John of Scythopolis and the Dionysian Corpus. Annotating the Areopagite*, coll. « Oxford Early Christian Studies », Oxford 1998, en part. p. 119-137 (sur les emprunts à I 8 [51]).

Simplicius cite nommément les traités I 1 [53], II 5 [25] et III 7 [45] dans le commentaire sur la *Physique* et dans le *Corollarium de tempore* qui s'y rattache. Le traité II 2 [14] est cité dans le commentaire sur le *De caelo* : voir Henry **119**, p. 213-214, et **265** Ph. Merlan, « Ein Simplikios-Zitat bei pseudo-Alexandros und ein Plotinos-Zitat bei Simplikios », *RhM* 84, 1935, p. 154-160 ; toujours dans le comm. *in De caelo* Simplicius cite aussi le traité II 3 [52] : voir Henry **118**, p. 215. Les traités I 8 [51], III 6 [26], III 7 [45] et de longs extraits suivis des traités VI 1-3 [42-44] sont cités dans le commentaire de Simplicius sur les *Catégories* : voir Henry **118**, p. 235-270. Pour Simplicius aussi, le bilan des emprunts reste à dresser : pour un exemple de l'influence reconnaissable, mais tacite, que la lecture des écrits de Plotin exerça sur Simplicius, comparer ces passages :

IV 8 [6], 6.1-7.17	Simpl., *in Ench*. XIV 422-442 (p. 93-94) Hadot
Il ne doit pas exister une seule chose ; sinon, tout demeurerait caché, puisque les choses n'ont dans l'Un aucune forme distincte ; aucun être particulier n'existerait, si l'Un restait immobile en lui-même ; il n'y aurait pas cette multiplicité d'êtres issus de l'Un, s'il n'y avait eu après lui la procession des êtres qui	Mais peut-être ce que l'on appelle la maladie et la méchanceté de l'âme n'est même pas un mal d'une manière absolue, mais qu'elle aussi à quelque chose de nécessaire pour la réalisation de la vertu humaine. De même en effet que la santé des corps d'ici-bas ne serait pas santé des corps d'ici-bas s'il n'était pas

ont le rang d'âmes. [...] Il y a deux natures, la nature intelligible et la nature sensible ; il est mieux pour l'âme d'être dans l'intelligible, mais il est nécessaire, avec la nature qu'elle a, qu'elle participe à l'être sensible ; il ne faut pas s'irriter contre elle, si elle n'est pas supérieure en toutes choses : c'est qu'elle occupe dans les êtres un rang intermédiaire ; elle a une portion d'elle-même qui est divine ; mais placée à l'extrémité des êtres intelligibles et aux confins de la nature sensible, elle lui donne quelque chose d'elle-même. Elle reçoit en échange, quelque chose de cette nature [...] ; d'ailleurs il lui est possible de remonter à la surface, et, ayant acquis l'expérience de ce qu'elle a vu et de ce qu'elle a subi ici, de comprendre ce qu'est l'existence dans l'intelligible et d'apprendre à connaître plus clairement le bien par la comparaison avec son contraire. Car l'épreuve du mal constitue une connaissance plus exacte du bien chez les êtres dont la puissance est trop faible pour connaître le mal de science certaine avant de l'avoir éprouvé (trad. Bréhier).

aussi dans la nature de ces corps d'être malades [...], de même en est-il aussi des vertus des âmes humaines, de la tempérance, de la justice, de la prudence et de tout le reste de leur chœur : celui-ci n'existerait pas s'il n'était pas dans la nature des âmes humaines de devenir mauvaises, mais qu'elles eussent je ne sais quelles vertus angéliques ou divines, mais certainement pas des vertus humaines. Car ces âmes sont par nature telles qu'elles peuvent dévier vers la méchanceté. Donc, si les vertus humaines et la santé corporelle sont bonnes, et s'il fallait qu'existent non seulement les réalités bonnes, premières et pures, qui tirent leur existence de la source même du Bien, mais s'il fallait qu'existent également les réalités bonnes intermédiaires et dernières, il était nécessaire aussi non pas qu'existent – car elles n'ont pas d'existence à titre premier – mais qu'existent d'une manière adventice par rapport aux êtres, même les déviations des réalités bonnes capables de dévier (trad. I. Hadot).

Des citations des traités I 1 [53] et III 4 [28] se lisent chez le Ps.-Simplicius, *in De Anima* (voir Henry **118**, p. 236 et 221).

Philopon cite le traité I 1 [53] dans ses commentaires sur les *Premiers Analytiques* et sur le *De Anima* (voir Henry **118**, p. 236) ; dans l'*in De An.* aussi le traité III 4 [15] est cité, et dans le *De Aet. mundi* on trouve d'amples citations des traités II 1 [40], IV 5 [29], VI 7 [38] : voir Henry **118**, p. 271-274 ; aux p. 283-284, liste d'un certain nombre d'autres lieux où Philopon mentionne Plotin : les doctrines qui y sont évoquées remontent aux traités IV 7 [2], V 9 [5], VI 9 [9]. Philopon aussi, comme Jamblique, Thémistius et Proclus, emprunte tacitement à la partie de IV 7 [2] perdue dans la tradition directe : voir *De Aet. mundi*, p. 252, 19-22 Rabe = IV 7 [2], 8^5, 35-36, cité par Henry **159**, p. 119 n. 2, et Baltes et D'Ancona **244**, p. 31 et n. 38. Henry **118**, p. 276-277, compare le texte de VI 7 [38], 1, 48-61 avec trois citations présentes dans le *De Aet. mundi* (II 5, p. 39, 2-5, IV 16, p. 101, 12-25 et XVI 3, p. 571, 20 - 572, 8 Rabe), et montre que le texte tel qu'il est cité par Philopon est correct, tandis que tous les mss des *Ennéades* présentent un saut du même au même à la ligne 48. Puisque Philopon cite littéralement des traités situés dans chacun des trois σωμάτια des *Ennéades*, on peut conclure (i) qu'un exemplaire des *Ennéades* était présent à Alexandrie au VIe siècle et que (ii) il contenait IV 7 [2] sans lacune ; en outre, la situation textuelle du passage de VI 7 [38] que l'on vient d'évoquer montre (iii) que le manuscrit en question à cet endroit était correct, tandis que l'archétype de la tradition directe (ou son modèle) avait ici un saut du même au même – si l'on accepte le texte tel qu'il est cité par Philopon ; les éditeurs ont changé d'avis à ce propos (comparer Henry et Schwyzer **3** et **4** *ad loc.*). Dans le cas de Philopon aussi, un bilan complet des emprunts plotiniens reste à dresser; pour le *De Aet. mundi*, voir **266** C. Scholten, « Unbeachtete Zitate und doxographische Nachrichten in der Schrift *De aeternitate mundi* des Johannes Philoponos », *RhM* 148, 2005, p. 202-219, en part. p. 214-215 (emprunt de Philopon à IV 5[29]).

Olympiodore (➳O 17) cite I 3 [20], 3.5-7 dans les *Prolegomena*, p. 9, 37 - 10, 2 Busse. Dans le commentaire sur les *Catégories*, il cite Plotin deux fois : (i) à la p. 49, 5-8 Busse, il évoque la solution proposée par Plotin d'une aporie, témoignage à rejeter selon **267** C. Luna, *Simplicius. Commentaire sur les Catégories d'Aristote, Chapitres 2-4*, trad. par Ph. Hoffmann, commentaire par C. Luna, coll. « Anagôgê », Paris 2001, p. 273, n. 2 ; (ii) à la p. 94, 13-16 Busse, Olympiodore évoque VI 3 [44], 12. Dans le commentaire sur l'*Alcibiade I*, § 9, 16-19 Westerink, il compare le premier traité des *Ennéades*, I 1 [53] avec le dialogue de Platon, et soutient que le *skopos* des deux écrits est identique, à savoir, montrer que l'homme est son âme ; on retiendra ici de ce témoignage surtout la manière dont Olympiodore cite le traité de Plotin : τὸ α´ κεφάλαιον τὸ ἐν ταῖς Ἐννεάσι, τί τὸ ζῷον καὶ τίς ὁ ἄνθρωπος. Dans le commentaire sur le *Phédon*, Olympiodore cite Plotin trois fois : (i) *in Phaed.*, 1, § 8, 17-18 Westerink, citation du titre du traité I 9 [16] ; voir la note *ad loc.* (Westerink **257**, p. 49) : selon Westerink, Olympiodore n'a le souvenir que du titre du traité, pas de son contenu, qu'il évoque de manière erronée ; voir aussi **268** L G. Westerink, « Elias und Plotin », *ByzZ* 57, 1964, p. 26-32, en part. p. 27-28 et 32 (repris dans Westerink **253**, p. 93-99) ; (ii) *in Phaed.*, 8, § 2, 12-20 Westerink, citation du traité I 2 [19], 7, 2-6 : le passage est cité et traduit *in extenso* dans Marinus **255**, p. XCIV-XCV ; (iii) *in Phaed.*, 13 § 4, 10-18 Westerink, résumé extrêmement synthétique de l'argumentation de IV 7 [2] pour prouver l'immortalité de l'âme. Enfin, Olympiodore cite Plotin trois fois dans le commentaire sur le *Gorgias* : (i) *in Gorg.* 18, 9, p. 106, 1-5 Westerink : citation (non littérale) de I 4 [46], 7, 30-31 ; (ii) *in Gorg.*, 48, 5, p. 254, 7-13 Westerink : résumé de II 3 [52], 2 ; (iii) *in Gorg.*, 50, 2, p. 263, 8-9 Westerink : citation presque littérale de I 6 [1], 8, 22.

Élias (➳E 15), *in Isag.*, p. 15, 23 - 16, 2 Busse cite le titre du traité I 9 [16], mais Busse, dans sa note *ad loc.*, observe que l'argument avancé par Élias ne se retrouve pas dans ce traité.

Dans le commentaire anonyme sur l'*Isagogé*, dit du ps.-Élias, on trouve trois mentions de Plotin : (i) *in Isag.*, 12, §§ 13-14 Westerink, le ps.-Élias mentionne un “troisième argument” contre le suicide, parallèle à celui d'Élias cité ci-dessus, sans pourtant indiquer (comme le fait en revanche Élias) le titre du traité I 9 [16] ; le ps.-Élias mentionne aussi un quatrième argument, mis en place par Proclus qui commente Plotin (en l'occurrence, I 4 [46]) ; voir Westerink **252** et **268** ; pour tout ce dossier, on se reportera à Luna et Segonds **254**, n° (25) ; (ii) *in Isag.*, 12, § 29 Westerink : citation presque littérale de I 3 [20], 3, 5-7 ; (iii) 27, §§ 3-6 Westerink : citation de *VP* 1, 1-9.

David l'Invincible (⇒D 23) cite le traité I 9 [16] : pour les hypothèses émises à ce sujet, voir Henry **224**, p. 181-182 et Luna et Segonds **254** n° (25). De même, dans *in Isag.*, p. 149, 6-11 Busse, David évoque VI 3 [44], 12. Notons enfin qu'Henry **118**, p. 285-310, consacre un chapitre aux citations plotiniennes chez les érudits du Xᵉ au XIVᵉ siècle : la *Souda*, Nicéphore Grégoras, le ps.-Lydus.

En conclusion, tout au long des six siècles qui séparent l'édition porphyrienne de la production de l'archétype, on peut localiser des exemplaires des *Ennéades* à Rome, à Apamée, à Constantinople, à Athènes et à Alexandrie, probablement aussi en Sicile, à Césarée et à Scythopolis.

Les traductions de l'Antiquité tardive à la Renaissance

Marius Victorinus

Dans une relation évidente avec la fin du bilinguisme grec-latin qui s'annonce déjà au IVᵉ siècle (voir surtout **269** J. Irigoin, « La culture grecque dans l'Occident latin du IVᵉ au VIIᵉ siècle », dans **270** *Atti del IX congresso internazionale di studi sulla Sicilia antica*, Roma 1999, repris dans **271** *Id.*, *La tradition des textes grecs. Pour une critique historique*, coll. « L'Âne d'Or », Paris 2003, p. 503-519), Marius Victorinus a traduit en latin un certain nombre d'œuvres philosophiques grecques. Outre l'*Isagoge* de Porphyre (trad. partiellement conservée) et peut-être les *Catégories* et le *De Int.* aristotéliciens (trad. perdues), Victorinus a traduit aussi une partie des *Ennéades*, si ce sont bien les *Ennéades* que désigne l'expression *libri platonicorum* chez Augustin, *Conf.* VIII 2, 3 : « ...*ubi autem commemoravi legisse me quosdam libros Platonicorum, quos Victorinus quondam rhetor urbis Romae, quem christianum defunctum esse audieram, in latinam linguam transtulisset* ». L'identification des *libri platonicorum* avec les *Ennéades* n'a pas fait l'unanimité des savants : affirmée par Henry **224**, p. 44-62, elle est refusée par **272** W. Theiler, « Porphyrios und Augustin », *Schriften d. Königsberger Gelehrten Gesellschaft. Geisteswiss. Kl.* 10, 1933, p. 1-74 (repris dans Theiler **71**, p. 160-251), qui pense que les *libri platonicorum* cités par Augustin sont des ouvrages de Porphyre. Analyse des passages où Augustin cite Plotin nommément et discussion de la variante "Plotini] Platonis" dans le passage du *De Beata vita* I, 4 : « *lectis autem Plotini paucissimis libris* », dans Henry **224**, p. 79-89 ; examen comparé du témoignage du *De Beata vita* et des *Confessions* aux p. 89-95 ; Henry aboutit à la conclusion que « cet accord substantiel entre les deux récits, celui de novembre 386 et celui des environs de l'an 400, nous autorise à identifier, avec une absolue certitude, les *platonicorum libri* des *Confessions* et les *Plotini paucissimis libris* du *De beata vita*. [...] S'il est vrai que dans le récit des *Confessions* Augustin vise avant tout les ouvrages de Plotin, il s'ensuit que Victorinus a bien réellement traduit les *Ennéades*. [...] Victorinus a-t-il traduit les *Ennéades* en entier ? Rien absolument ne permet de l'affirmer ». En effet **273** H. Dörrie, « Porphyrios als Mittler zwischen Plotin und Augustin », dans **274** *Antike und Orient im Mittelalter*, coll. « Miscellanea Mediaevalia » 1, Berlin 1962, p. 26-47, repris dans Dörrie **34**, p. 454-473, en part. p. 466, n. 30 (de la réimpr.), se demande s'il ne s'agissait pas d'une « Einzel-

Übersetzung » du traité I 6 [1], cité par Ambroise en 386, c'est-à-dire à l'époque où Augustin situe la lecture des *libri platonicorum*. **275** P. Hadot, *Marius Victorinus. Recherches sur sa vie et ses œuvres*, Paris 1971, p. 201-210 envisage les traités I 2 [19], I 6 [1] et I 8 [51], mais souligne que l'on doit se résigner à ignorer quels traités ont été traduits par Victorinus. Le fait qu'Augustin utilise dans des œuvres postérieures à 386 un ensemble plus large d'écrits de Plotin soulève la question de sa connaissance du grec : rudimentaire au début, elle lui aurait permis ensuite de puiser directement aux *Ennéades*. Selon Henry **224**, p. 133-137, il est vraisemblable qu'Augustin, à l'époque où il a rédigé le *De Civitate Dei*, a lu les *Ennéades* en grec ; une position plus nuancée est soutenue par **276** H.-I. Marrou, *Saint Augustin et la fin de la culture antique*, coll. *BEFAR* 145 et 145 bis, 1938 et 1949, 1958⁴ (réimpr. Paris 1983), p. 27-46, en part. p. 35 : puisqu'Augustin aurait difficilement trouvé le temps de perfectionner son grec, deux hypothèses sont envisageables : soit il s'est borné à corriger la version de Victorinus (qu'il faut alors imaginer assez vaste), soit il a été aidé par quelqu'un qui savait le grec dans la communauté monastique d'Hippone ; voir aussi **277** P. Courcelle, *Les lettres grecques en Occident, de Macrobe à Cassiodore*, Paris 1943, 1948², p. 137-194 (de l'éd. 1948) : à l'époque où les ouvrages des "platoniciens" ont eu la plus grande influence sur lui, Augustin ne pouvait pas lire le grec, et il a donc utilisé des traductions latines ; vers la fin de sa vie il pouvait lire et traduire couramment le grec, mais c'était la littérature ecclésiastique qui retenait son attention à cette époque. Les citations examinées par Henry **224**, p. 120-138, proviennent des traités I 6 [1] ; III 2 [48] ; IV 3 [27] ; V 1 [10] et V 6 [34] (auxquels on ajoutera I 4 [46], au témoignage de son biographe Possidius). Par la suite, le nombre des traités plotiniens connus par Augustin a été considérablement élargi par les chercheurs : pour une mise à jour critique des études, voir **278** G. Catapano, *L'idea di filosofia in Agostino*, coll. « Subsidia Mediaevalia Patavina » 1, Padova 2000, p. 59, 69-70, 112, 121-23, 128, 134, 225.

Passages de Plotin en syriaque

Quelques passages de Plotin existent dans une version syriaque de la fin du VIIᵉ s. ou du début du VIIIᵉ : il s'agit des passages repris par Jean de Scythopolis dans ses scholies sur le corpus pseudo-aréopagitique (voir Beierwaltes et Kannicht **261** ; Beierwaltes **262**). Les scholies de Jean de Scythopolis ont été traduites en syriaque par Phocas bar Sargīs d'Édesse : voir **279** R. M. Frank, « The Use of the *Enneads* by John of Scythopolis », *Muséon* 100, 1987, p. 101-108 (repris dans **280** *Id.*, *Philosophy, Theology and Mysticism in Medieval Islam*, coll. « Variorum Collected Studies Series » 833, Aldershot/Burlington 2005). La traduction syriaque des scholies remonte au début du VIIIᵉ siècle selon Frank **279**, p. 101 n. 3 ; aux alentours de l'année 684, selon **281** S. Brock, « A Syriac Intermediary for the Arabic *Theology of Aristotle* ? In Search of a Chimera », dans D'Ancona **175**, p. 293-306, en part. p. 296 et n. 18. Ces fragments de Plotin en syriaque sont peu nombreux et transmis de manière indirecte ; en revanche, l'hypothèse a été avancée de l'existence d'une version syriaque ample et directe des écrits de Plotin, qui aurait servi d'intermédiaire dans la transmission de Plotin au monde arabe : voir **282** A. Baumstark, «Zur Vorgeschichte der arabischen Theologie des Aristoteles», *OC* 2, 1902, p. 187-191. Cette hypothèse a été reprise par plusieurs savants : c'est l'hypothétique version syriaque (perdue) qui aurait été traduite en arabe, et qui serait donc le modèle de la pseudo-*Théologie d'Aristote*. L'hypothèse a été ensuite abandonnée : voir **283** F. W. Zimmermann, «The Origins of the so-called *Theology of Aristotle*», dans **284** J. Kraye, W. F. Ryan et C.-B. Schmitt (édit.), *Pseudo-Aristotle in the Middle Ages : the "Theology" and Other Texts*, coll. «Warburg Institute Surveys and Texts» London 1986, p. 110-240, en part. p. 113-118, et Brock **281**, dont on retiendra la conclusion, p. 305 : «While the existence of a *Syriac* intermediary now appears unlikely, Christian Neoplatonist circles of the sixth century do seem to provide a milieu that could explain a number of features in the *Theology* and related texts».

La version arabe

Le texte qui contient la plus grande partie des extraits des *Ennéades* traduits en arabe est la *Théologie d'Aristote*, accessible dans deux éditions non critiques : **285** F. Dieterici, *Die sogenannte Theologie des Aristoteles aus arabischen Handschriften zum ersten Mal herausgegeben*, Leipzig 1882 (réimpr. Amsterdam 1965, Hildesheim 1965, 1969) et **286** ʿA. Badawī, *Aflūṭīn ʿinda l-ʿArab*, coll. «Dirasāt Islāmiyya» 20, Le Caire 1966, auxquelles s'ajoutent trois traductions : **287** F. Dieterici, *Die sogenannte Theologie des Aristoteles aus dem Arabischen übersetzt und mit Anmerkungen versehen*, Leipzig 1883 (réimpr. Hildesheim 1969), **288** *Plotiniana Arabica anglice vertit* G. Lewis, en vis-à-vis du texte grec de l'*editio maior* (voir Henry et Schwyzer **3**) ; **289** L. Rubio, *Pseudo-Aristóteles. Teología*. Traducción del árabe, introducción y notas, coll. «Filosofía», Madrid 1978.

Deux autres textes arabes sont tirés des *Ennéades* : une doxographie appelée par les savants modernes "Dits du Sage grec", et une épître *Sur la Science divine* faussement attribuée au philosophe al-Fārābī. Une partie des "Dits du Sage grec" a été éditée et traduite en anglais par **290** F. Rosenthal, «Aš-Šayḫ al-Yūnānī and the Arabic Plotinus Source», *Orientalia* 21, 1952, p. 461-492 ; 22, 1953, p. 370-400 ; 24, 1955, p. 42-65 (repris dans **291** *Id.*, *Greek Philosophy in the Arab World. A Collection of Essays*, coll. «Collected Studies Series» 322, Greath Yarmouth 1990) ; voir aussi Badawī **286**, p. 184-194 (édition de quelques passages en plus par rapport à Rosenthal **290**) ; traduction anglaise par G. Lewis, dans Henry et Schwyzer **3** : cette traduction comprend aussi un certain nombre de passages anonymes, mais remontant aux *Ennéades*, qui avaient échappé à Rosenthal et à Badawī. L'épître *Sur la Science divine* a été découverte par **292** P. Kraus, «Plotin chez les Arabes. Remarques sur un nouveau fragment de la paraphrase arabe des *Ennéades*», *BIE* 23, 1941, p. 263-295 ; l'édition et la traduction française de Kraus ont été publiées à titre posthume par **293** G. Anawati, «Le néoplatonisme dans la pensée musulmane. État actuel des recherches», dans *Plotino e il neoplatonismo* **78**, p. 339-405 (réimpr. dans **294** *Id.*, *Études de philosophie musulmane*, coll. «Études Musulmanes» 15, Paris 1974, p. 155-221), en part. p. 366-405 ; voir aussi

Badawī **286**, p. 167-183 (texte arabe) et la trad. anglaise de G. Lewis, dans Henry et Schwyzer **3**.

Pour les nombreux problèmes posés par ces trois textes (époque de composition ; motifs de leur composition ; rapports mutuels des trois textes ; nature et influence de la pseudo-*Théologie d'Aristote*) et en général pour l'histoire des études, on se reportera à la Notice de **295** M. Aouad, « La *Théologie d'Aristote* et autres textes du *Plotinus Arabus* » (☞A 414), p. 541-590 ; seuls les points concernant directement l'histoire textuelle des *Ennéades* sont traités ici.

Le *terminus ante quem* de la version arabe des écrits de Plotin est 842, dernière année de règne du calife Abū Isḥāq al-Muʿtaṣim (r. 833-842) : la *Théologie d'Aristote* a été en effet « corrigée » pour Aḥmad, le fils d'al-Muʿtaṣim, ce qui implique qu'à l'époque de la "correction" les parties des *Ennéades* reprises en arabe avaient déjà été traduites. Cette information se lit dans l'*incipit* du Prologue qui ouvre la *Théologie d'Aristote*. Le Prologue est une pièce indépendante du texte de Plotin et contient des indications précieuses sur les buts de la version arabe des écrits plotiniens (p. 3-7 dans l'éd. Badawī ; l'indication d'Aḥmad ibn al-Muʿtaṣim comme destinataire de l'ouvrage corrigé, à la p. 3, 8 Badawī) ; l'*incipit* donne le nom de l'auteur de cette "correction", à savoir le philosophe arabe Abū Yūsuf Yaʿqūb ibn Isḥāq al-Kindī (p. 3, 8-9 Badawī : al-Kindī était en effet le précepteur du fils d'al-Muʿtaṣim), ainsi que le nom du traducteur, ʿAbd al-Masīḥ ibn ʿAbd Allāh ibn Nāʿima al-Ḥimṣī, c'est-à-dire d'Émèse (p. 3, 7 Badawī).

L'ouvrage traduit en arabe à Bagdad par Ibn Nāʿima al-Ḥimṣī et corrigé par al-Kindī à l'intention du fils du calife n'est pas désigné sous son vrai titre, *Ennéades*, ni attribué à Plotin : l'incipit du Prologue dit au contraire qu'il s'agit du « Livre du philosophe Aristote nommé en grec *Uṯūlūǧiyyā* : c'est un discours sur la souveraineté divine *(qawl ʿalā al-rubūbiyya)*, commentaire de Porphyre le Syrien » (p. 3, 4-6 Badawī). Malgré ses conséquences décisives pour la philosophie arabo-musulmane, la fausse attribution à Aristote ne peut être discutée ici : pour le *status quaestionis* jusqu'à 1989, voir Aouad **295** ; pour les développements ultérieurs de la recherche, l'étude fondamentale à propos du contexte culturel, qui explique l'attribution à Aristote, est **296** G. Endress, « The Circle of al-Kindī. Early Arabic Translations from the Greek and the Rise of Islamic Philosophy », dans **297** G. Endress et R. Kruk (édit.), *The Ancient Tradition in Christian and Islamic Hellenism*. Studies on the Transmission of Greek Philosophy and Sciences dedicated to H. J. Drossaart Lulofs on his ninetieth birthday, coll. « CNWS Publications » 50, Leiden 1997, p. 43-76 ; voir aussi **298** C. D'Ancona, « Pseudo-*Theology of Aristotle*, Chapter I : Structure and Composition », *Oriens* 36, 2001, p. 78-112.

Les trois textes arabes qui contiennent des extraits des écrits de Plotin – pseudo-*Théologie d'Aristote*, "Dits du Sage grec" et *Épître sur la science divine* – partagent tous le même style, le même vocabulaire et des infléchissements doctrinaux caractéristiques, qui permettent de dire qu'ils sont issus d'une unique "Arabic Plotinus Source" : voir Rosenthal **290** et **299** G. Endress, *Proclus Arabus. Zwanzig Abschnitte aus der Institutio Theologica in arabischer Übersetzung*, coll. « Beiruter

Texte und Studien» 10, Wiesbaden/Beirut 1973, en part. p. 62-241. À en juger par ce qui nous est parvenu à travers ces trois textes, la version arabe concernait seulement des traités des ennéades IV-VI (= IIe et IIIe σωμάτια) ; on a pourtant des raisons de croire que les ennéades I-III aussi étaient connues (= Ier σωμάτιον) : voir ci-dessous. La dépendance directe de la version arabe par rapport au texte ennéadique a été établie par Schwyzer **186** : pour expliquer les différences parfois très évidentes et le désordre du texte arabe par rapport à l'original grec, on avait jadis émis l'hypothèse que l'arabe s'appuyait non pas sur les *Ennéades*, mais sur un autre texte (compte rendu de l'enseignement oral de Plotin, ou textes perdus de Porphyre, ou traduction syriaque des *Ennéades* réaménagée, et d'autres hypothèses encore : pour toutes ces hypothèses, voir Aouad **295**) ; or, Schwyzer **186** a démontré que la version arabe dépend de l'édition de Porphyre, dont elle reproduit la coupure artificielle entre IV 3 [27] et IV 4 [28] (voir plus haut, "Les *Ennéades*"), ainsi que d'autres particularités. À cet élément décisif, l'examen du texte de la *Théologie d'Aristote* permet d'en ajouter un autre, qui a déjà été mentionné (voir plus haut, "La tradition manuscrite") : le manuscrit des *Ennéades* dont Ibn Nā'ima al-Ḥimṣī s'est servi pour sa traduction contenait le traité IV 7 [2] en bon état, c'est-à-dire non affecté par la lacune qui allait se produire dans l'archétype (qui date, rappelons-le, de la fin du IXe siècle, s'il faisait partie de la "Collection Philosophique"). Si cela invite à avoir recours à la version arabe comme à un témoin – même s'il est indirect – du texte pré-archétypique, la nature de la version impose la prudence : premièrement, le texte de Plotin n'a pas toujours été bien compris ; deuxièmement, la version arabe est remaniée, par endroits très profondément. Aouad **295**, p. 561-562, fait état des études antérieures à 1989 qui ont pris en compte le témoignage de la version arabe pour l'établissement du texte grec, ou ont comparé le grec et l'arabe à d'autres titres ; pour la période postérieure à 1989, voir aussi **300** C. D'Ancona, «Porphyry, Universal Soul and the Arabic Plotinus», *ASPh* 9, 1999, p. 47-88 ; **301** M. Fattal, «Postérité médiévale arabe du *logos* plotinien dans la pseudo-*Théologie d'Aristote*», dans **302** M. Fattal (édit.), *Études sur Plotin*, Paris/Montréal 2000, p. 217-252 ; **303** P. Bettiolo *et al.*, Plotino. *La discesa dell'anima nei corpi (Enn. IV 8[6]). Plotiniana Arabica (pseudo-Teologia di Aristotele, capitoli 1 e 7 ; "Detti del Sapiente Greco")*, coll. «Subsidia Mediaevalia Patavina» 4, Padova 2003 (comparaison systématique de la version arabe de IV 8 [6] avec le texte grec) ; **304** C. D'Ancona, «The Arabic Version of *Ennead* IV 7[2] and its Greek Model», dans **305** J. M. Montgomery (édit.), *Arabic Theology, Arabic Philosophy. From the Many to the One : Essays in Celebration of Richard M. Frank*, coll. «Orientalia Lovaniensia Analecta» 152, Leuven 2006, p. 127-156 ; **306** C. et B. G. Bucur, «The Place of Splendor and Light. Observations on the Paraphrasing of *Enn*. 4.8.1 in the *Theology of Aristotle*», *Muséon* 119, 2006, p. 271-292 ; **307** D. Gutas, «The Text of the Arabic Plotinus. Prolegomena to a Critical Edition», dans D'Ancona **175**, p. 371-384.

Si, d'un côté, l'indépendance du modèle grec perdu de la traduction arabe par rapport à l'archétype de la tradition directe permet, dans les cas de faute commune à toute la tradition, d'avoir recours au témoignage de la version arabe (tout en tenant compte des particularités de celle-ci), de l'autre cette indépendance rend vaine la tentative d'établir des rapports privilégiés entre la traduction arabe et tel ou tel témoin de la tradition directe, comme on a parfois essayé de le faire (voir par ex. Gutas **307**, p. 373).

Comme on vient de le voir, la version arabe permet d'affirmer qu'un exemplaire des *Ennéades* exempt de la lacune à l'intérieur de IV 7 [2] était parvenu à Bagdad au début du IXe siècle. Plus complet que l'archétype en ce qui concerne le IIe σωμάτιον, cet exemplaire était-il mutilé du Ier σωμάτιον? On peut le penser, puisque seuls des écrits appartenant aux IIe et IIIe σωμάτια ont été retrouvés en arabe. Mais aussi bien le Prologue de la pseudo-*Théologie* (p. 3, 6 Badawī) que le début des "têtes des questions, *ru'ūs al-masā'il*" (p. 8, 4 Badawī; voir ci-dessous) mentionnent Porphyre comme l'auteur du "commentaire, *tafsīr*", ce qui témoigne de la connaissance de la *VP*, à la fin de laquelle Porphyre dit avoir doté l'édition de commentaires (ὑπομνήματα), de sommaires (κεφάλαια), et d'arguments (ἐπιχειρήματα): voir plus haut, "Les *Ennéades*", *sub fin.*; sur la circulation de la *VP* dans le monde arabe médiéval, voir **308** P. Thillet, « Was the *Vita Plotini* known in Arab Philosophical Circles? » dans **309** S. Stern-Gillet et K. Corrigan (édit.), *Reading Ancient Texts*, t. II: *Aristotle and Neoplatonism*. Essays in Honour of Denis O'Brien, Leiden/Boston 2007, p. 199-210, qui voit dans la *VP* un écrit de Porphyre auquel fait allusion Avicenne, et retrouve des emprunts à des traités localisés dans le Ier σωμάτιον chez Abū Sulaymān al-Siğistānī (m. vers 987). Trois éléments suggèrent que l'exemplaire des *Ennéades* qui était parvenu à Bagdad était complet, et que la présence en arabe de certains traités seulement est le résultat d'un choix: (i) l'écho terminologique, dans l'expression "têtes des questions, *ru'ūs al-masā'il*", des κεφάλαια mentionnés par Porphyre, écho qui suggère la connaissance de la *VP*; (ii) l'écho dans la pseudo-*Théologie* d'un traité du Ier σωμάτιον (voir Zimmermann **283**, p. 138); (iii) le fait que même dans le cas des IIe et IIIe σωμάτια, d'où proviennent les traités traduits, on constate des lacunes qui ne semblent pas accidentelles: de l'ennéade VI, seuls les traités *Comment la multiplicité des idées a été produite et sur le Bien* (VI 7 [38]) et *Du Bien, ou de l'Un* (VI 9 [9]) ont été traduits; le fait que des traités comme *Sur les genres de l'être* (VI 1-3 [42-44]) n'ont laissé aucune trace en arabe autorise l'hypothèse d'un choix des traités à traduire, si l'on tient compte du fait que les ennéades IV (sur l'âme) et V (sur le monde intelligible) ont été traduites presque en entier.

Une des parties dont la pseudo-*Théologie d'Aristote* se compose, c'est-à-dire les "têtes des questions, *ru'ūs al-masā'il*", situées entre le Prologue et la version des écrits de Plotin, peut donner des indications sur la structure textuelle du modèle grec de la traduction. La plupart des chercheurs s'accordent pour relier les "têtes des questions" aux κεφάλαια porphyriens, même s'il y a des exceptions (dossier des opinions dans Goulet-Cazé **29**, p. 323-325, et dans Aouad **295**, p. 548-550). Si l'on accepte que les "têtes des questions" arabes reflètent l'un ou l'autre des compléments porphyriens à l'édition des écrits de Plotin, leur présence permet de conclure qu'un de ces compléments au moins était joint à l'édition, même s'ils n'étaient plus présents dans l'archétype (rappelons qu'en effet aucun de ces compléments ne nous est parvenu en grec). Bien que le Plotin arabe se caractérise non seulement par des altérations du texte, mais aussi par son morcellement et par le déplacement des morceaux – ce qui impose la plus grande prudence dans toute hypothèse concernant le modèle grec de la traduction –, il est possible de tirer du texte arabe quelques indications au sujet des compléments porphyriens. Dans les manuscrits de la pseudo-*Théologie d'Aristote*, les "têtes des questions" sont situées entre le Prologue et le début de la version de Plotin (leur déplacement à la fin du texte effectué par Dieterici **285** est donc particulièrement malencontreux). On peut donc imaginer que dans le modèle grec de la traduction les compléments porphyriens qui ont donné naissance aux "têtes des questions" se trouvaient avant les traités de Plotin. En effet, il est possible d'établir un lien entre les "têtes des questions" arabes et des traces qui ont survécu dans la tradition manuscrite grecque, l'intérêt de ce rapprochement entre le témoignage arabe et la tradition textuelle grecque étant évidemment celui de reconstruire, à travers l'arabe, la nature des compléments porphyriens qui ne sont pas arrivés jusqu'à nous : essai de reconstruction dans une étude de l'auteur de cette Notice, **310** «The Textual Tradition of the Arabic Plotinus. The *Theology of Aristotle*, its "Headings of the Questions", and the Greek model of the Arabic Version"», à paraître dans les Actes du Colloque organisé par A. van Oppenraay, "The Letter before the Spirit. The Importance of Text Editions for the Study of the Reception of Aristotle", Huygens Instituut, Den Haag, 2-5 June 2009.

La version arabe a joué un rôle important dans l'histoire de la philosophie : elle a en effet transmis sous le nom d'Aristote les doctrines de Plotin aux philosophes de langue arabe et juive. Mais elle a une certaine importance aussi du point de vue de la reconstruction de l'histoire textuelle des *Ennéades*.

La traduction latine de Marsile Ficin

Pendant dix siècles, la connaissance directe de Plotin s'est perdue dans le monde latin. Sa pensée a toutefois exercé une influence indirecte sur les philosophes médiévaux, de façon constante à travers Augustin, et par vagues successives à travers le Ps.-Denys l'Aréopagite et les textes arabes traduits en latin à la fin du XIIe s. En effet, outre les grandes thèses de la philosophie néoplatonicienne dont Plotin est le créateur, le Moyen Age latin a connu aussi des doctrines spécifiquement plotiniennes, non partagées par ses successeurs (notamment Proclus), et ce par le biais d'ouvrages qui ne conservent même pas la trace de son nom. Il s'agit tout d'abord du *Liber de Causis* (voir **311** C. D'Ancona et R. Taylor, notice «Le *Liber de causis*», *DPhA Suppl.*, p. 599-647). Ce texte est issu des *Éléments de Théologie* de Proclus, mais il a été influencé sur des points décisifs par la pseudo-*Théologie d'Aristote*, c'est-à-dire par Plotin. Les traductions d'Avicenne, qui s'était inspiré de la *Théologie* pour certaines de ses thèses les plus caractéristiques, ont, elles aussi, transmis au Moyen Âge latin, de manière anonyme et indirecte, des doctrines typiquement plotiniennes. La question riche et complexe de l'influence de Plotin sur la pensée philosophique du Moyen Âge ne saurait être abordée ici, si ce n'est pour rappeler que, même si les philosophes médiévaux de langue latine ont à peine connu le nom de Plotin et son affiliation platonicienne, et même si ceux de langue arabe ont lu ses écrits sous la fausse attribution à Aristote, la pensée de Plotin a exercé une influence profonde, surtout en ce qui concerne ses doctrines sur le Premier Principe et sur l'âme humaine.

Le monde de langue latine a eu à nouveau accès aux *Ennéades* à la fin du XVe siècle, grâce à la traduction de Marsile Ficin. Aperçu général par **312** D. J. O'Meara, « Plotinus », dans **313** V. Brown, P. O. Kristeller et F. E. Kranz (édit.), *Catalogus Translationum et Commentariorum. Mediaeval and Renaissance Translations and Commentaries* VII, Washington, D.C. 1992, p. 55-73. La première circulation du texte de Plotin en Italie, dès le début du XVe siècle, est étudiée par **314** E. Garin, « Plotino nel Rinascimento », dans *Plotino e il neoplatonismo* **78**, p. 537-552 : les humanistes Pietro Miani, Leonardo Giustinian, Francesco Filelfo, Francesco Barbaro, ensuite Ermolao Barbaro et surtout Palla Strozzi, possédaient des mss de Plotin ou en cherchaient, et Garin insiste sur le fait que cette recherche est « non solo preficiniana, ma di un ambiente diverso da quello in cui si formerà Ficino » (p. 539). En Occident, des Grecs aussi lisent Plotin : les discussions théologico-philosophiques à l'occasion du Concile de Ferrare-Florence des années 1438-1439 font ressortir les lectures plotiniennes de Bessarion (qui possédait et avait annoté plusieurs mss des *Ennéades* : voir Henry **209**, p. 69-72 ; 153 ; 222-224 ; 263 ; 292), Gennade Scholarios, Pléthon.

Une connaissance nouvelle et bien plus riche du texte de Plotin est due à l'arrivée à Florence d'un manuscrit des *Ennéades* acheté par Cosme de Médicis et utilisé par Marsile Ficin. Aussi bien Henry **209**, p. 30-32 que **315** H. D. Saffrey, « Florence 1492 : réapparaît Plotin », *FZPT* 42, 1995, p. 133-151 (version anglaise de cette étude, *RenQ* 49, 1996, p. 488-508, reprise dans Saffrey **183**, p. 276-293), pensent que ce manuscrit, apporté de Constantinople par Giovanni Aurispa en 1423, acheté d'abord par Niccolò Niccoli et par la suite, en 1441, par Cosme de Médicis, est bien le *Laur.* 87, 3 (sigle : A) ; rien ne le prouve selon Garin **314**, p. 537. Toujours selon Henry **209** et Saffrey **315**, en 1460, on a fait une copie de ce ms, sur demande de Cosme ou de Ficin lui-même, par Jean Scoutariotès : c'est cette copie – le *Paris. gr.* 1816 (sigle : F) – qui « a servi à Ficin pour préparer sa traduction » selon Henry **209**, p. 51 ; voir aussi **316** P. Henry, « Les manuscrits grecs de travail de Marsile Ficin, le traducteur des *Ennéades* de Plotin », dans **317** *Association Guillaume Budé. Congrès de Tours et Poitiers. Actes du Congrès*, Paris 1954, p. 323-328, et Saffrey **315**. Description du ms *Laur.* 87, 3 et du ms *Laur.* 82, 10-11, c'est-à-dire l'« esemplare di dedica » à Laurent de Médicis de la traduction ficinienne, par **318** S. Gentile, « Scheda 23 » et « Scheda 115 », dans S. Gentile, S. Niccoli et P. Viti (édit.), *Marsilio Ficino e il ritorno di Platone* (17 maggio-16 giugno 1984), Firenze 1984, p. 31-32, et 147-150. Sur les annotations de Ficin dans le ms A, déjà reconnues par Holstenius, voir Henry **209**, p. 32-36 ; **319** Ch. Förstel, « Marsilio Ficino e il Parigino Greco 1816 », dans **320** S. Gentile et S. Toussaint (édit.), *Marsilio Ficino. Fonti, testi, fortuna*. Atti del convegno internazionale (Firenze, 1-3 ottobre 1999), coll. « Studi e testi del Rinascimento europeo » 30, Roma 2006, p. 65-88, qui établit que Ficin a commencé à lire Plotin bien avant 1484, date à laquelle il a entrepris la traduction des *Ennéades*. On se reportera à **321** S. Toussaint, *Introduction*, dans Plotini *Opera Omnia cum latina Marsilii Ficini interpretatione et commentatione*, fac-similé de l'édition de Bâle, Pietro Perna, 1580, Villiers-sur-Marne 2005, p. I et notes 1-6, pour les lettres de Ficin permettant de suivre les étapes de son travail de traduction.

Ficin a achevé une première traduction en janvier 1486, et la version définitive en août 1490 : voir **322** A. M. Wolters, « The First Draft of Ficino's Translation of Plotinus », dans **323** G. C. Garfagnini (édit.), *Marsilio Ficino e il ritorno di Platone. Studi e documenti*, t. I, coll. « Istituto Nazionale di Studi sul Rinascimento. Studi e Testi » 15, Firenze 1986, p. 304-329. En 1490 un manuscrit en deux tomes contenant la traduction a été offert à Laurent de Médicis (*Laur*. 82, 10-11), et en 1492 la traduction a été imprimée : **324** Marsili Ficini *Prohemium ad Laurentium Medicem. Prooemium sequitur Porphyrii Vita Plotini. Hanc Exhortatio Marsilii Florentini ad auditores. Subjicitur Argumentum M. Ficini in primum librum Plotini platonici. Hoc excipit Plotini Enneadis primae liber primus et sic porro reliqui libri reliquarum Enneadum cum suis commentariis* [...] imprcssit cx archetypo Antonius Miscominus, Florentiae 1492 (numérisation sur le site *Gallica* de la Bibliothèque Nationale de France). Toussaint **321**, p. I n. 1, mentionne les éditions postérieures (1540 par Johannes Soter, 1559 par Pietro Perna – l'éditeur de Plotin – avec Tommaso Guarino, 1562 par Guarino), ainsi que les éditions du commentaire dont Ficin avait enrichi sa traduction, et qui a été imprimé aussi bien avec la traduction que séparément.

Selon **325** J. Hankins, *Plato in the Italian Renaissance*, coll. « Columbia Studies in the Classical Tradition » 17, Leiden/New York/Köln 1994[3], II, p. 312-318, la traduction de Ficin est encore conforme à la méthode de traduction *verbum de verbo*. Pourtant, toujours selon Hankins, le souci de littéralité n'empêche pas Ficin de faire preuve d'une très grande liberté dans le choix des termes et dans l'interprétation des passages où l'expression très condensée de Plotin prête à équivoque. C'est à cause de ce double caractère à la fois de littéralité et d'interprétation philosophique parfois très prononcée que la traduction de Ficin est encore utilisée par les traducteurs modernes de Plotin. Pour le dire avec Henry **209**, p. 32 « son œuvre marquera de façon indélébile, pour les siècles à venir, la critique et l'interprétation du texte de Plotin ».

Le commentaire, écrit au fur et à mesure que la traduction progressait – comme le montrent les lettres de Ficin examinées par Toussaint **321**, p. III-IV – s'arrête à IV 3 [27], 13 : au f. 247^v de l'éd. Miscomini, Ficin informe le lecteur qu'il n'écrira plus que des annotations, de peur que l'œuvre ne devienne démesurée et chaotique (*et confusa continget interpretatio, et opus excrescet immensum*) : voir Saffrey **315**. Outre son importance extraordinaire dans l'histoire de la pensée, la traduction ficinienne a joué un rôle central aussi dans l'histoire du texte des *Ennéades* : puisque l'*editio princeps* du texte grec porte en vis-à-vis la traduction de Ficin, la division de chaque traité en chapitres établie par Ficin (et marquée par celui-ci sur le ms A : voir Förstel **319**, p. 70) a accompagné dès le début la circulation imprimée des *Ennéades*. Synthèse et bibliographie dans **326** A. Rabassini, « Il Plotino di Marsilio Ficino », *Accademia* 2, 2000, p. 39-42 ; voir aussi la bibliographie commentée de Toussaint **321**, p. XVI-XXI ; voir enfin **327** A. Rabassini, « Ficino, Plotino e il 'sommo male' », dans **328** S. Toussaint (édit.) *Marsile Ficin ou les Mystères plato-niciens*, Actes du XLIIe Colloque International d'Études Humanistes, Tours, Centre d'Études Supérieures de la Renaissance, 7-10 juillet 1999, coll. « Les Cahiers de l'Humanisme », Paris 2002, p. 139-161.

De l'editio princeps à l'édition Henry et Schwyzer

Un répertoire des incunables et des éditions de la *VP*, valable aussi pour les *Ennéades*, est fourni par **329** D. O'Brien, « Une bibliographie analytique des éditions, traductions et commentaires de la *Vie de Plotin*, 1492-1980 », dans Brisson *et al.* **9**, t. I, p. 145-186.

Pietro Perna, qui avait publié à Bâle en 1559 la traduction latine de Ficin, publia en 1580 l'*editio princeps* des *Ennéades* : **330** *Plotini Platonicorum facile coryphaei operum philosophicorum omnium libri LIV in sex enneades distributi [...] nunc primum graece editi, cum latina Marsili Ficini interpretatione et commentatione*. Basileae, ad Perneam lecythum, 1580, réimprimée sans change-ments (sauf dans le titre) encore à Bâle en 1615, et facilement accessible mainte-nant grâce à Toussaint **321**. Sur les circonstances de l'entreprise de Perna, ainsi que sur les buts qu'il se proposait en publiant Plotin, voir **331** L. Perini, *La vita e i tempi di Pietro Perna*, coll. « Studi e Testi del Rinascimento Europeo » 17, Roma 2002, p. 161-169. Sur les mss utilisés par Perna – au nombre de quatre, comme il le dit dans la *Praefatio* – voir Henry **209**, p. 295-317, dont on retiendra la synthèse, p. XLIV : « Tandis que les manuscrits proprement médiévaux ne paraissent généra-lement pas "contaminés" par des manuscrits voisins, on verra que l'édition de Bâle représente au plus haut point ce que l'on peut appeler un "état éclectique" de la tradition. Trois branches médiévales s'y mêlent inextricablement et elles y pénè-trent par des copies de la Renaissance déjà fortement "corrompues". Ce bout de chemin, extrêmement broussailleux, qui nous mène des dernières copies manuscri-tes au premier texte imprimé des *Ennéades* débouche sur le vaste champ de la critique conjecturale, dont la folle fécondité ne doit pas nous retenir ici ». Impor-tante pour l'histoire du texte de Plotin, cette remarque jette aussi de la lumière sur les principes inspirateurs de la grande édition critique de Henry et Schwyzer : l'attitude conservatrice par rapport au *textus traditus* qui caractérise cette édition, et plus particulièrement la *maior*, s'explique en partie comme une réaction à l'excès de critique conjecturale qu'Henry reproche aux éditions du XIXe siècle, et qu'il place dans la droite ligne de l'*editio princeps*.

Sur le rôle joué par l'édition de Perna dans l'interprétation du platonisme par le premier humanisme allemand, et par la suite aux Pays-Bas, en Angleterre et en

France, voir l'étude très documentée de **332** G. Varani, *Pensiero 'alato' e modernità. Il neoplatonismo nella storiografia filosofica in Germania (1559-1807)*, coll. «La filosofia e il suo passato» 25, Padova 2008, en part. p. 35-72.

Après l'*editio princeps*, les *Ennéades* n'ont été rééditées qu'en 1835 par Fr. Creuzer (avec la collaboration de D. Wyttenbach et G. H. Moser): **333** *ΠΛΩΤΙΝΟΥ ΑΠΑΝΤΑ. Plotini Opera Omnia. Porphyrii Liber de Vita Plotini cum Marsilii Ficini Commentariis et ejusdem interpretatione castigata* […], Oxonii 1835, I-III. De cette édition Henry **118**, p. 35, dit: «Commentaires et apparats critiques, riches, pénétrants, confus et démodés, ont été pillés sans vergogne. […] Il n'y a pas d'édition dont le texte soit plus proche de l'état de l'archétype». Cette édition a été republiée en un seul volume, sans les apparats critiques et sans la *VP*: **334** *ΠΛΩ-ΤΙΝΟΣ. Plotini Enneades cum Marsilii Ficini interpretatione castigata* iterum ediderunt F. Creuzer et G. H. Moser […], Paris 1855, avec la collaboration de F. Dubner. L'édition de **335** A. Kirchhoff, *Plotini Opera*, coll. *BT*, Leipzig 1856, selon Henry **118**, p. 35, «inaugure la critique conjecturale. Aucun manuscrit n'est collationné, le texte est rendu "lisible" et "plus correct" par conjecture, l'ordre traditionnel des traités est bouleversé et les titres sont rejetés en note comme n'étant pas de Plotin». Les éditions postérieures reviennent à l'ordre ennéadique: **336** Plotini *Enneades* recensuit H. F. Müller […], coll. «Sammlung griechischer und lateinischer Schriftsteller mit deutschen Anmerkungen», Berlin 1878-1880; **337** R. Volkmann, Plotini *Enneades* […], Leipzig 1882-1884, et **338** É. Bréhier, Plotin. *Ennéades*, *CUF*, Paris 1923-1938. L'édition Henry et Schwyzer se ralliant, avec quelques petits décalages, à la linéation des chapitres de l'éd. Bréhier, celle-ci demeure un point de répère fixe pour les citations.

Entre 1930 et 1937 R. Harder a publié une traduction allemande des écrits de Plotin selon l'ordre chronologique: **339** *Plotins Schriften* übersetzt von R. Harder. *Die Schriften 1-21 der chronologischen Reihenfolge*, Leipzig 1930; les deux volumes contenant la traduction des traités 22-29 et 30-38 ont paru en 1936, les volumes contenant les traités 39-45 et 46-54, plus la *Vie de Plotin*, en 1937. Tout comme Kirchhoff **335** et Gollwitzer **156**, Harder était persuadé que le «pseudo-systematische Anordnung» de Porphyre n'avait aucun avantage; l'ordre chronologique, au contraire, aurait fait ressortir au mieux la pensée de Plotin (comme dans le cas de la "Gesamtschrift" contre les Gnostiques: voir Harder **185**), opinion partagée par **340** J. H. Sleeman, «Harder's Plotinus», *CR* 51, 1937, p. 225-226. La traduction de Harder a été réimprimée entre 1956 et 1970, enrichie du texte grec et d'un volume d'annotations pour chaque groupe de traités, selon le regroupement mentionné plus haut (traités 1-21; 22-29; 30-38; 39-45 et 46-54): **341** *Plotins Schriften* übersetzt von R. Harder […], Hamburg 1956-1971. Après le vol. 1 (traités 1-21, publié en 1956) l'œuvre a été continuée, à cause de la mort prématurée de R. Harder en 1957, d'abord par W. Marg, qui a publié en 1958 le vol. 5c, contenant la *VP*; par la suite, par R. Beutler et W. Theiler; un 6ᵉ volume d'index, avec un essai de G. O'Daly, a paru en 1971. R. Beutler et W. Theiler sont les auteurs de la plupart des commentaires: dans la préface de chaque volume, les

deux savants font état des notes éventuellement laissées par Harder. Des c.r. importants ont été consacrés à cette édition : voir surtout **342** P. Hadot, *RBPH* 36, 1958,
p. 156-162 (repris dans Hadot **201**, p. 183-192) ; **343** P. Hadot, *REG* 76, 1962,
p. 278-283 (repris dans Hadot **201**, p. 193-202) ; **344** E. R. Dodds, *Gnomon* 33,
1961, p. 706-710. La traduction italienne de **345** V. Cilento, Plotino. *Enneadi* (voir
Mariën **5**) est, elle aussi, accompagnée d'un commentaire philologique détaillé.

Préparée par Henry **118** et **209** et par Schwyzer **161**, **165**, **186**, **210**, **211**, **215**,
fondée non seulement sur la tradition manuscrite et sur le travail critique du XIXᵉ
s., mais aussi sur les interprétations de Bréhier, Harder et Cilento, ainsi que sur les
remarques textuelles de **346** E. R. Dodds, « Plotiniana », *CQ* 16, 1922, p. 93-97 ;
347 J. H. Sleeman, « Notes on Plotinus. I », *CQ* 20, 1926, p. 152-154 ; *Id.*, « Notes
on Plotinus. II », *CQ* 22, 1928, p. 28-33 ; *Id.*, « Notes on Plotinus. III », *CQ* 24,
1930, p. 78-82 ; **348** R. Harder, c.r. de Bréhier **338**, *Gnomon* 4, 1928, p. 638-652 ;
349 P. Henry, « Pour un lexique de Plotin. Recherches de style et de vocabulaire
sur *Enn.* IV 7, 6.3-11 », *RPh* 7, 1933, p. 73-91 ; **350** H.-R. Schwyzer, « Ein Beitrag
zur Interpretation von Plotin, Enn. IV 7, 6 », *Philologus* 89, 1934, p. 459-461 ;
351 E. R. Dodds, « Notes on the Περὶ ψυχῆς ἀπορίαι of Plotinus (IV 3-4) », *CQ*
28, 1934, p. 47-53 ; **352** H.-R. Schwyzer, c.r. de Henry **118**, *Gnomon* 15, 1939,
p. 303-311, l'édition Henry et Schwyzer 3 *(maior)* est une étape fondamentale des
études sur Plotin.

Les c.r. qui lui ont été consacrés, ainsi que les notes et les études philologiques
parues entre temps, ont produit chez Henry et Schwyzer **4** *(minor)* de très nombreuses modifications textuelles (800 passages environs sur les trois tomes), parfois philosophiquement décisives. Le cadre étant compliqué aussi par le chevau-
chement partiel de la *maior* et de la *minor* évoqué au début de cette Notice, on fera
état ici seulement des travaux critiques principaux, cités dans l'ordre chronologique. Des bibliographies plus complètes concernant les travaux critiques sur le texte
de Plotin et sur ses éditions se trouvent dans Mariën **5**, p. 427-436 (jusqu'à 1949)
et dans Dufour **7**, p. 21-25 (de 1950 à 2000). L'édition *maior* se caractérise par une
très grande fidélité au *textus traditus* : les conjectures des éditeurs y sont extrêmement rares. En revanche, l'édition *minor* accepte la plupart des remarques qui ont
été faites sur le texte de la *maior*, soit pour revenir aux conjectures des éditeurs
antérieurs, soit pour avancer des conjectures nouvelles. Parmi les travaux critiques
qui ont contribué à ces modifications, voir surtout **353** E. R. Dodds, c.r. du tome I
de Henry et Schwyzer **3**, *CR* 2 (N. S.), 1952, p. 165-168 ; **354** R. Harder, c.r. du
tome I de Henry et Schwyzer **3**, *Gnomon* 24, 1952, p. 177-188 (repris dans Harder
185bis, p. 314-329) ; **355** H. F. Cherniss, « Plotinus : A Definitive Edition and a
New Translation », *RMetaph* 6, 1952, p. 251-253 ; **356** E. R. Dodds, « Notes on
Plotinus, *Ennead* III, viii », *SIFC* 27-28, 1956, p. 108-113 ; **357** P. Hadot, c.r. du
tome II de Henry et Schwyzer **3**, *RHR* 164, 1963, p. 92-96 (repris dans Hadot **201**,
p. 203-210). **358** E. R. Dodds, c.r. du tome I de Henry et Schwyzer **4**, *Gnomon* 37,
1965, p. 419-420, remarque avec satisfaction que les « contorted constructions and
forced interpretations » auxquelles l'édition *maior* avait eu recours pour sauver à

tout prix le *textus traditus* avaient été éliminées, dans la *minor*, « by the acceptance of easy conjectures, both old and new ». Voir aussi **359** A. M. Frenkian, « Les travaux de P. Henry et de H.-R. Schwyzer sur Plotin », *Maia* 12, 1960, p. 289-309 ; **360** H.-R. Schwyzer, « Nachlese zur indirekten Überlieferung des Plotin-Textes », *MH* 26, 1979, p. 252-270 ; **361** J. Igal, « Adnotatiunculae in Plotinum », *Mnemosyne* 22, 1969, p. 356-377 ; **362** *Id.,* « Dos notas al tratado *Sobre los números* de Plotino », *EClás* 14, 1970, p. 453-472 ; **363** *Id.,* « Commentaria in Plotini *De bono sive de uno* librum (*Enn.* VI 9) », *Helmantica* 22, 1971, p. 273-304 ; **364** *Id.,* « Observaciones al texto de Plotino », *Emerita* 41, 1973, p. 75-98 ; **365** *Id.,* « Sobre *Plotini Opera* III, de P. Henry y H.-R. Schwyzer », *Emerita* 43, 1975, p. 169-196 ; **366** *Id.,* « Notas al texto de Plotino y de Moerbeke », *Helmantica* 26, 1975, p. 299-309 ; **367** *Id.,* « Observaciones a las *Enéadas* I-II de Plotino : texto y fuentes », *Helmantica* 28, 1977, p. 241-252 ; **368** P. Thillet, « Notes sur le texte des *Ennéades* », *RIPh* 24, 1970, p. 194-216 ; **369** M. Puelma, « Vorschläge zu Plotin Enn. VI 9 (Περὶ τἀγαθοῦ ἢ τοῦ ἑνός) », *MH* 36, 1979, p. 90-100 ; **370** J. C. M. van Winden, « Das ἐκεῖ in Plotin Enn. VI 9, 7, 4 », *MH* 37, 1980, p. 61-62 ; **371** M. Puelma, « Zu Plotin Enn. VI 9. Ein Nachtrag », *ibid.*, p. 133-134 (réponse à van Winden **370**). Le tome III de Henry et Schwyzer **4**, paru en 1984, contient des *Addenda et corrigenda* par rapport aux tomes I et II, avec des additions à l'apparat des sources et des corrections du texte de la *minor*, qui sont parfois suggérées par les travaux critiques parus entre temps. Après la parution du tome III de Henry et Schwyzer **4**, d'autres conjectures et corrections ont été proposées, parfois à l'occasion de c.r. de telle ou telle traduction, par **372** H.-R. Schwyzer, c.r. de Atkinson **411** et de **373** P. Boot, *Plotinus. Over Voorzienigheid (De Providentia). Enneade III 2-3*, Amsterdam 1984, *Gnomon* 58, 1986, p. 597-603 ; **374** *Id.,* « Corrigenda ad Plotini textum », *MH* 44, 1987, p. 191-210 ; **375** P. Kalligas, « Some New Plotinian Emendations », *Emerita* 56, 1988, p. 95-102 ; **376** H.-R. Schwyzer, « Textkritisches zu Plotin und zur *Vita Plotini* », dans **377** M.-O. Goulet-Cazé, G. Madec, D. O'Brien (édit.), *ΣΟΦΙΗΣ ΜΑΙΗΤΟΡΕΣ. Chercheurs de sagesse*. Hommage à Jean Pépin, coll. « Collection des Études Augustiniennes. Antiquité » 131, Paris 1992, p. 343-346. Le texte de Henry et Schwyzer **4**, avec quelques modifications (indiquées dans les préfaces de chaque volume), est imprimé en vis-à-vis de la traduction anglaise dans **378** *Plotinus*, translated by A. H. Armstrong. Second Edition, coll. *LCL*, Cambridge, MA, 1987, 7 vol. : la traduction de Armstrong déjà publiée dans la même collection (1966) a été révisée à la lumière du texte de Henry et Schwyzer **4** et des *Addenda et corrigenda* du tome III de cette édition.

Traductions modernes

Liste des traductions intégrales et partielles, du début du XIXe siècle à 1949, (accompagnée de l'indication des c.r.) dans Mariën **5**, p. 409-426 ; pour la période 1950-2000, qui a été particulièrement riche en entreprises de traduction intégrale en plusieurs langues et en recherches parfois très poussées sur des traités individuels, on se reportera à Dufour **7**, p. 26-33 ; mise à jour constante, pour la période postérieure à 2000, sur le site : http://rdufour.free.fr/BibPlotin/Plotin-Biblio.html.

LA DOCTRINE

Sources

Un volume important a été consacré aux sources de Plotin : voir **36**. En *VP* 14 Porphyre fait état de ces sources, en mentionnant tout d'abord les doctrines des stoïciens et des péripatéticiens, dont il soutient l'influence cachée dans les ouvrages de Plotin (λανθάνοντα δόγματα). Sur l'interprétation de cette expression (qui avait attiré la conjecture οὐ λανθάνοντα de Bréhier, « les dogmes... qu'il connaît bien », conjecture non reprise dans les éditions postérieures), voir **379** J.-P. Dumont, « Plotin et la doxographie épicurienne », dans *Néoplatonisme* **75**, p. 191-204, qui propose d'entendre l'expression « comme désignant des recueils d'opinions non publiées » et rejette l'interprétation courante, selon laquelle Porphyre veut dire que « Plotin professe un stoïcisme ou un aristotélisme secret et inavoué » (p. 191). Porphyre cite nommément un seul écrit : la *Métaphysique* d'Aristote (ἡ Μετὰ τὰ φυσικὰ τοῦ Ἀριστοτέλους πραγματεία), ouvrage qui est « fréquemment employé » (*VP* 14, 4-7, à lire avec la note de **380** A.-Ph. Segonds, dans Brisson *et al.* **9**, t. II, p. 262-263, pour le sens à donner au verbe καταπυκνόω utilisé ici ; Segonds souligne que la remarque de Porphyre est exacte, la *Métaphysique* étant le texte le plus souvent cité par Plotin, juste après le *Timée*). Porphyre mentionne ensuite les commentaires, ὑπομνήματα, que Plotin faisait lire avant de commencer son exposition (voir plus loin, dans la section "Traditions du platonisme et du pythagorisme", Gioè **693** sur le sens de ὑπόμνημα dans ce passage de la *VP*). Tout d'abord, sont mentionnés les ouvrages de Sévérus, Cronius, Numénius, Gaius, Atticus (des platoniciens, donc) ; puis, ceux des aristotéliciens, cette fois indiqués par le nom de leur école (τοῖς Περιπατητικοῖς) : Aspasius, Alexandre, Adraste, et aussi d'autres « en fonction du sujet, τῶν ἐμπεσόντων » (*VP* 14, 10-14, trad. Brisson *et al.* : voir sur cette traduction la note *ad loc.* de **381** A.-Ph. Segonds, dans Brisson *et al.* **9**, t. II, p. 265). Ce passage de la *VP* forme le *Baustein* 76.3 dans Dörrie et Baltes **436**, t. III, p. 18-19, texte, et 151-152, commentaire. Après avoir énuméré plusieurs sources, Porphyre remarque que Plotin « n'empruntait absolument rien (οὐδὲν καθάπαξ) à ces commentaires, il était au contraire personnel et indépendant dans sa réflexion théorique (ἐν τῇ θεωρίᾳ), apportant dans ses investigations (ἐν ταῖς ἐξετάσεσιν) l'esprit d'Ammonios (τὸν Ἀμμωνίου... νοῦν) » (*VP* 14, 14-16, trad. Brisson *et al.* **9**, t. II, p. 157 ; voir Goulet-Cazé **29**, p. 262 n. 2, pour le sens de l'expression οὐδὲν καθάπαξ, et p. 263 n. 1 pour le sens de l'expression ἐν τῇ θεωρίᾳ). Sur l'arrière-plan de l'adhésion profonde de Plotin à la pensée de Platon qui inspire toute la *VP*, celui-ci est donc présenté comme un philosophe indépendant, qui accueillit dans sa pensée les doctrines aristotéliciennes et stoïciennes, mais sut garder une souveraine liberté à l'égard d'une tradition scolaire qu'il maîtrisait sans pourtant avoir besoin de s'en inspirer, son vrai modèle étant Ammonios.

Dans le contexte de l'importance toujours croissante que l'exégèse prend dans la philosophie post-classique – et à propos de laquelle on se rapportera à **382** P. Hadot, « Théologie, exégèse, révélation, écriture, dans la philosophie grecque », dans **383** M. Tardieu (édit.), *Les règles de l'interprétation*, coll. « Patrimoines. Religions du Livre », Paris 1987, p. 13-34 (repris dans Hadot **203**, p. 27-58) et à **384** P. Donini, « Testi e commenti, manuali e insegnamento : la forma sistematica e i metodi della filosofia in età post-ellenistica », dans *ANRW* II 36, 7, Berlin 1994, p. 5027-5100 – faire lire des textes avant de commencer la leçon proprement dite est une pratique scolaire attestée : par ex., Sénèque, *Ep.* 108, 20-21, relate que son maître Sotion expose d'abord l'enseignement de Sextius et Pythagore, puis présente sa doctrine personnelle ; pour un parallèle avec Arrien, *Entretiens avec Épictète*, voir Goulet-Cazé **29**, p. 264-265. Comme on l'a déjà vu plus haut ("Composition des traités"), un « livre, τὸ βιβλίον », est le sujet de la leçon que Plotin est en train de donner, lorsqu'un auditeur se plaint du questionnement insistant de Porphyre, qui l'empêche d'écouter un exposé suivi, censé porter sur des « livres » (εἰς βιβλία ἀκοῦσαι) ; et Plotin de répondre que, sans avoir donné une solution aux questions, on ne pourra rien dire sur « le livre » (*VP* 13, 10-17 ; voir Goulet-Cazé **29**, p. 268, n. 1 et 2). Cet épisode est presque emblématique, dans la mesure où il montre un Plotin parfaitement inséré dans la tradition scolaire d'exégèse qui était typique de son époque, mais en même temps il met en évidence sa concentration sur les problèmes philosophiques en tant que tels. Certains savants ont pourtant pensé que l'œuvre plotinienne relève du genre des commentaires, même si c'est d'un type spécial : voir **385** A. M. Frenkian, « L'enseignement oral dans l'école de Plotin », *Maia* 16, 1964, p. 353-366 ; l'opinion contraire est soutenue par Rist **72**, p. 169-187, en part. p. 171 et 182, et par Narbonne **124**.

La mention, de la part de Porphyre, d'une influence réelle mais inavouée des doctrines stoïciennes et péripatéticiennes sur la pensée de Plotin est probablement à l'origine de la définition de Plotin comme un philosophe "éclectique", chez les historiens de la philosophie entre le premier âge moderne et l'époque des Lumières : documentation très ample sur cette manière de présenter la philosophie de Plotin, en part. chez Jakob Brucker, dans Varani **332**, p. 248-327. La naissance de la notion historiographique de "néoplatonisme", documentée *ibid.*, p. 331-369, se trouve à l'arrière-plan de la vision hégélienne du rapport de Plotin avec ses sources : voir **386** W. Beierwaltes, « Hegel und Plotin », *RIPh* 24, 1968, p. 247-251, qui souligne l'estime de Hegel pour Plotin, véritable nouvelle étape du progrès de l'Absolu et synthèse de Parménide et d'Aristote ; voir aussi **387** J. Halfwassen, *Hegel und der spätantike Neuplatonismus. Untersuchungen zur Metaphysik des Einen und des Nous in Hegels spekulativer und geschichtlicher Deutung*, coll. « Hegel-Studien » 40, Bonn 1999. Chez Zeller (voir **388** A. Covotti, « La cosmogonia plotiniana e l'interpretazione panteistico-dinamica dello Zeller », *RAL,* s. V, 4, 1895, p. 371-393 ; 469-488, et **389** W. Beierwaltes, « Der Neuplatonismus in Eduard Zellers Philosophie der Griechen », *ASNP,* s. III, 19, 1989, p. 1179-1191), le thème hégélien de la synthèse des opposés qui donne essor à une vision nouvelle se présente sous la forme de l'opposition entre le dualisme spiritualiste des écoles platonicienne et aristotélicienne d'une part, et le monisme stoïcien de l'autre ; de cette opposition, selon Zeller, naît chez Plotin une philosophie nouvelle, bien que ce dernier proclame ne vouloir être rien de plus qu'un disciple de Platon : voir **390** E. Zeller, *Die Philosophie der Griechen in ihrer geschichtlichen Entwicklung*, t. III 2 : *Die nacharistotelische Philosophie*, Zweite Halfte, Leipzig 1923[5], p. 496-498.

La manière personnelle et créatrice dont Plotin se rapporte à ses sources – le contraire exact, donc, de l'éclectisme qu'on lui attribuait jadis – est soulignée, avec des nuances différentes, dans nombre d'études. Alors que **391** É. Bréhier, *La philosophie de Plotin*, Paris 1928, 1961[2], réimprimé dans la coll. « Bibliothèque d'Histoire de la Philosophie », Paris 2000, p. 109-110, soulignait l'originalité de Plotin à l'égard de la tradition philosophique antérieure dans le but de soutenir l'influence de la pensée indienne, d'autres chercheurs ont soutenu, avec des nuances différentes bien entendu, que Plotin est un philosophe qui fait un usage très personnel de la tradition philosophique qui est la sienne, celle de la Grèce, et en particulier celle du platonisme. Voir surtout **392** A. H. Armstrong, *The Architecture of the Intelligible Universe in the Philosophy of Plotinus*, coll. « Cambridge Classical Studies », Cambridge 1940, p. 26 (réimpr. Amsterdam 1967) ; **393** W. Theiler, « Plotin und die antike Philosophie », *MH* 1, 1944, p. 209-225 (repris dans Theiler **71**, p. 140-159) ; Schwyzer **8**, col. 550 ; **394** E. R. Dodds, « Tradition and Personal Achievement in the Philosophy of Plotinus », *JRS* 50, 1960, p. 1-7 ; **395** R. Harder, « Quelle oder Tradition », dans *Les sources de Plotin* **36**, p. 327-332 (p. 333-339, discussion) ; **396** A. H. Armstrong, « Plotinus », dans **397** *Id.* (édit.), *The Cambridge History of Later Greek and Early Medieval Philosophy*, Cambridge 1967, p. 193-268, en part. p. 195 et 236 ; Rist **72**, p. 169-187 ; **398** J. Moreau, *Plotin ou la gloire de la philosophie antique*, coll. « Bibliothèque d'Histoire de la Philosophie », Paris 1970 ; **399** *Id.,* « Plotin et la tradition hellénique », *RIPh* 24, 1970, p. 171-180 ; **400** A. Eon, « La notion plotinienne d'exégèse », *RIPh* 24, 1970, p. 252-289 ; **401** W. Theiler, « Der Platonismus Plotins als Erfüllung der antiken Philosophie », dans *Plotino e il neoplatonismo* **78**, p. 147-158 ; **402** A. H. Armstrong, « Tradition, Reason and Experience in the Thought of Plotinus », *ibid.*, p. 171-194 (repris dans Armstrong **104**) ; **403** H. Dörrie, « Plotino, tradizionalista o innovatore ? », *ibid.*, p. 195-201 (repris, avec quelques ajouts, dans Dörrie **34** sous le titre « Tradition und Erneuern in Plotins Philosophieren », p. 375-389) ; **404** Th. A. Szlezák, *Platon und Aristoteles in der Nuslehre Plotins*, Basel/Stuttgart 1979, p. 9-13 ; **405** P. Donini, *Le scuole, l'anima, l'Impero. La filosofia antica da Antioco a Plotino*, Torino 1982, p. 280-287 ; **406** M. Isnardi Parente, *Introduzione a Plotino*, coll. « I filosofi » 38, Roma/Bari 1984, p. 68 ; **407** D. J. O'Meara, *Plotinus. An Introduction to the Enneads*, Oxford 1992 (éd. française : *Plotin. Une introduction aux Ennéades*, coll. « Pensée antique et médiévale. Initiation », Fribourg 1992), p. 7-9 (de l'éd. française) ; **408** L. P. Gerson, *Plotinus*, coll. « The Arguments of the Philosophers », London/New York 1996, p. XV-XVI ; **409** M. L. Gatti, « Plotinus : the Platonic Tradition and the Foundation of Neoplatonism », dans **410** L. P. Gerson (édit.), *The Cambridge Companion to Plotinus*, coll. « Cambridge Companions », Cambridge 1996, p. 10-37 ; **411** J. Halfwassen,

Plotin und der Neuplatonismus, coll. «Denker», München 2004, p. 13; **412** R. Chiaradonna, *Plotino*, coll. «Pensatori», Roma 2009, p. 12-21.

Dans un passage mentionné dans presque toutes les études citées ci-dessus, V 1 [10], 8, 12-14, Plotin soutient que la doctrine des trois principes Un, Intellect et Âme n'est point une innovation, mais forme le bien commun de toute la philosophie grecque, comme en témoigne Platon. Le traité que Plotin est en train d'écrire se veut comme l'exégèse de cette doctrine (τοὺς δὲ νῦν λόγους ἐξηγητὰς ἐκείνων γεγονέναι); sur ce passage important, voir **413** M. Atkinson, *Plotinus. Ennead V 1. On the Three Principal Hypostases*, Oxford 1983, p. 191-192. Selon Plotin, Platon lui-même était à son tour un exégète de la pensée de ses devanciers: non seulement dans le passage cité Platon est évoqué comme témoin de l'ancienneté d'une doctrine qu'il a formulée de la manière la plus claire et la plus achevée, mais aussi, dans la suite immédiate, le "Parménide", personnage du dialogue de Platon, surpasse en précision le Parménide historique (dont Plotin cite le fr. B 8, 43): ὁ δὲ παρὰ Πλάτωνι Παρμενίδης ἀκριβέστερον λέγων... (V 1 [10], 8, 23-24).

En V 8 [31], 4, 54-55 Plotin s'explique au sujet de ce qu'il entend par "exégèse": un vrai platonicien se doit de faire avancer l'analyse philosophique des problèmes que Platon a laissé ouverts. Le point à propos duquel Plotin fait cette remarque est celui du statut de la science dans le monde intelligible, dont Platon dit dans le *Phèdre* (247 D 8) qu'elle n'est pas ἄλλη ἐν ἄλλῳ. Cette idée de Platon demande manifestement une explication, et Plotin d'affirmer: «Comment est-ce possible, c'est ce qu'il nous a laissé à chercher et à trouver, si nous voulons mériter notre nom de platoniciens, ὅπως δή, εἴασε ζητεῖν καὶ ἀνευρίσκειν, εἴπερ ἄξιοι τῆς προσηγορίας φαμὲν εἶναι» (trad. Bréhier). Un autre passage où Plotin fait une remarque semblable est III 7 [45], 1, 1-16, où il évoque, plus en général, les opinions des Anciens (τῶν ἀρχαίων καὶ μακαρίων φιλοσόφων): *certains* d'entre eux ont atteint la vérité, mais il ne faut pas se contenter de répéter leurs thèses; Armstrong **402**, p. 177, commente ainsi:

«...when we have got into difficulties, we proceed to examine the various opinions of the ancient philosophers: and he clearly implies that, when we have compiled a nice little doxographic statement, there is where most of us stop (εἰ ἔχοιμεν ἐρωτηθέντες τὸ δοκοῦν ἐκείνοις λέγειν, ἀγαπήσαντες ἀπαλλαττόμεθα τοῦ ζητεῖν ἔτι περὶ αὐτῶν an illuminating comment on the unintelligent traditionalism of the generality of philosophers in his time, or perhaps on the mental laziness of most of his regular hearers). But this is by no means where Plotinus wants to stop. He continues by saying that certainly some of the blessed philosophers of ancient times have found out the truth: but we must discover which ones (i.e., as the rest of the treatise shows, we must demonstrate that it is Plato who has done so) and we must find out how to understand the truth for ourselves. Here we have a complete programme of how to carry out a philosophical enquiry. We start with our own experience, on all levels, and pay some attention to our ordinary language. Difficulties inevitably arise when we start to concentrate, and we then proceed to look for solutions to them in the traditions which we carefully and respectfully examine. But it is not sufficient just to repeat traditional formulae. We must be able to demonstrate that the tradition we follow is the right one, that Plato has in fact discovered the truth: and we must understand the matter for ourselves».

Les passages cités de V 8 [31] et de III 7 [45] sont ignorés par **414** P. Athanassiadi, *La lutte pour l'orthodoxie dans le platonisme tardif. De Numénius à Damascius*, coll. «L'Âne d'or», Paris 2006, d'après laquelle Plotin interprète «l'héritage de Platon de façon à en créer une théologie» (p. 24) et «se comporte déjà selon les normes de la "mentalité canonique"» (p. 28), en souscrivant avec Numénius, Jamblique et Damascius «au mythe de l'unité et de la continuité» (p. 237) de la tradition platonicienne.

Les trois passages mentionnés illustrent l'attitude de Plotin à l'égard de ses sources : s'il suit Platon, c'est qu'il pense que celui-ci est allé au cœur des thèses maîtresses de la philosophie, que ses devanciers n'avaient pas formulées avec autant de clarté ; sur ce point, voir Szlezák **404**, p. 28-31 et 38-41 ; Bettiolo *et al.* **303**, p. 142, comm. de IV 8 [6], 1, 23-26, où Platon partage la même doctrine qu'Héraclite, Empédocle et Pythagore, mais les surpasse par l'ampleur et la clarté de son analyse ; **415** D. J. O' Meara, «Plotin 'historien' de la philosophie (*Enn.* IV 8 et V 1)», dans **416** A. Brancacci (édit.), *Philosophy and Doxography in the Imperial Age*, coll. «Accademia toscana di scienze e lettere La Colombaria. Studi» 228, Firenze 2005, p. 103-112. En même temps, Plotin pense que la vraie exégèse de la pensée de Platon consiste à atteindre une plus grande clarté même par rapport à ce dernier. Si donc Plotin – comme l'ont remarqué maints savants qui se sont occupés de son platonisme – va bien au-delà du texte et des intentions de Platon, ce n'est pas insciemment.

Cependant Platon – comme l'ont remarqué tous les lecteurs de Plotin depuis l'Antiquité (*cf.* Augustin, *Contra Acad.*, III 18, 41) – demeure l'axe de sa pensée : tout d'abord, en tant que point de départ des problèmes les plus constamment traités dans les *Ennéades* (nature et causalité des Formes, âme de l'homme), mais aussi parce que les autres courants philosophiques, aussi bien antérieurs que postérieurs, sont tous jugés par rapport à Platon. Cette attitude se double du thème traditionnel du refus des innovations, sur lequel on se reportera aux parallèles évoqués par Dodds **394**, Theiler **401** et Dörrie **403**. Les innovations ont été introduites surtout par les gnostiques, dans le but de se créer une doctrine à eux ; par conséquent, elles sont fausses (II 9 [33], 6, 11-12 : τὰ δέ, ὅσα καινοτομοῦσιν, ἵνα ἰδίαν φιλοσοφίαν θῶνται, ταῦτα ἔξω τῆς ἀληθείας εὕρηται). Le refus de la καινοτομία ne s'oppose pourtant pas, chez Plotin, à l'idée d'un progrès de la connaissance comme celui que Platon représente, à ses yeux, par rapport à ses prédécesseurs ; Platon est en effet pour Plotin le sommet atteint par la pensée humaine *de facto*, mais son enseignement n'est pas insurpassable en principe.

En considération de la primauté que Plotin lui accorde, il serait opportun de commencer par Platon l'examen de ses sources ; on suivra pourtant, par souci de clarté, un ordre *grosso modo* chronologique, des présocratiques jusqu'au maître de Plotin, Ammonios Saccas.

Les Présocratiques

Alors que Harder **395**, p. 330, pense que Plotin pouvait encore lire Héraclite, Parménide et Empédocle, selon Schwyzer **8**, col. 527, Plotin n'avait probablement qu'une connaissance de deuxième main des doctrines des présocratiques ; analyse de détail par **417** Th. Gelzer, « Plotins Interesse an den Vorsokratikern », *MH* 39, 1982, p. 101-131, en part. p. 107 n. 14 et p. 117-118 (sources médio-platoniciennes et néopythagoriciennes). Sur les citations d'Héraclite voir **418** E. N. Roussos, Ὁ Ἡράκλειτος στὶς Ἐννεάδες τοῦ Πλωτίνου, Athènes 1968 : Plotin cite 11 fragments d'Héraclite, pour trois desquels il est la seule source, et il en connaît 21 autres ; pour certains de ces fragments il dépend de Platon et d'Aristote, mais la source de la plupart demeure inconnue ; analyse du procédé de "création" par Plotin d'une citation d'Héraclite à partir de deux dictons, dans Bettiolo *et al.* **303**, p. 138-140. **419** W. Burkert, « Plotin, Plutarch und die platonisierende Interpretation von Heraklit und Empedokles », dans Mansfeld et De Rijk **98**, p. 137-146, a montré que Plotin adopte un modèle de présentation des doctrines d'Héraclite et d'Empédocle à la lumière de Platon, qui était courant à Alexandrie. L'époque à laquelle remonte cet assemblage de sources a été précisée davantage par **420** J. Mansfeld, « Heraclitus, Empedocles and Others in a Middle Platonist Cento in Philo of Alexandria », *VChr* 38, 1985, p. 131-156, en part. p. 135-136 (repris dans **421** *Id.*, *Studies in Later Greek Philosophy and Gnosticism*, coll. « Variorum Collected Studies Series » 292, London 1989). Voir aussi **422** F. Romano, « Plotino interprete di Eraclito », dans **423** *Id.*, *Studi e ricerche sul neoplatonismo*, Napoli 1983, p. 135-151, et **424** M. Fattal, « D'une herméneutique du cosmos à une ontologie de l'esprit : Héraclite et Plotin », dans **425** E. Vegléris (édit.), *Cosmos et psychè*. Mélanges offerts à Jean Frère, coll. « Europaea memoria. Studien und Texte zur Geschichte der europäischen Ideen » I, 39, Hildesheim/Zürich/New York 2005, p. 293-302. **426** J. Mansfeld, *Heresiography in Context. Hippolytus' Elenchos as a Source for Greek Philosophy*, coll. « Philosophia Antiqua » 56, Leiden 1992, en part. p. 300-307, a comparé les *auctoritates* présocratiques de Plotin avec celles d'Hippolyte de Rome (➹H 154) : les deux auteurs, actifs à trente ou quarante années de distance l'un de l'autre, ont accès à des dossiers semblables, mais « Hippolytus, who is far closer to Neopythagoreanism than Plotinus professes to be, makes Pythagoras the protagonist and archegete, whereas Plotinus only briefly mentions him *honoris causa* (...). Plato is Plotinus' real hero ; he has studied the dialogues and extensively quotes from them, whereas Hippolytus (...) gives Neopythagorean doctrines to Plato which earlier he had ascribed to Pythagoras » (p. 306).

Sur Plotin, Pythagore et la tradition "pythagoricienne", voir aussi Bonazzi **68** ; sur le pythagorisme platonisant d'époque impériale et son influence sur Plotin, voir plus loin, "Traditions du platonisme et du pythagorisme du Ier s. av. J.-C. au IIe s. ap. J.-C.". On remarquera par ailleurs que Pythagore ne jouit pas chez Plotin de la vénération que le néoplatonisme postérieur va lui porter ; on a déjà vu que Platon le surpasse en profondeur et en clarté selon Plotin, qui par ailleurs critique ouvertement une doctrine "pythagoricienne", celle de l'âme-harmonie (IV 7 [2], 8^4, 1-28) : voir Baltes et D'Ancona **244**, p. 22-50.

Sur la connnaissance que Plotin avait du poème de Parménide, voir **427** V. Cilento, « Parmenide in Plotino », *GCFI* 43, 1964, p. 194-203 (repris dans Cilento **90**, p. 123-134), analyse des citations plotiniennes des fr. 28 B 3 DK et 28 B 25 DK ; **428** Chr. Guérard, « Parménide d'Élée chez les néoplatoniciens », dans **429** P. Aubenque (édit.), *Études sur Parménide,* t. II : *Problèmes d'interprétation*, coll. « Bibliothèque d'Histoire de la Philosophie », Paris 1987, p. 294-313 ; **430** J.-M. Charrue, « Plotin et Parménide », *Diotima* 32, 2004, p. 134-146. Sur Empédocle, voir **431** M. Di Pasquale Barbanti, « Empedocle in Plotino e in Porfirio », *GM* 21, 1999, p. 217-233 ; pour des exemples d'interprétation allégorique d'Empédocle antérieurs à Plotin, voir **432** J. Dillon, « Empedocles' Cosmic Cycle in the Later Platonist Tradition », dans **433** J. Dillon et M. Dixsaut (édit.), *Agonistes. Essays in Honour of Denis O'Brien*, coll. « Ashgate Keeling Series in Ancient Philosophy », Burlington 2005, p. 227-234. Vision d'ensemble par **434** G. Stamatellos, *Plotinus and the Presocratics. A Philosophical Study of Presocratic Influences in Plotinus' Enneads*, coll. « SUNY Series in Ancient Greek Philosophy », Albany 2007 (avec une liste des fragments cités par Plotin aux p. 177-196). Observons enfin que selon Gelzer **417**, p. 101 et n. 1, le "Socrate" qui se rencontre 40 fois environ dans les *Ennéades* n'est que l'exemple scolaire d'un homme déterminé, ce qui revient à dire que la notion même de "Présocratiques" n'a pas de sens chez Plotin :

« Auf jeden Fall bedeutet Sokrates kein von ihm irgendwie markierte Zäsur in der Geschichte der Philosophie. Ganz anders Plato : Plotin unterscheidet ausdrücklich zwischen Denkern vor und nach Plato (…), und so wären jene älteren von Plotin ausgesehen eigentlich als 'Vorplatoniker' zu bezeichnen ».

Platon et l'Académie

Présentation générale par Schwyzer **8**, col. 550-552, et par **435** J.-M. Charrue, *Plotin lecteur de Platon*, coll. « Collection d'Études Anciennes », Paris 1978. Le platonisme de Plotin ne pouvant pas être compris hors de son contexte, il faut toujours se reporter à **436** H. Dörrie (†) et M. Baltes (†), *Der Platonismus in der Antike*, 7 vol. parus, Stuttgart/Bad Cannstatt 1987– (dernier tome paru, VII 1, 2008), ouvrage de référence fondamental, qui comprend maints passages de Plotin, analysés comme témoignages de la manière dont les platoniciens de l'Antiquité ont interprété les doctrines de Platon : pour comprendre l'arrière-plan des thèses évoquées dans les *Ennéades*, il faut toujours consulter le *Platonismus*, qui est organisé thématiquement et accompagné d'un volume d'index pour les tomes I-IV.

Zeller **390**, p. 529, avait ouvert son exposition de la philosophie de Plotin en soulignant deux différences principales par rapport à Platon : (i) introduction d'une véritable théorie de la dérivation de l'âme à partir du monde intelligible, alors que Platon n'avait évoqué l'idée d'une "origine" de l'âme que sous forme mythique ; (ii) élaboration de la théorie de la dérivation des Idées à partir d'un principe antérieur et plus simple, l'Un *(das Urwesen),* alors que Platon avait toujours considéré les Idées comme les principes suprêmes n'ayant à leur tour aucun principe, et avait par conséquent placé l'Idée du Bien comme « die höchste unter den Ideen ». C'est surtout ce deuxième élément de différence par rapport à Platon qui retient l'attention dans l'histoire postérieure des études. Il faut ajouter que l'ordre donné par Zeller à sa présentation de la philosophie de Plotin prête à des analogies frappantes avec le système de dérivation des degrés de la réalité, typique de la "doctrine des principes" attribuée à Platon par Aristote, et professée (dans deux versions par ailleurs différentes) par Speusippe et Xénocrate. Dans la présentation de Zeller, en effet, le "système" de Plotin descend de l'Un vers la multiplicité sensible à travers l'Intellect et l'Âme, à l'encontre de ce qui se passe dans l'ordre ennéadique établi par Porphyre, suivant lequel on remonte *vers* l'Un. Le modèle proposé par Zeller, qui a eu une influence durable dans les études (voir Armstrong **392** et Gerson **408**), a contribué à orienter la recherche dans la direction des rapports de Plotin avec la "doctrine des principes", plus encore qu'avec les dialogues de Platon. Dans ce qui suit, on fera donc état tout d'abord de ce dossier, pour revenir par la suite à la question de la connaissance que Plotin avait des dialogues, et à leur utilisation.

Le point de départ des recherches modernes est **437** E. R. Dodds, « The *Parmenides* of Plato and the Origin of the Neoplatonic One », *CQ* 22, 1928, p. 129-142. Selon Dodds, les études antérieures avaient recherché l'origine de la doctrine plotinienne de l'Un chez les stoïciens, dans la pensée "orientale" ou chez Philon, sans envisager la source platonicienne la plus obvie : les deux premières hypothèses de la deuxième partie du *Parménide*. C'est ici que l'on trouve le point de départ des thèses de Plotin sur l'Un et sur l'être. Dodds compare *Parm.* 139 E - 142 A avec des passages de V 4 [7], V 5 [32], VI 9 [9], V 3 [49] ; puis, *Parm.* 144 B - 146 A avec des passages de VI 4 [22], VI 7 [38], VI 2 [42] et VI 9 [9], et aboutit à la conclusion suivante :

> « Read the second part of the *Parmenides* as Plotinus read it […] and you will find in the first hypothesis a lucid exposition of the famous 'negative theology', and in the second […] an interesting sketch of the derivation of a universe from the marriage of unity and existence » (p. 133-134).

Selon Dodds, Plotin n'a pas inventé cette lecture du *Parménide*, dont on trouve des précurseurs dans le courant néopythagoricien et dont l'inspiration remonte jusqu'à l'Académie (Speusippe) ; mais ce n'est que chez Plotin que ces ébauches se transforment en une doctrine métaphysique cohérente, dans laquelle la deuxième partie du *Parménide* se combine avec la *République* (p. 141). Dodds a été critiqué par **438** É. Bréhier, « Le *Parménide* de Platon et la théologie négative de Plotin », *Sophia* 6, 1938, p. 33-38 (repris dans **439** *Id.*, *Études de philosophie antique*, coll. « Publications de la Faculté des Lettres de Paris. Série Études et Méthodes » 1, Paris 1955, p. 232-236), selon lequel les échos du dialogue sont assurément présents chez Plotin, mais la doctrine est tout à fait différente : comme dans Bréhier **391**, l'accent est mis sur l'influence "orientale". L'analyse de Dodds a été en revanche élargie par **440** H.-R. Schwyzer, « Die zwiefache Sicht in der Philosophie Plotins », *MH* 1, 1944, p. 87-99, en part. p. 88-89, qui indique dans la troisième hypothèse du *Parménide* la source de la définition plotinienne de l'âme comme ἓν καὶ πολλά. Par la suite, il devient courant dans les études sur Plotin de dire que les trois premières hypothèses du dialogue platonicien sont devenues les trois "hypo-stases" de son "système".

Les recherches sur la "doctrine des principes" qui se sont intensifiées à partir des premières décennies du XXᵉ siècle ont suscité des développements importants aussi dans les études sur les liens de Plotin avec les doctrines de l'ancienne Académie. Déjà Dodds **437** avait remarqué, comme on vient de le voir, que l'attribution à Platon de la thèse de la dérivation des degrés de la réalité à partir de l'Un était plus ancienne que Plotin (p. 135) et avait indiqué en Speusippe la source de la doctrine de l'Un transcendant, reprise par les néopythagoriciens du Iᵉʳ siècle et attestée chez Eudore (☞E 97). L'étude de **441** Ph. Merlan, *From Platonism to Neoplatonism*, The Hague 1953, 1960, 1968³, a pour but de prouver que «Neoplatonism originated in the Academy» (p. 128), et discute à cette fin l'influence de Speusippe et de Xénocrate sur les platoniciens postérieurs, surtout sur Jamblique ; Plotin aussi est présent dans cette reconstruction, puisque les doctrines des premiers élèves de Platon ont été transmises, selon Merlan, par des auteurs qui forment l'arrière-plan immédiat de Plotin (Posidonius, Plutarque). Sur le lien du néoplatonisme avec l'Académie ancienne voir aussi **442** C. J. de Vogel, «On the Neoplatonic Character of Platonism and the Platonic Character of Neoplatonism», *Mind* 62, 1953, p. 43-64 (repris dans **443** *Ead.*, *Philosophia. Studies in Greek Philosophy*, t. I, coll. «Philosophical Texts and Studies», Assen 1970, p. 355-377). Cette idée se retrouve, systématisée et enrichie d'une grande quantité de textes à l'appui, chez **444** H. J. Krämer, *Der Ursprung der Geistmetaphysik. Untersuchungen zur Geschichte des Platonismus zwischen Platon und Plotin*, Amsterdam 1964, 1967², en part. p. 193-403 : les courants que Krämer appelle «vorplotinische Systeme» – théologie du *Logos* de Philon et de la première époque patristique, gnosticisme – sont ramenés à l'Académie ancienne, dans la mesure où ces "systèmes", selon Krämer, ont tous été élaborés sous l'influence des doctrines de Xénocrate (Idées comme pensées de Dieu) et de Speusippe (Un comme principe des Idées). Plotin est ainsi présenté comme l'héritier de la doctrine des principes professée par Platon dans son enseignement oral, et transmise à travers les premiers scholarques de l'Académie : le contenu et la voie de transmission de cet enseignement sont synthétisés dans le titre du chap. III du livre de Krämer, "Hen und Nus : Grund und Weltmodell. Platon, Speusipp, Plotin".

Cette problématique – que l'on pourra situer dans le contexte du débat sur les "doctrines non-écrites" de Platon à l'aide de **445** M.-D. Richard, *L'enseignement oral de Platon. Une nouvelle interprétation du platonisme*, Paris 1986 (2ᵉ éd., 2005) – est développée, avec des évaluations différentes et même opposées, dans plusieurs études consacrées à la "doctrine des principes" chez Plotin, que celle-ci soit rapportée à Platon lui-même (comme pour les tenants des "doctrines non-écrites"), ou qu'elle soit attribuée aux premiers successeurs de Platon, Speusippe et/ou Xénocrate. Voir surtout **446** C. J. de Vogel, «À la recherche des étapes précises entre Platon et le néoplatonisme», *Mnemosyne* 7, 1954, p. 111-122 ; **447** *Ead.*, «La théorie de l'ἄπειρον chez Platon et dans la tradition néoplatonicienne », *RPhilos* 84, 1959, p. 21-39 (repris dans De Vogel **443**, p. 378-397) ; **448** J. Rist, « The Indefinite Dyad and Intelligible Matter in Plotinus », *CQ* 12, 1962, p. 99-107 (repris dans Rist **870**) ; **449** Ph. Merlan, « Monismus und Dualismus bei einigen Platonikern », dans **450** K. Flasch (édit.), *Parusia. Studien zur Philosophie Platons und zur Problemgeschichte des Platonismus*. Festgabe für Johannes Hirschberger, Frankfurt a. M. 1965, p. 143-154 ; **451** *Id.*, « Greek Philosophy from Plato to Plotinus », dans Armstrong **397**, p. 14-132 ; **452** W. Theiler, « Einheit und unbegrenzte Zweiheit von Platon bis Plotin », dans **453** J. Mau et E. G. Schmidt (édit.), *Isonomia. Studien zur Gleichheitsvorstellung im griechischen Denken*, coll. « Veröffentlichungen der Deutsche Akademie der Wissenschaften zu Berlin », Berlin 1964 (repris dans **454** *Id.*, *Untersuchungen zur antiken Literatur*, Berlin 1970, p. 460-483) ; **455** *Id.*, « Das Unbestimmte, Unbegrenzte bei Plotin », *RIPh* 92, 1970, p. 290-297 ; **456** F. P. Hager, *Der Geist und das Eine. Untersuchungen zum Problem der Wesensbestimmung des höchsten Prinzips als Geist oder als Eines in der griechischen Philosophie*, coll. « Noctes Romanae. Forschungen über die Kultur der Antike » 12, Bern/Stuttgart 1970, p. 237-390 (critiqué par **457** A. Graeser, « Vier Bücher über Plotin », *GGA* 224, 1972, p. 191-233, en part. p. 191-205) ; **458** J. Rist, « The Problem of Otherness in the *Enneads* », dans Schuhl et Hadot **155**, p. 77-87 (repris dans Rist **169**) ; **459** A. Graeser, « Zur Diskussion. Kritische Retraktationen zur esoterischen Platon-Interpretation », *AGPh* 56, 1974, p. 71-87 ; **460** F. P. Hager, « Zum problem der Originalität Plotins. Drei Probleme der 'neuplatonischen' Interpretation Platons », *AGPh* 58, 1976, p. 10-22 ; **461** A. Graeser, « Jenseits von Sein. Mitmaßungen zu Status und Funktion der Idee des Guten », *FZPhTh* 38, 1981, p. 70-77 ; **462** J. Halfwassen, *Der Aufstieg zum Einen. Untersuchungen zu Platon und Plotin*, coll. « Beiträge zur Altertumskunde » 9, Stuttgart 1992 ; **463** *Id.*, « Speusipp und die metaphysische Deutung von Platons 'Parmenides' », dans **464** L. Hagemann (édit.), *Hen kai plethos. Einheit und Vielheit*. Festschrift für Karl Borrmann zum 65. Geburtstag, coll. « Religionswissenschaftliche Studien » 30, Würzburg 1993, p. 339-373 ; **465** J. M. Dillon, « Plotinus, Speusippus and the Platonic *Parmenides* », *Kairos* 15, 2000, p. 61-74 ; **466** J. Halfwassen, « Platons Metaphysik des Einen », *Philotheos* 4, 2004, p. 207-221.

Les savants se sont interrogés sur les sources auxquelles Plotin puise sa connaissance de la "doctrine des principes". Selon Krämer **444**, en part. p. 292-295, il est l'héritier d'une filière intra-académique qui remonte aux successeurs de Platon et, à travers ceux-ci, à Platon lui-même (Krämer évoque une « weite Tradition anonymer Mündlichkeit und Schulüberlieferung »). En revanche, l'importance de la source aristotélicienne est soulignée par **467** C. Orsi, « La dottrina plotiniana del numero e le sue premesse storiche », *AFLN* 2, 1952, p. 137-174 ; **468** Ph. Merlan, « Aristotle, *Met.* A 6 987b20-25 and Plotinus, *Enn.* V 4, 2.8-9 », *Phronesis* 9, 1964, p. 45-47 ; Szlezák **404**, en part. p. 115-119 ; **469** M. L. Gatti, « Sulla teoria plotiniana del numero e sui suoi rapporti con alcuni aspetti della problematica delle 'dottrine non scritte' di Platone », *RFN* 75, 1983, p. 361-384. Observons enfin que, suite aux remarques de Szlezák **404**, aux pages citées, **470** H.-J. Krämer, *Platone e i fondamenti della metafisica. Saggio sulla teoria dei principi e sulle dottrine non scritte di Platone con una raccolta dei documenti fondamentali in edizione bilingue*, coll. « Metafisica e storia della metafisica » 1, Milano 1982, p. 236, a reconnu que « le relazioni aristoteliche sulle dottrine non scritte giocano in Plotino un ruolo notevole e non disconoscibile ». En effet, les quatre passages qui, seuls dans tout le corpus ennéadique, évoquent les "doctrines non écrites" (V 4 [7], 2, 8-9 ; V 1 [10], 5, 6-17 ; II 4 [12], 5, 28-35 et VI 6 [34], 9, 33-34) ont comme source reconnaissable le compte rendu aristotélicien : *cf.* **471** C. D'Ancona, « Syrianus comme source textuelle et doctrinale de la *Théologie Platonicienne*, Ire partie. Histoire du problème », dans **472** A.-Ph. Segonds et C. Steel (édit.), *Proclus et la Théologie Platonicienne*. Actes du Colloque International de Louvain (13-16 mai 1998) en l'honneur de H. D. Saffrey et L. G. Westerink†, coll. « Ancient and Medieval Philosophy », I, 26, Leuven/Paris 2000, p. 189-225, en part. p. 198-205.

Le nombre très réduit de références à la "doctrine des principes", sans rapport avec les centaines et centaines de références aux dialogues, montre à lui seul que celle-ci n'est comprise par Plotin que comme une confirmation apportée par une autre source (en l'espèce, Aristote) aux thèses énoncées dans les dialogues. C'est dans l'œuvre de Platon, et surtout dans le *Parménide*, accordé avec le livre VI de la *République* – comme la recherche l'a reconnu à la suite de Dodds **437** –, que Plotin retrouve la théorie de la dérivation du monde intelligible à partir d'un principe antérieur et parfaitement simple. Par ailleurs, il va de soi que l'interprétation plotinienne des dialogues est influencée par la tradition du platonisme antérieur, de l'ancienne Académie jusqu'aux prédécesseurs de Plotin.

On chercherait en vain chez Plotin une théorie concernant l'ordre de lecture dans lequel il convient d'aborder les dialogues, comme celles dont on a des exemples dans le platonisme scolaire aussi bien antérieur (Albinus) que postérieur (Jamblique et l'auteur anonyme des *Prolégomènes à la Philosophie de Platon* : voir Dörrie et Baltes **436**, II, *Bausteine* 50.1-50.5, p. 96-109, textes, et 356-369, comm.). Cela n'est pas sans rappeler la formule judicieuse de **473** W. Theiler, « Ammonios der Lehrer des Origenes », dans Theiler **71**, p. 1-45, en part. p. 42 : « Bis zu einem gewissen Grade ist Plotin gleichsam die Insel in dem Strom der platonischen Tradition ». On peut en effet mesurer la distance qui sépare Plotin de l'approche systématisante antérieure et postérieure à l'aide des remarques importantes de **474** H.-R. Schwyzer, « Plotin und Platons 'Philebos' », *RIPh* 8, 1970, p. 181-193. Après avoir signalé que l'analyse des citations démontre que pour Plotin l'importance du *Philèbe* ne réside pas dans la théorie de l'ἡδονή, mais dans celle de l'Un suressentiel, Schwyzer observe que Plotin ne soulève pas la question de la place de ce dialogue dans l'ensemble de l'œuvre de Platon : « Jeder platonische Dialog ist Ausdruck der einen und unteilbaren platonischen Philosophie, und die platonische Philosophie wiederum ist die Wahrheit. (…) Für Plotin ist der *Philebos* anders als für Iamblich kein Höhepunkt der Platonlektüre » ; Plotin, selon Schwyzer, tire ses doctrines fondamentales des deux premières hypothèses du

Parménide, des livres VI et VII ainsi que du mythe final de la *République*, du grand mythe du *Phèdre*, du discours de Diotime dans le *Banquet*, et encore et toujours du *Timée*, tous les autres dialogues étant «zudienend», y compris le *Philèbe* (p. 192-193). Voir aussi Theiler **70**.

On fera état ici des études concernant les dialogues chez Plotin selon un ordre dicté par le nombre des références (aisément accessibles grâce à l'*index fontium* de Henry et Schwyzer **3** et **4**), bien que cela ne soit pas suffisant pour établir une échelle selon l'importance : le *Parménide* n'est cité que 85 fois, contre les quelque 270 citations du *Timée*, 250 de la *République*, 140 du *Phèdre*, 100 du *Phédon*, 90 du *Banquet* ; pourtant, son influence sur la métaphysique de Plotin, comme on vient de le voir, est décisive et dans un certain sens commande aussi l'interprétation des dialogues qui sont cités plus fréquemment. Le nombre et la qualité des citations donnent cependant un aperçu important du platonisme de Plotin.

On l'a déjà dit, le dialogue le plus cité est le *Timée*. La connaissance du dialogue est très approfondie, et les citations se suivent de 27 D à 92 C ; aperçu général dans Charrue **435**, p. 117-155. Voir aussi **475** H.-R. Schwyzer, «Zu Plotins Interpretation von *Timaios* 35a», *RhM* 84, 1935, p. 360-368 ; **476** G. H. Clark, «The Theory of Time in Plotinus», *PhR* 53, 1944, p. 337-358 ; **477** *Id.*, «Plotinus on the Eternity of the World», *PhR* 58, 1949, p. 130-140 ; **478** J. Pépin, «Éléments pour une histoire de la relation entre l'intelligence et l'intelligible chez Platon et dans le néoplatonisme», *RPhilos* 146, 1956, p. 39-64 (repris dans **479** *Id.*, *De la philosophie ancienne à la théologie patristique*, coll. «Variorium Collected Studies» 233, London 1986) ; **480** H.-R. Schwyzer, «Une interprétation plotinienne d'un passage du *Timée*», dans *Association Guillaume Budé* **317**, p. 255-256 ; **481** P. P. Matter, *Zum Einfluss des platonischen Timaios auf das Denken Plotins*, Winterthur 1964 ; **482** J. Trouillard, «L'âme du *Timée* et l'Un du *Parménide* dans la perspective néoplatonicienne», *RIPh* 24, 1970, p. 236-251 ; **483** W. Theiler, «Philo von Alexandria und der hellenisierte *Timaeus*», dans **484** R. Palmer et R. G. Hamerton Kelly (édit.), *Philomathes*. Studies and Essays in the Humanities in memory of Philip Merlan, The Hague 1971, p. 25-35 (repris dans Theiler **454**, p. 484-501) ; **485** M. Baltes, *Die Weltentstehung des platonischen Timaios nach den antiken Interpreten*, t. I, coll. «Philosophia Antiqua» 30, Leiden 1976, en part. p. 123-136 ; **486** P. Hadot, *Commentaire*, dans *Plotin. Traité 38. VI 7*, coll. «Les Écrits de Plotin», Paris 1988, en part. p. 195-230 ; **487** J. F. Phillips, «Neoplatonic Exegesis of Plato's Cosmology (*Timaeus* 27c-28c)», *JHPh* 35, 1997, p. 173-197 ; **488** S. Slaveva-Griffin, «Literary Form and Philosophical Exegesis : Plotinus' Utilization of Plato's Cosmology», *AncW* 34, 2003, p. 57-66 ; **489** W. Mesch, «Plotins Deutung der platonischen Weltseele : zur antiken Rezeptionsgeschichte von *Timaios* 35a», dans **490** Th. Leinkauf et C. Steel (édit.), *Platons Timaios als Grundtext der Kosmologie in Spätantike, Mittelalter und Renaissance*, coll. «Ancient and Medieval Philosophy», I, 34, Leuven 2005, p. 41-66 ; **491** A. Sumi, «The *species infima* as the infinite : *Timaeus* 39e7-9, *Parmenides* 144b4-c1 and *Philebus* 16e1-2 in Plotinus, *Ennead* VI.2.22», dans

492 H. Tarrant et D. Baltzly (édit.), *Reading Plato in Antiquity*, London 2006, p. 73-88; **493** R. Dufour, «Tradition et innovations: lecture plotinienne du *Timée*», *EPlaton* 2, 2006, p. 207-236; **494** M. Vorwerk, «Maker or Father? Plotinus on the Demiurge», dans **495** R. Mohr (édit.), *Plato's Timaeus Today*, Las Vegas/Zurich/Athens, sous presse.

La *République* aussi est connue de manière très approfondie: les 250 citations environ proviennent de tous les livres, les plus nombreuses étant tirées des livres VI, VII et X. C'est surtout l'interprétation plotinienne du passage de 509 B 9-10, où l'Idée du Bien est placée ἐπέκεινα τῆς οὐσίας πρεσβείᾳ καὶ δυνάμει, qui retient l'attention des savants. Les opinions sont divergentes: certains pensent en effet que le sens attribué par Plotin à cette formule, c'est-à-dire la transcendance de l'Un par rapport à l'être-intelligible, rejoint le sens authentiquement visé par Platon; d'autres pensent que l'interprétation de Plotin dépasse complètement le sens originel. Aussi, un certain nombre d'études sont consacrées à retrouver la thèse de la transcendance du Premier Principe par rapport à l'être chez des auteurs médio-platoniciens, qui représenteraient ainsi les vrais créateurs de l'interprétation du Bien de la *République* à la lumière de l'"un" du *Parménide*, thèse maîtresse de la métaphysique de Plotin. Parmi ceux qui pensent que le sens attribué par Plotin au passage 509 B 9-10 était déjà présent chez Platon, voir surtout **496** H.-J. Krämer, «Ἐπέκεινα τῆς οὐσίας. Zu Platons Politeia 509b», *AGPh* 51, 1969, p. 1-30; Hager **456**, en part. p. 110-119; Hager **460**; **497** C. J. de Vogel, *Rethinking Plato and Platonism*, coll. «Mnemosyne. Bibliotheca Classica Batava» 92, Leiden 1986, p. 45; **498** *Ead.*, «Encore une fois, le Bien dans la *République* de Platon», dans *Zetesis* **121**, p. 40-56; **499** R. Ferber, *Platos Idee des Guten*, coll. «Academia Philosophical Studies» 2, Sankt Augustin 1989², en part. p. 132 et 142; Halfwassen **462**, p. 221-222; l'opinion contraire est soutenue par **500** M. Baltes, «Is the Idea of Good in Plato's *Republic* beyond Being?», dans **501** M. Joyal (édit.), *Studies in Plato and the Platonic Tradition*. Essays presented to J. Whittaker, Aldershot 1997, p. 3-23 (repris dans Baltes **22**, p. 351-371) et par **502** É. de Strycker, «L'Idée du Bien dans la *République* de Platon. Données philologiques et signification philosophique», *AC* 39, 1970, p. 450-467; voir dernièrement **503** R. Ferber, «L'Idea del Bene è o non è trascendente? Ancora su ἐπέκεινα τῆς οὐσίας», dans **504** M. Bonazzi et F. Trabattoni (édit.), *Platone e la tradizione platonica*. Studi di filosofia antica, coll. «Quaderni di Acme» 58, Milano 2003, p. 127-149. Quant à la place qu'il faut reconnaître à l'interprétation plotinienne dans l'histoire du platonisme, on se reportera surtout à **505** H. Dörrie, «Die Frage nach dem Transzendenten im Mittelplatonismus», dans *Les sources de Plotin* **36**, p. 193-223 (discussion, p. 224-241), repris dans Dörrie **34**, p. 211-228 (sans la discussion), en part. p. 229 de l'éd. originelle (aucun médio-platonicien n'a donné à l'ἐπέκεινα de Platon le sens que Plotin lui confère), opinion en partie rétractée dans **506** *Id.*, «Die Schultradition im Mittelplatonismus und Porphyrios», dans *Porphyre* **200**, p. 1-25, discussion, p. 26-32 (repris dans Dörrie **34**, p. 406-419, sans la discussion), p. 32 de l'éd. originelle. L'étude fondamentale sur le sujet est **507** J. Whittaker, « Ἐπέκεινα νοῦ καὶ οὐσίας », *VChr* 23, 1969, p. 91-104 (repris dans **508** *Id.*, *Studies in Platonism and Patristic Thought*, coll. « Variorum Collected Studies Series » 201, London 1984), qui, après avoir remarqué l'attitude hésitante d'auteurs comme Justin, Clément d'Alexandrie et Numénius, qui présentent le Premier Principe tantôt comme τὸ ὄν, tantôt comme ἐπέκεινα τῆς οὐσίας, signale la fusion de la formule de *Resp.* VI, 509 B 9-10 avec les thèses sur l'Un de la deuxième partie du *Parménide* chez Calcidius, Celse, Origène, le Ps.-Brotinos et Modératus de Gadès, pour en venir à la conclusion que lorsque Plotin présente l'Un comme le principe qui transcende l'être *et l'intellect*, il a sans doute « a long tradition of interpretation behind him » (p. 101). Voir aussi Charrue **435**, p. 231-258 (liste des passages où Plotin reprend à son compte la formule de *Resp.* VI, 509 B 9-10 aux p. 246-247). Avec Dodds **437**, p. 140, on peut conclure que les éléments pour identifier l'Un de la deuxième partie du *Parménide* et l'Idée du Bien de *République* VI étaient déjà présents dans la tradition du platonisme antérieur à Plotin ; mais celui-ci « after the manner of men of genius, fashioned from this unpromising material an edifice which a few of his predecessors may have seen in their dreams but whose construction had remained altogether beyond their powers ».

Le *Phèdre* est cité 140 fois environs. Les citations tirées de la "palinodie" de Socrate (245 A - 256 B), qui contient le mythe de l'âme, sont de loin les plus nombreuses. Aperçu général dans Charrue **435**, p. 158-183 ; voir aussi **509** A. Bielmeier, *Die neuplatonische Phaidrosinterpretation : ihr Werdegang und ihre Eigenart*, coll. « Rhetorische Studien » 16, Padeborn 1930, p. 12-19 ; Pépin **150** ; **510** L. Tarán, « Plotinus and the ὑπερουράνιος τόπος of the *Phaedrus* », *C&M* 30, 1969, p. 258-262 (repris dans **511** *Id.*, *Collected Papers [1962-1999]*, Leiden/ Boston/Köln 2001, p. 552-556) ; **512** H. D. Saffrey et L. G. Westerink, *Introduction*, dans Proclus. *Théologie Platonicienne*, livre IV, *CUF*, Paris 1981, p. XVIII-XXV ; **513** A. Sumi, « Plotinus on *Phaedrus* 247d7-e1 : the Platonic *locus classicus* of the Identity of Intellect with the Intelligible Objects », *ACPhQ* 71, 1997, p. 404-420.

Les 100 citations environ du *Phédon* proviennent de toutes les parties du dialogue, sauf le début : de 61 C jusqu'à 113 E. Aperçu général dans Charrue **435**, p. 183-204 ; voir aussi **514** H.-F. Müller, « Plotinos über die Unsterblichkeit (Enn. IV 7 περὶ ἀθανασίας ψυχῆς) », *Sokrates* 7, 1919, p. 177-187 ; **515** É. Bréhier, « Ἀρεταὶ καθάρσεις », *REA* 42, 1940, p. 53-58 (repris dans Bréhier **439**, p. 237-243) ; **516** H. Dörrie, « Kontroversen um die Seelenwanderungen im kaiserzeitlichen Platonismus », *Hermes* 85, 1957, p. 414-435 (repris dans Dörrie **34**, p. 420-440) ; **517** D. O'Brien, « Immortality in Plato and Plotinus », *HChrC* 27, 1995, p. 49-72 ; **518** *Id.*, « Immortal and Necessary Being in Plato and Plotinus », dans **519** J. J. Cleary (édit.), *The Perennial Tradition of Neoplatonism*, coll. « Ancient and Medieval Philosophy, Series I » 24, Leuven 1997, p. 39-103, en part. p. 43-44 et 53-60.

Le *Banquet* est cité 90 fois environ. Voir **520** W. Theiler, « Diotima neuplato-
nisch », *AGPh* 50, 1968, p. 24-47 (repris dans Theiler **454**, p. 502-518) ; Pépin **150** ;
521 J. M. Dillon, « *Enn*. III.5. Plotinus' Exegesis of the *Symposium* Myth », *Agon*
3, 1969, p. 24-44 ; **522** H. Schöndorf, *Plotins Umformung der platonischen Lehre
vom Schönen*, coll. « Habelt Dissertationsdrucke, Reihe klassische Philologie » 18,
Bonn 1974 ; **523** A. M. Wolters, *Plotinus On Eros. A Detailed Exegetical Study of
Enneads III.5*, Toronto 1984, en part. p. XXV-XXXIII ; **524** P. Hadot, *Introduction*,
dans *Plotin. Traité 50, III 5*, coll. « Les Écrits de Plotin », Paris 1990, en part.
p. 22-25. Le traité III 5 [50] contient une théorie du mythe, selon laquelle Platon y
a recours lorsqu'il veut parler d'une manière accessible à notre âme discursive des
réalités intelligibles qui, prises en elles-mêmes, coexistent dans l'intemporalité qui
caractérise l'être véritable ; ce faisant, le mythe opère comme le raisonnement de
l'âme dianoétique (*logos*), qui ne peut comprendre les implications mutuelles des
principes intelligibles que par le biais de la subdivision et succession des concepts :

> « Mais il faut bien que les mythes, s'ils veulent vraiment être des mythes, d'une part, divisent
> en des temps différents ce dont ils parlent, et, d'autre part, séparent les uns des autres nombre de
> composants des êtres, composants qui, bien qu'ils coexistent dans l'unité, se distinguent pourtant
> par leur rang ou leurs puissances, puisque même les discours rationnels, eux aussi, inventent des
> naissances pour les êtres qui sont sans naissance et séparent, eux aussi, les êtres qui coexistent
> dans l'unité ; après avoir livré leur enseignement, autant qu'il leur est possible, les mythes laissent
> à celui qui en aura saisi le sens la possibilité de recomposer les éléments qui ont été distingués »
> (III 5 [50], 9, 24-29, trad. Hadot **524**, p. 140).

On trouve ici le fondement théorique de l'interprétation "pédagogique" du mythe
de la création de l'univers dans le *Timée* (le mythe a la même fonction que le
dessein de la figure géométrique dans la démonstration d'un théorème), interprétation pour laquelle on se reportera à Baltes **485** ; Dörrie et Baltes **436**, t. V,
Bausteine 138.1-3, p. 122-129 (textes) et 426-435 (commentaires) ; Phillips **487**.

Le *Parménide* est cité 85 fois. Voir Dodds **437** ; Bréhier **438** ; Schwyzer **440** ;
Charrue **435**, p. 43-115 ; **525** J. M. Rist, « The Neoplatonic One and Plato's
Parmenides », *TAPhA* 93, 1962, p. 389-401 ; **526** *Id.*, « The *Parmenides* again »,
Phoenix 16, 1962, p. 1-14 ; **527** B. D. Jackson, « Plotinus and the *Parmenides* »,
JHPh 5, 1967, p. 315-327 ; **528** J. H. Fielder, « Plotinus' Reply to the arguments of
Parmenides 130a-131d », *Apeiron* 12, 1978, p. 1-5 ; **529** *Id.*, « Plotinus' responses
to Two Problems of Immateriality », *PACPhA* 52, 1978, p. 96-102 ; **530** *Id.*, « A
Plotinian view of Self-predication and TMA », *MS* 57, 1979-80, p. 339-348 ;
531 *Id.* « Plotinus and Self-predication », dans **532** R. B. Harris (édit.), *The
Structure of Being. A Neoplatonic Approach*, coll. « Studies in Neoplatonism
Ancient and Modern » 4, Albany 1982, p. 83-89 ; **533** J. S. Lee, « Omnipresence,
Participation, and Eidetic Causation in Plotinus », *ibid.*, p. 90-103 : **534** F. M.
Schroeder, « The Platonic *Parmenides* and Imitation in Plotinus », *Dionysius* 2,
1978, p. 51-73 ; **535** F. Regen, « Formlose Formen. Plotins Philosophie als
Versuch, die Regressprobleme des platonischen *Parmenides* zu lösen », *NAWG*,
1988/1, p. 1-51 ; **536** J. H. Heiser, « Plotinus and the *apeiron* of Plato's *Parme-
nides* », *Thomist* 55, 1991, p. 53-81 ; **537** G. M. Gurtler, « Plotinus and the Platonic

Parmenides », *IPhQ* 32, 1992, p. 443-457 ; **538** C. D'Ancona, « *AMOPΦON KAI ANEIΔEON*. Causalité des formes et causalité de l'Un chez Plotin », *RPhA* 10, 1992, p. 69-113 ; **539** D. P. Hunt, « Plotinus meets the Third Man » dans Cleary **519**, p. 119-132 ; **540** M. Vorwerk, « Plotinus and the *Parmenides*: Problems of Interpretation », dans **541** K. Corrigan et J. Turner (édit.), *Rethinking Plato's Parmenides and its Platonic, Gnostic and Patristic Reception*, sous presse.

Le *Philèbe* et le *Sophiste* sont cités 60 fois environ. Sur le *Philèbe*, voir Schwyzer **474** ; sur le *Sophiste*, voir l'aperçu général de Charrue **435**, p. 205-229. Le traité *Sur les genres de l'être* (VI 1-3 [42-44]) combine la critique des catégories d'Aristote avec l'exégèse des μέγιστα γένη du *Sophiste*, que Plotin considère comme les véritables "genres" dans lesquels s'articule l'être: pour cette raison, souvent les études sur le rôle du *Sophiste* chez Plotin portent aussi sur l'attitude de celui-ci à l'égard de la doctrine aristotélicienne de la substance. Voir surtout **542** G. Nebel, *Plotins Kategorien der intelligiblen Welt*, coll. « Heidelberger Abhandlungen zur Philosophie und ihrer Geschichte » 18, Tübingen 1929 ; **543** K.-H. Volkmann-Schluck, *Plotin als Interpret der Ontologie Platos*, coll. « Philosophische Abhandlungen » 10, Frankfurt a. M. 1957 ; **544** P. Hadot, « Être, vie et pensée chez Plotin et avant Plotin », dans *Les sources de Plotin* **36**, p. 107-157 (repris dans Hadot **201**, p. 127-181) ; **545** Chr. Rutten, *Les catégories du monde sensible dans les Ennéades de Plotin*, coll. « Bibliothèque de la Faculté de Philosophie et Lettres de l'Université de Liège » 160, Paris 1961, critiqué par **546** V. Cilento, « Categorie del sensibile », dans Cilento **90**, p. 83-96 ; **547** O. Hoppe, *Die Gene in Plotins Enn. VI 2. Interpretationen zur Quelle, Tradition und Bedeutung der ΠΡΩΤΑ ΓΕΝΗ bei Plotin*, Diss. Göttingen 1966 ; **548** S. Mansion, « Dialectique platonicienne et dialectique plotinienne (*Sophiste* 254b-256d ; *Enn.* VI 2, 6-8) », dans **549** *La dialectique*. Actes du XIVe Congrès des Sociétés de Philosophie de langue française, Paris 1969, t. I, p. 26-28 ; **550** K. Wurm, *Substanz und Qualität. Ein Beitrag zur Interpretation der plotinischen Traktate VI 1, 2, 3*, coll. « Quellen und Studien zur Philosophie » 5, Berlin 1973 ; **551** S. K. Strange, *Plotinus' Treatise On the Genera of Being: An Historical and Philosophical Study*, PhD 1981, The University of Texas at Austin (University Microfilms International, Ann Arbor) ; **552** *Id.*, « Plotinus, Porphyry, and the Neoplatonic Interpretation of the *Categories* », dans *ANRW* II 36, 2, Berlin 1987, p. 955-974 ; **553** Chr. Evangeliou, *Aristotle's Categories and Porphyry*, coll. « Philosophia Antiqua » 48, Leiden 1988, en part. p. 93-181 ; **554** D. O'Brien, « Platon et Plotin sur la doctrine des parties de l'autre », *RPhilos* 181, 1991, p. 501-512 ; **555** L. Brisson, « De quelle façon Plotin interprète-t-il les cinq genres du *Sophiste*? (*Ennéades* VI 2 [43], 8) », dans **556** P. Aubenque et M. Narcy (édit.), *Études sur le Sophiste de Platon*, coll. « Elenchos » 21, Napoli 1991, p. 449-473 ; **557** M. Isnardi Parente, *Introduzione*, dans *Plotino. Enneadi VI 1-3. Trattati 42-44. Sui generi dell'essere*, Introduzione, testo greco, traduzione, commento, coll. « Filosofi antichi. Nuova serie » 2, Napoli 1994 ; **558** M. I. Santa Cruz de Prunes, « Aspectos de la crítica de Plotino a las categorías de Aristóteles », *Elenchos* 15, 1994, p. 25-

41 ; **559** *Ead.*, «L'exégèse plotinienne des μέγιστα γένη du *Sophiste* de Platon»,
dans Cleary **519**, p. 105-118 ; **560** Ch. Horn, *Plotin über Sein, Zahl und Einheit.*
Eine Studie zu den systematischen Grundlagen der Enneaden, coll. «Beiträge zur
Altertumskunde» 62, Stuttgart/Leipzig 1995, en part. p. 129-148 ; **561** R.
Chiaradonna, *Sostanza, movimento, analogia. Plotino critico di Aristotele*, coll.
«Elenchos» 37, Napoli 2002.

Les *Lois* sont citées environ 40 fois ; suivent *Théétète*, *Cratyle*, *Alcibiade I*, sur
lequel on se reportera à **562** J. Pépin, *Idées grecques sur l'homme et sur Dieu*, coll.
«Collection d'Études Anciennes», Paris 1971, en part. p. 96-101 ; **563** G. Aubry,
Introduction, dans *Plotin. Traité 53, I 1*, coll. «Les Écrits de Plotin», Paris 2004,
en part. p. 15-32 ; **564** C. Marzolo, *Introduzione*, dans *Plotino. Che cos'è l'essere*
vivente e che cos'è l'uomo? I 1[53], coll. «Greco, Arabo, Latino. Le vie del
sapere» 1, Pisa 2006, en part. p. 36-47. Sur le *Politique*, voir **565** M. I. Santa Cruz
de Prunes, «Plotin face à Platon. Un exemple d'exégèse plotinienne (*Ennéade* VI
8[39], 18), dans Fattal **302**, p. 193-216 ; voir enfin **566** D. P. Taormina, «Plotino
lettore dei 'dialoghi giovanili' di Platone», dans **567** A. Brancacci (édit.), *Antichi e*
moderni nella filosofia di età imperiale. Atti del II colloquio internazionale Roma,
21-23 settembre 2000, coll. «Elenchos» 34, Napoli 2001, p. 137-196, et **568** G.
Aubry, «Conscience, pensée et connaissance de soi selon Plotin : le double
héritage de l'*Alcibiade* et du *Charmide*», EPlaton 4, 2007, p. 163-181.

La *IIe Lettre* pseudo-platonicienne aussi a été importante pour Plotin : voir
569 M. Isnardi Parente, «Plotino lettore delle *Epistole* di Platone», dans Brancacci
567, p. 197-211, et Dörrie **724** ; observons enfin que Plotin considère l'*Épinomis*
comme authentique (voir VI 7 [38], 11, 44-45).

Une remarque de Plotin à propos du platonicien Longin, «assurément philologue, mais aucunement philosophe», rapportée par Porphyre (*VP* 14, 18-20, trad.
Brisson *et al.* **9**, II, p. 157), pourrait justifier l'image toute faite d'un Plotin tellement absorbé dans la construction d'une métaphysique étrangère à Platon (voir par
ex. **570** P. Shorey, *Platonism Ancient and Modern*, coll. «Sather Classical
Lectures» 14, Berkeley 1938), qu'il n'aurait pas eu le moindre intérêt pour l'exégèse philologique de l'œuvre platonicienne, cultivée en revanche par les savants de
son époque : analyse du jeu de mots de Porphyre par **571** J. Pépin, «Philólogos/
philósophos», dans Brisson *et al.* **9**, t. II, p. 477-501 ; voir aussi, plus loin, "Les
contemporains de Plotin". Pourtant, Plotin se renseignait sur les écrits de Longin
(*VP* 14, 18-19) et d'autres lettrés, p. ex. sur les *Questions platoniciennes* d'Eubule
(⮕E 74) : voir **572** S. Toulouse, «Les chaires impériales à Athènes aux IIe et IIIe
siècles», dans **573** H. Hugonnard-Roche (édit.), *L'enseignement supérieur dans les*
mondes antiques et médiévaux, coll. «Textes et traditions» 16, Paris 2008, p. 127-
174, en part. p. 166 n. 1.

Aristote

On a déjà évoqué la remarque de Porphyre sur l'omniprésence de la *Méta-*
physique dans les écrits de Plotin. Outre la *Métaphysique*, citée 240 fois environ,

Plotin cite la *Physique* et les *Catégories*, chaque ouvrage quelque 110 fois ; le *De Anima*, 80 fois environ ; l'*Éthique à Nicomaque*, 50 fois environ ; le *De Caelo*, 20 fois environ ; plus rarement, il cite les *Météorologiques*, les traités biologiques et les *Parva Naturalia*, les autres traités de l'*Organon* outre les *Catégories*, à l'exception des *Réfutations Sophistiques* ; il cite aussi l'*Éthique à Eudème* et la *Politique*. Parmi les ouvrages perdus d'Aristote, Plotin connaît le *Protreptique*. Il cite une vingtaine de fois des textes qui ne sont plus connus que par des fragments : le plus fréquemment cité est le fr. 49 Rose, c'est-à-dire le passage du Περὶ εὐχῆς dans lequel Aristote dit que Dieu est ou bien un intellect, ou bien quelque chose qui est au-delà de l'intellect, passage que Simplicius (*in De cael*. II 12, p. 485, 22 Heiberg) cite à l'appui de la thèse selon laquelle le Premier Principe transcende l'οὐσία et le νοῦς. Observons que ce fragment a été allégué à plusieurs reprises par Krämer **444** (p. 135-136 ; 216 ; 381) comme preuve du fait que la doctrine plotinienne de l'antériorité du Bien par rapport à l'être et à l'intellect remonte à l'Académie ancienne, et reproduit, de ce fait, l'enseignement même de Platon. Whittaker **507** est plus prudent : les témoignages qu'il discute aux p. 101-104, y compris le fr. 49 Rose, attestent seulement, selon lui, que la notion d'un Premier Principe transcendant l'intellect est déjà présente chez les auteurs platoniciens antérieurs à Plotin. Enfin, Plotin connaît peut-être aussi l'écrit pseudo-aristotélicien *De Mundo*, à moins que son allusion (III 5 [50], 8, 22-23) à ceux qui « nomment étoile d'Héra l'étoile d'Aphrodite que l'on voit dans le ciel » (trad. Hadot **524**, p. 137) vise le traité *De natura mundi* du Ps.-Timée de Locres : voir le dossier dans Wolters **523**, p. 233-234.

L'attitude de Plotin à l'égard d'Aristote a fait l'objet de nombreuses études, mais de manière sélective : un bilan complet et ponctuel des emprunts à Aristote dans les *Ennéades*, qui seul autoriserait une évaluation d'ensemble, reste à faire. En l'absence d'un tel bilan, les savants ont porté des jugements divers et parfois opposés sur cette attitude, jugements souvent dictés par l'ouvrage aristotélicien en question ; en effet, si l'on juge à partir de l'utilisation plotinienne du *De Anima*, on parvient à des résultats bien différents de ceux que l'on obtient si l'on juge à partir de la critique des *Catégories*. Un aperçu général très équilibré est fourni par **574** W. R. Inge, *The Philosophy of Plotinus*, The Gifford Lectures at St. Andrews, 1917-1918, in Two Volumes, 1929, Westport (Conn.) 1968[3], vol. I, p. 111 :

« Plotinus regards him as an ally against the materialism of the Stoics and Epicureans ; but he frankly criticises his categories, and hardly does justice to the considerable obligations which a modern reader readily observes in the Enneads. Some of these obligations are of great importance. For instance, the fundamental distinction of δύναμις and ἐνέργεια, which he owes to Aristotle, is as essential to the philosophy of Plotinus as the Platonic distinction of unity and plurality. The One is defined, in Aristotelian rather than Platonic fashion, as absolute activity. It is an Aristotelian doctrine that no potentiality can achieve potency without a previously existing activity. The world of Ideas is alive for Plotinus, since each Idea is an 'activity'. (...) The eternity of the world was a Peripatetic dogma, on which the later Platonists had wavered. There are also several points in psychology, in which unacknowledged obligations to Aristotle can be traced. The Enneads give one the impression that Plotinus knew Aristotle as well as he knew Plato ».

Aux points évoqués par Inge, il faut ajouter les thèses de la "séparation" et de la nature auto-connaissante de l'Intellect divin, thèses que Plotin reprend à son compte et qui jouent un rôle capital dans sa vision du νοῦς : la première, en combinaison évidente avec le Démiurge du *Timée* ; la deuxième, reprise pour établir – contre la doctrine de ces platoniciens qui, prenant le *Timée* au pied de la lettre, distinguent entre le monde intelligible et le Démiurge – que l'Intellect divin *est* le monde intelligible qu'il contemple. Voir surtout V 9 [5], 3, 6-7, où, parmi les points à examiner à propos de la nature de l'Intellect, Plotin met en évidence la question de sa "séparation" (μᾶλλον δέ, εἰ τοιοῦτος, οἷόν φαμεν, καὶ εἰ χωριστός τις, *cf. De An.* III 5, 430 a 17) et V 1 [10], 9, 7-9 (Ἀριστοτέλης δὲ ὕστερον χωριστὸν μὲν τὸ πρῶτον καὶ νοητόν, νοεῖν δὲ αὐτὸ ἑαυτὸ λέγων πάλιν αὖ τὸ πρῶτον ποιεῖ, *cf. De An.* III 5, 430 a 17 et *Metaph.* XII 7, 1072 a 26). Comme le montre ce dernier passage, c'est de la combinaison de *De Anima* III 5 avec *Metaph.* XII 7 que Plotin tire sa présentation de l'Intellect divin selon Aristote. Il souscrit pleinement à cette manière de concevoir le νοῦς, sauf que – comme le dit la fin du passage cité – un tel principe ne peut pas être le Premier : sa nature auto-connaissante implique en effet, aux yeux de Plotin, que le νοῦς *soit* lui-même les intelligibles qui forment l'objet de son intellection, d'où sa complexité intérieure ; or, le Premier Principe doit être parfaitement simple. La démonstration de la thèse selon laquelle l'Intellect divin n'a pas une activité d'intellection dirigée vers un objet intelligible distinct de lui-même, si bien qu'en connaissant les intelligibles il se connaît lui-même, fait l'objet de deux écrits, V 9 [5] et V 5 [32], à propos desquels – pour le point qui nous intéresse ici, à savoir, l'utilisation d'Aristote – on se reportera à l'étude classique de **575** A. H. Armstrong, « The Background of the Doctrine "That the Intelligibles are not outside the Intellect" », dans *Les sources de Plotin* **36**, p. 393-413 (repris dans Armstrong **104**). Après avoir replacé la doctrine de Plotin dans le contexte du platonisme de son époque, Armstrong affirme :

> « Even if Plotinus read Albinus, however, it would be quite unreasonable to suppose that his reading of the earlier Platonist was the only, or the principal, source of the Aristotelian element which is so apparent in his doctrine of the intellect. It has been noticed often enough, from Porphyry onwards (*Life*, ch. 14, 4-7) that there is a very large Aristotelian component in the thought of Plotinus ; and it would, I think, be generally agreed that it is in his doctrine of intellect that it is most evident » (p. 405).

Cet "élément d'aristotélisme" est par ailleurs transmis à Plotin sous la forme qu'Alexandre d'Aphrodise lui a donnée : voir, plus loin dans cette section, "Alexandre d'Aphrodise". L'importance de la doctrine aristotélicienne de l'Intellect divin pour Plotin est soulignée par Hager **456**, p. 237-390, qui par ailleurs insiste surtout sur la critique plotinienne (voir le passage cité de V 1 [10]).

Plus récemment, les recherches se sont concentrées sur l'attitude de Plotin à l'égard des *Catégories* : à partir des études de Wurm **450** et Hadot **584**, ce point a été analysé par Chiaradonna **561**, **607**, **608**, **617**, **620**, **621**, **623**, **625**, **632** et **635** ; Corrigan **605** ; De Haas **612** et **619** ; Evangeliou **591**, **596**, **553** et **616** ; Natali **609** ; Rutten **545** ; Santa Cruz de Prunes **558** ; Strange **551** et **552** ; Taormina **611**.

Voici une série de travaux sur les emprunts de Plotin à Aristote, ainsi que sur les critiques qu'il lui a adressées, rassemblés dans un ordre chronologique : **576** Ch. Rutten, «La doctrine des deux actes dans la philosophie de Plotin», *RPhilos* 146, 1956, p. 100-106 ; Rutten **545** ; **577** G. Bruni, «Note di polemica neoplatonica contro l'uso e il significato del termine ἐντελέχεια», *GCFI* 39, 1960, p. 205-236 ; **578** H. J. Blumenthal, «Plotinus *Ennead* IV 3, 20-21 and its sources. Alexander, Aristotle, and others», *AGPh* 50, 1968, p. 254-261 ; Hager **456** ; **579** G. Verbeke, «Les critiques de Plotin contre l'entéléchisme d'Aristote : essai d'interprétation de l'*Enn*. 4.7.8^5», dans Palmer et Hamerton Kelly **484**, p. 194-222 ; **580** P. Aubenque, «Plotin et le dépassement de l'ontologie grecque classique», dans Schuhl et Hadot **155**, p. 101-109 ; **581** H. J. Blumenthal, «Plotinus' Psychology : Aristotle in the Service of Platonism», *IPhQ* 12, 1972, p. 340-364 (repris dans **582** *Id.*, *Soul and Intellect. Studies in Plotinus and Later Neoplatonism*, coll. «Variorum Collected Studies Series» 426, Aldershot 1993) ; Wurm **550** ; **583** J. M. Rist, «The One of Plotinus and the God of Aristotle», *RMeta* 27, 1973, p. 75-87 (repris dans Rist **169**) ; **584** P. Hadot, «L'harmonie des philosophies de Plotin et d'Aristote selon Porphyre dans le commentaire de Dexippe sur les *Catégories*», dans *Plotino e il neoplatonismo* **78**, p. 31-47 (repris dans Hadot **201**, p. 355-382 ; version anglaise dans **585** R. Sorabji [édit.], *Aristotle Transformed. The Ancient Commentators and their Influence*, Duckworth, London 1990, p. 125-140) ; **586** H. J. Blumenthal, «Plotinus' Adaptation of Aristotle's Psychology : Sensation, Imagination and Memory», dans **587** R. B. Harris (édit.), *The Significance of Neoplatonism*, coll. «Studies in Neoplatonism : Ancient and Modern» 1 Norfolk, VA, 1976, p. 41-58 (repris dans *Id.*, *Soul and Intellect* : voir Blumenthal **581**) ; **588** M. de Gandillac, «Plotin et la *Métaphysique* d'Aristote», dans **589** P. Aubenque (édit.), *Études sur la Métaphysique d'Aristote*. Actes du VIe Symposium Aristotelicum, coll. «Bibliothèque d'Histoire de la Philosophie», Paris 1979, p. 247-259 ; Szlezák **404**, qui examine surtout le rapport entre la doctrine plotinienne de l'Intellect et le livre XII de la *Métaphysique* (voir en part. p. 126-135 ; 144-150 et 160-166) ; **590** J. Igal, «Aristóteles y la evolución de la antropología de Plotino», *Pensamiento* 35, 1979, p. 315-346 ; Strange **551** ; **591** Chr. Evangeliou, «The Ontological Basis of Plotinus' Criticism of Aristotle's Theory of Categories», dans Harris **532**, p. 73-82 ; **592** P. Aubenque, «Plotin et Dexippe exégètes des *Catégories* d'Aristote», dans **593** Chr. Rutten et A. Motte (édit.), *Aristotelica*. Mélanges offerts à Marcel De Corte, Bruxelles/Liège 1985, p. 7-40 ; **594** H. Seidl, «Aristoteles' Lehre von der νόησις νοήσεως des ersten, göttlichen Vernunftswesen und ihre Darstellung bei Plotin», dans **595** J. Wiesner (édit.), *Aristoteles Werk und Wirkung*. Paul Moraux gewidmet, zweiter Band. Kommentierung, Überlieferung, Nachleben, Berlin/New York 1987, p. 157-176 ; Strange **552** ; Strange **553** ; **596** Chr. Evangeliou, «The Plotinian Reduction of Aristotle's Categories», *AncPhil* 7, 1987, p. 147-162 ; Evangeliou **553** ; **597** A. H. Armstrong, «Aristotle in Plotinus. The Continuity and Discontinuity of *Psyche* and *Nous*», dans **598** H. J. Blumenthal et H. Robinson (édit.), *Aristotle and the Later*

Tradition, *OSAPh* Supplement, Oxford 1991, p. 117-127 ; Santa Cruz de Prunes **558** ; **599** L. P. Gerson, « Plotinus and the Rejection of Aristotle's Metaphysics », dans **600** L. P. Schrenk (édit.), *Aristotle in Late Antiquity*, coll. « Studies in Philosophy and the History of Philosophy » 27, Washington, D. C., 1994, p. 3-21 ; **601** D. O'Brien, « Matière et privation dans les *Ennéades* de Plotin », dans **602** A. Motte et J. Denooz (édit.), *Aristotelica secunda*. Mélanges offerts à Christian Rutten, Liège 1996, p. 211-220 ; **603** P. Hadot, « La conception plotinienne de l'identité entre l'intellect et son objet. Plotin et le *De Anima* d'Aristote », dans **604** G. Romeyer-Dherbey et C. Viano (édit.), *Corps et âme. Sur le De Anima d'Aristote*, coll. « Bibliothèque d'Histoire de la Philosophie », Paris 1996, p. 367-376 (repris dans Hadot **201**, p. 267-278) ; **605** K. Corrigan, *Plotinus' Theory of Matter-Evil and the Question of Substance : Plato, Aristotle, and Alexander of Aphrodisias*, coll. « Recherches de Théologie ancienne et médiévale. Supplementa » 3, Leuven 1996 ; **606** F. M. Schroeder, « Plotinus and Aristotle on the Good Life », dans Cleary **519**, p. 207-220 ; **607** R. Chiaradonna, « Plotino interprete di Aristotele. Alcuni studi recenti », *RFIC* 126, 1998, p. 479-503 ; **608** *Id.,* « *ΟΥΣΙΑ ΕΞ ΟΥΚ ΟΥΣΙΩΝ*. Forma e sostanza sensibile in Plotino (*Enn.* VI 3[44], 4-8) », *DSTFM* 10, 1999, p. 25-57 ; **609** C. Natali, « La critica di Plotino ai concetti di attualità e movimento in Aristotele », dans **610** C. Natali et S. Maso (édit.), *Antiaristotelismo*, coll. « Lexis Einzelschriften » 6, Amsterdam 1999, p. 211-229 ; **611** D. P. Taormina, « L'antiaristotelismo di Plotino e lo pseudo-aristotelismo di Giamblico. Due interpretazioni di Aristotele, *Categ.* 6, 5 b 11 ss. », *ibid.*, p. 231-250 ; **612** F. A. J. de Haas, « Did Plotinus and Porphyry disagree on Aristotle's Categories ? », *Phronesis* 46, 2001, p. 492-526 ; **613** R. Dufour, « Une citation d'Aristote en *Ennéade* II, 1, 6, 25 », *REG* 115, 2002, p. 405-408 ; **614** L. P. Gerson, « Plotinus against Aristotle's Essentialism », dans **615** M. F. Wagner (édit.), *Neoplatonism and Nature. Studies in Plotinus' Enneads*, coll. « Studies in Neoplatonism : Ancient and Modern » 8, Albany 2002, p. 57-70 ; **616** Chr. Evangeliou, « Plotinus' Set of Categories for the *kosmos aisthetos* », *ibid.*, p. 209-239 ; **617** R. Chiaradonna, « Plotino e la teoria degli universali. *Enn.* VI 3 [44], 9 », dans **618** V. Celluprica et C. D'Ancona (édit.), *Aristotele e i suoi esegeti neoplatonici. Logica e ontologia nelle interpretazioni greche e arabe*. Atti del convegno internazionale Roma, 19-20 ottobre 2001, coll. « Elenchos » 40, Napoli 2004, p. 1-35 ; **619** F. A. J. de Haas, « Context and Strategy of Plotinus' Treatise *On the Genera of Being* (*Enn.* VI 1-3[42-44]) », *ibid.*, p. 37-53 ; **620** R. Chiaradonna, « Il tempo misura del movimento ? Plotino e Aristotele (*Enn.* III, 7 [45]) » dans Bonazzi et Trabattoni **504**, p. 221-250 ; **621** *Id.,* « The Categories and the Status of the Physical World. Plotinus and the Neoplatonic Commentators », dans **622** P. Adamson, H. Baltussen et M. W. F. Stone (édit.), *Philosophy, Science and Exegesis in Greek, Arabic and Latin Commentaries*, coll. « *BICS* Supplement » 83.1, London 2004, vol. I, p. 121-136 ; **623** *Id.,* « Le categorie in Plotino tra logica e fisica : il caso della sostanza (*Enn.* VI 3[44], 8.12-37) », dans **624** E. Canone (édit.), *Metafisica, logica, filosofia della natura*. Seminari di terminologia filosofica dell'Istituto per il lessico intellettuale europeo e storia delle idee, Consiglio Nazionale delle Ricerche, Roma, gennaio-maggio 2003, coll. «Atrium Minervae» 1, Sarzana 2004, p. 137-154 ; **625** *Id.*, «Plotino e la corrente antiaristotelica del platonismo imperiale. Analogie e differenze», dans **626** M. Bonazzi et V. Celluprica (édit.), *L'eredità platonica. Studi sul platonismo da Arcesilao a Proclo*, coll. «Elenchos» 45, Napoli 2005, p. 235-274 ; **627** C. Russi, «Le cause prossime plotiniane nell'esordio di *Enn.* III 1 [3]: consonanze e dissonanze con la tradizione aristotelica», *Elenchos* 25, 2004, p. 73-98 ; **628** Chr. Tornau, «Plotinus' Criticism of Aristotelian Entelechism in *Enn.* IV 7[2], 8^5.25-50, dans Chiaradonna **245**, p. 149-178 ; **629** L. P. Gerson, *Aristotle and Other Platonists*, Ithaca, N.Y., 2005, en part. p. 390-395 et 421-483 ; **630** J. Wilberding, «Aristotle, Plotinus and Simplicius on the Relation of the Changer to the Changed», *CQ* 55, 2005, p. 447-454 ; **631** G. Karamanolis, *Plato and Aristotle in Agreement? Platonists on Aristotle from Antiochus to Porphyry*, Oxford 2006, en part. p. 216-242 ; **632** R. Chiaradonna, «Connaissance des intelligibles et degrés de la substance. Plotin et Aristote», *EPlaton* 3, 2006, p. 57-102 ; **633** A. Longo, «L'assimilation originale d'Aristote dans le traité VI 5[23] de Plotin», *ibid.*, p. 155-194 ; **634** G. Aubry, *Dieu sans la puissance : dunamis et energeia chez Aristote et chez Plotin*, coll. «Histoire de la Philosophie», Paris 2006 ; **635** R. Chiaradonna, «Ἐνέργειαι e qualità in Plotino. A proposito di *Enn.* II 6[17]», dans **636** W. Lapini, L. Malusa et L. Mauro (édit.), *Gli antichi e noi*. Scritti in onore di Antonio Mario Battegazzore, Genova 2009, p. 443-459.

Épicure

La seule mention explicite se trouve dans II 9 [33], 15, 8-10 = fr. 403 Usener (ὁ μὲν Ἐπίκουρος τὴν πρόνοιαν ἀνελὼν τὴν ἡδονὴν καὶ τὸ ἥδεσθαι, ὅπερ ἦν λοιπόν, τοῦτο διώκειν παρακελεύεται), mention commentée ainsi par Dumont **379**, p. 192 : Plotin a eu d'Épicure une connaissance indirecte, à partir d'une doxographie stoïcienne. Même si Épicure n'est pas nommé, c'est sans doute à son école que se réfère Plotin lorsqu'il énonce une distinction de trois genres d'hommes, selon qu'ils privilégient le plaisir, les vertus morales ou la connaissance (V 9 [5], 1, 3-7), en utilisant pour les épicuriens l'image des oiseaux trop lourds pour voler, quoique pourvus d'ailes : voir le comm. de **637** M. Vorwerk, *Plotins Schrift "Über den Geist, die Ideen und das Seiende. Enneade V 9[5]*. Text, Übersetzung, Kommentar, coll. «Beiträge zur Altertumskunde» 145, München/Leipzig 2001, p. 57-65, et **638** U. Criscuolo, «Aspetti della polemica anti-epicurea nel tardoantico», dans **639** *Storia, poesia e pensiero nel mondo antico*. Studi in onore di Marcello Gigante, coll. «Saggi di Bibliopolis» 46, Napoli 1994, p. 149-167, en part. p. 159-161. Malgré ce jugement négatif, l'écho de certaines tournures d'Épicure est présent chez Plotin, comme le remarque **640** M. Ghidini Tortorelli, «L'ambigua presenza di Epicuro in Plotino», dans **641** G. Giannantoni et M. Gigante (édit.), *Epicureismo greco e romano*. Atti del congresso internazionale Napoli, 19-26 maggio 1995, coll. «Elenchos» 25, Napoli 1996, II, p. 987-997. Ce sont surtout les images du divin comme nécessairement imperturbable, du vrai

plaisir comme paisible, de l'immédiateté comme critère de l'évidence, qui retiennent l'attention des savants: voir **642** A. H. Armstrong, «The Gods in Plato,
Plotinus, Epicurus», *CQ* 32, 1938, p. 190-196, et **643** W. Schmid, «Götter und
Menschen in der Theologie Epikurs», *RhM* 94, 1951, p. 97-156, en part. p. 150-
154; Rist **72**, p. 50-51 et 236; **644** D. J. O'Meara, «*Epicurus Neoplatonicus*»,
dans **645** Th. Fuhrer et M. Erler (édit.), *Zur Rezeption der hellenistischen Philosophie in der Spätantike*. Akten der 1. Tagung der Karl-und-Gertrud-Abel-Stiftung
vom 22.-25. September 1997 in Trier, coll. «Philosophie der Antike» 9, Stuttgart
1999, p. 83-91; **646** M. Erler, «*Philologia medicans*. Wie die Epikureer die Texte
ihres Meisters lasen», dans **647** W. Kullmann et J. Althoff (édit.), *Vermittlung und
Tradierung von Wissen in der griechischen Kultur*, coll. «ScriptOralia. Altertumswissenschaftliche Reihe» 61, Tübingen 1993, p. 281-303; **648** M. Baltes, *Zur
Nachwirkung des Satzes Τὸ μακάριον καὶ ἄφθαρτον οὔτε αὐτὸ πράγματα
ἔχει…*, dans **649** M. Erler et R. Bees (édit.), *Epikureismus in der späten Republik
und der Kaiserzeit*. Akten der 2. Tagung der Karl-und-Gertrud-Abel-Stiftung vom
30. September - 3. Oktober 1998 in Würzburg, coll. «Philosophie der Antike» 11,
Stuttgart 2000, p. 93-108 (repris dans Baltes **208**, p. 27-47) **650** *Id.*, «Nachfolge
Epikurs. *Imitatio Epicuri*», dans **650bis** B. Aland, J. Hahn et C. Ronning (édit.),
Literarische Konstituierung von Identificationsfiguren in der Antike, coll. «Studien
und Texte zu Antike und Christentum» 16, Tübingen 2003, p. 29-49 (repris dans
Baltes **208**, p. 111-133); **651** J.-M. Charrue, «Plotin et Épicure», *Emerita* 74,
2006, p. 289-320.

Stoïcisme

Remontent aux premières décennies du XXᵉ siècle une série d'études qui
attribuent au stoïcisme un rôle décisif dans la formation de la philosophie de
Plotin: c'est surtout Posidonius (☛P 267) qui est présenté comme le précurseur de
Plotin, en particulier grâce à son «Vitalismus und Dynamismus», selon la formule
de Theiler **70**, p. 76. Ces études soulignent la parenté entre la manière stoïcienne de
concevoir le divin comme une δύναμις active présente partout dans l'univers, et la
doctrine plotinienne de la δύναμις active de l'Âme, de l'Intellect et de l'Un; de
même, l'idée d'un lien universel, qui s'étend de l'Un jusqu'à la matière, est présentée comme l'héritage chez Plotin du σύνδεσμος stoïcien: voir surtout **652** W.
Jaeger, *Nemesios von Emesa. Quellenforschungen zum Neuplatonismus und seinen
Anfängen bei Poseidonios*, Berlin 1914, p. 97-133; **653** K. Reinhardt, *Kosmos und
Sympathie. Neue Untersuchungen über Poseidonios*, München 1926 (réimpr.
Hildesheim/New York 1967), en part. p. 119-121 et 187-192. Selon **654** J.
Geffcken, *Der Ausgang des griechisch-römischen Heidentums*, Heidelberg 1920,
1929 (Darmstadt 1963, réimpr. de l'éd. de 1929), p. 262-263, Plotin a emprunté la
plupart de ses idées à Posidonius; pour le dire avec Jaeger **652**, p. 70, si celui-ci
avait fait une place aux Idées, il n'y aurait eu plus rien à trouver pour Plotin. Deux
études ont été consacrées aux détails de cette dépendance, qui semblait, à l'époque,
décisive: **655** R. E. Witt, «Plotinus and Posidonius», *CQ* 24, 1930, p. 198-207, et
656 W. Theiler, *Die Vorbereitung des Neuplatonismus*, coll. «Problemata» 1,

Berlin/Zürich 1934, 1964², en part. p. 61-109 ("Plotin und Poseidonios"). Selon Witt **655**, p. 207, Posidonius « anticipated Plotinus by placing the Ideas in God, by stressing the necessity for assimilation between the human and the divine, and by emphasizing the middle rank occupied by the soul in the Universe » ; Posidonius avait aussi développé « a theory of sunlight which is the basis on which is built the Plotinian doctrine of Undiminished Giving ». Theiler **656** multiplie les parallèles de lexique et de doctrine, se ralliant lui aussi à la méthode de la "Quellen-forschung" qui avait été suivie par Jaeger, Reinhardt et Witt : pour un jugement tranchant sur cette approche, on peut voir **657** P. Shorey, c.r. de Jaeger **652**, *CQ* 10, 1915, p. 483-486 ; mais aussi la présentation de Witt **655**, p. 198, fait ressortir le risque d'arbitraire que comporte cette approche, que pourtant l'auteur suit :

> « My aim here is to produce evidence of the existence in the system of Plotinus of certain important conceptions which go back to some earlier source from which writers, who are commonly regarded as being influenced by Posidonius, borrow similar conceptions. This source, I suggest, can only be Posidonius himself. At present I see no cogent reason against the postulate, that he is the author who first set forth these views. And that elements exist in the *Enneads* which, taken along with the utterances of earlier writers, presuppose a common origin, can hardly be doubted by anyone who has compared with Plotinus the later Stoics, Middle Platonism, Philo and the Early Fathers ».

Theiler **656**, p. 91-92, avait pensé que la source à laquelle puisait Plotin aurait pu être un manuel des doctrines de Posidonius, comparable à celui d'Arius Didyme (➥A 324, auquel on ajoutera maintenant **658** T. Göransson, *Albinus, Alcinous, Arius Didymus*, coll. « Studia Graeca et Latina Gothoburgensia » 61, Göteborg 1995, et le c.r. de **659** M. Baltes, « Muß die "Landkarte des Mittelplatonismus" neu gezeichnet werden ? », *GGA* 248, 1996, p. 91-111, repris dans Baltes **22**, p. 327-350). La thèse de l'influence décisive de Posidonius sur Plotin, reprise par Theiler **70**, a été par la suite pratiquement abandonnée, en considération des mises au point sur les doctrines effectivement soutenues par Posidonius (voir dans ce volume la notice de K. Algra), qui ont fini par dessiner une pensée sinon opposée à celle de Plotin – comme le pensait **660** L. Edelstein, « The Philosophical System of Posidonius », *AJPh* 57, 1936, p. 286-325 – du moins très éloignée : selon **661** Ph. Merlan, « Beiträge zur Geschichte des antiken Platonismus, II. Poseidonios über die Weltseele in Platons Timaios », *Philologus* 89, 1934, p. 197-214, Posidonius demeure étranger aux développements internes du platonisme. Les difficultés de la "Quellenforschung" ont également été soulignées. Pour avancer ses réserves à propos de celle-ci, Harder **395** s'était servi précisément de la notion stoïcienne de *dynamis* : « Wenn wir aber hinter der plotinischen Dynamis die stoische sehen, haben wir Plotin schon verfälscht » (p. 329). D'un point de vue plus général, on a remarqué que les doctrines sur lesquelles pivotait la vision de Reinhardt **653** se trouvent dans un long excursus du livre II du *De natura deorum* de Cicéron, dont la réelle paternité posidonienne a été remise en question : voir le dossier dans **662** M. Isnardi Parente, *Introduzione allo stoicismo ellenistico*, coll. « I filosofi » 59, Bari/Roma 1993, p. 135-139 et n. 48.

Les recherches de la première moitié du XXe siècle se sont concentrées davantage sur les doctrines stoïciennes dont Plotin se serait inspiré que sur des analyses ponctuelles de ses emprunts ou de ses critiques. Voir **663** R. E. Witt, « The Plotinian Logos and its Stoic Basis », *CQ* 25, 1931, p. 103-111, suivi par **664** O. Becker, *Plotin und das Problem der geistigen Aneignung*, Berlin 1940, p. 93, selon lequel la doctrine plotinienne du *logos* est influencée par le stoïcisme plus encore que par le platonisme ou l'aristotélisme ; Rist **72**, p. 100-102. Voir aussi Armstrong **392**, qui, tout en étant sceptique à l'égard de l'influence de Posidonius (p. 37-38), pense que ce qui fait la différence entre la doctrine plotinienne de l'union mystique et la *theoria* d'Aristote est l'"irruption du stoïcisme" dans la pensée grecque : Plotin est profondément influencé « by the Stoic insistence on the oneness of all things and the passionate Stoic devotion to the all-pervading Divine Life » (p. 41) De même la doctrine plotinienne de l'Un comme δύναμις πάντων s'inspire selon Armstrong des raisons séminales (p. 107) ; *contra*, Rist **72**, p. 174, qui pense que les raisons séminales de Plotin héritent du monde intelligible platonicien, « thus having little but the name in common with their Stoic counterparts » ; plus encore, selon **665** E. Früchtel, *Weltentwurf und Logos. Zur Metaphysik Plotins*, coll. « Philosophische Abhandlungen » 33, p. 65 et n. 244, la doctrine plotinienne du *logos* a été élaborée en opposition au stoïcisme.

On trouvera un bilan des doctrines stoïciennes critiquées par Plotin, ainsi que de ses emprunts, chez Rist **72**, p. 173-177 : Rist remarque à juste titre (p. 174) que « there are Stoic doctrines embedded in the *Enneads*, as Porphyry says, but Plotinus is always their master ». Ce bilan est enrichi et développé dans l'étude qui demeure encore aujourd'hui la plus complète sur le sujet, **666** A. Graeser, *Plotinus and the Stoics. A Preliminary Study*, coll. « Philosophia Antiqua » 22, Leiden 1972 : la première partie (p. 13-84) est une analyse de détail des passages des *SVF* qui témoignent des doctrines stoïciennes connues par Plotin (liste parfois différente par rapport à l'*index fontium* de Henry et Schwyzer **3** et **4**) ; la deuxième partie (p. 87-137) contient des excursus sur des thèmes spécifiques (doctrine des catégories, notion de cause, déterminisme et liberté humaine).

Comment Plotin a-t-il eu connaissance des doctrines des stoïciens ? Selon Schwyzer **40**, p. 66, il dépend d'une doxographie certainement proche de celle d'Aëtius (☛A 27 ; ajouter maintenant **667** J. Mansfeld et D. T. Runia, *Aëtiana. The Method and Intellectual Context of a Doxographer*, t. I : *The Sources*, coll. « Philosophia Antiqua » 73, Leiden 1997 ; **668** J. Mansfeld et D. T. Runia, *Aëtiana. The Method and Intellectual Context of a Doxographer*, t. II : *The Compendium*, coll. « Philosophia Antiqua » 114, Leiden 2009), mais pas identique. Observons par ailleurs que dans l'*index fontium* de Henry et Schwyzer **3** et **4** on retrouve six citations des *Placita philosophorum* d'Aëtius (= Pseudo-Plutarque). Il est important de noter que Plotin connaît les doctrines stoïciennes dans la formulation qu'en avait donnée Chrysippe (☛C 121) : voir Isnardi Parente **662**, p. 4 n. 4 :

« Dipende da Crisippo la trattazione che Plotino fa della teoria del fato o della provvidenza (…) ma anche la forma in cui son rese le dottrine stoiche più particolari, come quella delle categorie o dei generi dell'essere (…), per la quale egli mostra di basarsi in pieno sulla teoria quadripartita di Crisippo senza tener conto di ulteriori svolgimenti, che non mancano invece nella Stoa. Si può notare ancora, in particolare, che parlando della teoria stoica delle qualità Plotino mostra di ignorare del tutto gli sviluppi di cui parla Simplicio (...), che fa distinzione fra qualità incorporee e corporee, mentre Plotino si attiene ancora del tutto alla teoria crisippea delle qualità come *pneúmata*, dotate di fisicità e corporeità».

Ces remarques confirment le scepticisme à l'égard de l'hypothèse de Posidonius comme point de départ de la pensée de Plotin, sans que cela implique d'exclure tout point de contact entre tel ou tel passage de Posidonius et tel ou tel passage de Plotin: l'*index fontium* de Henry et Schwyzer **3** et **4** en énumère seulement deux, les fr. 85 et 164 Edelstein-Kidd, mais on peut souscrire au jugement équilibré de Graeser **666**, p. 7, qui voit en Posidonius le témoin d'une « speculative tendency which was likely to have favoured and to have endorsed the acceptance of thoughts originally peculiar to 'Platonizing Stoicism' ». Voir aussi **669** G. Reydams-Schils, *Demiurge and Providence. Stoic and Platonist Readings of Plato's Timaeus*, coll. «Monothéismes et philosophie», Turnhout 1999, p. 85-115.

Comme le remarque Graeser **666**, p. 2, en commentant le passage de Porphyre déjà évoqué sur la présence diffuse dans les *Ennéades* des doctrines péripatéticiennes et stoïciennes, «Plotinus' relation or attitude toward both of them can be characterized as open criticism of some doctrines and as tacit, though modified, acceptance of others». Pour des analyses de détail aussi bien des emprunts que des critiques, voir les études suivantes: Hadot **544**; Hadot **275**, p. 228-229; **670** J. F. Phillips, «Stoic Common Notions in Plotinus», *Dionysius* 11, 1987, p. 33-52; **671** P. A. Meijer, «Stoicism in Plotinus' *Enneads* VI 9, 1», *QUCC* 59, 1988, p. 61-76; **672** J.-M. Narbonne, *La métaphysique de Plotin*, coll. «Bibliothèque d'Histoire de la Philosophie», Paris 1994, en part. p. 58-87; **673** *Id.*, «L'*ou ti* de Plotin», dans **674** J.-F. Pradeau (édit.), *Plotin, des principes*, coll. «Les Cahiers Philosophiques de Strasbourg» 8, Strasbourg 1999, p. 23-51; **675** L. Brisson, «*Logos* et *logoi* chez Plotin. Leur nature et leur rôle», *ibid.*, p. 87-108; **676** A. Pigler, «La réception plotinienne de la notion stoïcienne de sympathie universelle», *RPhA* 19, 2001, p. 45-78; **677** A. Linguiti, «Plotino sulla felicità dell'anima non discesa», dans Brancacci **567**, p. 213-236; **678** *Id.*, «Plotino contro la corporeità delle virtù. *Enn.* IV 7 [2],8.24-45», dans Chiaradonna **245**, p. 113-126; **679** R. Chiaradonna, «L'anima e la mistione stoica. *Enn.* IV 7 [2],8^2», *ibid.*, p. 127-147; **680** M. Bonazzi, «Plotino, il *Teeteto*, gli Stoici. Alcune osservazioni intorno alla percezione e alla conoscenza», *ibid.*, p. 203-222; **681** A. Pigler, «Les éléments stoïciens de la doctrine plotinienne de la connaissance (traité 29)», dans **682** G. Romeyer Dherbey et J.-B. Gourinat (édit.), *Les Stoïciens*, coll. «Bibliothèque d'Histoire de la Philosophie», Paris 2005, p. 467-485; **683** R. Dufour, «Plotin et les stoïciens», *EPlaton* 3, 2006, p. 177-194; **684** J. Lacrosse, «Trois remarques sur la réception de la κρᾶσις stoïcienne chez Plotin», *RPhA* 25, 2007, p. 53-66: **685** E. Eliasson, *The Notion of That Which Depends On Us in Plotinus and its Background,* coll. «Philosophia Antiqua» 113, Leiden 2008, en part. p. 81-118.

Scepticisme

D'après l'*index fontium* de Henry et Schwyzer **3** et **4**, Plotin cite 22 fois l'*Adv. Math.* de Sextus Empiricus et trois fois les *Hypotyposes Pyrrhoniennes*. Selon **686** R. T. Wallis, «Scepticism and Neoplatonism», dans *ANRW* II 36, 2, Berlin 1987, p. 911-954, l'influence du scepticisme sur la pensée de Plotin, méconnue dans les études, est évidente et importante : non seulement la critique sceptique de la connaissance a influencé sa doctrine du νοῦς, mais deux points importants de la conception plotinienne du divin – la transcendence par rapport à la vertu et l'élimination de l'action divine de toute forme de délibération – sont un héritage du scepticisme. Wallis parle de «precise anticipations of Plotinus' discussion of divine virtue to be found in Sextus Empiricus» (p. 912), tout en soulignant (p. 913) que l'influence du scepticisme sur la pensée de Plotin n'a été qu'indirecte. Voir aussi Pépin **478**, en part. p. 54-55 ; Opsomer **31** ; **687** M. Bonazzi, *Academici e Platonici. Il dibattito antico sullo scetticismo di Platone*, coll. «Il Filarete. Collana di studi e testi» 213, Milano 2003 ; l'influence de l'épistémologie sceptique sur Plotin a été soutenue aussi par **688** D. J. O'Meara, «Scepticism and ineffability in Plotinus», *Phronesis* 45, 2000, p. 240-251 (trad. française : «Scepticisme et ineffabilité chez Plotin», dans **689** M. Dixsaut [édit.], *La connaissance de soi. Études sur le traité 49 de Plotin*, coll. «Tradition de la pensée classique», Paris 2002, p. 91-13). Voir aussi **690** M. F. Wagner, «Plotinus, Nature, and the Scientific Spirit», dans Wagner **615**, p. 277-329 ; Crystal **1025** et **1026**. Le rapport de Plotin avec le scepticisme constitue le thème central du volume de **691** W. Kühn, *Quel savoir après le scepticisme ? Plotin et ses prédécesseurs sur la connaissance de soi*, coll. «Histoire des doctrines de l'Antiquité classique» 37, Paris 2009. S'appuyant surtout sur l'utilisation que Plotin fait en V 3 [49], des arguments de Sextus Empiricus, Kühn soutient que Plotin a considéré comme pertinente la critique sceptique des épistémologies "dogmatiques", et en est venu à considérer la connaissance de soi comme le critère du savoir véritable, ce qui comporte une épistémologie différente par rapport à celle de Platon.

Traditions du platonisme et du pythagorisme du Ier s. av. J.-C. au IIe s. ap. J.-C.

Un débat sur le "moyen-platonisme" et le "néoplatonisme" s'est ouvert dans les dernières décennies : on s'est demandé s'il faut garder la distinction désormais traditionnelle entre ces deux courants philosophiques, ou bien s'il vaut mieux comprendre tout le platonisme postérieur à l'époque hellénistique sous la dénomination plus neutre de "platonisme d'époque impériale", et même de "platonisme" tout court. Sans prétendre faire la synthèse de ce débat, il est utile de l'évoquer ici : l'enjeu est en effet celui de savoir si Plotin, tout en se voulant un interprète fidèle de Platon, représente une véritable innovation à l'intérieur du courant platonicien, ou si la continuité avec les formes que la réflexion sur la pensée de Platon a prises tout au long des siècles, surtout après la fin de l'époque hellénistique, est l'élément dominant de sa pensée. Pour une synthèse avisée des propositions avancées sur la périodisation du platonisme, voir **692** M. Zambon, *Porphyre et le moyen-plato-*

nisme, coll. «Histoire des doctrines de l'Antiquité classique» 27, Paris 2002, p. 23-31.

Comme on l'a déjà vu plus haut dans cette section, Porphyre rapporte l'usage habituel que Plotin faisait dans ses leçons des ouvrages exégétiques (ὑπομνήματα) de Sévérus, Cronius, Numénius, Gaius et Atticus (*VP* 14, 11-12). L'*index fontium* de Henry et Schwyzer **3** et **4** confirme ce témoignage en ce qui concerne Numénius (➤N 66), dont les fragments 2, 12, 13, 21, 22 et 33 des Places sont cités dans les *Ennéades*, ainsi qu'en ce qui concerne Atticus (➤A 507), dont sont cités les fragments 4, 5 et 8 des Places; quant à Sévérus, on retrouve en VI 2 [43], 1, 22-24 la critique d'une exégèse de *Tim.* 28 A 3-4 que, grâce à Proclus, on a fait remonter à ce platonicien peu connu du IIᵉ s. ap. J.-C. (Proclus, *in Tim.*, I, p. 227, 13-18 Diehl = *Baustein* 104.8 dans Dörrie et Baltes **436**, t. IV, p. 66-67, texte, et 288-289, comm.). En revanche, Cronius (➤C 223) et Gaius (➤G 2) ne figurent pas dans l'*index fontium* des *Ennéades*, sans pourtant que cela invalide le témoignage de Porphyre, puisque nous ne savons pratiquement rien des doctrines de ces deux platoniciens. Par ailleurs, les auteurs énumérés par Porphyre et effectivement utilisés par Plotin ne sont pas cités nommément (observons qu'aucun auteur postérieur à Épicure n'est nommé dans les *Ennéades*), et c'est seulement à travers Proclus que l'on peut attribuer à Sévérus l'exégèse du *Timée* que Plotin critique en VI 2 [43]. Par conséquent, des allusions pour nous obscures peuvent toujours concerner telle ou telle théorie de ces platoniciens, formulée dans des écrits perdus.

Il importe de souligner que ce sont des ouvrages exégétiques que Plotin fait consulter, aussi bien dans le cas des platoniciens qui viennent d'être nommés, que dans le cas des péripatéticiens (Aspasius, Alexandre, Adraste) que Porphyre énumère aussitôt après; il s'agit d'auteurs du IIᵉ s. ap. J.-C., ce qui montre le souci de Plotin de faire état des exégèses de Platon et d'Aristote les plus réputées à son époque. Comme on l'a déjà vu au début de cette section, Porphyre ajoute que d'autres ὑπομνήματα aussi étaient consultés, «en fonction du sujet». Sur ὑπόμνημα comme désignant dans ce passage de la *VP* «il commentario esegetico secondo l'uso corrente dell'espressione nella scuola tardo-antica, e non "appunti" o "note" di varia natura come ad esempio in Filodemo» voir **693** A. Gioè, *Filosofi medioplatonici del II secolo d. C. Testimonianze e frammenti. Gaio, Albino, Lucio, Nicostrato, Tauro, Severo, Arpocrazione*, coll. «Elenchos» 36, Napoli 2002, p. 61-62.

La liste de *VP* 14, 11-12 recoupe partiellement une autre liste, cette fois de Longin: en *VP* 20, Porphyre cite la préface du traité de ce dernier *Contre Plotin et Gentilianus Amélius, Sur la fin*, qui contient une appréciation de Plotin comme étant celui qui «a fourni des principes pythagoriciens et platoniciens, ainsi qu'il les entendait, une explication plus claire que ses prédécesseurs: car ni les écrits de Numénius, de Cronius, de Modératus ou de Thrasylle n'approchent un tant soit peu, pour l'exactitude, ceux de Plotin sur le même sujet» (*VP* 20, 71-76, trad. Brisson *et al.* **9**, t. II, p. 167-169). Selon Longin, donc, Plotin appartient à plein titre à l'ensemble de ceux qui ont expliqué les ἀρχαί pythagoriciennes et platoniciennes, mais il les surpasse en clarté. Ce passage montre à quel point le plato-nisme et le pythagorisme allaient de pair dans l'esprit d'un professeur de platonisme de l'époque, Thrasylle y figurant comme un exégète en même temps de Platon et de Pythagore. Remarquons en passant que c'est à partir des mots de Longin rapportés par Porphyre que **694** H. Tarrant, *Thrasyllan Platonism*, Ithaca/London 1993, insère Thrasylle dans le courant du néo-pythagorisme, d'où l'influence « immense » que Tarrant lui attribue « in the development of the Neopythagoreanism of Moderatus and Numenius » (p. 208 ; le passage de la *VP* est cité à la p. 87) ; voir aussi Bonazzi **68** et Menn **69**. Pour un examen du mélange de platonisme et de pythagorisme à cette époque, voir **695** B. Centrone, « Cosa significa essere pitagorico in età imperiale. Per una riconsiderazione della categoria storiografica del neopitagorismo », dans **696** A. Brancacci (édit.), *La filosofia in età imperiale. Le scuole e le tradizioni filosofiche*. Atti del colloquio Roma, 17-19 giugno 1999, coll. « Elenchos » 31, Napoli 2000, p. 137-168.

Aux auteurs médio-platoniciens énumérés par Porphyre et par Longin il faut en ajouter d'autres qui ne sont pas nommés, mais dont Henry et Schwyzer **3** et **4** ont reconnu l'écho ici et là dans les *Ennéades*, un exemple entre tous étant Plutarque de Chéronée ; de même, d'autres philosophes ont été évoqués par les savants parmi les précurseurs, sinon parmi les sources de Plotin, tel Eudore d'Alexandrie. Dans ce qui suit, on trouvera une série d'études regroupées autour de chacun de ces auteurs, choisies en fonction du fait qu'elles prennent en examen l'influence sur Plotin.

Theiler **656**, p. 38-60, considérait Antiochos d'Ascalon (☞A 200) comme le premier "Vorneuplatoniker" : celui qui, ayant mis fin à la période sceptique de l'Académie, était en vérité le fondateur du platonisme de l'époque impériale. La thèse de Theiler reposait sur la reconstruction de la pensée d'Antiochos comme source de la présentation de la doctrine platonicienne offerte par Sénèque d'un côté, et du platonisme typique du "Gaiosgruppe", de l'autre. L'existence d'une telle version du platonisme a été par la suite mise en doute : on n'a pas à entrer ici dans les détails, si ce n'est pour rappeler que, en s'appuyant sur le passage cité de la *VP*, Theiler dessinait des liens spécifiques entre le "Gaiosgruppe" et Plotin, par le biais d'une série de parallèles lexicaux et doctrinaux entre les *Ennéades* et Albinus (identifié, comme d'habitude à l'époque, à l'auteur du *Didaskalikos*), ainsi qu'Apulée et Maxime de Tyr. Pourtant, en raison de l'absence d'une doctrine des idées et de l'âme comme principes immatériels, Antiochos ne peut être considéré comme le point de départ ni du moyen platonisme – comme le remarque **697** J. M. Dillon, *The Middle-Platonists. A Study in Platonism, 80 B.C. to A.D. 220*, London/Ithaca 1977, 1996², p. 105 et 114 – ni à plus forte raison du néoplato-nisme.

Bien qu'Eudore d'Alexandrie (☞E 97) ne figure pas dans l'*index fontium* de Henry et Schwyzer **3** et **4**, ses doctrines ont été mises en relation avec Plotin par Dodds **437** ; **698** H. Dörrie, « Der platoniker Eudoros von Alexandreia », *Hermes* 79, 1944, p. 25-38 (repris dans Dörrie **34**, p. 297-309) ; **699** J. M. Rist, « Monism.

Plotinus and Some Predecessors», *HSPh* 69, 1965, p. 329-344 ; Krämer **444**, p. 329-337 ; Merlan **449** ; **700** H. Dörrie, «Die Erneuerung des Platonismus im ersten Jahrhundert vor Christus», dans Schuhl et Hadot **155**, p. 17-33 (repris dans Dörrie **34**, p. 154-165) ; Dillon **697**, p. 114-135 ; **701** L. M. Napolitano, «Il platonismo di Eudoro : tradizione protoaccademica e medioplatonismo alessandrino», *MusPat* 3, 1985, p. 27-49 ; **702** *Ead.,* «Eudoro di Alessandria : monismo, dualismo, assiologia dei principi nella tradizione platonica», *ibid.*, p. 289-312 ; Isnardi Parente **406**, p. 34. Le lien principal établi dans ces études entre Eudore et la métaphysique de Plotin est la doctrine "moniste" (examinée surtout par Merlan **449** et Rist **699**), qui fait descendre tous les degrés de la réalité d'un seul principe transcendant (ὁ ὑπεράνω θεός) et qui représente donc l'antécédent de la métaphysique plotinienne de l'Un. Un autre point important est mentionné par Dörrie **698**, p. 159 (du recueil Dörrie **34**) : c'est à Eudore que remonte l'axiome τὸ δέ γε πολύφωνον τοῦ Πλάτωνος οὐ πολύδοξον, axiome dont s'inspire constamment Plotin, lorsqu'il fait état des incohérences qui s'observent dans l'œuvre de Platon : voir Dörrie et Baltes **436**, t. III, *Baustein* 97.1, comm., p. 352. Dörrie **698**, p. 301 (du recueil Dörrie **34**) avait retrouvé chez Eudore l'origine des critiques d'Aristote, qui caractérisent tout un courant du platonisme postérieur, thèse reprise aussi par Wurm **550**, p. 136. Dillon **697**, p. 134 estime qu'Eudore fut le premier à avoir soulevé contre la doctrine aristotélicienne des *Catégories* des réserves, dont Plotin représente le point culminant. Cette position a été reprise par Karamanolis **631**, p. 83 ; elle a été critiquée par **703** R. Chiaradonna, «Autour d'Eudore. Les débuts de l'exégèse des *Catégories* dans le Moyen Platonisme», dans **704** M. Bonazzi et J. Opsomer (édit.), *The Origins of the Platonic System. Platonisms of the Early Empire and their Philosophical Contexts*, coll. «Collection d'Études Classiques» 23, Leuven 2009, p. 89-111 ; voir aussi **705** H. Tarrant, «Eudorus and the Early Platonist Interpretation of the *Categories*», *LThPh* 64, 2008, p. 583-595.

Quatre passages de Philon d'Alexandrie (⧫→P 150) sont cités dans l'*index fontium* des *Ennéades*, mais malgré une présence aussi réduite, on a fait remonter à ce dernier des idées centrales pour Plotin, comme la transcendance et l'ineffabilité de l'Un : voir **706** H. Guyot, *Les réminiscences de Philon le Juif chez Plotin. Étude critique*, Paris 1906 ; **707** *Id.*, *L'infinité divine depuis Philon le Juif jusqu'à Plotin (Ier s. av. J. C. - IIIe s. ap. J. C.), avec une introduction sur le même sujet dans la philosophie grecque avant Philon le Juif*, Paris 1906. **708** H. A. Wolfson, «The Knowability and Describability of God in Plato and Aristotle», *HSPh* 56-57, 1947, p. 233-249 ; **709** *Id.,* «Albinus and Plotinus on Divine Attributes», *HThR* 45, 1952, p. 115-130 (repris dans **710** I. Twersky et G. H. Williams [édit.], *Studies in the History of Philosophy and Religion. Harry Austryn Wolfson*, t. I, Cambridge 1973) soutient que, même si Plotin cite le "Parménide" du dialogue de Platon lorsqu'il énonce les principes de sa théologie négative, ni la pensée ni les tournures ne sont platoniciennes : «they are rather those of older interpreters of Plato, and among them Philo is to be included» (p. 115). Voir aussi Krämer **444**, p. 278-279. Theiler **483**, en part. p. 29-31, tout en pensant que Plotin n'a pas lu directement Philon, souligne des éléments communs qui indiquent la dépendance d'une même source, selon toute vraisemblance Eudore; voir aussi **711** W. Theiler, « Philo von Alexandria und der Beginn der kaiserzeitlichen Platonismus », dans Flasch **450**, p. 199-218. Aussi selon Elsas **189**, p. 13 et n. 9, Plotin n'a pas lu directement Philon; il y a cependant des parallèles de terminologie et de doctrine (p. 16, 39, 47, 48). Signalons par ailleurs que selon Zintzen **105**, p. 408 et n. 52 (de la réimpr.) la doctrine de Plotin s'oppose directement à celle de Philon en ce que selon celui-ci l'extase montre que tout savoir humain est vain, alors que chez Plotin l'extase surpasse, mais ne contredit pas la science acquise par l'exercice humain de l'intellect.

L'ineffabilité du premier principe est un thème saillant du platonisme, du pythagorisme et de la littérature hermétique de cette époque, lequel est présent aussi dans les écrits de Philon: maints savants ont donc établi des comparaisons entre cet ensemble de textes et Plotin, à partir de ce que l'on appellera par la suite "théologie négative". Outre **712** A.-J. Festugière, *La Révélation d'Hermès Trismégiste*, Paris 1950 (réimpr. coll. « Collection d'Études Anciennes. Série grecque » 77, Paris 1990), t. IV: *Le Dieu Inconnu et la gnose*, p. 54-78 et 92-140, voir **713** W. Theiler, « Gott und Seele im kaiserzeitlichen Denken », dans **714** *Recherches sur la tradition platonicienne*, coll. « Entretiens sur l'Antiquité Classique » 3, Vandœuvres-Genève 1955, p. 65-90 (repris dans Theiler **71**, p. 104-123), en part. p. 70 (p. 109 de la réimpr.); **715** J. Whittaker, « Neopythagoreanism and Negative Theology », *SO* 44, 1969, p. 109-125 (repris dans Whittaker **507**); **716** *Id.*, « Neopythagoreanism and the Transcendent Absolute », *SO* 48, 1973, p. 77-86 (repris *ibid.*); **717** *Id., ΑΡΡΗΤΟΣ ΚΑΙ ΑΚΑΤΟΝΟΜΑΣΤΟΣ* », dans **718** H. D. Blume et F. Mann (édit.), *Platonismus und Christentum. Festschrift für H. Dörrie, JbAC*, Band 10, Münster 1983, p. 303-306 (repris *ibid.*); **719** J. Mansfeld, « Compatible Alternatives: Middle Platonist Theology and the Xenophanes Reception », dans **720** R. van den Broeck, T. Baarda et J. Mansfeld (édit.), *Knowledge of God in the Graeco-Roman World*, coll. *EPRO* 112, Leiden 1988, p. 92-117; **721** F. Calabi, « Conoscibilità e inconoscibilità di Dio in Filone di Alessandria », dans **722** F. Calabi (édit.), *Arrhetos Theos. L'ineffabilità del primo principio nel medio platonismo*, coll. « Filosofia » 55, Pisa 2002, p. 35-54; **723** R. Radice, The 'Nameless Principle' From Philo to Plotinus », dans F. Calabi (édit.), *Italian Studies on Philo of Alexandria*, coll. « Studies in Philo of Alexandria and Mediterranean Antiquity » 1, Boston/Leiden 2003, p. 167-182. Avec Dillon **697**, p. 183, on peut conclure que Philon reflète un platonisme influencé par la transcendance "pythagoricienne" et par la mystique du nombre: même si les médio-platoniciens n'ont pas connu ses œuvres, il a sans doute influencé les platoniciens chrétiens d'Alexandrie, Clément et Origène (p. 144), et selon toute vraisemblance aussi le milieu intellectuel plus général dans lequel évoluait Plotin. Mais la transcendance du Premier Principe prend chez Plotin un sens nouveau: selon **724** H. Dörrie, « Der König. Ein platonisches Schlüsselwort, von Plotin mit neuem Sinn erfüllt », *RIPh* 24, 1970, p. 217-235 (repris dans Dörrie **34**, p. 390-405), aussi bien Apulée qu'Albinus, Numénius et Clément d'Alexandrie connaissent l'image du "roi" de la

IIe Lettre, mais seul Plotin met en place, à partir de cette image, une théorie de l'Un absolument transcendant (pour la comparaison, sur ce point, entre Plotin et Origène, son condisciple dans l'école d'Ammonius, voir, à la fin de cette section, "Les contemporains de Plotin").

Parmi les écrits de Plutarque de Chéronée, Henry et Schwyzer **3** et **4** signalent quelques citations éparses du *An. proc.*, du *E ap. Delph.*, du *Fac. lun.*, du *Is. et Os.*, du *Prim. frig.*, du *Stoic. rep.* et du *Vitios. ad in. suff.* Une comparaison systématique des "versions" du platonisme que l'on retrouve chez Plutarque et chez Plotin reste à faire ; on peut établir des comparaisons sur des points spécifiques à l'aide de **725** W. Deuse, *Untersuchungen zur mittelplatonischen und neuplatonischen Seelenlehre,* coll. «Abhandlungen der Akademie der Wissenschaften und der Literatur in Mainz. Geistes- und Sozialwissenschaftlichen Klasse» 3, Wiesbaden 1983, p. 12-47 et 113-128 ; **726** K. Alt, *Weltflucht und Weltbejagung. Zur Frage des Dualismus bei Plutarch, Numenios, Plotin,* coll. «Akademie der Wissenschaften und der Literatur. Abhandlungen der Geistes- und Sozialwissenschaftlichen Klasse» 8, Stuttgart 1993 ; **727** *Ead.,* «Zur Auffassung von Seele und Geist bei Platon, Mittelplatonikern, Plotin», *Hyperboreus* 11, 2005, p. 30-59 ; **728** J.-M. Narbonne, «Une anticipation du dualisme de Plotin en 51[I 8] 6, 33-34 : le *De Iside et Osiride* (369 A-E) de Plutarque», dans **729** J.-M. Narbonne et P.-H. Poirier, *Gnose et philosophie.* Études en hommage à Pierre Hadot, coll. «Zêtêsis. Textes et essais», Paris/Québec 2009, p. 87-100.

À la suite de Wolfson **709**, on a fait pivoter la reconstruction de la doctrine médio-platonicienne de la transcendance du Premier Principe sur les thèses d'"Albinus" (☛A 78 : on ajoutera maintenant **730** B. Reis, *Der Platoniker Albinos und sein sogennanter Prologos. Prolegomena, Überlieferungsgeschichte, kritische Edition und Übersetzung,* coll. «Serta Graeca. Beiträge zur Erforschung griechischer Texte» 7, Wiesbaden 1999). Le seul ouvrage conservé d'Albinus est le *Prologue*, mais depuis la fin du XIXe siècle on attribuait à ce platonicien – contemporain de Galien et élève du Gaius mentionné par Porphyre dans le passage de la *VP* évoqué plus haut – également le *Didaskalikos*, c'est-à-dire un manuel scolaire de platonisme qui a été par la suite restitué à un Alcinoos (☛A 92) par ailleurs inconnu. Les comparaisons entre "Albinus" et Plotin sont donc sujettes à caution, dans la mesure où elles sont dans la plupart des cas établies à partir du *Didaskalikos* : voir par ex. Festugière **712**, *passim* ; Wolfson **709** et surtout Krämer **444**, en part. p. 101-105 ; observons par ailleurs que dans l'*index fontium* de Henry et Schwyzer **3** et **4** tous les passages d'"Albinus" proviennent du *Didaskalikos*. De même **731** R. E. Witt, *Albinus and the History of Middle Platonism,* coll. «Cambridge Classical Studies» 3, Cambridge 1937 (réimpr. Amsterdam 1971) s'appuie sur le *Didaskalikos* pour faire d'Albinus un précurseur de Plotin dans la synthèse d'éléments platoniciens, aristotéliciens et stoïciens que l'auteur attribue aussi bien à Albinus qu'à Plotin, bien que seul ce dernier ait été capable de créer un "système" (p. 142-143). Une approche qui combine aristotélisme et platonisme se retrouve effectivement dans le *Didaskalikos* : voir **732** J. H. Loenen, «Albinus'

Metaphysics. An Attempt at Rehabilitation. I. The inner consistency and the original character of Albinus' interpretation of Plato », *Mnemosyne* 9, 1956, p. 296-319, et **733** *Id.*, « Albinus' Metaphysics. An Attempt at Rehabilitation. II. The sources of Albinus' Metaphysics », *Mnemosyne* 10, 1957, p. 35-56 ; voir aussi **734** L. P. Schrenk, « The Middle Platonic Reception of Aristotelian Science », *RhM* 136, 1993, p. 342-359. Rien ne prouve cependant que telle ait été la position d'Albinus, dont le *Prologue* n'aborde pas la question du rapport de Platon et d'Aristote, ou de ce Gaius, dont Porphyre dit qu'il était lu lors des séances de l'école de Plotin. Par ailleurs, celui-ci peut effectivement avoir connu Albinus : voir Göransson **658**, p. 74 (qui s'appuie sur Stobée pour soutenir que c'est à Albinus que Plotin fait allusion en IV 8 [6], 5, 5).

Même si le *Didaskalikos* ne peut être utilisé pour reconstruire la doctrine d'Albinus et, à travers celui-ci, celle de Gaius, cet écrit doit figurer ici, parce que Plotin le connaissait : le *Didaskalikos* est en effet utilisé 5 fois dans les *Ennéades*. L'influence que cet ouvrage peut avoir eue sur Plotin n'a pas fait l'objet d'une étude spécifique, mais la doctrine des Idées comme pensées de Dieu, soutenue dans le chapitre IX du *Didaskalikos* (chapitre qui par ailleurs ne figure pas parmi les passages repérés dans l'*index fontium* de Henry et Schwyzer **3** et **4**), est souvent évoquée en relation avec la doctrine plotinienne de l'identité entre l'Intellect et les intelligibles (voir plus loin, "La doctrine. Le monde intelligible et l'Intellect") : *cf.* Armstrong **575**, p. 403-404, et Dörrie et Baltes **436**, V, *Baustein* 127.4, p. 20-22 (texte) et 240-246 (comm.). Observons aussi que selon Krämer **444**, en part. p. 103-105, ce que le *Didaskalikos* présente et transmet à Plotin n'est pas un mélange éclectique de « platonische Ideenwelt » et d'« aristotelische Nus-Theologie », mais la doctrine de Xénocrate concernant l'immanence des Idées dans l'intellect divin. Le moyen-platonisme du IIe siècle forme selon Krämer l'arrière-plan de la doctrine plotinienne du nombre intelligible, qui renoue, à travers cette médiation, avec les doctrines de l'ancienne Académie (p. 306). Mais la relation entre Plotin et le *Didaskalikos* n'est pas seulement de ressemblance : selon Göransson **658**, p. 195, une position identique à celle du *Didaskalikos*, en ce qui concerne la nature du Dieu auquel tend l'ὁμοίωσις, est critiquée par Plotin.

La position de Plotin par rapport aux tendances anti-aristotéliciennes ou concordistes à l'égard d'Aristote que l'on peut reconnaître à l'intérieur du moyen-platonisme a été examinée à plusieurs reprises dans les études, ce qui a donné lieu à des opinions différentes, voire opposées. Wurm **550**, p. 193-220, a montré les liens, mais aussi les différences entre les platoniciens "aristotélisants" et Plotin. L'idée que celui-ci se rallie aux tendances concordistes du platonisme moyen à l'égard d'Aristote (que l'on reconnaissait jadis dans l'"école de Gaius" et qui se font jour dans le *Didaskalikos*) a été soutenue par Horn **560**, p. 34, et critiquée par Chiaradonna **625**. Par contre, on a rattaché aussi Plotin au courant anti-aristo-télicien du platonisme de cette époque, dont Atticus – qui figure dans la liste de Porphyre évoquée plus haut – est le représentant le plus connu, et à laquelle appartiennent aussi Lucius (☞L 72) et Nicostratos (☞N 55). Cette interprétation, avancée par **735** K. Praechter, «Nikostratos der Platoniker», *Hermes* 57, 1922, p. 481-517 (repris dans **736** *Id., Kleine Schriften*, Hildesheim/New York 1973, p. 101-137), est nuancée par Chiaradonna **625**. Voir enfin **737** M. Baltes, «Zur Philosophie des Platonikers Attikos», dans Blume et Mann **718**, p. 38-57 (repris dans Baltes **22**, p. 81-111), qui ajoute à l'*index fontium* de Henry et Schwyzer **3** et **4** le passage de IV 8 [6], 4, 35-36, contenant une allusion à Atticus, et **738** R. Dufour, «Plotin et Atticus», *EPlaton* 5, 2008, p. 119-136.

On a déjà vu plus haut ("Platon et l'Académie") que plusieurs savants ont fait remonter la métaphysique de Plotin aux développements de l'Académie ancienne (ou, selon certains, aux "doctrines non-écrites" de Platon) à travers la médiation du pythagorisme et du platonisme de l'époque impériale. Ces études évoquent souvent Modératus de Gadès (⇒M 186) comme tenant de la doctrine de la dérivation de toute multiplicité de la "monade", doctrine dans laquelle on a reconnu une interprétation du *Parménide* qui prépare celle de Plotin : ainsi Dodds **437**, Merlan **441** et **449**, De Vogel **446** et surtout Krämer **444**, auxquels on ajoutera maintenant Halfwassen **463**, pour le rôle central qu'il attribue à Modératus comme chaînon de la transmission jusqu'à Plotin de ce que l'auteur considère comme l'interprétation du *Parménide* avancée par Speusippe, et **739** Chr. Tornau, «Die Prinzipienlehre des Moderatos von Gades. Zu Simplikios *In Ph.* 230,34-231,24 Diels», *RhM* 143, 2000, p. 197-220, dont on retiendra la conclusion suivante : «Moderatos orientiert sich in seiner Prinzipienlehre zweifellos an Platons Parmenides und ist in diesem Punkt ein wichtiger Vorläufer Plotins. Das heißt aber nicht, daß er auch das System Plotins schon vorweggenommen hat» (p. 219). Le témoignage de Simplicius démontre en effet que le Premier Principe de Modératus est un intellect, si bien que Tornau (p. 218 et n. 59) pense que l'insistance de Plotin sur la transcendance du Premier Principe par rapport à l'Intellect recèle une critique non seulement d'Aristote, mais aussi d'une tradition philosophique plus proche, dont Modératus serait un exemple. Voir enfin **740** A. Alexandrakis, «Neopythagoreanizing influences on Plotinus' Mystical Notion of Numbers», *PhInq* 20, 1998, p. 101-110, et **741** S. Slaveva Griffin, *Plotinus on Number,* Oxford/New York 2009, p. 42-53.

La question de Numénius comme source de Plotin est aussi ancienne que Plotin lui-même : on lui avait en effet reproché d'avoir plagié Numénius, et un passage de la *Vie de Plotin* (*VP* 17, 1 - 18, 3) rapporte cet épisode et la réaction de son école : voir Brisson *et al.* **9**, t. I, p. 66 et 100 ; t. II, p. 273-274 ; **742** L. Brisson, «Amélius : sa vie, son œuvre, sa doctrine, son style», dans *ANRW* II 36, 2, Berlin 1987, p. 793-860, en part. p. 825-826. Porphyre relate que «les gens de la Grèce» disaient que Plotin «pillait les doctrines de Numénius» ; en réponse, Amélius écrivit et dédia à Porphyre une réfutation intitulée *Sur la différence doctrinale qui sépare Plotin de Numénius*, dont Porphyre cite dans la *VP* la lettre de dédicace : on y apprend que la réfutation fut écrite sur demande de Porphyre lui-même. Plus loin, en *VP* 21, 4-8, en commentant le passage du traité de Longin *Sur la fin* qui a été évoqué plus haut, p. 964, Porphyre revient sur la question du prétendu plagiat à l'égard de Numénius, et s'appuie sur l'autorité de Longin pour dire que Plotin, loin de piller Numénius, suit les doctrines des pythagoriciens et de Platon. A partir de ce passage, Menn **69**, p. 118-120, comprend que Plotin était critiqué non pas pour avoir pillé Numénius, mais pour avoir introduit « Numenius' Pythagorizing doctrines into the Platonic school, and trying to make them pass as the offspring of Plato ».

Autrefois, F. Thedinga avait soutenu dans une série d'études que des passages entiers des *Ennéades* venaient en réalité de Numénius (voir **743** « Plotin oder Numenios ? Erste Abhandlung » *Hermes* 52, 1917, p. 592-612 ; **744** « Plotin oder Numenios ? Zweite Abhandlung », *Hermes* 54, 1919, p. 249-278 ; **745** « Plotin oder Numenios ? Dritte Abhandlung », *Hermes* 57, 1922, p. 189-218) ; critiquée par Bréhier **338** dans ses Notices, cette idée n'a pas été reprise par la suite. Pour un bilan d'ensemble voir Armstrong **392**, p. 7-9 ; **746** G. Martano, *Numenio d'Apamea. Un precursore del neoplatonismo*, coll. « Biblioteca di filosofia Perrella », Roma 1941 (Napoli 1960²), en part. p. 99-115 (de l'éd. de 1960 : voir pourtant le c.r. court et très sévère de **746bis** R. Beutler, *Gnomon* 19, 1943, p. 221) ; Dodds **35**, en part. p. 16-24, qui fait état des études antérieures sur la question de l'"orientalisme" de Numénius, et conclut que « M. Puech is right : there *was* an oriental baby in the bathwater, probably a whole litter of babies. The main fabric of Numenius' thought is no doubt derived from Neopythagorean tradition (…). But because he was, as Macrobius says, *occultorum curiosior* (F 39), he welcomed all the superstitions of his time, whatever their origin » (la référence de Dodds est à **747** H.-Ch. Puech, « Numénius d'Apamée et les théologies orientales au second siècle », dans *Mélanges Bidez* [« Annuaire de l'Institut de Philologie et d'Histoire Orientales et Slaves » 2, 1934], p. 745-778, repris dans **748** *Id.*, *En quête de la gnose*, t. I : *La gnose et le temps, et autres essais*, Paris 1978, p. 25-54). Sur le rapport entre Plotin et Numénius voir aussi **749** É. des Places, *Numénius. Fragments*, *CUF*, Paris 1973, p. 23-26 ; **750** M. Frede, « Numenius », dans *ANRW* II 36, 2, Berlin 1987, p. 1034-1075, en part. p. 1034-1037. Des points spécifiques de dépendance ont été repérés : voir Guyot **707**, p. 148-149 ; selon **751** R. Arnou, *Le désir de Dieu dans la philosophie de Plotin*, coll. « Collection historique des grands philosophes », Paris 1921 (1967²), p. 48 (de l'éd. originelle), la formule μόνος πρὸς μόνον sur laquelle s'achèvent les *Ennéades* s'inspire du fr. 2 des Places (ὁμιλῆσαι τῷ ἀγαθῷ μόνῳ μόνον), mais Peterson **142**, p. 37-39, et Dodds **35**, p. 17, remarquent que la formule est très commune ; cependant, le contexte du fragment montre, selon Dodds, que Plotin connaissait ce passage. **752** R. Beutler, « Numenios », dans *RESuppl.* VII, 1940, col. 664-678, en part. col. 669, attire l'attention sur la formule numénienne ἐποχούμενον ἐπὶ τῇ οὐσίᾳ, rapportée au Premier Principe qui « se tient… dans la paix… flottant au dessus de l'Essence » (trad. Festugière **712**, t. III : *Les doctrines de l'âme*, p. 129), ce qui prépare la doctrine plotinienne de la transcendance de l'Un par rapport à l'être. Par ailleurs, Whittaker **507**, p. 94, montre que Numénius hésite entre cette vision et la définition de l'αὐτοαγαθόν comme σύμφυτον τῇ οὐσίᾳ. Festugière **712**, III : *Les doctrines*

de l'âme, p. 44 et n. 3, fait observer que Plotin, comme Numénius mais à la différence d'autres platoniciens, admet la métensomatose même dans des animaux ;
753 D. J. O'Meara, « Being in Numenius and Plotinus. Some points of comparison », *Phronesis* 21, 1976, p. 120-129 (repris dans **753bis** *Id.*, *The Structure of
Being and the Search for the Good. Essays on Ancient and Early Medieval
Platonism*, coll. « Variorum Collected Studies Series » 629, London 1998), analyse
l'emploi parallèle d'une expression du *Parménide*. Voir aussi **754** M. J. Edwards,
« Middle Platonism on the Beautiful and the Good », *Mnemosyne* 44, 1991, p. 161-
167, d'après lequel la doctrine plotinienne de l'antériorité du Bien par rapport au
Beau s'inspire de Numénius ; **755** J. Holzhausen, « Eine Anmerkung zum
Verhältnis von Numenius und Plotin », *Hermes* 120, 1992, p. 250-255, qui discute
la hiérarchie de trois principes divins chez les deux auteurs ; **756** R. Dufour,
« *Ennéades* II, 1 [40], 6, 23-24, Anaxagore ou Numénius ? », *Dionysius* 18, 2000,
p. 39-43, qui fait remonter au fr. 51 des Places l'idée, soutenue par Plotin, que le
Timée enseigne la doctrine du mélange de tous les éléments, et **757** R. Somos,
« Origen and Numenius », *Adamantius* 6, 2000, p. 51-69, en part. p. 63-64, selon
qui le thème numénien de la production du deuxième dieu de la part du premier
devient « an organizing principle in Plotinus ». Enfin, plusieurs savants ont soutenu
que Numénius a transmis à Plotin les doctrines gnostiques évoquées dans les
Ennéades : voir, plus loin, "Le rapport avec les courants religieux de son temps".
Observons enfin que selon **758** J. Phillips, « Numenian Psychology in Chalci-
dius ? », *Phronesis* 48, 2003, p. 132-151, Numénius pourrait être la source de la
doctrine plotinienne de l'âme "non-descendue" (voir plus loin, "Le problème de
l'âme humaine").

À côté des emprunts, il y a aussi les différences, voire les critiques. La hiérarchie des principes de Numénius est critiquée par Plotin selon Puech **747**, p. 44-54
(de la réimpr.) ; selon Dodds **35**, p. 20-22, Plotin, qui était au début sous l'influence
du langage et des doctrines de Numénius, plus tard – et surtout dans les écrits
contre les Gnostiques – « reacted strongly *against* the violent dualism of Numenius
(…) In the same spirit, he rejects Numenius' astral determinism » ; Krämer **444**,
p. 88 et n. 225, s'oppose à Dodds sur ce point. Voir aussi **759** R. T. Wallis, « Soul
and *Nous* in Plotinus, Numenius and Gnosticism », dans **760** R. T. Wallis et
J. Bregman (édit.) *Neoplatonism and Gnosticism*, coll. « Studies in Neoplatonism :
Ancient and Modern » 6, Albany 1992, p. 461-482. **761** J. Halfwassen, « Geist und
Selbstbewusstsein. Studien zu Plotin und Numenios », coll. « Akademie der
Wissenschaften und der Literatur. Abhandlungen der geistes- und sozialwissenschaftlichen Klasse », Jahrgang 1994, Nr. 10, Stuttgart 1994, en part. p. 34-
65, souscrit à l'idée de Dodds **35** que la critique plotinienne de la distinction dans
l'Intellect divin entre un aspect immobile et un autre qui est en mouvement vise
Numénius. Voir enfin **762** J. F. Phillips, « Plato's *psychogonia* in Later Platonism », *CQ* 52, 2002, p. 231-247.

Alexandre d'Aphrodise

Comme on l'a vu plus haut, Plotin faisait lire aussi des commentaires des "péripatéticiens" : Aspasius, Alexandre et Adraste. On n'a pas repéré de traces de l'utilisation d'Aspasius ni d'Adraste dans les *Ennéades* ; en revanche, Alexandre est bien connu par Plotin. Parmi ses ouvrages, c'est le *De Anima* qui prime : Plotin cite cet écrit 30 fois environ, tandis que le *De fato* est cité huit fois et le *De mixtione* cinq fois ; on a repéré aussi quelques citations éparses des *Questions* et des commentaires sur les *Premiers Analytiques* et sur la *Métaphysique*. Assez mince du point de vue numérique – mais il faudrait aussi tenir compte des allusions aux doctrines d'Alexandre, souvent reconnaissables uniquement par un lecteur familier de ce dernier – la présence d'Alexandre est parfois décisive au point de vue philosophique. Bréhier **338** déjà avait indiqué des liens avec Alexandre dans les Notices placées avant les traités, mais son importance pour Plotin a été reconnue dans les études surtout à partir de **763** P. Henry, « Une comparaison chez Aristote, Alexandre et Plotin », dans *Les sources de Plotin* **36**, p. 427-449. Cette étude a montré que certaines tournures et thèses philosophiques de Plotin ne sont pleinement intelligibles que si l'on part d'Alexandre. Dans le même sens, Armstrong **575**, en part. p. 406-413, a montré que c'est Alexandre qui inspire un point de doctrine central pour Plotin, à savoir sa « part-acceptance, part-rejection of the doctrine of the identity of the supreme νοῦς and νοητόν in a single simple reality ». Selon Armstrong, c'est la thèse proprement alexandriste de l'Intellect divin comme "lieu" de toutes les formes intelligibles qui suggère à Plotin de placer le Premier Principe au-delà de l'Intellect. L'influence sur la pensée de Plotin de l'identité établie par Alexandre entre l'Intellect qui est principe agent de l'intellection dans le *De Anima* d'Aristote et l'Intellect divin du livre XII de la *Métaphysique* est soutenue aussi par **764** Ph. Merlan, *Monopsychism Mysticism Metaconsciousness. Problems of the Soul in the Neoaristotelian and Neoplatonic Tradition*, coll. « Archives Internationales d'Histoire des Idées », 2, The Hague 1963 : pour reprendre la formule de Merlan, p. 39, « his interpretation [celle d'Alexandre] of Aristotle's intelligence doctrine is the soil out of which grew much of Plotinus' doctrine of intelligence ». La thèse de Armstrong **575** et Merlan **764** a été critiquée par Krämer **444**, p. 306 et n. 430 ; p. 432 et n. 206 : soutenir que c'est Alexandre qui a influencé Plotin sur ce point revient, selon Krämer, à négliger l'importance du moyen-platonisme du IIe siècle après J.-C., le courant philosophique qui est au contraire la source d'inspiration commune à Alexandre et à Plotin ; voir aussi Szlezák **404**, p. 141 et n. 451. Selon **765** F. P. Hager, « Die Aristotelesinterpretation des Alexander von Aphrodisias und die Aristoteleskritik Plotins bezüglich der Lehre vom Geist », *AGPh* 46, 1964, p. 174-187, Plotin vise les développements d'Alexandre sur la doctrine de l'Intellect, plus encore que la pensée d'Aristote lui-même. Les parallèles textuels de Hager ont été jugés insuffisants pour prouver la dépendance de Plotin à l'égard d'Alexandre par **766** J. M. Rist, « On Tracking Alexander of Aphrodisias », *AGPh* 48, 1966, p. 82-90, qui est à son tour critiqué par Szlezák **404**, p. 137 et n. 436 : Szlezák est d'accord avec

Blumenthal **578** pour retrouver des traces terminologiques explicites de l'utilisation plotinienne des développements d'Alexandre sur l'intellect, et il insiste
(p. 135-143) sur les liens doctrinaux. Voir aussi Verbeke **579**. Un progrès substantiel dans ce débat est dû à **767** P. L. Donini, « Alessandro di Afrodisia e il
platonismo fra il II e il III secolo », dans **768** *Id., Tre studi sull'aristotelismo nel II
secolo d. C.*, coll. « Historica, politica, philosophica » 7, Torino 1974, p. 5-62 : non
seulement cette étude montre que Plotin connaissait très bien le *De Anima*
d'Alexandre, mais elle met aussi en évidence un point caractéristique de l'utilisation plotinienne de cet auteur : après avoir montré que cinq lignes de V 9 [5] sont
un résumé d'un développement de plusieurs pages où Alexandre met au service de
sa doctrine de l'âme les notions de matière et de forme, Donini souligne que

« la comune sistemazione della fisica aristotelica è utilizzata dai due filosofi secondo prospettive opposte : Alessandro, proseguendo coerentemente la sua linea di pensiero fondamentalmente
evoluzionistica, farà scaturire la forma (e quindi l'anima) dalla materia ; Plotino farà discendere la
forma nella materia sempre da ciò che "è" maggiormente : dall'anima nella materia, dall'intelletto
nell'anima » (p. 17).

C'est surtout la "noétique" d'Alexandre qui retient l'attention des chercheurs ;
voir à ce propos la formule judicieuse de Donini **767**, p. 48 : « il medioplatonismo è
il terreno su cui solo poteva nascere la dottrina alessandrista dell'intelletto agente,
così come il neoplatonismo è la sua coerente conclusione ». Ce rapport est pourtant
inversé par **769** F. M. Schroeder, « Light and the Active Intellect in Alexander and
Plotinus », *Hermes* 112, 1984, p. 239-248, et **770** *Id.*, « The Provenance of the *De
Intellectu* Attributed to Alexander of Aphrodisias », *DSTFM* 8, 1997, p. 105-120,
qui refuse à Alexandre la paternité du Περὶ νοῦ et soutient que cet écrit, loin de
représenter une source de Plotin, est postérieur à celui-ci et combine des doctrines
d'Alexandre et de Plotin, opinion critiquée par **771** P. Accattino, *Alessandro di
Afrodisia. De Intellectu*. Introduzione, testo greco rivisto, traduzione e commento,
coll. « Le nottole » 3, Torino 2001, p. 52 ; **772** F. M. Schroeder et R. B. Todd, « The
De Intellectu Revisited », *LThPh* 64, 2008, p. 663-680, reviennent sur l'idée que
c'est le *De Intellectu* qui s'inspire de Plotin et non l'inverse. Sur les doctrines psychologiques et épistémologiques d'Alexandre chez Plotin, voir **773** T. Tieleman,
« Plotinus on the Seat of the Soul. Reverberations of Galen and Alexander in *Enn.*
IV 3[27], 23 », *Phronesis* 43, 1998, p. 306-325 ; Kühn **691**, p. 361-395. La doctrine
d'Alexandre sur la matière a été étudiée en relation avec Plotin surtout par Matter
481, p. 200-217 ; Corrigan **605** ; **774** L. Lavaud, « Matière et privation chez
Alexandre d'Aphrodise et Plotin », *EPh* 86, 2008, p. 399-414. D'autres points à
propos desquels on retrouve chez Plotin soit des emprunts à Alexandre, soit des
critiques, ont été étudiés par **775** J. Pépin, *Théologie cosmique et théologie chrétienne (Ambroise, Exam. I 1, 1-4)*, coll. « Bibliothèque de philosophie contemporaine », Paris 1964, en part. p. 502-505 ; **776** *Id.*, « Dieu est-il tout-puissant ?
Alexandre d'Aphrodise, Origène le Chrétien, Plotin », dans Cleary **519**, p. 5-18 ;
777 A. Rescigno, « Alessandro di Afrodisia e Plotino : il caso della θαλαττία
νάρκη », *Koinonia* 24, 2000, p. 199-230 ; Chiaradonna **623** ; Eliasson **685**, p. 72-
80 ; **778** R. Chiaradonna, « Hylémorphisme et causalité des intelligibles : Plotin et

Alexandre d'Aphrodise », *EPh* 86, 2008, p. 379-397 ; **779** C. D'Ancona, « Modèles de causalité chez Plotin », *EPh* 90, 2009, p. 361-385, en part. p. 370-377.

Ammonios Saccas

Même si nous ne possédons rien de ce philosophe, Ammonios dit Saccas est à énumérer parmi les sources de Plotin à cause du témoignage de Porphyre. Les passages principaux de la *VP* où celui-ci met en évidence l'influence exercée par Ammonios sur Plotin ont été déjà évoqués plus haut : il s'agit de *VP* 3, 11-20, pour ce qui concerne la "conversion à la philosophie" et les onze années pendant lesquelles Plotin suivit son enseignement à Alexandrie ; de *VP* 3, 25-28, où Porphyre fait état du pacte conclu par Plotin, Origène et Érennius de garder le secret sur les doctrines de leur maître (voir plus haut, "Biographie") ; enfin, de *VP* 14, 4-5, pour ce qui concerne l'« esprit d'Ammonios » que Plotin faisait revivre dans ses cours (voir le début de la section "Sources"). Ajoutons maintenant *VP* 20, 36, où Longin (cité par Porphyre) place Ammonios parmi les philosophes qui n'ont rien écrit, en estimant « qu'il leur suffisait de conduire leurs disciples à la compréhension de leurs doctrines » (*VP* 20, 27-29, trad. Brisson *et al.* **9**, t. II, p. 165), sans s'occuper de la postérité, comme l'ont fait en revanche ceux qui ont mis leurs doctrines par écrit. Si selon Longin – qui était bien informé, ayant été son élève (*VP* 20, 36-37) – Ammonios n'a rien écrit, selon Eusèbe, *H. E.* VI, 19, 10 au contraire, il est célèbre pour ses ouvrages, parmi lesquels un écrit *De Consonantia Moysi et Iesu*. Il y a divergence entre les informations que donne Porphyre (dans la *VP* et dans un passage de l'ouvrage perdu *Contra Christianos* cité par Eusèbe, *H.E.* VI 19, 6) d'un côté, et celles que donne Eusèbe lui-même pour démentir Porphyre, de l'autre côté. L'Ammonios qui fait surface dans la *VP* (témoignages de Porphyre et de Longin) n'a rien écrit, à la différence de celui dont parle Eusèbe ; selon le passage du *Contra Christianos* de Porphyre, Ammonios, né chrétien, s'était converti au paganisme dès qu'il avait commencé à étudier la philosophie, mais selon Eusèbe Porphyre ment en affirmant cela. Dörrie **33**, p. 470 (p. 352 de la réimpr.) pense donc qu'il s'agit de deux « Ammonioi » différents, le platonicien, maître de Plotin, et le chrétien, maître d'Origène d'Alexandrie, auquel se réfèrent les informations données par Eusèbe, idée partagée par Schwyzer **40**, p. 32-39, et **780** M. J. Edwards, « Ammonius, Teacher of Origen », *JEH* 44, 1993, p. 169-181. Selon Theiler **473**, p. 1, il y a bien eu deux "Ammonioi" distincts, mais ils ont été tous deux les maîtres d'Origène d'Alexandrie. En revanche, **781** M. Baltes, c. r. de Schwyzer **40**, *Gnomon* 56, 1984, p. 204-207, et Baltes **21**, p. 326 (p. 115 de la réimpr., dans Baltes **22**) ne voit pas d'inconvénient à ce qu'Ammonios, le maître de Plotin, ait été chrétien et ait écrit un traité (selon toute vraisemblance anti-gnostique) sur l'accord entre Moïse et Jésus, le témoignage de Longin sur l'enseignement seulement oral d'Ammonios ne concernant que la philosophie ; pour l'idée qu'un seul philosophe, Ammonios, ait eu comme disciples aussi bien Origène d'Alexandrie qu'Origène le platonicien, voir aussi Dodds **35**, p. 31 et n. 1, et **782** F. M. Schroeder, « Ammonius Saccas », dans *ANRW* II 36, 1, Berlin 1987, p. 493-526, en part. p. 507. La position de Goulet **32**, p. 481-484 (p. 275-278 de la réimpr.) est encore différente : le maître de philosophie de Plotin et celui d'Origène d'Alexandrie étaient deux personnages distincts, mais on n'a pas de raisons solides pour dire que le nom du maître d'Origène d'Alexandrie était "Ammonios".

La question de l'identité ou de la distinction de l'Ammonios dont parle Porphyre et de celui dont parle Eusèbe se rattache à un autre problème de prosopographie : Origène d'Alexandrie, l'écrivain ecclésiastique, et Origène, le condisciple de Plotin, sont-ils deux personnages distincts, ou bien s'agit-il de la même personne ? (voir, ci-dessous, "Les contemporains de Plotin"). Pour un examen très clair des positions diverses des savants qui, depuis le XVIIᵉ siècle (Lucas Holstenius) jusqu'à présent, ont étudié ce dossier, voir **783** M. Zambon, « Porfirio e Origene. Uno *status quaestionis* », à paraître dans les Actes du colloque sur *Le traité de Porphyre contre les chrétiens. Un siècle de recherches, nouvelles questions*. Actes du colloque international organisé les 8 et 9 septembre 2009 à l'Université de Paris IV-Sorbonne, coll. « Études augustiniennes - série Antiquité », Paris 2011.

De toute cette question complexe, on ne retiendra ici que les aspects qui se rapportent directement à la formation de Plotin. Il y a tout d'abord la question du christianisme d'Ammonios. Les conséquences, à première vue importantes, de l'hypothèse d'un Ammonios chrétien qui aurait été le maître de Plotin pendant onze années (voir, plus loin, "Le rapport avec les courants religieux de son temps"), ne le sont pas en réalité, si l'on tient compte du fait que Porphyre est le seul à parler d'un Ammonios chrétien et maître de philosophie, puisque, même s'il est clair qu'Eusèbe veut parler du même personnage que Porphyre, les informations indépendantes qu'il est en mesure d'apporter n'indiquent pas un philosophe, mais un auteur chrétien, le seul titre cité étant le *De Consonantia Moysi et Iesu* (d'où, comme on vient de le voir, l'hypothèse des deux "Ammonioi"). Or, Porphyre soutient qu'Ammonios, né chrétien, abandonna le christianisme dès qu'il commença à pratiquer la philosophie ; par conséquent ce n'est pas par cette voie, comme le remarque Dodds **35**, p. 27 et n. 1, que la pensée chrétienne put en l'occurrence influencer le néoplatonisme. Deuxièmement, il y a la question des doctrines qu'Ammonios aurait transmises à Plotin. L'insistance de Porphyre sur le rôle central de « l'esprit d'Ammonios » dans la formation de Plotin d'un côté, et la possibilité que ce même esprit ait inspiré Origène d'Alexandrie, de l'autre côté, ont suscité des tentatives pour reconstruire la pensée d'Ammonios en recherchant un noyau commun aux doctrines de ses élèves, tentative qui, selon Schwyzer **8**, col. 477, et Schwyzer **40**, p. 73, évoque la question socratique. De grands efforts ont été déployés dans cette direction, soit en comparant entre elles les doctrines des philosophes disciples d'Ammonios, soit en mettant à contribution aussi Origène d'Alexandrie, dans le but de revenir aux sources mêmes du néoplatonisme, selon la formule de Dörrie **33**, p. 439 (p. 324 de la réimpr.) : « Am Beginn des eigentlichen Neuplatonismus steht die Gestalt des Ammonios ». Entamée par **784** E. Zeller, « Ammonios Sakkas und Plotin », *AGPh* 7, 1894, p. 295-312 ; **785** F. Heinemann, « Ammonius Sakkas und der Ursprung des Neuplatonismus », *Hermes* 61, 1926,

p. 1-27, la recherche de ce noyau commun a été développée surtout par Theiler **473** ; voir aussi Theiler **70**, p. 71 ; **786** H. Langerbeck, « Ammonius Saccas and the Rise of Neoplatonism », *JHS* 77, 1957, p. 67-74 ; **787** J. P. Sheldon Williams, « Plato and the School of Ammonius Saccas. Reflexions on a Recent Book », *Downside* 83, 1965, p. 311-326 (c.r. de Rist **912**) ; bilan jusqu'en 1983 dans Schwyzer **40**, p. 72-78. Selon **788** H. Ziebritzki, *Heiliger Geist und Weltseele. Das Problem der dritten Hypostase bei Origenes, Plotin und ihren Vorläufern*, coll. « Beiträge zur historischen Theologie » 84, Tübingen 1994, Origène d'Alexandrie et Plotin ont eu Ammonios comme maître, mais, en considération des différences des doctrines métaphysiques respectives, il est difficile de juger dans quelle mesure ils dépendent de son enseignement ; il est possible que « Origenes und Plotin den Hypostasenbegriff von Ammonios übernommen haben, um ihm dann innerhalb ihrer jeweiligen Gotteslehre die spezifische Prägung zu geben » (p. 265).

D'après Hiéroclès d'Alexandrie (☛H 126) cité par Photius, Ammonios soutenait l'harmonie des doctrines de Platon et d'Aristote : voir le dossier dans Schwyzer **40**, p. 39-45 ; Dörrie et Baltes **436**, t. III, p. 248-249 (comm. du *Baustein* 89.6) ; Karamanolis **631**, p. 191-215, analyse les témoignages sur la position d'Ammonios et parvient à la conclusion suivante, quant à la possibilité que cette doctrine ait influencé Plotin :

« Ammonius was an independent thinker who, though a Platonist, had a weaker committment to Plato than most of his contemporary Platonists and hence was uninterested in school polemics. His concern rather was for the search for the truth in philosophy, which led him to study the works of both Plato and Aristotle and appreciate them according to their merits. Focusing on the underlying thought behind the texts, Ammonius left aside doctrines forged by later philosophers, points of detail, and also certains flaws of the philosophers themselves, and reached an under-standing of Platonic and Aristotelian philosophy as a whole, concluding that their basic doctrines are essentially the same. (...) Plotinus, however, disagreed with the unqualified acceptance of Ammonius' thesis and (...) he often criticizes Aristotle for departing from Plato's doctrines. Yet the fact that he did pay considerable attention to Aristotle and his Peripatetic commentaries may well attest to Ammonius' impact on him » (p. 214-215) ; voir aussi Chiaradonna **625**, p. 271-272 et n. 69.

Selon Theiler **473**, p. 42, la comparaison avec les autres disciples de ce maître commun n'aboutit pas à amoindrir l'originalité de Plotin ; au contraire, elle montre jusqu'à quel point Plotin est supérieur à Ammonios. Observons par ailleurs que, dans la mesure où ces comparaisons mettent à contribution *tous* les disciples d'Ammonios dont on conserve soit l'œuvre (Plotin et peut-être Origène d'Alexandrie), soit des fragments et des témoignages (Origène le platonicien et Longin) *ipso facto* elles ne peuvent pas conduire aux sources du néoplatonisme, mais tout au plus à une doctrine partagée par des tenants de "versions" du platonisme aussi différentes l'une de l'autre que le sont celles de Plotin et de Longin.

À côté de telle ou telle doctrine que Plotin aurait empruntée à Ammonios, l'approche plus générale des problèmes philosophiques qui se cache derrière l'expression « νοῦς d'Ammonios », dont Plotin s'inspirait dans ses cours aux dires de Porphyre a suscité aussi des hypothèses. Rist **72**, p. 171-173, met en relation l'esprit d'Ammonios avec la remarque de Plotin sur Longin « assurément philologue, mais nullement philosophe » (voir plus haut, "Sources. Platon", *sub fin.*) et pense que cette approche consiste en ce qu'Ammonios enseigna à Plotin « to handle his predecessors in a philosophical rather than a scholarly manner » ; Armstrong **396**, p. 200, évoque à ce propos la possibilité qu'Ammonios ait été « a comparatively open mind » ; Dörrie **403**, p. 197, pense que l'enseignement d'Ammonios a pu conduire Plotin au-delà de la philologie, vers la vraie philosophie ; selon Charrue **435**, p. 36-39, le νοῦς d'Ammonios consistait dans l'effort pour accorder Aristote et Platon ; O'Meara **67**, p. 113, s'appuie sur Hiéroclès pour dire que la mission d'Ammonios était, selon les platoniciens postérieurs, « the restoral of unanimity (ὁμοδοξία) to Platonism through the purification of a contentious and degraded tradition ». Une interprétation différente est proposée par Goulet-Cazé **29**, p. 260 : les philosophes qui avaient décidé de garder le secret sur les doctrines d'Ammonios

« avaient développé (...) le sentiment d'avoir découvert grâce à leur maître une conception du platonisme, ou du moins de l'un de ses aspects essentiels, proprement révolutionnaire. Cette découverte n'entraînait rien de moins qu'un déplacement de la recherche traditionnelle vers une approche d'ordre mystique des rapports avec les niveaux supérieurs de la réalité ».

Selon Whittaker **20**, p. 188

« in his writing and teaching, Plotinus did not refrain from treading on the terrain of other schools. It is tempting to suppose that Ammonius, too, did not confine his teaching strictly to the Pythagorean-Platonic traditions, and that it was at the feet of Ammonius that Plotinus acquired his extensive knowledge of Aristotle and the Stoics ».

Enfin, selon **789** J.-M. Charrue, « Ammonius et Plotin », *RPhL* 102, 2004, p. 72-103, l'influence d'Ammonios sur Plotin peut avoir été liée à Aristote et surtout à la méthode consistant à soulever des apories préalables à la discussion. Armstrong **402**, p. 176, observe que le νοῦς d'Ammonios demeure d'une obscurité impénétrable pour les lecteurs de Porphyre. Mais il était peut-être obscur pour Porphyre lui-même : en effet, on peut legitimement penser que, si ce dernier avait pu dire à quoi correspondait cette expression, entendue selon toute vraisemblance de la bouche de Plotin, il aurait donné des renseignements supplémentaires.

Les contemporains de Plotin

Deux contemporains de Plotin, Origène et Longin, ont attiré l'attention des chercheurs. Les dates de Longin (☞L 62) sont relativement sûres (né entre 200 et 213, il fut condamné à mort par Aurélien en 272 ou en 273, après la défaite de la reine Zénobie que Longin avait rejointe à Palmyre), tandis que celles d'Origène ne le sont pas ; mais on traitera d'abord ce dernier, à cause de la question controversée que l'on vient d'évoquer à propos d'Ammonios. Le problème de l'identité ou de la distinction de l'Origène de la *VP* avec l'écrivain ecclésiastique a son point de départ dans le passage déjà mentionné du *Contra Christianos* de Porphyre et dans la réponse d'Eusèbe. Aussi bien Porphyre qu'Eusèbe mentionnent Origène et son maître Ammonios : il est donc naturel de penser qu'il s'agit des mêmes Origène et Ammonios dont il est question dans la *VP* ; sinon, comment expliquer que Porphyre n'ait pas dit qu'il s'agissait de deux homonymes ? En revanche, l'identité de l'Origène de la *VP* avec l'écrivain ecclésiastique soulève de très graves difficultés : la chronologie tout d'abord, Origène d'Alexandrie étant mort selon Eusèbe vers 251-252, alors que les données que l'on tire de la *VP* datent d'une époque postérieure aux événements qui impliquent Origène (voir ci-dessous) ; deuxièmement, le fait que l'Origène dont il est question dans la *VP* (renseignements de Porphyre et de Longin) n'a rien écrit (Longin) ou presque (Porphyre), tandis qu'Origène d'Alexandrie est un auteur très prolifique. Les opinions des savants peuvent être ramenées à trois options principales : soit l'on pense (i) qu'il y a eu à Alexandrie, plus ou moins à la même époque, deux intellectuels qui s'appelaient Origène, dont l'un eut comme maître de philosophie cet Ammonios qui fut le maître aussi de Longin, d'Érennius et de Plotin, et dont l'autre était l'écrivain ecclésiastique Origène d'Alexandrie, qui eut, lui, un autre maître (avec des différences de détail, telle est l'opinion de Dörrie **33**, Goulet **32**, Schwyzer **40**, Edwards **780**) ; soit l'on pense (ii) qu'Ammonios, le seul maître de philosophie à porter ce nom à Alexandrie à l'époque, eut deux élèves du nom d'Origène : l'écrivain ecclésiastique et celui qui fit avec Érennius et Plotin le vœu de garder le secret sur ses doctrines (telle est l'opinion de Dodds **35** ; de **790** K.-O. Weber, *Origenes der Neuplatoniker. Versuch einer Interpretation*, coll. « Zetemata » 27, München 1962 ; de Baltes **21** ; de Schroeder **782** et de Charrue **789**) ; soit, enfin, l'on pense (iii) que l'Origène qui fit le vœu du secret avec Érennius et Plotin était l'écrivain ecclésiastique : telle est l'opinion de **791** R. Cadiou, *La jeunesse d'Origène. Histoire de l'école d'Alexandrie au début du IIIe siècle*, coll. « Études de théologie historique », Paris 1935, en part. p. 231-262 ; **792** H. Crouzel, « Origène et Plotin, élèves d'Ammonios Saccas », *BLE* 1956, p. 193-214 ; Theiler **473** (mais rappelons que celui-ci pense qu'Origène d'Alexandrie a eu *deux* maîtres du nom d'Ammonios) ; **793** F. H. Kettler, « War Origenes Schuler des Ammonios Sakkas ? », dans **794** J. Fontaine et Ch. Kannengiesser (édit.), *Epektasis. Mélanges Patristiques offerts au Cardinal Jean Daniélou*, Paris 1972, p. 327-334 ; **795** *Id.*, « Origenes, Ammonius Sakkas und Porphyrius », dans **796** A. M. Ritter (édit.), *Kerygma und Logos. Beiträge zu den geistesgeschichtlichen Beziehungen zwischen Antike und Christentum*. Festschrift für Carl Andresen zum 70. Geburtstag, Göttingen 1979, p. 322-328 ; **797** H. Crouzel, *Origène et Plotin. Comparaisons doctrinales*, coll. « Croire et savoir » 17, Paris 1992, en part. p. 10 ; **798** P. F. Beatrice, « Porphyry's Judgment on Origen », dans **799** R. Daly (édit.), *Origeniana Quinta. Historica, Text and Method, Biblica, Philosophica, Theologica. Origenism and Later Developments. Papers of the 5th International Origen Congress (Boston College, 14-18 August 1989)*, coll. « Bibliotheca Ephemeridum Theologicarum Lovaniensium » 105, Leuven 1992, p. 351-357 ; Ziebritzki **788**, en part. p. 30-42 ; **800** Th. Böhm, « Origenes - Theologe und (Neu-) Platoniker ? Oder : Wem soll man mißtrauen – Eusebius oder Porphyrius ? » *Adamantius* 8, 2002, p. 7-23 ; **801** *Id.*, « Unbegreiflichkeit Gottes bei Origenes und Unsagbarkeit des Einen bei Plotin - Ein Strukturvergleich », dans **802** L. Perrone, P. Bernardini et D. Marchini (édit.), *Origeniana Octava. Origen and the Alexandrian Tradition. Origene e la tradizione* *alessandrina*. Papers of the 8th International Origen Congress, Pisa, 27-31 August 2001, coll. «Bibliotheca Ephemeridum Theologicarum Lovaniensium» 144, Leuven 2003, vol. I, p. 451-463; comme pour Ammonios, on trouvera un bilan complet des opinions, depuis le XVIIe siècle, dans Zambon **783**.

L'enjeu de la question prosopographique, pour ce qui concerne Plotin, est le suivant: si l'Origène dont parle la *VP* est l'écrivain ecclésiastique, on peut utiliser les ouvrages de celui-ci pour éclairer ce que dit la *VP* à propos d'Origène et de ses rapports avec Plotin; dans le cas contraire, seuls les témoignages sur Origène qui se tirent des platoniciens postérieurs – en l'occurrence, Proclus – peuvent être utilisés (édition et commentaire par Weber **790**). On a déjà évoqué deux des trois passages de la *VP* qui mentionnent Origène: celui du chapitre 3, où Porphyre fait état du vœu du secret sur les doctrines d'Ammonios (voir "Biographie"), et celui du chapitre 20, où Longin mentionne aussi Origène, outre Ammonios, parmi les philosophes qui n'ont pas mis par écrit leurs doctrines (voir ci-dessus, "Ammonios Saccas"). Un troisième passage, que les savants sont d'accord pour mettre en relation avec les autres, même si les conclusions auxquelles ils parviennent sont considérablement divergentes, est *VP* 14, 20-24, où Porphyre rapporte qu'Origène se présenta un jour à une réunion de l'école de Plotin; celui-ci rougit et voulut partir; prié par Origène de parler, il dit que «le désir se dérobe quand celui qui parle voit qu'il parlera à des gens qui savent déjà ce qu'il va dire» (trad. Brisson *et al.* **9**, t. II, p. 157). Plusieurs savants ont mis en relation l'embarras de Plotin avec le vœu du secret (voir plus haut, "Biographie"): Plotin, surpris par la visite d'Origène, avec lequel il avait convenu de ne pas divulguer les doctrines d'Ammonios, aurait rapidement mis fin à sa leçon parce que celle-ci portait sur cet enseignement, ce qu'Origène ne pouvait manquer de noter. Mais, après Érennius, Origène aussi avait enfreint le vœu: Porphyre rapporte en effet que celui-ci avait écrit deux traités, perdus: *Sur les démons* et *Le Roi seul est créateur*. Sur le moment où se déroula l'épisode de la visite d'Origène, sur l'époque de composition de l'écrit *Le Roi seul est créateur* et sur les implications concernant la datation, voir les opinions opposées de O'Brien **46** et de **803** R. Goulet, «Sur la datation d'Origène le Platonicien», dans Brisson *et al.* **9**, t. II, p. 461-463. De même il y a désaccord sur le sujet de l'écrit *Le Roi seul est créateur* et sur ses relations éventuelles avec Plotin: alors que selon Puech **747**, p. 42-44 (de la réimpr.), l'écrit vise Numénius, **804** D. O'Brien, «Origène et Plotin sur le Roi de l'Univers», dans Goulet-Cazé *et al.* **377**, p. 317-342, est d'accord avec Dörrie **724** pour dire que Plotin en était la cible, mais les deux savants allèguent des raisons opposées: selon Dörrie, Origène reprochait à Plotin d'avoir retiré la fonction créatrice au Premier Principe, à cause de sa vision extrêmement rigoureuse de la transcendence de celui-ci; selon O'Brien, Origène reprochait à Plotin d'avoir admis d'autres principes créateurs – l'Intellect et l'Âme – à côté du Premier Principe. Toutes ces déductions sont possibles grâce au témoignage sur les doctrines théologiques d'Origène fourni par Proclus, *Theol. Plat.* II 4 (= fr. 7 Weber): voir **805** H. D. Saffrey et L. G. Westerink, Proclus. *Théologie Platonicienne. Livre II*, *CUF*, Paris 1974, p. 93-95, et **806** H.-R. Schwyzer, « Proklos über den Platoniker Origenes », dans **807** G. Boss et G. Seel (édit.), *Proclus et son influence*. Actes du colloque de Neuchâtel, Juin 1985, Zürich 1987, p. 45-59. Observons aussi que selon Henry et Schwyzer **3** et **4**, apparat des sources, *ad* VI 9 [9], 2, 5-6, le fr. 7 Weber permet d'établir que le passage en question de Plotin est une polémique contre Origène le païen, opinion approuvée par Hadot **198**, p. 129-130.

Si, en revanche, on pense que l'Origène qui fit avec Plotin le vœu du secret, l'enfreignit en écrivant *Sur les démons* et *Le Roi seul est créateur* et rendit visite à Plotin à Rome était l'écrivain ecclésiastique, on aura le droit de s'appuyer sur toute la vaste production origénienne pour éclairer les rapports de Plotin avec son ancien condisciple et les épisodes racontés dans la *VP*, et pour envisager quelques hypothèses sur la nature de l'écrit *Le Roi seul est créateur*. Ainsi, Kettler **793**, p. 326, pense que cet écrit est d'Origène d'Alexandrie, qui voulut opposer la doctrine chrétienne de la création à la causalité de l'Un soutenue par Plotin, ce qui obligerait pourtant à retarder la date de la mort d'Origène d'Alexandrie, puisque le traité fut écrit « sous Gallien » (*VP* 3, 31), donc au moins après septembre 253 (date à partir de laquelle Gallien régna avec son père Valérien), pour ne pas dire après 260 (date à partir de laquelle il régna seul), tandis qu'Origène d'Alexandrie est mort en 250-251 (voir Weber **790**, p. 18, contesté par ailleurs par Böhm **800**, p. 18-23).

Pour des comparaisons entre Plotin et l'Origène écrivain ecclésiastique, portant sur de points particuliers de doctrine, voir surtout **808** J. M. Dillon, « Plotinus, Philo and Origen on the Grades of Virtue », dans Blume et Mann **718**, p. 92-105 (repris dans **808bis** *Id.*, *The Golden Chain. Studies in the Development of Platonism and Christianity*, coll. « Variorum Collected Studies Series » 334, Aldershot 1990) ; **809** *Id.*, « *Aisthêsis Noêtê* : A Doctrine of Spiritual Senses in Origen and Plotinus », dans **810** *Judaica et Hellenica*. Hommage à V. Nikiprowetzky, Louvain/Paris 1986, p. 443-455 (repris *ibid.*) ; **811** H. Crouzel, « Le Dieu d'Origène et le Dieu de Plotin », dans Daly **799**, p. 406-417 ; Böhm **801**. Une comparaison sur une échelle plus vaste est conduite par Theiler **473**, et forme l'objet même de Crouzel **797**. La conclusion de Crouzel est que les différences dépendent des convictions religieuses d'Origène, et que les affinités dépendent du fait que les deux auteurs ont baigné dans la même tradition philosophique, celle du platonisme de l'époque impériale : « la plupart des différences entre Origène et Plotin viennent, cela est clair, de la doctrine chrétienne. Les points sur lesquels ils concordent représentent les enseignements du platonisme postérieur qu'Origène juge compatibles avec la foi » (p. 504).

Longin, le maître de Porphyre à Athènes, a été déjà évoqué, non seulement en relation avec Ammonios et avec Origène, mais aussi à propos de l'approche plotinienne de l'œuvre de Platon (voir "Sources. Platon", *sub fin.*). Les deux platoniciens, Longin à Athènes et Plotin à Rome, manifestent du respect et de l'intérêt l'un pour l'autre, mais ils sont en désaccord : comme on l'a déjà rappelé plus haut, Plotin s'informe des écrits de Longin, mais estime que celui-ci, tout en étant bon philologue, n'est pas philosophe (*VP* 14, 18-20) ; Longin, pour sa part, se fait

envoyer les écrits de Plotin (*VP* 19, 1 - 20, 9), mais ne cache pas son regret que
Porphyre ait abandonné son enseignement pour suivre celui de Plotin, et consacre
un écrit à réfuter la doctrine de ce dernier, que Porphyre a fait sienne, sur la nature
des Formes intelligibles (*VP* 20, 86-97), et un autre à réfuter la doctrine de Plotin
et d'Amélius sur le souverain bien : c'est le traité *Sur la fin*, dont Porphyre a
transcrit le proème (*VP* 20, 17-104) et qui a été évoqué plus haut à propos
d'Ammonios et d'Origène. Outre Pépin **571**, voir **812** L. Brisson et M. Patillon,
« Longinus Platonicus Philosophus et Philologus », dans *ANRW* II 36, 7, Berlin
1994, p. 5214-5299, et II 34, 4, Berlin 1998, p. 3023-3108 ; **813** I. Männlein-
Robert, *Longin Philologe und Philosoph. Eine Interpretation der erhaltenen
Zeugnisse*, coll. « Beiträge zur Altertumskunde » 143, München/Leipzig, 2001 ;
814 M. Patillon et L. Brisson (édit.), Longin. *Fragments. Art rhétorique*, *CUF*,
Paris 2001. Les deux éditions de Männlein-Robert **813** et de Patillon et Brisson
814, parues la même année, contiennent des éléments importants pour le dossier
des rapports entre Plotin et Longin. Brisson et Patillon **814**, p. 47 et 50, soulignent
à la suite de Baltes **737** que ce que l'on peut reconstituer de la doctrine des principes de Longin le rapproche d'Atticus, de Plutarque et d'Alcinoos. On trouvera
dans Männlein-Robert **813**, p. 139-250, une analyse très détaillée des relations
entre Longin et le milieu de Plotin ; elle avance aussi l'hypothèse (p. 201-206) que
l'accusation d'avoir plagié Numénius venait en réalité de Longin, détail que
Porphyre aurait intentionnellement passé sous silence. Voir aussi **815** R. M. Smith,
« Two fragments of Longinus in Plotinus », *CQ* 44, 1994, p. 525-529 ; **816** I.
Männlein-Robert, « Longin und Plotin über die Seele. Beobachtungen zu metho-
dischen Differenzen in der Auseinandersetzung platonischer Philosophen des 3.
Jahrhunderts n. Chr. mit Epikur und Stoa », dans Chiaradonna **245**, p. 223-250.

Le rapport avec les courants religieux de son temps

Outre les études déjà mentionnées concernant l'attitude personnelle de Plotin
vis-à-vis de la religion (voir Festugière **85** ; Picavet **87** ; Cumont **88** ; Cilento **89** et
91 ; Hadot **92**, **93** et **94** ; Sinnige **97**, Ferwerda **98** ; van den Berg **101**), un nombre
imposant de travaux a été consacré aux influences doctrinales des courants reli-
gieux et spirituels de l'époque, que l'on peut détecter dans sa philosophie. On se
bornera ici à trois questions : (i) le rapport de Plotin avec l'ensemble des doctrines
et des croyances que l'on peut qualifier d'"orientales", y compris les *Oracles chaldaïques* ; (ii) le rapport avec le gnosticisme ; (iii) le rapport avec le christianisme.

(i) Alors que **817** H.-F. Müller "Orientalisches bei Plotin?", *Hermes* 49, 1914,
p. 70-89, niait toute influence "orientale" sur la philosophie de Plotin (« diese
Philosophie ist ein echt hellenisches Gewächs », p. 70), Bréhier **391** consacre à
l'influence "orientale" un chapitre entier, fondé sur l'identification avec l'Un qui
résorbe l'âme individuelle en lui : absent de la philosophie grecque avant Plotin, ce
thème est développé dans les Upanishads ; à la lumière de son intérêt pour les
doctrines de l'Inde, attesté par Porphyre (voir plus haut, "Biographie"), il faut
admettre, selon Bréhier, qu'il y a eu une influence doctrinale, même si l'on ne peut
retracer les voies précises par lesquelles elle s'est produite. **818** F. Cumont, *Lux*

perpetua, Paris 1949, en part p. 343-360, faisait remonter à Numénius le syncrétisme des croyances orientales («mystères de Brahmanes, des Juifs, des Mages,
des Égyptiens, qui, tous, s'accordaient avec Platon», p. 344), mais soulignait la
distance entre Plotin et cet ensemble de croyances, sans doute connues, mais
jamais acceptées de manière acritique. Le chapitre de Cumont est consacré à la
destinée des âmes, mais comporte un aperçu plus général concernant l'influence
des croyances de l'époque sur la pensée de Plotin; voir aussi **819** A. H. Armstrong,
«Plotinus and India», *CQ* 30, 1936, p. 22-28 (repris dans Armstrong **104**).

Ces croyances, mêlées d'un platonisme vulgarisé et exposées dans un langage
obscur, se retrouvent aussi dans les oracles dits "Chaldaïques" (☞O 34, où on
ajoutera **820** A. Linguiti, «Motivi di teologia negativa negli *Oracoli Caldaici*»,
dans Calabi **722**, p. 103-117), que Plotin semble connaître si l'on prête foi à
Psellus. Le petit écrit sur le suicide, I 9[16], s'ouvre sur les mots : οὐκ ἐξάξεις, ἵνα
μὴ ἐξίῃ · ἐξελεύσεται γὰρ ἔχουσά τι («"Ne fais pas sortir par violence l'âme du
corps, pour qu'elle ne sorte pas ainsi." Car elle s'en ira en emportant quelque
chose», trad. Bréhier modifiée). Selon Psellus, les mots "μὴ ἐξάξῃς, ἵνα μὴ ἐξίῃ
ἔχουσά τι" sont un oracle "chaldaïque" cité par Plotin : τοῦτο τὸ λόγιον καὶ
Πλωτῖνος ἐν τῷ περὶ ἀλόγου ἐξαγωγῆς τίθησιν. Voir **821** D. J. O'Meara,
Psellus. *Philosophica Minora*, coll. *BT*, t. II, Leipzig 1989, *opusc.* 38, p. 128, 18-
20 = fr. 166 dans **821bis** É. des Places, *Oracles Chaldaïques avec un choix de
commentaires anciens*, *CUF*, Paris 1971; selon des Places, les mots cités par
Psellus, corrigés de sorte à obtenir les fragments de deux hexamètres, sont effectivement un oracle "chaldaïque" ; comme tel il est enregistré dans l'*index fontium* de
Henry et Schwyzer **3** et **4**. Toutefois, **822** W. Kroll, *De Oraculis Chaldaicis*, coll.
«Breslauer Philologische Abhandlungen» 7, 1, Breslau 1894, p. 5, ne croit pas à
l'authenticité du fragment, et il est suivi par **823** H. Lewy, *Chaldaean Oracles and
Theurgy. Mysticism Magic and Platonism in the Later Roman Empire*, nouvelle
édition par M. Tardieu, Paris 1978, p. 474, qui parle d'un «pseudo-Oracle». Selon
824 P. Hadot, «Bilan et perspectives sur les *Oracles Chaldaïques*», dans Lewy
823, p. 703-720, en part. p. 711, Plotin paraît ignorer les *Oracles*; selon des Places
821bis, p. 165 n. 1, la citation des *Oracles* reprise par Psellus représenterait éventuellement la seule que l'on puisse trouver chez Plotin. Les mots cités proviennent
des *Oracles* selon Elsas **190**, p. 273 et n. 65, et selon **825** J. M. Dillon, «Plotinus
and the *Chaldaean Oracles*», dans **826** S. E. Gersh (édit.), *Platonism in Late
Antiquity*, Mélanges Édouard des Places, coll. «Christianity and Judaism in Antiquity» 8, Notre Dame 1992, p. 131-140 (repris dans **827** *Id.*, *The Great Tradition.
Further Studies in the Development of Platonism and Early Christianity*, coll.
«Variorum Collected Studies Series» 599, Aldershot/Brookfield 1997) ; même
opinion chez **827bis** L. Brisson, «Note critique sur la postérité du traité 16 et la
mention des *Oracles chaldaïques*», dans *Plotin. Traités 7-21*. Traductions sous la
direction de L. Brisson et J.-F. Pradeau, coll. *GF* 1164, Paris 2003, p. 375-376. En
revanche, les mots cités par Plotin et Psellus ne constituant pas des hexamètres, ils
ne viennent pas d'un oracle "chaldaïque", selon O'Meara **821**. Theiler **473**, en part.

p. 112-113, et Dillon **825** ont dressé une liste de termes utilisés parfois par Plotin, qui seraient susceptibles de venir des *Oracles*; mais ces termes appartiennent au lexique courant du platonisme d'époque impériale selon **828** H. D. Saffrey, «Connaissance et inconnaissance de Dieu. Porphyre et la *Théosophie de Tübingen*», dans **829** J. Duffy et J. Peradotto (édit.), *Gonimos*. Neoplatonic and Byzantine Studies presented to L. G. Westerink at 75, coll. «Arethusa Monographs», Buffalo 1988, p. 3-20 (repris dans **830** *Id.*, *Recherches sur le néoplatonisme après Plotin*, coll. «Histoire des doctrines de l'Antiquité classique» 14, Paris 1990, p. 1-20). Selon Saffrey, Plotin ne fait jamais appel aux doctrines des théurges; voir aussi **831** H.-J. Blumenthal, «Plotinus in Later Platonism», dans **832** H.-J. Blumenthal et R. A. Markus (édit.), *Neoplatonism and Early Christian Thought*. Essays in honour of A. H. Armstrong, London 1981, p. 212-222 (repris dans Blumenthal **582**). Theiler **473** avait soutenu que les *Oracles* étaient utilisés par Ammonios, le maître de Plotin, d'où les emprunts terminologiques que l'on vient d'évoquer; cette opinion n'est pas acceptée par **833** R. Majercik, «The *Chaldean Oracles* and the School of Plotinus», *AncW* 29, 1998, p. 91-105: «The best evidence, then, is that the *Oracles* were not known to Plotinus and his circle but were only introduced into Neoplatonism sometime after Plotinus' death as a result of Porphyry's interest in them» (p. 105), opinion contestée par **834** J. F. Finamore, «Plotinus, Psellus, and the *Chaldean Oracles*: A Reply to Majercik», *ibid.*, p. 107-110. Même si l'on veut considérer les premiers mots de I 9 [16] comme une citation des *Oracles Chaldaïques*, il n'en reste pas moins que ce recueil, si important pour le néoplatonisme postérieur, ne joue aucun rôle dans la pensée de Plotin: pour le dire avec Dodds **35**, p. 11 «Plotinus will have ignored the *Oracles*, recognising them for the theosophical rubbish that they are». On peut même dire qu'à plus forte raison s'il les connaissait, le fait qu'il ne les ait pas utilisés est significatif d'une attitude envers la théosophie que les données de la *VP* viennent confirmer. Müller **817**, p. 85-89, mentionne aussi, en relation avec cette attitude, le rejet plotinien de l'astrologie.

(ii) Tous les savants ou presque qui ont écrit sur Plotin ont pris en examen la question de son rapport avec le gnosticisme; on ne mentionnera ici que les études représentant les interprétations principales, pour revenir par la suite sur des points spécifiques soulevés par les chercheurs, mais sans prétendre à l'exhaustivité. Dans une certaine mesure, la question du rapport de Plotin avec le gnosticisme contient une énigme: d'un côté, sa pensée touche à des questions et évoque des réponses semblables à celles des écrits gnostiques; de l'autre côté, il est l'auteur d'une réfutation sans appel du gnosticisme, d'où les positions différentes, voire opposées, des chercheurs qui ont examiné le sujet. **835** H. Jonas, *Gnosis und spätantiker Geist*, t. I: *Die mythologische Gnosis*, coll. «Forschungen zur Religion und Literatur des Alten und Neuen Testaments» N. F. 33, Göttingen 1934 (1954²); t. II, 1. *Von der Mythologie zur mystischen Philosophie*, coll. «Forschungen zur Religion und Literatur des Alten und Neuen Testaments» N. F. 45, Göttingen 1954 (1958²), considérait la philosophie de Plotin comme la transformation du gnosticisme mythologique en une métaphysique. Comme on le sait, la "gnose" s'élève chez Jonas au niveau d'une catégorie unitaire, représentant l'esprit même de la fin de l'Antiquité sous forme d'*Entweltlichung*, négation du cosmos ou "acosmisme" (voir par ex. II, 1, p. 36 et p. 241-254). Dans la mesure où Plotin fait appel à la fuite de ce monde pour s'assimiler à Dieu et au monde intelligible, il est pour Jonas l'un des témoins privilégiés de l'esprit gnostique ; cette thèse, annoncée dans le t. II, 1 de *Gnosis und spätantiker Geist* et qui aurait dû être développée dans le t. II, 2, jamais paru, est présentée aussi dans **836** H. Jonas, « Plotin über Ewigkeit und Zeit », dans **837** A. Dempf (édit.), *Politische Ordnung und menschliche Existenz. Festgabe für Eric Voegelin*, München 1962, p. 295-319 (pour une analyse de détail de l'interprétation de Plotin avancée dans cette étude, voir **838** P. Manchester, « Time and Soul in Plotinus, III 7[45], 11 », *Dionysius* 1, 1977, p. 101-132), et surtout dans **839** H. Jonas, « The Soul in Gnosticism and Plotinus », dans Schuhl et Hadot **155**, p. 45-53 (repris dans **840** *Id., Philosophical Essays*, Englewood Cliffs [NJ] 1974, p. 324-334). Si selon Jonas les *Ennéades* sont l'expression philosophique de l'esprit dont les écrits gnostiques sont l'expression mythologique, Plotin est, au contraire, le tenant d'une réaction hellène vis-à-vis du gnosticisme et du christianisme pris ensemble selon **841** H.-Ch. Puech, « Position spirituelle et signification de Plotin », *BAGB* 61, 1938, p. 3-36 (repris dans Puech **748**, p. 55-82) et **842** *Id.*, « Plotin et les Gnostiques », dans *Les Sources de Plotin* **36**, p. 159-174, discussion p. 175-190 (repris avec des ajouts dans Puech **748**, p. 83-95, discussion p. 95-109). Selon Puech, le point de départ du christianisme et du gnosticisme d'un côté, et de Plotin de l'autre côté, est le même : la recherche du salut de la part d'un homme qui, dans la mouvance de l'esprit de l'époque, se voit dans ce monde comme dans un lieu d'exil ; mais la réponse est radicalement différente : Plotin critique de façon de plus en plus explicite les doctrines gnostiques, au fur et à mesure que la présence de leurs adeptes à ses cours en fait ressortir les aspects inconciliables avec la philosophie grecque.

Dans les études mentionnées se font donc jour deux questions principales, qui représentent le point de départ de la recherche contemporaine sur le sujet : (a) la nature exacte du mouvement gnostique auquel Plotin s'oppose, ce qui entraîne la question de la distinction ou de la confusion, chez Plotin, des doctrines gnostiques et des doctrines chrétiennes, et (b) l'évolution éventuelle des positions de Plotin vis-à-vis du courant gnostique. La découverte d'une bibliothèque gnostique entière à Nağ' Ḥammādī en Haute Égypte en 1945 a permis de reprendre à nouveaux frais la question (a), puisque parmi les textes retrouvés deux ont les mêmes titres que ceux qui sont mentionnés en *VP* 16, 5-7 (*Zostrien* et *Allogène*) ; ces écrits, aussi bien que d'autres de la même bibliothèque, présentent des doctrines platonisantes qui ont suscité toutes sortes de comparaisons avec Plotin.

(a) La question de l'attitude de Plotin vis-à-vis du gnosticisme et du christianisme avait été soulevée au début du XXe siècle dans les travaux des historiens sur l'affrontement entre paganisme et christianisme, surtout A. Alföldi et P. de Labriolle : on trouvera une présentation de la position des deux historiens concernant le rôle de Plotin dans cet affrontement, ainsi qu'une discussion générale du sujet, dans **843** G. Catapano, « Reazione ellenica al cristianesimo nel trattato *Contro gli gnostici* di Plotino ? Alcune considerazioni critiche », *Verifiche* 25, 1996, p. 323-362. À partir de l'étude de **844** C. Schmidt, *Plotins Stellung zum Gnosticismus und kirchlichen Christentum*, coll. *TU* 20, 4, Leipzig 1901, les savants ont essayé de préciser si les critiques que Plotin adresse aux gnostiques visent ou non les chrétiens en tant que tels. La question se pose parce que Porphyre (*VP* 16, 1-18) mentionne les chrétiens (que Plotin en revanche ne nomme jamais) à côté des gnostiques : d'après Porphyre, le traité II 9 [33] – qui en *VP* 24, 56-57 s'intitule Πρὸς τοὺς κακὸν τὸν δημιουργὸν τοῦ κόσμου καὶ τὸν κόσμον κακὸν εἶναι λέγοντας, et dans les *Ennéades* s'intitule Πρὸς τοὺς γνωστικούς – fut écrit pour réfuter les gnostiques ; de plus, Plotin confia à ses collaborateurs, Amélius et Porphyre lui-même, la réfutation d'écrits gnostiques, c'est-à-dire les « livres » de Zostrien et de Zoroastre. La réponse à la question : Plotin visait-il aussi les doctrines chrétiennes ou non ? dépend de l'interprétation du passage de Porphyre, et en particulier des lignes 1-2, γεγόνασι δὲ κατ' αὐτὸν τῶν Χριστιανῶν πολλοὶ μὲν καὶ ἄλλοι, αἱρετικοὶ δὲ ἐκ τῆς παλαιᾶς φιλοσοφίας ἀνηγμένοι : cela signifie soit que dans l'entourage de Plotin il y avait beaucoup de chrétiens *et* qu'iil y avait aussi des gnostiques (qui par conséquent n'étaient pas chrétiens), soit qu'il y avait beaucoup de chrétiens, dont *certains* étaient des gnostiques. Puech **842**, p. 163, fait état de la position des tenants de la première interprétation (Reitzenstein, Bousset, Festugière, auxquels on ajoutera **845** J. Bidez et F. Cumont, *Les mages hellénisés. Zoroastre, Ostanès et Hystaspe d'après la tradition grecque*, 2 vol., Paris 1938, t. II, p. 249 et n. 1) et pense que « Porphyre distingue ici, parmi la masse des chrétiens, un groupe particulier de gens qui, à la différence des croyants ordinaires, s'inspiraient de la 'philosophie antique', tout en l'interprétant à leur manière » (p. 163). Même si Porphyre ne mentionne pas ce nom, plusieurs savants sont d'accord pour faire de ces gnostiques les tenants de la doctrine de Valentin, le gnostique chrétien mort vers 160, qui s'était installé à Rome vers 140 et dont les hérésiologues rapportent les doctrines ; ceux que Porphyre nomme, Adelphius et Aquilinus (*VP* 16, 3 : voir Brisson **72bis**, p. 61-62), seraient donc des disciples de Valentin : c'est l'opinion de Zeller **390**, p. 488 (mais voir aussi p. 492 et note 2) ; de Schmidt **844**, en part. p. 36-39 (qui mentionne aussi un Prodicianus, évoqué par Clément d'Alexandrie) et de **846** J. Igal, « The Gnostics and the 'Ancient Philosophy' in Plotinus », dans Blumenthal et Markus **832**, p. 138-149, en part. p. 143. Selon **847** F. Garcia Bazán, *Plotino y la gnosis. Un nuevo capitulo en la historia de las relaciones entre el helenismo y el judeochristianismo*, Buenos Aires 1981, p. 338, c'est la gnose valentinienne que Plotin vise et dont il prend au pied de la lettre les formulations, d'où les critiques qu'il adresse à une doctrine qui, pour le fond, est pourtant proche de la sienne. Bilan des études dans **848** M. Tardieu, « Les Gnostiques dans la *Vie de Plotin*. Analyse du chapitre 16 », dans Brisson *et al.* **9**, t. II, p. 503-563, avec en appendice un *Répertoire chronologique annoté des publications relatives au chapitre 16 (1933-1990)* : Tardieu pense que « la double attaque plotinienne et porphyrienne vise bien des continuateurs locaux de la didascalie de Valentin (...), gnostiques chrétiens par conséquent» (p. 544). À côté des études nombreuses sur le chapitre 16 de la *VP*, et dont fait état la bibliographie raisonnée de Tardieu **848**, d'autres travaux ont abordé la question d'un point de vue doctrinal. Même dans le cas où Plotin ne s'adresse pas directement aux chrétiens lorsqu'il polémique contre le gnosticisme, doit-on envisager un sens, pour ainsi dire, objectivement anti-chrétien dans sa polémique, ou non? Puech **842** répond par l'affirmative, ainsi que **849** A. Meredith, «Porphyry and Julian Against The Christians», dans *ANRW* II 23, 2, Berlin 1980, p. 1119-1149, et **850** Chr. Evangeliou, «Plotinus' anti-Gnostic Polemic and Porphyry's *Against the Christians*», dans Wallis et Bregman **760**, p. 111-128. En revanche, A.H. Armstrong pense qu'en reprochant aux gnostiques leur mépris pour l'univers visible Plotin réagit d'une manière tout à fait comparable à celle des polémistes chrétiens tels qu'Irénée de Lyon. Voir surtout **851** A.H. Armstrong, «Gnosis and Greek Philosophy», dans **852** B. Aland, U. Bianchi, M. Krause, J.M. Robinson et G. Widengren (édit.), *Gnosis*. Festschrift für Hans Jonas, Göttingen 1978, p. 87-124 (repris dans Armstrong **104**); **853** *Id.*, «Plotinus and Christianity, with special reference to II 9[33], 9.26-83 and V 8[31], 4. 27-36», dans **854** E.A. Livingstone (édit.), *Studia Patristica*. Papers Presented to the Tenth International Conference on Patristic Studies held in Oxford 1987, t. XX: *Critica, Classica, Orientalia, Ascetica, Liturgica*, Leuven 1989, p. 83-86; **855** *Id.*, «Dualism, Platonic, Gnostic, and Christian», dans Runia **100**, p. 29-52 (la même étude est publiée aussi dans Wallis et Bregman **760**, p. 33-54, mais sans mention de la publication antérieure, et est reprise dans Armstrong **44**).

D'autres recherches explorent les milieux païens. Selon **856** R. Harder, «Plotins Schrift *Gegen die Gnostiker*», *Antike* 5, 1929, p. 53-84, en part. p. 83 (repris dans Harder **185bis**, p. 296-302), l'écrit *Contre les Gnostiques* visait l'association du platonisme avec le gnosticisme effectuée par Numénius, qui pouvait avoir trouvé des adeptes à Rome. On a en effet identifié le cercle gnostique romain de l'époque de Plotin aux *viri novi* dont parle Arnobe, *Adv. Nat.* II 11: bilan des opinions dans Elsas **189**, p. 41-48. Si tel est le cas, les gnostiques en question sont des païens, tenants d'un syncrétisme de doctrines hermétiques, pythagoriciennes et platoniciennes qu'Arnobe fait remonter à Cronius (le platonicien presque inconnu dont les commentaires étaient lus aux cours de Plotin) et à Numénius: «*Vos Platoni, vos Cronio, vos Numenio vel cui libuerit creditis [...] vos, vos appello qui Mercurium, qui Platonem Pythagoramque sectamini*» (*Adv. Nat.* II 11, 2 et 13, 2); voir **857** M. Mazza, «Studi arnobiani I. La dottrina dei *viri novi* nel secondo libro dell'*Adversus Nationes* di Arnobio», *Helikon* 3, 1963, p. 111-169. Le syncrétisme d'éléments provenant de la théologie de Numénius, des *Oracles Chaldaïques* et des mythologies proprement gnostiques est, selon Elsas **189**, en part. p. 248-255, le caractère saillant du groupe de gnostiques que Plotin a connu et critiqué: «Damit plädieren wir für einen in seinem Grundstock griechischen Gnostizismus der Gegner Plotins» (p. 253). Pour Krämer **444**, p. 223-264, en part. p. 230, les critiques mêmes de Plotin (qui insiste sur le fait que les gnostiques ont déformé la pensée de Platon) démontrent que le fond doctrinal du gnosticisme est une reformulation philosophique de matériaux orientaux, et que cette « hellenisierende Hochgnosis » (p. 234) est platonisante. Le schéma que Krämer présente à la p. 239, avec l'Abyme (ou Silence) transcendant le Plérôma, et ce dernier étant délimité par un confin qui le sépare du monde visible, permet à Krämer d'affirmer que la gnose – tout comme dans le système de Valentin, qui comprend l'Abyme, les Éons, l'Âme du Monde et la matière – appartient à la tradition du platonisme dans la forme que celle-ci prend chez Numénius (p. 241), à cette différence près que la gnose, sous l'influence précisémentdu pythagorisme et du platonisme, renonça au dualisme originaire et professa une « monistische Ableitung der Sinnenwelt » (p. 251): celle-ci représente la version mythologique de la *Geistmetaphysik* dont le livre de Krämer soutient la continuité de Platon jusqu'à Plotin.

Après le bilan de Tardieu **848**, auquel on se reportera pour les études jusqu'à 1990, d'autres travaux ont examiné la 'version' du gnosticisme connue de Plotin, soit pour montrer les influences éventuelles, soit pour tirer au clair les thèses spécifiquement critiquées dans l'écrit *Contre les Gnostiques*: voir surtout **858** F. Garcia Bazán, « The 'Second God' in Gnosticism and Plotinus' Anti-Gnostic Polemic », dans Wallis et Bregman **760**, p. 55-83 ; **859** J. M. Dillon, « Pleroma and Noetic Cosmos: A Comparative Study », *ibid.*, p. 99-119 (repris dans Dillon **827**); **860** C. L. Hancock, « Negative Theology in Gnosticism and Neoplatonism », *ibid.*, p. 167-186 ; **861** J. Pépin, « Theories of Procession in Plotinus and the Gnostics », *ibid.*, p. 297-335 ; **862** J. D. Turner, « Gnosticism and Platonism: The Platonizing Sethian Texts from Nag Hammadi in their Relation to Later Platonic Literature », *ibid.*, p. 425-459. Selon **863** R. Majercik, « The Being-Life-Mind Triad in Gnosticism and Neoplatonism », *CQ* 42, 1992, p. 475-488, les écrits gnostiques coptes empreints de platonisme découverts à Naǧʿ Ḥammādī, en particulier le *Zostrien* et l'*Allogène*, ne sont pas identiques aux écrits grecs portant le même titre qui étaient connus dans le milieu de Plotin, mais sont des réélaborations postérieures influencées par Porphyre, thèse contestée par **864** M. Tardieu, « Recherches sur la formation de l'*Apocalypse de Zostrien* et les sources de Marius Victorinus », *ROr* 9, 1996, p. 7-113, qui, suite à sa découverte d'un exposé de théologie commun au *Zostrianos* copte de Naǧʿ Ḥammādī et à l'*Adversus Arium* de Marius Victorinus, suggère que Numénius aurait pu être la source commune du traité gnostique *Zostrien* lu et réfuté à l'école de Plotin, d'un côté, et de la péricope de Victorinus, de l'autre ; pour des réserves sur cette hypothèse, voir **865** P. Hadot, « Remarques additionnelles », *ibid.*, p. 113-114, et *Id.*, « Porphyre et Victorinus: questions et hypothèses », *ibid.*, p. 115-125. Selon **866** J. D. Turner, *Sethian Gnosticism and the Platonic Tradition*, coll. « Bibliothèque Copte de Nag Hammadi, Section Études » 6, Québec/Louvain/Paris 2001, en part. p. 198-199 et 293-296, le *Zostrien* est « an essentially pagan Greek apocalypse produced in the late second or early third century that effected a rapprochement between the traditions at home in Gnostic Sethianism and a Middle Platonism of a strongly Neopythagorean bent » (p. 293).

Le *Zostrien* et l'*Allogène* coptes retrouvés à Nağ' Ḥammādī sont selon Turner les mêmes écrits qu'avait connus Plotin. L'auteur estime que la circulation de ces écrits dans le milieu de Plotin a déterminé non seulement des critiques, mais aussi une évolution de la pensée plotinienne (p. 294-295) ; ces traités seraient la source du « derivational scheme » (p. 423) de Plotin.

(b) Selon **867** E. R. Dodds, *Pagans and Christians in an Age of Anxiety. Some aspects of religious experience from Marcus Aurelius to Constantine*, coll. « The Wiles Lectures », Cambridge 1965, p. 24-26, la position de Plotin vis-à-vis du gnosticisme a subi une évolution : influencé surtout par le thème de la chute de l'âme au début de sa carrière d'écrivain, il s'en serait écarté petit à petit jusqu'au moment de la rupture avec les anciens φίλοι (II 9 [33], 10, 3-5], lorsqu'il décida d'écrire *Contre les Gnostiques* ; **868** D. O'Brien, « Le volontaire et la nécessité : réflexions sur la descente de l'âme dans la philosophie de Plotin », *RPhil* 167, 1977, p. 401-422, en part. p. 403, fait remarquer une erreur dans la chronologie relative des traités de Plotin, qui invalide le raisonnement de Dodds. De même, selon Puech **842**, p. 183 et 185, Plotin a progressivement changé d'avis sur les doctrines gnostiques : alors que dans ses premiers écrits, lorsqu'il était sous l'influence du gnosticisme, il concevait la matière comme négative, après la rupture il en fait plutôt un "miroir" ontologiquement neutre ; cette position est contestée par **869** J. Rist, « Plotinus on Matter and Evil », *Phronesis* 6, 1961, p. 154-166 (repris dans **870** *Id.*, *Man, Soul and Body. Essays in Ancient Thought from Plato to Dionysius*, coll. « Variorum Collected Studies Series » 549, London 1996) : les deux manières de concevoir la matière se retrouvent dans des écrits de toutes les périodes. Selon Elsas **189**, p. 268-283, on peut retracer une évolution de la position de Plotin vis-à-vis des doctrines gnostiques, à partir du traité I 6 [1], où leur influence est plus évidente, vers l'élaboration d'un « organisch-physikalischen Modell » opposé à la vision négative du cosmos, qui s'affirme clairement dans les écrits 30-33 de la série chronologique. L'analyse de Elsas est approuvée par **871** B. A. Pearson, « The Tractate *Marsanes* (NHC X) and the Platonic Tradition », dans Aland *et al.* **852**, p. 373-384, qui avance aussi l'hypothèse d'une influence mutuelle entre Plotin et le gnosticisme de son époque : le traité *Marsanes* semble en effet porter les traces d'un infléchissement « in response to the doctrines of contemporary Platonists, perhaps in an attempt to achieve a more acceptable standing in the Platonist schools ». Cette thèse est reprise par Turner **866**, p. 295 ; l'auteur estime que cela vaut aussi pour l'*Allogène*, écrit qui aurait reformulé des doctrines gnostiques, en obtenant ainsi de contrer « some of the more penetrating criticisms from Plotinus' circle » ; plus loin, pourtant, Turner parle d'une « likely chronological priority of *Zostrianos* and *Allogenes* to most of the *Enneads* » (p. 423). Selon **872** Th. G. Sinnige, « Gnostic Influences in the Early Works of Plotinus and Augustine », dans Runia **100**, p. 71-97, en part. p. 81-89, et **873** *Id.*, *Six Lectures on Plotinus and Gnosticism*, Dordrecht 1999, l'inspiration gnostique est présente, à des degrés différents, dans toute la production littéraire de Plotin, et les critiques adressées aux doctrines théologiques du gnosticisme n'empêchent pas

Plotin de partager le "paradigme" gnostique (voir en part. p. 71-72) : c'est aux gnostiques, et non pas à Platon, que Plotin doit, selon cet auteur, deux thèses aussi essentielles pour lui que l'émanation et la «mystical theory» (p. 101). En revanche, selon **874** K. Alt, *Philosophie gegen Gnosis. Plotins Polemik in seiner Schrift II 9*, coll. «Abhandlungen der Geistes- und Sozialwissenschaftlichen Klasse. Akademie der Wissenschaften und der Literatur Mainz» 1990, 7, du début à la fin de son œuvre Plotin n'a jamais changé d'avis sur les gnostiques, en ce sens qu'il a toujours pensé que la vraie philosophie, celle de Platon, était incompatible avec leur mépris du cosmos : voir surtout p. 64-65.

Parmi les points spécifiques de doctrine sur lesquels Plotin a été comparé avec le gnosticisme, le thème de la nature de la matière et de son origine a tout particulièrement attiré l'attention dans les dernières décennies. On ne mentionnera ici que les études qui font entrer en ligne de compte la comparaison avec le gnosticisme, en reportant à la section sur la doctrine (voir "La matière et le mal") les études plus générales. **875** D. O'Brien, «Plotinus on Evil : A Study on Matter and the Soul in Plotinus' Conception of Human Evil», dans Schuhl et Hadot **155**, p. 113-146, pense que la thèse plotinienne selon laquelle la matière, engendrée par l'âme, représente une sorte de dernier "moment" de l'émanation intégrale du Premier Principe s'oppose à la vision gnostique de la matière comme principe mauvais coéternel au principe du Bien ; voir aussi **876** *Id.*, «Plotinus and the Gnostics on the Generation of Matter», dans Blumenthal et Markus **832**, p. 108-123 ; **877** *Id.*, «The Origin of Matter and the origin of Evil in Plotinus' criticism of the Gnostics», dans **878** R. Brague et J.-F. Courtine (édit.), *Herméneutique et ontologie. Mélanges en hommage à Pierre Aubenque, ΦΡΟΝΙΜΟΣ ΑΝΗΡ*, Paris 1990, p. 181-202 ; **879** D. O'Brien, *Plotinus on the Origin of Matter. An Exercise in the Interpretation of the Enneads*, coll. «Elenchos» 22, Napoli 1991 ; **880** *Id.*, *Théodicée plotinienne, théodicée gnostique*, coll. «Philosophia Antiqua» 57, Leiden 1993. L'interprétation proposée par O'Brien a été critiquée, avec des arguments différents et pour aboutir à des conclusions différentes, par **881** K. Corrigan, «Positive and Negative Matter in Later Platonism : the Uncovering of Plotinus' Dialogue with the Gnostics», dans **882** J. D. Turner et R. Majercik (édit.), *Gnosticism and Later Platonism. Themes, Figures, and Texts*, coll. «Society for Biblical Literature Symposium Series» 12, Atlanta 2001, p. 19-56 (la double fonction positive et négative de la matière reflète le dialogue à mots couverts que Plotin a toujours entretenu avec le gnosticisme), et par **883** J.-M. Narbonne, «Plotinus and the Gnostics on the Generation of Matter (33 [II 9], 12 and 51 [I 8], 14», *Dionysius* 24, 2006, p. 45-64 (la thèse de la production de la matière de la part de l'âme, qui entraîne la conséquence que l'âme produirait le mal, n'est pas la position de Plotin, mais celle des gnostiques qu'il critique) ; voir aussi **884** *Id.*, «La controverse à propos de la génération de la matière chez Plotin. L'énigme résolue ?» *Quaestio* 7, 2007, p. 123-163.

Un autre point abordé dans les recherches contemporaines est la présence, dans les écrits gnostiques susceptibles d'avoir influencé Plotin, de certaines "triades" de principes (ὕπαρξις, ζωή, νοῦς, ou ὕπαρξις, δύναμις, νοῦς, mais aussi "Père, Mère, Enfant") plus ou moins comparables à la triade ὄν, ζωή, νοῦς du platonisme postérieur à Plotin (*cf.* par ex. Proclus, *El. th.* 103), et que plusieurs savants ont voulu retrouver chez Plotin (où pourtant cette triade ne se retrouve pas comme telle, c'est-à-dire avec la ζωή ou la δύναμις comme intermédiaire entre l'ὄν et le νοῦς). Puisque cette triade de principes joue un rôle métaphysique important dans le commentaire anonyme sur le *Parménide* qui a été attribué par Hadot **226** à Porphyre, certains savants ont pensé que ce commentaire – qui présente des parallèles avec les écrits gnostiques coptes dont Plotin devait avoir connu l'antécédent grec – remonte à une époque antérieure à Plotin. Celui-ci n'aurait donc pas créé l'interprétation du *Parménide* qui a donné naissance à ce que nous appelons néoplatonisme (interprétation pour laquelle on se reportera à Dodds **437**), mais l'aurait empruntée à une tradition de commentaire sur ce dialogue déjà existante, qui aurait influencé aussi les écrits gnostiques. Selon Turner **866**, en part. p. 416-424 et 722-724, **885** K. Corrigan, «Platonism and Gnosticism. The Anonymous Commentary on the *Parmenides*: Middle or Neoplatonic?» dans Turner et Majercik (édit.), *Gnosticism and Later Platonism* (voir Corrigan **881**), p. 141-177, **886** Th. Böhm, «Unsagbarkeit und Unbegreiflichkeit des Prinzips in Gnosis und Neuplatonismus. Zur prinzipientheoretischen Auslegung der ersten Hypothesis des platonischen *Parmenides* bei *Allogenes* und Plotin», dans **887** A. Franz, Th. Rentsch et W. Baum (édit.), *Gnosis oder die Frage nach Herkunft und Ziel des Menschen*, Padeborn 2002, p. 81-95, et **888** J. D. Turner, «Gnostic Sethianism and the Pre-Plotinian Theological Interpretation of Plato's *Parmenides*», dans **889** M. Immerzeel et J. van der Vliet (édit.), *Coptic Studies on the Threshold of a New Millenium*, coll. «Orientalia Lovaniensia Analecta» 133, Leuven/Paris/Dudley (MA) 2004, vol. I, p. 811-827, les "triades" que l'on retrouve dans les traités gnostiques platonisants découverts à Naǧʿ Ḥammādī témoignent d'une spéculation médio-platonicienne sur le *Parménide* dont le commentaire anonyme est le reflet, spéculation qui a influencé Plotin; voir aussi **890** J. D. Turner, «Sethian Gnosticism and the Platonic Tradition», dans Narbonne et Poirier **729**, p. 147-221. Toutefois, **891** R. Majercik, «Porphyry and Gnosticism», *CQ* 55, 2005, p. 277-292, a soutenu que les traités en question, versions coptes des textes grecs circulant dans l'entourage de Plotin, témoignent plutôt de l'influence des spéculations porphyriennes dans les milieux égyptiens à l'époque de la création des versions coptes. Pour une liste très significative de thèmes et de termes qui, présents dans le commentaire anonyme sur le *Parménide*, n'apparaissent qu'avec Plotin, liste qui rend improbable une origine médio-platonicienne du commentaire, voir **892** M. Zambon, c. r. de **893** G. Bechtle, *The Anonymous Commentary on Plato's Parmenides*, coll. «Berner Reihe philosophischer Studien» 22, Bern 1999, paru dans *Elenchos* 20, 1994, p. 194-202.

Pour d'autres points spécifiques de comparaison entre la pensée de Plotin et le gnosticisme, ainsi que pour des analyses de ses arguments contre les gnostiques, voir **894** A. Orbe, «Variaciones gnósticas sobre las alas del alma», *Gregorianum*

35, 1954, p. 18-55; **895** V. Cilento, «La radice metafisica della libertà nell'anti-gnosi plotiniana» *PP* 18, 1963, p. 94-123 (repris, sous le titre «Libertà divina e "discorso temerario"», dans Cilento **90**, p. 97-122); **896** N. Baladi, «Origine et signification de l'audace chez Plotin», dans Schuhl et Hadot **155**, p. 89-99; **897** P. Hadot, «Images mythiques et thèmes mystiques dans un passage de Plotin (V.8.10-13)» dans *Néoplatonisme* **75**, p. 205-214; **898** *Id.*, «Ouranos, Kronos and Zeus in Plotinus' Treatise *Against the Gnostics*» dans Blumenthal et Markus **832**, p. 124-137; **899** D. J. O'Meara, «Gnosticism and the Making of the World in Plotinus», dans **900** B. Layton (édit.), *The Rediscovery of Gnosticism*. Proceedings of the International Conference on Gnosticism at Yale, I: *The School of Valentinus,* coll. «Studies in the History of Religions» 41, Leiden 1980, p. 364-378 (repris dans O'Meara **753bis**); **901** P. Kalligas, «Plotinus against the Gnostics», *Hermathena* 169, 2000, p. 115-128; **902** G. Chiapparini, «Anticosmismo e pre-cosmismo negli *gnostikoi* del II e III secolo. A proposito del paradigma ermeneu-tico di H. Jonas», *ASR* 9, 2004, p. 325-371; **903** G. Quispel, «Plotinus and the Jewish *gnostikoi*», dans **904** A. van Tongerloo et L. Cirillo (édit.), *Quinto congresso internazionale di studi sul manicheismo. Atti: il manicheismo, nuove prospettive della ricerca,* coll. «Manichaean Studies» 5, Turnhout 2005, p. 287-329; **905** J.-M. Narbonne, «L'énigme de la non-descente partielle de l'âme chez Plotin: la piste gnostique/hermétique de l'ὁμοούσιος», *LThPh* 64, 2008, p. 691-708.

(iii) On a mentionné plus haut (voir "Ammonios Saccas") la possibilité, avan-cée par certains savants, que le maître de Plotin à Alexandrie ait été chrétien, en évoquant aussi la remarque judicieuse de Dodds **35**; il n'en reste pas moins qu'un intellectuel formé à Alexandrie à cette époque devait avoir une certaine connais-sance du christianisme. La présence de nombreux chrétiens dans l'entourage romain de Plotin est d'ailleurs attestée par Porphyre, comme on vient de le voir. Plotin ne pouvait donc pas ignorer complètement le christianisme, mais on n'a aucun moyen de déterminer s'il pouvait faire le départ entre les doctrines chré-tiennes et gnostiques. Des comparaisons ont été développées entre Plotin et le christianisme de la Grande Église surtout quant à la théologie trinitaire, qui très tôt dans les études a été mise en rapport avec la théorie plotinienne des trois hypostases, en particulier avec le mode d'engendrement de l'Intellect à partir de l'Un. Voir à ce propos **906** F. Picavet, «Hypostases plotiniennes et Trinité chrétienne», *AEHE, V^e sect.,* 1917-1918, p. 1-52; **907** R. Arnou, «La séparation par simple altérité dans la 'Trinité' plotinienne. À propos d'un texte de St. Cyrille d'Alexandrie (*Contra Iulianum*, lib. VIII, MG 76, 920 CD)», *Gregorianum* 11, 1930, p. 181-193; **908** J. Trouillard, «La médiation du Verbe selon Plotin», *RPhilos* 146, 1956, p. 65-73; **909** P. Aubin, *Plotin et le christianisme. Triade plotinienne et trinité chrétienne,* coll. «Bibliothèque des Archives de Philosophie», N. S. 55, Paris 1992. Pour des comparaisons portant sur des thèmes généraux, voir **910** A. H. Armstrong, «Salvation, Plotinian and Christian», *Downside* 75, 1957, p. 126-139 (repris dans Armstrong **104**); **911** *Id.,* «Plotinus and Christianity», dans Gersh **826**, p. 115-130. **912** J. Rist, *Eros and Psyche. Studies in Plato, Plotinus and Origen*, coll. «Phoenix. Journal of the Classical Association of Canada. Supplementary Volumes» 6, Toronto 1964, retrouve dans certaines tournures des *Ennéades* des éléments d'une notion «semi-personal» de Dieu rapprochant Plotin du christianisme (voir en part. p. 86); voir aussi **913** *Id.*, «Theos and the One in Some Texts of Plotinus», *MediaevalStud* 24, 1962, p. 169-180 (repris dans Rist **169**) et **914** *Id., Plotinus and Christian Philosophy*, dans Gerson **410**, p. 386-413.

On n'a pas consacré de recherches systématiques aux traces éventuelles chez Plotin d'un connaissance de la Bible, des Évangiles ou d'autres écrits canoniques. Des allusions possibles à telle ou telle expression ont été pourtant remarquées. **915** H. F. Müller, «Plotinische Studien III», *Hermes* 51, 1916, p. 97-119, en part. p. 117, et **916** *Id.,* «Plotinos und der Apostel Paulus», *Hermes* 54, 1919, p. 109-110, a mis en valeur plusieurs points communs de terminologie et de doctrine entre Plotin et saint Paul (distinction de l'homme extérieur et de l'homme intérieur, tripartition des hommes en matériels, psychiques et spirituels, omniprésence du divin, dans lequel nous les hommes ζῶμεν καὶ κινούμεθα καὶ ἐσμέν). Inge **574**, I, p. 205 n. 4, a suggéré que le passage de V 1 [10], 2, 2, dans lequel l'âme fait vivre les corps ἐμπνεύσασα αὐτοῖς ζωήν, pourrait être une allusion à *Gen.* 2, 7; Theiler **657**, p. 97-99, pense plutôt à *Act. Ap.* 17, 28, par l'intermédiaire de Posidonius. La possibilité d'une connaissance directe des Écritures judéo-chrétiennes dans les milieux platoniciens de l'époque n'est pas à exclure, si l'auteur du traité *Du Sublime* (9, 9, 2-3 Russell) peut citer littéralement *Gen.* 1, 3-9. En III 6 [26], 6, 71-74 Plotin dit également que «Le véritable réveil (ἐγρήγορσις) consiste à se lever (ἀνάστασις) sans le corps et non avec lui. Se lever avec le corps, c'est passer d'un sommeil à l'autre, et changer de lit; se lever véritablement, c'est quitter tout à fait le corps» (trad. Bréhier); on a reconnu en cette ἀνάστασις une allusion polémique à la résurrection chrétienne: ainsi Dodds **867**, p. 120, note 1. Selon **917** A. H. Armstrong, «Two Views of Freedom: A Christian Objection in VI 8(39), 7, 11-15?», dans **918** E. A. Livingstone (édit.), *Studia Patristica*. Papers Presented to the Eight International Conference on Patristic Studies met in Oxford from 3 to 8 Sept. 1979, XVII, 1: *Historica, theologica, gnostica, biblica, critica*, Oxford 1982, p. 397-406 (repris dans Armstrong **44**) la critique du τολμηρὸς λόγος de VI 8 [39], 7, 11-15 ne s'adresse pas aux gnostiques, comme le pense Cilento **895**, p. 108 (de la réimpr.), mais est la réponse de Plotin à une objection chrétienne contre l'émanatisme gnostique, dont on a des exemples chez Méthode d'Olympe et Hippolyte de Rome; cette opinion est critiquée par Leroux **1292**, p. 115-123. Observons enfin que selon **919** L. Jerphagnon, «Les sous-entendus anti-chrétiens de la *Vita Plotini* ou l'évangile de Plotin selon Porphyre», *MH* 47, 1990, p. 41-52, Porphyre – qui connaissait bien les Écritures chrétiennes – a modelé la *VP* sur l'Évangile, pour faire de Plotin «quelque chose comme un contre-Christ» (p. 43).

Ordre de présentation de la philosophie de Plotin

Les savants de l'époque moderne et contemporaine n'ont pas repris l'ordre de présentation de la philosophie de Plotin établi par Porphyre, et ils ont réorganisé le "système" plotinien selon une suite de thèmes différente par rapport à l'ordre ennéadique. Rappelons que celui-ci part de l'homme et aborde ensuite le cosmos, pour passer aux principes supra-sensibles : Âme, Intellect et Un (voir plus haut, "Les écrits. Les *Ennéades*"). En rejetant cet ordre, les historiens de la philosophie ont présenté la philosophie de Plotin selon un ordre systématique de leur choix, alors que d'autres savants, et notamment certains éditeurs, ont préféré l'ordre de composition des traités indiqué par Porphyre dans la *VP*, document précieux – unique dans l'histoire de la philosophie ancienne – qui permet d'établir la chronologie relative des œuvres.

On a déjà évoqué plus haut (voir "Sources") l'influence de l'ordre de présentation choisi par Zeller **390**. Cet ordre – qui, rappelons-le, part de l'Un comme source de toute la réalité, et parcourt ensuite les degrés ontologiques dérivés de l'Un – n'est pas original : c'est Zeller lui-même (p. 528 et n. 2) qui mentionne **920** C. H. Kirchner, *Die Philosophie des Plotin*, Halle 1854, chez qui l'ordre de présentation "Un, Intellect, Âme du monde, Nature, cosmos, homme" se retrouve presque à l'identique ; reprise à son compte par Zeller, cette suite de thèmes s'est imposée dans les études, jusqu'à nos jours. L'influence de Zeller se voit clairement chez les auteurs qui envisagent un double point de départ de la pensée de Plotin. Zeller avait parlé d'une « subjektive Grundlage » consistant dans la « nostalgie de l'union complète avec la divinité », et d'un « objektiver Ausgangspunkt », consistant dans la distinction platonicienne entre monde intelligible et monde sensible (p. 527) ; Bréhier **391**, p. 23, parle d'un point de vue religieux et d'un point de vue philosophique ; **921** P. O. Kristeller, *Der Begriff der Seele in der Ethik des Plotin*, coll. « Heidelberger Abhandlungen zur Philosophie und ihrer Geschichte » 19, Tübingen 1929, en part. p. 5-6 et n. 1, se réclamant de Bréhier, distingue deux approches : celle qui vise la connaissance du monde (« gegenständliche ») et celle qui vise le chemin de réalisation de la conscience (« aktuale ») ; voir **922** G. Leroux, « Objectivité et actualité. L'interprétation de la doctrine plotinienne de l'âme chez Paul Oskar Kristeller », *EPlaton* 3, 2006, p. 205-227. Cette double problématique, selon Schwyzer **440**, en part. p. 89-90, fait en sorte que chacun des principes plotiniens – l'Un, l'Intellect, l'Âme – peut être envisagé du point de vue de la métaphysique et en même temps du point de vue du chemin intérieur de l'âme individuelle. Suivant l'« objektiver Ausgangspunkt » de la description de la réalité et de ses principes métaphysiques, Zeller **390**, p. 527-528, pensait que l'existence d'un niveau supra-sensible tirant son origine de l'Un (« das Urwesen ») était un présupposé que Plotin ne croyait même pas devoir prouver. L'« Urwesen » et le *Nous* fonctionnaient donc comme « erste Haupttheil des Systems », la deuxième partie étant « die Erscheinungswelt », et la troisième « die Rückkehr der Seele ». Pour un exemple de la permanence de ce modèle d'exposition systématique, inverse par rapport à celui de Porphyre, voir Armstrong **392**, qui enchaîne les arguments selon la suite "The One - *Nous* - Soul".

Cependant, certains savants estiment que l'ordre chronologique dans lequel les traités ont été écrits est non seulement le critère d'édition à suivre (pour les éditions des XIXᵉ et XXᵉ siècles qui suivent l'ordre chronologique, voir plus haut, "De l'*editio princeps* à l'édition Henry et Schwyzer"), mais aussi la clef pour comprendre les articulations majeures de la pensée de Plotin : voir Harder **185** et **339**, Sleeman **340**, Hadot **343**. Hadot **486**, p. 10, pense qu'une présentation selon l'ordre chronologique restaure « l'unité de traités indûment divisés par Porphyre, pour les besoins de l'ordre systématique qu'il avait voulu introduire dans l'œuvre littéraire de son maître, en disposant de manière artificielle ses écrits selon le schéma des six *Ennéades* ».

Il est naturel qu'examinés selon l'ordre de composition, les traités s'éclaircissent les uns les autres. Des tentatives diverses ont été faites pour retrouver par ce biais une évolution de la pensée de Plotin ; voir par ex. **923** D. J. O'Meara, *Structures hiérarchiques dans la pensée de Plotin. Étude historique et interprétative*, coll. « Philosophia Antiqua » 27, Leiden 1975 ; Meijer **1102**, p. 20-64 ; Narbonne **124** ; **924** J.-M. Narbonne, « A Doctrinal Evolution in Plotinus ? The Weakness of the Soul in its Relation to Evil », *Dionysius* 25, 2007, p. 77-92. Il faut pourtant prendre en compte le fait que l'activité littéraire de Plotin se concentre sur une courte période : comme on l'a déjà vu plus haut (*cf.* "Biographie") il avait quarante-neuf ans lorsqu'il commença à mettre par écrit une pensée philosophique qu'il enseignait déjà depuis dix ans ; mort à 65 ans, il a donc écrit en une quinzaine d'années tous les traités qui occupent les trois volumes des *Ennéades*, et c'est avec ce *caveat* qu'il faut considérer leur ordre chronologique relatif, sans naturellement que cela empêche de reconnaître des infléchissements dans tel ou tel sens, déterminés soit par des circonstances de la vie de l'école (par ex. la polémique avec les gnostiques) soit par la dynamique interne de sa pensée. En outre, l'écriture des traités était liée aux leçons (voir *VP* 5, 5-6), et dans celles-ci Plotin ne montrait aucun souci spécial de systématicité : elles étaient consacrées à des sujets divers, et c'est seulement dans quelques cas que les sujets de deux traités écrits l'un après l'autre ont un lien thématique précis entre eux ; de plus, les leçons étaient ouvertes aux questions soulevées par des auditeurs (voir "L'œuvre. Composition des traités"). **925** P. Hadot, *Exercices spirituels et philosophie antique*, Paris 1993, 2002², p. 59-69 (de l'éd. de 2002), en est venu à penser que l'enseignement philosophique de Plotin, loin d'être systématique, était un moyen pour obtenir chez ses auditeurs la pratique de la concentration sur un problème qui – un peu comme dans les *Pensées* de Marc Aurèle – déclenche l'expérience directe de la réalisation de soi :

« Réponses à des questions précises, situés dans une problématique très déterminée, les différents *logoi* de Plotin s'adaptent aux besoins de ses disciples et cherchent à produire sur eux un certain effet psychagogique. Il ne faut pas s'imaginer qu'ils sont les chapitres successifs d'un vaste exposé systématique de la pensée de Plotin » (p. 68-69).

L'absence d'un plan systématique dans l'enseignement de Plotin n'implique pourtant pas que tout ordre de présentation de sa philosophie, qui présuppose chez lui une vision cohérente et un projet doctrinal et essaie de les retrouver au-delà des circonstances concrètes de l'écriture, soit arbitraire. Plotin lui-même, en effet, a dit clairement à quel critère il faut se tenir dans la recherche philosophique, et il a assigné un ordre des thèmes à aborder. Ce critère dépend du but de la philosophie, que Plotin, dans le sillage du platonisme surtout de l'époque impériale, reconnaît dans l'« assimilation à Dieu dans la mesure du possible » (*Theaet.* 176 A 5) : voir **926** H. Merki, Ὁμοίωσις θεῷ. *Von der platonischen Angleichung an Gott zur Gottänlichkeit bei Gregor von Nyssa*, coll. « Paradosis » 7, Freiburg in der Schweiz 1952, en part. p. 17-25. Mais l'« assimilation à Dieu » platonicienne devient chez Plotin un élan vers l'union avec le divin à proprement parler : comme le dit Porphyre, *VP* 23, 25-16, « la fin et le but étaient pour lui d'être uni au dieu suprême (τῷ ἐπὶ πᾶσι θεῷ) et de s'approcher de lui » (trad. Brisson *et al.* **9**, II, p. 175). La tension vers le divin comme but de la philosophie de Plotin est mise en valeur surtout à partir d'Arnou **751** et est interprétée comme participation à la simplicité parfaite du principe par **927** J. Trouillard, *La purification plotinienne*, coll. « Bibliothèque de Philosophie Contemporaine », Paris 1955. Mais c'est un redressement des opinions fausses – donc un procédé cognitif, qui suit des étapes et utilise des argumentations – le moyen par lequel on peut atteindre cette fin selon Plotin : voir l'analyse de l'utilisation plotinienne du modèle du "λόγον διδόναι" de Platon par **928** J. H. Heiser, *Logos and Language in the Philosophy of Plotinus*, coll. « Studies in the History of Philosophy » 15, Lewiston/Queenston/Lampeter 1991, en part. p. 1-9. Sur la différence entre cette approche et celle du néoplatonisme postérieur, qui envisage l'action anagogique des dieux à travers l'art hiératique comme moyen pour atteindre le divin, voir Saffrey **182** et **929** M. Zambon, « Problemi di direzione spirituale in Plotino e nella tradizione neoplatonica », dans **930** G. Filoramo (édit.), *Storia della direzione spirituale,* t. I *(L'età antica)*, Brescia 2006, p. 167-188.

Non seulement Plotin pense que seule la philosophie conduit l'âme à la vision de Dieu (VI 9 [9], 11, 27-30 et 43-51), mais il va jusqu'à nier toute valeur propédeutique à la parénèse morale : celle-ci ne peut produire son effet qu'après la connaissance rationnelle de la véritable nature des choses, qui seule peut orienter l'âme vers le bien (V 1 [10], 1, 22-31). La philosophie est en effet un raisonnement qui « instruit l'âme et lui rappelle quelle est sa race et quelle est sa dignité », λόγος […] διδάσκων καὶ ἀναμιμνήσκων τὴν ψυχὴν οἷον τοῦ γένους καὶ τῆς ἀξίας (V 1 [10], 1, 27-28, trad. Bréhier modifiée) ; voir Atkinson **413**, comm., p. 18 et les remarques importantes de **930bis** J. Mansfeld, « Plotinian Ancestry », *ICS* 20, 1995, p. 149-156. Pour atteindre cette connaissance, une argumentation philosophique est nécessaire qui, à partir de l'univers visible, retrouve dans l'âme le principe de la vie et de l'être même de cet univers, remonte à travers l'âme jusqu'au monde intelligible, et établit enfin l'existence, au-delà du monde intelligible, d'un Premier Principe parfaitement simple :

« si l'on affirme que précisément l'âme existe nécessairement, cette multiplicité dans l'unité qu'est le monde intelligible existe nécessairement, car elle est plus souveraine que l'âme ; pourtant elle n'est pas le Premier, parce qu'elle n'est ni un ni simple. Or l'Un qui est le Principe de toutes les choses est simple » (VI 9 [9], 5, 21-24, trad. Hadot **198**, p. 88).

Ce modèle d'ascension de la multiplicité du monde visible à son principe immédiat d'unité – l'âme, aussi bien dans le vivant individuel que dans le cosmos – jusqu'à atteindre le principe d'unité transcendant, est adopté par Plotin dans deux traités importants qu'il a composés, l'un après l'autre, presque au début de sa carrière d'écrivain : VI 9 [9] et V 1 [10]. Plotin y met en place son interprétation générale du platonisme : inspirés du mythe de la sortie de la caverne et de la progression cognitive que doit suivre celui qui veut atteindre la vision du Principe anhypothétique (*Resp.* VI, 511 B 6-7), ces deux écrits montrent que c'est un chemin du multiple vers l'Un (avec Porphyre) plutôt que de l'Un vers le multiple (avec Zeller) qu'il convient de suivre dans la présentation de la pensée plotinienne.

Aussi bien dans VI 9 [9] que dans V 1 [10], l'étape principale de cette ascension de la caverne de l'opinion irréfléchie vers l'être intelligible et son principe (voir aussi IV 7 [2], 10, 31-40 et III 6 [26], 5, 13-29) consiste pour Plotin dans la connaissance philosophique de la vraie nature de l'âme : c'est un tournant qui ne se retrouve pas comme tel chez Platon. Plotin emprunte à Alexandre d'Aphrodise l'idée que l'âme est le premier objet de recherche, puisqu'étudier sa nature permet de connaître ce qu'est le sujet qui recherche (comparer IV 3 [27], 1, 10-11 et I 1 [53], 1, 9-11 avec Alex. Aphr., *De An.* 1, 2 - 2, 4 Bruns), quitte à infléchir le thème alexandriste dans un sens tout à fait différent par rapport à Alexandre : comprendre ce qu'est l'âme équivaut en effet pour Plotin à reconnaître la vérité du platonisme. On commencera donc par l'âme humaine et cosmique, pour traiter ensuite du monde intelligible, et enfin du Premier Principe. Chacun de ces thèmes ayant donné lieu à une abondante littérature, seules les études principales seront mentionnées ici.

Le problème de l'âme humaine

Outre Kristeller **921**, sur la conception plotinienne de l'âme en général voir surtout **931** H. J. Blumenthal, *Plotinus' Psychology. His Doctrines of the Embodied Soul*, The Hague 1971.

L'âme humaine représente un problème constant pour Plotin. Au début de son activité littéraire, il s'emploie à prouver l'immortalité de l'âme dans un traité, IV 7 [2], qui contient une discussion des doctrines de l'âme autres que celle du platonisme : stoïcienne, "pythagoricienne" et aristotélicienne ; son avant-dernier traité, I 1 [53], est consacré à l'identification du sujet des passions, ce qui implique de saisir la nature de ce principe qui, par ses fonctions connaissantes, appartient au domaine intelligible, mais, par ses fonctions vitales, appartient au monde sensible. Le problème philosophique concernant la nature de l'âme se double d'un problème exégétique, que Plotin aborde dans un autre écrit du début, le traité IV 8 [6] : l'apparente incohérence de Platon, qui tantôt présente l'union avec le corps comme un malheur pour l'âme, tantôt attribue cette union à la sagesse et à la bonté du

Démiurge. Alors que la solution du problème exégétique est simple pour Plotin (voir Bettiolo *et alii* **303**, p. 20-29), si bien qu'il ne reviendra plus sur ce point après le traité IV 8 [6], la nature du principe qui, en nous, est en même temps l'agent des procédés cognitifs, le siège des décisions morales et la cause de la vie biologique retiendra son attention jusqu'à la fin de sa vie : sur la nature presque aporétique de l'avant-dernier traité voir Marzolo **564**, p. 35-53.

Dans le sillage du platonisme de son époque, qui voit dans l'immortalité de l'âme le centre de la philosophie de Platon (voir Atticus, fr. 7 des Places = Dörrie et Baltes **436**, t. VI.1, *Baustein* 152.1, commentaire, p. 168-176), Plotin attribue une grande importance à la preuve de son immortalité : voir **932** E. K. Emilsson, « Platonic Soul-Body Dualism in the Early Centuries of the Empire to Plotinus », dans *ANRW* II 37, 7, Berlin 1994, p. 5331-5362. Seule la connaissance exacte de l'οὐσία de l'âme peut produire cette preuve (IV 7 [2], 1, 1-7). Pour saisir l'οὐσία de l'âme, Plotin part de la distinction – qui remonte au *Timée* – entre l'être intelligible et le devenir (*ibid.*, 7-10). Ces deux domaines ont des caractères opposés, les choses sensibles étant divisibles et situées chacune dans un lieu déterminé, alors que les principes intelligibles sont exempts de toute extension, indivisibles et non-localisés (*ibid.*, 10-23). Prise à elle seule, l'âme a les caractères des intelligibles : elle n'est ni matérielle, ni localisée, ni divisible au sens propre ; mais lorsqu'on la considère en tant qu'âme d'un corps, elle ne peut que partager la localisation de celui-ci (IV 3 [27], 19, 19-24). Cependant, l'âme demeure tout entière en chacune des parties du corps qu'elle fait vivre. Ainsi, le τρίτον εἶδος de Platon – c'est-à-dire l'âme, composée de l'indivisible et de ce qui est divisible selon les corps (*Tim.* 35 A 1-4) – est interprété par Plotin, à l'aide du *Parménide*, comme ce qui est en même temps un et multiple, ἓν καὶ πολλά (IV 7 [2], 1, 29-76 et 2, 49-55) : voir Schwyzer **475** et **440** ; **933** E. K. Emilsson, « L'ontologie de Plotin dans l'*Ennéade* VI.4-5 », dans **934** M. Dixsaut (édit.), *Contre Platon*, t. I : *Le platonisme dévoilé*, coll. « Tradition de la pensée classique », Paris 1993, p. 157-173 (trad. anglaise : **935** « Plotinus' Ontology in *Ennead* VI, 4 and 5 », *Hermathena* 157, 1994, p. 87-101) ; **936** E. K. Emilsson, « Soul and μερισμός », dans Chiaradonna **245**, p. 79-93. Comme l'a montré Chiaradonna **679**, Plotin reprend à son compte les critiques d'Alexandre d'Aphrodise contre la doctrine stoïcienne de la κρᾶσις δι' ὅλων, dans le but de montrer que l'âme est d'une nature différente par rapport au corps : puisque nul corps ne peut ὅλον δι' ὅλου χωρεῖν, alors que l'âme est présente partout dans le corps – comme le prouvent les données psychologiques les plus obvies, telles la douleur (IV 7 [2], 7, 1-28) –, il s'ensuit qu'elle est incorporelle (IV 7 [2], 8², 20-22). Si l'âme était un corps, en effet, elle ne pourrait ni percevoir ni connaître, les objets de la connaissance étant sans extension ni parties, alors qu'une âme supposée corporelle serait nécessairement dotée d'extension et divisible en parties. L'argument que Plotin met en place à cet effet est analysé par **937** P. Kalligas, « Plotinus against the Corporealists on the Soul. A Commentary on *Enn.* IV 7[2], 8.1-23 », dans Chiaradonna **245**, p. 95-112.

Immatérielle et active, l'âme appartient donc au domaine de ce qui est, tout en étant présente en ce qui devient. Par conséquent, elle a un rang intermédiaire (μέση τάξις) parmi les êtres (IV 8 [6], 7, 1-17) : elle est la « raison […] dernière des réalités intelligibles […] et la première des choses de l'univers sensible » (λόγος ἔσχατος […] τῶν νοητῶν et πρῶτος […] τῶν ἐν τῷ αἰσθητῷ παντί, IV 6 [41], 3, 5-7, trad. Bréhier). Par conséquent, elle est en relation aussi bien avec l'être qu'avec le devenir (πρὸς ἄμφω ἔχει, IV 6 [41], 3, 7-8). Nécessairement présente dans les choses auxquelles elle procure l'ordre, le mouvement et la vie, elle est ontologiquement différente des choses sensibles et supérieure à celles-ci, qui en dépendent pour leur être (V 1 [10], 2, 6-9 ; IV 7 [2], 3, 15-19). Même si l'idée que l'âme est une substance intermédiaire entre l'intelligible et le visible est attestée dans le platonisme antérieur à Plotin (voir Dörrie et Baltes **436**, t. VI.1, *Baustein* 154.3, et le comm., p. 207-213), l'importance que ce thème prend chez Plotin est une nouveauté par rapport à la tradition médio-platonicienne selon Deuse **725**, p. 118.

C'est par une reprise de l'argument du *Phèdre*, infléchi selon l'interdiction aristotélicienne de la régression à l'infini dans la recherche des causes, que Plotin soutient l'immortalité de l'âme humaine : la vie et le mouvement des choses vivantes impliquent l'existence d'un principe de vie et de mouvement qui les possède à part soi, sinon on irait à l'infini ; il faut par conséquent qu'il y ait τινα φύσιν πρώτως ζῶσαν, qui sera donc indestructible et immortelle par sa nature. Or, ἀνόλεθρον καὶ ἀθάνατον sont les caractères du divin (IV 7 [2], 9, 5-17 et 11, 9-17) ; c'est donc par le biais d'un argument qui établit l'appartenance par nature de l'âme humaine au domaine du divin et de l'intelligible que Plotin en soutient immortalité, ce qui revient à attribuer à l'âme une divinité naturelle (IV 7 [2], 10, 1-27). Tout cela rend la conception plotinienne de l'âme et de son immortalité profondément différente de la conception chrétienne, selon **938** H. Dörrie (†), « Platons Begriff der Seele und dessen weitere Ausgestaltung im Neuplatonismus », dans **939** K. Kremer (édit.), *Seele. Ihre Wirklichkeit, ihr Verhältnis zum Leib und zur menschlichen Person*, coll. « Studien zur Problemgeschichte der antiken und mittelalterlichen Philosophie » 10, Leiden 1984, p. 18-45, en part. p. 41-42.

Les conséquences que Plotin tire de l'immatérialité de l'âme sont décisives pour sa vision du rapport entre l'âme et le corps. En tant qu'immatérielle, elle n'appartient pas au domaine de la quantité (VI 5 [23], 9, 20-23) ; par conséquent, elle n'occupe pas un lieu : au contraire, elle est une puissance qui n'a aucune détermination quantitative (VI 5 [22], 11, 7-14), et ceci est vrai aussi pour l'âme végétative (V 2 [11], 2, 10-19). À proprement parler, donc, l'âme ne "vient" pas dans le corps, comme si elle quittait un lieu pour entrer en celui-ci (III 9 [13], 3, 1-4 ; VI 4 [22], 12, 34-40) : sa "descente" dans le corps signifie qu'elle fait participer le corps à sa propriété essentielle – la vie – sans pour autant appartenir à celui-ci (τὸ τούτῳ δοῦναί τι παρ' αὐτῆς, οὐκ ἐκείνου γενέσθαι, VI 4 [22], 16, 13-17) ; c'est une critique implicite de la thèse, commune à Aristote et Alexandre, qui fait de l'âme quelque chose *du* corps, se définissant donc en fonction de celui-ci ; sur la critique explicite de la doctrine de l'âme comme entéléchie du corps, voir Bruni **577** et Tornau **529**.

Sans l'âme, il n'y a même pas de corps pour Plotin, mais seulement matière inerte et impassible (IV 7 [2], 3, 18-25). Aussi l'idée que le corps est un instrument pour l'âme, tout en se réclamant de l'*Alcibiade Ier*, n'est pas correcte (I 1 [53], 3, 1-15 ; voir Marzolo **564**, p. 102-105) : vraie dans la mesure où cette définition souligne la primauté ontologique de l'âme, elle montre toutes ses limites au moment d'expliquer l'interaction entre le corps et l'âme, évidente dans le cas des affections, mais présente aussi dans l'activité cognitive qu'est la perception. Sur l'interprétation plotinienne de cette interaction, voir **940** A. N. M. Rich, « Body and Soul in the Philosophy of Plotinus », *JHPh* 1, 1963, p. 1-15 (repris dans **941** J. P. Anton et G. L. Kustas, *Essays in Ancient Greek Philosophy* I, Albany 1971, p. 620-636) ; Blumenthal **931**, p. 8-19 ; **942** D. J. O'Meara, « Plotinus on How Soul Acts on Body », dans **943** *Id.* (édit.), *Platonic Investigations*, coll. « Studies in Philosophy and the History of Philosophy » 13, Washington, D. C. 1985, p. 247-262 (repris dans O'Meara **753bis**) ; **944** S. R. L. Clark, « Plotinus : Body and Soul », dans Gerson **410**, p. 275-291 ; **945** D. B. Rehm, « The Stucture of Emotions in Plotinus », *ACPhQ* 71, 1997, p. 469-488 ; **946** P. Kalligas, « Living Body, Soul and Virtue in the Philosophy of Plotinus », *Dionysius* 18, 2000, p. 25-38.

En définissant l'âme humaine comme une φύσις unique qui se manifeste en de multiples puissances (IV 9 [8], 3, 16 ; II 9 [33], 2, 6 ; I 8 [51], 14, 34), Plotin hérite de la tripartition platonicienne de *Resp.* IX, 588 C 7 - 589 B 7 : il affirme en effet qu'une partie de notre âme est orientée vers les principes intelligibles, une partie vers les choses sensibles, et qu'une partie est située au milieu de celles-ci (II 9 [33], 2, 4-6) ; dans les *Apories sur l'âme* (IV 3-5 [27-29]), il évoque aussi la localisation traditionnelle des trois parties dans les trois sièges, tête, cœur, foie ; cependant, comme le souligne Tieleman **773**, p. 324, il transforme cette théorie courante : « The resulting version of the Platonic tripartition suits the conception of the undivided and incorporeal soul central to Plotinian metaphysics ». Par ailleurs, Plotin précise que l'expression "parties" de l'âme n'est pas à prendre au pied de la lettre : voir IV 3 [27], 20, 1-2, ταῦτά τε καὶ τὰ ἄλλα τῆς ψυχῆς λεγόμενα μέρη. Voir aussi Dörrie et Baltes **436**, t. VI.1, p. 372 et n. 175, qui cite les passages où Plotin montre qu'il faut entendre "partie", à propos de l'âme, dans un sens tout à fait spécial : chez elle, en effet, les parties sont égales à la totalité (IV 3 [27], 3, 28), ce qui est impossible pour un corps ; la localisation des facultés n'en est pas une à proprement parler, mais c'est plutôt l'organe corporel qui profite de la présence de l'âme (IV 3 [27], 20, 10-11 ; 23, 9 et 33). En VI 4 [22], 4, 32-33, Plotin affirme que l'âme ne se divise pas selon les parties du corps, mais est tout entière dans chaque partie, οὐ συνδιείληπται τοῖς μέρεσιν, ἀλλ᾽ ὅλη πανταχοῦ. Sur l'attitude de Plotin vis-à-vis de la tripartition platonicienne de l'âme, voir Blumenthal **931**, p. 11-13 et 21-25 ; **947** Th.-A. Szlezák, « L'interpretazione di Plotino della teoria platonica dell'anima », *RFN* 84, 1992, p. 325-339 (trad. française : « L'interprétation plotinienne de la théorie platonicienne de l'âme », dans Fattal **302**,

p. 173-191) ; **948** C. D'Ancona, « Plotino e le "parti" dell'anima », dans **949** R. Bruschi (édit.), *Dentro di sé, sopra di sé. Percorsi della psiche fra ellenismo e neoplatonismo*, coll. « Associazione Centro studi e ricerche sulla psiche Silvano Arieti » 5, Pisa 2007, p. 185-210.

L'interaction entre l'âme et le corps est évidente dans la perception. La doctrine plotinienne de la sensation a été étudiée par **950** E. K. Emilsson, *Plotinus on Sense-Perception : A Philosophical Study*, Cambridge 1988. En IV 4 [28], 23, 1-49, la perception est présentée comme la saisie (ἀντίληψις) des qualités qui accompagnent les formes des objets sensibles : or, l'âme ne peut effectuer cette saisie qu'en s'associant quelque chose d'autre (μετ' ἄλλου), c'est-à-dire les organes corporels, puisque à elle seule elle n'est que νόησις (voir IV 4 [28], 23, 6-15). Pour cette raison les perceptions doivent avoir comme μέσον ἀνάλογον (« moyenne proportionnelle », trad. Bréhier) les organes de la sensation. Cet intermédiaire, capable de rattacher deux réalités aussi différentes que le sujet connaissant et l'objet extérieur connu (voir IV 5 [29], 1, 1-13), en même temps reçoit la forme sensible et l'annonce à l'âme (δεκτικὸν ἅμα καὶ ἀπαγγελτικόν, IV 4 [28], 23, 27-28). Sur la sensation comme ἄγγελος voir aussi V 3 [49], 3, 44-45, et **951** P.-M. Morel, « La sensation, messagère de l'âme », dans Dixsaut **689**, p. 209-227.

Même si Plotin parle parfois d'une empreinte (τύπος) reçue par la perception (voir par ex. V 3 [49], 3, 1-5), il critique ouvertement la doctrine stoïcienne des perceptions comme empreintes (τυπώσεις, ἐνσφραγίσεις) que l'âme recevrait, et par rapport auxquelles elle serait donc passive : voir III 6 [26], 1, 1-18 ; 3, 27-35 et IV 6 [41], 1, 1-7 ; 2, 6-9. Pour Plotin, la perception n'est pas une affection passive, πάθος, mais chaque fois la connaissance d'un πάθος (voir IV 4 [28], 19, 26-29 ; IV 6 [41], 2, 10-18), différente par définition du πάθος lui-même (IV 6 [41], 2, 10-21). Ce que Plotin qualifie d'argument principal contre la thèse de la perception comme τύπωσις démontre aussi le réalisme cognitif auquel il se rallie : « Enfin, et c'est la plus forte objection, si nous nous bornons à saisir les empreintes des objets que nous voyons, nous ne pourrons voir les objets eux-mêmes, mais seulement des images ou des ombres de ces objets (ἰνδάλματα [...] καὶ σκιάς) ; autres sont les objets mêmes, autre ce que nous voyons » (IV 6 [41], 1, 29-32, trad. Bréhier). Pourtant, d'autres passages (I 1 [53], 7, 10-14 et V 5 [32], 1, 15-19) semblent affirmer une position anti-réaliste : la perception n'atteint que des états mentaux, jamais les objets eux-mêmes. Blumenthal **931**, p. 71-72, soulève la question de la cohérence de Plotin sur ce point, et Blumenthal **586**, p. 47, soutient que la différence principale entre Plotin et Aristote à propos de la perception consiste exactement en ce que pour Plotin celle-ci n'opère pas sur les objets eux-mêmes, mais sur les impressions qu'ils produisent dans l'âme ; examen de la question dans Emilsson **950**, p. 113-121. Sur le réalisme ou l'idéalisme cognitif de Plotin les opinions sont discordantes : **952** M. F. Wagner, « Realism and the Foundation of Science in Plotinus », *AncPhil* 5, 1985, p. 269-292 ; **953** *Id.*, « Plotinus' Idealism and the Problem of Matter in *Enneads* VI 4 and 5 », *Dionysius* 10, 1986, p. 57-83, soutient que l'épistémologie de Plotin est foncièrement idéaliste ; aussi **954** A. C. Lloyd,

The Anatomy of Neoplatonism, Oxford 1990, p. 134, envisage chez Plotin une position idéaliste, en ce sens que « all the elements in the Neoplatonic hierarchy are thoughts (...). If we want to suppose a kind of "Consciousness *überhaupt*" we need not be too afraid of anachronism». Cette interprétation est critiquée par **955** J. Bussanich, «Realism and Idealism in Plotinus», *Hermathena* 157, 1994, p. 21-42. Selon **956** E. K. Emilsson, «Cognition and its Object», dans Gerson **410**, p. 217-249, Plotin est un tenant du «non-representational realism» pour ce qui est de la connaissance du monde sensible, tout en étant idéaliste dans le sens que les intelligibles ont une primauté ontologique; voir aussi **957** *Id.*, *Plotinus on Intellect*, Oxford 2007, p. 127-128; **958** *Id.*, «Plotinus on Sense-Perception», dans **959** S. Knuuttila et P. Kärkkäinen (édit.), *Theories of Perception in Medieval and Early Modern Philosophy*, coll. «Studies in the History of Philosophy of Mind» 6, Dordrecht/London 2008, p. 23-33.

La perception est une connaissance dans la mesure où elle contient déjà un acte de jugement (voir Emilsson **950**, p. 137), mais sa capacité de juger ne porte que sur chaque affection singulière: «Perception, even if it is a judicative faculty, can only make immediate and non-inferential judgements with respect to present affections» (Emilsson **950**, p. 138). Sur les facultés connaissantes de l'âme qui sont liées à la perception – imagination et mémoire – voir **960** G. H. Clark, «Φαντασία in Plotinus», dans **961** F. P. Clarke et M. C. Nahm, *Philosophical Essays in Honor of E. A. Singer, Jr.*, Philadelphia 1942, p. 297-309; **962** E. W. Warren, «Memory in Plotinus», *CQ* 15, 1965, p. 252-260; **963** *Id.*, «Imagination in Plotinus», *CQ* 16, 1966, p. 277-285; Blumenthal **931**, p. 80-99; Blumenthal **586**; **964** J. McCumber, «Anamnesis as Memory of Intelligibles in Plotinus», *AGPh* 60, 1978, p. 160-167; **965** C. Guidelli, «Note sul tema della memoria nelle *Enneadi* di Plotino», *Elenchos* 9, 1988, p. 75-94; **966** E. Gritti, «La φαντασία plotiniana tra illuminazione intellettiva e impassibilità dell'anima», dans Chiaradonna **245**, p. 251-274; **967** L. Brisson, «La place de la mémoire dans la psychologie de Plotin», *EPlaton* 3, 2006, p. 13-27; **968** C. D'Ancona, «Plotino: memoria di eventi e anamnesi di intelligibili», dans **969** M. M. Sassi (édit.), *Tracce nella mente. Teorie della memoria da Platone ai moderni*, Atti del convegno Pisa, Scuola Normale Superiore, 25-26 settembre 2006, Pisa 2007, p. 67-98; **970** R. Chiaradonna, «Plotin, la mémoire et la connaissance des intelligibles», *PhilosAnt* 9, 2009, p. 5-33.

Lorsqu'elle enchaîne des raisonnements, l'âme fait usage de la διάνοια, faculté qui se développe en nous avec l'âge de raison, puisque l'âme unie avec le corps ne peut pas utiliser d'emblée l'intellect et connaît au début à travers la sensation (IV 8 [6], 4, 26-27; VI 7 [38], 5, 26-28). En V 3 [49], 3, 1-9, la διάνοια est présentée comme une faculté qui reçoit une image à partir de la sensation, et qui opère soit au niveau de l'expérience sensible – en faisant appel à la mémoire pour dire par ex. que l'homme vu est Socrate – soit au niveau de la connaissance des caractères définissant la chose connue – connaissance exemplifiée dans ce passage par la question "εἰ ἀγαθός". Plotin estime que la διάνοια peut rechercher les caractères définissant la chose grâce au fait qu'elle possède déjà en elle-même les critères pour répondre – dans le cas de cet exemple, elle possède déjà les critères de ce qu'est le bien (ὃ δὲ εἴρηκεν […] ἤδη παρ' αὐτῆς ἂν ἔχοι κανόνα ἔχουσα τοῦ ἀγαθοῦ παρ' αὐτῇ), critères qu'elle tire de l'intellect. Sur ce double sens de la διάνοια comme raisonnement qui porte sur les données sensibles ou qui part des principes intelligibles, *cf.* aussi I 1 [53], 9, 17-23. Même lorsqu'elle part des principes intelligibles, la faculté raisonnante de l'âme est pourtant différente de l'intellect en ce qu'elle ne peut qu'opérer en succession : la discursivité est ainsi l'effet de la faiblesse intrinsèque de la διάνοια, qui ne peut concevoir simultanément les intelligibles (V 1 [10], 4, 18-20) ; voir **971** L. Lavaud, « La *diánoia* médiatrice entre le sensible et l'intelligible », *EPlaton* 3, 2006, p. 29-55.

Le rapport instauré par Plotin entre les deux modes de connaissance, le raisonnement (διάνοια) et l'intuition intellectuelle des principes du raisonnement (νοῦς), est de toute évidence modelé sur l'antériorité du νοῦς par rapport à la διάνοια dans la "ligne de la connaissance" de *Resp.* VI, 511 D 1 - E 4 : voir **972** H.-J. Blumenthal, « On Soul and Intellect », dans Gerson **410**, p. 82-104, en part. p. 91. Conséquence de l'attitude plus générale de Plotin, qui a été décrite par Emilsson **950**, p. 14, comme « disbelief in emergent properties », la thèse selon laquelle la raison discursive dépend d'un principe de connaissance supérieur et préexistant, le νοῦς, est évoquée surtout en V 9 [5], 7, 7-12 ; V 3 [49], 2, 9-14 ; 3, 11-12 ; 4, 15-23 ; 6, 20-22 ; 7, 31-34. Mais les principes noétiques du raisonnement dianoétique ne sont pas séparés de celui-ci. L'âme connaît les intelligibles parce qu'elle « est ces êtres eux-mêmes en quelque manière » bien qu'ils soient présents en elle à un niveau de clarté inférieur par rapport à ce qu'ils sont en eux-mêmes (τῷ αὐτά πως εἶναι […] καὶ εἶναι αὐτὰ ἀμυδρότερον, IV 6 [41], 3, 12-14, trad. Bréhier) : si elle « se réveille » et « passe de la puissance à l'acte, d'obscurs ils lui deviennent plus clairs » (*ibid.*, li. 14-16, trad. Bréhier). Le passage de l'obscurité à la lumière qui évoque le mythe platonicien de la caverne se double ici de l'allusion à l'état de veille éternelle qui appartient à l'Intellect divin du livre XII de la *Métaphysique*, pour dire que la connaissance intellectuelle ne vient pas à l'âme de l'extérieur, mais se réalise lorsque celle-ci se réveille à elle-même. Par conséquent, Plotin distingue deux genres de science présents dans l'âme rationnelle : les sciences qui concernent les choses sensibles sont plutôt des δόξαι : « postérieures aux choses, elles sont les images des choses. Les autres, vraies sciences, ont un objet intelligible, elles viennent de l'Intelligence jusqu'à l'âme raisonnable, et ne contiennent la notion d'aucune chose sensible » (V 9 [5], 7, 1-6, trad. Bréhier ; voir le comm. de Vorwerk **637**, p. 118-120) ; voir aussi IV 7 [2], 10, 40-52 et V 1 [10], 3, 17-20, avec le comm. de Atkinson **413**, p. 66-67. Tout comme pour Aristote, *De An.* III 4, 430 a 3-5 (mais voir Sumi **513** pour la source platonicienne), dans le cas des sciences véritables et purement noétiques le sujet qui intellige et l'objet intelligé s'identifient : « elles ont en elles-mêmes leur objet intelligible et la pensée de cet objet » (V 9 [5], 7, 6-8, trad. Bréhier) : voir Szlezák **404**, p. 135 ; Hadot **603** ; **973** E. K. Emilsson, « Plotinus on the Objects of Thought », *AGPh* 77, 1995, p. 21-41 ;

Emilsson **956**, en part. p. 234-244 ; **974** Chr. Tornau, « Wissenschaft, Seele, Geist : zur Bedeutung einer Analogie bei Plotin (Enn. IV 9, 5 und VI, 2, 20) », *GFA* 1, 1998, p. 87-111.

Plotin pense donc que l'âme doit toujours avoir accès aux principes intelligibles, et il tire de cette thèse épistémologique une conséquence ontologique concernant la nature de l'âme, qu'il présente dès le début comme une position personnelle par rapport au platonisme de son époque. Il s'agit de la théorie dite de l'"âme non-descendue", parce que Plotin s'exprime métaphoriquement ainsi : « Et s'il faut oser dire ce qui nous paraît juste contrairement à l'opinion des autres, il n'est pas vrai qu'aucune âme, pas même la nôtre, soit entièrement plongée dans le sensible ; il y a en elle quelque chose qui reste toujours dans l'intelligible » (IV 8 [6], 8, 1-3, trad. Bréhier) ; sur ce passage, voir les commentaires de M. Baltes dans Dörrie et Baltes **436**, t. VI.2, *Baustein* 172.3, p. 202-204, et de Bettiolo *et al.* **303**, p. 205-208. Selon Plotin, le sommet de l'âme humaine n'abandonne jamais un état de connaissance intuitive des principes intelligibles, état qui, selon une image qui remonte au *Phèdre*, peut être décrit comme "lieu intelligible". Cette théorie, reprise en III 4 [15], 3, 21-24 ; 4, 1-2 ; IV 1 [21], chap. unique, 11-17, et évoquée partout, des premiers traités jusqu'aux derniers, est centrale dans la conception plotinienne de l'âme humaine : il en dépend l'idée que notre âme est "amphibie" de par sa nature (IV 8 [6], 4, 31-32), puisqu'elle fait partie en même temps de la réalité intelligible et du monde sensible, si bien que sa partie intellective est éternellement bienheureuse. Le sujet psychologique et moral, le "nous", est en effet double (διττὸς γὰρ ἕκαστος, I 1 [53], 9, 30) : tantôt ἡμεῖς désigne l'ensemble vivant d'âme et de corps, c'est-à-dire l'individu avec son histoire personnelle ; tantôt ἡμεῖς désigne l'âme, dont la partie proprement intellectuelle demeure toujours en présence des principes intelligibles, indépendamment du fait que l'individu en soit conscient ou non (IV 8 [6], 8, 7-9). En IV 3 [27], 27, 1-3, cette faculté est « appelée âme divine, qui nous constitue essentiellement (καθ' ἣν ἡμεῖς) » (trad. Bréhier) ; Plotin soutient en effet que la faculté par laquelle nous connaissons les intelligibles dans l'état d'union avec le corps est la même faculté par laquelle nous les connaissons lorsque nous nous trouvons "dans" l'intelligible (IV 4 [28], 5, 1-11).

Deux points difficiles dans cette manière de concevoir l'âme s'imposent à l'attention : premièrement, nul n'est conscient de posséder une faculté pareille, ce qui fait douter de son existence ; deuxièmement, une conséquence en découle qui semble en contraste avec le platonisme, à savoir, la présence "dans" le monde intelligible de réalités individuelles, comme les âmes humaines. Si le premier problème a été reconnu comme tel par Plotin – qui le résout en affirmant que « nous ne connaissons pas tout ce qui se passe en une partie quelconque de l'âme, avant que cela n'arrive à l'âme tout entière » (IV 8 [6], 8, 7-9, trad. Bréhier modifiée ; voir le comm. de Bettiolo *et al.* **303**, p. 209-210) – le deuxième problème n'en est pas un selon Plotin. Tout en soutenant que la mémoire personnelle est anéantie au moment de la séparation de l'âme d'avec le corps (IV 4 [28],

1, 1-2, 8), il affirme qu'il serait absurde que Socrate soit Socrate seulement dans le monde sensible, en perdant son individualité dans l'intelligible (IV 3 [27], 5, 1-5).

Cette théorie si personnelle, qui a été critiquée par Jamblique et Proclus, a attiré l'attention des savants à plusieurs égards : on a voulu même y retrouver un antécédent ancien de la théorie moderne de l'inconscient, et la question dite des "idées d'individus" a été longuement discutée. Sur la doctrine de l'âme non-descendue en général voir surtout Merlan **764**, p. 4-84 ; **975** J. M. Rist, « Integration and the Undescended Soul in Plotinus », *AJPh* 88, 1967, p. 410-422 ; **976** P.-M. Schuhl, « Descente métaphysique et ascension de l'âme chez Plotin », *StudIF* 5, 1973, p. 81-84 ; **977** N.-C. Banacou Caragouni, « Observations sur la descente des âmes dans le corps chez Plotin », *Diotima* 4, 1976, p. 58-64 ; Szlezák **404**, p. 182 ; Bettiolo *et al.* **303**, p. 29-65 ; **978** A. Schniewind, « Les âmes amphibies et les causes de leur différence. À propos de Plotin, *Enn.* IV 8[6], 4.31-5 », dans Chiaradonna **245**, p. 179-200 ; **979** R. Chiaradonna, « La dottrina dell'anima non discesa in Plotino e la conoscenza degli intelligibili », dans **980** E. Canone (édit.), *Per una storia del concetto di mente*, t. I, coll. « Lessico Intellettuale Europeo » 99, Firenze 2005, p. 27-49.

Sur les implications éthiques de cette doctrine, voir surtout **981** J. Trouillard, « L'impeccabilité de l'esprit selon Plotin », *RHR* 143, 1953, p. 19-29 ; **982** W. Himmerich, *Eudaimonia. Die Lehre des Plotin von der Selbstverwicklung des Menschen*, coll. « Forschungen zur neueren Philosophie und ihrer Geschichte » N. F. 13, Würzburg 1959, en part. p. 92-94 ; **983** H. S. Schibli, « Apprehending our Happiness. *Antilepsis* and the Middle Soul in Plotinus, *Ennead* I 4, 10 », *Phronesis* 34, 1989, p. 205-219 ; **984** J. Bussanich, « The Invulnerability of Goodness : the Ethical and Psychological Theory of Plotinus ». Commentary by H. S. Schibli, *PBCA* 6, 1992, p. 151-194 ; Linguiti **677**.

Sur les implications de cette doctrine pour la notion de "conscience", voir surtout Arnou **751**, Appendice B, « Plotin et la philosophie de l'Inconscient », p. 301-310 ; Himmerich **982**, p. 92-100 ; **985** H.-R. Schwyzer, « "Bewusst" und "unbewusst" bei Plotin », dans *Les sources de Plotin* **36**, p. 343-390 ; **986** E. W. Warren, « Consciousness in Plotinus », *Phronesis* 9, 1964, p. 87-97 ; **987** A. C. Lloyd, « *Nosce Teipsum* and *Conscientia* », *AGPh* 46, 1964, p. 188-200 ; **988** A. H. Armstrong, « Elements in the Thought of Plotinus at Variance with Classical Intellectualism », *JHS* 93, 1973, p. 13-22 (repris dans Armstrong **104**) ; **989** A. Smith, « Unconsciousness and Quasiconsciousness in Plotinus », *Phronesis* 23, 1978, p. 292-301 ; **990** P. Hadot, « Les niveaux de conscience dans les états mystiques chez Plotin », *JPsNP* 77, 1980, p. 243-266 ; **991** G. Verbeke, « Une anamnèse métaphysique chez Plotin », dans Goulet-Cazé *et al.* **377**, p. 297-315 ; **992** R. Violette, « Les formes de la conscience chez Plotin », *REG* 107, 1994, p. 222-236.

Sur la question des "idées d'individus", voir surtout **993** J. M. Rist, « Forms of Individuals in Plotinus », *CQ* 23, 1963, p. 223-231 ; **994** C. J. de Vogel, « Personality in Greek and Christian Thought », *StudPhHPh* 2, 1963, p. 20-60, en part. p. 46-56 ; **995** J. Trouillard, « Plotin et le moi », dans **996** A. Jagu *et al.* (édit.),

Horizons de la personne, Paris 1965, p. 59-75 ; **997** H.-J. Blumenthal, « Did Plotinus Believe in Ideas of Individuals ? », *Phronesis* 11, 1966, p. 61-80 (repris dans Blumenthal **581**) ; **998** P. S. Mamo, « Forms of Individuals in the *Enneads* », *Phronesis* 14, 1969, p. 77-96 ; **999** J. M. Rist, « Ideas of Individuals in Plotinus : A Reply to Dr. Blumenthal », *RIPh* 24, 1970, p. 298-303 ; Blumenthal **931**, p. 112-133 ; **1000** G. J. P. O'Daly, *Plotinus' Philosophy of the Self*, Shannon 1973 ; **1001** A.-H. Armstrong, « Form, Individual and Person in Plotinus », *Dionysius* 1, 1977, p. 49-68 (repris dans Armstrong **104**) ; **1002** A. Graeser, « Individualität und individuelle Form als Problem in der Philosophie der Spätantike und des frühen Mittelalters », *MH* 53, 1996, p. 187-196 ; **1003** P. Kalligas, « Forms of Individuals in Plotinus : A Re-examination », *Phronesis* 42, 1997, p. 206-227 ; **1004** F. Ferrari, « Esistono forme di καθ' ἕκαστα ? Il problema dell'individualità in Plotino e nella tradizione antica », *AAT* 131, 1997, p. 23-63 ; **1005** *Id.*, « La collocazione dell'anima e la questione dell'esistenza di idee di individui in Plotino », *RSF* 53, 1998, p. 629-653 ; **1006** P.-M. Morel, « Individualité et identité de l'âme humaine chez Plotin », *CPhS* 8, 1999, p. 53-66 ; **1007** A. Petit, « Forme et individualité dans le système plotinien », *ibid.*, p. 109-122 ; **1008** R. Sorabji, « Is the True Self an Individual in the Platonist Tradition ? » dans **1009** M.-O. Goulet-Cazé *et al.* (édit.), *Le commentaire entre tradition et innovation*. Actes du Colloque International de l'Institut des Traditions Textuelles, Paris et Villejuif, 22-25 sept. 1999, coll. « Bibliothèque d'Histoire de la Philosophie », Paris 2000, p. 293-299 ; **1010** K. Corrigan, « The Problem of Personal Identity in Plotinus and Gregory of Nyssa », dans **1011** M. F. Wiles et E. J. Arnold (édit.), *Studia Patristica XXXVII*. Papers presented to the Thirteenth International Conference on Patristic Studies held in Oxford 1999, Leuven 2001, p. 51-68 ; D'Ancona **114** ; **1012** P. Remes, « Plotinus on the Unity and Identity of Changing Particulars », *OSAPh* 28, 2005, p. 273-301 ; **1013** *Ead.*, *Plotinus on Self. The Philosophy of the "We"*, Cambridge 2007 ; **1014** G. Aubry, « Individuation, particularisation et détermination selon Plotin », *Phronesis* 53, 2008, p. 271-289 ; **1015** *Ead.*, « Un moi sans identité ? Le *hêmeis* plotinien », dans **1016** G. Aubry et F. Ildefonse (édit.), *Le moi et l'intériorité*, coll. « Textes et Traditions » 17, Paris 2008, p. 107-127 ; **1017** G. M. Gurtler, « Plotinus on the Soul's Omnipresence in Body », *IJPlTr* 2, 2008, p. 113-127 ; **1018** Chr. Tornau, « Qu'est-ce qu'un individu ? Unité, individualité et conscience de soi dans la métaphysique plotinienne de l'âme », *EPh* 90, 2009, p. 333-360.

Comme on vient de le voir, Plotin pense que le sommet de notre âme est toujours en relation avec les principes intelligibles, mais il est tout à fait possible que le "moi" psychique, siège de la sensation, de l'imagination et de la mémoire, n'en soit pas conscient. Mieux, distraits par les besoins multiples d'un corps avec lequel nous finissons par nous identifier, ainsi que par les soins multiples de la vie extérieure (IV 8 [6], 2, 7-14), nous n'avons guère de chance de retrouver cette conscience, si nous ne nous adonnons pas à la philosophie (V 1 [10], 1, 11-25, avec le comm. de Atkinson **413**, p. 13-17). Cette conscience est le sommet de la vie cognitive de l'âme : Plotin reprend en effet à son compte la primauté aristotélicienne de la θεωρία sur toute autre activité humaine, mais ce thème traditionnel prend chez lui une nuance caractéristique, qui sera à l'origine du thème augustinien du *reditus* de l'âme en elle-même (*De vera rel.* XXXIX 72) : il faut que l'âme retourne en elle-même, pour y découvrir l'existence et la primauté de l'intelligible (IV 8 [6], 1, 1-11). Le retour de l'âme en elle-même est dit souvent ἐπιστροφή, "conversion", mais Plotin utilise aussi d'autres expressions (dans le passage de IV 8 [6] qui vient d'être cité, par ex., il utilise la tournure « je m'éveille à moi-même ») : voir surtout VI 4 [22], 16, 45-47 ; VI 8 [31], 11, 4-18 ; VI 6 [34], 1, 16, et **1019** L. P. Gerson, « Ἐπιστροφὴ πρὸς ἑαυτόν : History and Meaning », *DSTFM* 8, 1997, p. 1-32. Ce retour est un éveil, puisque la vie de l'âme en état de veille consiste dans la connaissance intellectuelle, alors que la connaissance que nous devons aux sensations ressemble plutôt à un rêve (III 6 [26], 6, 65-71), en tant qu'incertaine et impossible à partager. Sur les aspects épistémologiques de la doctrine de l'ἐπιστροφή, voir surtout Graeser **666**, p. 126-137 ; **1020** F. M. Schroeder, « *Synousia, Synaisthesis* and *Synesis* : Presence and Dependence in the Plotinian Philosophy of Consciousness », dans *ANRW* II 36, 1, Berlin 1987, p. 677-699 ; **1021** G. Wald, *Self-intellection and Identity in the Philosophy of Plotinus*, coll. « Europäische Hochschulschriften, Reihe XX. Philosophie » 274, Frankfurt a. M./Bern/New York/Paris 1990 ; Emilsson **973** et **956** ; Halfwassen **761** ; **1022** S. Rappe, « Self-Knowledge and Subjectivity in the *Enneads* », dans Gerson **410**, p. 250-274 ; **1023** *Ead.*, « Self-perception in Plotinus and the Later Neoplatonic Tradition », *ACPhQ* 71, 1997, p. 433-451 ; **1024** L. P. Gerson, « Introspection, Self-Reflexivity, and the Essence of Thinking according to Plotinus », dans Cleary **519**, p. 153-173 ; **1025** I. Crystal, « Plotinus and the Structure of Self-Intellection », *Phronesis* 43, 1998, p. 264-286 ; **1026** *Id.*, *Self-Intellection and its Epistemological Origins in Ancient Greek Thought*, coll. « Ashgate New Critical Thinking in Philosophy », Aldershot 2002, en part. p. 179-206 ; Emilsson **957**, p. 141-152 ; **1027** W. Kühn, « Se connaître soi-même : la contribution de Plotin à la compréhension du moi », dans Aubry et Ildefonse **1016**, p. 127-150 ; **1028** R. Chiaradonna, « Plotino, il "noi" e il *nous* (*Enn.* V 3 [49], 8, 37-57) », *ibid.*, p. 277-294. Selon **1029** W. Beierwaltes, *Selbsterkenntnis und Erfahrung der Einheit. Plotins Enneade V. 3.* Text, Übersetzung, Interpretation, Erläuterungen, Frankfurt a. M. 1991, en part. p. 71-172 ("Erkennen und Selbsterkenntnis"), le retour réflexif sur soi représente la première étape d'une progression qui conduit l'homme à la connaissance de l'Intellect qui se pense lui-même, et à celle du principe qui est au-delà de l'Intellect. Voir aussi **1030** *Id.*, *Das wahre Selbst. Studien zu Plotins Begriff des Geistes und des Einen*, Frankfurt a. M. 2001, et **1031** *Id.*, « Le vrai soi. Rétractations d'un élément de pensée par rapport à l'*Ennéade* V 3 et remarques sur la signification philosophique de ce traité dans son ensemble », dans Dixsaut **689**, p. 11-40.

La vie vertueuse, l'ascèse (que Plotin pratiquait : voir *VP* 8, 21-22), l'abandon de toute distraction et le dépassement des argumentations elles-mêmes qui s'exprime dans la formule bien connue ἄφελε πάντα, « retranche toutes choses » (V 3 [49], 17, 38, trad. Bréhier), représentent les conditions indispensables pour le retour de l'âme en elle-même, retour dont l'enseignement philosophique peut démontrer la possibilité et illustrer l'«avantage» (ἐν [...] τῇ ἐπιστροφῇ κέρδος, V 8 [31], 11, 9), mais qui doit être pratiqué directement par celui qui veut atteindre l'état dans lequel la vie humaine ressemble à celui de l'Intellect divin (διαγωγή, IV 8 [6], 8, 23, *cf.* Arist., *Metaph.* XII 7, 1072 b 14-15 : διαγωγή [...] ἡ ἀρίστη). En VI 9 [9], 4, 11-16, après avoir évoqué encore une fois l'image platonicienne de la vision du soleil après la sortie de la caverne, Plotin affirme :

> « C'est pourquoi Platon dit qu'il ne peut être *ni objet de discours* ni objet d'écrit, mais si nous parlons et écrivons, c'est pour conduire à Lui, pour encourager à la vision, à l'aide de nos discours, comme si nous indiquions le chemin à quelqu'un qui veut voir quelque chose. Car l'enseignement ne peut conduire que jusqu'à la *route*, que jusqu'au *cheminement*, mais la vision elle-même, c'est à celui qui veut voir, de la réaliser » (trad. Hadot **198**, p. 83, comm., p. 150-151 ; les citations proviennent de la VII *Lettre*, 341 C 5, et de *Resp.* VII, 532 E 3).

Selon Hadot **725**, p. 57-60 (de l'éd. de 2002), Plotin se rallie ainsi à la tradition tout d'abord platonicienne, puis hellénistique des exercices spirituels :

> « On peut seulement préciser que, dans le néoplatonisme, la notion de progrès spirituel joue un rôle beaucoup plus explicite que chez Platon lui-même. (...) Nombreuses sont les pages de Plotin qui décrivent de tels exercices spirituels qui n'ont pas seulement pour fin de connaître le Bien, mais de devenir identique avec lui en un éclatement total de l'individualité ».

Le retour de l'âme en elle-même est ainsi le point de départ pour la vision de la réalité intelligible à l'intérieur de l'âme, et pour la vision du principe de la réalité intelligible elle-même, l'Un : voir **1032** P. Hadot, « L'union de l'âme avec l'intellect divin dans l'expérience mystique plotinienne », dans Boss et Seel **807**, p. 3-27 ; **1033** K. Kremer, « Selbsterkenntnis als Gotteserkenntnis nach Plotin », *ISPh* 13, 1981, p. 41-68. Selon **1034** P. Hadot, *Plotin ou la simplicité du regard*, coll. « La recherche de l'absolu », Paris 1963 (plusieurs réimpressions, coll. « Folio. Essais », Paris 1997), en part. p. 30-38 (de l'éd. de 1997) :

> « Une sorte d'éveil se produit : quelque chose qui, jusque-là, était inconscient envahit le champ de la conscience. (...). Nous retrouvons ici l'intuition centrale de Plotin : le moi humain n'est pas irrémédiablement séparé de son modèle éternel du moi, tel qu'il existe dans la pensée divine. (...) Ces expériences privilégiées nous révèlent donc que nous ne cessons pas, que nous n'avons jamais cessé d'être en contact avec notre véritable moi. (...) Ce qui nous empêche d'avoir conscience de notre vie spirituelle, ce n'est pas notre vie dans le corps – de soi elle est inconsciente –, mais c'est le souci que nous prenons du corps. La vraie chute de l'âme, c'est celle-là. Nous nous laissons absorber par de vaines préoccupations, par des sollicitudes exagérées (...) Ce n'est donc pas par haine et par dégoût du corps qu'il faudra se détacher des choses sensibles. Celles-ci ne sont pas mauvaises en elles-mêmes. Mais le souci qu'elles nous causent nous empêche de faire attention à la vie spirituelle dont nous vivons inconsciemment ».

Sur le sens de la formule ἄφελε πάντα, voir Beierwaltes **1029**, p. 170-172 et 250-253, et Beierwaltes **1031**, p. 13 :

> « Le but de cet impératif "mystique" plotinien n'est nullement une plaidoirie pour une irrationalité méprisante et destructrice de la Pensée, mais vise plutôt son auto-accomplissement dans ce qui en représente le fondement propre, lui-même non-pensant ».

Plotin a consacré aux questions d'anthropologie et de morale plusieurs écrits – sur les vertus, le suicide, le destin, la providence, le déterminisme astral – rassemblés par Porphyre dans les ennéades I-III ; en outre, des remarques importantes sur la nature de la liberté humaine se trouvent dans le traité *Sur la liberté et la volonté de l'Un*, VI 8 [39]. Sur le destin, la providence, la liberté humaine, le choix et la faillibilité de l'âme voir surtout **1035** P. Henry, « Le problème de la liberté chez Plotin », *RNeosc* 33, 1931, p. 50-79 ; 180-215 ; 318-339 ; **1036** V. Schubert, *Pronoia und Logos. Die Rechtfertigung der Weltordnung bei Plotin*, coll. « Epimeleia. Beiträge zur Philosophie » 11, München/Salzburg 1969 ; **1037** Chr. Parma, *Pronoia und Providentia. Der Vorsehungsbegriff Plotins und Augustins*, coll. « Studien zur Problemgeschichte der antiken und mittelalterlichen Philosophie » 6, Leiden 1971 ; Graeser **666**, p. 112-125 ; **1038** J. M. Rist, « *Prohairesis*: Proclus, Plotinus *et alii* », dans **1039** *De Jamblique à Proclus*, coll. « Entretiens sur l'Antiquité classique » 31, Vandœuvres-Genève 1975, p. 103-117 (repris dans Rist **169**) ; O'Brien **868** ; **1040** P. Boot, « Plotinus on Providence (*Ennead* III 2-3): Three Interpretations », *Mnemosyne* 36, 1983, p. 311-315 ; **1041** N. J. Torchia, *Plotinus, Tolma, and the Descent of Being. An Exposition and Analysis*, coll. « American University Studies. Series V. Philosophy » 135, New York/San Francisco/Bern/ Baltimore/ Frankfurt a.M./Berlin/Wien/Paris 1995 ; **1042** G. Leroux, « Human Freedom in the Thought of Plotinus », dans Gerson **410**, p. 292-314 ; Eliasson **685** ; **1043** G. M. Gurtler, « Providence: The Platonic Demiurge and Hellenistic Causality », dans Wagner **615**, p. 99-124 ; **1044** L. S. Westra, « Freedom and Providence in Plotinus », *ibid.*, p. 125-148 ; **1045** J. Wilberding, « Automatic Action in Plotinus », *OSAPh* 34, 2008, p. 373-407 ; **1046** E. Eliasson, « Sur la conception plotinienne du destin dans le traité 3 », *EPh* 90, 2009, p. 407-430.

Sur les vertus et sur les questions d'éthique, voir surtout **1047** H. F. Müller, « Plotinische Studien IV. Zur Ethik des Plotinos », *Hermes* 52, 1917, p. 57-91 ; **1048** H. E. Barnes, « *Katharsis* in the *Enneads* of Plotinus », *TAPhA* 73, 1942, p. 358-382 ; **1049** J. M. Rist, « Plotinus and Virtue », dans **1050** *Id.*, *Eros and Psyche. Studies in Plato, Plotinus and Origen*, coll. « Phoenix Supplementary Volumes » 6, Toronto 1964, p. 169-191 ; **1051** C. J. de Vogel, « Plotinus' Image of Man, its Relationship to Plato as well as to Later Neoplatonism », dans **1052** F. Bossier (édit.), *Images of Man in Ancient and Medieval Thought*. Studia Gerardo Verbeke ab amicis et collegiis dicata, Leuven 1976, p. 147-168 ; **1053** J. M. Rist, « Plotinus and Moral Obligation », dans Harris **587**, p. 217-233 (repris dans Rist **169**) ; **1054** P. Plass, « Plotinus' Ethical Theory », *ICS* 7, 1982, p. 241-259 ; **1055** R. Bodéüs, « L'autre homme de Plotin », *Phronesis* 28, 1983, p. 256-264 ; **1056** J. V. Schall, « Plotinus and Political Philosophy », *Gregorianum* 66, 1985, p. 687-707 ; **1057** K. McGroarty, « Plotinus on *eudaimonia* », *Hermathena* 157, 1994, p. 103-115 ; **1058** J. M. Dillon, « Singing Without an Instrument. Plotinus on Suicide », *ICS* 19, 1994, p. 231-238 (repris dans Dillon **827**) ; **1059** G. Catapano, *Epekeina tes philosophias. L'eticità del filosofare in Plotino*, Padova 1995 ; **1060** J. F. Phillips, « Plotinus and Iamblichus on προαίρεσις », *AncPhil* 15, 1995, p. 135-153 ; **1061** J. M. Dillon, « An Ethic for the Late Antique Sage », dans Gerson **410**, p. 315-335 ; **1062** R. T. Ciapalo, « The Relation of Plotinian *eudaimonia* to the Life of the Serious Man in Treatise I.4 (46) », *ACPhQ* 71, 1997,

p. 489-498 ; **1063** A. Smith, « The Significance of Practical Ethics for Plotinus », dans **1064** J. J. Cleary (édit.), *Traditions of Platonism. Essays in Honour of John Dillon*, Aldershot 1999, p. 227-236 ; **1065** A. Linguiti, *La felicità e il tempo. Plotino, Enneadi I 4 - I 5*, coll. « Biblioteca classica », Milano 2000 ; Kalligas **946** ; **1066** A. Schniewind, « Quelles conditions pour une éthique plotinienne ? Prescription et description dans les *Ennéades* », dans Fattal **302**, p. 47-73 ; **1067** E. Spinelli, « La semiologia del cielo. Astrologia e antiastrologia in Sesto Empirico e Plotino », dans **1068** A. Pérez Jiménez et R. Caballero (édit.), *Homo mathematicus*. Actas del Congreso Internacional sobre Astrólogos Griegos y Romanos, Málaga 2002, p. 275-300 ; **1069** A. Schniewind, *L'éthique du sage chez Plotin. Le paradigme du spoudaios*, coll. « Histoire des doctrines de l'Antiquité classique » 31, Paris 2003 ; **1070** D. Baltzly, « The Virtues and "Becoming Like God" : Alcinous to Proclus », *OSAPh* 26, 2004, p. 297-321 ; **1071** G. Catapano, « Alle origini della dottrina dei gradi di virtù : il trattato 19 di Plotino (*Enn.* I, 2) », *Medioevo* 31, 2006, p. 9-28 ; **1072** K. McGroarty, *Plotinus on Eudaimonia : A Commentary on Ennead I.4*, Oxford 2006 ; **1073** P. Remes, « Plotinus' Ethics of Disinterested Interest », *JHPh* 44, 2006, p. 1-23 ; **1074** J. Villeneuve, « Bonheur et vie chez Plotin, *Ennéade* I.4.1-4 », *Dionysius* 24, 2006, p. 65-74 ; **1075** J. Laurent, « L'autarcie joyeuse du sage », *EPlaton* 3, 2006, p. 131-139 ; **1076** Th. Vidart, « "Il faut s'enfuir d'ici" : la relation de l'homme au monde », *ibid.*, p. 141-152 ; **1077** L. P. Gerson, « Plotinus on *akrasia* : The Neoplatonic Synthesis », dans **1078** Ch. Bobonich et P. Destrée (édit.), *Akrasia in Greek Philosophy, from Socrates to Plotinus*, coll. « Philosophia Antiqua » 106, Leiden 2007, p. 265-282 ; **1079** C. Maggi, « La concezione plotiniana dell'uomo tra fascino e autodominio : la questione degli influssi astrali », *EPlat* 4, 2007, p. 353-372 ; **1080** L. P. Gerson, « Plotinus on Weakness of the Will : The Neoplatonic Synthesis », dans **1081** T. Hoffmann (édit.), *Weakness of Will from Plato to the Present*, Washington, D.C., 2008, p. 42-57 ; **1082** Chr. Horn, « The Concept of Will in Plotinus », dans Stern-Gillet et Corrigan **309**, p. 153-178 ; **1083** G. Catapano, *Plotino. Sulle virtù (I 2[19])*, coll. « Greco, Arabo, Latino. Le vie del sapere » 2, Pisa 2008.

Sur l'union de l'âme avec la réalité intelligible et divine, qui représente pour Plotin le couronnement à la fois de la vie du *spoudaios* et de l'effort intellectuel du philosophe (II 9 [33], 15, 27-40 et VI 7 [38], 36, 6-10), voir surtout Arnou **751** ; **1084** M. Burque, « Un problème plotinien : l'identification de l'âme avec l'Un dans la contemplation », *RUO* 10, 1940, p. 141-174 ; **1085** É. Bréhier, « Mysticisme et doctrine chez Plotin », *Sophia* 16, 1948, p. 182-186 (repris dans Bréhier **439**, p. 225-231) ; **1086** J. Trouillard, « Valeur critique de la mystique plotinienne », *RPhL* 59, 1961, p. 431-444 ; Hadot **1034**, p. 47-107 (de l'éd. de 1997) ; **1087** J. M. Rist, « « Mysticism and Transcendence in Later Neoplatonism », *Hermes* 92, 1964, p. 213-225 (repris dans Rist **169**) ; Rist **72**, p. 213-230 ; **1088** J. Trouillard, « Raison et mystique chez Plotin », *REAug* 20, 1974, p. 3-14 ; **1089** W. Beierwaltes, « Reflexion und Einung. Zur Mystik Plotins », dans **1090** W. Beierwaltes, H. U. von Balthasar et A. M. Haas (édit.), *Grundfragen der Mystik*, coll. « Sammlung

Kriterien» 33, Einsiedeln 1974, p. 7-36; **1091** A. H. Armstrong, «Beauty and the Discovery of Divinity in the Thought of Plotinus», dans Mansfeld et De Rijk **98**, p. 155-163 (repris dans Armstrong **104**); **1092** *Id.*, «The Apprehension of Divinity in the Self and Cosmos in Plotinus», dans Harris **587** p. 187-198 (repris dans Armstrong **104**); **1093** R. T. Wallis, «Νοῦς as Experience», dans Harris **587** p. 121-153; **1094** P. Mamo, «Is Plotinian Mysticism Monistic?», dans Harris **587**, p. 199-215; Hadot **990** et **1032**; **1095** H. Thesleff, «Notes on *unio mystica* in Plotinus», *Arctos* 14, 1980, p. 101-114; **1096** W. Beierwaltes, *Denken des Einen. Studien zum Neuplatonismus und dessen Wirkungsgeschichte*, Frankfurt a. M. 1985, en part. p. 123-154; **1097** H. Seidl, «L'union mystique dans l'explication philosophique de Plotin», *RT* 85, 1985, p. 253-264; Hadot **92** et **93**; **1098** W. Beierwaltes, «Plotins philosophische Mystik», dans **1099** M. Schmidt et D. R. Bauer (édit.), *Grundfragen christlicher Mystik*, coll. «Mystik in Geschichte und Gegenwart. Texte und Untersuchungen» 5, Stuttgart/Bad Cannstatt 1987, p. 39-49; **1100** J. M. Rist, «Back to the Mysticism of Plotinus: Some More Specifics», *JHPh* 27, 1989, p. 183-197 (repris dans Rist **870**); **1101** F. Brunner, «L'aspect rationnel et l'aspect religieux de la philosophie de Plotin», *RThPh* 122, 1990, p. 417-430; **1102** P. A. Meijer, *Plotinus on the Good or the One (Enneads VI 9). An Analytical Commentary*, coll. «Amsterdam Classical Monographs» 1, Amsterdam 1992, en part. p. 294-323; **1103** J. Bussanich, «Mystical Elements in the Thought of Plotinus», dans *ANRW* II 36, 7, Berlin 1994, p. 5300-5330; **1104** G. Catapano, «Il ruolo della filosofia nella mistica plotiniana dell'anima», *RivAM* 40, 1996, p. 143-180; **1105** G. R. Carone, «Mysticism and Individuality: A Plotinian Paradox», dans Cleary **519**, p. 177-187; **1106** J. P. Kenney, «Mysticism and Contemplation in the *Enneads*», *ACPhQ* 71, 1997, p. 315-337; **1107** J. Bussanich, «Plotinian Mysticism in Theoretical and Comparative Perspective», *ACPhQ* 71, 1997, p. 339-365; Remes **1012**, p. 248-253.

L'âme comme principe et le monde intelligible

Plotin tire surtout du *Timée* et du *Phèdre*, mais aussi du Xᵉ livre des *Lois*, la conviction que l'âme n'est pas seulement le principe individuel de la vie de chaque vivant particulier, mais aussi un principe universel. La psychogonie du *Timée* vaut pour lui comme critère pour expliquer d'autres passages de Platon qui pourraient prêter à équivoque: voir non seulement IV 8 [6], 2, 1-6, où l'interprétation correcte du *Timée* est tout simplement ramenée à la compréhension de la pensée de Platon sur le rapport âme-corps, mais aussi IV 3 [27], 7, 1-12, où le *Timée* fournit le critère pour interpréter le *Philèbe* en ce qui concerne l'animation de l'univers; dans la suite de ce passage, aux lignes 12-20, le *Phèdre* est évoqué pour établir les différences entre les âmes individuelles et l'âme universelle.

Plotin n'a pas recours à une terminologie figée pour distinguer parmi les types ou les niveaux d'âme: pour indiquer l'âme cosmique, il utilise dans la plupart des cas l'expression du *Timée*, 41 D 4-5, ἡ τοῦ παντὸς ψυχή, mais il parle aussi d'âme καθόλου ou utilise d'autres expressions, comme ἡ ψυχὴ ἡ ὅλη ou ἡ ψυχὴ ἡ πᾶσα, ἡ πᾶσα ψυχή. L'absence d'une terminologie figée est une des raisons du désaccord

des savants quant aux niveaux d'"âme" qu'il envisage à chaque fois : pour une analyse détaillée des usages terminologiques de Plotin à ce propos, voir **1108** W.
Helleman Elgersma, *Soul-Sisters. A Commentary on Enneads IV 3[27] 1-8 of
Plotinus*, coll. « Elementa. Schriften zur Philosophie und ihrer Problemgeschichte »
15, Hildesheim/Amsterdam 1980, p. 132-147. Certains savants estiment que Plotin
n'envisage que ces deux types d'âme, à savoir individuelle et cosmique ; d'autres
pensent qu'il distingue l'âme comme principe aussi bien de l'âme cosmique que
des âmes individuelles. Selon Zeller **390**, p. 592, Armstrong **392**, p. 90, et Rist **72**,
p. 113, le principe supra-sensible qui vient après l'Intellect, dans l'univers de
Plotin, est directement l'âme cosmique ; après celle-ci, il y a les âmes individuelles
(et, selon Armstrong **392**, p. 91-97, cette « lower soul » qui est la nature ; mais
Armstrong **396**, p. 254, a changé d'avis à ce propos). En revanche, selon **1109** H.-
J. Blumenthal, « Soul, World-Soul and Individual Soul in Plotinus », dans Schuhl
et Hadot **155**, p. 55-63 (repris dans Blumenthal **582**), en part. p. 56-58, Plotin
envisage trois types d'âme, « the individual soul, the ψυχὴ τοῦ παντός, and ψυχή
without qualification ». Pour un survol très utile des opinions diverses sur ce point,
voir Helleman Elgersma **1109**, p. 89-103.

La distinction entre les âmes individuelles et l'âme universelle remonte en dernière analyse au récit où le Démiurge, en utilisant ce qui reste du mélange par
lequel il avait auparavant produit l'âme cosmique, sème des âmes δεύτερα καὶ
τρίτα dans les astres et dans les hommes (*Tim.* 41 D 4 - 42 E 4 ; Plotin reprend à
son compte cette expression : voir par ex. IV 3 [27], 6, 27-34 ; III 2 [47], 18, 3-5).
La distinction de rang entre les âmes joue chez Plotin un rôle important dans la
solution de l'incohérence qui semble affecter la doctrine platonicienne de l'âme.
Selon Plotin, Platon n'est pas incohérent, parce que ses affirmations apparemment
contradictoires ne portent pas sur la même réalité : lorsque Platon affirme que
l'union entre l'âme et le corps est négative pour l'âme, il parle de l'âme individuelle, tandis que c'est de l'âme cosmique qu'il parle, lorsqu'il dit que la cause de
son union avec le corps de l'univers est la sagesse du Démiurge. À la différence de
notre âme, qui prend soin d'un corps faible et donc exigeant, l'âme cosmique
dirige un corps parfait, autosuffisant et éternel : voir IV 8 [6], 1, 27-50 avec le
comm. de Bettiolo *et al.* **303**, p. 142-148. Cet argument, dont les implications anti-
gnostiques sont claires puisqu'il se fonde sur la beauté et la perfection du cosmos
visible, est repris aussi dans le traité *Contre les Gnostiques* (voir II 9 [33], 7, 1-39).

À côté de la distinction entre âmes individuelles et âme cosmique, Plotin hérite
aussi de Platon l'affinité des deux types d'âme. Si le *Timée* établit la dénivellation
entre l'âme cosmique et les âmes individuelles, le *Phèdre* unit celles-ci à celle-là :
en premier lieu, la fonction de s'occuper de tout ce qui est inanimé est attribuée en
commun à « tout ce qui est âme » (*Phaedr.* 246 B 6) ; deuxièmement, les âmes individuelles sont associées à la direction de l'univers, tant qu'elles demeurent dans
l'intelligibile (*Phaedr.* 246 B 7 - C 3). Plotin soutient donc que les âmes individuelles partagent la nature et la fonction de l'âme cosmique, mais avec un abaisse-
ment de puissance qui est l'effet de leur particularisation : voir IV 8 [6], 2, 1-53

avec le comm. de Bettiolo *et al.* **303**, p. 148-161. La démarche du traité V 1 [10], 2, 1-51 est significative à cet égard : Plotin soutient que *chaque* âme doit réfléchir au fait que *l'âme* crée en insufflant la vie, ce qui serait impossible si elle était de la même nature que les choses auxquelles elle donne la vie ; or, pour comprendre la causalité de l'âme, c'est *l'âme universelle* qu'il faut considérer, appelée ici « la grande âme, τὴν μεγάλην ψυχήν » ; une fois admis que l'ordre de l'univers, sa vie et sa beauté dépendent d'un principe de rationalité immanente, on verra clairement que notre âme, qui opère de la même façon, est de la même nature (ὁμοειδὴς καὶ ἡ ἡμετέρα, ligne 44), divine donc : V 1 [10], 10, 10-12, καὶ ἡ ἡμετέρα ψυχὴ θεῖόν τι καὶ φύσεως ἄλλης (voir le comm. de Atkinson **413**, p. 24-45). Ce passage unit donc l'âme individuelle à l'âme de l'univers à partir de la nature de l'âme considérée comme principe. Ailleurs, Plotin distingue plus explicitement l'âme de l'univers de l'âme en tant que principe : voir par ex. V 9 [5], 14, 20-23, où il envisage l'αὐτοψυχή au-dessus de l'âme καθόλου, avec le comm. de Vorwerk **637**, p. 182-183. Le fondement théorique de cette distinction est énoncé en V 1 [10], 10, 6-9 : les trois principes Un, Intellect et Âme ne sont pas dans les choses sensibles, mais demeurent ἔξω par rapport à celles-ci ; ils sont en effet séparés, χωριστά, et Plotin prend soin de préciser qu'ἔξω signifie ici exactement ἔξω τοῦ παντὸς οὐρανοῦ (voir le comm. de Atkinson **413**, p. 215-216). En revanche, l'âme cosmique, tout en étant ontologiquement supérieure à l'univers visible (IV 3 [27], 4, 21-25), s'étend partout en celui-ci : voir surtout II 2 [14], 1, 39-42 ; 3, 1-10 ; VI 4 [22], 12, 18-23 ; 15, 6-8, à lire avec le comm. de **1110** Chr. Tornau, *Plotin. Enneaden VI 4-5[22-23]. Ein Kommentar,* coll. « Beiträge zur Altertumskunde » 113, Stuttgart/Leipzig 1998, p. 238-240 et 279-280 ; IV 3 [27], 8, 58-60 ; 9, 46-48 ; I 1 [53], 8, 13-18. Les trois sens du mot "âme" chez Plotin sont souvent difficiles à démêler, dans la mesure où, suivant le modèle des énoncés platoniciens tels que ψυχὴ πᾶσα ἀθάνατος (*Phaedr.* 245 A 5) ou ψυχὴ πᾶσα παντὸς ἐπιμελεῖται τοῦ ἀψύχου (*Phaedr.* 246 B 6), il attribue certaines propriétés (par ex. l'immortalité ou l'omniprésence dans le corps) à l'âme en tant que telle, et seul le contexte de la discussion permet d'établir s'il envisage l'âme individuelle ou l'âme cosmique.

Deux problèmes principaux ont été reconnus dans cette doctrine : (i) le bienfondé de la différence que Plotin établit entre les âmes individuelles et l'âme cosmique, et (ii) la distinction, qui semble être floue, entre l'âme comme principe et l'Intellect.

(i) Le premier problème a été soulevé surtout par **1111** G. Capone Braga, « Il problema del rapporto tra le anime individuali e l'anima divina dell'universo nella filosofia di Plotino », *RF* 23, 1932, p. 106-125 ; Deck **190**, p. 31-34 ; Moreau **398**, p. 137-145 ; Blumenthal **1109** ; Deuse **725**, p. 120-128 ; Armstrong **1001**. Le point de départ de ce problème consiste en ce que Plotin affirme dans le traité IV 9 [8] que toutes les âmes n'en font qu'une (même si c'est dans un sens spécial, qu'il essaie de dégager : voir Dörrie et Baltes **436**, t. VI.1, *Baustein* 164.4, comm., p. 285-288) ; pourtant, il soutient aussi que le mode d'être de l'âme universelle est différent par rapport à celui des âmes individuelles, d'où l'incohérence qui, selon Blumenthal **1110**, affecte cette doctrine.

Même si Plotin dit parfois que les âmes individuelles dérivent de l'âme cosmique (III 5 [50], 3, 36-38), cette dérivation n'est pas à prendre dans le sens que le âmes individuelles s'en seraient détachées comme des parties. Au début des *Apories sur l'âme* (IV 3-5 [27-29]), Plotin s'engage en effet dans une longue discussion contre des adversaires qui prétendent que nos âmes dérivent de l'âme universelle comme parties détachées d'une totalité : voir en part. IV 3 [27], 1, 16-18 et 30-33 : νῦν δὲ πάλιν ἐπανίωμεν ἐπὶ τοὺς λέγοντας ἐκ τῆς τοῦ παντὸς ψυχῆς καὶ τὰς ἡμετέρας εἶναι. [...] οὕτω καὶ ἡμᾶς [...] μέρη πρὸς τὸ ὅλον ὄντας παρὰ τῆς ὅλης ψυχῆς μεταλαμβάνειν ὡς μέρη. Selon Henry-Schwyzer **3** et **4**, *apparatus fontium ad loc.*, ces adversaires sont les stoïciens, mais les gnostiques aussi ont été évoqués : analyse des interprétations par Helleman Elgersma **1108**, p. 104-131, selon laquelle Plotin vise ici les idées d'Amélius. Quoi qu'il en soit, les critiques de Plotin montrent que pour lui les âmes individuelles ne sont pas des parcelles de l'âme universelle, temporairement rendues particulières à cause de l'acquisition d'un corps. D'ailleurs, il affirme à plusieurs reprises que la multiplicité des âmes ne dépend pas de la multiplicité des corps, puisque même avant l'existence des corps il y aussi bien les âmes multiples que l'âme unique : πρὸ τῶν σωμάτων [...] καὶ πολλὰς καὶ μίαν. Plotin prend soin de préciser qu'il s'agit d'une multiplicité actuelle, et non pas d'une multiplicité en puissance : οὐ δυνάμει, ἀλλ' ἐνεργείᾳ ἑκάστη (VI 4 [22], 4, 34-42 : voir Tornau **1110**, p. 110-114 ; Dörrie et Baltes **436**, t. VI.1, *Baustein* 160.5, comm., p. 288-292 ; *cf.* aussi IV 9 [8], 4, 7-13, et III 2 [47], 2, 23-27). Le modèle adopté par Plotin pour illustrer son idée que « l'âme totale n'empêche pas qu'il y ait en elle des âmes multiples et la multiplicité n'empêche pas qu'il y ait une âme totale » (VI 4 [22], 4, 40-42, trad. Bréhier) est celui des connaissances diverses en une seule âme : chaque ἐπιστήμη est ce qu'elle est, sans se confondre avec les autres, et pourtant elles sont toutes présentes les unes aux autres et à l'âme en son entier (VI 4 [22], 4, 42-46 ; voir le comm. de Tornau **1110**, p. 111-114, et Tornau **974**).

Pourtant, la "descente" d'une âme individuelle dans un corps – qui, rappelons-le, n'est qu'une façon de parler – est selon Plotin l'abandon d'un état dans lequel l'âme, tout en étant individuelle, partage le mode d'être de l'âme cosmique : suivant le *Phèdre*, il soutient que l'âme individuelle qui demeure dans l'intelligible « voyage dans le ciel et gouverne le monde entier » (IV 8 [6], 2, 20-21, trad. Bréhier ; voir *Phaedr.* 246 B 7 - C 3 ; même emprunt, dans le même sens, aussi dans V 8 [31], 7, 33-35 ; voir aussi *ibid.*, 10, 1-22). En revanche, lorsqu'elle se sépare du monde intelligible, l'âme se concentre sur les nécessités d'un corps individuel (IV 8 [6], 4, 10-15 ; III 9 [13], 3, 7-16 ; VI 4 [22], 16, 21-32, avec le comm. de Tornau **1110**, p. 311-314 ; IV 3 [27], 6, 24-27 ; IV 4 [28], 3, 1-6), d'où sa particularisation, qui l'affaiblit et la confond : voir **1112** J. Pépin, « Plotin et le miroir de Dionysos (*Enn.* IV 3[27], 12.1-2) », *RIPh* 8, 1970, p. 304-320 ; **1113** P. Hadot, « Le mythe de Narcisse et son interprétation par Plotin », *NRPs* 13, 1976,

p. 81-108 (repris dans Hadot **201**, p. 225-266) ; **1114** D. Letocha, « Le statut de l'individualité chez Plotin ou le miroir de Dionysos », *Dionysius* 2, 1978, p. 75-91. Cette concentration sur une réalité particulière produit l'oubli de la patrie intelligible (V 1 [10], 1, 1-10, avec le comm. de Atkinson **413**, p. 1-13). À son tour l'oubli, écho de *Phaedr*. 248 C 7 et de *Resp*. X, 621 A 6 - B 1, est la cause de la confusion dont souffre l'âme et que seule la philosophie dissout, en rappelant à l'âme son origine et sa nature.

La séparation d'avec le monde intelligible, qui a pour but de donner naissance à un vivant – l'ensemble d'âme et de corps – est pourtant présentée par Plotin comme une nécessité de nature, même si elle expose l'âme au risque de perdre de vue l'intelligible : voir IV 8 [6], 5, 3-8 ; IV 3 [27], 13, 17-22 ; III 2 [47], 7, 23-28, et la discussion des opinions sur la nature volontaire ou involontaire de la "descente" de l'âme, dans Bettiolo *et al*. **303**, p. 179-182. Cette nécessité est comparée à la poussée, au moment voulu, des poils ou des cornes chez les animaux, à la floraison, à l'élan vers l'union sexuelle (IV 3 [27], 13, 12-17). En produisant chacune un vivant, les âmes individuelles accomplissent une tâche nécessaire, dans la perspective de la vie globale de l'univers inspirée du *Timée* : voir surtout VI 7 [38], 7, 8-16 :

> « Qu'est-ce qui empêche en effet que la puissance de l'Âme du tout, puisqu'elle est une raison (*logos*) qui est toutes choses, ne fasse une première esquisse (προϋπογράφειν) des formes animales avant que les puissances des âmes ne parviennent jusqu'à ces formes et que cette préesquisse ne soit en quelque sorte un ensemble d'illuminations projeté en avant-coureur sur la matière ? Dès lors, l'âme dont le rôle consiste à achever cette esquisse, n'a qu'à suivre ces traces préesquissées et à les découper selon leur parties : chaque âme produit ainsi et devient elle-même la partie vers laquelle elle est allée, en se conformant à elle, comme dans la danse, le danseur se conforme aux figures qui correspondent au thème dramatique qui lui a été imposé » (trad. Hadot **486**, p. 104 ; comm., p. 228-230 ; voir Ferwerda **149**, p. 183-186).

Plotin connaît la doctrine de la descente de l'âme à travers les cieux qui est liée, dans le platonisme de l'époque impériale, au thème des corps astraux ou "véhicules" de l'âme : voir IV 3 [27], 15, 1-10 et le comm. de M. Baltes dans Dörrie et Baltes **436**, t. VI.1, *Baustein* 165.6, p. 386-388 ; cette doctrine ne joue toutefois pas chez lui un rôle important, à la différence de ce qui se produit dans le néoplatonisme postérieur : voir **1115** M. Zambon, « Il significato filosofico della dottrina dell'ὄχημα dell'anima », dans Chiaradonna **245**, p. 305-335, et **1116** S. Toulouse, « Le véhicule de l'âme chez Plotin : de le réception d'une hypothèse cosmologique à l'usage dialectique de la notion », *EPlaton* 3, 2006, p. 102-128. Toujours suivant le modèle platonicien (*Phèdre* et *Timée*), Plotin envisage la réincarnation des âmes humaines (III 2 [47], 13, 1-17), et ceci non seulement en d'autres hommes, mais aussi dans des animaux irrationnels (III 4 [15], 2, 11-30 = *Baustein* 178.3 dans Dörrie et Baltes **436**, t. VI.2, comm., p. 358-366). Les âmes parfaitement purifiées peuvent par ailleurs éviter une nouvelle descente dans le devenir : IV 3 [27], 24, 21-28 ; voir **1117** A. N. M. Rich, « Reincarnation in Plotinus », *Mnemosyne* 10, 1957, p. 232-238, et **1118** J. Laurent, « La réincarnation selon Plotin », dans *Id*., *L'homme et le monde selon Plotin*, Fontenay-aux-Roses 1999, p. 115-137. Cette problématique est étroitement liée à celle du destin ultra-mondain de l'âme individuelle : Plotin est conscient de la nécessité de préserver la notion de jugement en relation avec la conduite de la vie, ainsi que des difficultés que cela pose pour sa doctrine de l'âme non-descendue ; la question est abordée surtout dans I 1 [53], 12-13, à lire avec les comm. de **1119** G. Aubry, *Traité 53 (I, 1)*, coll. « Les Écrits de Plotin », Paris 2004, p. 310-315 et de Marzolo **564**, p. 170-181.

(ii) Le deuxième problème consiste en ce que l'âme considérée comme principe semble faire double emploi avec l'Intellect. Le point avait été signalé par Armstrong **392**, p. 87-88, qui envisageait une différence majeure entre Plotin et Platon à propos du rôle de l'Intellect divin : selon Armstrong, pour Plotin l'Intellect n'est plus l'architecte divin de l'univers, comme dans le *Timée*, mais un principe entièrement retourné vers l'Un et absorbé dans sa contemplation, si bien que la tâche qui était celle du Démiurge platonicien est confiée à l'âme cosmique. Sur ce point, Plotin n'a pas atteint une vision claire et cohérente selon **1120** H.-J. Blumenthal, « *Nous* and Soul in Plotinus : Some Problems of Demarcation », dans *Plotino e il neoplatonismo* **78**, p. 203-219 (repris dans Blumenthal **582**). Selon Blumenthal, l'âme est clairement distincte de l'Intellect divin et subordonnée à celui-ci lorsque Plotin discute les relations entre ces deux principes, mais, lorsqu'il envisage l'âme comme principe, « Soul as such, Soul independent of both the cosmos and the individual, the soul from which all other souls are derived » (p. 208), la différence vis-à-vis de l'Intellect divin devient difficile à établir, puisque l'âme est présentée elle aussi comme un principe intelligible transcendant par rapport au cosmos et connaissant par vision directe tous les intelligibles présents dans l'Intellect divin ; voir aussi **1121** D. Caluori, « The Essential Functions of a Plotinian Soul », *Rhizai* 2, 2005, p. 75-93 ; **1122** R. Dufour, « Le rang de l'âme du monde au sein des réalités intelligibles et son rôle cosmologique chez Plotin », *EPlaton* 3, 2006, p. 89-102 ; **1123** J. Opsomer, « A Craftsman and his Handmaiden. Demiurgy According to Plotinus », dans Leinkauf et Steel **490**, p. 67-102.

Plotin fait pivoter sa philosophie autour de l'idée que les principes supra-sensibles sont trois, l'Un, l'Intellect et l'Âme : connue par les philosophes antérieurs à Platon, exposée de la manière la plus claire par celui-ci, abandonnée seulement par ceux qui se sont écartés de Platon (V 1 [10], 8, 1 - 9, 33 ; voir le comm. de Atkinson **413**, p. 185-211), la doctrine des trois principes Un, Intellect, Âme, joue un rôle important aussi dans la critique plotinienne des théosophies gnostiques, qui multiplient les principes divins à loisir : comparer V 1 [10], 10, 1-4 : « Voici donc ce qu'il faut croire : il y a d'abord l'Un, qui est au delà de l'Être [...] puis, à sa suite, l'Être et l'Intelligence, et, au troisième rang, la nature de l'Âme » (trad. Bréhier), et II 9 [33], 2, 1-2 : « Donc rien de plus que les trois hypostases (οὐ τοίνυν οὔτε πλείω τούτων) : n'admettons pas dans les intelligibles ces inventions superflues auxquelles ils se refusent » (trad. Bréhier ; dans la suite du passage sont mentionnés l'Intellect, le Père de l'Intellect et l'âme). Il serait donc surprenant que Plotin n'ait pas assigné une tâche précise à l'âme en tant que principe. Or cette tâche, conformément au livre X des *Lois* et à l'axiome du *Phèdre* déjà évoqué, est le gouvernement du cosmos : en IV 8 [6], 3, 21-25 Plotin affirme que toute âme en tant que telle prend soin d'un corps, sinon elle serait νοῦς. En même temps, il présente aussi l'Intellect comme le Démiurge divin du cosmos (voir V 9 [5], 3, 25-32 et 5, 20-23 ; III 9 [13], 1, 21-22 ; II 3 [52], 18, 15), d'où le problème soulevé par Blumenthal **1120**. Pourtant, cela n'implique pas qu'il y ait redoublement des fonctions et confusion entre les principes, puisqu'aussi bien l'Intellect que l'Âme transmettent la causalité universelle de l'Un en produisant le cosmos visible ; mais à des titres différents. L'Intellect est en effet pour Plotin l'ensemble de toutes les Formes intelligibles en unité parfaite (voir plus loin, "Le monde intelligible et l'Intellect"), tandis que l'âme, à cause de sa nature discursive, développe cette unité en un processus. Tout comme dans l'âme individuelle la διάνοια développe à travers des argumentations les Formes intelligibles qui, considérées dans le νοῦς, sont des connaissances intuitives simples et totales, de même dans l'âme en tant que principe cosmique les Formes intelligibles sont développées jusqu'à devenir la structure rationnelle du cosmos visible. La démiurgie de l'Âme est différente par rapport à celle de l'Intellect en ce sens que l'Intellect contient en une intuition simple et unitaire toutes les Formes intelligibles que l'Âme développe, dans la production de l'univers visible, sous forme de λόγοι. En V 9 [5], 3, 24-32 la démiurgie de l'Intellect est comparée à la τέχνη et celle de l'âme, à l'artiste :

« Transportant les mêmes principes à l'univers, on remontera là aussi à une intelligence, dont on fera le véritable créateur et démiurge ; l'on dira que le substrat qui reçoit les formes, c'est le feu, l'eau, l'air et la terre, mais que ces formes lui viennent d'un autre être, et que cet être est l'âme ; l'âme ajoute aux quatre éléments la forme du monde, dont elle leur fait don ; mais c'est l'intelligence qui lui fournit des raisons séminales, de même que l'art donne à l'âme de l'artiste des règles rationnelles d'action » (trad. Bréhier ; voir le comm. de Vorwerk **637**, p. 91-93).

En adoptant une hiérarchie selon le haut et le bas qui n'est naturellement rien de plus qu'une image, Plotin dit parfois que le principe qui produit l'univers visible est la « limite inférieure » de l'âme cosmique (τὸ ἔσχατον αὐτῆς πρὸς τὸ κάτω, II 3 [52], 18, 13-19, trad. Bréhier ; voir aussi II 3 [52], 18, 13-19). Située οἷον ἐν ἐσχάτῳ τῷ νοητῷ τόπῳ, l'âme donne aux corps, par loi de nature, la participation au caractère qui lui appartient essentiellement : la vie (VI 4 [22], 16, 17-21), qui s'exprime à tous les niveaux – et non seulement dans la vie biologique – sous forme d'organisation rationnelle. Selon Plotin, en effet, il n'y a rien dans l'univers qui ne soit animé (I 8 [51], 14, 36-37 ; et si parfois il affirme que l'âme supérieure s'étend jusqu'aux plantes (V 2 [11], 1, 23), lorsqu'il aborde *ex professo* les niveaux de "vie", il soutient que les choses apparemment inanimées aussi sont vivantes, et cite à cet effet la croissance des cristaux à l'intérieur de la terre (VI 7 [38], 11, 22-27 : voir le comm. de Hadot **486**, p. 241-244). Chaque vivant atteint jusqu'à un certain degré d'âme (VI 4 [22], 15, 1-18 : voir le comm. de Tornau **1110**, p. 277-287) ; la nature aussi, considérée en son ensemble, est une puissance d'organisation rationnelle : « Ce qu'on appelle "nature" est une âme ; elle est le produit d'une âme antérieure animée d'une vie plus puissante qu'elle » (III 8 [30], 4, 15-16, trad. Bréhier) ; voir aussi V 2 [11], 1, 19-21 et II 1 [40], 5, 6-8, avec les comm. de **1124** R. Dufour, *Plotin. Sur le ciel (Ennéade II, 1[40])*, coll. « Histoire des doctrines de l'Antiquité classique» 29, Paris 2003, p. 119-120, et de **1125** J. Wilberding, *Plotinus' Cosmology. A Study of Ennead II.1[40]*, Oxford 2006, p. 177-182.

Tout comme dans le cas de l'âme individuelle vis-à-vis du corps auquel elle donne la vie, de même pour le cosmos il ne faut pas imaginer qu'il y ait un corps réel et existant mais inanimé, dans lequel l'âme entrerait. Un passage des *Apories sur l'âme* permet de saisir la pensée de Plotin sur ce point et son approche de la cosmogonie du *Timée*, récit mettant en succession temporelle des priorités logiques, comme dans la démonstration d'un théorème (voir plus haut, "Sources. Platon. *Timée*", *sub fin.*) :

> « Mais il faut bien penser que, si nous concevons cette âme (*i.e.*, ἡ τοῦ παντός, li. 12) comme entrant dans un corps et comme venant l'animer, c'est dans un but d'enseignement et pour éclaircir notre pensée (διδασκαλίας καὶ τοῦ σαφοῦ χάριν) ; car, à aucun moment, cet univers n'a été sans âme ; à aucun moment son corps n'a existé en l'absence de l'âme, et il n'y a jamais eu réellement de matière privée d'ordre ; mais il est possible de concevoir ces termes, l'âme et le corps, la matière et l'ordre, en les séparant l'un de l'autre par la pensée ; il est permis d'isoler par la pensée et par la réflexion les éléments de tout composé. Voici la vérité : s'il n'y avait pas de corps, l'âme ne procéderait pas, puisqu'il n'y a pas d'autre lieu où elle soit naturellement. Si elle doit procéder, elle engendre donc pour elle-même un lieu et par conséquent un corps. [...] Devenu comme une demeure belle et variée, le monde n'est pas détaché de l'auteur qui l'a produit, sans pourtant se communiquer à lui » (IV 3 [27], 9, 12-31, trad. Bréhier).

Dans la suite de ce passage, l'âme cosmique est présentée comme le principe qui a le pouvoir d'ordonner la matière selon les raisons immanentes (κατὰ λόγους), tout comme les λόγοι qui sont dans la semence et qui font de chaque vivant un microcosme. La vie que l'âme donne au corps de l'univers est comme la vie même de l'âme ; or, celle-ci est ἐν λόγῳ, donc ce qu'elle donne au corps est λόγος. L'âme possède en elle-même les λόγοι de toutes les choses, y compris des dieux (IV 3 [27], 10, 10-42). Ailleurs Plotin affirme que la puissance d'organisation rationnelle d'un vivant qui se trouve dans la semence est λόγος εἷς ὅλος, même si la semence se compose aussi d'un élément matériel : ce λόγος est la forme génératrice que certains appellent φύσις (V 9 [5], 6, 15-24 ; voir Vorwerk **637**, p. 116-117, et comparer avec V 1 [10], 5, 10-13, avec le comm. de Atkinson **413**, p. 114-116). En III 4 [15], 1, 17 ce principe immanent d'organisation rationnelle est dit être la dernière des réalités intelligibles, qui est présente dans la dernière des réalités sensibles, c'est-à-dire l'individu (ἔσχατον τῶν ἄνω ἐν ἐσχάτῳ τοῦ κάτω).

Sur la vision plotinienne de la nature, des λόγοι et de la relation matière-forme dans les choses sensibles, voir **1126** H. F. Müller, «Φύσις bei Plotin», *RhM* 71, 1916, p. 232-245 ; Witt **663** ; **1127** E. Früchtel, *Der Logosbegriff bei Plotin. Eine Interpretation*, München 1955 ; Rist **72**, p. 84-102 ; Deck **190**, p. 56-63 ; **1128** P. Hadot, «L'apport du néoplatonisme à la philosophie de la nature en Occident», *Eranos-Jb* 37, 1968, p. 91-132 ; Früchtel **665**, p. 41-67 ; **1129** J. H. Fielder, «Plotinus' Copy Theory», *Apeiron* 11, 1977, p. 1-11 ; **1130** *Id.,* «Plotinus' Response to Two Problems of Immateriality», *PACPhA* 52, 1978, p. 96-102 ; **1131** M. I. Santa Cruz de Prunes, *La genèse du monde sensible dans la philosophie de Plotin*, coll. «Bibliothèque de l'École des Hautes Études. Section des Sciences Religieuses» 81, Paris 1979 ; **1132** M. F. Wagner, «Plotinus' World», *Dionysius*

6, 1982, p. 13-42 ; **1133** *Id.*, « Vertical Causation in Plotinus », dans Harris **532**, p. 51-72 ; Miller **61** ; **1134** J. Laurent, *Les fondements de la nature dans la pensée de Plotin : participation et procession*, coll. « Bibliothèque d'histoire de la philosophie », Paris 1992 ; **1135** M. F. Wagner, « Plotinus on the Nature of Physical Reality », dans Gerson **410**, p. 130-170 ; **1136** P. Kalligas, « *Logos* and the Sensible Object in Plotinus », *APh* 17, 1997, p. 397-410 ; **1137** M. Fattal, *Logos et image chez Plotin*, Paris/Montréal 1998 ; Brisson **675** ; **1138** M. F. Wagner, « Scientific Realism and Plotinus' Metaphysic of Nature », dans **1139** R. B. Harris (édit.), *Neoplatonism and Contemporary Thought*, t. I, coll. « International Society for Neoplatonic Studies » 10, Albany 2001, p. 13-72 ; **1140** C. Russi, « Provvidenza, λόγος connettivo e λόγος produttivo. Le tre funzioni dell'anima in *Enn*. III 3 [48], 4.6-13 », dans Chiaradonna **245**, p. 59-78 ; **1141** J. Wilberding, « Porphyry and Plotinus on the Seed », *Phronesis* 53, 2008, p. 406-432 ; **1142** G. Karamanolis, « Plotinus on Quality and Immanent Form », dans **1143** R. Chiaradonna et F. Trabattoni (édit.), *Physics and Philosophy of Nature in Greek Neoplatonism*. Proceedings of the European Science Foundation Exploratory Workshop, Leiden 2009, p. 79-100 ; **1144** Chr. Wildberg, « A World of Thoughts : Plotinus on Nature and Contemplation (*Enn*. III 8[30], 1-6) », dans Chiaradonna et Trabattoni **1143**, p. 121-143 ; **1145** P.-M. Morel, « Comment parler de la nature ? Sur le traité 30 de Plotin », *EPh* 90, 2009, p. 387-406.

Puisque Plotin pense que l'entrée de l'âme dans le corps est une image qui risque de créer d'inutiles difficultés, il la remplace par celle de l'âme qui enveloppe l'univers « circulairement de l'extérieur » (ἔξωθεν περικαλύψασα, *Tim.* 36 E 3, trad. Brisson). Il reprend à son compte cette image platonicienne (voir III 9 [13], 3, 2-4 ; VI 4 [22], 1, 1-8 ; IV 3 [27], 20, 41-51 ; 22, 7-12 ; V 5 [32], 9, 26-31 ; III 7 [45], 11, 33-34) et la développe par une autre image, celle du filet qui, plongé dans la mer, s'étend avec elle : « De même l'âme est assez grande par nature pour embrasser en une même puissance toute la substance corporelle » (IV 3 [27], 9, 36-42, trad. Bréhier). Ce que Platon a voulu établir en disant que l'âme enveloppe l'univers de l'extérieur, c'est le rapport de dépendance qui relie celui-ci à l'âme : « Tel est l'univers animé ; il a une âme qui n'est pas à lui, mais qui est pour lui ; il en est dominé et ne la domine pas ; il en est possédé et ne la possède pas. Il est dans l'âme qui le soutient, il n'a rien en lui qui ne participe de cette âme » (IV 3 [27], 9, 35-38, trad. Bréhier), d'où la thèse que c'est le corps qui s'unit à l'âme ou s'approche d'elle pour en participer : voir III 9 [13], 3, 1-2 (τὸ σῶμα γειτονῆσαν μετέλαβεν αὐτῆς, *scil.* de l'âme cosmique, ἡ πᾶσα ψυχή) ; III 4 [15], 4, 3-6 (οὐ γὰρ ἦλθεν οὐδὲ κατῆλθεν, ἀλλὰ μενούσης προσάπτεται τὸ σῶμα τοῦ κόσμου) ; VI 4 [22], 6, 1-3 ; 12, 33 et 40-46, avec le comm. de Tornau **1110**, p. 128-130 ; 242-243 ; 245-247. Bien évidemment, il ne s'agit pas d'un mouvement local, mais du rapport de participation platonicien, que Plotin entend au sens où ce qui participe se modèle sur ce qui est participé, ce dernier demeurant immobile, c'est-à-dire immuable dans sa nature. Sur l'image du corps qui "s'approche" de la réalité supra-sensible (âme ou forme intelligible) voir O'Meara **923**, p. 60 et 68, critiqué par **1146** J. S. Lee, « The Doctrine of Reception According to the Capacity of Recipient in *Ennead* VI.4-5 », *Dionysius* 3, 1979, p. 79-97 ; voir la réponse de **1147** D. J. O'Meara, « The Problem of Omnipresence in Plotinus *Ennead* VI 4-5 : A Reply », *Dionysius* 4, 1980, p. 61-74 (repris dans O'Meara **753bis**) ; **1148** K. Corrigan, « Body's Approach to Soul. An Examination of a Recurrent Theme in the *Enneads* », *Dionysius* 9, 1985, p. 37-52.

Prenant comme point de départ *Tim.* 37 D 5, εἰχὼ δ' ἐπενόει (*scil.* le Démiurge) χινητόν τινα αἰῶνος ποιῆσαι, Plotin affirme que c'est l'âme qui crée le temps, « image mobile de l'éternité » (III 7 [45], 11, 20) : l'âme a en effet une δύναμις οὐχ ἥσυχος qui veut « toujours faire passer ailleurs les objets qu'elle voyait dans l'intelligible » ; incapable du fait de sa structure cognitive d'avoir l'intelligible présent tout d'un coup, l'âme

> « fit le monde sensible à l'image du monde intelligible ; et elle le fit mobile non pas du mouvement intelligible, mais d'un mouvement semblable à celui-ci et qui aspire à en être l'image ; d'abord elle se rendit elle-même temporelle (ἑαυτὴν ἐχρόνωσεν) en produisant le temps à la place de l'éternité ; puis elle soumit au temps le monde engendré par elle, et le mit tout entier dans le temps, où elle renferma tout son développement » (III 7 [45], 11, 27-33, trad. Bréhier).

La production du temps, condition d'existence de l'univers visible, dépend donc de la nature de l'âme, dont l'ἐνέργεια est nécessairement en succession (III 7 [45], 11, 20-43, à lire avec le comm. de **1149** W. Beierwaltes, *Plotin. Über Ewigkeit und Zeit (Enneade III 7)*, Frankfurt a. M. 1967, p. 62-74 et p. 252-267 ; voir aussi 13, 45-49).

La définition plotinienne du temps comme « vie de l'âme consistant dans le mouvement par lequel l'âme passe d'un état de vie à un autre état de vie » (III 7 [45], 11, 43-45, trad. Bréhier ; voir le comm. de Beierwaltes **1149**, p. 267-269) a suscité des interprétations différentes selon l'orientation philosophique des interprètes. L'influence de la vision plotinienne du temps et de l'éternité sur Henri Bergson, depuis les cours de 1897-1898, à travers *L'évolution créatrice* de 1907, jusqu'aux *Deux sources de la morale et de la religion* de 1932, a été retracée par **1150** R.-M. Mossé-Bastide, *Bergson et Plotin*, coll. « Bibliothèque de Philosophie contemporaine. Histoire de la philosophie et philosophie générale », Paris 1959, en part. p. 181-205, et **1151** A. Pigler-Rogers, « Interprétation de la durée chez Plotin et Bergson », *Diotima* 19, 1991, p. 109-114 ; voir pourtant les remarques prudentes sur la relecture bergsonienne des textes de Plotin de **1152** M. de Gandillac, « Le Plotin de Bergson », dans *Études néoplatoniciennes* (= *RThPh* 23, 1973), p. 99-109 ; voir aussi **1153** C. L. Hancock, « The Influence of Plotinus on Bergson's Critique of Empirical Science », dans Harris **1139**, p. 139-161. Selon **1154** H. Leisegang, *Die Begriffe der Zeit und Ewigkeit im späteren Platonismus*, coll. « Beiträge zur Geschichte der Philosophie des Mittelalters » 13, 4, Münster i. W. 1913, en part. p. 15-29, Plotin, en considérant le temps comme la vie de l'âme, s'approche de la « rein psychologische Auffassung der Zeit », qu'il n'atteint pourtant pas, puisque pour lui le temps demeure encore quelque chose de réel. Le chemin dans la direction de la "psychologisation" du temps, entamé par Plotin, s'achève chez Augustin selon **1155** J. F. Callahan, *Four Views of Time in Ancient*

Philosophy, Cambridge, MA 1948, p. 178 (sur Plotin, p. 88-148). Une approche différente est celle de **1156** J. Guitton, *Le temps et l'éternité chez Plotin et saint Augustin*, Paris 1933, 1956² (réimpr. en 1959 et 2004) : pour Guitton, Plotin exprime la vision grecque – par rapport à laquelle la vision chrétienne d'Augustin est tout autre – à deux égards : tout d'abord, le temps est cyclique pour Plotin, alors que le temps chrétien est orienté eschatologiquement ; ensuite, l'éternité est pour Plotin, aux yeux de Guitton, la seule réalité véritable : l'histoire des âmes, qui implique la temporalité, n'a pour lui aucune valeur. De même Jonas **836** avait mis en valeur l'idée du changement que subit l'âme lorsqu'elle passe de l'éternité intelligible au temps, en soulignant – conformément à sa vision d'un Plotin influencé par l'esprit gnostique – la chute dans le monde hostile de la matière et du devenir que cela comporte pour l'âme ; cette interprétation a été critiquée par Armstrong **851**, p. 120 ; voir aussi Manchester **838**. Pour d'autres analyses de la notion de temps chez Plotin, ainsi que du traité III 7 [45] en général, voir **1157** H. Weiss, « An Interpretative Note on a Passage in Plotinus' *On Eternity and Time* », *CPh* 36, 1941, p. 230-239 ; **1158** J. C. M. van Winden, « Plotinus *Enn*. III 7, 13, 49-53 », *Mnemosyne* 17, 1964, p. 163-164 ; Clark **476** ; Beierwaltes **1149**, p. 35-88 ; **1159** P. Aubenque, « Plotin philosophe de la temporalité », *Diotima* 4, 1976, p. 78-86 ; **1160** P. Plass, « Timeless Time in Neoplatonism », *MS* 55, 1977, p. 1-19 ; **1161** M. Lassègue, « Le temps, image de l'éternité chez Plotin », *RPhilos* 172, 1982, p. 405-41 ; **1162** J. M. Simons, « Matter and Time in Plotinus », *Dionysius* 9, 1985, p. 53-74 ; **1163** J. E. McGuire et S. K. Strange, « An Annotated Translation of Plotinus *Ennead* III 7 : On Eternity and Time », *AncPh* 8, 1988, p. 251-271 ; **1164** K. Gloy, « Die Struktur der Zeit in Plotins Zeittheorie », *AGPh* 71, 1989, p. 303-326 ; **1165** F. Ferrari et M. Vegetti, *Plotino. L'eternità e il tempo (Enneade III 7)*, coll. « Frammenti » 1, Milano 1991 ; **1166** A. Trotta, « Interpretazione e critica di Plotino della concezione del tempo dei suoi predecessori », *RFN* 84, 1992, p. 340-468 ; **1167** S. K. Strange, « Plotinus on the Nature of Eternity and Time », dans Schrenk **600**, p. 22-53 ; **1168** M. F. Wagner, « Real Time in Aristotle, Plotinus, and Augustine », *JNStud* 4, 1996, p. 67-116 ; **1169** A. Smith, « Eternity and Time » dans Gerson **410**, p. 196-216 ; **1170** A. Trotta, *Il problema del tempo in Plotino*, coll. « Temi metafisici e problemi del pensiero antico. Studi e testi » 62, Milano 1997 ; **1171** A. Smith, « Soul and Time in Plotinus », dans J. Holzhausen (édit.), Ψυχή-*Seele-anima*. Festschrift für Karin Alt zum 7. Mai 1998, coll. « Beiträge zur Altertumskunde » 109, Stuttgart/Leipzig 1998, p. 335-344 ; Chiaradonna **621** ; **1172** D. Majumdar, *Plotinus on the Appearance of Time and the World of Sense. A Pantomime*, Aldershot/Burlington, VT 2007 ; **1173** M. F. Wagner, *The Enigmatic Reality of Time : Aristotle, Plotinus, and Today*, coll. « Studies in Platonism, Neoplatonism, and the Platonic Tradition » 7, Leiden 2008 ; **1174** R. M. van den Berg, « As we are always speaking of them and using their names on every occasion. Plotinus, *Enn*. III.7 [45] : Language, Experience and the Philosophy of Time in Neoplatonism », dans Chiaradonna et Trabattoni **1143**, p. 101-120.

Comme on vient de le voir, pour Plotin, l'âme cosmique place tout l'univers à l'intérieur du temps. Le mouvement éternel des astres est la conséquence de leur dépendance essentielle de l'âme : parfait autant qu'un corps peut l'être, l'univers est éternel puisqu'il tire son être d'une cause intelligible, qui n'a jamais "commencé" à produire ni ne peut faire défaut (V 8 [31], 12, 22-25 ; III 2 [47], 2, 14-18). Contre la doctrine stoïcienne de l'anéantissement du cosmos et contre la doctrine chrétienne de la création temporelle qui implique celle de la fin du cosmos visible, Plotin soutient l'éternité de l'univers (voir V 8 [31], 12, 20-22 ; II 1 [40], 1, 1-10 ; 4, 14-16 et 25-30, avec le comm. de Wilberding **1125**, p. 95-106 ; 163-164 ; 167-169). Sur la cosmologie plotinienne voir surtout **1175** É. Bréhier, « La "mécanique céleste" néoplatonicienne », dans **1175bis** *Mélanges Joseph Maréchal*, coll. « Museum Lessianum. Section Philosophique » 31-32, Bruxelles/Paris 1950, II, p. 245-248 (repris dans Bréhier **439**, p. 244-247) ; **1176** Ph. Merlan, « Plotinus *Enneads* II 2 », *TAPhA* 74, 1943, p. 179-191 ; **1177** G. H. Clark, « Plotinus on the Eternity of the World », *PhR* 58, 1949, p. 130-140 ; **1178** F. R. Jevons, « Dequantitation in Plotinus' Cosmology », *Phronesis* 9, 1964, p. 64-71 ; **1179** A. Linguiti, « Il cielo di Plotino », dans Bonazzi et Trabattoni **504**, p. 251-264 ; Dufour **1124** ; Wilberding **1125** ; **1180** *Id.*, « Creeping Spatiality : The Location of *Nous* in Plotinus' Universe », *Phronesis* 50, 2005, p. 315-334.

Un trait saillant de l'œuvre de l'âme qui s'exprime comme nature, aussi bien céleste que sublunaire, est selon Plotin la beauté : voir V 8 [31], 8, 22-23 ; II 9 [33], 8, 1-16 ; 17, 26-56. Plotin a consacré deux écrits à l'analyse de la beauté : I 6 [1], *La beauté*, et V 8 [31], *La beauté intelligible*. Le traité I 6 [1] a joué un rôle important dans le renouveau de l'intérêt pour Plotin au début du XIXe siècle : édité et abondamment annoté par **1181** F. Creuzer, *Plotini Liber de pulcritudine (…) accedunt anecdota graeca (…)*, Heidelberg 1814 (réimpr. Hildesheim 1976), cet écrit a inspiré Schelling : voir **1182** W. Beierwaltes, « Schelling und Plotin », dans *Plotino e il neoplatonismo* **78**, p. 605-618, en part. p. 608 ; la vision plotinienne de la beauté a inspiré aussi Goethe, à travers Winkelmann : voir **1183** C. Latella, « Cassirer e Panofsky interpreti di Plotino », relazione per il corso di dottorato in discipline filosofiche, Università di Pisa, anno 2004/2005. Par conséquent – et bien que, comme le remarque Armstrong **1091**, p. 155, Plotin eût été surpris d'apprendre qu'il avait élaboré une théorie esthétique – on constate à partir du XIXe s. une floraison d'études sur la conception plotinienne de la beauté : voir surtout **1184** F. Gregorovius, « Grundlinien einer Aesthetik des Plotin », *ZPhK*, N. F. 26, 1853, p. 113-147, d'après lequel la théorie de Plotin était très proche de celle du Romanticisme ; **1185** R. Volkmann, *Die Höhe der antiken Aesthetik, oder Plotins Abhandlung vom Schönen*, Stettin 1860, selon lequel Plotin avait compris la doctrine platonicienne du beau mieux que Platon lui-même, puisqu'il considérait la beauté créée par l'artiste comme supérieure à la beauté naturelle (p. 22) ; **1186** J. Cochez, « L'esthétique de Plotin », *RNeosc* 20, 1913, p. 294-338 et 431-454 ; 21, 1914, p. 165-192 ; **1187** H. F. Müller, « Die Lehre vom Schönen bei Plotin », *Sokrates* 3, 1915, p. 593-602 ; **1188** *Id.*, « Plotin und Schiller über die

Schöne», *PhM* 12, 1876, p. 385-393 ; **1189** E. Panofsky, *Idea. Ein Beitrag zur Begriffsgeschichte der älteren Kunsttheorie*, Leipzig 1924, en part. p. 12-16. Parmi les études modernes, voir surtout **1190** R. E. Brennan, «The Philosophy of Beauty in the *Enneads* of Plotinus», *NSchol* 14, 1940, p. 1-32 ; **1191** A. N. M. Rich, «Plotinus and the Theory of Artistic Imitation», *Mnemosyne* 13-14, 1960-61, p. 233-239 ; **1192** J. P. Anton, «Plotinus' Refutation of Beauty as Symmetry», *JAAC* 23, 1964, p. 233-237 ; Schöndorf **522** ; Armstrong **1091** ; **1193** J. Moreau, «Origine et expressions du Beau suivant Plotin», dans *Néoplatonisme* **75**, p. 249-263 ; **1194** M. Massagli, «L'Uno al di sopra del bello e della bellezza nelle *Enneadi* di Plotino», *RFN* 83, 1981, p. 111-131 ; **1195** J. Laurent, «Plotin et la beauté de Zeus», *ArchPhilos* 61, 1998, p. 251-267 ; **1196** C. Guidelli, *Dall'ordine alla vita. Mutamenti del bello nel platonismo antico*, coll. «Relazioni e significati. Studi» 7, Bologna 1999 ; **1197** S. Stern-Gillet, «Le principe du beau chez Plotin. Réflexions sur *Enn.* VI.7.32 et 33», *Phronesis* 45, 2000, p. 38-63 ; Beierwaltes **1030**, p. 59-61 ; **1198** P. Hadot, *Le voile d'Isis. Essai sur l'histoire de l'idée de Nature*, coll. «NRF Essais», Paris 2004, p. 225-227 ; **1199** E. D. Perl, «Why is Beauty Form? Plotinus' Theory of Beauty in Phenomenological Perspective», *Dionysius* 25, 2007, p. 115-128 ; **1200** J. Halfwassen, «Schönheit und Bild im Neuplatonismus», dans **1201** V. Olejniczak Lobsien et C. Olk (édit.), *Neuplatonismus und Ästhetik. Zur Transformations-geschichte des Schönen*, coll. «Transformationen der Antike», Berlin 2007, p. 43-58 ; **1202** A. Schmitt, «Symmetrie und Schönheit. Plotins Kritik an hellenistischen Proportionslehren und ihre unterschiedliche Wirkungsgeschichte in Mittelalter und Früher Neuzeit», *ibid.*, p. 59-84.

Le monde intelligibile et l'Intellect

Comme on l'a vu plus haut (voir "La doctrine. Ordre de présentation de la philosophie de Plotin"), les étapes fondamentales du raisonnement philosophique consistent à montrer la nature nécessairement incorporelle de l'âme et son rôle causal vis-à-vis du corps, aussi bien individuel que cosmique, pour remonter ensuite vers la réalité intelligible et, au-delà de celle-ci, vers le Premier Principe parfaitement simple. Une fois admise l'existence de l'âme, principe incorporel qui est la cause de l'organisation rationnelle des corps, le raisonnement oblige à admettre qu'il y a aussi le cosmos intelligible : voir V 9 [5], 3, 4-26 ; 4, 1-3 ; 9, 1-8 ; VI 9 [9], 5, 5-24 ; V 8 [31], 3, 7-10 ; l'ascension de notre raison vers l'intelligible est analysée par Heiser **928**, p. 11-24. Plotin présente une double démarche vers le monde intelligible : à partir de la réflexion sur la nature de l'univers telle qu'elle est présentée dans le *Timée*, et à partir de l'analyse du mode de connaissance que l'âme reconnaît comme le sien. Les deux démarches, omniprésentes dans les *Ennéades*, aboutissent à la même conclusion : le monde intelligible et l'Intellect divin ne font qu'un, conclusion qui choqua Porphyre (voir *VP* 18, 10-19, avec la note de **1203** J. Pépin, dans Brisson *et al.* **9**, t. II, p. 279-281).

Dès le début de son œuvre écrite, Plotin s'engage à soutenir que les Formes intelligibles – désignées dans les *Ennéades* par la formule platonicienne τὰ ὄντα, τὰ ὄντως ὄντα – constituent la substance même de l'Intellect divin :

> « De plus, si l'intelligence doit être créatrice de l'univers, elle ne pourra pas penser les choses qui se trouvent en ce qui n'existe pas encore, afin de produire ce dernier. Donc ces êtres (τὰ ὄντα, li. 13) doivent exister antérieurement au monde ; ce ne sont pas des empreintes d'autres êtres, mais ils sont des archétypes et des réalités primitives ; et ils sont l'essence même de l'intelligence (νοῦ οὐσίαν) » (V 9 [5], 5, 20-23, trad. Bréhier modifiée).

Dans ce passage, l'identité entre les Formes intelligibles et l'Intellect divin est déduite de la nature même de la causalité démiurgique : puisque l'Intellect divin ne peut tirer les Formes intelligibles des choses sensibles, qui en sont plutôt l'effet, il faut admettre qu'elles sont déjà présentes en lui. Mais Plotin ne se borne pas à cela : il affirme que les intelligibles forment l'οὐσία même de l'Intellect. Ce faisant, il s'écarte – comme Longin l'a bien vu : *cf.* Pépin **1203** et Männlein-Robert **813**, p. 536-547 – de la doctrine platonicienne courante à son époque, selon laquelle les Idées sont les pensées de Dieu : voir Dörrie et Baltes **436**, t. V, *Baustein* 127.1-7, comm., p. 232-262 ; *Baustein* 131.4-5, comm., p. 319-322. Alors que Armstrong **575**, en part. p. 395, Pépin **1203** et Männlein-Robert **813**, p. 545, pensent que Plotin critique ou, du moins, dépasse substantiellement la doctrine des Idées comme pensées de l'Intellect divin, **1204** W. Beierwaltes, « Einführung », dans *Plotin. Geist - Ideen - Freiheit. Enneade V 9 und VI 8*. Griechischer Lesetext und Übersetzung von R. Harder [...] mit Bemerkungen zu Text und Übersetzung [...] versehen von W. B. (voir Harder **341**), coll. « Philosophische Bibliothek » 429, Hamburg 1990, p. XXII-XXIII, estime que la doctrine plotinienne de l'identité de l'Intellect divin avec les intelligibles en est l'aboutissement, les critiques de Plotin contre la conception des Idées comme pensées de Dieu portant seulement sur des points de détail ; voir aussi Beierwaltes **1149**, p. 23 et n. 45 ; Emilsson **957**, p. 167. Ce que Plotin n'accepte pas est l'implication selon laquelle un acte de pensée de l'Intellect divin ferait venir à l'être les intelligibles :

> « L'Intelligence, elle, est immobile et en elle-même ; elle est tout à la fois ; et ce n'est pas parce qu'elle pense à une chose qu'elle la fait exister. Ce n'est pas lorsqu'elle pense à Dieu, que Dieu existe, ni lorsqu'elle pense au mouvement, que le mouvement existe. Par conséquent il n'est pas exact de dire que les idées sont des pensées, si on le prend en ce sens qu'une chose devient ou est ce qu'elle est après que l'Intelligence en a eu la notion » (V 9 [5], 7, 11-17, trad. Bréhier) ; voir aussi V 9 [5], 8, 8-13 ; VI 6 [34], 6, 1-19.

Mais si les Formes intelligibles ne sont pas des pensées – car elles n'auraient dans ce cas qu'une existence dérivée et secondaire par rapport à l'Intellect – il s'ensuit que l'Intellect *est* αὐτὰ τὰ πρῶτα (V 9 [5], 7, 8) ; voir aussi V 9 [5], 3, 1-4 ; 8, 16-20 ; V 4 [7], 2, 43-44 ; VI 9 [9], 2, 43-47 ; III 8 [30], 8, 41-45 ; V 5 [32], 2, 4-12 ; VI 7 [38], 13, 35-39 ; V 3 [49], 10, 3-4.

Plotin est conscient que l'identité qu'il établit entre l'Intellect et les intelligibles va à l'encontre de la lettre du *Timée*, et il soulève ouvertement la question : voir III 9 [13], 1, 1-11, et **1205** J. M. Dillon, « Plotinus, *Enn.* III, 9, 1 and Later Views on the Intelligible World », *TAPhA* 100, 1969, p. 63-70 (repris dans Dillon **808bis**) ;

comparer aussi V 9 [5], 5, 26-28. Par ailleurs, ce n'est pas le seul point à propos duquel Plotin pense qu'il faut aller au-delà de la lettre de ce dialogue : toute la première partie du traité VI 7 [38], *Comment la multiplicité des idées a été produite et sur le Bien*, est consacrée à prouver que le "raisonnement" (λογισμός) attribué au Démiurge dans le *Timée* (*Tim.* 30 A 5 ; B 1 ; B 4-5 ; 32 C 8 ; 33 A 6 ; 33 B 7 ; 33 D 1 ; 34 A 8 – B 1 ; 37 C 8 ; D 5 ; 39 E 9) n'en est pas un, puisque la causalité intelligible est non pas le résultat d'un choix entre possibilités comme une action humaine, mais le rayonnement naturel et nécessaire de l'être même des principes ; voir VI 7 [38], 1, 52-57 :

> « D'ailleurs, d'une manière générale, il n'y a pas de raisonnement là-haut, mais on emploie seulement ce mot *raisonnement*, afin de laisser entendre que la totalité des choses se présente de telle manière que c'est comme si elle résultait de ce qui, dans les choses qui viendront bien plus tard, sera un raisonnement, et on emploie le terme "prévision", parce que la totalité des choses se présente de telle manière que c'est comme si un sage l'avait prévue » (trad. Hadot **486**, p. 85 ; comm., p. 197-200).

Si Platon présente la causalité intelligible sous forme d'un raisonnement démiurgique, c'est donc selon Plotin pour montrer que l'effet de cette causalité est l'existence d'une structure rationnelle. La causalité intelligible est pour lui la capacité intrinsèque que possèdent les Formes de produire dans leurs effets la ressemblance avec elles-mêmes, ce qu'elles "font" sans rien faire. Il suffit aux principes intelligibles d'être ce qu'ils sont pour que leurs effets en dérivent, et cela parce que ces effets sont, à leur tour, des structures rationnelles.

C'est ainsi que Plotin interprète le rapport platonicien d'imitation entre le participant de la Forme et la Forme en soi, comme le montre V 1 [10], 6, 30-37, passage exemplaire de la doctrine dite de l'"émanation" (voir plus loin, "La causalité de l'Un") et modèle pour la description de l'action divine aussi bien dans la théologie chrétienne (surtout à travers le Ps.-Denys) que dans celle des philosophes musulmans (par le biais de la pseudo-*Théologie d'Aristote*) :

> « Tous les êtres d'ailleurs, tant qu'ils subsistent, produisent nécessairement autour d'eux, de leur propre essence, une réalité (ὑπόστασιν) qui tend vers l'extérieur et dépend de leur pouvoir actuel (ἐκ τῆς παρούσης δυνάμεως) ; cette réalité est comme une image des êtres dont elle est née ; ainsi le feu fait naître de lui la chaleur ; et la neige ne garde pas en elle-même tout son froid. Les objets odorants surtout en sont la preuve : tant qu'ils existent, il vient d'eux tout alentour une émanation, réalité véritable dont jouit tout le voisinage » (trad. Bréhier).

Si le λογισμός démiurgique du *Timée* ne peut être pris au pied de la lettre, une autre expression du même dialogue, μένειν, est reprise et interprétée bien au-delà de son sens littéral, lorsque Plotin traite de la causalité des intelligibles. En *Tim.* 42 E 5-6 Platon dit que le Démiurge « resta dans le lieu où il séjournait habituellement » (ἔμενεν ἐν τῷ ἑαυτοῦ κατὰ τρόπον ἤθει, trad. Brisson), et Plotin d'interpréter ce μένειν, à la lumière du même verbe en *Tim.* 37 D 6, comme l'immobilité – c'est-à-dire l'absence de changement – qui caractérise l'action des principes intelligibles : voir surtout V 9 [5], 5.32-34 ; VI 9 [9], 9, 5-6 ; VI 4 [22], 8, 42-43 ; VI 5 [23], 2, 15-16 ; III 6 [26], 2, 51-52 et 14, 6 ; III 2 [47], 1, 44-45 (dont on retiendra la formule : ἐν τῷ μὴ ποιεῖν μεγάλα αὖ ἐργάζεσθαι, καὶ ἐν τῷ ἐφ' ἑαυτοῦ μένειν οὐ σμικρὰ ποιεῖν) ; voir enfin I 1 [53], 2, 22-23. Loin d'être un argument contre l'hypothèse des Formes, la critique d'Aristote contre la causalité de celles-ci, censées être incapables d'agir en tant que causes efficientes (*De Gen. corr.* II 9, 335 b 10-24), devient pour Plotin la clef pour expliquer la participation platonicienne. Aristote soutient que les Formes ne sont pas des causes efficientes, ce qui est vrai; elles ne sont pas pour autant inactives, comme il le prétend. La causalité des Formes est pour Plotin la production de la réalité même des choses sensibles, par le biais de la production de leur structure rationnelle. Or, pour ce faire, les Formes n'ont aucun besoin d'agir selon le mode de l'efficience. C'est exactement en tant qu'ils restent ce qu'ils sont, sans changer et sans se partager selon les individus qui en participent, que les principes intelligibles produisent les structures rationnelles de leurs participants sensibles, tout comme le feu, pour produire la chaleur autour de lui, doit simplement rester ce qu'il est, à savoir feu.

Cette vision de la causalité des intelligibles entraîne pour Plotin la solution des paradoxes qui surgissent si l'on imagine la participation des individus aux Formes selon le modèle de la présence d'un corps dans un lieu. Puisque les Formes ne sont pas des causes efficientes, ni ne sont présentes dans les participants comme une chose se trouve dans un lieu ou un prédicat dans un sujet, les apories de la première partie du *Parménide* sont solubles. Elles invalident non pas l'hypothèse des Formes, mais une formulation naïve de celle-ci. L'intelligible, selon Plotin, est omniprésent dans ses participants sans pour autant perdre sa séparation et sa transcendance (VI 4 [22], 3, 17-19). Dans le traité *Ce qui est un et identique peut être en même temps partout* (VI 4-5 [22-23]) il présente sa théorie de la causalité intelligible à partir des apories du *Parménide*, et interprète la participation platonicienne de manière à éviter les pièges de l'auto-prédication de la forme et du *regressus ad infinitum*: voir Fielder **528**; **529**; **530**; **531**; Lee **533**; O'Meara **1147**; Regen **535**; D'Ancona **538**; **1206** S. K. Strange, «Plotinus' Account of Participation in *Ennead* VI, 4-5», *JHPh* 30, 1992, p. 479-496; Emilsson **933**, et le commentaire du traité VI 4-5 [22-23] par Tornau **1110**.

Plotin estime que les caractères de l'intelligible qui, une fois correctement compris, permettent d'échapper aux apories sur la participation, dérivent en droite ligne de la distinction établie par Platon entre l'être et le devenir (*Tim.* 27 D 6 - 28 A 4). En VI 5 [23], 2, 9-16, il compare ce qui est soumis au devenir, changeable et dispersé selon le lieu, et l'être au sens propre, qui est en revanche immuable, inengendrable et incorruptible, exempt de toute localisation dans l'espace. Pour ce faire, Plotin combine les caractères de l'ὄν dont parle le *Timée* dans le passage cité avec ceux du *Sophiste* (ἀεὶ ὡσαύτως κατὰ ταὐτὰ ἔχον, *Soph.* 248 A 10-12) et du *Banquet* (οὔτε γινόμενον οὔτε ἀπολλύμενον, *Symp.* 211 A 1); voir aussi IV 7 [2], 9, 13-17 et III 7 [45], 6, 12-14. L'être au sens véritable du mot (ὄντως ὄν) «est toujours de la même façon, ne sort pas de lui-même, n'est pas sujet à la génération, et n'est pas dans le lieu» (VI 5 [23], 3, 1-5, trad. Bréhier). Il est donc l'ἀληθινὴ οὐσία (IV 1 [21], chap. unique, 1-4); par conséquent, l'être «vrai» et «premier», qui possède l'εἶναι pleinement, non pas d'une manière dérivée (V 6 [24], 6, 18-20), est l'intelligible, puisque tout ce qui est sensible a des caractères opposés à ceux que l'on vient d'énumérer : en conclusion, l'ὂν ὄντως, c'est-à-dire l'οὐσία véritable, est l'intellect (V 9 [5], 3, 1-4).

La plénitude de l'être implique en effet pour Plotin, qui s'inspire du *Sophiste*, 248 E 6 - 249 A 2, que l'être possède l'εἶδος τοῦ νοεῖν καὶ ζῆν (V 6 [24], 6, 20-21). L'étude fondamentale sur l'interprétation plotinienne du παντελῶς ὄν de *Soph.* 248 E 7-8, qui ne peut manquer ni de vie ni de pensée, est celle de Hadot **544**. Cette théorie est développée surtout en IV 7 [2], 9, 22-29 ; V 6 [24], 6, 21-23 ; III 6 [26], 6, 8-23, avec le comm. de **1207** B. Fleet, *Plotinus. Ennead III 6. On the Impassivity of the Bodiless*, Oxford 1995, p. 149-154) ; III 8 [30], 8, 18-19 et 9, 33 ; VI 6 [34], 8, 9-13, avec le comm. de **1208** J. Bertier, L. Brisson, A. Charles, J. Pépin, H.-D. Saffrey, A.-Ph. Segonds, *Plotin. Traité sur les nombres (Ennéade VI 6[34])*, coll. « Histoire des doctrines de l'Antiquité classique » 4, Paris 1980, p. 166-167 ; VI 7 [38], 13, 8-44, avec le comm. de Hadot **486**, p. 247-250 ; 39, 29-34 et 40, 37-38, avec le comm. de Hadot **486**, p. 359-363.

En IV 1 [21], chap. unique, 1-2, Plotin soutient que l'ἀληθινὴ οὐσία, le νοῦς et les âmes sont dans le κόσμος νοητός. Sur cette expression, qui ne se trouve pas comme telle chez Platon, mais s'inspire évidemment de l'ὑπερουράνιος τόπος du *Phèdre* et du νοητὸς τόπος de la *République*, voir **1209** D. T. Runia, « A Brief History of the Term *kosmos noétos* from Plato to Plotinus », dans Cleary **1064**, p. 151-171. Souvent indiqué chez Plotin par l'adverbe ἐκεῖ, "là-haut", et décrit comme le cosmos véritable et premier (voir par ex. IV 7 [2], 10, 31-40 ; VI 9 [9], 5, 20 ; III 8 [30], 11, 26-39 ; V 8 [31], 1, 1-4 ; III 2 [47], 1, 25-38 ; 2, 1-7), le monde intelligible est parfait, non seulement parce que le devenir n'a pas lieu ἐκεῖ, mais aussi parce que, pour chacun des intelligibles, le pourquoi (διὰ τί) est identique à la réalité même de la Forme en question : VI 7 [38], 2, 8-50 et 3, 17-22 (voir le comm. de Hadot **486**, p. 201-207) ; VI 8 [39], 14, 20-32. Ce qui ne se produit que parfois dans le monde sensible, à savoir la coïncidence de la chose et de son pour-quoi (les cas de figure étant l'éclipse évoquée par Aristote, *An. Post.* II 2, 90 a 30-31 ; *Metaph.* H 4, 1044 b 14) est la règle dans le cosmos intelligible : le διότι coïncide avec l'ὅτι (VI 7 [38], 2, 43-46) ; voir **1210** A. Schiaparelli, « Essence and Cause in Plotinus' *Ennead* VI 7[38] 2 : An Outline of Some Problems », dans **1211** D. Charles (édit.), *Definition in Ancient Philosophy*, Oxford, sous presse. En V 8 [31], 7, 36-41 Plotin compare le statut des intelligibles à celui d'une conclu-sion syllogistique qui, au lieu de dériver des prémisses, leur serait antérieure.

Si l'analyse de la causalité de l'Intellect divin entraîne pour Plotin l'identité nécessaire entre les intelligibles et l'Intellect, on aboutit à la même conclusion aussi à partir de l'analyse de la connaissance humaine. On a déjà vu plus haut que la "conversion" du sujet connaissant vers lui-même accompagne pour Plotin tout acte de connaissance véritable, même au niveau de l'âme dianoétique. Lorsque l'âme connaît véritablement, elle retrouve en elle-même les principes noétiques intuitifs et simples du raisonnement (V 1 [10], 11, 1-4 ; V 3 [49], 4, 14-19) ; et si Plotin affirme en V 1 [10], 10, 12-13 qu'« il faut distinguer l'intelligence qui raisonne, et celle qui fournit les principes du raisonnement (νοῦς δὲ ὁ μὲν λογιζόμενος, ὁ δὲ λογίζεσθαι παρέχων)» (trad. Bréhier), c'est parce qu'il pense que l'intellect λογίζεσθαι παρέχων n'est rien d'autre que l'être intelligible lui-même, c'est-à-dire l'Intellect divin.

L'identité du sujet connaissant et de la chose connue, qui se réalise aussi dans l'intellect humain lorsque nous connaissons les intelligibles, est parfaite dans l'Intellect divin, où l'intellection *est* la chose intelligée. C'est là, pour Plotin, le sens véritable de la thèse aristotélicienne de l'identité dans la connaissance intellective du principe connaissant, de la chose connue et de la science (*De An.* III 4, 430 a 4-5); voir V 9 [5], 5, 29-32, où la coïncidence parménidéenne entre νοεῖν et εἶναι, la thèse du *De Anima*, l'expression ἐμαυτὸν ἐδιζησάμεν d'Héraclite et la doctrine platonicienne de la réminiscence sont considérées comme exprimant une seule et même doctrine, que Plotin fait sienne; voir aussi V 4 [7], 2, 44-46; VI 6 [34], 6, 19-30 et 15, 19-24, avec les comm. de Bertier *et al.* **1208**, p. 162-163, et de **1212** C. Maggi, *Plotino. Sui numeri. Enneade VI 6[34]*, coll. «Università degli Studi Suor Orsola Benincasa. Dissertazioni di dottorato» 2, Napoli 2009, p. 196-199. Pour la reprise et le nouveau sens donné à cette doctrine, voir **1213** J. H. Heiser, *The Identity of Intellect and Intelligible in the Philosophy of Plotinus*, St Louis University Dissertation, Ann Arbor (MI) 1973; Wald **1021**; Hadot **603**; Crystal **1025** et **1026**; Emilsson **957**, p. 141-160.

L'union entre le νοῦς au sens éminent de ce terme, la νόησις et le νοητόν est indéfectible:

> «Mais si l'on prend le mot intelligence en son véritable sens, il faut comprendre par là non pas une intelligence en puissance et qui passe de l'état d'inintelligence à l'état d'intelligence (sinon, nous demanderons à nouveau une autre intelligence antérieure à celle-ci), mais l'intelligence en acte et éternellement existante. Puisque la pensée n'est pas en elle une acquisition (μὴ ἐπακτὸν τὸ φρονεῖν ἔχει), elle a par elle-même ses pensées, et elle possède par elle-même tout ce qu'elle possède. Mais puisqu'elle pense d'elle-même et par elle-même, elle est cela même qu'elle pense» (V 9 [5], 5, 1-7, trad. Bréhier).

Selon Wallis **686**, p. 917-925; **1214** H. Oosthout, *Modes of Knowledge and the Transcendental. An Introduction to Plotinus Ennead 5.3[49] with a Commentary and Translation*, coll. «Bochumer Studien zur Philosophie» 17, Amsterdam/ Philadelphia 1991, p. 76-78; Emilsson **956**; Crystal **1025** et **1026**; **1215** B. Ham, *Plotin. Traité 49 (V, 3). Introduction, traduction, commentaire et notes*, coll. «Les Écrits de Plotin», Paris 2000, p. 23-24; Kühn **691**, p. 116-120, Plotin réagit ici aux arguments sceptiques. Si l'Intellect était séparé des intelligibles, il faudrait admettre la possibilité qu'il ne les connaisse pas, ou qu'il ne connaisse pas les intelligibles eux-mêmes, mais seulement des images de ceux-ci, d'où l'effondrement de la notion même de vérité (V 5 [32], 1, 50-68). Voir aussi, pour d'autres formulations de l'identité entre l'Intellect et les intelligibles fondées sur la thèse épistémologique mentionnée, V 9 [5], 5, 7-16; V 1 [10], 4, 16; V 5 [32], 1, 19-49; 2, 1-24; V 3 [49], 4, 18-19; 5, 23-26; 6, 30-34. Selon Emilsson **957**, p. 170, la vision plotinienne de l'identité entre l'Intellect et les intelligibles «is so construed that it is supposedly impossible to put any wedge between Intellect and the objects of its cognition»; voir aussi Beierwaltes **1149**, p. 21-34; **1216** S. R. Clark, «A

Plotinian Account of Intellect», *ACPhQ* 71, 1997, p. 421-432 ; **1217** G. Galluzzo, « Il tema della verità in Plotino. Fonti platoniche e presupposti filosofici», *DSTFM* 10, 1999, p. 59-88 ; **1218** L. Fladerer, «Der Wahrheitsbegriff im griechischen Neuplatonismus», dans **1219** M. Enders et J. Szaif (édit.), *Die Geschichte des philosophischen Begriffs der Wahrheit*, coll. « de Gruyter Studienbuch », Berlin/ New York 2006, p. 33-48, en part. p. 33-41 ; Kühn **691**, p. 121-198.

Une conséquence de l'identité entre l'Intellect divin et les intelligibles est l'idée que l'Intellect ne connaît pas δι' ἀποδείξεως (V 8 [31], 6, 1-9 ; V 5 [32], 1, 6-12). Sur ce point les interprétations sont différentes. **1220** A. C. Lloyd, «Non-Discursive Thought: an Enigma of Greek Philosophy», *PAS* 70, 1969-70, p. 261-274 estime que l'idée d'une pensée qui ne procède pas des prémisses aux conclusions est «bizarre, implausible and unintelligible» (p. 263) ; en revanche, selon **1221** R. Sorabji, «Myths about Non-Propositional Thought», dans **1222** M. Schofield et M. C. Nussbaum (édit.), *Language and Logos*. Studies Presented to G. E. L. Owen, Cambridge 1982, p. 295-314, la *noesis* plotinienne, tout en étant non-discursive, est quand même propositionnelle : elle opère comme la saisie aristotélicienne des substances simples. Le débat s'est poursuivi : voir **1223** A. C. Lloyd, «Non-Propositional Thought in Plotinus», *Phronesis* 31, 1986, p. 258-265 ; **1224** M. Alfino, «Plotinus on the Possibility of Non-Propositional Thought», *APh* 8, 1988, p. 273-284 ; Horn **707**, p. 328-332 ; **1225** J. Bussanich, «Non-discursive Thought in Plotinus and Proclus», *DSTFM* 8, 1997, p. 191-210 ; Emilsson **957**, p. 176-213.

Au-dessus de l'âme, Plotin envisage donc un principe que celle-ci peut saisir en revenant sur elle-même et en considérant sa propre nature. Lorsque l'âme fait ceci, elle ne peut manquer de reconnaître que sa causalité par rapport au corps et sa capacité de raisonner dépendent d'un principe antérieur, plus simple et plus puissant : l'être intelligible, qu'il ne faut pas séparer de l'Intellect divin, sous peine d'aboutir à des absurdités conceptuelles qui sauvent la lettre du *Timée* aux dépens de la pensée plus profonde non seulement de Platon, mais aussi d'Héraclite, de Parménide et d'Aristote. Or, au moment même où Plotin énonce le point culminant de cette ascension qui part de l'âme et atteint l'Intellect-monde intelligible, il qualifie celui-ci par un adjectif qui semble contredire toute cette démarche : « multiple ». Il dit en effet : πολὺς οὖν οὗτος ὁ θεὸς ὁ ἐπὶ τῇ ψυχῇ (V 1 [10], 5, 1). Puisque les intelligibles forment l'οὐσία de l'Intellect, celui-ci est intrinsèquement constitué par les Formes, et donc intrinsèquement multiple ; voir aussi V 4 [7], 2, 9-10 et VI 7 [38], 14, 1-7, avec le comm. de Hadot **486**, p. 253-255.

On a observé plus haut ("Sources. Platon. *Parménide*") que pour Plotin c'est de l'Intellect divin que parle Platon, lorsqu'il énumère les caractères de l'un qui est compatible avec l'être, se trouvant par là "un-multiple, ἓν πολλά" (*Parm.* 144 E 5) ; en effet, l'expression ἓν πολλά est à plusieurs reprises utilisée pour indiquer la nature de l'Intellect : voir V 4 [7], 1, 20-21 ; VI 5 [23], 6, 1-3 ; III 8 [30], 8, 30 ; VI 7 [38], 8, 17-18 ; 14, 11-12 ; V 3 [49], 15, 11 et 23-24. L'identité établie par Plotin entre l'être intelligible et l'Intellect divin entraîne donc une conséquence apparemment paradoxale : la multiplicité des Formes s'avère être l'οὐσία de ce principe divin supérieur à l'âme (V 9 [5], 4, 1-3 ; V 5 [32], 2, 4-12), qui est pourtant indivisible (ἀμέριστος, IV 3 [28], 4, 11 ; I 1 [53], 8, 4-5 ; ἀδιά-κριτος, IV 1 [21], 7), plus "un" et plus proche de l'Un que toute autre chose (V 5 [32], 4, 4-6). Une partie importante des *Ennéades* est consacrée à ces problèmes, soulevés par l'interprétation très personnelle que Plotin fournit des points les plus épineux de la doctrine platonicienne des Idées.

C'est l'être intelligible, l'être au sens éminent de ce terme (ὄντως) qui est multiple, et non pas son imitation sensible (V 3 [49], 13, 27-34) ; mais même si la multiplicité est un élément originaire et constitutif de l'être véritable, cela ne porte pas atteinte à sa totalité et à son identité. Pour affirmer que l'être intelligible est un et demeure toujours immuable, Plotin fait sien le fr. B 8 du poème de Parménide, en fusionnant les vers 25 et 5 : ἐὸν γὰρ ἐόντι πελάζει, καὶ πᾶν ὁμοῦ (VI 4 [22], 4, 23-25 ; voir le comm. de Tornau **1110**, p. 102-104). C'est aussi le sens qu'il attribue au fr. B 1 d'Anaxagore, ὁμοῦ πάντα, en IV 2 [4], 2, 44 ; V 9 [5], 6, 3 et 8 ; 7, 11-12 ; VI 4 [22], 14, 4 et 6 ; VI 5 [23], 5, 3-4 ; 6, 3 ; III 6 [26], 6, 23 ; IV 2 [28], 11, 27 ; VI 6 [34], 7, 4 ; V 8 [31], 9, 3 ; VI 7 [38], 33, 8 ; V 3 [49], 15, 21 ; 17, 10 ; I 1 [53], 8, 8. Il y a un sens obvie dans lequel quelque chose peut sans paradoxe être "un" et aussi "plusieurs" – un visage, par ex., et les yeux, le nez et la bouche dont il se compose (VI 7 [38], 14, 8-11) – si bien que l'on peut dire que l'être est en même temps « varié, ποικίλον » et « simple, ἁπλοῦν », et que sa multiplicité n'est qu'une seule chose : καὶ τὰ πολλὰ ἕν (VI 4 [22], 11, 12-17 ; voir le comm. de Tornau **1111**, p. 225-228). Mais si l'on veut aller au-delà de ce sens obvie, il faut avoir à l'esprit une règle établie par Aristote (*An. Post.* I 2, 71 b 23 et 72 a 6) : pour chaque domaine du savoir existent des οἰκεῖαι ἀρχαί, et adopter des principes d'un domaine dans un domaine différent fait échouer la recherche. Selon Plotin, donc, si l'on essaie de comprendre ce qu'est l'intelligible à partir des critères qui sont valables pour le domaine des corps, on ne peut que produire des paradoxes (VI 5 [23], 2, 1-9 ; voir le comm. de Tornau **1110**, p. 334-338 et comparer VI 6 [34], 8, 7-8). Alors que dans le domaine des objets sensibles la multiplicité peut coexister avec l'unité seulement sous la forme du rapport partie-tout (comme dans l'exemple du visage), si l'on transpose ce modèle au domaine de l'intelligible, en imaginant que les Formes intelligibles seraient les parties, de nature différente par rapport à la totalité, d'un tout qui serait l'Intellect, on aboutit à une absurdité :

«Chacune de ses parties [*sc.* de l'Intelligence] possède l'univers des êtres et elle est tous les êtres : sinon, l'Intelligence aurait une partie qui ne serait pas intelligence ; elle serait composée de parties qui ne sont pas des intelligences ; elle serait un amas de choses juxtaposées (σωρός τις συμφορητός) qui attendraient, pour devenir une intelligence, d'être au complet » (III 8 [30], 8, 41-45, trad. Bréhier ; voir aussi V 8 [31], 4.4-11).

Encore une fois, on peut se faire une idée du statut des réalités intelligibiles à partir de l'âme.

«Disons donc que l'Intelligence est la même chose que les êtres ; elle les contient tous en elle, non comme en un lieu, mais parce qu'elle se contient elle-même et qu'elle est pour eux une unité. Là-bas, tous les êtres sont ensemble et néanmoins séparés. De même, l'âme a en elle plusieurs sciences à la fois, et il n'y a pas confusion entre elles ; au moment voulu, chacune de ces sciences fait son œuvre propre [...] chaque idée n'est point différente de l'Intelligence ; elle est une intelligence. L'Intelligence complète est faite de toutes les idées, et chacune des idées, c'est chacune des intelligences : de même la science complète est faite de tous les théorèmes, et chaque théorème est une partie de la science complète, non pas une partie localement séparée des autres, mais une partie qui a, dans l'ensemble, sa propriété particulière » (V 9 [5], 6, 1-9 et 8, 3-7, trad. Bréhier) ; voir Tornau **974**.

Pour la définition de l'Intellect comme πλῆθος ἀδιάκριτον καὶ αὖ διακεκρι-μένον, ainsi que pour le parallèle avec la science, voir aussi VI 9 [9], 5, 12-20 avec le comm. de Hadot **198**, p. 163-165.

Même si « chaque idée n'est point différente de l'Intelligence » (voir ci-dessus), le νοῦς a néanmoins rang de principe par rapport aux intelligibles. Pour formuler la primauté de l'Intellect par rapport aux Formes intelligibles, Plotin utilise, tout en les transformant profondément, les deux couples aristotéliciens genre-espèce et acte-puissance. Il affirme que l'Intellect peut être conçu comme le genre dont les intelligibles sont les espèces (ὁ δὲ πᾶς νοῦς περιέχει [*scil.* τὰ ὄντα, li. 1] ὥσπερ γένος εἴδη καὶ ὥσπερ ὅλον μέρη, V 9 [5], 6, 9-10). De même, il affirme que l'on peut comprendre le rapport qui existe entre l'Intellect et les intelligibles à partir de la présence comme ἀδιάκριτα, dans la puissance de la semence, de tous les carac-tères qui vont se différencier une fois que le vivant se développe : ces λόγοι diffé-rents sont dans la semence ὥσπερ ἐν ἑνὶ κέντρῳ (V 9 [5], 6, 10-15 ; voir le comm. de Vorwerk **637**, p. 115-116 ; pour l'idée du déroulement de ce qui préexiste dans l'Intellect, voir **1226** H. Dörrie, « La manifestation du *logos* dans la création. Quelques remarques à propos d'une contribution du platonicien Thrasylle à la théorie des Idées », dans *Néoplatonisme* **75**, p. 141-157, en part. sur Plotin p. 148-149). En VI 2 [43], 20, le rapport entre l'Intellect et les Formes est comparé à celui qui existe entre une science et ses contenus conceptuels spécifiques : la science est δύναμις πάντων, puissance génératrice de tous ces contenus, exactement en tant qu'elle n'est aucun d'entre eux : « L'intelligence universelle, à son tour, en tant qu'elle est le genre, est la puissance de toutes les espèces qui lui sont subordonnées (δύναμις πάντων τῶν ὑπ' αὐτὸ εἰδῶν) et elle n'est aucune de ces espèces en acte ; elles sont toutes en elle, mais inactives ; et en tant que l'intelligence univer-selle est en acte avant les espèces, elle n'est pas un être particulier » (*ibid.*, li. 25-28, trad. Bréhier). **1227** A. C. Lloyd, « Neoplatonic Logic and Aristotelian Logic », *Phronesis* 1, 1955-56, p. 58-72 et p. 146-160, a montré que cette notion de "genre" est bien différente du genre aristotélicien, classe déterminée par les espèces : dire avec Plotin que le genre est la puissance de ses espèces signifie qu'il est antérieur par rapport aux espèces, plus puissant et capable de les produire ; voir aussi Wurm **550**, p. 233-236 ; Lloyd **954**, p. 81-85 ; Heiser **928**, p. 30-36, qui fait remarquer que « Nothing could be farther from Aristotle's "genus as matter" » (p. 33) ; Chiaradonna **561**, p. 228-249 ; voir aussi **1228** C. D'Ancona, « Determinazione e indeterminazione nel sovrasensibile secondo Plotino », *RSF* 45, 1990, p. 437-474 ; **1229** G. Aubry, « Individuation, particularisation et détermination selon Plotin », *Phronesis* 53, 2008, p. 271-289.

L'interprétation du genre intelligible comme principe de ses espèces, qui sont plus déterminées et donc moins simples et moins puissantes, se retrouve dans le traité *Sur les genres de l'être* (VI 1-3 [42-44]), où Plotin, après avoir critiqué comme arbitraires les conceptions stoïcienne et aristotélicienne des catégories, présente sa doctrine des modes selon lesquels s'articule la multiplicité de l'être, doctrine dont il se propose de montrer la cohérence avec celle de Platon (τὰ δοκοῦντα ἡμῖν πειρωμένοις εἰς τὴν Πλάτωνος ἀνάγειν δόξαν, VI 2 [43], 1, 4-5). C'est en effet dans la section du *Sophiste* où il est question de certains « genres suprêmes », ὄν, στάσις, κίνησις, ταυτόν, θάτερον (254 B 7 - 259 E 7), que Plotin retrouve les critères véritables de la multiplicité des Formes. Être, repos, mouvement, identité et altérité sont pour lui des genres qui regroupent les Formes, et en même temps des principes qui les engendrent (γένη ἅμα καὶ ἀρχαί, VI 2 [43], 2, 11) : « ce sont bien des genres puisqu'ils ont au-dessous d'eux d'autres genres inférieurs, puis des espèces et des individus ; mais ce sont des principes, puisque l'être est fait de leur multiplicité, puisque la totalité est faite d'eux » (*ibid.*, li. 12-14, trad. Bréhier). La notion de genre comme puissance productrice de ses espèces (plutôt qu'en puissance par rapport à elles), que Plotin utilise pour décrire la primauté de l'Intellect vis-à-vis des Formes intelligibles, est adoptée, dans le traité *Sur les genres de l'être*, en fonction d'une hiérarchie des Formes, dont certaines – les μέγιστα γένη – sont principes des autres ; c'est un point que Plotin a établi dès le début, en V 9 [5], 10, 10-14, en affirmant que chacune des réalités intelligibles participe de la vie et est aussi bien ταυτόν que θάτερον, aussi bien κίνησις que στάσις. Voir aussi VI 9 [9], 3, 45-49, avec le comm. de Hadot **198**, p. 145-146. Sur les genres suprêmes du *Sophiste* comme γένη ἅμα καὶ ἀρχαί voir surtout Wurm **550**, p. 221-240. Même s'ils ne partagent pas l'idée que la lecture plotinienne du *Sophiste* est dépourvue de tout bien-fondé (voir **1230** F. M. Cornford, *Plato's Theory of Knowledge. The Theaetetus and the Sophist of Plato*, London 1935, plusieurs réimpressions ; voir p. 276-277), les savants qui ont étudié l'interprétation plotinienne du *Sophiste* sont d'accord pour dire que la doctrine de Plotin sur les μέγιστα γένη, tout en se réclamant de celle de Platon, la dépasse, puisque dans le *Sophiste* les cinq genres n'ont pas rang de principes par rapport aux Idées ; voir surtout (avec des points de vue différents quant à la distance entre la vision de Plotin et celle de Platon) Nebel **542** ; Rutten **545** ; Volkmann-Schluck **543**, p. 93-18 ; Hadot **226**, p. 214-220 ; Wurm **550** ; Szlezák **404**, p. 77 et 83-85 ; Brisson **555** ; Isnardi Parente **557**, p. 9 et n. 12 ; Santa Cruz de Prunes **559**.

Le traité *Sur les genres de l'être* a fait l'objet de nombreuses études, dont les conclusions divergent. Certains savants estiment que Plotin, en opposant les μέγιστα γένη du *Sophiste* aux catégories aristotéliciennes, voulait soutenir que celles-ci ne sont valables que pour le monde sensible et ont leur fondement ontologique et leur légitimité épistémologique dans le monde intelligible, domaine des μέγιστα γένη : voir surtout Strange **551** ; Horn **560** ; De Haas **612**. D'autres estiment que la critique plotinienne des catégories aristotéliciennes est bien plus radicale : celles-ci ne sont qu'une description arbitraire de certaines propriétés de l'être sensible, incapables d'assurer la primauté de la substance et inutiles pour saisir les véritables articulations de l'être : voir surtout Wurm **550** ; Lloyd **954** ; Chiaradonna **608** et **561**. Bilan des positions dans Chiaradonna **561**, p. 15-54, selon lequel Plotin affirme la vérité de l'ontologie platonicienne « mostrando le aporie e le incongruenze in cui incorre chi, come Aristotele (…) ha pensato di poter fornire una trattazione della realtà sensibile senza fondarla sulla realtà intelligibile e senza spiegarla con il tipo di causalità propria a quest'ultima » (p. 307-308).

Les genres suprêmes du domaine intelligible sont désignés par des termes qui n'ont pas le même sens qu'ils ont dans le langage ordinaire. Il va de soi que la κίνησις intelligible n'est ni un mouvement dans l'espace, ni un changement : ce terme indique plutôt la capacité de relation mutuelle entre les intelligibiles, ainsi que la relation entre l'intellect et l'intelligible. En I 3 [20], 4, 9-15, Plotin combine la « plaine de la vérité » de *Phaedr.* 248 B 6 avec la συμπλοκὴ τῶν εἰδῶν de *Soph.* 259 E 5-6 : la dialectique « use de la méthode platonicienne de division pour discerner les espèces d'un genre, pour définir, et pour arriver aux genres premiers (ἐπὶ τὰ πρῶτα γένη) ; par la pensée, elle entrelace les choses qui proviennent de ces genres (καὶ τὰ ἐκ τούτων νοερῶς πλέκουσα), jusqu'à ce qu'elle ait achevé de parcourir le domaine intelligible » (I 3 [20], 4, 11-15, trad. Bréhier modifiée). Ce passage est commenté par **1231** V. Jankélévitch, *Plotin. Ennéades I, 3. Sur la dialectique*, coll. « Les Écrits de Plotin », Paris 1998, p. 70-72 (qui rapporte, de façon erronée, l'expression ἐν τῷ […] ἀληθείας πεδίῳ au *Philèbe*, p. 71 n. 3). Sur l'interprétation plotinienne de la dialectique de Platon comme moyen pour saisir la nature de l'intelligible, voir **1232** G. Leroux, « Logique et dialectique chez Plotin. *Ennéade* I 3 [20] », *Phoenix* 28, 1974, p. 180-192 ; **1233** J. P. Anton, « Plotinus and the Neoplatonic Conception of Dialectic », *JNStud* 1, 1992-93, p. 1-30 ; **1234** A. Schiaparelli, « Plotinus on Dialectic », *AGPh* 91, 2009, p. 253-287. **1235** A. H. Armstrong, « Eternity, Life and Movement in Plotinus' Account of *Nous* », dans Schuhl et Hadot **155**, p. 67-74 (repris dans Armstrong **104**) envisage une incohérence entre la vie et le mouvement de l'intelligible plotinien d'un côté, et son éternité de l'autre : cette opinion est contestée par Heiser **928**, p. 51, n. 3. Au lieu de détruire l'être et son indéfectibilité, l'alterité est pour Plotin ce qui rend multiple l'être intelligible et l'Intellect : ἐπεὶ καὶ τὸ ὂν πολλὰ συγχωροῦμεν εἶναι ἑτερότητι, οὐ τόπῳ […] καὶ νοῦς πολὺς ἑτερότητι, οὐ τόπῳ (VI 4 [22], 4, 23-26). Sur le "mouvement" dans l'intelligible, voir aussi **1236** R. Chiaradonna, « Movimento dell'intelletto e movimento dell'anima in Plotino (*Enn.* VI 2[43], 8.10) », dans **1237** F. Alesse *et al.* (édit.), *Anthropine Sophia. Studi di filologia e storiografia filosofica in memoria di Gabriele Giannantoni*, coll. « Elenchos » 50, Napoli 2008, p. 497-508 ; sur la "vie" dans l'intelligible, voir aussi **1238** G. Aubry, « L'empreinte du Bien dans le multiple : structure et constitution de l'Intellect plotinien », *EPh* 90, 2009, p. 313-331.

Le texte principal sur le rôle générateur attribué par Plotin aux μέγιστα γένη est V 1 [10], 4, 34-43 :

« Les termes primitifs (τὰ πρῶτα) sont donc : l'Intelligence, l'Être, l'Altérité, et l'Identité ; il faut y ajouter le Mouvement et le Repos ; le Mouvement, puisqu'il y a pensée ; le Repos afin que la pensée reste la même ; il faut l'Altérité pour qu'il y ait une chose pensante distincte de l'objet pensé ; supprimez l'Altérité, c'est l'unité indistincte et le silence ; il faut aussi l'altérité pour que les choses pensées se distinguent entre elles ; et l'identité, puisqu'elles sont une unité par soi, et qu'il y a en toutes quelque chose de commun ; leur différence spécifique est l'altérité. De cette multiplicité de termes naissent le nombre et la quantité ; et le caractère propre de chacun des êtres est la qualité. De ces termes pris comme principes viennent les autres choses » (trad. Bréhier ; voir le comm. de Atkinson **413**, p. 94-100).

Dans ce passage, les μέγιστα γένη sont principes non seulement de la multiplicité des Formes, mais aussi de l'activité noétique de l'Intellect : pour l'idée que l'ἑτερότης et la ταὐτότης sont les conditions pour qu'il y ait le νοεῖν voir aussi VI 7 [38], 39, 6-14 et V 3 [49], 10, 23-29. Voir surtout Rist **458** ; Volkmann-Schluck **543**, p. 60-66 ; **1239** H. R. Schlette, *Das Eine und das Andere. Studien zur Problematik des Negativen in der Metaphysik Plotins*, München 1966, en part. p. 58-87 ; **1240** W. Beierwaltes, « Andersheit. Grundriß einer neuplatonischer Begriffsgeschichte » *ABG* 16, 1972, p. 166-197 (cette étude reprend et élargit **1241** W. Beierwaltes, « Andersheit », dans Schuhl et Hadot **155**, p. 365-372). Mais le passage cité de V 1 [10] contient aussi une allusion à la naissance des nombres à partir des μέγιστα γένη : dans le traité *Sur les nombres intelligibles*, la question est soulevée de savoir si ce sont les genres suprêmes qui engendrent les nombres, ou plutôt l'inverse (voir VI 6 [34], 9, 3-5 avec le comm. de Bertier *et al.* **1208**, p. 168 et de Maggi **1212**, p. 210-211). Mais la question reste sans réponse, si bien que certains savants estiment que Plotin a envisagé deux solutions différentes et inconciliables pour le problème de l'origine des Idées : selon Isnardi Parente **557**, p. 11-12, dans le traité *Sur le nombre intelligible* il est sous l'influence de la doctrine des idées-nombres, mais en général il suit de préférence le modèle du *Sophiste* ; selon Gatti **469**, p. 369, il hésite à ce propos ; selon Slaveva Griffin **741**, p. 15-16, le nombre intelligible est la structure fondamentale de l'univers plotinien, antérieure aussi aux genres de l'être. Sur le traité VI 6 [34], *Sur le nombre intelligible*, voir surtout Orsi **467** ; **1242** E. Amado, « À propos des nombres nombrés et des nombres nombrants chez Plotin (*Enn.* VI, 2, 6) », *RPhilos* 143, 1953, p. 423-425 ; Volkmann-Schluck **543**, p. 148-184 ; Krämer **444**, p. 292-311 ; Szlezák **404**, p. 90-104 ; **1243** J. Pépin, « Platonisme et antiplatonisme dans le traité de Plotin *Sur les nombres*, VI 6 (34) », *Phronesis* 24, 1979, p. 197-208 ; Bertier *et al.* **1208** ; **1244** A. Charles-Saget, *L'architecture du divin. Mathématique et philosophie chez Plotin et chez Proclus*, coll. « Collection d'Études Anciennes », Paris 1982, p. 105-185 ; Maggi **1212** ; Slaveva Griffin **741**.

Comme on l'a remarqué plus haut (voir "La doctrine. Sources. Platon"), Plotin connaît la doctrine des idées-nombres, qu'il cite selon le témoignage aristotélicien ; et puisqu'il considère que les intelligibles forment l'οὐσία de l'Intellect, cette doctrine devient chez lui la thèse que le νοῦς est lui-même les idées-nombres. Dans deux des quatre passages déjà mentionnés (voir "Sources. Platon") où Plotin évoque les "doctrines non-écrites" (voir Szlezák **404**, p. 34-36 et 110-119 ; Gatti **469** ; D'Ancona **471**, p. 198-205), il affirme que le νοῦς *est* les idées-nombres :

puisque ces deux passages traitent de la constitution interne de l'Intellect et de sa genèse à partir de l'Un, il importe de les examiner de plus près ici. Dans le premier, Plotin soutient que « C'est pourquoi l'on dit que "les idées et les nombres sont faits de la dyade indéfinie et de l'Un", et les idées et les nombres c'est l'Intelligence (διὸ καὶ εἴρηται ἐκ τῆς ἀορίστου δυάδος καὶ τοῦ ἑνὸς τὰ εἴδη καὶ οἱ ἀριθμοί · τοῦτο γὰρ ὁ νοῦς) » (V 4 [7], 2, 7-9, trad. Bréhier) : analyse de ce passage, en relation avec le *locus vexatus* de *Metaph.* I 6, 987 b 20-22, par Merlan **468**. Dans le deuxième passage, Plotin soutient que « Ce que l'on appelle nombre et dyade indéfinie dans le monde intelligible ce sont des raisons et l'Intelligence (ὁ οὖν λεγόμενος ἀριθμὸς καὶ ἡ δυὰς λόγοι καὶ νοῦς) » (V 5 [10], 5, 13-14, trad. Bréhier modifiée). Dans ces deux passages, la doctrine académicienne de la genèse des idées-nombres à partir de l'un et de la dyade indéfinie est évoquée par Plotin en guise de confirmation de sa propre doctrine de la genèse de l'Intellect à partir du Premier Principe parfaitement simple. Le contexte du premier passage est en effet le suivant :

> « Si le principe générateur était lui-même intelligence en soi, ce qui vient après serait inférieur à l'Intelligence, tout en étant contigu et semblable à elle. Mais puisque le générateur est au delà de l'Intelligence, l'être engendré doit être l'Intelligence. Mais pourquoi le générateur n'est-il pas l'Intelligence ? Parce que la pensée est l'acte de l'Intelligence ; or la pensée qui voit l'intelligible, qui est tournée vers lui et qui reçoit de lui son achèvement est en elle-même indéfinie comme la vision, et n'est définie que par l'intelligible » (V 4 [7], 2, 1-7, trad. Bréhier modifiée).

Le contexte du deuxième passage est le suivant :

> « Qui donc a engendré cette intelligence ? Quel est le terme simple antérieur à elle, la cause de son être et de sa multiplicité, qui produit le nombre ? Car le nombre n'est pas primitif ; l'unité vient avant la dyade ; la dyade née de l'unité est limitée par elle, et d'elle-même elle est illimitée ; c'est lorsqu'elle est limitée que naît le nombre : le nombre c'est-à-dire l'être » (V 1 [10], 5, 3-9, trad. Bréhier ; voir le comm. de Atkinson **413**, p. 105-114).

La multiplicité intrinsèque de l'être intelligible, c'est-à-dire de l'Intellect, existe donc selon Plotin grâce à l'acte générateur qu'un principe simple et antérieur accomplit en produisant l'être intelligible, à partir d'une indétermination dont il est également l'origine. Plotin peut parler ici de "genèse" sans contredire l'éternité et l'intemporalité du domaine supra-sensible : « Et que le devenir dans le temps ne soit pas pour nous une difficulté alors que nous traitons de réalités éternelles ; en paroles, nous attribuons le devenir à ces réalités afin d'exprimer leur lien causal et leur ordre » (V 1 [10], 6, 19-22, trad. Bréhier) : voir le comm. de Atkinson **413**, p. 140-142 ; voir aussi IV 4 [28], 1, 26-31. Mais, cette difficulté mise à part – qui n'en est pas une, à la lumière de la distinction que Plotin adopte à propos du *Timée* entre priorité logico-ontologique et antériorité temporelle – d'autres problèmes sont soulevés par cette théorie : quel est le rôle de l'Un dans la genèse intemporelle de l'Intellect-monde intelligible, et quel est celui de l'indétermination ? Qu'est-ce que c'est celle-ci au juste ? Si l'Intellect-monde intelligible « naît » lorsque l'indétermination est « limitée » par l'unité, comment éviter de placer dans l'unité les principes formels qui font de cette indétermination le cosmos intelligible ? Mais ainsi ne finit-on pas par rendre multiple l'Un, au détriment de sa nécessaire simplicité et transcendance par rapport à l'être intelligible ? Quel est le sens de la comparaison entre la potentialité et la vision, indéfinie tant qu'elle n'est pas achevée par l'objet vu ? Si cette comparaison a un sens philosophique précis et n'est pas une simple métaphore, elle semble entraîner la conséquence que l'Intellect est déjà Intellect, capable d'adresser vers l'Un un "regard" grâce auquel sa capacité de "voir" est définie, même lorsqu'il n'est pas "encore" déterminé, c'est-à-dire lorsqu'il n'est Intellect qu'en puissance. Ces questions ont donné lieu à une littérature abondante et importante, qui, même s'il est impossible de l'analyser ici dans le détail, mérite d'être connue dans son ensemble : tout d'abord, Plotin est revenu à plusieurs reprises sur la question, et toutes les études n'examinent pas forcément tous les passages (les plus importants, à savoir V 4 [7], 2 : V 1 [10], 7, 1-26 ; V 6 [24], 5, 1-6, 11 ; III 8 [30], 8, 26-11, 45 ; V 5 [32], 7, 31 - 8, 27 ; VI 7 [38], 16-17 ; 35, 19-36, 27 ; VI 8 [39], 16 ; V 3 [49], 11, 1-18, sont analysés par Bussanich **1256**) ; deuxièmement, on remarque des changements d'opinion des savants, dont on se bornera ici à mentionner celui de Henry et Schwyzer **4** par rapport à Henry et Schwyzer **3**, en relation avec V 1 [10], 7, 5-6 : alors que dans l'*editio maior* les deux savants estimaient que le sujet de l'acte de conversion connaissante vers le premier Principe est l'Intellect, dans l'*editio minor* ce sujet est le Premier Principe, qui se tourne vers soi-même. Ce passage crucial est pris en compte par la totalité ou presque des études suivantes : Arnou **907** ; **1245** R. Arnou, « L'acte de l'intelligence en tant qu'elle n'est pas intelligence. Quelques considérations sur la nature de l'intelligence chez Plotin », dans *Mélanges Joseph Maréchal* **1175bis**, p. 249-262 ; De Vogel **446** et **447** ; Rist **448** ; Theiler **452** ; Merlan **449** ; **1246** J. Igal, « La génesis de la inteligencia en un pasaje de las *Enéadas* de Plotino (V, 1, 7, 4-35) », *Emerita* 39, 1971, p. 129-157 ; **1247** W. Beierwaltes, « Die Entfaltung der Einheit », *Theta-Pi* 2, 1973, p. 126-161 ; **1248** M. I. Santa Cruz de Prunes, « Sobre la generación de la inteligencia en las *Enéadas* de Plotino », *Helmantica* 30, 1979, p. 287-315 ; Szlezák **404**, p. 52-119 ; **1249** A. Smith, « Potentiality and the Problem of Plurality in the Intelligible World », dans Blumenthal et Markus **832**, p. 99-107. **1250** D. P. Hunt, « Contemplation and Hypostatic Procession in Plotinus », *Apeiron* 15, 1981, p. 71-79 ; **1251** M. L. Gatti, *Plotino e la metafisica della contemplazione*, Milano 1982, p. 31-59 ; **1252** F. M. Schroeder, « Conversion and consciousness in Plotinus, *Enneads* V, 1[10], 7 », *Hermes* 114, 1986, p. 186-195 ; **1253** K. Corrigan, « Plotinus, *Enneads* 5, 4[7], 2 and Related Passages », *ibid.*, p. 195-203 ; **1254** *Id.*, « Amelius, Plotinus and Porphyry On Being. A Reappraisal », dans *ANRW* II 36, 2, Berlin 1987, p. 973-993 ; **1255** A. C. Lloyd, « Plotinus on the Genesis of Thought and Existence », *OSAPh* 5, 1987, p. 155-186 ; **1256** J. Bussanich, *The One and its Relation to Intellect in Plotinus. A Commentary on Selected Texts*, coll. « Philosophia Antiqua » 49, Leiden 1988 ; D'Ancona **1228** et **538** ; **1257** J.-M. Narbonne, Plotin, *Les deux matières [Ennéade II, 4(12)]*, coll. « Histoire des doctrines de l'Antiquité classique » 17, Paris 1993, p. 47-134 ; **1258** J. Bussanich, « Plotinus' Metaphysics of the One », dans Gerson **410**, p. 38-65, en part. p. 51-55 ; **1259** I. Perczel, « L''intellect amoureux' et l''un qui est'. Une doctrine mal connue de Plotin », *RPhA* 15, 1997, p. 223-264 ; **1260** C. D'Ancona, « Re-reading *Ennead* V

1[10], 7. What is the scope of Plotinus' geometrical analogy in this passage?»,
dans Cleary **1064**, p. 237-261; **1261** E. K. Emilsson, «Remarks on the Relation
between the One and Intellect in Plotinus», *ibid.*, p. 271-290; **1262** D. O'Brien,
«La matière chez Plotin: son origine, sa nature», *Phronesis* 44, 1999, p. 45-71;
1263 C. D'Ancona «Le chapitre 15», dans Dixsaut **689**, p. 279-306; Emilsson
957, p. 74-76.

La doctrine plotinienne de la genèse de l'Intellect est très personnelle et, même
si l'on peut retrouver plusieurs des éléments dont elle se compose dans la tradition
philosophique antérieure (la doctrine académicienne des principes, la *II Lettre*
pseudo-platonicienne et sa réception dans le platonisme d'époque impériale, la
présentation alexandriste de la noétique d'Aristote), elle garde son originalité tout
autant en amont qu'en aval: avant Plotin, elle n'existe pas, et après lui les néoplatoniciens ont développé des solutions différentes, qui envisagent d'autres principes
postérieurs à l'Un mais antérieurs à l'être intelligible, en renonçant par là à un
point essentiel pour Plotin, à savoir la "contiguïté" entre le Premier Principe parfaitement simple et l'Intellect-monde intelligible (*cf.* **1264** C. D'Ancona, «Primo
principio e mondo intelligibile nella metafisica di Proclo: problemi e soluzioni»,
Elenchos 12, 1991, p. 271-302). Personnelle, cette doctrine est aussi complexe.
Comme on vient de le voir, Plotin cite la dyade indéfinie de la tradition académicienne à l'appui de l'idée, inspirée essentiellement par le *Sophiste*, que dans le
domaine intelligible l'altérité permet la multiplicité des Formes, une idée qu'il
exprime ailleurs à travers le thème, commun à Aristote et Alexandre, de la
«matière intelligible» (voir II 4 [12], 4, 2-20, avec le comm. de Narbonne **1257**,
p. 68-88). Si les Formes intelligibles sont multiples et différentes les unes des
autres, mais en même temps sont toutes des Formes, c'est qu'elles partagent une
même potentialité d'être des Formes, qui s'exprime d'une certaine manière s'il
s'agit de la Forme de la Justice, et d'une manière différente s'il s'agit de la Forme
de la Sagesse. Cette potentialité d'être plusieurs Formes différentes est le
développement, chez Plotin, du non-être comme "altérité" du *Sophiste*, mais le lien
de l'"altérité" et du "mouvement" du *Sophiste* avec la notion d'indétermination est
établi à partir d'Aristote, *Phys.* III 2, 201 b 19-25, en part. li. 24-25 (αἴτιον δὲ τοῦ
εἰς ταῦτα τιθέναι ὅτι ἀόριστόν τι δοκεῖ εἶναι τὴν κίνησιν): voir II 4 [12], 5, 29-
37. Appelée par Plotin tantôt «matière intelligible», tantôt «dyade indéfinie»,
cette indétermination est présentée comme un état potentiel, ou «naissant» de
l'Intellect-monde intelligible: voir surtout Rist **458**; Theiler **452**; Szlezák **404**,
p. 72-86; Smith **1249**; **1265** P. Aubenque, «La matière de l'intelligible. Sur deux
allusions méconnues aux doctrines non-écrites de Platon», *RPhilos* 107, 1982, p.
307-320. Reprenant à son compte la thèse, commun à Aristote et Alexandre, de la
nature potentielle de la faculté connaissante qui s'actualise seulement en présence
de l'objet connu, Plotin compare l'état potentiel de l'Intellect-monde intelligible à
une faculté connaissante, la vision: ἀόριστος μὲν αὐτὴ ὥσπερ ὄψις (V 4 [7], 2,
6); ἔστι γὰρ ἡ νόησις ὅρασις ὁρῶσα (V 1 [10], 5, 18-19) ἐπεὶ γὰρ ὁ νοῦς ἐστιν
ὄψις ὁρῶσα, δύναμις ἔσται εἰς ἐνέργειαν ἐλθοῦσα (III 8 [30], 11, 1-2); ὥρμησε

μὲν ἐπ᾽ αὐτὸ οὐχ ὡς νοῦς, ἀλλ᾽ ὡς ὄψις οὔπω ἰδοῦσα [...] εἶδεν αὐτό [*scil.* τὸ ἐπέκεινα, li. 1], καὶ τότε ἐγένετο ἰδοῦσα ὄψις (V 3 [49], 11, 4-5 et 9-10; πληρωθείς [...] ἵν᾽ ἔχῃ ὃ ὄψεται, VI 7 [38], 16, 20-22. C'est cette idée qui fait la différence entre Plotin et la doctrine des principes, selon Krämer **444**, p. 314 et n. 458; selon Szlezák **404**, p. 54-72, la doctrine de la genèse de l'Intellect combine la thèse académicienne de la dérivation des idées-nombres de l'un et de la dyade indéfinie avec la vision aristotélicienne de la nature potentielle de la faculté connaissante par rapport à l'objet connu. De même, cette image de la "vision" de la part de l'Intellect permet à Plotin de traiter la potentialité et l'indétermination de celui-ci comme une "tension" ou un "désir" (V 1 [10], 6, 50-51; V 6 [24], 5, 9-10; V 3 [49], 11, 6-12; 15, 11); voir Szlezák **404**, p. 104-110.

Là où la genèse de l'Intellect est présentée comme un acte de "vision", l'objet vu est le Premier Principe. Pour le dire avec les mots du passage où cette thèse est formulée de la manière la plus synthétique,

« L'Un est parfait parce qu'il ne cherche rien, ne possède rien et n'a besoin de rien; étant parfait, il surabonde, et cette surabondance produit une chose différente de lui. La chose engendrée se retourne vers lui, elle est fécondée, et naît en tournant son regard vers lui : il s'agit de l'Intellect (τὸ δὲ γενόμενον εἰς αὐτὸ ἐπεστράφη καὶ ἐπληρώθη καὶ ἐγένετο πρὸς αὐτὸ βλέπων καὶ νοῦς οὗτος)» (V 2 [11], 1, 7-11, trad. Bréhier modifiée). Voir aussi V 4 [7], 2, 7-9 avec le comm. de Bussanich **1256**, p. 9-14; V 1 [10], 6, 41 - 7, 26, avec le comm. de Atkinson **413**, p. 149-175 et de Bussanich **1256**, p. 34-54; V 6 [24], 5, 1 - 6, 11 avec le comm. de Bussanich **1256**, p. 55-70; V 3 [49], 11, 1-16 avec le comm. de Bussanich **1256**, p. 221-236 et de Ham **1215**, p. 201-211.

Le Premier Principe est donc la source de la détermination grâce à laquelle l'Intellect-cosmos intelligible est engendré à partir de l'état potentiel et indéterminé de l'Intellect (matière intelligible ou dyade indéfinie): en V 1 [10], 5, 3-5, l'Un est dit être le principe générateur de l'Intellect (ὁ [...] γεννήσας), la cause de son être et de sa multiplicité (ὁ αἴτιος τοῦ καὶ εἶναι καὶ πολὺν εἶναι τοῦτον, *scil.* le νοῦς). L'Un est dit "ὁ γεννήσας", le principe qui engendre l'Intellect, aussi en V 3 [49], 16, 4. Pourtant, dans la suite du passage de V 1 [10], 5 Plotin affirme que l'Intellect dans un sens reçoit sa détermination de l'Un (μορφοῦται [...] παρὰ τοῦ ἑνός), mais dans un autre sens la reçoit de soi-même (V 1 [10]), 5, 17-18 trad. Bréhier); Lloyd **1255** en est venu à penser que la genèse de l'être intelligible est l'effet de l'auto-détermination de l'Intellect; cette opinion est contestée par Bussanich **1256**, p. 13-14 et 123-124; mais Bussanich **1258** présente une position plus nuancée. Une autre *vexata quaestio* concerne le passage de V 1 [10], 7, 5-6, dont il a déjà été question à propos du changement d'opinion des éditeurs Henry et Schwyzer: il s'agit de savoir si la détermination de l'Intellect "naissant" est l'effet de sa propre conversion vers l'Un (ce qui entraîne la difficulté d'attribuer à l'Intellect une "action" dont l'effet serait sa propre "naissance"), ou de l'auto-conversion de l'Un (ce qui entraîne la difficulté d'attribuer au Premier Principe un "mouvement" de conversion vers soi-même, incompatible avec sa perfection et son immobilité): dossier des opinions jusqu'en 1988 dans Bussanich **1256**, p. 37-43; pour la période postérieure, voir D'Ancona **1260** et Emilsson **957**, p. 74-76.

Le principe du monde intelligible : l'Un, c'est-à-dire le Bien

Comme on vient de le voir, la conception du monde intelligible de Plotin est structurée par la thèse centrale de sa métaphysique : l'existence, au-delà de l'Intellect-κόσμος νοητός, d'un principe plus simple et plus puissant, l'Un, c'est-à-dire le Bien.

> « Il faut remonter jusqu'à l'Un, à l'Un véritable ; il n'est pas comme les autres uns, qui, étant multiples, ne sont un qu'en participant à l'Un. [...] Le monde intelligible et l'Intelligence sont certainement des êtres plus uns que tous les autres ; et nul n'est plus près de l'Un. Pourtant ils ne sont pas l'Un dans sa pureté » (V 5 [32], 4, 1-6, trad. Bréhier).

La nature de l'intelligible plotinien, richesse et multiplicité des Idées qui forment la substance même de l'Intellect divin, requiert l'existence de ce principe, désigné souvent dans les *Ennéades* par le syntagme de *Resp.* VI, 509 B 9-10, où l'Idée du Bien est dite être ἐπέκεινα οὐσίας πρεσβείᾳ καὶ δυνάμει. Plotin reprend à son compte cette expression, tantôt en y ajoutant l'Intellect (ἐπέκεινα νοῦ καὶ οὐσίας), tantôt en transformant l'adverbe platonicien en une expression substantifiée (τὸ ἐπέκεινα) : liste des occurrences dans Sleeman et Pollet **1**, *s.v.*, ainsi que dans Charrue **435**, p. 246-247 : voir par ex. le tout dernier traité, *Sur le Premier Bien et les autres biens* : καὶ γὰρ ὅτι ἐπέκεινα οὐσίας, ἐπέκεινα καὶ ἐνεργείας καὶ ἐπέκεινα νοῦ καὶ νοήσεως (I 7 [54], 1, 19-20). Aussi bien dans ce passage tardif que dans un des premiers écrits – le traité *Sur les trois hypostases qui sont principes* (V 1 [10]), où Plotin met en place les thèses centrales de sa métaphysique – le fr. aristotélicien 49 Rose, où il est question d'un principe ἐπέκεινα νοῦ (voir "Sources. Aristote"), est inséré directement à l'intérieur de la citation de la *République*, et traité comme s'il s'agissait des propres paroles de Platon : « Le père de la cause, c'est-à-dire de l'Intelligence, est, dit-il, le Bien et ce qui est au-delà de l'intelligence et au-delà de l'être » (V 1 [10], 8, 6-8, trad. Bréhier) ; voir également VI 7 [38], 37, 22-24.

Comme l'ont remarqué tous les savants, surtout à la suite de Dodds **437** et de Whittaker **507**, le Premier Principe antérieur à l'Intellect-cosmos intelligible est pour Plotin en même temps le Bien de *Resp.* 509 B 9-10 et l' "un" de la première hypothèse du *Parménide* : en VI 7 [38], 16, 22-31 Plotin applique à l'Un les caractères du Bien de la *République*. C'est une thèse qu'il soutient dès ses premiers écrits :

> « Il faut que, en avant de toutes choses, il y ait une chose simple et différente de toutes celles qui viennent après elle : elle est en elle-même et ne se mélange pas avec celles qui la suivent et en revanche elle peut être présente d'une autre manière aux autres choses. Elle est vraiment l'Un ; elle n'est pas une autre chose et ensuite un ; il est même faux de dire d'elle : l'Un ; "elle n'est pas objet de discours ni de science" (*Parm.* 142 A 3-4) ; et on dit qu'elle est "au delà de l'essence" (*Resp.* VI, 509 B 9). S'il n'y avait pas une chose simple, étrangère à tout accident et à toute composition et réellement une, il n'y aurait pas de principe [...]. Une telle chose doit être unique : car si elle avait sa pareille, les deux ne feraient qu'un » (V 4 [7], 1, 5-16, trad. Bréhier).

L'Un coïncide donc avec le Bien : Plotin adopte indifféremment τὸ ἀγαθόν, ou αὐτὸ τὸ ἀγαθόν, là où en d'autres cas il adopte τὸ ἕν : voir V 6 [24], 6, 5-10 ; IV 4 [28], 16, 23.31 ; III 8 [30], 11, 12-25 et 39-45 ; V 5 [32], 9, 36-38 ; 13, 7-37 ; VI 7

[38], 20, 18-24 ; 23, 4-22 ; 29, 21-22 ; 38, 4-6 ; I 8 [51], 1, 7-10 ; 2, 1-17 ; I 7 [54], 1, 20-22 ; 2, 1-2. Tantôt le Premier Principe transcende le "bien" lui-même : il est dit en effet ὑπεράγαθον (VI 9 [9], 6, 40), en ce sens que rien n'est "bien" pour lui, tandis qu'il est le bien de toute autre chose : voir aussi V 5 [32], 13, 1-7 ; VI 7 [38], 23, 17-18 ; 25, 10-16 ; 38, 6-9 ; 41, 28-31. L'identité référentielle de "un" et "bien" est affirmée en toutes lettres :

« Il nous est apparu donc que la nature du Bien est simple, et aussi primitive, ce qui n'est pas primitif n'étant jamais simple ; elle ne contient rien en elle-même, et elle est quelque chose d'un dont la nature n'est point différente de ce qu'on appelle l'Un. L'Un n'est pas une certaine chose, dont on dit ensuite qu'elle est le bien. Que l'on dise l'Un ou le Bien, il faut penser à une même nature ; dire qu'elle est une, ce n'est point lui attribuer un prédicat, mais nous le désigner à nous mêmes, autant que possible » (II 9 [33], 1, 1-8, trad. Bréhier).

Voir **1266** C. Steel, « L'Un et le Bien. Les raisons d'une identification dans la tradition platonicienne », *RSPh* 73, 1989, p. 69-84. Selon Arnou **751**, p. 131-133, l'Un n'est est appelé "dieu" que rarement, puisque pour Plotin il n'est pas un dieu, mais le principe même de la divinité ; cette opinion est critiquée par Rist **913**, selon qui Plotin non seulement accepte l'identité Un-Dieu, mais essaie parfois de démontrer que la divinité de l'Un est supérieure à celle de l'Intellect et de l'Âme ; voir aussi Meijer **1102**, p. 58-60, qui dresse une liste des termes utilisés pour désigner le Premier Principe dans les *Ennéades*.

Pour éviter le *regressus in infinitum* dans la recherche des causes, il est nécessaire d'aboutir à un principe qui soit séparé, c'est-à-dire transcendant (V 6 [24], 3, 5-10) ; le principe, en effet, ne peut « faire nombre (συναριθμεῖσθαι, trad. Bréhier)» avec les choses dont il est principe (V 5 [32], 4, 12-16) ; voir aussi II 9 [33], 1, 8-12 et 21-27. Par conséquent, le principe universel sera séparé et transcendant par rapport à tout ce qui existe ; sur le lien entre cet argument et les apories sur la participation des individus aux Formes, voir Regen **535**. Séparé, ce principe est antérieur à la multiplicité issue de lui : Plotin distingue explicitement entre l'Un-principe et l'un comme constituant élémentaire de la multiplicité : VI 9 [9], 5, 41 - 6, 7. L'Un ne peut être confondu avec une unité qui serait un minimum ontologique appartenant à l'ordre de la quantité (οὐχ οὕτως ἓν λέγοντες καὶ ἀμερές, ὡς σημεῖον ἢ μονάδα λέγομεν, VI 9 [9], 5, 41-42 ; l'Un n'est pas à confondre avec τὸ σμικρότατον, 6, 4). Pourtant, certains savants estiment que l'Un plotinien hérite de la doctrine de Speusippe, auquel les témoignages d'Aristote et de Damascius attribuent exactement une telle notion de l'"un" (ἓν ὡς ἐλάχιστον καθάπερ ὁ Σπεύσιππος ἔδοξε λέγειν, Dam., *De Princ.* I, p. 3, 9-10 Westerink-Combès). Les savants ne sont pas d'accord sur ce point. S'appuyant surtout sur Proclus, qui, dans la partie de son commentaire sur le *Parménide* qui existe seulement en traduction latine, avait attribué à Speusippe la doctrine de l'un *melius ente*, Krämer **444**, p. 358-361 ; Halfwassen **462** ; Dillon **465** estiment que Speusippe avait placé son "un" au-delà de l'être, et envisagent donc une influence de la doctrine de ce dernier sur Plotin. En revanche, Hadot **226**, I, p. 113-114, et **1267** M. Isnardi Parente, « *Proodos* in Speusippo ? », *Athenaeum* 53, 1975, p. 88-110, suivant les témoignages d'Aristote et de Damascius, contestent l'idée que

Plotin s'inspire de Speusippe : selon Hadot **226**, p. 114 n. 6, le passage de VI 9 [9] cité plus haut contient effectivement une allusion à Speusippe, mais il s'agit d'une critique de la doctrine de l'"un" comme « minimum indivisible ».

Transcendant par rapport à tout ce qui contient un élément de multiplicité quel qu'il soit, l'Un de Plotin est donc τὸ [...] διάφορον πάντη (V 3 [49], 10, 50). Sur cette notion d'"altérité" chez Plotin voir surtout **1268** G. Huber, *Das Sein und das Absolute. Studien zur Geschichte der ontologischen Problematik in der spätantiken Philosophie*, coll. « Studia Philosophica. Supplementa » 6, Basel 1955, p. 49-60 ; Beierwaltes **1096**, p. 123-147 ; **1269** E. Varessis, *Die Andersheit bei Plotin*, coll. « Beiträge zur Alterstumkunde » 78, Stuttgart 1996, p. 67-68. L'altérité totale, c'est-à-dire la transcendance par rapport à toute autre chose, est selon Plotin la condition pour que l'on puisse parler de *premier* principe :

> « Évitez surtout de le voir à l'aide des autres choses ; sinon, vous verrez sa trace et non lui-même. Réfléchissez à ce qu'il est ; prenez-le en lui-même, dans sa pureté et sans mélange ; toutes choses participent à lui, sans que rien le possède ; rien ne doit être pareil à lui, mais il faut que pareille chose existe » (V 5 [32], 10, 2-5, trad. Bréhier modifiée).

Partout dans les *Ennéades* Plotin soutient la transcendance absolue du Premier Principe : voir surtout V 4 [7], 2, 39-43 ; VI 9 [9], 2, 29-32 ; 3, 36-39 ; 5, 24-31 ; 6, 12-16 ; III 8 [30], 9, 8-13 ; 11, 25-26 ; V 5 [32], 3, 4-6 ; VI 7 [38], 42, 14-15 ; VI 8 [39], 16, 33-36 ; V 3 [49], 11, 19-20 et 25-30 ; 12, 47-49 ; 13, 2-6 ; 14, 16-18 ; 16, 8-12. Toutefois certains savants, observant que dans le traité V 4 [7] le Premier Principe est présenté comme le νοητόν auquel l'Intellect naissant adresse son regard (voir V 4 [7], 2, 12-19 avec le comm. de Bussanich **1256**, p. 18-27), ont pensé que la notion d'un premier principe absolument transcendant, situé "au-delà" de l'être et de l'Intellect, ne s'est faite jour chez Plotin qu'à un certain moment. Ils estiment donc que dans ses premiers traités celui-ci envisageait encore un premier principe de type médio-platonicien, contenant en lui les intelligibles : voir Heinemann **125**, p. 122-123 (critiqué par Schwyzer **8**, col. 559) ; **1270** O. Becker, *Plotin und das Problem der geistigen Aneignung*, Berlin 1940, p. 31 ; Armstrong **392**, p. 24 ; Dodds **35**, p. 19-20 ; Rist **72**, p. 42-44 ; Meijer **1102**, p. 20-52, d'après lequel

> « In the first eight treatises the conception of the Superone [...] nowhere emerges. [...] it is so sudden that such a well-rounded view of the One as Superone appears in 9 [VI 9]. Although in 7 [V 4] we do see him displaying growing interest concerning the unity of the Supreme Entity and this concern becomes predominant even at this stage, this unity is inconsistently connected with containing τὰ πάντα and having forms of self-knowledge » (p. 20 et 53).

Le point de vue de Meijer **1102** est critiqué par Hadot **198**, p. 22, selon lequel si Plotin n'évoque pas l'Un dans les premiers traités, « la raison en est tout simplement que le sujet qu'ils traitent, le problème de l'âme, n'exige pas que l'on fasse de développement sur ce sujet ».

Le raisonnement que Plotin met en place pour soutenir qu'au-delà de l'Intellect il y a un principe antérieur se fonde sur la simplicité absolue, qu'il envisage comme la condition nécessaire pour que l'on puisse parler de principe premier et universel (VI 9 [9], 5, 24 : ἁπλοῦν δὲ τὸ ἕν καὶ ἡ πάντων ἀρχή) ; voir aussi V 5

[32], 13, 31-37. Seule la simplicité comporte en effet l'αὐτάρκεια parfaite, sans laquelle il n'y a pas de principe véritablement premier. Tout ce qui est multiple est par là même ἐνδεές, il a donc un principe : en revanche, ce qui est parfaitement simple n'a besoin de rien (VI 9 [9], 6, 16-26, avec le comm. de Hadot **198**, p. 172-173). Or, la complexité caractérise pour Plotin tout acte d'intellection, même s'il s'agit de l'intellection auto-conversive (νοήσεως νόησις) de l'Intellect divin. Cet argument, formulé à plusieurs reprises dans les *Ennéades*, est dirigé explicitement contre Aristote : « Plus tard (*scil.* par rapport à Anaxagore, Héraclite, Empédocle) Aristote dit que le Premier est *séparé* et *intelligible* ; mais dire qu'*il se pense lui-même* revient à n'en plus faire le Premier » (V 1 [10], 9, 7-9, trad. Bréhier). Mais la critique de Plotin vise aussi ces platoniciens aristotélisants qui étaient enclins à concevoir le Premier Principe comme un Intellect : selon Hadot **198**, p. 129-130, la vision d'un premier principe qui serait en même temps "intellect", "être" et "un", critiquée en VI 9 [9], 2, 5-6, est celle de l'ancien condisciple de Plotin, Origène, comme en témoigne Proclus (*Theol. Plat.* II 4, p. 31, 16-17 Saffrey-Westerink).

Les passages principaux dans lesquels Plotin soutient que le Premier Principe est au-delà de l'Intellect sont les suivants : VI 9 [9], 6, 42-54 (le Premier ne peut être νόησις, sinon il serait ἑτερότης, mais il n'est pas pour autant dans un état d'ignorance, puisqu'il y a ἄγνοια lorsque quelque chose en ignore une autre ; or, ce qui est μόνον ne connaît ni n'ignore) ; V 6 [24], 2, 1-20 (le νοῦς doit avoir un νοητόν, or ce qui est νοῦς à titre premier, πρώτως, aura son νοητόν en lui-même ; mais le Premier est antérieur aussi au πρώτως νοοῦν, et il n'a pas besoin de penser, étant αὔταρκες. S'il pensait quelque chose, celle-ci lui appartiendrait ; il serait par conséquent πολλά, et ceci, même s'il ne pensait que lui-même : une critique évidente de l'Intellect divin d'Aristote) ; 4, 1-4 (en tant que simple et auto-suffisant, le Bien n'a pas besoin de penser ; voir aussi 6, 1-3 et V 3 [49], 10, 4-6 ; 13, 17-21 et 34-36) ; V 6 [24], 5, 1-32 (ce qui est multiple peut se rechercher lui-même et aspirer donc à la συναίσθησις, mais ce qui est πάντῃ ἕν n'en a aucun besoin ; rien d'étonnant, donc, s'il ne se connaît pas lui-même) ; III 8 [30], 11, 39-45 (l'Intellect a besoin de penser, mais le Bien n'a besoin de rien, même pas de penser ; sinon, il ne serait pas le Bien) ; VI 7 [38], 35, 43-44 ; 37, 1-31 (critique des arguments par lesquels Aristote attribue au Premier Principe la νόησις de lui-même ; voir le comm. de Hadot **486**, p. 352-354) ; VI 7 [38], 39, 28-29 (le Premier Principe demeure immobile et « vénérable », au-delà de l'être et de la pensée : voir Hadot **544** et Hadot **486**, p. 359).

« Si donc on va au-delà de cette substance et de cette pensée, on ne parviendra ni à une substance ni à une pensée, mais on parviendra *au-delà de la substance* (*Resp.* VI, 509 B 9) et de la pensée, à *quelque chose de merveilleux* (*Symp.* 210 E 5) qui n'a en lui ni substance ni pensée, mais qui est *seul* (*Phlb.* 63 B 8), soi-même en soi-même, sans avoir besoin en rien de ce qui procède de lui » (VI 7 [38], 40, 24-29, trad. Hadot **486**, p. 187).

Un peu plus loin, en VI 7 [38], 40, 43 - 41, 38, Plotin critique l'idée d'un premier principe qui serait ἅμα νοοῦν καὶ νοούμενον (*De An.* III 4, 430 a 3-4) et évoque *Parm.* 141 E 9 (οὐδαμῶς ἄρα τὸ ἓν οὐσίας μετέχει), et *Parm.* 142 A 3-4 (οὐδ' ἄρα ὄνομα ἔστιν αὐτῷ οὐδὲ λόγος οὐδέ τις ἐπιστήμη οὐδὲ αἴσθησις οὐδὲ δόξα) : voir le comm. de Hadot **486** p. 360-366. Hager **456**, p. 242-326, classe ainsi les arguments de Plotin pour établir la transcendance du Premier Principe par rapport à l'être et à la pensée : (i) dépendance de ce qui est multiple vis-à-vis du simple ; (ii) dépendance de l'être vis-à-vis de l'unité suressentielle ; (iii) dépendance de la pensée divine vis-à-vis de la perfection du Bien.

Du fait même d'établir l'existence nécessaire de ce principe par des arguments qui impliquent tous que l'être – c'est-à-dire l'intelligible – n'est pas primitif, un problème en même temps épistémologique et métaphysique se fait jour : comment connaître ce principe, si la connaissance n'est que connaissance de l'être intelligible ? Si, en revanche, il n'y a aucun λόγος ni aucune ἐπιστήμη concernant ce principe, comment peut-on encore affirmer qu'il y a un tel principe ? Comme l'ont montré Dodds **337** ; Festugière **712**, en part. IV, p. 92-140 ; Whittaker **715**, **716** et **717** ; **1271** W. Beierwaltes, *Identität und Differenz*, coll. « Philosophische Abhandlungen » 49, Frankfurt a. M. 1980, p. 25-26 ; **1272** *Id.*, « *Hen* », dans *RAC* XIV, 1987, coll. 445-472, en part. col. 454-458, le *Parménide* avait déjà suscité chez les médio-platoniciens, dans les écrits hermétiques et dans le pythagorisme d'époque impériale l'attribution au Premier Principe de prédicats négatifs tels que ἄρρητος, ἀκατονόμαστος, et d'autres.. Pourtant, ce n'est qu'avec Plotin que la possibilité de connaître le fondement de l'être et de la connaissance devient un problème philosophique explicitement formulé.

Limites de la connaissance au sujet de l'Un-Bien

Depuis Zeller **390**, p. 536-550, l'habitude s'est établie de distinguer entre des prédicats négatifs et des prédicats positifs attribués par Plotin au Premier Principe. Zeller avait observé que, puisque celui-ci avait élaboré sa conception du Premier Principe *(das Urwesen)* essentiellement à partir de sa transcendance par rapport à tout ce qui est fini et déterminé, cet *Urwesen*

« wird [...] zunächst nur unter der negativen Bestimmung darstellen können » ; cependant « kann man bei diesen Verneinungen als solchen nicht stehen bleiben ; gerade desshalb sollen wir ja über das endliche und bestimmte hinaus gehen, weil diesem die volle Wahrheit des Seins fehle ; das erste ist nothwendig das allrealste und positivste » (p. 536-537),

d'où la série des prédicats positifs de l'Un-Bien chez Plotin :

« In dieser dreifachen Beschreibung des Urwesens als des Unendlichen, als des Einen und Guten, als der absoluten Causalität, fassen sich alle Aussagen Plotin's über dasselbe zusammen » (p. 537).

Cette présentation, qui a influencé les études sur Plotin du début du XXe siècle (*cf.* par ex. Guyot **707**, p. 166-181 ; Drews **1313**, p. 99-112 ; Dreas **1315**, p. 9-10 ; Inge **574**, t. II, p. 107-132), a été reprise par Armstrong **392**, p. 1-28, qui distingue "The One. Positive" et "The One. Negative", et à sa suite par plusieurs savants (voir par ex. Hager **456**, p. 243 ; Szlezák **404**, p. 155) ; pour une classification qui veut remplacer celle de Zeller, voir **1273** E. F. Bales, « Plotinus' Theory of the One », dans Harris **532**, p. 40-50 et 160-163, qui distingue trois types de discours sur le Premier Principe chez Plotin : « meontological, ontological, paradoxical » ; voir aussi Leroux **1292**, p. 37, qui, pour sa part, distingue entre les prédicats noétiques, que Plotin écarterait de l'Un, et les prédicats non-noétiques tels puissance, origine, pureté etc., qu'il retiendrait.

Les savants sont d'accord pour retrouver chez Plotin les principes de ce que le Moyen Âge latin, suite à la traduction érigénienne des œuvres du Pseudo-Denys, appellera *via negationis*: voir **1274** D. Carabine, *The Unknown God: Negative Theology in the Platonic Tradition, Plato to Eriugena*, coll. «Louvain Theological and Pastoral Monographs» 19, Leuven 1995. Sur les limites intrinsèques du langage concernant le Premier Principe selon Plotin voir surtout **1275** É. Bréhier, «L'idée du néant et le problème de l'origine radicale dans le néoplatonisme grec», *RMM* 26, 1919, p. 443-475 (repris dans Bréhier **439**, p. 248-283); **1276** A. M. Frenkian, «Les origines de la théologie négative de Parménide à Plotin», *RFIC* 15, 1943, p. 11-50; Dörrie **505**; **1277** J. Trouillard, «The Logic of Attribution in Plotinus», *IPhQ* 1, 1961, p. 125-138; Krämer **444**, p. 343-346; **1278** R. Mortley, «Negative Theology and Abstraction in Plotinus», *AJPhilol* 96, 1975, p. 363-377; **1279** A. H. Armstrong, «Negative Theology», *Downside* 95, 1977, p. 176-189 (repris dans Armstrong **104**); **1280** R. Mortley, «The Fundamentals of the *via negativa*», *AJPh* 103, 1982, p. 429-439; **1281** J. Pépin, «Linguistique et théologie dans la tradition platonicienne», *Langages* 16, 1982, p. 91-116; **1282** Ch. Guérard, «La théologie négative dans l'apophatisme grec», *RSPT* 68, 1984, p. 183-200; **1283** F. M. Schroeder, «Saying and Having in Plotinus», *Dionysius* 9, 1985, p. 75-84; **1284** M. Sells, «Apophasis in Plotinus: A Critical Approach», *HThR* 78, 1985, p. 47-55; **1285** D. J. O'Meara, «Le problème du discours sur l'indicible chez Plotin», *RThPh* 122, 1990, p. 145-156 (repris dans O'Meara **753bis**); Heiser **928**; **1286** J. F. Phillips, «Plotinus and the 'eye' of the Intellect», *Dionysius* 14, 1990, p. 79-103; **1287** J. P. Kenney, «The Critical Value of Negative Theology», *HThR* 86, 1993, p. 439-453; **1288** F. M. Schroeder, «Plotinus and Language», dans Gerson **410**, p. 336-355; **1289** Ph. Hoffmann, «L'expression de l'indicible dans le néoplatonisme grec de Plotin à Damascius», dans **1290** C. Lévy et L. Pernot (édit.), *Dire l'évidence. Philosophie et rhétorique antiques*, coll. «Cahiers de philosophie de l'Université Paris XII–Val de Marne» 2, Paris/ Montréal 1997, p. 335-390.

Plotin est conscient des implications apparemment paradoxales de sa position, parmi lesquelles la plus évidente est le fait, déjà signalé plus haut, que son Premier Principe non seulement n'est pas connu, mais ne connaît pas: il manque donc de ce qui, dans la tradition grecque la plus universellement partagée, est un trait essentiel du divin. À la fin du traité *Ce qui est au-delà de l'être ne pense pas* (V 6 [24]), il explique pourquoi cela n'a rien d'un paradoxe: ce principe ne peut rien apprendre, puisqu'il est "un"; quant aux autres choses, ce qu'il leur donne est supérieur à l'εἰδέναι, puisqu'il est leur bien (V 6 [24], 6, 32-35). La thèse selon laquelle l'Un-Bien n'a aucun besoin de connaître s'explique mieux dans le cadre de l'inter-prétation que donne Alexandre de la connaissance intellectuelle comme potentialité qui tend vers son accomplissement: en III 8 [30], 11, 15-25, l'ἀγαθόν est comparé à l'ἀγαθοειδές, c'est-à-dire l'Intellect, pour dire que le Bien ne tend à rien, et donc ne connaît pas (sur la notion d'ἀγαθοειδές chez Plotin, voir Szlezák **404**, p. 151-154). Par conséquent, le Premier Principe n'est pas "bien" dans le sens qu'il aurait le bien comme une propriété : c'est ce que Platon entendait, selon Plotin (V 5 [32], 13, 1-7), par l'expression μόνον καὶ ἤρεμον (*Phlb.* 63 B 7-8).

Plus radicalement encore, Plotin est conscient du fait que l'application rigoureuse de la négation de tout λόγος et de toute ἐπιστήμη de l'un (*Parm.* 142 A 3-4) risque de rendre vains les arguments philosophiques visant à déterminer les caractères nécessaires de ce principe, tels la simplicité par exemple. Or, des arguments de ce genre se rencontrent partout dans les *Ennéades* : citons, à titre d'exemple, V 5 [32], 10, 10-15, où Plotin affirme que lorsque l'on pense à l'Un, il faut toujours penser qu'il est ἀγαθόν, ἕν et ἀρχή : ἀγαθόν, en tant que puissance qui est cause de l'Intellect ; ἕν, en tant que simple et premier ; ἀρχή, puisque toutes choses proviennent de lui. Quelle est la valeur de ces affirmations, vis-à-vis de l'interdiction du λόγος et de l'ἐπιστήμη de l'Un ? Plotin soutient que le statut des énoncés qui concernent l'Un est spécial : tout en étant en apparence des prédications sur l'Un, ils portent en réalité soit sur ce que ce principe n'est pas, soit sur ce qui en dépend : dans les deux cas, non pas sur ce principe directement.

« C'est pourquoi même lorsque nous disons qu'il est 'cause', ce n'est pas à lui que nous attribuons ce prédicat, mais à nous-mêmes, car c'est nous qui avons en nous quelque chose qui vient de lui, alors que 'lui' 'est' en lui-même. Et d'ailleurs, si l'on veut parler avec exactitude, il ne faut dire ni 'lui', ni 'est', mais nous, qui tournons en quelque sorte de l'extérieur autour de lui, ce ne sont que nos propres états que nous cherchons à exprimer, parfois nous rapprochant de lui, parfois retombant loin de lui, à cause des doutes que nous avons à son sujet » (VI 9 [9], 3, 49-54, trad. Hadot **198**, p. 82 ; comm., p. 147-148) ; « nous l'appelons 'Un' par nécessité, pour pouvoir par ce nom nous désigner les uns les autres cette nature, nous conduisant ainsi à une notion indivisible (εἰς ἔννοιαν ἀμέριστον) » (VI 9 [9], 5, 38-40, trad. Hadot **198**, p. 90).

Selon **1291** P. Aubenque, « Les origines néoplatoniciennes de la doctrine de l'analogie de l'être », dans *Le Néoplatonisme* **75**, p. 63-76, « ce n'est donc pas seulement tel ou tel prédicat qui est équivoque par rapport au Premier, mais bien la prédication elle-même » (p. 67). Le nom ἕν, en effet, n'est pas attribué au Premier Principe en tant qu'affirmation (θέσις) ; mais ceci vaut aussi pour le nom "Bien" (VI 9 [9], 6, 40-41 ; VI 7 [38], 38, 1-5). La désignation "ἐπέκεινα οὐσίας" non plus ne doit pas être adoptée sans préciser au préalable les limitations intrinsèques de tout discours concernant le Premier Principe :

« Dire qu'il est *au delà de l'être*, ce n'est point dire qu'il est ceci ou cela (car on n'affirme rien de lui), *ce n'est pas dire son nom*, c'est affirmer seulement qu'il n'est pas ceci ou cela. [...] Vous nous voyez peiner dans l'incertitude de ce qu'il faut dire : c'est que nous parlons d'une chose ineffable (λέγομεν περὶ οὗ ῥητοῦ), et nous lui donnons des noms pour le désigner à nous-mêmes comme nous pouvons. Ce nom d'Un ne contient peut-être rien que la négation du multiple ; les Pythagoriciens le désignaient symboliquement entre eux par *Apollon*, qui est la négation de la pluralité. Si le mot *un* et la chose qu'il désigne était pris en un sens positif (θέσις), le principe deviendrait moins clair pour nous que s'il n'avait pas du tout de nom. On emploie sans doute le mot *un* pour commencer la recherche par le mot qui désigne le maximum de simplicité ; mais finalement il faut en nier même cet attribut, qui ne mérite pas plus que les autres de désigner cette nature » (V 5 [32], 6, 11-13 et 23-34, trad. Bréhier). Voir aussi V 3 [49], 13, 1-5, avec le comm. de Ham **1215**, p. 227-228 ; VI 8 [39], 11, 5-13, avec le comm. de **1292** G. Leroux, *Plotin.*

traité sur la liberté et la volonté de l'Un [Ennéade VI, 8(39)], coll. « Histoire des doctrines de l'Antiquité Classique » 15, Paris 1990, p. 316-318.

Une fois prise en compte cette limitation naturelle du langage, il est selon Plotin possible d'attribuer au Premier Principe des caractères tirés des degrés inférieurs de la réalité (τὰ ἐλάττω ἀπὸ ἐλαττόνων, VI 8 [39], 8, 4) : sachant que ces caractères sont toujours non-appropriés, il est légitime par ex. de dire que le Premier Principe est "libre" (VI 8 [39], 12, 17-22), ou "maître de lui" (VI 8 [39], 13, 10), pourvu que l'on soit conscient que ces prédicats – comme tous les autres qui indiquent des caractères positifs, même les plus élevés dans notre échelle axiologique – n'expriment que de manière imparfaite la nature du Premier Principe (VI 8 [39], 8, 3-8 et 21, 25-33). C'est dans ce sens que l'on peut parler du Premier Principe comme de ce qui est « maître de sa propre essence, τῆς αὐτοῦ οὐσίας κύριος » (VI 8 [39], 10, 21-23, trad. Bréhier), en entendant par là qu'il n'est pas tel qu'il est par hasard – c'est-à-dire se trouvant être tel, mais pouvant aussi être autrement, comme s'il n'avait pas de raison d'être – mais qu'il a en lui-même cette raison d'être. La thèse selon laquelle « il est arrivé accidentellement au Bien d'être comme il est (οὕτω συνέβη) » (VI 8 [39], 9, 25, trad. Bréhier ; voir aussi 16, 38-39) forme l'axe du « discours téméraire, τολμηρὸς λόγος » qui, lancé à partir d'une « position étrangère (ἑτέρωθεν σταλείς) » sur laquelle les interprétations sont différentes, est critiqué par Plotin en VI 8 [39], 7, 11-15. Ce discours soutient que la φύσις τοῦ ἀγαθοῦ est ce qu'elle est par hasard (τυχοῦσα οὕτως ἔχειν, ὡς ἔχει), si bien qu'elle n'est pas libre : il n'est pas dans le pouvoir d'un Bien qui *se trouve* être tel qu'il est, de "faire" ou de "ne pas faire" ce qu'il *ne peut que* faire. Alors que Bréhier **338**, vol. II, p. 120-122, envisageait l'origine gnostique du « discours téméraire », d'autres savants ont envisagé une origine chrétienne, ou une nature factice *(Gedankenexperiment)* ; voir le dossier des opinions dans Leroux **1292**, p. 104-123 et 286-287 ; voir aussi **1293** D. J. O'Meara, « The Freedom of the One », *Phronesis* 37, 1992, p. 343-349 (repris dans O'Meara **753bis**), c. r. de Leroux **1292**. Sur la notion de *causa sui* que Plotin évoque pour soutenir que l'Un-Bien *est* sa propre raison d'être (αἴτιον ἑαυτοῦ καὶ παρ' αὐτοῦ καὶ δι' αὐτὸν αὐτός, VI 8 [39], 14, 41-42 ; *cf.* aussi 15, 7-26 ; 16, 19-24), voir Leroux **1292**, p. 54-55 ; **1294** W. Beierwaltes, « *Causa sui*. Plotins Begriff des Einen als Ursprung des Gedankens der Selbstursächlichkeit », dans Cleary **1064**, p. 191-226.

La thèse de l'auto-limitation de la valeur cognitive des discours sur l'Un-Bien, aussi subtile soit-elle, semble conduire à une impasse, puisque la conscience de la nature nécessairement inadéquate des prédications concernant le Premier Principe semble impliquer la renonciation de Plotin à assurer un fondement épistémologiquement satisfaisant à la thèse la plus essentielle de sa métaphysique : l'existence de l'Un-Bien au-delà du monde intelligible. Pour cette raison plusieurs savants, en soulignant que Plotin évoque souvent un mode de connaissance du Premier Principe supérieur aux raisonnements, estiment que le fondement ultime de la connaissance de l'Un n'est pas d'ordre épistémique : plutôt, il s'agit d'une expérience. Plotin utilise en effet à plusieurs reprises le langage de la perception : "toucher", "voir" ; analyse des passages où ce vocabulaire est utilisé dans Meijer

1102, p. 304-307 (avec références aux études antérieures). «Car la connaissance ou le toucher du Bien (ἐπαφή) est ce qu'il y a de plus haut. Et Platon dit que c'est *la plus haute science* (*Resp.* VI, 505 A 2), parce qu'il entend par *science* non pas l'acte de regarder vers lui, mais l'acte d'apprendre quelque chose à son sujet, avant de le voir» (VI 7 [38], 36, 3-6, trad. Hadot **486**, p. 176; comm., p. 347-348). Pour soutenir que cette expérience ne peut pas être communiquée, Plotin reprend à son compte la formule des mystères d'Éleusis: «Celui qui a vu sait ce que je dis» (VI 9 [9], 9, 46-47, trad. Hadot **198**, p. 107); plus loin dans le même écrit, il affirme que celui qui va au-delà du λόγος et de la νόησις et qui atteint le Principe absolument premier (τὸ ὅ ἐστι πρὸ πάντων) finit par se trouver lui aussi ἐπέκεινα τῆς οὐσίας: cet état est le τέλος τῆς πορείας dont parle Platon en *Resp.* VII, 532 E 3, la «fin du voyage» (VI 9 [9], 11, 34-35). L'expérience mystique de la présence de l'Un (*cf.* Hadot **94**, p. 239: «experiential knowledge of transcendental reality») est donc selon plusieurs savants le vrai fondement de la connaissance du Premier Principe, et cela malgré les divergences sur la nature de cette expérience, pour lesquelles voir les études mentionnées plus haut ("Le problème de l'âme humaine"); voir par ex. **1295** J. Trouillard, «La genèse du plotinisme», *RPhL* 53, 1955, p. 469-481; Rist **1087**; Lloyd **954**, p. 126; Bussanich **1107**. D'autres savants ont envisagé d'autres solutions: Schroeder **1288** distingue entre connaissance déictique («declaring the One») et capacité d'en saisir la nature («disclosing it»), seule la première étant légitime pour Plotin; cette distinction est critiquée par Heiser **928**, p. 61 n. 2; selon O'Meara **1285**, le but des discours concernant l'Un n'est pas épistémique au sens propre, mais psychagogique. La valeur psychagogique de la philosophie, et en particulier de ce point culminant qu'est la recherche du Premier Principe, est mise en avant par Hadot **924**, p. 60; voir aussi, pour le lien entre "théologie négative" et expérience de la présence de l'Un, Hadot **198**, p. 24-34.

Par ailleurs, Hadot **486**, p. 44, distingue entre théologie négative et expérience spirituelle: «il y a un dépassement des formes qui est une méthode rationnelle, un dépouillement des formes qui est une ascèse spirituelle, et un dépassement des formes qui se réalise spontanément dans l'expérience mystique». Les thèses de Plotin qui impliquent la transcendance de l'Un par rapport à l'être-intelligible et à la connaissance intellectuelle appartiennent, si l'on adopte cette classification, au premier type de "dépassement", au discours métaphysique donc, qui se veut proprement épistémique; la conscience des limites du langage et le recours à ce même langage dont on a déclaré les limites vont de pair chez Plotin, comme le montre l'emploi fréquent de οἷον en fonction adverbiale, lorsqu'il attribue au Premier Principe des caractères qui ne lui conviennent pas en réalité. Si οἷον est pris comme un adjectif qui désignerait "comment" est le Premier Principe, il ne peut que désigner en réalité son contraire: τὸ δὲ οἷον σημαίνοι ἂν τὸ οὐχ οἷον· οὐ γὰρ ἔνι οὐδὲ τὸ οἷον ὅτῳ μηδὲ τὸ τί (V 5 [32], 6, 22-23: «Sa qualité, c'est d'ailleurs de n'en pas avoir; qui n'a pas de quiddité n'a pas non plus de qualité», trad. Bréhier). Mais οἷον est utilisé souvent dans sa valeur adverbiale de "comme si, pour ainsi dire", et cela, de préférence à propos du Premier Principe : voir surtout VI 8 [39], 13, 49-50 (λαμβανέτω δὲ καὶ τὸ οἷον ἐφ᾽ ἑκάστου), passage où, selon Ferwerda **149**, p. 5-6, « Plotin demande que l'on entende *toutes* les expressions employées pour désigner l'Un avec un "comme si", même s'il ne l'a pas ajouté. [...] Plotin interdit que l'on octroie une valeur absolue aux termes figurés, même si la rapidité du discours a laissé tomber le poids superflu des mots d'introduction » ; pour l'analyse de la fonction des « quasi-Prädikate » de l'Un et la discussion de la littérature antérieure, voir Szlezák **404**, p. 155-160.

Parmi les "οἷον" référés au Premier Principe, le plus controversé est οἷον ὑπόστασις (VI 8 [39], 7, 47), qui, avec οἷον εἶναι (VI 8 [39], 16, 20) et οἷον οὐσία (VI 8 [39], 7, 52), semble attribuer à l'Un, quoique atténué par "pour ainsi dire", cet "être" que toute la métaphysique de Plotin lui retire. Si parmi ces expressions c'est surtout οἷον ὑπόστασις qui a attiré des discussions, c'est sans doute à cause de l'implication "existentielle" du terme ὑπόστασις : alors qu'attribuer à l'Un "pour ainsi dire l'être" ou "pour ainsi dire l'essence" n'implique pas que celui-ci soit envisagé par Plotin comme quelque chose qui "pour ainsi dire" est "existant", ou "venu à l'être", cette conséquence semble impliquée par l'emploi de οἷον ὑπόστασις. Pour l'histoire du mot ὑπόστασις, voir surtout **1296** H. Dörrie, « Zum Ursprung der neuplatonischen Hypostasenlehre », *Hermes* 82, 1954, p. 331-342 (repris dans Dörrie **34**, p. 13-69 ; sur Plotin, voir en part. les p. 45-51 [de la réimpr.]) ; **1297** *Id.*, « Ὑπόστασις. Wort- und Bedeutungsgeschichte », *NAWG* 1955, p. 35-93 (repris dans Dörrie **34**, p. 286-296). Sur le sens du terme ὑπόστασις en relation à l'Un plotinien, voir surtout **1298** J. P. Anton, « Some Logical Aspects of the Concept of Hypostasis in Plotinus », *RMetaph* 31, 1977, p. 258-271 (repris dans Harris **532**, p. 24-33) ; Hager **456**, p. 300-303 ; **1299** J. Deck, « The One, or God, is not properly Hypostasis. A reply to John P. Anton », dans Harris **532**, p. 34-39 ; Heiser **928**, p. 61-72 ; Gerson **408**, p. 3 ; **1300** Ch. Rutten, « Ὕπαρξις et ὑπόστασις chez Plotin », dans Romano et Taormina **146**, p. 25-32. Mais il y a aussi des passages où Plotin parle de l'ὑπόστασις de l'Un sans aucune formule pour en atténuer le sens : en V 6 [24], 3, 11-15 il affirme que des absurdités s'ensuivraient si l'on soutenait que l'εἶναι de l'Un a l'ὑπόστασις avec les autres choses. Dans ce cas, « il n'existera pas à l'état simple. Mais alors il n'y aura pas non plus de composé ; car s'il ne peut être à l'état simple, il n'aura aucune existence substantielle (ὑπόστασιν οὐχ ἕξει) ; et si le simple n'existe pas, le composé n'existera pas non plus » (trad. Bréhier) ; voir aussi VI 8 [39], 15, 28. Cet emploi de ὑπόστασις à propos de l'Un s'explique si l'on tient compte du fait que pour Plotin nier que l'unité soit ὑπόστασις équivaut à affirmer qu'elle est un πάθημα τῆς ψυχῆς (VI 6 [34], 12, 1-2 ; 13, 43-47). Pourtant, il dit aussi que l'Un est πρὸ ὑποστάσεως (VI 8 [39], 10, 37) ; que l'Un οὐχ ὑποστήσας ἑαυτόν (*ibid.*, li. 23-24), et qu'il οὐδὲ ὑπέστη (*ibid.*, li. 36). On a déjà remarqué à propos de l'âme en tant que principe que Plotin n'utilise pas une terminologie figée ; dans le cas du Premier Principe, cette attitude du Plotin écrivain s'explique encore mieux, sur l'arrière-plan de l'auto-limitation du langage dont on vient de parler. Cette idée est formulée explicitement :

> « Comment ce qui est avant toute existence aurait-il reçu l'existence, soit d'un autre, soit de lui-même ? — Une chose qui n'existe pas ? Qu'est-ce donc ? — Il faut nous en aller en silence, et dans l'embarras où nous ont mis nos réflexions (ἐν ἀπόρῳ τῇ γνώμῃ), il faut cesser de questionner. Que chercher puisque nous ne pouvons aller plus loin ? Toute recherche va jusqu'à un principe, et elle s'y arrête. En outre, toute question porte sur l'essence (τί ἐστιν), la qualité (οἷον), le pourquoi (διὰ τί) ou l'existence (εἶναι). Que le Premier est, au sens où nous disons qu'il est, nous le voyons par les êtres qui sont après lui. Demander sa cause, c'est lui chercher un autre principe ; or, le principe universel n'a pas de principe. Chercher ses qualités (τὸ [...] οἷον), c'est demander ses accidents ; or, il n'a point d'accidents. La recherche de son essence (τὸ [...] τί ἐστι) montrera plutôt qu'il ne faut chercher rien *sur* lui, mais qu'il faut prendre *lui*, si cela est possible pour nous qui avons appris qu'il est sacrilège de lui ajouter quoi que ce soit » (VI 8 [39], 10, 37 - 11, 5, trad. Bréhier modifiée).

Pour l'idée que tout ajout serait en réalité un amoindrissement du Premier Principe, voir aussi V 5 [32], 13, 7-11 et 20-31 ; VI 6 [34], 13, 51-52 ; VI 7 [38], 41, 16-17.

Selon Plotin, le *Parménide* montre que le Premier Principe n'a pas de σχῆμα ni de μορφή (*Parm.* 137 D 3-8) : voir surtout V 5 [32], 11, 4-5 et VI 7 [38], 32, 21-26, L'Un est donc ἄμορφον [...] καὶ μορφῆς νοητῆς (VI 9 [9], 3, 39) ; « Le Bien est sans figure et sans forme (ἄμορφος καὶ ἀνείδεος). C'est en effet seulement ainsi qu'il peut donner forme (εἰδοποιεῖ) » (VI 7 [38], 17, 40-41, trad. Hadot **486**, p. 134) ; voir aussi V 1 [10], 7, 19-20 ; VI 7 [38], 32, 9-13 ; 33, 13-30 ; 34, 1-4, avec le comm. de Hadot **486**, p. 329-336 ; Bussanich **1256**, p. 149-200 ; D'Ancona **538**. Plotin établit ainsi un lien précis entre la théologie négative et sa théorie de la causalité des principes supra-sensibles : ce n'est pas *malgré* le fait que l'Un soit ἀνείδεος qu'il donne forme, mais exactement *parce qu'il est tel*. Antérieur à la forme, il est antérieur à l'οὐσία (V 5 [32], 6, 1-11) ; et c'est parce qu'il est πρὸ οὐσίας qu'il est γεννῶν τὴν οὐσίαν. L'Un n'est aucune des choses dont il est l'ἀρχή (VI 9 [9], 3, 40-44 ; III 8 [30], 10, 28-35 ; V 5 [32], 10, 15-19 ; VI 7 [38], 32, 17 ; V 3 [49], 14, 18 - 15, 3) : pour la discussion de cette manière de concevoir la causalité, qui semble contredire la ressemblance platonicienne de l'effet à la cause, voir **1301** J.-L. Chrétien, « Le Bien donne ce qu'il n'a pas », *ArchPhilos* 43, 1980, p. 263-277 ; **1302** C. D'Ancona, « Plotinus and Later Platonic Philosophers on the Causality of the First Principle », dans Gerson **410**, p. 356-385.

La causalité de l'Un-Bien : degrés de réalité

Partout dans les *Ennéades* l'Un-Bien est dit ἀρχή première et universelle : voir surtout V 4 [7], 1, 34-36 ; VI 9 [9], 3, 39-40 ; VI 8 [39], 8, 8-9 ; 18, 38-41 ; V 3 [49], 15, 24-31. Une formulation synthétique de cette thèse et des problèmes qu'elle implique se rencontre en V 2 [11], 1, 1-2 : τὸ ἓν πάντα καὶ οὐδὲ ἕν· ἀρχὴ γὰρ πάντων, οὐ πάντα, ἀλλ' ἐκείνως πάντα, « L'Un est toutes choses et n'est aucune d'entre elles ; mais toutes choses sont selon ce principe-là » (trad. Bréhier modifiée). L'affirmation que l'Un est « toutes choses » prête à une interprétation radicale du monisme de Plotin, qui ferait de l'Un non seulement le principe universel de toute la réalité, mais la réalité tout court, quoique manifestée à des degrés différents. Pourtant, l'affirmation "τὸ ἓν πάντα" est immédiatément corrigée par son contraire : l'Un n'est aucune chose, parce qu'il est leur principe, ce qui implique séparation et transcendance ; voir aussi III 8 [30], 9, 43-54 ; VI 7 [38], 32, 12-14. Cette opposition entre deux nécessités équivalentes — la nécessité que l'Un soit principe de toutes choses, et la nécessité qu'il n'y ait aucune relation entre l'Un et les choses (sans quoi, il ne serait plus réellement séparé et transcendant) — est à l'origine de ce que Bréhier **391**, p. 40, appelle la *vexata quaestio* de la philosophie de Plotin, faisant écho au passage suivant : « Comment viennent-elles de l'Un, qui est simple et qui ne montre, dans son identité, aucune diversité et aucun repli ? (πῶς οὖν ἐξ ἁπλοῦ ἑνὸς οὐδεμιᾶς ἐν ταὐτῷ φαινομένης ποικιλίας οὐ διπλόης οὕτινος ὁτουοῦν ;) » (V 2 [11], 1, 3-5, trad. Bréhier).

Critère de la causalité des principes supra-sensibles (voir plus haut, "Le monde intelligible et l'Intellect"), la transcendance de la cause par rapport aux effets vaut *a fortiori* pour la causalité de l'Un, d'où la formule "οὐ πάντα" dans le passage cité. Mais les mots qui suivent immédiatement semblent encore une fois démentir la séparation du principe : ἐκεῖ γὰρ οἷον ἐνέδραμε, « c'est là-haut que, pour ainsi dire, toutes font leur course » (*ibid.*, li. 2). Cette expression étrange, où figure l'*hapax* (chez Plotin) ἐντρέχω, a attiré la conjecture ἀνέδραμε de Kirchhoff (accueillie par Bréhier, qui traduit « car toutes font en quelque sorte retour à lui »). Sans entrer ici dans les détails, observons que, suivant le modèle de l'inclusion des dérivés "dans" ou "sous" la puissance causale du principe que nous avons déjà rencontré à propos du genre vis-à-vis de ses espèces et de l'Intellect vis-à-vis des Formes, Plotin n'hésite pas à décrire le rapport des choses avec leur principe comme une inclusion qui, d'un degré à l'autre, parvient enfin à ce qui n'est plus "dans" quoi que ce soit :

« Donc les derniers des êtres sont naturellement en ceux qui les précèdent immédiatement, ceux qui sont au premier rang sont en ceux qui sont encore avant eux, et un être est ainsi dans un autre, jusqu'à ce que l'on aboutisse au premier principe. Le principe, n'ayant rien avant lui, n'a rien pour le contenir ; n'ayant rien pour le contenir, et puisque toutes choses sont en celles qui sont avant elles, il contient toutes les autres choses (τὰ ἄλλα περιείληφε πάντα). Il les contient, mais ne se dissipe pas en elles (περιλαβοῦσα δὲ οὔτ' ἐσκεδάσθη εἰς αὐτά). Il les possède et n'en est pas possédé. Mais s'il les possède sans en être possédé, il n'y a pas d'endroit où il ne soit ; car s'il n'est pas présent, il ne possède pas. D'autre part, puisqu'il n'est pas possédé, il n'est pas en elles. Donc, il y est et il n'y est pas ; n'étant pas contenu en elles, il n'y est pas ; mais, étant indépendant de tout, rien n'empêche qu'il ne soit partout » (V 5 [32], 9, 7-15, trad. Bréhier ; voir aussi VI 7 [38], 35, 41).

Pour l'Un vaut donc à plus forte raison ce qui vaut pour les Formes, dont chacune est présente dans tous ses participants exactement en tant qu'elle est séparée et transcendante par rapport à eux tous. Ainsi, l'Un est partout et nulle part : πανταχοῦ, en tant que sa causalité est universelle ; οὐδαμοῦ, en tant qu'il est séparé et transcendant par rapport à tout (VI 9 [9], 4, 24-28 ; III 9 [13], 4, 1-9 ; III 8 [30], 9, 24-29 ; V 5 [32], 8, 23-27 ; 9, 18-26 ; VI 8 [39], 16, 1-12) : voir **1303** D. Mahnke, *Unendliche Sphäre und Allmittelpunkt. Beiträge zur Genealogie der mathematischen Mystik*, coll. « Deutsche Vierteljahrsschrift für Literaturwissenschaft und

Geistesgeschichte» 23, Halle 1937, p. 215-244 ; **1304** E. Bickel, «*Inlocalitas*. Zur neupythagoreischen Metaphysik», dans **1305** *Immanuel Kant. Festschrift zur zweiten Jahrhundertfeier seines Geburtstages*, Leipzig 1924, p. 3-10 ; **1306** G. Gurtler, «Plotinus' Omnipresence and Transcendence of the One in VI 5 [23]», dans Stern-Gillet et Corrigan **309**, p. 137-152.

L'Un est cause universelle, puisque l'identité de chaque chose est la *conditio sine qua non* de son être : c'est la thèse sur laquelle s'ouvre le traité VI 9 [9], πάντα τὰ ὄντα τῷ ἑνί ἐστιν ὄντα [...] τί γὰρ ἂν εἴη, εἰ μὴ ἓν εἴη ; thèse qui s'appuie sur l'argument de l'antériorité logique et ontologique de l'identité par rapport à l'intelligibilité : voir VI 6 [34], 5, 29-34 (Aristote a tort de dire que "homme" et "un homme" coïncident, puisque l'identité de chaque chose est la condition de l'essence et de la prédication ; or, le principe de l'identité que chaque chose possède est séparé, puisqu'il est κοινόν) ; voir aussi VI 5 [23], 1, 16-21, avec le comm. de Tornau **1110**, p. 328-331 ; VI 6 [34], 1, 20 ; 4, 9-11 ; 5, 29-34 ; 9, 38-40 ; 11, 18-21 ; 13, 50-51 (l'être des choses a son fondement dans leur unité, et chaque chose *est* dans la mesure où elle *est une* ; l'Un est donc nécessaire pour l'ὑπόστασις de chaque οὐσία). En VI 9 [9], 6, 26-33 aussi, l'Un constitue le fondement de toutes choses, puisque c'est grâce à lui qu'elles subsistent (ὑπέστη) ; voir le comm. de Hadot **198**, p. 173, et de Meijer **1102**, p. 203-208. C'est en tant que transcendant par rapport à toutes choses, ὑπερβεβηκὼς [...] τὰ πάντα, que l'Un fait en sorte que toutes choses subsistent ἐφ' ἑαυτῶν (V 5 [32], 12, 47-50). La causalité universelle de l'Un est démontrée par le fait même que la relative unité à laquelle chaque chose doit son être est exactement ceci, une unité relative : il faut donc remonter jusqu'à l'Un pour retrouver le fondement universel de l'être de toutes choses. Cette démarche d'un degré d'unification à l'autre, à partir des plus extrinsèques jusqu'aux plus intrinsèques, se rencontre au début, déjà évoqué, du traité *Du Bien, ou de l'Un* (VI 9 [9], 1, 3 - 3, 22 : voir Meijer **1102**, p. 68-93 sur la source stoïcienne de l'argument des degrés d'unité, ainsi que sur l'originalité de Plotin). De même, en III 8 [30], 10, 20-23, Plotin affirme que l'ἀναγωγή [...] ἐφ' ἕν s'arrête seulement lorsque l'on atteint l'unité pure, qui n'est rien d'autre que l'unité elle-même (ἕως τις ἐπὶ τὸ ἁπλῶς ἓν ἔλθη).

La causalité de l'Un n'a rien d'une action qui ressemblerait tant soit peu à la causalité efficiente, dont l'exemple typique est la production artisanale (οὐχ ὡς αἱ τέχναι ἐποίει, II 9 [33], 12, 17) ; en V 8 [31], 12, 20-22 Plotin polémique contre ceux qui estiment que le cosmos est corruptible et engendré comme si quelqu'un avait décidé à un moment donné de le produire (ὡς ποτέ βουλευσαμένου τοῦ ποιοῦντος ποιεῖν). Si le modèle "artisanal" est exclu à propos de la causalité de l'Intellect divin (voir plus haut, "Le monde intelligible et l'Intellect"), il l'est aussi, à plus forte raison, pour la causalité de l'Un. Plotin critique l'idée d'une production des dérivés qui comporterait un changement quel qu'il soit dans le Premier Principe. Cette critique vise explicitement les Gnostiques (voir plus haut, "Le rapport avec les courants religieux de son temps"), pour qui la production des dérivés est l'effet d'une inclinaison (νεῦσις) du principe (II 9 [33], 8, 1-5). Plotin hérite ainsi du refus manifesté par Alexandre d'attribuer au divin une "action" accomplie en vue des mortels : voir VI 9 [9], 8, 35-36 ; VI 8 [39], 16, 11-12 et Chiaradonna **778** ; surtout, il réagit à l'idée gnostique d'un principe se mêlant aux événements du monde inférieur, d'où des changements dans sa "volonté" ou ses "décisions" : c'est un argument qui se retrouve, dirigé contre le christianisme, chez Celse, Porphyre, Julien (voir **1307** W. Nestle, « Die Haupteinwände des antiken Denkens gegen das Christentum », *ARW* 37, 1941, p. 51-100). Si l'on ne veut pas que le Premier Principe soit une "donnée" (voir la critique, évoquée plus haut, de l'idée que le Premier Principe soit ὡς συμβέβηκεν, VI 8 [39], 16, 17-18), on peut dire qu'il est tel qu'il s'est "fait" lui-même, en lui attribuant par là une ἐνέργεια et une βούλησις. Pourtant, sa soi-disante βούλησις ne peut que coïncider avec son οὐσία (VI 8 [39], 13, 1-9 ; comparer VI 9 [9], 6, 40, où l'existence dans le Premier Principe d'une βούλησις dirigée vers une fin est refusée). Puisque son essence consiste en ce qu'il est le Principe, la production des degrés d'être inférieurs n'est qu'une conséquence naturelle de son essence. Même si la formule de la production d'effets "par l'être même" de la cause (αὐτῷ τῷ εἶναι), typique du néoplatonisme posté-rieur, ne se retrouve pas chez Plotin, c'est dans ces réflexions sur la nature du Premier Principe qu'elle est née : voir **1308** J. Trouillard, « Agir par son être même. La causalité selon Proclus », *RSR* 32, 1958, p. 347-357. Plotin ne se soucie pas d'adopter, dans ce contexte, des termes tels que οὐσία, et même αὐτοουσία (*hapax* : VI 8 [39], 12, 8 et 14), dont il a longuement discuté ailleurs l'inapplica-bilité à l'Un ; selon **1309** J. Bussanich, « Plotinus on the Inner Life of the One », *APh* 7, 1987, p. 163-190 et **1310** *Id.*, « Plotinus on the Being of the One », dans **1311** J. Finamore et R. Berchman (édit.), *Metaphysical Patterns in Platonism : Ancient, Medieval, Renaissance and Modern*, New Orleans 2007, p. 57-72, lorsque Plotin parle ainsi de l'Un, il est en train d'adopter une « experiential perspective » qui n'appartient ni à la théologie négative ni au discours théologique proprement dit : il s'agit d'un langage non scientifique, mais performant, qui ressort de la « visionary experience within the luminous, blissful, pure being of the One » (p. 71).

Des passages déjà évoqués à d'autres propos présentent la causalité de l'Un à travers l'image de l'émanation de la chaleur, du froid ou d'un parfum (V 1 [10], 6, 30-37, cité plus haut, "Le monde intelligible et l'Intellect"), ou à travers celle de la surabondance d'une source d'eau (V 1 [10], 6, 6-7 ; V 2 [11], 1, 7-11, cité *ibid.*). Une autre image récurrente est celle du centre qui "engendre" le cercle : voir sur-tout IV 4 [28], 16, 23-31 ; VI 8 [39], 18, 7-26 ; I 7 [54], 1, 23-28, et *cf.* Mahnke **1303**, p. 217-221 ; **1312** J. Boulad Ayoub, « L'image du centre et la notion de l'Un dans les *Ennéades* », *Philosophiques* 11, 1984, p. 41-70 (où presque tous les mots grecs sont affectés de graves fautes d'impression). D'autres passages soulignent le lien entre la perfection absolue du Premier Principe et la production des dérivés, l'Un représentant pour ainsi dire le "cas" où la loi de la génération par surabondance de la perfection du principe se réalise au plus haut degré : πάντα δὲ ὅσα ἤδη τέλεια γεννᾷ · τὸ δὲ ἀεὶ τέλειον ἀεὶ καὶ ἀίδιον γεννᾷ · καὶ ἔλαττον δὲ ἑαυτοῦ γεννᾷ (V 1 [10], 6, 38-39) ; voir aussi V 4 [7], 1, 23-34 ; V 3 [49], 12, 39-44 ; 15, 3-6.

On a déjà observé que le μένειν du *Timée* a été interprété par Plotin comme le modèle pour expliquer ce qu'est la causalité supra-sensible (voir plus haut, "Le monde intelligible et l'Intellect") ; Plotin fait fond sur ce même μένειν pour parler de la causalité de l'Un : voir V 4 [7], 2, 19-22 et 33-38 ; V 2 [11], 1, 17-18 ; 2, 24-26 ; V 3 [49], 12, 33-38.

« Imaginez une source qui n'a point d'origine ; elle donne son eau à tous les fleuves ; mais elle ne s'épuise pas pour cela ; elle reste, paisible, au même niveau ; les fleuves, issus d'elle, confondent d'abord leurs eaux, avant que chacun d'eux prenne son cours particulier ; mais, déjà, chacun sait où son flot l'entraînera. Imaginez encore la vie d'un arbre immense ; la vie circule à travers l'arbre tout entier ; mais le principe de la vie reste immobile ; il ne se dissipe pas en tout l'arbre, mais il siège dans les racines ; ce principe fournit à la plante la vie dans ses manifestations multiples ; lui-même reste immobile ; et, n'étant pas multiple, il est le principe de cette multiplicité » (III 8 [30], 10, 5-14, trad. Bréhier).

À partir de tous ces éléments, on a appliqué à la théorie plotinienne de la causalité de l'Un-Bien le terme d'"émanation", même si, à la suite de Zeller **390**, p. 560-563, la plupart des savants sont d'accord pour dire que cette "émanation" n'est pas à prendre au pied de la lettre ; selon Zeller, ce n'est pas le principe lui-même qui procède, en s'affaiblissant au fur et à mesure que ses dérivés apparaissent, mais c'est sa puissance qui s'épanche dans ses dérivés, idée pour laquelle il forge l'expression « dynamisch Pantheismus » (p. 563), devenue courante à l'époque pour indiquer la conception plotinienne de la causalité du Premier Principe : voir par ex. **1313** A. Drews, *Plotin und der Untergang der antiken Welt-anschauung*, Jena 1907, p. 118 ; **1314** *Id.*, *Geschichte des Monismus im Altertum*, coll. « Synthesis. Sammlung historischer Monographien philosophischer Begriffe » 5, Heidelberg 1913, p. 387-426 ; **1315** C. Dreas, *Die Usia bei Plotin*, Inaugural-Dissertation [...] Universität Jena, Borna/Leipzig 1912, p. 36. Ce dernier souligne la différence entre la position de Plotin et l'"émanation" au sens propre, Plotin n'acceptant absolument pas l'« Ausbreitung des Absoluten ins Endliche » (*ibid.*) ; c'est aussi le point de vue de **1316** H. F. Müller, « Plotinische Studien I. Ist die Metaphysik Plotins ein Emanationsystem ? », *Hermes* 48, 1913, p. 408-425, d'après lequel Plotin, malgré son monisme, s'oppose ouvertement à l'implication nécessaire de la théorie de l'émanation, à savoir, la « Depotenzierung des höchsten Wesens » (p. 109). Voir aussi Henry **1035** ; **1317** A. H. Armstrong, « Emanation in Plotinus », *Mind* 46, 1937, p. 61-66 (repris dans Armstrong **104**) ; **1318** J. Moreau, « L'Un et les êtres selon Plotin », *GM* 11, 1956, p. 204-224 ; **1319** H. Dörrie, « Emanation. Ein unphilosophisches Wort im spätantiken Denken », dans Flasch **450**, p. 119-141 (repris dans Dörrie **34**, p. 70-88), analyse qui aboutit à la conclusion que « Die Emanations- Vorstellung ist für Plotin also keineswegs konstitutiv » (p. 84 de la réimpr.) ; de même, selon Schwyzer **8**, col. 569 « man darf P.s Philosophie nicht ein Emanationsystem nennen ». Voir aussi **1320** H. J. Fielder, « *Chorismos* and Emanation in the Philosophy of Plotinus », dans Harris **532**, p. 101-120 ; **1321** L. P. Gerson, « Plotinus' Metaphysics : Emanation or Creation ? », *RMetaph* 46, 1992-1993, p. 559-574 ; O'Meara **1293** ; O'Brien **518**, en part. p. 53-54 ; **1322** K. Kremer, « Wie geht das Viele aus dem Einen hervor ? Plotins *quaestio vexata* im Spiegel der Schrift V, 3, 11 (49) », dans H.-G. Angel, J. Reiter et H.-G. Wirtz (édit.), *Aus reichen Quellen leben. Ethische Fragen in Geschichte und Gegenwart*. Festschrift für H. Weber, Trier 1995, p. 251-262.

Selon **1323** J. H. Randall, « The Intelligible Universe of Plotinos », *JHI* 30, 1969, p. 3-16,

« this process of emanation is not a process of the physical "creation" of existence, for these levels have already existed. It is rather a derivation of value and intelligibility. It means, not that Perfection has "created" anything or brought anything into existence, but rather that Perfection is the goal of all aspiration, the "reason" for all that exists. The One is not the physical efficient cause of anything, it does not "make" events to happen. [...] "Being" or "Reality" for Plotinos means value and intelligibility, not existence. [...] Understanding comes through seeing the lower level in terms of the higher, in terms of its end and reason why. The order between the levels is logical, not temporal or physical ; it is an order of logical dependence, a logic of ends and functions. [...] The theory of emanation is a theory of intelligibility, not a theory of physical action » (p. 13-14).

En revanche, pour **1324** J. Bussanich, « Plotinus' Metaphysics of the One », dans Gerson **410**, p. 38-65, en part. p. 46-51, l'Un est cause efficiente en tant que « cause both of thing's coming into existence and of their being sustained in existence by continuous participation in the One » (p. 46).

L'idée que la causalité du Premier Principe est antérieure à toute autre causalité, puisque ce qu'il donne aux dérivés est la condition fondamentale et préalable de l'être, s'exprime parfois à travers la métaphore du "salut" ou de la "conservation". En V 3 [49], 15, 11-14, Plotin affirme que chaque chose est « sauvée » et est ce qu'elle est grâce à l'Un : σῴζεται καὶ ἔστιν, ὅπερ ἐστί, τούτῳ. Il s'en était déjà expliqué ainsi :

« Si le Bien est tel, que fait-il donc ? — Ne faut-il pas dire qu'il a produit l'Esprit, qu'il a produit la Vie, qu'il a produit les âmes, à partir de l'Esprit, et toutes les autres choses qui participent à la Raison, à l'Esprit ou à la Vie ? Au sujet de celui-ci donc, qui est *la source et le principe* (*Phaedr.* 245 C 9) de tous ces êtres, qui pourrait dire comment il est le Bien et avec quelle grandeur il l'est ? — Mais que fait-il maintenant ? — Ne faut-il pas dire que, maintenant, il conserve (σῴζει) ces êtres et qu'il fait penser les êtres qui pensent, vivre les êtres qui vivent, en leur insufflant l'Esprit, en leur insufflant la Vie, et s'ils ne peuvent pas vivre, il les fait être ? » (VI 7 [38], 23, 18-24, trad. Hadot **486**, p. 147, comm., p. 293-294).

L'inclusion de la causalité des Formes intelligibles et de celle de l'âme dans la causalité antérieure et universelle de l'Un produit ainsi une véritable échelle hiérarchique de principes supra-sensibles, qui – malgré la différence importante introduite par l'idée de création – n'est pas sans rappeler celle du *Liber de Causis*, où, tant de siècles après Plotin, on retrouve les trois degrés fondamentaux *esse*, *vivere*, *intelligere*, ramenés à la causalité de l'Un, à travers celle de l'Intellect et de l'âme.

Les degrés qui procèdent de l'Un, c'est-à-dire le monde intelligible et l'âme, suivie par le monde visible qu'elle produit et gouverne, sont éternels comme l'est leur principe :

« Et dans cette danse, l'âme contemple la source de la vie, la source de l'Intellect, le principe de ce qui est, la cause du bien, la racine de l'âme, non que ces choses s'écoulent hors de Lui et qu'ainsi elles l'amoindrissent ; car Il n'est pas une masse matérielle : ou alors les choses qu'il engendre seraient corruptibles, mais précisément elles sont éternelles, parce que leur principe demeure toujours dans le même état, sans se diviser en ses produits, mais en conservant son intégralité : c'est pourquoi ses produits demeurent eux aussi dans le même état, de la même manière que si le soleil demeure, la lumière demeure elle aussi » (VI 9 [9], 9, 1-7, trad. Hadot **198**, p. 104).

La hiérarchie des degrés à travers lesquels s'épanche la causalité de l'Un, ainsi que l'éternelle permanence de l'ordre qui relie le monde supra-sensible à l'univers visible, forment la "chaîne de l'être", c'est-à-dire la *catena aurea* homérique selon l'interprétation néoplatonicienne, dont les retentissements arrivent jusqu'à l'époque moderne, selon **1325** A. O. Lovejoy, *The Great Chain of Being. A Study of the History of an Idea*, Cambridge (MA) 1936, New York 1960², p. 59-66 :

« Though the ingredients of this complex of ideas came from Plato and Aristotle, it is in Neoplatonism that they first appear as fully organized into a coherent general scheme of things. The dialectic of the theory of emanation [...] is, in short, an attempt at a deduction of the necessary validity of the principle of plenitude, with which the principles of continuity and gradation are definitely fused. In Plotinus still more clearly than in Plato, it is from the properties of a rigorously otherwordly, and a completely self-sufficient Absolute, that the necessity of the existence of this world, with all its manifoldness and its imperfection, is deduced » (p. 61-62).

Cette description évoque V 2 [11], 2, 26-28 :

« Toutes choses sont donc comme une Vie qui s'étend en ligne droite ; chacun des points successifs de la ligne est différent ; mais la ligne entière est continue. Elle a des points sans cesse différents ; mais le point antérieur ne périt pas dans celui qui le suit ».

Bien que le terme πρόοδος caractérise davantage le néoplatonisme post-plotinien (surtout Proclus), le terme n'est pas absent chez Plotin, qui l'utilise, de même que le verbe προϊέναι, pour mettre en place les deux pivots de la doctrine dite de la "procession", à savoir la dénivellation ontologique entre le principe et ses rejetons (V 2 [11], 1, 26-27) et l'immutabilité du principe : « La procession se fait donc ainsi du premier au dernier ; chaque chose reste toujours à sa place propre ; la chose engendrée a un rang inférieur à celui de son générateur (πρόεισιν οὖν ἀπ' ἀρχῆς εἰς ἔσχατον καταλειπομένου ἀεὶ ἑκάστου ἐν τῇ οἰκείᾳ ἕδρᾳ, τοῦ δὲ γεννωμένου ἄλλην τάξιν λαμβάνοντος τὴν χείρονα) » (V 2 [11], 2, 1-3, trad. Bréhier) ; voir **1326** J. Trouillard, *La procession plotinienne*, coll. « Bibliothèque de philosophie contemporaine. Histoire de la philosophie et philosophie générale », Paris 1955, dont on retiendra la formule suivante : « Dans un tel contexte, la procession est évidemment éternelle [...]. Notre monde est suspendu à la procession de l'intelligible, et un commencement de l'intelligible n'a pas de sens. La procession n'est pas une chiquenaude initiale, mais la relativité radicale de l'être tout entier. Elle n'est pas le premier des événements, mais la vérité des vérités » (p. 74) ; voir aussi **1327** W. Beierwaltes, « Die Metaphysik des Lichtes in der Philosophie Plotins », *ZPhF* 15, 1961, p. 334-362 ; **1328** C. Gaudin, « La production des êtres chez Plotin et la question de l'économie des principes », *RSR*, 68, 1994, p. 267-292 ; **1329** D. J. O'Meara, « The Hierarchical Ordering of Reality in Plotinus », dans Gerson **410**, p. 66-81, selon lequel les idées de "hiérarchie" et de "chaîne des êtres" sont « both too vague and too open to anachronism to be useful in coming nearer to Plotinus' views. We can substitute for them the terminology and classifications of types of priority/posteriority formulated by Plato and Aristotle and used by Plotinus in articulating the stucture of reality » (p. 78) ; voir aussi **1330** J.-F. Pradeau, *L'imitation du principe. Plotin et la participation*, coll. « Histoire des doctrines de l'Antiquité tardive » 30, Paris 2003.

Continue, la procession est pourtant marquée par des degrés essentiellement distincts l'un de l'autre, que l'on peut appeler, à la suite des titres anciens des traités V 1 [10] et V 3 [49], "hypostases" : l'Un, l'Intellect et l'Âme (Plotin lui-même, par ailleurs, désigne parfois les principes supra-sensibles par le terme ὑποστάσεις : voir plus haut la discussion de l'emploi du terme à propos du Premier Principe, et V 3 [49], 12, 17-18 pour les principes inférieurs à l'Un). Selon Plotin, la *IIe Lettre*, qu'il tient pour platonicienne, envisage exactement ces trois principes lorsqu'elle place toutes choses « autour du Roi de toutes choses », en enchaînant par la suite les choses de second rang et celles de troisième rang (*Ep*. II, 312 E 1-4) : voir VI 7 [38], 42, 10-14, avec le comm. de Hadot **486**, p. 366-367 ; I 8 [51], 2, 28-32. En V 1 [10], 8, 1-6, Plotin identifie le βασιλεύς de la *IIe Lettre* avec le « Père de la cause » de *Ep*. VI, 323 D 4 : en ajoutant que Platon appelle « cause » l'Intellect (*Phaed*. 97 C 1-2), Plotin peut donc soutenir que la doctrine des trois principes Un, Intellect et Âme a été formulée explicitement par Platon (V 1 [10], 8, 8-9 ; voir plus haut, "Sources. Platon et l'Académie"), et que ceux qui ajoutent d'autres principes en plus de ces trois, et notamment les Gnostiques, sont dans l'erreur : II 9 [33], 1, 13-20 ; 2, 1-6. Sur la métaphore du Grand Roi voir V 5 [32], 3, 6-24 et **1331** C. Préaux, « L'image du roi de l'époque hellénistique », dans Bossier **1052**, p. 53-75 ; sur l'exégèse de la *IIe Lettre*, outre Dörrie **724** et Isnardi Parente **569**, voir **1332** J. M. Rist, « Neopythagoreanism and 'Plato's' *Second Letter* », *Phronesis* 10, 1965, p. 78-81 (repris dans Rist **169**).

À travers les deux degrés de la causalité supra-sensible qui sont nécessaires et suffisants pour assurer la procession – l'Intellect et l'Âme – la puissance causale du Premier Principe s'étend partout et à l'infini. Comme on l'a déja remarqué plus haut (voir "L'âme comme principe et le monde intelligible"), la réalité dans son ensemble est éternelle, tout en contenant des êtres soumis à la génération et à la corruption. C'est donc comme puissance infinie de produire que certains savants interprètent l'infinité de l'Un chez Plotin, ce qui n'est pas sans rappeler Aristote, chez qui une puissance infinie est nécessaire pour le mouvement infini de la substance séparée (*Metaph*. XII 7, 1073 a 7-8, κινεῖ γὰρ τὸν ἄπειρον χρόνον, οὐδὲν δ' ἔχει δύναμιν ἄπειρον πεπερασμένον). La différence par rapport à Aristote consiste, selon ces savants, en ce que Plotin, lorsqu'il attribue à l'Un une δύναμις infinie, reprend à son compte exclusivement le sens actif de la puissance, alors qu'Aristote, lorsqu'il discute la notion d'infini, insiste plutôt — avec la seule exception du passage cité de la *Métaphysique* — sur la nature potentielle (δυνάμει) de l'infini : voir Zeller **390**, p. 548 (qui soutient que l'innovation plotinienne vis-à-vis d'Aristote est la « wirkende Kraft » de l'Un) ; Guyot **707**, p. 29, selon qui le lien

avec Aristote est purement verbal, alors que le sens profond de la doctrine plotinienne de l'infini, étant redevable de la pensée juive de Philon, est radicalement
nouveau par rapport à la pensée grecque. La thèse contraire est soutenue par
1333 R. Mondolfo, *L'infinito nel pensiero dell'antichità classica*, coll. « Il pensiero
classico » 5, Firenze 1956, p. 519-528, qui souligne la continuité avec la théorie
d'Aristote; voir aussi **1334** A. H. Armstrong, « Plotinus' Doctrine of the Infinite
and its Significance for Christian Thought », *Downside* 73, 1955, p. 47-58 (repris
dans Armstrong **104**). Selon **1335** L. Sweeney, « Infinity in Plotinus », *Gregorianum* 38, 1957, p. 513-535 et 713-732, l'Un plotinien n'est pas infini, considéré
en lui-même – il est plutôt le sommet de la détermination et de la perfection – mais
il l'est en tant qu'il est capable de produire des effets infinis; cette idée a été
critiquée par **1336** W. N. Clarke, « Infinity in Plotinus. A Reply », *Gregorianum*
40, 1959, p. 75-98; **1337** L. Sweeney, « Plotinus Revisited : A Reply to Clarke »,
Gregorianum 40, 1959, p. 327-331 a réaffirmé son point de vue, mais il a changé
d'avis par la suite : voir **1338** *Id.,* « Basic Principles in Plotinus' Philosophy »,
Gregorianum 42, 1961, p. 506-616, en part. p. 515 n. 24, et **1339** *Id.,* « Another
Interpretation of *Enneads* VI 7, 32 », *MS* 38, 1961, p. 289-303, en part. p. 302-303
et n. 34. Krämer **444**, p. 363-369, fait remonter la doctrine plotinienne de l'Un
infini jusqu'à l'Académie ancienne et à Platon, alors que Theiler **452**, p. 290,
soutient que cette thèse est typique de l'Antiquité tardive. De même, **1340** J.
Whittaker, « Philological Comments on the Neoplatonic Notion of Infinity », dans
Harris **587**, p. 155-172, a montré que cette doctrine dépend des exégèses d'époque
impériale de la première hypothèse du *Parménide*. Sur le lien entre la thèse de l'Un
infini, la doctrine de la δύναμις comme antérieure à l'ἐνέργεια, et l'idée du
Premier Principe ἄμορφον et ἀνείδεον, *cf.* aussi D'Ancona **1228**. Sur la δύναμις
de l'Un chez Plotin voir aussi **1341** A. Faust, *Der Möglichkeitsgedanke. System-
geschichtliche Untersuchungen,* t. I : *Antike Philosophie.* t. II : *Christliche Philosophie*, Heidelberg 1931-1932, t. I, p. 340-345; Armstrong **392**, p. 62-63; Krämer
444, p. 338-369; Szlezák **404**, p. 112; **1342** E. D. Perl, « The Power of All Things :
the One as Pure Giving in Plotinus », *ACPhQ* 71, 1997, p. 301-313; **1343** G.
Aubry, « Puissance et principe : la δύναμις πάντων ou puissance de tout », *Kairos*
15, 2000, p. 9-32; Aubry **634**.

La causalité universelle de l'Un, la simplicité parfaite de ce principe et l'attribution de caractères comme οὐσία, αὐτοουσία et ἐνέργεια dans le traité VI 8 [39]
ont suggéré à certains savants des analogies avec la doctrine thomasienne de Dieu
comme *ipsum esse,* dont l'essence consiste dans l'être pur, alors que l'être et
l'essence sont distincts dans toutes les créatures : anticipée en quelque sorte par
Arnou **751**, p. 143, cette idée a été soutenue par **1344** K. Corrigan, « A Philosophical Precursor to the Theory of Essence and Existence in Thomas Aquinas »,
Thomist 48, 1984, p. 219-240; Gerson **408**, p. 12-22, critiqué par **1345** D. P. Ross,
« Thomizing Plotinus : A Critique of Professor Gerson », *Phronesis* 41, 1996,
p. 197-204; la thèse de Corrigan et Gerson est reprise par **1346** D. Bradshaw,
« Neoplatonic Origins of the Act of Being », *RMetaph* 53, 1999, p. 383-401. Selon

Rist **72**, p. 33-37, Plotin a envisagé la possibilité de remonter de l'être fini des choses à l'être infini de l'Un à travers « some kind of doctrine of analogy – a doctrine of which he only gives hints, for example in 3.8.10, but which alone could support the possibility of the ascent of finite Being to infinite, of the soul to God » (p. 33). L'opinion contraire est soutenue par ces savants selon lesquels l'Un a été conçu par Plotin comme totalement différent par rapport à l'être, si bien que toute remontée par analogie, que ce soit du monde sensible au domaine intelligible, ou du niveau de l'être vers l'Un, est illégitime : voir Aubenque **1292** ; Chiaradonna **632**. Pour une présentation en partie différente, voir **1347** C. D'Ancona, « Le rapport modèle-image dans la pensée de Plotin », dans D. De Smet, M. Sebti et Godefroid de Callataÿ (édit.), *Miroir et savoir. La transmission d'un thème platonicien, des Alexandrins à la philosophie arabe*, Actes du Colloque International [...], coll. « Ancient and Medieval Philosophy » I, 38, Leuven 2008, p. 1-47. **1348** F. Ravaisson, *Essai sur la Métaphysique d'Aristote*, Paris 1846, qui prenait "être" tout court dans un sens existentiel, faisait de l'Un plotinien « un néant d'existence » (II, p. 463) ; la thèse de l'hétérogénéité radicale de l'Un par rapport à l'être a été reprise de nos jours sur l'arrière-plan de la critique heideggerienne de la métaphysique : selon Beierwaltes **1271**, p. 131-143 ; **1349** *Id.*, « Image and Counterimage », dans Blumenthal et Markus **832**, p. 237-248, en part. p. 239 ; **1350** J.-M. Narbonne, *Hénologie, ontologie et Ereignis (Plotin - Proclus - Heidegger)*, coll. « L'Âne d'or », Paris 2001, l'Un plotinien n'est pas atteint par la critique qu'addresse Heidegger à la métaphysique, c'est-à-dire d'avoir rabattu l'absolu au niveau de l'étant.

La matière et le mal

On vient de voir que la causalité de l'Un est antérieure à celle des Formes intelligibles et de l'âme, idée qui chez Plotin est parfois présentée par l'image du "salut" ou de la "conservation" de tous les degrés de la réalité grâce à l'Un. La causalité des principes supra-sensibles s'étend jusqu'aux processus naturels :

« En considérant le spectacle de l'univers, nous devons supposer que l'ordre universel est tel qu'il s'étend à tout, fût-ce au plus petit détail ; art admirable qui règne non seulement dans les choses divines, mais chez les êtres qu'on serait tenté de dédaigner et de trouver trop peu importants pour que la providence s'en occupe. Voyez la merveilleuse variété en n'importe quelle espèce d'êtres vivants, jusqu'aux plantes elles-mêmes, avec la beauté de leurs fruits et de leur feuillage, l'épanouissement de leurs fleurs, la sveltesse de leurs tiges ; et toute cette variété de formes n'a pas été créée une fois pour toutes ; elle ne cesse pas de l'être (οὐ πεποίηται ἅπαξ καὶ ἐπαύσατο, ἀλλ᾽ ἀεὶ ποιεῖται), sous l'influence des astres dont les positions par rapport aux choses terrestres ne restent pas les mêmes. Ces changements et ces transformations ne se font pas au hasard, mais selon la règle de la beauté, comme il convient à l'action des puissances divines (ὡς πρέποι ἂν δυνάμεσι θείαις ποιεῖν) » (III 2 [47], 13, 18-29, trad. Bréhier).

Cette reprise évidente de la doctrine aristotélicienne (*De Gen. Corr.* II 10, 336 b 31 et *Meteor.* I 2, 339 a 21), telle qu'elle est développée par Alexandre (*Quaest.* I 25 ; II 3 ; II 19), selon laquelle le cours régulier de la nature est assuré par l'influence qu'exerce la partie parfaite et divine de l'univers visible sur le monde des choses engendrables et corruptibles (*cf.* Corrigan **605**, p. 362-364), se combine chez Plotin avec l'idée d'une opposition de la matière aux principes rationnels et vivifiants, idée dont le passage suivant montre l'origine platonico-académicienne :

> « La nature en effet elle aussi produit en ayant en vue ce qui est beau et elle n'a en vue que ce qui a reçu une mesure (τὸ ὡρισμένον), lequel se trouve dans la série du bien (ἐν τῇ τοῦ ἀγαθοῦ συστοιχίᾳ). Ce qui n'a pas reçu de mesure (τὸ δὲ ἀόριστον) est laid et il est dans la série opposée (τῆς ἑτέρας συστοιχίας) » (III 5 [50], 1, 20-24, trad. Hadot **524**, p. 100 ; dans sa note *ad loc.*, Hadot cite VI 7 [38], 20, 6, autre passage où Plotin a recours aux συστοιχίαι opposées de la tradition "pythagoricienne").

De cette combinaison entre le thème de la "chaîne des êtres" et celui de l'opposition entre les principes de détermination et d'indétermination dépend la complexité de la vision plotinienne de la matière, d'où les problèmes, soulevés avec insistance dans les études récentes, à propos de son "origine" selon Plotin.

D'après Zeller **390**, p. 530, Plotin remplace par une doctrine foncièrement moniste le dualisme platonicien d'Idées et de matière :

> « Während [...] Plato zwei ursprüngliche Principen gehabt hätte, ein positives, die Ideen, und ein negatives, die Materie, so haben wir bei Plotin zwar ähnlich, wie dort, zunächst das Übersinnliche von dem Sinnlichen zu unterscheiden, dessen allgemeine Grundlage die Materie ist ; wird dagegen die ursprüngliche Zweiheit der Principen aufgegeben, indem alles in letzter Beziehung aus einer höchsten Ursache hergeleitet wird ».

Les thèses maîtresses de Plotin sur la matière sont exposées, à l'époque de Zeller, également par **1351** H.-F. Müller, *Plotins Forschung nach der Materie in Zusammenhang dargestellt*, Berlin 1882, et par **1352** C. Baeumker, *Das Problem der Materie in der griechischen Philosophie. Eine historisch-kritische Untersuchung*, Münster i. W. 1890 (réimpr. Frankfurt a. M. 1963), p. 402-417 : avec des nuances différentes, c'est l'idée de l'émanation nécessaire de la matière qui prime dans ces présentations ; voir aussi Merlan **449**, p. 149 : « Man hat die Eindruck, dass der platonische Dualismus in seinem [c'est-à-dire de Plotin] System ein Fremdkörper bleibt – weder ganz ausgeschieden noch ganz assimiliert » ; voir aussi Rist **869** et **699**, pour qui la matière est le dernier degré du processus de l'émanation, parfaitement compatible avec le monisme plotinien (observons que Corrigan **605**, p. 393-394, proteste contre l'application des catégories de "monisme" ou "dualisme" à Plotin). Selon Schwyzer **8**, col. 567-568, la doctrine de la matière peut être envisagée, comme d'autres thèmes majeurs de la pensée de Plotin, d'un double point de vue, « gegenständlich » et « aktual » (voir plus haut, Kristeller **921**, Schwyzer **440** et Leroux **922**) : si d'un point de vue objectif le monde sensible est le reflet nécessaire du monde intelligible et la matière est son ὑποκείμενον, du point de vue du chemin de réalisation de l'âme la matière est négative, laide, informe ; d'où la série de caractères, issus de la tradition platonicienne, qui finissent par identifier la matière à l'ὡς ἀληθῶς ψεῦδος de *Resp.* II, 382 A 4 (*cf.* ἀληθινῶς ψεῦδος, II 5 [25], 5, 24, identifié à son tour à l'ὄντως μὴ ὄν de *Soph.* 254 D 1) ; voir aussi **1353** F. P. Hager, « Die Materie und das Böse im antiken Platonismus », *MH* 19, 1962, p. 73-103 (repris dans **1354** *Id.*, *Die Vernunft und das Problem des Bösen im Rahmen der platonischen Ethik und Metaphysik*, coll. « Noctes romanae. Forschungen über die Kultur der Antike » 10, Bern/

Stuttgart 1970, p. 265-295, et dans Zintzen **106**, p. 427-474) ; **1355** G. Bruni, « Introduzione alla dottrina plotiniana della materia », *GCFI* 42, 1963, p. 22-45.

Une discussion inaugurée par **1356** D. O'Brien, « Plotinus on Evil. A Study of Matter and the Soul in Plotinus' Conception of Human Evil », *Downside* 87, 1969, p. 68-110 (republié avec quelques petits changements dans O'Brien **875**) a orienté une vaste partie du débat postérieur sur la matière chez Plotin autour du thème de son "origine" : la matière est-elle engendrée comme dernier jalon de la chaîne évoquée plus haut, ou bien est-elle un principe négatif, indépendant de la causalité de l'Un et opposé à l'action des principes procédant de l'Un ? O'Brien **1357** et **875** a soutenu que selon Plotin la matière est cause nécessaire, mais non suffisante du mal, l'âme pouvant déchoir sans que la matière y soit pour quoi que ce soit ; **1357** H.-R. Schwyzer, « Zu Plotins Deutung der sogennanten platonischen Materie », dans *Zetesis* **121**, p. 266-280, a objecté que la matière est πρῶτον κακόν pour Plotin, et a soulevé (p. 275) la question de savoir si vraiment (comme on lit en I 8 [51], 14, 51-54) Plotin peut penser que c'est l'âme qui engendre la matière, en avançant que cette thèse n'est que la prémisse d'un argument, et plus précisément une conditionnelle irréelle. Les réponses de O'Brien **876**, **877**, **879**, **880**, **601** et **1262**, selon lequel c'est exactement l'âme qui engendre la matière, visent Schwyzer **1358** mais aussi **1358** J. Rist, « Plotinus and Augustine on Evil », dans *Plotino e il neoplatonismo* **78**, p. 495-508 ; **1359** K. Corrigan, « Is there More than One Generation of Matter in the *Enneads* ? », *Phronesis* 31, 1986, p. 167-181 ; voir en outre **1360** J. M. Rist, « Metaphysics and Psychology in Plotinus' Treatment of the Soul », dans **1361** L. P. Gerson (édit.), *Graceful Reason*. Essays in Ancient and Medieval Philosophy presented to Joseph Owens, CCSSR, coll. « Papers in Medieval Studies » 4, Toronto 1983, p. 135-151 (repris dans Rist **169**) ; **1362** J.-M. Narbonne, « Plotin et le problème de la génération de la matière : à propos d'un article récent », *Dionysius* 11, 1987, p. 3-31 ; **1363** K. Corrigan, « On the Generation of Matter in the *Enneads*. A Reply », *Dionysius* 12, 1988, p. 17-24 ; **1364** D. O'Brien, « J.-M. Narbonne on Plotinus and the Generation of Matter : Two Corrections », *ibid.*, p. 25-26 ; **1365** J.-M. Narbonne, « Errata », *ibid.*, p. 27 ; **1366** *Id.*, « Le non-être chez Plotin et dans la tradition grecque », *RPhA* 10, 1992, p. 115-195 ; **1367** D. O'Brien, « Plotinus on Matter and Evil », dans Gerson **410**, p. 171-195 ; Corrigan **605**, p. 257-297 et **881** ; **1368** D. A. White et A. A. Pang White, « On the Generation of Matter in Plotinus' *Enneads* », *ModSch* 78, 2001, p. 289-299 ; Narbonne **883** et **884** ; **1369** B. Collette-Dučić, *Plotin et l'ordonnancement de l'être*, coll. « Histoire des doctrines de l'Antiquité Classique » 36, Paris 2007, p. 83-123 ; **1370** J. Phillips, « Plotinus on the Generation of Matter », *IJPlTr* 3, 2009, p. 103-137.

À côté de la notion de matière comme substrat sous-jacent aux corps, on rencontre partout dans les *Ennéades* la notion de matière comme indétermination absolue, absence totale du bien et de l'être qui proviennent de l'intelligible, et donc comme mal. Ces deux points de vue sur la matière coexistent dans les traités de Plotin, aussi bien au début qu'à la fin de son activité d'écrivain. Dans le traité sur

Les deux matières, II 4 [12], la matière est sous-jacente aux corps (ἡ τῶν σωμάτων ὑποδοχή, ou bien τι τοῖς σώμασιν ὑποκείμενον, ou encore τὸ ὑποδεξόμενον πάντα) : voir II 4 [12], 6, 1-19 ; 11, 1-20 (observons que selon Corrigan **605**, p. 48-64 et 240, Plotin ce faisant se borne à accepter préalablement des formules aristotéliciennes). En même temps, comme on va le voir plus loin, dans cet écrit la matière est aussi identifiée au mal. En revanche, dans un traité beaucoup plus "tardif", III 3 [48], proche du traité I 8 [51], dans lequel la matière est présentée comme le mal absolu, Plotin affirme que le λόγος global de l'univers comprend aussi le λόγος de la matière, "produit" (ou "trouvé", les deux possibilités étant juxtaposées en ce passage) par le λόγος universel comme substrat approprié pour chaque forme (III 3 [48], 4, 37-41).

Lorsqu'il se demande, dans le traité sur *Les deux matières*, II 4 [12], ce qu'est cette matière qui est dite μία καὶ συνεχὴς καὶ ἄποιος, sous-jacente à toutes les choses sensibles, Plotin affirme qu'elle n'est pas un corps et qu'elle ne possède ni qualités secondaires ni extension (II 4 [12], 8, 1-19) : celle-ci en effet (τὸ μέγεθος) est communiquée à la matière par la forme (*ibid.*, li. 19-30 ; 9, 1-15). Prise en elle-même, la matière n'a que le φάντασμα [...] ὄγκου, c'est-à-dire une indétermination radicale, une capacité d'être tout aussi bien "grande" que "petite", laquelle est exprimée de la façon la plus appropriée par le couple académicien μέγα καὶ μικρόν (II 4 [12], 11, 29-38 ; *cf.* Plat. *apud* Arist., *Phys.* I 4, 187 a 17 ; pour l'expression φάντασμα ὄγκου voir aussi III 6 [26], 7, 13). En raison de son indétermination radicale, elle est inconnaissable, si ce n'est par un effort nécessairement frustré d'assimilation de la part de l'âme, qui ne peut connaître que l'être et les formes (II 4 [12], 10, 31-35), effort rapproché par Plotin du « raisonnement bâtard » du *Timée* : voir **1371** E. Arroyabe, « Zur plotinischen Rede von Materie », *PrPh* 2, 1991, p. 197-208 et Collette-Dučić **1370**, p. 51-52. Pourtant, la matière ainsi conçue n'est pas une notion théorique, κενὸν ὄνομα, mais effectivement τι ὑποκείμενον, bien qu'elle soit invisible et sans dimension (κἂν ἀόρατον κἂν ἀμέγεθες ὑπάρχῃ) : II 4 [12], 12, 20-33. Or, s'il en est ainsi, l'indétermination n'est pas une propriété de la matière : elle *est* la matière (II 4 [12], 15, 1-17). Selon Corrigan **605**, p. 94-97, 148 et 247, Alexandre d'Aphrodise, en insistant sur la nature privative et indéterminée de la matière, a préparé la doctrine de Plotin plus encore qu'Aristote, dont Plotin demeure pourtant redevable lorsqu'il présente la matière comme un substrat non dimensionnel. Sur la matière ἄποιος voir aussi VI 9 [9], 7, 12-13 (avec les remarques de **1372** F. Solmsen, « Plotinus 6.9.7 (2.518. 3ff Volkmann) », *CPh* 53, 1958, p. 245) ; I 8 [51], 10, 1-16 ; sur la matière comme στέρησις, voir *ibid.*, 11, 1-19 ; sur les rapports entre la vision plotinienne de la matière et la notion aristotélicienne du vide, voir **1373** S. Mattei, *La materia e il vuoto. Una nuova lettura della ὕλη τῶν γιγνομένων di Plotino*, coll. « Quaderni della Rivista di cultura classica e medievale » 6, Roma 2004.

Sans qualités ni dimension, la matière est incorporelle : la thèse énoncée dans le traité sur *Les deux matières*, ἀσώματος [...] ἡ ὕλη (II 4 [12], 9, 4-5 ; 12, 34-37) est développée dans le traité sur *L'impassibilité des incorporels* : voir III 6 [26], 6, 1-

10 ; 7, 1-7 ; 10, 1-19, avec le comm. de Fleet **1207**, p. 147-151 ; 164-169 ; 196-199 ; Simons **1163**. Ce qui confère l'étendue à la matière c'est le λόγος, le principe rationnel de chaque chose, qui seul « rend la matière grande » (III 6 [26], 16, 1-15, en part. li. 2, trad. Bréhier ; voir le comm. de Fleet **1207**, p. 255-258) ; plus loin dans le même traité, Plotin précise pourtant que l'étendue n'appartient pas à la matière, pas plus que les qualités secondaires ; mieux, les propriétés sensibles sont le résultat de l'interaction entre deux choses qui, pour des raisons opposées, ne sont pas sensibles, le λόγος et la matière : « C'est ainsi que la couleur visible est née de ce qui n'est pas couleur, que la qualité sensible est née de ce qui n'est qualité […]. C'est ainsi que la grandeur vient de ce qui n'est pas une grandeur […]. Et ce qui fait de la matière une étendue (étendue apparente qui vient de l'imagination), cela même n'est qu'un être imaginaire, à savoir la grandeur des objets sensibles » (III 6 [26], 17, 21-33, trad. Bréhier ; voir le comm. de Fleet **1207**, p. 271-275) ; voir aussi **1374** L. Brisson, « Entre physique et métaphysique. Le terme ὄγκος chez Plotin, dans ses rapports avec la matière et le corps », dans Fattal **301**, p. 87-111, et **1374bis** A. Linguiti, « La materia dei corpi. Sullo pseudoilomorfismo plotiniano », *Quaestio* 7, 2007, p. 105-122. Cette théorie repose sur celle de l'impassibilité de la matière, attribuée à Platon (III 6 [26], 12, 1 - 13, 55 ; voir le comm. de Fleet **1207**, p. 211-233), doctrine qui entraîne la conséquence que la forme ne devient pas et ne peut devenir propriété de la matière : celle-ci, plutôt, se comporte comme un miroir ; mieux, elle est plus impassible encore qu'un miroir (εἴδωλα γὰρ καὶ τὰ ἐν τῇ ὕλῃ, καὶ αὕτη ἔτι μᾶλλον ἀπαθέστερον ἢ τὰ κάτοπτρα, III 6 [26], 9, 18-19) : « Ce que la matière a pris de l'être glisse sur elle comme sur une chose de nature étrangère, comme l'écho est renvoyé par les surfaces lisses et planes ; comme le son ne reste pas sur ces surfaces, on s'imagine qu'il y était et qu'il en vient. Si la matière participait à la forme et la recevait de la façon que l'on croit, la forme en venant à elle s'y plongerait et y serait engloutie » (III 6 [26], 14, 24-28, trad. Bréhier ; voir le comm. de Fleet **1207**, p. 241-242). Sur la matière comme "miroir", *cf.* aussi **1375** F. Heinemann, « Die Spiegeltheorie der Materie als Korrelat der Logos-Lichttheorie bei Plotin. Ein Beitrag zur Metamorphose des plotinischen Begriffs der Materie », *Philologus* 81, 1925, p. 1-17 ; **1376** F. Fauquier, « La matière comme miroir : pertinence et limites d'une image selon Plotin et Proclus », *RMM* 37, 2003, p. 65-87. En III 6 [26], 15, 26-32, l'identification de la matière à la πενία du mythe de la naissance d'Éros dans le *Banquet* est développée dans le sens que la matière, prise en elle même, n'est que la cause du φαίνεσθαι des choses : voir **1377** H. Benz, *Materie und Wahrnehmung in der Philosophie Plotins*, coll. « Epistemata, ph. Reihe » 85, Würzburg 1990. Ainsi considérée, la matière est la limite des étants : Plotin peut utiliser l'expression εἶδός τι ἔσχατον (V 8 [31], 7, 18-23, et part. li. 23-24), et soutenir qu'elle est pour la forme – qui est la source de la réalité même des choses, grâce à la médiation de l'âme – exactement ce qu'est l'obscurité pour l'œil (II 4 [12], 10, 12-20). En IV 8 [6], 6, 18-23, Plotin affirme que, soit que la matière existe depuis toujours, soit qu'elle provienne de causes antérieures, il est impossible qu'elle ne participe pas en quelque sorte au Bien. Ce

passage a été interprété de façons différentes : voir Rist **869** ; Rist **72**, p. 118-119 ; Schwyzer **1358** ; O'Brien **876** ; Narbonne **1257**, p. 140-145 ; Corrigan **605**, p. 263-266.

Pourtant, déjà dans le traité II 4 [12] Plotin soulève la question de savoir si la matière est un mal, et répond par l'affirmative : absence ("pauvreté", πενία) de forme et de définition, elle ne peut qu'être un mal : II 4 [12], 16, 16-24 ; même utilisation de πενία dans le traité III 5 [50], 9, 49-51 : ὕλη δὲ ἡ Πενία, ὅτι καὶ ἡ ὕλη ἐνδεὴς τὰ πάντα, καὶ τὸ ἀόριστον τῆς τοῦ ἀγαθοῦ ἐπιθυμίας. Le traité 25 développe la notion de matière comme non être : voir surtout II 5 [25], 4, 11-18 ; 5, 24-36, avec le comm. de **1378** J.-M. Narbonne, *Plotin. Traité 25 (II 5)*, coll. « Les Écrits de Plotin », Paris 1998, p. 117-121 et 136-142. C'est en tant que non-être que la matière est rapprochée du faux et de l'indéterminé : voir III 6 [26], 7, 7-33 avec le comm. de Fleet **1207**, p. 169-178 ; voir en part. les li. 21-27 :

> « Elle ment en tout ce qu'elle promet ; si on l'imagine grande, la voici petite ; quand elle paraît augmenter, elle diminue ; l'être qu'on imagine en elle, est un non être, et comme un jeu fugitif ; tout ce que l'on croit voir en elle se joue de nous et n'est qu'un fantôme dans un autre fantôme, exactement comme en un miroir, où l'objet apparaît ailleurs qu'à l'endroit où il est situé ; en apparence le miroir est plein d'objets ; il ne contient rien et paraît tout avoir » (trad. Bréhier).

Or, en III 6 [26], 11, 41-45 le fait que la matière est mauvaise veut dire qu'elle est impassible par rapport au bien, qu'elle ne peut recevoir, incapable qu'elle est d'accueillir la forme : voir le comm. de Fleet **1207**, p. 210. En revanche, dans le traité *Qu'est-ce que les maux et d'où viennent-ils ?*, I 8 [51], au chapitre 4, 12-25, la matière est la cause de la méchanceté de l'âme ; ce passage et son contexte plus ample forment le *Baustein* 123.8 dans Dörrie et Baltes **436**, t. IV, p. 190-195 (texte et trad.) et p. 513-517 (comm.), où ils sont cités parmi les témoignages sur la position de ces platoniciens selon lesquels la matière est un principe. Dans ce traité, l'un des derniers écrits de Plotin, le modèle des deux συστοιχίαι évoqué plus haut prend, en effet, beaucoup d'importance : en I 8 [51], 6, 41-43, l'ἀπειρία, l'ἀμετρία et les autres caractères de la κακὴ φύσις sont opposés au πέρας et au μέτρον qui se trouvent ἐν τῇ θείᾳ φύσει. Pourtant, ce principe opposé à la nature intelligible et divine n'est pas indépendant de celle-ci. Dans ce même traité (voir I 8 [51], 7, 17-23), la matière et le mal sont présentés comme la conséquence nécessaire de la chaîne descendante des causes. Séparée du bien, la matière-mal en est donc en même temps dépendante : voir **1379** M. I. Santa Cruz de Prunes, « Materia y mal en la filosofía de Plotino » *CuadFilos* 10, 1970, p. 353-364 ; **1380** D. J. O'Meara, *Plotin. Traité 51 (I 8)*, coll. « Les Écrits de Plotin », Paris 1999, p. 33-36 et 132-133. Certains savants en sont venus à penser que Plotin a changé d'avis sur ce point vers la fin de sa vie. Selon **1381** E. Costello, « Is Plotinus Inconsistent on the Nature of Evil ? », *IPhQ* 7, 1967, p. 483-497, l'incohérence peut être évitée si l'on considère le traité I 8 [51] comme un écrit d'éthique et non de métaphysique ; par des arguments différents, la cohérence globale de la position de Plotin est soutenue aussi par Hager **1354** ; **1382** Ch. Schäfer, « Das Dilemma der neuplatonischen Theodizee. Versuch einer Lösung », *AGPh* 82, 2000, p. 1-35 ;

1383 *Id.*, « Matter in Plotinus' Normative Ontology », *Phronesis* 49, 2004, p. 266-294 ; en revanche, selon Narbonne **1257**, p. 189-190, et Narbonne **672**, p. 118 et 122, en I 8 [51] Plotin formule une doctrine nouvelle, radicalement dualiste, qui contredit la thèse énoncée en VI 6 [34], selon laquelle l'être n'a pas de contraire. C'est contre cette doctrine, qu'il a commentée (voir plus haut, "L'œuvre. Circulation des traités"), que Proclus dirige ses critiques dans l'écrit *De malorum subsistentia* : voir surtout O'Meara **1380**, p. 30-36 ; **1384** G. van Riel, « Horizontalization or Verticalism ? Proclus *vs* Plotinus on the Procession of Matter », *Phronesis* 46, 2001, p. 129-153 ; **1385** J. Opsomer, « Proclus *vs* Plotinus on Matter (*De mal. subs.* 30-7) », *ibid.*, p. 154-188 ; **1386** *Id.*, « Some Problems with Plotinus' Theory of Matter/Evil. An Ancient Debate Continued », *Quaestio* 7, 2007, p. 165-189.

La nature du mal est inconnaissable à proprement parler, parce qu'un εἶδος qui serait τὸ κακόν, en l'absence absolue du bien, est impensable : I 8 [51], 1, 7-12. Le lien entre le mal et le non-être est établi à partir d'une thèse centrale de la métaphysique de Plotin, l'identité référentielle entre l'être et l'intelligible : le mal n'a lieu qu'ἐν τοῖς μὴ οὖσιν, puisqu'il ne peut se trouver ni dans les êtres, ni en ce qui est au-delà de l'être ; il se trouve donc en ce qui est ἕτερον τοῦ ὄντος, mais non pas dans le sens du *Sophiste* ; plutôt, dans le sens où cette expression désigne ce qui n'est qu'une image de l'être, εἰκὼν τοῦ ὄντος, c'est-à-dire dans le sensible et dans les affections qui le concernent (I 8 [51], 3, 3-12). Pour parler de ce non-être, Plotin a recours aux notions d'indétermination (ἀμετρία [...] πρὸς μέτρον, ἀεὶ ἀόριστον, *ibid.*, li. 13-14) et de chaos (οὐδαμῇ ἑστώς, παμπαθές, *ibid.*, li. 15). Or, une ἀμετρία qui est non pas la propriété de quelque chose de chaotique et d'indéterminé, mais l'indétermination elle-même, est un paradoxe : il s'agit en effet de dire ce qu'est la nature de l'indétermination, et c'est par cette voie paradoxale que Plotin, à la recherche de ce que serait – si une telle chose pouvait exister – l'οὐσία τοῦ κακοῦ (I 8 [51], 3, 27-40), dit que ce mal premier et absolu est ce qui se trouve "en dessous" de toute forme (τὴν δ' ὑποκειμένην σχήμασι καὶ εἴδεσι καὶ μορφαῖς καὶ μέτροις καὶ πέρασι, *ibid.*, li. 35-36), la matière donc. Le corps peut, comme dans le *Phédon*, être un mal relatif, dans la mesure où il dérange l'âme dans la recherche de la connaissance ; mais il n'est jamais un mal en soi (I 8 [51], 4, 1-6). Une fois définie la "nature" du mal comme absence de bien, d'ordre et de forme, Plotin affirme qu'une ἔλλειψις aussi totale n'est pas seulement dans la matière, mais aussi avant la matière (I 8 [51], 5, 1-9, en part. li. 4-5 : καὶ ἡ φύσις τοῦ κακοῦ οὐκέτι ἐν τῇ ὕλῃ, ἀλλὰ καὶ πρὸ ὕλης) ; sur le mal comme ἔλλειψις ἀγαθοῦ, voir aussi III 2 [47], 5, 25-32. Ainsi se fait jour la notion d'un mal qui, malgré son énorme puissance lorsqu'il est une affection des êtres, n'est pas une réalité à part entière, mais seulement le manque radical du bien : notion décisive pour la métaphysique médiévale latine, qui l'a connue tout d'abord à travers les Pères (Grégoire de Nazianze, traduit par Rufin : sur les emprunts de Grégoire à la doctrine plotinienne du mal comme στέρησις τοῦ ἀγαθοῦ et ἀπουσία τοῦ ἀγαθοῦ, voir **1387** J. Daniélou, « Plotin et Grégoire de Nysse sur le

mal », dans *Plotino e il neoplatonismo* **78**, p. 485-494) et, par la suite, à travers le
Ps.-Denys, qui dépend à son tour des critiques de Proclus contre Plotin évoquées
ci-dessus. Observons en effet que Proclus, tout en critiquant Plotin pour avoir
soutenu en I 8 [51] l'existence d'un πρῶτον κακόν qui serait le contraire de l'être,
reprend à son compte et développe la doctrine plotinienne du mal comme ἔλλειψις
ἀγαθοῦ, puisqu'il soutient l'existence seulement parasitaire du mal par rapport au
bien et à l'être (mal comme παρυπόστασις).

Après les études pionnières de **1388** B. A. G. Fuller, *The Problem of Evil in
Plotinus*, Cambridge 1912, travail vaste et systématique sur les sources et les
implications de cette théorie (sur la position philosophique personnelle de Fuller,
voir le c. r. de **1389** G. Santayana, « Dr. Fuller, Plotinus, and the Nature of Evil »,
paru dans *JPhilos* 10, 1913, p. 589-599, repris dans **1390** N. Henfrey (édit.),
Selected Critical Writings of George Santayana, Cambridge 1968, t. II, p. 108-
121), et de **1391** E. Schröder, *Plotins Abhandlung Πόθεν τὰ κακά (Enn. I, 8)*,
Inaugural-Dissertation Rostock, Borna/Leipzig 1916, la vision plotinienne du mal
comme ἔλλειψις ἀγαθοῦ a été examinée surtout en relation avec la question du
déterminisme universel et de la liberté humaine, question étiquetée à l'époque –
dans la mouvance de la problématique et de la terminologie leibniziennes – comme
la "théodicée" plotinienne. Une étude plus ancienne, **1392** Th. Gollwitzer, *Plotins
Lehre der Willensfreiheit*, t. I, Kempten 1900, t. II, Kaiserslautern 1902, avait en
effet fait remonter la présence du mal, dans l'univers plotinien émanant de l'Un-
Bien, à la nécessaire dégradation ontologique des dérivés : Gollwitzer considérait
donc que le fondement de la "théodicée" était l'idée du règne de la nécessité ; voir
aussi **1393** H. F. Müller, « Plotinos über Notwendigkeit und Freiheit », *JKPh* 17,
1914, p. 462-488 ; **1394** *Id.*, « Das Problem der Theodicee bei Leibniz und
Plotinos », *JKPh* 22, 1919, p. 199-230 ; Henry **1035** ; **1395** É. Bréhier, « Liberté et
métaphysique », *RIPh* 2, 1948, p. 1-13. Des études plus récentes se concentrent sur
la distinction entre mal en soi et mal relatif, ou entre mal cosmique et mal moral :
voir surtout Hager **1353** ; **1396** K.-H. Volkmann-Schluck, « Plotins Lehre vom
Wesen und von der Herkunft des Schlechten », *PhilosJb* 75, 1967, p. 1-21 ; Hager
1355, p. 265-295 (réimpr. de Hager **1354**) ; **1397** *Id.*, « Monismus und das Problem
des Dualismus in der metaphysischen Deutung des Bösen bei Platon und Plotin »,
PPh 13, 1987, p. 59-110 ; **1398** R. Sharples, « Plato, Plotinus and Evil », *BICS* 39,
1994, p. 171-181 ; **1399** D. J. O'Meara, « Das Böse bei Plotin (*Enn.* I, 8) », dans
Th. Kobusch et B. Mojsisch (édit.), *Platon in der abendländischen Geistes-
geschichte. Neue Forschungen zum Platonismus*, Darmstadt 1997, p. 33-47 (repris
en anglais, sous le titre « Evil in Plotinus (*Enn.* I, 8) », dans O'Meara **753bis**) ;
1400 J.-F. Balaudé, « Le traitement plotinien de la question du mal : éthique ou
ontologique ? » *CPhS* 8, 1999, p. 67-85 ; **1401** D. J. O'Meara, « The Metaphysics
of Evil in Plotinus : Problems and Solutions », dans Dillon et Dixsaut **433**, p. 179-
186 ; **1402** S. Sakonji, « On Evil : Some Comments on Dr O'Brien's Interpretation », *ibid.*, p. 187-194.

D'un côté, Plotin fait sien le thème stoïcien du rôle des maux particuliers dans l'enchaînement nécessaire de l'ordre cosmique (III 3 [48], 1, 9-27; 3, 3-20; 7, 1-5); de l'autre, il s'inspire visiblement d'Aristote (*Metaph*. XII 10, 1075 a 14-16) lorsqu'il affirme que l'univers est gouverné selon une πρόνοια στρατηγική qui fait en sorte que rien ne demeure ἀσύντακτον par rapport aux autres choses (III 3 [48], 2, 6): voir Sharples **1398**. On ne peut donc pas dire que ce cosmos a été produit de mauvaise façon, en faisant valoir qu'il contient des maux: le cosmos visible n'est en effet rien de plus qu'une image de l'intelligible, et l'origine des maux réside dans ce décalage ontologique inévitable et non dans la prétendue méchanceté d'un démiurge imparfait, comme celui des Gnostiques (II 9 [33], 3, 22-32). Selon Plotin, la présence des maux est nécessaire dans l'univers, même si leur διὰ τί nous échappe; en effet, l'âme universelle qui le gouverne est orientée πρὸς τὴν νοητὴν φύσιν καὶ τὸν θεόν, mais elle est aussi "remplie" de son produit, τὸ ἐξ αὐτῆς ἴνδαλμα (II 3 [52], 18, 1-13), d'où la génération et la corruption des choses sensibles, avec la maladie et la mort qui leur font suite. Puisqu'il y a quelque chose outre le Premier Principe, le décalage ontologique est inévitable: aussi bien dans un des premiers écrits (IV 8 [6], 6, 1-16) que vers la fin de sa vie (I 8 [51], 7, 20-23), Plotin soutient que l'existence des degrés de réalité inférieurs au Premier Principe est nécessaire, si bien qu'un dernier terme aussi est nécessaire. Le traité *Sur la providence* (III 2-3 [47-48]) reprend et développe dans ce contexte des éléments venant du stoïcisme ou d'Alexandre, auxquels Plotin avait déjà eu recours ailleurs, à propos des maux qui affectent les êtres engendrables et corruptibles. Dans les *Apories sur l'âme*, en effet, il avait soutenu que, si les maux qui arrivent aux méchants sont l'effet d'une τάξις qui agit selon la justice, ceux qui arrivent aux justes aussi font partie d'un dessein plus général. Une fois considéré dans sa connexion avec l'enchaînement universel (συντεταγμένον ἐν τῷ παντί), l'ἄδικον n'est plus tel, et on s'aperçoit qu'il était nécessaire (οὕτως ἐχρῆν). Si celui qui le subit est ἀγαθός, cela finit par produire un bien (εἰς ἀγαθὸν ἡ τελευτὴ τούτων); la σύνταξις universelle, qui comprend aussi les maux, n'est donc pas injuste, et de toute façon ses causes demeurent inconnaissables pour nous (IV 3 [27], 16, 1-25). Cet écho stoïcien est encore plus clairement reconnaissable dans le traité *Sur la providence*, pour lequel on se reportera à Schubert **1036**; Parma **1037**; Boot **1040**; **1403** P. Boot, *Plotinus. Over Voorzienigheid (De providentia). Enneade III 2-3*, Amsterdam 1984; Sharples **1398**; Leroux **1042**; Eliasson **685**; Westra **1044**. Plotin y soutient que la misère et la maladie n'ont aucun effet sur les justes (voir à ce propos le dicton d'allure franchement stoïcienne αἱ δὲ συντυχίαι οὐ κύριαι τοῦ εὖ, III 3 [48], 2, 1); pour les méchants, elles sont quelque chose qui vient s'ajouter (σύμφορα) au mal principal qui consiste dans le fait même d'être injuste, mais de toute façon, pour les justes et pour les méchants, elles ne sont que la conséquence du fait d'avoir un corps et sont nécessaires à la σύνταξις de l'univers, étant donné que le λόγος τοῦ παντός utilise la corruption de certaines de ses parties pour la génération d'autres parties (III 2 [47], 5, 6-15). Dans la suite de ce passage, la question est posée de savoir quelle est l'utilité des maux, et Plotin envisage une utilité morale, la considération du mal permettant de reconnaître par comparaison ce qu'est la vertu (*cf.* aussi IV 8 [6], 5, 28-29 et 7, 11-14). Pourtant, les maux ne sont pas nés pour cela ; ou plutôt, du moment qu'ils sont inévitables, le λόγος s'en sert pour la structure nécessaire de l'ensemble (III 2 [47], 5, 15-25). De même, le succès des méchants n'est pas un argument contre la providence, si l'on regarde πρὸς τὸ ὅλον (III 2 [47], 6, 11-25) ; pour tenter de démontrer cela, il faut tenir compte du fait que la réalité mixte du monde sensible ne peut qu'accueillir partiellement la structure rationnelle, et donc bonne, du modèle intelligible (III 2 [47], 7, 1-12).

La solution plotinienne du problème des maux n'est pas satisfaisante pour Boot **1403**, p. 478, qui considère que l'approche intellectualiste de Plotin ne répond pas de manière adéquate à la question du mal ; Sharples **1398**, p. 180-181, n'est pas d'accord :

« Plotinus and Alexander may be in agreement that providence extends from the heavens to things here on earth. But whereas Alexander argues that providential concern for the sublunary is for species rather than for individuals, so that the misfortunes of individuals constitute no objection to a belief in general providence, Plotinus extends the workings of providence to the details of events in the sublunary world. [...] Providence does not indeed originate the actions of the wicked, but it can make use of them ; and the existence of what is inferior is a natural consequence of the existence of what is superior and of the way in which the universe is formed by the derivation of lower principles from the higher. [...] It is not clear that a *non*-intellectualistic approach will offer a more satisfying solution ; it may be that the problem of evil is one that it would be better not to try to solve at all. Comparison of Plotinus's solution with those of his predecessors does however show his superiority on this issue at least ».

Dans la tentative d'harmoniser sa théorie de la providence avec la liberté du choix, Plotin a recours, comme Épictète (⇒E 33), à la métaphore du drame

« où l'auteur assigne à chacun son rôle, en se servant des acteurs qu'il a [...]. Dans les drames faits par des hommes, l'auteur donne des rôles ; mais les auteurs tirent chacun d'eux-mêmes leurs qualités et leurs défauts [...]. Dans le drame véritable, qu'imitent partiellement les hommes doués de talent poétique, l'âme est l'acteur ; elle reçoit son rôle du poète de l'univers [...]. L'âme s'adapte à ce sort et accorde son jeu à l'ordre du drame et de la raison de l'univers. Ensuite elle chante sa partie, c'est-à-dire elle agit et produit selon son caractère propre » (III 2 [47], 17, 10-70 ; 18, 18-26, trad. Bréhier) : voir Ferwerda **149**, p. 182 ; Blumenthal **931**, p. 5-6 ; Boot **1403**, p. 240-247 ; Sharples **1398**.

La métaphore, introduite au début pour soutenir que chaque destin individuel joue un rôle dont le sens dépend de l'ensemble, est développée par Plotin de manière à soulever la question de la liberté du vouloir humain. Plotin formule clairement l'enjeu de la liberté du vouloir en termes de responsabilité morale :

« Si l'homme était un être simple, si, une fois créé, il restait ce qu'il était (τοῦτο ὃ πεποίηται μόνον ὄντος), si ses actions et ses passions étaient toujours les mêmes, il n'y aurait pas plus lieu de l'accuser et de le blâmer qu'on ne blâme les bêtes. Mais en réalité il y a lieu de blâmer l'homme seulement quand il est méchant, et ce blâme est raisonnable. Car l'homme n'est pas resté tel qu'il a été créé, parce qu'il possède, à la différence des animaux, un principe libre (ἀρχὴν ἄλλην ἐλευθέραν) » (III 3 [48], 4, 1-7, trad. Bréhier).

Sur la liberté humaine dans ses rapports avec l'enchaînement des causes, voir III 2 [47], 6, 1-3 ; 10, 11-19 ; III 3 [48], 4, 13-54 ; 5, 33-40 ; sur la nature volontaire ou involontaire de la méchanceté, ainsi que sur la nature volontaire ou involontaire de la "descente" de l'âme dans le monde sensible – à laquelle s'ajoutent non seulement les faiblesses propres à la réalité corruptible de celui-ci, mais aussi les maux moraux – voir IV 8 [6], 5, 3-9, avec le comm. de Bettiolo *et al.* **303**, p. 174-182 ; IV 3 [27], 13, 12-22 ; 24, 15-16 ; VI 8 [39], 3, 19 - 4, 16, avec le comm. de Leroux **1292**, p. 255-269 ; III 2 [47], 10, 1-11, et les analyses de Henry **1035** ; O'Brien **868** ; Eliasson **685** ; Gerson **1080** ; Horn **1082**. Plotin s'est interrogé jusqu'à la fin de sa vie sur cette question, abordée dès le début, dans le traité IV 8 [6], *Sur la descente de l'âme dans les corps*, et reprise, du point de vue du mal moral et du jugement de l'âme, dans le traité I 1 [53], *Qu'est-ce que l'animal ? Qu'est-ce que l'homme ?* Dans cet écrit, il a essayé d'accorder sa doctrine de la responsabilité morale avec sa doctrine de l'âme "non descendue", qui entraîne le caractère impassible et impeccable de la partie de notre âme qui demeure "dans" l'intelligible. Les conclusions de Plotin en I 1 [53] sont résumées par Marzolo **564**, p. 61. Selon ce dernier, Plotin, après avoir écrit *Qu'est-ce que les maux et d'où viennent-ils ?* (I 8 [51])

« non poteva eludere le implicazioni etiche della tesi dell'impassibilità dell'anima. Il suo modo di affrontarle, nella parte finale del trattato I 1 [53], è ancora una volta quello di ammettere, e quasi di accentuare il paradosso antropologico dell'anima impassibile, che si riflette nel paradosso etico dell'anima impeccabile. Nel senso in cui "anima" e "essenza dell'anima" coincidono – e coincidono, per Plotino, nell'anima non discesa che è da sempre un'anima individuale, ma non abbandona mai la contemplazione dei veri esseri nella "pianura della verità" del *Fedro* – l'anima è impassibile e impeccabile. Ma la storia delle anime individuali prevede (ed è sempre il *Fedro*) le discese nel mondo del divenire e quindi la produzione di un'immagine di anima che è il soggetto psichico, quello della nostra esperienza : esso sí è mutevole, confuso da molte cose, fallibile : e quando commette una colpa, incorre con giustizia nella pena ».

Cette notice est dédiée à la mémoire de Pierre Hadot, à qui l'on doit la renaissance des études sur la philosophie de Plotin au XXe siècle. Alain-Philippe Segonds, qui nous a quittés l'année de la parution de ce volume, avait relu cette notice : à lui aussi elle est dédiée avec ma plus profonde gratitude.

Je remercie aussi Concetta Luna et Richard Goulet pour leur relecture et l'aide qu'ils m'ont apportée dans la mise au point de cette notice.

CRISTINA D'ANCONA.

ICONOGRAPHIE

L'existence de portraits de ce philosophe est suggérée par le témoignage de Porphyre de Tyr (⟶P 263). Celui-ci raconte que Plotin, de son vivant, refusait de poser pour que l'on fît son portrait, considérant que ce ne serait que l'image d'une image (*VP* 1, 2 : εἰδώλου εἴδωλον). Le peintre Cartérius (⟶C 48) aurait cependant dessiné de mémoire un portrait de Plotin après avoir assisté à quelques heures de cours, de sorte qu'à l'insu du philosophe, on posséda son portrait (*VP* 1, 16-20 : Ἔπειτα γράφοντος ἐκ τοῦ τῇ μνήμῃ ἐναποκειμένου ἰνδάλματος τὸ εἴκασμα καὶ συνδιορθοῦντος εἰς ὁμοιότητα τὸ ἴχνος τοῦ Ἀμελίου εἰκόνα αὐτοῦ γενέσθαι ἡ εὐφυΐα τοῦ Καρτερίου παρέσχεν ἀγνοοῦντος τοῦ Πλωτίνου ὁμοιοτάστην).

[Il est possible que Porphyre ait parlé de cet épisode du portrait au tout début de la *Vie de Plotin* pour expliquer l'origine d'un portrait de Plotin qui aurait figuré en tête de son édition des *Ennéades*.

R.G.]

Bien que différentes identifications aient été proposées, il n'a pas encore été possible de retrouver le portrait de Plotin dans les fonds iconographiques conservés. La première tentative en ce sens est celle de **1** H. P. L'Orange, « The portrait of Plotinus », *CArch* 5, 1951, p. 15-30 ; **2** *Id.*, « Plotinus-Paul », dans *Likeness and Icon. Selected studies in classical and early mediaeval art*, Odense 1973, p. 32-42. Il a proposé de reconnaître Plotin dans un type de portrait qui est maintenant connu par cinq copies (la liste actuelle des répliques est fournie par **3** C. Danguillier, *Typologische Untersuchungen zur Dichter- und Denkerikonographie in römischen Darstellungen von der mittleren Kaiserzeit bis in die Spätantike*, Oxford 2001, p. 53-57 et 224-226, n°s 91a-d ; **4** W. Fischer-Bossert, « Der Portraittypus des sog. Plotin. Zur Deutung von Bärten in der römischen Portraitkunst », *AA* 2001, p. 141 *sq.*, qui exclut sans raison le portrait du Musée d'Ostie, Inv. 436). Ce type se distingue par un crâne allongé avec un front chauve et fortement bombé et une couronne de cheveux autour de la tête, ainsi que par une barbe se terminant en pointe. La physionomie est dominée par des joues creuses et décharnées, de profondes rides nasolabiales et une agitation de la zone du front et des sourcils. L'identification proposée par L'Orange **1** se fondait sur le passage de Porphyre signalé plus haut. L'Orange **1** et **2** faisait appel aux arguments suivants : l'existence de plusieurs répliques indique qu'il s'agissait d'une personnalité dont la réputation dépassait le niveau local. Il s'agit d'un type de tête perçu comme oriental. Le lieu de la découverte des trois répliques est Ostie (une quatrième provient vraisemblablement du même endroit ; une cinquième réplique conservée à Santa Barbara est d'origine inconnue). A cet endroit sont conservées des inscriptions de basse époque impériale qui suggèrent dans cette région l'existence d'un cercle néopythagoricien ou néoplatonicien. De plus, deux des têtes (Danguillier **3**, p. 244, n°s 91b + c) se trouvaient dans un bâtiment (Ostia V, II 7), dans lequel on a reconnu une école. Enfin, la datation des têtes à partir de critères stylistiques concorde avec l'époque où vivait Plotin.

Même si cette identification a rencontré des échos favorables (voir **5** J. Bracker, « Politische und kulturelle Grundlagen für Kunst in Köln seit Postumus », dans H. Temporini (édit.), *ANRW* II 4, Berlin 1975, p. 764-767, mais hypothèse rejetée par **6** H. von Heintze, « *Vir sanctus et gravis*. Bildniskopf eines spätantiken Philosophen », *JAC* VI, 1963, p. 52 *sq.*), des doutes existent concernant l'identification de ce type pictural avec Plotin. Pour commencer, ce type de portrait ne doit pas être daté du milieu du IIIe siècle comme l'a proposé L'Orange, mais de l'époque sévérienne. Ensuite, aucune similitude marquée ne peut être relevée avec les portraits de philosophes grecs ; le type se rattache plutôt au style de l'époque sévérienne tardive. Il est donc antérieur à l'époque de Plotin (**7** K. Fittschen, « Ein Bildnis in Privatbesitz. Zum Realismus römischer Porträts der mittleren und späten Prinzipatszeit », dans *Eikones*. Festschrift Hans Jucker, Basel 1980, p. 112 n° 37 ;

Fischer-Bossert **4**, p. 143-145). Le fait que deux répliques aient été retrouvées dans le complexe architectural appelé *terme del filosofo* V, II 7 à Ostie (Danguillier **3**, p. 244 n°s 91b + c) ne peut servir non plus à justifier cette identification. Il est vrai qu'on a considéré que ce bâtiment abritait une école, mais la fonction de cet ensemble n'est nullement assurée (Danguillier **3**, p. 54 n. 575 ; Fischer-Bossert **4**, p. 145-149). Dans la mesure où une réplique identifiée par une inscription manque, l'identification du type reste hypothétique (Danguillier **3**, p. 55-57).

Le fait qu'on ait principalement retrouvé des portraits de ce type dans une même ville et le lien typologique qu'il faut constater avec le portrait de la même époque joue plutôt contre l'attribution à un intellectuel (hypothèse de **8** R. Calza, «Sui ritratti ostiensi del supposto Plotino», *ArchClass* 2, 1961, p. 203-210 ; **9** N. Hannestad, *Tradition in late antique sculpture*, Aarhus 1994, p. 156 n° 265 ; **10** Schefold, *Bildnisse*, p. 434, fig. 329) et suggère plutôt une figure de l'élite locale (**11** P. Zanker, *Die Maske des Sokrates*, München 1995, p. 348 n. 36) ou bien encore une personnalité influente de l'entourage de l'Empereur (Fischer-Bossert **4**, p. 152).

On ne peut pas non plus reconnaître Plotin sur le sarcophage dit de Plotin conservé au Vatican (Schefold **10**, p. 438, fig. 324 et 325 ; **12** B. C. Ewald, *Der Philosoph als Leitbild*, Mainz am Rhein 1999, p. 167-169, n° D 3 pl. 42, 1 et 2 ; 43,1-4). En effet la personne assise de face avec un rouleau dans la main qui a été identifiée à Plotin pour la première fois par **13** G. Rodenwaldt, «Porträts auf spätrömischen Sarkophagen», *ZBK N. F.* 33, 1922, p. 120, fig. 6, p. 122, ne porte pas le *pallium* habituel des philosophes, mais une toge et les *calcei* des chevaliers romains, ce qui permet de conclure qu'il s'agit de la sépulture d'un citoyen romain qui a voulu, grâce aux détails iconographiques représentés, laisser apparaître l'intérêt qu'il portait à la philosophie (Ewald **12**, p. 169) ; **14** B. Borg, «Das Bild des Philosophen und die römischen Eliten», dans H.-G. Nesselrath [édit.], *Dion von Prusa. Der Philosoph und sein Bild*, Tübingen 2009, p. 228, fig. 15, p. 237-238).

Cf. 15 Richter, *Portraits*, t. III p. 289, fig. 2056-2058 ; **16** L. A. Scatozza-Höricht, *Il volto dei filosofi antichi*, Napoli 1986, p. 245-249 ; **17** S. Wood, *Roman portrait sculpture 217–260 A. D.*, New York 1986, p. 82-84.

Notice traduite de l'allemand par Richard Goulet avec la collaboration de l'auteur.

JÖRN LANG.

TABLE DES MATIÈRES

Achevé d'imprimer sur rotative
par l'Imprimerie Darantiere à Dijon-Quetigny
en décembre 2011

N° d'impression : 11-1526
Dépôt légal : janvier 2012

Imprimé en France